SCHÄFFER

POESCHEL

Ralf Hannemann/Thomas Weigl/
Marina Zaruk

Mindestanforderungen an das Risikomanagement (MaRisk)

Kommentar

6., überarbeitete und erweiterte Auflage

Teilband 2

2022
Schäffer-Poeschel Verlag Stuttgart

Bibliografische Information der Deutschen Nationalbibliothek
Die Deutsche Nationalbibliothek verzeichnet diese Publikation in der Deutschen
Nationalbibliografie; detaillierte bibliografische Daten sind im Internet
über http://dnb.d-nb.de abrufbar.

Print: ISBN 978-3-7910-5404-9   Bestell-Nr. 20222-0003
ePDF: ISBN 978-3-7910-5460-5   Bestell-Nr. 20222-0152

Ralf Hannemann/Thomas Weigl/Marina Zaruk
Mindestanforderungen an das Risikomanagement (MaRisk)

6. Auflage, März 2022
© 2022 Schäffer-Poeschel Verlag für Wirtschaft · Steuern · Recht GmbH
www.schaeffer-poeschel.de
service@schaeffer-poeschel.de
Produktmanagement: Alexander Kühn
Lektorat: Bernd Marquard, Stuttgart; Petra Bandl

Schäffer-Poeschel Verlag Stuttgart
Ein Unternehmen der Haufe Group SE

Inhaltsübersicht

Inhaltsübersicht

Inhaltsübersicht

BT Besonderer Teil

Im besonderen Teil der MaRisk werden die geschäfts- und risikoartenübergreifenden Prinzipien des allgemeinen Teils für einzelne Themenbereiche konkretisiert und zum Teil deutlich ergänzt. Das betrifft die Anforderungen an die internen Kontrollverfahren, also das interne Kontrollsystem (→ BT 1) und die Interne Revision (→ BT 2). Die Vorgaben zur Risikoberichterstattung werden allerdings im Anschluss gesondert behandelt (→ BT 3).   **1**

Bei der Ausgestaltung des internen Kontrollsystems werden neben geschäftsartenübergreifenden Vorgaben zur Aufbau- und Ablauforganisation (→ BTO) spezielle Anforderungen an das Kreditgeschäft (→ BTO 1) und das Handelsgeschäft (→ BTO 2) formuliert. Um auch dem besonderen Charakter der verschiedenen Risikoarten Rechnung zu tragen, wird bei den Prozessen zur Identifizierung, Beurteilung, Steuerung, Überwachung und Kommunikation der Risiken (→ BTR) zwischen den Adressenausfallrisiken inkl. Länderrisiken (→ BTR 1), den Marktpreisrisiken inkl. Zinsänderungsrisiken (→ BTR 2), den Liquiditätsrisiken (→ BTR 3) und den operationellen Risiken (→ BTR 4) unterschieden.   **2**

In Ergänzung zu den allgemeinen Anforderungen an die Interne Revision werden im besonderen Teil ihre konkreten Aufgaben (→ BT 2.1), ihre Grundsätze (→ BT 2.2), ihre Vorgehensweise bei der Prüfungsplanung und -durchführung (→ BT 2.3), ihre Berichtspflicht (→ BT 2.4) und ihre Reaktion auf festgestellte Mängel (→ BT 2.5) näher beleuchtet.   **3**

Die allgemeinen Anforderungen an die Berichterstattung für alle wesentlichen Risiken wurden im Rahmen der fünften MaRisk-Novelle in ein eigenes Modul überführt (→ BT 3.1) und um die speziellen Vorgaben zu den Berichten der Risikocontrolling-Funktion über einzelne Risikoarten ergänzt (→ BT 3.2).   **4**

BT 1 Besondere Anforderungen an das interne Kontrollsystem

1 Besondere Anforderungen an das interne Kontrollsystem (Tz. 1)

1 In diesem Modul werden besondere Anforderungen an die Ausgestaltung des internen Kontrollsystems gestellt. Die Anforderungen beziehen sich vor allem auf die Ausgestaltung der Aufbau- und Ablauforganisation im Kredit- und Handelsgeschäft (BTO). Darüber hinaus werden unter Berücksichtigung von Risikokonzentrationen Anforderungen an die Ausgestaltung der Risikosteuerungs- und -controllingprozesse für Adressenausfallrisiken, Marktpreisrisiken, Liquiditätsrisiken und operationelle Risiken gestellt (BTR).

1.1 Struktur der besonderen Anforderungen an das interne Kontrollsystem

Das interne Kontrollsystem (IKS) umfasst gemäß § 25a Abs. 1 Satz 3 Nr. 3 KWG als elementarer Bestandteil des Risikomanagements neben einer Risikocontrolling-Funktion (→ AT 4.4.1) und einer Compliance-Funktion (→ AT 4.4.2) insbesondere die Anforderungen an die Ausgestaltung der Aufbau- und Ablauforganisation mit klarer Abgrenzung der Verantwortungsbereiche (→ AT 4.3.1) sowie der Risikosteuerungs- und -controllingprozesse (→ AT 4.3.2). Während im allgemeinen Teil der MaRisk u. a. die Anforderungen an die Risikocontrolling- und die Compliance-Funktion sowie geschäfts- und risikoartenübergreifende Prinzipien an das interne Kontrollsystem formuliert werden, erfolgt im besonderen Teil eine Spezifizierung, die den unterschiedlichen Prozessen im Kredit- und Handelsgeschäft (→ BTO) sowie dem besonderen Charakter der verschiedenen Risikoarten (→ BTR) Rechnung trägt.

BT 1 Besondere Anforderungen an das interne Kontrollsystem

BTO Anforderungen an die Aufbau- und Ablauforganisation
  BTO 1 Kreditgeschäft
    BTO 1.1 Funktionstrennung und Votierung
    BTO 1.2 Anforderungen an die Prozesse im Kreditgeschäft
    BTO 1.3 Anforderungen an Verfahren zur Früherkennung von Risiken
        und Behandlung von Forbearance
    BTO 1.4 Risikoklassifizierungsverfahren
  BTO 2 Handelsgeschäft
    BTO 2.1 Funktionstrennung
    BTO 2.2 Anforderungen an die Prozesse im Handelsgeschäft

BTR Anforderungen an die Risikosteuerungs- und -controllingprozesse
  BTR 1 Adressenausfallrisiken
  BTR 2 Marktpreisrisiken
    BTR 2.1 Allgemeine Anforderungen
    BTR 2.2 Marktpreisrisiken des Handelsbuches
    BTR 2.3 Marktpreisrisiken des Anlagebuches (inkl. Zinsänderungsrisiken)
  BTR 3 Liquiditätsrisiken
    BTR 3.1 Allgemeine Anforderungen
    BTR 3.2 Zusätzliche Anforderungen an kapitalmarktorientierte Institute
  BTR 4 Operationelle Risiken

Abb. 54: Besondere Anforderungen an das interne Kontrollsystem im Überblick

1.2 Anforderungen an die Aufbau- und Ablauforganisation

3   Die besonderen Anforderungen an die Ausgestaltung der Aufbau- und Ablauforganisation im Kredit- und Handelsgeschäft werden wie folgt unterteilt:
- geschäftsartenübergreifende Anforderungen, die insbesondere aufbauorganisatorische Aspekte der MaRisk zum Gegenstand haben (→ BTO),
- Anforderungen an das Kreditgeschäft (→ BTO 1) und
- Anforderungen an das Handelsgeschäft (→ BTO 2).

4   Die geschäftsartenübergreifenden Anforderungen zielen vorrangig darauf ab, Interessenkonflikte zu vermeiden. Diesem Ziel wird durch verschiedene Funktionstrennungsprinzipien entsprochen. Dabei geht es im Grunde darum, dem implizit unterstellten Streben der Vertriebsbereiche/Front-Office-Bereiche für das Kreditgeschäft (»Markt«) und das Handelsgeschäft (»Handel«) nach einer möglichst voluminösen Geschäftsausweitung mit Hilfe der Betriebsbereiche/Back-Office-Bereiche im Kreditgeschäft (»Marktfolge«) und im Handelsgeschäft (»Abwicklung und Kontrolle«) sowie des Risikocontrollings entsprechende Funktionen entgegenzustellen, die in erster Linie den Risikogehalt der Geschäfte im Blick haben (→ BTO 1 Tz. 2 bis 4). Anlass für diese Anforderungen sind u. a. Vergütungspraktiken, die sich ausschließlich am Geschäftsvolumen orientiert und somit

unerwünschte Anreize zum Eingehen unverhältnismäßig hoher Risiken gesetzt haben. Diese Praxis gehört allerdings nicht zuletzt aufgrund entsprechender Vorgaben nach der InstitutsVergV[1] mittlerweile der Vergangenheit an.

Im risikorelevanten Kreditgeschäft sind für einen Geschäftsabschluss grundsätzlich zwei zustimmen- **5** de Voten der Bereiche Markt und Marktfolge erforderlich (→ BTO 1.1 Tz. 2). Im nicht-risikorelevanten Kreditgeschäft kann unter bestimmten Voraussetzungen davon abgesehen werden, womit auch die Funktionstrennung entbehrlich ist (→ BTO 1.1 Tz. 4). Für das Kreditgeschäft werden über alle Prozesse hinweg verschiedene methodische Standards vorgegeben (→ BTO 1.2). Hinsichtlich der ablauforganisatorischen Vorgaben unterscheidet die deutsche Aufsicht zwischen der Kreditgewährung beim Neugeschäft (→ BTO 1.2.1), der Kreditweiterbearbeitung beim Bestandsgeschäft (→ BTO 1.2.2) und der immer erforderlichen Kreditbearbeitungskontrolle (→ BTO 1.2.3). Problembehaftete Engagements werden zunächst intensiv betreut (→ BTO 1.2.4) und im Erfolgsfall wieder der Normalbetreuung zugeführt. Andernfalls besteht die Wahl zwischen der Sanierung oder der Abwicklung dieser Engagements (→ BTO 1.2.5). Gegebenenfalls müssen bei diesen Engagements gegenüber den Kreditnehmern gewisse Zugeständnisse (Forbearance-Maßnahmen) gemacht werden (→ BTO 1.3.2). Mit der Behandlung problembehafteter Engagements ist häufig auch die Bildung von Risikovorsorge verbunden (→ BTO 1.2.6). Zur rechtzeitigen Identifizierung problembehafteter Engagements dient das Verfahren zur Früherkennung von Risiken (→ BTO 1.3.1), zur erstmaligen, turnusmäßigen und anlassbezogenen Beurteilung der Adressenausfallrisiken das Risikoklassifizierungsverfahren (→ BTO 1.4).

Die Handelsaktivitäten können im Gegensatz zum Kreditgeschäft nicht in risikorelevante und **6** nicht-risikorelevante Geschäfte aufgeteilt werden. Insofern sind die Vorschriften zur Funktionstrennung beim Handelsgeschäft immer von einer Gesamtbetrachtung der Handelsaktivitäten abhängig (→ BTO 2.1). Beim Abschluss von Handelsgeschäften stehen vollständige Vertragsbestandteile und marktgerechte Bedingungen im Mittelpunkt (→ BTO 2.2.1). Bei der Abwicklung und Kontrolle geht es daneben auch um den Umgang mit eventuellen Unstimmigkeiten und Auffälligkeiten (→ BTO 2.2.2). Da es im Handel häufig auf Schnelligkeit ankommt und den Händlern insofern jederzeit klar sein sollte, inwieweit die relevanten Limite schon ausgeschöpft sind, sind die Handelsgeschäfte auch unverzüglich im Risikocontrolling abzubilden (→ BTO 2.2.3).

1.3   Abgrenzung der Geschäftsarten

Maßgeblich für die Zuordnung der betriebenen Geschäfte zu den Anforderungen an die Aus- **7** gestaltung der Aufbau- und Ablauforganisation im Kreditbereich (→ BTO 1) bzw. im Handelsbereich (→ BTO 2) sind die Definitionen im allgemeinen Teil des Rundschreibens (→ AT 2.3). Während bei den Kreditgeschäften von Anfang an auf den weiten Kreditbegriff des § 19 Abs. 1 KWG abgestellt wurde, war für den Handelsbereich viele Jahre lang ein ganzer Katalog von Handelsgeschäften maßgeblich, der sich jedoch nicht an den KWG-Normen orientiert hat.

Schon bei der Ausarbeitung der MaRisk wurde darüber diskutiert, ob eine durchgängige **8** Orientierung an Definitionen aus dem KWG zweckmäßig wäre. Dies erschien naheliegend, da es sich bei den MaRisk um die Präzisierung eines Paragrafen aus dem KWG handelt. Zunächst hatte sich der hierfür ggf. infrage kommende Begriff der Finanzinstrumente gemäß § 1 Abs. 11 KWG als unvollständig erwiesen. Mittlerweile besteht dieses Problem nicht mehr, weil die Kreditderivate

---

1   Verordnung über die aufsichtsrechtlichen Anforderungen an Vergütungssysteme von Instituten (Institutsvergütungsverordnung – InstitutsVergV) vom 16. Dezember 2013 (BGBl. I S. 4270), die zuletzt durch Artikel 1 der Verordnung vom 15. April 2019 (BGBl. I S. 486) geändert worden ist.

gemäß § 1 Abs. 11 Satz 4 Nr. 4 KWG den Vorgaben der »MiFID«[2] zufolge nunmehr auch als Finanz-instrumente anzusehen sind. Ein weiteres Problem bestand zum damaligen Zeitpunkt darin, dass im KWG zum Zwecke der Abgrenzung von Handels- und Anlagebuch auf eine abweichende Definition von Finanzinstrumenten nach § 1a Abs. 3 KWG a. F. abgestellt wurde. Im Rahmen des CRD IV-Umsetzungsgesetzes sind jedoch einige Begriffsbestimmungen im KWG entfallen, da die maß-geblichen Definitionen mittlerweile in der CRR enthalten sind, so z. B. in Art. 4 Abs. 1 Nr. 50 CRR zu Finanzinstrumenten[3] und in Art. 4 Abs. 1 Nr. 86 CRR zur Abgrenzung von Handels- und Anlage-buch.[4] Diese Anpassungen des KWG wurden von der deutschen Aufsicht im Rahmen der sechsten MaRisk-Novelle zum Anlass genommen, die Definition der Handelsgeschäfte in den MaRisk anzu-passen. Nunmehr wird auf § 1 Abs. 11 KWG verwiesen, wobei die betroffenen Finanzinstrumente nach wie vor in Listenform aufgeführt werden. Damit ist die Aufsicht bezüglich der Definition der Geschäfte einem Gleichlauf zwischen KWG und MaRisk nähergekommen (→ AT 2.3 Tz. 3).

9 Diskutiert wurde darüber hinaus die Frage, ob die geschäftsartenbezogene Zuordnung ins-besondere im Grenzbereich zwischen Kredit- und Handelsgeschäften durch eine am Verwen-dungszweck orientierte Zuordnung ersetzt werden kann. Vor allem die jahrelange Diskussion um die Einordnung von Schuldscheinen als Handelsgeschäfte machte deutlich, dass an dieser Stelle Klärungsbedarf besteht. Ein Schritt in diese Richtung wurde zweifellos mit der Einordnung von Forderungen als Handelsgeschäfte getan, die sich am Verwendungszweck – also an der »Handels-absicht« – orientiert. Konkret könnte dazu auf die maßgebliche Definition der »Positionen, die mit Handelsabsicht gehalten werden«, in der CRR abgestellt werden.[5] Die deutsche Aufsicht hat von einer grundsätzlichen Bezugnahme auf die Handelsabsicht zur Abgrenzung der Geschäfte aller-dings abgesehen, um z. B. auch für Wertpapiere der Liquiditätsreserve oder andere »Handels-geschäfte« des Anlagebuches eine risikoadäquate Bearbeitung sicherzustellen. Die Motivation des Geschäftes, d. h. die »Erzielung eines kurzfristigen Eigenhandelserfolges«, spielt allerdings für die Umsetzung der Risikosteuerungs- und -controllingprozesse eine Rolle. So wird bei den Markt-preisrisiken zwischen Handels- und Anlagebuch unterschieden (→ BTR 2.2 und BTR 2.3).

10 In der Fachliteratur finden sich verschiedene Abgrenzungsvorschläge, die ebenfalls auf die Handelsabsicht abzielen. So könnte das originäre Kreditgeschäft in Abgrenzung zu Handels-geschäften als direkte Kreditvergabe an einen Kreditnehmer im Sinne der Vergabe der Mittel definiert werden, wobei der Kredit zu dauerndem Besitz bestimmt wäre (»Primärmarktgeschäf-te«). Alle sonstigen Geschäfte mit Forderungen – wie etwa der Kauf von Krediten – könnten hingegen als »Sekundärgeschäfte« angesehen werden, bei denen das Vorliegen einer »Handels-absicht« im Sinne der MaRisk zu unterstellen ist.[6] Die Bankenaufsicht hat sich im Hinblick auf diese Frage bisher nicht eindeutig geäußert. Die letztgenannte Interpretation widerspricht jeden-falls nicht dem Wortlaut der MaRisk (→ AT 2.3 Tz. 3, Erläuterung).

---

2 Vgl. Richtlinie 2004/39/EG (MiFID) des Europäischen Parlaments und des Rates vom 21. April 2004 über Märkte für Finanzinstrumente, Amtsblatt der Europäischen Union vom 30. April 2004, L 145/41 f., Anhang I, Abschnitt C, Nr. 8.

3 Laut Art. 4 Abs. 1 Nr. 50 CRR bezeichnet der Ausdruck »Finanzinstrument« a) einen Vertrag, der für eine der beteiligten Seiten einen finanziellen Vermögenswert und für die andere Seite eine finanzielle Verbindlichkeit oder ein Eigenkapital-instrument schafft, b) ein in Anhang I Abschnitt C der Richtlinie 2004/39/EG genanntes Instrument, c) ein derivatives Finanzinstrument, d) ein Primärfinanzinstrument und e) ein Kassainstrument. Die unter den Buchstaben a, b und c genannten Instrumente sind allerdings nur dann als Finanzinstrumente zu betrachten, wenn ihr Wert sich aus dem Kurs eines zugrunde liegenden Finanzinstrumentes oder eines anderen Basiswertes, einem Satz oder einem Index errechnet.

4 Gemäß Art. 4 Abs. 1 Nr. 86 CRR gehören zum »Handelsbuch« alle Positionen in Finanzinstrumenten und Waren, die ein Institut entweder mit Handelsabsicht oder zur Absicherung anderer mit Handelsabsicht gehaltener Positionen des Handelsbuchs hält. Das Anlagebuch ergibt sich dann implizit aus der Abgrenzung zum Handelsbuchbegriff.

5 Nach Art. 4 Abs. 1 Nr. 85 CRR werden unter »Positionen, die mit Handelsabsicht gehalten werden«, a) Eigenhandelspositionen und Positionen, die sich aus Kundenbetreuung und Marktpflege ergeben, b) Positionen, die zum kurzfristigen Wiederverkauf gehalten werden, und c) Positionen, bei denen die Absicht besteht, aus bestehenden oder erwarteten kurzfristigen Kursunter-schieden zwischen Ankaufs- und Verkaufskurs oder aus anderen Kurs- oder Zinsschwankungen Profit zu ziehen, verstanden.

6 Vgl. Rehbein, Ronny, Auslegungsfragen der MaRisk, in: Ramke, Thomas/Wohlert, Dirk (Hrsg.), Risikomanagement im Handelsgeschäft, Stuttgart, 2009, S. 203 ff.

Gegenstand der Diskussionen um den geschäftsbezogenen Anwendungsbereich der MaRisk war **11**
schließlich noch die Frage, ob die Zuordnung der Geschäfte zu den Kredit- oder Handelsprozessen
weitgehend in das Ermessen der Institute gestellt werden kann. Problematisch erschien dabei
insbesondere, dass Institute interessengetrieben auf sinnvolle und risikoadäquate Anforderungen,
wie z.B. die Marktgerechtigkeitskontrolle, verzichten könnten. Ob ein derartiger Missbrauch durch
klar und nachvollziehbar dokumentierte Entscheidungsprozesse ausgeschlossen werden kann, lässt
sich nicht abschließend beurteilen. Fakt ist, dass unterschiedliche Prozessanforderungen dem
Charakter der jeweiligen Geschäfte entsprechen. Trotz der teilweise gravierenden Unterschiede
zwischen den Prozessen im Kredit- und Handelsgeschäft bestehen auch einige Gemeinsamkeiten.
Den Grenzbereichen zwischen beiden Geschäftsarten wird zum Teil durch die Möglichkeit einer
»sinngemäßen Anwendung« Genüge getan (→ BTO 1 Tz. 1). Die geschäftsartenübergreifenden
Anforderungen an die Aufbau- und Ablauforganisation werden vorangestellt (→ BTO).

Für eine erneute Diskussion über eine Anpassung der MaRisk spricht vor allem, dass auf interna- **12**
tionaler Ebene seit Jahren über die Praktikabilität des Kriteriums der Handelsabsicht und damit
insbesondere über die Abgrenzung zwischen Handels- und Anlagebuch nachgedacht wird.[7] Die
diesbezüglichen Vorschläge vom Baseler Ausschuss für Bankenaufsicht werden mit der noch nicht
abgeschlossenen Überarbeitung der CRR zu einer objektiveren Zuordnung von Positionen zum
Handelsbuch führen. Damit wird auch die Umwidmung von Finanzinstrumenten vom Handels- in
das Anlagebuch deutlich erschwert, um insbesondere regulatorische Kapitalarbitrage zu verhindern.

1.4 Anforderungen an die Risikosteuerungs- und -controllingprozesse

Hinsichtlich der besonderen Anforderungen an die Prozesse zur Identifizierung, Beurteilung, **13**
Steuerung, Überwachung sowie Kommunikation der Risiken (Risikosteuerungs- und -controlling-
prozesse) wird unterschieden nach:
- Adressenausfallrisiken inkl. Länderrisiken (→ BTR 1),
- Marktpreisrisiken inkl. Zinsänderungsrisiken (→ BTR 2),
- Liquiditätsrisiken (→ BTR 3) und
- operationellen Risiken (→ BTR 4).

Dabei wird neben allgemeinen Prinzipien an die Behandlung von Marktpreisrisiken (→ BTR 2.1) **14**
auch den Besonderheiten der Positionen des Handelsbuches (→ BTR 2.2) und des Anlagebuches
(→ BTR 2.3) Rechnung getragen. Ebenso werden die für alle Institute geltenden Anforderungen an
das Management von Liquiditätsrisiken (→ BTR 3.1) um zusätzliche Vorgaben ergänzt, die
lediglich von kapitalmarktorientierten Instituten zu beachten sind (→ BTR 3.2).

Die Risikosteuerungs- und -controllingprozesse müssen die verschiedenen Arten von Risiko- **15**
konzentrationen berücksichtigen. Dazu gehören Risikokonzentrationen aus Risikopositionen
gegenüber Einzeladressen aufgrund ihrer Größe sowie Risikokonzentrationen, die auf den Gleichlauf von Risikopositionen innerhalb einer Risikoart (»Intra-Risikokonzentrationen«) oder auf den
Gleichlauf von Risikopositionen über verschiedene Risikoarten hinweg (»Inter-Risikokonzentrationen«) zurückzuführen sind (→ AT 2.2 Tz. 1).

---

7 Vgl. Financial Services Authority, The prudential regime for trading activities – A fundamental review, Discussion Paper 10/4,
August 2010; Gebhard, Rüdiger/Reeder, Johannes, Regelungen zu Handelsgeschäften auf dem Prüfstand, in: BaFinJournal,
Ausgabe August 2011, S. 14–19; Basel Committee on Banking Supervision, Fundamental review of the trading book: A revised
market risk framework, Consultative document, BCBS 265, 31. Oktober 2013; Basel Committee on Banking Supervision,
Fundamental review of the trading book: outstanding issues, Consultative document, BCBS 305, 19. Dezember 2014; Basel
Committee on Banking Supervision, Standards – Minimum capital requirements for market risk, BCBS 352, 14. Januar 2016.

16 Da die allgemeinen Anforderungen an die Berichterstattung für alle wesentlichen Risiken gelten, wurden sie im Rahmen der fünften MaRisk-Novelle in ein eigenes Modul überführt (→ BT 3.1) und um die speziellen Vorgaben zu den Berichten der Risikocontrolling-Funktion über einzelne Risikoarten ergänzt (→ BT 3.2). An dieser Stelle wird zudem klargestellt, dass auch über die sonstigen vom Institut als wesentlich identifizierten Risiken berichtet werden muss (→ BT 3.2 Tz. 7).

17 Eine zentrale Rolle für die Risikosteuerungs- und -controllingprozesse spielen die internen Prozesse zur Sicherstellung einer angemessenen Kapitalausstattung (»Internal Capital Adequacy Assessment Process«, ICAAP) und Liquiditätsausstattung (»Internal Liquidity Adequacy Assessment Process«, ILAAP). Die Umsetzung der einschlägigen Vorgaben zum ICAAP gemäß Art. 73 CRD IV und zum ILAAP nach Art. 86 CRD IV in nationales Recht ist über § 25a Abs. 1 Satz 3 KWG erfolgt. Demnach haben die Institute Verfahren zur Ermittlung und Sicherstellung der Risikotragfähigkeit einzurichten, wobei eine vorsichtige Ermittlung der Risiken, der potenziellen Verluste, die sich aufgrund von Stressszenarien ergeben, einschließlich derjenigen, die nach dem aufsichtlichen Stresstest nach § 6b Abs. 3 KWG ermittelt werden, und des zu ihrer Abdeckung verfügbaren Risikodeckungspotenzials zugrunde zu legen ist (→ AT 4.1). Außerdem müssen sie über Prozesse zur Identifizierung, Beurteilung, Steuerung sowie Überwachung und Kommunikation der in Art. 79 bis 87 CRD IV aufgeführten Risiken entsprechend den dort niedergelegten Kriterien verfügen. Dazu zählen auch die Liquiditäts- und Refinanzierungsrisiken (→ BTR 3). Während die Anforderungen an den ILAAP im Modul BTR niedergelegt sind, finden sich die umfangreichen Vorgaben zum ICAAP bereits im allgemeinen Teil der MaRisk.

1.5 Abgrenzung der Risikoarten

18 Jedes Institut muss individuell beurteilen, welche Risiken mit Blick auf seine spezifischen Geschäftsprozesse als wesentlich einzustufen sind. Zur Beurteilung der Wesentlichkeit muss sich das Institut zunächst einen Überblick über die Ausprägungen sämtlicher Risiken verschaffen. Das Ergebnis dieser Analyse wird als »Gesamtrisikoprofil« des Institutes bezeichnet (→ AT 2.2 Tz. 1). Zu den zu berücksichtigenden Risikoarten zählen grundsätzlich zumindest die Adressenausfallrisiken (→ BTR 1), die Marktpreisrisiken (→ BTR 2), die Liquiditätsrisiken (→ BTR 3) und die operationellen Risiken (→ BTR 4). Abhängig vom Gesamtrisikoprofil eines Institutes sind ggf. auch sonstige Risiken als wesentlich einzustufen. Die deutsche Aufsicht nennt als potenziellen Kandidaten insbesondere die Reputationsrisiken (→ AT 2.2 Tz. 2, Erläuterung).

19 Die Abgrenzung der Risikoarten für die Zwecke der Risikosteuerungs- und -controllingprozesse ist kein einfacher Vorgang. Mit der steigenden Komplexität der Bankprodukte geht außerdem eine stärkere Verschmelzung der klassischen Risikoarten einher. Nicht in jedem Fall wird institutsintern eine eindeutige Zuordnung möglich sein. Erschwerend kommt hinzu, dass wiederum den operationellen Risiken als Bestandteil der »nicht-finanziellen Risiken« (»Non-Financial Risks«, NFR) diverse Unterkategorien zugeordnet sind, die unter bestimmten Umständen auch für sich genommen durchaus als wesentlich betrachtet werden könnten. Die deutsche Aufsicht fordert von den Instituten daher eine möglichst klare Abgrenzung der operationellen Risiken zu anderen vom Institut betrachteten Risikoarten (→ BTR 4 Tz. 1, Erläuterung). Schließlich müssen nunmehr auch die Nachhaltigkeitsrisiken berücksichtigt werden, die sich als Treiber auf andere Risikoarten auswirken können.

20 Die Besonderheiten der einzelnen Risiken und deren Abgrenzung untereinander werden von der deutschen Aufsicht bei der Berechnung des Risikodeckungspotenzials (→ AT 4.1 Tz. 4 und 5) sowie generell im Rahmen der Risikosteuerungs- und -controllingprozesse (→ AT 4.3.2 Tz. 1) berücksichtigt. Gewisse Freiheiten bestehen z. B. bei der Behandlung marktbezogener Risiken, die aus der Veränderung der Bonität einer Adresse resultieren. Dies betrifft z. B. das spezifische Risiko eines Emittenten bei Wertpapieren oder potenzielle Änderungen von Bonitätsspreads, die »in angemessener Weise« zu berücksichtigen sind (→ BTR 2.1 Tz. 1, Erläuterung).

BTO Anforderungen an die Aufbau- und Ablauforganisation

1 Gliederung und vereinfachte Umsetzung (Tz. 1)

1 Dieses Modul stellt vor allem Anforderungen an die Aufbau- und Ablauforganisation im 1
Kredit- und Handelsgeschäft. Abhängig von der Größe der Institute, den Geschäftsschwerpunkten und der Risikosituation ist eine vereinfachte Umsetzung der Anforderungen
in BTO möglich.

1.1 Konkretisierung der organisatorischen Anforderungen

Klare und eindeutige organisatorische Regelungen sind für die Effizienz des internen Kontroll- 2
systems unerlässlich. Als Voraussetzung dafür müssen die institutsinternen Prozesse sowie die
damit verbundenen Aufgaben, Kompetenzen, Verantwortlichkeiten, Kontrollen und Kommunikationswege klar definiert und aufeinander abgestimmt werden (→ AT 4.3.1 Tz. 2). Das gilt grundsätzlich auch für die Risikosteuerungs- und -controllingprozesse, an die zusätzliche Anforderungen gestellt werden (→ AT 4.3.2 und BTR). Zur Risikoreduzierung sind Berechtigungen und
Kompetenzen nach dem Sparsamkeitsgrundsatz (»Need-to-know-Prinzip«) zu vergeben und bei
Bedarf zeitnah anzupassen (→ AT 4.3.1 Tz. 2). Darüber hinaus ist sicherzustellen, dass miteinander unvereinbare Tätigkeiten durch unterschiedliche Mitarbeiter durchgeführt werden (→ AT
4.3.1 Tz. 1). Hierfür ist es nicht in jedem Fall erforderlich, Maßnahmen zu treffen, die in einer
aufbauorganisatorischen Trennung dieser Funktionen gipfeln. Eine ganze Reihe von routinemä-
ßigen Kontrollprozessen basiert auf dem üblichen Vier-Augen-Prinzip, wie z. B. die prozessabhängige Kreditbearbeitungskontrolle (→ BTO 1.2.3 Tz. 1). Zudem müssen auch bei Arbeitsplatzwechseln Interessenkonflikte vermieden werden. Zu diesem Zweck sollen beim Wechsel von
Mitarbeitern der Vertriebsbereiche (Markt und Handel) in Back-Office-Bereiche (Marktfolge sowie
Abwicklung und Kontrolle), die auch als »nachgelagerte Bereiche« bezeichnet werden, und in
Kontrollbereiche (Risikocontrolling und Compliance) für eine angemessene Übergangsfrist grundsätzlich Tätigkeiten ausgeschlossen werden, die gegen das Verbot der Selbstprüfung und -über-
prüfung verstoßen (→ AT 4.3.1 Tz. 1). Für kleinere, weniger komplexe Institute sind auch
alternative Kontrollmechanismen denkbar. In diesem Modul werden diese allgemeinen Anforderungen an die Aufbau- und Ablauforganisation im Kredit- (→ BTO 1) und Handelsgeschäft
(→ BTO 2) konkretisiert.

1.2 Proportionalitätsprinzip

Bereits in der Vorbemerkung betont die deutsche Aufsicht, dass die Anforderungen des Rund- 3
schreibens unter Berücksichtigung des so genannten »Prinzips der doppelten Proportionalität«
umzusetzen sind (→ AT 1 Tz. 2). Dieses Prinzip besagt einerseits, dass der heterogenen Institutsstruktur und der Vielfalt der Geschäftsaktivitäten durch eine flexible Ausgestaltung der Anforderungen entsprochen werden muss. Zu diesem Zweck werden »Öffnungsklauseln« formuliert, die
unter bestimmten Voraussetzungen eine vereinfachte Umsetzung des Rundschreibens ermöglichen (→ AT 1 Tz. 5). Andererseits muss diese flexible Grundausrichtung für den institutsinternen
Umsetzungsprozess mittels eines risikoorientierten Prüfungsansatzes auch im Rahmen von Prü-

fungshandlungen beachtet werden und dem Aufsichtshandeln der BaFin zugrunde liegen (→ AT 1 Tz. 7). Das Proportionalitätsprinzip gilt insofern »im doppelten Sinne« – sowohl für den instituts-internen Umsetzungsprozess als auch für die Prüfungs- und Aufsichtspraxis. Es berücksichtigt die Größe der Institute, deren Geschäftsschwerpunkte, d.h. insbesondere Art, Umfang und Komple-xität der Geschäftsaktivitäten, und deren spezifische Risikosituation, d.h. den Risikogehalt der derzeitigen und geplanten Geschäftsaktivitäten.

4   Im Rahmen der vierten MaRisk-Novelle wurde das Prinzip der doppelten Proportionalität um das so genannte »Prinzip der Proportionalität nach oben« erweitert (→ AT 1 Tz. 3). Diesem Prinzip zufolge müssen Institute, die besonders groß sind oder deren Geschäftsaktivitäten durch beson-dere Komplexität, Internationalität oder eine besondere Risikoexponierung gekennzeichnet sind, ggf. mit Verschärfungen rechnen. So haben diese Institute ggf. weitergehende Vorkehrungen zur Sicherstellung der Angemessenheit und Wirksamkeit ihres Risikomanagements zu treffen, sofern dies in einschlägigen Veröffentlichungen des Baseler Ausschusses für Bankenaufsicht und des Financial Stability Boards gefordert wird. Die deutsche Aufsicht wollte sich vorbehalten, einzelne Themen aus diesen Papieren aufzugreifen und ihre Berücksichtigung im Risikomanagement mit den betroffenen Instituten zu diskutieren.[1] Mittlerweile ist dieses Prinzip bereits in den MaRisk verankert, wie die Vorgaben zur Risikodatenaggregation (→ AT 4.3.4 Tz. 1), zur exklusiven Wahrnehmung der Leitung der Risikocontrolling-Funktion durch einen Geschäftsleiter (→ AT 4.4.1 Tz. 5), zur Einrichtung der Compliance-Funktion als eigenständige Organisationseinheit (→ AT 4.4.2 Tz. 4), zum Liquiditätstransferpreissystem (→ BTR 3.1 Tz. 6), zu den zusätzlichen Anforderungen an das Management der Liquiditätsrisiken (→ BTR 3.2 Tz. 1), zur Einrichtung einer Ereignisdatenbank für Schadensfälle (→ BTR 4 Tz. 3, Erläuterung) oder zum Turnus der Berichterstattung über die Liquiditätsrisiken und die Liquiditätssituation (→ BT 3.2 Tz. 5) zeigen.

5   Bis zur fünften MaRisk-Novelle waren viele dieser zusätzlichen Anforderungen auf »systemrele-vante« Institute eingeschränkt. Mit der sechsten MaRisk-Novelle wurde der Anwendungsbereich auf »bedeutende« Institute gemäß Art. 6 SSM-Verordnung ausgeweitet, worunter jene Institute zu verstehen sind, die direkt von der EZB beaufsichtigt werden (→ AT 1 Tz. 6). Nicht alle bedeutenden Institute gemäß Art. 6 SSM-Verordnung sind gleichzeitig als global oder anderweitig systemrelevant eingestuft. Für die bedeutenden Institute gelten zudem grundsätzlich alle Leitlinien der EBA, weil sich die EZB in der Regel zu deren Anwendung in ihrer Aufsichtspraxis verpflichtet, sowie die zu verschiedenen Themenbereichen ergänzenden Leitfäden der EZB. Die damit verbundenen Anforde-rungen sind im Kommentar zumindest in verallgemeinerter Form weitgehend berücksichtigt.

1.3   Allgemeine Öffnungsklausel für die organisatorischen Anforderungen

6   Mit »einseitiger« Blickrichtung auf die Institute wird das Proportionalitätsprinzip ausdrücklich hervorgehoben, indem explizit auf eine vereinfachte Umsetzung der Anforderungen in Abhängigkeit von der Größe der Institute, den Geschäftsschwerpunkten und der Risikosituation hingewiesen wird. Diese allgemeine Öffnungsklausel bezieht sich sowohl auf die aufbauorganisatorischen als auch auf die ablauforganisatorischen Anforderungen. Sie gilt für das gesamte Modul BTO und wird an verschiedenen Stellen präzisiert. Die drei maßgeblichen Faktoren (Institutsgröße, Geschäftsschwer-punkte und Risikosituation) sind dabei grundsätzlich in ihrem Zusammenspiel zu betrachten. So kann z.B. bei kleinen Instituten auf die Funktionstrennung verzichtet werden, wenn das Kredit-

---

1   Vgl. Bundesanstalt für Finanzdienstleistungsaufsicht, Übermittlungsschreiben zum Rundschreiben 10/2012 (BA) vom 14. Dezember 2012, S. 2.

geschäft einfach strukturiert ist, nur zwei Geschäftsleiter vorhanden sind und das Kreditvolumen, aus dem sich eine relative Obergrenze für die vorhandenen Kreditrisiken ableiten lässt, höchstens 100 Millionen Euro beträgt (→ BTO 1.1 Tz. 1, Erläuterung). Das bedeutet jedoch nicht, dass von den Erleichterungen ausschließlich kleine Institute mit weniger komplexer Geschäftsausrichtung und überschaubaren Risiken Gebrauch machen können. So beziehen sich bestimmte Erleichterungen aus Praktikabilitätsgründen z.B. nur auf die jeweiligen Prozesse (drittinitiiertes Kreditgeschäft), wobei der Risikogehalt der Geschäfte oder die Größe des Institutes keine Rolle spielen (→ BTO 1.1 Tz. 4, Erläuterung). Grundsätzlich lassen sich insofern vom Risikogehalt abhängige und vom Risikogehalt unabhängige Erleichterungen voneinander unterscheiden.

1.3.1 Vom Risikogehalt abhängige Erleichterungen

Im standardisierten Mengengeschäft kann z.B. – unabhängig von der Institutsgröße – zumindest auf Einzelgeschäftsebene grundsätzlich von relativ geringen Adressenausfallrisiken ausgegangen werden (→ BTO 1.1 Tz. 4, Erläuterung). Daher ist es bei solchen Geschäften nicht erforderlich, zwei Voten aus den Bereichen Markt und Marktfolge einzuholen. In der Konsequenz kann in diesen Fällen auf die Funktionstrennung verzichtet werden (→ BTO 1.1 Tz. 4). Gleichzeitig können für das standardisierte Mengengeschäft und andere Geschäftsarten mit vergleichbar geringem Risikogehalt (»nicht-risikorelevante« Kreditgeschäfte) diverse Erleichterungen hinsichtlich des Umfangs und der Intensität der Kreditprozesse in Anspruch genommen werden (→ BTO 1.2 Tz. 5, BTO 1.2 Tz. 8 inkl. Erläuterung, BTO 1.2 Tz. 12, BTO 1.2 Tz. 14 etc.). Ähnliche Erleichterungen werden für die organisatorischen Anforderungen im Handelsgeschäft eingeräumt. So kann z.B. bei »nicht-risikorelevanten« Handelsaktivitäten[2] von der Funktionstrennung bis einschließlich der Ebene der Geschäftsleitung abgesehen werden (→ BTO 2.1 Tz. 2).

1.3.2 Vom Risikogehalt unabhängige Erleichterungen

Im risikorelevanten Geschäft können selbst größere Institute von den Öffnungsklauseln profitieren, wenn dies z.B. aus prozessualer Sicht gerechtfertigt erscheint. Beispielhaft sei an dieser Stelle das Fördergeschäft genannt, bei dem unter bestimmten Voraussetzungen auf das vertriebsabhängige Votum (→ BTO 1.1 Tz. 4, Erläuterung), die Intensivbetreuung, die Behandlung von Problemkrediten (→ BTO 1.2.4 Tz. 1, Erläuterung) sowie das Verfahren zur Früherkennung von Risiken (→ BTO 1.3.1 Tz. 3, Erläuterung) verzichtet werden kann. Ebenfalls aus prozessualen Gründen kann bei Handelsgeschäften und Beteiligungen von der Umsetzung einzelner Anforderungen an das Kreditgeschäft abgesehen werden, soweit deren Berücksichtigung vor dem Hintergrund der Besonderheiten dieser Geschäftsarten nicht zweckmäßig ist (→ BTO 1 Tz. 1). Bei kleinen Instituten bzw. bei sehr geringen Handelsaktivitäten kann den Anforderungen an die Funktionstrennung durch die unmittelbare Einschaltung der Geschäftsleitung bzw. durch eine vorübergehende Zuordnung anderer Mitarbeiter, die ansonsten nicht mit Handelsgeschäften betraut sind, entsprochen werden (→ BTO 2.1 Tz. 2, Erläuterung). Umfang und Intensität der Handelsprozesse können u.a. bei Verwendung von geeigneten Abwicklungs- oder Bestätigungssystemen (→ BTO 2.2.1 Tz. 5, BTO 2.2.2 Tz. 2, Erläuterung und BTO 2.2.2 Tz. 3) deutlich reduziert werden.

7

8

---

2 Grundsätzlich sind mit jedem Kredit- und Handelsgeschäft sowohl Chancen als auch Risiken für das Institut verbunden. Vor diesem Hintergrund existieren im Grunde keine »nicht-risikorelevanten« Kredit- oder Handelsgeschäfte. Die Unterscheidung zwischen »risikorelevanten« und »nicht-risikorelevanten« Geschäften bezieht sich vielmehr auf den Grad der jeweiligen Risikorelevanz für das Institut. Während bei den Kreditgeschäften eine Unterscheidung zwischen risikorelevanten und nicht-risikorelevanten Engagements möglich ist, können die Handelsaktivitäten eines Institutes allerdings nur in ihrer Gesamtheit als risikorelevant oder nicht-risikorelevant eingestuft werden.

1.4 Risikoorientierte Prüfungspraxis

9 Im Modul BTO finden sich noch weitere Öffnungsklauseln, die den Instituten einen angemessenen Spielraum für die Umsetzung der MaRisk einräumen. Zusätzliche Freiräume ergeben sich zudem aus der Vielzahl von unbestimmten Rechtsbegriffen, wie »angemessen«, »sachgerecht« oder »wesentlich«. Aus Teilen der Kreditwirtschaft wurde aufgrund der Erfahrungen mit den qualitativ ausgestalteten Mindestanforderungen an das Kreditgeschäft (MaK) vor der erstmaligen Veröffentlichung der MaRisk kritisiert, dass derartige Begriffe in der Prüfungspraxis tendenziell eng ausgelegt werden und insofern zu Diskussionen führen könnten. Eine klare definitorische Abgrenzung dieser Begriffe ist vor dem Hintergrund der heterogenen Institutsstruktur in Deutschland und der enormen Vielfalt des Kreditgeschäftes jedoch kaum möglich und würde die Spielräume der Institute bei der Umsetzung der MaRisk unnötig einschränken. Im Rahmen der Konsultationsphase zur ersten Fassung der MaRisk bestand schließlich Einigkeit zwischen der deutschen Aufsicht und den kreditwirtschaftlichen Verbänden, den Instituten vor dem Hintergrund der institutsindividuellen Gegebenheiten und insbesondere unter Risikogesichtspunkten bei der Umsetzung der MaRisk weitgehende Eigenverantwortung zuzugestehen (→ AT 1 Tz. 5). Natürlich müssen die Institute auch dazu bereit sein, diese Eigenverantwortung wahrzunehmen.

10 Die deutsche Aufsicht hat deshalb im damaligen Übermittlungsschreiben und im Rundschreiben selbst (→ AT 1 Tz. 7) klargestellt, dass die Prüfung der Mindestanforderungen einen risikoorientierten Prüfungsansatz erfordert, der an den institutsspezifischen Gegebenheiten ansetzt und die dabei gewonnenen Erkenntnisse berücksichtigt, weil nur auf diese Weise angemessene Feststellungen getroffen werden können. Da überzogene Dokumentations- und Rechtfertigungszwänge bei der Inanspruchnahme von Öffnungsklauseln durch die Institute von der offenen Grundausrichtung der MaRisk aus Sicht der Aufsicht nicht gedeckt sind, wurde die Dokumentationspflicht auf die Inanspruchnahme »wesentlicher« Öffnungsklauseln beschränkt (→ AT 6 Tz. 2). Diese Dokumentationspflicht liegt im Eigeninteresse der Institute. Sie dient gleichzeitig der Erleichterung der Prüfungsprozesse und fördert das Zusammenwirken der Geschäftsleitung mit der Internen Revision (→ BT 2) und dem Abschlussprüfer.

2 Maßgebliche Bereiche und Funktionen (Tz. 2)

2 Für die Zwecke des Rundschreibens werden folgende Bereiche unterschieden: 11

a) Der Bereich, der Kreditgeschäfte initiiert und bei den Kreditentscheidungen über ein Votum verfügt (Markt),

b) der Bereich, der bei den Kreditentscheidungen über ein weiteres Votum verfügt (Markt-folge), sowie

c) der Bereich Handel.

Darüber hinaus werden folgende Funktionen unterschieden:

d) Die Funktionen, die der Überwachung und Kommunikation der Risiken (Risikocontrol-ling) dienen, und

e) die Funktionen, die der Abwicklung und Kontrolle der Handelsgeschäfte dienen.

2.1 Unterschiede zwischen Bereichen, Stellen und Funktionen

Durch die Wahl der Begriffe »Bereich« oder »Stelle« wird einzelnen Organisationseinheiten eine   12
unterschiedliche Bedeutung zugewiesen, die im Zusammenhang mit den Regelungen zur Funk-tionstrennung von Relevanz ist. Ein »Bereich« im Sinne der MaRisk muss natürlich nicht mit der Organisationseinheit »Bereich« im Institut übereinstimmen. Es ist auch nicht erforderlich, die Bezeichnungen der Organisationseinheiten anzupassen. Die Institute müssen jedoch die mit den MaRisk verfolgte Intention organisatorisch umsetzen.

Die aufbauorganisatorische Trennung zwischen zwei Bereichen ist regelmäßig gewährleistet,   13
wenn nicht derselbe Geschäftsleiter für beide Bereiche zuständig ist. Hierunter ist eine sowohl fachliche als auch disziplinarische Trennung der Zuständigkeiten zu verstehen (→ BTO Tz. 3, Erläuterung). Die Anforderung, dass ein Bereich »außerhalb des Handels und Marktes« angesiedelt sein soll, wird folglich nur dann erfüllt, wenn dieser Bereich aufbauorganisatorisch bis einschließ-lich der Ebene der Geschäftsleitung vom Handel und vom Markt getrennt ist (→ BTO Tz. 2, Erläuterung). Demzufolge bedeutet die »Funktionstrennung im engeren Sinne«, für deren Be-schreibung der Begriff »Bereich« herangezogen wird, eine Trennung der Ressorts auf der Ebene der Geschäftsleitung.

Hingegen kann eine »vom Markt und Handel unabhängige Stelle« auch innerhalb der Geschäfts-   14
leiterlinie Markt bzw. Handel angesiedelt sein (→ BTO Tz. 2, Erläuterung). Somit kann ein Bereich aus mehreren Stellen bestehen. Von dieser Erleichterung profitieren vorrangig die Rechtsabteilung (→ BTO Tz. 8), die Personalabteilung oder eine vergleichbare Stelle (→ BTO 1.1 Tz. 1, Erläute-rung) und – zumindest bei weniger handelsintensiven Instituten – das Rechnungswesen (→ BTO Tz. 7). Nach Lesart der deutschen Aufsicht hat die aufbauorganisatorische Trennung in diesem Fall direkt unterhalb der Ebene der Geschäftsleitung zu erfolgen, wenngleich die MaRisk dies-bezüglich eigentlich keine Aussage treffen. Aus praktischer Sicht sollte dies in den relevanten

Fällen allerdings unproblematisch sein. Insofern ist unter der »Funktionstrennung im weiteren Sinne«, die mit Hilfe des Begriffes »Stelle« charakterisiert wird, eine Trennung auf der Ebene der Bereichsleitung erforderlich. In kleineren Instituten wird diese zweite Hierarchieebene zum Teil auch als Abteilungsleitung bezeichnet.[3]

15   Daneben kann es erforderlich sein, dass bestimmte Funktionen unabhängig voneinander bzw. unabhängig von bestimmten Organisationseinheiten wahrgenommen werden. Unter einer Funktion ist nicht zwangsläufig eine Organisationseinheit (Bereich oder Stelle) zu verstehen. Vielmehr geht es dabei um die Zuordnung bestimmter Prozesse (Tätigkeiten) zu einem geeigneten Oberbegriff. Sind diese Tätigkeiten nicht miteinander vereinbar, müssen sie durch unterschiedliche Mitarbeiter durchgeführt werden (→ AT 4.3.1 Tz. 1). Im einfachsten Fall kann diese Forderung mit Hilfe des »Vier-Augen-Prinzips« innerhalb einer Organisationseinheit erfüllt werden (→ BTO 1.2.3 Tz. 1). Daraus folgt, dass mehrere Funktionen auch innerhalb einer Stelle angesiedelt sein dürfen. Insofern sind mit dem eigentlichen Funktionstrennungsprinzip, für das letztlich auch der Begriff »Funktion« Verwendung findet, nicht zwangsläufig aufbauorganisatorische Konsequenzen verbunden.

2.2 »Definition« der Bereiche und Funktionen

16   Zunächst werden die wesentlichen Aufgaben bzw. Tätigkeiten jener Bereiche, Stellen und Funktionen beschrieben, die von der Funktionstrennung im engeren, weiteren oder eigentlichen Sinne vorrangig betroffen sind. Dem qualitativen Charakter der MaRisk zufolge werden die entsprechend zugeordneten Aufgaben nur sehr allgemein formuliert. Insofern kann kaum von einer echten »Definition« die Rede sein. Allerdings können aus dem gesamten Kontext der MaRisk weitere Zuordnungen abgeleitet werden, die z.B. auf das Ansiedlungsverbot bestimmter Tätigkeiten zu verschiedenen Organisationseinheiten zurückzuführen sind.

17   Davon unabhängig können die einer Funktion zugewiesenen Tätigkeiten natürlich auch von verschiedenen Organisationseinheiten erfüllt werden, solange die jeweiligen Kriterien an deren Unabhängigkeit und Vereinbarkeit Beachtung finden. Auf diese Weise ist die Erfüllung der Aufgaben einfacher sicherzustellen, wenn Mitarbeiter aufgrund von Urlaub oder Krankheit zwischenzeitlich ausfallen. Mit dieser Vereinfachung kommt die Aufsicht vor allem kleineren Instituten entgegen, bei denen die strikte Zuordnung bestimmter Aufgaben zu einzelnen Organisationseinheiten schon wegen der begrenzten personellen Ressourcen nur schwer darstellbar wäre.

2.2.1 Bereiche Markt und Marktfolge

18   Für das Begriffspaar Markt und Markfolge wären auch andere Bezeichnungen denkbar gewesen (z.B. Vertrieb/Betrieb, Kundenbetreuung/Kreditbearbeitung, Front-Office/Back-Office). Die Funktionen des Bereiches Markt beschränken sich im Sinne des Rundschreibens auf

- die Initiierung von Kreditgeschäften und
- das Einholen eines Votums, das in bestimmten Fällen sogar mit der Geschäftsinitiierung zusammenfallen kann (→ BTO 1.1 Tz. 4).

---

3 Aus Gründen der Vereinfachung wird an dieser Stelle darauf verzichtet, alle Feinheiten der möglichen Hierarchieebenen in einem Institut darzustellen. So ist es insbesondere in größeren Instituten z.B. nicht unüblich, unterhalb der Geschäftsleitungsebene noch »Verhinderungsvertreter«, »Bereichsvorstände« oder »Generalbevollmächtigte« zu etablieren, die formal betrachtet mit weitreichenderen Kompetenzen als die Bereichsleiter ausgestattet sind. Auf derartige Ausgestaltungen zielen die Funktionstrennungsprinzipien der MaRisk jedoch ausdrücklich nicht ab.

Aus dem Bereich Marktfolge ist rein formal lediglich ein weiteres Votum einzuholen, das aufgrund der nachfolgenden Regelungen vom Markt unabhängig sein muss (→ BTO Tz. 3 und BTO 1.1 Tz. 1). Hingegen müssen z. B. die Kundenbetreuung oder andere tendenziell marktnahe Prozesse bzw. Teilprozesse (z. B. die persönliche Kreditwürdigkeitsprüfung) nicht unbedingt dem Marktbereich zugeordnet werden, auch wenn dies die entsprechende Bezeichnung nahelegt. Genauso wenig müssen bestimmte Kreditprozesse, wie z. B. die Bilanzanalyse, zwingend in der Marktfolge angesiedelt sein. Die Definitionen beinhalten also nur sehr eingeschränkt konkrete Vorschriften an die Verankerung der Kreditprozesse oder Teilkreditprozesse auf die einzelnen Bereiche. Selbstverständlich dürfen z. B. Mitarbeiter der Marktfolge Kontakt zu ihren Kunden aufnehmen, wenn dies für die Erfüllung ihres Arbeitsauftrages notwendig ist, wie bei der Einholung von Kreditunterlagen gemäß § 18 KWG. Im Hinblick auf die Zuordnung all jener Prozesse, die nicht ausdrücklich in einem marktunabhängigen Bereich anzusiedeln sind (→ BTO Tz. 3), besteht vielmehr ein breiter Ermessensspielraum für die Institute (→ BTO 1.1 Tz. 7). **19**

Insofern sollte auch in der Prüfungspraxis nicht vordergründig auf die gewählten Begrifflichkeiten abgestellt werden, sondern in erster Linie auf die zugeordneten Funktionen. So werden z. B. die Kreditbereiche einiger Förderbanken funktional als Markteinheiten bezeichnet, obwohl dort lediglich von Dritten initiiertes Kreditgeschäft abgewickelt wird und insofern überhaupt kein Kontakt zum Endkreditnehmer besteht. In diesen Fällen erfolgt die Geschäftsinitiierung durch die Hausbank oder eine Beteiligungsgesellschaft. Der Antrag der Hausbank bzw. der Beteiligungsgesellschaft kann als positives Marktvotum angesehen werden, da er ansonsten kaum beim Förderinstitut eingereicht oder ausdrücklich mit einem negativen Votum versehen worden wäre. Die Votierung in der Förderbank erfolgt insofern vertriebsunabhängig und – schon wegen der Rahmenvorgaben zur Vergabe von Fördermitteln – risikoorientiert. Im Sinne der MaRisk sind besagte Kreditbereiche der Förderbanken trotz anderer Bezeichnung folglich eher als Marktfolgebereiche zu klassifizieren. **20**

2.2.2 Bereich Handel

Für den Handelsbereich konnte im Rahmen der Konsultationen durch das MaRisk-Fachgremium keine geeignete Definition gefunden werden. Die zunächst ins Auge gefasste Verknüpfung mit der Positionsverantwortung erwies sich als unbrauchbar, da diese Verantwortung in der Praxis häufig der Treasury (oder einer vergleichbaren Funktion) zugeschrieben wird (→ AT 4.4.1 Tz. 1, Erläuterung), die teilweise vom Handel getrennt ist (→ BTO Tz. 4). Aus diesem Grund war es auch erforderlich, neben den allgemeinen Funktionstrennungsprinzipien darauf hinzuweisen, dass Funktionen des Marktpreisrisikocontrollings bis einschließlich der Ebene der Geschäftsleitung von Bereichen zu trennen sind, die die Positionsverantwortung tragen (→ BTO Tz. 4). Im Gegensatz zum Kreditgeschäft sind die Handelsprozesse jedoch relativ strikt den grundsätzlich bis einschließlich der Ebene der Geschäftsleitung aufbauorganisatorisch zu trennenden Bereichen und Funktionen Handel (→ BTO 2.2.1), Abwicklung und Kontrolle (→ BTO 2.2.2) sowie Risikocontrolling (→ BTO 2.2.3) zuzuordnen (→ BTO 2.1 Tz. 1). Daraus ergibt sich eine relativ klare Abgrenzung der jeweiligen Aufgabenbereiche. Folgt man dieser Einschätzung, so ist der Handel, wie nicht anders zu erwarten, in erster Linie für den Abschluss von Handelsgeschäften verantwortlich (→ BTO 2.2.1 Tz. 1). In der Regel werden dem Handel dafür bestimmte Entscheidungsspielräume zugestanden, die z. B. durch Limitvorgaben beschränkt sind (→ BTR 2.1 Tz. 2). Die mit dem Geschäftsabschluss im Zusammenhang stehenden wichtigsten Aufgaben des Handels sind die unverzügliche und vollständige Erfassung der Geschäfte inkl. der Fortschreibung der Bestände mit allen maßgeblichen Abschlussdaten sowie deren Weiterleitung an die Abwicklung, sofern dies nicht automatisiert über ein Abwicklungs- oder Bestätigungssystem erfolgt (→ BTO 2.2.1 Tz. 5). **21**

2.2.3 Funktionen der Abwicklung und Kontrolle

22 Im Rahmen der Abwicklung sind zunächst auf Basis der vom Handel erhaltenen Abschlussdaten die Geschäftsbestätigungen bzw. die Abrechnungen auszufertigen (→ BTO 2.2.2 Tz. 1). Die Abwicklung hat über daran anschließende Abwicklungsaufgaben hinaus insbesondere den unverzüglichen Eingang der Gegenbestätigungen zu überwachen (→ BTO 2.2.2 Tz. 2). Die Kontrolle muss sich vorrangig um die Korrektheit und Vollständigkeit der Händlerdaten und der Geschäftsunterlagen, die Einhaltung der festgesetzten Limite und der vorgegebenen Standards, die Beachtung der marktgerechten Bedingungen sowie Änderungen und Stornierungen der Abschlussdaten oder Buchungen kümmern (→ BTO 2.2.2 Tz. 4). Darüber hinaus ist sie für die Abstimmung der im Handel ermittelten Positionen mit den in den nachgelagerten Prozessen und Funktionen geführten Positionen, wie z.B. in der Abwicklung und im Rechnungswesen, verantwortlich (→ BTO 2.2.2 Tz. 7).

2.2.4 Risikomanagement im Sinne der MaRisk

23 In der Fachliteratur finden sich unterschiedliche Definitionen für das Risikomanagement. Grundsätzlich wird zwischen einer Interpretation des Risikomanagements im engeren Sinne und deutlich umfassenderen Begrifflichkeiten unterschieden. Eine mögliche enge Auslegung beschränkt sich z.B. auf die Steuerung der Risikoposition eines Institutes (Risikosteuerung). Bei der aktiven Risikosteuerung handelt es sich um eine Managementaufgabe. Hierzu zählen die Festlegung des »Risikoappetits«, die Vorgabe von Risikolimiten für das Institut und seine Unternehmensbereiche sowie die Einleitung geeigneter Gegensteuerungsmaßnahmen, sofern diese Limite überschritten werden. In die passive Risikosteuerung wird i.d.R. die operative Risikoübernahme der Geschäftsbereiche im Rahmen der vorgegebenen Limite einbezogen. Das Risikomanagement im weiteren Sinne schließt zumindest auch das Risikocontrolling ein. Zwischen Risikosteuerung und Risikocontrolling bestehen vielfältige Wechselwirkungen.[4] Die Risikosteuerungs- und -controllingprozesse im Sinne der MaRisk umfassen als Bestandteile des Risikomanagements im weiteren Sinne die Risikoanalyse (Identifizierung und Beurteilung der wesentlichen Risiken), die Risikosteuerung und das Risikocontrolling (Überwachung und Kommunikation der wesentlichen Risiken).

24 In Art. 76 CRD IV ist an verschiedenen Stellen von der »Risikomanagement-Funktion« die Rede. Die EBA hat diese Formulierung in ihren neueren Leitlinien aufgegriffen, während in den MaRisk weiterhin auf die ältere Bezeichnung als »Risikocontrolling-Funktion« Bezug genommen wird. Im Grunde geht es jeweils um die weite Interpretation des Risikomanagements und damit um die Berücksichtigung der kompletten Risikosteuerungs- und -controllingprozesse. Die »Risikomanagement-Funktion« der EBA und die »Risikocontrolling-Funktion« der deutschen Aufsicht zielen insofern beide auf die von der operativen Tätigkeit der Geschäftsbereiche der ersten Verteidigungslinie unabhängige Funktion der zweiten Verteidigungslinie ab. Die Geschäftsbereiche sowie die Compliance- und die Risikocontrolling-Funktion spielen alle eine wesentliche Rolle bei der Sicherstellung eines soliden Risikomanagements innerhalb eines Institutes.[5]

---

4 Vgl. Rudolph, Bernd/Johanning, Lutz, Entwicklungslinien im Risikomanagement, in: Johanning, Lutz/Rudolph, Bernd (Hrsg.), Handbuch Risikomanagement, Band 1, Bad Soden/Taunus, 2000, S. 17–18.

5 Vgl. European Banking Authority, Final Report – Guidelines on internal governance under Directive 2013/36/EU, EBA/GL/2017/11, 26. September 2017, S. 6.

2.2.4.1 Risikocontrolling-Funktion

Die Risikocontrolling-Funktion ist nach Maßgabe der MaRisk insbesondere für die unabhängige **25** Überwachung und Kommunikation der Risiken zuständig (→ AT 4.4.1 Tz. 1). Seit der vierten MaRisk-Novelle werden ihr ganz konkrete Aufgaben zugewiesen (→ AT 4.4.1 Tz. 2):

– Unterstützung der Geschäftsleitung in allen risikopolitischen Fragen, insbesondere bei der Entwicklung und Umsetzung der Risikostrategie sowie bei der Ausgestaltung eines Systems zur Begrenzung der Risiken,
– Durchführung der Risikoinventur und Erstellung des Gesamtrisikoprofils,
– Unterstützung der Geschäftsleitung bei der Einrichtung und Weiterentwicklung der Risiko-steuerungs- und -controllingprozesse,
– Einrichtung und Weiterentwicklung eines Systems von Risikokennzahlen und eines Risiko-früherkennungsverfahrens,
– Laufende Überwachung der Risikosituation des Institutes und der Risikotragfähigkeit sowie der Einhaltung der eingerichteten Risikolimite,
– Regelmäßige Erstellung der Risikoberichte für die Geschäftsleitung,
– Verantwortung für die Prozesse zur unverzüglichen Weitergabe von unter Risikogesichts-punkten wesentlichen Informationen an die Geschäftsleitung, die jeweiligen Verantwortlichen und ggf. die Interne Revision.

Mit der sechsten MaRisk-Novelle wurde für »Institute mit hohem NPL-Bestand« (→ AT 2.1 Tz. 1) **26** die Anforderung ergänzt, eine Strategie für notleidende Risikopositionen und einen entsprechen-den Implementierungsplan festzulegen und regelmäßig zu überprüfen (→ AT 4.2 Tz. 1). Dabei geht es insgesamt um eine Reduzierung des hohen NPL-Bestandes auf ein vorab festgelegtes NPE-Ziel über einen realistischen, aber hinreichend ambitionierten Zeithorizont. Bei der Fest-legung des Implementierungsplanes werden dafür konkrete NPE-Zielwerte mit zeitlichen Vor-gaben verknüpft (→ AT 4.2 Tz. 3). Zur Überprüfung, ob die Umsetzung der Strategie für notlei-dende Risikopositionen mit Hilfe des Implementierungsplanes in den jeweiligen Zeiträumen erfolgreich verläuft, müssen die Institute geeignete »NPE-bezogene Leistungsindikatoren« (»Key Performance Indicators«, KPI) festlegen (→ AT 4.2 Tz. 3, Erläuterung). Auf Basis dieser KPI soll die Beurteilung der Fortschritte bei der Zielerreichung und ggf. auch deren Visualisierung gegen-über der Geschäftsleitung erleichtert werden. Von der deutschen Aufsicht werden diese Tätig-keiten grundsätzlich der Risikocontrolling-Funktion zugeordnet. Es besteht allerdings die Möglich-keit, damit auch entsprechend spezialisierte Organisationseinheiten zu beauftragen. Die Risiko-controlling-Funktion kann sich zur Erfüllung dieser Aufgaben anderer marktunabhängiger Ein-heiten und deren Informationen bedienen, wenn diese Informationen anschließend von ihr plausibilisiert werden (→ AT 4.4.1 Tz. 2).

Die Risikocontrolling-Funktion hat nicht nur eine beratende Funktion gegenüber der Geschäfts- **27** leitung in allen risikopolitischen Fragen. Ihre Leitung muss bei wichtigen risikopolitischen Ent-scheidungen der Geschäftsleitung sogar beteiligt werden (→ AT 4.4.1 Tz. 4).

Die Anforderungen an die Risikoberichterstattung unterscheiden sich hinsichtlich der Inhalte **28** und Zeiträume nach Risikoarten (→ BT 3.2). Zur Berichterstattung gehören grundsätzlich die Darstellung und Beurteilung der Risikosituation, die Ergebnisse der Stresstests und ggf. Hand-lungsvorschläge, z. B. zur Risikoreduzierung (→ BT 3.1 Tz. 1). Auch eine Diskussion der Hand-lungsvorschläge mit den jeweils verantwortlichen Bereichen ist grundsätzlich unproblematisch, solange sichergestellt ist, dass der Informationsgehalt der Risikoberichterstattung bzw. der Hand-lungsvorschläge nicht auf unsachgerechte Weise verzerrt wird (→ BT 3.2 Tz. 2, Erläuterung).

Das Risikocontrolling im Sinne der MaRisk stellt ein wichtiges Informationsinstrument für die **29** Geschäftsleitung, aber auch für die sonstigen Managementebenen innerhalb des Institutes dar. Nur wenn die Geschäftsleitung mittels eines aussagekräftigen Reportings (→ AT 4.3.2 Tz. 3,

BT 3.1 Tz. 1 und BT 3.2 Tz. 1) regelmäßig über alle wesentlichen Risiken auf Einzelgeschäfts- und Portfolioebene informiert wird, ist sie in der Lage, sachgerechte geschäftspolitische Entscheidungen, auch vor dem Hintergrund der jeweils gewählten Strategien, zu treffen. Sie kann aufgrund der Informationen des Risikocontrollings zeitnah auf wesentliche Risiken reagieren und geeignete Steuerungsmaßnahmen ergreifen (→ AT 3 Tz. 1).

2.2.4.2 Controlling oder Risikocontrolling?

30 An dieser Stelle sei nochmals darauf hingewiesen, dass mit dem Risikocontrolling im Sinne der MaRisk lediglich eine Funktion definiert wird, unter der nicht zwangsläufig eine Organisationseinheit zu verstehen ist. In der Praxis und der wissenschaftlichen Literatur existieren allerdings verschiedene Controllingbegriffe. Zum Teil wird unter dem Controlling im engeren Sinne ein rein betriebswirtschaftliches Instrument, das so genannte »Finanzcontrolling« oder »Ertragscontrolling« (internes Rechnungswesen), verstanden (→ BTR 2.1 Tz. 4).

31 Den Regeln der Grammatik zufolge bestimmt bei einem zusammengesetzten Wort (Komposition) in germanischen Sprachen das vorn stehende Bestimmungswort (Determinans) das darauffolgende Grund- bzw. Basiswort (Determinatum) im Allgemeinen nur näher.[6] Insofern wäre es rein formal betrachtet naheliegend, das Finanz- und Risikocontrolling (Controlling im weiteren Sinne) gemeinsam zu verantworten. Zudem erscheint eine Zusammenführung beider Funktionen vor dem Hintergrund einer integrierten Ertrags- und Risikosteuerung (»Gesamtbanksteuerung«) durchaus sinnvoll. Es gibt allerdings auch fachliche Argumente, die dafür sprechen, das interne mit dem externen Rechnungswesen zu verknüpfen, womit aufgrund anderer Vorgaben häufig automatisch eine Trennung vom Risikocontrolling verbunden ist.

32 Sind das Finanzcontrolling und das Risikocontrolling voneinander getrennt, berichtet das Finanzcontrolling häufig an den Finanzvorstand (»Chief Financial Officer«, CFO) und das Risikocontrolling an den Risikovorstand (»Chief Risk Officer«, CRO). Insbesondere in großen Instituten hat sich diese Praxis in den letzten Jahren verstärkt durchgesetzt. Zudem wird das Risikocontrolling auf Bereichs- oder Abteilungsebene teilweise weiter in Kreditrisikocontrolling, Marktrisikocontrolling etc. untergliedert. In kleineren Instituten erfolgt die Trennung hingegen nicht auf Ebene der Geschäftsleitung, sondern erst auf nachgelagerter Ebene. Für eine Trennung bis einschließlich der Ebene der Geschäftsleitung spricht vor allem bei größeren Instituten die enorme und stetig wachsende Komplexität der Anforderungen an das Risikocontrolling und das Rechnungswesen, die nach besten Kräften bewältigt werden muss.

33 Beide Aspekte sprechen für sich und verdeutlichen, warum es in dieser Frage keine »Best Practice« gibt. Insbesondere folgt daraus, dass es unter den jeweils gegebenen Umständen auch erforderlich sein kann, die Handelsgeschäfte im Controlling – anstelle wie gefordert im Risikocontrolling – abzubilden (→ BTO 2.2.3 Tz. 1) und mit den Ergebnissen im Rechnungswesen zu plausibilisieren (→ BTR 2.1 Tz. 4).

2.2.5 Rolle der Rechtsabteilung

34 Die Rechtsabteilung spielt in den MaRisk eine zentrale Rolle, wenngleich dies – vordergründig betrachtet – in den Formulierungen nicht explizit zum Ausdruck kommt. Implizit folgt ihre Bedeutung allein aus der Tatsache, dass Rechtsrisiken ausdrücklich als Bestandteil der operationellen Risiken angesehen werden und die deutsche Aufsicht dem Umgang mit operationellen

---

6 Vgl. http://de.wikipedia.org/wiki/Komposition_(Grammatik), Stand per 9. Juni 2013.

Risiken einen hohen Stellenwert einräumt.[7] Die Verringerung der Rechtsrisiken ist nach klassischem Verständnis eine Aufgabe der Rechtsabteilung. Trotzdem wird sie in den MaRisk nur beispielhaft genannt, da insbesondere kleinere Institute nicht in jedem Fall über eine eigene Rechtsabteilung verfügen. Deshalb sind wesentliche Rechtsrisiken – dem Wortlaut der MaRisk entsprechend – »grundsätzlich in einer vom Markt und Handel unabhängigen Stelle (z. B. der Rechtsabteilung)« zu überprüfen (→ BTO Tz. 8).

Zur Überprüfung der rechtlichen Durchsetzbarkeit der Verträge im Kredit- und Handelsgeschäft **35** ist in vielen Fällen die Einschaltung der Rechtsabteilung erforderlich. Das ergibt sich auch aus den Anforderungen, nach Möglichkeit standardisierte Kreditvorlagen zu verwenden (→ BTO 1.2 Tz. 12) und vertragliche Vereinbarungen im Kreditgeschäft auf der Grundlage rechtlich geprüfter Unterlagen abzuschließen (→ BTO 1.2 Tz. 13). Ohne die Rechtsabteilung zu erwähnen, wird deren Tätigkeit im Vorfeld bereits unterstellt. Konkret zugewiesen wird ihr deshalb nur die rechtliche Prüfung individueller Verträge im Kreditgeschäft (→ BTO 1.2 Tz. 14). Das trifft ebenso auf die Überprüfung des rechtlichen Bestandes der Sicherheiten zu. Sofern die Sicherheitenbestellung auf der Basis standardisierter Verträge erfolgt, war die Rechtsabteilung bereits im Vorfeld tätig (→ BTO 1.2.1 Tz. 3 und BTO 1.2.2 Tz. 3). Werden hingegen individuelle Verträge verwendet, ist die Rechtsabteilung i. d. R. in den Überprüfungsprozess einzubinden. Auch im Handelsgeschäft ist die rechtliche Durchsetzbarkeit von Verträgen, insbesondere bei Rahmenvereinbarungen, Nettingabreden und Sicherheitenbestellungen, grundsätzlich durch eine vom Handel unabhängige Stelle zu prüfen, wofür sich die Rechtsabteilung mit ihrer Expertise anbietet (→ BTO 2.2.1 Tz. 8). Ebenso sind für Handelsgeschäfte möglichst standardisierte Vertragstexte zu verwenden (→ BTO 2.2.1 Tz. 1).

In zahlreiche weitere Prozesse ist die Rechtsabteilung normalerweise eingebunden, ohne **36** explizit erwähnt zu werden. So ist vor Aufnahme von Geschäftsaktivitäten in neuen Produkten oder auf neuen Märkten ein Konzept auszuarbeiten, aus dem auch die rechtlichen Konsequenzen hervorgehen, die mit diesen Geschäftsaktivitäten verbunden sind (→ AT 8.1 Tz. 1). Darüber hinaus ist bei Objekt- bzw. Projektfinanzierungen im Rahmen der Kreditbearbeitung sicherzustellen, dass auch die mit dem Objekt bzw. Projekt verbundenen rechtlichen Risiken in die Beurteilung einbezogen werden (→ BTO 1.2 Tz. 7). Eine große Bedeutung kommt der Rechtsabteilung auch im Zusammenhang mit der Auslagerung von Aktivitäten und Prozessen zu, indem sie z. B. bei deren Risikoanalyse und bei der Gestaltung des Auslagerungsvertrages einbezogen wird (→ AT 9 Tz. 2 und 7).

---

7   Vgl. Bundesanstalt für Finanzdienstleistungsaufsicht, Übermittlungsschreiben zum ersten Entwurf der Mindestanforderungen an das Risikomanagement vom 2. Februar 2005, S. 7–8.

3   Grundprinzip der Funktionstrennung (Tz. 3)

37   **3** Grundsätzlich ist bei der Ausgestaltung der Aufbauorganisation sicherzustellen, dass die Bereiche Markt und Handel bis einschließlich der Ebene der Geschäftsleitung von denen in Tz. 2 unter b), d) und e) sowie den in BTO 1.1 Tz. 7, BTO 1.2 Tz. 1, BTO 1.2.4 Tz. 1, BTO 1.2.5 Tz. 1 und BTO 1.4 Tz. 2 genannten Bereichen oder Funktionen getrennt sind.

3.1   Fachliche und disziplinarische Trennung der Verantwortlichkeiten

38   Unter einer aufbauorganisatorischen Trennung bis einschließlich der Ebene der Geschäftsleitung ist regelmäßig eine sowohl fachliche als auch disziplinarische Trennung der Verantwortlichkeiten zu verstehen. Eine lediglich disziplinarische Trennung wäre vollkommen wertlos, da das Funktionstrennungsprinzip in erster Linie auf die fachlichen Zuständigkeiten und den Ausschluss von damit verbundenen Interessenkollisionen abstellt. Würde die Trennung hingegen lediglich in fachlicher Hinsicht erfolgen, könnte sie durch entsprechende Weisungen umgangen werden.

39   Allerdings gibt es Konstellationen, bei denen insbesondere die disziplinarische Trennung problematisch ist. Die deutsche Aufsicht hält ein Auseinanderfallen von fachlicher und disziplinarischer Verantwortung bei rechtlich unselbständigen Auslandsniederlassungen deshalb für vertretbar. Voraussetzung hierfür ist, dass zumindest die Trennung der fachlichen Verantwortlichkeiten dem dargestellten Funktionstrennungsprinzip bis einschließlich der Ebene der Geschäftsleitung entspricht (→ BTO 1 Tz. 3, Erläuterung).

3.2   Geschäftsartenübergreifende Funktionstrennungsprinzipien

40   Aus den bis Ende 2005 geltenden Mindestanforderungen an das Kreditgeschäft (MaK) sowie an das Betreiben von Handelsgeschäften (MaH) sind Funktionstrennungsprinzipien bekannt, die auf den Ausschluss von Interessenkonflikten im Kredit- bzw. Handelsgeschäft abzielen. An diesen grundlegenden Prinzipien hat sich mit Veröffentlichung der MaRisk nur wenig geändert. Maßgeblicher Grundsatz für die Ausgestaltung der Prozesse im Kredit- bzw. Handelsgeschäft bleibt die klare aufbauorganisatorische Trennung des Markt- bzw. Handelsbereiches vom Bereich Marktfolge (→ BTO 1.1 Tz. 1) bzw. von den Funktionen des Risikocontrollings sowie der Abwicklung und Kontrolle (→ BTO 2.1 Tz. 1), jeweils bis einschließlich der Ebene der Geschäftsleitung.

41   Klarer formuliert wurden auch die geschäftsartenübergreifenden Funktionstrennungsprinzipien, die von Markt und Handel gleichermaßen verschiedene Bereiche und Funktionen abgrenzen. Damit wurden Auslegungsprobleme beseitigt, die sich aus den überlappenden Regelungsbereichen der MaK und der MaH ergeben hatten. Insbesondere können die Bereiche Handel und Marktfolge nicht demselben Geschäftsleiter zugeordnet werden.

42   Rein formal gab es bis Ende 2005 keine Anforderung, die eine Ansiedlung des Handelsbereiches bei jenem Geschäftsleiter ausgeschlossen hat, der für die Marktfolge verantwortlich ist. Allerdings hätte eine derartige Zuordnung geschäftsartenübergreifend gegen das Funktionstrennungsprinzip verstoßen, da die Marktfolge unabhängig vom Vertrieb sein soll und der Handel ein vertriebsorientierter Bereich ist. Die Kreditwirtschaft hatte im Rahmen ihrer Stellungnahme zum ersten Entwurf der MaK verdeutlicht, dass eine Differenzierung von Handel und Markt keinen Sinn ergebe, da »die Initiierung eines Handelsgeschäftes und das Votum des Bereiches Markt regelmäßig wirtschaftlich zusammenfallen«.[8] Diese Interpretation wurde auch durch die in den MaK eingeräumte Möglichkeit gestützt, im Rahmen der Festsetzung von Kontrahenten- bzw. Emittentenlimiten das Marktvotum vom Handel wahrzunehmen.[9] Daraus konnte im Umkehrschluss abgeleitet werden, dass das marktunabhängige Votum zwingend aus dem Bereich Marktfolge stammen muss, der folglich bis einschließlich der Ebene der Geschäftsleitung vom Bereich Markt und vom Handel zu trennen ist. In den MaRisk wurde diese Interpretation zur Regel (→ BTO 1.1 Tz. 3).

3.3　Bereiche und Funktionen im »Back-Office«

Neben dem Bereich Marktfolge sind auch die Funktionen, die der Abwicklung und Kontrolle der Handelsgeschäfte dienen, grundsätzlich bis einschließlich der Ebene der Geschäftsleitung von Markt und Handel zu trennen. Diese beiden Back-Office-Bereiche werden auch als »nachgelagerte Bereiche« bezeichnet (→ AT 4.3.1 Tz. 1, Erläuterung). Das Back-Office im Kreditgeschäft (Marktfolge) und das Back-Office im Handelsgeschäft (Abwicklung und Kontrolle) sollten in dieser Beziehung vor dem Hintergrund bestehender Interessenkonflikte gleichbehandelt werden. Damit sind Über-Kreuz-Zuständigkeiten zwischen vertriebsorientierten und vertriebsfremden Bereichen i. d. R. auch geschäftsartenübergreifend ausgeschlossen. Allerdings gestattet die deutsche Aufsicht in besonderen Fällen eine Ausnahme von diesem Prinzip. Sofern in einem Institut mit mindestens drei Geschäftsleitern eine klare Trennung zwischen den (risikorelevanten) Bereichen Markt und Handel besteht und insofern (auch im Vertretungsfall) im Bereich Markt keinerlei Handelsgeschäfte bearbeitet oder votiert werden, kann auf die Funktionstrennung zwischen dem Bereich Markt und den Funktionen, die der Abwicklung und Kontrolle der Handelsgeschäfte dienen, verzichtet werden.[10] Diese Philosophie lässt sich nicht auf das Zusammenwirken der Bereiche Handel und Marktfolge übertragen, da die Kontrahenten- und Emittentenlimite bei Handelsgeschäften zwingend durch eine vertriebsunabhängige Votierung aus dem Bereich Marktfolge festzulegen sind (→ BTO 1.1 Tz. 3). Insofern sind Überschneidungen in den Geschäftsprozessen zwischen diesen beiden Bereichen nicht zu vermeiden. Vor allem kann auf die Funktionstrennung zwischen Handel und Marktfolge nicht verzichtet werden.

Daneben werden einige Tätigkeiten aufgezählt, deren Unabhängigkeit von vertriebsorientierten Bereichen an anderer Stelle explizit gefordert wird. Hierzu gehören u. a. die Überprüfung bestimmter, unter Risikogesichtspunkten festzulegender Sicherheiten (→ BTO 1.1 Tz. 7), die Entscheidungen über die Risikovorsorge bei bedeutenden Engagements (→ BTO 1.1 Tz. 7) sowie die Federführung für den Sanierungs- bzw. Abwicklungsprozess oder die Überwachung dieser Prozesse (→ BTO 1.2.5 Tz. 1). Auch die Methodenverantwortung im weiteren Sinne sollte unabhängig vom Vertrieb wahrgenommen werden. Hierzu gehört die Verantwortung für die Entwicklung und Qualität
- der Prozesse im Kreditgeschäft, d. h. der Kreditbearbeitung, der Kreditbearbeitungskontrolle, der Intensivbetreuung, der Problemkreditbearbeitung und der Risikovorsorge (→ BTO 1.2 Tz. 1),

43

44

8　Zentraler Kreditausschuss, Stellungnahme zum ersten Entwurf der Mindestanforderungen an das Kreditgeschäft der Kreditinstitute vom 17. Mai 2002, S. 20.

9　Vgl. Bundesanstalt für Finanzdienstleistungsaufsicht, Mindestanforderungen an das Kreditgeschäft der Kreditinstitute (MaK), Rundschreiben 34/2002 (BA) vom 20. Dezember 2002, Tz. 30.

10　Vgl. Bundesanstalt für Finanzdienstleistungsaufsicht, Protokoll der dritten Sitzung des MaRisk-Fachgremiums am 6. März 2007, S. 4.

- der Kriterien, wann ein Engagement der Intensivbetreuung zuzuordnen ist, sowie deren regelmäßige Überprüfung (→ BTO 1.2.4 Tz. 1),
- der Kriterien, wann ein Engagement an die Sanierung bzw. Abwicklung abgegeben wird bzw. wann die darauf spezialisierten Mitarbeiter eingeschaltet werden müssen, sowie deren regelmäßige Überprüfung (→ BTO 1.2.5 Tz. 1) und
- der Anwendung der Risikoklassifizierungsverfahren sowie deren Überwachung (→ BTO 1.4 Tz. 2).

45 Die mit der Wertermittlung von Immobiliensicherheiten betrauten sachverständigen Personen haben über die erforderlichen Qualifikationen und Erfahrungen zu verfügen und dürfen nicht in den Kreditvergabeprozess und in die Kreditbearbeitung bzw. -entscheidung eingebunden sein. Mögliche Interessenkonflikte sind auch bei der Einbeziehung von externen Sachverständigen auszuschließen (→ BTO 1.2 Tz. 3).

46 Institute mit hohem NPL-Bestand müssen außerhalb des Marktes spezialisierte NPE-Abwicklungseinheiten einrichten, die grundsätzlich vom Kreditvergabeprozess getrennt sein sollen. Wenn Überschneidungen mit den an der Kreditvergabe beteiligten Mitarbeitern unvermeidlich sind, ist sicherzustellen, dass Interessenkonflikte vermieden werden (→ BTO 1.2.5 Tz. 1, Erläuterung).

3.4 Unabhängigkeit des Risikocontrollings

47 Auch das Risikocontrolling, dem die Funktionen der Überwachung und Kommunikation der Risiken zugeordnet sind, ist von den Bereichen Markt und Handel zu trennen. Allgemeiner formuliert ist die Risikocontrolling-Funktion aufbauorganisatorisch bis einschließlich der Ebene der Geschäftsleitung von jenen Bereichen zu trennen, die für die Initiierung bzw. den Abschluss von Geschäften zuständig sind (→ AT 4.4.1 Tz. 1). Diese im Rahmen der vierten MaRisk-Novelle eingefügte Anforderung zielt auf Bereiche mit Positionsverantwortung außerhalb von Markt und Handel ab. Davon ist in erster Linie die Treasury betroffen, was mit der fünften MaRisk-Novelle klargestellt wurde (→ AT 4.4.1 Tz. 1, Erläuterung). Diese Bereiche waren zuvor lediglich von den Funktionen des Marktpreisrisikocontrollings zu trennen (→ BTO Tz. 4).

48 Eine Koppelung des Risikocontrollings an vertriebsorientierte Bereiche könnte sich schon deshalb kontraproduktiv auswirken, weil zwischen Chancen und Risiken ein direkter Zusammenhang besteht. Bereiche, die vorrangig nach Vertriebserfolgen beurteilt werden, vernachlässigen tendenziell die Risikosicht. Sachgerechte Steuerungsmaßnahmen der Geschäftsleitung erfordern jedoch eine möglichst objektive Berichterstattung über die Risikosituation. Insofern sollte zwischen Markt und Handel einerseits sowie den Funktionen, die der Überwachung und Kommunikation der Risiken dienen, andererseits kein Abhängigkeitsverhältnis bestehen. In den MaRisk ist daher vorgesehen, dass die Aufgaben des Risikocontrollings von den Vertriebsbereichen zu trennen sind. Diese Trennung gilt grundsätzlich bis einschließlich der Ebene der Geschäftsleitung.

49 Es ist hingegen nicht erforderlich, die Funktionen des Risikocontrollings in einer separaten Abteilung außerhalb der Vorstandslinie des Bereiches Marktfolge zu bündeln. Die deutsche Aufsicht fordert selbst bei bedeutenden Instituten gemäß Art. 6 SSM-Verordnung lediglich eine aufbauorganisatorische Trennung der Risikocontrolling-Funktion von der Marktfolge bis unterhalb der Geschäftsleiterebene (→ AT 4.4.1 Tz. 5). Bei Instituten mit maximal drei Geschäftsleitern können Risikocontrolling-Funktion und Marktfolge sogar unter einheitlicher Leitung der zweiten Ebene stehen und die Leitung der Risikocontrolling-Funktion auch auf der dritten Ebene angesiedelt sein, sofern eine direkte Berichtslinie zur Geschäftsleiterebene besteht (→ AT 4.4.1 Tz. 4, Erläuterung). Bei allen Konstellationen muss jeweils eine unabhängige Wahrnehmung der zugeordneten Funktionen im Sinne der MaRisk sichergestellt sein. Die jeweils passende Lösung hängt

vor allem davon ab, wie die Aufgaben im Institut verteilt sind und ob der Marktfolge eine Mitverantwortung für die Ertragssituation zugeschrieben wird. In der Praxis wird auf diese Weise versucht, eine grundsätzliche »Ablehnungsmentalität« seitens der Marktfolge zu verhindern. Je intensiver derartige Koppelungen erfolgen, desto zweckmäßiger kann eine Trennung des Risikocontrollings von der Marktfolge sein (→ AT 4.4.1 Tz. 4).

3.5 Verantwortung für Nachhaltigkeitsrisiken

Zum Umgang mit Nachhaltigkeitsrisiken bzw. Umwelt-, Sozial- und Unternehmensführungs- **50** risiken (ESG-Risiken) werden von der BaFin einige grundlegende Überlegungen angestellt, die das Kredit- und das Handelsgeschäft gleichermaßen betreffen. So erwartet die BaFin von den klassischen Vertriebsbereichen/Front-Office-Bereichen (Markt bzw. Handel), dass sie bereits bei der Erstprüfung von Transaktionen[11] mit Vertragspartnern bzw. Investitionsobjekten die relevanten Informationen zu möglichen Nachhaltigkeitsrisiken der Vertragspartner bzw. der Investitionsobjekte identifizieren, analysieren und vor allem auch in die Entscheidungsprozesse einspeisen. Die typischen Betriebsbereiche/Back-Office-Bereiche (Marktfolge bzw. Abwicklung und Kontrolle) sollten diese Bewertungen wiederum in angemessenem Umfang überprüfen und die Einhaltung der relevanten nachhaltigkeitsbezogenen Limite oder Ausschlusskriterien überwachen.[12]

Die EZB erwartet, dass die Institute die Aufgaben und Zuständigkeiten der Funktionen der **51** ersten Verteidigungslinie in Bezug auf das Eingehen und die Steuerung von Klima- und Umweltrisiken festlegen und dafür sorgen, dass sie ihre Aufgaben im Einklang mit allen relevanten Vorgaben, Verfahren und Limiten erfüllen. Dazu gehört u.a. die Ermittlung, Bewertung und Überwachung aller für die Kreditwürdigkeit und das Scoring/Rating eines Kunden relevanten Klima- und Umweltrisiken.[13]

Die EBA sieht ebenfalls die Hauptverantwortung für das Management von ESG-Risiken bei den **52** Geschäftsbereichen der ersten Verteidigungslinie, die durch ihre Aktivitäten Risiken eingehen, und zwar während der gesamten Lebensdauer dieser Aktivitäten. Dazu gehören die Einbeziehung von ESG-Risiken in die Bewertung der Rückzahlungsfähigkeit von Kreditnehmern zum Zeitpunkt der Kreditvergabe und die Erhebung dafür relevanter Daten. Die Geschäftsbereiche und -einheiten sollten auch dazu in der Lage sein, den Dialog mit den Gegenparteien und Kunden sowie die Due-Diligence-Prüfung in Bezug auf ESG-Überlegungen als Teil des Kredit- oder Investitionsentscheidungsprozesses zu verbessern. Zu diesem Zweck können die Institute die Integration von ESG-Risiken in interne Prozesse, z.B. Due-Diligence-Prozesse, sowie die Einbindung von ESG-Risikoexperten innerhalb der Geschäftsbereiche in Betracht ziehen. Sie können die Gegenparteien darüber informieren, wie ihre jeweiligen Anlagen mit der Risikobereitschaft und den strategischen Zielen des Institutes im Zusammenhang mit ESG-Überlegungen in Einklang gebracht werden können, um ESG-Risiken zu mindern.[14]

---

11 Die BaFin verwendet den Begriff »Transaktion« übergreifend, weil sich das Merkblatt an alle drei Säulen der Aufsicht richtet. Je nach Zusammenhang kann damit also eine Kreditvergabe (Kreditgeschäft), eine Anlage- bzw. Investitionsentscheidung (Handelsgeschäft) oder die Zeichnung eines Versicherungsvertrages gemeint sein.

12 Vgl. Bundesanstalt für Finanzdienstleistungsaufsicht, Merkblatt zum Umgang mit Nachhaltigkeitsrisiken, 20. Dezember 2019, geändert am 13. Januar 2020, S. 23 f.

13 Vgl. Europäische Zentralbank, Leitfaden zu Klima- und Umweltrisiken – Erwartungen der Aufsicht in Bezug auf Risikomanagement und Offenlegungen, 27. November 2020, S. 29.

14 Vgl. European Banking Authority, EBA Report on management and supervision of ESG risks for credit institutions and investment firms, EBA/REP/2021/18, 23. Juni 2021, S. 101 f.

3.6 Due-Diligence-Prüfung zu Nachhaltigkeitsrisiken

53 Die EBA sieht mit Blick auf das Kreditgeschäft die Kreditvergabe als entscheidende Phase an, um die notwendigen ESG-bezogenen Informationen und Daten von den Vertragspartnern zu sammeln, die in der Erstbewertungsphase direkt in den Überwachungsprozess einfließen. Sie führt außerdem aus, dass die ESG-Faktoren und die damit verbundenen Risiken zwar relevant sind, die Scoring- oder Rating-Systeme der Institute die ESG-Faktoren in einigen Fällen aber noch nicht als relevante Parameter berücksichtigt haben (→ BTO 1.4 Tz. 1). Im Rahmen der Kreditvergabe oder der laufenden Zusammenarbeit mit Kunden sollten die Institute die Bewertung von ESG-Faktoren schrittweise in ihre Prozesse einbeziehen, z. B. durch eine gezielte Due-Diligence-Prüfung des ESG-Risikoprofils von Gegenparteien, bei denen z. B. Umweltrisiken besonders relevant sein können (z. B. Projektfinanzierung, Großunternehmen, Hypotheken etc.).[15]

54 Die EBA hält z. B. eine gezielte Due-Diligence-Prüfung des ESG-Risikoprofils der Gegenpartei mittels eines qualitativen Fragebogens für sinnvoll. Auf diese Weise könnten die Institute schrittweise die Bewertung aller ESG-Faktoren in ihre Prozesse integrieren. Eine solche Analyse könnte unter Umständen bestimmte soziale und Governance-Praktiken der Gegenpartei aufzeigen, die mit der Risikobereitschaft der Institute unvereinbar sind. Nichtsdestotrotz könnten die Institute letztlich darauf abzielen, quantitative Metriken zur Bewertung und Überwachung von sozialen und Governance-Risiken zu etablieren.[16] Die aus dieser Prüfung resultierenden Feststellungen sollten in die Entscheidung einfließen, ob und wie eine Kundenbeziehung eingegangen bzw. fortgeführt wird.[17]

55 Die Institute sollten sich in jedem Fall darüber im Klaren sein, welche Auswirkungen ihre Kunden auf klima- und umweltbedingte Aspekte haben, wie anfällig ihre Kunden in dieser Hinsicht sind und welchen Ansatz sie zur Steuerung dieser Auswirkungen und Risiken verfolgen. Vor diesem Hintergrund erwartet auch die EZB von den Instituten, insbesondere zu Beginn einer Kundenbeziehung, aber auch im weiteren Verlauf ordnungsgemäße Due-Diligence-Prüfungen zu Klima- und Umweltrisiken durchzuführen. Dazu sollen Informationen eingeholt und plausibilisiert sowie Daten erhoben werden, die zur Bewertung der Anfälligkeit von Engagements bzw. Investitionen gegenüber Klima- und Umweltrisiken benötigt werden. Sofern die Institute damit auch angemessene Maßnahmen verbinden, könnten auf diese Weise Reputations- und Haftungsrisiken verringert werden.[18]

---

15 Vgl. European Banking Authority, EBA Report on management and supervision of ESG risks for credit institutions and investment firms, EBA/REP/2021/18, 23. Juni 2021, S. 114.

16 Vgl. European Banking Authority, EBA Report on management and supervision of ESG risks for credit institutions and investment firms, EBA/REP/2021/18, 23. Juni 2021, S. 115.

17 Vgl. Europäische Zentralbank, Leitfaden zu Klima- und Umweltrisiken – Erwartungen der Aufsicht in Bezug auf Risikomanagement und Offenlegungen, 27. November 2020, S. 36 f.

18 Die EZB erwartet z. B. die Einhaltung der folgenden Leitsätze: Organisation for Economic Cooperation and Development, Leitsätze für multinationale Unternehmen, 29. September 2011; Organisation for Economic Cooperation and Development, Due Diligence for Responsible Corporate Lending and Securities Underwriting – Key considerations for banks implementing the OECD Guidelines for Multinational Enterprises, 29. Oktober 2019.

4 Funktionstrennung von Bereichen mit Positionsverantwortung (Tz. 4)

4 Funktionen des Marktpreisrisikocontrollings sind bis einschließlich der Ebene der 56 Geschäftsleitung von Bereichen zu trennen, die die Positionsverantwortung tragen.

4.1 Positionsverantwortliche Bereiche

Zunächst stellt sich die Frage, was unter der »Positionsverantwortung« in einem Institut überhaupt 57 zu verstehen ist. In den MaRisk wird an verschiedenen Stellen auf die Positionsverantwortung Bezug genommen. Den besonderen Anforderungen an die Risikosteuerungs- und -controlling-prozesse entsprechend müssen sämtliche Handelsgeschäfte mit einer bestimmten Gegenpartei auf das jeweilige Kontrahentenlimit und speziell die mit Marktpreisrisiken behafteten Geschäfte des Handelsbuches unverzüglich auf die einschlägigen Limite angerechnet werden. Die Positionsver-antwortlichen sind dabei jeweils zeitnah über die für sie relevanten Limite und ihre aktuelle Ausnutzung zu informieren (→ BTR 1 Tz. 3 und BTR 2.2 Tz. 1). Selbstverständlich muss ein Händler Kenntnis über die ihm zur Verfügung stehenden Limite sowie deren Auslastung haben. Ebenso einleuchtend ist, dass ein Gruppen-, Abteilungs- oder Bereichsleiter im Handel über die für seinen Zuständigkeitsbereich relevanten Limite unterrichtet sein muss, wenn er z. B. sachgerechte Entscheidungen zur Veränderung einer Position treffen möchte. In beiden Fällen geht es darum, die Auswirkungen des geplanten Handelns auf die Auslastung der relevanten Limite vorher abschätzen zu können.

Außerdem muss die Positionsverantwortung von Händlern jährlich für einen ununterbroche- 58 nen Zeitraum von mindestens zehn Handelstagen an einen anderen Mitarbeiter übertragen werden, wobei der abwesende Händler in diesem Zeitraum keinen Zugriff auf die ursprünglich von ihm verantworteten Positionen haben darf (→ BTO 2.2.1 Tz. 10). Diese Vorgabe dient dem Ziel, vor dem Hintergrund der spektakulären Betrugsfälle in der Vergangenheit die Wirksamkeit der internen Kontrollen zu stärken. Dieses Ziel wird auch mit der Anforderung verfolgt, die Funktionen des Marktpreisrisikocontrollings aufbauorganisatorisch von jenen Bereichen zu tren-nen, die die Positionsverantwortung tragen. Allerdings ist der Adressatenkreis dieser Anforderung häufig nicht allein der Handel im engeren Sinne. Die in Rede stehende Vorschrift, die das allgemeine Funktionstrennungsprinzip um den Aspekt der Positionsverantwortung erweitert, wurde aufgenommen, weil der Handel i. d. R. zwar die Positionsverantwortung für das Handels-buch trägt. Hingegen wird die Verantwortung für die Positionen des Anlagebuches oftmals an die so genannte »Treasury« übertragen, die folglich ebenfalls vom Marktpreisrisiko getrennt sein muss.

Implizit ergibt sich diese spezielle Vorgabe eigentlich bereits aus der Anforderung, die Risiko- 59 controlling-Funktion aufbauorganisatorisch bis einschließlich der Ebene der Geschäftsleitung von jenen Bereichen zu trennen, die für die Initiierung bzw. den Abschluss von Geschäften zuständig sind (→ AT 4.4.1 Tz. 1). Um diesen Rückschluss zu bestätigen, hat die deutsche Aufsicht im Rahmen der fünften MaRisk-Novelle den Bereichen, die Geschäfte initiieren bzw. abschließen, explizit den Bereich Markt, den Bereich Handel sowie andere Bereiche, die über Positionsver-antwortung verfügen, zugeordnet und dabei beispielhaft die Treasury genannt (→ AT 4.4.1 Tz. 1, Erläuterung).

4.2 Definition und Aufgabenabgrenzung der Treasury

60 Für die Treasury gibt es weder eine klare Übersetzung noch eine eindeutige Aufgabenzuordnung. Häufig werden für diese Funktion andere Begriffe verwendet, wie z.B. Liquiditätsmanagement, Aktiv-Passiv-Management (Asset-Liability-Management) oder Middle-Office, wobei die Aufgabenabgrenzung sehr verschieden sein kann. Im engeren Sinne werden von der Treasury sämtliche Zahlungsströme optimiert, um die institutsinterne Kapitalallokation zu verbessern und das Institut gegen finanzielle Risiken abzusichern. Hierzu gehört die Disposition der vorhandenen finanziellen Mittel unter Beachtung der erwarteten Zu- bzw. Abflüsse. Insofern handelt es sich vor allem um Maßnahmen der Liquiditätsrisikosteuerung (»Liquiditäts-Treasury«), die den Fortbestand des Unternehmens sichern sollen (→ BTR 3). Im weiteren Sinne übernimmt die Treasury die gesamte Aktiv-Passiv-Steuerung. In diesem Fall ist sie auch für die Steuerung der mit Marktpreisrisiken behafteten Positionen des Anlagebuches zuständig (→ BTR 2.3), also insbesondere für die Zinsänderungsrisikosteuerung (»Zins-Treasury«). In der Praxis nicht unüblich ist eine enge Verzahnung der Liquiditätsrisikosteuerung mit der Zinsänderungsrisikosteuerung, die aber organisatorisch getrennt innerhalb der Treasury angesiedelt sind.[19]

61   Die funktionale Trennung zwischen Liquiditätsrisikosteuerung und Liquiditätsrisikocontrolling ist zwar nicht Gegenstand der MaRisk und daher auch »nicht zwangsweise notwendig«.[20] Da es beim Controlling der Marktpreis- und Liquiditätsrisiken jedoch große Überschneidungen gibt, werden diese Risikoarten i.d.R. in einer Abteilung gemeinsam überwacht. In diesem Fall ist die theoretisch nicht erforderliche Funktionstrennung zumindest bei einer Ausrichtung der Treasury im weiteren Sinne praktisch nicht zu vermeiden. Weil die mit Positionsverantwortung ausgestattete Zins-Treasury vom Marktpreisrisikocontrolling zu separieren ist, wären dann automatisch auch die Liquiditäts-Treasury und das Liquiditätsrisikocontrolling voneinander getrennt. Auch bei anderer Ausrichtung der Treasury ist sie immer dann vom Risikocontrolling zu trennen, wenn sie für die Initiierung bzw. den Abschluss von Geschäften zuständig ist (→ AT 4.4.1 Tz. 1). Häufig ist die Treasury ohnehin dem für den Handel zuständigen Geschäftsleiter zugeordnet. Zur Unabhängigkeit von Handel und Risikocontrolling bestehen bereits entsprechende Vorschriften (→ BTO Tz. 3).

62   Im Zusammenhang mit der Kreditrisikosteuerung wird darüber hinaus auch der Begriff »Credit-Treasury« verwendet. Allerdings erfolgt die Steuerung der Kreditrisiken normalerweise in separaten Abteilungen, wie z.B. im Kreditmanagement.

4.3 Separierung des Risikocontrollings vom Portfoliomanagement

63   Die Unabhängigkeit des Risikocontrollings schließt nicht aus, dass es im Zusammenhang mit der Durchführung von Maßnahmen, die das Gesamtportfolio betreffen (z.B. im Hinblick auf den Abschluss von Geschäften mit Kreditderivaten), oder in anderer Hinsicht beratend tätig wird bzw. Empfehlungen abgibt. So ist im Rahmen der Risikoberichterstattung ausdrücklich vorgesehen, dass im Bedarfsfall auch Handlungsvorschläge, z.B. zur Risikoreduzierung, gemacht werden sollen (→ BT 3.1 Tz. 1). Eine Diskussion dieser Handlungsvorschläge mit den für die Steuerung der jeweiligen Geschäfte verantwortlichen Bereichen ist grundsätzlich unproblematisch, solange darunter nicht der Informationsgehalt leidet (→ BT 3.2 Tz. 2, Erläuterung). Derartige Empfehlungen des Risikocontrollings sind insbesondere im Hinblick auf ggf. einzuleitende Maßnahmen

---

19 Vgl. Bartetzky, Peter, Liquiditätsrisikomanagement – Status quo, in: Bartetzky, Peter/Gruber, Walter/Wehn, Carsten S. (Hrsg.), Handbuch Liquiditätsrisiko – Identifikation, Messung und Steuerung, Stuttgart, 2008, S. 5f.

20 Debus, Knut/Kreische, Kai, Die Liquidität im Fokus, in: Die Bank, Heft 6/2006, S. 63.

auf Portfolioebene sinnvoll, da die zuständigen Mitarbeiter i.d.R. am besten die Gesamtsituation des Portfolios und damit auch die Auswirkungen solcher Maßnahmen beurteilen können. So werden Positionen im Bereich der liquiden Kreditprodukte im Bedarfsfall sofort glattgestellt. Die Informationen des Risikocontrollings können in diesem Geschäftsfeld zeitnah in Steuerungsimpulse umgewandelt werden. Bei den quasi zementierten Beständen im klassischen Kreditgeschäft besteht in dieser Hinsicht hingegen nur wenig Spielraum. Steuerungsimpulse beschränken sich dort weitgehend auf die Reduzierung bzw. die Ausdehnung des Neugeschäftes. Dem Risikocontrolling kommt also vor dem Hintergrund der Tendenz in Richtung liquider Kreditprodukte ein immer höherer Stellenwert zu.

In der Praxis werden die Empfehlungen des Risikocontrollings entweder direkt gegenüber der Geschäftsleitung abgegeben oder an eigens für diese Zwecke eingerichtete Risikoausschüsse (→ BTO Tz. 6) bzw. ähnlich strukturierte Gremien mit Entscheidungsbefugnis weitergeleitet. Die Einbindung des Risikocontrollings muss jedoch auf beratende oder empfehlende Tätigkeiten beschränkt bleiben. Das Risikocontrolling kann nicht, wie z.B. ein mit entsprechenden Befugnissen ausgestatteter Portfoliomanager, über derartige Maßnahmen eigenständig Entscheidungen treffen, da dies auch vor dem Hintergrund der Tragweite solcher Maßnahmen seine Unabhängigkeit erheblich beeinträchtigen könnte. Daraus ergibt sich im Umkehrschluss, dass ein ggf. vorhandenes Portfoliomanagement vom Risikocontrolling bis einschließlich der Ebene der Geschäftsleitung zu trennen ist, sofern es mit weitreichenden Entscheidungskompetenzen ausgestattet ist. Jede andere Lösung wäre weder mit dem Grundsatz der Funktionstrennung noch mit der Überwachungstätigkeit des Risikocontrollings vereinbar.

64

5 Funktionstrennung im Vertretungsfall (Tz. 5)

65   **5** Die Funktionstrennungen sind auch im Vertretungsfall zu beachten. Die Vertretung kann dabei grundsätzlich auch von einem geeigneten Mitarbeiter unterhalb der Ebene der Geschäftsleitung wahrgenommen werden.

5.1 Schwierigkeiten bei der Vertretung von Geschäftsleitern

66   Die zuvor formulierten Funktionstrennungsprinzipien (→ BTO Tz. 3 und Tz. 4) müssen auch im Vertretungsfall beachtet werden. Das hat insbesondere Konsequenzen für die Vertretungsregelung innerhalb der Geschäftsleitung. Über-Kreuz-Zuständigkeiten zwischen Geschäftsleitern, die für voneinander zu trennende Bereiche oder Funktionen zuständig sind, widersprechen dem Prinzip der Funktionstrennung und sind deshalb grundsätzlich nicht zulässig. So kann sich z.B. der Geschäftsleiter eines vertriebsorientierten Bereiches, wie Markt oder Handel, nicht durch einen für die Marktfolge zuständigen Geschäftsleiter vertreten lassen. Dasselbe Ausschlusskriterium gilt auch für den umgekehrten Fall.

67   Die Anforderungen zur Funktionstrennung können jedoch in praktischer Hinsicht an ihre Grenzen stoßen. Bei kleineren Instituten mit nur zwei Geschäftsleitern könnten im Extremfall keine risikorelevanten Entscheidungen getroffen werden, solange ein Geschäftsleiter wegen Urlaubs oder anderer Gründe abwesend ist. Erschwerend kommt hinzu, dass gerade bei diesen Instituten die Grenze zum risikorelevanten Geschäft tendenziell schnell erreicht wird (→ BTO 1.1 Tz. 4, Erläuterung).

68   Auch unabhängig von der Anzahl der Geschäftsleiter kann die Umsetzung dieser Anforderung allein auf der Ebene der Geschäftsleitung zu praktischen Problemen führen. Selbst in einer zahlenmäßig großen Geschäftsleitung kann es z.B. schwierig sein, eine fachlich sinnvolle Vertretungsregelung für die Marktfolge oder das Risikocontrolling zu vereinbaren, insbesondere dann, wenn diese beiden Bereiche von einem Geschäftsleiter verantwortet werden. Häufig sind die übrigen Mitglieder entweder für vertriebsorientierte Bereiche oder für Themengebiete zuständig, die mit den Aufgaben der Marktfolge und des Risikocontrollings in keinem direkten Zusammenhang stehen. Unabhängig von der Gesamtverantwortung der Geschäftsleitung (→ AT 3 Tz. 1) könnte ein normalerweise für die Personalabteilung oder die Organisation verantwortlicher Geschäftsleiter ggf. keine sachgerechten Entscheidungen treffen, wenn er im Vertretungsfall über komplexe Projektfinanzierungen, Kreditderivate oder Verbriefungstranchen befinden müsste. In der Praxis kann daher vor allem die Abwesenheit der vertriebsunabhängigen Geschäftsleiter die Institute vor Probleme stellen.

5.2 Alternative Vertretungsregelungen

69   Die MaRisk lassen jedoch Gestaltungsspielräume zu, die den geschilderten Problemen bei der Vertretung von Geschäftsleitern Rechnung tragen. Als mit den MaRisk vereinbare Vertretungsregelungen kommen in diesem Zusammenhang verschiedene Lösungen in Betracht. Trotz der erwähnten fachlichen Einschränkungen kann der für die Marktfolge oder das Risikocontrolling

zuständige Geschäftsleiter natürlich immer durch einen anderen Geschäftsleiter vertreten werden. Dieser darf allerdings nicht gleichzeitig eine organisatorische Verantwortung für Vertriebsbereiche besitzen, die risikorelevante Geschäfte initiieren. Darüber hinaus ist es grundsätzlich zulässig, dass die Vertretung von einem geeigneten Mitarbeiter unterhalb der Ebene der Geschäftsleitung wahrgenommen wird. So kann die Abwesenheitsvertretung für den Marktfolge-Geschäftsleiter z. B. von einem für die Marktfolge zuständigen Bereichs- bzw. Abteilungsleiter wahrgenommen werden. Diese Lösung ist im Sinne des Grundsatzes der Funktionstrennung zulässig, solange der Vertreter aus einem bis in die Ebene der Geschäftsleitung vertriebsunabhängigen Bereich stammt. Auf die Anzahl der Geschäftsleiter kommt es dabei nicht an. Aus Risikosicht ist es zudem irrelevant, ob die Vertretung durch einen Bereichs- oder Abteilungsleiter bei Vorhandensein zweier oder mehrerer Geschäftsleiter übernommen wird. Ebenso möglich ist die Vertretung eines Geschäftsleiters durch mehrere geeignete Personen, sofern die o. g. Einschränkungen beachtet werden.

Da die Bereichs- oder Abteilungsleiter wegen ihrer Nähe zum operativen Geschäft über detaillierte Kenntnisse verfügen, können solche Vertretungsregelungen aus fachlicher Sicht sehr sinnvoll sein. Dabei liegt es natürlich im Ermessen der Geschäftsleitung, den Zuständigkeitsbereich bzw. die Kompetenzen für den Zeitraum der Vertretung festzulegen bzw. in geeigneter Weise einzuschränken. Aus den MaRisk leiten sich solche weitergehenden Beschränkungen der Vertretungsvollmacht jedoch nicht ab. Allerdings kann ein derartiger Vertreter keine Zuständigkeiten wahrnehmen, die ausschließlich Geschäftsleiter eines Institutes zu verantworten haben. Geschäftsleiter im Sinne des § 1 Abs. 2 Satz 1 KWG sind diejenigen natürlichen Personen, die nach Gesetz, Satzung oder Gesellschaftsvertrag zur Führung der Geschäfte und zur Vertretung eines Institutes in der Rechtsform einer juristischen Person oder einer Personenhandelsgesellschaft berufen sind. Dazu gehört z. B. die Beschlussfassung über Großkredite nach Art. 392 CRR. Auch Entscheidungen in Krediteinzelkompetenz (→ BTO 1.1 Tz. 5) können im Vertretungsfall nur von Mitarbeitern getroffen werden, die eine Geschäftsleitereignung im Sinne des KWG nachweisen können. Dies betrifft insbesondere die so genannten »Verhinderungsvertreter«.

70

6 Mitwirkung des Leiters Risikocontrolling im Risikoausschuss (Tz. 6)

71 **6** Die Mitwirkung des für die Funktionen des Risikocontrollings zuständigen Geschäfts-leiters in einem von der Geschäftsleitung mit der Steuerung der Risiken betrauten Ausschuss steht dem Grundsatz der Funktionstrennung nicht entgegen.

6.1 Risikoausschuss

72 Im Zusammenhang mit den vorherigen Textziffern wurde klargestellt, dass Risikosteuerung und Risikocontrolling grundsätzlich voneinander zu trennen sind. Das folgt bereits daraus, dass die Überwachungsfunktion stets unabhängig vom Überwachungsobjekt sein sollte. Aufgrund der herausragenden Bedeutung der Risikosteuerung für die gesamte Entwicklung eines Institutes wird mit der Steuerung der Risiken insbesondere in größeren Instituten häufig ein so genannter »Risikoausschuss« betraut, in dem alle betroffenen Bereiche mitwirken sollen.[21] Es wurde bereits deutlich, dass die Mitarbeiter des Risikocontrollings die Gesamtsituation des Portfolios und damit auch die Auswirkungen der Steuerungsmaßnahmen besonders gut beurteilen können. Insofern liegt es natürlich im Interesse des Institutes, die Expertise des Risikocontrollings auch für diesen Ausschuss zu nutzen. Aus diesem Grund ist die Mitwirkung des für die Funktionen des Risikocon-trollings zuständigen Geschäftsleiters in einem von der Geschäftsleitung mit der Steuerung der Risiken betrauten Ausschuss trotz vorgeschriebener Funktionstrennung gestattet bzw. eigentlich sogar erwünscht (siehe Abbildung 55). Dasselbe gilt für die ggf. unterhalb der Geschäftsleitungs-ebene angesiedelte Leitung der Risikocontrolling-Funktion.

73 Im Grunde genommen werden das Risikocontrolling und die für die Risikosteuerung zuständi-gen Bereiche damit bei Entscheidungen zur Risikosteuerung ähnlich behandelt wie die Marktfolge und der Markt im Kreditentscheidungsprozess. Soweit nämlich Kreditentscheidungen von einem dafür eingerichteten Ausschuss, in diesem Fall einem Kreditausschuss, getroffen werden, sind die Mehrheitsverhältnisse innerhalb dieses Ausschusses so festzulegen, dass der Bereich Marktfolge nicht überstimmt werden kann (→ BTO 1.1 Tz. 2). Das heißt zunächst einmal, dass die Marktfolge und der Markt trotz vorgeschriebener Funktionstrennung im Kreditausschuss mitwirken können. Auch in diesem Fall ist die Mitwirkung beider Bereiche allein aus fachlicher Sicht zu empfehlen. Die tragende Rolle der Marktfolge bei der Limitfestsetzung im Kreditgeschäft und auch im Handelsgeschäft, wo die Kontrahenten- und Emittentenlimite durch eine Votierung aus dem Bereich Marktfolge festzulegen sind (→ BTO 1.1 Tz. 3), wird in diesem Fall durch die festgeschrie-benen Mehrheitsverhältnisse berücksichtigt. Für den mit der Steuerung der Risiken betrauten Ausschuss werden zwar keine Mehrheitsverhältnisse festgelegt. Die Rolle des Risikocontrollings in diesem Ausschuss ergibt sich jedoch aus seiner eigentlichen Funktion (Überwachung und Kom-munikation der Risiken) und der Formulierung »Mitwirkung«, die darauf schließen lassen, dass es dabei in erster Linie um eine beratende Tätigkeit geht.

---

21 Bei diesem Ausschuss handelt es sich um ein bankinternes Organ. Ein Gremium des Aufsichtsorgans, das zwar für andere Zwecke (z.B. die Genehmigung von Organkrediten) gebildet, häufig aber genauso bezeichnet wird, ist damit nicht gemeint. Nähere Ausführungen dazu finden sich im folgenden Abschnitt »Gesetzliche Vorgaben für den Risikoausschuss«.

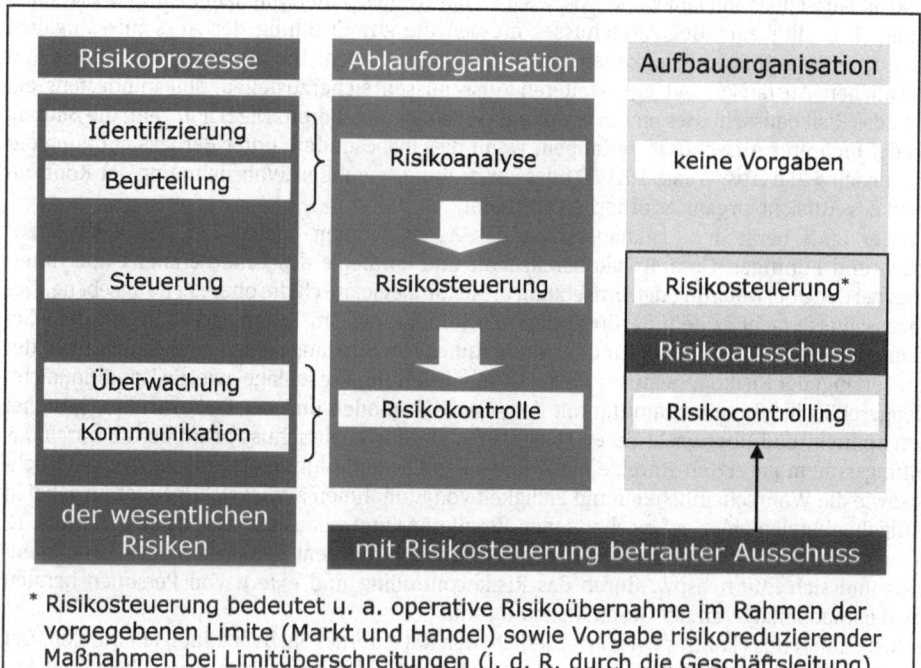

Abb. 55: Unabhängigkeit der Überwachungsfunktion

6.2 Gesetzliche Vorgaben für den Risikoausschuss

Mit dem CRD IV-Umsetzungsgesetz wurden auch Vorgaben zu einem Risikoausschuss als Gremium des Aufsichtsorgans in das KWG eingefügt. Diese Anforderung wurde zwischenzeitlich an neue europäische Vorgaben angepasst. Nach § 25d Abs. 7 Satz 1 KWG soll das Aufsichtsorgan eines Institutes, einer Finanzholding-Gesellschaft oder einer gemischten Finanzholding-Gesellschaft abhängig von der Größe, der internen Organisation sowie der Art, des Umfangs, der Komplexität und dem Risikogehalt seiner Geschäfte aus seiner Mitte verschiedene Ausschüsse bestellen, die es bei seinen Aufgaben beraten und unterstützen. Gemäß § 25d Abs. 7 Satz 2 KWG müssen bedeutende Institute im Sinne von § 1 Abs. 3c KWG zwingend einen Risiko-, einen Prüfungs-, einen Nominierungs- und einen Vergütungskontrollausschuss einrichten. Dazu gehören alle Institute, deren Bilanzsumme im Durchschnitt zu den jeweiligen Stichtagen der letzten vier abgeschlossenen Geschäftsjahre 15 Milliarden Euro überschritten hat, stets jedoch die bedeutenden Institute gemäß Art. 6 SSM-Verordnung, die potenziell systemrelevanten Institute im Sinne von § 12 KWG und die Finanzhandelsinstitute gemäß § 25f Abs. 1 KWG. Gemäß § 25d Abs. 10 KWG kann ggf. auch ein gemeinsamer Risiko- und Prüfungsausschuss bestellt werden, wobei von diesem dann auch die Aufgaben des Prüfungsausschusses nach § 25d Abs. 9 KWG übernommen werden müssen.

74

75 Der Risikoausschuss soll laut § 25d Abs. 7 Satz 3 KWG eines seiner Mitglieder zum Vorsitzenden ernennen. Die Mitglieder des Ausschusses müssen die zur Erfüllung der Ausschussaufgaben erforderlichen Kenntnisse, Fähigkeiten und Erfahrungen haben. Um die Zusammenarbeit und den fachlichen Austausch mit ggf. weiteren Ausschüssen sicherzustellen, soll mindestens ein Mitglied des Risikoausschusses einem weiteren Ausschuss angehören. Die BaFin kann die Bildung eines oder mehrerer Ausschüsse verlangen, wenn dies insbesondere unter Berücksichtigung der Kriterien nach § 25d Abs. 7 Satz 1 KWG oder zur ordnungsgemäßen Wahrnehmung der Kontrollfunktion des Aufsichtsorgans erforderlich erscheint.

76 In erster Linie berät der Risikoausschuss das Aufsichtsorgan nach § 25d Abs. 8 KWG zur aktuellen und künftigen Gesamtrisikobereitschaft und -strategie des Unternehmens und unterstützt es bei der Überwachung der Umsetzung dieser Strategie durch die obere Leitungsebene. Der Risikoausschuss wacht zudem darüber, dass die Konditionen im Kundengeschäft mit dem Geschäftsmodell und der Risikostruktur des Unternehmens im Einklang stehen. Soweit dies nicht der Fall ist, verlangt der Risikoausschuss von der Geschäftsleitung Vorschläge, wie die Konditionen im Kundengeschäft in Übereinstimmung mit dem Geschäftsmodell und der Risikostruktur gestaltet werden können, und überwacht deren Umsetzung. Der Risikoausschuss prüft, ob die durch das Vergütungssystem gesetzten Anreize die Risiko-, Kapital- und Liquiditätsstruktur des Unternehmens sowie die Wahrscheinlichkeit und Fälligkeit von Einnahmen berücksichtigen, ohne dabei in den Aufgabenbereich eines ggf. vorhandenen Vergütungskontrollausschusses nach § 25d Abs. 12 KWG einzugreifen. Der Vergütungskontrollausschuss soll mit dem Risikoausschuss zusammenarbeiten und sich intern bspw. durch das Risikocontrolling und extern von Personen beraten lassen, die unabhängig von der Geschäftsleitung sind.

77 Der Risikoausschuss kann, soweit erforderlich, den Rat externer Sachverständiger einholen. Der Risikoausschuss oder, falls ein solcher nicht eingerichtet wurde, das Aufsichtsorgan bestimmt Art, Umfang, Format und Häufigkeit der Informationen, die die Geschäftsleitung zum Thema Strategie und Risiko vorlegen muss. Der Vorsitzende des Risikoausschusses oder, falls ein Risikoausschuss nicht eingerichtet wurde, der Vorsitzende des Aufsichtsorgans, kann unmittelbar beim Leiter der Internen Revision und beim Leiter des Risikocontrollings Auskünfte einholen. Die Geschäftsleitung muss hierüber unterrichtet werden. Der Vorsitzende des Risikoausschusses soll weder Vorsitzender des Aufsichtsorgans noch Vorsitzender eines anderen Ausschusses sein.

78 Laut Gesetzesbegründung zum CRD IV-Umsetzungsgesetz vom 15. Oktober 2012 wurden mit den allgemeinen Vorgaben in § 25d Abs. 8 KWG die Art. 76, 88 und 95 CRD IV (in der Fassung vom 26. Juni 2013) sowie einige Vorgaben aus den damaligen Leitlinien der EBA zur internen Governance aus dem Jahr 2011[22] umgesetzt. Der Gesetzgeber erwartet grundsätzlich eine Bestellung entsprechender Ausschüsse ab einer Mindestzahl von zehn Mitgliedern im Aufsichtsorgan. Beim Kriterium »interne Organisation« geht es offenbar auch darum, ob es sich um ein Handelsbuchinstitut handelt oder nicht. Die Formulierung »bestellen« orientiert sich an § 107 Abs. 3 AktG. Die wechselseitige Mitgliedschaft (»Cross-participation«) ist wiederum auf eine Empfehlung der EBA zurückzuführen.[23] Die Forderung nach Einrichtung eines Risikoausschusses geht auf Art. 76 Abs. 3 und 4 CRD IV und die EBA-Leitlinien[24] zurück. Die Möglichkeit der Schaffung eines gemeinsamen Risiko- und Prüfungsausschusses entspringt dem letzten Absatz in Art. 76 Abs. 3 CRD IV. Die Vorgaben zum Vergütungskontrollausschuss setzen Art. 95 CRD IV um.

---

22 Vgl. European Banking Authority, EBA Guidelines on Internal Governance (GL 44), 27. September 2011, S. 26ff.

23 Vgl. European Banking Authority, EBA Guidelines on Internal Governance (GL 44), 27. September 2011, S. 28. Diese Anforderung findet sich auch in den überarbeiteten Leitlinien. Vgl. European Banking Authority, Leitlinien zur internen Governance, EBA/GL/2017/11, 21. März 2018, S. 16.

24 Vgl. European Banking Authority, EBA Guidelines on Internal Governance (GL 44), 27. September 2011, S. 29. Auch diese Anforderung wird in den aktuellen Leitlinien wiederholt. Vgl. European Banking Authority, Leitlinien zur internen Governance, EBA/GL/2017/11, 21. März 2018, S. 12.

BTO Anforderungen an die Aufbau- und Ablauforganisation

Auch in der Gesetzesbegründung zum so genannten Trennbankengesetz vom Frühsommer 2013 heißt es, dass die Risikointensität der spekulativen Geschäfte die Einrichtung eines Risikoausschusses gemäß § 25d Abs. 8 KWG und die laufende Beschäftigung des Aufsichtsorgans mit den Risiken aus diesen Geschäften erfordert.

7 Unabhängigkeit des Rechnungswesens (Tz. 7)

80 **7** Das Rechnungswesen, insbesondere die Aufstellung der Kontierungsregeln sowie die Entwicklung der Buchungssystematik, ist in einer vom Markt und Handel unabhängigen Stelle anzusiedeln.

7.1 Aufbauorganisatorische Trennung von Handel und Rechnungswesen

81 Die Mindestanforderungen an das Handelsgeschäft (MaH) enthielten eine Vorschrift, nach der die funktionale und organisatorische Trennung des Handels vom Rechnungswesen bis einschließlich der Ebene der Geschäftsleitung zu gewährleisten war.[25] In den MaRisk wird diese strenge Forderung nicht mehr aufrechterhalten. Das Rechnungswesen ist zwar in einer vom Markt und Handel unabhängigen Stelle anzusiedeln. Diese Stelle kann allerdings grundsätzlich innerhalb der Geschäftsleiterlinie Markt bzw. Handel eingeordnet sein (→ BTO Tz. 2, Erläuterung). Natürlich sind von dieser Regelung insbesondere die Aufstellung der so genannten »Kontierungsregeln«, mit deren Hilfe die Zuordnung von Kosten und Erlösen in der Kostenrechnung festgelegt wird, sowie die Entwicklung der Buchungssystematik betroffen, bei denen die Gefahr des Missbrauchs tendenziell am größten ist.

7.2 Funktionstrennung bei handelsintensiven Instituten

82 Seitens der Wirtschaftsprüfer wurden gegenüber der Bankenaufsicht schon im Vorfeld der Veröffentlichung der MaRisk Bedenken geäußert, ob der Verzicht auf eine Trennung von Handel und Rechnungswesen auf Ebene der Geschäftsleitung vor allem bei größeren Instituten mit signifikanten Handelsaktivitäten wirklich sachgerecht ist. Offenbar bestand bei den Prüfern vor dem Hintergrund der erheblichen Wahlrechte und Gestaltungsspielräume einschlägiger Rechnungslegungsnormen (HGB, IFRS, US-GAAP) bei bestimmten Handelsgeschäften (z. B. strukturierten Produkten und Derivaten) die Befürchtung, dass die Ansiedlung des Rechnungswesens in der Linie des Handelsvorstandes Interessenkonflikte zur Konsequenz haben könnte, die durch eine Trennung bis einschließlich der Ebene der Geschäftsleitung zumindest abgeschwächt würden.[26] Im Nachhinein wurde jedoch deutlich, dass gerade die angesprochenen Institute die Öffnung der MaRisk in dieser Frage nicht zum Anlass genommen haben, die aufgrund der MaH damals noch bestehende Funktionstrennung zwischen Handel und Rechnungswesen generell aufzulösen. Entsprechenden Umfragen zufolge wurde die damalige Anforderung der MaH durchaus als sinnvoll erachtet. Darüber hinaus ist bei der Ausgestaltung der Aufbau- und Ablauforganisation nach wie vor sicherzustellen, dass miteinander unvereinbare Tätigkeiten durch unterschiedliche Personen durchgeführt werden (→ AT 4.3.1 Tz. 1). Somit stellt sich die Frage, ob die bei Instituten mit

---

25 Vgl. Bundesaufsichtsamt für das Kreditwesen, Mindestanforderungen an das Betreiben von Handelsgeschäften der Kreditinstitute (MaH), Verlautbarung vom 23. Oktober 1995, Abschnitt 4.

26 Vgl. Bundesanstalt für Finanzdienstleistungsaufsicht, Übermittlungsschreiben zum zweiten Entwurf der Mindestanforderungen an das Risikomanagement vom 22. September 2005, S. 6.

signifikanten Handelsaktivitäten (so genannte »handelsintensive Institute«)[27] vermuteten Interessenkonflikte im Rahmen von Prüfungshandlungen nicht ohnehin Anlass gäben, im Einzelfall eine entsprechende Trennung anzuraten.

In den MaRisk wird die Empfehlung ausgesprochen, bei handelsintensiven Instituten das Rechnungswesen in einem vom Handel unabhängigen Bereich anzusiedeln (→ BTO Tz. 7, Erläuterung). Da es sich nicht um eine strenge Vorschrift handelt, könnte im Rahmen der Umsetzung auf praktische Probleme Rücksicht genommen werden. Zum Beispiel wäre es denkbar, im Vertretungsfall auf eine automatische Übertragung des Funktionstrennungsprinzips zu verzichten (→ BTO Tz. 5). Schließlich handelt es sich hierbei um eine andere Qualität von vermuteten Interessenkonflikten als im klassischen Kreditgeschäft. Zudem wird der für das Rechnungswesen zuständige Geschäftsleiter im Nachgang über die Vorgänge während seiner Abwesenheit umfassend informiert.

7.3 Darstellung des Grundmodells der Funktionstrennung

In Abbildung 56 wird die erforderliche Funktionstrennung auf Basis der geschilderten Vorgaben für einen Zwei-Personen-Vorstand illustriert, wobei zahlreiche nicht explizit genannte Bereiche, Stellen und Funktionen aus Vereinfachungsgründen weggelassen wurden. Ebenfalls nicht berücksichtigt wurden die weiterführenden Möglichkeiten zur Trennung bestimmter Einheiten unterhalb der zweiten Hierarchieebene. So besteht z. B. im Falle von maximal drei Geschäftsleitern die Option, die Risikocontrolling-Funktion und die Marktfolge unter bestimmten Voraussetzungen unter einheitlicher Leitung auf der zweiten Hierarchieebene anzusiedeln, womit die Leitung der Risikocontrolling-Funktion auch von der dritten Hierarchieebene wahrgenommen werden kann, sofern eine direkte Berichtslinie zur Geschäftsleiterebene besteht (→ AT 4.4.1 Tz. 4, Erläuterung). Die Abbildung bezieht sich einzig darauf, welchem der beiden Geschäftsleiter die jeweiligen Bereiche, Stellen und Funktionen letztlich zugeordnet sind. Die hell unterlegten Bereiche können grundsätzlich von beiden Geschäftsleitern verantwortet werden und sind deshalb doppelt aufgeführt.

Die Abbildung 56 verdeutlicht, dass der vertriebsunabhängige Geschäftsleiter (Geschäftsleiter 2) durchaus auch für Teile der Vertriebsorganisation zuständig sein kann, solange es sich um Bereiche handelt, die nicht-risikorelevante Geschäfte initiieren, wie z. B. das standardisierte Mengengeschäft (→ BTO 1.1 Tz. 4, Erläuterung). Insofern muss er auf organisatorischer Ebene nicht vollständig von den Vertriebseinheiten abgeschnitten werden. Der vertriebsunabhängige Geschäftsleiter kann darüber hinaus im Rahmen seiner institutsintern festgelegten Krediteinzelkompetenzen risikorelevante Kreditentscheidungen treffen und den Kontakt zu seinen Kunden wahren (→ BTO 1.1 Tz. 5). Im Grunde genommen ist dieser Geschäftsleiter jedoch ein echter »Risikovorstand«, da bei ihm das Risikocontrolling und die Back-Office-Bereiche (Abwicklung und Kontrolle sowie Marktfolge) angesiedelt sind. Der vertriebsabhängige Geschäftsleiter (Geschäftsleiter 1) ist hingegen als typischer »Marktvorstand« sowohl für den Markt als auch für den Handel und die Treasury zuständig.

---

27 Es existiert keine allgemeinverbindliche Definition für die so genannten »handelsintensiven Institute« bzw. die »Institute mit signifikanten Handelsaktivitäten«. Mit Blick auf die Regelungsintention handelt es sich dabei grundsätzlich um Institute, bei denen das Handelsgeschäft relativ gesehen zu den gesamten Geschäftsaktivitäten eine wichtige Rolle spielt, sowohl hinsichtlich der damit erzielten Erträge als auch der damit verbundenen Risiken.

Geschäftsleiter 1	Geschäftsleiter 2
Markt risikorelevantes Geschäft	Risikocontrolling
Handel risikorelevante Aktivitäten	Marktfolge
	Compliance
Treasury	Abwicklung und Kontrolle
Markt nicht-risikorelevantes Geschäft	Markt nicht-risikorelevantes Geschäft
Handel nicht-risikorelevante Aktivitäten	Handel nicht-risikorelevante Aktivitäten
Rechnungswesen	Rechnungswesen

Hinweis: Für die hell unterlegten Bereiche besteht die dargestellte Zuordnungsfreiheit, wobei das Handelsgeschäft im Gegensatz zum Kreditgeschäft nur in seiner Gesamtheit als (nicht-)risikorelevant eingestuft werden kann.

Abb. 56: Funktionstrennung bei einem Institut mit zwei Geschäftsleitern

86 Die Gestaltungsspielräume werden etwas größer, wenn die Geschäftsleitung aus mindestens drei Personen besteht (siehe Abbildung 57). In diesem Fall kann unter bestimmten Voraussetzungen auf die Funktionstrennung zwischen dem Bereich Markt und den Funktionen, die der Abwicklung und Kontrolle der Handelsgeschäfte dienen, verzichtet werden (→ BTO Tz. 3 und BTO 2.1 Tz. 1). Um dies zu verdeutlichen, wurden in der Abbildung exemplarisch die Zuständigkeiten für Markt und Handel aufgeteilt, die natürlich auch weiterhin in einem Ressort verortet sein können. Es handelt sich also lediglich um ein mögliches Beispiel der Zuordnung bestimmter Bereiche, Stellen und Funktionen.

Geschäftsleiter 1	Geschäftsleiter 2	Geschäftsleiter 3
Markt risikorelevantes Geschäft	Handel risikorelevante Aktivitäten	Risikocontrolling
Treasury	Treasury	Compliance
		Marktfolge
Abwicklung und Kontrolle		Abwicklung und Kontrolle
Markt nicht-risikorelevantes Geschäft	Markt nicht-risikorelevantes Geschäft	Markt nicht-risikorelevantes Geschäft
Handel nicht-risikorelevante Aktivitäten	Handel nicht-risikorelevante Aktivitäten	Handel nicht-risikorelevante Aktivitäten
Rechnungswesen	Rechnungswesen	Rechnungswesen

Hinweise: Für die hell unterlegten Bereiche besteht die dargestellte Zuordnungsfreiheit, wobei das Handelsgeschäft im Gegensatz zum Kreditgeschäft nur in seiner Gesamtheit als (nicht-)risikorelevant eingestuft werden kann.
Die Funktionen Risikocontrolling, Compliance (mit direkter Berichtslinie zur Geschäftsleitung) und Marktfolge können sogar demselben Bereichsleiter zugeordnet werden.

Abb. 57: Funktionstrennung bei einem Institut mit drei Geschäftsleitern

87 Mit steigender Anzahl der Geschäftsleiter erhöht sich zwar tendenziell die Zahl der möglichen Optionen für die Geschäftsverteilung. Allerdings gelten bestimmte aufbauorganisatorische Erleichterungen für diese Institute ggf. nicht mehr, wodurch die Gestaltungsspielräume wieder eingeschränkt werden. Zudem sind von den bedeutenden Instituten gemäß Art. 6 SSM-Verordnung zusätzliche Restriktionen zu beachten.

88 Bei Instituten mit maximal drei Geschäftsleitern ist eine aufbauorganisatorische Trennung des Bereiches Markt für nicht-risikorelevantes Kreditgeschäft von der Risikocontrolling-Funktion bis unmittelbar unterhalb der Geschäftsleiterebene in der Regel zwar ausreichend, sofern keine Interessenkonflikte erkennbar sind und keine Konzentration von Verantwortlichkeiten beim betroffenen Geschäftsleiter vorliegt (→ AT 4.4.1 Tz. 1, Erläuterung). Das bedeutet im Umkehrschluss aber, dass bei Instituten mit mehr als drei Geschäftsleitern eine aufbauorganisatorische Trennung des für das nicht-risikorelevante Kreditgeschäft zuständigen Bereiches von der Risikocontrolling-Funktion bis einschließlich der Geschäftsleiterebene erforderlich ist. Diese Vorgabe zielt eigentlich auf jene Bereiche ab, die in erster Linie Geschäfte initiieren bzw. abschließen. In bestimmten Konstellationen könnte davon aber auch die Marktfolge betroffen sein, die im Gegensatz zum Markt zwar keine Geschäfte initiieren darf, mit ihrem Votum aber am Abschluss von Geschäften beteiligt ist. Würde der Marktfolge das nicht-risikorelevante Kreditgeschäft zugeordnet und bei entsprechenden Kreditentscheidungen nur auf das Votum der Marktfolge abgestellt, könnte deren Zuordnung zum CRO kritisch gesehen werden.

89 Mit Bezug auf die nicht-risikorelevanten Handelsaktivitäten hat die deutsche Aufsicht auf eine derartige Einschränkung zwar verzichtet, so dass theoretisch auch bei Instituten mit vier und mehr

Geschäftsleitern gewisse Gestaltungsspielräume bestehen. Allerdings ist kaum anzunehmen, dass Institute dieser Größenordnung ihre kompletten Handelsaktivitäten als nicht-risikorelevant einstufen können. Es ist eher davon auszugehen, dass viele dieser Institute zu den so genannten »handelsintensiven Instituten« gehören, bei denen auch eine Trennung des Rechnungswesens vom Handel empfohlen wird (→ BTO Tz. 7, Erläuterung).

90 Schließlich darf in bedeutenden Instituten gemäß Art. 6 SSM-Verordnung der mit der Leitung der Risikocontrolling-Funktion betraute Geschäftsleiter (»Chief Risk Officer«, CRO) weder für den Bereich Finanzen/Rechnungswesen (»Chief Financial Officer«, CFO) noch für den Bereich Organisation/IT (»Chief Operational Officer«, COO) verantwortlich sein (→ AT 4.4.1 Tz. 5). Eine Aussage zur Trennung der Ressorts des CFO und des COO findet sich in den MaRisk hingegen nicht, womit die auch in größeren Instituten häufig praktizierte Zusammenlegung der Ressorts des CFO und des COO weiterhin statthaft ist. Das bedeutet, dass entweder das bereits dargestellte Modell mit zwei Geschäftsleitern um einen CFO und einen COO erweitert werden könnte (siehe Abbildung 58) oder das ebenso erwähnte Modell mit drei Geschäftsleitern um einen CFO/COO (siehe Abbildung 59).

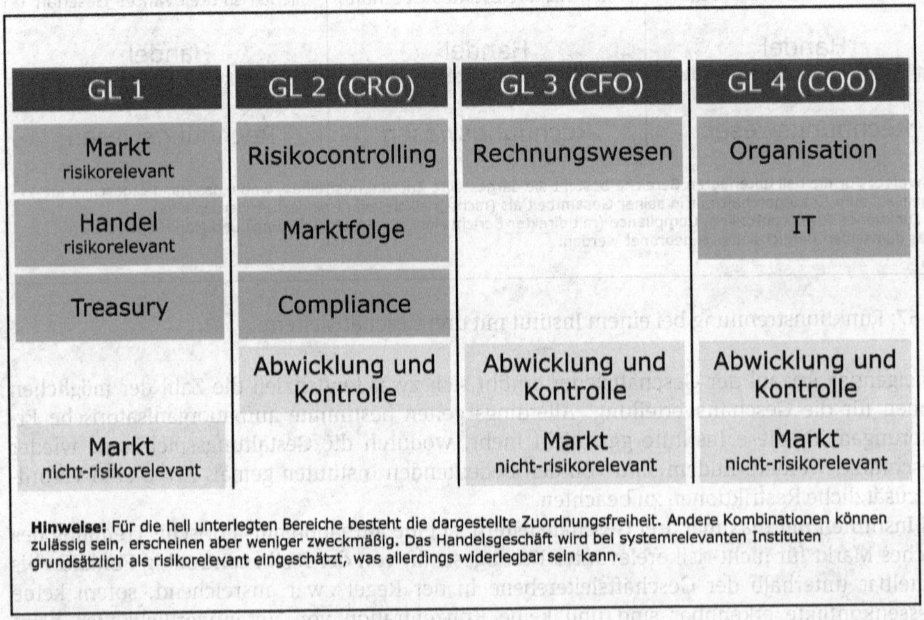

GL 1	GL 2 (CRO)	GL 3 (CFO)	GL 4 (COO)
Markt risikorelevant	Risikocontrolling	Rechnungswesen	Organisation
Handel risikorelevant	Marktfolge		IT
Treasury	Compliance		
	Abwicklung und Kontrolle	Abwicklung und Kontrolle	Abwicklung und Kontrolle
Markt nicht-risikorelevant		Markt nicht-risikorelevant	Markt nicht-risikorelevant

Hinweise: Für die hell unterlegten Bereiche besteht die dargestellte Zuordnungsfreiheit. Andere Kombinationen können zulässig sein, erscheinen aber weniger zweckmäßig. Das Handelsgeschäft wird bei systemrelevanten Instituten grundsätzlich als risikorelevant eingeschätzt, was allerdings widerlegbar sein kann.

Abb. 58: Funktionstrennung bei einem bedeutenden Institut mit vier Geschäftsleitern (CFO und COO einzeln)

GL 1	GL 2	GL 3 (CRO)	GL 4 (CFO/COO)
Markt risikorelevant	Handel risikorelevant	Risikocontrolling	Rechnungswesen
		Marktfolge	Organisation
Treasury	Treasury	Compliance	IT
Abwicklung und Kontrolle		Abwicklung und Kontrolle	Abwicklung und Kontrolle
Markt nicht-risikorelevant	Markt nicht-risikorelevant		Markt nicht-risikorelevant

Hinweise: Für die hell unterlegten Bereiche besteht die dargestellte Zuordnungsfreiheit. Andere Kombinationen können zulässig sein, erscheinen aber weniger zweckmäßig. Das Handelsgeschäft wird bei systemrelevanten Instituten grundsätzlich als risikorelevant eingeschätzt, was allerdings widerlegbar sein kann.

Abb. 59: Funktionstrennung bei einem bedeutenden Institut mit vier Geschäftsleitern (CFO/COO gemeinsam).

8 Unabhängige Überprüfung wesentlicher Rechtsrisiken (Tz. 8)

91 **8** Wesentliche Rechtsrisiken sind grundsätzlich in einer vom Markt und Handel unabhängigen Stelle (z. B. der Rechtsabteilung) zu überprüfen.

8.1 Rechtsrisiken im Kontext des Risikomanagements

92 Der Umgang mit Rechtsrisiken spielt im Kontext des Risikomanagements eine wichtige Rolle, wie die zahlreichen gesetzlichen und bankaufsichtsrechtlichen Vorschriften deutlich machen, die sich mit diesem Thema beschäftigen. So werden gemäß § 91 Abs. 2 AktG geeignete Maßnahmen gefordert, insbesondere die Einrichtung eines Überwachungssystems, um den Fortbestand der Gesellschaft gefährdende Entwicklungen frühzeitig zu erkennen. Die Regelung wurde im Zusammenhang mit dem Gesetz zur Kontrolle und Transparenz im Unternehmensbereich (KonTraG) in das Aktiengesetz (AktG) eingefügt. Ihre Anwendung wird auch für Unternehmen anderer Rechtsformen empfohlen bzw. bereits durch entsprechende Regelungen vorgeschrieben. Hierzu zählen nach allgemeinem Verständnis u. a. Verstöße gegen rechtliche Vorschriften, die sich auf die Vermögens-, Finanz- und Ertragslage des Unternehmens oder des Konzerns wesentlich auswirken. Nachteilige Auswirkungen auf die Vermögens-, Finanz- und Ertragslage sind regelmäßig auch Gegenstand der Berichterstattung der Abschlussprüfer. Nach § 264 Abs. 2 HGB muss der Jahresabschluss ein den tatsächlichen Verhältnissen entsprechendes Bild der Vermögens-, Finanz- und Ertragslage vermitteln. Gegebenenfalls sind zu diesem Zweck im Anhang zusätzliche Angaben zu machen. Die Prüfung des Jahresabschlusses (und des Konzernabschlusses) hat sich gemäß § 317 Abs. 1 HGB darauf zu erstrecken, ob die gesetzlichen Vorschriften und sie ergänzende Bestimmungen beachtet worden sind und ob damit verbundene Unrichtigkeiten und Verstöße, die sich auf die Darstellung der Vermögens-, Finanz- und Ertragslage wesentlich auswirken, bei gewissenhafter Berufsausübung erkannt werden.

93 Nach § 25a Abs. 1 Satz 1 KWG muss ein Institut über eine ordnungsgemäße Geschäftsorganisation verfügen, die die Einhaltung der vom Institut zu beachtenden gesetzlichen Bestimmungen und der betriebswirtschaftlichen Notwendigkeiten gewährleistet. Insbesondere müssen gemäß § 25a Abs. 1 Satz 3 Nr. 3 KWG in jedem Institut u. a. geeignete Prozesse zur Identifizierung, Beurteilung, Steuerung, Überwachung und Kommunikation der Risiken vorhanden sein, wobei die entsprechenden Kriterien der CRD IV zu beachten sind. Die Anforderungen des Rundschreibens beziehen sich daher auf das Management der für das Institut wesentlichen Risiken sowie damit verbundener Risikokonzentrationen (→ AT 2.2 Tz. 1). Zu berücksichtigen sind dabei grundsätzlich zumindest Adressenausfallrisiken, Marktpreisrisiken, Liquiditätsrisiken und operationelle Risiken, zu denen auch die Rechtsrisiken gehören.

8.2 Definition von Rechtsrisiken

Für Rechtsrisiken existiert zwar noch keine einheitliche Definition. Es gibt jedoch Ansätze zu **94** deren Kategorisierung. So hat der Baseler Ausschuss für Bankenaufsicht klargestellt, dass Rechtsrisiken Bestandteil der operationellen Risiken sind. Eine entsprechende Definition wird auch in Art. 4 Abs. 1 Nr. 52 CRR verwendet. Demnach versteht man unter dem operationellen Risiko die Gefahr »von Verlusten, die durch die Unangemessenheit oder das Versagen von internen Verfahren, Menschen und Systemen oder durch externe Ereignisse verursacht werden, einschließlich Rechtsrisiken«. Hinsichtlich der begrifflichen Eingrenzung der Rechtsrisiken existieren verschiedene Überlegungen, die in einzelnen Fällen schon sehr ins Detail gehen, wie im folgenden Beispiel deutlich wird[28]:

– Zum Rechtsrisiko im engeren Sinne können z. B. das Vertrags-, Aktualitäts-, Schlüssigkeits- und Inanspruchnahmerisiko gezählt werden. Hierbei zielt das Vertragsrisiko auf die materielle Wirksamkeit der Vertragsklauseln und die vollständige Dokumentation des Vertragsinhaltes sowie die Dokumentation und den Wirksamkeitsnachweis des Zustandekommens ab. Die Wirksamkeit von Vollmachten bzw. Vertretungsbefugnissen, die Einhaltung von Formvorschriften, die Beweisbarkeit und die Sicherung von Beweisen sind hierin eingeschlossen. Das Aktualitätsrisiko wird durch die Überwachung und Pflege der Vertragsmuster, Erklärungen und Vordrucke nach Maßgabe von Änderungen der Gesetze und der Rechtsprechung minimiert, das Schlüssigkeitsrisiko durch ein lückenloses Ineinandergreifen der rechtlichen Regelungen inkl. der Sicherheitenvereinbarungen. Schließlich fokussiert das Inanspruchnahmerisiko auf die Bearbeitung von Differenzfällen sowie die Instruktion, Begleitung und Überwachung externer Anwälte bei der Prozessführung.

– Im weiteren Sinne sind darüber hinaus das Vollständigkeits-, Begleitungs-, Kenntnis-, Änderungs- und Umsetzungsrisiko Bestandteile des Rechtsrisikos. Im Einzelnen geht es beim Vollständigkeitsrisiko um die vollständige Sachverhaltserfassung und deren vollständige Umsetzung in den Vertragsklauseln, beim Begleitungsrisiko um die frühzeitige Einschaltung der Rechtsabteilung, die risikominimierte Gestaltung der Verträge, die sorgfältige Auswahl, Instruktion, Begleitung und Überwachung von externen Beratern und das Erstellen eines Risikoprofils zur Vorbereitung der Entscheidung, beim Kenntnisrisiko um die Kenntnis der rechtlichen Grundlagen und das Vorhandensein eines Problembewusstseins in den kaufmännischen und technischen Organisationseinheiten sowie in den anderen Stabsstellen, beim Änderungsrisiko um die Berücksichtigung von Variablen, die Änderungen von internen Absichten und Motiven sowie das Vorhandensein von Ausstiegsmöglichkeiten und schließlich beim Umsetzungsrisiko um das laufende Vertragsmanagement zur Wahrnehmung der Rechte, die Einhaltung der Verpflichtungen aus dem Vertrag und die Überwachung von Verträgen.

Diese Überlegungen sind in erster Linie mit der Vertragsgestaltung verknüpft, die für das typische **95** Geschäftsmodell der Institute eine zentrale Rolle spielt. Letztlich werden die maßgeblichen Vereinbarungen im Kredit- und Handelsgeschäft alle über Verträge geregelt. Insofern könnte sich eine mangelhafte Vertragsgestaltung vor allem auf die Kostenseite eines Institutes negativ auswirken. In den letzten Jahren sind allerdings auch Haftungsrisiken verstärkt in den Blickpunkt geraten, die ggf. mit Schadensersatzansprüchen verbunden sein können. In diesem Fall geht es nicht unbedingt um korrekte Verträge, sondern ggf. auch um eine mangelhafte Beratung von Kunden oder um eine Geschäftsstrategie, die wesentliche Aspekte unberücksichtigt lässt. Die BaFin weist z. B. im Zusammenhang mit Nachhaltigkeitsrisiken auf das Problem hin, dass Institute

---

28 Hierbei handelt es sich um Empfehlungen der Kommission Recht des Bundesverbandes Öffentlicher Banken Deutschlands (VÖB) vom März 2002.

die Umorientierung auf Nachhaltigkeit verschlafen und deren Geschäftsgebaren folglich als unmoralisch gewertet werden könnte, so dass sich daraus ggf. Rechtsrisiken ergeben.[29]

8.3 Umgang mit Rechtsrisiken

96 Das Rechtsrisiko sollte, wie alle anderen Risikoarten auch, nicht nur für einzelne Bereiche eines Institutes, sondern stets im Gesamtbankinteresse identifiziert und gesteuert werden. Organisatorisch können diese Aufgaben z. B. in einer Rechtsabteilung zentralisiert werden. Dadurch wird einerseits die Effizienz gesteigert. Andererseits können (andere) operationelle Risiken, die typischerweise aus einer dezentralen Befassung mit dem Rechtsrisiko resultieren, von vornherein vermieden werden. Die Verringerung des Rechtsrisikos gehört zu den Aufgaben, welche die Rechtsabteilung bereits nach klassischem Verständnis zu erfüllen hat. Vor allem gehört dazu die begleitende Rechtsberatung, in deren Rahmen Verträge und Allgemeine Geschäftsbedingungen sowie sonstige rechtliche Erklärungen aller Art entworfen und erläutert werden. Bei zusätzlichem Einsatz von in den Fachabteilungen rechtsberatend tätigen Juristen muss die Einheitlichkeit der Risikoidentifizierung und -steuerung gewährleistet sein. Zur Festlegung eindeutiger Verantwortlichkeiten für diese Tätigkeiten ist eine Orientierung an den nachfolgend aufgeführten Thesen denkbar.[30]

– These 1: Die Identifizierung und zentrale Steuerung des Rechtsrisikos des Institutes ist die verantwortliche Aufgabe der Rechtsabteilung.

– These 2: Die Geschäftsleitung des Institutes stellt durch geeignete Maßnahmen sicher, dass die Rechtsrisiken erfasst und gesteuert werden. Solche Maßnahmen sind insbesondere die zentrale Organisation der Rechtsabteilung, ein geeignetes Berichtssystem sowie angemessene Überwachungsinstrumente.

– These 3: Alle Organisationseinheiten des Institutes wirken für ihren jeweiligen Aufgabenbereich bei der Erfassung des Rechtsrisikos mit.

97 Etwas über zehn Jahre, nachdem diese Thesen aufgestellt wurden, hat die deutsche Aufsicht im Rahmen der vierten MaRisk-Novelle allerdings Anforderungen an eine Compliance-Funktion in das Rundschreiben integriert. Danach muss jedes Institut über eine Compliance-Funktion verfügen, um den Risiken, die sich aus der Nichteinhaltung rechtlicher Regelungen und Vorgaben ergeben können, entgegenzuwirken. Sie hat insbesondere auf die Implementierung wirksamer Verfahren zur Einhaltung der für das Institut wesentlichen rechtlichen Regelungen und Vorgaben und entsprechender Kontrollen hinzuwirken sowie die Geschäftsleitung hinsichtlich der Einhaltung dieser rechtlichen Regelungen und Vorgaben zu unterstützen und zu beraten (→ AT 4.4.2 Tz. 1). Die Identifizierung der wesentlichen rechtlichen Regelungen und Vorgaben, deren Nichteinhaltung zu einer Gefährdung des Vermögens des Institutes führen kann, erfolgt unter Berücksichtigung von Risikogesichtspunkten in regelmäßigen Abständen durch die Compliance-Funktion (→ AT 4.4.2 Tz. 2). Unbeschadet der Aufgaben der Compliance-Funktion bleiben die Geschäftsleiter und die Geschäftsbereiche für die Einhaltung rechtlicher Regelungen und Vorgaben uneingeschränkt verantwortlich (→ AT 4.4.2 Tz. 1, Erläuterung).

98 Insofern hängt die weitere Gültigkeit der o. g. Thesen einerseits davon ab, in welcher Weise die Rechtsabteilung und die Compliance-Funktion in diesem Kontext organisatorisch miteinander verflochten sind. Eine vollständige Anbindung der Compliance-Funktion an die Rechtsabteilung

---

29 Vgl. Röseler, Raimund, Nachhaltigkeit – Herausforderung und Chance für die Kreditwirtschaft, in: BaFinPerspektiven, Ausgabe 2/2019, Nachhaltigkeit – Chancen und Risiken für den Finanzsektor, 9. Mai 2019, S. 25.

30 Hierbei handelt es sich um Empfehlungen der Kommission Recht des Bundesverbandes Öffentlicher Banken Deutschlands (VÖB) vom März 2002.

wird von der Aufsicht aus verschiedenen Gründen allerdings kritisch bewertet und steht in bestimmten Konstellationen zudem im Konflikt mit anderen Normen, wie z. B. den MaComp. Andererseits ist bei der Umsetzung dieser Vorgaben zu berücksichtigen, was konkret unter dem Begriff »hinwirken« verstanden wird und bei welchen Tätigkeiten vor diesem Hintergrund die Compliance-Funktion selbst tätig wird oder zur Erfüllung ihrer Aufgaben auf andere Funktionen und Stellen zurückgreift (→ AT 4.4.2 Tz. 3). Unabhängig von diesen organisatorischen Fragestellungen sollte klar sein, dass die typischen Aufgaben der Rechtsabteilung trotz der Etablierung einer Compliance-Funktion weiterhin eine große Bedeutung für die Institute haben.

8.4 Überprüfung von Rechtsrisiken

Die wesentlichen Rechtsrisiken müssen grundsätzlich in einer vom Markt und Handel unabhängigen Stelle überprüft werden. Beispielhaft wird die Rechtsabteilung genannt. Grundsätzlich käme auch eine geeignete externe Stelle für die Erfüllung dieser Anforderung infrage. Allerdings sollte sich ein Institut darüber im Klaren sein, dass es seine wesentlichen Rechtsrisiken ebenso im Griff haben muss, wie z. B. die klassischen Ertrags- bzw. Kapitalrisiken im Kredit- und Handelsgeschäft. Während das rechtliche Know-how in einer zentralisiert aufgestellten Rechtsabteilung im Interesse einheitlicher Vorgaben gebündelt wird, kann eine dezentrale Rechtsberatung tendenziell Reibungsverluste verursachen, die bei Auftragsvergabe an Externe sogar zum Know-how-Verlust im Institut führen können. Darüber hinaus entbindet die Einbeziehung externer Spezialisten das Institut nicht von der Pflicht, sich davon zu überzeugen, dass die externe Stelle über ausreichende Kenntnisse sowie über genügend Kapazitäten verfügt, um den Auftrag ordnungsgemäß zu erfüllen. Zudem müssen die auf diese Weise gewonnenen Erkenntnisse im Institut regelmäßig auf Plausibilität geprüft und in geeigneter Weise weitergeleitet werden. Auch dafür ist grundsätzlich die Rechtsabteilung zuständig. **99**

Wer die Überprüfung initiiert, wird nicht näher ausgeführt. Die Initiative bzw. Beauftragung einer institutsinternen Stelle, wie der Rechtsabteilung, kann im Prinzip von allen Bereichen ausgehen, da sowohl bei der Geschäftsanbahnung als auch bei der Geschäftsabwicklung und -überwachung Probleme auftreten können, die eine rechtliche Prüfung nach sich ziehen. Da das Rechtsrisiko letztendlich für die Gesamtbank einheitlich und gesamtverantwortlich gesteuert werden muss, sollte hingegen die Vergabe von externen Prüfungsaufgaben ausschließlich durch die Rechtsabteilung erfolgen. Dies ist auch deshalb empfehlenswert, weil die Unabhängigkeit und der Sachverstand der externen Stelle sichergestellt werden müssen. Auch die Rechtsabteilung selbst steht z. B. bei Neuerungen oder Änderungen in der Gesetzgebung oder Rechtsprechung in der Pflicht, diese auf eventuelle Auswirkungen für das Institut zu untersuchen. Dabei ist ein Zusammenwirken mit der Compliance-Funktion sicher hilfreich. **100**

Wesentliche Bedeutung hat natürlich die rechtliche Durchsetzbarkeit der Verträge im Kredit- und Handelsgeschäft. In diesem Zusammenhang werden im Rundschreiben diverse Anforderungen formuliert. Bei Objekt- bzw. Projektfinanzierungen ist im Rahmen der Kreditbearbeitung sicherzustellen, dass insbesondere auch die mit dem Objekt/Projekt verbundenen rechtlichen Risiken in die Beurteilung einbezogen werden. Dabei kann auf die Expertise einer vom Kreditnehmer unabhängigen sach- und fachkundigen Organisationseinheit zurückgegriffen werden (→ BTO 1.2 Tz. 7). Vertragliche Vereinbarungen im Kreditgeschäft sind auf der Grundlage rechtlich geprüfter Unterlagen abzuschließen (→ BTO 1.2 Tz. 13). Für die einzelnen Kreditverträge sind rechtlich geprüfte Standardtexte zu verwenden, die anlassbezogen zu aktualisieren sind. Falls bei einem Engagement (z. B. im Rahmen von Individualvereinbarungen) von den Standardtexten abgewichen werden soll, ist vor Abschluss des Vertrages die rechtliche Prüfung durch eine vom **101**

Bereich Markt unabhängige Stelle erforderlich, soweit dies unter Risikogesichtspunkten geboten erscheint (→ BTO 1.2 Tz. 14). Diese rechtliche Prüfung kann bei nicht-risikorelevanten Kreditgeschäften auch durch einen sachverständigen Mitarbeiter aus dem Bereich Markt erfolgen (→ BTO 1.2 Tz. 14, Erläuterung). Bei Sanierungsfällen kann komplett darauf verzichtet werden, wenn die Sanierung von Spezialisten begleitet wird, die aufgrund ihrer Fachkenntnisse und Erfahrungen in der Lage sind, solche Vertragswerke eigenständig und ohne weitere unabhängige Prüfung zu verfassen (→ BTO 1.2.5 Tz. 1, Erläuterung). Der rechtliche Bestand von Sicherheiten ist grundsätzlich vor der Kreditvergabe (→ BTO 1.2.1 Tz. 3) sowie im Rahmen der Kreditweiterbearbeitung (→ BTO 1.2.2 Tz. 3) zu überwachen bzw. zu überprüfen und ggf. neu zu bewerten. Auch vor Abschluss von Verträgen im Zusammenhang mit Handelsgeschäften, insbesondere bei Rahmenvereinbarungen, Nettingabreden und Sicherheitenbestellungen, ist durch eine vom Handel unabhängige Stelle zu prüfen, ob und inwieweit sie rechtlich durchsetzbar sind (→ BTO 2.2.1 Tz. 8).

102   In den MaRisk sind weitere Anforderungen enthalten, zu deren Umsetzung die Einschaltung der Rechtsabteilung erforderlich sein könnte. Das betrifft z. B. die Sicherstellung der Rechtssicherheit von Auslagerungsverträgen, für die diverse Vorgaben zu beachten sind (→ AT 9 Tz. 7). Seit der sechsten MaRisk-Novelle müssen die Institute u. a. sicherstellen, dass ein Auslagerungsunternehmen nach dem Recht seines Sitzlandes zur Ausübung der ausgelagerten Aktivitäten und Prozesse befugt ist und über dazu ggf. erforderliche Erlaubnisse und Registrierungen verfügt (→ AT 9 Tz. 4, Erläuterung).

8.5   Berichterstattung über Rechtsrisiken

103   Die jeweiligen Verantwortlichen müssen über die Existenz und die möglichen Auswirkungen von rechtlichen Risiken, die für die Beurteilung der Risikosituation des Institutes bedeutsam sind, aufgeklärt werden. Dieses Erfordernis ergibt sich auf natürliche Weise aus der Notwendigkeit der Risikosteuerung. Schon in der Vergangenheit bestand die Verpflichtung, Rechtsrisiken den für die Überwachung der Geschäfte Verantwortlichen offenzulegen.[31] Diese Verpflichtung hatte den Charakter einer »Bringschuld«, wobei die Verantwortlichkeiten bislang nicht klar definiert waren. Unter Risikogesichtspunkten wesentliche Informationen sind unverzüglich an die Geschäftsleitung, die jeweiligen Verantwortlichen und ggf. die Interne Revision weiterzuleiten, so dass geeignete Maßnahmen bzw. Prüfungshandlungen frühzeitig eingeleitet werden können (→ AT 4.3.2 Tz. 4). Die Entscheidung für oder gegen das Eingehen dieser Risiken wird anschließend dort getroffen, wo die Verantwortung nach Maßgabe der internen Organisation angesiedelt ist (→ BTO 1.1 Tz. 6). Unabhängig davon sind Rechtsrisiken im Falle ihrer Wesentlichkeit auch in die turnusmäßige Risikoberichterstattung einzubeziehen (→ BT 3.2 Tz. 7).

---

31 Vgl. Bundesanstalt für Finanzdienstleistungsaufsicht, Mindestanforderungen an das Kreditgeschäft der Kreditinstitute (MaK), Rundschreiben 34/2002 (BA) vom 20. Dezember 2002, Tz. 87; Bundesaufsichtsamt für das Kreditwesen, Mindestanforderungen an das Betreiben von Handelsgeschäften der Kreditinstitute (MaH), Verlautbarung vom 23. Oktober 1995, Abschnitt 3.3.

9 Funktionstrennung bei IT-gestützter Bearbeitung (Tz. 9)

9 Bei IT-gestützter Bearbeitung ist die Funktionstrennung durch entsprechende Verfahren und Schutzmaßnahmen sicherzustellen.   104

9.1 IT-gestützte Bearbeitungsprozesse

Soweit sich die Geschäftsprozesse auf IT-Systeme stützen, was nicht zuletzt im Zuge der fortschreitenden Digitalisierung der Finanzbranche mittlerweile zum Standard geworden ist, muss sich der geforderte Grundsatz der Funktionstrennung auch in der IT-Landschaft des Institutes widerspiegeln. Die Anwendungen auf der IT-Ebene dürfen nicht dazu führen, dass die Funktionstrennungsprinzipien ausgehebelt werden. Dies ist durch die Implementierung entsprechender systemseitiger Verfahren und Schutzmaßnahmen sicherzustellen.   105

Die Ausgestaltung dieser Verfahren hängt vorrangig von den festgelegten Bearbeitungsprozessen in den einzelnen Geschäftsarten ab und ist eng mit der IT-Berechtigungsvergabe verbunden. So müssen die Institute Prozesse für eine angemessene IT-Berechtigungsvergabe einrichten, um sicherzustellen, dass jeder Mitarbeiter nur über jene Rechte verfügt, die er für seine Tätigkeit benötigt (→ AT 7.2 Tz. 2). Die eingerichteten Berechtigungen dürfen nicht im Widerspruch zur organisatorischen Zuordnung von Mitarbeitern stehen (→ AT 7.2 Tz. 2, Erläuterung). Aus Vereinfachungsgründen ist es allerdings möglich, gleichartige Berechtigungen in einem so genannten »Rollenmodell« zusammenzufassen (→ AT 7.2 Tz. 2). Auch in diesem Fall ist darauf zu achten, dass Funktionstrennungen beibehalten bzw. Interessenkonflikte vermieden werden (→ AT 7.2 Tz. 2, Erläuterung).   106

Insgesamt ist sicherzustellen, dass miteinander unvereinbare Tätigkeiten – wie z.B. im Falle einer vorgeschriebenen Funktionstrennung – durch unterschiedliche Mitarbeiter durchgeführt werden (→ AT 4.3.1 Tz. 1) und auch zu diesem Zweck die Aufgaben, Kompetenzen und Verantwortlichkeiten klar definiert und aufeinander abgestimmt werden (→ AT 4.3.1 Tz. 2). Um die Risiken von vornherein zu minimieren, sind Berechtigungen und Kompetenzen nach dem Sparsamkeitsgrundsatz (»Need-to-know-Prinzip«) zu vergeben und bei Bedarf zeitnah anzupassen (→ AT 4.3.1 Tz. 2). Die Fristen zur regelmäßigen und anlassbezogenen Überprüfung orientieren sich an der Bedeutung der Prozesse und, bei IT-Berechtigungen, am Schutzbedarf verarbeiteter Informationen (→ AT 4.3.1 Tz. 2).   107

Auch im Interesse der Informationssicherheit müssen die Aufgaben und die dafür erforderlichen Rollen und Funktionen so strukturiert sein, dass unvereinbare Aufgaben, wie z.B. operative und kontrollierende Funktionen, auf verschiedene Personen verteilt werden. Außerdem muss für unvereinbare Funktionen eine Funktionstrennung festgelegt und dokumentiert sein, die auch die jeweiligen Vertreter einschließt.[32] Die vom Institut definierten unvereinbaren Aufgaben und Funktionen müssen durch das Identitäts- und Berechtigungsmanagement getrennt werden. Auf die entsprechenden Vorgaben der MaRisk und der Bankaufsichtlichen Anforderungen an die IT (BAIT) wird an anderer Stelle ausführlich eingegangen (→ AT 7.2 Tz. 2). In den letzten Jahren hat   108

---

32 Vgl. Bundesamt für Sicherheit in der Informationstechnik, IT-Grundschutz-Kompendium, ORP.1: Organisation, Köln, 15. Februar 2021, S. 3.

sich die Praxis im Umgang mit Passwörtern geändert. Mittlerweile wird es nicht mehr als erforderlich angesehen, permanent sein Passwort zu ändern. Reine zeitgesteuerte Passwortwechsel sollten sogar vermieden werden. Wichtiger erscheint es, das Passwort so komplex zu gestalten, dass es nicht leicht zu erraten ist. Andererseits soll es aber auch nicht zu kompliziert sein, damit es trotzdem mit vertretbarem Aufwand genutzt werden kann.[33]

9.1.1 IT-gestützte Bearbeitung im Kreditgeschäft

109 Mit Blick auf das Kreditgeschäft bezieht sich die Anforderung insbesondere auf eine IT-gestützte Limitfestsetzung, bei der das vertriebsunabhängige Votum der Marktfolge die entscheidende Rolle spielt (→ BTO 1.1 Tz. 2 und 3). Ohne Limit, d.h. im Kontext der MaRisk ohne einen Kreditbeschluss, dürfen kein Kreditgeschäft (→ BTR 1 Tz. 2) und auch kein Handelsgeschäft (→ BTR 1 Tz. 3 und 4) abgeschlossen werden. Die Verfahren müssen dabei sicherstellen, dass systemseitige Entscheidungen nur im Einklang mit der Kompetenzordnung (→ BTO 1.1 Tz. 6) und dem im Kreditgeschäft vorgesehenen Zwei-Voten-Prinzip (→ BTO 1.1 Tz. 2) getroffen werden können, soweit es sich um risikorelevante Geschäfte handelt. Dies kann im Bereich der elektronischen Bewilligungen durch die Vergabe fester Benutzerberechtigungen erfolgen, die für jeden Mitarbeiter eindeutige Kompetenzen definieren. Diese Berechtigungen können sich in Übereinstimmung mit der institutsinternen Kompetenzordnung an den unterschiedlichen Kriterien orientieren, die für die jeweiligen Kompetenzstufen maßgeblich sind. Die konkrete Ausgestaltung der Kompetenzordnung liegt grundsätzlich in der Verantwortung der Institute. Denkbar ist z.B. eine Verknüpfung der Kompetenzstufen mit einzelnen Risikoklassen oder der Höhe und den Konditionen des zu genehmigenden Engagements. Daneben können auch andere Faktoren eine wichtige Rolle spielen, wie z.B. die Erfahrung und Qualifikation der Kompetenzträger. Für ggf. eingerichtete Eskalationsverfahren sind weitere Differenzierungen der über die IT dargestellten Kompetenzen denkbar (→ BTO 1.1 Tz. 6). Die klare systemseitige Darstellung von Kompetenzen ist aber auch im nicht-risikorelevanten Geschäft vonnöten, soweit auf solche Verfahren zurückgegriffen wird (→ BTO 1.1 Tz. 4).

110 Ein ohne IT-Unterstützung regelkonform zustande gekommener Kreditbeschluss zieht hingegen keine besonderen Anforderungen an die IT-Systeme nach sich. Bei nicht IT-gestützter Bearbeitung wird die Funktionstrennung i.d.R. durch entsprechende organisatorische Maßnahmen realisiert. Ein Zwang zur parallelen Umsetzung sämtlicher Anforderungen an die Aufbau- und Ablauforganisation in der IT-Landschaft würde ein Institut in die IT-gestützte Kreditbearbeitung zwingen und kann daher nicht als Erfordernis der MaRisk angesehen werden, weil dies eine strategische Entscheidung der Geschäftsleitung ist. Allerdings entscheidet im Kreditgeschäft neben den Konditionen, die u.a. von den Prozesskosten abhängen, auch der erforderliche Zeitrahmen, in dem eine Kreditentscheidung verbindlich getroffen werden kann, über die Chancen eines Institutes, beim Kreditnehmer letztlich zum Zuge zu kommen. Es ist unmittelbar einleuchtend, dass die elektronische Kreditbearbeitung in dieser Frage klare Vorteile bietet. Das gilt – zumindest auf lange Sicht – grundsätzlich auch für den Kostenaspekt. Vor diesem Hintergrund spricht vieles dafür, dass die IT-gestützte Kreditbearbeitung zukünftig eine immer größere Rolle spielen wird.

---

33 Vgl. Bundesamt für Sicherheit in der Informationstechnik, IT-Grundschutz-Kompendium, ORP.4: Identitäts- und Berechtigungsmanagement, Köln, 15. Februar 2021, S. 3f.

9.1.2 IT-gestützte Bearbeitung im Handelsgeschäft

Im Rahmen der Handelsprozesse kann in vielerlei Hinsicht nicht auf eine IT-Unterstützung **111** verzichtet werden. Das ist u.a. darauf zurückzuführen, dass sich die Marktpreise in rasanter Geschwindigkeit ändern und ein um wenige Momente verzögerter Geschäftsabschluss großen Einfluss auf das Geschäftsergebnis haben kann. Diese Erkenntnis spiegelt sich in nahezu allen Anforderungen an die Prozesse im Handelsgeschäft wider, die mit zunehmender Automatisierung stark vereinfacht werden können.

In Abhängigkeit von Art, Umfang, Komplexität und Risikogehalt der Handelsgeschäfte sind diese **112** grundsätzlich elektronisch abzuwickeln, wobei vorhandene Abwicklungssysteme nach Möglichkeit zu nutzen sind (→ BTO 2.2.2 Tz. 1, Erläuterung). Die Weiterleitung der Abschlussdaten vom Handel an die Abwicklung kann auch automatisiert über ein Abwicklungs- oder Bestätigungssystem erfolgen (→ BTO 2.2.1 Tz. 5). Bei Handelsgeschäften, die in einem Abwicklungs- oder Bestätigungssystem erfasst werden, das einen automatischen Abgleich der maßgeblichen Abschlussdaten gewährleistet (so genanntes »Matching«) und Handelsgeschäfte nur bei Übereinstimmung der Daten durchführt, kann auf das Bestätigungsverfahren verzichtet werden. Sofern kein automatischer Abgleich der maßgeblichen Abschlussdaten erfolgt, kann auf das Bestätigungsverfahren nur dann verzichtet werden, wenn das Abwicklungs- oder Bestätigungssystem beiden Kontrahenten den jederzeitigen Abruf der Abschlussdaten ermöglicht und eine Kontrolle dieser Daten vorgenommen wird (→ BTO 2.2.2 Tz. 3). Bei Geschäften mit OTC-Derivaten sind seit der sechsten MaRisk-Novelle im Zusammenhang mit der Meldepflicht an ein Transaktionsregister ebenfalls Erleichterungen im Bestätigungsverfahren möglich (→ BTO 2.2.2 Tz. 3, Erläuterung). Auf Kontrollen, ob die Geschäftsunterlagen vollständig und zeitnah vorliegen und die Angaben der Händler richtig und vollständig sind und, soweit vorhanden, mit den Angaben auf Maklerbestätigungen, Ausdrucken aus Handelssystemen oder Ähnlichem übereinstimmen, kann verzichtet werden, sofern die von den Händlern eingegebenen Abschlussdaten automatisch und ohne weitere Eingriffsmöglichkeiten der Händler an die Abwicklung weitergeleitet werden (→ BTO 2.2.2 Tz. 4, Erläuterung).

Hinsichtlich der Funktionstrennungsprinzipien im Handelsgeschäft werden mehrere Anforde- **113** rungen formuliert, die auf die weitgehende IT-Bearbeitung Bezug nehmen. So muss z.B. bei einer Direkterfassung in den IT-Systemen sichergestellt sein, dass ein Händler nur unter seiner eigenen Händleridentifikation Handelsgeschäfte eingeben kann. Erfassungstag und -uhrzeit sowie fortlaufende Geschäftsnummern müssen automatisch vorgegeben werden und dürfen vom Händler nicht veränderbar sein (→ BTO 2.2.1 Tz. 6). Organisatorisch dem Handelsbereich zugeordnete Mitarbeiter dürfen nur gemeinsam mit Mitarbeitern eines handelsunabhängigen Bereiches über Zeichnungsberechtigungen für Zahlungsverkehrskonten verfügen (→ BTO 2.2.1 Tz. 9). Handelsgeschäfte einschließlich solcher Nebenabreden, die zu Positionen führen, sind unverzüglich im Risikocontrolling abzubilden (→ BTO 2.2.3 Tz. 1), wobei auf Daten des Rechnungswesens zurückgegriffen werden kann (→ BTO 2.2.3 Tz. 1, Erläuterung). Die im Rechnungswesen und Risikocontrolling ermittelten Ergebnisse sind regelmäßig zu plausibilisieren (→ BTR 2.1 Tz. 4). Bei dieser Anforderung geht es im Grunde darum, die betriebswirtschaftlich und handelsrechtlich ermittelten Ergebnisse regelmäßig miteinander zu vergleichen und auffällige Abweichungen zu analysieren, um keine falschen Steuerungsimpulse zu generieren.

Bei allen genannten Vorteilen einer IT-gestützten Bearbeitung dürfen allerdings auch die damit **114** verbundenen Risiken nicht vernachlässigt werden. So ist es z.B. ratsam, an jenen Stellen entsprechende Kontrollprozesse zu etablieren, wo die Schwachstellen der IT ausgenutzt werden könnten. Bei den Bestätigungs- und Abstimmungsverfahren ist deshalb ein besonderes Augenmerk auf die Häufung von Stornierungen und Korrekturen bei einzelnen Mitarbeitern oder bestimmten Geschäften zu richten (→ BTO 2.2.2 Tz. 2, Erläuterung). Damit wurde auf spektakuläre Betrugsfälle reagiert.

9.2 Einsatz von Algorithmen in Entscheidungsprozessen

115 Mit der fortschreitenden Digitalisierung stellt sich zunehmend die Frage, wo ggf. Grenzen für eine IT-gestützte Bearbeitung im Bankgeschäft liegen. Die BaFin hat vor diesem Hintergrund zunächst klargestellt, dass sie – abgesehen von der Genehmigung interner Modelle zur Ermittlung der regulatorischen Eigenmittelanforderungen und einiger weniger Spezialfälle, bei der es um die jeweilige Eignung dieser Modelle geht – in der Regel keine Billigung von Algorithmen oder algorithmenbasierten Entscheidungsprozessen vornimmt und dies auch nicht für erforderlich hält. In diesem Zusammenhang versteht die BaFin unter Algorithmen eindeutige Handlungsvorschriften, die i.d.R. in ein Computerprogramm implementiert sind, in dem sie vordefinierte Einzelschritte ausführen, und auf diese Weise ein (Optimierungs-)Problem oder eine Klasse von Problemen lösen. Der aufsichtliche Fokus liegt nicht auf den Algorithmen selbst, sondern auf dem algorithmenbasierten Entscheidungsprozess, d.h. auf der Art und Weise, wie die Institute sie konkret in ihre Entscheidungsprozesse einbetten. Insofern geht es in der Aufsichtspraxis, mit Ausnahme der Algorithmen im erlaubnispflichtigen Hochfrequenzhandel, um die Prozesse an sich und nicht um die dafür verwendeten Technologien.[34]

116 Einige Zeit später hat die BaFin allerdings vor dem Hintergrund des wachsenden Interesses an der Nutzung von »Big Data und Artificial Intelligence« (BDAI) verschiedene Prinzipien für den Einsatz von Algorithmen in Entscheidungsprozessen veröffentlicht.[35] Die BaFin fasst »künstliche Intelligenz« (»Artificial Intelligence«, AI) etwas zugespitzt als das Zusammenspiel von großen Datenmengen (»Big Data«, BD), ausreichenden Rechenressourcen und maschinellem Lernen (»Machine Learning«, ML) auf.[36] Beim maschinellen Lernen wird Computern auf Basis spezieller Algorithmen die Fähigkeit verliehen, aus Daten und Erfahrungen zu lernen. Die ML-Anwendungen werden von der BaFin nach der Art der Algorithmen (technische Problemlösung), den Ergebnistypen (Klassifikation, Regression und Clustering) und den Datentypen (Text, Sprache und Bilddaten) unterschieden. Eine trennscharfe Abgrenzung von klassischen statistischen Verfahren und dabei verwendeten Algorithmen ist allerdings (noch) nicht möglich. Die Prinzipien der BaFin stellen lediglich vorläufige Überlegungen zu aufsichtlichen Mindestanforderungen für den Einsatz von künstlicher Intelligenz dar und sollen den Instituten als Orientierungshilfe dienen, solange keine strengere Regulierung bzw. Verwaltungspraxis einschlägig ist.[37] Als übergeordnete Prinzipien werden die klare Verantwortung der Geschäftsleitung, ein adäquates Risiko- und Auslagerungsmanagement, die Vermeidung der systematischen Verzerrung von Ergebnissen (»Bias«) sowie die Beachtung gesetzlicher Verbote der Differenzierung bei der Risiko- und Preiskalkulation genannt.[38] Daneben werden für die Entwicklungsphase spezifische Prinzipien formuliert, die auf die Datenstrategie und Daten-Governance, die Beachtung der Datenschutzregeln, die Sicherstellung korrekter, robuster und reproduzierbarer Ergebnisse, die Dokumentation zur internen und externen Nachvollziehbarkeit in drei vorgegebenen Schritten, angemessene Validierungsprozesse sowie die Verwendung von relevanten Daten zur Kalibrierung und Validierung hinauslaufen.[39] Für die Anwendung selbst gelten schließlich ebenfalls spezifische Prinzipien, die

---

34 Vgl. O. V., Generelle Billigung von Algorithmen durch die Aufsicht? Nein, aber es gibt Ausnahmen, in: BaFinJournal, Ausgabe März 2020, S. 32 f.

35 Bundesanstalt für Finanzdienstleistungsaufsicht, Big Data und künstliche Intelligenz: Prinzipien für den Einsatz von Algorithmen in Entscheidungsprozessen, Prinzipienpapier vom 15. Juni 2021.

36 Vgl. Bundesanstalt für Finanzdienstleistungsaufsicht, Big Data trifft auf künstliche Intelligenz: Herausforderungen und Implikationen für Aufsicht und Regulierung von Finanzdienstleistungen, 15. Juni 2018, S. 7 und 25.

37 Vgl. Bundesanstalt für Finanzdienstleistungsaufsicht, Big Data und künstliche Intelligenz: Prinzipien für den Einsatz von Algorithmen in Entscheidungsprozessen, Prinzipienpapier vom 15. Juni 2021, S. 3 f.

38 Vgl. Bundesanstalt für Finanzdienstleistungsaufsicht, Big Data und künstliche Intelligenz: Prinzipien für den Einsatz von Algorithmen in Entscheidungsprozessen, Prinzipienpapier vom 15. Juni 2021, S. 6 ff.

39 Vgl. Bundesanstalt für Finanzdienstleistungsaufsicht, Big Data und künstliche Intelligenz: Prinzipien für den Einsatz von Algorithmen in Entscheidungsprozessen, Prinzipienpapier vom 15. Juni 2021, S. 9 ff.

sich mit der Interpretation und Verwertung algorithmischer Ergebnisse für die Entscheidungs-findung, der angemessenen Einbeziehung des Personals, intensiven Freigabe- und Feedbackpro-zessen, der Etablierung von Notmaßnahmen sowie der laufenden Validierung, übergeordneten Evaluation und entsprechenden Anpassung der Algorithmen beschäftigen.[40]

Die Prinzipien der BaFin sind allerdings nur ein Meilenstein, um Rechts- und Anwendungs-sicherheit für den verantwortungsvollen Einsatz von BDAI im Finanzsektor zu schaffen. Speziell für den Einsatz von maschinellem Lernen (»ML-Methoden«) bei Säule-1- und Säule-2-Risikomo-dellen haben die BaFin und die Deutsche Bundesbank Mitte Juli 2021 ein Diskussionspapier zur Konsultation gestellt. Im Fokus stehen dabei Risikomodelle, die im Rahmen der Solvenzaufsicht genehmigt werden müssen oder Gegenstand aufsichtlicher Prüfungen sind. Die Aufsicht kon-statiert, dass der Einsatz von ML-Methoden – aufgrund der Verfügbarkeit großer Datenmengen (»Big Data«) zusammen mit gesteigerter Rechenleistung – dazu beitragen kann, Risiken genauer zu quantifizieren, die Qualität von Prozessen zu erhöhen und somit das Risikomanagement für Finanzunternehmen zu stärken. In diesem Zusammenhang stellt sich für sie allerdings die Frage, inwiefern die regulatorischen Grundlagen einer Überarbeitung bedürfen und ob ggf. ein grund-sätzlich neuer Aufsichtsansatz für ML-Methoden geschaffen werden muss. Da die bestehenden regulatorischen Grundlagen technologieneutral formuliert sind, vermutet die Aufsicht jedoch, dass nur an wenigen Stellen eine Anpassung der regulatorischen Grundlagen erforderlich sein könnte.[41] Um die Industrie (Banken und Versicherungen) in diesen Prozess einzubeziehen, wurde ein begleitender Fragebogen zur Konsultation entwickelt, der insbesondere auf die Charakteristika von ML-Methoden und den aufsichtlichen Ansatz abzielt.

---

40 Vgl. Bundesanstalt für Finanzdienstleistungsaufsicht, Big Data und künstliche Intelligenz: Prinzipien für den Einsatz von Algorithmen in Entscheidungsprozessen, Prinzipienpapier vom 15. Juni 2021, S. 12 ff.
41 Vgl. Bundesanstalt für Finanzdienstleistungsaufsicht/Deutsche Bundesbank, Maschinelles Lernen in Risikomodellen – Charakteristika und aufsichtliche Schwerpunkte, Konsultation 11/2021, 15. Juli 2021, S. 3 f.

BTO 1 Kreditgeschäft

1 Gliederung und vereinfachte Umsetzung (Tz. 1)

Dieses Modul stellt Anforderungen an die Ausgestaltung der Aufbau- und Ablauforganisation, die Verfahren zur Früherkennung von Risiken und die Verfahren zur Klassifizierung der Risiken im Kreditgeschäft. Bei Handelsgeschäften und Beteiligungen kann von der Umsetzung einzelner Anforderungen dieses Moduls abgesehen werden, soweit deren Umsetzung vor dem Hintergrund der Besonderheiten dieser Geschäftsarten nicht zweckmäßig ist (z. B. die Anforderungen zur Kreditverwendungskontrolle unter BTO 1.2.2 Tz. 1). | 1

1.1 Aufbau- und Ablauforganisation im Kreditgeschäft

Klar definierte Prozesse, Aufgaben und Kompetenzen sind eine essenzielle Voraussetzung für den reibungslosen Ablauf im Kredit- und Handelsgeschäft. Es ist daher nicht überraschend, dass die deutsche Aufsicht den Anforderungen an die Aufbau- und Ablauforganisation einen besonderen Stellenwert eingeräumt hat. Nachdem im vorherigen Modul geschäftsartenübergreifende Prinzipien formuliert wurden, geht es im Folgenden um die Besonderheiten des Kreditgeschäftes. Zu den wesentlichen Elementen dieses Moduls gehören: | 2

- aufbauorganisatorische Vorgaben, die bei der Kreditentscheidung zu beachten sind (Funktionstrennung und Votierung) inkl. der Separierung einiger weniger Funktionen vom Vertrieb (z. B. im Hinblick auf die Aufgaben des Kreditrisikocontrollings),
- Anforderungen an die Prozesse im Kreditgeschäft, wobei zwischen einem normalen Kreditverlauf (Kreditgewährung, Kreditweiterbearbeitung, Kreditbearbeitungskontrollen) und einem leistungsgestörten Kreditverlauf (Intensivbetreuung, Problemkreditbearbeitung, Risikovorsorge) unterschieden wird, sowie
- Anforderungen an die Verfahren zur Früherkennung von Risiken und zur Risikoklassifizierung, die auf eine frühzeitige bzw. erstmalige, turnusmäßige oder anlassbezogene Beurteilung der Risiken im Kreditgeschäft abzielen.

1.1.1 Aufbauorganisatorische Anforderungen

Im Vordergrund der aufbauorganisatorischen Vorgaben steht die Trennung zwischen den Vertriebseinheiten (Bereich Markt) und den vertriebsunabhängigen Einheiten (Bereich Marktfolge). Bei risikobehafteten Kreditgeschäften ist aus beiden Bereichen jeweils ein positives Votum einzuholen. Ohne positive Voten aus diesen beiden Bereichen darf, soweit nicht die Kompetenzen einzelner Geschäftsleiter oder der gesamten Geschäftsleitung berührt sind (→ BTO 1.1 Tz. 5), kein Kredit vergeben werden (Zwei-Voten-Prinzip). Das Zwei-Voten-Prinzip und die damit verknüpfte Trennung zwischen den Bereichen Markt und Marktfolge sollen dazu beitragen, Interessenkonflikte bei der Kreditentscheidung zu vermeiden und gleichzeitig die Qualität der Entscheidungen zu verbessern. | 3

Vor allem im risikobehafteten Kreditgeschäft kommt einer unter Risikogesichtspunkten ausgewogenen Kreditentscheidung eine zentrale Bedeutung zu, da die Engagements in Abhängigkeit von der vertraglich vereinbarten Laufzeit ggf. über Jahre oder sogar Jahrzehnte in den Büchern des | 4

Institutes verbleiben. Zwar schaffen so genannte »Zinsanpassungsklauseln« in einem gewissen Rahmen Abhilfe (→ BTO 1.2 Tz. 9). Die Bindung des Institutes an den Kreditnehmer wird allerdings häufig noch zusätzlich durch rechtliche Regelungen manifestiert. So hat jedes Institut bestimmte Sorgfaltspflichten bei der Kündigung von Krediten zu berücksichtigen. Ein Institut kann z.B. schadensersatzpflichtig gemacht werden, wenn es Kredite zur Unzeit kündigt und dadurch der wirtschaftliche Ruin des Kreditnehmers verursacht wird.[1]

5   Der als Vorleistung zur Verfügung gestellte Kreditbetrag kann demnach, auch bei eintretenden Bonitätsverschlechterungen des Kreditnehmers über die Laufzeit des Kreditvertrages, ggf. nicht sofort wieder einseitig zurückgefordert werden. Dieser insbesondere für das traditionelle Kreditgeschäft häufig zutreffende Sachverhalt unterstreicht die Bedeutung einer möglichst ausgewogenen Kreditentscheidung. Die Entscheidung spielt aber auch bei allen anderen Kreditgeschäften, wie z.B. bei Beteiligungen, Unternehmensanleihen oder bei der Festlegung von internen Limiten im Handelsgeschäft, eine wichtige Rolle, da Fehleinschätzungen bei diesen Geschäften ebenfalls mit negativen Konsequenzen verbunden sein können.

6   Unter Risikogesichtspunkten unausgewogene Kreditentscheidungen sind vor allem dann zu beobachten, wenn die Entscheidungskompetenzen einseitig bei den Vertriebseinheiten konzentriert sind. Fast jedes Institut unterliegt im Hinblick auf die Akquisitionstätigkeit des Vertriebes einem mehr oder minder ausgeprägten systemimmanenten Gegensatz: Der Vertrieb ist einerseits ein unverzichtbares Akquisitionsinstrument, ohne das die Geschäftsstrategie eines Institutes nicht umgesetzt werden kann. Die Akquisitionstätigkeit des Vertriebes wird dabei regelmäßig über erfolgsabhängige Vergütungs- und Anreizsysteme gesteuert. Andererseits führen Entscheidungsmonopole im Vertrieb häufig zu unter Risikogesichtspunkten nicht angemessenen Ausdehnungen des Kreditportfolios, da den Kompetenzträgern mitunter in erster Linie an der Maximierung ihrer Provisionen oder anderen subjektiven Vorteilen gelegen ist. Der Risikoaspekt wird dabei manchmal vollständig ausgeblendet. Wenngleich die Institutsvergütungsverordnung dazu beiträgt, diese Fehlanreize zu reduzieren, kann nicht erwartet werden, dass die Vertriebsmitarbeiter deswegen als ausgewiesene Risikoexperten agieren.

7   Verschärft wird diese Situation häufig noch dadurch, dass sich zwischen Vertriebsmitarbeitern und Kunden über den zum Teil langjährigen intensiven Kontakt eine enge persönliche Beziehung entwickelt, die unter Umständen mit dazu beitragen kann, dass die Risiken einer Kreditvergabe nicht mit der erforderlichen Objektivität beurteilt werden. Diese ambivalente Rolle des Vertriebes, zum einen als geschäftspolitisch absolut notwendiges Akquisitionsinstrument und zum anderen als potenzieller Risikotreiber, unterstreicht den oben aufgezeigten Konflikt, dem sich fast jedes Institut ausgesetzt sieht. Es ist jedoch möglich, diesen unvermeidlichen Gegensatz zumindest abzuschwächen: Durch die Teilung der Verantwortung kann der Risikoaspekt im Rahmen des Entscheidungsprozesses stärker zur Geltung kommen, ohne dabei gleichzeitig die Akquisitionstätigkeit der Vertriebseinheiten nachhaltig einzuschränken. Aufgrund der Vorgaben der MaK aus dem Jahr 2002 haben alle deutschen Kreditinstitute die Trennung der Funktionen von Markt und Marktfolge bereits seit Jahren umgesetzt. Hiernach ist bei risikorelevanten Engagements grundsätzlich jeweils ein Votum aus den Bereichen Markt und Marktfolge einzuholen (→ BTO 1.1 Tz. 2). Beide Bereiche sind aufbauorganisatorisch bis einschließlich der Ebene der Geschäftsleitung voneinander zu trennen (→ BTO 1.1 Tz. 1).

8   Auch die übrigen Funktionstrennungsprinzipien im Kreditgeschäft zielen auf die Vermeidung von Interessenkonflikten ab. Dazu zählen:
- die Überwachung und Kommunikation der Risiken im Kreditgeschäft, also die i.d.R. vom Kreditrisikocontrolling übernommenen Aufgaben (→ BTO Tz. 2 Satz 2 und Tz. 3),

---

1   Vgl. Bauer, Karl-Heinz, Insolvenzrechtsreform schafft keine Lösung der Probleme von Sanierungskrediten, in: Sparkasse, Heft 17/2000, S. 36.

- die Überprüfung bestimmter Sicherheiten, die unter Risikogesichtspunkten von Bedeutung sind (→ BTO 1.1 Tz. 7 Satz 1),
- die Entscheidungen über die Risikovorsorge bei bedeutenden Engagements (→ BTO 1.1 Tz. 7 Satz 2),
- die Verantwortung für die Entwicklung und Qualität der Prozesse im Kreditgeschäft (→ BTO 1.2 Tz. 1 Satz 2),
- die Wertermittlung von Immobiliensicherheiten durch interne oder externe Sachverständige (→ BTO 1.2 Tz. 3),
- die Verantwortung für die Entwicklung, die Qualität und die regelmäßige Überprüfung der Kriterien, die maßgeblich für den Übergang von Engagements in die Intensivbetreuung bzw. die Problemkreditbearbeitung (Sanierungs- und Abwicklungsprozess) sind (→ BTO 1.2.4 Tz. 1 Satz 2 und BTO 1.2.5 Tz. 1 Satz 2),
- die Federführung für den Sanierungs- bzw. Abwicklungsprozess oder deren Überwachung (→ BTO 1.2.5 Tz. 1 Satz 3),
- die Zuständigkeit spezialisierter NPE-Abwicklungseinheiten in Instituten mit hohem NPL-Bestand (→ BTO 1.2.5 Tz. 1, Erläuterung) und
- die Zuständigkeit für die Entwicklung, Qualität und Überwachung der Anwendung der Risikoklassifizierungsverfahren (→ BTO 1.4 Tz. 2).

Nach den Vorgaben der MaRisk müssen für die genannten Prozesse jedoch keine separaten Organisationseinheiten im vertriebsunabhängigen Bereich gebildet werden. So ist es z.B. im Hinblick auf die Funktionen des Kreditrisikocontrollings grundsätzlich möglich, dass diese Aufgaben von einer Marktfolge-Einheit wahrgenommen werden. **9**

Darüber hinaus wirken sich einige Funktionstrennungen nur unterhalb der Ebene der Geschäftsleitung aus. Für diesen Zweck wurde der Begriff einer »von Markt und Handel unabhängigen Stelle« eingeführt (→ BTO Tz. 2, Erläuterung). Davon betroffen sind: **10**
- das Rechnungswesen, hierbei insbesondere die Aufstellung der Kontierungsregeln sowie die Entwicklung der Buchungssystematik (→ BTO Tz. 7),
- die Überprüfung wesentlicher Rechtsrisiken (→ BTO Tz. 8) und
- die rechtliche Prüfung nicht-standardisierter Kreditverträge, sofern sie unter Risikogesichtspunkten erforderlich ist (→ BTO 1.2 Tz. 14 Satz 2).

1.1.2 Ablauforganisatorische Anforderungen

Das Kreditgeschäft ist wie kein anderes Bankgeschäft von Prozessen geprägt. So sind im Vorfeld einer Kreditentscheidung i.d.R. aussagekräftige Unterlagen des Kreditnehmers einzuholen und zu analysieren. Das gilt auch im Hinblick auf die laufende Überwachung des Bestandsgeschäftes (z.B. im Rahmen der periodischen Beurteilungen des Adressenausfallrisikos) oder die Sanierung von problembehafteten Engagements. Die deutsche Aufsicht hat daher den Prozessen im Kreditgeschäft einen besonderen Stellenwert eingeräumt, indem sie bestimmte Aufgabenbereiche definiert und voneinander abgrenzt sowie an die daraus resultierenden Teilprozesse differenzierte Anforderungen stellt. Die Kreditprozesse umfassen dabei die Aufgaben der Kreditbearbeitung (Kreditgewährung und Kreditweiterbearbeitung), die Kreditbearbeitungskontrollen, die Intensivbetreuung, die Problemkreditbearbeitung (Sanierungs- und Abwicklungsprozess) und schließlich das institutsinterne Verfahren für die Ermittlung der Risikovorsorge. Die Tätigkeit der NPE-Abwicklungseinheiten, die von Instituten mit hohem NPL-Bestand einzurichten sind, kann grundsätzlich auch als Bestandteil der Problemkreditbearbeitung angesehen werden (→ BTO 1.2.5 Tz. 1). **11**

12   Die Prozessanforderungen des Moduls BTO 1.2 lassen sich von der Systematik her in zwei unterschiedliche Zyklen (normaler und leistungsgestörter Kreditverlauf) unterteilen. Möglich ist in Anlehnung an die Ausführungen zur Intensivbetreuung (→ BTO 1.2.4 Tz. 1) jedoch auch eine feinere Unterteilung in Normalbetreuung, Intensivbetreuung und Problemkreditbearbeitung.

1.1.2.1   Anforderungen an den normalen Kreditverlauf (»Geburt-Leben-Tod«)

13   Die Anforderungen in den Modulen BTO 1.2.1 bis 1.2.3 betreffen in erster Linie den normalen Kreditverlauf, d.h. dort wird von einer mehr oder minder störungsfreien Entwicklung der Engagements über die gesamte Laufzeit ausgegangen (Normalbetreuung).

14   Im Einzelnen handelt es sich um Anforderungen an folgende (Teil-)Prozesse:
-   die Kreditgewährung (→ BTO 1.2.1),
-   die Kreditweiterbearbeitung, also die laufende Überwachung der Engagements (→ BTO 1.2.2), und
-   die formalen Kreditbearbeitungskontrollen (→ BTO 1.2.3).

1.1.2.2   Anforderungen an den leistungsgestörten Kreditverlauf (»Krankheit«)

15   Die übrigen in Modul BTO 1.2 aufgeführten Prozessanforderungen bzw. Verfahren betreffen leistungsgestörte oder zumindest mit erhöhten Risiken behaftete Engagements (Intensivbetreuung und Problemkreditbearbeitung). Dazu zählen Anforderungen an:
-   die Intensivbetreuung, der alle Engagements unterliegen, bei denen sich in Anlehnung an das Verfahren zur Früherkennung von Risiken (→ BTO 1.3.1) erhöhte Risiken abzuzeichnen beginnen (→ BTO 1.2.4),
-   die Problemkreditbearbeitung, die den Sanierungs- und Abwicklungsprozess sowie den Umgang mit hohen NPL-Beständen umfasst (→ BTO 1.2.5), und
-   das Verfahren, auf dessen Grundlage nach institutsinternen Kriterien und im Einklang mit den angewandten Rechnungslegungsnormen eine Risikovorsorge, also Wertberichtigungen, Abschreibungen und Rückstellungen, zu bilden ist (→ BTO 1.2.6).

16   Seit der sechsten MaRisk-Novelle wird der Behandlung von Engagements, bei denen Zugeständnisse aufgrund finanzieller Schwierigkeiten eines Kreditnehmers gemacht wurden (Forbearance-Maßnahmen), ein eigenes Modul gewidmet (→ BTO 1.3.2). Diese Engagements werden i.d.R. entweder der Intensivbetreuung oder der Problemkreditbearbeitung zugeordnet sein.

17   In der Phase der Problemkreditbearbeitung hat sich die Risikosituation weiter verschärft. Aus Sicht des Institutes ist zu entscheiden, ob sich eine Beteiligung an der Neuordnung der wirtschaftlichen Verhältnisse des Kreditnehmers (Sanierung) lohnt oder ob das Engagement zu kündigen ist, um anschließend die Abwicklung einzuleiten.

1.1.3   Klare Strukturierung der Prozesse

18   Die Prozesse im Kreditgeschäft sowie die damit verbundenen Aufgaben, Kompetenzen, Verantwortlichkeiten, Kontrollen sowie Kommunikationswege sind klar zu definieren und aufeinander abzustimmen (→ AT 4.3.1 Tz. 2). Auch die Risikoklassifizierungsverfahren sind in angemessener Weise in die Prozesse des Kreditgeschäftes und ggf. die Kompetenzordnung einzubinden (→ BTO 1.4 Tz. 4). Die Abstimmung der Prozesse im Kreditgeschäft trägt nicht nur dazu bei, Risiken zu begrenzen. Sie kann darüber hinaus einen Beitrag zur effizienten und damit kostengünstigen Ausgestaltung der Aufbau- und Ablauforganisation leisten.

1.2 Früherkennung und Klassifizierung von Risiken

Sowohl für die Kreditgewährung als auch für die Kreditweiterbearbeitung hat die Beurteilung der **19** Adressenausfallrisiken einen besonderen Stellenwert, weil auf ihrer Basis u. a. die Konditionengestaltung erfolgt. Werden die Risiken systematisch unterschätzt, können die vereinnahmten Risikoprämien unter Umständen zu gering sein, um die tatsächlichen Verluste aus dem Ausfall der Kreditnehmer zu decken. Deshalb müssen die zur Risikobeurteilung relevanten Faktoren bereits bei der Kreditgewährung auf geeignete Weise analysiert werden (→ BTO 1.2.1 Tz. 1). Anschließend ist diese Analyse im Rahmen der Kreditweiterbearbeitung regelmäßig und ggf. auch anlassbezogen zu wiederholen (→ BTO 1.2.2 Tz. 2). Die deutsche Aufsicht überlässt es den Instituten, dafür das jeweils angemessene Verfahren zu wählen. Insbesondere im risikorelevanten Kreditgeschäft ist der Einsatz von Ratingverfahren allerdings weit verbreitet, in deren Rahmen die Kreditnehmer bestimmten Risikoklassen zugeordnet werden. Im nicht-risikorelevanten Kreditgeschäft werden häufig Scoringverfahren verwendet (→ BTO 1.4 Tz. 1).

Eine wesentliche Bedeutung kommt im Kreditgeschäft der Risikofrüherkennung zu, weil die **20** Handlungsspielräume im Umgang mit problembehafteten Engagements mit fortschreitender Zeit i. d. R. drastisch eingeengt werden bzw. gar nicht mehr vorhanden sind. Im Idealfall kann bei rechtzeitiger Identifizierung von Kreditnehmern, bei deren Engagements sich erhöhte Risiken abzuzeichnen beginnen, ein leistungsgestörter Kreditverlauf (Intensivbetreuung, Problemkreditbearbeitung, Risikovorsorge) sogar gänzlich vermieden werden. Diesem Zweck dient das Verfahren zur Früherkennung von Risiken, das grundsätzlich darauf basiert, die Entwicklung geeigneter Frühwarnindikatoren zu überwachen (→ BTO 1.3.1).

1.3 Zweckmäßigkeit der Anforderungen

1.3.1 Sinngemäße Umsetzung bei Handelsgeschäften

Die in Modul BTO 2 aufgestellten organisatorischen Anforderungen sind auf die in AT 2.3 Tz. 3 **21** definierten Geschäfte zugeschnitten und sollen grundsätzlich nicht durch die Anforderungen des Moduls BTO 1 überlagert werden, so dass bei Handelsgeschäften auf bestimmte Anforderungen an das klassische Kreditgeschäft verzichtet werden kann. Das wird durch den Hinweis auf die »sinngemäße Anwendung« deutlich zum Ausdruck gebracht.

Ein enger Zusammenhang zwischen den Anforderungen an das Kredit- und das Handels- **22** geschäft ergibt sich allerdings im Hinblick auf die Begrenzung von Adressenausfallrisiken. So dürfen Handelsgeschäfte grundsätzlich nur mit Vertragspartnern getätigt werden, für die Kontrahentenlimite eingeräumt wurden (→ BTR 1 Tz. 3). Darüber hinaus sind bei Handelsgeschäften grundsätzlich auch Emittentenlimite einzurichten, wobei innerhalb der ersten drei Monate vereinfachte Bearbeitungsprozesse zulässig sind (→ BTR 1 Tz. 4). Die Anforderungen an das Kreditgeschäft beziehen sich folglich insbesondere auf die Festlegung dieser Limite. Der Limitierung, wie auch allen sonstigen Kreditentscheidungen, müssen angemessene Kreditprozesse zugrunde liegen. So sind bei Handelsgeschäften die Kontrahenten- und Emittentenlimite durch eine Votierung aus dem Bereich Marktfolge festzulegen (→ BTO 1.1 Tz. 3). Im Hinblick auf alle sonstigen Anforderungen an das Kreditgeschäft besteht hingegen ein weitgehender Gestaltungsspielraum für die Institute. Insbesondere müssen die einzelnen Anforderungen nur dann umgesetzt werden, wenn dies vor dem Hintergrund der Besonderheiten dieser Geschäfte zweckmäßig erscheint.

1.3.2 Sinngemäße Umsetzung bei Beteiligungen

23 Die deutsche Aufsicht geht von der Prämisse aus, dass es aus ökonomischer Sicht keine Rolle spielt, ob einem Unternehmen ein Kredit gewährt wird oder sich das Institut an ihm beteiligt. Allerdings haben sich in der Praxis des Beteiligungsgeschäftes Besonderheiten herausgebildet, so dass die Anforderungen an das Kreditgeschäft nicht unmittelbar und vollständig auf diese Geschäftsart übertragen werden können. Daher ist auch bei Beteiligungen nur eine »sinngemäße« Umsetzung der Anforderungen erforderlich, wie im Rundschreiben ausdrücklich betont wird.

24 Im Hinblick auf diese sinngemäße Anwendung wird in der Praxis häufig zwischen »operativen« und »strategischen« Beteiligungen unterschieden, ohne dass diese Begriffe klar definiert sind. Nach dem Verständnis der Bankenaufsicht zählen zu den operativen Beteiligungen all jene Geschäfte, die einen »kreditnahen« bzw. »kreditsubstituierenden« Charakter haben, d.h. bei denen der Beteiligungserwerb als Kreditersatzgeschäft zu charakterisieren ist. Im Fall operativer Beteiligungen liegt eine weitgehende Übertragung der Anforderungen nahe. In diesen Fällen sind grundsätzlich auch die aufbau- und ablauforganisatorischen Anforderungen an das Kreditgeschäft zu beachten (→ BTO 1 Tz. 1, Erläuterung).

25 Den strategischen Beteiligungen, die ausdrücklich nicht als Kreditersatzgeschäfte zu charakterisieren sind, liegen grundsätzlich andere Motive zugrunde, wie z.B. die Positionierung des Institutes auf bestimmten Märkten. Deshalb werden die Entscheidungen in diesen Fällen i.d.R. von der gesamten Geschäftsleitung getroffen. Bei derartigen Beteiligungen rechtfertigt die besondere Struktur der Prozesse eine vereinfachte Anwendung der aufbau- und ablauforganisatorischen Anforderungen. Insbesondere wird ein Votum als ausreichend erachtet. Hintergrund sind u.a. die Besonderheiten bei Verbundbeteiligungen, denen nicht in jedem Fall eine Investitionsentscheidung des Institutes vorausgeht und für die häufig eine durch die Verbundorganisation verabschiedete Strategie vorliegt. Bei Verbundbeteiligungen, die z.B. nach den Sparkassengesetzen oder satzungsmäßig vorgegeben sind, oder bei Pflichtbeteiligungen, wie z.B. an der »Society for Worldwide Interbank Financial Telecommunication« (SWIFT), ist nicht zwingend ein gesondertes Risikocontrolling erforderlich. Der notwendigen Überwachung kann in diesen Fällen auch durch andere Maßnahmen entsprochen werden. So genügt z.B. die Durchsicht von Jahresabschlüssen bzw. Geschäftsberichten oder die Kontrolle der Beteiligungskonten (→ BTO 1 Tz. 1, Erläuterung).

26 Die deutsche Aufsicht hat klargestellt, dass die sinngemäße Umsetzung bei Beteiligungen – unabhängig davon, ob es sich im Einzelfall um operative oder strategische Beteiligungen handelt – eine Beteiligungsstrategie sowie die Einrichtung eines Beteiligungscontrollings erfordert (→ BTO 1 Tz. 1, Erläuterung). Im Hinblick auf das Beteiligungscontrolling können bei bestimmten Arten von Beteiligungen, wie z.B. Verbundbeteiligungen, allerdings die oben erwähnten Erleichterungen in Anspruch genommen werden (siehe Abbildung 60).

	kreditnahe Beteiligung	strategische Beteiligung	Verbund-/ Pflichtbeteiligung
Anforderungen an die Aufbau- und Ablauforganisation	grundsätzlich zu beachten	vereinfachte Anwendung	vereinfachte Anwendung
Beteiligungs-strategie	erforderlich	erforderlich	Verbundstrategie etc.
Beteiligungs-controlling	erforderlich	erforderlich	sinngemäße Umsetzung*

* Der notwendigen Überwachung im Sinne eines Beteiligungscontrollings kann bei Verbund- bzw. Pflichtbeteiligungen zum Beispiel mittels Durchsicht von Jahresabschlüssen bzw. Geschäftsberichten oder Kontrolle der Beteiligungskonten Rechnung getragen werden.

Abb. 60: Behandlung von Beteiligungen

1.4 Zusammenhang mit den Risikosteuerungs- und -controllingprozessen

Ein wirksames Management der Adressenausfallrisiken ist eng mit einer angemessenen Ausgestaltung der Aufbau- und Ablauforganisation im Kreditgeschäft verknüpft. Das wird besonders daran deutlich, dass die in Art. 79 CRD IV formulierten Anforderungen an Adressenausfallrisiken in den MaRisk vor allem durch organisatorische Vorgaben umgesetzt werden:

– Die Kreditvergabe muss nach soliden, klar definierten Kriterien erfolgen. Das Verfahren für die Genehmigung, Änderung, Verlängerung und Refinanzierung von Krediten muss klar geregelt sein (→ BTO 1.2 Tz. 1).

– Die Institute müssen über interne Methoden verfügen, anhand derer sie das Kreditrisiko sowohl für einzelne Schuldner, Wertpapiere oder Verbriefungspositionen als auch für das gesamte Portfolio bewerten können (→ BTO 1.2 Tz. 8).

– Diese internen Methoden dürfen sich nicht ausschließlich oder automatisch auf externe Bonitätsbeurteilungen stützen. Beruhen Eigenmittelanforderungen auf der Bonitätsbeurteilung einer externen Ratingagentur (»External Credit Assessment Institution«, ECAI) oder der Tatsache, dass eine Risikoposition unbeurteilt ist, so befreit dies die Institute nicht von der Pflicht, darüber hinaus andere einschlägige Informationen zur Bewertung der Allokation ihres internen Kapitals in Betracht zu ziehen (→ BTO 1.2 Tz. 6). Art. 77 CRD IV schränkt die Möglichkeiten zur Verwendung externer Ratings weiter ein, wobei die deutsche Aufsicht diese Sichtweise bereits in der Prüfungspraxis verdeutlicht (→ BTO 1.2 Tz. 6).

– Die laufende Verwaltung und Überwachung der verschiedenen kreditrisikobehafteten Portfolios und Positionen von Instituten, auch zwecks Erkennung und Verwaltung von Problemkrediten sowie Vornahme adäquater Wertberichtigungen und Rückstellungen, muss über wirksame Systeme erfolgen (→ BTO 1.2 Tz. 5, BTO 1.2.3, BTO 1.2.4 und BTO 1.2.5).

27

– Die Diversifizierung der Kreditportfolios muss den Zielmärkten und der allgemeinen Kreditstrategie des Institutes angemessen sein (→ BTR 1 Tz. 1).

28 Laut Art. 80 CRD IV muss zudem das Risiko, dass die von den Instituten eingesetzten anerkannten Kreditrisikominderungstechniken sich als weniger wirksam erweisen als erwartet (»Restrisiko«), u. a. mittels schriftlicher Grundsätze und Verfahren erfasst und gesteuert werden. Die deutsche Aufsicht formuliert vor diesem Hintergrund entsprechend strenge Vorgaben an die Verfahren zur Wertermittlung, Verwaltung und Verwertung der Sicherheiten (→ BTO 1.2 Tz. 2).

BTO 1.1 Funktionstrennung und Votierung

BTO 1.1 Funktionstrennung und Votierung

1 Funktionstrennung im Kreditgeschäft (Tz. 1)

1 Maßgeblicher Grundsatz für die Ausgestaltung der Prozesse im Kreditgeschäft ist die **1**
  klare aufbauorganisatorische Trennung der Bereiche Markt und Marktfolge bis einschließlich der Ebene der Geschäftsleitung. Bei kleinen Instituten sind unter bestimmten Voraussetzungen Ausnahmen hinsichtlich der Funktionstrennung möglich.

1.1 Trennung von Markt und Marktfolge

Die Aufgaben der Bereiche Markt und Marktfolge wurden im vorherigen Modul grob definiert **2**
(→ BTO Tz. 2). Im Markt werden die Geschäfte initiiert, sofern dies nicht über Dritte geschieht
(→ BTO 1.1 Tz. 4). Außerdem wird vom Markt ein Votum bei den Kreditentscheidungen abgegeben. Es handelt sich also um einen klassischen Vertriebsbereich, dessen Performance i.d.R.
auch am Vertriebserfolg gemessen wird. Um auszuschließen, dass dabei die Risikosituation des
Institutes aus den Augen verloren wird, ist zumindest im risikorelevanten Geschäft ein weiteres,
vom Markt unabhängiges Votum erforderlich. Dafür ist die Marktfolge verantwortlich. Das Hauptaugenmerk der Marktfolge gilt somit der Analyse, ob ein vom Markt oder von Dritten initiiertes
Kreditgeschäft unter Risikogesichtspunkten für das Institut darstellbar ist. Daraus ergibt sich auf
natürliche Weise ein Interessengegensatz zwischen dem vertriebsorientierten Markt und der
risikoorientierten Marktfolge. Im Interesse möglichst objektiver Kreditentscheidungen wird von
der deutschen Aufsicht deshalb gefordert, bei der Ausgestaltung der Aufbauorganisation grundsätzlich sicherzustellen, dass der Bereich Markt bis einschließlich der Ebene der Geschäftsleitung
von bestimmten Bereichen oder Funktionen getrennt ist, wozu auch die Marktfolge gehört
(→ BTO Tz. 3). Insoweit wird an dieser Stelle die klare aufbauorganisatorische Trennung der
Bereiche Markt und Marktfolge bis einschließlich der Ebene der Geschäftsleitung als maßgeblicher
Grundsatz für die Ausgestaltung der Prozesse im Kreditgeschäft wiederholt.

1.2 Grundmodell der Funktionstrennung

Das Grundmodell der Funktionstrennung beinhaltet allerdings mehr als nur die bloße Separierung **3**
besagter Organisationseinheiten. Da es eng mit den Regelungen zur Votierung verknüpft ist,
kommt ihm eine zentrale Bedeutung für die Entscheidungsfindung im Kreditgeschäft zu. Seine
übergeordnete Bedeutung als »institutionalisiertes Vier-Augen-Prinzip« lässt sich unter Berücksichtigung verschiedener anderer Vorgaben grundsätzlich wie folgt zusammenfassen:
– Nach dem Grundmodell der Funktionstrennung sind bei allen risikorelevanten Kreditgeschäften stets zwei zustimmende Voten aus den Bereichen Markt und Marktfolge einzuholen
  (→ BTO 1.1 Tz. 2). Beide Bereiche sind aufbauorganisatorisch bis einschließlich der Ebene
  der Geschäftsleitung voneinander zu trennen. Die Trennung zwischen Markt und Marktfolge
  ist auch im Vertretungsfall zu gewährleisten (→ BTO Tz. 5). Bei abweichenden Voten ist der
  Kredit entweder abzulehnen oder die Entscheidung auf eine höhere Kompetenzstufe zu
  verlagern (→ BTO 1.1 Tz. 6). Die Voten können nur dann ihren für die Kreditentscheidung
  bindenden Charakter verlieren, wenn die Kompetenzen von einzelnen Geschäftsleitern bzw.

die Kompetenzen der gesamten Geschäftsleitung für eine abweichende Entscheidung herangezogen werden (→ BTO 1.1 Tz. 5).
- Bei nicht-risikorelevanten Kreditgeschäften ist dagegen nur ein Votum erforderlich (→ BTO 1.1 Tz. 4 Satz 1). Die Funktionstrennung zwischen Markt und Marktfolge ist insoweit für diese Geschäfte nicht vorgeschrieben (→ BTO 1.1 Tz. 4 Satz 3). Das Votum und die Entscheidung über eine Kreditvergabe können demnach bei nicht-risikorelevanten Geschäften komplett im Bereich Markt liegen. Ähnliches gilt für Kreditgeschäfte, die von Dritten initiiert werden (→ BTO 1.1 Tz. 4 Satz 2), wobei das institutsinterne Votum im risikorelevanten Geschäft tendenziell von der Marktfolge abgegeben werden sollte (→ BTO 1.1 Tz. 4, Erläuterung).

4   Unabhängig von der Frage nach der Anzahl der erforderlichen Voten ist bei jedem Engagement sicherzustellen, dass eine angemessene Kreditbearbeitung erfolgt (→ BTO 1.1 Tz. 4 Satz 4). Der Umfang der Bearbeitung bzw. die Intensität der Beurteilung der Adressenausfallrisiken, d.h. die Angemessenheit der Kreditprozesse, richtet sich dabei insbesondere nach dem Risikogehalt der Engagements (→ BTO 1.2 Tz. 5, BTO 1.2.1 Tz. 1 und BTO 1.2.2 Tz. 2).

5   Hier drängen sich zunächst einige Definitionsfragen auf: Was ist z.B. unter einem Votum zu verstehen, und welcher Zusammenhang besteht zwischen Votum und Kreditentscheidung? Welche Funktionen sollen die Bereiche Markt und Marktfolge – abgesehen von der Votierung – wahrnehmen? Und was versteht man unter risikorelevanten bzw. nicht-risikorelevanten Kreditgeschäften?

1.3   Votum und Kreditentscheidung

6   Unter einem Votum im Sinne der MaRisk ist eine zustimmende oder ablehnende Meinungsäußerung im Rahmen einer Kreditentscheidung zu verstehen. In der Praxis ist es in diesem Zusammenhang nicht unüblich, dass zwischen den Beteiligten im Vorfeld der Votierung Gespräche über die Engagements geführt werden und die Kreditvorlage auf der Grundlage der Ergebnisse dieser Gespräche entsprechend ergänzt bzw. angepasst wird. Außerdem kann die positive Votierung der Marktfolge an weitere Bedingungen geknüpft sein (z.B. Bestellung zusätzlicher Sicherheiten, Beschaffung weiterer Gutachten oder Aufnahme von so genannten »Financial Covenants«, mit deren Hilfe Verhaltensregeln während der Kreditlaufzeit aufgestellt werden). Der Dialog über mögliche Schwachstellen verbessert den Prozess der Entscheidungsvorbereitung im Kreditgeschäft. Der Austausch zwischen Markt und Marktfolge steht dabei ausdrücklich nicht im Widerspruch zur geforderten Unabhängigkeit der Votierungen.

7   Grundsätzlich gilt für das risikorelevante Kreditgeschäft, dass ohne zwei zustimmende Voten keine positive Kreditentscheidung getroffen werden kann (Zwei-Voten-Prinzip). Da über die Akquisitionstätigkeit des Vertriebes quasi die Obermenge aller potenziell positiven Kreditentscheidungen festgelegt wird (Filterfunktion der Vertriebsbereiche) und aufgrund dessen das Vorliegen zweier negativer Voten faktisch nicht möglich ist, kommt es im Hinblick auf die tatsächliche Entscheidung also vor allem auf das zustimmende Marktfolgevotum an. Soweit die Entscheidungen von einem Ausschuss getroffen werden, sind die Mehrheitsverhältnisse innerhalb dieses Ausschusses deshalb so festzulegen, dass der Bereich Marktfolge nicht überstimmt werden kann (→ BTO 1.1 Tz. 2). Das Marktfolgevotum hat daher unter materiellen Gesichtspunkten Entscheidungscharakter. Es kann nur dann seinen bindenden Charakter verlieren, wenn die Kreditkompetenzen einzelner Geschäftsleiter oder der gesamten Geschäftsleitung direkt berührt sind oder wenn am Ende der ggf. vorhandenen Eskalationsstufen einzelne Geschäftsleiter bzw. die gesamte Geschäftsleitung abschließend zu entscheiden haben bzw. hat. In diesen Fällen kann die Entscheidung vom marktunabhängigen Votum abweichen (→ BTO 1.1 Tz. 5). Kreditentscheidungen,

bei denen sich ein einzelner Geschäftsleiter über negative Voten hinwegsetzt, sind allerdings im Risikobericht besonders hervorzuheben (→ BTO 1.1 Tz. 5 Satz 3). Dasselbe gilt für Kreditentscheidungen des für die Marktfolge zuständigen Geschäftsleiters, da in diesem Fall kein »typisches« Marktfolgevotum vorliegt. Von diesen besonderen Berichtspflichten sind allerdings nur Entscheidungen im risikorelevanten Kreditgeschäft betroffen (→ BT 3.2 Tz. 3).

Unter bestimmten Voraussetzungen besteht jedoch die Möglichkeit, Entscheidungen auf Basis eines einzigen institutsinternen Votums zu treffen (→ BTO 1.1 Tz. 5). So ist bei nicht-risikorelevanten Kreditgeschäften grundsätzlich ein Votum ausreichend. Insoweit kann ein Kompetenzträger aus dem Bereich Markt die Kreditentscheidung treffen, ohne dass ein marktunabhängiges Votum eingeholt werden muss (→ BTO 1.1 Tz. 4). Während dieser »risikoabhängige« Verzicht auf ein weiteres Votum bei Kreditentscheidungen hinsichtlich bestimmter Geschäftsarten oder bei Kreditgeschäften unterhalb bestimmter Größenordnungen unumstritten ist, wird die »prozessabhängige« Erleichterung häufig missverstanden. Von dieser Öffnungsklausel profitieren alle Geschäfte, die von Dritten initiiert werden. Sie stellt darauf ab, dass bestimmte Arten von Kreditgeschäften grundlegend anderen Geschäftsprozessen unterliegen und gilt unabhängig vom Risikogehalt dieser Geschäfte. Zusammengefasst kann es also für den Verzicht auf ein weiteres institutsinternes Votum sowohl risikobezogene (»nicht-risikorelevantes Kreditgeschäft«) als auch prozessuale (»Drittinitiierung«) Gründe geben. **8**

1.4 Sonstige Abweichungen vom Zwei-Voten-Prinzip

Neben dieser grundlegenden Unterscheidung möglicher Erleichterungen und den bereits genannten Ausnahmen gibt es eine ganze Reihe von Spezialfällen, bei denen aus verschiedenen Gründen vom klassischen Zwei-Voten-Prinzip abgewichen werden kann.[1] Hierzu zählen Entscheidungen **9**
- über Zinsanpassungen nach Ablauf der Zinsbindungsfrist, die nicht als Kreditentscheidungen im Sinne der MaRisk gelten (→ AT 2.3 Tz. 2, Erläuterung),
- über strategische Beteiligungen, in die i.d.R. die gesamte Geschäftsleitung involviert ist (→ BTO 1 Tz. 1, Erläuterung),
- in sehr kleinen Instituten durch die unmittelbare Einschaltung der Geschäftsleitung (→ BTO 1.1 Tz. 1, Erläuterung),
- über Kredite an Mitarbeiter durch Mitwirkung einer geeigneten, von der Kreditbearbeitung unabhängigen Stelle (→ BTO 1.1 Tz. 1, Erläuterung),
- über Kontrahenten- und Emittentenlimite bei Handelsgeschäften (→ BTO 1.1 Tz. 3),
- bei denen standardisiert vorgegangen wird und die Ermessensspielräume durch externe Vorgaben beschränkt sind (→ BTO 1.1 Tz. 4, Erläuterung),
- über geringfügige Ausweitungen von als risikorelevant eingestuften Gesamtengagements (→ BTO 1.1 Tz. 4, Erläuterung),
- über Limitüberschreitungen und Prolongationen, soweit unter Risikogesichtspunkten vertretbar (→ BTO 1.2 Tz. 10),
- über Sanierungskredite (→ BTO 1.2.5 Tz. 1, Erläuterung),
- über Engagements in Abbauportfolios (→ BTO 1.2.5 Tz. 1, Erläuterung),
- über kurzfristige Emittentenlimite bei Handelsgeschäften und liquiden Kreditprodukten (→ BTR 1 Tz. 4 inkl. Erläuterung) und
- über Emittentenlimite, sofern dem spezifischen Risiko des Emittenten im Rahmen der Limitierung des Marktpreisrisikos angemessen Rechnung getragen wird (→ BTR 1 Tz. 4, Erläuterung).

---

1 Vgl. Hannemann, Ralf, Wesentliche Aspekte in der Diskussion über die Mindestanforderungen an das Risikomanagement (MaRisk), in: BankPraktiker, Beilage 1/2005 zu Heft 1/2005, November 2005, S. 8.

10   Auch diese Erleichterungen hängen mit den jeweiligen Besonderheiten der Geschäfte zusammen und werden an anderer Stelle näher erläutert.

1.5   Ausgestaltung der Kompetenzordnung

11   Die zentrale Bedeutung des marktunabhängigen Votums muss sich in der Kompetenzordnung bzw. den Eskalationsverfahren widerspiegeln (→ BTO 1.1 Tz. 6). Im Fall einer durchgängigen Festlegung von Gemeinschaftskompetenzen der Bereiche Markt und Marktfolge könnte das Zwei-Voten-Prinzip vollständig in der Kompetenzordnung verankert werden. Die deutsche Aufsicht schreibt eine derartige Vorgehensweise allerdings nicht vor, zumal dies nicht in jedem Fall praktikabel sein wird. Im Hinblick auf die konkrete Ausgestaltung der Kompetenzordnung überlässt die Aufsicht den Instituten vielmehr einen weitgehenden Spielraum, solange sicher-gestellt ist, dass das marktunabhängige Votum, auch über ggf. vorhandene Eskalationsstufen hinweg, seinen Entscheidungscharakter nicht verliert. Der Votierende aus der Marktfolge kann demnach zugleich der maßgebliche Kompetenzträger sein. Die Entscheidungskompetenz kann aber auch bei Mitarbeitern aus anderen Bereichen (z. B. dem Markt) angesiedelt sein, sofern die Vorgaben zur Votierung hinreichend Beachtung finden. Bei der konkreten Ausgestaltung der Kompetenzordnung sollten neben der grundsätzlich bindenden Wirkung des marktunabhängigen Votums vor allem auch betriebswirtschaftliche Aspekte eine wesentliche Rolle spielen.

1.6   Abweichungen vom Grundsatz der Funktionstrennung

12   Der Grundsatz der Funktionstrennung ist nicht bei allen Kreditgeschäften zu beachten. Er wird vielmehr an verschiedenen Stellen durchbrochen. Insbesondere ist die aufbauorganisatorische Trennung zwischen Markt und Marktfolge nur für Kreditgeschäfte erforderlich, bei denen zwei Voten einzuholen sind (→ BTO 1.1 Tz. 4). Sie ist hingegen nicht obligatorisch für Geschäfte, die auf Basis eines einzelnen Votums abgeschlossen werden. Damit kann sich die Zuständigkeit des für die Marktfolge zuständigen Geschäftsleiters durchaus auch auf Vertriebsbereiche erstrecken, die nicht-risikorelevante Kreditgeschäfte initiieren. Maßgeblich für die Funktionstrennung ist grundsätzlich die Frage nach der Risikorelevanz der Geschäfte. Diesbezüglich wird den Instituten ein breiter Ermessensspielraum eingeräumt: Jedes Institut kann in eigener Verantwortung fest-legen, welche Geschäftsarten als risikorelevant einzustufen sind bzw. ab welcher betragsmäßigen Höhe eine derartige Einstufung für bestimmte Arten von Kreditgeschäften sinnvoll erscheint (→ BTO 1.1 Tz. 4, Erläuterung).

13   Da unabhängig vom Risikogehalt der Kreditgeschäfte auch aus prozessualen Gründen auf ein weiteres Votum verzichtet werden kann, wie z. B. bei einer Geschäftsinitiierung durch Dritte, ist die aufbauorganisatorische Trennung von Markt und Marktfolge auch im risikorelevanten Ge-schäft nicht immer erforderlich. Das bedeutet allerdings nicht, dass der Marktbereich in diesen Fällen ohne Berücksichtigung der Risikosituation frei entscheiden kann. Bei risikorelevanten Kreditentscheidungen sollte das im Institut einzuholende Votum grundsätzlich vertriebsunabhän-gig wahrgenommen werden (→ BTO 1.1 Tz. 4, Erläuterung).

1.7 Regionale Teilmärkte

Nicht vereinbar mit dem Grundsatz der Funktionstrennung ist die Zuständigkeit des markt- **14** unabhängigen Geschäftsleiters für Marktbereiche, die risikorelevante Kreditgeschäfte initiieren, da dies die Ziele der Funktionstrennung unterlaufen würde. Ausgeschlossen ist damit grundsätzlich auch die Zuständigkeit des Marktfolge-Geschäftsleiters für Marktbereiche, die (risikorelevante) Geschäfte auf regional begrenzten Märkten initiieren. Insofern kann die Risikorelevanz von Kreditgeschäften nicht auf der Basis von Geschäftsgebieten bestimmt werden. Sie richtet sich vielmehr nach dem Risikogehalt der jeweiligen Engagements. Die Organisationsverantwortung des vertriebsunabhängigen Geschäftsleiters darf sich nur dann auf regional begrenzte Märkte erstrecken, wenn das Institut sicherstellt, dass in diesen Märkten ausschließlich nicht-risikorelevante Geschäfte initiiert werden.

1.8 Über-Kreuz-Zuständigkeiten für Marktbereiche

Nicht vereinbar mit dem Grundsatz der Funktionstrennung ist ferner das Vorliegen von so **15** genannten »Über-Kreuz-Zuständigkeiten« der Geschäftsleiter für entsprechend aufgeteilte Marktbereiche und marktunabhängige Bereiche. Diese würden, bezogen auf das risikorelevante Kreditgeschäft, bei einem Zwei-Personen-Vorstand z. B. dann vorliegen, wenn ein Geschäftsleiter gleichzeitig für den Markt (Kunden A – K) und die Marktfolge (Kunden L – Z) und der andere Geschäftsleiter in umgekehrter Weise für den Markt (Kunden L – Z) und die Marktfolge (A – K) zuständig wären. Bei dieser Variante sind zu erwartende Interessenkonflikte, die in so genannten »Gefälligkeitsvoten« gipfeln, geradezu systemimmanent. Die deutsche Aufsicht hat daher klargestellt, dass derartige Varianten nicht mit dem Grundsatz der Funktionstrennung vereinbar sind.[2]

1.9 Erleichterungen für kleine Institute

Soweit ein Festhalten an der Einhaltung der geforderten Funktionstrennung zwischen der Markt- **16** folge bzw. sonstigen marktunabhängigen Funktionen und dem Markt bis einschließlich der Ebene der Geschäftsleitung angesichts der geringen Größe des Institutes nicht mehr verhältnismäßig ist, kann auf die Funktionstrennung verzichtet werden (→ BTO 1.1 Tz. 1, Erläuterung). In diesen Fällen muss allerdings durch die unmittelbare Einschaltung der Geschäftsleitung in die Vergabe risikorelevanter Kredite eine ordnungsgemäße, den bestehenden Risiken angemessene Handhabung des Kreditgeschäftes sichergestellt bleiben. Insoweit hat die Geschäftsleitung die Bearbeitung und die Beschlussfassung von risikorelevanten Krediten selbst durchzuführen. Abwesende Geschäftsleiter müssen zudem im Nachhinein über Entscheidungen im risikorelevanten Geschäft informiert werden.

Diese Erleichterung kann in Anspruch genommen werden, wenn in einer Gesamtbetrachtung **17** folgende Voraussetzungen erfüllt sind:
- Das Kreditvolumen beträgt höchstens 100 Millionen Euro,
- es gibt nur zwei Geschäftsleiter, und
- das Kreditgeschäft ist einfach strukturiert.

---

2 Vgl. Bundesanstalt für Finanzdienstleistungsaufsicht, Protokoll der ersten Sitzung des MaK-Fachgremiums am 14. Mai 2003, S. 4.

1.10   Kredite an Mitarbeiter

18   Bei Krediten an Mitarbeiter und an Geschäftsleiter können die aufbauorganisatorischen Anforderungen regelmäßig nicht eins zu eins umgesetzt werden, da es vor allem am Bereich Markt fehlt. Der Markt wäre in diesem Fall quasi der Mitarbeiter, der den Kreditantrag stellt. Die Anforderungen an die Funktionstrennung können daher nur sinngemäß umgesetzt werden. Grundsätzlich hat bei solchen Kreditentscheidungen eine geeignete Stelle, die nicht in die Kreditbearbeitung einbezogen ist, mitzuwirken (→ BTO 1.1 Tz. 1, Erläuterung). Hierfür kommt z. B. die Personalabteilung infrage. Die eigentliche Bearbeitung kann ggf. auch von den für die Kreditbearbeitung zuständigen Mitarbeitern durchgeführt werden. Zunächst galt diese Erleichterung nur für die leitenden Mitarbeiter. Diese Einschränkung war auf die Annahme zurückzuführen, dass in diesem Bereich am ehesten risikorelevante Kreditvergaben zu erwarten sind. Da der Bereich Markt bei Mitarbeiterkrediten jedoch grundsätzlich nie vorhanden ist, gilt die Regelung nunmehr für alle Mitarbeiter.[3] Unabhängig von der geschilderten Erleichterung müssen natürlich die gesetzlichen Anforderungen des § 15 KWG (Organkreditvorschriften) beachtet werden.

1.11   Erleichterungen in Krisenzeiten

19   Um krisenbedingte Personalengpässe abzufedern, hat die BaFin während der COVID-19-Pandemie in Ausnahmefällen eine Flexibilisierung des Mitarbeitereinsatzes im Sinne wechselnder Aufteilung der krediterfahrenen Mitarbeiter zwischen den Bereichen Markt und Marktfolge für vertretbar gehalten, um dadurch die Operationsfähigkeit der Institute zu erhalten. Mitarbeiter des Marktes konnten z. B. während der Krise in den Marktfolgebereich wechseln und die dort organisatorisch vorgesehenen Prozessschritte vornehmen und umgekehrt. Von einer unbedingten, organisatorisch angelegten Vermeidung von Interessenkonflikten, die auftreten können, wenn derselbe Mitarbeiter Kredite in Markt und Marktfolge bearbeitet, konnte im Fall von personellen Engpässen während der Krise insofern abgesehen werden. Die Institute sollten in jedem Fall die Risiken, die daraus entstehen, dass bei einer solchen Konstellation der gleiche Mitarbeiter – wenn auch für verschiedene Fälle – sowohl Markt- als auch Marktfolgeaufgaben wahrnimmt, angemessen berücksichtigen und steuern.[4]

20   Die Funktionstrennung ist von entscheidender Bedeutung, um der Hereinnahme von unbeherrschbaren Kreditrisiken vorzubeugen. Die BaFin hat daher einen vollständigen Verzicht auf zwei Voten durch Markt und Marktfolge im risikorelevanten Kreditgeschäft, abgesehen von den normalen Erleichterungen, ungeachtet der Herausforderungen durch die mit der Krise verbundenen personellen Engpässe in einzelnen Abteilungen der Institute nicht für vertretbar gehalten. Aufgrund der hohen Zahl von Kreditanträgen insbesondere im Rahmen von Inanspruchnahmen staatlich garantierter Hilfsprogramme waren allerdings vor allem die in die Kreditentscheidung und -bearbeitung einbezogenen Einheiten einer hohen, nicht zu bewältigenden Arbeitsbelastung ausgesetzt. In diesen krisenbedingten institutsindividuellen Fällen, die durch einen hohen Personalausfall in der Marktfolge, einen Antragsstau, der nicht in einer der Krise angemessenen Zeit genehmigt und abgearbeitet werden konnte, und Kommunikationsprobleme durch Arbeiten außerhalb der Bankräumlichkeiten gekennzeichnet waren, hat die BaFin es daher gestattet,

---

3   Vgl. Bundesanstalt für Finanzdienstleistungsaufsicht, Protokoll der zweiten Sitzung des MaRisk-Fachgremiums am 17. August 2006, S. 1 f.

4   Vgl. Bundesanstalt für Finanzdienstleistungsaufsicht, Regelmäßig aktualisierte »FAQ« zu aufsichtlichen und regulatorischen Maßnahmen als Reaktion auf COVID-19, Internetseite der BaFin, Rubrik Governance, abgerufen am 15. März 2021.

Kreditanträge zunächst nur auf Basis einer Votierung des Marktes zu entscheiden, um eine zügige Kreditvergabe nicht zu verhindern. Dazu mussten die folgenden Bedingungen erfüllt sein:[5]

- Es handelt sich um Bestandskunden des Institutes.
- Die Kreditnachfrage erfolgt aufgrund krisenbedingter Schwierigkeiten des Kreditnehmers.
- Es werden Kredite aus staatlich garantierten Hilfsprogrammen gewährt.
- Eine Nachvotierung durch die Marktfolge erfolgt zeitnah, d.h. innerhalb von drei Monaten. Sofern diese Nachvotierung negativ ausfällt, müssen risikobegrenzende Maßnahmen die Folge sein.

Die letzte Bedingung war mit den Erleichterungen bei der Einräumung von Emittentenlimiten im Handelsgeschäft vergleichbar (→ BTR Tz. 4).

---

5 Vgl. Bundesanstalt für Finanzdienstleistungsaufsicht, Regelmäßig aktualisierte »FAQ« zu aufsichtlichen und regulatorischen Maßnahmen als Reaktion auf COVID-19, Internetseite der BaFin, Rubrik Governance, abgerufen am 15. März 2021.

2 Zwei-Voten-Prinzip und Rolle der Marktfolge (Tz. 2)

21 **2** Abhängig von Art, Umfang, Komplexität und Risikogehalt des Kreditengagements erfordert eine Kreditentscheidung zwei zustimmende Voten der Bereiche Markt und Marktfolge. Weitergehende Beschlussfassungsvorschriften (z. B. KWG, Satzung) bleiben hiervon unberührt. Soweit die Entscheidungen von einem Ausschuss getroffen werden, sind die Mehrheitsverhältnisse innerhalb eines Ausschusses so festzulegen, dass der Bereich Marktfolge nicht überstimmt werden kann.

2.1 Weitergehende Beschlussfassungsvorschriften

22 Grundsätzlich wird im Kreditgeschäft eine klare aufbauorganisatorische Trennung der Bereiche Markt und Marktfolge bis einschließlich der Ebene der Geschäftsleitung gefordert (→ BTO 1.1 Tz. 1). Hintergrund für diese Funktionstrennung ist das Erfordernis eines »institutionalisierten Vier-Augen-Prinzips« im risikorelevanten Kreditgeschäft, um im Entscheidungsprozess den Risikogehalt der Engagements angemessen zu berücksichtigen. In der Konsequenz erfordert eine Kreditentscheidung in Abhängigkeit von Art, Umfang, Komplexität und Risikogehalt des Kreditengagements zwei zustimmende Voten der Bereiche Markt und Marktfolge.

23 Die Regelungen zur Einholung zweier Voten bei risikorelevanten Kreditgeschäften haben allerdings keinen Einfluss auf weitergehende Beschlussfassungsvorschriften, die sich aus dem Kreditwesengesetz oder aus einer Satzung ergeben. Unberührt bleiben demnach z. B. die nach § 13 Abs. 2 und 3 KWG sowie § 15 Abs. 1 KWG bestehende Pflicht zur einstimmigen Beschlussfassung sämtlicher Geschäftsleiter bei Groß- bzw. Organkrediten[6] oder die sich aus den Sparkassengesetzen der Länder ergebenden Sonderregelungen bei bestimmten Krediten.[7]

2.2 Ausschüsse mit Entscheidungskompetenzen

24 In der Praxis werden Kreditvergaben häufig von Ausschüssen entschieden, die sich aus Mitarbeitern unterschiedlicher Organisationseinheiten der Institute zusammensetzen. Die Mehrheitsverhältnisse innerhalb solcher Ausschüsse sind so festzulegen, dass der Bereich Marktfolge nicht

---

6 Gemäß Art. 392 CRR ist die Risikoposition eines Institutes an einen Kunden oder eine Gruppe verbundener Kunden i. S. v. Art. 4 Abs. 1 Nr. 39 CRR ein Großkredit, wenn sein Wert 10 Prozent der anrechenbaren Eigenmittel des Institutes erreicht oder überschreitet. Ein Organkredit ist laut § 15 KWG ein Kredit an Geschäftsleiter, Gesellschafter, Mitglieder des Aufsichtsorgans, Prokuristen, Handlungsbevollmächtigte etc., die aufgrund ihrer engen Beziehung zum kreditgewährenden Institut bei der Kreditentscheidung einem Interessenkonflikt ausgesetzt sein könnten.

7 Ausnahmen vom einstimmigen Geschäftsleiterbeschluss nach § 13 KWG sind in § 3 GroMiKV festgelegt. Laut § 3 Abs. 2 GroMiKV muss ein bereits von den Geschäftsleitern beschlossener Großkredit nicht erneut beschlossen werden, wenn er durch Änderung von Devisenkursen oder anderen Marktpreisen die Großkreditdefinitionsgrenze gemäß Art. 392 CRR zwischenzeitlich unterschritten hat und diese später wieder erreicht oder überschreitet. Ein neuer Beschluss der Geschäftsleitung ist nur dann erforderlich, wenn der ursprünglich beschlossene Höchstbetrag für die Risikoposition dadurch überschritten wird. In Analogie dazu ist laut § 4 GroMiKV ein einstimmiger Geschäftsleiterbeschluss erforderlich, wenn ein Großkredit über die Obergrenze für Großkredite hinaus erhöht werden soll. Vgl. Verordnung zur Ergänzung der Großkreditvorschriften nach der Verordnung (EU) Nr. 575/2013 des Europäischen Parlaments und des Rates vom 26. Juni 2013 über Aufsichtsanforderungen an Kreditinstitute und Wertpapierfirmen und zur Änderung der Verordnung (EU) Nr. 646/2012 und zur Ergänzung der Millionenkreditvorschriften nach dem Kreditwesengesetz (Großkredit- und Millionenkreditverordnung – GroMiKV) vom 6. Dezember 2013 (BGBl. I S. 4183), die zuletzt durch Artikel 1 der Verordnung vom 22. Juni 2021 (BGBl. I S. 1847) geändert worden ist.

überstimmt werden kann. Die Entscheidung hat dabei, wie bei jeder anderen risikorelevanten Kreditentscheidung auch, auf Basis zweier Voten und entsprechender Kreditprozesse zu erfolgen. Bei diesen Ausschüssen handelt es sich immer um Ausschüsse mit Entscheidungskompetenz, die regelmäßig der Geschäftsleitung nachgeordnet sind.

Die Geschäftsleitung gilt hingegen, selbst wenn sie als letzte Eskalationsstufe in die Kompetenz- **25** ordnung eingebunden sein sollte, nicht als Ausschuss im Sinne der MaRisk. Dies ergibt sich schon daraus, dass das Zwei-Voten-Prinzip bei Entscheidungen einzelner Geschäftsleiter und folglich auch der gesamten Geschäftsleitung keine bindende Wirkung entfaltet (→ BTO 1.1 Tz. 5). Die Einordnung der Geschäftsleitung als Ausschuss im Sinne der MaRisk würde dazu führen, dass der für die Marktfolge zuständige Vorstand in Abhängigkeit von der Zusammensetzung der Geschäfts- leitung mit einem mehrfachen Stimmrecht ausgestattet werden müsste. In der Konsequenz würde sich seine Position im Vorstand von allen anderen Funktionen deutlich abheben.

Auch der Geschäftsleitung übergeordnete Gremien des Aufsichtsorgans (so genannte »Kredit- **26** ausschüsse«) gelten grundsätzlich nicht als Ausschüsse im Sinne der MaRisk. Derartige Gremien sind z. B. nach § 15 KWG für die Zustimmung bei Organkrediten oder auch für die Zustimmung bei anderen Krediten ab bestimmten Größenordnungen verantwortlich. Die eigentliche Kreditent- scheidung im Sinne der MaRisk ist dabei allerdings bereits durch die Geschäftsleitung bzw. durch ihr nachgeordnete Kompetenzträger oder Ausschüsse getroffen worden.

2.3 Darstellung der Voten und materielle Plausibilitätsprüfung

Die Voten sind schriftlich niederzulegen. Diese Dokumentationsanforderung kann unmittelbar aus **27** § 25a Abs. 1 Satz 6 Nr. 2 KWG oder den Vorgaben der MaRisk abgeleitet werden (→ AT 6 Tz. 1 und 2). Die deutsche Aufsicht stellt jedoch keine konkreten Anforderungen an die Art und Weise der Darstellung.

Die Prozesse, die zu einer Kreditentscheidung führen, hängen von vielen Faktoren ab und **28** können demzufolge sehr unterschiedlich ausgestaltet sein. Dies betrifft auch den Votierungs- prozess. Grundsätzlich bietet es sich an, dass die Voten als getrennte Meinungsäußerungen in der Kreditvorlage niedergelegt werden. So wird die Kreditvorlage in der Praxis häufig von Mitarbeitern des Bereiches Markt erstellt und dann an die Marktfolge zur weiteren Bearbeitung weitergeleitet. Der zuständige Mitarbeiter der Marktfolge dokumentiert seine Votierung auf einem Beiblatt, das in die Kreditvorlage aufgenommen wird. Diese Verfahrensweise ist jedoch nicht zwingend erforder- lich. Um die Entscheidungsträger nicht mit einer Fülle von Kreditanträgen zu belasten, die gegen- sätzliche Voten enthalten, findet häufig bereits auf der Arbeitsebene ein intensiver Dialog zwi- schen Markt und Marktfolge statt, der in der Erarbeitung einer gemeinsamen Kreditvorlage für jene Anträge gipfelt, die letztlich von beiden Seiten (ggf. unter Auflagen) befürwortet werden. Die zusammenfassende Darstellung der beiden Voten in einem Dokument ist grundsätzlich möglich.

Die (positive) marktunabhängige Votierung kommt in diesem Fall durch die Unterschrift des **29** zuständigen Mitarbeiters der Marktfolge zum Ausdruck. Dabei darf es sich nicht um eine so genannte »Gefälligkeitsunterschrift« handeln, da dies generell der Zielsetzung des Zwei-Voten- Prinzips widersprechen würde. Der marktunabhängigen Votierung hat je nach Zuordnung der Kreditprozesse auf den Markt und den marktunabhängigen Bereich zumindest eine materielle Plausibilitätsprüfung zugrunde zu liegen. Im Rahmen der materiellen Plausibilitätsprüfung müs- sen die bereits im Markt durchgeführten Tätigkeiten nicht wiederholt werden. Vielmehr stehen die Nachvollziehbarkeit und die Vertretbarkeit der Kreditentscheidung im Vordergrund. Hierzu zählen die Überprüfung der Aussagekraft des Marktvotums und die Beantwortung der Frage, inwieweit die Kreditvergabe der Höhe und der Form nach vertretbar ist. Die Intensität der materiellen Plausibilitätsprüfung hängt ferner von der Komplexität der zu beurteilenden Kreditgeschäfte ab. Der für die marktunabhängige Votierung zuständige Mitarbeiter muss zumindest Zugang zu allen wesentlichen Kreditunterlagen besitzen, so dass er sich ein abschließendes Urteil über alle für die Kreditentscheidung wesentlichen Aspekte bilden kann (→ BTO 1.1 Tz. 2, Erläuterung).

30 Die beschriebenen Anforderungen gelten in Analogie für die Kreditgeschäfte, in denen die Prozesse einseitig im Bereich Markt konzentriert sind bzw. in denen regelmäßig in Teams aus Markt- und Marktfolgevertretern gearbeitet wird, wie z. B. bei der Projektfinanzierung. Um Gefälligkeitsunterschriften auszuschließen, kommt der Überprüfung des marktunabhängigen Votums im Rahmen von Prüfungshandlungen eine große Bedeutung zu. Es empfiehlt sich deshalb, die verschiedenen institutsinternen Arten der Votierung und ihre jeweiligen Voraussetzungen in den Organisationsrichtlinien (Bearbeitungsgrundsätzen) für Dritte nachvollziehbar zu beschreiben.

3 Festlegung von Kontrahenten- und Emittentenlimiten (Tz. 3)

3 Bei Handelsgeschäften sind Kontrahenten- und Emittentenlimite durch eine Votierung aus dem Bereich Marktfolge festzulegen. **31**

3.1 Bedeutung von Kontrahenten- und Emittentenlimiten

Handelsgeschäfte dürfen grundsätzlich nur mit Vertragspartnern getätigt werden, für die Kontrahentenlimite eingeräumt wurden (→ BTR 1 Tz. 3). Darüber hinaus sind für Handelsgeschäfte grundsätzlich auch Emittentenlimite einzurichten (→ BTR 1 Tz. 4). Mit Hilfe dieser Limite werden die den Handelsgeschäften innewohnenden Adressenausfallrisiken, also das Kontrahenten- und ggf. das Emittentenrisiko, begrenzt. Die »sinngemäße Umsetzung« der Anforderungen an das Kreditgeschäft bezieht sich demzufolge bei Handelsgeschäften insbesondere auf die Festlegung der Kontrahenten- und Emittentenlimite, die bereits in der Vergangenheit von einer vom Handel unabhängigen Stelle zu erfolgen hatte.[8] An dieser Stelle wird klargestellt, dass die Kontrahenten- und Emittentenlimite durch eine Votierung aus dem Bereich Marktfolge festzulegen sind. Insbesondere ist im Hinblick auf die Festsetzung dieser Limite keine zusätzliche Votierung des Bereiches Markt erforderlich. Die Initiierung eines Handelsgeschäftes durch den Handel kann vielmehr mit dem Votum des Bereiches Markt gleichgesetzt werden, weil Initiierung und Votum bei Handelsgeschäften regelmäßig wirtschaftlich zusammenfallen.[9] Da hingegen Votierung und Entscheidung auseinanderfallen können, ist die Entscheidung über Kontrahenten- bzw. Emittentenlimite sogar im Bereich Markt bzw. Handel möglich, sofern die marktunabhängige Votierung für die Limitfestsetzung maßgeblich bleibt. Im Hinblick auf die Einräumung von Emittentenlimiten sind bei Handelsgeschäften unter bestimmten Voraussetzungen innerhalb der ersten drei Monate Vereinfachungen möglich. **32**

3.2 Konsequenzen für die Aufbauorganisation

Maßgeblicher Grundsatz für die Ausgestaltung der Prozesse im Handelsgeschäft ist die klare aufbauorganisatorische Trennung des Handelsbereiches von den Funktionen des Risikocontrollings sowie der Abwicklung und Kontrolle bis einschließlich der Ebene der Geschäftsleitung (→ BTO 2.1 Tz. 1). Darüber hinaus gelten für Handelsgeschäfte grundsätzlich auch die aufbauorganisatorischen Anforderungen an das Kreditgeschäft, da sie vom weiten Anwendungsbereich des § 19 Abs. 1 KWG ebenfalls erfasst werden (→ AT 2.3 Tz. 1). Allerdings ist in diesem Fall nur eine sinngemäße Umsetzung der Anforderungen erforderlich (→ BTO 1 Tz. 1). Dem Prinzip der Funktionstrennung folgend müssen die Vertriebsbereiche Markt und Handel also von den ver- **33**

---

8 Vgl. Bundesaufsichtsamt für das Kreditwesen, Mindestanforderungen an das Betreiben von Handelsgeschäften der Kreditinstitute (MaH), Verlautbarung vom 23. Oktober 1995, Abschnitt 3.2.1.
9 Vgl. Zentraler Kreditausschuss, Stellungnahme zum ersten Entwurf der Mindestanforderungen an das Kreditgeschäft der Kreditinstitute vom 17. Mai 2002, S. 20.

triebsunabhängigen Bereichen separiert werden. Allein daraus leitet sich das grundlegende Funktionstrennungsprinzip ab, das bei den besonderen Anforderungen an die Aufbau- und Ablauforganisation niedergelegt wurde (→ BTO Tz. 3). Die Zuordnung des Handels in das Ressort des Geschäftsleiters Marktfolge ist daher nicht möglich, solange vom Institut risikobehaftete Handelsaktivitäten betrieben werden.

34   Soweit sich die Handelsaktivitäten der Institute auf Geschäfte konzentrieren, die unter Risikogesichtspunkten als nicht wesentlich einzustufen sind (»nicht-risikorelevante Handelsaktivitäten«), ist eine Trennung des Handelsbereiches vom Bereich Marktfolge bis in die Ebene der Geschäftsleitung hingegen nicht erforderlich (→ BTO 2.1 Tz. 2). Diese Erleichterung kann allerdings nur in Anspruch genommen werden, wenn in einer Gesamtbetrachtung folgende Voraussetzungen erfüllt werden (→ BTO 2.1 Tz. 2, Erläuterung):

- Das Institut nimmt die Erleichterungen des Artikels 94 Absatz 1 CRR in Anspruch oder kann sie in Anspruch nehmen (kein Handelsbuchinstitut),
- der Schwerpunkt der Handelsaktivitäten liegt beim Anlagevermögen bzw. der Liquiditätsreserve,
- das Volumen der Handelsaktivitäten ist gemessen am Geschäftsvolumen gering, und
- die Struktur der Handelsaktivitäten ist einfach und die Komplexität, die Volatilität sowie der Risikogehalt der Positionen sind gering.

35   Mit der Formulierung »in einer Gesamtbetrachtung« soll zum Ausdruck gebracht werden, dass diese Kriterien nicht zwingend kumulativ erfüllt sein müssen. Insbesondere kann auch ein Handelsbuchinstitut ggf. von dieser Erleichterung profitieren, wenn sich seine Handelsaktivitäten in einem überschaubaren Rahmen bewegen und unter Risikogesichtspunkten eher unauffällig sind.[10]

36   Im Gegensatz zum Kreditgeschäft können die Aktivitäten im Handelsgeschäft nicht in risikorelevante und nicht-risikorelevante Geschäfte aufgeteilt werden. Die Festlegung der Risikorelevanz betrifft regelmäßig die gesamten Handelsaktivitäten eines Institutes. Außerdem ist für die Festlegung von Kontrahenten- und Emittentenlimiten immer eine Votierung aus dem Bereich Marktfolge erforderlich. Insofern reicht selbst bei »nicht-risikorelevanten Handelsaktivitäten« ein Votum des Handels nicht aus. Die Risikorelevanz der Geschäfte ist in dieser Hinsicht nicht maßgeblich.

---

10 Vgl. Bundesanstalt für Finanzdienstleistungsaufsicht, Protokoll der 23. Sitzung des Gesprächskreises kleiner Institute am 11. September 2013, S. 8f.

4 Möglicher Verzicht auf die Funktionstrennung (Tz. 4)

4 Für Kreditentscheidungen bei Geschäften, die unter Risikogesichtspunkten als nicht **37** wesentlich einzustufen sind, kann das Institut bestimmen, dass nur ein Votum erforderlich ist (»nicht-risikorelevante Kreditgeschäfte«). Vereinfachungen sind auch dann möglich, wenn Kreditgeschäfte von Dritten initiiert werden. Insoweit ist die aufbauorganisatorische Trennung zwischen Markt und Marktfolge nur für Kreditgeschäfte maßgeblich, bei denen zwei Voten erforderlich sind. Falls ein zweites Votum nicht erforderlich sein sollte, ist eine angemessene Umsetzung der Anforderungen in BTO 1.2 sicherzustellen.

4.1 Verzicht auf ein weiteres Votum im Kreditentscheidungsprozess

Eine Kreditentscheidung erfordert grundsätzlich zwei zustimmende Voten der Bereiche Markt und **38** Marktfolge (→ BTO 1.1 Tz. 2). Bei Vorliegen eines negativen Votums, das im Normalfall aus der Marktfolge stammt, ist die Kreditvergabe außerhalb des Eskalationsverfahrens (→ BTO 1.1 Tz. 6) nur in jenen Fällen möglich, in denen sich ein oder mehrere Geschäftsleiter im Rahmen ihrer Krediteinzelkompetenz über das negative Votum hinwegsetzen (→ BTO 1.1 Tz. 5).

Unter bestimmten Voraussetzungen besteht jedoch die Möglichkeit, Entscheidungen auf Basis **39** eines einzigen institutsinternen Votums zu treffen. Hierfür kann es im Wesentlichen zwei Gründe geben:

– Es handelt sich um so genannte »nicht-risikorelevante Kreditgeschäfte«, d.h. der Risikogehalt dieser Geschäfte rechtfertigt eine vereinfachte Handhabung, oder
– es handelt sich um Geschäfte, die von Dritten initiiert werden, d.h. die Funktion des Marktes wird bereits außerhalb des Institutes wahrgenommen.

Letztgenannte Öffnungsklausel stellt darauf ab, dass die von Dritten initiierten Kreditgeschäfte **40** grundlegend anderen Geschäftsprozessen unterliegen. Diese Erleichterung ist grundsätzlich vom Risikogehalt der Geschäfte unabhängig. Zusammengefasst kann es also für den Verzicht auf ein weiteres institutsinternes Votum sowohl risikoabhängige (»nicht-risikorelevantes Kreditgeschäft«) als auch prozessabhängige (»Drittinitiierung«) Gründe geben. Wie bereits ausgeführt, kann darüber hinaus auch in einigen Spezialfällen vom klassischen Zwei-Voten-Prinzip abgewichen werden (→ BTO 1.1 Tz. 1).

Ein grundlegendes Verständnis von diesen Ausnahmeregelungen ist deshalb von besonderer **41** Bedeutung, weil sie direkte Auswirkungen auf die Funktionstrennung haben. Kann nämlich ein Institut in bestimmten Geschäftsbereichen auf ein weiteres Votum verzichten, so entfällt für diese Geschäfte der Zwang zur aufbauorganisatorischen Trennung von Markt und Marktfolge. Es zeigt sich allerdings, dass die Festlegungen zur Aufbauorganisation eng mit der Frage verknüpft werden sollten, welchem Bereich das einzige institutsinterne Votum zugeordnet wird. Nicht in jedem Fall ist es sinnvoll, institutsintern auf das Votum der Marktfolge zu verzichten. In einigen Fällen sollte die Marktfolge zwingend eingebunden sein. Dafür ist ggf. das Marktvotum entbehrlich. Unabhängig davon ist es nicht immer empfehlenswert, den Verzicht auf ein Votum mit einer Lockerung der aufbauorganisatorischen Anforderungen zu verbinden.

4.2 Risikoabhängige Erleichterungen

42 Die Abgrenzung zwischen risikorelevantem und nicht-risikorelevantem Kreditgeschäft ist von jedem Institut eigenverantwortlich festzulegen. Vor dem Hintergrund der Vielfalt des Kreditgeschäftes und der unterschiedlichen Risiken sowie der institutsindividuellen Besonderheiten (z.B. Kreditvolumen, Geschäftsschwerpunkte) wäre eine Konkretisierung des Regelwerkes in dieser Frage kontraproduktiv. Grundsätzlich ist jede Kreditvergabe mit gewissen Risiken verbunden, die aus der Unsicherheit über zukünftige Ereignisse resultieren. Allerdings können bestimmte Kreditentscheidungen auch zur Diversifikation des Kreditportfolios und damit grundsätzlich zur Minderung des Gesamtbankrisikos beitragen. Zu den nicht-risikorelevanten Kreditgeschäften kann regelmäßig das standardisierte Mengengeschäft gerechnet werden (→ BTO 1.1 Tz. 4, Erläuterung). Am anderen Ende der Skala sollten Großkredite immer als risikorelevante Geschäfte eingestuft werden. Der Zwischenraum ist von den Instituten in eigener Verantwortung und in Abhängigkeit von der konkreten Risikosituation mit Leben zu füllen (→ BTO 1.1 Tz. 4, Erläuterung).

4.2.1 Kriterien für die Abgrenzungen

43 Es sind unterschiedliche Kriterien denkbar, auf deren Grundlage eine Abgrenzung zwischen risikorelevanten und nicht-risikorelevanten Geschäften erfolgen kann. Intuitiv klar ist, dass dabei immer eine Betrachtung des Risikogehaltes der jeweiligen Geschäfte für das Institut im Vordergrund stehen muss. In diese Betrachtung sollte neben der Bonität bzw. der Risikoeinstufung des Kreditnehmers und der Werthaltigkeit ggf. vorhandener Sicherheiten auch die Höhe des Gesamtobligos einfließen. Darüber hinaus spielt für die Relativierung der Risikorelevanz auch die Risikotragfähigkeit des Institutes eine wichtige Rolle. Ergänzend dazu können noch andere Kriterien von Bedeutung sein, wie z.B.

- die Art des Geschäftes (z.B. Mengengeschäft oder Firmenkundengeschäft),
- die Art der Kreditentscheidung (z.B. Neukredit, Krediterhöhung/Limitüberschreitung oder Prolongation),
- die vereinbarte Laufzeit sowie
- die Art der Bearbeitungsprozesse (z.B. hoher Grad an Standardisierung, individuelle Bearbeitung).

44 Bei der Abgrenzung der risikorelevanten Geschäfte auf Basis dieser »harten« Kriterien können zusätzliche Gesichtspunkte eine Rolle spielen, die eine verfeinerte Betrachtungsweise sinnvoll erscheinen lassen, wie z.B.

- die rechtliche Durchsetzbarkeit und die Verwertbarkeit vorhandener Sicherheiten,
- sonstige vertragliche Vereinbarungen (z.B. Tilgungs- oder Endfälligkeitsvereinbarungen bzw. der Einsatz von »Financial Covenants«) oder
- die Qualifikation und der Erfahrungsschatz der mit der Kreditbearbeitung betrauten Mitarbeiter des Institutes.

45 Diese Komponenten müssen allerdings weder zwingend berücksichtigt werden, noch stellen sie eine abschließende Aufzählung dar. Es sind weitere Aspekte denkbar, die für die Bestimmung der Risikorelevanz Bedeutung haben können. Die institutsindividuell festzulegende Abgrenzung kann auf sehr unterschiedliche Weise erfolgen. Einige einfache Anregungen, die keinesfalls abschließenden Charakter haben, sind im Folgenden aufgeführt.

4.2.2 Volumengrenzen

Zunächst bietet sich eine einfache Volumengrenze an. Für alle Engagements ab einer bestimmten 46 Betragshöhe sind zwei Voten einzuholen. In Abhängigkeit von der Größe des Institutes käme hierfür z. B. die Grenze des § 18 KWG in Betracht. Demzufolge wären grundsätzlich bei allen Engagements oberhalb eines Betrages von 750.000 Euro zwei Voten einzuholen. Wird damit allerdings bereits die Grenze von 10 Prozent des haftenden Eigenkapitals des Institutes überschritten, sollte ein deutlich geringerer Betrag gewählt werden. Die Volumengrenze könnte ferner nach bestimmten Geschäften differenziert werden. Für das Firmenkundenkreditgeschäft und die Projektfinanzierung könnten z. B. unterschiedliche Grenzen festgelegt werden.

4.2.3 Risikoorientierte Grenzen

Als risikoorientierte Grenzen bieten sich Verknüpfungen zwischen Kreditbetrag und Risikoein- 47 stufung im Risikoklassifizierungsverfahren an. So könnten z. B. alle Engagements ab einer bestimmten Kredithöhe in Verbindung mit einer gewissen Risikoeinstufung als risikorelevant angesehen werden. Darüber hinaus sind weitere Differenzierungen, wie z. B. nach Geschäftsarten, möglich. Risikoorientierte Abgrenzungen sind auch deswegen zu empfehlen, weil die Klassifizierungsverfahren in angemessener Weise in die Prozesse des Kreditgeschäftes und ggf. die Kompetenzordnung einzubinden sind (→ BTO 1.4 Tz. 4). Darüber hinaus werden die Prüfungen auf Basis eines risikoorientierten Ansatzes durchgeführt (→ AT 1 Tz. 7). Es ist also zu vermuten, dass sich die Prüfer ebenfalls Gedanken über risikoorientierte Grenzen machen.

Wegen der Ausrichtung am tatsächlichen Risiko sollten derartige Abgrenzungen auch unter 48 Effizienzgesichtspunkten von Vorteil sein. Allerdings ist in jedem Fall eine zusätzliche Volumenbegrenzung empfehlenswert, da selbst hervorragend eingestufte Engagements unter Umständen kurzfristigen Schwankungen unterworfen sind und deren Ausfall ab einem gewissen Volumen insofern erhebliche Auswirkungen haben könnte. Bei weiteren Differenzierungen der Abgrenzungen sollte jeweils abgewogen werden, inwieweit sie noch betriebswirtschaftlich sinnvoll bzw. aussagekräftig sind.

4.2.4 Plausibilisierung der Abgrenzungen

Alle Abgrenzungen müssen nachvollziehbar sein. Das gilt insbesondere im Hinblick auf die 49 individuelle Risikotragfähigkeit und die gewählte Risikostrategie. Die Abgrenzungen sind daher auf geeignete Art und Weise zu plausibilisieren. Eine Plausibilisierung könnte z. B. durch den in der Vergangenheit erforderlichen Wertberichtigungsbedarf in bestimmten Geschäftsfeldern oder ab bestimmten Volumina erfolgen. Unter Umständen bietet sich auch eine sukzessive Annäherung an sachgerechte Abgrenzungen an: So könnten zunächst Ad-hoc-Grenzen gesetzt werden, die im Zeitverlauf nach und nach im Hinblick auf ihre Zweckmäßigkeit überprüft und entsprechend angepasst werden. Die Angemessenheit und Zweckmäßigkeit der Grenzen könnte dabei durch ein regelmäßiges »Backtesting« überprüft werden, in dessen Rahmen die tatsächliche Risikorelevanz rückwirkend mit den Festlegungen des Institutes abgeglichen wird.

Eine nachvollziehbare Festlegung der Abgrenzungen und deren Darlegung in den Organisati- 50 onsrichtlinien liegen dabei im Eigeninteresse der Institute. Darüber hinaus können auf diese Weise unnötige Diskussionen mit den Prüfern weitgehend vermieden werden.

4.2.5 Bagatellgrenzen

51 Die Beurteilung der Risikorelevanz bezieht sich zwar prinzipiell auf das jeweilige Gesamtengagement. Allerdings besteht auch bei risikorelevant eingestuftem Gesamtobligo eines Kunden die Möglichkeit, einen zusätzlichen Kreditantrag über einen relativ geringen Betrag auf Basis vereinfachter Prozesse zu bearbeiten (→ BTO 1.1 Tz. 4, Erläuterung). Dem Problem einer möglichen schleichenden Erhöhung des Kreditbetrages wird durch die mindestens jährlich durchzuführende Überprüfung des Adressenausfallrisikos bzw. der Risikoeinstufung hinreichend begegnet (→ BTO 1.2.2 Tz. 2).

4.3 Prozessabhängige Erleichterungen

52 Bestimmte Arten von Kreditgeschäften unterliegen grundlegend anderen Geschäftsprozessen, so dass der Grundsatz der Funktionstrennung für das risikorelevante Kreditgeschäft in diesen Fällen nicht ohne Weiteres Geltung beanspruchen kann. Kennzeichnend für diese Geschäfte ist, dass sie nicht vom Kredit gewährenden Institut selbst, sondern von einem Dritten initiiert werden. Wie bereits ausgeführt, ist es in diesen Fällen nicht erforderlich, zwei institutsinterne Voten einzuholen. Solche Konstellationen stellen regelmäßig Sonderfälle dar, die sich aus der Natur der betriebenen Geschäfte ergeben. Vereinfachungen im Hinblick auf die Funktionstrennung sind folglich auch bei risikorelevanten Kreditgeschäften möglich, wenn sie von Dritten initiiert werden. In den MaRisk werden einige Sonderfälle genannt, auf die diese Konstellation zutrifft (→ BTO 1.1 Tz. 4, Erläuterung):

- Das von Förderbanken im Rahmen des Hausbankprinzips betriebene Fördergeschäft wird regelmäßig von einer Hausbank oder einer Beteiligungsgesellschaft initiiert, die auf der Grundlage zivilrechtlicher Vereinbarungen mit der Förderbank für diese tätig werden. Bei diesen Geschäften gibt es keinen unmittelbaren Kundenkontakt zwischen der Förderbank und dem Kreditnehmer. Der Kreditnehmer wendet sich vielmehr direkt an die Hausbank bzw. die Beteiligungsgesellschaft. Insoweit fehlt es den Förderbanken bei diesen Geschäften i. d. R. an einem klassischen Vertriebsbereich, dem u. a. die Aufgabe der Initiierung von Engagements zukommt.
- Im Hinblick auf das Geschäft der Bürgschaftsbanken tritt der Kunde zunächst an eine Hausbank (Initiator) heran, die ihren Kredit über eine von der Bürgschaftsbank zu stellende Personalsicherheit absichert.
- Bei Bausparkassen werden die Geschäfte häufig über Handelsvertreter oder andere Kooperationspartner (z. B. Institute) initiiert. Alle weiteren bearbeitungstechnischen Schritte einschließlich der Kreditentscheidung werden in der Bausparkasse durchgeführt.
- Ein ähnlich strukturierter Bearbeitungsprozess ist bei Kreditgeschäften zu beobachten, die über Händlerorganisationen an das Institut herangetragen werden.
- Schließlich werden Konsortialgeschäfte nicht von den einzelnen Konsorten, sondern vom Konsortialführer initiiert. Der Konsortialführer ist u. a. zuständig für die Ausarbeitung des Vertragswerkes, die Bestellung und Verwaltung der Sicherheiten und die laufende Überwachung der wirtschaftlichen Situation des Kreditnehmers sowie die Weiterleitung von allen relevanten Informationen an die Konsorten.

53 Die konsequente Einhaltung des Grundsatzes der Funktionstrennung würde bei diesen Konstellationen zu einem unverhältnismäßigen Mehraufwand führen, da bei rein formaler Betrachtung nach der Initiierung durch den Dritten noch zwei zusätzliche Voten aus den Bereichen Markt und Marktfolge beim kreditgebenden Institut bzw. beim Konsorten einzuholen wären. Für diese

Sonderfälle werden daher Erleichterungen eingeräumt: Die Einholung eines einzigen instituts-internen Votums wird im drittinitiierten Kreditgeschäft als ausreichend erachtet. Im Interesse des Institutes sind an die Drittinitiierung ähnliche qualitative Anforderungen zu stellen wie an ein eigenes Marktvotum.

4.3.1 Vergleichbare Konstellationen

Die genannten Erleichterungen sind sinngemäß auch bei vergleichbaren Sonderfällen anwendbar[11]: **54**
- Im Rahmen der Wohnungsbauförderung werden die Geschäfte durch Landesverwaltungs-ämter oder andere kommunale Stellen initiiert (→ BTO 1.1 Tz. 4, Erläuterung).
- Auch in anderen Fällen können die Entscheidungsabläufe durch Dritte so stark normiert werden, dass es zu einer Standardisierung der Abläufe im Institut und damit zu einer Beschränkung der Ermessensspielräume bei der Kreditvergabe kommt (→ BTO 1.1 Tz. 4, Erläuterung).
- Im Kommunalkreditgeschäft (inkl. der kommunal verbürgten Kredite) erfolgt die formale Prüfung der haushalts- und aufsichtsrechtlichen Voraussetzungen im Rahmen eines stan-dardisierten Prozesses mit standardisierten und rechtlich geprüften Verträgen.
- Im Fall von Bildungsdarlehen erfolgt die Kreditbewilligung durch die Studentenwerke mittels eines öffentlich-rechtlichen Verwaltungsaktes auf der Grundlage des Bundesausbildungsför-derungsgesetzes (BAföG) bzw. des Aufstiegsfortbildungsförderungsgesetzes (AFBG).

Die Liste könnte ggf. noch um weitere Beispiele ergänzt werden. Sie hat daher keinen abschlie-ßenden Charakter für Geschäfte, die von Dritten initiiert werden und für die entsprechende Erleichterungen in Anspruch genommen werden können. Der sachliche Anwendungsbereich dieser Erleichterung sollte allerdings auf diese und vergleichbare Fälle beschränkt werden, um eine Ausnutzung der Regelung zur Umgehung der organisatorischen Anforderungen im Kredit-geschäft zu verhindern.

4.3.2 Drittinitiierung oder Interbankengeschäft?

Bei der Drittinitiierung gibt eine dritte Stelle ein typisches Vertriebsvotum für den Endkreditneh- **55** mer des kreditgebenden Institutes ab. Folglich handelt es sich z. B. im Fördergeschäft zweifellos immer dann um eine Drittinitiierung, wenn die Hausbank eines Kreditnehmers den Förderkredit beantragt (positiv votiert) und das Förderinstitut zumindest ein Teilobligo für den Endkreditneh-mer übernimmt. Steht das Förderinstitut hingegen nicht im Obligo, so verschiebt sich sein Fokus vom Endkreditnehmer auf die dritte Stelle, also die Hausbank des Kreditnehmers. In diesem Fall wird der Hausbank wie beim klassischen Interbankengeschäft schlicht eine Kreditlinie gewährt. Rein formal betrachtet handelt es sich aus Sicht des Förderinstitutes daher um einen »normalen« Kredit und nicht um eine Drittinitiierung im klassischen Sinne. Folglich kann der Verzicht auf ein Votum im Förderinstitut in diesen Fällen eigentlich nicht mit der Drittinitiierung, sondern nur mit dem i. d. R. geringen Risikogehalt im Interbankengeschäft begründet werden. In der Praxis spielt diese Fallunterscheidung allerdings keine wesentliche Rolle. Da die Hausbank bei der Vergabe der Förderkredite engen Rahmenbedingungen unterliegt und die Kreditlinie des Förderinstitutes

---

11 Vgl. Hannemann, Ralf, Die Mindestanforderungen an das Kreditgeschäft der Kreditinstitute – Überblick und Öffnungs-klauseln, in: Eller, Roland/Gruber, Walter/Reif, Markus (Hrsg.), Handbuch MaK, Stuttgart, 2003, S. 22.

insbesondere nur für die entsprechenden Förderprogramme (also zweckgebunden) verwenden darf, werden diese Geschäfte häufig komplett als drittinitiierte Geschäfte behandelt.

4.3.3 Ansiedlung des institutsinternen Votums bei Drittinitiierung

56 Im Prinzip werden keine Vorgaben gemacht, welcher Bereich beim drittinitiierten Geschäft für das institutsinterne Votum zuständig ist. Im nicht-risikorelevanten Kreditgeschäft erübrigt sich eine entsprechende Festlegung allein deshalb, weil für derartige Entscheidungen auch im Fall der internen Geschäftsinitiierung eine Votierung aus dem Marktbereich genügen würde. Im Gegensatz dazu sind bei drittinitiierten Geschäften sogar mindestens zwei Voten vorhanden, ein externes und ein internes.

57 Handelt es sich hingegen um risikorelevante Geschäfte, sollte für eine Kreditentscheidung zumindest ein vertriebsunabhängiges Votum vorliegen. Letztlich nimmt der Dritte als Initiator des Kreditgeschäftes die Funktion des Bereiches Markt vom kreditgebenden Institut wahr. Hieraus folgt insbesondere, dass die institutsinterne Votierung im Geiste des Funktionstrennungsprinzips sinnvoller Weise aus einem vertriebsunabhängigen Bereich stammen müsste. Die deutsche Aufsicht hat deshalb klargestellt, dass bei risikorelevanten Kreditentscheidungen das im Institut einzuholende weitere Votum grundsätzlich vertriebsunabhängig wahrgenommen werden sollte (→ BTO 1.1 Tz. 4, Erläuterung). Die Verwendung des Begriffes »sollte« entspricht einer Empfehlung. Insofern handelt es sich nicht um eine strenge Vorschrift.

58 Auch wenn die Empfehlung der deutschen Aufsicht aufgegriffen wird, muss nicht in jedem Fall für das vertriebsunabhängige Votum die Marktfolge verantwortlich sein. Derartige Konstellationen sind z. B. denkbar, wenn im Förderinstitut keine vertriebsabhängigen Tätigkeiten ausgeübt werden. So werden die Kreditbereiche einiger Förderbanken funktional als Markteinheiten bezeichnet, obwohl in ihnen lediglich drittinitiiertes Kreditgeschäft abgewickelt wird und insofern überhaupt kein Kontakt zum Endkreditnehmer besteht. In diesen Fällen nimmt die Hausbank den Kundenkontakt wahr und fungiert aus Sicht des Förderinstitutes als externe Vertriebseinheit. Die institutsinternen Votierungen erfolgen risikoorientiert und vertriebsunabhängig. Der klassische Zielkonflikt zwischen Vertriebserfolg und Risikovermeidung ist institutsintern nicht vorhanden, eine aufbauorganisatorische Trennung zwischen Markt und Marktfolge, dem Regelungszweck der MaRisk entsprechend, somit nicht erforderlich. Bei der Beurteilung der Angemessenheit bestimmter Konstellationen sollte deshalb in erster Linie auf die Unabhängigkeit vom Vertrieb geachtet werden, über den sich der »Markt« im Sinne der MaRisk definiert.

4.4 Möglichkeiten der Votierung

59 Zusammengefasst sind die nachfolgenden Modelle der Votierung denkbar.[12] Im Grunde gibt es nur eine strenge Vorschrift, die sich auf das institutsintern initiierte, risikorelevante Kreditgeschäft bezieht.

---

12 Vgl. Hannemann, Ralf, MaK eröffnen Möglichkeiten zum Verzicht auf das Zwei-Voten-Prinzip, in: Börsen-Zeitung vom 20. September 2003, S. 19.

Risikorelevanz/ Geschäftsinitiierung	Zwei-Voten-Prinzip	Verzicht auf vertriebsab-hängiges Votum	Verzicht auf vertriebsunab-hängiges Votum
risikorelevantes Kreditgeschäft/ bankintern initiiert	vorgeschrieben	ausgeschlossen	ausgeschlossen
risikorelevantes Kreditgeschäft/ von Dritten initiiert	zugelassen	zugelassen	nicht empfohlen
nicht-risikorelevantes Kreditgeschäft/ Initiierung irrelevant	zugelassen	zugelassen	zugelassen

Abb. 61: Grundprinzipien der Votierung

4.5 Funktionstrennung trotz Verzicht auf ein Votum

Die aufbauorganisatorische Trennung zwischen Markt und Marktfolge ist nur für Kreditgeschäfte **60** maßgeblich, bei denen zwei Voten erforderlich sind. Wie bereits im Rahmen der Ansiedlung des institutsinternen Votums ausgeführt, sollte die Ausgestaltung der Aufbauorganisation insbesondere vom Risikogehalt der Kreditgeschäfte abhängig gemacht werden. Insoweit kommt der Abgrenzung zwischen risikorelevantem und nicht-risikorelevantem Kreditgeschäft eine zentrale Bedeutung im Hinblick auf die Gestaltung der Aufbauorganisation zu.

Der Verzicht auf ein weiteres Votum kann für das Institut bereits eine erhebliche prozessuale **61** Erleichterung darstellen. Deshalb sollte im risikorelevanten drittinitiierten Kreditgeschäft sehr sorgfältig geprüft werden, ob darüber hinaus auf die aufbauorganisatorische Trennung der Bereiche Markt und Marktfolge verzichtet wird. Modelle mit erfolgter Trennung der Funktionen können die Flexibilität des Institutes im Kreditentscheidungsprozess unter Umständen sogar erhöhen. So könnte die Entscheidung über einen Geschäftsabschluss auf der Grundlage des externen Marktvotums und des internen Marktfolgevotums durch den internen Marktbereich getroffen werden. Votierung und Entscheidung fallen dann auseinander, was die MaRisk nicht ausschließen. Bei dieser Aufgabenverteilung wäre es möglich, institutsintern auf Basis der Votierung des Marktfolgebereiches zu entscheiden, ohne diesem die Ergebnisverantwortung zu übertragen.

4.6 Abgleich mit den Anforderungen an die Risikocontrolling-Funktion

62 Diese speziellen Funktionstrennungsanforderungen im Kreditgeschäft bleiben von den Vorgaben zur Risikocontrolling-Funktion grundsätzlich unberührt (→ AT 4.4.1 Tz. 1, Erläuterung). Die exklusive Wahrnehmung der Leitung der Risikocontrolling-Funktion umfasst selbst bei großen und komplexen Instituten nur eine klare aufbauorganisatorische Trennung von Risikocontrolling-Funktion und Marktfolge bis unmittelbar unterhalb der Geschäftsleiterebene (→ AT 4.4.1 Tz. 4, Erläuterung). Dies gilt auch für bedeutende Institute nach Art. 6 SSM-Verordnung (→ AT 4.4.1 Tz. 5). Das heißt, es besteht grundsätzlich für alle Institute die Möglichkeit, Risikocontrolling-Funktion und Marktfolge beim selben Geschäftsleiter anzusiedeln. Gleichzeitig ist die Risikocontrolling-Funktion aufbauorganisatorisch jedoch bis einschließlich der Ebene der Geschäftsleitung von den Bereichen zu trennen, die für die Initiierung bzw. den Abschluss von Geschäften zuständig sind (→ AT 4.4.1 Tz. 1). Dazu zählen grundsätzlich auch solche Bereiche, die nicht-risikorelevante Kreditgeschäfte initiieren bzw. abschließen (→ AT 4.4.1 Tz. 1, Erläuterung).

63 Zwar wurde im Rahmen der fünften MaRisk-Novelle klargestellt, dass bei Instituten mit maximal drei Geschäftsleitern eine aufbauorganisatorische Trennung des Bereiches Markt für nicht-risikorelevante Kreditgeschäfte von der Risikocontrolling-Funktion bis unmittelbar unterhalb der Geschäftsleiterebene in der Regel ausreichend ist, sofern keine Interessenkonflikte erkennbar sind und keine Konzentration von Verantwortlichkeiten beim betroffenen Geschäftsleiter vorliegt (→ AT 4.4.1 Tz. 1, Erläuterung). Allerdings fehlt eine vergleichbare Aussage für Institute mit mehr als drei Geschäftsleitern, bei denen folglich eine aufbauorganisatorische Trennung des für das nicht-risikorelevante Kreditgeschäft zuständigen Bereiches von der Risikocontrolling-Funktion bis einschließlich der Geschäftsleiterebene erforderlich ist. Diese Vorgabe zielt eigentlich auf jene Bereiche ab, die in erster Linie Geschäfte initiieren bzw. abschließen. In bestimmten Konstellationen könnte davon aber auch die Marktfolge betroffen sein, die nur über ihre Zuständigkeit für ein Votum bei Kreditentscheidungen definiert ist (→ BTO Tz. 2). Im Gegensatz zum Markt darf die Marktfolge zwar keine Geschäfte initiieren. Mit ihrem Votum ist sie aber am Abschluss von Geschäften beteiligt. Würde der Marktfolge das nicht-risikorelevante Kreditgeschäft zugeordnet und bei entsprechenden Kreditentscheidungen nur auf das Votum der Marktfolge abgestellt, könnte deren Zuordnung zum CRO insofern kritisch gesehen werden.

4.7 Angemessene Umsetzung der Prozessanforderungen

64 Das Zwei-Voten-Prinzip und die damit verknüpfte Funktionstrennung von Markt und Marktfolge sind die zentralen Normen zum Ausschluss von Interessenkonflikten im Rahmen von Kreditentscheidungen. Allerdings kann dem Institut auch durch unsachgemäße Kreditprozesse Schaden zugefügt werden. Deshalb ist auch in den Fällen, in denen ein zweites Votum nicht erforderlich sein sollte, eine angemessene Umsetzung der Anforderungen an die Prozesse im Kreditgeschäft sicherzustellen.

5 Entscheidungen in Krediteinzelkompetenz (Tz. 5)

5 Jeder Geschäftsleiter kann im Rahmen seiner Krediteinzelkompetenz eigenständig Kreditentscheidungen treffen und auch Kundenkontakte wahrnehmen. Die aufbauorganisatorische Trennung der Bereiche Markt und Marktfolge bleibt davon unberührt. Zudem sind zwei Voten einzuholen, soweit dies unter Risikogesichtspunkten erforderlich sein sollte. Falls die im Rahmen einer Krediteinzelkompetenz getroffenen Entscheidungen von den Voten abweichen oder wenn sie vom Geschäftsleiter getroffen werden, der für den Bereich Marktfolge zuständig ist, sind sie im Risikobericht besonders hervorzuheben (BT 3.2 Tz. 3). **65**

5.1 Krediteinzelkompetenz eines Geschäftsleiters

Unter materiellen Gesichtspunkten ist das marktunabhängige Votum bei risikorelevanten Kreditgeschäften maßgeblich für die Kreditentscheidung. Das folgt einerseits daraus, dass der Markt sein positives Votum im Prinzip schon mit der Initiierung der Geschäfte abgibt. Andererseits wird in allen Spezialfällen des risikorelevanten Kreditgeschäftes, in denen auf ein Votum verzichtet werden kann, eine vertriebsunabhängige Votierung gefordert oder zumindest empfohlen. Das marktunabhängige Votum und die Entscheidung über eine Kreditvergabe fallen in diesem Sinne grundsätzlich zusammen. Soweit die institutsintern festgelegten Kompetenzen eines Geschäftsleiters berührt sind, hat das marktunabhängige Votum allerdings keinen bindenden Charakter mehr. Jeder Geschäftsleiter kann im Rahmen seiner intern festgelegten Krediteinzelkompetenz Entscheidungen treffen, die ggf. von der vertriebsunabhängigen Votierung abweichen. Die Kreditentscheidung und das marktunabhängige Votum können also in diesen Fällen auseinanderfallen. Diese Regelung gilt analog für Entscheidungen, die von der gesamten Geschäftsleitung getroffen werden. Es wird zudem ausdrücklich betont, dass alle Geschäftsleiter, also auch die marktunabhängigen Geschäftsleiter, Kundenkontakte wahrnehmen können. **66**

5.2 Krediteinzelkompetenz und Geschäftsleiterqualifikation

Die Krediteinzelkompetenz kann nur durch einen Geschäftsleiter ausgeübt werden, der über eine entsprechende Qualifikation im Sinne des § 1 Abs. 2 KWG verfügt. Das Recht eines Geschäftsleiters, im Rahmen seiner Krediteinzelkompetenz eigenständig Kreditentscheidungen zu treffen, geht insofern nicht automatisch auf seinen – unterhalb der Ebene der Geschäftsleitung angesiedelten – Vertreter über (→ BTO 1.1 Tz. 5, Erläuterung). Der Begriff »Geschäftsleiter« ist auch an dieser Stelle streng im Sinne des Gesetzes zu interpretieren. Davon unabhängig liegt es natürlich im Ermessen des Institutes, den Zuständigkeitsbereich bzw. die Kompetenzen für den Zeitraum der Vertretung in geeigneter Weise festzulegen. **67**

5.3 Votierung und Prozesse bei Entscheidungen der Geschäftsleiter

68 Unberührt von dieser Ausnahmeregelung bleibt allerdings die grundsätzliche Verpflichtung zur Einholung der Voten aus den Bereichen Markt und Marktfolge und zur ordnungsgemäßen Kreditbearbeitung (→ BTO 1.1 Tz. 5, Erläuterung). Insoweit sind die Funktionstrennung und die Prozessanforderungen von der Ausnahmeregelung nicht betroffen. Das Einholen der Voten kann dabei der Entscheidung durch den Geschäftsleiter vor- oder nachgelagert sein.[13] Eine zwingend vorab einzuholende Votierung würde dazu führen, dass ein Geschäftsleiter letztlich doch nicht eigenständig Kreditentscheidungen treffen könnte. Insbesondere wären dann keine schnellen Entscheidungen möglich, die ein Kunde im Bedarfsfall von den Kompetenzträgern seines Institutes erwartet. In diesem Fall sind die Kreditbearbeitung bzw. das Einholen der beiden Voten jedoch nachzuholen. Insoweit ist ein klassischer »Golfplatzkredit«, bei dem weder eine Bearbeitung noch eine Votierung durchgeführt werden, nicht mit den Vorgaben der MaRisk vereinbar. Auch bei risikorelevanten Kreditentscheidungen, die von der gesamten Geschäftsleitung oder von mehreren Geschäftsleitern gemeinsam getroffen werden, sind grundsätzlich eine sachgerechte Kreditbearbeitung sowie das Einholen zweier Voten aus den Bereichen Markt und Marktfolge erforderlich.

5.4 Berichtspflichten

5.4.1 Allgemeine Vorgaben

69 Soweit vom Zwei-Voten-Prinzip abgewichen wird, ergeben sich für verschiedene Konstellationen Berichtspflichten, die im Rahmen der vierteljährlichen Risikoberichterstattung zu beachten sind. Diese Berichtspflichten dienen der Transparenz gegenüber der Geschäftsleitung und dem Aufsichtsorgan. Sie beziehen sich ausschließlich auf Kreditentscheidungen, die Geschäftsleiter im Rahmen ihrer Krediteinzelkompetenz getroffen haben, soweit diese von den Voten abweichen oder wenn sie von einem Geschäftsleiter getroffen werden, der für den Bereich Marktfolge zuständig ist (→ BT 3.2 Tz. 3 lit. h). Sie gelten hingegen nicht für Entscheidungen, die von der gesamten Geschäftsleitung getroffen wurden oder bei denen institutsintern aus risikoabhängigen Gründen auf ein weiteres Votum verzichtet wird (→ BTO 1.1 Tz. 4). Dabei ist es ausreichend, wenn nur über jene in Einzelkompetenz getroffenen Entscheidungen der Geschäftsleiter berichtet wird, die das risikorelevante Kreditgeschäft betreffen (→ BT 3.2 Tz. 3).

5.4.2 Entscheidungen des Geschäftsleiters Marktfolge

70 Über die im Rahmen seiner Einzelkompetenz getroffenen Entscheidungen des Geschäftsleiters Marktfolge ist im risikorelevanten Kreditgeschäft auch dann zu berichten, wenn keine Abweichungen von den Voten festzustellen sind. Diese Ungleichbehandlung gegenüber vertriebsnah agierenden Geschäftsleitern ist nicht willkürlich festgelegt worden, sondern beruht auf einer einfachen Überlegung: Bei Kreditentscheidungen, die der für die Marktfolge zuständige Geschäftsleiter trifft, sind möglicherweise Interessenkonflikte zu erwarten, da von ihm in diesem Fall im Prinzip eine »Marktfunktion« wahrgenommen wird und das marktunabhängige Votum aus seinem eigenen Ressortbereich stammt. Diese Konstellation kann unter Umständen die Unabhängigkeit

---

13 Vgl. Bundesanstalt für Finanzdienstleistungsaufsicht, Übermittlungsschreiben zum Rundschreiben 34/2002 (BA) vom 20. Dezember 2002, S. 5.

und die Qualität des vertriebsunabhängigen Votums beeinträchtigen, da eine unmittelbare oder mittelbare Einflussnahme auf den Votierenden durch den Marktfolge-Geschäftsleiter nicht auszuschließen ist. Die wichtige Kontrollfunktion des Marktfolgebereiches könnte dadurch eingeschränkt werden. Bei Entscheidungen, die vom Geschäftsleiter Markt im Rahmen seiner Einzelkompetenz getroffen werden, erfolgt die Votierung der Marktfolge hingegen unabhängig vom Vertrieb. Deshalb ist grundsätzlich über alle risikorelevanten Kreditentscheidungen des marktunabhängigen Geschäftsleiters in Einzelkompetenz zu berichten.

5.4.3 Ausnahmen

Um die Berichterstattung nicht mit überflüssigen Angaben zu überfrachten, wurden Ausnahmen gemacht, die dem Wesentlichkeitsprinzip und der risikoorientierten Ausrichtung der MaRisk entsprechen. So wird eine Berichtspflicht bei Entscheidungen über Sanierungskredite, die durch einen Marktfolge-Geschäftsleiter im Rahmen seiner Einzelkompetenz getroffen werden, als entbehrlich erachtet, weil über bemerkenswerte Engagements, wie z.B. Sanierungs- und Abwicklungskredite von wesentlicher Bedeutung, ohnehin separat zu berichten ist (→ BT 3.2 Tz. 3, Erläuterung). Da bei Entscheidungen über Sanierungskredite eine Votierung aus dem marktunabhängigen Bereich ausreichend ist (→ BTO 1.2.5 Tz. 1, Erläuterung), handelt es sich im Grunde um den Normalfall.

5.5 Kreditentscheidungsmodelle für das risikorelevante Geschäft

Da die Votierungs- und Entscheidungskompetenz auseinanderfallen können, sind im risikorelevanten Kreditgeschäft ohne Berücksichtigung der beschriebenen Sonderregelungen oder eines Eskalationsverfahrens (→ BTO 1.1 Tz. 6) insgesamt sieben grundlegende Modelle einer Kreditentscheidung denkbar:

- zwei unabhängige Votierungen der Bereiche Markt und Marktfolge mit Entscheidungskompetenzen,
- zwei unabhängige Votierungen der Bereiche Markt und Marktfolge ohne Entscheidungskompetenzen und anschließende formale Kreditentscheidung durch einen Kompetenzträger,
- Votierungen eines Ausschusses mit Entscheidungskompetenzen,
- Votierungen eines Ausschusses ohne Entscheidungskompetenzen und anschließende formale Kreditentscheidung durch einen Kompetenzträger,
- Entscheidungen eines Geschäftsleiters Markt in Einzelkompetenz im Sinne der Votierungen ohne Berichtspflicht,
- Entscheidungen des Geschäftsleiters Marktfolge in Einzelkompetenz im Sinne der Votierungen mit Berichtspflicht,
- Entscheidungen eines Geschäftsleiters in Einzelkompetenz gegen die Votierungen mit Berichtspflicht.

Sofern institutsintern unterhalb der Ebene der Geschäftsleitung grundsätzlich nur Gemeinschaftskompetenzen zulässig sind, wäre im zweiten und vierten von den oben beschriebenen Fällen die formale Kreditentscheidung durch beide Kompetenzträger (Markt und Marktfolge) erforderlich. Die deutsche Aufsicht schreibt dies jedoch nicht vor.

71

72

73

6 Entscheidungskompetenzen und Eskalationsverfahren (Tz. 6)

74 **6** Das Institut hat eine klare und konsistente Kompetenzordnung für Entscheidungen im Kreditgeschäft festzulegen. Für den Fall voneinander abweichender Voten sind in der Kompetenzordnung Entscheidungsregeln zu treffen: Der Kredit ist in diesen Fällen abzulehnen oder zur Entscheidung auf eine höhere Kompetenzstufe zu verlagern (Eskalationsverfahren).

6.1 Kompetenzordnung

6.1.1 Bedeutung der Kompetenzordnung

75 Die Zuweisung klarer Befugnisse für die Kreditentscheidung, also die Festlegung einer Kompetenzordnung, ist ein unverzichtbarer Bestandteil der ablauforganisatorischen Vorgaben im Kreditgeschäft. Aus diesem Grund sind die Regelungen zur Aufgabenzuweisung, zur Kompetenzordnung und zu den Verantwortlichkeiten auch in den Organisationsrichtlinien zu verankern (→ AT 5 Tz. 3 lit. a). Insofern wird das Kongruenzprinzip von Aufgaben, Kompetenzen und Verantwortlichkeiten, das sich auch in der Kompetenzordnung für Entscheidungen im Kreditgeschäft niederschlagen muss, an mehreren Stellen betont. Diesem Prinzip zufolge sollte ein Mitarbeiter z. B. nicht mit Aufgaben betraut werden, für deren Bewältigung er nicht die erforderliche Kompetenz hat bzw. zu deren Erfüllung er seine Kompetenzen überschreiten müsste. In ähnlicher Weise sollten festgelegte Verantwortlichkeiten mit der Vergabe entsprechender Kompetenzen verbunden sein, damit sie nicht ins Leere laufen.

76 Die Bedeutung der Kompetenzordnung zeigt sich schon daran, dass Kompetenzüberschreitungen regelmäßig mit ernsten Konsequenzen für die betroffenen Kompetenzträger verbunden sind. Die Kompetenzen einzelner Mitarbeiter müssen in konsistenter Weise festgelegt werden. So sind die Kreditprozesse und die damit verbundenen Aufgaben, Kompetenzen, Verantwortlichkeiten, Kontrollen sowie Kommunikationswege klar zu definieren und aufeinander abzustimmen (→ AT 4.3.1 Tz. 2). Die Vergabe bestimmter Kompetenzstufen kann z. B. in Abhängigkeit von der Stellung der betroffenen Mitarbeiter in der institutsinternen Hierarchie, ihrem Erfahrungsschatz im Kreditgeschäft oder ihren Fachkenntnissen erfolgen. Die Ausgestaltung der Kompetenzstufen, also z. B. die jeweilige Höhe der Engagements, bis zu der allein oder gemeinsam Kreditentscheidungen getroffen werden dürfen, ist häufig von verschiedenen Kriterien abhängig. Sie liegt grundsätzlich in der Verantwortung der Institute.

6.1.2 Kriterien für die Kompetenzordnung

77 Im Hinblick auf die Kriterien für die Zuordnung der Entscheidung über ein Engagement zu einer bestimmten Kompetenzstufe werden im Gegensatz zu den ehemaligen Mindestanforderungen an das Kreditgeschäft (MaK) keine konkreten Vorgaben gemacht. Die in den MaK noch enthaltene Beispielliste wurde bereits mit Veröffentlichung der ersten Fassung der MaRisk gestrichen. Eine Verknüpfung

der Kompetenzstufen mit einzelnen Risikoklassen kann zwar sinnvoll sein, wird aber nicht ausdrücklich gefordert. Auf Kriterien abzustellen, die bestimmte Kreditvolumina mit konkreten Risikoeinstufungen verknüpfen, ist zwar nur bei jenen Geschäften möglich, für die ein Risikoklassifizierungsverfahren zum Einsatz kommt. Allerdings muss die Risikoeinstufung sowohl im Rahmen der Kreditentscheidung als auch bei turnusmäßigen oder anlassbezogenen Beurteilungen zumindest dann mit Hilfe eines Risikoklassifizierungsverfahrens erfolgen, wenn dies der Risikogehalt der Geschäfte erfordert (→ BTO 1.2 Tz. 8). Insofern besteht in den risikorelevanten Bereichen durchaus die Möglichkeit einer Berücksichtigung der Risikoeinstufungen bei der Kompetenzvergabe.

Für Engagements, die aufgrund ihres geringen Risikogehaltes nicht notwendigerweise einem Risikoklassifizierungsverfahren unterliegen (→ BTO 1.2 Tz. 8, Erläuterung), wird die jährliche Risikobeurteilung auf Basis eines vereinfachten Verfahrens nicht immer für eine entsprechende Differenzierung geeignet sein. Es ist jedoch fraglich, ob für diese Bereiche überhaupt eine breite Variation von Kompetenzstufen vorgesehen ist. Bei solchen Geschäften sind einfache Volumenbegrenzungen denkbar, die z.B. auf das Kreditvolumen, den Blankoanteil (Grad der Besicherung) oder die Höhe des Gesamtengagements bezogen werden. Darüber hinaus ist auch eine Abhängigkeit der Kompetenzstufen von der Konditionengestaltung möglich, die ohnehin in einem sachlich nachvollziehbaren Zusammenhang zur Einstufung im Risikoklassifizierungsverfahren stehen sollte (→ BTO 1.2 Tz. 9). Wie bei der Kompetenzvergabe selbst, kann auch bei den Kompetenzstufen eine Koppelung risikorelevanter Faktoren mit der Erfahrung und Qualifikation der Kompetenzträger erfolgen.

78

6.2 Eskalationsverfahren

Die Kompetenzordnung ist im Einklang mit den Anforderungen zur Funktionstrennung und Votierung zu strukturieren. Insbesondere ist sicherzustellen, dass der materielle Entscheidungscharakter des marktunabhängigen Votums in der Kompetenzordnung zum Ausdruck kommt. Aus demselben Grund sind z.B. die Mehrheitsverhältnisse innerhalb eines mit Entscheidungskompetenzen ausgestatteten Ausschusses so festzulegen, dass der Bereich Marktfolge nicht überstimmt werden kann (→ BTO 1.1 Tz. 2). Das gilt auch im Hinblick auf Eskalationsverfahren, die für die Fälle voneinander abweichender Voten eingerichtet werden. Von diesem grundlegenden Prinzip kann nur dann abgewichen werden, wenn die Kompetenzen von Geschäftsleitern berührt sind (→ BTO 1.1 Tz. 5). Zur Ausgestaltung eines Eskalationsverfahrens bestehen verschiedene Möglichkeiten.

79

6.2.1 Einstufige Einzel-Eskalation

Im einfachsten Fall ist nach der Votierung der Bereiche Markt und Marktfolge keine weitere Eskalation in den Organisationsrichtlinien vorgesehen und der für die marktunabhängige Votierung zuständige Mitarbeiter zugleich der für die Kreditentscheidung maßgebliche Kompetenzträger (so genanntes »einstufiges Eskalationsverfahren«). In diesem Fall entspricht das positive Marktfolgevotum grundsätzlich auch der positiven Kreditentscheidung. Umgekehrt ist der Kredit abzulehnen, wenn dieser Kompetenzträger negativ votiert.

80

Die marktunabhängige Votierung und die Entscheidungskompetenz können auch bei unterschiedlichen Personen aus unterschiedlichen Bereichen liegen. Insbesondere ist es durchaus möglich, dass die Entscheidung von einem Kompetenzträger aus dem Bereich Markt getroffen wird. Diese Kompetenzordnungen sind unproblematisch, solange das marktunabhängige Votum weiter-

81

hin ausschlaggebend für die Kreditentscheidung bleibt. Abweichende Entscheidungen, die Geschäftsleiter im Rahmen ihrer Einzelkompetenz treffen, bleiben davon unberührt (→ BTO 1.1 Tz. 5).

6.2.2 Mehrstufige Einzel-Eskalation

82 Im Gegensatz zum einstufigen Eskalationsverfahren kann die Kreditentscheidung bis zu einer festgelegten Kompetenzstufe im negativ votierenden Bereich auch über mehrere Hierarchiestufen so lange nach oben delegiert werden, bis auf einer Ebene ein zweites zustimmendes Votum vorliegt oder der Kreditantrag auf der festgelegten obersten Kompetenzstufe endgültig abgelehnt wird. In der Regel wird eine derartige Eskalation nur auf Basis eines negativen Votums der Marktfolge erforderlich sein. Natürlich können auch in diesem Fall unter den geschilderten Voraussetzungen Votierung und Entscheidungskompetenz auseinanderfallen.

6.2.3 Parallel-Eskalation

83 Weitgehend vergleichbar mit mehrstufigen Eskalationsverfahren ist die »Parallel-Eskalation«[14], bei der über die jeweiligen Hierarchiestufen hinweg, beginnend auf der untersten Ebene in den Bereichen Markt und Marktfolge, so lange nach oben eskaliert wird, bis sich auf einer Ebene zwei positive oder zwei negative Voten ergeben. Auch bei diesem Eskalationsverfahren muss über alle Eskalationsstufen hinweg die Maßgeblichkeit des jeweiligen Votums aus dem Bereich Marktfolge sichergestellt werden. Das marktunabhängige Votum verliert erst dann seine bindende Wirkung, wenn ein oder mehrere Geschäftsleiter nach Durchlaufen aller Eskalationsstufen ohne einheitliche Votierung eine Entscheidung zu treffen haben. Dies kann ggf. zu Berichtspflichten führen (→ BT 3.2 Tz. 3 lit. h).

6.2.4 Praktikabilitätsgesichtspunkte

84 Im Hinblick auf die konkrete Ausgestaltung der Eskalationsverfahren sollten neben Risikogesichtspunkten auch betriebswirtschaftliche Aspekte berücksichtigt werden. Komplex strukturierte und über viele Stufen gehende Eskalationsverfahren vermindern tendenziell die Schnelligkeit der Entscheidungsprozesse. Darüber hinaus können vor allem mehrstufige Eskalationsverfahren dazu führen, dass sich bei den untergeordneten Kompetenzträgern und Mitarbeitern eine Abgabementalität entwickelt, die entweder keine gute Entscheidungsgrundlage bildet oder sich negativ auf deren Arbeitsmotivation auswirkt. Unter Effizienz- und Risikogesichtspunkten bietet es sich daher an, möglichst klare und einfache Eskalationsverfahren zu implementieren.

85 Aus Gründen der Praktikabilität empfiehlt es sich zudem, bei einer mehrstufigen Einzel-Eskalation oder einer Parallel-Eskalation für die einzelnen Hierarchiestufen bestimmte Untergrenzen hinsichtlich der Kreditbeträge festzulegen. Andernfalls könnte es vorkommen, dass die betroffenen Geschäftsleiter mit einer Vielzahl von Kreditanträgen über vergleichsweise geringe Beträge geradezu überschwemmt werden. Das würde gleichzeitig die Frage aufwerfen, ob die Entscheidungsträger auf den nachgelagerten Ebenen mit der ihnen eingeräumten Kompetenz ggf. überfordert sind.

---

14 Vgl. Totzek, Alfred, MaK aus Sicht der Kreditpraxis, in: Gröning, Jörg u. a. (Hrsg.), MaK-Praktikerhandbuch, Heidelberg, 2004, S. 301.

6.3 Berücksichtigung von Nachhaltigkeitsrisiken

Da dieses Eskalationsverfahren letztlich sämtliche Hierarchiestufen einbezieht und für den Prozess der Kreditentscheidung vor allem dann aktiviert werden muss, wenn keine Einigkeit zwischen den beteiligten Einheiten über die Einschätzung der relevanten Risiken erzielt werden kann, sollte es unabhängig von der Art der jeweiligen Risiken seinen Zweck erfüllen. Vor diesem Hintergrund hält es die BaFin für sinnvoll, dieses Verfahren auch beim Umgang mit Nachhaltigkeitsrisiken zur Einbindung der Leitungsebene zu nutzen bzw. bei Bedarf entsprechend zu ergänzen.[15]

86

Vermutlich wird der Umgang mit Nachhaltigkeitsrisiken – allein aufgrund der zahlreichen Regulierungsinitiativen – im Laufe der Zeit in den Instituten zur Normalität, so dass die spezifischen Eskalationsprozesse im Kredit- oder Handelsgeschäft für die Einbindung der Leitungsebene nicht unbedingt am geeignetsten sind. Bei den bestehenden Geschäftsaktivitäten können diese Prozesse zwar genutzt werden. Grundsätzlich sollte eine Berücksichtigung von Nachhaltigkeitsrisiken jedoch bereits im Rahmen des Neu-Produkt-Prozesses erfolgen, um ihre Auswirkungen auf das Institut ganzheitlich und mit Blick auf alle relevanten Risikoarten zu untersuchen (→ AT 8.1 Tz. 1).

87

---

15 Vgl. Bundesanstalt für Finanzdienstleistungsaufsicht, Merkblatt zum Umgang mit Nachhaltigkeitsrisiken, 20. Dezember 2019, geändert am 13. Januar 2020, S. 27.

7 Unabhängigkeit bestimmter Prozesse vom Markt (Tz. 7)

88   **7** Die Überprüfung bestimmter, unter Risikogesichtspunkten festzulegender Sicherheiten ist außerhalb des Bereiches Markt durchzuführen. Diese Zuordnung gilt auch für die Entscheidungen über die Risikovorsorge bei bedeutenden Engagements. Die Zuordnung aller anderen in BTO 1.2 genannten Prozesse bzw. Teilprozesse liegt, soweit dieses Rundschreiben nichts anderes vorsieht, im Ermessen der Institute (z.B. die Kreditbearbeitung oder Teilprozesse der Kreditbearbeitung).

7.1 Sonstige marktunabhängige Funktionen

89   Grundsätzlich ist bei der Ausgestaltung der Aufbauorganisation sicherzustellen, dass die Bereiche Markt und Handel bis einschließlich der Ebene der Geschäftsleitung von bestimmten Bereichen oder Funktionen getrennt sind (→ BTO Tz. 3). Von dieser Funktionstrennung sind auch die Überprüfung bestimmter Sicherheiten, die unter Risikogesichtspunkten vom Institut selbst festzulegen sind, sowie die Entscheidung über die Risikovorsorge bei bedeutenden Engagements betroffen. Die Einrichtung separater Organisationseinheiten ist dafür allerdings nicht erforderlich, da die genannten Funktionen z.B. in einer Marktfolge-Einheit angesiedelt werden können. Die Überprüfung der übrigen Sicherheiten kann grundsätzlich auch im Markt erfolgen. Wie alle sonstigen, in den MaRisk geforderten Separierungen sollen die vorgeschriebenen Trennungen vor allem dazu beitragen, dass Interessenkonflikte weitgehend vermieden werden.

7.2 Überprüfung von Sicherheiten

90   Für die Kreditgewährung spielt grundsätzlich die Kapitaldienstfähigkeit des Kreditnehmers die entscheidende Rolle, also die wirtschaftlichen Verhältnisse des Kreditnehmers, wobei die Risiken für die zukünftige Vermögens- und ggf. Liquiditätslage des Kreditnehmers in die Betrachtung einfließen müssen (→ BTO 1.2.1 Tz. 1, Erläuterung). Bei der Kreditwürdigkeitsprüfung sind ggf. die besonderen Anforderungen an den Abschluss von Verbraucherdarlehensverträgen gemäß § 18a KWG zu beachten. So dürfen laut § 18a Abs. 1 Satz 2 KWG bei einem Allgemein-Verbraucherdarlehensvertrag keine erheblichen Zweifel an der Kreditwürdigkeit des Kreditnehmers bestehen, und bei einem Immobiliar-Verbraucherdarlehensvertrag muss es wahrscheinlich sein, dass der Kreditnehmer seinen Verpflichtungen vertragsgemäß nachkommen wird. Nach § 18a Abs. 4 Satz 1 KWG stehen bei der Kreditwürdigkeitsprüfung für Immobiliar-Verbraucherdarlehensverträge das Einkommen, die Ausgaben und die anderen finanziellen und wirtschaftlichen Umstände des Kreditnehmers im Mittelpunkt einer eingehenden Prüfung. In die Beurteilung der Kapitaldienstfähigkeit sind in diesem Fall auch zukünftige, als wahrscheinlich anzusehende Einkommensschwankungen einzubeziehen (→ BTO 1.2.1 Tz. 2). Zudem darf sich die Kreditwürdigkeitsprüfung bei Immobiliar-Verbraucherdarlehensverträgen nach § 18a Abs. 4 Satz 3 KWG nicht hauptsächlich darauf stützen, dass der Wert der Wohnimmobilie den Darlehensbetrag übersteigt, und ebenso wenig auf die Annahme, dass der Wert der Wohnimmobilie zunimmt, es sei denn, der Darlehensvertrag dient zum Bau oder zur Renovierung der Wohnimmobilie. Insofern

darf das Institut seine Kreditentscheidung zumindest in bestimmten Fällen nicht hauptsächlich auf den Wert der Sicherheit abstellen. In Abhängigkeit von der konkreten Finanzierung kann die Sicherheit allerdings eine entscheidende Bedeutung spielen. Vor diesem Hintergrund werden an die Wertermittlung von Sicherheiten auch sehr strenge Anforderungen gestellt. Zudem hängt die Rückzahlung des Kredites bei Objekt- bzw. Projektfinanzierungen in erster Linie von den durch die finanzierten Vermögenswerte generierten Einkünften ab und nicht von der unabhängigen Kapitaldienstfähigkeit des Kreditnehmers (→ BTO 1.2 Tz. 7, Erläuterung).

7.2.1 Formelle und materielle Prüfung

Die Hereinnahme von Sicherheiten kann also dazu beitragen, dass das Risiko aus der Kredit- **91** vergabe für das Institut begrenzt wird. Der Wert einer Sicherheit kann insoweit – in Abhängigkeit von der konkreten Finanzierung – von ganz erheblicher Bedeutung für die Risikobeurteilung sein. In der Vergangenheit hat sich gezeigt, dass Sicherheiten oft zu unkritisch oder zu optimistisch eingeschätzt wurden, wenn deren Überprüfung in Vertriebsbereichen erfolgte und dort gleichzeitig alle Kreditkompetenzen konzentriert waren. Die deutsche Aufsicht hält daher auch im Bereich der Sicherheiten unter Risikogesichtspunkten eine konsequente Trennung des Prozesses der Sicherheitenüberprüfung vom Vertriebsbereich für erforderlich.

Die Überprüfung der Sicherheiten umfasst sowohl eine formelle als auch eine materielle Prüfung. Die **92** materielle Prüfung bezieht sich auf die Werthaltigkeit der Sicherheiten inkl. ihres tatsächlichen Bestandes. Bei der formellen Prüfung geht es insbesondere um die rechtswirksame Bestellung und die banküblliche Vollständigkeit der Sicherheiten, d.h. um deren rechtlichen Bestand. In diesem Zusammenhang ist besonders wichtig, dass eine einredefreie, möglichst schnelle Verwertung der Sicherheiten gewährleistet ist. Deshalb wird neben der Überprüfung der Werthaltigkeit von Sicherheiten auch die Überprüfung des rechtlichen Bestandes von Sicherheiten explizit gefordert. Die Überprüfung der Sicherheiten muss grundsätzlich vor jeder Kreditvergabe (→ BTO 1.2.1 Tz. 3) und in Abhängigkeit von der Sicherheitenart ab einer vom Institut unter Risikogesichtspunkten festzulegenden Grenze in angemessenen Abständen auch im Rahmen der Kreditweiterbearbeitung (→ BTO 1.2.2 Tz. 3) erfolgen.

7.2.2 Überprüfung der Werthaltigkeit

Die Werthaltigkeit von Sicherheiten wird i.d.R. durch die Marktfolge bzw. durch eine separate **93** Einheit mit entsprechenden Spezialisten beurteilt. In der Immobilienfinanzierung sind dafür oftmals interne oder externe Sachverständige (Gutachter) zuständig. Zur aufbauorganisatorischen Zuordnung der internen Sachverständigen bestehen nach der Beleihungswertermittlungsverordnung (BelWertV) relativ strenge Vorgaben, die im Grunde darauf hinauslaufen, dass die Gutachter von Pfandbriefbanken insbesondere nicht dem Bereich Markt zugeordnet werden können.[16] Im

---

16 Gemäß § 7 Abs. 1 BelWertV muss der Gutachter sowohl vom Kreditakquisitions- und Kreditentscheidungsprozess als auch von Objektvermittlung, -verkauf und -vermietung unabhängig sein. Er darf nicht in einem verwandtschaftlichen, einem sonstigen rechtlichen oder einem wirtschaftlichen Verhältnis zum Darlehensnehmer stehen und darf kein eigenes Interesse am Ergebnis des Gutachtens haben. Der Gutachter darf auch nicht den Beleihungswert festsetzen oder den Kredit bearbeiten. Darüber hinaus dürfen Gutachten von bei der Pfandbriefbank angestellten Gutachtern nach § 7 Abs. 2 BelWertV nur dann der Beleihungswertermittlung zugrunde gelegt werden, wenn im Rahmen der Aufbauorganisation der Pfandbriefbank die betreffenden Gutachter nur der Geschäftsleitung verantwortlich sind oder ausschließlich Teil einer Gutachtereinheit sind, die unmittelbar der Geschäftsleitung unterstellt ist, oder Teil einer alle betreffenden Gutachter zusammenfassenden Einheit und auch im Übrigen bis einschließlich der Ebene der Geschäftsleitung keinem Bereich der Pfandbriefbank zugeordnet sind, in dem Immobilienkreditgeschäfte entweder angebahnt oder zum Gegenstand des einzigen Votums gemacht werden. Vgl. Verordnung über die Ermittlung der Beleihungswerte von Grundstücken nach § 16 Abs. 1 und 2 des Pfandbriefgesetzes (Beleihungswertermittlungsverordnung – BelWertV) vom 12. Mai 2006 (BGBl. I S. 1175), die durch Art. 1 der Verordnung vom 16. September 2009 (BGBl. I S. 3041) geändert worden ist.

Rahmen der sechsten MaRisk-Novelle sind vergleichbare Anforderungen in das Rundschreiben aufgenommen worden (→ BTO 1.2 Tz. 3).

94 Häufig wird die Wertermittlung bestimmter Sicherheiten von Dritten durchgeführt, z.B. von externen Immobiliensachverständigen oder so genannten »Wertermittlungsgesellschaften«. Diese Verfahrensweise ist aus Sicht der MaRisk unproblematisch, solange gewährleistet ist, dass die endgültige Wertfestsetzung in einem marktunabhängigen Bereich des Institutes erfolgt. Konkret wird von den Instituten erwartet, die Immobilienwertermittlung zu plausibilisieren und dabei ggf. eigene Erkenntnisse und Informationen in die Beurteilung einfließen zu lassen (→ BTO 1.2 Tz. 4). Ebenso statthaft ist die Ausgliederung der institutsinternen Wertermittlungseinheit in eine Tochtergesellschaft. Das Institut hat sich in solchen Fällen jeweils davon zu überzeugen, dass der Dritte aus fachlicher Sicht dazu geeignet ist, solche Wertermittlungen durchzuführen (→ BTO 1.2 Tz. 3).

95 Teilweise wird auch der Markt eingebunden, wie z.B. in der Immobilienfinanzierung im Rahmen von Kundengesprächen vor Ort, indem Bautenstandskontrollen erfolgen und bestimmte Parameter für die Wertermittlung aufgenommen werden. Anschließend erfolgt i.d.R. die Erstellung des Wertgutachtens durch vom Markt unabhängige Spezialisten bzw. ist damit zumindest eine marktunabhängige materielle Plausibilitätsprüfung verbunden. Nicht zuletzt vor diesem Hintergrund gestatten die MaRisk, die Erstellung von Wertgutachten für Sicherheiten auch von fachlich geeigneten Mitarbeitern aus dem Bereich Markt durchzuführen, solange eine marktunabhängige Überprüfung der Wertansätze im Sinne einer materiellen Plausibilitätsprüfung gewährleistet ist (→ BTO 1.1 Tz. 7, Erläuterung).

96 Bei der Überprüfung der Werthaltigkeit kann darüber hinaus auf bereits vorhandene Sicherheitenwerte zurückgegriffen werden, sofern keine Anhaltspunkte für Wertveränderungen vorliegen (→ BTO 1.2.1 Tz. 3). Im Fokus stehen dabei nachhaltige Wertveränderungen, die einen Einfluss auf die Bewertung des Kreditengagements haben können. Die Beobachtung von Wertveränderungen erfolgt i.d.R. nicht für jede Sicherheit einzeln, sondern für bestimmte Sicherheitenkategorien in ihrer Gesamtheit. Dies ist für Grundpfandrechte unter bestimmten Voraussetzungen z.B. durch so genannte »Marktschwankungskonzepte« möglich, mit deren Hilfe die Entwicklung der Marktwerte von Wohn- und Gewerbeimmobilien in den betreffenden Regionen und über einen festgelegten Zeitraum auf Basis von statistischen Daten beobachtet werden kann (→ BTO 1.2.2 Tz. 3).

97 Die Mitwirkung des Marktes an der Überprüfung des tatsächlichen Bestandes von Sicherheiten, wie sie z.B. im Rahmen von Bautenstandskontrollen erfolgt, ist grundsätzlich gestattet. Voraussetzungen für eine derartige Vorgehensweise sind einerseits – sofern für das Institut maßgeblich – die Berücksichtigung der Vorgaben der Beleihungswertermittlungsverordnung (BelWertV), insbesondere § 4 Abs. 6 und § 7 Abs. 1 BelWertV[17], sowie andererseits zumindest eine materielle Plausibilitätskontrolle seitens der Marktfolge oder einer anderen marktunabhängigen Einheit. So könnten sich die damit betrauten Mitarbeiter aussagekräftige Fotos des Bauobjektes vorlegen lassen, anhand derer die entsprechende Plausibilisierung von Bautenstandskontrollen möglich ist. Sofern eine materielle Plausibilitätsprüfung auf der Basis der Bautenstandskontrollen des Marktes nicht ohne Weiteres erfolgen kann, sind durch die Marktfolge allerdings entsprechende Nachprüfungen durchzuführen.[18] Insofern kann der Markt bei anschließender marktunabhängiger Plausibilisierung die Überprüfung der Werthaltigkeit von Sicherheiten insgesamt durchführen. Diese Aufgabenverteilung ist im Übrigen auch bei der Votierung von Krediten gestattet (→ BTO 1.1

---

17 Gemäß § 4 Abs. 6 Satz 4 BelWertV ist der bei im Bau befindlichen Objekten im Rahmen der Ermittlung des Beleihungswertes in Ansatz gebrachte Bautenstand von einer von der Pfandbriefbank auszuwählenden, fachkundigen, von Bauplanung und -ausführung unabhängigen Person festzustellen. Da § 7 Abs. 1 Satz 1 BelWertV entsprechend gilt, ist auch in diesen Fällen die Unabhängigkeit vom Kreditakquisitions- und Kreditentscheidungsprozess sowie von Objektvermittlung, -verkauf und -vermietung sicherzustellen.

18 Vgl. Bundesanstalt für Finanzdienstleistungsaufsicht, Protokoll der zweiten Sitzung des MaRisk-Fachgremiums am 17. August 2006, S. 2.

Tz. 2, Erläuterung) und entspricht damit in konsistenter Weise dem Grundgedanken der MaRisk, Interessenkonflikte im Kreditentscheidungsprozess zu vermeiden.

7.2.3 Überprüfung des rechtlichen Bestandes

Die Überprüfung des rechtlichen Bestandes der Sicherheiten bezieht sich generell auf deren rechts- **98** wirksame Bestellung und bankübliche Vollständigkeit. Die rechtswirksame Bestellung von Sicherheiten kann sowohl auf Basis standardisierter Verträge als auch auf der Grundlage individueller Verträge erfolgen. Bei Nutzung standardisierter Verträge geht es im Rahmen der Überprüfung der rechtswirksamen Bestellung in erster Linie darum, ob diese Verträge und Urkunden vollständig und korrekt ausgefüllt sowie unterzeichnet sind. Darüber hinaus muss regelmäßig geprüft werden, ob die jeweils verwendeten Formulare dem letzten von der Rechtsabteilung freigegebenen Stand entsprechen. Diese Tätigkeiten werden, ebenso wie die Prüfung der banküblichen Vollständigkeit der Sicherheiten, i. d. R. von der Marktfolge oder einer marktunabhängigen Einheit übernommen.

Die diesen Prozessen vorausgehende Entwicklung und rechtliche Prüfung von Sicherheiten- **99** verträgen, Bestellungsurkunden etc., also die Vorgabe der Standards, sowie die regelmäßige Prüfung, ob diese Standards noch den aktuellen rechtlichen Anforderungen genügen, und ihre eventuell erforderliche Anpassung an eine geänderte gesetzliche Rechtslage oder Rechtsprechung, sind hierunter nicht zu verstehen. Dafür ist grundsätzlich die Rechtsabteilung zuständig.

7.3 Einbindung der Rechtsabteilung

Auch bei Verwendung individueller Verträge sind normalerweise Rechtsexperten, wie z. B. die **100** Rechtsabteilung, verantwortlich eingebunden. Bei Finanzierungen bzw. Besicherungen nach ausländischem Recht werden z. B. »Legal Opinions« von durch das Institut beauftragte Kanzleien eingeholt. Damit wird die Rechtswirksamkeit der jeweiligen Verträge bestätigt. Die Auftragsvergabe an die Kanzleien und die Plausibilisierung der Legal Opinions erfolgen regelmäßig durch die Rechtsabteilung bzw. nach deren Vorgaben. Unter Risikogesichtspunkten und mit Blick auf den erforderlichen Sachverstand sowie eine konsistente Vorgehensweise ist diese Praxis auch zu empfehlen.

Die Rechtsabteilung muss eine »vom Markt und Handel unabhängige Stelle« sein (→ BTO **101** Tz. 8), die auch innerhalb der Geschäftsleiterlinie Handel bzw. Markt angesiedelt sein kann (→ BTO Tz. 2, Erläuterung). Häufig ist die Rechtsabteilung dem Sprecher der Geschäftsleitung zugeordnet, der in vielen Fällen gleichzeitig einen Marktbereich verantwortet. Bei derartigen Konstellationen wäre die Überprüfung des rechtlichen Bestandes von Sicherheiten unter Beteiligung der Rechtsabteilung nach dem Wortlaut der MaRisk (»außerhalb des Bereiches Markt«) rein formal nicht zulässig. Durch die Rechtsabteilung kann die Sicherstellung des rechtlichen Bestandes jedoch am besten gewährleistet werden. Da sie i. d. R. als Stabsstelle ausgestaltet und damit von den operativen Einheiten unabhängig ist, dürfte die zu fordernde Unabhängigkeit ausreichend sichergestellt sein. Darüber hinaus ist sie nach offizieller Lesart der Bankenaufsicht auf der zweiten Ebene von Markt und Handel zu trennen. Insofern bestehen auch keine echten Interessenkonflikte. Eine nachträgliche materielle Plausibilitätsprüfung durch die Marktfolge erscheint ebenfalls nicht erforderlich.[19] Aus diesem Grund kann die Überprüfung des rechtlichen Bestandes von

---

19 Vgl. Bundesanstalt für Finanzdienstleistungsaufsicht, Protokoll der zweiten Sitzung des MaRisk-Fachgremiums am 17. August 2006, S. 2 f.

Sicherheiten ausdrücklich auch durch die Rechtsabteilung oder eine vergleichbare, vom Markt und Handel unabhängige Stelle erfolgen (→ BTO 1.1 Tz. 7, Erläuterung).

102　Der Prozess der Überprüfung von Sicherheiten ist in Abbildung 62 grafisch dargestellt:

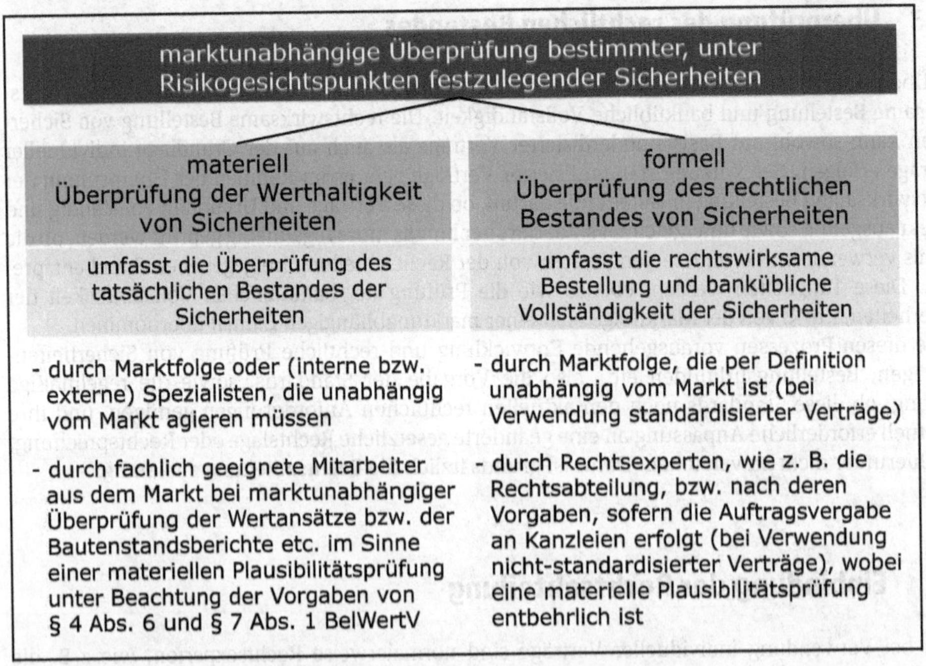

marktunabhängige Überprüfung bestimmter, unter Risikogesichtspunkten festzulegender Sicherheiten	
materiell Überprüfung der Werthaltigkeit von Sicherheiten	**formell** Überprüfung des rechtlichen Bestandes von Sicherheiten
umfasst die Überprüfung des tatsächlichen Bestandes der Sicherheiten	umfasst die rechtswirksame Bestellung und banktübliche Vollständigkeit der Sicherheiten
- durch Marktfolge oder (interne bzw. externe) Spezialisten, die unabhängig vom Markt agieren müssen	- durch Marktfolge, die per Definition unabhängig vom Markt ist (bei Verwendung standardisierter Verträge)
- durch fachlich geeignete Mitarbeiter aus dem Markt bei marktunabhängiger Überprüfung der Wertansätze bzw. der Bautenstandsberichte etc. im Sinne einer materiellen Plausibilitätsprüfung unter Beachtung der Vorgaben von § 4 Abs. 6 und § 7 Abs. 1 BelWertV	- durch Rechtsexperten, wie z. B. die Rechtsabteilung, bzw. nach deren Vorgaben, sofern die Auftragsvergabe an Kanzleien erfolgt (bei Verwendung nicht-standardisierter Verträge), wobei eine materielle Plausibilitätsprüfung entbehrlich ist

Abb. 62: Marktunabhängige Überprüfung von Sicherheiten

7.4　Risikorelevanz von Sicherheiten

103　Grundsätzlich dient die Hereinnahme von Sicherheiten immer der Reduzierung des Risikogehaltes eines Kreditengagements. Andernfalls könnte sich das Institut den mit der Hereinnahme der Sicherheit verbundenen Aufwand aus betriebswirtschaftlicher Sicht auch sparen. Vor diesem Hintergrund existieren im Grunde keine Sicherheiten, die unter Risikogesichtspunkten irrelevant sind. Ein wesentlicher Unterschied zwischen verschiedenen Arten von Sicherheiten besteht darin, dass einige relativ wertstabil sind und andere größeren Wertschwankungen unterliegen. Eine starke Volatilität des Wertes von Sicherheiten kann sich folglich auch erheblich auf die Höhe der Adressenausfallrisiken auswirken. Insofern kann beim Wertansatz von Sicherheiten der klassische Interessenkonflikt zwischen Markt und Marktfolge zutage treten. Das gilt insbesondere in jenen Fällen, in denen die Risikobeurteilung im Wesentlichen auf der Werthaltigkeit der Sicherheit beruht. Folglich könnten z. B. die Bedeutung von Sicherheiten für die Risikobeurteilung und die Volatilität von Sicherheiten geeignete Kriterien für deren marktunabhängige Überprüfung sein.

104　Die Überprüfung der Sicherheiten erfolgt in der Praxis im Rahmen der normalen Kreditbearbeitungsprozesse, deren Verteilung auf die Bereiche Markt oder Marktfolge den Instituten weitgehend freigestellt ist. Insbesondere ist es nicht zu beanstanden, wenn im Marktbereich eine

Überprüfung von Sicherheiten erfolgt, deren Wertermittlung grundsätzlich transparent ist, wie z.B. bei Bürgschaften des Bundes oder der Länder, Barsicherheiten und Gold.

Jedes Institut muss, wie auch bei der Abgrenzung zwischen risikorelevantem und nicht-risiko-relevantem Kreditgeschäft, eigenverantwortlich festlegen, bei welchen Sicherheiten eine markt-unabhängige Überprüfung durchzuführen ist und in welchen Fällen die Beteiligung des Marktes toleriert werden kann. Diese Festlegungen sind allerdings bezogen auf die Sicherheiten zu treffen. Soweit es sich bei dem zugrunde liegenden Kreditgeschäft um ein nicht-risikorelevantes Geschäft handelt, bedeutet dies nicht automatisch, dass auch die zur Absicherung der Risiken herein-genommenen Sicherheiten einem geringeren Risiko unterliegen und damit im Bereich Markt überprüft werden können. Das folgt allein aus der Tatsache, dass der Sicherheitenwert durchaus ein Kriterium für die Risikorelevanz des Kreditgeschäftes sein kann.

105

7.5 Abhängigkeit von den Verhältnissen eines Dritten

Das Institut hat die akzeptierten Sicherheitenarten und die Verfahren zur Wertermittlung dieser Sicherheiten festzulegen (→ BTO 1.2 Tz. 2). In der Regel wird es sich dabei um Sicherheiten handeln, die einen maßgeblichen Beitrag zur Reduzierung des Adressenausfallrisikos des Kredit-nehmers leisten können. Andernfalls würden sich die mit der Hereinnahme der Sicherheiten und ihrer laufenden Verwaltung verbundenen Kosten aus Sicht des Institutes nicht rentieren. Hängt der Sicherheitenwert maßgeblich von den Verhältnissen eines Dritten ab, wie z.B. bei Bürg-schaften, so ist eine angemessene Überprüfung der Adressenausfallrisiken des Dritten durch-zuführen (→ BTO 1.2.1 Tz. 4). Damit soll festgestellt werden, ob z.B. ein Bürge oder Garan-tiegeber eine hinreichende Bonität vorweisen kann. Andernfalls ist die Werthaltigkeit dieser Sicherheit nicht gegeben. In diesem Fall ist das Institut i.d.R. besser beraten, wenn es auf die Hereinnahme der Sicherheit verzichtet. Gegebenenfalls fällt die Kreditentscheidung dann sogar negativ aus.

106

7.6 Wichtige Entscheidungen im Hinblick auf die Risikovorsorge

Auch hinsichtlich der Entscheidungen über die Risikovorsorge bei einzelnen Kreditgeschäften räumt die deutsche Aufsicht den Instituten gewisse Freiräume ein (→ BTO 1.2.6), da diese Entscheidungen nur bei bedeutenden Engagements außerhalb des Bereiches Markt zu treffen sind. Denkbar ist dabei z.B. eine Vorgehensweise, die dem Zwei-Voten-Prinzip sehr nahekommt. Der Bereich Markt kann bezüglich des Ansatzes der Risikovorsorge einen Vorschlag unterbreiten, der vom Bereich Marktfolge ggf. korrigiert und daraufhin abschließend festgelegt wird. Häufig werden wichtige Beschlüsse zu Einzel- oder Pauschalwertberichtigungen auch von einem so genannten »Risikoausschuss« vorbereitet oder sogar getroffen (→ BTO Tz. 6). In Analogie zur Kreditentscheidung durch einen Ausschuss (→ BTO 1.1 Tz. 2) ist unter Beachtung dieser Vor-schrift auch bei derartigen Gremien darauf zu achten, dass die Vertreter aus dem marktunabhän-gigen Bereich nicht überstimmt werden können. Entscheidungen der gesamten Geschäftsleitung über die Risikovorsorge bleiben hiervon unbenommen und können natürlich ohne Einschränkung unter Beteiligung der für die Marktbereiche zuständigen Geschäftsleiter getroffen werden.

107

7.7   Freie Zuordnung von Prozessen

108   Hinsichtlich der Zuordnung einzelner Kreditprozesse zum Bereich Markt und zum marktunabhängigen Bereich sind die MaRisk pragmatisch formuliert: Alle Prozesse, Funktionen und Aufgaben,
die nicht ausdrücklich in einem marktunabhängigen Bereich anzusiedeln sind (→ BTO Tz. 2 lit. b,
d und e, BTO 1.1 Tz. 7, BTO 1.2 Tz. 1, BTO 1.2.4 Tz. 1, BTO 1.2.5 Tz. 1 und BTO 1.4 Tz. 2), können
im Ermessen der Institute auf diese beiden Bereiche oder andere mit der Kreditbearbeitung
betraute Organisationseinheiten verteilt werden. Das betrifft den gesamten Prozess der Kreditbearbeitung bzw. dessen Teilprozesse, die Kreditbearbeitungskontrollen, die Intensivbetreuung
und die Bearbeitung von Problemkrediten. Die deutsche Aufsicht hat mit dieser Öffnungsklausel
die Flexibilität geschaffen, die notwendig ist, damit auch bei unterschiedlichen ablauforganisatorischen Konzepten die MaRisk erfüllt werden können.

109   Die Vorgabe fester Prozesszuordnungen hätte hingegen dazu geführt, dass allen deutschen
Instituten von der Bankenaufsicht ein Einheitsmodell aufgezwungen worden wäre. In der Praxis
existieren im Zusammenhang mit der Zuordnung der Kreditprozesse jedoch ganz unterschiedliche
organisatorische Konzepte. In den meisten Fällen werden die Kreditprozesse auf die Bereiche
Markt und Marktfolge aufgeteilt. Zum Teil werden die Kreditprozesse aber auch entweder einseitig
den Vertriebseinheiten oder im umgekehrten Fall den Marktfolge-Einheiten zugeordnet. Dabei
ergeben sich, je nach Zuordnung dieser Prozesse, wiederum verschiedene Konsequenzen für die
Votierung. Grundsätzlich können die drei nachfolgend genannten Modelle voneinander unterschieden werden.

7.7.1   Die reine Vertriebseinheit: Konzentration der Prozesse
im marktunabhängigen Bereich

110   Häufig agieren die Marktbereiche wie reine Vertriebseinheiten, d. h. ihre Tätigkeit ist im Extremfall
auf die Initiierung von Kreditgeschäften beschränkt. Die Vertriebsmitarbeiter sind in diesen Fällen
nur sehr wenig oder sogar überhaupt nicht in die Kreditprozesse oder die weitere Kundenbetreuung eingebunden, da diese vollständig in eine andere Abteilung verlagert worden sind. In solchen
Fällen ist die reine Initiierung durch die Vertriebsmitarbeiter bereits als Votum des Bereiches Markt
zu qualifizieren, auch wenn diesem Votum – im Unterschied zu dem korrespondierenden marktunabhängigen Votum aus dem Bereich Marktfolge – keinerlei Kreditbearbeitungsprozesse voraus-
gehen. Dagegen handelt es sich beim marktunabhängigen Votum um ein außerordentlich qualifiziertes Votum, dem ein aufwendiger Prozess zugrunde liegt. Im Rahmen dieses Modells ist es
bezüglich des Marktvotums schon ausreichend, wenn der Vertrieb die Stammdaten des potenziellen Kunden an die für die Bearbeitung und die weitere Votierung zuständige marktunabhängige
Stelle sendet. Diese Konstellation ist z. B. häufig bei den Autobanken vorzufinden. Insbesondere
im Immobilienkreditgeschäft kooperieren diverse Institute auch mit so genannten Kreditvermitt-
lern, die ebenfalls als Vertriebseinheit im beschriebenen Sinne fungieren.

7.7.2   Die Marktbearbeitungsabteilung: Konzentration der Prozesse
im Bereich Markt

111   Im anderen Extremfall werden nahezu alle Kreditprozesse im Vertriebsbereich gebündelt. Diese
Variante der Prozesszuordnung ist z. B. bei so genannten »Teamlösungen« oder bei auf Projektfinanzierungen spezialisierten Abteilungen anzutreffen. Gerade bei diesen anspruchsvollen Fi-

nanzierungen (→ BTO 1.2 Tz. 7) kann es sinnvoll sein, dass alle wesentlichen Prozessbestandteile – von der Kundenbetreuung bis zur Analyse der Risiken – in einer Abteilung konzentriert werden. Hierbei handelt es sich tendenziell um eine Verschiebung vom grundsätzlich vorgesehenen risikoorientierten Geschäftsmodell in Richtung eines marktorientierten Geschäftsmodells.

Bei diesen »Marktbearbeitungsabteilungen« wird das Marktvotum im Unterschied zu dem oben **112** dargestellten Modell von der reinen Vertriebseinheit auf der Grundlage komplexer Kreditprozesse erstellt. Dagegen würden dem marktunabhängigen Votum im Umkehrschluss keine typischen Kreditprozesse zugrunde liegen. Da das marktunabhängige Votum aber auch bei diesen Konstellationen ausreichend qualifiziert sein muss, ist es zumindest auf der Basis einer materiellen Plausibilitätsprüfung zu erstellen. Bei der materiellen Plausibilitätsprüfung steht die Frage im Vordergrund, ob die Kreditentscheidung unter materiellen Gesichtspunkten vertretbar und nachvollziehbar erscheint. Geprüft werden sollte dabei z. B. die Aussagekraft des Marktvotums und inwieweit die Kreditgewährung der Höhe und der Form nach aufgrund der vorliegenden Unterlagen vertretbar ist. Der marktunabhängige Votierende muss dabei zumindest Zugang zu allen wesentlichen Unterlagen haben, die dem Votum des Bereiches Markt zugrunde lagen. Die Überprüfung ist mit einer materiellen Kreditkontrolle vergleichbar (→ BTO 1.2.3 Tz. 1). Sie ist hingegen nicht so zu verstehen, dass die bereits von den Marktbearbeitungsabteilungen durchgeführten Arbeiten im Bereich Marktfolge dupliziert werden, da dies zu ineffizienten Doppelarbeiten führen würde.

7.7.3 Mischformen: Zuordnung der Prozesse auf die Bereiche Markt und Marktfolge

Bei so genannten »Mischformen« die in der Praxis am häufigsten anzutreffen sind, werden die **113** Prozesse der Kreditbearbeitung sowohl auf den Vertrieb als auch auf den Bereich Marktfolge verteilt. So ist es unter Umständen sinnvoll, wenn z. B. Tätigkeiten, die eine gewisse Nähe zum Kunden erfordern, in den Vertriebsbereichen konzentriert werden. Der direkte Kundenkontakt ermöglicht u. a. eine optimale Kundenbetreuung und eine sachgerechte Durchführung der persönlichen Kreditwürdigkeitsprüfung. Andere Teilprozesse, für die nicht unbedingt ein enger Kundenkontakt erforderlich ist, können dagegen im marktunabhängigen Bereich durchgeführt werden. Hierzu gehört z. B. die Analyse der Steuerbescheide oder Bilanzen. Bei derartigen Mischformen liegen den Voten, je nach ablauforganisatorischer Zuordnung, unterschiedliche Prozesse bzw. Teilprozesse zugrunde.

7.8 Konsequenzen für die Prüfungspraxis

Die Darstellung der einzelnen Varianten zeigt, dass im Hinblick auf das Markt- bzw. Markt- **114** folgevotum eine differenzierte Betrachtungsweise erforderlich ist, da deren materieller Gehalt insbesondere von den zugrunde liegenden (Teil-)Prozessen abhängt. Dies sollte bei der Entscheidungsfindung hinreichend berücksichtigt werden. Wo diese Prozesse genau ablaufen, ist kaum relevant, solange Interessenkonflikte weitgehend vermieden werden. Unter Effizienzgesichtspunkten wenig zweckmäßige Doppelarbeiten können daher weitgehend vermieden werden. Aus Sicht der deutschen Aufsicht kommt es insbesondere auf ein qualifiziertes Marktfolgevotum an, da diesem bei allen möglichen Modellen unter materiellen Gesichtspunkten regelmäßig Entscheidungscharakter zukommt.

BTO 1.2 Anforderungen an die Prozesse im Kreditgeschäft

BTO 1.2 Anforderungen an die Prozesse im Kreditgeschäft

BTO 1.2 Anforderungen an die Prozesse im Kreditgeschäft

1 Festlegung der Kreditprozesse und Verantwortlichkeiten (Tz. 1)

1 Das Institut hat Prozesse für die Kreditbearbeitung (Kreditgewährung und Kreditweiterbearbeitung), die Kreditbearbeitungskontrolle, die Intensivbetreuung, die Problemkreditbearbeitung und die Risikovorsorge einzurichten. Die Verantwortung für deren Entwicklung und Qualität muss außerhalb des Bereiches Markt angesiedelt sein. **1**

1.1 Einrichtung angemessener Kreditprozesse

Es ist selbstverständlich, dass ein Institut Prozesse einrichten muss, die der Bearbeitung der **2** betriebenen Geschäfte angemessen sind. Für das Kreditgeschäft werden die folgenden Prozesse unterschieden und in den jeweiligen Modulen näher beschrieben:
- Kreditgewährung (→ BTO 1.2.1),
- Kreditweiterbearbeitung (→ BTO 1.2.2),
- Kreditbearbeitungskontrolle (→ BTO 1.2.3),
- Intensivbetreuung (→ BTO 1.2.4),
- Behandlung von Problemkrediten (→ BTO 1.2.5) und
- Risikovorsorge (→ BTO 1.2.6).

Eng mit diesen Prozessen verbunden sind die Anforderungen an die Früherkennung von Risiken, **3** die neben einem entsprechenden Verfahren (→ BTO 1.3.1) auch auf die Behandlung jener Engagements abstellen, bei denen Zugeständnisse zugunsten der Kreditnehmer aufgrund sich abzeichnender finanzieller Schwierigkeiten gemacht werden (→ BTO 1.3.2), sowie die Anforderungen an die Risikoklassifizierungsverfahren (→ BTO 1.4). So betrifft z.B. die Gewährung von Forbearance-Maßnahmen i.d.R. jene Engagements, die sich in der Intensivbetreuung oder der Problemkreditbearbeitung befinden.

Angemessene Kreditprozesse tragen dazu bei, dass operationelle Risiken vermieden oder **4** zumindest deutlich reduziert werden können. Zudem spielen sie beim Management der Adressenausfallrisiken eine wichtige Rolle. In die Prozesse für die Kreditbearbeitung, also die Kreditgewährung und die Kreditweiterbearbeitung, sollten auch die Nachhaltigkeitsrisiken einbezogen werden.[1] Wie diese Risiken behandelt werden (→ AT 4.3.2 Tz. 1, BTO 1.2.1 Tz. 1, BTR Tz. 1), welche Rolle dabei Markt und Marktfolge spielen sollen (→ BTO Tz. 2) und in welchem Maße dafür die Risikoklassifizierungsverfahren genutzt werden können (→ BTO 1.4 Tz. 1), wird an anderer Stelle näher ausgeführt.

---

[1] Vgl. Bundesanstalt für Finanzdienstleistungsaufsicht, Merkblatt zum Umgang mit Nachhaltigkeitsrisiken, 20. Dezember 2019, geändert am 13. Januar 2020, S. 31 f.

1.2 Verantwortung für die Entwicklung und die Qualität der Kreditprozesse

5 Unter der Entwicklung der Kreditprozesse ist im engeren Sinne deren Ausarbeitung vor der erstmaligen Anwendung zu verstehen. Die Verantwortung für die Qualität der Prozesse sowie für deren Weiterentwicklung umfasst eine laufende Überprüfung der Zweckmäßigkeit der implementierten Kreditprozesse und die ggf. erforderlichen Anpassungen dieser Prozesse im Sinne einer permanenten Qualitätssicherung (→ BTO 1.2 Tz. 1, Erläuterung).

6 Wegen der besonderen Bedeutung der Ablauforganisation für das Kreditgeschäft und vor dem Hintergrund der Vermeidung ggf. auftretender Interessenkonflikte liegt die Verantwortung für die Entwicklung der Kreditprozesse und deren Qualität außerhalb des Bereiches Markt. Diese aufbauorganisatorische Trennung gilt folglich bis einschließlich der Ebene der Geschäftsleitung. In der Praxis obliegt diese Verantwortung häufig den für das Kreditrisikocontrolling zuständigen Stellen oder Mitarbeitern.

7 Die Zuordnung dieser Verantwortung zu einem marktunabhängigen Bereich bedeutet allerdings nicht, dass der Markt bei der Entwicklung und Qualitätssicherung ausgeschlossen ist. Eine Mitwirkung der Vertriebsorganisation kann durchaus sinnvoll sein, um die Konsequenzen neuer Prozesse oder die Anpassung bestehender Prozesse auf der operativen Ebene besser zur Geltung zu bringen. So sind u.a. bei Aktivitäten in neuen Produkten oder auf neuen Märkten in die Erstellung des Konzeptes und die Testphase alle später in die Arbeitsabläufe eingebundenen Organisationseinheiten einzuschalten, wozu natürlich auch der Marktbereich gehört (→ AT 8.1 Tz. 5). Die Entwicklung der Kreditprozesse kann sogar im Bereich Markt erfolgen, sofern gewährleistet ist, dass die Qualitätssicherung von einem marktunabhängigen Bereich auf Basis einer materiellen Plausibilitätsprüfung wahrgenommen wird (→ BTO 1.2 Tz. 1, Erläuterung).

1.3 Nicht-risikorelevantes Kreditgeschäft

8 In erster Linie geht es der deutschen Aufsicht um die von Vertriebsinteressen unbeeinflusste Wahrnehmung der Methodenverantwortung. Sofern der hierfür zuständige marktunabhängige Geschäftsleiter gleichzeitig die Verantwortung für die Vertriebsorganisation im nicht-risikorelevanten Kreditgeschäft übernimmt, könnten theoretisch Interessenkonflikte auftreten. Ein ähnliches Problem besteht bei Instituten, die ausschließlich nicht-risikorelevantes Kreditgeschäft betreiben und die Methodenverantwortung grundsätzlich der gleichen Vorstandslinie zuordnen wie dem Marktbereich.

9 Dem Prinzip der doppelten Proportionalität (→ AT 1 Tz. 2) folgend, wäre es nicht angemessen, für diese Konstellationen eine zusätzliche aufbauorganisatorische Trennung zwischen den Verantwortungsbereichen für das nicht-risikorelevante Kreditgeschäft und die Entwicklung und Qualität der Kreditprozesse zu fordern. Da mit der Ausübung der Methodenverantwortung jedoch die Grundlagen dafür geschaffen werden, risikorelevante Geschäfte überhaupt zu identifizieren und vom nicht-risikorelevanten Kreditgeschäft abzugrenzen, könnte sich die risikoorientiert auszurichtende Prüfungstätigkeit der Internen Revision regelmäßig auch auf diesen Abgrenzungsaspekt beziehen (→ BT 2.1 Tz. 1).

10 Die Bezeichnung »nicht-risikorelevantes Kreditgeschäft« darf allerdings nicht dazu verleiten, das Risiko dieses Segmentes als Ganzes zu unterschätzen. Die Risiken sollten deshalb jeweils auch in einer Gesamtschau beurteilt werden, d.h. auf Portfolioebene und nicht nur auf Ebene des

Einzelgeschäftes. Insofern kommt dem Risikocontrolling des Gesamtportfolios in diesem Geschäftsbereich eine besondere Bedeutung zu.

1.4 Verantwortung für die Risikoklassifizierungsverfahren

Auch die Verantwortung für Entwicklung, Qualität und Überwachung der Anwendung der Risikoklassifizierungsverfahren muss außerhalb des Bereiches Markt angesiedelt sein (→ BTO 1.4 Tz. 2). Hingegen kann die Festlegung einzelner Risikoeinstufungen im Risikoklassifizierungsverfahren sowohl im marktunabhängigen Bereich als auch im Markt erfolgen. In diesem Zusammenhang kann es unter Umständen sinnvoll sein, dass eine im Markt erfolgte Risikoeinstufung aufgrund ihrer zentralen Bedeutung im Kreditentscheidungsprozess von der Marktfolge zumindest plausibilisiert wird. **11**

Unabhängig davon werden jene Institute, die ein auf internen Ratings basierendes Risikoklassifizierungsverfahren (IRB-Verfahren) nutzen, ohnehin mit höheren Anforderungen konfrontiert. So muss die Zuordnung von Ratings schon seit Basel II von einer Stelle vorgenommen oder überprüft werden, die kein unmittelbares Interesse an der Kreditgewährung hat.[2] Gemäß Art. 173 Abs. 1 lit. a CRR müssen die Zuordnungen von Risikopositionen gegenüber Unternehmen, Instituten, Zentralstaaten und Zentralbanken sowie bei Beteiligungspositionen, für die der PD-/LGD-Ansatz nach Art. 155 Abs. 3 CRR angewendet wird, zu Ratingstufen oder Risikopools sowie deren regelmäßige Überprüfung von einer unabhängigen Partei vorgenommen oder genehmigt werden, die keinen unmittelbaren Nutzen aus den Entscheidungen über die Kreditvergabe zieht. **12**

---

2   Vgl. Basel Committee on Banking Supervision, International Convergence of Capital Measurement and Capital Standards – A Revised Framework (Basel II), BCBS 107, 26. Juni 2004, Tz. 424.

2 Bearbeitungsgrundsätze und Sicherheitenmanagement (Tz. 2)

13 **2** Das Institut hat Bearbeitungsgrundsätze für die Prozesse im Kreditgeschäft zu formulieren, die, soweit erforderlich, in geeigneter Weise zu differenzieren sind (z.B. nach Kreditarten). Darüber hinaus sind die vom Institut akzeptierten Sicherheitenarten sowie die Verfahren zur Wertermittlung, Verwaltung und Verwertung dieser Sicherheiten festzulegen. Bei der Festlegung der Verfahren zur Wertermittlung von Sicherheiten ist auf geeignete Wertermittlungsverfahren abzustellen. Die Verfahren zur Wertermittlung von Sicherheiten sind mindestens jährlich zu überprüfen und vor ihrer erstmaligen Verwendung sowie im Falle wesentlicher Anpassungen von der Geschäftsleitung zu genehmigen. Die regelmäßige Überprüfung eines Wertermittlungsverfahrens ist jedoch nicht erforderlich, soweit das Institut ein allgemein anerkanntes, normiertes Verfahren (welches z.B. im Einklang mit der BelWertV steht) anwendet.

2.1 Formulierung von Kreditbearbeitungsgrundsätzen

14 Die für die Einhaltung dieses Rundschreibens wesentlichen Handlungen und Festlegungen sind nachvollziehbar zu dokumentieren (→ AT 6 Tz. 2). Entsprechende Arbeitsanweisungen, Arbeitsablaufbeschreibungen etc. werden in den MaRisk unter dem Oberbegriff »Organisationsrichtlinien« zusammengefasst (→ AT 5 Tz. 1). Die Organisationsrichtlinien müssen schriftlich fixiert und den betroffenen Mitarbeitern in geeigneter Weise bekanntgemacht werden (→ AT 5 Tz. 2). Sie haben auch Regelungen für die Aufbau- und Ablauforganisation sowie zur Aufgabenzuweisung, Kompetenzordnung und den Verantwortlichkeiten zu enthalten (→ AT 5 Tz. 3), u.a. also eine Beschreibung der relevanten Prozesse im Kreditgeschäft. Dabei geht es in erster Linie um die Bearbeitung von Kreditanträgen und die Bestandsführung der Kreditengagements, unabhängig davon, ob es sich um einen normalen oder einen leistungsgestörten Kreditverlauf handelt. Aufgrund der besonderen Bedeutung des Kreditgeschäftes für die Institute erscheint es sachgerecht, die Formulierung von (differenzierten) Bearbeitungsgrundsätzen explizit zu fordern.

2.2 Differenzierung von Kreditbearbeitungsgrundsätzen

15 Der Detaillierungsgrad der Organisationsrichtlinien hängt von Art, Umfang, Komplexität und Risikogehalt der Geschäftsaktivitäten ab (→ AT 5 Tz. 1). Hinsichtlich der Darstellung der Organisationsrichtlinien kommt es in erster Linie darauf an, dass diese sachgerecht und für die Mitarbeiter des Institutes nachvollziehbar sind. Die konkrete Art der Darstellung bleibt dem Institut überlassen (→ AT 5 Tz. 1, Erläuterung). So ist es z.B. denkbar, die Bearbeitungsgrundsätze ähnlich gearteter Kreditgeschäfte auf Basis eines einzigen Prozesses darzustellen und lediglich die jeweiligen Besonderheiten hervorzuheben. Dies kann im Extremfall dazu führen, dass sich die Arbeitsanweisungen im Kreditgeschäft eines sehr kleinen oder stark spezialisierten Institutes überhaupt nicht voneinander unterscheiden.

BTO 1.2 Anforderungen an die Prozesse im Kreditgeschäft

Da die meisten Institute in Deutschland zumindest im Privatkundengeschäft und im Geschäft   16
mit Firmenkunden engagiert sind, die prozessual stark voneinander abweichen, wird es im
Normalfall erforderlich sein, die verschiedenen Prozesse in geeigneter Weise zu illustrieren. Das
gilt insbesondere für Universalbanken. Es liegt auf der Hand, dass sich die Bearbeitungsgrundsätze
im standardisierten Mengengeschäft ganz erheblich von denen bei komplexen Projektfinanzierungen unterscheiden. Auch bezogen auf einzelne Geschäftsarten können unter Risikogesichtspunkten oder ab bestimmten Volumina Differenzierungen sinnvoll sein. So könnten z. B. für
Investitionskredite ab einem bestimmten Volumen feinere Kreditbearbeitungsgrundsätze festgelegt werden. Die Entscheidung über solche Differenzierungen obliegt letztlich den Instituten.
Von Bedeutung ist, dass die in den Organisationsrichtlinien festgelegten Bearbeitungsgrundsätze
eine sachgerechte Bearbeitung aller betriebenen Kreditgeschäfte gewährleisten (→ AT 5 Tz. 3).

2.2.1 Geschäfte mit Hedgefonds und Private-Equity-Unternehmen

Differenzierte Bearbeitungsgrundsätze sind insbesondere für Geschäfte mit Hedgefonds und   17
Private-Equity-Unternehmen zu formulieren, z. B. im Hinblick auf die Beschaffung finanzieller
und sonstiger Informationen, die Analyse des Zwecks und der Struktur der zu finanzierenden
Transaktion, die Art der Sicherheitenstellung oder die Analyse der Rückzahlungsfähigkeit (→ BTO
1.2 Tz. 2, Erläuterung). Einige dieser Unternehmen spekulieren auf eine bestimmte Geschäftsentwicklung ihrer Investitionsobjekte und setzen dabei häufig einen relativ hohen Anteil an
Fremdkapital ein, um ihre Eigenkapitalrendite zu steigern. Je höher die Gesamtkapitalrendite im
Vergleich zu den Fremdkapitalkosten ist, desto stärker ist die gewünschte Hebelwirkung (»Leve-
rage-Effekt«). Da bei diesen Geschäften regelmäßig gewaltige Finanzvolumina investiert werden,
können sich derartige Spekulationen nachhaltig auf die Marktentwicklung auswirken.

Über die Regulierung von Hedgefonds und Private-Equity-Unternehmen wird deshalb in Europa   18
und in den USA seit der Finanzmarktkrise diskutiert. Im April 2009 hat die EU-Kommission den
Entwurf einer Richtlinie über die Verwalter alternativer Investmentfonds (AIFMD) vorgelegt, die
am 1. Juli 2011 im Amtsblatt der Europäischen Union veröffentlicht wurde.[3] Unter »alternativen
Investmentfonds« (AIF) sind alle Fonds zu verstehen, die nicht unter die Investmentfondsrichtlinie
(OGAW)[4] fallen und insofern bis zu diesem Zeitpunkt nicht angemessen reguliert wurden. Zu den
AIF gehören auch Hedgefonds und Private-Equity-Unternehmen. Der Richtlinie zufolge müssen
die Verwalter von Hedge-, Spezial- und Immobilienfonds sowie von Beteiligungsgesellschaften
grundsätzlich u. a. eine Genehmigung für ihre Tätigkeit in Europa einholen und ihre Geschäfte
deutlich transparenter gestalten. Außerdem werden sie bestimmten Governance-Standards unterworfen und müssen über ein solides Risikomanagement verfügen. Die Umsetzung dieser Richtlinie
hat vermutlich auch dazu beigetragen, den Anforderungen der MaRisk besser nachkommen zu
können. Das Gesetz zur Umsetzung der AIFM-Richtlinie wurde am 16. Mai 2013 vom Deutschen
Bundestag beschlossen. Insbesondere ist damit am 22. Juli 2013 das Kapitalanlagegesetzbuch
(KAGB) in Kraft getreten, womit jede Art von Fonds gleichermaßen reguliert wird. Dem KAGB liegt
ein »materieller Investmentfondsbegriff« zugrunde, wonach Fonds nur dann zulässig sind, wenn
sie entweder der OGAW-Richtlinie oder der AIFM-Richtlinie entsprechen.

---

3 Richtlinie 2011/61/EU (AIFM-Richtlinie) des Europäischen Parlaments und des Rates vom 8. Juni 2011 über die Verwalter
   alternativer Investmentfonds und zur Änderung der Richtlinien 2003/41/EG und 2009/65/EG und der Verordnungen (EG)
   Nr. 1060/2009 und (EU) Nr. 1095/2010, Amtsblatt der Europäischen Union vom 1. Juli 2011, L 174/1–73.
4 Richtlinie 2009/65/EG des Europäischen Parlaments und des Rates vom 13. Juli 2009 zur Koordinierung der Rechts- und
   Verwaltungsvorschriften betreffend bestimmte Organismen für gemeinsame Anlagen in Wertpapieren (OGAW), Amtsblatt der Europäischen Union vom 17. November 2009, L 302/32–96.

2.2.2 Direktinvestitionen in Spezialfonds

19   Ein »Investmentfonds« ist ein Bestand an Geldmitteln, die von einer Kapitalverwaltungsgesellschaft (KVG)[5] verwaltet werden und einem bestimmten Zweck dienen. Wesentliche Gründe für derartige Geschäfte, deren Volumina seit einigen Jahren stetig steigen, sind handels- oder steuerrechtliche Anreize, die Nutzung von externem Know-how (wissensbasierte Anreize) oder die Erweiterung der Investitionspalette eines Institutes. Unterschieden wird vor allem zwischen Aktien-, Renten- und Immobilienfonds bzw. Mischformen. Seit einigen Jahren stehen bereits die Methoden zur Ermittlung von Risikokennzahlen für Investmentfonds durch die KVG zur Verwendung in den internen Risikotragfähigkeitsansätzen der Institute im besonderen Fokus der Aufsicht. Sofern die Gesamtheit aller Fondsinvestments eines Institutes (Gesamtfondsposition) als wesentlich eingestuft ist, wird eine Durchschau auf die Einzelpositionen im Fonds erwartet, die unter bestimmten Voraussetzungen auch von der jeweiligen KVG vorgenommen werden kann (→ AT 4.1 Tz. 9). Konkrete Kriterien für die Wesentlichkeitseinstufung werden seitens der Aufsicht bewusst nicht vorgegeben. Es ist davon auszugehen, dass neben dem absoluten Anteil dieser Investments an der Bilanzsumme bzw. am Depot A insbesondere der Risikogehalt der darin enthaltenen Positionen eine wichtige Rolle bei der Beurteilung spielen wird.

20   Zu Direktinvestitionen in Spezialfonds sollen im Rahmen der siebten MaRisk-Novelle kreditprozessuale Anforderungen (Risikoanalyse, Votierung und Limitierung) ergänzt werden, weil die Marktfolge bei diesen Geschäften nach Einschätzung der Aufsicht in vielen Instituten nicht angemessen einbezogen wird. Für Investitionen in Finanzinstrumente mittels Spezialfonds existieren bisher keine einzeladressenbezogenen kreditprozessualen Anforderungen. Deshalb setzen die meisten Institute nach Erkenntnissen der Aufsicht weder eine Risikoanalyse noch ein marktunabhängiges Votum oder eine Kreditentscheidung um. In der fehlenden Umsetzung prozessualer Vorgaben sieht die Aufsicht aber auch einen Umgehungstatbestand (Regulierungsarbitrage). Das gilt zumindest für jene Fälle, in denen es sich um wesentliche Positionen eines Institutes handelt. Bei Geschäften mit demselben Kontrahenten, also gleichem Risiko, sollte jedes Investment aus ihrer Sicht eine MaRisk-konforme Kreditentscheidung erfordern. Eine Konsequenz könnte die Einstufung dieser Fondsgeschäfte als Handelsgeschäft sein.[6]

21   Als besonders problematisch werden von der Aufsicht die begrenzten Risikosteuerungsmöglichkeiten für die Institute gesehen, insbesondere bei Limitüberschreitungen. Die KVG trifft unter Beachtung der Anlagerichtlinien eigenständig die Investitionsentscheidung. Folglich ist eine Einflussnahme der Institute auf die KVG, zumindest rein formal betrachtet, nur indirekt und zeitverzögert über die Anlagerichtlinien möglich. Es besteht auch KVG-rechtlich keine Rückabwicklungsmöglichkeit, wenn Geschäfte abgeschlossen werden, die ein Institut in dieser Form nicht wünscht. Diese würden im Institut als »Geschäfte ohne Limit« ausgewiesen. Die kreditprozessualen Anforderungen der MaRisk für die Einzelpositionen der Investmentfonds können nach Einschätzung der Aufsicht insofern nicht angemessen umgesetzt werden.

22   Vor diesem Hintergrund ist geplant, in die MaRisk entsprechende Anforderungen aufzunehmen, bis hin zu bankinternen Steuerungsmaßnahmen bei einem Negativvotum. Aus der Perspektive eines Institutes wären im Risikomanagement dafür entsprechende Hedge-Geschäfte, eine Anpassung der Limite, ggf. die Rückgabe des Fondsanteils, der Verkauf des Spezialfonds oder aber ein Bericht an die Geschäftsleitung wegen der damit verbundenen Limitüberschreitung als risikomitigierende Maßnahmen denkbar.[7] Die Aufsicht ist sich der Komplexität dieser Anforderungen bewusst und plant

---

5   Die ehemaligen Kapitalanlagegesellschaften (KAG) gemäß § 2 Investmentgesetz werden seit dem Außerkrafttreten des Investmentgesetzes am 22. Juli 2013 laut § 17 Kapitalanlagegesetzbuch (KAGB) als Kapitalverwaltungsgesellschaften (KVG) bezeichnet.

6   Vgl. Sitzung des MaRisk-Fachgremiums am 2. September 2021 (Protokoll lag bei Redaktionsschluss noch nicht vor).

7   Vgl. Sitzung des MaRisk-Fachgremiums am 2. September 2021 (Protokoll lag bei Redaktionsschluss noch nicht vor).

dafür eine proportionale Anwendung. Voraussetzung für deren Anwendung soll deshalb das Erreichen bzw. Überschreiten von zwei verschiedenen Schwellenwerten sein. Diese betreffen einerseits die am Volumen gemessene Materialität dieser Investitionen für ein Institut (»Institutskriterium«) und andererseits die individuellen Schwellenwerte zur Einstufung des risikorelevanten Kreditgeschäftes (»Positionskriterium«). Als Institutskriterium sind fünf Prozent der Bilanzsumme als Gesamt-Spezialfondsanteil im Gespräch. Dieser Schwellenwert entspricht in etwa den aktuellen Durchschnittswerten im Genossenschafts- und Sparkassensektor. Das Positionskriterium zur Granularität soll die institutsinterne »Risikorelevanzgrenze« (RRG) betreffen. Die RRG sollte sich nicht von entsprechenden Vorgaben bei vergleichbaren Geschäften unterscheiden, also mit der Festlegung zum unbesicherten Kreditgeschäft übereinstimmen. Um Widersprüche zu vermeiden, soll in diesem Zuge auch die Vorgabe zum nicht-risikorelevanten Handelsgeschäft unter Berücksichtigung von Art. 94 Abs. 1 CRR durch nähere Ausführungen zum dritten Kriterium (Anteil am Geschäftsvolumen) angepasst werden (→ BTO 2.1 Tz. 2, Erläuterung).[8]

23 Gleichzeitig könnten einige der bestehenden Erleichterungen, die sich auf das drittinitiierte Kreditgeschäft beziehen, auf Direktinvestitionen in Spezialfonds ausgeweitet werden (→ BTO 1.1 Tz. 4, Erläuterung und BTO 1.3.1 Tz. 3, Erläuterung). Seitens der Kreditwirtschaft wurde auf das Problem hingewiesen, dass die Information der KVG nicht unmittelbar vorliegt, sondern ggf. erst etwas später. Zudem ist dem Institut nicht immer klar, wie lange die Position im Spezialfonds gehalten wird. Die Aufsicht geht davon aus, dass die meisten Spezialfonds über das Jahr eher zeitlich stabil sind. In diesem Zusammenhang wurde von der Aufsicht auch die Erleichterung zur Einräumung von kurzfristigen Emittentenlimiten genannt (→ BTR 1 Tz. 4, Erläuterung). Diese Erleichterung wurde im Rahmen der sechsten MaRisk-Novelle allerdings auf Geschäfte für das Handelsbuch eingeschränkt. Insofern wäre sie für die meisten Direktinvestitionen in Spezialfonds vermutlich nicht nutzbar. Es ist also nicht ausgeschlossen, dass über eine Ausweitung dieser Erleichterung im Rahmen der siebten MaRisk-Novelle erneut diskutiert wird.[9]

24 Da ein Institut einen Spezialfonds aus rechtlichen Gründen nicht selbst aufsetzen kann, handelt es sich bei einer Direktinvestition in einen Spezialfonds folglich nicht um eine Auslagerung im Sinne der MaRisk (→ AT 9 Tz. 1). Eine Auslagerung der Risikomessung für diese Positionen an die KVG ist unter Beachtung der Auslagerungsvorschriften grundsätzlich zulässig.[10] Im Zusammenhang mit den kreditprozessualen Anforderungen stellt sich ebenfalls die Frage, ob die damit verbundenen kreditprozessualen Kernprozesse auf Kreditnehmerebene an die KVG ausgelagert werden können. Eine derartige Auslagerung kann nach Einschätzung der Aufsicht für die Risikoanalyse und das Marktvotum grundsätzlich erfolgen. Allerdings müssten das Marktfolgevotum (im Sinne einer marktunabhängigen Nachvotierung) und die Limitierung (im Sinne einer Kreditentscheidung) vom Institut vorgenommen werden. Dies entspräche einer Orientierung an den Vorgaben für das drittinitiierte Geschäft (→ BTO 1.1 Tz. 4, Erläuterung). Mit einer Auslagerung beider Voten wären die entsprechenden Anforderungen der MaRisk nicht sicherzustellen.[11]

25 Bis zum Jahresende 2021 soll zu diesem Themenkomplex ein separates Rundschreiben zur Sensibilisierung der Institute für dieses Thema verschickt werden, verbunden mit einer konkreten Frist. Damit soll verhindert werden, dass in diesem Bereich, in dem es dazu schon Feststellungen in der Prüfungspraxis gibt, erst nach Abschluss der siebten MaRisk-Novelle in den Instituten etwas unternommen wird.[12] Die Deutsche Kreditwirtschaft (DK) und der Bundesverband Investment und Asset Management (BVI) haben allerdings in einem gemeinsamen Schreiben an die Aufsichts-

---

8 Vgl. Sitzung des MaRisk-Fachgremiums am 2. September 2021 (Protokoll lag bei Redaktionsschluss noch nicht vor).

9 Vgl. Sitzung des MaRisk-Fachgremiums am 2. September 2021 (Protokoll lag bei Redaktionsschluss noch nicht vor).

10 Vgl. Bundesanstalt für Finanzdienstleistungsaufsicht/Deutsche Bundesbank, Nutzung der von Fondsgesellschaften bereitgestellten Kennzahlen im Risikomanagement der Kreditinstitute, Antwortschreiben an die Deutsche Kreditwirtschaft (DK) und den Bundesverband Investment und Asset Management (BVI) vom 1. Juni 2017.

11 Vgl. Sitzung des MaRisk-Fachgremiums am 2. September 2021 (Protokoll lag bei Redaktionsschluss noch nicht vor).

12 Vgl. Sitzung des MaRisk-Fachgremiums am 2. September 2021 (Protokoll lag bei Redaktionsschluss noch nicht vor).

behörden ihre Bedenken zu diesem Vorhaben geäußert. Insbesondere sehen die DK und der BVI keinen Regelungsbedarf, weil für die Investitionen innerhalb der Spezialfonds nach dem KAGB und den KAMaRisk entsprechende Vorgaben für die KVGs bestehen und die Institute bereits nach den aktuellen Vorgaben im Rahmen der Risikoinventur beurteilen müssen, ob ihre Fondsanlagen wesentlich oder unwesentlich sind.[13]

2.2.3 Immobilieneigengeschäfte

26 Immobilienrisiken entstehen immer dann, wenn ein Institut in Immobilien investiert, sei es zur Eigennutzung oder zur Kapitalanlage – als Direktinvestition oder über Fondsanteile (→ BTR Tz. 1). Im Rahmen der Überarbeitung ihrer Leitlinien zum SREP plant die EBA, die Immobilienrisiken als Unterkategorie den Adressenausfallrisiken zuzuordnen.[14] Im Zusammenhang mit diesen »Immobilieneigengeschäften«, die in Form von Kreditersatzgeschäften abgeschlossen werden, wird auch von der deutschen Aufsicht über inhaltliche Erweiterungen im Rahmen der siebten MaRisk-Novelle nachgedacht. Dabei unterscheidet die Aufsicht zwischen Beteiligungen und Direktinvestitionen in Immobilien. Für Beteiligungen gelten die Anforderungen an Kreditgeschäfte ohnehin sinngemäß (→ BTO 1 Tz. 1, Erläuterung). Allerdings könnte ggf. noch näher ausgeführt werden, um welche Anforderungen es der Aufsicht dabei konkret geht. Ein erheblicher Teil der Immobilieneigengeschäfte in den Instituten betrifft jedoch Direktinvestitionen in Immobilien. Dafür sollen spezielle Vorschriften zu den Prozessen näher ausgeführt werden, die in BTO 1 ergänzt oder als neues Untermodul BTO 3 eingefügt werden könnten.[15]

2.2.4 Fremdwährungsdarlehen

27 Differenzierte Bearbeitungsgrundsätze sind auch für Fremdwährungsdarlehen zu formulieren, die den besonderen Risiken dieser Kreditart Rechnung tragen (→ BTO 1.2 Tz. 2, Erläuterung). Unter einer »Fremdwährung« wird jede Währung außer dem gesetzlichen Zahlungsmittel des Mitgliedstaates, in dem der Kreditnehmer ansässig ist, verstanden. »Fremdwährungsdarlehen« bezeichnen folglich die Kreditvergabe in Währungen, die in dem betreffenden Land nicht gesetzliches Zahlungsmittel sind. Da ein Institut seine Bearbeitungsgrundsätze für die Prozesse im Kreditgeschäft ohnehin in geeigneter Weise differenzieren muss, hat die Kreditwirtschaft kritisiert, dass der prinzipienorientierte Charakter der MaRisk durch immer mehr Detailregelungen zunehmend infrage gestellt werde.[16] Die Aufsicht kommt an entsprechenden Vorgaben jedoch nicht vorbei, da sie auf eine Empfehlung des Europäischen Ausschusses für Systemrisiken (ESRB) zurückgehen.[17] Aus welchen Gründen sich der ESRB dieser Thematik angenommen hat, wird an anderer Stelle ausführlich erläutert (→ BTR 1, Einführung).

---

13 Vgl. Deutsche Kreditwirtschaft/Bundesverband Investment und Asset Management, Behandlung von Spezialfonds nach den MaRisk (BA), Schreiben an die Bundesanstalt für Finanzdienstleistungsaufsicht und die Deutsche Bundesbank vom 24. September 2021, S. 3. In ihrem Antwortschreiben vom 19. Oktober 2021 haben die Aufsichtsbehörden angekündigt, die Problemlage nochmals zu analysieren und ggf. einen adäquaten Lösungsansatz zu entwickeln.

14 Vgl. European Banking Authority, Draft Guidelines on common procedures and methodologies for the supervisory review and evaluation process (SREP) and supervisory stress testing under Directive 2013/36/EU, Consultation Paper, EBA/CP/2021/26, 28. Juni 2021, S. 84.

15 Vgl. Sitzung des MaRisk-Fachgremiums am 2. September 2021 (Protokoll lag bei Redaktionsschluss noch nicht vor).

16 Vgl. Deutsche Kreditwirtschaft, Stellungnahme zum Konsultationspapier 01/2012 der Bundesanstalt für Finanzdienstleistungsaufsicht (BaFin) – »Überarbeitung der MaRisk«, 5. Juni 2012, S. 14.

17 Empfehlung des Europäischen Ausschusses für Systemrisiken zu Fremdwährungskrediten (ESRB/2011/1) vom 21. September 2011, Amtsblatt der Europäischen Union vom 22. November 2011, C 342/1–47.

Der ESRB empfiehlt den nationalen Aufsichtsbehörden u. a., die Vergabe von Fremdwährungs- **28** darlehen nur im Hinblick auf Kreditnehmer zuzulassen, die ihre Kreditwürdigkeit nachweisen, wobei die Rückzahlungsstruktur des Kredites und die Fähigkeit der Kreditnehmer, nachteiligen plötzlichen Veränderungen der Wechselkurse und des ausländischen Zinssatzes zu widerstehen, zu berücksichtigen sind (Empfehlung B, Nummer 2). Außerdem sollen die nationalen Aufsichtsbehörden Leitlinien erlassen, damit die Finanzinstitute die Fremdwährungskreditrisiken in einer ihrer Größe und Komplexität angemessenen Art und Weise in ihre internen Risikomanagementsysteme einbeziehen. Solche Leitlinien sollten zumindest die interne Preisgestaltung von Risikoaufschlägen und die interne Kapitalallokation erfassen (Empfehlung D).[18]

Den Ausführungen des ESRB zufolge beziehen sich diese Empfehlungen nur auf Fremdwährungs- **29** darlehen an »nicht abgesicherte Kreditnehmer« (»Unhedged Borrowers«), d.h. auf private und KMU-Kreditnehmer[19] ohne natürliche oder finanzielle Absicherung – also Wirtschaftsakteure, die Risiken aufgrund von Währungsinkongruenzen zwischen der Kreditwährung und der Absicherungswährung ausgesetzt sein können. Zu den natürlichen Absicherungen zählen insbesondere Fälle, in denen die Kreditnehmer Einkommen in Fremdwährung erzielen (z.B. aus Überweisungen oder Exporterlösen). Finanzielle Absicherungen setzen normalerweise einen Vertrag mit einem Finanzinstitut voraus.[20]

Insofern geht es bei den genannten Empfehlungen des ESRB in erster Linie darum, dass **30** Fremdwährungsdarlehen nur an Kreditnehmer vergeben werden, deren Kreditwürdigkeit auch bei besonders ungünstigen Entwicklungen der Wechselkurse und des Fremdwährungszinsniveaus gegeben ist (→ BTO 1.2.1 Tz. 1), und dass die Marktpreisrisikokomponente im Kreditgewährungsprozess durch eine entsprechende Preisgestaltung – d.h. adäquate Risikoaufschläge – angemessen berücksichtigt wird. Eine zwingend risikoadjustierte Preisgestaltung wird im Kreditgeschäft nicht explizit gefordert (→ BTO 1.2 Tz. 9). Eine weitere Empfehlung des ESRB zielt in erster Linie auf das Management der Liquiditätsrisiken ab (→ BTR 3.1 Tz. 11).

Die EBA hat zunächst im Dezember 2013 Leitlinien zum Management von Fremdwährungs- **31** kreditrisiken sowie zur Beurteilung einer angemessenen Eigenkapitalunterlegung veröffentlicht.[21] Diese Vorgaben sind später in den EBA-Leitlinien zum SREP aufgegangen.[22] Auf die entsprechenden Anforderungen wird an anderer Stelle eingegangen (→ BTR 1, Einführung).

2.2.5 Gehebelte Transaktionen

Die Europäische Zentralbank hat am 16. Mai 2017 ihren endgültigen Leitfaden zu gehebelten **32** Transaktionen (»Leveraged Transactions«) veröffentlicht[23], der auf europaweit einheitliche Definitionen und Messgrößen sowie eine angemessene Ausgestaltung der Governance-Strukturen sowie der Risikosteuerungs- und -controllingprozesse für diese Transaktionen abzielt. Die EZB versteht darunter grundsätzlich alle Transaktionen, bei denen das Finanzierungsniveau eine Hebel-

---

18 Vgl. Empfehlung des Europäischen Ausschusses für Systemrisiken zu Fremdwährungskrediten (ESRB/2011/1) vom 21. September 2011, Amtsblatt der Europäischen Union vom 22. November 2011, C 342/2.

19 Die Abkürzung »KMU« steht für kleine und mittlere Unternehmen (»small and medium-sized enterprises«, SME).

20 Vgl. European Banking Authority, Guidelines on common procedures and methodologies for the supervisory review and evaluation process (SREP) and supervisory stress testing, EBA/GL/2014/13, Consolidated version, 19. Juli 2018, S. 25; Empfehlung des Europäischen Ausschusses für Systemrisiken zu Fremdwährungskrediten (ESRB/2011/1) vom 21. September 2011, Amtsblatt der Europäischen Union vom 22. November 2011, C 342/3.

21 Vgl. European Banking Authority, Leitlinien zu Kapitalmaßnahmen für Fremdwährungskreditvergabe an nicht abgesicherte Kreditnehmer im Rahmen der aufsichtlichen Überprüfung und Bewertung (SREP), EBA/GL/2013/02, 20. Dezember 2013, S. 5f.

22 Vgl. European Banking Authority, Guidelines on common procedures and methodologies for the supervisory review and evaluation process (SREP) and supervisory stress testing, EBA/GL/2014/13, Consolidated version, 19. Juli 2018, S. 72.

23 European Central Bank, Guidance on leveraged transactions, 16. Mai 2017. Die EZB hat damit Vorgaben aus den USA aufgegriffen, die von den amerikanischen Instituten seit dem 21. Mai 2013 zu berücksichtigen sind. Vgl. Department of the Treasury/Office of the Comptroller of the Currency/Federal Reserve System/Federal Deposit Insurance Corporation, Interagency Guidance on Leveraged Lending vom 22. März 2013, veröffentlicht im Federal Register Vol. 78, No. 56, S. 17766–17776.

wirkung des vierfachen Ergebnisses vor Zinsen, Steuern und Abschreibungen (»Earnings before Interests, Taxes, Depreciation and Amortisation«, EBITDA) übersteigt oder bei denen auf Seiten des Kreditnehmers mehrheitlich Finanzinvestoren beteiligt sind (Akquisitionsfinanzierung). Ausnahmen davon werden explizit genannt, insbesondere Kredite an natürliche Personen, Institute, öffentliche Stellen gemäß Art. 4 Abs. 1 Nr. 8 CRR und Unternehmen der Finanzbranche gemäß Art. 4 Abs. 1 Nr. 27 CRR, kleine und mittlere Unternehmen (KMU) im Sinne der Empfehlung 2003/361/EG der EU-Kommission[24] sowie Investment-Grade-Schuldner.[25] Ausgenommen sind darüber hinaus Spezialfinanzierungen, Handelsfinanzierungen sowie Kredite mit einem Volumen bis 5 Millionen Euro. Von den Instituten wird erwartet, auf Basis dieser Einschränkungen eine institutsspezifische Definition von gehebelten Transaktionen vorzunehmen.

33   Die EZB erwartet, dass diese gehebelten Transaktionen besonderen Bearbeitungsgrundsätzen unterliegen, wobei sich viele der genannten Vorgaben bereits aus den in den MaRisk niedergelegten Anforderungen an die Prozesse im Kreditgeschäft bzw. hinsichtlich der Limitierung an die Vorgaben zum Management von Adressenausfallrisiken ableiten lassen. Spezielle Vorgaben werden z.B. für Syndizierungen gemacht, die bei Konsortialkrediten eine wichtige Rolle spielen. Unter anderem soll die Verschuldung in diesen Fällen das sechsfache Ergebnis vor Zinsen, Steuern und Abschreibungen (EBITDA) nicht überschreiten. Grundsätzlich sollten die Institute sicherstellen, dass der Kreditnehmer in der Lage ist, innerhalb eines angemessenen Zeitraumes einen erheblichen Teil seiner Schulden zu tilgen oder auf ein nachhaltiges Niveau zu bringen. Eine angemessene Rückzahlungskapazität ist insbesondere dann gegeben, wenn der Kreditnehmer in der Lage ist, innerhalb von fünf bis sieben Jahren vorrangig besicherte Verbindlichkeiten vollständig zu tilgen oder mindestens 50 Prozent der Gesamtverschuldung zurückzuzahlen. Zudem werden von der EZB konkrete Bestandteile für die Risikoberichterstattung über gehebelte Transaktionen vorgegeben. Mit Blick auf Transaktionen am Sekundärmarkt sollen die Compliance- und die Risikocontrolling-Funktion zur Vermeidung von Reputationsrisiken entsprechende Richtlinien und Verfahren einführen, um die ordnungsgemäße Einhaltung der Vorschriften zur Markteinführung (einschließlich »Chinese Walls«) und eine angemessene Behandlung von vertraulichen Daten der ursprünglichen Originatoren sicherzustellen.

34   Die Deutsche Kreditwirtschaft (DK) hat sich mit Schreiben vom 10. August 2017 an die EZB gewandt und neben einer Kritik an der Definition der gehebelten Transaktionen auf einige auslegungsbedürftige Vorgaben im Leitfaden hingewiesen, die nach ihrer Ansicht einer weiteren Konkretisierung bedürfen. Außerdem hat sich die DK dafür ausgesprochen, dass sich die Institute bei der Berechnung der Gesamtschulden auf jene Informationen beschränken können, zu deren Angabe der Kreditnehmer auch verpflichtet ist. Darüber hinaus sollten Gesellschafterdarlehen nicht bei der Berechnung der Gesamtschulden zu berücksichtigen sein. Die EZB hat in ihrem Antwortschreiben vom 4. September 2017 zugesichert, dass sie die geäußerten Bedenken, insbesondere bezüglich der Definition von gehebelten Transaktionen, sorgfältig prüfen und bei den aufsichtlichen Erwartungen berücksichtigen werde.

35   Die bedeutenden Institute müssen diese Anforderungen seit dem 16. November 2017 erfüllen. Abweichungen davon könnten ggf. zu Kapitalzuschlägen im aufsichtlichen Überprüfungs- und Bewertungsprozess (»Supervisory Review and Evaluation Process«, SREP) führen. Die Interne Revision war aufgefordert, dem jeweils zuständigen Aufsichtsteam (»Joint Supervisory Team«, JST) am 16. November 2018 über die Umsetzung und Einhaltung der Vorgaben aus dem Leitfaden erstmals Bericht zu erstatten.

---

24 Empfehlung der Kommission vom 6. Mai 2003 betreffend die Definition der Kleinstunternehmen sowie der kleinen und mittleren Unternehmen, Amtsblatt der Europäischen Union vom 20. Mai 2003, L 124/36–41.

25 Die abgestuften Bewertungen (»Ratings«) von Schuldnern durch die maßgeblichen internationalen Ratingagenturen (wie Moody's, Standard & Poor's, Fitch und DBRS Morningstar) betreffen deren Ausfallwahrscheinlichkeit bzw. Bonität. Wenngleich ihre Bezeichnungen nicht einheitlich sind, unterscheiden sie alle zwischen Schuldnern mit mindestens guter Bonität (»Investment Grade«) und Schuldnern, bei denen eine Anlage als spekulativ bis hochriskant eingestuft wird (»Non-Investment Grade«). Die Ratings von Investment-Grade-Schuldnern bewegen sich zwischen Aaa/AAA und Baa3/BBB-/BBBlow.

Es ist damit zu rechnen, dass mit der siebten MaRisk-Novelle spezielle Anforderungen zu 36 gehebelten Transaktionen in die MaRisk aufgenommen werden. Zusammengefasst geht es darum, dass die Institute diese Transaktionen einheitlich definieren, in ihren Kreditrisikostrategien berücksichtigen, auf Basis geeigneter Parameter ihren Risikoappetit für derartige Transaktionen und deren Syndizierung sowie geeignete (Teil-)Limite festlegen sowie angemessene Prozesse für deren Genehmigung und Überwachung implementieren.[26] Bei der Prüfung der Kreditwürdigkeit der Kreditnehmer im Falle gehebelter Transaktionen, die grundsätzlich eine Ausnahme bleiben sollten, müssen die Institute insbesondere auf einen übermäßigen Verschuldungsgrad achten und umfassend bewerten, ob der Kreditnehmer in der Lage ist, seine Schulden innerhalb einer angemessenen Frist zurückzuzahlen oder auf ein tragfähiges Niveau zu verringern.[27]

2.3 Festlegung der akzeptierten Sicherheitenarten

Da die Kreditentscheidung neben der Risikoeinstufung des Kreditnehmers (→ BTO 1.4) maßgeb- 37 lich vom Wert der Sicherheiten abhängen kann, wird dem Umgang mit Sicherheiten eine besondere Bedeutung beigemessen. Das betrifft die Verfahren zur Wertermittlung, Verwaltung und Verwertung von Sicherheiten, für die im Institut eine einheitliche Vorgehensweise erforderlich ist. Vor diesem Hintergrund sind zunächst die vom Institut akzeptierten Sicherheitenarten festzulegen.

Im Idealfall sind die Sicherheitenverträge so ausgestaltet, dass die ausgereichten Kreditmittel 38 inkl. Verzinsung im Fall von Zahlungsstörungen des Kreditnehmers ggf. auch ohne seine Mitwirkung durch Verwertung der Sicherheiten zurückgeführt werden können. Häufig reicht der aktuelle Wert der Sicherheiten allerdings nicht aus, um den ausstehenden Kapitaldienst vollständig abzudecken. Dies ist insbesondere zu Beginn der Vertragsbeziehung zu erwarten, wenn mit der Tilgung noch nicht oder erst vor kurzer Zeit begonnen wurde. Beim Umgang mit Sicherheiten sind neben wirtschaftlichen Gesichtspunkten insbesondere auch rechtliche Fragestellungen zu beachten (→ BTO 1.2.1 Tz. 3). So setzt etwa die Durchsetzung von Ansprüchen gegen Dritte bei der Verwertung von Personalsicherheiten u. a. voraus, dass diese nicht anfechtbar sind. Bei Sachsicherheiten gewährt hingegen nur eine rechtmäßig bestellte Sicherheit deren Verwertung im Fall einer Insolvenz. Einige Institute lehnen daher von vornherein bestimmte Sicherheitenarten ab, weil sich diese in der Praxis im Verwertungsfall als nicht einbringlich erwiesen haben oder weil der Bearbeitungsaufwand in Relation zu der angestrebten Risikoreduzierung unter betriebswirtschaftlichen Gesichtspunkten einfach zu hoch ist. Es ist daher erforderlich, die aus Sicht des Institutes akzeptierten Sicherheitenarten festzulegen und diese Festlegungen für alle betroffenen Mitarbeiter transparent zu machen.

Inwiefern im Hinblick auf die akzeptierten Sicherheitenarten weiter differenziert wird, hängt 39 von den jeweiligen Gegebenheiten vor Ort ab. Denkbar wäre als Grobstruktur bzw. Minimalstruktur eine Unterteilung nach:
- finanziellen Sicherheiten,
- Personalsicherheiten, also vor allem Bürgschaften, Garantien und anderen hereingenommenen Sicherheiten ähnlicher Natur, sowie
- Sachsicherheiten, also vor allem Grundpfandrechten und anderen Pfandrechten, Sicherungsübereignungen und Sicherungsabtretungen.

---

26 Vgl. European Banking Authority, Leitlinien für die Kreditvergabe und Überwachung, EBA/GL/2020/06, 29. Mai 2020, S. 15f.
27 Vgl. European Banking Authority, Leitlinien für die Kreditvergabe und Überwachung, EBA/GL/2020/06, 29. Mai 2020, S. 41.

40   Die deutsche Aufsicht hat einige grundsätzliche Anforderungen aus Abschnitt 9 der EBA-Leitlinien über das Management notleidender und gestundeter Risikopositionen im Rahmen der sechsten MaRisk-Novelle bei den allgemeinen Anforderungen an die Prozesse im Kreditgeschäft verortet und damit auch auf die normalen Kreditprozesse übertragen. Die EBA führt allerdings aus, dass es sich in diesem Abschnitt um die zentralen Elemente für die Bewertung von Sicherheiten bei Immobilien und beweglichen Vermögenswerten handelt, die als Sicherheiten für notleidende Risikopositionen gestellt werden.[28]

41   Nach Art. 208 Abs. 1 CRR können »Immobilien« nur dann als Sicherheit für die Zwecke der Kapitalunterlegung anerkannt werden, wenn diverse Anforderungen erfüllt sind. Diese Anforderungen betreffen gemäß Art. 208 Abs. 2 bis 5 CRR die Rechtssicherheit zur möglichen Verwertung der Immobilie, die regelmäßige Überprüfung des Immobilienwertes, die angemessene Dokumentation entsprechender Grundsätze zur Zulässigkeit von Immobiliensicherheiten sowie ein Verfahren zur Sicherstellung, dass die Immobilie angemessen gegen Schäden versichert ist. Für die Anerkennung von »beweglichen Vermögenswerten«, d.h. von Sachwerten außer Immobilien, als Sicherheiten werden in Art. 210 Abs. 1 CRR vergleichbare Bedingungen gestellt. In verkürzter Form betreffen diese Vorgaben die Rechtssicherheit zur möglichen Verwertung der Sachsicherheit, die Erstrangigkeit der Sicherheit, um im Verwertungsfall Vorrang vor allen anderen Gläubigern zu haben, die regelmäßige Überprüfung des Sicherheitenwertes unter Berücksichtigung von Trends, eine entsprechend klare Vereinbarung im Kreditvertrag, die angemessene Dokumentation von Grundsätzen zur Zulässigkeit von Sachsicherheiten, das Recht zur materiellen Prüfung der Sachsicherheit sowie ein Verfahren zur Sicherstellung, dass die Sicherheit angemessen gegen Schäden versichert ist.

42   Die EBA stellt über die Begriffsbestimmungen genau auf diese Anforderungen in Art. 208 bzw. Art. 210 CRR ab.[29] Allerdings verdeutlicht sie an anderer Stelle, dass von den Instituten durchaus auch Immobiliensicherheiten und bewegliche Sicherheiten akzeptiert werden können, die diesen Anforderungen nicht (vollständig) genügen. So führt die EBA aus, dass die intern festgelegten Bearbeitungsgrundsätze und Verfahren zur Wertermittlung der Sicherheiten ungeachtet ihrer Anerkennungsfähigkeit für Aufsichtszwecke gemäß Art. 208 und 210 CRR für die Bewertung aller Immobiliensicherheiten und beweglichen Sicherheiten gelten sollten.[30]

2.4   Verfahren zur Wertermittlung, Verwaltung und Verwertung der Sicherheiten

43   Aufgrund der wichtigen Rolle, die der Wert einer Sicherheit im Rahmen der Kreditentscheidung spielen kann, werden die Verfahren zur Wertermittlung, Verwaltung und Verwertung gestellter Sicherheiten hervorgehoben. Die deutsche Aufsicht erwartet zudem, dass diese Verfahren vom Institut festgelegt werden.

44   Zur Überprüfung bestimmter, unter Risikogesichtspunkten festzulegender Sicherheiten werden an anderer Stelle detaillierte Ausführungen gemacht. Insbesondere ist diese Überprüfung außerhalb des Bereiches Markt durchzuführen (→ BTO 1.1 Tz. 7). Darüber hinaus sind die Werthaltigkeit und der rechtliche Bestand von Sicherheiten grundsätzlich vor jeder Kreditvergabe

---

28 Vgl. European Banking Authority, Leitlinien über das Management notleidender und gestundeter Risikopositionen, EBA/GL/2018/06, 31. Oktober 2018, S. 44.

29 Vgl. European Banking Authority, Leitlinien über das Management notleidender und gestundeter Risikopositionen, EBA/GL/2018/06, 31. Oktober 2018, S. 5 f.

30 Vgl. European Banking Authority, Leitlinien über das Management notleidender und gestundeter Risikopositionen, EBA/GL/2018/06, 31. Oktober 2018, S. 44.

(→ BTO 1.2.1 Tz. 3) und in Abhängigkeit von der Sicherheitenart ab einer vom Institut unter Risikogesichtspunkten festzulegenden Grenze in angemessenen Abständen auch im Rahmen der Kreditweiterbearbeitung (→ BTO 1.2.2 Tz. 3) zu überprüfen. Hängt der Sicherheitenwert maßgeblich von den Verhältnissen eines Dritten ab, so ist eine angemessene Überprüfung der Adressenausfallrisiken des Dritten durchzuführen (→ BTO 1.2.1 Tz. 4).

2.4.1 Wertermittlung der Sicherheiten

Die Institute sollen auf »geeignete« Wertermittlungsverfahren abstellen. In ähnlicher Weise wird z. B. in § 18a Abs. 7 Nr. 1 KWG gefordert, bei der Vergabe von grundpfandrechtlich oder durch eine Reallast besicherten Immobiliar-Verbraucherdarlehen für die Immobilienbewertung »zuverlässige« Standards zu verwenden, ohne dass näher ausgeführt ist, was der Gesetzgeber darunter genau versteht. Es ist anzunehmen, dass es sich bei den geeigneten Wertermittlungsverfahren um die seit Jahren verwendeten banküblichen Verfahren handelt, wie z. B. das Ertragswertverfahren für Immobilien, die als Grundpfandrecht dienen. Hierzu zählt auch die Festlegung der jeweiligen Bewertungsabschläge. Daneben sind – je nach Betroffenheit – die jeweils maßgeblichen gesetzlichen Vorgaben zu berücksichtigen, wie z. B. die ähnlich lautenden Vorschriften des Pfandbriefgesetzes (PfandBG). Laut § 16 Abs. 2 PfandBG darf der nach bestimmten Kriterien vorsichtig ermittelte Beleihungswert den nach einem anerkannten Bewertungsverfahren ermittelten Marktwert nicht übersteigen. Die Vorgaben des Pfandbriefgesetzes werden mit der Beleihungswertermittlungsverordnung (BelWertV) weiter konkretisiert. **45**

Die Verfahren zur Wertermittlung von Sicherheiten sind vor ihrer erstmaligen Verwendung sowie im Falle wesentlicher Anpassungen von der Geschäftsleitung zu genehmigen. Damit wird verdeutlicht, welche Bedeutung eine korrekte Wertermittlung von Sicherheiten für das Risikomanagement eines Institutes hat. Gerade in den Fällen, in denen die Risikobeurteilung maßgeblich vom Wert der Sicherheit abhängig gemacht wird, könnte ein zu optimistischer Wertansatz für das Institut erhebliche Risiken bergen. Um den Aufwand für die Geschäftsleitung in vertretbaren Grenzen zu halten, muss die Genehmigung der Verfahren nur dann erneuert werden, wenn sie wesentlichen Anpassungen unterliegen. Diese Vorgehensweise ist vom Prinzip her mit der Anerkennung interner Verfahren für die Zwecke der Eigenkapitalunterlegung vergleichbar, wobei in diesem Fall die Zulassung durch die zuständige Aufsichtsbehörde erfolgt. **46**

Die Verfahren zur Wertermittlung von Sicherheiten sind mindestens jährlich zu überprüfen. Auf diese Überprüfung kann allerdings verzichtet werden, wenn das Institut ein allgemein anerkanntes, normiertes Wertermittlungsverfahren anwendet. Explizit genannt werden Verfahren, die im Einklang mit der BelWertV stehen. **47**

Bei der Wertermittlung von Sicherheiten sollten auch wertbildende Faktoren im Hinblick auf die (zukünftigen) Nachhaltigkeitsrisiken berücksichtigt werden. So kann ein Institut z. B. davon ausgehen, dass ein ansonsten identisches Gebäude in gleicher Lage mit einem besseren Energiestandard auch mehr wert ist, sofern dafür eindeutige Kriterien herangezogen werden können (z. B. die Unterschiede zwischen den Standards »KfW-Effizienzhaus 55« und »KfW-Effizienzhaus 100«). Berücksichtigt werden sollten aber auch andere Aspekte. Zum Beispiel könnte ein Gebäude an der Küste bei einem künftigen Meeresspiegelanstieg oder einer Zunahme maritimer Stürme seinen Versicherungsschutz verlieren.[31] In einigen Regionen der Welt ist bereits Immobilieneigentum durch Erosion restlos vernichtet worden. Häufig scheitern entsprechende Gegenmaßnahmen schlicht an den Naturgewalten. **48**

---

31 Vgl. Bundesanstalt für Finanzdienstleistungsaufsicht, Merkblatt zum Umgang mit Nachhaltigkeitsrisiken, 20. Dezember 2019, geändert am 13. Januar 2020, S. 32.

49   Auch nach den Vorstellungen der EBA sollten die Institute jene ESG-Faktoren berücksichtigen, die den Wert der Sicherheiten beeinflussen, wie zum Beispiel die Energieeffizienz von Gebäuden.[32] Die EZB verweist neben der Energieeffizienz von Gewerbe- und Wohnimmobilien auch auf die jeweiligen Standorte und erwartet, dass diese Aspekte in den durch geltende Vorschriften vorgegebenen Prüfprozess ebenfalls einfließen.[33]

2.4.2   Verwaltung und Verwertung gestellter Sicherheiten

50   Da die Sicherheiten im Regelfall nicht an das Institut übergeben werden, handelt es sich in erster Linie um die Verwaltung der entsprechenden Urkunden und Verträge. Die ehemals in den Mindestanforderungen an das Kreditgeschäft (MaK) enthaltene Vorschrift, Sicherheiten, Sicherheitennachweise und Urkunden so zu verwahren, dass sie gegen Missbrauch oder Zerstörung geschützt sind, findet sich zwar nicht mehr in den MaRisk. Dies ergibt sich jedoch implizit aus § 25a Abs. 1 Satz 4 Nr. 2 KWG. Zudem versteht sich von selbst, dass der Zugriff auf die Sicherheiten und damit auch der sachgerechte Umgang mit diesen Papieren z.B. für die Risikobeurteilung oder für den Fall der Abwicklung eines Engagements von großer Bedeutung sind. Hierbei handelt es sich um eine allgemeine Sicherheitsvorschrift[34], die im gesamten Finanzsektor Beachtung findet. Im Hinblick auf die Art und Weise der Aufbewahrung werden keine Anforderungen formuliert. Missbrauch kann z.B. durch schriftlich fixierte Verhaltensanweisungen verhindert werden. Denkbar wäre eine Verschlusspflicht für die relevanten Akten. Bei der Verwaltung gestellter Sicherheiten ist ein besonderer Schutz vor Zerstörung vor allem für jene Unterlagen erforderlich, deren Wiederbeschaffung nur mit besonderen Schwierigkeiten oder überhaupt nicht möglich ist.

51   In der Problemkreditbearbeitung, insbesondere der Abwicklung, gehört der Prozess der Verwertung der Sicherheiten zum täglichen Geschäft. Das gilt in besonderem Maße, wenn ein Institut auch Rettungserwerbe in Betracht zieht (→ BTO 1.2.5 Tz. 8). Allein darin unterscheiden sich die normale Kreditbearbeitung und die Problemkreditbearbeitung signifikant. Für die Verwertung der Sicherheiten werden spezielle Erfahrungen benötigt. Aus diesem Grund sind in diesen Prozess Mitarbeiter oder ggf. externe Spezialisten mit entsprechenden Kenntnissen einzubeziehen (→ BTO 1.2.5 Tz. 7).

---

32 Vgl. European Banking Authority, Leitlinien für die Kreditvergabe und Überwachung, EBA/GL/2020/06, 29. Mai 2020, S. 47.

33 Vgl. Europäische Zentralbank, Leitfaden zu Klima- und Umweltrisiken – Erwartungen der Aufsicht in Bezug auf Risikomanagement und Offenlegungen, 27. November 2020, S. 40.

34 Vgl. Rodewald, Bernd, Objektsicherheit, Datensicherheit und Datenschutz im Bankbetrieb, in: von Stein, Johann Heinrich/Terrahe, Jürgen (Hrsg.), Handbuch Bankorganisation, 2. Auflage, Wiesbaden, 1995, S. 525 ff.

3 Wertermittlung von Immobiliensicherheiten (Tz. 3)

3 Die mit der Wertermittlung von Immobiliensicherheiten betrauten sachverständigen Personen haben über die erforderlichen Qualifikationen und Erfahrungen zu verfügen und dürfen nicht in den Kreditvergabeprozess und in die Kreditbearbeitung bzw. -entscheidung eingebunden sein. Dabei können externe Sachverständige für diese Zwecke herangezogen werden. Mögliche Interessenkonflikte im Zusammenhang mit der Wertermittlung sind auszuschließen. Eine angemessene Rotation der für die Wertermittlung zuständigen Personen ist sicherzustellen.

52

3.1 Qualifizierte und unabhängige Wertermittlung

Die mit der Wertermittlung von Immobiliensicherheiten betrauten sachverständigen Personen haben über die erforderlichen Qualifikationen und Erfahrungen zu verfügen. In Abhängigkeit vom verwendeten Verfahren für die Berechnung der regulatorischen Kapitalanforderungen müssen die Institute in dieser Hinsicht ggf. weitere Vorgaben beachten. So sind in Art. 124 bis 126 CRR Festlegungen getroffen, die bei Verwendung des Kreditrisikostandardansatzes (KSA) für durch Wohn- oder Gewerbeimmobilien teilweise oder vollständig besicherte Risikopositionen gelten. Die Anforderungen an Immobiliensicherheiten bei Nutzung eines auf internen Ratings basierenden Ansatzes (IRBA) sind in Art. 208 und 229 CRR niedergelegt. So muss die Immobilienbewertung nach Art. 208 Abs. 3 lit. b CRR von einer Person überprüft werden, die über die zur Durchführung einer solchen Bewertung erforderlichen Qualifikationen, Fähigkeiten und Erfahrungen verfügt. Die EBA stellt in ihren Leitlinien über das Management notleidender und gestundeter Risikopositionen ebenfalls auf die maßgeblichen Vorgaben in Art. 208 Abs. 3 lit. b und Art. 229 CRR ab.[35] In Art. 229 Abs. 1 CRR wird hinsichtlich der geforderten Qualifikationen und Erfahrungen auf die Vorgaben in Art. 208 CRR verwiesen. Vergleichbare Vorschriften finden sich auch zu anderen Arten der Besicherung, wobei in der CRR eher grundsätzliche Vorgaben zum Umgang mit Sicherheiten gemacht werden.

53

Die mit der Wertermittlung von Immobiliensicherheiten betrauten sachverständigen Personen dürfen nicht in den Kreditvergabeprozess und in die Kreditbearbeitung bzw. -entscheidung eingebunden sein. Dafür bietet sich die Einrichtung einer separaten Einheit für interne Sachverständige an. Die Deutsche Kreditwirtschaft (DK) hat darauf hingewiesen, dass die Anforderungen zur Unabhängigkeit interner Sachverständiger von der gesamten Kreditbearbeitung über die praxiserprobten Regelungen der BelWertV bzw. alternativer Verfahren hinausgehe und einen erheblichen Aufwand für die Institute verursachen würde, der unter Risikogesichtspunkten nicht gerechtfertigt wäre.[36] Auch die EBA fordert in ihren Leitlinien für die Kreditvergabe und Überwachung keine separate Einheit, sondern lediglich die Unabhängigkeit von der Kreditentscheidung.[37] Bei Instituten, bei denen eine separate Einheit unverhältnismäßig ist, können die mit der Wertermittlung betrauten sachverständigen Personen daher mit der Kreditbearbeitung anderer Engagements befasst sein, sofern sie für die Fälle, die sie bearbeiten, keine Wertermittlung

54

---

35 Vgl. European Banking Authority, Leitlinien über das Management notleidender und gestundeter Risikopositionen, EBA/GL/2018/06, 31. Oktober 2018, S. 46.
36 Vgl. Deutsche Kreditwirtschaft, BaFin-Konsultation 14/2020 – Mindestanforderungen an das Risikomanagement, Stellungnahme vom 4. Dezember 2020, S. 24.
37 Vgl. European Banking Authority, Leitlinien für die Kreditvergabe und Überwachung, EBA/GL/2020/06, 29. Mai 2020, S. 52.

erstellen (→ BTO 1.2 Tz. 3, Erläuterung). Das hängt also in erster Linie davon ab, wie viele Wertermittlungen in einem Institut durchschnittlich erstellt werden müssen (»kritische Masse«). Auf dieser Basis kann ein Institut mit überschaubarem Aufwand begründen, warum es von der Einrichtung einer separaten Einheit für interne Sachverständige absieht. Zudem gestattet die deutsche Aufsicht, die Erstellung von Wertgutachten für Sicherheiten grundsätzlich auch von fachlich geeigneten Mitarbeitern aus dem Bereich Markt durchzuführen, solange eine marktunabhängige Überprüfung der Wertansätze im Sinne einer materiellen Plausibilitätsprüfung gewährleistet ist (→ BTO 1.1 Tz. 7).

55   Letztlich geht es bei diesen Vorgaben darum, mögliche Interessenkonflikte im Zusammenhang mit der Wertermittlung auszuschließen. Auch in dieser Hinsicht bestehen Parallelen zu anderen regulatorischen Vorgaben. So muss die Immobilienbewertung nach Art. 208 Abs. 3 lit. b CRR von einer Person überprüft werden, die von der Kreditvergabeentscheidung unabhängig ist. Das läuft auf eine marktunabhängige Bewertung hinaus. Die Aufsicht hat im Fachgremium MaRisk klargestellt, dass die Einheit für interne Sachverständige oder die sachverständigen Personen – falls eine entsprechende Einheit nicht eingerichtet ist – der Marktfolge zugeordnet werden dürfen.

56   Auch nach § 18a Abs. 7 Nr. 2 KWG müssen die mit der Immobilienbewertung betrauten Gutachter fachlich kompetent und so unabhängig vom Darlehensvergabeprozess sein, dass sie eine objektive Bewertung vornehmen können. Nach § 16 Abs. 1 PfandBG muss die Beleihungswertermittlung von einem von der Kreditentscheidung unabhängigen Gutachter vorgenommen werden, der über die notwendige Berufserfahrung sowie die erforderlichen Fachkenntnisse verfügt.

57   Die EBA schießt beim Ausschluss von Interessenkonflikten – aus der Perspektive eines Institutes, das diese Vorgaben in der Praxis umsetzen muss – über das Ziel hinaus. Sie formuliert dafür konkrete Anforderungen, die teilweise kaum umsetzbar sind, und erwartet von den Instituten zudem eine Sicherstellung, dass diese Vorgaben auch noch von den Angehörigen ersten Grades der internen und externen Sachverständigen erfüllt werden. Da ein Institut sicher keine Detekteien beschäftigen wird, müssen sich die Institute in dieser Hinsicht auf die Angaben der Sachverständigen verlassen. Nachvollziehbar und auch umsetzbar ist die Überprüfung, dass die Sachverständigen nicht in die Kreditbearbeitung (mit den oben genannten Einschränkungen), Kreditentscheidung oder den Kreditvergabeprozess eingebunden sind und ein unparteiisches, klares, transparentes und objektives Wertgutachten erstellen. Darüber hinaus sollen die Institute sicherstellen, dass die Sachverständigen durch die Bonität des Kreditnehmers weder gelenkt noch beeinflusst werden, sich ihr Honorar nicht nach dem Bewertungsergebnis richtet und sie keinen Eigentumsanteil an der Immobilie haben. Schließlich soll ein Institut auch noch überprüfen, ob die Sachverständigen weder eine nahestehende Person des Käufers noch eine nahestehende Person des Verkäufers der Immobilie sind und weder gegenwärtig noch zukünftig einen tatsächlichen oder potenziellen Interessenkonflikt im Hinblick auf das Ergebnis der Bewertung haben.[38]

58   Den Leitlinien der EBA würde an der ein oder anderen Stelle die Ergänzung »sofern möglich« ganz guttun, sofern sie den Anspruch hat, dass ihre Anforderungen auch praxistauglich sind. Die deutsche Aufsicht hat darauf verzichtet, diese Vorgaben so kleinteilig in die MaRisk zu übertragen. An solchen Beispielen lässt sich gut verdeutlichen, wie wichtig es gerade für die von der BaFin und der Deutschen Bundesbank beaufsichtigten Institute ist, dass die Leitlinien der EBA über die MaRisk oder andere Rundschreiben national umgesetzt werden, anstelle sie für unmittelbar geltend zu erklären.

---

[38] Vgl. European Banking Authority, Leitlinien über das Management notleidender und gestundeter Risikopositionen, EBA/GL/2018/06, 31. Oktober 2018, S. 47.

3.2   Externe Immobiliensachverständige

Zur Wertermittlung von Immobiliensicherheiten können auch externe Sachverständige heran-   **59**
gezogen werden. Das Institut muss in diesem Fall über eine Auswahl an unabhängigen und
qualifizierten Sachverständigen verfügen (→ BTO 1.2 Tz. 3, Erläuterung).

Die EBA nennt einige Kriterien, die bei der Auswahl der Sachverständigen herangezogen   **60**
werden sollten. Dazu gehört zunächst, dass die Sachverständigen insbesondere über Sachkennt-
nisse in den Bereichen des Immobiliensektors verfügen, die zum Kreditgeschäft des Institutes und
den Standorten der finanzierten Objekte passen. Das bedeutet, dass sie über das erforderliche
Wissen in Bezug auf den Bewertungsgegenstand, den Immobilienmarkt und den Zweck der
Bewertung verfügen. Die Sachverständigen sollten fachlich kompetent sein und zumindest den
für die Durchführung solcher Gutachten erforderlichen Ausbildungsstand vorweisen. Außerdem
sollten sie über entsprechende technische Fertigkeiten und Erfahrungen verfügen, um eine solche
Aufgabe auszuführen, sowie mit den maßgeblichen Gesetzen, Verordnungen und Immobilienbe-
wertungsstandards vertraut und in der Lage sein, diese einzuhalten. Schließlich sollten die
Institute sicherstellen, dass die in die Auswahl einbezogenen externen Sachverständigen über eine
angemessene und gültige Berufshaftpflichtversicherung verfügen.[39]

Mit Bezug auf die gewünschten Erfahrungen sollte berücksichtigt werden, dass in einem   **61**
externen Sachverständigenbüro ggf. auch Berufsanfänger beschäftigt sind. Das sollte natürlich
kein Ausschlusskriterium für ein Engagement sein. In der Regel wird den jüngeren Mitarbeitern
ein/eine erfahrene(r) Kollege/Kollegin zur Seite gestellt, um diese noch fehlende Erfahrung zu
kompensieren. Dasselbe Problem besteht schließlich auch beim Rückgriff auf interne Sachverständige.

Die erbrachte Leistung des externen Sachverständigen muss vom Institut überprüft werden. Auf   **62**
Basis dieser Überprüfung muss das Institut entscheiden, ob ggf. die Auswahl an externen Sachverständigen anzupassen ist (→ BTO 1.2 Tz. 3, Erläuterung). Da die Wertermittlung von Immobiliensicherheiten durch externe Sachverständige ohnehin vom Institut zu plausibilisieren ist, wobei
ggf. eigene Erkenntnisse und Informationen in die Beurteilung einfließen sollten (→ BTO 1.2
Tz. 4), erfolgt eine derartige Überprüfung automatisch. Zeigt sich bei dieser Überprüfung, dass
die Ergebnisse des externen Sachverständigen von der eigenen Einschätzung in relevantem Maße
abweichen, können die Wertermittlungen für die Zwecke des Risikomanagements nicht verwendet werden. In der Konsequenz sollte das Institut auf diesen Sachverständigen zukünftig nicht
mehr zurückgreifen.

3.3   Angemessene Rotation

Vom Institut ist eine angemessene Rotation der für die Wertermittlung zuständigen Personen   **63**
sicherzustellen. Konkret sollte eine Rotation immer dann vorgenommen werden, wenn dieselbe
mit der Wertermittlung betraute sachverständige Person zwei aufeinanderfolgende Einzelbewertungen derselben Immobilie durchgeführt hat (→ BTO 1.2 Tz. 3, Erläuterung). Im Fachgremium
MaRisk wurde darüber diskutiert, wie diese Rotation von kleineren Instituten umgesetzt werden
kann, die ggf. nur über einen Immobiliensachverständigen verfügen. Die Aufsicht hat darauf
verwiesen, dass auch in diesen Instituten mit Blick auf die Anforderungen an eine angemessene
Personalausstattung zumindest ein Vertreter beschäftigt sein sollte, der diese Aufgabe im Zweifel

---

39 Vgl. European Banking Authority, Leitlinien über das Management notleidender und gestundeter Risikopositionen,
EBA/GL/2018/06, 31. Oktober 2018, S. 46f.

wahrnehmen könnte (→ AT 7.1 Tz. 2 und 3). Andernfalls muss das Institut auf externe Sachverständige zurückgreifen.

64 Hinsichtlich der ggf. erforderlichen Rotation externer Sachverständiger ist es im Übrigen nicht erforderlich, ein anderes Sachverständigenbüro einzuschalten, solange die Personalausstattung des bereits engagierten Sachverständigenbüros eine Rotation im geforderten Sinne zulässt.

65 Nach den im Rahmen der siebten MaRisk-Novelle noch zu integrierenden Vorgaben der EBA sollten die Institute zwar eine angemessene Rotation der Sachverständigen gewährleisten. Danach können sie allerdings selbst festlegen, wie viele aufeinanderfolgende Einzelbewertungen derselben Immobilie von demselben Sachverständigen vorgenommen werden dürfen. Jede weitere, über diese Zahl hinausgehende Neubewertung sollte zu einem Wechsel des Sachverständigen führen, d. h., es sollte entweder ein anderer interner oder ein anderer externer Sachverständiger bestellt werden.[40]

---

40 Vgl. European Banking Authority, Leitlinien für die Kreditvergabe und Überwachung, EBA/GL/2020/06, 29. Mai 2020, S. 53.

4 Rückgriff auf externe Sachverständige (Tz. 4)

4 Werden für die Wertermittlung von Immobiliensicherheiten externe Sachverständige **66** herangezogen, hat das Institut die Immobilienwertermittlung zu plausibilisieren und dabei ggf. eigene Erkenntnisse und Informationen in die Beurteilung einfließen zu lassen.

4.1 Plausibilisierung der Immobilienwertermittlung

Werden für die Wertermittlung von Immobiliensicherheiten externe Sachverständige herangezo- **67** gen, hat das Institut die Immobilienwertermittlung anschließend zu plausibilisieren. Das bedeutet nicht, dass im Institut eine zweite Wertermittlung erstellt werden muss. Vielmehr geht es darum, die von den externen Sachverständigen getroffenen Annahmen und verwendeten Daten sowie den daraus abgeleiteten Wert der Immobilie sachlich nachzuvollziehen. Indem sich das Institut nicht allein auf die Expertise Dritter verlässt, wird es seiner eigenen Verantwortung für das Risikomanagement gerecht. Unabhängig davon muss die erbrachte Leistung der externen Sachverständigen vom Institut ohnehin überprüft werden, um zu entscheiden, ob die Auswahl an externen Sachverständigen anzupassen ist (→ BTO 1.2 Tz. 3).

Bei der Plausibilisierung der Wertermittlung müssen die Institute ggf. eigene Erkenntnisse und **68** Informationen in die Beurteilung einfließen lassen. Das setzt natürlich voraus, dass im Institut relevante Erkenntnisse oder Informationen vorliegen, die nicht ohnehin schon bei der Wertermittlung verwendet wurden. Mit dieser Anforderung soll vermieden werden, dass im Institut vorliegende Informationen, die sich auf den Wert der Immobilie auswirken könnten, nicht angemessen berücksichtigt werden. Dabei geht es z. B. um entsprechende Marktbeobachtungen, für die häufig auf Marktschwankungskonzepte zurückgegriffen wird (→ BTO 1.2.2 Tz. 3). Die Erkenntnisse über mögliche wertbeeinflussende Faktoren helfen dem Institut und insbesondere dem Risikomanagement schließlich nicht weiter, wenn sie lediglich in einer Akte abgelegt sind. Die Weitergabe relevanter Informationen muss im Interesse des Institutes auch über die Grenzen der eigenen Gruppe oder Abteilung bzw. des eigenen Teams oder Bereiches hinaus erfolgen. Eine vergleichbare Klarstellung betrifft die Verwendung externer Bonitätseinschätzungen bei der Beurteilung des Adressenausfallrisikos im Rahmen der Kreditentscheidung (→ BTO 1.2 Tz. 6).

Der EBA schwebt eine Richtlinie zur Erstellung von Immobilienbewertungen und der damit **69** verbundenen Qualitätssicherung vor, die allerdings mit den verschiedenen Vorgaben in den MaRisk zur Wertermittlung von Immobiliensicherheiten und deren Überprüfung vergleichbar ist. Die EBA betont dabei, dass die Qualitätssicherung von einer Funktion durchgeführt werden sollte, die unabhängig von der Erstbewertung, Kreditbearbeitung, Kreditüberwachung und Kreditvergabe ist. Diese Funktion sollte regelmäßig die Erfüllung der Kriterien zur Unabhängigkeit des externen Sachverständigen prüfen, eine Stichprobe der internen und externen Bewertungen von geeigneter Größe mit den Marktbeobachtungen abgleichen und für diese Bewertungen Rückvergleiche durchführen. Darüber hinaus sollte die Interne Revision im Rahmen ihrer Aufgaben regelmäßig die Konsistenz und Qualität der Bewertungsrichtlinien und -verfahren, die Objektivität des Sachverständigenauswahlprozesses und die Angemessenheit der Bewertungen der externen und internen Sachverständigen untersuchen.[41]

---

41 Vgl. European Banking Authority, Leitlinien über das Management notleidender und gestundeter Risikopositionen, EBA/GL/2018/06, 31. Oktober 2018, S. 45.

4.2 Prüfungsbestandteile im Rahmen des SREP

70 Die zuständigen Behörden prüfen im Rahmen des SREP, ob die Institute über angemessene Richtlinien und Verfahren für die Bewertung von Immobilien und beweglichen Vermögenswerten im Einklang mit Abschnitt 9 der EBA-Leitlinien über das Management notleidender und gestundeter Risikopositionen verfügen. Dabei wird insbesondere geprüft, ob die internen Richtlinien alle verwendeten Arten dieser Sicherheiten abdecken und die Kriterien zur Bewertung der Sicherheiten inklusive der Anforderungen an die Sachverständigen berücksichtigt werden.[42]

---

42 Vgl. European Banking Authority, Leitlinien über das Management notleidender und gestundeter Risikopositionen, EBA/GL/2018/06, 31. Oktober 2018, S. 56 f.

5 Management der Adressenausfallrisiken (Tz. 5)

5 Die für das Adressenausfallrisiko eines Kreditengagements bedeutsamen Aspekte sind herauszuarbeiten und zu beurteilen, wobei die Intensität dieser Tätigkeiten vom Risikogehalt des Engagements abhängt. Branchen- und ggf. Länderrisiken sind in angemessener Weise zu berücksichtigen. Kritische Punkte eines Engagements sind hervorzuheben und ggf. unter der Annahme verschiedener Szenarien darzustellen. | 71

5.1 Berücksichtigung bedeutsamer Aspekte

Bei der Bearbeitung eines Engagements sind alle für die Beurteilung des Adressenausfallrisikos bedeutsamen Aspekte zu berücksichtigen. Welche Aspekte jeweils im Vordergrund stehen, hängt vorrangig von der Art der Finanzierung ab. So sind z. B. bei Objekt- oder Projektfinanzierungen die technische Machbarkeit und Entwicklung sowie die mit dem Objekt bzw. Projekt verbundenen rechtlichen Risiken in die Beurteilung einzubeziehen (→ BTO 1.2 Tz. 7). Das liegt insbesondere daran, dass der für die Rückführung des Kredites erforderliche Zahlungsstrom (»Cashflow«) i. d. R. aus dem zu finanzierenden Objekt bzw. Projekt erwirtschaftet werden muss. Es ist unmittelbar einleuchtend, dass derartige Einflussfaktoren z. B. im traditionellen Firmenkundengeschäft keine wesentliche Bedeutung haben. Bei der Vergabe eines Betriebsmittelkredites, der einem Unternehmen kurzfristig die erforderliche Liquidität zur Sicherstellung seiner Zahlungsverpflichtungen verschafft, spielen z. B. die aktuellen wirtschaftlichen Daten sowie die prognostizierte Entwicklung des Unternehmens, seiner Branche und seines Marktumfeldes eine wesentliche Rolle. Im Privatkundengeschäft wird es wiederum nicht erforderlich sein, Bilanzen auszuwerten und Branchenanalysen durchzuführen. Stattdessen stehen hier der letzte Steuerbescheid und die laufende Einkommenssituation im Fokus. Hat ein Institut angemessene Bearbeitungsgrundsätze für die Prozesse im Kreditgeschäft formuliert (→ BTO 1.2 Tz. 2), ergeben sich die jeweils bedeutsamen Aspekte häufig bereits aus den dort festgelegten Arbeitsabläufen. | 72

5.2 Intensität der Beurteilungen

Die Intensität der Beurteilung des Adressenausfallrisikos wird vor allem vom Risikogehalt der Engagements abhängig gemacht. Dieser Forderung liegt die Erkenntnis zugrunde, dass die Wahrscheinlichkeit des Ausfalls eines Engagements mit überschaubaren Risiken deutlich geringer ist als im Fall extrem risikobehafteter Engagements. So wird es z. B. nicht erforderlich sein, die Kfz-Finanzierung in Höhe von 35.000 Euro eines höheren Beamten mit 65.000 Euro Jahreseinkommen und einem Vorsorgesparplan in Höhe von 50.000 Euro, der bereits zu 70 Prozent angespart ist, monatlich auf Basis von Einkommensnachweisen zu überwachen. Im Grunde würde sich das Risiko für das Institut sogar erhöhen, da der Kunde vermutlich – strapaziert vom bürokratischen Aufwand – kurz vor dem Wechsel seiner Bankverbindung stünde. Andererseits sollte das Institut seine Bearbeitungsprozesse überdenken, wenn die soeben zugunsten eines Firmenkunden getroffene Kreditentscheidung aufgrund schlechter Unternehmensdaten auf wackeligen Füßen stand, sich die nicht genehmigte Überziehung fast wöchentlich erhöht und die nächsten Bearbeitungs- | 73 schritte laut Arbeitsanweisung trotzdem turnusmäßig erst in einem knappen Jahr geplant sind. Es bedarf keiner hellseherischen Fähigkeiten, um vorauszusagen, dass dieses Engagement noch vor der nächsten internen Prolongation des Betriebsmittelkredites in der Problemkreditbearbeitung landen wird. Aus diesen extremen Beispielen wird deutlich, dass eine Unterscheidung in der Intensität der Risikobeurteilung sinnvoll sein kann.

74   Davon unabhängig spielen bei der Festlegung der Prozessintensität auch praktische Gesichtspunkte eine Rolle. So sollte es i.d.R. problemlos möglich sein, die für die Risikobeurteilung wesentlichen Faktoren im standardisierten Mengengeschäft zu überwachen. Hierfür genügt häufig bereits die Verwendung geeigneter Scoringverfahren. Komplexere und damit tendenziell auch stärker risikobehaftete Geschäfte, bei denen nicht ohne Weiteres standardisierte Merkmale zur Bestimmung des Adressenausfallrisikos festgelegt werden können, erfordern hingegen tiefer gehende Analysen. Insbesondere kann in den meisten dieser Fälle nicht automatisiert oder auf andere Weise standardisiert vorgegangen werden. Allein dadurch erhöht sich der Arbeitsaufwand für die Mitarbeiter des Institutes.

75   Das gilt ungeachtet der Tatsache, dass mit Hilfe des technologischen Fortschritts in den letzten Jahren auch für die Standardisierung im Kreditgeschäft neue Möglichkeiten eröffnet wurden. Mit der siebten MaRisk-Novelle könnten dazu bestimmte Vorgaben gemacht werden. So hat sich die EBA bereits dazu geäußert, unter welchen Voraussetzungen technologiegestützte Innovationen für Zwecke der Kreditvergabe bzw. automatisierte Modelle für die Kreditwürdigkeitsprüfung und Kreditentscheidungen verwendet werden könnten. Diese Voraussetzungen laufen vor allem darauf hinaus, dass die Institute die mit den technologiegestützten Innovationen verbundenen Risiken in ihrem Rahmen für das Risikomanagement (RAF) angemessen berücksichtigen und die Modelle samt Methodik, Eingabedaten, Annahmen, Beschränkungen und Ergebnissen überhaupt verstehen.[43]

5.3   Berücksichtigung von Branchenrisiken

76   Das Branchenrisiko resultiert aus einer Verschlechterung der wirtschaftlichen Bedingungen eines ganzen Industriezweiges, die sich negativ auf die Bonität der dieser Branche zugehörigen bzw. von dieser Branche abhängigen Unternehmen auswirken können. Diese Abhängigkeiten werden mit Hilfe von Korrelationen dargestellt, die positiv oder negativ sein können. Von positiver Korrelation spricht man, wenn sich die jeweilige Branche und der Kreditnehmer in vergleichbarer Weise entwickeln. Im Falle einer negativen Korrelation würde sich eine nachteilige Branchenentwicklung hingegen positiv auf den Kreditnehmer auswirken. Zur Illustration der verschiedenen Korrelationsbeziehungen kann das häufig strapazierte Beispiel der Hersteller von Bademodeartikeln und Regenbekleidung dienen. Eine der beiden Branchen profitiert von einer spezifischen Wetterlage in der Sommersaison, während die andere Branche gleichzeitig darunter zu leiden hat. Vereinfacht ausgedrückt wäre ein Institut, das an beide Branchen relativ gleichmäßig Kredite vergibt, somit aus Gesamtrisikosicht von der Wetterlage unabhängig. Das gilt jedenfalls für den realistischen Fall, dass sich die Wetterlage über die Jahre auch ändert und somit für das Institut kein Totalausfall hinsichtlich der Hälfte dieser Kreditnehmer droht. Besteht kein Zusammenhang zwischen der Entwicklung einer Branche (oder einer anderen Bezugsgröße) und dem Ausfallrisiko des Kreditnehmers, so ist die Korrelation gleich null.

77   Deshalb ist das Branchenrisiko im Rahmen der Beurteilung des Adressenausfallrisikos eines Kreditengagements in angemessener Weise zu berücksichtigen. Die aktuelle Situation sowie die

---

43 Vgl. European Banking Authority, Leitlinien für die Kreditvergabe und Überwachung, EBA/GL/2020/06, 29. Mai 2020, S. 16f.

prognostizierte Entwicklung der Branche, der das zu bewertende Unternehmen angehört, sind typische qualitative Kriterien, die in ein Risikoklassifizierungsverfahren einfließen (→ BTO 1.4 Tz. 3). Besonders sorgfältig sollte ein Institut bei der Auswahl der hierfür zur Verfügung stehenden externen Quellen vorgehen, um sicherzustellen, dass die Qualität der Risikoklassifizierungsverfahren mit Hilfe dieser Informationen tatsächlich verbessert werden kann.

5.4 Berücksichtigung von Länderrisiken

Länderrisiken haben als Bestandteil der Adressenausfallrisiken insbesondere durch die zuneh- **78** mende internationale Ausrichtung der Institute und die Verzahnung der internationalen Finanzmärkte an Bedeutung gewonnen. Daraus resultieren höhere Ansprüche an die Verfahren zu ihrer Beurteilung. Länderrisiken ergeben sich aus unsicheren politischen, wirtschaftlichen und sozialen Verhältnissen eines anderen Landes und sind ausdrücklich nicht auf die Bonität der Gegenpartei zurückzuführen. Sie betreffen insofern das Risiko, dass trotz Fähigkeit und Bereitschaft der Gegenpartei, ihren Verpflichtungen nachzukommen, ein Verlust aufgrund übergeordneter staatlicher Restriktionen entsteht (→ AT 2.2 Tz. 1).

Die deutsche Aufsicht überlässt es den Instituten, welche Verfahren im Hinblick auf die Berück- **79** sichtigung dieser Risikoart zum Einsatz kommen bzw. welche Faktoren in die Analyse der Länderrisiken einfließen. Aus den Komponenten der Länderrisiken, d.h. den politischen, wirtschaftlichen und sozialen Aspekten, lassen sich sowohl quantitative als auch qualitative Risikoindikatoren ableiten, die bei ihrer Beurteilung berücksichtigt werden sollten. Welche Risikoindikatoren letztendlich in die Beurteilung der Länderrisiken einfließen und wie diese ggf. zu gewichten sind, wird den Instituten nicht konkret vorgegeben, sondern liegt in deren eigener Verantwortung. Es kann aber davon ausgegangen werden, dass die öffentlich zugänglichen Länderbewertungen anerkannter Ratingagenturen quantitative und qualitative Aspekte bereits hinreichend abbilden.

5.4.1 Quantitative Risikoindikatoren

Die quantitativen Risikoindikatoren spiegeln i.d.R. die wirtschaftliche Komponente des Länderri- **80** sikos wider und kommen daher in den meisten Fällen durch Indikatoren über die Entwicklung der Binnen- und Außenwirtschaft zum Ausdruck. Dabei kann es sich z.B. um folgende binnenwirtschaftliche Indikatoren handeln:
- das Bruttosozialprodukt oder das Bruttoinlandsprodukt,
- die Wachstumsrate einer Volkswirtschaft,
- die Inflationsrate,
- die Höhe der Staatsverschuldung und
- die Arbeitslosenquote.

Außenwirtschaftliche Indikatoren sind z.B.: **81**
- die absolute Höhe der Auslandsverschuldung,
- die Währungsreserven,
- die IWF-Reserven und
- die Importe und Exporte.

5.4.2 Qualitative Risikoindikatoren

82 Die qualitativen Risikoindikatoren decken im Allgemeinen die politische Komponente des Länderrisikos ab. Sie beziehen sich schwerpunktmäßig auf die innen- und außenpolitische Stabilität einer Volkswirtschaft. Bei den qualitativen Analysen können folgende Indikatoren eine wichtige Rolle spielen:
- das Regierungs- und das Wirtschaftssystem,
- die Häufigkeit der Regierungswechsel,
- die Stabilität des Rechts- und Steuersystems,
- der Einfluss des Militärs,
- die Wahrscheinlichkeit bzw. das Ausmaß politischer Anschläge,
- die außenpolitischen Spannungen und
- die Einbeziehung in internationale Organisationen.

5.4.3 Berücksichtigung von Transferrisiken

83 Das bei der deutschen Aufsicht angesiedelte Fachgremium Kredit hat sich explizit mit der Eigenkapitalunterlegung von Transferrisiken bei Verwendung bankaufsichtlich zugelassener interner Ratingverfahren (IRB-Verfahren) auseinandergesetzt. Demzufolge wird unter dem Transferrisiko das Risiko verstanden, dass »ein Schuldner aufgrund von staatlichen Transferbeschränkungen seinen Zahlungsverpflichtungen nicht nachkommen kann oder das Institut einen gezahlten Betrag nicht erlangen kann«.[44] Die Nichterfüllung von Zahlungsverpflichtungen eines Staates, die aus dessen eigenen Transferbeschränkungen folgt, gilt hingegen nicht als Transferrisiko. Das Fachgremium Kredit hat drei verschiedene Möglichkeiten zur Berücksichtigung von Transferrisiken in der Ausfallwahrscheinlichkeit identifiziert: mittelbare bzw. unmittelbare Berücksichtigung in der Ausfallwahrscheinlichkeit oder separate Berücksichtigung neben dem schuldnerspezifischen Ausfallrisiko. Ausdrücklich festgestellt wurde dabei auch, dass ebenso alle Transferrisiken aus Transaktionen, die dem hoheitlichen Zugriff eines anderen Staates unterliegen, mit den Krediten an diesen Staat zusammengefasst und als Länderrisiko gesteuert werden können.[45]

5.5 Berücksichtigung von Nachhaltigkeitsrisiken

84 In die Beurteilung des Adressenausfallrisikos eines Engagements sollten auch die relevanten Nachhaltigkeitsaspekte einbezogen werden. Die BaFin weist zudem darauf hin, dass Branchen- und Länderrisiken durch Nachhaltigkeitsrisiken ggf. noch gesteigert werden können. Insofern könnten zur Hervorhebung der kritischen Punkte eines Engagements ggf. die Ergebnisse der an anderer Stelle beschriebenen »Auswirkungsszenarien« und »Transitionsszenarien« verwendet werden (→ AT 4.3.3 Tz. 1). Daneben könnte von den Instituten auf die Erkenntnisse aus der Nutzung von speziellen Ratingverfahren zurückgegriffen werden (→ BTO 1.4 Tz. 1).[46]

---

44 Bundesanstalt für Finanzdienstleistungsaufsicht/Deutsche Bundesbank, Empfehlungen des Fachgremiums IRBA (jetzt Fachgremium Kredit) zum Transferrisiko, 21. Dezember 2007, S. 1.

45 Vgl. Bundesanstalt für Finanzdienstleistungsaufsicht/Deutsche Bundesbank, Empfehlungen des Fachgremiums IRBA (jetzt Fachgremium Kredit) zum Transferrisiko, 21. Dezember 2007, S. 1 f.

46 Vgl. Bundesanstalt für Finanzdienstleistungsaufsicht, Merkblatt zum Umgang mit Nachhaltigkeitsrisiken, 20. Dezember 2019, geändert am 13. Januar 2020, S. 31 f.

Mit der siebten MaRisk-Novelle könnten entsprechende Anforderungen ergänzt werden. So **85** fordert auch die EBA, die Nachhaltigkeitsaspekte in die Strategien und Verfahren für das Kreditrisiko aufzunehmen, um die damit verbundenen Risiken für die finanzielle Lage der Kreditnehmer zu berücksichtigen, insbesondere die potenziellen Auswirkungen der Umweltfaktoren und des Klimawandels. Dazu zählen Haftungsrisiken in Bezug auf die Verursachung des Klimawandels oder Risiken, die dem Kreditnehmer aus der Umstellung auf eine CO_2-emissionsarme und klimaresistente Wirtschaft entstehen können, sowie Risiken im Zusammenhang mit Veränderungen der Markt- oder Verbraucherpräferenzen und rechtliche Risiken, die sich auf die Werthaltigkeit der zugrunde liegenden Vermögenswerte auswirken können. Sofern Institute ökologisch nachhaltige Kreditfazilitäten einrichten (wollen), sollten sie im Einklang mit ihren übergeordneten Zielen und Strategien sowie ihrer Politik für nachhaltige Finanzierungen die entsprechenden Strategien und Verfahren im Einzelnen festlegen und dabei auch die Genehmigung und Überwachung solcher Kreditfazilitäten regeln. Dazu gehört auch die Festlegung qualitativer und ggf. quantitativer Ziele.[47]

5.6 Hervorhebung und Darstellung kritischer Punkte

Kritische Punkte eines Engagements sind hervorzuheben. Mit Bezug auf die zuvor dargelegten **86** Abläufe bezieht sich diese Anforderung in erster Linie auf die für das Adressenausfallrisiko eines Kreditengagements bedeutsamen Aspekte. Es ist z.B. denkbar, die im Rahmen der Risikoklassifizierung ermittelten Teilnoten für die jeweils maßgeblichen Bewertungskriterien ab einer bestimmten Stufe näher zu beleuchten. Aber auch ohne Einbeziehung des Risikoklassifizierungsverfahrens können Auffälligkeiten herausgearbeitet werden. So könnte selbst ein betriebswirtschaftlich sehr gut bewertetes Unternehmen ausfallgefährdet sein, wenn sich z.B. die entsprechende Branche extrem negativ entwickelt. Vor dem Hintergrund der globalen Erderwärmung könnten dafür z.B. Nachhaltigkeitsaspekte verantwortlich sein. Auch könnte im Rahmen einer Immobilienfinanzierung auffallen, dass sich die betrachtete Wohnungsbaugesellschaft stark im Mietwohnungsbau einer Region engagiert, in der das Mietniveau seit Jahren kontinuierlich sinkt. Werden diese Beobachtungen nicht angemessen herausgearbeitet und den involvierten Mitarbeitern zur Kenntnis gegeben, ist kaum damit zu rechnen, dass diese Entwicklungen überwacht werden und in der Folge eine Risikoerhöhung vermieden werden kann.

Gegebenenfalls sind solche Punkte unter der Annahme verschiedener Szenarien darzustellen. **87** Als Vergleichsszenarien kommen z.B. unterschiedliche Branchenentwicklungen oder Annahmen hinsichtlich der gesamtwirtschaftlichen Rahmenbedingungen in Betracht. Möglicherweise genügt es bereits, die Einstufung im Risikoklassifizierungsverfahren durch Variation der Benotung kritischer Punkte zu hinterfragen.

Im Übrigen empfiehlt es sich für ein Institut, diese kritischen Punkte zum Anlass für ein **88** Gespräch mit den betroffenen Kreditnehmern zu nehmen. Sofern es dem Institut nämlich gelingt, die eigenen Kunden rechtzeitig auf eventuelle Missstände hinzuweisen sowie bei der Problembewältigung zu beraten und ggf. sogar aktiv zu unterstützen, trägt dies nicht nur zur Reduzierung des eigenen Adressenausfallrisikos bei, sondern fördert gleichzeitig die Kundenbeziehung.

---

47 Vgl. European Banking Authority, Leitlinien für die Kreditvergabe und Überwachung, EBA/GL/2020/06, 29. Mai 2020, S. 17f.

6 Verwendung externer Bonitätseinschätzungen (Tz. 6)

89 **6** Die Verwendung externer Bonitätseinschätzungen enthebt das Institut nicht von seiner Verpflichtung, sich ein Urteil über das Adressenausfallrisiko zu bilden und dabei eigene Erkenntnisse und Informationen in die Kreditentscheidung einfließen zu lassen.

6.1 Vertrauen auf externe Bonitätseinschätzungen

90 Die Verwendung externer Bonitätseinschätzungen wurde bis zum Beginn der Finanzmarktkrise[48] als relativ unkritisch angesehen, zumal die anerkannten Ratingagenturen lange Zeit als quasi unfehlbar galten und sich z. B. die Eigenkapitalunterlegung nach dem Kreditrisikostandardansatz (KSA) der ersten Säule von Basel II vornehmlich auf deren Urteile gestützt hat und auch unter dem neuen Regime nach wie vor stützt. Auch das fehlende Verständnis über komplexe strukturierte Produkte verleitete viele Institute dazu, unreflektiert auf die Einschätzungen der Ratingagenturen abzustellen, was sich im Nachhinein als schwerer Fehler herausstellte.[49] Blindes Vertrauen ohne eigene Meinungsbildung kann kein guter Ratgeber für eine Kreditvergabe sein.

91 Mit dem Ausbruch der Finanzmarktkrise sind die Ratingagenturen stark in die Kritik geraten. Angelastet wurde ihnen vor allem, dass sie die gewaltigen Risiken des amerikanischen Subprime-segmentes zu spät erkannt und deshalb die Verbriefung entsprechender Kredite durch allzu optimistische Ratingnoten noch lange Zeit gefördert hatten. Wenngleich diese Kritik absolut berechtigt war, kann die Tätigkeit der Ratingagenturen nunmehr nicht komplett infrage gestellt werden. Außerdem tragen die Ratingagenturen nicht die alleinige Schuld an der Finanzmarktkrise. Das Verhalten von Investoren, die sich einseitig auf deren Einschätzungen verließen, spielte – neben vielen anderen Faktoren – ebenfalls eine wichtige Rolle.[50]

6.2 Klarstellung der Bankenaufsicht

92 Die Bankenaufsicht sah sich aufgrund der oben erwähnten Defizite dazu veranlasst, die Anforderungen an die Beurteilung des Adressenausfallrisikos in dieser Hinsicht zu schärfen. Seit der zweiten MaRisk-Novelle ist klargestellt, dass der Rückgriff auf externe Bonitätseinschätzungen die Institute nicht von ihrer Verpflichtung enthebt, sich ein eigenes Urteil über das Adressenausfall-risiko zu bilden und dabei insbesondere die eigenen Erkenntnisse und Informationen in die Kreditentscheidung einfließen zu lassen. Die Klarstellung der Aufsicht ist allerdings nicht gänzlich

---

48 Die »Subprimekrise« in 2007 beruhte auf einem kontinuierlichen Anstieg der Leitzinsen in den USA ab dem Jahr 2004 und weitete sich spätestens mit der Insolvenz von Lehman Brothers in 2008 zur »Finanzmarktkrise« aus (→ AT 4.3.3 Tz. 3). Unter dem Begriff »Finanzmarktkrise« wird im Kommentar auf diese Krise abgestellt. In Abgrenzung zu anderen Krisenereignissen wird die Finanzmarktkrise von 2007 bis 2009 in neueren Veröffentlichungen auch als die »Große Finanzkrise« (»Great Financial Crisis«, GFC) bezeichnet. Vgl. Basel Committee on Banking Supervision, Principles for Operational Resilience, BCBS 516, 31. März 2021, S. 1.

49 »There is little doubt that one of the roots of the subprime crisis has been a lack of understanding of the burgeoning array of complex structured products, leading to an over-reliance on ratings as a proxy for asset quality.« Institute of International Finance, Final Report of the IIF Committee on Market Best Practices: Principles of Conduct and Best Practice Recommendations – Financial Services Industry Response to the Market Turmoil of 2007–2008, 21. Juli 2008, S. 15 f.

50 Vgl. Financial Stability Forum, Report of the Financial Stability Forum on Enhancing Market and Institutional Resilience, 7. April 2008, S. 8.

neu: Bereits zuvor war die ausschließliche Verwendung externer Quellen bei der Kreditentscheidung nur möglich, soweit auf ihrer Grundlage eine »sachgerechte Beurteilung der Risiken« erfolgen konnte. Demzufolge musste sich ein Institut eigentlich auch schon vor der Finanzmarktkrise Gedanken darüber machen, ob die Beurteilung der für das Adressenausfallrisiko eines Kreditengagements bedeutsamen Aspekte allein mit Hilfe externer Bonitätseinschätzungen erfolgen kann. Vor diesem Hintergrund hat die seit der zweiten MaRisk-Novelle geltende Formulierung eher betonenden bzw. klarstellenden Charakter.

6.3 Alternative Vorgehensweisen

Die Anforderung eröffnet reichlich Spielraum für Interpretationen. Eine strenge Auslegung des Wortlautes hätte zur praktischen Konsequenz, dass bestimmte Geschäfte nicht mehr durchgeführt werden könnten. So würde der bei einer Vielzahl von Underlyings an eine perfekte Durchschau geknüpfte Aufwand zweifelsohne grenzenlose Dimensionen annehmen. Wenig sinnvoll erscheint auf der anderen Seite die Fortführung einer Praxis, die ausschließlich auf externe Bonitätseinschätzungen abstellt. Dies würde letztlich darauf hinauslaufen, bittere Erfahrungen aus der Finanzmarktkrise zu ignorieren (siehe Abbildung 63). **93**

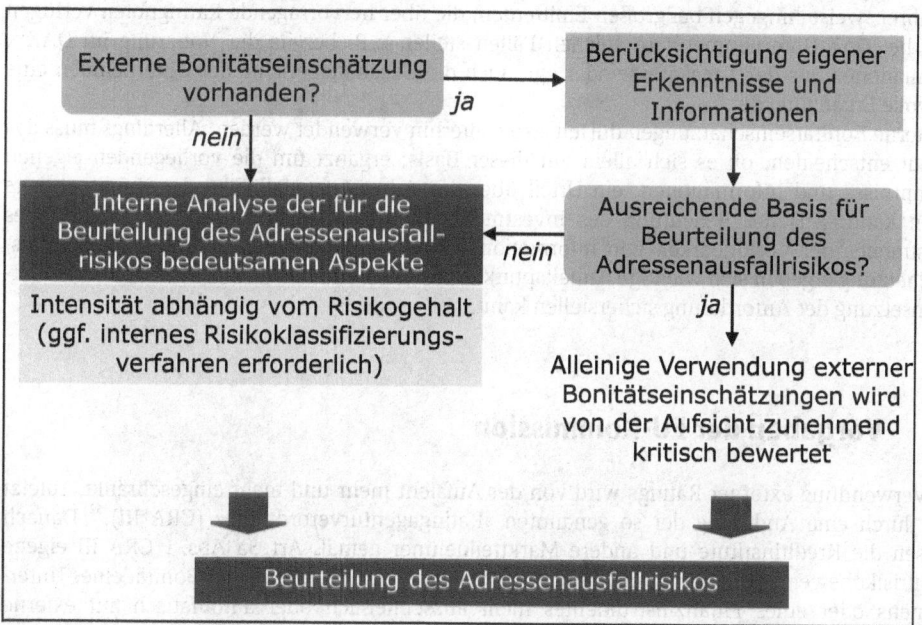

Abb. 63: Verwendung externer Bonitätseinschätzungen

Im MaRisk-Fachgremium wurde vor diesem Hintergrund über verschiedene Alternativen diskutiert, die sich beim Rückgriff auf externe Bonitätseinschätzungen als zweckmäßig erweisen können. Den Anforderungen kann demzufolge – abhängig vom Einzelfall – auf unterschiedliche Weise Rechnung getragen werden. Die folgende Liste umfasst eine beispielhafte Aufzählung von **94**

Informationsquellen, auf die für die Zwecke einer ergänzenden Beurteilung zurückgegriffen werden kann. Sie ist daher nicht abschließend:

- Geschäftsberichte, Emissionsprospekte oder in den Medien verbreitete Unternehmensnachrichten,
- öffentlich erhältliche oder selbst verfasste Analysen, die bei größeren Instituten häufig von den volkswirtschaftlichen Abteilungen erstellt werden (z. B. Branchen- oder Länderreports),
- »Credit Spreads«, also die Prämien, die für Credit Default Swaps gezahlt werden, um sich gegen Ausfälle von Schuldnern versichern zu lassen; entsprechende Daten werden von professionellen Datenagenturen (z. B. Reuters, Bloomberg oder Markit) gesammelt und gegen Entgelt veröffentlicht,
- Bonitätseinschätzungen anderer Ratingagenturen, um die ggf. unterschiedlichen Ratingnoten miteinander zu vergleichen; risikobewusste Institute entscheiden sich für die schlechteste Einstufung,
- Analyse der Methoden, nach denen die Ratingagenturen ihre Bonitätseinschätzungen festlegen.

95 Im Einzelfall kann auch eine Durchschau von Vorteil sein. So ist es z. B. im Hinblick auf bedeutende Emittenten im Bereich »Non-Investment-Grade« üblich, dass Institute eine reguläre Kreditbearbeitung durchführen, also die eigene Beurteilung ganz klar gegenüber der externen Beurteilung im Vordergrund steht (→ BTR 1 Tz. 4). Weniger zweckmäßig erscheint eine derartige Verfahrensweise hingegen bei großen Emittenten, die über hervorragende Ratingnoten verfügen (z. B. bei DAX-Unternehmen). In solchen Fällen stellen z. B. bereits die Notierung im DAX[51], Informationen aus der Tagespresse oder ggf. auch die Geschäftsberichte der Unternehmen eine sinnvolle Ergänzung dar.

96 Externe Bonitätseinschätzungen dürfen also weiterhin verwendet werden. Allerdings muss das Institut entscheiden, ob es sich allein auf dieser Basis, ergänzt um die vorliegenden eigenen Erkenntnisse und Informationen, ein Urteil über das Adressenausfallrisiko des Kreditnehmers bilden kann. Aus der Bedeutung des Investments für das eigene Institut, der Eigenart des Investments, der Verfügbarkeit von Informationen sowie letztlich auch der externen Bonitätseinschätzung ergeben sich wichtige Anhaltspunkte, anhand derer das Institut eine risikoorientierte Umsetzung der Anforderung sicherstellen kann.

6.4 Vorgaben der EU-Kommission

97 Die Verwendung externer Ratings wird von der Aufsicht mehr und mehr eingeschränkt, zuletzt z. B. durch eine Änderung der so genannten »Ratingagenturverordnung« (CRA III).[52] Danach müssen die Kreditinstitute und andere Marktteilnehmer gemäß Art. 5a Abs. 1 CRA III eigene Kreditrisikobewertungen vornehmen und dürfen sich bei der Bewertung der Bonität eines Unternehmens oder eines Finanzinstrumentes nicht ausschließlich oder automatisch auf externe Ratings stützen. Die zuständigen Aufsichtsbehörden sollen nach Art. 5a Abs. 2 CRA III unter Proportionalitätsgesichtspunkten die Angemessenheit der Kreditrisikobewertungsverfahren überwachen, die Verwendung von vertraglichen Bezugnahmen auf Ratings bewerten und ggf. in

---

51 In dieser Hinsicht sei allerdings auf den Fall des insolventen Zahlungsabwicklers Wirecard AG hingewiesen, der im August 2020 seinen Platz im DAX verloren hatte. Diese Insolvenz hatte weitreichende Auswirkungen, bis hin zu einer Neuausrichtung der Bundesanstalt für Finanzdienstleistungsaufsicht (BaFin).

52 Verordnung (EU) Nr. 462/2013 (Ratingagenturverordnung – CRA III) des Europäischen Parlaments und des Rates vom 21. Mai 2013 zur Änderung der Verordnung (EG) Nr. 1060/2009 über Ratingagenturen, Amtsblatt der Europäischen Union vom 31. Mai 2013, L 146/1–33.

Übereinstimmung mit bestimmten sektoralen Rechtsvorschriften Anreize setzen, um die Auswirkungen solcher Bezugnahmen abzumildern und den ausschließlichen oder automatischen Rückgriff auf Ratings zu verringern.

Die europäischen Aufsichtsbehörden (EBA, ESMA und EIOPA) dürfen laut Art. 5b Abs. 1 CRA III **98** in ihren Leitlinien, Empfehlungen und Entwürfen technischer Standards nicht auf Ratings Bezug nehmen, wenn eine solche Bezugnahme Anlass sein könnte, sich ausschließlich und automatisch auf Ratings zu stützen. Bis zum 31. Dezember 2013 sollten EBA, ESMA und EIOPA diese Bezugnahmen sogar in bestehenden Leitlinien und Empfehlungen überprüfen und ggf. entfernen.[53] Auch der Europäische Ausschuss für Systemrisiken (ESRB) darf gemäß Art. 5b Abs. 2 CRA III in seinen Warnungen und Empfehlungen nicht auf Ratings Bezug nehmen, wenn eine solche Bezugnahme Anlass sein könnte, sich ausschließlich und automatisch auf Ratings zu stützen. Schließlich soll die EU-Kommission nach Art. 5c CRA III weiterhin überprüfen, ob es im Unionsrecht entsprechende Bezugnahmen auf Ratings gibt. Das Ziel bestand darin, bis zum 1. Januar 2020 alle Vorschriften im Unionsrecht zu streichen, die die Nutzung oder Abgabe von Ratings zu aufsichtsrechtlichen Zwecken erfordern oder gestatten, sofern geeignete Alternativen für die Bewertung des Kreditrisikos gefunden und umgesetzt worden sind.

6.5 Externe Beurteilung von Nachhaltigkeitsrisiken

Seitens der BaFin ist es ausdrücklich gestattet, zur Analyse von Nachhaltigkeitsrisiken die in der **99** Praxis bereits verfügbaren Tools zu verwenden, wobei damit eher auf spezielle »ESG-Ratings« abgestellt wird und sich diese Tools neben der Risikoinventur vorrangig für die Portfolioanalyse eignen (→ AT 2.2 Tz. 2). Inwieweit diese Erkenntnisse zukünftig im Rahmen der Kreditentscheidung oder der Preisgestaltung eine stärkere Rolle spielen, lässt sich derzeit noch nicht genau einschätzen. Bei deren Verwendung muss ein Institut die Ergebnisse jedenfalls ebenso hinterfragen und dabei die eigenen Erkenntnisse und Informationen nutzen. Die Institute sollten zudem eine angemessene Plausibilisierung der Ergebnisse vornehmen und dabei insbesondere die Aspekte der Nachhaltigkeit von denen der Bonität oder des Kreditrisikos unterscheiden (→ BTO 1.4 Tz. 1).[54]

---

53 Der gemeinsame Ausschuss der drei europäischen Aufsichtsbehörden hat im Dezember 2016 einen entsprechenden Bericht vorgelegt. Vgl. Joint Committee of the European Supervisory Authorities, Final Report on Good Supervisory Practices for Reducing Mechanistic Reliance on Credit Ratings, JC 2016 71, 20. Dezember 2016.

54 Vgl. Bundesanstalt für Finanzdienstleistungsaufsicht, Merkblatt zum Umgang mit Nachhaltigkeitsrisiken, 20. Dezember 2019, geändert am 13. Januar 2020, S. 39.

7 Objekt- bzw. Projektfinanzierungen (Tz. 7)

100   **7** Bei Objekt-/Projektfinanzierungen ist im Rahmen der Kreditbearbeitung sicherzustellen, dass neben der wirtschaftlichen Betrachtung insbesondere auch die technische Machbarkeit und Entwicklung sowie die mit dem Objekt/Projekt verbundenen rechtlichen Risiken in die Beurteilung einbezogen werden. Dabei kann auch auf die Expertise einer vom Kreditnehmer unabhängigen sach- und fachkundigen Organisationseinheit zurückgegriffen werden. Soweit externe Personen für diese Zwecke herangezogen werden, ist vorher deren Eignung zu überprüfen. In unter Risikogesichtspunkten festzulegenden Abständen sind während der Entwicklungsphase des Projektes/Objektes Besichtigungen und Bautenstandskontrollen durchzuführen.

7.1 Besonderheiten von Objekt- und Projektfinanzierungen

101   Unter Objekt-/Projektfinanzierungen werden Finanzierungen solcher Objekte bzw. Projekte verstanden, deren Rückzahlungen sich in erster Linie aus den durch die finanzierten Vermögenswerte generierten Einkünften und nicht aus der unabhängigen Kapitaldienstfähigkeit des Kreditnehmers speist (→ BTO 1.2 Tz. 7, Erläuterung). Bei Objekt- bzw. Projektfinanzierungen handelt es sich folglich um Finanzierungen sich selbst tragender Wirtschaftseinheiten. Die Tilgung und Verzinsung der Kredite hängt bei diesen Finanzierungsformen maßgeblich von den aus dem Objekt bzw. Projekt erwirtschafteten Rückflüssen (dem prognostizierten Cashflow) ab. Bei der Beurteilung der Risiken steht daher der aus dem Objekt bzw. Projekt generierte Cashflow im Vordergrund der Betrachtung. Zu den geläufigsten Objekt- bzw. Projektfinanzierungen gehören z.B. Finanzierungen von Kraftwerken, Schiffen und Flugzeugen, Bauträgerfinanzierungen oder Infrastrukturmaßnahmen, wie der Bau von Autobahnen. Dies ist jedoch nur ein Ausschnitt aus der Vielzahl möglicher Erscheinungsformen.

102   Als Kreditnehmer treten i.d.R. nicht die Initiatoren des Objektes bzw. Projektes auf, sondern vielmehr Objekt- oder Projektgesellschaften, die für die Realisierung des Objektes bzw. Projektes verantwortlich sind und eigens für diese Zwecke gegründet wurden. Darüber hinaus rücken technische Aspekte im Zusammenhang mit der Machbarkeit und der Entwicklung von Objekten bzw. Projekten in den Vordergrund. Schließlich spielen rechtliche Fragen eine besondere Rolle. Das gilt vor allem dann, wenn Objekte bzw. Projekte im Ausland finanziert werden. Es ist daher erforderlich, dass bei der Beurteilung der Risiken neben wirtschaftlichen Gesichtspunkten auch technische und rechtliche Aspekte beachtet werden.

7.2 Spezialisierte Abteilungen

103   In der Praxis setzen die Institute nicht selten hoch spezialisierte Teams ein, die alle mit der Objekt-/Projektfinanzierung anfallenden Tätigkeiten einschließlich der Initiierung der Geschäfte in einer Organisationseinheit durchführen. Zu diesen Tätigkeiten gehören z.B. die Kunden- bzw. die Objekt-/Projektbetreuung und die laufende Überwachung der Objekte bzw. Projekte. Diese Einheiten sind als Geschäftsinitiatoren zwingend dem Bereich Markt zuzuordnen (→ BTO Tz. 2).

Da es sich bei derartigen Finanzierungen grundsätzlich immer um risikorelevante Geschäfte handelt, sind auch zwei Voten einzuholen (→ BTO 1.1 Tz. 2). Sofern die bereits im Markt durchgeführten Tätigkeiten von der Marktfolge im Rahmen der Kreditentscheidung komplett wiederholt werden müssten, wären die Kosten in diesem Geschäftsbereich aufgrund des erforderlichen Spezialisierungsgrades der Mitarbeiter unverhältnismäßig hoch. Eine derartige Verfahrensweise ist bei Objekt-/Projektfinanzierungen nicht erforderlich. Dem marktunabhängigen Votum muss jedoch zumindest eine materielle Plausibilitätsprüfung zugrunde liegen (→ BTO 1.1 Tz. 2, Erläuterung).

7.3 Wirtschaftliche Betrachtung des Objektes/Projektes

Die wirtschaftliche Betrachtung kann z.B. folgende Aspekte beinhalten (→ BTO 1.2 Tz. 7, Erläuterung): **104**
- Projektanalyse,
- Finanzierungsstruktur/Eigenkapitalquote,
- Sicherheitenkonzept sowie
- Vor- und Nachkalkulation.

Die Projektanalyse im engeren Sinne beinhaltet insbesondere die Einschätzung des zukünftigen, aus dem Projekt zu erwartenden Cashflows, d.h. des aus dem Projekt voraussichtlich zu generierenden Zahlungsüberschusses, da dieser die Rückzahlung und Verzinsung des Kredites gewährleisten muss. Die Bedienung des Kredites ist also stark an den Erfolg des Investitionsobjektes geknüpft. Dementsprechend werden bei der Analyse des Projektes alle Risiken zu prüfen sein, die sich in negativer Weise auf die betragsmäßige und zeitliche Struktur der Zahlungsrückflüsse auswirken können. Gegebenenfalls kann es zweckmäßig sein, im Rahmen einer Sensitivitätsanalyse die Auswirkungen auf den zukünftigen Cashflow zu überprüfen. **105**

Von besonderer Bedeutung sind in diesem Zusammenhang eine vernünftige Finanzierungsstruktur sowie eine angemessene Eigenkapitalquote. Eine extrem knappe Kalkulation der Cashflows unter Einbeziehung des gesamten verfügbaren Eigenkapitals könnte schon bei geringen Abweichungen zu Problemen führen. Reserven beim Eigenkapital dienen insbesondere als Puffer, um Anlaufschwierigkeiten, die im Rahmen einer Bauträgerfinanzierung z.B. aus einem im Vorfeld zu optimistisch eingeschätzten Preis- oder Mietniveau resultieren, ohne zusätzlichen Finanzbedarf ausgleichen zu können. **106**

Nach den Vorstellungen der EBA sollten die Institute Rückstellungen für Kostenüberschreitungen einbeziehen. Sie sollten darüber hinaus die Höhe der Barreserven und das Liquiditätsprofil des Kreditnehmers und der Eigenkapitalgeber bewerten, um sicherzustellen, dass sie in der Lage sind, ggf. unvorhergesehene Reserven für Kostenüberschreitungen und Verzögerungen, die über die Rückstellungssumme hinausgehen, zu finanzieren.[55] **107**

Möglicherweise werden im Rahmen der siebten MaRisk-Novelle Anforderungen ergänzt, die sich speziell auf syndizierte Transaktionen (Konsortialkredite) oder »Club-Deals«[56] beziehen. Die EBA empfiehlt den beteiligten Instituten, ein Pfandrecht auf alle Vermögenswerte des Projektes **108**

---

55 Vgl. European Banking Authority, Leitlinien für die Kreditvergabe und Überwachung, EBA/GL/2020/06, 29. Mai 2020, S. 43.
56 Bei einem »Club-Deal« schließen sich mehrere Anleger zusammen, um eine Immobilieninvestition gemeinsam durchzuführen, für die den einzelnen Anlegern ansonsten die finanziellen Mittel fehlen würden. Dadurch wird i.d.R. nur ein geringer Anteil Fremdkapital benötigt (»Mezzanine-Finanzierung«). Im Gegensatz zur Beteiligung an einem Immobilienfonds sind die Anleger an allen Entscheidungen rund um die Investition aktiv beteiligt. Meistens geht es dabei um Projektentwicklungen mit einer überschaubaren Laufzeit, wobei die finanzierten Objekte nach der Fertigstellung entweder verkauft oder vermietet werden.

sowie die gegenwärtigen und künftigen Cashflows und Konten bzw. ein Pfandrecht an den Anteilen einer dafür ggf. gebildeten Zweckgesellschaft zu vereinbaren. Der Zugang zu den verpfändeten Geldern oder Vermögenswerten sollte durch Vereinbarungen zwischen den Kreditgebern geregelt werden. Zusätzlich zur Prüfung der Kreditwürdigkeit des Kreditnehmers sollten die Institute die am Projekt beteiligten Eigenkapitalgeber bewerten, insbesondere deren Finanzlage, die relevanten Fachkenntnisse und Erfahrungen mit ähnlichen Projekten sowie deren Fähigkeit und Bereitschaft, das Projekt während seiner gesamten Laufzeit zu unterstützen.[57]

109   Neben den Cashflows stehen bei Bedarf zusätzlich auch die von den Initiatoren gestellten Sicherheiten zur Verfügung, auf die im Verwertungsfall direkt und schnell zugegriffen werden kann. Das Sicherheitenkonzept spielt daher im Rahmen von Objekt-/Projektfinanzierungen eine wichtige Rolle. Die Fokussierung auf die Sicherheiten erlangt vor allem dann einen besonders hohen Stellenwert, wenn das zu erstellende Objekt die einzige Sicherheit darstellt. Dies ist z. B. bei einer Bauträgerfinanzierung der Fall. Voraussichtlich geringe Verwertungserlöse bei halbfertigen Objekten/Projekten sollten angemessen berücksichtigt werden. Bei Infrastrukturmaßnahmen, wie z. B. dem Autobahnbau, liegen zumeist staatliche Garantien vor, die ebenfalls mit in die Betrachtung einfließen können.

110   Schließlich sollte die Projektleitung über ein geeignetes betriebswirtschaftliches Instrumentarium verfügen, um die Risiken des Projektes zu überwachen und zu steuern. Dazu gehören vor allem geeignete Projektmanagement- und -controllingsysteme, um die Kostenentwicklung – z. B. im Hinblick auf einzelne Bauphasen – jederzeit überblicken zu können. Das Institut hat diese Vor- und Nachkalkulationen einer fundierten Plausibilitätsprüfung zu unterziehen. Naturgemäß kommt auch der Kreditverwendungskontrolle (→ BTO 1.2.2 Tz. 1) bei Objekt-/Projektfinanzierungen eine besondere Bedeutung zu, z. B. im Hinblick auf die Finanzierung einzelner Projektabschnitte. Auch das Controlling in der Betriebsphase sollte vor dem Hintergrund der dann nur noch beschränkten Eingriffsmöglichkeiten nicht vernachlässigt werden, um insbesondere in den ersten Betriebsjahren auftretende Schwierigkeiten rechtzeitig zu erkennen.

111   Ebenfalls zu beachten sind z. B. Mängelgewährleistungs- und Fertigstellungsrisiken, aber auch Risiken, die sich aus einem unzureichenden Vermarktungskonzept ergeben können. Verfahrensrisiken beziehen sich auf die Art der jeweiligen Verfahrens- oder Herstellungsprozesse, die Verfügbarkeit von entsprechend qualifiziertem Personal oder ggf. vorhandene Konstruktionsschwächen.

7.4   Technische Machbarkeit und Entwicklung

112   Neben der wirtschaftlichen Situation des Projektes/Objektes sind insbesondere auch die technische Machbarkeit und Entwicklung zu beurteilen. Dies ist unmittelbar einsichtig, da bei mangelnder technischer Machbarkeit ein Projekt – und damit auch der Erfolg der Finanzierung – von Beginn an zum Scheitern verurteilt ist. Die technische Machbarkeit ergibt sich in vielen Fällen bereits aus der Genehmigung des Projektes/Objektes. Entsprechende Unterlagen sollte sich das Institut vom Kreditnehmer vorlegen lassen. Einen Eindruck über den Fortgang der Projektrealisierung kann sich das Institut auch im Rahmen der Besichtigungen oder Bautenstandskontrollen verschaffen (→ BTO 1.2 Tz. 7, Erläuterung). Diese sind aufgrund ergänzender Vorgaben der fünften MaRisk-Novelle in unter Risikogesichtspunkten festzulegenden Abständen bereits während der Entwicklungsphase des Projektes/Objektes durchzuführen.

---

57 Vgl. European Banking Authority, Leitlinien für die Kreditvergabe und Überwachung, EBA/GL/2020/06, 29. Mai 2020, S. 43.

Die Beurteilung der technischen Entwicklung eines Projektes sollte in regelmäßigen Abständen erfolgen. Dadurch kann vermieden werden, dass das Institut von Ereignissen überrascht wird, die den Erfolg des Projektes ernsthaft gefährden können, wie z. B. dem Konkurs des Bauunternehmens bei Projekten mit festem Übergabetermin. Besichtigungen tragen zusätzlich dazu bei, die von der Projektgesellschaft oder dem Architekten vorgelegten Unterlagen und die darauf aufbauende Bauplanung und -durchführung aus Sicht des Institutes plausibler zu machen.   **113**

Die Aufsicht hat im Fachgremium MaRisk klargestellt, dass auch bei einfachen Projekten mit kurzer Bauphase und wenigen Gewerken nicht komplett auf eine Besichtigung und Bautenstandskontrolle verzichtet werden kann, weder während der Entwicklungsphase des Projektes/Objektes noch nach Abschluss des Bauvorhabens. Die Aufsicht erwartet lediglich, dass die Institute die Abstände risikoorientiert festlegen, also z. B. in Abhängigkeit von der Komplexität und der Dauer des Projektes/Objektes, um in einem möglichst frühen Stadium auftretende Schwierigkeiten rechtzeitig zu erkennen.[58]   **114**

7.5   Rechtliche Risiken

Wegen der häufig komplexen Finanzierungen hat die Beurteilung der mit dem Objekt/Projekt verbundenen rechtlichen Risiken im Rahmen der Kreditbearbeitung eine besondere Bedeutung. Im internationalen Objekt- bzw. Projektfinanzierungsgeschäft können sich derartige Risiken allein aus der Tatsache ergeben, dass die vertraglichen Vereinbarungen auf einer ausländischen Rechtsordnung basieren. Institute schalten daher häufig internationale Rechtsanwaltskanzleien ein, von denen die vertraglichen Vereinbarungen im Hinblick auf mögliche Rechtsrisiken analysiert werden.   **115**

Rechtsrisiken müssen sich jedoch nicht ausschließlich aus dem Vertragswerk ergeben. Sie können auch dann schlagend werden, wenn geplante Baumaßnahmen nicht im Einklang mit einschlägigen Bauvorschriften stehen. Es ist daher wichtig, dass sich das Institut im Vorfeld ein Bild über alle für die Finanzierung maßgeblichen einschlägigen rechtlichen Regelungen im Ausland verschafft. Dies gilt natürlich auch für Aktivitäten im Inland. Vor allem im Bereich der Bauträgerfinanzierung sind umfassende Regelwerke zu beachten, wie z. B. die Makler- und Bauträgerverordnung (MaBV).[59] Darüber hinaus sind u. a. die jeweiligen Landesbauordnungen, Bebauungspläne und einschlägigen DIN-Normen zu berücksichtigen.   **116**

Die Generierung von Einkünften aus der Objekt-/Projektfinanzierung kann z. B. auch durch eine Preis- oder Renditeregulierung oder durch bestimmte Umweltvorschriften eingeschränkt werden.[60] Ein Beispiel für derartige Regularien ist das Gesetz für den Ausbau erneuerbarer Energien, demzufolge im Interesse des Klima- und Umweltschutzes eine nachhaltige Entwicklung der Energieversorgung ermöglicht, die volkswirtschaftlichen Kosten der Energieversorgung auch durch die Einbeziehung langfristiger externer Effekte verringert, fossile Energieressourcen geschont und die Weiterentwicklung von Technologien zur Erzeugung von Strom aus erneuerbaren Energien gefördert werden sollen.[61] Hinsichtlich der Umweltvorschriften ist ein Blick in die Zukunft schwierig, weil derartige Regularien insbesondere davon abhängen, wie zeitnah und mit welcher Konsequenz auf die Herausforderungen unserer Zeit, insbesondere durch den Klimawandel, vom Gesetzgeber reagiert wird.   **117**

---

58 Vgl. Bundesanstalt für Finanzdienstleistungsaufsicht, Protokoll der Sitzung des MaRisk-Fachgremiums am 5. November 2018, S. 6.
59 Verordnung über die Pflichten der Immobilienmakler, Darlehensvermittler, Bauträger, Baubetreuer und Wohnimmobilienverwalter (Makler- und Bauträgerverordnung – MaBV) in der Fassung der Bekanntmachung vom 7. November 1990 (BGBl. I S. 2479), die zuletzt durch Artikel 1 der Verordnung vom 9. Mai 2018 (BGBl. I S. 550) geändert worden ist.
60 Vgl. European Banking Authority, Leitlinien für die Kreditvergabe und Überwachung, EBA/GL/2020/06, 29. Mai 2020, S. 43.
61 Gesetz für den Ausbau erneuerbarer Energien (Erneuerbare-Energien-Gesetz – EEG 2021) vom 21. Juli 2014 (BGBl. I S. 1066), das zuletzt durch Artikel 11 des Gesetzes vom 16. Juli 2021 (BGBl. I S. 3026) geändert worden ist.

7.6 Rückgriff auf internes oder externes Expertenwissen

118   Es wurde bereits an mehreren Stellen betont, dass dem speziellen Expertenwissen insbesondere im Bereich der Objekt-/Projektfinanzierungen ein ganz erheblicher Stellenwert zukommt. Von der Qualität solcher Expertisen hängen maßgeblich die Kreditentscheidung und unter Umständen der Erfolg der gesamten Finanzierung ab. Es ist daher von außerordentlicher Bedeutung, dass das Institut auf das erforderliche Spezialwissen zurückgreifen kann. Soweit das Institut dieses Spezialwissen wegen begrenzter interner Ressourcen nicht selbst vorhalten kann, sind externe Stellen einzuschalten. Infrage kommen z. B. für die jeweilige Finanzierungsart geeignete Gutachter.

119   Dabei muss sichergestellt sein, dass die Beurteilung unabhängig vom Kreditnehmer erfolgt. Das ist im Fall einer entsprechenden Organisationseinheit des Institutes aufgrund entsprechender organisatorischer Vorkehrungen normalerweise gewährleistet. Hingegen waren im Hinblick auf die Tätigkeit der beauftragten sach- und fachkundigen externen Personen in der Vergangenheit nicht selten Interessenkonflikte zu registrieren, wenn zwischen dem Kreditnehmer und der beauftragten Stelle eine allzu enge Beziehung bestand. So wurden Gefälligkeitsgutachten erstellt, die die tatsächliche Situation zum Schaden des Institutes entweder verzerrt oder falsch dargestellt haben. Es ist daher darauf zu achten, dass auf externe Stellen zurückgegriffen wird, die vom Kreditnehmer unabhängig sind (→ BTO 1.2 Tz. 3).

7.7 Überprüfung der Eignung externer Stellen

120   Das Institut hat vor der Einschaltung von externen Personen deren Eignung zu überprüfen (→ BTO 1.2 Tz. 3). Diese Überprüfungen müssen auf der Grundlage verschiedener Kriterien durchgeführt werden. Dabei kann z. B. auf die Qualifikation, die Referenzen, die Reputation, die Erfahrungen oder die Standortkenntnisse der beauftragten Personen abgestellt werden. Da in ähnlicher Weise auch im Rahmen von Auslagerungen eine regelmäßige Beurteilung der Leistung des Auslagerungsunternehmens anhand vorzuhaltender Kriterien erfolgen muss (→ AT 9 Tz. 9), empfiehlt sich eine Abstimmung dieser beiden Prozesse. Denkbar ist in diesem Zusammenhang auch die Einrichtung eines Verfahrens zur Gutachtereignungsprüfung. Vor allem bei renommierten Anwaltskanzleien, aber auch bei anderen externen Beratern, die ihre Eignung bereits nachdrücklich unter Beweis gestellt haben, werden solche Überprüfungen allerdings nur von geringem Umfang oder überhaupt nicht erforderlich sein.

7.8 Schiffsfinanzierung

121   Die EBA hat relativ klare Vorstellungen von der Prüfung der Kreditwürdigkeit eines Kreditnehmers im Zusammenhang mit einer Schiffsfinanzierung. Dabei sollten die Institute u. a. das Verhältnis zwischen den Erträgen des Schiffes und den verbundenen Kosten bewerten, wobei die Kosten vor allem die Betriebsausgaben inkl. Versicherung, Löhnen, Wartung, Schmierölen und Zinsaufwand betreffen. Beurteilen sollten die Institute darüber hinaus das Verhältnis zwischen dem aktuellen Alter des Schiffes und seiner voraussichtlichen Nutzungsdauer sowie die Merkmale der Flotte des Kreditnehmers im Verhältnis zur weltweiten Flotte. Als Kriterien nennt die EBA den Umfang der Neubautätigkeit, die Anzahl der stillgelegten Schiffe, die Anzahl der abgewrackten Schiffe für jedes Segment und das Alter der Schiffe. Diese Kriterien bestimmen letztlich die überschüssige

Tonnage, d. h. den nicht benötigten Rauminhalt von Schiffen in Bruttoregistertonnen, und beeinflussen die Frachttarife. Schließlich sollen die Institute Schiffsbewertungen mit oder ohne Bewertungsabschlag (bei Verwendung als Rückzahlungsquelle) zur Bestimmung der Veräußerungskosten, des Zeitwertes des Geldes und von Unwägbarkeiten in Bezug auf die Liquidität und Marktfähigkeit des Vermögenswertes durchführen. Davon kann abgesehen werden, wenn Einzelbewertungen nicht möglich sind, weil die Schiffe als Teil einer größeren Flotte mit sehr unterschiedlichen Ertragsarten betrieben werden. In Betracht ziehen sollten die Institute zudem Angebot und Nachfrage auf dem Markt für den betreffenden Schiffstyp, gegenwärtige und künftige Arten von Handelsbeziehungen für den betreffenden Schiffstyp, die Notwendigkeit eines regressfreien Darlehens, eines verbürgten Darlehens oder einer langfristigen Charter mit einem akzeptablen Endnutzer und ob der Schiffseigner andere Sicherheiten stellen kann, wie z. B. Abtretungen von Charterverträgen und Versicherungen, Belastungen von Anteilen und Barsicherheiten oder Hypotheken auf andere Vermögenswerte, wie Immobilien und Schwesterschiffe. Bei Schiffbaudarlehen sollten die Voraussetzungen dafür überprüft werden, wie ein plausibler Geschäftsplan, einschließlich einer Begründung der Entwicklung und einer Projektion aller verbundenen Kosten, der von einem unabhängigen Sachverständigen geprüft wurde, der Zugang zu Schiffbauern, Schiffbau- und anderen Ingenieuren sowie Schiffbauunternehmern sowie alle für den Bau erforderlichen Genehmigungen und Bescheinigungen oder die Fähigkeit, diese im Verlauf des Projektes noch zu beschaffen.[62]

---

62 Vgl. European Banking Authority, Leitlinien für die Kreditvergabe und Überwachung, EBA/GL/2020/06, 29. Mai 2020, S. 41 f.

8 Verwendung eines Risikoklassifizierungsverfahrens (Tz. 8)

122 **8** Abhängig vom Risikogehalt der Kreditgeschäfte sind sowohl im Rahmen der Kreditentscheidung als auch bei turnusmäßigen oder anlassbezogenen Beurteilungen die Risiken eines Engagements mit Hilfe eines Risikoklassifizierungsverfahrens zu bewerten. Eine Überprüfung der Risikoeinstufung ist jährlich durchzuführen.

8.1 Beurteilungen auf der Grundlage eines Risikoklassifizierungsverfahrens

123 Sowohl im Rahmen der Kreditentscheidung als auch bei turnusmäßigen und anlassbezogenen Beurteilungen sind die Risiken eines Engagements mit Hilfe eines Risikoklassifizierungsverfahrens (→ BTO 1.4) zu bewerten. Zumindest ist eine jährliche Überprüfung der Risikoeinstufung erforderlich. Unter dem Begriff »jährlich« versteht das MaRisk-Fachgremium die Formel »12 Monate plus x«, die eine flexible und risikoadäquate Ausgestaltung des Einstufungsprozesses ermöglicht.[63] In der Prüfungspraxis werden für »x« i. d. R. drei Monate toleriert, sofern damit keine kontinuierliche Verschiebung der Risikoeinstufung verbunden ist und insofern nicht alle fünf Jahre eine Bewertung ausgelassen wird (siehe Abbildung 64).

124 Die EZB räumt den bedeutenden Instituten für die Zwecke der Erneuerung des internen Ratings unter bestimmten Voraussetzungen und Wesentlichkeitsgesichtspunkten ebenfalls einen Übergangszeitraum von drei Monaten ein. Dieser Übergangszeitraum kann bei großvolumigen Risikopositionen, deren Ratingzuordnung auf externen Informationen (z. B. Abschlüssen) basiert, die möglicherweise nicht genau im Abstand von zwölf Monaten veröffentlicht werden bzw. verfügbar sind, oder bei außerordentlichen internen Hindernissen, die sich auf die zeitnahe Überprüfung der Ratingzuordnung auswirken, angewandt werden. Um zu gewährleisten, dass die Anforderungen zeitnah wieder erfüllt werden, sind angemessene Überwachungs- und Melderichtlinien sowie Eskalationsverfahren vorzuhalten. Außerdem sind Einschränkungen bei der Kreditgewährung oder der Übertragung von Kreditbewilligungsbefugnissen für Geschäftspartner vorzusehen, deren Rating in den Übergangszeitraum fällt. Nach Ablauf dieser drei Monate soll ein konservativer Ansatz angewandt werden, wie etwa eine zeitabhängige Herabstufung veralteter Ratings und mindestens die Anwendung des schlechtesten Lebendratings bei Risikopositionen ohne Rating.[64]

125 Sowohl die deutsche Aufsicht als auch die EZB stellen mit ihren Vorgaben auf die Anforderungen der CRR ab. Nach Art. 173 Abs. 1 lit. b CRR müssen die Institute bei Risikopositionen gegenüber Unternehmen, Instituten, Zentralstaaten und Zentralbanken sowie bei Beteiligungspositionen, für die der PD-/LGD-Ansatz nach Art. 155 Abs. 3 CRR angewendet wird, die Zuordnungen turnusmäßig mindestens einmal jährlich überprüfen und ggf. anpassen, bei Schuldnern mit hohem Risiko und problembehafteten Risikopositionen in kürzeren Intervallen. Außerdem muss eine neue Zuordnung anlassbezogen vorgenommen werden, wenn wesentliche Informationen über den Schuldner oder die Risikoposition bekannt werden. Nach Art. 173 Abs. 2 CRR müssen die

---

63 Vgl. Bundesanstalt für Finanzdienstleistungsaufsicht, Protokoll der zweiten Sitzung des MaRisk-Fachgremiums am 17. August 2006, S. 3.

64 Vgl. Europäische Zentralbank, Leitfaden der EZB zu internen Modellen – Kapitel General Topics, 15. März 2018, S. 42 f.

BTO 1.2 Anforderungen an die Prozesse im Kreditgeschäft

Institute bei Risikopositionen im Mengengeschäft mindestens einmal jährlich die Schuldner- und Fazilitäten-Zuordnungen bzw. die Verlusteigenschaften und den Verzugsstatus der einzelnen Risikopools anhand einer repräsentativen Stichprobe sowie den Status der einzelnen Risikopositionen innerhalb jedes Pools überprüfen und ggf. anpassen.

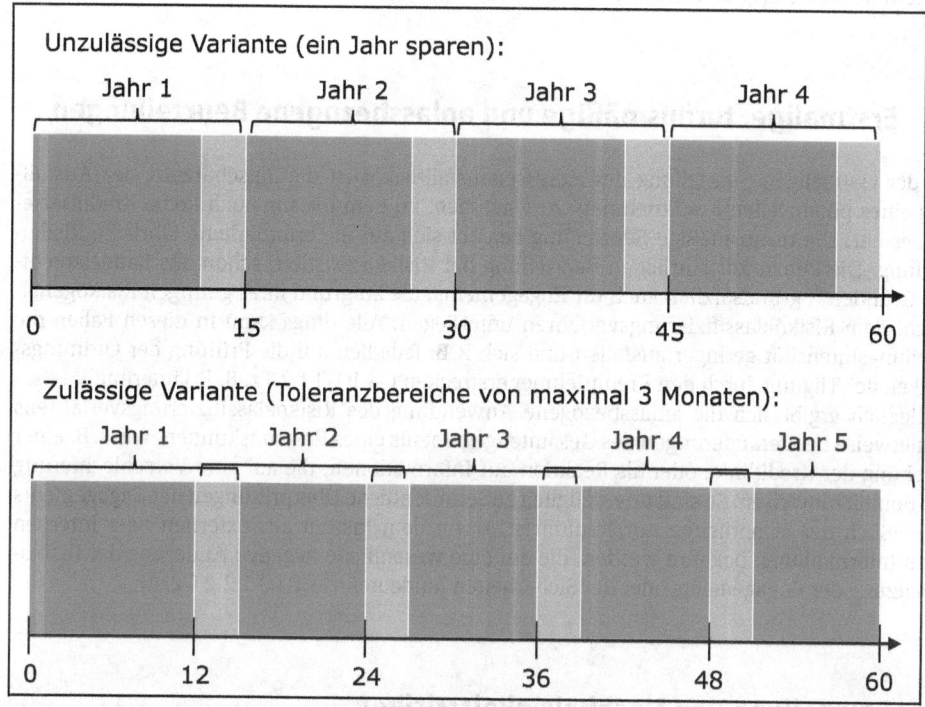

Abb. 64: Toleranzbereich für die jährliche Risikobewertung

Der Regelungszweck besteht letztlich darin, dass die regelmäßig vom Kreditnehmer einzureichenden Unterlagen nicht ungeprüft in den Kreditunterlagen abgelegt werden, sondern zur turnusmäßigen Risikobeurteilung auch tatsächlich herangezogen werden. Sofern also der zugestandene Toleranzbereich von drei Monaten im Einzelfall vom Institut überschritten wird, weil die dafür benötigten Unterlagen schlicht noch nicht vorliegen, sollte für die Risikobewertung ein hinreichend konservativer Ansatz gewählt werden, wie auch von der EZB gefordert. Eine rein formale Umsetzung dieser Anforderung trotz des Fehlens der dafür benötigten Unterlagen wäre hingegen nicht sinnvoll und liegt auch nicht im Interesse der deutschen Aufsicht. Bei zwischenzeitlichen Zeitüberschreitungen sollte das Institut jedoch den Nachweis erbringen können, dass die jährlich eingereichten Unterlagen des Kreditnehmers regelmäßig angefordert und ausgewertet werden. Es kommt insofern vor allem auf einen angemessenen Umgang mit den für die Risikobeurteilung erforderlichen Informationen an. **126**

Der Vorteil eines Risikoklassifizierungsverfahrens besteht darin, dass auf seiner Grundlage eine weitgehend objektivierbare und systematische Beurteilung des Adressenausfallrisikos ermöglicht wird. Ein Risikoklassifizierungsverfahren muss jedoch nicht bei allen Geschäften zur Anwendung kommen. Seine Anwendung hängt vielmehr vom Risikogehalt der Kreditgeschäfte ab. Diese Erleichterung ist insbesondere für Geschäftsarten sinnvoll, bei denen die Beschaffung der für die Anwendung eines derartigen Verfahrens notwendigen Informationen unter Umständen schwierig **127** oder unter betriebswirtschaftlichen Gesichtspunkten ineffizient wäre. So werden im Hinblick auf die Beurteilung der Adressenausfallrisiken auch andere Möglichkeiten eingeräumt. Risikobeurteilungen können sowohl bei der Kreditvergabe als auch im Rahmen der Kreditweiterbearbeitung ebenso auf der Grundlage einer Kreditwürdigkeitsanalyse oder eines vereinfachten Verfahrens durchgeführt werden (→ BTO 1.2.1 Tz. 1 und BTO 1.2.2 Tz. 2).

8.2 Erstmalige, turnusmäßige und anlassbezogene Beurteilungen

128   Unter der erstmaligen Beurteilung des Adressenausfallrisikos ist die Einschätzung des Ausfallrisikos eines potenziellen Kreditnehmers zu verstehen, zu dem bislang noch keine Kreditbeziehung besteht. Die turnusmäßige Beurteilung bezieht sich auf die erforderliche jährliche Risikoeinstufung. Die Pflicht zur jährlichen Beurteilung der Risiken existiert, schon aus handelsrechtlichen Gründen[65], grundsätzlich auch für Engagements, die aufgrund ihres geringen Risikogehaltes nicht dem Risikoklassifizierungsverfahren unterliegen. Allerdings kann in diesen Fällen die Beurteilungsintensität geringer ausfallen und sich z.B. lediglich auf die Prüfung der Ordnungsmäßigkeit der Tilgung durch den Kreditnehmer erstrecken (→ BTO 1.2 Tz. 8, Erläuterung).

129   Schließlich ergibt sich die anlassbezogene Anwendung des Risikoklassifizierungsverfahrens normalerweise bei Veränderungen des Gesamtengagements eines Bestandskunden, wie z.B. einer Ausweitung der Kreditlinie, oder als Reaktion auf Informationen, die auf eine Verschlechterung seiner Bonität hinweisen. So sind unverzüglich außerordentliche Überprüfungen der Engagements einschließlich der Sicherheiten durchzuführen, wenn dem Institut aus externen oder internen Quellen Informationen bekannt werden, die auf eine wesentliche negative Änderung der Risikoeinschätzung der Engagements oder der Sicherheiten hindeuten (→ BTO 1.2.2 Tz. 4).

8.3 Beurteilung von Nachhaltigkeitsrisiken

130   Geeignete Risikoklassifizierungsverfahren können auch zur Beurteilung von Nachhaltigkeitsrisiken eines Engagements[66] herangezogen werden. Es bleibt dabei den Instituten überlassen, ob sie diesen Prozess in bestehende Risikoklassifizierungsverfahren integrieren oder für diesen Zweck neue Verfahren einrichten (→ BTO 1.4 Tz. 1). Je nach Ausgestaltung dieser Verfahren können sie auch der Sicherstellung der Einhaltung gesetzlicher Nachhaltigkeitsanforderungen[67] und interner Vorgaben einschließlich etwaiger Ausschlusskriterien oder Limite (→ AT 4.3.2 Tz. 1), der Prüfung der Fähigkeit und Bereitschaft des Vertragspartners zu risikomindernden Maßnahmen, der Beurteilung der Qualität seines Nachhaltigkeitsmanagements und der eventuellen (vertraglichen) Vereinbarung entsprechender Risikominderungsmaßnahmen dienen.[68]

---

65 Gemäß § 252 Abs. 1 Nr. 3 HGB sind die im Jahresabschluss ausgewiesenen Vermögensgegenstände und Schulden zum Abschlussstichtag einzeln zu bewerten.

66 Die BaFin bezieht ihre Anforderungen jeweils auf den »Vertragspartner« bzw. das »Investitionsobjekt«. Damit wird deutlich, dass sich diese Anforderungen nicht nur auf die Beurteilung des Adressenausfallrisikos im Kreditgeschäft beziehen, sondern spiegelbildlich auch für die Analyse der Nachhaltigkeitsrisiken in Bezug auf ein Investitionsobjekt im Handelsgeschäft herangezogen werden können.

67 Die BaFin verweist dazu auf die »Offenlegungs-Verordnung«, nach der in Bezug auf nachhaltige Investitionen und Nachhaltigkeitsrisiken die Offenlegung der »Due-Diligence-Prozesse« im Hinblick auf wesentliche negative Auswirkungen von Anlageentscheidungen auf Nachhaltigkeitsfaktoren oder eine entsprechende Erklärung zur Nichtoffenlegung gefordert wird (→ Teil I, Kapitel 9).

68 Vgl. Bundesanstalt für Finanzdienstleistungsaufsicht, Merkblatt zum Umgang mit Nachhaltigkeitsrisiken, 20. Dezember 2019, geändert am 13. Januar 2020, S. 28.

9 Risikoadjustierte Konditionengestaltung (Tz. 9)

9 Zwischen der Einstufung im Risikoklassifizierungsverfahren und der Konditionengestal- 131
tung sollte ein sachlich nachvollziehbarer Zusammenhang bestehen.

9.1 Grenzen der Risikoadjustierung

Eine Kopplung der Risikoeinstufung an die jeweilige Konditionenpolitik liegt grundsätzlich im 132
Eigeninteresse jedes Institutes. Allerdings handelt es sich, wie in der »Sollte«-Formulierung zum
Ausdruck kommt, lediglich um eine Empfehlung der deutschen Aufsicht. Insofern wird durch diese
Anforderung keine risikoadjustierte Preisgestaltung im Kreditgeschäft erzwungen. Mit Blick auf die
heterogene Bankenlandschaft wäre eine derartige Forderung schon deshalb nicht durchgängig
umsetzbar, weil z.B. die Konditionen im Fördergeschäft teilweise durch den Richtliniengeber fixiert
werden, womit seitens der Förderbanken nur eingeschränkt Einflussmöglichkeiten bestehen. So
werden z.B. die wohnwirtschaftlichen Programme der KfW Bankengruppe, wie das KfW-Wohn-
eigentumsprogramm oder das KfW-CO_2-Gebäudesanierungsprogramm, von vornherein mit einem
maximalen Zinssatz aufgelegt, der bei Erfüllung der Fördervoraussetzungen auch im Fall tendenziell
hoher Risiken keine Spielräume nach oben lässt. Nicht risikoadjustierte Festlegungen von Kreditkonditionen sind weiterhin möglich und in einem gewissen Rahmen bei Spezialkreditinstituten
kaum zu vermeiden. Auch andere Gründe, wie z.B. »Cross Selling«-Überlegungen, die auf den
Verkauf ergänzender Produkte und Dienstleistungen abzielen, oder unerwünschte Folgeerscheinungen in der Problemkreditbearbeitung, können im Einzelfall gegen eine risikoorientierte Preisgestaltung sprechen. Um derartige Entscheidungen im Nachhinein besser nachvollziehen zu können,
empfiehlt es sich, die jeweiligen Gründe hierfür zu dokumentieren.

9.2 Sinn und Zweck der Empfehlung

Angesichts des verschärften Wettbewerbes zwischen den Instituten, der zunehmenden Mobilität 133
der Kunden und auch der technischen Errungenschaften, die zu einer immer größeren Transparenz auf den Märkten führen (z.B. über das Internet), wird kaum noch ein Institut daran
vorbeikommen, das jeweilige Risiko mit in die konkrete Preisgestaltung einfließen zu lassen.
Kunden mit guter Bonität sind in der heutigen Zeit immer weniger bereit, nicht risikogerechte
Preise für die Kapitalüberlassung zu bezahlen. Sie werden vielmehr mit jenen Instituten eine
Geschäftsbeziehung eingehen, die aus ihrer Sicht die günstigsten Konditionen anbieten. Dabei
wird es sich i.d.R. um Institute handeln, die diesen Kunden über risikoadjustierte Preissysteme
ihrer individuellen Bonität entsprechende Konditionen anbieten können. Dagegen werden sich bei
den Instituten, die weiter an systematischen Fehlpreisstellungen festhalten, zwangsläufig die
schlechten Bonitäten ansammeln. Diese Quersubventionierungen können mit ernsten Konsequenzen verbunden sein, da sie sukzessive zur Verschlechterung der Kreditportfolios und unter
Umständen auch zu Schieflagen führen. Eine risikoadjustierte Preisgestaltung ist daher unter
betriebswirtschaftlichen Gesichtspunkten sinnvoll und notwendig. In der Praxis existieren unter-

schiedlich komplexe Verfahren, die eine risikoadjustierte Preisgestaltung ermöglichen.[69] Neben der Bonität beeinflussen auch andere Faktoren die Konditionengestaltung, wie z. B. eine Risikoreduzierung durch Hereinnahme geeigneter Sicherheiten oder eine Kostenerhöhung durch ein breiteres Leistungsspektrum (Filialnetz, Geldautomaten etc.).

134 Es ist damit zu rechnen, dass die risikoadjustierte Preisgestaltung als ein Mittel zur Verhinderung von Schieflagen zukünftig stärker in den Fokus der Bankenaufsicht gerät. So empfiehlt der Europäische Ausschuss für Systemrisiken (ESRB) den nationalen Aufsichtsbehörden u. a., Leitlinien zu erlassen, damit die Finanzinstitute die Fremdwährungskreditrisiken in einer ihrer Größe und Komplexität angemessenen Art und Weise in ihre internen Risikomanagementsysteme einbeziehen. Solche Leitlinien sollten zumindest die interne Preisgestaltung von Risikoaufschlägen und die interne Kapitalallokation erfassen (Empfehlung D).[70]

135 Mit der siebten MaRisk-Novelle könnten einige Konkretisierungen zur Preisgestaltung Eingang in die MaRisk finden. Die EBA hat diesbezüglich relativ konkrete Vorstellungen, die u. a. darauf hinauslaufen, grundsätzlich alle relevanten Kosten bis zum nächsten Anpassungstermin bzw. bis zum Fälligkeitstermin bei der Preisgestaltung zu berücksichtigen. Dazu gehören die Kapitalkosten, die Refinanzierungskosten, die auch Annahmen hinsichtlich des Verhaltens berücksichtigen sollten (z. B. das Vorauszahlungsrisiko), die Betriebs- und Verwaltungskosten, die Kreditrisikokosten sowie die sonstigen mit dem Kredit verbundenen Kosten. Außerdem sollten die Wettbewerbs- und Marktbedingungen, insbesondere in Bezug auf bestimmte Kreditsegmente und Kreditprodukte, berücksichtigt werden. Je nach Art der Darlehen und Kreditnehmer könnten ggf. verschiedene Preisrahmen verwendet werden. Für Verbraucher sowie Kleinst- und kleine Unternehmen sollte eine vorrangig portfolio- oder produktbasierte Preisgestaltung erfolgen, während sie bei mittleren und großen Unternehmen stärker auf die Transaktion und das Darlehen ausgerichtet sein sollte. Die Preisgestaltung sollte von der Art und Bonität des Kreditnehmers sowie bei individueller Betrachtung ggf. von dessen Risikoeinstufung abhängig gemacht werden.[71]

136 Insbesondere zur Messung der Rentabilität sollten die Institute risikoadjustierte Leistungsindikatoren in einer Weise berücksichtigen, die der Größe, Art und Komplexität des Darlehens und dem Risikoprofil des Kreditnehmers angemessen ist. Die EBA nennt in diesem Zusammenhang den Geschäftswertbeitrag (Economic Value Added, EVA), die Rendite des risikoadjustierten Eigenkapitals (Return on Risk-Adjusted Capital, RORAC), die risikoadjustierte Kapitalrendite (Risk-Adjusted Return on Capital, RAROC), den Ertrag auf die risikogewichteten Aktiva (Return on Risk-Weighted Assets, RORWA) und die Gesamtkapitalrentabilität (Return on Total Assets, ROTA). Risikoadjustierte Leistungsindikatoren können auch von der Kapitalplanung abhängen und diese widerspiegeln. Ähnlich wie bei den Liquiditätstransferpreissystemen sollten die Institute durch eine gerechte Kostenverteilung im Institut sicherstellen, dass die Geschäftsfelder und nach Möglichkeit auch die Einzeldarlehen die dem eingegangenen Risiko entsprechende und erwartete Rendite korrekt widerspiegeln. Der Überwachungsprozess sollte zur Überprüfung der Angemessenheit des allgemeinen Preisrahmens aus Geschäfts- und Risikoperspektive und ggf. zur Festlegung geeigneter Maßnahmen dienen, um die Einhaltung der Zielvorgaben und des Risikoappetits sicherzustellen.[72]

---

69 Vgl. Beck, Andreas/Lesko, Michael, Adressrisiko-Bepreisung von Krediten – Zentraler Bestandteil eines wertorientierten Adressrisikomanagements und der regulatorischen Anforderungen, in: Eller, Roland/Gruber, Walter/Reif, Markus (Hrsg.), Handbuch MaK, Stuttgart, 2003, S. 313 ff.

70 Vgl. Empfehlung des Europäischen Ausschusses für Systemrisiken zu Fremdwährungskrediten (ESRB/2011/1) vom 21. September 2011, Amtsblatt der Europäischen Union vom 22. November 2011, C 342/2.

71 Vgl. European Banking Authority, Leitlinien für die Kreditvergabe und Überwachung, EBA/GL/2020/06, 29. Mai 2020, S. 45.

72 Vgl. European Banking Authority, Leitlinien für die Kreditvergabe und Überwachung, EBA/GL/2020/06, 29. Mai 2020, S. 46.

9.3 Ansätze risikogerechter Preisgestaltung im Fördergeschäft

Die KfW Bankengruppe hat vor einigen Jahren damit begonnen, bestimmte Programme auf eine **137** risikogerechte Zinsgestaltung umzustellen.[73] Dabei handelt es sich um eine Reihe von Programmen für das Firmenkundengeschäft. Auf Basis der jeweiligen Festlegung der Hausbank verfährt die KfW nach dem Grundsatz, den Zinssatz tendenziell zu senken, wenn die wirtschaftlichen Verhältnisse des Unternehmens (Bonität) sowie die gestellten Sicherheiten (Werthaltigkeit der Besicherung) entsprechend positiv bewertet werden. Die von der Hausbank anhand des Adressenausfallrisikos ermittelte Bonität wird in sieben vorgegebene Klassen unterteilt, die mit Bezug auf das Gesamtengagement prozentuale Werthaltigkeit der Sicherheiten hingegen in drei Klassen. Die Kombination aus Bonitäts- und Besicherungsklasse ergibt nach einem festgelegten Schema bei Krediten mit Haftungsfreistellung eine von neun möglichen Preisklassen (A bis I). Mitte 2014 (Mitte 2021) konnte sich z. B. der Effektivzinssatz für KMU-Kredite mit zehn Jahren Laufzeit und zwei tilgungsfreien Jahren in Abhängigkeit von der Preisklasse zwischen 1,76 Prozent (1,00 Prozent) und 8,40 Prozent (1,47 Prozent) unterscheiden. Die deutlichen Unterschiede zwischen 2014 und 2021 sind auf die allgemeine Niedrigzinsphase zurückzuführen. An der Spannbreite in 2014 wird deutlich, dass sich die Zinssätze unter normalen Umständen in Abhängigkeit vom Risikogehalt deutlich voneinander unterscheiden können.

Neben diesem risikoadjustierten Zins wird zwischen den Förderinstituten und den Hausbanken **138** zum Teil auch ein so genannter »pauschaler Risikoaufschlag« vereinbart. Damit soll das erhöhte Risiko des Förderinstitutes abgegolten werden, wenn ein Teilobligo für den Endkreditnehmer übernommen wird. Dieser pauschale Risikoaufschlag ist allerdings unabhängig von der Bonität des Endkreditnehmers.

9.4 Anpassung der Konditionen im Bestandsgeschäft

Eine Anpassung der Kreditkonditionen ist im Bestandsgeschäft nicht ohne Weiteres möglich. Die **139** so genannten »Zinsanpassungsklauseln« im Kreditgeschäft sind zum Teil sehr umstritten. Was im Passivgeschäft, wie z. B. bei Sparguthaben, eher Normalität ist, nämlich die Guthabenverzinsung an die Entwicklung des Geld- und Kapitalmarktes zu koppeln, beschäftigt im Aktivgeschäft mit Blick auf eine veränderte Risikosituation des Kreditnehmers immer wieder die Gerichte. Das ist insbesondere auf die verschiedenen Reaktionsmöglichkeiten der Kunden zurückzuführen. So können Sparguthaben jederzeit gekündigt und nach Ablauf der Kündigungsfrist von i. d. R. drei Monaten problemlos bei einem anderen Institut angelegt werden. Für einen Kreditnehmer ist es hingegen deutlich schwieriger, auf eine Zinserhöhung mit einem Wechsel der Bankverbindung zu reagieren. Vor diesem Hintergrund kann die Änderung der Zinsen im Kreditgeschäft nach Ansicht der Gerichte im Gegensatz zum Passivgeschäft zu einer existenziellen Notlage der Kreditnehmer führen.[74]

Die Anforderungen an die Angemessenheit der Eigenmittelausstattung von Instituten für bank- **140** aufsichtliche Zwecke hängen im Kreditgeschäft vorrangig vom Risikogehalt der Geschäfte, also insbesondere vom Rating bzw. von der Bonität des Kreditnehmers ab. In der Konsequenz muss ein

---

73 Erläuterungen zum risikogerechten Zinssystem können z. B. auf der Internetseite der KfW Bankengruppe eingesehen werden, die dafür ein Merkblatt erarbeitet hat.

74 Diese Auffassung wird mit Bezug auf ein Urteil des LG Dortmund z. B. vom OLG Hamm im Zusammenhang mit einer Entscheidung vom 5. Februar 2003 zur Zinsanpassung im Passivgeschäft vertreten (Az. 31 U 101/02). Das LG Dortmund hat durch rechtskräftiges Urteil vom 30. Juni 2000 eine variable Zinsanpassungsklausel im Rahmen von Darlehensgeschäften mit Verbrauchern wegen Verletzung des sich aus § 9 AGBG ergebenden Transparenzgebotes für unwirksam erklärt (Az. 80559/99).

Institut auch zivilrechtlich die Befugnis haben, im Rahmen des mit dem Kreditnehmer geschlossenen Vertrages auf veränderte Eigenkapitalanforderungen bzw. eine Veränderung des Kreditnehmerratings mit einer Anpassung des Zinssatzes zu reagieren, ohne dass die anderen im Vertrag getroffenen Vereinbarungen dadurch berührt werden. Schließlich ist der Zins auch immer ein Ausdruck des individuellen und aktuellen Risikos, so dass er mit zunehmendem Risiko zwangsläufig steigen muss. Diese Grundsätze gelten auch für Festzinskredite. Allerdings ist nach § 489 Abs. 1 Nr. 1 BGB die Festzinsvereinbarung mit einem Ausschluss des Kündigungsrechtes für die Festschreibungsperiode gekoppelt. Dies bedeutet, dass das Risiko der Ratingverschlechterung auf das Institut übergeht, da es den Zins nicht risikoadäquat anpassen kann. Eine mögliche Ratingverschlechterung ist jedoch allein auf den Kreditnehmer zurückzuführen, der insofern auch die damit verbundenen Risiken tragen sollte. Für den Kreditnehmer besteht auch bei einer längeren Zinsfestschreibung in jedem Fall nach Ablauf von zehn Jahren ab vollständiger Auszahlung des Darlehensbetrages gemäß § 489 Abs. 1 Nr. 2 BGB ein Kündigungsrecht.

141   In der Fachliteratur wurde bereits ein möglicher Lösungsansatz diskutiert, der den Festzinscharakter des Kredites zwar nicht beseitigt, aber trotzdem etwas Flexibilität schafft.[75]

9.5   Berücksichtigung von Nachhaltigkeitsrisiken

142 In Abhängigkeit von deren jeweiliger Bedeutung für eine konkrete Finanzierung sollten bei der Einstufung eines Engagements mit Hilfe eines Risikoklassifizierungsverfahrens ggf. auch Nachhaltigkeitsaspekte berücksichtigt werden. Konsequenterweise sollten diese Aspekte dann auch in die Gestaltung der Konditionen einfließen.[76]

143   Die EZB erläutert relativ ausführlich, dass die Institute Klima- und Umweltrisiken bei der Preisgestaltung von Krediten in verschiedener Hinsicht berücksichtigen sollten. Erstens können die Institute unter strategischen Gesichtspunkten z. B. entscheiden, Engagements in umwelt- oder klimaschädlichen Sektoren abzubauen bzw. einzuschränken oder von Krediten abzusehen, die durch energieineffiziente Immobilien besichert sind. Umgesetzt werden könnte diese Strategie z. B. durch eine Preisstaffelung nach Energieeffizienz oder eine sektor- bzw. kundenspezifische Gebühr. Zweitens könnten die Kreditnehmer durch eine entsprechende Preisgestaltung zur Minderung von Klima- und Umweltrisiken motiviert werden. So könnte bei ansonsten unveränderten Bedingungen eine höhere Widerstandsfähigkeit gegenüber diesen Risiken mit günstigeren Konditionen verbunden sein oder der Zinsanpassungsprozess daran geknüpft werden, dass der Kunde innerhalb eines vorgegebenen Zeitraumes gewisse Nachhaltigkeitsziele erreicht. Drittens könnten die aus Klima- und Umweltrisiken entstehenden Kosten bewusst herangezogen werden. Ökologisch nachhaltige Vermögenswerte können z. B. durch grüne (gedeckte) Anleihen finanziert werden. In jedem Fall sollte die Preisgestaltung höhere Finanzierungskosten für Vermögenswerte vorsehen, die besonders stark vom physischen oder transitorischen Risiko betroffen sind. So kann es z. B. in Gebieten, in denen vermehrt Überschwemmungen oder Dürren auftreten, verstärkt zu Kreditausfällen kommen.[77]

144   Die EZB hat beispielhaft auf ein Institut verwiesen, dass die Auswirkungen seiner Finanzierungen auf die Umwelt bewertet und dem Kreditnehmer bzw. dem finanzierten Vermögenswert oder

---

75 Vgl. Mülbert, Peter O., Bonitätsgestufte Zinsabreden in Festzinskrediten als eine Antwort auf Basel II, in: Wertpapier-Mitteilungen, Heft 25/2004, S. 1205 ff.

76 Vgl. Bundesanstalt für Finanzdienstleistungsaufsicht, Merkblatt zum Umgang mit Nachhaltigkeitsrisiken, 20. Dezember 2019, geändert am 13. Januar 2020, S. 30.

77 Beispielhaft nennt die EZB eine Unterscheidung in der Preisgestaltung bei Immobilienkrediten nach verschiedenen Energieausweisen. Vgl. Europäische Zentralbank, Leitfaden zu Klima- und Umweltrisiken – Erwartungen der Aufsicht in Bezug auf Risikomanagement und Offenlegungen, 27. November 2020, S. 40 f.

Projekt ein »Umweltrating« zuweist. Dieses Umweltrating wird aus einer Bewertung der Klimaauswirkungen des Geschäftes abgeleitet, wobei alle bedeutenden umweltbezogenen Faktoren wie Wasserverbrauch, Umweltverschmutzung, Abfall und biologische Vielfalt berücksichtigt werden. Auf Basis dieses Umweltratings werden für jene Vermögenswerte, die Prognosen zufolge mit den größten Umweltauswirkungen behaftet sind, gesonderte Maßnahmen getroffen. In der Folge erhöht sich das analytische Risikogewicht der Engagements mit negativen Umwelt- und Klimaauswirkungen den Angaben des Institutes zufolge um bis zu einem Viertel. Bei einer derartigen Vorgehensweise schlägt sich diese Auswirkung nach Einschätzung der EZB letztlich in der erwarteten Rendite der betreffenden Vermögenswerte nieder und bewegt Anleger dazu, in bestimmte Sektoren zu investieren oder sich aus ihnen zurückzuziehen.[78]

Die Preisgestaltung sollte auch nach den Vorstellungen der EBA die von den ESG-Faktoren verursachten Risiken widerspiegeln. In dem Maße, wie ESG-Faktoren in ihren Risikoappetit und ihre Geschäftsstrategie einfließen, sollten die Institute schrittweise sicherstellen, dass ihre Preise mit ihren Geschäftsmodellen und Risikostrategien übereinstimmen. Zudem sollte eine angemessene Governance-Struktur Umwelt-, Sozial- und Unternehmensführungsrisiken (ESG-Risiken) berücksichtigen und die Beibehaltung eines genauen Preisbildungsansatzes ergänzen. Insofern sollten die spezifischen ESG-Risikoziele, die im Risikoappetit festgelegt werden, mit der Zeit mit den Preisstrategien verknüpft werden, um zu bewerten, ob die Erreichung dieser Ziele damit erleichtert werden kann. Im Einklang mit ihrer Geschäftsstrategie und ihrer Risikobereitschaft können Institute Anreize für ihre Gegenparteien schaffen, ESG-Risiken zu mindern und zu nachhaltigeren Geschäftsmodellen überzugehen. Dies könnte zum Beispiel bedeuten, dass der Zinssatz eines ökologisch nachhaltigen Kredites auf ein Niveau festgelegt wird, das mit einer höheren Widerstandsfähigkeit gegenüber solchen Risiken und der damit verbundenen verbesserten Kreditwürdigkeit bei ansonsten unveränderten Bedingungen vereinbar ist. Wenn nachhaltige Kredite vergeben werden, könnte die Zinsanpassung an die Erreichung von Nachhaltigkeitszielen durch den Kunden über einen vordefinierten Zeitraum gekoppelt werden, in dem klima- und umweltbezogene Risiken reduziert werden. Ebenso kann die Zunahme von ESG-Emissionen mit attraktiven Refinanzierungskosten, die an eine strikte Verwendung der Erlöse gebunden sind, eine Grundlage für die Preisdifferenzierung bieten.[79]

145

---

78 Vgl. Europäische Zentralbank, Leitfaden zu Klima- und Umweltrisiken – Erwartungen der Aufsicht in Bezug auf Risikomanagement und Offenlegungen, 27. November 2020, S. 36.
79 Vgl. European Banking Authority, EBA Report on management and supervision of ESG risks for credit institutions and investment firms, EBA/REP/2021/18, 23. Juni 2021, S. 118 f.

10 Behandlung von Limitüberschreitungen und Prolongationen (Tz. 10)

146 **10** Das Institut hat ein der Kompetenzordnung entsprechendes Verfahren einzurichten, in dem festgelegt ist, wie Überschreitungen von Limiten zu behandeln sind. Soweit unter Risikogesichtspunkten vertretbar, ist für Limitüberschreitungen und Prolongationen auf der Grundlage klarer Vorgaben eine vereinfachte Umsetzung der Anforderungen in BTO 1.1 sowie BTO 1.2 möglich.

10.1 Ausgestaltung der Kompetenzordnung

147 Für die Behandlung von Limitüberschreitungen jeglicher Art muss es im Institut klare Festlegungen geben. Auch nach Auffassung der EBA sollte ein Institut angemessene Maßnahmen gegen interne oder externe betrügerische Handlungen und Disziplinverstöße ergreifen, zu denen u. a. Limitüberschreitungen gezählt werden.[80] Die deutsche Aufsicht fordert diesbezüglich die Festlegung eines Verfahrens unter Berücksichtigung der Kompetenzordnung. Zur Ausgestaltung der Kompetenzordnung sind bereits umfangreiche Ausführungen gemacht worden (→ BTO 1.1 Tz. 6). Es leuchtet ein, dass sich die Kompetenzvergabe für Kreditentscheidungen und der Umgang mit Limitüberschreitungen – also der Abweichung von Vorgaben aus dem Kreditvertrag – nicht widersprechen sollten. Gleichzeitig wird nochmals darauf hingewiesen, dass im Rahmen der Limitüberwachung und insbesondere der Behandlung von Limitüberschreitungen auch abgestufte Regelungen denkbar sind.

10.2 Limitüberschreitungen

148 Limitüberschreitungen, für die häufig der synonyme Begriff »Überziehungen« gewählt wird, sind vom Kreditnehmer verursachte Überschreitungen eines aktuell gültigen, kreditnehmerbezogenen Limits, d. h. einer ihm gegenüber eingeräumten Kreditlinie. In Analogie dazu handelt es sich auch dann um eine Limitüberschreitung, wenn ein auf Guthabenbasis geführtes Konto einen negativen Saldo ausweist. Bei einem so genannten »laufenden Konto« (Dispositionskredit, Betriebsmittelkredit etc.) können derartige Limitüberschreitungen z. B. durch zu hohe Verfügungen durch den Kreditnehmer zustande kommen. Im Fall eines endfälligen Darlehens, Tilgungs- oder Annuitätendarlehens entstehen Überziehungen, wenn die vereinbarten Zins- bzw. Tilgungsleistungen der Höhe oder dem Zeitpunkt nach nicht vertragskonform erfolgen. Wird neben dem Darlehenskonto gleichzeitig ein Abwicklungskonto geführt, von dem die fälligen Beiträge zum vereinbarten Termin eingezogen werden, wirkt sich die Überziehung i. d. R. nur auf dem Abwicklungskonto aus.

149 Neben diesen aus Risikosicht unerwünschten Überziehungen kann es auch so genannte »genehmigte Limitüberschreitungen« geben. Eine Limitfestsetzung kommt im Sinne der MaRisk einer Kreditentscheidung gleich (→ BTR 1 Tz. 2). Wird dem Kunden für einen bestimmten Zeitraum, ggf. sogar ohne sein Wissen, ein höheres internes Limit eingeräumt, als im Kreditvertrag

---

80 Vgl. European Banking Authority, Leitlinien zur internen Governance, EBA/GL/2017/11, 21. März 2018, S. 47.

vereinbart, so handelt es sich folglich um eine intern genehmigte Limitüberschreitung bzw. um eine zeitlich befristete Krediterhöhung (→ AT 2.3 Tz. 2).

10.3 Verfahren zur Behandlung von Limitüberschreitungen

Durch die unverzügliche Anrechnung der Geschäfte auf die jeweils gültigen kreditnehmerbezogenen Limite kann institutsintern sofort auf Limitüberschreitungen reagiert werden. Rein formal sind Limitüberschreitungen kontenbezogen zu betrachten, sofern keine ausdrückliche Vereinbarung mit dem Kunden zum Dispositionsverbund getroffen wurde. In der Praxis werden die Soll- und Haben-Salden aller Konten eines Kreditnehmers bzw. einer Kreditnehmereinheit i. S. v. § 19 Abs. 2 oder 3 KWG, also insbesondere einer Gruppe verbundener Kunden nach Art. 4 Abs. 1 Nr. 39 CRR, i. d. R. auch dann addiert und zum Gesamtlimit in Beziehung gesetzt, wenn derartige Vereinbarungen nicht vorliegen. Damit wird der Verwaltungsaufwand (Mahnschreiben etc.) deutlich reduziert. Ein Institut sollte sich im eigenen Interesse bemühen, mit Kunden, bei denen diese Praxis der Inanspruchnahme regelmäßig ausgeübt wird, entsprechende Vereinbarungen zu treffen oder die vorhandenen Kreditlinien an den beobachteten Bedarf anzupassen. **150**

Die Bearbeitung der Überziehungslisten erfolgt in den meisten Instituten täglich, häufig zum Dienstbeginn auf Basis der über Nacht vom Rechenzentrum erstellten Unterlagen. Für diesen Prozess müssen bestimmte Regeln gelten, die u. a. ausschließen, dass die Limitüberschreitungen lediglich von den involvierten Mitarbeitern zur Kenntnis genommen und die Listen anschließend ohne Auswirkungen abgeheftet werden. Denkbar ist z. B. eine an der Kompetenzordnung für Kreditentscheidungen (→ BTO 1.1 Tz. 6) orientierte Festlegung, die Genehmigung von Limitüberschreitungen stufenweise von den risikorelevanten Faktoren (Kreditvolumen, Blankoanteil, Risikoeinstufung, Kreditart etc.) abhängig zu machen. Dasselbe gilt in Analogie für die ausschließlich elektronische Bearbeitung von Überziehungen. Auch sollte eine Verknüpfung mit dem Verfahren zur Steuerung und Überwachung der Risiken im Kreditgeschäft erfolgen (→ AT 4.3.2 Tz. 1). Die denkbaren Maßnahmen werden an anderer Stelle ausführlich beschrieben (→ BTR 1 Tz. 1). Aufgrund der Anforderungen an die Risikoberichterstattung ist außerdem eine institutsinterne Festlegung erforderlich, wann eine Limitüberschreitung als bedeutend eingestuft wird (→ BT 3.2 Tz. 3 lit. d). **151**

10.4 Prolongationen

Bei Prolongationen handelt es sich um Laufzeitverlängerungen von Engagements, ohne dass dabei gleichzeitig der Kreditrahmen erhöht wird. Insofern sind hierunter auch interne Prolongationen zu verstehen, in deren Rahmen extern »bis auf weiteres« (b. a. w.) zugesagte Kredite intern jährlich überprüft und hinsichtlich der Laufzeit jeweils um ein weiteres Jahr verlängert werden. Im Rahmen derartiger Prozesse geht es vor allem darum, den Risikogehalt der Engagements turnusmäßig zu überwachen. So genannte »Überwachungsvorlagen«, bei denen der Kredit extern mit fester Laufzeit zugesagt ist, fallen hingegen nicht unter den Prolongationsbegriff der MaRisk. Derartige Vorlagen dienen ausschließlich der Unterstützung interner Prozesse und sind dem Regelungsgehalt der MaRisk grundsätzlich nicht unterworfen (→ AT 2.3 Tz. 2). **152**

10.5 Besonderheiten bei Limitüberschreitungen und Prolongationen

153 Auch wenn es sich bei Limitüberschreitungen und Prolongationen um Kreditentscheidungen handelt (→ AT 2.3 Tz. 2), die ggf. sogar als risikorelevant einzustufen sind, ist für beide Sachverhalte eine vereinfachte Umsetzung der Anforderungen an die Funktionstrennung und Votierung (→ BTO 1.1) sowie an die Prozesse im Kreditgeschäft (→ BTO 1.2) möglich. Durch die eingeräumten Erleichterungen wird die deutsche Aufsicht den Besonderheiten dieser Kreditentscheidungen gerecht:

- Limitüberschreitungen dienen häufig der Abdeckung eines vorübergehenden Liquiditätsbedarfes beim Kreditnehmer, der sich z.B. in verzögerten Zahlungseingängen äußert. Aus Sicht des Kreditnehmers ist es dabei wichtig, dass die Mittel zeitnah zur Verfügung gestellt werden. Die volle Anwendung der aufbau- und ablauforganisatorischen Anforderungen (z.B. die Einholung zweier Voten) könnte insoweit zu Verzögerungen führen, die aus Sicht des Kreditnehmers nicht akzeptabel sind und in der Folge seine Zahlungsfähigkeit nachhaltig schwächen. Dies kann auch nicht im Interesse des Institutes sein.
- Entscheidungen über Prolongationen können in vielen Fällen auf der Grundlage periodischer Kreditbeurteilungen getroffen werden, soweit keine Anzeichen vorliegen, die auf eine wesentliche Verschlechterung der wirtschaftlichen Situation des Kreditnehmers oder eine erhebliche Wertminderung der gestellten Sicherheiten hindeuten.

Die volle Anwendung der Anforderungen wäre in diesen Fällen nicht immer zweckmäßig und aus Kostengesichtspunkten unter Umständen wenig effizient.

10.6 Festlegung klarer institutsinterner Regelungen

154 Die Erleichterungen erstrecken sich grundsätzlich auf alle Anforderungen der Module BTO 1.1 und BTO 1.2. Sie dürfen jedoch nur auf der Grundlage klarer Vorgaben in Anspruch genommen werden. Vor allem im Hinblick auf Limitüberschreitungen hat sich gezeigt, dass eine allzu freizügige Praxis in vielen Fällen zu einer erheblichen Verschärfung der Risikosituation bei den Instituten geführt hat. Dies war insbesondere dann der Fall, wenn Limitüberschreitungen ganz bewusst zur Generierung von zusätzlichen Erträgen (Überziehungszinsen) eingesetzt wurden, ohne dass man die damit einhergehenden Risiken in ausreichendem Maße berücksichtigt hat. Es ist daher wichtig, dass für Limitüberschreitungen, aber auch für Prolongationsentscheidungen, klare interne Regeln aufgestellt werden.

10.6.1 Vereinfachte Verfahren für Limitüberschreitungen

155 Bei Limitüberschreitungen wird die Entscheidung über die Rückgabe oder die Genehmigung einer eingehenden Lastschrift, die letztlich zur Überziehung führt, häufig von Mitarbeitern der Vertriebsbereiche getroffen, die über ihren engen Kontakt zu den Kunden i.d.R. den konkreten Anlass für die Limitüberschreitung kennen. Solche Vereinfachungen, also der Verzicht auf ein marktunabhängiges Votum, sind auch im risikorelevanten Geschäft zulässig, soweit sie auf einem klaren institutsinternen Verfahren beruhen und der Informationsfluss zur Marktfolge sichergestellt ist. Vereinfachungen sind allerdings auch im Zusammenhang mit den Prozessanforderungen möglich.

So muss für die Limitüberschreitung keine Kreditvorlage vorbereitet werden. Die Genehmigung der Limitüberschreitung ist aber deutlich zu vermerken, z. B. auf der Überziehungsliste.

Die institutsinternen Regelungen im Hinblick auf die vereinfachte Genehmigung von Limitüberschreitungen können sich auf unterschiedliche Kriterien stützen. Da Limitüberschreitungen regelmäßig der Überbrückung vorhersehbarer oder auch nicht vorhersehbarer Liquiditätsengpässe beim Kreditnehmer dienen, kann die vereinfachte Genehmigung einer Limitüberschreitung z. B. an den Verwendungszweck (z. B. zur Vorfinanzierung eines Auftrages, den der Kreditnehmer ausführen möchte) oder an einen bestimmten Zeitraum (z. B. bei saisonalen Schwankungen, denen die Branche des Kreditnehmers unterliegt) anknüpfen. Wichtige Kriterien sind sicherlich auch die Risikoeinstufung des Kunden im Risikoklassifizierungsverfahren und das bisherige Überziehungsverhalten.[81] Die institutsinternen Regelungen müssen ferner klare Grenzen vorgeben, nach denen eine vereinfachte Anwendung nicht mehr zulässig ist. So ist eine Limitüberschreitung insbesondere hinsichtlich ihrer Höhe und Dauer zu definieren, um sie klar von einer nicht genehmigten Erhöhung der Kreditlinie abgrenzen zu können.

156

10.6.2 Vereinfachte Verfahren bei Prolongationen

Eine Prolongationsentscheidung ist in erster Linie vom Ergebnis der turnusmäßigen Kreditbeurteilung abhängig (→ BTO 1.2 Tz. 8). Im Fall eines jährlichen Überwachungszyklus wird z. B. die mit Hilfe eines Risikoklassifizierungsverfahrens erfolgte Beurteilung der Adressenausfallrisiken (→ BTO 1.4 Tz. 1) mit dem Ergebnis des Vorjahres verglichen. In diesen Vergleich wird auch der Wert der gestellten Sicherheiten einbezogen. Sofern sich insgesamt keine Anzeichen einer Risikoerhöhung für das Institut ergeben, sollte es unproblematisch sein, eine Prolongationsentscheidung ohne die Einholung zweier Voten zu treffen. Auch hinsichtlich der Prozessanforderungen sind bei solchen Prolongationsentscheidungen Vereinfachungen denkbar. Das ergibt sich allein aus der Tatsache, dass bei der internen Prolongation eines extern b. a. w. zugesagten Kredites z. B. keine neuen Verträge ausgefertigt werden müssen. Auch eine erneute Kreditverwendungskontrolle ist i. d. R. nicht erforderlich.

157

---

81 Vgl. Schmoll, Anton, Handbuch der Kreditüberwachung, Wien, 1990, S. 190 ff.

11 Überwachung der Einreichung und Auswertung von Kreditunterlagen (Tz. 11)

158 **11** Im Hinblick auf die erforderlichen Kreditunterlagen ist ein Verfahren einzurichten, das deren zeitnahe Einreichung überwacht und eine zeitnahe Auswertung gewährleistet. Für ausstehende Unterlagen ist ein entsprechendes Mahnverfahren einzurichten.

11.1 Erforderliche Kreditunterlagen

159 Ohne geeignete Unterlagen über die wirtschaftliche Situation eines Kreditnehmers kann das Risiko der Kreditvergabe sowohl im Hinblick auf die Kreditgewährung als auch im Rahmen der laufenden Überwachung grundsätzlich nicht eingeschätzt werden. Das gilt, unabhängig von der betragsmäßigen Höhe und dem Risiko eines Engagements, für jede Kreditvergabe. Im Privatkundengeschäft sind z. B. aktuelle Gehaltsnachweise und Steuerbescheide eine geeignete Basis für die Einschätzung der Kapitaldienstfähigkeit eines Kreditnehmers. Im Firmenkundengeschäft werden u. a. Bilanzen und Betriebswirtschaftliche Auswertungen herangezogen.

11.2 Regelungen des § 18 KWG und der PrüfbV

160 Der Gesetzgeber hat vor diesem Hintergrund mit der Vorschrift des § 18 KWG Regelungen zur Offenlegung der wirtschaftlichen Verhältnisse eines Kreditnehmers erlassen. In diesem Zusammenhang wurden seitens der deutschen Aufsicht zunächst diverse Rundschreiben veröffentlicht, um die Anforderungen des § 18 KWG zu präzisieren. Im Frühjahr 2005 wurden die gesetzlichen Regelungen zur Offenlegung sowie deren Behandlung in der Prüfungspraxis von verschiedenen Seiten scharf kritisiert. Diese Kritik war teilweise auf regionale Besonderheiten und die damit verbundene Konkurrenzsituation zu ausländischen Mitbewerbern zurückzuführen. In einer ersten Reaktion wurde der Schwellenwert auf 750.000 Euro (bzw. 10 Prozent des haftenden Eigenkapitals) angehoben. Gleichzeitig begann die deutsche Aufsicht zunächst mit einer Konsolidierung ihrer zahlreichen Auslegungsschreiben. Schließlich hat die Bankenaufsicht Anfang Mai 2005 sämtliche Rundschreiben, die sich auf die Auslegung von § 18 KWG bezogen, mit sofortiger Wirkung aufgehoben.[82] Seitdem obliegt es den Instituten, durch geeignete Maßnahmen die Einhaltung der weiterhin bestehenden Pflicht zur Offenlegung der wirtschaftlichen Verhältnisse sicherzustellen. Was von einigen Fachleuten als große Erleichterung gefeiert wurde, haben andere Spezialisten eher skeptisch beurteilt. Fakt ist, dass größere Freiräume nicht immer auf Gegenliebe stoßen. Bei Instituten, Prüfern und Aufsehern waren aufgrund der Entscheidung der deutschen Aufsicht zum Teil sogar Verunsicherungen zu registrieren.

161 Den Vorschriften des § 18 KWG entsprechend hat sich ein Institut bei Kreditvergaben von mehr als 750.000 Euro oder 10 Prozent der anrechenbaren Eigenmittel nach Art. 4 Abs. 1 Nr. 71 CRR (Schwellenwertregelung) sowohl bei der Kreditgewährung (Erstoffenlegung) als auch über die

---

82 Vgl. Bundesanstalt für Finanzdienstleistungsaufsicht, Schreiben an den Zentralen Kreditausschuss zu § 18 KWG vom 9. Mai 2005.

Laufzeit eines Engagements (laufende Offenlegung) bestimmte Unterlagen vorlegen zu lassen.[83] Die Institute sind jedoch auch unterhalb der Offenlegungsgrenze des § 18 KWG gehalten, aussagekräftige Kreditunterlagen anzufordern. Jedes Institut hat ein Verfahren zu entwickeln, nach dem es sich bei Krediten von insgesamt höchstens 750.000 Euro die wirtschaftlichen Verhältnisse des jeweiligen Kreditnehmers offenlegen lässt. Die Notwendigkeit dieses Verfahrens leitet sich aus den Grundsätzen ordnungsgemäßer Geschäftsführung ab. Nach § 36 der Prüfungsberichtsverordnung (PrüfbV)[84] ist bei der Prüfung der Einhaltung der Offenlegungsvorschriften des § 18 KWG durch den Abschlussprüfer die Angemessenheit der institutsspezifischen Verfahren zu beurteilen. Den Instituten steht es jedoch im Hinblick auf diese Regelung frei zu entscheiden, anhand welcher Unterlagen und Informationen eine Beurteilung stattfindet.

11.3 Offenlegungsanforderungen für die Kreditanalyse

Aus dem Wegfall der detaillierten Auslegungsschreiben zu § 18 KWG konnte nur dann ein echter Nutzen gezogen werden, wenn im Einzelnen geprüft wurde, welche der bisherigen Vorgaben institutsindividuell überhaupt erforderlich sind. Insbesondere jene Regelungen, die nur aus formalen Gründen umgesetzt wurden, unter Kosten-Nutzen-Gesichtspunkten jedoch wirtschaftlich kaum vertretbar waren, konnten auf den Prüfstand gestellt werden. Vereinzelt wurden für diese Zwecke Leitlinien veröffentlicht, die den Instituten eine grobe Orientierung bieten sollen.[85]   **162**

Als Ausgleich für den Wegfall der Rundschreiben zu den Offenlegungsanforderungen wurde in die Entwürfe der ersten MaRisk-Novelle zwischenzeitlich eine Anforderung aufgenommen, wonach »für Kredite, die durch § 18 KWG erfasst werden, ... die Intensität sowohl der erstmaligen als auch der laufenden Beurteilung des Adressenausfallrisikos sowie die hierfür einzufordernden Kreditunterlagen, differenziert nach der Art der Kreditnehmer, festzulegen« sind. Problematisch erschienen dabei einerseits die nicht übereinstimmenden Kreditbegriffe der MaRisk (§ 19 Abs. 1 KWG) und des § 18 KWG (§ 21 Abs. 1 KWG) sowie andererseits die Vermischung der risikoorientierten Regelungen gemäß MaRisk mit der Schwellenwertregelung gemäß § 18 KWG.   **163**

Darüber hinaus wäre durch diese Anforderung eine unnötige Redundanz erzeugt worden, da ihr Regelungsinhalt bereits durch einschlägige Anforderungen der MaRisk abgedeckt ist.[86] So hat das Institut differenzierte (Kredit-)Bearbeitungsgrundsätze zu formulieren, die sich z.B. auf die Kreditarten beziehen (→ BTO 1.2 Tz. 2). Die Intensität der erstmaligen bzw. laufenden Beurteilung des Adressenausfallrisikos hängt in erster Linie vom Risikogehalt der Engagements ab (→ BTO 1.2.1 Tz. 1 und BTO 1.2.2 Tz. 2), wobei die laufende Beurteilung jährlich durchzuführen ist (→ BTO 1.2 Tz. 8 und BTO 1.2.2 Tz. 2). Hierzu müssen geeignete Unterlagen herangezogen und überprüft werden (→ BTO 1.2 Tz. 5), wobei die Kapitaldienstfähigkeit des Kreditnehmers eine entscheidende Rolle spielt (→ BTO 1.2.1 Tz. 1). Darüber hinaus ist im Hinblick auf die   **164**

---

83 Von der Erstoffenlegung kann laut § 18 KWG abgesehen werden, wenn sie im Hinblick auf die gestellten Sicherheiten oder auf die Mitverpflichteten offensichtlich unbegründet wäre. Auf die laufende Offenlegung kann wiederum verzichtet werden, wenn der Kredit durch Grundpfandrechte auf Wohneigentum gesichert ist, das vom Kreditnehmer selbst genutzt wird, der Kredit vier Fünftel des Beleihungswertes des Pfandobjektes im Sinne des § 16 Abs. 1 und 2 PfandBG nicht übersteigt und der Kreditnehmer die von ihm geschuldeten Zins- und Tilgungsleistungen störungsfrei erbringt. Zudem ist eine Offenlegung bei Krediten an bestimmte Organisationen, die ungesichert ein KSA-Risikogewicht von 0 Prozent erhalten würden, nicht erforderlich.

84 Verordnung über die Prüfung der Jahresabschlüsse der Kreditinstitute und Finanzdienstleistungsinstitute sowie über die darüber zu erstellenden Berichte (Prüfungsberichtsverordnung – PrüfbV) vom 11. Juni 2015 (BGBl. I S. 930), die zuletzt durch Artikel 28 des Gesetzes vom 3. Juni 2021 (BGBl. I S. 1568) geändert worden ist.

85 Vgl. z.B. Bundesverband Öffentlicher Banken Deutschlands, Leitfaden zur Erstellung eines Beurteilungssystems nach § 18 KWG, Berlin, 4. Oktober 2005; Struwe, Hans/Koch, Clemens, § 18 KWG – gibt es Handlungsbedarf?, in: BankPraktiker, Heft 2/2005, S. 84ff.

86 Vgl. Hannemann, Ralf, Wesentliche Aspekte in der Diskussion über die Mindestanforderungen an das Risikomanagement (MaRisk), in: BankPraktiker, Beilage 1/2005 zu Heft 1/2005, November 2005, S. 10f.

erforderlichen Kreditunterlagen ein Verfahren einzurichten, das deren zeitnahe Einreichung überwacht und eine zeitnahe Auswertung gewährleistet. Schließlich müssen die Organisationsrichtlinien Regelungen beinhalten, die die Einhaltung rechtlicher Regelungen und Vorgaben gewährleisten (→ AT 5 Tz. 3 lit. d).

165   Es bestanden insoweit gute Gründe, an Sinn und Zweck der Anforderung zu § 18 KWG in den MaRisk zu zweifeln. Die deutsche Aufsicht hat die Textziffer schließlich ersatzlos gestrichen.

11.4   Verfahren zur zeitnahen Einreichung von Unterlagen

166   Die geforderte Einrichtung eines Verfahrens, das die zeitnahe Einreichung der erforderlichen Kreditunterlagen überwacht und damit verbunden eine zeitnahe Auswertung dieser Unterlagen gewährleisten soll, ergibt sich insoweit bereits aus den o.g. Anforderungen an die Offenlegung. Das in Rede stehende Verfahren erstreckt sich jedoch auf alle Kreditgeschäfte und nicht nur auf jene Engagements, die in den Anwendungsbereich des § 18 KWG fallen. Allerdings werden neben der Einrichtung eines entsprechenden Verfahrens keine konkreten Anforderungen an seine Ausgestaltung gestellt. Der Regelungszweck zielt ausdrücklich nicht darauf ab, dass die zum Teil sehr differenzierten Anforderungen der §§ 18 und 18a KWG nunmehr für alle Geschäfte zu beachten sind. Allerdings müssen z.B. bei Immobiliar-Verbraucherdarlehensverträgen die maßgeblichen gesetzlichen Vorgaben ebenso eingehalten werden. So haben die Institute die Kreditwürdigkeit gemäß Art. 18a Abs. 4 KWG auf der Grundlage notwendiger, ausreichender und angemessener Informationen zu Einkommen, Ausgaben sowie zu anderen finanziellen und wirtschaftlichen Umständen des Kreditnehmers eingehend zu prüfen und dabei alle relevanten Faktoren angemessen zu berücksichtigen. Insofern muss auch in diesen Fällen die Vorlage der entsprechenden Unterlagen sichergestellt werden.

167   Die zeitnahe Einreichung der maßgeblichen Kreditunterlagen ist insbesondere deswegen erforderlich, weil sich auf der Grundlage veralteter Unterlagen keine sachgerechte Auswertung bzw. Beurteilung durchführen lässt. Durch eine Veränderung der Rahmenbedingungen, die sich im Extremfall z.B. im Verlust des Arbeitsplatzes (Privatkundengeschäft) oder im drohenden Konkurs des Unternehmens (Firmenkundengeschäft) äußert, kann die Aussagekraft von veralteten Unterlagen die tatsächliche Situation völlig falsch darstellen. Aus diesem Grund ist es auch erforderlich, aktuelle Unterlagen zeitnah auszuwerten. Relevante Informationen sind insbesondere im Rahmen der erstmaligen, turnusmäßigen und anlassbezogenen Beurteilungen des Adressenausfallrisikos bzw. bei den turnusmäßigen Überprüfungen der Sicherheiten einzuholen.

11.5   Mahnverfahren

168   Die Ausgestaltung des Mahnverfahrens liegt im Ermessen der Institute. Das Mahnverfahren kann z.B. aus mehreren Mahnstufen bestehen und mit einem Kündigungsautomatismus versehen werden, soweit dies aus Sicht des Institutes als zweckmäßig erachtet wird. Sinnvoller Weise sollte das Mahnverfahren mit dem Verfahren zur Überwachung der zeitnahen Einreichung von Unterlagen verbunden werden. Es bietet sich ferner an, das Mahnverfahren auch mit dem Verfahren zur Früherkennung von Risiken (→ BTO 1.3) zu verknüpfen. Die unvollständige oder verspätete Zuleitung von Unterlagen ist, soweit nicht gute Gründe dafür bestehen, i.d.R. auch ein Hinweis auf wirtschaftliche Probleme des Kreditnehmers.

11.6 Prüfung der wirtschaftlichen Verhältnisse in Krisenzeiten

In der COVID-19-Pandemie hat die BaFin andere Maßstäbe an die Prüfung der wirtschaftlichen Verhältnisse angelegt als in Normalzeiten, insbesondere bei Krediten an Unternehmen, die im ersten Halbjahr 2020 durch diese Krise in finanzielle Schieflage geraten waren und einen Kredit über die KfW-Hilfsprogramme erhalten sollten. Zu diesem Zeitpunkt konnte die Beurteilung der Kreditwürdigkeit i. d. R. nur auf einer Analyse des Jahresabschlusses aus 2018 beruhen, weil der Jahresabschluss aus 2019 häufig noch nicht vorlag. Die BaFin hat in diesem Zusammenhang allerdings klargestellt, dass die Analyse des letzten verfügbaren Jahresabschlusses für die Beurteilung der Kreditwürdigkeit auch grundsätzlich ausreichend ist. Nach § 18 KWG und den Anforderungen an die Kreditgewährungsprozesse müssen zur Beurteilung der Kreditwürdigkeit nämlich jeweils die »zeitlich aktuellsten« Jahresabschlüsse bzw. Unterlagen herangezogen werden. Eine Kreditvergabe kann daher laut BaFin auch dann den Anforderungen des § 18 Abs. 1 Satz 1 KWG und der MaRisk genügen, wenn der Bilanzstichtag des vorgelegten aktuellsten Jahresabschlusses länger als 12 Monate zurückliegt. Sofern durch eine Gesetzesänderung möglicherweise die Zeit für die Feststellung des Jahresabschlusses verschoben wird, sind weiterhin die aktuellsten vorliegenden Jahresabschlüsse vorzulegen. Wenn noch keine neueren Bilanzen der Kreditnehmer vorliegen, kann dies auch keinen MaRisk-Verstoß darstellen.[87]

Beim Förderprogramm »KfW-Schnellkredit 2020« für kleine und mittlere Unternehmen (KMU) konnte dem kreditgewährenden Institut (»Hausbank«) angesichts der vollumfänglichen Haftungsfreistellung unter der Voraussetzung der Hereinnahme und Überprüfung der für die Antragstellung vorgesehenen Unterlagen sowie der Verifizierung des Kreditnehmers kein eigenes Kreditrisiko aus dem neugewährten Kredit entstehen. Zudem zielte dieses Förderprogramm auf das (standardisierte) Mengengeschäft im Bereich der KMU ab, das regelmäßig als nicht-risikorelevantes Kreditgeschäft betrachtet werden kann. Schließlich lag diesem Förderprogramm die Annahme zugrunde, dass die förderungswürdigen Kreditnehmer nach der Krise ihrer wirtschaftlichen Tätigkeit in vergleichbarer Art und vergleichbarem Umfang nachgehen können wie noch zum Stichtag 31.12.2019, also unmittelbar vor Ausbruch der Krise. Mit Blick auf diese Voraussetzungen hat es die BaFin als mit den MaRisk vereinbar angesehen, dass ein Institut bei der Bewilligung dieses Schnellkredites sowie bei der Zusage einer Vorfinanzierung bis zur Auszahlung des Förderkredites die Solvenz des jeweiligen Kreditnehmers anhand eines vereinfachten Verfahrens überprüft. Nach diesem vereinfachten Verfahren war die Kreditgewährung auf der alleinigen Grundlage der im Merkblatt für den »KfW-Schnellkredit 2020« vorgesehenen Unterlagen und ergänzenden Angaben des Kreditnehmers möglich.[88] In einem Schreiben an den Bundesverband Öffentlicher Banken Deutschlands (VÖB) hat die BaFin klargestellt, dass sie für Schnellkredite, die von den Landesförderbanken oder der Landwirtschaftlichen Rentenbank angeboten werden, die gleichen Maßstäbe zugrunde legt wie für den KfW-Schnellkredit, sofern eine hundertprozentige Haftungsfreistellung durch einen erstklassigen Garanten erfolgt und die Voraussetzungen für die Kreditvergabe mit den Voraussetzungen im Förderprogramm »KfW-Schnellkredit 2020« vergleichbar sind, insbesondere im Hinblick auf die wirtschaftlichen Verhältnisse der Kreditnehmer zum 31.12.2019. Insofern war auch in diesen Fällen eine vereinfachte Kreditwürdigkeitsprüfung durch die Hausbank möglich.

169

170

---

87 Vgl. Bundesanstalt für Finanzdienstleistungsaufsicht, Regelmäßig aktualisierte »FAQ« zu aufsichtlichen und regulatorischen Maßnahmen als Reaktion auf COVID-19, Internetseite der BaFin, Rubrik Sonstiges, abgerufen am 15. März 2021.

88 Vgl. Bundesanstalt für Finanzdienstleistungsaufsicht, Regelmäßig aktualisierte »FAQ« zu aufsichtlichen und regulatorischen Maßnahmen als Reaktion auf COVID-19, Internetseite der BaFin, Rubrik Staatliche Förderprogramme, abgerufen am 15. März 2021.

12 Verwendung standardisierter Kreditvorlagen (Tz. 12)

171   **12** Das Institut hat standardisierte Kreditvorlagen zu verwenden, soweit dies in Anbetracht der jeweiligen Geschäftsarten möglich und zweckmäßig ist, wobei die Ausgestaltung der Kreditvorlagen von Art, Umfang, Komplexität und Risikogehalt der Kreditgeschäfte abhängt.

12.1 Standardisierte Kreditvorlagen

172   Kreditentscheidungen können grundsätzlich effizienter vorbereitet werden, wenn im Institut möglichst einheitliche Kreditvorlagen Verwendung finden. Ein solches Vorgehen reduziert die Fehlerquellen und erleichtert die Kreditbearbeitung, die Entscheidungsfindung sowie die systematische Dokumentation der Kreditentscheidungen. Verwenden die am Votierungsprozess beteiligten Mitarbeiter jeweils ihre eigenen Formate, die hinsichtlich Aufbau und inhaltlicher Schwerpunkte voneinander abweichen, so wird den Kompetenzträgern die eigentliche Kreditentscheidung unnötig erschwert. Im Extremfall liegen aus den jeweiligen Bereichen diverse Stellungnahmen mit unterschiedlichem Ergebnis vor, die letztlich keine Unterstützung für den Entscheidungsträger bieten.

173   Schnelle Kreditentscheidungen sind jedoch durchaus ein Wettbewerbsvorteil. Daher nutzen in der Praxis viele Institute standardisierte Kreditvorlagen. Deren Ausgestaltung hängt insbesondere von der Art und der Komplexität der Geschäfte ab. Das folgt allein aus der Tatsache, dass zur Beurteilung von Engagements unterschiedlicher Geschäftsarten und Komplexität für eine fundierte Kreditentscheidung i.d.R. verschiedene Informationen relevant sind. Darüber hinaus kann der Risikogehalt bestimmter Geschäfte unter Umständen besonders detaillierte Angaben zu Teilaspekten erfordern. Andererseits kann es vorkommen, dass der Umfang der Kreditgeschäfte in bestimmten Segmenten nach betriebswirtschaftlichen Gesichtspunkten zu gering ist, um dafür institutsintern eine standardisierte Kreditvorlage zu erarbeiten. Abhilfe können hier ggf. Vorlagen schaffen, die z.B. von einigen Verbänden der Kreditwirtschaft zur Verfügung gestellt werden.

12.2 Individuelle Kreditvorlagen

174   Die Verwendung standardisierter Kreditvorlagen ist allerdings für bestimmte Geschäftsarten, wie z.B. die Spezialfinanzierungen oder das internationale Kreditgeschäft, weder durchgängig möglich noch zweckmäßig. Bei derartigen Geschäften erfolgt die Vertragsgestaltung i.d.R. auf der Basis von Individualvereinbarungen (→ BTO 1.2 Tz. 14). Insofern ist in bestimmten Konstellationen eine individuelle Ausgestaltung der Kreditvorlage erforderlich. Inwieweit in diesen Fällen für einzelne Segmente einheitliche Vorgehensmuster sinnvoll sind, muss jedes Institut selbst beurteilen.

13 Rechtliche Prüfung vertraglicher Vereinbarungen (Tz. 13)

13 Vertragliche Vereinbarungen im Kreditgeschäft sind auf der Grundlage rechtlich geprüfter Unterlagen abzuschließen. 175

13.1 Abschluss vertraglicher Vereinbarungen im Kreditgeschäft

Verträge sind Rechtsgeschäfte, die aus Willenserklärungen mehrerer Personen bestehen. Im Fall 176 von vertraglichen Vereinbarungen im Kreditgeschäft handelt es sich um so genannte »zweiseitige Verträge«, bei denen beide Vertragspartner bestimmte Pflichten übernehmen. Dabei geht es i. d. R. um die Übereignung eines bestimmten Geldbetrages vom Institut an den Kreditnehmer, der dafür häufig eine geeignete Sicherheit stellen muss und denselben Geldbetrag gemäß den vertraglichen Vereinbarungen (z. B. Zinsen, Tilgungsraten und Fälligkeit) zurückzahlen muss.

13.2 Rechtlich geprüfte Unterlagen

Vertragliche Vereinbarungen im Kreditgeschäft sind auf der Grundlage rechtlich geprüfter Unter- 177 lagen abzuschließen. Während an anderer Stelle auf die Übereinstimmung der durch das Institut erstellten Kreditverträge mit der aktuellen Rechtslage abgestellt wird (→ BTO 1.2 Tz. 14), bezieht sich diese Anforderung vorrangig auf die vom Kreditnehmer zur Verfügung gestellten und als Vertragsbestandteil dienenden Unterlagen. Diese Unterlagen können z. B. für die Prüfung der Kreditwürdigkeit und -fähigkeit der Gegenpartei (→ BTO 1.2 Tz. 5, BTO 1.2.1 Tz. 1, BTO 1.2.2 Tz. 2 und 4) bzw. eines eventuellen Bürgen oder Garanten (→ BTO 1.2.1 Tz. 4), für die Prüfung des jeweiligen Verwendungszweckes (→ BTO 1.2 Tz. 7 und BTO 1.2.2 Tz. 1) oder für die Bewertung der vom Kreditnehmer zur Verfügung gestellten Sicherheiten (→ BTO 1.2 Tz. 7, BTO 1.2.1 Tz. 3 und BTO 1.2.2 Tz. 3) von Bedeutung sein.

13.3 Dokumentation

Geschäfts-, Kontroll- und Überwachungsunterlagen sind systematisch und für sachkundige Dritte 178 nachvollziehbar abzufassen und grundsätzlich fünf Jahre aufzubewahren (→ AT 6 Tz. 1). Die für die Einhaltung der MaRisk wesentlichen Handlungen und Festlegungen sind nachvollziehbar zu dokumentieren (→ AT 6 Tz. 2). Es liegt auf der Hand, dass die Vertragsgestaltung ein wesentlicher Bestandteil der Kreditprozesse ist. Neben den speziellen Anforderungen an die rechtliche Prüfung und den allgemeinen Anforderungen an die Dokumentation, die sich auch auf die Aktualität und Vollständigkeit der Aktenführung beziehen (→ AT 6 Tz. 1), existieren für die vertraglichen Vereinbarungen im Kreditgeschäft weitere Regelungen im Hinblick auf deren Überprüfung (→ BTO 1.2 Tz. 5) sowie zeitnahe Einreichung und Auswertung (→ BTO 1.2 Tz. 11).

14 Verwendung von Standardtexten bei Kreditverträgen (Tz. 14)

179 **14** Für die einzelnen Kreditverträge sind rechtlich geprüfte Standardtexte zu verwenden, die anlassbezogen zu aktualisieren sind. Falls bei einem Engagement (z.B. im Rahmen von Individualvereinbarungen) von den Standardtexten abgewichen werden soll, ist, soweit unter Risikogesichtspunkten erforderlich, vor Abschluss des Vertrages die rechtliche Prüfung durch eine vom Bereich Markt unabhängige Stelle notwendig.

14.1 Rechtlich geprüfte Standardtexte

180 Unter rechtlich geprüften Standardtexten im Zusammenhang mit Kreditverträgen versteht man Vertragstexte, deren Bestandteile daraufhin geprüft wurden, dass sie mit der aktuell geltenden Rechtslage und Rechtsprechung im Einklang stehen. Im internationalen Geschäft sind die jeweiligen nationalen Besonderheiten zu berücksichtigen. Hierbei kann es sich sowohl um standardisierte Formulare als auch um Verträge handeln, die modular aus Textbausteinen zusammengesetzt sind. Diese Vertragstexte werden entweder von Instituten selbst oder z.B. von kreditwirtschaftlichen Verbänden entworfen.

14.2 Anlassbezogene Aktualisierung der Standardtexte

181 Mit Blick auf die relevanten Änderungen der (nationalen und internationalen) Rechtslage sind auch die verwendeten Standardtexte »anlassbezogen« zu aktualisieren. Hierdurch soll vor allem die rechtliche Durchsetzbarkeit der Ansprüche eines Institutes aus den Kreditverträgen sichergestellt werden, indem sich die vom Institut genutzten Standardtexte »laufend« auf dem neuesten Stand der Rechtsprechung befinden. Diese Anforderung bezieht sich in erster Linie auf die zukünftig abzuschließenden Kreditverträge. Nicht in jedem Fall wird es möglich sein, bestehende Kreditverträge nachträglich anzupassen, wenn sich die Rechtsprechung zu Ungunsten der Institute entwickelt. Für dieses Problem müssen andere Lösungen gefunden werden. Denkbar sind z.B. Verweise auf die als Vertragsbestandteil beigefügten Allgemeinen Geschäftsbedingungen (AGB), die im Bedarfsfall modifiziert werden können.

14.3 Abweichung von den Standardtexten

182 Der Umgang mit Rechtsrisiken spielt insbesondere auf neuen Märkten und bei neuen Produkten (→ AT 8.1 Tz. 1, Erläuterung), bei komplexen Finanzierungsarten (→ BTO 1.2 Tz. 7) sowie im internationalen Geschäft (→ BTO 1.2 Tz. 5 und BTR 1 Tz. 6) eine entscheidende Rolle. In diesen Fällen sind Standardverträge i.d.R. nicht geeignet, die jeweiligen Besonderheiten vollständig abzubilden. Aus diesem Grund werden die dort verwendeten Verträge individuell ausgehandelt und gestaltet. Der Abschluss von Verträgen im internationalen Geschäft und im Bereich der Spezialfinanzierungen erfolgt deshalb grundsätzlich unter Einschaltung von Rechtsexperten, von denen die Abweichungen von den Standardtexten bereits im Rahmen der Vertragsgestaltung ausgearbeitet werden. Sofern in diesen Fällen auf die Expertise Dritter abgestellt wird, muss das Institut unter Risikogesichtspunkten abwägen, ob es vor Abschluss des individuell gestalteten Vertrages eine zusätzliche rechtliche Prüfung durch eine vom Bereich Markt unabhängige institutsinterne Stelle für notwendig erachtet.

14.4 Rechtliche Prüfung der Abweichungen

Grundsätzlich ist die Rechtswirksamkeit von Individualverträgen durch einen anerkannten Fachjuristen oder eine andere sachkundige Person oder Institution zu bestätigen (interne oder externe »Legal Opinion«). Der Umfang der Prüfung, der einer solchen »Legal Opinion« zugrunde liegt, kann je nach Einzelfall sehr verschieden sein. Deshalb ist keine generelle Aussage darüber möglich, ob von nachweislich kompetenten Partnern geprüfte Unterlagen vor Verwendung lediglich einer Plausibilitätsprüfung oder aber einer nochmaligen rechtlichen Prüfung unterzogen werden müssen. Bei diesen Entscheidungen sollte jedes Institut im Eigeninteresse abwägen, in welchen Fällen es auf die Prüfung durch einen Juristen tatsächlich verzichten kann. Gegebenenfalls wäre dann ein Nachweis über die Kompetenz der Partner zu erbringen. Insbesondere im Konsortialgeschäft müssen die Unterbeteiligten im Konsortialvertrag ohnehin häufig bestätigen, dass sie die Dokumente einer eigenständigen Prüfung unterzogen haben und der Konsortialführer insofern keine Haftung übernimmt.[89]

183

14.4.1 Prüfung durch eine unabhängige Stelle

Eine vom Markt unabhängige Stelle kann durchaus innerhalb der Geschäftsleiterlinie Markt angesiedelt sein (→ BTO Tz. 2, Erläuterung). Im Rahmen der Prüfung der Verträge kommt es in erster Linie auf den juristischen Sachverstand an. Einem Interessenkonflikt kann hinreichend entgegengewirkt werden, wenn diese Stelle z. B. nicht direkt oder indirekt am Vertriebserfolg partizipiert. Rechtlicher Rat sollte immer unabhängig erteilt werden. Dies kann dadurch realisiert werden, dass die unabhängige Stelle bei der Erfassung und Bewertung des Rechtsrisikos keinen Weisungen unterliegt, gesetzliche Bestimmungen in einer bestimmten Art und Weise auszulegen bzw. gewünschte rechtliche Ergebnisse zu erreichen.[90] Bei Hinzuziehung externer Personen (→ BTO 1.2 Tz. 7) sollte deren Unabhängigkeit durch ein entsprechendes Vertragsverhältnis abgesichert werden.

184

14.4.2 Prüfung durch den Marktbereich

Insbesondere im Rahmen einer Sanierung werden häufig Verträge verwendet, die vom Standard abweichen. Bekanntlich kann die Federführung für den Sanierungs- bzw. den Abwicklungspro-

185

---

89 Vgl. Hannemann, Ralf, Interpretationshilfen für die Umsetzung der Mindestanforderungen an das Kreditgeschäft der Kreditinstitute (MaK), Bundesverband Öffentlicher Banken Deutschlands (Hrsg.), März 2003, S. 51.

90 Hierbei handelt es sich um Empfehlungen der Kommission Recht des Bundesverbandes Öffentlicher Banken Deutschlands (VÖB) vom März 2002.

zess bei entsprechender Überwachung auch im Markt liegen (→ BTO 1.2.5 Tz. 1). Von der zusätzlichen Prüfung nicht-standardisierter Verträge durch eine unabhängige Stelle kann zur Vermeidung von Doppelarbeit bei Sanierungsfällen abgesehen werden, wenn die Sanierung von Spezialisten begleitet wird, die aufgrund ihrer Fachkenntnisse und Erfahrungen in der Lage sind, solche Vertragswerke eigenständig und ohne weitere unabhängige Prüfung zu verfassen (→ BTO 1.2.5 Tz. 1, Erläuterung). Im Interesse des Institutes sollten die Fachkompetenz und der juristische Sachverstand der Spezialisten allerdings sorgfältig geprüft werden, ehe auf eine enge Begleitung durch die Rechtsabteilung verzichtet wird. Gerade in der Problemkreditbearbeitung ist eine korrekte Vorgehensweise dringend geboten.

186   Außerhalb der Problemkreditbearbeitung ist es von Bedeutung, dass das erforderliche fachliche Know-how vorhanden ist. In diesem Fall kann die Prüfung der Kreditverträge im nicht-risikorelevanten Geschäft von einem sachverständigen Mitarbeiter aus dem Marktbereich durchgeführt werden (→ BTO 1.2 Tz. 14, Erläuterung). Der Arbeitsablauf kann so, insbesondere im standardisierten Geschäft, deutlich vereinfacht werden. Daher sollte die Notwendigkeit der Einschaltung einer geeigneten Stelle, also im Normalfall der Rechtsabteilung, auch unter Kosten-Nutzen-Gesichtspunkten abgewogen werden.

14.5   Sachverständige Personen

187   Der erforderliche Sachverstand kann i. d. R. durch entsprechende Qualifikationen nachgewiesen werden, die auf ein juristisches und betriebswirtschaftliches Grundverständnis der für die Vertragsgestaltung im Kreditwesen bedeutsamen Aspekte abzielen. Demzufolge gelten in diesem Bereich auch die allgemeinen Qualifikationsanforderungen, nach denen die Mitarbeiter sowie deren Vertreter über die erforderlichen Kenntnisse und Erfahrungen verfügen müssen, wobei durch geeignete Maßnahmen ein angemessenes Qualifikationsniveau zu gewährleisten ist (→ AT 7.1 Tz. 2). Soweit externe Personen für diese Zwecke herangezogen werden, ist vorher ebenfalls deren Eignung zu überprüfen. Als Orientierungshilfen können z. B. die Qualifikation, die Referenzen, der jeweilige Ruf, die Erfahrungen und die Standortkenntnisse dienen.

BTO 1.2.1 Kreditgewährung

1 Risikoorientierter Prozess der Kreditgewährung (Tz. 1)

1 Der Prozess der Kreditgewährung umfasst die bis zur Bereitstellung des Kredites erforderlichen Arbeitsabläufe. Dabei sind die für die Beurteilung des Risikos wichtigen Faktoren unter besonderer Berücksichtigung der Kapitaldienstfähigkeit des Kreditnehmers bzw. des Objektes/Projektes zu analysieren und zu beurteilen, wobei die Intensität der Beurteilung vom Risikogehalt der Engagements abhängt (z.B. Kreditwürdigkeitsprüfung, Risikoeinstufung im Risikoklassifizierungsverfahren oder eine Beurteilung auf der Grundlage eines vereinfachten Verfahrens).

1.1 Prozess der Kreditgewährung

2 Der Prozess der Kreditgewährung umfasst alle erforderlichen Arbeitsabläufe, die der Bereitstellung des Kredites vorgelagert sind. Dazu gehört zunächst einmal die Beschaffung der für die Kreditentscheidung erforderlichen Informationen. Besonders betont wird in diesem Zusammenhang die Beurteilung des mit der Kreditgewährung verbundenen Risikos, das sich sowohl auf das Adressenausfallrisiko des Kreditnehmers als auch auf die Werthaltigkeit ggf. vorhandener Sicherheiten bezieht. So sind alle für die Beurteilung des Risikos wichtigen Faktoren unter besonderer Berücksichtigung der Kapitaldienstfähigkeit des Kreditnehmers bzw. des Objektes/Projektes zu analysieren und zu beurteilen. Dabei ist es unerheblich, ob zum Kreditnehmer schon eine Geschäftsbeziehung besteht oder nicht.

3 Sofern dem Kunden bereits andere Kredite gewährt wurden, sind allerdings gewisse Erleichterungen im Bearbeitungsprozess denkbar. So liegen vermutlich bereits aktuelle Unterlagen des Kunden zur Beurteilung seiner Kapitaldienstfähigkeit vor, die ggf. sogar schon ausgewertet wurden. Darüber hinaus kann bei der Überprüfung der Sicherheiten unter bestimmten Umständen auf bereits ermittelte Sicherheitenwerte zurückgegriffen werden (→ BTO 1.2.1 Tz. 3). Das ist z.B. möglich, wenn bei einer schon als Sicherheit dienenden Immobilie für einen neuen Kredit eine zusätzliche Grundschuld eingetragen werden soll. In Abhängigkeit davon, wann die vorhandenen Unterlagen zuletzt bearbeitet wurden, empfiehlt sich ggf. aber eine Überprüfung der Kundendaten auf Korrektheit. So können sich z.B. bei einem Arbeitgeberwechsel die wirtschaftlichen Verhältnisse deutlich geändert haben.

1.2 Kapitaldienstfähigkeit

4 Ein besonderer Stellenwert wird der Kapitaldienstfähigkeit eingeräumt. Diese Anforderung zielt vor allem darauf ab, das Problembewusstsein für eine bestimmte Vergabepraxis zu schärfen. Häufig werden Kreditnehmer bei Vorhandensein entsprechender Sicherheiten oder Garantien trotz schlechter Bonität großzügig mit finanziellen Mitteln ausgestattet. Es sollte klar sein, dass jede Kreditvollstreckungsaktion, wie z.B. ein Zwangsversteigerungsverfahren, die Rendite des Abschlusses eliminieren oder sogar zu herben Verlusten führen kann. Darüber hinaus sollten

Institute bedenken, dass die gleichen Faktoren, die zu einer verminderten Rückzahlungsfähigkeit des Kredites führen, häufig auch eine Wertminderung der Sicherheit zur Folge haben.[1] Die Auswirkungen der Finanzmarktkrise, die zumindest teilweise auf eine Kreditvergabepraxis in den USA zurückzuführen ist, bei der die Kapitaldienstfähigkeit eine eher untergeordnete Rolle gespielt hat, bestätigen diese Einschätzung auf eindrucksvolle Weise.

Um die Rückzahlungsfähigkeit zu beurteilen, muss zunächst der gegenwärtige und voraussicht-   5
liche zukünftige Kapitaldienst des Kreditnehmers zu seiner gegenwärtigen und geschätzten zukünftigen Kapitaldienstgrenze in Beziehung gesetzt werden. Hierbei bezeichnet der Kapital-dienst die finanziellen Verbindlichkeiten und die Kapitaldienstgrenze die dafür verfügbaren finanziellen Mittel. Ein verhältnismäßig hoher Anteil des Kapitaldienstes an der Kapitaldienst-grenze ist also Ausdruck dafür, dass nur ein geringer Spielraum besteht, wenn sich an den finanziellen Verhältnissen des Kreditnehmers oder den Konditionen des Kreditvertrages etwas ändern sollte. Übersteigt der Kapitaldienst einen bestimmten prozentualen Anteil der Kapital-dienstgrenze, so verschlechtert sich folglich die Bewertung für die Kapitaldienstfähigkeit. Dadurch erhöht sich das Risiko für das Institut, was sich aus Sicht des Kreditnehmers in einer höheren Risikoprämie und schlechteren Konditionen niederschlägt. Die entsprechende Skalierung zur Beurteilung der Kapitaldienstfähigkeit wird institutsindividuell festgelegt.

Die wirtschaftliche Stärke eines Kreditnehmers wird durch sein Vermögen sowie seine Liquidi-   6
tätssituation beeinflusst. Sofern der Kreditnehmer hinreichend vermögend ist und Teile dieses Vermögens frei verfügbar bzw. problemlos liquidierbar sind, wäre die Kapitaldienstfähigkeit zwar theoretisch auch dann für einen bestimmten Zeitraum vorhanden, wenn die zukünftigen Erträge allein nicht zur Deckung der Verbindlichkeiten ausreichen. Langfristig gesehen hängt die Kapital-dienstfähigkeit jedoch maßgeblich von der Liquiditätsstärke des Kreditnehmers und damit von seinen zukünftigen Erträgen sowie von seiner Anlagestrategie ab. Die Anlagestrategie spielt deswegen eine nicht zu vernachlässigende Rolle, weil gebundenes Vermögen nicht oder zumin-dest nicht ohne das Risiko einer Generierung von Verlusten (z. B. durch Notverkäufe) zur Erbringung des Kapitaldienstes herangezogen werden kann.

Bei Objekten bzw. Projekten bezieht sich die Kapitaldienstfähigkeit häufig auf die aus dem   7
Objekt bzw. Projekt zu erzielenden nachhaltigen Erträge unter Abzug von Bewirtschaftungs-kosten. Diese müssen ausreichen, um den Kapitaldienst, d. h. die Zins- und Tilgungsleistungen, über die vereinbarte Laufzeit eines Kredites dauerhaft zu erbringen. Ein größerer Sicherheitspuffer entspricht auch in diesem Fall einer besseren Kapitaldienstfähigkeit. Das gilt natürlich nicht für die Finanzierung einer eigengenutzten Immobilie. In diesem Fall kann sich die finanzielle Situation des Kreditnehmers allerdings dadurch ändern, dass z. B. bisherige Mietzahlungen wegfallen, die i. d. R. höher ausfallen, als die mit der neuen Immobilie verbundenen zusätzlichen Aufwendungen (Instandhaltungsrücklage, Verwaltungskosten etc.).

Zur Illustration der Bedeutung von Nachhaltigkeitsrisiken für die Kapitaldienstfähigkeit nennt   8
die BaFin als Beispiel einen Kreditnehmer, der ein vom Institut finanziertes Gebäude an ein emissionsintensives Unternehmen vermietet und hieraus im Wesentlichen seine Einkünfte gene-riert. Dessen Kapitaldienstfähigkeit könnte stark von der Zukunft dieses Unternehmens abhängen. Nur wenn das Gebäude ohne Weiteres auch an Dritte vermietet werden kann, erscheinen die zukünftigen Einkünfte des Kreditnehmers weniger gefährdet.[2]

---

1   Vgl. Basel Committee on Banking Supervision, Principles for the Management of Credit Risk, BCBS 75, 27. September 2000, Tz. 34.
2   Vgl. Bundesanstalt für Finanzdienstleistungsaufsicht, Merkblatt zum Umgang mit Nachhaltigkeitsrisiken, 20. Dezember 2019, geändert am 13. Januar 2020, S. 31 f.

1.3 Analyse und Beurteilung der wichtigen Risikofaktoren

9 Die für die Beurteilung des Risikos wichtigen Faktoren können sich aus folgenden Gründen stark voneinander unterscheiden:

- Zunächst liegen den verschiedenen Geschäftsarten unterschiedliche Informationsquellen zugrunde. Während z. B. im Kreditgeschäft mit Firmenkunden die Auswertung von Jahresabschlüssen zum Standardprogramm gehört, können im Privatkundengeschäft der letzte Steuerbescheid und die aktuellen Verdienstbescheinigungen des Arbeitgebers Aufschluss über die derzeitige Kapitaldienstfähigkeit geben.

- Außerdem hängt das Risiko für das Institut in bestimmten Fällen nicht nur von der wirtschaftlichen Situation des Kreditnehmers ab. Teilweise spielen z. B. die zur Verfügung gestellten Sicherheiten eine wesentliche Rolle im Entscheidungsprozess. Deshalb werden an die Überprüfung der Werthaltigkeit und des rechtlichen Bestandes von Sicherheiten besondere Anforderungen gestellt (→ BTO 1.2 Tz. 2 und BTO 1.2.1 Tz. 3). In manchen Fällen werden Bürgschaften Dritter eingeholt, so dass auch deren wirtschaftliche Verhältnisse angemessen zu überprüfen sind (→ BTO 1.2.1 Tz. 4).

10 Das Gleiche gilt im Hinblick auf die Intensität der Risikobeurteilungen (→ BTO 1.2 Tz. 5). Dafür kommen – je nach Risikogehalt und Komplexität der Geschäfte – Kreditwürdigkeitsprüfungen, Risikoeinstufungen im Risikoklassifizierungsverfahren (→ BTO 1.4) oder Beurteilungen auf der Grundlage vereinfachter Verfahren in Betracht. Kreditwürdigkeitsprüfungen und Risikoklassifizierungsverfahren berücksichtigen regelmäßig die Kapitaldienstfähigkeit des Kreditnehmers bzw. des Objektes/Projektes (→ BTO 1.4 Tz. 3). Allerdings muss die Risikoeinstufung sowohl im Rahmen der Kreditentscheidung als auch bei turnusmäßigen oder anlassbezogenen Beurteilungen nur dann mit Hilfe eines Risikoklassifizierungsverfahrens erfolgen, wenn dies der Risikogehalt der Geschäfte erfordert (→ BTO 1.2 Tz. 8).

11 Die deutsche Aufsicht hat im Rahmen der vierten MaRisk-Novelle aufgrund der Erfahrungen aus der Aufsichtspraxis der zurückliegenden Jahre klargestellt, dass die Beurteilung der Kapitaldienstfähigkeit auf der Basis eines vereinfachten Verfahrens keinem generellen Verzicht auf diese Tätigkeiten entspricht (→ BTO 1.2.1 Tz. 1, Erläuterung). Wenngleich die Intensität der Beurteilung vom Risikogehalt abhängt, erfordert die besondere Berücksichtigung der Kapitaldienstfähigkeit grundsätzlich eine individuelle Beurteilung der wirtschaftlichen Verhältnisse des Kreditnehmers, wobei Risiken für die zukünftige Vermögens- und ggf. Liquiditätslage des Kreditnehmers in die Betrachtung einzufließen haben (→ BTO 1.2.1 Tz. 1, Erläuterung).

12 In den ersten Entwürfen zur vierten MaRisk-Novelle sollte die Möglichkeit zur Beurteilung der Kapitaldienstfähigkeit auf Basis eines vereinfachten Verfahrens lediglich auf das »besonders kleinteilige Konsumentenkreditgeschäft« eingeschränkt werden. Die Kreditwirtschaft stand dieser Einschränkung kritisch gegenüber, da zum nicht-risikorelevanten Kreditgeschäft z. B. regelmäßig das »standardisierte Mengengeschäft« gezählt wird (→ BTO 1.4 Tz. 3). Insofern sollte aus Sicht der Kreditwirtschaft zumindest auf das »standardisierte Mengengeschäft« referenziert werden, was dem Proportionalitätsprinzip zufolge in Abhängigkeit von der Institutsgröße allerdings stark variieren kann.[3] Zudem entstand der Eindruck, dass bis auf ein sehr eingegrenztes Geschäft umfangreiche Kapitaldienstrechnungen erforderlich sind. In der Praxis weisen die Kapitaldienstrechnungen aus Kostengründen in verschiedenen Geschäftsbereichen einen gewissen Standardisierungsgrad auf. Was genau unter einem vereinfachten Verfahren zu verstehen ist, wird nicht näher ausgeführt. Von der Kreditwirtschaft wurde vorgeschlagen, die Beurteilung der Kapitaldienstfähigkeit in diesen Fällen nicht am Einkommen zu orientieren, sondern z. B. Informationen

---

3   Vgl. Deutsche Kreditwirtschaft, Stellungnahme zum Konsultationspapier 01/2012 der Bundesanstalt für Finanzdienstleistungsaufsicht (BaFin) – »Überarbeitung der MaRisk« (Zwischenentwurf vom 2. August 2012), 12. September 2012, S. 14.

von Wirtschaftsauskunfteien oder zum Einsatz von Kreditkarten zu nutzen.[4] Die Aufsicht hat diese Vorschläge allerdings nicht aufgegriffen.

Die Diskussion um den Einsatz alternativer Verfahren zur Risikobeurteilung ist vor dem Hintergrund der Digitalisierung der Finanzbranche wieder neu entfacht worden. Unter anderem wird zu klären sein, welche Grenzen es aus Risikosicht für den Einsatz von künstlicher Intelligenz (KI) und der IT-Technologie beim Umgang mit großen Datenmengen (»Big Data«) im Kreditgeschäft geben sollte. Die mit der Technologieentwicklung einhergehenden Möglichkeiten stehen zudem teilweise im Widerspruch zu den permanent steigenden Anforderungen an die Datensicherheit.

1.4 Absehbare Konkretisierung der Anforderungen

Es ist damit zu rechnen, dass die deutsche Aufsicht im Rahmen der anstehenden siebten MaRisk-Novelle die Anforderungen an die Kreditvergabe, insbesondere an die Kreditwürdigkeitsprüfung und die Kreditentscheidung, deutlich granularer ausgestalten wird. Die zu erwartende Konkretisierung ist darauf zurückzuführen, dass mit der siebten MaRisk-Novelle die Leitlinien der EBA für die Kreditvergabe und Überwachung[5] national umgesetzt werden, für die von der BaFin gegenüber der EBA eine Compliance-Erklärung zum 30. Juni 2022 abgegeben wurde. Diese Leitlinien enthalten u. a. detaillierte Vorgaben zur Vermeidung von Interessenkonflikten bei Kreditentscheidungen, zu den erforderlichen Informationen und Daten für die Kreditwürdigkeitsprüfung, zur Durchführung der Kreditwürdigkeitsprüfung für unterschiedliche Kategorien von Kreditnehmern, zur grundsätzlichen und speziellen Einbeziehung von Sicherheiten und deren Bewertung, zur Durchführung von Sensitivitätsanalysen bei der Kreditwürdigkeitsprüfung unter Berücksichtigung von Marktereignissen und kreditnehmerbezogenen Ereignissen, zum Umgang mit verschiedenen Finanzierungsarten sowie zum damit verbundenen Überwachungsprozess. In den Anhängen zu diesen Leitlinien sind konkrete Kreditvergabekriterien (Anhang 1), erforderliche Informationen und Daten für die Kreditwürdigkeitsprüfung (Anhang 2) sowie Parameter für die Kreditvergabe und Überwachung (Anhang 3) enthalten, je nach Verfügbarkeit unterteilt nach Verbrauchern und Unternehmen verschiedener Größenordnungen, der Finanzierung von Gewerbeimmobilien, der Finanzierung der Immobilienentwicklung, der Schiffsfinanzierung und der Projektfinanzierung etc. Es steht den Instituten natürlich frei, sich bereits jetzt an den Vorgaben der EBA zu orientieren.

1.5 Kreditwürdigkeitsprüfung in Krisenzeiten

Die Kreditanstalt für Wiederaufbau (KfW) konnte im Rahmen der Corona-Hilfsprogramme diverse Erleichterungen in Anspruch nehmen, die vor allem dem Ziel dienten, den Kreditnehmern in Not möglichst schnell zu helfen. Dazu gehörten u. a. gewisse Erleichterungen bei der Einholung von Unterlagen zur Prüfung der wirtschaftlichen Verhältnisse (→ BTO 1.2 Tz. 11). Daneben wurde bei Kreditbeträgen bis zu 3 Millionen Euro pro Unternehmen die Risikoprüfung vollständig vom Finanzierungspartner, also der Hausbank, übernommen. Bei Kreditbeträgen

---

4 Vgl. Deutsche Kreditwirtschaft, Stellungnahme zum Konsultationspapier 01/2012 der Bundesanstalt für Finanzdienstleistungsaufsicht (BaFin) – »Überarbeitung der MaRisk«, 5. Juni 2012, S. 14f.

5 European Banking Authority, Leitlinien für die Kreditvergabe und Überwachung, EBA/GL/2020/06, 29. Mai 2020.

über 3 Millionen Euro bis einschließlich 10 Millionen Euro erfolgte eine deutlich vereinfachte Risikoprüfung in einem angepassten »Fast-Track-Verfahren«. Bei Erfüllung der Fast-Track-Kriterien hat die KfW die Risikoprüfung auf ein Rating ohne weitere Dokumentation beschränkt. Diese Vereinfachungen waren deshalb möglich, weil die Corona-Hilfsprogramme der KfW als Zuweisungsgeschäfte gemäß § 8 KfW-Verordnung von der Anwendung der §§ 25a und 25b KWG ausgenommen sind.

16 Nach Auskunft der BaFin gegenüber dem Bundesverband Öffentlicher Banken Deutschlands (VÖB) war es auch für die Landwirtschaftliche Rentenbank und die Landesförderbanken grundsätzlich möglich, Corona-Hilfskredite als nicht-risikorelevantes Kreditgeschäft einzustufen und somit Erleichterungen bei der Kreditentscheidung in Anspruch zu nehmen, sofern die daraus für die jeweilige Förderbank resultierenden Risiken in vollem Umfang durch die öffentliche Hand gedeckt wurden. Explizit genannt wurden der Verzicht auf ein Zweitvotum und die Übernahme der Risikoklassifizierung der Hausbank. Die Institute mussten die Festlegung zum nicht-risikorelevanten Geschäft hinsichtlich der Kredithöhe auf individueller Basis vornehmen und dabei die treuhänderische Pflicht gegenüber der öffentlichen Hand als Garantiegeber berücksichtigen. Der Verzicht auf ein zweites Votum ist für Förderbanken im Hausbankgeschäft zwar ohnehin immer möglich, weil es sich dabei um drittinitiiertes Geschäft handelt (→ BTO 1.1 Tz. 4). Die mögliche Übernahme der Risikoklassifizierung der Hausbank war allerdings eine Erleichterung, zumal sie nicht aus den Vorgaben zum nicht-risikorelevanten Kreditgeschäft abgeleitet werden kann. Unabhängig davon kann in einem solchen Fall auch eine materielle Plausibilisierung der Einschätzung der Hausbank als »Votum der Förderbank in Krisenzeiten« angesehen werden. Dieses Votum könnte selbst im risikorelevanten Geschäft im Hausbankprinzip ausreichen, wenn es qualifiziert genug ist und aus der Marktfolge stammt. Klassischerweise sind die Kreditbereiche in Förderbanken eher Marktfolgebereiche, weil der Markt (Kundenakquise) in der Hausbank sitzt.

1.6   Berücksichtigung von Nachhaltigkeitsrisiken

17 Bei Transaktionen[6] mit Vertragspartnern bzw. Investitionsobjekten[7] sollte auch deren Zugehörigkeit zu emissionsintensiven Wirtschaftssektoren, im Idealfall sogar einschließlich der vor- und nachgelagerten Lieferkette und der weiteren eng verflochtenen Wirtschaftszweige, untersucht werden. Für die Einstufung eines Sektors können als ein erster Anhaltspunkt auch so genannte »Heatmaps« genutzt werden (→ AT 4.3.2 Tz. 1). Daran sollte sich allerdings eine individuellere Prüfung der konkreten Risikoposition anschließen. Sofern auf externe Anbieter zurückgegriffen wird, sollten deren Einstufungen grundsätzlich angemessen plausibilisiert werden.[8]

18 Für Transaktionen mit einem höheren Risiko sollte eine intensivere Risikoanalyse vom konkreten Geschäftsmodell des Vertragspartners vorgenommen werden. Bei dieser Analyse sollten

---

6 Die BaFin verwendet den Begriff »Transaktion« übergreifend, weil sich das Merkblatt an alle drei Säulen der Aufsicht richtet. Je nach Zusammenhang kann damit also eine Kreditvergabe (Kreditgeschäft), eine Anlage- bzw. Investitionsentscheidung (Handelsgeschäft) oder die Zeichnung eines Versicherungsvertrages gemeint sein. Vgl. Bundesanstalt für Finanzdienstleistungsaufsicht, Merkblatt zum Umgang mit Nachhaltigkeitsrisiken, 20. Dezember 2019, geändert am 13. Januar 2020, S. 23.

7 Die BaFin bezieht ihre Anforderungen jeweils auf den »Vertragspartner« bzw. das »Investitionsobjekt«. Damit wird deutlich, dass sich diese Anforderungen nicht nur auf die Beurteilung des Adressenausfallrisikos im Kreditgeschäft beziehen, sondern spiegelbildlich auch für die Analyse der Nachhaltigkeitsrisiken in Bezug auf ein Investitionsobjekt im Handelsgeschäft herangezogen werden können.

8 Vgl. Bundesanstalt für Finanzdienstleistungsaufsicht, Merkblatt zum Umgang mit Nachhaltigkeitsrisiken, 20. Dezember 2019, geändert am 13. Januar 2020, S. 28.

z. B. die aktuellen und voraussichtlich zukünftigen Treibhausgasemissionen[9], das Marktumfeld, die regulatorischen Vorgaben zu Nachhaltigkeitsrisiken für dieses Unternehmen, die voraussichtlichen Auswirkungen auf seine Profitabilität und Solvenz sowie seine Zukunftsstrategien untersucht werden. Ein Nachhaltigkeitsrating des Vertragspartners könnte die Risikobeurteilung ggf. erleichtern. Als Ergebnis der Risikoanalyse sollte eine die Nachhaltigkeitsrisiken des Vertragspartners berücksichtigende Risikoeinstufung vorgenommen werden und in die Entscheidung über die Freigabe der Transaktion einfließen. Dabei sollte jedoch berücksichtigt werden, dass ein Unternehmen aufgrund seines speziellen Geschäftsmodells auch in einem an sich kritischen Sektor einem geringeren transitorischen Risiko unterliegen kann als andere Unternehmen desselben Sektors. So wird zwar der Sektor »Elektrizität« im Hinblick auf die Klimaziele per se kritisch eingeschätzt. Ist aber der konkrete Vertragspartner z. B. ein Betreiber von Windparks, so unterliegt er einem geringeren transitorischen Risiko. Sofern sich aus der Risikoanalyse ein (sehr) hohes Nachhaltigkeitsrisiko ergibt, kann die Beteiligung der Risikocontrolling-Funktion und ggf. sogar der Geschäftsleitung vorgesehen werden.[10]

In Abhängigkeit von der Risikoeinstufung könnten u. a. die folgenden Maßnahmen ergriffen werden, die weitgehend mit den skizzierten Methoden zum Management von Nachhaltigkeitsrisiken in Einklang stehen (→ AT 4.3.2 Tz. 1):[11]   **19**

- Das Institut könnte mit dem Vertragspartner in einen Dialog treten, um sein Risikobewusstsein zu erhöhen und Nachhaltigkeitsrisiken abzubauen bzw. eine Zukunftsstrategie zu entwickeln.[12]

- Bei Beteiligungen mit Stimmrecht könnte die Ausübung dieser Stimmrechte auf Gesellschafterversammlungen des Beteiligungsunternehmens unter Berücksichtigung von Nachhaltigkeitsaspekten erfolgen.

- Das Institut könnte Maßnahmen zur Steuerung oder Minimierung des Nachhaltigkeitsrisikos bzw. der nachteiligen Nachhaltigkeitsauswirkungen identifizieren oder einen Aktionsplan zum schrittweisen Abbau solcher Risiken, zur Verbesserung des Nachhaltigkeitsratings oder zur Einhaltung bestimmter Nachhaltigkeitsstandards entwickeln.

---

9 Die BaFin verweist an dieser Stelle mit dem »Treibhausgasprotokoll« (»Greenhouse Gas Protocol«, GHG Protocol) auf den international mutmaßlich am weitesten verbreiteten Standard, bei dem die Treibhausgasemissionen in drei Kategorien oder »Scopes« unterteilt werden: »Scope 1« deckt direkte Emissionen aus eigenen oder kontrollierten Quellen ab (Kraftstoffverbrennung, Unternehmensfahrzeuge, flüchtige Emissionen), »Scope 2« deckt indirekte Emissionen aus der Erzeugung von gekauftem Strom, Dampf, Wärme und Kühlung ab, die das betreffende Unternehmen verbraucht, »Scope 3« umfasst alle anderen indirekten Emissionen, die in der Wertschöpfungskette eines Unternehmens entstehen (gekaufte Waren und Dienstleistungen, Geschäftsreisen, Pendler, Abfallentsorgung, Verwendung verkaufter Produkte, Transport und Lieferung, Investitionen, Leasingobjekte und Franchise). Die Entwicklung des GHG Protocol wird vom »Weltressourceninstitut« (»World Resources Institute«, WRI) und dem »Weltwirtschaftsrat für Nachhaltige Entwicklung« (»World Business Council for Sustainable Development«, WBCSD) koordiniert. Auf dem GHG Protocol baut auch der Standard »ISO 14064-1:2018« auf, den die EBA in diesem Zusammenhang ergänzend als mögliche Orientierungshilfe nennt. Daneben verweist die EBA auf die Empfehlung der Europäischen Kommission vom 9. April 2013 für die Anwendung gemeinsamer Methoden zur Messung und Offenlegung der Umweltleistung von Produkten und Organisationen, Amtsblatt der Europäischen Union vom 4. Mai 2013, L 124/1-210. Zu den »Scopes« verweist die EBA auf die Verordnung (EU) 2016/1011 des Europäischen Parlaments und des Rates vom 8. Juni 2016 über Indizes, die bei Finanzinstrumenten und Finanzkontrakten als Referenzwert oder zur Messung der Wertentwicklung eines Investmentfonds verwendet werden, und zur Änderung der Richtlinien 2008/48/EG und 2014/17/EU sowie der Verordnung (EU) Nr. 596/2014, Amtsblatt der Europäischen Union vom 29. Juni 2016, L 171/1-65. Die relevante Nummer 1 lit. e wurde mit dem maßgeblichen Anhang III allerdings erst später eingefügt. Siehe hierzu Verordnung (EU) 2019/2089 des Europäischen Parlaments und des Rates vom 27. November 2019 zur Änderung der Verordnung (EU) 2016/1011 hinsichtlich EU-Referenzwerten für den klimabedingten Wandel, hinsichtlich auf das Übereinkommen von Paris abgestimmter EU- Referenzwerte sowie hinsichtlich nachhaltigkeitsbezogener Offenlegungen für Referenzwerte, Amtsblatt der Europäischen Union vom 9. Dezember 2019, L 317/17-27. Vgl. European Banking Authority, EBA Report on management and supervision of ESG risks for credit institutions and investment firms, EBA/REP/2021/18, 23. Juni 2021, S. 153.

10 Vgl. Bundesanstalt für Finanzdienstleistungsaufsicht, Merkblatt zum Umgang mit Nachhaltigkeitsrisiken, 20. Dezember 2019, geändert am 13. Januar 2020, S. 28 ff.

11 Vgl. Bundesanstalt für Finanzdienstleistungsaufsicht, Merkblatt zum Umgang mit Nachhaltigkeitsrisiken, 20. Dezember 2019, geändert am 13. Januar 2020, S. 29 f.

12 Die EBA empfiehlt einen konstruktiven Dialog mit Gegenparteien, die in hohem Maße ESG-Risiken ausgesetzt sind, um die Quelle der von der Gegenpartei ausgehenden ESG-Risiken zu beseitigen oder zumindest auf ein Niveau unterhalb der im Rahmen des Risikoappetits festgelegten Höchstgrenze zu reduzieren. Vgl. European Banking Authority, EBA Report on management and supervision of ESG risks for credit institutions and investment firms, EBA/REP/2021/18, 23. Juni 2021, S. 111.

BTO 1.2.1 Kreditgewährung

- Das Institut könnte mit dem Vertragspartner einen verbindlichen Zeitplan zu vertraglich vereinbarten Fortschritten ausarbeiten und daran gewisse Berichtspflichten knüpfen.
- Das Institut könnte den Vertragspartner im Hinblick auf die Finanzierung von Investitionen zur Senkung des Nachhaltigkeitsrisikos beraten, z. B. in Zusammenarbeit mit Förderbanken.
- Schließlich ist auch die Ablehnung der Transaktion oder eine eingeschränkte Ausführung bis zu einem bestimmten Limit möglich.[13]

20 Den Instituten wird auch von der EZB empfohlen, eine Anpassung ihrer Risikopolitik in Erwägung zu ziehen, z. B. durch die Festlegung von Kriterien zur Identifizierung von Geschäftsbereichen oder Portfolios, die beim allmählichen Abbau von Klima- und Umweltrisiken unterstützt werden können, um ihre Widerstandsfähigkeit gegenüber transitorischen oder physischen Risiken zu stärken. Als typische Maßnahmen zum Umgang mit Nachhaltigkeitsrisiken nennt auch die EZB die Begrenzung (Limitierung) von Finanzierungen gewisser heikler wirtschaftlicher (Teil-)Sektoren, Staaten, Geschäfte oder Immobilienengagements und den Ausschluss gewisser (Teil-)Sektoren oder Kreditnehmer von Finanzierungen, wenn sie nicht mit dem klimabezogenen Risikoappetit des Institutes im Einklang stehen. Ebenso werden die Institute von der EZB ermuntert, einen konstruktiven Dialog mit wichtigen Geschäftspartnern aufzunehmen, um z. B. langfristig deren Nachhaltigkeitsrating oder Kreditrating zu verbessern.[14]

21 Die EBA erwartet von den Instituten, dass sie bei einer Kreditvergabe an Unternehmen jeglicher Größe auf der Ebene des einzelnen Kreditnehmers die Nachhaltigkeitsrisiken, insbesondere Umweltfaktoren und die Auswirkungen auf den Klimawandel, sowie die risikomindernden Maßnahmen bewerten. Lediglich bei kleineren Unternehmen gestattet die EBA, diese Analyse auf Portfolioebene vorzunehmen. Zur Identifizierung von Kreditnehmern mit direkt oder indirekt erhöhten Nachhaltigkeitsrisiken empfiehlt die EBA – analog zur BaFin und zur EZB – die Verwendung von »Heatmaps« (→ AT 4.3.2 Tz. 1). Bei Darlehen oder Kreditnehmern mit einem erhöhten Nachhaltigkeitsrisiko hält die EBA eine eingehendere Analyse des aktuellen Geschäftsmodells des Kreditnehmers für erforderlich, wobei es in erster Linie um die voraussichtlichen Auswirkungen auf die Finanzlage des Kreditnehmers geht und die genannten Kriterien weitgehend mit denen der BaFin übereinstimmen.[15]

22 Die Kreditentscheidung sollte klar dokumentiert sein und alle Voraussetzungen für den Darlehensvertrag und die Auszahlung enthalten, einschließlich der möglichen Bedingungen zur Minderung der bei der Kreditwürdigkeitsprüfung ermittelten Nachhaltigkeitsrisiken.[16] Die EBA bringt sogar ins Spiel, dass die Kreditwürdigkeitsprüfung ggf. eine Sensitivitätsanalyse beinhalten könnte. Sie verweist darauf, dass die Kriterien für die Kreditvergabe, die auf den Risikoappetit und die Limite des Institutes abgestimmt sind, einschließlich der Informationen und Daten, die zu bestimmten Transaktionen zu erheben sind, einen zentralen Bestandteil des ESG-Risikomanagements bilden. Deshalb sollte die Kreditentscheidung eindeutig sein und sämtliche Bedingungen für den Kreditvertrag umfassen, einschließlich derjenigen zur Minderung der in der Kreditwürdigkeitsprüfung identifizierten Risiken, wie z. B. Risiken im Zusammenhang mit ESG-Faktoren.[17]

---

13 Die EBA hält zumindest Limite für die Finanzierung von jenen Projekten, Aktivitäten oder, wenn diese identifiziert werden können, Gegenparteien für erforderlich, die ökologischen oder sozialen Zielen im Einklang mit der Geschäftsstrategie des Institutes erheblich schaden. Die damit verbundenen Richtlinien könnten auch die potenzielle Veränderung der Investitionsnachfrage nach nachhaltigen Finanzierungen berücksichtigen. Vgl. European Banking Authority, EBA Report on management and supervision of ESG risks for credit institutions and investment firms, EBA/REP/2021/18, 23. Juni 2021, S. 111.

14 Vgl. Europäische Zentralbank, Leitfaden zu Klima- und Umweltrisiken – Erwartungen der Aufsicht in Bezug auf Risikomanagement und Offenlegungen, 27. November 2020, S. 35 f.

15 Vgl. European Banking Authority, Leitlinien für die Kreditvergabe und Überwachung, EBA/GL/2020/06, 29. Mai 2020, S. 32 und 35.

16 Vgl. European Banking Authority, Leitlinien für die Kreditvergabe und Überwachung, EBA/GL/2020/06, 29. Mai 2020, S. 44.

17 Vgl. European Banking Authority, EBA Report on management and supervision of ESG risks for credit institutions and investment firms, EBA/REP/2021/18, 23. Juni 2021, S. 112 f.

1.7 Vergabe von Fremdwährungsdarlehen

Der Europäische Ausschuss für Systemrisiken (ESRB) empfiehlt den nationalen Aufsichtsbehör- **23** den, die Vergabe von Fremdwährungsdarlehen an »nicht abgesicherte Kreditnehmer« (→ BTO 1.2 Tz. 2) nur zuzulassen, wenn sie ihre Kreditwürdigkeit nachweisen, wobei die Rückzahlungsstruktur des Kredites und die Fähigkeit der Kreditnehmer, nachteiligen plötzlichen Veränderungen der Wechselkurse und des ausländischen Zinssatzes zu widerstehen, zu berücksichtigen sind (Empfehlung B, Nummer 2).[18] Daher sollten auch nach den MaRisk Fremdwährungsdarlehen nur an Kreditnehmer vergeben werden, deren Kreditwürdigkeit dahingehend geprüft wurde, ob sie auch bei besonders ungünstigen Entwicklungen der Wechselkurse und des Fremdwährungszinsniveaus voraussichtlich in der Lage sind, den Kredit zurückzuzahlen (→ BTO 1.2.1 Tz. 1, Erläuterung). Diese Anforderung kann als Konkretisierung der Vorgabe verstanden werden, für Fremdwährungsdarlehen differenzierte Bearbeitungsgrundsätze zu formulieren, die den besonderen Risiken dieser Kreditart Rechnung tragen (→ BTO 1.2 Tz. 2).

Der ESRB gibt in diesem Zusammenhang weitere Empfehlungen ab. So sollen von den Auf- **24** sichtsbehörden das Ausmaß der Fremdwährungsdarlehen und der Währungsinkongruenzen im privaten nichtfinanziellen Sektor überwacht und die notwendigen Maßnahmen zur Begrenzung von Fremdwährungsdarlehen erlassen werden (Empfehlung B, Nummer 1). Zudem soll die Festlegung strengerer Übernahmebedingungen, wie z.B. einer Schuldendienstquote (»debt service to income ratio«) und einer Beleihungsquote (»loan to value ratio«), in Erwägung gezogen werden (Empfehlung B, Nummer 3).[19]

Bei der Kreditvergabe sollte also insbesondere geprüft werden, inwieweit der Kreditnehmer **25** auch einen ggf. höheren Kapitaldienst erbringen könnte. Es ist nicht zu erwarten, dass die Institute im Rahmen der Kreditgewährung zukünftig spezielle Stressszenarien zur Beurteilung der Kapitaldienstfähigkeit unter besonders ungünstigen Entwicklungen durchführen werden, was unter betriebswirtschaftlichen Aspekten nicht zu leisten wäre. In der Praxis spielen z.B. Kündigungsmöglichkeiten zur Begrenzung der Risiken und Stop-loss-Vereinbarungen eine Rolle.[20]

Der ESRB geht im Übrigen davon aus, dass eine bessere Information der Kreditnehmer zu den **26** Risiken im Zusammenhang mit Fremdwährungsdarlehen zu umsichtigeren und besonneneren Entscheidungen führen würde. Die Finanzinstitute sollten zudem ermutigt werden, ihren Kunden auf Landeswährung lautende Darlehen für die gleichen Zwecke wie Fremdwährungsdarlehen sowie Finanzinstrumente zur Absicherung gegen Wechselkursrisiken anzubieten (Empfehlung A).[21]

---

18 Vgl. Empfehlung des Europäischen Ausschusses für Systemrisiken zu Fremdwährungskrediten (ESRB/2011/1) vom 21. September 2011, Amtsblatt der Europäischen Union vom 22. November 2011, C 342/2.

19 Vgl. Empfehlung des Europäischen Ausschusses für Systemrisiken zu Fremdwährungskrediten (ESRB/2011/1) vom 21. September 2011, Amtsblatt der Europäischen Union vom 22. November 2011, C 342/2.

20 Vgl. Deutsche Kreditwirtschaft, Stellungnahme zum Konsultationspapier 01/2012 der Bundesanstalt für Finanzdienstleistungsaufsicht (BaFin) – »Überarbeitung der MaRisk«, 5. Juni 2012, S. 14.

21 Vgl. Empfehlung des Europäischen Ausschusses für Systemrisiken zu Fremdwährungskrediten (ESRB/2011/1) vom 21. September 2011, Amtsblatt der Europäischen Union vom 22. November 2011, C 342/2.

2 Gewährung von Immobiliar-Verbraucherdarlehen (Tz. 2)

27 **2** Bei Immobiliar-Verbraucherdarlehen sind auch zukünftige, als wahrscheinlich anzusehende Einkommensschwankungen in die Beurteilung der Kapitaldienstfähigkeit einzubeziehen. Alle für die Kreditgewährung relevanten Informationen sind vollständig zu
dokumentieren und über die Laufzeit des Kredites aufzubewahren.

2.1 Definition von Immobiliar-Verbraucherdarlehen

28 Gemäß § 491 BGB wird bei Darlehensverträgen an Verbraucher grundsätzlich zwischen »Allgemein-Verbraucherdarlehensverträgen« und »Immobiliar-Verbraucherdarlehensverträgen« unterschieden. »Allgemein-Verbraucherdarlehensverträge« sind laut § 491 Abs. 2 BGB entgeltliche
Darlehensverträge zwischen einem Unternehmer als Darlehensgeber und einem Verbraucher als
Darlehensnehmer, wobei u. a. Verträge mit einem geringen Nettodarlehensbetrag (weniger als
200 Euro), mit einer beschränkten Haftung (komplette Absicherung des Darlehensbetrages durch
eine zum Pfand übergebene Sache), mit einer kurzen Laufzeit (maximal drei Monate) und
überschaubaren Kosten sowie zu günstigeren als den marktüblichen Bedingungen (für eigene
Arbeitnehmer oder für einen begrenzten Personenkreis aufgrund von Rechtsvorschriften im
öffentlichen Interesse) ausgenommen sind.

29 »Immobiliar-Verbraucherdarlehensverträge« sind nach § 491 Abs. 3 BGB hingegen entgeltliche
Darlehensverträge zwischen einem Unternehmer als Darlehensgeber und einem Verbraucher als
Darlehensnehmer, die entweder durch ein Grundpfandrecht oder eine Reallast besichert sind oder
für den Erwerb oder die Erhaltung des Eigentumsrechtes an Grundstücken, an bestehenden oder
zu errichtenden Gebäuden oder für den Erwerb oder die Erhaltung von grundstücksgleichen
Rechten bestimmt sind. Die von Arbeitgebern mit ihren Arbeitnehmern als Nebenleistung zum
Arbeitsvertrag zu einem niedrigeren als dem marktüblichen effektiven Jahreszins (§ 6 der Preis-
angabenverordnung) abgeschlossenen Verträge werden davon ausgenommen. Für die nur mit
einem begrenzten Personenkreis auf Grund von Rechtsvorschriften im öffentlichen Interesse zu
besonders günstigen Konditionen abgeschlossenen Verträge gelten nur die Aufklärungspflichten
gemäß § 491a Abs. 4 BGB. Keine Immobiliar-Verbraucherdarlehensverträge sind »Immobilien-
verzehrkreditverträge«, bei denen der Kreditgeber pauschale oder regelmäßige Zahlungen leistet
oder andere Formen der Kreditauszahlung vornimmt und im Gegenzug nur einen Betrag aus dem
künftigen Erlös des Verkaufes einer Wohnimmobilie erhält oder ein Recht an einer Wohnimmobilie erwirbt und erst nach dem Tod des Verbrauchers eine Rückzahlung fordert (»umgekehrte
Hypothek«), außer der Verbraucher verstößt gegen die Vertragsbestimmungen, was dem Kreditgeber erlaubt, den Vertrag zu kündigen.

2.2 Beurteilung der Kapitaldienstfähigkeit bei Immobiliar-Verbraucherdarlehen

Gemäß § 18a Abs. 1 KWG müssen die Institute vor Abschluss eines Verbraucherdarlehensvertrages die Kreditwürdigkeit des Darlehensnehmers prüfen. Das Kreditinstitut darf den Verbraucherdarlehensvertrag nur abschließen, wenn aus der Kreditwürdigkeitsprüfung hervorgeht, dass bei einem Allgemein-Verbraucherdarlehensvertrag keine erheblichen Zweifel an der Kreditwürdigkeit bestehen und dass es bei einem Immobiliar-Verbraucherdarlehensvertrag wahrscheinlich ist, dass der Darlehensnehmer seinen Verpflichtungen, die im Zusammenhang mit dem Darlehensvertrag stehen, vertragsgemäß nachkommen wird. Die Kreditwürdigkeitsprüfung muss unter bestimmten Umständen wiederholt werden, so z. B. bei deutlicher Erhöhung des Nettodarlehensbetrages (§ 18a Abs. 2 KWG)[22] oder anderweitiger Anpassung der Vertragsbedingungen (§ 18a Abs. 2a KWG). Grundlage dafür können neben Auskünften des Darlehensnehmers ggf. auch Auskünfte von Stellen sein, die geschäftsmäßig personenbezogene Daten zur Kreditwürdigkeitsprüfung anbieten (§ 18a Abs. 3 KWG).

Bei Immobiliar-Verbraucherdarlehensverträgen hat das Institut die Kreditwürdigkeit des Darlehensnehmers nach § 18a Abs. 4 KWG auf der Grundlage notwendiger, ausreichender und angemessener Informationen zu Einkommen, Ausgaben sowie zu anderen finanziellen und wirtschaftlichen Umständen des Darlehensnehmers eingehend zu prüfen. Dabei hat das Institut jene Faktoren angemessen zu berücksichtigen, die für die Einschätzung relevant sind, ob der Darlehensnehmer seinen Verpflichtungen aus dem Darlehensvertrag voraussichtlich nachkommen kann. Die Kreditwürdigkeitsprüfung darf sich nicht hauptsächlich darauf stützen, dass der Wert der Wohnimmobilie den Darlehensbetrag übersteigt, oder auf die Annahme, dass der Wert der Wohnimmobilie zunimmt, es sei denn, der Darlehensvertrag dient zum Bau oder zur Renovierung der Wohnimmobilie. Soweit Institute darüber hinaus Beratungsleistungen gemäß § 511 BGB zu Immobiliar-Verbraucherdarlehen oder Nebenleistungen gewähren, vermitteln oder erbringen[23], sind Informationen über die Umstände des Verbrauchers, von ihm angegebene konkrete Bedürfnisse und realistische Annahmen bezüglich der Risiken für die Situation des Verbrauchers während der Laufzeit des Darlehensvertrags laut § 18a Abs. 8 KWG zugrunde zu legen.

Die diesbezüglichen Vorgaben des KWG werden mit der Immobiliar-Kreditwürdigkeitsprüfungsleitlinien-Verordnung (ImmoKWPLV) weiter konkretisiert.[24] Nach § 2 Abs. 1 ImmoKWPLV muss der Darlehensgeber nach einer Gesamtschau der relevanten Faktoren zu einer vernünftigerweise vertretbaren Prognose gelangen. Der Umfang der Prüfung der zu berücksichtigenden Faktoren und der hierfür einzuholenden Informationen sowie die anzuwendenden Verfahren richten sich laut § 2 Abs. 3 ImmoKWPLV nach dem jeweiligen Einzelfall, so dass auch ein Abweichen von ggf. vorhandenen standardisierten Vorgaben für die Kreditwürdigkeitsprüfung möglich ist.

---

22 Nach § 7 Abs. 1 ImmoKWPLV liegt eine deutliche Erhöhung des Nettodarlehensbetrages nach Vertragsschluss i. d. R. erst dann vor, wenn der Nettodarlehensbetrag sich um mehr als zehn Prozent erhöht.

23 Bevor der Darlehensgeber dem Darlehensnehmer individuelle Empfehlungen zu einem oder mehreren Geschäften erteilt, die im Zusammenhang mit einem Immobiliar-Verbraucherdarlehensvertrag stehen (Beratungsleistungen), hat er den Darlehensnehmer laut § 511 Abs. 1 BGB über die sich aus Art. 247 § 18 des Einführungsgesetzes zum Bürgerlichen Gesetzbuche ergebenden Einzelheiten in der dort vorgesehenen Form zu informieren. Vor Erbringung der Beratungsleistung hat sich der Darlehensgeber nach § 511 Abs. 2 BGB über den Bedarf, die persönliche und finanzielle Situation sowie über die Präferenzen und Ziele des Darlehensnehmers zu informieren, soweit dies für eine passende Empfehlung eines Darlehensvertrages erforderlich ist. Auf Grundlage dieser aktuellen Informationen und unter Zugrundelegung realistischer Annahmen hinsichtlich der Risiken, die für den Darlehensnehmer während der Laufzeit des Darlehensvertrages zu erwarten sind, hat der Darlehensgeber eine ausreichende Zahl an Darlehensverträgen zumindest aus seiner Produktpalette auf ihre Geeignetheit zu prüfen. Der Darlehensgeber hat dem Darlehensnehmer auf Grund dieser Prüfung gemäß § 511 Abs. 3 BGB ein geeignetes oder mehrere geeignete Produkte zu empfehlen oder ihn darauf hinzuweisen, dass er kein Produkt empfehlen kann. Die Empfehlung oder der Hinweis sind dem Darlehensnehmer auf einem dauerhaften Datenträger zur Verfügung zu stellen.

24 Verordnung zur Festlegung von Leitlinien zu den Kriterien und Methoden der Kreditwürdigkeitsprüfung bei Immobiliar-Verbraucherdarlehensverträgen (Immobiliar-Kreditwürdigkeitsprüfungsleitlinien-Verordnung – ImmoKWPLV) vom 24. April 2018 (BGBl. I S. 529), veröffentlicht am 30. April 2018.

BTO 1.2.1 Kreditgewährung

33   Es versteht sich von selbst, dass die zukünftige Entwicklung der Kapitaldienstfähigkeit des Darlehensnehmers für die Kreditwürdigkeitsprüfung eine entscheidende Rolle spielt. Die deutsche Aufsicht erwartet daher, dass bei Immobiliar-Verbraucherdarlehen auch zukünftige, als wahrscheinlich anzusehende Einkommensschwankungen in die Beurteilung der Kapitaldienstfähigkeit einbezogen werden. Den Vorgaben in § 4 Abs. 1 ImmoKWPLV zufolge sind insbesondere künftig erforderliche Zahlungen oder Zahlungserhöhungen, die sich infolge einer negativen Amortisation oder infolge aufgeschobener Tilgungs- oder Zinszahlungen ergeben können, sonstige regelmäßige Ausgaben, Schulden und sonstige finanzielle Verbindlichkeiten, künftig zu erwartende Einnahmen aus einer Vermietung oder Verpachtung von Immobilien, soweit diese Einnahmen dem Grunde und der Höhe nach wahrscheinlich und nachhaltig zu erzielen sind, wobei mögliche, aber ungewisse Mietsteigerungen nicht zu berücksichtigen sind, sowie sonstiges Einkommen, Ersparnisse und andere Vermögenswerte zu berücksichtigen.

34   Gemäß § 3 Abs. 1 ImmoKWPLV kann das Institut bei der Prognose der zukünftigen Entwicklungen einen nach der Lebenserfahrung anzunehmenden Verlauf der Dinge unterstellen, wenn nicht konkrete Anhaltspunkte für einen abweichenden Verlauf vorliegen. Je weiter der Prognosezeitraum, in dem die vertraglichen Verpflichtungen zu erfüllen sind, in die Zukunft reicht, desto stärker kann laut § 3 Abs. 2 ImmoKWPLV auf Erfahrungswerte und Schätzungen zurückgegriffen werden. Auch die wirtschaftlichen Auswirkungen künftiger Ereignisse können nach § 3 Abs. 3 ImmoKWPLV aufgrund von Erfahrungswerten geschätzt werden, soweit aussagekräftige Informationen nicht mit verhältnismäßigem Aufwand zu ermitteln sind.

35   Zukünftige wahrscheinliche negative Ereignisse, wie beispielsweise ein verringertes Einkommen für den Fall, dass die Vertragslaufzeit in die Zeit des Ruhestands hineinreicht, ein Anstieg des Sollzinssatzes oder eine negative Entwicklung des Wechselkurses sind nach § 4 Abs. 3 ImmoKWPLV ausreichend zu berücksichtigen. Der Eintritt nach der Lebenserfahrung möglicher, aber nicht überwiegend wahrscheinlicher negativer Ereignisse wie beispielsweise Arbeitslosigkeit, Erwerbsunfähigkeit, Scheidung, Aufhebung einer Lebenspartnerschaft oder das Versterben des Darlehensnehmers während der Vertragslaufzeit braucht nur berücksichtigt zu werden, wenn für ihren Eintritt konkrete Anhaltspunkte vorliegen. Auch in diesem Fall kann die Möglichkeit, dass der Darlehensnehmer während der Vertragslaufzeit verstirbt, unberücksichtigt bleiben, wenn wahrscheinlich ist, dass der Darlehensnehmer zu Lebzeiten den jeweils fälligen Verpflichtungen, die im Zusammenhang mit dem Immobiliar-Verbraucherdarlehensvertrag stehen, voraussichtlich vertragsgemäß nachkommen wird, und der Immobilienwert oder der Wert anderer als Sicherheiten dienender Vermögenswerte des Darlehensnehmers hinreichende Gewähr für die Abdeckung der im Zusammenhang mit dem Immobiliar-Verbraucherdarlehensvertrag stehenden Verbindlichkeiten und eventuellen Verwertungskosten bietet.

36   Zukünftige wahrscheinliche positive Ereignisse, wie beispielsweise eine Verlängerung oder Entfristung eines Beschäftigungsverhältnisses, die Wiederaufnahme einer Berufstätigkeit nach einer Elternzeit, die Aufstockung der Arbeitszeit nach Teilzeittätigkeit oder eine Beförderung können laut nach § 4 Abs. 4 ImmoKWPLV ebenso berücksichtigt werden. Ein zukünftiges positives Ereignis ist wahrscheinlich, wenn es bezogen auf die konkreten Umstände, wie beispielsweise die Branche und den Beruf, nach der Lebenserfahrung voraussichtlich anzunehmen, wenn auch nicht sicher ist. Einen erwarteten deutlichen Anstieg des Einkommens oder einen Vermögenszuwachs, etwa infolge einer Abfindungszahlung, darf der Darlehensgeber nur berücksichtigen, sofern die vom Darlehensnehmer vorgelegten Unterlagen einen ausreichenden Nachweis dafür bieten.

37   Wird mit Ablauf der Laufzeit des Immobiliar-Verbraucherdarlehensvertrages vereinbarungsgemäß der Darlehensbetrag ganz oder teilweise zur Rückzahlung fällig, so muss sich die Kreditwürdigkeitsprüfung nach § 4 Abs. 5 ImmoKWPLV auch auf die Wahrscheinlichkeit erstrecken, dass der Darlehensnehmer der Verpflichtung zur Rückzahlung dieses Betrages vertragsgemäß wird nachkommen können. Soweit der endfällige Betrag vereinbarungsgemäß nicht aus eigenen Mitteln des Darlehensnehmers geleistet werden soll, hat sich die Kreditwürdigkeitsprüfung auf die Wahrscheinlichkeit eines künftigen Anschlussdarlehensvertrages zu erstrecken, mit dem der verbleibende Betrag finanziert werden kann und für den der Darlehensnehmer voraussichtlich kreditwürdig sein muss.

In die Kreditwürdigkeitsprüfung kann bei deutlicher Erhöhung des Nettodarlehensbetrages oder **38** bei Ablösung des Darlehensvertrages von einem anderen Institut nach §§ 6 und 7 ImmoKWPLV auch das bisherige Zahlungsverhalten des Darlehensnehmers berücksichtigt werden.

2.3 Dokumentations- und Aufbewahrungspflichten bei Immobiliar-Verbraucherdarlehen

Bei Immobiliar-Verbraucherdarlehen sind alle für die Kreditgewährung relevanten Informationen **39** vollständig zu dokumentieren und über die Laufzeit des Kredites aufzubewahren. Die Dokumentationspflichten unterscheiden sich bei Immobiliar-Verbraucherdarlehen insofern nicht von den allgemeinen Vorgaben, als alle für die Einhaltung dieses Rundschreibens wesentlichen Handlungen und Festlegungen ohnehin nachvollziehbar zu dokumentieren sind (→ AT 6 Tz. 1). Hingegen sind die Geschäfts-, Kontroll- und Überwachungsunterlagen – wie in § 25a Abs. 1 Satz 6 Nr. 2 KWG als Mindestvorgabe festgelegt – grundsätzlich nur fünf Jahre aufzubewahren (→ AT 6 Tz. 2), wobei mit Verweis auf § 257 Abs. 3 bis 5 HGB für bestimmte Unterlagen auch Aufbewahrungsfristen von sechs oder zehn Jahren gefordert werden.

Nach § 18a Abs. 5 KWG ist das Institut verpflichtet, insbesondere die Verfahren und Angaben, **40** auf die sich die Kreditwürdigkeitsprüfung stützt, nach Maßgabe von § 25a Abs. 1 Satz 6 Nr. 2 KWG zu dokumentieren und die Dokumentation aufzubewahren. Bewertungen für Immobilien, die als Sicherheit für Immobiliar-Verbraucherdarlehen dienen, sind dabei laut § 18a Abs. 7 KWG auf einem dauerhaften Datenträger zu dokumentieren. Die Bestimmungen zum Schutz personenbezogener Daten bleiben davon gemäß § 18a Abs. 9 KWG unberührt.

3 Sicherheitenmanagement (Tz. 3)

41 **3** Die Werthaltigkeit und der rechtliche Bestand von Sicherheiten sind grundsätzlich vor der Kreditvergabe zu überprüfen. Der Wertansatz muss hinsichtlich wertbeeinflussender Umstände nachvollziehbar und in den Annahmen und Parametern begründet sein. Bei der Überprüfung der Werthaltigkeit kann auf bereits vorhandene Sicherheitenwerte zurückgegriffen werden, sofern keine Anhaltspunkte für Wertveränderungen vorliegen.

3.1 Sinn und Zweck der Besicherung

42 Im Allgemeinen steht aus Sicht des Institutes bei der Kreditvergabeentscheidung die Frage im Vordergrund, ob der Kreditnehmer aufgrund seiner Kapitaldienstfähigkeit dazu in der Lage ist, den gewünschten Kredit vertragsgemäß zurückzuführen (→ BTO 1.2.1 Tz. 1). Maßgeblich für die Kreditentscheidung ist also vor allem die Einschätzung der Bonität des Kreditnehmers. Sofern Zweifel an seiner wirtschaftlichen Situation bestehen, lässt sich das Ausfallrisiko durch die Hereinnahme von Sicherheiten begrenzen. Aber selbst bei einwandfreier Bonität des Kreditnehmers besteht aus Sicht des Institutes häufig das Bedürfnis nach einer zusätzlichen Besicherung, da unvorhergesehene Entwicklungen die Situation des Kreditnehmers sehr schnell und nachhaltig verschlechtern können.

3.2 Festlegung der Sicherheitenarten

43 In der Praxis existiert ein weites Spektrum von Sicherheitenarten. Üblicherweise wird bei der Besicherung entweder auf Personalsicherheiten, wie Bürgschaften und Garantien, oder Sachsicherheiten, wie Grundschulden, Verpfändungen und Sicherungsübereignungen, zurückgegriffen. Daneben existieren noch spezielle Sicherungsformen, wie z.B. Patronatserklärungen oder Negativerklärungen. Das Institut hat die akzeptierten Sicherheitenarten und die Verfahren zur Wertermittlung dieser Sicherheiten festzulegen (→ BTO 1.2 Tz. 2).

44 Sinnvollerweise sollten auch die übrigen regulatorischen Vorgaben sowie die darauf bezogenen Auslegungsentscheidungen der zuständigen Aufsichtsbehörden zur Anerkennung bestimmter Sicherheiten für bankaufsichtliche Zwecke beachtet werden, wenngleich dies für die Umsetzung der MaRisk nicht zwingend erforderlich ist. Dadurch kann ggf. Doppelarbeit vermieden und im Ergebnis der Bearbeitungsaufwand reduziert werden.

3.3 Überprüfung der Sicherheiten im Rahmen der Kreditgewährung

45 Die Werthaltigkeit und der rechtliche Bestand von Sicherheiten sind grundsätzlich vor der Kreditvergabe zu überprüfen. Beide Aspekte sind für die Kreditentscheidung bedeutsam. Bei mangelhafter rechtswirksamer Bestellung der Sicherheiten ist die Durchsetzung des Sicherungsanspruches unter Umständen nicht möglich. Aber auch bei einwandfrei bestellten Sicherheiten kann der

Fall eintreten, dass der mit der Hereinnahme von Sicherheiten beabsichtigte Sicherungszweck verfehlt wird. Das liegt entweder daran, dass der Wert der Sicherheiten von vornherein falsch eingeschätzt wurde oder eine positive Korrelation zwischen der Bonität des Schuldners und dem Wert der Sicherheiten besteht. Die Überprüfung bestimmter Sicherheiten ist aus Risikogesichtspunkten außerhalb des Bereiches Markt durchzuführen (→ BTO 1.1 Tz. 7).

3.3.1   Bestimmung der Werthaltigkeit von Sicherheiten

Im Hinblick auf die Art und Weise der Bestimmung der Werthaltigkeit von Sicherheiten werden je   **46**
nach Sicherheitenart unterschiedliche Methoden verwendet. Der zu betreibende Aufwand richtet sich dabei i.d.R. nach dem Risikogehalt der Sicherheiten und der jeweiligen Sicherheitenart: Bei Barsicherheiten oder Garantien des Bundes ist der Bewertungsaufwand tendenziell zu vernachlässigen. Auch bei börsennotierten Wertpapieren kann deren Werthaltigkeit i.d.R. ohne Weiteres durch die Nutzung von geeigneten Online-Systemen (z.B. Reuters, Bloomberg oder Markit) oder zumindest durch die regelmäßige Auswertung der einschlägigen Wirtschaftsnachrichten bestimmt oder plausibilisiert werden.

Bei anderen Sicherheiten sind dagegen unter Umständen umfangreiche Aktivitäten für eine   **47**
angemessene Wertermittlung erforderlich:
- Bei Zessionen (Forderungsabtretungen) sollte sich das Institut aktuelle und aussagefähige Forderungslisten einreichen lassen, die anschließend auszuwerten sind.
- Bei Sicherungsübereignungen sollten aktuelle Bestandslisten eingeholt und ausgewertet werden. Das Institut sollte sich in geeigneter Weise vergewissern, dass die Sicherungsgüter überhaupt existieren und ein ausreichender Versicherungsschutz für sie besteht.
- Bei Grundpfandrechten sind aktuelle Grundbuchauszüge anzufordern sowie aktuelle Beleihungswerte zu ermitteln.
- Bei Bürgschaften und Garantien sind aktuelle Informationen über die wirtschaftliche Situation des Bürgen bzw. Garanten erforderlich (→ BTO 1.2.1 Tz. 4).

Die dargestellten Beispiele werden dem weiten Spektrum existierender Sicherheitenarten bei   **48**
weitem nicht gerecht. Die deutsche Aufsicht hat bewusst keine konkreten Anforderungen an die Wertermittlung einzelner Sicherheitenarten gestellt, da dies zweifellos den Rahmen der MaRisk gesprengt hätte. Allerdings hat sie im Rahmen der fünften MaRisk-Novelle ergänzend klargestellt, dass der Wertansatz der Sicherheiten hinsichtlich wertbeeinflussender Umstände nachvollziehbar und in den Annahmen und Parametern begründet sein muss. Davon sind insbesondere jene Einflussfaktoren betroffen, die einen wertmindernden Effekt haben können. Mit Blick auf die o.g. Sicherheitenarten ist es z.B. vorstellbar, dass bestimmte abgetretene Forderungen nicht vollständig einbringbar sind, weil einzelne Schuldner in finanzielle Schwierigkeiten geraten sind. Für eine realistische Einschätzung kann auf entsprechende Erfahrungen aus der Vergangenheit zurückgegriffen werden, indem z.B. die Höhe von unplanmäßigen Abschreibungen auf Forderungen in den Bilanzen analysiert wird. Probleme sind darüber hinaus absehbar, wenn bestimmte Sicherungsgüter mit mangelhaftem Versicherungsschutz an Orten aufbewahrt werden, die keine Garantie für ihre dauerhafte Existenz bieten, oder wichtige Bürgen bzw. Garanten ausfallen sollten.

Bei Immobilienfinanzierungen sollte beachtet werden, dass die Grundpfandrechte erst nach   **49**
Abschluss der Baumaßnahme wirklich werthaltig sind. Zwar bietet die Auszahlung der Immobi-

liendarlehen nach Baufortschritt gemäß der Makler- und Bauträgerverordnung (MaBV)[25] eine gewisse Sicherheit. Allerdings kann dies auch zur Scheinsicherheit werden, wenn die Baumaßnahme aufgrund von Schwierigkeiten des Bauträgers gar nicht zu Ende geführt werden kann. Nicht zuletzt deshalb beinhaltet die Überprüfung der Werthaltigkeit einer Sicherheit im Rahmen der Kreditgewährung in Abhängigkeit von der Sicherheitenart ab einer vom Institut unter Risikogesichtspunkten festzulegenden Grenze nach den Vorstellungen der deutschen Aufsicht auch eine Objektbesichtigung (→ BTO 1.2.1 Tz. 3, Erläuterung).

3.3.2 Objektbesichtigungen nach BelWertV

50 Objektbesichtigungen gehören insbesondere bei Immobilienobjekten ab einer bestimmten Grenze zumindest bei Pfandbriefbanken zum Standard. Das ergibt sich aus den Vorgaben der Beleihungswertermittlungsverordnung (BelWertV). So ist das zu bewertende Objekt im Rahmen der Wertermittlung gemäß § 4 Abs. 1 Satz 3 BelWertV zu besichtigen.

51 Unter Risikogesichtspunkten kann im Rahmen der Vergabe von Kleindarlehen bei wohnwirtschaftlich genutzten Objekten[26] im Inland in bestimmten Fällen von einer Objekt- oder Innenbesichtigung abgesehen werden. Nach § 24 Abs. 3 BelWertV kann eine Besichtigung des zu bewertenden Objektes dann unterbleiben, wenn das Objekt dem Institut bereits bekannt ist, wobei es dafür in den letzten beiden Jahren von einem Mitarbeiter des Institutes oder im Auftrag des Institutes besichtigt worden sein muss, oder es sich um eine Eigentumswohnung handelt, die in einem Gebäude liegt, in dem das Institut zumindest eine gleichartige Wohnung innerhalb der letzten zwei Jahre besichtigt hat. Dasselbe gilt für ein Einfamilienhaus in einer Siedlung von gleichartigen Häusern. Schließlich kann auch bei einem neu errichteten Fertighaus auf eine Besichtigung verzichtet werden, wenn dem Institut der Bauplatz bekannt ist und das Fertighaus nach Art und Typus anhand des Herstellerkataloges eindeutig bestimmt werden kann. Laut § 24 Abs. 3a BelWertV kann auf eine Innenbesichtigung verzichtet werden, wenn der Person, die die Wertermittlung durchführt, die wesentlichen Bewertungsparameter hinreichend bekannt sind und die Immobilie innerhalb der letzten zehn Jahre fertiggestellt worden ist, wobei die Gründe für den Verzicht auf die Innenbesichtigung in nachvollziehbarer Weise zu dokumentieren sind, oder ein Abschlag in Höhe von mindestens 10 Prozent auf das Ergebnis der Beleihungswertermittlung vorgenommen wird.[27]

52 Bei der Ermittlung des Beleihungswertes eines Objektes im Ausland können nach § 25 Abs. 2 BelWertV wesentliche Informationen, Daten und Einschätzungen aus einem in Bezug auf das zu bewertende Objekt erstellten landesspezifischen Gutachten herangezogen werden. Dafür muss dieses Gutachten auf transparenten und von Fachkreisen anerkannten Bewertungsmethoden beruhen, die maßgeblichen Vorgaben der BelWertV berücksichtigen, nicht älter als zwei Jahre sein und die wesentlichen Informationen zur Ermittlung des Beleihungswertes enthalten. Auf eine erneute Besichtigung des Objektes im Rahmen der Beleihungswertermittlung kann verzichtet werden, wenn das landesspezifische Gutachten die im Rahmen der seinerzeitigen Besichtigung

---

25 Verordnung über die Pflichten der Immobilienmakler, Darlehensvermittler, Bauträger, Baubetreuer und Wohnimmobilienverwalter (Makler- und Bauträgerverordnung – MaBV) in der Fassung der Bekanntmachung vom 7. November 1990 (BGBl. I S. 2479), die zuletzt durch Artikel 1 der Verordnung vom 9. Mai 2018 (BGBl. I S. 550) geändert worden ist.

26 Unter einem »Kleindarlehen« ist gemäß § 24 Abs. 1 BelWertV ein Darlehen zu verstehen, bei dem der auf dem im Inland gelegenen wohnwirtschaftlich genutzten Objekt abzusichernde Darlehensbetrag unter Einbeziehung aller Vorlasten den Betrag von 400.000 Euro nicht übersteigt. Bei einer teilweise gewerblichen Nutzung des Objektes darf der darauf entfallende Ertragsanteil ein Drittel des Rohertrages nicht überschreiten.

27 Die deutsche Aufsicht hat in der Sitzung des Fachgremiums MaRisk am 28. Oktober 2021 explizit klargestellt, dass die nach § 24 BelWertV im Zusammenhang mit der Vergabe von Kleindarlehen eingeräumten Erleichterungen von den Instituten in Anspruch genommen werden können.

gewonnenen Erkenntnisse ausreichend beschreibt sowie alle notwendigen Informationen zu Lage, Ausstattung und Zustand des Objektes enthält.

3.3.3 Objektbesichtigungen in Krisenzeiten

Mit der COVID-19-Pandemie waren über einen längeren Zeitraum Reisebeschränkungen und massive Einschränkungen persönlicher Kontakte verbunden (teilweiser bzw. vollständiger »Lockdown«), womit die ansonsten obligatorische Außen- und Innenbesichtigung zu beleihender Immobilienobjekte nicht oder nur eingeschränkt möglich war. Vor diesem Hintergrund hat die BaFin vorübergehend nicht beanstandet, wenn Pfandbriefbanken Indeckungnahmen auf der Grundlage von Wertermittlungen nach BelWertV auch ohne vorherige Besichtigung des Beleihungsobjektes vorgenommen haben. Dafür mussten allerdings – neben der Erfüllung aller sonstigen Anforderungen für die Ermittlung des Beleihungswertes – bestimmte Abschläge auf das Ergebnis der Beleihungswertermittlung vorgenommen werden. Die Höhe dieser Abschläge wurde für Kleindarlehensobjekte, die nicht ohnehin unter die Ausnahmeregelungen des § 24 Abs. 3 oder Abs. 3a BelWertV fallen, auf mindestens 10 Prozent und für alle anderen Immobilien auf 20 Prozent bzw. im Falle einer lediglich fehlenden Innenbesichtigung auf 15 Prozent festgelegt. Alternativ bestand die Möglichkeit, per Video-Übertragung (bspw. durch ein Mobiltelefon) einen zumindest annähernd vollständigen Einblick der gesamten Immobilie und ihres Umfeldes zu erhalten. In diesem Fall konnten die genannten Abschläge um jeweils 5 Prozentpunkte vermindert werden bzw. im Falle von Kleindarlehensobjekten ganz entfallen. Die per Video-Übertragung durchgeführte Ansicht der Immobilie musste hinsichtlich Umfang und Erkenntnissen sowie mittels einer Fotosammlung (Screenshots) dokumentiert werden. Auf der anderen Seite wurde erwartet, dass etwaige nachhaltige krisenbedingte Auswirkungen auf den Beleihungswert, wie sie insbesondere bei Betreiberimmobilien infolge verringerter Auslastung entstehen können, bei der Wertermittlung angemessen berücksichtigt werden. Außerdem sollte die Besichtigung nach Wegfall der Einschränkungen (außer bei Kleindarlehensobjekten) unverzüglich nachgeholt werden. Auf Basis der Erkenntnisse aus der nachgeholten Besichtigung sollte der Beleihungswert angepasst werden. Bei einer Bestätigung des Ergebnisses der Beleihungswertermittlung in der Krise konnte der vorsorgliche Sicherheitsabschlag wegen fehlender Besichtigung wieder entfallen.[28]

3.3.4 Verzicht auf eine Bewertung

Die Bestimmung der Werthaltigkeit setzt voraus, dass die Sicherheiten überhaupt bewertet und somit bei der Ermittlung des Blankoanteils angesetzt werden können. Dies ist bei bestimmten Sicherheiten entweder gar nicht oder nur mit einem unverhältnismäßig hohen Aufwand möglich. So lässt sich z. B. die Werthaltigkeit einer weichen Patronatserklärung i. d. R. nicht exakt quantifizieren. Ähnliches gilt im Hinblick auf Negativerklärungen, mit deren Hilfe eine Nichtbelastung von Vermögenswerten zugesichert wird. Der Hinweis auf eine »grundsätzliche« Bewertung zielt insofern darauf ab, dass auch der Rückgriff auf nicht ohne Weiteres zu bewertende Sicherheiten, die letztendlich nur der Stärkung der Gläubigerposition dienen und aus diesen Gründen nicht auf das Blankovolumen angerechnet werden, weiterhin möglich ist.

Schwierigkeiten können sich darüber hinaus ergeben, wenn im Normalfall problemlos zu ermittelnde Wertansätze aufgrund einer plötzlichen Marktenge oder gar des Zusammenbruchs

---

28 Vgl. Bundesanstalt für Finanzdienstleistungsaufsicht, Regelmäßig aktualisierte »FAQ« zu aufsichtlichen und regulatorischen Maßnahmen als Reaktion auf COVID-19, Internetseite der BaFin, Rubrik Sonstiges, abgerufen am 15. März 2021.

bestimmter Marktsegmente (z. B. für bestimmte Wertpapiere) vorübergehend oder auf Dauer nicht mehr zur Verfügung stehen. In derartigen Situationen, die ggf. mit einer Ad-hoc-Berichtspflicht verbunden sind, muss mit einer erheblichen Reduzierung des Wertes dieser Sicherheiten gerechnet werden (→ BTO 1.2.2 Tz. 4).

3.3.5 Rückgriff auf existierende Sicherheitenwerte

56 Eine Überprüfung ist auch dann nicht erforderlich, wenn auf bereits existierende Sicherheitenwerte zurückgegriffen werden kann und gleichzeitig keine Hinweise auf (negative) Wertveränderungen vorliegen. Diese Erleichterung kann regelmäßig dann in Anspruch genommen werden, wenn es sich z. B. um Garantien des Bundes oder anderer staatlicher Stellen handelt, an deren Bonität kein Zweifel besteht. Sie betrifft des Weiteren Sicherheiten, für die vom Institut bereits eine Bewertung durchgeführt wurde, die zum Zeitpunkt der Überprüfung noch aussagekräftig ist und hinsichtlich ihres Ergebnisses als nach wie vor gültig angesehen werden kann. Auch im Rahmen der Kreditweiterbearbeitung ist ein Rückgriff auf existierende Sicherheitenwerte z. B. bei der internen Prolongation von extern »bis auf weiteres« zugesagten Krediten möglich (→ BTO 1.2.2 Tz. 3).

3.3.6 Berücksichtigung rechtlicher Aspekte

57 Neben den o. g. wirtschaftlichen Gesichtspunkten sind bei der Hereinnahme von Sicherheiten auch rechtliche Aspekte zu berücksichtigen. So muss der rechtliche Bestand der Sicherheiten durch rechtsverbindliche Vereinbarungen als gesichert gelten. Auch Sicherheitennachweise müssen vorhanden sein, z. B. in Form von Grundbuch- oder Depotauszügen, Verwahrbestätigungen oder Zessionsmeldungen. Dabei kann es in Einzelfällen wichtig sein, dass sich das Institut vor Ort vom Vorhandensein einer Sicherheit überzeugt. Auch im Hinblick auf die Ausgestaltung der Sicherungsverträge sind darüber hinaus, in Abhängigkeit von der Sicherheitenart, verschiedene Aspekte zu berücksichtigen, die sich aus den AGB-Banken bzw. den AGB-Sparkassen ergeben.[29]

3.3.7 Vermeidung von Doppelarbeit

58 Im Fördergeschäft liegen für einzelne Förderprogramme i. d. R. Primärsicherheiten in Form von Garantien oder Rückbürgschaftserklärungen von überwiegend öffentlichen Stellen vor. Darüber hinaus erhalten die Hausbanken als Kreditnehmer der Förderbanken die Auflage, beim Endkreditnehmer entsprechende bankübliche Sicherheiten zu bestellen und zu verwalten. Hierbei handelt es sich um so genannte »Subsidiärsicherheiten«, die keinen Einfluss auf das Adressenausfallrisiko der Hausbanken haben. Diese Sicherheiten, die von den Hausbanken nach den üblichen Vorgaben behandelt werden, können und müssen natürlich nicht zusätzlich von den Förderinstituten bewertet werden. Ähnlich verhält es sich mit den Bürgschaftsbanken, bei deren verbürgten Krediten die Hausbanken u. a. vertraglich zum Sicherheitenmanagement verpflichtet sind. Auch in diesen Fällen ist keine Doppelarbeit erforderlich.[30]

---

29 Hierzu zählt z. B. die laut Nr. 16 der AGB-Banken in der Fassung vom 13. Januar 2018 bestehende Festlegung von Freigabeklauseln zugunsten des Sicherungsgebers zwecks Vermeidung von Übersicherungen auf der Grundlage objektiver Orientierungsgrößen. Eine vergleichbare Regelung findet sich in den AGB-Sparkassen in der Fassung vom 20. März 2018 unter Nr. 22.

30 Vgl. Hannemann, Ralf, Interpretationshilfen für die Umsetzung der Mindestanforderungen an das Kreditgeschäft der Kreditinstitute (MaK), Bundesverband Öffentlicher Banken Deutschlands (Hrsg.), März 2003, S. 32.

4 Berücksichtigung der Verhältnisse Dritter (Tz. 4)

4 Hängt der Sicherheitenwert maßgeblich von den Verhältnissen eines Dritten ab (z.B.   59
Bürgschaft), so ist eine angemessene Überprüfung der Adressenausfallrisiken des Dritten
durchzuführen.

4.1 Von Dritten gestellte Sicherheiten

Soweit der Sicherheitenwert maßgeblich von den Verhältnissen eines Dritten abhängt, ist eine   60
angemessene Überprüfung des Adressenausfallrisikos des Dritten durchzuführen. Als Dritte
kommen z.B. Personen oder Unternehmen in Betracht, die sich neben dem eigentlichen Kreditnehmer zur Bedienung und Rückführung des Kredites verpflichtet haben, wie etwa durch Bürgschaft, Schuldbeitritt oder die Abgabe einer Garantie. Diese Anforderung zielt somit in erster Linie
auf Personalsicherheiten ab. Solche Sicherheiten sind, soweit nicht von vornherein kein Zweifel an
der Bonität des Sicherungsgebers besteht (wie z. B. im Fall der Garantie eines Bundeslandes), unter
Umständen sehr schwer zu bewerten. Letztlich ist ggf. eine umfassende Überprüfung des Dritten
erforderlich, um den Wert der Sicherheit und deren Beitrag zur Risikoreduzierung abschließend
beurteilen zu können. In diesem Zusammenhang können sich vor allem dann Probleme ergeben,
wenn der Dritte dem Institut nur in eingeschränktem Umfang Unterlagen über seine wirtschaftliche Situation zukommen lässt.

4.2 Angemessene Überprüfung

Bei derartigen Sicherheiten ist eine »angemessene Überprüfung« des Adressenausfallrisikos des   61
Dritten erforderlich. Wegen der beschriebenen Probleme sind nicht zwingend die gleichen
Anforderungen zu stellen, die bei der Überprüfung anderer Sicherheiten notwendig sind bzw.
leichter umgesetzt werden können. Die Überprüfung hat grundsätzlich unter dem Gesichtspunkt
zu erfolgen, ob davon ausgegangen werden kann, dass der Dritte während der Kreditlaufzeit in der
Lage wäre, die sich aus den Krediten ergebenden Verbindlichkeiten zu erfüllen. Es muss also
möglich sein, dass sich das Institut einen Eindruck über die wirtschaftliche Situation des Mitverpflichteten verschafft. Ist dies, aus welchen Gründen auch immer, nicht darstellbar, sollte von der
Hereinnahme solcher Sicherheiten Abstand genommen werden, da sie vermutlich auch keinen
Beitrag zur Risikoreduzierung leisten würden.

BTO 1.2.2 Kreditweiterbearbeitung

1 Vertrags- und Kreditverwendungskontrolle (Tz. 1)

1 Im Rahmen der Kreditweiterbearbeitung ist zu überwachen, ob die vertraglichen Vereinbarungen vom Kreditnehmer eingehalten werden. Bei zweckgebundenen Kreditvergaben ist zu kontrollieren, ob die valutierten Mittel der vereinbarten Verwendung zukommen (Kreditverwendungskontrolle).

1

1.1 Prozess der Kreditweiterbearbeitung

Der Prozess der Kreditweiterbearbeitung umfasst im Wesentlichen folgende Arbeitsschritte: 2
- die Überprüfung, ob der Kreditnehmer die vertraglichen Vereinbarungen einhält (→ BTO 1.2.2 Tz. 1),
- die Kreditverwendungskontrolle bei zweckgebundenen Kreditvergaben (→ BTO 1.2.2 Tz. 1),
- die jährliche Beurteilung der Adressenausfallrisiken (→ BTO 1.2.2 Tz. 2),
- die turnusmäßige Überwachung und Überprüfung der Sicherheiten (→ BTO 1.2.2 Tz. 3) und
- ggf. außerordentliche Überprüfungen, sofern Informationen über wesentliche negative Änderungen der Risikoeinschätzung der Engagements oder der Sicherheiten vorliegen (→ BTO 1.2.2 Tz. 4).

1.2 Einhaltung der Vertragsbedingungen

Zunächst ist zu überwachen, ob die vertraglichen Vereinbarungen vom Kreditnehmer eingehalten 3 werden. Dieser Prozess beginnt schon mit der Überprüfung der Rückläufe der vom Kreditnehmer unterzeichneten Kreditverträge, Sicherheitenvereinbarungen und Zweckbestimmungserklärungen. Darüber hinaus werden häufig Auflagen formuliert, die vor der anteiligen oder vollständigen Auszahlung des Kredites erfüllt sein müssen. Hierzu zählen z.B. in der Immobilienfinanzierung die Eintragung der Kreditnehmer im Grundbuch, zumindest in Form einer Auflassungsvormerkung, oder eine entsprechende Notarbestätigung, die ranggerechte Eintragung der Grundschuld zugunsten des Institutes, der Abschluss einer Gebäudeversicherung und ggf. Bautenstandsberichte durch den Architekten. Nach vollständiger Auszahlung des Kreditbetrages und Beginn der Rückzahlungen bezieht sich die Überwachung der Vertragstreue vor allem auf die vereinbarungsgemäße Zahlung von Zins- und Tilgungsleistungen.

1.3 Kreditverwendungskontrollen

Ferner ist zu überprüfen, ob die ausgezahlten Mittel der vereinbarten Verwendung zukommen. 4 Die so genannten »Kreditverwendungskontrollen« sind allerdings nur bei der zweckgebundenen Vergabe von Krediten durchzuführen, wie z.B. bei einer Baufinanzierung oder einer Kfz-Finanzierung. Bei nicht-zweckgebundenen Engagements, wie z.B. Kontokorrentkrediten, sind derartige Kontrollen hingegen nicht erforderlich und auch nicht möglich. Im Hinblick auf die konkrete

BTO 1.2.2 Kreditweiterbearbeitung

Ausgestaltung der Kreditverwendungskontrollen werden keine weiteren Anforderungen gestellt. Bei bestimmten zweckgebundenen Finanzierungen sollte sich das Institut aber in jedem Fall direkt vor Ort einen Eindruck über die tatsächliche Mittelverwendung verschaffen, so z. B. durch Besichtigungen bei Immobilienfinanzierungen oder anderen Projektfinanzierungen. Der Turnus der Verwendungskontrollen sollte von der speziellen Eigenart und dem Risikogehalt der zweckgebundenen Kreditgeschäfte abhängig gemacht werden.

1.4   Spezialfälle

5   Im Fördergeschäft müssen die Hausbanken gemäß den allgemeinen Darlehensbedingungen i. d. R. die Prüfung der zweckentsprechenden Verwendung durch den Endkreditnehmer gewährleisten, wobei seitens der Förderbanken lediglich stichprobenweise Vor-Ort-Prüfungen bei den Hausbanken stattfinden. Mit den Anforderungen der MaRisk ist nicht beabsichtigt, dass die von den Hausbanken wahrgenommene Kreditverwendungskontrolle an die Förderinstitute zurückdelegiert wird.[1]

6   In der Regel nimmt das Institut für zweckgebundene Kreditvergaben eine mit dem zu finanzierenden Objekt verbundene Sicherheit herein, deren Verwaltung ohnehin eine regelmäßige Kontrolle erfordert. Das trifft z. B. auf Finanzierungen von Immobilien oder Kraftfahrzeugen zu, die im Normalfall mit der Eintragung einer Grundschuld bzw. der Hereinnahme des Kfz-Briefes einhergehen. Anders sieht es hingegen bei Krediten aus, die zwar auch für vergleichbare Finanzierungen verwendet werden, bei denen nach Einschätzung des Institutes jedoch aus Risikogesichtspunkten auf eine derartige Sicherheit verzichtet wird. In diesen Fällen würde der Kreditnehmer aufgrund seiner Bonität i. d. R. auch für andere Zwecke Finanzierungsmittel in der gewünschten Höhe zur Verfügung gestellt bekommen. Vor diesem Hintergrund bestand im MaK-Fachgremium Einigkeit darüber, dass derartige »nicht besicherte« Kreditvergaben nicht als zweckgebundene Kreditvergaben im Sinne des Rundschreibens (damals MaK, heute MaRisk) angesehen werden und in diesen Fällen insoweit auf die Kreditverwendungskontrolle verzichtet werden kann. Protokolliert wurde dieses Ergebnis allerdings nicht.

---

1   Vgl. Hannemann, Ralf, Interpretationshilfen für die Umsetzung der Mindestanforderungen an das Kreditgeschäft der Kreditinstitute (MaK), Bundesverband Öffentlicher Banken Deutschlands (Hrsg.), März 2003, S. 33.

2 Turnusmäßige Beurteilung der Adressenausfallrisiken (Tz. 2)

2 Eine Beurteilung der Adressenausfallrisiken ist jährlich durchzuführen, wobei die In- **7** tensität der Beurteilungen vom Risikogehalt der Engagements abhängt (z.B. Kreditwürdigkeitsprüfung, Risikoeinstufung im Risikoklassifizierungsverfahren oder eine Beurteilung auf der Grundlage eines vereinfachten Verfahrens).

2.1 Jährliche Überprüfungen des Adressenausfallrisikos

Über die Risikosituation des Institutes einschließlich vorhandener Risikokonzentrationen hat sich **8** die Geschäftsleitung in angemessenen Abständen berichten zu lassen (→ AT 4.3.2 Tz. 3 und BT 3.1 Tz. 1) und mindestens vierteljährlich das Aufsichtsorgan schriftlich zu informieren (→ AT 4.3.2 Tz. 3 und BT 3.1 Tz. 5). Es leuchtet unmittelbar ein, dass es kaum genügen würde, die zur Beurteilung der Adressenausfallrisiken wichtigen Faktoren nur im Rahmen der Kreditgewährung zu untersuchen (→ BTO 1.2.1 Tz. 1). Schließlich handelt es sich jeweils um eine Momentaufnahme von der aktuellen Risikosituation, die sich während der Laufzeit einer Geschäftsbeziehung gravierend ändern kann. Das Adressenausfallrisiko eines Engagements ist deshalb grundsätzlich jährlich zu beurteilen. Dabei spielt es keine Rolle, ob es sich um ein risikobehaftetes Engagement handelt oder nicht. Jährliche Beurteilungen des Adressenausfallrisikos sind insoweit z.B. auch beim relativ risikoarmen standardisierten Mengengeschäft durchzuführen. Die deutsche Aufsicht räumt jedoch Erleichterungen im Hinblick auf die Intensität dieser Beurteilungen ein.

2.2 Intensität der periodischen Beurteilung

Die Intensität der Beurteilungen hängt insbesondere vom Risikogehalt, aber auch von der Kom- **9** plexität der zu beurteilenden Engagements ab. Die Beurteilungen können z.B. auf Basis von Kreditwürdigkeitsprüfungen, mit Hilfe von Risikoklassifizierungsverfahren (→ BTO 1.4) oder auf der Grundlage vereinfachter Verfahren durchgeführt werden. Im Rahmen des standardisierten Mengengeschäftes kann es im Hinblick auf die periodische Überprüfung des Adressenausfallrisikos z.B. ausreichend sein, dass die ordnungsgemäße Tilgung durch den Kreditnehmer kontrolliert wird. Derartige Überprüfungen auf der Grundlage vereinfachter Verfahren lassen sich mit Hilfe eines Verhaltensscorings ohne nennenswerten manuellen Aufwand darstellen.[2] Gerade in derartigen Konstellationen kann der Einsatz von künstlicher Intelligenz zur Reduzierung von manuellem Aufwand beitragen.

Insoweit besteht in Abhängigkeit vom Risikogehalt der Engagements ein weiter Spielraum **10** hinsichtlich der jeweiligen Beurteilungsverfahren bzw. der Intensität der Überprüfungen. Die Verfahren müssen allerdings gewährleisten, dass bei der Beurteilung des Adressenausfallrisikos alle bedeutsamen Aspekte berücksichtigt werden (→ BTO 1.2 Tz. 5).

---

2 Vgl. Poppe, Peter, Techniken und Anwendungsbereiche von Scoringsystemen – eine systematische Betrachtung unter dem Aspekt der MaK, in: Eller, Roland/Gruber, Walter/Reif, Markus (Hrsg.), Handbuch MaK, Stuttgart, 2003, S. 229 f.

2.3   Umgang mit endfälligen Krediten

11   Bei endfälligen Krediten bzw. tilgungsfreien Krediten wird im Gegensatz zu typischen Annuitäten- oder Ratenkrediten der gesamte Kreditbetrag erst am Ende der Vertragslaufzeit zurückgezahlt. Bis zu diesem Zeitpunkt sind lediglich die Kreditzinsen fällig, die über den Zeitraum der Zinsfestschreibung für den Kreditnehmer aber auch nicht reduziert werden. Während bei Annuitäten- oder Ratenkrediten das Risiko für das Institut durch die regelmäßigen Tilgungen kontinuierlich abnimmt, bleibt es bei endfälligen Krediten grundsätzlich konstant, wenn eine gleichbleibende Bonität des Kreditnehmers unterstellt wird und mögliche Wertschwankungen der hinterlegten Sicherheiten außer Acht gelassen werden.

12   Sinnvoll können endfällige Kredite für einen Kreditnehmer immer dann sein, wenn er erst zum Ende der Vertragslaufzeit entsprechende Einkünfte erzielt, mit denen der Kredit getilgt werden kann. Das ist z. B. der Fall, wenn der Kreditnehmer bereits vor Abschluss des Kreditvertrages eine Kapitallebensversicherung oder einen Bausparvertrag abgeschlossen hat, deren vorzeitige Auflösung mit Verlusten verbunden wäre und die bei Fälligkeit des Kredites zur Auszahlung anstehen. Sofern es sich dabei um eine Immobilienfinanzierung handelt und diese Immobilie vermietet wird, sind damit wegen der steuerlichen Absetzbarkeit der Zinsaufwände ggf. weitere finanzielle Vorteile verbunden. In der Regel lohnt es sich allerdings, die Vor- und Nachteile vorab genau zu berechnen. Ein weiteres Beispiel ist ein endfälliger Kredit an einen Bauträger, der als Zwischenkredit für ein Bauvorhaben dient und erst durch den Verkauf der fertiggestellten Immobilie getilgt werden soll. Diese Art der Finanzierung kann für den Bauträger von Vorteil sein, da die Zahlungen der Erwerber zwar nach Baufortschritt anstehen und für die zwischenzeitlichen Tilgungen eingesetzt werden könnten. Praktisch müssen zuvor aber die Zahlungsvoraussetzungen erfüllt sein, wozu u. a. die Eintragung einer Auflassungsvormerkung für die Erwerber und der als Sicherheit dienenden Grundschuld im Grundbuch gehört. Solche Prozesse können aus formalen Gründen durchaus lange dauern.

13   Der Anteil endfälliger Kredite hat in Deutschland in den vergangenen Jahren zugenommen, so dass diese Finanzierungsart nicht bedeutungslos ist. Gleichzeitig ist in Deutschland die durchschnittliche Kreditlaufzeit zwischen 2016 und 2018 von 21 auf 24 Jahre angestiegen. Die EZB wertet gerade in Deutschland und den Niederlanden die Kombination aus langen Laufzeiten und einem hohen Anteil an endfälligen Krediten als ein Zeichen für ein erhöhtes Kreditrisiko im Vergleich zu anderen Ländern. Allerdings werden u. a. in diesen beiden Ländern neue Kredite überwiegend mit festen Zinssätzen vergeben, womit eine zusätzliche Belastung durch steigende Zinssätze für den Kreditnehmer ausgeschlossen werden kann.[3]

14   Das mit einem endfälligen Kredit verbundene Risiko besteht somit vor allem darin, dass die ursprüngliche Kalkulation nicht aufgeht und damit der geschuldete Betrag bei Fälligkeit des Kreditbetrages nicht zur Verfügung steht. Während für bestimmte Konstellationen, wie etwa die Verzögerung eines Bauvorhabens, oftmals einfache Lösungsmöglichkeiten bestehen, kann eine deutliche Verschlechterung der finanziellen Situation des Kreditnehmers durchaus dazu führen, dass der Kredit notleidend wird. Die fortlaufende Zahlung der fälligen Zinsbeträge durch den Kreditnehmer stellt jedenfalls keinen hinreichenden Grund für die Annahme dar, dass der Gesamtkreditbetrag am Ende der Laufzeit getilgt werden kann (→ BTO 1.2 Tz. 3, Erläuterung).

15   Um Probleme mit der Rückzahlung des Kredites von vornherein zu vermeiden oder zumindest rechtzeitig darauf reagieren zu können, hat das Institut auch bei endfälligen Krediten in Abhängigkeit vom Risikogehalt der Engagements die Rückzahlungsfähigkeit des Kreditnehmers zu beurteilen (→ BTO 1.2 Tz. 3, Erläuterung). Diese Beurteilung wird bewusst vom Risikogehalt der Kreditengagements abhängig gemacht, weil der damit verbundene Aufwand gerade in einem gut

---

3   Vgl. European Central Bank, Trends and risks in credit underwriting standards of significant institutions in the Single Supervisory Mechanism – Main findings from the credit underwriting data collection 2019, 10. Juni 2020, S. 10f.

diversifizierten Retailbereich, wo viele Überwachungsprozesse automatisiert ablaufen, aus betriebswirtschaftlicher Sicht ggf. in keinem vernünftigen Verhältnis zum damit verbundenen Nutzen für das Institut stehen würde. Bei den unter Risikogesichtspunkten relevanten Geschäften erwartet die Aufsicht zur Beurteilung der Rückzahlungsfähigkeit z.B. eine angemessene Beurteilung der Finanzlage des Kreditnehmers auf Grundlage hinreichender Informationen, die sich das Institut folglich in geeigneter Weise beschaffen müsste, und unter Berücksichtigung maßgeblicher Faktoren, wie z.B. der Kapitaldienstfähigkeit und der Gesamtverschuldung des Kreditnehmers oder des Wertes der finanzierten Immobilie bzw. des finanzierten Projektes (→ BTO 1.2 Tz. 3, Erläuterung).

Die Deutsche Kreditwirtschaft (DK) hatte vorgeschlagen, von dieser Anforderung endfällige Kredite auszunehmen, bei denen ein Tilgungsersatz[4] vereinbart wurde. Zudem sollte bei Krediten im Firmenkundengeschäft immer dann auf die Refinanzierungsfähigkeit als Teil der Rückzahlungsfähigkeit abgestellt werden dürfen, wenn diese Kredite durch eine Refinanzierung (Anschlussfinanzierung) getilgt werden sollen.[5] Beide Möglichkeiten sind bereits vom Wortlaut der Anforderung gedeckt. Letztlich wird nur gefordert, die Rückzahlungsfähigkeit des Kreditnehmers zu beurteilen. Sofern diese Fähigkeit in erster Linie von einem Tilgungsersatz oder von einer Refinanzierungsmaßnahme abhängt, ist es naheliegend, die Beurteilung vor allem auf diese Aspekte zu beziehen.

16

Die EBA hält es z.B. für erforderlich, bei endfälligen Krediten, deren Rückzahlung von der Veräußerung von Immobilien abhängt, die Marktbedingungen im Auge zu behalten. Konkret geht es dabei um die Beurteilung von möglichen finanziellen Schwierigkeiten des Kreditnehmers, wenn sich die Marktbedingungen erheblich auf eine Weise ändern, die sich auf seine Rückzahlungsfähigkeit auswirken könnte (→ BTO 1.3.1 Tz. 1).[6] So könnte ein starker Einbruch der Immobilienpreise Auslöser für eine intensivere Prüfung durch das Institut sein.

17

---

4 Als »Tilgungsersatz« können verschiedene Anlageformen dienen, wie z.B. Sparguthaben, Wertpapiere, Aktien, Investmentfonds oder Kapitallebensversicherungen. Das kann aus Sicht des Kreditnehmers sinnvoll sein, wenn die Kreditzinsen für den endfälligen Kredit durch die Verzinsung der gewählten Anlageform mindestens kompensiert werden. Im günstigen Fall wächst das Guthaben der gewählten Anlageform schneller, als der Kredit getilgt worden wäre. Bei der Vertragsgestaltung werden die Laufzeiten des Kredites und des Tilgungsersatzes aufeinander abgestimmt. Zudem wird für die regelmäßige Investition in die gewählte Anlageform ein Mindestbetrag vorgegeben, manchmal auch eine Einmalzahlung zu Vertragsbeginn. Um mögliche Schwankungen beim Ertrag vorzubeugen und die mit der Anlageform verbundenen Kosten zu berücksichtigen, wird je nach gewählter Anlageform häufig ein gewisser Aufschlag als Sicherheitspuffer vereinbart.

5 Vgl. Deutsche Kreditwirtschaft, BaFin-Konsultation 14/2020 – Mindestanforderungen an das Risikomanagement, Stellungnahme vom 4. Dezember 2020, S. 26.

6 Vgl. European Banking Authority, Leitlinien über das Management notleidender und gestundeter Risikopositionen, EBA/GL/2018/06, 31. Oktober 2018, S. 38.

3 Sicherheitenmanagement (Tz. 3)

18 **3** Die Werthaltigkeit und der rechtliche Bestand von Sicherheiten sind im Rahmen der Kreditweiterbearbeitung in Abhängigkeit von der Sicherheitenart zu überwachen. Ab einer vom Institut unter Risikogesichtspunkten festzulegenden Grenze sind die Sicherheiten in angemessenen Abständen zu überprüfen und ggf. neu zu bewerten.

3.1 Überwachung und Überprüfung von Sicherheiten

19 Bereits vor der Kreditvergabe sind die Werthaltigkeit und der rechtliche Bestand von Sicherheiten grundsätzlich zu überprüfen (→ BTO 1.2.1 Tz. 3). Das gilt insbesondere dann, wenn die Risikobeurteilung maßgeblich vom Wert der Sicherheiten abhängig gemacht wird. Da Kreditverträge i.d.R. Laufzeiten von mehreren Jahren haben, sind diese zu Beginn der Vertragsbeziehung durchgeführten Überprüfungen im Zeitverlauf ggf. nicht mehr aussagekräftig. Das betrifft sowohl den Wert der Sicherheiten, der je nach Art der Sicherheit erheblichen Schwankungen unterliegen kann, als auch den rechtlichen Bestand, der etwa durch eine Änderung der Rechtsgrundlage oder veränderte Zugriffsmöglichkeiten auf die Sicherheiten ebenfalls nicht in Stein gemeißelt sein muss.

20 In der Vergangenheit haben viele Institute zu sehr auf den ursprünglich im Rahmen der Kreditentscheidung ermittelten Wertansatz der hereingenommenen Sicherheiten vertraut. Auf eine laufende Überwachung der Werthaltigkeit der Sicherheiten wurde hingegen häufig verzichtet. Diese Praxis hat in einigen Fällen erhebliche Verluste zur Folge gehabt. So kann sich z.B. ein als Sicherheit hereingenommenes Betriebsgrundstück in kürzester Zeit als wertlos erweisen, wenn auf diesem Grundstück Altlasten zum Vorschein kommen. Zum Teil mussten Institute in derartigen Fällen sogar die Sanierungskosten tragen, da sie nach der Insolvenz des Kreditnehmers rechtlich wie die Eigentümer dieser Grundstücke behandelt wurden.[7] Andere Faktoren können sich wiederum negativ auf den rechtlichen Bestand der Sicherheiten auswirken. Daher sind die Werthaltigkeit und der rechtliche Bestand von Sicherheiten in Abhängigkeit von der Sicherheitenart im Rahmen der Kreditweiterbearbeitung zu überwachen. Sollte sich aus diesem Überwachungsprozess Handlungsbedarf ergeben, müssen die Sicherheiten überprüft werden. Sofern bei dieser Überprüfung ein relevanter Wertverlust festgestellt wird, muss die betroffene Sicherheit neu bewertet werden.

21 Ab einer vom Institut unter Risikogesichtspunkten festzulegenden Grenze sind die Sicherheiten auch ohne besonderen Handlungsbedarf in angemessenen Abständen zu überprüfen und ggf. neu zu bewerten. Diese risikoabhängige Grenze könnte z.B. von den erwarteten Wertveränderungen bestimmter Sicherheiten(-arten) abhängig gemacht werden, wie etwa von der Volatilität bei börsennotierten Wertpapieren. Als Anhaltspunkte können darüber hinaus die Höhe der Besicherung, deren Verhältnis zum jeweiligen Kreditvolumen bzw. der resultierende Blankoanteil, die Bonität des Sicherungsgebers oder der ggf. vorhandene wirtschaftliche Zusammenhang zwischen dem Kreditnehmer und der Sicherheit dienen. Ebenso kann die Höhe der Beleihungsgrenze, ob nun gesetzlich vorgegeben oder nicht, eine Rolle spielen. Es sind aber auch andere Kriterien denkbar, auf deren Grundlage die Institute entsprechende Festlegungen treffen können. Möglich und unter praktischen Gesichtspunkten vielleicht sogar empfehlenswert ist auch eine Orientierung an den Vorgaben der CRR, so dass die Überprüfung der Sicherheiten im Institut nach einheitlichen Maßstäben erfolgt.

---

7 Vgl. Grunwald, Egon/Grunwald, Stephan, Bonitätsanalyse im Firmenkundengeschäft, Stuttgart, 1999, S. 53f.

Auf welche Weise die Überprüfung der Werthaltigkeit und des rechtlichen Bestandes von 22
Sicherheiten erfolgen kann, wurde bereits im Rahmen der Kreditgewährung ausführlich erläutert
(→ BTO 1.2.1 Tz. 3). Die deutsche Aufsicht hat ausdrücklich darauf hingewiesen, dass die im
Rahmen der Kreditgewährung in Abhängigkeit von der Sicherheitenart ab einer vom Institut unter
Risikogesichtspunkten festzulegenden Grenze geforderte Objektbesichtigung ggf. auch in der Kreditweiterbearbeitung durchzuführen ist (→ BTO 1.2.1 Tz. 3, Erläuterung). Insgesamt ist zu beachten,
dass die Überprüfung bestimmter Sicherheiten außerhalb des Bereiches Markt durchgeführt werden
muss (→ BTO 1.1 Tz. 7). Ein Verzicht auf die regelmäßige Überprüfung bestimmter Sicherheiten
entbindet die Institute nicht von der Pflicht, sich grundsätzlich von der ordnungsgemäßen Vertragsgestaltung zu überzeugen, da die Bestellung von Sicherheiten immer Risiken in sich birgt. Für diese
Zwecke reichen i. d. R. jedoch die Kreditbearbeitungskontrollen aus (→ BTO 1.2.3).

3.2 Rückgriff auf vorhandene Sicherheitenwerte

Sofern keine Anhaltspunkte für Wertveränderungen vorliegen, kann bei der Überprüfung der 23
Werthaltigkeit auf bereits vorhandene Sicherheitenwerte zurückgegriffen werden. Diese Erleichterung gilt formal betrachtet nur für die Kreditgewährung (→ BTO 1.2.1 Tz. 3). Gerade im Rahmen
der Kreditweiterbearbeitung, wie z. B. bei der (jährlichen) internen Prolongation von extern »bis
auf weiteres« zugesagten Krediten, ist ein Rückgriff auf existierende Sicherheitenwerte allerdings
sehr hilfreich. Die deutsche Aufsicht hat deshalb klargestellt, dass sie diese Erleichterung nicht
vordergründig auf den Prozess der »Kreditgewährung« beschränkt sieht, sondern in erster Linie
eine praktikable Lösung für die »Kreditentscheidung« anstrebt. Die MaRisk unterscheiden hinsichtlich der Definition einer Kreditentscheidung nicht zwischen externen und internen Prolongationen (→ AT 2.3 Tz. 2, Erläuterung). Vor diesem Hintergrund herrschte im MaRisk-Fachgremium
Einigkeit darüber, dass auch bei internen Prolongationen auf vorhandene Sicherheitenwerte
zurückgegriffen werden kann, sofern keine Anhaltspunkte für Wertveränderungen vorliegen.[8]

3.3 Anhaltspunkte für den Überprüfungsturnus

Die Sicherheiten sind ab einer vom Institut unter Risikogesichtspunkten festzulegenden Grenze in 24
angemessenen Abständen zu überprüfen. Der konkrete Zeitraum zwischen zwei Überprüfungs-
terminen hängt von der jeweiligen Sicherheitenart sowie von der Relevanz der Sicherheit für den
Risikogehalt des Kreditengagements ab und ist von jedem Institut eigenverantwortlich festzulegen. Als Anhaltspunkte kommen im Grunde dieselben Kriterien infrage, die bei der Festlegung
herangezogen werden, welche Sicherheiten(-arten) aus Risikogesichtspunkten überhaupt regelmäßig überprüft werden müssen. Insoweit räumt die deutsche Aufsicht den Instituten einen
weiten Spielraum bei der Festlegung der zeitlichen Abstände zwischen den Überprüfungen sowie
im Hinblick auf die Intensität dieser periodischen Überprüfungen ein.

In der CRR werden allerdings klare Vorgaben zum erforderlichen Bewertungsturnus von 25
Immobilien für die Zwecke einer Anrechnung als Sicherheit im auf internen Ratings basierenden
Ansatz (IRB-Ansatz) gemacht, die den Bewegungsspielraum der MaRisk in der Praxis wieder
einschränken. Diese Vorgaben haben auch Einfluss auf die MaRisk, weil die EBA von den

---

8 Vgl. Bundesanstalt für Finanzdienstleistungsaufsicht, Protokoll der zweiten Sitzung des MaRisk-Fachgremiums am
   17. August 2006, S. 2.

Instituten erwartet, sich beim Turnus der Überprüfung von Immobiliensicherheiten mindestens an den Vorgaben der CRR zu orientieren.[9] So sind nach Art. 208 Abs. 3 Satz 1 CRR die Werte von als Sicherheit dienenden Gewerbeimmobilien mindestens jährlich und von Wohnimmobilien mindestens alle drei Jahre zu überwachen. Sofern Hinweise vorliegen, dass eine Immobilie im Verhältnis zu den allgemeinen Marktpreisen erheblich an Wert verloren haben könnte, muss die Immobilienbewertung von einem geeigneten Sachverständigen überprüft werden. Bei starken Marktschwankungen muss die Überprüfung der Immobilienbewertung häufiger stattfinden. Insofern besteht in der CRR eine Parallele zu den auch in den MaRisk geforderten außerordentlichen Überprüfungen von Sicherheiten unter besonderen Umständen (→ BTO 1.2.2 Tz. 4). Bei Krediten, die über 3 Millionen Euro oder 5 Prozent der Eigenmittel des Institutes hinausgehen, muss die Immobilienbewertung auch unabhängig von der Entwicklung der Marktpreise mindestens alle drei Jahre von einem geeigneten Sachverständigen überprüft werden.

3.4   Indexierung von Immobiliensicherheiten

26   Ein »Immobilienindex« gibt Auskunft über die Preis- oder Wertänderungen am Immobilienmarkt. In Deutschland werden verschiedene Immobilienindizes angeboten, die sich grundsätzlich darin unterscheiden, ob sie auf einer Bewertung der Bestandsimmobilien anhand von Mietpreisen (»bewertungsbasierte Indizes«) oder auf einer Bewertung der Transaktionen anhand von Kaufpreisen (»transaktionsbasierte Indizes«) basieren. In beiden Fällen ist die Ermittlung schwierig, weil die dafür erforderlichen Daten in Deutschland nicht frei verfügbar sind. Außerdem kann der Aussagegehalt für einzelne Regionen ggf. überschaubar sein, wenn in diesen Bereichen z.B. nur wenige Transaktionen stattfinden oder überwiegend langfristige Mietverträge abgeschlossen wurden. In diesen Fällen fehlt es für eine empirische Evidenz an einer kritischen Masse von aktuellen zugänglichen Daten.

27   Die EBA hält den Einsatz interner oder externer Indizes (»Indexierung«) oder vergleichbarer Methoden für den Überwachungsprozess für möglich, wenn diese für die jeweiligen Sicherheiten geeignet sind. Dafür müssen allerdings verschiedene Voraussetzungen erfüllt sein. Insbesondere müssen diese Indizes nach einem von der Geschäftsleitung genehmigten Turnus regelmäßig überprüft werden und die Ergebnisse dieser Überprüfung dokumentiert und jederzeit verfügbar sein. Zudem muss die Methodik für die betreffende Art der Sicherheiten geeignet und angemessen sein. Schließlich müssen die Indizes eine hinreichende Detailtiefe aufweisen sowie auf einer hinreichend großen, empirisch belegten Zeitreihe tatsächlicher Immobilientransaktionen basieren.[10] Insofern denkt die EBA eher an die Verwendung transaktionsbasierter Indizes. Vor dem Hintergrund, dass sich die Kaufpreise von Immobilien in den vergangenen Jahren besonders in größeren Städten kaum noch mit den erzielbaren Mietrenditen rechtfertigen lassen, ist diese implizite Einschränkung zumindest zum gegenwärtigen Zeitpunkt durchaus nachvollziehbar.

28   Zur Überprüfung der Immobilienbewertung, die sich auf Basis des Überwachungsprozesses als erforderlich erweisen kann, hält die EBA ein statistisches Modell als alleiniges Mittel nicht für geeignet. Bewertungen und Neubewertungen von Immobiliensicherheiten sollten deshalb einzeln und auf Basis des spezifischen Objektes durchgeführt werden.[11] Möglicherweise gilt diese Einschätzung jedoch nur für notleidende Risikopositionen. Jedenfalls erwartet die EBA von den

---

9 Vgl. European Banking Authority, Leitlinien über das Management notleidender und gestundeter Risikopositionen, EBA/GL/2018/06, 31. Oktober 2018, S. 45.

10 Vgl. European Banking Authority, Leitlinien über das Management notleidender und gestundeter Risikopositionen, EBA/GL/2018/06, 31. Oktober 2018, S. 45f.

11 Vgl. European Banking Authority, Leitlinien über das Management notleidender und gestundeter Risikopositionen, EBA/GL/2018/06, 31. Oktober 2018, S. 46.

Instituten, in ihren Strategien und Verfahren die Kriterien für die Verwendung fortgeschrittener statistischer Modelle zur Bewertung, Neubewertung und Überwachung der Werte von Sicherheiten festzulegen. Dabei sollten die Institute der Unsicherheit dieser Modelle zwar Rechnung tragen und sicherstellen, dass sie immobilien- und standortspezifisch sind und einen hinreichenden Detaillierungsgrad aufweisen (z.B. Postleitzahl für Immobiliensicherheiten), gültig und genau sind und regelmäßigen robusten Rückvergleichen im Hinblick auf die tatsächlichen beobachteten Transaktionspreise unterzogen werden, auf einer hinreichend großen und repräsentativen Stichprobe sowie auf beobachteten Transaktionspreisen beruhen sowie auf aktuellen Daten von hoher Qualität basieren. Außerdem sollten sie die Methodik, Eingabedaten und Annahmen der verwendeten Modelle kennen und sicherstellen, dass die Dokumentation der Modelle auf dem neuesten Stand ist. Im Endeffekt sollten sie zwar über ausreichende und genaue Daten für eine auf statistischen Modellen basierende Bewertung oder Neubewertung von Sicherheiten verfügen. Die Verwendung statistischer Modelle wird aber nicht grundsätzlich ausgeschlossen.[12]

3.5 Einsatz von Marktschwankungskonzepten bei Immobiliensicherheiten

Die Institute können gemäß Art. 208 Abs. 3 CRR zur Überprüfung des Immobilienwertes und zur Ermittlung derjenigen Immobilien, die einer Neubewertung im o. g. Sinne bedürfen, statistische Verfahren heranziehen. In der Praxis bedienen sich die Institute hierzu teilweise so genannter »Marktschwankungskonzepte«, mit deren Hilfe die Entwicklung der Marktwerte von Immobilien in bestimmten Regionen und über einen festgelegten Zeitraum auf Basis von statistischen Daten beobachtet werden kann. Liegt die beobachtete Schwankung über einem Schwellenwert, der für Gewerbeimmobilien 10 Prozent und für Wohnimmobilien 20 Prozent beträgt, so sind zunächst die Grundlagen der Wertermittlung zu überprüfen und anschließend ggf. (pauschale) Neubewertungen erforderlich. Die bisher vom Deutschen Sparkassen- und Giroverband (DSGV) sowie vom Verband deutscher Pfandbriefbanken (vdp) ermittelten Marktschwankungen für Wohn- und Gewerbeimmobilien führen regelmäßig zu verbändeübergreifenden Handlungsempfehlungen der Deutschen Kreditwirtschaft (DK) zur Unterstützung der ihr angeschlossenen Institute und wurden von der Bankenaufsicht unter gewissen Voraussetzungen bereits für die Zwecke des KWG anerkannt.[13] Mit Schreiben vom 12. August 2020 hat die DK der BaFin die ermittelten Marktschwankungen der wesentlichen wohnwirtschaftlichen und gewerblichen Immobilienmärkte für das Jahr 2019 zugeleitet. Demnach wurde im Berichtszeitraum in keinem der betrachteten Segmente in einer der vier Großregionen oder in einer Indikatorstadt eine Absenkung der Marktpreise oberhalb der angegebenen Schwellenwerte festgestellt. In der zweiten Jahreshälfte 2020 wurden die Daten aus der zentralen DSGV-Immobiliendatenbank (ZIMDB) und der vdp-Transaktionsdatenbank (TADB) in einer gemeinsamen Marktschwankungskonzept-Datenbank (MSK-DB) zusammengeführt. Die MSK-DB deckt damit in den wesentlichen Immobilienarten flächendeckend ca. 75 Prozent der Immobilienfinanzierungen in Deutschland ab. Auf dieser Basis ist geplant, die Erhebungsstruktur in der DK weiterzuentwickeln.

Nach Einschätzung der Deutschen Bundesbank ist der Einsatz von Marktschwankungskonzepten im Rahmen der turnusmäßigen Überprüfung der Werthaltigkeit von Immobilien zwar auch für die Zwecke

---

12 Vgl. European Banking Authority, Leitlinien für die Kreditvergabe und Überwachung, EBA/GL/2020/06, 29. Mai 2020, S. 53.

13 Vgl. Bundesanstalt für Finanzdienstleistungsaufsicht/Deutsche Bundesbank, Empfehlungen des Fachgremiums Kredit zur Überwachung der Werte von Immobilien und zur Neubewertung von Immobilien, 18. Februar 2010; Bickelhaupt, Norbert/ Klein, Arnd/Ziesenitz, Thomas-Andreas, Bankaufsichtliches Marktschwankungskonzept, in: BankPraktiker, Heft 12/2008, S. 544ff.

der MaRisk grundsätzlich möglich. Allerdings können diese Erkenntnisse nur der groben Orientierung in den beobachteten Marktsegmenten und damit der Definition von entsprechenden Impulsen dienen. Um den Anforderungen an eine regelmäßige Überprüfung der Werthaltigkeit von risikorelevanten Sicherheiten zu genügen, werden weitere Analysen erwartet, wie z. B. Auswertungen der Bodenrichtwerte oder Grundstücksmarktberichte der Gutachterausschüsse. In jedem Fall haben die Beobachtung und die Steuerung möglicher Risiken, die aus der Besicherung mit Grundpfandrechten erwachsen können, eigenverantwortlich zu erfolgen. Dabei sind nach Ansicht der Deutschen Bundesbank auch Maßnahmen und Schwellenwerte, ab wann diese zu ergreifen sind, zu definieren. Bei einem Marktschwankungskonzept muss sich das Institut jeweils mit der Frage auseinandersetzen, inwieweit es für das eigene Portfolio qualitativ und quantitativ repräsentativ ist und für welche Immobilien es folglich genutzt werden kann. Bei außerordentlichen Ereignissen, wie z. B. Umwelt- oder Naturkatastrophen, oder bei Immobilien, die hinsichtlich ihrer Lage, ihrer Größe, ihres Typs oder ihrer Drittverwendungsmöglichkeit Besonderheiten aufweisen, hält die Deutsche Bundesbank ein Marktschwankungskonzept zur Überprüfung der Werthaltigkeit für ungeeignet. Daher sollen Prozesse zur einzelfallbezogenen Überprüfung des Immobilienwertes bei Ereignissen, die nicht vom Marktschwankungskonzept abgedeckt sind, eingerichtet sowie risikoorientierte Grenzen festgelegt werden, ab denen immer eine turnusmäßige Einzelfallprüfung der Immobilienwerte vorzunehmen ist (siehe Abbildung 65).[14]

Grenzwerte	Prozessanforderungen	Erläuterungen
Grenze für die Anwendung des MSK als Basis zur turnusmäßigen Überprüfung der Sicherheiten	Turnusmäßige Einzelüberprüfung der Immobiliensicherheiten erforderlich; MSK zur Überwachung der Sicherheiten für bestimmte Portfolios nicht repräsentativ und damit nicht verwendbar, eigene Marktbeobachtung und weitere Analysen durchführen	Separate Analysen, sofern MSK z. B. für – Teile des eigenen Portfolios, – besondere Immobilien, – außerordentliche Ereignisse nicht repräsentativ ist. Festlegung risikoorientierter Grenze für generelle Einzel-Überprüfung.
Grenze für den Verzicht auf die turnusmäßige Überprüfung der Sicherheiten	Turnusmäßige Überprüfung der Immobiliensicherheiten auf Basis der Überwachung mittels MSK, ergänzt um eigene Marktbeobachtungen, MSK liefert nur erste Indikation für Marktsegment	Weitere Analysen, wie z. B. Auswertungen der – Bodenrichtwerte, – Grundstücksmarktberichte, – Gutachterausschüsse.
	Keine turnusmäßige Überprüfung der Immobiliensicherheiten durch das Institut erforderlich	Bagatellgrenze unter Risikogesichtspunkten festlegen; MSK muss aber für Portfolio repräsentativ sein.

Abb. 65: Einsatzmöglichkeiten für ein Marktschwankungskonzept

31   Die deutsche Aufsicht hat die Bedenken der Deutschen Bundesbank erstmals im Rahmen der fünften MaRisk-Novelle aufgegriffen und die Anforderungen im Rahmen der sechsten MaRisk-Novelle nochmals angepasst. Da Marktschwankungskonzepte demnach lediglich eine erste Indikation für

---

14 Vgl. Lang, Margit, Marktschwankungen bei Immobilien – aktuelle Prüfungspraxis, Vortrag im Rahmen der 21. Sitzung des Gesprächskreises kleiner Institute am 15. November 2012.

allgemeine Geschehnisse im jeweiligen Marktsegment liefern können, ist ihr alleiniger Einsatz zur Überwachung der Werthaltigkeit von Immobiliensicherheiten nicht geeignet. Ergänzend dazu haben die Institute eigene Marktbeobachtungen und weitere Analysen für das relevante Sicherheitenportfolio durchzuführen und zu prüfen, inwieweit das Marktschwankungskonzept für das eigene Portfolio repräsentativ ist und für welche Immobilien es folglich genutzt werden kann (→ BTO 1.2.2 Tz. 3, Erläuterung). Das schließt den weiteren Einsatz von Marktschwankungskonzepten für die Zwecke der MaRisk zwar nicht aus. Die Institute sind allerdings gehalten, den Grenzen der Marktschwankungskonzepte durch ergänzende Maßnahmen hinreichend Rechnung zu tragen.

Die DK hat in einem Schreiben an die deutschen Aufsichtsbehörden am 26. Februar 2021 darauf **32** hingewiesen, dass die Messergebnisse der neu entwickelten Marktschwankungskonzept-Datenbank (MSK-DB) ohnehin mit den Messungen der Gutachterausschüsse validiert werden und eine außerordentlich hohe Treffgenauigkeit ausweisen. Die Repräsentativitätsprüfung erfolgt bei Nutzung des Immobilienmarkt-Monitorings auf Basis der MSK-DB, technisch unterstützt für das individuelle Portfolio des jeweiligen Institutes, granular nach Postleitzahlen und Immobilienarten. Für den Fall, dass die Prüfung der Repräsentativität des Marktschwankungskonzeptes für das Portfolio eines Institutes eine Eignung bestätigt, sieht die DK daher keinen Mehrwert darin, zusätzlich eigene Marktbeobachtungen und weitere Analysen durchzuführen, weil die Treffgenauigkeit der Messergebnisse dadurch nicht weiter verbessert werden kann. Eigene Marktbeobachtungen und Analysen hält die DK immer dann für erforderlich, wenn die Repräsentativität für das Portfolio eines Institutes nicht gegeben ist.[15] Ende März 2021 hat die DK die Neuausrichtung des bestehenden Marktschwankungskonzeptes bekannt gegeben, um den verschärften regulatorischen Anforderungen weiterhin gerecht zu werden. Nunmehr (bzw. für Hotelimmobilien zukünftig) werden die Marktschwankungen flächendeckend auf Kreisebene ermittelt. Damit ist eine sehr granulare und empirisch umfassend abgesicherte Messung der regionalen Marktschwankungen möglich. Gleichzeitig wird den Aufsichtsbehörden der Zugriff auf diese Datenbank ermöglicht.[16]

Zusammengefasst erscheint mit der aktuellen Formulierung folgende Vorgehensweise denkbar: **33** Die Immobiliensicherheiten können grundsätzlich mit Hilfe eines Marktschwankungskonzeptes (MSK) überwacht werden, solange das MSK für das Portfolio des Institutes repräsentativ ist. Auf dieser Basis müssen die Institute unter Risikogesichtspunkten individuell festlegen, ab welcher Grenze ergänzende Marktbeobachtungen und weitere Analysen zur Überwachung der Sicherheiten erforderlich sind. Sofern das Marktschwankungskonzept für das Portfolio eines Institutes oder für Teile seines Portfolios nicht repräsentativ sein sollte, muss die Überwachung auf Basis eigener Marktbeobachtungen und Analysen erfolgen. Auf diese Weise kann insgesamt eine angemessene Überwachung sichergestellt werden. Aus diesem lückenlosen Überwachungsprozess der Immobiliensicherheiten, mit oder ohne ergänzende Marktbeobachtungen und weitere Analysen, kann sich die Notwendigkeit zur Überprüfung der Sicherheiten und – in Abhängigkeit vom Ergebnis dieser Überprüfung – sogar zu deren Neubewertung ergeben. Die Überprüfung der Immobiliensicherheiten erfolgt also in dem Maße risikoorientiert, in dem diese Risikoorientierung bereits beim Überwachungsprozess umgesetzt wird. Die von der Bundesbank genannte (weitere) risikoorientierte Grenze, bei deren Überschreiten – unabhängig von den Erkenntnissen aus dem Marktschwankungskonzept – immer eine turnusmäßige Einzel-Überprüfung der Immobiliensicherheiten erfolgen sollte, kann mit den Vorgaben in Art. 208 Abs. 3 lit. b CRR kombiniert werden. Demnach muss die Immobilienbewertung bei Krediten, die über 3 Millionen Euro oder 5 Prozent der Eigenmittel des Institutes hinausgehen, auch unabhängig von der Entwicklung der Marktpreise mindestens alle drei Jahre von einem geeigneten Sachverständigen überprüft werden.

---

15 Vgl. Deutsche Kreditwirtschaft, 6. MaRisk-Novelle – Ergänzende Formulierungsvorschläge der DK, Schreiben vom 26. Februar 2021, S. 5.
16 Vgl. Deutsche Kreditwirtschaft, Messung der Marktschwankungen an den Immobilienmärkten gem. Art 208 (3) CRR – Anpassung des Marktschwankungskonzeptes der Deutschen Kreditwirtschaft, Schreiben vom 23. März 2021, S. 2 ff.

4 Außerordentliche Überprüfung der Engagements und Sicherheiten (Tz. 4)

34

4 Außerordentliche Überprüfungen von Engagements einschließlich der Sicherheiten sind zumindest dann unverzüglich durchzuführen, wenn dem Institut aus externen oder internen Quellen Informationen bekannt werden, die auf eine wesentliche negative Änderung der Risikoeinschätzung der Engagements oder der Sicherheiten hindeuten. Derartige Informationen sind unverzüglich an alle einzubindenden Organisationseinheiten weiterzuleiten.

4.1 Änderung der Risikosituation

35 Grundsätzlich ist für alle Engagements ein jährlicher Turnus bei der Beurteilung der Adressenausfallrisiken einzuhalten (→ BTO 1.2.2 Tz. 2). Durch diese turnusmäßige Überprüfung kann allerdings nicht ausgeschlossen werden, dass sich das Risiko für das Institut zwischenzeitlich erhöht. Deshalb sind zumindest dann unverzüglich außerordentliche Beurteilungen durchzuführen, wenn dem Institut aus externen oder internen Quellen Informationen bekannt werden, die auf eine Erhöhung der Risiken hindeuten. Diese Anforderung bezieht sich sowohl auf das einzelne Engagement, also den Kreditnehmer, als auch auf die Sicherheiten.

4.2 Interne Quellen

36 Zu den internen Informationsquellen, die Anhaltspunkte für eine außerordentliche Beurteilung einzelner Engagements liefern können, zählen insbesondere die Warnsignale des Verfahrens zur Früherkennung von Risiken (→ BTO 1.3). Auch die Analysen der Bilanzen oder der Betriebswirtschaftlichen Auswertungen (BwA) eines Firmenkunden können entsprechende Erkenntnisse zutage fördern und werden nicht in jedem Fall bei der jährlichen Risikoklassifizierung berücksichtigt. Von Bedeutung sind darüber hinaus Informationen über die Entwicklung des gesamten Kreditportfolios oder einzelner Teilportfolios. So können negative Branchenentwicklungen, die von den für das Kreditrisikocontrolling oder die Marktfolge zuständigen Mitarbeitern identifiziert werden, ggf. Anlass für außerordentliche Überprüfungen ganzer Kundengruppen sein.

37 Im Rahmen der Konsultation zur fünften MaRisk-Novelle hatte die deutsche Aufsicht zwischenzeitlich die Anforderung ergänzt, bei Unternehmenskrediten, bei denen auf Basis des Verfahrens zur Früherkennung von Risiken erhöhte Risiken identifiziert werden, eine erneute Kapitaldienstfähigkeitsbetrachtung vorzunehmen. Auf diese Vorgabe wurde letztlich zwar verzichtet. Sie bietet aber eine Orientierungshilfe, wie bei Bekanntwerden entsprechender Informationen vorgegangen werden könnte.

4.3 Externe Quellen

Zu den externen Informationsquellen zählen z.B. die Einschätzungen externer Ratingagenturen, die Millionenkreditmeldungen nach § 14 KWG oder auch entsprechende Medienberichte und Wirtschaftsdienste. Einzelne kreditwirtschaftliche Verbände veröffentlichen in unregelmäßigen Abständen Analysen und Zukunftseinschätzungen über bestimmte Branchen oder Regionen bzw. über relevante Entwicklungen des Finanzmarktes.[17] Ebenso ist es denkbar, dass durch die Beteiligung an Konsortien zum Austausch von Schadensfällen oder Ausfalldaten relevante Informationen bekannt werden.

38

4.4 Informationspflicht und Einleitung geeigneter Maßnahmen

Informationen über eine Risikoerhöhung sind unverzüglich an alle einzubindenden Organisationseinheiten weiterzuleiten. Bei risikorelevanten Kreditgeschäften sind dies regelmäßig die Kompetenzträger aus den Bereichen Markt und Marktfolge. Bei Ereignissen von wesentlicher Bedeutung ist darüber hinaus die gesamte Geschäftsleitung zu informieren. Diese Anforderung ergibt sich daraus, dass unter Risikogesichtspunkten wesentliche Informationen unverzüglich an die Geschäftsleitung und die jeweiligen Verantwortlichen weiterzuleiten sind, so dass geeignete Maßnahmen frühzeitig eingeleitet werden können (→ AT 4.3.2 Tz. 4). Nicht in jedem Fall werden die betreffenden Kreditengagements gleich einer Intensivbetreuung unterzogen (→ BTO 1.2.4) oder gar in die Problemkreditbearbeitung überführt (→ BTO 1.2.5). Je nach Art der vorliegenden Informationen kann es auch erforderlich sein, die Interne Revision zu informieren, damit frühzeitig Prüfungshandlungen eingeleitet werden können. Das kann z.B. dann zweckmäßig sein, wenn bedeutende Schadensfälle aufgetreten sind oder aufzutreten drohen (→ AT 4.3.2 Tz. 4, Erläuterung).

39

---

17 Zum Beispiel veröffentlicht der Bundesverband Öffentlicher Banken Deutschlands (VÖB) auf seiner Internetseite den unregelmäßig erscheinenden Newsletter »VÖB-Wirtschaftsampel« zu den Auswirkungen bestimmter Regulierungsvorhaben oder besonderer Ereignisse auf die deutsche und europäische Wirtschaft. Darüber hinaus publiziert der VÖB halbjährlich eine Aktienmarktprognose sowie eine Kapitalmarktprognose. Der vierteljährlich erscheinende Newsletter »VÖB Aktuell« informiert zudem über finanzwirtschaftlich wichtige nationale, europäische und internationale Gesetzesvorhaben.

BTO 1.2.3 Kreditbearbeitungskontrolle

1 Prozessabhängige Kontrollen (Tz. 1)

1 Für die Kreditbearbeitung sind prozessabhängige Kontrollen einzurichten, die gewährleisten, dass die Vorgaben der Organisationsrichtlinien eingehalten werden. Die Kontrollen können auch im Rahmen des üblichen Vier-Augen-Prinzips erfolgen.

1

1.1 Kreditbearbeitungskontrollen

Kreditbearbeitungskontrollen sind ein wichtiger Bestandteil des internen Kontrollsystems. Im Allgemeinen soll mit ihrer Hilfe gewährleistet werden, dass die Aktivitäten im Kreditgeschäft auf der
Grundlage der institutsinternen Organisationsrichtlinien betrieben werden (→ AT 5 Tz. 1). Von
besonderem Interesse sind dabei die Berücksichtigung der aufbau- und ablauforganisatorischen
Vorschriften sowie die Einhaltung rechtlicher Regelungen und Vorgaben (→ AT 5 Tz. 3). Kreditbearbeitungskontrollen umfassen im Sinne der MaRisk insbesondere die Kontrolle der Ordnungsmäßigkeit der Kreditgewährung (→ BTO 1.2.1), der Kreditweiterbearbeitung (→ BTO 1.2.2) und der
sonstigen Kreditprozesse, wie der Intensivbetreuung (→ BTO 1.2.4), der Behandlung von Problemkrediten (→ BTO 1.2.5) und der Bildung einer angemessenen Risikovorsorge (→ BTO 1.2.6).

2

Direkt mit der Kreditbearbeitung verbunden ist die Gewährung von Forbearance-Maßnahmen
(→ BTO 1.3.2) und die daraus ggf. resultierende besondere Betreuung der betroffenen Engagements. Im weiteren Sinne kann in die Kreditbearbeitungskontrollen bis zu einem gewissen Grade
auch die korrekte Anwendung der Verfahren zur Früherkennung von Risiken (→ BTO 1.3.1) und
der Risikoklassifizierungsverfahren (→ BTO 1.4) einbezogen werden. Beide Verfahren spielen für
den angemessenen Umgang mit den Kreditengagements eine wichtige Rolle.

3

1.2 Formelle und materielle Kontrollen

In der Praxis unterscheidet man zwischen formellen und materiellen Kreditbearbeitungskontrollen. Formelle Kreditbearbeitungskontrollen sind vielfältiger Natur. Hierzu zählen z.B. die Kontrolle der Vollständigkeit und formellen Ordnungsmäßigkeit der Kreditverträge sowie der Sicherheitenverträge, die Einhaltung von Meldevorschriften oder die Zusagen- und Auszahlungskontrolle (→ BTO 1.2.3 Tz. 2). Derartige Kontrollaufgaben werden häufig im Rahmen des Vier-Augen-
Prinzips, d.h. von den in die Kreditbearbeitung eingebundenen Mitarbeitern der votierenden
Bereiche, wahrgenommen. Teilweise sind diese Kontrollschritte auch in die IT-Systeme eingebettet, z.B. über das Vorhandensein von Pflichtfeldern in Eingabemasken oder die Vergabe
eingeschränkter Nutzerberechtigungen.

4

Bei den materiellen Kontrollen stehen dagegen die Nachvollziehbarkeit und Vertretbarkeit der
Kreditentscheidung im Vordergrund. Kontrolliert wird dabei z.B. die Aussagekraft der Stellungnahme in der Kreditvorlage, indem die der Entscheidung zugrunde liegenden Unterlagen analysiert werden. Auch ist zu kontrollieren, ob die Kreditvergabe der Höhe und der Form nach
aufgrund der vorliegenden Unterlagen vertretbar erscheint.[1] Dies betrifft insbesondere die Zuläs-

5

---

1 Vgl. Schmoll, Anton, Handbuch der Kreditüberwachung, Wien, 1990, S. 41 f.

sigkeit von Blankokrediten. Unter inhaltlichen Gesichtspunkten besteht ein direkter Zusammenhang zur materiellen Plausibilitätsprüfung, die dem marktunabhängigen Votum bei bestimmten Zuordnungen von Prozessen, wie z. B. Teamlösungen oder auf Projektfinanzierungen spezialisierten Abteilungen, zugrunde liegen muss (→ BTO 1.1 Tz. 2, Erläuterung).

6   Die Anforderungen in den MaRisk beziehen sich nur auf das Vorhandensein formeller Kreditbearbeitungskontrollen. Materielle Kontrollen, die über eine Plausibilitätsprüfung in bestimmten Konstellationen bei der Votierung hinausgehen, werden hingegen nicht gefordert. Es liegt im Ermessen der Institute, die formellen Kreditbearbeitungskontrollen um materielle Kontrollen zu ergänzen.

1.3   Keine aufbauorganisatorischen Anforderungen

7   Die formellen Kontrollen können im Rahmen des üblichen Vier-Augen-Prinzips wahrgenommen werden, soweit sie nicht schon über geeignete IT-Anwendungen umgesetzt sind. Hinsichtlich der organisatorischen Zuordnung der Kreditbearbeitungskontrollen werden in den MaRisk keine Vorgaben gemacht. Sie können daher sowohl im Bereich Markt als auch in einem marktunabhängigen Bereich angesiedelt sein. So können Mitarbeiter, die in den Entscheidungsprozess eingebunden waren, z. B. auch die anschließende Kontrolle der kompetenzgerechten Vergabe eines Kredites durchführen (→ BTO 1.2.3 Tz. 2). Entscheidend ist, dass die formellen Kontrollen vorhanden und wirksam sind.

8   Grundsätzlich betreffen die prozessabhängigen Kontrollen die ersten beiden Verteidigungslinien (→ AT 4.4, Einführung). Eine komplette Zuordnung der formellen Kontrollen zum Bereich Markt würde insofern darauf hinauslaufen, dass diese vollständig durch die erste Verteidigungslinie abgedeckt werden. Häufig ist die Marktfolge in irgendeiner Weise in die prozessabhängigen Kontrollen eingebunden. Je nachdem, wie weit insbesondere die materiellen Kontrollen definiert werden, könnten ggf. auch bestimmte Aufgaben der Risikocontrolling-Funktion betroffen sein.

1.4   Abgrenzung zur Internen Revision

9   Bei den Kreditbearbeitungskontrollen handelt es sich um prozessabhängige Kontrollen (→ AT 1 Tz. 1), d. h. die für diese Kontrollaufgaben zuständigen Mitarbeiter sind an den jeweiligen Arbeitsprozessen beteiligt und häufig auch für das Ergebnis der zu kontrollierenden Prozesse verantwortlich. Die Mitarbeiter der Internen Revision sind im Rahmen ihrer Aufgaben hingegen nicht in die zu prüfenden Abläufe eingebunden und auch nicht für das Ergebnis der Prozesse verantwortlich. Bei den Aufgaben der Internen Revision handelt es sich daher im Unterschied zu den Kreditbearbeitungskontrollen um prozessunabhängige Überwachungsfunktionen. Die Prüfungstätigkeit der Internen Revision hat sich auf der Grundlage eines risikoorientierten Prüfungsansatzes grundsätzlich auf alle Aktivitäten und Prozesse des Institutes zu erstrecken (→ BT 2.1 Tz. 1). Hierzu gehören auch die prozessabhängigen Kontrollmechanismen, also auch die Kreditbearbeitungskontrollen.

2 Zusagen- und Auszahlungskontrolle (Tz. 2)

2 Insbesondere ist zu kontrollieren, ob die Kreditentscheidung entsprechend der festgeleg- 10
ten Kompetenzordnung erfolgte und ob vor der Valutierung die Voraussetzungen bzw.
Auflagen aus dem Kreditvertrag erfüllt sind.

2.1 Betonung bestimmter Kontrollen

Zwei Arten von Kreditbearbeitungskontrollen, die im Rahmen der Kreditgewährung zu beachten 11
sind, werden von der deutschen Aufsicht besonders hervorgehoben. Dabei handelt es sich um die
Zusagenkontrolle und die Auszahlungskontrolle. Beide Kontrollen sind eng mit dem Vertrag
zwischen Institut und Kreditnehmer verknüpft, in dem die Rechte und Pflichten aus der Geschäftsbeziehung zweifelsfrei geregelt sein müssen. Sie haben sowohl für die korrekte Vereinbarung der
Vertragsbedingungen als auch für deren Einhaltung eine wichtige Bedeutung.

2.2 Zusagenkontrolle

Die Zusagenkontrolle soll sicherstellen, dass die Kreditentscheidung im Einklang mit der instituts- 12
internen Kompetenzordnung getroffen wird. Dies kann durch einen einfachen Abgleich der
Kompetenzen der beteiligten Mitarbeiter mit den Festlegungen in der Kompetenzordnung unter
Berücksichtigung der dafür relevanten Parameter des jeweiligen Engagements erfolgen. Die
Zusagenkontrolle sollte dem Versand der Kreditzusage an den Kreditnehmer in jedem Fall zeitlich
vorgelagert sein. Damit kann vor allem verhindert werden, dass eine zunächst getroffene und
gegenüber dem Kreditnehmer bereits kommunizierte positive Entscheidung bei Einbeziehung der
vorgeschriebenen Kompetenzträger unter Umständen nachträglich mit besonderen Auflagen
verbunden oder sogar widerrufen werden muss. Abgesehen davon, dass dieser Vorgang mit einem
erheblichen Reputationsrisiko für das Institut verbunden wäre, könnten sich daraus auch rechtliche Probleme ergeben.

2.3 Auszahlungskontrolle

Im Zusammenhang mit einer Kreditvergabe bezeichnet die »Valutierung« die Belastung des 13
Kundenkontos mit dem vereinbarten Kreditbetrag. Wird der Kredit nicht in einer Summe ausgezahlt, sondern in verschiedene Zahlungsabschnitte aufgeteilt (so genannte »Tranchen«), so
spricht man auch von einer »Teilvalutierung«. Die Auszahlung in Teilbeträgen ist z. B. in der
Immobilienfinanzierung verbreitet, in deren Rahmen die jeweiligen Zahlungsabschnitte dem
aktuellen Baufortschritt entsprechen. Würde das Institut den Kredit vor Baubeginn vollständig
auszahlen, wäre es für die Dauer des Bauvorhabens nicht bzw. nicht ausreichend abgesichert.

BTO 1.2.3 Kreditbearbeitungskontrolle

14   Mit Hilfe der Auszahlungskontrolle soll gewährleistet werden, dass die Voraussetzungen bzw. Auflagen aus dem Kreditvertrag vor einer Valutierung erfüllt sind. Dabei sind z. B. folgende Punkte zu kontrollieren:
- die Vollständigkeit und formale Ordnungsmäßigkeit der Kreditverträge und Sicherheitenverträge,
- die Übereinstimmung der im Kreditvertrag aufgeführten Auszahlungsvoraussetzungen mit dem Inhalt der Kreditvorlage bzw. den Auflagen, unter denen der Kreditbeschluss zustande gekommen ist,
- die Ordnungsmäßigkeit der Kundenunterschriften und
- die in die IT einzugebenden Stammdaten.

BTO 1.2.4 Intensivbetreuung

1 Kriterien für den Übergang in die Intensivbetreuung (Tz. 1)

1

1 Das Institut hat Kriterien festzulegen, wann ein Engagement der Intensivbetreuung zuzuordnen ist. Die Verantwortung für die Entwicklung und Qualität dieser Kriterien sowie deren regelmäßige Überprüfung muss außerhalb des Bereiches Markt angesiedelt sein.

1.1 Gesonderte Beobachtung von Engagements

2 In den MaRisk werden grundsätzlich drei Phasen unterschieden, die ein Engagement durchlaufen kann: die Normalbetreuung (→ BTO 1.2.2), die Intensivbetreuung und die Problemkreditbearbeitung (→ BTO 1.2.5). Die Intensivbetreuung, also die gesonderte Beobachtung von Engagements, stellt eine Zwischenstation in dieser Prozesskette dar. Ihr sind Engagements zuzuordnen, bei denen sich erhöhte Risiken abzuzeichnen beginnen, ohne dass dabei bereits die Frage nach einer möglichen Sanierung oder gar Abwicklung aufgeworfen werden muss. Mit Übergang in die Intensivbetreuung sind für diese Engagements Maßnahmen mit dem Ziel der Rückführung in die Normalbetreuung zu ergreifen und zu überwachen (→ BTO 1.2.4 Tz. 2). Um dieses Ziel zu erreichen, kann es unter Umständen erforderlich sein, vorübergehend bestimmte Zugeständnisse zugunsten des Kreditnehmers zu machen (→ BTO 1.3.2 Tz. 1). In der Praxis versteht man unter »besonderer Beobachtung« häufig die Aufnahme von Engagements in eine so genannte »Beobachtungsliste« (»Watch List«). Auf diese Weise ist institutsintern eine transparente Darstellung aller mit erhöhten Risiken behafteten Engagements gewährleistet.[1]

1.2 Methodenverantwortung

3 Die Verantwortung für die Entwicklung und Qualität der Überleitungskriterien von der Normalbetreuung in die Intensivbetreuung sowie deren regelmäßige Überprüfung muss zur Vermeidung von Interessenkonflikten außerhalb des Bereiches Markt angesiedelt sein. Das gilt in Analogie auch für jene Kriterien, mit denen die Abgabe eines Engagements an die auf die Problemkreditbearbeitung spezialisierten Mitarbeiter oder Bereiche bzw. deren Einschaltung geregelt wird (→ BTO 1.2.5 Tz. 1). Diese Funktionen können z.B. vom Bereich Marktfolge oder vom Kreditrisikocontrolling wahrgenommen werden, die bis einschließlich in die Ebene der Geschäftsleitung vom Bereich Markt zu trennen sind (→ BTO Tz. 3). Die organisatorische Trennung bezieht sich jedoch nur auf die Festlegung und die regelmäßige Überprüfung der Kriterien. Im Hinblick auf die Zuordnung des Prozesses der Intensivbetreuung bestehen keine aufbauorganisatorischen Vorgaben. Die Intensivbetreuung kann daher sowohl im Bereich Markt als auch in einem marktunabhängigen Bereich angesiedelt werden. Bei intensiv betreuten Engagements ist folglich nicht zwingend ein Betreuerwechsel erforderlich. Denkbar ist auch die gemeinsame Bearbeitung der betroffenen Engagements durch Markt und Marktfolge.

---

1 Vgl. Deutsches Institut für Interne Revision e.V., Arbeitskreis »Revision des Kreditgeschäftes«, Fachbeiträge zur Revision des Kreditgeschäftes, Berlin, 2002, S. 79f.

1.3 Automatismus oder Anstoß zur Überprüfung

Zur Ausgestaltung der Kriterien für den Übergang in die Intensivbetreuung werden keine konkreten 4
Vorgaben gemacht. Es liegt vielmehr im Ermessen der Institute, sachgerechte Regelungen für die
Übergänge in die Intensivbetreuung bzw. die Problemkreditbearbeitung festzulegen. Ziel ist die
zügige Identifikation der risiko- oder problembehafteten Engagements, um möglichst frühzeitig
geeignete Maßnahmen einleiten zu können (→ BTO 1.2.4 Tz. 1, Erläuterung). Die Kriterien können
entweder so ausgestaltet sein, dass die Abgabe des Engagements an die Intensivbetreuung automatisch erfolgt (so genannte »harte Kriterien«) oder bei Vorhandensein bestimmter Merkmale
lediglich überprüft wird, ob die Intensivbetreuung einzuleiten ist (so genannte »Indikatoren-Lösung«). Frühwarnindikatoren sind, grob gesprochen, Risikofaktoren, die dazu geeignet sind, mit
einem gewissen zeitlichen Vorlauf erhöhte Risiken anzuzeigen, die für die künftige Entwicklung des
Kreditnehmers von Bedeutung sein könnten. Es liegt im Ermessen der Institute, ob die Kriterien einen
Automatismus statuieren oder ob es sich um Indikatoren handelt, auf deren Grundlage die Überprüfung durchgeführt wird (→ BTO 1.2.4 Tz. 1, Erläuterung). Entsprechendes gilt für die Kriterien,
die maßgeblich für den Übergang in die Problemkreditbearbeitung sind (→ BTO 1.2.5 Tz. 1).

Selbst von den für den automatischen Übergang maßgeblichen Kriterien kann in begründeten 5
Fällen abgewichen werden. Allerdings sind derartige Abweichungen als für die Einhaltung dieses
Rundschreibens wesentliche Handlungen und Festlegungen vor allem aus Transparenzgründen
nachvollziehbar zu dokumentieren (→ AT 6 Tz. 2). Auch empfiehlt es sich, die Kriterien hinsichtlich ihrer Zweckmäßigkeit und ihrer Aussagekraft in angemessenen Abständen zu überprüfen.
Sofern die Indikatoren-Lösung zur Anwendung kommt, wird eine Beteiligung der Marktfolge an
der Entscheidung über die Zuordnung eines Engagements zur Intensivbetreuung bzw. Problemkreditbearbeitung empfohlen.[2]

1.4 Beispiele für Übergangskriterien

Die Ausgestaltung der Übergangskriterien und deren Anzahl hängen im Einzelfall stark von der 6
Komplexität der betriebenen Geschäfte und den institutsinternen Ressourcen ab. Die Kriterien können
dabei sowohl quantitativer Natur (z.B. mehrmalige Limitüberschreitungen) als auch qualitativer
Natur (z.B. negative Branchenentwicklung) sein. Sie können sich auf einzelne Engagements bzw.
Kreditnehmer oder auf bestimmte Cluster von Kreditnehmern (z.B. Kreditnehmer aus bestimmten
Branchen, Regionen oder Wertschöpfungsketten) bzw. auf Gruppen verbundener Kunden beziehen.

Als mögliche Kriterien für den Übergang in die Intensivbetreuung kommen z.B. folgende 7
Faktoren in Betracht[3]:
- rückläufige Kontoumsätze innerhalb der letzten sechs Monate,
- um mehr als zwei Monate andauernde Limitüberschreitungen,
- Rückstände auf Darlehenskonten mit mehr als einer Rate,
- Stundungsantrag/Tilgungsaussetzung,
- betragsmäßige und/oder zeitliche Abweichungen zwischen angekündigten und tatsächlichen
  Zahlungseingängen,
- Scheck- und Lastschriftrückgaben,
- hohe Personalfluktuationen, insbesondere bei leitenden Mitarbeitern,

---

2 Vgl. Bundesanstalt für Finanzdienstleistungsaufsicht, Protokoll der zweiten Sitzung des MaK-Fachgremiums am 10. Juli
   2003, S. 4.

3 Vgl. Weis, Ditmar, Neuorganisation der Problemkreditbearbeitung aus Sicht von Kreditinstituten vor dem Hintergrund der
   MaK, in: Zeitschrift für Bank- und Kapitalmarktrecht, Heft 5/2003, S. 185.

BTO 1.2.4 Intensivbetreuung

- verspätete Einreichung von Unterlagen über die wirtschaftlichen Verhältnisse und
- Erhöhung des Branchenrisikos.

8 Die Institute müssen auch zur rechtzeitigen Identifizierung von Kreditnehmern, bei deren Engagements sich erhöhte Risiken abzuzeichnen beginnen, auf Basis quantitativer und qualitativer Risikomerkmale Indikatoren für eine frühzeitige Risikoidentifizierung entwickeln (→ BTO 1.3.1 Tz. 2). Diese Indikatoren können ebenfalls dahingehend analysiert werden, ob sie sich ggf. als Kriterien für den Übergang in die Intensivbetreuung eignen.

9 Bei der Festlegung der Kriterien für den Übergang in die Intensivbetreuung und in die Problemkreditbearbeitung hat das Institut auch diejenigen Engagements zu berücksichtigen, bei denen Forbearance-Maßnahmen gewährt werden, also Zugeständnisse zugunsten des Kreditnehmers gemacht wurden (→ BTO 1.3.2 Tz. 4). Derartige Forbearance-Maßnahmen bestehen aus vertraglichen Zugeständnissen aufgrund sich abzeichnender finanzieller Schwierigkeiten eines Kreditnehmers, wie z. B. Stundungen.

1.5 Intensivbetreuung in Krisenzeiten

10 Die BaFin hat aus Anlass der COVID-19-Pandemie darauf hingewiesen, dass die Intensivbetreuung dem Ziel dient, bei Engagements mit (potenziell) erhöhten Risiken die weitere Risikoentwicklung möglichst einzudämmen. Folglich dient die Unterscheidung von normal und intensiv betreuten Krediten zugleich einer Kategorisierung der Kredite nach dem Betreuungsaufwand und ermöglicht damit eine fokussierte Steuerung des Ressourceneinsatzes, was gerade in Krisenzeiten von besonderer Bedeutung ist. Deshalb hat es die BaFin nicht für sinnvoll gehalten, die Übergangskriterien in die Intensivbetreuung in der Krisensituation dergestalt zu ändern, dass Engagements aufgrund von Corona-bedingt auftretenden Umsatzeinbrüchen und Liquiditätsengpässen nicht in die Intensivbetreuung rutschen. Allerdings erlauben die MaRisk aufgrund ihres prinzipienorientierten Charakters nach Einschätzung der BaFin eine situationsangepasste Umsetzung und somit die Möglichkeit, die gewünschten Erleichterungen über eine adäquate Anpassung der Kreditprozesse zu erreichen. So konnten die Institute beispielsweise wie folgt vorgehen:
- Vorerst pauschale Zuordnung von Fällen in die Intensivbetreuung, sofern die finanziellen Schwierigkeiten nach erster Einschätzung ausschließlich auf z. B. eine angespannte Liquiditätslage auf Grund der COVID-19-Pandemie zurückzuführen sind. Eine Bestandsaufnahme war in diesen Fällen nicht erforderlich.
- Beibehaltung der bisherigen Zuständigkeiten und Kreditprozesse aus der Normalbetreuung für diese Fälle, um operativ ohne Verzögerungen handlungsfähig zu bleiben.

Auf diese Weise wurde die operative Handlungsfähigkeit der Institute nur minimal beeinträchtigt und eine zeitlich nachgelagerte Fallanalyse ermöglicht. Diese war aus Sicht der BaFin vor allem deshalb sinnvoll, weil zum Zeitpunkt der Krise noch nicht abgeschätzt werden konnte, ob die initial erkannten Probleme nicht doch einen substanziellen Hintergrund haben bzw. in Folge der weiteren Krisenentwicklung zu substanziellen Risikosituationen führen. Für solche Fälle und ein darauf abgestelltes (zeitlich nachgelagertes) Monitoring blieb somit sichergestellt, dass eine Überleitung in die »echte« Intensivbetreuung bzw. Problemkreditbearbeitung (Sanierung/Abwicklung) möglichst frühzeitig initiiert werden konnte.[4]

---

4 Vgl. Bundesanstalt für Finanzdienstleistungsaufsicht, Regelmäßig aktualisierte »FAQ« zu aufsichtlichen und regulatorischen Maßnahmen als Reaktion auf COVID-19, Internetseite der BaFin, Rubrik Governance, abgerufen am 15. März 2021.

Im gesamten ersten Krisenjahr war in den MaRisk noch nicht geregelt, wie die Institute mit   **11**
gestundeten und notleidenden Risikopositionen umgehen müssen. Diese Anforderungen waren
Teil der sechsten MaRisk-Novelle, die erst Mitte August 2021 abgeschlossen wurde. Die BaFin
hatte daher einige Klarstellungen vorgenommen, die auf verschiedene, damit verbundene Konstellationen Bezug genommen haben. So hat sie zunächst festgestellt, dass für die Normal- und die
Intensivbetreuung zwar vergleichbare organisatorische Anforderungen und Prozesse bei unterschiedlichem Betreuungsaufwand für die Kreditengagements gelten. Die organisatorischen Anforderungen an die Bearbeitung von Problemkrediten unterscheiden sich davon allerdings allein
durch die (grundsätzlich) marktunabhängige Bearbeitung und Betreuung der Engagements. Von
den Instituten wurde erwartet, dass sie auch für Stundungen und Überbrückungskredite bei der
Kreditgewährung die damit verbundenen Risiken angemessen würdigen. Inwieweit ein Institut
bereit ist, diese Risiken einzugehen, sollte nach eigener geschäftspolitischer Beurteilung entschieden werden. Dabei sollte auch die Krisensituation, die sich auf viele Kreditnehmer auswirkt,
berücksichtigt und auf die Dauerhaftigkeit von Geschäftsbeziehungen abgestellt werden. Ferner
sollte ein Institut, trotz Berücksichtigung der Garantien und Haftungsfreistellungen, selbst bei
flexibler Ausgestaltung der Kreditkonditionen und flexibler Handhabung banküblicher Instrumente feststellen, ob wesentliche Leistungsstörungen vorliegen. Im negativen Fall sollte geprüft
werden, ob ein Engagement trotzdem noch in der Intensivbetreuung verbleiben kann. Dies ist laut
BaFin auch bei wesentlichen Leistungsstörungen noch zulässig, wenn das Adressenausfallrisiko
des Kredites zumindest begrenzt werden kann und diese Beurteilung und das daran anknüpfende
Vorgehen, d.h. die bankübliche intensive Begleitung des Kredites ohne Sanierungsgutachten, mit
den auf die Sanierung und Abwicklung spezialisierten Mitarbeitern abgestimmt ist und rechtliche
Risiken hinreichend geprüft worden sind.[5]

1.6   Verknüpfung zwischen Frühwarnverfahren und Intensivbetreuung

Zwischen der Intensivbetreuung und dem Verfahren zur Früherkennung von Risiken (→ BTO 1.3)   **12**
besteht ein enger Zusammenhang. Die Frühwarnindikatoren stimmen häufig mit jenen Kriterien
überein, die maßgeblich für den Übergang von der Normalbetreuung in die Intensivbetreuung
sind, wenngleich dies durch die MaRisk nicht ausdrücklich vorgeschrieben wird. Eine separate
Festlegung von Kriterien, zum einen für das Frühwarnverfahren und zum anderen für die
Intensivbetreuung, ist aus betriebswirtschaftlicher Sicht zwar nicht zu empfehlen. Abweichungen
von dieser grundsätzlichen Vorgehensweise werden im Einzelfall aber nicht zu vermeiden sein. Im
Stadium der Intensivbetreuung sollten vom Institut erste Maßnahmen ergriffen werden, die darauf
abzielen, dass sich die Krisenanzeichen nicht weiter verstärken. Hierzu zählt z.B. die Intensivierung des Kundenkontaktes durch Gespräche über die Entwicklung der kritischen Faktoren.

---

5   Vgl. Bundesanstalt für Finanzdienstleistungsaufsicht, Regelmäßig aktualisierte »FAQ« zu aufsichtlichen und regulatorischen Maßnahmen als Reaktion auf COVID-19, Internetseite der BaFin, Rubrik Governance, abgerufen am 15. März 2021.

1.7 Ausnahmen von der Intensivbetreuung und Problemkreditbearbeitung

13 Die Geschäftsleitung kann bestimmte, unter Risikogesichtspunkten festzulegende Arten von Kreditgeschäften oder Kreditgeschäfte unterhalb bestimmter Größenordnungen von der Anwendung des Verfahrens zur Früherkennung ausschließen (→ BTO 1.3.1 Tz. 3). Dies gilt in Analogie auch für die Intensivbetreuung und für den Prozess der Problemkreditbearbeitung (→ BTO 1.2.4 Tz. 1, Erläuterung). So ist es vor allem bei Engagements aus Geschäftsbereichen mit eigentlich geringem Risikogehalt die Regel, dass nach massiven Leistungsstörungen eine so genannte »stille Abwicklung« eingeleitet wird oder dass ggf. auch eine Inkassogesellschaft mit der Eintreibung der Restforderung beauftragt wird. Das betrifft z. B. das kleinteilige Privatkundengeschäft.

14 Von der Intensivbetreuung bzw. der Problemkreditbearbeitung kann auch abgesehen werden, wenn der Zugriff auf die dafür erforderlichen Daten aufgrund objektiver Gegebenheiten eingeschränkt ist und insofern bereits auf die Einrichtung eines Verfahrens zur Früherkennung von Risiken verzichtet wird (drittinitiiertes Geschäft). Das Institut hat dabei sicherzustellen, dass es über alle wesentlichen Vorkommnisse beim Kreditnehmer informiert wird (→ BTO 1.2.4 Tz. 1, Erläuterung).

2 Maßnahmen der Intensivbetreuung (Tz. 2)

2 Mit Übergang in die Intensivbetreuung sind für diese Engagements Maßnahmen mit dem Ziel der Rückführung in die Normalbetreuung zu ergreifen und zu überwachen. **15**

2.1 Zielsetzung der Intensivbetreuung

Die deutsche Aufsicht stellt zunächst klar, dass in der Intensivbetreuung in erster Linie das Ziel verfolgt werden soll, die Engagements wieder in die Normalbetreuung zu überführen. Anders ausgedrückt geht es darum, Sanierungs- oder gar Abwicklungsmaßnahmen zu vermeiden, die i.d.R. auch aus betriebswirtschaftlicher Sicht die schlechtere Option für die Institute und die Kreditnehmer sind. Gleichzeitig darf aber nicht außer Acht gelassen werden, dass eine zu späte Abgabe an die Problemkreditbearbeitung den Erfolg möglicher Sanierungsmaßnahmen gefährden könnte. Deshalb haben die Institute auch Kriterien festzulegen, die die Abgabe eines Engagements an die auf die Sanierung bzw. Abwicklung spezialisierten Mitarbeiter oder Bereiche bzw. deren Einschaltung regeln (→ BTO 1.2.5 Tz. 1). **16**

Um die Rückführung der Engagements in die Normalbetreuung aktiv zu fördern, müssen geeignete Maßnahmen ergriffen werden. Beispielhaft werden ein verstärkter Kundenkontakt, eine enge Überwachung der Engagements (z.B. per Watchlist), eine unterjährige Analyse der Finanzlage des Kreditnehmers, die unter normalen Umständen nicht erforderlich ist, und eine Neuordnung der Engagements genannt (→ BTO 1.2.4 Tz. 2, Erläuterung). Die Neuordnung eines Engagements läuft z.B. auf eine Umschuldung oder eine Verstärkung der Sicherheiten hinaus. Dabei sollte beachtet werden, dass bestimmte Maßnahmen dazu führen können, ein Engagement als notleidend einstufen zu müssen (→ BTO 1.2.5 Tz. 1, BTO 1.3.2 Tz. 3). **17**

Im engeren Sinne geht es in der Intensivbetreuung um eine Überwachung der Rückzahlungsfähigkeit der Kreditnehmer. Dafür genügt es natürlich nicht, die Kreditnehmer in eine Watchlist aufzunehmen, ohne damit auch entsprechende Maßnahmen zu verbinden. Insofern sind die genannten Maßnahmen durchaus miteinander verknüpft. So sollten z.B. neue Daten zur Finanzlage eines Firmenkunden nach deren Vorlage auch in irgendeiner Weise beurteilt werden. Werden diese Informationen vom Kreditnehmer nicht oder nicht innerhalb einer angemessenen Frist bereitgestellt, könnte dies nach Ansicht der EBA durchaus als schlechtes Zeichen für die Bonität des Kreditnehmers gewertet werden. Bei Privatkunden sollten die Institute z.B. das Zahlungsverhalten und jegliche Anzeichen für finanzielle Schwierigkeiten, die eine Auswirkung auf die Rückzahlungsfähigkeit haben können, überwachen.[6] **18**

Die Umsetzung der jeweils ergriffenen Maßnahmen ist vom Institut in geeigneter Weise zu überwachen. Sofern sich die Maßnahmen als wirkungslos erweisen, sollten sie angepasst werden, wenn es andere erfolgversprechende Möglichkeiten gibt. Andernfalls muss über eine Abgabe an die Problemkreditbearbeitung nachgedacht werden. **19**

---

6 Vgl. European Banking Authority, Leitlinien über das Management notleidender und gestundeter Risikopositionen, EBA/GL/2018/06, 31. Oktober 2018, S. 37f.

2.2 Vier-Augen-Prinzip

20 Insbesondere bei einer Neuordnung von Engagements werden auch Kreditentscheidungen getroffen, die per Definition weit gefasst sind (→ AT 2.3 Tz. 2). Dafür gelten grundsätzlich dieselben Vorgaben wie in der Normalbetreuung (→ BTO 1.1 Tz. 2, 4 und 5). Die Aufsicht hatte in den Entwürfen zur sechsten MaRisk-Novelle auf das Vier-Augen-Prinzip im Rahmen der Intensivbetreuung zunächst nochmals gesondert hingewiesen und in Abhängigkeit von Art, Umfang, Komplexität und Risikogehalt des Engagements im Rahmen von Kreditentscheidungen eine Votierung der Bereiche Markt und Marktfolge explizit gefordert.

21 Insbesondere für jene Fälle, in denen die Intensivbetreuung im Markt verbleibt, ist dieser Hinweis nachvollziehbar, weil der Unterschied zur Normalbetreuung gerade darin besteht, dass sich das Risiko für das Institut weiter erhöht. Die weitere Betreuung durch den Markt kann durchaus sinnvoll sein, weil der Kreditnehmer seinen gewohnten Ansprechpartner behält und sich das bereits aufgebaute Vertrauensverhältnis positiv auf die Kundenbeziehung auswirken kann. Außerdem sind die Ursachen für die Probleme dem Mitarbeiter, der für die Kundenbetreuung zuständig ist, ggf. besser bekannt, womit auch eine Lösungsfindung erleichtert werden kann. Überwiegend ist die Intensivbetreuung in den Instituten deshalb dem Markt zugeordnet. Allerdings kann eine subjektive Komponente, die ggf. dazu führen könnte, dass bestimmte Maßnahmen weniger konsequent umgesetzt werden, besonders bei einer engen Kundenbindung nicht vollständig ausgeschlossen werden.

22 In der Praxis existieren daher auch Konstellationen, in denen die Intensivbetreuung in der Marktfolge angesiedelt ist und durch Mitarbeiter erfolgt, die auf die Problemkreditbearbeitung spezialisiert sind. Damit ist zwar noch keine Abgabe an die Problemkreditbearbeitung verbunden. Auf diese Weise kann aber eine vom Markt unabhängige und nicht vorbelastete Bearbeitung sichergestellt werden, die i.d.R. mit einer restriktiveren Haltung zu weiteren Krediterhöhungen verbunden ist. Auch in diesem Fall müssen natürlich die besonderen Herausforderungen gemeistert werden. Insbesondere müssen die für die weitere Bearbeitung hilfreichen Erkenntnisse über den Kreditnehmer, die bis zum Zeitpunkt der Abgabe des Engagements ggf. nur im Markt vorliegen, durch einen dafür geeigneten Prozess an die Marktfolge weitergegeben werden. Diese Vorgehensweise kann bei entsprechender Ausgestaltung mit bestimmten Vorteilen verbunden sein, wie z.B. im Bedarfsfall mit einer zügigen Übergabe an die Problemkreditbearbeitung. Selbst wenn es den Instituten gelingt, besonders gut geeignete Kriterien zur Abgabe eines Engagements an die Problemkreditbearbeitung festzulegen (→ BTO 1.2.5 Tz. 1), kostet dieser Abgabeprozess trotzdem wertvolle Zeit, die gerade bei kritischen Engagements i.d.R. nicht zur Verfügung steht. Zudem fließen in die Entscheidung, ob diese Kriterien im Einzelfall zutreffen, immer auch subjektive Wahrnehmungen ein. Eine Ansiedlung der Intensivbetreuung in der Marktfolge hat insofern den Vorteil, dass die mit einem besonderen Know-how in Restrukturierungsfragen ausgestatteten Mitarbeiter diese Kriterien ggf. besser bewerten und die Risiken aus ihrem Blickwinkel besser einschätzen können. Folglich kann im Bedarfsfall auch früher und gezielter eingegriffen werden. In der Konsequenz kann damit ggf. wirksamer verhindert werden, dass sich die Risiken dieser Engagements weiter erhöhen und eine Rückführung in die Normalbetreuung in weite Ferne rückt.

23 Beide Vorgehensweisen haben also ihre Berechtigung. Welches Modell sich für ein Institut oder für bestimmte Geschäftsbereiche besser eignet, hängt von den jeweiligen Bedingungen ab. Unabhängig davon stellt sich grundsätzlich die Frage, welchen Mehrwert ein zusätzliches marktgetriebenes Votum im Fall einer Ansiedlung der Intensivbetreuung in der Marktfolge hat und insbesondere welcher Interessenkonflikt damit beseitigt werden soll. Letztlich waren es in erster Linie die dem Markt gemeinhin unterstellten Interessenkonflikte, die zur Einführung des Vier-Augen-Prinzips geführt haben. Vor diesem Hintergrund ist auch im Rahmen von Entscheidungen

über Sanierungskredite oder über Engagements in so genannten »Abbauportfolios« eine Votierung aus dem marktunabhängigen Bereich ausreichend (→ BTO 1.2.5 Tz. 1, Erläuterung).

Die deutsche Aufsicht sieht mit einer Ansiedlung der Intensivbetreuung in der Marktfolge und dem Verzicht auf das Marktvotum im Wesentlichen das Problem verbunden, dass großzügige Kreditlinien vereinbart werden könnten, um dem Kreditnehmer in der Not zu helfen und gleichzeitig die Bildung von Risikovorsorge zu vermeiden. Damit könne ein Institut selbst im risikorelevanten Kreditgeschäft eine einfache Möglichkeit schaffen, auf Basis lediglich des Votums aus der Marktfolge unkontrolliert Kredite zu vergeben. Aus Sicht der Kreditwirtschaft ist diese Befürchtung allerdings unbegründet. Zudem erscheint fraglich, dass eine derartige Vorgehensweise ausgerechnet mit einem zusätzlichen Marktvotum verhindert werden könnte. 24

In ihrem Übermittlungsschreiben zur endgültigen Fassung der MaRisk hat die BaFin nochmals klargestellt, dass bei Kreditentscheidungen grundsätzlich zwei Voten aus den Bereichen Markt und Marktfolge erforderlich sind und die derzeit eingeräumte Ausnahme von der Zweitvotierungspflicht explizit nur für die Problemkreditbearbeitung besteht (→ BTO 1.2.5 Tz. 1, Erläuterung). Allerdings hat sie mit Blick auf die im Fachgremium MaRisk in diesem Zusammenhang diskutierten Aspekte und Fragestellungen, die sich aus diversen in der Praxis beobachteten organisatorischen Anbindungen der Intensivbetreuung ergeben, auf die zunächst angedachte strenge Vorgabe verzichtet. Diese Fragestellungen sollen im Zusammenhang mit der siebten MaRisk-Novelle nochmals geprüft und im Austausch mit der Industrie vertieft erörtert werden, bevor eine Entscheidung über eine mögliche Anpassung der MaRisk zu diesem Sachverhalt getroffen wird.[7] 25

Daher sollten durchaus sinnvolle und in der Praxis etablierte Prozesse durch eine zu enge Interpretation dieser Vorgabe nicht in der Prüfungspraxis infrage gestellt werden. Die Folgen wären entweder vermeidbare Umstrukturierungsmaßnahmen, die immer mit einem hohen Aufwand verbunden sind, oder eine Erweiterung der bisherigen Prozesse um ein zusätzliches Marktvotum, dass keinen Nutzen für das Risikomanagement erkennen lässt. Zumindest sollte das Ergebnis der Diskussion im Rahmen der siebten MaRisk-Novelle abgewartet werden. 26

---

7   Vgl. Bundesanstalt für Finanzdienstleistungsaufsicht, Rundschreiben 10/2021 (BA) zur Neufassung der MaRisk, Übermittlungsschreiben vom 16. August 2021, S. 4.

3   Weitere Behandlung der Engagements (Tz. 3)

27   **3** Die einer Intensivbetreuung unterliegenden Engagements sind nach einem festzulegenden Turnus auf ihre weitere Behandlung hin zu überprüfen (weitere Intensivbetreuung, Rückführung in die Normalbetreuung, Abgabe an die Abwicklung oder die Sanierung).

3.1   Überprüfung der richtigen Zuordnung

28   Die der Intensivbetreuung unterliegenden Engagements sind regelmäßig auf ihre weitere Behandlung hin zu überprüfen. Auf der Grundlage dieser Überprüfungen ist zu entscheiden, ob die Engagements in der Intensivbetreuung verbleiben sollen, eine Rückführung in die Normalbetreuung in Betracht kommt oder eine Abgabe an die Sanierung bzw. Abwicklung erforderlich wird.

29   Aus betriebswirtschaftlicher Sicht sollte die Zuordnung eines Engagements zur Intensivbetreuung zeitlich begrenzt sein und vorrangig die Rückführung des Engagements in die Normalbetreuung angestrebt werden. Das folgt allein aus der Vorgehensweise bei der Ermittlung der Kreditkonditionen. Vereinfacht ausgedrückt setzt sich der Kreditzins aus den folgenden Komponenten zusammen:
- dem Opportunitätszins bzw. Markteinstandszins,
- den direkten Betriebskosten und den Overheadkosten,
- den Standard-Risikokosten zur Kompensation des erwarteten Verlustes,
- den bankaufsichtlich vorgegebenen Eigenkapitalkosten zur Approximation des unerwarteten Verlustes und
- der angestrebten Gewinnmarge.

30   Sofern sich ein Engagement über einen relativ langen Zeitraum in der Intensivbetreuung befindet, steigen automatisch die direkten Betriebskosten, da sich der Bearbeitungsaufwand für das Engagement erhöht. Gegebenenfalls erhöhen sich auch der erwartete Verlust, wobei die korrespondierende Steigerung der Standard-Risikokosten i.d.R. nicht durch den Kreditnehmer ausgeglichen wird, und der unerwartete Verlust, der unter Umständen höhere Eigenkapitalkosten für das Institut zur Folge hätte. Insgesamt kann dadurch die Gewinnmarge stark abschmelzen bzw. komplett aufgezehrt werden. Im Extremfall entstehen für das Institut sogar Verluste. Demzufolge wird das Institut i.d.R. eine schnelle Lösung der Probleme des Kreditnehmers und damit eine Rückführung des Engagements in die Normalbetreuung anstreben.

31   Andererseits kann es erforderlich sein, der Intensivbetreuung unterliegende Engagements an die Problemkreditbearbeitung abzugeben, wenn die Forbearance-Maßnahmen nicht greifen. In jedem Fall sollte ein Institut davon absehen, dem Kreditnehmer Forbearance-Maßnahmen anzudienen, obwohl deren Erfolgsaussichten von vornherein überschaubar sind. Eine entsprechende Motivation für ein Institut könnte sich daraus ergeben, dass damit ggf. die NPL-Quote künstlich gesenkt werden kann und folglich verschiedene Anforderungen nicht umgesetzt werden müssen. Auf lange Sicht ist damit aber weder dem Institut noch dem Kreditnehmer geholfen. Die EBA hat deshalb Kriterien vorgegeben, unter denen die gestundeten Risikopositionen zwingend als notleidend einzustufen sind (→ BTO 1.3.2 Tz. 3, Erläuterung).

32   Da es wichtig ist, sich einen Überblick über den Werdegang der Engagements zu verschaffen, sind die Ergebnisse dieser Überprüfungen zu dokumentieren (→ AT 6 Tz. 2). Nachvollziehbare

Dokumentationen sind vor allem dann wichtig, wenn von den für den Übergang in die Intensivbetreuung oder die Problemkreditbearbeitung maßgeblichen Kriterien in begründeten Fällen abgewichen wird (→ BTO 1.2.4 Tz. 1).

3.2 Turnus für die Überprüfungen

Die Bestimmung des Überprüfungsturnus liegt im Ermessen der Institute. Er richtet sich in erster   33
Linie nach dem Risikogehalt und der Bedeutung der entsprechenden Engagements für das gesamte
Institut. Da bei den intensiv betreuten Engagements bereits Krisenanzeichen aufgetreten sind,
sollte in jedem Fall ein Turnus von weniger als einem Jahr gewählt werden. Die erforderliche
jährliche Beurteilung der Adressenausfallrisiken (→ BTO 1.2.2 Tz. 2) scheint in dieser Hinsicht
nicht ausreichend zu sein. Bedeutende Engagements sollten darüber hinaus laufend überwacht
werden.

BTO 1.2.5 Behandlung von Problemkrediten

1 Kriterien für den Übergang in die Problemkreditbearbeitung (Tz. 1)

1   Das Institut hat Kriterien festzulegen, die die Abgabe eines Engagements an die auf die Sanierung bzw. Abwicklung spezialisierten Mitarbeiter oder Bereiche bzw. deren Einschaltung regeln. Die Verantwortung für die Entwicklung und die Qualität dieser Kriterien sowie deren regelmäßige Überprüfung muss außerhalb des Bereiches Markt angesiedelt sein. Die Federführung für den Sanierungs- bzw. den Abwicklungsprozess oder die Überwachung dieser Prozesse ist außerhalb des Bereiches Markt wahrzunehmen.

1.1 Problemkreditbearbeitung

2   Die Problemkreditbearbeitung, auch bekannt als »Work Out« oder »Restrukturierungseinheit«, stellt nach der Normalbetreuung (→ BTO 1.2.2) und der Intensivbetreuung (→ BTO 1.2.4) die letzte Stufe dar, die ein Engagement im Institut durchlaufen kann. Sie umfasst den Sanierungsprozess und den Abwicklungsprozess und hat daher die Bearbeitung der leistungsgestörten Kredite zum Inhalt. Die beiden Prozesse der Problemkreditbearbeitung unterscheiden sich hinsichtlich ihrer jeweiligen Zielrichtung und der damit verbundenen Tätigkeiten.

3   Ein Problemkredit im Sinne der MaRisk ist folglich entweder ein Sanierungs- oder ein Abwicklungsengagement.[1] Weiter definiert wird dieser Begriff nicht. Deutlich wird jedoch, dass es sich in Abgrenzung zur Intensivbetreuung und natürlich auch zur Normalbetreuung um Engagements handelt, bei denen mit einem teilweisen oder vollständigen Ausfall gerechnet werden muss.

1.1.1 Sanierung

4   Der Sanierungsprozess zielt auf die Wiedererlangung der Ertragskraft des Kreditnehmers ab, mit der im Idealfall auch die Verbesserung der Vermögenssituation durch Abbau der Ver- oder Überschuldung verbunden ist. In diesem Zusammenhang werden dem Kreditnehmer vom Institut umfangreiche Leistungen gewährt, wie z. B. Tilgungsaussetzungen, Verlängerungen oder Ausdehnungen von Kreditlinien und Umschuldungen (»Forbearance-Maßnahmen«). Zum Umgang mit derartigen Maßnahmen haben die Institute eine entsprechende Richtlinie zu implementieren (→ BTO 1.3.2 Tz. 2). Aus Sicht des Institutes bestehen mit einer erfolgreichen Sanierung gute Chancen, dass die vergebenen Kredite zurückgeführt bzw. mögliche Verluste minimiert werden können. Auf der anderen Seite existieren jedoch umfangreiche Risiken sowohl wirtschaftlicher als auch rechtlicher Natur. Ganz wesentlich hängt der Erfolg einer Sanierung auch von der Kooperationsbereitschaft des Kreditnehmers ab. In diesem Zusammenhang bemängeln viele Institute die häufig fehlende Transparenz der Kreditnehmer über ihre eigene wirtschaftliche Situation.[2] Eine schonungslose und objektivierbare Selbstanalyse des Kreditnehmers ist jedoch die essenzielle Grundlage für eine erfolgreiche Sanierung.

---

1   Da es sich bei »Abwicklungsengagements« um bereits gekündigte Kredite handelt, ist die Subsumierung dieser Engagements unter die Problemkredite nicht ganz unproblematisch. Sie hat jedoch eher definitorischen Charakter.

2   Vgl. KPMG, Kreditinstitute und Unternehmenskrisen: Ergebnisse der Umfrage 2002, Berlin/Leipzig, 2002, S. 27.

1.1.2 Abwicklung

Bei der Abwicklung geht es hingegen nur noch um die Eintreibung fälliger Forderungen bzw. die   5
Verwertung verbleibender Sicherheiten nach Kündigung des Engagements. In der Regel entscheidet sich ein Institut für die Abwicklung, wenn die Prüfung der Sanierungsfähigkeit des Kreditnehmers negativ ausfällt (→ BTO 1.2.5 Tz. 4). Diese Aufgaben werden häufig von der Rechtsabteilung oder einer anderen spezialisierten Abteilung wahrgenommen. Nicht selten werden auch Dritte mit der Eintreibung ausstehender Forderungen beauftragt, wie z. B. Inkassounternehmen. Von Instituten mit hohem NPL-Bestand wird seit der sechsten MaRisk-Novelle die Einrichtung spezialisierter NPE-Abwicklungseinheiten erwartet (→ BTO 1.2.5 Tz. 1, Erläuterung). Auch bei der Abwicklung stehen sich Chancen und Risiken gegenüber.

1.2 Methodenverantwortung

Das Institut hat in Analogie zur Intensivbetreuung Kriterien festzulegen, die die Abgabe eines   6
Engagements an die Problemkreditbearbeitung regeln. Auch in diesem Fall muss die Verantwortung für die Entwicklung und die Qualität dieser Kriterien sowie deren regelmäßige Überprüfung außerhalb des Bereiches Markt angesiedelt sein. Die Bedeutung der Methodenverantwortung wurde bereits ausführlich erläutert (→ BTO 1.2.4 Tz. 1).

1.3 Beispiele für Übergangskriterien

Die deutsche Aufsicht überlässt es den Instituten, geeignete Kriterien zu formulieren, nach denen   7
ein Engagement als Problemkredit einzustufen ist. Auch diesbezüglich wird auf die Vorgehensweise in der Intensivbetreuung verwiesen (→ BTO 1.2.4 Tz. 1). Speziell in der Problemkreditbearbeitung können z. B. folgende Ereignisse von besonderem Interesse sein:
- Pfändungen,
- andauernde Limitüberschreitungen,
- fehlende nachhaltige Kapitaldienstfähigkeit,
- Antrag auf Eröffnung eines Insolvenzverfahrens oder
- Einleitung der Zwangsversteigerung bzw. Zwangsverwaltung durch einen dritten Gläubiger.

Bei der Festlegung dieser Kriterien sind auch die Indikatoren für die Einstufung als notleidende   8
Risikoposition (»non-performing exposure«, NPE) zu berücksichtigen (→ BTO 1.2.5 Tz. 1, Erläuterung). Zusammengefasst ist eine Risikoposition immer dann als »notleidend« einzustufen, wenn entweder die Verbindlichkeit mehr als 90 Tage überfällig ist und der ausstehende Betrag gleichzeitig eine festgelegte Erheblichkeitsschwelle überschreitet (»Überfälligkeit«) oder das Institut es als unwahrscheinlich einschätzt, dass der Schuldner seine Verbindlichkeiten ohne Verwertung von Sicherheiten in voller Höhe begleichen wird (»Unwahrscheinlichkeit des Begleichens der Verbindlichkeiten«). Näheres zur Einstufung von Risikopositionen als »notleidend« und insbesondere zur Konkretisierung der genannten Kriterien ist an anderer Stelle ausführlich beschrieben (→ AT 2.1 Tz. 1).

Rein formal betrachtet legt die Aufsicht damit nicht fest, dass »notleidende Risikopositionen«   9
zwingend der Problemkreditbearbeitung zugeordnet werden müssen. Sie weist lediglich darauf

hin, dass jene Indikatoren, die für diese Einstufung herangezogen werden, bei der Festlegung der Kriterien zum Übergang in die Problemkreditbearbeitung berücksichtigt werden müssen. Es ist allerdings naheliegend, dass diese Engagements zumindest einer Intensivbetreuung unterzogen werden müssten und eigentlich auch in die Problemkreditbearbeitung gehören. Schließlich geht es dabei um Engagements, bei denen der Verdacht besteht, dass die Rückzahlungsfähigkeit der Kreditnehmer auf absehbare Zeit nicht mehr gegeben ist. Das bedeutet im Umkehrschluss, dass ein Institut eine gute Begründung parat haben sollte, wenn eine Risikoposition zwar als »notleidend« eingestuft wird, aber nicht an die Problemkreditbearbeitung abgegeben werden soll.

1.4 Einheitliche Anwendung der NPE-Definition

1.4.1 Anwendung in Niederlassungen und Filialen

10 Die Institute müssen sicherstellen, dass die NPE-Definition in allen Niederlassungen und Filialen einheitlich verwendet wird (→ BTO 1.2.5 Tz. 1, Erläuterung). Damit soll insbesondere sichergestellt werden, dass ein Kunde mehrerer Institute in derselben Gruppe einheitlich eingestuft wird. Die EBA erwartet ohnehin, dass die Umsetzung der Vorgaben zur Einstufung von Risikopositionen als »notleidend« in internen Richtlinien festgelegt wird. Es bietet sich also an, diese Richtlinien an alle Niederlassungen und Filialen zu verteilen. Auf den ersten Blick erscheint eine unterschiedliche Handhabung auch durch den Verweis auf die Definition für das aufsichtliche Meldewesen nahezu ausgeschlossen (→ AT 2.1 Tz. 1).

11 Bei näherer Betrachtung der drei maßgeblichen Indikatoren für den Status notleidend wird allerdings klar, worauf die EBA mit dieser Anforderung abzielt (→ AT 2.1 Tz. 1). Bei allen drei Kriterien kann es nämlich zu Abweichungen kommen. Beim Kriterium der »Überfälligkeit« gelten zwar grundsätzlich 90 Verzugstage als maßgeblich. Die Einstufung von Risikopositionen als »überfällig« soll aber in Übereinstimmung mit Abschnitt 4 der EBA-Leitlinien zur Anwendung der Ausfalldefinition erfolgen.[3] Danach kann das Kriterium der Überfälligkeit bei Risikopositionen gegenüber Zentralstaaten, lokalen Gebietskörperschaften und öffentlichen Stellen auf 180 Verzugstage ausgeweitet werden.[4] Die »Erheblichkeitsschwelle« wird von den zuständigen Aufsichtsbehörden festgelegt und muss insofern nicht in allen Ländern gleich sein. Insbesondere relevant ist deren relative Komponente, die den maximalen Anteil des überfälligen Betrages an der gesamten Verbindlichkeit betrifft und in Deutschland nach § 16 SolvV genau 1 Prozent beträgt. Schließlich können sich die Kriterien zur »Unwahrscheinlichkeit des Begleichens der Verbindlichkeiten« allein dadurch unterscheiden, dass in den einzelnen Rechtsordnungen verschiedene Regelungen existieren, die als ein mit einer Insolvenz vergleichbarer Beschluss bzw. Schutz angesehen werden können, wie sich aus Anhang A der europäischen Insolvenzverordnung ergibt.[5] Zudem kann sich die Festlegung der

---

3 Vgl. European Banking Authority, Leitlinien über das Management notleidender und gestundeter Risikopositionen, EBA/GL/2018/06, 31. Oktober 2018, S. 37.

4 Vgl. European Banking Authority, Leitlinien zur Anwendung der Ausfalldefinition gemäß Artikel 178 der Verordnung (EU) Nr. 575/2013, EBA/GL/2016/07, 18. Januar 2017, S. 8.

5 Verordnung (EU) 2015/848 des Europäischen Parlaments und des Rates vom 20. Mai 2015 über Insolvenzverfahren, Amtsblatt der Europäischen Union vom 5. Juni 2015, L 141/19–72. Mittlerweile wurden die Anhänge zu dieser Verordnung bereits zweimal ersetzt. Vgl. Verordnung (EU) 2017/353 des Europäischen Parlaments und des Rates vom 15. Februar 2017 zur Ersetzung der Anhänge A und B der Verordnung (EU) 2015/848 über Insolvenzverfahren, Amtsblatt der Europäischen Union vom 3. März 2017, L 57/19–30; Verordnung (EU) 2018/946 des Europäischen Parlaments und des Rates vom 4. Juli 2018 zur Ersetzung der Anhänge A und B der Verordnung (EU) 2015/848 über Insolvenzverfahren, Amtsblatt der Europäischen Union vom 6. Juli 2018, L 171/1–10.

sonstigen Hinweise auf Unwahrscheinlichkeit des Begleichens der Verbindlichkeiten nach bestimmten rechtlichen Einheiten, geografischen Standorten oder Risikopositionsarten[6] unterscheiden.

Grundsätzlich sollten die Institute sicherstellen, dass der Ausfall eines einzelnen Schuldners kohärent im gesamten Institut mit Blick auf alle Risikopositionen gegenüber diesem Schuldner in allen einschlägigen IT-Systemen festgestellt wird. Das könnte allerdings an Verbraucherschutzvorschriften, dem Bankgeheimnis oder anderen Rechtsvorschriften scheitern, so dass bestimmte Inkohärenzen ggf. unvermeidlich sind. In diesem Fall sollten sich die Institute über die Erheblichkeit dieser Inkohärenzen bei der Feststellung des Ausfalls eines Schuldners und die möglichen Auswirkungen auf die Schätzungen der Risikoparameter im Klaren sein, insbesondere dann, wenn sie einen auf internen Ratings basierenden Ansatz (IRB-Ansatz) verwenden. Sind diese Auswirkungen nicht wesentlich, so ist das im Grunde unproblematisch. Im Fall der Unwesentlichkeit dieser Inkohärenzen können die Institute auch unter Kosten-Nutzen-Gesichtspunkten auf die Entwicklung einer zentralen Datenbank o. Ä. verzichten.[7] **12**

Die EZB erwartet von den bedeutenden Instituten, im Falle abweichender Vorgaben zur Einstufung von notleidenden Risikopositionen in verschiedenen Ländern außerhalb der EU zunächst zu klären, ob die abweichenden Standards lockerer oder restriktiver als die übergreifenden Gruppenstandards sind. Anschließend sollten die Institute ermitteln, in welchem Ausmaß diese Abweichungen das NPE-Volumen künstlich erhöhen oder vermindern. Schließlich sollten diese abweichend eingestuften Bestände auf Gruppenebene durch eine angemessene Zuordnung der einzelnen Kategorien angeglichen werden. Bei wesentlichen Abweichungen hält die EZB zudem eine Berichterstattung für interne Risikokontrollzwecke nach beiden Standards für erforderlich.[8] **13**

1.4.2 Anwendung auf Kunden und Gruppen verbundener Kunden

Die Institute müssen auch eine einheitliche Anwendung dieser Kriterien auf einzelne Kunden und innerhalb der Gruppen verbundener Kunden sicherstellen (→ BTO 1.2.5 Tz. 1, Erläuterung). Auch diesbezüglich sind in beiden Fällen ein paar Besonderheiten zu beachten. Die deutsche Aufsicht hat im Fachgremium MaRisk im Februar 2021 bestätigt, dass damit nicht intendiert sei, die ganze Gruppe als notleidend einzustufen, sobald ein einzelner Kreditnehmer, der dieser Gruppe angehört, notleidend ist. Es gehe vielmehr darum, dass die Kriterien von den Instituten einheitlich angewendet werden. **14**

Im Mengengeschäft sollten die Institute die verschiedenen Risikopositionen gegenüber dem gleichen Schuldner gemäß Art. 178 Abs. 1 CRR nicht automatisch als zum gleichen Zeitpunkt ausgefallen betrachten. Sie sollten aber berücksichtigen, dass manche Ausfallhinweise eher mit der Lage des Schuldners als mit dem Status einer bestimmten Risikoposition zu tun haben. Bei den Hinweisen auf die Unwahrscheinlichkeit des Begleichens der Verbindlichkeiten sollten die Institute daher jeweils prüfen, ob sie eher die Gesamtsituation eines Schuldners und nicht die der Risikoposition widerspiegeln. Insbesondere wenn ein entsprechender Hinweis mit der Insolvenz des Schuldners in Zusammenhang steht, sollten die Institute alle Risikopositionen gegenüber diesem Schuldner, unabhängig von der Anwendungsebene der Ausfalldefinition, als ausgefallen betrachten. Dasselbe gilt, wenn ein erheblicher Teil der Risikopositionen gegenüber dem Schuldner ausgefallen ist. Dann können die Institute davon ausgehen, dass die übrigen Verpflichtungen **15**

---

6 Eine »Risikopositionsart« im Sinne von Art. 142 Abs. 1 Nr. 2 CRR ist eine Gruppe einheitlich gesteuerter Risikopositionen, die von einer bestimmten Art von Fazilitäten gebildet werden und auf ein einziges Unternehmen oder eine einzige Untergruppe von Unternehmen in einer Gruppe beschränkt werden können, sofern dieselbe Risikopositionsart in anderen Unternehmen der Gruppe unterschiedlich gesteuert wird.

7 Vgl. European Banking Authority, Leitlinien zur Anwendung der Ausfalldefinition gemäß Artikel 178 der Verordnung (EU) Nr. 575/2013, EBA/GL/2016/07, 18. Januar 2017, S. 24 f.

8 Vgl. Europäische Zentralbank, Leitfaden für Banken zu notleidenden Krediten, 20. März 2017, S. 68.

dieses Schuldners auch nicht in voller Höhe ohne Rückgriff auf entsprechende Maßnahmen bezahlt werden, und auch diese als ausgefallen behandeln.[9]

16   In diesem Zusammenhang spielt die so genannte »Sogwirkung« (»pulling effect«) eine Rolle. Sind nämlich bilanzielle Risikopositionen eines Institutes gegenüber einem Schuldner mehr als 90 Tage überfällig und macht der Bruttobuchwert der überfälligen Risikopositionen mehr als 20 Prozent des Bruttobuchwertes aller bilanziellen Risikopositionen gegenüber diesem Schuldner aus, so sind gemäß Anhang V Teil 2 Abschnitt 17 Meldewesen-DV alle bilanziellen und außer-bilanziellen Risikopositionen gegenüber diesem Schuldner als notleidend zu betrachten.

17   Gehört ein Schuldner[10] einer Gruppe an (»Gruppe verbundener Kunden«), ist gemäß Anhang V Teil 2 Abschnitt 17 Meldewesen-DV zu bewerten, ob auch Risikopositionen gegenüber anderen Unternehmen dieser Gruppe als notleidend zu betrachten sind (»Ansteckungseffekt«). Davon ausgenommen sind lediglich Risikopositionen im Zusammenhang mit isolierten Rechts-streitigkeiten, die nicht mit der Zahlungsfähigkeit der Gegenpartei zusammenhängen. Das sieht die EBA genauso. Sie erwartet von den Instituten eine konsistente Beurteilung der zugrunde liegenden Rechtsverhältnisse zwischen rechtlichen Einheiten innerhalb einer Gruppe verbun-dener Kunden. Mit Blick auf eventuelle Ansteckungseffekte sollten die Institute möglichst eine Gruppenperspektive anwenden, wenn sie die Risikoposition eines Kreditnehmers als notleidend einstufen.[11]

18   Als »Gruppe verbundener Kunden« (GvK) gelten nach Art. 4 Abs. 1 Nr. 39 CRR
-   zwei oder mehr natürliche oder juristische Personen, die (sofern nicht das Gegenteil nach-gewiesen wird) im Hinblick auf das Risiko insofern eine Einheit bilden, als eine von ihnen über eine direkte oder indirekte Kontrolle über die andere oder die anderen verfügt, bzw.
-   zwei oder mehr natürliche oder juristische Personen, zwischen denen zwar kein Kontrollver-hältnis im o. g. Sinne besteht, die aber im Hinblick auf das Risiko als Einheit anzusehen sind, da zwischen ihnen Abhängigkeiten bestehen, die es wahrscheinlich erscheinen lassen, dass bei finanziellen Schwierigkeiten, insbesondere Finanzierungs- oder Rückzahlungsschwierigkeiten, eines dieser Kunden auch andere bzw. alle anderen auf Finanzierungs- oder Rückzahlungs-schwierigkeiten stoßen.

19   Konkret sollten die Institute bei der Festlegung der Kriterien für die Unwahrscheinlichkeit des Begleichens der Verbindlichkeiten die Beziehungen innerhalb der Gruppen verbundener Kun-den gemäß Art. 4 Abs. 1 Nr. 39 CRR und der entsprechenden Leitlinien der EBA[12] berück-sichtigen.[13] Diese Leitlinien wurden von der deutschen Aufsicht in einem eigenen Rundschrei-ben[14] umgesetzt, das die weniger bedeutenden Institute betrifft. Auf dieser Basis sollten die Institute in ihren internen Richtlinien festlegen, wann der Ausfall eines Schuldners in einer Gruppe verbundener Kunden einen Ansteckungseffekt auf andere Einheiten innerhalb dieser Gruppe hat. Diese Bestimmungen sollten mit den entsprechenden Vorgaben für die Zuordnung von Risikopositionen zu einzelnen Schuldnern und zu einer Schuldner-Ratingstufe sowie zu

---

9 Vgl. European Banking Authority, Leitlinien zur Anwendung der Ausfalldefinition gemäß Artikel 178 der Verordnung (EU) Nr. 575/2013, EBA/GL/2016/07, 18. Januar 2017, S. 28.

10 Der Begriff »Schuldner« umfasst laut Anhang V Teil 2 Abs. 245 Meldewesen-DV alle unter den Konsolidierungskreis für Rechnungslegungszwecke fallenden natürlichen und juristischen Personen in der Gruppe des Schuldners sowie die natürlichen Personen, die die Gruppe kontrollieren.

11 Vgl. European Banking Authority, Leitlinien über das Management notleidender und gestundeter Risikopositionen, EBA/GL/2018/06, 31. Oktober 2018, S. 41 f. Für bestehende Kontrollverhältnisse bzw. Abhängigkeiten von Zentralstaaten oder lokalen Gebietskörperschaften und im Zusammenhang mit der Geschäftsabwicklung über zentrale Kontrahenten gelten laut CRR besondere Regeln.

12 European Banking Authority, Leitlinien zu verbundenen Kunden gemäß Artikel 4 Absatz 1 Nummer 39 der Verordnung (EU) Nr. 575/2013, EBA/GL/2017/15, 23. Februar 2018.

13 Vgl. European Banking Authority, Leitlinien über das Management notleidender und gestundeter Risikopositionen, EBA/GL/2018/06, 31. Oktober 2018, S. 41 f.

14 Bundesanstalt für Finanzdienstleistungsaufsicht, Rundschreiben 14/2018 zur Umsetzung der EBA-Leitlinien zu verbun-denen Kunden gemäß Artikel 4 Absatz 1 Nummer 39 der Verordnung (EU) Nr. 575/2013 vom 31. Oktober 2018.

Gruppen verbundener Kunden entsprechend Art. 172 Abs. 1 lit. d CRR[15] in Einklang stehen. Wenn solche Kriterien für eine nicht standardmäßige Situation nicht festgelegt sind, sollten die Institute bei einem Ausfall eines Schuldners, der zu einer Gruppe verbundener Kunden gehört, die potenzielle Unwahrscheinlichkeit des Begleichens der Verbindlichkeiten aller anderen Einheiten in dieser Gruppe im Rahmen einer Einzelfallprüfung bewerten.[16]

Den Vorgaben der EZB zufolge, müssen die bedeutenden Institute hinreichend nachweisen können, dass ein Mitglied einer notleidenden Gruppe verbundener Kunden auf Basis der beiden Hauptkriterien, d. h. dem »bestehenden Kontrollverhältnis« und der »wirtschaftlichen Abhängigkeit«, als nicht notleidend abzugrenzen ist. In diesem Fall können der Ansteckungseffekt ausgeschlossen und diese Differenzierung nach Maßgabe der CRR und der geltenden Rechnungslegungsstandards vorgenommen werden.[17]

20

1.4.3 Umgang mit unterschiedlichen NPE-Definitionen

Die EBA hat auch jene Fälle geregelt, in denen unterschiedliche Ausfalldefinitionen innerhalb einer Gruppe oder für verschiedene Risikopositionsarten Anwendung finden. Dies kann u. a. durch unterschiedliche Anforderungen, die in verschiedenen Rechtsordnungen gelten, aus den bereits o. g. Gründen gerechtfertigt sein. In diesen Fällen sollte der Anwendungsbereich jeder Definition eindeutig festgelegt sein. Zudem sollte die für eine bestimmte Risikopositionsart, eine rechtliche Einheit oder einen geografischen Standort festgelegte Ausfalldefinition kohärent für alle Risikopositionen im Anwendungsbereich jeder der entsprechenden Ausfalldefinitionen angewandt werden. Bei Verwendung eines IRB-Ansatzes sollte sich die Anwendung unterschiedlicher Ausfalldefinitionen angemessen bei der Schätzung der Risikoparameter widerspiegeln.[18]

21

1.4.4 Zusammenfassung von Risikopositionen

Sofern sich die Ausfalldefinitionen für verschiedene Risikopositionsarten voneinander unterscheiden, aber auch grundsätzlich mit Blick auf die weiteren Bearbeitungsprozesse, empfiehlt es sich, beim NPE-Management möglichst homogene Portfolios zusammenzustellen, um die notleidenden Risikopositionen durch maßgeschneiderte Prozesse und entsprechend spezialisierte Expertenteams gezielt behandeln zu können. Verschiedene Methoden zur Zusammenfassung von Risikopositionen mit gemeinsamen Kreditrisikomerkmalen hat die EBA in ihren Leitlinien zur Kreditrisikomanagementpraxis und zur Bilanzierung erwarteter Kreditverluste[19] beschrieben. Auf Basis einer ausreichend hohen Datenqualität und angemessener Managementinformationssysteme können die auf diese Weise abgegrenzten NPE-Unterportfolios in detaillierter Form analysiert werden.[20]

22

---

15 Den Anforderungen an die Anwendung des auf internen Ratings basierenden Ansatzes (IRB-Ansatz) zufolge muss bei Risikopositionen gegenüber Unternehmen, Instituten, Zentralstaaten und Zentralbanken sowie bei Beteiligungspositionen, auf die ein Institut den PD-/LGD-Ansatz anwendet, gemäß Art. 172 Abs. 1 lit. d CRR jeder einzelne Rechtsträger, gegenüber dem ein Institut eine Risikoposition hat, gesondert beurteilt werden. Die Institute müssen über angemessene Vorschriften für die Behandlung von einzelnen Schuldnern/Kunden und von Gruppen verbundener Kunden verfügen.

16 Vgl. European Banking Authority, Leitlinien zur Anwendung der Ausfalldefinition gemäß Artikel 178 der Verordnung (EU) Nr. 575/2013, EBA/GL/2016/07, 18. Januar 2017, S. 18.

17 Vgl. Europäische Zentralbank, Leitfaden für Banken zu notleidenden Krediten, 20. März 2017, S. 69.

18 Vgl. European Banking Authority, Leitlinien zur Anwendung der Ausfalldefinition gemäß Artikel 178 der Verordnung (EU) Nr. 575/2013, EBA/GL/2016/07, 18. Januar 2017, S. 25 f.

19 European Banking Authority, Leitlinien zur Kreditrisikomanagementpraxis und zur Bilanzierung erwarteter Kreditverluste von Kreditinstituten, EBA/GL/2017/06, 20. September 2017.

20 Vgl. European Banking Authority, Leitlinien über das Management notleidender und gestundeter Risikopositionen, EBA/GL/2018/06, 31. Oktober 2018, S. 21.

BTO 1.2.5 Behandlung von Problemkrediten

23   Im Firmenkundengeschäft empfiehlt die EBA eine Zusammenfassung nach Aktivaklassen oder Sektoren, wie z. B. Gewerbeimmobilien, Grundstücke und Entwicklungsprojekte, Transportwesen und Handelsgeschäfte. Die weitere Untergliederung sollte an der jeweiligen NPE-Strategie und vor allem am Ausmaß der finanziellen Schwierigkeiten der Kreditnehmer orientiert werden, um zu gewährleisten, dass die Abwicklungsaktivitäten hinreichend fokussiert sind.[21]

24   Für die Zusammenfassung von notleidenden Risikopositionen im Privatkundengeschäft hat die EBA eine Liste mit potenziellen Auswahlkriterien zusammengestellt, die im Grunde alle relevanten Parameter betreffen und zur Orientierung herangezogen werden können. So ist zunächst eine Unterscheidung nach der Art der Kunden möglich, wenn es sich um das Privatkundengeschäft im weiteren Sinne handelt. Diesem Kundensegment werden häufig neben den natürlichen Personen auch juristische Personen zugeordnet. Beispiele dafür sind Einzelunternehmer, Gewerbetreibende oder kleine und mittlere Unternehmen (KMU), die in verschiedener Hinsicht auch regulatorisch anders behandelt werden als die typischen Firmenkunden. Ein weiteres Kriterium kann der Status des Verzuges sein, der eng mit der Zahl der Verzugstage zusammenhängt (»NPE-Lebenszyklus«). Nähere Ausführungen hierzu finden sich bei den Aufgaben der NPE-Abwicklungseinheiten. Besondere Aufmerksamkeit sollte jenen Engagements gewidmet werden, die bereits (mehrfach) restrukturiert wurden und bei denen anhaltende Rückzahlungsprobleme bestehen oder bestimmte Anzeichen auf ein Scheitern der angebotenen Restrukturierungslösung hindeuten. Demzufolge könnte auch die Anzahl der bereits erfolgten Restrukturierungsmaßnahmen ein Abgrenzungskriterium sein. Als weitere Kriterien kommen die Höhe der Risikoposition und das Risiko, dass eine Begleichung der Verbindlichkeiten trotz entsprechender Maßnahmen scheitert, infrage. Dabei sollten mehrere Risikopositionen eines Kreditnehmers zusammengefasst betrachtet werden. Insgesamt spielt eine besondere Rolle, wie es um den Kreditnehmer steht (z. B. Alter, Art und Verlauf der Beschäftigung, Beschäftigungsaussichten, berufliche Fähigkeiten, Branche) und ob es sich ggf. um Härtefälle handelt (z. B. Gesundheitsprobleme, Trennung, Scheidung). Aus der Prüfung seiner Bonität sollte abgeleitet werden, ob er sich die Darlehensrückzahlung überhaupt leisten kann. Dafür können seine Einnahmen abzüglich der Ausgaben bei angemessenen Lebenshaltungskosten mit der Tilgungsrate verglichen werden. Schließlich kann auch eine Rolle spielen, ob sich der Wohnsitz bzw. der Sitz der Gesellschaft im Inland befindet oder nicht. Zur Beurteilung der Höhe des Risikos kann neben der Bonitätsbeurteilung auch eine Verhaltensbewertung sinnvoll sein, wie z. B., ob gelegentliche Tilgungszahlungen geleistet werden und sich der Kreditnehmer insgesamt kooperativ verhält oder nicht. Kunden mit besserem Rückzahlungsverhalten reagieren mit größerer Wahrscheinlichkeit positiv auf Restrukturierungsangebote. Von Interesse könnte außerdem der Zweck des Kredites sein, wie z. B. Immobiliendarlehen (Hauptwohnung, Zweitwohnung/ Ferienwohnung, Vermietungsobjekt), Darlehen für persönliche Zwecke, Dispositionskredit, Leasingobjekt oder Kreditkarte. Bei Unternehmern kann zwischen Darlehen für den Aufbau der Geschäftätigkeit (Räumlichkeiten, Infrastruktur oder Maschinen, Renovierungsmaßnahmen) oder Darlehen als Betriebskapital unterschieden werden. Zudem sollten die Darlehenswährung und der Darlehenszinssatz berücksichtigt werden, wobei bei Darlehen mit hoher Zinslast nach Möglichkeit eine Zinssatzsenkung in Erwägung gezogen werden sollte. Mit Bezug auf die zugrunde liegenden Sicherheiten sind vor allem deren Art (Grundstück als Baugrundstück oder landwirtschaftliche Nutzfläche, Gebäude als Haus, Geschäft oder Fabrik) und Lage (ländliche/städtische Lage, beste Lage, Innenstadtlage, Randlage etc.) von Interesse. Für Darlehen mit niedriger Beleihungsquote (»Loan to Value«, LTV), die das Verhältnis des Kreditbetrages zum Beleihungs-

---

21 Vgl. European Banking Authority, Leitlinien über das Management notleidender und gestundeter Risikopositionen, EBA/GL/2018/06, 31. Oktober 2018, S. 21.

wert der Sicherheit ausdrückt, kann die Veräußerung der Sicherheit die bevorzugte Option sein, bei Darlehen mit hoher Beleihungsquote hingegen nicht.[22]

1.5 Erforderliches Spezialwissen

Sowohl die Sanierung als auch die Abwicklung können mit hohen wirtschaftlichen und rechtlichen Risiken verbunden sein. Wie bereits angedeutet, besteht z. B. im Hinblick auf die Vergabe von Sanierungskrediten die Gefahr, dass diese Kredite nach einer fehlgeschlagenen Sanierung den Tatbestand der Insolvenzverschleppung erfüllen. In der Folge kann das Institut Schadensersatzansprüchen ausgesetzt sein.[23] Derartige Ansprüche können vor allem dann geltend gemacht werden, wenn das Institut ganz bewusst den Ruin des Kreditnehmers im eigenen Interesse und zum Schaden der sonstigen Gläubiger herbeigeführt hat. Ein Sanierungskredit, aber auch jede andere Sanierungsmaßnahme darf daher nicht ausschließlich eigennützig sein, und der Sanierungsversuch muss darüber hinaus auf einem erfolgversprechenden Sanierungskonzept basieren.[24] Insbesondere kann die »Abgrenzung zwischen erlaubtem Sanierungskredit und sittenwidriger Insolvenzverschleppung diffizil und fließend«[25] sein. Nicht zuletzt aus diesem Grund wurde die damalige Formulierung der Mindestanforderungen an das Kreditgeschäft (MaK), wonach von den an der Sanierung Beteiligten ein Sanierungskonzept zu erarbeiten und umzusetzen ist, an die gängige Praxis angepasst. Dem geänderten Wortlaut der MaRisk zufolge hat sich das Institut ein Sanierungskonzept vorlegen zu lassen (→ BTO 1.2.5 Tz. 4).

Aus Sicht des Institutes ist es sinnvoll, wenn entweder die Abgabe des Engagements an darauf spezialisierte Bereiche oder Mitarbeiter erfolgt oder zumindest deren Hinzuziehung veranlasst wird. Dabei kann auch auf das Spezialwissen Dritter, also z. B. externer Sanierungs- oder Abwicklungsexperten, zurückgegriffen werden (→ BTO 1.2.5 Tz. 6 und Tz. 6). Vor allem bei kleineren Instituten, die wegen ihrer begrenzten personellen Ressourcen nicht über entsprechende Experten verfügen, könnte der Rückgriff auf externes Fachwissen sogar erforderlich sein.

1.6 Zuordnung der Problemkreditbearbeitungsprozesse

In der Praxis existieren ganz unterschiedliche Zuordnungsmodelle für die Prozesse der Problemkreditbearbeitung. Bei vielen Instituten werden die Vertriebsbereiche vollkommen von der Problemkreditbearbeitung abgekoppelt. Dahinter steht die Überlegung, dass der Vertrieb nicht weiter für Engagements zuständig sein sollte, deren Problemlage er unter Umständen mit verursacht hat. So ist es möglich, dass der Markt über die sich abzeichnenden Risiken nicht frühzeitig informiert hat oder nicht schnell und konsequent genug dagegen vorgegangen ist. Andere Institute halten dagegen zumindest eine Einbindung des Vertriebes für zweckmäßig, da vor allem die Kundenbetreuer über kundennahe Informationen verfügen. Dies betrifft z. B. bestimmte persönliche Eigenarten des Kreditnehmers oder auffällige Änderungen seiner Lebensgewohnheiten, deren Kenntnisnahme im Rahmen der Problemkreditbearbeitung sehr nützlich sein kann. Zudem ist es

25

26

27

22 Vgl. European Banking Authority, Leitlinien über das Management notleidender und gestundeter Risikopositionen, EBA/GL/2018/06, 31. Oktober 2018, S. 58 ff.

23 Vgl. Theewen, Eckhard, Haftungsrisiken der Kreditinstitute in der Krise ihrer Schuldner, in: Zeitschrift für Bank- und Kapitalmarktrecht, Heft 4/2003, S. 141 ff.

24 Vgl. Bauer, Karl-Heinz, Insolvenzrechtsreform schafft keine Lösung der Probleme von Sanierungskrediten, in: Sparkasse, Heft 17/2000, S. 37.

25 Bales, Klaus, Das Kreditgeschäft in der Insolvenz des Kunden – Konsequenzen aus der neuen Insolvenzordnung, in: Sparkasse, Heft 8/2000, S. 376.

nicht unwahrscheinlich, dass die Bereitschaft eines Kreditnehmers zu einer Sanierungsmaßnahme bei einer über die Jahre gewachsenen Kundenbeziehung tendenziell steigt, wenn der ihm gut bekannte Kundenbetreuer an diesem Prozess direkt beteiligt ist.

28   Im Grunde existieren für die Zuordnung des Sanierungs- bzw. Abwicklungsprozesses in den MaRisk keine strengen Vorgaben. Beide Prozesse können entweder im Bereich Markt oder in einem marktunabhängigen Bereich angesiedelt werden. Unabhängig von der Zuordnung dieser Prozesse auf die Bereiche Markt und Marktfolge ist es immer zulässig, dass im Rahmen der Problemkreditbearbeitung auf Mitarbeiter des Bereiches Markt zurückgegriffen wird. Im Unterschied zur Intensivbetreuung, die ein (betreuungsintensiver) Teil der normalen Kreditbearbeitung sein kann, wird in den MaRisk zwischen der Abgabe an die Problemkreditbearbeitung und deren Einschaltung unterschieden. Für beide Varianten müssen klare Regeln formuliert werden. Denkbar und von vielen Instituten bereits praktiziert ist die Vergabe so genannter »Hol-Kompetenzen« an die für die Problemkreditbearbeitung zuständigen Mitarbeiter oder Stellen. Auf diese Weise kann verhindert werden, dass ein Engagement erst dann an die Problemkreditbearbeitung abgegeben wird, wenn für das Institut so gut wie keine Handlungsspielräume mehr bestehen. Zur Vermeidung von Abgrenzungsproblemen sollten derartige Kompetenzen ebenfalls mit eindeutigen Kriterien verbunden sein.

1.7   Federführung oder Überwachung

29   Aufbauorganisatorische Anforderungen bestehen jedoch im Hinblick auf die Federführung für den Sanierungs- und Abwicklungsprozess oder dessen Überwachung. Diese Aufgaben, also entweder die Federführung oder die Überwachung, sind außerhalb des Bereiches Markt wahrzunehmen. Im Prinzip werden damit lediglich die Modelle der Funktionstrennung auf die Problemkreditbearbeitung übertragen. Bleibt der Markt federführend tätig, so sind natürlich auch bei weiteren Kreditentscheidungen zwei Voten einzuholen. Das weitere Votum des überwachenden Bereiches käme demzufolge zumindest einer materiellen Plausibilitätsprüfung gleich (→ BTO 1.1 Tz. 2, Erläuterung). Eine vergleichbare Regelung wäre für die Intensivbetreuung wünschenswert (→ BTO 1.2.4 Tz. 2).

30   Die deutsche Aufsicht hat die Begriffe »Federführung« und »Überwachung« für die Problemkreditbearbeitung spezifiziert. Demzufolge wird unter der Federführung insbesondere die Ausübung von Kompetenzen verstanden, die sich auf wichtige Entscheidungen beziehen. Hierzu zählen neben der Vergabe von Sanierungskrediten z. B. die Wahrnehmung wichtiger Termine oder die Gesprächsführung für das Institut im Rahmen der Verhandlungen mit anderen an der Sanierung beteiligten Personen oder Gruppen. Hingegen bezieht sich die marktunabhängige Überwachung in erster Linie auf die laufenden Kontrolltätigkeiten, wie die Durchsicht und die Überprüfung der Sanierungs- und Abwicklungskonzepte oder der Zwischenberichte über den Stand der Problemkreditbearbeitungsprozesse. Dabei sind wichtige Entscheidungen (z. B. über die Vergabe von Sanierungskrediten) im Hinblick auf ihre Plausibilität zu überprüfen.

31   Solange eine marktunabhängige Überwachung sichergestellt ist, kann also die Federführung für den Prozess der Problemkreditbearbeitung im Markt verbleiben. Die eingeräumte Alternative lässt – je nach Zuordnung der Prozesse für die Problemkreditbearbeitung – verschiedene Modelle zu.[26]

---

26 Vgl. Hannemann, Ralf, Interpretationshilfen für die Umsetzung der Mindestanforderungen an das Kreditgeschäft der Kreditinstitute (MaK), Bundesverband Öffentlicher Banken Deutschlands (Hrsg.), März 2003, S. 37.

1.7.1 Variante I: Prozesse und Federführung im marktunabhängigen Bereich

Alle Sanierungs- und Abwicklungsprozesse inkl. der Federführung werden von einem marktunabhängigen Bereich wahrgenommen. Bei diesem Modell werden die Sanierungs- und Abwick-
lungsfälle vollständig aus dem Vertrieb ausgelagert. In vielen Instituten sind für diese Zwecke eigene
»Work Out«-Abteilungen bzw. Abwicklungseinheiten eingerichtet worden, die sich ausschließlich
mit sanierungsbedürftigen Krediten und unter Umständen auch mit den Abwicklungsfällen beschäftigen. Selbst bei diesem Modell kann im Einzelfall ein Rückgriff auf die Erkenntnisse und Erfahrungen der Vertriebsmitarbeiter sinnvoll sein. Wie bereits ausgeführt, verfügen diese Mitarbeiter wegen
ihrer Nähe zum Kunden häufig über Informationen, die im Hinblick auf den Verlauf einer Sanierung
oder Abwicklung von nicht zu unterschätzender Bedeutung sein können. Es ist also möglich, diese
Variante mit oder ohne beratende Funktion des Marktbereiches umzusetzen.

32

1.7.2 Variante II: Prozesse im Markt/Federführung im marktunabhängigen Bereich

Bei dieser Variante verbleiben die Prozesse der Problemkreditbearbeitung im Bereich Markt,
wobei die Federführung außerhalb des Marktes angesiedelt wird. Bisher hat sich eine solche
Zuordnung in der Praxis nicht durchgesetzt. Möglicherweise ist es unter Effizienzgesichtspunkten
nicht sinnvoll, wenn wichtige Prozesse (z. B. die Auswertung von Sanierungskonzepten) in einem
Bereich angesiedelt sind und die Federführung für diese Prozesse (z. B. die Entscheidung über
einen Sanierungskredit) gleichzeitig in einem anderen Bereich liegt. Es scheint daher zweckmäßiger zu sein, wenn die Federführung und die Prozesse in einer Hand liegen und nicht
auseinandergerissen werden.

33

1.7.3 Variante III: Prozesse und Federführung im Markt/Überwachung im marktunabhängigen Bereich

Die Prozesse und die Federführung verbleiben im Markt, aber die Überwachung der Problemkreditbearbeitung liegt in einem marktunabhängigen Bereich. In diesem Fall behält der Markt
weiterhin einen großen Einfluss auf den Werdegang der Problemengagements, die er i. d. R. selbst
initiiert hat. Zwecks Vermeidung von Interessenkonflikten sind daher hohe Anforderungen an die
marktunabhängige Überwachung zu stellen. Neben der Weiterleitung von Zwischenberichten
sollten z. B. auch die Schlussberichte über die Sanierungs- bzw. Abwicklungsmaßnahmen von den
mit der Überwachung betrauten Mitarbeitern oder Stellen auf ihre Plausibilität hin überprüft und
mit abgezeichnet werden. Insgesamt gesehen schafft gerade diese Lösung vor allem im Bereich der
multinationalen oder strukturierten Finanzierungen, in denen für die Kreditbearbeitung das
Vorhalten fundierten Fachwissens und entsprechender Erfahrungswerte erforderlich ist, die
nötigen Freiräume. Das häufig in hoch spezialisierten (Markt-)Abteilungen gebündelte Wissen
kann auf diese Weise auch in einen ggf. erforderlichen Sanierungs- oder Abwicklungsprozess
einfließen. Im Prinzip kommt in diesem Fall die Überwachung mit Blick auf die Modelle der
Funktionstrennung einer Art materieller Plausibilitätsprüfung gleich.

34

1.8 NPE-Abwicklungseinheiten

1.8.1 Vermeidung von Interessenkonflikten

35 Von Instituten mit hohem NPL-Bestand wird explizit erwartet, dass sie ihrer Größe, Art, Komplexität und ihrem Risikoprofil entsprechend spezialisierte »NPE-Abwicklungseinheiten« (»NPE-Workout Units« bzw. »NPE-WU«) einrichten. Die Institute müssen sicherstellen, dass diese Einheiten grundsätzlich vom Kreditvergabeprozess getrennt sind. Sie müssen deshalb in einem Bereich außerhalb des Marktes angesiedelt werden, wobei dies auch bei der Problemkreditbearbeitung möglich ist (→ BTO 1.2.5 Tz. 1, Erläuterung). Insofern liegen die Prozesse und die Federführung im marktunabhängigen Bereich (Variante I).

36 Die EBA erwartet eine Trennung von der Kundenbetreuung, bei der es z.B. um die Aushandlung von Stundungslösungen mit den Kreditnehmern geht, und vom Kreditvergabeprozess. Sie empfiehlt daher die Einrichtung spezieller Entscheidungsgremien für die NPE-Abwicklung, wie z.B. einen NPE-Ausschuss. In kleineren und weniger komplexen Instituten, wie insbesondere den Instituten der SREP-Kategorie 3 oder 4, können damit auch die bestehenden Kredit- oder Risikoausschüsse betraut werden. Diese Institute können anstelle der NPE-Abwicklungseinheiten auch spezialisierte Abwicklungsfunktionen einrichten, die ihrer Größe, Art, Komplexität und ihrem Risikoprofil ggf. besser entsprechen. Sie müssen dabei jeweils sicherstellen, dass mögliche Interessenkonflikte beim NPE-Management hinreichend gemindert werden. Unabhängig von der konkreten Ausgestaltung sollte zwischen den NPE-Abwicklungseinheiten oder -funktionen und den für die Kreditvergabe zuständigen Einheiten regelmäßig Feedback ausgetauscht werden.[27]

37 Bei der Einschaltung von NPE-Abwicklungseinheiten sollten auch betriebswirtschaftliche Gesichtspunkte beachtet werden. Die Deutsche Kreditwirtschaft (DK) hat z.B. darauf hingewiesen, dass Engagements mit Zahlungsverzügen im Retailbereich mit einem vergleichsweise geringen Volumen auch sachgerecht im Markt betreut werden können. Beispielhaft hat die DK auf ein Allzweckdarlehen über 5.000 Euro mit einem 90-Tage-Verzug verwiesen. In diesem Fall würde üblicherweise ein maschinelles Mahnverfahren angestoßen. Wenn sich der Kreditnehmer bei einem Vertriebsmitarbeiter meldet, vereinbart dieser auf Basis definierter Kriterien ggf. eine Forbearance-Maßnahme. Ansonsten läuft das Mahnverfahren bis zur Kündigung durch. Eine Übergabe an die Abwicklung oder einen Inkassodienst erfolgt – auch bei Instituten mit hohem NPL-Bestand – i.d.R. erst ab diesem Zeitpunkt.[28] Eine derartige Vorgehensweise steht grundsätzlich im Einklang mit den Vorgaben an die Intensivbetreuung, die im Markt erfolgen kann und in deren Rahmen auch Forbearance-Maßnahmen vereinbart werden können (→ BTO 1.2.4 Tz. 2). Nach Einschätzung der deutschen Aufsicht im Fachgremium MaRisk im Februar 2021 sei diese Praxis so lange möglich, wie es sich um Einzelfälle handele und nicht um Portfolios mit hohem NPL-Bestand. Letztlich beziehe sich die Anforderung jedoch auf die Portfolios von Instituten mit hohem NPL-Bestand, bei denen eine Bearbeitung durch geeignete Spezialisten erwartet werde.

38 Wenn Überschneidungen mit den an der Kreditvergabe beteiligten Mitarbeitern unvermeidlich sind, ist sicherzustellen, dass Interessenkonflikte vermieden werden (→ BTO 1.2.5 Tz. 1, Erläuterung). Entsprechende Vorkehrungen können sich an der Vorgehensweise in der Problemkreditbearbeitung orientieren. Das ist insbesondere dann empfehlenswert, wenn die Abwicklungseinheiten in der Problemkreditbearbeitung angesiedelt werden. Tendenziell würde

---

27 Vgl. European Banking Authority, Leitlinien über das Management notleidender und gestundeter Risikopositionen, EBA/GL/2018/06, 31. Oktober 2018, S. 18 f.

28 Vgl. Deutsche Kreditwirtschaft, BaFin-Konsultation 14/2020 – Mindestanforderungen an das Risikomanagement, Stellungnahme vom 4. Dezember 2020, S. 27 f.

bei einer Zuordnung bestimmter Prozesse zum Markt in diesem speziellen Fall jedoch nur eine Federführung im marktunabhängigen Bereich infrage kommen (Variante II). Ein Belassen der gesamten Prozesse und der Federführung gleichermaßen im Markt mit einer marktunabhängigen Überwachung (Variante III) würde der Anforderung, spezialisierte NPE-Abwicklungseinheiten einzurichten, vermutlich kaum gerecht.

1.8.2 Aufgaben der NPE-Abwicklungseinheiten

Bei der Gestaltung der NPE-Abwicklungseinheiten sind die Besonderheiten der eigenen NPE-Portfolios zu berücksichtigen, also z. B. die Spezifikationen im Privat- oder Firmenkundengeschäft (→ BTO 1.2.5 Tz. 1, Erläuterung). Dabei sollte auch auf die verschiedenen Arten der jeweils hauptsächlich verwendeten Sicherheiten geachtet werden, die ggf. verwertet werden müssen. Hinweise zur möglichen Unterteilung der NPE-Portfolios sowie zu den damit jeweils verbundenen Aufgaben der spezialisierten NPE-Abwicklungseinheiten finden sich bei den Ausführungen zur Zusammenfassung von Risikopositionen. **39**

Die EBA empfiehlt, für homogene Portfolios im Privatkundengeschäft weitgehend auf automatisierte Prozesse zu setzen. Im Firmenkundengeschäft hält sie hingegen einen Kundenbetreuungsansatz mit sektorbezogener Spezialisierung für sinnvoll. Im Bereich der kleinen und mittleren Unternehmen (KMU) sollten die Institute eine Kombination aus automatisierten Elementen und einem Kundenbetreuungsansatz in Betracht ziehen.[29] **40**

Nach den Vorstellungen der EBA sollte in den Abwicklungseinheiten auch auf die verschiedenen Phasen des »NPE-Lebenszyklus« und die damit verbundenen Interaktionen mit den Kreditnehmern geachtet werden, um auf alle relevanten Abwicklungsstadien unter Berücksichtigung der Besonderheiten der Produkte und der Art der Zahlungsrückstände einen angemessenen Schwerpunkt legen zu können.[30] Dabei unterscheidet die EBA zwischen »jungen Zahlungsrückständen« (»early arrears«) mit weniger als 90 Verzugstagen, »alten Zahlungsrückständen« (»late arrears«) mit 90 bis weniger als 180 Verzugstagen und dem »Mahnwesen« (»debt recovery«) ab 180 Verzugstagen. Diese Unterscheidung berücksichtigt, dass mit zunehmender Zahl der Verzugstage i.d.R. die Bandbreite möglicher Lösungen eingeschränkt wird. Dem Mahnwesen können alle Kreditnehmer zugeordnet werden, bei denen gerichtliche Maßnahmen ergriffen wurden oder anhängig sind.[31] **41**

In der Phase der »jungen Zahlungsrückstände« sollte der Schwerpunkt auf einer ersten Interaktion mit dem Kreditnehmer liegen, um frühzeitige Zahlungen zu erreichen. Außerdem sollten in diesem Stadium Informationen eingeholt werden, um die Situation des Kreditnehmers eingehend beurteilen zu können. Genannt werden z. B. Informationen zur Finanzlage, zum Status der Darlehen und der Sicherheiten sowie zur Kooperationsbereitschaft des Kreditnehmers. Aus der Art der Risikoposition und der Sicherheit sollte die geeignetste Abwicklungsstrategie abgeleitet werden, die ggf. anzuwendende Forbearance-Maßnahmen mit kurzfristigem Zeithorizont beinhalten kann. Das ist auch schon in dieser Frühphase möglich, um die Finanzlage des Kreditnehmers zunächst zu stabilisieren. Darüber hinaus sollte das Institut ggf. nach Optionen zur Verbesserung seiner Position suchen. Dafür kommt eine Neuordnung des Engagements infrage, wie z. B. **42**

29 Vgl. European Banking Authority, Leitlinien über das Management notleidender und gestundeter Risikopositionen, EBA/GL/2018/06, 31. Oktober 2018, S. 19.

30 Vgl. European Banking Authority, Leitlinien über das Management notleidender und gestundeter Risikopositionen, EBA/GL/2018/06, 31. Oktober 2018, S. 19.

31 Vgl. European Banking Authority, Leitlinien über das Management notleidender und gestundeter Risikopositionen, EBA/GL/2018/06, 31. Oktober 2018, S. 58ff.

durch die Unterzeichnung neuer Kreditverträge, die Optimierung bestehender Sicherheiten, die Minimierung von Barmittelabgängen oder die Annahme zusätzlicher Sicherheiten.[32]

43 Insofern besteht in dieser Phase eine sehr große Nähe zu den Aufgaben der Intensivbetreuung (→ BTO 1.2.4 Tz. 2). Die EBA führt dazu aus, dass Risikopositionen, bei denen eine Begleichung der Verbindlichkeit unwahrscheinlich ist, je nach Komplexität entweder von für junge Zahlungsrückstände zuständigen Einheiten oder von NPE-Abwicklungseinheiten bearbeitet werden können. Die Institute sollten die Auslösetatbestände für die Übergabe an die NPE-Abwicklungseinheiten festlegen.[33] Diesem Zweck dienen in erster Linie die Kriterien, die die Abgabe eines Engagements an die auf die Sanierung bzw. Abwicklung spezialisierten Mitarbeiter oder Bereiche bzw. deren Einschaltung regeln (→ BTO 1.2.5 Tz. 1).

44 In der Phase der »alten Zahlungsrückstände« sollten die Institute mit den Kreditnehmern nur dann Forbearance-Maßnahmen vereinbaren, wenn das Institut mit hinreichender Sicherheit davon ausgehen kann, dass der Kreditnehmer in der Lage ist, den Rückzahlungsplan einzuhalten. Das Ziel von Forbearance-Maßnahmen besteht darin, einen tragfähigen und nicht notleidenden Rückzahlungsstatus zu erreichen bzw. den Schuldner vor einem notleidenden Status zu bewahren (→ BTO 1.3.2 Tz. 1). Zum Umgang mit Forbearance-Maßnahmen müssen die Institute eine Richtlinie ausarbeiten (→ BTO 1.3.2 Tz. 2). Die Institute müssen daher zwischen tragfähigen Maßnahmen, die zur Verringerung der Risikoposition des Kreditnehmers beitragen, und nicht tragfähigen Maßnahmen unterscheiden (→ BTO 1.3.2 Tz. 5). Bei der Erwägung, ob eine Umstrukturierungsoption tragfähig ist, sollten die Institute Art. 28 der Wohnimmobilienkreditrichtlinie und andere ggf. anwendbare Rechtsvorschriften zum Schutz der Verbraucher berücksichtigen (→ BTO 1.3.2 Tz. 1). Eine Stundungsmaßnahme (Forbearance-Maßnahme) sollte angesichts des erhöhten Risikos mindestens während eines Jahres im Einklang mit den Vorgaben zum »Gesundungszeitraum« gemäß Anhang V Teil 2 Abs. 231 Meldewesen-DV überwacht werden. Dasselbe gilt im übertragenen Sinne für notleidende Risikopositionen, bei denen Stundungsmaßnahmen gewährt wurden, mit Bezug zu den Kriterien für den zweijährigen »Probezeitraum« laut Abs. 256 Meldewesen-DV (→ BTO 1.3.2 Tz. 3). Anschließend ist eine Rückführung des Engagements möglich, sofern keine weiteren NPE-Auslöser festgestellt werden.[34]

45 Sofern wegen der schlechten Finanzlage des Kreditnehmers oder aufgrund seiner mangelnden Kooperationsbereitschaft keine tragfähige Lösung gefunden werden kann, bleibt dem Institut nur noch das »Mahnwesen« übrig. Dazu zählt die EBA neben der klassischen Schuldeneinziehung und gerichtlichen Maßnahmen auch die Abwicklung der Engagements im eigentlichen Sinne sowie die Inbesitznahme von Sicherheiten durch »Rettungserwerbe«, die im Allgemeinen dann infrage kommen, wenn alle anderen Versuche des Institutes, die ausstehenden Beträge einzuziehen, gescheitert sind (→ BTO 1.2.5 Tz. 8). In dieser Phase sollten die Institute eine Kosten-Nutzen-Analyse der verschiedenen Abwicklungsoptionen durchführen und die gewählte(n) Option(en) zügig umsetzen. Älteren NPE-Beständen sollte besondere Aufmerksamkeit gewidmet werden. Die Kosten gerichtlicher und außergerichtlicher Verfahren sowie die Interessen des Kreditnehmers sollten dabei berücksichtigt werden. Die Umsetzung dieser Maßnahmen erfordert juristisches Fachwissen und besonderes Know-how zu Geschäftsabwicklungen. Institute, die in großem Umfang externe Experten einsetzen, sollten sicherstellen, dass ausreichende interne Kontrollmechanismen einen wirksamen und effizienten Abwicklungsprozess gewährleisten.[35]

---

32 Vgl. European Banking Authority, Leitlinien über das Management notleidender und gestundeter Risikopositionen, EBA/GL/2018/06, 31. Oktober 2018, S. 20.

33 Vgl. European Banking Authority, Leitlinien über das Management notleidender und gestundeter Risikopositionen, EBA/GL/2018/06, 31. Oktober 2018, S. 20.

34 Vgl. European Banking Authority, Leitlinien über das Management notleidender und gestundeter Risikopositionen, EBA/GL/2018/06, 31. Oktober 2018, S. 20.

35 Vgl. European Banking Authority, Leitlinien über das Management notleidender und gestundeter Risikopositionen, EBA/GL/2018/06, 31. Oktober 2018, S. 20f.

Die EBA empfiehlt für das Mahnwesen eine Richtlinie zu den Abwicklungsverfahren vorzuhalten.[36] Während die EBA grundsätzlich die Ausarbeitung von Richtlinien für verschiedene Zwecke fordert, können die aus Sicht des Institutes erforderlichen Inhalte selbstverständlich auch in den Organisationsrichtlinien niedergelegt werden. Inhaltlich geht es darum, zeitnah jene Maßnahmen zu ergreifen, die am besten geeignet sind, um die notleidenden Risikopositionen innerhalb eines festgelegten Zeitraumes wirksam abzubauen. Das betrifft in Übereinstimmung mit der NPE-Strategie vor allem die verfügbaren Handlungsoptionen. Dabei kann zwischen der freihändigen Veräußerung von Vermögenswerten, bei der sich der Kreditnehmer beteiligt und der Veräußerung zustimmt, der zwangsweisen Veräußerung von Vermögenswerten durch einen Insolvenzverwalter, der Inbesitznahme von Vermögenswerten (»Rettungserwerbe«), dem Inkassoverfahren (intern oder extern), der Umwandlung von Verbindlichkeiten in eine Eigenkapitalbeteiligung (»Debt-Equity-Swap«) oder in Vermögenswerte (»Debt-Asset-Swap«) sowie der Veräußerung des Kredites bzw. des Kreditportfolios an Dritte unterschieden werden. Es sollte verdeutlicht werden, auf welche Weise die jeweils geeignetste Einziehungsoption im Institut ausgewählt werden soll und welche internen und externen Sachverständigen in die Entscheidungsfindung einzubeziehen sind. Außerdem sollte geregelt sein, welche Aspekte bei diesem Auswahlverfahren berücksichtigt werden müssen, wie z.B. das Vorhandensein von Sicherheiten, die Art rechtlicher Unterlagen, die Art der Kreditnehmer, vorhandene Marktbedingungen und gesamtwirtschaftliche Aussichten, der gegebene Rechtsrahmen und etwaige frühere Erlösquoten im Vergleich zu den Kosten der einzelnen Optionen. Klar geregelt sein sollte zudem, was das Institut unter einem nicht kooperativen Kreditnehmer versteht und wie der Genehmigungsprozess für jede Mahnstufe zu den verschiedenen Mahnoptionen, die dem Institut zur Verfügung stehen, beschaffen ist. Außerdem sollten die Rollen der Risikocontrolling-Funktion und der Internen Revision im Verfahren und konkret im Überwachungsprozess festgelegt werden. Im Hinblick auf die Verwertung von Sicherheiten sollten die Bewertungsansätze unter Berücksichtigung der anfallenden Verwertungskosten sowie die Einbeziehung interner oder externer Fachleute geregelt sein. Darüber hinaus sollte ein Institut die ggf. maßgeblichen Obergrenzen im Auge behalten, z.B. für Großkredite gemäß Art. 392 CRR, für branchenspezifische Risikokonzentrationen, für den Wert von zurückgenommenen Vermögenswerten oder von Rettungserwerben. Schließlich sollte festgelegt werden, wie mit Vermögenswerten nach deren Inbesitznahme weiter umgegangen werden soll. Diesem Zweck dient insbesondere die (separate) Richtlinie für Rettungserwerbe (→ BTO 1.2.5 Tz. 8). Als Spezialfall sollte auch ausgeführt werden, wie mit eventuellen weiteren Gläubigern des Kreditnehmers verhandelt werden soll.[37]

46

Übergreifend sollten die Institute die Verfahren und Verantwortlichkeiten in einer Richtlinie für das Management von Zahlungsrückständen niederlegen.[38] Inhaltlich gehören dazu die Struktur und die Zuständigkeiten der NPE-Abwicklungseinheiten, die Vorgehensweise bei der Zusammenfassung von Risikopositionen, die erforderlichen Personalressourcen und technischen Ressourcen sowie die Vorgaben zur Berichterstattung. Insbesondere sollten das in jeder Phase eines Zahlungsrückstandes vorgegebene Verfahren mit den entsprechenden Übergabekriterien, der Umgang mit Kreditnehmern, die als nicht kooperativ und/oder nicht tragfähig eingestuft werden, die Kriterien für diese Einstufung, die Kommunikation mit den Kreditnehmern in jeder Phase unter Berücksichtigung des jeweils geltenden Rechtsrahmens (z.B. Verhaltenskodex) sowie die anzuwendenden Monitoring-Instrumente und Methoden in dieser

47

---

36 Vgl. European Banking Authority, Leitlinien über das Management notleidender und gestundeter Risikopositionen, EBA/GL/2018/06, 31. Oktober 2018, S. 20f.

37 Vgl. European Banking Authority, Leitlinien über das Management notleidender und gestundeter Risikopositionen, EBA/GL/2018/06, 31. Oktober 2018, S. 70f.

38 Vgl. European Banking Authority, Leitlinien über das Management notleidender und gestundeter Risikopositionen, EBA/GL/2018/06, 31. Oktober 2018, S. 20.

BTO 1.2.5 Behandlung von Problemkrediten

Richtlinie enthalten sein. Bei der Entwicklung dieser Vorgaben sollten die Anforderungen gemäß Art. 28 der Wohnimmobilienkreditrichtlinie[39] und die entsprechenden Vorgaben aus den EBA-Leitlinien zu Zahlungsrückständen und zur Zwangsvollstreckung[40] berücksichtigt werden.[41]

1.8.3 Bereitstellung der Ressourcen

48 Für die Analyse der jeweiligen NPE-Portfolios sind auf die NPE-Abwicklung spezialisierte und hinreichend qualifizierte Mitarbeiter heranzuziehen (→ BTO 1.2.5 Tz. 1, Erläuterung). In allgemeiner Form ist eine angemessene Personalausstattung bereits an anderer Stelle gefordert. So hat sich die quantitative und qualitative Personalausstattung des Institutes insbesondere an betriebsinternen Erfordernissen, den Geschäftsaktivitäten sowie der Risikosituation zu orientieren (→ AT 7.1 Tz. 1). Außerdem müssen die Mitarbeiter und ihre Vertreter abhängig von ihren Aufgaben, Kompetenzen und Verantwortlichkeiten über die erforderlichen Kenntnisse und Erfahrungen verfügen, wobei das Qualifikationsniveau durch geeignete Maßnahmen gewährleistet werden muss (→ AT 7.1 Tz. 2). Selbst die Abwesenheit oder das Ausscheiden von Mitarbeitern sollte nicht zu nachhaltigen Störungen der Betriebsabläufe führen (→ AT 7.1 Tz. 3).

49 Speziell für den Umgang mit notleidenden Risikopositionen wird ergänzend gefordert, dass die Institute einen angemessenen und verhältnismäßigen Anteil der Aufmerksamkeit des Managements sowie der Ressourcen auf die Abwicklung dieser notleidenden Risikopositionen sowie auf die interne Kontrolle der damit verbundenen Prozesse legen. Beim Rückgriff auf interne Ressourcen sollte auf die Vermeidung von Interessenkonflikten und eine ausreichende Spezialisierung geachtet werden. Dazu gehört neben dem erforderlichen Fachwissen auch eine gewisse Erfahrung in Bezug auf notleidende Risikopositionen. Zum Aufbau des internen Fachwissens sollten spezielle Schulungsmaßnahmen und Personalentwicklungspläne herangezogen werden. Über die vorhandenen Ressourcen müssen die Institute bereits im Rahmen ihrer Selbsteinschätzung nachdenken (→ AT 4.2 Tz. 3, Erläuterung). Werden dabei Defizite festgestellt, sollten sie sich darüber im Klaren sein, dass die Umsetzung von Abwicklungsmaßnahmen mit einem erheblichen Bedarf an Ressourcen verbunden sein kann. Je nach konkreter Situation können eventuelle Lücken mit Hilfe befristeter Verträge, Auslagerungsmaßnahmen oder Joint Ventures ausgeglichen werden. Sofern der Aufbau interner Fachkompetenz nicht möglich oder ineffizient sein sollte, müssen die NPE-Abwicklungseinheiten leichten Zugang zu qualifizierten und unabhängigen externen Ressourcen, wie z. B. Immobiliensachverständigen, Rechtsberatern, Geschäftsplanern und Branchenexperten, oder zu spezialisierten NPE-Servicing-Unternehmen haben.[42]

50 Die besten Spezialisten in den NPE-Abwicklungseinheiten können allerdings nicht erfolgreich sein, wenn ihnen die für ihre Tätigkeit erforderlichen Daten nicht rechtzeitig oder nicht in ausreichender Qualität zur Verfügung stehen. Vor diesem Hintergrund sollen die Institute über eine angemessene technische Infrastruktur verfügen. Auch dafür existieren bereits allgemeine Vorgaben. So haben sich der Umfang und die Qualität der technisch-organisatorischen Ausstattung insbesondere an betriebsinternen Erfordernissen, den Geschäftsaktivitäten sowie der Risikosituation zu orientieren (→ AT 7.2 Tz. 1).

---

39 Richtlinie 2014/17/EU des Europäischen Parlaments und des Rates vom 4. Februar 2014 über Wohnimmobilienkreditverträge für Verbraucher und zur Änderung der Richtlinien 2008/48/EG und 2013/36/EU und der Verordnung (EU) Nr. 1093/2010 (ABl. L 60 vom 28.2.2014, S. 34), zuletzt geändert durch die Verordnung (EU) 2016/1011 des Europäischen Parlaments und des Rates vom 8. Juni 2016 (ABl. L 171 vom 29.6.2016, S. 1).

40 European Banking Authority, Leitlinien zu Zahlungsrückständen und Zwangsvollstreckung, EBA/GL/2015/12, 19. August 2015.

41 Vgl. European Banking Authority, Leitlinien über das Management notleidender und gestundeter Risikopositionen, EBA/GL/2018/06, 31. Oktober 2018, S. 68.

42 Vgl. European Banking Authority, Leitlinien über das Management notleidender und gestundeter Risikopositionen, EBA/GL/2018/06, 31. Oktober 2018, S. 21 f.

Die NPE-bezogenen Daten sollten zentral in robusten und sicheren IT-Systemen gespeichert werden und während des NPE-Abwicklungsprozesses vollständig und auf dem neuesten Stand sein. Mit Blick auf die Angemessenheit der technischen Infrastruktur sieht die EBA drei Schwerpunktbereiche: den Zugang zu allen relevanten Daten und Dokumenten, die effiziente Bearbeitung und Überwachung der NPE-Abwicklungsmaßnahmen sowie die Definition, Analyse und Bewertung der notleidenden Risikopositionen und zugehörigen Kreditnehmer. Die Angemessenheit der technischen Infrastruktur, einschließlich der Datenqualität, sollte zur Gewährleistung dieser Anforderung regelmäßig durch die Interne Revision oder externe Prüfer bewertet werden.[43]   51

Was den Zugang zu allen relevanten Daten und Dokumenten betrifft, geht es um aktuelle Informationen zu notleidenden Risikopositionen und jungen Zahlungsrückständen, was auch über automatisierte Benachrichtigungen möglich ist, Informationen zu Risikopositionen, Sicherheiten und Garantien in Zusammenhang mit dem Kreditnehmer oder der Gruppe verbundener Kunden, die Überwachungsinstrumente mit IT-Funktionen zur Nachverfolgung der Entwicklung und Wirksamkeit von Stundungsmaßnahmen (Forbearance-Maßnahmen), den Stand der Abwicklungsaktivitäten und die Interaktion mit Kreditnehmern sowie Details zu vereinbarten Stundungsmaßnahmen etc., Informationen zu eventuellen Rettungserwerben sowie die nachverfolgten Cashflows aus dem Kredit und den Sicherheiten. Außerdem sollten den Mitarbeitern die Quellen der zugrunde liegenden Informationen und die vollständige zugrunde liegende Dokumentation bekannt sein. Schließlich müssen sie auch Zugang zu zentralen Kreditregistern, Grundbüchern und anderen relevanten externen Datenquellen haben. Die Angemessenheit der technischen Infrastruktur, einschließlich der Datenqualität, sollte zur Gewährleistung dieser Anforderung regelmäßig durch die Interne Revision oder externe Prüfer bewertet werden.[44]   52

Die effiziente Bearbeitung und Überwachung der NPE-Abwicklungsmaßnahmen sollen weitgehend über automatisierte Prozesse sichergestellt werden. Dazu gehören nach den Vorstellungen der EBA automatisierte Workflows über den gesamten NPE-Lebenszyklus hinweg, ein automatisierter Überwachungsprozess für den Kreditstatus, der eine korrekte Kennzeichnung von notleidenden und gestundeten Risikopositionen sicherstellt, inklusive integrierter Warnsignale, sowie ein automatisiertes quantitatives Berichts- und Meldewesen über den Lebenszyklus der NPE-Abwicklung hinweg. Die Ergebnisse aus dem Berichts- und Meldewesen können als Grundlage für weitergehende Wirksamkeitsanalysen durch die NPE-Abwicklungseinheiten, nachgeordnete Teams und Experten dienen. Auf diese Weise können z. B. die Gesundungs-/Erfolgsquote (auch nach Zeitbändern), Informationen zu Verlängerungen, die Wirksamkeit angebotener Restrukturierungsoptionen, die Zahlungseingangsrate sowie der Anteil gehaltener Zusagen untersucht werden. Überwacht werden sollte zudem die Entwicklung von Portfolios, Teilportfolios, Kreditnehmergruppen und einzelnen Kreditnehmern. Über die Ergebnisse sollte in angemessener Weise berichtet werden.[45]   53

Bei der Definition, Analyse und Bewertung der notleidenden Risikopositionen und der zugehörigen Kreditnehmer geht es zunächst um die Erfassung der notleidenden Risikopositionen und die Bemessung der dafür gebildeten Wertminderungen. Auch in diesem Zusammenhang sollen geeignete Analysen für die NPE-Portfolios durchgeführt und anschließend die Ergebnisse zu jedem Kreditnehmer gespeichert werden. Eine angemessene Infrastruktur dient dann zur Unterstützung der Beurteilung von personenbezogenen Daten, der Finanzlage und der Rückzahlungsfähigkeit, zumindest für nicht komplexe Kreditnehmer. Außerdem können auf dieser Basis der Nettobarwert (»Net Present Value«, NPV) und die Auswirkungen jeder Restrukturierungsoption oder jedes   54

---

43 Vgl. European Banking Authority, Leitlinien über das Management notleidender und gestundeter Risikopositionen, EBA/GL/2018/06, 31. Oktober 2018, S. 23 ff.

44 Vgl. European Banking Authority, Leitlinien über das Management notleidender und gestundeter Risikopositionen, EBA/GL/2018/06, 31. Oktober 2018, S. 23 f.

45 Vgl. European Banking Authority, Leitlinien über das Management notleidender und gestundeter Risikopositionen, EBA/GL/2018/06, 31. Oktober 2018, S. 24.

wahrscheinlichen Restrukturierungsplanes gemäß den für die Kreditnehmer maßgeblichen Rechtsvorschriften (z.B. Zwangsvollstreckungsrecht, Insolvenzrecht) auf die Eigenkapitalposition des Institutes berechnet werden.[46]

1.9 Verzicht auf das Marktvotum

1.9.1 Problemkreditbearbeitung

55 Abhängig von Art, Umfang, Komplexität und Risikogehalt des Kreditengagements erfordert eine Kreditentscheidung zwei zustimmende Voten der Bereiche Markt und Marktfolge (→ BTO 1.1 Tz. 2). In den MaRisk werden zahlreiche Ausnahmen vom Zwei-Voten-Prinzip formuliert, die risiko- oder prozessabhängig begründet werden. In der Problemkreditbearbeitung, insbesondere in der Sanierung, kann unterstellt werden, dass es sich im Regelfall um risikorelevante Kreditgeschäfte handelt. Bei Entscheidungen über risikorelevante Kreditengagements, die sich in der Problemkreditbearbeitung befinden, hält die deutsche Aufsicht ein marktunabhängiges Votum immer für erforderlich.[47] Dieser Votierung kann allerdings eine materielle Plausibilitätsprüfung zugrunde liegen (→ BTO 1.1 Tz. 2, Erläuterung). Insofern ist diese Anforderung in allen drei der oben dargestellten Varianten erfüllt.

56 Wie bereits ausgeführt, können die Prozesse der Problemkreditbearbeitung vollständig außerhalb des Bereiches Markt ablaufen. Aus diesem Grund wird im Rahmen von Entscheidungen über Sanierungskredite eine Votierung aus dem marktunabhängigen Bereich immer als ausreichend erachtet (→ BTO 1.2.5 Tz. 1, Erläuterung). Dies gilt auch im Hinblick auf die Vergabe von Überbrückungskrediten, die im Zeitraum der Überprüfung der Sanierungsfähigkeit herausgereicht werden, um die vorzeitige Zahlungsunfähigkeit des Kreditnehmers zu vermeiden. In diesen Fällen ist i.d.R. nicht mehr davon auszugehen, dass Interessenkonflikte vorliegen. Eine »Marktgetriebenheit« erscheint ausgeschlossen, wenn die Votierung aus dem marktunabhängigen Bereich stammt.[48] Insbesondere kann unterstellt werden, dass der marktunabhängige Bereich keinerlei Interesse daran hat, einen Problemkredit volumenmäßig auszuweiten.

1.9.2 Engagements in Abbauportfolios

57 So genannte »Abbauportfolios« umfassen Engagements in der Abwicklung und Geschäfte, aus denen sich das Institut aus strategischen oder sonstigen Gründen zurückziehen möchte oder aufgrund von Vorgaben sogar muss. Für letztgenannte Engagements fallen zwangsläufig keine Tätigkeiten an, die mit neuen Geschäftsabschlüssen vergleichbar sind. In der Regel handelt es sich um Prolongationen, für die in den MaRisk gewisse Erleichterungen eingeräumt werden (→ BTO 1.2 Tz. 10). Vor diesem Hintergrund kann auch für Engagements in Abbauportfolios auf ein Votum aus dem Bereich Markt verzichtet werden. Die Bestände sowie die jeweils verfolgte Intention sind dabei vom Institut nachvollziehbar darzustellen, z.B. im Rahmen eines so genannten »Abbaukonzeptes« (→ BTO 1.2.5 Tz. 1, Erläuterung). Es sollte allerdings beachtet werden, dass sich diese

---

46 Vgl. European Banking Authority, Leitlinien über das Management notleidender und gestundeter Risikopositionen, EBA/GL/2018/06, 31. Oktober 2018, S. 24 f.

47 Vgl. Bundesanstalt für Finanzdienstleistungsaufsicht, Protokoll der dritten Sitzung des MaK-Fachgremiums am 12. November 2003, S. 4.

48 Vgl. Zentraler Kreditausschuss, Stellungnahme zum zweiten Entwurf der Mindestanforderungen an das Kreditgeschäft der Kreditinstitute vom 8. November 2002, S. 6.

Erleichterung auf die Vorgaben für den Kreditprozess bezieht, auf den der Bereich Markt beim Abbau der Bestände i. d. R. keinen Einfluss mehr hat. Werden im Zusammenhang mit dem Abbau von Portfolios auch Sicherungsgeschäfte betrieben (z. B. Hedgegeschäfte), unterliegen diese im Falle von neuen Geschäftsabschlüssen grundsätzlich den Anforderungen an das Handelsgeschäft (→ BTO 2).

1.10 Berichtspflicht bei Sanierungskreditentscheidungen

Im mindestens vierteljährlich zu erstellenden Risikobericht an die Geschäftsleitung müssen auch die bemerkenswerten Engagements, wie z. B. die Problemkredite von wesentlicher Bedeutung, aufgeführt und ggf. kommentiert werden (→ BT 3.2 Tz. 3 lit. b). Vor diesem Hintergrund ist eine zusätzliche Berichtspflicht bei Entscheidungen über Sanierungskredite, die durch einen Marktfolge-Geschäftsleiter im Rahmen seiner Einzelkompetenz getroffen werden, nicht erforderlich. 58

1.11 Prüfung nicht-standardisierter Verträge bei Sanierungsfällen

Im Normalfall sind für die einzelnen Kreditverträge rechtlich geprüfte Standardtexte zu verwenden und laufend zu aktualisieren. Falls bei einem Engagement, z. B. im Rahmen von Individualvereinbarungen, von den Standardtexten abgewichen werden soll, ist, soweit unter Risikogesichtspunkten erforderlich, vor Abschluss des Vertrages die rechtliche Prüfung durch eine vom Bereich Markt unabhängige Stelle notwendig (→ BTO 1.2 Tz. 14). Bei nicht-risikorelevanten Kreditgeschäften kann diese Prüfung auch durch einen sachverständigen Mitarbeiter aus dem Bereich Markt erfolgen (→ BTO 1.2 Tz. 14, Erläuterung). Da die Verwendung von Standardtexten in der Problemkreditbearbeitung eher den Ausnahmefall darstellt, kann unter bestimmten Bedingungen auch bei Sanierungsfällen von der Prüfung nicht-standardisierter Verträge durch eine unabhängige Stelle abgesehen werden. Voraussetzung ist, dass die Sanierung von Spezialisten begleitet wird, die aufgrund ihrer Fachkenntnisse und Erfahrungen in der Lage sind, solche Vertragswerke eigenständig und ohne weitere unabhängige Prüfung zu verfassen (→ BTO 1.2.5 Tz. 1, Erläuterung). 59

2   Werthaltigkeit der Sicherheiten (Tz. 2)

60   **2** Im Rahmen der Überleitung des Engagements in die Sanierung bzw. Abwicklung hat eine Überprüfung der Werthaltigkeit von Sicherheiten und ggf. eine neue, unter Realisationsgesichtspunkten erstellte Wertermittlung zu erfolgen. Mindestens jährlich ist eine Überprüfung durchzuführen, wobei erhebliche Schwankungen und insbesondere ein erheblicher Rückgang des Sicherheitenwertes zu berücksichtigen sind. In den Prozess der Überprüfung der Werthaltigkeit bzw. der Wertermittlung sind Mitarbeiter oder ggf. externe Spezialisten mit entsprechenden Kenntnissen einzubeziehen.

2.1   Überprüfung bei Abgabe an die Problemkreditbearbeitung

61   Die Werthaltigkeit von Sicherheiten ist grundsätzlich vor der Kreditvergabe (→ BTO 1.2.1 Tz. 3) und ab einer vom Institut unter Risikogesichtspunkten festzulegenden Grenze auch im Rahmen der Kreditweiterbearbeitung in angemessenen Abständen (→ BTO 1.2.2 Tz. 3) zu überprüfen. Zudem ist sie im Rahmen der Kreditweiterbearbeitung in Abhängigkeit von der Sicherheitenart zu überwachen, wofür bei Immobilien i. d. R. auf Marktschwankungskonzepte zurückgegriffen wird (→ BTO 1.2.2 Tz. 3). Aus diesem Überwachungsprozess kann sich auch anlassbezogen die Notwendigkeit zur Überprüfung der Sicherheiten ergeben. Schließlich sind außerordentliche Überprüfungen der Sicherheiten zumindest dann unverzüglich durchzuführen, wenn dem Institut aus externen oder internen Quellen Informationen bekannt werden, die auf eine wesentliche negative Änderung der Sicherheiten hindeuten (→ BTO 1.2.2 Tz. 4). Insofern ist im Rahmen der Normalbetreuung hinreichend geregelt, unter welchen Umständen die Sicherheiten turnusmäßig oder anlassbezogen überprüft werden müssen.

62   Mit der sechsten MaRisk-Novelle wurde die Anforderung ergänzt, bei der Überleitung eines Engagements in die Sanierung bzw. Abwicklung auch eine Überprüfung der Werthaltigkeit der Sicherheiten durchzuführen. Wohlgemerkt geht es hier nicht um die Intensivbetreuung, in der sich bereits Probleme mit dem Kreditnehmer abgezeichnet haben. In der Problemkreditbearbeitung bestehen nur noch die Möglichkeiten, ein Engagement zu sanieren oder abzuwickeln. Die Entscheidung für die Begleitung einer Sanierung (→ BTO 1.2.5 Tz. 4) ist für das Institut häufig mit einem hohen Risiko verbunden und ohne gewisse Absicherungsmaßnahmen kaum denkbar. Folglich wäre es fatal, wenn der Wert der Sicherheiten zu positiv eingeschätzt wird. Gegebenenfalls wäre die Entscheidung zur Begleitung der Sanierung sogar anders ausgefallen. Deshalb ist eine Überprüfung der Werthaltigkeit der Sicherheiten bei einer Sanierung erforderlich. Mindestens genauso wichtig ist die Kenntnis über den aktuellen Wert der Sicherheiten im Falle einer Abwicklung, wenn es auch um die Verwertung der Sicherheiten geht (→ BTO 1.2.5 Tz. 7).

63   Der EBA schwebt vor, dass die zuständigen Behörden für die von ihnen beaufsichtigten Institute einen gemeinsamen Schwellenwert für die Einzel- und Neubewertung der für notleidende Risikopositionen verwendeten Sicherheiten durch einen unabhängigen Sachverständigen definieren und offenlegen.[49] Die deutsche Aufsicht versteht diese Möglichkeit nur als Wahlrecht und hat sich ihren Ausführungen im Fachgremium MaRisk am 28. Oktober 2021 zufolge dagegen entschieden, einen entsprechenden Schwellenwert vorzugeben. Insofern sind für die weniger bedeutenden Institute keine Erleichterungen vorgesehen.

---

49 Vgl. European Banking Authority, Leitlinien über das Management notleidender und gestundeter Risikopositionen, EBA/GL/2018/06, 31. Oktober 2018, S. 46.

Die EZB hat als Schwellenwert für die aus einer Indexierung oder einem anderen automatisierten Verfahren abgeleiteten Bewertungen notleidender Kredite (indexierte Bewertungen, wie z. B. Marktschwankungskonzepte), die durch Immobilien besichert sind, einen Bruttowert von unter 300.000 Euro genannt. Allerdings müssen die Mindestanforderungen in Art. 208 Abs. 3 CRR und abweichende Anforderungen nationalen Rechts, die für individuelle Bewertungen einen konservativeren Schwellenwert vorschreiben, beachtet werden.[50] Sofern der Schwellenwert von der Risikoposition überschritten wird, erwartet auch die EZB mindestens jährlich eine individuelle Bewertung der Immobiliensicherheit, solange die Einstufung als notleidend Bestand hat.[51]

64

2.2 Wertermittlung unter Realisationsgesichtspunkten

Bei Engagements in der Abwicklung ist ggf. auch eine neue, unter Realisationsgesichtspunkten erstellte Wertermittlung erforderlich. Für den Sicherheitenwert ist dabei, i. d. R. ausgehend vom Marktwert, der voraussichtliche Verwertungserlös unter Berücksichtigung der erwarteten Verwertungskosten und der voraussichtlichen Verwertungsdauer zu bestimmen. Der Sicherheitenwert ist ggf. entsprechend abzuzinsen. Er ist unter Berücksichtigung von angemessenen Wertabschlägen (»Haircuts«) herzuleiten (→ BTO 1.2.5 Tz. 2, Erläuterung). Es kommt also zusammengefasst darauf an, in geeigneter Weise den Marktwert oder einen vergleichbaren Wert zu bestimmen, um den theoretisch erzielbaren Verwertungserlös zu ermitteln, und davon dann angemessene Abschläge für die Verwertungskosten, die Verwertungsdauer (über eine Abzinsung) sowie mögliche Wertschwankungen der Sicherheiten (über Wertabschläge) abzuziehen.

65

Sofern einige der hier genannten Daten nicht verfügbar sind, kann die Wertermittlung schwierig sein. Gesamtbewertungen, die lediglich auf Basis der abgezinsten Wiederbeschaffungskosten ermittelt wurden, sollten nach den Vorgaben der EBA allerdings nicht herangezogen werden. Renditeobjekte können anhand einer Marktvergleichsmethode oder nach dem »Discounted-Cashflow-Verfahren« bewertet werden.[52]

66

Die Institute sollten die bei der Beurteilung des Verwertungserlöses zugrunde gelegten Annahmen gegenüber den zuständigen Behörden begründen können, indem sie auf Anfrage Angaben zum Marktpreis des Objektes, zum Wertabschlag, zu den veranschlagten Rechtsanwalts-, Gerichts- und Veräußerungskosten und zum angenommenen Zeitraum bis zur Verwertung machen können. Die Institute sollten sowohl ihre qualitativen als auch ihre quantitativen Annahmen vollständig rechtfertigen und die bestimmenden Faktoren für ihre Erwartungen anhand aktueller und früherer Erfahrungen erläutern können.[53]

67

2.2.1 Bestimmung des Marktwertes

Immobiliensicherheiten sollten nach Maßgabe von Art. 229 CRR auf der Grundlage ihres Markt- oder Beleihungswertes bewertet werden.[54] Nach Art. 229 Abs. 1 CRR werden Immobiliensicherheiten von einem unabhängigen Sachverständigen zum oder unter Marktwert bewertet. Das

68

---

50 Vgl. Europäische Zentralbank, Leitfaden für Banken zu notleidenden Krediten, 20. März 2017, S. 100 f.

51 Vgl. Europäische Zentralbank, Leitfaden für Banken zu notleidenden Krediten, 20. März 2017, S. 103.

52 Vgl. European Banking Authority, Leitlinien über das Management notleidender und gestundeter Risikopositionen, EBA/GL/2018/06, 31. Oktober 2018, S. 49.

53 Vgl. European Banking Authority, Leitlinien über das Management notleidender und gestundeter Risikopositionen, EBA/GL/2018/06, 31. Oktober 2018, S. 52.

54 Vgl. European Banking Authority, Leitlinien über das Management notleidender und gestundeter Risikopositionen, EBA/GL/2018/06, 31. Oktober 2018, S. 48.

Institut verpflichtet den Sachverständigen, den Marktwert transparent und klar zu dokumentieren. In Mitgliedstaaten, deren Rechts- und Verwaltungsvorschriften strenge Vorgaben für die Bemessung des Beleihungswertes setzen, kann die Immobilie stattdessen von einem unabhängigen Sachverständigen zum oder unter Beleihungswert bewertet werden. Bei der Bestimmung des Beleihungswertes müssen allerdings spekulative Elemente außer Acht gelassen werden. Auch dieser Wert muss auf transparente und klare Weise dokumentiert werden. Der Wert der Sicherheit ist insofern der Markt- oder Beleihungswert, der ggf. aufgrund der Ergebnisse der in Art. 208 Abs. 3 CRR vorgesehenen Überprüfung und eventueller vorrangiger Forderungen auf die Immobilie herabgesetzt werden muss.

69 Immobiliensicherheiten sollten in Übereinstimmung mit anwendbaren internationalen, europäischen und nationalen Standards bewertet werden. Die EBA nennt die »Europäischen Bewertungsstandards« (»European Valuation Standards«, EVS) vom 13. Mai 2016, auch bekannt als »The Blue Book«, und die Standards des »Royal Institute of Chartered Surveyors« (RICS) als akzeptable Beispiele.[55] Die Institute müssen sicherstellen, dass der Immobilienpreis, der zur Bestimmung des geschätzten Marktwertes der Immobiliensicherheit zum Zeitpunkt der Verwertung verwendet wird, nicht auf gesamtwirtschaftlichen Prognosen bzw. Annahmen beruht, die optimistischer ausfallen als die Projektionen internationaler Organisationen, wie z. B. des Internationalen Währungsfonds (IWF), des Europäischen Systems der Zentralbanken (ESZB) oder des Europäischen Ausschusses für Systemrisiken (»European Systemic Risk Board«, ESRB), und somit nicht von einer Verbesserung der aktuellen Marktbedingungen ausgeht.[56]

70 Bei Forderungen entspricht der Wert laut Art. 229 Abs. 2 CRR dem Forderungsbetrag.

71 Bewegliche Vermögenswerte sollten zum Marktwert bewertet werden.[57] Sachsicherheiten, bei denen es sich nicht um Immobiliensicherheiten handelt, werden auch gemäß Art. 229 Abs. 3 CRR von den Instituten zum Marktwert bewertet. Der Marktwert entspricht dem geschätzten Betrag, zu dem die Sachsicherheit am Tag der Bewertung im Rahmen eines (zu marktüblichen Konditionen) geschlossenen Geschäftes vom Besitz eines veräußerungswilligen Verkäufers in den Besitz eines kaufwilligen Käufers übergehen dürfte.

72 Bei beweglichen Vermögenswerten sollten die Institute in Übereinstimmung mit den Anforderungen von Art. 210 CRR ausreichende rechtliche Prüfungen durchführen, die die Durchsetzbarkeit der Sicherungsvereinbarung bestätigen, und zwar einschließlich einer Prüfung des Rechtes, die Sicherheit bei Zahlungsausfall innerhalb eines angemessenen Zeitraumes einzuziehen und zu verwerten. Außerdem sollten die Institute in Übereinstimmung mit den Anforderungen von Art. 199 Abs. 6 CRR regelmäßig die Liquidität des Vermögenswertes bewerten. Wenn Marktpreise eine erhebliche Volatilität aufweisen, sollte das Institut nachweisen, dass die Bewertung der Sicherheit hinreichend konservativ ist.[58] Dazu gehören u. a. die Existenz liquider Märkte durch häufige Transaktionen, die Existenz allgemein anerkannter, öffentlich verfügbarer Marktpreise, eine Analyse der Marktpreise, des zur Verwertung der Sicherheit erforderlichen Zeit- und Kostenaufwandes und der mit der Sicherheit erzielten Erlöse sowie der Nachweis, dass bei mehr als 10 Prozent aller Liquidierungen bei einer bestimmten Art von Sicherheit die erzielten Erlöse nicht unter 70 Prozent des Wertes der Sicherheit liegen.

73 Wird der Verwertungserlös der Risikoposition anhand des Sicherheitenwertes beurteilt, so sind mindestens die folgenden Punkte zu dokumentieren: die Art und Weise der Wertermittlung, einschließlich Wertgutachten, Bewertungsannahmen und Berechnungen, die Gründe für etwaige

---

55 Vgl. European Banking Authority, Leitlinien über das Management notleidender und gestundeter Risikopositionen, EBA/GL/2018/06, 31. Oktober 2018, S. 49.

56 Vgl. European Banking Authority, Leitlinien über das Management notleidender und gestundeter Risikopositionen, EBA/GL/2018/06, 31. Oktober 2018, S. 51.

57 Vgl. European Banking Authority, Leitlinien über das Management notleidender und gestundeter Risikopositionen, EBA/GL/2018/06, 31. Oktober 2018, S. 48.

58 Vgl. European Banking Authority, Leitlinien über das Management notleidender und gestundeter Risikopositionen, EBA/GL/2018/06, 31. Oktober 2018, S. 49.

Anpassungen des Wertes laut Wertgutachten, ggf. die Ermittlung der Verkaufskosten, der angenommene Zeitraum bis zu einer Verwertung sowie das Fachwissen und die Unabhängigkeit des Gutachters. Wird zur Beurteilung des Verwertungserlöses der festgestellte Marktpreis herangezogen, so sind ergänzend Betrag, Quelle und Datum dieses festgestellten Marktpreises zu dokumentieren.[59]

2.2.2 Ermittlung der Verwertungskosten

Die »Verwertungskosten« werden als Mittelabflüsse definiert, die bei der Verwertung von Sicherheiten und beim Verkaufsprozess anfallen. Die Verwertungskosten umfassen   **74**

a) alle anfallenden Verfahrens- und Gerichtskosten,
b) Veräußerungskosten, Steuern und sonstige Aufwendungen,
c) ggf. zusätzliche Instandhaltungskosten, die dem Institut im Zusammenhang mit der Inbesitznahme und Veräußerung der Sicherheit entstehen, sowie
d) sämtliche Barmittelzuflüsse bis zum Tag der Verwertung.[60]

Der Abschlag für die Verwertungskosten sollte auch die Verwertungsstrategie, d.h. ob es sich um   **75** einen freihändigen Verkauf im Einvernehmen mit dem Kreditnehmer oder um eine Zwangsvollstreckung handelt, direkt widerspiegeln. Sämtliche Betriebskosten oder Investitionsausgaben, die vor dem Veräußerungszeitpunkt anfallen, sollten in die Berechnungen einbezogen werden. Sofern keine empirischen Daten vorhanden sind, müssen eigene Annahmen getroffen werden.[61]

2.2.3 Abzinsung des Sicherheitenwertes

Die Berücksichtigung der voraussichtlichen Verwertungsdauer ist über eine angemessene Abzinsung der Zahlungsströme (»Cashflows«) möglich. Dabei kommt es darauf an, die Verwertungsdauer möglichst genau abzuschätzen. Es empfiehlt sich, zu diesem Zweck auf die Erkenntnisse aus der Überwachung der Abwicklungsmaßnahmen zurückzugreifen. Im Rahmen der Abwicklung von Engagements müssen die Institute nämlich auch den Zeitraum, der zur Abwicklung der Sicherheit oder zur Durchsetzung einer Garantie benötigt wird, überwachen (→ BTO 1.2.5 Tz. 7). Da es um die Verwertung einer Sicherheit für ein spezielles Darlehen geht, könnte für die Abzinsung ggf. der Effektivzinssatz des Darlehens herangezogen werden. Darüber hinaus ermitteln IRBA-Institute die Verwertungsdauern im Rahmen ihrer internen Modelle.   **76**

Der Zeitraum bis zur Veräußerung der Sicherheit sollte unter Berücksichtigung des nationalen   **77** Rechtsrahmens, welcher einer Veräußerung der belasteten Immobilie zugrunde liegt, bestimmt werden. Dafür sollten Erfahrungswerte aus gerichtlichen Verfahren auf nationaler Ebene und aus Zwangsvollstreckungsmaßnahmen sowie empirische Daten herangezogen und mittels eines Rückvergleichs überprüft werden.[62] Soweit institutsinterne Verwertungsdauern vorliegen, sind diese ebenfalls zu berücksichtigen.

Die Institute sollten die abgezinsten Zahlungsströme vorsichtig und im Einklang mit den   **78** anwendbaren Rechnungslegungsstandards ermitteln. Dabei sollte berücksichtigt werden, ob die

---

59 Vgl. European Banking Authority, Leitlinien über das Management notleidender und gestundeter Risikopositionen, EBA/GL/2018/06, 31. Oktober 2018, S. 51.
60 Vgl. European Banking Authority, Leitlinien über das Management notleidender und gestundeter Risikopositionen, EBA/GL/2018/06, 31. Oktober 2018, S. 7.
61 Vgl. European Banking Authority, Leitlinien über das Management notleidender und gestundeter Risikopositionen, EBA/GL/2018/06, 31. Oktober 2018, S. 50.
62 Vgl. European Banking Authority, Leitlinien über das Management notleidender und gestundeter Risikopositionen, EBA/GL/2018/06, 31. Oktober 2018, S. 50f.

BTO 1.2.5 Behandlung von Problemkrediten

Zahlungsströme aus der operativen Tätigkeit des Kreditnehmers weiter fließen und zur Rückzahlung von finanziellen Verbindlichkeiten eingesetzt werden können (»Going-Concern-Szenario«). In diesem Fall dürfen die Sicherheiten nur verwertet werden, wenn die operativen Zahlungsströme davon nicht beeinflusst werden. Dafür sind aber aktuelle und verlässliche Angaben zu den Zahlungsströmen eine Grundvoraussetzung. Sollten die Zahlungsströme aus der operativen Tätigkeit des Kreditnehmers hingegen nicht mehr fließen, kann die Sicherheit verwertet werden (»Gone-Concern-Szenario«).[63]

79   Die Deutsche Kreditwirtschaft (DK) hatte darauf hingewiesen, dass barwertige Ansätze einerseits für HGB-Institute nicht relevant seien und andererseits förderbankinduzierte Besonderheiten (z. B. Unterverzinslichkeit, ggf. Nichtverzinsung von Wohnungsbauförderdarlehen) ein sachgerechtes Abzinsen verhindern würden. Insofern sei eine Abzinsung des Sicherheitenwertes nicht in jedem Fall sinnvoll bzw. möglich. Zudem hat die DK infrage gestellt, inwiefern eine Abzinsung bei konservativen Bewertungsansätzen bzw. Wertabschlägen erforderlich ist.[64] Die deutsche Aufsicht hat in die Erläuterung deshalb den Zusatz »gegebenenfalls« aufgenommen.

2.2.4   Festlegung angemessener Wertabschläge

80   Schließlich müssen noch angemessene Wertabschläge (»Haircuts«) hergeleitet werden. Der Immobilienpreis zum Zeitpunkt der Verwertung sollte den aktuellen und den erwarteten Marktbedingungen Rechnung tragen. Die Wertabschläge sollten die Liquidität des Marktes und die Verwertungsstrategie widerspiegeln, also ob die Verwertung im beiderseitigen Einverständnis oder nicht einvernehmlich auf dem Rechtsweg erfolgt. Die Bedingungen eines Notverkaufes sollten allerdings nur berücksichtigt werden, wenn er tatsächlich in der geplanten Verwertungsstrategie vorgesehen ist. Sind keine hinreichenden empirischen Belege vorhanden, sollten die Institute eigene Annahmen treffen und dabei zumindest die Faktoren Marktliquidität, Zeitablauf und Qualität/Alterung des Wertgutachtens berücksichtigen. Insbesondere im Falle eines illiquiden Immobilienmarktes mit einer unzureichenden Anzahl von Verkäufen sollte ein konservativerer Wertabschlag vorgenommen werden.[65]

81   Bei der Ermittlung der Zahlungsströme aus der Verwertung von Immobiliensicherheiten sollten die Institute angemessene und glaubhafte Annahmen zugrunde legen sowie die maßgeblichen Anforderungen nach IFRS 13 zur Bemessung des beizulegenden Zeitwerts berücksichtigen. Sie dürfen nicht davon ausgehen, dass die Erträge aus dem Sicherungsobjekt gegenüber dem aktuellen Niveau steigen, es sei denn, es liegt eine vertragliche Vereinbarung über einen solchen Anstieg vor. Zudem sollten die laufenden Erträge aus der Immobilie angepasst werden, um die erwarteten konjunkturellen Bedingungen zu berücksichtigen. Die Institute sollten in einem rezessiven Umfeld, in dem die Anzahl leerstehender Immobilien steigt oder die Nachfrage nach Transportmitteln fällt, nicht von gleichbleibenden Erträgen ausgehen. Eine Haltestrategie, d. h. einen Vermögenswert, dessen Wert über dem Marktwert liegt, zu halten und davon auszugehen, dass er verkauft wird, wenn sich der Markt erholt hat, ist bei Immobiliensicherheiten nach Ansicht der EBA nicht akzeptabel.[66]

---

63 Vgl. European Banking Authority, Leitlinien über das Management notleidender und gestundeter Risikopositionen, EBA/GL/2018/06, 31. Oktober 2018, S. 49.

64 Vgl. Deutsche Kreditwirtschaft, BaFin-Konsultation 14/2020 – Mindestanforderungen an das Risikomanagement, Stellungnahme vom 4. Dezember 2020, S. 28 f.

65 Vgl. European Banking Authority, Leitlinien über das Management notleidender und gestundeter Risikopositionen, EBA/GL/2018/06, 31. Oktober 2018, S. 50 f.

66 Vgl. European Banking Authority, Leitlinien über das Management notleidender und gestundeter Risikopositionen, EBA/GL/2018/06, 31. Oktober 2018, S. 51.

Die Verwendung von Wertabschlägen bzw. der Verzicht auf Wertabschläge sind angemessen zu begründen (→ BTO 1.2.5 Tz. 2, Erläuterung). Was die Verwendung von Wertabschlägen anbelangt, geht es also in erster Linie darum, dass deren Ermittlung nach klaren internen Vorgaben erfolgt und die vom Institut getroffenen Annahmen nachvollziehbar sind. Im Idealfall liegen dafür empirische Daten vor. Für einen Verzicht auf Wertabschläge müssten schon sehr gute Gründe vorliegen. Nach Einschätzung der EBA kann der Marktpreisabschlag ausschließlich bei hochliquiden, nicht problembehafteten Arten von Sicherheiten, die keinem signifikanten Korrelationsrisiko ausgesetzt sind, nahezu null betragen.[67]

82

2.3 Laufende Überprüfung der Werthaltigkeit

Mindestens jährlich ist eine Überprüfung der Werthaltigkeit der Sicherheiten durchzuführen, wobei erhebliche Schwankungen (des Marktes) und insbesondere ein erheblicher Rückgang des Sicherheitenwertes zu berücksichtigen sind. In diesen Fällen sollte die Überprüfung häufiger durchgeführt werden. Zur Überwachung der Immobiliensicherheiten werden von den Instituten i.d.R. Marktschwankungskonzepte eingesetzt (→ BTO 1.2.2 Tz. 3). Die EBA gestattet diese Vorgehensweise ausdrücklich. Die Institute sollten nach Möglichkeit quantitative Schwellenwerte für jede Sicherheitenart festlegen, die auf empirischen Daten und relevanten qualitativen Erfahrungswerten des Institutes basieren und unter Berücksichtigung der relevanten Faktoren, wie der Marktpreisentwicklung oder der Meinung unabhängiger Sachverständiger, ermittelt werden.[68]

83

Die EBA erwartet, dass die Institute die Bewertungen sämtlicher besicherten Risikopositionen in Übereinstimmung mit den Anforderungen von Art. 208 Abs. 3 und Art. 210 lit. c CRR auf dem aktuellen Stand halten.[69] Bei Gewerbeimmobilien müssen die Institute den Wert der Immobilie laut Art. 208 Abs. 3 lit. a CRR mindestens jährlich überprüfen und bei Wohnimmobilien mindestens alle drei Jahre. Bei sonstigen Sachsicherheiten müssen die Institute den Wert der Sicherheit gemäß Art. 210 lit. c CRR ebenfalls mindestens jährlich überprüfen. Ist der Markt starken Schwankungen ausgesetzt, muss diese Überprüfung in allen genannten Fällen häufiger durchgeführt werden.

84

Zu dem Zeitpunkt, an dem die Forderung als notleidend eingestuft wird, und solange dieser Status beibehalten wird, sollte die Gruppe der Sicherheiten, »die regelmäßig Einzelbewertungen und Neubewertungen unterworfen werden«, mindestens jährlich aktualisiert werden.[70] Folglich geht es der EBA bei der jährlichen Überprüfung nicht zwingend um sämtliche Sicherheiten. Es besteht insofern eine Parallele zur Kreditweiterbearbeitung, bei der die Sicherheiten »ab einer vom Institut unter Risikogesichtspunkten festzulegenden Grenze« in angemessenen Abständen zu überprüfen sind (→ BTO 1.2.2 Tz. 3). Tendenziell könnte diese Grenze in der Problemkreditbearbeitung allerdings niedriger als in der Normalbetreuung sein. Die DK hatte im Rahmen der Konsultation zur sechsten MaRisk-Novelle vor diesem Hintergrund für die Einführung eines angemessenen Schwellenwertes plädiert.[71]

85

---

67 Vgl. European Banking Authority, Leitlinien über das Management notleidender und gestundeter Risikopositionen, EBA/GL/2018/06, 31. Oktober 2018, S. 50.
68 Vgl. European Banking Authority, Leitlinien über das Management notleidender und gestundeter Risikopositionen, EBA/GL/2018/06, 31. Oktober 2018, S. 48.
69 Vgl. European Banking Authority, Leitlinien über das Management notleidender und gestundeter Risikopositionen, EBA/GL/2018/06, 31. Oktober 2018, S. 48.
70 Vgl. European Banking Authority, Leitlinien über das Management notleidender und gestundeter Risikopositionen, EBA/GL/2018/06, 31. Oktober 2018, S. 48.
71 Vgl. Deutsche Kreditwirtschaft, 6. MaRisk-Novelle – Ergänzende Formulierungsvorschläge der DK, Schreiben vom 26. Februar 2021, S. 6.

BTO 1.2.5 Behandlung von Problemkrediten

86   Die Institute sollten jedenfalls dazu in der Lage sein, mit Hilfe geeigneter Verfahren und Systeme veraltete Bewertungen (zu identifizieren und) zu kennzeichnen und auf diese Weise eine neue Wertermittlung anzustoßen. Sofern der Wert einer Immobilie innerhalb der letzten 12 Monate mittels individueller Bewertung aktualisiert wurde, kann der Immobilienwert für den Zeitraum der Wertminderungsprüfung mittels Indexierung, d.h. auf der Basis eines Marktschwankungskonzeptes, ermittelt werden. Die Institute sollten allerdings sicherstellen, dass die Indexierung mindestens jährlich aktualisiert wird.[72] Das bedeutet, dass die Immobilienwerte mindestens jährlich überwacht werden sollen.

87   In den Prozess der Überprüfung der Werthaltigkeit der Sicherheiten bzw. der Wertermittlung sind Mitarbeiter oder ggf. externe Spezialisten mit entsprechenden Kenntnissen einzubeziehen. Eine vergleichbare Anforderung wird für den Prozess der Verwertung der Sicherheiten gestellt (→ BTO 1.2.5 Tz. 7), so dass in beiden Fällen auf dieselben Mitarbeiter zugegriffen werden könnte.

88   Insbesondere im Bereich der Immobilienbewertung werden an die erforderliche Qualifikation bestimmte Mindestanforderungen gestellt (→ BTO 1.2 Tz. 3). Zudem müssen von den Instituten auch die relevanten Vorgaben der CRR beachtet werden. So muss die Bewertung gemäß Art. 208 Abs. 3 lit. b CRR von einem Sachverständigen überprüft werden, der über die zur Durchführung einer solchen Bewertung erforderlichen Qualifikationen, Fähigkeiten und Erfahrungen verfügt und von der Kreditvergabeentscheidung unabhängig ist, wenn den Instituten Hinweise darauf vorliegen, dass eine Immobilie im Verhältnis zu den allgemeinen Marktpreisen erheblich an Wert verloren haben könnte. Bei Krediten, die über 3 Millionen Euro oder 5 Prozent der Eigenmittel des Institutes hinausgehen, muss die Bewertung mindestens alle drei Jahre von einem solchen Sachverständigen überprüft werden.

---

72 Vgl. European Banking Authority, Leitlinien über das Management notleidender und gestundeter Risikopositionen, EBA/GL/2018/06, 31. Oktober 2018, S. 48.

3 Verbleib in der Intensivbetreuung (Tz. 3)

3 Entscheidet sich das Institut trotz Erfüllung der Kriterien für den Übergang in die Sanierung bzw. Abwicklung und trotz wesentlicher Leistungsstörungen für einen Verbleib in der Intensivbetreuung, ist sicherzustellen, dass das Adressenausfallrisiko des Kredits verringert oder begrenzt werden kann. Das Vorgehen ist mit den auf die Sanierung bzw. Abwicklung spezialisierten Mitarbeitern abzustimmen. Rechtliche Risiken und die Werthaltigkeit von Sicherheiten sind dabei zu prüfen. **89**

3.1 Begründete Abweichung von den Festlegungen

Das Institut hat Kriterien festzulegen, nach denen die Abgabe eines Engagements an die auf die Sanierung bzw. Abwicklung spezialisierten Mitarbeiter oder Bereiche bzw. deren Einschaltung geregelt wird. Um bei der Festlegung und regelmäßigen Überprüfung dieser Kriterien keinen Interessenkonflikten ausgesetzt zu sein, muss die Verantwortung dafür außerhalb des Bereiches Markt angesiedelt sein (→ BTO 1.2.5 Tz. 1). Im Normalfall erfolgt also die Abgabe eines Engagements an die Problemkreditbearbeitung, sobald die festgelegten Kriterien erfüllt sind. In der Regel werden sich derartige Engagements zuvor in der Intensivbetreuung befinden. **90**

Es kann allerdings auch Gründe geben, ein Engagement trotz wesentlicher Leistungsstörungen und Erfüllung dieser Kriterien weiterhin in der Intensivbetreuung zu belassen. So ist es z.B. denkbar, dass die weitere Intensivbetreuung schlicht naheliegend erscheint, weil z.B. keine erfolgversprechenden Sanierungsmaßnahmen ergriffen werden können und eine Abwicklung aufgrund des geringen Volumens oder eines geringen Restbuchwertes des Engagements für das Institut unter betriebswirtschaftlichen Gesichtspunkten nicht sinnvoll wäre. **91**

In diesem Fall ist vom Institut sicherzustellen, dass das Adressenausfallrisiko des Kredites auch in der Intensivbetreuung verringert oder begrenzt werden kann. Die Maßnahmen in der Intensivbetreuung sind allerdings häufig mit einer vorübergehenden Ausweitung des Engagements und damit einer Erhöhung des Adressenausfallrisikos mit dem Ziel einer nachhaltigen Bonitätsverbesserung des Kreditnehmers verbunden. Insofern kommt es bei dieser Anforderung nicht auf die kurzfristige Betrachtung an, sondern darauf, dass die für sinnvoll erachteten Maßnahmen mittel- bis langfristig auf eine Verringerung des Adressenausfallrisikos abzielen. **92**

3.2 Abstimmung mit der Problemkreditbearbeitung

Darüber hinaus können die Mitarbeiter der Intensivbetreuung diese Entscheidung nicht ohne Abstimmung mit den auf die Sanierung bzw. Abwicklung spezialisierten Mitarbeitern treffen. Die zwischenzeitlich von der deutschen Aufsicht geforderte Abstimmung der konkreten Maßnahmen mit den Mitarbeitern der Problemkreditbearbeitung ist hingegen wieder gestrichen worden, da letztlich eine Bearbeitung nach den Vorgaben der Intensivbetreuung erfolgt und das Engagement andernfalls genauso gut abgegeben werden könnte. **93**

Schließlich ist zu prüfen, ob sich aus dem Verzicht auf eine Abgabe an die Problemkreditbearbeitung rechtliche Risiken für das Institut ergeben können. Wenn bereits eine nicht erfolg- **94** reiche Sanierungsmaßnahme Grund zum Klagen ist, könnte dies eine gar nicht erst eingeleitete Sanierung erst recht sein. In die Prüfung rechtlicher Risiken sollte ggf. die Rechtsabteilung eingeschaltet werden. In diesem Zusammenhang empfiehlt es sich auch, die Gründe für diese Entscheidung für Dritte nachvollziehbar zu dokumentieren.

95   Der Wert der Sicherheiten kann für den weiteren Umgang mit einem Engagement von entscheidender Bedeutung sein und ist ggf. sogar ausschlaggebend für die Entscheidung, das Engagement in der Intensivbetreuung zu belassen. Da die Werthaltigkeit von Sicherheiten bei Abgabe an die Problemkreditbearbeitung überprüft werden müsste (→ BTO 1.2.5 Tz. 2), sollte das Institut auf diese Überprüfung im eigenen Interesse nicht verzichten, wenn die Kriterien für diese Abgabe erfüllt sind. Schließlich sind außerordentliche Überprüfungen von Engagements einschließlich der Sicherheiten zumindest dann unverzüglich durchzuführen, wenn dem Institut aus externen oder internen Quellen Informationen bekannt werden, die auf eine wesentliche negative Änderung der Risikoeinschätzung der Engagements oder der Sicherheiten hindeuten (→ BTO 1.2.2 Tz. 4).

4 Beurteilung der Sanierungsfähigkeit (Tz. 4)

4 Zieht ein Institut die Begleitung einer Sanierung in Betracht, hat es sich ein Sanierungs-   96
konzept zur Beurteilung der Sanierungsfähigkeit des Kreditnehmers vorlegen zu lassen
und auf dieser Grundlage ein eigenständiges Urteil darüber zu treffen, ob eine Sanierung
erreicht werden kann.

4.1 Alternativen in der Problemkreditbearbeitung

Wie bereits erwähnt, hat das Institut Kriterien festzulegen, die die Abgabe eines Engagements an   97
die auf die Sanierung bzw. Abwicklung spezialisierten Mitarbeiter oder Bereiche bzw. deren
Einschaltung regeln (→ BTO 1.2.5 Tz. 1). Diese Kriterien besitzen i. d. R. eine andere Qualität als
die Übergangskriterien zur Intensivbetreuung (→ BTO 1.2.4 Tz. 1). Allerdings wird es auf ihrer
Basis im Normalfall nicht möglich sein, bereits eine Zuordnung der Engagements zur Sanierung
oder zur Abwicklung vorzunehmen. Aus Sicht des Institutes muss zunächst geklärt werden, ob
die Begleitung einer Sanierung überhaupt möglich und betriebswirtschaftlich sinnvoll ist
(→ BTO 1.2.5 Tz. 4). Zu diesem Zweck wird eine Prüfung der Sanierungsfähigkeit des Kreditnehmers durchgeführt. Sofern diese Prüfung zu einem positiven Ergebnis führt, kommt eine
Begleitung der Sanierung aus Sicht des Institutes in Betracht. In diesem Fall kann i. d. R. davon
ausgegangen werden, dass eine Sanierung aus Sicht des Institutes erreicht werden kann und alle
an der Sanierung Beteiligten die Maßnahme unterstützen, also der Wille zur Sanierung klar
erkennbar ist. Dementsprechend bestehen gute Aussichten für eine erfolgreiche Sanierung.
Andernfalls bleibt i. d. R. nur noch die Abwicklung des Engagements (→ BTO 1.2.5 Tz. 7).

4.2 Begleitung einer Sanierung

Sind die vom Institut festgelegten Kriterien für die Abgabe eines Engagements an die Sanierung   98
erfüllt, d. h. zieht das Institut die Begleitung einer Sanierung in Betracht, muss möglichst zeitnah
eine abschließende Entscheidung für oder gegen die Sanierung getroffen werden. Nach der bis
Ende 2009 geltenden Regelung musste sich das Institut ein Sanierungskonzept vorlegen lassen,
sofern es sich für die Begleitung einer Sanierung entschieden hatte. Diese Entscheidung beruht
jedoch im Wesentlichen auf einer genauen Prüfung der Sanierungsfähigkeit des Kreditnehmers.
Im Rahmen der zweiten MaRisk-Novelle ist klargestellt worden, dass sich ein Institut für diese
Zwecke zunächst ein Sanierungskonzept vorlegen lassen muss. Damit wird insbesondere zum
Ausdruck gebracht, dass eine abschließende Entscheidung für die Begleitung einer Sanierung
nicht möglich ist, solange noch kein Sanierungskonzept vorliegt.

Das Institut der Wirtschaftsprüfer (IDW) hatte damals vorgeschlagen, zwischen einer (umfassen-   99
den) Sanierung, für die ein Sanierungskonzept zwingend erforderlich sei, und der bloßen Sicherung
der Fortführungsfähigkeit eines Unternehmens, für die weniger weitgehende Unterlagen erforderlich
seien, zu unterscheiden.[73] Diesem Vorschlag ist die Aufsicht nicht gefolgt. Im Rahmen der fünften

---

[73] Vgl. Institut der Wirtschaftsprüfer, Neufassung der MaRisk – Veröffentlichung des ersten Entwurfs – Konsultation
03/2009, Stellungnahme vom 20. März 2009, S. 3 f.

MaRisk-Novelle wurde darüber erneut diskutiert. Hintergrund dafür ist das praktische Problem, dass niemand bereit ist, für kleinere Kreditnehmer ein Sanierungskonzept zu schreiben, weil sich dies unter betriebswirtschaftlichen Gesichtspunkten schlicht nicht lohnt. Es stellt sich allerdings die Frage, ob derartige Maßnahmen überhaupt schon als Sanierung im Sinne der MaRisk anzusehen sind. Nach wohlwollender Interpretation werden durch die MaRisk keine konkreten Anforderungen an die Begleitung von Maßnahmen zur Sicherung der Fortführungsfähigkeit eines Unternehmens, die noch nicht als Sanierung anzusehen sind, gestellt.

4.3 Rolle des Institutes im Rahmen einer Sanierungsmaßnahme

100 Die Formulierung dieser Textziffer wurde bereits im Rahmen der Ausarbeitung der MaRisk gegenüber dem ursprünglichen Wortlaut in den MaK angepasst. Insbesondere wird dem Institut nicht mehr die Aufgabe zugewiesen, eine Sanierungsmaßnahme durchzuführen bzw. zwingend an der Erarbeitung und Umsetzung des Sanierungskonzeptes mitzuwirken. Aus haftungsrechtlichen Gründen sollte ein Institut die Sanierungsmaßnahme nur begleiten. Außerdem sollte es sich das Sanierungskonzept vorlegen lassen. Selbstverständlich kann das Institut dabei eine beratende Rolle spielen. Die Verantwortung für die Konzepterstellung und die Entscheidung für die Durchführung der Sanierungsmaßnahme sollte jedoch, das Einverständnis des Institutes auf Basis einer entsprechenden Prüfung vorausgesetzt, in der unternehmerischen Verantwortung des Kreditnehmers bzw. der von ihm beauftragten Experten verbleiben. Auf diese Weise lassen sich spätere Regressforderungen seitens des Kreditnehmers im Fall einer fehlgeschlagenen Sanierungsmaßnahme vermeiden. Das Einverständnis des Institutes muss auf einem eigenständigen Urteil beruhen, ob eine Sanierung unter den vorliegenden Umständen erreicht werden kann.

4.4 Sanierungswürdigkeit und Sanierungsfähigkeit

101 Bei der Sanierungswürdigkeit geht es in erster Linie um die Frage, ob eine Beteiligung des Institutes an der Sanierung unter wirtschaftlichen Gesichtspunkten vertretbar bzw. sinnvoll ist. Im Vordergrund stehen daher die subjektiven Interessen des Institutes oder anderer potenzieller Investoren. Die Sanierungswürdigkeit liegt aus Sicht des Institutes i.d.R. dann vor, wenn der durch die Fortführung zu erzielende Ertragswert über dem erwarteten Liquidationswert liegt.[74] Nach der bis Ende 2009 geltenden Regelung war auch eine Prüfung der Sanierungswürdigkeit des Kreditnehmers durchzuführen, sofern die (institutsinternen) Kriterien zur Abgabe eines Engagements an die Problemkreditbearbeitung bzw. zu deren Einschaltung erfüllt waren. Das Institut der Wirtschaftsprüfer (IDW) hatte angeregt, auf eine Prüfung der Sanierungswürdigkeit zu verzichten, da der Begriff »Sanierungswürdigkeit« subjektive Wertungselemente enthalte und daher kein tauglicher Orientierungsmaßstab für die Erstellung eines Sanierungskonzeptes sei. Das IDW verwies gleichzeitig darauf, dass der Begriff »Sanierungswürdigkeit« weder im einschlägigen Schrifttum Bedeutung habe noch in der neueren Rechtsprechung von BGH und BFH verwendet werde.[75] Diesem Vorschlag

---

74 Vgl. Häger, Michael, Checkbuch Überschuldung und Sanierung, Köln, 2002, S. 45.
75 Vgl. Institut der Wirtschaftsprüfer, Neufassung der MaRisk – Veröffentlichung des ersten Entwurfs – Konsultation 03/2009, Stellungnahme vom 20. März 2009, S. 3. In dieser Stellungnahme wird unterstützend auf den Entwurf des IDW-Standards zu Anforderungen an die Erstellung von Sanierungskonzepten verwiesen. Vgl. Institut der Wirtschaftsprüfer, Entwurf IDW Standard 6 (IDW ES 6), Anforderungen an die Erstellung von Sanierungskonzepten, in: Die Wirtschaftsprüfung, Supplement 3/2008, FN-IDW 2008, 1. August 2008, S. 381.

ist die Aufsicht im Rahmen der zweiten MaRisk-Novelle gefolgt. Seitdem besteht nur noch die Anforderung, die Sanierungsfähigkeit zu beurteilen. Grundsätzlich ist an die Streichung des Begriffes Sanierungswürdigkeitsprüfung jedoch keine materielle Änderung geknüpft. Die hinter der Sanierungswürdigkeitsprüfung stehende »subjektive Komponente« kommt an anderer Stelle hinreichend zum Ausdruck (z.B. im Vorfeld der Entscheidung über die Begleitung der Sanierung).

Unter der Sanierungsfähigkeit wird im Allgemeinen die Fähigkeit des Kreditnehmers verstanden, mit Hilfe gezielter Maßnahmen wieder eine stabile Existenzbasis zu erlangen und diese aus eigener Kraft erhalten zu können. Es muss insbesondere eine hohe Wahrscheinlichkeit dafür vorliegen, dass der Kreditnehmer durch die Sanierungsmaßnahmen wieder in die Lage versetzt wird, nachhaltig positive Ergebnisse zu erwirtschaften.[76] Eine Schätzung dieser Wahrscheinlichkeit ist grundsätzlich nur dann möglich, wenn das Institut die Gründe für die Krise des Kreditnehmers kennt und hinreichend über die geplanten Sanierungsmaßnahmen informiert ist. Die Sanierungsfähigkeit ist daher regelmäßig auf der Grundlage des Sanierungskonzeptes zu prüfen, das dem Institut vorzulegen ist und in dem u. a. die genannten Gesichtspunkte darzustellen sind. **102**

4.5　Mindestinhalte eines Sanierungskonzeptes

Die Erstellung des Sanierungskonzeptes durch den Kreditnehmer, ggf. unter Mitwirkung von Sanierungsberatern, ist der Ausgangspunkt für den Sanierungsprozess. Aufgrund der sich i.d.R. schnell zuspitzenden Problemlage des Kreditnehmers müssen solche Konzepte häufig sehr kurzfristig, zum Teil sogar innerhalb weniger Tage, erstellt werden.[77] Aus dem Sanierungskonzept sollten vor allem folgende Sachverhalte klar hervorgehen: **103**

- die Ausgangssituation des Kreditnehmers, also z.B. rechtliche Verhältnisse, Unternehmenszweck und Unternehmensphilosophie, Märkte, Produkte, Beschreibung der internen Organisation des Unternehmens, Informationen über den technischen Stand der Produktionsverfahren und Investitionsschwerpunkte,
- der Status der wirtschaftlichen Verhältnisse des Kreditnehmers, wie z.B. Liquiditäts-, Vermögens- und Ertragslage,
- die Darstellung der Ursachen für die Krise des Kreditnehmers, ggf. mit Hilfe von Ursache-Wirkungs-Relationen, und
- die Darstellung der Maßnahmen, die dazu beitragen sollen, die Krisensituation zu überwinden, ggf. mit Hilfe von Planrechnungen.

Insbesondere den beiden letzten Punkten kommt eine große Bedeutung zu. Sanierungskonzepte müssen die Ursachen für die Krise des Kreditnehmers nachvollziehbar darlegen. Zudem sind die für die Sanierung erforderlichen Maßnahmen klar zu benennen. Aus dem Sanierungskonzept müssen auch die zeitlichen Horizonte für die Umsetzung der einzelnen Maßnahmen deutlich hervorgehen. Soweit das Sanierungskonzept diese Anforderungen nicht erfüllen kann, ist eine erfolgreiche Sanierung so gut wie ausgeschlossen. Als hilfreich für die Überprüfung bzw. Einschätzung der **104**

---

76 Vgl. Lützenrath, Christian/Peppmaier, Kai/Schuppener, Jörg, Bankstrategien für Unternehmenssanierungen, Köln, 2003, S. 51.

77 Vgl. Kraus, Karl-Joachim/Gless, Sven-Erik, Unternehmensrestrukturierung/-sanierung und strategische Neuausrichtung, in: Buth, Andrea/Hermanns, Michael (Hrsg.), Restrukturierung, Sanierung und Insolvenz, 2. Auflage, München, 2004, S. 115 ff.

genannten Aspekte können sich Checklisten erweisen. Mit deren Hilfe können z. B. Risikopotenziale in Sanierungsgutachten oder -konzepten aufgedeckt werden.[78]

4.6 Aspekte der Sanierungsfähigkeitsprüfung

105 Im Rahmen der Sanierungsfähigkeitsprüfung sollte eine Überprüfung der Angaben im Sanierungskonzept, für die gewisse Mindeststandards formuliert werden können, auf Vollständigkeit und Plausibilität erfolgen. Neben einer gründlichen Aufarbeitung der Ursachen für die Krise des Kreditnehmers sollten dabei folgende Aspekte im Vordergrund stehen[79]:

- die Überprüfung der im Sanierungskonzept vorgesehenen Sanierungsmaßnahmen im Hinblick auf ihre wirtschaftliche Realisierbarkeit,
- die Überprüfung der Sanierungschancen und die Darstellung der ggf. zu erwartenden Schwierigkeiten,
- die Überprüfung der Vermögens- und Ertragslage sowie der Bilanzrelationen,
- die Erstellung von Umsatz- und Kostenanalysen sowie Schwachstellenanalysen,
- die Einschätzung der voraussichtlichen Entwicklung der Ertragslage auf der Grundlage von Planrechnungen,
- der Nachweis, dass die Umsetzung des Sanierungskonzeptes personell und finanziell abgesichert ist, und
- die Einschätzung der Wettbewerbslage des Kreditnehmers sowie Informationen zur Branchenentwicklung.

Bedeutsam ist darüber hinaus eine Einschätzung der zukünftigen Liquiditätslage des Kreditnehmers, da gebundenes Kapital im Zweifel nicht für die Erbringung des Kapitaldienstes eingesetzt werden kann.

4.7 Entscheidungsprozess in Krisenzeiten

106 Die BaFin hat den Entscheidungsprozess, ob ein Institut eine erforderliche Sanierung begleitet, für die Dauer der COVID-19-Pandemie ausgesetzt. Damit konnte die Kreditvergabe an Kreditnehmer auch dann erfolgen, wenn die Kapitaldienstfähigkeit krisenbedingt vorübergehend nicht gegeben bzw. im Wesentlichen vom weiteren Verlauf der Krise abhängig war. Insbesondere hat die BaFin eine Begleitung von Kreditnehmern, welche vor der Krise eine Kapitaldienstfähigkeit aufwiesen, für banküblich und angemessen gehalten. Um von dieser Erleichterung zu profitieren, mussten die Institute im Rahmen einer internen Bewertung zu dem Schluss kommen, dass das Unternehmen (nach der Krise) überlebensfähig ist, also wieder Kapitaldienst erwirtschaften wird bzw. ohne COVID-19-Pandemie kein Sanierungsfall geworden wäre. Dies konnte nach Einschätzung der

---

78 Vgl. Habel, Falk-Michael, Bank-Checklisten für Sanierungsgutachten, in: BankPraktiker, Heft 3/2006, S. 115 ff. Zur Vertiefung der Thematik sei auf den ISU-Standard für das Erstellen, Umsetzen und Prüfen von Sanierungskonzepten und Sanierungsgutachten sowie eine ausführliche Behandlung dieser Problematik verwiesen. Vgl. Institut für die Standardisierung von Unternehmenssanierungen (Hrsg.), Mindestanforderungen an Sanierungskonzepte (MaS), Heidelberg, 2008. Außerdem existiert ein Standard der Wirtschaftsprüfer zur Erstellung von Sanierungskonzepten. Vgl. Institut der Wirtschaftsprüfer, Standard 6 (IDW S 6), Anforderungen an die Erstellung von Sanierungskonzepten, in: Die Wirtschaftsprüfung, Supplement 4/2009, S. 145 ff.

79 Zum beispielhaften Ablauf einer Sanierungsfähigkeitsprüfung für eine GmbH vgl. Schmidt, Carsten/Uhlenbruck, Wilhelm, Die GmbH in Krise, Sanierung und Insolvenz, Köln, 2002, S. 159 ff.

BTO 1.2.5 Behandlung von Problemkrediten

BaFin automatisch für alle Kreditnehmer angenommen werden, die Fördermittel aus dem Hilfsprogramm der KfW oder ggf. aus Hilfsprogrammen der Länder und Kommunen erhalten hatten. Diese Kredite waren zunächst nicht als Problemkredite einzustufen. Erst gegen Ende der Förderung war zu entscheiden, ob eine weitere Begleitung eine Sanierung erfordert und die Kredite damit als Problemkredite zu behandeln und folglich auch Sanierungsgutachten einzufordern sind.[80]

---

80 Vgl. Bundesanstalt für Finanzdienstleistungsaufsicht, Regelmäßig aktualisierte »FAQ« zu aufsichtlichen und regulatorischen Maßnahmen als Reaktion auf COVID-19, Internetseite der BaFin, Rubrik Governance, abgerufen am 15. März 2021.

5   Überwachung der Sanierungsmaßnahmen (Tz. 5)

107   **5** Die Umsetzung des Sanierungskonzeptes sowie die Auswirkungen der Maßnahmen sind vom Institut zu überwachen.

5.1   Überwachung durch das Institut

108   Die Umsetzung des Sanierungskonzeptes und die Auswirkungen der Maßnahmen müssen vom Institut im eigenen Interesse überwacht werden. Diese Überwachungstätigkeiten umfassen in erster Linie die Einhaltung der im Sanierungskonzept niedergelegten Maßnahmen sowie deren Auswirkungen auf die Situation des Kreditnehmers. Dies kann z.B. durch die Kontrolle vereinbarter Zeitpläne oder durch regelmäßige Soll-Ist-Vergleiche erfolgen. Erforderlichenfalls kann dabei auf externe Spezialisten mit entsprechenden Kenntnissen zurückgegriffen werden (→ BTO 1.2.5 Tz. 6). Bei Planabweichungen sollte kurzfristig eine Entscheidung aller Beteiligten über die weitere Vorgehensweise getroffen werden, ggf. sogar über die Anpassung des Sanierungskonzeptes. Soweit es sich um bedeutende Engagements handelt, sind die zuständigen Geschäftsleiter regelmäßig über den Stand der Sanierung zu informieren (→ BTO 1.2.5 Tz. 6).

109   Im Rahmen der Überwachung sollten in der Sanierungsphase aktive Eingriffe in die Geschäftspolitik des Kreditnehmers vermieden werden, da dies ggf. zu rechtlichen Schwierigkeiten führen kann (»faktische Geschäftsführung«). Insoweit kommt dem Sanierungskonzept im Zusammenhang mit der Begleitung des Institutes an der Sanierung eine zentrale Rolle zu (→ BTO 1.2.5 Tz. 4).

6 Berichterstattung und Einbindung externer Spezialisten (Tz. 6)

6 Die zuständigen Geschäftsleiter sind bei bedeutenden Engagements regelmäßig über den Stand der Sanierung zu informieren. Erforderlichenfalls kann bei dem Sanierungsprozess auf externe Spezialisten mit entsprechenden Kenntnissen zurückgegriffen werden.

110

6.1 Berichtspflichten bei Sanierungsengagements

Die zuständigen Geschäftsleiter sollten zumindest bei bedeutenden Engagements regelmäßig über den Stand der Sanierung informiert werden. Die Informationspflicht betrifft also nicht alle Sanierungsengagements, sondern lediglich die »bedeutenden« Fälle. Sie richtet sich ferner nur an jene Geschäftsleiter, die aufgrund ihrer Ressortverantwortung in den Entwicklungsprozess des konkreten Engagements involviert sind. Die Information kann auch im Rahmen der vierteljährlichen Risikoberichterstattung erfolgen, deren Empfänger allerdings die gesamte Geschäftsleitung ist (→ BT 3.2 Tz. 3). Im Rahmen dieser Berichterstattung müssen die bemerkenswerten Engagements, wie z.B. die Problemkredite von wesentlicher Bedeutung, ohnehin aufgeführt und ggf. sogar kommentiert werden (→ BT 3.2 Tz. 3 lit. b). Soweit im Hinblick auf ein bedeutendes Sanierungsengagement zwischenzeitlich Ereignisse von wichtiger Bedeutung eintreten, ist eine unverzügliche Berichterstattung gegenüber der gesamten Geschäftsleitung erforderlich. Das folgt aus der unverzüglichen Informationspflicht der Fachbereiche an die Geschäftsleitung und die jeweiligen Verantwortlichen, sofern ihnen unter Risikogesichtspunkten wesentliche Informationen vorliegen (→ AT 4.3.2 Tz. 4).

111

6.2 Einbindung externer Spezialisten

Der Sanierungsprozess kann vor allem kleinere Institute mit begrenzten personellen Ressourcen vor unüberwindbare Probleme stellen, da die Begleitung einer Sanierung sehr hohe Anforderungen an die fachlichen Kenntnisse der Mitarbeiter und deren Erfahrung stellt. Soweit Institute nicht über das erforderliche Know-how zur Beurteilung solcher Sachverhalte verfügen, ist es dringend anzuraten, auf externes Fachwissen zurückzugreifen. Die MaRisk lassen die Einbindung externer Spezialisten, wie z.B. spezialisierter Beratungsfirmen, branchenkundiger Wirtschaftsfachleute oder unabhängiger Wirtschaftsprüfer, ausdrücklich zu. Das gilt auch im Hinblick auf die Abwicklung von Engagements (→ BTO 1.2.5 Tz. 7). Selbst wenn das Institut über genügend spezialisierte Mitarbeiter verfügt, kann es zweckmäßig sein, Dritte in die Sanierung einzubeziehen. Sofern eine Sanierung scheitert und Vorwürfe in Richtung Insolvenzverschleppung vom Kreditnehmer oder von anderen Gläubigern erhoben werden, lassen sich diese ggf. mit Hilfe eines fundierten externen Gutachtens über die Sanierungsaussichten entkräften. Die

112

BTO 1.2.5 Behandlung von Problemkrediten

Sanierungsgutachten tragen insbesondere dann zur Entkräftung solcher Vorwürfe bei, wenn sie von Wirtschaftsprüfern oder anderen sach- und fachkundigen Dritten erstellt wurden.[81] Da der Kreditnehmer während des Sanierungsprozesses sämtliche Aufgaben der Geschäftsleitung wahrnehmen muss, kann auch die Unterstützung für alle im Zusammenhang mit der Sanierung stehenden Prozesse durch einen externen »Sanierungsbeauftragten« hilfreich sein.

81 Vgl. Bauer, Karl-Heinz, Insolvenzrechtsreform schafft keine Lösung der Probleme von Sanierungskrediten, in: Sparkasse, Heft 17/2000, S. 38.

7 Abwicklung von Engagements (Tz. 7)

7 Für den Fall der Abwicklung eines Engagements ist ein Abwicklungskonzept zu erstel- **113**
len, in dem geeignete Abwicklungsmaßnahmen festzulegen sind. Die Maßnahmen sind
regelmäßig zu überwachen. In den Prozess der Verwertung der Sicherheiten sind Mitarbeiter
oder ggf. externe Spezialisten mit entsprechenden Kenntnissen einzubeziehen.

7.1 Kündigung bei Abwicklung

Soweit die Sanierungsfähigkeit (→ BTO 1.2.5 Tz. 4) nicht gegeben ist oder sich im Verlauf der **114**
Sanierung zeigen sollte, dass die geplanten Maßnahmen zu keinem positiven Ergebnis führen,
verbleibt grundsätzlich nur noch die Möglichkeit der Abwicklung. Bei der Abwicklung geht es aus
Sicht des Institutes regelmäßig darum, nach der Kündigung des Engagements einen optimalen
Erlös aus den vorhandenen Sicherheiten zu erzielen, um einen möglichst hohen Anteil ausstehender Restforderungen einzutreiben. Vor der Kündigung ist zwecks Vermeidung von Schadensersatzansprüchen zu überprüfen, ob alle erforderlichen rechtlichen Voraussetzungen tatsächlich
erfüllt sind. Die Kündigung muss vor allem auf das Verhalten des Kreditnehmers zurückzuführen
sein, wie z. B. auf einen anhaltenden Zahlungsverzug.

7.2 Abwicklungskonzept und Abwicklungsmaßnahmen

Der Inhalt des erforderlichen Abwicklungskonzeptes beschränkt sich nicht nur auf die Darstellung **115**
der vorhandenen Sicherheiten und eine grobe Beschreibung der erforderlichen Schritte, die im
Rahmen der Abwicklung durchzuführen sind. Das Abwicklungskonzept sollte, insbesondere im
Hinblick auf die Beschreibung des Ablaufes, zwar so flexibel gehalten werden, dass erforderliche
Anpassungen und Änderungen jederzeit möglich sind. Im Abwicklungskonzept sind aber auch die
geeigneten Abwicklungsmaßnahmen festzulegen. Dabei sollten sich die Institute an der Strategie
für notleidende Risikopositionen (→ AT 4.2 Tz. 1) und deren operativer Umsetzung durch den
entsprechenden Implementierungsplan (→ AT 4.2 Tz. 3) orientieren. Schließlich sind insbesondere im Implementierungsplan die aus Sicht des Institutes erfolgversprechenden Handlungsoptionen niedergelegt, um die eigenen Abbauziele hinsichtlich der NPE-Bestände erreichen zu
können.

Die Abwicklung eines Engagements kann grundsätzlich mit der Einleitung von Gerichtsver- **116**
fahren, einem Inkassoverfahren (intern oder extern), der Inbesitznahme von Vermögenswerten
(»Rettungserwerbe«), der Umwandlung von Verbindlichkeiten in eine Eigenkapitalbeteiligung
(»Debt-Equity-Swap«) oder in Vermögenswerte (»Debt-Asset-Swap«), der freihändigen oder
zwangsweisen Veräußerung von Vermögenswerten, der Veräußerung von Kreditfazilitäten, der
Übertragung auf eine Vermögensverwaltungsgesellschaft oder der Verbriefung einhergehen.[82]

Die EBA empfiehlt, zur Ermittlung der für die jeweiligen Umstände des Kreditnehmers am **117**
besten geeigneten und tragfähigsten Abwicklungsoption einen auf den Nettobarwert (»Net Present

---

82 Vgl. European Banking Authority, Leitlinien über das Management notleidender und gestundeter Risikopositionen,
   EBA/GL/2018/06, 31. Oktober 2018, S. 30 & 70f.

Value«, NPV) gestützten Ansatz zu verwenden. Konkret sollten sie den Nettobarwert der vorgesehenen Forbearance-Maßnahme mit dem Nettobarwert einer Inbesitznahme und anderer möglicher Verwertungsoptionen vergleichen. Die in der Berechnung verwendeten Parameter, wie z.B. der angenommene Zeitraum bis zur Verwertung, der Abzinsungssatz und die Kapital- und Verwertungskosten, sollten auf empirischen Daten beruhen.[83]

7.3 Verwertung der Sicherheiten

118   Im Abwicklungsprozess spielt die Sicherheitenverwertung eine zentrale Rolle. Da das Institut i.d.R. keine andere Möglichkeit hat, den ausstehenden Kreditbetrag sowie die aufgelaufenen Zinsrückstände zu reduzieren, kommt es in diesem Prozess auf die richtige Vorgehensweise an. Daher ist vor allem darauf zu achten, dass die im Abwicklungskonzept festgelegten Maßnahmen auch wirklich für die damit verfolgten Zwecke geeignet sind. Häufig kann die Mitwirkung des Kreditnehmers den Schaden deutlich reduzieren.

119   In den Prozess der Verwertung der Sicherheiten sind entsprechend qualifizierte Mitarbeiter oder externe Spezialisten einzubeziehen, da diese Tätigkeiten umfangreiche Fachkenntnisse erfordern. Es sei darauf hingewiesen, dass bereits bei Überleitung der Engagements in die Sanierung bzw. Abwicklung eine Überprüfung der Werthaltigkeit der Sicherheiten durch qualifizierte Mitarbeiter oder externe Spezialisten erfolgen muss. In diesem Rahmen hat ggf. auch eine neue, unter Realisationsgesichtspunkten erstellte Wertermittlung zu erfolgen, wobei angemessene Abschläge für die Verwertungskosten, die Verwertungsdauer sowie mögliche Wertschwankungen vorgenommen werden (→ BTO 1.2.5 Tz. 2). Insofern bietet sich dieser Personenkreis auch für den Prozess der Verwertung der Sicherheiten an.

7.4 Überwachungsprozess

120   Schließlich muss der Erfolg der Abwicklungsmaßnahmen regelmäßig überwacht werden (→ AT 4.4.1 Tz. 2). Im Rahmen dieser Überwachung sollte auf den Zeitraum geachtet werden, der zur Abwicklung einer Sicherheit oder zur Durchsetzung einer Garantie benötigt wird (→ BTO 1.2.5 Tz. 7, Erläuterung). Im Falle von Problemen sollten die festgelegten Maßnahmen hinterfragt und ggf. angepasst werden.

7.5 Darstellung der Prozesse rund um die Problemkreditbearbeitung

121   Für ein besseres Verständnis, wie die Problemkreditbearbeitung in die übrigen Kreditprozesse eingreift, sind die Übergänge in Abbildung 66 verallgemeinert dargestellt.

---

83 Vgl. European Banking Authority, Leitlinien über das Management notleidender und gestundeter Risikopositionen, EBA/GL/2018/06, 31. Oktober 2018, S. 36.

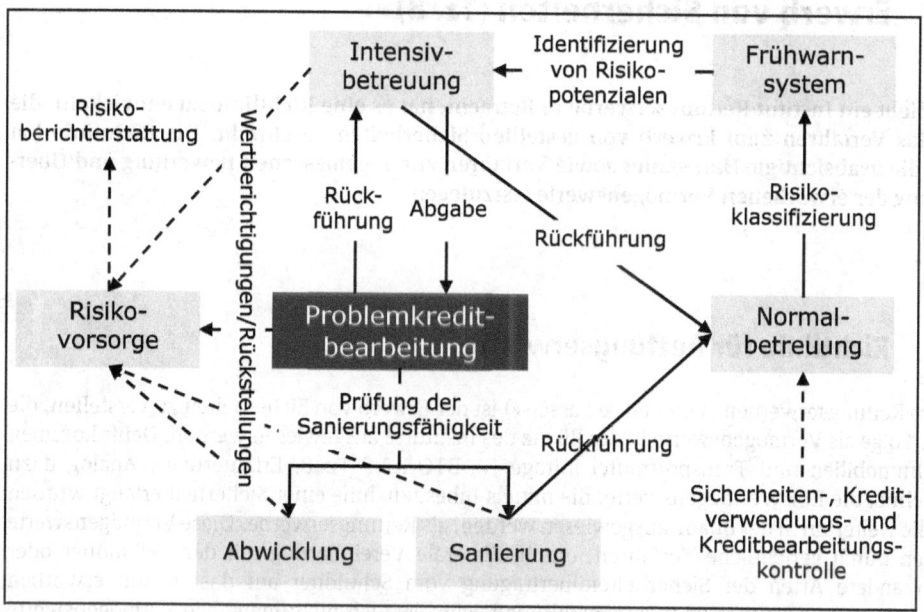

Abb. 66: Prozesse rund um die Problemkreditbearbeitung

8 Erwerb von Sicherheiten (Tz. 8)

122 8 Zieht ein Institut Rettungserwerbe in Betracht, hat es eine Richtlinie zu entwickeln, die das Verfahren zum Erwerb von gestellten Sicherheiten beschreibt. Die Richtlinie hat auch die beabsichtigte Haltedauer sowie Verfahren zur angemessenen Bewertung und Überprüfung der erworbenen Vermögenswerte festzulegen.

8.1 Richtlinie für Rettungserwerbe

123 Unter »Rettungserwerben« (»foreclosed assets«) ist der Erwerb von Sicherheiten zu verstehen, die in der Folge als Vermögenswerte in der Bilanz des Institutes ausgewiesen werden. Dafür kommen z. B. Immobilien und Transportmittel infrage (→ BTO 1.2.5 Tz. 8, Erläuterung). Analog dazu bezeichnet die EBA Vermögenswerte, die mittels Inbesitznahme einer Sicherheit erlangt wurden und die weiterhin in der Bilanz ausgewiesen werden, als Rettungserwerbe. Diese Vermögenswerte können durch gerichtliche Verfahren, durch bilaterale Vereinbarung mit dem Schuldner oder durch andere Arten der Sicherheitenübertragung vom Schuldner auf das Institut erworben werden. Rettungserwerbe können sowohl finanzielle als auch nichtfinanzielle Vermögenswerte umfassen. Sie sollten sämtliche in Besitz genommene Sicherheiten ungeachtet ihrer Rechnungslegungsklassifikation umfassen.[84]

124 Sofern ein Institut über die Möglichkeit von Rettungserwerben nachdenkt, muss es sich zuvor mit den damit verbundenen Prozessen vertraut machen. Insbesondere muss klar geregelt sein, wer auf welche Weise die erworbenen Vermögensgegenstände verwaltet und welche Strategie hinsichtlich einer eventuellen späteren Veräußerung verfolgt wird. Die Aufsicht erwartet, dass das Verfahren zum Erwerb von gestellten Sicherheiten in einer entsprechenden Richtlinie beschrieben wird. Auch in diesem Fall besteht die Möglichkeit einer Integration in die Organisationsrichtlinien. Auf entsprechende Vorgaben kann nur verzichtet werden, wenn Rettungserwerbe für ein Institut grundsätzlich keine Rolle spielen. Die Aufsicht hat als Maßstab dafür im Fachgremium MaRisk ausgeführt, dass Rettungserwerbe deutlich seltener als einmal im Jahr erfolgen. Andernfalls wird davon ausgegangen, dass Rettungserwerbe zu den Handlungsoptionen des Institutes gehören.

125 Da in den MaRisk eine Vielzahl von Anforderungen an den Umgang mit Sicherheiten enthalten sind, bietet es sich ggf. an, die Umsetzung dieser Anforderungen an einer zentralen Stelle gemeinsam zu regeln. Dafür kommen z. B. die Organisationsrichtlinien infrage. Letztlich geht es vor allem um die vom Institut akzeptierten Sicherheitenarten, die Verfahren zur Wertermittlung, Verwaltung und Verwertung dieser Sicherheiten sowie die regelmäßige und anlassbezogene Überprüfung der Werthaltigkeit und des rechtlichen Bestandes der Sicherheiten. All diese Aspekte spielen in der Intensivbetreuung und der Problemkreditbearbeitung ebenfalls eine große Rolle. Insbesondere bei Rettungserwerben sollten die Institute in der Lage sein, mit den relevanten Sicherheiten angemessen umgehen zu können. Die Inhalte einer Richtlinie für Rettungserwerbe könnten insofern damit verknüpft werden.

126 Die EBA erwartet, dass in einer Richtlinie das Management und die Bewertung aller Arten von Sicherheiten sowie die Berichterstattung zu diesen Sicherheiten umfassend geregelt werden. Sie empfiehlt, aufgrund der Komplexität und der Besonderheiten mancher Arten von Sicherheiten bei

---

84 Vgl. European Banking Authority, Leitlinien über das Management notleidender und gestundeter Risikopositionen, EBA/GL/2018/06, 31. Oktober 2018, S. 6 f.

der Erstellung und Überprüfung dieser Richtlinie externes Fachwissen in Anspruch zu nehmen.[85] Das hängt natürlich davon ab, ob im Institut ein sachgerechter Umgang mit allen relevanten Arten von Sicherheiten möglich ist.

Im Falle einer Inbesitznahme von Immobilien im Zusammenhang mit Verbraucher-Immobilien- **127** krediten sollten die Institute bei der Entscheidung über die Verwertungsmaßnahme und die nächsten Schritte die Vorgaben der Wohnimmobilienkreditrichtlinie berücksichtigen.[86] Das sollte auch in der Richtlinie für Rettungserwerbe seinen Niederschlag finden.

8.2 Bewertung und Überprüfung von Rettungserwerben

In der Richtlinie für Rettungserwerbe sind auch die beabsichtigte Haltedauer sowie die Verfahren **128** zur angemessenen Bewertung und Überprüfung der erworbenen Vermögenswerte festzulegen. Da sich ein Institut von einem Rettungserwerb verspricht, durch die Verwertung dieser Sicherheit zu einem späteren Zeitpunkt zumindest einen Teil der ausstehenden Forderungen zurückzuerhalten, steht und fällt der Erfolg dieser Maßnahme mit deren Wertentwicklung. Insofern kommt es darauf an, die Bewertung der erworbenen Vermögenswerte auf einem aktuellen Stand zu halten und den richtigen Zeitpunkt für eine Veräußerung zu ermitteln. Dafür ist u. a. eine sehr gute Marktkenntnis erforderlich. Das Institut muss also einerseits die Entwicklung der Marktpreise beobachten, um den Verkauf zum richtigen Zeitpunkt abwickeln zu können. Andererseits muss auch Klarheit über den erzielbaren Preis herrschen, indem die erworbenen Vermögenswerte so genau wie möglich bewertet werden.

Die EBA orientiert sich bei der Behandlung der Rettungserwerbe an den maßgeblichen Rech- **129** nungslegungsstandards. Sie empfiehlt den Instituten eine Einstufung als »zur Veräußerung gehaltene langfristige Vermögenswerte« nach IFRS 5. Dieser Ansatz impliziert, dass der Vermögenswert in seinem gegenwärtigen Zustand zur sofortigen Veräußerung verfügbar sein muss (IFRS 5.7), das Management einen spezifischen Plan für die Veräußerung des Vermögenswertes (normalerweise innerhalb eines Jahres) genehmigen sollte und der Vermögenswert tatsächlich zum Erwerb angeboten wird (IFRS 5.8), und begünstigt somit dessen Verwertung.[87]

Der Turnus und die maßgeblichen Verfahren zur Bewertung von in Besitz genommenen **130** Vermögenswerten sollten auf die jeweilige Sicherheitenart abgestimmt sein (→ BTO 1.2.2 Tz. 3, BTO 1.2.5 Tz. 2).[88] Dabei sind einige Besonderheiten zu beachten. So sollte zunächst der Buchwert der maßgeblichen finanziellen Vermögenswerte inklusive dem Rettungserwerb als Sicherheit mit dem »beizulegenden Zeitwert« des Rettungserwerbes abzüglich der Veräußerungskosten vergli- chen werden. Die Bewertung des Rettungserwerbes sollte dann mit dem niedrigeren dieser beiden Werte erfolgen. Sofern der beizulegende Zeitwert nicht unter Bezugnahme auf einen aktiven Markt ermittelt werden kann, sondern auf einer Bewertungsmethode von Level 2 oder 3 beruht, muss diese Bewertung angepasst werden. Diese Anpassungen sollten die Risiken und Unsicher- heiten in Bezug auf den Zustand und den Standort des Vermögenwertes sowie die Illiquidität des Marktes berücksichtigen. Die »Illiquiditätsabschläge« betreffen das (geringe) Volumen oder den (geringen) Aktivitätsgrad der Märkte in Bezug auf diese Vermögenswerte. Dabei sollten die

---

85 Vgl. European Banking Authority, Leitlinien über das Management notleidender und gestundeter Risikopositionen, EBA/GL/2018/06, 31. Oktober 2018, S. 70 f.

86 Vgl. European Banking Authority, Leitlinien über das Management notleidender und gestundeter Risikopositionen, EBA/GL/2018/06, 31. Oktober 2018, S. 30.

87 Vgl. European Banking Authority, Leitlinien über das Management notleidender und gestundeter Risikopositionen, EBA/GL/2018/06, 31. Oktober 2018, S. 53.

88 Vgl. European Banking Authority, Leitlinien über das Management notleidender und gestundeter Risikopositionen, EBA/GL/2018/06, 31. Oktober 2018, S. 54.

BTO 1.2.5 Behandlung von Problemkrediten

bestehenden Erfahrungen des Institutes hinsichtlich der erzielten Beträge aus bisherigen Verwertungen und die Abweichungen zu den anhand der Bewertungstechnik ermitteln Beträgen berücksichtigt werden. Die Annahmen zur Bewertung dieser Anpassungen sollten dokumentiert werden, um sie auf Anfrage der Aufsichtsbehörde vorlegen zu können.[89]

131   Unter gewissen Umständen kann es für das Institut sinnvoll sein, eine noch im Bau befindliche Immobilie zu erwerben und vor der geplanten Veräußerung fertigzustellen. In diesem Fall sollten die Kosten für den Erwerb dieser Immobilie allerdings nicht ihren beizulegenden Zeitwert abzüglich der Fertigstellungs- und Veräußerungskosten übersteigen. Bei der Bewertung sollten ebenfalls angemessene Illiquiditätsabschläge berücksichtigt werden.[90]

132   Der Illiquiditätsabschlag sollte sogar noch nach oben korrigiert werden, wenn die Haltedauer eines Rettungserwerbes die durchschnittliche Haltedauer vergleichbarer Vermögenswerte übersteigt, für die eine aktive Veräußerungspolitik existiert. Der verlängerte Verbleib in der Bilanz deutet darauf hin, dass das Institut nicht in der Lage ist, den Vermögenswert zu einem höheren Wert zu verkaufen. In diesem Fall sollten die Institute keine Wertaufholung oder Auflösung kumulierter Wertberichtigungen auf den Vermögenswert vornehmen.[91]

---

89 Vgl. European Banking Authority, Leitlinien über das Management notleidender und gestundeter Risikopositionen, EBA/GL/2018/06, 31. Oktober 2018, S. 53.

90 Vgl. European Banking Authority, Leitlinien über das Management notleidender und gestundeter Risikopositionen, EBA/GL/2018/06, 31. Oktober 2018, S. 53.

91 Vgl. European Banking Authority, Leitlinien über das Management notleidender und gestundeter Risikopositionen, EBA/GL/2018/06, 31. Oktober 2018, S. 53 f.

9 Abbau notleidender Risikopositionen (Tz. 9)

9 Im Rahmen der Überwachung der notleidenden Risikopositionen hat das Institut geeig-   **133**
nete Fristen für die Behandlung von besicherten und unbesicherten NPE festzulegen, die
sicherstellen, dass Bestände an notleidenden Risikopositionen in einem angemessenen Zeitraum abgebaut werden.

9.1 Berücksichtigung aufsichtlicher Vorgaben

Vom Rat der Europäischen Union wurde am 11. Juli 2017 ein »Aktionsplan für den Abbau   **134**
notleidender Kredite in Europa« vorgestellt (→ AT 4.2 Tz. 1). Ein Ergebnis sind strenge Vorgaben
zur Mindestdeckung notleidender Risikopositionen (»NPL-Backstop«) in der ersten Säule.[92] Nach
Art. 47c Abs. 1 bis 3 CRR müssen die Institute notleidende Risikopositionen ohne Besicherung
innerhalb von drei Jahren vollständig durch Risikovorsorge abdecken. Für notleidende Risikopositionen mit Besicherung stehen dafür je nach Art der Sicherheit neun Jahre (für Immobiliensicherheiten) bzw. sieben Jahre (für sonstige Sicherheiten) zur Verfügung. Die Annäherung an den
Deckungsgrad von 100 Prozent erfolgt auf progressive Weise. Eine eventuell unzureichende
Risikovorsorge für notleidende Risikopositionen ist nach Art. 36 Abs. 1 lit. m CRR vom harten
Kernkapital (CET1) abzuziehen.

Für notleidende Risikopositionen, die durch eine Garantie oder Versicherung einer offiziellen   **135**
Exportversicherungsagentur (»External Credit Assessment Institution«, ECAI)[93] abgesichert sind,
gelten gemäß Art. 47c Abs. 4 CRR gesonderte Regeln. Dasselbe gilt für notleidende Risikopositionen, für die eine Garantie oder Rückbürgschaft eines anerkennungsfähigen Sicherungsgebers nach
Art. 201 Abs. 1 lit. a bis e CRR besteht, wenn unbesicherten Risikopositionen gegenüber diesen
Sicherungsgebern gemäß Teil 3 Titel II Kapitel 2 CRR ein Risikogewicht von 0 Prozent zugewiesen
würde.[94] Bei diesen Risikopositionen wird in den ersten sieben Jahren keine Risikodeckung
gefordert und ab dem achten Jahr hingegen ein Deckungsgrad von 100 Prozent. Damit soll dem
häufig langwierigen Prozess bei der Verwertung dieser Sicherheiten entsprochen werden. Trotz
des vergleichsweise langen Zeitraumes von sieben Jahren kann z. B. die grundsätzlich ratierliche
Entschädigungspraxis der Euler Hermes AG aufgrund der üblicherweise sehr langen Kreditlauf-
zeiten von 10 bis 18 Jahren dazu führen, dass ein vollständiger Kapitalabzug vorgenommen
werden muss, obwohl dem Institut für den gedeckten Kreditteil kein wirtschaftlicher Schaden
entsteht. Eine Lösung für dieses Problem steht noch aus. Darüber hinaus existieren auch Finanzierungen, die von einer staatlichen Exportkreditagentur (»Export Credit Agency«, ECA) gedeckt
werden und nicht unter den Privilegierungstatbestand der CRR fallen, obwohl sie aus ökonomischer Sicht vergleichbar sind. Diese Engagements müssen trotz der vorhandenen Besicherung

---

92 Verordnung (EU) 2019/630 des Europäischen Parlaments und des Rates vom 17. April 2019 zur Änderung der Verordnung
(EU) Nr. 575/2013 im Hinblick auf die Mindestdeckung notleidender Risikopositionen, Amtsblatt der Europäischen Union
vom 25. April 2019, L 111/4–12.

93 Gemäß Art. 135 Abs. 2 CRR veröffentlicht die EBA das Verzeichnis der ECAI im Einklang mit Art. 2 Abs. 4 und Art. 18
Abs. 3 der Verordnung (EG) Nr. 1060/2009 auf ihrer Internetseite. Vgl. Verordnung (EG) Nr. 1060/2009 (Ratingagentur-
verordnung) des Europäischen Parlaments und des Rates vom 16. September 2009 über Ratingagenturen, Amtsblatt der
Europäischen Union vom 17. November 2009, L 302/1–31. Diese Verordnung ist bereits mehrfach überarbeitet worden.

94 Dazu gehören Zentralstaaten und Zentralbanken, regionale und lokale Gebietskörperschaften, multilaterale Entwicklungs-
banken, internationale Organisationen, wenn Risikopositionen ihnen gegenüber nach Art. 117 CRR ein Risikogewicht von
0 Prozent zugewiesen wird, sowie öffentliche Stellen, wenn Ansprüche an sie gemäß Art. 116 CRR behandelt werden.

BTO 1.2.5 Behandlung von Problemkrediten

nach dem »NPL-Backstop« wie unbesicherte Finanzierungen behandelt werden. Trotz gewöhnlich sehr geringer Wertberichtigungen führen die Vorgaben der CRR in diesen Fällen unweigerlich zu vergleichsweise hohen Abschlägen. Vor dem Hintergrund der COVID-19-Pandemie haben die Banken von der Bundesregierung deshalb ein Wahlrecht auf Einmalentschädigung eingeräumt bekommen, das ab Stellung des ersten Entschädigungsantrages bis zum Abschluss des Entschädigungsverfahrens flexibel ausgeübt werden kann. Bei Ausübung dieses Wahlrechtes wird der Entschädigungsbetrag derart begrenzt, dass in Summe keine höhere Entschädigung geleistet wird als nach der bestehenden Systematik.[95]

136   Ein ähnliches Problem besteht bei enger Auslegung für langlaufende Kredite, die unter Fördergesichtspunkten mit bis zu 100 Prozent staatlich garantiert sind, weil keine oder (in Abhängigkeit vom Umfang der Garantie) nur eine geringe Risikovorsorge im buchhalterischen Sinne erfolgt, die jedoch nach den Rechnungslegungsvorschriften angemessen ist. Die DK hatte darauf hingewiesen, dass in einer solchen Situation keine Verpflichtung zum vorzeitigen Abbau dieser Förderkredite – bei denen häufig auch noch Zahlungen erfolgen – bestehen dürfe, weil dies den Zielen staatlicher Förderpolitik entgegenstehen würde.[96] Die deutsche Aufsicht hat in der endgültigen Fassung der MaRisk den zunächst enthaltenen Passus »mit unzureichender Risikovorsorge« wieder gestrichen. Möglicherweise sollen damit die hier skizzierten Probleme vermieden werden.

137   Umgesetzt werden diese Vorgaben über ansteigende »Multiplikationsfaktoren«. Bei Risikopositionen, für die seit ihrer Einstufung als notleidend erstmalig eine Stundungsmaßnahme (Forbearance-Maßnahme) gewährt wurde, kann die festgelegte Erhöhung der Multiplikationsfaktoren unter bestimmten Voraussetzungen gemäß Art. 47c Abs. 6 CRR um ein Jahr verzögert werden. Die Vorgaben zum »NPL-Backstop« gelten für alle ab dem 26. April 2019 begründeten Risikopositionen, die anschließend notleidend geworden sind. Sofern die auf diese Weise vorgeschriebene Mindestdeckung nicht erfüllt ist, muss das Institut die Differenz zur gebildeten Risikovorsorge vom harten Kernkapital abziehen.

138   Von der EZB wurden schon vorher ein Leitfaden zu notleidenden Krediten[97] und eine Ergänzung zu diesem Leitfaden[98] erarbeitet, in der die aufsichtlichen Erwartungen an die Risikovorsorge für notleidende Risikopositionen bei bedeutenden Instituten niedergelegt sind. Später hat die EZB weitere Schritte zum Abbau der NPL-Bestände angekündigt.[99] Nach der Veröffentlichung des »NPL-Backstop« im Amtsblatt der Europäischen Union hat die EZB ihre Vorgaben zur Risikovorsorge nochmals angepasst.[100] Die bedeutenden Institute müssen demzufolge auf Risikopositionen, die zwischen dem 1. April 2018 und dem 25. April 2019 begründet wurden, im Wesentlichen dieselben Vorgaben in der zweiten Säule anwenden, die für alle ab dem 26. April 2019 begründeten Risikopositionen nach den Vorschriften zum »NPL-Backstop« in der ersten Säule gelten. Für den Altbestand der Risikopositionen, die vor dem 1. April 2018 als notleidend eingestuft wurden, gelten im Rahmen der zweiten Säule die noch strengeren Vorgaben aus der Ergänzung zum Leitfaden der EZB (→ BTO 1.2.6 Tz. 1). Diese laufen darauf hinaus, dass zur vollständigen Abdeckung durch Risikovorsorge nur zwei Jahre für Risikopositionen ohne Besicherung bzw.

---

95   Vgl. Bundesministerium für Wirtschaft und Energie, Exportkreditgarantien des Bundes – 5-Punkte Maßnahmenpaket zur Unterstützung der deutschen Exportwirtschaft, Pressemitteilung vom 7. Juli 2020. Diese ursprünglich bis Ende Juni 2021 befristeten Maßnahmen wurden zwischenzeitlich bis zum 31. Dezember 2021 verlängert. Vgl. Bundesministerium für Wirtschaft und Energie, Bundeswirtschaftsministerium unterstützt weiterhin deutsche Exportwirtschaft in Corona-Pandemie – 5-Punkte Maßnahmenpaket wird verlängert, Pressemitteilung vom 18. Juni 2021.

96   Vgl. Deutsche Kreditwirtschaft, BaFin-Konsultation 14/2020 – Mindestanforderungen an das Risikomanagement, Stellungnahme vom 4. Dezember 2020, S. 29.

97   Europäische Zentralbank, Leitfaden für Banken zu notleidenden Krediten, 20. März 2017.

98   Europäische Zentralbank, Ergänzung zum EZB-Leitfaden für Banken zu notleidenden Krediten: aufsichtliche Erwartungen an die Risikovorsorge für notleidende Risikopositionen, 15. März 2018.

99   Europäische Zentralbank, EZB kündigt weitere Schritte beim aufsichtlichen Ansatz für NPL-Bestände an, Pressemitteilung vom 11. Juli 2018.

100 Europäische Zentralbank, EZB überarbeitet Erwartungen der Aufsicht an die Risikovorsorge für neue notleidende Kredite, um neuer EU-Verordnung Rechnung zu tragen, Pressemitteilung vom 22. August 2019.

sieben Jahre für Risikopositionen mit Besicherung zur Verfügung stehen. Dabei wird nicht zwischen der Art der Besicherung unterschieden. Es ist auch keine progressive Annäherung an den Deckungsgrad von 100 Prozent vorgesehen. Ausnahmen sind beim Umgang mit dem Altbestand allerdings möglich. Letztlich greift die EZB mit ihrem stringenten Vorgehen auch die Kritik auf, dass die hohen NPL-Bestände in einigen Ländern, teilweise noch als Auswirkung der Finanzmarktkrise, von den Vorgaben zum »NPL-Backstop« gar nicht erfasst werden. Eine Übersicht zu den Vorgaben für die erste und die zweite Säule ist Abbildung 67 zu entnehmen.

Zeit bis zur vollständigen Abdeckung durch die Risikovorsorge (abhängig von der Besicherung)	Zeitpunkt der Begründung einer notleidenden Risikoposition		
	bis 31.03.2018 (»Altbestandsregelung«, Säule 2)	01.04.2018–25.04.2019 (»Übergangsregelung«, Säule 2)	ab 26.04.2019 (»NPL-Backstop«, Säule 1)
durch Immobilien besicherte NPE	7 Jahre	9 Jahre	9 Jahre
durch sonstige Sicherheiten besicherte NPE	7 Jahre	7 Jahre	7 Jahre
durch bestimmte Garantien, Versicherungen oder Rückbürgschaften besicherte NPE	7 Jahre	7 Jahre lang keine Abdeckung, danach aber 100 Prozent	7 Jahre lang keine Abdeckung, danach aber 100 Prozent
unbesicherte NPE	2 Jahre	3 Jahre	3 Jahre
Progressive Annäherung an NPE-Deckungsgrad von 100 % möglich?	nein, aber Ausnahmen möglich	ja, schrittweise/progressiv	ja, schrittweise/progressiv
Rechtsgrundlagen/ Regelwerke	EZB-Leitfaden (inklusive Ergänzung); Pressemitteilung vom 22. August 2019	EZB-Leitfaden (inklusive Ergänzung); Pressemitteilung vom 22. August 2019	Art. 47c Abs. 1 bis 4 CRR

Abb. 67: Mindestdeckung notleidender Risikopositionen in der ersten und zweiten Säule

Ob diese Maßnahmen immer sinnvoll sind, ist umstritten, weil damit der Abbau von NPL forciert **139** wird, ohne die konkrete Fallkonstellation zu würdigen. Seitens der Kreditwirtschaft wird insbesondere befürchtet, dass Sanierungsmaßnahmen, die gewöhnlich einen längeren Zeitraum in Anspruch nehmen, aufgrund der damit verbundenen Kapitalbelastung von den Instituten zukünftig eher nicht in Angriff genommen werden. Auch sollten die Vorgaben nicht dazu führen, dass die Institute zu Notverkäufen gezwungen sind.

9.2 Festlegung geeigneter Fristen

Trotz dieser befürchteten Nebeneffekte müssen die Institute im Rahmen der Überwachung der **140** notleidenden Risikopositionen »geeignete« Fristen für die Behandlung von besicherten und unbesicherten notleidenden Risikopositionen festlegen. Damit soll sichergestellt werden, dass mögliche

BTO 1.2.5 Behandlung von Problemkrediten

Bestände an notleidenden Risikopositionen in einem angemessenen Zeitraum abgebaut werden. Die Freiheitsgrade im Hinblick auf die »geeigneten« Fristen sind allerdings beschränkt. So sind bei der Festlegung der Fristen und der Mindestdeckung für besicherte und unbesicherte notleidende Risikopositionen die aufsichtlichen Vorgaben (z. B. CRR) zu beachten (→ BTO 1.2.5 Tz. 9, Erläuterung).

141   Die Institute sollen zudem beurteilen, inwieweit notleidende Risikopositionen mit länger andauernden Zahlungsrückständen überhaupt noch einbringlich sind (→ BTO 1.2.5 Tz. 9, Erläuterung). Sind Risikopositionen nicht mehr einbringlich, so sollte dies periodengerecht durch Wertberichtigungen oder Abschreibungen erfasst werden (→ BTO 1.2.6 Tz. 1). Die EBA empfiehlt den Instituten, bei Risikopositionen mit länger andauernden Zahlungsrückständen für verschiedene Portfolios ggf. unterschiedliche Schwellenwerte festzulegen. Wenn nach angemessener Einschätzung nicht erwartet werden kann, dass die vertraglichen Zahlungsströme aus der Risikoposition realisierbar sind, sollte dies gemäß IFRS 9 zur teilweisen oder vollumfänglichen Abschreibung der Risikoposition führen.[101]

142   In diesem Zusammenhang soll auch überprüft werden, ob die Risikovorsorge angemessen ist (→ BTO 1.2.5 Tz. 9, Erläuterung). Insbesondere bei teilweise oder vollständig unbesicherten Risikopositionen sollten die Institute geeignete Fristen in Betracht ziehen, innerhalb derer eine vollumfängliche Wertberichtigung, Besicherung oder Abschreibung zu erfolgen hat. Für die besicherten Anteile einer Risikoposition sollte bei der Festsetzung eines Mindestniveaus an Wertberichtigungen die Art der Sicherheit berücksichtigt werden.[102] Als Maßstab für die Angemessenheit sollen anhand von Rückvergleichen die Abweichungen zwischen den gebildeten Wertberichtigungen und den tatsächlich eingetretenen Verlusten bis zur vollständigen Ausbuchung des Engagements überprüft werden (→ BTO 1.2.6 Tz. 3).

---

101 Vgl. European Banking Authority, Leitlinien über das Management notleidender und gestundeter Risikopositionen, EBA/GL/2018/06, 31. Oktober 2018, S. 43.

102 Vgl. European Banking Authority, Leitlinien über das Management notleidender und gestundeter Risikopositionen, EBA/GL/2018/06, 31. Oktober 2018, S. 43.

BTO 1.2.6 Risikovorsorge

1 Bildung von Abschreibungen und Rückstellungen (Tz. 1)

1 Das Institut hat Kriterien festzulegen, auf deren Grundlage unter Beachtung der angewandten Rechnungslegungsnormen Wertberichtigungen, Abschreibungen und Rückstellungen für das Kreditgeschäft (einschließlich der Länderrisikovorsorge) zu bilden sind (z. B. ein institutsinternes Forderungsbewertungsverfahren). Im Rahmen der Ermittlung des Risikovorsorgebedarfs hat eine Überprüfung der Sicherheitenwerte oder ggf. eine neue Wertermittlung zu erfolgen.

1.1 Kriterien für die Risikovorsorge

2 Auch bisher schon müssen auf der Basis handelsrechtlicher Vorschriften bzw. internationaler Rechnungslegungsnormen in nachvollziehbarer Weise die jeweiligen Risikovorsorgebeträge ermittelt werden. Außerdem ist gemäß § 41 Abs. 2 PrüfbV[1] das Verfahren zur Ermittlung der Risikovorsorge darzustellen und zu beurteilen. Art, Umfang und Entwicklung der Risikovorsorge sind zu erläutern und die Angemessenheit der Risikovorsorge ist zu beurteilen. Ist für den Zeitraum nach dem Bilanzstichtag neuer Risikovorsorgebedarf bekannt geworden, so ist hierüber zu berichten.

3 Um diesen Vorschriften nachzukommen und eine sachgerechte Festlegung der Risikovorsorgebeträge zu ermöglichen, sind die Institute also gehalten, entsprechende interne Kriterien oder Verfahren zu entwickeln und die relevanten Vermögensgegenstände regelmäßig zu bewerten. Auch nach den MaRisk haben die Institute ein Verfahren einzurichten, das nach institutsinternen Kriterien die systematische Ermittlung von Wertberichtigungen, Abschreibungen oder Rückstellungen ermöglicht. Auf diese Weise wird die Risikovorsorge zwar durchaus unterjährig gebildet, allerdings erfolgt ihre bilanzwirksame Buchung im Regelfall nur zu den Bilanzstichtagen.

1.2 Keine konkreten Vorgaben

4 Konkrete methodische Vorgaben werden von der deutschen Aufsicht nicht gemacht. Insoweit kann auf eine ganze Palette infrage kommender Verfahren zurückgegriffen werden. Um einen Gleichlauf zwischen interner und externer Rechnungslegung sicherzustellen, der eine Unternehmenssteuerung erleichtert, erscheint es zweckmäßig, wenn jeweils identische Kriterien genutzt werden. Dabei handelt es sich in vielen Fällen um Kriterien zur Beurteilung der wirtschaftlichen Leistungsfähigkeit und damit der Kapitaldienstfähigkeit des jeweiligen Kreditnehmers. In den MaRisk wird beispielhaft auf die Nutzung interner Forderungsbewertungsverfahren hingewiesen. Denkbar sind natürlich auch andere Vorgehensweisen, wie eine enge Anlehnung an die handelsrechtliche Bewertung, die stark auf Kriterien für die Einzelbewertung ausgerichtet ist, oder eine Nutzung standardisierter Verfahren, wie sie in angelsächsischen Ländern üblich sind. Zu

---

[1] Verordnung über die Prüfung der Jahresabschlüsse der Kreditinstitute und Finanzdienstleistungsinstitute sowie über die darüber zu erstellenden Berichte (Prüfungsberichtsverordnung – PrüfbV) vom 11. Juni 2015 (BGBl. I S. 930), die zuletzt durch Artikel 28 des Gesetzes vom 3. Juni 2021 (BGBl. I S. 1568) geändert worden ist.

Letzteren zählen u.a. Konzepte, die sich am Zahlungsverzug[2] (z.B. 30, 60, 90 oder 180 Tage Zahlungsverzug) oder an bestimmten Bewertungsklassen (z.B. Standard, Special Mention, Substandard, Doubtful, Loss) orientieren.

Bei einer Orientierung am Zahlungsverzug kann eine Brücke zur Einstufung von Risikopositionen als »notleidend« geschlagen werden. Schließlich werden wesentliche Risikopositionen, die mehr als 90 Tage überfällig sind, den Vorgaben für das aufsichtliche Meldewesen zufolge entsprechend eingestuft (→ AT 2.1 Tz. 1). Da diese Vorgaben zudem mit den Kriterien für ausgefallene Risikopositionen in Art. 178 Abs. 1 CRR übereinstimmen, ist dies zumindest eine denkbare Variante. Die EBA erwartet von den Instituten, dass sie die Einstufung von Risikopositionen als »überfällig« in Übereinstimmung mit Abschnitt 4 ihrer Leitlinien zur Anwendung der Ausfalldefinition vornehmen.[3] Danach kann das Kriterium der Überfälligkeit bei Risikopositionen gegenüber Zentralstaaten, lokalen Gebietskörperschaften und öffentlichen Stellen auf 180 Tage ausgedehnt werden (→ AT 2.1 Tz. 1).[4]   5

Die Finanzmarktkrise hat u.a. auch für eine Überarbeitung der Rechnungslegungsnormen zur bilanziellen Risikovorsorge gesorgt. Bereits im November 2009 veröffentlichte das »International Accounting Standards Board« (IASB) als internationaler Standardsetzer Vorschläge für ein neues Modell zur Ermittlung der Risikovorsorge im Rahmen des IFRS 9, das erwartete (noch nicht eingetretene) Kreditausfälle berücksichtigt (»Expected Credit Loss«). Die Risikovorsorge muss daher seit Januar 2018 auf Basis der erwarteten Verluste, je nach Stufenzuordnung, gegebenenfalls über die gesamte Laufzeit eines Kredites gebildet werden, was für die Institute in Abhängigkeit von der Laufzeit allerdings eine echte Herausforderung sein kann.   6

Einer Forderung der G20 nachkommend, bemühen sich das IASB und das »Financial Accounting Standards Board« (FASB) als Standardsetzer für die USA seit einiger Zeit zudem um eine Konvergenz ihrer Rechnungslegungsnormen. In diesem Zusammenhang wurde am 31. Januar 2011 ein gemeinsamer Ergänzungsvorschlag zur Risikovorsorge unterbreitet, der Mitte 2011 verabschiedet wurde. Demnach muss bei finanziellen Vermögenswerten, die auf Basis eines offenen Portfolios gesteuert werden, auf der Grundlage des Risikomanagements eine Unterscheidung von »leistungsbringenden« Krediten (»Good Book«) und »leistungsgestörten« Krediten (»Bad Book«) vorgenommen werden. Für Kredite des Good Book sollen die erwarteten Kreditausfälle unter Berücksichtigung eines Mindestbetrages an Risikovorsorge zeitanteilig erfasst werden. Für die leistungsgestörten Kredite hingegen ist eine sofortige Erfassung der gesamten erwarteten Kreditausfälle vorgesehen. Bei der Bildung der Risikovorsorge können die Institute auf ihre Risikoklassifizierungsverfahren und Schätzungen zu den erwarteten Verlusten zurückgreifen.   7

Die EBA erwartet von den Instituten, dass sie die internen Kriterien an ihren Leitlinien zur Kreditrisikomanagementpraxis und zur Bilanzierung erwarteter Kreditverluste[5] ausrichten.[6] Das betrifft die gebräuchlichen Prozesse, Systeme, Tools und Daten ebenso wie die Vorgehensweise bei der rechtzeitigen Bildung von Wertberichtigungen und Abschreibungen. Dazu gehören auch die Indikatoren zur Einschätzung des erzielbaren Betrages und Informationen über jene Risiko-   8

---

2 Vgl. Laurin, Alain/Majnoni, Giovanni, Bank loan classification and provisioning practices in selected developed and emerging countries, The World Bank, Washington D. C., 2003, S. 23 ff.

3 Vgl. European Banking Authority, Leitlinien über das Management notleidender und gestundeter Risikopositionen, EBA/GL/2018/06, 31. Oktober 2018, S. 37.

4 Vgl. European Banking Authority, Leitlinien zur Anwendung der Ausfalldefinition gemäß Artikel 178 der Verordnung (EU) Nr. 575/2013, EBA/GL/2016/07, 18. Januar 2017, S. 8.

5 European Banking Authority, Leitlinien zur Kreditrisikomanagementpraxis und zur Bilanzierung erwarteter Kreditverluste von Kreditinstituten, EBA/GL/2017/06, 20. September 2017.

6 Vgl. European Banking Authority, Leitlinien über das Management notleidender und gestundeter Risikopositionen, EBA/GL/2018/06, 31. Oktober 2018, S. 42.

positionen, die zwar abgeschrieben wurden, aber noch Gegenstand von Zwangsvollstreckungs-maßnahmen sind.[7] Die EBA verweist darauf, dass ein Institut bei einer Abschreibung im Gegensatz zu einem Schuldenerlass nicht auf den Rückzahlungsanspruch verzichtet.[8] Externe Umstände, wie laufende gerichtliche Verfahren, sollten von den Instituten in ihren Richtlinien berücksichtigt werden. Bei Risikopositionen mit geringer Besicherung in einem Insolvenzverfahren zehren die Gerichtskosten z. B. oft einen erheblichen Anteil des Erlöses aus diesem Verfahren auf, so dass der erzielbare Betrag als sehr gering eingeschätzt werden kann. Zudem kann eine teilweise Abschreibung gerechtfertigt sein, wenn es plausible Hinweise darauf gibt, dass der Kreditnehmer den Betrag der Risikoposition nicht vollständig zurückzahlen kann und nach angemessener Einschätzung erwartet werden kann, dass die Risikoposition nur teilweise realisierbar ist.[9] Die Institute sollten über angemessene Aufzeichnungen zu sämtlichen NPE-Abschreibungen auf Portfoliobasis verfügen.[10] Außerdem sollte die Interne Revision die angewandten Methoden überprüfen.[11]

9   Die EZB beleuchtet in ihrem Leitfaden auch die aufsichtlichen Erwartungen an die Bildung von Risikovorsorge vor dem Hintergrund der bilanziellen Erfassung von Wertminderungen nach IFRS 9. Die Wertminderungen nach IFRS 9 werden nach dem »Modell der erwarteten Kreditverluste« (»Expected Credit Loss«, ECL) vorgenommen.[12] Demzufolge sind die Grundsätze dieses Rechnungslegungsstandards eher auf die Ermittlung erwarteter Verluste zu Aufsichtszwecken ausgerichtet. Die Schätzmethoden zu Rechnungslegungs- und zu Aufsichtszwecken weichen allerdings notwendigerweise in einigen Punkten voneinander ab. Deshalb erwartet die EZB, dass einige zentrale Elemente der internen Systeme für beide Ansätze so weit wie möglich angeglichen werden. So sollten beide Systeme einerseits auf erwarteten Zuflüssen zu ausgefallenen Risikopositionen (wie PD-Schätzungen) und andererseits auf erwarteten Zahlungsströmen aus der Verwertung bei Ausfall (unter Berücksichtigung der möglichen Ergebnisse aus Verwertungsprozessen und Schätzungen der sich jeweils ergebenden Verluste) basieren. Sämtliche anderen wichtigen Bestandteile der Systeme, die mit der praktischen Umsetzung in Zusammenhang stehen, sollten aufeinander abgestimmt werden. Hierzu zählen unter anderem die Definition homogener Risikogruppen sowie die verwendeten Datenbanken und Kontrollen.[13] Bei der Ermittlung der erwarteten Kreditverluste nach IFRS 9 sollen Prognosen zu den künftigen wirtschaftlichen Bedingungen berücksichtigt werden. Die über die Laufzeit erwarteten Kreditverluste sind auf der Grundlage des wahrscheinlichkeitsgewichteten Barwertes der Differenz zwischen den Zahlungsströmen, die vertragsgemäß zu zahlen sind, und den erwarteten Zahlungsströmen zu schätzen.[14] Die EZB erwartet, dass ihre Grundsätze auch von Instituten eingehalten werden, die ihre Abschlüsse nach nationalen Rechnungslegungsvorschriften erstellen. Das Ziel besteht darin, auch für aufsichtsrechtliche Zwecke eine hinreichende Bildung von Risikovorsorge sicherzustellen. Die EZB verweist darauf, dass die zuständigen Behörden dazu auch nach Art. 74, 79, 88, 97 und 104 CRD IV legitimiert sind.[15]

---

7 Vgl. European Banking Authority, Leitlinien über das Management notleidender und gestundeter Risikopositionen, EBA/GL/2018/06, 31. Oktober 2018, S. 44.

8 Vgl. European Banking Authority, Leitlinien über das Management notleidender und gestundeter Risikopositionen, EBA/GL/2018/06, 31. Oktober 2018, S. 42.

9 Vgl. European Banking Authority, Leitlinien über das Management notleidender und gestundeter Risikopositionen, EBA/GL/2018/06, 31. Oktober 2018, S. 43.

10 Vgl. European Banking Authority, Leitlinien über das Management notleidender und gestundeter Risikopositionen, EBA/GL/2018/06, 31. Oktober 2018, S. 43.

11 Vgl. European Banking Authority, Leitlinien über das Management notleidender und gestundeter Risikopositionen, EBA/GL/2018/06, 31. Oktober 2018, S. 44.

12 Vgl. Europäische Zentralbank, Leitfaden für Banken zu notleidenden Krediten, 20. März 2017, S. 76.

13 Vgl. Europäische Zentralbank, Leitfaden für Banken zu notleidenden Krediten, 20. März 2017, S. 88 f.

14 Vgl. Europäische Zentralbank, Leitfaden für Banken zu notleidenden Krediten, 20. März 2017, S. 80.

15 Vgl. Europäische Zentralbank, Ergänzung zum EZB-Leitfaden für Banken zu notleidenden Krediten: aufsichtliche Erwartungen an die Risikovorsorge für notleidende Risikopositionen, 15. März 2018, S. 4 f.; Europäische Zentralbank, Leitfaden für Banken zu notleidenden Krediten, 20. März 2017, S. 76.

Die EZB hat bereits bei Veröffentlichung ihres Leitfadens zum Umgang mit notleidenden **10** Krediten im Frühjahr 2017 angekündigt, als nächsten Schritt in diesem Zusammenhang ein stärkeres Augenmerk auf die zeitnahe Erfassung von Wertberichtigungen und Abschreibungen zu legen.[16]

1.3 Keine unterjährige Bewertung des Gesamtbestandes

Allerdings gehen die MaRisk nicht so weit, eine regelmäßige unterjährige Bewertung des gesamten **11** Forderungsbestandes zu verlangen. Eine solche Anforderung erscheint insbesondere für kleinere Institute zu weitgehend, da sie einen erheblichen Aufwand bedeuten würde. Die Anforderung orientiert sich vielmehr an der gängigen Praxis vieler Institute, die in ihrer jährlichen Ergebnisplanung die möglichen Belastungen durch Wertberichtigungen oder Abschreibungen berücksichtigen und unterjährig fortschreiben. Auch vor diesem Hintergrund ist anzunehmen, dass viele Institute in der Lage sind, Informationen zu gewinnen, die den beschriebenen Anforderungen genügen.

1.4 Überprüfung der Sicherheitenwerte

Im Rahmen der sechsten MaRisk-Novelle wurde die Anforderung ergänzt, bei der Ermittlung des **12** Risikovorsorgebedarfes auch die Sicherheitenwerte zu überprüfen oder ggf. eine neue Wertermittlung durchzuführen. Dabei kann natürlich auf die Erkenntnisse aus den regulären Kreditprozessen zurückgegriffen werden. So sind grundsätzlich bereits vor der Kreditvergabe die Werthaltigkeit und der rechtliche Bestand von Sicherheiten zu überprüfen (→ BTO 1.2.1 Tz. 3). Im Rahmen der Kreditweiterbearbeitung sind die Werthaltigkeit und der rechtliche Bestand der Sicherheiten in Abhängigkeit von der Sicherheitenart zu überwachen und ab einer vom Institut unter Risikogesichtspunkten festzulegenden Grenze in angemessenen Abständen zu überprüfen und ggf. neu zu bewerten (→ BTO 1.2.2 Tz. 3). Sofern dem Institut aus externen oder internen Quellen Informationen bekannt werden, die auf eine wesentliche negative Änderung der Risikoeinschätzung der Engagements oder der Sicherheiten hindeuten, sind zudem unverzüglich außerordentliche Überprüfungen dieser Engagements und der Sicherheiten durchzuführen (→ BTO 1.2.2 Tz. 4). Damit wird dieser Anforderung für die Zwecke der Risikovorsorge im Normalfall vermutlich schon entsprochen.

Eine ergänzende anlassbezogene Überprüfung der Sicherheitenwerte bietet sich vor allem dann **13** an, wenn mit einer Änderung des Risikovorsorgebedarfes gerechnet wird. Das ist grundsätzlich der Fall, wenn sich bei einzelnen Engagements erhöhte Risiken abzuzeichnen beginnen. Diese Situationen betreffen insbesondere die Abgabe von Engagements an die Intensivbetreuung oder die Problemkreditbearbeitung. In der Intensivbetreuung sind für diese Engagements Maßnahmen mit dem Ziel der Rückführung in die Normalbetreuung zu ergreifen, wozu bei Bedarf auch die Neuordnung von Engagements inkl. einer Sicherheitenverstärkung gehören kann (→ BTO 1.2.4 Tz. 2). Insofern müssen die Sicherheitenwerte zumindest dann geprüft werden, wenn derartige Maßnahmen in Betracht kommen. Andernfalls kann davon ausgegangen werden, dass die Lage weniger dramatisch ist. Im Rahmen der Überleitung eines Engagements in die Problemkreditbearbeitung ist eine Überprüfung der Werthaltigkeit von Sicherheiten vorgeschrieben, ggf. sogar

---

16 Vgl. Europäische Zentralbank, Leitfaden für Banken zu notleidenden Krediten, 20. März 2017, S. 5.

eine neue, unter Realisationsgesichtspunkten erstellte Wertermittlung. Zudem muss mindestens jährlich eine Überprüfung durchgeführt werden, wobei erhebliche Schwankungen und insbesondere ein erheblicher Rückgang des Sicherheitenwertes zu berücksichtigen sind (→ BTO 1.2.5 Tz. 2). Die EBA erwartet von den Instituten nicht nur eine Überprüfung, sondern eine jährliche Aktualisierung und somit ggf. auch eine Neubewertung des Sicherheitenwertes.[17] Um dieser Vorgabe zu entsprechen, könnte z. B. die Bestätigung eines Sachverständigen eingeholt werden, dass sich der Wert der Sicherheit nicht wesentlich geändert hat. Werden diese Anforderungen alle eingehalten, sollte sich der Mehraufwand für ein Institut in Grenzen halten.

14   Die DK hat mit Verweis auf die bereits bestehenden Vorgaben zur Überwachung und Überprüfung von Sicherheiten dafür plädiert, auf zusätzliche Anforderungen zu verzichten. Dabei hat die DK darauf verwiesen, dass durch die bestehenden Vorgaben aktuelle und konservative Wertansätze ausreichend sichergestellt sind. Andernfalls besteht aus Sicht der DK die Gefahr, dass alle Arten von Risikovorsorge und damit auch alle Sicherheiten, d. h. nicht nur die Sicherheiten in der Problemkreditbearbeitung, von einer jährlichen oder sogar vierteljährlichen Einzel-Überprüfungspflicht – in Abhängigkeit vom Turnus der Abschlüsse – umfasst wären. Aus den Rechnungslegungsvorschriften ergeben sich keine unmittelbar auf die Stichtage bezogenen Überprüfungspflichten.[18]

15   Die Aufsicht hat im Fachgremium MaRisk ausgeführt, dass die Bildung von Wertberichtigungen zwar immer mit der Bewertung der Sicherheiten verbunden sein sollte. Bei dieser Anforderung geht es allerdings nur um den Zeitpunkt der erstmaligen Bildung von Einzelwertberichtigungen (EWB) und ggf. den Zeitpunkt von wesentlichen Anpassungen. Solange die Wertberichtigungen nicht angepasst werden, müssen auch die Sicherheiten nicht neu geprüft werden.

---

17 Vgl. European Banking Authority, Leitlinien über das Management notleidender und gestundeter Risikopositionen, EBA/GL/2018/06, 31. Oktober 2018, S. 48.

18 Vgl. Deutsche Kreditwirtschaft, 6. MaRisk-Novelle – Ergänzende Formulierungsvorschläge der DK, Schreiben vom 26. Februar 2021, S. 6.

2 Ermittlung und Kommunikation des Risikovorsorgebedarfes (Tz. 2)

2 Die erforderliche Risikovorsorge ist zeitnah zu ermitteln und fortzuschreiben. Ein erheblicher Risikovorsorgebedarf ist der Geschäftsleitung unverzüglich mitzuteilen.   16

2.1 Zeitnahe Risikovorsorge

Neben der Etablierung eines systematischen Verfahrens zur Bildung der Risikovorsorge (→ BTO   17
1.2.6 Tz. 1) wird auch deren zeitnahe Ermittlung und Fortschreibung gefordert. Maßgeblich ist in dieser Hinsicht der für die Risikoberichterstattung vorgesehene Berichtsturnus (→ BT 3.2 Tz. 3). Danach ist u.a. auch über die Entwicklung der Risikovorsorge in einem vierteljährlichen Turnus zu berichten (→ BT 3.2 Tz. 3 lit. f). Mit dieser Anforderung zur unterjährigen Ermittlung ist allerdings kein Zwang zur gleichzeitigen buchungstechnischen Umsetzung verbunden.

2.2 Information über einen erheblichen Risikovorsorgebedarf

Neben der systematischen und zeitnahen Ermittlung der Wertberichtigungen wird auch die   18
anlassbezogene Information über einen erheblichen Risikovorsorgebedarf an die Geschäftsleitung geregelt. Damit soll sichergestellt werden, dass die Geschäftsleitung kurzfristig, also außerhalb des institutsintern üblichen Berichtsturnus, über für die Einschätzung der Risikosituation des Institutes wichtige Informationen Kenntnis erlangt, um ggf. noch angemessen darauf reagieren zu können. Auf welche Weise diese Informationen ermittelt und weitergeleitet werden müssen, wird nicht weiter präzisiert. Insoweit kann es regelmäßig ausreichend sein, wenn die bereits für die unterjährige Berichterstattung über die aktuelle Risikovorsorge genutzten Verfahren zur Anwendung kommen. Allerdings sollten für diese Verfahren zusätzliche Kriterien entwickelt werden, die eine Ad-hoc-Information der Geschäftsleitung über einen erheblichen Wertberichtigungs- oder Abschreibungsbedarf überhaupt erst ermöglichen. Diese Kriterien können sich z.B. auf besonders hohe Kreditbeträge beziehen, deren Ausfall eine wesentliche Ergebnisbelastung zur Folge hätte.

3 Angemessene Risikovorsorge (Tz. 3)

19 **3** Das Institut hat die Methoden und Verfahren zur Risikovorsorge anhand von Rückvergleichen regelmäßig zu überprüfen, um Abweichungen zwischen den gebildeten Wertberichtigungen und den tatsächlich eingetretenen Verlusten bis zur vollständigen Ausbuchung des Engagements möglichst zu vermeiden.

3.1 Rückvergleiche zur Qualitätssicherung

20 Im Idealfall decken die gebildeten Wertberichtigungen die eingetretenen Verluste vollständig ab und gehen auch nicht darüber hinaus. Diese wünschenswerte Genauigkeit ist bei einem Schätzverfahren aber nicht zu erwarten. Schließlich wird bei Bildung der Risikovorsorge in die Zukunft geblickt, und die Zukunft lässt sich bekanntlich am besten »vorhersagen«, wenn sie schon Vergangenheit ist.[19] Allerdings sollten die Institute anstreben, (größere) Abweichungen zwischen den gebildeten Wertberichtigungen und den tatsächlich eingetretenen Verlusten bis zur vollständigen Ausbuchung eines Engagements möglichst zu vermeiden. Zu diesem Zweck müssen die Abweichungen zunächst einmal ermittelt werden. Das ist mit Hilfe von Rückvergleichen (»Back-Testing«) möglich. Deshalb sollen die Institute ihre Methoden und Verfahren zur Risikovorsorge anhand von Rückvergleichen regelmäßig überprüfen.

21 Sollte es beim Rückvergleich zu relevanten Abweichungen kommen, können die Methoden und Verfahren zur Risikovorsorge allerdings nur dann verbessert werden, wenn die Ursachen für diese Abweichungen bekannt sind. Eine Erklärung dafür könnte z. B. sein, dass die Verwertungserlöse bzw. die einzelnen Komponenten, aus denen sich diese Erlöse zusammensetzen, systematisch falsch eingeschätzt werden. Die EBA empfiehlt daher, die letzte Bewertung, bevor die Risikoposition als notleidend eingestuft wurde, aus der »Bewertungshistorie« mit dem Nettoveräußerungspreis der Sicherheiten aus der »Verkaufshistorie« abzugleichen. Das setzt natürlich voraus, dass im Institut entsprechende Datenhistorien verfügbar sind.[20] Bei den Rückvergleichen sollten die Institute in Abhängigkeit von ihrer Größe und ihrem Geschäftsmodell nach der Sicherheitenart, dem Bewertungsmodell/-ansatz, der Art der Veräußerung (freiwillig oder zwangsweise) und der Region unterscheiden. Die Ergebnisse aus diesen Rückvergleichen sollten zur Bestimmung von Abschlägen auf die Sicherheitenwerte für alle Risikopositionen verwendet werden, die in der Bilanz verbleiben. Alternativ können jene Institute, die den fortgeschrittenen IRB-Ansatz verwenden, die besicherte Verlustquote bei Ausfall (»Loss Given Default«, LGD) zur Bestimmung von Bewertungsabschlägen verwenden, da sie diese Quote ohnehin berechnen müssen.[21]

---

19 Diese sehr zutreffende Weisheit ist aus der amüsanten Aussage abgeleitet, dass »Prognosen schwierig sind, besonders wenn sie die Zukunft betreffen«. Ob der Urheber dieser markanten Worte ein dänischer Politiker war oder ein Prominenter, ist bisher nicht geklärt. In verschiedenen Quellen werden Niels Bohr, Winston Churchill, Georg Christoph Lichtenberg, Kurt Tucholsky, Mark Twain und Karl Valentin als Urheber genannt.

20 Die deutsche Aufsicht hat in der Sitzung des Fachgremiums MaRisk am 28. Oktober 2021 ausgeführt, dass sie keine Festlegung dazu treffen wird, welche Werte konkret für den Vergleich herangezogen werden sollen. Möglich wäre z. B. die Verwendung der bei bzw. nach Abgabe an die Problemkreditbearbeitung gebildeten Wertberichtigung, während der Zeitpunkt unmittelbar vor der Abwicklung als zu spät eingeschätzt wird. Im Endeffekt geht es vor allem darum, ob der Prozess zur Bildung von Wertberichtigungen funktioniert. Außerdem sollten die Institute die Risikovorsorge nicht scheibchenweise vornehmen.

21 Vgl. European Banking Authority, Leitlinien über das Management notleidender und gestundeter Risikopositionen, EBA/GL/2018/06, 31. Oktober 2018, S. 52.

Die Erlöse aus der Abwicklung von Kreditengagements und die zugehörigen historischen Werte der   22
Kreditsicherheiten müssen von den Instituten in einer Erlösquotensammlung erfasst werden. Davon
sind auch die Erlösquoten aus Rettungserwerben betroffen. Zudem sollen die Erkenntnisse aus der
Erlösquotensammlung bei der Steuerung der Adressenausfallrisiken angemessen berücksichtigt
werden (→ BTR 1 Tz. 7). Die deutsche Aufsicht hat im Fachgremium MaRisk allerdings klargestellt,
dass auf Basis der geforderten Rückvergleiche lediglich zu prüfen ist, ob die Methoden zur Ermittlung
der Risikovorsorge angemessen sind. Dabei muss auf die gebildete Risikovorsorge abgestellt werden.
Ein Abgleich mit den Daten aus der Erlösquotensammlung wird hingegen nicht gefordert. Es bleibt
abzuwarten, welche Erwartungshaltung sich diesbezüglich in der Prüfungspraxis herausbildet.

3.2   Zusätzliche Vorgaben für bedeutende Institute

Die EZB hat in einer Ergänzung zu ihrem Leitfaden zu notleidenden Krediten verdeutlicht, was sie   23
bei den bedeutenden Instituten unter einer angemessenen Risikovorsorge und unter einem umsich-
tigen Umgang mit den NPL-Beständen versteht. Als zentrale Größen fließen in die Bewertung die
Zeitspanne (»vintage«), über die eine Risikoposition als notleidend eingestuft ist, und der Grad der
Besicherung der notleidenden Risikoposition ein (→ BTO 1.2.5 Tz. 9). Die Bildung einer angemessenen Risikovorsorge soll grundsätzlich in zwei Schritten erfolgen: Zunächst soll das Institut die
Wertberichtigungen auf Basis der geltenden Rechnungslegungsvorschriften bilden. Anschließend
soll eine eventuelle negative Differenz zwischen den auf diese Weise gebildeten Wertberichtigungen
und dem erwarteten Verlust gemäß Art. 158 und 159 CRR oder anderen eigenmittelmindernden
Abzügen vom harten Kernkapital (CET1), die dabei noch nicht berücksichtigt sind, addiert werden.
Der Umgang der Institute mit diesen aufsichtlichen Erwartungen wird im Aufsichtsdialog thematisiert und kann sich auch in institutsspezifischen SREP-Beschlüssen niederschlagen.[22]

Kurz nach Veröffentlichung ihrer Ergänzung zum Leitfaden zu notleidenden Krediten hatte die   24
EZB angekündigt, weitere Schritte zum Abbau der NPL-Bestände unternehmen zu wollen. Die
Basis dafür sollte ein Benchmarking zum NPL-Management der bedeutenden Institute bilden, weil
die damals festgestellten NPL-Quoten der Institute in einigen Ländern im internationalen Maßstab
nach wie vor als zu hoch eingeschätzt wurden. Das Ziel der EZB besteht darin, mittelfristig
dieselbe Deckung für NPL-Altbestände und für neu gebildete notleidende Kredite zu erreichen.[23]
Im Zuge der neuen Vorschriften in der CRR, die sich auf notleidende Risikopositionen (NPE)
beziehen, die aus seit dem 26. April 2019 vergebenen Krediten entstehen, wurden die in der
Ergänzung zum EZB-Leitfaden kommunizierten Erwartungen der Aufsicht geändert. Der Anwendungsbereich der aufsichtlichen Erwartungen der EZB an neue NPE-Bestände (d.h. ab dem
1. April 2018 als NPE eingestufte Risikopositionen) wurde auf Risikopositionen beschränkt, die
aus vor dem 26. April 2019 vergebenen Krediten entstehen, also nicht von den Vorgaben der CRR
erfasst sind. Dabei wurden die für die Risikovorsorge maßgeblichen Zeitspannen, die progressive
Annäherung an eine vollständige Umsetzung und die Aufgliederung von besicherten Risikopositionen auf die NPE-Behandlung nach der ersten Säule abgestimmt. Auch die Vorgaben zur
Behandlung von notleidenden Risikopositionen, für die eine öffentliche Exportversicherungsagentur Bürgschaften oder Versicherungen bereitstellt, wurden angeglichen. Alle anderen Aspekte, einschließlich der aufsichtlichen Erwartungen an die Bildung von Risikovorsorge und den

---

22 Vgl. Europäische Zentralbank, Ergänzung zum EZB-Leitfaden für Banken zu notleidenden Krediten: aufsichtliche
Erwartungen an die Risikovorsorge für notleidende Risikopositionen, 15. März 2018, S. 6f.
23 Vgl. Europäische Zentralbank, EZB kündigt weitere Schritte beim aufsichtlichen Ansatz für NPL-Bestände an, Pressemitteilung vom 11. Juli 2018.

BTO 1.2.6 Risikovorsorge

Umgang mit dem NPE-Altbestand, also an die bis zum 31. März 2018 als NPE eingestuften Risikopositionen, sind hingegen unverändert geblieben.[24]

25 Die deutsche Aufsicht hat im Zusammenhang mit der schrittweisen Anpassung an die Vorgehensweise der EZB bei der Prüfung von NPL-Beständen die Kreditprüfungen bei den weniger bedeutenden Instituten Ende 2015 durch die so genannte »Prüfung der Angemessenheit der aufsichtlichen Risikovorsorge« (PAAR) erweitert, um die Werthaltigkeit von Kreditengagements zu beurteilen. Die PAAR ist eine Erweiterung der Prozessprüfung im Kreditgeschäft, bei der es darum geht, ob die geforderten Kreditprozesse, also die Normalbetreuung, die Intensivbetreuung und die Problemkreditbearbeitung, inklusive des Verfahrens zur Früherkennung von Risiken ordnungsgemäß aufgesetzt wurden. Zu diesem Zweck werden selbst bei größeren Instituten i. d. R. nicht mehr als 15 bis 25 Einzelengagements zur Prüfung ausgewählt. Mit der PAAR wird nunmehr auch die Werthaltigkeit der Engagements und damit die Angemessenheit der Höhe der Risikovorsorge geprüft. Hinterfragt werden u. a. die Bewertungsparameter bei Kreditsicherheiten, deren Überprüfungsturnus, die nachhaltig erzielbaren Sicherheitenerlöse bei ausfallgefährdeten Engagements sowie die zukunftsbezogene Kapitaldienstfähigkeit. Insbesondere werden die Annahmen, Parameter und Begründungen für die Kapitaldienstfähigkeit eines Einzelengagements zur Höhe des Risikovolumens und des Blankokreditvolumens in Bezug gesetzt und auftretende Unplausibilitäten der Einzelengagements im Portfoliokontext beleuchtet. Dabei kann ein aufsichtlich begründeter Risikovorsorgebedarf über die handelsrechtlich zu bildende Risikovorsorge hinausgehen. Dieser zusätzliche Risikovorsorgebedarf muss allerdings nicht handelsrechtlich gebucht werden. Es ist auch möglich, diesen zusätzlichen Risikovorsorgebedarf im Rahmen des ICAAP vom Risikodeckungspotenzial abzuziehen.[25]

3.3 Bildung von Risikovorsorge in der Krise

26 Nach IFRS 9 muss eine signifikante Erhöhung des Kreditrisikos auf der Grundlage quantitativer und qualitativer Auslöser zur Identifizierung signifikanter Veränderungen über die gesamte erwartete Laufzeit eines Engagements beurteilt werden. Nach Einschätzung der EBA ist die Anwendung öffentlicher oder privater Moratorien, die darauf abzielen, die negativen systemischen wirtschaftlichen Auswirkungen der COVID-19-Pandemie zu bekämpfen, für sich genommen kein automatischer Auslöser für eine signifikante Erhöhung des Kreditrisikos. Die Institute sollten auch den hohen Grad an Unsicherheit über die voraussichtlichen Auswirkungen über die erwartete Laufzeit der Finanzinstrumente berücksichtigen. Um einen potenziellen Klippeneffekt beim Transfer der Finanzinstrumente in eine andere Stufe abzuschwächen und eine Übertreibung der Auswirkungen des Schocks zu vermeiden, sollten die Institute zwischen Schuldnern, deren Kreditwürdigkeit durch die Krisensituation langfristig nicht wesentlich beeinträchtigt wird, und Schuldnern, bei denen eine Wiederherstellung der Kreditwürdigkeit unwahrscheinlich ist, unterscheiden.[26]

27 Der Bankenfachausschuss (BFA) des Institutes der Wirtschaftsprüfer (IDW) hat kurz danach einen fachlichen Hinweis zu den Auswirkungen der COVID-19-Pandemie auf Wertminderungen von Finanzinstrumenten nach IFRS 9 veröffentlicht, der in eine ähnliche Richtung geht wie die Ausführungen der EBA. So sollte die Krisensituation nicht zu einem undifferenzierten, automati-

---

24 Vgl. Europäische Zentralbank, EZB überarbeitet Erwartungen der Aufsicht an die Risikovorsorge für neue notleidende Kredite, um neuer EU-Verordnung Rechnung zu tragen, Pressemitteilung vom 22. August 2019.

25 Vgl. Dietz, Thomas, Bankgeschäftliche Prüfungen im Rahmen der Bankenunion – Inhalte, Ablauf, Erkenntnisse, Stuttgart, 2019, S. 129 ff.

26 Vgl. European Banking Authority, Statement on the application of the prudential framework regarding Default, Forbearance and IFRS 9 in light of COVID-19 measures, 25. März 2020, S. 3 f.

schen Transfer von Finanzinstrumenten von der Stufe 1 in die Stufe 2 oder gar Stufe 3 führen.[27] Durch einen automatischen Transfer könnten die tatsächlichen wirtschaftlichen Risiken wesentlich überzeichnet werden. Der Stufentransfer basiert auf der Berücksichtigung von angemessenen und belastbaren zukunftsgerichteten Informationen, deren Auswirkungen auf das Kreditrisiko aus Erfahrungen der Vergangenheit abgeleitet werden. Da eine solche weltweite dynamische Extremsituation bislang noch nicht vorlag, führt dies zu großen Schätzungsunsicherheiten und Ermessensspielräumen, die sachgerecht auszuüben sind. Allerdings ist es laut IDW auch nicht sachgerecht, diese Finanzinstrumente undifferenziert in Stufe 1 zu belassen. Trotz der damals noch bestehenden Unsicherheiten zur künftigen Entwicklung hat das IDW mit einer Anpassung der Kreditrisikomodelle in Bezug auf die Berechnung der erwarteten Kreditverluste und den Stufentransfer gerechnet. Insgesamt ist das IDW von einer weiteren Erhöhung der Risikovorsorge nach IFRS 9 ausgegangen.[28]

Die deutschen Aufsichtsbehörden haben sich der Auffassung des IDW angeschlossen. Auch die **28** weiteren Ausgestaltungsmöglichkeiten von IFRS 9 sollten von den Instituten genutzt werden. So muss die Schätzung des erwarteten Verlustes für die Ermittlung von Wertberichtigungen nach IFRS 9 zwar zeitpunktbezogen (»point-in-time«) erfolgen, aber unter Berücksichtigung von Prognosen für die künftige makroökonomische Entwicklung. Während der Krise sollten die Institute für diese Schätzung und für die Beurteilung der Erforderlichkeit eines Stufentransfers innerhalb des Rahmens, den die IFRS 9 bietet, ein größeres Gewicht auf langfristig stabile und auf Erfahrungen der Vergangenheit basierende Szenarioschätzungen legen. Sie sollten dabei auch die von der öffentlichen Hand gewährten Erleichterungen wie Förderprogramme und Zahlungsmoratorien berücksichtigen. Schließlich konnten durch weitreichende Stützungsprogramme für die Unternehmen sowohl laufende Kostenbelastungen durch Moratorien, Stundungen etc. gemindert, als auch direkt Liquidität sowie ggf. Kapital gestärkt werden, um krisenbedingte Störungen der Funktionsfähigkeit der betroffenen Unternehmen weitestgehend auszugleichen. Dadurch wurde gleichzeitig die Schuldendienstfähigkeit der Unternehmen verbessert und eine signifikante Erhöhung der Ausfallrisiken vermieden. Damit die Risikovorsorge der Stufen 1 und 2 in einem wirtschaftlichen Abschwung nicht zu stark ansteigt, hat der Gesetzgeber den Instituten gemäß Art. 473a CRR die Möglichkeit gegeben, übergangsweise und mit abnehmenden Prozentsätzen insbesondere eine Erhöhung der Risikovorsorge der Stufen 1 und 2 gegenüber dem Niveau bei der Einführung von IFRS 9 im Jahr 2018 hinzuzurechnen (»Add-back«). Die Aufsichtsbehörden haben sich auch dazu während der Krise flexibel gezeigt.[29]

Auch die EZB hat den bedeutenden Instituten im Zusammenhang mit COVID-19 frühzeitig **29** empfohlen, die in der CRR vorgesehenen IFRS-9-Übergangsregelungen zu nutzen und übermäßig prozyklische Annahmen in ihren Modellen zur Ermittlung der Risikovorsorge zu vermeiden. Auf diese Weise sollte einer übermäßigen Volatilität der Risikovorsorge für Kreditausfälle entgegengewirkt werden.[30] Denjenigen Instituten, die zunächst nur die statische Komponente angewendet hatten, wurde von der EZB dringend die vollumfängliche Anwendung der Übergangsregelungen

---

27 Die Bildung von Wertberichtigungen nach IFRS 9 entspricht einem Stufenmodell. In Stufe 1 (erstmaliger Bilanzansatz) wird eine Wertberichtigung in Höhe der »erwarteten 12-Monats-Kreditverluste« (»12-month ECL«) gebildet. Das gilt analog für alle Finanzinstrumente, deren Kreditrisiko seit ihrem erstmaligen Bilanzansatz nicht signifikant gestiegen ist. In Stufe 2 (Finanzinstrumente mit einem signifikanten Anstieg des Kreditrisikos seit dem Erstansatz) und Stufe 3 (Finanzielle Vermögenswerte mit beeinträchtigter Bonität) wird eine Wertberichtigung in Höhe der »über die Laufzeit erwarteten Kreditverluste« (»Lifetime ECL«) gebildet. Die Behandlung der Finanzinstrumente unterscheidet sich zwischen den einzelnen Stufen zudem darin, dass die Effektivverzinsung in den Stufen 1 und 2 auf Basis des Bruttobuchwertes berechnet wird und in Stufe 3 auf Basis des Nettobuchwertes, also nach Abzug von Wertberichtigungen.

28 Vgl. Institut der Wirtschaftsprüfer, Auswirkungen der Coronavirus-Pandemie auf Wertminderungen von Finanzinstrumenten nach IFRS 9 im Quartalsabschluss von Banken zum 31.03.2020, Fachlicher Hinweis des IDW Bankenfachausschusses, 27. März 2020.

29 Vgl. Bundesanstalt für Finanzdienstleistungsaufsicht, Regelmäßig aktualisierte »FAQ« zu aufsichtlichen und regulatorischen Maßnahmen als Reaktion auf COVID-19, Internetseite der BaFin, Rubrik Bilanzierung und Bewertung, abgerufen am 15. März 2021.

30 Vgl. Europäische Zentralbank, EZB-Bankenaufsicht reagiert mit zusätzlichen Flexibilisierungsmaßnahmen für Banken auf die Ausbreitung des Coronavirus, Pressemitteilung, 20. März 2020.

nahegelegt. Zudem wurden den Instituten – in Übereinstimmung mit den Empfehlungen der EBA und anderer europäischer Standardsetzer – konkrete Hinweise zur kollektiven Beurteilung der signifikanten Erhöhung des Ausfallrisikos (»Significant Increase in Credit Risk«, SICR) sowie zur Verwendung von langfristigen gesamtwirtschaftlichen Prognosen und von Prognosen für bestimmte Jahre gegeben.[31] Die EZB hat darauf hingewiesen, dass bei der Verwendung gesamtwirtschaftlicher Prognosen und anderer Informationen, die gewöhnlich nur auf der kollektiven Ebene verfügbar sind, der daraus resultierende Anstieg der Ausfallwahrscheinlichkeit in einer Krisensituation höchstwahrscheinlich nicht alle Kunden in gleicher Weise betrifft. Deshalb wurde von den bedeutenden Instituten erwartet, dass sie die Möglichkeit eines Top-down-Ansatzes für Transfers in eine andere Stufe in Erwägung ziehen und im Rahmen dieses Ansatzes für einen Teil der Finanzinstrumente, bei denen sich das Kreditrisiko der Einschätzung nach signifikant erhöht hat, über die Laufzeit erwartete Kreditverluste erfassen, ohne dabei identifizieren zu müssen, welche Finanzinstrumente im Einzelnen von einem SICR betroffen sind. Die Institute sollten die von der EZB erstellten gesamtwirtschaftlichen Projektionen für das laufende und die beiden folgenden Kalenderjahre als Ankerpunkt nutzen, und dabei berücksichtigen, dass die Relevanz der Informationen mit zunehmendem Prognosehorizont abnimmt. Darüber hinaus sollten die Institute langfristige gesamtwirtschaftliche Aussichten für ihre Prognosen heranziehen, da keine verlässlichen Informationen für die weitere Entwicklung der Krise verfügbar waren. Zur Einschätzung dieser langfristigen Aussichten sollten sie eigene makroökonomische Analysen, die mindestens einen vollständigen Konjunkturzyklus abdecken oder in geeigneter Weise bereinigt sind, und verlässliche externe Quellen nutzen. Außerdem sollten sie den in vielen Ländern zur Eindämmung der Krise bereits ergriffenen Maßnahmen angemessen Rechnung tragen und die einzelnen Prognosezeiträume angemessen gewichten.[32]

30 Der Baseler Ausschuss für Bankenaufsicht (BCBS) hat in vergleichbarer Weise auf die Unwägbarkeiten im Zusammenhang mit COVID-19 reagiert. Hinsichtlich der SICR-Beurteilung sollten Hilfsmaßnahmen zur Reaktion auf die negativen wirtschaftlichen Auswirkungen von COVID-19, wie z. B. öffentliche Garantien oder Zahlungsmoratorien, die entweder von öffentlichen Stellen oder von Instituten auf freiwilliger Basis gewährt werden, nicht automatisch dazu führen, dass Forderungen von einer 12-month-ECL-Bewertung zu einer Lifetime-ECL-Bewertung übergehen. Die Schätzungen der Kreditverluste sollten außerdem den mildernden Effekt der erheblichen wirtschaftlichen Unterstützungs- und Zahlungserleichterungsmaßnahmen widerspiegeln und nicht mechanistisch angewendet werden, um z. B. langfristige wirtschaftliche Trends angemessen zu berücksichtigen. Hinsichtlich der Übergangsregelungen (»transitional arrangements«) für die aufsichtsrechtliche Eigenkapitalbehandlung von ECL hat der BCBS eine große Flexibilität signalisiert.[33]

---

31 Vgl. Europäische Zentralbank, IFRS 9 im Zusammenhang mit der Coronavirus-Pandemie (COVID-19), Schreiben an alle bedeutenden Institute, 1. April 2020, S. 1.

32 Vgl. Europäische Zentralbank, IFRS 9 im Zusammenhang mit der Coronavirus-Pandemie (COVID-19), Schreiben an alle bedeutenden Institute, 1. April 2020, S. 4 ff.

33 Vgl. Basel Committee on Banking Supervision, Measures to reflect the impact of Covid-19, BCBS 498, 3. April 2020, S. 2 f.

BTO 1.3 Anforderungen an Verfahren zur Früherkennung von Risiken und Behandlung von Forbearance

Im Rahmen der sechsten MaRisk-Novelle wurde das Modul zur Risikofrüherkennung umgestaltet. Die bisherigen Anforderungen wurden nahezu unverändert in das Modul BTO 1.3.1 verschoben. Dazu gehört die Einrichtung eines entsprechenden Verfahrens, um rechtzeitig Kreditnehmer identifizieren zu können, bei deren Engagements sich erhöhte Risiken abzuzeichnen beginnen, und möglichst frühzeitig geeignete Gegenmaßnahmen einleiten zu können (→ BTO 1.3.1 Tz. 1). Ergänzt wurde an dieser Stelle lediglich der Hinweis, dass dazu auch die Durchführung von »Forbearance-Maßnahmen«, d.h. von vertraglichen Zugeständnissen des Institutes gegenüber einem Kreditnehmer aufgrund sich abzeichnender finanzieller Schwierigkeiten, gehören kann. Für die frühzeitige Risikoidentifizierung müssen geeignete Indikatoren entwickelt werden (→ BTO 1.3.1 Tz. 2). Zudem wird festgelegt, unter welchen Umständen die Risikofrüherkennung von einem Risikoklassifizierungsverfahren wahrgenommen und wann auf die Anwendung dieses Verfahrens komplett verzichtet werden kann (→ BTO 1.3.1 Tz. 3).

Die bisher eher überschaubaren Ausführungen zu Forbearance-Maßnahmen, auf die lediglich erläuternd im Rahmen der Intensivbetreuung eingegangen wurde, sind in das neue Modul BTO 1.3.2 überführt und gleichzeitig deutlich ausgebaut worden. Mit dieser Verschiebung wird einerseits deutlich, dass bei Engagements in der Intensivbetreuung nicht in jedem Fall Forbearance-Maßnahmen ergriffen werden müssen. Das hängt vor allem davon ab, wie die institutsinternen Kriterien für die Zuordnung eines Engagements zur Intensivbetreuung ausgestaltet sind (→ BTO 1.2.4 Tz. 1). Andererseits dient die neue Gliederung der Umsetzung der EBA-Leitlinien über das Management notleidender und gestundeter Risikopositionen. Tendenziell besteht zwischen der Behandlung notleidender Risikopositionen (»non-performing exposures«, NPE) und der Problemkreditbearbeitung ein enger Zusammenhang, ohne dass daraus ein Automatismus für die Zuordnung der betroffenen Engagements abgeleitet wird (→ BTO 1.2.5 Tz. 1). Die Risikofrüherkennung kann wiederum dazu führen, dass für bestimmte Engagements Forbearance-Maßnahmen vereinbart werden müssen. Der sachgerechte Umgang mit diesen gestundeten Risikopositionen (»forborne exposures«, FBE) ist insbesondere davon abhängig, ob die Engagements notleidend sind oder nicht. In Abhängigkeit davon bietet sich grundsätzlich eine Zuordnung zur Intensivbetreuung oder zur Problemkreditbearbeitung an (→ BTO 1.3.1 Tz. 1).

Das neue Modul BTO 1.3.2 betrifft den Umgang mit Kreditnehmern, denen aufgrund von finanziellen Schwierigkeiten Zugeständnisse gemacht werden. Bei der Beurteilung, ob sich ein Kreditnehmer in finanziellen Schwierigkeiten befindet, werden eventuell vorhandene Sicherhei-

BTO 1.3 Anforderungen an Risikofrüherkennung und Forbearance

ten ausgeblendet.[1] Nachverhandlungen bei Kreditnehmern, die sich nicht in finanziellen Schwierigkeiten befinden, fallen nicht unter den Begriff der Forbearance-Maßnahmen (→ BTO 1.3.2 Tz. 4). In Übereinstimmung mit der Zielsetzung in der Intensivbetreuung, geeignete Maßnahmen zu ergreifen, um die Engagements wieder in die Normalbetreuung rückführen zu können (→ BTO 1.2.4 Tz. 2), besteht das Ziel von Forbearance-Maßnahmen darin, einen tragfähigen und nicht notleidenden Rückzahlungsstatus zu erreichen (→ BTO 1.3.2 Tz. 1). Die Institute müssen zwischen tragfähigen Maßnahmen, die zur Verringerung der Risikoposition des Kreditnehmers beitragen, und nicht tragfähigen Maßnahmen unterscheiden, wobei in Abhängigkeit von der Art und der Laufzeit der Kredite sowohl kurzfristige (maximal zwei Jahre) als auch langfristige Forbearance-Maßnahmen in Erwägung gezogen werden können (→ BTO 1.3.2 Tz. 5). Die gestundeten Risikopositionen (»forborne exposures«, FBE) sind auf Basis bestimmter Kriterien als notleidend (»non-performing forborne exposures«) oder nicht notleidend (»performing forborne exposures«) einzustufen. Eine Umgliederung ist möglich, wobei ein geeigneter Gesundungszeitraum zu berücksichtigen ist. Streng genommen muss dabei noch zwischen dem Gesundungszeitraum und dem Probezeitraum unterschieden werden, weil es sich um gestundete Risikopositionen handelt (→ BTO 1.3.2 Tz. 3). Der Prozess für die Gewährung der Forbearance-Maßnahmen und die Wirksamkeit der gewährten Maßnahmen sind vom Institut in angemessenen Abständen zu überwachen (→ BTO 1.3.2 Tz. 6). Sämtliche Prozesse und Verfahren mit allen zugehörigen Details bis hin zu den Überwachungsmaßnahmen müssen in einer Forbearance-Richtlinie niedergelegt sein (→ BTO 1.3.2 Tz. 2).

---

1 Es stellt sich allerdings die Frage, wie mit jenen Sicherheiten umgegangen werden soll, die gerade für den Zweck hereingenommen werden, einen Ausfall zu verhindern (z. B. harte Patronatserklärung). Diese werden als »ausfallverhindernde« Sicherheiten aufsichtlich zwar restriktiv behandelt. Das ändert aber nichts an der Tatsache, dass sie für die Beurteilung der finanziellen Schwierigkeiten eines Kreditnehmers in der Praxis durchaus eine Rolle spielen können. Im Grunde sollte in diesem Fall bei der Beurteilung der finanziellen Schwierigkeiten des Kreditnehmers auf den jeweiligen Sicherheitengeber abgestellt oder diese Sicherungsbeziehung zumindest angemessen berücksichtigt werden. In der Vergangenheit wurden derartige Sicherheiten nach den Auslegungen der deutschen Aufsicht zur Solvabilitätsverordnung zur Behandlung einer Schuldnergesamtheit bei der Ratingeinstufung (»Ratingeinheit«) herangezogen. Wie die EBA zukünftig damit umgehen wird, ist noch nicht abschließend geklärt.

BTO 1.3.1 Verfahren zur Früherkennung von Risiken

1 Rechtzeitige Identifizierung von problembehafteten Engagements (Tz. 1)

1 Das Verfahren zur Früherkennung von Risiken dient insbesondere der rechtzeitigen Identifizierung von Kreditnehmern, bei deren Engagements sich erhöhte Risiken abzuzeichnen beginnen. Damit soll das Institut in die Lage versetzt werden, in einem möglichst frühen Stadium Gegenmaßnahmen einleiten zu können (z. B. Durchführung von Forbearance-Maßnahmen, Intensivbetreuung von Engagements).

1.1 Erhöhte Risiken

2 Risiken werden immer ein fester Bestandteil des Kreditgeschäftes sein. Zum Begriff der »erhöhten Risiken« gibt es unterschiedliche Interpretationen. Während z. B. das Institut der Wirtschaftsprüfer (IDW) im Zusammenhang mit § 91 Abs. 2 AktG lediglich auf diejenigen Risiken und deren Veränderungen abstellt, die in der jeweiligen Situation des Unternehmens dessen Fortbestand gefährden können[1], sollte dieser Begriff für die Zwecke der MaRisk weiter gefasst werden. So orientiert sich z. B. das Verfahren zur Früherkennung von Risiken an erhöhten Risiken, die auf der Ebene des einzelnen Kreditnehmers zu beobachten sind. Dabei muss es sich natürlich nicht automatisch um bestandsgefährdende Risiken handeln.

3 Der Begriff »erhöht« setzt das Vorhandensein einer Vergleichsgröße voraus. Dabei kann ggf. auf die Beurteilung der für das Adressenausfallrisiko eines Kreditengagements bedeutsamen Aspekte zurückgegriffen werden (→ BTO 1.2 Tz. 5). Insbesondere sind sowohl im Rahmen der Kreditentscheidung als auch bei turnusmäßigen oder anlassbezogenen Beurteilungen die Risiken in Abhängigkeit vom Risikogehalt der Kreditgeschäfte mit Hilfe eines Risikoklassifizierungsverfahrens zu bewerten, wobei die Risikoeinstufung jährlich zu überprüfen ist (→ BTO 1.2 Tz. 8). Insofern bietet sich als Vergleichsgröße die zuletzt vorgenommene Risikoeinstufung an. Im Grunde geht es bei der Risikofrüherkennung darum, mit Hilfe geeigneter Indikatoren (→ BTO 1.3.1 Tz. 2) Ereignisse zu identifizieren, die eine Verschlechterung dieser Risikoeinstufung zur Folge haben könnten.

1.2 Notwendigkeit der Früherkennung von Risiken

4 In vielen Fällen ist der vollständige oder teilweise Ausfall eines Engagements nicht etwa das Ergebnis eines plötzlich eintretenden Ereignisses, sondern auf eine ganze Reihe von Faktoren zurückzuführen, die der eigentlichen Krise des Kreditnehmers zeitlich vorgelagert sind. So kann z. B. ein Firmenkunde bereits lange vor der eigentlichen Krise verschiedene Phasen durchlaufen, in denen sich die Probleme nach und nach verschärfen, wie strategische Fehlentscheidungen, Produkt- und Absatzeinbrüche, Verlust von Marktanteilen oder ein sukzessiver Ertragsrückgang.[2]

---

1 Vgl. Institut der Wirtschaftsprüfer, Prüfungsstandard 340 (IDW PS 340), Die Prüfung des Risikofrüherkennungssystems nach § 317 Abs. 4 HGB, in: Die Wirtschaftsprüfung, Heft 16/1999, S. 658 ff.
2 Vgl. Grunwald, Egon/Grunwald, Stephan, Bonitätsanalyse im Firmenkundengeschäft, Stuttgart, 1999, S. 54 ff.

BTO 1.3.1 Verfahren zur Früherkennung von Risiken

Die Einrichtung eines Verfahrens zur Früherkennung von Risiken soll die Institute in die Lage versetzen, die dem Ausfall vorausgehenden Krisensignale zu identifizieren, so dass frühzeitig Maßnahmen ergriffen werden können, um ggf. der Krisensituation vorzubeugen oder sie zumindest abzufedern. Wichtig ist, dass das Institut auf der Grundlage der Warnsignale zu aktiven Handlungen übergeht (»Aktion statt Reaktion«).[3]

Der Zeitpunkt zur Risikoidentifizierung ist deshalb so entscheidend, weil die Handlungsspielräume für Gegensteuerungsmaßnahmen mit fortschreitender Krise deutlich abnehmen. Häufig kann die Verschärfung von Problemen verhindert werden, wenn rechtzeitig auf die negativen Entwicklungen reagiert wird. In diesem Sinne kann die Identifizierung von erhöhten Risiken immer dann als rechtzeitig genug angesehen werden, wenn noch entsprechende Gegensteuerungsmaßnahmen eingeleitet werden können. Das Verfahren bedarf hierzu bestimmter Indikatoren, die eine Früherkennung der Risiken erst möglich machen (→ BTO 1.3.1 Tz. 2). Infrage kommen dabei sowohl quantitative als auch qualitative Risikomerkmale. Natürlich kann nicht ausgeschlossen werden, dass in einigen Fällen keine entsprechenden Maßnahmen greifen, selbst wenn die Früherkennung rechtzeitig funktioniert hat.   **5**

Die EBA erwartet, dass die Institute in der Lage sind, frühzeitig Anzeichen möglicher künftiger finanzieller Schwierigkeiten des Kreditnehmers zu erkennen. Deshalb sollte sich die Beurteilung der finanziellen Lage der Kreditnehmer nicht auf Risikopositionen mit offensichtlichen Anzeichen für finanzielle Schwierigkeiten beschränken. Insbesondere sollten auch Risikopositionen beurteilt werden, für die sich die Marktbedingungen erheblich auf eine Weise geändert haben, die sich auf ihre Rückzahlungsfähigkeit auswirken könnten. Beispielhaft verweist die EBA auf endfällige Darlehen, deren Rückzahlung von der Veräußerung von Immobilien abhängt (→ BTO 1.2.2 Tz. 2), und auf Fremdwährungskredite.[4] In diesen Fällen könnte vor allem ein starker Einbruch der Immobilienpreise bzw. der Wechselkurse für die entsprechende Fremdwährung Auslöser für eine intensivere Prüfung durch das Institut sein.   **6**

1.3   Maßnahmen zur Früherkennung von Risiken im Kreditgeschäft

Ein wirksames Kreditrisikomanagement im weiteren Sinne beginnt mit der frühzeitigen Identifizierung der Risikopotenziale im Kreditgeschäft. Dies setzt voraus, dass die mit den einzelnen Kreditgeschäften verbundenen Risiken überhaupt bekannt sind. Diese Voraussetzung soll in Abgrenzung vom Bestandsgeschäft dadurch erfüllt werden, dass die Institute vor der Aufnahme von Geschäftsaktivitäten in neuen Produkten oder auf neuen Märkten (einschließlich neuer Vertriebswege) den Risikogehalt dieser Geschäfte und die sich daraus ergebenden wesentlichen Konsequenzen für das Management der Risiken analysieren müssen (→ AT 8.1 Tz. 1).   **7**

Erkenntnisse für die Risikofrüherkennung können im Bestandsgeschäft z.B. im Rahmen der Kontobeobachtung gewonnen werden. In diesem Fall lassen sich viele Merkmale IT-gestützt überwachen, indem vom Rechenzentrum über Nacht entsprechende Auswertungen durch die IT-Systeme übernommen werden, die i.d.R. am nächsten Morgen in Listen- oder Dateiform an das Institut übermittelt werden. Hierzu zählen nicht nur die täglichen Überziehungslisten, sondern auch andere, vom Institut vorgegebene Analysen. Die Dateiform erleichtert eine zentrale Auswertung durch die bearbeitende Stelle im Institut, die z.B. mit Hilfe von Tabellenkalkulationsprogrammen   **8**

---

3   Vgl. Hanenberg, Ludger/Kreische, Kai/Schneider, Andreas, Mindestanforderungen an das Kreditgeschäft der Kreditinstitute – Zum Inhalt des Rundschreibens 34/2002 (BA) der Bundesanstalt für Finanzdienstleistungsaufsicht, in: Die Wirtschaftsprüfung, Heft 8/2003, S. 407.

4   Vgl. European Banking Authority, Leitlinien über das Management notleidender und gestundeter Risikopositionen, EBA/GL/2018/06, 31. Oktober 2018, S. 38.

geeignete Sortierungen nach wesentlichen und weniger bedeutenden Fällen vornehmen kann. Auf diese Weise können die betreuenden Organisationseinheiten von der Bearbeitung der Bagatellfälle entlastet werden. Der technologische Fortschritt sorgt zudem dafür, dass die Geschwindigkeit zur Verarbeitung großer Datenmengen (»Big Data«) permanent reduziert werden kann. Dadurch stehen die relevanten Daten häufig schon unmittelbar nach ihrer Erfassung zur Verfügung. Gleichzeitig verbessern sich die Möglichkeiten von automatisierten Auswertungen dieser Daten.

9 Zusätzlich zu den Maßnahmen der Kontoüberwachung ist eine Auswertung der regelmäßig in den Kreditunterlagen dokumentierten Erkenntnisse aus der Kundenbetreuung und Kreditsachbearbeitung oder der Informationen aus sonstigen externen Quellen denkbar, um ein umfassendes Bild von der Situation eines Kreditnehmers zu erhalten. Insgesamt sollte jedoch klar sein, dass sich ein Institut jeweils auf die aus seiner Sicht wesentlichen Informationen beschränken muss, um das Verfahren zur Früherkennung von Risiken noch überschaubar und praktikabel zu gestalten. Die Praxis zeigt, dass häufig bereits mit einer begrenzten Anzahl von Indikatoren, die ggf. noch entsprechend ihrer Bedeutung gewichtet werden können, aussagekräftige Analysen möglich sind. Viel entscheidender als die Quantität der Indikatoren ist deren Aussagegehalt für eine Risikofrüherkennung und die zeitnahe Weiterleitung der generierten Informationen an die Entscheidungsträger.

1.4   Gegensteuerungsmaßnahmen

10 Die Identifizierung von Kreditnehmern, bei deren Engagements sich erhöhte Risiken abzuzeichnen beginnen, zieht bei Vermutung einer wesentlichen negativen Änderung der Risikoeinschätzung eine Überprüfung dieser Engagements einschließlich der Sicherheiten nach sich (→ BTO 1.2.2 Tz. 4). Auf Basis der Ergebnisse dieser Überprüfung kann ein Institut eine fundierte Entscheidung treffen, wie mit den untersuchten Engagements weiter umgegangen werden muss. Sollte sich die Risikosituation nicht wesentlich verschlechtert haben und vor allem insgesamt noch in einem vom Institut als angemessen eingeschätzten Bereich liegen, ist es durchaus möglich, ein Engagement in der Normalbetreuung zu belassen (→ BTO 1.2.2). In der Regel kommt jedoch zunächst eine intensivierte Betreuung infrage (→ BTO 1.2.4). Sobald sich erhöhte Risiken abzeichnen, können diese Engagements darüber hinaus in eine »Beobachtungsliste« (»Watch List«) aufgenommen werden, mit deren Hilfe der Umfang dieser Engagements im Institut transparent gemacht werden kann (→ BTO 1.2.4 Tz. 1). Einige Institute erstellen in Abhängigkeit von der jeweiligen Kompetenzordnung sogar mehrere Listen, die grundsätzlich sowohl für die Intensivbetreuung als auch für die Problemkreditbearbeitung geeignet sind und mit steigendem Risikogehalt naturgemäß in ihrem Umfang abnehmen. Auf dieser Basis kann u. a. die Berichterstattung an die Geschäftsleitung erleichtert werden.

11 Entscheidend ist, dass das Institut auf der Grundlage der Signale des Frühwarnsystems zu aktiven Handlungen übergeht. In der Phase der Intensivbetreuung können vom Institut erste Maßnahmen eingeleitet werden. Denkbar ist z. B. die Intensivierung des Kontaktes zum jeweiligen Kreditnehmer, indem kurzfristig Beratungsgespräche vereinbart werden, die im beiderseitigen Interesse zur Lösung der Probleme beitragen können (→ BTO 1.2.4 Tz. 2). Neben dieser klassischen Intensivbetreuung von Engagements kann es im Einzelfall erforderlich sein, schon in diesem Stadium Maßnahmen einzuleiten, die mit Zugeständnissen des Institutes gegenüber dem Kreditnehmer verbunden sind (→ BTO 1.3.2).

12 Im Rahmen der Intensivbetreuung müssen die Engagements auf Basis eindeutiger Kriterien (→ BTO 1.2.4 Tz. 1) nach einem bestimmten Turnus (→ BTO 1.2.4 Tz. 3) auf ihre weitere Behandlung hin überprüft werden. Denkbar ist die weitere Intensivbetreuung, eine Rückführung in die Normalbetreuung oder eine Abgabe an die Problemkreditbearbeitung, d. h. die Sanierung oder die

Abwicklung (→ BTO 1.2.5). Bevor es so weit kommt, sollten alle Möglichkeiten ausgeschöpft werden, die eine Problemkreditbearbeitung überflüssig machen. Weitere Beispiele für Gegensteuerungsmaßnahmen werden im Zusammenhang mit der Berichtspflicht der Fachbereiche bei Vorliegen von unter Risikogesichtspunkten wesentlichen Informationen genannt (→ AT 4.3.2 Tz. 4).

Die EBA erwartet von den Instituten, dass sie beim Auslösen einer Frühwarnung auf der Ebene einer einzelnen Risikoposition, einer Kreditnehmergruppe oder eines (Unter-)Portfolios eine häufigere Kontrolle durchführen, die betreffenden Engagements bei Bedarf in eine Watchlist aufnehmen und vorab festgelegte Maßnahmen zur Risikominderung ergreifen.[5] Diesbezüglich besteht eine große Nähe zu den Aufgaben in der Intensivbetreuung (→ BTO 1.2.4 Tz. 2). In Abhängigkeit von der Schwere des ausgelösten Ereignisses kann es auch erforderlich sein, unter Einbindung der jeweils Zuständigen Sofortmaßnahmen einzuleiten und Folgemaßnahmen vorzuschlagen. Die Entscheidung über die geeigneten nächsten Schritte sollte dokumentiert und den betreffenden Stellen des Institutes mitgeteilt werden, damit diese Maßnahmen eingeleitet werden können.[6] Außerdem sollten die Institute die Überwachung der Watchlist mit einer spezifischen Berichterstattung an den Leiter der Risikocontrolling-Funktion, die Leiter der mit der Kreditvergabe befassten Funktionen, also Markt und Marktfolge, und die Geschäftsleitung verbinden. Sofern die einzuleitenden Maßnahmen eine Interaktion mit dem Kreditnehmer umfassen, sollten die Institute die individuellen Umstände berücksichtigen und sich hinsichtlich des Umfangs der Kontakte und der Kommunikation mit dem Kreditnehmer bei Zahlungsschwierigkeiten in Bezug auf die Informationspflichten an den Vorgaben der EBA-Leitlinien zu Zahlungsrückständen und Zwangsvollstreckung orientieren.[7]

Diese Leitlinien sind in Deutschland zwar nicht umgesetzt worden. Die Vorgaben sind allerdings von der Intention her in anderen Gesetzen und Regelungen sinngemäß enthalten. In diesem Fall laufen sie u.a. darauf hinaus, bei der Interaktion mit dem Verbraucher die maßgeblichen Bestimmungen zum Datenschutz einzuhalten und möglichst mit dem Verbraucher gemeinsam die Gründe zu ermitteln, aus denen seine Schwierigkeiten entstanden sind, und geeignete Schritte festzulegen. Das erforderliche Maß an Kontakt und Kommunikation sollte den Informationspflichten angemessen und insbesondere nicht unverhältnismäßig sein. Das Institut sollte eindeutig und in verständlicher Weise kommunizieren sowie mindestens die folgenden Informationen bereitstellen: die Zahl der versäumten oder nur teilweise geleisteten Zahlungen, den Gesamtbetrag des Zahlungsrückstandes sowie die aufgrund des Zahlungsrückstandes angefallenen Gebühren. Dem Verbraucher sollte auch die Wichtigkeit der Zusammenarbeit mit dem Institut zur Lösung seiner Situation vermittelt werden. Sofern die Zahlungsschwierigkeiten des Verbrauchers bestehen bleiben, sollte ihn das Institut über die Folgen ausbleibender Zahlungen (z.B. Kosten, Verzugszinssatz, möglicher Verlust von Eigentum) und eventuell verfügbare staatliche/öffentliche Förderungen oder Hilfen informieren. Das Institut sollte die individuellen Umstände des Verbrauchers, seine Interessen und Rechte sowie seine Fähigkeit zur Rückzahlung bei der Entscheidung, welche Schritte oder Maßnahmen in Verbindung mit Nachsicht einzuleiten sind, berücksichtigen. Schließlich sollte das Institut die Gründe dokumentieren, aus denen die dem Verbraucher angebotene(n) Option(en) angemessen sind, sowie geeignete Aufzeichnungen über den Umgang mit dem Verbraucher für einen angemessenen Zeitraum aufbewahren.[8]

13

14

---

5 Vgl. European Banking Authority, Leitlinien für die Kreditvergabe und Überwachung, EBA/GL/2020/06, 29. Mai 2020, S. 59.

6 Vgl. European Banking Authority, Leitlinien für die Kreditvergabe und Überwachung, EBA/GL/2020/06, 29. Mai 2020, S. 61f.

7 Vgl. European Banking Authority, Leitlinien für die Kreditvergabe und Überwachung, EBA/GL/2020/06, 29. Mai 2020, S. 59f.

8 Vgl. European Banking Authority, Leitlinien zu Zahlungsrückständen und Zwangsvollstreckung, EBA/GL/2015/12, 19. August 2015, S. 7ff.

1.5 Management der NPL-Bestände

15 Die zuständigen Behörden können selbst bei einer NPL-Quote unter dem maßgeblichen Schwellenwert von 5 Prozent die Anwendung der für Institute mit hohem NPL-Bestand relevanten Anforderungen verlangen, wenn sie z. B. Anzeichen einer Verschlechterung der Qualität der Vermögenswerte erkennen. Schließlich könnte diese negative Entwicklung dazu führen, dass die 5-Prozent-Schwelle in absehbarer Zeit erreicht bzw. überschritten wird.

16 Als ein maßgebliches Kriterium für diese Maßnahme nennt die EBA entsprechend ausgelöste Frühwarnindikatoren.[9] An anderer Stelle werden die Frühwarnmechanismen als Bestandteil der NPE-bezogenen Prozesse explizit erwähnt.[10] Schließlich sollen die zuständigen Behörden angesichts der Bedeutung des frühzeitigen Erkennens und der Vorbeugung einer Bonitätsverschlechterung im Rahmen des SREP beurteilen, ob die Frühwarnmechanismen in den internen Verfahren der Institute implementiert wurden.[11]

17 Insgesamt empfiehlt es sich also, das Verfahren zur Früherkennung von Risiken aktiv zur Überwachung der Entwicklung der eigenen NPL-Bestände zu nutzen, sei es auf Ebene des gesamten Institutes oder auf Portfolioebene. Schließlich werden mit dem Erreichen der 5-Prozent-Schwelle diverse Anforderungen maßgeblich, auf die sich das Institut angemessen vorbereiten müsste. Dafür bestehen im Falle der Betroffenheit grundsätzlich keine Umsetzungsfristen, so dass diese Anforderungen unmittelbar gelten. Insofern würden geeignete Frühwarnindikatoren dazu beitragen, dass sich das Institut angemessen auf die neuen Anforderungen einstellen kann.

18 Von besonderem Interesse dürfte dabei die Entwicklung der »nicht notleidenden gestundeten Risikopositionen« (»performing forborne exposures«) sein. Schließlich handelt es sich bei den »gestundeten Risikopositionen« (»forborne exposures«) um Engagements, bei denen der Kreditnehmer finanzielle Schwierigkeiten hat und deshalb vom Institut Zugeständnisse gemacht werden (→ BTO 1.3.2 Tz. 3). Sie sind damit potenzielle Kandidaten als zukünftige »notleidende gestundete Risikopositionen« (»non-performing forborne exposures«) und für die Entwicklung der NPL-Quote insofern ein wichtiger Gradmesser. Ebenso könnte die Entwicklung der Zuweisung in die jeweiligen Risikoklassen nach dem Risikoklassifizierungsverfahren einbezogen werden. Bei den maßgeblichen Kriterien ist insbesondere zu berücksichtigen, inwieweit der Kreditnehmer in der Lage ist, künftig Erträge zu erwirtschaften, um den ausgereichten Kredit zurückzuführen (→ BTO 1.4 Tz. 3). Schließlich könnten mit Blick auf die Definition notleidender Risikopositionen die Verzugstage bei überfälligen Engagements als Frühwarnindikatoren herangezogen werden.

19 Die EZB erwartet von den bedeutenden Instituten, bei der Festlegung von Frühwarnindikatoren (FWI) auf die Portfolio- und die Transaktions-/Kreditnehmerebene abzustellen. Für die FWI auf Portfolioebene sollten die Institute das Kreditportfolio in verschiedene Klassen unterteilen, z. B. nach Region, Produkt, Konzentrationsrisiken, Grad der Besicherung und Sicherheitenart oder Kapitaldienstfähigkeit. Die Idee besteht darin, zunächst mit Hilfe spezifischer Sensitivitätsanalysen jene Anteile des Portfolios zu ermitteln, die von potenziellen Schocks betroffen sein könnten, um auf dieser Basis innerhalb der Unterkategorien eine risikobezogene Rangfolge zu erstellen. Im Anschluss sollten durch spezifische FWI für jede Risikoklasse eventuelle Bonitätsverschlechterungen aufgedeckt werden, bevor negative Ereignisse auf Transaktionsebene eintreten. In diesem Stadium sollten risikoreduzierende Maßnahmen festgelegt werden, um eine weitere negative Entwicklung zu verhindern. Eine Voraussetzung dafür ist also, dass geeignete (auch automatische) Warnmeldungen generiert werden, auf deren Basis klar festgelegte Handlungen ausgelöst

---

9 Vgl. European Banking Authority, Leitlinien über das Management notleidender und gestundeter Risikopositionen, EBA/GL/2018/06, 31. Oktober 2018, S. 4.

10 Vgl. European Banking Authority, Leitlinien über das Management notleidender und gestundeter Risikopositionen, EBA/GL/2018/06, 31. Oktober 2018, S. 26 f.

11 Vgl. European Banking Authority, Leitlinien über das Management notleidender und gestundeter Risikopositionen, EBA/GL/2018/06, 31. Oktober 2018, S. 56.

werden. Die wichtigsten FWI sollten mindestens monatlich berechnet werden, wobei die Aktualisierungen von spezifischen FWI, wie z. B. zum Research auf verschiedenen Ebenen, auch in größeren Abständen durchgeführt werden können. Die EZB beansprucht eine zeitnahe Information an die gemeinsamen Aufsichtsteams bei wesentlichen oder strukturellen Änderungen in Bezug auf das operative Management der NPL-Bestände oder den Kontrollrahmen sowie von Instituten mit hohem NPL-Bestand regelmäßig erstellte NPL-Überwachungsberichte auf einer angemessenen Aggregationsebene.[12]

---

12 Vgl. Europäische Zentralbank, Leitfaden für Banken zu notleidenden Krediten, 20. März 2017, S. 41 ff.

2 Entwicklung von Indikatoren zur Risikofrüherkennung (Tz. 2)

20 **2** Für diese Zwecke hat das Institut auf der Basis quantitativer und qualitativer Risiko-merkmale Indikatoren für eine frühzeitige Risikoidentifizierung zu entwickeln.

2.1 Quantitative und qualitative Risikomerkmale

21 Wie im Zusammenhang mit dem Risikoklassifizierungsverfahren (→ BTO 1.4) näher ausgeführt wird, handelt es sich bei quantitativen Risikomerkmalen i.d.R. um Zahlenmaterial, das zu vorgegebenen Vergleichsgrößen oder Kennziffern in Beziehung gesetzt wird. Im Ergebnis lassen sich Relationen ableiten, die im Fall des Verfahrens zur Früherkennung von Risiken Auskunft über relevante negative Entwicklungen einzelner Engagements, bestimmter Teilportfolios oder des gesamten Kreditportfolios geben. Für die Zwecke der Risikofrüherkennung können bestimmte Entwicklungen auch ohne Vorhandensein einer Benchmark aus der Entwicklung der instituts-intern verfügbaren Zahlen im Zeitverlauf abgeleitet werden. Im Rahmen der Früherkennung können qualitative Risikomerkmale eine besondere Rolle spielen, da sie Informationen über Ereignisse enthalten, die nicht selten wesentlich früher bekannt sind, als sich deren Auswirkungen in quantitativer Hinsicht niederschlagen.

22 Nach den Vorstellungen der EBA sollten die Institute relevante quantitative und qualitative Frühwarnindikatoren entwickeln, pflegen und regelmäßig bewerten. Die Relevanz dieser Früh-warnindikatoren für bestimmte Transaktionen und Arten von Kreditnehmern oder ggf. für homogene Gruppen von Portfolios sollte jeweils beschrieben werden. Insofern unterscheidet die EBA nicht zwischen Risikomerkmalen und Frühwarnindikatoren. Das gilt in Analogie dazu auch für die EZB. Eine geeignete IT- und Dateninfrastruktur sollte die frühzeitige Erkennung eines erhöhten Kreditrisikos im aggregierten Portfolio sowie in speziellen Portfolios, Unterportfolios, Branchen, Regionen und bei einzelnen Risikopositionen ermöglichen (→ AT 4.3.2 Tz. 1). Die Auslöseschwellen der Frühwarnindikatoren sollten mit den Strategien und dem Risikoappetit des Institutes im Einklang stehen. Außerdem sollten Eskalationsverfahren vorhanden sein, die auf jene Kreditnehmer ausgerichtet sind, die einer besonderen Überwachung bedürfen, und eindeutig festgelegte Zuständigkeiten für Folgemaßnahmen enthalten.[13]

2.2 Indikatoren für eine frühzeitige Risikoidentifizierung

23 In der Praxis haben sich unterschiedliche Verfahren herausgebildet, die in Analogie zur Funk-tionsweise eines Risikoklassifizierungsverfahrens auf der Auswertung von hierzu geeigneten Informationen aus verschiedenen Quellen basieren. Neben der Auswertung der intern im Rahmen der Kreditbearbeitung zur Verfügung stehenden Unterlagen und einer systematischen Kontobe-obachtung sollten die Institute auch die Informationen aus externen Quellen berücksichtigen.

---

13 Vgl. European Banking Authority, Leitlinien für die Kreditvergabe und Überwachung, EBA/GL/2020/06, 29. Mai 2020, S. 59.

Unabhängig von deren praktischer Realisierbarkeit sind nachfolgend einige Beispiele von Indikatoren für eine frühzeitige Risikoidentifizierung aufgeführt, auf denen ein derartiges Verfahren beruhen könnte. Bei der Auswertung sollte die Erheblichkeit der beobachteten Entwicklung dieser Indikatoren berücksichtigt werden. Normale Schwankungen sollten nicht unbedingt eine Frühwarnung auslösen. Deshalb empfiehlt sich die Festlegung geeigneter Schwellenwerte. Einige Empfehlungen sind bei den nachfolgenden Aufzählungen bereits enthalten. Letztlich geht es immer darum, ob sich die jeweiligen Veränderungen auf die Finanzlage des Kreditnehmers deutlich auswirken und seine Fähigkeit zur Schuldenrückzahlung erheblich beeinträchtigen können. Eine große Zahl von Frühwarnindikatoren stellt direkt auf die Kreditnehmerebene ab, wobei zwischen allgemein verwendbaren Indikatoren und speziellen Indikatoren für bestimmte Arten von Kreditnehmern unterschieden werden kann. Zusätzlich kann noch abgegrenzt werden, ob diese Indikatoren aus internen oder externen Quellen stammen. In zahlreichen Veröffentlichungen der Aufsichtsbehörden, die hier teilweise als Quellen verwendet werden, sind Beispiele für geeignete Frühwarnindikatoren aufgeführt.[14]

24

1. Allgemein verwendbare Indikatoren aus internen Quellen:

25

   - verminderte Kontoumsätze (um x Prozent),
   - Veränderung der Kontoumsatzstruktur,
   - ungewöhnliche Bareinzahlungen und Barauszahlungen,
   - keine Gutschriftseingänge über einen längeren Zeitraum auf dem Kontokorrentkonto,
   - Limitüberschreitungen,
   - Beginn von Zahlungen durch Wechsel oder deren verstärkte Nutzung,
   - Verlängerung der Zahlungsziele,
   - Rücklastschriften, Scheck- und Wechselproteste,
   - häufige Wechselprolongationen,
   - wesentliche Änderungen des erwarteten Zahlungsverhaltens des Kreditnehmers,
   - Abweichung zwischen angekündigten und tatsächlichen Zahlungseingängen,
   - Pfändungen,
   - nachteilige Veränderungen der Finanzlage, wie ein signifikanter Anstieg des Schuldenstandes oder der Schuldendienstquoten,
   - negative Tendenz des Verhaltensscorings,
   - negative Tendenz der Ausfallwahrscheinlichkeit,
   - zugewiesene interne Rating-/Scoringnote und Tendenz (z. B. Verschlechterung um mehrere Stufen),
   - Zunahme der über einen Kunden zu erteilenden Bankauskünfte,
   - Aufbau einer weiteren Bankverbindung,
   - zunehmende Schwierigkeiten der zugehörigen Gruppe verbundener Kunden,
   - Nichterfüllung von § 18 KWG,
   - mehrfaches Vertrösten bei Auskunftswünschen des Beraters,
   - verspätete Vorlage einer Bescheinigung über die Einhaltung bestimmter Klauseln,
   - Nicht-Einhaltung von Auflagen im Kreditvertrag/Verstoß gegen (finanzielle) Zusatzklauseln,
   - signifikante Erhöhung des Kreditrisikos bei anderen Transaktionen desselben Kreditnehmers,
   - Anzahl der Monate mit (ungenehmigten) Überziehungen,
   - Verschlechterung des Verhältnisses zwischen dem Kreditbetrag und dem Wert der Sicherheit,

---

14 Vgl. European Banking Authority, Leitlinien für die Kreditvergabe und Überwachung, EBA/GL/2020/06, 29. Mai 2020, S. 60 f.; Europäische Zentralbank, Leitfaden für Banken zu notleidenden Krediten, 20. März 2017, S. 119; Weis, Ditmar, MaK aus Sicht der Sanierungspraxis, in: Gröning, Jörg u. a. (Hrsg.), MaK-Praktikerhandbuch, Heidelberg, 2004, S. 404 ff.

BTO 1.3.1 Verfahren zur Früherkennung von Risiken

- Stundungsantrag/Einstufung als gestundete Risikoposition,
- Ratenrückstände/junge Zahlungsrückstände (z. B. 5 bis 30 Verzugstage, je nach Portfolio-/Kundenart),
- Anzahl der Verzugstage.

2. Indikatoren für Unternehmen aus internen Quellen:
   - Verlust eines wichtigen Auftrages, Kunden oder Mieters,
   - unerwartete Reduzierung bei nicht in Anspruch genommenen Kreditlinien (z. B. des nicht in Anspruch genommenen Betrages oder der Gesamtkreditlinie),
   - negative Abweichung der tatsächlichen Erträge von den prognostizierten Erträgen,
   - Verzögerung im Geschäftsplan zur Umsetzung eines Projektes oder einer Investition,
   - Kürzungen der finanziellen Unterstützung, die dem Kreditnehmer von Dritten gewährt wird,
   - ungünstige Änderungen der Bedingungen für den Zugang zu Märkten,
   - Verschlechterung der Finanzierungsbedingungen,
   - anhaltende übermäßige Commercial-Paper-Abschläge,
   - kontinuierliche Erhöhungen der durchschnittlichen und tatsächlichen Inanspruchnahme des Kontokorrentkontos (Liquiditätsverknappung)/Veränderung des Liquiditätsprofils,
   - nahezu durchgängige Ausschöpfung der Kontokorrentlinie,
   - Lieferanten liefern nur gegen Vorkasse,
   - keine Ausnutzung von Skonti,
   - Reduzierung von Handelskreditlinien (z. B. im Vorjahresvergleich, Dreimonats- oder Jahresdurchschnitt),
   - hohe Personalfluktuation, besonders bei leitenden Mitarbeitern,
   - Änderung der Bewertungsmethoden in der Bilanz,
   - Änderung der Abschreibungsmethoden,
   - Aktivierung der geringwertigen Wirtschaftsgüter,
   - Fehlen zeitnaher Bilanzen bzw. Betriebswirtschaftlicher Auswertungen,
   - Fehlen von Konzernbilanzen bei Unternehmensgruppen,
   - fehlende bzw. unzureichende Kalkulation,
   - persönliche Differenzen unter den Gesellschaftern oder Geschäftsführern,
   - fehlende Nachfolgeregelung im Unternehmen,
   - Anstieg der Verschuldungsquote (Eigenkapitalquote < 5 oder 10 Prozent),
   - Verlangsamung oder negative Trends in der Geschäftstätigkeit des Kreditnehmers,
   - Verringerung der operativen Gewinnspannen, wie z. B. Vorsteuergewinn/Umsatz-Verhältnis < –1 Prozent,
   - Zahlungsverzögerungen,
   - Rückgang der wiederkehrenden Zahlungseingänge,
   - Umsatzrückgang,
   - negative Bilanzentwicklung im Jahresvergleich (z. B. beobachtete Eigenkapitalverschlechterungen),
   - Buchungsrückstände,
   - anhaltende Verluste,
   - negatives Kapital.

3. Indikatoren für natürliche Personen aus internen Quellen:
   - Rückgang von Banküberweisungen auf Girokonten,
   - Lohn-/Gehaltsrückgang (z. B. in den letzten drei Monaten),
   - Anstieg des Verhältnisses zwischen Kreditrate und Gehaltseingang,
   - Höhe der Hypothekenkreditrate (z. B. > x-facher Guthabensaldo),
   - Abnahme des Habensaldos (z. B. > 95 Prozent in den letzten sechs Monaten),

- durchschnittlicher Habensaldo (z. B. insgesamt < 0,05 Prozent des Gesamtsollsaldos),
- verspätete Einreichung der Unterlagen über die wirtschaftlichen Verhältnisse,
- Staatsangehörigkeit und zugehörige historische Ausfallraten,
- Arbeitslosigkeit, Scheidung, Sorgerechtsstreitigkeiten etc.

4. Allgemein verwendbare Indikatoren aus externen Quellen:
   - zugewiesenes externes Rating und Tendenz (z. B. Verschlechterung um mehrere Stufen),
   - Veränderungen der Unternehmensstruktur (z. B. Fusion, Gesellschafterwechsel, Kapitalherabsetzung),
   - negative Börsenberichte,
   - negative Schufa-Auskünfte,
   - Negativinformationen aus Bank- und Kundenkreisen,
   - Erhöhung des Schuldenstandes und Hereinnahme zusätzlicher Sicherheiten bei anderen Instituten,
   - Einstufung von Risikopositionen als überfällig oder notleidend etc. bei anderen Instituten,
   - andere negative Informationen zu wichtigen Kunden/Gegenparteien des Schuldners/der Zulieferer,
   - Ausfall eines Garantiegebers,
   - Bedenken, die in den Berichten der Abschlussprüfer des Institutes oder des Kreditnehmers geäußert wurden,
   - Wechsel des Steuerberaters,
   - negative Tendenzen in den monatlich bei der Bundesbank elektronisch abrufbaren Rückmeldungen nach § 14 KWG (Anstieg der Millionenkreditverschuldung),
   - negative Branchenberichte (ist auch für die Portfolioebene relevant),
   - negative Presseberichte,
   - Eintrag in das zentrale Schuldnerverzeichnis (sofern vorhanden),
   - Rechtsstreitigkeiten bzw. Gerichtsverfahren,
   - Insolvenz.

Die EZB nennt in ihrem Leitfaden zu notleidenden Krediten Frühwarnindikatoren, die auf Portfolio- **26** bzw. Segmentebene von besonderem Interesse sein könnten. Für Steuerungs- und Überwachungszwecke geht es zunächst um die Portfolioverteilung. Zu diesem Zweck können z. B. die Volumenverteilung und der Konzentrationsgrad im Portfolio, die zehn größten Kunden oder Gruppen verbundener Kunden (oder eine andere passende Anzahl) mit den zugehörigen Risikoindikatoren, die Verteilung der Aktivaklassen und die Aufschlüsselung des Portfolios nach Branche, Sektor, Sicherheitenart, Land, Laufzeit etc. und deren Entwicklung beobachtet werden. Als klassische Indikatoren können die gesamte und die segmentspezifische Entwicklung der maßgeblichen Risikoparameter inklusive Prognosen und Projektionen dienen, wie der Ausfallwahrscheinlichkeit (»Probability of Default«, PD), der Verlustquote bei Ausfall (»Loss Given Default«, LGD), dabei insbesondere der PD/LGD-Relation, der Forderungshöhe bei Ausfall (»Exposure at Default«, EAD) und des gesamten erwarteten Verlustes (»Expected Loss«, EL). Ebenso könnte die Entwicklung bei den Wertberichtigungen für Kreditrisiken (»Loan Loss Provision«, LLP), d. h. die Entwicklung der Zu- und Abgänge insgesamt und auf Segmentebene herangezogen werden. Auch die Volumina und Entwicklungen bedeutsamer Wertberichtigungen auf individueller Basis könnten von Interesse sein. Als weitere Indikatoren nennt die EZB die Volumina der notleidenden und der gestundeten Risikopositionen insgesamt und aufgeteilt nach verschiedenen Segmenten (Restrukturierung, Abwicklung, zwangsweise Verlängerung, sonstige Änderungen, Aufschübe mit über 90 Verzugstagen, Wertberichtigungen), den Anteil der in Besitz genommenen Vermögenswerte am Gesamtvolumen der Risikopositionen, die NPL-Quote mit und ohne in Besitz genommene Vermögenswerte sowie die NPL-Deckung durch Wertberichtigungen, Sicherheiten und sonstige Garantien.[15]

27 Aus Sicht der EBA sprechen bestimmte Frühwarnsignale für eine mögliche Verschlechterung der Kreditqualität auf Portfolioebene. Dazu gehören negative makroökonomische Ereignisse, wie u. a. die wirtschaftliche Entwicklung, Änderungen der Rechtsvorschriften und technologische Bedrohungen, die sich auf die künftige Rentabilität einer Branche, einer geografischen Region, einer Gruppe von Kreditnehmern oder eines einzelnen Unternehmens auswirken, sowie das erhöhte Risiko der Arbeitslosigkeit für bestimmte Personengruppen. Außerdem nennt die EBA eine erhebliche Zunahme der konjunkturellen Schwankungen oder der Marktvolatilität, die potenziell negative Auswirkungen auf bestimmte Kreditnehmer haben können, sowie zunehmende Schwierigkeiten einer Gruppe von Kreditnehmern, die z. B. in einem bestimmten geografischen Gebiet ansässig sind, oder deutlich ungünstiger Entwicklungen in der Leistungsfähigkeit des Wirtschaftsbereiches, in dem Kreditnehmer tätig sind. Auch mit dem Wechsel (von Teilen) des Kreditportfolios oder bestimmten Segmenten in eine schlechtere institutsinterne Risikokategorie kann eine signifikante Erhöhung des Kreditrisikos verbunden sein.[16] Dafür können z. B. negative Markt- oder Branchenberichte verantwortlich sein.

28 Die EZB führt außerdem verschiedene Beispiele für Frühwarnindikatoren auf, die auf den Kundentyp bzw. die Segmentart zugeschnitten sind. Allgemein werden anpassbare Indexdaten (BIP, Aktienmärkte, Rohstoffpreise, CDS-Prämien etc.) genannt. Speziell könnten für die Seefracht u. a. Frachtratenindizes (z. B. »Baltic Dry Index«, BDI) oder der Schuldendienst- bzw. Kapitaldienstdeckungsgrad (»Debt Service Coverage Ratio«, DSCR) und der Lebenszeitwert (»Lifetime Value«, LTV) genutzt werden. In der Luftfahrt sind wiederum fluglinienspezifische Indikatoren (Sitzladefaktor, Umsatzerlös je Fahrgast etc.), bei Immobilien immobilienbezogene Indizes (Segment, Region, Städte, ländliche Gebiete etc.), Mietmarktzahlen und erwartete Marktwertänderungen interessant. Mit Blick auf den Energiesektor können Indexdaten zu regional verfügbaren alternativen Energiequellen (z. B. Windmenge) und Informationen zu potenziellen technischen oder politischen Risiken im Energiebereich verwendet werden. Ein weiteres Beispiel sind Fahrgastdaten bei bestimmten Infrastrukturprojekten und Flughäfen.[17]

---

15 Vgl. Europäische Zentralbank, Leitfaden für Banken zu notleidenden Krediten, 20. März 2017, S. 120.
16 Vgl. European Banking Authority, Leitlinien für die Kreditvergabe und Überwachung, EBA/GL/2020/06, 29. Mai 2020, S. 60f.
17 Vgl. Europäische Zentralbank, Leitfaden für Banken zu notleidenden Krediten, 20. März 2017, S. 120.

3 Ausnahmen von der Risikofrüherkennung (Tz. 3)

3 Das Institut kann bestimmte, unter Risikogesichtspunkten festzulegende Arten von Kreditgeschäften oder Kreditgeschäfte unterhalb bestimmter Größenordnungen von der Anwendung des Verfahrens zur Früherkennung von Risiken ausnehmen. Die Funktion der Früherkennung von Risiken kann auch von einem Risikoklassifizierungsverfahren wahrgenommen werden, soweit es eine Früherkennung von Risiken ermöglicht.

29

3.1 Anwendungsbereich des Verfahrens zur Risikofrüherkennung

Die Etablierung eines Verfahrens zur Früherkennung von Risiken soll das Institut in die Lage versetzen, bei Engagements mit erhöhten Risiken in einem möglichst frühen Stadium Gegenmaßnahmen einleiten zu können (→ BTO 1.3.1 Tz. 1). Das Wort »Gegenmaßnahmen« impliziert bereits einen über den Normalfall hinausgehenden Aufwand für das Institut. Insofern ist es naheliegend, unter Kosten-Nutzen-Gesichtspunkten abzuwägen, ob der zu erwartende Zusatzaufwand mit Blick auf die angestrebte Risikoreduzierung betriebswirtschaftlich überhaupt sinnvoll erscheint. Vor diesem Hintergrund ist es den Instituten gestattet, eigene Festlegungen zu treffen, in welchen Fällen das Verfahren zur Früherkennung von Risiken nicht zur Anwendung kommt. Vorgeschrieben wird seitens der deutschen Aufsicht lediglich, die institutsindividuellen Regelungen am Risikogehalt der Kreditgeschäfte bzw. an bestimmten Größenordnungen, mit denen implizit ein gewisser Risikogehalt verbunden wird, zu orientieren.

30

3.2 Ausnahmen im Mengenkreditgeschäft

Entscheidungsrelevant könnte also vor allem die Beantwortung der Frage sein, für welche Segmente der mit der Etablierung eines derartigen Verfahrens erzielbare Nutzen den verbundenen Aufwand rechtfertigt. Gerade im Mengenkreditgeschäft werden ohnehin häufig IT-gestützte Instrumentarien eingesetzt, die zwar kein Frühwarnsystem darstellen, jedoch risikobegrenzende Maßnahmen zum Ziel haben und teilweise automatisch umsetzen. Hierzu zählt z. B. die maschinelle Anpassung der Dispositionskredite in Abhängigkeit von den letzten Gehaltseingängen des Kontoinhabers. Teilweise werden allerdings auch im kleinteiligen Kreditgeschäft Verhaltensscoringverfahren (→ BTO 1.4 Tz. 1) eingesetzt, die mit einer Frühwarnfunktion ausgestattet sind.

31

3.3 Ausnahmen bei Krediten über eine Hausbank

Von der Einrichtung eines Verfahrens zur Früherkennung von Risiken kann auch dann abgesehen werden, wenn ein Zugriff auf die für eine Risikofrüherkennung erforderlichen Daten aufgrund objektiver Gegebenheiten eingeschränkt ist. Solche Konstellationen liegen dann vor, wenn die Kreditgeschäfte über ein drittes Institut initiiert und im Weiteren von diesem betreut werden. Das betrifft z. B. die Hausbank im Kreditgeschäft der Förderbanken oder der Bürgschaftsbanken. Das

32

kreditierende Institut hat dabei sicherzustellen, dass es über wesentliche Vorkommnisse beim Kreditnehmer informiert wird (→ BTO 1.3.1 Tz. 3, Erläuterung).

3.4 Zusammenhang zur Intensivbetreuung und Problemkreditbearbeitung

33 Eine ausdrücklich erwähnte Möglichkeit zum Umgang mit Engagements, bei denen sich erhöhte Risiken abzuzeichnen beginnen, ist die Einleitung der Intensivbetreuung (→ BTO 1.3.1 Tz. 1). Da das Verfahren zur Früherkennung von Risiken als wesentliche Voraussetzung zur Identifizierung derartiger Engagements angesehen wird, kann die Geschäftsleitung auch bestimmte Arten von Kreditgeschäften oder Kreditgeschäfte unterhalb bestimmter Größenordnungen unter Risikogesichtspunkten oder aus prozessualen Gründen (drittinitiiertes Geschäft) von der Intensivbetreuung und der Problemkreditbearbeitung ausnehmen (→ BTO 1.2.4 Tz. 1, Erläuterung). In der Konsequenz kann bei Geschäften, die von der Anwendung des Verfahrens zur Früherkennung von Risiken ausgenommen sind, auch auf die Prozesse der Intensivbetreuung und der Problemkreditbearbeitung verzichtet werden.

3.5 Zusammenhang zum Risikoklassifizierungsverfahren

34 Die institutsinternen Festlegungen könnten sich aus Praktikabilitätsgründen z.B. auch daran orientieren, für welche Geschäftsarten und Größenordnungen vergleichbare Erleichterungsregelungen in Anspruch genommen werden. Möglich ist u.a. eine Orientierung an den Festlegungen zur Verwendung eines Risikoklassifizierungsverfahrens, zumal dieses selbst die Funktion der Risikofrüherkennung übernehmen kann. So sind die Risiken eines Engagements zwar grundsätzlich mit Hilfe eines Risikoklassifizierungsverfahrens zu bewerten (→ BTO 1.2 Tz. 8). Allerdings können die Risikobeurteilungen in Abhängigkeit vom Risikogehalt der Kreditgeschäfte sowohl bei der Kreditvergabe als auch im Rahmen der Kreditweiterbearbeitung ebenso auf der Grundlage eines vereinfachten Verfahrens durchgeführt werden (→ BTO 1.2.1 Tz. 1 und BTO 1.2.2 Tz. 2).

3.6 Risikofrüherkennung mit Hilfe eines Risikoklassifizierungsverfahrens

35 Früherkennungsindikatoren können in verschiedene Prozesse oder Verfahren eingebettet werden. Demzufolge sind die bereits genannten Beispiele für geeignete Frühwarnindikatoren auch bei Wahrnehmung der Früherkennungsfunktion durch ein Risikoklassifizierungsverfahren (→ BTO 1.4) denkbar. Insofern besteht auch in diesem Fall die Aufgabe für die Institute, eine angemessene Auswahl von Indikatoren zu treffen.

36 Zumindest vordergründig erscheint ein Risikoklassifizierungsverfahren nicht für die Früherkennung von Risiken geeignet zu sein, da die Signale zur Identifizierung von Bonitätsverschlechterungen aufgrund des einjährigen Überprüfungsturnus tendenziell zu spät registriert werden. Diese

zeitliche Argumentation gegen das Risikoklassifizierungsverfahren ist vor allem ein Hinweis auf die Notwendigkeit der Anpassung der jeweiligen internen Prozesse. Selbstverständlich kann ein Risikoklassifizierungsverfahren, das nur einmal jährlich im Rahmen der Prolongation einer Kontokorrentlinie auf ein Kreditengagement angewendet wird oder bestimmte bankintern als wesentlich angesehene Risikoindikatoren überhaupt nicht abbildet, keine Frühwarnfunktion wahrnehmen. Werden die bekannt gewordenen risikorelevanten Informationen hingegen sofort und vollständig in den Prozess der Risikoklassifizierung eingebracht, steht einer derartigen Verwendung nichts entgegen.

Häufig werden institutsintern festgelegte Signale, die zu einer verstärkten kritischen Betrach- **37** tung der Engagements führen sollten, nicht aus der Risikoklassifizierung selbst abgeleitet, sondern ziehen eine Aufnahme der Engagements in die »Beobachtungsliste« (»Watch List«) nach sich (→ BTO 1.2.4 Tz. 2) und dienen als Anlass für eine erneute Überprüfung der Risikoeinstufung. Diese Art des Umgangs mit risikorelevanten Informationen wird im Zusammenhang mit der anlassbezogenen Beurteilung des Adressenausfallrisikos sogar ausdrücklich gefordert (→ BTO 1.4 Tz. 1). Sie führt im Ergebnis dazu, dass die Auswirkungen der veränderten Situation des Kreditnehmers auf seine Bonität beurteilt und daraus entsprechende Gegensteuerungsmaßnahmen abgeleitet werden können.

3.7 IRB-Verfahren und Früherkennung von Risiken

Bei der Entwicklung und statistischen Überprüfung bankaufsichtlich zugelassener interner Rating- **38** verfahren (IRB-Verfahren) ist es erforderlich, die wesentlichen Treiber für die jeweiligen Risikoparameter zu berücksichtigen. Die Auswahl der Risikofaktoren erfolgt in der Praxis im Hinblick auf deren Fähigkeit zur Insolvenzprognose, d. h. auf ihre Fähigkeit, mit zeitlichem Vorlauf »gute« von »schlechten« Kreditnehmern zu trennen. Hieraus kann jedoch nicht pauschal abgeleitet werden, dass die Risikofaktoren der IRB-Verfahren grundsätzlich die Eigenschaften von Frühwarnindikatoren besitzen und somit jedes bankaufsichtlich anerkannte IRB-Verfahren zugleich als Frühwarnverfahren im Sinne der MaRisk zu qualifizieren ist.[18] Dagegen spricht auch, dass eine unterjährige Überprüfung bzw. Anpassung der Risikoeinstufungen i. d. R. anlassbezogen erfolgt und sich das Risiko in diesen Fällen häufig schon materialisiert hat. Demzufolge hätte die Risikofrüherkennung vorher ansetzen müssen. Letztlich ist zur Erfüllung der MaRisk in erster Linie nicht das konkrete System, sondern der Prozess der Früherkennung von Risiken zu beurteilen, der natürlich mit Hilfe eines bestimmten Verfahrens abgedeckt werden kann.

3.8 Eignung eines Risikoklassifizierungsverfahrens zur Früherkennung von Risiken

Ein Risikoklassifizierungsverfahren hat unter Berücksichtigung betriebswirtschaftlicher Aspekte **39** insbesondere folgende Komponenten zu enthalten, um gleichzeitig als Verfahren zur Früherkennung von Risiken dienen zu können (→ BTO 1.3.1 Tz. 3, Erläuterung):

---

18 Vgl. Bundesanstalt für Finanzdienstleistungsaufsicht, Protokoll der dritten Sitzung des MaK-Fachgremiums am 12. November 2003, S. 5.

BTO 1.3.1 Verfahren zur Früherkennung von Risiken

- Die dem Verfahren zugrunde liegenden Indikatoren (z. B. Kontoumsätze, Scheckrückgaben) sollten dazu geeignet sein, dass sich abzeichnende Risiken möglichst frühzeitig erkannt werden können (»indikatorenbezogene Komponente«),
- auf der Grundlage der Indikatoren sollte eine laufende Identifizierung von sich abzeichnenden Risiken möglich sein (»zeitraumbezogene Komponente«) und
- Signale des Verfahrens zur Früherkennung von Risiken sollten ferner zeitnah zu geeigneten Maßnahmen des Institutes führen (z. B. Intensivierung des Kundenkontaktes, Hereinnahme neuer Sicherheiten, Tilgungsaussetzungen), so dass sich Risiken möglichst nicht in Form von Verlusten materialisieren (»prozessbezogene Komponente«).

40 Die prozessbezogene Komponente ist für die Eignung eines Risikoklassifizierungsverfahrens zur Risikofrüherkennung im engeren Sinne eigentlich irrelevant. Sie bezieht sich auf die sachgerechte Verwendung der Signale des Verfahrens und setzt insofern dort auf, wo das Früherkennungsverfahren endet. Durch sie kommt aber zum Ausdruck, dass die Risikofrüherkennung nur dann ihre volle Wirksamkeit entfalten kann, wenn sie auf sachgerechte Weise mit anderen Prozessen verknüpft wird.

BTO 1.3.2 Behandlung von Forbearance

BTO 1.3.2 Behandlung von Forbearance

1 Berücksichtigung von Forbearance-Maßnahmen (Tz. 1)

1 Bei der Festlegung der Kriterien für den Übergang in die Intensivbetreuung und in die Problemkreditbearbeitung hat das Institut auch diejenigen Engagements zu berücksichtigen, bei denen Zugeständnisse zugunsten des Kreditnehmers gemacht wurden (Forbearance-Maßnahmen). Ziel von Forbearance-Maßnahmen ist ein tragfähiger, nicht notleidender Rückzahlungsstatus.

1.1 Definition von »Forbearance«

Die Definition von Forbearance richtet sich nach der Definition für das aufsichtliche Meldewesen (→ BTO 1.3.2 Tz. 1, Erläuterung). Die EBA verweist diesbezüglich auf Anhang V der maßgeblichen europäischen Durchführungsverordnung zum aufsichtlichen Meldewesen (»Meldewesen-DV«).[1] »Stundungsmaßnahmen« (»Forbearance-Maßnahmen«) stellen gemäß Anhang V Teil 2 Abs. 240 Meldewesen-DV »Konzessionen« an einen »Schuldner« dar, der Schwierigkeiten hat, seinen finanziellen Verpflichtungen nachzukommen oder kurz vor solchen Schwierigkeiten steht (»finanzielle Schwierigkeiten«).

Laut Anhang V Teil 2 Abs. 241 Meldewesen-DV ist unter einer »Konzession« eine der folgenden Maßnahmen zu verstehen, die für den Kreditgeber mit einem Verlust einhergehen kann:
a) eine »Änderung der Vertragsbedingungen«, die der Schuldner aufgrund seiner finanziellen Schwierigkeiten und der daraus resultierenden unzureichenden Schuldendienstfähigkeit nach Auffassung des Institutes nicht erfüllen kann (»Problemschuldvertrag«), wenn diese Änderung dem Schuldner ohne seine finanziellen Schwierigkeiten nicht zugebilligt worden wäre;
b) eine völlige oder teilweise »Umschuldung« eines Problemvertrages, wenn diese Umschuldung dem Schuldner ohne seine finanziellen Schwierigkeiten nicht zugebilligt worden wäre.

Eine Konzession liegt gemäß Anhang V Teil 2 Abs. 242 Meldewesen-DV vor, wenn zwischen den geänderten Vertragsbedingungen und den vor der Änderung geltenden Vertragsbedingungen eine Differenz zugunsten des Schuldners besteht und/oder in den geänderten Vertrag günstigere Bedingungen aufgenommen wurden, als andere Schuldner mit ähnlichem Risikoprofil von demselben Institut zum Zeitpunkt der Aufnahme dieser günstigeren Bedingungen erhalten würden.

Klauseln, die dem Schuldner eine Möglichkeit zur Änderung der Vertragsbedingungen geben (»eingebettete Stundungsklauseln«), sind laut Anhang V Teil 2 Abs. 243 Meldewesen-DV dann als Konzession zu betrachten, wenn das Institut der Anwendung dieser Klauseln zustimmt und zu dem Schluss gelangt, dass sich der Schuldner in finanziellen Schwierigkeiten befindet. Eine »Umschuldung« ist gemäß Anhang V Teil 2 Abs. 244 Meldewesen-DV der Rückgriff auf Schuldverträge zur Sicherstellung der vollständigen oder teilweisen Rückzahlung anderer Schuldverträge, die der Schuldner nicht erfüllen kann.

Der Begriff »Schuldner« umfasst laut Anhang V Teil 2 Abs. 245 Meldewesen-DV alle unter den Konsolidierungskreis für Rechnungslegungszwecke fallenden natürlichen und juristischen Personen in der Gruppe des Schuldners sowie die natürlichen Personen, die die Gruppe kontrollieren. Bei der Bewertung, ob »finanzielle Schwierigkeiten« vorliegen, wird gemäß Anhang V Teil 2 Abs. 255

---

1 Vgl. European Banking Authority, Leitlinien über das Management notleidender und gestundeter Risikopositionen, EBA/GL/2018/06, 31. Oktober 2018, S. 6.

BTO 1.3.2 Behandlung von Forbearance

Meldewesen-DV der Schuldner herangezogen. Allerdings gelten nur Risikopositionen eines Schuldners, bei denen Stundungsmaßnahmen zur Anwendung gelangt sind, als gestundete Risikopositionen.

6 Von einer »Stundungsmaßnahme« (»Forbearance-Maßnahme«)[2] ist laut Anhang V Teil 2 Abs. 252 Meldewesen-DV auszugehen, wenn
a) ein Vertrag geändert wird, der vor dieser Änderung als notleidend eingestuft wurde oder ohne die Änderung als notleidend eingestuft worden wäre;
b) die an einem Vertrag vorgenommene Änderung eine vollständige oder teilweise Annullierung der Schuld durch Abschreibungen bewirkt;
c) das Institut dem Einsatz eingebetteter Stundungsklauseln bei einem Schuldner zustimmt, der seinen vertraglichen Verpflichtungen nicht nachkommt oder ohne Einsatz dieser Klauseln als vertragsbrüchig angesehen würde;
d) der Schuldner zur gleichen Zeit wie oder kurz bevor bzw. nachdem ihm vom Institut eine zusätzliche Schuld eingeräumt wurde, Tilgungs- oder Zinszahlungen zu einem anderen mit dem Institut geschlossenen Vertrag geleistet hat, der notleidend war oder ohne Umschuldung als notleidend eingestuft würde.

Eine Änderung, die Rückzahlungen durch Verwertung von Sicherheiten nach sich zieht, ist gemäß Anhang V Teil 2 Abs. 253 Meldewesen-DV als Stundungsmaßnahme zu betrachten, wenn diese Änderung eine Konzession darstellt.

7 Die EBA verweist zur Definition einer »Stundung« auf die Begriffsbestimmung von »Stundungsmaßnahmen« (»Forbearance-Maßnahmen«) im Sinne von Anhang V Meldewesen-DV.[3] Ergänzend dazu besteht laut Anhang V Teil 2 Abs. 254 Meldewesen-DV unter jedem der nachstehend genannten Umstände die widerlegbare Vermutung, dass eine »Stundung« stattgefunden hat:
a) der geänderte Vertrag war in den drei Monaten vor seiner Änderung mindestens einmal ganz oder teilweise mehr als 30 Tage überfällig (ohne notleidend zu sein) oder wäre ohne die Änderung ganz oder teilweise mehr als 30 Tage überfällig;
b) der Schuldner hat zur gleichen Zeit wie oder kurz bevor bzw. nachdem ihm vom Institut eine zusätzliche Schuld eingeräumt wurde, Tilgungs- oder Zinszahlungen zu einem anderen mit dem Institut geschlossenen Vertrag geleistet, der in den drei Monaten vor seiner Umschuldung mindestens einmal ganz oder teilweise mehr als 30 Tage überfällig war;
c) das Institut stimmt dem Einsatz eingebetteter Stundungsklauseln bei Schuldnern zu, deren Zahlungen 30 Tage überfällig sind oder ohne Einsatz dieser Klauseln 30 Tage überfällig wären.

8 Die EBA ergänzt diesen Katalog um zwei Kriterien. So sollten die Institute bei der Bewertung der finanziellen Schwierigkeiten des Kreditnehmers als weitere widerlegbare Umstände berücksichtigen, ob die Ausfallwahrscheinlichkeit der internen Ratingklasse des Institutes in den drei Monaten vor der Änderung oder Umschuldung gestiegen ist, und ob der Kreditnehmer in den drei Monaten vor der Änderung oder Umschuldung in einer Watchlist geführt wurde.[4]

9 Zusammengefasst handelt es sich bei Forbearance-Maßnahmen also um eine Anpassung der Rückzahlungsmodalitäten zugunsten des Kreditnehmers, der seinen finanziellen Verpflichtungen ansonsten nicht mehr hinreichend gerecht werden könnte. Die Beurteilung von finanziellen Schwierigkeiten eines Kreditnehmers sollte ausschließlich auf dessen Situation beruhen. Ins-

---

2 In den deutschen Fassungen der europäischen Regelwerke wird der ursprüngliche Begriff »Forbearance« grundsätzlich mit »Stundung« übersetzt. Streng genommen ist eine »Stundungsmaßnahme« nur eine Option von vielen möglichen »Forbearance-Maßnahmen«. Dessen ungeachtet werden die Begriffe »Stundungsmaßnahme« und »Forbearance-Maßnahme« in den MaRisk synonym verwendet.
3 Vgl. European Banking Authority, Leitlinien über das Management notleidender und gestundeter Risikopositionen, EBA/GL/2018/06, 31. Oktober 2018, S. 7.
4 Vgl. European Banking Authority, Leitlinien über das Management notleidender und gestundeter Risikopositionen, EBA/GL/2018/06, 31. Oktober 2018, S. 38.

besondere sollten dabei keine von Dritten bereitgestellten Sicherheiten oder Garantien berücksichtigt werden.[5]

Nachverhandlungen bei Kreditnehmern, die sich nicht in finanziellen Schwierigkeiten befinden, fallen nicht unter den Begriff der Forbearance-Maßnahmen (→ BTO 1.3.2 Tz. 4). Kreditnehmer können verlangen, dass die Konditionen ihrer Kreditverträge geändert werden, ohne dass sie Schwierigkeiten haben, ihren finanziellen Verpflichtungen nachzukommen, oder kurz vor solchen Schwierigkeiten stehen. Sofern sich solche Änderungen der Vertragsbedingungen auf das Zahlungsverhalten auswirken, sollten die Institute aber eine Beurteilung der finanziellen Lage des Kreditnehmers durchführen.[6]   **10**

Die EBA weist darauf hin, dass die letztlich gewährten Konditionen nicht zwingend ein Maßstab für die Beurteilung sind, ob es sich um ein Zugeständnis handelt. Insbesondere sollte nicht vorausgesetzt werden, dass ein Kreditnehmer im Vergleich zum Markt günstigere neue Konditionen erhält. Wenn sich ein Kreditnehmer in finanziellen Schwierigkeiten befindet, sollte auch eine Änderung der Konditionen im Einklang mit den Bedingungen, die andere Kreditnehmer mit einem ähnlichen Risikoprofil vom Institut erhalten könnten, als ein Zugeständnis angesehen werden. Dazu gehören auch jene Fälle, in denen Kreditnehmer in von Instituten angebotene, öffentliche Stundungsprogramme eingebunden sind.[7]   **11**

1.2   Sinn und Zweck von »Forbearance-Maßnahmen«

Das wesentliche Ziel von Forbearance-Maßnahmen besteht in der Rückführung des Kreditnehmers in einen tragfähigen und insbesondere nicht notleidenden Rückzahlungsstatus. Das ist sowohl im Interesse des Kreditnehmers, da sich seine rückständigen Zahlungsbeträge ohne entsprechende Maßnahmen i. d. R. kontinuierlich erhöhen und seine Chancen auf eine Rückkehr zu geordneten finanziellen Verhältnissen im gleichen Maße geringer werden. Die Unterstützung der Kreditnehmer mit finanziellen Schwierigkeiten sollte aber auch aus Sicht der Institute die beste Option sein, solange diese Maßnahmen zumindest dazu beitragen, dass sich die Situation nicht weiter verschlechtert. Die Institute müssen vor diesem Hintergrund zwischen tragfähigen Maßnahmen, die zur Verringerung der Risikoposition des Kreditnehmers beitragen, und nicht tragfähigen Maßnahmen unterscheiden (→ BTO 1.3.2 Tz. 5). Letztlich besteht andernfalls nur noch die Möglichkeit einer Abgabe an die Problemkreditbearbeitung, womit ggf. sogar die Abwicklung des Engagements verbunden ist.   **12**

Die EBA relativiert die Zielsetzung der Rückführung des Kreditnehmers in einen tragfähigen und nicht notleidenden Rückzahlungsstatus allerdings in gewisser Weise, indem sie empfiehlt, den fälligen Betrag zu berücksichtigen und die erwarteten Verluste zu begrenzen.[8] In einzelnen Fällen könnte ein Institut vermutlich auch zur Einschätzung kommen, dass es aus ökonomischer Sicht sinnvoller ist, auf den fälligen Restbetrag zu verzichten und stattdessen weitere Kosten im Bearbeitungsprozess zu vermeiden.   **13**

---

5   Vgl. European Banking Authority, Leitlinien über das Management notleidender und gestundeter Risikopositionen, EBA/GL/2018/06, 31. Oktober 2018, S. 38.
6   Vgl. European Banking Authority, Leitlinien über das Management notleidender und gestundeter Risikopositionen, EBA/GL/2018/06, 31. Oktober 2018, S. 39.
7   Vgl. European Banking Authority, Leitlinien über das Management notleidender und gestundeter Risikopositionen, EBA/GL/2018/06, 31. Oktober 2018, S. 39.
8   Vgl. European Banking Authority, Leitlinien über das Management notleidender und gestundeter Risikopositionen, EBA/GL/2018/06, 31. Oktober 2018, S. 30.

1.3 Beispiele für Forbearance-Maßnahmen

14 Um das angestrebte Ziel der Rückführung des Kreditnehmers in einen tragfähigen, nicht notleidenden Rückzahlungsstatus erreichen zu können, müssen die dafür infrage kommenden Forbearance-Maßnahmen auf ihre Eignung untersucht werden. Dazu sollte sich ein Institut zunächst Klarheit darüber verschaffen, welche Forbearance-Maßnahmen grundsätzlich akzeptiert werden sollen. Im Folgenden werden verschiedene Möglichkeiten kurz skizziert und die damit jeweils verbundenen Einschätzungen der EBA zur Tragfähigkeit und zu sonstigen wichtigen Erwägungen wiedergegeben.

1.3.1 Vorübergehende Tilgungsreduzierung oder -aussetzung

15 Bei einer »Tilgungsreduzierung« handelt es sich um eine Verringerung der Tilgungsrate über einen festgelegten kurzen Zeitraum. Damit kann einer beeinträchtigten Liquiditätssituation des Kreditnehmers Rechnung getragen werden. Anschließend ist die Rückzahlung auf Basis der prognostizierten Rückzahlungsfähigkeit fortzusetzen. Die Zinsen sind dabei weiterhin in voller Höhe zu zahlen. Im Gegensatz dazu werden auf Kredite bei einer »Tilgungsaussetzung« über einen festgelegten kurzen Zeitraum lediglich Zinszahlungen geleistet. Der Kapitalbetrag bleibt somit unverändert. Am Ende der Tilgungsaussetzung wird der Tilgungsplan auf Basis der Beurteilung der Rückzahlungsfähigkeit neu festgelegt.[9]

16 Eine »Tilgungsaussetzung« sollte einen Zeitraum von 24 Monaten i. d. R. nicht überschreiten. Bei Projektfinanzierungen und beim Bau von Gewerbeimmobilien gilt sogar ein Zeitraum von 12 Monaten als Richtschnur. Wenn die vereinbarte Frist abgelaufen ist, sollte das Institut die Kapitaldienstfähigkeit des Kreditnehmers neu bewerten und auf dieser Basis einen geänderten Tilgungsplan erstellen. Dabei sollten die während der Tilgungsaussetzung nicht erbrachten Tilgungsleistungen berücksichtigt werden. Um die vorübergehend niedrigeren Rückzahlungen zu kompensieren, wird diese Maßnahme i. d. R. in Verbindung mit anderen langfristigeren Maßnahmen kombiniert, wie z. B. mit einer Laufzeitverlängerung. Ist der Betrag, um den die Tilgungszahlung bei einer »Tilgungsreduzierung« reduziert wird, moderat und sind alle maßgeblichen Bedingungen erfüllt, so kann diese Maßnahme auch länger als 24 Monate angewandt werden.[10]

17 Diese Maßnahmen sollten nur dann als tragfähig angesehen werden, wenn das Institut anhand plausibler dokumentierter Finanzdaten nachweisen kann, dass die finanziellen Schwierigkeiten des Kreditnehmers lediglich vorübergehend sind und der Kreditnehmer insofern nach Ablauf der Tilgungsaussetzung in der Lage ist, den Kredit zumindest entsprechend seiner vorherigen Rückzahlungsfähigkeit zu bedienen.[11]

1.3.2 Zahlungsaufschub (Moratorium)

18 Unter einem »Zahlungsaufschub« bzw. »Zahlungsmoratorium« wird eine Vereinbarung verstanden, nach der dem Kreditnehmer ein bestimmter (zeitlicher) Aufschub zur Erfüllung seiner Rückzahlungsverpflichtungen gewährt wird. Dabei handelt es sich i. d. R. sowohl um die Zins- als

---

9 Vgl. European Banking Authority, Leitlinien über das Management notleidender und gestundeter Risikopositionen, EBA/GL/2018/06, 31. Oktober 2018, S. 73 f.

10 Vgl. European Banking Authority, Leitlinien über das Management notleidender und gestundeter Risikopositionen, EBA/GL/2018/06, 31. Oktober 2018, S. 73 f.

11 Vgl. European Banking Authority, Leitlinien über das Management notleidender und gestundeter Risikopositionen, EBA/GL/2018/06, 31. Oktober 2018, S. 73 f.

auch um die Tilgungsleistungen. Die Tragfähigkeit dieser Maßnahme ist mit der Tilgungsreduzierung oder -aussetzung vergleichbar.[12] Auch beim Zahlungsaufschub handelt es sich tendenziell um eine kurzfristige Maßnahme.

1.3.3 Kapitalisierung von Zinsen oder Zahlungsrückständen

Unter einer »Kapitalisierung« von Zinsen oder Zahlungsrückständen ist eine Stundung in Bezug auf aufgelaufene Zinsrückstände oder auf Zahlungsrückstände zu verstehen. Diese rückständigen Beträge werden im Rahmen eines neuen tragfähigen Tilgungsplanes dem ausstehenden Kapitalbetrag zugeschlagen. Eine Kapitalisierung von Zahlungsrückständen sollte dem Kreditnehmer nur dann gewährt werden, wenn sie dem Institut als einzige realistische Option zur Wiedererlangung der Zahlungsrückstände oder fälligen Zahlungen verbleibt. Sie darf zudem nur auf Zahlungsrückstände angewandt werden, die ein vorab im Verhältnis zum gesamten Kapitalbetrag festgelegtes Volumen nicht überschreiten, welches auch in den Stundungsrichtlinien des Institutes niedergelegt werden sollte. Das Institut sollte darüber hinaus das Verhältnis zwischen den kapitalisierten Zahlungsrückständen und den Zins- und Tilgungszahlungen als adäquat und angemessen für den Kreditnehmer beurteilen. Außerdem sollte das Institut generell vermeiden, diese Maßnahme einem Kreditnehmer mehrmals anzubieten.[13] Diese Maßnahme wird i. d. R. nur kurzfristig angewandt. **19**

Diese Maßnahme sollte nur gewährt bzw. als tragfähig erachtet werden, wenn das Institut zu der Einschätzung gelangt ist, dass die anhand plausibler und dokumentierter Finanzdaten überprüften Einnahmen und Ausgaben des Kreditnehmers und die vorgeschlagenen geänderten Rückzahlungen den Kreditnehmer in die Lage versetzen, den Kredit über die gesamte Laufzeit des geänderten Tilgungsplanes mit Kapital- und Zinszahlungen zu bedienen. Zudem muss das Institut vom Kreditnehmer die formelle Bestätigung einholen, dass er die Kapitalisierungsbedingungen versteht und akzeptiert.[14] **20**

1.3.4 Vorübergehende oder dauerhafte Zinssenkung

Unter einer »Zinssenkung« ist eine vorübergehende oder dauerhafte Senkung des festen oder variablen Zinssatzes auf ein faires und tragfähiges Niveau zu verstehen. Eine Zinssenkung kann auch als kurzfristige Maßnahme angewandt werden. Sofern die Erschwinglichkeit nur zu nicht risiko- oder kostendeckenden Sätzen erreicht werden kann, sollte dies vom Institut klar gekennzeichnet werden.[15] **21**

Risikopositionen mit hohen Zinssätzen sind eine häufige Ursache von finanziellen Notlagen. Die finanziellen Schwierigkeiten eines Kreditnehmers können zum Teil daher rühren, dass die Zinssätze im Verhältnis zu den Einkünften des Kreditnehmers übermäßig hoch sind. Gerade bei variablen Zinssätzen kann auch eine ungünstige Zinsentwicklung dazu geführt haben, dass der Kreditnehmer – gemessen an den aktuellen Marktbedingungen – Finanzmittel zu überzogenen Kosten erhält. In solchen Fällen kann eine Zinssenkung in Erwägung gezogen werden.[16] **22**

---

12 Vgl. European Banking Authority, Leitlinien über das Management notleidender und gestundeter Risikopositionen, EBA/GL/2018/06, 31. Oktober 2018, S. 74.

13 Vgl. European Banking Authority, Leitlinien über das Management notleidender und gestundeter Risikopositionen, EBA/GL/2018/06, 31. Oktober 2018, S. 74f.

14 Vgl. European Banking Authority, Leitlinien über das Management notleidender und gestundeter Risikopositionen, EBA/GL/2018/06, 31. Oktober 2018, S. 74.

15 Vgl. European Banking Authority, Leitlinien über das Management notleidender und gestundeter Risikopositionen, EBA/GL/2018/06, 31. Oktober 2018, S. 75.

16 Vgl. European Banking Authority, Leitlinien über das Management notleidender und gestundeter Risikopositionen, EBA/GL/2018/06, 31. Oktober 2018, S. 75.

BTO 1.3.2 Behandlung von Forbearance

1.3.5 Laufzeitverlängerung

23 Bei einer »Laufzeitverlängerung« geht es um die Verlängerung der Kreditlaufzeit mit Bezug auf den Termin für die vertragliche Schlussrate. Dadurch wird eine Verringerung der Ratenbeträge durch Streckung der Zahlungen über einen längeren Zeitraum ermöglicht.[17]

24 Gilt für den Kreditnehmer ein verbindliches Renteneintrittsalter, so sollte eine Laufzeitverlängerung nur dann als tragfähig angesehen werden, wenn das Institut einschätzt und belegen kann, dass der Kreditnehmer die Bedienung des Kredites gemäß dem geänderten Tilgungsplan aus seiner Rente oder anderen überprüften Einkommensquellen leisten kann. Die Laufzeitverlängerung sollte zudem nur dann als tragfähig angesehen werden, wenn sie dem Lebenszyklus der bestehenden Sicherheiten entspricht oder ein angemessener Ersatz für die bestehenden Sicherheiten erfolgt.[18]

1.3.6 Hereinnahme zusätzlicher Sicherheiten

25 Bei der »Hereinnahme zusätzlicher Sicherheiten« stellt der Kreditnehmer dem Institut im Rahmen des Umstrukturierungsprozesses weitere Pfandrechte oder unbelastete Vermögenswerte als zusätzliche Sicherheiten zur Verfügung, um das höhere Risiko zu kompensieren. Zusätzliche Sicherheiten können in vielfältiger Form gestellt werden, etwa als Pfandrecht an Bareinlagen, als Forderungsabtretung oder durch ein neues bzw. zusätzliches Grundpfandrecht. Die Institute sollten zweit- und drittrangige Pfandrechte auf Vermögenswerte sowie persönliche Sicherheiten sorgfältig bewerten.[19]

26 Die Hereinnahme zusätzlicher Sicherheiten stellt für sich genommen noch keine tragfähige Forbearance-Maßnahme dar, weil sie die Zahlungsrückstände bei einem Kredit an sich nicht beseitigt. Sie dient i.d.R. nur dazu, die »Beleihungsquote« (»Loan-to-Value«, LTV) zu verbessern bzw. den Verstoß gegen entsprechende Vereinbarungen zu beseitigen.[20]

1.3.7 Veräußerung von Sicherheiten

27 Bei einem freihändigen bzw. durch den Kreditnehmer unterstützten »Verkauf von Sicherheiten« vereinbaren das Institut und der Kreditnehmer eine freiwillige Veräußerung der besicherten Vermögenswerte mit dem Ziel, die Schulden vollständig oder teilweise zurückzuzahlen. Bei Risikopositionen, deren Rückzahlung durch Inbesitznahme von Sicherheiten zu einem vorab festgelegten Zeitpunkt erfolgt, stellt die Inbesitznahme keine Forbearance-Maßnahme dar, es sei denn, sie wird aufgrund von finanziellen Schwierigkeiten vor dem festgelegten Zeitpunkt ausgeübt.[21]

28 Die Institute sollten die etwaige Restschuld nach dem unterstützten Verkauf umschulden und dabei einen geeigneten Tilgungsplan zugrunde legen, der mit der neu bewerteten Rückzahlungsfähigkeit des Kreditnehmers vereinbar ist. Bei Forbearance-Maßnahmen, die unter Umständen am Ende der Laufzeit eine Veräußerung der Immobilie erfordern, sollten die Institute im Hinblick auf

---

17 Vgl. European Banking Authority, Leitlinien über das Management notleidender und gestundeter Risikopositionen, EBA/GL/2018/06, 31. Oktober 2018, S. 76.

18 Vgl. European Banking Authority, Leitlinien über das Management notleidender und gestundeter Risikopositionen, EBA/GL/2018/06, 31. Oktober 2018, S. 76.

19 Vgl. European Banking Authority, Leitlinien über das Management notleidender und gestundeter Risikopositionen, EBA/GL/2018/06, 31. Oktober 2018, S. 76.

20 Vgl. European Banking Authority, Leitlinien über das Management notleidender und gestundeter Risikopositionen, EBA/GL/2018/06, 31. Oktober 2018, S. 76.

21 Vgl. European Banking Authority, Leitlinien über das Management notleidender und gestundeter Risikopositionen, EBA/GL/2018/06, 31. Oktober 2018, S. 76f.

einen nach der Veräußerung etwa verbleibenden Fehlbetrag einen konservativen Ansatz verfolgen und diesen frühestmöglich adressieren.[22]

1.3.8 Anpassung des Tilgungsplanes

Eine »Änderung des Tilgungsplanes« entspricht einer Anpassung des bestehenden vertraglichen **29** Tilgungsplanes an ein neues tragfähiges Tilgungsprogramm, das auf einer glaubhaften Einschätzung der aktuellen und prognostizierten Zahlungsströme des Kreditnehmers beruht. Im Wesentlichen kann bei den Tilgungsplänen zwischen Teilrückzahlungen, Ballon- oder Bulletzahlungen und gestaffelten Zahlungen unterschieden werden.[23]

Bei einer »Teilrückzahlung« wird auf die Risikoposition eine Zahlung geleistet, die niedriger ist als **30** der ausstehende Kreditbetrag. Diese Zahlung kann z. B. auf dem Verkauf von Vermögenswerten beruhen. Diese Option dient dazu, die gefährdete Risikoposition deutlich zu reduzieren und für den ausstehenden Restbetrag ein tragfähiges Tilgungsprogramm zu ermöglichen. Diese Option sollte gegenüber Bullet- oder Staffeloptionen bevorzugt werden. Bei »Ballon- oder Bulletzahlungen« läuft der geänderte Tilgungsplan auf eine umfangreiche Tilgungszahlung zu einem späteren Zeitpunkt vor dem Ende der Kreditlaufzeit hinaus. Diese Option sollte nur in Ausnahmefällen verwendet bzw. als tragfähig erachtet werden. Dabei muss das Institut in geeigneter Weise darlegen können, dass dem Kreditnehmer in der Zukunft ausreichend Liquidität zur Verfügung steht, um die Ballon- oder Bulletzahlung zu leisten. Bei »gestaffelten Zahlungen« erfolgt die Rückzahlung zeitlich gestaffelt in Teilbeträgen. Die Institute sollten eine Lösung, die diese Option beinhaltet, nur dann als tragfähig erachten, wenn sie gewährleisten und darlegen können, dass mit gutem Grund damit zu rechnen ist, dass der Kreditnehmer künftige Steigerungen der Zahlungen bewältigen kann.[24]

1.3.9 Umwandlung von Fremdwährungskrediten

Bei einer »Währungsumrechnung« von Fremdwährungskrediten wird die Kreditwährung an die **31** Währung der Zahlungsströme angeglichen. Die Institute sollten den Kreditnehmer umfassend über die Fremdwährungsrisiken aufklären und ihm außerdem eine Absicherung der Wechselkursrisiken nahelegen.[25]

1.3.10 Anpassung von Vertragsbedingungen

Neben den bereits genannten Maßnahmen kommen auch weitere Anpassungen der Vertrags- **32** bedingungen oder der Zusatzvereinbarungen infrage. Insbesondere kann das Institut gegenüber dem Kreditnehmer auch auf die Einhaltung bestimmter Vereinbarungen oder Kreditvertragsbedingungen verzichten.[26]

---

22 Vgl. European Banking Authority, Leitlinien über das Management notleidender und gestundeter Risikopositionen, EBA/GL/2018/06, 31. Oktober 2018, S. 76f.

23 Vgl. European Banking Authority, Leitlinien über das Management notleidender und gestundeter Risikopositionen, EBA/GL/2018/06, 31. Oktober 2018, S. 77.

24 Vgl. European Banking Authority, Leitlinien über das Management notleidender und gestundeter Risikopositionen, EBA/GL/2018/06, 31. Oktober 2018, S. 77f.

25 Vgl. European Banking Authority, Leitlinien über das Management notleidender und gestundeter Risikopositionen, EBA/GL/2018/06, 31. Oktober 2018, S. 78.

26 Vgl. European Banking Authority, Leitlinien über das Management notleidender und gestundeter Risikopositionen, EBA/GL/2018/06, 31. Oktober 2018, S. 78.

1.3.11 Einräumung neuer Kreditlinien

33 Die »Einräumung neuer Kreditlinien« läuft auf neue Finanzierungsvereinbarungen zur Unterstützung der finanziellen Erholung eines in Zahlungsschwierigkeiten geratenen Kreditnehmers hinaus. Dabei geht es also im Wesentlichen um eine angepasste »Refinanzierung«. Neue Kreditlinien können auch die Stellung zusätzlicher Sicherheiten beinhalten. Im Falle von Vereinbarungen zwischen mehreren Gläubigern sollten die vom Institut zusätzlich übernommenen Risiken ggf. ausgeglichen werden.[27]

34 Die Einräumung neuer Kreditlinien allein ist i. d. R. keine tragfähige Forbearance-Maßnahme. Sie sollte daher nur in Ausnahmefällen zur Anwendung kommen und mit anderen Forbearance-Maßnahmen kombiniert werden, die darauf ausgerichtet sind, Zahlungsrückstände zu beseitigen. Diese Maßnahme ist für Unternehmenskredite möglicherweise besser geeignet. Vor der Einräumung neuer Kreditlinien sollte eine sorgfältige Beurteilung der Zahlungsfähigkeit des Kreditnehmers vorgenommen werden. Dabei sollten in ausreichendem Umfang unabhängige Branchenexperten hinzugezogen werden, um die Tragfähigkeit der vorgelegten Geschäftspläne und Prognosen der Zahlungsströme zu bewerten. Diese Maßnahme sollte nur dann als tragfähig erachtet werden, wenn die Rückzahlungsfähigkeit durch die eingehende Kapitaldienstfähigkeitsprüfung vollständig nachgewiesen wird.[28]

1.3.12 Schuldenzusammenfassung

35 Bei der »Schuldenzusammenfassung« werden mehrere Risikopositionen in einer einzigen Risikoposition oder in einer begrenzten Zahl von Risikopositionen zusammengelegt. Diese Maßnahme ist vor allem dann vorteilhaft, wenn die Sicherheiten und die gesicherten Zahlungsströme zusammengenommen für eine bessere Absicherung der Gesamtschuld sorgen, weil beispielsweise Zahlungsabflüsse minimiert werden oder die Umverteilung von Zahlungsüberschüssen zwischen den Risikopositionen erleichtert wird.[29]

36 Die Schuldenzusammenfassung allein ist i. d. R. keine tragfähige Forbearance-Maßnahme. Sie sollte daher mit anderen Forbearance-Maßnahmen kombiniert werden, die darauf ausgerichtet sind, Zahlungsrückstände zu beseitigen.[30]

1.3.13 Teilweiser oder vollständiger Schuldenerlass

37 Bei einem teilweisen oder vollständigen »Schuldenerlass« gibt das Institut das Recht auf, einen Teil oder sogar den Gesamtbetrag der ausstehenden Schulden des Kreditnehmers wiederzuerlangen. Diese Maßnahme kann eingesetzt werden, wenn das Institut einer verringerten Zahlung zur vollständigen und endgültigen Abgeltung aller Ansprüche zustimmt und damit einwilligt, dem

---

27 Vgl. European Banking Authority, Leitlinien über das Management notleidender und gestundeter Risikopositionen, EBA/GL/2018/06, 31. Oktober 2018, S. 78 f.

28 Vgl. European Banking Authority, Leitlinien über das Management notleidender und gestundeter Risikopositionen, EBA/GL/2018/06, 31. Oktober 2018, S. 78 f.

29 Vgl. European Banking Authority, Leitlinien über das Management notleidender und gestundeter Risikopositionen, EBA/GL/2018/06, 31. Oktober 2018, S. 79.

30 Vgl. European Banking Authority, Leitlinien über das Management notleidender und gestundeter Risikopositionen, EBA/GL/2018/06, 31. Oktober 2018, S. 79.

Kreditnehmer die Restschuld zu erlassen, wenn er den reduzierten Kapitalbetrag innerhalb einer bestimmten Frist zurückzahlt.[31]

Die Institute sollten solche Optionen mit Vorsicht anwenden, weil die Möglichkeit eines **38** Schuldenerlasses systematisches Fehlverhalten (»Moral Hazard«) hervorrufen und somit strategische Ausfälle begünstigen kann. Die Institute sollten deshalb konkrete Richtlinien und Verfahren für den Schuldenerlass festlegen, um strenge Kontrolle zu gewährleisten.[32]

1.3.14   Weitere Forbearance-Maßnahmen

Die EZB hat in ihrem Leitfaden darauf hingewiesen, dass es sich nicht um eine abschließende Liste **39** von möglichen Forbearance-Maßnahmen handelt. Insbesondere sind auch Maßnahmen denkbar, die aufgrund nationaler Besonderheiten vereinbart werden. Als Beispiel nennt die EZB die in manchen Ländern bei notleidenden Wohnungsbauhypotheken angewandte »Darlehensaufteilung« (»Split Loan Solution«).[33] Diese Maßnahme hat sich aufgrund von Schwierigkeiten bei der Vollstreckung in die zugrunde liegenden Sicherheiten herausgebildet.[34]

1.4   Berücksichtigung der Verbraucherinteressen

Außerdem sollten bei der Entscheidung, welche Schritte oder Forbearance-Maßnahmen zu ergreifen **40** sind, die Interessen der Verbraucher berücksichtigt werden. Diesbezüglich verweist die EBA auf die maßgeblichen Vorschriften des Verbraucherschutzrechtes.[35] Dazu zählen insbesondere die Anforderungen gemäß Art. 28 der Wohnimmobilienkreditrichtlinie[36] und die entsprechenden Vorgaben aus den EBA-Leitlinien zu Zahlungsrückständen und zur Zwangsvollstreckung.[37]

In Art. 28 der Wohnimmobilienkreditrichtlinie geht es vor allem darum, dass die Verbraucher **41** nicht über Gebühr mit Kosten belastet werden, wenn es zu Zahlungsausfällen kommt. Zudem sollten mögliche Zwangsvollstreckungsverfahren als letztes Mittel angesehen werden. Bei einem Verkauf einer Immobilie, die Gegenstand einer Zwangsvollstreckung ist, sollte nicht nur die

---

31 Vgl. European Banking Authority, Leitlinien über das Management notleidender und gestundeter Risikopositionen, EBA/GL/2018/06, 31. Oktober 2018, S. 79f.

32 Vgl. European Banking Authority, Leitlinien über das Management notleidender und gestundeter Risikopositionen, EBA/GL/2018/06, 31. Oktober 2018, S. 79f.

33 Grundsätzlich ist unter einer »Darlehensaufteilung« (»Split Loan Solution«) die Aufteilung der gesamten Darlehenssumme in einer Weise zu verstehen, dass dem Kreditnehmer ein Teil als festverzinsliches Darlehen und ein Teil als variabel verzinsliches Darlehen angeboten wird. Gerade bei Wohnungsbaudarlehen mit i.d.R. sehr langen Laufzeiten kann so eine Variante für den Kreditnehmer unter gewissen Umständen von Vorteil sein. Auf der einen Seite besteht bei festverzinslichen Darlehen nicht die Gefahr, dass der Tilgungsanteil bei steigenden Zinsen dramatisch reduziert wird. Auf der anderen Seite kann bei variabel verzinslichen Darlehen und sinkenden Zinsen der Tilgungsanteil bei gleichbleibender Gesamtbelastung sogar erhöht werden. Unabhängig davon können bei variabel verzinslichen Darlehen grundsätzlich zusätzliche Rückzahlungen in unbegrenzter Höhe geleistet werden, was insbesondere von Vorteil für den Kreditnehmer ist, wenn sich seine finanziellen Verhältnisse zukünftig verbessern. Umgekehrt besteht natürlich auch die Möglichkeit, diese Darlehensaufteilung im Falle der Verschlechterung der finanziellen Verhältnisse des Kreditnehmers zu nutzen. So könnte z.B. bei sinkenden Zinsen das variabel verzinsliche Darlehen hinsichtlich der Höhe der Rückzahlungen konstant gehalten werden, womit die Gesamtbelastung des Kreditnehmers sinkt.

34 Vgl. Europäische Zentralbank, Leitfaden für Banken zu notleidenden Krediten, 20. März 2017, S. 49.

35 Vgl. European Banking Authority, Leitlinien über das Management notleidender und gestundeter Risikopositionen, EBA/GL/2018/06, 31. Oktober 2018, S. 32.

36 Richtlinie 2014/17/EU des Europäischen Parlaments und des Rates vom 4. Februar 2014 über Wohnimmobilienkreditverträge für Verbraucher und zur Änderung der Richtlinien 2008/48/EG und 2013/36/EU und der Verordnung (EU) Nr. 1093/2010 (ABl. L 60 vom 28.2.2014, S. 34), zuletzt geändert durch die Verordnung (EU) 2016/1011 des Europäischen Parlaments und des Rates vom 8. Juni 2016 (ABl. L 171 vom 29.6.2016, S. 1).

37 European Banking Authority, Leitlinien zu Zahlungsrückständen und Zwangsvollstreckung, EBA/GL/2015/12, 19. August 2015.

BTO 1.3.2 Behandlung von Forbearance

Rückzahlung der Verbindlichkeiten gegenüber dem Institut im Fokus stehen. Ebenso sollten die Interessen des Verbrauchers gewahrt werden, indem beim Verkauf der bestmögliche Preis angestrebt wird. In den EBA-Leitlinien zu Zahlungsrückständen und zur Zwangsvollstreckung werden diese Anforderungen weiter konkretisiert.

42   Diese europäischen Vorgaben sind weitgehend im deutschen Zivilrecht umgesetzt worden, mit Blick auf den Verbraucherschutz insbesondere durch eine umfassende Überarbeitung des Bürgerlichen Gesetzbuches (BGB) zur Behandlung von Verbraucherdarlehen im März 2016. Dabei wird grundsätzlich zwischen »Allgemein-Verbraucherdarlehensverträgen« laut § 491 Abs. 2 BGB und »Immobiliar-Verbraucherdarlehensverträgen« laut § 491 Abs. 3 BGB unterschieden. Insofern hat die BaFin keinen rechtlichen Anknüpfungspunkt zur Umsetzung der EBA-Leitlinien zu Zahlungsrückständen und Zwangsvollstreckung. Folglich hat sie gegenüber der EBA zu diesen Leitlinien eine »Non-Comply-Erklärung« abgegeben. Das bedeutet, dass sie begründet hat, warum sie diese Leitlinien nicht umsetzen wird. Deshalb müssen diese Leitlinien rein formal auch nicht beachtet werden, wohl aber die gesetzlichen Vorgaben in diesem Bereich, die im Endeffekt auf dasselbe hinauslaufen.

43   Der deutsche Gesetzgeber hat zudem verschiedene Anforderungen gestellt, die bereits bei der Kreditvergabe mit Blick auf die gesamte Laufzeit eines Darlehens berücksichtigt werden müssen und mögliche Verwerfungen von vornherein verhindern sollen. Zu nennen wären z. B. § 18a KWG zum Allgemein- oder Immobiliar-Verbraucherdarlehensvertrag, der grundsätzlich nur abgeschlossen werden darf, wenn keine Zweifel an der Kreditwürdigkeit bestehen, oder die ergänzende Immobiliar-Kreditwürdigkeitsprüfungsleitlinien-Verordnung (ImmoKWPLV), nach der auch die zukünftigen Entwicklungen zu prognostizieren sind und u.a. ein potenzieller Anstieg des Sollzinssatzes nach Auslauf der Zinsbindungsfrist oder der Kreditlaufzeit bereits bei der Kreditvergabe angemessen zu berücksichtigen ist (→ BTO 1.2.1 Tz. 2).

1.5   Forbearance-Maßnahmen als Abgabekriterien

44   Die Institute müssen anhand von geeigneten Kriterien festlegen, wann ein Engagement der Intensivbetreuung zuzuordnen ist (→ BTO 1.2.4 Tz. 1) oder sogar an die auf die Sanierung bzw. Abwicklung spezialisierten Mitarbeiter oder Bereiche abzugeben ist (→ BTO 1.2.5 Tz. 1). Bei der Festlegung dieser Kriterien haben die Institute auch jene Engagements zu berücksichtigen, bei denen »Forbearance-Maßnahmen« ergriffen wurden. Die Indikatoren für eine Einstufung als notleidende Risikopositionen sind dabei im Übrigen ebenso zu berücksichtigen. Auf die Festlegung der Kriterien für die Zuordnung eines Engagements in die Intensivbetreuung und insbesondere auf die Frage, ob diese Kriterien einen Automatismus statuieren müssen oder als Indikatoren verwendet werden können, wird an anderer Stelle ausführlich eingegangen (→ BTO 1.2.5 Tz. 1).

2 Richtlinie für Forbearance-Maßnahmen (Tz. 2)

2 Im Hinblick auf die Forbearance-Maßnahmen hat eine Richtlinie implementiert zu sein, die mindestens folgende Punkte beinhaltet: 45

a) Prozesse und Verfahren zur Gewährung von Forbearance-Maßnahmen, einschließlich der Zuständigkeiten und Verfahren zur Entscheidungsfindung,

b) Beschreibung der verfügbaren Forbearance-Maßnahmen einschließlich der in den Verträgen enthaltenen Maßnahmen,

c) Informationsanforderungen zur Prüfung der Tragfähigkeit der Maßnahmen,

d) Dokumentation der gewährten Maßnahmen,

e) Prozess und Messgrößen für die Überwachung der Wirksamkeit.

Die Richtlinie ist regelmäßig vom Institut zu überprüfen.

2.1 Mindestinhalte der Forbearance-Richtlinie

Die Institute müssen eine Forbearance-Richtlinie ausarbeiten, für die von der Aufsicht bestimmte Mindestinhalte vorgegeben sind. Es ist allerdings auch möglich, die geforderten Inhalte in den Organisationsrichtlinien niederzulegen. Dazu gehört zunächst einmal eine Darstellung der Prozesse und Verfahren zur Gewährung von Forbearance-Maßnahmen, einschließlich der Zuständigkeiten und Verfahren zur Entscheidungsfindung. Das ist allein deshalb erforderlich, weil der Prozess für die Gewährung der Forbearance-Maßnahmen vom Institut in angemessenen Abständen zu überwachen ist (→ BTO 1.3.2 Tz. 6). Daneben müssen die verfügbaren Forbearance-Maßnahmen beschrieben werden (→ BTO 1.3.2 Tz. 1). Dazu gehören in erster Linie die in den Verträgen enthaltenen Maßnahmen, die eigentlich nur eine Teilmenge davon sein können. Grundsätzlich sind die Forbearance-Maßnahmen individuell auf die Kreditnehmer bzw. vergleichbare Risikopositionen zugeschnitten, wobei auch verschiedene Maßnahmen miteinander kombiniert werden können. Die Aufsicht hat allerdings klargestellt, dass die Richtlinie auch standardisierte Forbearance-Lösungen enthalten kann, z.B. für homogene Portfolios mit weniger komplexen Engagements (→ BTO 1.3.2 Tz. 2, Erläuterung). Weitere erforderliche Bestandteile der Forbearance-Richtlinie sind die Informationsanforderungen zur Prüfung der Tragfähigkeit der Maßnahmen (→ BTO 1.3.2 Tz. 5) sowie Vorgaben zur Dokumentation der gewährten Maßnahmen. Schließlich sollen auch der Prozess und die Messgrößen für die Überwachung der Wirksamkeit der Forbearance-Maßnahmen dargestellt werden (→ BTO 1.3.2 Tz. 6).   46

Mit Blick auf die übrigen Anforderungen im Zusammenhang mit dem Management von gestundeten Risikopositionen kann es z.B. sinnvoll sein, in der Forbearance-Richtlinie auch die Kriterien festzulegen, die zur Einstufung und ggf. Umgliederung von gestundeten Risikopositionen als »notleidend« oder »nicht notleidend« herangezogen werden, und welcher Gesundungs- bzw. Probezeitraum dabei zu berücksichtigen ist (→ BTO 1.3.2 Tz. 3). Darüber hinaus könnten in der Richtlinie auch konkrete Vorgaben zur Beurteilung der finanziellen Lage des Kreditnehmers enthalten sein (→ BTO 1.3.2 Tz. 4). Schließlich könnte eine Unterscheidung zwischen kurz- und langfristigen Maßnahmen sinnvoll sein (→ BTO 1.3.2 Tz. 5).   47

BTO 1.3.2 Behandlung von Forbearance

48   Die EBA empfiehlt, dass sich in den Prozessen und Verfahren zur Gewährung von Forbearance-Maßnahmen auch die Zusammenfassung von Risikopositionen in Portfolios widerspiegelt (→ BTO 1.2.5 Tz. 1), um zielgerichtet vorgehen zu können.[38]

49   Die EBA führt beispielhaft diverse Inhalte auf, die in einer Forbearance-Richtlinie enthalten sein können. Die ersten Bestandteile betreffen den Prozess an sich. Das beginnt mit einer Beschreibung der von den Kreditnehmern vorzulegenden Finanzunterlagen und sonstigen Dokumente, auf deren Basis sich der zuständige Bearbeiter von der Rückzahlungsfähigkeit des Kreditnehmers überzeugen kann. Entsprechende Vorgaben sollten zwar im Institut in den Bearbeitungsgrundsätzen für das Kreditgeschäft vorhanden sein. Möglicherweise unterscheiden sich jedoch die vom Bearbeiter jeweils zu beachtenden Mindestwerte für zentrale finanzielle Indikatoren oder für die Kennziffern zur Rückzahlungsfähigkeit zwischen der Normalbetreuung, der Intensivbetreuung und der Problemkreditbearbeitung. Diese Vorgaben sollten auf die Art der Kreditnehmer (Firmenkunden, kleine und mittlere Unternehmen, Privatkunden etc.), die Produkte und Sektoren zugeschnitten sein. Anschließend geht es darum, jene Lösung zu bestimmen und umzusetzen, die sich für den Kreditnehmer am besten eignet. Für das Privatkundensegment sollten die Institute zu diesem Zweck Entscheidungsbäume entwickeln, für die anderen Kreditnehmerarten sollte auf geeignete Weise klar geregelt sein, wie die Eignung der verschiedenen Maßnahmen zu beurteilen ist. Für den Fall, dass bei bestimmten Kreditnehmern keine Lösung gefunden werden kann, weil z. B. keine tragfähigen Maßnahmen infrage kommen oder sich die Kreditnehmer nicht kooperativ verhalten, ist der zeitliche Prozess und das Verfahren für die Übertragung dieser Kreditnehmer an die für die Abwicklung zuständigen NPE-Abwicklungseinheiten festzulegen. Darüber hinaus zählt die EBA weitere Bestandteile auf, die in geeigneter Form geregelt werden sollten. Dazu gehören das Instrumentarium an kurz- und langfristigen Forbearance-Maßnahmen, die Anforderungen an die Neubewertung von Sicherheiten, der Entscheidungsfindungsprozess und die Genehmigungsstufen/-verfahren für jede Art von Maßnahme und Wert der Risikoposition sowie die Preisbildungsgrundsätze für jede Maßnahme und Kreditnehmerart. Schließlich nennt die EBA den Prozess und das Verfahren für die Überwachung der gewährten Maßnahmen und der Kooperation des Kreditnehmers nach Abschluss einer Restrukturierung, einschließlich der Häufigkeit der Überprüfung des Kreditnehmers, der Definition für erneuten Zahlungsausfall, des Prozesses für die Neubewertung und der Anforderungen für die Meldung erneuter Zahlungsausfälle.[39]

2.2   Überprüfung der Forbearance-Richtlinie

50   Die Forbearance-Richtlinie ist regelmäßig vom Institut zu überprüfen. Der Turnus für diese Überprüfung wird nicht vorgegeben. Vermutlich kann dieser Turnus auch davon abhängig gemacht werden, wie mit zwischenzeitlichen Erkenntnissen im Forbearance-Prozess umgegangen wird, d. h. ob eventuell festgestellte Defizite auch anlassbezogen zu einer Anpassung der Richtlinie führen. Andernfalls wird die Aufsicht tendenziell einen engeren Überprüfungsturnus fordern.

51   Die zu überprüfenden Inhalte ergeben sich aus den Mindestbestandteilen der Forbearance-Richtlinie. Insofern sollte zumindest überprüft werden, ob die vereinbarten Prozesse und Verfahren einen angemessenen Umgang mit gestundeten Risikopositionen und der damit verbundenen Überwachung ermöglichen, ob die vom Institut genutzten Forbearance-Maßnahmen praktikabel sind und zum gewünschten Erfolg führen, inwiefern die zur Prüfung der Tragfähigkeit dieser

---

38 Vgl. European Banking Authority, Leitlinien über das Management notleidender und gestundeter Risikopositionen, EBA/GL/2018/06, 31. Oktober 2018, S. 36.
39 Vgl. European Banking Authority, Leitlinien über das Management notleidender und gestundeter Risikopositionen, EBA/GL/2018/06, 31. Oktober 2018, S. 69.

Maßnahmen erforderlichen Informationen verfügbar sind und ob die Dokumentation der gewährten Maßnahmen angemessen ist. Das wesentliche Ziel dieser Überprüfung besteht letztlich darin, einen möglichst effizienten und zielgerichteten Umgang mit gestundeten Risikopositionen zu etablieren.

Die EBA erwartet von den Instituten, dass sie ihre Forbearance-Richtlinie und ihre damit verbundenen Optionen mittels »kollektiver Überwachung« der Ergebnisse der verschiedenen Maßnahmen, einschließlich der Prüfung von potenziellen Ursachen und Fällen, in denen der Kreditnehmer erneut ausfällt, regelmäßig überprüfen.[40] Insofern sollten die Erkenntnisse aus dem Forbearance-Prozess, auch wenn sie nur einzelne Engagements betreffen, transparent gemacht werden und für alle mit Forbearance-Maßnahmen beschäftigten Mitarbeiter verfügbar sein. Bestimmte Informationen könnten auch für die Normalbetreuung von Bedeutung sein, weil auf diese Weise ggf. von vornherein verhindert werden kann, dass für bestimmte Engagements entsprechende Maßnahmen vereinbart werden müssen.

52

---

40 Vgl. European Banking Authority, Leitlinien über das Management notleidender und gestundeter Risikopositionen, EBA/GL/2018/06, 31. Oktober 2018, S. 34.

3 Einstufung und Umgliederung von gestundeten Risikopositionen (Tz. 3)

53 **3** Das Institut hat Kriterien festzulegen, anhand derer eine angemessene Einstufung und ggf. Umgliederung von Forborne-Risikopositionen als notleidend oder nicht-notleidend möglich ist. Bei der Umgliederung von Forborne- und notleidenden Risikopositionen ist ein geeigneter Gesundungszeitraum zu berücksichtigen. Für eine Änderung bzw. einen Wechsel des Einstufungsstatus ist die Durchführung einer Analyse der finanziellen Lage des Kreditnehmers erforderlich.

3.1 Definition von gestundeten Risikopositionen

54 Risikopositionen können als »gestundete Risikopositionen« (»forborne exposures«, FBE) eingestuft werden, wenn der Kreditnehmer finanzielle Schwierigkeiten hat und deshalb Zugeständnisse gemacht werden (→ BTO 1.3.2 Tz. 3, Erläuterung). Die EBA verweist dazu auf die Begriffsbestimmung im Sinne von Anhang V Meldewesen-DV.[41] Als »gestundete Risikopositionen« werden gemäß Anhang V Teil 2 Abs. 240 Meldewesen-DV »Schuldverträge« bezeichnet, auf die »Stundungsmaßnahmen« angewandt wurden. Zur Definition von »Schuldverträgen« (»Schuldnern«) und »Stundungsmaßnahmen« (»Forbearance-Maßnahmen«) werden an anderer Stelle nähere Angaben gemacht (→ BTO 1.3.2 Tz. 1).

55 Den Vorgaben der EBA zufolge sollten ausschließlich Risikopositionen, auf die Forbearance-Maßnahmen angewandt wurden, als gestundete Risikopositionen identifiziert werden.[42] Damit möchte die EBA vermutlich klarstellen, dass nicht automatisch sämtliche Risikopositionen des Schuldners als gestundete Risikopositionen eingestuft werden sollten, dieser Status also nicht »vererbt« werden sollte.

56 Bei der Einstufung der an dieser Stelle untersuchten Risikopositionen kann grundsätzlich zwischen »notleidenden gestundeten Risikopositionen« (»non-performing forborne exposures«) und »nicht notleidenden gestundeten Risikopositionen« (»performing forborne exposures«) sowie »notleidenden Risikopositionen« (»non-performing exposures«) unterschieden werden (→ BTO 1.3.2 Tz. 3, Erläuterung). Die »Risikopositionen mit Stundungsmaßnahmen« (»gestundeten Risikopositionen«) werden mit etwas anderer Bezeichnung auch im aufsichtlichen Meldewesen grundsätzlich danach unterschieden, ob es sich um »vertragsgemäß bediente Risikopositionen mit Stundungsmaßnahmen« (»vertragsgemäß bediente, gestundete Risikopositionen«) gemäß Anhang V Teil 2 Abs. 261 Meldewesen-DV oder um »notleidende Risikopositionen mit Stundungsmaßnahmen« (»notleidende gestundete Risikopositionen«) gemäß Anhang V Teil 2 Abs. 262 Meldewesen-DV handelt.

---

41 Vgl. European Banking Authority, Leitlinien über das Management notleidender und gestundeter Risikopositionen, EBA/GL/2018/06, 31. Oktober 2018, S. 3.

42 Vgl. European Banking Authority, Leitlinien über das Management notleidender und gestundeter Risikopositionen, EBA/GL/2018/06, 31. Oktober 2018, S. 40.

3.2 Abgrenzung zwischen notleidenden und nicht notleidenden gestundeten Risikopositionen

Auf die Kriterien zur Identifizierung von »notleidenden Risikopositionen« wird an anderer Stelle **57** ausführlich eingegangen (→ AT 2.1 Tz. 1). Das Institut hat darüber hinaus Kriterien festzulegen, anhand derer eine angemessene Einstufung von »gestundeten Risikopositionen« (»Forborne-Risikopositionen«) als »notleidend« oder »nicht notleidend« möglich ist.

Zu den »notleidenden gestundeten Risikopositionen« gehören gemäß Anhang V Teil 2 Abs. 262 **58** Meldewesen-DV alle Risikopositionen, die bereits vor der Einleitung der Stundungsmaßnahmen (Forbearance-Maßnahmen) notleidend waren oder aufgrund der Anwendung von Stundungsmaßnahmen notleidend geworden sind, sowie gestundete Risikopositionen, die aus der Kategorie »vertragsgemäß bedient« (»nicht notleidend«) ausgegliedert wurden. Alle anderen gestundeten Risikopositionen fallen gemäß Anhang V Teil 2 Abs. 261 Meldewesen-DV unter die »vertragsgemäß bedienten, gestundeten Risikopositionen« (»nicht notleidenden gestundeten Risikopositionen«). Das betrifft insofern jene gestundeten Risikopositionen, die bei Einleitung der Stundungsmaßnahmen nicht als notleidend betrachtet wurden und bei denen auch die Stundung nicht dazu geführt hat, dass die Risikoposition als notleidend eingestuft wird.

Sofern eines der dargestellten Kriterien zutrifft, ist eine gestundete Risikoposition als notleidend **59** einzustufen (→ BTO 1.3.2 Tz. 3, Erläuterung):
- Die gestundete Risikoposition basiert auf einem »unangemessenen Zahlungsplan«.
- Sie enthält Vertragsbedingungen, welche die regulären Rückzahlungsraten zu dieser Transaktion so aufschieben, dass deren Beurteilung für eine angemessene Einstufung verhindert wird, beispielsweise wenn ein Tilgungsaufschub von mehr als zwei Jahren gewährt wird.
- Es wurden Forderungsbeträge ausgebucht.

Im Umkehrschluss können also alle gestundeten Risikopositionen, auf die keines der hier genannten Kriterien zutrifft, als nicht notleidend eingestuft werden, sofern sich eine entsprechende Einstufung nicht bereits aus den Vorgaben des aufsichtlichen Meldewesens ergibt.

Ein »unangemessener Zahlungsplan« liegt z. B. vor, wenn er wiederholt nicht eingehalten **60** werden kann oder zur Vermeidung von Verstößen geändert werden muss. Er kann auch auf Erwartungen beruhen, die nicht durch makroökonomische Prognosen oder durch glaubwürdige Annahmen zur Rückzahlungsfähigkeit oder -bereitschaft des Kreditnehmers gestützt sind.[43] In Deutschland sind derartige Praktiken eher unüblich. In anderen Ländern wurden solche Vorgehensweisen jedoch schon beobachtet. Im Ergebnis führen sie dazu, dass der Kreditnehmer aus dem Schneider ist und gleichzeitig das Institut keine Risikovorsorge bilden muss.

3.3 Umgliederung von Risikopositionen

3.3.1 Aufhebung des Status notleidend oder gestundet

Werden auf eine nicht notleidende Risikoposition Stundungsmaßnahmen (Forbearance-Maßnahmen) angewendet, so sollte das Institut auf jeden Fall prüfen, ob die Risikoposition aufgrund dieser **61** Maßnahmen als notleidend einzustufen ist. Umgekehrt führt die Gewährung von Stundungsmaßnahmen für eine notleidende Risikoposition nicht automatisch zur Aufhebung ihres notlei-

---

43 Vgl. European Banking Authority, Leitlinien über das Management notleidender und gestundeter Risikopositionen, EBA/GL/2018/06, 31. Oktober 2018, S. 39.

denden Status.[44] Der Einstufungsstatus einer Risikoposition kann unter bestimmten Voraussetzungen aber wieder geändert werden. Auch für diese »Umgliederungen« von gestundeten oder notleidenden Risikopositionen muss das Institut entsprechende Kriterien festlegen. Dabei ist ein geeigneter »Gesundungszeitraum« zu berücksichtigen. Im aufsichtlichen Meldewesen wird hinsichtlich der Begrifflichkeiten unterschieden, ob es darum geht, den Status »notleidend« (»Gesundungszeitraum«) oder »gestundet« (»Probezeitraum«) aufzuheben.

62 Der »Gesundungszeitraum« ist in Anhang V Teil 2 Abs. 231 Meldewesen-DV festgelegt.[45] Dort wird auch geregelt, wann eine »notleidende gestundete Risikoposition« nicht mehr als notleidend zu betrachten ist. Dafür werden verschiedene Voraussetzungen genannt, die grundsätzlich darauf hinauslaufen, dass diese Risikoposition nicht mehr die Kriterien für notleidende Risikopositionen erfüllt. Unter Anhang V Teil 2 Abs. 231 lit. b Meldewesen-DV wird als weitere Bedingung gefordert, dass sowohl der Zeitpunkt der Gewährung der Stundungsmaßnahmen (Forbearance-Maßnahmen) als auch der Zeitpunkt der Einstufung der Risikoposition als notleidend mindestens ein Jahr zurückliegen müssen. Insofern wird unter dem »Gesundungszeitraum« ein Zeitraum von mindestens einem Jahr verstanden, in dem die Voraussetzungen für »vertragsgemäß bediente, gestundete Risikopositionen« erfüllt wurden. Ergänzend dürfen laut Abs. 231 lit. c Meldewesen-DV seit Anwendung der Stundungsmaßnahmen keine Zahlungen mehr überfällig sein und aufgrund einer Analyse der Finanzlage des Schuldners keinerlei Bedenken hinsichtlich der vollständigen Rückzahlung gemäß den für die Zeit nach der Stundung ausgehandelten Konditionen bestehen. Bedenken können als ausgeräumt betrachtet werden, wenn der Schuldner im Zuge seiner regelmäßigen Zahlungen gemäß den für die Zeit nach der Stundung ausgehandelten Konditionen einen Betrag entrichtet hat, der in der Summe den zuvor überfälligen Zahlungen (wenn Zahlungen überfällig waren) oder (wenn keine Zahlungen überfällig waren) der im Rahmen der Stundungsmaßnahmen vorgenommenen Abschreibung entspricht, oder der Schuldner auf andere Weise seine Fähigkeit zur Erfüllung der für die Zeit nach der Stundung ausgehandelten Konditionen nachgewiesen hat. Diese Bedingungen stimmen mit den Vorgaben in Art. 47a Abs. 6 CRR überein.

63 Der »Probezeitraum« ist in Anhang V Teil 2 Abs. 256 Meldewesen-DV definiert.[46] Dort wird auch geregelt, wann eine »gestundete Risikoposition« nicht mehr als gestundet zu betrachten ist. Dafür werden verschiedene Voraussetzungen genannt, die grundsätzlich darauf hinauslaufen, dass diese Risikoposition auf Basis einer Analyse der Finanzlage des Schuldners nicht mehr die Kriterien für gestundete Risikopositionen erfüllt. Unter Anhang V Teil 2 Abs. 256 lit. b Meldewesen-DV wird als weitere Bedingung gefordert, dass seit ihrer Einstufung als »vertragsgemäß bediente, gestundete Risikoposition« mindestens zwei Jahre vergangen sein müssen. Insofern wird unter dem »Probezeitraum« ein Zeitraum von mindestens zwei Jahren verstanden, in dem die Voraussetzungen für »vertragsgemäß bediente, gestundete Risikopositionen« erfüllt wurden. Daneben müssen nach Abs. 256 lit. c Meldewesen-DV in zumindest der Hälfte des Probezeitraumes regelmäßige Zahlungen geleistet worden sein, die zusammengenommen mehr als einen unerheblichen Teil der Tilgungs- oder Zinszahlungen darstellen. Schließlich dürfen laut Abs. 256 lit. d Meldewesen-DV keine der Risikopositionen gegenüber dem Schuldner am Ende des Probezeitraumes mehr als 30 Tage überfällig sein.

64 Befindet sich eine ehemals »notleidende gestundete Risikoposition« noch im »Probezeitraum«, d.h. in dem zweijährigen Zeitraum, nach dessen Ablauf für diese mittlerweile »vertragsgemäß bediente, gestundete Risikoposition« auch der Status »gestundet« aufgehoben werden kann, so

---

44 Vgl. European Banking Authority, Leitlinien über das Management notleidender und gestundeter Risikopositionen, EBA/GL/2018/06, 31. Oktober 2018, S. 39.

45 Vgl. European Banking Authority, Leitlinien über das Management notleidender und gestundeter Risikopositionen, EBA/GL/2018/06, 31. Oktober 2018, S. 6.

46 Vgl. European Banking Authority, Leitlinien über das Management notleidender und gestundeter Risikopositionen, EBA/GL/2018/06, 31. Oktober 2018, S. 6.

muss sie wieder als »notleidend« eingestuft werden, wenn für sie in diesem Zeitraum zusätzliche »Stundungsmaßnahmen« (»Forbearance-Maßnahmen«) angewandt werden oder wenn sie mehr als 30 Tage überfällig ist.[47] Dieses Kriterium aus Anhang V Teil 2 Abs. 260 Meldewesen-DV entspricht auch Art. 47a Abs. 3 lit. c CRR (→ AT 2.1 Tz. 1).

3.3.2   Aufhebung des Status ausgefallen

Aufgrund der engen Verknüpfung des Status »notleidend« mit dem Status »ausgefallen«, zwischen denen es den Vorgaben der EBA zufolge quasi keinen Unterschied mehr gibt (→ AT 2.1 Tz. 1), wird von der EBA auch auf jene Anforderungen hingewiesen, die sich darauf beziehen, wann eine zuvor als »ausgefallen« eingestufte Risikoposition wieder als »nicht ausgefallen« klassifiziert werden darf. Dabei bezieht sich die EBA grundsätzlich auf die entsprechenden Vorgaben der CRR und ihrer ergänzenden Leitlinien. Ist das Institut der Auffassung, dass auf eine zuvor als ausgefallen eingestufte Forderung keiner der für diese Einstufung maßgeblichen Faktoren mehr zutrifft, so weist es dem Schuldner oder der Kreditfazilität gemäß Art. 178 Abs. 5 CRR dieselbe Bonitätsbeurteilung zu wie einer nicht ausgefallenen Forderung. Wird die Ausfalldefinition später wieder ausgelöst, so gilt ein weiterer Ausfall als eingetreten.   **65**

Wie das Institut diese Voraussetzungen prüfen soll, wird in den Leitlinien der EBA zur Anwendung der Ausfalldefinition gemäß Art. 178 CRR näher ausgeführt. Die EBA nennt dafür verschiedene Schritte, die alle beachtet werden sollen. Zunächst soll sich das Institut davon überzeugen, dass auf die zuvor als ausgefallen eingestufte Risikoposition keiner der für diese Einstufung maßgeblichen Faktoren mehr zutrifft, wobei mindestens drei Monate seit dem Zeitpunkt vergangen sein müssen, als die in Art. 178 Abs. 1 lit. b CRR (Überfälligkeit) und Art. 178 Abs. 3 CRR (Unwahrscheinlichkeit des Begleichens der Verbindlichkeit) genannten Bedingungen nicht mehr erfüllt waren. Die Institute können den genannten Zeitraum auf alle Risikopositionen oder unterschiedliche Zeiträume für verschiedene Risikopositionsarten anwenden. Das können allerdings nur längere Zeiträume sein. Bei der Prüfung sollen das Verhalten und die Finanzlage des Schuldners während des maßgeblichen Zeitraumes berücksichtigt werden. Anschließend soll das Institut bewerten, ob es wahrscheinlich ist, dass der Schuldner seine Verbindlichkeiten in voller Höhe und ohne Rückgriff auf eine Verwertung von Sicherheiten begleichen wird. Falls dies nicht der Fall sein sollte, müssen die Risikopositionen weiterhin als ausgefallen eingestuft werden, bis das Institut davon überzeugt ist, dass die Verbesserung der Bonität faktisch und dauerhaft ist. Diese Bedingungen sollten auch in Bezug auf neue Risikopositionen gegenüber diesem Schuldner erfüllt werden, insbesondere wenn die zuvor als ausgefallen eingestuften Risikopositionen gegenüber diesem Schuldner veräußert oder abgeschrieben worden sind.[48]   **66**

Ausgenommen von dieser Vorgehensweise sind krisenbedingte Restrukturierungen von zuvor als ausgefallen eingestuften Risikopositionen, unabhängig davon, ob sie vor oder nach der Feststellung des Ausfalls durchgeführt wurden. In diesen Fällen sollten die Institute annehmen, dass auf eine zuvor als ausgefallen eingestufte Risikoposition keiner der für diese Einstufung maßgeblichen Faktoren mehr zutrifft, wenn mindestens ein Jahr (Gesundungszeitraum) seit dem Zeitpunkt der Einstufung als ausgefallen, dem Zeitpunkt der Ausdehnung der Restrukturierungs-   **67**

---

47 Vgl. European Banking Authority, Leitlinien über das Management notleidender und gestundeter Risikopositionen, EBA/GL/2018/06, 31. Oktober 2018, S. 41.

48 Wenn sich der Schuldner aufgrund eines Ereignisses wie einer Fusion oder Übernahme des Schuldners oder einer anderen vergleichbaren Transaktion ändert, sollte das Institut dieses Kriterium nicht anwenden. Wenn sich nur der Name des Schuldners ändert, hingegen schon. Vgl. European Banking Authority, Leitlinien zur Anwendung der Ausfalldefinition gemäß Artikel 178 der Verordnung (EU) Nr. 575/2013, EBA/GL/2016/07, 18. Januar 2017, S. 22.

maßnahmen und dem Ende der in den Restrukturierungsvereinbarungen vorgesehenen Nachfrist vergangen ist.[49] Eine Risikoposition sollte frühestens nach dem genannten Zeitraum von einem Jahr und unter Einhaltung verschiedener Bedingungen wieder dem Status »nicht ausgefallen« zugeordnet werden. Dafür sollte der Schuldner in diesem Zeitraum eine wesentliche Zahlung geleistet haben. Diese Voraussetzung gilt als erfüllt, wenn der Schuldner im Wege seiner regelmäßigen Zahlungen in Einklang mit den Restrukturierungsregelungen einen Gesamtbetrag in Höhe des Betrags geleistet hat, der zuvor überfällig war oder der im Rahmen der Restrukturierungsmaßnahmen abgeschrieben wurde, je nachdem, was zutrifft.[50] Als weiteres Kriterium müssen in diesem Zeitraum die Zahlungen regelmäßig nach dem entsprechend den Restrukturierungsvereinbarungen geltenden Zeitplan geleistet worden sein. Zudem dürfen keine überfälligen Verbindlichkeiten nach dem in Einklang mit den Restrukturierungsvereinbarungen geltenden Zeitplan bestehen. Außerdem dürfen keine Hinweise auf Unwahrscheinlichkeit des Begleichens der Verbindlichkeiten nach Art. 178 Abs. 3 CRR oder nach den vom Institut definierten zusätzlichen Hinweisen vorliegen. Schließlich darf es das Institut auch nicht in anderer Weise für unwahrscheinlich erachten, dass der Schuldner seine Verbindlichkeiten in voller Höhe entsprechend dem Zeitplan nach den Restrukturierungsvereinbarungen und ohne Rückgriff auf die Verwertung von Sicherheiten erfüllt. Bei dieser Bewertung sollten die Institute insbesondere die Fälle prüfen, bei denen die Zahlung eines hohen Fixbetrages oder erheblich höhere Zahlungen am Ende des Rückzahlungsplanes vorgesehen sind. Diese Bedingungen sollten auch in Bezug auf neue Risikopositionen gegenüber dem Schuldner erfüllt werden, insbesondere wenn die zuvor als ausgefallen eingestuften Risikopositionen gegenüber dem Schuldner, die Gegenstand einer krisenbedingten Restrukturierung waren, veräußert oder abgeschrieben worden sind.[51]

68　　Die EBA hält es im Übrigen nicht nur für erforderlich, zu ermitteln, wann in Betracht gezogen werden kann, dass die Verbesserung der Finanzlage eines Schuldners ausreichend ist, um die vollständige und fristgerechte Rückzahlung der Verbindlichkeit zu ermöglichen. Das Institut sollte ebenfalls darüber nachdenken, wann es tatsächlich wahrscheinlich ist, dass die Rückzahlung erfolgt, wenn sich die Finanzlage eines Schuldners in diesem Sinne verbessert hat. Vermutlich geht es dabei auch um die Bereitschaft des Schuldners, die Rückzahlung im geforderten Sinne vorzunehmen. Außerdem sollten die Institute die Wirksamkeit ihrer Richtlinien regelmäßig überwachen und insbesondere deren Wirkung auf die Gesundungsraten und auf die Zahl der Ausfälle sowie auf die Änderungen des Status der Schuldner oder Fazilitäten analysieren. Ist bei einer übermäßigen Zahl von Risikopositionen kurz nach der Rückkehr zum Status »nicht ausgefallen« erneut ein Ausfall festzustellen, sollte das Institut seine Richtlinien hinsichtlich der Neuzuordnung von Risikopositionen überarbeiten. Diese Analysen sollten insbesondere für die Zwecke der Festlegung angemessener Zeiträume berücksichtigt werden. Die Institute können längere Zeiträume für Risikopositionen festlegen, die in den vorangegangenen 24 Monaten als ausgefallen eingestuft wurden.[52]

49　Vgl. European Banking Authority, Leitlinien zur Anwendung der Ausfalldefinition gemäß Artikel 178 der Verordnung (EU) Nr. 575/2013, EBA/GL/2016/07, 18. Januar 2017, S. 21f.

50　Vgl. European Banking Authority, Leitlinien zur Anwendung der Ausfalldefinition gemäß Artikel 178 der Verordnung (EU) Nr. 575/2013, EBA/GL/2016/07, 18. Januar 2017, S. 21f.

51　Vgl. European Banking Authority, Leitlinien zur Anwendung der Ausfalldefinition gemäß Artikel 178 der Verordnung (EU) Nr. 575/2013, EBA/GL/2016/07, 18. Januar 2017, S. 22f.

52　Vgl. European Banking Authority, Leitlinien zur Anwendung der Ausfalldefinition gemäß Artikel 178 der Verordnung (EU) Nr. 575/2013, EBA/GL/2016/07, 18. Januar 2017, S. 23.

3.4 Analyse der finanziellen Lage des Kreditnehmers

Für eine Änderung bzw. einen Wechsel des Einstufungsstatus ist die Durchführung einer Analyse **69** der finanziellen Lage des Kreditnehmers erforderlich. Damit sollen die Institute sicherstellen, dass keine Bedenken bezüglich der Fähigkeit des Kreditnehmers bestehen, seinen Zahlungsverpflichtungen in Verbindung mit dem Kredit nachzukommen. Dabei geht es sowohl um die während des mindestens einjährigen Gesundungszeitraumes geleisteten Zahlungen als auch um die Erfüllung der für die Zeit nach der Stundung ausgehandelten Konditionen, so dass eine vollständige Rückzahlung der Schulden wahrscheinlich ist, ohne dass Sicherheiten verwertet werden müssen. Die institutsinternen Kriterien sollten die Zins- und Tilgungszahlungen betreffen sowie mindestens den Nachweis einer nicht unerheblichen Zahlung zur Tilgung des Kreditbetrages vorsehen. Der Kreditnehmer sollte mittels regelmäßiger Zahlungen einen Betrag begleichen, der sämtlichen Beträgen (Kreditbetrag und Zinsen) entspricht, die zuvor überfällig waren oder bei Gewährung von Zugeständnissen ausgebucht wurden. Oder er sollte anderweitig nachweisen, dass er in der Lage ist, die für die Zeit nach der Stundung ausgehandelten Konditionen unter Zugrundelegung alternativer objektiver Kriterien, einschließlich einer Rückzahlung des Kreditbetrages, zu erfüllen.[53]

Nicht in jedem Fall sind gleichzeitig sämtliche Risikopositionen gegenüber einem Schuldner als **70** »notleidend« klassifiziert. Die Institute sollten zur Einstufung jeweils prüfen, ob die Hinweise auf die Unwahrscheinlichkeit des Begleichens der Verbindlichkeiten eher mit der Gesamtsituation eines Schuldners oder mit dem Status einer bestimmten Risikoposition als »notleidend« zu tun haben.[54] Im Rahmen der Prüfung der Aufhebung des Status »notleidend« sind auch deren Auswirkungen auf weitere Risikopositionen des Schuldners zu berücksichtigen, die nicht Gegenstand von Forbearance-Maßnahmen sind (→ BTO 1.3.2 Tz. 3, Erläuterung). So ist es insbesondere nicht erstrebenswert, dass der Schuldner seine Verbindlichkeiten im Hinblick auf eine bisher gestundete Risikoposition zukünftig nur dann in voller Höhe begleichen kann, wenn dafür seine Rückzahlungsfähigkeit in Bezug auf weitere Risikopositionen in Gefahr gerät. Außerdem sollte der Status »notleidend« nicht geändert werden, wenn bei einem Schuldner an anderer Stelle Rückstände zu verzeichnen sind.[55]

Vertragsbedingungen, nach denen die Rückzahlungsfrist bereits notleidender Forderungen ver- **71** längert wird, sollten als Bekräftigung der Einstufung der gestundeten Risikopositionen als notleidend angesehen werden (→ BTO 1.3.2 Tz. 3, Erläuterung). So wäre es z. B. nicht angemessen, die Vertragsbedingungen mit dem Kreditnehmer so zu gestalten, dass während des einjährigen Gesundungszeitraumes ein Zahlungsaufschub gewährt wird. Die Tatsache, dass der einjährige Gesundungszeitraum abgelaufen ist, sollte nicht automatisch zur Neueinstufung einer Risikoposition als »nicht notleidend« führen. Während dieses Zeitraumes sollten regelmäßige Zahlungen geleistet worden sein. Außerdem sollte die Beurteilung der Zahlungswahrscheinlichkeit positiv ausgefallen sein.[56]

3.5 Umgang mit allgemeinen Zahlungsmoratorien in der Krise

Im Zusammenhang mit der COVID-19-Pandemie hat die EBA Leitlinien veröffentlicht, mit denen die **72** aufsichtsrechtliche Behandlung der krisenbedingt gewährten »gesetzlichen Moratorien«, die sich auf

---

53 Vgl. European Banking Authority, Leitlinien über das Management notleidender und gestundeter Risikopositionen, EBA/GL/2018/06, 31. Oktober 2018, S. 40f.

54 Vgl. European Banking Authority, Leitlinien zur Anwendung der Ausfalldefinition gemäß Artikel 178 der Verordnung (EU) Nr. 575/2013, EBA/GL/2016/07, 18. Januar 2017, S. 28.

55 Vgl. European Banking Authority, Leitlinien über das Management notleidender und gestundeter Risikopositionen, EBA/GL/2018/06, 31. Oktober 2018, S. 40.

56 Vgl. European Banking Authority, Leitlinien über das Management notleidender und gestundeter Risikopositionen, EBA/GL/2018/06, 31. Oktober 2018, S. 40.

BTO 1.3.2 Behandlung von Forbearance

geltendes nationales Recht stützen, und »Moratorien ohne Gesetzesform« auf Darlehensleistungen festgelegt wurde. Unter einem »Moratorium ohne Gesetzesform« ist eine Zahlungsentlastungsinitiative zu verstehen, die ein Institut im Rahmen eines branchen- oder sektorweiten Moratoriumsprogramms ergreift, das im Kreditgewerbe oder in einem wesentlichen Teil desselben – ggf. in Zusammenarbeit mit den Behörden – in einer solchen Weise vereinbart oder koordiniert wird, dass die Teilnahme daran freigestellt ist und die betreffenden Institute in seinem Rahmen ähnliche Entlastungsmaßnahmen ergreifen.[57] Diese Leitlinien vom April 2020 wurden im Juni und Dezember 2020 an den Verlauf der Krise angepasst. Ein wesentliches Ziel der EBA bestand darin, verbindlich festzulegen, inwiefern die einem derartigen Moratorium unterliegenden Engagements als gestundet oder sogar als ausgefallen klassifiziert werden müssen. Später hat die EBA verschiedene Auslegungsfragen näher erläutert, wobei auch dieser Bericht bereits mehrfach überarbeitet wurde.[58]

73 Zu diesem Zweck wurde festgelegt, unter welchen Bedingungen ein Moratorium als allgemeines Zahlungsmoratorium angesehen werden kann. So muss das Moratorium für eine große Gruppe von Schuldnern gelten, die auf der Grundlage weit gefasster Kriterien vorab festgelegt wurde. Der Anwendungsbereich kann allerdings auf Schuldner beschränkt werden, die zuvor ihren Vertrag erfüllt und keine Zahlungsschwierigkeiten hatten. Bei den Kriterien kann es sich z. B. um die Risikopositionsklasse/-unterklasse, einen Wirtschaftssektor, eine Produktklasse oder einen geografischen Ort handeln. Diese Kriterien sollten es dem Schuldner ermöglichen, das Moratorium ohne Prüfung seiner Kreditwürdigkeit in Anspruch zu nehmen. Das Moratorium darf lediglich eine Änderung der vorgesehenen Zahlungen für einen vorab definierten begrenzten Zeitraum (in diesem Fall neun Monate) vorsehen, insbesondere durch die Aussetzung, den Aufschub oder die Verringerung von Zahlungen für den Darlehensbetrag, Zinszahlungen oder ganzen Tilgungsraten. Die sonstigen Bestimmungen und Bedingungen des Darlehensvertrages, z. B. der Zinssatz, sollten nicht geändert werden. Für alle dem Moratorium unterliegenden Risikopositionen gelten die gleichen Bedingungen für die Änderung der vorgesehenen Zahlungen, selbst wenn der Schuldner das Moratorium nicht zwingend in Anspruch nehmen muss. Es gilt nicht für neue Darlehensverträge, die nach dem Datum seiner Bekanntgabe abgeschlossen wurden.[59]

74 Im Mittelpunkt der Definition von Forbearance stehen hingegen die individuelle Beurteilung der finanziellen Schwierigkeiten des Kreditnehmers und die Gewährung von Maßnahmen, die auf diese finanzielle Situation des Kreditnehmers zugeschnitten sind. Die öffentlichen und privaten Moratorien richten sich hingegen an eine breite Palette von Produktklassen oder Kunden, um den negativen systemischen wirtschaftlichen Auswirkungen der COVID-19-Pandemie zu begegnen. Sie sind insofern nicht kreditnehmerspezifisch, da die Dauer der Zahlungsaufschübe für jeden Kreditnehmer unabhängig von seinen spezifischen finanziellen Verhältnissen festgelegt wird.[60]

75 Die Anwendung eines allgemeinen Zahlungsmoratoriums für sich genommen führt folglich nicht zu einer Neueinstufung der Risikoposition als (vertragsgemäß bediente oder notleidende) gestundete Risikoposition, es sei denn, sie war bereits zum Zeitpunkt der Anwendung des Moratoriums als einer Stundungsmaßnahme (Forbearance-Maßnahme) unterliegend eingestuft. Sofern Schuldnern, die einem allgemeinen Zahlungsmoratorium unterliegen, neue Darlehen gewährt werden, sollte auch dies nicht automatisch zu einer Einstufung als gestundete Risikopositionen führen. Allerdings sollte diese Einstufung gemäß Art. 47b CRR im Einzelfall überprüft werden. Hinsichtlich der Einstufung als notleidende Risikoposition sind u. a. die Verzugstage auf

---

57 Vgl. European Banking Authority, Leitlinien zu gesetzlichen Moratorien und Moratorien ohne Gesetzesform für Darlehenszahlungen vor dem Hintergrund der COVID-19-Krise, EBA/GL/2020/02, 2. April 2020, S. 4.

58 Vgl. European Banking Authority, EBA Report on the Implementation of Selected COVID-19 Policies, EBA/REP/2021/02, 29. Januar 2021, S. 10 ff.

59 Vgl. European Banking Authority, Leitlinien zu gesetzlichen Moratorien und Moratorien ohne Gesetzesform für Darlehenszahlungen vor dem Hintergrund der COVID-19-Krise, EBA/GL/2020/02, 2. April 2020, S. 4 f.

60 Vgl. European Banking Authority, Statement on the application of the prudential framework regarding Default, Forbearance and IFRS 9 in light of COVID-19 measures, 25. März 2020, S. 1 ff.

Basis der Änderung der vorgesehenen Zahlungen zu zählen, die sich aus der Anwendung des jeweiligen Moratoriums ergibt.[61]

Wenn Kreditnehmer die Bedingungen eines öffentlichen oder von Instituten auf freiwilliger Basis gewährten Zahlungsmoratoriums akzeptieren oder Zugang zu anderen Entlastungsmaßnahmen wie öffentlichen Garantien haben, sollte dies auch nach Ansicht des Baseler Ausschusses für Bankenaufsicht nicht automatisch dazu führen, dass der Kredit als gestundet eingestuft wird.[62]

---

61 Vgl. European Banking Authority, Leitlinien zu gesetzlichen Moratorien und Moratorien ohne Gesetzesform für Darlehenszahlungen vor dem Hintergrund der COVID-19-Krise, EBA/GL/2020/02, 2. April 2020, S. 5.

62 Vgl. Basel Committee on Banking Supervision, Measures to reflect the impact of Covid-19, BCBS 498, 3. April 2020, S. 2.

4 Beurteilung finanzieller Schwierigkeiten (Tz. 4)

77   **4** Die für die Durchführung von Forbearance-Maßnahmen erforderliche Beurteilung finanzieller Schwierigkeiten eines Kreditnehmers hat ausschließlich auf Grundlage seiner Situation und nicht unter Berücksichtigung von bereitgestellten Sicherheiten oder Garantien zu erfolgen.

4.1 Beurteilung der finanziellen Lage des Kreditnehmers

78   Forbearance-Maßnahmen betreffen ausschließlich den Umgang mit Kreditnehmern, denen aufgrund von »finanziellen Schwierigkeiten« vom Institut bestimmte Zugeständnisse gemacht werden. Nachverhandlungen bei Kreditnehmern, die sich nicht in finanziellen Schwierigkeiten befinden, fallen hingegen nicht unter den Begriff der Forbearance-Maßnahmen (→ BTO 1.3.2 Tz. 4, Erläuterung).

79   Insofern kommt es zunächst einmal auf eine korrekte Beurteilung der finanziellen Lage des Kreditnehmers an. Diese Beurteilung soll ausschließlich auf Grundlage der Situation des Kreditnehmers erfolgen, ohne dabei bereitgestellte Sicherheiten oder Garantien zu berücksichtigen.[63] Dabei könnte theoretisch unterschieden werden, ob diese Sicherheiten vom Kreditnehmer selbst oder von einem Dritten bereitgestellt werden. Ein Blick in die zugrunde liegenden Leitlinien der EBA zeigt nämlich, dass ganz konkret keine »von Dritten bereitgestellten Sicherheiten oder Garantien« berücksichtigt werden dürfen.[64] Insofern könnten die vom Kreditnehmer selbst gestellten Sicherheiten durchaus einbezogen werden.

80   Allerdings geht es bei der Beurteilung der finanziellen Situation vor allem darum, ob der Kreditnehmer durch eine geeignete Anpassung der Rückzahlungsmodalitäten wieder in die Lage versetzt werden kann, seinen finanziellen Verpflichtungen gerecht zu werden. Ist dies nur durch eine Verwertung seiner Sicherheiten möglich, kommen anschließend zwar entsprechende Forbearance-Maßnahmen infrage (→ BTO 1.3.2 Tz. 1). Grundsätzlich ändert dies aber nichts an der Einschätzung, dass sich der Kreditnehmer zum Zeitpunkt der Beurteilung in finanziellen Schwierigkeiten befindet. Insofern hat diese Fallunterscheidung für den Beurteilungsprozess vermutlich keine praktische Bedeutung.

81   Die Prüfung der Kapitaldienstfähigkeit spielt bereits bei der Kreditgewährung eine entscheidende Rolle (→ BTO 1.2.1 Tz. 1). Im Zusammenhang mit der Gewährung von Forbearance-Maßnahmen gibt die EZB den bedeutenden Instituten zur Beurteilung der finanziellen Lage des Kreditnehmers ergänzende Hinweise. Insgesamt sollen dazu vor allem aktuelle Unterlagen herangezogen werden. Außerdem erwartet die EZB eine glaubwürdige und hinreichend konservative Beurteilung der künftigen Verbesserungen der Kapitaldienstfähigkeit des Kreditnehmers. In Abhängigkeit von der Art des Kreditnehmers sollten dazu folgende Informationen herangezogen werden: regelmäßige/wiederkehrende Einkünfte, Ausgaben, sonstige Vermögenswerte, sonstige Schulden, angemessene Lebenshaltungskosten, Beschäftigungsaussichten, Attraktivität und Wertentwicklungsaussichten der Immobilie, Zahlungsströme und Geschäftsplan, bisherige Rückzahlungs-

---

63 Siehe hierzu auch Anmerkungen zu »ausfallverhindernden Sicherheiten«, wie z. B. einer harten Patronatserklärung (→ BTO 1.3, Einführung).

64 Vgl. European Banking Authority, Leitlinien über das Management notleidender und gestundeter Risikopositionen, EBA/GL/2018/06, 31. Oktober 2018, S. 38.

moral und Kooperationsbereitschaft. Für variable Gehalts- oder Rentenbestandteile sollten Abschläge vorgenommen werden, da diese unter Umständen ausbleiben könnten. Künftige Einkommenserhöhungen sollten nur in begründeten Fällen berücksichtigt und angemessen konservativ angesetzt werden. Unterstellte Gehaltserhöhungen, Prämien, Überstundenvergütungen, Laufbahnentwicklungen, Erhöhungen der Renteneinkünfte und jegliche anderen Erhöhungen sollten an den Branchen-, Sektor- oder Marktnormen orientiert und ggf. mit Abschlägen versehen werden. Außerdem sollte sich das Institut mit Hilfe externer Informationsquellen wie zentraler Kreditregister auch Informationen über die Gesamtverschuldung des Kreditnehmers verschaffen und sein erweitertes Verhaltensprofil analysieren.[65]

4.2 Auswirkungen auf das Zahlungsverhalten

Die Aufsicht hat ergänzend klargestellt, dass insbesondere dann eine Beurteilung der finanziellen Lage des Kreditnehmers durchzuführen ist, wenn sich Änderungen der Vertragsbedingungen auf das Zahlungsverhalten auswirken (→ BTO 1.3.2 Tz. 4, Erläuterung). Mit Blick auf die verschiedenen Möglichkeiten der Gewährung von Forbearance-Maßnahmen lässt sich allerdings feststellen, dass eigentlich immer mit Auswirkungen auf das Zahlungsverhalten des Kreditnehmers zu rechnen ist. Da der Zweck von Forbearance-Maßnahmen gerade darin besteht, den Kreditnehmer wieder in die Lage zu versetzen, seinen finanziellen Verpflichtungen nachzukommen, ist diese Erkenntnis auch nicht überraschend. Letztlich hat das nicht vertragskonforme Zahlungsverhalten gerade dazu geführt, dass ein Institut über Forbearance-Maßnahmen nachdenkt. **82**

4.3 Anpassung der Vertragsbedingungen

Bei der Vereinbarung von Forbearance-Maßnahmen sollte nicht vergessen werden, dass diese Maßnahmen auf den finanziellen Schwierigkeiten des Kreditnehmers beruhen und das Institut dem Kreditnehmer i.d.R. mit günstigeren Konditionen, als ursprünglich vereinbart waren, in irgendeiner Form entgegenkommt. Die EBA hält es daher für erforderlich, bei jeder Forbearance-Maßnahme vertraglich sicherzustellen, dass das Institut berechtigt ist, die vereinbarten Maßnahmen zu überprüfen, falls sich die Situation des Kreditnehmers verbessert. Das kann z.B. bedeuten, dass unter bestimmten Voraussetzungen wieder Konditionen durchgesetzt werden könnten, die für das Institut vorteilhafter sind. Im einfachsten Fall könnten z.B. die ursprünglich vereinbarten Konditionen wieder wirksam werden, wenn die Ursache für die finanziellen Schwierigkeiten beseitigt werden konnte. Zu diesem Zweck sollten aus dem Vertrag die spezifischen Änderungen hervorgehen, die infolge bestimmter Verbesserungen der Situation des Kreditnehmers auf die Forbearance-Maßnahme anzuwenden sind.[66] **83**

Wenn der Kreditnehmer hingegen die Vereinbarung nicht erfüllen kann, sollten sich die Institute vertraglich die Möglichkeit offenhalten, strenge Konsequenzen zu ziehen, wie z.B. die Aufnahme einer Bedingung zur Bereitstellung zusätzlicher Sicherheiten in den Vertrag.[67] **84**

---

65 Vgl. Europäische Zentralbank, Leitfaden für Banken zu notleidenden Krediten, 20. März 2017, S. 51f.

66 Vgl. European Banking Authority, Leitlinien über das Management notleidender und gestundeter Risikopositionen, EBA/GL/2018/06, 31. Oktober 2018, S. 33.

67 Vgl. European Banking Authority, Leitlinien über das Management notleidender und gestundeter Risikopositionen, EBA/GL/2018/06, 31. Oktober 2018, S. 33.

5 Tragfähige und nicht tragfähige Maßnahmen (Tz. 5)

85   5 Das Institut hat Forbearance-Maßnahmen nach tragfähigen Maßnahmen, die zur Verringerung der Risikoposition des Kreditnehmers beitragen, und nach nicht tragfähigen Maßnahmen zu unterscheiden. Dabei können in Abhängigkeit von der Art und der Laufzeit der Kredite sowohl kurzfristige als auch langfristige Forbearance-Maßnahmen in Erwägung gezogen werden, wobei der Zeitraum von maximal zwei Jahren für die Durchführung der kurzfristigen Maßnahmen grundsätzlich nicht überschritten werden sollte.

5.1 Tragfähige und nicht tragfähige Maßnahmen

86   Die vom Institut angebotenen Forbearance-Maßnahmen sollen nach »tragfähigen Maßnahmen« und »nicht tragfähigen Maßnahmen« unterschieden werden. Unter »tragfähigen Maßnahmen« sind jene Maßnahmen zu verstehen, die zur Verringerung der Risikoposition des Kreditnehmers beitragen, wobei dies zum Zeitpunkt der Beurteilung zunächst nur vermutet werden kann. Folglich können die »nicht tragfähigen Maßnahmen« bestenfalls dazu beitragen, dass sich die Situation des Kreditnehmers – auch im Interesse des Institutes – nicht weiter verschlechtert.

5.2 Kurz- und langfristige Maßnahmen

87   Bei der Entwicklung der Strategie für notleidende Risikopositionen und bei ihrer Umsetzung mit Hilfe des Implementierungsplanes sollte eine Kombination aus Strategien und Handlungsoptionen in Betracht gezogen werden (→ AT 4.2 Tz. 3). Dafür kommen insbesondere verschiedene Stundungsmaßnahmen (Forbearance-Maßnahmen) in Betracht. In Abhängigkeit von der Art und der Laufzeit der Kredite können sowohl kurzfristige als auch langfristige Forbearance-Maßnahmen in Erwägung gezogen werden.

88   Für die Durchführung von kurzfristigen Maßnahmen sollte – in Abweichung von Vorgaben in anderen Bereichen, die damit i. d. R. einen Zeitraum von maximal einem Jahr verbinden – ein Zeitraum von maximal zwei Jahren grundsätzlich nicht überschritten werden. Die EBA nennt insbesondere für Projektfinanzierungen und den Bau von Gewerbeimmobilien eine Höchstgrenze von einem Jahr. Die zeitliche Begrenzung ist darauf zurückzuführen, dass mit diesen Maßnahmen ohne Kombination mit längerfristigen Forbearance-Maßnahmen keine Bereinigung der ausstehenden Rückstände verbunden wird.[68]

89   Kurzfristige Maßnahmen kommen laut EBA nur dann infrage, wenn der Kreditnehmer von einem identifizierbaren Ereignis betroffen ist, das zu vorübergehenden Liquiditätsengpässen geführt hat. In diesem Fall sollte der formelle Nachweis erbracht werden können, dass sich die Einkommenssituation des Kreditnehmers kurzfristig (nahezu) vollständig erholen wird oder dass das Institut zu dem Schluss gekommen ist, dass eine langfristige Stundungslösung aufgrund einer vorübergehenden finanziellen Unsicherheit allgemeiner oder kreditnehmerspezifischer

---

68 Vgl. European Banking Authority, Leitlinien über das Management notleidender und gestundeter Risikopositionen, EBA/GL/2018/06, 31. Oktober 2018, S. 32.

Art nicht möglich ist. Außerdem sollte der Kreditnehmer vor diesem Vorfall seine vertraglichen Pflichten erfüllt und klar seine Bereitschaft zur Kooperation mit dem Institut gezeigt haben.[69] Daraus lässt sich implizit ableiten, dass die Aufsicht die »Tragfähigkeit« eher im Zusammenhang mit langfristigen Maßnahmen verbunden sieht.

5.3 Beurteilung der Tragfähigkeit

Bei der Beurteilung der Tragfähigkeit von Forbearance-Maßnahmen hat das Institut insbesondere folgende Faktoren zu berücksichtigen (→ BTO 1.3.2 Tz. 5, Erläuterung): **90**
a) Rückzahlungsfähigkeit und somit auch die Kapitaldienstfähigkeit,
b) Eine Verringerung des Kreditsaldos ist mittel- bis langfristig zu erwarten,
c) Kurzfristige Forbearance-Maßnahmen werden vorübergehend angewandt, sofern die begründete Erwartung besteht, dass der Kreditnehmer nach Ablauf der kurzfristigen vorübergehenden Vereinbarungen in der Lage ist, den ursprünglichen oder geänderten Betrag zurückzuzahlen,
d) Die Maßnahme führt nicht dazu, dass für dieselbe Risikoposition mehrere aufeinanderfolgende Forbearance-Maßnahmen gewährt werden.[70]

Den Ausführungen der EBA zufolge sollten die Institute – auch bei vorübergehender Anwendung kurzfristiger Forbearance-Maßnahmen – anhand objektiv verifizierbarer Belege nachweisen, dass sich der Kreditnehmer die (anschließende) Stundungslösung tatsächlich leisten kann und vom Institut die vollständige Rückzahlung des ursprünglichen oder geänderten Betrages, d.h. des vollständigen Kreditbetrages samt sämtlicher Zinsen, erwartet wird. Zudem sollte der (nahezu) vollständige Ausgleich von Zahlungsrückständen berücksichtigt sein. Die mittel- bis langfristig vom Kreditnehmer erwartete Reduzierung des Kreditsaldos sollte außerdem »bedeutsam« sein.[71] Das Kriterium der Bedeutsamkeit wurde von der deutschen Aufsicht allerdings nicht übernommen. Es empfiehlt sich aber, die Beurteilung der genannten Faktoren angemessen zu dokumentieren, um im Zweifel auch den Nachweis dafür erbringen zu können. **91**

Besondere Vorsicht wird von der EBA erwartet, wenn dem Kreditnehmer bereits zuvor entsprechende Forbearance-Maßnahmen, einschließlich langfristiger Maßnahmen, gewährt wurden. Dann soll u.a. sichergestellt werden, dass diese anschließende Maßnahme den Tragfähigkeitskriterien unter lit. c und d entspricht. Außerdem sollte die Risikocontrolling-Funktion vorab über die betreffenden Fälle in Kenntnis gesetzt werden. Darüber hinaus sollte die Genehmigung des zuständigen obersten Beschlussorgans eingeholt werden.[72] **92**

Aus Sicht der EBA ist es für die Durchführung der Tragfähigkeitsprüfung unerheblich, auf welcher Basis die Forbearance-Maßnahmen mit dem Kreditnehmer vereinbart werden. Insofern spielt es insbesondere keine Rolle, ob es sich um die Inanspruchnahme von vertraglichen Stundungsklauseln durch den Kreditnehmer, um bilaterale Verhandlungen über Forbearance- **93**

---

69 Vgl. European Banking Authority, Leitlinien über das Management notleidender und gestundeter Risikopositionen, EBA/GL/2018/06, 31. Oktober 2018, S. 32f.

70 Die deutsche Aufsicht hat in der Sitzung des Fachgremiums MaRisk am 28. Oktober 2021 ausgeführt, dass alle Forbearance-Maßnahmen grundsätzlich zur Gesundung beitragen sollten. Im Einzelfall könne auch eine weitere Maßnahme ergriffen werden. Allerdings sollte nicht von vornherein auf mehrere aufeinanderfolgende Maßnahmen abgestellt werden.

71 Vgl. European Banking Authority, Leitlinien über das Management notleidender und gestundeter Risikopositionen, EBA/GL/2018/06, 31. Oktober 2018, S. 33f.

72 Vgl. European Banking Authority, Leitlinien über das Management notleidender und gestundeter Risikopositionen, EBA/GL/2018/06, 31. Oktober 2018, S. 33.

BTO 1.3.2 Behandlung von Forbearance

Maßnahmen zwischen dem Institut und dem Kreditnehmer oder um ein öffentliches Stundungsprogramm für alle in einer bestimmten Situation befindlichen Kreditnehmer handelt.[73]

94   Bei der Beurteilung der Tragfähigkeit geht es in all diesen Fällen immer um die Kombination aus den finanziellen Verhältnissen des Kreditnehmers und der Forbearance-Maßnahme.[74]

73 Vgl. European Banking Authority, Leitlinien über das Management notleidender und gestundeter Risikopositionen, EBA/GL/2018/06, 31. Oktober 2018, S. 34.

74 Vgl. European Banking Authority, Leitlinien über das Management notleidender und gestundeter Risikopositionen, EBA/GL/2018/06, 31. Oktober 2018, S. 34.

6 Überwachungsmaßnahmen (Tz. 6)

6 Der Prozess für die Gewährung der Forbearance-Maßnahmen und die Wirksamkeit der   **95**
gewährten Maßnahmen sind vom Institut in angemessenen Abständen zu überwachen.

6.1 Überwachung des Forbearance-Prozesses

Der Prozess zur Gewährung der Forbearance-Maßnahmen (»Forbearance-Prozess«) muss in   **96**
angemessenen Abständen überwacht werden. Für den Überwachungsturnus werden keine Vorgaben gemacht. Da sämtliche relevanten Prozessschritte und sonstigen Vorgaben, wie z. B. zu den Informationsanforderungen oder zur Dokumentation, in einer Forbearance-Richtlinie niedergelegt sein müssen (→ BTO 1.3.2 Tz. 2), könnte sich der Überwachungsprozess im engeren Sinne an den Inhalten dieser Richtlinie orientieren. Alternativ könnten regelmäßig die einzelnen Prozessschritte untersucht und bewertet werden. Der Forbearance-Prozess beginnt mit der Beurteilung, ob sich ein Kreditnehmer in finanziellen Schwierigkeiten befindet (→ BTO 1.3.2 Tz. 4). Die dafür verwendeten Kriterien inklusive des Umgangs mit den widerlegbaren Vermutungen, die von der Aufsicht direkt vorgegeben sind, sollten auf ihre Eignung geprüft werden. Dazu gehört grundsätzlich auch die Beantwortung der Fragen, ob die Kriterien im Institut oder in der Gruppe einheitlich verwendet werden und ob eventuell vorhandene Sicherheiten bei der Beurteilung der finanziellen Lage des Kreditnehmers tatsächlich unberücksichtigt bleiben. Weitere Prüfungskriterien könnten sich z. B. darauf beziehen, ob die Definition der gestundeten Risikopositionen (»forborne exposures«) korrekt angewendet wird, ob die Kriterien zur Einstufung der gestundeten Risikopositionen als notleidend (»non-performing forborne exposures«) oder nicht notleidend (»performing forborne exposures«) angemessen berücksichtigt werden und ob bei Umgliederungen der Gesundungs- bzw. der Probezeitraum eingehalten werden (→ BTO 1.3.2 Tz. 3).

Im weiteren Sinne könnte ein Institut bei den Überwachungsmaßnahmen allerdings schon   **97**
früher ansetzen. So wäre es z. B. denkbar, die Signale aus dem Verfahren zur Früherkennung von Risiken im Kreditgeschäft daraufhin zu untersuchen, ob das Institut in der Lage ist, frühzeitig Anzeichen möglicher künftiger finanzieller Schwierigkeiten des Kreditnehmers zu erkennen. Schließlich soll dieses Verfahren dazu genutzt werden, in einem möglichst frühen Stadium Gegenmaßnahmen einleiten zu können, wozu explizit auch die Durchführung von Forbearance-Maßnahmen gehört (→ BTO 1.3.1 Tz. 1). Denkbar ist darüber hinaus, die Kriterien zum Übergang von Engagements in die Intensivbetreuung und in die Problemkreditbearbeitung zu hinterfragen. Schließlich besteht das vordergründige Ziel der Intensivbetreuung, geeignete Maßnahmen zu treffen, um die Engagements wieder in die Normalbetreuung rückführen zu können. Dafür kommen ebenfalls Forbearance-Maßnahmen infrage (→ BTO 1.2.4 Tz. 2). Probleme im Forbearance-Prozess könnten folglich eine Rückführung in die Normalbetreuung behindern und im schlimmsten Fall sogar die Abgabe von Engagements an die Problemkreditbearbeitung beschleunigen, die andernfalls gar nicht damit in Berührung kommen würden. Unabhängig davon sind die Indikatoren für die Einstufung als notleidende Risikoposition bei den Kriterien zum Übergang in die Problemkreditbearbeitung zu berücksichtigen (→ BTO 1.2.5 Tz. 1). Dabei können auch die notleidenden gestundeten Risikopositionen einbezogen werden.

Im gesamten Überwachungsprozess kann auf die Erkenntnisse anderer Prüfungsprozesse zuge-   **98**
griffen werden. So ist z. B. die Forbearance-Richtlinie ohnehin zu überprüfen (→ BTO 1.3.2 Tz. 2).

BTO 1.3.2 Behandlung von Forbearance

Dasselbe gilt für die weitere Behandlung von Engagements, die der Intensivbetreuung unterliegen (→ BTO 1.2.4 Tz. 3), sowie für die Kriterien zum Übergang von Engagements in die Intensivbetreuung (→ BTO 1.2.4 Tz. 1) bzw. in die Problemkreditbearbeitung (→ BTO 1.2.5 Tz. 1).

6.2 Überwachung der Wirksamkeit der Forbearance-Maßnahmen

99 Besondere Aufmerksamkeit sollten die Institute der Wirksamkeit der gewährten Forbearance-Maßnahmen widmen, die daher ebenfalls in angemessenen Abständen überwacht werden muss. Da das Ziel von Forbearance-Maßnahmen grundsätzlich darin besteht, einen tragfähigen und nicht notleidenden Rückzahlungsstatus zu erreichen (→ BTO 1.3.2 Tz. 1), geht es in erster Linie um diese Zielerreichung. Eng damit verbunden ist die Frage, ob es dem Institut in ausreichendem Maße gelingt, zwischen tragfähigen Maßnahmen, die zur Verringerung der Risikoposition des Kreditnehmers beitragen, und nicht tragfähigen Maßnahmen zu unterscheiden (→ BTO 1.3.2 Tz. 5).

100 Zur Überwachung der Zielerreichung bieten sich verschiedene quantitative Messgrößen an, wobei sowohl notleidende als auch nicht notleidende gestundete Risikopositionen einbezogen werden sollten. So könnten z.B. die folgenden Messgrößen verwendet werden, wobei eine Unterscheidung nach Portfolio und Art der Forbearance-Maßnahmen erfolgen sollte (→ BTO 1.3.2 Tz. 6, Erläuterung):
a) Gesundungsquote von Forbearance,
b) Zahlungseingangsraten aus gestundeten Risikopositionen,
c) Teilabschreibungen, die aus Gewährung einer Forbearance-Maßnahme resultieren können.

101 Nach den Vorstellungen der EBA sollten die Institute das Verhalten der gestundeten Risikopositionen ab dem Änderungsdatum nach Zeitbändern analysieren, um die Gesundungsquote zu ermitteln. Diese Analyse sollte separat für Risikopositionen, bei denen eine Gesundung mit Forbearance-Maßnahmen (»Gesundung durch Forbearance«) und ohne entsprechende Maßnahmen (»natürliche Gesundung«) erreicht wurde, durchgeführt werden.[75] Wie stark sich die Gewährung von Forbearance-Maßnahmen im Unterschied zu einer natürlichen Gesundung auf die Gesundungsquote auswirken kann, ist auf diese Weise allerdings nicht ermittelbar, weil dafür Engagements mit exakt denselben Voraussetzungen mit und ohne Forbearance-Maßnahmen verglichen werden müssten. In diesem Zusammenhang nennt die EBA – quasi als Gegenstück – auch die Überwachung der Quote der wieder als notleidend eingestuften Risikopositionen. Dazu müsste die Überwachung allerdings über einen hinreichend langen Zeitraum erfolgen, wie z.B. mindestens ein Jahr, weil nach der Gewährung von Forbearance-Maßnahmen i.d.R. zunächst keine Hinweise auf finanzielle Schwierigkeiten des Kreditnehmers beobachtet werden können. Wenn die Gewährung einer Forbearance-Maßnahme zu einer Teilabschreibung führt, sollten die Institute diese Risikopositionen durch Abgleich mit dem genehmigten Verlustbudget erfassen und überwachen. Der Nettobarwertverlust, der mit der Entscheidung zur Abschreibung einer uneinbringlichen Forderung verbunden ist, sollte ebenfalls überwacht werden, indem er der Gesundungsquote gegenübergestellt wird.[76]

102 Hinsichtlich der Zahlungseingangsraten empfiehlt die EZB den bedeutenden Instituten eine Gegenüberstellung der absoluten und relativen tatsächlichen Zahlungseingänge mit den vertraglich vereinbarten Zahlungseingängen. Die Erkenntnisse aus dieser Überwachungsmaßnahme

---

75 Vgl. European Banking Authority, Leitlinien über das Management notleidender und gestundeter Risikopositionen, EBA/GL/2018/06, 31. Oktober 2018, S. 35.
76 Vgl. European Banking Authority, Leitlinien über das Management notleidender und gestundeter Risikopositionen, EBA/GL/2018/06, 31. Oktober 2018, S. 35.

könnten wertvolle Hinweise zur Erfolgsmessung der Forbearance-Maßnahmen und gleichzeitig wichtige Informationen für die Liquiditätsplanung des Institutes liefern.[77]

Auf Basis des Überwachungsprozesses soll u. a. rechtzeitig erkannt werden, ob eine Forderung ggf. uneinbringlich ist. Überwacht werden sollten u. a. die Dauer des Entscheidungsprozesses, die Volumina der Forbearance-Maßnahmen auf jeder Stufe des Gewährungsprozesses, der Erfolgsgrad der Forbearance-Maßnahmen, die Einhaltung der geänderten vertraglichen Pflichten des Kreditnehmers und die Bedienung der Forderung. Die EBA empfiehlt, die Indikatoren für die Überwachung der Forbearance-Maßnahmen nach aussagekräftigen Kriterien aufzuschlüsseln. Beispielhaft nennt sie dafür die Art und Dauer der Zahlungsrückstände, die Art der Risikopositionen, die Wahrscheinlichkeit einer Erholung, das Volumen der Risikopositionen oder den Gesamtbetrag der Risikopositionen gegenüber demselben Kreditnehmer oder der Gruppe verbundener Kunden sowie die Anzahl der Stundungslösungen, die in der Vergangenheit bereits zur Anwendung kamen.[78]

103

Für den Überwachungsprozess sind allerdings nicht nur die Ziele des Institutes von Bedeutung. Ebenso wichtig ist die Einhaltung der vertraglichen Verpflichtungen durch den Kreditnehmer. Der Überwachungsprozess sollte sich auch darauf erstrecken. Zu diesem Zweck sollten die Verträge mit Forbearance-Maßnahmen und die entsprechende Dokumentation genau definierte Vorgaben zu Zwischenzielen enthalten, die vom Kreditnehmer bei der Rückzahlung des Kredites über die Vertragslaufzeit einzuhalten sind. Diese Zwischenziele sollten glaubwürdig und hinreichend konservativ sein und jedwede potenzielle Verschlechterung der finanziellen Lage des Kreditnehmers berücksichtigen. Die für die Gewährung von Forbearance-Maßnahmen zuständige NPE-Abwicklungseinheit sollte die Vertragserfüllung seitens des Kreditnehmers einschließlich der Erreichung aller vereinbarten Zwischenziele zumindest über den Probezeitraum genau überwachen.[79]

104

Diese Überwachungsmaßnahmen stellen im Grunde einen Teilbereich des Überprüfungsprozesses im Zusammenhang mit der Umsetzung der Strategie für notleidende Risikopositionen mit Hilfe des Implementierungsplanes dar. Dabei müssen die Institute die Fortschritte bei der Zielerreichung auf Basis geeigneter »NPE-bezogener Leistungsindikatoren« (»Key Performance Indicators«, KPI) beurteilen. Diese KPI betreffen u. a. die Forbearance-Maßnahmen, auf deren Überwachung deshalb auch an anderer Stelle eingegangen wird (→ AT 4.4.1 Tz. 2).

105

In Abhängigkeit vom Ergebnis der Überwachungsmaßnahmen könnte durchaus hinterfragt werden, ob die Einschätzung, welche Forbearance-Maßnahmen für ein Institut überhaupt infrage kommen, ggf. korrigiert werden muss (→ BTO 1.3.2 Tz. 1). Das würde allerdings bedeuten, ganz am Anfang des Prozesses bei der Ausarbeitung der Strategie für notleidende Risikopositionen und der Festlegung des Implementierungsplanes zur Umsetzung dieser Strategie anzusetzen (→ AT 4.2 Tz. 1). Dieser Prozess hängt eng mit der Beurteilung des operativen Geschäftsumfeldes und der externen Bedingungen zusammen. Zu diesem Zweck müssen die Institute eine umfassende jährliche Selbsteinschätzung der tatsächlichen Situation vornehmen und Umfeldanalysen im Hinblick auf akzeptable Bestände notleidender Risikopositionen durchführen. Diese Analysen sind die Basis für die Prüfung der verfügbaren strategischen Optionen zur Umsetzung der Strategie für notleidende Risikopositionen und letztlich auch für die Festlegung des Implementierungsplanes. Dabei werden konkrete NPE-Zielwerte mit zeitlichen Vorgaben verknüpft, also kurz-, mittel- und langfristige Ziele festgelegt (→ AT 4.2 Tz. 3). Können diese Ziele nicht erreicht werden, könnte dies durchaus an der Auswahl der Forbearance-Maßnahmen liegen.

106

---

77 Vgl. Europäische Zentralbank, Leitfaden für Banken zu notleidenden Krediten, 20. März 2017, S. 37.
78 Vgl. European Banking Authority, Leitlinien über das Management notleidender und gestundeter Risikopositionen, EBA/GL/2018/06, 31. Oktober 2018, S. 35.
79 Vgl. European Banking Authority, Leitlinien über das Management notleidender und gestundeter Risikopositionen, EBA/GL/2018/06, 31. Oktober 2018, S. 36.

6.3 Prüfungsbestandteile im Rahmen des SREP

107 Nach den Vorstellungen der EBA sollten die zuständigen Behörden im Rahmen des SREP bewerten, inwiefern die Institute über eine Forbearance-Richtlinie und zugehörige Verfahren verfügen, um die Tragfähigkeit der Forbearance-Maßnahmen zu prüfen und um die Effizienz und Wirksamkeit dieser Maßnahmen zu überwachen.[80] Die Überwachung der Effizienz des Prozesses für die Gewährung von Forbearance-Maßnahmen und der Effizienz der Maßnahmen an sich fordert die EBA auch direkt von den Instituten.[81]

108 Die DK hatte sich aus grundsätzlichen Überlegungen gegen eine Integration von Anforderungen an die Effizienz in die MaRisk ausgesprochen, weil es sich dabei nicht um ein originäres Thema des Risikomanagements handelt.[82] Da die Effizienz der Maßnahmen ohnehin im Interesse der Institute liegen dürfte, wurde von der deutschen Aufsicht auf eine besondere Erwähnung verzichtet.

109 Nach Ansicht der EZB sind in Abhängigkeit von der Zielsetzung und der Segmentierung des Portfolios in bedeutenden Instituten u. a. die folgenden Effizienzmessgrößen denkbar: die Anzahl und das Volumen abgeschlossener Bewertungen, die der zuständigen Genehmigungsinstanz in einem bestimmten Zeitraum vorgelegt wurden, die Anzahl und das Volumen vereinbarter geänderter Lösungen, die mit dem Kreditnehmer in einem bestimmten Zeitraum erzielt wurden, die Anzahl und das Volumen der Positionen, die in einem bestimmten Zeitraum abgewickelt wurden – in absoluten Zahlen und als prozentualer Anteil des anfänglichen Bestandes.[83]

110 Die EZB erwartet von den bedeutenden Instituten die Übermittlung konsistenter Angaben zu den Forbearance-Maßnahmen, insbesondere zu zentralen Bereichen wie Kreditqualität bei Forbearance-Maßnahmen, Qualität und Wirksamkeit der Forbearance-Maßnahmen und Laufzeitprofil der Forbearance-Maßnahmen auf Portfolioebene. In Analogie zur Vorlage ihrer NPL-Strategie und ihres Implementierungsplanes beim »gemeinsamen Aufsichtsteam« (»Joint Supervisory Team«, JST) sollten die Institute dafür die quantitativen Informationen und die Standardformulare nach Anhang 7 des EZB-Leitfadens einreichen. Diese Informationen sind vor ihrer Übermittlung an die Aufsichtsbehörden vom Leitungsorgan zu genehmigen.[84]

---

80 Vgl. European Banking Authority, Leitlinien über das Management notleidender und gestundeter Risikopositionen, EBA/GL/2018/06, 31. Oktober 2018, S. 56.

81 Vgl. European Banking Authority, Leitlinien über das Management notleidender und gestundeter Risikopositionen, EBA/GL/2018/06, 31. Oktober 2018, S. 32.

82 Vgl. Deutsche Kreditwirtschaft, BaFin-Konsultation 14/2020 – Mindestanforderungen an das Risikomanagement, Stellungnahme vom 4. Dezember 2020, S. 31.

83 Vgl. Europäische Zentralbank, Leitfaden für Banken zu notleidenden Krediten, 20. März 2017, S. 36.

84 Vgl. Europäische Zentralbank, Leitfaden für Banken zu notleidenden Krediten, 20. März 2017, S. 52.

BTO 1.4 Risikoklassifizierungsverfahren

1 Einrichtung von aussagekräftigen Risikoklassifizierungsverfahren (Tz. 1)

1 **1** In jedem Institut sind aussagekräftige Risikoklassifizierungsverfahren für die erstmalige bzw. die turnusmäßige oder anlassbezogene Beurteilung der Adressenausfallrisiken sowie ggf. der Objekt-/Projektrisiken einzurichten. Es sind Kriterien festzulegen, die im Rahmen der Beurteilung der Risiken eine unverzügliche und nachvollziehbare Zuweisung in eine Risikoklasse gewährleisten.

1.1 Risikoklassifizierungsverfahren

2 Die Institute haben aussagekräftige Risikoklassifizierungsverfahren zur Beurteilung des Adressenausfallrisikos sowie ggf. des Objekt- bzw. Projektrisikos einzurichten. Daraus leitet sich allerdings nicht die Notwendigkeit von Risikoklassifizierungsverfahren für jedes einzelne Kreditgeschäft ab. Die grundsätzlich immer erforderliche Risikobeurteilung muss nur dann mit Hilfe eines Risikoklassifizierungsverfahrens erfolgen, wenn der Risikogehalt der betrachteten Geschäfte als entsprechend signifikant erachtet wird (→ BTO 1.2 Tz. 8). Dies wird sowohl im Rahmen der Kreditgewährung (→ BTO 1.2.1 Tz. 1) als auch bei der Kreditweiterbearbeitung (→ BTO 1.2.2 Tz. 2) nochmals ausdrücklich erwähnt.

3 Die für das Adressenausfallrisiko eines Kreditengagements bedeutsamen Aspekte sind herauszuarbeiten und zu beurteilen (→ BTO 1.2 Tz. 5). Mit Hilfe geeigneter Klassifizierungsverfahren, die alle berücksichtigten Einflussfaktoren nach klaren institutsinternen Regeln einer Bewertung unterziehen, lassen sich die Adressenausfallrisiken der Kreditengagements eines Institutes weitgehend nachvollziehbar und systematisch zu einer Risikoeinstufung verdichten. Subjektiv bedingte Verschiebungen können auf diese Weise reduziert oder zumindest transparent gemacht werden. Die Risikoklassifizierungsverfahren sind bei der erstmaligen, turnusmäßigen und anlassbezogenen Beurteilung der genannten Risiken zum Einsatz zu bringen. Was hierunter zu verstehen ist, wurde bereits an anderer Stelle ausgeführt (→ BTO 1.2 Tz. 8). Die bekanntesten Risikoklassifizierungsverfahren sind die Scoring- und die Ratingverfahren.

1.1.1 Scoringverfahren

4 Beim Scoringverfahren wird die Bewertung mittels einer Kennzahl auf einer Punkte-Skala (Score) dargestellt, die auf einer rein mathematisch-statistischen Basis beruht. Bewertet werden homogene Merkmale mit eindeutigen Merkmalsausprägungen. In der Praxis haben sich für bestimmte Geschäftssegmente unterschiedliche Typen von Scoringverfahren mit zum Teil voneinander abweichenden Zweckbestimmungen herausgebildet[1]:
- Die so genannten »Antragsscoringverfahren« kommen am häufigsten zur Anwendung. Mit ihrer Hilfe wird die Profitabilität von Geschäften vor Vertragsabschluss eingeschätzt. Teilweise kommen sie zudem als Pricing-Instrumente zum Einsatz. Vor allem im standardisierten

---

1 Vgl. Poppe, Peter, Techniken und Anwendungsbereiche von Scoringsystemen – eine systematische Betrachtung unter dem Aspekt der MaK, in: Eller, Roland/Gruber, Walter/Reif, Markus (Hrsg.), Handbuch MaK, Stuttgart, 2003, S. 225 ff.

Kreditgeschäft werden auf der Grundlage eines Antragsscoringverfahrens auch automatisierte Kreditentscheidungen generiert, indem besonders risikoreiche Geschäfte von vornherein abgelehnt werden (so genanntes »Ampelprinzip«). In weniger standardisierbaren Geschäftssegmenten, wie z. B. im Firmenkreditgeschäft, dienen sie oft der Entscheidungsunterstützung.

- Im Rahmen der laufenden Beurteilung von Adressenausfallrisiken im Bestandsgeschäft wird das Antragsscoring häufig durch so genannte »Verhaltensscoringverfahren« ergänzt. Mit ihrer Hilfe können das Gesamtportfolio oder bestimmte Teilportfolios betreffende Informationen aufbereitet werden. Aufbauend auf dem Verhaltensscoringverfahren lässt sich zudem ein Verfahren zur Früherkennung von Risiken darstellen (→ BTO 1.3).

- Bei leistungsgestörten Engagements (→ BTO 1.2.5) kommen teilweise auch »Inkassoscoringverfahren« zum Einsatz. Mit derartigen Verfahren lassen sich Aussagen über die Wahrscheinlichkeit der Begleichung der ausstehenden Zahlungen und die Höhe der uneinbringlichen Restforderungen treffen.

1.1.2 Ratingverfahren

Ein Ratingverfahren stellt die Bewertung der Bonität des Kreditnehmers mittels einer Kenngröße **5** dar, wobei u. a. auch individuelles Expertenwissen berücksichtigt wird. Bewertet werden neben quantifizierbaren Faktoren, wie z. B. Kennzahlen zur Ertragslage des Kreditnehmers, auch inhomogene qualitative Merkmale, die keine eindeutige Ausprägung haben. Dabei könnte es sich z. B. um die Qualität des Managements eines Firmenkunden handeln. Allen Merkmalen werden Punktwerte zugewiesen, i. d. R. ohne mathematisch-statistische Fundierung. Durch eine ggf. gewichtete Summenbildung wird dann die Gesamteinstufung der Risikoklassifizierung (so genannte »Ratingeinstufung«) berechnet, wobei die Kreditnehmer in unterschiedlich fein abgegrenzte »Ratingklassen« mit vergleichbarer Ratingeinstufung eingruppiert werden. In einem zweiten Schritt werden den einzelnen Ratingklassen mit Hilfe von in der Vergangenheit beobachteten Ausfällen bestimmte Ausfallwahrscheinlichkeiten zugeordnet. Diesen Prozess bezeichnet man auch als »Kalibrierung«.

In den MaRisk wird ausdrücklich nicht die Anwendung eines Risikoklassifizierungsverfahrens **6** gefordert, das zwingend den Anforderungen des auf internen Ratings basierenden Ansatzes (IRBA) zur Bemessung des bankaufsichtlich erforderlichen Eigenkapitals nach Teil 3 Titel II Kapitel 3 CRR genügt (→ AT 1 Tz. 2). Die Verwendung dieser internen Ratingverfahren ist an zum Teil hochspezifische Anforderungen geknüpft, die grundsätzlich nicht in den Regelungsgehalt der MaRisk eingeflossen sind. Die MaRisk enthalten eher allgemeine Anforderungen an die Ausgestaltung der Risikoklassifizierungsverfahren.[2]

Allerdings liegt es im Eigeninteresse der Institute, leistungsfähige Verfahren zu entwickeln, um **7** die selbst formulierten Risiko- und Renditeziele zu erreichen und am Markt wettbewerbsfähig zu bleiben. Als wesentliche Möglichkeiten zur Kostendifferenzierung im Kreditgeschäft werden Risikokosten und Prozesskosten angesehen. Der Automatisierungsgrad ist vor allem im Mengengeschäft mit hohen Fallzahlen bei gleichzeitig geringen Kreditvolumina sowie in Geschäftsbereichen mit geringer Risikointensität hoch, um dort die Prozesskosten in vertretbaren Grenzen zu halten. Durch den Einsatz von hoch entwickelten Risikoklassifizierungsverfahren lassen sich hingegen auch die Risikokosten in weniger standardisierten Geschäftsbereichen reduzieren. Bei der Entscheidung über den Einsatz von Risikoklassifizierungsverfahren müssen letztlich beide Gesichtspunkte in ihrer Wechselwirkung betrachtet werden. Die Bonitätsbewertung kann zwar

---

2 Zur Vertiefung der Anforderungen an IRB-Verfahren gemäß der ersten Säule von Basel II/III wird insbesondere auf Winkler, Tobias, in: Boos, Karl-Heinz/Fischer, Reinfrid/Schulte-Mattler, Hermann (Hrsg.), Kreditwesengesetz, 4. Auflage, München, 2012, §§ 71 ff. KWG, verwiesen.

gegenüber der manuellen Bearbeitung bereits durch sehr einfache Verfahren wesentlich im Aufwand reduziert werden, gleichzeitig erhöht sich jedoch auch das Risiko von Fehleinschätzungen, wenn standardisiert vorgegangen wird. Intelligente Ratingverfahren sind in der Lage, bei gleichzeitig deutlicher Reduzierung des Aufwandes, das Risiko von Fehleinschätzungen zumindest auf dem Niveau einer manuellen Bewertung zu halten und häufig sogar zu vermindern.[3]

1.1.3 ESG-Ratings

8   Zur Berücksichtigung von Nachhaltigkeitsrisiken muss zwischen den »klassischen Kreditratings«, die gemäß der EU-Ratingverordnung nur die für eine Beurteilung des Kreditrisikos notwendigen Faktoren berücksichtigen, und den speziellen »ESG-Ratings« unterschieden werden. Mit Blick auf die Beurteilung des Adressenausfallrisikos enthalten die klassischen Kreditratings im Idealfall implizit bereits jene ESG-Faktoren, die sich auf die Bonität eines Unternehmens bzw. das Kreditrisiko eines Finanzinstrumentes auswirken. Weitere ESG-Faktoren, die darauf im Einzelfall keinen Einfluss haben, sollten hingegen für die Zwecke der Risikoklassifizierung nicht berücksichtigt werden, damit die Aussagekraft des Ratings über die Ausfallwahrscheinlichkeit nicht verfälscht wird.[4] Das könnte allein deshalb ein Problem darstellen, weil die Risikoklassifizierungsverfahren z. B. für die Zwecke der Risikomessung zur Eigenkapitalunterlegung von der zuständigen Aufsichtsbehörde abgenommen werden und dabei die »Trennschärfe«, d. h. die Aufteilung der Kreditnehmer nach ihrer Ausfallwahrscheinlichkeit, ein maßgebliches Kriterium darstellt.

9   Die »ESG-Ratings«, die mittlerweile von allen renommierten Ratingagenturen und verschiedenen spezialisierten Firmen angeboten werden, kommen hingegen grundsätzlich als Informationsquelle zur Bewertung der Nachhaltigkeit von Finanzanlagen infrage. Auch daraus lassen sich ggf. zusätzliche Informationen über Nachhaltigkeitsrisiken ableiten. Allerdings befinden sich darunter auch reine ESG-Ratings ohne besonderen Bezug zum Kreditrisiko. Zudem wird nach wie vor an der EU-Taxonomie gearbeitet, die als einheitlicher europäischer Standard eine wesentliche Voraussetzung für die langfristige Etablierung von ESG-Ratings darstellt.[5] Die BaFin weist vor diesem Hintergrund darauf hin, dass ESG-Ratings im Hinblick auf die Bewertung der Nachhaltigkeit einer Finanzanlage nicht einfach übernommen werden sollen. Die Institute sollten eine dem Proportionalitätsgrundsatz angemessene Plausibilisierung vornehmen und insbesondere die Aspekte der Nachhaltigkeit von denen der Bonität oder des Kreditrisikos unterscheiden, sofern sie in keinem Zusammenhang damit stehen.[6]

10   Die EBA hält es im Übrigen für überlegenswert, ein ESG-Scoring-System einzurichten und die Kreditbedingungen für Kreditnehmer, die auf einer Ausschlussliste stehen, auf der Grundlage ihres ESG-Scores zu modifizieren.[7]

---

3 Vgl. Schierenbeck, Henner, Ertragsorientiertes Bankmanagement, Band 2: Risiko-Controlling und integrierte Rendite-/Risikosteuerung, 8. Auflage, Wiesbaden, 2003, S. 107 ff.

4 Vgl. Bundesanstalt für Finanzdienstleistungsaufsicht, Merkblatt zum Umgang mit Nachhaltigkeitsrisiken, 20. Dezember 2019, geändert am 13. Januar 2020, S. 39.

5 Vor allem aus dem Kapitalmarktbereich wird u. a. vor dem Hintergrund des Anlegerschutzes allerdings bemängelt, dass die ESG-Ratingagenturen nach sehr verschiedenen Methoden vorgehen und daraus deutlich voneinander abweichende Ergebnisse resultieren. So sei mangels der erforderlichen Transparenz kaum möglich, z. B. »Greenwashing« zu vermeiden. Die ESMA (European Securities and Markets Authority) hat in einem offenen Brief an die EU-Kommission am 28. Januar 2021 gefordert, für ESG-Ratings bestimmte Mindestanforderungen vorzugeben und die ESG-Ratingagenturen zu regulieren. Ähnlich haben sich auch zahlreiche andere Marktteilnehmer im Rahmen der Konsultation zur »Renewed Sustainable Finance Strategy« (RSFS) der EU-Kommission im Sommer 2020 geäußert.

6 Vgl. Bundesanstalt für Finanzdienstleistungsaufsicht, Merkblatt zum Umgang mit Nachhaltigkeitsrisiken, 20. Dezember 2019, geändert am 13. Januar 2020, S. 39.

7 Vgl. European Banking Authority, EBA Report on management and supervision of ESG risks for credit institutions and investment firms, EBA/REP/2021/18, 23. Juni 2021, S. 111.

1.2 Vereinfachte Verfahren zur Klassifizierung von Risiken

Der Verbreitungsgrad von Risikoklassifizierungsverfahren ist selbst bei kleinen Instituten sehr hoch. Dies ist auch darauf zurückzuführen, dass die Verbände der Kreditwirtschaft in dieser Hinsicht wertvolle Unterstützungsarbeit leisten. Jedoch gibt es auch Institute, die nicht über Risikoklassifizierungsverfahren verfügen. Diese i. d. R. sehr kleinen oder in relativ risikoarmen Geschäftssegmenten engagierten Institute konnten in der Vergangenheit behelfsweise auf die in der Prüfungsberichtsverordnung (PrüfbV) alter Fassung vorgesehene Eingruppierung zurück-greifen[8], wonach das Portfolio eines Institutes in drei vorgegebene Risikoklassen einzuteilen war (Kredite ohne erkennbares Risiko, Kredite mit erhöhten latenten Risiken, wertberichtigte Kredite). Zunächst war geplant, diese Einteilung im Rahmen der Überarbeitung der PrüfbV weiter zu verfeinern. Dies ist allerdings nicht erfolgt. Gemäß § 31 Abs. 4 PrüfbV[9] ist nach Maßgabe der institutsspezifischen Verfahren zur Messung und Bestimmung des Adressenausfallrisikos die Risikogruppierung des gesamten Kreditvolumens des Institutes darzustellen. Insofern müssen sich sämtliche Institute auch vor diesem Hintergrund Gedanken über die Angemessenheit ihrer Verfahren zur Risikoklassifizierung machen.

1.3 Anforderungen an Risikoklassifizierungsverfahren

1.3.1 Risikorelevanz der Geschäfte

Die Notwendigkeit zur Anwendung eines Risikoklassifizierungsverfahrens für die Beurteilung des Adressenausfallrisikos ist grundsätzlich vom Risikogehalt der Kreditgeschäfte abhängig (→ BTO 1.2 Tz. 8). Diese Erleichterung ist insbesondere für jene Geschäftsarten hilfreich, in denen die Beschaffung der für die Anwendung eines derartigen Verfahrens notwendigen umfangreichen Informationen schwierig bzw. unwirtschaftlich ist. Es ist ausdrücklich auch die Möglichkeit erwähnt, die Risikobeurteilung im Fall weniger risikorelevanter Geschäfte z. B. auf der Grundlage einer Kreditwürdigkeitsanalyse oder eines vereinfachten Verfahrens durchzuführen und insofern auf ein Risikoklassifizierungsverfahren zu verzichten (→ BTO 1.2.1 Tz. 1 und BTO 1.2.2 Tz. 2). Insbesondere kann sich die Beurteilungsintensität z. B. lediglich auf die Prüfung der Ordnungs-mäßigkeit der Tilgung durch den Kreditnehmer erstrecken (→ BTO 1.2 Tz. 8, Erläuterung).

Da die Interne Revision u. a. die Wirksamkeit und Angemessenheit des Risikomanagements im Allgemeinen und des internen Kontrollsystems im Besonderen zu prüfen und zu beurteilen hat (→ AT 4.4.3 Tz. 3), wozu insbesondere auch die Inanspruchnahme wesentlicher Öffnungsklau-seln gehört (→ AT 6 Tz. 2), sollte der Verzicht auf ein Risikoklassifizierungsverfahren nachvoll-ziehbar dokumentiert werden.

11

12

13

---

8 Vgl. Hanenberg, Ludger/Kreische, Kai/Schneider, Andreas, Mindestanforderungen an das Kreditgeschäft der Kredit-institute – Zum Inhalt des Rundschreibens 34/2002 (BA) der Bundesanstalt für Finanzdienstleistungsaufsicht, in: Die Wirtschaftsprüfung, Heft 8/2003, S. 406.

9 Verordnung über die Prüfung der Jahresabschlüsse der Kreditinstitute und Finanzdienstleistungsinstitute sowie über die darüber zu erstellenden Berichte (Prüfungsberichtsverordnung – PrüfbV) vom 11. Juni 2015 (BGBl. I S. 930), die zuletzt durch Artikel 28 des Gesetzes vom 3. Juni 2021 (BGBl. I S. 1568) geändert worden ist.

1.3.2 Aussagekraft der Verfahren

14 Die Aussagekraft der Risikoklassifizierungsverfahren hängt maßgeblich davon ab, wie die zur Risikobeurteilung relevanten Faktoren ausgewählt und die für das Verfahren erforderlichen Informationen qualitätsgesichert und verarbeitet werden. Bereits mit der Entwicklung von Risikoklassifizierungsverfahren muss grundsätzlich geprüft werden, welche Merkmale überhaupt eine Aussagekraft für die Risikobeurteilung besitzen (Relevanz als Maß für die Berücksichtigung des Merkmales) und wie stark diese Aussagekraft und die Korrelation zu anderen Merkmalen sind (Signifikanz als Maß für die Gewichtung des Merkmales). Vergleichbare Ausfallrisiken sollten institutsintern möglichst objektiv und einheitlich beurteilt werden. Davon ist auszugehen, wenn die Gestaltungsspielräume durch die Festlegung eindeutiger Bewertungsregeln weitgehend eingegrenzt und klare Vorgaben zur Gewichtung der Einzelkriterien bei der Berechnung der Gesamteinstufung gemacht werden. Dadurch wird gleichzeitig vermieden, dass die Zuordnung in eine bestimmte Risikoklasse von subjektiven Elementen dominiert wird.

15 Die von den Instituten eingerichteten Risikoklassifizierungsverfahren unterscheiden sich relativ stark voneinander, da z. B. verschiedene Kriterien zur Risikobeurteilung angesetzt, qualitative und quantitative Kriterien unterschiedlich gewichtet und Risikoklassen unterschiedlich stark untergliedert werden. Darüber hinaus werden die Kundensegmente verschieden abgegrenzt, so dass ein Kreditnehmer, der in einem kleinen Institut vom Firmenkundenbereich betreut wird, in einem größeren Institut durchaus noch zum Mengengeschäft gerechnet werden kann. Insofern ist es nicht leicht, allgemeingültige Kriterien zur Aussagekraft von Risikoklassifizierungsverfahren zu formulieren.

16 Bei komplexen Ratingverfahren, wie sie im Zusammenhang mit Basel II/III/IV entwickelt wurden bzw. werden, kann der Nachweis über die Aussagekraft des Verfahrens durch Bewertung der so genannten »Trennschärfe« erbracht werden. Vereinfacht ausgedrückt handelt es sich dabei um eine Wertung, wie gut ein Verfahren solvente und insolvenzgefährdete Kreditnehmer voneinander unterscheiden kann. Durch »Backtesting« werden die Verfahren regelmäßig auf ihre Trennschärfe überprüft und ggf. weiterentwickelt, indem z. B. bestimmte Risikofaktoren ergänzt, neu gewichtet oder entfernt werden. Die MaRisk fordern einen derartigen Nachweis allerdings nicht, wenngleich die zur Risikomessung eingesetzten Methoden und Verfahren regelmäßig auf ihre Angemessenheit und die mit ihnen ermittelten Risikowerte regelmäßig auf ihre Plausibilität zu überprüfen sind (→ AT 4.3.2 Tz. 5).

1.3.3 Übergänge zwischen verschiedenen Verfahren

17 Naturgemäß ist der Auswertungsprozess abhängig vom betrachteten Geschäftssegment. So liegen z. B. für Existenzgründer keine Jahresabschlüsse oder vergleichbare Unterlagen zu den wirtschaftlichen Verhältnissen vor, deren Auswertung bei der Risikoklassifizierung von Firmenkunden hingegen von zentraler Bedeutung ist. In den Bereichen, die mit verhältnismäßig wenigen Informationen auskommen müssen, wird notgedrungen stärker subjektiv entschieden. Bestimmte Finanzierungsentscheidungen hängen wiederum stark vom Cashflow des zu finanzierenden Objektes bzw. Projektes (→ BTO 1.2.1 Tz. 1) oder von der vorhandenen Sicherheit ab (→ BTO 1.2.1 Tz. 3 und BTO 1.2.2 Tz. 3).

18 Teilweise wird deshalb neben der ursachenbezogenen Komponente (Bonität des Kreditnehmers), die für die Risikoklassifizierung maßgeblich ist, auch eine wirkungsbezogene Komponente (vorhandene Sicherheiten) in die Kreditentscheidung einbezogen. Voraussetzung dafür ist allerdings, dass die in den Entscheidungsprozess einbezogene Sicherheit dem Engagement eindeutig zugeordnet werden kann. Mit der sechsten MaRisk-Novelle hat die Aufsicht auf die Notwendigkeit

hingewiesen, die für eine angemessene Beurteilung, Steuerung und Überwachung von Risiken und für die Bereitstellung von Informationen relevanten Daten vorzuhalten. Hierunter fallen insbesondere Daten zu Sicherheiten und zu der Beziehung zwischen Sicherheit und zugrunde liegender Transaktion (→ AT 4.3.2 Tz. 1, Erläuterung).

Letztlich muss ein Institut nachweisen, dass es für seine risikorelevanten Kreditgeschäfte auch   **19**
Risikoklassifizierungsverfahren einsetzt, die eine Beurteilung aller wesentlichen Risiken, die diesen Geschäften innewohnen, gewährleisten (→ BTO 1.2 Tz. 8). Werden für die verschiedenen Geschäftsbereiche eines Institutes differenzierte Risikoklassifizierungsverfahren eingesetzt, so sollten diese aufeinander abgestimmt werden, um sicherzustellen, dass ein Kreditnehmer beim auf einer reinen Volumenveränderung basierenden Übergang in ein anderes Geschäftssegment nicht in eine völlig andere Risikoklasse eingeordnet wird, ohne dass sich seine Bonität verändert hätte.

1.3.4   Anzahl der Risikoklassen

Im Ergebnis der Anwendung eines Risikoklassifizierungsverfahrens werden die Kreditnehmer in   **20**
Abhängigkeit von ihrer Bonität in verschiedene Klassen eingeteilt. Wie grob oder fein die Klasseneinteilung vorgenommen wird, d.h. wie viele Risikoklassen gebildet werden, hängt von der konkreten Ausgestaltung des Verfahrens ab und wird von der deutschen Aufsicht nicht vorgegeben. Besteht jedoch der Anspruch, die Risikoklassifizierung in sinnvoller Weise für die Steuerung des Kreditportfolios, die Konditionengestaltung oder die Bildung der Risikovorsorge zu nutzen, so muss jeder Risikoklasse auch mit Hilfe vergangenheitsorientierter statistischer Auswertungen eine zukunftsorientierte Ausfallwahrscheinlichkeit zugeordnet werden. Für diese Zwecke wird die Einteilung in sehr wenige Risikoklassen nicht ausreichen, da die Bandbreiten innerhalb einer Klasse zu groß sein könnten.

1.3.5   Kriterien für die Zuweisung in eine Risikoklasse

Von den Instituten sind Kriterien festzulegen, die im Rahmen der Beurteilung der Risiken eine   **21**
nachvollziehbare Zuweisung in eine Risikoklasse gewährleisten. Werden Kreditnehmer mit vergleichbarer Bonität im Ergebnis der Anwendung eines aussagekräftigen Risikoklassifizierungsverfahrens institutsintern in die gleiche Risikoklasse eingeordnet, so kann diese Zuweisung als nachvollziehbar betrachtet werden.

Letztlich obliegt es jedem Institut, eigene Kriterien für die nachvollziehbare Zuweisung in eine   **22**
Risikoklasse festzulegen, die sich z.B. darauf beziehen können, welche Typen von Risikoklassifizierungsverfahren für welche Geschäftsarten bzw. Kundensegmente verwendet werden, welche Anzahl der Risikoklassen in Abhängigkeit von der vorhandenen Datenstruktur und -menge sinnvoll ist, welche qualitativen und quantitativen Faktoren berücksichtigt werden müssen und wie diese ggf. zu gewichten sind, für welche Geschäftsarten bzw. Kundensegmente auf externe Quellen zurückgegriffen werden kann und ab welcher Größenordnung eines Engagements die Anwendung eines Risikoklassifizierungsverfahrens überhaupt wirtschaftlich sinnvoll ist.

Im Rahmen der sechsten MaRisk-Novelle wurde konkretisiert, dass die Zuweisung der Engage-   **23**
ments in eine Risikoklasse auch »unverzüglich« zu erfolgen hat. Die Deutsche Kreditwirtschaft (DK) hatte sich dafür ausgesprochen, das Wort »unverzüglich« zu streichen bzw. zumindest durch »zeitnah« zu ersetzen. Begründet hat die DK ihre Auffassung einerseits mit besonderen Umständen, wie z.B. der COVID-19-Pandemie, bei denen eine neue Zuordnung der Kreditnehmer in eine Risikoklasse einen kaum zu bewältigenden Aufwand bedeuten und außerdem vor allem die

Sondereffekte aus der Krise betreffen würde. Damit würden die Institute jedoch allen anderen Vorgaben im Zusammenhang mit der Krisenbewältigung zuwider handeln. Andererseits sei auch außerhalb einer Krise, wie bei individuellen Anlässen, eine unverzügliche Zuweisung häufig nicht möglich, da zunächst weitere Informationen eingeholt werden müssen, um zu einer sachgerechten Einstufung zu kommen.[10]

24   Der BaFin geht es laut Auskunft im Fachgremium MaRisk im Februar 2021 vor allem um die Festlegung der Kriterien für die Zuweisung in eine Risikoklasse, die so erfolgen muss, dass eine unverzügliche Zuweisung überhaupt möglich ist. Diese Kriterien sollten jedenfalls nicht der Hinderungsgrund für eine unverzügliche Zuweisung sein. Die DK hatte darauf hingewiesen, dass diese Formulierung implizit aber auch als Anforderung der unverzüglichen Zuweisung im Prozess selbst verstanden werden könnte. Hintergrund der geänderten Formulierung sind offenbar Mängel in der Risikoklassifizierung, die sich in der Prüfungspraxis gezeigt haben. Aus Sicht der Bundesbank ist der Begriff »zeitnah« zur Beseitigung dieser Mängel zu unbestimmt, während »unverzüglich« mit dem BGB-Begriff »ohne schuldhaftes Zögern« gleichzusetzen ist. Zumindest im Zusammenhang mit der Verwendung des Risikoklassifizierungsverfahrens für die Früherkennung von Risiken wäre eine unverzügliche Zuweisung natürlich erforderlich (→ BTO 1.3.1 Tz. 3).

1.3.6   Voraussetzung zur Verwendung bestimmter Daten

25   Auch in risikorelevanten Geschäftsfeldern sollte sorgfältig geprüft werden, wie die vorliegenden Informationen in sinnvoller Weise verarbeitet werden. Die ausschließliche Verwendung für das Risikoklassifizierungsverfahren muss nicht immer die beste Variante sein. Auch trägt eine Erhöhung der Datenquantität nicht notwendigerweise zur Verbesserung der Qualität eines Risikoklassifizierungsverfahrens bei. Es ist genauso denkbar, bestimmte Informationen auf eine geeignete Weise in den Entscheidungsprozess einfließen zu lassen, ohne sie gleichzeitig für das Risikoklassifizierungsverfahren zu verwenden. Voraussetzung zur Nutzung bestimmter Daten für die Bestimmung des Adressenausfallrisikos mittels eines Risikoklassifizierungsverfahrens sollte generell deren durchgängige Verfügbarkeit sein. Sind die Daten nur im Ausnahmefall zugänglich, ist eine Berücksichtigung außerhalb des Risikoklassifizierungsverfahrens vorzuziehen, da ansonsten keine Konsistenz der Ergebnisse des Verfahrens sichergestellt werden kann. Darüber hinaus sollte strikt darauf geachtet werden, dass der Einfluss der verwendeten Daten für die mit der Beurteilung des Adressenausfallrisikos betrauten Mitarbeiter nachvollziehbar und somit interpretierbar ist.

1.4   Verantwortung der Geschäftsleitung

26   Die Geschäftsleitung trägt die Verantwortung für alle wesentlichen Elemente des Risikomanagements und somit insbesondere auch für die ordnungsgemäße Steuerung und Überwachung der Risiken aus dem Kreditgeschäft. Sie wird dieser Verantwortung nur gerecht, wenn sie die Risiken beurteilen und die erforderlichen Maßnahmen zu ihrer Begrenzung treffen kann (→ AT 3 Tz. 1). Wesentliche Voraussetzung für deren Beurteilung ist eine regelmäßige Information über die vorhandenen Risiken, die auf verschiedene Weise erfolgen kann. Neben der turnusmäßigen Risikoberichterstattung, die im Fall der Adressenausfallrisiken mindestens vierteljährlich zu erfolgen hat (→ BT 3.2 Tz. 3), sind der Geschäftsleitung unter Risikogesichtspunkten wesentliche

---

10 Vgl. Deutsche Kreditwirtschaft, BaFin-Konsultation 14/2020 – Mindestanforderungen an das Risikomanagement, Stellungnahme vom 4. Dezember 2020, S. 32.

Informationen unverzüglich bekanntzugeben, damit frühzeitig geeignete Maßnahmen eingeleitet werden können (→ AT 4.3.2 Tz. 4).

Der turnusmäßige Risikobericht muss u. a. Aufschluss über die Entwicklung des Kreditportfolios **27** geben, wofür auch die Verteilung nach Risikoklassen herangezogen werden kann (→ BT 3.2 Tz. 3 lit. a). Dies unterstreicht die Bedeutung der Risikoklassifizierungsverfahren für die Identifizierung, Beurteilung, Steuerung sowie Überwachung und Kommunikation der wesentlichen Risiken im Kreditgeschäft (→ AT 4.3.2 Tz. 1). Die Anforderung der Mindestanforderungen an das Kreditgeschäft (MaK), wonach die Einrichtung sowie wesentliche Änderungen der Risikoklassifizierungsverfahren von der Geschäftsleitung zu beschließen waren, wurde zwar nicht in die MaRisk übernommen. Die Gesamtverantwortung der Geschäftsleitung bleibt hiervon jedoch unberührt. Die aktive Einbindung der Geschäftsleitung in den Prozess der Weiterentwicklung der Risikoklassifizierungsverfahren kann allerdings auf wesentliche methodische Änderungen eingeschränkt werden, die direkte Auswirkungen auf die Aussagekraft eines Risikoklassifizierungsverfahrens oder die Nachvollziehbarkeit der Zuweisung in eine Risikoklasse haben. Hingegen könnte z. B. bei einer statistisch erforderlichen, geringfügigen Veränderung der Gewichtung von Einflussgrößen oder ähnlichen Anpassungen, die nachweislich eine Verbesserung des Aussagegehaltes der Risikoklassifizierungsverfahren zur Folge haben, auf die Einbeziehung der Geschäftsleitung verzichtet werden.

1.5   Dokumentationsanforderungen

Es sollte beachtet werden, dass die für die Einhaltung der MaRisk wesentlichen Handlungen und **28** Festlegungen nachvollziehbar dokumentiert werden müssen (→ AT 6 Tz. 2). Zudem hat das Institut sicherzustellen, dass die Geschäftsaktivitäten auf der Grundlage von Organisationsrichtlinien betrieben werden (→ AT 5 Tz. 1). Die Organisationsrichtlinien haben u. a. Regelungen für die Aufbau- und Ablauforganisation sowie die Ausgestaltung der Risikosteuerungs- und -controllingprozesse zu enthalten (→ AT 5 Tz. 3). Dazu gehört natürlich auch eine Beschreibung der Funktionsweise der Risikoklassifizierungsverfahren. Darüber hinaus müssen die Richtlinien bei Veränderungen der Aktivitäten und Prozesse zeitnah angepasst werden (→ AT 5 Tz. 2).

2 Unabhängigkeit der Methodenverantwortung (Tz. 2)

29 **2** Die Verantwortung für Entwicklung, Qualität und Überwachung der Anwendung der Risikoklassifizierungsverfahren muss außerhalb des Bereiches Markt angesiedelt sein.

2.1 Erstellung der Risikoeinstufungen

30 Für die Anwendung der Risikoklassifizierungsverfahren gibt es in den MaRisk keine organisatorischen Einschränkungen. So kann z.B. eine Risikoeinstufung im Marktbereich erstellt werden, unabhängig davon, ob es sich um risikorelevante Geschäfte handelt und somit zwei Voten erforderlich sind oder nicht.[11] Das Zwei-Voten-Prinzip (→ BTO 1.1 Tz. 2) bezieht sich direkt auf die Kreditentscheidung. Bei den Risikoklassifizierungsverfahren geht es hingegen um die Beurteilung der Adressenausfallrisiken, also um ein wesentliches Kriterium im Kreditentscheidungsprozess. In diesem Prozess wird eine interessengetriebene Anwendung des Risikoklassifizierungsverfahrens durch den Markt aufgrund der obligatorischen Mitwirkung der Marktfolge verhindert.

31 In einigen Geschäftsbereichen, wie z.B. im Firmenkreditgeschäft, ist die Risikoklassifizierung häufig ein Gemeinschaftsprodukt von Markt und Marktfolge, da dort einerseits der Kundenbetreuer als Vertreter des Marktes aufgrund seiner Kundennähe über die besten Kenntnisse von den weichen, qualitativen Faktoren des Kreditnehmers verfügt und andererseits der Kreditsachbearbeiter und die Mitarbeiter aus den Spezialabteilungen der Marktfolge (Bilanzanalyse etc.) vor allem die aufwendigen Analysen zu den harten, quantitativen Faktoren durchführen. In diesen Fällen fließen häufig die Erfahrungswerte beider Bereiche in die Risikoklassifizierung ein. Um nach einer einheitlichen Vorgehensweise zu verfahren, kann dieser Prozess z.B. so ausgestaltet sein, dass der Marktbereich nur für die Bewertung bestimmter Faktoren zuständig ist und der Marktfolgebereich darauf aufbauend die abschließende Risikoklassifizierung vornimmt. Damit werden die Angaben des Marktbereiches gleichzeitig auf Plausibilität geprüft. Im Ergebnis liegt eine sachgerechte und vor allem vertriebsneutrale Risikobeurteilung vor. In anderen Geschäftsbereichen, wie z.B. in der Projektfinanzierung, ist eine derartige Aufteilung oft nicht praktikabel, da ein reibungsloser Geschäftsablauf i.d.R. vom Spezialwissen der in Teamstrukturen organisierten Markt- und Marktfolgemitarbeiter abhängt.

2.2 Methodenverantwortung

32 Wie bereits ausgeführt, sollte die Methodenverantwortung im weiteren Sinne unabhängig vom Vertrieb wahrgenommen werden. Hierzu gehört die Verantwortung für die Entwicklung und Qualität der Prozesse im Kreditgeschäft (→ BTO 1.2 Tz. 1) und der Kriterien, wann ein Engagement der Intensivbetreuung oder der Problemkreditbearbeitung zuzuordnen ist, ebenso wie deren

---

11 Im Hinblick auf die Festlegung der Ratingeinstufung im Rahmen von IRB-Verfahren bestehen weitergehende Anforderungen als in den MaRisk. Die Ratingzuordnung sowie deren regelmäßige Überprüfung müssen laut Art. 173 Abs. 1 lit. a CRR für bestimmte Geschäftssegmente von einer unabhängigen Partei vorgenommen oder genehmigt werden, die aus Entscheidungen über die Kreditvergabe keinen unmittelbaren Nutzen zieht. Somit müsste also bereits die Ratingzuordnung unabhängig vom Markt erfolgen, oder es ist eine unabhängige Überprüfung der vom Markt festgelegten Zuordnung erforderlich.

regelmäßige Überprüfung (→ BTO 1.2.4 Tz. 1 und BTO 1.2.5 Tz. 1). Diese Zuordnung gilt in Analogie auch für die Entwicklung und Qualität der Risikoklassifizierungsverfahren.

2.3 Überwachung der Anwendung des Risikoklassifizierungsverfahrens

Um im Zeitverlauf eine gleichbleibende Qualität der Risikobeurteilung zu gewährleisten, sollte die   33
Einheitlichkeit und Genauigkeit der Bewertungsmechanismen in angemessenen Abständen überprüft und ggf. durch geeignete Maßnahmen wiederhergestellt bzw. verbessert werden. Insbesondere in den Fällen, in denen der Marktbereich maßgeblich in den Prozess der Risikoklassifizierung eingebunden ist, ist die Anwendung des Verfahrens von einer Stelle außerhalb des Marktbereiches zu überwachen. Wie bereits ausgeführt, soll durch diese Maßnahme sichergestellt werden, dass vergleichbare Ausfallrisiken institutsintern möglichst objektiv, einheitlich und unbeeinflusst von der jeweiligen Interessenlage beurteilt werden. Eine derartige Tätigkeit kann sich folglich z. B. auf die Überprüfung konzentrieren, ob das richtige Verfahren angewendet, die Gestaltungsspielräume eingehalten und die Festlegung einzelner Risikoeinstufungen korrekt ausgeführt wurden. Darüber hinaus könnte von dieser Stelle auch geprüft werden, ob bei der Vergabe der Risikoeinstufung die Kompetenzordnung eingehalten wurde. Im Rahmen der Überwachung der Anwendung des Risikoklassifizierungsverfahrens sind stichprobenartige Kontrollen ausreichend. Diese Kontrollen dienen der Plausibilisierung. Sie leisten damit auch einen Beitrag zur Sicherstellung der Qualität der Risikoklassifizierungsverfahren. Die generelle Zuständigkeit für die Überwachung der Anwendung des Risikoklassifizierungsverfahrens ist deshalb ebenfalls vom Marktbereich abzukoppeln.

3 Quantitative und qualitative Risikofaktoren (Tz. 3)

34 **3** Maßgebliche Indikatoren für die Bestimmung der Adressenausfallrisiken im Risikoklassifizierungsverfahren müssen neben quantitativen auch, soweit möglich, qualitative Kriterien sein. Es ist insbesondere zu berücksichtigen, inwieweit der Kreditnehmer in der Lage ist, künftig Erträge zu erwirtschaften, um den ausgereichten Kredit zurückzuführen.

3.1 Quantitative Kriterien

35 Quantitative Kriterien sind, wie der Name schon sagt, Kriterien, die in geeigneter Weise quantifiziert werden können. Häufig handelt es sich um Zahlenmaterial, das zueinander oder zu vorgegebenen Größen in Beziehung gesetzt wird. Im Ergebnis lassen sich Relationen ableiten, die Auskunft darüber geben, ob ein Kreditnehmer rein rechnerisch dazu in der Lage ist, seine Verbindlichkeiten vertragsgemäß zurückzuführen. Typische quantitative Kriterien sind Kennzahlen zur Vermögens-, Finanz- und Ertragslage des Kreditnehmers. Im Privatkundengeschäft können z. B. die Einkommenshöhe, die Einkommensentwicklung, die Vermögensverhältnisse, der Liquiditätsstatus oder die Vermögens- bzw. Einkommensabsicherung zu Rate gezogen werden. Im Firmenkundengeschäft können in Analogie die Ertragsstärke, die Ertragsvolatilität, die Kapitalstruktur, der Liquiditätsstatus, der Verschuldungsgrad und ggf. der Wert der zugrunde liegenden Sicherheiten analysiert werden.

3.2 Qualitative Kriterien

36 Im Gegensatz dazu können qualitative Kriterien grundsätzlich nicht quantifiziert werden, ohne dass subjektive Einschätzungen in die Beurteilung einfließen. Ihre Berücksichtigung ist jedoch oftmals notwendig, da einerseits nicht in allen Kundensegmenten hinreichend aussagekräftige und aktuelle quantitative Daten vorliegen und sich andererseits viele qualitative Einflüsse nachhaltig auf die Entwicklung der quantitativen Kriterien auswirken können. Auch diesbezüglich lassen sich die für das Privatkundensegment maßgeblichen qualitativen Kriterien, wie etwa die persönlichen Eigenschaften des Kreditnehmers, seine Einkommenssicherheit, seine soziale Situation oder seine Lebens- und Finanzplanung, auf das Firmenkundensegment übertragen. Die entsprechenden Kriterien sind dann z. B. die Managementqualität, der wirtschaftliche Sachverstand des Unternehmers, die Branchenentwicklung, die Wettbewerbssituation, die Marktchancen, die Unternehmensstrategie, die Umweltbedingungen sowie das Steuerungssystem und die Finanzplanung des Unternehmens. Von Bedeutung sind z. B. auch die Integrität und der Ruf des Kreditnehmers, sein bisheriges Zahlungsverhalten oder die in der jeweiligen Rechtsform begründeten unterschiedlichen Rechtsnormen, die einen erheblichen Einfluss auf den Aussagegehalt der zur Risikobeurteilung herangezogenen Unterlagen haben können.

3.3   Verzicht auf die Berücksichtigung qualitativer Faktoren

Mit der eingeräumten Möglichkeit zum Verzicht auf die Berücksichtigung qualitativer Faktoren   **37**
wird dem Umstand Rechnung getragen, dass die Institute teilweise nicht in der Lage sind,
qualitative Kriterien für alle Kreditnehmer mit vertretbarem Aufwand zu erheben. Erwähnt seien
in diesem Zusammenhang nur die Interbanken-, Kapitalmarkt- oder auch die Retailgeschäfte. Bei
Hunderten von Bankadressen, für die große Institute Limite vorhalten, besteht faktisch keine
Möglichkeit, andere als quantitative Kriterien für die Risikoklassifizierung zu nutzen. Die Berücksichtigung qualitativer Faktoren wäre, sofern sich diese nicht problemlos in einer Ziffer darstellen
lassen, unter Kosten-Nutzen-Aspekten nicht vertretbar. Eine derart einfache Berücksichtigung
qualitativer Kenngrößen in einer Ziffer ist allerdings nur im Ausnahmefall möglich, wie z. B. bei
der Verschlüsselung des Familienstandes eines Kreditnehmers. An dieser Stelle soll jedoch nicht
unterschlagen werden, dass es vor allem solche Faktoren sind, die unter Umständen einen
erheblichen Einfluss auf die Risikobeurteilung eines Kreditnehmers besitzen können.

3.4   Nachhaltigkeit der Erträge des Kreditnehmers

Das Institut hat insbesondere zu berücksichtigen, inwieweit der Kreditnehmer in der Lage ist, künftig   **38**
Erträge zu erwirtschaften, um den ausgereichten Kredit zurückzuführen. Im Vordergrund soll also
die Überprüfung der Kapitaldienstfähigkeit des Kreditnehmers stehen. Zur Definition und Bedeutung
der Kapitaldienstfähigkeit werden bereits umfassende Ausführungen gemacht (→ BTO 1.2.1 Tz. 1).

4 Prozessuale Einbindung der Risikoklassifizierungsverfahren (Tz. 4)

39 **4** Die Klassifizierungsverfahren sind in angemessener Weise in die Prozesse des Kreditgeschäftes und ggf. die Kompetenzordnung einzubinden.

4.1 Einbindung der Klassifizierungsverfahren in die Kreditprozesse

40 Die Notwendigkeit der Einbindung der Risikoklassifizierungsverfahren in die Kreditbearbeitungsprozesse ergibt sich rein formal bereits aus der Anforderung, die Risiken eines Engagements in Abhängigkeit vom Risikogehalt der Kreditgeschäfte sowohl im Rahmen der Kreditentscheidung (→ BTO 1.2.1) als auch bei turnusmäßigen (→ BTO 1.2.2) oder anlassbezogenen Beurteilungen (→ BTO 1.2.4 und BTO 1.2.5) mit Hilfe eines Risikoklassifizierungsverfahrens zu bewerten und die vorgenommene Risikoeinstufung jährlich zu überprüfen (→ BTO 1.2 Tz. 8). Auch sollte zwischen der Einstufung im Risikoklassifizierungsverfahren und der Konditionengestaltung ein sachlich nachvollziehbarer Zusammenhang bestehen (→ BTO 1.2 Tz. 9). Darüber hinaus kann unter bestimmten Voraussetzungen die Funktion der Früherkennung von Risiken von einem Risikoklassifizierungsverfahren wahrgenommen werden (→ BTO 1.3.1 Tz. 3). Insofern ist der erste Teil dieser Anforderung implizit bereits erfüllt, wenn die Ausgestaltung der Kreditprozesse MaRisk-konform erfolgt.

41 Davon unabhängig wurde schon auf die Bedeutung der Risikoklassifizierungsverfahren für die Identifizierung, Beurteilung, Steuerung sowie Überwachung und Kommunikation der wesentlichen Risiken im Kreditgeschäft hingewiesen (→ AT 4.3.2 Tz. 1). Erst die konsequente Verwendung der auf diese Weise vorgenommenen systematischen Risikoeinstufung im gesamten Prozess gewährleistet eine dem jeweiligen Risikogehalt angemessene Bearbeitung des Kreditengagements. Insbesondere sollten die Vorlagen für einen Kreditbeschluss Bezug auf die Erkenntnisse aus der Risikobeurteilung des Kreditnehmers durch das Risikoklassifizierungsverfahren nehmen. In der Regel ist eine deutlich positive Votierung nicht mit einer durchschnittlichen oder gar negativen Beurteilung im Risikoklassifizierungsverfahren vereinbar, soweit nicht andere Gründe maßgeblich sind, die über die Klassifizierung der Risiken nicht dargestellt werden können (z. B. »Cross Selling«-Aspekte).

42 Risikoklassifizierungsverfahren können des Weiteren die frühzeitige Identifizierung von Veränderungen im Risikoprofil des Institutes, die Portfoliosteuerung nach Risikogesichtspunkten, die Durchsetzung geschäftspolitischer Ziele, die Allokation von Risikokapital auf Gesamtbankebene, die Einbindung des Adressenausfallrisikos in ein Gesamtbank-Limitsystem sowie die Erfüllung aufsichtsrechtlicher Normen und sonstiger Richtlinien erleichtern bzw. unterstützen.

4.2 Einbindung der Klassifizierungsverfahren in die Kompetenzordnung

Das Institut hat eine klare und konsistente Kompetenzordnung für Entscheidungen im Kredit-   **43**
geschäft festzulegen (→ BTO 1.1 Tz. 6). Die in den Organisationsrichtlinien niederzulegende
Kompetenzordnung (→ AT 5 Tz. 3 lit. a) muss auch Entscheidungsregeln für den Fall voneinander
abweichender Voten bis hin zum Eskalationsverfahren enthalten (→ BTO 1.1 Tz. 6). Darüber
hinaus ist ein der Kompetenzordnung entsprechendes Verfahren einzurichten, in dem festgelegt
ist, wie Überschreitungen von Limiten zu behandeln sind (→ BTO 1.2 Tz. 10). Im Rahmen der
Kreditbearbeitungskontrollen ist insbesondere zu überprüfen, ob die Kreditentscheidung entsprechend der festgelegten Kompetenzordnung erfolgte (→ BTO 1.2.3 Tz. 2). Hieraus wird zunächst
deutlich, dass die Kompetenzordnung ein wesentliches Element im Kreditentscheidungsprozess
darstellt.

Wie die Einbindung der Klassifizierungsverfahren in die Kompetenzordnung im Einzelfall zu   **44**
erfolgen hat, wird grundsätzlich nicht vorgeschrieben. Aus diesem Grund wurde auch die in den
MaK enthaltene Beispielliste gestrichen, wonach u. a. die Einstufung eines Engagements im
Risikoklassifizierungsverfahren maßgeblich für die Zuordnung der Entscheidung über ein Engagement zu einer bestimmten Kompetenzstufe sein sollte. Eine Verknüpfung der Kompetenzstufen
mit einzelnen Risikoklassen kann zwar sinnvoll sein, wird aber nicht gefordert. Ebenso können
auch andere Faktoren eine wichtige Rolle spielen, wie z. B. das Kreditvolumen oder die Erfahrung
und Qualifikation der jeweiligen Kompetenzträger. Insbesondere sind damit die bei einigen
Instituten bislang üblichen Regelungen mit Real-, Personal- und Blankokrediten nach wie vor
zulässig.

Die Kriterien für die Zuordnung der Entscheidung über ein Engagement zu einer bestimmten   **45**
Kompetenzstufe (→ BTO 1.1 Tz. 6) können auch aus einer Kombination der maßgeblichen
Charakteristika für das Kreditrisiko hergeleitet werden. Denkbar wäre z. B. eine leicht zu handhabende Kennziffer aus dem Ergebnis des Risikoklassifizierungsverfahrens und dem nicht richt-
liniengemäß besicherten Kreditvolumen. Die ausschließliche Betrachtung eines einzelnen Kriteriums könnte unter Umständen praktische Probleme nach sich ziehen. Von einer derartigen
Regelung wären auch Engagements mit schlechter Risikoeinstufung und unter Umständen sehr
geringem Volumen bzw. Blankoanteil oder mit sehr guter Risikoeinstufung und relativ hohem
Volumen bzw. Blankoanteil betroffen. Dies könnte dazu führen, dass ggf. sehr viele Engagements
einer entsprechend hohen Kompetenzstufe vorgelegt werden müssen. Eine vernünftige und leicht
zu handhabende Kombination trägt dazu bei, dass ein resultierender »Bearbeitungsstau« vermieden werden kann. Inwiefern in solche Regelungen auch die Konditionen des zu genehmigenden
Engagements einbezogen werden sollten, kann institutsintern festgelegt werden.

Selbst bei Anwendung sehr einfacher Risikoklassifizierungsverfahren kann der Kreditbearbei-   **46**
tungsprozess deutlich erleichtert werden, indem z. B. der Kundenbetreuer die nicht-risikorelevanten Engagements direkt bewilligen und die nicht darstellbaren Engagements sofort ablehnen kann.
Komplexere Bewilligungsprozesse könnten hingegen auf Engagements beschränkt werden, die
unter Beachtung verschiedener Aspekte als bedeutend bzw. kritisch angesehen werden.

4.3 Einbindung der Klassifizierungsverfahren in die Risikovorsorge

Im Rahmen der zentralen Portfoliosteuerung geben die Risikoklassifizierungsverfahren einen   **47**
schnellen und systematischen Überblick über die Risikoposition im Kreditgeschäft und sind somit

ein wichtiger Bestandteil bei der Überwachung und Kontrolle des Kreditrisikos. Es ist darüber hinaus sinnvoll, die Ergebnisse der Risikoklassifizierungsverfahren nicht isoliert zu betrachten, sondern einen grundsätzlichen Zusammenhang zwischen bestimmten Klassifizierungen und der Bildung von Risikovorsorgebeträgen herzustellen. Insbesondere ab einer »schlechten« Risikoeinstufung erscheint die Prüfung einer ggf. erforderlichen Risikovorsorge angezeigt. Nach dem gegenwärtigen Rechnungslegungsverständnis ist ein solches Vorgehen vor allem im Rahmen der Nutzung mathematisch-statistischer Klassifizierungsverfahren bei der Ermittlung von Pauschalwertberichtigungen und damit auf Gruppenbasis möglich.

48   Hingegen erfolgt die Bildung von Einzelwertberichtigungen unter der Annahme, dass konkrete Anzeichen für eine Zahlungsunfähigkeit vorliegen, was im Sinne von Art. 178 Abs. 1 lit. a CRR einem Ausfallereignis entspricht. Aus diesem Grund wird die Bildung von Wertberichtigungen als Folge einer deutlichen Verschlechterung der Kreditqualität auch bankaufsichtlich gemäß Art. 178 Abs. 3 lit. b CRR als Hinweis auf die Unwahrscheinlichkeit der Erfüllung von Zahlungsverpflichtungen des Kreditnehmers gewertet. Unabhängig davon kann die aktuelle Risikoeinstufung ein deutlicher Indikator für die Notwendigkeit einer Wertberichtigung sein.

4.4   Einbindung der Klassifizierungsverfahren in die Intensität der Kundenbetreuung

49   Kredite mit sich verschlechternder Risikobewertung sollten grundsätzlich Gegenstand zusätzlicher Überprüfung und Überwachung werden, z.B. durch häufigere Gespräche mit den Kreditnehmern und Aufnahme in die Intensivbetreuung (→ BTO 1.2.4). Sofern die Klassifizierungsverfahren mit geeigneten Frühwarnindikatoren ausgestattet sind, können sie zur Früherkennung entsprechender Risiken eingesetzt werden (→ BTO 1.3.1 Tz. 3, Erläuterung). Bei der Intensität der Kundenbetreuung kann im Zusammenhang mit dem Risikoklassifizierungsverfahren jedoch nicht von einer linearen Beziehung ausgegangen werden, da diese u.a. auch von der Größe und Art sowie von den Ertragsaussichten des Engagements abhängig ist.

BTO 2 Handelsgeschäft

1 Gliederung und vereinfachte Umsetzung (Tz. 1)

1 **1** Dieses Modul stellt Anforderungen an die Ausgestaltung der Aufbau- und Ablauforganisation im Handelsgeschäft.

1.1 Anforderungen an Aufbau- und Ablauforganisation im Handel

2 Bereits in den Mindestanforderungen an das Betreiben von Handelsgeschäften (MaH) wurde der Organisation im Handelsgeschäft ein hoher Stellenwert eingeräumt. Aufbau- und ablauforganisatorische Anforderungen im Handelsgeschäft sind auch Gegenstand der MaRisk. Allerdings wurden die Anforderungen der MaH im Rahmen der Integration in die MaRisk deutlich flexibilisiert. Die angepassten Regelungen wurden darüber hinaus in eine neue Struktur überführt. Ziel war der strukturelle Gleichlauf zu den korrespondierenden organisatorischen Regelungen für das Kreditgeschäft (→ BTO 1). Das Modul BTO 2 umfasst dementsprechend

- aufbauorganisatorische Anforderungen (→ BTO 2.1), die sich auf die Funktionstrennung im Handelsgeschäft beziehen, sowie
- Anforderungen an die Prozesse im Handelsgeschäft (→ BTO 2.2), wobei zwischen den Tätigkeiten im Handel (→ BTO 2.2.1), in der Abwicklung und Kontrolle (→ BTO 2.2.2) sowie im Risikocontrolling (→ BTO 2.2.3) unterschieden wird.

3 Diese Anforderungen sind, abgesehen von bestimmten Ausnahmen, grundsätzlich bei allen Handelsgeschäften zu beachten (→ AT 2.3 Tz. 3). Die Motivation des Geschäftsabschlusses, also z. B. die Erzielung eines kurzfristigen Eigenhandelserfolges, spielt bei den organisatorischen Anforderungen grundsätzlich keine Rolle. Sie ist lediglich für die Anforderungen an die Risikosteuerungs- und -controllingprozesse relevant, bei denen zum Teil zwischen dem Handelsbuch und dem Anlagebuch unterschieden wird (→ BTR 2.2 und BTR 2.3).[1] Durch die Bezugnahme auf die weite Handelsgeschäftsdefinition trägt die BaFin dem Umstand Rechnung, dass z. B. auch Wertpapiere der Liquiditätsreserve oder andere »Handelsgeschäfte« des Anlagebuches einer risikoadäquaten Bearbeitung bedürfen.

4 Allerdings ist bereits an anderer Stelle darauf hingewiesen worden, dass eine »korrekte« Abgrenzung der Geschäfte für die Praxis allein deshalb von Bedeutung ist, weil sich daraus ihre Behandlung nach den Vorgaben an das Kredit- oder Handelsgeschäft ergibt (→ BT 1 Tz. 1). Selbst die Definitionen im allgemeinen Teil des Rundschreibens (→ AT 2.3) können dieses Problem nicht abschließend lösen.[2] In den vergangenen Jahren ist zwar über verschiedene Möglichkeiten

---

1 Unabhängig davon hat die Art der Geschäfte allerdings auch für andere Zwecke eine Bedeutung. So gehören z. B. die »Eigengeschäfte« seit Inkrafttreten des Trennbankengesetzes gemäß § 3 Abs. 2 Satz 2 Nr. 1 KWG zu den so genannten »verbotenen Geschäften«. Vgl. Gesetz zur Abschirmung von Risiken und zur Planung der Sanierung und Abwicklung von Kreditinstituten und Finanzgruppen vom 7. August 2013 (BGBl. I S. 3090), veröffentlicht am 12. August 2013.

2 Zu den »Handelsgeschäften« gehören u. a. alle Abschlüsse, die ein Finanzinstrument im Sinne des § 1 Abs. 11 KWG in Form eines Wertpapiergeschäftes zur Grundlage haben und die im eigenen Namen und für eigene Rechnung abgeschlossen werden (→ AT 2.3 Tz. 3). Dazu zählen laut § 1 Abs. 11 Satz 1 Nr. 2 KWG auch Vermögensanlagen im Sinne des § 1 Abs. 2 Vermögensanlagengesetz (VermAnlG), mit Ausnahme von Anteilen an einer Genossenschaft im Sinne des § 1 Genossenschaftsgesetz. Unter derartigen Vermögensanlagen befinden sich wiederum auch nicht in Wertpapieren im Sinne des Wertpapierprospektgesetzes verbriefte und nicht als Anteile an Investmentvermögen im Sinne des § 1 Abs. 1 des Kapitalanlagegesetzbuches ausgestaltete partiarische Darlehen (§ 1 Abs. 2 Nr. 3 VermAnlG) und Nachrangdarlehen (§ 1 Abs. 2 Nr. 4 VermAnlG), sofern die Annahme der Gelder nicht als Einlagengeschäft im Sinne des § 1 Abs. 1 Satz 2 Nr. 1 KWG zu qualifizieren ist. Insofern können durchaus auch Kreditgeschäfte als Handelsgeschäfte angesehen werden, während auf der anderen Seite die Handelsgeschäfte vom weiten Kreditbegriff des § 19 Abs. 1 KWG erfasst werden, da diese i. d. R. Adressenausfallrisiken unterliegen (→ AT 2.3 Tz. 1).

diskutiert worden, wie im Grenzbereich zwischen Kredit- und Handelsgeschäften eine über-schneidungsfreie Zuordnung der Geschäfte vorgenommen werden könnte. Diese Vorschläge laufen mehr oder weniger alle darauf hinaus, die Handelsabsicht als entscheidendes Kriterium zu behandeln. Teilweise wird auch angeregt, zwischen der Erstvergabe (»Primärmarkt«) und dem Handel (»Sekundärmarkt«) zu unterscheiden. Die Aufsichtsbehörden haben sich zu dieser Frage bisher nicht eindeutig geäußert. Den Grenzbereichen zwischen beiden Geschäftsarten wird zum Teil durch die Möglichkeit einer »sinngemäßen Anwendung« Genüge getan (→ BT 1 Tz. 1).

1.2 Aufbauorganisatorische Anforderungen

Mangelhafte oder fehlende Überwachungsmechanismen können vor allem im schnelllebigen Handelsgeschäft der Institute zu erheblichen Problemen führen. Angesichts dessen ist es notwendig, dass die Aktivitäten der Handelsbereiche der Kontrolle und Überwachung aus einem handelsunabhängigen Bereich unterliegen. Die aufbauorganisatorischen Anforderungen zum Handelsgeschäft werden dieser Notwendigkeit durch den Grundsatz der Funktionstrennung gerecht. Der Bereich Handel ist bis einschließlich der Ebene der Geschäftsleitung von bestimmten handelsunabhängigen Funktionen zu trennen. Institute mit unter Risikogesichtspunkten überschaubaren Handelsaktivitäten (»nicht-risikorelevante Handelsaktivitäten«) können auf die Trennung bis einschließlich der Ebene der Geschäftsleitung verzichten (→ BTO 2.1 Tz. 2). Im Gegensatz zum Kreditgeschäft kann sich diese Einschätzung allerdings nur auf die Handelsaktivitäten eines Institutes in seiner Gesamtheit beziehen. **5**

1.3 Ablauforganisatorische Anforderungen

Bei den ablauforganisatorischen Anforderungen wird der übliche prozessuale Ablauf in der Praxis durch die Unterteilung in die Prozessschritte Handel, Abwicklung und Kontrolle sowie Risikocontrolling nachgebildet: **6**
- Der Abschluss von Handelsgeschäften stellt den Ausgangspunkt der ablauforganisatorischen Anforderungen dar. Beim Abschluss von Handelsgeschäften durch die Händler ist vor allem sicherzustellen, dass die Konditionen einschließlich der Nebenabreden vollständig vereinbart sind, marktgerechte Bedingungen zugrunde liegen, die Handelsgeschäfte nach Geschäftsabschluss unverzüglich erfasst und bei der Ermittlung der jeweiligen Position berücksichtigt werden. Zudem sind die maßgeblichen Abschlussdaten ggf. automatisiert mit allen Unterlagen an die Abwicklung weiterzuleiten. Dabei haben sich die Anforderungen an interne Geschäfte sinngemäß an den Regelungen für Handelsgeschäfte mit Dritten zu orientieren (→ BTO 2.2.1 Tz. 1, Erläuterung).
- Dem Handel nachgelagert ist der Prozess der »Abwicklung und Kontrolle«. Bei der Abwicklung geht es u. a. um die Erstellung der Geschäftsbestätigungen sowie die Überwachung des Einganges der Gegenbestätigungen, sofern im Rahmen des gewählten Bestätigungsverfahrens erforderlich. Kontrollaufgaben beziehen sich z. B. auf das Vorliegen marktgerechter Bedingungen, die Vollständigkeit der Unterlagen, die vom Handel weitergeleitet wurden, ihre zeitnahe Vorlage, ggf. die Vollständigkeit der Gegenbestätigungen, die Prüfung, ob sich die Abschlüsse hinsichtlich Art und Umfang im Rahmen der festgesetzten Limite bewegen und die Vereinbarung der Abweichungen von vorgegebenen Standards. Ein besonderes Augenmerk ist auf die Häufung von Stornierungen und Korrekturen bei einzelnen Mitarbeitern oder bestimmten

Geschäften zu richten. Unstimmigkeiten und Auffälligkeiten sind unverzüglich zu klären, die im Handel ermittelten Positionen regelmäßig mit den in den nachgelagerten Prozessen und Funktionen geführten Positionen abzustimmen. Die Teilprozesse Abwicklung und Kontrolle können unter dem Begriff »Abwicklung im weiteren Sinne« oder einfach »Abwicklung« zusammengefasst werden (→ BTO 2.2.2).[3]

– Schließlich sind alle Handelsgeschäfte einschließlich der Nebenabreden, die zu Positionen führen, unverzüglich im Risikocontrolling abzubilden (→ BTO 2.2.3). Die Abbildung im Risikocontrolling ist die Basis für eine angemessene Überwachung und Kommunikation der Risiken aus Handelsgeschäften (→ BTR 2).

7 Die weltweit steigende Zahl der Handelstransaktionen stellt vor allem bei so genannten »handelsintensiven Instituten«[4] (→ BTO Tz. 7, Erläuterung) hohe Anforderungen an die zugrunde liegenden Prozesse. Die Institute bedienen sich daher IT-gestützter Systeme, um diese Prozesse möglichst effizient zu gestalten. Ziel ist die elektronische Verarbeitung einer Handelstransaktion über die gesamte Prozesskette – von der Handelsinitiierung über die Abwicklung bis hin zur Erfassung im Risikocontrolling. Der Einsatz solcher Verfahren hat sich im Laufe der Jahre permanent weiterentwickelt. In den neunziger Jahren wurde vorrangig auf das »Straight Through Processing« (STP) gesetzt, mit dessen Hilfe eine taggleiche Abwicklung von Handelsgeschäften ermöglicht wurde. Mittlerweile schreitet die technologische Entwicklung im Bereich der Handelsgeschäfte weiter voran. Der Einsatz von Abwicklungs- oder Bestätigungssystemen im Handelsgeschäft ist weit verbreitet und zudem mit gewissen Erleichterungen verbunden (→ BTO 2.2.1 Tz. 5).

---

3 Vor diesem Hintergrund wird im Folgenden häufig nur der Begriff »Abwicklung« verwendet. Damit wird jedoch i. d. R. der Prozess der Abwicklung und Kontrolle insgesamt bezeichnet.

4 Es existiert keine allgemeinverbindliche Definition für die so genannten »handelsintensiven Institute« bzw. die »Institute mit signifikanten Handelsaktivitäten«. Mit Blick auf die Regelungsintention handelt es sich dabei grundsätzlich um Institute, bei denen das Handelsgeschäft relativ gesehen zu den gesamten Geschäftsaktivitäten eine wichtige Rolle spielt, sowohl hinsichtlich der damit erzielten Erträge als auch der damit verbundenen Risiken.

BTO 2.1 Funktionstrennung

1   Funktionstrennung im Handelsgeschäft (Tz. 1)

1   Maßgeblicher Grundsatz für die Ausgestaltung der Prozesse im Handelsgeschäft ist die klare aufbauorganisatorische Trennung des Bereiches Handel von den Funktionen des Risikocontrollings sowie der Abwicklung und Kontrolle bis einschließlich der Ebene der Geschäftsleitung.

1.1   Trennung von bestimmten Funktionen

2   Schon nach den MaH war der Bereich Handel grundsätzlich bis einschließlich der Ebene der Geschäftsleitung von bestimmten handelsunabhängigen Funktionen zu trennen.[1] Dieser Grundsatz wurde durch die MaRisk neu interpretiert und hatte im Ergebnis für viele Institute Erleichterungen zur Folge. Zum einen ist bei Instituten mit unter Risikogesichtspunkten überschaubaren Handelsaktivitäten keine Trennung bis einschließlich der Geschäftsleitungsebene erforderlich (→ BTO 2.1 Tz. 2). Zum anderen bezieht sich die Trennung nur auf die Funktionen der Abwicklung sowie der Überwachung und Kommunikation der Risiken (Risikocontrolling). Das Rechnungswesen ist im Unterschied zu den MaH nicht mehr zwingend auf der Ebene der Geschäftsleitung vom Bereich Handel zu trennen. Es kann daher grundsätzlich auch im Ressort des für den Handel zuständigen Geschäftsleiters angesiedelt werden. Lediglich bei handelsintensiven Instituten sollte an der strikten Funktionstrennung des Rechnungswesens vom Handelsbereich festgehalten werden (→ BTO Tz. 7, Erläuterung). Dabei handelt es sich jedoch nur um eine Empfehlung der BaFin, wie in der »Sollte«-Formulierung zum Ausdruck kommt.

1.2   Handelsunabhängige Funktionen

3   Eine weitere Abweichung gegenüber dem Wortlaut der MaH hat konkrete Auswirkungen auf die Zuordnung bestimmter Funktionen im handelsunabhängigen Bereich. Nach den MaH war der Handel von den anderen »Bereichen« bis einschließlich der Ebene der Geschäftsleitung zu trennen.[2] Durch die Verwendung des Begriffes »Bereich« wurde deutlich, dass die handelsunabhängigen Funktionen in jeweils eigenen Organisationseinheiten anzusiedeln waren. Die MaRisk lassen in dieser Hinsicht größere Gestaltungsspielräume zu. So sind die handelsunabhängigen Funktionen nicht notwendigerweise in unterschiedlichen Organisationseinheiten anzusiedeln. Vielmehr können z.B. die Funktionen der Abwicklung und des Risikocontrollings auf pragmatische Weise im Ressort des handelsunabhängigen Geschäftsleiters zusammengefasst werden.

4   Allerdings sind unvereinbare Tätigkeiten von unterschiedlichen Mitarbeitern durchzuführen (→ AT 4.3.1 Tz. 1). Ob es sich bei den Funktionen der Abwicklung und des Risikocontrollings um unvereinbare Tätigkeiten handelt, bleibt jedoch offen und muss im Einzelfall beurteilt werden.

---

1   Vgl. Bundesaufsichtsamt für das Kreditwesen, Mindestanforderungen an das Betreiben von Handelsgeschäften der Kreditinstitute (MaH), Verlautbarung vom 23. Oktober 1995, Abschnitt 4.

2   Vgl. Bundesaufsichtsamt für das Kreditwesen, Mindestanforderungen an das Betreiben von Handelsgeschäften der Kreditinstitute (MaH), Verlautbarung vom 23. Oktober 1995, Abschnitt 4.

Soweit die Wahrnehmung beider Funktionen durch einen Mitarbeiter nicht zu Interessenkonflikten führt, sollte die Zusammenfassung grundsätzlich möglich sein.[3]

Mit dieser Anpassung wird ein Gleichlauf zu korrespondierenden Regelungen für das Kreditgeschäft   5
bewirkt. Bereits nach den MaK konnten bestimmte marktunabhängige Funktionen, wie z.B. die Funktion des Kreditrisikocontrollings und die Überprüfung der Werthaltigkeit bestimmter Sicherheiten, im Bereich Marktfolge zusammengefasst werden. Diese Möglichkeit der Zusammenfassung marktunabhängiger Funktionen ist ebenfalls in den MaRisk verankert worden (→ BTO Tz. 3).

1.3   Trennung von Markt und Handel?

Grundsätzlich ist bei der Ausgestaltung der Aufbauorganisation sicherzustellen, dass die Bereiche   6
Markt und Handel bis einschließlich der Ebene der Geschäftsleitung von bestimmten Bereichen oder Funktionen getrennt sind (→ BTO Tz. 3). In Bezug auf die übrigen Bereiche und Funktionen wird in den MaRisk nicht zwischen Markt und Handel unterschieden. So spielt z.B. die Marktfolge für beide Bereiche im Grunde dieselbe Rolle, da ihre Votierung sowohl für die Entscheidungen im (risikorelevanten) Kreditgeschäft als auch für die Limitfestsetzung im Handelsgeschäft maßgeblich ist.

Die Frage der Abgrenzung des Marktes, insbesondere der Kundenberatung, vom Handel wurde   7
bereits vor dem Hintergrund der MaH diskutiert. Die damals von der Aufsicht für kleine Institute eingeräumten Möglichkeiten[4] gelten mittlerweile für alle Institute. So ist es mit dem Rundschreiben zwar grundsätzlich vereinbar, wenn Kundenberater innerhalb eines bestimmten Limitrahmens für die Preisgestaltung Kundenaufträge an die Handelsabteilung weitergeben. Dabei sollten sie allerdings keine unabhängige Kursstellung vornehmen und keine eigenen Positionen aufbauen. Es sei allerdings darauf hingewiesen, dass insbesondere größere bzw. handelsintensive Institute von dieser theoretischen Möglichkeit in der Praxis keinen Gebrauch machen, um das damit verbundene Risiko von Geschäftsabschlüssen zu nicht marktgerechten Bedingungen von vornherein zu vermeiden. Implizit wird also unterstellt, dass die Vertriebsbereiche im Kreditgeschäft (Markt) und im Handelsgeschäft (Handel) grundsätzlich voneinander zu trennen sind. Dies scheint vor dem Hintergrund der steigenden Anforderungen und zunehmenden Spezialisierung im Bankgeschäft auch sinnvoll zu sein. Ausnahmen sind allerdings gestattet (→ BTO 2.1 Tz. 2).

---

3   Vgl. Bundesanstalt für Finanzdienstleistungsaufsicht, Protokoll der ersten Sitzung des MaRisk-Fachgremiums am 4. Mai 2006, S. 5.

4   Vgl. Bundesaufsichtsamt für das Kreditwesen, Erläuterungen zu einzelnen Regelungen der Mindestanforderungen an das Betreiben von Handelsgeschäften der Kreditinstitute (MaH), Rundschreiben 4/1998 vom 8. April 1998, Abschnitt II c2).

2 Möglicher Verzicht auf die Funktionstrennung (Tz. 2)

8 **2** Von der Trennung bis einschließlich der Ebene der Geschäftsleitung kann abgesehen werden, wenn sich die Handelsaktivitäten in ihrer Gesamtheit auf Handelsgeschäfte konzentrieren, die unter Risikogesichtspunkten als nicht wesentlich einzustufen sind (»nicht-risikorelevante Handelsaktivitäten«).

2.1 Stärkere Risikoorientierung

9 Die strikten Regelungen zur Funktionstrennung aus den MaH[5] waren vor allem für kleinere Institute mit beschränkten Ressourcen nicht immer leicht umzusetzen. Bei Instituten mit unter Risikogesichtspunkten überschaubaren Handelsaktivitäten stellte sich in diesem Zusammenhang die Frage nach der Verhältnismäßigkeit der Regelungen. Zwar gab es für sehr kleine Institute mit beschränkten Personalkapazitäten einige Ausnahmen. Diese Ausnahmen waren jedoch an umfangreiche Bedingungen geknüpft[6], so dass in der Praxis nur relativ geringe Spielräume für individuelle Lösungen bestanden.

10 Die Entwicklung der MaRisk wurde von der BaFin zum Anlass genommen, die Regelungen zur Funktionstrennung im Handelsgeschäft wesentlich flexibler und risikoorientierter auszugestalten. Dabei orientierte sich die deutsche Aufsicht weitgehend an den Öffnungsklauseln der MaK, die Ausnahmen von der Trennung der Bereiche Markt und Marktfolge bis einschließlich der Ebene der Geschäftsleitung bei »nicht-risikorelevanten Kreditgeschäften« möglich machten. Diese Öffnungsklauseln im Hinblick auf die Funktionstrennung im Kreditgeschäft sind selbstverständlich auch Gegenstand der MaRisk (→ BTO 1.1 Tz. 4).

2.2 Nicht-risikorelevante Handelsaktivitäten

2.2.1 Einbeziehung aller Handelsaktivitäten

11 Eine Trennung des Bereiches Handel von den Funktionen der Abwicklung und des Risikocontrollings bis einschließlich der Ebene der Geschäftsleitung ist nicht erforderlich, wenn sich die Handelsaktivitäten eines Institutes in ihrer Gesamtheit auf Handelsgeschäfte konzentrieren, die nach Einschätzung der Institute unter Risikogesichtspunkten als nicht wesentlich einzustufen sind. Bei derartigen Geschäften, die in Analogie zur Öffnungsklausel im Kreditgeschäft als »nicht-risikorelevante Handelsaktivitäten« bezeichnet werden, kann demnach von der Funktionstrennung abgesehen werden. Der Begriff »nicht-risikorelevant« ist im Grunde irreführend, da bei nahezu allen Geschäftsaktivitäten der Institute von einer mehr oder weniger hohen Risikorelevanz auszugehen ist. Eigentlich geht es um Geschäftsaktivitäten mit »verhältnismäßig überschaubaren« Risiken. Nachdem jedoch die Formulierung »nicht-risikorelevantes Kreditgeschäft« fest in der

---

5 Vgl. Bundesaufsichtsamt für das Kreditwesen, Mindestanforderungen an das Betreiben von Handelsgeschäften der Kreditinstitute (MaH), Verlautbarung vom 23. Oktober 1995, Abschnitt 4.

6 Vgl. Bundesaufsichtsamt für das Kreditwesen, Erläuterungen zu einzelnen Regelungen der Mindestanforderungen an das Betreiben von Handelsgeschäften der Kreditinstitute (MaH), Rundschreiben 4/1998 vom 8. April 1998, Abschnitt II a).

Begriffswelt von Instituten, Prüfern und Aufsehern verankert war, lag es nahe, eine korrespondierende Bezeichnung für die unter Risikogesichtspunkten als nicht wesentlich einzustufenden Handelsaktivitäten eines Institutes zu wählen.

Allerdings besteht ein grundlegender Unterschied zwischen den Erleichterungen im Kredit- und im Handelsgeschäft. Die Bezeichnung »nicht-risikorelevantes Kreditgeschäft« bezieht sich, abhängig von der individuell festgelegten Risikorelevanzgrenze, auf bestimmte Kreditgeschäfte oder Geschäftsarten, wie z. B. das standardisierte Mengengeschäft. Demnach existieren grundsätzlich vom Institut zu bestimmende »risikorelevante Kreditgeschäfte«, bei denen die strikten Anforderungen an die Funktionstrennung zu beachten sind, und »nicht-risikorelevante Kreditgeschäfte«, bei denen darauf verzichtet werden kann. Insofern können die Kreditgeschäfte eines Institutes in Abhängigkeit von ihrer Risikorelevanz in zwei Gruppen aufgeteilt werden. Als maßgebliche Abgrenzungskriterien kommen z. B. bestimmte Volumina im Zusammenhang mit den Einstufungen im Risikoklassifizierungsverfahren infrage, wobei neben der Bonität des Kreditnehmers auch die Werthaltigkeit ggf. vorhandener Sicherheiten in die Betrachtung einfließen kann (→ BTO 1.1 Tz. 4). **12**

Bei einzelnen Handelsgeschäften ist die Bestimmung der Risikorelevanz jedoch regelmäßig an andere Faktoren als im Kreditgeschäft geknüpft. So unterliegt das Handelsgeschäft stärkeren Schwankungen, die Auswirkungen auf das gesamte Handelsportfolio haben können. Ferner ist das Ausmaß des zu berücksichtigenden Marktpreisrisikos in einem stärkeren Umfang exogen vorgegeben, so dass es im Rahmen der Bestimmung der Risikorelevanz einzelner Handelsgeschäfte wesentlich schwerer Berücksichtigung finden kann. Aus Sicht der BaFin ist es daher problematisch, die Regelungen für Kreditgeschäfte eins zu eins auf Handelsgeschäfte zu übertragen. Umsetzbar ist jedoch ein Ansatz, der sich nicht etwa an einzelnen Handelsgeschäften, sondern an den gesamten Handelsaktivitäten eines Institutes orientiert. Soweit die Handelsaktivitäten in ihrer Gesamtheit als nicht-risikorelevant eingestuft werden, kann auf die Trennung des Handels von den handelsunabhängigen Funktionen bis einschließlich der Ebene der Geschäftsleitung verzichtet werden. In diesem Zusammenhang gilt demnach das Prinzip der Unteilbarkeit der Handelsaktivitäten. **13**

Nimmt ein Institut diese Erleichterung in Anspruch, ist im Hinblick auf die handelsunabhängigen Funktionen eine organisatorische Trennung, also z. B. eine Ansiedlung in unterschiedlichen Stellen, ebenfalls entbehrlich. Da allerdings nicht miteinander vereinbare Tätigkeiten von unterschiedlichen Mitarbeitern durchzuführen sind (→ AT 4.3.1 Tz. 1), dürfen mit dem Handel betraute Mitarbeiter grundsätzlich nicht für handelsunabhängige Funktionen zuständig sein (→ BTO 2.1 Tz. 2, Erläuterung). **14**

2.2.2 Voraussetzungen

In den MaRisk werden verschiedene Voraussetzungen genannt, unter denen im Einzelfall auf die Trennung des Bereiches Handel von den handelsunabhängigen Funktionen bis einschließlich der Ebene der Geschäftsleitung verzichtet werden kann. Soweit die folgenden Voraussetzungen in einer Gesamtbetrachtung erfüllt sind, ist von nicht-risikorelevanten Handelsaktivitäten auszugehen (→ BTO 2.1 Tz. 2, Erläuterung): **15**

- Das Institut nimmt die Erleichterungen des Art. 94 Abs. 1 CRR in Anspruch oder kann sie in Anspruch nehmen (kein Handelsbuchinstitut),
- der Schwerpunkt der Handelsaktivitäten liegt beim Anlagevermögen bzw. der Liquiditätsreserve,
- das Volumen der Handelsaktivitäten ist, gemessen am Geschäftsvolumen, gering,
- die Struktur der Handelsaktivitäten ist einfach, die Komplexität, die Volatilität und der Risikogehalt der Positionen sind gering.

BTO 2.1 Funktionstrennung

16 Die genannten Voraussetzungen müssen nicht kumulativ erfüllt werden. Insofern werden Handelsbuchinstitute nicht von vornherein von dieser Erleichterung ausgeschlossen.[7] Umgekehrt kann allein aus der Tatsache, dass ein Institut kein Handelsbuchinstitut ist, nicht automatisch die Inanspruchnahme der Erleichterungsregelung abgeleitet werden. So können auch diese Institute Handelsgeschäfte betreiben, die zu risikoreichen Positionen im Anlagebuch führen (z.B. bei strukturierten Produkten, risikobehafteten Unternehmensanleihen oder bei komplexen Hedging-Geschäften), so dass die volle Anwendung der Funktionstrennungsregelungen zweckmäßig erscheint.

17 Bei der Frage der Inanspruchnahme der Erleichterung ist letztlich die Gesamtbetrachtung maßgeblich, d.h. die Einschätzung hat im Einzelfall unter Berücksichtigung der genannten Anhaltspunkte und unter deren angemessener Gewichtung zu erfolgen (→ BTO 2.1 Tz. 2, Erläuterung).

18 Die deutsche Aufsicht hält es insbesondere für erforderlich, dass die genannten Kriterien angemessen gewichtet werden. So können einerseits Institute, die unter Berücksichtigung der Kriterien in Art. 94 Abs. 1 CRR formal als Handelsbuchinstitut gelten, ein verhältnismäßig geringes und relativ »risikoarmes« Handelsportfolio aufweisen und folglich durchaus von der Öffnungsklausel Gebrauch machen. Andererseits ist die Eigenschaft als Nichthandelsbuchinstitut kein hinreichender Grund, um per se auf die Funktionstrennung im Handelsgeschäft zu verzichten. Die Aufsicht vertritt die Sichtweise, dass dieses Kriterium ab einem bestimmten Volumen der Handelsaktivitäten ein besonderes Gewicht erlangt und insoweit die anderen Kriterien zwangsläufig stärker in den Hintergrund rücken. Eine feste (relative) Grenze lässt sich dafür allerdings nicht festlegen. Letztlich kommt es jeweils auf eine Einzelfallbetrachtung an.[8] Es ist allerdings nicht auszuschließen, dass insbesondere das Volumenkriterium im Rahmen der siebten MaRisk-Novelle konkretisiert wird. Hintergrund dafür könnten neue Vorgaben für die Behandlung von Direktinvestitionen in Finanzinstrumente mittels Spezialfonds sein, deren Anwendung unter Materialitätsgesichtspunkten auf das Erreichen oder Überschreiten von bestimmten Schwellenwerten abzielt. Dazu gehört auch ein »Institutskriterium«, für das ein Anteil von fünf Prozent der Fondsanlagen an der Bilanzsumme im Gespräch ist (→ BTO 1.2 Tz. 2).[9]

2.3   Einstufung als Handelsbuchinstitut

19 Maßgeblich für die Einstufung als Handelsbuchinstitut sind einschlägige Regelungen in Art. 4 Abs. 1 Nr. 86 CRR zur Abgrenzung von Handels- und Anlagebuch.[10] Nach einer Bagatellregelung in Art. 94 Abs. 1 CRR werden Institute trotz eines grundsätzlich vorhandenen Handelsbuches unter bestimmten Voraussetzungen von der Qualifikation als Handelsbuchinstitut freigestellt. Nach Art. 94 Abs. 1 Satz 1 CRR ist davon auszugehen, dass ein Institut nicht als Handelsbuchinstitut einzustufen ist, wenn der Umfang seiner bilanz- und außerbilanzmäßigen Handelsbuchtätigkeit folgende Bedingungen erfüllt:
– Er liegt i.d.R. unter 5 Prozent der Gesamtaktiva und unter 15 Millionen Euro, und
– er übersteigt nie 6 Prozent der Gesamtaktiva und 20 Millionen Euro.

---

7 Vgl. Bundesanstalt für Finanzdienstleistungsaufsicht, Protokoll der dritten Sitzung des MaRisk-Fachgremiums am 6. März 2007, S. 3.

8 Vgl. Bundesanstalt für Finanzdienstleistungsaufsicht, Protokoll der 23. Sitzung des Gesprächskreises kleiner Institute am 11. September 2013, S. 8 f.

9 Vgl. Sitzung des MaRisk-Fachgremiums am 2. September 2021 (Protokoll lag bei Redaktionsschluss noch nicht vor).

10 Gemäß Art. 4 Abs. 1 Nr. 86 CRR gehören zum »Handelsbuch« alle Positionen in Finanzinstrumenten und Waren, die ein Institut entweder mit Handelsabsicht oder zur Absicherung anderer mit Handelsabsicht gehaltener Positionen laut Art. 104 CRR hält. Das Anlagebuch ergibt sich dann implizit aus der Abgrenzung zum Handelsbuchbegriff.

Bei der Berechnung der Gesamtsumme der bilanz- und außerbilanzmäßigen Geschäfte muss gemäß Art. 94 Abs. 2 CRR für Schuldtitel der Marktpreis oder Nennwert und für Aktien der Marktpreis angesetzt werden. Derivate werden entsprechend dem Nennwert oder Marktpreis der ihnen zugrunde liegenden Instrumente bewertet. Der absolute Wert von Kaufpositionen und der absolute Wert von Verkaufspositionen werden zusammenaddiert.   **20**

Diese auf den ersten Blick einschränkend klingenden Bedingungen lassen es zu, dass zahlreiche Institute in Deutschland nicht als Handelsbuchinstitute eingestuft werden. Sofern die übrigen Kriterien in angemessener Weise berücksichtigt werden, können diese Institute auf die Trennung des Handels bis einschließlich der Ebene der Geschäftsleitung verzichten.   **21**

Auf internationaler und nationaler Ebene wurde viele Jahre über die Praktikabilität des Kriteriums der Handelsabsicht und damit insbesondere über die Abgrenzung zwischen Handels- und Anlagebuch nachgedacht.[11] Die diesbezüglichen Vorschläge vom Baseler Ausschuss für Bankenaufsicht haben mit der Überarbeitung der CRR zu einer objektiveren Zuordnung von Positionen zum Handelsbuch geführt. Damit wurde auch die Umwidmung von Finanzinstrumenten vom Handels- in das Anlagebuch deutlich erschwert, um insbesondere regulatorische Kapitalarbitrage zu verhindern.   **22**

2.4 Abgleich mit den Anforderungen an die Risikocontrolling-Funktion

Im Rahmen der fünften MaRisk-Novelle hat die deutsche Aufsicht ergänzende Vorgaben zur Funktionstrennung von der Risikocontrolling-Funktion formuliert, von denen die speziellen Funktionstrennungsanforderungen des BTO eigentlich unberührt bleiben sollten (→ AT 4.4.1 Tz. 1, Erläuterung). Allerdings ist die Risikocontrolling-Funktion aufbauorganisatorisch bis einschließlich der Ebene der Geschäftsleitung von den Bereichen zu trennen, die für die Initiierung bzw. den Abschluss von Geschäften zuständig sind (→ AT 4.4.1 Tz. 1). Für das Kreditgeschäft wurde ergänzt, dass dazu grundsätzlich auch solche Bereiche zählen, die nicht-risikorelevante Geschäfte initiieren bzw. abschließen (→ AT 4.4.1 Tz. 1, Erläuterung). Allerdings ist bei Instituten mit maximal drei Geschäftsleitern eine aufbauorganisatorische Trennung des Bereiches Markt für nicht-risikorelevante Kreditgeschäfte von der Risikocontrolling-Funktion bis unmittelbar unterhalb der Geschäftsleiterebene in der Regel ausreichend, sofern keine Interessenkonflikte erkennbar sind und keine Konzentration von Verantwortlichkeiten beim betroffenen Geschäftsleiter vorliegt (→ AT 4.4.1 Tz. 1, Erläuterung). Für Institute mit mehr als drei Geschäftsleitern, bei denen folglich eine aufbauorganisatorische Trennung des für das nicht-risikorelevante Kreditgeschäft zuständigen Bereiches von der Risikocontrolling-Funktion bis einschließlich der Geschäftsleiterebene erforderlich ist, fehlt jedoch eine vergleichbare Aussage.   **23**

Mit Bezug auf die nicht-risikorelevanten Handelsaktivitäten hat die deutsche Aufsicht auf eine derartige Einschränkung zwar verzichtet, so dass theoretisch auch bei Instituten mit vier und mehr Geschäftsleitern gewisse Gestaltungsspielräume bestehen. Allerdings ist kaum anzunehmen, dass Institute dieser Größenordnung ihre kompletten Handelsaktivitäten als nicht-risikorelevant einstufen können. Es ist eher davon auszugehen, dass viele dieser Institute signifikante Handelsaktivitäten   **24**

---

11 Vgl. Financial Services Authority, The prudential regime for trading activities – A fundamental review, Discussion Paper 10/4, August 2010; Gebhard, Rüdiger/Reeder, Johannes, Regelungen zu Handelsgeschäften auf dem Prüfstand, in: BaFinJournal, Ausgabe August 2011, S. 14–19; Basel Committee on Banking Supervision, Fundamental review of the trading book: A revised market risk framework, Consultative document, BCBS 265, 31. Oktober 2013; Basel Committee on Banking Supervision, Fundamental review of the trading book: outstanding issues, Consultative document, BCBS 305, 19. Dezember 2014; Basel Committee on Banking Supervision, Standards – Minimum capital requirements for market risk, BCBS 352, 14. Januar 2016.

betreiben, also zu den so genannten »handelsintensiven Instituten« gehören, bei denen auch eine Trennung des Rechnungswesens vom Handel empfohlen wird (→ BTO Tz. 7, Erläuterung).

2.5   Weitere Erleichterungen

25   Die MaRisk sehen noch weitere Erleichterungen vor, welche vor allem für sehr kleine Institute von Bedeutung sind, die nur in geringem Umfang Handelsgeschäfte betreiben. Zunächst kann die ordnungsgemäße Abwicklung der Handelsgeschäfte durch die unmittelbare Einschaltung der Geschäftsleitung sichergestellt werden. Betreibt ein Institut ferner nur in sehr geringem Umfang Handelsaktivitäten, so dass ein einzelner Mitarbeiter nicht ausgelastet wäre, kann der Trennung der Funktionen durch eine vorübergehende Zuordnung anderer Mitarbeiter, die ansonsten nicht mit Handelsgeschäften betraut sind, Rechnung getragen werden. Im Gegensatz zu den Regelungen der MaH[12] sind an diese Erleichterungen keine zusätzlichen Bedingungen geknüpft (→ BTO 2.1 Tz. 2, Erläuterung).

---

12 Vgl. Bundesaufsichtsamt für das Kreditwesen, Mindestanforderungen an das Betreiben von Handelsgeschäften der Kreditinstitute (MaH), Verlautbarung vom 23. Oktober 1995, Abschnitt 4; Bundesaufsichtsamt für das Kreditwesen, Erläuterungen zu einzelnen Regelungen der Mindestanforderungen an das Betreiben von Handelsgeschäften der Kreditinstitute (MaH), Rundschreiben 4/1998 vom 8. April 1998, Abschnitt II a).

BTO 2.2 Anforderungen an die Prozesse im Handelsgeschäft

Der Bereich Handel ist naturgemäß für den Abschluss von Handelsgeschäften zuständig. Zur Minimierung operationeller Risiken müssen dabei vor allem die Konditionen inkl. der Nebenabreden vollständig vereinbart werden (→ BTO 2.2.1 Tz. 1). Diesem Ziel dienen auch die weitgehende Verwendung standardisierter Vertragstexte (→ BTO 2.2.1 Tz. 1), die rechtliche Prüfung von Verträgen (→ BTO 2.2.1 Tz. 8), die grundsätzliche Vereinbarung marktgerechter Bedingungen (→ BTO 2.2.1 Tz. 2), die besonderen Informationspflichten bei Abschlüssen außerhalb der Geschäftsräume (→ BTO 2.2.1 Tz. 3), die Aufzeichnung der Händlergespräche (→ BTO 2.2.1 Tz. 4), die verschiedenen Maßnahmen zur Betrugsprävention (→ BTO 2.2.1 Tz. 6, 9 und 10), die besondere Berücksichtigung von Spätgeschäften (→ BTO 2.2.1 Tz. 7), die Fortschreibung der Bestände sowie die unverzügliche Weiterleitung der maßgeblichen Abschlussdaten an die Abwicklung und Kontrolle (→ BTO 2.2.1 Tz. 5).   **1**

Im Rahmen der Abwicklung werden anschließend nach bestimmten Vorgaben die Geschäftsbestätigungen erstellt und die Abrechnungen ausgefertigt (→ BTO 2.2.2 Tz. 1 und 2). Zudem wird in Abhängigkeit vom gewählten Bestätigungsverfahren ggf. kontrolliert, ob die Gegenbestätigungen unverzüglich eingegangen und vollständig sind (→ BTO 2.2.2 Tz. 2 und 3). Kontrolliert werden muss auch, ob sich die Geschäftsabschlüsse im vorgegebenen Limitrahmen bewegen und der Handel alle relevanten Vorschriften eingehalten hat (→ BTO 2.2.2 Tz. 4 und 5). Gleichzeitig sind die im Handel ermittelten Positionen regelmäßig mit jenen Positionen abzustimmen, die in den nachgelagerten Prozessen und Funktionen geführt werden (→ BTO 2.2.2 Tz. 7). Werden dabei oder allgemein Unstimmigkeiten oder Auffälligkeiten festgestellt, sind diese unverzüglich zu klären (→ BTO 2.2.2 Tz. 6 und 7).   **2**

Schließlich müssen die Handelsgeschäfte einschließlich der Nebenabreden, die zu Positionen führen, unverzüglich im Risikocontrolling abgebildet werden (→ BTO 2.2.3 Tz. 1), um die Risiken aus den Handelsgeschäften angemessen steuern und überwachen zu können (→ BTR 2).   **3**

BTO 2.2.1 Handel

1 Vollständigkeit, Standardisierung und Behandlung interner Geschäfte (Tz. 1)

1

1 Bei Abschluss von Handelsgeschäften müssen die Konditionen einschließlich der Nebenabreden vollständig vereinbart werden. Das Institut hat standardisierte Vertragstexte zu
verwenden, soweit dies in Anbetracht der jeweiligen Geschäftsarten möglich und zweckmäßig ist. Interne Handelsgeschäfte dürfen nur auf der Basis klarer Regelungen abgeschlossen werden.

1.1 Abschluss von Handelsgeschäften

1.1.1 Vereinbarung der Konditionen

2 Beim Abschluss von Handelsgeschäften durch den Händler muss sichergestellt sein, dass die
Konditionen, wie z.B. Kurse, Zinssätze oder Optionspreise, einschließlich der Nebenabreden
vollständig vereinbart werden. Ohne vollständige Vereinbarung der Konditionen können Rechts-
unsicherheiten nicht ausgeschlossen werden. Ferner kann sich das Institut in diesen Fällen nicht
über alle risikorelevanten Aspekte des Geschäftes Klarheit verschaffen. Eine ordnungsgemäße
Abwicklung des Abschlusses wird unter diesen Umständen erheblich erschwert, wenn nicht sogar
unmöglich gemacht. Unvollständige Vereinbarungen sollten spätestens im Rahmen des Bestätigungsverfahrens offengelegt und geklärt werden (→ BTO 2.2.2 Tz. 2). Bei der Klärung derartiger
Unstimmigkeiten ist ggf. die Einschaltung eines vom Handel unabhängigen Bereiches erforderlich.
Dafür kommen z.B. die Abwicklung oder das Risikocontrolling infrage (→ BTO 2.2.2 Tz. 6). Seit
Einführung der EMIR[1] und der zugehörigen Delegierten Verordnung[2] bestehen allerdings Trans-
aktionsmeldepflichten und sind auch regelmäßige Portfolioabstimmungsprozesse erforderlich, so
dass die Vollständigkeit und Richtigkeit der Geschäftskonditionen nicht nur im Rahmen des
Bestätigungsverfahrens geklärt werden.

1.1.2 Berücksichtigung der Nebenabreden

3 Es ist unmittelbar einleuchtend, dass Nebenabreden, die z.B. einen oder beide Geschäftspartner
berechtigen, ein Handelsgeschäft nach Ablauf einer Karenzzeit vorzeitig und ohne Angabe von
Gründen zu beenden, die wirtschaftliche Bedeutung von Handelsgeschäften verändern. Entspre-
chende Klauseln (»Mutual Termination Clauses«, »Optional Early Termination Clauses« bzw.
»Break Clauses«) haben einen optionalen Charakter und schlagen sich grundsätzlich auch in der
Konditionengestaltung nieder. Da sie sich direkt auf die Preisgestaltung auswirken, gelten sie im

---

1 Verordnung (EU) Nr. 648/2012 (EMIR) des Europäischen Parlaments und des Rates vom 4. Juli 2012 über OTC-Derivate,
zentrale Gegenparteien und Transaktionsregister, Amtsblatt der Europäischen Union vom 27. Juli 2012, L 201/20.

2 Delegierte Verordnung (EU) Nr. 149/2013 der Kommission vom 19. Dezember 2012 zur Ergänzung der Verordnung (EU)
Nr. 648/2012 des Europäischen Parlaments und des Rates im Hinblick auf technische Regulierungsstandards für indirekte
Clearingvereinbarungen, die Clearingpflicht, das öffentliche Register, den Zugang zu einem Handelsplatz, nichtfinanzielle
Gegenparteien und Risikominderungstechniken für nicht durch eine CCP geclearte OTC-Derivatekontrakte, Amtsblatt der
Europäischen Union vom 23. Februar 2013, L 52/21–22.

Handel eher als Vertragsbestandteile und nicht als Nebenabreden. Allerdings enthalten die MaRisk keine Definition dazu, was unter Nebenabreden im Handelsgeschäft zu verstehen ist. Zudem ist klar, dass solche Klauseln ebenfalls vollständig berücksichtigt werden müssen. Bei derartigen Nebenabreden im engeren Sinne handelt es sich also um zusätzliche Vereinbarungen zu Handelsgeschäften, die über die Vertragsbestandteile der am Markt üblichen Produkte hinausgehen und sowohl den Rechtscharakter als auch die wirtschaftliche Bedeutung der Handelsgeschäfte verändern.[3] Nebenabreden sind demzufolge z. B.

- Sonderausstattungen bei Wertpapieren, die häufig die Form von Laufzeitverkürzungen haben und zu geldmarktähnlichen Produkten führen,
- Kündigungs- und Wandlungsrechte in originären und derivativen Instrumenten, wie z. B. in Schuldscheinen oder Zinsswaps, die Optionen darstellen,
- Vereinbarungen vorzeitiger Fälligkeit bei Devisentermingeschäften, die ebenfalls Optionscharakter besitzen, und
- Vereinbarungen über abweichende Zahlungswege.

Zu den Nebenabreden im weiteren Sinne zählen insbesondere Absprachen über die Folgen einer Marktstörung oder einer Störung der Geschäftsabwicklung aufgrund höherer Gewalt. Darüber hinaus werden bei Derivaten und Wertpapierfinanzierungsgeschäften auf Aktien Regelungen für so genannte »Corporate Actions« getroffen, die sicherstellen sollen, dass der Geschäftsabschluss z. B. nach einer Umwandlung oder einem Übernahmeangebot mit den neuen Aktien oder – im Falle von wesentlichen Kapitalmaßnahmen des Emittenten – zu veränderten Bedingungen fortgeführt werden kann. Diese Nebenabreden im weiteren Sinne werden i. d. R. als Marktusancen oder durch ausdrücklichen Verweis auf einen bestehenden Rahmenvertrag bzw. eine bereits ausgehandelte »Master Confirmation« implizit in den Geschäftsabschluss einbezogen und erst im Anschluss näher ausformuliert.[4] Dies geschieht z. B. in einem Produktanhang zum Rahmenvertrag oder in einem »Master Confirmation Agreement«, während in der Geschäftsbestätigung i. d. R. nur noch die Aus- oder Abwahl bestimmter Vertragsbausteine formuliert wird. **4**

Nebenabreden können ggf. erhebliche Auswirkungen auf den Risikogehalt der Handelsgeschäfte haben, so dass eine besondere Behandlung der damit verbundenen Geschäfte erforderlich wird. Infrage kommt z. B. eine Überprüfung der rechtlichen Durchsetzbarkeit derartiger Handelsgeschäfte bzw. der Nebenabreden durch die Rechtsabteilung oder eine vom Handel unabhängige Stelle (→ BTO 2.2.1 Tz. 8 i. V. m. BTO Tz. 8). **5**

1.2   Interne Handelsgeschäfte

Für so genannte »interne Handelsgeschäfte« ist eine sinngemäße Einhaltung der Anforderungen an externe Handelsgeschäfte sicherzustellen. Interne Handelsgeschäfte im Sinne der MaRisk sind Geschäfte innerhalb einer Rechtseinheit (»legal entity«), die dazu dienen, Risiken zwischen einzelnen Niederlassungen, Organisationseinheiten oder (Teil-)Portfolios zu transferieren (→ BTO 2.2.1 Tz. 1, Erläuterung). Geschäfte zwischen rechtlich selbständigen Einheiten, wie z. B. zwischen Mutter- und Tochterunternehmen, gelten hingegen als externe Geschäfte, die jeweils über die Anforderungen an die Handelsgeschäfte der Einzelunternehmen zu berücksichtigen sind. **6**

---

3   Vgl. C & L Deutsche Revision, Anforderungen an den Einsatz von Finanzinstrumenten bei Industrieunternehmen, 2. Auflage, Frankfurt a. M., 1998, S. 105.

4   Vgl. Zentraler Kreditausschuss, Stellungnahme zum zweiten offiziellen Entwurf über die Mindestanforderungen an das Risikomanagement (MaRisk) vom 22. November 2005, S. 19 f.

BTO 2.2.1 Handel

Da unter internen Geschäften insofern Geschäfte ohne rechtliche Außenwirkung verstanden werden, sind von dieser Regelung vor allem größere Institute betroffen.

7   Vereinzelt wird in der Fachliteratur die Ansicht vertreten, dass bei internen Handelsgeschäften z.B. die WpHG-Compliance als interner Kontrahent fungieren sollte und auf interne Geschäfte sogar ein höheres Augenmerk geworfen werden müsse, als auf externe Geschäfte. Außerdem sei für interne Geschäfte zwingend die Einholung von Gegenbestätigungen erforderlich.[5] Die Intention der Aufsicht besteht darin, dass die internen Handelsgeschäfte bei der Abwicklung und Kontrolle schlicht nicht vernachlässigt werden. Deshalb wird für interne Geschäfte seit der zweiten MaRisk-Novelle eine sinngemäße Einhaltung der Anforderungen an externe Handelsgeschäfte gefordert. So dürfen diese Geschäfte bspw. nicht bei den Positionsabstimmungen vernachlässigt werden. Außerdem sind angemessene Kontrollprozesse für interne Geschäfte zu etablieren, um Manipulationen und Verstöße gegen die geltenden Vorschriften zu verhindern. Ebenso ist zu kontrollieren, ob die internen Handelsgeschäfte zu marktgerechten Bedingungen abgeschlossen wurden (→ BTO 2.2.2 Tz. 5, Erläuterung). Diese Anforderung besteht bereits seit Veröffentlichung der ersten Fassung der MaRisk im Dezember 2005. Durch den Begriff »sinngemäß« wird verdeutlicht, dass eine komplette Umsetzung der Anforderungen an externe Handelsgeschäfte nicht erforderlich ist. Dies ist vor allem auf Praktikabilitätsgründe zurückzuführen. Im MaRisk-Fachgremium wurde seitens der Aufsicht eingeräumt, dass z.B. ein Bestätigungsverfahren obsolet sei, wenn dieselbe Abwicklungsabteilung für beide Seiten zuständig ist. Insofern gelten die Regelungen für interne Geschäfte nur soweit, wie sie sinnvoll umsetzbar sind. Daraus ergibt sich auch, dass die Organisationsrichtlinien um eventuelle Abweichungen von den Regelungen an externe Handelsgeschäfte ergänzt werden müssen.

1.3   Verwendung standardisierter Vertragstexte

8   Das Institut hat standardisierte Vertragstexte zu verwenden, soweit dies in Anbetracht der jeweiligen Geschäftsarten möglich und zweckmäßig ist. In Anlehnung an die Regelungen im Kreditgeschäft (→ BTO 1.2 Tz. 12) sind grundsätzlich auch im Handel standardisierte Vertragstexte zu verwenden. Da auch im Handelsgeschäft viele Verträge individuell ausgehandelt werden müssen, wurde die relativ offene Formulierung »soweit dies ... möglich und zweckmäßig ist« gewählt. In der Praxis bestehen zwischen den Handelspartnern i.d.R. schriftlich fixierte Rahmenvereinbarungen, in denen die wesentlichen Regelungen für alle dieser Vereinbarung unterliegenden Geschäfte festgelegt sind.

9   Im innerdeutschen Handelsgeschäft finden seit Anfang der neunziger Jahre insbesondere die von der Deutschen Kreditwirtschaft (DK)[6] bzw. ursprünglich vom Zentralen Kreditausschuss (ZKA) entwickelten Deutschen Rahmenverträge (DRV) zur Dokumentation von außerbörslich abgeschlossenen Finanztermin-, Wertpapierdarlehens- und Wertpapierpensionsgeschäften (OTC-Geschäften) Verwendung, die u.a. durch eine Clearing-Rahmenvereinbarung, standardisierte Ergänzungsvereinbarungen[7] und Mustertexte für Bestätigungen komplettiert werden. Die Deut-

---

5   Vgl. Eberl, Holger, Neue Vorgaben für Prozesse im Handelsgeschäft, in: Pfeifer, Guido/Ullrich, Walter (Hrsg.), MaRisk-Interpretationshilfen, 2. Auflage, Heidelberg, 2009, S. 232 ff.

6   Die Deutsche Kreditwirtschaft (DK) ist als Zusammenschluss des Bundesverbandes der Deutschen Volksbanken und Raiffeisenbanken (BVR), des Bundesverbandes deutscher Banken (BdB), des Bundesverbandes Öffentlicher Banken Deutschlands (VÖB), des Deutschen Sparkassen- und Giroverbandes (DSGV) und des Verbandes deutscher Pfandbriefbanken (vdp) die Interessenvertretung der kreditwirtschaftlichen Spitzenverbände. Sie ist im August 2011 aus dem Zentralen Kreditausschuss (ZKA) hervorgegangen und führt dessen Arbeit fort.

7   Dazu gehören u.a. eine Mantelvereinbarung für Finanzgeschäfte mit Kapitalverwaltungsgesellschaften, Zusatzvereinbarungen zu Referenzwerten, die auf die Ablösung von EONIA und IBOR zurückzuführen sind, und Zusatzvereinbarungen zur vertraglichen Anerkennung von Abwicklungsmaßnahmen.

schen Rahmenverträge dienen gleichzeitig als Grundlage für die bankaufsichtliche Anerkennung von bilateralen Nettingvereinbarungen (vgl. Art. 295 bis 297 CRR). Sie können zwar grundsätzlich auch im grenzüberschreitenden Geschäftsverkehr verwendet werden, zumal sie mit dem Ziel einer möglichst starken Harmonisierung mit den international gebräuchlichen Regelungen permanent überarbeitet werden. Für internationale Geschäftsabschlüsse stehen alternativ aber auch die Rahmenverträge der europäischen Bankenverbände, die so genannten »European Master Agreements« (EMA), oder der International Swaps and Derivatives Association (ISDA), die so genannten »ISDA Master Agreements«, zur Verfügung.[8] Zusätzlich existiert in Deutschland bereits seit 2007 eine Mantelvereinbarung, die speziell für Finanzgeschäfte mit Kapitalanlagegesellschaften sowie die von ihnen verwalteten Sondervermögen gemäß dem damaligen § 34 Investmentgesetz (InvG) entwickelt wurde. Seit das Investmentgesetz im Rahmen der Umsetzung der AIFM-Richtlinie in nationales Recht am 22. Juli 2013 durch das Kapitalanlagegesetzbuch (KAGB) ersetzt wurde, gilt diese Mantelvereinbarung für Finanzgeschäfte mit Kapitalverwaltungsgesellschaften. Von der Mantelvereinbarung werden grundsätzlich alle genannten Geschäfte berücksichtigt, die entweder von den Deutschen Rahmenverträgen oder den European Master Agreements erfasst werden.

Geschäfte, die z. B. über die Börse oder etablierte Wertpapierleihsysteme abgeschlossen werden, **10** unterliegen den dafür jeweils geltenden besonderen Bedingungen. Zu nennen sind etwa die Sonderbedingungen für Termingeschäfte, denen grundsätzlich auch außerbörsliche Geschäfte mit Devisen und Edelmetallen unterliegen.[9] Nicht zuletzt vor diesem Hintergrund wurde von der deutschen Aufsicht im MaRisk-Fachgremium eingeräumt, dass z. B. Devisengeschäfte nicht von den Anforderungen zur Verwendung standardisierter Vertragstexte betroffen sind.

Im Grunde findet also die Standardisierung der Verträge im Handelsgeschäft vornehmlich über **11** die jeweiligen Rahmenvereinbarungen statt. Allerdings werden die wirtschaftlichen Daten der einzelnen Geschäfte bei Geschäftsabschluss gesondert vereinbart, teilweise sogar nur mündlich. Die deutsche Aufsicht war deshalb nicht bereit, die Anforderung zur Verwendung standardisierter Vertragstexte allein auf Rahmenvereinbarungen einzuschränken. Für sämtliche mit dem Handelsgeschäft verbundenen Vertragstexte (d. h. einschließlich der Geschäftsbestätigungen) sollen einheitliche Vorgaben gemacht werden. Durch diese Standardisierung soll insbesondere sichergestellt werden, dass hausintern gleiche Maßstäbe gelten, die erforderlichen Abschlussdaten vollständig in das Vertragswerk einfließen und sich keine vermeidbaren Rechtsrisiken ergeben.

---

8 Die International Swaps and Derivatives Association (ISDA) hat z. B. im Jahr 1992 einen standardisierten Vertrag für Kontrahenten am Markt für OTC-Derivate veröffentlicht (»ISDA Master Agreement«, wahlweise mit New Yorker oder englischem Recht), der 2002 sowie zuletzt aus Anlass des Brexits (irisches, französisches Recht) überarbeitet wurde.

9 Diese Sonderbedingungen werden in der Praxis mittlerweile allerdings kaum noch verwendet, weil sie z. B. keinen EMIR-Anhang enthalten. Außerdem existieren mit der Clearing-Rahmenvereinbarung und den Deutschen Rahmenverträgen besser geeignete Alternativen.

2 Ausnahmen von marktgerechten Bedingungen (Tz. 2)

12

2 Handelsgeschäfte zu nicht marktgerechten Bedingungen sind grundsätzlich unzulässig. Ausnahmen hiervon sind im Einzelfall möglich, wenn

a) sie auf Kundenwunsch erfolgen, sachlich begründet sind und die Abweichung von den marktgerechten Bedingungen aus den Geschäftsunterlagen deutlich ersichtlich ist,

b) sie aufgrund von internen Vorgaben erfolgen, die die Geschäftsarten, den Kundenkreis, den Umfang und die Ausgestaltung dieser Handelsgeschäfte festlegen und

c) sie bei entsprechender Bedeutung an die Geschäftsleitung berichtet werden.

2.1 Bedeutung marktgerechter Bedingungen

13 Durch den Abschluss von Handelsgeschäften zu nicht marktgerechten Bedingungen können willkürlich Gewinne in andere Rechnungslegungsperioden bzw. zwischen Geschäftspartnern verlagert oder Geschäfte in betrügerischer Weise verfälscht werden. Der Abschluss von Geschäften zu nicht marktgerechten Bedingungen führt insoweit nicht nur zu Verzerrungen bei der internen Ergebnisermittlung, sondern beeinträchtigt auch die Aussagekraft der Ergebnisse des externen Rechnungswesens, so dass der Jahresabschluss bei derartigen Konstellationen im Ergebnis die tatsächliche Vermögenslage des Institutes nicht mehr angemessen widerspiegelt.[10] Die Forderung nach marktgerechten Bedingungen leistet somit auch einen Beitrag zur Funktionsfähigkeit der Kapitalmärkte.

14 Geschäftsabschlüsse zu nicht marktgerechten Bedingungen sind daher grundsätzlich unzulässig. Zur Sicherstellung dieses Grundsatzes sind von den Instituten geeignete Kontrollen einzurichten (→ BTO 2.2.2 Tz. 4 lit. d). Der Marktgerechtigkeitskontrolle können in Abhängigkeit von der Art der Handelsgeschäfte unterschiedliche Verfahrensweisen zugrunde liegen (→ BTO 2.2.2 Tz. 5 Satz 1). Bei Abweichungen von marktgerechten Bedingungen besteht darüber hinaus grundsätzlich eine unverzügliche Berichtspflicht gegenüber dem für die Marktgerechtigkeitskontrolle zuständigen Geschäftsleiter (→ BTO 2.2.2 Tz. 5 Satz 2).

2.2 Voraussetzungen für Ausnahmen

15 Im Einzelfall besteht die Möglichkeit, unter bestimmten Voraussetzungen vom Erfordernis marktgerechter Bedingungen abweichen zu können. Eine derartige Ausnahme, die sich jedoch nur auf die Prolongation von Devisentermin- oder -optionsgeschäften zum Kurs bzw. Basispreis des ursprünglichen Geschäftes bezog (»alte Kursbasis« oder »historical rate rollover«), sahen bereits die MaH vor.[11] Mit dieser Sonderregelung trug die Bankenaufsicht Mitte der neunziger Jahre den besonderen Wünschen von Firmenkunden Rechnung, die im Export- bzw. Importgeschäft tätig sind. Für solche Firmenkunden kann es nachvollziehbare Gründe geben, bei einem Institut z.B.

---

10 Vgl. Deutsche Bundesbank, Mindestanforderungen an das Betreiben von Handelsgeschäften der Kreditinstitute, in: Monatsbericht, März 1996, S. 59; KPMG, Financial Instruments, 2. Auflage, Frankfurt a.M., 1995, S. 80f.

11 Vgl. Bundesaufsichtsamt für das Kreditwesen, Mindestanforderungen an das Betreiben von Handelsgeschäften der Kreditinstitute (MaH), Verlautbarung vom 23. Oktober 1995, Abschnitte 2.5 und 6.2.

für eine Prolongation von Devisentermingeschäften auf alter Kursbasis vorstellig zu werden, wie z. B. ein verspäteter Eingang von Fremdwährungszahlungen beim Exporteur aus Waren- oder Dienstleistungsgeschäften oder Verzögerungen beim Transport, die zu verspäteten Wareneingängen führen.[12] Bei einer dauerhaften, vertrauensvollen Geschäftsbeziehung wird sich das Institut solchen Anliegen nur schwer entziehen können, ohne das Wegfallen des Devisengeschäftes oder gar eine Schwächung der Kundenbeziehung in Kauf nehmen zu müssen, sofern der Kunde akzeptable Gründe für die Verlängerung glaubhaft machen kann. Dabei ist natürlich immer abzuwägen, welche Risiken für das Institut mit dieser Praxis verbunden sind. Besteht im Institut z. B. der Verdacht auf Bilanzfälschung oder Steuerhinterziehung durch den Kunden, so wird das Institut auf die Fortsetzung der Geschäftsbeziehung keinen großen Wert mehr legen. Es empfiehlt sich deshalb, für derartige Situationen klare interne Vorgaben zu machen. Diese könnten z. B. darauf hinauslaufen, die Verlängerung von einem Nachweis des Grundgeschäftes abhängig zu machen oder zeitlich zu begrenzen.

Allerdings waren im Hinblick auf die Anwendung der Ausnahmeregelung aus den MaH diverse Bedingungen zu erfüllen. Insbesondere musste der Prolongation nachweislich ein Waren- oder Dienstleistungsgeschäft zugrunde liegen[13], was in der Praxis Probleme bereitete. So gab es Fälle, in denen die vom Kunden erwünschte Prolongation auf alter Kursbasis ausschließlich durch die Verzögerung eines internen Projektes, wie z. B. der Entwicklung neuer Software, motiviert war und insoweit der Nachweis einer konkreten externen Leistungsbeziehung nicht oder nur mit großen Schwierigkeiten erbracht werden konnte. Von Seiten der Praxis wurde zudem der Wunsch geäußert, die Ausnahmeregelung auf andere Kundengeschäfte auszuweiten, wie z. B. auf Derivate in Waren, einschließlich Wetter-, Strom- und CO_2-Emissionsrechte.[14] Die BaFin hat diese besonderen Umstände zum Anlass genommen, die Ausnahmeregelung weiter zu fassen und die daran geknüpften Bedingungen für Abschlüsse zu nicht marktgerechten Bedingungen abstrakter zu formulieren. An dieser Stelle sei ausdrücklich darauf hingewiesen, dass jeweils alle der genannten Bedingungen zu erfüllen sind, um die Erleichterung in Anspruch nehmen zu können. Die Berichtspflicht gegenüber dem für die Marktgerechtigkeitskontrolle zuständigen Geschäftsleiter besteht in diesen Fällen nicht (→ BTO 2.2.2 Tz. 5).

2.2.1 Kundenwunsch und sachliche Begründung

Abschlüsse von Handelsgeschäften zu nicht marktgerechten Bedingungen sind zunächst nur möglich, wenn sie auf Kundenwunsch erfolgen. Der Begriff »Kunde« wird nicht weiter definiert. Nach den MaH durfte der Kunde allerdings nicht die Kreditinstitutseigenschaft besitzen.[15] Diese Einschränkung des Kundenbegriffes wird daher in der Prüfungspraxis auch für die MaRisk Geltung beanspruchen. Die Ausnahme muss ferner sachlich begründet werden. Sachliche Gründe liegen z. B. dann vor, wenn ein zeitlich verspäteter Eingang (Ausgang) von Fremdwährungszahlungen beim Exporteur (Importeur) aus Warengeschäften oder Dienstleistungen vorliegt oder wenn es zu den bereits erwähnten Verzögerungen bei internen Projekten des Kunden kommt.

---

12 Vgl. C & L Deutsche Revision, Anforderungen an den Einsatz von Finanzinstrumenten bei Industrieunternehmen, 2. Auflage, Frankfurt a. M., 1998, S. 171 ff.

13 Vgl. Bundesaufsichtsamt für das Kreditwesen, Mindestanforderungen an das Betreiben von Handelsgeschäften der Kreditinstitute (MaH), Verlautbarung vom 23. Oktober 1995, Abschnitt 6.2 c).

14 Vgl. Bundesverband deutscher Banken, Stellungnahme für die zweite Sitzung des MaRisk-Fachgremiums im Rahmen des Konsultationsverfahrens vom 19. bis 20. Mai 2005, S. 6 f.

15 Vgl. Bundesaufsichtsamt für das Kreditwesen, Mindestanforderungen an das Betreiben von Handelsgeschäften der Kreditinstitute (MaH), Verlautbarung vom 23. Oktober 1995, Abschnitt 6.2 b).

2.2.2 Dokumentation

18 Grundsätzlich wird auch gefordert, dass die Abweichung von den marktgerechten Bedingungen aus den Geschäftsunterlagen deutlich ersichtlich sein muss. Diese Abweichung ergibt sich allerdings bereits aus der Offenlegung gegenüber dem Kunden in der Geschäftsbestätigung (z. B. mittels Kennzeichnung oder Kürzel »AKB« für »alte Kursbasis«). Sie dient der Transparenz, dass nach übereinstimmender Willensäußerung der Kontrahenten von marktgerechten Bedingungen abgewichen wird. Dadurch wird u. a. sichergestellt, dass auch die i. d. R. handelsunabhängigen Kontrollinstanzen beim Kunden über die Abweichung von marktgerechten Konditionen informiert werden und somit Manipulationen durch Händler des Kunden ausgeschlossen sind.

19 Soweit sich nach Abschluss des Geschäftes Streitigkeiten zwischen dem Kunden und dem Institut ergeben sollten, kann das Institut also auch auf Basis der Geschäftsbestätigung die Richtigkeit des Abschlusses und die bewusste Abweichung von marktgerechten Bedingungen gegenüber dem Kunden nachweisen. Da die Geschäftsbestätigung von der Abwicklung an den Kunden zu senden ist (→ BTO 2.2.2 Tz. 2 Satz 1), wird zudem sichergestellt, dass ein handelsunabhängiger Bereich in den Prozess eingebunden ist.

20 Darüber hinaus ist der unverzügliche Eingang der vom Kunden einzufordernden Gegenbestätigung durch die Abwicklung des Institutes zu überwachen (→ BTO 2.2.2 Tz. 2 Satz 4). Die Gegenbestätigung erhöht die rechtliche Sicherheit hinsichtlich der Richtigkeit des Abschlusses. Durch die Erstellung und den Versand der Gegenbestätigung dokumentiert der Kunde zudem sein Einverständnis mit den nicht marktgerechten Bedingungen. Hinzuweisen ist auf die unter Umständen auftretende Schwierigkeit, von Kunden überhaupt Gegenbestätigungen zu erhalten, worauf das Institut im Zweifel keinen oder nur einen sehr geringen Einfluss hat. In diesem Fall muss die Verifizierung auf andere geeignete Weise erfolgen.

21 Insofern ergibt sich die geforderte Dokumentation der Abweichung von marktgerechten Bedingungen in den Geschäftsunterlagen bereits aus der Geschäftsbestätigung. Die Aufsicht hat deshalb im Rahmen der sechsten MaRisk-Novelle klargestellt, dass dieser Dokumentation i. d. R. auch durch die Offenlegung gegenüber dem Kunden in der Geschäftsbestätigung Rechnung getragen werden kann (→ BTO 2.2.1 Tz. 2, Erläuterung).

2.2.3 Interne Vorgaben

22 Der Abschluss von Geschäften zu nicht marktgerechten Bedingungen ist lediglich auf der Basis interner Vorgaben (wie z. B. einer entsprechenden internen Richtlinie) möglich. Konkret festzulegen sind
– die Geschäftsarten,
– der Kundenkreis sowie
– der Umfang und die Ausgestaltung der Handelsgeschäfte.

23 Durch diese Vorgaben wird ein klarer Rahmen für die Mitarbeiter gesetzt, innerhalb dessen Abschlüsse zu nicht marktgerechten Bedingungen möglich sind. Es ist zweckmäßig, die internen Vorgaben in den Organisationsrichtlinien zu verankern.

2.2.4 Berichterstattung an die Geschäftsleitung

24 Schließlich ist es erforderlich, dass die Geschäftsleitung über den Abschluss von Handelsgeschäften zu nicht marktgerechten Bedingungen unterrichtet wird. Diese Notwendigkeit ergibt sich

jedoch nur bei Abschlüssen von entsprechender Bedeutung. Da die Umschreibung »von entsprechender Bedeutung« in den MaRisk nicht weiter erläutert wird, liegt es im Ermessen des Institutes, diesen Begriff auf sachgerechte Weise zu präzisieren. Gegebenenfalls kann es für diese Zwecke sinnvoll sein, dass das Institut interne Kriterien formuliert, die maßgeblich für die Unterrichtung der Geschäftsleitung sind. Derartige Kriterien können sich z.B. auf konkrete Volumina oder bestimmte Geschäftsarten beziehen und sollten als Bestandteil der internen Vorgaben in den Organisationsrichtlinien niedergelegt werden. Soweit die Unterrichtung der Geschäftsleitung erforderlich ist, kann diese z.B. durch die Abwicklung erfolgen. Auch die Einbeziehung des Risikocontrollings kann ggf. sinnvoll sein.[16]

Sofern die Risikocontrolling-Funktion im Institut ohnehin für die Kontrolle der Marktgerechtigkeit zuständig ist und insofern auch über die begründeten Ausnahmen von marktgerechten Bedingungen informiert werden muss, erfolgt deren Einbindung automatisch. Diese Aufgabenzuordnung ist durchaus zulässig, da formal betrachtet zwar zwischen den Funktionen, die der Überwachung und Kommunikation der Risiken dienen (Risikocontrolling), und den Funktionen, die der Abwicklung und Kontrolle der Handelsgeschäfte dienen, unterschieden wird (→ BTO Tz. 2). Allerdings wird dafür weder eine Funktionstrennung noch eine anderweitige Abgrenzung gefordert.

25

---

16 Vgl. Eberl, Holger, MaRisk und die Organisation des Kredit- und Handelsgeschäfts, in: Pfeifer, Guido/Ullrich, Walter/ Wimmer, Konrad (Hrsg.), MaRisk-Umsetzungsleitfaden, Heidelberg, 2006, S. 205.

3 Abschlüsse außerhalb der Geschäftsräume (Tz. 3)

26 **3** Geschäftsabschlüsse außerhalb der Geschäftsräume sind nur im Rahmen interner Vorgaben zulässig. Dabei sind insbesondere die Berechtigten, der Zweck, der Umfang und die Erfassung festzulegen. Für Handelsgeschäfte, die nicht direkt in einem Abwicklungs- oder Bestätigungssystem der Bank erfasst werden, ist vom Kontrahenten eine unverzügliche Bestätigung in geeigneter Form (z.B. schriftlich oder elektronisch) zu verlangen. Diese Handelsgeschäfte sind vom Händler unverzüglich in geeigneter Form dem eigenen Institut anzuzeigen. Sämtliche Geschäftsabschlüsse außerhalb der Geschäftsräume sind besonders zu kennzeichnen und spätestens am auf den Geschäftsabschluss folgenden Geschäftstag dem zuständigen Geschäftsleiter bzw. einer von ihm autorisierten Organisationseinheit, anhand von geeigneten Berichten, zur Kenntnis zu bringen.

3.1 Vermeidung operationeller Risiken

27 Der Abschluss von Handelsgeschäften erfolgt bisher regelmäßig in den Geschäftsräumen des Institutes oder in institutseigenen Büros an wichtigen Börsenplätzen, die ebenfalls als Geschäftsräume angesehen werden. Aufgrund von plötzlichen Marktentwicklungen, die ein unverzügliches Handeln erforderlich machen, kann es jedoch notwendig sein, dass Handelsgeschäfte außerhalb der Geschäftsräume abgeschlossen werden (so genannte »Off Premises Deals«). Infrage kommt z.B. die private Wohnung des Händlers (»Homeoffice«). Derartige Abschlüsse sind unter bestimmten Umständen nicht unproblematisch. Insbesondere wenn der Händler zum Zeitpunkt des Geschäftsabschlusses außerhalb der Infrastruktur des Institutes agiert, ist die Wirksamkeit bestimmter Kontrollmechanismen ggf. eingeschränkt. Dies betrifft z.B. die ordnungsgemäße Erfassung und Dokumentation des Handelsgeschäftes sowie dessen Abwicklung und Berücksichtigung in den Risikosteuerungs- und -controllingprozessen. Dadurch kann nicht nur die Fehleranfälligkeit erhöht werden. Auch der Spielraum für mögliche Manipulationen durch den Händler wird tendenziell vergrößert.

28 Deshalb sind Geschäftsabschlüsse außerhalb der Geschäftsräume derzeit eher die Ausnahme. Sofern dem Handel eine derartige Möglichkeit eingeräumt wird, sollten die Fehleranfälligkeit und die Möglichkeit von Manipulationen durch klare interne Vorgaben zumindest beschränkt werden.

3.2 Interne Vorgaben

29 Geschäftsabschlüsse außerhalb der Geschäftsräume sind nur im Rahmen interner Vorgaben möglich. Folgende Aspekte sind dabei zu berücksichtigen:
- Es ist festzulegen, welche Händler zum Abschluss von Handelsgeschäften außerhalb der Geschäftsräume berechtigt sind.
- Der Zweck ist festzulegen, d.h. warum und zu welchem Anlass dürfen solche Geschäfte abgeschlossen werden. Durch eine möglichst klare Beschreibung des Zweckes soll vor allem vermieden werden, dass Geschäftsabschlüsse außerhalb der Geschäftsräume zum Normalfall werden.

– Es muss ersichtlich sein, bis zu welcher Höhe Geschäfte außerhalb der Geschäftsräume maximal abgeschlossen werden dürfen.

– Es muss deutlich werden, wie solche Geschäfte zu erfassen sind. Bei der Erfassung der Geschäftsabschlüsse außerhalb der Geschäftsräume sollten an die Abschlussdaten grundsätzlich die gleichen Anforderungen gestellt werden, wie es bei Abschlüssen in den Geschäftsräumen der Fall ist. Damit können Schwierigkeiten bei der Abwicklung derartiger Geschäfte vermieden werden.

– Sofern die Geschäfte nicht direkt in einem Abwicklungs- oder Bestätigungssystem des Institutes erfasst werden, ist sicherzustellen, dass der Händler vom Kontrahenten eine unverzügliche Bestätigung in geeigneter Form (z. B. schriftlich oder elektronisch) verlangt, die unverzüglich dem eigenen Institut anzuzeigen ist. Grundsätzlich sind Handelsgeschäfte ohnehin unverzüglich in geeigneter Form (z. B. schriftlich oder elektronisch) zu bestätigen. Ebenso ist der unverzügliche Eingang der Gegenbestätigung zu überwachen. Fehlende bzw. unvollständige Gegenbestätigungen sind unverzüglich zu reklamieren, es sei denn, es handelt sich um ein Handelsgeschäft, das in allen Teilen ordnungsgemäß erfüllt ist (→ BTO 2.2.2 Tz. 2). Dabei ist es unerheblich, ob diese Geschäfte innerhalb oder außerhalb der Geschäftsräume abgeschlossen wurden.

– Darüber hinaus ist zu gewährleisten, dass Geschäftsabschlüsse außerhalb der Geschäftsräume besonders gekennzeichnet und spätestens am auf den Geschäftsabschluss folgenden Geschäftstag dem zuständigen Geschäftsleiter bzw. einer von ihm autorisierten Organisationseinheit anhand von geeigneten Berichten zur Kenntnis gegeben werden. Die deutsche Aufsicht hatte zunächst auch eine unverzügliche Information des zuständigen Geschäftsleiters gefordert. Mit der geänderten Formulierung ist sie der Kreditwirtschaft aus praktischen Erwägungen entgegengekommen, indem nunmehr auch die Generierung entsprechender Berichte über Nacht ermöglicht wird.

Es bietet sich an, dass das Institut die internen Vorgaben zu Geschäftsabschlüssen außerhalb der Geschäftsräume in Arbeitsanweisungen niederlegt, die Bestandteil der Organisationsrichtlinien sind. **30**

3.3 Geänderte Situation

Die Bankenaufsicht hat sich in der Vergangenheit kritisch zu Abschlüssen außerhalb der Geschäftsräume geäußert, was vor allem auf Sicherheitsbedenken zurückzuführen war. So wurden gemäß den im Jahr 1995 veröffentlichten Mindestanforderungen an das Betreiben von Handelsgeschäften (MaH), die nahezu unverändert in den MaRisk enthalten sind, nicht nur klare Vorgaben für derartige Geschäftsabschlüsse gefordert, sondern Geschäfte von fremden Händler- oder Maklerbüros sogar explizit verboten.[17] **31**

Allerdings haben sich die technischen und organisatorischen Möglichkeiten der Institute seitdem deutlich weiterentwickelt. Die ursprünglich geforderten Sicherungsmaßnahmen für den Abschluss von Handelsgeschäften sind mittlerweile auch im Homeoffice umsetzbar. Der Zugang zu den Handelssystemen ist aus dem Homeoffice bereits genauso realisierbar wie aus einem dedizierten Handelsraum. Unter anderem ist es einem Händler aus dem Homeoffice über Laptop und VPN-Chanel möglich, den Arbeitsplatz in den Geschäftsräumen mit Hilfe von Fernsteuerungs- **32**

17 Vgl. Bundesaufsichtsamt für das Kreditwesen, Mindestanforderungen an das Betreiben von Handelsgeschäften der Kreditinstitute (MaH), Verlautbarung vom 23. Oktober 1995, Abschnitt 2.4.

software zu starten bzw. sich mittels sicherer Verbindungen in das Unternehmensnetzwerk einzuwählen und unmittelbar auf die dort vorhandenen Daten und Programme, wie z. B. das Handelssystem, zuzugreifen. Dabei kann die Aufzeichnung der Händlergespräche an den Remote-Zugriff auf seinen Arbeitsplatz gekoppelt werden, wenn die technischen Möglichkeiten dafür vorhanden sind. Die Kommunikation mit den Handelspartnern im Rahmen der Anbahnung und des Abschlusses von Handelsgeschäften kann über elektronische Kommunikationsmedien wie Bloomberg-Chat (mit automatischer Aufzeichnungsfunktion) oder vergleichbare Anbieter elektronischer Plattformen (mit automatischer und aufgezeichneter Chat-Funktion) oder über aufgezeichnete Telefongespräche abgewickelt werden. Auch ist es möglich, die Geschäftsabschlüsse über Diensthandys bzw. Softphones ebenso aufzuzeichnen wie bei Nutzung der Telefonanlage in den Geschäftsräumen. Außerdem werden Handelsabschlüsse vermehrt vollständig über elektronische Handelsplattformen wie Eurex Repo oder Bloomberg MTF durchgeführt.

33   Nach Einschätzung der Deutschen Kreditwirtschaft (DK) sind die ordnungsgemäße Erfassung und Dokumentation der Handelsgeschäfte sowie deren Abwicklung und Berücksichtigung in den Risikosteuerungs- und -controllingprozessen sichergestellt, sofern die im Homeoffice abgeschlossenen Geschäfte automatisiert im Banksystem erfasst werden und somit keine prozessualen bzw. systemseitigen Abweichungen gegenüber dem Abschluss von Geschäften innerhalb der Geschäftsräume bestehen. Folglich sollten Geschäftsabschlüsse im Homeoffice zugelassen werden, wenn diese Geschäfte direkt in den relevanten Systemen erfasst und alle geforderten Sicherungsmaßnahmen und Kontrollen angemessen realisiert werden können.[18]

3.4   Homeoffice in Krisenzeiten

34   Die deutsche Aufsicht steht Homeoffice-Lösungen eher noch skeptisch gegenüber. Sie befürchtet organisatorische und technische Probleme, wenn Handelstätigkeiten außerhalb der Geschäftsräume ausgeübt werden. Allerdings hält sie es durchaus für vertretbar und vom Wortlaut der MaRisk auch gedeckt, die strengen Regeln zu Geschäftsabschlüssen im Handelsraum vorübergehend krisenbedingt für eine Homeoffice-Regelung zu lockern. Bei fehlender Zugangsmöglichkeit zu Büro- und Handelsräumen ist es schlicht erforderlich, eine Alternative zu schaffen, um den Geschäftsbetrieb aufrecht erhalten zu können. Die Institute sollten dafür während der COVID-19-Pandemie alle geforderten Sicherungsmaßnahmen und Kontrollen elektronisch realisieren. Soweit dies kurzfristig nicht möglich war, sollten bestmögliche Ersatzverfahren angestrebt werden. Die BaFin hat klargestellt, dass sie während der Krise entsprechende Verstöße nicht beanstanden wird. Dieses Zugeständnis hält sie als Teil eines Notfallkonzeptes in Krisensituationen sogar für erforderlich.[19]

3.5   Homeoffice in normalen Zeiten

35   Ob in Zukunft Homeoffice-Lösungen auch unter normalen Bedingungen als Standard angesehen werden können, steht noch in den Sternen. Ein erster Schritt in diese Richtung könnte darin bestehen, dass die Institute auf teure Ersatzlösungen für den Notfall verzichten, weil sich das

---

18 Vgl. Deutsche Kreditwirtschaft, BaFin-Konsultation 14/2020 – Mindestanforderungen an das Risikomanagement, Stellungnahme vom 4. Dezember 2020, S. 34.

19 Vgl. Bundesanstalt für Finanzdienstleistungsaufsicht, Regelmäßig aktualisierte »FAQ« zu aufsichtlichen und regulatorischen Maßnahmen als Reaktion auf COVID-19, Internetseite der BaFin, Rubrik Governance, abgerufen am 15. März 2021.

Homeoffice in der COVID-19-Pandemie bewährt hat. Darüber hinaus geht es aber auch um die Frage, welche Raumkonzepte von den Instituten für die Zukunft angestrebt werden. In diese Überlegungen fließen nicht nur betriebswirtschaftliche Gesichtspunkte ein, sondern auch geänderte Vorstellungen der Mitarbeiter von ihrer Arbeitsumgebung. Die Deutsche Kreditwirtschaft (DK) hat z. B. darauf hingewiesen, dass ein modernes, digital unterstütztes Arbeitsumfeld mit flexiblen Arbeitszeiten und -orten zunehmend zu einem entscheidenden Wettbewerbsfaktor bei der Rekrutierung junger qualifizierter Mitarbeiter im Rahmen der langfristigen personellen Zukunftssicherung der Institute wird. Außerdem können sowohl Feiertagsarbeit als auch Schichtdienst bis spät in den Abend, soweit arbeitsrechtlich zulässig, genauso gut im Homeoffice erledigt werden.[20] Die DK wird das Thema jedenfalls bei der nächsten Gelegenheit wieder aufgreifen.

Die deutsche Aufsicht ist derzeit noch zurückhaltend, weil es im Homeoffice ihrer Ansicht nach mehr Möglichkeiten für Missbrauchstatbestände gibt. Im Wesentlichen nennt sie drei Gründe, warum sie Homeoffice-Lösungen noch skeptisch gegenübersteht: ungeklärte Stabilitäts- bzw. Sicherheitsfragen der IT, der besondere Schutz der Handelsräume im Gegensatz zum Homeoffice sowie die fehlende soziale Kontrolle. So kann z. B. in Wohngemeinschaften nicht kontrolliert werden, wer dem Händler in den privaten Räumen alles über die Schulter schaut. Insgesamt sieht sich die Aufsicht mit dem Problem konfrontiert, dass sie zu den Privatwohnungen der Händler keinen Zugang hat und insofern dort auch nicht prüfen kann. Die BaFin wollte daher zunächst über das gemeinsame Netzwerk der EZB und der nationalen Aufsichtsbehörden nachfragen, ob es in anderen europäischen Ländern vergleichbare Beschränkungen gibt. Grundsätzlich sollte dieses Thema aus ihrer Sicht auf europäischer Ebene einheitlich geregelt werden. Unabhängig davon finden dazu aber bereits bilaterale Gespräche mit der Kreditwirtschaft statt. Zuletzt hat die deutsche Aufsicht bestätigt, dass die Möglichkeiten, unter bestimmten Voraussetzungen das Homeoffice im Handelsgeschäft zu nutzen, weiter geprüft werden. Damit ist allerdings in erster Linie nicht das tägliche Geschäft gemeint, sondern die Nutzung in speziellen Situationen (Notfallarbeitsplätze, Feierabendtätigkeit etc.).[21] Mittlerweile kann festgestellt werden, dass mit der Nutzung des Homeoffice während der Pandemie zu Handelszwecken offenbar keine besonderen (zusätzlichen) Risiken verbunden waren. Da eine entsprechende Vorgehensweise in anderen Ländern (z. B. Großbritannien) unter bestimmten Voraussetzungen schon gestattet wird, ist mit einer Überarbeitung der bisherigen Vorgaben im Rahmen der siebten MaRisk-Novelle zu rechnen. Sofern das Homeoffice zukünftig für Handelszwecke (eingeschränkt) anerkannt wird, sollte auch darüber nachgedacht werden, welchem Zweck die besondere Kennzeichnungspflicht eigentlich dient und ob sie in diesem Fall überhaupt erforderlich ist.

36

---

20 Vgl. Deutsche Kreditwirtschaft, BaFin-Konsultation 14/2020 – Mindestanforderungen an das Risikomanagement, Stellungnahme vom 4. Dezember 2020, S. 33 f.

21 Vgl. Sitzung des MaRisk-Fachgremiums am 2. September 2021 (Protokoll lag bei Redaktionsschluss noch nicht vor).

4   Aufzeichnung der Geschäftsgespräche (Tz. 4)

37   **4** Die Geschäftsgespräche der Händler sollten grundsätzlich auf Tonträger aufgezeichnet werden und sind mindestens drei Monate aufzubewahren.

4.1   Tonträgeraufzeichnung

38   Die Aufzeichnung der Geschäftsgespräche von Händlern auf Tonträger hat sich vor allem bei handelsintensiven Häusern zu einer Usance entwickelt. Wegen der hohen Handelsvolumina, die am Telefon i. d. R. sehr schnell abgewickelt werden, kommt der Tonträgeraufzeichnung als Instrument zur Beweissicherung eine wichtige Bedeutung zu. Sie dient der Absicherung der rechtlichen Durchsetzbarkeit von Handelsgeschäften, insbesondere dem Nachweis der vereinbarten Konditionen und anderer Absprachen zwischen den Geschäftspartnern. Die bei Abweichungen drohenden Rechtsstreitigkeiten lassen sich somit durch den Nachweis der Korrektheit der Geschäftsabschlüsse über Tonträgeraufzeichnungen von vornherein vermeiden.

4.2   Empfehlung der deutschen Aufsicht

39   Die Aufzeichnung der Geschäftsgespräche der Händler auf Tonträger ist allerdings nicht zwingend erforderlich. Sie ist aus Sicht der Praxis auch nicht immer sinnvoll. So werden z. B. die von den Anforderungen an das Handelsgeschäft betroffenen Verbriefungstransaktionen i. d. R. über einen Zeitraum von mehreren Monaten hinweg bearbeitet. Die rechtsverbindlichen Verträge kommen in diesen Fällen jedoch erst mit der Unterschrift auf den entsprechenden Dokumenten zustande. Der Personenkreis, der im Institut diese Transaktionen bearbeitet und insbesondere die zugehörigen Telefonate führt, beschäftigt sich ausschließlich mit solchen Transaktionen und schließt regelmäßig keine rechtsverbindlichen Geschäfte am Telefon ab. Für vergleichbare Konstellationen kann es z. B. sinnvoll sein, auf eine Tonträgeraufzeichnung zu verzichten.[22]

40   Die Anforderung wurde aus diesen Gründen als Empfehlung ausgestaltet, wie in der »Sollte«-Formulierung zum Ausdruck kommt. Im Gegensatz dazu wurde in den MaH noch gefordert, dass die Gespräche aufgezeichnet werden sollen.[23] Der Begriff »sollen« wurde im Vergleich zur neuen Formulierung als »müssen« interpretiert. Für kleine Institute mit überschaubaren Handelsaktivitäten oder Institute, die nur wenige Handelsgeschäfte über das Telefon abschließen, wäre eine Aufzeichnung unter betriebswirtschaftlichen Gesichtspunkten nicht verhältnismäßig. Institute mit ausgeprägtem Handel über das Telefon sollten jedoch in ihrem eigenen Interesse an den Usancen des Marktes festhalten und die Geschäftsgespräche der Händler aufzeichnen.

---

22 Vgl. Bundesverband Öffentlicher Banken Deutschlands, Stellungnahme für die zweite Sitzung des MaRisk-Fachgremiums im Rahmen des Konsultationsverfahrens vom 19. bis 20. Mai 2005, S. 6.

23 Vgl. Bundesaufsichtsamt für das Kreditwesen, Mindestanforderungen an das Betreiben von Handelsgeschäften der Kreditinstitute (MaH), Verlautbarung vom 23. Oktober 1995, Abschnitt 3.3.

4.3 Datenschutzrechtliche Implikationen

Vereinzelt wurde darüber diskutiert, ob die Aufzeichnung der Geschäftsgespräche auf Tonträger **41** ggf. nach § 201 StGB (»Verletzung der Vertraulichkeit des Wortes«) strafbewehrt sein könnte. Danach wird derjenige bestraft, der unbefugt das nicht-öffentliche Wort eines anderen auf einen Tonträger aufnimmt. Ob eine strafrechtliche Relevanz in diesem Fall vorliegt, ist bei einer angemessenen Umsetzung dieser Anforderung allerdings zu bezweifeln. Die Aufzeichnung der Telefongespräche und deren Aufbewahrung ist eine sachgerechte Maßnahme zur Beweissicherung, die sich zu einer Handelsusance entwickelt hat und somit allen Beteiligten bekannt sein sollte. Darüber hinaus sind die Datenschutzbeauftragten in den Instituten zur Berücksichtigung der Belange des Datenschutzes im Rahmen der Tonträgeraufzeichnung verpflichtet. Eine andere Frage ist die zukünftige Relevanz dieser Aufzeichnungspflichten, weil der Abschluss von Handelsgeschäften auf internationaler und europäischer Ebene in den letzten Jahren immer stärker reguliert wurde und damit automatisch bestimmte Kontrollhandlungen verbunden sind.

Da regelmäßig hohe Volumina gehandelt werden, ist die Aufzeichnung auch »verhältnismäßig«. **42** Sie ist ferner »geeignet«, da für den Telefonhandel im Unterschied zu anderen Bankgeschäften kein sinnvolleres Mittel zur Dokumentation und Beweissicherung infrage kommt. Diese Auffassung wird auch von den Datenschutzbehörden vertreten. So kommt der Thüringer Landesbeauftragte für den Datenschutz gemeinsam mit dem Hessischen Datenschutzbeauftragten zu dem Ergebnis, dass »die Aufzeichnung der am Telefon geführten Handelsgespräche eine geeignete und zweckmäßige Maßnahme zur Beweissicherung darstellt, die aufgrund der hohen Handelsbeträge der am Telefon abgewickelten Geschäfte auch verhältnismäßig ist«. Der Landesbeauftragte sieht auch keine Probleme im Hinblick auf § 201 StGB. Er führt im Weiteren aus, dass bei der Geschäftsanbahnung nur so lange Hinweise auf die Gesprächsaufzeichnung erforderlich sind, bis sich aus dem Verfahren ein Handelsbrauch entwickelt hat und somit allen Handelspartnern die Aufnahme bekannt ist.[24] Für Institute, die mit ihren Kontrahenten bereits längere Zeit Handelsgeschäfte über das Telefon abschließen, werden sich somit vermutlich keine datenschutzrechtlichen Probleme ergeben. Häufig existieren entsprechende Vereinbarungen mit den Kunden. Viele Institute sind mittlerweile dazu übergegangen, die Aufzeichnung von Gesprächen in ihren Allgemeinen Geschäftsbedingungen (AGB-Banken bzw. AGB-Sparkassen) zu regeln. Besondere interne Regelungen gibt es häufig auch für Gespräche zwischen den Händlern.

4.4 Dauer der Aufbewahrung

Schwierigkeiten sind auch hinsichtlich der Dauer der Aufbewahrung der Aufzeichnungen nicht zu **43** erwarten. Die auf drei Monate festgelegte Dauer der Aufbewahrung erscheint angemessen, wenn man berücksichtigt, dass es sich regelmäßig um sehr hohe Volumina handelt und die einzelnen Kontrakte komplex strukturiert sind, die unter Umständen – wie z. B. bei Termingeschäften – erst zu einem späteren Zeitpunkt erfüllt werden. An die Abschlüsse per Telefon schließt sich darüber hinaus i. d. R. ein gegenseitiges Bestätigungsverfahren an. Dieses Verfahren kann sich insbesondere bei Kontrahenten im Ausland über einen längeren Zeitraum hinziehen, so dass es bei Abweichungen wichtig ist, auf die Inhalte der Tonträgeraufzeichnungen zurückgreifen zu können.

---

24 Vgl. Der Thüringer Landesbeauftragte für den Datenschutz, Zweiter Tätigkeitsbericht des TLfD über den Zeitraum vom 1. Januar 1996 bis 31. Dezember 1997, Abschnitt 5.3.

4.5 Ergänzende Vorgaben

44 Nach Art. 16 Abs. 6 MiFID II[25] muss eine »Wertpapierfirma«[26] Aufzeichnungen über alle ihre Dienstleistungen, Tätigkeiten und Geschäfte führen, damit die zuständige Behörde ihrer Aufsichtspflicht nachkommen kann. Gemäß Art. 16 Abs. 7 MiFID II sind davon, neben der elektronischen Kommunikation (z. B. Online-Chat oder Video-Call), auch die Telefongespräche in Bezug auf die beim Handel für eigene Rechnung getätigten Geschäfte und die Erbringung von Dienstleistungen, die sich auf die Annahme, Übermittlung und Ausführung von Kundenaufträgen beziehen, betroffen. Von diesen Aufzeichnungspflichten (»Taping«) sind auch die internen Telefongespräche über diese Kundenaufträge betroffen, z. B. beim Einholen von Preisinformationen. Weitere Vorgaben dazu finden sich in Art. 72 bis 76 MiFID II-Durchführungsverordnung[27] sowie in § 83 WpHG. Ein Wertpapierdienstleistungsunternehmen hat entsprechend nach § 83 Abs. 3 WpHG hinsichtlich der beim Handel für eigene Rechnung getätigten Geschäfte und der Erbringung von Dienstleistungen, die sich auf die Annahme, Übermittlung und Ausführung von Kundenaufträgen beziehen, für Zwecke der Beweissicherung die Inhalte der Telefongespräche und der elektronischen Kommunikation aufzuzeichnen. Die damit verbundenen Aufbewahrungsfristen sind deutlich länger als nach den Vorgaben der MaRisk. Insgesamt sind die Aufzeichnungspflichten der Institute und damit verbundene Detailfragen, wie z. B. deren Umfang sowie die mögliche Nutzung von Start-, Pause- oder Stopp-Knöpfen, Gegenstand von Diskussionen zwischen der Aufsicht und der Kreditwirtschaft.[28]

---

25 Vgl. Richtlinie 2014/65/EU (MiFID II) des Europäischen Parlaments und des Rates vom 15. Mai 2014 über Märkte für Finanzinstrumente sowie zur Änderung der Richtlinien 2002/92/EG und 2011/61/EU, Amtsblatt der Europäischen Union vom 12. Juni 2014, L 173/349–496.

26 In Deutschland betrifft dies die »Wertpapierdienstleistungsunternehmen«, worunter gemäß § 2 Abs. 10 WpHG Kreditinstitute, Finanzdienstleistungsinstitute, nach § 53 Abs. 1 Satz 1 KWG tätige Unternehmen und Wertpapierinstitute im Sinne des § 2 Abs. 1 Wertpapierinstitutsgesetz zu verstehen sind, die Wertpapierdienstleistungen allein oder zusammen mit Wertpapiernebendienstleistungen gewerbsmäßig oder in einem Umfang erbringen, der einen in kaufmännischer Weise eingerichteten Geschäftsbetrieb erfordert.

27 Delegierte Verordnung (EU) 2017/565 (MiFID II-Durchführungsverordnung) der Kommission vom 25. April 2016 zur Ergänzung der Richtlinie 2014/65/EU des Europäischen Parlaments und des Rates in Bezug auf die organisatorischen Anforderungen an Wertpapierfirmen und die Bedingungen für die Ausübung ihrer Tätigkeit sowie in Bezug auf die Definition bestimmter Begriffe für die Zwecke der genannten Richtlinie, Amtsblatt der Europäischen Union vom 31. März 2017, L 87/1–83.

28 Vgl. Bundesanstalt für Finanzdienstleistungsaufsicht, FAQ zu MiFID II-Wohlverhaltensregeln nach §§ 63 ff. WpHG, Internetseite der BaFin unter Recht & Regelungen/Verwaltungspraxis/Auslegungsentscheidungen, abgerufen am 16. Juli 2021; European Securities and Markets Authority, Questions and Answers, Implementation of the Regulation (EU) No 648/2012 on OTC derivatives, central counterparties and trade repositories (EMIR), ESMA70-1861941480-52, 20. Mai 2021.

5 Erfassung der Abschlussdaten und Fortschreibung der Bestände (Tz. 5)

5 Handelsgeschäfte sind unverzüglich nach Geschäftsabschluss mit allen maßgeblichen   **45**
Abschlussdaten zu erfassen, bei der Ermittlung der jeweiligen Position zu berücksichtigen (Fortschreibung der Bestände) und mit allen Unterlagen an die Abwicklung weiterzuleiten. Die Weiterleitung der Abschlussdaten kann auch automatisiert über ein Abwicklungssystem erfolgen.

5.1 Erfassung und Weiterleitung

Voraussetzung für eine sachgerechte Ausgestaltung der Prozesse im Handel ist die ordnungs-   **46**
gemäße Erfassung der Geschäfte. Dadurch wird zum einen sichergestellt, dass die Handelsgeschäfte effizient abgewickelt werden. Zum anderen können die Risiken aus den Handelsgeschäften angemessenen in den Risikosteuerungs- und -controllingprozessen berücksichtigt werden, indem die Erfassungsdaten z.B. automatisiert an das Risikocontrolling weitergeleitet und in dessen Systemen abgebildet werden (→ BTO 2.2.3 Tz. 1).

Handelsgeschäfte sind daher unverzüglich (»ohne schuldhaftes Zögern«) nach Geschäfts-   **47**
abschluss mit allen maßgeblichen Abschlussdaten zu erfassen, bei der jeweiligen Position zu berücksichtigen (Fortschreibung der Bestände) und an die Abwicklung weiterzuleiten. Die Erfassung der Abschlussdaten erfolgt entweder über entsprechende Eingabemasken in den Handelssystemen oder manuell durch so genannte »Händlerzettel« (»tickets«). Bei Direkterfassung in den IT-Systemen ist der gesamte Prozess der Erfassung einschließlich der Weiterleitung an die Abwicklung automatisiert.

5.2 Manuelle Erfassung der Handelsgeschäfte

Falls Händlerzettel eingesetzt werden, ist ggf. die Verwendung spezifischer Formulare sinnvoll,   **48**
die eine Differenzierung nach Instrumenten (z.B. Termingeschäft, Swap oder Option) bzw. Märkten (z.B. Börse oder OTC) zulassen. Händlerzettel sollten so ausgestaltet sein, dass die Abschlussdaten insbesondere für die nachgelagerte Abwicklung klar erkennbar sind. Das gilt vor allem für die Darstellung von Nebenabreden, da es sich hierbei i.d.R. nicht um Standard-Vereinbarungen handelt. Solche Nebenabreden können den Charakter des Handelsgeschäftes sowohl in rechtlicher als auch in wirtschaftlicher Hinsicht grundlegend verändern (→ BTO 2.2.1 Tz. 1).

5.3 Maßgebliche Abschlussdaten

49 Die Handelsgeschäfte sind nach Geschäftsabschluss mit allen maßgeblichen Abschlussdaten vom Handel zu erfassen. Aus Sicht der BaFin sind folgende Abschlussdaten als maßgeblich anzusehen (→ BTO 2.2.1 Tz. 5, Erläuterung):
- die Geschäftsart,
- das Volumen,
- die Konditionen (z. B. Kurse, Zinssätze, Optionspreise) und Fälligkeiten,
- der Kontrahent,
- das Datum und die Uhrzeit des Abschlusses,
- der Händler,
- die fortlaufende Nummer der Transaktion sowie
- die ggf. vereinbarten Nebenabreden.

50 Beim Management der Marktpreisrisiken wird zwischen den Positionen des Handelsbuches, für die u. a. täglich eine Bewertung und Ergebnisermittlung zu erfolgen hat (→ BTR 2.2 Tz. 2 und 3), und den Positionen des Anlagebuches, an die weniger strenge Anforderungen gestellt werden (→ BTR 2.3 Tz. 1 und 2), klar unterschieden. Sofern sich diese Zuordnung nicht anderweitig zweifelsfrei ergibt, kann es also zweckmäßig sein, sie bei den Abschlussdaten zu vermerken. Wer im Institut dafür zuständig ist, kann sich in Abhängigkeit von der konkreten Geschäftsart unterscheiden. Häufig erfolgt die grundsätzliche Zuordnung der Geschäfte bereits im Rahmen des Neu-Produkt-Prozesses (→ AT 8.1). Bei strukturierten Produkten sind dafür ggf. besondere Funktionen verantwortlich.

5.4 Automatisierte Weiterleitung der Abschlussdaten

51 Traditionell erfolgte die Erfassung durch Händlerzettel, die mit anderen relevanten Unterlagen an die Abwicklung weitergeleitet wurden. Auch die Fortschreibung der Bestände, die dazu dient, dass der Händler vor dem Abschluss weiterer Handelsgeschäfte über die aktuellen Positionen informiert ist, erfolgte früher ausschließlich manuell. Derartige Abläufe sind jedoch nicht nur aufwendig, sondern wegen manueller Eingriffe auch in hohem Maße fehleranfällig. In der Praxis bedient man sich daher mittlerweile regelmäßig IT-gestützter Verfahren. So existieren Direkterfassungssysteme, die bei Geschäftsabschluss automatisch die Weiterleitung der Abschlussdaten an die Abwicklung generieren. In Abhängigkeit von Art, Umfang, Komplexität und Risikogehalt sind Handelsgeschäfte grundsätzlich auch elektronisch abzuwickeln, wobei vorhandene Abwicklungssysteme, soweit möglich, zu nutzen sind (→ BTO 2.2.2 Tz. 1, Erläuterung). Bei IT-gestützten Verfahren ist allerdings sicherzustellen, dass der Händler nur unter seiner eigenen Händleridentifikation Handelsgeschäfte eingeben kann. Darüber hinaus müssen der Erfassungstag und die Uhrzeit der Erfassung sowie die fortlaufende Geschäftsnummer automatisch vorgegeben werden, so dass sie vom Händler nicht verändert werden können (→ BTO 2.2.1 Tz. 6).

6 Vermeidung von Manipulationen bei Direkterfassung (Tz. 6)

6 Bei Direkterfassung in den IT-Systemen muss sichergestellt sein, dass ein Händler nur   52
unter seiner eigenen Händleridentifikation Handelsgeschäfte eingeben kann. Erfassungstag und -uhrzeit sowie fortlaufende Geschäftsnummern müssen automatisch vorgegeben werden und dürfen vom Händler nicht veränderbar sein.

6.1 Direkterfassung in den IT-Systemen

Die maßgeblichen Abschlussdaten können vom Händler entweder manuell oder auf Basis von   53
IT-gestützten Systemen erfasst werden (→ BTO 2.2.1 Tz. 5). Vor allem bei handelsintensiven Häusern ist eine Erfassung ohne IT-gestützte Systeme vor dem Hintergrund der hohen Handelsvolumina schlichtweg nicht mehr realisierbar. Die Direkterfassung über IT-gestützte Systeme unterstützt vor allem im standardisierten Handelsgeschäft die Erfassung und die Abwicklung der Handelsgeschäfte. Nach der Eingabe der Abschlussdaten durch die Händler erfolgt die Freigabe durch die Abwicklung. Daran anschließend werden die Erstellung und der Versand der Bestätigungen an den Kontrahenten automatisch generiert.

Solche Systeme ermöglichen eine integrative Lösung, um eine Transaktion mit nur wenigen   54
manuellen Eingriffen einzuleiten, auszuführen und abzuschließen (so genanntes »Straight Through Processing«). Dadurch werden nicht nur die Verarbeitungszeiten erheblich reduziert, sondern auch die Transaktionskosten gesenkt und Fehler vermieden, die bei manueller Bearbeitung naturgemäß nicht auszuschließen sind. Die Institute greifen bei integrativen Lösungen in vielen Fällen auf die Angebote externer Anbieter zurück. Zum Teil kommen auch Eigenentwicklungen zum Einsatz. Der Grad der Integration ist dabei unterschiedlich. Teilweise ist die Integration auf die Arbeitsschritte im Handel beschränkt (Frontoffice-Systeme). Durch kombinierte Front- und Back-Office-Systeme werden Medienbrüche zwischen Handel und Abwicklung reduziert. Ein umfassendes »Straight Through Processing« (STP) zielt auf die Integration der gesamten Prozesskette ab.

6.2 Voraussetzungen

Bei der Direkterfassung in den IT-Systemen sind bestimmte Anforderungen von den Instituten zu   55
erfüllen. Diese präzisieren vor allem den Grundsatz der Funktionstrennung bei IT-gestützter Bearbeitung für das Handelsgeschäft (→ BTO Tz. 9 i. V. m. BTO 2.1 Tz. 1):
– Es ist zunächst sicherzustellen, dass der Händler nur unter seiner eigenen Händleridentifikation Handelsgeschäfte eingeben kann. Die eindeutige Vorgabe einer Händleridentifikation (ID-Nummer) gewährleistet, dass unberechtigte Personen keinen Zugriff auf das System haben. Zudem sind die Arbeitsschritte des Händlers systemseitig nachvollziehbar. Die Vergabe der Händleridentifikationen hat grundsätzlich durch einen vom Handel unabhängigen Bereich zu erfolgen. Um den Zugriffsschutz dauerhaft zu gewährleisten, sollte das Institut regelmäßig

Änderungen der Passwörter veranlassen. Es ist sinnvoll, hierzu entsprechende Arbeitsanweisungen in den Organisationsrichtlinien zu formulieren. Nicht personengebundene Benutzerprofile sollten höchstens für reine Informationssysteme eingeräumt werden.

-   Erfassungstag und -uhrzeit sowie fortlaufende Geschäftsnummern müssen systemseitig vorgegeben werden und dürfen durch den Händler nicht veränderbar sein. Mit Hilfe der Unzulässigkeit nachträglicher Veränderungen durch den Handel sollen manipulative Eingriffe von vornherein vermieden werden. Es ist empfehlenswert, dass das Institut diesen Grundsatz auch auf die anderen Abschlussdaten überträgt. Soweit Änderungen der Abschlussdaten erforderlich sind, ist dies grundsätzlich nur unter Einbeziehung eines handelsunabhängigen Bereiches möglich (→ BTO 2.2.2 Tz. 6). Infrage kommen insbesondere die Abwicklung oder das Risikocontrolling.

7 Umgang mit Spätgeschäften (Tz. 7)

7 Handelsgeschäfte, die nach Erfassungsschluss der Abwicklung abgeschlossen werden (Spätgeschäfte), sind als solche zu kennzeichnen und bei den Positionen des Abschlusstages (einschließlich der Nacherfassung) zu berücksichtigen, wenn sie zu wesentlichen Veränderungen führen. Abschlussdaten und Unterlagen über Spätgeschäfte sind unverzüglich an einen Bereich außerhalb des Handels weiterzuleiten.   56

7.1 Spätgeschäfte

Handelsgeschäfte können rund um die Uhr abgeschlossen werden. Es kann sich dabei um Kontrahenten handeln, die ihren Sitz in unterschiedlichen Erdteilen haben und für deren Geschäfte dementsprechend unterschiedliche Zeitzonen maßgeblich sind. Häufig sind Institute jedoch nicht dazu in der Lage, die Abwicklung zeitlich parallel zum Handel zu organisieren. An den institutsintern festgelegten Erfassungsstopp der Abwicklung schließt sich i.d.R. die Nachtverarbeitung bzw. der so genannte »Night Batch« an, in dessen Rahmen z.B. die Verarbeitung der Bestände für bankaufsichtliche Meldungen oder der Datenabzug für das Risikocontrolling erfolgen. In diesem Zeitraum kann das Problem auftreten, dass Geschäftsabschlüsse nicht mehr ordnungsgemäß abgewickelt werden können. Handelsgeschäfte, die nach Erfassungsschluss der Abwicklung abgeschlossen werden, werden als »Spätgeschäfte« bezeichnet.   57

Damit ein weitgehend reibungsloser Prozess sichergestellt werden kann, sind Spätgeschäfte als solche zu kennzeichnen und grundsätzlich bei den Positionen des Abschlusstages zu berücksichtigen. Die Abschlussdaten und Unterlagen sind darüber hinaus unverzüglich an einen Bereich außerhalb des Handels weiterzuleiten. Bei einigen Instituten stehen für diese Zwecke so genannte »Spätgeschäftsbriefkästen« zur Verfügung, die am nächsten Tag von Mitarbeitern der Abwicklung geleert werden. Die elektronische Form per Telefax oder E-Mail wird jedoch in der Praxis bevorzugt.[29]   58

7.2 Kennzeichnung der Spätgeschäfte

Grundsätzlich muss jedes Spätgeschäft einzeln als solches gekennzeichnet werden. Es besteht allerdings auch die Möglichkeit, auf eine separate Kennzeichnung zu verzichten, wenn für den Erfassungsschluss der Abwicklung ein fester Zeitrahmen vorgegeben ist und sich der Charakter eines Spätgeschäftes insofern eindeutig aus der Uhrzeit und ggf. der Zeitzone des Geschäftsabschlusses ergibt (→ BTO 2.2.1 Tz. 7, Erläuterung). Wird die erste Variante bevorzugt, sollten den Beteiligten innerhalb des Institutes die Erfassungszeiten der Abwicklung und die Handelszeiten bekannt sein, so dass sie in die Lage versetzt werden, Spätgeschäfte als solche identifizieren und entsprechend kennzeichnen zu können. Die zweite Variante reduziert insbesondere den Dokumentationsaufwand.   59

---

29 Vgl. Eberl, Holger, MaRisk und die Organisation des Kredit- und Handelsgeschäfts, in: Pfeifer, Guido/Ullrich, Walter/ Wimmer, Konrad (Hrsg.), MaRisk-Umsetzungsleitfaden, Heidelberg, 2006, S. 207.

7.3 Berücksichtigung bei den Positionen des Abschlusstages

60 Spätgeschäfte sind grundsätzlich bei den Positionen des Abschlusstages und nicht etwa bei den Positionen des Folgetages zu berücksichtigen. Auf diese Weise wird eine zeitlich korrekte Erfassung der Geschäftsabschlüsse sichergestellt. Daraus kann sich jedoch z. B. bei so genannten »Overnight-Orders« ein erheblicher Aufwand ergeben, da über Nacht der so genannte »Batchlauf« des entsprechenden Handelstages (»Night Batch«) bereits erfolgte und eine Berücksichtigung der Overnight-Order an diesem Tag somit einen neuen Batchlauf erforderlich machen würde. Daher ist auch eine Berücksichtigung bei den Positionen des Folgetages möglich, soweit durch das Spätgeschäft keine wesentliche Veränderung bei den Positionen des Abschlusstages verursacht wird. Es liegt in der Verantwortung des Institutes, die Orientierungsgröße »wesentliche Veränderung« sachgerecht zu interpretieren.

8 Prüfung der rechtlichen Durchsetzbarkeit der Verträge (Tz. 8)

8 Vor Abschluss von Verträgen im Zusammenhang mit Handelsgeschäften, insbesondere bei Rahmenvereinbarungen, Nettingabreden und Sicherheitenbestellungen, ist durch eine vom Handel unabhängige Stelle zu prüfen, ob und inwieweit sie rechtlich durchsetzbar sind.   **61**

8.1 Rechtliche Durchsetzbarkeit von Handelsgeschäften

Im Handel können rechtliche Risiken vor allem dann schlagend werden, wenn Handelsgeschäfte bzw. damit verbundene Vereinbarungen nicht durchsetzbar sind. Die Durchsetzbarkeit von Handelsgeschäften kann z. B. aus folgenden Gründen gefährdet sein: **62**
- rechtliche Besonderheiten in den Staaten, in denen der Kontrahent seinen Sitz hat,
- fehlende Berechtigung des Kontrahenten zum Geschäftsabschluss,
- vertragliche Mängel oder
- unvollständige Dokumentation der Handelsgeschäfte.

Auf die ordnungsgemäße Dokumentation der Handelsgeschäfte (→ AT 6 Tz. 1) und die Vermeidung operationeller Risiken (→ BTR 4) wird an anderer Stelle ausführlich eingegangen. Die Frage der Anfechtbarkeit von Verträgen, d. h. ihre rechtliche Wirksamkeit, spielt im Kreditgeschäft (→ BTO 1.2 Tz. 12 bis 14) und im Handelsgeschäft gleichermaßen eine zentrale Rolle. Zur Rechtssicherheit trägt in beiden Fällen die Verwendung weitgehend standardisierter Verträge bei. Deshalb sind auch im Handelsgeschäft standardisierte Vertragstexte zu verwenden, soweit dies in Anbetracht der jeweiligen Geschäftsarten möglich und zweckmäßig ist (→ BTO 2.2.1 Tz. 1). So werden Handelsgeschäfte im In- und Ausland regelmäßig auf der Grundlage national oder international anerkannter Standardrahmenverträge (z. B. Deutsche Rahmenverträge[30], »European Master Agreements«[31] oder »ISDA Master Agreements«[32]) abgeschlossen (→ BTO 2.2.1 Tz. 1). Das Bestätigungsverfahren (→ BTO 2.2.2 Tz. 2) sowie die Aufzeichnung der Händlergespräche auf Tonträger (→ BTO 2.2.1 Tz. 4) sind hinsichtlich der rechtlichen Durchsetzbarkeit von Handelsgeschäften ebenfalls von Bedeutung. Allerdings geht es dabei in erster Linie um den Nachweis der korrekten Geschäftsabwicklung, der unabhängig von der Vertragsgestaltung erbracht werden muss.   **63**

---

30 Neben einer Mantelvereinbarung für Finanzgeschäfte mit Kapitalanlagegesellschaften existieren derzeit in Deutschland Rahmenverträge für Finanzgeschäfte, Finanztermingeschäfte, Wertpapierdarlehen und Wertpapierpensionsgeschäfte. Sie werden von den deutschen Bankenverbänden ausgearbeitet.

31 Die European Master Agreements (EMA) sind im Wesentlichen die Entsprechung der Deutschen Rahmenverträge auf europäischer Ebene. Sie werden von den europäischen Bankenverbänden erarbeitet.

32 Die International Swaps and Derivatives Association (ISDA) hat z. B. im Jahr 1992 einen standardisierten Vertrag für Kontrahenten am Markt für OTC-Derivate veröffentlicht (»ISDA Master Agreement«), der 2002 überarbeitet wurde.

8.2   Einschaltung einer vom Handel unabhängigen Stelle

64   Die rechtliche Durchsetzbarkeit der Verträge ist vor deren Abschluss durch eine vom Handel unabhängige Stelle zu prüfen. Die Einschaltung einer unabhängigen Stelle ist allerdings nur erforderlich, wenn es sich um wesentliche Risiken handelt (→ BTO Tz. 8). Von wesentlichen Rechtsrisiken ist insbesondere dann auszugehen, wenn die Durchsetzbarkeit der Handelsgeschäfte aufgrund der individuellen Ausgestaltung der Verträge nicht ohne Weiteres vorausgesetzt werden kann. Bei der unabhängigen Stelle kann es sich z. B. um die Rechtsabteilung des Institutes handeln. Infrage kommen aber auch die Abwicklung oder das Risikocontrolling, soweit dort Mitarbeiter mit entsprechendem juristischen Sachverstand tätig sind. Möglich ist darüber hinaus die Einschaltung eines externen Gutachters. So bedienen sich die Institute, durch eigene Beauftragung oder über die Verbände, häufig internationaler Rechtsanwaltskanzleien, die hinsichtlich der Prüfung der Verträge über die entsprechende Expertise verfügen. Im Interesse einer einheitlichen Auslegung rechtlicher Fragestellungen im Institut wird die Rechtsabteilung, sofern vorhanden, bei relevanten Problemstellungen grundsätzlich immer eingebunden sein.

8.3   Rahmenvereinbarungen, Nettingabreden und Sicherheitenbestellungen

65   In den MaRisk werden bestimmte Punkte besonders hervorgehoben, die die Einschaltung einer unabhängigen Stelle erforderlich machen:
–   Rahmenvereinbarungen sind Verträge, die i. d. R. vor der erstmaligen Geschäftsabwicklung mit einem Kontrahenten abgeschlossen werden. Sie enthalten allgemeine Regelungen, wie z. B. den Gerichtsstand, die als Basis für die künftige Geschäftsbeziehung dienen und automatisch Bestandteil jedes einzelnen Abschlusses sind. Werden in diesem Bereich Fehler gemacht, können diese also gleichzeitig viele Geschäftsabschlüsse betreffen.
–   Nettingabreden sind vertragliche Vereinbarungen, die eine Saldierung von gegenläufigen Forderungen zwischen den Kontrahenten zu einer Netto-Position regeln. In der Praxis existieren unterschiedliche Formen des Nettings, wie z. B. das Liquidationsnetting (»Close-out Netting«) zur Risikoreduzierung im Insolvenzfall oder das Zahlungsnetting (»Payment Netting«) zur Verrechnung von Zahlungsverpflichtungen.
–   Hervorgehoben werden darüber hinaus Sicherheitenbestellungen, die aufgrund ihrer Komplexität ggf. die Einschaltung einer unabhängigen Stelle erforderlich machen. Bei Sicherheitenbestellungen ist möglicherweise sogar die Einbindung einer Kreditabteilung sinnvoll (→ BTO 1.1 Tz. 7).

66   Eine Überprüfung durch eine unabhängige Stelle kann aber auch bei der Vereinbarung von Nebenabreden im engeren Sinne erforderlich sein. Dabei handelt es sich um Zusatzvereinbarungen, die über die Vertragsbestandteile der am Markt üblichen Standardgeschäfte hinausgehen und den Rechtscharakter, aber auch den wirtschaftlichen Charakter des Handelsgeschäftes verändern (→ BTO 2.2.1 Tz. 1).

9 Vier-Augen-Prinzip bei Zeichnungsberechtigungen für Zahlungsverkehrskonten (Tz. 9)

9 Organisatorisch dem Handelsbereich zugeordnete Mitarbeiter dürfen nur gemeinsam   67
mit Mitarbeitern eines handelsunabhängigen Bereiches über Zeichnungsberechtigungen
für Zahlungsverkehrskonten verfügen.

9.1 Zugriff von Händlern auf Zahlungsverkehrskonten

Zeichnungsberechtigungen von Händlern für Zahlungsverkehrskonten sind bereits im Rahmen   68
der MaH-Prüfungspraxis kritisch bewertet worden. Händler sind durch Zeichnungsberechtigungen in der Lage, auf manipulative Weise Zahlungen zum Schaden des Institutes zu veranlassen.
Vor diesem Hintergrund wurde von Prüfern gefordert, dass Händler über keine Zeichnungsberechtigungen verfügen dürfen. Da das Rechnungswesen in einer vom Markt und Handel
unabhängigen Stelle anzusiedeln ist (→ BTO Tz. 7) und miteinander unvereinbare Tätigkeiten
durch unterschiedliche Mitarbeiter durchgeführt werden müssen (→ AT 4.3.1 Tz. 1), bestehen
nach wie vor gewisse Beschränkungen. Eine klare Regelung lässt sich daraus für die Zeichnungsberechtigung von Mitarbeitern des Handels im Zahlungsverkehr allerdings nicht ableiten.

9.2 Kontrollen

Die Forderung der Prüfer nach striktem Verbot von Zeichnungsberechtigungen, das im Übrigen   69
auch nicht explizit in den MaH fixiert war, führte bei kleineren Instituten häufig zu Problemen.
Während der Diskussionen im MaRisk-Fachgremium wurde deshalb der pragmatische Vorschlag
unterbreitet, lediglich die alleinige Zeichnungsberechtigung zu untersagen.[33] Diesen Vorschlag hat
sich die deutsche Aufsicht letztendlich zu eigen gemacht. Organisatorisch dem Handelsbereich
zugeordnete Mitarbeiter dürfen nur gemeinsam mit Mitarbeitern eines handelsunabhängigen
Bereiches über Zeichnungsberechtigungen für Zahlungsverkehrskonten verfügen. Orientiert man
sich am Sinn und Zweck der Regelung, so haben die Institute durch geeignete Kontrollen sicherzustellen, dass Manipulationen von Händlern vermieden werden. Infrage kommt z.B. eine
Maßnahme im Rahmen des Vier-Augen-Prinzips, wobei die Kontrolle nicht von einem anderen
Händler durchgeführt werden darf (→ AT 4.3.1 Tz. 1).

9.3 Regelmäßige Überprüfung von Berechtigungen im Handel

Nicht zuletzt aufgrund der zunehmenden Bedeutung der Informationstechnologie wird seit der   70
vierten MaRisk-Novelle auch die regelmäßige und anlassbezogene Überprüfung von IT-Berechti-

---

33 Vgl. Bundesverband der Volks- und Raiffeisenbanken, Stellungnahme für die dritte Sitzung des MaRisk-Fachgremiums im
Rahmen des Konsultationsverfahrens vom 20. bis 22. Juni 2005, S. 9.

gungen, Zeichnungsberechtigungen und sonstigen eingeräumten Kompetenzen gefordert (→ AT 4.3.1 Tz. 2, Erläuterung). Zumindest bei Zeichnungsberechtigungen in Verbindung mit Zahlungsverkehrskonten sowie bei wesentlichen IT-Berechtigungen wird eine mindestens jährliche, bei besonders kritischen IT-Berechtigungen sogar eine mindestens halbjährliche Überprüfung erwartet (→ AT 4.3.1 Tz. 2, Erläuterung). Gerade vor dem Hintergrund der spektakulären Betrugsfälle in der Vergangenheit sollte sorgfältig geprüft werden, ob der Überprüfungsturnus der Berechtigungen im Handelsgeschäft angemessen ist. Anlässe für außerplanmäßige Überprüfungen können z.B. Unstimmigkeiten und Auffälligkeiten sein, die im Rahmen der Abwicklung und Kontrolle festgestellt wurden (→ BTO 2.2.2 Tz. 6).

10 Händlerurlaub (Tz. 10)

10 Das Institut hat durch geeignete Maßnahmen sicherzustellen, dass die Positionsver-   71
antwortung von Händlern jährlich für einen ununterbrochenen Zeitraum von mindestens 10 Handelstagen an einen anderen Mitarbeiter übertragen wird. In diesem Zeitraum
hat das Institut dafür Sorge zu tragen, dass kein Zugriff eines abwesenden Händlers auf die
von ihm verantworteten Positionen erfolgt.

10.1 Unterbrechung der Positionsverantwortung von Händlern

Schon CEBS[34] hat von der Geschäftsleitung gefordert, insbesondere im Front-Office die Entwick-   72
lung einer Kultur zu fördern, mit deren Hilfe operationelle Risiken in marktbezogenen Aktivitäten
reduziert werden können (Prinzip 2). Als eine konkrete Maßnahme sollen die Händler mindestens
zwei aufeinanderfolgende Wochen physisch keine Möglichkeit haben, auf ihre eigenen Handelsbücher zugreifen oder diese bewerten zu können. Dies soll durch normalen Urlaub, so genannten
»Schreibtisch-Urlaub« (»desk holiday«) oder sonstige Abwesenheit vom Büro oder vom Handel
erreicht werden, wozu auch ein Verbot der Verwendung mobiler Geräte mit Zugriff auf die
Handelssysteme gehört. Die Verantwortung soll während dieser Zeit durch eine andere Person
ausgeübt werden.[35]

Diese Vorgabe wurde von der BaFin im Rahmen der vierten MaRisk-Novelle aufgegriffen.   73
Demzufolge haben die Institute durch geeignete Maßnahmen sicherzustellen, dass die Positionsverantwortung von Händlern jährlich für einen ununterbrochenen Zeitraum von mindestens zehn
Handelstagen an einen anderen Mitarbeiter übertragen wird. In diesem Zeitraum haben die
Institute dafür Sorge zu tragen, dass kein Zugriff eines abwesenden Händlers auf die von ihm
verantworteten Positionen erfolgt. Insofern muss auch ausgeschlossen werden, dass ein abwesen-
der Händler z.B. aus dem Urlaub mit Hilfe entsprechender Technik auf die Handelssysteme
zugreifen kann.

10.2 Ausgestaltung der Vorgaben

Im MaRisk-Fachgremium wurde darüber diskutiert, dass viele Händler auch Eltern sind und   74
insofern ihren längeren Urlaub an den sich in Deutschland zwischen den einzelnen Bundesländern
regelmäßig verschiebenden Sommerferien orientieren müssen. Insofern wäre es problematisch,
wenn der Begriff »jährlich« in der Prüfungspraxis sehr eng ausgelegt würde. Die Kreditwirtschaft
hat daher eine Orientierung an der Auslegung zu den Vorgaben zur jährlichen Risikoeinstufung im
Kreditgeschäft vorgeschlagen (siehe Abbildung 64). Danach kann die jährliche Risikoeinstufung
im Kreditgeschäft nach der Formel »12 Monate plus x« erfolgen, wobei sich in der Prüfungspraxis

---

34 Der Ausschuss der Europäischen Bankaufsichtsbehörden (»Committee of European Banking Supervisors«, CEBS) war bis
Ende 2010 die Vorgängerinstitution der European Banking Authority (EBA).
35 Vgl. Committee of European Banking Supervisors, Guidelines on the management of operational risks in market-related
activities (GL 35), 12. Oktober 2010, S. 5.

für »x« ein Standard von 3 Monaten herausgebildet hat (→ BTO 2.2.2 Tz. 6). Die Aufsicht ist diesem Vorschlag in der Prüfungspraxis gefolgt.

75   Die Kreditwirtschaft hatte außerdem mehrfach angeregt, die Abwesenheitspflicht von Händlern auf das Handelsbuch zu beschränken, womit insbesondere die Verantwortung der Treasury für die Einhaltung der von der Geschäftsleitung vorgegebenen strategischen Zinsrisikoposition für das Anlagebuch nicht betroffen wäre.[36] Die Aufsicht hat vor dem Hintergrund der Vorgaben von CEBS jedoch keinen Spielraum für eine Einschränkung auf das Handelsbuch gesehen und ausdrücklich betont, dass die Vorgabe aus ihrer Sicht für sämtliche Handelsgeschäfte gelte.

10.3   Umgang mit besonderen Situationen

76   Wenngleich ein derartiger Schreibtisch-Urlaub auch vor dem Hintergrund spektakulärer Betrugsfälle (wie z. B. der Barings Bank oder der Société Générale) zweifellos seine Berechtigung hat, kann diese Vorgabe in besonderen Situationen an praktische Grenzen stoßen. Beispielhaft sei auf die COVID-19-Pandemie verwiesen, in deren Verlauf die Institute aus verschiedenen Gründen mit Personalengpässen umgehen mussten. Ähnliche Probleme können auftreten, wenn z. B. Handelsbereiche an ein anderes Institut verkauft werden und sich die davon betroffenen Händler nach einem neuen Arbeitsplatz umsehen, so dass die Anforderungen an die Vertretung in Kombination mit dem Schreibtisch-Urlaub zeitweise ggf. nicht vollständig eingehalten werden können. Derartige Personalengpässe können i. d. R. nicht von heute auf morgen beseitigt werden, weil dafür entsprechend qualifiziertes Personal benötigt wird. In solchen besonderen Situationen empfiehlt es sich, frühzeitig das Gespräch mit der zuständigen Aufsichtsbehörde zu suchen und gemeinsam nach Lösungen zu suchen.

---

36 Vgl. Deutsche Kreditwirtschaft, Stellungnahme zum Konsultationspapier 01/2012 der Bundesanstalt für Finanzdienstleistungsaufsicht (BaFin) – »Überarbeitung der MaRisk« (Zwischenentwurf vom 2. August 2012), 12. September 2012, S. 14.

BTO 2.2.2 Abwicklung und Kontrolle

BTO 2.2.2 Abwicklung und Kontrolle

1 Zuständigkeit der Abwicklung und Kontrolle (Tz. 1)

1 Bei der Abwicklung sind auf Basis der vom Handel erhaltenen Abschlussdaten die Geschäftsbestätigungen bzw. die Abrechnungen auszufertigen sowie daran anschließende Abwicklungsaufgaben durchzuführen.

1

1.1 Abwicklung im engeren Sinne

Beim Abschluss von Handelsgeschäften ist die Abwicklung das Bindeglied zwischen den Händlern des Institutes und den Kontrahenten. Die Abwicklung erstellt auf Basis der vom Handel erhaltenen Abschlussdaten (→ BTO 2.2.1 Tz. 5) die Geschäftsbestätigungen und leitet diese an den Kontrahenten weiter (→ BTO 2.2.2 Tz. 2). Sie hat ferner die Abrechnungen für die abgeschlossenen Handelsgeschäfte zu erstellen sowie daran anschließende Abwicklungsaufgaben durchzuführen. Hierzu gehört i.d.R. die Anweisung der Zahlungen, die sich aus dem Abschluss von Handelsgeschäften ergeben. Zu berücksichtigen sind in diesem Zusammenhang nicht nur die unmittelbaren Zahlungsansprüche und -verpflichtungen aus den Handelsgeschäften, sondern ggf. auch Maklercourtagen, Sicherheitsleistungen bei Börsen (»Initial Margins«), Einschussleistungen an Börsen (»Variation Margins«) oder Provisionen.[1] Zu den Aufgaben der Abwicklung zählt im Bereich der Zahlungen regelmäßig auch die Terminüberwachung auf Basis von Fälligkeitslisten.

2

1.2 Abwicklung im weiteren Sinne

Die Erstellung der Geschäftsbestätigungen sowie der Abrechnungen und die Erledigung der sich daran anschließenden Abwicklungsaufgaben sind Gegenstand der »Abwicklung im engeren Sinne«. Die »Abwicklung im weiteren Sinne« betrifft jedoch noch verschiedene andere Aufgaben, die im Wesentlichen Kontrollzwecke erfüllen und sich auf folgende Aspekte beziehen:

3

- Zeitnähe und Vollständigkeit der Geschäftsunterlagen (→ BTO 2.2.2 Tz. 4 lit. a),
- Vollständigkeit und Korrektheit der Angaben der Händler (→ BTO 2.2.2 Tz. 4 lit. b),
- ggf. Übereinstimmung der Angaben der Händler mit den Angaben auf Maklerbestätigungen, Ausdrucken aus Handelssystemen oder Ähnlichem (→ BTO 2.2.2 Tz. 4 lit. b),
- Sicherstellung, dass sich die Abschlüsse hinsichtlich Art und Umfang im Rahmen der festgesetzten Limite bewegen (→ BTO 2.2.2 Tz. 4 lit. c),
- Vereinbarung marktgerechter Bedingungen (→ BTO 2.2.2 Tz. 4 lit. d),
- Vereinbarung von Abweichungen von den vorgegebenen Standards (→ BTO 2.2.2 Tz. 4 lit. e) und
- Überwachung des unverzüglichen Eingangs der Gegenbestätigungen sowie ggf. Reklamation bei fehlenden oder unvollständigen Gegenbestätigungen (→ BTO 2.2.2 Tz. 2).

Darüber hinaus kann von der Abwicklung die erforderliche Kontrolle von Änderungen und Stornierungen der Abschlussdaten oder Buchungen veranlasst werden, die außerhalb des Bereiches Handel

4

---

1 Vgl. C & L Deutsche Revision, Anforderungen an den Einsatz von Finanzinstrumenten bei Industrieunternehmen, 2. Auflage, Frankfurt a. M., 1998, S. 131.

erfolgen muss (→ BTO 2.2.2 Tz. 4). Das gilt auch im Hinblick auf die Häufung von Stornierungen und Korrekturen bei einzelnen Mitarbeitern oder bestimmten Geschäften (→ BTO 2.2.2 Tz. 2, Erläuterung) sowie die Klärung von festgestellten Unstimmigkeiten (→ BTO 2.2.2 Tz. 6). Durch die Einbeziehung der genannten Aufgaben bezieht sich die »Abwicklung im weiteren Sinne« praktisch auf alle Anforderungen des Moduls BTO 2.2.2 (»Abwicklung und Kontrolle«).

1.3 Elektronische Abwicklung

5 Handelsgeschäfte sind in Abhängigkeit von ihrer Art, ihrem Umfang, ihrer Komplexität und ihrem Risikogehalt grundsätzlich elektronisch abzuwickeln, wobei vorhandene Abwicklungssysteme, soweit möglich, zu nutzen sind (→ BTO 2.2.2 Tz. 1, Erläuterung). Die Abwicklung der Handelsgeschäfte soll also grundsätzlich nicht manuell erfolgen. Insbesondere sind die vorhandenen elektronischen Systeme zu nutzen, um die Prozessrisiken zu minimieren. Durch die Verwendung des Begriffes »grundsätzlich« bleiben Ausnahmen weiterhin gestattet. Es liegt z.B. nicht im Interesse der Aufsicht, bei kleinen Instituten mit sehr überschaubaren Handelsaktivitäten die Einführung elektronischer Abwicklungssysteme zu erzwingen, wenn dies betriebswirtschaftlich nicht zu vertreten wäre. Zudem sind mit einer bisher nicht verwendeten Technologie natürlich auch neue Risiken verbunden.

1.4 Aufbauorganisatorische Vorgaben

6 Die einzelnen Aufgaben der Abwicklung sind organisatorisch grundsätzlich bis einschließlich der Ebene der Geschäftsleitung vom Bereich Handel zu trennen (→ BTO Tz. 2 lit. e). Ausnahmen bestehen z.B. für Institute, deren Handelsaktivitäten sich in ihrer Gesamtheit auf Geschäfte konzentrieren, die unter Risikogesichtspunkten als nicht wesentlich einzustufen sind (→ BTO 2.1 Tz. 2 inkl. Erläuterung).

2 Gegenbestätigung von Handelsgeschäften (Tz. 2)

2 Grundsätzlich sind Handelsgeschäfte unverzüglich in geeigneter Form (z.B. schriftlich oder elektronisch) zu bestätigen. Die Bestätigung muss die erforderlichen Abschlussdaten enthalten. Bei Handelsgeschäften über Makler muss der Makler benannt werden. Der unverzügliche Eingang der Gegenbestätigungen ist zu überwachen, wobei sichergestellt sein muss, dass die eingehenden Gegenbestätigungen zuerst und direkt in die Abwicklung gelangen und nicht an den Handel adressiert sind. Fehlende bzw. unvollständige Gegenbestätigungen sind unverzüglich zu reklamieren, es sei denn, es handelt sich um ein Handelsgeschäft, das in allen Teilen ordnungsgemäß erfüllt ist.

7

2.1 Zweck des Bestätigungsverfahrens

Der Abschluss von Handelsgeschäften ist grundsätzlich gegenüber dem Kontrahenten zu bestätigen. Darüber hinaus hat das Institut den Eingang der Gegenbestätigung durch den Kontrahenten zu überwachen. Das Bestätigungsverfahren dient vor allem den folgenden Zwecken:
- Die Kontrahenten werden dadurch in die Lage versetzt, die Abschlussdaten des bereits rechtsverbindlich abgeschlossenen Kontraktes zu überprüfen. Auf diese Weise können ggf. vorhandene Unstimmigkeiten, die z.B. auf Missverständnisse bei telefonischen Abschlüssen zurückzuführen sind, zeitnah geklärt werden.
- Darüber hinaus wird die Gefahr von Manipulationen durch die Händler reduziert, da beabsichtigte Änderungen der Abschlussdaten durch den Abgleich der Bestätigungen aufgedeckt werden können.

8

Vor diesem Hintergrund sind die Bestätigungen immer von der Abwicklung auf Basis der Abschlussdaten des Handels auszufertigen und an den Kontrahenten zu versenden. Zudem ist sicherzustellen, dass die Gegenbestätigungen des Kontrahenten zuerst und direkt bei der Abwicklung eingehen. Es ist insoweit zu vermeiden, dass Bestätigungen vom Handel versandt werden oder Gegenbestätigungen beim Handel eingehen. Andernfalls könnte zumindest die Gefahr von Manipulationen bestehen.

9

Die Bedeutung des Bestätigungsverfahrens wird durch Entwicklungen auf dem Markt für Derivate unterstrichen. Vor allem im Bereich der Abwicklung von Kreditderivaten ergeben sich häufig Verzögerungen im Bestätigungsverfahren, die zu Bearbeitungsstaus bei den Instituten geführt haben (so genannte »Bag Logs«). Hieraus resultieren Rechtsrisiken, die sich zu einer ernsthaften Bedrohung für die Institute entwickeln können.[2]

10

2.2 Bestätigung durch das Institut

Die Handelsgeschäfte sind seit der sechsten MaRisk-Novelle »in geeigneter Form« zu bestätigen. Die neue Formulierung wird insofern konkretisiert, als die schriftliche oder elektronische Form beispielhaft als geeignet genannt werden. Bis zu diesem Zeitpunkt war die Bestätigung »schriftlich oder in gleichwertiger Form« erforderlich. Eine nur mündliche Bestätigung hat auch in der

11

---

2   Vgl. Beales, Richard, Errors double in Derivatives Trading, in: Financial Times vom 31. Mai 2006, S. 29.

Vergangenheit nicht ausgereicht. In der Regel werden Bestätigungen per E-Mail versandt, seltener hingegen auf dem Postweg oder per Telefax. Die mittlerweile gängige Vorgehensweise einer Bestätigung per E-Mail ist somit durch die Umformulierung endgültig legitimiert worden.

12 Neben der Art und Weise der Bestätigung sind dafür auch bestimmte Fristen von Bedeutung. So hat der Versand der Geschäftsbestätigungen »unverzüglich«, also »ohne schuldhaftes Zögern«, zu erfolgen. In Art. 11 Abs. 1 lit. a EMIR[3] wird hingegen eine »rechtzeitig Bestätigung« für nicht durch einen zentralen Kontrahenten geclearte OTC-Derivatekontrakte gefordert. In Art. 12 der zugehörigen Delegierten Verordnung[4] wird im Einzelnen ausgeführt, was unter einer »rechtzeitigen Bestätigung« in verschiedenen Fallkonstellationen zu verstehen ist. Dabei spielt neben konkreten Fristen die Formulierung »so früh wie möglich« eine entscheidende Rolle. Diese Formulierung ist weniger streng und entspricht im Sinne der MaRisk eher der Forderung nach einer »zeitnahen« Bestätigung.

13 Im Unterschied zu den MaH hat die Bestätigung nicht mehr »sämtliche« Abschlussdaten[5], sondern nur noch »die dafür erforderlichen« Daten zu enthalten. Dadurch wird der Umfang der Abschlussdaten auf ein für das Bestätigungsverfahren notwendiges Maß beschränkt.[6] Folgende Angaben werden grundsätzlich als maßgeblich für die Erfassung im Handel erachtet (→ BTO 2.2.1 Tz. 5, Erläuterung):

– Kontrahent,
– Abschlusstag (Handelstag) und Abschlusszeit,
– Händler,
– Geschäftsart,
– Geschäftsvolumen,
– Konditionen (z. B. Kurse, Zinssätze, Optionspreise) und Fälligkeit,
– ggf. vereinbarte Nebenabreden sowie
– laufende Nummer der Transaktion.

14 Insofern muss jeweils abgewogen werden, welche der für den Handel »maßgeblichen« Abschlussdaten auch für das Bestätigungsverfahren »erforderlich« sind. Zum Beispiel ist die für das Management der Marktpreisrisiken bedeutsame Zuordnung der Geschäfte zum Handels- oder Anlagebuch für den Kontrahenten vollkommen irrelevant. Außerdem werden die Uhrzeit und die Händlernamen in den Banksystemen bzw. auf den Händlerzetteln vermerkt, ohne dass sie unbedingt Bestandteil der Geschäftsbestätigungen sind. Sofern das Handelsgeschäft durch einen Makler vermittelt wurde, muss er in der Bestätigung allerdings genannt werden. Auf Basis dieser Angaben ist für die Zwecke des Bestätigungsverfahrens ein sachgerechter Abgleich der Abschlussdaten möglich. Daneben sind die Meldepflichten zu beachten, die sich aus den einschlägigen europäischen Vorgaben ergeben.[7]

---

3 Verordnung (EU) Nr. 648/2012 (EMIR) des Europäischen Parlaments und des Rates vom 4. Juli 2012 über OTC-Derivate, zentrale Gegenparteien und Transaktionsregister, Amtsblatt der Europäischen Union vom 27. Juli 2012, L 201/20.

4 Delegierte Verordnung (EU) Nr. 149/2013 der Kommission vom 19. Dezember 2012 zur Ergänzung der Verordnung (EU) Nr. 648/2012 des Europäischen Parlaments und des Rates im Hinblick auf technische Regulierungsstandards für indirekte Clearingvereinbarungen, die Clearingpflicht, das öffentliche Register, den Zugang zu einem Handelsplatz, nichtfinanzielle Gegenparteien und Risikominderungstechniken für nicht durch eine CCP gecleare OTC-Derivatekontrakte, Amtsblatt der Europäischen Union vom 23. Februar 2013, L 52/21–22.

5 Vgl. Bundesaufsichtsamt für das Kreditwesen, Mindestanforderungen an das Betreiben von Handelsgeschäften der Kreditinstitute (MaH), Verlautbarung vom 23. Oktober 1995, Abschnitt 4.2.

6 In Art. 1 lit. c der o. g. Delegierten Verordnung wird unter einer Bestätigung für nicht durch einen zentralen Kontrahenten gecleare OTC-Derivatekontrakte allerdings eine Dokumentation der Zustimmung der Kontrahenten zu »sämtlichen« Bedingungen eines OTC-Derivatekontraktes verstanden.

7 Vgl. Delegierte Verordnung (EU) 2017/104 der Kommission vom 19. Oktober 2016 zur Änderung der Delegierten Verordnung (EU) Nr. 148/2013 zur Ergänzung der Verordnung (EU) Nr. 648/2012 des Europäischen Parlaments und des Rates über OTC-Derivate, zentrale Gegenparteien und Transaktionsregister bezüglich technischer Regulierungsstandards für die Mindestangaben der Meldungen an Transaktionsregister, Amtsblatt der Europäischen Union vom 21. Januar 2017, L 17/1–16; Durchführungsverordnung (EU) 2017/105 der Kommission vom 19. Oktober 2016 zur Änderung der Durchführungsverordnung (EU) Nr. 1247/2012 der Kommission zur Festlegung technischer Durchführungsstandards im Hinblick auf das Format und die Häufigkeit von Transaktionsmeldungen an Transaktionsregister gemäß der Verordnung (EU) Nr. 648/2012 des Europäischen Parlaments und des Rates über OTC-Derivate, zentrale Gegenparteien und Transaktionsregister, Amtsblatt der Europäischen Union vom 21. Januar 2017, L 17/17–41.

2.3 Gegenbestätigung durch den Kontrahenten

Die Abwicklung hat den unverzüglichen Eingang der Gegenbestätigungen zu überwachen. Dabei   15
ist die Unverzüglichkeit in Abhängigkeit von der jeweiligen Versandform durch den Kontrahenten
zu interpretieren. Sollte der Kontrahent die Gegenbestätigung postalisch versenden, sind die
üblichen Postlaufzeiten maßgeblich. Bei Verzögerungen des Eingangs der Gegenbestätigungen
oder auch bei unvollständigen Bestätigungen ist die Abwicklung dazu verpflichtet, diese beim
Kontrahenten zu reklamieren. Von Reklamationen durch die Abwicklung kann nur dann abgesehen werden, wenn das Handelsgeschäft in allen Teilen ordnungsgemäß erfüllt ist. Das kann bei
Kassageschäften der Fall sein, bei denen nach den Marktusancen die Leistung und Gegenleistung
sehr zügig erbracht werden.

Für die Zwecke der Reklamation ausbleibender Gegenbestätigungen kann es in Abhängigkeit vom   16
Geschäftsumfang sinnvoll sein, dass die Abwicklung des Institutes ein Mahn- bzw. Eskalationsverfahren einrichtet. Empfänger der ersten Mahnung ist zweckmäßigerweise die Abwicklung des
Kontrahenten. Soweit diese Mahnung erfolglos bleibt, könnte sich die Abwicklung des Institutes an
die Interne Revision des Kontrahenten wenden und diese auf das Ausbleiben der Gegenbestätigung
aufmerksam machen. Im Normalfall wird dadurch beim Kontrahenten ein Prozess ausgelöst, der zur
Klärung der Reklamation beiträgt. Bleibt auch die zweite Mahnung erfolglos, sind weitere Eskalationsschritte denkbar, wie z. B. die Unterrichtung der Geschäftsleitung.[8]

2.4 Bestätigungsverfahren für besondere Geschäfte

2.4.1 Auslandsgeschäfte

Wenn Gegenbestätigungen bei Auslandsgeschäften nicht eingeholt werden können, hat das Institut   17
auf andere geeignete Weise die Existenz und den Inhalt der Geschäfte zu verifizieren (→ BTO 2.2.2
Tz. 2, Erläuterung). Bis zur zweiten MaRisk-Novelle im August 2009 war die Einholung von Gegenbestätigungen im Auslandsgeschäft nur erforderlich, sofern dies den internationalen Usancen entsprach. Anlass für die Verschärfung waren Hinweise aus der Prüfungspraxis, die auf eine mangelnde
Sorgfalt bei der Umsetzung der Anforderung hindeuteten. Die Öffnungsklausel veranlasste offenbar
einige Institute dazu, gar keine Anstrengungen mehr zur Einholung von Gegenbestätigungen zu
unternehmen. Im volatilen Handelsgeschäft können fehlerhafte Daten jedoch relativ schnell große
Schäden zur Folge haben. Dies gilt besonders für das internationale Geschäft, wo sich allein durch
Sprachunterschiede Fehler einschleichen können und ein ggf. erhöhter Zeitbedarf für die Abwicklung
der Geschäfte die Reaktionsmöglichkeiten noch weiter einschränken kann. Im Interesse einer hohen
Prozessqualität sollten mögliche Unstimmigkeiten zwischen den Handelspartnern oder eventuelle
Schadensfälle aufgrund von Übermittlungsfehlern oder Verständigungsproblemen von vornherein
vermieden werden. Dazu eignet sich insbesondere ein Bestätigungsverfahren.

In der Praxis gibt es allerdings vor allem bei den Wertpapierdarlehensgeschäften Kontrahenten,   18
die grundsätzlich keine Geschäftsbestätigungen versenden. Auch in diesen Fällen muss vom
Institut nachgewiesen werden, dass in irgendeiner Weise eine Verifizierung der Geschäfte erfolgt.
Ein Wegfall der Bestätigung an den ausländischen Kontrahenten ist mit dieser Erleichterung
ebenfalls nicht verbunden. Das Institut hat in jedem Fall eine Bestätigung zu erstellen und an den
Kontrahenten zu versenden. Eine Möglichkeit zur Verifizierung der Geschäfte besteht insofern

---

8   Vgl. Lenz, Stephan, Problemfelder im Rahmen einer externen MaH-Prüfung, in: Finanz Colloquium Heidelberg (Hrsg.),
     Einhaltung der MaH, Heidelberg, 2004, S. 328.

z. B. darin, die Kontrahenten um Gegenzeichnung und Rücksendung der eigenen Bestätigung zu bitten. Sind diese Bemühungen erfolglos, können mit diesen Kontrahenten keine Geschäfte mehr abgeschlossen werden.

19   Im MaRisk-Fachgremium wurde während der Konsultationsphase im Jahr 2009 von der Kreditwirtschaft angeregt, den Instituten auf andere Weise die Sicherstellung eines angemessenen Sicherheitsniveaus zu ermöglichen, wenn Gegenbestätigungen nicht eingeholt werden können. So wurde z. B. vorgeschlagen, die Kontrollen bei hohen Volumina unbestätigter Geschäfte zu verstärken (z. B. durch die Interne Revision). Die Aufsicht erwartet jedoch ein klares Agieren in Sachen Bestätigungsverfahren. Das Reagieren auf entsprechende Versäumnisse wird nicht als ausreichend erachtet. Es ist zu vermuten, dass die wichtigen Geschäftspartner ihre Praxis in Sachen Gegenbestätigung anpassen, sofern ansonsten keine Geschäftsabschlüsse mehr getätigt werden.

20   Im Nachgang zur fünften MaRisk-Novelle ist über dieses Thema erneut im Fachgremium MaRisk diskutiert worden. Die Deutsche Kreditwirtschaft (DK) hatte vorgetragen, dass bei bestimmten Geschäften nach internationaler Gepflogenheit auf solche Bestätigungen komplett verzichtet werde und dabei z. B. auf Hedgefonds verwiesen. Die Aufsicht sieht in dem Bestätigungsverfahren allerdings einen Kernbestandteil bei Handelsgeschäften, um sicherzustellen, dass beide Seiten das oftmals telefonisch abgeschlossene Geschäft jeweils richtig aufgenommen haben. Damit diene das Bestätigungsverfahren sowohl der Geschäftssicherheit (Vermeidung von Storni) als auch der Verhinderung von dolosen Handlungen durch Abschluss von Scheingeschäften. Mit Verweis auf die Erläuterung zu Abschnitt 4.7 Tz. 2 der Mindestanforderungen an das Risikomanagement von Kapitalverwaltungsgesellschaften (KAMaRisk) muss eine Kapitalverwaltungsgesellschaft (KVG) für den Fall, dass Bestätigungen im Auslandsgeschäft nicht eingeholt werden können, ebenfalls auf andere geeignete Weise Existenz und Inhalt der Geschäfte verifizieren. Dies könne z. B. durch Kontrolle der Abrechnungen erfolgen, die von der KVG erstellt werden.[9]

21   Zahlreiche Regulierungsmaßnahmen in den vergangenen Jahren, wie z. B. die Vorgaben der EMIR, MiFID, MiFID II sowie der damit verbundenen europäischen Verordnungen, sollten mittlerweile dafür gesorgt haben, dass sich diese Probleme zumindest in engen Grenzen halten. So besteht z. B. nach Art. 4 Abs. 1 der Verordnung über die Transparenz von Wertpapierfinanzierungsgeschäften (»Securities Financing Transactions Regulation«, SFT-Verordnung)[10] für Kontrahenten von Wertpapierfinanzierungsgeschäften eine Meldepflicht für jedes von ihnen abgeschlossene Wertpapierfinanzierungsgeschäft sowie jede Änderung oder Beendigung eines solchen Geschäftes an ein registriertes oder anerkanntes Transaktionsregister. Davon sind gemäß Art. 2 Abs. 1 lit. a SFT-Verordnung u. a. Kontrahenten aus einem Drittland außerhalb der Europäischen Union (EU) betroffen, wenn das Wertpapierfinanzierungsgeschäft im Rahmen der Tätigkeiten einer Zweigniederlassung dieser Kontrahenten in der EU geschlossen wird.

2.4.2 Komplexe Produkte

22   Im Hinblick auf das Bestätigungsverfahren besteht für komplexe Produkte, wie z. B. Kreditderivate, eine weitere Sonderregelung. Ist bei solchen Produkten in den Rahmenverträgen festgelegt, dass nur einer der beiden Partner den Vertrag erstellt, genügt eine beiderseitige Ad-hoc-Bestätigung (Kurzform) und die einseitige Vertragserstellung (Langform) nach Klärung aller Details. Die

---

9   Vgl. Bundesanstalt für Finanzdienstleistungsaufsicht, Protokoll der Sitzung des MaRisk-Fachgremiums am 5. November 2018, S. 6.

10 Verordnung (EU) 2015/2365 (SFT-Verordnung) des Europäischen Parlaments und des Rates vom 25. November 2015 über die Transparenz von Wertpapierfinanzierungsgeschäften und der Weiterverwendung sowie zur Änderung der Verordnung (EU) Nr. 648/2012, Amtsblatt der Europäischen Union vom 23. Dezember 2015, L 337/11.

Ad-hoc-Bestätigung sollte dabei die wesentlichen Angaben zum vereinbarten Handelsgeschäft enthalten (→ BTO 2.2.2 Tz. 2, Erläuterung).

Im Kontext der MaRisk gilt die Ad-hoc-Bestätigung dann als »unverzüglich« abgegeben, wenn sie dem jeweiligen internen Prozess entsprechend »ohne schuldhaftes Zögern« erfolgt. Gerade bei komplexen Produkten wird auch nach grundsätzlicher Einigung auf einen Geschäftsabschluss für die Klärung durchaus wesentlicher Details Zeit benötigt, was dem Begriff »ad hoc« in gewisser Weise widerspricht. Das betrifft grundsätzlich beide Geschäftspartner. Insofern wäre die Abgabe der eigenen Bestätigung insbesondere dann als nicht mehr »unverzüglich« anzusehen, wenn die ordnungsgemäße Ad-hoc-Bestätigung des Kontrahenten bereits seit einiger Zeit vorliegt. Mögliche Ursachen dafür könnten optimierungsbedürftige interne Prozesse oder aber eine zu umfängliche institutsinterne Definition davon sein, welche »wesentlichen Angaben« zwingend Bestandteil einer Ad-hoc-Bestätigung sein müssen.   23

2.5 Praktikable Ausgestaltung des Bestätigungsverfahrens

2.5.1 Beschränkung auf zwei Schriftstücke

Im Rahmen der Ausarbeitung der MaRisk wurde der Aspekt diskutiert, dass eine sehr formale Auslegung der Anforderungen an die Bestätigung und die Gegenbestätigung von Handelsgeschäften im Extremfall dazu führen könnte, insgesamt vier Schriftstücke mit demselben Inhalt zu verschicken (jeweils eine Bestätigung und Gegenbestätigung der beiden Kontrahenten). Das ist aus Effizienzgesichtspunkten nicht sinnvoll und entspricht – wie oben ausgeführt – auch nicht der Intention der Aufsicht. Vor diesem Hintergrund hat die Aufsicht klargestellt, dass die Bestätigung des jeweiligen Kontrahenten aus Sicht des Institutes bereits als Gegenbestätigung im Sinne der MaRisk angesehen werden kann, sofern es zwischen beiden Bestätigungsschreiben keine Unstimmigkeiten gibt.[11] Demzufolge sind zwei Bestätigungen (in jeweils eine Richtung) vollkommen ausreichend, um dem Regelungszweck zu genügen.   24

In der Praxis kann darüber hinaus der Fall eintreten, dass ein Kontrahent aufgrund seiner personellen und technischen Kapazitäten die Bestätigung des Handelsgeschäftes i. d. R. schneller ausfertigen und verschicken kann, als dies im Institut möglich ist. Den Anforderungen entsprechend hat der Kontrahent den Eingang der Gegenbestätigung des Institutes zu überwachen. Das bedeutet, dass vom Institut geprüft werden muss, ob die in der Bestätigung des Kontrahenten angegebenen Abschlussdaten vollständig und korrekt sind. Sofern es keine Beanstandungen gibt, werden die Angaben des Kontrahenten vom Institut durch Unterschriftsleistung »gegenbestätigt«. Im Grunde werden damit gleichzeitig die Anforderungen an die Bestätigung durch das Institut erfüllt. Damit erscheint ein zusätzliches Schriftstück, das keine neuen Informationen enthalten würde, für die Zwecke der MaRisk entbehrlich.   25

2.5.2 Schweigen als Zustimmung

Mit dem ersten Austausch zur sechsten MaRisk-Novelle im Fachgremium MaRisk hat die Kreditwirtschaft darauf verwiesen, dass es auch andere Formen der Sicherstellung der Existenz eines Geschäftes als das Konzept von Bestätigung und Gegenbestätigung gebe. Konkret wurde über die   26

---

11 Diese Aussage ist das Ergebnis der Diskussion in der Sitzung des MaRisk-Fachgremiums im Rahmen des Konsultationsverfahrens vom 19. bis 20. Mai 2005. Dieses Ergebnis wurde allerdings nicht protokolliert.

Praxis des Versandes einer Bestätigung durch eine Partei und einer »Gegenbestätigung« durch Schweigen der anderen Partei berichtet (»negative affirmation«). Die Aufsicht wurde um Prüfung der Aufnahme in die MaRisk gebeten, da dem Schweigen nach den Grundsätzen des kaufmännischen Bestätigungsschreibens ein Erklärungswert zugewiesen und nach englischem und New Yorker Recht Schweigen als Zustimmung gewertet werden kann. Der Ablauf stellt sich grundsätzlich wie folgt dar: Vor Aufnahme der Handelsbeziehung schließen die Parteien einen Rahmenvertrag für den Handel von Derivaten (z. B. Rahmenvertrag für Finanztermingeschäfte oder ISDA Rahmenvertrag) und ggf. eine Rahmengeschäftsbestätigung (»Master Confirmation Agreement«) ab. Der Abschluss von Rahmengeschäftsbestätigungen ist im Bereich strukturierter OTC-Aktienderivate und Kreditderivate üblich. In einem dieser Verträge wird in Anlehnung an den Q&A-Prozess der ESMA zu EMIR ein Prozess vereinbart, nach dem das Institut die Geschäftsbestätigung erstellt und sich der Vertragspartner zur Prüfung der Angaben und ggf. zum Widerspruch innerhalb einer festgelegten Frist verpflichtet bzw. die Annahme durch Schweigen erfolgt.[12] Diese Vereinbarung wird i. d. R. in der Rahmengeschäftsbestätigung getroffen.[13]

27   Nach eingehender Prüfung durch die deutsche Aufsicht wurde diese Verfahrensweise mit der sechsten MaRisk-Novelle aufgegriffen. Für den Bestätigungsprozess innerhalb von Rahmenverträgen kann nunmehr festgelegt werden, dass das Schweigen nach Ablauf einer im Voraus vereinbarten Frist als Gegenbestätigung anzusehen ist (→ BTO 2.2.2 Tz. 2, Erläuterung). Die Deutsche Kreditwirtschaft (DK) hatte darauf hingewiesen, dass eine entsprechende Vereinbarung auch außerhalb von Rahmenverträgen möglich ist, und deshalb empfohlen, direkt auf die entsprechenden Aussagen der ESMA abzustellen.[14] Das wurde von der Aufsicht zwar nicht aufgegriffen. Wichtig wird im Endeffekt jedoch vor allem sein, dass es eine klare Vereinbarung dazu gibt. Insbesondere wird sicher nicht beanstandet, wenn diese Vereinbarung Teil der Rahmengeschäftsbestätigung ist. In der Regel wird der Kunde in dieser Vereinbarung ergänzend auf seine Prüfungspflicht und die Notwendigkeit eines Widerspruchs seinerseits hingewiesen, sofern einzelne Daten der Geschäftsbestätigung nicht stimmen sollten. Dieser Prozess sieht also den Versand einer Geschäftsbestätigung durch das Institut in Verbindung mit einer Prüfungs- und Widerspruchspflicht des Kontrahenten vor. In diesem Kontext gilt sein Schweigen auf eine Bestätigung als Zustimmung, womit auf eine separate Gegenbestätigung verzichtet werden kann.

2.6   Automatisiertes Bestätigungsverfahren

28   Das »klassische« Bestätigungsverfahren hat jedoch im Verlauf der Zeit an Bedeutung verloren. Häufig wird es über bestimmte Abwicklungs- oder Bestätigungssysteme automatisch nachgebildet, so dass der zusätzliche Versand von Bestätigungen nicht mehr erforderlich ist. In folgenden Fällen kann auf das Bestätigungsverfahren vollständig verzichtet werden:

---

12 Der Antwort 5 (a) der ESMA zufolge, die seit 2013 in dieser Form unverändert gelassen wurde, müssen die Kontrahenten eine rechtsverbindliche Vereinbarung über alle Bedingungen eines OTC-Derivatkontraktes treffen, um die Anforderungen an das Bestätigungsverfahren zu erfüllen. Aus der Delegierten Verordnung (EU) Nr. 149/2013 leitet die ESMA ab, dass beide Parteien diese Bedingungen einhalten und sich im Voraus auf einen bestimmten Prozess einigen müssen, um dieser Anforderung nachzukommen. Verfahren, bei denen die Dokumentation nach Ablauf einer festen Frist als abgeschlossen und von beiden Parteien akzeptiert gilt (»negative affirmation«), sind regelkonform, sofern beide Kontrahenten im Voraus vereinbart haben, nach diesem Verfahren zu bestätigen. Vgl. European Securities and Markets Authority, Questions and Answers, Implementation of the Regulation (EU) No 648/2012 on OTC derivatives, central counterparties and trade repositories (EMIR), ESMA70-1861941480-52, 20. Mai 2021, S. 23 f. Insofern wird auch von der ESMA vorab eine entsprechende Vereinbarung gefordert, ohne allerdings festzulegen, in welchem Dokument diese Übereinkunft niederzulegen ist.

13 Vgl. Bundesanstalt für Finanzdienstleistungsaufsicht, Protokoll der Sitzung des MaRisk-Fachgremiums am 27. September 2019, S. 4 f.

14 Vgl. Deutsche Kreditwirtschaft, BaFin-Konsultation 14/2020 – Mindestanforderungen an das Risikomanagement, Stellungnahme vom 4. Dezember 2020, S. 34 f.

– Handelsgeschäfte werden in einem Abwicklungs- oder Bestätigungssystem erfasst, das einen automatischen Abgleich der maßgeblichen Abschlussdaten gewährleistet (so genanntes »Matching«) und die Handelsgeschäfte nur bei Übereinstimmung der Daten durchführt (→ BTO 2.2.2 Tz. 3 Satz 1), oder

– das Abwicklungs- oder Bestätigungssystem ermöglicht beiden Kontrahenten auch ohne einen automatischen Abgleich der Abschlussdaten den jederzeitigen Abruf der Daten, die kontrolliert werden müssen (→ BTO 2.2.2 Tz. 3 Satz 2).

Eine ähnliche Vorgehensweise ist bei Geschäften in OTC-Derivaten denkbar, indem die Meldepflicht der Kontrahenten an ein Transaktionsregister genutzt und um vergleichbare Kontrollmechanismen erweitert wird (→ BTO 2.2.2 Tz. 3, Erläuterung).   **29**

2.7   Häufung von Stornierungen und Korrekturen

Bei den Bestätigungs- und Abstimmungsverfahren ist ein besonderes Augenmerk auf die Häufung   **30** von Stornierungen und Korrekturen bei einzelnen Mitarbeitern oder bestimmten Geschäften zu richten (→ BTO 2.2.2 Tz. 2, Erläuterung). Diese Anforderung ist eine direkte Konsequenz aus einigen spektakulären Betrugsfällen im Handelsgeschäft. So hatten bei den Aktivitäten von Nick Leeson von der Barings Bank oder Jérôme Kerviel von der Société Générale jeweils die internen Kontrollmechanismen komplett versagt. Allein Kerviel hatte bis zum Januar 2008 offene Positionen über 50 Milliarden Euro aufgebaut und durch fiktive Gegengeschäfte zu vertuschen versucht, die er jeweils kurz vor deren Fälligkeit wieder stornierte. Unabhängig von derartigen Extremfällen kann es natürlich auch vorkommen, dass fehlerhafte Eingaben korrigiert oder, sofern dies nicht ohne Weiteres möglich ist, fehlerhaft erfasste Geschäfte storniert und mit den korrekten Daten neu abgeschlossen werden müssen. Sofern dies bei einzelnen Mitarbeitern gehäuft beobachtet wird, könnten z. B. geeignete Maßnahmen zur Qualifikation dieser Mitarbeiter ergriffen werden. Werden bei bestimmten Geschäften immer wieder Probleme festgestellt, könnte hinterfragt werden, ob sich das Institut von diesen Geschäften komplett zurückziehen sollte.

Ob diese Tätigkeit von der Abwicklung und Kontrolle ausgeübt wird oder von einer anderen   **31** Organisationseinheit, wie z. B. dem Risikocontrolling, bleibt den Instituten überlassen. Die Anforderung wurde lediglich deswegen an dieser Stelle formuliert, weil sie sich direkt auf die Handelsprozesse bezieht.

3 Verwendung von Abwicklungs- oder Bestätigungssystemen (Tz. 3)

32 **3** Bei Handelsgeschäften, die in einem Abwicklungs- oder Bestätigungssystem erfasst werden, das einen automatischen Abgleich der maßgeblichen Abschlussdaten gewährleistet (so genanntes Matching) und Handelsgeschäfte nur bei Übereinstimmung der Daten durchführt, kann auf das Bestätigungsverfahren verzichtet werden. Sofern kein automatischer Abgleich der maßgeblichen Abschlussdaten erfolgt, kann auf das Bestätigungsverfahren verzichtet werden, wenn das Abwicklungs- oder Bestätigungssystem beiden Kontrahenten den jederzeitigen Abruf der Abschlussdaten ermöglicht und eine Kontrolle dieser Daten vorgenommen wird.

3.1 Abwicklungs- oder Bestätigungssysteme

33 Institute sind häufig nicht nur als Abwickler für ihre eigenen Geschäfte tätig. Börsen oder börsenähnliche Einrichtungen stellen Systeme zur Verfügung, die den Geschäftsabschluss und die Abwicklung unterstützen (z.B. Eurex oder Cedel). Darüber hinaus existiert eine Vielzahl von weiteren Systemen, die dazu dienen, den Prozess der Abwicklung effizienter zu gestalten. Zu derartigen Systemen gehören z.B. so genannte »Confirmation-Matching-Systeme«, die u.a. dazu in der Lage sind, Bestätigungen zu generieren. Die BaFin hat vor diesem Hintergrund abstrakte Voraussetzungen formuliert, die bei derartigen Systemen den Verzicht auf das Bestätigungsverfahren gestatten.

3.1.1 Matching-Systeme

34 Im Grunde genommen arbeiten Matching-Systeme ähnlich wie die Mitarbeiter in der Abwicklung eines Institutes, allerdings automatisiert. Matching-Systeme vergleichen in einem automatisierten Verfahren die Eingaben der Kontrahenten. Sofern die Eingaben der Kontrahenten deckungsgleich sind, veranlasst das System den Abschluss des Geschäftes. Der Versand von (zusätzlichen) Bestätigungen durch die Kontrahenten ist insoweit redundant. Bei der Abwicklung von Handelsgeschäften über Matching-Systeme kann daher auf das Bestätigungsverfahren verzichtet werden. Insofern übernimmt das System die Funktion des Bestätigungsverfahrens.

3.1.2 Systeme ohne automatischen Abgleich

35 Auf das Bestätigungsverfahren kann aber auch bei anderen Systemen verzichtet werden. In der Praxis gibt es neben Matching-Systemen auch Abwicklungs- oder Bestätigungssysteme, die zwar keinen automatischen Abgleich der Daten vornehmen, aber beiden Kontrahenten den jederzeitigen Abruf der Abschlussdaten ermöglichen. Im Unterschied zum Matching-System wird also nicht automatisch auf der Basis der Abschlussdaten der Kontrahenten der Geschäftsabschluss generiert. Mitarbeiter der Abwicklung haben bei der Verwendung solcher Abwicklungs- oder Bestätigungssysteme allerdings durch eine Kontrolle sicherzustellen, dass die im System niedergelegten Abschlussdaten übereinstimmen. Festgestellte Abweichungen sind zu reklamieren (→ BTO 2.2.2 Tz. 6).

Im internationalen Geschäftsverkehr finden spezielle Abwicklungs- oder Bestätigungssysteme **36** Verwendung, die sich als Marktstandards durchgesetzt haben. Auch die deutschen Institute können sich der Verwendung dieser Systeme nicht komplett verschließen, sofern sie als Handelspartner anerkannt sein möchten. Um in diesen Fällen auf ein separates Bestätigungsverfahren verzichten zu können, müssen eventuelle Defizite dieser Systeme durch eine angemessene Ausgestaltung der internen Prozesse ausgeglichen werden. Das betrifft insbesondere die Schnittstellen dieser Systeme mit den bankinternen Front- und Back-Office-Systemen. So werden von einigen Abwicklungs- oder Bestätigungssystemen zwar die Front-Office-Systeme der beteiligten Institute »real-time« befüllt. Allerdings wird die institutsinterne Weiterleitung der Geschäftsdaten in die Back-Office-Systeme teilweise von einer speziellen Freigabe durch einen Mitarbeiter aus dem Front-Office abhängig gemacht, was zu zeitlichen Verzögerungen führen könnte. Die Aufsicht gestattet in diesen Fällen den Verzicht auf ein separates Bestätigungsverfahren nur unter strengen Auflagen. So muss institutsintern sichergestellt sein, dass die Händler nach Eingabe der Geschäftsdaten in das System nachträglich keine manipulativen Änderungen vornehmen können und die Handelsgeschäfte unverzüglich nach Geschäftsabschluss mit allen maßgeblichen Abschlussdaten an die Abwicklung weitergeleitet werden.[15] Auf diese Weise ist ein jederzeitiger Zugriff auf die Daten und eine jederzeitige Kontrolle der Daten durch das Back-Office möglich.

3.2   Bestätigungsverfahren bei OTC-Derivaten

Besondere Anforderungen gelten für Geschäfte in OTC-Derivaten (»over the counter«), d.h. für **37** nicht durch einen zentralen Kontrahenten (»Central Counterparty«, CCP) geclearte Derivatekontrakte. Nach Art. 9 Abs. 1 EMIR[16] müssen die Kontrahenten sicherstellen, dass die Einzelheiten aller von ihnen geschlossenen Derivatekontrakte und jeglicher Änderung oder Beendigung dieser Kontrakte spätestens an dem auf den Abschluss, die Änderung oder Beendigung der Kontrakte folgenden Arbeitstag an ein registriertes oder anerkanntes Transaktionsregister gemeldet werden.[17] Abgesehen von bestimmten Ausnahmen, die im Rahmen des »EMIR Regulatory Fitness and Performance Programms« (EMIR-REFIT)[18] aufgenommen wurden, sind beide Seiten meldepflichtig und müssen etwaige Diskrepanzen klären. Nach Art. 11 Abs. 1 EMIR müssen die Kontrahenten, die einen nicht durch einen zentralen Kontrahenten geclearten Derivatekontrakt abschließen, mit der gebührenden Sorgfalt gewährleisten, dass angemessene Verfahren und Vorkehrungen bestehen, um das operationelle Risiko und das Kontrahentenrisiko zu ermessen, zu beobachten und zu mindern. Dabei geht es speziell um die rechtzeitige Bestätigung der Bedingungen des betreffenden Kontraktes, ggf. auf elektronischem Wege (lit. a), sowie um formalisierte Prozesse, die solide, belastbar und prüfbar sind, zur Abstimmung von Portfolios, zur Beherrschung der damit verbundenen Risiken, zur frühzeitigen Erkennung und Ausräumung von Meinungsverschiedenheiten zwischen Parteien sowie zur Beobachtung des Wertes ausstehender Kontrakte (lit. b). Der

---

15 Vgl. Bundesanstalt für Finanzdienstleistungsaufsicht, Auslegungsentscheidung zu einer Anfrage des Bundesverbandes Öffentlicher Banken Deutschlands (VÖB) vom 27. Februar 2009.

16 Verordnung (EU) Nr. 648/2012 (EMIR) des Europäischen Parlaments und des Rates vom 4. Juli 2012 über OTC-Derivate, zentrale Gegenparteien und Transaktionsregister, Amtsblatt der Europäischen Union vom 27. Juli 2012, L 201/20.

17 Die Registrierung eines Transaktionsregisters erfolgt gemäß Art. 55 Abs. 1 EMIR über die ESMA. Dabei muss es sich nach Art. 55 Abs. 2 EMIR um eine in der EU niedergelassene Rechtsperson handeln, die den Anforderungen der Art. 78 bis 82 EMIR genügt. Auch die Anerkennung eines Transaktionsregisters erfolgt laut Art. 77 Abs. 1 EMIR durch die ESMA, die ein Verzeichnis der anerkannten Transaktionsregister auf ihrer Internetseite veröffentlicht.

18 Verordnung (EU) Nr. 2019/834 (EMIR REFIT) des Europäischen Parlaments und des Rates vom 20. Mai 2019 zur Änderung der Verordnung (EU) Nr. 648/2012 in Bezug auf die Clearingpflicht, die Aussetzung der Clearingpflicht, die Meldepflichten, die Risikominderungstechniken für nicht durch eine zentrale Gegenpartei geclearte OTC-Derivatekontrakte, die Registrierung und Beaufsichtigung von Transaktionsregistern und die Anforderungen an Transaktionsregister, Amtsblatt der Europäischen Union vom 28. Mai 2019, L 141/52–54.

geforderte Portfolioabgleich wird in Art. 13 der zugehörigen Delegierten Verordnung[19] weiter konkretisiert. Im Fachgremium MaRisk wurde von der Kreditwirtschaft auf diese Meldepflicht für Derivategeschäfte an ein Transaktionsregister hingewiesen. Außerdem wurde dort vorgetragen, dass auch weitere Aspekte die Verbindlichkeit von Geschäften festigen können, wie z. B. Zahlungen unter dem jeweiligen Einzelabschluss und ggf. Sicherheitsleistungen auf Portfolioebene.[20]

38 Zusammengefasst müssen also – etwas verkürzt dargestellt – beide Kontrahenten nach Art. 9 Abs. 1 EMIR die Einzelheiten der Derivatekontrakte spätestens am folgenden Arbeitstag an ein Transaktionsregister melden und gemäß Art. 11 Abs. 1 lit. a EMIR rechtzeitig eine Geschäftsbestätigung an den jeweiligen Kontrahenten verschicken, ggf. auf elektronischem Wege. Wie bereits ausgeführt, kann die Geschäftsbestätigung auch nur einer der beiden Kontrahenten verschicken, sofern bei entsprechender vorheriger Vereinbarung der andere Kontrahent per Schweigen (»negative affirmation«) zustimmt (→ BTO 2.2.2 Tz. 2). Das Schweigen des Kontrahenten ersetzt in diesem Fall folglich die Gegenbestätigung. Besteht eine entsprechende Vereinbarung hingegen nicht, so muss auch bei Geschäften in OTC-Derivaten grundsätzlich eine Gegenbestätigung eingefordert werden.

39 In Anlehnung an die Erleichterung für Systeme ohne automatischen Abgleich (Datenabruf und Kontrolle dieser Daten) ist es allerdings möglich, auch ohne eine entsprechende Vereinbarung (»negative affirmation«) auf die Gegenbestätigung zu verzichten. Für diesen Zweck hat die Aufsicht mit der sechsten MaRisk-Novelle eine Erläuterung ergänzt, wonach bei Geschäften in OTC-Derivaten eine Bestätigung gemäß Art. 11 Abs. 1 lit. a EMIR ausreichend ist, sofern sie vom Handel unabhängig erfolgt und der Meldepflicht an ein Transaktionsregister nachgekommen wird. Beiden Kontrahenten muss ein jederzeitiger Abruf der Abschlussdaten im Transaktionsregister möglich sein. Der Abruf durch das Institut muss erfolgen und dokumentiert werden (→ BTO 2.2.2 Tz. 3, Erläuterung). Im Fachgremium MaRisk im Februar 2021 hat die Aufsicht dazu ausgeführt, dass sich ein Institut davon überzeugen müsse, dass der Kontrahent ebenfalls die passenden Daten eingegeben habe. Darauf laufe die Formulierung hinaus, den Abruf zu dokumentieren. Die aus dem Transaktionsregister ggf. generierten Berichte können dafür allerdings genutzt werden. Insofern kann die Meldung an ein Transaktionsregister als Ersatz für das Einholen einer Gegenbestätigung genutzt werden, sofern beide Kontrahenten an das Transaktionsregister melden. Anhand der Daten des Transaktionsregisters muss vom Institut in diesem Fall geprüft werden, ob alles korrekt ist, d. h. das Geschäft bestätigt ist. Es handelt sich also um eine vergleichbare Regelung wie bei der Nutzung von Abwicklungs- oder Bestätigungssystemen ohne automatischen Abgleich.

40 Insofern kann bei Geschäften in OTC-Derivaten auf das Einholen einer Gegenbestätigung verzichtet werden, wenn entweder eine entsprechende Vereinbarung mit dem Kontrahenten existiert (»negative affirmation«) oder ersatzweise die Meldungen an das Transaktionsregister abgeglichen werden. Im ersten Fall wird die Übereinstimmung der Daten vom Kontrahenten geprüft, abgesichert über entsprechende Vereinbarungen. Im zweiten Fall bleibt dies eine Aufgabe für das Institut. Insbesondere für größere Institute mit einem entsprechenden Handelsvolumen wird der Abgleich der Daten vom Transaktionsregister allerdings nicht praktikabel sein, so dass diese Institute vermutlich eher von der Möglichkeit Gebrauch machen werden, in ihren Rahmenverträgen, Rahmengeschäftsbestätigungen o. Ä. festzulegen, dass das Schweigen nach Ablauf einer im Voraus vereinbarten Frist als Gegenbestätigung anzusehen ist (→ BTO 2.2.2 Tz. 2).

---

19 Delegierte Verordnung (EU) Nr. 149/2013 der Kommission vom 19. Dezember 2012 zur Ergänzung der Verordnung (EU) Nr. 648/2012 des Europäischen Parlaments und des Rates im Hinblick auf technische Regulierungsstandards für indirekte Clearingvereinbarungen, die Clearingpflicht, das öffentliche Register, den Zugang zu einem Handelsplatz, nichtfinanzielle Gegenparteien und Risikominderungstechniken für nicht durch eine CCP geclearte OTC-Derivatekontrakte, Amtsblatt der Europäischen Union vom 23. Februar 2013, L 52/21–22.

20 Vgl. Bundesanstalt für Finanzdienstleistungsaufsicht, Protokoll der Sitzung des MaRisk-Fachgremiums am 27. September 2019, S. 5.

4 Kontrolle der Handelsgeschäfte (Tz. 4)

4 Die Handelsgeschäfte sind einer laufenden Kontrolle zu unterziehen. Dabei ist insbeson- **41**
dere zu kontrollieren, ob
a) die Geschäftsunterlagen vollständig und zeitnah vorliegen,
b) die Angaben der Händler richtig und vollständig sind und, soweit vorhanden, mit den
   Angaben auf Maklerbestätigungen, Ausdrucken aus Handelssystemen oder Ähnlichem
   übereinstimmen,
c) die Abschlüsse sich hinsichtlich Art und Umfang im Rahmen der festgesetzten Limite
   bewegen,
d) marktgerechte Bedingungen vereinbart sind und
e) Abweichungen von vorgegebenen Standards (z.B. Stammdaten, Anschaffungswege,
   Zahlungswege) vereinbart sind.
Änderungen und Stornierungen der Abschlussdaten oder Buchungen sind außerhalb des
Bereiches Handel zu kontrollieren.

4.1 Laufende Kontrollen

Die Aufgaben der Abwicklung im weiteren Sinne (→ BTO 2.2.2 Tz. 1) umfassen neben der **42**
Ausfertigung der Geschäftsbestätigungen, der Erstellung der Abrechnungen sowie daran anschließenden Abwicklungstätigkeiten auch diverse laufende Kontrollen. Auf bestimmte Kontrollen kann
jedoch verzichtet werden, sofern die von den Händlern eingegebenen Abschlussdaten automatisch und ohne weitere Eingriffsmöglichkeiten der Händler an die Abwicklung weitergeleitet
werden (→ BTO 2.2.2 Tz. 4, Erläuterung). Hierzu zählen
– die Kontrolle, ob die vom Handel weitergeleiteten Geschäftsunterlagen vollständig und zeitnah
  vorliegen, sowie
– die Kontrolle, ob die Angaben der Händler richtig und vollständig sind und, soweit vorhanden,
  mit den Angaben auf Maklerbestätigungen, Ausdrucken aus Handelssystemen oder Ähnlichem übereinstimmen.

Der Verzicht auf diese Kontrollen ist deshalb möglich, weil die Zeitnähe als gegeben vorausgesetzt **43**
werden kann, wenn eine automatische Weiterleitung an die Abwicklung erfolgt. Diese automatische
Weiterleitung ist systemseitig i.d.R. daran gekoppelt, dass alle erforderlichen Abschlussdaten vom
Händler eingegeben wurden. Daraus folgt also auch die Vollständigkeit der Geschäftsunterlagen. Die
Korrektheit der Händlerangaben wird wiederum von der Abwicklung ohnehin geprüft, indem ein
Abgleich mit den Angaben aus der Gegenbestätigung erfolgt (→ BTO 2.2.2 Tz. 2).

   Gegenstand der übrigen Kontrollaufgaben der Abwicklung sind insbesondere die Einhaltung der **44**
festgesetzten Limite, die Vereinbarung marktgerechter Bedingungen sowie die Beachtung vorgegebener Standards.

BTO 2.2.2 Abwicklung und Kontrolle

4.1.1 Kontrolle der Limiteinhaltung

45 Unter anderem ist zu kontrollieren, ob sich die Abschlüsse nach Art und Umfang im Rahmen der festgesetzten Limite bewegen. Die Kontrolle hinsichtlich des Umfangs hat formalen Charakter, da es um die Einhaltung vorgegebener Limite geht. Hingegen kann die Kontrolle der Art der Abschlüsse durchaus materieller Natur sein. So können z. B. ungewöhnliche Bewegungen innerhalb eines Limits von der Abwicklung zum Anlass genommen werden, auf Unstimmigkeiten hinzuweisen (→ BTO 2.2.2 Tz. 6). Diese Kontrolltätigkeiten können aus Gründen einer effizienten Arbeitsteilung auch durch das Risikocontrolling durchgeführt werden (→ BTR 2.2 Tz. 1 und BTR 2.3 Tz. 3).

4.1.2 Marktgerechtigkeitskontrolle

46 Das Institut hat auf Basis geeigneter Verfahren zu kontrollieren, ob marktgerechte Bedingungen vereinbart sind (→ BTO 2.2.2 Tz. 5). Abschlüsse zu nicht marktgerechten Bedingungen sind grundsätzlich unzulässig. Lediglich im Einzelfall und unter Berücksichtigung bestimmter Voraussetzungen sind Ausnahmen möglich (→ BTO 2.2.1 Tz. 2). Sofern eine Abweichung von marktgerechten Bedingungen unter Einhaltung dieser Voraussetzungen erfolgt, sind entsprechende Maßnahmen oder eine besondere Berichtpflicht darüber entbehrlich. Grundsätzlich sollen alle Handelsgeschäfte in die Marktgerechtigkeitskontrolle einbezogen werden. Die deutsche Aufsicht sieht jedoch für bestimmte Fälle Ausnahmen vom Erfordernis der Kontrolle der Marktgerechtigkeit bzw. zumindest Erleichterungen vor (→ BTO 2.2.2 Tz. 5).

4.1.3 Abweichungen von vorgegebenen Standards

47 Die Kontrolle auf Abweichungen von vorgegebenen Standards beim Abschluss von Handelsgeschäften hat insbesondere unter Berücksichtigung interner Vorgaben zu erfolgen. Neben Stammdaten (z.B. Name, Anschrift, Geschäftsart) sowie Anschaffungs- und Zahlungswegen können hierzu auch Abweichungen von den internen Vorgaben zum Abschluss von internen Geschäften oder von Geschäften zu nicht marktgerechten Bedingungen sowie zu Abschlüssen außerhalb der Geschäftsräume gehören. Gegenstand dieser Kontrolltätigkeiten können ebenfalls die vom Standard abweichenden Vertragstexte, die nicht elektronisch abgewickelten Handelsgeschäfte und die alternativen Verfahren zur Geschäftsbestätigung sein. Im Rahmen dieser Kontrollen sollten ferner Abweichungen von den Marktusancen beim Abschluss von Handelsgeschäften aufgegriffen werden.

4.2 Änderungen oder Stornierungen

48 Darüber hinaus sind Änderungen und Stornierungen der Abschlussdaten oder Buchungen außerhalb des Bereiches Handel zu kontrollieren. Hierbei handelt es sich um Kontrollaufgaben, mit deren Hilfe u.a. Manipulationen durch einzelne Händler aufgedeckt oder gar von vornherein verhindert werden sollen. Es bietet sich an, in diesem Rahmen gleichzeitig auf die Häufung von Stornierungen und Korrekturen bei einzelnen Mitarbeitern oder bestimmten Geschäften zu achten (→ BTO 2.2.2 Tz. 2, Erläuterung). Diese Aufgaben müssen nicht zwingend von der Abwicklung wahrgenommen werden. Infrage kommt dafür z. B. auch das Risikocontrolling.

5 Kontrolle der Marktgerechtigkeit (Tz. 5)

5 Für die Kontrolle der Marktgerechtigkeit von Geschäftsabschlüssen sind geeignete Ver- **49**
fahren, ggf. differenziert nach Handelsgeschäftsarten, einzurichten. Der für die Marktgerechtigkeitskontrolle zuständige Geschäftsleiter ist unverzüglich zu unterrichten, wenn
abweichend von BTO 2.2.1 Tz. 2 Handelsgeschäfte zu nicht marktgerechten Bedingungen
abgeschlossen werden.

5.1 Zweck der Marktgerechtigkeitskontrolle

Mit Hilfe der Marktgerechtigkeitskontrolle soll vor allem vermieden werden, dass Gewinne will- **50**
kürlich in andere Rechnungsperioden oder zwischen Geschäftspartnern verlagert oder Geschäfte
in betrügerischer Weise verfälscht werden (→ BTO 2.2.1 Tz. 2). Die MaRisk sehen zwar im
Hinblick auf die Durchführung der Marktgerechtigkeitskontrolle verschiedene Ausnahmen bzw.
Erleichterungen vor. Grundsätzlich sind jedoch alle Handelsgeschäfte in die Kontrolle einzubeziehen. Das gilt auch für interne Handelsgeschäfte (→ BTO 2.2.2 Tz. 5, Erläuterung), die z.B.
zwischen den Niederlassungen des Institutes, verschiedenen Bereichen oder einzelnen Portfolios
abgeschlossen werden (→ BTO 2.2.1 Tz. 1, Erläuterung). Von einer Einbeziehung interner Handelsgeschäfte kann lediglich unter analoger Anwendung der Ausnahmeregelungen für externe
Handelsgeschäfte abgewichen werden (→ BTO 2.2.2 Tz. 5, Erläuterung).

5.2 Geeignete Verfahren

Für die Marktgerechtigkeitskontrolle sind, ggf. differenziert nach Handelsgeschäftsarten, geeig- **51**
nete Verfahren einzurichten. Dabei sollte sichergestellt werden, dass sich die Kontrolle auf den
Zeitpunkt des Abschlusses bezieht. Verzögerungen können in Abhängigkeit von der Volatilität der
Märkte zu Abweichungen führen, die das Ergebnis der Marktgerechtigkeitskontrolle verzerren. In
der Praxis bedient man sich insbesondere der folgenden Verfahren:
- In liquiden Märkten ist es i.d.R. kein Problem, für die Zwecke der Marktgerechtigkeitskontrolle auf einen Referenzwert zurückzugreifen, da in diesem Fall ein Marktpreis existiert. Das
  ist z.B. bei Geschäften auf dem Interbankenmarkt der Fall. Dafür reichen grundsätzlich
  stichprobenartige Kontrollen aus, sofern dies unter Risikogesichtspunkten vertretbar ist
  (→ BTO 2.2.2 Tz. 5, Erläuterung).
- Bei Festlegung von Bandbreiten ist der Abschluss eines Handelsgeschäftes als marktgerecht zu
  qualifizieren, wenn sich der Preis innerhalb dieser Bandbreiten bewegt. Die vom Institut
  festgelegten Bandbreiten müssen allerdings nachvollziehbar sein. Zu weit gefasste Bandbreiten erfüllen ihren Zweck nicht, da hierdurch nahezu jedes Handelsgeschäft von vornherein als
  marktgerecht einzuordnen wäre.
- Schwierig gestaltet sich die Durchführung der Marktgerechtigkeitskontrolle insbesondere bei
  Produkten mit geringer Marktliquidität oder bei illiquiden Produkten. Während die Marktgerechtigkeit für Produkte mit geringer Marktliquidität ggf. noch auf der Basis von Bandbreiten
  oder von Vergleichswerten abgeleiteter Marktpreise kontrolliert werden kann, scheiden diese

Möglichkeiten bei illiquiden Produkten in den meisten Fällen aus. Bei solchen Produkten kommen daher häufig Bewertungsinstrumente zum Einsatz, die einen Modellpreis generieren (z. B. »Independent Price Verification«).

52 Insgesamt gesehen hängt der Einsatz geeigneter Verfahren für die Kontrolle der Marktgerechtigkeit von Geschäftsabschlüssen also insbesondere von der Verfügbarkeit entsprechender Daten ab. In vielen Fällen kann auf Referenzmarktdaten zurückgegriffen werden, die von verschiedenen Anbietern zur Verfügung gestellt werden (z. B. Reuters, Bloomberg oder Markit). Durch die Schaffung von Schnittstellen zu diesen Referenzmarktdatenbanken besteht die Möglichkeit, dass die Marktgerechtigkeitskontrolle effizient ausgestaltet werden kann. Bestehen hinsichtlich der Datenbeschaffung gewisse Schwierigkeiten, wie dies insbesondere bei illiquiden Produkten der Fall sein kann, muss das Institut eigene Bewertungsinstrumente verwenden.

53 Im Fachgremium MaRisk wurde seitens der Kreditwirtschaft hinsichtlich der »Level 3 Assets« darauf verwiesen, dass es dafür per definitionem keine beobachtbaren Preise zur Durchführung einer Marktgerechtigkeitskontrolle gibt. Die Kreditwirtschaft hat als Alternative angeregt, dass es ausreichen solle, wenn »die notwendige Transparenz im Innenverhältnis« gewährleistet werde und eine regelmäßige Unterrichtung des für die Marktgerechtigkeitskontrolle zuständigen Geschäftsleiters eingerichtet werde.[21] Über diesen Vorschlag ist anschließend nicht mehr diskutiert worden.

5.3 Unterrichtung des zuständigen Geschäftsleiters

54 Der für die Marktgerechtigkeitskontrolle zuständige Geschäftsleiter ist unverzüglich zu unterrichten, wenn Handelsgeschäfte zu nicht marktgerechten Bedingungen abgeschlossen werden. Die Unterrichtung ist nicht erforderlich, sofern es sich um Abschlüsse zu nicht marktgerechten Bedingungen handelt, die von der Ausnahmeregelung ausdrücklich erfasst werden (→ BTO 2.2.1 Tz. 2).

55 Auch wenn es nicht dem Wortlaut der Anforderung entspricht, sollte bei der Unterrichtung des zuständigen Geschäftsleiters dem Grundsatz der Wesentlichkeit Rechnung getragen werden. Insoweit muss der zuständige Geschäftsleiter nicht zwingend über jede Abweichung von untergeordneter Bedeutung informiert werden, die im Rahmen der Marktgerechtigkeitskontrolle festgestellt wird. Dies folgt aus dem Proportionalitätsprinzip, das für die Anforderungen der MaRisk insgesamt gilt. Für den Umgang mit festgestellten Abweichungen bietet sich insofern die Einrichtung eines abgestuften Eskalationsverfahrens an[22], so dass der zuständige Geschäftsleiter im Ergebnis nur über wesentliche Sachverhalte unterrichtet wird.

5.4 Erleichterungen und Ausnahmen

56 Die MaRisk sehen im Zusammenhang mit der Marktgerechtigkeitskontrolle einige Erleichterungen bzw. Ausnahmen vor (→ BTO 2.2.2 Tz. 5, Erläuterung). Erleichterungen werden insbesondere für marktliquide Kassa- und Termininstrumente sowie den Ersterwerb aus einer Emission

---

21 Vgl. Bundesanstalt für Finanzdienstleistungsaufsicht, Protokoll der Sitzung des MaRisk-Fachgremiums am 27. September 2019, S. 5.

22 Vgl. Steinmeyer, Anja, Problemfelder im Rahmen einer externen MaH-Prüfung, in: Finanz Colloquium Heidelberg (Hrsg.), Einhaltung der MaH, Heidelberg, 2004, S. 114.

eingeräumt. Bei Handelsgeschäften, die direkt oder über Dritte (z. B. Korrespondenzbanken) entweder an einer Börse oder an einem anderen organisierten Markt abgewickelt werden, kann sogar vollständig auf die Marktgerechtigkeitskontrolle verzichtet werden.

5.4.1 Marktliquide Kassa- und Termininstrumente

Liquide Märkte zeichnen sich durch eine große Anzahl von Marktteilnehmern mit unterschiedlichen Handlungsmotiven aus. In der Regel sind solche Märkte aufgrund der hohen Umsätze nicht sehr volatil. Eine direkte Folge davon sind verhältnismäßig enge Geld-Brief-Spannen. Demzufolge können auch umfangreiche Orders, die z. B. dem Aufbau oder dem Schließen von offenen Positionen dienen, jederzeit und ohne Reibungsverluste initiiert werden. Ein liquider Markt kommt dem theoretischen Konstrukt des vollkommenen Marktes sehr nahe, bei dem der Preis bzw. der Kurs das Ergebnis von Angebot und Nachfrage sind. Selbst bedeutende Marktteilnehmer können daher i. d. R. keinen relevanten Einfluss auf die Preise bzw. Kurse nehmen. Vor diesem Hintergrund kann bei marktliquiden Kassa- und Termininstrumenten die Marktgerechtigkeitskontrolle in Stichproben erfolgen, soweit dies unter Risikogesichtspunkten vertretbar ist (→ BTO 2.2.2 Tz. 5, Erläuterung).

57

5.4.2 Ersterwerb aus einer Emission

Der Ersterwerb von Wertpapieren aus einer Emission ist grundsätzlich als Handelsgeschäft zu qualifizieren (→ AT 2.3 Tz. 3, Erläuterung). Allerdings sind in Abhängigkeit von der Art und der Struktur des Geschäftes Erleichterungen bei der Marktgerechtigkeitskontrolle möglich. So reduziert sich die Marktgerechtigkeitskontrolle z. B. bei einer Emission im Wege der öffentlichen Versteigerung oder des öffentlichen Angebotes (Bietung) auf die Kontrolle der richtigen Abrechnung des Emissionskurses (→ BTO 2.2.2 Tz. 5, Erläuterung). In diesem Fall wäre eine derartig abgespeckte Kontrolle, die ohnehin durchzuführen ist und deshalb keinen weiteren Aufwand für das Institut nach sich zieht, rein formal völlig ausreichend. Es liegt natürlich im Ermessen des Institutes, die Kontrolle der Marktgerechtigkeit in derartigen Fällen weiter auszudehnen. Zum Beispiel könnte sich ein Institut durch das Einholen von Vergleichsangeboten oder durch theoretische Bewertungen davon überzeugen, ob die Emission zu einem »marktgerechten« Kurs emittiert wurde.

58

5.4.3 Börsen

Bei Börsen handelt es sich um organisierte Handelsplätze, die das Angebot und die Nachfrage für bestimmte Finanzinstrumente zusammenbringen und auf dieser Basis einen Marktpreis feststellen. Die Ordnungsmäßigkeit des Börsenhandels wird durch gesetzliche Regelungen gewährleistet. Zum Beispiel hat jede deutsche Börse nach einschlägigen Normen des Börsengesetzes (BörsG) eine Handelsüberwachungsstelle einzurichten, deren Aufgabe insbesondere darin besteht, die Überwachung des Börsenhandels und der Börsengeschäftsabwicklung sicherzustellen. Vor diesem Hintergrund besteht kein Anlass zur Sorge, dass der an einer inländischen Börse festgestellte Preis nicht marktgerecht sein könnte. Dasselbe gilt sinngemäß für die Börsen anderer Länder. Insoweit kann bei Handelsgeschäften, die direkt oder über Dritte (z. B. über eine Korrespondenzbank) über eine Börse abgewickelt werden, auf die Marktgerechtigkeitskontrolle verzichtet werden (→ BTO 2.2.2 Tz. 5, Erläuterung). Diese Ausnahmeregelung war

59

mit Blick auf die deutschen Börsen bereits Gegenstand der MaH bzw. der diesbezüglich erfolgten Auslegungen und wurde praktisch unverändert in die MaRisk übernommen.[23]

5.4.4 Organisierte Märkte

60 Ausnahmen von der Marktgerechtigkeitskontrolle waren schon den Auslegungen der MaH zufolge nicht nur bei Handelsgeschäften möglich, die über inländische Börsen abgewickelt werden. Eine analoge Anwendung galt auch für vergleichbare ausländische Börsenplätze. Dazu gehörten neben den Börsenplätzen des EWR auch andere europäische oder außereuropäische Börsen. Die Bankenaufsicht hatte zur besseren Orientierung die »Liste der Börsen mit amtlichem Handel und der anderen organisierten Märkte« veröffentlicht.[24] In dieser Liste wurden jene ausländischen Börsen aufgeführt, deren Funktionsweise nach dem Gesetz über Kapitalanlagegesellschaften (KAGB), dessen Regelungen aus dem Investmentgesetz (InvG) überführt und um zahlreiche neue Produktregeln und Vorgaben erweitert wurden, als ordnungsgemäß zu beurteilen waren.

61 Diese Ausnahmeregelung ist materiell in die MaRisk übernommen und mehrfach konkretisiert worden. Allerdings orientierte sich die BaFin zunächst an der MiFID.[25] Folglich konnte bei Handelsgeschäften, die an »inländischen Börsen« und an einem »anderen geregelten Markt«[26] abgewickelt werden, auf die Kontrolle der Marktgerechtigkeit verzichtet werden. Im Fachgremium MaRisk wurde im September 2019 von der Kreditwirtschaft vorgetragen, dass die von der BaFin bis zu diesem Zeitpunkt veröffentlichte Liste der einer Börse gleichwertigen Drittstaatenhandelsplätze keine »multilateralen Handelssysteme« (»multilateral trading facilities«, MTF)[27] oder »organisierten Handelssysteme« (»organised trading facilities«, OTF)[28] erfasst.[29]

62 Im Rahmen der sechsten MaRisk-Novelle hat die deutsche Aufsicht ihre Ausnahmeregelung angepasst. Nunmehr kann bei Handelsgeschäften, die direkt oder über Dritte, wie z. B. über eine Korrespondenzbank, an »einer Börse« (inländisch bzw. ausländisch) oder an einem »anderen organisierten Markt« abgewickelt werden, auf die Kontrolle der Marktgerechtigkeit verzichtet werden (→ BTO 2.2.2 Tz. 5, Erläuterung). Zur Konkretisierung der damit gemeinten Märkte und

---

23 Vgl. Bundesaufsichtsamt für das Kreditwesen, Erläuterungen zu einzelnen Regelungen der Mindestanforderungen an das Betreiben von Handelsgeschäften der Kreditinstitute (MaH), Rundschreiben 4/1998 vom 8. April 1998, Abschnitt III a); Bundesaufsichtsamt für das Kreditwesen, Ergänzende Hinweise zu den Mindestanforderungen an das Betreiben von Handelsgeschäften der Kreditinstitute (MaH) – Revisionsberichte und Marktgerechtigkeitsprüfung, Rundschreiben 5/2001 vom 12. September 2001, Abschnitt III.

24 Vgl. Bundesaufsichtsamt für das Kreditwesen, Ergänzende Hinweise zu den Mindestanforderungen an das Betreiben von Handelsgeschäften der Kreditinstitute (MaH) – Revisionsberichte und Marktgerechtigkeitsprüfung, Rundschreiben 5/2001 vom 12. September 2001, Anlage.

25 Vgl. Richtlinie 2004/39/EG (MiFID) des Europäischen Parlaments und des Rates vom 21. April 2004 über Märkte für Finanzinstrumente, Amtsblatt der Europäischen Union vom 30. April 2004, L 145/1–44, Titel III, Artikel 36–47. Die MiFID wurde zum 3. Januar 2018 durch die MiFID II ersetzt. Vgl. Richtlinie 2014/65/EU (MiFID II) des Europäischen Parlaments und des Rates vom 15. Mai 2014 über Märkte für Finanzinstrumente sowie zur Änderung der Richtlinien 2002/92/EG und 2011/61/EU, Amtsblatt der Europäischen Union vom 12. Juni 2014, L 173/349–496.

26 Ein »geregelter Markt« ist gemäß Art. 4 Abs. 1 Nr. 21 MiFID II ein von einem Marktbetreiber betriebenes und/oder verwaltetes multilaterales System, das die Interessen einer Vielzahl Dritter am Kauf und Verkauf von Finanzinstrumenten innerhalb des Systems und nach seinen nichtdiskretionären Regeln in einer Weise zusammenführt oder das Zusammenführen fördert, die zu einem Vertrag in Bezug auf Finanzinstrumente führt, die gemäß den Regeln und/oder den Systemen des Marktes zum Handel zugelassen wurden, und das eine Zulassung erhalten hat und ordnungsgemäß und gemäß Titel III der MiFID II funktioniert.

27 Ein »multilaterales Handelssystem« (MTF) ist gemäß Art. 4 Abs. 1 Nr. 22 MiFID II von einer Wertpapierfirma oder einem Marktbetreiber betriebenes multilaterales System, das die Interessen einer Vielzahl Dritter am Kauf und Verkauf von Finanzinstrumenten innerhalb des Systems und nach nichtdiskretionären Regeln in einer Weise zusammenführt, die zu einem Vertrag gemäß Titel II der MiFID II führt.

28 Ein »organisiertes Handelssystem« (OTF) ist gemäß Art. 4 Abs. 1 Nr. 23 MiFID II ein multilaterales System, bei dem es sich nicht um einen geregelten Markt oder ein MTF handelt und das die Interessen einer Vielzahl Dritter am Kauf und Verkauf von Schuldverschreibungen, strukturierten Finanzprodukten, Emissionszertifikaten oder Derivaten innerhalb des Systems in einer Weise zusammenführt, die zu einem Vertrag gemäß Titel II der MiFID II führt.

29 Vgl. Bundesanstalt für Finanzdienstleistungsaufsicht, Protokoll der Sitzung des MaRisk-Fachgremiums am 27. September 2019, S. 5.

Handelssysteme verweist die Aufsicht u. a. auf die Internetseite der ESMA, schränkt ihren Verweis aber auf geregelte Märkte und multilaterale Handelssysteme ein.

Insofern gelten die organisierten Handelssysteme nicht als »organisierte Märkte« im Sinne dieser Erleichterung. Bei organisierten Handelssystemen kann aufgrund des geringeren Anforderungsniveaus nicht auf die Durchführung der Kontrolle der Marktgerechtigkeit verzichtet werden (→ BTO 2.2.2 Tz. 5, Erläuterung). Im Fachgremium MaRisk am 26./27. August 2020 hat die deutsche Aufsicht diese Einschränkung insbesondere damit begründet, dass sich die Privilegierung am Preisbildungsmechanismus orientiere. Dieser Mechanismus sei an Börsen und grundsätzlich auch bei nicht der Börsenaufsicht unterliegenden MTFs, die der Börsenorganisation allerdings sehr ähnlich seien, marktorientiert. Hingegen sei die Preisbildung bei OTFs auch in »Dark Pools« möglich. Insgesamt ist diese Entwicklung vermutlich auf MiFID II/MiFIR zurückzuführen, wonach der Handel weitestgehend in geregelte Handelsplätze verlagert werden soll.

Die ESMA hat am 8. April 2021 ihren Abschlussbericht über die Funktionsweise von OTFs veröffentlicht, insbesondere zu deren Definition und zum Handelsplatzumfang.[30] Die ESMA gibt darin einen Überblick über die Entwicklung und den Stand der OTF-Märkte sowie über die rechtlichen Rahmenbedingungen, z. B. in Bezug auf die Ausübung von Ermessen bei der Ausführung von Aufträgen und die Zusammenführung sich deckender Kundenaufträge (»matched principal trading«, MPT) durch den OTF-Betreiber. Darüber hinaus behandelt die ESMA auch Fragen zur Definition und Abgrenzung von multilateralen Systemen im Allgemeinen sowie zu Erlaubnispflichten für Handelsplätze. Aus diesem Bericht könnten Änderungen der MiFID II und/oder der MiFIR mit dem Ziel resultieren, die Komplexität für die Marktteilnehmer zu reduzieren und den Rechtsrahmen effektiver zu gestalten. Vorgeschlagen wird auch, dass die ESMA eine Stellungnahme mit einer Klarstellung zu den Grenzen der Zulassung von Handelsplätzen veröffentlichen sollte.

5.5 Orientierungshilfen

Gemäß Art. 18 Abs. 10 MiFID II muss die ESMA auf ihrer Internetseite eine Liste aller »multilateralen Handelssysteme« (»multilateral trading facilities«, MTF) veröffentlichen und auf dem neuesten Stand halten. Dasselbe gilt nach Art. 56 MiFID II für die »geregelten Märkte« (»regulated markets«). Auch die BaFin bietet eine entsprechende Übersicht an. Beide können als Orientierungshilfe dienen.

Die deutsche Aufsicht hat diesen Hinweis als Erläuterung aufgenommen. Zur Identifizierung der Märkte, die als Börsen oder andere organisierte Märkte im Sinne dieser Anforderung angesehen werden können, ist eine Orientierung an folgenden Aufstellungen möglich (→ BTO 2.2.2 Tz. 5, Erläuterung):

- Übersicht der »European Securities and Markets Authority« (ESMA) zu Börsen und anderen organisierten Märkten in den Mitgliedstaaten der EU sowie in den anderen Vertragsstaaten des Abkommens über den Europäischen Wirtschaftsraum (zum Zeitpunkt der Veröffentlichung dieses Rundschreibens abrufbar unter: https://registers.esma.europa.eu/publication/search-Register?core = esma_registers_upreg# über »Entity type: Regulated market« bzw. »Entity type: Multilateral Trading Facility«),

---

30 European Securities and Markets Authority, MiFID II review report on the functioning of Organised Trading Facilities (OTF), ESMA70-156-4225, 23. März 2021.

BTO 2.2.2 Abwicklung und Kontrolle

– »Liste der zugelassenen Börsen und der anderen organisierten Märkte gemäß § 193 Abs. 1 Nr. 2 und 4 KAGB« für solche Märkte in Ländern außerhalb der Mitgliedstaaten der EU sowie außerhalb der anderen Vertragsstaaten des Abkommens über den Europäischen Wirtschaftsraum (Schreiben der BaFin vom 16.02.2011; zum Zeitpunkt der Veröffentlichung dieses Rundschreibens abrufbar unter: https://www.bafin.de/SharedDocs/Veroeffentlichungen/DE/Auslegungsentscheidung/WA/ae_080208_boersenInvG.html).

6 Umgang mit Unstimmigkeiten und Auffälligkeiten (Tz. 6)

6 Unstimmigkeiten und Auffälligkeiten, die im Rahmen der Abwicklung und Kontrolle   67
festgestellt wurden, sind unter der Federführung eines vom Handel unabhängigen
Bereiches unverzüglich zu klären. Für Unstimmigkeiten und Auffälligkeiten, die nicht
plausibel geklärt werden können, hat das Institut angemessene Eskalationsverfahren einzurichten.

6.1 Unstimmigkeiten

Bei der Abwicklung von Handelsgeschäften werden gelegentlich Unstimmigkeiten festgestellt, die   68
auf verschiedene Ursachen zurückzuführen sein können. Häufig werden sie von Händlern verursacht, die interne Vorgaben nicht beachten. Beispiele hierfür sind unvollständige Geschäftsunterlagen oder Händlerzettel, die vom Handel manchmal sogar verspätet an die Abwicklung
geschickt werden. Umgekehrt ist allerdings nicht auszuschließen, dass eine allzu strenge bzw.
überformalisierte Handhabung der Abwicklung mit dazu beitragen kann, Unstimmigkeiten überhaupt erst aufkommen zu lassen.

Nicht in jedem Fall betreffen Unstimmigkeiten das Verhältnis zwischen Handel und Abwick-   69
lung. Sie können auch auf abweichenden Gegenbestätigungen beruhen, die vom Kontrahenten an
die Abwicklung des Institutes gesandt wurden. Das Bestätigungsverfahren und auch die Aufzeichnung der Händlergespräche auf Tonträger können insoweit einen wichtigen Beitrag zur
Klärung von Unstimmigkeiten leisten.

Welcher Vorgang im Einzelnen als Unstimmigkeit anzusehen ist, kann nicht allgemein vor-   70
gegeben werden. Aus Effizienzgründen sollten z.B. versehentliche Fehleingaben von Händlern
nicht automatisch als Unstimmigkeit qualifiziert werden, die einen formalisierten Klärungsprozess
»unter der Federführung« eines vom Handel unabhängigen Bereiches erforderlich macht. In
derartigen Fällen sollten Mitarbeiter der (vertriebsunabhängigen) Abwicklung den betroffenen
Händler zunächst direkt ansprechen, um das Problem auf unkomplizierte Weise zu lösen. Durch
diese pragmatische Verfahrensweise wird im Ergebnis dem Sinn und Zweck der Regelung entsprochen.

6.2 Auffälligkeiten

Im Rahmen der dritten MaRisk-Novelle wurde die Anforderung ergänzt, dass bei der Abwicklung   71
und Kontrolle nicht nur auf »Unstimmigkeiten«, sondern auch auf »Auffälligkeiten« geachtet
werden muss. Mit dieser Ergänzung wollte die deutsche Aufsicht den Gedanken der Betrugsprävention stärker betonen, der durch spektakuläre Fälle in den vorangegangenen Jahren verstärkt in den Fokus der Aufsicht gerückt ist.[31] Vor diesem Hintergrund können die Auffällig-

---

31 Vgl. Bundesanstalt für Finanzdienstleistungsaufsicht, Übermittlungsschreiben zum ersten Entwurf zur Überarbeitung der
MaRisk vom 9. Juli 2010, S. 7.

keiten von den bereits erwähnten Unstimmigkeiten z. B. in der Weise abgegrenzt werden, dass damit i. d. R. ein Vorsatz verbunden ist, um sich in betrügerischer Absicht einen Vorteil zu verschaffen oder ein Problem zu verschleiern. Es ist jedoch ebenso möglich, in Abgrenzung zu den Unstimmigkeiten deutlich vorher anzusetzen, indem Auffälligkeiten z. B. als Abweichungen vom erwarteten bzw. gewohnten Sachverhalt aufgefasst werden. Letztlich unterscheiden sich die Anforderungen an die Behandlung von Unstimmigkeiten und Auffälligkeiten an dieser Stelle ohnehin nicht.

72   Mit Blick auf weitere Ergänzungen im Rahmen der zweiten und dritten MaRisk-Novelle besteht ein direkter Zusammenhang zu den Anforderungen, ein besonderes Augenmerk auf die Häufung von Stornierungen und Korrekturen bei einzelnen Mitarbeitern oder bestimmten Geschäften (→ BTO 2.2.2 Tz. 2, Erläuterung) sowie auf die Abstimmung von Zwischen- und Auffangkonten zu richten, wobei Auffälligkeiten im Zusammenhang mit diesen Konten unverzüglich zu klären sind (→ BTO 2.2.2 Tz. 7). Auffälligkeiten können sich auch im Rahmen der Abstimmungsprozesse zwischen den im Handel ermittelten Positionen und den in den nachgelagerten Prozessen und Funktionen geführten Positionen ergeben, in die inaktive Portfolios (»dormant portfolios«) und fiktive Kontrahenten (»dummy counterparts«) einzubeziehen sind (→ BTO 2.2.2 Tz. 7). Daneben können natürlich auch andere Aspekte beleuchtet werden, wie z. B. Auffälligkeiten bei Geschäften mit Maklern, die darauf hindeuten, dass bestimmte Händler auf unzulässige Weise profitieren.

6.3   Klärung oder Eskalation

73   Sowohl Unstimmigkeiten als auch Auffälligkeiten sind zur Vermeidung von Interessenkonflikten unter der Federführung eines vom Handel unabhängigen Bereiches zu klären. Insoweit werden regelmäßig der Handel und die Abwicklung beteiligt sein. Da die Abwicklung die Unstimmigkeiten festgestellt hat, liegt es darüber hinaus nahe, dass sie auch die Federführung bei deren Klärung übernimmt. Allerdings kann es im Fall eines Disputes zwischen Handel und Abwicklung sinnvoll sein, wenn »neutrale« Mitarbeiter oder Organisationseinheiten federführend in diesem Klärungsprozess tätig werden. Infrage kommen z. B. das Risikocontrolling oder die Interne Revision.

74   Während ein neutraler Dritter bei Unstimmigkeiten häufig zu einer Klärung des Sachverhaltes beitragen kann, werden die Verursacher von Betrugsfällen tendenziell versuchen, ihre Aktivitäten zu verschleiern bzw. die Verantwortung dafür abzustreiten. Es liegt also nahe, dass insbesondere jene beobachteten Auffälligkeiten, die auf betrügerische Handlungen zurückzuführen sind, nicht ohne Weiteres plausibel geklärt werden können. Deshalb hat das Institut für derartige Fälle angemessene Eskalationsverfahren einzurichten. CEBS hat z. B. Eskalationsprozesse zur Information der betroffenen Leitungsebene über Vorfälle gefordert, bei denen vorgegebene Risikotoleranzgrenzen überschritten oder betrügerische bzw. verdächtige Aktivitäten festgestellt werden.[32]

75   Die Nutzung technischer Konten, wie z. B. Verwahrkonten, sollte den Vorstellungen von CEBS zufolge durch das Middle- und Backoffice analysiert und nachvollzogen sowie immer dann infrage gestellt werden, wenn sie durch das Frontoffice unsachgemäß erfolgt. Jede verdächtige Aktivität auf diesen Konten sollte gegenüber der Geschäftsleitung eskaliert und von dieser geklärt werden. Darüber hinaus sollten die Institute die Entwicklung sensibler Konten, wie z. B. Konten mit schwebenden Geschäften, angemessen überwachen. Damit die Kontrollen eine abschreckende Wirkung haben und rechtzeitig geeignete Gegensteuerungsmaßnahmen getroffen werden kön-

---

32 Vgl. Committee of European Banking Supervisors, Guidelines on the management of operational risks in market-related activities (GL 35), 12. Oktober 2010, S. 7.

nen, muss die Überwachung jeweils mit einer solchen Häufigkeit erfolgen, dass unangemessene Aktivitäten oder anomales Verhalten so schnell wie möglich erkannt werden. Lediglich monatliche Kontrollen der Handelsbücher, die sich z. B. auf die Zuordnung der Refinanzierungskosten, die internen und externen Handelsabstimmungen, die Kontrolle der Verwahrkonten und die Berichterstattung beziehen, können laut Ansicht von CEBS zu einer unangemessenen Verzögerung bei der Erkennung von Anomalien führen.[33]

Das Eskalationsverfahren im Handelsbereich zielt insofern vorrangig auf den Umgang mit operationellen Risiken ab. Je nachdem, welche Hierarchieebenen damit erreicht werden, könnte es sich allerdings auch für andere Risikoarten eignen. Der BaFin schwebt insbesondere vor, die im Institut bereits bestehenden Eskalationsprozesse auch beim Umgang mit Nachhaltigkeitsrisiken zur Einbindung der Leitungsebene zu nutzen. Im Zweifel sollte das Verfahren für diesen Zweck in angemessener Weise ergänzt werden.[34] **76**

Vermutlich wird der Umgang mit Nachhaltigkeitsrisiken – allein aufgrund der zahlreichen Regulierungsinitiativen – im Laufe der Zeit in den Instituten zur Normalität, so dass die spezifischen Eskalationsprozesse im Kredit- oder Handelsgeschäft für die Einbindung der Leitungsebene nicht unbedingt am geeignetsten sind. Bei den bestehenden Geschäftsaktivitäten können diese Prozesse zwar genutzt werden. Grundsätzlich sollte eine Berücksichtigung von Nachhaltigkeitsrisiken jedoch bereits im Rahmen des Neu-Produkt-Prozesses erfolgen, um ihre Auswirkungen auf das Institut ganzheitlich und mit Blick auf alle relevanten Risikoarten zu untersuchen (→ AT 8.1 Tz. 1). **77**

---

33 Vgl. Committee of European Banking Supervisors, Guidelines on the management of operational risks in market-related activities (GL 35), 12. Oktober 2010, S. 13f.
34 Vgl. Bundesanstalt für Finanzdienstleistungsaufsicht, Merkblatt zum Umgang mit Nachhaltigkeitsrisiken, 20. Dezember 2019, geändert am 13. Januar 2020, S. 27.

7 Interne Abstimmung der Positionen (Tz. 7)

78 7 Die im Handel ermittelten Positionen sind regelmäßig mit den in den nachgelagerten Prozessen und Funktionen (z.B. Abwicklung, Rechnungswesen) geführten Positionen abzustimmen. In die Abstimmungsaktivitäten sind auch inaktive Portfolios (»dormant portfolios«) und fiktive Kontrahenten (»dummy counterparts«) einzubeziehen. Besonderes Augenmerk ist auf die Abstimmung von Zwischen- und Auffangkonten zu richten. Auffälligkeiten im Zusammenhang mit diesen Konten sind unverzüglich zu klären.

7.1 Zweck der Positionsabstimmung

79 Die im Handel ermittelten Positionen sind regelmäßig mit den Positionen abzustimmen, die in den nachgelagerten Prozessen und Funktionen geführt werden. Das betrifft in erster Linie die Abwicklung und das Rechnungswesen. Soweit sich Institute IT-gestützter Systeme bedienen, die den Prozess vom Abschluss des Handelsgeschäftes über dessen Erfassung in den Handelssystemen und die Weiterleitung an die Abwicklung (→ BTO 2.2.1 Tz. 5) ggf. bis hin zur Abbildung im Rechnungswesen bzw. im Risikocontrolling (→ BTO 2.2.3 Tz. 1) abdecken, werden sich i.d.R. keine Unterschiede im Hinblick auf die jeweils erfassten Positionen ergeben.

80 Abweichungen können vor allem dann nicht ausgeschlossen werden, wenn die Positionen separat im Handel sowie in den nachgelagerten Prozessen und Funktionen erfasst werden. Durch solche Abweichungen wird zudem die Plausibilisierung der im Rechnungswesen und Risikocontrolling ermittelten Ergebnisse erschwert (→ BTR 2.1 Tz. 3). Im Extremfall können nicht abgestimmte Positionen die Aussagekraft der Ergebnisse für interne (Controlling, Risikocontrolling) und externe (Rechnungswesen) Zwecke beeinträchtigen, so dass z.B. der Jahresabschluss die tatsächliche Vermögenslage des Institutes nicht korrekt widerspiegelt.

7.2 Regelmäßige Abstimmung

81 Die regelmäßige Abstimmung der Positionen trägt dazu bei, dass Abweichungen sowie damit einhergehende Konsequenzen weitgehend ausgeschlossen werden können. Der konkrete Turnus für die Abstimmung hängt von der Art, dem Umfang und der Komplexität der betriebenen Handelsgeschäfte ab. Es liegt demnach im Ermessen des Institutes, einen angemessenen Turnus festzulegen. Sollten sich im Rahmen der Abstimmung gehäuft wesentliche Abweichungen ergeben, ist dies sicherlich ein Indiz dafür, den Turnus der Abstimmung aus aktuellem Anlass zu verkürzen.

82 In die Abstimmungsaktivitäten sind auch inaktive Portfolios (»dormant portfolios«) und fiktive Kontrahenten (»dummy counterparts«) einzubeziehen. CEBS hat von den Instituten gefordert, angemessene Kontrollen und Verfahren einzuführen, die auch interne Geschäfte, inaktive Portfolios und fiktive Kontrahenten einschließen. Unter inaktiven Portfolios sind Portfolios zu verstehen, die vom Frontoffice nicht länger »überwacht« werden, wobei es hier wohl eher um die »Ver-

wendung« dieser Portfolios geht. Fiktive Kontrahenten sind in erster Linie Kontrahenten, deren Zuordnung offen (»pending«) ist.[35] Dies kann z. B. darauf zurückzuführen sein, dass die Legitimationsprüfung noch nicht abgeschlossen wurde. In der Praxis werden fiktive Kontrahenten auch aus abwicklungstechnischen Gründen für bestimmte Buchungsprozesse verwendet.

Zu den internen Geschäften gehören nach den Vorstellungen von CEBS im Gegensatz zu den MaRisk auch Geschäfte zwischen verschiedenen Rechtseinheiten einer Gruppe. Diese Abweichung spielt für die deutschen Institute allerdings keine Rolle, da für die einzelnen (beaufsichtigten) Gruppenunternehmen jeweils die MaRisk gelten, womit von ihnen auch die Anforderungen an Handelsgeschäfte zu beachten sind. **83**

Besonderes Augenmerk ist zudem auf die Abstimmung von Zwischen- und Auffangkonten zu richten. Auffälligkeiten im Zusammenhang mit diesen Konten sind unverzüglich zu klären. Eine Definition von Zwischen- und Auffangkonten findet sich in den MaRisk nicht. Es kann davon ausgegangen werden, dass damit in erster Linie das so genannte CpD-Konto (»Conto-pro-Diverse«) gemeint ist. Dabei handelt es sich um ein Konto für nicht eindeutig zuzuordnende Buchungsvorgänge, wie z. B. Zahlungseingänge, deren Empfänger aufgrund fehlerhafter oder unvollständiger Daten nicht zweifelsfrei bestimmt werden konnte. Als Verrechnungskonto für Wertpapiergeschäfte ist ein CpD-Konto aufgrund gesetzlicher Bestimmungen zur Verhinderung von Geldwäsche oder Steuerhinterziehung ohnehin nicht mehr zulässig. **84**

Bei CEBS finden sich Hinweise auf so genannte technische Konten, wie z. B. Verwahrkonten, und andere sensible Konten, auf denen z. B. schwebende Geschäfte verbucht sind. Die Verwendung derartiger Konten soll in angemessener Häufigkeit überwacht werden.[36] Es ist nicht auszuschließen, dass derartige Konten ebenfalls als Zwischen- oder Auffangkonten im Sinne der MaRisk angesehen werden. **85**

7.3   Prüfpfad (»Audit Trail«)

Zur Sicherstellung angemessener Abstimmungsprozesse »kann es notwendig sein«, dass das Institut Prozesse und Verfahren etabliert, die eine jederzeitige Verifizierung der Entstehungshistorie von Positionen und Zahlungsströmen (»Cashflows«) gewährleisten (→ BTO 2.2.2 Tz. 7, Erläuterung). Trotz dieser weichen Formulierung sollte davon ausgegangen werden, dass es sich um eine echte Anforderung handelt. Die deutsche Aufsicht bezeichnet derartige Prozesse und Verfahren als »Audit Trail«. In anderen Veröffentlichungen werden synonym die Begriffe Prüfpfad, Buchungsprotokoll oder Logbuch verwendet. Gemeint ist jeweils eine detaillierte Dokumentation der Handelsgeschäfte einschließlich solcher Nebenabreden, die zu Positionen führen, vom Geschäftsabschluss bis zur Geschäftsabwicklung – zur schrittweisen Rückverfolgung bis zu ihrem Ausgangspunkt. Damit wurden die zahlreichen Abstimmungs- und Plausibilisierungsprozesse rund um den Abschluss von Handelsgeschäften um einen weiteren Baustein ergänzt (siehe Abbildung 68). **86**

---

35   Vgl. Committee of European Banking Supervisors, Guidelines on the management of operational risks in market-related activities (GL 35), 12. Oktober 2010, S. 10.

36   Vgl. Committee of European Banking Supervisors, Guidelines on the management of operational risks in market-related activities (GL 35), 12. Oktober 2010, S. 13 f.

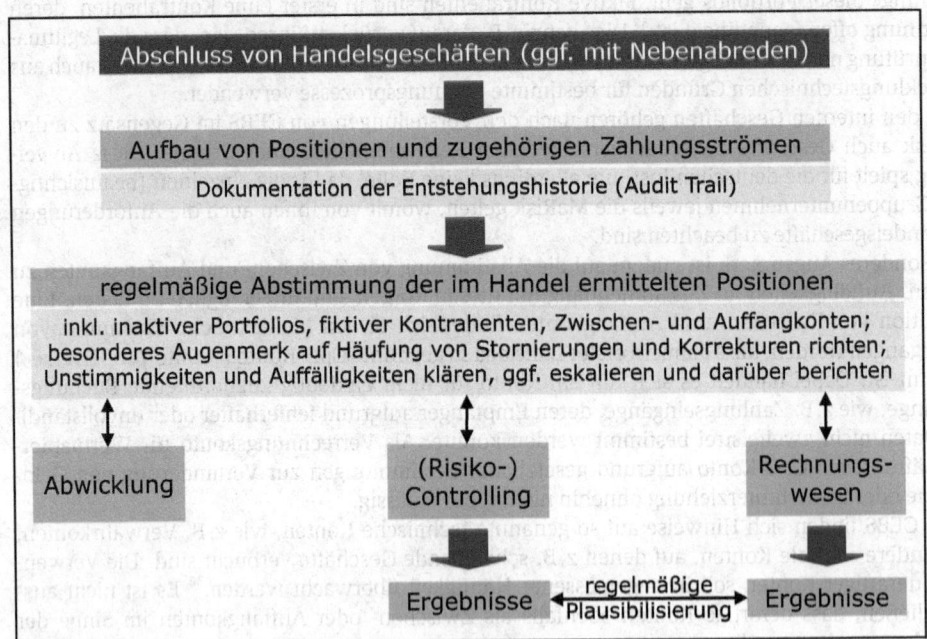

Abb. 68: Abstimmungsprozesse bei Handelsgeschäften

87   Hinweise zur Ausgestaltung eines Audit Trail finden sich bei CEBS. Grundsätzlich sollten alle mit einer Transaktion verbundenen relevanten Positionen, Cashflows und Berechnungen, wie z. B. Handelsbuchpositionen, Gewinne und Verluste sowie ungewisse Cashflows, in den institutsinternen IT-Systemen eindeutig erfasst und dokumentiert werden. Idealerweise sollte der Audit Trail beim Händler beginnen, der die Transaktion initiiert hat, und den gesamten Pfad bis zum Kontrahenten umfassen, der die Transaktion erhalten oder für sie bezahlt hat (»Front-to-End-Audit-Trail«). Dabei sollte auf einem hinreichend granularen Level, wie z. B. nach Händlern, Büchern, Produkten und Portfolios, eine Rückverfolgung der Cashflows in beide Richtungen möglich sein. CEBS konkretisiert die beiden Richtungen mit »downstream« und »upstream«, womit vermutlich eine Rückverfolgung der Cashflows vom Händler bis zum Kontrahenten und umgekehrt gemeint ist. Neben einem automatisierten Front-to-End-Audit-Trail, bei dem die erforderlichen Daten auf Knopfdruck sofort verfügbar sind, ist offenbar auch eine Erzeugung des kompletten Audit Trail inkl. der jeweiligen Verantwortlichen oder Händler innerhalb eines angemessenen Zeitraumes zulässig. Voraussetzung dafür ist allerdings, dass die Eingabe und Änderung von Daten hinsichtlich der Transaktionen (inkl. Abwicklung), Positionen, Bewertungen und anderen relevanten Angelegenheiten ausreichend dokumentiert ist.[37]

88   Laut CEBS sind Audit Trails nicht nur für die eigentliche Abwicklung und Kontrolle von Bedeutung, sondern auch für die Nachhandelskontrollen, die regelmäßig von den Kontroll- und Unterstützungsfunktionen, wie z. B. dem OpRisk-Management, dem (Risiko-)Controlling, dem Finanzbereich, der Internen Revision oder dem externen Prüfer, durchgeführt werden. Ebenso benötigt die Bilanzierung von Transaktionen und Cashflows eine strenge Überwachung und interne Kontrollen.[38]

---

37 Vgl. Committee of European Banking Supervisors, Guidelines on the management of operational risks in market-related activities (GL 35), 12. Oktober 2010, S. 9 f.

38 Vgl. Committee of European Banking Supervisors, Guidelines on the management of operational risks in market-related activities (GL 35), 12. Oktober 2010, S. 9.

BTO 2.2.3 Abbildung im Risikocontrolling

1 Abbildung im Risikocontrolling (Tz. 1)

1

1 Handelsgeschäfte einschließlich solcher Nebenabreden, die zu Positionen führen, sind unverzüglich im Risikocontrolling abzubilden.

1.1 Abbildung der Geschäfte

2 Handelsgeschäfte sind unverzüglich nach Geschäftsabschluss mit allen maßgeblichen Abschluss-daten zu erfassen, bei der Ermittlung der jeweiligen Position zu berücksichtigen und mit allen Unterlagen an die Abwicklung zu leiten (→ BTO 2.2.1 Tz. 5). Daran anschließend sind die Handelsgeschäfte unverzüglich im Risikocontrolling abzubilden. In Abhängigkeit von der jeweili-gen Organisationsstruktur kann diese Aufgabe auch dem Controlling zufallen (→ BTR 2.1 Tz. 4). Im Rahmen der Abbildung der Geschäfte sind auch Nebenabreden, die zu Positionen führen, zu berücksichtigen (→ BTO 2.2.1 Tz. 1). Mit der Abbildung im (Risiko-)Controlling findet daher der idealtypische Ablauf in der Praxis (Handel, Abwicklung, Risikocontrolling) regelmäßig seinen Abschluss (→ BTO 2 Tz. 1). Die Abbildung der Positionen im (Risiko-)Controlling ist gleichzeitig die Grundlage für eine sachgerechte Überwachung der Risiken aus Handelsgeschäften (→ BTR 2) sowie für die Berichterstattung über die Marktpreisrisiken (→ BT 3.2 Tz. 4).

1.2 »Abbildung« anstelle von »Erfassung«

3 Der Systematik der MaRisk entsprechend wird die Erfassung der Handelsgeschäfte dem Handel zugeordnet (→ BTO 2.2.1 Tz. 5). Bei handelsintensiven Instituten werden die Händler bei der Erfassung von komplexen Buchungen teilweise durch entsprechende Support-Funktionen aus dem Handelsbereich unterstützt (→ BTO 2.2.1 Tz. 6). Die Überleitung an die Abwicklung und das (Risiko-)Controlling funktioniert bei Verwendung IT-gestützter Systeme häufig automatisiert. Im Rahmen der nachgelagerten Prozesse findet dann lediglich eine Verifizierung statt.

4 Um die klare Abgrenzung zwischen der Erfassung der Geschäfte in den Handelssystemen und den Systemen des (Risiko-)Controllings zu verdeutlichen, wurde für die internen Steuerungs-systeme der Begriff »Abbildung« gewählt. Damit sollten Missverständnisse vermieden werden, die sich aus der Zuordnung der Geschäftserfassung zum Handel (→ BTO 2.2.1 Tz. 5) und der gleich-zeitig erforderlichen Funktionstrennung von Handel und Risikocontrolling (→ BTO Tz. 3) ergeben könnten. Mit Rücksicht auf die Praxis vor allem bei kleineren Instituten kann im Übrigen für die Zwecke des (Risiko-)Controllings auch auf Daten des Rechnungswesens zurückgegriffen werden (→ BTO 2.2.3 Tz. 1, Erläuterung).

BTR Anforderungen an die Risikosteuerungs- und -controllingprozesse

1 Gliederung, wesentliche Risiken und Risikokonzentrationen (Tz. 1)

1 | Dieses Modul enthält unter Berücksichtigung von Risikokonzentrationen besondere Anforderungen an die Ausgestaltung der Risikosteuerungs- und -controllingprozesse (AT 4.3.2) für

a) Adressenausfallrisiken (BTR 1),

b) Marktpreisrisiken (BTR 2),

c) Liquiditätsrisiken (BTR 3) und

d) operationelle Risiken (BTR 4).

1.1 Risikosteuerungs- und -controllingprozesse

2 Auf Basis ihres Gesamtrisikoprofils müssen die Institute sicherstellen, dass ihre wesentlichen Risiken laufend durch das Risikodeckungspotenzial bzw. die Risikodeckungsmasse[1] abgedeckt sind und damit die Risikotragfähigkeit gegeben ist (→ AT 4.1 Tz. 1). Damit wird die Fortführung der Geschäftstätigkeit ermöglicht. Zur Gewährleistung der Risikotragfähigkeit (→ AT 4.1 Tz. 2) und zur Umsetzung der Strategien (→ AT 4.2 Tz. 4) sind geeignete Risikosteuerungs- und -controllingprozesse einzurichten. Diese drei Elemente sind im Sinne eines Regelkreislaufes miteinander zu verknüpfen (→ AT 4.1 Tz. 3).

3 Die Risikosteuerungs- und -controllingprozesse müssen nach Maßgabe von § 25a Abs. 1 KWG eine Identifizierung, Beurteilung, Steuerung sowie Überwachung und Kommunikation der »wesentlichen« Risiken gewährleisten (→ AT 4.3.2 Tz. 1). Insbesondere müssen die wesentlichen Risiken mit Hilfe dieser Prozesse frühzeitig erkannt, vollständig erfasst und in angemessener Weise dargestellt (→ AT 4.3.2 Tz. 2) sowie unter Berücksichtigung der Risikotragfähigkeit und des Risikoappetits wirksam begrenzt und überwacht (→ AT 4.3.2 Tz. 1) werden können. Die Risiken sind auf der Ebene des gesamten Institutes zu erfassen, unabhängig davon, in welcher Organisationseinheit sie verursacht wurden (→ AT 2.2 Tz. 1). Risiken, die bei der Risikotragfähigkeitsbetrachtung unberücksichtigt bleiben (→ AT 4.1 Tz. 4), Risiken aus ausgelagerten Aktivitäten und Prozessen (→ AT 4.3.2 Tz. 2), mit wesentlichen Risiken verbundene Risikokonzentrationen (→ AT 2.2 Tz. 1) sowie Risiken aus außerbilanziellen Gesellschaftskonstruktionen, selbst wenn diese nicht konsolidierungspflichtig sein sollten (→ AT 2.2 Tz. 2, Erläuterung), sind dabei zu berücksichtigen. Für Risiken, die als nicht wesentlich eingestuft werden, sind angemessene Vorkehrungen zu treffen (→ AT 2.2 Tz. 1).

4 Die Risikosteuerungs- und -controllingprozesse umfassen die Risikoanalyse (Identifizierung und Beurteilung der wesentlichen Risiken), die Risikosteuerung und das Risikocontrolling (Über-

---

1 Da ein Institut auch bei Eintreten eines extremen Verlustes überlebensfähig bleiben soll, wird die Geschäftsleitung regelmäßig nicht das gesamte »Risikodeckungspotenzial« zur Abdeckung der Risiken verwenden. In der Regel wird daher mit der »Risikodeckungsmasse« nur ein bestimmter Anteil am Risikodeckungspotenzial festgelegt, der zur Abdeckung der wesentlichen Risiken und damit verbundenen Risikokonzentrationen zur Verfügung steht. Mit dieser risikostrategischen Festlegung dokumentiert die Geschäftsleitung ihren »Risikoappetit«. Der Risikotragfähigkeitsbegriff der MaRisk bezieht sich zwar auf eine Gegenüberstellung der wesentlichen Risiken und des gesamten Risikodeckungspotenzials. Der Risikoappetit der Geschäftsleitung spielt im Rahmen des ICAAP und des SREP aber eine nicht zu unterschätzende Rolle. Mit Blick auf die von der EZB geforderten »Managementpuffer« bietet es sich für die bedeutenden Institute insofern an, für diesen Zweck auf die (gesamte) Differenz zwischen dem Risikodeckungspotenzial und der Risikodeckungsmasse abzustellen (→ AT 4.1 Tz. 3).

wachung und Kommunikation der wesentlichen Risiken). Deshalb ist die Risikocontrolling-Funktion auch in erster Linie für die Überwachung und Kommunikation der Risiken zuständig (→ AT 4.4.1 Tz. 1 und BTO Tz. 2). Dem »Modell der drei Verteidigungslinien« (»Three-Lines-of-Defence-Modell«) zufolge sind die Geschäftseinheiten der ersten Verteidigungslinie, wozu die Bereiche Markt und Handel sowie alle sonstigen kundenbezogenen Aktivitäten gezählt werden, für die laufende und transaktionsbasierte Identifizierung, Beurteilung und Steuerung der Risiken in ihrem Verantwortungsbereich zuständig. Die Risikocontrolling-Funktion gehört hingegen mit der Compliance-Funktion u. a. zur zweiten Verteidigungslinie (→ AT 4.4, Einführung).[2]

Die allgemeinen Anforderungen werden im besonderen Teil der MaRisk weiter spezifiziert. In diesem Modul werden die besonderen Anforderungen an die Ausgestaltung der Risikosteuerungs- und -controllingprozesse formuliert, wobei die spezifischen Vorgaben zur Risikoberichterstattung im Rahmen der fünften MaRisk-Novelle in das neue Modul BT 3 überführt wurden. Diese Prozesse sind in eine gemeinsame Ertrags- und Risikosteuerung (»Gesamtbanksteuerung«) einzubinden (→ AT 4.3.2 Tz. 1). Sie spielen im Hinblick auf die Funktionsfähigkeit der »Internal Governance« eines Institutes eine zentrale Rolle.   **5**

1.2   Kapitalrisiken sowie Liquiditäts- und Refinanzierungsrisiken

Die EBA hat u.a. den Auftrag, bestimmte Vorgaben der CRD IV und der CRR weiter zu konkretisieren. Für die Zwecke des SREP unterscheidet die EBA grundsätzlich zwischen Kapitalrisiken sowie Liquiditäts- und Refinanzierungsrisiken. Unter den »Kapitalrisiken« (»Risks to Capital«) versteht die EBA spezielle Risiken, die sich im Falle ihres Eintritts in aufsichtlicher Hinsicht wesentlich auf die Eigenmittel des Institutes über die nächsten zwölf Monate auswirken. Diese Risiken umfassen die in den Art. 79 bis 87 CRD IV aufgeführten Risikoarten (Adressenausfallrisiken, Restrisiken, Konzentrationsrisiken, Verbriefungsrisiken, Marktpreisrisiken, Zinsänderungsrisiken im Anlagebuch, operationelle Risiken, Liquiditäts- und Refinanzierungsrisiken sowie Risiken einer übermäßigen Verschuldung), sind jedoch nicht darauf beschränkt.[3] Formal betrachtet widerspricht die Berücksichtigung der Liquiditäts- und Refinanzierungsrisiken bei den Kapitalrisiken der erwähnten Unterscheidung. Die EBA hat von einem Ausschluss vermutlich deshalb abgesehen, weil bestimmte Komponenten der Liquiditäts- und Refinanzierungsrisiken durchaus im Risikotragfähigkeitskonzept (ICAAP) berücksichtigt werden sollten. Vor diesem Hintergrund hat auch die deutsche Aufsicht die Ausnahme vom Risikotragfähigkeitskonzept im Rahmen der fünften MaRisk-Novelle auf das Zahlungsunfähigkeitsrisiko eingeschränkt (→ AT 4.1 Tz. 4).   **6**

Die »Liquiditäts- und Refinanzierungsrisiken« (»Risks to Liquidity and Funding«) sind spezielle Risiken, die sich im Falle ihres Eintritts in aufsichtlicher Hinsicht wesentlich auf die Liquidität eines Institutes über unterschiedliche Zeithorizonte auswirken.[4] Diese Risiken werden trotz separater Behandlung auch bei den Kapitalrisiken berücksichtigt. Das hängt damit zusammen, dass die zuständigen Behörden im Rahmen der Bewertung der Kapitalrisiken die potenzielle   **7**

---

2   Vgl. Basel Committee on Banking Supervision, The internal audit function in banks, BCBS 223, 28. Juni 2012, S. 12 f.; Basel Committee on Banking Supervision, Guidelines – Corporate governance principles for banks, BCBS 328, 8. Juli 2015, S. 25 und 31 f.; European Banking Authority, Final Report – Guidelines on internal governance under Directive 2013/36/EU, EBA/GL/2017/11, 26. September 2017, S. 9 f.; European Banking Authority, Guidelines on common procedures and methodologies for the supervisory review and evaluation process (SREP) and supervisory stress testing, EBA/GL/2014/13, Consolidated version, 19. Juli 2018, S. 56 ff.

3   Vgl. European Banking Authority, Guidelines on common procedures and methodologies for the supervisory review and evaluation process (SREP) and supervisory stress testing, EBA/GL/2014/13, Consolidated version, 19. Juli 2018, S. 24.

4   Vgl. European Banking Authority, Guidelines on common procedures and methodologies for the supervisory review and evaluation process (SREP) and supervisory stress testing, EBA/GL/2014/13, Consolidated version, 19. Juli 2018, S. 24.

Auswirkung des Refinanzierungsrisikos berücksichtigen und entscheiden sollten, ob Maßnahmen zur Minderung dieses Risikos erforderlich sind.[5]

8   Die zuständigen Behörden sollten gemäß den EBA-Leitlinien zum SREP jene Risiken bewerten und einstufen, die als wesentlich für das Institut identifiziert wurden. Für die Bewertung und Einstufung der Adressenausfallrisiken (Kredit- und Gegenparteiausfallrisiken), Marktpreisrisiken, Zinsänderungsrisiken des Anlagebuches, operationellen Risiken sowie Liquiditäts- und Refinanzierungsrisiken werden dort verschiedene Kriterien vorgegeben, die auch für die Institute wertvolle Hinweise liefern können. Das betrifft ebenfalls verschiedene Unterkategorien dieser Risikoarten.[6]

9   Im Rahmen des SREP sollten die zuständigen Behörden darüber hinaus alle weiteren Risiken bewerten, die für ein Institut wesentlich sein können. Dabei sollten sie insbesondere auf jene Risiken achten, die als Treiber für den Gesamtforderungsbetrag[7] identifiziert werden, im ICAAP berücksichtigt werden, sich aus dem Geschäftsmodell des Institutes bzw. der Peergroup oder der Überwachung der Schlüsselindikatoren ergeben, aus den Feststellungen und Beobachtungen (»Findings and Observations«) in internen oder externen Prüfberichten abgeleitet werden, in Empfehlungen oder Leitlinien der EBA genannt werden oder in Warnungen und Empfehlungen von makroprudenziellen Behörden oder dem Europäischen Ausschuss für Systemrisiken (ESRB) vorkommen.[8]

1.3   Einheitliche aufsichtsrechtliche Risikotaxonomie

10   Die EBA hat in ihrem Arbeitsprogramm für 2020 sowie in den Roadmaps zur Umsetzung ihrer Mandate aus dem EU-Maßnahmenpaket zur Risikoreduzierung auf die Entwicklung einer »einheitlichen aufsichtsrechtlichen Risikotaxonomie« (»Common Supervisory Risk Taxonomy«) verwiesen. Damit sollen alle Risiken mit den zugehörigen aufsichtsrechtlichen Instrumenten entsprechend ihrer Abdeckung in der ersten oder zweiten Säule unter Berücksichtigung des überarbeiteten CRD/CRR-Rahmens abgebildet werden, um ein gemeinsames Verständnis von diesen Risiken und ihrer Kategorisierung zu gewährleisten. Auf Basis der neuen Risikotaxonomie sollen u. a. die Bedingungen zur Verwendung der Ergebnisse des bankinternen Prozesses zur Sicherstellung einer angemessenen Kapitalausstattung (ICAAP) für die Zwecke des aufsichtlichen Überprüfungs- und Bewertungsprozesses (Supervisory Review and Evaluation Process, SREP) und zur Festlegung der zusätzlichen Eigenmittelanforderungen (P2R) zur Abdeckung institutsspezifischer Risiken überarbeitet werden. Schließlich sollen auch die EBA-Leitlinien zum SREP angepasst werden.[9]

11   Ein gemeinsames Risikoverständnis ist eine Voraussetzung für die Aufsichtsbehörden, bei der Einschätzung der zusätzlichen Eigenmittelanforderungen (P2R) risikospezifische quantitative Instrumente entwickeln und einsetzen zu können, wie in den Leitlinien zum SREP gefordert. Deshalb beschäftigt sich die EBA schon seit einigen Jahren mit der Entwicklung der aufsichts-

---

5   Vgl. European Banking Authority, Guidelines on common procedures and methodologies for the supervisory review and evaluation process (SREP) and supervisory stress testing, EBA/GL/2014/13, Consolidated version, 19. Juli 2018, S. 73.

6   Vgl. European Banking Authority, Guidelines on common procedures and methodologies for the supervisory review and evaluation process (SREP) and supervisory stress testing, EBA/GL/2014/13, Consolidated version, 19. Juli 2018, S. 72 ff.

7   Der so genannte »Gesamtrisikobetrag« (»Total Risk Exposure Amount«, TREA) ist eine entscheidende Größe für die Berechnung der regulatorischen Eigenmittelanforderungen der ersten Säule. Seine Berechnung ergibt sich aus Art. 92 Abs. 3 CRR.

8   Vgl. European Banking Authority, Guidelines on common procedures and methodologies for the supervisory review and evaluation process (SREP) and supervisory stress testing, EBA/GL/2014/13, Consolidated version, 19. Juli 2018, S. 73.

9   Vgl. European Banking Authority, Risk Reduction Package Roadmaps: EBA Tasks Arising from CRD 5 – CRR 2 – BRRD 2, 21. November 2019, S. 40 f.; European Banking Authority, The EBA 2020 Work Programme, 10. Oktober 2019, S. 19.

rechtlichen Risikotaxonomie, die nach Auskunft der deutschen Aufsicht allerdings nur als Hilfestellung für die zuständigen Behörden zu verstehen ist und als solche im Rahmen der Risiko- und ICAAP-Beurteilung eingesetzt werden kann. Eine Veröffentlichung der Risikotaxonomie ist nicht geplant, damit sich die Institute weiterhin individuell mit ihren Risiken und deren Wesentlichkeitseinstufung im Rahmen der Risikoinventur befassen. Es stellt sich allerdings die Frage, wie Diskussionen zwischen den Instituten und den Aufsichtsbehörden vermieden werden sollen, wenn beim SREP eine für die Institute unbekannte Risikotaxonomie zugrunde gelegt wird. Im Rahmen der Überarbeitung der EBA-Leitlinien zum SREP werden einige Unterkategorien der klassischen Risikoarten nunmehr neu zugeordnet.[10] Damit sind gewisse Rückschlüsse auf die aufsichtliche Risikoklassifizierung möglich.

1.4 Wesentliche Risiken

1.4.1 Grundsätzlich als wesentlich einzustufende Risiken

Nach den Vorstellungen der deutschen Aufsicht sind zumindest die folgenden Risiken grundsätzlich als wesentlich einzustufen (→ AT 2.2 Tz. 1), an die deshalb auch besondere Anforderungen gestellt werden:
- Adressenausfallrisiken einschließlich Länderrisiken (→ BTR 1),
- Marktpreisrisiken einschließlich Zinsänderungsrisiken (→ BTR 2),
- Liquiditätsrisiken (→ BTR 3) und
- operationelle Risiken (→ BTR 4)

12

Die Behandlung der Marktpreisrisiken untergliedert sich in allgemeine Prinzipien (→ BTR 2.1) und spezielle Regelungen, die den Besonderheiten des Handelsbuches (→ BTR 2.2) und des Anlagebuches (→ BTR 2.3) entsprechen. In vergleichbarer Weise werden die Anforderungen an das Management der Liquiditätsrisiken nach allgemeinen Vorschriften, die für alle Institute Gültigkeit beanspruchen (→ BTR 3.1), und speziellen Anforderungen, die von kapitalmarktorientierten Instituten zusätzlich zu beachten sind (→ BTR 3.2), unterschieden. Auf die Notwendigkeit der Berücksichtigung etwaiger Risikokonzentrationen wird gesondert hingewiesen.

13

1.4.2 Sonstige wesentliche Risiken

In der Regel wird sich das institutsinterne Risikomanagement nicht auf die genannten Risikoarten beschränken, sondern weitere Risiken in die Betrachtung einbeziehen, sofern sie eine entsprechende Bedeutung für die Institute haben. Die MaRisk beziehen sich daher auf das Management aller für ein Institut »wesentlichen« Risiken. Welche Risiken dieses Kriterium erfüllen, müssen die Institute jeweils individuell festlegen. Dazu müssen sie zunächst im Rahmen einer Risikoinventur ihr Gesamtrisikoprofil ermitteln (→ AT 2.2 Tz. 1). Anschließend müssen sie prüfen, welche der ermittelten Risiken die Vermögenslage (inklusive Kapitalausstattung), die Ertragslage oder die Liquiditätslage wesentlich beeinträchtigen können (→ AT 2.2 Tz. 2). Die EZB legt für die bedeutenden Institute vergleichbare Maßstäbe zugrunde, indem sie die Auswirkungen der Risiken auf

14

---

10 Vgl. European Banking Authority, Draft Guidelines on common procedures and methodologies for the supervisory review and evaluation process (SREP) and supervisory stress testing under Directive 2013/36/EU, Consultation Paper, EBA/CP/2021/26, 28. Juni 2021, S. 84 ff.

die Angemessenheit der Kapital- oder Liquiditätsausstattung der Institute betrachtet.[11] Abhängig vom konkreten Gesamtrisikoprofil der Institute sind also ggf. auch sonstige Risiken als wesentlich einzustufen, an die in diesem Modul keine besonderen Anforderungen gestellt werden (→ AT 2.2 Tz. 2, Erläuterung).

15   Potenzielle Kandidaten dafür sind neben den Reputationsrisiken (→ AT 2.2 Tz. 2, Erläuterung) zunächst die übrigen in der Bankenrichtlinie aufgeführten Risikoarten, also die Restrisiken (Art. 80 CRD IV), die Konzentrationsrisiken (Art. 81 CRD IV), die Verbriefungsrisiken (Art. 82 CRD IV) und die Risiken einer übermäßigen Verschuldung (Art. 87 CRD IV). Je nach Definition kann es sich dabei auch um Unterkategorien anderer wesentlicher Risiken handeln. Unabhängig davon kann es erforderlich sein, bestimmte Unterkategorien einzelner Risikoarten aufgrund ihrer besonderen Bedeutung für einzelne Sachverhalte separat zu betrachten.

16   Auch wenn für die sonstigen wesentlichen Risiken keine konkreten Vorgaben gemacht werden, müssen dafür zumindest angemessene Risikosteuerungs- und -controllingprozesse eingerichtet werden. Das lässt sich aus den allgemeinen Anforderungen genauso ableiten wie aus der Anforderung, die Geschäftsleitung mindestens vierteljährlich über die sonstigen vom Institut als wesentlich identifizierten Risiken unterrichten zu müssen. Im Rahmen dieser Berichterstattung ist u. a. auf die Ursachen, die möglichen Implikationen und initiierte sowie bereits getroffene Gegenmaßnahmen für das jeweilige Risiko einzugehen. Aus den Berichten muss hervorgehen, wie sich die aktuelle Risikosituation darstellt und ggf. mit welchen Maßnahmen diesen Risiken begegnet wurde bzw. begegnet werden kann (→ BT 3.2 Tz. 7). Diese Informationen basieren also auf der Vermutung, dass entsprechende Risikosteuerungs- und -controllingprozesse vorhanden sind.

1.4.3 Relevante Unterkategorien der wesentlichen Risiken

17   Von der EBA wird eine Reihe von Unterkategorien der oben genannten wesentlichen Risiken angegeben, die beim SREP zu berücksichtigen sind:
- Adressenausfallrisiken: Kreditkonzentrationsrisiken, Gegenparteiausfallrisiken und Abwicklungsrisiken, Länderrisiken, Kreditrisiken aus Verbriefungen, Fremdwährungskreditrisiken, Risiken aus Spezialfinanzierungen.[12] Eine wichtige Rolle spielen zudem Migrationsrisiken sowie Besicherungsrisiken.[13] Im Rahmen der aktuellen Konsultation ihrer Leitlinien nennt die EBA darüber hinaus auch Beteiligungsrisiken im Anlagebuch, Immobilienrisiken (im Sinne der eigenen Immobilieninvestitionen des Institutes) und Modellrisiken für aufsichtsrechtlich genehmigte Modelle für die Berechnung der Eigenmittelanforderungen für das Kreditrisiko, die im Zusammenhang mit der jeweiligen Risikoart behandelt werden sollen.[14] Diese geplanten Änderungen werden von der Kreditwirtschaft teilweise kritisch beurteilt.
- Marktpreisrisiken: Positionsrisiken (als Oberbegriff für allgemeine und spezifische Risiken), Fremdwährungsrisiken, Warenpositionsrisiken, Risiken einer Anpassung der Kreditbewertung (CVA-Risiken), Zinsänderungsrisiken im Handelsbuch, Credit-Spread-Risiken und Betei-

---

11 Vgl. Europäische Zentralbank, Leitfaden der EZB für den bankinternen Prozess zur Sicherstellung einer angemessenen Kapitalausstattung (Internal Capital Adequacy Assessment Process – ICAAP), 9. November 2018, S. 47; Europäische Zentralbank, Leitfaden der EZB für den bankinternen Prozess zur Sicherstellung einer angemessenen Liquiditätsausstattung (Internal Liquidity Adequacy Assessment Process – ILAAP), 9. November 2018, S. 37.

12 Vgl. European Banking Authority, Guidelines on common procedures and methodologies for the supervisory review and evaluation process (SREP) and supervisory stress testing, EBA/GL/2014/13, Consolidated version, 19. Juli 2018, S. 77.

13 Vgl. European Banking Authority, Guidelines on common procedures and methodologies for the supervisory review and evaluation process (SREP) and supervisory stress testing, EBA/GL/2014/13, Consolidated version, 19. Juli 2018, S. 82 ff.

14 Vgl. European Banking Authority, Draft Guidelines on common procedures and methodologies for the supervisory review and evaluation process (SREP) and supervisory stress testing under Directive 2013/36/EU, Consultation Paper, EBA/CP/2021/26, 28. Juni 2021, S. 84.

ligungsrisiken.[15] Es ist geplant, die Credit-Spread-Risiken und die Beteiligungsrisiken auf das Handelsbuch einzugrenzen sowie die Positionsrisiken zu streichen. Im Gegenzug sollen Nicht-Delta-Risiken, Basisrisiken, Marktliquiditätsrisiken und Modellrisiken für aufsichtsrechtlich genehmigte Modelle für die Berechnung der Eigenmittelanforderungen für das Marktrisiko ergänzt werden.[16]

– Zinsänderungsrisiken im Anlagebuch: Gap-Risiken, Basisrisiken und Optionsrisiken.[17] Die Credit-Spread-Risiken im Anlagebuch sollten von den zuständigen Behörden als separate Risikokategorie behandelt werden.[18] Diese Anpassung entspricht allerdings nicht der Praxis in vielen Instituten, bei denen die Credit-Spread-Risiken als Bestandteil der Zinsänderungsrisiken behandelt werden.

– Operationelle Risiken: Auslagerungsrisiken, (Fehl-)Verhaltensrisiken, Informations- und Kommunikationstechnologie-Risiken (IKT-Risiken) und Modellrisiken.[19]

18 Auch nach den Vorgaben der EZB liegt es in der Verantwortung der bedeutenden Institute, einen regelmäßigen Prozess zur Identifizierung sämtlicher bestehenden oder potenziellen wesentlichen Risiken zu implementieren und dabei die jeweiligen Risikokategorien und -unterkategorien festzulegen. Allerdings müssen bestimmte Risiken in die Untersuchung einbezogen werden. Sofern das jeweilige Risiko als nicht wesentlich erachtet wird, erwartet die EZB eine Begründung. Zu berücksichtigen sind: Kreditrisiko (einschließlich Fremdwährungskreditrisiko, Länderrisiko, Kreditkonzentrationsrisiko, Migrationsrisiko), Marktrisiko (einschließlich Credit-Spread-Risiko, strukturelles Fremdwährungsrisiko), operationelles Risiko (einschließlich (Fehl-)Verhaltensrisiko, Rechtsrisiko, Modellrisiko), Zinsänderungsrisiko im Anlagebuch (einschließlich Risiko aus Optionen), Beteiligungsrisiko, Staatsrisiko, Pensionsrisiko, Finanzierungskostenrisiko, Risikokonzentrationen, Geschäfts- und strategisches Risiko. Im Falle von Konglomeraten und bei wesentlichen Beteiligungen, wie z.B. an Versicherungsunternehmen, müssen die Institute auch die inhärenten Risiken berücksichtigen, z.B. das Versicherungsrisiko.[20] In neueren Ausarbeitungen nennt die EZB beim Kreditrisiko ergänzend das Bonitätsänderungsrisiko, beim Marktpreisrisiko das Risiko einer Anpassung der Kreditbewertung (CVA-Risiko), beim Zinsänderungsrisiko das Zinsstrukturkurvenrisiko und das Basisrisiko, beim operationellen Risiko das Risiko einer Geschäftsunterbrechung und eines Systemausfalls sowie bei den sonstigen Risiken das Unterstützungsrisiko und das Reputationsrisiko.[21]

19 Inwiefern diese Unterkategorien separat betrachtet werden müssen, hängt von verschiedenen Faktoren ab. Zunächst ist zu prüfen, ob die jeweiligen Risiken für sich betrachtet wesentlich sind. Auch in diesem Fall können sie grundsätzlich gemeinsam mit den übergeordneten Risikokategorien behandelt werden, insbesondere dann, wenn sich die dafür verwendeten Verfahren und Prozesse im Risikomanagement nicht deutlich voneinander unterscheiden. Eine separate Behand-

---

15 Vgl. European Banking Authority, Guidelines on common procedures and methodologies for the supervisory review and evaluation process (SREP) and supervisory stress testing, EBA/GL/2014/13, Consolidated version, 19. Juli 2018, S. 93.

16 Vgl. European Banking Authority, Draft Guidelines on common procedures and methodologies for the supervisory review and evaluation process (SREP) and supervisory stress testing under Directive 2013/36/EU, Consultation Paper, EBA/CP/2021/26, 28. Juni 2021, S. 102 f.

17 Vgl. European Banking Authority, Guidelines on common procedures and methodologies for the supervisory review and evaluation process (SREP) and supervisory stress testing, EBA/GL/2014/13, Consolidated version, 19. Juli 2018, S. 119 f.

18 Vgl. European Banking Authority, Draft Guidelines on common procedures and methodologies for the supervisory review and evaluation process (SREP) and supervisory stress testing under Directive 2013/36/EU, Consultation Paper, EBA/CP/2021/26, 28. Juni 2021, S. 134.

19 Vgl. European Banking Authority, Guidelines on common procedures and methodologies for the supervisory review and evaluation process (SREP) and supervisory stress testing, EBA/GL/2014/13, Consolidated version, 19. Juli 2018, S. 104 ff.

20 Vgl. Europäische Zentralbank, Aufsichtliche Erwartungen an ICAAP und ILAAP sowie harmonisierte Erhebung von ICAAP- und ILAAP-Informationen, Schreiben von Daniele Nouy an die Geschäftsleitung bedeutender Banken vom 8. Januar 2016, Anhang A, S. 3.

21 Vgl. Europäische Zentralbank, Leitfaden der EZB für den bankinternen Prozess zur Sicherstellung einer angemessenen Kapitalausstattung (Internal Capital Adequacy Assessment Process – ICAAP), 9. November 2018, S. 63.

lung bietet sich z. B. an, wenn der Umgang mit den jeweiligen Risikokategorien auf verschiedenen Prinzipien basiert oder dafür in erster Linie unterschiedliche Organisationseinheiten verantwortlich sind. Teilweise wird auch von den Aufsichtsbehörden im Rahmen von Stresstests und Datenabfragen ein separater Ausweis bestimmter Risikoarten erwartet, so dass ein Institut um eine gesonderte Betrachtung nicht umhinkommt.

1.5 Finanzielle und nicht-finanzielle Risiken

20 Die Adressenausfall-, Marktpreis- und Liquiditätsrisiken werden als »finanzielle Risiken« bezeichnet, weil sie sich auf das klassische Kredit- und Handelsgeschäft sowie deren Refinanzierung beziehen. Diese Risiken sind auf natürliche Weise auch dann mit der gewöhnlichen Geschäftstätigkeit eines Institutes verbunden, wenn diese keinen Änderungen oder Störungen unterliegt. Die finanziellen Risiken werden bewusst eingegangen, um Erträge zu erzielen. Das gilt mit gewissen Einschränkungen auch für die Liquiditätsrisiken, wenn in Betracht gezogen wird, dass z. B. langfristig herausgereichte Mittel häufig kurzfristig refinanziert werden, um insbesondere Zinsdifferenzen auszunutzen (Fristentransformation).

21 Im Gegensatz dazu kommen die operationellen Risiken vor allem dann ins Spiel, wenn die normalen Geschäftsabläufe im Institut Änderungen unterliegen oder Störungen ausgesetzt sind. Operationelle Risiken werden nicht bewusst eingegangen. Es geht im Gegenteil darum, diese Risiken möglichst ganz zu vermeiden oder zumindest in ihren Auswirkungen abzufedern. Die operationellen Risiken werden deshalb den »nicht-finanziellen Risiken« (»Non-Financial Risks«, NFR) zugeordnet. Dazu werden in der Regel auch die Reputationsrisiken sowie die Geschäfts- und die strategischen Risiken gerechnet, die vom Baseler Ausschuss für Bankenaufsicht (BCBS) von der Definition der operationellen Risiken ausgenommen sind.[22] Das Management der nicht-finanziellen Risiken spielt eine zunehmend große Rolle in den Instituten, was u. a. darin zum Ausdruck kommt, dass diverse Unterkategorien der operationellen Risiken verstärkt in den Fokus der Aufsicht geraten.[23]

22 Diese Entwicklung geht mit der zunehmenden Digitalisierung und der damit verbundenen wachsenden Bedeutung der Informationstechnologie (IT) für die Kreditwirtschaft einher, die sich von einer Basisinfrastruktur zur Schlüsseltechnologie für neue Wertschöpfungsketten entwickelt hat. Die BaFin hat vor diesem Hintergrund sogar ihre Verwaltungspraxis in Bezug auf die erforderlichen praktischen Erfahrungen von Geschäftsleitern angepasst, um die Bestellung von IT-Spezialisten zu Geschäftsleitern zu erleichtern[24] (→ AT 7.1 Tz. 2). Da für das Management der nicht-finanziellen Risiken oftmals Spezialwissen erforderlich ist, verschieben sich teilweise die Trennungslinien zwischen der ersten und zweiten Verteidigungslinie (→ AT 4.4, Einführung). Damit sind wiederum besondere Herausforderungen an die interne Governance und die Etablierung einer instituts- bzw. gruppenweiten Risikokultur verbunden (→ AT 3 Tz. 1).

---

22 Vgl. Basel Committee on Banking Supervision, Sound Practices for the Management and Supervision of Operational Risk, BCBS 96, 25. Februar 2003, S. 2.

23 Vgl. u. a. Financial Stability Board, Stocktake of efforts to strengthen governance frameworks to mitigate misconduct risks, 23. Mai 2017; European Banking Authority, Leitlinien für die IKT-Risikobewertung im Rahmen des aufsichtlichen Überprüfungs- und Bewertungsprozesses (SREP), EBA/GL/2017/05, 11. September 2017; Bundesanstalt für Finanzdienstleistungsaufsicht, Bankaufsichtliche Anforderungen an die IT (BAIT), Rundschreiben 10/2017 (BA) in der Fassung vom 16. August 2021; Financial Stability Board, Supplementary Guidance to the FSB Principles and Standards on Sound Compensation Practices – The use of compensation tools to address misconduct risk, 9. März 2018; European Banking Authority, Empfehlungen zur Auslagerung an Cloud-Anbieter, EBA/REC/2017/03, 28. März 2018; European Banking Authority, Consultation Paper – EBA Draft Guidelines on Outsourcing arrangements, EBA/CP/2018/11, 22. Juni 2018.

24 Vgl. Wabnitz, Constanze/Lange, Oliver/Isensee, Alexander/Redenz, Till, MaRisk – IT-Kompetenz in der Geschäftsleitung – BaFin passt Entscheidungsmaßstäbe für Bestellung von IT-Spezialisten zu Geschäftsleitern an, in: BaFinJournal, Ausgabe Dezember 2017, S. 15ff.

Nach den Vorstellungen des BCBS sollte die Geschäftsleitung Strategien, eine Risikokultur sowie **23**
Risikosteuerungs- und -controllingprozesse für das Management der finanziellen und nicht-finanziellen Risiken, denen ein Institut ausgesetzt ist, implementieren und deren Einhaltung sicherstellen.[25] Die EZB erwartet, basierend auf den Ergebnissen einer thematischen Überprüfung, dass wesentliche nicht-finanzielle Risiken im individuellen Rahmenwerk zum Risikoappetit (»Risk Appetite Framework«, RAF) explizit berücksichtigt werden (→ AT 4, Einführung), wenn nicht mit quantitativen Werten, dann zumindest mit qualitativen Aussagen.[26]

1.6   Definition und Arten von nicht-finanziellen Risiken

Die Aufsichtsbehörden verwenden mittlerweile zwar alle den Begriff »nicht-finanzielle Risiken«, **24**
geben dafür allerdings keine Definition an.[27] Insofern existiert bisher auch keine eindeutige Zuordnung einzelner Risikoarten zu den NFR.

Die EZB unterscheidet an einer Stelle zwischen operationellen Risiken und nicht-finanziellen **25**
Risiken, zu denen sie neben Rechtsrisiken und (Fehl-)Verhaltensrisiken insbesondere Compliance-Risiken, Reputationsrisiken sowie IT-Risiken zählt.[28] Es ist allerdings zu vermuten, dass es sich dabei nicht um eine echte Abgrenzung handeln soll, da die EZB die (Fehl-)Verhaltensrisiken und die Rechtsrisiken an anderer Stelle den operationellen Risiken zuordnet.[29]

Die EBA wiederum untersucht die Reputationsrisiken im Zusammenhang mit den operationel- **26**
len Risiken, obwohl sie von deren Definition ausgeschlossen sind, weil sie der Ansicht ist, dass sich die meisten operationellen Risikoereignisse entscheidend auf die Reputation eines Institutes auswirken. Das Ergebnis der Bewertung der Reputationsrisiken sollte allerdings wirkungsbezogen nicht in den Scorewert für die operationellen Risiken einfließen, sondern im Rahmen der Geschäftsmodellanalyse und/oder der Bewertung der Liquiditätsrisiken berücksichtigt werden.[30] Insofern betrachtet die EBA operationelle Risikoereignisse als eine wesentliche Quelle für Reputationsrisiken (Ursache) und Geschäfts- sowie Liquiditätsrisiken als jene Risikoarten, auf die sich Reputationsrisiken vorrangig auswirken (Wirkung).

Die hier genannten Risikoarten, also neben den operationellen Risiken mit ihren Unterkatego- **27**
rien auch die Reputationsrisiken sowie die Geschäfts- und die strategischen Risiken, werden für die Zwecke der MaRisk den nicht-finanziellen Risiken zugeordnet. Ergänzend werden die regulatorischen Risiken und die Unterstützungsrisiken (»Step-in-Risks«) als nicht-finanzielle Risiken betrachtet. Während die operationellen Risiken an anderer Stelle ausführlich beschrieben werden (→ BTR 4), geht es im Folgenden um die sonstigen nicht-finanziellen Risiken.

---

25 Vgl. Basel Committee on Banking Supervision, Guidelines – Corporate governance principles for banks, BCBS 328, 8. Juli 2015, S. 20.
26 Vgl. European Central Bank, SSM supervisory statement on governance and risk appetite, 21. Juni 2016, S. 16.
27 Vgl. Basel Committee on Banking Supervision, Guidelines – Corporate governance principles for banks, BCBS 328, 8. Juli 2015, S. 20; European Banking Authority, Leitlinien zur internen Governance, EBA/GL/2017/11, 21. März 2018, S. 36f.
28 Vgl. European Central Bank, SSM supervisory statement on governance and risk appetite, 21. Juni 2016, S. 16.
29 Vgl. Europäische Zentralbank, Aufsichtliche Erwartungen an ICAAP und ILAAP sowie harmonisierte Erhebung von ICAAP- und ILAAP-Informationen, Schreiben von Daniele Nouy an die Geschäftsleitung bedeutender Banken vom 8. Januar 2016, Anhang A, S. 3.
30 Vgl. European Banking Authority, Guidelines on common procedures and methodologies for the supervisory review and evaluation process (SREP) and supervisory stress testing, EBA/GL/2014/13, Consolidated version, 19. Juli 2018, S. 104.

1.6.1 Reputationsrisiken

28 Unter »Reputation« versteht man den aus der Wahrnehmung verschiedener Anspruchsgruppen resultierenden öffentlichen Ruf eines Institutes hinsichtlich seiner Kompetenz, Integrität und Vertrauenswürdigkeit. Zu den Anspruchsgruppen zählen z.B. Kunden, Mitarbeiter, Eigen- und Fremdkapitalgeber, andere Institute, Ratingagenturen, die Presse oder Politiker. Die Gefahr von Reputationsverlusten bezeichnet man als Reputationsrisiko. Konkret bezeichnet das »Reputationsrisiko« das bestehende oder künftige Risiko in Bezug auf die Erträge, die Eigenmittel oder die Liquidität eines Institutes infolge einer Schädigung seines Rufes.[31] Reputationsrisiken können insbesondere vor dem Hintergrund der Vertrauensstellung, die Institute aus Sicht der Öffentlichkeit besitzen, und aufgrund der erhöhten Medienpräsenz erhebliche Auswirkungen auf ein Institut haben.[32] Ähnlich wie bei Liquiditätsrisiken oder Risikokonzentrationen ist mit ernsten Konsequenzen zu rechnen, wenn die eigene Reputation nachhaltig infrage gestellt wird. Deshalb weist die deutsche Aufsicht darauf hin, dass Reputationsrisiken ggf. als wesentlich einzustufen sind (→ AT 2.2 Tz. 2, Erläuterung).

29 Offensichtlich spielt das Reputationsrisiko insbesondere bei Instituten eine wichtige Rolle, die in internationalen Netzwerken operieren, denn dort kommt der Reputation aus Sicht der sonstigen Marktteilnehmer eine herausragende Stellung zu. Reputationsrisiken entziehen sich grundsätzlich einer Quantifizierung. Daher können sie i.d.R. nur qualitativ eingeschätzt werden. Vor allem größere Institute haben für diese Zwecke bereits Ansätze entwickelt. So können mögliche Gefahren für die Reputation eines Institutes z.B. mit Hilfe von Medienresonanzanalysen identifiziert und beurteilt werden. Zur Steuerung von Reputationsrisiken können z.B. Kommunikationsmaßnahmen in Erwägung gezogen werden.[33] Im Unterschied zu Adressenausfall-, Marktpreis-, Liquiditäts- und operationalen Risiken stellen die MaRisk keine besonderen Anforderungen an das Management von Reputationsrisiken. Diese Unbestimmtheit befreit die Institute jedoch nicht davon, nach Maßgabe der allgemeinen Anforderungen angemessene Prozesse zur Identifizierung, Beurteilung, Steuerung, Überwachung und Kommunikation von Reputationsrisiken einzurichten, soweit diese als wesentlich eingestuft werden.

30 Zur Bewertung des Reputationsrisikos im Rahmen des SREP sollten die zuständigen Behörden ihre Erkenntnisse über die Governance und das Geschäftsmodell des Institutes, seine Produkte sowie das Umfeld, in dem das Institut operiert, heranziehen. Sie sollten sowohl interne als auch externe Faktoren oder Ereignisse berücksichtigen, die die Reputation des Institutes beeinträchtigen können. Als Indikatoren sollten die Anzahl der Sanktionen seitens amtlicher Stellen im Verlauf eines Jahres, Medienkampagnen und Initiativen von Verbraucherverbänden, die zu einer Verschlechterung der Reputation des Institutes und zu seiner schlechteren öffentlichen Wahrnehmung beitragen, die Anzahl von Kundenbeschwerden und deren Veränderung, negative Ereignisse, die andere Institute der Peergroup betreffen, wenn diese von der Öffentlichkeit mit dem gesamten Finanzsektor oder einer Bankengruppe in Verbindung gebracht werden, die Zusammenarbeit mit Sektoren, die in der Öffentlichkeit nicht gut angesehen sind (z.B. die Waffenindustrie oder einem Embargo unterliegende Länder), oder mit Menschen oder Ländern, die in Sanktionslisten aufgeführt sind (z.B. in den Listen des Office of Foreign Assets Control (OFAC) der USA), sowie sonstige verfügbare Markt-Indikatoren (z.B. Herabstufung der Bonität oder Veränderung des Aktienkurses im Verlauf des Jahres) herangezogen werden. Außerdem sollte der wechselseitige Zusammenhang mit anderen Risiken (Adressenausfall-, Marktpreis-, operationellen und

---

31 Vgl. European Banking Authority, Guidelines on common procedures and methodologies for the supervisory review and evaluation process (SREP) and supervisory stress testing, EBA/GL/2014/13, Consolidated version, 19. Juli 2018, S. 24.

32 Vgl. Schierenbeck, Henner/Grüter, Marc D./Kunz, Michael J., Management von Reputationsrisiken in Banken, WWZ Discussion Paper, Juni 2004, S. 6ff.

33 Vgl. Schierenbeck, Henner/Grüter, Marc D./Kunz, Michael J., Management von Reputationsrisiken in Banken, WWZ Discussion Paper, Juni 2004, S. 11f.

Liquiditätsrisiken) mit Blick auf mögliche Zweitrundeneffekte in beide Richtungen (»Second Round Effects«) ermittelt werden.[34] Schließlich sollten die zuständigen Behörden bewerten, ob ein Institut angemessene Regelungen, Strategien, Prozesse und Mechanismen zur Steuerung des Reputationsrisikos vorgesehen hat. Dabei geht es darum, ob formelle Richtlinien und Prozesse zur Ermittlung, Steuerung und Überwachung des Reputationsrisikos vorhanden und hinsichtlich des Umfangs und der Bedeutung dieses Risikos angemessen sind. Untersucht wird außerdem, inwiefern eine umsichtige Vorgehensweise in Bezug auf dieses Risiko gepflegt wird, indem z. B. Limite festgelegt werden oder die Allokation von Kapital für bestimmte Länder, Sektoren oder Personen genehmigungspflichtig ist und/oder ob die Notfallpläne des Institutes auf die Notwendigkeit eingehen, im Fall einer Krise gezielt auf Reputationsereignisse zu reagieren. Schließlich interessieren sich die zuständigen Behörden dafür, ob das Institut Sensitivitäts- oder Szenarioanalysen durchführt, um die Zweitrundeneffekte des Reputationsrisikos zu bewerten, das Institut seine Marke schützt, indem unverzüglich Kommunikationskampagnen in die Wege geleitet werden, falls Ereignisse eintreten, die seinen Ruf schädigen können, und vom Institut die potenzielle Auswirkung seiner Strategie und seiner Geschäftspläne sowie seines Verhaltens auf seine Reputation berücksichtigt wird.[35]

Der Baseler Ausschuss für Bankenaufsicht hat die Reputationsrisiken und die strategischen Risiken zwar explizit von der Definition der operationellen Risiken ausgenommen.[36] Die Reputationsrisiken fließen aufgrund ihrer Auswirkung mit Blick auf die Unterlegung mit ökonomischem Kapital oftmals aber bei den operationellen Risiken, den strategischen Risiken oder auch anderen Risikoarten ein.   **31**

1.6.2 Geschäfts- und strategische Risiken

Unter strategischen Risiken versteht man die Gefahr, dass z. B. geschäftspolitische Entscheidungen, Veränderungen im wirtschaftlichen Umfeld oder auch die fehlende Anpassungsfähigkeit an sich verändernde Umfeldbedingungen zu negativen Folgen für das Institut führen. Sie resultieren aus strategischen Entscheidungen, die auf Basis der Einschätzung zukünftiger Entwicklungen getroffen werden.   **32**

Für Geschäftsrisiken existiert in der betriebswirtschaftlichen Literatur und in diversen Geschäftsberichten deutscher Institute keine einheitliche Definition.[37] Allgemein wird darunter die Gefahr unerwarteter Ergebnisschwankungen verstanden, die auf geänderte Rahmenbedingungen zurückzuführen sind. Im Fokus stehen dabei insbesondere das gesamtwirtschaftliche Umfeld (z. B. Kundenverhalten), das Wettbewerbsumfeld (z. B. Branchenentwicklung), die beteiligten Unternehmen (z. B. Vertriebsbeziehungen) und die Geschäftsbereiche (z. B. Produktqualität). Geschäftsrisikoinduzierte Ergebnisschwankungen resultieren vor diesem Hintergrund aus Geschäftsvolumen-, Margen- oder Kostenänderungen.[38] Im Grunde besteht die eigentliche Gefahr darin, dass der Deckungsbeitrag (als Differenz aus Erlösen und variablen Kosten) unter die   **33**

---

34 Vgl. European Banking Authority, Guidelines on common procedures and methodologies for the supervisory review and evaluation process (SREP) and supervisory stress testing, EBA/GL/2014/13, Consolidated version, 19. Juli 2018, S. 111 f.

35 Vgl. European Banking Authority, Guidelines on common procedures and methodologies for the supervisory review and evaluation process (SREP) and supervisory stress testing, EBA/GL/2014/13, Consolidated version, 19. Juli 2018, S. 117.

36 Vgl. Basel Committee on Banking Supervision, Principles for the Sound Management of Operational Risk, BCBS 195, 30. Juni 2011, S. 3; Basel Committee on Banking Supervision, Sound Practices for the Management and Supervision of Operational Risk, BCBS 96, 25. Februar 2003, S. 2.

37 Vgl. Brienen, Thomas/Quick, Markus, Identifizierung, Bewertung und Steuerung von Geschäftsrisiken – Ein Ansatz für eine umfassendere Risikobetrachtung, in: Risiko Manager, Ausgabe 25–26/2006, S. 9.

38 Vgl. Brienen, Thomas/Quick, Markus, Identifizierung, Bewertung und Steuerung von Geschäftsrisiken – Ein Ansatz für eine umfassendere Risikobetrachtung, in: Risiko Manager, Ausgabe 25–26/2006, S. 8.

Fixkosten fällt. Geschäftsrisiken werden typischerweise durch Szenarioanalysen unter Verwendung von Expertenschätzungen und historischen Erlös- und Kostenschwankungen bestimmt.[39]

34   Oftmals wird zwischen strategischen Risiken und Geschäftsrisiken nicht unterschieden. Zudem fließen hier in einigen Instituten auch die Risiken aus geänderten regulatorischen Vorgaben ein.

1.6.3   Regulatorische Risiken

35   Insgesamt haben die regulatorischen Risiken, d. h. die sich aus neuen oder geänderten regulatorischen Vorgaben ergebenden Unwägbarkeiten, in den vergangenen Jahren rasant an Bedeutung gewonnen. Nach dem Ausbruch der Finanzmarktkrise[40] wurden von den internationalen, europäischen und nationalen Gesetzgebern und Regulierungsbehörden im Grunde alle bestehenden Regularien hinterfragt und so stark überarbeitet, dass mittlerweile kaum noch regulatorische Vorgaben existieren, die vor der Finanzmarktkrise in nahezu identischer Form vorgelegen haben. Damit ist für die Institute ein erheblicher Anpassungsaufwand verbunden, der zudem einen großen Kostenblock darstellt. Wenngleich eine enge Verbindung zu den Geschäfts- und strategischen Risiken besteht, werden die regulatorischen Risiken deshalb zum Teil separat behandelt. Gerade vor dem Hintergrund, dass im Rahmen des SREP auch die Rentabilität der Institute beurteilt wird, werden die regulatorischen Risiken in vielen Instituten als bedeutsam eingeschätzt.

1.6.4   Unterstützungsrisiken

36   Das »Unterstützungsrisiko« bzw. »Step-in-Risiko« (»Step-in-Risk«) ist das Risiko, dass ein Institut beschließt, ein nicht konsolidiertes Unternehmen, das mit einer Stresssituation konfrontiert ist, finanziell zu unterstützen, wenn keine vertragliche Verpflichtung zur Unterstützung besteht oder wenn über eine entsprechende vertragliche Verpflichtung hinausgegangen wird.[41] Als Hauptgrund für das Eingehen von Unterstützungsrisiken vermutet der Baseler Ausschuss für Bankenaufsicht (BCBS) das Bestreben, ein Reputationsrisiko zu vermeiden, dem ein Institut ausgesetzt wäre, wenn es ein Unternehmen, das sich in einer Stresssituation befindet, nicht unterstützen würde. Die Finanzmarktkrise hat gezeigt, dass ein Institut Anreize haben könnte, über vertragliche Verpflichtungen oder Kapitalbindungen hinaus einzuspringen, um nicht konsolidierte Unternehmen, mit denen es verbunden ist, zu unterstützen.[42]

37   Der BCBS verweist darauf, dass Unterstützungsrisiken in verschiedenen Regelwerken, die mittlerweile Eingang in das Baseler Rahmenwerk und damit in die CRR gefunden haben, schon adressiert werden.[43] Allerdings hält der BCBS ergänzend einen strukturierten und vorausschauen-

---

39   Vgl. Deutsche Bundesbank, Zum aktuellen Stand der bankinternen Risikosteuerung und der Bewertung der Kapitaladäquanz im Rahmen des aufsichtlichen Überprüfungsprozesses, in: Monatsbericht, Dezember 2007, S. 65.

40   Die »Subprimekrise« in 2007 beruhte auf einem kontinuierlichen Anstieg der Leitzinsen in den USA ab dem Jahr 2004 und weitete sich spätestens mit der Insolvenz von Lehman Brothers in 2008 zur »Finanzmarktkrise« aus (→ AT 4.3.3 Tz. 3). Unter dem Begriff »Finanzmarktkrise« wird im Kommentar auf diese Krise abgestellt. In Abgrenzung zu anderen Krisenereignissen wird die Finanzmarktkrise von 2007 bis 2009 in neueren Veröffentlichungen auch als die »Große Finanzkrise« (»Great Financial Crisis«, GFC) bezeichnet. Vgl. Basel Committee on Banking Supervision, Principles for Operational Resilience, BCBS 516, 31. März 2021, S. 1.

41   Wenn ein Institut eine vertragliche Verpflichtung zur Unterstützung eines Unternehmens hat, sollte diese Verpflichtung bereits nach dem bestehenden Rahmen aufsichtsrechtlich berücksichtigt werden. Die vertraglichen Verpflichtungen der Institute gegenüber Dritten unterliegen Kapital- und Liquiditätsbelastungen.

42   Vgl. Basel Committee on Banking Supervision, Guidelines – Identification and management of step-in risk, BCBS 423, 25. Oktober 2017, S. 4.

43   Vgl. u. a. Basel Committee on Banking Supervision, Capital requirements for banks' equity investments in funds, BCBS 266, 13. Dezember 2013; Basel Committee on Banking Supervision, Revisions to the securitization framework, BCBS 303, 11. Dezember 2014; Basel Committee on Banking Supervision, Revisions to the securitization framework, BCBS 374, 11. Juli 2016.

den Ansatz zum Umgang mit möglichen Unterstützungsrisiken für erforderlich und hat dafür entsprechende Leitlinien mit einem standardisierten Prozess und konkretisierenden Hinweisen zu jedem Prozessschritt veröffentlicht.[44]

Von den bedeutenden Instituten wird demnach erwartet, dass sie zunächst prüfen, welche Unternehmen unter Berücksichtigung ihrer konkreten Beziehungen im Zusammenhang mit dem Unterstützungsrisiko überhaupt eine Rolle spielen könnten (Schritt 1). Davon sollen die unwesentlichen Unternehmen und jene Unternehmen, die aus bestimmten Gründen nicht unter den Anwendungsbereich fallen, ausgeschlossen werden (Schritt 2). Anschließend sollen alle verbleibenden Unternehmen anhand der Risikoindikatoren für das Unterstützungsrisiko unter Berücksichtigung potenzieller Risikominderungen bewertet werden (Schritt 3). Für jene Unternehmen, bei denen Unterstützungsrisiken identifiziert werden, sollen die im institutsinternen Risikomanagement jeweils als angemessen erachteten Methoden zur Schätzung der potenziellen Auswirkungen auf die Liquiditäts- und Kapitalposition verwendet und die geeigneten internen Managementmaßnahmen festgelegt werden (Schritt 4). Dabei sollten die Institute dem Restrisiko Rechnung tragen, indem das Ausmaß und die Wirksamkeit von Maßnahmen zur Minderung des Step-in-Risikos berücksichtigt werden. Schließlich soll das Ergebnis dieses Self-Assessments, das im Grunde der üblichen Vorgehensweise von der Risikoanalyse bis zur Steuerung der jeweiligen Risiken entspricht, an die Aufsichtsbehörden gemeldet werden (Schritt 5). Diese Meldung hält der BCBS deshalb für erforderlich, weil die Aufsichtsbehörden anschließend prüfen sollen, ob unter Berücksichtigung der Richtlinien und Verfahren der Institute zusätzliche aufsichtsrechtliche Maßnahmen erforderlich sind.[45] Dafür wäre es natürlich auch ausreichend, wenn sich die Aufsichtsbehörden die jeweilige interne Dokumentation in den Instituten vorlegen lässt. **38**

Das beim BCBS angesiedelte Financial Stability Institute (FSI) hat diese Empfehlungen vier Jahre nach der Veröffentlichung auf drei Seiten übersichtlich zusammengefasst. Dabei weist das FSI darauf hin, dass die Empfehlungen des BCBS auch darauf abzielen, ein potenzielles Übergreifen des Unterstützungsrisikos vom Schattenbanksystem, also der Kreditvermittlung unter Beteiligung von Unternehmen und Aktivitäten (ganz oder teilweise) außerhalb des regulären Bankensystems, auf die Kreditwirtschaft abzumildern (»Spillover-Effekt«). Der BCBS folgt einem prinzipienorientierten Ansatz, nach dem ein Institut alle nicht konsolidierten Unternehmen berücksichtigen sollte, zu denen es eine oder mehrere der folgenden Beziehungen unterhält: (i) das Institut tritt als Sponsor auf, (ii) das Institut investiert in die Schuldtitel oder Eigenkapitalinstrumente des Unternehmens oder (iii) das Institut hat eine andere (nicht-)vertragliche Beteiligung, die es einem Risiko aussetzt. Unternehmen, die selbst beaufsichtigt werden, können dabei ausgeschlossen werden.[46] **39**

1.6.5 Integritätsrisiken

Die Niederländische Zentralbank (De Nederlandsche Bank, DNB) beschäftigt sich seit einigen Jahren intensiv mit dem »Integritätsrisiko« (»Integrity Risk«) und seinem Management durch die Institute. Die DNB definiert »Integrität« als die Vermeidung von Interessenkonflikten und einer Verwicklung in kriminelle Handlungen und andere Delikte sowie gesellschaftlich unangemessene Handlungen. Außerdem rechnet sie die Vermeidung der Zusammenarbeit mit bestimmten Kunden dazu, die vermutlich mit entsprechenden Handlungen in Verbindung stehen. Zusammengefasst sollen die Institute also verhindern, sich auf Handlungen einzulassen, die entweder gegen das **40**

---

44 Basel Committee on Banking Supervision, Guidelines – Identification and management of step-in risk, BCBS 423, 25. Oktober 2017.

45 Vgl. Basel Committee on Banking Supervision, Guidelines – Identification and management of step-in risk, BCBS 423, 25. Oktober 2017, S. 3 f.

46 Vgl. Financial Stability Institute, Step-in risk – Executive Summary, 26. August 2021, S. 1 f.

Gesetz verstoßen oder gesellschaftlich unangemessen sind. Das »Integritätsrisiko« besteht folglich in einer drohenden Rufschädigung oder einer bestehenden oder künftigen Gefährdung des Eigenkapitals oder des Ergebnisses eines Institutes infolge einer unzureichenden Einhaltung gesetzlicher Vorschriften. Die DNB betrachtet z. B. die Themen Geldwäsche und Terrorismusfinanzierung, interner und externer Betrug, steuerlich unzulässige Handlungen, Benachteiligung von Dritten und Vorkenntnis (vermutlich im Sinne von Insiderwissen) als Unterkategorien des Integritätsrisikos. Gefordert wird eine systematische Integritätsrisikoanalyse (»Systematic Integrity Risk Analysis«, SIRA), die mit den Risikosteuerungs- und -controllingprozessen der MaRisk durchaus vergleichbar ist, mit der Ermittlung des inhärenten Risikoprofils als Startpunkt.[47] Die Integritätsrisiken betreffen also eine ganze Reihe von nicht-finanziellen Risiken und bündeln diese mit Blick auf die damit verbundenen Auswirkungen auf das Institut.

1.7 Risikoarten ohne klare Zuordnung

41 Nähere Ausführungen zur Definition und zu den Unterkategorien der wesentlichen Risiken finden sich in den jeweiligen Modulen zu Adressenausfallrisiken (→ BTR 1, Einführung), Marktpreisrisiken und Zinsänderungsrisiken im Anlagebuch (→ BTR 2, Einführung), Liquiditäts- und Refinanzierungsrisiken (→ BTR 3, Einführung) sowie operationellen Risiken (→ BTR 4, Einführung). Auf die sonstigen nicht-finanziellen Risiken, die nicht zu den operationellen Risiken gehören, ist bereits ausführlich eingegangen worden.

42 Daneben existieren jedoch weitere Risikoarten, deren Zuordnung zumindest nicht eindeutig ist. Dazu gehören z. B. Pensionsrisiken, Immobilienrisiken, Versicherungsrisiken, Fondsrisiken und das Risiko einer übermäßigen Verschuldung. Je nach geschäftspolitischer Schwerpunktsetzung können diese Risiken für ein Institut eine erhebliche Bedeutung erlangen. Insbesondere können sie also zu den für ein Institut wesentlichen Risiken gehören, die somit von den Risikosteuerungs- und -controllingprozessen ebenfalls berücksichtigt werden müssen. Im Folgenden werden diese Risiken kurz skizziert.

1.7.1 Pensionsrisiken

43 Das Pensionsrisiko bezeichnet das Risiko, dass die Pensionsverpflichtungen aufgrund einer Verbesserung der Lebenserwartung oder der Tarifentwicklung höher ausfallen, als gutachterlich prognostiziert oder modelliert, und damit aufgrund der resultierenden zusätzlichen Versorgungsansprüche die Notwendigkeit einer Erhöhung der Pensionsrückstellungen besteht. Daneben können in die Risikobetrachtung als Parameter auch Karriere- und Renten-Trends einfließen. Der in der Praxis wesentlichste Risikotreiber ist allerdings die Entwicklung des Zinsniveaus, wie nicht zuletzt im aktuellen Niedrigzinsumfeld deutlich wird. Da die jeweiligen Richtlinien keine besonders risikoreichen Anlageformen zulassen, kann es durchaus vorkommen, dass die Pensionsrückstellungen in einer solchen Situation deutlich an Wert verlieren und aufgestockt werden müssen.

---

47 Vgl. De Nederlandsche Bank, Integrity risk analysis: More where necessary, less where possible, Good practices document and poster, 17. August 2015, S. 6 ff.

1.7.2 Immobilienrisiken

Immobilienrisiken entstehen immer dann, wenn ein Institut in Immobilien investiert, sei es zur Eigennutzung oder zur Kapitalanlage – als Direktinvestition oder über Fondsanteile. Je nach Art der Verwendung ändert sich die Bedeutung verschiedener Kriterien, die Einfluss auf den Risikogehalt der Investition haben. Grundsätzlich immer von Bedeutung ist die Lage der Immobilien, da sie sich auf nahezu alle wertbeeinflussenden Faktoren auswirkt. Daneben können bei einer Kapitalanlage z. B. der Vermietungsstand und mögliche Zahlungsausfälle aus den Mietverträgen eine Rolle spielen. Bei gewerblichen Immobilienfinanzierungen sollte zudem beachtet werden, dass die anderweitige Verwendbarkeit stark eingeschränkt sein kann. Zum Beispiel kann ein Multiplexkino nicht ohne Weiteres für ein anderes Gewerbe genutzt werden, wodurch die Immobilie als Sicherheit für eine Kreditvergabe möglicherweise nur von eingeschränktem Nutzen ist. Im Rahmen der Überarbeitung ihrer Leitlinien zum SREP plant die EBA, die Immobilienrisiken den Adressenausfallrisiken zuzuordnen.[48]

44

1.7.3 Versicherungsrisiken

Versicherungsrisiken werden i. d. R. aus der Perspektive der Versicherungen definiert und bestehen im Grunde darin, dass ein Schadensfall zu einem Zeitpunkt eintritt und reguliert werden muss, zu dem die eingezahlten Versicherungsprämien die Schadenssumme (noch) nicht decken. Da diese Prämien auf Basis von statistischen Verfahren berechnet werden und auf Wahrscheinlichkeitsannahmen basieren, ist eine genaue Vorhersage mit vergleichbaren Unsicherheiten verbunden, wie bei der Berechnung anderer Risiken. Das Versicherungsrisiko spielt insbesondere in Gruppen eine Rolle, zu denen auch Versicherungen gehören. Möglich ist allerdings auch, dass ein Institut bestimmte Versicherungsleistungen für seine Arbeitnehmer übernommen hat, wie etwa zur Altersvorsorge. Werden dafür Rückstellungen gebildet und ändert sich insbesondere die Lebenserwartung, so können sich daraus finanzielle Risiken ergeben.

45

1.7.4 Fondsrisiken

Ein »Investmentfonds« ist ein Bestand an Geldmitteln, die von einer Kapitalverwaltungsgesellschaft (KVG)[49] verwaltet werden und einem bestimmten Zweck dienen. In der Regel geht es darum, diese Geldmittel so anzulegen, dass eine möglichst hohe Rendite erwirtschaftet wird. Unterschieden wird vor allem zwischen Aktien-, Renten- und Immobilienfonds. Möglich sind auch Mischformen. Im Immobilienbereich existieren zudem so genannte »geschlossene Fonds«, bei denen eine Beteiligung erworben wird, die u. a. mit einem unternehmerischen Risiko und möglichen Nachschusspflichten verbunden ist. Die Vorteile einer Investition in einen Fonds gegenüber einem Einzelinvestment bestehen vor allem darin, dass sich ein spezialisierter Fondsmanager mit den Marktgegebenheiten i. d. R. besser auskennt, durch viele verschiedene Anleger größere Volumina mit entsprechend niedrigeren Transaktionskosten gehandelt werden können

46

---

48 Vgl. European Banking Authority, Draft Guidelines on common procedures and methodologies for the supervisory review and evaluation process (SREP) and supervisory stress testing under Directive 2013/36/EU, Consultation Paper, EBA/CP/2021/26, 28. Juni 2021, S. 84.

49 Die ehemaligen Kapitalanlagegesellschaften (KAG) gemäß § 2 Investmentgesetz werden seit dem Außerkrafttreten des Investmentgesetzes am 22. Juli 2013 laut § 17 Kapitalanlagegesetzbuch (KAGB) als Kapitalverwaltungsgesellschaften (KVG) bezeichnet.

und das Gesamtrisiko durch geschickte Diversifikation, d.h. durch Investition in verschiedene Assetklassen und Vermögensgegenstände, signifikant gesenkt werden kann.

47 Folglich besteht das »Fondsrisiko« grundsätzlich darin, dass nicht die gewünschte Rendite erwirtschaftet wird oder die Vermögensanlage sogar einen Wertverlust erleidet. Insofern hängt das Fondsrisiko neben der Qualität des Fondsmanagers vor allem vom allgemeinen Marktrisiko ab und unterscheidet sich zwischen den einzelnen Anlageklassen hinsichtlich der Volatilität der zugrunde liegenden Vermögensgegenstände. Im Falle einer Anlage in Vermögensgegenständen ausländischer Währung besteht zusätzlich ein Währungsrisiko. Zur Risikominimierung dienen Fondsstrategien, die einen Rahmen für die möglichen Anlageformen vorgeben und damit den Handlungsspielraum des Fondsmanagers einschränken.

48 In den letzten Jahren wird von der Aufsicht verstärkt infrage gestellt, inwiefern es angemessen ist, die von den Kapitalverwaltungsgesellschaften bereitgestellten Kennzahlen für bestimmte Fonds (ungeprüft) im Risikomanagement der Institute zu verwenden. Im Rahmen der fünften MaRisk-Novelle wurde klargestellt, dass sich ein Institut aussagekräftige Informationen zu wesentlichen Annahmen und Parametern und zu deren Änderungen vorlegen lassen muss, wenn die Risikoermittlung auf Berechnungen Dritter beruht, wie es z. B. bei Fondsgesellschaften der Fall ist (→ AT 4.1 Tz. 9, Erläuterung). Damit wird vor allem darauf abgezielt, dass die von Dritten ermittelten Kennzahlen bei einer Integration in das eigene Risikomanagement zumindest auf vergleichbaren Parametern beruhen müssen, um sinnvolle Steuerungsimpulse zu generieren.

49 Später wurde von der deutschen Aufsicht ergänzt, dass die Institute im Rahmen der Risikoinventur zunächst beurteilen müssen, ob ihre Fondsanlagen wesentlich oder unwesentlich sind. Sofern die »Wesentlichkeit« festgestellt wird, ist die Risikomessung durch die KVG nur dann zulässig, wenn die Verantwortung beim Institut verbleibt und seine Einwirkungsmöglichkeit gewährleistet ist. Dies setzt nach Einschätzung der Aufsicht wiederum die Anwendung der Auslagerungsvorschrift im Sinne des § 25b KWG voraus (→ AT 9 Tz. 2). Im Falle der »Unwesentlichkeit« kann das Risiko der Fondsanlagen nach vereinfachten Verfahren ermittelt werden. Allerdings ist hierbei zu beachten, dass das Institut über hinreichende Kenntnisse von den Risikomessmethoden verfügen muss, die von den KVG verwendet werden.[50]

1.7.5 Risiken einer übermäßigen Verschuldung

50 Das »Risiko einer übermäßigen Verschuldung« (»Risk of Excessive Leverage«) erwächst gemäß Art. 4 Abs. 1 Nr. 94 CRR aus der Anfälligkeit eines Institutes aufgrund seiner Verschuldung oder Eventualverschuldung und erfordert möglicherweise unvorhergesehene Korrekturen seines Geschäftsplanes (»Business Plan«)[51], also des Geschäftsmodells und/oder der Geschäftsstrategie, einschließlich der Veräußerung von Aktiva in einer Notlage, was zu Verlusten oder Bewertungsanpassungen der verbleibenden Aktiva führen könnte.

51 Daher müssen die nationalen Aufsichtsbehörden gemäß Art. 87 CRD IV sicherstellen, dass die Institute über Grundsätze und Verfahren zur Ermittlung, Steuerung und Überwachung des Risikos einer übermäßigen Verschuldung verfügen. Indikatoren für dieses Risiko sind u.a. die nach Art. 429 CRR ermittelte Verschuldungsquote und Inkongruenzen zwischen Vermögenswerten und Verbindlichkeiten. Die Institute müssen dieses Risiko präventiv in Angriff nehmen und zu diesem Zweck dessen potenzieller Erhöhung, zu der es durch erwartete oder realisierte Verluste

---

50 Vgl. Bundesanstalt für Finanzdienstleistungsaufsicht/Deutsche Bundesbank, Nutzung der von Fondsgesellschaften bereitgestellten Kennzahlen im Risikomanagement der Kreditinstitute, Antwortschreiben an die Deutsche Kreditwirtschaft (DK) und den Bundesverband Investment und Asset Management (BVI) vom 1. Juni 2017.

51 In Art. 4 Abs. 1 Nr. 94 CRR ist in den offiziellen Sprachfassungen vom »Geschäftsplan« (»Business Plan«) die Rede. Insofern können sowohl das Geschäftsmodell als auch die Geschäftsstrategie gemeint sein, die allerdings ohnehin aufeinander abgestimmt sein müssen.

und der dadurch bedingten Verringerung der Eigenmittel je nach geltenden Rechnungslegungs-vorschriften kommen kann, gebührend Rechnung tragen. Zu diesem Zweck müssen die Institute im Hinblick auf das Risiko einer übermäßigen Verschuldung einer Reihe unterschiedlicher Krisensituationen standhalten können.

Auch die EBA stellt im SREP zunächst auf die Verschuldungsquote (Leverage Ratio) ab, indem die aktuelle Höhe der Verschuldungsquote im Vergleich zu anderen Instituten der Peergroup und ggf. die Abweichung der Verschuldungsquote vom regulatorischen Mindestwert, die Veränderung der Verschuldungsquote, einschließlich der vorhersehbaren Auswirkung aktueller und künftiger erwarteter Verluste und der potenziellen Auswirkung eines Anstieges der berücksichtigten Risikopositionen sowie die Auswirkungen unterschiedlicher Stressereignisse untersucht werden. Darüber hinaus sollte geprüft werden, ob sich für bestimmte Institute auch ein Risiko übermäßiger Verschuldung ergeben kann, das in der Verschuldungsquote nicht angemessen berücksichtigt ist.[52]   **52**

Da die Verschuldungsquote für das Management des Risikos einer übermäßigen Verschuldung eine zentrale Rolle spielt, sollte sie in angemessener Weise in die Risikotragfähigkeitsbetrachtung einbezogen werden. Dies erfolgt durch die Berücksichtigung der normativen Perspektive auf natürliche Weise. Ähnlich wie bei den Risikokonzentrationen geraten dabei Szenarien ins Blickfeld, die sich aus dem Zusammenspiel mehrerer Risikoarten ergeben und ggf. auch für einen Stresstest geeignet sind.   **53**

1.8   Verschuldungsquote

Im September 2009 haben sich die G20 u. a. auf die Einführung einer Verschuldungsquote (»Leverage Ratio«, LR) verständigt. Diese Verschuldungsquote spiegelt gemäß Art. 429 CRR das Verhältnis des Kernkapitals (Kapitalmessgröße) zu den nach bilanziellen Vorgaben ausgewiesenen Aktiva und außerbilanziellen Geschäften eines Institutes nach bestimmten Vorgaben (Gesamtrisikopositionsmessgröße) wider. Die Verschuldungsquote ist risikounabhängig ausgestaltet und berücksichtigt insofern die ungewichteten Geschäftsvolumina. Sie soll als Korrektiv zu den risikosensitiven Eigenkapitalanforderungen dienen (»Back-Stop-Regime«).   **54**

Auf diese Weise soll ein exzessives Kreditwachstum in konjunkturellen Aufschwungphasen verhindert werden, dass die Institute in wirtschaftlich schlechten Zeiten oder Krisensituationen zum Abbau von Vermögenswerten zu ungünstigen Konditionen zwingen könnte. Auch der bei der EZB angesiedelte Europäische Ausschuss für Systemrisiken (ESRB) empfiehlt den makroprudenziellen Behörden im Hinblick auf die Zwischenziele und Instrumente für makroprudenzielle Maßnahmen u. a. die Eindämmung und Vermeidung von übermäßigem Kreditwachstum und übermäßiger Verschuldung (Empfehlung A).[53]   **55**

Gleichzeitig sollen mit Hilfe der Verschuldungsquote mögliche Risikounterzeichnungen bei der Berechnung der Eigenmittelanforderungen durch Messfehler oder eine unzureichende Modellierung der Risiken (»Modellrisiko«) aufgefangen werden. Auch zur Dämpfung der prozyklischen Effekte von Basel III wird die Verschuldungsquote ins Spiel gebracht. Die Verschuldungsquote beträgt grundsätzlich 3 Prozent und ist eine verbindlich einzuhaltende Kennzahl der ersten Säule. Global   **56**

---

52 Vgl. European Banking Authority, Guidelines on common procedures and methodologies for the supervisory review and evaluation process (SREP) and supervisory stress testing, EBA/GL/2014/13, Consolidated version, 19. Juli 2018, S. 138.

53 Vgl. Empfehlung des Europäischen Ausschusses für Systemrisiken zu Zwischenzielen und Instrumenten für makroprudenzielle Maßnahmen (ESRB/2013/1) vom 4. April 2013, Amtsblatt der Europäischen Union vom 15. Juni 2013, C 170/3. Gemäß Art. 458 CRR muss jeder Mitgliedstaat eine Behörde mit der Verantwortung für die makroprudenzielle Aufsicht benennen. Nach Art. 513 CRR ist die EU-Kommission u. a. beauftragt, nach Konsultation mit dem ESRB die Vorschriften der makroprudenziellen Aufsicht zu bewerten.

systemrelevante Institute (G-SRI) müssen ab 2023 einen Zuschlag i. H. v. 50 Prozent des G-SRI-Puffers in Kauf nehmen, womit die Verschuldungsquote für diese Institute auf 4 Prozent steigt.

57 Aufgrund der ihr innewohnenden Eigenschaft, die risikosensitiven Eigenkapitalanforderungen im Extremfall auszuhebeln, ist diese Kennziffer nicht unumstritten. Die Kreditwirtschaft hatte deshalb vergeblich gefordert, die Verschuldungsquote als reine Meldekennzahl in der zweiten Säule zu verankern und ggf. erforderliche bankaufsichtliche Maßnahmen nicht von ihrer absoluten Höhe, sondern von ihrer relativen Veränderung abhängig zu machen. Als mögliche Verfahrensweise wurde auf die damalige »modifizierte bilanzielle Eigenkapitalquote« gemäß § 24 Abs. 1 Nr. 16 KWG verwiesen, deren relative Änderung um 5 Prozent im Quartalszeitraum eine Meldepflicht des Institutes gegenüber den Aufsichtsbehörden ausgelöst hatte.

1.9 Umgang mit Nachhaltigkeitsrisiken

1.9.1 ESG-Faktoren und ESG-Risiken

58 Unter »ESG-Faktoren« werden Aspekte aus den Bereichen Umwelt, Soziales und Unternehmensführung (»Environmental, Social and Governance«, ESG) verstanden, die sich positiv oder negativ auf die finanzielle Leistung oder Solvenz eines Unternehmens, Staates oder einer Person auswirken können. Insofern können ESG-Faktoren auch bei der Bewertung von Chancen für finanzielle oder nichtfinanzielle Unternehmen im Zusammenhang mit dem Übergang zu einer nachhaltigeren Wirtschaft verwendet werden. Dies steht im Einklang mit der Notwendigkeit für die Institute, einen umfassenden, langfristigen und strategischen Ansatz für ESG-Faktoren zu wählen. Dieser Ansatz wurde auch für die EU-Taxonomie-Verordnung verwendet, die spezifische Merkmale und Kriterien für ökologisch nachhaltige Wirtschaftätigkeiten definiert. Die ESG-Faktoren können sich auf die finanzielle Leistungsfähigkeit von Instituten auswirken, indem sie sich über finanzielle Risikokategorien wie Kredit-, Markt-, operationelle, Liquiditäts- und Refinanzierungsrisiken materialisieren, die in erster Linie durch das Engagement eines Institutes gegenüber seinen Gegenparteien und investierten Vermögenswerten beeinflusst werden. In Abhängigkeit von der betrachteten Geschäftätigkeit kann der Begriff der »Gegenpartei« als Kunde (z. B. ein Unternehmen oder eine Person) oder als Emittent (z. B. ein Staat oder ein Unternehmen) verstanden werden. Während ESG-Faktoren positive oder negative Auswirkungen haben können, werden die ESG-Risiken aus aufsichtsrechtlicher Sicht als die negative Materialisierung von ESG-Faktoren durch ihre Gegenparteien oder investierten Vermögenswerte definiert. Zusammengefasst bezeichnet die EBA die »ESG-Risiken« als Risiken jeglicher negativen finanziellen Auswirkungen auf das Institut, die sich aus den aktuellen oder zukünftigen Auswirkungen von ESG-Faktoren auf seine Gegenparteien oder investierten Vermögenswerte ergeben.[54]

59 Grundsätzlich unterscheidet die EBA hinsichtlich der Auswirkungen von ESG-Faktoren nach dem Konzept der »doppelten Wesentlichkeit« (»double materiality«) zwischen der »finanziellen Wesentlichkeit« sowie der »ökologischen und sozialen Wesentlichkeit«. Die »finanzielle Wesentlichkeit« kann sich aus den Auswirkungen von ESG-Faktoren auf die wirtschaftlichen und finanziellen Aktivitäten eines Unternehmens in der gesamten Wertschöpfungskette (sowohl vor- als auch nachgelagert) ergeben und den Wert (Ertrag) dieser Aktivitäten beeinflussen (»Outside-

---

54 Die EBA verwendet diese allgemeine Definition auch für die einzelnen Elemente. So versteht sie z. B. unter »Umweltrisiken« jene Risiken negativer finanzieller Auswirkungen auf das Institut, die sich aus den aktuellen oder voraussichtlichen Auswirkungen von Umweltfaktoren auf seine Gegenparteien oder investierten Vermögenswerte ergeben. Dasselbe gilt im übertragenen Sinne für »soziale Risiken« und »Governance-Risiken«. Vgl. European Banking Authority, EBA Report on management and supervision of ESG risks for credit institutions and investment firms, EBA/REP/2021/18, 23. Juni 2021, S. 31 ff.

in-Perspektive«). Die »ökologische und soziale Wesentlichkeit« kann sich umgekehrt aus den Auswirkungen der wirtschaftlichen und finanziellen Aktivitäten eines Unternehmens auf ESG-Faktoren ergeben, die wiederum finanziell wesentlich werden können, wenn diese Auswirkungen den Wert (die Rendite) der Aktivitäten des Unternehmens beeinflussen (»Inside-out-Perspektive«). Die Gegenparteien und investierten Vermögenswerte der Institute können sowohl von ESG-Faktoren beeinflusst werden (Outside-in-Perspektive) als auch einen Einfluss auf diese haben (Inside-out-Perspektive). In der Folge können die Institute durch ihre Gegenparteien und investierten Vermögenswerte von ESG-Risiken betroffen sein (Outside-in-Perspektive). Bei der Bewertung von ESG-Risiken sollten grundsätzlich zwar beide Perspektiven berücksichtigt werden. Allerdings ist die Inside-out-Perspektive für die Institute letztlich nur von Interesse, wenn dadurch die Auswirkungen aus der Outside-in-Perspektive weiter verschärft werden und sich insofern negativ auf die Gegenpartei oder die investierten Vermögenswerte auswirken würden.[55]

Negative Auswirkungen von ESG-Faktoren könnten makroökonomische Faktoren wie Arbeits- **60** produktivität, Wirtschaftswachstum, Staatsverschuldung, Bruttoinlandsprodukt und sozioökonomische Veränderungen beeinflussen, mit möglichen systemischen Folgen. Grundsätzlich können ESG-Faktoren durch eine Vielzahl von Risikotreibern zu negativen finanziellen Auswirkungen führen. Die Kausalketten, die erklären, wie sich diese Risikotreiber über ihre Gegenparteien und investierten Vermögenswerte auf die Institute auswirken, werden als »Übertragungskanäle« (»Transmission Channels«) bezeichnet.[56]

Die BaFin versteht unter den »Nachhaltigkeitsrisiken« bzw. »ESG-Risiken« Ereignisse oder Bedin- **61** gungen aus den Bereichen Umwelt, Soziales und Unternehmensführung, deren Eintreten tatsächlich oder potenziell negative Auswirkungen auf die Vermögens-, Finanz- und Ertragslage sowie auf die Reputation eines beaufsichtigten Unternehmens haben können.[57] Nachhaltigkeitsrisiken haben das Potenzial des negativen Einflusses auf alle Geschäftsbereiche und Risikoarten. Zumindest nach der derzeitigen Vorgehensweise der verschiedenen Aufsichtsbehörden handelt es sich deshalb nicht um eine eigene Risikoart, sondern um Risikotreiber für andere Risikoarten, die insofern auch zu deren Wesentlichkeit beitragen können (→ AT 2.2 Tz. 2).[58] Vor diesem Hintergrund wäre die Bezeichnung »Nachhaltigkeitsaspekte« für diese Risikotreiber eigentlich passender.

Zur besseren Orientierung werden im Folgenden verschiedene Beispiele für die drei genannten **62** Bereiche aufgeführt.[59]

1. Umwelt
   - Klimaschutz,
   - Anpassung an den Klimawandel,
   - Schutz der biologischen Vielfalt,
   - nachhaltige Nutzung und Schutz von Wasser- und Meeresressourcen,
   - Übergang zu einer Kreislaufwirtschaft, Abfallvermeidung und Recycling,
   - Vermeidung und Verminderung der Umweltverschmutzung,
   - Schutz gesunder Ökosysteme,
   - nachhaltige Landnutzung.

---

55 Vgl. European Banking Authority, EBA Report on management and supervision of ESG risks for credit institutions and investment firms, EBA/REP/2021/18, 23. Juni 2021, S. 32.

56 Vgl. European Banking Authority, EBA Report on management and supervision of ESG risks for credit institutions and investment firms, EBA/REP/2021/18, 23. Juni 2021, S. 33.

57 Die BaFin bezieht diese Definition auf die von ihr beaufsichtigten Unternehmen. Für beaufsichtigte Unternehmen, die Portfolios im Auftrag Dritter verwalten, beziehen sich Nachhaltigkeitsrisiken darüber hinaus auch auf die verwalteten Portfolios. Vgl. Bundesanstalt für Finanzdienstleistungsaufsicht, Merkblatt zum Umgang mit Nachhaltigkeitsrisiken, 20. Dezember 2019, geändert am 13. Januar 2020, S. 13.

58 Vgl. Bundesanstalt für Finanzdienstleistungsaufsicht, Merkblatt zum Umgang mit Nachhaltigkeitsrisiken, 20. Dezember 2019, geändert am 13. Januar 2020, S. 18.

59 Vgl. Bundesanstalt für Finanzdienstleistungsaufsicht, Merkblatt zum Umgang mit Nachhaltigkeitsrisiken, 20. Dezember 2019, geändert am 13. Januar 2020, S. 12 f.

2. Soziales[60]
   - Einhaltung anerkannter arbeitsrechtlicher Standards, insbesondere keine Kinder- und Zwangsarbeit oder Diskriminierung,[61]
   - Einhaltung der Arbeitssicherheit und des Gesundheitsschutzes,
   - angemessene Entlohnung, faire Bedingungen am Arbeitsplatz, Diversität sowie Aus- und Weiterbildungschancen,
   - Gewerkschafts- und Versammlungsfreiheit,
   - Gewährleistung einer ausreichenden Produktsicherheit, einschließlich Gesundheitsschutz,
   - gleiche Anforderungen an Unternehmen in der Lieferkette,
   - Rücksichtnahme auf die Belange von Gemeinden und sozialen Minderheiten.
3. Unternehmensführung
   - Steuerehrlichkeit,
   - Maßnahmen zur Verhinderung von Korruption,
   - Nachhaltigkeitsmanagement durch Vorstand,
   - Vorstandsvergütung in Abhängigkeit von Nachhaltigkeit,
   - Ermöglichung von »Whistleblowing«,
   - Gewährleistung von Arbeitnehmerrechten,
   - Gewährleistung des Datenschutzes,
   - Offenlegung von Informationen.

63 Die Umweltrisiken und die sozialen Risiken sind eng miteinander verknüpft. Zum Beispiel bringt die kontinuierliche Verschlechterung der Umweltbedingungen erhöhte soziale Risiken mit sich, wenn klimabedingte physische Veränderungen oder Wasserstress (benachteiligte) Teile eines geografischen Gebietes und (bereits benachteiligte) Bevölkerungsgruppen betreffen. Umweltdegradation kann die Migration oder soziale und politische Unruhen in den am stärksten betroffenen Regionen verschärfen, mit potenziell noch verheerenderen Auswirkungen und Ansteckung auf der ganzen Welt. So wurden zwischen 2008 und 2018 durch Naturkatastrophen bis zu 265 Millionen Menschen vertrieben.[62] Allein im Jahr 2020 hatten Konflikte und Katastrophen 40,5 Millionen neue Binnenflüchtlinge in 149 Ländern und Territorien zur Folge.[63] Die Weltbank geht davon aus, dass bis zum Jahr 2050 eine geringere Wasserverfügbarkeit und Ernteproduktivität in Kombination mit den Auswirkungen anderer physischer Risiken wie Stürmen oder dem Anstieg des Meeresspiegels 140 Millionen Menschen dazu veranlassen könnte, innerhalb ihrer Länder in Lateinamerika, Südasien und Afrika südlich der Sahara zu migrieren.[64] Auch wenn die globale Erwärmung nicht allein für Migrationsentscheidungen verantwortlich gemacht werden sollte, kann sie bestehende Motivationen wie Einkommensungleichheit, fehlende Menschenrechte oder Bürgerkriege verstärken. Dabei müssen sich die einzelnen Nachhaltigkeitsaspekte nicht zwingend in dieselbe Richtung entwickeln.

---

60 Soziale Risiken können auch negative Auswirkungen auf die Stakeholder des Unternehmens haben. Die BaFin verweist beispielhaft auf erfolgreiche Schadensersatzklagen in Milliardenhöhe gegen Hersteller von Zigaretten, das Scheitern einer Baugenehmigung für ein Großprojekt, weil die Landrechte indigener Einwohner nicht berücksichtigt wurden, oder Bußgeldzahlungen wegen hinterzogener Steuern bzw. zu Unrecht erhaltener Erstattungen. Vgl. Bundesanstalt für Finanzdienstleistungsaufsicht, Merkblatt zum Umgang mit Nachhaltigkeitsrisiken, 20. Dezember 2019, geändert am 13. Januar 2020, S. 15.

61 Die BaFin verweist diesbezüglich z. B. auf die Kernarbeitsnormen der Internationalen Arbeitsorganisation (»International Labour Organization«, ILO), die Leitprinzipien für Wirtschaft und Menschenrechte der Vereinten Nationen (»UN Guiding Principles on Business and Human Rights«, UNGP), die Leitlinien der EU-Kommission für die Berichterstattung über nichtfinanzielle Informationen und die Inhalte der nichtfinanziellen Erklärung nach § 289c HGB.

62 Vgl. Internal Displacement Monitoring Centre, Disaster displacement: A global review, 2008–2018, Thematic report, 1. Mai 2019, S. 5 und 37.

63 Vgl. Internal Displacement Monitoring Centre, Global Report on Internal Displacement 2021 – Internal displacement in a changing climate, 20. Mai 2021, S. 10.

64 Vgl. Riguad, Kanta Kumari et al., Groundswell: Preparing for internal climate migration, World Bank, 19. März 2018, S. 107.

Ein Beispiel für gegenteilige Auswirkungen von Umweltrisiken und sozialen Risiken sind die potenziellen Effekte, die geplante technologische und regulatorische Veränderungen zur Bekämpfung des Klimawandels auf die Arbeitsmärkte haben können, z. B. die Verstärkung sozialer Risiken, insbesondere für (nicht-grüne) Industrien, wie z. B. im Kohlebergbau.[65]

Auch zwischen den anderen Risikobereichen bestehen Zusammenhänge. So kann z. B. die **64** Berücksichtigung bzw. Vernachlässigung der potenziellen Auswirkungen von Klima- und Umweltveränderungen in der strategischen Planung als Zeichen guter Unternehmensführung angesehen werden bzw. zusätzliche Governance-Risiken schaffen. Ebenso entspricht eine Unternehmenskultur, die soziale Standards respektiert, einer guten Unternehmensführung, während schlechte Arbeitsbedingungen für Mitarbeiter, eine unfaire Behandlung von Kunden oder ein geringes Interesse daran, einen angemessenen Beitrag für die Gesellschaft zu leisten, zusätzliche Governance-Risiken mit sich bringen können.[66]

1.9.2 Physische und transitorische Risiken

Im Bereich Umwelt (inklusive Klima) können die Nachhaltigkeitsrisiken wiederum in »physische **65** Risiken« und »transitorische Risiken« unterteilt werden.[67]

Physische Risiken bezeichnen die finanziellen Auswirkungen eines sich wandelnden Klimas. **66** Sie können sich als »direkte Folge« (z. B. als Sachschäden) aus einzelnen Extremwetterereignissen, wie z. B. Hitze- und Trockenperioden, Überflutungen, Stürme, Hagel, Waldbrände, Lawinen, ergeben (»akute physische Risiken«) und aus langfristigen (schrittweisen) Veränderungen klimatischer und ökologischer Bedingungen (»chronische physische Risiken«), wie z. B. Veränderung der Niederschlagshäufigkeit und -mengen, Wetterunbeständigkeit, Meeresspiegelanstieg, Veränderung von Meeres- und Luftströmungen, Übersäuerung der Ozeane, Anstieg der Durchschnittstemperaturen mit regionalen Extremen. Physische Risiken können allerdings auch »indirekte Folgen« haben, wie z. B. den Zusammenbruch von Lieferketten, die Haftung für die Verursachung von Umweltschäden,[68] die Aufgabe wasserintensiver Geschäftstätigkeiten, klimabedingte Migration und bewaffnete Konflikte.[69]

Die EBA versteht unter den »physischen Risiken« in vergleichbarer Weise jene Risiken negativer **67** finanzieller Auswirkungen auf das Institut, die sich aus den aktuellen oder voraussichtlichen Auswirkungen der physischen Effekte von Umweltfaktoren auf seine Gegenparteien oder investierten Vermögenswerte ergeben. Sie bezieht in ihre Definition die indirekten Folgen mit ein. So gehören zu den physischen Risiken »akute physische Auswirkungen«, die sich aus bestimmten Ereignissen ergeben, insbesondere wetterbedingten Ereignissen wie Stürmen, Überschwemmun-

---

65 Vgl. European Banking Authority, EBA Report on management and supervision of ESG risks for credit institutions and investment firms, EBA/REP/2021/18, 23. Juni 2021, S. 43 f.

66 Vgl. European Banking Authority, EBA Discussion paper on management and supervision of ESG risks for credit institutions and investment firms, EBA/DP/2020/03, 30. Oktober 2020, S. 45.

67 Während »physical risks« einheitlich mit »physischen Risiken« übersetzt werden, existieren für den Begriff »transition risks« mit »Übergangsrisiken«, »Transitionsrisiken« und »transitorischen Risiken« in der deutschen Sprache verschiedene Varianten. Im Kommentar wird einheitlich die Formulierung »transitorische Risiken« verwendet.

68 Die BaFin verweist zur Haftung auf das »Bill 21, Liability for Climat-Relatet Harms Act, 2018«, das am 26. März 2018 in das Parlament (»Gesetzgebende Versammlung«) von Ontario eingebracht wurde. Danach sollen Produzenten fossiler Brennstoffe für klimabedingte Schäden in Ontario haften, sofern sie für Treibhausgasemissionen auf einem weltweit nachweisbaren Niveau verantwortlich sind. Zu diesem Zweck wird im Gesetz detailliert aufgeführt, was unter »klimabedingten Schäden« zu verstehen ist. Unter der »Produktion« in Bezug auf fossile Brennstoffe wird die Erschließung von Quellen fossiler Brennstoffe sowie die Verwendung und der Verkauf von fossilen Brennstoffen verstanden. Die EZB weist im Zusammenhang mit dem Haftungsrisiko darauf hin, dass zusätzlich zu den rechtlichen Ansprüchen gegenüber den Instituten auch ihre Geschäftspartner rechtlichen Risiken aufgrund von Klima- und Umweltfaktoren ausgesetzt sein können und damit wiederum ein erhöhtes Kreditrisiko für die Institute verbunden sein kann.

69 Vgl. Bundesanstalt für Finanzdienstleistungsaufsicht, Merkblatt zum Umgang mit Nachhaltigkeitsrisiken, 20. Dezember 2019, geändert am 13. Januar 2020, S. 14; Europäische Zentralbank, Leitfaden zu Klima- und Umweltrisiken – Erwartungen der Aufsicht in Bezug auf Risikomanagement und Offenlegungen, 27. November 2020, S. 11.

gen, Bränden oder Hitzewellen oder anderen Umweltgefahren, die Produktionsanlagen beschädigen und Wertschöpfungsketten unterbrechen können, und »chronische physische Auswirkungen«, die sich aus längerfristigen Trends ergeben, wie z. B. Temperaturveränderungen, steigende Meeresspiegel, geringere Wasserverfügbarkeit, Verlust der biologischen Vielfalt und Veränderungen der Produktivität von Land und Boden.[70]

68   Die mit physischen Risiken verbundenen Probleme, wie z. B. Betriebsstörungen, ein höherer Kapitalverbrauch, ein Anstieg der Rohstoffpreise, eine Verringerung der Arbeitszeiten sowie Rekonstruktionsmaßnahmen oder Ersatzanschaffungen, können eine geringere Nachfrage, eine abnehmende Produktivität und einen geringeren Ertrag zur Folge haben. Diese Verschlechterung der gesamtwirtschaftlichen Lage beeinflusst ebenso das Finanzsystem, wie z. B. die Immobilienwerte und die Profitabilität von Unternehmen, und kann sich über Marktwertverluste und eine Kreditverknappung wiederum negativ auf die Realwirtschaft auswirken.[71]

69   Transitorische Risiken bezeichnen die finanziellen Verluste, die den Instituten direkt oder indirekt infolge des Anpassungsprozesses hin zu einer kohlenstoffärmeren und ökologisch nachhaltigeren Wirtschaft entstehen können. So können (recht plötzliche) politische Maßnahmen zum Klima- und Umweltschutz zu einer Verteuerung oder Verknappung fossiler Energieträger, wie z. B. beim Atom- oder beim Kohleausstieg, oder von Emissionszertifikaten, wie z. B. durch eine CO_2-Steuer zur Finanzierung der Energiewende, oder zu hohen Investitionskosten aufgrund erforderlicher Sanierungen von Gebäuden und Anlagen führen. Ebenso können neue Technologien die bekannten verdrängen (technischer Fortschritt), wie z. B. mit Blick auf die Elektromobilität, oder veränderte Präferenzen der Vertragspartner (Kreditnehmer, Anleger, Dienstleister) und gesellschaftliche Erwartungen nicht angepasste Unternehmen gefährden.[72] Die EBA verweist beispielhaft auf den Eigentümer einer Immobilie, die strengeren Energieeffizienzanforderungen unterworfen wird, und auf Staaten, z. B. wenn der Übergang zu Massenarbeitslosigkeit in kohlenstoffintensiven Sektoren und damit zu einer Verschlechterung der Steuereinnahmen führt oder wenn die öffentlichen Ausgaben erhöht werden müssen, um z. B. den Übergang der heimischen Wirtschaft zu erleichtern. Zudem können transitorische Risiken den Wert von Sicherheiten mindern, die nicht mehr den neuesten Umweltstandards oder Markterwartungen entsprechen.[73]

70   Die »transitorischen Risiken« sind nach der Definition der EBA wiederum jene Risiken jeglicher negativen finanziellen Auswirkungen auf das Institut, die sich aus den aktuellen oder zukünftigen Auswirkungen des Übergangs zu einer ökologisch nachhaltigen Wirtschaft auf seine Geschäftspartner oder investierten Vermögenswerte ergeben. Dazu gehören klima- und umweltpolitische Änderungen, z. B. infolge von Energieeffizienzanforderungen, Kohlenstoffpreismechanismen, die den Preis für fossile Brennstoffe erhöhen, oder Maßnahmen zur Förderung einer nachhaltigen Nutzung von Umweltressourcen, technologische Veränderungen, z. B. wenn eine Technologie mit weniger schädlichen Auswirkungen auf das Klima oder die Umwelt eine Technologie ersetzt, die schädlicher ist, und diese dadurch veraltet oder nicht mehr wettbewerbsfähig ist, sowie Verhaltensänderungen, z. B. wenn sich die Entscheidungen von Verbrauchern und Investoren hin zu nachhaltigeren Produkten und Dienstleistungen verschieben oder wenn es schwieriger wird,

---

70 Vgl. European Banking Authority, EBA Report on management and supervision of ESG risks for credit institutions and investment firms, EBA/REP/2021/18, 23. Juni 2021, S. 38.

71 Vgl. Network for Greening the Financial System, A call for action: Climate change as a source of financial risk, First comprehensive report, 17. April 2019, S. 14.

72 Vgl. Bundesanstalt für Finanzdienstleistungsaufsicht, Merkblatt zum Umgang mit Nachhaltigkeitsrisiken, 20. Dezember 2019, geändert am 13. Januar 2020, S. 14; Europäische Zentralbank, Leitfaden zu Klima- und Umweltrisiken – Erwartungen der Aufsicht in Bezug auf Risikomanagement und Offenlegungen, 27. November 2020, S. 11.

73 Vgl. European Banking Authority, EBA Report on management and supervision of ESG risks for credit institutions and investment firms, EBA/REP/2021/18, 23. Juni 2021, S. 40.

Kunden, Mitarbeiter, Geschäftspartner und Investoren zu gewinnen und zu halten, wenn ein Geschäftspartner den Ruf hat, Klima und Umwelt zu schädigen.[74]

Die Auswirkungen der transitorischen Risiken sind mit Blick auf die direkten und indirekten Übertragungswege mit denen der physischen Risiken grundsätzlich vergleichbar, wobei die Wertverluste sowohl für Unternehmen als auch für private Haushalte dramatisch sein können. In der Folge könnten damit ohne angemessene Umstellungsmaßnahmen für die Institute auch strategische Verluste von Kunden oder Investoren verbunden sein. Im Extremfall verlieren Vermögensgegenstände stark an Wert oder müssen aufgrund besonderer Umstände ggf. komplett abgeschrieben oder sogar in Verbindlichkeiten umgewandelt werden (»Stranded Assets«).[75]   **71**

Zwischen den physischen und den transitorischen Risiken bestehen zudem verschiedene Wechselwirkungen. So würde eine starke Zunahme der physischen Risiken eine schnellere Umstellung der Wirtschaft erfordern, woraus höhere transitorische Risiken resultieren. Sofern hingegen die notwendige Reduzierung der Treibhausgasemissionen nicht rechtzeitig erfolgt, steigen die physischen Risiken und damit auch der Handlungsdruck. Zu lange hinausgezögerte Maßnahmen zur Energiewende könnten im ungünstigsten Szenario extreme klimabedingte Schäden hervorrufen und damit eine plötzliche und radikale Umstellung der Wirtschaft erforderlich machen.[76] Physische und transitorische Risiken sind insofern zwei Seiten einer Medaille: Stärkere politische Maßnahmen können die Auswirkungen von transitorischen Risiken erhöhen, aber gleichzeitig die physischen Risiken in späteren Jahrzehnten verringern. Dieser Zusammenhang ist eines der Schlüsselelemente, die im Klimastresstest der EZB in 2022 erfasst und quantifiziert werden sollen.[77]   **72**

1.9.3   Auswirkungen auf andere Risikoarten

Die Auswirkungen von Nachhaltigkeitsrisiken auf Adressenausfallrisiken (→ BTR 1), Marktpreisrisiken (→ BTR 2), Liquiditätsrisiken (→ BTR 3) und operationelle Risiken (→ BTR 4) sowie die zugehörigen Unterarten werden beim Management dieser Risikoarten näher beschrieben. Versicherungsrisiken (und teilweise auch Reputationsrisiken) werden in diesem Zusammenhang ausnahmsweise bei den operationellen Risiken mit behandelt, weil zwischen diesen Risikoarten verschiedene Wechselwirkungen bestehen.   **73**

Das mit Nachhaltigkeitsrisiken verbundene Schadenspotenzial ist für ein Institut grundsätzlich immer mit einem Reputationsrisiko verbunden. Ein Reputationsverlust entsteht immer dann, wenn die Öffentlichkeit, die Geschäftspartner oder die Investoren das betreffende Institut mit negativen Umweltauswirkungen in Verbindung bringen.[78] Daneben besteht ein Reputationsrisiko allein aus der Unterhaltung einer Geschäftsbeziehung mit einem Unternehmen, welches möglicherweise einem Nachhaltigkeitsrisiko ausgesetzt ist.[79] Beispielhaft nennt die BaFin die Investition in eine Bekleidungsfabrik eines bekannten Herstellers in Ostasien. Wegen unzureichender nationaler Sicherheitsstandards brennt das Gebäude nieder und hunderte Arbeiter sterben. Durch die Nennung der Investoren in den Medien entsteht ein erhebliches Reputationsrisiko. Ein anderes   **74**

---

74 Vgl. European Banking Authority, EBA Report on management and supervision of ESG risks for credit institutions and investment firms, EBA/REP/2021/18, 23. Juni 2021, S. 41f.

75 Vgl. Network for Greening the Financial System, A call for action: Climate change as a source of financial risk, First comprehensive report, 17. April 2019, S. 17.

76 Vgl. Bundesanstalt für Finanzdienstleistungsaufsicht, Merkblatt zum Umgang mit Nachhaltigkeitsrisiken, 20. Dezember 2019, geändert am 13. Januar 2020, S. 14.

77 Vgl. de Guindos, Luis, Shining a light on climate risks: the ECB's economy-wide climate stress test, Blog, 18. März 2021.

78 Vgl. Europäische Zentralbank, Leitfaden zu Klima- und Umweltrisiken – Erwartungen der Aufsicht in Bezug auf Risikomanagement und Offenlegungen, 27. November 2020, S. 12.

79 Vgl. Bundesanstalt für Finanzdienstleistungsaufsicht, Merkblatt zum Umgang mit Nachhaltigkeitsrisiken, 20. Dezember 2019, geändert am 13. Januar 2020, S. 15.

Beispiel betrifft den Verkauf von nur vermeintlich nachhaltigen Finanzprodukten (»Greenwashing«) an ESG-bewusste Anleger.[80] Schließlich kann auch das Unterlassen ausreichender nachhaltiger Aktivitäten in der Außen- und Innenwahrnehmung ggf. Vertrauensverluste bei Vertragspartnern und Mitarbeitern nach sich ziehen.[81]

75   Insbesondere bei Instituten, deren Geschäftsmodell von Sektoren und Märkten abhängig ist, die besonders anfällig für Klima- und Umweltrisiken sind, wirken sich Nachhaltigkeitsrisiken mittel- bis längerfristig auf die Belastbarkeit des Geschäftsmodells aus.[82] Die BaFin nennt beispielhaft ein schwerpunktmäßig auf die Finanzierung von Kohlebergbau spezialisiertes Institut, das seine Geschäftsbasis verlieren könnte, wenn die Geschäftsaktivitäten nicht rechtzeitig diversifiziert werden, womit ein strategisches Risiko bzw. Geschäftsrisiko besteht.[83]

1.9.4 Auswirkungen auf den Finanzsektor

76   Die EZB berichtet mit Verweis auf diverse Studien in verschiedenen Ländern, dass die voraussichtlichen Auswirkungen von Nachhaltigkeitsrisiken auf das Finanzsystem im Allgemeinen und auf die Banken im Besonderen erheblich sind. Der ESRB hatte bereits 2016 berechnet, dass europäische Finanzinstitute Engagements i. H. v. mehr als 1 Billion Euro in Unternehmen besitzen, die im Bereich fossile Brennstoffe tätig sind, woraus selbst in einem geordneten Übergangsszenario potenzielle Verluste i. H. v. 350 bis 400 Milliarden Euro resultieren. Im Jahr 2017 wurden die durch »Stranded Assets« verursachten Verluste in der EU von der »Internationalen Organisation für Erneuerbare Energien« (»International Renewable Energy Agency«, IRENA) in einem Szenario mit verzögert ergriffenen politischen Maßnahmen auf 6 Bio US-Dollar geschätzt. In Großbritannien standen 2018 etwa 8,8 Prozent der Immobilienkredite in Verbindung mit Hochwasserrisikogebieten. Aus einem Stresstest in den Niederlanden ging 2018 hervor, dass die harte Kernkapitalquote des Bankensektors in einem ernsten, aber plausiblen Übergangsszenario um mehr als 4 Prozent sinken könnte. Bei der Untersuchung einer Stichprobe mit einem Volumen von 720 Milliarden Euro hat die EZB im Jahr 2019 festgestellt, dass 15 Prozent der Engagements in Verbindung mit den kohlenstoffintensivsten Unternehmen standen. Die französische Aufsichtsbehörde für das Banken- und Versicherungswesen kam 2019 zu dem Ergebnis, dass die Risikopositionen von großen französischen Bankengruppen gegenüber den kohlenstoffintensivsten Sektoren 12,7 Prozent ausmachten. Im Jahr 2019 standen etwa ein Fünftel der geprüften Beteiligungspositionen und Kreditengagements der niederländischen Finanzinstitute in Verbindung mit Regionen mit extremem Wasserstress. Zudem bestehen Wechselwirkungen zwischen klimabedingtem Wandel und Umweltrisiken, weshalb die Effekte im Zusammenspiel potenziell noch größere Auswirkungen haben können.[84]

---

80 Vgl. Bundesanstalt für Finanzdienstleistungsaufsicht, Merkblatt zum Umgang mit Nachhaltigkeitsrisiken, 20. Dezember 2019, geändert am 13. Januar 2020, S. 18.

81 Vgl. Bundesanstalt für Finanzdienstleistungsaufsicht, Merkblatt zum Umgang mit Nachhaltigkeitsrisiken, 20. Dezember 2019, geändert am 13. Januar 2020, S. 15.

82 Vgl. Europäische Zentralbank, Leitfaden zu Klima- und Umweltrisiken – Erwartungen der Aufsicht in Bezug auf Risikomanagement und Offenlegungen, 27. November 2020, S. 12.

83 Vgl. Bundesanstalt für Finanzdienstleistungsaufsicht, Merkblatt zum Umgang mit Nachhaltigkeitsrisiken, 20. Dezember 2019, geändert am 13. Januar 2020, S. 18.

84 Vgl. Europäische Zentralbank, Leitfaden zu Klima- und Umweltrisiken – Erwartungen der Aufsicht in Bezug auf Risikomanagement und Offenlegungen, 27. November 2020, S. 13 f.

1.9.5 Schwerpunkte der Aufsichtsbehörden

Nachhaltigkeitsrisiken sollten von den Instituten grundsätzlich sowohl aus einer »Outside-in-Per-   **77**
spektive« betrachtet werden, d. h. im Hinblick auf die negativen Auswirkungen von ESG-Aspekten
auf die Situation der Institute, als auch aus einer »Inside-out-Perspektive«, also mit Blick auf die
negativen Auswirkungen der Tätigkeit der Institute auf ESG-Belange. Die Anforderungen der
Aufsichtsbehörden beziehen sich zum überwiegenden Teil auf die Outside-in-Perspektive. Das
liegt in erster Linie an den Aufgaben der Behörden. So ist z. B. der BaFin nach Maßgabe des § 6
Abs. 2 KWG vom Gesetzgeber die Aufgabe übertragen worden, Missständen im Kredit- und
Finanzdienstleistungswesen entgegenzuwirken, welche die Sicherheit der den Instituten anver-
trauten Vermögenswerte gefährden, die ordnungsgemäße Durchführung der Bankgeschäfte oder
Finanzdienstleistungen beeinträchtigen oder erhebliche Nachteile für die Gesamtwirtschaft her-
beiführen können. Dessen ungeachtet sollte es nicht nur im Hinblick auf Reputationsrisiken im
Interesse der Institute liegen, ihren eigenen Beitrag für eine nachhaltige Gesellschaft zu leisten.

Die Institute können von ESG-Faktoren direkt betroffen sein (Outside-in-Perspektive), z. B. durch die   **78**
physischen Auswirkungen des Klimawandels auf die eigenen Betriebsstätten, oder einen Einfluss auf
ESG-Faktoren haben (Inside-out-Perspektive), z. B. durch ihre Scope-1- und Scope-2-Emissionen
(→ BTO 1.2.1 Tz. 1). Diese Auswirkungen können für die Institute aus finanzieller Sicht zwar relevant
und potenziell schwerwiegend sein. Sie ergeben sich aber aus den eigenen, vollständig kontrollierten
Aktivitäten und den damit verbundenen Managementvorkehrungen. Die EBA erwartet daher, dass sie
im Rahmen des bestehenden Risikomanagements und der internen Governance-Regelungen (z. B.
Standort der Räumlichkeiten, verwendete IKT-Systeme, Arbeitsbedingungen der Mitarbeiter etc.)
berücksichtigt werden. Der Schwerpunkt der aufsichtlichen Vorgaben liegt jedoch auf den Risiken,
denen die Institute über die Auswirkungen von ESG-Faktoren auf ihre Gegenparteien oder investierten
Vermögenswerte ausgesetzt sind, d. h. den Risiken, die sich aus ihren Kernaktivitäten ergeben.[85]

1.9.6 Berücksichtigung im Risikomanagement

Die Wirkungszusammenhänge zwischen den Nachhaltigkeitsrisiken sowie den finanziellen und   **79**
nicht-finanziellen Risiken sind derzeit noch Gegenstand detaillierter Untersuchungen, die von der
EBA auf Basis verschiedener Mandate aus der CRD V und der CRR II umgesetzt werden. In diesem
Zusammenhang sei insbesondere auf den Bericht der EBA zum Management und zur Überwachung
von ESG-Risiken vom 23. Juni 2021 verwiesen. Daraus könnten mittelfristig neue Legislativvor-
schläge und Leitlinien resultieren. Das ergibt sich auch aus den Vorschlägen der EU-Kommission zur
CRD VI, wonach die Institute ESG-Risiken dem neu geplanten Art. 87a zufolge in ihrem Risikomanagement berücksichtigen sollen. Insofern ist es sehr wahrscheinlich, dass die in diesen Bereichen
bestehenden Leitlinien sukzessive überarbeitet werden. Auf die Bedeutung der Nachhaltigkeitsrisiken für das Risikomanagement und die damit verbundenen gesetzlichen sowie regulatorischen
Entwicklungen wird an anderer Stelle ausführlich eingegangen (→ Teil I, Kapitel 9).

Die Aufsichtsbehörden gehen zudem davon aus, dass die Institute Nachhaltigkeitsrisiken als   **80**
Treiber für andere Risikoarten in ihr bestehendes Rahmenwerk zum Risikomanagement integrieren, um sie über einen hinreichend langen Zeitraum steuern und überwachen zu können. Das
ergibt sich sowohl aus dem Merkblatt der BaFin zum Umgang mit Nachhaltigkeitsrisiken vom
20. Dezember 2019 als auch aus dem Leitfaden der EZB zu Klima- und Umweltrisiken vom
27. November 2020. Damit verbunden ist insbesondere die Einbeziehung von Nachhaltigkeits-

---

85 Vgl. European Banking Authority, EBA Report on management and supervision of ESG risks for credit institutions and
   investment firms, EBA/REP/2021/18, 23. Juni 2021, S. 18 und 29 f.

risiken in den SREP. Außerdem ist damit zu rechnen, dass der Umgang mit Nachhaltigkeitsrisiken Gegenstand der siebten MaRisk-Novelle sein wird.

1.10 Berücksichtigung von Risikokonzentrationen

1.10.1 Definition und Arten von Risikokonzentrationen

81 Unter »Risikokonzentrationen« werden allgemein Gefährdungen innerhalb oder zwischen verschiedenen Risikokategorien verstanden, die so hohe Verluste verursachen können, dass sich das Gesamtrisikoprofil des Institutes wesentlich ändert oder seine Stabilität bzw. seine Fähigkeit zum Betreiben seines Kerngeschäftes gefährdet sind.[86] Wenngleich diese Definition vornehmlich auf die Wirkung von Risikokonzentrationen abstellt, wird daraus auch deutlich, dass beim Risikomanagement über die Grenzen der einzelnen Risikoarten hinausgeblickt werden muss.

82 Mit der Berücksichtigung von Risikokonzentrationen geraten die Konzentrationsrisiken nach Art. 81 CRD IV ins Blickfeld. Den entsprechenden Vorgaben der CRD IV zufolge müssen die zuständigen Behörden sicherstellen, dass das Konzentrationsrisiko, das aus den Risikopositionen gegenüber jeder einzelnen Gegenpartei inkl. zentraler Gegenparteien, gegenüber Gruppen verbundener Gegenparteien[87] und gegenüber Gegenparteien, die aus demselben Wirtschaftszweig oder derselben Region stammen oder aus denselben Tätigkeiten oder Waren, aus dem Einsatz von Kreditrisikominderungstechniken und insbesondere aus großen indirekten Kreditrisiken (z. B. wenn nur die Wertpapiere eines einzigen Emittenten als Sicherheit dienen) erwächst, u. a. mittels schriftlicher Grundsätze und Verfahren erfasst und gesteuert wird.

83 Die deutsche Aufsicht hat sowohl die Vorgaben der CRD IV als auch die weite Definition von CEBS[88] aufgegriffen, indem sie die verschiedenen Dimensionen von Risikokonzentrationen explizit erwähnt. Neben solchen Risikopositionen gegenüber Einzeladressen, die allein aufgrund ihrer Größe eine Risikokonzentration darstellen (»Adressenkonzentrationen«), können Risikokonzentrationen sowohl durch den Gleichlauf von Risikopositionen innerhalb einer Risikoart (»Intra-Risikokonzentrationen«) als auch durch den Gleichlauf von Risikopositionen über verschiedene Risikoarten hinweg (»Inter-Risikokonzentrationen«) entstehen. Inter-Risikokonzentrationen können dabei durch gemeinsame Risikofaktoren verschiedener Risikoarten oder durch Interaktionen unterschiedlicher Risikofaktoren verschiedener Risikoarten hervorgerufen werden (→ AT 2.2 Tz. 1, Erläuterung). Zum Umgang mit Risikokonzentrationen finden sich in den MaRisk verschiedene Vorgaben, insbesondere hinsichtlich der einzelnen Geschäfts- und Risikoarten.

84 Eine im Finanzkonglomerate-Aufsichtsgesetz (FKAG) verwendete Definition für Risikokonzentrationen nimmt in ähnlicher Weise speziell auf Unternehmen innerhalb eines Finanzkonglome-

---

86 Vgl. Committee of European Banking Supervisors, Revised Guidelines on the management of concentration risk under the supervisory review process (GL 31), 2. September 2010, S. 5 f.

87 In welchem Falle Kunden aufgrund von Verflechtungen nach den Vorgaben von Art. 4 Abs. 1 Nr. 39 CRR ein einheitliches Risiko darstellen und damit als »Gruppe verbundener Kunden« zusammenzufassen sind, wird in den entsprechenden Leitlinien der EBA geregelt. Vgl. European Banking Authority, Leitlinien zu verbundenen Kunden gemäß Artikel 4 Absatz 1 Nummer 39 der Verordnung (EU) Nr. 575/2013, EBA/GL/2017/15, 23. Februar 2018. Die Vorgaben der EBA wurden Ende 2018 per Rundschreiben in die deutsche Verwaltungspraxis überführt, das am 1. Januar 2019 in Kraft getreten ist. Vgl. Bundesanstalt für Finanzdienstleistungsaufsicht, Rundschreiben 14/2018 (BA) zur Umsetzung der EBA-Leitlinien zu verbundenen Kunden gemäß Artikel 4 Absatz 1 Nummer 39 der Verordnung (EU) Nr. 575/2013 vom 31. Oktober 2018. Die darin beschriebene Vorgehensweise zur Festlegung verbundener Kunden dient zwar in erster Linie dem Großkreditregime, hat aber auch Auswirkungen auf andere Regelungsbereiche, wie z. B. § 15 KWG (Organkredite) und § 18 KWG (Kreditunterlagen), und zielt ebenfalls auf eine Risikobetrachtung ab. Insofern ist nicht auszuschließen, dass sich diese Vorgaben implizit auch auf den Umgang mit Risikokonzentrationen nach den MaRisk auswirken.

88 Der Ausschuss der Europäischen Bankaufsichtsbehörden (»Committee of European Banking Supervisors«, CEBS) war bis Ende 2010 die Vorgängerinstitution der European Banking Authority (EBA).

rates Bezug. Nach § 2 Abs. 16 FKAG handelt es sich bei Risikokonzentrationen um alle mit einem Ausfallrisiko behafteten Engagements der Unternehmen eines Finanzkonglomerates, bei denen das Verlustpotenzial groß genug ist, um die Solvabilität oder die allgemeine Finanzlage eines beaufsichtigten Unternehmens eines Finanzkonglomerates zu gefährden, unabhängig davon, ob das Ausfallrisiko auf einem Adressenausfallrisiko, Kreditrisiko, Anlagerisiko, Versicherungsrisiko, Marktrisiko, sonstigen Risiko oder einer Kombination von Risiken oder einer Wechselwirkung zwischen Risiken beruht oder beruhen kann.

Einer Einschätzung von CEBS zufolge können sich Risikokonzentrationen auf die Kapitalaus-   **85** stattung, die Ertragslage oder die Liquiditätslage eines Institutes auswirken. Diese Effekte existieren nicht isoliert voneinander und sollten im Rahmen des institutsinternen Risikomanagements adäquat behandelt werden.[89] Mit wesentlichen Risiken verbundene Risikokonzentrationen sind deshalb bei der Erstellung des Gesamtrisikoprofils zu berücksichtigen.

1.10.2 Risikokonzentrationen versus Konzentrationsrisiken

Im Rahmen der zweiten MaRisk-Novelle wurde über die »korrekte« Bezeichnung für die Zwecke   **86** des Rundschreibens diskutiert.[90] Die Kreditwirtschaft verwies darauf, dass Risikokonzentrationen keine Risikoart im eigentlichen Sinne seien, sondern sich aus anderen Risikoarten ableiten ließen. Deshalb würde in der Praxis einerseits bei der Steuerung und Überwachung der jeweiligen Risikoarten auch auf die Risikokonzentrationen eingegangen und andererseits bei der Identifizierung von Risikokonzentrationen auf die zugrunde liegenden Risikoarten abgestellt. Die Kreditwirtschaft plädierte deshalb für den Begriff »Risikokonzentrationen« und den damit verbundenen Verzicht auf deren Behandlung als weitere (wesentliche) Risikoart.[91]

Dieser Argumentation ist die BaFin letztlich gefolgt, wobei die Behandlung von Inter-Risiko-   **87** konzentrationen mehr erfordert, als sich nur mit Konzentrationen innerhalb der klassischen Risikoarten zu befassen. Die BaFin hat deshalb im Rahmen der dritten MaRisk-Novelle nochmals verdeutlicht, dass dem so genannten »Silo-Problem« wirksam entgegengewirkt werden muss.[92] Zudem schließt die Erläuterung zu Risikokonzentrationen in den MaRisk auch Adressenkonzentrationen ein, die ebenso wie die Konzentrationsrisiken nach Art. 81 CRD IV vornehmlich auf Kreditkonzentrationsrisiken abzielen. Die Kreditkonzentrationsrisiken werden von der EBA als Unterkategorie der Kreditrisiken eingestuft.[93]

Die EBA erwartet eine Beurteilung der Kreditkonzentrationen auf einzelne Adressen, der   **88** sektoralen und geografischen Konzentrationen, der Produktkonzentrationen und der Konzentrationen auf eine bestimmte Art von Sicherheiten und Garantien. Schwerpunkte sieht sie bei Risikopositionen mit ähnlichem Verhalten, d.h. mit einer hohen Korrelation, und bei versteckten Quellen des Kreditkonzentrationsrisikos, die unter Stressbedingungen zutage treten. Bei Banken-

---

89 Vgl. Committee of European Banking Supervisors, Revised Guidelines on the management of concentration risk under the supervisory review process (GL 31), 2. September 2010, S. 6.

90 So wurde während der Konsultationsphase u.a. angemerkt, dass Risikokonzentrationen formal betrachtet nichts anderes seien als »Konzentration von Risiken«. Unter Konzentrationsrisiken seien hingegen »aus Konzentrationen erwachsende Risiken« zu verstehen. Insbesondere seien Konzentrationsrisiken Quellen der grundsätzlich als wesentlich einzustufenden Risiken. Da es um das Management eben dieser Risiken gehe, sei der Begriff »Konzentrationsrisiken« besser geeignet. Als Beispiel zur Untermauerung dieser These wurde darauf verwiesen, dass der Begriff »Diversifikation« als Antonym zum Wort »Konzentration« verwendet und folgerichtig z.B. auf Risiken aus Konzentrationen von Refinanzierungsquellen abgestellt werde und nicht auf die Konzentration des Liquiditätsrisikos an sich. Vgl. Horn, Christoph, Stellungnahme zum zweiten Entwurf über die Mindestanforderungen an das Risikomanagement vom 24. Juni 2009, S. 1.

91 Vgl. Zentraler Kreditausschuss, Stellungnahme zum ersten Entwurf einer Neufassung der Mindestanforderungen an das Risikomanagement (MaRisk) vom 16. Februar 2009 – Konsultation 03/2009, 23. März 2009, S. 2.

92 Vgl. Bundesanstalt für Finanzdienstleistungsaufsicht, Übermittlungsschreiben zum Rundschreiben 11/2010 (BA) vom 15. Dezember 2010, S. 5.

93 Vgl. European Banking Authority, Guidelines on common procedures and methodologies for the supervisory review and evaluation process (SREP) and supervisory stress testing, EBA/GL/2014/13, Consolidated version, 19. Juli 2018, S. 77.

gruppen sollte zudem das Kreditkonzentrationsrisiko beachtet werden, das sich aus der Konsolidierung ergeben kann und auf der Ebene eines einzelnen Unternehmens unter Umständen nicht ersichtlich ist.[94] Bei der Bewertung der Höhe des Marktkonzentrationsrisikos sollten die zuständigen Behörden vor allem Konzentrationen von komplexen Produkten (z. B. strukturierte Produkte), illiquiden Produkten (z. B. Collateralised Debt Obligations, CDO) oder nach dem Mark-to-Model-Ansatz bewerteten Produkten berücksichtigen.[95]

1.10.3 Beispiele für Intra-Risikokonzentrationen

89   Der Schwerpunkt bei der Berücksichtigung von Intra-Risikokonzentrationen liegt im Moment klar im Bereich der Adressenausfallrisiken. Noch vor wenigen Jahren erfolgte eine Quantifizierung von Risikokonzentrationen nur implizit innerhalb des Adressenausfallrisikos durch Verwendung von Kreditportfoliomodellen.[96] Auch vor dem Hintergrund der Vorgaben in Art. 81 CRD IV ist es nicht verwunderlich, dass in den MaRisk lediglich Risikokonzentrationen hinsichtlich der Adressenausfallrisiken näher beschrieben werden. Dabei handelt es sich um Adressen- und »Sektorkonzentrationen«, regionale Konzentrationen[97] und sonstige Konzentrationen im Kreditgeschäft, die relativ gesehen zum Risikodeckungspotenzial zu erheblichen Verlusten führen können. Beispielhaft werden Konzentrationen nach Kreditnehmern, nach Produkten oder Underlyings strukturierter Produkte, nach Branchen und ggf. Ländern, nach Verteilungen von Engagements auf Größen- und Risikoklassen, nach Sicherheiten und sonstige hoch korrelierte Risiken genannt (→ BTR 1 Tz. 1, Erläuterung). Allerdings befinden sich auch Konzentrationen nach Kreditnehmereinheiten, die zu Zwecken des § 14 KWG (Millionenkredite) wie ein einzelner Kreditnehmer behandelt werden, im Fokus der Bankenaufsicht, weshalb eine entsprechende Limitierung gefordert wird. Der Begriff der »Kreditnehmereinheit« ist in vielen Anwendungsbereichen mittlerweile durch die »Gruppe verbundener Kunden« gemäß Art. 4 Abs. 1 Nummer 39 CRR ersetzt worden.

90   Eine Ursache für Marktrisikokonzentrationen ist z. B. eine Veränderung der Risikobereitschaft der Marktteilnehmer. Größere Unsicherheit über die wirtschaftliche Entwicklung kann dazu führen, dass sich die Marktteilnehmer beim Kauf riskanter Produkte eines bestimmten Marktsegmentes zurückhalten. Dadurch steigen die Risikoprämien für diese Produkte, während deren Preise sinken. In der Folge erhöhen sich die Korrelationen von bislang gering korrelierten Marktsegmenten oder Asset-Klassen. Einige Märkte könnten sogar völlig austrocknen, wenn die Marktteilnehmer nicht mehr bereit sind, bestimmte Produkte zu kaufen. Ein Institut wird unter diesen Umständen auch dann Verluste erleiden, wenn es grundsätzlich ein diversifiziertes Portfolio besitzt.[98] Dieses Problem besteht auch dann, wenn die Qualität der Vermögensgegenstände aus Kreditrisikosicht nicht infrage steht.

---

94 Vgl. European Banking Authority, Guidelines on common procedures and methodologies for the supervisory review and evaluation process (SREP) and supervisory stress testing, EBA/GL/2014/13, Consolidated version, 19. Juli 2018, S. 77f.

95 Vgl. European Banking Authority, Guidelines on common procedures and methodologies for the supervisory review and evaluation process (SREP) and supervisory stress testing, EBA/GL/2014/13, Consolidated version, 19. Juli 2018, S. 96.

96 Vgl. Deutsche Bundesbank, »Range of Practice« zur Sicherstellung der Risikotragfähigkeit bei deutschen Kreditinstituten, 11. November 2010, S. 15.

97 Unter Sektorkonzentrationen werden teilweise sowohl Konzentrationen nach Wirtschaftszweigen als auch nach geografischen Regionen verstanden. Adressen- und Sektorkonzentrationen werden auch als »Klumpenrisiken« bezeichnet.

98 Vgl. Committee of European Banking Supervisors, Revised Guidelines on the management of concentration risk under the supervisory review process (GL 31), 2. September 2010, S. 29.

1.10.4 Beispiele für Inter-Risikokonzentrationen

Die möglichen Auswirkungen von Inter-Risikokonzentrationen wurden den Instituten beim Aus- **91**
bruch der Finanzmarktkrise drastisch vor Augen geführt. Damals sind die gravierenden Probleme
im Subprimesegment in den USA auf die Verbriefungsmärkte übergeschwappt und haben zu
unerwarteten Konzentrationen an illiquiden Vermögenswerten geführt sowie schließlich den
Interbankenmarkt zum Erliegen gebracht. In dieser Zeit haben sich viele der üblichen Maßnahmen
zur Risikominderung als wirkungslos erwiesen. »Im Bestreben nach Diversifikation baute man
einen ganz eigenen Klumpen an strukturierten Wertpapierportfolios auf«.[99]

Weitere Beispiele für Inter-Risikokonzentrationen bzw. für Wechselwirkungen zwischen den **92**
verschiedenen Risikoarten, die in bestimmten Konstellationen auf Inter-Risikokonzentrationen
hinauslaufen können, sind im Folgenden aufgeführt[100]:

- Adressenausfall- und Liquiditätsrisiko: Der Ausfall wesentlicher Kontrahenten beeinträchtigt
  die Zahlungsströme (»Cashflows«) eines Institutes und seine Fähigkeit, die Zahlungsverpflichtungen zu erfüllen.
- Adressenausfall- und Marktrisiko: Inter-Risikokonzentrationen können in diesem Bereich
  existieren, wenn Geschäftspartner eng miteinander verbunden oder sogar identisch sind oder
  das inhärente Ausfallrisiko (»Incremental Default Risk«) eines Emittenten betrachtet wird. Ein
  weiteres Beispiel ist die Verschlechterung der Bonität eines Emittenten, wenn das Institut
  diesem Emittenten zusätzlich ein Darlehen gewährt oder eine Kreditlinie bereitstellt.
- Adressenausfall- und operationelles Risiko: Das Kreditrisiko kann von potenziellen operationellen Risikotreibern betroffen sein.[101] Ebenso kann die Kreditqualität (Bonität) der Anbieter
  von Risikoabschirmungen (z. B. Versicherungen) die Angemessenheit des Kapitalbedarfes für
  das operationelle Risiko beeinflussen.
- Markt- und Liquiditätsrisiko: Marktstörungen, eine erhöhte Volatilität, rasante Wertminderungen
  oder das Austrocknen der Märkte für bestimmte Instrumente können sich negativ auf die
  Liquidität auswirken. Durch den Anstieg der Risikoprämien bei Marktstörungen kann aus dem
  Verkauf von Vermögenswerten wegen der niedrigeren Preise weniger Liquidität generiert werden.
- Liquiditäts- und operationelles Risiko: Störungen im Zahlungs- und Abwicklungsprozess
  können zu Liquiditätsproblemen führen. Mögliche Fehler oder Ungenauigkeiten in den
  bestehenden rechtlichen Regelungen können es unmöglich machen, die Erfüllung von Ver-
  trägen zur Bereitstellung von Finanzierungsmitteln bei einer Gegenpartei durchzusetzen. Die
  Liquidität eines Institutes kann besonders gefährdet sein, wenn Mängel in den Abkommen zur
  Refinanzierung in Stresssituationen existieren.
- Adressenausfall- und Fremdwährungskreditrisiko: Kredite in Fremdwährung an inländische
  Kreditnehmer sind sowohl dem Markt- (Devisenkurs) als auch dem Kreditrisiko ausgesetzt.
  Wenn die Fremdwährung abgewertet wird, erhöht sich der Wert des Darlehens in der inländi-
  schen Währung und kann durch steigende Kosten der Raten die Fähigkeit des Kreditnehmers zur
  Rückzahlung reduzieren.
- Reputations- und Liquiditätsrisiko: Reputationsrisiken können zu einem Verlust an Vertrauen
  in das Institut auf Seiten der Kontrahenten und folglich zu einer Reduzierung der zur Ver-
  fügung stehenden Mittel als auch zu einem Abzug von Einlagen führen. Um eine gute

---

99 Göttgens, Michael, Risikomanagementsysteme und Geschäftsmodelle von Banken – Welche Erkenntnisse erlauben
Abschluss- und Sonderprüfung?, in: Die Wirtschaftsprüfung, Sonderheft 2/2010, S. S75.

100 Vgl. Committee of European Banking Supervisors, Revised Guidelines on the management of concentration risk under the
supervisory review process (GL 31), 2. September 2010, S. 28 ff.

101 Bevor die »operationellen Risiken« überhaupt in das Bewusstsein der Institute gelangt sind, wurden diverse operationelle
Schadensfälle, die auf eine unsachgemäße Kreditbearbeitung zurückzuführen waren, in den Datenbanken zu Adressenausfallrisiken geführt. So kann es z. B. passieren, dass bei der Hereinnahme von Kreditsicherheiten Fehler gemacht
werden und sich diese Sicherheiten dadurch später als wertlos erweisen.

Reputation zu wahren und negative Wahrnehmungen durch den Markt zu vermeiden, müssen assoziierten Parteien (z.B. Zweckgesellschaften) ggf. Liquiditätslinien gestellt werden, die ebenfalls zu einer Verschlechterung der Liquiditätssituation führen.

93 Zu den Inter-Risikokonzentrationen werden von der Aufsicht im Übrigen auch miteinander im Zusammenhang stehende Positionen gerechnet, die unterschiedlich verbucht sind (z.B. im Anlage- und im Handelsbuch).[102] Die Liste der Beispiele lässt sich problemlos erweitern. So können z.B. im Zusammenhang mit dem Handel von Derivaten Nachschusspflichten (»Margin-Calls«) bestehen, wenn die zugrunde liegenden Geschäfte bzw. die dafür gestellten Sicherheiten an Wert verlieren (Marktpreisrisiko) oder ein Kontrahent unter eine definierte Ratingschwelle herabgestuft wird (Adressenausfallrisiko). Derartige Nachschusspflichten können entweder zu einem Abfluss von Liquidität führen oder eine weitergehende Verpfändung zusätzlicher Wertpapiere zur Folge haben, die damit nicht mehr als Liquiditätspuffer zur Verfügung stehen (Liquiditätsrisiko). Dieses Problem kann sich in vergleichbarer Weise z.B. bei Geschäften mit strukturierten Produkten besonders gravierend auswirken, wenn eine Herabstufung des eigenen Ratings droht und in der Konsequenz die Stellung zusätzlicher Sicherheiten gefordert wird (»Ratingtrigger«).

1.10.5 Bedeutung von Risikokonzentrationen

94 In der ursprünglichen Fassung der MaRisk war bereits bei der Risikoanalyse der Grundsatz verankert, dass sich die Anforderungen des Rundschreibens auf das Management der für das Institut wesentlichen Risiken »sowie damit verbundener Risikokonzentrationen« beziehen (→ AT 2.2 Tz. 1). Im Rahmen der zweiten MaRisk-Novelle wurde dieser Grundsatz um die zitierte Passage gekürzt. Stattdessen wird seitdem gefordert, »mit wesentlichen Risiken verbundene Risikokonzentrationen zu berücksichtigen«. Diese Formulierung impliziert rein formal betrachtet, dass zunächst die wesentlichen Risiken zu identifizieren und anschließend die damit verbundenen Risikokonzentrationen in das Management einzubeziehen sind. Nicht von der Hand zu weisen ist allerdings, dass bestimmte Risiken gerade durch die damit verbundenen Konzentrationen das Kriterium der Wesentlichkeit erfüllen könnten. Deshalb sollten die Institute die Risikokonzentrationen im eigenen Interesse bereits bei der Ermittlung des Gesamtrisikoprofils berücksichtigen. Bei der Ausgestaltung der Prozesse wird nach wie vor auf die »wesentlichen Risiken und damit verbundenen Risikokonzentrationen« abgestellt (→ AT 4.3.2 Tz. 1).

95 Die Auseinandersetzung mit dem Management von Risikokonzentrationen hat durch die Finanzmarktkrise deutlich an Fahrt gewonnen.[103] Aufgrund ihrer Vielschichtigkeit sind sie nur schwer zu beherrschen. Den Risikokonzentrationen wurde zwar kein eigenständiges Modul gewidmet. Ihre Hervorhebung an vielen Stellen in den MaRisk untermauert jedoch ihre Bedeutung für das Risikomanagement eines Institutes:

- Bei der Ermittlung des Gesamtrisikoprofils sind mit wesentlichen Risiken verbundene Risikokonzentrationen zu berücksichtigen, wobei auf die verschiedenen Arten von Risikokonzentrationen hingewiesen wird (→ AT 2.2 Tz. 1).
- Auf der Grundlage des Gesamtrisikoprofils ist sicherzustellen, dass die wesentlichen Risiken des Institutes durch das Risikodeckungspotenzial, unter Berücksichtigung von Risikokonzentrationen, laufend abgedeckt sind und damit die Risikotragfähigkeit gegeben ist (→ AT 4.1 Tz. 1).

---

102 Vgl. Committee of European Banking Supervisors, Revised Guidelines on the management of concentration risk under the supervisory review process (GL 31), 2. September 2010, S. 6.

103 Vgl. z.B. Committee of European Banking Supervisors, Revised Guidelines on the management of concentration risk under the supervisory review process (GL 31), 2. September 2010; The Joint Forum, Cross-sectoral review of group-wide identification and management of risk concentrations, 25. April 2008.

BTR Anforderungen an die Risikosteuerungs- und -controllingprozesse

- Im Rahmen der Festlegung der Risikostrategie ist, unter Berücksichtigung von Risikokonzentrationen, für alle wesentlichen Risiken der Risikoappetit des Institutes festzulegen. Risikokonzentrationen sind dabei auch mit Blick auf die Ertragssituation des Institutes (Ertragskonzentrationen) zu berücksichtigen (→ AT 4.2 Tz. 2).
- Das Institut hat angemessene Risikosteuerungs- und -controllingprozesse einzurichten, die eine Identifizierung, Beurteilung, Steuerung sowie Überwachung und Kommunikation der wesentlichen Risiken und damit verbundener Risikokonzentrationen gewährleisten. Durch geeignete Maßnahmen ist zu gewährleisten, dass die Risiken und die damit verbundenen Risikokonzentrationen unter Berücksichtigung der Risikotragfähigkeit und des Risikoappetits wirksam begrenzt und überwacht werden (→ AT 4.3.2 Tz. 1).
- Die Geschäftsleitung hat sich in angemessenen Abständen über die Risikosituation einschließlich vorhandener Risikokonzentrationen berichten zu lassen (→ AT 4.3.2 Tz. 3).
- Die Stresstests haben sich auch auf die angenommenen Risikokonzentrationen und Diversifikationseffekte innerhalb und zwischen den Risikoarten zu erstrecken (→ AT 4.3.3 Tz. 1).
- Die Datenaggregationskapazitäten müssen gewährleisten, dass aggregierte Risikodaten, die auch mögliche Konzentrationen betreffen können, sowohl unter gewöhnlichen Umständen als auch in Stressphasen, zeitnah zur Verfügung stehen (→ AT 4.3.4 Tz. 5 inkl. Erläuterung).
- Das Institut muss auf der Grundlage einer Risikoanalyse eigenverantwortlich festlegen, welche Risiken mit einer Auslagerung verbunden sind und welche Auslagerungen von Aktivitäten und Prozessen unter Risikogesichtspunkten wesentlich sind. Dabei sind mögliche Risikokonzentrationen zu berücksichtigen (→ AT 9 Tz. 2 inkl. Erläuterung).
- Das Institut hat durch geeignete Maßnahmen sicherzustellen, dass Adressenausfallrisiken und damit verbundene Risikokonzentrationen unter Berücksichtigung der Risikotragfähigkeit begrenzt werden können (→ BTR 1 Tz. 1).
- Dem spezifischen Risiko des Emittenten kann im Rahmen der Limitierung der Marktpreisrisiken auf Basis geeigneter Verfahren angemessen Rechnung getragen werden, wobei Risikokonzentrationen zu berücksichtigen sind (→ BTR 1 Tz. 4, Erläuterung).
- Konzentrationen im Bereich der Adressenausfallrisiken sind unter Berücksichtigung ggf. vorhandener Abhängigkeiten zu identifizieren. Bei der Beurteilung der Risikokonzentrationen ist auf qualitative und, soweit möglich, auf quantitative Verfahren abzustellen. Risikokonzentrationen sind mit Hilfe geeigneter Verfahren zu steuern und zu überwachen (→ BTR 1 Tz. 6).
- Auf der Grundlage der Risikotragfähigkeit ist ein System von Limiten zur Begrenzung der Marktpreisrisiken unter Berücksichtigung von Risikokonzentrationen einzurichten (→ BTR 2.1 Tz. 1).
- Das Institut muss eine ausreichende Diversifikation der Refinanzierungsquellen und der Liquiditätspuffer gewährleisten, wobei Konzentrationen wirksam zu überwachen und zu begrenzen sind (→ BTR 3.1 Tz. 1).
- In den Risikoberichten ist im Zusammenhang mit den Ergebnissen der Stresstests gesondert auf Risikokonzentrationen und deren potenzielle Auswirkungen einzugehen (→ BT 3.1 Tz. 2).
- Die Geschäftsleitung hat das Aufsichtsorgan mindestens vierteljährlich über die Risikosituation einschließlich vorhandener Risikokonzentrationen in angemessener Weise schriftlich zu informieren (→ AT 4.3.2 Tz. 3 und BT 3.1 Tz. 5).
- Der Gesamtrisikobericht hat neben den wesentlichen Informationen zu den einzelnen als wesentlich eingestuften Risikoarten u.a. Informationen zu den Risikokonzentrationen zu enthalten (→ BT 3.2 Tz. 2).
- Im Rahmen der Berichterstattung über die Adressenausfallrisiken ist u.a. auf die Entwicklung des Kreditportfolios, z.B. nach Branchen, Ländern, Risikoklassen und Größenklassen oder Sicherheitenkategorien, unter besonderer Berücksichtigung von Risikokonzentrationen, einzugehen (→ BT 3.2 Tz. 3 lit. a).

1.11   Berechnung des internen Kapitals für die wesentlichen Risiken

96   Die Institute müssen gemäß Art. 73 CRD IV über solide, wirksame und umfassende Strategien und Verfahren verfügen, mit denen sie die Höhe, die Arten und die Verteilung des internen Kapitals, das sie zur quantitativen und qualitativen Absicherung ihrer aktuellen und etwaigen künftigen Risiken für angemessen halten, kontinuierlich bewerten und auf einem ausreichend hohen Stand halten können.[104] Im Rahmen dieses internen Prozesses zur Sicherstellung einer angemessenen Kapitalausstattung (»Internal Capital Adequacy Assessment Process«, ICAAP) wird der interne Kapitalbedarf für die wesentlichen Risiken i.d.R. mit Hilfe des Risikotragfähigkeitskonzeptes ermittelt.[105] Welche Vorgaben dabei für die einzelnen wesentlichen Risiken zu beachten sind, wird an anderer Stelle ausführlich beschrieben (→ AT 4.1 Tz. 1).

1.12   Einbindung in die Aufbau- und Ablauforganisation

97   Die Anforderungen zur Aufbau- und Ablauforganisation (→ BTO) schließen auch die Risikosteuerungs- und -controllingprozesse ein. Bei der Ausgestaltung dieser Prozesse müssen daher die organisatorischen Vorgaben in angemessener Weise berücksichtigt werden. Das folgt einerseits daraus, dass sämtliche Prozesse sowie die damit verbundenen Aufgaben, Kompetenzen, Verantwortlichkeiten, Kontrollen sowie Kommunikationswege aufeinander abzustimmen sind (→ AT 4.3.1 Tz. 2). Andererseits werden z.B. die Teilprozesse Überwachung und Kommunikation der Risiken explizit als Aufgaben der Risikocontrolling-Funktion definiert (→ AT 4.4.1 Tz. 1 und BTO Tz. 2). Vor dem Hintergrund der Bedeutung einer unabhängigen Ausübung dieser Funktion sind insbesondere im Kredit- und Handelsgeschäft entsprechende Funktionstrennungsprinzipien zu beachten (→ BTO Tz. 3).

98   Während in Abhängigkeit von der Größe der Institute, den Geschäftsschwerpunkten und der Risikosituation eine vereinfachte Umsetzung der Anforderungen an die Aufbau- und Ablauforganisation möglich ist (→ BTO Tz. 1), spielt die Größe der Institute bei der Ausgestaltung der Risikosteuerungs- und -controllingprozesse nicht die entscheidende Rolle. Diese Prozesse müssen in erster Linie Art, Umfang, Komplexität und Risikogehalt der Geschäftsaktivitäten angemessen sein (→ AT 4.3 Tz. 1).

---

104 Vgl. Richtlinie 2013/36/EU (Bankenrichtlinie – CRD IV) des Europäischen Parlaments und des Rates vom 26. Juni 2013 über den Zugang zur Tätigkeit von Kreditinstituten und die Beaufsichtigung von Kreditinstituten und Wertpapierfirmen, zur Änderung der Richtlinie 2002/87/EG und zur Aufhebung der Richtlinien 2006/48/EG und 2006/49/EG, Amtsblatt der Europäischen Union vom 27. Juni 2013, L 176/377.

105 Unter dem Risikotragfähigkeitskonzept wird im engeren Sinne eine Risikotragfähigkeitsrechnung verstanden, die auf dem ökonomischen Konzept der zweiten Säule basiert (ökonomische Perspektive). Unter dieser Prämisse kann das »interne Kapital« mit dem Risikodeckungspotenzial gleichgesetzt werden. Bei einer weiten Betrachtung des Risikotragfähigkeitskonzeptes, d.h. bei Einbeziehung der Kapitalplanung (normative Perspektive), spielt im ICAAP zwar auch die Angemessenheit des regulatorischen Kapitals eine Rolle. Diese Angemessenheit wird allerdings über den »Säule-1-Plus-Ansatz«, nach dem die Kapitalanforderungen der ersten Säule für die in der zweiten Säule behandelten Risikoarten jeweils als Untergrenze in die Kapitalfestsetzung eingehen, implizit berücksichtigt (→ AT 4.1 Tz. 1).

BTR 1 Adressenausfallrisiken

BTR 1 Adressenausfallrisiken

1 Einführung und Überblick

1.1 Bedeutung der Adressenausfallrisiken

Der Erfolg und die Tragfähigkeit des Geschäftsmodells der meisten Institute hängen wesentlich von der Beherrschung ihrer Adressenausfallrisiken ab. Der »Ausfall von Adressen« beschreibt für die überwiegende Zahl der Institute im Vergleich zu anderen Risikoarten die größte Gefahr potenzieller Verluste, wie in vielen Geschäftsberichten und Analysen nachzulesen ist. Zum Stichtag 31. Dezember 2017 betrug der durchschnittliche Anteil der auf das Kreditrisiko zurückzuführenden risikogewichteten Aktiva (»Risk-weighted Assets«, RWA) der international tätigen Institute mit einem Kernkapital von mindestens 3 Milliarden Euro (Gruppe-1-Institute) rund 75 Prozent und der übrigen Institute (Gruppe-2-Institute) rund 90 Prozent sämtlicher RWA.[1] Folglich kommt der Steuerung und Überwachung der Adressenausfallrisiken eine herausgehobene Stellung im Risikomanagement eines Institutes zu.   **1**

Es ist allerdings nicht immer einfach, die Adressenausfallrisiken von anderen Risikoarten eindeutig abzugrenzen. So bestehen zwischen einzelnen Risikoarten vielfältige und teilweise sehr komplexe Wechselwirkungen, wodurch einerseits die Ursachenanalyse erschwert wird und andererseits nicht immer zweifelsfreie Resultate abgeleitet werden können. Beispielsweise könnten sämtliche Fälle, in denen die Bonität des Kreditnehmers oder die Werthaltigkeit der Sicherheiten wegen falscher Angaben seitens des Kunden oder aufgrund von institutsinternen Bearbeitungsfehlern zunächst zu optimistisch eingeschätzt wurden, auf operationelle Risiken zurückgeführt werden (»Boundary Events«). Bei angemessener Berücksichtigung dieser Risiken wären derartige Kredite entweder zu schlechteren Konditionen oder überhaupt nicht vergeben worden. Die deutsche Aufsicht fordert nicht zuletzt vor diesem Hintergrund, die operationellen Risiken institutsintern einheitlich festzulegen und zu anderen vom Institut betrachteten Risiken klar abzugrenzen (→ BTR 4 Tz. 1).   **2**

Auch die zunehmende Handelbarkeit von Kreditrisiken, z.B. durch Verbriefungen, und die damit verbundene Möglichkeit, sich als Institut gegen Adressenausfallrisiken besser absichern zu können, hat Einfluss auf andere Risikoarten. In diesem Modul werden die Adressenausfallrisiken definiert und, soweit möglich, von den anderen Risikoarten abgegrenzt. Anschließend werden die Anforderungen an die Identifizierung, Beurteilung, Steuerung und Überwachung von Adressenausfallrisiken näher erläutert. Dabei wird auch auf den Umgang mit Risikokonzentrationen eingegangen. Die konkreten Vorgaben zur Kommunikation der Adressenausfallrisiken finden sich an anderer Stelle (→ BT 3.2 Tz. 3).   **3**

---

1   Vgl. Deutsche Bundesbank, Bericht zum Basel-III-Monitoring für deutsche Institute, 4. Oktober 2018, S. 21. Anstelle der risikogewichteten Aktiva (»Risk-Weighted Assets«, RWA) stellen die Aufsichtsbehörden zunehmend auf den Gesamtrisikobetrag (»Total Risk Exposure Amount«, TREA) ab.

1.2 Definition und Arten von Adressenausfallrisiken

4 Das Adressenausfallrisiko beschreibt die Gefahr, dass eine Gegenpartei (eine so genannte »Adresse«, wie z. B. ein Kreditnehmer) nicht bzw. nur eingeschränkt dazu in der Lage ist, ihren vertraglichen Verpflichtungen gegenüber dem Institut nachzukommen. Es bezeichnet insofern den potenziellen Verlust, der aus der Nichterfüllung von Verträgen aufgrund der Verschlechterung der Bonität der Gegenpartei oder deren Zahlungsunfähigkeit entstehen kann. Der Begriff des Adressenausfallrisikos im Sinne der MaRisk ist also umfassend zu verstehen. Er bezieht sich sowohl auf das Risiko des teilweisen oder vollständigen Ausfalls einer Gegenpartei (Gegenparteiausfallrisiko[2]) als auch auf Verlustgefahren, die auf Bonitätsänderungen der Gegenpartei zurückzuführen sind (Bonitätsrisiko[3]) und damit den ökonomischen Wert einer Position mindern können.

5 Das Adressenausfallrisiko ist nicht auf das traditionelle Kreditgeschäft beschränkt. So sind z. B. bei Handelsgeschäften Kontrahenten- und Emittentenrisiken zu berücksichtigen, die sich darauf beziehen, dass ein Kontrahent ausfallen oder ein Emittent infolge von Liquiditätsschwierigkeiten oder durch Insolvenz seine Anleihen nicht bedienen kann (→ BTR 1 Tz. 3 und 4).

6 Das Adressenausfallrisiko ist insofern als Oberbegriff für das Kreditrisiko und das Gegenparteiausfallrisiko gemäß Art. 79 CRD IV zu verstehen. Die in Art. 79 CRD IV formulierten Anforderungen sind in den MaRisk vor allem durch organisatorische Vorgaben umgesetzt worden:

– Die Kreditvergabe muss nach soliden, klar definierten Kriterien erfolgen. Das Verfahren für die Genehmigung, Änderung, Verlängerung und Refinanzierung von Krediten muss klar geregelt sein (→ BTO 1.2 Tz. 1).

– Die Institute müssen über interne Methoden verfügen, anhand derer sie das Kreditrisiko sowohl für einzelne Schuldner, Wertpapiere oder Verbriefungspositionen als auch für das gesamte Portfolio bewerten können (→ BTO 1.2 Tz. 8).

– Diese internen Methoden dürfen sich nicht ausschließlich oder automatisch auf externe Bonitätsbeurteilungen stützen. Beruhen Eigenmittelanforderungen auf der Bonitätsbeurteilung einer externen Ratingagentur (»External Credit Assessment Institution«, ECAI) oder der Tatsache, dass eine Risikoposition unbeurteilt ist, so befreit dies die Institute nicht von der Pflicht, darüber hinaus andere einschlägige Informationen zur Bewertung der Allokation ihres internen Kapitals in Betracht zu ziehen (→ BTO 1.2 Tz. 6).

– Die laufende Verwaltung und Überwachung der verschiedenen kreditrisikobehafteten Portfolios und Positionen von Instituten, auch zwecks Erkennung und Verwaltung von Problemkrediten sowie Vornahme adäquater Wertberichtigungen und Rückstellungen, muss über wirksame Systeme erfolgen (→ BTO 1.2 Tz. 5, BTO 1.2.3, BTO 1.2.4 und BTO 1.2.5).

– Die Diversifizierung der Kreditportfolios muss den Zielmärkten und der allgemeinen Kreditstrategie des Institutes angemessen sein (→ AT 4.2 Tz. 2).

7 Um die wichtigsten Treiber der Kreditrisikoposition eines Institutes zu identifizieren und deren Auswirkung auf das Institut zu beurteilen, sollen die zuständigen Behörden im Rahmen des SREP die Art, die Zusammensetzung und die Qualität des Kreditportfolios, den Grad und die Qualität der

---

2 Gemäß Art. 272 Nr. 1 CRR ist unter dem »Gegenparteiausfallrisiko« (»Counterparty Credit Risk«, CCR) das Risiko des Ausfalls der Gegenpartei eines Geschäftes vor der abschließenden Abwicklung der mit diesem Geschäft verbundenen Zahlungen zu verstehen. Das Gegenparteiausfallrisiko wird auch als »Kontrahentenausfallrisiko« bzw. »Kontrahentenrisiko« bezeichnet.

3 In verschiedenen Fachpublikationen werden das Bonitätsrisiko und das Besicherungsrisiko bzw. Restrisiko als Kreditrisiko zusammengefasst, manchmal auch unter Einbezug des Gegenparteiausfallrisikos. Teilweise wird unter dem Kreditrisiko auch nur das Bonitätsrisiko verstanden. Die maßgeblichen internationalen und europäischen Gesetzgebungs- und Regulierungsbehörden verwenden i. d. R. den Begriff Kreditrisiko anstelle Adressenausfallrisiko, wobei das Gegenparteiausfallrisiko zum Teil als Unterkategorie betrachtet wird. Für die Umsetzung der MaRisk spielt die Zuordnung der Unterarten bestimmter Risikokategorien nur insofern eine Rolle, als eine vollständige Abbildung der wesentlichen Risiken gefordert wird und die jeweiligen Verfahren und Prozesse für die betrachtete Risikoart angemessen sein müssen.

Kreditrisikominderung sowie den Umfang der Rückstellungen für Kreditausfälle und der kreditrisikobezogenen Bewertungsanpassungen untersuchen. Das beginnt bei der Bewertung der Kreditrisikostrategie und des Risikoappetits des Institutes im Rahmen der Geschäftsmodellanalyse unter Berücksichtigung von Stressbedingungen, beinhaltet eine Analyse der Arten von Kreditnehmern und Risikopositionen und kann über Stichproben bis auf die Ebene einzelner Kreditnehmer oder Transaktionen reichen. Ermittelt werden zunächst die wesentlichen Kreditrisikoquellen, denen das Institut ausgesetzt ist oder ausgesetzt sein kann, und die zugrunde liegenden Risikofaktoren. Auch die risikoadjustierte Performance des Kreditportfolios wird untersucht.[4]

Im Rahmen des SREP sollten Kreditkonzentrationsrisiken, Abwicklungsrisiken, Länderrisiken, **8** Kreditrisiken aus Verbriefungen, Fremdwährungskreditrisiken und Risiken aus Spezialfinanzierungen nach den Vorstellungen der EBA als Unterkategorien der Adressenausfallrisiken berücksichtigt werden.[5] Darüber hinaus weist die EBA auf Migrationsrisiken und Besicherungsrisiken hin.[6] Die EZB erwartet von den bedeutenden Instituten, dass sie bei der Untersuchung der Adressenausfallrisiken zumindest Kreditkonzentrationsrisiken, Länderrisiken, Fremdwährungskreditrisiken und Migrationsrisiken berücksichtigen.[7] Auf die von der EBA und der EZB genannten und damit im Zusammenhang stehende Unterkategorien wird im Folgenden kurz eingegangen.

1.2.1 Abwicklungs- und Vorleistungsrisiken

Das Abwicklungsrisiko (»Settlement Risk«) bzw. Lieferrisiko (»Delivery Risk«) stellt eine Unterka- **9** tegorie der Adressenausfallrisiken bei Handelsgeschäften dar. Das Abwicklungsrisiko bezeichnet das Risiko, dass eine Gegenpartei ihre Zahlungs- bzw. Lieferverpflichtungen aus dem Geschäftsabschluss zum vereinbarten Zeitpunkt (noch) nicht erfüllt. Deshalb müssen die Institute nach Art. 378 CRR bei bestimmten Geschäften, die nach dem vertraglich festgesetzten Liefertag noch nicht abgewickelt wurden, die daraus resultierende Preisdifferenz berechnen. Dafür wird die Differenz zwischen dem vereinbarten Abrechnungspreis für die betroffenen Geschäfte und ihrem aktuellen Marktwert herangezogen, sofern sie mit einem Verlust für das Institut verbunden ist. Zur Berechnung der Eigenmittelanforderung für das Abwicklungsrisiko muss dieser Differenzbetrag mit einem Faktor multipliziert werden, der von der Anzahl der Arbeitstage nach dem festgesetzten Abwicklungstermin abhängt. Nach den Begrifflichkeiten der MaRisk wird das Abwicklungs- bzw. Lieferrisiko gemäß Art. 378 CRR als Wiedereindeckungsrisiko bezeichnet.

Sofern die Zahlungs- bzw. Lieferverpflichtungen der Vertragsparteien zeitlich auseinander- **10** fallen, tritt eine Vertragspartei mit der Zahlung bzw. Lieferung regelmäßig in Vorleistung. Damit besteht für diese Vertragspartei das Risiko, dass die Gegenpartei den vereinbarten Vertragsgegenstand nicht (fristgerecht) liefern bzw. die Zahlung für den gelieferten Vertragsgegenstand nicht (fristgerecht) leisten kann (»Vorleistungsrisiko«). Nach Art. 379 Abs. 1 CRR müssen Vorleistungsrisiken mit Eigenmitteln unterlegt werden, sofern ein Institut Wertpapiere, Fremdwährungen oder Waren bezahlt hat, bevor es diese erhalten hat, oder Wertpapiere, Fremdwährungen oder Waren geliefert hat, bevor es deren Bezahlung erhalten hat, und die dafür vereinbarte Gegenleistung (teilweise) ausbleibt. Die erforderliche Eigenmittelunterlegung richtet sich nach der Dauer der

---

4   Vgl. European Banking Authority, Guidelines on common procedures and methodologies for the supervisory review and evaluation process (SREP) and supervisory stress testing, EBA/GL/2014/13, Consolidated version, 19. Juli 2018, S. 75f.

5   Vgl. European Banking Authority, Guidelines on common procedures and methodologies for the supervisory review and evaluation process (SREP) and supervisory stress testing, EBA/GL/2014/13, Consolidated version, 19. Juli 2018, S. 77.

6   Vgl. European Banking Authority, Guidelines on common procedures and methodologies for the supervisory review and evaluation process (SREP) and supervisory stress testing, EBA/GL/2014/13, Consolidated version, 19. Juli 2018, S. 82ff.

7   Vgl. Europäische Zentralbank, Aufsichtliche Erwartungen an ICAAP und ILAAP sowie harmonisierte Erhebung von ICAAP- und ILAAP-Informationen, Schreiben von Daniele Nouy an die Geschäftsleitung bedeutender Banken vom 8. Januar 2016, Anhang A, S. 3.

Verzögerung. Nach den Begrifflichkeiten der MaRisk wird das Vorleistungsrisiko nach Art. 379 CRR als Erfüllungsrisiko bezeichnet.

11   Diese Begriffe werden in der Fachliteratur allerdings nicht einheitlich verwendet. Das Vorleistungsrisiko wird in der CRR z.B. nicht definiert und als Teil des Abwicklungsrisikos behandelt. Teilweise wird wiederum das Abwicklungsrisiko als Spezialfall des Erfüllungsrisikos behandelt. Um diese Risiken unabhängig von ihrer korrekten Definition von vornherein einzugrenzen, dürfen Handelsgeschäfte, abgesehen von einigen Ausnahmen, grundsätzlich nur mit Vertragspartnern getätigt werden, für die Kontrahentenlimite eingeräumt wurden. Bei der Ermittlung der Auslastung der Kontrahentenlimite sind Erfüllungsrisiken und Wiedereindeckungsrisiken zu berücksichtigen (→ BTR 1 Tz. 3).

12   Im Rahmen des SREP sollten die zuständigen Behörden auch das Gegenparteiausfallrisiko und das Abwicklungsrisiko im Zusammenhang mit Geschäften in Derivaten und Transaktionen von Finanzinstrumenten bewerten. Im Fokus stehen dabei die Qualität der Gegenparteien und entsprechende kreditrisikobezogene Bewertungsanpassungen (»Credit Valuation Adjustments«, CVA), die Komplexität der Finanzinstrumente, die den betreffenden Transaktionen zugrunde liegen, das Korrelationsrisiko aus der positiven Korrelation zwischen dem Gegenparteiausfallrisiko und dem Kreditrisikoengagement, die Gefahr von Gegenparteiausfall- und Abwicklungsrisiken im Hinblick auf den aktuellen Marktwert sowie den nominalen Betrag im Vergleich zum Gesamtkreditengagement und zu den Eigenmitteln, der Anteil der über Finanzmarktinfrastrukturen verarbeiteten Transaktionen, die eine Zug-um-Zug-Abwicklung vorsehen, der Anteil der entsprechenden Transaktionen an zentrale Gegenparteien und die Wirksamkeit diesbezüglicher Verlustabsicherungsmechanismen sowie die Existenz, Bedeutung, Wirksamkeit und Durchsetzbarkeit von Nettingvereinbarungen.[8]

1.2.2 Korrelationsrisiken

13   Gemäß Art. 291 Abs. 2 CRR müssen die Institute Forderungen gegenüber Gegenparteien, die mit einem erheblichen allgemeinen und speziellen Korrelationsrisiko (»Wrong-Way Risk«) verbunden sind, gebührende Beachtung schenken. Dabei bezeichnet nach Art. 291 Abs. 1 CRR das »allgemeine Korrelationsrisiko« das Risiko, dass eine positive Korrelation zwischen der Ausfallwahrscheinlichkeit von Gegenparteien und allgemeinen Marktrisikofaktoren besteht, während das »spezielle Korrelationsrisiko« das Risiko betrifft, dass aufgrund der Art der Geschäfte mit einer Gegenpartei deren Ausfallwahrscheinlichkeit positiv mit dem künftigen Wiederbeschaffungswert aus den mit ihr bestehenden Geschäften korreliert. Ein Institut ist einem speziellen Korrelationsrisiko ausgesetzt, wenn der künftige Wiederbeschaffungswert aus den Geschäften mit einer bestimmten Gegenpartei genau dann hoch ist, wenn auch ihre Ausfallwahrscheinlichkeit hoch ist.

14   In diesem Zusammenhang spielen die Wiedereindeckungsrisiken eine Rolle, die darauf abstellen, dass bei schwebenden Geschäften die Gegenpartei ausfällt und entsprechende Ersatzgeschäfte ggf. mit Verlust neu abgeschlossen werden müssen.

15   Die Definition des Korrelationsrisikos aus der CRR bezieht sich auf das Zusammenspiel des Adressenausfallrisikos einer Gegenpartei vor dem Hintergrund des Abschlusses von Handelsgeschäften. Mit Bezug zu den Kreditgeschäften geht es beim Korrelationsrisiko eher um den Zusammenhang zwischen der Bonität des Kreditnehmers und der Wirksamkeit von Sicherheiten.[9]

---

8   Vgl. European Banking Authority, Guidelines on common procedures and methodologies for the supervisory review and evaluation process (SREP) and supervisory stress testing, EBA/GL/2014/13, Consolidated version, 19. Juli 2018, S. 78.

9   Vgl. European Banking Authority, Guidelines on common procedures and methodologies for the supervisory review and evaluation process (SREP) and supervisory stress testing, EBA/GL/2014/13, Consolidated version, 19. Juli 2018, S. 83 f.

1.2.3 Länderrisiken

Der risikobezogene Anwendungsbereich der MaRisk wird dadurch präzisiert, dass die Länderrisi- **16** ken, die sich aus unsicheren politischen, wirtschaftlichen und sozialen Verhältnissen eines anderen Landes ergeben und nicht auf die Bonität der Gegenpartei zurückgeführt werden können, den Adressenausfallrisiken von der deutschen Aufsicht explizit zugerechnet werden (→ AT 2.2 Tz. 1). Sie drücken die Gefahr einer möglichen Verschlechterung der volkswirtschaftlichen Rahmenbedingungen, eines politischen oder sozialen Umsturzes, einer Verstaatlichung oder Enteignung von Vermögen, einer Nichtanerkennung von grenzüberschreitenden Verbindlichkeiten von staatlicher Seite, von Devisenkontrollmaßnahmen oder einer Ab- bzw. Entwertung der Währung im betroffenen Land aus. In der Konsequenz kann die im Ausland ansässige Gegenpartei ihre Verpflichtungen nicht oder zumindest nicht vertragsgemäß erfüllen, obwohl sie dazu bereit ist. Länderrisiken betreffen insofern das Risiko, dass trotz Bereitschaft der Gegenpartei, ihren Verpflichtungen nachzukommen, ein Verlust aufgrund übergeordneter staatlicher Restriktionen entsteht. Es handelt sich insofern um Adressenausfallrisiken, die nicht auf die Bonität der Gegenpartei zurückgeführt werden können.

Diese Ergänzung hat lediglich erläuternden Charakter, da Länderrisiken eine besondere Aus- **17** prägung der Adressenausfallrisiken darstellen und somit grundsätzlich bereits durch diese erfasst sind. Dennoch hielt es die Aufsicht für sinnvoll, die Länderrisiken hervorzuheben, um der erheblichen Dimension und Komplexität, die dieser speziellen Risikoart zukommen kann, angemessen Rechnung zu tragen. Den besonderen Herausforderungen der Länderrisiken begegnen viele Institute mit der Einrichtung spezieller Verfahren, um eine laufende Beobachtung und Einschätzung der ökonomischen, politischen und gesellschaftlichen Entwicklung in einzelnen Ländern zu gewährleisten. Insoweit sind neben der üblichen Überwachung der Engagements geeignete Prozesse erforderlich, die eine angemessene Überwachung der für ein Institut relevanten Länderrisiken sicherstellen. An verschiedenen Stellen der MaRisk wird daher explizit auf die Behandlung der Länderrisiken hingewiesen (→ AT 4.3.4 Tz. 6, BTO 1.2 Tz. 5, BTO 1.2.6 Tz. 1, BTR 1 Tz. 1 und BT 3.2 Tz. 3).

Im Zusammenhang mit der Bewertung von Länderrisiken erwartet die EBA im Rahmen des **18** SREP eine Berücksichtigung des Konzentrationsgrades innerhalb aller Arten der einem Länderrisiko ausgesetzten Positionen, einschließlich Kreditengagements gegenüber Staaten, im Verhältnis zum gesamten Kreditportfolio des Institutes (pro Schuldner und Betrag), der Wirtschaftskraft und Stabilität des Kreditnehmerlandes sowie des Verhaltens der Kreditnehmer in der Vergangenheit im Hinblick auf pünktliche Zahlungen und das Auftreten schwerwiegender Zahlungsausfälle, der Gefahr sonstiger Formen des staatlichen Eingriffs, welche die Kreditwürdigkeit von Kreditnehmern erheblich beeinträchtigen können (z.B. eingefrorene Guthaben, Enteignung oder Strafbesteuerung), sowie des Risikos, das aus der Möglichkeit des Eintritts eines Ereignisses entsteht (z.B. eine Naturkatastrophe oder ein gesellschaftliches oder politisches Ereignis), das sich auf das gesamte Land auswirkt und zum Ausfall einer großen Gruppe von Schuldnern führt (kollektives Schuldnerrisiko). Außerdem sollte das Transferrisiko im Zusammenhang mit der grenzüberschreitenden Vergabe von Fremdwährungskrediten für wesentliche grenzüberschreitende Kredite und Risikopositionen in Fremdwährungen bewertet werden.[10]

---

10 Vgl. European Banking Authority, Guidelines on common procedures and methodologies for the supervisory review and evaluation process (SREP) and supervisory stress testing, EBA/GL/2014/13, Consolidated version, 19. Juli 2018, S. 78f.

1.2.4 Staatsrisiken

19 Die EZB erwartet von den bedeutenden Instituten, neben den Länderrisiken auch die Staatsrisiken im Rahmen des ICAAP zu berücksichtigen.[11] In diesem Fall geht es im Gegensatz zu den Länderrisiken um die Staaten als Schuldner bei den Banken.

20 Im Jahr 2010 sind die Staatsrisiken im Zusammenhang mit der »Euro-Krise« als direkter Folge aus der Finanzmarktkrise (→ AT 4.3.3 Tz. 1) wieder in den Blickpunkt der Öffentlichkeit geraten. Schuld daran war die vergleichsweise hohe Verschuldung der Staaten Portugal, Irland, Italien, Griechenland und Spanien (»PIIGS-Staaten«). Dadurch wurde die Kreditwürdigkeit der betroffenen Staaten (in unterschiedlich starker Weise) von den maßgeblichen Ratingagenturen mehrfach herabgestuft. Gleichzeitig wurde mit Kreditausfallversicherungen (»Credit Default Swaps«, CDS) auf die betroffenen Staatsanleihen spekuliert. Um diese Entwicklungen in den Griff zu bekommen und insbesondere negative Effekte für die übrigen Mitgliedstaaten der Eurozone zu verhindern, musste das Vertrauen in den Euro wiederhergestellt werden. Dafür wurde im Jahr 2010 der »Euro-Rettungsschirm« (Europäischer Stabilisierungsmechanismus, ESM) entwickelt. Dieser sieht im Notfall gegenseitige Hilfsmaßnahmen vor, um die Haushalte der Mitgliedstaaten der Eurozone zu stützen und gleichzeitig Spekulationen an den Finanzmärkten zu verhindern. Damit soll insbesondere die Gefahr einer Finanz-, Währungs- und Wirtschaftskrise gebannt werden. Zur Beruhigung der Märkte trug auch die Entscheidung der Europäischen Zentralbank (EZB) bei, parallel dazu Staatsanleihen der hoch verschuldeten Staaten im Volumen von mehreren Milliarden Euro auf dem Sekundärmarkt zu erwerben.

21 Im Zuge der Finanzmarktkrise haben somit viele Institute hohe Forderungsbestände gegenüber den Mitgliedstaaten aufgebaut. Der Anstieg betraf vor allem Forderungen gegenüber staatlichen Stellen des jeweiligen Sitzlandes der Institute. Diese Forderungen unterliegen in der Eurozone weder der Eigenkapital- noch der Großkreditregulierung in der ersten Säule. Damit sind auch die gegenseitigen finanziellen Ansteckungsgefahren zwischen Staaten und Banken (Staaten-Banken-Nexus) gestiegen. Da die Ausfallrisiken dieser Staaten die Stabilität des Finanzsystems gefährden können, wird seit einigen Jahren darüber diskutiert, ob und wie diese Privilegierung von Staatsschulden reduziert werden sollte. Dabei geht es neben der Schaffung von wirksamen Anreizen zur Reduzierung der Staatsschulden auch um den richtigen Umgang mit den verbundenen Risikokonzentrationen. Konkrete Vorschläge haben sich bisher mit einer Berücksichtigung dieser Forderungen bei der Eigenkapitalunterlegung und/oder bei den Großkreditvorschriften auseinandergesetzt, teilweise unter Nutzung bestimmter Freigrenzen.[12] In der zweiten Säule wird der Umgang der Institute mit den Risiken aus hohen Beständen an Staatsanleihen von den zuständigen Behörden regelmäßig hinterfragt.

1.2.5 Verbriefungsrisiken

22 Laut Art. 82 CRD IV müssen die Risiken aus Verbriefungen, bei denen die Institute als Anleger, Originator oder Sponsor auftreten (inkl. der bei komplexen Strukturen oder Produkten entstehenden Reputationsrisiken), mittels angemessener Grundsätze und Verfahren erfasst und bewertet werden, um zu gewährleisten, dass die wirtschaftliche Substanz der Verbriefung in der Risikobewertung und den Entscheidungen der Geschäftsleitung in vollem Umfang zum Ausdruck kommt. Institute, die Originator revolvierender Verbriefungen mit Klauseln über eine vorzeitige Rückzahlung sind,

---

11 Vgl. Europäische Zentralbank, Aufsichtliche Erwartungen an ICAAP und ILAAP sowie harmonisierte Erhebung von ICAAP- und ILAAP-Informationen, Schreiben von Daniele Nouy an die Geschäftsleitung bedeutender Banken vom 8. Januar 2016, Anhang A, S. 3.

12 Vgl. z.B. Hedrich, Carl-Christoph/Hepp, Dominic, Staatsschulden und Banken – Ein konkreter Regulierungsvorschlag, in: Wirtschaftsdienst – Zeitschrift für Wirtschaftspolitik, Heft 11/2015, S. 758–765.

müssen über Liquiditätspläne verfügen, die den Auswirkungen einer planmäßigen oder vorzeitigen Rückzahlung Rechnung tragen.

Nach den MaRisk gilt die Einstufung als Kreditgeschäft unabhängig davon, ob die maßgeblichen Positionen Gegenstand von Verbriefungen sein sollen oder nicht (→ AT 2.3 Tz. 1, Erläuterung). Insofern gelten für Verbriefungen grundsätzlich auch die maßgeblichen organisatorischen Anforderungen an das Kreditgeschäft (→ BTO 1). Zudem sind Risiken aus Verbriefungstransaktionen im Rahmen der Stresstests zu berücksichtigen (→ AT 4.3.3 Tz. 1). **23**

Die EBA erwartet von den zuständigen Behörden im Rahmen des SREP, zur Bewertung der Art der betreffenden Risikopositionen und ihrer möglichen Entwicklung die Strategie, den Risikoappetit und die geschäftliche Motivation der Institute im Hinblick auf Verbriefungen zu verstehen und die Verbriefungspositionen zu analysieren, indem sowohl die Rolle der Institute und die von den Instituten gehaltenen Tranchen als auch die Art der Verbriefung (z.B. klassische oder synthetische Verbriefung und Verbriefung oder Wiederverbriefung) berücksichtigt werden. Dabei sollten die Angemessenheit der Zurechnung von Verbriefungspositionen zum Anlagebuch und zum Handelsbuch und die Einhaltung der Verbriefungsstrategie des Institutes, die korrekte Behandlung von Verbriefungen in aufsichtlicher Hinsicht, das Rating und die Wertentwicklung der vom Institut gehaltenen Verbriefungstranchen sowie Art, Zusammensetzung und Qualität der zugrunde liegenden Vermögenswerte berücksichtigt werden. Auch die Übereinstimmung der Eigenkapitalentlastung mit dem tatsächlichen Risikotransfer für durch Verbriefungen begründete Risikopositionen, die eventuelle Gewährung einer impliziten (außervertraglichen) Unterstützung in irgendeiner Form für die Transaktionen sowie die potenzielle Auswirkung auf die Eigenmittel im Hinblick auf das Kreditrisiko sollen die zuständigen Behörden bewerten. Außerdem sollen die Unterscheidung zwischen in Anspruch und nicht in Anspruch genommenen Beträgen in Bezug auf Liquiditätsfazilitäten, die für das Verbriefungsinstrument verfügbar sind, sowie die Existenz von Notfallplänen für Zweckgesellschaften bei einer Emission von forderungsgedeckten Geldmarktpapieren (Asset-backed Commercial Paper Conduits), die vom Institut verwaltet werden, falls die Emission von Geldmarktpapieren aufgrund der Liquiditätsbedingungen nicht möglich ist, sowie die Auswirkung auf das gesamte Kreditrisikoengagement des Institutes bewertet werden.[13] **24**

1.2.6 Pipeline-, Warehouse- und Platzierungsrisiken

Vor dem Hintergrund der Finanzmarktkrise sah sich der FSB auf internationaler Ebene dazu veranlasst, die Bedeutung der so genannten »Pipelinerisiken« (»Pipeline Risks«) stärker herauszustellen.[14] Pipelinerisiken sind darauf zurückzuführen, dass sich die Konditionen zwischen verbindlichem Geschäftsangebot und -abschluss für das Institut nachteilig ändern können. Zur Veräußerung anstehende Kreditpakete sollten deshalb bei der Analyse des Gesamtportfolios berücksichtigt werden. Pipelinerisiken betreffen allerdings nicht nur Verbriefungstransaktionen, sondern auch das normale Kreditgeschäft, wenn z.B. einem Kreditnehmer ein Darlehen mit Festzinsvereinbarung oder variabler Verzinsung zugesagt wird. Zudem entsteht ein Zinsänderungsrisiko, sofern die Zusage einen festen Zinssatz gegenüber dem Kreditnehmer für einen bestimmten Zeitraum enthält. Die EBA weist im Zusammenhang mit dem Management von Zinsänderungsrisiken im Anlagebuch darauf hin, dass »Pipeline-Risikopositionen« (z.B. wenn der Kreditnehmer entscheiden kann, ob er das Kreditlimit ausschöpfen möchte oder nicht) dem **25**

---

13 Vgl. European Banking Authority, Guidelines on common procedures and methodologies for the supervisory review and evaluation process (SREP) and supervisory stress testing, EBA/GL/2014/13, Consolidated version, 19. Juli 2018, S. 79f.

14 Vgl. Financial Stability Forum, Report of the Financial Stability Forum on Enhancing Market and Institutional Resilience, 7. April 2008, S. 19.

Kreditnehmer faktisch eine Option bieten, die er höchstwahrscheinlich immer dann ausübt, wenn die Marktbedingungen für das Institut am ungünstigsten sind (»negative Konvexität«).[15]

26 In diesem Zusammenhang sind auch die so genannten »Warehouserisiken« (»Warehouse Risks«) zu erwähnen. Warehouserisiken ergeben sich daraus, dass der Wert der einer Verbriefung zugrunde liegenden Vermögenswerte sinken könnte, bevor sie am Sekundärmarkt verkauft werden. Dasselbe gilt mit Blick auf das Handelsbuch in vergleichbarer Weise generell für Pools von Finanzinstrumenten, die für kurze Zeiträume gehalten werden, um anschließend damit Handel zu treiben. Die möglichen Wertänderungen können sich insofern sowohl auf die Adressenausfallrisiken als auch auf die Zinsänderungsrisiken auswirken.

27 Pipeline- und Warehouserisiken entstehen immer dann, wenn ein Institut aufgrund von institutsspezifischen oder marktweiten Stresssituationen nicht dazu in der Lage ist, z.B. einen Zugang zum Markt für Verbriefungen zu bekommen. Konstellationen, die eine Veräußerung erschweren bzw. unmöglich machen (z.B. unerwartete rechtliche Hindernisse, Marktverwerfungen), sollten mit Hilfe von Stresstests analysiert werden.[16]

28 Auch CEBS hat zunächst explizit gefordert, die betreffenden Exposure zur Analyse der Pipeline- und Warehouserisiken bei den regelmäßigen Stresstests zu berücksichtigen, unabhängig von der Wahrscheinlichkeit ihrer Verbriefung.[17] In den endgültigen Leitlinien von CEBS war diese Anforderung allerdings nicht mehr enthalten.[18] Die EBA macht dazu in ihren Mitte 2018 überarbeiteten Leitlinien zu den Stresstests der Institute ebenfalls keine Vorgaben. Der Baseler Ausschuss für Bankenaufsicht (BCBS) wollte im Rahmen der Überarbeitung seiner Grundsätze zu den bankinternen Stresstests die Komplexität reduzieren. Obwohl die Pipeline- und Warehouserisiken für viele Institute seines Erachtens nach wie vor relevant sind[19], hat der BCBS deshalb in seinem neuen Grundsatz 4 nur allgemein darauf abgestellt, dass die Stresstests die wesentlichen Risiken erfassen und hinreichend schwerwiegende Stressfaktoren anwenden sollen.[20]

29 Im Rahmen der zweiten MaRisk-Novelle wurde das Platzierungsrisiko als mögliches wesentliches Risiko genannt. Darunter ist im Zusammenhang mit dem Kreditgeschäft das Risiko zu verstehen, dass ein Institut bei Verbriefungstransaktionen bestimmte Teile der Emission nicht am Markt platzieren kann. Während der Finanzmarktkrise wurden einige Institute überrascht, als sie auf ihren zum Verkauf stehenden Kreditpaketen quasi sitzen blieben. Soweit ein Institut das Platzierungsrisiko, was im Grunde das Pipeline- und das Warehouserisiko einschließt, als wesentlich einstuft, müssen dafür geeignete Risikosteuerungs- und -controllingprozesse implementiert werden. Daran ändert auch die Tatsache nichts, dass es in den MaRisk nicht mehr explizit erwähnt wird. Die Streichung im Rahmen der dritten MaRisk-Novelle ist eher darauf zurückzuführen, dass keine Einigkeit darüber erzielt werden konnte, ob es sich beim Platzierungsrisiko überhaupt um eine eigene Risikoart handelt.[21] Grundsätzlich besteht das Platzierungsrisiko auch beim Verkauf von Wertpapieren. Sofern ein Emittent seine Emissionen über ein Konsortium vertreibt, muss er für das damit verbundene »Platzierungsrisiko« deshalb i.d.R. eine Prämie an das Konsortium zahlen.

---

15 Vgl. European Banking Authority, Leitlinien zur Steuerung des Zinsänderungsrisikos bei Geschäften des Anlagebuchs, EBA/GL/2018/02, 19. Juli 2018, S. 18.

16 Vgl. Institute of International Finance, Final Report of the IIF Committee on Market Best Practices: Principles of Conduct and Best Practice Recommendations – Financial Services Industry Response to the Market Turmoil of 2007–2008, 21. Juli 2008, S. 47 und 67.

17 Vgl. Committee of European Banking Supervisors, Guidelines on Stress Testing (CP 32), Consultative document, 14. Dezember 2009, S. 26.

18 Vgl. Committee of European Banking Supervisors, Revised Guidelines on Stress Testing (GL 32), 26. August 2010, S. 33.

19 Vgl. Basel Committee on Banking Supervision, Stress testing principles, Consultative document, BCBS 428, 20. Dezember 2017, S. 17.

20 Vgl. Basel Committee on Banking Supervision, Stress testing principles, BCBS 450, 17. Oktober 2018, S. 6.

21 Vgl. Zentraler Kreditausschuss, Stellungnahme zum ersten Entwurf einer Neufassung der Mindestanforderungen an das Risikomanagement (MaRisk) vom 16. Februar 2009 – Konsultation 03/2009, 23. März 2009, S. 10.

1.2.7 Fremdwährungskreditrisiken

»Fremdwährungskredite« sind Kredite an Kreditnehmer in einer anderen Währung als dem 30
gesetzlichen Zahlungsmittel des Landes, in dem der Kreditnehmer ansässig ist, unabhängig von
der Rechtsform der Kreditfazilität (z. B. Einräumung eines Zahlungsaufschubs oder einer sonstigen
Finanzierungshilfe). Das »Fremdwährungskreditrisiko« (»Foreign Exchange Lending Risk« bzw.
»FX Lending Risk«) bezeichnet das bestehende oder künftige Risiko in Bezug auf die Erträge und
Eigenmittel des Institutes infolge von Fremdwährungskrediten an nicht abgesicherte Kreditnehmer.[22] Unter »nicht abgesicherten Kreditnehmern« (»Unhedged Borrowers«) werden private und
KMU-Kreditnehmer[23] ohne natürliche oder finanzielle Absicherung verstanden, die Währungs-
inkongruenzen zwischen der Kreditwährung und der Absicherungswährung ausgesetzt sind. Zu
den natürlichen Absicherungen zählen insbesondere Fälle, in denen Kreditnehmer Einkommen in
Fremdwährung erzielen (z. B. Überweisungen oder Exporterlöse), während finanzielle Absicherungen normalerweise einen Vertrag mit einem Institut voraussetzen.[24]

In einer Reihe von Mitgliedstaaten der EU haben Fremdwährungsdarlehen an nicht abgesicherte 31
Kreditnehmer in den vergangenen Jahren ein übermäßiges Ausmaß angenommen, insbesondere in
den mittel- und osteuropäischen Ländern. Die starke Inanspruchnahme von Fremdwährungsdarlehen wurde sowohl durch nachfrageseitige Faktoren (z. B. positive Zinsabstände) als auch durch
angebotsseitige Faktoren (z. B. den Zugang zur Finanzierung durch das übergeordnete Unternehmen
einer Gruppe) begünstigt. Die übermäßige Gewährung von Fremdwährungsdarlehen kann in den
betroffenen Staaten zu erheblichen Systemrisiken führen und den Boden für negative grenzüberschreitende Übertragungseffekte (»Spillover«) bereiten. Zwar wurden seit dem Jahr 2000 Maßnahmen erlassen, die den durch die übermäßige Zunahme von Fremdwährungsdarlehen entstandenen
Risiken Rechnung tragen sollten, doch viele dieser Maßnahmen zeigten keine Wirkung.

Angesichts des Risikos einer grenzüberschreitenden Ansteckung und der Möglichkeit, nationale 32
Maßnahmen zu umgehen, wenn diese unilateral vorgenommen und nicht auch von anderen
Mitgliedstaaten unterstützt werden, hat der Europäische Ausschuss für Systemrisiken (ESRB)
entsprechende Empfehlungen ausgearbeitet, um diese Risiken einzudämmen.[25] Diese Empfehlun-
gen, die bereits im Rahmen der vierten MaRisk-Novelle aufgegriffen wurden, betreffen vorrangig die
Berücksichtigung der Risiken aus Fremdwährungsdarlehen im Kreditprozess (→ BTO 1.2 Tz. 2 und
BTO 1.2.1 Tz. 1) und beim Management der Liquiditätsrisiken (→ BTR 3.1 Tz. 11).

Der ESRB empfiehlt den nationalen Aufsichtsbehörden u. a., konkrete Maßnahmen der zweiten 33
Säule umzusetzen und die Institute zu verpflichten, Eigenkapital in angemessener Höhe bereitzuhal-
ten, um die Risiken abzudecken, die mit Fremdwährungsdarlehen verbunden sind, insbesondere jene
Risiken, die sich aus der nichtlinearen Beziehung zwischen Kredit- und Marktrisiken ergeben.[26]

---

22 Vgl. European Banking Authority, Guidelines on common procedures and methodologies for the supervisory review and
evaluation process (SREP) and supervisory stress testing, EBA/GL/2014/13, Consolidated version, 19. Juli 2018, S. 23.

23 Die Abkürzung »KMU« steht für kleine und mittlere Unternehmen (»Small and Medium-Sized Enterprises«, SME).

24 Vgl. European Banking Authority, Guidelines on common procedures and methodologies for the supervisory review and
evaluation process (SREP) and supervisory stress testing, EBA/GL/2014/13, Consolidated version, 19. Juli 2018, S. 25.

25 Empfehlung des Europäischen Ausschusses für Systemrisiken zu Fremdwährungskrediten (ESRB/2011/1) vom 21. September 2011, Amtsblatt der Europäischen Union vom 22. November 2011, C 342/1–47.

26 Der ESRB verweist dazu auf verschiedene Studien, wonach die separate Behandlung der einzelnen Risikoarten zu einer
Unterschätzung des Gesamtrisikos führen kann. So kann bei einer reinen Addition der separat gemessenen Wechselkurs-
und Ausfallrisikokomponente die Höhe des tatsächlichen Risikos um ein Vielfaches unterschätzt werden, da nichtlineare
Interaktionen eine verstärkende Wirkung haben können (»compounding effect«). Insofern geht es dem ESRB vor allem
darum, dass die Fremdwährungskreditrisiken nicht systematisch unterschätzt werden. Unter anderem kann dazu nach-
gelesen werden in Basel Committee on Banking Supervision, Findings on the interaction of market and credit risk, Working
Paper No. 16, 13. Mai 2009; Breuer, Thomas/Jandačka, Martin/Rheinberger, Klaus/Summer, Martin, Does adding up of
economic capital for market and credit risk amount to conservative risk assessment?, Journal of Banking and Finance,
Band 34(4), April 2010, S. 703–712.

Gleichzeitig wird der EBA empfohlen, Leitlinien für die nationalen Aufsichtsbehörden im Hinblick auf diese Eigenkapitalanforderungen zu erlassen (Empfehlung E).[27]

34   Die EBA hat zunächst im Dezember 2013 Leitlinien zum Management von Fremdwährungskreditrisiken sowie zur Beurteilung einer angemessenen Eigenkapitalunterlegung veröffentlicht. Die entsprechenden Vorgaben sollen angewendet werden, wenn der Anteil an Fremdwährungsdarlehen mindestens 10 Prozent des gesamten Kreditgeschäftes an Unternehmen (ohne Finanzinstitute) und private Haushalte ausmacht und das gesamte Kreditgeschäft wenigstens 25 Prozent der Bilanzsumme des Institutes umfasst. Ist dies der Fall oder wird das Fremdwährungskreditrisiko unabhängig von diesen Schwellenwerten als wesentlich eingestuft[28], sollen die zuständigen Aufsichtsbehörden die Angemessenheit der Engagements, der Strategien, der Risikomanagementprozesse sowie der Eigenkapitalausstattung prüfen.[29] Diese grundsätzliche Vorgabe ergibt sich auch aus den EBA-Leitlinien zum SREP, in denen die Leitlinien zum Management von Fremdwährungskreditrisiken mit Wirkung zum 1. Januar 2016 aufgegangen sind.[30]

35   In den MaRisk wird gefordert, für Fremdwährungsdarlehen differenzierte Bearbeitungsgrundsätze zu formulieren, die den besonderen Risiken dieser Kreditart Rechnung tragen (→ BTO 1.2 Tz. 2, Erläuterung). Insbesondere sollten Fremdwährungsdarlehen nur an Kreditnehmer vergeben werden, deren Kreditwürdigkeit dahingehend geprüft wurde, ob sie auch bei besonders ungünstigen Entwicklungen der Wechselkurse und des Fremdwährungszinsniveaus voraussichtlich in der Lage sind, den Kredit zurückzuzahlen (→ BTO 1.2.1 Tz. 1, Erläuterung).

36   Die zuständigen Behörden sollten die Fremdwährungskreditrisiken im Rahmen des SREP bewerten, insbesondere etwaige nichtlineare Beziehungen zwischen dem Marktrisiko und dem Kreditrisiko in Fällen, in denen sich Wechselkurse (Marktrisiko) überproportional auf das Kreditrisiko des Fremdwährungskreditportfolios eines Institutes auswirken können. Vor allem sollte das höhere Kreditrisiko bewertet werden, das sich bei einer Erhöhung des Wertes der ausstehenden Schulden und einer Erhöhung der mit diesem Schuldendienst verbundenen Zahlungen sowie bei einer Erhöhung des Wertes der ausstehenden Schulden im Vergleich zum Wert der als Sicherheit hinterlegten Vermögenswerte in der Landeswährung ergibt. Bei der Bewertung des Fremdwährungskreditrisikos sollten die Art der Wechselkurspolitik und ihre mögliche Auswirkung auf Veränderungen des Wechselkurses zwischen der Landeswährung und Fremdwährungen, das Risikomanagement für Fremdwährungskredite (inkl. Rahmenwerk zur Messung und Kontrolle der Risiken sowie Richtlinien und Verfahren des Institutes), die Sensitivität der Auswirkung von Wechselkursschwankungen auf die Bonitätseinstufung der Kreditnehmer (Rating bzw. Scoring) und die Fähigkeit der Kreditnehmer zur Tilgung ihrer Schulden sowie die mögliche Konzentration des Kreditgeschäftes auf eine einzelne Fremdwährung oder auf eine begrenzte Anzahl von Fremdwährungen mit hoher Korrelation berücksichtigt werden. Mit Blick auf das Risikomanagement sollten die zuständigen Behörden insbesondere bewerten, ob das Institut seinen Risikoappetit in Bezug auf Fremdwährungskredite explizit ermittelt und sich innerhalb der angegebenen Schwellen bewegt, das Fremdwährungskreditrisiko bei der Bewertung von Kreditnehmern und der Vergabe von Fremdwährungskrediten berücksichtigt wird, das Fremdwährungskreditrisiko,

---

27 Vgl. Empfehlung des Europäischen Ausschusses für Systemrisiken zu Fremdwährungskrediten (ESRB/2011/1) vom 21. September 2011, Amtsblatt der Europäischen Union vom 22. November 2011, C 342/2 f.

28 Dies kann z. B. dann der Fall sein, wenn ein Institut die angegebene Grenze zwar nicht überschreitet, aber das Fremdwährungskreditvergaberisiko für nicht abgesicherte Kreditnehmer von den zuständigen Behörden trotzdem als bedeutend angesehen wird. Möglich ist das u. a., wenn eine bedeutende Steigerung der Fremdwährungskreditvergabe des Institutes seit der letzten Berechnung oder ein negativer Trend des Wechselkurses einer bedeutenden Fremdwährung, in der die Kredite des Institutes laufen, beobachtet wird. Derartige Entscheidungen sind von den zuständigen Behörden zu begründen und zu dokumentieren.

29 Vgl. European Banking Authority, Leitlinien zu Kapitalmaßnahmen für Fremdwährungskreditvergabe an nicht abgesicherte Kreditnehmer im Rahmen der aufsichtlichen Überprüfung und Bewertung (SREP), EBA/GL/2013/02, 20. Dezember 2013, S. 5 f.

30 Vgl. European Banking Authority, Guidelines on common procedures and methodologies for the supervisory review and evaluation process (SREP) and supervisory stress testing, EBA/GL/2014/13, Consolidated version, 19. Juli 2018, S. 72.

einschließlich Risikokonzentrationen in einer oder mehreren Währungen, angemessen im ICAAP berücksichtigt wird, der Absicherungsstatus der Kreditnehmer vom Institut regelmäßig überprüft wird und die Auswirkung von Wechselkursschwankungen in die Schätzung der Ausfallwahrscheinlichkeit einbezogen wird.[31]

1.2.8 Risiken aus Spezialfinanzierungen

Bei Spezialfinanzierungen besteht das Risiko nicht im Kreditnehmer, der i. d. R. eine Zweckgesellschaft ist, sondern in der Rentabilität des finanzierten Vermögenswertes oder Projektes (z. B. gewerbliche Immobilie, Energieanlage, Seefrachtverkehr, Rohstoffe). Aufgrund der häufig voluminösen Finanzierungen mit langer Laufzeit sind Spezialfinanzierungen eine Quelle für Kreditkonzentrationen, für die zuverlässige Prognosen im Hinblick auf die Rentabilität schwierig sind. Bei der Bewertung des entsprechenden Risikos sollten die Rentabilität der Projekte und der Grad der Konservativität der den Geschäftsplänen zugrunde liegenden Annahmen (einschließlich des Kreditrisikos der Hauptkunden), die Auswirkung geänderter Vorschriften auf künftige Zahlungsströme, vor allem in subventionierten Sektoren, die Auswirkung einer ggf. geänderten Marktnachfrage und ob es einen Markt für den potenziellen künftigen Verkauf des finanzierten Objektes gibt, die Existenz eines Konsortiums oder weiterer Kreditgeber, die das Kreditrisiko teilen, sowie jede Form der von den Sponsoren übernommenen Garantien berücksichtigt werden.[32] **37**

Bei Objekt-/Projektfinanzierungen, d. h. bei Finanzierungen, deren Rückzahlungen sich in erster Linie aus den durch die finanzierten Vermögenswerte generierten Einkünften und nicht aus der unabhängigen Kapitaldienstfähigkeit des Kreditnehmers speist, ist im Rahmen der Kreditbearbeitung sicherzustellen, dass neben der wirtschaftlichen Betrachtung insbesondere auch die technische Machbarkeit und Entwicklung sowie die mit dem Objekt/Projekt verbundenen rechtlichen Risiken in die Beurteilung einbezogen werden. Dies kann z. B. eine Analyse des Projektes, der Finanzierungsstruktur/Eigenkapitalquote, des Sicherheitenkonzeptes oder eine Vor- und Nachkalkulation beinhalten. In unter Risikogesichtspunkten festzulegenden Abständen sind während der Entwicklungsphase des Projektes/Objektes Besichtigungen und Bautenstandskontrollen durchzuführen (→ BTO 1.2 Tz. 7). **38**

1.2.9 Finanzierungskostenrisiken

Als »Finanzierungskostenrisiko« wird das Risiko eines Kreditnehmers bezeichnet, dass bei variabler Finanzierung und steigenden Zinsen die Kosten des Darlehens steigen. Bei einem hohen Fremdkapitalanteil an der Finanzierung können daraus insbesondere bei Immobilienprojekten, die der Gewinnerzielung dienen, entsprechend hohe Ratenzahlungen und daraus ggf. Verluste resultieren. Um diese Situation zu vermeiden, werden die Zinsen bei langfristigen Finanzierungen i. d. R. über einen gewissen Zeitraum festgeschrieben. Dieses auf den Kreditnehmer bezogene Risiko wirkt sich direkt auf das Adressenausfallrisiko aus. **39**

Auch das Finanzierungskostenrisiko spielt insbesondere bei Objekt- bzw. Projektfinanzierungen mit entsprechend langen Laufzeiten eine Rolle (→ BTO 1.2 Tz. 7). Es sollte außerdem bei der Beurteilung der Kapitaldienstfähigkeit berücksichtigt werden (→ BTO 1.2.1 Tz. 1). **40**

---

31 Vgl. European Banking Authority, Guidelines on common procedures and methodologies for the supervisory review and evaluation process (SREP) and supervisory stress testing, EBA/GL/2014/13, Consolidated version, 19. Juli 2018, S. 80f.
32 Vgl. European Banking Authority, Guidelines on common procedures and methodologies for the supervisory review and evaluation process (SREP) and supervisory stress testing, EBA/GL/2014/13, Consolidated version, 19. Juli 2018, S. 81.

1.2.10 Migrationsrisiken

41 Bei der Bewertung der Qualität des Kreditportfolios spielen zudem Migrationsrisiken eine wichtige Rolle.[33] Migrationsrisiken bezeichnen die Gefahr, dass sich die Bonität einer Gegenpartei in einem Ausmaß ändert, dass diese Gegenpartei in eine andere Scoring- bzw. Ratingklasse mit einer höheren Ausfallwahrscheinlichkeit wandert. Sie bezeichnen insofern das Risiko einer Wertverschlechterung von Krediten aufgrund gestiegener Ausfallrisiken, ohne dass es bereits zu einem Ausfall der betroffenen Kreditnehmer gekommen ist.[34]

1.2.11 Besicherungs- und Restrisiken

42 Das Adressenausfallrisiko im Sinne der MaRisk schließt auch das Besicherungsrisiko ein, d.h. die Gefahr von Wertminderungen der Sicherheiten (→ BTO 1.2.1 und BTO 1.2.2). In der CRD IV wird das Besicherungsrisiko im Zusammenhang mit dem Restrisiko erwähnt. Gemäß Art. 80 CRD IV müssen die zuständigen Behörden sicherstellen, dass das Risiko, dass die von den Instituten eingesetzten anerkannten Kreditrisikominderungstechniken sich als weniger wirksam erweisen als erwartet, u. a. durch schriftliche Grundsätze und Verfahren erfasst und gesteuert wird.[35]

43 Zur Überprüfung der Werthaltigkeit und des rechtlichen Bestandes von Sicherheiten im Rahmen der Kreditgewährung (→ BTO 1.2.1 Tz. 3 und 4) und der Kreditweiterbearbeitung (→ BTO 1.2.2 Tz. 3 und 4) werden in den MaRisk detaillierte Vorgaben gemacht.

44 Bei der Bewertung der Sicherheiten sollten sich die zuständigen Behörden im Rahmen des SREP nicht auf die für die Zwecke der Eigenkapitalberechnung nach der CRR anerkannten Kreditrisikominderungstechniken beschränken. Sie sollten die Deckung durch Sicherheiten und Garantien nach Portfolio, Art des Kreditnehmers, Bonitätseinstufung, Branche und weiteren relevanten Aspekten, die historischen Erlösquoten nach Art und Höhe der Sicherheiten und Garantien sowie die Wesentlichkeit des Verwässerungsrisikos für erworbene Forderungen[36] und des Restrisikos bewerten. Dabei sollten die Angemessenheit und Durchsetzbarkeit von Sicherungsvereinbarungen und Garantien, der Zeitrahmen und die Möglichkeit zur Verwertung von Sicherheiten und zur Erfüllung von Garantien gemäß dem nationalen Rechtsrahmen, die Liquidität und Volatilität der als Sicherheiten dienenden Vermögenswerte, der erzielbare Wert der Sicherheiten bei der Zwangsbeitreibung von Forderungen (z. B. Zwangsvollstreckungsverfahren) sowie die Bonität der Garantiegeber im Mittelpunkt stehen. Außerdem sollten die zuständigen Behörden die Konzentration der Garantiegeber und Sicherheiten sowie die Korrelation mit der Bonität der Kreditnehmer (Korrelationsrisiko bzw. »Wrong-Way Risk«) und die potenzielle Auswirkung im Hinblick auf die Wirksamkeit der Absicherung bewerten.[37]

---

33 Vgl. European Banking Authority, Guidelines on common procedures and methodologies for the supervisory review and evaluation process (SREP) and supervisory stress testing, EBA/GL/2014/13, Consolidated version, 19. Juli 2018, S. 83 f.

34 Vgl. Volk, Tobias/Wiesemann, Bernd, Aufsichtliche Beurteilung bankinterner Risikotragfähigkeitskonzepte, in: Zeitschrift für das gesamte Kreditwesen, Heft 6/2012, S. 21.

35 Trotz gleicher Bezeichnung besteht also ein Unterschied zum »Restrisiko« beim Management von IKT-Risiken. Dabei werden zunächst die Bedrohungen und Schwachstellen ermittelt und mit Eintrittswahrscheinlichkeiten bewertet. Auf dieser Basis werden die geeigneten Sicherheitsmaßnahmen ausgewählt. Anschließend wird das verbleibende Restrisiko bewertet (→ AT 7.2 Tz. 1 und 4). Das »Restrisiko« bezeichnet insofern jenes Risiko, das grundsätzlich verbleibt, auch wenn Maßnahmen zum Schutz des IT-Einsatzes ergriffen worden sind. Vgl. Bundesamt für Sicherheit in der Informationstechnik, Service/Cyber-Glossar, www.bsi.bund.de, Stand September 2021.

36 Im Zusammenhang mit der Bewertung des Grades und der Qualität der Kreditrisikominderungstechniken soll auch das »Verwässerungsrisiko« (»Dilution Risk«) nach Art. 4 Abs. 1 Nr. 53 CRR berücksichtigt werden. Darunter versteht man das Risiko, dass sich der Betrag einer (angekauften) Forderung durch bare oder unbare Ansprüche des Schuldners vermindert. Bis vor wenigen Jahren war in diesem Zusammenhang in der damaligen Solvabilitätsverordnung noch vom »Veritätsrisiko« die Rede.

37 Vgl. European Banking Authority, Guidelines on common procedures and methodologies for the supervisory review and evaluation process (SREP) and supervisory stress testing, EBA/GL/2014/13, Consolidated version, 19. Juli 2018, S. 83 f.

1.3 Berücksichtigung von Nachhaltigkeitsrisiken

Nachhaltigkeitsrisiken bzw. ESG-Risiken, d. h. Risiken aus den Bereichen Umwelt, Soziales und **45** Unternehmensführung (»Environmental, Social and Governance«), können die Institute in allen Phasen des Kreditprozesses treffen, von der Kreditgewährung bis zur Überwachung (→ BTR Tz. 1). Insbesondere können ESG-Risiken die wichtigsten Kreditparameter beeinflussen. Durch veränderte gesellschaftliche Normen kann z. B. die Nachfrage nach bestimmten Produkten sinken und damit der Druck auf die Einnahmen der Gegenpartei erhöht werden. Ebenso können die Auswirkungen schwerer Wetterbedingungen wie Dürre z. B. landwirtschaftliche Betriebe in die Zahlungsunfähigkeit treiben. Damit ist in beiden Fällen ein Anstieg der Ausfallwahrscheinlichkeit (»Probability of Default«, PD) verbunden. Geschäftspartner, die einem physischen Risiko ausgesetzt sind, müssen möglicherweise mehr von ihren zugesagten Kreditlinien in Anspruch nehmen, um auf plötzliche Schocks wie Überschwemmungen zu reagieren. Damit steigt folglich die Forderungshöhe bei Ausfall (»Exposure at Default«, EAD). In einem Übergangsszenario kann der Wert der Vermögenswerte bis zum Zustand gestrandeter Vermögenswerte (»Stranded Assets«) sinken, was zu niedrigeren Sicherheitenwerten und in einem Ausfallszenario zu niedrigeren Erlöswerten führt. Damit ist eine Erhöhung der Verlustquote bei Ausfall (»Loss Given Default«, LGD) verbunden.[38]

In ihren Leitlinien für die Kreditvergabe und Überwachung wird von der EBA deshalb eine **46** Berücksichtigung der ESG-Risiken in der Risikostrategie, beim Risikoappetit und im Risikomanagement speziell mit Bezug zum Kreditgeschäft erwartet. Dabei geht es insbesondere um die potenziellen Auswirkungen der Umweltfaktoren und des Klimawandels auf die finanzielle Lage und Leistungsfähigkeit der Kreditnehmer. Konkret nennt die EBA die physischen Risiken einschließlich möglicher Haftungsrisiken in Bezug auf die Verursachung des Klimawandels und die transitorischen Risiken, die dem Kreditnehmer aus der Umstellung auf eine CO_2-emissionsarme und klimaresistente Wirtschaft entstehen können (→ BTR Tz. 1). Darüber hinaus weist sie auf mögliche Veränderungen der Markt- oder Verbraucherpräferenzen und rechtliche Risiken hin, die sich auf die Werthaltigkeit der zugrunde liegenden Vermögenswerte auswirken können.[39] Nachhaltigkeitsrisiken können sich also sowohl in der Ausfallwahrscheinlichkeit des Kreditnehmers als auch auf die Forderungshöhe bei Ausfall und den Wert der Sicherheit niederschlagen. Als Beispiel für den Einfluss von ESG-Aspekten auf ein Unternehmen, dessen Geschäftsmodell aufgrund politischer Entscheidungen wesentlich beeinträchtigt sein kann, nennt die BaFin die CO_2-Bepreisung. Ebenso können als Sicherheit gestellte Immobilien oder Anlagen beschädigt oder sogar zerstört werden.[40]

Auch die EZB erwartet von den Instituten, Klima- und Umweltrisiken bei der Steuerung ihrer **47** Adressenausfallrisiken in allen relevanten Phasen der Kreditvergabe und der Kreditbearbeitung einzubeziehen. Die Institute sollten sich insbesondere ein Bild davon machen, inwieweit Klima- und Umweltrisiken das Adressenausfallrisiko von Kreditnehmern beeinflussen, und somit Kreditnehmer identifizieren, die mittelbar oder unmittelbar erhöhten Klima- und Umweltrisiken ausgesetzt sein könnten. In der Konsequenz sollten die Institute ihre Verfahren zur Risikoeinstufung in geeigneter Weise anpassen, um Klima- und Umweltrisiken zu ermitteln und zumindest qualitativ zu bewerten. Auf dieser Basis sollten die Institute jene klimabedingten und ökologischen Faktoren bestimmen und bewerten, die für das Adressenausfallrisiko der Kreditengagements von wesentlicher Bedeutung sind. In diese Bewertung und die Festlegung geeigneter Risikoindikatoren

---

38 Vgl. European Banking Authority, EBA Report on management and supervision of ESG risks for credit institutions and investment firms, EBA/REP/2021/18, 23. Juni 2021, S. 115 f.

39 Vgl. European Banking Authority, Leitlinien für die Kreditvergabe und Überwachung, EBA/GL/2020/06, 29. Mai 2020, S. 17 f.

40 Vgl. Bundesanstalt für Finanzdienstleistungsaufsicht, Merkblatt zum Umgang mit Nachhaltigkeitsrisiken, 20. Dezember 2019, geändert am 13. Januar 2020, S. 18.

kann auch einfließen, wie gut die Kunden selbst Klima- und Umweltrisiken steuern. Für die besonders anfälligen Engagements sollten ggf. verschiedene Szenarien unter Berücksichtigung der aktuellen und projizierten Treibhausgasemissionen, des Marktumfeldes, der relevanten regulatorischen Anforderungen und der wahrscheinlichen Auswirkungen auf die Bonität und Zahlungsfähigkeit des Kreditnehmers durchgespielt werden, um zeitnah geeignete Risikominderungsmaßnahmen einleiten zu können. Die EZB zählt eine risikogerechte Preisgestaltung explizit dazu (→ BTO 1.2 Tz. 9). Zudem sollte den damit verbundenen Änderungen bei den Risikoprofilen von bestimmten Sektoren und geografischen Gebieten angemessen Rechnung getragen werden.[41]

48 Einige Institute sind auf diesem Gebiet bereits tätig geworden. Zum Beispiel verwendet ein Institut informelle »Schatten-Ausfallwahrscheinlichkeiten« (»Shadow Probabilities of Defaults«) unter zusätzlicher Berücksichtigung von Klimarisiken. Dabei werden auf Basis eines Screeningprozesses bei risikoreichen Geschäftspartnern die physischen und transitorischen Risiken (→ BTR Tz. 1) eingehend analysiert und deren Ausfallwahrscheinlichkeit entsprechend angepasst. Im Ergebnis wird bei Geschäftspartnern mit gravierenden Abweichungen von den regulären Ausfallwahrscheinlichkeiten über Maßnahmen zur Risikominderung nachgedacht. Ein anderes Institut hat in sein Kreditscoring-Modell für ausgewählte Sektoren Umweltvariablen integriert, weil die möglichen ökologischen Folgen von deren Geschäftsaktivitäten die Kreditqualität beeinflussen. Ein weiteres Institut bezieht in sein Kreditscoring-Modell mit einem bestimmten Gewicht die Ergebnisse einer selbst entwickelten Scorecard für Nachhaltigkeitsrisiken ein, die qualitative Aspekte umfasst.[42]

49 Da die Adressenausfallrisiken im Allgemeinen kurz- bis mittelfristig bewertet werden, muss dieser Analysehorizont bei einer Berücksichtigung von ESG-Aspekten in geeigneter Weise erweitert werden. Die Einführung zukunftsorientierter Kennzahlen ist laut EBA ein wertvolles Instrument, um zu verstehen, ob ESG-Faktoren das Kreditrisikoprofil eines Institutes beeinflussen. Diese Indikatoren sind besonders wichtig für langfristige Kredite wie z. B. Immobilienfinanzierungen. Aus strategischer Sicht können die Aufsichtsbehörden beurteilen, wie sich das Kreditbuch entwickeln würde, wenn langjährige Geschäftsbeziehungen durch ESG-Risiken beeinträchtigt würden.[43]

50 Die Steuerung und Überwachung der Adressenausfallrisiken sollte insbesondere durch eine Analyse der Konzentrationen auf Sektoren, geografische Gebiete, einzelne (größere) Kreditnehmer und Vermögenswerte mit spezifischen Merkmalen sowie durch die Festlegung von Kreditobergrenzen und Abbaustrategien erfolgen. Die Institute sollten überwachen, wie bestimmte Konzentrationen zur Anfälligkeit für Klima- und Umweltrisiken beitragen.[44]

51 In welcher Weise dies geschehen kann, beschreibt die EBA im Zusammenhang mit dem SREP. Auf Portfolioebene sollen die ESG-Risiken durch die Aufsichtsbehörden nämlich mittels einer Analyse der Risikokonzentrationen und einer ergänzenden Überprüfung des Portfolios der Spezial- und Projektfinanzierungen wie folgt bewertet werden:[45]

---

41 Beispielhaft verweist die EZB darauf, dass die Ausbeutung von natürlichen Ressourcen in bestimmten Gebieten zu einer Begrenzung der Nutzung dieser Ressourcen führen und damit Störungen in Bezug auf die Produktion oder Verluste bei den Geschäftspartnern der Institute zur Folge haben könnte. Vgl. Europäische Zentralbank, Leitfaden zu Klima- und Umweltrisiken – Erwartungen der Aufsicht in Bezug auf Risikomanagement und Offenlegungen, 27. November 2020, S. 38 f.

42 Wie genau in den Instituten der Screeningprozess abläuft oder die Auswahl der besonders kritischen Sektoren erfolgt, wird von der EZB nicht näher ausgeführt. Vermutlich werden dabei die Engagements mit Geschäftspartnern in bestimmten Branchen oder Regionen herausgefiltert, die vom Klimawandel besonders stark betroffen sind. Dafür können z. B. »Heatmaps« verwendet werden (→ AT 4.3.2 Tz. 1). Vgl. Europäische Zentralbank, Leitfaden zu Klima- und Umweltrisiken – Erwartungen der Aufsicht in Bezug auf Risikomanagement und Offenlegungen, 27. November 2020, S. 39.

43 Vgl. European Banking Authority, EBA Report on management and supervision of ESG risks for credit institutions and investment firms, EBA/REP/2021/18, 23. Juni 2021, S. 144.

44 Die EZB bezieht sich dabei auf jene Vermögenswerte, bei denen es plausibel ist, dass sie Gegenstand von Übergangsregelungen sein werden, und verweist beispielhaft auf die Verteilung von Energieausweisen in Wohn- und Gewerbeimmobilienportfolios angesichts potenzieller Gesetze. Vgl. Europäische Zentralbank, Leitfaden zu Klima- und Umweltrisiken – Erwartungen der Aufsicht in Bezug auf Risikomanagement und Offenlegungen, 27. November 2020, S. 40.

45 Vgl. European Banking Authority, EBA Report on management and supervision of ESG risks for credit institutions and investment firms, EBA/REP/2021/18, 23. Juni 2021, S. 144 f.

– Die sektorale Konzentration kann einen Überblick über die Gefährdung gegenüber dem transitorischen Risiko geben, indem sie mit den Messgrößen für das transitorische Risiko abgeglichen wird. Sie eignet sich vor allem für Klima- und Umweltrisiken. Die Aufsichtsbehörden könnten von den Instituten erwarten, dass sie eine solche Analyse der ESG-Branchenkonzentration in qualitativer Form durchführen.

– Die regionale Konzentration kann mit Kennzahlen zum physischen Risiko abgeglichen werden, die inzwischen verfügbar sind. Die Aufsichtsbehörden könnten auch einfach den Standort der Gegenparteien mit den physischen Risiken abgleichen, die an diesen Standorten auftreten könnten, wobei zu berücksichtigen ist, dass Produktionsanlagen und Standort nicht immer übereinstimmen. Mittel- bis langfristig kann die regionale Analyse des physischen Risikos durch eine kontinuierliche Verbesserung der Methoden und der Verfügbarkeit von Daten auf die gesamte Wertschöpfungskette ausgeweitet werden.

– Die Analyse der Konzentration von einzelnen Adressen, wie z. B. bedeutender Kontrahenten, eignet sich gut, um die Gefährdung gegenüber ESG-Risiken zu identifizieren, die sich leichter auf die Due-Diligence-Prüfung einzelner Gegenparteien übertragen lassen.

– Es ist wahrscheinlich, dass die Institute Spezial- oder Projektfinanzierungen in Erwägung ziehen, um Projekte mit geringen ESG-Risiken von Gegenparteien[46] zu finanzieren, die ESG-Risiken an sich stärker ausgesetzt sind. Übergangsprojekte könnten ein geringeres Risiko mit sich bringen, da sie die Gefährdung gegenüber ESG-Faktoren abmildern. Dabei sollte allerdings durch besonders günstige Konditionen für eine Projektfazilität mit geringen ESG-Risiken nicht ausgeblendet werden, wie stark die Gegenpartei an sich gegenüber den ESG-Faktoren gefährdet ist. Die Aufsichtsbehörden müssen sicherstellen, dass in solchen Fällen keine schwächere Due Diligence durchgeführt wird. Bei anderen Arten von Spezialfinanzierungen könnten die Aufsichtsbehörden ggf. prüfen, ob das Objekt oder der Vermögenswert mit einem bestimmten ESG-Label oder einer Zertifizierung verbunden ist.

Die Aufsichtsbehörden werden im SREP die zugrunde liegenden Annahmen und Strategien der Institute prüfen und dabei u. a. hinterfragen, ob sich das Institut bewusst ist, wie ESG-Risiken das Kreditrisiko in den Portfolios beeinflussen, wie sie in die Kreditvergabe und -überwachung einbezogen werden und ob die Risikotreiber ordnungsgemäß in die Erklärung zum Risikoappetit eingebettet wurden, wenn das Institut die Auswirkungen von ESG-Risiken auf sein Kreditrisiko bewertet hat.[47] **52**

Beim Einfluss von ESG-Faktoren auf das Adressenausfallrisiko können die Institute natürlich immer Instrumente zur Kreditrisikominderung in Betracht ziehen, wie z. B. Garantien, Versicherungen und andere Sicherheiten.[48] **53**

---

46 Die EBA verwendet in ihrem Bericht fast durchgängig den Begriff »Gegenpartei« (»Kontrahent«), meint damit aber an verschiedenen Stellen nicht eine Gegenpartei im Zusammenhang mit dem Handelsgeschäft, sondern einen »Kreditnehmer«.

47 Vgl. European Banking Authority, EBA Report on management and supervision of ESG risks for credit institutions and investment firms, EBA/REP/2021/18, 23. Juni 2021, S. 144.

48 Vgl. European Banking Authority, EBA Report on management and supervision of ESG risks for credit institutions and investment firms, EBA/REP/2021/18, 23. Juni 2021, S. 118.

1.4 Allgemeine Anforderungen an das Management von Adressenausfallrisiken

54 Ein Institut muss dafür Sorge tragen, dass seine wesentlichen Risiken durch das Risikodeckungs-potenzial bzw. die daraus abgeleitete Risikodeckungsmasse laufend abgedeckt sind und damit die Risikotragfähigkeit gegeben ist (→ AT 4.1 Tz. 1). Diese Anforderung wird im Rahmen der Steuerung von Adressenausfallrisiken an zentraler Stelle aufgegriffen. So hat das Institut entspre-chend seiner individuellen Situation durch geeignete Maßnahmen sicherzustellen, dass die Adressenausfallrisiken unter Berücksichtigung der Risikotragfähigkeit begrenzt werden können (→ BTR 1 Tz. 1).

55 Im Sinne der MaRisk dient diesem Zweck insbesondere die Einrichtung geeigneter Limite für einzelne Kreditnehmer oder Kreditnehmereinheiten (bzw. »Gruppen verbundener Kunden«), auf welche die jeweiligen Geschäfte unverzüglich anzurechnen sind und deren Einhaltung zu über-wachen ist (→ BTR 1 Tz. 5). Kreditgeschäfte dürfen ohne kreditnehmerbezogenes Limit nicht abgeschlossen werden (→ BTR 1 Tz. 2). Auch für Handelsgeschäfte müssen grundsätzlich Kon-trahentenlimite (→ BTR 1 Tz. 3) bzw. Emittentenlimite (→ BTR 1 Tz. 4) eingeräumt werden. Darüber hinaus müssen Risikokonzentrationen mit Hilfe geeigneter Verfahren gesteuert und überwacht werden (→ BTR 1 Tz. 6). Vor dem Hintergrund der Anforderungen der EBA an den SREP[49] wurde im Rahmen der fünften MaRisk-Novelle ergänzt, dass die Erlöse aus der Abwicklung von Kreditengagements sowie die zugehörigen historischen Werte der Kreditsicherheiten in angemessener Weise in einer Erlösquotensammlung erfasst und die Erkenntnisse daraus bei der Steuerung der Adressenausfallrisiken berücksichtigt werden sollen (→ BTR 1 Tz. 7).

56 Während der Geschäftsleitung unter Risikogesichtspunkten wesentliche Informationen unver-züglich mitzuteilen sind (→ AT 4.3.2 Tz. 4), ist ihr ferner mindestens vierteljährlich ein Risiko-bericht zur Verfügung zu stellen, der über die wesentlichen strukturellen Merkmale des Kredit-geschäftes informiert (→ BT 3.2 Tz. 3). Überschreitungen von Kontrahenten- und Emittenten-limiten sind den zuständigen Geschäftsleitern ab einer unter Risikogesichtspunkten festgelegten Höhe täglich anzuzeigen (→ BTR 1 Tz. 5).

---

49 Vgl. European Banking Authority, Guidelines on common procedures and methodologies for the supervisory review and evaluation process (SREP) and supervisory stress testing, EBA/GL/2014/13, Consolidated version, 19. Juli 2018, S. 83 f.

2 Begrenzung von Adressenausfallrisiken (Tz. 1)

1 Das Institut hat durch geeignete Maßnahmen sicherzustellen, dass Adressenausfallrisiken und damit verbundene Risikokonzentrationen unter Berücksichtigung der Risikotragfähigkeit begrenzt werden können.   **57**

2.1 Maßnahmen zur Begrenzung der Adressenausfallrisiken

Die Risikotragfähigkeit ist im Rahmen der Festlegung der Strategien sowie bei deren Anpassung **58** zu berücksichtigen. Zur Umsetzung der Strategien bzw. zur Gewährleistung der Risikotragfähigkeit sind u. a. geeignete Prozesse zur Identifizierung, Beurteilung, Steuerung sowie Überwachung und Kommunikation der Adressenausfallrisiken einzurichten (→ AT 4.1 Tz. 3). Insbesondere hat das Institut durch geeignete Maßnahmen sicherzustellen, dass die Adressenausfallrisiken unter Berücksichtigung der Risikotragfähigkeit begrenzt werden können. Die Risikotragfähigkeit ist also auch die maßgebliche Orientierungsgröße für die Ausgestaltung der Prozesse in der Kreditrisikosteuerung und im Kreditrisikocontrolling.

Auf Basis der Risikotragfähigkeit wird bei der Festlegung der Risikostrategie zunächst für alle **59** wesentlichen Risiken der »Risikoappetit« festgelegt (→ AT 4.2 Tz. 2), d.h. die maximale Höhe des zur Risikoabsicherung dienenden Anteils am Risikodeckungspotenzial (Risikodeckungsmasse). Anschließend erfolgt die Risikolimitierung bzw. die damit verbundene Allokation der Risikodeckungsmasse auf die einzelnen Unternehmensbereiche bzw. Risikoarten. Im Kern geht es darum, die Adressenausfallrisiken auf sachgerechte Weise zu messen und insbesondere mit Hilfe geeigneter kreditnehmer-/portfoliobezogener Limite so zu begrenzen, dass die Risikotragfähigkeit weiterhin gegeben ist. Für die Begrenzung der Risikokonzentrationen auf gesamtgeschäftsbezogener Ebene sind neben Limit- oder Ampelsystemen alternativ auch andere Vorkehrungen zulässig (→ BTR 1 Tz. 6). Das Ziel für ein Institut besteht letztlich darin, die risikoadjustierte Rendite der Gesamtbank zu maximieren. Hierzu werden bewusst bestimmte Risiken eingegangen.

Zur Begrenzung der Adressenausfallrisiken müssen die Institute im Rahmen der quantitativen **60** Bankenaufsicht daneben auch die Vorgaben der CRR beachten. Durch die entsprechend der CRR ermittelten Kapitalanforderungen werden aus bankaufsichtlicher Sicht grundsätzlich die so genannten »erwarteten Verlustbeträge« in Abhängigkeit von der gewählten Methode abgedeckt. Zur Absicherung gegen die so genannten »erwarteten Verluste« müssen die Institute entsprechende Risikoprämien vereinnahmen und eine nach handelsrechtlichen Vorschriften hinreichende Risikovorsorge bilden (→ BTO 1.2.6).[50]

61   Die »unerwarteten Verluste« sind vornehmlich Gegenstand des Risikotragfähigkeitskonzeptes. Sowohl die EZB als auch die deutschen Aufsichtsbehörden erwarten von den Instituten, hinsichtlich der wesentlichen Risiken erwartete und unerwartete Verluste zu identifizieren und zu quantifizieren. Auf die Abbildung erwarteter Verluste auf der Risikoseite kann allerdings verzichtet werden, sofern sie bei der Bestimmung des Risikodeckungspotenzials auf der Kapitalseite berücksichtigt werden.[51] Diese Vorgehensweise entspricht der Anforderung der CRD, wonach jene Risiken nach dem Risikotragfähigkeitskonzept der zweiten Säule mit internem Kapital unterlegt werden müssen, die nach den Vorgaben der CRR in der ersten Säule nicht oder nicht hinreichend durch regulatorisches Kapital abgedeckt sind. Die EBA bezieht diese Vorgabe in ihren Leitlinien zum SREP auf die Einzelrisiken (»on a risk-by-risk basis«), so dass die Kapitalanforderungen der ersten Säule für die dort behandelten Risikoarten jeweils als Untergrenze in die Kapitalfestsetzung der zweiten Säule eingehen (»Säule-1-Plus-Ansatz«).[52]

2.2   Verfahren zur Steuerung der Adressenausfallrisiken

62   Die Steuerung der Adressenausfallrisiken beginnt mit der Festlegung der Risikostrategie. Diese hat die Ziele der Risikosteuerung der wesentlichen Geschäftsaktivitäten sowie die Maßnahmen zur Erreichung dieser Ziele zu umfassen, wobei auch der Begrenzung von Risikokonzentrationen angemessen Rechnung zu tragen ist. Denkbar ist auch eine separate Teilstrategie hinsichtlich der Adressenausfallrisiken. Insbesondere ist für alle wesentlichen Risiken, also auch für die Adressenausfallrisiken, der Risikoappetit des Institutes festzulegen (→ AT 4.2 Tz. 2).

63   Die Risikosteuerung kann methodisch in einen passiven und einen aktiven Teil aufgeteilt werden. Während im Rahmen der passiven Risikosteuerung bewusst bestimmte Risiken eingegangen werden, die durch die Vereinbarung von Risikoprämien (→ BTO 1.2 Tz. 9) bzw. die Bildung einer ausreichenden Risikovorsorge (→ BTO 1.2.6) abgedeckt werden, geht es bei der aktiven Risikosteuerung vor allem darum, besonders risikobehaftete Aktivitäten von vornherein zu vermeiden bzw.

---

50 Bei Verwendung eines IRB-Ansatzes (IRBA) sind die bankaufsichtlichen Vorgaben der CRR relativ komplex. So wird der erwartete Verlustbetrag einer IRBA-Risikoposition laut Art. 158 Abs. 5 Satz 1 CRR als Produkt aus dem erwarteten Verlust (»Expected Loss«, EL) und dem IRBA-Risikopositionswert gemäß Art. 166 bis 168 CRR ermittelt. Der erwartete Verlust wird dabei grundsätzlich aus dem Produkt von prognostizierter Ausfallwahrscheinlichkeit (»Probability of Default«, PD) und prognostizierter Verlustquote bei Ausfall (»Loss Given Default«, LGD) gebildet. Sofern allerdings für eine IRBA-Risikoposition in den Forderungsklassen Zentralstaaten, Zentralbanken, Institute, Unternehmen oder Mengengeschäft eine selbstgeschätzte Verlustquote bei Ausfall verwendet wird und für diese IRBA-Risikoposition ein Ausfall des Schuldners eingetreten ist, muss laut Art. 158 Abs. 5 Satz 2 CRR jene erwartete Verlustrate verwendet werden, die als beste Schätzung der unter Berücksichtigung der aktuellen wirtschaftlichen Situation, des Forderungsstatus und des Anstieges der Verlustquote infolge möglicher zusätzlicher unerwarteter Verluste während des Verwertungszeitraumes, d.h. zwischen dem Ausfallzeitpunkt und der endgültigen Abwicklung der Forderung, zu erwartenden Verluste für diese IRBA-Risikoposition ermittelt wird. Die auf diese Weise ermittelten erwarteten Verlustbeträge werden gemäß Art. 159 CRR anschließend von den für die entsprechenden IRBA-Risikopositionen vorgenommenen allgemeinen und spezifischen Kreditrisikoanpassungen und zusätzlichen Wertberichtigungen gemäß Art. 34 CRR (Bewertungsanpassungen bei Handelsbuchpositionen) und Art. 110 CRR (Kreditrisikoanpassungen) sowie weiteren Verringerungen der Eigenmittel abgezogen. Abschläge auf zum Zeitpunkt des Ankaufs bereits ausgefallene bilanzielle Risikopositionen im Sinne des Art. 166 Abs. 1 CRR werden behandelt wie Kreditrisikoanpassungen. Spezifische Kreditrisikoanpassungen für ausgefallene Risikopositionen werden nicht zur Deckung der bei anderen Risikopositionen erwarteten Verlustbeträge verwendet. Die bei verbrieften Forderungen erwarteten Verlustbeträge sowie die für diese Risikopositionen vorgenommenen allgemeinen und spezifischen Kreditrisikoanpassungen werden nicht in diese Berechnung einbezogen.

51 Vgl. Europäische Zentralbank, Leitfaden der EZB für den bankinternen Prozess zur Sicherstellung einer angemessenen Kapitalausstattung (Internal Capital Adequacy Assessment Process – ICAAP), 9. November 2018, S. 21; Bundesanstalt für Finanzdienstleistungsaufsicht/Deutsche Bundesbank, Aufsichtliche Beurteilung bankinterner Risikotragfähigkeitskonzepte und deren prozessualer Einbindung in die Gesamtbanksteuerung (»ICAAP«) – Neuausrichtung, Leitfaden vom 24. Mai 2018, S. 14f.

52 Vgl. European Banking Authority, Guidelines on common procedures and methodologies for the supervisory review and evaluation process (SREP) and supervisory stress testing, EBA/GL/2014/13, Consolidated version, 19. Juli 2018, S. 133.

die erwarteten Auswirkungen der kreditnehmerbezogenen und gesamtgeschäftsbezogenen Risiken durch geeignete Gegensteuerungsmaßnahmen zu begrenzen (→ AT 4.3.2 Tz. 4).

In den MaRisk wird zwar nicht zwischen den aktiven und passiven Steuerungsarten unterschieden, allerdings zwischen der kreditnehmer- und der gesamtgeschäftsbezogenen Risikosteuerung. Zudem verweist die deutsche Aufsicht darauf, dass die Geschäftsleitung mit der Festlegung des Risikoappetits eine bewusste Entscheidung darüber trifft, in welchem Umfang sie bereit ist, Risiken einzugehen. Dafür kommen rein quantitative Vorgaben, die z. B. in der Strenge der Risikomessung, den Globallimiten oder der Festlegung von Puffern für bestimmte Stressszenarien zum Ausdruck kommen, ebenso infrage wie qualitative Vorgaben, wie z. B. Festlegungen zur Besicherung von Krediten oder zur Vermeidung bestimmter Geschäfte (→ AT 4.2 Tz. 2, Erläuterung). **64**

2.2.1 Maßnahmen zur Begrenzung der kreditnehmerbezogenen Risiken

Voraussetzung für eine wirksame kreditnehmerbezogene Risikosteuerung ist eine durchgängige kreditnehmerbezogene Limitvergabe sowie die unverzügliche Anrechnung der Geschäfte auf diese Limite, deren Einhaltung regelmäßig überwacht werden muss (→ BTR 1 Tz. 5). Zum Begriff »unverzüglich« wurde bereits ausgeführt, dass sich die Umsetzung an den jeweils zugrunde liegenden Prozessen orientiert und insofern mit dem Rechtsbegriff »ohne schuldhaftes Zögern« übersetzen lässt. Kreditgeschäfte dürfen ohne kreditnehmerbezogenes Limit nicht abgeschlossen werden, wobei das kreditnehmerbezogene Limit im Sinne der MaRisk mit dem Kreditbeschluss gleichgesetzt wird (→ BTR 1 Tz. 2). Für Handelsgeschäfte müssen grundsätzlich Kontrahentenlimite (→ BTR 1 Tz. 3) und Emittentenlimite (→ BTR 1 Tz. 4) eingerichtet werden. **65**

Zur Behandlung von Limitüberschreitungen hat das Institut ein der internen Kompetenzordnung entsprechendes Verfahren einzurichten, wobei in Abhängigkeit vom Risikogehalt der Geschäfte auf der Grundlage klarer Vorgaben eine vereinfachte Umsetzung der organisatorischen Anforderungen möglich ist (→ BTO 1.2 Tz. 10). Die Limitüberwachung ist eng mit der Festlegung von Obergrenzen in Abhängigkeit vom Nominalbetrag, vom Blankoanteil oder von der jeweiligen Risikobewertung des Kreditnehmers verbunden. Limitüberschreitungen und die deswegen ggf. getroffenen Maßnahmen sind festzuhalten. Ab einer unter Risikogesichtspunkten festgelegten Höhe sind Überschreitungen von Kontrahenten- und Emittentenlimiten den zuständigen Geschäftsleitern sogar täglich anzuzeigen (→ BTR 1 Tz. 5). **66**

Weitere denkbare Maßnahmen zur Risikobegrenzung sind u. a. die Hereinnahme geeigneter Sicherheiten, die risikogerechte Preisgestaltung (→ BTO 1.2 Tz. 9), die bedarfsgerechte Risikovorsorge durch Einzelwertberichtigungen (→ BTO 1.2.6), die Risikoreduzierung durch die Beteiligung an Konsortialgeschäften oder die Nutzung von Möglichkeiten zum Kreditpooling in den kreditwirtschaftlichen Verbünden (→ BTR 1 Tz. 6). Auch eine Ablehnung von Kreditanträgen, z. B. aufgrund einer schlechten Risikoeinstufung, eines ungenügenden zukünftigen Cashflows oder der nicht möglichen Durchsetzbarkeit von vorgegebenen Risikomargen, ist Bestandteil der aktiven Risikosteuerung. In diesem Zusammenhang könnte z. B. die Festlegung eines so genannten »Cut-off-Points«, mit dessen Hilfe auf Basis klarer Regeln die »guten« von den »schlechten« Kunden getrennt werden, als Entscheidungsgrundlage für Kreditvergaben dienen. Darüber hinaus ist denkbar, die Kreditverträge so auszugestalten, dass bei Vorliegen risikorelevanter Sachverhalte die Konditionen angepasst oder die Sicherheiten verstärkt werden können. Diese Maßnahmen stoßen jedoch häufig an praktische Grenzen. **67**

2.2.2 Einsatz von Kreditderivaten und Verbriefungen

68 Mit Hilfe von Kreditderivaten werden Adressenausfallrisiken vom Institut (»Sicherungsnehmer«) gegen Zahlung einer Prämie auf einen Dritten (»Sicherungsgeber«) übertragen, ohne den Kreditnehmer in diesen Transfer einzubeziehen. Es existieren verschiedene Arten von Kreditderivaten, die sich vor allem dahingehend unterscheiden, aus welchem Anlass, in welcher Höhe sowie zu welchen Zeitpunkten Zahlungen zwischen Sicherungsgeber und Sicherungsnehmer erfolgen. Im Rahmen von Verbriefungstransaktionen werden vom Institut (»Originator«) in geeigneter Weise besicherte und bestimmten Anforderungen genügende Forderungen i.d.R. an eine eigens dafür gegründete Zweckgesellschaft (»Special Purpose Vehicle«, SPV) veräußert. Die Zweckgesellschaft refinanziert den Ankauf der auf diese Weise »verbrieften« Forderungen mit Hilfe von Spezialisten für die Strukturierung von Verbriefungstransaktionen (»Arranger«), indem sie am Kapitalmarkt Wertpapiere emittiert. Der Einsatz von Kreditderivaten und die Platzierung von Kreditrisiken am Kapitalmarkt durch Forderungsverbriefungen dienen der Risikoreduzierung im Bankportfolio.

69 In diesen Fällen sollte allerdings sorgfältig geprüft werden, ob diese Geschäfte auch beherrscht werden können und im Zweifel nicht zusätzliche Risiken hereingeholt werden. Während der Finanzmarktkrise sind einige Institute durch ein übermäßiges Engagement im Verbriefungsgeschäft in den Ruin getrieben worden. In der Konsequenz wurden die Vorgaben für die Kreditbearbeitung explizit auf Positionen ausgeweitet, die Gegenstand von Verbriefungen sein sollen (→ AT 2.3 Tz. 1). Damit soll insbesondere verhindert werden, dass besonders risikobehaftete Kredite ohne eine solide Kreditprüfung herausgereicht werden, weil sie durch die geplante Verbriefung ohnehin nicht in den eigenen Büchern verbleiben (»Originate-to-distribute-Modell«). Zudem müssen der Originator, Sponsor oder ursprüngliche Kreditgeber einer Verbriefung nach Art. 6 Abs. 1 der seit dem 1. Januar 2019 geltenden europäischen Verbriefungsverordnung[53] kontinuierlich einen materiellen Nettoanteil von mindestens 5 Prozent an der Verbriefung behalten. Wenn sie sich untereinander nicht darüber einigen sollten, wer diesen Nettoanteil hält, muss dies der Originator tun. Die Vorschriften über den Selbstbehalt dürfen bei einer Verbriefung nicht mehrfach zur Anwendung gebracht werden. Der materielle Nettoanteil darf nicht auf Träger unterschiedlicher Art aufgeteilt werden und nicht Gegenstand von Maßnahmen der Kreditrisikominderung oder -absicherung sein. Mit der Verbriefungsverordnung wurden nicht nur die Regelungen zum Selbstbehalt vereinheitlicht, sondern insgesamt gleiche Rahmenbedingungen für alle Beteiligten geschaffen. Außerdem werden Kriterien für eine Zertifizierung von besonders hochwertigen Verbriefungen vorgegeben, die als »einfache, transparente und standardisierte Verbriefungen« (STS-Verbriefungen) bezeichnet und bei der Eigenkapitalunterlegung begünstigt werden. Diese Verordnung ist auch auf Basis der Vorschläge von der EBA[54] zwischenzeitlich überarbeitet worden.[55]

53 Verordnung (EU) 2017/2402 (Verbriefungsverordnung) des Europäischen Parlaments und des Rates vom 12. Dezember 2017 zur Festlegung eines allgemeinen Rahmens für Verbriefungen und zur Schaffung eines spezifischen Rahmens für einfache, transparente und standardisierte Verbriefung und zur Änderung der Richtlinien 2009/65/EG, 2009/138/EG, 2011/61/EU und der Verordnung (EG) Nr. 1060/2009 und (EU) Nr. 648/2012, Amtsblatt der Europäischen Union vom 28. Dezember 2017, L 347/35–80.

54 European Banking Authority, EBA Final Draft Regulatory Technical Standards – Specifying the requirements for originators, sponsors and original lenders relating to risk retention pursuant to Article 6(7) of Regulation (EU) 2017/2402, EBA/RTS/2018/01, 31. Juli 2018; European Banking Authority, EBA Final Draft Regulatory Technical Standards on the homogeneity of the underlying exposures in securitisation under Articles 20(14) and 24(21) of Regulation (EU) No 2017/2402 laying down a general framework for securitisation and creating a specific framework for simple, transparent and standardised securitization, EBA/RTS/2018/02, 31. Juli 2018; European Banking Authority, Opinion of the European Banking Authority to the European Commission on the Regulatory Treatment of Non-Performing Exposure Securitisations, EBA-Op-2019-13, 23. Oktober 2019; European Banking Authority, Report on STS Framework for Synthetic Securitisation under Article 45 of Regulation (EU) 2017/2402, EBA/OP/2020/07, 6. Mai 2020.

55 Verordnung (EU) 2021/557 des Europäischen Parlaments und des Rates vom 31. März 2021 zur Änderung der Verordnung (EU) 2017/2402 zur Festlegung eines allgemeinen Rahmens für Verbriefungen und zur Schaffung eines spezifischen Rahmens für einfache, transparente und standardisierte Verbriefung mit dem Ziel, die Erholung von der COVID-19-Krise zu fördern, Amtsblatt der Europäischen Union vom 6. April 2021, L 116/1–24.

2.3 Berücksichtigung von Risikokonzentrationen

Eine Definition von »Risikokonzentrationen« findet sich an anderer Stelle (→ BTR, Einführung). **70**
Auf die Berücksichtigung von Risikokonzentrationen im Zusammenhang mit Adressenausfall-
risiken wird von der deutschen Aufsicht besonders hingewiesen (Risikokonzentrationen im
Kreditgeschäft). Hierbei handelt es sich um Adressen- und Sektorkonzentrationen, regionale
Konzentrationen und sonstige Konzentrationen im Kreditgeschäft, die relativ gesehen zum Risikodeckungspotenzial zu erheblichen Verlusten führen können. Beispielhaft wird auf Konzentratio-
nen nach Kreditnehmern, Produkten oder Underlyings strukturierter Produkte, nach Branchen,
Verteilungen von Engagements auf Größen- und Risikoklassen, Sicherheiten, ggf. Ländern und
sonstige hoch korrelierte Risiken verwiesen (→ BTR 1 Tz. 1, Erläuterung). Dabei werden auch die
Vorgaben aus Art. 81 CRD IV aufgegriffen, wonach die zuständigen Behörden sicherstellen
müssen, dass das »Konzentrationsrisiko«, das aus den Risikopositionen gegenüber jeder einzelnen
Gegenpartei inkl. zentraler Gegenparteien, gegenüber Gruppen verbundener Gegenparteien und
gegenüber Gegenparteien, die aus demselben Wirtschaftszweig oder derselben Region stammen
oder aus denselben Tätigkeiten oder Waren, aus dem Einsatz von Kreditrisikominderungstechniken und insbesondere aus großen indirekten Kreditrisiken (z. B. wenn nur die Wertpapiere eines
einzigen Emittenten als Sicherheit dienen) erwächst, u. a. mittels schriftlicher Grundsätze und
Verfahren erfasst und gesteuert wird. Der Baseler Ausschuss für Bankenaufsicht hatte bereits
Limite für besondere Industriezweige oder Wirtschaftsbereiche, geografische Gebiete und besondere Produkte gefordert.[56] Die EBA erwartet eine Beurteilung der Kreditkonzentrationen auf
einzelne Adressen, der sektoralen und geografischen Konzentrationen, der Produktkonzentrationen und der Konzentrationen auf eine bestimmte Art von Sicherheiten und Garantien.[57]

Im Kreditgeschäft können sich Risikokonzentrationen also zum einen aus der Kreditgewährung **71**
an große oder miteinander verbundene Kreditnehmer ergeben. Zum anderen können Risikokonzentrationen in diesem Bereich auch dadurch entstehen, dass Kredite an Gruppen von Kreditnehmern ausgereicht werden, deren Ausfallrisiko von gemeinsamen Faktoren (z. B. Branche, Region,
Geschäftsart, Produkt, Risikominderungstechnik) beeinflusst wird. Die Institute sollten Risikokonzentrationen in Bezug auf das Kreditrisiko präzise und praktikabel definieren.[58]

Zur Begrenzung von Risikokonzentrationen muss ein Institut demzufolge seine Kreditnehmer, **72**
deren Zuordnung in sektoraler oder geografischer Hinsicht und deren Beziehungen untereinander
einordnen und laufend überwachen. Die Einordnungskriterien werden nicht vorgegeben und
hängen von den institutsspezifischen Gegebenheiten ab. Während die Konzentration auf einzelne
Kreditnehmer bzw. Kreditnehmereinheiten bereits seit langer Zeit durch entsprechende Vorschriften
(KWG, GroMiKV) eingeschränkt wird, bestanden zur Begrenzung gesamtgeschäftsbezogener Konzentrationen zunächst keine verbindlichen bankaufsichtlichen Vorschriften.[59] Derartige Risiken
waren in der Vergangenheit jedoch maßgeblich für bedeutende Ausfälle verantwortlich. Demzufolge
überwiegt das Risiko aus Sektorkonzentrationen, d. h. Konzentrationen auf bestimmte Länder,
Regionen, Branchen bzw. Industriesektoren, i. d. R. das Risiko aus Adressenkonzentrationen.[60]

---

56 Vgl. Basel Committee on Banking Supervision, Principles for the Management of Credit Risk, BCBS 75, 27. September 2000,
   S. 11.
57 Vgl. European Banking Authority, Guidelines on common procedures and methodologies for the supervisory review and
   evaluation process (SREP) and supervisory stress testing, EBA/GL/2014/13, Consolidated version, 19. Juli 2018, S. 77 f.
58 Vgl. Committee of European Banking Supervisors, Revised Guidelines on the management of concentration risk under the
   supervisory review process (GL 31), 2. September 2010, S. 13.
59 Aus § 25 Abs. 3 KWG leitet sich lediglich ein Meldeerfordernis von Auslandskreditvolumina für bestimmte Länder ab.
   Gemäß § 25 Abs. 1 Satz 2 KWG hat ein Kreditinstitut unverzüglich einmal jährlich zu einem von der BaFin festgelegten
   Stichtag der Deutschen Bundesbank Informationen zu seiner Risikotragfähigkeit nach § 25a Abs. 1 Satz 3 und zu den
   Verfahren nach § 25a Abs. 1 Satz 3 Nummer 2 (Risikotragfähigkeitsinformationen) einzureichen. Dabei spielen implizit
   auch Risikokonzentrationen eine Rolle.
60 Vgl. Düllmann, Klaus, Messung von Konzentrationsrisiken in Kreditportfolios im Rahmen der Baseler Säule II, Vortrag im
   Rahmen des Bundesbank Symposium 2006 »Bankenaufsicht im Dialog«, 5. Juli 2006.

73   Mittlerweile wird die Geschäftsleitung in die Pflicht genommen, laut § 25c Abs. 4a Nr. 2 lit. b KWG im Rahmen der Risikoinventur auch Risikokonzentrationen zu berücksichtigen sowie nach § 25c Abs. 4a Nr. 3 lit. c KWG die Risikosteuerungs- und -controllingprozesse auch auf Risikokonzentrationen zu beziehen. Vergleichbare Anforderungen gelten für die Gruppenebene. Im Rahmen der sechsten MaRisk-Novelle ist der Hinweis ergänzt worden, dass sowohl bei der turnusmäßigen Risikoberichterstattung an die Geschäftsleitung als auch bei der Information des Aufsichtsorgans über die Risikosituation durch die Geschäftsleitung die vorhandenen Risikokonzentrationen berücksichtigt werden müssen (→ AT 4.3.2 Tz. 3).

74   Die Aufsichtsbehörden müssen wiederum das Ausmaß, in dem ein Institut Risikokonzentrationen ausgesetzt ist, und deren institutsinterne Steuerung im Rahmen des aufsichtlichen Überprüfungs- und Bewertungsprozesses (»Supervisory Review and Evaluation Process«, SREP) gemäß § 6b Abs. 2 Satz 2 Nr. 3 KWG berücksichtigen. Laut § 45 Abs. 1 Nr. 2 KWG können sie im Falle von Beanstandungen auch Maßnahmen zur besseren Abschirmung oder Reduzierung von Risikokonzentrationen anordnen, die u. a. auf den Ausstieg aus einzelnen Geschäftsbereichen oder die Abtrennung von Instituts- und Gruppenteilen hinauslaufen.

75   Risikokonzentrationen müssen identifiziert sowie mit Hilfe geeigneter Verfahren gesteuert und überwacht werden (→ BTR 1 Tz. 6). Bei der Beurteilung der Risikotragfähigkeit können sie als Bestandteil der klassischen Risikoarten implizit berücksichtigt werden und müssen insofern nicht gesondert mit Risikokapital unterlegt werden (→ AT 4.1 Tz. 1).[61] Beispiele für Intra- und Inter-Risikokonzentrationen werden an anderer Stelle erläutert (→ BTR, Einführung). Im Folgenden wird näher auf die speziellen Risikokonzentrationen im Kreditgeschäft eingegangen.

2.3.1   Konzentrationen auf bestimmte Branchen oder Industriesektoren

76   Branchenkonzentrationen bzw. Konzentrationen auf bestimmte Industriesektoren, die ein bedrohliches Ausmaß annehmen können, entstehen häufig dann, wenn vorrangig auf Marktanteile fixierte Institute umsatzstarke und sehr schnell wachsende Industriezweige identifizieren und allzu optimistische Annahmen über deren Zukunftsaussichten treffen.[62] Unabhängig davon können insbesondere Institute, die als Nischenanbieter oder Spezialfinanzierer aufgrund einer besonderen Expertise in bestimmten Branchen ihre Geschäftsaktivitäten vergleichsweise engagiert betreiben, von Marktverwerfungen besonders stark betroffen sein. In den vergangenen Jahren hatten einige Institute z. B. mit der Immobilienfinanzierung und der Schiffsfinanzierung erhebliche Probleme. Überdurchschnittliche Anteile einzelner Branchen können die Risikotragfähigkeit eines Institutes in Abhängigkeit von der konjunkturellen Situation negativ beeinflussen. Erholt sich eine angeschlagene Branche auch über einen längeren Zeitraum nicht nachhaltig, kann das für die betreffenden Institute existenzgefährdend sein. Da die Institute durch geeignete Maßnahmen und unter Berücksichtigung der Risikotragfähigkeit sicherstellen müssen, dass die Adressenausfallrisiken begrenzt werden (→ BTR 1 Tz. 1), ist z. B. die Festlegung von Branchenlimiten in der Risikostrategie denkbar (→ AT 4.2 Tz. 2).

77   Ausführungen zum Umgang mit dem Branchenrisiko werden bereits an anderer Stelle gemacht (→ BTO 1.2 Tz. 5). Die Beurteilung der Branchenrisiken erfolgt i. d. R. im Rahmen der Adressenrisikobewertung mit Hilfe eines Risikoklassifizierungsverfahrens oder auf Basis geeigneter Kredit-Portfoliomodelle. Problematisch bei deren Steuerung und Überwachung ist neben den mangelnden Vorhersagemöglichkeiten zur Entwicklung einzelner Branchen die oftmals nicht eindeutig

---

61 Vgl. Hofer, Markus, MaRisk: Erneute Überarbeitung vor dem Hintergrund internationaler Standards, in: BaFinJournal, Ausgabe Januar 2011, S. 8.

62 Vgl. Basel Committee on Banking Supervision, Principles for the Management of Credit Risk, BCBS 75, 27. September 2000, S. 23.

mögliche Zuordnung eines Kreditnehmers, da viele Unternehmen nicht nur in einer einzigen Branche tätig sind. Darüber hinaus ist auch die Zuordnung bestimmter Sektoren zu einer Branche nicht immer klar. Abhilfe schafft die Beschränkung auf bestimmte Kernbranchen, die z. B. auch die von der Entwicklung dieser Branche abhängigen Unternehmen enthalten, wodurch gleichzeitig der Überwachungsaufwand reduziert werden könnte. Die Überwachung der Branchenverteilung kann dann mittels absoluter oder auf das Gesamtportfolio bezogener relativer Kreditvolumina erfolgen.

2.3.2 Konzentrationen auf bestimmte Länder oder Regionen

Ausführungen zum Länderrisiko wurden bereits an anderer Stelle gemacht (→ BTR 1, Einführung und BTO 1.2 Tz. 5). Die grenzüberschreitenden Krisen haben in den vergangenen Jahren verdeutlicht, wie stark sich Marktstörungen eines Landes auf abhängige Märkte anderer Länder auswirken können. Hierzu trägt die Globalisierung der Finanzmärkte entscheidend bei. Davon unabhängig muss den Kreditspezialisten jederzeit klar sein, wie sich die länderspezifischen Faktoren auf die Durchsetzbarkeit von Kreditvereinbarungen oder die Verwertbarkeit von Sicherheiten auswirken können. Die Institute sollten ihr Engagement in diesbezüglichen Problemländern von vornherein auf ein vertretbares Maß begrenzen. Bei der Beurteilung der Länderrisiken kann auf externe Quellen, also z. B. von externen Ratingagenturen erstellte Länderratings, zurückgegriffen werden (→ BTO 1.2 Tz. 6). **78**

Darüber hinaus kann bereits eine starke regionale Konzentration von Kreditaktivitäten, die z. B. bei Sparkassen oder Genossenschaftsbanken aufgrund der Verbundstrukturen häufig geschäftspolitisch vorgegeben ist (Regionalprinzip), Risiken in sich bergen. So könnte z. B. der Ausfall eines bedeutenden Arbeitgebers in einer eher strukturschwachen Wirtschaftsregion dramatische Auswirkungen auf die ganze Region haben und eine Kettenreaktion von Kreditausfällen auslösen. Diesem Problem kann z. B. durch Diversifikationsmaßnahmen innerhalb des Verbundes begegnet werden. **79**

2.3.3 Konzentrationen auf bestimmte Größen- und Risikoklassen

Durch die Überwachung der Verteilungen der Engagements auf bestimmte Größenklassen sollen volumenmäßige Konzentrationen von direkten oder indirekten Krediten an Einzelkreditnehmer oder Kontrahenten bzw. an eine Gruppe von verbundenen Kontrahenten in geeigneter Weise in die Betrachtung einbezogen werden. Dieser Aspekt spielt auch im Zusammenhang mit der Überwachung der Einhaltung der kreditnehmerbezogenen Limite eine Rolle (→ BTR 1 Tz. 5). Wenngleich zur Begrenzung bzw. Überwachung derartiger Konzentrationen bereits entsprechende Vorschriften existieren, wie etwa die Großkreditvorschriften in Art. 387 bis 403 CRR, die Millionenkreditvorschriften in § 14 KWG oder die ergänzende Groß- und Millionenkreditverordnung (GroMiKV), werden institutsintern in Abhängigkeit von der jeweiligen Geschäftsart zum Teil auf den Kreditnehmer bzw. die Kreditnehmereinheit bezogene abweichende Obergrenzen für den Nominalbetrag oder alternativ für den Blankoanteil des Gesamtengagements festgelegt, die unterhalb der Großkreditgrenzen liegen. **80**

Demgegenüber hat die Überwachung der Verteilungen der Engagements auf bestimmte Risikoklassen die Kreditnehmer mit einem tendenziell hohen Adressenausfallrisiko im Fokus, die insofern auch potenzielle Kandidaten für die Intensivbetreuung (→ BTO 1.2.4) oder die Problemkreditbearbeitung (→ BTO 1.2.5) sind. Eine lückenlose Überwachung und Steuerung derartiger **81**

Risikokonzentrationen ist vor allem dann problemlos möglich, wenn zur Beurteilung des Adressenausfallrisikos durchgängig Risikoklassifizierungsverfahren verwendet werden.

2.3.4 Sonstige Risikokonzentrationen

82 Risikokonzentrationen ergeben sich z.B. auch bei einer großen Anzahl von Krediten mit der gleichen Laufzeitstruktur oder Besicherungsart. Beide Aspekte spielen z.B. in der Immobilienfinanzierung eine große Rolle, die i.d.R. mit langfristigen Zinsfestschreibungszeiträumen verbunden ist und deren Absicherung fast ausschließlich mittels Grundschulden erfolgt. Unter dem Zusammenbruch des Immobilienmarktes in den ostdeutschen Bundesländern Mitte der neunziger Jahre hatten einige regional ausgerichtete Institute noch Jahre später zu leiden, da aufgrund der langen Laufzeiten der Finanzierungen keine Möglichkeit zur schnellen Rückführung der Volumina in diesem Geschäftsfeld bestand, während die Zahl der Kreditausfälle weiter zu- und der Wert der Sicherheiten gleichzeitig dramatisch abnahm. Derzeit gibt die Entwicklung der Immobilienpreise aufgrund des anhaltenden Niedrigzinsniveaus erneut Anlass zur Sorge. Sollte es auf absehbare Zeit zu einem Preisverfall in einer relevanten Größenordnung kommen, würden sich die Risiken in diesem Segment allein durch den damit verbundenen Einbruch der Werthaltigkeit der zugehörigen Immobiliensicherheiten schlagartig erhöhen.

2.4 Portfoliobetrachtung und Value-at-Risk

83 Für eine sachgerechte Kreditrisikosteuerung ist die Ausnutzung von Diversifikationseffekten im Portfoliozusammenhang sinnvoll. Ziel der Portfoliomodellierung ist die Bestimmung der Verlustverteilung eines Kreditportfolios. Die Portfoliosegmente (Bonitätsstruktur, Sicherheitenstruktur, Volumenklassen, Laufzeitstruktur, Branchen- und regionale Konzentration etc.) werden mittels geeigneter Parameter auf ihre Ausfallraten und bestehende Korrelationen untersucht. Im Ergebnis werden Standard-Risikokosten zur Abbildung der erwarteten Verluste, der Value-at-Risk zur Quantifizierung der unerwarteten Verluste sowie letztlich die Verlustverteilung des Portfolios ermittelt. Hieraus ergeben sich die erforderliche Risikokapitalunterlegung für das Kreditportfolio sowie die nötigen Parameter für die Einrichtung eines Ausfallrisiko-Limitsystems.

84 In Bezug auf die Bestimmung des Value-at-Risk im Kreditportfolio als Maß für den unerwarteten Verlust (Credit-VaR) wird im Wesentlichen zwischen der kontinentaleuropäischen Methode auf Basis von erwarteten Ausfallraten (»Default Rates«) und der angelsächsischen Methode auf Basis von bonitätsbedingten Marktwertänderungen (»Rating Migrations«) unterschieden. Bei Verwendung von »Default Rates« werden die Abweichungen der geplanten Standard-Risikokosten, gemessen an den erwarteten Kreditausfällen, von den Ist-Risikokosten, gemessen an den tatsächlichen Kreditausfällen, ermittelt. Das als einfache Differenz aus diesen Kosten berechnete Risikoergebnis gibt an, inwieweit die kalkulierten Risikoprämien mit den ex post zu verzeichnenden Ist-Risikokosten übereinstimmen. Die Schwankungen des Risikoergebnisses können dann in eine Wahrscheinlichkeitsaussage überführt werden. Im Rahmen dieses Verfahrens führt nicht jede Bonitätsverschlechterung zu Konsequenzen. Bei Nutzung von »Rating Migrations« wird der aufgrund von Bonitätsverschlechterungen einzelner Kredite mit einer bestimmten Wahrscheinlichkeit eintretende Wertverlust des Kreditportfolios gemessen. Mittels Migrationsmatrizen bzw. Wanderungsmatrizen kann die Übergangswahrscheinlichkeit sämtlicher Ratingeinstufungen dargestellt werden, bis hin zum Ausfall des Kontrahenten. Die »Rating Migrations« sind somit ein Maß für die Veränderung der Kreditqualität des Kontrahenten.

Die Adressenausfallrisikomessung auf Portfolioebene erfolgt insbesondere bei größeren Institu- **85** ten i.d.R. auf Basis anspruchsvoller Kreditrisikomodelle, wie z.B. CreditMetrics (J. P. Morgan, 1997), CreditPortfolioView (McKinsey, 1997), CreditRisk + (Credit Suisse, 1997) oder KMV (Kealhofer/McQuoan/Vasiček, 1999). Konzeptionelle Unterschiede zwischen diesen etablierten Modellen, die sich alle der Annahme bedingt unabhängiger Ausfall- oder Migrationsereignisse bedienen, bestehen hinsichtlich der abgebildeten Aspekte des Adressenausfallrisikos, der zugrunde gelegten Verteilungsannahmen für die Anzahl der Ausfälle und der Verlusthöhe bei Ausfall. Neben den Positionsdaten wird je nach Modell eine Vielzahl verschiedener Parameter benötigt, wie Ausfall- und Migrationswahrscheinlichkeiten, Verlusthöhen bei Ausfall und deren Verteilungsparameter, Cashflow-Strukturen der einzelnen Positionen, risikoadäquate Diskontierungszinssätze und Korrelationsparameter. Diese Eingabedaten bedürfen einer sachgerechten Schätzung. Obwohl einige dieser Daten aus komplexen Vorverarbeitungssystemen bezogen werden können, ist die Datenbasis für viele Institute das größte Hindernis auf dem Weg zu einer sachgerechten Modellanwendung. Hinsichtlich der Schätzung der auch für IRB-Verfahren erforderlichen Parameter war die Mehrheit der deutschen Institute vor einigen Jahren am weitesten fortgeschritten. Die größte Herausforderung bestand wegen der erforderlichen Länge der Zeitreihen bei der Bestimmung der aus Ausfalldaten zu schätzenden Korrelationsparameter.[63]

2.5 Verwendung interner Modelle

Die Verwendung interner Modelle für die Zwecke der regulatorischen Eigenkapitalunterlegung ist **86** seit Jahren immer wieder umstritten. Zwar war dies seit 1996 (für Marktpreisrisiken) bzw. 2004 (für Adressenausfallrisiken und operationelle Risiken) grundsätzlich möglich. Allerdings sind bei Untersuchungen zu den Berechnungen für vorgegebene Beispielportfolios sehr unterschiedliche Ergebnisse festgestellt worden. Wenngleich die teilweise gravierenden Abweichungen vor allem auf wenige Ausreißer zurückzuführen waren und durch zusätzliche Regulierungsmaßnahmen deutlich relativiert werden konnten, wird diese Möglichkeit mit der aktuellen Überarbeitung der CRR wieder eingeschränkt. Im Bereich der Adressenausfallrisiken sind für bestimmte Parameter »Input-Floors« oder konkrete Vorgaben zu berücksichtigen. Daneben wird insgesamt ein auf die Ergebnisse der jeweiligen Standardansätze bezogener »Output-Floor« stufenweise eingeführt. Zudem fällt der ambitionierte Messansatz (»Advanced Measurement Approach«, AMA) für die operationellen Risiken in Zukunft wieder weg. Auch erscheint die Verwendung interner Modelle für Marktpreisrisiken unter dem Eindruck der grundlegenden Überarbeitung der bankaufsichtlichen Vorschriften zu Handelsaktivitäten (»Fundamental Review of Trading Book«, FRTB) eher rückläufig zu sein.

Gleichzeitig hat die EZB in Zusammenarbeit mit den nationalen Aufsichtsbehörden im Jahr 2016 **87** ein Projekt zur gezielten Überprüfung interner Modelle (»Targeted Review of Internal Models«, TRIM) gestartet. Die EZB hat in diesem Rahmen seit 2016 bei 65 bedeutenden Instituten in insgesamt 200 Prüfungen über 5.000 Mängel festgestellt und konkrete Maßnahmen zur Beseitigung dieser Mängel festgelegt. Das hat insgesamt zu einer Erhöhung der risikogewichteten Aktiva dieser Institute um ca. 275 Milliarden Euro bzw. 12 Prozent geführt. Im Ergebnis ist die harte Kernkapitalquote bei diesen Instituten um ca. 70 Basispunkte gesunken.[64] Mittlerweile sind

---

63 Vgl. Deutsche Bundesbank, Bankinterne Methoden zur Ermittlung und Sicherstellung der Risikotragfähigkeit und ihre bankaufsichtliche Bedeutung, in: Monatsbericht, März 2013, S. 37f.
64 Vgl. European Central Bank, Targeted Review of Internal Models, Project report, 19. April 2021, S. 3ff.

mehrere Dokumente veröffentlicht worden, die auf die Erwartungen der EZB an die Institute in diesem Bereich schließen lassen.[65]

2.6 Verfahren zur Überwachung der Adressenausfallrisiken

88 Zur Risikoüberwachung zählt insbesondere das Verfahren zur Früherkennung der Risiken im Kreditgeschäft (→ BTO 1.3). Darüber hinaus kann eine ganze Reihe organisatorischer Vorschriften im Rahmen der Kreditprozesse im weiteren Sinne zu den Überwachungsmaßnahmen gerechnet werden, wie z. B. die regelmäßige Beurteilung der Adressenausfallrisiken (→ BTO 1.2.2 Tz. 2) oder die turnusmäßige Überprüfung der Werthaltigkeit und des rechtlichen Bestandes von Sicherheiten (→ BTO 1.2.2 Tz. 3).

89 Da die Identifizierung von Risikopotenzialen u. a. eine Überprüfung der Risikoeinstufung nach sich zieht und die Beurteilung der Adressenausfallrisiken im Fall der aus Überwachungssicht besonders interessanten risikorelevanten Geschäfte mit Hilfe eines Risikoklassifizierungsverfahrens erfolgen muss (→ BTO 1.2 Tz. 8), wird sich eine relevante Veränderung der Risikostruktur im Kreditportfolio insbesondere in der Verteilung der Engagements auf die verschiedenen Risikoklassen widerspiegeln. Eine regelmäßige Beobachtung dieser Risikostruktur könnte folglich als Basis für die Risikoüberwachung auf Portfolioebene dienen, in deren Rahmen auch sicherzustellen ist, dass Risikokonzentrationen gesteuert und überwacht werden (→ BTR 1 Tz. 6).

90 Auf einzelgeschäftsbezogener Ebene wird durch die geforderte Einbindung der Klassifizierungsverfahren in die Prozesse des Kreditgeschäftes (→ BTO 1.4 Tz. 4) eine Schnittstelle zur Intensivbetreuung (→ BTO 1.2.4) und ggf. zur Problemkreditbearbeitung (→ BTO 1.2.5) geschaffen und gleichzeitig die ausreichende Bildung der Risikovorsorge (→ BTO 1.2.6) gewährleistet. Auch die Überwachung der Einhaltung der jeweiligen Vertragsbedingungen (→ BTO 1.2.3 Tz. 2) inkl. der zeitnahen Einreichung und Auswertung der zur Risikobeurteilung erforderlichen Unterlagen, die im Bedarfsfall ein Mahnverfahren auslösen kann (→ BTO 1.2 Tz. 11), sind Bestandteile der Risikoüberwachung. Im engeren Sinne geht es jedoch vor allem darum, die Einhaltung der kreditnehmerbezogenen Limite inkl. der Kontrahenten- und Emittentenlimite regelmäßig zu überwachen sowie Limitüberschreitungen den internen Vorgaben entsprechend zu behandeln und gemeinsam mit den deswegen ggf. getroffenen Maßnahmen festzuhalten (→ BTR 1 Tz. 5).

91 Die Überwachung der Adressenausfallrisiken kann nur dann wirksam genutzt werden, wenn sie eng mit der turnusmäßigen Risikoberichterstattung verknüpft wird (→ BT 3.2 Tz. 3). Auch anlassbezogen sind unter Risikogesichtspunkten wesentliche Informationen unverzüglich an die Geschäftsleitung, die jeweiligen Verantwortlichen und ggf. die Interne Revision weiterzuleiten, so dass geeignete Maßnahmen bzw. Prüfungshandlungen frühzeitig eingeleitet werden können (→ AT 4.3.2 Tz. 4). Gegebenenfalls muss auf Basis der Erkenntnisse aus der Risikoüberwachung sogar die Risikostrategie angepasst werden (→ AT 4.2 Tz. 6).

---

65 Vgl. Europäische Zentralbank, Leitfaden für Vor-Ort-Prüfungen und Prüfungen interner Modelle, 21. September 2018; European Central Bank, ECB guide to internal models, 1. Oktober 2019.

3 Erfordernis einer kreditnehmerbezogenen Limitierung (Tz. 2)

2 Ohne kreditnehmerbezogenes Limit (Kreditnehmerlimit, Kreditnehmereinheitenlimit), **92** also einen Kreditbeschluss, darf kein Kreditgeschäft abgeschlossen werden.

3.1 Kreditnehmerbezogenes Limit

Das kreditnehmerbezogene Limit wird in den MaRisk mit einem Kreditbeschluss gleichgesetzt **93** (→ AT 2.3 Tz. 2). Ohne kreditnehmerbezogenes Limit darf kein Kreditgeschäft abgeschlossen werden. In diesem Zusammenhang müssen insbesondere die Anforderungen an die Votierung (→ BTO 1.1) sowie die Kreditgewährung (→ BTO 1.2.1) beachtet werden. Da auch jede Entscheidung über Limitüberschreitungen als Kreditbeschluss angesehen wird (→ AT 2.3 Tz. 2), kommt im Umkehrschluss eine genehmigte Überziehung einer (ggf. befristeten) Limiterhöhung gleich. Sofern Kreditgeschäfte im Rahmen einer bereits erfolgten globalen Limitsetzung unter Beachtung der damit ggf. verbundenen Auflagen abgeschlossen werden (Vorratsbeschlüsse etc.), ist ein neuer Kreditbeschluss entbehrlich.

Unabhängig von den Anforderungen der MaRisk ist es natürlich auch möglich, den Prozess **94** umzukehren und z.B. in Abhängigkeit von der Risikoeinstufung der Kreditnehmer und der jeweiligen Sicherheitenbewertung feste Limitvorgaben für einzelne Kreditgeschäfte zu machen. Auf diese Weise könnte die Möglichkeit von Kreditvergaben an risikoorientierte Rahmenvorgaben geknüpft werden. Die geforderte rein technische Limitsetzung wäre davon nicht berührt.

3.2 Kreditnehmereinheitenlimit

Als kreditnehmerbezogenes Limit gelten neben den Kreditnehmerlimiten auch Limite für Kredit- **95** nehmereinheiten, denen unter Risikogesichtspunkten eine große Bedeutung zukommen kann.

Als »Kreditnehmer« (bzw. »Kreditnehmereinheit«) im Sinne von § 14 KWG (Millionenkredite) **96** gelten nach § 19 Abs. 2 KWG (kumulativ betrachtet)
- zwei oder mehr natürliche oder juristische Personen oder Personenhandelsgesellschaften, wenn eine von ihnen unmittelbar oder mittelbar beherrschenden Einfluss auf die andere oder die anderen ausüben kann. Unmittelbar oder mittelbar beherrschender Einfluss liegt insbesondere vor,
  a) bei allen Unternehmen, die im Sinne des § 290 Abs. 2 HGB konsolidiert werden, oder
  b) bei allen Unternehmen, die durch Verträge verbunden sind, die vorsehen, dass das eine Unternehmen verpflichtet ist, seinen ganzen Gewinn an ein anderes abzuführen, oder
  c) beim Halten von Stimmrechts- oder Kapitalanteilen an einem Unternehmen in Höhe von 50 Prozent oder mehr durch ein anderes Unternehmen oder eine Person, unabhängig davon, ob diese Anteile im Rahmen eines Treuhandverhältnisses verwaltet werden,
- Personenhandelsgesellschaften oder Kapitalgesellschaften und jeder persönlich haftende Gesellschafter sowie Partnerschaften und jeder Partner,

– alle Unternehmen, die demselben Konzern im Sinne des § 18 AktG angehören.

97 Als Kreditnehmereinheit bzw. nach neuer Bezeichnung als »Gruppe verbundener Kunden« im Sinne von § 15 KWG (Organkredite) und § 18 KWG (Offenlegung der wirtschaftlichen Verhältnisse der Kreditnehmer), deren Definition sich für die Zwecke der MaRisk vermutlich besser eignet, gelten nach Art. 4 Abs. 1 Nr. 39 CRR

– zwei oder mehr natürliche oder juristische Personen, die (sofern nicht das Gegenteil nachgewiesen wird) im Hinblick auf das Risiko insofern eine Einheit bilden, als eine von ihnen über eine direkte oder indirekte Kontrolle über die andere oder die anderen verfügt, bzw.

– zwei oder mehr natürliche oder juristische Personen, zwischen denen zwar kein Kontrollverhältnis im o. g. Sinne besteht, die aber im Hinblick auf das Risiko als Einheit anzusehen sind, da zwischen ihnen Abhängigkeiten bestehen, die es wahrscheinlich erscheinen lassen, dass bei finanziellen Schwierigkeiten, insbesondere Finanzierungs- oder Rückzahlungsschwierigkeiten, eines dieser Kunden auch andere bzw. alle anderen auf Finanzierungs- oder Rückzahlungsschwierigkeiten stoßen.

Im übertragenen Sinne gilt das auch für mehr als eine natürliche oder juristische Person, über die ein Zentralstaat die direkte Kontrolle ausübt oder bei denen eine direkte Abhängigkeit von einem Zentralstaat besteht. Regionale und lokale Gebietskörperschaften, auf die Art. 115 Abs. 2 CRR Anwendung findet, werden analog behandelt.

98 Fehlt es an einem Kontrollverhältnis, so sind also auch diejenigen Kreditnehmer zu einer Risikoeinheit zusammenzufassen, die eine gemeinsame Quelle für erhebliche Finanzierungen haben. Abhängigkeiten zwischen den Kreditnehmern können auch einseitig sein und lassen sich auf geschäftliche Beziehungen zurückführen. Bei bestehenden Interdependenzen von Kreditnehmern innerhalb einer Risikoeinheit soll entscheidend sein, dass diese nicht ohne Weiteres ersetzbar sind. Die Institute haben auf dieser Basis geeignete Kriterien zwecks Identifizierung von Kreditnehmereinheiten zu entwickeln, deren Angemessenheit laufend zu überprüfen ist.[66]

3.3 Angemessenheit der Limite

99 Der Baseler Ausschuss für Bankenaufsicht hält die Vorgabe von volumenbasierten Limiten für Einzelkreditnehmer und Gruppen verbundener Kunden bei allen Geschäftsaktivitäten, die Adressenausfallrisiken in sich bergen, für einen wichtigen Bestandteil des Kreditrisikomanagements, um insbesondere eine angemessene Diversifikation der Geschäftsaktivitäten zu gewährleisten. Tendenziell kann dabei mit einer besseren kreditnehmerbezogenen Risikobewertung auch ein höheres Limit verbunden sein. Hingegen sollte die Höhe der Limite nicht allein am Kundenbedarf orientiert werden. Im gesamten Limitierungs- und Überwachungsprozess sollten die Institute zudem die Ergebnisse der Stresstests berücksichtigen.[67] Auch die deutsche Aufsicht erwartet, dass die Ergebnisse der Stresstests kritisch reflektiert werden. Sofern entsprechender Handlungsbedarf besteht, könnte dieser auch auf Limitanpassungen hinauslaufen (→ AT 4.3.3 Tz. 6).

100 Es ist auch nicht ausgeschlossen, dass bei der Limitfestsetzung aufgrund des damit verbundenen Risikos die Anpassung der Kreditbewertung (»Credit Valuation Adjustment«, CVA) berücksichtigt werden muss. Darunter wird gemäß Art. 381 CRR die Anpassung der Bewertung eines

---

66 Vgl. Fuchs, Michael/Göddecke, Christine, CRD II: Änderungen der Großkreditregeln, in: BaFinJournal, Ausgabe Dezember 2010, S. 9.

67 Vgl. Basel Committee on Banking Supervision, Principles for the Management of Credit Risk, BCBS 75, 27. September 2000, S. 10f.

Portfolios von Geschäften mit einer Gegenpartei an die Bewertung zum mittleren Marktwert verstanden. Diese Anpassung spiegelt aus Sicht des Institutes also den Marktwert des Kontrahentenrisikos wider. Insofern besteht das CVA-Risiko in der Gefahr, aus dem Unterschied zwischen dem Marktwert eines risikolosen Portfolios und dem Marktwert eines identischen Portfolios unter Berücksichtigung des Kontrahentenrisikos einen Verlust zu erleiden. Im Februar 2015 hat sich die EBA zu verschiedenen Aspekten der Eigenmittelanforderungen für das CVA-Risiko geäußert und u. a. eine Berücksichtigung übermäßiger CVA-Risiken im Rahmen des SREP empfohlen.[68] Die Leitlinien wurden zwar bereits im November 2015 zur Konsultation gestellt.[69] Allerdings hat die EBA im Juni 2017 aufgrund der Weiterentwicklung des Rahmenwerkes zur Behandlung des CVA-Risikos in der ersten Säule auf internationaler Ebene verlautbart, die Fertigstellung der Leitlinien bis auf weiteres auszusetzen. Die zuständigen Behörden sollten im Rahmen des SREP allerdings bewerten, ob der Umfang der kreditrisikobezogenen Bewertungsanpassungen für die Qualität der Kreditrisikopositionen und für den Grad an Besicherung angemessen ist. Dafür sollten sie untersuchen, ob die kreditrisikobezogenen Bewertungsanpassungen an die Derivatemarktwerte die Bonität der betreffenden Gegenparteien widerspiegeln.[70] Mittlerweile ist die Überarbeitung des Rahmenwerkes zur Behandlung des CVA-Risikos abgeschlossen, die zu einer neuen Kalibrierung der Eigenmittelunterlegung von CVA-Risiken geführt hat.[71]

---

68 European Banking Authority, Opinion of the European Banking Authority on Credit Valuation Adjustment (CVA), EBA/Op/2015/02, 25. Februar 2015.

69 European Banking Authority, Guidelines on the treatment of CVA risk under the supervisory review and evaluation process (SREP), EBA/CP/2015/21, 12. November 2015.

70 Vgl. European Banking Authority, Guidelines on common procedures and methodologies for the supervisory review and evaluation process (SREP) and supervisory stress testing, EBA/GL/2014/13, Consolidated version, 19. Juli 2018, S. 84.

71 Vgl. Basel Committee on Banking Supervision, Targeted revisions to the credit valuation adjustment risk framework, BCBS 507, 8. Juli 2020, S. 3 ff.

4 Umgang mit Kontrahentenlimiten (Tz. 3)

101

3 Handelsgeschäfte dürfen grundsätzlich nur mit Vertragspartnern getätigt werden, für die Kontrahentenlimite eingeräumt wurden. Auf das einzelne Limit sind alle Handelsgeschäfte mit einer bestimmten Gegenpartei anzurechnen. Bei der Ermittlung der Auslastung der Kontrahentenlimite sind Wiedereindeckungsrisiken und Erfüllungsrisiken zu berücksichtigen. Die Positionsverantwortlichen sind über die für sie relevanten Limite und ihre aktuelle Ausnutzung zeitnah zu informieren.

4.1 Kontrahentenlimite

102 Der Begriff »Kontrahent« geht auf das lateinische Wort »contrahere« (kontrahieren) zurück und bedeutet im Kontext des Kreditwesens »Vertragspartner« oder »Gegenpartei«. Es ist einleuchtend, dass ein Vertragspartner im Handelsgeschäft genauso in wirtschaftliche Schwierigkeiten geraten oder sogar ausfallen kann, wie ein Vertragspartner im klassischen Kreditgeschäft (→ BTR 1 Tz. 2). Insofern resultiert auch das Kontrahentenrisiko aus der nicht vertragskonformen Erfüllung der Verpflichtungen des Vertragspartners.[72] Die Folgen für das Institut sind mit dem Ausfall eines Kreditnehmers vergleichbar. Dies wird besonders deutlich, wenn das Institut mit finanziellen Mitteln in Vorleistung tritt und der Kontrahent die vereinbarte Gegenleistung nicht erbringen kann. Vor dem Abschluss von Handelsgeschäften müssen deshalb für die jeweiligen Vertragspartner (Kontrahenten) auf Basis einer Votierung aus dem Bereich Marktfolge (→ BTO 1.1 Tz. 3) grundsätzlich Limite (so genannte »Kontrahentenlimite«) eingeräumt werden. Davon ausgenommen sind lediglich Börsengeschäfte sowie Kassageschäfte, bei denen der Gegenwert angeschafft wurde bzw. Zug um Zug anzuschaffen ist oder bei denen entsprechende Deckung besteht (→ BTR 1 Tz. 3, Erläuterung).

103 Alle Handelsgeschäfte mit einer bestimmten Gegenpartei (Vertragspartner) müssen auf das einzelne Limit angerechnet werden. Auch diesbezüglich besteht eine Parallele zum klassischen Kreditgeschäft, bei dem die Geschäfte unverzüglich auf die kreditnehmerbezogenen Limite anzurechnen sind (→ BTR 1 Tz. 5). Es sei allerdings darauf hingewiesen, dass die Kontrahenten- und Emittentenlimite vom Begriff der kreditnehmerbezogenen Limite ausdrücklich nicht abgedeckt werden. Die deutsche Aufsicht verdeutlicht diesen Unterschied nicht zuletzt dadurch, dass sie sich im Zusammenhang mit der Kreditentscheidung auf die Festlegung »von kreditnehmerbezogenen Limiten sowie von Kontrahenten- und Emittentenlimiten« bezieht (→ AT 2.3 Tz. 2). Insofern besteht der Unterschied bei der Anrechnung auf das einzelne Limit im Wort »unverzüglich«. Selbstverständlich sollte auch die Anrechnung der Handelsgeschäfte mit einer bestimmten Gegenpartei zumindest »zeitnah« erfolgen. Diese feine Unterscheidung trifft auch nur auf die Geschäfte des Anlagebuches zu. Die mit Marktpreisrisiken behafteten Geschäfte des Handelsbuches müssen ohnehin aufgrund vergleichbarer Vorgaben unverzüglich auf die einschlägigen Limite angerechnet werden (→ BTR 2.2 Tz. 1). Jede andere Vorgehensweise würde den Sinn und Zweck der Limiteinräumung konterkarieren und das Verfahren zur Behandlung von Limitüberschreitungen (→ BTO 1.2 Tz. 10) ins Leere laufen lassen.

---

[72] Gemäß Art. 272 Nr. 1 CRR ist unter dem »Gegenparteiausfallrisiko« (»Counterparty Credit Risk«, CCR) bzw. »Kontrahentenrisiko« das Risiko des Ausfalls der Gegenpartei eines Geschäftes vor der abschließenden Abwicklung der mit diesem Geschäft verbundenen Zahlungen zu verstehen.

4.2 Wiedereindeckungs- und Erfüllungsrisiken

Kontrahentenrisiken bestehen grundsätzlich bei allen Handelsgeschäften, insbesondere aber bei Termingeschäften, bei denen die Vertragsbedingungen zwar am Abschlusstag festgelegt werden, die Vertragserfüllung aber erst zu einem späteren Termin erfolgt, und bei schwebenden (noch nicht vollständig erfüllten) Kassageschäften. Die deutsche Aufsicht weist auf besondere Risiken hin, die mit der Abwicklung der Handelsgeschäfte verbunden sein können. Die Art und das Ausmaß dieser Risiken hängen vor allem davon ab, auf welche Weise die Geschäfte abgewickelt werden.

104

Sofern beide Kontrahenten ihre vertraglichen Verpflichtungen z. B. als »Franko-Valuta-Geschäfte« (»free of payment«) direkt miteinander vereinbaren und unabhängig voneinander abwickeln, kann der Fall eintreten, dass ein Vertragspartner seine Verpflichtung bereits erfüllt hat und der andere Vertragspartner ausfällt. Das damit verbundene Risiko wird als »Erfüllungsrisiko« oder »Vorleistungsrisiko« bezeichnet. Unter Vorleistungen werden alle zeitlich vor der vereinbarten Gegenleistung durch das Institut erfolgten Zahlungen oder gelieferten Geschäftsgegenstände verstanden. Sie können demzufolge sowohl in Form der Zahlung des Abrechnungspreises als z. B. auch in Form der Lieferung der Wertpapiere erbracht werden. Erfüllungsrisiken resultieren also daraus, dass eine Gegenpartei ihre Verpflichtungen aus dem Geschäftsabschluss zum vereinbarten Zeitpunkt (noch) nicht erfüllt bzw. bereits bezahlte Dienstleistungen oder Waren zum vereinbarten Zeitpunkt (noch) nicht (vollständig) ausgeführt oder geliefert hat oder bei gegenseitiger Aufrechnung der jeweiligen Leistung die fällige Ausgleichszahlung nicht erbracht wurde. Erfüllungsrisiken ergeben sich insbesondere aus Geschäften zwischen verschiedenen Zeitzonen oder aus speziellen Usancen bei der Geschäftsabwicklung. Sie werden schlagend, wenn bei Ausfall der Gegenpartei die erbrachten Vorleistungen die empfangenen Gegenleistungen übersteigen.[73] Erfüllungsrisiken bestehen also nur so lange, wie sich das Handelsgeschäft in schwebendem Zustand befindet.

105

Sofern das ursprünglich vereinbarte Geschäft durch den Ausfall des Kontrahenten nicht zustande kommt und dafür ersatzweise ein neues Geschäft abgeschlossen werden muss, weil mit dem ursprünglichen Geschäft z. B. offene Positionen geschlossen werden sollten (Glattstellung von Positionen), kann sich zwischenzeitlich die Marktsituation durch geänderte Preise nachteilig entwickelt haben. Insbesondere können die Wiederbeschaffungskosten für das ursprüngliche Geschäft gestiegen sein. Das damit verbundene Risiko wird als »Wiedereindeckungsrisiko« bezeichnet. Wiedereindeckungsrisiken sind also darauf zurückzuführen, dass bei schwebenden Geschäften die Gegenpartei ausfällt und die Geschäfte mit Verlust wiedereingedeckt werden müssen, weil sie zu einem späteren Zeitpunkt ggf. nur zu möglicherweise schlechteren Marktbedingungen abgeschlossen werden können.[74]

106

Zur Reduzierung dieser Risiken dienen neben der Hereinnahme von Sicherheiten vor allem so genannte »Aufrechnungsvereinbarungen« (»Netting Agreements«), nach denen die gegenseitigen Forderungen aus den relevanten Geschäften miteinander verrechnet werden. Damit kann der Verlust auf den verbleibenden Restbetrag nach Verrechnung beschränkt werden. Erfolgt die Geschäftsabwicklung »Zug um Zug« (»Delivery versus Payment«) über eine Clearingstelle, kann das Erfüllungsrisiko vermieden werden. Durch Einschaltung eines Clearinghauses (eines zentralen Kontrahenten) können Wiedereindeckungsrisiken reduziert werden.

107

---

73 Besonders gravierend können sich derartige Risiken auswirken, wenn keine wirksamen Kontrollmechanismen installiert sind. So geriet z. B. das Bankhaus Herstatt durch Spekulationen seiner Devisenhandelsabteilung auf einen steigenden Dollarkurs in Turbulenzen, die im Juni 1974 zu dessen Schließung führten. Zu diesem Zeitpunkt hatten viele Institute bereits unwiderrufliche DM-Zahlungen an das Bankhaus Herstatt geleistet. Anschließend setzte dessen New Yorker Korrespondenzbank sämtliche von seinem Konto zu leistenden US-Dollar-Zahlungen aus. Im Ergebnis wurde eine Kettenreaktion ausgelöst, die massive Störungen der Zahlungsverkehrs- und Abrechnungssysteme zur Folge hatte. Aus diesem Grund wird das Erfüllungsrisiko bei Devisenhandelstransaktionen auch als »Herstatt-Risiko« bezeichnet.

74 An dieser Stelle sei darauf hingewiesen, dass Wiedereindeckungsrisiken auch das Passivgeschäft eines Kreditinstitutes betreffen.

108 Wurden bisher weder die vereinbarte Leistung noch die Gegenleistung erbracht, kann dem Institut durch eine verspätete Abwicklung trotzdem ein Verlust entstehen. Grundsätzlich können Abwicklungsrisiken auch auf operationelle Risiken (→ BTR 4) zurückzuführen sein, die z. B. bei der Zahlungsabwicklung insofern bestehen, als eine Zahlung aufgrund eines technischen oder menschlichen Versagens fehlgeleitet werden kann oder nicht rechtzeitig zustande kommt.[75]

109 Aus den genannten Gründen müssen bei der Ermittlung der Auslastung der Kontrahentenlimite Wiedereindeckungs- und Erfüllungsrisiken berücksichtigt werden. Es ist allerdings nicht erforderlich, die genannten Risikoarten getrennt zu behandeln und im Rahmen der Berichterstattung separat auszuweisen. Für das interne Risikomanagement wäre daran kein erkennbarer Mehrwert geknüpft. Auf welche Weise diese Risiken zu behandeln sind, wird von der deutschen Aufsicht nicht vorgegeben.

4.3 Information der Positionsverantwortlichen

110 Für den Abschluss von Handelsgeschäften kann es verschiedene Gründe geben. Neben der Ausführung von Kundenaufträgen, die i. d. R. durch den Händler erfolgt, kann das Institut auch daran interessiert sein, Handelsgeschäfte zur Renditesteigerung oder Risikominderung abzuschließen. Dafür ist i. d. R. nicht der Handel, sondern die Treasury oder eine vergleichbare Einheit zuständig (→ BTO Tz. 4). Insofern können neben den Händlern z. B. auch die für das Ergebnis der jeweiligen Handelsgeschäfte Zuständigen als »Positionsverantwortliche« angesehen werden. Während der Handel für die von ihm im Rahmen der vorgegebenen Limite eingegangenen Positionen verantwortlich ist, trägt die Treasury häufig die Verantwortung für die aus Gesamtbanksicht abgeschlossenen Geschäfte. Diese Positionsverantwortlichen sind über die für sie relevanten Limite und ihre aktuelle Ausnutzung zeitnah zu informieren.

111 In Analogie dazu ist auch sicherzustellen, dass der Positionsverantwortliche zeitnah über die für ihn relevanten Limite für die mit Marktpreisrisiken behafteten Geschäfte des Handelsbuches und ihre aktuelle Ausnutzung informiert wird (→ BTR 2.2 Tz. 1). Der Grundstein dafür wird bereits im Rahmen der Prozessvorgaben für das Handelsgeschäft gelegt. So sind Handelsgeschäfte unverzüglich nach Geschäftsabschluss bei der Ermittlung der jeweiligen Position zu berücksichtigen (→ BTO 2.2.1 Tz. 5) und einschließlich solcher Nebenabreden, die zu Positionen führen, im Risikocontrolling abzubilden (→ BTO 2.2.3 Tz. 1). Außerdem sind die im Handel ermittelten Positionen regelmäßig mit den in den nachgelagerten Prozessen und Funktionen geführten Positionen abzustimmen (→ BTO 2.2.2 Tz. 7). Spätgeschäfte die zu wesentlichen Veränderungen führen, sind bei den Positionen des Abschlusstages zu berücksichtigen (→ BTO 2.2.1 Tz. 7).

---

75 Vgl. Galati, Gabriele, Das Erfüllungsrisiko im Devisenhandel und die CLS-Bank, in: BIZ-Quartalsbericht, Dezember 2002, S. 65.

5 Umgang mit Emittentenlimiten (Tz. 4)

4 Darüber hinaus sind bei Handelsgeschäften grundsätzlich auch Emittentenlimite ein- | 112
zurichten. Soweit im Bereich Handel für Emittenten noch keine Limitierungen vorliegen,
können auf der Grundlage klarer Vorgaben Emittentenlimite kurzfristig zu Zwecken des
Handels eingeräumt werden, ohne dass vorab der jeweils unter Risikogesichtspunkten festgelegte Bearbeitungsprozess vollständig durchlaufen werden muss. Der jeweils festgelegte
Bearbeitungsprozess muss spätestens nach drei Monaten durchgeführt sein. Die maßgeblichen Vorgaben müssen Risikogesichtspunkten Rechnung tragen. Sie müssen mit den in den
Strategien niedergelegten Zielen im Einklang stehen.

5.1 Einrichtung von Emittentenlimiten

Der Begriff »Emittent« geht auf das lateinische Wort »emittens« (ausgeben) zurück. Der Emittent | 113
von Wertpapieren ist eine juristische Person des Privatrechts oder des öffentlichen Rechts (z. B. ein
Unternehmen oder ein Staat), die durch die Ausgabe von Wertpapieren Liquidität generiert.
Soweit Institute entsprechende Handelsgeschäfte tätigen möchten, müssen sie dazu in der Lage
sein, sehr kurzfristig Entscheidungen treffen zu können. Diesem Zweck dient insbesondere der
verkürzte Bearbeitungsprozess. Unabhängig davon muss die Bonität des Emittenten, also das
Emittentenrisiko, in angemessener Weise Berücksichtigung finden. Das Emittentenrisiko besteht
darin, dass ein Emittent seine Anleihen nicht bedienen kann und daraus für das Institut ein Verlust
entsteht. In Analogie zu den übrigen Adressenausfallrisiken sind bei Handelsgeschäften deshalb
grundsätzlich auch Emittentenlimite einzurichten.

5.1.1 Unter Risikogesichtspunkten festzulegender Bearbeitungsprozess

Ein Institut kann institutsintern selbst festlegen, wie der reguläre Bearbeitungsprozess der Ein- | 114
räumung von Emittentenlimiten ausgestaltet werden soll. Es ist insbesondere nicht erforderlich,
den gesamten – in den MaRisk beschriebenen – klassischen Kreditprozess zu durchlaufen, sofern
sachgerechte Methoden zur Begrenzung des Emittentenrisikos zur Verfügung stehen. Die Ausgestaltung der Bearbeitungsprozesse hängt vielmehr von der Art und dem Risikogehalt der
betriebenen Geschäfte ab. So ist u. a. bei Anleihen oder bei Geldmarktinstrumenten, die von
Staaten mit hoher Bonität emittiert werden (z. B. US Treasury Bills oder AAA-geratete Staatsanleihen, wie z. B. aus Deutschland und einigen anderen Staaten), regelmäßig nur von einem
relativ geringen Risiko auszugehen. Insoweit wird der in den Organisationsrichtlinien darzustel-
lende Kreditprozess für diese Geschäfte eher schlank ausgestaltet sein. Bei anderen Finanzinstrumenten sind anspruchsvollere Bearbeitungsprozesse erforderlich. Das gilt insbesondere im Hinblick auf so genannte »Non-Investment-Grade-Instrumente« oder so genannte »Junk Bonds«,
denen unter Umständen ein ganz erhebliches Adressenausfallrisiko innewohnen kann. Insoweit
steigen die Anforderungen für die Bearbeitung der Emittentenlimite tendenziell mit dem Risikogehalt der Geschäfte. Natürlich spielt für die Risikobeurteilung auch der Umfang der Geschäfte
eine Rolle. Insofern ist es, unabhängig von der Geschäftsart, i. d. R. nicht erforderlich, für verhältnismäßig geringe Volumina besonders strikte Anforderungen an die Prozesse zu formulieren.

5.1.2 Verkürzter Bearbeitungsprozess

115 Wie bereits erwähnt wurde, kann es im Einzelfall von Bedeutung sein, einen schnellen Geschäftsabschluss herbeizuführen. Vor diesem Hintergrund ist es, abweichend vom regulären Bearbeitungsprozess, möglich, dass Emittentenlimite kurzfristig auf der Grundlage vereinfachter Regelungen, die allerdings klar vorgegeben sein müssen, festgesetzt werden (verkürzter Bearbeitungsprozess).

116 Die deutsche Aufsicht erachtet eine Anrechnung von Handelsgeschäften auf kurzfristig eingeräumte Emittentenlimite gemäß Klarstellung im Rahmen der sechsten MaRisk-Novelle immer dann als ausreichend, wenn diese Emittentenlimite aus der Risikotragfähigkeitsrechnung und dem entsprechenden Limitsystem abgeleitet wurden und ausreichend Risikodeckungsmasse vorhanden ist (→ BTR 1 Tz. 4, Erläuterung). Damit wird letztlich zum Ausdruck gebracht, dass die Risikotragfähigkeit durch derartige Geschäfte nicht gefährdet sein darf.

117 Die Regelungen zur kurzfristigen Einräumung von Emittentenlimiten können sich z. B. an den folgenden Eckpunkten bzw. Eingrenzungen orientieren, die weder in der Summe erfüllt sein müssen noch als abschließende Aufzählung zu verstehen sind:
- Festlegung eines maximalen Nominalvolumens,
- Orientierung an den Risikoeinstufungen externer Ratingagenturen,
- Orientierung an den Risikoeinstufungen bankaufsichtlich zugelassener interner Ratingverfahren (IRB-Verfahren) gemäß Art. 142 bis 150 CRR,
- Beschränkung auf bestimmte Länder, aus denen die Emittenten stammen,
- Beschränkung auf bestimmte Emittenten mit hoher Bonität,
- Beschränkung auf Emittenten, die in besonderer Weise gegen mögliche Ausfälle abgesichert sind[76],
- Festlegung auf Werte in bestimmten Aktienindizes,
- Festlegung auf Geldmarktinstrumente im Sinne von § 194 KAGB oder
- Orientierung an so genannten Matrix- bzw. Pauschallimiten, die auf einer Kombination bestimmter qualitativer und quantitativer Kriterien beruhen.

118 Selbst wenn im Institut ein IRB-Verfahren angewendet wird, können durchaus andere Kriterien zur Limiteinräumung herangezogen werden, wie z. B. die Risikoeinstufungen der externen Ratingagenturen. Dies folgt allein daraus, dass mit der Nutzung eines derartigen Verfahrens noch nicht das Vorhandensein interner Ratings für sämtliche infrage kommenden Emittenten verbunden ist. Außerdem ist auch die Übernahme externer Ratings in ein IRB-Verfahren unter bestimmten Voraussetzungen gestattet.[77]

119 Die vereinfachten Regelungen sollten in den Organisationsrichtlinien niedergelegt werden. Der reguläre Bearbeitungsprozess muss spätestens nach drei Monaten durchgeführt sein. Die Aufsicht hat im Rahmen der sechsten MaRisk-Novelle klargestellt, dass auf den festgelegten Bearbeitungsprozess nur dann verzichtet werden kann, wenn die Papiere nicht länger als drei Monate beim Institut verbleiben. Verbleiben die Papiere länger oder ist ein längerer Verbleib absehbar, ist der festgelegte Bearbeitungsprozess zeitnah anzustoßen und muss spätestens nach drei Monaten abgeschlossen sein (→ BTR 1 Tz. 4, Erläuterung). Das bedeutet insbesondere, dass selbst bei Emittenten, bei denen daraus keine neuen Erkenntnisse zu erwarten sind (z. B. bei Anleihen, die von Staaten mit hoher Bonität emittiert werden), der festgelegte Bearbeitungsprozess in jedem Fall durchzuführen

---

76 So profitieren z. B. die Emittenten aus der Sparkassen-Finanzgruppe oder dem genossenschaftlichen Finanzverbund vom Rating-Floor und von der Absicherung des jeweiligen Haftungsverbundes. Vgl. Deutscher Sparkassen- und Giroverband, Mindestanforderungen an das Risikomanagement – Interpretationsleitfaden, Version 6.1, Berlin, Juli 2019, S. 309.

77 Vgl. Bundesanstalt für Finanzdienstleistungsaufsicht/Deutsche Bundesbank, Empfehlungen des Fachgremiums IRBA (jetzt Fachgremium Kredit) zur Ratingübernahme, 4. Oktober 2004.

ist. Die Nachbearbeitung kann in Abhängigkeit vom Risikogehalt unter Umständen sehr umfangreich sein, wie z. B. im Fall der bereits erwähnten Non-Investment-Grade-Instrumente.

Die BaFin hat bereits im Rahmen der zweiten MaRisk-Novelle betont, dass die dem verkürzten **120** Bearbeitungsprozess zugrunde liegenden Vorgaben Risikogesichtspunkten entsprechen müssen. Sie müssen zudem mit den in den Strategien niedergelegten Zielen im Einklang stehen. Durch diese Betonung soll Gestaltungsmissbrauch vermieden werden, da es nicht dem Regelungsziel entspricht, dass die Erleichterungen bei Wertpapieren mit langfristiger Halteabsicht systematisch in Anspruch genommen werden. Vielmehr wird in solchen Fällen regelmäßig die Durchführung eines regulären Kreditbearbeitungsprozesses erforderlich sein. Ausnahmen sind lediglich in Einzelfällen möglich und müssen unter Risikogesichtspunkten vertretbar sein sowie im Einklang mit den Strategien stehen.

Im August 2020 hat die deutsche Aufsicht die Kreditwirtschaft im Fachgremium MaRisk darüber **121** informiert, dass diese Erleichterung aus ihrer Sicht auch in der Vergangenheit nur für Geschäfte des Handelsbuches gedacht gewesen sei. Begründet wurde dies mit den Formulierungen »im Bereich Handel« und »zu Zwecken des Handels«. Nach Einschätzung der Aufsicht sollte der Kontrahent bei Geschäften des Anlagebuches und der Liquiditätsreserve frühzeitig bekannt sein, weil diese Geschäftsabschlüsse grundsätzlich auf strategischen Überlegungen basieren würden. In der Praxis wurde diese Erleichterung bis zu diesem Zeitpunkt allerdings durchaus auch für andere Geschäfte in Anspruch genommen, da der Begriff »Handelsgeschäft« nicht auf das Handelsbuch eingeschränkt ist. Den damit verbundenen Risiken wurde durch entsprechende interne Vorgaben trotzdem angemessen entsprochen. Dazu gehörte u. a. die Vorgabe einer sofortigen Veräußerung dieser Geschäfte, wenn der später angestoßene Bearbeitungsprozess zu diesem Ergebnis führen würde.

Seit der sechsten MaRisk-Novelle sollen Handelsgeschäfte für das Anlagebuch den festgelegten **122** Bearbeitungsprozess »grundsätzlich« vor der Durchführung des Handels vollständig durchlaufen haben (→ BTR 1 Tz. 4, Erläuterung). Eine Möglichkeit zur Abweichung von diesem grundsätzlichen Vorgehen wird von der Aufsicht direkt genannt. Ist nämlich aufgrund handelstechnischer Prozesse insbesondere im Neuemissionsgeschäft der Emittent bei Erwerb für das Anlagebuch noch nicht bekannt, sollte der Bearbeitungsprozess spätestens nach Kenntnis des Emittenten unverzüglich angestoßen werden (→ BTR 1 Tz. 4, Erläuterung).

Diese Erläuterung war zunächst deutlich enger gefasst und am Ende der Konsultationsphase **123** noch strikt auf das Neuemissionsgeschäft eingeschränkt. Außerdem zielte die Erleichterung zunächst auf den Zeitpunkt der Beschlussfassung des Erwerbes einer Neuemission ab. Seitens der Kreditwirtschaft wurde im Fachgremium MaRisk vorgeschlagen, im letzten Satz die Formulierungen »insbesondere im Neuemissionsgeschäft« oder »im Emissionsgeschäft« zu verwenden. Die Aufsicht ist diesem Vorschlag letztlich gefolgt. Die Bundesbank hat ergänzend ausgeführt, dass die Idee darin bestehe, nur in diesen Ausnahmefällen zunächst ein Limit ohne Kenntnis des eigentlichen Emittenten vorzuhalten. Die Regelung soll dem Austausch zwischen Aufsicht und Kreditwirtschaft im Rahmen der sechsten MaRisk-Novelle zufolge im Rahmen der siebten MaRisk-Novelle nochmals überprüft werden.[78] Im Fachgremium MaRisk am 2. September 2021 wurde zudem deutlich, dass eine erneute Anpassung auch wegen der geplanten Anforderungen an Direktinvestitionen in Spezialfonds erforderlich werden könnte. Für derartige Geschäfte, die i. d. R. das Anlagebuch betreffen, würde die Erleichterung andernfalls nicht in Anspruch genommen werden können (→ BTO 1.2 Tz. 2).[79]

---

78 Die deutsche Aufsicht hat in der Sitzung des Fachgremiums MaRisk am 28. Oktober 2021 angedeutet, dass eine Anwendung auf Geschäfte für das Anlagebuch doch möglich sein könnte, wenn der reguläre Prozess anschließend umgehend angestoßen wird und nicht erst nach drei Monaten. Die Deutsche Kreditwirtschaft hat dafür am 5. November 2021 bereits einen Formulierungsvorschlag als Diskussionsgrundlage geliefert.
79 Vgl. Sitzung des MaRisk-Fachgremiums am 2. September 2021 (Protokoll lag bei Redaktionsschluss noch nicht vor).

5.2 Berücksichtigung des spezifischen Risikos eines Emittenten

124 Vom Anwendungsbereich der MaRisk werden grundsätzlich alle Kreditgeschäfte im Sinne des § 19 Abs. 1 KWG erfasst. Dazu zählen u. a. auch gehandelte Aktien. Die Limitierung und Überwachung der Positionen bei gehandelten Aktien erfolgen regelmäßig im Zuge des Marktpreisrisikocontrollings. Sie werden jedoch i. d. R. nicht auf Emittentenlimite im Rahmen des Kreditrisikocontrollings angerechnet und bleiben daher z. B. bei der Ermittlung von Kreditkompetenzwerten unberücksichtigt. So wird z. B. die Beteiligung eines Institutes an einem Großunternehmen bei Kreditentscheidungen zugunsten dieses Unternehmens im Rahmen der Entscheidungsfindung berücksichtigt, nicht jedoch die täglich gehandelten Aktien desselben Unternehmens. Letztere werden über Marktrisikoparameter bereits anderweitig gesteuert und würden insofern bei zusätzlicher Einbeziehung in den Geltungsbereich des Kreditrisikocontrollings doppelt berücksichtigt.

125 Eine ähnliche Problematik besteht bei verschiedenen Zinsprodukten, wie z. B. Covered Bonds (Pfandbriefen)[80] und Corporate Bonds.[81] Daher kann grundsätzlich auf eine gesonderte Limitierung der Adressenausfallrisiken des Emittenten verzichtet werden, soweit dem spezifischen Risiko des Emittenten im Rahmen der Limitierung der Marktpreisrisiken durch geeignete Verfahren angemessen Rechnung getragen wird (→ BTR 1 Tz. 4, Erläuterung). Risikokonzentrationen sind dabei angemessen zu berücksichtigen, was bei Verwendung von Kredit-Portfoliomodellen automatisch der Fall ist.

5.3 Liquide Kreditprodukte

126 Vor der Aufnahme der Handelstätigkeit mit liquiden Kreditprodukten, die auf den Sekundärmärkten wie Wertpapiere gehandelt werden, sind grundsätzlich ebenso Kontrahenten- bzw. Emittentenlimite festzulegen. Dies betrifft z. B. das so genannte »Loan Trading«. Bei der Festlegung von Emittentenlimiten können auch bei diesen Geschäften die genannten Vereinfachungen in Anspruch genommen werden (→ BTR 1 Tz. 4, Erläuterung). Insofern kann der Handel auf der Grundlage klarer Vorgaben innerhalb der 90-Tages-Frist eigenständig aktiv werden. Er kann also insbesondere entsprechende Transaktionen durchführen und kurzfristige Emittentenlimite festlegen, sofern er sich dabei an den generellen Limitvorgaben für die Gesamtbank oder für den jeweiligen Handelsbereich orientiert.

---

80 Andernfalls wären Pfandbriefe ebenfalls ein Kandidat für ein vereinfachtes Verfahren, weil die Emittenten mit dem Pfandbriefgesetz besonders strengen Vorgaben unterliegen.

81 Vgl. Bundesaufsichtsamt für das Kreditwesen, Rundschreiben 1/2001 über die Modellierung des besonderen Kursrisikos im Grundsatz I vom 22. Januar 2001, S. 3 f.

6 Überwachung der Limiteinhaltung und Umgang mit Limitüberschreitungen (Tz. 5)

5 Die Geschäfte sind unverzüglich auf die kreditnehmerbezogenen Limite anzurechnen. **127** Die Einhaltung der Limite ist zu überwachen. Limitüberschreitungen und die deswegen ggf. getroffenen Maßnahmen sind festzuhalten. Ab einer unter Risikogesichtspunkten festgelegten Höhe sind Überschreitungen von Kontrahenten- und Emittentenlimiten den zuständigen Geschäftsleitern täglich anzuzeigen.

6.1 Unverzügliche Anrechnung der Geschäfte auf die Limite

Normalerweise wird durch einen Kreditbeschluss ein Prozess ausgelöst, der mit der (IT-tech- **128** nischen) Erfassung des kreditnehmerbezogenen (internen oder externen) Limits beginnt und durch die vereinbarten Tilgungen oder Sonderzahlungen zu den im Kreditvertrag festgelegten Zeitpunkten auch eine entsprechende Limitreduzierung nach sich zieht. Dadurch ist als Grundvoraussetzung für einen Überwachungsprozess jederzeit nachvollziehbar, welches Limit dem Kreditnehmer aktuell zur Verfügung steht. In diesem Sinne gilt die Anrechnung dann als unverzüglich vorgenommen, wenn sie im jeweiligen internen Prozess »ohne schuldhaftes Zögern« erfolgt.

Bei Betriebsmittelkrediten für Unternehmenskunden bzw. Dispositionskrediten (Überziehungs- **129** krediten) für Privatkunden entfällt zwar die automatische Limitreduzierung durch regelmäßige Rückzahlungen. Der Prozess der Limiteinräumung läuft allerdings analog. Eine Anpassung des Limitrahmens für diese Kredite ist grundsätzlich von der (dem Institut bekannten) wirtschaftlichen Situation des Kreditnehmers abhängig. Häufig führen z. B. Änderungen der beobachteten Zuflüsse (Gewinne, Gehälter, Honorare etc.) zu entsprechenden (maschinellen) Änderungen des Limitrahmens.

6.2 Überwachung der Einhaltung der kreditnehmerbezogenen Limite

Im Rahmen der Limitüberwachung wird ab dem Zeitpunkt der Auszahlung des Kredites die **130** jeweilige Inanspruchnahme eines Kreditengagements mit dem im Zeitverlauf gültigen, vertraglich vereinbarten Limit in angemessenen Abständen abgeglichen. Es besteht zwar kein Zwang zur täglichen Überwachung. Eine gängige Form der Überwachung der Einhaltung der kreditnehmerbezogenen Limite ist jedoch die Bearbeitung der Überziehungslisten, die i. d. R. täglich erfolgt.

Darüber hinaus muss auf geeignete Weise die Einhaltung der gesetzlichen Vorschriften, wie z. B. **131** der Großkreditvorschriften oder der Groß- und Millionenkreditverordnung (GroMiKV), überwacht werden. Hierfür ist i. d. R. das Meldewesen zuständig, das diese Grenzen häufig ebenfalls täglich überwacht, obwohl die Großkredit- und Millionenkreditmeldungen jeweils nur quartalsweise zu erfolgen haben.

132   Eine Limitüberwachung kann nach institutsindividuellen Vorgaben auch zusätzliche Tätigkeiten beinhalten, die von den MaRisk jedoch nicht gefordert sind. So ist es z. B. möglich, dass institutsintern in Abhängigkeit von der jeweiligen Geschäftsart auf den Kreditnehmer bzw. die Kreditnehmereinheit bezogene Obergrenzen für den Nominalbetrag oder alternativ für den Blankoanteil des Gesamtengagements festgelegt werden, die unterhalb der in den Großkreditvorschriften festgelegten Grenzen liegen. Diese Limitierungen können sich zudem in Abhängigkeit von der jeweiligen Risikobewertung des Kreditnehmers unterscheiden. Werden institutsintern derartige Festlegungen getroffen, muss deren Einhaltung ebenfalls überwacht werden. Es ist hingegen nicht erforderlich, spezifische handelsinterne Limite, die ergänzend zu den genehmigten Limiten ausschließlich für interne Zwecke verwendet werden, in diese Betrachtung einzubeziehen.

6.3   Maßnahmen bei Limitüberschreitungen

133   Auf die möglichen Maßnahmen im Fall von Limitüberschreitungen wurde bereits ausführlich eingegangen (→ BTO 1.2 Tz. 10). Ausdrücklich betont wird, dass Limitüberschreitungen und die deswegen ggf. getroffenen Maßnahmen festzuhalten sind. Da die für die Einhaltung der MaRisk wesentlichen Handlungen und Festlegungen in nachvollziehbarer Weise dokumentiert werden müssen (→ AT 6 Tz. 2), wird hierdurch eigentlich keine neue Anforderung statuiert. Grundsätzlich ist für Limitüberschreitungen und Prolongationen auf der Grundlage klarer Vorgaben auch eine vereinfachte Umsetzung der organisatorischen Anforderungen möglich, soweit dies unter Risikogesichtspunkten vertretbar erscheint (→ BTO 1.2 Tz. 10).

6.4   Informationspflichten

134   Das Institut hat ein der Kompetenzordnung entsprechendes Verfahren einzurichten, in dem festgelegt ist, wie Überschreitungen von Limiten zu behandeln sind (→ BTO 1.2 Tz. 10). Ergänzend wird von der deutschen Aufsicht gefordert, dass Überschreitungen von Kontrahenten- und Emittentenlimiten ab einer unter Risikogesichtspunkten festgelegten Höhe den zuständigen Geschäftsleitern täglich anzuzeigen sind. Diese Informationspflicht sollte sich also zweckmäßigerweise in o. g. Verfahren widerspiegeln.

135   Den Vorstellungen des Baseler Ausschusses für Bankenaufsicht zufolge sollten die Institute über ein Managementinformationssystem verfügen, durch das die Geschäftsleitung auf alle Engagements aufmerksam gemacht wird, die sich ihrer Limitauslastung annähern. Außerdem sollte es möglich sein, die Engagements von Einzelkreditnehmern und Kontrahenten zusammenzufassen und in sinnvoller und rechtzeitiger Weise Ausnahmen zu verdeutlichen.[82] Die entsprechende Managementebene sollte auf Engagements, die festgesetzte Limite überschreiten, sofort aufmerksam gemacht werden, um darauf noch angemessen reagieren zu können.[83]

136   Insgesamt haben die Limitüberwachung und die Behandlung von Limitüberschreitungen in den MaRisk eine zentrale Bedeutung, wie in der folgenden Grafik deutlich wird.

---

82 Vgl. Basel Committee on Banking Supervision, Principles for the Management of Credit Risk, BCBS 75, 27. September 2000, S. 16.

83 Vgl. Basel Committee on Banking Supervision, Principles for the Management of Credit Risk, BCBS 75, 27. September 2000, S. 18 f.

Kreditgeschäft	Handelsgeschäft
Grundsatz: Ohne Limit kein Geschäftsabschluss	
kreditnehmerbezogenes Limit (Kreditnehmer, Kreditnehmereinheit) – entspricht Kreditbeschluss	Kontrahenten- bzw. Emittentenlimit – für Emittentenlimite Erleichterungen – liquide Produkte berücksichtigen
alle Geschäfte unverzüglich auf kreditnehmerbezogene Limite anrechnen	alle Handelsgeschäfte mit einer bestimmten Gegenpartei anrechnen (beim Handelsbuch unverzüglich)
Berücksichtigung des spezifischen Risikos eines Emittenten wahlweise bei Limitierung der Adressenausfall- oder der Marktpreisrisiken möglich	
Limiteinhaltung und -auslastung überwachen	
	bei Auslastung Wiedereindeckungs- und Erfüllungsrisiken berücksichtigen
	zeitnahe Information der Positionsverantwortlichen
Behandlung von Limitüberschreitungen auf Basis eines der Kompetenzordnung entsprechenden Verfahrens	
Festhalten von Limitüberschreitungen und der ggf. getroffenen Maßnahmen	
	unter Risikogesichtspunkten tägliche Anzeige an zuständige Geschäftsleiter
Berichterstattung über Umfang der Limite und externen Linien, bemerkenswerte Engagements sowie bedeutende Limitüberschreitungen inkl. Begründung	

Abb. 69: Limitüberwachung und Behandlung von Limitüberschreitungen

7 Management von Risikokonzentrationen (Tz. 6)

137 **6** Risikokonzentrationen sind zu identifizieren. Gegebenenfalls vorhandene Abhängigkeiten sind dabei zu berücksichtigen. Bei der Beurteilung der Risikokonzentrationen ist auf qualitative und, soweit möglich, auf quantitative Verfahren abzustellen. Risikokonzentrationen sind mit Hilfe geeigneter Verfahren zu steuern und zu überwachen (z.B. Limite, Ampelsysteme oder auf Basis anderer Vorkehrungen).

7.1 Risikokonzentrationen im Kreditgeschäft

138 Risikokonzentrationen entstehen immer dann, wenn eine bedeutende Anzahl oder ein bedeutendes Volumen von Krediten ähnliche Risikoeigenschaften aufweisen. Bei Risikokonzentrationen im Zusammenhang mit Adressenausfallrisiken bzw. »Risikokonzentrationen im Kreditgeschäft« handelt es sich um Adressen- und Sektorkonzentrationen, regionale Konzentrationen und sonstige Konzentrationen im Kreditgeschäft, die relativ gesehen zum Risikodeckungspotenzial zu erheblichen Verlusten führen können. Beispielhaft wird auf Konzentrationen nach Kreditnehmern, Produkten oder Underlyings strukturierter Produkte, nach Branchen, Verteilungen von Engagements auf Größen- und Risikoklassen, Sicherheiten, ggf. Ländern und sonstige hoch korrelierte Risiken verwiesen (→ BTR 1 Tz. 1). Das Institut hat sicherzustellen, dass Risikokonzentrationen im Kreditgeschäft identifiziert, beurteilt, gesteuert und überwacht werden. Anforderungen an die Kommunikation von derartigen Risikokonzentrationen werden an anderer Stelle statuiert (→ BT 3.2 Tz. 3 lit. a bis c).

139 Diese Anforderungen dienen nicht dazu, die Existenz von Konzentrationen per se abzustrafen. Konzentrationen sind Ausfluss der normalen Geschäftstätigkeit der Institute. Häufig sind sie auch Ausdruck einer (natürlichen) Spezialisierung oder einer regionalen Schwerpunktbildung (bspw. bei Sparkassen und Genossenschaftsbanken). Die Aufsicht hat vor diesem Hintergrund nochmals deutlich betont, dass die Anforderungen keinen »Zwang zur Diversifizierung« statuieren. Schließlich können über Spezialisierung oder regionale Schwerpunktbildungen regelmäßig auch Knowhow-Effekte generiert werden, die dazu beitragen, dass Portfolios trotz hoher Konzentrationen eine gute Qualität mit geringen Ausfallquoten aufweisen. Das befreit solche Institute natürlich nicht davon, sich in angemessener Weise mit ihren jeweiligen »Klumpenrisiken« auseinanderzusetzen.[84]

7.2 Identifizierung und Beurteilung von Risikokonzentrationen

140 Als wichtiges Instrument zur Identifizierung von Risikokonzentrationen gelten Stresstests, die im Idealfall über alle Geschäftsfelder eines Institutes hinweg durchgeführt werden. Mit ihrer Hilfe

---

84 Vgl. Bundesanstalt für Finanzdienstleistungsaufsicht, Übermittlungsschreiben zum zweiten Entwurf der Mindestanforderungen an das Risikomanagement vom 26. Juni 2009, S. 2.

können insbesondere jene Wechselwirkungen zwischen den Risikoarten identifiziert werden, die (in diesem Ausmaß) nur unter Stressbedingungen existieren.[85]

Bei der Beurteilung von Risikokonzentrationen ist auf qualitative und – soweit möglich – auf **141** quantitative Verfahren abzustellen. In qualitativer Hinsicht kommt bspw. die Durchführung von Marktanalysen oder der Rückgriff auf externe Branchenreports infrage. Daneben stehen eine ganze Reihe von quantitativen Instrumenten zur Verfügung, von denen eine relativ große Auswahl in einschlägigen Leitlinien von CEBS dargestellt ist.[86] Dazu zählt insbesondere die Verwendung geeigneter Indikatoren (»Concentration Ratios«), die üblicherweise im Zusammenhang zu einer entsprechenden Bezugsgröße (z. B. Bilanzsumme, Eigenmittel, Reingewinn) betrachtet werden, wie u. a.:
- das Volumen einer bestimmten Anzahl von Großkrediten (z. B. der zehn größten Engagements),
- das Volumen einer bestimmten Anzahl von großen, miteinander zusammenhängenden Engagements (Kreditnehmereinheiten, Gruppen verbundener Kunden),
- das Volumen der wichtigsten sektoralen bzw. geografischen Konzentrationen,
- die Engagements in bestimmten Finanzinstrumenten.

Als Konzentrationsmaße kommen auch verschiedene Indizes (»Diversity-Scores«) infrage, wie **142** z. B. der »Herfindahl Hirschmann Index« (HHI), der »Simpsons Equitability Index«, der »Shannon-Wiener Index«, der »Pielous Evenness Index« oder der »Moodys Diversity Score«. Der Herfindahl Hirschmann Index ist z. B. definiert als die Summe der Quadrate der relativen Portfolioanteile aller Kreditnehmer. Gut diversifizierte Portfolios mit sehr vielen kleinen Unternehmen weisen einen Index nahe null auf, während stark konzentrierte Portfolios deutlich höhere Werte erreichen können (bis maximal eins). Ebenso sinnvoll kann die Verwendung von Konzentrationskurven sein, mit deren Hilfe beurteilt werden kann, ob z. B. in bestimmten Regionen oder Branchen eine höhere Konzentration zu verzeichnen ist als in anderen. Häufig werden auch »Gini-Koeffizienten« verwendet, mit deren Hilfe jede Form einer ungleichmäßigen Verteilung gemessen werden kann. Sie entsprechen einer Zahl zwischen null und eins, wobei null eine vollständige »Risikohomogenität« (jedes Exposure hat das gleiche Risiko) und eins eine absolute »Risikokonzentration« (ein Exposure trägt alle Risiken, die übrigen Exposure tragen kein Risiko) bedeuten. Schließlich können auch Portfoliokorrelationen oder Varianz-Kovarianz-Maße zur Bestimmung von Risikokonzentrationen herangezogen werden. Neben heuristischen Methoden kommen in der Praxis auch modellgestützte Ansätze zur Anwendung (bspw. Granularitätsanpassung).[87]

Bestimmte Aspekte von Risikokonzentrationen entziehen sich aufgrund ihrer Vielschichtigkeit **143** einer quantitativen Beurteilung. In solchen Fällen reicht es aus, auf qualitative Verfahren abzustellen. Dem Prinzip der doppelten Proportionalität zufolge können sich kleinere und weniger komplexe Institute stärker auf qualitative Aspekte konzentrieren, insbesondere beim Management von Inter-Risikokonzentrationen. Von großen und komplexen Instituten wurde allerdings schon von CEBS erwartet, dass sie sich in ihren internen Risikomodellen auch in quantitativer Hinsicht mit Inter-Risikokonzentrationen auseinandersetzen.[88]

Grundsätzlich muss sich das Institut bei der Beurteilung von Risikokonzentrationen auch mit **144** künftigen Entwicklungen befassen, was z. B. im Rahmen der Kapitalplanung sinnvoll und möglich ist. Beim Eintreten außergewöhnlicher, aber plausibel möglicher Ereignisse (also im Stressfall)

---

85 Vgl. Committee of European Banking Supervisors, Revised Guidelines on the management of concentration risk under the supervisory review process (GL 31), 2. September 2010, S. 8 f.

86 Vgl. Committee of European Banking Supervisors, Revised Guidelines on the management of concentration risk under the supervisory review process (GL 31), 2. September 2010, S. 32.

87 Vgl. Gordy, Michael B./Lütkebohmert, Eva, Granularity Adjustment for Basel II, Deutsche Bundesbank, Discussion Paper, Series 2: Banking and Financial Studies, Nr. 01/2007, 9. Februar 2007.

88 Vgl. Committee of European Banking Supervisors, Revised Guidelines on the management of concentration risk under the supervisory review process (GL 31), 2. September 2010, S. 4.

können Risikokonzentrationen zu beträchtlichen Verlusten führen. In den MaRisk wird daher betont, dass Risikokonzentrationen auch bei der Durchführung von Stresstests zu berücksichtigen sind (→ AT 4.3.3 Tz. 1). Im Stressfall können sich zudem weitere Interdependenzen zwischen Kreditnehmern (und damit zusätzliche Risikokonzentrationen) ergeben. Folglich können Stresstests auch bei der Aufdeckung versteckter Konzentrationen hilfreich sein.[89]

7.3 Steuerung und Überwachung von Risikokonzentrationen

145 Bereits nach den Mindestanforderungen an das Kreditgeschäft (MaK) war durch geeignete Maßnahmen sicherzustellen, dass gesamtgeschäftsbezogene Risiken (Branchenrisiko, Verteilungen der Engagements auf Größen- und Risikoklassen sowie ggf. das Länderrisiko und sonstige Konzentrationsrisiken) gesteuert und überwacht werden können. Auf den damals in einem Konsultationspapier zunächst verwendeten Begriff »Limitierung« hatte die deutsche Aufsicht letztlich verzichtet, um zu verdeutlichen, dass sie für die gesamtgeschäftsbezogenen Risiken keine harte Limitierung erzwingen möchte. Entscheidend war für die deutsche Aufsicht, dass es überhaupt ein Verfahren zur Steuerung und Überwachung der gesamtgeschäftsbezogenen Risiken gibt. Die konkrete Ausgestaltung dieser Verfahren hatte sie in das Ermessen der Institute gestellt.[90]

146 Nunmehr wird gefordert, dass Risikokonzentrationen mit Hilfe geeigneter Verfahren zu steuern und zu überwachen sind, wobei beispielhaft auf Limit- oder Ampelsysteme verwiesen wird und alternativ auch andere Vorkehrungen zulässig sind. Insofern müssen die Institute für diese Zwecke nach wie vor keine harten (bindenden) Limite einrichten (bspw. Branchenlimite). Als weitere qualitative Alternative kommen z.B. regelmäßige Risikoanalysen in Betracht (→ AT 4.3.2 Tz. 1). Werden hingegen harte Limite vorgegeben, besteht – in Abhängigkeit von den institutsinternen Festlegungen – häufig ein gewisser Spielraum für Ausnahmen in begründeten Einzelfällen. So kann es z.B. durchaus im Interesse des Institutes liegen, neue Geschäftsbeziehungen mit Kunden von exzellenter Bonität einzugehen, die aus Branchen stammen, für die eigentlich keine weiteren Engagements vorgesehen sind. Die Steuerung der Risikokonzentrationen gewinnt dadurch wenigstens in einem gewissen Rahmen an Flexibilität. Der Geschäftsleitung ist zumindest vierteljährlich über Art und Umfang der Risikokonzentrationen zu berichten (→ BT 3.2 Tz. 3 lit. a bis c).

147 Die Methoden zur für die Steuerung und Überwachung maßgeblichen Messung von Risikokonzentrationen sollen die Interdependenzen zwischen den einzelnen Risikopositionen in angemessener Weise erfassen. Da die Wahl der Methoden erhebliche Auswirkungen auf die Einschätzung der Risikokonzentrationen haben kann (»Modellrisiko«), müssen die Institute die den Methoden zugrunde liegenden Annahmen und Techniken vollständig verstehen.[91]

148 Wichtig ist auch eine konsistente Vorgehensweise über alle Geschäftsbereiche hinweg. So können Kreditrisiken aus verschiedenen Geschäftsaktivitäten in verschiedenen Bereichen des Institutes resultieren, z.B. aus der Kreditbearbeitung, der Verwaltung von Sicherheiten und der Vergabe von Kreditlinien oder dem Emittenten- bzw. Kontrahentenrisiko aus Handelsgeschäften. Daher können Abweichungen bei der Messung von Risikokonzentrationen auch aus verschiedenen Arten der Aggregation von Kreditrisiken über alle Geschäftsbereiche eines Institutes hinweg resultieren. Dafür sollten einheitliche Vorgaben getroffen werden, um eine angemessene Steue-

---

89 Vgl. Committee of European Banking Supervisors, Revised Guidelines on the management of concentration risk under the supervisory review process (GL 31), 2. September 2010, S. 14.

90 Vgl. Bundesanstalt für Finanzdienstleistungsaufsicht, Übermittlungsschreiben zum zweiten Entwurf der Mindestanforderungen an das Kreditgeschäft der Kreditinstitute (MaK) vom 2. Oktober 2002, S. 9.

91 Vgl. Committee of European Banking Supervisors, Revised Guidelines on the management of concentration risk under the supervisory review process (GL 31), 2. September 2010, S. 14f.

rung und Überwachung zu gewährleisten. Zudem müssen die Institute in der Lage sein, auch jene Risikokonzentrationen zu berücksichtigen, die sich aus komplexen Produkten, wie z. B. Verbriefungen, ergeben können.[92]

7.4   Bewusste Inkaufnahme von Risikokonzentrationen

Häufig ist die Begrenzung oder Reduzierung von Risikokonzentrationen jedoch extrem schwierig oder gar unmöglich. Hierfür sind teilweise Vorgaben verantwortlich, die sich aus der Zugehörigkeit zu einem Verbund ergeben und z. B. das Geschäftsgebiet von Sparkassen und Genossenschaftsbanken räumlich beschränken (Regionalprinzip). Auch der durch das wirtschaftliche Umfeld eines Institutes oder seinen geografischen Standort bedingte mangelnde Zugang zu wirtschaftlich verschiedenartigen Kreditnehmern oder Kontrahenten kann eine Diversifikation erschweren. Risikokonzentrationen sind daher in vielen Fällen nicht vermeidbar. Sie sind vielmehr das Ergebnis der gewöhnlichen Geschäftstätigkeit eines Institutes. Institute, die schwerpunktmäßig in bestimmten Industriezweigen oder Wirtschaftsbereichen tätig sind, können sogar aus ihrem Fachwissen Kapital schlagen, indem sie sich für bestimmte Konzentrationen durch die Vereinbarung entsprechender Risikoprämien angemessen entschädigen lassen.[93] Risikokonzentrationen sind daher auch Gegenstand der Risikostrategie. Das trifft insbesondere auf Institute zu, die sich auf bestimmte Geschäftsfelder spezialisieren (Spezialbankenprinzip) oder ihren »Heimvorteil« im Sinne eines Informationsvorsprunges nutzen (Regionalprinzip).

149

Davon unabhängig sind bereits vor einigen Jahren verschiedene Initiativen angestoßen worden, z. B. zwischen den Instituten eines Verbundes mit Hilfe so genannter »Kreditbaskettransaktionen« illiquide Klumpenrisiken, für die am Kapitalmarkt keine Hedge-Möglichkeiten bestehen, zu reduzieren.[94] Die Teilnahme an einer derartigen Transaktion bietet den Instituten die Möglichkeit, ihre Adressenausfallrisiken im Firmenkundengeschäft gegen einen Anteil an einem diversifizierten Portfolio kleinteiliger Risiken mittels Kreditderivaten zu tauschen. Die Kreditengagements werden dabei weder verkauft noch abgetreten. Mögliche Ausfälle bei den zugrunde liegenden Kreditengagements werden damit aber nicht mehr von einem einzelnen Institut getragen, sondern auf alle an der Transaktion beteiligten Institute in der Höhe ihres jeweiligen Anteils aufgeteilt. Dieser Tausch führt insgesamt zu einer Senkung der Risikokonzentrationen für die beteiligten Institute, so dass sich aufgrund der damit ggf. einhergehenden Eigenkapitalersparnis zusätzliche Freiräume für die Ausdehnung der Geschäftsaktivitäten ergeben. Voraussetzung zur Teilnahme an einer derartigen Transaktion ist die Nutzung vergleichbarer Methoden bei der Risikoklassifizie-

150

---

92 Vgl. Committee of European Banking Supervisors, Revised Guidelines on the management of concentration risk under the supervisory review process (GL 31), 2. September 2010, S. 14.

93 Vgl. Basel Committee on Banking Supervision, Principles for the Management of Credit Risk, BCBS 75, 27. September 2000, S. 17.

94 Entsprechende Initiativen existieren z. B. seit einigen Jahren unter verschiedenen Bezeichnungen im öffentlichen und im genossenschaftlichen Sektor. Im öffentlichen Sektor wurde die erste Transaktion mit dem Namen SPARK im Jahr 2002 unter Beteiligung des Deutschen Sparkassen- und Giroverbandes (DSGV) über die DekaBank initiiert. In den Jahren 2004 bis 2006 folgten sowohl regionale als auch überregionale Transaktionen unter Einbeziehung verschiedener Landesbanken. Seit 2007 arrangieren mehrere Landesbanken regelmäßig bundesweite Transaktionen unter Beteiligung des DSGV und der regionalen Sparkassenverbände. Dabei nehmen die Zahl der teilnehmenden Sparkassen und das Transaktionsvolumen kontinuierlich zu. Im genossenschaftlichen Sektor werden entsprechende Transaktionen seit dem Jahr 2005 von der DZ BANK unter dem Namen VR Circle angeboten. Zwischenzeitlich existierte ergänzend der »Loan Optimising Pool« (LOOP) der damaligen WGZ BANK. Von der DZ BANK wurden anfangs – wie bei den Sparkassen – zu bestimmten Zeiten einzelne Transaktionen initiiert. Im Jahr 2010 wurden die laufenden Transaktionen in einem Portfolio gebündelt. Die daraus resultierende VR Circle Plattform ist seitdem offen für neue Transaktionen und wächst insofern dynamisch. Vgl. Mazor, Antonina, Kreditpooling im Verbund – Ein Vergleich verschiedener Ansätze, Reihe Financial Services Management, Band 13, Berlin, 2015, S. 42 ff.

rung, um die Risiken nach gleichen Maßstäben einzuschätzen, was in den jeweiligen Verbünden vorausgesetzt werden kann.

7.5 Berücksichtigung von Ertragskonzentrationen

151 Vor dem Hintergrund der Finanzmarktkrise hat die deutsche Aufsicht insbesondere die Institute mit regionaler Ausrichtung und die spezialisierten Institute eindringlich gemahnt, sich intensiv mit ihren jeweiligen »Klumpenrisiken« zu befassen und dabei auch die Ertragsseite zu berücksichtigen. Bei Instituten, die von bestimmten Ertragsquellen stark abhängig sind, besteht tendenziell eine höhere Anfälligkeit gegenüber (Markt-)Veränderungen.[95] Ziemlich genau ein Jahr später wurde diese Anforderung noch ergänzt.[96] Seitdem müssen bei der Festlegung des Risikoappetits für die wesentlichen Risiken auch Ertragskonzentrationen berücksichtigt werden. Dies setzt voraus, dass die Institute ihre Erfolgsquellen voneinander abgrenzen und diese quantifizieren können, wie z. B. im Hinblick auf den Konditionen- und den Strukturbeitrag im Zinsbuch (→ AT 4.2 Tz. 2). Dabei geht es nicht um »potenzielle Ertragseinbußen« oder anspruchsvolle »Systeme zur Gesamtbanksteuerung«, sondern allein darum, dass sich die Institute etwaiger Ertragskonzentrationen bewusst sind und diese in ihr Kalkül einbeziehen.[97]

7.6 Berücksichtigung von Abhängigkeiten

152 Bei der Identifikation von Risikokonzentrationen müssen etwaige Abhängigkeiten berücksichtigt werden. Diese können z. B. auf wirtschaftliche Verflechtungen oder juristische Abhängigkeiten zwischen Unternehmen zurückzuführen sein (→ BTR 1 Tz. 6, Erläuterung). Fällt ein Kreditnehmer aus, so kann dies aufgrund vorliegender Abhängigkeiten zu Ansteckungseffekten führen. Risiken, die aus der Konzentration von Forderungen gegenüber durch Geschäftsbeziehungen miteinander verbundenen Unternehmen resultieren, werden daher ebenfalls den Risikokonzentrationen zugerechnet.[98] Grundsätzlich liegt es nahe, dass die Institute dabei auf die »Kreditnehmereinheit« nach § 19 Abs. 2 KWG[99] oder die »Gruppe verbundener Kunden« nach Art. 4 Abs. 1 Nr. 39 CRR aufsetzen (→ BTR 1 Tz. 2). Dadurch sollten die relevanten Fälle weitgehend abgedeckt sein. Ob die Erwartungshaltung der Aufsicht darüber hinausgeht, ist bislang nicht bekannt.

153 Die einzelnen Risikosteuerungs- und -controllingprozesse werden mit Blick auf die Behandlung von Risikokonzentrationen im Bereich der Adressenausfallrisiken wie nachfolgend dargestellt konkretisiert.

---

95 Vgl. Bundesanstalt für Finanzdienstleistungsaufsicht, Übermittlungsschreiben zum Rundschreiben 15/2009 (BA) vom 14. August 2009, S. 2 f.

96 Vgl. Bundesanstalt für Finanzdienstleistungsaufsicht, Übermittlungsschreiben zum ersten Entwurf zur Überarbeitung der MaRisk vom 9. Juli 2010, S. 4.

97 Vgl. Bundesanstalt für Finanzdienstleistungsaufsicht, Übermittlungsschreiben zum Rundschreiben 15/2009 (BA) vom 14. August 2009, S. 2 f.

98 Vgl. Deutsche Bundesbank, Konzentrationsrisiken in Kreditportfolios, in: Monatsbericht, Juni 2006, S. 37.

99 Der Begriff in § 19 Abs. 2 KWG wurde mittlerweile zwar von »Kreditnehmereinheit« in »Kreditnehmer« geändert. Im Grunde läuft seine Definition aber auf eine »Kreditnehmereinheit« im Sinne der MaRisk hinaus.

Risikoprozesse	Konkretisierung
Identifizierung	Berücksichtigung ggf. vorhandener Abhängigkeiten (wirtschaftlich, juristisch etc.)
Beurteilung	Abstellen auf qualitative und (soweit möglich) quantitative Verfahren
Steuerung / Überwachung	mit Hilfe geeigneter Verfahren (z. B. Limite, Ampelsysteme oder andere Vorkehrungen); Ertragskonzentrationen berücksichtigen
Kommunikation	Risikobericht hat Risikokonzentrationen besonders zu berücksichtigen
der wesentlichen Risiken	mit wesentlichen Risiken verbundene Risikokonzentrationen sind zu berücksichtigen

Abb. 70: Behandlung von Risikokonzentrationen bei Adressenausfallrisiken

8 Erlösquotensammlung (Tz. 7)

7 Das Institut hat eine angemessene Erfassung der Erlöse aus der Abwicklung von Kreditengagements sowie der zugehörigen historischen Werte der Kreditsicherheiten in einer
Erlösquotensammlung zu gewährleisten. Die Erkenntnisse aus der Erlösquotensammlung
sind bei der Steuerung der Adressenausfallrisiken angemessen zu berücksichtigen.

8.1 Besicherungs- bzw. Restrisiken

155 Gemäß Art. 80 CRD IV müssen die zuständigen Behörden sicherstellen, dass das Risiko, dass die
von den Instituten eingesetzten anerkannten Kreditrisikominderungstechniken sich als weniger
wirksam erweisen als erwartet (»Restrisiko«)[100], u. a. durch schriftliche Grundsätze und Verfahren
erfasst und gesteuert wird. Zur Überprüfung der Werthaltigkeit und des rechtlichen Bestandes von
Sicherheiten im Rahmen der Kreditgewährung (→ BTO 1.2.1 Tz. 3 und 4) und der Kreditweiterbearbeitung (→ BTO 1.2.2 Tz. 3 und 4), mit der die Wirksamkeit der vom Institut akzeptierten
Sicherheitenarten (→ BTO 1.2 Tz. 2) regelmäßig hinterfragt wird, werden in den MaRisk bereits
detaillierte Vorgaben gemacht.

156 Im Rahmen des SREP sollten die zuständigen Behörden bei der Bewertung der Sicherheiten die
Deckung durch Sicherheiten und Garantien nach Portfolio, Art des Kreditnehmers, Bonitätsein-
stufung, Branche und weiteren relevanten Aspekten, die historischen Erlösquoten nach Art und
Höhe der Sicherheiten und Garantien sowie die Wesentlichkeit des Verwässerungsrisikos für
erworbene Forderungen[101] und des Restrisikos bewerten. Dabei sollten die Angemessenheit und
Durchsetzbarkeit von Sicherungsvereinbarungen und Garantien, der Zeitrahmen und die Möglichkeit zur Verwertung von Sicherheiten und zur Erfüllung von Garantien gemäß dem nationalen
Rechtsrahmen, die Liquidität und Volatilität der als Sicherheiten dienenden Vermögenswerte, der
erzielbare Wert der Sicherheiten bei der Zwangsbeitreibung von Forderungen (z.B. Zwangsvollstreckungsverfahren) sowie die Bonität der Garantiegeber im Mittelpunkt stehen. Außerdem
sollten die zuständigen Behörden die Konzentration der Garantiegeber und Sicherheiten sowie
die Korrelation mit der Bonität der Kreditnehmer (Korrelationsrisiko) und die potenzielle Auswirkung im Hinblick auf die Wirksamkeit der Absicherung bewerten.[102]

157 Ob ein Institut die Kreditsicherheiten richtig bewerten kann, was vor allem zum Zeitpunkt der
Festsetzung der Kreditkonditionen bedeutsam ist, zeigt sich i.d.R. erst im Falle einer Verwertung
dieser Sicherheiten. Im Sinne eines Backtesting können diese Werte miteinander verglichen
werden, sofern sie im Institut vorhanden sind. Vor diesem Hintergrund müssen die Erlöse aus der
Abwicklung von Kreditengagements sowie die zugehörigen historischen Werte der Kreditsicherheiten seit der fünften MaRisk-Novelle in einer Erlösquotensammlung in angemessener Weise
erfasst werden. Diese Anforderung ist für jene Institute keine große Herausforderung, die bereits

---

100 Die »Restrisiken« betreffen beim Management der Adressenausfallrisiken die Wirksamkeit von Kreditrisikominderungstechniken und werden auch als »Besicherungsrisiken« bezeichnet. Unter den gleichnamigen »Restrisiken« beim Management von IKT-Risiken sind hingegen jene Risiken zu verstehen, die grundsätzlich verbleiben, wenn bereits Sicherheitsmaßnahmen zum Schutz des IT-Einsatzes ergriffen worden sind (→ AT 7.2 Tz. 1 und 4).

101 Unter dem »Verwässerungsrisiko« (»Dilution Risk«) ist nach Art. 4 Abs. 1 Nr. 53 CRR das Risiko zu verstehen, dass sich
der Betrag einer (angekauften) Forderung durch bare oder unbare Ansprüche des Schuldners vermindert.

102 Vgl. European Banking Authority, Guidelines on common procedures and methodologies for the supervisory review and
evaluation process (SREP) and supervisory stress testing, EBA/GL/2014/13, Consolidated version, 19. Juli 2018, S. 83 f.

ein IRB-Verfahren oder ein Kreditportfoliomodell verwenden, weil diese Daten dann grundsätzlich vorhanden sein müssten.

Im Rahmen der sechsten MaRisk-Novelle wurde von der Aufsicht ergänzend klargestellt, dass **158** darunter auch die Erlösquoten aus Rettungserwerben fallen (→ BTR 1 Tz. 7, Erläuterung). Unter Rettungserwerb ist der Erwerb von Sicherheiten (z. B. Immobilien, Transportmittel) zu verstehen, die in der Folge als Vermögenswerte in der Bilanz des Institutes ausgewiesen werden (→ BTO 1.2.5 Tz. 8). Betroffen sind davon in erster Linie jene Institute mit hohem NPL-Bestand, die Rettungs- erwerbe in ihrer Strategie für notleidende Risikopositionen in Betracht ziehen (→ AT 4.2 Tz. 3). Dabei kann vermutlich auf die Erkenntnisse aus der Überwachung der NPE-bezogenen Risiken und des Fortschritts zur Erreichung der NPE-Ziele zurückgegriffen werden (→ AT 4.4.1 Tz. 2). Außerdem müssen die Institute mit hohem NPL-Bestand im Rahmen der Risikoberichterstattung an die Geschäftsleitung die notleidenden und gestundeten Risikopositionen gesondert darstellen. Sofern Rettungserwerbe zur NPE-Strategie des Institutes gehören, gilt diese Berichtspflicht auch für die Entwicklung der erworbenen Vermögenswerte (→ BT 3.2 Tz. 3 lit. i).

8.2   Bestandteile der Erlösquotensammlung

Neben den Erlösen aus der Abwicklung von Kreditengagements sollen nach den Vorgaben der **159** deutschen Aufsicht zumindest die zugehörigen historischen Werte der Kreditsicherheiten erfasst werden. Andernfalls wäre ein Backtesting auch nicht möglich. Da die deutsche Aufsicht in erster Linie auf die Sicherheitenwerte abstellt, sollten zunächst jene Erlöse erfasst werden, die allein auf die Verwertung dieser Sicherheiten zurückzuführen sind. Nicht in jedem Fall endet die Geschäfts- beziehung zu einem Kreditnehmer, dessen Engagement sich in Abwicklung befindet, jedoch mit der kompletten Einstellung seiner Zins- und Tilgungsleistungen. Manche Kreditnehmer leisten auch weiterhin noch Zahlungen und reduzieren damit den ausstehenden Kreditbetrag. Für eine möglichst korrekte Berechnung der Risikomargen im Kreditgeschäft sind diese Abwicklungserlöse ebenfalls von großem Interesse. Insofern erscheint es ratsam, diese Beiträge ebenso zu erfassen. Im Idealfall ist sogar eine separate Erfassung der verschiedenen Komponenten möglich. Damit könnten die Daten aus der Erlösquotensammlung später flexibel ausgewertet und für verschiedene Zwecke verwendet werden.

Die Werthaltigkeit und der rechtliche Bestand von Sicherheiten werden grundsätzlich vor der **160** Kreditvergabe überprüft (→ BTO 1.2.1 Tz. 3). Auf Basis dieser Überprüfung wird letztlich ermit- telt, in welchem Ausmaß eine Sicherheit zur Risikoreduzierung beitragen kann, was sich durch eine entsprechende Senkung der Risikomarge direkt auf die Kreditkondition auswirkt. Insofern werden die Werte der Sicherheiten bereits bei der Kreditgewährung ermittelt. Diese Werte entsprechen den geforderten historischen Werten. Daneben sind die Werthaltigkeit und der rechtliche Bestand von Sicherheiten im Rahmen der Kreditweiterbearbeitung in Abhängigkeit von der Sicherheitenart zu überwachen und ab einer vom Institut unter Risikogesichtspunkten festzulegenden Grenze in angemessenen Abständen zu überprüfen und ggf. neu zu bewerten (→ BTO 1.2.2 Tz. 3). Zudem sind außerordentliche Überprüfungen von Sicherheiten zumindest dann unverzüglich durchzuführen, wenn dem Institut aus externen oder internen Quellen Informationen bekannt werden, die auf eine wesentliche negative Änderung der Sicherheiten hindeuten (→ BTO 1.2.2 Tz. 4). In beiden Fällen kann es also vorkommen, dass der bisherige Wert der Sicherheit neu festgesetzt wird. Insbesondere kann sich dieser Wert deutlich reduzieren. Allein diese Erkenntnisse können einem Institut wichtige Impulse für den Bewertungsprozess von Sicherheiten liefern und sollten insofern in geeigneter Weise für die zukünftigen Bewertungs- prozesse nutzbar gemacht werden.

161   Allerdings wird es nicht in jedem Fall möglich sein, auf dieser Basis auch die Kreditkonditionen anzupassen. Insbesondere besteht diese Möglichkeit i.d.R. nicht, solange die ursprünglich mit dem Kreditnehmer vereinbarte Zinsfestschreibung noch Bestand hat. Deshalb empfiehlt es sich, den bei der Kreditgewährung festgelegten Sicherheitenwert zumindest so lange als historischen Wert in der Erlösquotensammlung zu belassen, bis mit dem Kunden neue Konditionen vereinbart werden und sich die zwischenzeitlichen Erkenntnisse zum Wert der Sicherheiten auch in der Risikomarge widerspiegeln. Zu diesem Zeitpunkt könnte der bisherige historische Wert vermutlich durch den neuen Sicherheitenwert überschrieben werden, weil der alte Wert für das Backtesting keine Rolle mehr spielt.

8.3   Berücksichtigung bei der Risikosteuerung

162   Die Erkenntnisse aus der Erlösquotensammlung sind bei der Steuerung der Adressenausfallrisiken angemessen zu berücksichtigen. Die Bedeutung der Sicherheitenwerte erschließt sich aus der Berechnung des erwarteten Verlustbetrages im Kreditgeschäft als Produkt aus der geschätzten Ausfallwahrscheinlichkeit (»Probability of Default«, PD), der Verlustquote bei Ausfall (»Loss Given Default«, LGD) und der Forderungshöhe bei Ausfall (»Exposure at Default«, EAD). Unter der Verlustquote bei Ausfall wird gemäß Art. 4 Abs. 1 Nr. 55 CRR die Höhe des Verlustes an fälligen Risikopositionen bei Ausfall der Gegenpartei, gemessen am Betrag der zum Zeitpunkt des Ausfalls ausstehenden Risikopositionen, verstanden. Die Höhe des tatsächlichen Verlustes hängt für ein Institut bei ansonsten gleichen Bedingungen insofern stark von der Verwertbarkeit und der Werthaltigkeit eventuell vorhandener Sicherheiten ab.

163   Werden diese Werte falsch eingeschätzt, wirkt sich dies auf nahezu alle Risikosteuerungs- und -controllingprozesse aus. Insbesondere könnte sich die Festlegung der kreditnehmerbezogenen Limite als nicht risikoadäquat erweisen. Ein wirksames Backtesting der Sicherheitenwerte kann hingegen u.a. dazu genutzt werden, die eigenen LGD-Schätzungen bei Verwendung interner Modelle, die Berechnung der Risikomargen für die Konditionengestaltung (→ BTO 1.2 Tz. 9) sowie die Bildung einer angemessenen Risikovorsorge (→ BTO 1.2.6 Tz. 1 und 2) zu plausibilisieren.

164   Seit der fünften MaRisk-Novelle haben die Institute auch eine angemessene Erfassung von Schadensfällen im Bereich der operationellen Risiken sicherzustellen. Größere Institute müssen dafür eine Ereignisdatenbank für Schadensfälle einrichten, bei der die vollständige Erfassung aller Schadensereignisse oberhalb angemessener Schwellenwerte sichergestellt ist (→ BTR 4 Tz. 3). Da die statistische Verwertbarkeit derartiger Daten vor allem von einer hinreichend großen Grundgesamtheit abhängig ist, tauschen diverse Institute seit Jahren ihre gesammelten Erkenntnisse zu Schadensfällen untereinander aus. Zu nennen sind vor allem das »Datenkonsortium zu operationellen Risiken (DakOR)«[103] und das Konsortium der »Operational Riskdata eXchange Association (ORX)«.[104] Es ist durchaus denkbar, dass ähnliche Initiativen auch zur Verbesserung der Datenbasis von Erlösquotensammlungen ergriffen werden.[105]

---

103 Nähere Informationen unter www.dakor.org.

104 Nähere Informationen unter www.orx.org.

105 In der Sparkassen-Finanzgruppe kann in dieser Hinsicht bereits auf die Unterstützung der Finanz Informatik GmbH & Co. KG und der S Rating und Risikosysteme GmbH zurückgegriffen werden. Vgl. Deutscher Sparkassen- und Giroverband, Mindestanforderungen an das Risikomanagement – Interpretationsleitfaden, Version 6.1, Berlin, Juli 2019, S. 314.

BTR 2 Marktpreisrisiken

1 Einführung und Überblick

1.1 Bedeutung der Marktpreisrisiken

1 Marktpreisrisiken sind grundsätzlich als wesentliche Risiken einzustufen (→ AT 2.2 Tz. 1). Dies betrifft sowohl Institute mit aktivem Eigenhandel, die gemäß CRR als »Handelsbuchinstitute« gelten[1], als auch Institute, die ihre Marktpreisrisikopositionen im Wesentlichen über das Anlagebuch begründen.[2] Dabei sind nicht nur Handelsgeschäfte des Anlagebuches, sondern auch Nichthandelsgeschäfte, wie z.B. Forderungen und Verbindlichkeiten, hinsichtlich ihrer Marktpreisrisiken zu analysieren. Zu den Marktpreisrisiken gehören explizit die Zinsänderungsrisiken des Anlagebuches (→ BTR 2.1 Tz. 1, Erläuterung), die in Abhängigkeit vom jeweiligen Zinsumfeld und Geschäftsmodell eine entscheidende Rolle beim Risikomanagement spielen können.

2 Die Bedeutung der Marktpreisrisiken hängt daher u.a. davon ab, in welchem Umfang ein Institut Geschäfte »mit Handelsabsicht« betreibt[3], d.h. welches Volumen das »Handelsbuch« dieses Institutes ausmacht.[4] Da der Geschäftserfolg der Handelsaktivitäten vor allem mit der Kurs- oder Preisentwicklung der Positionen des Handelsbuches verbunden ist, sind die Marktpreisrisiken eng an die Volatilität dieser Kurse bzw. Preise gekoppelt und können in Abhängigkeit von der Art, dem Umfang und der Komplexität der Handelsaktivitäten eine entsprechende Bedeutung für das Risikomanagement haben. Bei Handelsbuchinstituten werden deutlich höhere Anforderungen an die Risikosteuerungs- und -controllingprozesse gestellt, da sich die mit den Handelsgeschäften verbundenen Verlustpotenziale unmittelbar auf die Ertragslage eines Institutes auswirken können.

3 Für die Positionen des Anlagebuches spielen vor allem die Zinsänderungsrisiken eine wesentliche Rolle. Das gilt insbesondere dann, wenn ein Institut in großem Umfang »Fristentransformationen« betreibt, d.h. Festzinskredite für einen längeren Zeitraum ausreicht und sich im Gegenzug mit kürzeren Laufzeiten günstiger refinanziert. Auf diese Weise können durch Ausnutzung der Unterschiede zwischen kurz- und langfristigen Zinssätzen oder eine aus Sicht des Institutes prognostizierte günstige Zinsentwicklung zusätzliche Erträge generiert werden. Über eine kürzer laufende Refinanzierung wird ein Institut also vornehmlich dann nachdenken, wenn die Zinsstrukturkurve eine normale Struktur aufweist und nicht allzu flach ist oder auf (weiter) fallende Zinsen spekuliert wird. Die daraus resultierenden Zinsänderungsrisiken sind neben der Entwicklung der Zinsstrukturkurve vom Umfang der jeweiligen offenen Positionen des Zinsbuches eines Institutes abhängig. Sofern die Zinsentwicklung falsch eingeschätzt wird, kann sich der Refinanzierungszins zum Zeitpunkt der neuerlichen Mittelaufnahme auch verteuert haben und im Extremfall sogar über dem vereinbarten Festzins der betroffenen Kreditverträge liegen, woraus für das Institut folglich Verluste resultieren. Aufgrund der teilweise sehr langen Zinsbindungsfristen auf der Aktivseite sind die tatsächlichen Auswirkungen derartiger Zinsänderungen in der Gewinn- und Verlustrechnung (GuV)

---

1 Gemäß Art. 4 Abs. 1 Nr. 86 CRR gehören zum »Handelsbuch« alle Positionen in Finanzinstrumenten und Waren, die ein Institut entweder mit Handelsabsicht oder zur Absicherung anderer mit Handelsabsicht gehaltener Positionen des Handelsbuchs hält.

2 Das Anlagebuch ergibt sich implizit aus der Abgrenzung zum Handelsbuchbegriff.

3 Nach Art. 4 Abs. 1 Nr. 85 CRR gehören zu den Positionen, die »mit Handelsabsicht« gehalten werden, Eigenhandelspositionen und Positionen, die sich aus Kundenbetreuung und Marktpflege ergeben, Positionen, die zum kurzfristigen Wiederverkauf gehalten werden, sowie Positionen, bei denen die Absicht besteht, aus bestehenden oder erwarteten kurzfristigen Kursunterschieden zwischen Ankaufs- und Verkaufskurs oder aus anderen Kurs- oder Zinsschwankungen Profit zu ziehen.

4 Ein Institut kann der Bagatellregelung in Art. 94 Abs. 1 Satz 1 CRR zufolge trotz eines grundsätzlich vorhandenen Handelsbuches auch von der Qualifikation als »Handelsbuchinstitut« freigestellt werden, wenn der Umfang seiner bilanz- und außerbilanzmäßigen Handelsbuchtätigkeit i.d.R. unter 5 Prozent der Gesamtaktiva und unter 15 Millionen Euro liegt und zu keiner Zeit 6 Prozent der Gesamtaktiva und 20 Millionen Euro übersteigt. Dabei muss gemäß Art. 94 Abs. 2 CRR für Schuldtitel der Marktpreis oder Nennwert und für Aktien der Marktpreis angesetzt werden. Derivate werden entsprechend dem Nennwert oder Marktpreis der ihnen zugrunde liegenden Instrumente bewertet. Der absolute Wert von Kaufpositionen und der absolute Wert von Verkaufspositionen werden addiert.

häufig erst nach einem längeren Zeitraum sichtbar. Aus diesem Grund müssen die Auswirkungen auch über den Bilanzstichtag hinaus betrachtet werden (→ BTR 2.3 Tz. 6). In der Fachliteratur wird diese Komponente des Festzinsrisikos auch als »Fristenablaufrisiko« bezeichnet.

Das in Europa seit einigen Jahren und auf absehbare Zeit noch anhaltende »Niedrigzinsumfeld« führt zu steigenden Zinsänderungsrisiken, wovon besonders Institute betroffen sind, deren Geschäftsmodell stark von der Entwicklung des Zinsgeschäftes abhängt. So entsprach das Zinsergebnis zwischen 1975 und 2002 im Schnitt in den Sparkassen 88 Prozent sowie in den Kreditgenossenschaften 87 Prozent der Bruttoertragsspanne. In diesem Zeitraum betrug der Korrelationskoeffizient zwischen dem Return on Equity (RoE) und der Bruttozinsspanne bei den Sparkassen durchschnittlich 94 Prozent und bei den Kreditgenossenschaften sogar 96 Prozent.[5] Solche Institute müssen also zur Sicherung bzw. Steigerung ihrer Erträge insbesondere Zinsüberschüsse erwirtschaften, die sich aus jedem zinssensitiven Kredit- oder Einlagengeschäft generieren lassen und grundsätzlich als Differenz aus Zinserträgen und Zinsaufwendungen errechnet werden. Niedrige Zinsen und eine flache Zinsstrukturkurve reduzieren tendenziell die Zinsmargen und damit die Profitabilität dieser Institute, womit gleichzeitig ihre Möglichkeiten zur Eigenkapitalerhöhung eingeschränkt werden. Die »Zinsrisikokoeffizienten« dieser Institute steigen seit mehreren Jahren an, was erhöhte Zinsänderungsrisiken signalisiert.[6] Der Zinsrisikokoeffizient entspricht der jeweiligen Barwertänderung der Geschäfte des Anlagebuches (»Zinsbuchbarwert«) im Verhältnis zu den regulatorischen Eigenmitteln des Institutes bei einem vorgegebenen »Standardzinsschock« (→ BTR 2.3 Tz. 6). Dabei handelt es sich um eine abrupte Parallelverschiebung der Zinsstrukturkurve für alle Währungen um 200 Basispunkte nach oben (Szenario 1) und unten (Szenario 2).[7]   **4**

Bei andauernder Niedrigzinsphase mit konstanten Zinsen hatte die deutsche Aufsicht Mitte 2017 für kleinere und mittlere Institute einen weiteren Rückgang der Gesamtkapitalrentabilität (als Quotient aus dem Jahresüberschuss vor Steuern und der Bilanzsumme) bis zum Jahr 2021 um etwa 40 Prozent erwartet, was vor allem auf die geringeren Margen auf der Passivseite (z.B. für Spar- und Sichteinlagen) zurückzuführen ist. Bei einem Zinsanstieg hatte sie hingegen kurzfristig zwar Gewinneinbrüche aufgrund von Wertberichtigungen prognostiziert, diese hätten allerdings mittel- bis langfristig wieder ausgeglichen werden können.[8] Da sich die Zinsmargen der Institute bei einem Zinsanstieg wieder vergrößern, würden die Zinsänderungsrisiken reduziert. Zudem würden die Erträge aus Neukrediten mit höheren Zinssätzen relativ den Kosten für Kundeneinlagen zunehmen.[9]   **5**

Schließlich wird die Bedeutung der Zinsänderungsrisiken aus den damit verbundenen Nebeneffekten deutlich. Das aktuelle Niedrigzinsumfeld setzt tendenziell Anreize zu einer erhöhten Risikoübernahme, was als »Risikoneigungskanal der Geldpolitik« bezeichnet wird. Einerseits steigt verständlicherweise der Anteil von Krediten mit langen Zinsbindungsfristen, weil die Kreditnehmer von den günstigen Zinsen profitieren möchten. Andererseits hat sich auch der Anteil kurzfristiger Refinanzierungsformen an der gesamten Refinanzierung der Institute erhöht. Dies ist vornehmlich darauf zurückzuführen, dass Krediten mit längeren Laufzeiten gerade bei kleineren,   **6**

---

5   Vgl. Brehme, Annett/Neubert, Boris, Strategien zur Immunisierung der Zinsspanne in einer wertorientierten Zinsbuchsteuerung, Reihe zeb/Themen, Münster, Januar 2006, S. 2.

6   Vgl. Sachverständigenrat zur Begutachtung der gesamtwirtschaftlichen Entwicklung, Für eine zukunftsorientierte Wirtschaftspolitik, Jahresgutachten 2017/18, 8. November 2017, S. 179ff.

7   Vgl. Bundesanstalt für Finanzdienstleistungsaufsicht, Zinsänderungsrisiken im Anlagebuch, Rundschreiben 06/2019 (BA) vom 6. August 2019, S. 7.

8   Vgl. Bundesanstalt für Finanzdienstleistungsaufsicht/Deutsche Bundesbank, Ergebnisse der Niedrigzinsumfrage 2017, Gemeinsame Pressenotiz vom 30. August 2017.

9   Vgl. Sachverständigenrat zur Begutachtung der gesamtwirtschaftlichen Entwicklung, Für eine zukunftsorientierte Wirtschaftspolitik, Jahresgutachten 2017/18, 8. November 2017, S. 184.

regional tätigen Instituten zum Teil Kundeneinlagen mit kürzeren Laufzeiten gegenüberstehen. Insofern würde ein rascher Zinsanstieg zu einer Erhöhung der Refinanzierungskosten führen.[10] Erschwerend kommt hinzu, dass die Privatkunden von ihrer Hausbank zumindest erwarten, für ihre Einlagen keine Kosten tragen zu müssen. Daher wurden Einlagekonten lange Zeit durchgängig gebührenfrei geführt bzw. sogar mit einem Zinssatz nahe null vergütet, obwohl die Institute selbst für die Einlagefazilität (»Deposit Facility«) bei der Zentralbank derzeit 0,50 Prozent bezahlen müssen. Die daraus resultierende negative Zinsmarge, die durch die regulatorischen Liquiditätsanforderungen und Verbraucherschutzaspekte nicht gerade abgefedert wird, ist auf Dauer insbesondere für die einlagenstarken Institute eine erhebliche Belastung. Gleichzeitig wird die Renditesituation der Institute von den Aufsichtsbehörden kritisch beleuchtet.

7   Vor diesem Hintergrund bestand zunächst die Befürchtung, dass die Institute in Ermangelung anderer Ertragsquellen ihre Kreditvergabestandards lockern könnten. Dies wäre tendenziell mit einer Erhöhung der Adressenausfallrisiken verbunden. Insbesondere besteht dann die Gefahr, dass Kreditnehmer bei einer Anschlussfinanzierung zu deutlich höheren Zinsen ihren vereinbarten Kapitaldienst nicht mehr (vollständig) erbringen können. Der Gesetzgeber hat verschiedene Vorgaben gemacht, die bereits bei der Kreditvergabe mit Blick auf die gesamte Laufzeit des Darlehens berücksichtigt werden müssen und derartige Verwerfungen verhindern sollen, wie z. B. in § 18a KWG zum Verbraucherdarlehensvertrag oder in der ergänzenden Immobiliar-Kreditwürdigkeitsprüfungsleitlinien-Verordnung (ImmoKWPLV), nach der u. a. ein potenzieller Anstieg des Sollzinssatzes bereits bei der Kreditvergabe ausreichend zu berücksichtigen ist (→ BTO 1.2.1 Tz. 2). Steigende Zinsen können insofern auch zu einem Anstieg notleidender Kredite führen. Zusätzlich besteht vor allem bei langanhaltenden Niedrigzinsen die Gefahr, dass schwach kapitalisierte Institute Kredite immer wieder verlängern anstelle sie abzuschreiben.[11] Mit dem Ausbruch der COVID-19-Pandemie mussten die Institute ihre Kreditvergabestandards allerdings aus ganz anderen Gründen lockern. Welche Auswirkungen damit verbunden sind, lässt sich derzeit noch nicht abschätzen.

1.2   Definition und Arten von Marktpreisrisiken

8   Unter dem Marktpreisrisiko wird grundsätzlich »das Risiko potenzieller Verluste bilanzwirksamer und außerbilanzieller Positionen aufgrund von Veränderungen der Marktpreise«[12] bzw. von Marktpreisschwankungen (z. B. bei Aktienkursen, Zinssätzen oder Wechselkursen) verstanden. Insofern besteht das Marktpreisrisiko in der potenziellen negativen Veränderung der jeweiligen Positionswerte (wertorientierte Sicht) oder der erzielbaren Erträge wie z. B. dem Zinsergebnis (ertragsorientierte Sicht).

9   Marktpreisrisiken im Sinne der MaRisk sind (→ BTR 2.1 Tz. 1, Erläuterung):
- Kursrisiken,
- Zinsänderungsrisiken,
- Währungsrisiken sowie
- Marktpreisrisiken aus Warengeschäften.

---

10 Vgl. Sachverständigenrat zur Begutachtung der gesamtwirtschaftlichen Entwicklung, Für eine zukunftsorientierte Wirtschaftspolitik, Jahresgutachten 2017/18, 8. November 2017, S. 233 ff.

11 Vgl. Sachverständigenrat zur Begutachtung der gesamtwirtschaftlichen Entwicklung, Für eine zukunftsorientierte Wirtschaftspolitik, Jahresgutachten 2017/18, 8. November 2017, S. 179 ff.

12 Caps, Oliver/Tretter, Tobias, MaH aus Sicht der Marktpreisrisikosteuerung, in: Finanz Colloquium Heidelberg (Hrsg.), Einhaltung der MaH, Heidelberg, 2004, S. 125.

Zu letztgenannter Risikokategorie, die sich in der Vergangenheit vorrangig auf Rohwaren- und **10** Edelmetallgeschäfte bezog, gehören ausdrücklich auch Stromderivate und CO_2-Emissionszertifikate. Marktpreisrisiken aus dem traditionellen Warengeschäft von gemischtwirtschaftlichen Kreditgenossenschaften sind bei den Risikosteuerungs- und -controllingprozessen zwar nicht zu berücksichtigen (→ BTR 2.1 Tz. 1, Erläuterung). Allerdings muss geprüft werden, ob in Abhängigkeit von Art, Umfang und Risikogehalt dieser Geschäftsaktivitäten eine sinngemäße Umsetzung der organisatorischen Anforderungen für das Handelsgeschäft erfolgen sollte (→ AT 2.3 Tz. 3, Erläuterung).

Optionspreisrisiken werden als Ausprägung der Marktpreisrisiken von der deutschen Aufsicht **11** an dieser Stelle nicht explizit aufgeführt, weil sie im Zusammenhang mit den Verfahren zur Beurteilung der Zinsänderungsrisiken des Anlagebuches behandelt werden. So müssen die wesentlichen Ausprägungen der Zinsänderungsrisiken erfasst werden (→ BTR 2.3 Tz. 5). Dabei sind Positionen mit unbestimmter Kapital- oder Zinsbindung, wie z.B. Kündigungsrechte des Kunden, Sondertilgungsoptionen oder Rückzahlungsoptionen, in geeigneter Weise zu berücksichtigen (→ BTR 2.3 Tz. 7).

Von der EBA wird eine Reihe von Unterkategorien innerhalb der genannten Risikokategorien **12** angegeben, die von den zuständigen Behörden beim SREP zu berücksichtigen sind. Bei den Marktpreisrisiken werden Positionsrisiken (als Oberbegriff für allgemeine und spezifische Risiken), Fremdwährungsrisiken, Warenpositionsrisiken, Risiken einer Anpassung der Kreditbewertung (CVA-Risiken) sowie nur in Bezug auf das Anlagebuch Credit-Spread-Risiken aus zum beizulegenden Zeitwert bewerteten Positionen und Risiken aus Beteiligungspositionen genannt.[13] Die relevanten Unterkategorien der Zinsänderungsrisiken im Anlagebuch, die grundsätzlich unabhängig von den Marktpreisrisiken im engeren Sinne behandelt werden (→ BTR Tz. 1), sind Gap-Risiken, Basisrisiken und Optionsrisiken.[14] Die EZB nennt im Zusammenhang mit den Marktpreisrisiken die Credit-Spread-Risiken und die (strukturellen) Fremdwährungsrisiken sowie in Bezug auf die Zinsänderungsrisiken im Anlagebuch die Optionsrisiken.[15]

Die Kursrisiken im Sinne der MaRisk und die Positionsrisiken im Sinne der CRR bzw. der **13** EBA-Leitlinien zum SREP unterscheiden sich nur hinsichtlich ihrer Bezeichnung. Als maßgebliche Komponenten der Zinsänderungsrisiken im Anlagebuch stellt auch die Behandlung von Gap-Risiken, Basisrisiken und Optionsrisiken keine Abweichung zwischen den maßgeblichen Regelwerken dar. Wie es sich mit den Risiken einer Anpassung der Kreditbewertung (CVA-Risiken) verhält, ist noch offen, weil die weitere Behandlung in der zweiten Säule davon abhängig gemacht werden soll, welche Standards sich diesbezüglich auf internationaler Ebene für die erste Säule herausbilden. Die Credit-Spread-Risiken werden im Rahmen des Risikotragfähigkeitskonzeptes berücksichtigt (→ AT 4.1 Tz. 1), ebenso wie die Risiken aus Beteiligungspositionen, für deren Behandlung im Kreditgeschäft zudem organisatorische Erleichterungen eingeräumt werden (→ BTO 1 Tz. 1).

---

13 Vgl. European Banking Authority, Guidelines on common procedures and methodologies for the supervisory review and evaluation process (SREP) and supervisory stress testing, EBA/GL/2014/13, Consolidated version, 19. Juli 2018, S. 93.

14 Vgl. European Banking Authority, Guidelines on common procedures and methodologies for the supervisory review and evaluation process (SREP) and supervisory stress testing, EBA/GL/2014/13, Consolidated version, 19. Juli 2018, S. 119f.

15 Vgl. Europäische Zentralbank, Aufsichtliche Erwartungen an ICAAP und ILAAP sowie harmonisierte Erhebung von ICAAP- und ILAAP-Informationen, Schreiben von Daniele Nouy an die Geschäftsleitung bedeutender Banken vom 8. Januar 2016, Anhang A, S. 3.

BTR 2 Marktpreisrisiken

1.2.1 Kurs- und Positionsrisiken

14 Hinsichtlich der Behandlung von Marktpreisrisiken wird bei zins- und aktienkursbezogenen Positionen zwischen dem allgemeinen (systematischen) und dem spezifischen (unsystematischen) Risiko unterschieden.[16] Das allgemeine Risiko bezieht sich auf so genannte »marktinduzierte« Wertänderungen der Positionen. Als ursächlich dafür werden Marktbewegungen in ihrer Gesamtheit gesehen, also z. B. die Entwicklung der Wertpapierkurse, Zinsen oder Wechselkurse.[17] Das spezifische Risiko bezieht sich hingegen auf so genannte »bonitätsinduzierte« Wertänderungen einzelner Positionen, die unabhängig von allgemeinen Marktbewegungen sind und z. B. als potenzielle Änderungen von Bonitätsspreads in Erscheinung treten können. Damit werden u. a. die Auswirkungen negativer Entwicklungen der Bonität des Emittenten eines Wertpapieres zum Ausdruck gebracht, die sich in einem Aufschlag auf den risikolosen Zins niederschlagen. Definitorisch stellt das spezifische Risiko das Verlustrisiko dar, das sich aufgrund jeder Abweichung der relativen oder absoluten Änderungen der Kurse von zins- und aktienkursbezogenen Finanzinstrumenten von den relativen oder absoluten Änderungen der zugehörigen allgemeinen Marktindizes – als Risikofaktoren des allgemeinen Risikos – ergibt.[18]

15 Aus bankaufsichtlicher Sicht kann das spezifische Risiko weiter unterteilt werden in das Residualrisiko und das Ereignisrisiko (Eventrisiko). Das Residualrisiko bezeichnet das Risiko, dass sich der Positionswert auf verhältnismäßig kontinuierliche Weise mehr oder weniger stark ändert als der allgemeine Markt. Es drückt sich also in relativ gleichmäßigen Schwankungen der Marktpreise in Bezug auf die allgemeine Marktentwicklung aus und spiegelt sich in der Marktpreishistorie wider.[19] Das Ereignisrisiko bezeichnet hingegen das (vergleichsweise seltene) Risiko, dass sich der Positionswert im Verhältnis zur allgemeinen Marktentwicklung abrupt und in einem Ausmaß verändert, das die kontinuierlich sich realisierenden Wertänderungen deutlich übersteigt. Entsprechend schwierig gestaltet sich seine Modellierung. Es bezieht sich insbesondere auf das zusätzliche Ausfall- und Migrationsrisiko, das gemäß Art. 372 CRR für die Zwecke der regulatorischen Eigenmittelanforderungen auch per internem Modell ermittelt werden kann (»Incremental Risk Charge«, IRC). Dazu gehören mögliche direkte Verluste aufgrund von internen/externen Ratingänderungen oder durch den Ausfall eines Schuldners sowie mögliche indirekte Verluste, die sich aus diesen Ereignissen ergeben können.[20] Deshalb wird auch von der im spezifischen Risiko enthaltenen Kreditrisikokomponente gesprochen.[21]

16 Mit Bezug auf das spezifische Risiko bestehen also gewisse Wechselwirkungen zu anderen Modulen der MaRisk. So kann z. B. auf eine gesonderte Limitierung der Adressenausfallrisiken des Emittenten verzichtet werden, soweit dem spezifischen Risiko des Emittenten im Rahmen der Limitierung der Marktpreisrisiken auf Basis geeigneter Verfahren angemessen Rechnung getragen wird (→ BTR 1 Tz. 4, Erläuterung). Interne Risikomodelle, die lediglich Residualrisiken im Aktien- bzw. Zinsbereich nach bankaufsichtlicher Beurteilung adäquat erfassen und Ereignisrisiken nicht berücksichtigen, werden als »Surcharge-Modelle« bezeichnet, da sie zwar grundsätzlich für die

---

16 Gemäß Art. 326 CRR entsprechen die Eigenmittelanforderungen des Institutes für das Positionsrisiko der Summe der Eigenmittelanforderungen für das allgemeine und das spezifische Risiko seiner Positionen in Schuldtiteln (inklusive Verbriefungspositionen im Handelsbuch) und Aktieninstrumenten.

17 Vgl. Schulte-Mattler, Herrmann/Gaumert, Uwe, Value-at-Risk – Ein modernes Instrument für die Steuerung der Preisrisiken des Bankbetriebs, in: Becker, Axel/Gruber, Walter/Wohlert, Dirk (Hrsg.), Handbuch MaRisk, Frankfurt a. M., 2006, S. 210.

18 Vgl. Bundesaufsichtsamt für das Kreditwesen, Rundschreiben 1/2001 über die Modellierung des besonderen Kursrisikos im Grundsatz I vom 22. Januar 2001, S. 2.

19 Vgl. Caps, Oliver/Tretter, Tobias, MaH aus Sicht der Marktpreisrisikosteuerung, in: Finanz Colloquium Heidelberg (Hrsg.), Einhaltung der MaH, Heidelberg, 2004, S. 126.

20 Vgl. Basel Committee on Banking Supervision, Guidelines for computing capital for incremental risk in the trading book, BCBS 159, 13. Juli 2009, S. 3.

21 Vgl. Bundesaufsichtsamt für das Kreditwesen, Rundschreiben 1/2001 über die Modellierung des besonderen Kursrisikos im Grundsatz I vom 22. Januar 2001, S. 2.

Modellierung des spezifischen Risikos in Betracht kommen, der Nichtberücksichtigung von Ereignisrisiken jedoch mit einem Aufschlag (»Surcharge«) auf den ermittelten potenziellen Risikobetrag zur Ermittlung der erforderlichen Eigenmittelunterlegung Genüge getan wird. Bei Risikomodellen, die Residual- und Ereignisrisiken adäquat erfassen und folglich »Non-Surcharge-Modelle« genannt werden, entfällt dieser Aufschlag.[22] »Surcharge-Modelle« dürfen für bankaufsichtliche Zwecke allerdings nicht mehr verwendet werden. Nunmehr müssen Institute, die ihre Eigenkapitalanforderungen für Marktpreisrisiken des Handelsbuches mit Hilfe interner Modelle berechnen, dabei zwingend auch das Ereignisrisiko erfassen.

Werden die Residual- und Ereignisrisiken sogar separat berechnet, ist eine noch feiner gegliederte Vorgehensweise möglich, indem das Residualrisiko den besonderen Anforderungen an die Marktpreisrisiken unterliegt (→ BTR 2) und das Ereignisrisiko als Adressenausfallrisiko behandelt wird (→ BTR 1). Grundsätzlich ist das spezifische Risiko des Emittenten insbesondere dann bei der Adressenausfallrisikosteuerung zu berücksichtigen, wenn dies nicht im Rahmen der Limitierung der Marktpreisrisiken geschieht. Marktbezogene Risiken, die aus der Veränderung der Bonität einer Adresse resultieren, wie z.B. das spezifische Risiko eines Emittenten bzw. potenzielle Änderungen von Bonitätsspreads, oder die auf Marktliquidität zurückzuführen sind, müssen in jedem Fall in angemessener Weise im Rahmen der Risikosteuerungs- und -controllingprozesse berücksichtigt werden (→ BTR 2.1 Tz. 1, Erläuterung).

17

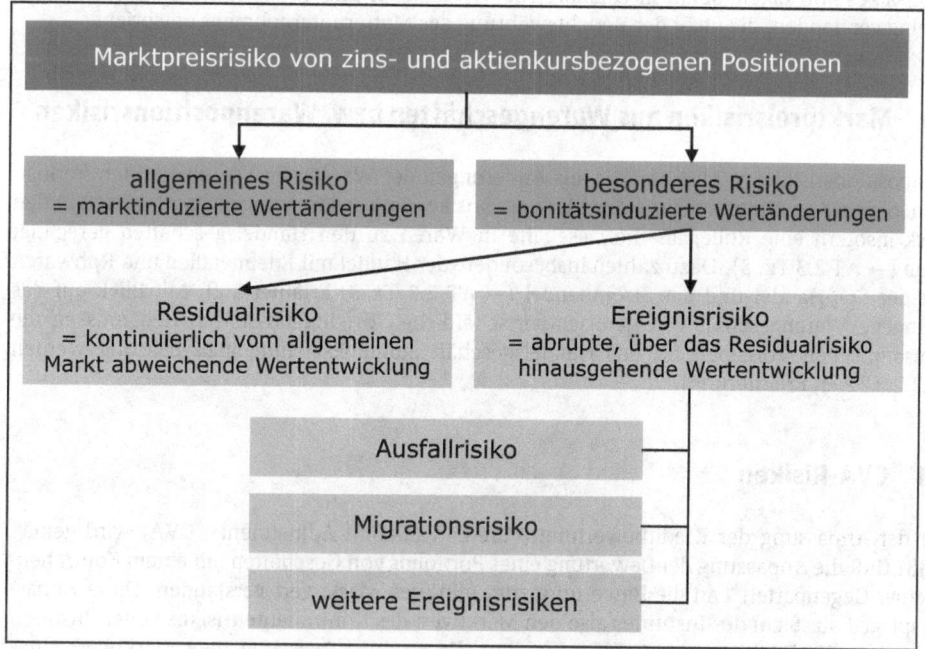

Abb. 71: Systematik der Marktpreisrisiken von zins- und aktienkursbezogenen Positionen

22 Vgl. Bundesaufsichtsamt für das Kreditwesen, Rundschreiben 1/2001 über die Modellierung des besonderen Kursrisikos im Grundsatz I vom 22. Januar 2001, S. 3.

1.2.2 (Fremd-)Währungsrisiken

18   Das »Fremdwährungsrisiko«, »Währungsrisiko« oder »Wechselkursrisiko« (»Foreign Exchange Risk« bzw. »FX Risk«) bezeichnet das Risiko, dass aus einer Veränderung der Wechselkurse für das Institut Verluste entstehen. Dieses Risiko hat also vor allem dann eine Bedeutung für das Institut, wenn wesentliche Geschäftsaktivitäten bei einer ungünstigen Veränderung bestimmter Wechselkurse ggf. unrentabel werden oder sogar scheitern könnten. Insofern besteht auch ein Zusammenhang zum »Fremdwährungskreditrisiko« (»FX Lending Risk«), das als Unterkategorie des Adressenausfallrisikos immer dann vorliegt, wenn Fremdwährungskredite an »nicht abgesicherte Kreditnehmer« vergeben werden. Die zuständigen Behörden sollten deshalb im Rahmen des SREP auch bewerten, ob sich Wechselkurse überproportional auf das Fremdwährungskreditrisiko auswirken können. Dabei sollten sie u. a. die Art der Wechselkurspolitik und ihre mögliche Auswirkung auf Veränderungen des Wechselkurses zwischen der Landeswährung und Fremdwährungen, die Sensitivität der Auswirkung von Wechselkursschwankungen auf die Bonitätseinstufung der Kreditnehmer und die mögliche Konzentration des Kreditgeschäftes auf eine einzelne Fremdwährung oder auf eine begrenzte Anzahl von Fremdwährungen mit hoher Korrelation berücksichtigen.[23]

19   Unter dem »strukturellen Fremdwährungsrisiko« (»Structural FX Risk«) wird das Risiko infolge des Einsatzes von Eigenkapital in Offshore-Niederlassungen und Tochterunternehmen in einer Währung verstanden, die nicht der Berichtswährung des Mutterunternehmens entspricht.[24]

1.2.3 Marktpreisrisiken aus Warengeschäften bzw. Warenpositionsrisiken

20   Warenpositionsrisiken bezeichnen die aus Änderungen der Warenpreise resultierenden Verlustrisiken. Sie sind als Unterkategorie der Marktpreisrisiken zu berücksichtigen[25] und spielen in den MaRisk insofern eine Rolle, als die Geschäfte in Waren zu den Handelsgeschäften gerechnet werden (→ AT 2.3 Tz. 3). Dazu zählen insbesondere der Handel mit Edelmetallen und Rohwaren sowie der CO_2-Handel und der Stromhandel (→ AT 2.3 Tz. 3, Erläuterung). Mit Blick auf das traditionelle Warengeschäft von gemischtwirtschaftlichen Kreditgenossenschaften müssen die organisatorischen Vorgaben für das Handelsgeschäft zumindest sinngemäß beachtet werden (→ AT 2.3 Tz. 3, Erläuterung).

1.2.4 CVA-Risiken

21   Unter der Anpassung der Kreditbewertung (»Credit Valuation Adjustment«, CVA) wird gemäß Art. 381 CRR die Anpassung der Bewertung eines Portfolios von Geschäften mit einem Kontrahenten (einer Gegenpartei)[26] an die Bewertung zum mittleren Marktwert verstanden. Diese Anpassung spiegelt aus Sicht des Institutes also den Marktwert des Kontrahentenrisikos wider. Insofern besteht das CVA-Risiko in der Gefahr, aus dem Unterschied zwischen dem Marktwert eines

---

23   Vgl. European Banking Authority, Guidelines on common procedures and methodologies for the supervisory review and evaluation process (SREP) and supervisory stress testing, EBA/GL/2014/13, Consolidated version, 19. Juli 2018, S. 80 f.

24   Vgl. European Banking Authority, Guidelines on common procedures and methodologies for the supervisory review and evaluation process (SREP) and supervisory stress testing, EBA/GL/2014/13, Consolidated version, 19. Juli 2018, S. 24.

25   Vgl. European Banking Authority, Guidelines on common procedures and methodologies for the supervisory review and evaluation process (SREP) and supervisory stress testing, EBA/GL/2014/13, Consolidated version, 19. Juli 2018, S. 93.

26   Die Begriffe »Gegenpartei« und »Kontrahent« werden synonym verwendet. Da die MaRisk auf Kontrahentenlimite abstellen, ist die Formulierung »Kontrahent« für die Zwecke des Kommentars besser geeignet. Anstelle der Formulierung »Kontrahentenausfallrisiko« wird allgemein vom »Kontrahentenrisiko« gesprochen.

risikolosen Portfolios und dem Marktwert eines identischen Portfolios unter Berücksichtigung des Kontrahentenrisikos einen Verlust zu erleiden. Die regulatorischen Eigenmittelanforderungen für das CVA-Risiko sind in Art. 381 bis 386 CRR geregelt.

Das CVA-Risiko muss laut Art. 382 CRR für alle OTC-Derivate (ggf. unter Berücksichtigung von **22** Wertpapierfinanzierungsgeschäften) berechnet werden. Ausgenommen davon sind Kreditderivate, die anerkanntermaßen die risikogewichteten Positionsbeträge für das Kreditrisiko verringern, Geschäfte mit einem qualifizierten zentralen Kontrahenten und Geschäfte eines Kunden mit einem Clearingmitglied, bei denen das Clearingmitglied als Vermittler zwischen dem Kunden und einem qualifizierten zentralen Kontrahenten auftritt und das Geschäft eine Handelsforderung des Clearingmitglieds gegenüber dem qualifizierten zentralen Kontrahenten begründet, sowie weitere Geschäfte, die in Art. 382 Abs. 4 CRR explizit genannt sind.

Im Februar 2015 hat sich die EBA zu verschiedenen Aspekten der Eigenmittelanforderungen für **23** das CVA-Risiko geäußert.[27] Da aus ihrer Sicht auch das CVA-Risiko erheblich sein kann, das durch die von den Anforderungen der CRR ausgenommenen Kontrahenten erzeugt wird, hat die EBA eine jährliche Überwachung der Auswirkungen dieser Transaktionen und eine Berücksichtigung übermäßiger CVA-Risiken im Rahmen des SREP empfohlen. Gleichzeitig hat sie die Konsultation entsprechender Leitlinien angekündigt. Außerdem sollte das CVA-Risiko nach Einschätzung der EBA als eigenständige Risikokategorie in das Marktrisikorahmenwerk überführt und als Fair-Value-Anpassung vorbehaltlich vorsichtiger Bewertungsanforderungen behandelt werden. Das Rahmenwerk zur Behandlung des CVA-Risikos sollte für die aufsichtsrechtliche Behandlung überarbeitet werden, um die institutsinterne Praxis besser widerzuspiegeln. Die angekündigten Leitlinien zur Behandlung des CVA-Risikos im Rahmen des SREP wurden von der EBA im November 2015 zur Konsultation gestellt.[28] Seitdem liegen sie allerdings auf Eis.

Aufgrund der Weiterentwicklung des Rahmenwerkes zur Behandlung des CVA-Risikos auf **24** internationaler Ebene hat die EBA im Juni 2017 verlautbart, die Fertigstellung der Leitlinien bis auf weiteres auszusetzen. Stattdessen wollte sie die Auswirkungen der überarbeiteten internationalen Standards auf das CVA-Risiko, insbesondere auf den Umfang der freigestellten Transaktionen, nach deren Veröffentlichung bewerten. Die zuständigen Behörden sollten in der Zwischenzeit die Ergebnisse des jährlichen EBA-Monitorings zur Bewertung des CVA-Risikos gemäß den EBA-Leitlinien zum SREP verwenden. Ob die Leitlinien noch erforderlich sind, um eine größere Kohärenz bei geeigneten risikobasierten Aufsichtsmaßnahmen zu erreichen, ist offen.[29] Unabhängig davon hat die EBA die Überwachung der Auswirkungen von Transaktionen, die von den Anforderungen der CRR ausgenommen sind, fortgesetzt.[30]

Die zuständigen Behörden sollten im Rahmen des SREP in jedem Fall bewerten, ob der Umfang der **25** kreditrisikobezogenen Bewertungsanpassungen für die Qualität der Kreditrisikopositionen und für den Grad an Besicherung angemessen ist. Dafür sollten sie untersuchen, ob die kreditrisikobezogenen Bewertungsanpassungen an die Derivatemarktwerte die Bonität der betreffenden Kontrahenten widerspiegeln.[31]

---

27 European Banking Authority, Opinion of the European Banking Authority on Credit Valuation Adjustment (CVA), EBA/Op/2015/02, 25. Februar 2015.

28 European Banking Authority, Guidelines on the treatment of CVA risk under the supervisory review and evaluation process (SREP), EBA/CP/2015/21, 12. November 2015.

29 Vgl. European Banking Authority, EBA 2015 CVA Risk Monitoring Exercise – Main Results, 21. Juni 2017, S. 3.

30 European Banking Authority, EBA 2016 CVA Risk Monitoring Exercise – Main Results, 4. Mai 2018.

31 Vgl. European Banking Authority, Guidelines on common procedures and methodologies for the supervisory review and evaluation process (SREP) and supervisory stress testing, EBA/GL/2014/13, Consolidated version, 19. Juli 2018, S. 84.

1.2.5 Credit-Spread-Risiken

26 Der Credit-Spread ist ein Risikoaufschlag für kreditrisikobehaftete Positionen gegenüber einem risikolosen und fristenkongruenten Zinssatz. Das »Credit-Spread-Risiko« wird als Risiko infolge der Änderung des Marktwertes von Schuldverschreibungen aufgrund von Schwankungen des Credit-Spreads definiert.[32] Das eigentliche Risiko besteht in einer Erhöhung dieses Risikoaufschlages. Da der Credit-Spread auch erwartete Migrationen enthält, sind Credit-Spread- und Migrationsrisiken im Rahmen der Risikomessung nicht völlig überschneidungsfrei bestimmbar.[33] Die Behandlung von Credit-Spread-Risiken erfolgt im Rahmen des Risikotragfähigkeitskonzeptes (→ AT 4.1 Tz. 1).

1.2.6 Beteiligungsrisiken

27 Hinter den Beteiligungsrisiken verbergen sich die Anteilseignerrisiken, d. h. die potenziellen Verluste aus der Bereitstellung von Eigenkapital im Fall einer Verschlechterung des Beteiligungswertes. Auch Beteiligungsrisiken werden formal den Adressenausfallrisiken zugeordnet, da u. a. jede Entscheidung über Beteiligungen als Kreditentscheidung angesehen wird (→ AT 2.3 Tz. 2). Allerdings werden Beteiligungsrisiken aufgrund ihrer Besonderheiten prozessual in anderer Weise überwacht und gesteuert. Deshalb lässt die deutsche Aufsicht in diesem Fall eine sinngemäße Umsetzung der Anforderungen an das Kreditgeschäft zu. Die konkreten Vorgaben unterscheiden sich mit steigenden Anforderungen zudem danach, ob es sich um Verbundbeteiligungen oder Pflichtbeteiligungen, strategische Beteiligungen oder kreditnahe bzw. kreditsubstituierende Beteiligungen handelt (→ BTO 1 Tz. 1). Die EBA stellt den zuständigen Behörden frei, ob die Beteiligungsrisiken bei der Bewertung der Adressenausfallrisiken oder der Marktpreisrisiken berücksichtigt werden.[34]

28 Beim Management von Beteiligungsrisiken sollten die Auswirkungen anderer Risiken berücksichtigt werden. Den Risiken aus finanziellen und nichtfinanziellen Beteiligungen, Tochtergesellschaften und sonstigen verbundenen Unternehmen liegen nach Einschätzung der EZB u. a. Unterstützungs- und Gruppenrisiken, Reputations- und operationelle Risiken sowie Risiken im Zusammenhang mit Patronatserklärungen zugrunde.[35]

1.2.7 Zinsänderungsrisiken

29 Unter dem »Zinsänderungsrisiko« (»Interest Rate Risk«, IRR) wird das bestehende oder künftige Risiko in Bezug auf die Erträge und Eigenmittel des Institutes infolge ungünstiger Änderungen der Zinssätze verstanden.[36] Das »Zinsänderungsrisiko im Anlagebuch« (»Interest Rate Risk in the Banking Book«, IRRBB) bezieht sich in diesem Zusammenhang auf jene Geschäfte, die nicht dem Handelsbuch zugeordnet sind.

30 Das »Gap-Risiko« ist das Risiko aus der Laufzeitstruktur zinssensitiver Instrumente, das sich aus zeitlichen Unterschieden bei der Zinsänderung ergibt und Änderungen der Laufzeitstruktur

---

32 Vgl. European Banking Authority, Guidelines on common procedures and methodologies for the supervisory review and evaluation process (SREP) and supervisory stress testing, EBA/GL/2014/13, Consolidated version, 19. Juli 2018, S. 23.

33 Vgl. Bundesanstalt für Finanzdienstleistungsaufsicht/Deutsche Bundesbank, Aufsichtliche Beurteilung bankinterner Risikotragfähigkeitskonzepte und deren prozessualer Einbindung in die Gesamtbanksteuerung (»ICAAP«) – Neuausrichtung, Leitfaden vom 24. Mai 2018, S. 17.

34 Vgl. European Banking Authority, Guidelines on common procedures and methodologies for the supervisory review and evaluation process (SREP) and supervisory stress testing, EBA/GL/2014/13, Consolidated version, 19. Juli 2018, S. 72.

35 Vgl. Europäische Zentralbank, Leitfaden der EZB für den bankinternen Prozess zur Sicherstellung einer angemessenen Kapitalausstattung (Internal Capital Adequacy Assessment Process – ICAAP), 9. November 2018, S. 29.

36 Vgl. European Banking Authority, Guidelines on common procedures and methodologies for the supervisory review and evaluation process (SREP) and supervisory stress testing, EBA/GL/2014/13, Consolidated version, 19. Juli 2018, S. 23.

von Zinssätzen über die gesamte Zinskurve hinweg (paralleles Risiko) oder differenziert nach Perioden (nicht-paralleles Risiko) umfasst. Das »Basisrisiko« ist das Risiko, das sich aus der Auswirkung relativer Zinsänderungen auf zinssensitive Instrumente ergibt, die ähnliche Laufzeiten haben, aber mit unterschiedlichen Zinsindizes bewertet werden. Es ergibt sich aus der nicht perfekten Korrelation bei der Anpassung der verdienten und der gezahlten Zinssätze verschiedener zinssensitiver Instrumente mit ansonsten ähnlichen Zinsänderungseigenschaften. Das »Optionsrisiko« ist das Risiko aus (eingebetteten und expliziten) Optionen, wobei das Institut oder sein Kunde die Höhe und den Zeitpunkt ihrer Cashflows ändern kann, nämlich das Risiko aus zinssensitiven Instrumenten, bei denen der Inhaber die Option mit großer Wahrscheinlichkeit ausüben wird, wenn es in seinem finanziellen Interesse liegt (eingebettete oder explizite automatische Optionen), und das Risiko aus der Flexibilität, die implizit oder innerhalb der Bedingungen von zinssensitiven Instrumenten eingebettet ist, so dass Änderungen der Zinssätze eine Änderung des Verhaltens des Kunden beeinflussen können (eingebettetes Verhaltens-Optionsrisiko).[37]

1.3 Berücksichtigung von Nachhaltigkeitsrisiken

Die physischen Risiken, die sich z. B. bei extremen Wetterereignissen in einer vernichteten Ernte niederschlagen können, wirken beim Marktpreisrisiko direkt über den Preis. Eine allgemeine Verschlechterung der klimatischen Verhältnisse kann sich wiederum negativ auf das Wirtschaftswachstum, die Arbeitslosen-/Beschäftigtenquote, die Inflationsrate und andere makroökonomische Größen auswirken. Diese negativen Entwicklungen infolge von Klimaereignissen beeinflussen ggf. die (externen) Ratingnoten von Staaten, Regionen und Kommunen, wodurch deren Anleihen abgewertet werden könnten. Auf der anderen Seite steigen die transitorischen Risiken mit Blick auf die Entwicklung der Energie- und Rohstoffpreise allein aufgrund der unvermeidlichen Belastung kohlenstoffintensiver Industrien.[38]   **31**

Den Instituten sollte insofern bewusst sein, dass Klima- und Umweltrisiken die Verfügbarkeit von und die Nachfrage nach Finanzinstrumenten (z. B. Wertpapieren oder Derivaten), Produkten und Dienstleistungen verändern könnten, was sich in deren Wert niederschlagen würde. So könnten Anlagen in Unternehmen mit Geschäftsmodellen, die als ökologisch nicht nachhaltig gelten oder deren Standorte in Gebieten mit hohen Nachhaltigkeitsrisiken liegen, schnell an Wert verlieren, wenn politische Maßnahmen ergriffen oder neue Technologien entwickelt werden, sich die Stimmung am Markt ändert, schwerwiegende Wetterereignisse auftreten oder sich die klimatischen Bedingungen allmählich verschlechtern. Deshalb sollten die Institute die Auswirkungen von klimabedingten und ökologischen Faktoren auf ihre aktuellen Marktrisikopositionen und auf geplante Anlagen fortlaufend überwachen. Die EZB empfiehlt für diese Zwecke die Verwendung geeigneter Stresstests, wie z. B. Sensitivitätsanalysen, um die Bedeutung von Klimarisiken für das Handels- und Anlagebuch des Institutes besser verstehen und einschätzen zu können. Diese Analysen sollten Klima- und Umweltrisiken aus der normativen und der ökonomischen Perspektive berücksichtigen und die historischen Daten durch hypothetische Annahmen ergänzen.[39]   **32**

---

37 Vgl. European Banking Authority, Guidelines on common procedures and methodologies for the supervisory review and evaluation process (SREP) and supervisory stress testing, EBA/GL/2014/13, Consolidated version, 19. Juli 2018, S. 119 f.

38 Vgl. Röseler, Raimund, Nachhaltigkeit – Herausforderung und Chance für die Kreditwirtschaft, in: BaFinPerspektiven, Ausgabe 2/2019, Nachhaltigkeit – Chancen und Risiken für den Finanzsektor, 9. Mai 2019, S. 24.

39 Vgl. Europäische Zentralbank, Leitfaden zu Klima- und Umweltrisiken – Erwartungen der Aufsicht in Bezug auf Risikomanagement und Offenlegungen, 27. November 2020, S. 44 f.

33   Konkret mit Blick auf Fremdwährungspositionen hält es die EZB für ratsam, dass die Institute beobachten, inwieweit Länder, deren Anleihen sie halten und in Bezug auf die sie somit einem Risiko ausgesetzt sind, von transitorischen und physischen Risiken betroffen sein könnten. Für die Positionen des Anlagebuches sollten die Institute prüfen, welche Bedeutung dem Credit-Spread-Risiko als einem der Bestimmungsfaktoren des allgemeinen Marktrisikos zukommt. So könnten Finanzinstrumente von Unternehmen aus Sektoren, die als ökologisch nicht nachhaltig gelten und keinen umfassenden nachhaltigen Managementansatz verfolgen, unversehens einen Wertverfall erleben. Die Institute sollten außerdem laufend überwachen, ob sich der Wert ihrer Beteiligungspositionen bzw. das Emittentenrisiko bedingt durch Klima- und Umweltrisiken verändert hat. Schließlich sollten sich die auf den Rohstoffhandel spezialisierten Institute besonders intensiv mit möglichen versteckten Schwachstellen auseinandersetzen, wie z. B. mit sprunghaften Veränderungen beim Preis oder Wert gewisser Rohstoffe, die als ökologisch weniger nachhaltig gelten als andere.[40]

34   Umwelt-, Sozial- und Unternehmensführungsrisiken (ESG-Risiken) können Marktpreisrisiken also durchaus verstärken. Die EBA verweist beispielhaft auf die Investition in Unternehmen, die ökologisch nicht nachhaltig wirtschaften oder sozial unverantwortlich sind. Damit könnten höhere Abwärtsrisiken für die zugehörigen Finanzinstrumente verbunden sein. Das Verständnis und die Herstellung eines direkten Zusammenhangs zwischen der Auswirkung von ESG-Risiken auf Emittenten und der Veränderung des Wertes der damit verbundenen Finanzinstrumente ist eine Herausforderung. Die Institute sollten in der Lage sein, sowohl das Risiko von Verlusten als auch das Risiko einer erhöhten Volatilität einzuschätzen und zu bewerten. Investitionen in Finanzinstrumente, die von Unternehmen aus Sektoren emittiert werden, die als nicht nachhaltig angesehen werden oder denen es an einer Anpassungspolitik mangelt, sind anfälliger für die Auswirkungen des Nachrichtenflusses. Damit erhöht sich deren Volatilität. Der Preis solcher Finanzinstrumente wird stärker durch politische und regulatorische Maßnahmen im ESG-Bereich sowie durch den steigenden Prozentsatz von Investmentfonds, die einen Mindestanteil ihres verwalteten Vermögens in ESG-konforme Instrumente investieren, beeinflusst werden. Nach Einschätzung der EBA wird es nicht genügen, ESG-Risiken in die Marktrisikostrategie aufzunehmen. Um einen angemessenen Umgang mit ESG-Risiken zu gewährleisten, ist auch ein angemessener organisatorischer Rahmen erforderlich, in dem die Verantwortlichkeiten für die Entscheidung, Umsetzung, Überwachung und Berichterstattung über die Auswirkungen von ESG-Risiken auf das Marktportfolio des Institutes festgelegt sind.[41] Zur Minderung des Marktpreisrisikos empfiehlt die EBA u. a. eine Diversifizierung von Portfolios, wodurch Konzentrationsrisiken reduziert werden.[42]

35   Investoren und Marktteilnehmer zeigen ein wachsendes Bewusstsein für die Bedeutung von ESG-Risiken. Obwohl das Niveau der ESG-Emissionen im Vergleich zur Größe der Finanzmärkte derzeit noch gering ist, steigt die Nachfrage rapide an. Gleichzeitig führen immer mehr Investoren Richtlinien zum Negativscreening und für die Stimmrechtsvertretung ein, die auf ESG-Überlegungen beruhen. Aus diesen Gründen sollen die Aufsichtsbehörden im Rahmen des SREP beurteilen, ob die Institute proaktiv die Auswirkungen von ESG-Risiken auf ihre Marktrisikopositionen überwachen. Dazu wird geprüft, ob die richtigen Kontrollen zur Identifikation von ESG-Risiken eingeleitet wurden und ob die Institute eine angemessene ESG-Strategie für Marktrisiken eingeführt haben. Die Überprüfung der Marktrisikostrategie liefert wichtige Informationen darüber, wie das Institut auf ESG-Risiken auf dem Finanzmarkt reagiert. Das Vorhandensein

---

40 Vgl. Europäische Zentralbank, Leitfaden zu Klima- und Umweltrisiken – Erwartungen der Aufsicht in Bezug auf Risikomanagement und Offenlegungen, 27. November 2020, S. 44f.

41 Vgl. European Banking Authority, EBA Report on management and supervision of ESG risks for credit institutions and investment firms, EBA/REP/2021/18, 23. Juni 2021, S. 116.

42 Vgl. European Banking Authority, EBA Report on management and supervision of ESG risks for credit institutions and investment firms, EBA/REP/2021/18, 23. Juni 2021, S. 118.

spezifischer Investitionskriterien, einschließlich ESG-Checklisten, und die Anforderung einer angemessenen Due-Diligence-Prüfung für Marktinvestitionen sind allesamt positive Anzeichen dafür, wie sehr sich das Institut mit dem Thema beschäftigt hat. Geprüft werden könnten auch die Limite, die sich auf die ESG-Gesamtstrategie des Institutes beziehen. Sofern allerdings ESG-Risiken in die Strategie des Institutes aufgenommen werden und gleichzeitig Risikoinstrumente zur Beschränkung von Investitionen in Unternehmen fehlen, die keine Pläne haben, sich an der Umstellung zu beteiligen, wird dies von der EBA eher als negatives Zeichen gesehen und mit »Greenwashing« in Verbindung gebracht. Das Vorhandensein von Negativscreening-Richtlinien oder Ausschlusskriterien werden so bewertet, dass das Institut auch in Fällen, in denen keine entsprechenden Daten verfügbar sind, sorgfältig über seine Marktengagements nachdenkt.[43]

1.4 Handelsbuch- und Anlagebuchpositionen

Die Zuordnungskriterien für bestimmte Positionen zum »Handelsbuch« ergeben sich, wenngleich sie institutsindividuell zu spezifizieren sind, grundsätzlich aus Art. 4 Abs. 1 Nr. 86 CRR.[44] Als zentrales Abgrenzungskriterium dient die so genannte »Handelsabsicht«, d. h. der Zweck, aus dem die jeweiligen Positionen (Finanzinstrumente und Waren) gehalten werden.[45] In Abgrenzung dazu bilden alle Geschäfte eines Institutes, die nicht dem Handelsbuch zuzurechnen sind, das so genannte »Anlagebuch«, das häufig auch als »Bankbuch« bezeichnet wird.[46] Hierzu zählen insbesondere das klassische Kreditgeschäft, Beteiligungen des Anlagevermögens und Wertpapiere der Liquiditätsreserve. **36**

Die Positionen des Handels- und des Anlagebuches werden regulatorisch verschieden behandelt. Während die mit Marktpreisrisiken behafteten Positionen des Handelsbuches z. B. täglich zu bewerten sind (→ BTR 2.2 Tz. 2), wird für das Anlagebuch grundsätzlich ein vierteljährlicher Turnus vorgegeben (→ BTR 2.3 Tz. 1). Für die Positionen des Anlagebuches werden also weniger strenge Anforderungen formuliert. Mit Blick auf die betroffenen Handelsgeschäfte wird damit dem Umstand Rechnung getragen, dass die jeweiligen Positionen eher aus strategischen Erwägungen heraus abgeschlossen und somit i. d. R. für einen längeren Zeitraum gehalten werden sollen. Insofern kann es unter Risikogesichtspunkten für ein Institut durchaus von Bedeutung sein, ob eine Position dem Handels- oder dem Anlagebuch zugeordnet werden muss. **37**

Allerdings werden die von der britischen Financial Services Authority (FSA)[47] angestoßenen und vom Baseler Ausschuss für Bankenaufsicht (BCBS) aufgegriffenen Überlegungen zur grundlegen- **38**

---

43 Vgl. European Banking Authority, EBA Report on management and supervision of ESG risks for credit institutions and investment firms, EBA/REP/2021/18, 23. Juni 2021, S. 146f.

44 Gemäß Art. 4 Abs. 1 Nr. 86 CRR gehören zum »Handelsbuch« alle Positionen in Finanzinstrumenten und Waren, die ein Institut entweder mit Handelsabsicht oder zur Absicherung anderer mit Handelsabsicht gehaltener Positionen des Handelsbuchs hält. Laut Art. 4 Abs. 1 Nr. 50 CRR bezeichnet der Ausdruck »Finanzinstrument« a) einen Vertrag, der für eine der beteiligten Seiten einen finanziellen Vermögenswert und für die andere Seite eine finanzielle Verbindlichkeit oder ein Eigenkapitalinstrument schafft, b) ein in Anhang I Abschnitt C der Richtlinie 2004/39/EG genanntes Instrument, c) ein derivatives Finanzinstrument, d) ein Primärfinanzinstrument und e) ein Kassainstrument. Die unter den Buchstaben a, b und c genannten Instrumente sind allerdings nur dann als Finanzinstrumente zu betrachten, wenn ihr Wert sich aus dem Kurs eines zugrunde liegenden Finanzinstrumentes oder eines anderen Basiswertes, einem Satz oder einem Index errechnet.

45 Nach Art. 4 Abs. 1 Nr. 85 CRR werden unter »Positionen, die mit Handelsabsicht gehalten werden«, a) Eigenhandelspositionen und Positionen, die sich aus Kundenbetreuung und Marktpflege ergeben, b) Positionen, die zum kurzfristigen Wiederverkauf gehalten werden, und c) Positionen, bei denen die Absicht besteht, aus bestehenden oder erwarteten kurzfristigen Kursunterschieden zwischen Ankaufs- und Verkaufskurs oder aus anderen Kurs- oder Zinsschwankungen Profit zu ziehen, verstanden.

46 Das Anlagebuch ergibt sich implizit aus der Abgrenzung zum Handelsbuch nach Art. 4 Abs. 1 Nr. 86 CRR.

47 Die Aufgaben der Financial Services Authority (FSA) wurden am 1. April 2013 auf die Financial Conduct Authority (FCA) und die bei der Bank of England angesiedelte Prudential Regulation Authority (PRA) übertragen. Damit wurde der Verbraucherschutz durch die FCA von der Allfinanzaufsicht durch die PRA getrennt.

den Überarbeitung der bankaufsichtlichen Vorschriften an Handelsaktivitäten (»Fundamental Review of the Trading Book«, FRTB), die in der Fassung vom Januar 2016 im Rahmen der Überarbeitung der CRR berücksichtigt wurden, die Unterscheidung zwischen dem Handels- und dem Anlagebuch neu gestalten.[48] Die neuen Kriterien für die Abgrenzung des Handelsbuches vom Anlagebuch waren zunächst im Vorschlag der EU-Kommission vom 23. November 2016 enthalten. Nachdem der BCBS im März 2018 neue Vorschläge zum FRTB konsultiert hat[49], ist der Vorschlag von der EU-Kommission zurückgestellt worden. Die überarbeiteten Vorgaben zu den Eigenmittelanforderungen an die Marktpreisrisiken wurden vom BCBS im Januar 2019 veröffentlicht[50] und anschließend in das Baseler Rahmenwerk integriert. Diese Anforderungen gelten grundsätzlich ab dem 1. Januar 2023. Zu welchem Zeitpunkt diese Abgrenzungskriterien über die CRR Eingang in die europäische Regulierung finden werden, ist noch nicht abschließend geklärt. Diese Anpassungen sollen zu einer objektiveren Zuordnung von Positionen zum Handelsbuch führen. Neben dem weiterhin maßgeblichen Kriterium der Handelsabsicht werden bestimmte Zuordnungen von Positionen zum Handels- bzw. Anlagebuch vorab festgelegt. Damit wird auch die Umwidmung von Finanzinstrumenten vom Handels- in das Anlagebuch erschwert. Mit einer Umwidmung ist dann auch nicht automatisch eine regulatorische Kapitalarbitrage möglich.

1.5   Konditionen- und Strukturbeitrag im Zinsbuch

39   Die Zinsüberschüsse setzen sich aus handelsrechtlicher Sicht aus zwei Komponenten zusammen:
- dem so genannten »Strukturbeitrag«, der sich dadurch ergibt, dass für die vereinbarte Zinsbindungsfrist gegenüber dem Satz für täglich fälliges Geld eine Prämie gezahlt werden muss, und
- dem so genannten »Konditionenbeitrag«, der sich als Differenz zwischen dem mit dem Kunden vereinbarten Zinssatz und dem am Geld- und Kapitalmarkt geltenden Zinssatz für gleiche Laufzeiten errechnet.[51]

40   Der Strukturbeitrag ist insbesondere darauf zurückzuführen, dass Krediten mit längeren Laufzeiten zum Teil Einlagen mit kürzeren Laufzeiten und niedrigeren Zinssätzen gegenüberstehen. Der Konditionenbeitrag kommt dadurch zustande, dass die Zinssätze für Einlagen tendenziell niedriger bzw. für Kredite höher sind, als die am Geld- und Kapitalmarkt geltenden Zinssätze mit entsprechenden Laufzeiten. Teilt man die Zinsüberschüsse, also die Summe aus Struktur- und Konditionenbeiträgen, durch das Geschäftsvolumen, so ergibt sich die so genannte »Bruttozinsspanne« des Institutes. Sie entspricht im Grunde der Differenz aus durchschnittlichem Sollzins im Aktivgeschäft und durchschnittlichem Habenzins im Passivgeschäft und wird i.d.R. einfach als »Zinsspanne« bezeichnet. Vor diesem Hintergrund beschreibt das Zinsänderungsrisiko die Gefahr einer aus Marktzinsänderungen resultierenden Verringerung der geplanten Bruttozinsspanne. Die »Nettozinsspanne« ergibt sich als Differenz aus der Bruttozinsspanne und der Risikospanne.

---

48 Vgl. Financial Services Authority, The prudential regime for trading activities – A fundamental review, Discussion Paper 10/4, August 2010; Gebhard, Rüdiger/Reeder, Johannes, Regelungen zu Handelsgeschäften auf dem Prüfstand, in: BaFinJournal, Ausgabe August 2011, S. 14–19; Basel Committee on Banking Supervision, Fundamental review of the trading book, Consultative document, BCBS 219, 3. Mai 2012; Basel Committee on Banking Supervision, Minimum capital requirements for market risk, BCBS 457, 14. Januar 2019.

49 Basel Committee on Banking Supervision, Consultative document – Revisions to the minimum capital requirements for market risk, BCBS 436, 22. März 2018.

50 Basel Committee on Banking Supervision, Minimum capital requirements for market risk, BCBS 457, 14. Januar 2019.

51 Vgl. Schierenbeck, Henner, Ertragsorientiertes Bankmanagement, Band 1: Grundlagen, Marktzinsmethode und Rentabilitäts-Controlling, 8. Auflage, Wiesbaden, 2003, S. 71–95.

Insbesondere für Institute, deren Geschäftserfolg stark vom Zinsertrag abhängig ist, ist es 41
deshalb von herausragender Bedeutung, ihre Erfolgsquellen im Hinblick auf den Konditionen-
und den Strukturbeitrag im Zinsbuch, d.h. für sämtliche zinssensitiven Positionen des Institutes,
voneinander abgrenzen und quantifizieren zu können und die sich daraus ergebenden Ertragskonzentrationen auch im Rahmen der strategischen Planung zu berücksichtigen (→ AT 4.2 Tz. 2).

1.6 Anforderungen an die Funktionstrennung

Marktpreisrisiken können sich bei Instituten, die in großem Umfang Handelsgeschäfte (→ AT 2.3 42
Tz. 3) betreiben (so genannte »handelsintensive Institute«) besonders stark auswirken. Vor dem
Hintergrund der erheblichen Bewertungsspielräume bei bestimmten Handelsgeschäften, die mit
den maßgeblichen Rechnungslegungsnormen verbunden sind, wird die grundsätzlich gestattete
Ansiedlung der Bereiche Handel und Rechnungswesen in nur einem Vorstandsressort (→ BTO
Tz. 7) insbesondere von den Wirtschaftsprüfern kritisch beurteilt. Deshalb empfiehlt die BaFin
den handelsintensiven Instituten, das Rechnungswesen in einem vom Handel unabhängigen
Bereich anzusiedeln (→ BTO Tz. 7, Erläuterung).

Für alle Institute gilt, dass die Funktionen des Marktpreisrisikocontrollings, um die es in diesem 43
Modul im Wesentlichen geht, bis einschließlich der Ebene der Geschäftsleitung von Bereichen zu
trennen sind, die die Positionsverantwortung tragen. Bei dieser Regelung besteht, wie bereits
ausgeführt, ein enger Zusammenhang zur Tätigkeit der Treasury (→ BTO Tz. 4 und BTR 1 Tz. 3).
Im Rahmen der fünften MaRisk-Novelle wurde explizit ergänzt, dass die Risikocontrolling-Funktion aufbauorganisatorisch bis einschließlich der Ebene der Geschäftsleitung von den Bereichen zu
trennen ist, die für die Initiierung bzw. den Abschluss von Geschäften zuständig sind. Dazu zählen
der Bereich Markt, der Bereich Handel sowie andere Bereiche, die über Positionsverantwortung
verfügen, wie z.B. die Treasury (→ AT 4.4.1 Tz. 1 inkl. Erläuterung).

1.7 Allgemeine Anforderungen an das Management von Marktpreisrisiken

Auch die Marktpreisrisiken inklusive der Zinsänderungsrisiken sind grundsätzlich als wesentlich 44
einzustufen (→ AT 2.2 Tz. 1). Im Modul BTR 2 sind die Vorgaben aus Art. 83 Abs. 1 CRD IV
umgesetzt, wonach in den Instituten Grundsätze und Verfahren vorhanden sein müssen, um alle
wesentlichen Ursachen und Auswirkungen von Marktpreisrisiken zu ermitteln, zu messen und zu
steuern. Dazu gehören laut Art. 83 Abs. 2 CRD IV auch Maßnahmen bezüglich des Risikos eines
Liquiditätsengpasses, wenn die Verkaufsposition vor der Kaufposition fällig wird (→ BTR 3). Schließlich muss das interne Kapital gemäß Art. 83 Abs. 3 CRD IV erhebliche Marktpreisrisiken, die keiner
Eigenmittelanforderung unterliegen, angemessen abdecken, womit insbesondere die Zinsänderungsrisiken im Anlagebuch gemeint sind. Genügend internes Kapital muss ggf. auch vorhanden sein, um
mögliche Verluste aus Wertänderungen von Terminkontrakten oder anderen Produkten und aus der
Nutzung von Übernahmegarantien laut Art. 345 CRR abzudecken. Die entsprechenden Risiken
werden von den Instituten im Rahmen des Risikotragfähigkeitskonzeptes beachtet (→ AT 4.1).

Dabei wird im Zusammenhang mit den Marktpreisrisiken des Anlagebuches explizit auf die Zinsän- 45
derungsrisiken abgestellt. Nach Art. 84 Abs. 1 CRD IV haben die Institute interne Systeme einzuführen
bzw. die (vereinfachte) standardisierte Methode zu nutzen, um die Risiken, die sich aus möglichen

Zinsänderungen ergeben und sich sowohl auf den wirtschaftlichen Wert des Eigenkapitals als auch auf die Nettozinserträge bei Geschäften des Anlagebuches auswirken, zu ermitteln, zu bewerten und zu steuern. Sollten die vom Institut eingeführten internen Systeme von der Aufsicht für aufsichtliche Zwecke gemäß Art. 84 Abs. 3 CRD IV als nicht zufriedenstellend eingestuft werden, sind von den Banken (vereinfachte) Standardverfahren vorgesehen. Die grundlegenden Anforderungen zum Management von Zinsänderungsrisiken mit den internen Systemen sind in Modul BTR 2.3 niedergelegt. Diese Vorgaben sind u. a. im Zusammenspiel mit dem Rundschreiben der BaFin zum Zinsschock[52] zu lesen. Schließlich müssen die Institute laut Art. 84 Abs. 2 CRD IV interne Systeme einführen, um auch die Credit-Spread-Risiken, die sich sowohl auf den wirtschaftlichen Wert des Eigenkapitals als auch auf die Nettozinserträge bei Geschäften des Anlagebuches auswirken, zu bewerten und zu überwachen.

46   Die EBA wird der EU-Kommission voraussichtlich noch im Herbst 2021 auf Basis ihrer Mandate in Art. 84 Abs. 5 und 6 CRD IV Entwürfe technischer Regulierungsstandards für eine standardisierte Methode zur Beurteilung der Zinsänderungsrisiken und für eine vereinfachte standardisierte Methode für kleine und nicht komplexe Institute i. S. v. Art. 4 Abs. 1 Nr. 145 CRR, die mindestens genauso konservativ wie die standardisierte Methode ist, vorlegen. Damit ist dann insbesondere für die Nettozinserträge ein neuer ergänzender aufsichtlicher Ausreißertest zur Ermittlung von Instituten mit erhöhten Zinsänderungsrisiken verbunden. Kriterien hierfür werden derzeit von der EBA erarbeitet. Darüber hinaus aktualisiert die EBA ihre Leitlinien zur Festlegung der Kriterien für die Beurteilung der Zinsänderungsrisiken durch interne Systeme der Institute sowie für deren Ermittlung, Steuerung und Eindämmung und ergänzt voraussichtlich im Rahmen der bestehenden Leitlinien neue Anforderungen für die Beurteilung und Überwachung der Credit-Spread-Risiken durch die Institute.

47   Zunächst werden allgemeine Anforderungen formuliert, die für alle den Marktpreisrisiken unterliegenden bilanzwirksamen und außerbilanziellen Positionen unter Berücksichtigung von Risikokonzentrationen Geltung beanspruchen. Dabei geht es um die Limitierung der Marktpreisrisiken auf Basis der Erkenntnisse aus dem Risikotragfähigkeitskonzept (→ BTR 2.1 Tz. 1). Ein entsprechendes Limit ist gleichzeitig Voraussetzung für den Abschluss von mit Marktpreisrisiken behafteten Geschäften (→ BTR 2.1 Tz. 2). Die Institute müssen sicherstellen, dass ihre Verfahren zur Beurteilung der Marktpreisrisiken auch bei schwerwiegenden Marktstörungen zu verwertbaren Ergebnissen führen und andernfalls alternative Bewertungsmethoden festlegen (→ BTR 2.1 Tz. 3). Die im Rechnungswesen und Risikocontrolling ermittelten Ergebnisse sind regelmäßig zu plausibilisieren (→ BTR 2.1 Tz. 4).

48   Diese allgemeinen Anforderungen werden anschließend konkretisiert bzw. um Regelungen ergänzt, die sich speziell auf Marktpreisrisiken des Handelsbuches beziehen. Die mit Marktpreisrisiken behafteten Geschäfte des Handelsbuches müssen unverzüglich auf die einschlägigen Limite angerechnet werden. Der Positionsverantwortliche ist über die für ihn relevanten Limite und ihre aktuelle Ausnutzung zeitnah zu informieren. Bei Limitüberschreitungen sind geeignete Maßnahmen zu treffen (→ BTR 2.2 Tz. 1). Die Bewertung, Ergebnisermittlung und Zusammenfassung der Risikopositionen muss täglich erfolgen (→ BTR 2.2 Tz. 2 und 3). Außerdem sind die modellmäßig ermittelten Risikowerte fortlaufend mit der tatsächlichen Entwicklung zu vergleichen (→ BTR 2.2 Tz. 4).

49   Schließlich werden besondere Vorgaben für die Marktpreisrisiken des Anlagebuches gemacht, wobei das Management der Zinsänderungsrisiken die entscheidende Rolle spielt. In diesem Fall muss die Bewertung und Ergebnisermittlung der Risikopositionen mindestens vierteljährlich erfolgen (→ BTR 2.3 Tz. 1 und 2). Unter Risikogesichtspunkten kann aber auch eine tägliche, wöchentliche oder monatliche Bewertung und Ergebnisermittlung erforderlich sein (→ BTR 2.3 Tz. 4). Limitüberschreitungen aufgrund zwischenzeitlicher Veränderungen der Risikopositionen sollten durch geeignete Maßnahmen vermieden werden (→ BTR 2.3 Tz. 3). Die Verfahren müssen

---

52 Bundesanstalt für Finanzdienstleistungsaufsicht, Zinsänderungsrisiken im Anlagebuch, Rundschreiben 06/2019 (BA) vom 6. August 2019.

die wesentlichen Ausprägungen der Zinsänderungsrisiken erfassen (→ BTR 2.3 Tz. 5). Die Institute müssen sowohl die Auswirkungen von Zinsänderungen auf das handelsrechtliche Ergebnis als auch auf die Markt- bzw. Barwerte der betroffenen Positionen berechnen, können aber selbst entscheiden, welches das primär steuerungsrelevante Verfahren sein soll (→ BTR 2.3 Tz. 6). Die Auswirkungen aus der jeweils anderen Steuerungsperspektive sind angemessen zu berücksichtigen. Für Positionen mit unbestimmter Kapital- oder Zinsbindung sind geeignete Annahmen festzulegen (→ BTR 2.3 Tz. 7). Institute, die wesentliche Zinsänderungsrisiken in verschiedenen Währungen eingegangen sind, müssen die Zinsänderungsrisiken in jeder dieser Währungen ermitteln (→ BTR 2.3 Tz. 8).

Schließlich wird eine mindestens vierteljährliche Berichterstattung gegenüber der Geschäftsleitung über die vom Institut insgesamt eingegangenen Marktpreisrisiken einschließlich der Zinsänderungsrisiken gefordert, für die bestimmte Mindestinhalte vorgegeben werden (→ BT 3.2 Tz. 4). **50**

Außerdem müssen die Institute beim Management der Marktpreisrisiken die Vorgaben in Art. 325 ff. CRR und ggf. die ergänzenden Regelungen zu internen Modellen für Marktpreisrisiken in § 21 SolvV beachten. **51**

1.8 Fokus der Aufsicht im SREP

1.8.1 Behandlung von Marktpreisrisiken im SREP

Die zuständigen Behörden sollten im Rahmen des SREP die wichtigsten Treiber des Marktrisikos des Institutes, die Art und Zusammensetzung der Marktrisikopositionen und das Risiko einer wesentlichen Auswirkung auf das Institut bewerten. Dabei sollten sie zunächst die Marktrisikoquellen ermitteln, denen das Institut ausgesetzt ist oder ausgesetzt sein kann, und anschließend die Marktaktivitäten, Geschäftsfelder und Produkte des Institutes, die Strategie für das Marktrisikoportfolio und den Risikoappetit bei Marktaktivitäten beurteilen. Daneben sollen sie das relative Gewicht von Marktrisikopositionen in Bezug auf die Gesamtaktiva, die Veränderungen im zeitlichen Verlauf und die Strategie des Institutes in Bezug darauf, das relative Gewicht der Nettogewinne aus Marktpositionen in Bezug auf die gesamten betrieblichen Erträge sowie die Eigenmittelanforderungen für das Marktrisiko im Verhältnis zu den Eigenmittelanforderungen insgesamt und, sofern relevant, das für das Marktrisiko bereitgestellte interne Kapital im Verhältnis zum gesamten internen Kapital, einschließlich der Veränderung dieser Größe im zeitlichen Verlauf sowie eventueller Prognosen bewerten. Berücksichtigt werden sollten dabei wesentliche Änderungen der auf das Marktrisiko bezogenen Strategien, Richtlinien und Limite, die potenzielle Auswirkung dieser Änderungen auf das Risikoprofil des Institutes sowie die wesentlichen Trends auf den Finanzmärkten. Die Marktrisikopositionen sollten entsprechend ihrer Größe, ihrer Komplexität und ihres Risikoniveaus nach Anlageklassen und/oder Finanzinstrumenten analysiert werden. Für die bedeutendsten Risikopositionen sollten die zugehörigen Risikofaktoren und Risikotreiber bewertet werden. Grundsätzlich sollten die internen Risikomessgrößen der Institute berücksichtigt werden, auch wenn sie nicht zur Berechnung der Eigenmittelanforderungen nach der CRR verwendet werden. Um das Marktrisikoprofil des Institutes besser zu verstehen, sollte die historische Rentabilität der Marktaktivitäten, einschließlich der Gewinnvolatilität, analysiert werden, und zwar auf Portfolioebene sowie aufgeschlüsselt nach Geschäftsfeldern oder Anlageklassen, Handelserträgen und Nichthandelserträgen (wie Provisionen, Kundengebühren etc.) sowie realisierten und nicht realisierten Gewinnen/Verlusten. Bezüglich Anlageklassen und/oder **52**

Risikopositionen, die außergewöhnliche Gewinne oder Verluste generieren, sollten die zuständigen Behörden die Rentabilität im Vergleich zu dem vom Institut angenommenen Risikoniveau bewerten, um mögliche Unstimmigkeiten zu ermitteln und zu analysieren.[53]

53   Die zuständigen Behörden sollten auch die Auswirkungen notleidender und illiquider Positionen auf die Rentabilität des Institutes bewerten. Sofern interne Ansätze zur Berechnung der regulatorischen Eigenmittelanforderungen verwendet werden, wird auch die Aufteilung der auf das Marktpreisrisiko bezogenen Eigenmittelanforderungen zwischen Risikopotenzial (»Value at Risk«, VaR), Risikopotenzial unter Stressbedingungen (»Stressed Value at Risk«, SVaR), zusätzlichen Risiken (»Incremental Risk Charge«, IRC) und Risikopotenzial für das Korrelationshandelsportfolio (»Correlation Trading Portfolio«, CTP) überprüft. Zur Einschätzung der »Tail-Risiken« werden zudem die Ergebnisse der Stresstests beleuchtet. Schließlich geht es mit allen Facetten auch um die interne Governance und das Risikomanagement für die Marktaktivitäten des Institutes.[54]

1.8.2   Behandlung von Zinsänderungsrisiken im SREP

54   Außerdem sollten die zuständigen Behörden die Quellen und die wichtigsten Treiber des Zinsänderungsrisikos im Anlagebuch (»Interest Rate Risk in the Banking Book«, IRRBB) für das Institut ermitteln und die potenzielle Auswirkung dieses Risikos auf das Institut beurteilen. Dazu sollten die Art und Zusammensetzung des Zinsänderungsrisikoprofils des Institutes und die Ergebnisse der Szenarioanalyse und der Stresstests herangezogen werden. Berücksichtigt werden sollten die Steuerung des Zinsänderungsrisikos durch das Institut, einschließlich der Strategie und des Risikoappetits für das IRRBB, die Auswirkung des Standardschocks nach Art. 98 Abs. 5 CRD IV auf den wirtschaftlichen Wert im Verhältnis zu den regulatorischen Eigenmitteln des Institutes, die Auswirkung einer Zinsänderung auf die Erträge entsprechend der vom Institut verwendeten Methode sowie das für das IRRBB bereitgestellte interne Kapital, insgesamt sowie im Verhältnis zum internen Gesamtkapital des Institutes laut ICAAP, einschließlich eventueller historischer Trends und Prognosen. Zudem sollen wesentliche Veränderungen der auf das IRRBB bezogenen allgemeinen Strategie, Richtlinien und Limite, die potenzielle Auswirkung dieser Veränderungen auf das Risikoprofil des Institutes und wesentliche Markttrends in die Betrachtung einbezogen werden. Die zuständigen Behörden sollten sich ein Bild darüber machen, inwiefern sich Zinsänderungen negativ auf die Erträge und den wirtschaftlichen Wert des Institutes auswirken können, um sich einen Überblick, sowohl kurz- als auch längerfristig, über die Bedrohung der angemessenen Eigenkapitalausstattung zu verschaffen. Zu diesem Zweck sollten sie die Struktur der Zinsänderungsrisiken ausgesetzten Aktiva, Passiva und außerbilanziellen Positionen des Institutes analysieren und beurteilen (Zinsänderungsrisikoprofil). Dafür werden diverse Vorgaben gemacht. Zudem sollten sich die zuständen Behörden ein Bild von den Hauptmerkmalen der Zinsänderungsrisiken ausgesetzten Aktiva, Passiva und außerbilanziellen Positionen des Institutes machen, d. h. vom Kreditportfolio, Anleiheportfolio, den notleidenden Forderungen, Einlagenkonten, Derivaten sowie der Art der in Fair-Value-Instrumente eingebetteten IRRBB, einschließlich weniger liquider

---

53   Vgl. European Banking Authority, Guidelines on common procedures and methodologies for the supervisory review and evaluation process (SREP) and supervisory stress testing, EBA/GL/2014/13, Consolidated version, 19. Juli 2018, S. 93 ff.

54   Vgl. European Banking Authority, Guidelines on common procedures and methodologies for the supervisory review and evaluation process (SREP) and supervisory stress testing, EBA/GL/2014/13, Consolidated version, 19. Juli 2018, S. 95 ff.

Instrumente wie Level-3-Vermögenswerte und -Verbindlichkeiten.[55] Bei der Untersuchung der Auswirkungen auf die Erträge des Institutes sollten die verschiedenen Einnahmen- und Kostenquellen des Institutes und deren relative Gewichtung berücksichtigt werden. Die zuständigen Behörden sollten ermitteln, in welchem Maße die Rendite des Institutes von zinssensitiven Positionen abhängt und in welcher Weise sich verschiedene Zinsänderungen auf die Nettozinserträge auswirken. Im Rahmen ihrer quantitativen Bewertung sollten die zuständigen Behörden ebenfalls die Ergebnisse der vom Institut zur Messung des Zinsänderungsrisikos verwendeten internen Methoden berücksichtigen, um ein tiefergehendes Verständnis der wichtigsten Risikofaktoren, die dem Zinsänderungsrisikoprofil zugrunde liegen, zu erhalten. Sie sollten überprüfen, ob Institute, die Geschäfte in verschiedenen Währungen tätigen, das Zinsänderungsrisiko für jede Währung analysieren, in der sie eine signifikante Position halten. Außerdem sollten sie die Ergebnisse der internen Sensitivitäts- und Szenarioanalysen bewerten.[56]

---

55 Die Vermögenswerte und Verbindlichkeiten werden nach internationalen Rechnungslegungsstandards nach der Verfügbarkeit jener Einflussfaktoren unterschieden, die für ihre Bewertung erforderlich sind. In diesem Zusammenhang werden drei Stufen unterschieden. Auf der ersten Stufe (Level 1) handelt es sich um leicht zu beobachtende »Marktpreise«, die eine Marktbewertung direkt ermöglichen. Auf der zweiten Stufe (Level 2) erfolgt die Bewertung anhand von Marktpreisnotierungen, die für die Vermögenswerte oder Verbindlichkeiten unmittelbar oder mittelbar zu beobachten sind. Die mittelbare Beobachtung bezieht sich dabei auf die wesentlichen Einflussfaktoren, wie z.B. Ausfallraten, Zinssätze oder Zinsstrukturkurven. Diese Bewertung erfolgt also auf Basis von »Vergleichswerten«. Auf der dritten Stufe (Level 3) muss sich ein Institut bei Vermögenswerten und Verbindlichkeiten, die nicht aktiv gehandelt werden, hingegen mit »Schätzwerten« begnügen. Die wesentlichen Einflussfaktoren können in diesem Fall nicht direkt beobachtet werden. Die Bewertung muss anhand von komplexen Marktpreisen, mathematischen Modellen und subjektiven Annahmen geschätzt werden (→ BTR 2.1 Tz. 3).

56 Vgl. European Banking Authority, Guidelines on common procedures and methodologies for the supervisory review and evaluation process (SREP) and supervisory stress testing, EBA/GL/2014/13, Consolidated version, 19. Juli 2018, S. 120 ff.

BTR 2.1 Allgemeine Anforderungen

1 Einrichtung eines Limitsystems (Tz. 1)

1 Auf der Grundlage der Risikotragfähigkeit ist ein System von Limiten zur Begrenzung der **1**
Marktpreisrisiken unter Berücksichtigung von Risikokonzentrationen einzurichten.

1.1 Erfordernis eines Limitsystems

Die Begrenzung und Überwachung von im Risikotragfähigkeitskonzept einbezogenen Risiken **2**
erfolgt i.d.R., soweit sinnvoll, auf Basis eines wirksamen Limitsystems (→ AT 4.3.2 Tz. 1,
Erläuterung). Zu den wesentlichen Risiken, die regelmäßig im Risikotragfähigkeitskonzept berücksichtigt werden, gehören in erster Linie die Adressenausfallrisiken und die Marktpreisrisiken.
Um die Marktpreisrisiken in geeigneter Weise begrenzen und überwachen zu können, ist folglich
ein dafür geeignetes System von Limiten einzurichten.

Konsequenterweise darf ohne Marktpreisrisikolimit auch kein mit Marktpreisrisiken behaftetes **3**
Geschäft abgeschlossen werden (→ BTR 2.1 Tz. 2). Damit wird eine analoge Forderung erhoben wie
für das Management der Adressenausfallrisiken, wonach ohne kreditnehmerbezogenes Limit kein
Kreditgeschäft abgeschlossen werden darf (→ BTR 1 Tz. 2) und vor dem Abschluss von Handelsgeschäften grundsätzlich auch Kontrahenten- bzw. Emittentenlimite eingeräumt werden müssen
(→ BTR 1 Tz. 3 und 4). Die relevanten Geschäfte müssen nach ihrem Abschluss natürlich auf die
einschlägigen Limite angerechnet werden, damit das Limitsystem auch wirksam ist (→ BTR 2.2 Tz. 1).

Die Limitüberwachung selbst sollte mit einer klar verständlichen und übersichtlichen Bericht- **4**
erstattung verknüpft sein. Mit Bezug auf das Handelsbuch ist der Positionsverantwortliche über
die für ihn relevanten Limite und ihre aktuelle Ausnutzung ebenso zeitnah zu informieren (→ BTR
2.2 Tz. 1), wie der für das Risikocontrolling zuständige Geschäftsleiter. Dessen Information hat
nach Abstimmung mit den Handelsbereichen am nächsten Geschäftstag zu erfolgen (→ BT 3.2
Tz. 4). Bei den bedeutenden Instituten gemäß Art. 6 SSM-Verordnung müssen die Datenaggregationskapazitäten gewährleisten, dass aggregierte Risikodaten sowohl unter gewöhnlichen Umständen als auch in Stressphasen zeitnah zur Verfügung stehen, wozu ausdrücklich auch die
Marktpreisrisiken, Handelspositionen und operativen Limite bzw. Limitauslastungen inklusive
möglicher Konzentrationen gezählt werden (→ AT 4.3.4 Tz. 5 inkl. Erläuterung). Auf bedeutende
Limitüberschreitungen ist darüber hinaus im Rahmen der turnusmäßigen Berichterstattung an die
Geschäftsleitung einzugehen (→ BT 3.2 Tz. 4).

1.2 Risikotragfähigkeit als Basis

Die Grundlage für das Limitsystem bildet die Risikotragfähigkeit des Institutes (→ AT 4.1). Es ist **5**
unmittelbar einleuchtend, dass nicht mehr Kapital verteilt werden kann, als dem Institut zur
Verlustabsorption insgesamt zur Verfügung steht. Bereits nach den Mindestanforderungen an das
Betreiben von Handelsgeschäften (MaH) musste unter Berücksichtigung der Eigenkapitalausstattung und der Ertragslage des Institutes eine Verlustobergrenze festgelegt werden, auf deren Basis ein

BTR 2.1 Allgemeine Anforderungen

System risikobegrenzender Limite für Adressenausfall- und Marktpreisrisiken einzurichten war.[1] Durch die MaRisk wurde der Anwendungsbereich ausgeweitet. Bei der Ausgestaltung der Limitsysteme muss darauf geachtet werden, dass grundsätzlich alle wesentlichen Risiken des Institutes durch das Risikodeckungspotenzial bzw. die Risikodeckungsmasse abgedeckt sind (→ AT 4.1 Tz. 1). Wechselwirkungen innerhalb und zwischen den Risikoarten können bzw. müssen unter bestimmten Voraussetzungen berücksichtigt werden (→ AT 4.1 Tz. 1, 6 und 7).

1.3 Ausgestaltung des Limitsystems

6   Die deutsche Aufsicht gibt im Hinblick auf die Ausgestaltung des Limitsystems keine konkreten Methoden vor. Die Vergabe geeigneter Limite kann insoweit auf verschiedene Weise erfolgen. Aufgrund der Maßgeblichkeit der Risikotragfähigkeit empfiehlt sich auf Gesamtbankebene zunächst eine Orientierung am vorhandenen Risikodeckungspotenzial (→ AT 4.1 Tz. 1) unter Berücksichtigung des festgelegten Risikoappetits (→ AT 4.2 Tz. 1). So ist es z.B. denkbar, den Risikoappetit der Geschäftsleitung als prozentuale Größe des Risikodeckungspotenzials (Gesamtbanklimit) auf die einzelnen Risikoarten bzw. Geschäftsbereiche herunterzubrechen.

7   Werden dabei Diversifikationseffekte berücksichtigt, kann die Summe der Einzellimite sogar größer sein als das Gesamtbanklimit. An die Berücksichtigung von Diversifikationseffekten werden von den zuständigen Aufsichtsbehörden allerdings strenge Vorgaben geknüpft (→ AT 4.1 Tz. 6 und 7). Inter-Risikodiversifikationen dürfen nach den Vorgaben der EBA zur Bestimmung der zusätzlichen Eigenmittelanforderungen im SREP z.B. nicht berücksichtigt werden.[2] Die EZB und die deutschen Aufsichtsbehörden haben diese Sichtweise aufgegriffen. Allerdings ist es sowohl den bedeutenden als auch den weniger bedeutenden Instituten gestattet, diese Effekte mit hinreichender Vorsicht im ICAAP abzubilden. In diesem Fall müssen sie jedoch in der Lage sein, ihre wesentlichen Risiken auch ohne Diversifikationseffekte auszuweisen (Bruttobetrachtung).[3]

8   Für die Risikolimitierung eignet sich unter normalen Umständen insbesondere im Marktpreisrisikobereich das Value-at-Risk-Konzept (VaR-Konzept). Wichtig ist, dass die vergebenen Limite alle vorhandenen wesentlichen Risiken vollständig erfassen und die Marktpreisrisiken auf diese Weise durch das in Abhängigkeit vom Risikoappetit und von der Risikotragfähigkeit bereitgestellte Kapital (Gesamtlimit für Marktpreisrisiken) angemessen begrenzt werden. Dies kann unter Umständen auch auf Basis einfacher Volumenlimite möglich sein, bei denen allerdings der Risikogehalt quasi ausgeblendet wird. Dies ist deshalb nur empfehlenswert, wenn es sich um tendenziell risikoarme Handelsgeschäfte handelt. Ebenfalls denkbar sind Benchmark- oder in einer ertragsorientierten Sicht GuV-bezogene Verlustlimite.

9   Wie weit die Limite heruntergebrochen werden bzw. für welche Zwecke weitere Unterlimite vergeben werden sollten, hängt in erster Linie vom Risikogehalt der betriebenen Geschäfte und davon ab, wie der Handel organisatorisch aufgestellt ist. Insbesondere in großen Instituten mit umfangreichen und komplexen Handelsaktivitäten empfiehlt es sich, die Limitierung an die

---

1   Vgl. Bundesaufsichtsamt für das Kreditwesen, Mindestanforderungen an das Betreiben von Handelsgeschäften der Kreditinstitute (MaH), Verlautbarung vom 23. Oktober 1995, Abschnitt 3.2 Abs. 1.

2   Vgl. European Banking Authority, Opinion of the European Banking Authority on the interaction of Pillar 1, Pillar 2 and combined buffer requirements and restrictions on distributions, EBA/Op/2015/24, 16. Dezember 2015, S. 9; European Banking Authority, Guidelines on common procedures and methodologies for the supervisory review and evaluation process (SREP) and supervisory stress testing, EBA/GL/2014/13, Consolidated version, 19. Juli 2018, S. 134.

3   Vgl. Bundesanstalt für Finanzdienstleistungsaufsicht/Deutsche Bundesbank, Aufsichtliche Beurteilung bankinterner Risikotragfähigkeitskonzepte und deren prozessualer Einbindung in die Gesamtbanksteuerung (»ICAAP«) – Neuausrichtung, Leitfaden vom 24. Mai 2018, S. 17; Europäische Zentralbank, Leitfaden der EZB für den bankinternen Prozess zur Sicherstellung einer angemessenen Kapitalausstattung (Internal Capital Adequacy Assessment Process – ICAAP), 9. November 2018, S. 37f.

vorhandenen Organisationsstrukturen im Handel anzupassen, um die Geschäftsaktivitäten praktikabel zu gestalten. Häufig wird das Gesamtlimit für Marktpreisrisiken zunächst auf die Unternehmensbereiche und anschließend weiter auf Handelsportfolios etc. aufgeteilt. Dabei muss jedoch darauf geachtet werden, dass die jeweiligen Auswirkungen von Geschäftsabschlüssen auf das Gesamtlimit für Marktpreisrisiken an geeigneter Stelle ebenfalls überwacht werden. Die für die Risikosteuerung genutzten Limite können durch operative Limite bzw. so genannte »Trigger«, die im Rahmen der technischen Analyse ein Kauf- oder Verkaufssignal auslösen, ergänzt werden. Denkbar sind z. B. portfoliobezogene »Stop-Loss-Limite«, »Szenario-Limite«, »Sensitivitäts-Limite« oder absolute Limite für bestimmte Geschäftsarten, Produkte, Währungen oder Händler. Gerade in Zeiten einer Niedrigzinsphase kann auch eine Limitierung der offenen Positionen des Zinsbuches sinnvoll sein.

Die zuständigen Behörden sollten im Rahmen des SREP u. a. bewerten, ob die vom Institut   **10** festgelegten Limite (Limite auf Basis von Risikokennzahlen, Volumina oder zur Verlustkontrolle etc.) der Größe und Komplexität seiner Marktaktivitäten angemessen sind und durch operative Limite sichergestellt ist, dass die Marktrisikopositionen im Einklang mit der Strategie und dem Risikoappetit das vom Institut akzeptierte Niveau nicht überschreiten. Sie sollten dabei u. a. überprüfen, ob das Limitsystem eine allgemeine Obergrenze für Marktaktivitäten und daneben auch spezifische Limite für die wichtigsten Risikounterkategorien festlegt. Sofern zweckmäßig, sollte auch eine Zuweisung von Limiten nach Portfolio, Handelsabteilung, Geschäftseinheit oder Art des Instrumentes ermöglicht werden, wobei der Detaillierungsgrad die Merkmale der Marktaktivitäten des Institutes widerspiegeln sollte.[4]

Nach den Vorstellungen der deutschen Aufsicht ist neben einer Festlegung der Haltedauer für   **11** Marktrisikopositionen insbesondere ein konsistentes Limitsystem erforderlich, um die Risikonahme über den gesamten Risikobetrachtungshorizont steuern zu können (→ AT 4.1 Tz. 1).[5] Der Anforderung an ein konsistentes Limitsystem kann am einfachsten durch ein stringent implementiertes System »selbstverzehrender Limite«, d. h. durch eine permanente Anrechnung eingetretener Verluste auf das Limit im Risikobetrachtungshorizont, entsprochen werden.[6]

Die einzelnen Limite sollten in jedem Fall angepasst werden, sofern die regelmäßig zu über-   **12** prüfenden Verfahren zur Beurteilung der Marktpreisrisiken (→ BTR 2.1 Tz. 3) Erkenntnisse liefern, die eine geänderte Einschätzung der Risikosituation zur Folge haben. Die zuständigen Behörden sollten bei der Bewertung des Limitsystems auch überprüfen, ob geeignete Verfahren für die regelmäßige Aktualisierung der Limite vorhanden sind.[7]

1.4　Freiheitsgrade bei der Behandlung marktbezogener Risiken

Hinsichtlich der Behandlung marktbezogener Risiken, die aus der Veränderung der Bonität einer   **13** Adresse resultieren, wie z. B. das spezifische Risiko eines Emittenten bzw. potenzielle Änderungen von Bonitätsspreads, bestehen aufgrund ihrer Zwitterstellung zwischen den Risikoarten gewisse Gestaltungsspielräume. So kann z. B. auf eine gesonderte Limitierung der Adressenausfallrisiken

4　Vgl. European Banking Authority, Guidelines on common procedures and methodologies for the supervisory review and evaluation process (SREP) and supervisory stress testing, EBA/GL/2014/13, Consolidated version, 19. Juli 2018, S. 101 f.

5　Vgl. Bundesanstalt für Finanzdienstleistungsaufsicht/Deutsche Bundesbank, Aufsichtliche Beurteilung bankinterner Risikotragfähigkeitskonzepte und deren prozessualer Einbindung in die Gesamtbanksteuerung (»ICAAP«) – Neuausrichtung, Leitfaden vom 24. Mai 2018, S. 16 und 29.

6　Vgl. Wiesemann, Bernd, Aufsichtliche Beurteilung von Risikotragfähigkeitskonzepten, in: BaFinJournal, Ausgabe Februar 2012, S. 22.

7　Vgl. European Banking Authority, Guidelines on common procedures and methodologies for the supervisory review and evaluation process (SREP) and supervisory stress testing, EBA/GL/2014/13, Consolidated version, 19. Juli 2018, S. 102.

des Emittenten verzichtet werden, soweit dem spezifischen Risiko des Emittenten im Rahmen der Limitierung der Marktpreisrisiken angemessen Rechnung getragen wird (→ BTR 1 Tz. 4, Erläuterung).[8] Insofern ist den Instituten freigestellt, das spezifische Risiko im Rahmen der Steuerung und Überwachung von Marktpreisrisiken oder von Adressenausfallrisiken zu berücksichtigen.

14   Ähnliches gilt für marktbezogene Risiken, welche auf eingeschränkte Möglichkeiten zur Aufnahme ausreichender Liquidität auf den Märkten (»Marktliquidität«) zurückzuführen sind. Häufig wird das Marktliquiditätsrisiko als eine Form des Marktrisikos angesehen und entsprechend behandelt.[9] In diesem Fall sollten die Institute die potenziellen Auswirkungen verschiedener Liquiditätshorizonte, die sich zudem im Zeitverlauf ändern können, unter »normalen« Marktbedingungen und in Stresssituationen berücksichtigen. Diese Gesichtspunkte sollten auch bei der Einrichtung von Limitsystemen zur Begrenzung der Marktpreisrisiken eine Rolle spielen.[10] Ebenso möglich ist die Berücksichtigung des Marktliquiditätsrisikos im Rahmen des Liquiditätsrisikomanagements, indem z.B. der dauerhafte Zugang zu den für das Institut relevanten Refinanzierungsquellen regelmäßig überprüft wird (→ BTR 3, Einführung). Die jeweils am besten geeignete Verfahrensweise hängt in erster Linie von der konkreten Ausgestaltung der institutsinternen Prozesse ab. Entscheidend ist letztlich, dass alle marktbezogenen Risiken in angemessener Weise im Rahmen der Risikosteuerungs- und -controllingprozesse berücksichtigt werden (→ BTR 2.1 Tz. 1, Erläuterung).

1.5   Berücksichtigung von Risikokonzentrationen

15   Bei der Einrichtung von Limitsystemen zur Begrenzung der Marktpreisrisiken sind auch Risikokonzentrationen zu berücksichtigen. Dabei sollte beachtet werden, dass für Risikokonzentrationen neben einzelnen Risikofaktoren auch mehrere miteinander korrelierte Risikofaktoren verantwortlich sein können. Diese Korrelationen sind manchmal nur unter angespannten Marktbedingungen (Stressbedingungen) sichtbar. CEBS hat bereits vor einigen Jahren empfohlen, alle wesentlichen Risikofaktoren hinsichtlich der Marktpreisrisiken zu identifizieren und anschließend mit Hilfe von Szenario- oder Sensitivitätsanalysen zu prüfen, wie sich Änderungen der Korrelationsannahmen und nichtlinearen Effekte auf das eigene Marktrisikoprofil und den Portfoliowert auswirken. Insbesondere können Konzentrationen im Marktrisiko sowohl im Anlagebuch als auch im Handelsbuch eines Institutes auftreten und müssen daher in beiden Büchern angemessen berücksichtigt werden.[11]

16   Außerdem sollte berücksichtigt werden, dass die i.d.R. auf dem Value-at-Risk-Konzept basierenden Korrelationsbeziehungen zwischen den Risikofaktoren in Marktrisikomodellen für gewöhnlich nur unter »normalen« Marktbedingungen gelten und sich unter Stressbedingungen deutlich ändern können, so dass Diversifikationseffekte tendenziell überschätzt werden. Zudem sollten sich die Institute bewusst sein, dass die im Modell herangezogenen Preise häufig keine echten Marktpreise sind, sondern das Ergebnis von Bewertungsverfahren, die auf Marktbeobachtungen oder getroffenen Annahmen beruhen und unter Stressbedingungen nur bedingt als valide angesehen werden können und folglich die tatsächlichen Risikokonzentrationen nicht angemessen widerspiegeln. Ebenfalls nicht ungefährlich ist die aufsichtsrechtlich zulässige Bil-

---

8   An dieser Stelle sei angemerkt, dass auf diese Weise zwar die Credit-Spread-Risiken abgebildet werden können, der Ausfall eines Emittenten jedoch erst mit der Berücksichtigung der »Incremental Risk Charge« einbezogen wird.

9   Vgl. Institute of International Finance, Principles of Liquidity Risk Management, März 2007, S. 19.

10   Vgl. Committee of European Banking Supervisors, Revised Guidelines on the management of concentration risk under the supervisory review process (GL 31), 2. September 2010, S. 16.

11   Vgl. Committee of European Banking Supervisors, Revised Guidelines on the management of concentration risk under the supervisory review process (GL 31), 2. September 2010, S. 15.

dung von Nettopositionen, bei der die Bruttopositionen aus dem Auge verloren werden können. Die Institute sollten deshalb angemessene Maßnahmen ergreifen, um den Aufbau von Risikokonzentrationen zu erkennen und wirksam zu verhindern. Schließlich können Risikokonzentrationen auch aus Handlungen anderer Marktteilnehmer oder aus systemischen Risiken entstehen, die in internen Modellen regelmäßig unterschätzt werden.[12]

Viele der von CEBS genannten Unzulänglichkeiten interner Modelle wurden zwischenzeitlich **17** durch entsprechende Anpassungen der regulatorischen Vorgaben im Rahmen der CRR beseitigt. So werden die Institute u. a. zur Berechnung eines »Stressed Value-at-Risk« (SVaR) nach Art. 365 Abs. 2 CRR verpflichtet, mit dessen Hilfe die Auswirkungen einer einjährigen Stressperiode auf das eigene Handelsportfolio simuliert werden. Zudem müssen die im Modell unterstellten Haltedauern einen realistischen Zeithorizont darstellen, unter dem auch in Krisenzeiten Handelspositionen angemessen veräußert werden können. Im Rahmen der Überarbeitung der CRR werden die Anforderungen an die Nutzung interner Modelle für die Zwecke der regulatorischen Eigenmittelberechnung weiter verschärft. Zudem wird das Standardverfahren deutlich komplexer ausgestaltet. Die meisten Institute in Deutschland werden von diesen Verschärfungen allerdings nicht direkt betroffen sein.

Nach den Vorstellungen der EBA sollten die zuständigen Behörden bei der Bewertung der Höhe **18** des Marktkonzentrationsrisikos vor allem Konzentrationen von komplexen Produkten (z. B. strukturierten Produkten), illiquiden Produkten (z. B. Collateralised Debt Obligations, CDO) oder nach dem Mark-to-Model-Ansatz bewerteten Produkten mit kaum beobachtbaren Bewertungsparametern berücksichtigen.[13] Außerdem erwarten die EZB und die deutschen Aufsichtsbehörden von den Instituten, bei Berücksichtigung von Inter-Risikodiversifikationen im Rahmen des ICAAP ihre wesentlichen Risiken auch ohne Diversifikationseffekte auszuweisen (Bruttobetrachtung).[14]

Dabei ist zu beachten, dass Diversifikationseffekte im Marktpreisrisiko inklusive Zinsän- **19** derungsrisiken im Anlagebuch modellimmanent zu betrachten sind. So bestehen z. B. Korrelationen genauso zwischen kurz- und langfristigen Zinsen wie zwischen risikolosen Zinssätzen und Credit-Spreads. Eine Bruttobetrachtung ohne Korrelationen einzelner Marktpreise bzw. Risikofaktoren ist daher eher kritisch zu sehen und muss wirtschaftlich gut begründet werden. Zwar sind Korrelationen in Stressszenarien ggf. nicht stabil. Hierfür sehen die MaRisk aber bereits die Verwendung von konservativen Datenhistorien aus ungünstigen Marktphasen sowie von Stresstests vor. Darüber hinaus werden die Korrelationen und damit die Diversifikationseffekte im Marktpreisrisiko in der Regel aus liquiden, gut beobachtbaren und aktuellen Marktpreisen abgeleitet.

---

12 Vgl. Committee of European Banking Supervisors, Revised Guidelines on the management of concentration risk under the supervisory review process (GL 31), 2. September 2010, S. 15 f.

13 Vgl. European Banking Authority, Guidelines on common procedures and methodologies for the supervisory review and evaluation process (SREP) and supervisory stress testing, EBA/GL/2014/13, Consolidated version, 19. Juli 2018, S. 96.

14 Vgl. Bundesanstalt für Finanzdienstleistungsaufsicht/Deutsche Bundesbank, Aufsichtliche Beurteilung bankinterner Risikotragfähigkeitskonzepte und deren prozessualer Einbindung in die Gesamtbanksteuerung (»ICAAP«) - Neuausrichtung, Leitfaden vom 24. Mai 2018, S. 17; Europäische Zentralbank, Leitfaden der EZB für den bankinternen Prozess zur Sicherstellung einer angemessenen Kapitalausstattung (Internal Capital Adequacy Assessment Process – ICAAP), 9. November 2018, S. 37 f.

2 Limit als Voraussetzung für den Geschäftsabschluss (Tz. 2)

20 **2** Ohne Marktpreisrisikolimit darf kein mit Marktpreisrisiken behaftetes Geschäft abgeschlossen werden.

2.1 Kein Geschäft ohne Limit

21 Ein wesentliches Ziel der Risikosteuerung besteht darin, die aus den Geschäftsabschlüssen resultierenden Risiken so zu begrenzen, dass sich die Geschäfte aus betriebswirtschaftlicher Sicht rentieren, also die Erträge die mit den Geschäften verbundenen Risiken und sonstigen Aufwendungen übersteigen. Sowohl aus regulatorischer als auch aus ökonomischer Sicht ist die potenziell mögliche Risikoübernahme durch das zur Verlustabsorption vorhandene Kapital beschränkt. Ein Institut ist dabei bemüht, den Einsatz seines Kapitals so zu steuern, dass vornehmlich die Geschäfte mit dem besten Chancen-Risiko-Profil abgeschlossen werden können. Um dieses Ziel zu erreichen, werden die mit den Kreditgeschäften (→ BTO 1) und den Handelsgeschäften (→ BTO 2) verbundenen Risiken u. a. mit Hilfe geeigneter Limitierungen begrenzt.

22 So darf mit Blick auf die Adressenausfallrisiken kein Kreditgeschäft ohne kreditnehmerbezogenes Limit abgeschlossen werden (→ BTR 1 Tz. 2). Auch dürfen Handelsgeschäfte grundsätzlich nur mit Vertragspartnern getätigt werden, für die Kontrahenten- und Emittentenlimite eingeräumt wurden (→ BTR 1 Tz. 3 und 4). In Analogie zu den Festlegungen im Kreditbereich darf ohne Marktpreisrisikolimit auch kein mit Marktpreisrisiken behaftetes Geschäft abgeschlossen werden. Schon nach den MaH konnten Geschäfte, für die kein (ausreichendes) Limit existierte, nur mit vorheriger Zustimmung der Geschäftsleitung oder einer von ihr autorisierten Stelle abgeschlossen werden.[15] Im Kreditgeschäft entspricht der Kreditbeschluss einer Limitfestsetzung (→ BTR 1 Tz. 2). Insofern kann die seinerzeit geforderte Zustimmung im Handelsgeschäft einer Beschlussfassung und somit einer Limitierung gleichgesetzt werden.

2.2 Maßgeblichkeit der Limitierung von Marktpreisrisiken

23 Die zuständigen Behörden sollten im Rahmen des SREP u. a. eine Bewertung des Limitsystems zur Begrenzung der Marktpreisrisiken durchführen und dabei insbesondere überprüfen, ob die festgelegten Limite zwingend einzuhalten sind oder Abweichungen zugelassen werden. Sofern Abweichungen möglich sind, sollte aus den institutsinternen Richtlinien eindeutig hervorgehen, über welchen Zeitraum und unter welchen besonderen Umständen eine Überschreitung der Limite

---

15 Vgl. Bundesaufsichtsamt für das Kreditwesen, Mindestanforderungen an das Betreiben von Handelsgeschäften der Kreditinstitute (MaH), Verlautbarung vom 23. Oktober 1995, Abschnitt 3.2 Abs. 1.

gestattet wird.[16] Eine vergleichbare Anforderung besteht auch hinsichtlich des Limitsystems zur Begrenzung der Zinsänderungsrisiken des Anlagebuches.[17]

Die deutsche Aufsicht unterscheidet bei der Begrenzung der Marktpreisrisiken hingegen nicht zwischen jederzeit einzuhaltenden (»harten«) Limiten und nur als Orientierung dienenden (»weichen«) Limiten. Selbst für die Geschäfte des Anlagebuches, bei denen zwischenzeitliche Veränderungen der Risikopositionen aufgrund der vergleichsweise langen Haltedauern nicht gänzlich zu vermeiden sind, sollte durch geeignete Maßnahmen sichergestellt werden, dass daraus resultierende Limitüberschreitungen vermieden werden können (→ BTR 2.3 Tz. 3). Dies ist eigentlich nur möglich, indem die entsprechenden Limite nie vollständig ausgeschöpft werden, obwohl die aus den Wertschwankungen theoretisch resultierenden Verluste für ein Institut bei positivem Ausblick für die zukünftige Entwicklung praktisch nicht relevant sind.

24

---

16 Vgl. European Banking Authority, Guidelines on common procedures and methodologies for the supervisory review and evaluation process (SREP) and supervisory stress testing, EBA/GL/2014/13, Consolidated version, 19. Juli 2018, S. 102.
17 Vgl. European Banking Authority, Guidelines on common procedures and methodologies for the supervisory review and evaluation process (SREP) and supervisory stress testing, EBA/GL/2014/13, Consolidated version, 19. Juli 2018, S. 129.

3 Überprüfung der Verfahren im Marktpreisrisikomanagement (Tz. 3)

25 **3** Die Verfahren zur Beurteilung der Marktpreisrisiken sind regelmäßig zu überprüfen. Es ist zu überprüfen, ob die Verfahren auch bei schwerwiegenden Marktstörungen zu verwertbaren Ergebnissen führen. Für länger anhaltende Fälle fehlender, veralteter oder verzerrter Marktpreise sind für wesentliche Positionen alternative Bewertungsmethoden festzulegen.

3.1 Einhaltung der Rahmenbedingungen

26 Auch wenn die geforderte regelmäßige Überprüfung ausdrücklich auf die Verfahren zur Beurteilung der Marktpreisrisiken abstellt, sollten sich die Institute regelmäßig vergewissern, dass die internen Rahmenbedingungen zum Umgang mit Marktpreisrisiken von den betroffenen Mitarbeitern ebenfalls eingehalten werden. So werden die zuständigen Behörden im Rahmen des SREP u. a. bewerten, ob die Institute über stabile und umfassende Rahmenbedingungen zum Management des Marktpreisrisikos im Einklang mit ihrer Marktrisikostrategie und ihrem Risikoappetit verfügen. Hierbei sollten angemessene interne Kontrollen und Verfahren vorhanden sein, die sicherstellen, dass eine Nichteinhaltung der Richtlinien, Verfahren und Limitvorgaben sowie diesbezügliche Ausnahmen der jeweiligen Managementebene rechtzeitig gemeldet werden, damit entsprechende Maßnahmen ergriffen werden können.[18]

27 Mit Bezug zum Zinsänderungsrisiko im Anlagebuch sollten die Institute ihre internen Risikosteuerungs- und -controllingprozesse regelmäßig überprüfen und bewerten, um die Einhaltung der festgelegten Strategien und Verfahren sicherzustellen. Dabei sollten alle wesentlichen Änderungen berücksichtigt werden, die sich auf die Wirksamkeit der Kontrollen auswirken können, einschließlich Änderungen der Marktbedingungen, der Personalausstattung, der Technologie und der Limitsysteme. Die Überprüfungen sollten gewährleisten, dass für alle Limitüberschreitungen geeignete Eskalationsverfahren existieren, und sollten regelmäßig von Personen oder Einheiten durchgeführt werden, die unabhängig von der zu prüfenden Funktion sind. Erforderliche Anpassungen sollten zeitnah umgesetzt werden.[19]

3.2 Beurteilung der Marktpreisrisiken

28 Die zur Quantifizierung der wesentlichen Risiken eingesetzten Methoden und Verfahren sind regelmäßig auf ihre Angemessenheit zu überprüfen und ggf. anzupassen (→ AT 4.3.2 Tz. 5). Dazu gehören grundsätzlich auch die Marktpreisrisiken (→ AT 2.2 Tz. 1) einschließlich der Zinsän-

---

18 Vgl. European Banking Authority, Guidelines on common procedures and methodologies for the supervisory review and evaluation process (SREP) and supervisory stress testing, EBA/GL/2014/13, Consolidated version, 19. Juli 2018, S. 101 f.

19 Vgl. European Banking Authority, Leitlinien zur Steuerung des Zinsänderungsrisikos bei Geschäften des Anlagebuchs, EBA/GL/2018/02, 19. Juli 2018, S. 19 f.

derungsrisiken des Anlagebuches (→ BTR 2.1 Tz. 1, Erläuterung). Folglich sind die Verfahren zur Beurteilung der Marktpreisrisiken ebenfalls regelmäßig zu überprüfen.

An dieser Stelle bezieht sich die deutsche Aufsicht ausdrücklich nicht auf eine Quantifizierung der Marktpreisrisiken, sondern allgemein auf deren Beurteilung. Diese offene Formulierung berücksichtigt die Tatsache, dass die Marktpreisrisiken von Institut zu Institut eine sehr unterschiedliche Bedeutung haben können. So gibt es viele kleinere Institute mit überschaubarem Handelsbuch. Aus betriebswirtschaftlicher Sicht und dem Prinzip der doppelten Proportionalität entsprechend wäre es nicht angemessen, in diesen Fällen ausgefeilte Quantifizierungsverfahren für die Positionen des Handelsbuches zu fordern. Die Prozesse zur Bewertung, Ergebnisermittlung und Kommunikation der mit Marktpreisrisiken behafteten Positionen des Handelsbuches werden in diesen Instituten folglich vergleichsweise einfach ausgestaltet sein. Hingegen werden »handelsintensive Institute«, die in großem Umfang Handelsgeschäfte betreiben und insoweit ein entsprechendes Handelsbuch führen, i. d. R. interne Risikomodelle zur Beurteilung ihrer Marktpreisrisiken nutzen. **29**

Mit Blick auf das Anlagebuch fällt diese Bewertung grundsätzlich anders aus. Dort spielen u. a. die aus Fristentransformationen resultierenden Zinsänderungsrisiken eine wesentliche Rolle, die nicht notwendigerweise in einen direkten Zusammenhang mit der Größe eines Institutes oder der Art, dem Umfang und der Komplexität seiner Handelsaktivitäten gestellt werden können. Ihre Auswirkungen sind in erster Linie in Relation zu den jeweiligen offenen Positionen des Zinsbuches eines Institutes von Interesse. **30**

Die geforderte regelmäßige Überprüfung betrifft insbesondere die Plausibilisierung der ermittelten Ergebnisse und der zugrunde liegenden Daten (→ AT 4.3.2 Tz. 5). Für das Handelsbuch sind die modellmäßig ermittelten Risikowerte letztlich im Rahmen eines Rückvergleiches (»Backtesting«) fortlaufend mit der tatsächlichen Entwicklung zu vergleichen (→ BTR 2.2 Tz. 4). Im Hinblick auf die Marktpreisrisiken des Anlagebuches ist u. a. sicherzustellen, dass von den Verfahren alle wesentlichen Ausprägungen der Zinsänderungsrisiken erfasst werden (→ BTR 2.3 Tz. 5), für Positionen mit unbestimmter Kapital- oder Zinsbindung geeignete Annahmen festgelegt werden (→ BTR 2.3 Tz. 7) und die Zinsänderungsrisiken in jeder wesentlichen Währung ermittelt werden (→ BTR 2.3 Tz. 8). **31**

3.3   Berücksichtigung von Modellschwächen

Im Rahmen der Überprüfung ist den Grenzen und Beschränkungen, die sich aus den eingesetzten Methoden und Verfahren, den ihnen zugrunde liegenden Annahmen und den in die Risikoquantifizierung einfließenden Daten ergeben, hinreichend Rechnung zu tragen. Die Stabilität und Konsistenz der Methoden und Verfahren sowie die Aussagekraft der damit ermittelten Risiken sind insofern kritisch zu analysieren (→ AT 4.1 Tz. 9). **32**

Die Institute sollten sich vor allem der Tatsache bewusst sein, dass die Verfahren zur Beurteilung der Marktpreisrisiken keine exakte Wissenschaft sind, mit der die Realität vollständig abgebildet werden kann. Sie sollten deshalb bei vergleichsweise einfachen und transparenten Verfahren hinreichend konservativ vorgehen und andernfalls die Methoden und Verfahren, die ihnen zugrunde liegenden Annahmen, Parameter und einfließenden Daten sowie die Risikoergebnisse in Bezug auf ihre Verwendung angemessen validieren. Dies gilt in besonderem Maße, wenn in die Risikobeurteilung Parameter einfließen, die auf Basis von externen Daten und Annahmen ermittelt wurden. In diesen Fällen ist zumindest zu überprüfen, ob die zugrunde liegenden Daten die tatsächlichen Verhältnisse des Institutes angemessen widerspiegeln. Sofern die Risikobeurteilung sogar auf Berechnungen Dritter basiert, hat sich das Institut aussagekräftige Informationen zu wesentlichen Annahmen und Parametern und zu deren Änderungen vorlegen zu lassen (→ AT 4.1 Tz. 9, Erläuterung). **33**

34   In Analogie dazu sollten die zuständigen Behörden im Rahmen des SREP bewerten, ob sich die Geschäftsleitung und die mit dem Management der Marktpreisrisiken betrauten Personen des Grades des Modellrisikos bewusst sind, das den Preismodellen und Risikomessansätzen innewohnt, und ob sie die verschiedenen Modelle zur Beurteilung der Marktpreisrisiken regelmäßig auf Gültigkeit und Qualität prüfen. Wenn sie ein internes Modell zur Berechnung der Eigenmittelanforderungen für das Marktpreisrisiko verwenden, sollte der interne Validierungsprozess solide und wirksam sein, um Modellannahmen beurteilen und potenzielle Mängel ermitteln zu können, die in Bezug auf die Modelle, die Quantifizierung und das Management des Marktpreisrisikos sowie hinsichtlich weiterer in den relevanten EU- und nationalen Durchführungsvorschriften festgelegten Mindestanforderungen bestehen.[20]

3.4   Regelmäßige und anlassbezogene Überprüfung der Verfahren

35   Die Verfahren zur Beurteilung der Marktpreisrisiken sind regelmäßig auf ihre Effizienz und Güte hin zu überprüfen. Was genau unter »regelmäßig« zu verstehen ist, hängt in erster Linie von Art, Umfang, Komplexität und Risikogehalt der Positionen im Handels- bzw. Anlagebuch ab. Grundsätzlich ist die Angemessenheit der Methoden und Verfahren zumindest jährlich durch die fachlich zuständigen Mitarbeiter zu überprüfen (→ AT 4.1 Tz. 9).

36   Bei der Beurteilung der Marktpreisrisiken geht es vorrangig darum, die marktabhängigen Parameter unmittelbar an veränderte Marktsituationen anzupassen. Diese Art der Überprüfung richtet sich nach keinem vorgegebenen Turnus, sondern erfolgt i. d. R. anlassbezogen. Die zur Risikoquantifizierung eingesetzten Methoden und Verfahren sind daher auch bei sich ändernden Bedingungen auf ihre Angemessenheit zu überprüfen und ggf. anzupassen (→ AT 4.3.2 Tz. 5). Von Bedeutung für die anlassbezogenen Anpassungen sind die Häufigkeit der Beurteilungen und die dabei verwendeten Verfahren sowie die konkrete Ausgestaltung des Überprüfungsprozesses. Werden z. B. die mit Marktpreisrisiken behafteten Positionen des Anlagebuches nur vierteljährlich bewertet (→ BTR 2.3 Tz. 1), käme ein kürzerer Überprüfungsturnus einer Verschwendung von Ressourcen gleich. Es liegt ferner auf der Hand, dass die geforderte tägliche Bewertung der mit Marktpreisrisiken behafteten Positionen des Handelsbuches (→ BTR 2.2 Tz. 2) nicht mit einer umfassenden Überprüfung der verwendeten Verfahren verbunden werden kann.

3.5   Schwerwiegende Marktstörungen

37   Konkret ist anlassbezogen zu überprüfen, ob die Verfahren zur Beurteilung der Marktpreisrisiken auch bei schwerwiegenden Marktstörungen zu verwertbaren Ergebnissen führen. Diese Anforderung bezieht sich auf wesentliche Risikopositionen hinsichtlich Volumen, Risikogehalt, Bedeutung der Geschäfte etc. und betrifft unter Risikogesichtspunkten schwerwiegende Marktstörungen von einer gewissen Mindestdauer. Es empfiehlt sich allerdings, die Voraussetzungen zum Einsatz der unter normalen Marktbedingungen verwendeten Verfahren im Institut klar zu definieren und z. B. eine Informationspflicht gegenüber den jeweils Verantwortlichen einzufordern, die nach Möglichkeit schon greift, wenn sich eine eventuelle Verletzung dieser Voraussetzungen andeutet. Andernfalls könnte ggf. nicht mehr schnell genug reagiert werden und in der Folge auf der

---

20 Vgl. European Banking Authority, Guidelines on common procedures and methodologies for the supervisory review and evaluation process (SREP) and supervisory stress testing, EBA/GL/2014/13, Consolidated version, 19. Juli 2018, S. 100ff.

Management- und Geschäftsleiterebene ein völlig falsches Bild von der tatsächlichen Risikosituation entstehen. Sofern die Finanzmarktkrise als Maßstab herangezogen wird, könnten z.B. eine starke Ausweitung oder ein volatiles Verhalten der Kredit- oder Liquiditätsspreads mögliche Indizien für Marktverwerfungen sein. Grundsätzlich kann auch eine Orientierung am »Backtesting« erfolgen, da gerade in derartigen Situationen verstärkt »Ausreißer« zu beobachten sein werden. Bei der Verwendung interner Modelle wird darauf regelmäßig mit einem Kapitalaufschlag reagiert.

Für länger anhaltende Fälle fehlender, veralteter oder verzerrter Marktpreise sind für wesentliche **38** Positionen alternative Bewertungsmethoden festzulegen. Dabei ist es nicht erforderlich, bereits im Rahmen des Neu-Produkt-Prozesses für jede denkbare Konstellation zur Beurteilung der Marktpreisrisiken alternative Bewertungsmethoden festzulegen, was praktisch auch nicht möglich wäre. Von der Kreditwirtschaft wurde deshalb die Einfügung des Passus »innerhalb eines angemessenen Zeitraumes« angeregt, der auch beim Notfallkonzept verwendet wird (→ AT 7.3 Tz. 2 Satz 3). Diesem Vorschlag ist die Aufsicht nicht gefolgt, da ihrer Ansicht nach trotz der geltenden Regelungen zur Ad-hoc-Berichterstattung nicht erst bei Eintritt schwerwiegender Marktstörungen über alternative Bewertungsmethoden nachgedacht werden darf. Im Vorfeld besteht jedoch das praktische Problem, dass »ex ante« i.d.R. nicht klar ist, welche Parameter im Ernstfall noch verlässlich sind und welche nicht. Sofern keine brauchbaren Marktpreise existieren, muss die Beurteilung der Marktpreisrisiken also auf alternative Weise erfolgen. Es sollte deshalb festgelegt werden, wer zu welchem Zeitpunkt den Einsatz alternativer Bewertungsmethoden anweisen muss.

Im Grunde sind genau für diese Marktsituationen die Anforderungen an Stresstests formuliert **39** worden. Während die traditionellen Konzepte (z.B. Value-at-Risk) unter normalen Bedingungen gute Ergebnisse liefern, ergänzen die Stresstests diese Verfahren und gleichen ihre Schwächen in Phasen schwerwiegender Marktstörungen aus (→ AT 4.3.3 Tz. 1).

3.6 Zusammenhang zu den Rechnungslegungsvorschriften

Hinsichtlich der Bewertung von Finanzinstrumenten besteht ein enger Zusammenhang zur **40** kapitalmarktorientierten Rechnungslegung, wie den International Financial Reporting Standards (IFRS). Grundsätzlich können Finanzinstrumente zu »fortgeführten Anschaffungs- oder Herstellungskosten« oder zum »beizulegenden Zeitwert« (»Fair Value«) bewertet werden. Nach den Vorschriften von IFRS 13 erfolgt die Ermittlung des beizulegenden Zeitwertes auf Basis der Fair-Value-Hierarchie anhand von drei verschiedenen Stufen (Level). Auf Level 1 wird der beizulegende Zeitwert anhand des beobachtbaren Marktpreises für dieses Finanzinstrument auf einem aktiven Markt erhoben, zu dem das Institut am jeweiligen Stichtag Zugang hat. Für die Ermittlung des beizulegenden Zeitwertes für Level-2-Instrumente der Bewertungshierarchie werden beobachtbare marktnahe Parameter herangezogen, die in so genannten Vergleichswertverfahren verarbeitet werden. Vergleichswertverfahren stützen sich auf den Zeitwert eines anderen, im Wesentlichen identischen Finanzinstrumentes oder auf den Preis, zu dem das betreffende Finanzinstrument in Transaktionen in der Vergangenheit gehandelt wurde. Der beizulegende Zeitwert von Instrumenten auf Level 3 erfolgt schließlich ohne unmittelbaren Marktbezug unter Verwendung alternativer Modellwertverfahren (z.B. Barwertverfahren und Optionspreismodelle unter Nutzung geschätzter oder abgeleiteter Eingangsgrößen).

In Abhängigkeit von der Verfügbarkeit der Marktpreise werden die Bewertungsverfahren **41** allgemein auch als »Mark-to-Market« (Marktpreise), »Mark-to-Matrix« (abgeleitete Marktpreise) oder »Mark-to-Model« (modellbasierte Preise) bezeichnet.[21] Die grundsätzliche Unterscheidung besteht also darin, dass die Bewertung entweder durch Beobachtung erfolgt (Feststellung des durch Angebot und Nachfrage determinierten Wertes = Marktwert) oder durch synthetische Konstruktion modelliert wird (Berechnung des theoretisch richtigen Wertes = Barwert).

42   Auch nach § 255 Abs. 4 HGB entspricht der beizulegende Zeitwert dem Marktpreis. Soweit kein aktiver Markt besteht, anhand dessen sich der Marktpreis ermitteln lässt, ist der beizulegende Zeitwert mit Hilfe allgemein anerkannter Bewertungsmethoden zu bestimmen. Lässt sich der beizulegende Zeitwert weder mit Hilfe des Marktpreises noch mit Hilfe allgemein anerkannter Bewertungsmethoden ermitteln, sind die Anschaffungs- oder Herstellungskosten gemäß § 253 Abs. 4 HGB fortzuführen (fortgeführte Anschaffungs- oder Herstellungskosten), wobei auf den zuletzt nach § 255 Abs. 4 HGB ermittelten beizulegenden Zeitwert abzustellen ist.

43   Die Finanzmarktkrise und ihre Verwerfungen führten dazu, dass bei bestimmten Finanzinstrumenten keine oder allenfalls indikative Marktwerte beobachtet werden konnten (nur noch Level-3-Bewertung). Zwecks Ermittlung des beizulegenden Zeitwertes musste daher auf das »Discounted-Cashflow-Modell« im Rahmen des Barwertverfahrens zurückgegriffen werden. Dabei handelt es sich um ein Modellwertverfahren, das auf die Diskontierung der erwarteten zukünftigen Zahlungsströme (»Cashflows«) abstellt. Die Aufsichtsbehörden waren vorrangig daran interessiert, die Marktbewertung nicht grundsätzlich infrage zu stellen, sondern lediglich die im Markt beobachteten Übertreibungen durch den Abgleich mit Erfahrungswerten zu glätten. Auf diese Weise sollte auch der Übergang zwischen den verschiedenen Verfahren erleichtert werden.[22]

44   Viele Institute streben aus Konsistenzgründen einen weitgehenden Gleichlauf zwischen internem und externem Rechnungswesen an. Im Idealfall kann im Institut auf eine einheitliche Datenbasis für alle möglichen Zwecke (Handel, Abwicklung, Controlling, Risikocontrolling, Rechnungswesen etc.) zurückgegriffen werden, wodurch nicht zuletzt auch die Abstimmung der Positionen erleichtert wird (→ BTO 2.2.2 Tz. 7).

---

21 Diese Bezeichnungen werden allerdings nicht einheitlich verwendet. Der Financial Accounting Standards Board (FASB) in den USA bezeichnet das Bewertungsverfahren für Level-3-Instrumente z. B. als »Mark-to-Management«. In Art. 104 Abs. 2 CRR wird wiederum nur zwischen einer Bewertung zum Marktwert (»Marked-to-Market«) und einer Bewertung zu Modellpreisen (»Marked-to-Model«) unterschieden.

22 Vgl. Grund, Markus, Fair-Value-Ermittlung in der Finanzkrise, in: BaFinJournal, Ausgabe März 2009, S. 7 ff.

4 Plausibilisierung der Ergebnisse zwischen Finanz- und Risikobereich (Tz. 4)

4 Die im Rechnungswesen und Risikocontrolling ermittelten Ergebnisse sind regelmäßig zu plausibilisieren.   45

4.1 Rechnungswesen und (Risiko-)Controlling

Das Rechnungswesen eines Institutes umfasst im weiteren Sinne sowohl das »externe Rechnungs-   46
wesen« (Rechnungswesen im engeren Sinne) als auch das »interne Rechnungswesen«. An dieser Stelle beziehen sich die MaRisk auf das externe Rechnungswesen, das in erster Linie für die periodische Darstellung der finanziellen Situation des Institutes gegenüber interessierten Dritten verantwortlich ist. Die dabei vom externen Rechnungswesen zu beachtenden Offenlegungsanforderungen beziehen sich vorrangig auf die Vermögens- und Ertragslage des Institutes, die stichtagsbezogen aus der Bilanz sowie der Gewinn- und Verlustrechnung (GuV) abzulesen sind. Das externe Rechnungswesen nimmt grundsätzlich Bezug auf die Vergangenheit und hat sich insbesondere nach handels- und steuerrechtlichen Vorgaben zu richten.[23]

Das interne Rechnungswesen hat hingegen die Aufgabe, die im Unternehmen vorhandenen   47
Daten auszuwerten und so aufzubereiten, dass die Geschäftsleitung bei der Unternehmenssteuerung wirksam unterstützt wird. Es operiert im Gegensatz zum externen Rechnungswesen in erster Linie nach zukunftsorientierten, betriebswirtschaftlichen Gesichtspunkten, da es insbesondere nicht den handelsrechtlichen Beschränkungen unterliegt. Die organisatorische Abgrenzung zwischen externem und internem Rechnungswesen erfolgt institutsindividuell und kann keineswegs als standardisiert bezeichnet werden. In den meisten Instituten ist das interne Rechnungswesen Aufgabe des Controllings. Controlling im eigentlichen Wortsinn bedeutet »Steuern oder Regeln, d.h. Führen zum praktischen Erreichen der vereinbarten Ziele«.[24] Verantwortlich für die Unternehmenssteuerung ist natürlich die Geschäftsleitung. Das Controlling als Funktion im Institut sorgt für die nötige Ergebnis-, Finanz-, Prozess- und Strategie-Transparenz. Es begleitet insofern den Managementprozess der Zielfindung, Planung und Steuerung und trägt damit Mitverantwortung für die Zielerreichung.[25] In dieser Funktion wirkt das Controlling unterstützend auf den Entscheidungsprozess ein. In vielen Fällen verantwortet das Controlling die Konzeption und den Betrieb der quantitativen und qualitativen Steuerungsinstrumente eines Institutes (»Methodenverantwortung«).

Für den Prozess der Unternehmenssteuerung spielen sowohl Ertrags- als auch Risikogesichts-   48
punkte eine Rolle. Aus diesem Grund wird rein formal zwischen dem Finanz- oder Ertragscontrolling (Controlling im engeren Sinne oder internes Rechnungswesen) und dem Risikocontrolling unterschieden (→ BTO Tz. 2). Auch diesbezüglich gibt es keine einheitliche Organisationsstruktur in den Instituten. Insbesondere sind Controlling und Risikocontrolling nicht in jedem Fall in verschiedenen Abteilungen oder Bereichen angesiedelt. Diese Unterschiede sind bis in die Ebene der Geschäftsleitung zu beobachten. Die Bandbreite geht von der Verantwortung eines einzelnen

---

23 Vgl. z.B. §§ 238ff. Handelsgesetzbuch (HGB) sowie §§ 140ff. Abgabenordnung (AO).
24 International Group of Controlling (IGC), Controller Leitbild, Parma, 14. September 2002.
25 Vgl. International Group of Controlling (IGC), Controller Leitbild, Parma, 14. September 2002.

Geschäftsleiters für das Rechnungswesen, Controlling und Risikocontrolling bis zur Aufteilung der Ressorts auf drei verschiedene Geschäftsleiter. In den letzten Jahren ist vor allem bei größeren Instituten sehr häufig eine Zweiteilung zu beobachten. Der so genannte »Chief Financial Officer« ist für das externe Rechnungswesen zuständig, während der so genannte »Chief Risk Officer« das Risikocontrolling und zum Teil auch das Kreditmanagement verantwortet. Das Controlling kann bei beiden Geschäftsleitern angesiedelt sein, wobei tendenziell eher eine Anbindung an den Chief Financial Officer erfolgt. Unabhängig davon führen die von den Aufsichtsbehörden veröffentlichten Leitfäden für die Ausgestaltung der Risikotragfähigkeitssysteme (ICAAP, ILAAP) insbesondere in der so genannten normativen Perspektive zu einer engen Zusammenführung der internen Steuerungsprozesse von Rechnungs-/Meldewesen sowie Controlling/Risikocontrolling.

4.2 Regelmäßige Plausibilisierung der Ergebnisse

49 Bei der geforderten regelmäßigen Plausibilisierung geht es im Grunde darum, die Abweichungen zwischen den betriebswirtschaftlich und handelsrechtlich ermittelten Ergebnissen nachzuvollziehen und allgemein zu erläutern. Aus handelsrechtlicher Sicht stehen die Bilanz sowie die Gewinn- und Verlustrechnung (GuV) im Blickpunkt. Die betriebswirtschaftlich ermittelten Ergebnisse beziehen sich hingegen i.d.R. auf die Markt- bzw. Barwerte der einzelnen Vermögenswerte und Verbindlichkeiten. In den Rechnungslegungsnormen spielt die am Marktwert orientierte Fair-Value-Bewertung zwar zunehmend eine wichtige Rolle. Trotzdem ist eine exakte Abstimmung zwischen beiden Ergebnissen methodisch kaum möglich. Das (Risiko-)Controlling liefert jedoch die Steuerungsimpulse für die Geschäftsleitung, der die Abweichungen zum handelsrechtlichen Ergebnis allein aus diesem Grund nähergebracht werden müssen. Darüber hinaus kann diese Plausibilisierung dazu beitragen, eventuelle Fehler in den Systemen des (Risiko-)Controllings aufzudecken und dadurch mögliche Fehlsteuerungsimpulse von vornherein zu vermeiden.

50 Die EBA fordert konkret von den Instituten, geeignete Verfahren einzurichten, um sicherzustellen, dass die Daten, die für die gruppenweite Einspeisung von Modellen zur Messung des Zinsänderungsrisikos im Anlagebuch verwendet werden – z.B. zur Ertragssimulation – mit den für die Unternehmensplanung verwendeten Daten übereinstimmen.[26] Diese Forderung geht über eine Plausibilisierung sogar noch hinaus.

51 Da in den MaRisk lediglich eine Zuweisung der Funktionen, die der Überwachung und Kommunikation der Risiken dienen, zum Risikocontrolling erfolgt (→ BTO Tz. 2 lit. d), könnte anstelle des Risikocontrollings bei der geforderten Plausibilisierung in Abhängigkeit von der konkreten Aufgabenzuweisung auch das Controlling angesprochen sein.

---

26 Vgl. European Banking Authority, Leitlinien zur Steuerung des Zinsänderungsrisikos bei Geschäften des Anlagebuchs, EBA/GL/2018/02, 19. Juli 2018, S. 22.

BTR 2.2 Marktpreisrisiken des Handelsbuches

1 Überwachung der Limiteinhaltung und Umgang mit Limitüberschreitungen (Tz. 1)

1 **1** Es ist sicherzustellen, dass die mit Marktpreisrisiken behafteten Geschäfte des Handelsbuches unverzüglich auf die einschlägigen Limite angerechnet werden und der Positionsverantwortliche über die für ihn relevanten Limite und ihre aktuelle Ausnutzung zeitnah informiert ist. Bei Limitüberschreitungen sind geeignete Maßnahmen zu treffen. Gegebenenfalls ist ein Eskalationsverfahren einzuleiten.

1.1 Anrechnung der Geschäfte auf die einschlägigen Limite

2 Auf der Grundlage der Risikotragfähigkeit ist ein System von Limiten zur Begrenzung der Marktpreisrisiken einzurichten (→ BTR 2.1 Tz. 1). Ohne Marktpreisrisikolimit darf kein mit Marktpreisrisiken behaftetes Geschäft abgeschlossen werden, wobei nicht zwischen Handels- und Anlagebuch unterschieden wird (→ BTR 2.1 Tz. 2). Um festzustellen, welche weiteren Geschäftsabschlüsse mit Blick auf die aktuelle Limitauslastung noch möglich sind, müssen die mit Marktpreisrisiken behafteten Geschäfte auf die einschlägigen Limite angerechnet werden. Für die Positionen des Handelsbuches[1] muss diese Anrechnung »unverzüglich« erfolgen. Auf diese Weise soll sichergestellt werden, dass die jeweils vereinbarten Limite grundsätzlich nicht überschritten werden. Für die Positionen des Anlagebuches wird diese explizite Forderung zwar nicht erhoben. Allerdings ist durch geeignete Maßnahmen sicherzustellen, dass auch bei diesen Geschäften Limitüberschreitungen aufgrund zwischenzeitlicher Veränderungen der Risikopositionen vermieden werden können (→ BTR 2.3 Tz. 3). Um diese Anforderung erfüllen zu können, muss die aktuelle Limitauslastung für die Positionen des Anlagebuches im Grunde ebenfalls bekannt sein.

3 Insofern bezieht sich diese Erleichterung nicht auf die Limitanrechnung an sich, sondern in erster Linie auf die Forderung nach einer »unverzüglichen« Anrechnung. Diese Unterscheidung ist darauf zurückzuführen, dass es beim Abschluss von Geschäften für das Handelsbuch vor allem auf den richtigen Zeitpunkt ankommt. Insbesondere in größeren Instituten mit umfangreichen Handelsaktivitäten müssen die teilweise gleichzeitig operierenden Händler deshalb permanent über die jeweilige Limitauslastung informiert sein, um auf sich bietende Gelegenheiten sofort reagieren zu können. Dies sollte bei Geschäften des Anlagebuches hingegen nicht das maßgebliche Kriterium sein. Zudem werden in diesem Fall grundsätzlich wesentlich weniger Geschäfte abgeschlossen, womit auch die Wahrscheinlichkeit sinkt, dass zur selben Zeit mehrere Personen gleichzeitig durch Geschäftsabschlüsse die Auslastung des für das Anlagebuch maßgeblichen Limits beeinflussen.

4 Laut BaFin ist mit der »unverzüglichen« Anrechnung eine prozessorientierte Frist verbunden, d. h. eine Anrechnung im Rahmen der vorhandenen Möglichkeiten, mindestens jedoch täglich. In den MaRisk wird der Begriff »unverzüglich« allgemein mit der Formulierung »ohne schuldhaftes

---

1 Gemäß Art. 4 Abs. 1 Nr. 86 CRR gehören zum »Handelsbuch« alle Positionen in Finanzinstrumenten und Waren, die ein Institut entweder mit Handelsabsicht oder zur Absicherung anderer mit Handelsabsicht gehaltener Positionen des Handelsbuchs hält. Nach Art. 4 Abs. 1 Nr. 85 CRR gehören zu den Positionen, die »mit Handelsabsicht« gehalten werden, Eigenhandelspositionen und Positionen, die sich aus Kundenbetreuung und Marktpflege ergeben, Positionen, die zum kurzfristigen Wiederverkauf gehalten werden, sowie Positionen, bei denen die Absicht besteht, aus bestehenden oder erwarteten kurzfristigen Kursunterschieden zwischen Ankaufs- und Verkaufskurs oder aus anderen Kurs- oder Zinsschwankungen Profit zu ziehen.

Zögern« gleichgesetzt. Unter den »einschlägigen Limiten« ist jene Art von Limiten zu verstehen, die institutsindividuell als angemessen erachtet wird. Vorgaben werden hierzu nicht gemacht. Insbesondere besteht keine zwingende Notwendigkeit zur Verwendung von VaR-Limiten.

1.2 Information des Positionsverantwortlichen

Über die für ihn relevanten Limite und ihre aktuelle Ausnutzung muss der jeweilige Positionsverantwortliche zeitnah informiert werden. Damit ist nicht unbedingt der Händler gemeint. Wie bereits ausführlich dargelegt wurde, ist z. B. die Treasury häufig für die aus Gesamtbanksicht abgeschlossenen Geschäfte verantwortlich (→ BTO Tz. 4 und BTR 1 Tz. 3).   5

Im Rahmen des SREP sollten die zuständigen Behörden bei der Bewertung des Limitsystems auch überprüfen, ob die Institute über Verfahren verfügen, um die Händler im Hinblick auf ihre Limite stets auf dem neuesten Stand zu halten.[2]   6

1.3 Maßnahmen bei Limitüberschreitungen

Trotz der unverzüglichen Anrechnung der Geschäfte auf die einschlägigen Limite kann es im Einzelfall zu Limitüberschreitungen kommen, die für die Geschäfte des Handelsbuches eine nicht gewünschte Risikoerhöhung zur Folge haben. Auch vor dem Hintergrund der Gewährleistung der Risikotragfähigkeit sind für diese Fälle geeignete Maßnahmen festzulegen. Möglich sind neben einer unverzüglichen Limitanpassung grundsätzlich auch Maßnahmen zur Risikoreduzierung. So kann z. B. durch den (Teil-)Verkauf oder das (Teil-)Hedging von Positionen bzw. durch geeignete Besicherungsmaßnahmen eine Rückführung in das ursprünglich vorgegebene Limit erreicht werden. In jedem Fall ist es sinnvoll, zunächst die Ursache der Limitüberschreitung zu untersuchen, um in angemessener Weise reagieren zu können.   7

Die zuständigen Behörden sollten im Rahmen des SREP untersuchen, ob die internen Verfahren und Kontrollen der Institute so ausgestaltet sind, dass Überschreitungen einzelner Limite, die auf der Ebene der Handelsabteilung oder einer Geschäftseinheit festgelegt wurden, oder des Gesamtlimits für Marktpreisrisiken ermittelt werden können, und die tägliche Ermittlung und Überwachung von Limitüberschreitungen und/oder zulässiger Ausnahmen ermöglicht wird.[3]   8

Mit Blick auf die Positionen des Anlagebuches muss hingegen lediglich durch geeignete Maßnahmen sichergestellt werden, dass Limitüberschreitungen aufgrund zwischenzeitlicher Veränderungen der Risikopositionen vermieden werden (→ BTR 2.3 Tz. 3). Diese Erleichterung trägt der unterschiedlichen Zielsetzung beim Abschluss von Geschäften des Handelsbuches bzw. des Anlagebuches und den damit jeweils verbundenen Prozessen Rechnung.   9

---

2 Vgl. European Banking Authority, Guidelines on common procedures and methodologies for the supervisory review and evaluation process (SREP) and supervisory stress testing, EBA/GL/2014/13, Consolidated version, 19. Juli 2018, S. 102.
3 Vgl. European Banking Authority, Guidelines on common procedures and methodologies for the supervisory review and evaluation process (SREP) and supervisory stress testing, EBA/GL/2014/13, Consolidated version, 19. Juli 2018, S. 101 f.

1.4 Einleitung eines Eskalationsverfahrens

10 Die Festlegung von Maßnahmen bei Limitüberschreitungen obliegt i. d. R. dem Risikocontrolling. Die Umsetzung der entsprechenden Maßnahmen erfolgt im Normalfall durch die jeweiligen Positionsverantwortlichen. Werden die Festlegungen des Risikocontrollings nicht befürwortet bzw. nicht befolgt, ist ggf. ein Eskalationsverfahren einzuleiten. Ob es sich dabei um ein einstufiges oder ein mehrstufiges Verfahren handelt, liegt im Ermessen der Institute. Denkbar ist auch eine Orientierung an den Festlegungen im Kreditgeschäft (→ BTO 1.1 Tz. 6). Da die Funktionen des Marktpreisrisikocontrollings bis einschließlich der Ebene der Geschäftsleitung von Bereichen zu trennen sind, die die Positionsverantwortung tragen (→ BTO Tz. 4), könnte ein derartiges Eskalationsverfahren bis zur Ebene der Geschäftsleitung ausgedehnt werden.

2 Bewertung der Positionen des Handelsbuches (Tz. 2)

2 Die mit Marktpreisrisiken behafteten Positionen des Handelsbuches sind täglich zu bewerten.   11

2.1 Täglicher Bewertungsturnus

Die mit Marktpreisrisiken behafteten Positionen des Handelsbuches sind täglich zu bewerten. Da die   **12**
tägliche Verfügbarkeit von Marktpreisen für diesen weiten Anwendungsbereich nicht uneingeschränkt gewährleistet ist, wird nicht mehr vorgeschrieben, die Positionen täglich »zu Marktpreisen«
zu bewerten. Stattdessen kann auch auf andere geeignete Bewertungsverfahren zurückgegriffen
werden. Neben der Verwendung von Bewertungsmodellen können z. B. auch Preisindikationen vom
Risikocontrolling bei anderen großen Adressen oder Brokern erfragt werden. Grundsätzlich ist auch
eine Orientierung an den Vorgaben der jeweils verwendeten Rechnungslegungsstandards denkbar
(→ BTR 2.1 Tz. 3). Entscheidend ist letztlich, dass die Bewertung in sachgerechter Weise und auf
Basis adäquater Bewertungsmodelle sowie aktueller Marktparameter erfolgt.

Mit Blick auf die erste Säule sind auch die regulatorischen Vorgaben unter dem Stichwort   **13**
»vorsichtige Bewertung« (»Prudent Valuation«) in Art. 105 CRR und in den ergänzenden Ausarbeitungen der EBA bzw. deren Umsetzung durch technische Regulierungsstandards der EU-Kommission zur Bewertung von Finanzinstrumenten zu beachten.[4] Gemäß Art. 105 Abs. 3 CRR müssen die
Institute die Positionen des Handelsbuches ohnehin zumindest einmal täglich neu bewerten.

2.2 Beurteilung von Marktpreisrisiken

Im Hinblick auf die Methoden zur Beurteilung der mit Marktpreisrisiken behafteten Positionen   **14**
enthalten die MaRisk keine konkreten Vorgaben. Die betriebswirtschaftliche Messung von Marktpreisrisiken erfolgt in der Praxis mit Hilfe einer Prognose der potenziellen kurzfristigen Veränderung des Marktwertes einer Position oder eines Portfolios aufgrund von Marktpreisänderungen.
Die Grundlage der Marktpreisrisikomessung ist somit die Bestimmung des Positionswertes. Das
Marktpreisrisiko besteht, wie bereits ausgeführt, in der potenziellen negativen Veränderung des
Positionswertes. Die Bestimmung des aktuellen Positionswertes kann in Abhängigkeit der Verfügbarkeit von Marktpreisen auf unterschiedliche Weise erfolgen.[5] Insbesondere im Falle von Marktstörungen kann es zu Problemen bei der Ermittlung der Marktpreise kommen. Für länger

---

4 Vgl. European Banking Authority, EBA Final draft Regulatory Technical Standards on prudent valuation under Article 105
(14) of Regulation (EU) No 575/2013 (Capital Requirements Regulation – CRR), EBA/RTS/2014/06/rev1, 23. Januar 2015;
Delegierte Verordnung (EU) 2016/101 der Kommission vom 26. Oktober 2015 zur Ergänzung der Verordnung (EU)
Nr. 575/2013 des Europäischen Parlaments und des Rates im Hinblick auf technische Regulierungsstandards für die
vorsichtige Bewertung nach Artikel 105 Absatz 14, Amtsblatt der Europäischen Union vom 28. Januar 2016, L 21/54–65.

5 In der CRR wird zwischen der Bewertung von Positionen auf der Grundlage einfach feststellbarer Glattstellungspreise, die
aus neutralen Quellen bezogen werden, einschließlich Börsenkursen, über Handelssysteme angezeigten Preisen oder
Quotierungen von verschiedenen unabhängigen, angesehenen Brokern nach Art. 4 Abs. 1 Nr. 68 CRR (»Bewertung zu
Marktpreisen«), und jeder Bewertung, die aus einem oder mehreren Marktwerten abgeleitet, extrapoliert oder auf andere
Weise errechnet werden muss, nach Art. 4 Abs. 1 Nr. 69 CRR (»Bewertung zu Modellpreisen«) unterschieden.

anhaltende Fälle fehlender, veralteter oder verzerrter Marktpreise sind deshalb für wesentliche Positionen alternative Bewertungsmethoden festzulegen (→ BTR 2.1 Tz. 3).

15   Die Risikomessung basiert generell auf der Variation der relevanten Risikoparameter. Neben der Betrachtung von Sensitivitäten und der Simulation von Zinsstrukturszenarien können auch statistische Größen zur Messung herangezogen werden. Die Prognosegüte der Verfahren zur Beurteilung der Marktpreisrisiken wird durch deren regelmäßige Überprüfung sichergestellt (→ BTR 2.1 Tz. 3), die im Fall der Handelsbuchpositionen u. a. mittels »Backtesting« erfolgt. Danach sind die modellmäßig ermittelten Risikowerte fortlaufend mit der tatsächlichen Entwicklung zu vergleichen (→ BTR 2.2 Tz. 4).

2.2.1   Sensitivitätsmaße

16   Mit Hilfe von Sensitivitätsmaßen erfolgt eine Approximation des produktspezifischen Marktpreisrisikos. Sensitivitätsmaße sind Kennzahlen, die die prozentuale oder absolute Preisänderung eines Finanzinstrumentes bei Veränderung eines bestimmten Risikoparameters angeben. Allgemein bekannt sind Zins- (Modifizierte Duration, Basis-Point-Value), Aktien- (Betafaktor) und Optionssensitivitäten (Greeks).

17   Die Duration berücksichtigt als durchschnittliche Kapitalbindungsdauer einer Position im Gegensatz zur Restlaufzeit auch die Höhe und den Zeitpunkt der laufenden Cashflows, abgezinst auf den Betrachtungszeitraum. Die modifizierte Duration gibt die prozentuale Marktwertänderung bei einer Marktzinserhöhung um 100 Basispunkte an und eignet sich daher zur Abschätzung von Marktwertänderungen. Unterstellt wird dabei allerdings ein linearer Zusammenhang zwischen Marktwert und Marktzins, der in der Realität nur für sehr kleine Kursänderungen zutreffend ist. Daneben führen auch die Annahme einer horizontalen Zinsstrukturkurve, die einen einheitlichen Zinssatz für sämtliche Laufzeiten vorschreibt, und die ausschließlich mögliche Parallelverschiebung der Zinsstruktur bei Zinsänderungen zu Verzerrungen.

18   Diese restriktiven Prämissen werden im Rahmen verschiedener Erweiterungen des Durationskonzeptes aufgegriffen. Ein Maßstab für den nichtlinearen Zusammenhang zwischen Marktwert und Marktzins ist die Konvexität, mit deren Hilfe die Formel für die prozentuale Kursveränderung angepasst werden kann. Die Annahme einer horizontalen Zinsstrukturkurve wird mit der effektiven Duration aufgehoben, indem zur Abzinsung laufzeitspezifische Zerobondrenditen verwendet werden. Schließlich können mit Hilfe der Key-Rate-Duration auch nicht parallele Verschiebungen der Zinsstrukturkurve simuliert werden. Insbesondere durch die beschriebenen Erweiterungen sind die durationsbasierten Kennzahlen für kurze Betrachtungszeiträume durchaus geeignet. Alternativ kann auch der Price-Value-of-a-Basis-Point (PVBP) zur Abschätzung von Barwertänderungen herangezogen werden, der auch als Present-Value-of-a-Basis-Point oder Basis-Point-Value (BPV) bezeichnet wird. Er drückt die absolute Marktwertänderung bei einer Marktzinserhöhung um einen Basispunkt aus.[6]

19   Welche Änderung die erwartete Rendite eines Wertpapieres bei einer Anpassung der Rendite des Marktportfolios um einen Prozentpunkt erfährt, wird im Falle von Aktien durch den Betafaktor beschrieben. Er wird als Quotient aus der Kovarianz der Renditeerwartungen des Wertpapieres und des Marktportfolios sowie der Varianz des Marktportfolios berechnet. Ist der Betafaktor z. B. größer als eins, so bewegt sich das Wertpapier in größeren Schwankungen als der Markt.

20   Die Greeks sind die partiellen Ableitungen des Optionspreises nach den maßgeblichen Parametern aus dem Modell zur Bewertung von Finanzoptionen von Fischer Sheffey Black, Myron Samuel Scholes und eigentlich auch Robert Carhart Merton aus dem Jahr 1973 (»Black-Scholes-Modell«). Bei

---

6   Vgl. Bühler, Alfred/Hies, Michael, Zinsrisiken und Key-Rate-Duration, in: Die Bank, Heft 2/1995, S. 112ff.

partiellen Ableitungen wird jeweils unterstellt, dass die übrigen Parameter unverändert bleiben, so dass der Einfluss einzelner Risikofaktoren analysiert werden kann. Wie sich der Optionspreis bei Änderung des Kurses vom Basiswert (Underlying) um eine Einheit verhält, wird mit Hilfe des Delta (Basispreissensitivität) berechnet. Wie stark sich wiederum das Delta bei Änderung des Kurses vom Basiswert um eine Einheit ändert, gibt das Gamma (Optionspreissensitivität) an. Mit dem Theta (Laufzeitsensitivität) wird der Zeitwert einer Option angegeben, d. h. wie sich der Optionspreis bei Verkürzung der Restlaufzeit um einen Tag verhält. Das Vega[7] (Volatilitätssensitivität) bezeichnet die Anpassung des Optionspreises bei einer Änderung der Volatilität des Basiswertes um einen Prozentpunkt. Das Rho (Zinssensitivität) entspricht der Anpassung des Optionspreises bei Änderung des risikolosen Zinssatzes am Kapitalmarkt um einen Prozentpunkt. Das Omega (Optionselastizität) ergibt den effektiven Hebel, indem das Delta mit dem Quotienten aus dem aktuellen Kurs des Basiswertes und dem aktuellen Optionspreis (aktueller Hebel) multipliziert wird.

2.2.2 Simulation von Zinsstrukturszenarien

Im Fall von Zinsstrukturszenarien bestimmt die in der Zinsprognose angenommene Änderung der Zinsstrukturkurve die für die Zukunft erwarteten Kurswertschwankungen, also das Kurswertrisiko. Bewertet wird unter verschiedenen möglichen Zinsszenarien jeweils der faire Wert einer Position. Das Risiko ergibt sich dann als Differenz aus aktuellem Kurs und fairem Wert unter dem jeweiligen Szenario. Als Maße können u. a. die oben erwähnten Risikokennziffern, wie die modifizierte Duration oder der Price-Value-of-a-Basis-Point, herangezogen werden.   **21**

Zinsstrukturszenarien können z. B. mit Hilfe einer Parallelverschiebung der Zinsstrukturkurve um eine bestimmte Anzahl von Basispunkten simuliert werden. Ein Worst-Case-Szenario kann dabei durch Verschiebung der Zinsstrukturkurve um eine als negativer Extremfall angenommene Anzahl von Basispunkten festgelegt werden. Beispielhaft sei an dieser Stelle auf den so genannten »Standardzinsschock« der zweiten Säule von Basel II verwiesen, der auf die Zinsänderungsrisiken des Anlagebuches Bezug nimmt.[8] Oftmals verändern sich kurz- und langfristige Zinssätze jedoch nicht in gleichem Ausmaß. Die Schwankungen kurzfristiger Zinssätze fallen in der Praxis meist stärker aus. Solche Szenarien können als Drehungen der Zinsstrukturkurve dargestellt werden. Hierfür eignen sich auch die ergänzend durchgeführten Stresstests (→ AT 4.3.3 Tz. 1), die es erlauben, unterschiedliche Zinsstrukturkurvenkonstellationen und deren Auswirkung auf die Risikopositionen zusätzlich zum Standard-Risikomaß zu betrachten. Im Zusammenhang mit der Einführung des Frühwarnindikators als Ergänzung zum Baseler Standardzinsschock sind entsprechende Zinsszenarien sowohl von der EBA als auch von der BaFin aufgegriffen worden.[9]   **22**

2.2.3 Statistische Verfahren

Bei der Heranziehung statistischer Größen kann man das Risiko vereinfacht als Summe des mit den Risikofaktoren gewichteten Nominalvolumens der verschiedenen Assetklassen berechnen. Die Berechnung der Risikofaktoren ist allerdings relativ komplex. Einem Ansatz von J. P. Morgan vom Oktober 1994 folgend, können Marktpreisrisiken mittels des so genannten »Value-at-Risk« (VaR)   **23**

---

7 Vega wird in der Fachliteratur auch als Kappa oder Lambda bezeichnet.

8 Vgl. Basel Committee on Banking Supervision, International Convergence of Capital Measurement and Capital Standards – A Revised Framework (Basel II), BCBS 107, 26. Juni 2004, Tz. 764.

9 Vgl. European Banking Authority, Leitlinien zur Steuerung des Zinsänderungsrisikos bei Geschäften des Anlagebuchs, EBA/GL/2018/02, 19. Juli 2018, S. 34; Bundesanstalt für Finanzdienstleistungsaufsicht, Zinsänderungsrisiken im Anlagebuch, Rundschreiben 06/2019 (BA) vom 6. August 2019, S. 3.

abgeschätzt werden (→ AT 4.1 Tz. 1). Der Value-at-Risk beschreibt grundsätzlich das Verlustpotenzial einer Position oder eines Portfolios, das unter üblichen Marktbedingungen innerhalb eines festgelegten Zeitraumes (Haltedauer, Glattstellungs- oder Liquidationsperiode) mit einer bestimmten Wahrscheinlichkeit (Konfidenzniveau) nicht überschritten wird. Er verknüpft somit die traditionelle Risikodefinition mit der Wahrscheinlichkeitsrechnung. Während sich der Value-at-Risk einer Position als Produkt aus dem Risikovolumen der untersuchten Position mit der Wahrscheinlichkeit berechnen lässt, dass diese Position das vorgegebene Konfidenzintervall verlässt, berücksichtigt der Value-at-Risk eines Portfolios zusätzlich die Abhängigkeiten (Korrelationen) zwischen je zwei Positionen.[10]

24 Trotz seiner Defizite eignet sich das Value-at-Risk-Konzept unter normalen Bedingungen zur Bewertung der mit Marktpreisrisiken behafteten Positionen des Handelsbuches. Die Wahl der Haltedauer sollte sich grundsätzlich nach dem Zeitraum richten, der zur Liquidierung des Handelsportfolios erforderlich ist. Sie wird insofern in Abhängigkeit von der Liquidität des zugrunde gelegten Marktes bzw. von der gewählten Handelsstrategie festgelegt.[11] Im Normalfall wird im Bereich der Marktpreisrisiken nach Art. 365 Abs. 1 Satz 1 lit. c CRR eine Haltedauer von zehn Tagen zugrunde gelegt. Sie darf laut Art. 365 Abs. 1 Satz 2 CRR auch weniger als zehn Tage betragen, wenn dem Institut eine angemessene und regelmäßig überprüfte Methode zur Hochrechnung auf zehn Tage zur Verfügung steht.

25 Die angestrebte Wahrscheinlichkeit wird in Form des Konfidenzniveaus ebenfalls vom Institut vorgegeben. Dessen Wahl hängt aus Gesamtbanksicht insbesondere vom angestrebten externen Zielrating und von der gewählten Perspektive im Risikotragfähigkeitskonzept (→ AT 4.1 Tz. 1) ab und beträgt im Marktpreisrisikobereich i. d. R. zwischen 95,0 Prozent und 99,9 Prozent. Für die Bestimmung der regulatorischen Eigenmittel wird gemäß Art. 365 Abs. 1 Satz 1 lit. b CRR ein Konfidenzniveau von 99,0 Prozent gefordert. Die deutsche Aufsicht erwartet von den weniger bedeutenden Instituten, dass sie sich für die Zwecke des ICAAP insgesamt am Konfidenzniveau der internen Modelle der ersten Säule orientieren, das unter Berücksichtigung aller Parameter in etwa 99,9 Prozent entspricht.[12] Die EZB fordert von den bedeutenden Instituten im Grunde dasselbe, verweist allerdings darauf, dass der Gesamtgrad der Konservativität nicht durch einzelne Faktoren bestimmt wird, sondern durch alle zugrunde liegenden Annahmen und Parameter zusammen. Je nach Risikoprofil könnten die internen Risikoparameter im Vergleich zur ersten Säule selbst dann als insgesamt konservativer betrachtet werden, wenn das Konfidenzniveau unter 99,9 Prozent liegt. Dies hängt davon ab, wie dieses Konfidenzniveau mit den verwendeten Risikofaktoren, Verteilungsannahmen, Haltedauern, Korrelationsannahmen sowie weiteren Parametern und Annahmen kombiniert wird.[13]

26 Zur Bestimmung des Value-at-Risk ist die Verwendung verschiedener Schätzmethoden möglich, wobei grundsätzlich zwischen Benchmarkszenarien und Marktszenarien unterschieden wird.

2.2.3.1 Benchmarkszenarien zur Ermittlung des Value-at-Risk

27 Benchmarkszenarien approximieren das Verlustpotenzial in Abhängigkeit von Veränderungen der jeweils fixierten Marktrisikoparameter. In der Regel werden Standard-, Stress- und Crashszenarien berechnet. Beim Standardszenario werden durchschnittliche Risikofaktoren verwendet, die über

---

10 Vgl. Rolfes, Bernd, Gesamtbanksteuerung, Stuttgart, 1999, S. 104 ff.

11 Vgl. Caps, Oliver/Tretter, Tobias, MaH aus Sicht der Marktpreisrisikosteuerung, in: Finanz Colloquium Heidelberg (Hrsg.), Einhaltung der MaH, Heidelberg, 2004, S. 127.

12 Vgl. Bundesanstalt für Finanzdienstleistungsaufsicht/Deutsche Bundesbank, Aufsichtliche Beurteilung bankinterner Risikotragfähigkeitskonzepte und deren prozessualer Einbindung in die Gesamtbanksteuerung (»ICAAP«) – Neuausrichtung, Leitfaden vom 24. Mai 2018, S. 17.

13 Vgl. Europäische Zentralbank, Leitfaden der EZB für den bankinternen Prozess zur Sicherstellung einer angemessenen Kapitalausstattung (Internal Capital Adequacy Assessment Process – ICAAP), 9. November 2018, S. 35 f.

längere Zeiträume unverändert bleiben und mit hohen Wahrscheinlichkeiten verbunden sind. Im Gegensatz dazu basieren Stress- und Crashszenarien auf außerordentlichen Risikofaktoren mit geringen Eintrittswahrscheinlichkeiten zur Bestimmung des Risikos unter extremen Bedingungen. Das Crashszenario berücksichtigt dabei die subjektiv ungünstigste Entwicklung dieser Risikofaktoren. Die Differenz aus dem aktuellen Kurswert und dem ermittelten schlechtesten Kurswert ergibt den Value-at-Risk im Extremfall. Die Problematik der Benchmarkszenarien besteht in der häufig kaum möglichen Plausibilisierung der zugrunde liegenden Annahmen. Stressszenarien dienen allgemein der Abschätzung zukünftiger Risiken unter ungünstigen ökonomischen Rahmenbedingungen. Für die wesentlichen Risiken sind ohnehin regelmäßig angemessene Stresstests durchzuführen (→ AT 4.3.3 Tz. 1), über deren Ergebnisse sich die Geschäftsleitung in angemessenen Abständen berichten zu lassen hat (→ BT 3.1 Tz. 2).

2.2.3.2 Marktszenarien zur Ermittlung des Value-at-Risk

Zu den Marktszenarien gehören parametrische Verfahren und Simulationsverfahren. Das bekannteste parametrische Verfahren ist der Varianz-Kovarianz-Ansatz, bei dem die Risiken der Einzelpositionen zum Zwecke der Vergleichbarkeit standardisiert und in einer Korrelationsmatrix zusammengeführt werden. Zinsvolatilitäten und Korrelationen können explizit berücksichtigt werden. Außerdem können historische Zeitreihen über Dritte bezogen werden. Dieses Verfahren setzt allerdings eine in der Realität zumindest auf Einzelrisikofaktorebene häufig nicht vorhandene Normalverteilung der Risikofaktoren voraus. Nachteilig ist darüber hinaus eine schlechte Abbildung der Preisfunktion von Optionen. Optionen haben im Gegensatz zu klassischen Instrumenten ein asymmetrisches Rendite-Risiko-Profil. Ihr Wert steht in keinem linearen Verhältnis zum Kurs des Underlyings, was für den Varianz-Kovarianz-Ansatz unabdingbar ist. Je nach Volumenanteil der Optionen am Gesamtportfolio führt diese Schwäche zu fehlerhaften Ergebnissen und in der Konsequenz zur Ablehnung dieses Ansatzes. **28**

Im Rahmen der historischen Simulation wird der Value-at-Risk direkt über Veränderungen der Marktdaten der Vergangenheit bestimmt. Dabei werden die relativen Veränderungen der Risikofaktoren der Vergangenheit auf das aktuelle Portfolio für den Betrachtungshorizont angewendet. Das Portfolio durchlebt somit sukzessive Wertentwicklungen einer vergangenen Periode, die damit als maßgeblich für die Abschätzung der zukünftigen Entwicklungen angesehen wird. Dies ist nicht unproblematisch, da z.B. historische Zinsänderungen in Hochzinsphasen nicht repräsentativ sind für aktuelle Niedrigzinsphasen (und umgekehrt). Korrelationen werden dabei implizit berücksichtigt, da die historischen Korrelationen in den entsprechenden Daten abgebildet sind. Die Anwendung dieses Verfahrens setzt zudem das Vorhandensein entsprechend langer Datenreihen voraus, um den Schätzfehler zu minimieren. **29**

Bei der mathematisch anspruchsvolleren Monte-Carlo-Simulation basiert der Value-at-Risk auf zufälligen Veränderungen der Risikofaktoren. Hierbei wird die statistische Verteilung von Renditen, Veränderungs- oder Abweichungsraten vorgegeben. Die zunächst unkorrelierten und unabhängigen Zufallszahlen werden z.B. mit Hilfe einer Cholesky-Zerlegung in Zufallszahlen überführt, die entsprechend der zugrunde liegenden Kovarianzmatrix korreliert sind.[14] Mit deren Hilfe wird die Wertentwicklung des Portfolios simuliert. Im Gegensatz zu den übrigen Methoden ist die auf dem Prinzip der Neubewertung beruhende Monte-Carlo-Simulation ein relativ aufwendiges und rechenintensives Verfahren. Das Verfahren ist als qualitativ hochwertig einzustufen und eignet sich besonders für Portfolios, die nichtlineare Risiken aufweisen (z.B. für Portfolios mit einem hohen Anteil an Optionsgeschäften). **30**

---

14 Mit Hilfe einer Cholesky-Zerlegung wird die Kovarianzmatrix in eine Dreiecksmatrix umgewandelt, deren Multiplikation mit ihrer transponierten Matrix wieder die Kovarianzmatrix zum Ergebnis hat. Wird diese Dreiecksmatrix mit einem Zufallszahlenvektor multipliziert, sind die daraus resultierenden Zufallszahlen entsprechend der Kovarianzmatrix korreliert.

3 Ermittlung des Handelsbuch-Ergebnisses und der Gesamtrisikopositionen (Tz. 3)

31 **3** Es ist täglich ein Ergebnis für das Handelsbuch zu ermitteln. Die bestehenden Risikopositionen sind mindestens einmal täglich zum Geschäftsschluss zu Gesamtrisikopositionen zusammenzufassen.

3.1 Ergebnisse und Gesamtrisikopositionen

32 Die Institute müssen täglich ein Ergebnis für das Handelsbuch ermitteln, womit in erster Linie das vom Risikocontrolling ermittelte betriebswirtschaftliche Ergebnis gemeint ist. Die bestehenden Risikopositionen sind dabei zu Gesamtrisikopositionen zusammenzufassen. Zusammengefasst wird jeweils die Gesamtheit der Positionen, die demselben Marktpreisrisiko unterliegen bzw. sich gegenüber denselben Marktparametern sensitiv verhalten. Im Rahmen der Berichterstattung wird z. B. häufig zwischen den Zins-, Währungs-, Aktienkurs- und sonstigen Marktpreispositionen unterschieden. Die Zusammenfassung mehrerer Positionen mit gleichen Merkmalen zu Gesamtrisikopositionen bezeichnet man auch als »Aggregation«. Dabei können unter bestimmten Voraussetzungen Korrelationseffekte berücksichtigt werden (→ AT 4.1 Tz. 6).

33 Die auf diese Weise ermittelten Gesamtrisikopositionen und Ergebnisse sowie die Limitauslastungen (→ BTR 2.2 Tz. 1) sind zeitnah am nächsten Geschäftstag dem für das Risikocontrolling zuständigen Geschäftsleiter zu berichten. Die Meldung ist mit dem Handelsbereich abzustimmen (→ BT 3.2 Tz. 4). Bei Instituten, die die Erleichterungen des Art. 94 Abs. 1 CRR in Anspruch nehmen oder nehmen können (→ BTR 2, Einführung), ist an die tägliche Berichterstattung regelmäßig kein nennenswerter Informationsgewinn geknüpft, weil in diesem Fall von unter Risikogesichtspunkten überschaubaren Positionen im Handelsbuch ausgegangen wird (»Nicht-Handelsbuchinstitute«). Eine entsprechende Anforderung wäre auch unter Kosten-Nutzen-Gesichtspunkten unverhältnismäßig. Deshalb kann unter diesen Voraussetzungen auf die tägliche Berichterstattung zugunsten eines längeren Turnus verzichtet werden (→ BT 3.2 Tz. 4, Erläuterung).

4 Backtesting der modellmäßig ermittelten Risikowerte (Tz. 4)

4 Die modellmäßig ermittelten Risikowerte sind fortlaufend mit der tatsächlichen Entwick- 34
lung zu vergleichen.

4.1 Backtesting

Unter den modellmäßig ermittelten Risikowerten ist die mit Hilfe der jeweils verwendeten Methode 35
prognostizierte (negative) Ergebnisentwicklung des Portfolios bzw. bestimmter Teilportfolios zu
verstehen. Zur Bestätigung der auf diese Weise prognostizierten Werte ist die tatsächliche Ergebnisentwicklung heranzuziehen. Dieses Verfahren wird auch »Rückvergleich« oder »Backtesting« genannt, weil die Güte der zuvor ermittelten Prognosewerte im Nachhinein überprüft wird. Da interne
Risikomodelle im Allgemeinen auf dem Value-at-Risk-Konzept (VaR-Konzept) aufbauen, entsprechen die Risikowerte i. d. R. den berechneten VaR-Werten. Die Anforderung kann allerdings auch
ohne Verwendung interner Modelle erfüllt werden. Im Grunde werden »lediglich« die modellmäßig
ermittelten Risiken den nunmehr tatsächlich eingetretenen Verlusten gegenübergestellt.

Die Backtesting-Verfahren lassen sich bei internen Modellen zur Berechnung der regulatori- 36
schen Eigenmittelanforderungen in zwei Klassen einteilen: Das so genannte »Dirty Backtesting«
vergleicht als sehr einfaches Verfahren die eingetretene Wertänderung des zu betrachtenden
Portfolios am Folgetag mit dem zuvor geschätzten Value-at-Risk. Da dabei mögliche Portfolio-
Änderungen unberücksichtigt bleiben, ist das Verfahren bei intensiver Handelstätigkeit ungenau.
Beim »Clean Backtesting« als Weiterentwicklung des Dirty Backtesting wird eine hypothetische
Wertänderung jenes Portfolios untersucht, für das zuvor der Value-at-Risk berechnet wurde.[15]
Dieser Vergleich kann in Abhängigkeit von Art und Umfang der Handelsaktivitäten natürlich
äußerst anspruchsvoll sein. Welche Verfahren für die Zwecke der zweiten Säule verwendet
werden, bleibt jedoch den Instituten überlassen.

Für die Zwecke der regulatorischen Eigenmittelberechnung sind die Vorgaben in Art. 366 CRR 37
sowie die ergänzenden Anforderungen der EBA und der EZB zu berücksichtigen.[16] Die deutsche
Aufsicht legt seit der Aufhebung ihres Merkblattes zu aufsichtlichen Rückvergleichen bei internen
Marktrisikomodellen bei der Auslegung der Anforderungen des Art. 366 CRR auch bei den weniger
bedeutenden Instituten grundsätzlich den Leitfaden zu internen Modellen der EZB zugrunde. Das
betrifft insbesondere die Ermittlung der hypothetischen und tatsächlichen Wertänderungen, die
Ermittlung des aufsichtlichen Zuschlagfaktors und der Geschäftstage für aufsichtliche Rückvergleiche. Anforderungen zu weiteren zuvor im Merkblatt beschriebenen Aspekten wie der vierteljährlichen Lieferung der Zeitreihen, dem Meldeprozess sowie der Anzeige und Analyse von
Überschreitungen werden den betroffenen Instituten per individuellem Anschreiben mitgeteilt.[17]

---

15 Vgl. Bundesanstalt für Finanzdienstleistungsaufsicht/Deutsche Bundesbank, Merkblatt zu aufsichtlichen Rückvergleichen
bei internen Marktrisikomodellen (außer Kraft), 31. Juli 2014, S. 2 f.

16 European Banking Authority, EBA Final draft Regulatory Technical Standards on the specification of the assessment
methodology for competent authorities regarding compliance of an institution with the requirements to use internal
models for market risk and assessment of significant share under points (b) and (c) of Article 363(4) of Regulation (EU) No
575/2013, EBA/RTS/2016/07, 22. November 2016; European Central Bank, ECB guide to internal models, 1. Oktober 2019.

17 Vgl. Bundesanstalt für Finanzdienstleistungsaufsicht, Eigenmittelanforderungen für Marktrisiken, abrufbar auf der
Internetseite der BaFin, zuletzt geändert am 2. August 2019.

38   Gemäß Art. 366 Abs. 3 CRR müssen die Institute die Überschreitungen bei täglichen Rückvergleichen der hypothetischen und tatsächlichen Änderungen des Portfoliowertes überwachen und nach Art. 366 Abs. 5 CRR binnen fünf Arbeitstagen an die zuständigen Behörden melden. Eine Überschreitung liegt vor, wenn eine Änderung des Portfoliowertes die mit Hilfe des internen Modells errechnete Maßzahl des Risikopotenziales für den Zeitraum eines Tages überschreitet. Ein Rückvergleich der hypothetischen Änderungen des Portfoliowertes beruht auf dem Vergleich zwischen dem Tagesendwert des Portfolios und seinem Wert am Ende des darauffolgenden Tages unter der Annahme unveränderter Tagesendpositionen. Ein Rückvergleich der tatsächlichen Änderungen des Portfoliowertes beruht auf dem Vergleich zwischen dem Tagesendwert des Portfolios und seinem tatsächlichen Wert am Ende des darauffolgenden Tages, ohne Gebühren, Provisionen und Nettozinserträge. Anhand der Zahl der festgestellten Überschreitungen, die zumindest einmal pro Quartal berechnet werden muss, werden die normalerweise für die regulatorische Eigenmittelberechnung verwendeten Multiplikationsfaktoren dann um einen Zuschlagsfaktor zwischen null und eins erhöht. Maßgeblich ist dabei die jeweilige Höchstzahl der Überschreitungen bei den hypothetischen und den tatsächlichen Änderungen des Portfoliowertes.

4.2   Empfehlungen der Bankenaufsichtsbehörden

39   Der Baseler Ausschuss für Bankenaufsicht hat bereits im Dezember 2009 ein erstes Konsultationspapier mit Maßnahmen zur Stärkung der Widerstandsfähigkeit des Bankensektors veröffentlicht[18], in dem u. a. vorgeschlagen wurde, das Backtesting und das Stresstestverfahren für die interne Modellmethode zu verschärfen. Außerdem wurden im April 2010 Leitlinien zur Konsultation gestellt, nach denen die Institute ihr Backtesting für Kontrahentenrisiken ausgestalten sollen.[19] Mittlerweile liegen zu diesem Themenbereich neben den beiden Endfassungen diverse weitere Papiere vor, nach denen u. a. eine Erhöhung des Zuschlagsfaktors vorgesehen ist.[20] Darin wird das »Backtesting« u. a. als jener Teil der quantitativen Validierung eines Modelles definiert, der auf dem Vergleich der Prognosen mit den realisierten Werten basiert. Die »Validierung« (»Validation«) steht hingegen für den weiter gefassten Begriff, der zwar das Backtesting umfasst, selbst aber ein Prozess sein kann, mit dem die Leistung von Modellen beurteilt wird. Die verschiedenen Möglichkeiten des Backtesting werden ausführlich dargestellt.[21]

40   Die EZB hat im Jahr 2016 in Zusammenarbeit mit den nationalen Aufsichtsbehörden ein Projekt zur gezielten Überprüfung interner Modelle (»Targeted Review of Internal Models«, TRIM) für das Kreditrisiko, das Kontrahentenrisiko und das Marktpreisrisiko gestartet. Bis zum Abschluss dieses Projektes im Jahr 2021 sind laut Internetseite der EZB detaillierte methodische Arbeiten mit 200 internen Modelluntersuchungen bei 65 bedeutenden Instituten kombiniert worden. Zwischenzeitlich wurden dazu mehrere Dokumente veröffentlicht, die auf die abzusehende Entwicklung in

---

18 Basel Committee on Banking Supervision, Strengthening the resilience of the banking sector, Consultative document, BCBS 164, 17. Dezember 2009.

19 Basel Committee on Banking Supervision, Sound practices for backtesting counterparty credit risk models, Consultative document, BCBS 171, 14. April 2010.

20 Basel Committee on Banking Supervision, Sound practices for backtesting counterparty credit risk models, BCBS 185, 10. Dezember 2010; Baseler Ausschuss für Bankenaufsicht, Basel III: Ein globaler Regulierungsrahmen für widerstandsfähigere Banken und Bankensysteme, BCBS 189rev, 1. Juni 2011; Basel Committee on Banking Supervision, Standards – Minimum capital requirements for market risk, BCBS 352, 14. Januar 2016; Basel Committee on Banking Supervision, Basel III: Finalising post-crisis reforms, BCBS 424, 7. Dezember 2017; Basel Committee on Banking Supervision, Consultative document – Revisions to the minimum capital requirements for market risk, BCBS 436, 22. März 2018; Basel Committee on Banking Supervision, Minimum capital requirements for market risk, BCBS 457, 14. Januar 2019.

21 Vgl. Basel Committee on Banking Supervision, Sound practices for backtesting counterparty credit risk models, BCBS 185, 10. Dezember 2010, S. 2 ff.

diesem Bereich schließen lassen.[22] Die EZB hat im Rahmen dieser Überprüfung die beim internen Backtesting angewandte Methodik häufig als unzureichend bewertet, teilweise wurden z. B. nicht alle relevanten Portfolios abgedeckt. Für hypothetische Portfolios haben einige Institute das geforderte Backtesting nicht oder nur in sehr geringem Umfang durchgeführt. Mit Blick auf das regulatorische Backtesting haben einige Institute, die an lokalen Feiertagen Handel betreiben, diese Tage nicht als Geschäftstage berücksichtigt. Auch wurde das Backtesting zur Bestimmung des Zuschlagsfaktors in einigen Fällen nicht an genau 250 Geschäftstagen durchgeführt.[23]

4.3 Anpassung der Verfahren

Die Ergebnisse der Gegenüberstellung von den zuvor ermittelten Risiken mit den tatsächlich eingetretenen Verlusten sollten im Fall häufiger oder gravierender Abweichungen eine Ursachenanalyse sowie ggf. eine Anpassung der verwendeten Verfahren zur Beurteilung der Marktpreisrisiken nach sich ziehen, die regelmäßig zu überprüfen sind (→ BTR 2.1 Tz. 3). Dies folgt auch daraus, dass die Risikosteuerungs- und -controllingprozesse zeitnah an sich ändernde Bedingungen anzupassen sind (→ AT 4.3.2 Tz. 5).   **41**

4.4 Berichterstattung an die Geschäftsleitung

Wie bereits ausgeführt, ist im Rahmen der mindestens vierteljährlichen Risikoberichterstattung an die Geschäftsleitung u. a. auch auf die Änderungen der wesentlichen Annahmen oder Parameter, die den Verfahren zur Beurteilung der Marktpreisrisiken zugrunde liegen, einzugehen (→ BT 3.2 Tz. 4 lit. c). Sofern diese Änderungen auf die Erkenntnisse aus dem Backtesting zurückzuführen sind, empfiehlt es sich, den Risikobericht um diese Aspekte zu ergänzen.   **42**

---

22 Vgl. European Central Bank, Guide for the Targeted Review of Internal Models (TRIM), Consultation paper, 6. Februar 2017; Europäische Zentralbank, Leitfaden der EZB zu internen Modellen – Kapitel General Topics, 15. März 2018; European Central Bank, Draft ECB guide to internal models – Risk-type-specific chapters, Consultation paper, 7. September 2018; Europäische Zentralbank, Leitfaden für Vor-Ort-Prüfungen und Prüfungen interner Modelle, 21. September 2018; European Central Bank, ECB guide to internal models, 1. Oktober 2019; European Central Bank, Targeted Review of Internal Models, Project report, 19. April 2021.

23 Vgl. European Central Bank, Targeted Review of Internal Models, Project report, 19. April 2021, S. 73 f.

BTR 2.3 Marktpreisrisiken des Anlagebuches (einschließlich Zinsänderungsrisiken)

1 Bewertung der Positionen des Anlagebuches (Tz. 1)

1 Die mit Marktpreisrisiken behafteten Positionen des Anlagebuches sind mindestens vierteljährlich zu bewerten.

1.1 Vierteljährlicher Bewertungsturnus

2 Während die mit Marktpreisrisiken behafteten Positionen des Handelsbuches täglich zu bewerten sind (→ BTR 2.2 Tz. 2), wird für das Anlagebuch[1] grundsätzlich ein vierteljährlicher Turnus vorgegeben. Damit wird berücksichtigt, dass die jeweiligen Positionen i.d.R. für einen längeren Zeitraum gehalten werden. Allerdings können sich insbesondere Zinsänderungen auf jene Institute auswirken, die in großem Umfang »Fristentransformationen« betreiben, d.h. bei denen Festzinskredite für einen längeren Zeitraum ausgereicht werden, als sich das Institut im Gegenzug refinanziert. Auf diese Weise sollen durch Ausnutzung der Unterschiede zwischen kurz- und langfristigen Zinssätzen oder eine aus Sicht des Institutes prognostizierte günstige Zinsentwicklung zusätzliche Erträge generiert werden. Über eine kürzer laufende Refinanzierung wird ein Institut also vornehmlich dann nachdenken, wenn die Zinsstrukturkurve nicht allzu flach ist oder auf (weiter) fallende Zinsen spekuliert wird. Sofern jedoch der Markt falsch eingeschätzt wird, kann der Refinanzierungszins zum Zeitpunkt der neuerlichen Mittelaufnahme auch gestiegen sein und im Extremfall sogar über dem vereinbarten Kreditzins liegen, woraus empfindliche Verluste resultieren.

3 Die daraus resultierenden Zinsänderungsrisiken sind neben der Entwicklung der Zinsstrukturkurve vom Umfang der jeweiligen offenen Positionen des Zinsbuches eines Institutes abhängig. Ferner können dem Anlagebuch durchaus auch Positionen zugeordnet sein, die andere erhebliche Komponenten der Marktpreisrisiken beinhalten. In diesem Zusammenhang sei auf komplex strukturierte Produkte hingewiesen, die trotz fehlender Handelsabsicht u.a. vielfältigen Marktpreisrisiken ausgesetzt sind. Deshalb kann in Abhängigkeit von Art, Umfang, Komplexität und Risikogehalt der Positionen im Anlagebuch auch eine tägliche, wöchentliche oder monatliche Bewertung, Ergebnisermittlung und Kommunikation der Risiken erforderlich sein (→ BTR 2.3 Tz. 4). Entsprechende Festlegungen liegen im Ermessen des Institutes.

4 Wie eingangs bereits erwähnt, sind – im eigenen Interesse des Institutes – nicht nur Handelsgeschäfte des Anlagebuches, sondern auch Nichthandelsgeschäfte, wie z.B. bilanzielle Forderungen und Verbindlichkeiten inkl. Nebenabreden, hinsichtlich ihrer Marktpreisrisiken zu analysieren. Letztlich geht es bei der Bewertung um sämtliche mit Marktpreisrisiken behafteten Positionen des Anlagebuches. Während die obligatorische Bewertung der Handelsgeschäfte (Anleihen, Zinsderivate etc.) aufgrund der weitgehenden Verfügbarkeit von Marktpreisen auf Basis der üblichen Bewertungsverfahren »Mark-to-Market« (Marktpreise), »Mark-to-Matrix« (abgeleitete Marktpreise) oder »Mark-to-Model« (modellbasierte Preise) i.d.R. unproblematisch ist, kann sich die Bewertung der Nichthandelsgeschäfte deutlich schwieriger gestalten. Insbesondere müssen in diesem Fall für eine Mark-to-Model-Bewertung diverse Annahmen individuell getroffen werden, was alles andere als trivial ist (→ BTR 2.1 Tz. 3). Dabei geht es u.a. darum, wie Bonitätsaspekte zu berücksichtigen sind und welche Zinskurven für die Abzinsung herangezogen werden können. Insofern handelt es sich beim vierteljährlichen Turnus formal betrachtet zwar um eine Erleichterung gegenüber den Vorgaben zum Handelsbuch. Es sollte aber nicht unterschätzt werden, wie komplex die Bewertung der Positionen des Anlagebuches durchaus sein kann.

---

1 Das Anlagebuch ergibt sich implizit aus der Abgrenzung zum Handelsbuchbegriff.

2 Ermittlung des Anlagebuch-Ergebnisses (Tz. 2)

Ebenfalls mindestens vierteljährlich ist ein Ergebnis für das Anlagebuch zu ermitteln. 5

2.1 Vierteljährliche Ergebnisermittlung

Da die mit Marktpreisrisiken behafteten Positionen des Anlagebuches ebenfalls mindestens 6
vierteljährlich zu bewerten sind (→ BTR 2.3 Tz. 1), kann für die Ergebnisermittlung kein kürzerer
Turnus vorgegeben werden. Die Positionsbewertung ist natürlich eine wesentliche Voraussetzung
für die Ergebnisermittlung. Wird allerdings in Abhängigkeit von Art, Umfang, Komplexität und
Risikogehalt der Positionen im Anlagebuch institutsindividuell eine kürzere Frist zur Bewertung
festgelegt, ist diese Regelung grundsätzlich auch bei der Ergebnisermittlung und Kommunikation
der Risiken zu beachten (→ BTR 2.3 Tz. 4). Zu berücksichtigen ist darüber hinaus, dass der
maximal mögliche Turnus nur dann in Anspruch genommen werden kann, wenn die Zinsänderungsrisiken getrennt nach Handels- und Anlagebuch ermittelt werden. Erfolgt hingegen eine
integrierte Behandlung der Zinsänderungsrisiken auf Ebene des Gesamtinstitutes, so muss die für
das Handelsbuch zwingend erforderliche tägliche Bewertung der Risikopositionen inkl. Ergebnisermittlung auch für das Anlagebuch beachtet werden (→ BTR 2.3 Tz. 5, Erläuterung).

Grundsätzlich ist auch der Risikobericht über die vom Institut insgesamt eingegangenen Markt- 7
preisrisiken einschließlich der Zinsänderungsrisiken mindestens vierteljährlich zu erstellen und
der Geschäftsleitung vorzulegen. Dabei geht es unter Einbeziehung der internen Handelsgeschäfte
insbesondere darum, der Geschäftsleitung einen Überblick über die Risiko- und Ergebnisentwicklung der mit Marktpreisrisiken behafteten Positionen zu verschaffen (→ BTR 3.2 Tz. 4).

3 Umgang mit Limitüberschreitungen (Tz. 3)

8 **3** Durch geeignete Maßnahmen ist sicherzustellen, dass Limitüberschreitungen aufgrund zwischenzeitlicher Veränderungen der Risikopositionen vermieden werden können.

3.1 Vermeidung von Limitüberschreitungen

9 Auf der Grundlage der Risikotragfähigkeit ist ein System von Limiten zur Begrenzung der Marktpreisrisiken einzurichten, auf dessen mögliche Ausgestaltung an anderer Stelle ausführlich eingegangen wird (→ BTR 2.1 Tz. 1).

10 Zur Vermeidung von Limitüberschreitungen aufgrund zwischenzeitlicher Veränderungen der Risikopositionen des Anlagebuches sollte vor allem die Entwicklung der maßgeblichen Marktrisikoparameter in einem angemessenen Turnus überwacht werden. Dadurch können absehbare Veränderungen der Limitauslastung rechtzeitig prognostiziert werden, so dass bereits im Vorfeld entsprechende Reaktionen möglich sind. Wie schon erwähnt, können sich insbesondere Zinsänderungen gravierend auf das Anlagebuch auswirken, wenn die Refinanzierung des Kreditgeschäftes nicht fristenkongruent erfolgt. Insofern hängen die Zinsänderungsrisiken besonders vom Volumen der jeweils offenen Positionen des Zinsbuches ab. Wird im Rahmen der Überwachung eine Tendenz zu steigenden Zinsen rechtzeitig festgestellt, können entsprechende Maßnahmen zur Anpassung der Refinanzierung oder zur Absicherung derartiger Risiken noch zeitnah eingeleitet werden.

11 Zum Management der Zinsänderungsrisiken im Anlagebuch wird auch von der EBA gefordert, dass die Institute über ein Rahmenkonzept verfügen, das u.a. ein System angemessener Limite umfasst, einschließlich der Gewährleistung von deren Einhaltung sowie der für Ausnahmen notwendigen spezifischen Verfahren und Genehmigungen.[2] In Übereinstimmung mit dem Risikoappetit soll u.a. ein Gesamtlimit für Zinsänderungsrisiken auf konsolidierter Basis und ggf. auch auf der Ebene einzelner Gruppenunternehmen angewandt werden. Die einzelnen Limite können mit spezifischen Szenarien für die Änderung von Zinssätzen und Zinsstrukturen verknüpft sein, wie z.B. mit einer Zinserhöhung oder -senkung oder mit einer Änderung der Zinsstrukturkurve. Die bei der Definition dieser Limite zugrunde gelegten Zinsbewegungen sollten unter Berücksichtigung der historischen Zinsvolatilität und der von der Geschäftsleitung zur Risikominderung benötigten Zeit hinreichend negative Schock- und Stresssituationen repräsentieren. Die Limite sollten der Art, Größe, Komplexität und Kapitaladäquanz des Institutes sowie seiner Fähigkeit zur Messung und Steuerung seiner Risiken angemessen sein. Nach Einschätzung der EBA kann es auch sinnvoll sein, je nach Art der Geschäftstätigkeit und des Geschäftsmodells eines Institutes für einzelne Geschäftsbereiche, Portfolios, Arten von Instrumenten, spezifische Instrumente oder bedeutsame Unterarten des Zinsänderungsrisikos, wie das Gap-, Basis- und Optionsrisiko, Teillimite festzulegen. Durch geeignete Systeme sollte gewährleistet sein, dass Positionen, die diese festgelegten Limite (voraussichtlich) überschreiten werden, umgehend Beachtung finden und auf Basis klarer Regeln unverzüglich eskaliert

---

2 Vgl. European Banking Authority, Leitlinien zur Steuerung des Zinsänderungsrisikos bei Geschäften des Anlagebuchs, EBA/GL/2018/02, 19. Juli 2018, S. 14.

werden. Dazu gehört u. a. die Festlegung, mit welchen Maßnahmen darauf reagiert werden soll.[3] Die Einhaltung der Limite sollte auch unabhängig und regelmäßig überprüft werden. Für alle Limitüberschreitungen sollten geeignete Eskalationsverfahren existieren.[4]

3.2 Prüfungshandlungen im Rahmen des SREP

Die zuständigen Behörden sollten im Rahmen des SREP prüfen, ob interne Kontrollen, operative Limite oder andere Maßnahmen darauf abzielen, das Zinsänderungsrisiko im Anlagebuch in Übereinstimmung mit der Strategie und dem Risikoappetit des Institutes auf einem akzeptablen Niveau zu halten, und ob das Institut über angemessene interne Kontrollen und Maßnahmen verfügt, um sicherzustellen, dass Verstöße gegen die Richtlinien, Verfahren und Limite inklusive zulässiger Ausnahmen der zuständigen Managementebene rechtzeitig gemeldet werden. Sie sollten prüfen, ob das Institut über angemessene Verfahren zur regelmäßigen Überprüfung seiner Limite verfügt, und Informationen über Maßnahmen anfordern, mit denen die Einhaltung der Limite sichergestellt wird. Die zuständigen Behörden sollten das Limitsystem bewerten, einschließlich der Frage, ob es der Komplexität des Institutes und der dem Zinsänderungsrisiko unterliegenden Geschäftsaktivitäten sowie seiner Fähigkeit, dieses Risiko zu messen und zu steuern, angemessen ist. Sie sollten zudem bewerten, ob sich das Limitsystem mit den möglichen Auswirkungen von Zinsänderungen auf das Ergebnis und den ökonomischen Wert des Institutes befasst, indem z. B. angemessene Limite für ein akzeptables Maß an Volatilität für das Ergebnis unter bestimmten Zinsszenarien festgelegt werden.[5]

12

3.3 Wechselwirkungen mit dem Bewertungsturnus

Grundsätzlich empfiehlt es sich nicht, stark von Parameterschwankungen abhängige Bestände nur alle drei Monate zu bewerten und gleichzeitig bei der Festlegung der Limite auf eine nahezu hundertprozentige Auslastung abzustellen, weil damit bereits kleine Änderungen der zugrunde liegenden Marktrisikoparameter eine Limitüberschreitung zur Folge haben könnten. Außerdem wären im Fall extrem hoher Limitauslastungen und unterstellter starker Parameterschwankungen auch eine vierteljährliche Bewertung der mit Marktpreisrisiken behafteten Positionen des Anlagebuches (→ BTR 2.3 Tz. 1) sowie ein daran orientierter Berichtsturnus (→ BTR 2.3 Tz. 2) kaum als angemessen zu bezeichnen.

13

---

3   Vgl. European Banking Authority, Leitlinien zur Steuerung des Zinsänderungsrisikos bei Geschäften des Anlagebuchs, EBA/GL/2018/02, 19. Juli 2018, S. 17.

4   Vgl. European Banking Authority, Leitlinien zur Steuerung des Zinsänderungsrisikos bei Geschäften des Anlagebuchs, EBA/GL/2018/02, 19. Juli 2018, S. 19 f.

5   Vgl. European Banking Authority, Guidelines on common procedures and methodologies for the supervisory review and evaluation process (SREP) and supervisory stress testing, EBA/GL/2014/13, Consolidated version, 19. Juli 2018, S. 128 f.

4 Turnus für Bewertung, Ergebnisermittlung und Kommunikation der Risiken (Tz. 4)

14   **4** Abhängig von Art, Umfang, Komplexität und Risikogehalt der Positionen im Anlagebuch kann auch eine tägliche, wöchentliche oder monatliche Bewertung, Ergebnisermittlung und Kommunikation der Risiken erforderlich sein.

4.1 Beherrschbarkeit der Marktpreisrisiken

15   Art, Umfang, Komplexität und Risikogehalt der Positionen im Anlagebuch haben einen wesentlichen Einfluss auf die Risikosituation des Institutes. Trotz der für das Anlagebuch grundsätzlich eingeräumten Erleichterungen gegenüber den Anforderungen an das Handelsbuch sollte die Beherrschbarkeit der Marktpreisrisiken das maßgebliche Kriterium für die Festlegungen der angemessenen Fristen im Institut sein. Eine ggf. erforderliche Verkürzung dieser Fristen wirkt sich gleichermaßen auf die Bewertung, die Ergebnisermittlung und die Kommunikation der Risiken aus, da zwischen diesen Prozessen ein enger Zusammenhang besteht. Insofern könnte ein kürzerer Turnus z. B. für besonders komplexe Produkte sinnvoll sein, die trotz fehlender Handelsabsicht vielfältigen Marktpreisrisiken ausgesetzt sind und deren Umfang und Risikogehalt vom Institut als bedeutend eingestuft werden. Während am Beginn dieses Moduls mit dem vierteljährlichen Turnus der Regelfall dargestellt wurde, handelt es sich bei der täglichen, wöchentlichen oder monatlichen Bewertung, Ergebnisermittlung und Kommunikation der Risiken also um die Ausnahme, die von Instituten mit einem besonders voluminösen, komplex strukturierten und risikobehafteten Anlagebuch berücksichtigt werden sollte. Grundsätzlich wird der vierteljährliche Turnus allerdings als ausreichend erachtet (→ BTR 2.3 Tz. 1 und 2). Entsprechende Festlegungen liegen im Ermessen des Institutes.

4.2 Abgrenzungskriterien

16   Die vordefinierten Risikokategorien im Modul BTO eignen sich im Grunde nicht als sinnvolle Trennlinie zwischen dem normalen und einem kürzeren Turnus. Bestenfalls können sie herangezogen werden, um Institute mit einem aus Marktpreisrisikosicht überschaubaren Anlagebuch von der strengeren Regelung grundsätzlich auszunehmen. Zwar können auch Handelsbuchinstitute im Einzelfall auf »nicht-risikorelevante Handelsaktivitäten« verweisen.[6] Allerdings zielt diese Kategorie in erster Linie auf Erleichterungen bei der Funktionstrennung ab (→ BTO 2.1 Tz. 2 inkl. Erläuterung). Eine Unterscheidung zwischen »risikorelevanten« und »nicht-risikorelevanten« Handelsaktivitäten für die Zwecke der Bewertung, Ergebnisermittlung und Kommunikation der Risiken würde zwangsläufig darauf hinauslaufen, den vorgeschriebenen vierteljährlichen Turnus (Normalfall) lediglich auf nicht-risikorelevante Handelsaktivitäten (Abweichung vom Normalfall) anwenden zu können. Diese enge Sichtweise wird von der Aufsicht nicht vorgegeben.

---

6   Vgl. Bundesanstalt für Finanzdienstleistungsaufsicht, Protokoll der dritten Sitzung des MaRisk-Fachgremiums am 6. März 2007, S. 3.

Auch die Kategorie der »nicht-risikorelevanten Kreditgeschäfte« wurde im Zusammenhang mit dem Verzicht auf ein weiteres Votum und – in der Konsequenz – der Funktionstrennung (→ BTO 1.1 Tz. 4) eingeführt. Damit wird einerseits also ein anderer Zweck verfolgt, andererseits wird der Risikogehalt allein auf das Adressenausfallrisiko abgestellt. Fristen für die Bewertung, Ergebnisermittlung und Kommunikation der Marktpreisrisiken können daraus folglich nicht abgeleitet werden. Insofern empfiehlt es sich, institutsintern eigene Abgrenzungskriterien festzulegen.

17

4.3 Alternative Vorgehensweisen

Nicht in jedem Fall wird es erforderlich sein, die gängigen Überwachungs- und Berichtszeiträume vollständig auf einen kürzeren Turnus umzustellen. So kann z. B. bei einer nicht fristenkongruenten Refinanzierung von Krediten mit langen Zinsfestschreibungszeiträumen trotz tendenziell hoher Zinsänderungsrisiken der vierteljährliche Turnus durchaus genügen. Diesbezüglich basiert eine Bewertung im Prinzip auf der Beobachtung der Entwicklung der Leitzinssätze bzw. der Interbankensätze. Über erwartete Zinserhöhungen könnte ebenso gut im Rahmen der Ad-hoc-Berichterstattung informiert werden (→ AT 4.3.2 Tz. 4).

18

5 Erfassung der wesentlichen Ausprägungen der Zinsänderungsrisiken (Tz. 5)

19 **5** Die Verfahren zur Beurteilung der Zinsänderungsrisiken des Anlagebuches müssen die wesentlichen Ausprägungen der Zinsänderungsrisiken erfassen.

5.1 Wesentliche Ausprägungen der Zinsänderungsrisiken

20 Als Ausprägung eines Merkmales werden die verschiedenen Formen bezeichnet, in denen dieses Merkmal in Erscheinung treten kann. Unter den »wesentlichen Ausprägungen der Zinsänderungs-risiken« sind demzufolge jene Erscheinungsformen von Zinsänderungsrisiken zu verstehen, die für die Risikosituation des Institutes von besonderer Bedeutung sind. Insofern müssen die Institute zunächst die Hauptursachen ihrer Zinsänderungsrisiken identifizieren. Diese können sich in Abhängigkeit von Art, Umfang, Komplexität und Risikogehalt der Geschäftsaktivitäten (→ AT 4.3 Tz. 1) von Institut zu Institut unterscheiden. Wie an anderer Stelle ausgeführt, gelten gemeinhin das »Gap-Risiko«, das »Basisrisiko« und das »Optionsrisiko« als wesentliche Ausprägungen des Zinsänderungsrisikos im Anlagebuch (→ BTR 2, Einführung). Diese drei Komponenten werden auch im Rahmen der turnusmäßigen Stresstests berücksichtigt (→ AT 4.3.3 Tz. 1).

5.1.1 Gap-Risiko

21 Das »Gap-Risiko« ist das Risiko, das sich aus der Laufzeitstruktur zinssensitiver Instrumente aufgrund von zu unterschiedlichen Zeitpunkten eintretenden Änderungen ihrer Zinssätze ergibt, wobei sich die Zinsstrukturkurve gleichmäßig (paralleles Risiko) oder auch je nach Laufzeit unterschiedlich (nicht-paralleles Risiko) verschieben kann.[7] Es besteht bei steigenden Markt-zinsen im Fall offener Festzinspositionen auf der Aktivseite (so genannter »aktivischer Festzins-überhang«), d.h. wenn Kredite mit festen Zinsvereinbarungen variabel refinanziert werden. Durch die steigenden Zinsen reduziert sich für diese Positionen automatisch die Zinsspanne (→ BTR 2, Einführung). In Analogie dazu hätte ein »passivischer Festzinsüberhang«, bei dem variabel verzinsliche Positionen auf der Aktivseite durch Festzinspositionen auf der Passivseite finanziert werden, negative Auswirkungen bei sinkenden Marktzinsen.

22 Ähnliche Effekte sind zu erwarten, sofern Festzinskredite für einen längeren Zeitraum ausgereicht werden, als sich das Institut im Gegenzug refinanziert (»Fristentransformation«). Im Extremfall liegt der Refinanzierungszins zum Zeitpunkt der neuerlichen Mittelaufnahme sogar über dem verein-barten Kreditzins, woraus empfindliche Verluste resultieren können. Aufgrund der teilweise sehr langen Zinsbindungsfristen auf der Aktivseite sind die tatsächlichen Auswirkungen derartiger Zinsänderungen in der Gewinn- und Verlustrechnung (GuV) häufig erst nach einem längeren Zeitraum sichtbar. Aus diesem Grund müssen die Auswirkungen auch über den Bilanzstichtag hinaus betrachtet werden (→ BTR 2.3 Tz. 6). In der Literatur wird diese Komponente zum Teil als »Festzinsrisiko«, »Zinsneufestsetzungsrisiko« oder »Fristenablaufrisiko« bezeichnet.

---

7   Vgl. European Banking Authority, Leitlinien zur Steuerung des Zinsänderungsrisikos bei Geschäften des Anlagebuchs, EBA/GL/2018/02, 19. Juli 2018, S. 5.

5.1.2 Basisrisiko

Das »Basisrisiko« ist das Risiko, das sich aus der Auswirkung relativer Zinsänderungen auf zinssensitive Instrumente ergibt, die zwar ähnliche Laufzeiten haben, deren Preise jedoch auf unterschiedlichen Zinsindizes basieren. Es resultiert aus einer nicht perfekten Korrelation bei der Anpassung der Zinserträge und -aufwendungen verschiedener zinssensitiver Instrumente mit ansonsten ähnlichen Zinsänderungseigenschaften.[8] Das Basisrisiko tritt also auf, wenn hinsichtlich der variabel verzinslichen Positionen auf der Aktiv- und der Passivseite ein unterschiedliches Zinsanpassungsverhalten besteht, d.h. wenn Anpassungen des Marktzinses nicht sofort bzw. zumindest nicht in vollem Umfang an die Kunden weitergegeben werden können oder sollen (unterschiedliche »Zinsreagibilität« der variabel verzinslichen Positionen). Aus geschäftspolitischen Gründen könnte sich z.B. eine direkt an die Marktpreisentwicklung gekoppelte Zinssenkung im Passivbereich so auswirken, dass große Teile des Einlagenbestandes kurzfristig abgezogen werden. Die Folge wären Liquiditätsengpässe und eine Erhöhung der Refinanzierungskosten für das Institut. In der Literatur wird diese Komponente auch als »variables Zinsänderungsrisiko« bezeichnet.

23

5.1.3 Optionsrisiko

Das »Optionsrisiko« ist das Risiko aus (eingebetteten und expliziten) Optionen, die dem Institut oder seinem Kunden die Möglichkeit geben, die Höhe und den Zeitpunkt ihrer Cashflows zu ändern. Das Optionsrisiko betrifft also einerseits das Risiko aus zinssensitiven Instrumenten, bei denen der Inhaber die Option mit großer Wahrscheinlichkeit ausüben wird, wenn es in seinem finanziellen Interesse liegt (eingebettete oder explizite automatische Optionen), und andererseits das Risiko aus der impliziten oder vertraglich festgelegten Flexibilität von zinssensitiven Instrumenten, wonach Zinsänderungen zu einer Änderung des Kundenverhaltens führen können (eingebettetes verhaltensabhängiges Optionsrisiko).[9] Im Rahmen von Festzinsvereinbarungen wird den Kreditnehmern häufig das Recht eingeräumt, in einem beschränkten Umfang Sondertilgungen zu leisten, d.h. über die vereinbarten Tilgungsleistungen im Bedarfsfall hinauszugehen. Da im Voraus nicht absehbar ist, ob die Kreditnehmer von dieser Option Gebrauch machen (können), ist eine fristenkongruente Refinanzierung derartiger Darlehen nicht ohne Weiteres möglich. Wird z.B. eine unterstellte Ausübung der Sondertilgungsoptionen durch den Kreditnehmer übertroffen, so werden zum vorzeitigen Rückzahlungszeitpunkt des Darlehens Mittel frei, die ggf. nur für einen niedrigeren Zinssatz herausgereicht werden können. Das Institut kann auf die Ausübung dieser Option keinen Einfluss nehmen und befindet sich diesbezüglich in einer Stillhalterposition. Ähnliches gilt z.B. für die Inanspruchnahme der gesetzlichen Kündigungsfristen gemäß § 489 BGB, wenn Zinsbindungsfristen von über zehn Jahren vereinbart sind und der Kreditnehmer die Anschlussfinanzierung bei einem anderen Institut zu günstigeren Konditionen vereinbaren kann. Derartige optionale Risiken, die auch bei anderen Zinspositionen bestehen, können somit ebenfalls als Ausprägungen von Zinsänderungsrisiken angesehen werden.

24

---

8 Vgl. European Banking Authority, Leitlinien zur Steuerung des Zinsänderungsrisikos bei Geschäften des Anlagebuchs, EBA/GL/2018/02, 19. Juli 2018, S. 5.

9 Vgl. European Banking Authority, Leitlinien zur Steuerung des Zinsänderungsrisikos bei Geschäften des Anlagebuchs, EBA/GL/2018/02, 19. Juli 2018, S. 5.

5.1.4 Credit-Spread-Risiko im Anlagebuch

25 Ergänzend nennt der Baseler Ausschuss für Bankenaufsicht das Credit-Spread-Risiko im Anlagebuch (»Credit Spread Risk in the Banking Book«, CSRBB) als ein verbundenes Risiko, das die Institute im Rahmen des Managements der Zinsänderungsrisiken überwachen und bewerten sollten. Es bezieht sich auf jede Art von Spread-Risiken von kreditrisikobehafteten Positionen, die nicht auf das Zinsänderungsrisiko oder das Adressenausfallrisiko zurückzuführen sind.[10] Die EBA versteht darunter etwas genauer das Risiko aus Änderungen der Marktwahrnehmung der Preise von Kreditrisiken, Liquiditätsprämien und möglichen anderen Komponenten von kreditrisikobehafteten Instrumenten, das bei diesen Kreditrisiken, Liquiditätsprämien und anderen möglichen Komponenten zu Preisschwankungen führen kann, die nicht unter das Zinsänderungsrisiko im Anlagebuch oder das erwartete Kreditrisiko/Risiko eines plötzlichen Ausfalls (»Jump-to-Default-Risk«) fallen.[11] Die Institute sollten ihre vom Credit-Spread-Risiko im Anlagebuch betroffenen Engagements unter Bezugnahme auf die Aktivseite des Anlagebuches überwachen und bewerten, sofern dieses Risiko für das Risikoprofil des Institutes relevant ist.[12] Die Behandlung von Credit-Spread-Risiken erfolgt gewöhnlich im Rahmen des Risikotragfähigkeitskonzeptes (→ AT 4.1 Tz. 1).

5.2 Umfang der einzubeziehenden Positionen

26 Unabhängig von der Art und Weise der Kategorisierung wird deutlich, dass grundsätzlich alle zinssensitiven Positionen wesentlichen Ausprägungen von Zinsänderungsrisiken unterliegen können. Aus diesem Grund sind auch alle bilanziellen und außerbilanziellen Positionen des Anlagebuches in die Betrachtung einzubeziehen, die Zinsänderungsrisiken unterliegen (→ BTR 2.3 Tz. 5, Erläuterung). Die zuständigen Behörden sollten im Rahmen des SREP prüfen, ob die Überwachung der Zinsänderungsrisiken des Anlagebuches alle konsolidierten Unternehmen, alle geografischen Standorte und alle Finanzaktivitäten umfasst.[13]

27 Bei der Berechnung des aufsichtlichen Zinsschocks gemäß dem Rundschreiben der BaFin ist es den Instituten gestattet, konsistent für alle Geschäftseinheiten sowie alle bilanziellen und außerbilanziellen Positionen die Margen aus den Cashflows herauszurechnen. Ein derartiges Abstellen auf den laufzeitadäquaten Geld- und Kapitalmarktzinssatz (Innenzinssatz) anstelle auf den Kundenzinssatz ist allerdings nur dann möglich, wenn dies in Übereinstimmung mit den internen Methoden und Verfahren zum Management der Zinsänderungsrisiken im Anlagebuch erfolgt. In diesem Fall müssen die Institute den risikofreien Zinssatz eines Produktes zum Zeitpunkt seines Zugangs anhand einer transparenten Methode ermitteln. Die Aufsicht ist zudem durch ein entsprechendes Meldefeld nach FinaRisikoV darüber zu informieren, ob die Margen bei der Bestimmung der Zinsänderungsrisiken herausgerechnet werden.[14] Von ausgewiesenen Fachspezialisten ist bereits frühzeitig untersucht worden, in welchen Fällen das Herausrechnen der Margen-Cashflows vorteilhaft sein kann. Diesen Analysen zufolge kann die Verwendung der Innenzinssätze für ein Institut insbesondere dann sinnvoll sein, wenn die Marge relativ hoch

---

10 Vgl. Basel Committee on Banking Supervision, Standards – Interest rate risk in the banking book, BCBS 368, 21. April 2016, S. 3.

11 Vgl. Bundesanstalt für Finanzdienstleistungsaufsicht, Zinsänderungsrisiken im Anlagebuch, Rundschreiben 06/2019 (BA) vom 6. August 2019, S. 6.

12 Vgl. European Banking Authority, Leitlinien zur Steuerung des Zinsänderungsrisikos bei Geschäften des Anlagebuchs, EBA/GL/2018/02, 19. Juli 2018, S. 9.

13 Vgl. European Banking Authority, Guidelines on common procedures and methodologies for the supervisory review and evaluation process (SREP) and supervisory stress testing, EBA/GL/2014/13, Consolidated version, 19. Juli 2018, S. 128 f.

14 Vgl. Bundesanstalt für Finanzdienstleistungsaufsicht, Zinsänderungsrisiken im Anlagebuch, Rundschreiben 06/2019 (BA) vom 6. August 2019, S. 5 f.

ausfällt und die Eigenkapitalquote eher gering ist. Der beobachtete Entlastungseffekt ist nicht linear, sondern exponentiell. Eine Umstellung kann allerdings nur in Betracht gezogen werden, wenn der damit verbundene Aufwand diesen Effekt nicht wieder eliminiert.[15] Es ist allerdings davon auszugehen, dass die Aufsicht bei Nutzung des Innenzinssatzes sorgfältig überprüfen wird, ob die Margen in den übrigen Steuerungsansätzen der Bank angemessen Berücksichtigung finden. Auf eine konsistente Aufteilung der Cashflow- und der Ertragskomponenten und eine angemessene Berücksichtigung des verbleibenden Risikos in der Gesamtbanksteuerung wurde von der deutschen Aufsicht im Zusammenhang mit den Erwartungen an die Ausgestaltung der Risikotragfähigkeitskonzepte explizit hingewiesen. Die Aufsicht wird die Sachgerechtigkeit deshalb in Abhängigkeit vom jeweiligen Risikotragfähigkeitsansatz beurteilen. Demnach wird ein Herauslösen von Margencashflows in Going-Concern-Ansätzen alter Prägung eher kritisch gesehen, weil dadurch ggf. die Risikomaße verzerrt werden und zudem die Anforderungen in Tz. 83 der EBA-Leitlinien zu Zinsänderungsrisiken im Anlagebuch an eine ertragsorientierte Risikomessung unter Einbeziehung der Margen nicht erfüllt werden. Das Zinsänderungsrisiko im Anlagebuch äußert sich bei barwertigen bzw. barwertnahen Konzepten durch eine negative Veränderung des Zinsbuchbarwertes. Ein Herauslösen von Margencashflows in der ökonomischen Perspektive reduziert i. d. R. den Zinsbuchbarwert und das Zinsänderungsrisiko im Anlagebuch. Ein sinnvolles Herauslösen erscheint der Aufsicht zwar grundsätzlich möglich, verursacht aber eine erhöhte Komplexität. Darüber hinaus sollte beachtet werden, dass die Margen, insbesondere solche, die das barwertige Risikodeckungspotenzial erhöhen, regelmäßig einem Barwertrisiko unterliegen. Die Risiken der Margen sind dann z. B. beim Adressenausfallrisiko zu berücksichtigen.[16]

5.3 Integrierte Behandlung der Zinsänderungsrisiken

Grundsätzlich bleibt es dem Institut überlassen, auf welche Weise es Zinsänderungsrisiken des **28** Anlagebuches berücksichtigt. Sowohl eine getrennte Behandlung in Handels- und Anlagebuch als auch eine integrierte Behandlung der Zinsänderungsrisiken auf Ebene des Gesamtinstitutes ist möglich. Im letztgenannten Fall müssen allerdings die für das Handelsbuch zwingend erforderliche tägliche Bewertung der Risikopositionen und tägliche Ergebnisermittlung beachtet werden (→ BTR 2.3 Tz. 5, Erläuterung).

5.4 Angemessene Validierung interner Modelle

Grundsätzlich sind die Verfahren zur Beurteilung der Marktpreisrisiken regelmäßig zu überprüfen **29** (→ BTR 2.1 Tz. 3). Von der EBA werden an die unabhängige Validierung der internen Modelle zur Beurteilung der Zinsänderungsrisiken und die Bewertung des entsprechenden Modellrisikos spezifische Anforderungen gestellt. Zu den vier Kernelementen gehören die Bewertung der konzeptionellen und methodischen Fundiertheit, einschließlich der Entwicklungsnachweise, die laufende Modellüberwachung, einschließlich Prozessverifizierung und Benchmarking, die Ergebnisanalyse, einschließlich des Rückvergleichs zentraler interner Parameter (z. B. Stabilität der Einlagen, Häufigkeit vorzeitiger Kreditrückzahlungen, vorzeitige Kündigung von Einlagen, Preisgestaltung von Instrumenten), und die eingehende Bewertung der in interne Modelle einfließen-

---

15 Vgl. Reuse, Svend, Zinsschockberechnung mit und ohne Margen-Cashflows, in: BankPraktiker 02/2019, S. 23–29.
16 Vgl. Sitzung des MaRisk-Fachgremiums am 2. September 2021 (Protokoll lag bei Redaktionsschluss noch nicht vor).

den Expertenmeinungen und -urteile. Die Ergebnisse der Überprüfung und Validierung sowie etwaige Empfehlungen zur Modellnutzung sollten der Geschäftsleitung oder den von ihr Beauftragten vorgelegt und von ihm bzw. ihnen genehmigt werden. Nach der Genehmigung sollte das Modell laufend überprüft und hinsichtlich seiner Prozesse in einer Häufigkeit, die dem vom Institut ermittelten und gebilligten Modellrisiko entspricht, verifiziert und validiert werden. Die Institute sollten zudem Richtlinien für einen möglichen Modellwechsel festlegen, die auch die Befugnisse in Bezug auf die Änderungs- und Versionskontrolle und das Vorgehen zur Dokumentation regeln. Bei eventueller Nutzung der Modelle von Dritten müssen diese in angemessener Weise an die spezifischen Merkmale des betreffenden Institutes angepasst und hinreichend in seine allgemeinen Risikomanagementsysteme und -verfahren integriert werden. Modelleingaben oder -annahmen sollten unabhängig davon, ob sie aus internen oder externen Modellen stammen, in den Validierungsprozess einbezogen werden. Die Institute sollten Modellspezifikationen im Rahmen des Validierungsprozesses dokumentieren und erläutern.[17]

---

17 Vgl. European Banking Authority, Leitlinien zur Steuerung des Zinsänderungsrisikos bei Geschäften des Anlagebuchs, EBA/GL/2018/02, 19. Juli 2018, S. 24 f.

6 Umgang mit verschiedenen Steuerungsperspektiven (Tz. 6)

6 Bei der Bestimmung der Zinsänderungsrisiken kann auf die Auswirkungen von Zinsän- **30** derungen auf das handelsrechtliche Ergebnis des Institutes oder die Markt- bzw. Barwerte der betroffenen Positionen als primär steuerungsrelevantes Verfahren abgestellt werden. Die Auswirkungen aus der jeweils anderen Steuerungsperspektive sind angemessen zu berücksichtigen. Sofern sich hieraus weitergehende Zinsänderungsrisiken in bedeutendem Umfang ergeben, ist diesen im Rahmen der Risikosteuerungs- und -controllingprozesse sowie bei der Beurteilung der Risikotragfähigkeit Rechnung zu tragen. Bei einer Bestimmung über die Auswirkungen auf das handelsrechtliche Ergebnis ist eine angemessene Betrachtung über den Bilanzstichtag hinaus erforderlich.

6.1 Komplementäre Steuerungsperspektiven

Zur Bestimmung des Zinsänderungsrisikos kommen grundsätzlich zwei Möglichkeiten in Be- **31** tracht: die Untersuchung der Auswirkungen von Zinsänderungen auf das handelsrechtliche Ergebnis, die sich im Zinsergebnis der Gewinn- und Verlustrechnung (GuV) ablesen lassen (so genannte »ertragsorientierte Messverfahren«), oder die Untersuchung der Auswirkungen von Zinsänderungen auf die Markt- bzw. Barwerte der betroffenen Positionen (so genannte »barwertorientierte Messverfahren«). Den Instituten ist es rein formal freigestellt, welche Methode sie als primär steuerungsrelevantes Verfahren verwenden, sofern bei einer Bestimmung der Auswirkungen auf das handelsrechtliche Ergebnis eine angemessene Betrachtung über den Bilanzstichtag hinaus erfolgt. In beiden Fällen können die Verfahren danach unterschieden werden, ob neben dem Bestandsgeschäft auch das geplante Neugeschäft einbezogen wird. Ist dies der Fall, spricht man von dynamischen Messverfahren, ansonsten von statischen Methoden.[18]

Es ist allerdings nicht mehr möglich, ausschließlich auf das handelsrechtliche Ergebnis abzustel- **32** len. Das im Jahr 2011 ursprünglich für Institute ohne eine barwertige Zinsrisikomessung eingeführte Ausweichverfahren für die Berechnung des Standardzinsschocks wurde ebenfalls gestrichen, weil seit dem 1. Januar 2016 die Institute nach den Vorgaben der EBA verpflichtet sind, ihre Zinsänderungsrisiken sowohl barwertig als auch ertragsorientiert zu messen.[19] Die Auswirkungen aus der jeweils anderen Steuerungsperspektive sind in jedem Falle angemessen zu berücksichtigen. Vor diesem Hintergrund müssen die Institute in der Zinsrisikomessung nunmehr beide Steuerungsperspektiven berücksichtigen.[20] Sofern sich hieraus weitergehende Zinsänderungsrisiken in bedeutendem Umfang ergeben, ist diesen im Rahmen der Risikosteuerungs- und -controllingprozesse sowie bei der Beurteilung der Risikotragfähigkeit Rechnung zu tragen.

---

18 Vgl. z.B. Hartmann-Wendels, Thomas/Pfingsten, Andreas/Weber, Martin, Bankbetriebslehre, 7. Auflage, Berlin, 2019; Schierenbeck, Henner, Ertragsorientiertes Bankmanagement, Band 2: Risiko-Controlling und integrierte Rendite-/Risikosteuerung, 8. Auflage, Wiesbaden, 2003; Schulte, Michael/Horsch, Andreas, Wertorientierte Banksteuerung II: Risikomanagement, Frankfurt a.M., 2002, S. 189f.

19 Vgl. European Banking Authority, Leitlinien zur Steuerung des Zinsänderungsrisikos bei Geschäften des Anlagebuchs, EBA/GL/2015/08, 5. Oktober 2015, S. 6; European Banking Authority, Leitlinien zur Steuerung des Zinsänderungsrisikos bei Geschäften des Anlagebuchs, EBA/GL/2018/02, 19. Juli 2018, S. 9.

20 Vgl. Bundesanstalt für Finanzdienstleistungsaufsicht, Anschreiben zum Rundschreiben 9/2018 (BA) – Zinsänderungsrisiken im Anlagebuch vom 12. Juni 2018, S. 2.

BTR 2.3 Marktpreisrisiken des Anlagebuches

33 In der Praxis stellt sich insbesondere für jene Institute, die beim Risikotragfähigkeitskonzept noch ertragsorientierte Going-Concern-Ansätze verwenden (so genannte »Annex-Institute«), die Frage, wie und in welchem Umfang die Auswirkungen aus der barwertigen Steuerungsperspektive berücksichtigt werden müssen. Die deutsche Aufsicht hält die verlustfreie Bewertung des Zinsbuches nach IDW RS BFA 3 im Regelfall für ausreichend, wenn die Überprüfung einer Drohverlustrückstellung unter konsistenter Berücksichtigung der im Risikotragfähigkeitskonzept betrachteten Szenarien erfolgt. Dabei erscheint für kleinere und wenig komplexe Institute i. d. R. eine jährliche Berechnung mit vierteljährlicher Plausibilisierung bzw. Überprüfung der Reserven angemessen. Im Rahmen der Proportionalität sind Abweichungen in beide Richtungen möglich.[21]

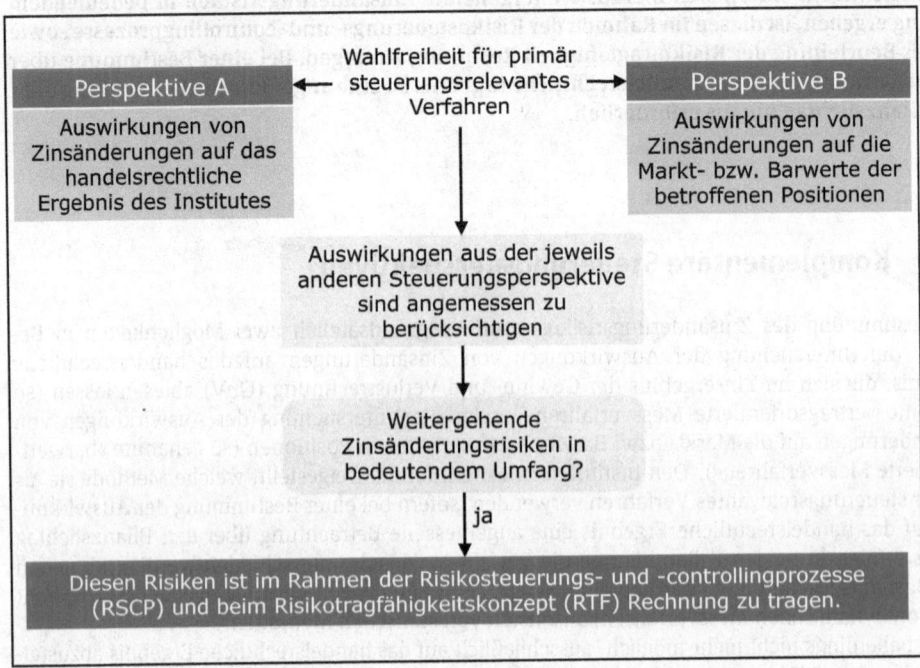

Abb. 72: Steuerungsperspektiven für das Zinsänderungsrisiko im Anlagebuch

34 Die Institute sollten nach den Vorstellungen der EBA ihren Risikoappetit für das Zinsänderungsrisiko im Anlagebuch sowohl im Hinblick auf den wirtschaftlichen Wert als auch auf die Erträge artikulieren und entsprechende Richtlinien und Verfahren zur Begrenzung und Kontrolle des Zinsänderungsrisikos im Anlagebuch etablieren. Dabei sollten die Institute eventuelle Ertragsrisiken berücksichtigen, die sich aus der Bilanzierung von Geschäften im Anlagebuch ergeben können und sich nicht auf Zinserträge und -aufwendungen beschränken. Die Auswirkungen von Zinsänderungen auf den Markt- oder Barwert von Instrumenten, die je nach bilanzieller Behandlung entweder in der Gewinn- und Verlustrechnung (GuV) oder direkt in den Eigenmitteln (über das sonstige Ergebnis) abgebildet werden, sind gesondert zu berücksichtigen. Die Institute sollten insbesondere die ertragsrelevanten Auswirkungen der eingebetteten Optionen von zum beizulegenden Zeitwert bewerteten Instrumenten im Fall von anhaltenden Zinsschocks und Stressszena-

---

21 Vgl. Bundesanstalt für Finanzdienstleistungsaufsicht, Protokoll der Sitzung des MaRisk-Fachgremiums am 5. November 2018, S. 6 f.

rien berücksichtigen. Die Institute sollten auch die potenziellen Auswirkungen der Absicherung von Zinsderivaten auf die Gewinn- und Verlustrechnung berücksichtigen, wenn ihre Wirksamkeit durch Zinsänderungen beeinträchtigt wird.[22]

Die Institute sollten ihre Risikoposition hinsichtlich des Zinsänderungsrisikos im Anlagebuch in Bezug auf mögliche Änderungen sowohl des wirtschaftlichen Wertes (»Economic Value«, EV) als auch der Nettozinserträge (»Net Interest Income«, NII) messen. Sie sollten einander ergänzende Bestandteile beider Ansätze nutzen, um die komplexe Natur des Zinsänderungsrisikos kurz- und langfristig zu erfassen. Sie sollten insbesondere die Auswirkungen zentraler Modellierungsannahmen auf die Risikomessung und das Zinsänderungsrisiko der Zinsderivate in ihrem Anlagebuch, soweit dies für das Geschäftsmodell von Bedeutung ist, messen und überwachen. Die Institute sollten bei der Berechnung von Ertragsmessgrößen auch Handelsspannen berücksichtigen. Werden Handelsspannen und andere Spread-Komponenten bei Messgrößen für den wirtschaftlichen Wert nicht berücksichtigt, sollten die Institute den risikofreien Zinssatz eines jeden Instrumentes bei Laufzeitbeginn anhand einer transparenten Methode ermitteln und eine Vorgehensweise wählen, die einheitlich auf alle zinssensitiven Instrumente und alle Geschäftsbereiche angewendet wird. Außerdem sollten die Institute notleidende Forderungen abzüglich Rückstellungen, was laut Rundschreiben der BaFin auf die im Rahmen der internen Verfahren vorgenommenen Wertanpassungen hinausläuft, als zinssensitive Instrumente betrachten und die zugehörigen erwarteten Cashflows sowie deren zeitlichen Verlauf entsprechend berücksichtigen. Die aufsichtlichen Ausreißertests sollten zwar vollständig in den internen Rahmen für das Management der Zinsänderungsrisiken integriert werden. Allerdings sollten sich die Institute nicht nur auf deren Berechnungen und Ergebnisse stützen, sondern außerdem eigene Annahmen und Berechnungsmethoden entwickeln und nutzen. Zur Messung und Überwachung des Zinsänderungsrisikos im Anlagebuch sollten die Institute jeweils mindestens eine ertragsbasierte Messgröße und eine EV-Messmethode verwenden, die in Kombination miteinander alle relevanten Komponenten dieses Risikos erfassen. Große Institute mit grenzüberschreitenden Tätigkeiten, insbesondere Institute der Kategorien 1 und 2 der SREP-Leitlinien, und Institute mit komplexen oder hochentwickelten Geschäftsmodellen sollten mehrere Messmethoden verwenden.[23]

6.2 Ertragsorientierte Verfahren

6.2.1 Grundsätzliches

Beim handelsrechtlichen Ergebnis stehen die Ertragskennzahlen (»Earnings Measures«) im Fokus der Betrachtung. Sie sind ein Maß für die Veränderung der erwarteten zukünftigen Rentabilität des Institutes innerhalb eines bestimmten Zeitraumes aufgrund von Zinsschwankungen.[24] Mit den ertragsorientierten Verfahren werden also die negativen Auswirkungen der Zinsänderungen auf das Zinsergebnis, d. h. die mögliche Reduzierung der Zinsüberschüsse, untersucht. Man spricht deshalb auch vom »Zinsüberschussrisiko« bzw. »Zinsspannenrisiko«. Die ertragsorientierten Verfahren beziehen sich auf die periodischen Ergebnisse und stellen insofern einen direkten Zusammenhang zur Gewinn- und Verlustrechnung (GuV) her. Die für das Handelsbuch geforderte

35

36

---

22 Vgl. European Banking Authority, Leitlinien zur Steuerung des Zinsänderungsrisikos bei Geschäften des Anlagebuchs, EBA/GL/2018/02, 19. Juli 2018, S. 16.

23 Vgl. European Banking Authority, Leitlinien zur Steuerung des Zinsänderungsrisikos bei Geschäften des Anlagebuchs, EBA/GL/2018/02, 19. Juli 2018, S. 25 ff.

24 Vgl. European Banking Authority, Leitlinien zur Steuerung des Zinsänderungsrisikos bei Geschäften des Anlagebuchs, EBA/GL/2018/02, 19. Juli 2018, S. 6.

regelmäßige Plausibilisierung der im Rechnungswesen und Risikocontrolling ermittelten Ergebnisse (→ BTR 2.2 Tz. 4) ist daher bei ertragsorientierten Verfahren im Fall einer integrierten Behandlung der Zinsänderungsrisiken auf Ebene des Gesamtinstitutes weniger problematisch (→ BTR 2.3 Tz. 5, Erläuterung).

37   Der entscheidende Nachteil ertragsorientierter Verfahren besteht darin, dass sie lediglich die Auswirkungen auf die jeweilige Planungsperiode untersuchen und insofern insbesondere die Effekte späterer Perioden außer Acht lassen. Aus diesem Grund ist eine angemessene Betrachtung über den Bilanzstichtag hinaus erforderlich. Die Betrachtung über den Bilanzstichtag hinaus trägt also insbesondere dem Umstand Rechnung, dass sich Zinsänderungsrisiken regelmäßig erst mit zeitlicher Verzögerung auf das handelsrechtliche Ergebnis auswirken (→ BTR 2.3 Tz. 6, Erläuterung). Umgekehrt vernachlässigen periodenübergreifende barwertige Betrachtungen die Risiken für einzelne Geschäftsjahre. So können Risiken die Solvenz eines Kreditinstitutes in einem der folgenden Geschäftsjahre gefährden, obwohl die barwertigen Kennziffern ein ausgewogenes Risikoprofil zeigen, bei dem die zeitnah beobachteten Risiken erst zukünftig durch entsprechende Chancen kompensiert werden.

38   Welcher Zeitraum in diesem Zusammenhang als angemessen betrachtet wird, hängt vor allem von den vereinbarten Zinsbindungsfristen ab. Dem ersten Entwurf zur vierten MaRisk-Novelle zufolge sollte die Länge des Betrachtungszeitraumes »die individuelle Portfoliostruktur widerspiegeln«, sofern primär nach handelsrechtlichen Ansätzen gesteuert wird, wobei insbesondere auf die durchschnittliche Zinsbindungsdauer abgestellt wurde. Die Kreditwirtschaft hat darauf hingewiesen, dass die Auswirkungen auf das handelsrechtliche Ergebnis mit zunehmender Zeitdauer nicht mehr seriös prognostiziert werden können, zumal die zu diesem Zeitpunkt nachgefragten hohen Zinsbindungsdauern im Kreditgeschäft eine entsprechend lange Duration der Aktivseite bewirkt haben.[25] Daraufhin hat die deutsche Aufsicht diese Anforderung offener formuliert. Nunmehr sollte die Länge des Betrachtungszeitraumes »unter Berücksichtigung der individuellen Portfoliostruktur gewählt« werden. Anhaltspunkt für eine angemessene Länge kann z. B. die durchschnittliche Zinsbindungsdauer der in die Bestimmung einbezogenen bilanziellen und außerbilanziellen Positionen sein (→ BTR 2.3 Tz. 6, Erläuterung). Auch der Planungshorizont der Unternehmensstrategie kann als Hinweis für eine angemessene (Mindest-)Länge angesehen werden, da auch dieser spezifisch durch das Geschäftsmodell motiviert ist.

39   Darüber hinaus lässt sich das Zinsänderungsrisiko nicht auf eine umfassende Kennzahl zum Risikostatus verdichten, was aus Sicht des internen Risikomanagements unbefriedigend ist. »Vor allem aber werden die Auswirkungen der Fristentransformation auf künftige Perioden weder vollständig erfasst noch verursachungsgerecht den dafür ursächlichen Entscheidungen zugerechnet, so dass keine Transparenz über den Erfolgsbeitrag derartiger zentraler Dispositionsmaßnahmen erreicht wird.«[26] Dies gilt insbesondere für die Fälle, bei denen die ertrags- und wertorientierte Risikomessung zu nicht lösbaren Steuerungskonflikten führt.

6.2.2 Beispiele

40   Das einfachste Beispiel für ein ertragsorientiertes Verfahren ist die so genannte »Zinsbindungsbilanz«. Da die Festzinsvolumina auf beiden Seiten der Bilanz i. d. R. nicht exakt übereinstimmen, also insbesondere Festzinspositionen auf der Aktivseite auch variablen Positionen auf der Passivseite gegenüberstehen (so genannte »offene Festzinspositionen«), entsteht auf der Aktivseite ein

---

25 Vgl. Deutsche Kreditwirtschaft, Stellungnahme zum Konsultationspapier 01/2012 der Bundesanstalt für Finanzdienstleistungsaufsicht (BaFin) – »Überarbeitung der MaRisk«, 5. Juni 2012, S. 15.
26 Lach, Niklas/Neubert, Boris/Kirmße, Stefan, Integrierte Zinsbuchsteuerung, Reihe zeb/Themen, 2. Auflage, Münster, Mai 2003, S. 4.

»Festzinsüberhang« bzw. auf der Passivseite eine »Festzinslücke« (Gap-Risiko). Zur Ermittlung der negativen Auswirkungen der Zinsänderungen auf das Zinsergebnis wird im Grunde diese Volumendifferenz stichtagsbezogen mit der unterstellten Marktzinsänderung multipliziert. Als Modifizierung der Zinsbindungsbilanz kann die »Zinsablaufbilanz« interpretiert werden, bei der die Festzinsgeschäfte zuvor ihrer Restlaufzeit entsprechend aufgeteilt werden. Auf diese Weise können die offenen Festzinspositionen je »Laufzeitband« ermittelt werden, wodurch die Auswirkungen verschiedener Zinsszenarien auch im Zeitablauf sichtbar werden.

In das Konzept der Zinsbindungsbilanz bzw. der Zinsablaufbilanz werden die sich auf der Aktiv- und der Passivseite gegenüberstehenden variabel verzinslichen Geschäfte allerdings nicht einbezogen. Bei dieser Interpretationsweise bestehen insbesondere keinerlei Zinsänderungsrisiken, sofern keine offenen Festzinspositionen existieren, was natürlich nicht korrekt ist. Selbstverständlich bestehen auch Risiken im beidseitig marktzinsabhängigen Geschäft, da die verschiedenen Positionen auf der Aktiv- und der Passivseite unterschiedliche »Zinsreagibilitäten« bzw. »Zinsspreads« aufweisen, d.h. im Fall von Marktzinsänderungen nicht gleichermaßen angepasst werden können oder sollen (Basisrisiko). Da in diesen Konzepten außerdem keine Anschlussgeschäfte berücksichtigt werden, verringert sich mit zunehmendem Abstand vom Zeitpunkt der Risikoermittlung der Anteil der einbezogenen Geschäfte an der Gesamtbilanz, wodurch die Zinsbindungs- und Zinsablaufbilanz im Zeitverlauf an Aussagekraft verlieren. **41**

Das Konzept der »Elastizitätsbilanz« erstreckt sich hingegen auf sämtliche Zinsgeschäfte eines Institutes und berücksichtigt insbesondere auch die Risiken im beidseitig marktzinsabhängigen Geschäft. Die unterschiedliche Zinsreagibilität der einzelnen Positionen wird mit Hilfe von »Elastizitäten« zum Ausdruck gebracht, wobei für Festzinsgeschäfte eine Elastizität von null unterstellt wird. Die Berechnung dieser Elastizitäten erfolgt theoretisch durch einfache Division von Positions- und Marktzinsänderung. Da die derart erzielten Ergebnisse allerdings relativ ungenau sind, werden die Elastizitäten in der Praxis häufig mittels Regressionsanalyse ermittelt. Im Gegensatz zur statischen Elastizitätsbilanz können bei der dynamischen Elastizitätsbilanz u.a. auch differenzierte Referenzzinssätze am Geld- und Kapitalmarkt, Festzinsabläufe und Veränderungen der Bilanzstruktur berücksichtigt werden. Zur vollständigen Analyse des Zinsänderungsrisikos wird eine Bandbreite von Zinsszenarien erstellt, die auch ungünstige Entwicklungen erfassen. Die Zinserwartung des Marktes lässt sich allerdings anhand der aktuellen Zinssätze über Forward Rates nur ungenau bestimmen. Aus der dynamischen Elastizitätsbilanz ist die Veränderung der Zinsspanne zu vorgegebenen Zins- und Strukturszenarien direkt ablesbar.[27] **42**

Die EBA geht im Anhang ihrer aktuellen Leitlinien zum Management der Zinsänderungsrisiken im Anlagebuch ausführlich auf einige ertragsorientierte Verfahren sowie deren Vor- und Nachteile ein. Bei der »Gap-Analyse« werden alle relevanten zinssensitiven Instrumente entsprechend ihrem vertraglich vereinbarten oder auf verhaltensabhängigen Annahmen basierenden Zinsanpassungs- oder Fälligkeitstermin vordefinierten Laufzeitbändern zugeordnet. Dabei wird unterstellt, dass der Zeitpunkt der Cashflows unabhängig vom spezifischen Zinsszenario ist. Berechnet werden die Nettopositionen (»Lücken«) für jedes Laufzeitband. Mit der »Gap-Analyse« wird der Näherungswert für die aus einer Verschiebung der Zinsstrukturkurve resultierende Veränderung des Nettozinsertrages ermittelt, indem jede Nettoposition mit der entsprechenden Zinsänderung multipliziert wird. Die »Gap-Analyse« erlaubt allerdings nur eine lineare Approximation des Gap-Risikos und eignet sich nicht zur Messung des Basis- und Optionsrisikos. Zudem basiert sie auf der Annahme, dass alle Positionen innerhalb eines bestimmten Laufzeitbandes gleichzeitig fällig oder hinsichtlich ihrer Zinsen angepasst werden.[28] **43**

---

27 Vgl. Rolfes, Bernd, Gesamtbanksteuerung, Stuttgart, 1999; Schierenbeck, Henner, Ertragsorientiertes Bankmanagement, Band 2: Risiko-Controlling und integrierte Rendite-/Risikosteuerung, 8. Auflage, Wiesbaden, 2003.

28 Vgl. European Banking Authority, Leitlinien zur Steuerung des Zinsänderungsrisikos bei Geschäften des Anlagebuchs, EBA/GL/2018/02, 19. Juli 2018, S. 37.

44   Unter der Annahme, dass die Modellierung des zeitlichen Verlaufs der Cashflows von Optionen, von Instrumenten mit eingebetteten, expliziten Optionen und – bei komplexeren Ansätzen – von Instrumenten, deren Laufzeit vom Kundenverhalten abhängt, durch das Zinsszenario bedingt ist, kommt hingegen eine Untersuchung der Änderung der »Nettozinserträge« (»Net Interest Income«, NII) infrage. Die »NII-Änderung« misst die aus einer plötzlichen oder allmählichen Zinsbewegung resultierende Änderung der Nettozinserträge innerhalb eines bestimmten Zeithorizontes von normalerweise ein bis fünf Jahren. Dabei werden zunächst alle Cashflows von zinssensitiven Instrumenten zu (granularen) Laufzeitbändern zugeordnet, wobei komplexere Systeme ggf. den genauen Zinsanpassungstermin der einzelnen Positionen verwenden. Das Basisszenario spiegelt den aktuellen Geschäftsplan des Institutes zur Hochrechnung des Umfangs, der Preise und der Zinsanpassungstermine künftiger Geschäftsvorfälle wider. Die verwendeten Zinssätze können mit gewissen Einschränkungen ggf. aus Terminzinssätzen, geeigneten Spreads oder am Markt erwarteten Zinssätzen für unterschiedliche Instrumente abgeleitet werden. Einfache Modelle ohne Neugeschäft gehen davon aus, dass bestehende Vermögenswerte und Verbindlichkeiten auslaufen, ohne ersetzt zu werden (»run off«). Modelle mit statischem Neugeschäft (»Constant Balance Sheet«) gehen davon aus, dass auslaufende Vermögenswerte und Verbindlichkeiten durch identische Instrumente ersetzt werden. Am komplexesten sind dynamische Neugeschäftsannahmen, bei denen Höhe und Zusammensetzung der Aktiva, Passiva und Derivate im Anlagebuch z. B. auf Basis der Geschäftsplanung als Reaktion auf geänderte Zinssätze widergespiegelt wird. Die ertragsbasierten Messgrößen eignen sich sowohl für Szenarioanalysen als auch für stochastische Analysen, wie z. B. die Analyse vom »Ertragsrisiko« (»Earnings at Risk«, EaR). Beim »Ertragsrisiko-Konzept« wird die maximale NII-Änderung zu einem bestimmten Konfidenzniveau gemessen. Diese Verfahren sind natürlich sehr komplex und zudem stark von der Modellierung und den verhaltensabhängigen Annahmen abhängig. Grundsätzlich können mit ihnen jedoch neben dem Gap-Risiko (parallel und nicht parallel), das Basisrisiko und – sofern alle Cashflows in Abhängigkeit des jeweiligen Szenarios modelliert werden – auch das Optionsrisiko ermittelt werden.[29]

6.3   Barwertorientierte Verfahren

6.3.1   Grundsätzliches

45   Bei der Betrachtung des wirtschaftlichen Wertes (»Economic Value Measures«) geht es um die Veränderung des Kapitalwertes (Markt- oder Barwertes) der zinssensitiven Instrumente aufgrund von Zinsänderungen. Dabei werden die Wertveränderungen über die gesamte Restlaufzeit betrachtet, d. h. bis alle Positionen ausgelaufen sind.[30] Der Barwert einer Position erfasst also alle zukünftigen Wertänderungen im Abschlusszeitpunkt, wobei die zukünftigen Cashflows mit dem aktuellen Marktzins abgezinst werden. Der Marktwert wird durch Angebot und Nachfrage bestimmt. Sofern entsprechende Beobachtungswerte nicht vorliegen, wird der theoretisch richtige Wert, d. h. der synthetische Marktwert, als Barwert berechnet. Insofern sollten Marktwert und Barwert unter normalen Umständen grundsätzlich übereinstimmen. Um den Barwert des Zinsbuches eines Institutes zu ermitteln, das sämtliche zinssensitiven Positionen umfasst, wird die Differenz zwischen den Barwerten der Aktivseite und den Barwerten der Passivseite gebildet.

---

29 Vgl. European Banking Authority, Leitlinien zur Steuerung des Zinsänderungsrisikos bei Geschäften des Anlagebuchs, EBA/GL/2018/02, 19. Juli 2018, S. 38 f.

30 Vgl. European Banking Authority, Leitlinien zur Steuerung des Zinsänderungsrisikos bei Geschäften des Anlagebuchs, EBA/GL/2018/02, 19. Juli 2018, S. 6.

Im Gegensatz zu ertragsorientierten Verfahren steht anstelle der Zinsspanne des gesamten **46**
Bankbuches somit der Barwert des Zinsbuches im Fokus der Untersuchungen. Bei barwertorientierten Verfahren wird folglich mit einer einzelnen Zielgröße operiert, an der sich die Auswirkungen von Zinsänderungen direkt ablesen lassen. Dadurch sind auch die Folgen dispositiver Maßnahmen transparent, die auf eine Maximierung des Barwertes des Zinsbuches durch optimale Fristentransformation abzielen. Mit Blick auf diese Maßnahmen kann grundsätzlich eine Orientierung an einer geeigneten Benchmark erfolgen, die den Markt abbildet.[31] Möglich sind sowohl eine exakte Ausrichtung an der Benchmark (passive Strategie) als auch das Abweichen von der Benchmark in einzelnen Positionen (semi-aktive Strategie) oder sogar die Orientierung an einer vollständig eigenen Zinsmeinung mit dem Ziel, die Benchmark zu schlagen (aktive Strategie).[32] Das Zinsänderungsrisiko kann als Unsicherheit über den zukünftigen Barwert bzw. als Gefahr eines Vermögensrückgangs interpretiert und z. B. im Rahmen von Value-at-Risk-Ansätzen unter Einschluss der stillen Reserven umfassend quantifiziert werden.[33]

Durch die Abzinsung auf den Abschlusszeitpunkt ergibt sich allerdings die Schwierigkeit, dass die **47**
Zinsüberschüsse der einzelnen Perioden bzw. des entsprechenden Geschäftsjahres aus dem Barwert nicht ohne Weiteres ableitbar sind und insofern kein direkter Zusammenhang zur Gewinn- und Verlustrechnung (GuV) hergestellt werden kann. Zudem bleiben die möglichen Bewertungseffekte für Finanzinstrumente unberücksichtigt. Positionen mit längeren Restlaufzeiten reagieren grundsätzlich stärker auf Zinsänderungen als Positionen mit kürzeren Restlaufzeiten.

6.3.2 Beispiele

Zur Abschätzung von Barwertänderungen sind daher z. B. durationsbezogene Sensitivitätsmaße **48**
geeignet, auf die bereits an anderer Stelle eingegangen wird (→ BTR 2.2 Tz. 2). Dort finden sich auch Ausführungen zur Simulation von Zinsstrukturszenarien, die sich ebenso für das Barwertkonzept eignen[34], und zum Value-at-Risk-Konzept, das vor allem im Zusammenhang mit den Positionen des Handelsbuches Verwendung findet, bei denen eine deutlich kürzere Haltedauer unterstellt werden kann.[35] Die Problematik der Simulationsverfahren besteht in der schwierigen Plausibilisierung der zugrunde liegenden Szenarien. Gegenüber statischen Verfahren berücksichtigen dynamische Barwertkonzepte auch zukünftige Geschäftsabschlüsse.[36]

Die EBA geht im Anhang ihrer aktuellen Leitlinien zum Management der Zinsänderungsrisiken **49**
im Anlagebuch auch ausführlich auf einige barwertorientierte Verfahren sowie deren Vor- und Nachteile ein. Sowohl bei der »Modifizierten Duration« (→ BTR 2.2 Tz. 2) als auch bei der »Teilweise Modifizierten Duration« (»Partial Modified Duration«) wird unterstellt, dass der Zeit-

---

31 Als Benchmark können z. B. gleitende 10- oder 5-Jahres-Zinssätze, der deutsche Rentenindex (REX) oder der deutsche Pfandbriefindex (PEX) verwendet werden. Der REX wird auf Basis der täglichen Schlusskurse von 30 gängigen Anleihen, Obligationen und Schatzanweisungen des Bundes berechnet. Die Daten für Renditen, Gewichtungsfaktoren und Regressionskoeffizienten werden von der Deutschen Börse AG täglich auf ihrer Internetseite veröffentlicht. Die Gewichtung wird von der Deutschen Börse AG jährlich überprüft und ggf. angepasst. Der PEX misst hingegen die Rendite deutscher Pfandbriefe und damit die Marktentwicklung am Pfandbriefmarkt. Er ist vom seinem Aufbau dem REX sehr ähnlich, wodurch Vergleiche zwischen der Entwicklung von Staatspapieren und Pfandbriefen möglich sind.

32 Vgl. Vogt, Tobias/Bahlmann, Björn, Benchmarks im Kontext der barwertigen Zinsbuchsteuerung, Reihe Lazard Standpunkt, Frankfurt a. M., November 2005, S. 5.

33 Vgl. Lach, Niklas/Neubert, Boris/Kirmße, Stefan, Integrierte Zinsbuchsteuerung, Reihe zeb/Themen, 2. Auflage, Münster, Mai 2003, S. 5.

34 Vgl. Wegner, Olaf/Sievi, Christian/Schumacher, Matthias, Szenarien der wertorientierten Steuerung des Zinsänderungsrisikos, in: Betriebswirtschaftliche Blätter, Heft 3/2001, S. 138 ff.; Basel Committee on Banking Supervision, Principles for the Management and Supervision of Interest Rate Risk, BCBS 108, 14. Juli 2004, Annex 1B.

35 Vgl. Wiedemann, Arnd, Messung von Zinsrisiken mit dem Value at Risk-Konzept I, in: Das Wirtschaftsstudium, Heft 11/2002, S. 1416 ff.; Wiedemann, Arnd, Messung von Zinsrisiken mit dem Value at Risk-Konzept II, in: Das Wirtschaftsstudium, Heft 12/2002, S. 1548 ff.

36 Vgl. Rolfes, Bernd/Koch, Ulrich, Gesamtbankbezogene Zinsrisikosteuerung – Dynamisierung des Barwertansatzes, in: Die Bank, Heft 8/2000, S. 540 ff.; Rolfes, Bernd, Gesamtbanksteuerung, Stuttgart, 1999.

punkt der Cashflows unabhängig vom spezifischen Zinsszenario ist. Die »Modifizierte Duration« spiegelt nach Zuordnung aller Cashflows von zinssensitiven Instrumenten zu bestimmten Laufzeitbändern die ungefähre relative Änderung des Kapitalwerts von Finanzinstrumenten infolge einer marginalen Parallelverschiebung der Zinsstrukturkurve um einen Prozentpunkt wider. Sie eignet sich für die Ermittlung des Gap-Risikos und kann das Basisrisiko bestenfalls teilweise erfassen. Zudem kann sie nur für Parallelverschiebungen der Zinsstrukturkurve verwendet werden. Im Fall einer Konvexität könnten die Auswirkungen größerer Zinsbewegungen unterschätzt werden. Bei der »Teilweise Modifizierten Duration« wird nicht die gesamte Zinsstrukturkurve parallel verschoben, sondern nur das dem betrachteten Laufzeitband entsprechende Kurvensegment. Damit kann insofern die Sensitivität des Marktwertes des Anlagebuches gegenüber einer geringfügigen Verschiebung der Zinsstrukturkurve in einzelnen Laufzeitsegmenten ermittelt werden.[37]

50　　Wird hingegen unterstellt, dass der Zeitpunkt der Cashflows vom spezifischen Zinsszenario abhängig ist, kann auf die Bestimmung des wirtschaftlichen Eigenkapitals (»Economic Value of Equity«, EVE) abgestellt werden. Die Änderung des EVE entspricht der aus einer Zinsänderung resultierenden Änderung des Kapitalwertes (Markt- oder Barwertes) aller Cashflows aus Vermögenswerten, Verbindlichkeiten und außerbilanziellen Posten im Anlagebuch unter der Annahme, dass alle Positionen des Anlagebuches irgendwann ersatzlos auslaufen. Das Zinsänderungsrisiko kann auf Basis der Änderung des EVE für spezifische Zinsszenarien oder anhand der Verteilung der Änderungen des EVE beurteilt werden, wobei als Grundlage entweder eine Monte-Carlo-Simulation oder eine historische Simulation dient. Ein Beispiel dafür ist der »wirtschaftliche Wert im Risiko« (»Economic Value-at-Risk«, EVaR), der die maximale Änderung des Eigenkapitalwertes für ein bestimmtes Konfidenzniveau angibt. Mit diesen Verfahren können das Gap-Risiko (parallel und nicht parallel), das Basisrisiko und – sofern alle Cashflows in Abhängigkeit des jeweiligen Szenarios modelliert werden – auch das Optionsrisiko bestimmt werden. Diese Verfahren sind allerdings sehr komplex und hinsichtlich der Ergebnisse sensitiv in Bezug auf die Modellierung und die verhaltensabhängigen Annahmen. Insgesamt besteht bei stochastischen Ansätzen generell das Problem, wie verhaltensabhängige Annahmen einzubeziehen sind, um z. B. die Tail-Risiken für extreme Verluste und Nichtlinearitäten zu erfassen. Außerdem besteht bei der Interpretation der Ergebnisse von Monte-Carlo-Simulationen regelmäßig eine Art »Black-Box-Effekt«.[38]

6.4　Vergleich beider Verfahrensweisen

51　　Aufgrund der beschriebenen Unterschiede können ertrags- und barwertorientierte Verfahren in einzelnen Perioden sogar gegensätzliche Steuerungsimpulse liefern. So kann z. B. trotz steigenden Barwertes das handelsrechtliche Ergebnis in der betrachteten Periode sinken. Ein Vergleich beider Verfahren liefert zwar die Erkenntnis, dass die barwertorientierten Verfahren in vielen Punkten überlegen erscheinen. Allerdings ist das handelsrechtliche Ergebnis ebenfalls von Bedeutung. Die Auswirkungen auf die GuV müssen auch aus anderen Gründen berücksichtigt werden, wie z. B. zur Erfüllung der regulatorischen Eigenmittelanforderungen, für den Erhalt der Risikotragfähigkeit oder mit Blick auf die im Jahresabschluss dargelegte Unternehmensentwicklung gegenüber externen Ratingagenturen und ggf. Anteilseignern, die sich in einem angestrebten Mindestgewinn dokumentiert.

37　Vgl. European Banking Authority, Leitlinien zur Steuerung des Zinsänderungsrisikos bei Geschäften des Anlagebuchs, EBA/GL/2018/02, 19. Juli 2018, S. 37 f.

38　Vgl. European Banking Authority, Leitlinien zur Steuerung des Zinsänderungsrisikos bei Geschäften des Anlagebuchs, EBA/GL/2018/02, 19. Juli 2018, S. 39 f.

Da (statische) barwertorientierte Messverfahren im Gegensatz zu (dynamischen) ertragsorien- **52** tierten Verfahren kein Neugeschäft berücksichtigen, ist eine einfache Überleitung der Ergebnisse zwischen beiden Verfahren grundsätzlich nicht möglich. In der Praxis existieren Ansätze zur Lösung dieses Problems, indem z. B. zwischen Alt- und Neugeschäft unterschieden wird und die jeweiligen Geschäfte blockweise behandelt werden.[39] Mit dem Steuerungskonzept der »integrierten Zinsbuchsteuerung« sollen die mit beiden Verfahren verbundenen Ziel- und Steuerungsgrößen einer einheitlichen Betrachtung zugeführt werden. Auf diese Weise wird einerseits eine verursachungsgerechte Isolation des Erfolges aus Fristentransformationen ermöglicht und andererseits eine Abbildung barwertiger Erfolge in der Gewinn- und Verlustrechnung.[40] Über die gesamte Zinsbindungsfrist betrachtet, lässt sich hingegen jedes barwertig ermittelte Zinsänderungsrisiko in ein ertragsorientiert berechnetes Zinsänderungsrisiko (Zinsspannenrisiko) überführen.[41]

6.5 Ermittlung der Auswirkungen einer plötzlichen und unerwarteten Zinsänderung

6.5.1 Historische Entwicklung

Den Vorgaben des Baseler Ausschusses für Bankenaufsicht zum so genannten »Standardzins- **53** schock« der zweiten Säule von Basel II[42] entsprechend, müssen die zuständigen Behörden im Rahmen des aufsichtlichen Überprüfungs- und Bewertungsprozesses (Supervisory Review and Evaluation Process, SREP) gemäß Art. 98 Abs. 5 CRD IV zumindest dann Maßnahmen ergreifen, wenn der wirtschaftliche Wert der Geschäfte des Anlagebuches (»Zinsbuchbarwert«) eines Institutes bei einer plötzlichen und unerwarteten Zinsänderung von ± 200 Basispunkten (»Standardzinsschock«) oder einer in den maßgeblichen Leitlinien der EBA definierten Änderung um mehr als 20 Prozent ihrer Eigenmittel absinkt (»Institute mit erhöhtem Zinsänderungsrisiko«).

Diese Vorschrift findet für deutsche Institute in § 25a Abs. 2 KWG ihren Niederschlag. Die **54** Anforderungen, die sich für die Institute bezüglich der Anwendung einer von der nationalen Aufsichtsbehörde vorzugebenden plötzlichen und unerwarteten Zinsänderung ergeben, wurden von der BaFin erstmals im November 2007 konkretisiert[43] und ziemlich genau vier Jahre später überarbeitet.[44] Berücksichtigt wurden dabei auch die Vorgaben von CEBS aus dem Herbst 2006.[45] Die EBA hat im Oktober 2015 eigene Leitlinien veröffentlicht[46], die eine weitere Anpassung des

39 Vgl. Frère, Eric/Reuse, Svend, GuV-Effekte eines barwertigen VaR in der Zinsbuchsteuerung, in: BankPraktiker, Heft 3/2007, S. 132 f.

40 Vgl. Lach, Niklas/Neubert, Boris/Kirmße, Stefan, Integrierte Zinsbuchsteuerung, Reihe zeb/Themen, 2. Auflage, Münster, Mai 2003.

41 Vgl. Reuse, Svend, Marktpreisrisiken auf Gesamtbankebene, in: Pfeifer, Guido/Ullrich, Walter/Wimmer, Konrad (Hrsg.), MaRisk-Umsetzungsleitfaden, Heidelberg, 2006, S. 383.

42 Vgl. Basel Committee on Banking Supervision, International Convergence of Capital Measurement and Capital Standards – A Revised Framework (Basel II), BCBS 107, 26. Juni 2004, Tz. 764.

43 Bundesanstalt für Finanzdienstleistungsaufsicht, Zinsänderungsrisiken im Anlagebuch – Ermittlung der Auswirkungen einer plötzlichen und unerwarteten Zinsänderung, Rundschreiben 7/2007 (BA) vom 6. November 2007.

44 Bundesanstalt für Finanzdienstleistungsaufsicht, Zinsänderungsrisiken im Anlagebuch; Ermittlung der Auswirkungen einer plötzlichen und unerwarteten Zinsänderung, Rundschreiben 11/2011 (BA) vom 9. November 2011.

45 Committee of European Banking Supervisors, Guidelines on technical aspects of the management of interest rate risk arising from nontrading activities under the supervisory review process (GL 11), 3. Oktober 2006.

46 European Banking Authority, Leitlinien zur Steuerung des Zinsänderungsrisikos bei Geschäften des Anlagebuchs, EBA/GL/2015/08, 5. Oktober 2015.

nationalen Rundschreibens erforderlich machten.[47] Nach der Fertigstellung der überarbeiteten EBA-Leitlinien im Juli 2018[48] hat auch die BaFin ihr Rundschreiben erneuert.[49]

55   Die erstmalig als ad hoc (»über Nacht«) eintretende, parallele Verschiebung der Zinsstrukturkurve vorzunehmende Zinsänderung betrug zunächst + 130 Basispunkte und – 190 Basispunkte.[50] Im November 2011 wurde der Zinsshift im Interesse einer EU-weiten Harmonisierung auf ± 200 Basispunkte angepasst, wobei kein negativer Nominalzins verwendet werden sollte (»Floor-Regelung«). Das bei Anwendung der vorgegebenen Zinsänderung jeweils ungünstigere Ergebnis war zunächst ausschlaggebend für eine etwaige Anzeigepflicht nach § 24 Abs. 1 Nr. 14 KWG. Da diese Anzeigepflicht und die Dokumentationspflicht der Jahresabschlussprüfer gemäß § 11 Abs. 2 PrüfbV nach Einschätzung der Aufsicht keine hinreichend zeitnahe Information erlaubte, müssen alle Kreditinstitute seit dem 31. Dezember 2011 quartalsweise Meldungen über die Höhe des Zinsänderungsrisikos abgeben. § 24 Abs. 1 Nr. 14 KWG wurde vor diesem Hintergrund im Rahmen des CRD IV-Umsetzungsgesetzes aufgehoben.

6.5.2   Aktueller Standardzinsschock

56   Der »Standardzinsschock« wird derzeit als eine sofort (»ad hoc«) eintretende Parallelverschiebung der Zinsstrukturkurve für alle Währungen um 200 Basispunkte nach oben (Szenario 1) und um 200 Basispunkte nach unten (Szenario 2) berechnet. Dabei sind alle für diese Ermittlung wesentlichen, mit einem Zinsänderungsrisiko behaftete Geschäfte des Anlagebuches zu berücksichtigen[51], wobei Eigenmittelbestandteile, die dem Institut zeitlich unbegrenzt zur Verfügung stehen, auch hier nicht einbezogen werden dürfen. Der »Zinsrisikokoeffizient« entspricht der jeweiligen Barwertänderung pro Szenario. Relevant für die aufsichtliche Beurteilung ist der Zinsrisikokoeffizient mit dem (höheren) Barwertverlust. Institute mit einem Zinsrisikokoeffizienten von über 20 Prozent gelten nach wie vor als »Institute mit erhöhtem Zinsänderungsrisiko«.[52]

57   Die Institute müssen die Auswirkungen einer plötzlichen und unerwarteten Zinsänderung auf der Grundlage ihrer internen Methoden und Verfahren zur Steuerung und Überwachung von

---

47 Bundesanstalt für Finanzdienstleistungsaufsicht, Zinsänderungsrisiken im Anlagebuch, Rundschreiben 07/2018 (BA) vom 24. Mai 2018.

48 European Banking Authority, Leitlinien zur Steuerung des Zinsänderungsrisikos bei Geschäften des Anlagebuchs, EBA/GL/2018/02, 19. Juli 2018.

49 Bundesanstalt für Finanzdienstleistungsaufsicht, Zinsänderungsrisiken im Anlagebuch, Rundschreiben 06/2019 (BA) vom 6. August 2019.

50 Die BaFin orientierte sich bei der Bemessung der Zinsänderung am Wert des 1. Perzentils (negative Zinsänderungen) bzw. des 99. Perzentils (positive Zinsänderungen) der in den zurückliegenden fünf Jahren beobachteten Zinsänderungen. Diese wurden aus den durchschnittlichen Umlaufrenditen börsennotierter Bundeswertpapiere mit einer Restlaufzeit von über drei bis maximal fünf Jahren abgeleitet, wobei für jeden Handelstag des Betrachtungszeitraumes eine Zinsänderung ermittelt wurde, die der Differenz zwischen der Höhe des Referenzzinssatzes an dem jeweiligen Tag und dessen Höhe 240 Handelstage zuvor entsprach. Perzentile zerlegen eine Verteilung in einhundert gleich große Teile, also in 1-Prozent-Segmente. Das 1. Perzentil repräsentiert folglich 1 Prozent der zugrunde liegenden Verteilung.

51 Zu diesen Geschäften gehören die zinssensitiven bilanziellen und außerbilanziellen Positionen. Hierunter fallen grundsätzlich auch die Cashflows aus unmittelbaren Pensionsverpflichtungen, für die entweder handelsrechtlich eine Passivierungspflicht besteht (soweit die korrespondierenden Pensionsansprüche nach dem 1. Januar 1987 erworben wurden) oder aber für die von dem Passivierungswahlrecht gemäß § 28 Abs. 1 Satz 1 EGHGB nicht Gebrauch gemacht wurde (soweit diese Pensionsansprüche vor dem 1. Januar 1987 erworben wurden). Das Zinsänderungsrisiko dieser Positionen kann allerdings auch über eine andere Risikomessung berücksichtigt werden. Nichthandelsbuchinstitute müssen sämtliche mit einem Zinsänderungsrisiko behaftete Geschäfte des Institutes einbeziehen. Institute mit einer NPE-Quote von mindestens 2 Prozent müssen die notleidenden Risikopositionen als allgemeine zinssensitive Instrumente einbeziehen, deren Modellierung die Höhe der erwarteten Cashflows und deren zeitliches Auftreten widerspiegeln sollte. Bei der Bestimmung der erwarteten Cashflows sollen im Rahmen der internen Verfahren vorgenommene Wertanpassungen von NPEs berücksichtigt werden. Abweichungen davon sind nur zulässig, wenn die Auswirkung der abweichenden Berücksichtigung auf den Risikoausweis für das Szenario mit dem höchsten Verlust als konservativ anzusehen ist. Vgl. Bundesanstalt für Finanzdienstleistungsaufsicht, Zinsänderungsrisiken im Anlagebuch, Rundschreiben 06/2019 (BA) vom 6. August 2019, S. 4f.

52 Vgl. Bundesanstalt für Finanzdienstleistungsaufsicht, Zinsänderungsrisiken im Anlagebuch, Rundschreiben 06/2019 (BA) vom 6. August 2019, S. 3 ff.

Zinsänderungsrisiken im Anlagebuch eigenverantwortlich berechnen, wobei die Methoden und Verfahren den MaRisk sowie den weiteren Leitplanken des Rundschreibens genügen müssen. Bei der Ermittlung der Barwertänderung haben die Institute von einer statischen Betrachtung auszugehen, das Neugeschäft also nicht zu berücksichtigen. Die Positionen sind grundsätzlich gemäß ihrer vertraglichen Zinsbindung zu berücksichtigen. Für Positionen mit unbestimmter vertraglicher Zinsbindung sind geeignete Annahmen zu treffen (→ BTR 2.3 Tz. 7). Für die Diskontierung müssen die Institute eine risikofreie Zinsstrukturkurve pro Währung verwenden. In die Cashflows sind alle wesentlichen in Bankprodukten enthaltenen automatischen und verhaltensabhängigen Optionen einzubeziehen, worunter sowohl marktzinsabhängige als auch marktzinsunabhängige Optionen fallen können (→ BTR 2.3 Tz. 7).[53]

Anstelle der bisherigen »Floor-Regelung« muss nach Anwendung des Zinsschocks für die Zinsstrukturkurve nunmehr auf jede Währung eine laufzeitabhängige Zinsuntergrenze angewendet werden, die für Positionen mit sofortiger Fälligkeit mit –100 Basispunkten beginnt. Diese allgemeine aufsichtliche Zinsuntergrenze steigt pro Jahr linear um 5 Basispunkte, bis schließlich für Laufzeiten ab 20 Jahren ein Wert von null Prozent erreicht ist. Falls die beobachteten Zinssätze unter der entsprechenden laufzeitabhängigen Zinsuntergrenze liegen, muss der niedrigere beobachtete Satz als Zinsuntergrenze verwendet werden. Ungeachtet dieser allgemeinen aufsichtlichen Zinsuntergrenze sind produktspezifische Zinsuntergrenzen, die oberhalb der aufsichtlichen Zinsuntergrenze liegen, stets einzuhalten.[54] Auch Methoden, die sich nicht auf die Modellierung von Cashflows stützen (wie z. B. Optionspreismodelle), können zur Bewertung von Zinsuntergrenzen verwendet werden, solange eine angemessene Bewertung sichergestellt ist.[55]

58

6.5.3 Frühwarnindikator

Auf eine angedachte zusätzliche Meldepflicht bei einem Absinken des wirtschaftlichen Wertes um mehr als 10 Prozent der Eigenmittel (»Frühwarnstufe«) wurde vor dem Hintergrund der Modernisierung des bankaufsichtlichen Meldewesens zunächst verzichtet. Vom Baseler Ausschuss für Bankenaufsicht wurde die Frühwarnstufe im April 2016 jedoch wieder ins Spiel gebracht.[56] Die EBA hat diese Idee im Juli 2018 durch Einführung eines zusätzlichen »Frühwarnindikators« aufgegriffen, mit dessen Hilfe Institute identifiziert werden sollen, die in der Folge einer plötzlichen und unerwarteten Zinsänderung einen Verlust in Höhe von mehr als 15 Prozent des Kernkapitals aufweisen. Die Institute müssen dafür die Auswirkungen von sechs vordefinierten Schockszenarien auf ihre Eigenmittel berechnen. Dabei handelt es sich um eine Parallelverschiebung der Zinsstrukturkurve nach oben, eine Parallelverschiebung der Zinsstrukturkurve nach unten, eine Änderung der kurzen Zinssätze nach unten und der langen Zinssätze nach oben (Versteilung), eine Änderung der kurzen Zinssätze nach oben und der langen Zinssätze nach unten (Verflachung), eine Änderung der kurzen Zinssätze nach oben (Kurzfristschock aufwärts) und eine Änderung der kurzen Zinssätze nach unten (Kurzfristschock abwärts).[57]

59

---

53 Vgl. Bundesanstalt für Finanzdienstleistungsaufsicht, Zinsänderungsrisiken im Anlagebuch, Rundschreiben 06/2019 (BA) vom 6. August 2019, S. 2 ff.

54 Beispielhaft verweist die BaFin auf ein Produkt mit vertraglicher Zinsuntergrenze von –50 Basispunkten. Unter Annahme eines risikolosen Marktzinses i. H. v. 50 Basispunkten und einer flachen Zinsstrukturkurve ist der Produktzins im Falle einer Parallelverschiebung um –200 Basispunkte mit –50 Basispunkten anzusetzen. Wenn die aufsichtliche Zinsuntergrenze die produktspezifische Zinsuntergrenze im Zeitablauf übersteigt, in diesem Beispiel nach dem zehnten Jahr, ist die aufsichtliche Zinsuntergrenze zu verwenden.

55 Vgl. Bundesanstalt für Finanzdienstleistungsaufsicht, Zinsänderungsrisiken im Anlagebuch, Rundschreiben 06/2019 (BA) vom 6. August 2019, S. 6 f.

56 Vgl. Basel Committee on Banking Supervision, Standards – Interest rate risk in the banking book, BCBS 368, 21. April 2016, S. 21.

57 Vgl. European Banking Authority, Leitlinien zur Steuerung des Zinsänderungsrisikos bei Geschäften des Anlagebuchs, EBA/GL/2018/02, 19. Juli 2018, S. 34.

60 Die deutsche Aufsicht hat diese sechs Zinsszenarien zur Berechnung des »Frühwarnindikators« übernommen, wobei die Höhe des Zinsschocks für die jeweiligen Währungen dem Anhang des BaFin-Rundschreibens bzw. ergänzend dem Anhang der EBA-Leitlinien entnommen werden kann. Zudem besteht für die Institute als Alternative zu eigenen Berechnungen die Möglichkeit, die von der EBA vorgegebenen Schockobergrenzen i. H. v. 400 Basispunkten (Parallel), 500 Basispunkten (Kurz) und 300 Basispunkten (Lang) zu nutzen.[58] Unter den vorgegebenen Szenarien wird die Änderung des Zinsbuchbarwertes in Relation zum Kernkapital berechnet. Die Schwelle des Frühwarnindikators liegt bei 15 Prozent.[59]

61 Selbst ein Absinken des wirtschaftlichen Wertes um mehr als 20 Prozent der Eigenmittel muss nicht automatisch dahingehend interpretiert werden, dass ein solches Institut zu hohe Zinsänderungsrisiken aufweist. Die Aufsicht prüft dann individuell, ob die Eigenmittelausstattung des Institutes trotzdem insgesamt angemessen ist oder eine erhöhte Eigenmittelanforderung gemäß Art. 104 Abs. 1a CRD IV i. V. m. § 10 Abs. 3 Satz 1 und Satz 2 Nr. 1 KWG angeordnet werden muss. Diese Ermächtigung betrifft jedoch nicht nur »Institute mit erhöhtem Zinsänderungsrisiko«. Insbesondere können weder die »20-Prozent-Schwelle« noch die »15-Prozent-Schwelle« als aufsichtlich vorgegebene Untergrenze für die Anordnung aufsichtlicher Maßnahmen in Bezug auf Zinsänderungsrisiken im Anlagebuch verstanden werden.[60] Im Zuge der Angleichung an die europäischen Vorgaben werden die Frühwarnszenarien und -schwelle den derzeitigen Standardtest voraussichtlich ablösen. Zudem wird der aktuelle barwertige Ausreißertest durch eine ertragsorientierte Betrachtung ergänzt. Banken müssen dann die Grenzen für beide Perspektiven einhalten.

6.5.4 Berechnungsturnus und Informationspflichten

62 Der Berechnungsturnus zur Ermittlung der Auswirkungen einer plötzlichen und unerwarteten Zinsänderung ist von jedem Institut im Einklang mit den Vorgaben der MaRisk eigenverantwortlich festzulegen. Die Berechnungen sind allerdings mindestens vierteljährlich durchzuführen. Wenn vom Institut wesentliche zinsrisikoerhöhende Portfolioänderungen im Anlagebuch vorgenommen werden, sind verschiedene Kennziffern erneut zu berechnen.[61]

63 Meldepflichtig sind über ein entsprechendes Formular die Höhe des Zinsbuchbarwertes, die absolute Barwertänderung sowie der Koeffizient aus Barwertänderung und regulatorischen Eigenmitteln im Falle der beiden Parallelverschiebungen, die absolute Barwertänderung sowie die Koeffizienten aus Barwertänderung und Kernkapital für die sechs Zinsszenarien des Frühwarnindikators, die Behandlung von Margencashflows und ob das Institut vom Gruppen-Waiver nach § 2a Abs. 1 und 2 oder Abs. 5 KWG Gebrauch macht. Soweit erforderlich, wird die Aufsicht weitere Informationen von den betreffenden Instituten einholen. Auch der Jahresabschlussprüfer ist nach § 14 Abs. 2 der Prüfungsberichtsverordnung (PrüfbV) verpflichtet, die Höhe des potenziellen Verlustes gemäß der vorgegebenen Zinsänderung nach § 25a Abs. 2 Satz 1 KWG zum letzten Berechnungszeitpunkt in seinem Prüfungsbericht zu dokumentieren.[62]

64 Die bedeutenden Institute können ihre entsprechenden Meldungen gegenüber der EZB an die deutsche Aufsicht übermitteln, müssen aber die ggf. darüber hinaus gehenden Inhalte der Melde-

---

58 Vgl. Bundesanstalt für Finanzdienstleistungsaufsicht, Zinsänderungsrisiken im Anlagebuch, Rundschreiben 06/2019 (BA) vom 6. August 2019, S. 3 f.

59 Vgl. Bundesanstalt für Finanzdienstleistungsaufsicht, Zinsänderungsrisiken im Anlagebuch, Rundschreiben 06/2019 (BA) vom 6. August 2019, S. 7.

60 Vgl. Bundesanstalt für Finanzdienstleistungsaufsicht, Zinsänderungsrisiken im Anlagebuch, Rundschreiben 06/2019 (BA) vom 6. August 2019, S. 9.

61 Vgl. Bundesanstalt für Finanzdienstleistungsaufsicht, Zinsänderungsrisiken im Anlagebuch, Rundschreiben 06/2019 (BA) vom 6. August 2019, S. 8.

62 Vgl. Bundesanstalt für Finanzdienstleistungsaufsicht, Zinsänderungsrisiken im Anlagebuch, Rundschreiben 06/2019 (BA) vom 6. August 2019, S. 8 f.

pflicht nach FinaRisikoV beachten. Sofern die Berechnungsvorgaben für die an die EZB gemelde-ten Auswirkungen von denen des BaFin-Rundschreibens abweichen, finden die entsprechenden Vorgaben der BaFin keine Anwendung. Eine Meldung ist grundsätzlich auf Einzel- und auf Gruppenebene, im Falle eines Gruppen-Waivers allerdings nur auf Gruppenebene erforderlich.[63]

Nach den Vorstellungen der EBA sollten die zuständigen Behörden für die Zwecke des SREP die **65** Verwendung ihrer eigenen Schockszenarien in Betracht ziehen und dabei das allgemeine Zins-niveau, die Form der Zinskurve und alle relevanten nationalen Merkmale ihrer Finanzsysteme berücksichtigen. Die internen Systeme der Institute sollten daher flexibel genug sein, um ihre Empfindlichkeit gegenüber jedem von der zuständigen Behörde vorgeschriebenen Standardzins-schock zu berechnen.[64]

---

63 Vgl. Bundesanstalt für Finanzdienstleistungsaufsicht, Zinsänderungsrisiken im Anlagebuch, Rundschreiben 06/2019 (BA) vom 6. August 2019, S. 2f.

64 Vgl. European Banking Authority, Guidelines on common procedures and methodologies for the supervisory review and evaluation process (SREP) and supervisory stress testing, EBA/GL/2014/13, Consolidated version, 19. Juli 2018, S. 123.

7 Berücksichtigung von Positionen mit unbestimmter Kapital- oder Zinsbindung (Tz. 7)

66 7 Hinsichtlich der Berücksichtigung von Positionen mit unbestimmter Kapital- oder Zinsbindung sind geeignete Annahmen festzulegen.

7.1 Positionen mit unbestimmter Kapital- oder Zinsbindung

67 Die Aufsicht zählt beispielhaft folgende Positionen mit unbestimmter Kapital- oder Zinsbindung auf (→ BTR 2.3 Tz. 7, Erläuterung):
- Positionen, bei denen die faktische Zinsbindung von der rechtlichen Zinsbindung abweicht, was vor allem auf Sicht- und Spareinlagen sowie Tagesgelder zutrifft, und
- optionale Bestandteile, wie z.B. Kündigungsrechte des Kunden, Sondertilgungsoptionen oder Rückzahlungsoptionen.

68 Berücksichtigt werden müssen auch Produkte, die aufgrund vorhandener Kündigungsrechte der Kunden implizite Optionsbestandteile enthalten. Dies betrifft z.B. das »Zuwachssparen«.[65] Hingegen werden unverzinsliche Aktiva und Passiva, wie z.B. Beteiligungen, seit der vierten MaRisk-Novelle nicht mehr in dieser Beispielliste aufgeführt. Folglich kann vermutlich davon ausgegangen werden, dass nur noch Cashflows aus zinstragenden Positionen zu berücksichtigen sind.

7.2 Behandlung von Eigenkapitalbestandteilen

69 Eigenkapitalbestandteile, die dem Institut zeitlich unbegrenzt zur Verfügung stehen, dürfen nicht in die barwertige Ermittlung der Zinsänderungsrisiken einbezogen werden (→ BTR 2.3 Tz. 7, Erläuterung). Durch diese Klarstellung wurde die in der Vergangenheit von einigen Instituten betriebene Praxis, das Eigenkapital als fiktive, zinsrisikotragende Position in die Risikoermittlung einzubeziehen, mit der zweiten MaRisk-Novelle unterbunden. Eine barwertige Zinsänderungsrisikosteuerung verfolgt die Ziele, einerseits das im Institut (oder zumindest im Zinsbuch) gebundene Vermögen bei aktueller Zinsstruktur zu ermitteln und andererseits die Vermögensänderungen bei variierender Zinsstruktur zu bestimmen. Das Eigenkapital im barwertigen Sinne, also das Reinvermögen als Differenz zwischen dem Barwert der Aktiva und dem Barwert der Passiva (exklusive Eigenkapital) ist somit in einer barwertigen Welt die zu steuernde Größe. Mithin widerspricht die Berücksichtigung der Zielgröße bei deren eigener Wertermittlung der barwertigen Grundkonzeption.[66] Die Einbeziehung von unverzinslichen Eigenkapitalbestandteilen hat zudem zur Folge, dass der isolierte Ausweis des Zinsänderungsrisikos tendenziell unter-

---

65 Vgl. Bundesanstalt für Finanzdienstleistungsaufsicht, Protokoll der zweiten Sitzung des MaRisk-Fachgremiums am 17. August 2006, S. 3.
66 Vgl. Debus, Knut/Kreische Kai, Eigenkapital und barwertiges Zinsänderungsrisiko, in: Betriebswirtschaftliche Blätter, Heft 11/2006, S. 644 f.

zeichnet wird.[67] Bei den Messgrößen für das wirtschaftliche Eigenkapital (»Economic Value of Equity Measures«) bzw. den Zinsbuchbarwert wird das Eigenkapital deshalb von den Cashflows ausgeschlossen.[68]

Die Klarstellung der Bankenaufsicht steht nicht im Widerspruch zum Grundsatz der Methoden-freiheit, da dieser Grundsatz an seine Grenzen stößt, wenn die im Institut eingesetzten Methoden nicht mit den übergeordneten Zielen der MaRisk bzw. des § 25a Abs. 1 KWG korrespondieren. Bei der Einbeziehung zeitlich unbefristeter Eigenkapitalbestandteile in die barwertige Ermittlung der Zinsänderungsrisiken liegt nach Einschätzung der deutschen Aufsicht eine derartige Konstellation vor. Mit dieser Anforderung ist allerdings nicht intendiert, dem Institut zeitlich unbegrenzt zur Verfügung stehende Eigenkapitalbestandteile gleichzeitig im Rahmen der Liquiditätsrisiko-steuerung als täglich fällig ansehen zu müssen, weil eine derartige Verfahrensweise nicht der Praxis entspräche und falsche Steuerungsimpulse setzen würde. Aus einer reinen Betrachtung der Zinsbindung heraus ist der Ausschluss der Eigenkapitalbestandteile allerdings wirtschaftlich/me-thodisch mit einer täglichen Zinsbindungsfrist gleichzusetzen. Daher erhöhen sich die barwertigen Zinsänderungsrisiken umso stärker, je länger die Zinsbindungen auf der Aktivseite und je höher die Eigenmittel sind.

70

7.3 Geeignete Annahmen

Um die Positionen mit unbestimmter Kapital- oder Zinsbindung angemessen berücksichtigen zu können, sind also geeignete Annahmen festzulegen. Im Wesentlichen geht es bei diesen Annah-men um nachvollziehbare Ablauffiktionen. Deren Festlegung ist in Abhängigkeit von den jeweili-gen Volumina von besonderer Bedeutung, da unrealistische Annahmen über die zukünftigen Cashflows zu falschen Ergebnissen führen können. Auf die Verfahren wird bereits an anderer Stelle ausführlich eingegangen (→ BTR 2.3 Tz. 6). Sofern die entsprechenden Festlegungen des Institutes für die Steuerung der Zinsänderungsrisiken (d.h. die Zinsbindung) und der Liquiditäts-risiken (d.h. die Liquiditätsbindung) auseinanderfallen (→ BTR 3.1 Tz. 3), sollten die Abweichun-gen und die jeweilige Vorgehensweise inhaltlich gut begründet sein. Es empfiehlt sich auch, die Geschäftsleitung eng in diesen Entscheidungsprozess einzubinden.

71

7.3.1 Volumengewichtete durchschnittliche Laufzeit

Hinsichtlich möglicher Annahmen lieferte eine Umfrage der BaFin zum »Standardzinsschock« vom September 2005 erste Anhaltspunkte. Demnach wird für Positionen mit unbestimmter Zinsbindung, wie z. B. Spar- und Sichteinlagen, eine volumengewichtete durchschnittliche Laufzeit unterstellt. Sie ist hinsichtlich ihrer erwarteten Zinsbindung vom Institut zu schätzen und in die entsprechenden Laufzeitbänder einzuordnen. Hierfür wird häufig die »Methode der gleitenden Durchschnitte« verwendet, bei der zu jedem Betrachtungszeitpunkt die zurückliegenden Zinssätze des Kapitalbin-dungszeitraumes für eine Durchschnittsberechnung herangezogen werden. Verwendet ein Institut mehrere gleitende Durchschnitte (z.B. 30 Prozent gleitender Durchschnitt drei Jahre, 70 Prozent gleitender Durchschnitt fünf Jahre), so ist für jeden gleitenden Durchschnitt eine durchschnittliche Laufzeit zu errechnen und jeweils mit dem entsprechenden Prozentsatz zu gewichten.

72

---

67 Vgl. Deutsche Bundesbank, Änderung der neu gefassten EU-Bankenrichtlinie und der EU-Kapitaladäquanzrichtlinie sowie Anpassung der Mindestanforderungen an das Risikomanagement, in: Monatsbericht, September 2009, S. 80.
68 Vgl. European Banking Authority, Leitlinien zur Steuerung des Zinsänderungsrisikos bei Geschäften des Anlagebuchs, EBA/GL/2018/02, 19. Juli 2018, S. 6.

BTR 2.3 Marktpreisrisiken des Anlagebuches

73   Die deutsche Aufsicht hat beim Modell der gleitenden Durchschnitte zuletzt eine Ausweitung der zur Modellierung genutzten Stützstellen beobachtet und dazu ihre Auffassung kundgetan. Da das Risiko einer Unterschätzung des Zinsänderungsrisikos mit der Hinzunahme längerfristiger Stützstellen weiter ansteigt, schätzt sie die Verwendung von Stützstellen von mehr als zehn Jahren als nicht ausreichend konservativ ein und begründet dies wie folgt:

- Die Herleitung einer statistisch validen Parametrisierung für den Bodensatz erfordere eine dem Mischungsverhältnis entsprechend lange historische Analyse des Kundenverhaltens und entsprechender Risikofaktoren (Zinssätze, Wirtschaftsindikatoren) mittels einer größeren Anzahl von unabhängigen langjährigen Beobachtungszeiträumen. Diese Analyse könne nicht nachgewiesen werden.
- Viele Institute würden bereits im bisherigen Verlauf des Niedrigzinsumfeldes die Modellergebnisse in Form der Mischungsverhältnisse regelmäßig nicht umsetzen. Stattdessen würden sie bei Beibehaltung der Null-Prozent-Zinsuntergrenze für täglich fällige Kundeneinlagen ihre Mischungsverhältnisse sukzessive verlängern, um negative Margen zu vermeiden. Folglich bestehe die Gefahr einer willkürlichen Festlegung der Mischungsverhältnisse. Dadurch entspreche das Ergebnis voraussichtlich nicht mehr dem durch die Modellierung implizierten erforderlichen Zinsanpassungsverhalten im Falle einer Zinsänderung.
- Ökonomisch entspräche eine Verlängerung der Mischungsverhältnisse einem grundsätzlich veränderten Kundenverhalten (verringerte Zinselastizität), wofür es jedoch keinen Beleg gebe. Im Gegenteil habe die Zinselastizität durch erhöhten Wettbewerb und gestiegene Transparenz der Konditionen tendenziell sogar zugenommen.
- Die Institute würden ihre Vorgehensweise mit der Erzielung einer konstanten Marge rechtfertigen, die aus aufsichtlicher Perspektive jedoch für die Ausweitung der Stützstellen und der damit einhergehenden Modellierung eines trägeren Kundenverhaltens nicht maßgeblich sei.

Vor allem aufgrund der statistisch nicht hinreichend belegten Modellierung des Kundenverhaltens kündigt die Aufsicht an, die Verwendung langfristiger Mischungsverhältnisse kritisch zu untersuchen und die Notwendigkeit eines Modellrisikos zu überprüfen.[69]

74   Die Deutsche Kreditwirtschaft (DK) kann diese pauschale Ablehnung nicht nachvollziehen und hat deshalb mit Verweis auf eine entsprechende Diskussion im Fachgremium IRRBB am 4. Februar 2021 sowie mit Bezug zu den verschiedenen Fachkonzepten in einzelnen Verbänden zu den einzelnen Punkten Stellung genommen. Insbesondere hält die DK eine rein statistische Validierung auf Basis einer größeren Anzahl von unabhängigen langjährigen Beobachtungszeiträumen vor dem Hintergrund der dynamischen Entwicklung der gesellschaftlichen Rahmenbedingungen nicht für sinnvoll. Hingegen sei die Nutzung von fünfzehnjährigen Stützstellen in Kombination mit einem Geldmarktpuffer durchaus geeignet, um daraus die nötigen Steuerungsimpulse abzuleiten. Eine damit verbundene längerfristige Parametrisierung könne z.B. dadurch vermieden werden, dass kurzfristige Stützstellen stärker gewichtet werden. Entscheidend sei letztlich, dass der modellierte durchschnittliche Zinsanpassungstermin für Verbindlichkeiten ohne feste Zinsbindung fünf Jahre nicht überschreiten darf. Die DK hat insgesamt darum gebeten, die weitere Vorgehensweise mit der Kreditwirtschaft abzustimmen.[70]

75   In der aktuellen Fassung des Rundschreibens der BaFin zu Zinsänderungsrisiken im Anlagebuch wird allgemein ausgeführt, dass Positionen mit unbestimmter vertraglicher Zinsbindung gemäß den internen Methoden und Verfahren zur Steuerung und Überwachung der Zinsänderungsrisiken

---

69 Vgl. Bundesanstalt für Finanzdienstleistungsaufsicht/Deutsche Bundesbank, Gemeinsame aufsichtliche Position zur Verwendung verlängerter Stützstellen im Modell der gleitenden Durchschnitte – Ablehnung von Stützstellen von mehr als zehn Jahren, 26. November 2020, S. 1f.

70 Vgl. Deutsche Kreditwirtschaft, Verwendung verlängerter Stützstellen im Modell der gleitenden Durchschnitte – Ihr Schreiben vom 26. November 2020, Schreiben an die Bundesanstalt für Finanzdienstleistungsaufsicht und die Deutsche Bundesbank vom 6. Mai 2021, S. 1ff.

zu behandeln sind. Für die Zwecke des Standardzinsschocks darf der modellierte durchschnittliche Zinsanpassungstermin für Verbindlichkeiten ohne feste Zinsbindung fünf Jahre nicht überschreiten, wobei die Durchschnittsbildung volumengewichtet über alle Verbindlichkeiten mit unbestimmter vertraglicher Zinsbindung erfolgt. Diese Fünf-Jahres-Obergrenze gilt für jede Währung einzeln. Einlagen von Finanzinstituten sind als sofort fällig anzunehmen.[71]

7.3.2 Allgemeine Behandlung von Optionen

Aus den Richtlinien eines Institutes sollte hervorgehen, wie das Zinsänderungsrisiko gemessen wird, das sich aus verhaltensabhängigen und automatischen Optionen bei Vermögenswerten oder Verbindlichkeiten ergibt,[72] einschließlich Konvexitätseffekten und nichtlinearen Auszahlungsprofilen.[73] Das IT-System und das Transaktionssystem sollten in der Lage sein, u. a. die Optionsmerkmale der Produkte zu dokumentieren, um die Messung des Optionsrisikos zu ermöglichen, und alle Optionen – einschließlich (vorzeitiger) Tilgung oder Kündigung – sowie die Gebühren im Zusammenhang mit der Ausübung dieser Optionen zu erfassen.[74] Die Institute sollten bei der Berechnung des Zinsänderungsrisikos Annahmen berücksichtigen, die für die Ausübung von verhaltensabhängigen oder automatischen Zinsoptionen durch das Institut und seine Kunden unter bestimmten Zinsschock- und Stressszenarien getroffen wurden.[75] Institute, die Finanzprodukte mit eingebetteten Optionen anbieten, sollten Messsysteme verwenden, die die Abhängigkeit der Optionen von Zinsänderungen hinreichend erfassen können. Institute, die dem Kunden Produkte mit verhaltensabhängigen Optionen anbieten, sollten passende Ansätze für eine bedingte Cashflow-Modellierung verwenden, um die Zinsänderungsrisiken im Hinblick auf mögliche Änderungen im Kundenverhalten in unterschiedlichen Zinsstressszenarien zu quantifizieren.[76]

Die EBA erwartet von den zuständigen Behörden, im Rahmen des SREP auch den Anteil von Produkten mit expliziten und eingebetteten Optionen zu prüfen, wobei Produkte mit eingebetteter Kundenoption besonders berücksichtigt werden sollten.[77] Dazu gehört u. a., ob die Annahmen des Institutes über Positionen ohne vertragliche Fälligkeit und eingebettete Kundenoptionen umsichtig sind und ob die Mitarbeiter im Risikomanagement und das obere Management die den Bewertungs-

76

77

---

71 Vgl. Bundesanstalt für Finanzdienstleistungsaufsicht, Zinsänderungsrisiken im Anlagebuch, Rundschreiben 06/2019 (BA) vom 6. August 2019, S. 5.

72 Die EBA erwartet von den Instituten, zunächst eine Bestandsaufnahme aller Instrumente mit eingebetteten oder expliziten Optionen vorzunehmen. In diesem Zusammenhang nennt sie den Umfang aller Hypothekendarlehen, laufenden Konten, Sparguthaben und Einlagen, bei denen der Kunde optional von der Vertragslaufzeit abweichen kann, den Bestand an Kreditzusagen mit einer zinssensitiven Inanspruchnahme durch den Kunden (verhaltensabhängige Optionen) sowie in Vermögenswerte und Verbindlichkeiten eingebettete Ober- und Untergrenzen, in Vermögenswerte und Verbindlichkeiten eingebettete Swaptions oder Optionen zur vorzeitigen Rückzahlung im Großkundensegment, explizite Ober- und Untergrenzen sowie Swaptions (automatische Zinsoptionen). Vgl. European Banking Authority, Leitlinien zur Steuerung des Zinsänderungsrisikos bei Geschäften des Anlagebuchs, EBA/GL/2018/02, 19. Juli 2018, S. 27.

73 Damit sind insbesondere »Pipeline-Transaktionen« gemeint, bei denen eine Kreditlinie vereinbart wurde und der Kunde wählen kann, ob er sie ausschöpfen möchte oder nicht. Der Kunde wird die Option höchstwahrscheinlich genau dann ausüben, wenn die Marktbedingungen den Interessen des Institutes am wenigsten entsprechen (»negative Konvexität«). Das Management von »Pipeline-Exposures« stützt sich auf genaue Daten über eingegangene Kreditanträge und die Modellierung der erwarteten Inanspruchnahme einschließlich der damit verbundenen Sicherungsgeschäfte. Vgl. European Banking Authority, Leitlinien zur Steuerung des Zinsänderungsrisikos bei Geschäften des Anlagebuchs, EBA/GL/2018/02, 19. Juli 2018, S. 18f.

74 Vgl. European Banking Authority, Leitlinien zur Steuerung des Zinsänderungsrisikos bei Geschäften des Anlagebuchs, EBA/GL/2018/02, 19. Juli 2018, S. 20f.

75 Vgl. European Banking Authority, Leitlinien zur Steuerung des Zinsänderungsrisikos bei Geschäften des Anlagebuchs, EBA/GL/2018/02, 19. Juli 2018, S. 30.

76 Vgl. European Banking Authority, Leitlinien zur Steuerung des Zinsänderungsrisikos bei Geschäften des Anlagebuchs, EBA/GL/2018/02, 19. Juli 2018, S. 41.

77 Vgl. European Banking Authority, Guidelines on common procedures and methodologies for the supervisory review and evaluation process (SREP) and supervisory stress testing, EBA/GL/2014/13, Consolidated version, 19. Juli 2018, S. 122.

systemen zugrunde liegenden Annahmen verstehen, insbesondere in Bezug auf Positionen mit ungewisser vertraglicher Fälligkeit und solche mit impliziten oder expliziten Optionen.[78]

7.3.3 Modellierung des Kundenverhaltens

78 Die EBA erwartet von den Instituten, die zentralen Verhaltens- und Modellierungsannahmen für die Messung ihres Zinsänderungsrisikos im Anlagebuch vollständig zu verstehen und zu dokumentieren.[79] Sie unterscheidet dabei zwischen Annahmen zum Kundenverhalten für Verträge mit eingebetteten Optionen und für Verträge ohne spezifische Zinsanpassungstermine.

7.3.3.1 Verhaltensannahmen mit eingebetteten Kundenoptionen

79 Bei Verträgen mit eingebetteten Optionen sollten die Institute die möglichen Auswirkungen des Zinsszenarios, des zugrunde liegenden Wirtschaftsumfeldes und der jeweiligen Vertragsbedingungen auf die aktuelle und künftige Geschwindigkeit bei der vorzeitigen Kreditrückzahlung berücksichtigen. Dabei sollten sie die verschiedenen Dimensionen, durch die eingebettete verhaltensabhängige Optionen beeinflusst werden, die Elastizität der Anpassung der Produktzinsen an Änderungen der Marktzinssätze sowie die Migration von Salden zwischen Produkttypen infolge von Änderungen ihrer Merkmale, Laufzeiten und Bedingungen berücksichtigen. Im Hinblick auf die zentralen Annahmen für den Umgang mit bilanziellen und außerbilanziellen Positionen mit eingebetteten Optionen sollten die Institute alle wesentlichen Produkte und Positionen mit eingebetteten Optionen identifizieren, die sich entweder auf den berechneten Zins oder auf den verhaltensabhängigen Zinsanpassungstermin in Abweichung vom vertraglichen Fälligkeitsdatum der relevanten Salden auswirken könnten. Außerdem sollten sie über angemessene Preisbildungs- und Risikominderungsstrategien verfügen, wie z. B. durch den Einsatz von Derivaten, um die Auswirkungen der Optionen im Rahmen der Risikobereitschaft zu steuern. Dazu können auch Vorfälligkeitsentschädigungen gehören, die dem Kunden als Ausgleich für die möglichen Kosten (z. B. aus Refinanzierungsschäden) einer vorzeitigen Tilgung berechnet werden. Die Institute sollten sicherstellen, dass die Modellierung der wichtigsten Verhaltensannahmen vor dem Hintergrund der zugrunde liegenden historischen Daten gerechtfertigt ist und auf vorsichtigen Hypothesen beruht und deren Genauigkeit durch Rückvergleiche nachgewiesen werden kann. Schließlich sollten diese Annahmen einer regelmäßigen internen Validierung unterzogen werden, um ihre zeitliche Stabilität zu überprüfen und sie ggf. anzupassen.[80]

7.3.3.2 Verhaltensannahmen ohne spezifische Zinsanpassungstermine

80 Bei Verträgen ohne spezifische Zinsanpassungstermine sollten die Institute in der Lage sein, »Bodensätze« (»Core Balances«), d. h. Einlagen, die stabil sind und bei denen eine Zinsanpassung auch bei bedeutsamen Veränderungen des Zinsumfeldes unwahrscheinlich ist[81], und/oder andere Einlagen zu identifizieren, deren begrenzte Elastizität gegenüber Zinsänderungen von den Insti-

---

78 Vgl. European Banking Authority, Guidelines on common procedures and methodologies for the supervisory review and evaluation process (SREP) and supervisory stress testing, EBA/GL/2014/13, Consolidated version, 19. Juli 2018, S. 126 ff.

79 Vgl. European Banking Authority, Leitlinien zur Steuerung des Zinsänderungsrisikos bei Geschäften des Anlagebuchs, EBA/GL/2018/02, 19. Juli 2018, S. 30.

80 Vgl. European Banking Authority, Leitlinien zur Steuerung des Zinsänderungsrisikos bei Geschäften des Anlagebuchs, EBA/GL/2018/02, 19. Juli 2018, S. 30 f.

81 So stehen dem Institut z. B. jederzeit kündbare Einlagen nach der »Bodensatztheorie« (Adolf Wagner, 1857) in der Praxis zumindest teilweise durchaus länger als ihre nominale Bindungsdauer zur Verfügung und können folglich als »Bodensatz« zur Refinanzierung längerfristiger Anlagen verwendet werden (→ BTR 3.1, Einführung).

tuten modelliert werden könnte. Die Modellierungsannahmen für diese Einlagen sollten die spezifischen Merkmale des Einlegers (z. B. Privat-/Großkunde) und des Kontos (z. B. Zahlungsverkehrskonto/Nicht-Zahlungsverkehrskonto) widerspiegeln. So kann z. B. bei Privatkunden zwischen Konten unterschieden werden, bei denen die Zinskomponente relevant ist (z. B. bei Sparkonten) oder nicht relevant ist (z. B. bei Girokonten für die Abwicklung des Zahlungsverkehrs). Die Institute sollten mögliche Einschränkungen für die Zinsanpassung von Privatkundeneinlagen in einem Niedrig- oder Negativzinsumfeld sowie die potenzielle Umschichtung zwischen Einlagen ohne spezifischen Zinsanpassungstermin und anderen Einlagen beurteilen, die in verschiedenen Zinsszenarien zu einer Änderung zentraler verhaltensabhängiger Modellierungsannahmen führen könnte. Die Institute sollten sicherstellen, dass die Annahmen über den Rückgang von Bodensätzen und anderen modellierten Salden den Ertragsvorteil umsichtig und angemessen gegen das zusätzliche Risiko für den wirtschaftlichen Wert infolge der Festschreibung künftiger Zinserträge aus den über diese Salden finanzierten Vermögenswerten und gegen potenzielle Umsatzeinbußen bei steigenden Zinsen abwägen. Bei den Modellierungsannahmen für »unbefristete Einlagen« (»Non-Maturity Deposits«, NMD), für die die Expertise des Risikomanagements und -controllings, der Treasury und der Vertriebsbereiche etc. genutzt werden könnte, sollte nicht ausschließlich auf statistische oder quantitative Methoden abgestellt werden. Die Institute sollten sich bei der regelmäßigen Durchführung von Sensitivitätsanalysen für wichtige Parameter (z. B. Prozentsatz und Laufzeit von Bodensätzen auf Konten sowie Anteil durchlaufender Zahlungen) und bei der regelmäßigen Berechnung ihrer Messgrößen nicht auf Verhaltensannahmen, sondern auf die jeweiligen Vertragsbedingungen stützen, um die Auswirkungen solcher Annahmen sowohl auf den wirtschaftlichen Wert als auch auf die Erträge zu isolieren.[82]

Insgesamt werden in beiden Fällen jeweils eine angemessene Dokumentation der relevanten Annahmen und ein Prozess für ihre laufende Überprüfung gefordert. Um die Sensitivität der gewählten Messgrößen gegenüber Änderungen zentraler Annahmen zu verstehen, sollten diese Annahmen auch Stresstests unterzogen werden. Deren Ergebnisse sollten wiederum bei Entscheidungen über die interne Kapitalallokation berücksichtigt werden.[83]

81

---

82 Vgl. European Banking Authority, Leitlinien zur Steuerung des Zinsänderungsrisikos bei Geschäften des Anlagebuchs, EBA/GL/2018/02, 19. Juli 2018, S. 32 f.

83 Vgl. European Banking Authority, Leitlinien zur Steuerung des Zinsänderungsrisikos bei Geschäften des Anlagebuchs, EBA/GL/2018/02, 19. Juli 2018, S. 31 ff.

8 Zinsänderungsrisiken in verschiedenen Währungen (Tz. 8)

82 **8** Institute, die wesentliche Zinsänderungsrisiken in verschiedenen Währungen eingegangen sind, müssen die Zinsänderungsrisiken in jeder dieser Währungen ermitteln.

8.1 Berücksichtigung verschiedener Währungen

83 Die wesentlichen Zinsänderungsrisiken in verschiedenen Währungen sind von den Instituten
zunächst separat zu ermitteln. Ob sie auch in jeder Währung separat auszuweisen sind, hängt von
der Steuerungsrelevanz der damit verbundenen Erkenntnisse und vom Know-how des Institutes
hinsichtlich der Aggregation von Zinsänderungsrisiken über verschiedene Währungen hinweg ab.
Allerdings sollten die internen Berichte der Geschäftsleitung oder den jeweiligen Verantwortlichen
Informationen auf den relevanten Aggregationsebenen (bezogen auf Konsolidierungsebene und
Währung) zur Verfügung stellen.[84] Insofern ist natürlich zu beachten, welche Vorgaben diesbezüglich von den Berichtsempfängern gemacht werden.

84 Der Baseler Ausschuss für Bankenaufsicht hat darauf hingewiesen, dass sich die Institute mit
Positionen in verschiedenen Währungen in jeder dieser Währungen einem Zinsänderungsrisiko
aussetzen können. Da die Zinsstrukturkurven von Währung zu Währung variieren, müssen die
Institute i. d. R. auch die Engagements in jeder dieser Währungen bewerten. Sofern die erforderlichen Fähigkeiten und Kenntnisse im Institut vorhanden sind, könnten aber Methoden zur
Aggregation des Zinsänderungsrisikos in verschiedenen Währungen inklusive geeigneter Annahmen über die Korrelation zwischen den Zinssätzen in verschiedenen Währungen verwendet
werden.[85] Die EBA erwartet ebenfalls, dass die Institute die Risiken zunächst für jede Währung
separat bewerten, in der sie Positionen halten. Für die wesentlichen Währungen sollten die
Zinsschockszenarien währungsspezifisch und konsistent zu den zugrunde liegenden wirtschaftlichen Merkmalen sein. Die Institute sollten über Methoden zur Aggregation ihres Zinsänderungsrisikos über verschiedene Währungen hinweg verfügen. Sofern sie Annahmen über die Abhängigkeiten zwischen Zinssätzen in verschiedenen Währungen verwenden möchten, sollten sie über
das erforderliche Know-how verfügen und sich der Auswirkungen der getroffenen Annahmen
bewusst sein.[86] Die zuständigen Behörden sollten im Rahmen des SREP die Ansätze bewerten, die
von den Instituten zur Aggregation der Ergebnisse in einzelnen Währungen verwendet werden.[87]

85 Für die Zwecke des Zinsschocks ist die Barwertänderung in jeder Währung analog zu der
Vorgehensweise bei Positionen in Euro zu ermitteln, in der ein Institut wesentliche Positionen
hat. Dafür sind diese Währungen zunächst mit dem zum Betrachtungszeitpunkt geltenden
Wechselkurs in Euro umzurechnen. Die Institute haben bei der Berechnung der aggregierten
Änderung des Zinsbuchbarwertes für jedes Zinsschockszenario konsistent die in Euro umgerech-

---

84 Vgl. European Banking Authority, Leitlinien zur Steuerung des Zinsänderungsrisikos bei Geschäften des Anlagebuchs,
   EBA/GL/2018/02, 19. Juli 2018, S. 22.

85 Vgl. Basel Committee on Banking Supervision, Standards – Interest rate risk in the banking book, BCBS 368, 21. April 2016,
   S. 11.

86 Vgl. European Banking Authority, Leitlinien zur Steuerung des Zinsänderungsrisikos bei Geschäften des Anlagebuchs,
   EBA/GL/2018/02, 19. Juli 2018, S. 28.

87 Vgl. European Banking Authority, Guidelines on common procedures and methodologies for the supervisory review and
   evaluation process (SREP) and supervisory stress testing, EBA/GL/2014/13, Consolidated version, 19. Juli 2018, S. 123.

neten negativen und positiven Veränderungen des Zinsbuchbarwertes in den Währungen zu addieren. Positive Veränderungen können dabei mit einem Anteil von 50 Prozent angerechnet werden.[88]

Entscheidend ist letztlich, dass eine angemessene Berücksichtigung der wesentlichen Zinsänderungsrisiken des Institutes in den verschiedenen Währungen im Risikomanagement erfolgt und auf Basis der Berichterstattung die Ableitung von Managementmaßnahmen ermöglicht wird.

86

8.2   Wesentliche Zinsänderungsrisiken

Da die Ermittlung der wesentlichen Zinsänderungsrisiken in verschiedenen Währungen gefordert wird, bedeutet dies im Umkehrschluss, dass jene Zinsänderungsrisiken in bestimmten Währungen vernachlässigt bzw. vereinfacht berücksichtigt werden können, die aus Sicht des Institutes nicht wesentlich sind. Grundsätzlich müssten sie dafür aber erst einmal ermittelt werden. Aus Praktikabilitätsgründen stellen die Aufsichtsbehörden im Zusammenhang mit dem Standardzinsschock auf die Wesentlichkeit der auf eine bestimmte Währung lautenden Vermögenswerte oder Verbindlichkeiten ab. In ähnlicher Weise fordert die EBA, dass die zuständigen Behörden im Rahmen des SREP prüfen sollten, ob die Institute eine Analyse des Zinsänderungsrisikos in jeder Währung durchführen, in der sie eine bedeutende Position einnehmen.[89] Es ist insofern anzunehmen, dass die Vorgehensweise beim Zinsschock auch für die Zwecke der MaRisk zulässig und sogar wünschenswert ist.

87

Als »wesentlich« gilt eine Währung, wenn die auf diese Währung lautenden zinstragenden Positionen mindestens fünf Prozent der zinstragenden Positionen der Aktiv- oder Passivseite im Anlagebuch ausmachen. Wenn die Summe der in die Berechnung einbezogenen zinstragenden Positionen weniger als 90 Prozent der zinstragenden Positionen der Aktiv- oder Passivseite im Anlagebuch entspricht, müssen beim Zinsschock auch Währungen unterhalb der Fünf-Prozent-Schwelle einbezogen werden.[90]

88

Aus Gründen der Konsistenz sollten sich die Kriterien auch daran orientieren, welche Festlegungen zur Wesentlichkeit im Bereich des Managements von Liquiditätsrisiken getroffen werden. Sofern ein Institut über wesentliche Liquiditätspositionen in unterschiedlichen Währungen verfügt, hat es zur Sicherstellung seiner Zahlungsverpflichtungen angemessene Verfahren zur Steuerung der Fremdwährungsliquidität in den wesentlichen Währungen zu implementieren (→ BTR 3.1 Tz. 11).

89

---

88 Vgl. Bundesanstalt für Finanzdienstleistungsaufsicht, Zinsänderungsrisiken im Anlagebuch, Rundschreiben 06/2019 (BA) vom 6. August 2019, S. 6.

89 Vgl. European Banking Authority, Guidelines on common procedures and methodologies for the supervisory review and evaluation process (SREP) and supervisory stress testing, EBA/GL/2014/13, Consolidated version, 19. Juli 2018, S. 123.

90 Vgl. Bundesanstalt für Finanzdienstleistungsaufsicht, Zinsänderungsrisiken im Anlagebuch, Rundschreiben 06/2019 (BA) vom 6. August 2019, S. 6.

BTR 3 Liquiditätsrisiken

1 Einführung und Überblick

1.1 Zunehmende Bedeutung des Liquiditätsrisikomanagements

Noch bis zum Ende des 20. Jahrhunderts konnten sich die Institute Liquidität selbst auf ungedeck- **1** ter Basis über Inhaberschuldverschreibungen weitgehend problemlos an den Geld- und Kapital-märkten beschaffen. Turbulenzen auf den Finanzmärkten, wie der Zusammenbruch des Hedge-fonds »Long Term Capital Management«, die Russland- und die Asienkrise, das Platzen der New-Economy-Spekulationsblase (»Dotcom-Blase«) oder der Zusammenbruch großer Konzerne (z. B. Worldcom und Enron), blieben jedoch nicht ohne Folgen. Die Liquiditätsspreads, d. h. jene Kosten, die über den risikofreien Zins hinausgehend zusätzlich bei der Liquiditätsaufnahme (Refinanzierung) getragen werden müssen, stiegen deutlich an. Außerdem wurden die Möglich-keiten zur Mittelaufnahme am Kapitalmarkt für einige Marktteilnehmer deutlich beschränkt. Diese Entwicklung wurde dadurch verstärkt, dass die klassischen Retailkunden zunehmend alternative Anlagemöglichkeiten am Kapitalmarkt für sich entdeckten und gleichzeitig von neuen Wett-bewerbern (wie z. B. Direktbanken) umworben wurden.[1] Bei einigen Instituten führte dies zu einer Abkehr von traditionellen Refinanzierungsquellen, wie z. B. dem Einlagengeschäft mit seinem hohen »Bodensatz« (→ BTR 2.3 Tz. 7). Dadurch verkürzten sich auch die effektiven Laufzeiten der Refinanzierungsinstrumente.[2] Einfluss auf die wachsende Bedeutung des Liquidi-tätsrisikos hat auch die Zunahme von Optionsrechten in den Geschäftsaktivitäten der Institute.

Mit dem Ausbruch der Finanzmarktkrise[3] wurde das Liquiditätsrisiko schließlich mit all seinen **2** Facetten schlagend (strukturelle Liquiditätsprobleme, Schwierigkeiten bei der Liquidation von Aktiva, drohende und tatsächliche Zahlungsunfähigkeit etc.). Nach der Insolvenz der US-ame-rikanischen Investmentbank Lehman Brothers Inc. im September 2008 trockneten wichtige Märkte aufgrund des rasant zunehmenden Vertrauensverlustes zwischen den Instituten praktisch aus, so dass in Abhängigkeit von der Refinanzierungsbasis auch Institute mit vergleichsweise guter Bonität ins Straucheln gerieten.[4] Vor diesem Hintergrund bekam das Liquiditätsrisikoma-nagement in den Instituten plötzlich eine viel größere Bedeutung. Auch im Zuge der Euro-Staa-tenkrise stand das Thema Liquidität der Kreditinstitute im Fokus der Banken und Aufseher. Zwar konnten akute systemische oder bankenindividuelle Liquiditätskrisen dank unkonventioneller geldpolitischer Maßnahmen der Zentralbanken im Wesentlichen vermieden werden, jedoch waren einige Banken bzw. Bankensektoren in verschiedenen europäischen Ländern weitgehend von der Liquiditätsversorgung der EZB abhängig.[5] In der Konsequenz dieser Krisen sind die Institute seit einigen Jahren verstärkt aufgefordert, ihre Methoden, Prozesse und Systeme zur Liquiditätssteuerung den komplexen aufsichtsrechtlichen Vorgaben sowie den neuen Realitäten auf den Geld- und Kapitalmärkten anzupassen. Aus den aufsichtsrechtlichen Vorgaben ist dabei klar zu erkennen, dass eine systemische Abhängigkeit der Institute von einer unkonventionellen Liquiditätsversorgung der Zentralbanken in der Zukunft vermieden werden soll.

---

1   Vgl. Bartetzky, Peter, Liquiditätsrisikomanagement – Status quo, in: Bartetzky, Peter/Gruber, Walter/Wehn, Carsten S. (Hrsg.), Handbuch Liquiditätsrisiko – Identifikation, Messung und Steuerung, Stuttgart, 2008, S. 2f.

2   Vgl. Deutsche Bundesbank, Zur Steuerung von Liquiditätsrisiken in Kreditinstituten, in: Monatsbericht, September 2008, S. 60.

3   Die »Subprimekrise« in 2007 beruhte auf einem kontinuierlichen Anstieg der Leitzinsen in den USA ab dem Jahr 2004 und weitete sich spätestens mit der Insolvenz von Lehman Brothers in 2008 zur »Finanzmarktkrise« aus (→ AT 4.3.3 Tz. 3). Unter dem Begriff »Finanzmarktkrise« wird im Kommentar auf diese Krise abgestellt. In Abgrenzung zu anderen Krisen-ereignissen wird die Finanzmarktkrise von 2007 bis 2009 in neueren Veröffentlichungen auch als die »Große Finanzkrise« (»Great Financial Crisis«, GFC) bezeichnet. Vgl. Basel Committee on Banking Supervision, Principles for Operational Resilience, BCBS 516, 31. März 2021, S. 1.

4   Vgl. Schneider, Andreas, Finanzmarktkrise und Risikomanagement: Die neuen Mindestanforderungen an das Risikoma-nagement der deutschen Bankenaufsicht, in: Die Wirtschaftsprüfung, Heft 6/2010, S. 274 ff.

5   Zu den Auswirkungen der Finanzmarktkrise auf das Liquiditätsmanagement der Banken vgl. z. B. van Rixtel, Adrian/ Gasperini, Gabriele, Financial crises and bank funding: recent experience in the euro area, BIS Working Papers No 406, 8. März 2013.

3 Dieses Ziel kann natürlich nur erreicht werden, wenn sich die Situation wieder normalisiert und insbesondere keine neuen Krisen die Probleme noch verschärfen. Mit dem Ausbruch der COVID-19-Pandemie Anfang 2020 ist das öffentliche Leben als Schutzmaßnahme vor Ansteckungsgefahren zeitweise nahezu komplett zum Stillstand gekommen (»Lockdown«). Das hatte u. a. zur Folge, dass auch die Produktion phasenweise komplett heruntergefahren werden musste. Damit konnten die meisten Unternehmen keine Erträge mehr erwirtschaften, während die laufenden Kosten weiterhin getragen werden mussten. Die Politik hat den betroffenen Unternehmen deshalb mit umfassenden Liquiditätshilfen unter die Arme gegriffen, um den Schaden auch aus volkswirtschaftlicher Sicht so gut wie möglich zu begrenzen. Gleichzeitig wurde die Insolvenzantragspflicht für Unternehmen, die infolge der Pandemie in eine finanzielle Schieflage geraten sind, ausgesetzt. Zudem haben die Aufsichtsbehörden diverse regulatorische Vorgaben für die Dauer der Pandemie gelockert, um die Kreditversorgung der Realwirtschaft sicherzustellen. Als eine weitere Konsequenz konnte während der Pandemie ein deutlicher Anstieg des Volumens der Refinanzierungskredite der Deutschen Bundesbank an die deutschen Institute beobachtet werden. Bis Ende 2020 war dieses Volumen innerhalb eines Jahres von 75 auf 341 Milliarden Euro gestiegen, obwohl gleichzeitig der Targetsaldo von Deutschland angestiegen ist, also ein Liquiditätszufluss nach Deutschland zu verzeichnen war. Die Ursachen für diese Entwicklung können ebenso wie die Folgen der Pandemie erst im Nachhinein genau beurteilt werden. Auswertungen der EBA haben gezeigt, dass sich die Banken während der akuten COVID-19 Pandemie stark mit Liquidität versorgt haben, so dass die entsprechende regulatorische Liquiditätsdeckungsquote (»Liquidity Coverage Ratio«, LCR) im Branchenschnitt weit über der regulatorischen Grenze von 100 Prozent befunden hat. Eine erwartete und auch von der Aufsicht tolerierte Unterschreitung konnte zumindest auf Branchenebene nicht beobachtet werden. Insgesamt hat sich die LCR in dieser jüngsten systemischen Krise bewährt.[6]

4 Das Liquiditätsrisiko nimmt gegenüber den sonstigen Risikoarten (Adressenausfallrisiken, Marktpreisrisiken, operationelle Risiken), die im Modul BTR hervorgehoben werden, eine Sonderstellung ein. Die laufende Gewährleistung der Liquidität ist zumindest eine strenge Nebenbedingung, die im Eigeninteresse der Institute dringend zu beachten ist. Ist ein Liquiditätsengpass entstanden, hilft i. d. R. auch kein interner Kapitalpuffer über diese Situation hinweg. Dementsprechend bestehen im Hinblick auf die Berücksichtigung von Liquiditätsrisiken im Risikotragfähigkeitskonzept gewisse Spielräume (→ AT 4.1 Tz. 4). Stattdessen müssen für kurzfristig eintretende Verschlechterungen der Liquiditätssituation ausreichend bemessene, nachhaltige Liquiditätspuffer, wie z. B. hochliquide, unbelastete Vermögensgegenstände, vorgehalten werden (→ BTR 3.1 Tz. 4). Das Zauberwort für das Liquiditätsrisikomanagement heißt also »Liquiditätsdeckungspotenzial« anstelle von »Risikodeckungspotenzial«.

1.2 Liquidität

1.2.1 Begriffsbestimmung

5 Unter dem Begriff »Liquidität« wird eine jederzeit ausreichende Zahlungsbereitschaft verstanden, also die Verfügbarkeit über genügend Zahlungsmittel zur Begleichung der Verbindlichkeiten. Folgt man der lange Zeit in Theorie und Praxis vertretenen These, dass »ausreichende Liquidität eine strenge Nebenbedingung für jegliche bankbetrieblichen Aktivitäten ist« (→ AT 2.2 Tz. 1), so stellt sich zunächst die Frage, unter welchen Gesichtspunkten in den Instituten über den Begriff

---

6 Vgl. European Banking Authority, Monitoring of Liquidity Coverage Ratio Implementation in the EU – Second Report, EBA/REP/2021/07, 15. März 2021, S. 6ff.

»Liquidität« nachgedacht wird. Unterschieden werden i.d.R. zumindest verschiedene zeitliche Dimensionen:

- Die Sichtweise auf die »kurzfristige (bzw. operative oder dispositive) Liquidität« dient vor allem der Sicherstellung der Zahlungsfähigkeit des Institutes (Solvenzsicherung).
- Daneben darf die Fähigkeit, genügend langfristige Refinanzierungsmittel auf der Passivseite aufzunehmen, um die gewünschte Entwicklung der Aktivseite zu ermöglichen, beim Management der Liquiditätsrisiken nicht vernachlässigt werden. Diese »langfristige (bzw. strategische oder strukturelle) Liquidität« betrifft also vornehmlich die Steuerung der Bilanzstruktur durch eine günstige Refinanzierung (»Funding«).
- Insbesondere in größeren Instituten findet zusätzlich eine kontinuierliche Pflege des Marktzuganges statt, um im Bedarfsfall schnell liquide Mittel am Kapitalmarkt aufnehmen zu können. Diese Maßnahmen zur Sicherung des Marktzuganges werden auch als »mittelfristige Liquidität« bezeichnet. Grundsätzlich zielt diese Investorenpflege allerdings auf die Sicherstellung der Liquidität für alle Laufzeiten ab.

Langfristige Refinanzierungsmittel in Kombination mit nachhaltigen Refinanzierungsquellen stellen dabei die von der Aufsicht geforderte stabile Refinanzierung dar. **6**

Teilweise wird lediglich zwischen struktureller Liquidität für den mittel- und langfristigen Bereich, der häufig bei zwölf Monaten beginnt, und nicht-struktureller Liquidität für den kurzfristigen Bereich unterschieden.[7] Diese Vorgehensweise hat sich in den zurückliegenden Jahren vor allem bei den Aufsichtsbehörden durchgesetzt. **7**

1.2.2 Bedeutung der Liquidität

Die herausragende Bedeutung der Liquidität für die Kreditwirtschaft ist schon am Aufbau einer Bankbilanz gemäß der Verordnung über die Rechnungslegung der Kredit- und Finanzdienstleistungsinstitute (RechKredV) erkennbar. Während die Bilanzen eines Industrieunternehmens nach § 266 HGB zunächst die langfristigen Vermögenswerte ausweisen, also auf der Aktivseite das Anlagevermögen vor dem Umlaufvermögen und auf der Passivseite das Eigenkapital vor dem Fremdkapital, beginnt die Gliederung einer Bankbilanz sowohl auf der Aktiv- als auch auf der Passivseite mit den liquiden Mitteln. Die Sortierung der Aktiva erfolgt nach abnehmender Liquidität (Barreserve, Forderungen an Kreditinstitute, Forderungen an Kunden, Schuldverschreibungen, Aktien, Beteiligungen, Anteile an verbundenen Unternehmen, Sonstige Aktiva, Rechnungsabgrenzungsposten), wobei die Sachanlagen unter den »Sonstigen Aktiva« bilanziert werden. Die ansonsten übliche Unterscheidung nach Anlage- und Umlaufvermögen wird im Prinzip durch eine Differenzierung zwischen Forderungen und Wertpapieren ersetzt. Die Positionen auf der Passivseite werden dementsprechend nach zunehmender Abruffrist bilanziert (Verbindlichkeiten gegenüber Kreditinstituten, Verbindlichkeiten gegenüber Kunden, Verbriefte Verbindlichkeiten, Treuhand- und Sonstige Verbindlichkeiten, Rechnungsabgrenzung und Rückstellungen, Nachrangige Verbindlichkeiten, Genussrechtskapital, Fonds für allgemeine Bankrisiken, Eigenkapital), an deren Beginn die so genannten »Sichteinlagen« mit täglicher Fälligkeit stehen. **8**

Mit Blick auf die Geld- und Kapitalmärkte spielen für die Sicherstellung der erforderlichen Liquidität vor allem Kostendimensionen eine wesentliche Rolle[8], wie **9**

---

7 Vgl. Bundesanstalt für Finanzdienstleistungsaufsicht/Deutsche Bundesbank, Praxis des Liquiditätsrisikomanagements in ausgewählten deutschen Kreditinstituten, 28. Januar 2008, S. 5.

8 Vgl. Bartetzky, Peter, Liquiditätsrisikomanagement – Status quo, in: Bartetzky, Peter/Gruber, Walter/Wehn, Carsten S. (Hrsg.), Handbuch Liquiditätsrisiko – Identifikation, Messung und Steuerung, Stuttgart, 2008, S. 13f.

– die jederzeitige Handelbarkeit von Produkten zu marktgerechten Preisen (»Fungibilität«) sowie

– die jederzeitige Möglichkeit der Aufnahme ausreichender Liquidität auf den Märkten (»Marktliquidität« bzw. »volkswirtschaftliche Liquidität«).

10 Aus Sicht eines Institutes hängt die jeweilige Bedeutung dieser beiden Komponenten hauptsächlich davon ab, ob es seinen Liquiditätsbedarf vor allem über die Aktivseite (»Asset Liquidity«) oder die Passivseite (»Liability Liquidity«) der Bilanz steuert. Im Rahmen der Finanzmarktkrise hat sich deutlich gezeigt, dass in Extremsituationen durch ein Austrocknen der Märkte die eigentlich fungiblen Assets teilweise nicht oder zumindest zu keinem akzeptablen Preis liquidiert werden können (fehlende Fungibilität) und ohne besondere geldpolitische Maßnahmen nur unzureichende Möglichkeiten zur Aufnahme ausreichender Liquidität auf den Geld- und Kapitalmärkten bestehen (fehlende Marktliquidität).[9]

1.2.3 Liquide Märkte

11 Einen allgemein anerkannten Standard zur Messung der Liquidität von Märkten gibt es bisher nicht. Aus diesem Grund existieren auch keine quantitativen Kriterien, nach denen ein Markt oder ein Vermögensgegenstand eindeutig als »liquide« eingestuft werden kann. Hilfsweise kann z. B. auf Basis der folgenden vier Faktoren bestimmt werden, ob ein Markt liquide ist oder nicht[10]:

– Die »Marktbreite« betrifft die Kosten für das kurzfristige Auflösen einer Position. Insofern bedeuten hohe Geld-Brief-Spannen auch hohe Kosten und damit eine tendenziell geringe Marktliquidität.

– Die »Markttiefe« bezieht sich auf das Transaktionsvolumen, welches ohne Beeinflussung der Marktpreise unmittelbar umgesetzt werden kann. Demzufolge nimmt die Marktliquidität mit fallendem Volumen ab.

– Die »Marktelastizität« kennzeichnet die Geschwindigkeit, mit der die Marktpreise nach einer größeren Transaktion wieder auf ihr Gleichgewichtsniveau zurückkehren. Eine schleppende Rückkehr zur Normalität deutet folglich auf eine geringe Marktliquidität hin.

– Der »Zeitbedarf für die Orderausführung« bemisst den Zeitraum zwischen der Auslösung einer Markttransaktion und ihrem endgültigen Abschluss. Ein langer Zeitraum ist ein Indiz für eine geringe Marktliquidität.

12 Insofern sind liquide Märkte u. a. dadurch gekennzeichnet, dass ein hinreichend großes Angebot einer ebensolchen Nachfrage gegenübersteht. Nähere Informationen zum »Marktliquiditätsrisiko« sind weiter unten zu finden.

1.3 Liquiditäts- und Refinanzierungsposition eines Institutes

13 Unter der »Liquiditätsposition« des Institutes wird die Summe aus dem Liquiditätssaldo und dem Liquiditätsdeckungspotenzial (»Counterbalancing Capacity«) verstanden. Der »Liquiditätssaldo« eines Institutes bezeichnet die Differenz aus den kumulierten Mittelzu- und -abflüssen zum

---

9 Vgl. Bartetzky, Peter, Liquiditätsrisikomanagement – Status quo, in: Bartetzky, Peter/Gruber, Walter/Wehn, Carsten S. (Hrsg.), Handbuch Liquiditätsrisiko – Identifikation, Messung und Steuerung, Stuttgart, 2008, S. 10.

10 Vgl. Deutsche Bundesbank, Zur Steuerung von Liquiditätsrisiken in Kreditinstituten, in: Monatsbericht, September 2008, S. 60.

Betrachtungszeitpunkt. Das »Liquiditätsdeckungspotenzial« bezeichnet die potenziell zusätzlich generierbare Liquidität.

Die EBA versteht unter dem Liquiditätsdeckungspotenzial etwas genauer die Fähigkeit eines Institutes, als Reaktion auf Stressszenarien über einen kurzen, mittleren oder längeren Zeitraum zusätzliche Liquidität vorzuhalten oder Zugang zu zusätzlicher Liquidität zu erhalten.[11] Insofern wird von der EBA zwischen verschiedenen Fristigkeiten unterschieden. Schon CEBS[12] hatte darauf hingewiesen, dass der »Liquiditätspuffer« nur als das kurze Ende des Liquiditätsdeckungspotenzials unter einem geplanten Stressszenario zu verstehen ist und über einen in Abhängigkeit von der Geschäftspolitik und dem Risikoappetit festgelegten kurzen Zeitraum hinweg (»Überlebenshorizont«) verfügbar sein muss.[13]

Konsequenterweise unterscheidet die EZB bei der zukunftsgerichteten Beurteilung der »Liquiditätsadäquanz«, d.h. dem Grad der Absicherung von Risiken durch Liquidität, zwischen der »Liquiditätsposition« für einen angemessenen Zeithorizont und der »Refinanzierungsposition« für mindestens drei Jahre.[14] Die Institute müssen über eine angemessene Liquiditäts- und Refinanzierungsposition verfügen und damit ihren Fortbestand sicherstellen.[15]

Die Zusammensetzung des Liquiditätsdeckungspotenzials war noch vor wenigen Jahren – nicht nur in Bezug auf die betrachteten Fristigkeiten – sehr verschieden. In einigen Instituten wurden lediglich die liquidierbaren Aktiva berücksichtigt, da die Aufnahme unbesicherter Liquidität im Falle eines Liquiditätsengpasses als nicht mehr möglich angesehen wurde. Manche Institute bezogen auch die zur Verfügung stehenden Refinanzierungsmöglichkeiten, wie z. B. durch andere Institute zugesagte Liquiditäts- oder Kreditlinien, in die Betrachtung ein.[16] Nicht zuletzt durch die Vorgaben aus dem Meldewesen ist damit zu rechnen, dass die Praxis in den Instituten stärker harmonisiert wird.

Eine wichtige Rolle bei der Bestimmung der Liquiditätsposition spielt auch das freie Refinanzierungspotenzial bei den maßgeblichen Zentralbanken, das grundsätzlich als »Liquiditätsreserve« bezeichnet wird. Ungeachtet der Tatsache, dass diese Liquiditätsreserve den Instituten zur Abdeckung kurzfristiger Liquidität vollumfänglich zur Verfügung steht und somit in der internen Steuerung berücksichtigt werden muss, sieht die Aufsicht diese Reserve aus makroökonomischer Sicht kritisch (»Zentralbankabhängigkeit«). Nach den Vorstellungen der EZB sollten die Institute deshalb hinsichtlich der Nutzung von Finanzierungsquellen aus dem öffentlichen Sektor zwischen normalen Geschäftsbedingungen und Stressbedingungen unterscheiden, da sich Art und Verfügbarkeit von öffentlichen Fazilitäten in Krisen-

14

15

16

17

---

11 Vgl. European Banking Authority, Guidelines on common procedures and methodologies for the supervisory review and evaluation process (SREP) and supervisory stress testing, EBA/GL/2014/13, Consolidated version, 19. Juli 2018, S. 23.

12 Am 1. Januar 2011 ist die European Banking Authority (EBA) im Wege der Rechtsnachfolge aus dem Committee of European Banking Supervisors (CEBS) hervorgegangen und hat dessen Aufgaben übernommen. Die EBA kann – wie vormals CEBS – Leitlinien und Empfehlungen zur Vereinheitlichung der Aufsichtspraxis erlassen. Diese richten sich regelmäßig an die nationalen Aufsichtsbehörden und sind rechtlich nicht verbindlich. Nach dem Prinzip »Comply or Explain« müssen die Aufsichtsbehörden die Leitlinien und Empfehlungen der EBA jedoch entweder umsetzen oder erklären, warum sie dies (in Teilen) nicht zu tun beabsichtigen (→ Teil I, Kapitel 3.3). Die EBA veröffentlicht im Archiv auf ihrer Internetseite nach wie vor Papiere von CEBS zu Themengebieten, die von ihr bisher nicht überarbeitet wurden. Diese Papiere finden in der Aufsichtspraxis Beachtung und werden deshalb auch in diesem Kommentar behandelt.

13 Vgl. Committee of European Banking Supervisors, Guidelines on Liquidity Buffers & Survival Periods (GL 28), 9. Dezember 2009, S. 3.

14 Vgl. Europäische Zentralbank, Leitfaden der EZB für den bankinternen Prozess zur Sicherstellung einer angemessenen Liquiditätsausstattung (Internal Liquidity Adequacy Assessment Process – ILAAP), 9. November 2018, S. 17 f. Für die Liquiditätsposition wurde im Entwurf vom März 2018 »mindestens ein Jahr« erwartet. Diese Klarstellung ist in der Endfassung nicht mehr enthalten. Sie ergibt sich allerdings implizit daraus, dass für die Definition der internen Liquiditätspuffer ein Zeitraum von mindestens einem Jahr zu berücksichtigen ist. Vgl. Europäische Zentralbank, Leitfaden der EZB für den bankinternen Prozess zur Sicherstellung einer angemessenen Liquiditätsausstattung (Internal Liquidity Adequacy Assessment Process – ILAAP), 9. November 2018, S. 26.

15 Vgl. Europäische Zentralbank, Leitfaden der EZB für den bankinternen Prozess zur Sicherstellung einer angemessenen Liquiditätsausstattung (Internal Liquidity Adequacy Assessment Process – ILAAP), 9. November 2018, S. 15.

16 Vgl. Bundesanstalt für Finanzdienstleistungsaufsicht/Deutsche Bundesbank, Praxis des Liquiditätsrisikomanagements in ausgewählten deutschen Kreditinstituten, 28. Januar 2008, S. 12 ff.

zeiten verändern können. Die aktuelle und die etwaige zukünftige Nutzung solcher Quellen sollten auch auf Basis von Stresstests quantifiziert und regelmäßig überwacht werden.[17]

1.4 Liquiditäts- und Refinanzierungsrisiken

1.4.1 Definition von Liquiditäts- und Refinanzierungsrisiken

18   In nahezu allen Veröffentlichungen der deutschen und europäischen Aufsichtsbehörden seit Ausbruch der Finanzmarktkrise wird zumindest zwischen dem »Liquiditätsrisiko« und dem »Refinanzierungsrisiko« unterschieden. Die »Liquiditäts- und Refinanzierungsrisiken« (»Risks to Liquidity and Funding«) sind spezielle Risiken, die sich im Falle ihres Eintritts in aufsichtlicher Hinsicht wesentlich auf die Liquidität eines Institutes über unterschiedliche Zeithorizonte auswirken.[18]

19   Dabei bezieht sich das Liquiditätsrisiko auf die kurzfristige (operative oder dispositive) Liquidität mit einem Zeithorizont von bis zu einem Jahr. Dieses »Liquiditätsrisiko im engeren Sinne« wird in der Fachliteratur relativ einheitlich definiert als die Gefahr, dass ein Institut nicht mehr uneingeschränkt seine Zahlungsverpflichtungen erfüllen kann[19], also seinen gegenwärtigen oder zukünftigen Zahlungsverpflichtungen nicht oder zumindest nicht vollständig bzw. fristgerecht nachkommen kann.[20] Das Liquiditätsrisiko im engeren Sinne wird deshalb auch als »Zahlungsunfähigkeitsrisiko« bezeichnet.[21] Allerdings lässt sich trefflich darüber streiten, ob ein Zeitraum von bis zu einem Jahr noch als »kurzfristig« bezeichnet werden kann. Die EBA spricht deshalb auch vom »kurz- bis mittelfristigen« Liquiditätsrisiko, ohne dabei das Refinanzierungsrisiko auf den »langfristigen« Bereich einzuschränken.[22]

20   Das Refinanzierungsrisiko stellt insofern auf die mittel- bis langfristige (strategische oder strukturelle) Liquidität mit einem Zeithorizont von über einem Jahr ab. Darunter wird die Gefahr verstanden, im Falle einer Liquiditätskrise Refinanzierungsmittel (Passiva) nicht bzw. nur zu erhöhten Marktsätzen beschaffen zu können.[23] Inhaltlich vergleichbare Definitionen beschreiben das daraus abgeleitete Risiko, erforderliche Anschlussfinanzierungen nicht bzw. nur zu schlechteren Konditionen durchführen zu können[24], die erwarteten und unerwarteten aktuellen und zukünftigen Zahlungsverpflichtungen nicht ohne Auswirkungen auf den täglichen Geschäftsbetrieb oder die finanzielle Situation des Institutes effizient erfüllen zu können[25] oder

---

17 Vgl. Europäische Zentralbank, Leitfaden der EZB für den bankinternen Prozess zur Sicherstellung einer angemessenen Liquiditätsausstattung (Internal Liquidity Adequacy Assessment Process – ILAAP), 9. November 2018, S. 12.

18 Vgl. European Banking Authority, Guidelines on common procedures and methodologies for the supervisory review and evaluation process (SREP) and supervisory stress testing, EBA/GL/2014/13, Consolidated version, 19. Juli 2018, S. 24.

19 Vgl. Schulte, Michael/Horsch, Andreas, Wertorientierte Banksteuerung II: Risikomanagement, Frankfurt a.M., 2002, S. 53.

20 Teilweise wird in der Fachliteratur in diese Definition auch die Gefahr eingeschlossen, dass ein Institut seine Zahlungsverpflichtungen »nicht in ökonomisch sinnvoller Weise« erfüllen kann. Damit wird der betriebswirtschaftliche Aspekt stärker betont. Vgl. z. B. Iversen, Ernst-Johannes/Schillings, Robert, Stresstests im Liquiditätsrisikomanagement – Teil 1: Liquidität und Liquiditätsrisiko, in: Finanz Colloquium Heidelberg, Banken-Times Spezial, Banksteuerung/Treasury-Management, August & September 2010, S. 4.

21 Vgl. Klein, Jana/Ölger, Mehtap/Wetzel, André, Investmentfonds – Umgang mit Liquiditätsrisiken, in: BaFinJournal, Ausgabe Januar 2018, S. 23.

22 Vgl. European Banking Authority, Leitlinien zu den Stresstests der Institute, EBA/GL/2018/04, 19. Juli 2018, S. 39.

23 Vgl. Bartetzky, Peter, Liquiditätsrisikomanagement – Status quo, in: Bartetzky, Peter/Gruber, Walter/Wehn, Carsten S. (Hrsg.), Handbuch Liquiditätsrisiko – Identifikation, Messung und Steuerung, Stuttgart, 2008, S. 12; Klein, Jana/Ölger, Mehtap/Wetzel, André, Investmentfonds – Umgang mit Liquiditätsrisiken, in: BaFinJournal, Ausgabe Januar 2018, S. 23.

24 In einigen Veröffentlichungen werden für den Begriff »Refinanzierungsrisiko« synonym die Bezeichnungen »Finanzierungsrisiko« oder »Finanzierungsliquiditätsrisiko« verwendet. Vgl. The Joint Forum, The management of liquidity risk in financial groups, 3. Mai 2006, S. 1, Fußnote 1.

25 Vgl. The Joint Forum, The management of liquidity risk in financial groups, 3. Mai 2006, S. 1, Fußnote 1; Basel Committee on Banking Supervision, Principles for Sound Liquidity Risk Management and Supervision, BCBS 144, 25. September 2008, S. 1, Fußnote 2; Committee of European Banking Supervisors, Revised Guidelines on Stress Testing (GL 32), 26. August 2010, S. 35.

dabei inakzeptable Verluste in Kauf nehmen zu müssen.[26] Die EBA versteht darunter in analoger Weise das Risiko, dass die Institute mittel- und langfristig über keine stabilen Refinanzierungs-quellen verfügen und folglich ggf. ihren finanziellen Verpflichtungen wie Zahlungen und benötigten Sicherheiten, die mittel- bis langfristig fällig sind, gar nicht oder nicht ohne inakzep-table Erhöhung ihrer Refinanzierungskosten nachkommen können.[27]

1.4.2 Besondere Ausprägungen von Liquiditäts- und Refinanzierungsrisiken

Als besondere Ausprägungen von Liquiditäts- und Refinanzierungsrisiken gelten die folgenden Risiken:

21

- Das »Terminrisiko« beschreibt die Gefahr einer durch Markthemmnisse oder die Gegenpartei verschuldeten, unplanmäßigen Verlängerung der Kapitalbindungsdauer von Aktivgeschäf-ten.[28] Damit besteht die Gefahr, dass zu einem verbindlich festgelegten Termin eine verein-barte Leistung nicht erbracht werden kann (Zahlungsverzug).[29]
- Das »Abrufrisiko« besteht in der Gefahr, dass die Gegenpartei unerwartet Kredit- bzw. Liquiditätszusagen in Anspruch nimmt (aktivisches Abrufrisiko) bzw. Einlagen abruft (passi-visches Abrufrisiko).[30] Zu einem massiven Abruf von Einlagen kommt es insbesondere dann, wenn das Vertrauen in die Stabilität des Finanzsystems nachhaltig erschüttert ist. Dies hatte z. B. während der Wirtschaftskrise ab Ende 2001 in Argentinien und während der weltweiten Finanzmarktkrise ab 2007 in verschiedenen Ländern zu einem regelrechten Ansturm auf einzelne Banken geführt (»Bank-Run-Effekt«).
- Das »Liquiditätsspreadrisiko« beschreibt die Gefahr, dass dem Institut aufgrund einer Verän-derung der eigenen Refinanzierungskurve (»Spreadausweitung«) aus der Fristentransformati-on ein Verlust entsteht. Es ergibt sich immer dann, wenn ein Institut seine Verbindlichkeiten nicht fristenkongruent refinanziert.[31]

Als eine Art Mischform des Marktpreis- und des Liquiditätsrisikos gilt hingegen das »Markt-liquiditätsrisiko«. Unter diesem Risiko wird die Gefahr verstanden, dass Aktiva nur mit Abschlägen auf die Marktpreise liquidiert werden können.[32] Inhaltlich vergleichbare Definitionen beschreiben das Risiko, dass die Liquidation von Vermögenswerten mangels ausreichender Marktliquidität

22

---

26 Vgl. Committee of European Banking Supervisors, Revised Guidelines on Stress Testing (GL 32), 26. August 2010, S. 41.

27 Vgl. European Banking Authority, Guidelines on common procedures and methodologies for the supervisory review and evaluation process (SREP) and supervisory stress testing, EBA/GL/2014/13, Consolidated version, 19. Juli 2018, S. 23.

28 Vgl. Schierenbeck, Henner, Ertragsorientiertes Bankmanagement, Band 2: Risiko-Controlling und integrierte Rendite-/Risikosteuerung, 8. Auflage, Wiesbaden, 2003, S. 6.

29 Vgl. Finanzmarktaufsicht Liechtenstein, ILAAP (»Internal Liquidity Adequacy Assessment Process«), FMA-Mitteilung 2017/6, 21. November 2017, S. 6.

30 Vgl. Schierenbeck, Henner, Ertragsorientiertes Bankmanagement, Band 2: Risiko-Controlling und integrierte Rendite-/Risikosteuerung, 8. Auflage, Wiesbaden, 2003, S. 6.

31 In Abgrenzung zum »Credit-Spread-Risiko« geht es in diesem Modul um das »Liquiditätsspreadrisiko«, wobei es sich im Grunde um zwei Seiten einer Medaille handelt (aus dem Blickwinkel eines Gläubigers oder eines Schuldners). Das »Liquiditätsspreadrisiko« kann mit Bezug auf seine Definition auch als »Refinanzierungsspreadrisiko« bezeichnet werden. In einigen Veröffentlichungen wird für den Begriff »Liquiditätsspreadrisiko« synonym die Bezeichnung »Liquiditätsfristen-transformationsrisiko« verwendet. Vgl. Bartetzky, Peter, Liquiditätsrisikomanagement – Status quo, in: Bartetzky, Peter/Gruber, Walter/Wehn, Carsten S. (Hrsg.), Handbuch Liquiditätsrisiko – Identifikation, Messung und Steuerung, Stuttgart, 2008, S. 12. Zur Vertiefung wird dort insbesondere Akmann, Michael/Beck, Andreas/Hermann, Rolf/Stückler, Ralf, Die Liquiditätsrisiken dürfen nicht vernachlässigt werden, in: Betriebswirtschaftliche Blätter, Heft 10/2005, S. 556 ff., emp-fohlen. In anderen Veröffentlichungen wird der hier übergreifend verwendete Begriff »Refinanzierungsrisiko« auch zur Beschreibung des »Liquiditätsspreadrisikos« genutzt, wie im Übrigen durchgängig in Ausarbeitungen der Deutschen Bundesbank. Vgl. Schulte, Michael/Horsch, Andreas, Wertorientierte Banksteuerung II: Risikomanagement, Frankfurt a. M., 2002, S. 57 f.

32 Vgl. Bartetzky, Peter, Liquiditätsrisikomanagement – Status quo, in: Bartetzky, Peter/Gruber, Walter/Wehn, Carsten S. (Hrsg.), Handbuch Liquiditätsrisiko – Identifikation, Messung und Steuerung, Stuttgart, 2008, S. 12; Klein, Jana/Ölger, Mehtap/Wetzel, André, Investmentfonds – Umgang mit Liquiditätsrisiken, in: BaFinJournal, Ausgabe Januar 2018, S. 23.

erschwert wird bzw. nur mit erheblichen Auswirkungen auf den Marktpreis möglich ist (»Fire Sales«).[33]

23   In einigen Instituten wird das Marktliquiditätsrisiko dem Zahlungsunfähigkeitsrisiko zugeordnet.[34] Für diese Zuordnung spricht die Tatsache, dass das Marktliquiditätsrisiko als aktivisches »Pendant« zum passivischen Refinanzierungsrisiko eine wesentliche Ursache für die Zahlungsunfähigkeit sein kann und es in erster Linie um kurzfristige Aktivitäten geht. Hingegen ist die in der Praxis eher vorkommende separate Behandlung des Marktliquiditätsrisikos darauf zurückzuführen, dass es häufig als eine Form des Marktpreisrisikos angesehen wird.[35] Da eine geringe Marktliquidität in einer hohen »Geld-Brief-Spanne« (»Bid-Ask-Spread«) zum Ausdruck kommen kann, bilden einige Institute für mögliche Verluste aus Verkäufen zum niedrigeren Geldkurs einen Puffer (»Bid-Ask-Reserve«), der in der Konsequenz einer Minderung des Liquiditätsdeckungspotenzials entspricht. Die meisten Institute berücksichtigen das Marktliquiditätsrisiko jedoch durch allgemeine Bewertungsabschläge (»Haircuts«).

1.4.3   Abgrenzung von Liquiditäts- und Refinanzierungsrisiken

24   Während über die Definition der möglichen Bestandteile des Liquiditätsrisikos im weiteren Sinne relative Einigkeit herrscht, werden sie in der Praxis unterschiedlich überwacht und gesteuert und deshalb auch nicht einheitlich abgegrenzt. Einer Erhebung aus dem Jahr 2008 zufolge wurden das Zahlungsunfähigkeitsrisiko als Liquiditätsrisiko im engeren Sinne sowie das Refinanzierungs- und das Marktliquiditätsrisiko als Liquiditätsrisiko im weiteren Sinne bezeichnet. Das Liquiditätsspreadrisiko spielte damals lediglich bei der Notfallplanung einiger Institute eine Rolle.[36] Die Deutsche Bundesbank hat im Auftrag der BaFin in den Jahren 2009 und 2010 insgesamt einhundertfünfzig Kreditinstitute zu ihren Risikotragfähigkeitskonzepten befragt. Den Auswertungen dieser Umfragen zufolge haben viele Institute hinsichtlich des Liquiditätsrisikos zwischen dem Zahlungsunfähigkeitsrisiko, dem Liquiditätsspreadrisiko und dem Marktliquiditätsrisiko unterschieden.[37]

25   Zusammengefasst hat sich an der Abgrenzung der Komponenten des Liquiditätsrisikos im weiteren Sinne in der Fachliteratur – abgesehen von den Bezeichnungen – also nicht viel geändert. Dazu gehört zunächst das Liquiditätsrisiko im engeren Sinne, also das Zahlungsunfähigkeitsrisiko. Das Termin- und das Abrufrisiko können durchaus dem Zahlungsunfähigkeitsrisiko zugeordnet werden. Ergänzt wird das Liquiditätsrisiko im engeren Sinne durch das Refinanzierungsrisiko, wozu auch das Liquiditätsspreadrisiko gerechnet werden kann. Die Zuordnung des Marktliquiditätsrisikos ist – wie oben ausgeführt – zwar möglich, aber nicht zwingend erforderlich. Den Vorgaben von CEBS zufolge wird von den Instituten allerdings erwartet, dass sie ihr individuelles Refinanzierungsrisiko unter Berücksichtigung des Marktliquiditätsrisikos steuern und überwachen.[38] Sofern also genügend Zeit für die Refinanzierung zur Verfügung steht, sollte der optimale Zeitpunkt für entsprechende Aktivitäten gewählt werden. Umgekehrt können sich die Refinanzie-

---

33 Vgl. The Joint Forum, The management of liquidity risk in financial groups, 3. Mai 2006, S. 1, Fußnote 1; Committee of European Banking Supervisors, Revised Guidelines on Stress Testing (GL 32), 26. August 2010, S. 41.

34 Vgl. Bartetzky, Peter, Liquiditätsrisikomanagement – Status quo, in: Bartetzky, Peter/Gruber, Walter/Wehn, Carsten S. (Hrsg.), Handbuch Liquiditätsrisiko – Identifikation, Messung und Steuerung, Stuttgart, 2008, S. 13. In einigen Veröffentlichungen wird für den Begriff »Zahlungsunfähigkeitsrisiko« inkl. »Marktliquiditätsrisiko« synonym die Bezeichnung »Liquiditätsanspannungsrisiko« verwendet. Vgl. Schierenbeck, Henner, Ertragsorientiertes Bankmanagement, Band 2: Risiko-Controlling und integrierte Rendite-/Risikosteuerung, 8. Auflage, Wiesbaden, 2003, S. 6.

35 Vgl. Institute of International Finance, Principles of Liquidity Risk Management, März 2007, S. 19.

36 Vgl. Bundesanstalt für Finanzdienstleistungsaufsicht/Deutsche Bundesbank, Praxis des Liquiditätsrisikomanagements in ausgewählten deutschen Kreditinstituten, 28. Januar 2008, S. 5.

37 Vgl. Deutsche Bundesbank, »Range of Practice« zur Sicherstellung der Risikotragfähigkeit bei deutschen Kreditinstituten, 11. November 2010, S. 14.

38 Vgl. Committee of European Banking Supervisors, Revised Guidelines on Stress Testing (GL 32), 26. August 2010, S. 41.

rungsaktivitäten der Institute je nach Dimension durchaus auf die allgemeine Marktliquidität auswirken.

In Abbildung 73 ist eine mögliche Systematisierung der Bestandteile des Liquiditätsrisikos im weiteren Sinne dargestellt, die sich an diesen Entwicklungen orientiert. Es sei allerdings darauf hingewiesen, dass dies nicht die einzige Variante ist und sich die jeweils passende Systematik vor allem danach richtet, wie die einzelnen Komponenten des Liquiditätsrisikos in den Instituten gesteuert und überwacht werden.   **26**

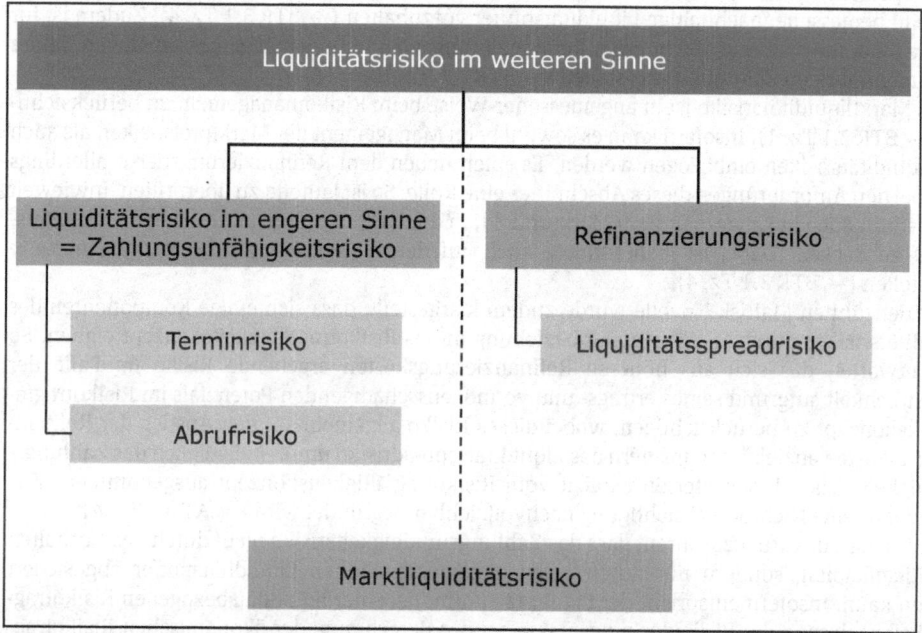

Abb. 73: Mögliche Systematik der Liquiditätsrisiken

1.4.4 Behandlung der verschiedenen Komponenten in den MaRisk

Für die Zwecke der MaRisk spielt es eigentlich keine Rolle, auf welche Weise die einzelnen Komponenten des Liquiditätsrisikos abgegrenzt werden. Wichtig ist vor allem, dass sie insbesondere im Falle ihrer Wesentlichkeit angemessen in den Risikosteuerungs- und -controllingprozessen berücksichtigt werden. Allerdings wird auf die genannten Komponenten an verschiedenen Stellen in den MaRisk explizit abgestellt.   **27**

Beim zentralen Leitsatz zum Management der Liquiditätsrisiken geht es zunächst um das Zahlungsunfähigkeitsrisiko. Danach haben die Institute in erster Linie sicherzustellen, dass sie ihre Zahlungsverpflichtungen jederzeit erfüllen können (→ BTR 3.1 Tz. 1). Zu diesem Zweck haben sie für einen geeigneten Zeitraum eine oder mehrere aussagekräftige Liquiditätsübersichten zu erstellen, in denen die voraussichtlichen Mittelzuflüsse den voraussichtlichen Mittelabflüssen in den einzelnen Zeitbändern gegenübergestellt werden (→ BTR 3.1 Tz. 3). Zur Modellierung der   **28** entsprechenden Zahlungsströme (»Cashflows«) eignen sich das Termin- und das Abrufrisiko besonders gut.[39] Eine wichtige Rolle spielt dabei das untertägige Liquiditätsrisiko, dass insbesondere bei der Nutzung von Echtzeit-Abwicklungs- und Zahlungsverkehrssystemen von Bedeutung ist (→ BTR 3.1 Tz. 1).

29   Zum Management des Refinanzierungsrisikos ist von den Instituten eine ausreichende Diversifikation der Refinanzierungsquellen und der Liquiditätspuffer zu gewährleisten (→ BTR 3.1 Tz. 1). Der dauerhafte Zugang zu den für sie relevanten Refinanzierungsquellen ist regelmäßig zu überprüfen. Für kurzfristig eintretende Verschlechterungen der Liquiditätssituation sind ausreichend bemessene, nachhaltige Liquiditätspuffer vorzuhalten (→ BTR 3.1 Tz. 4). Zudem ist für interne Steuerungszwecke ein interner Refinanzierungsplan für einen angemessen langen, in der Regel mehrjährigen Zeitraum aufzustellen (→ BTR 3.1 Tz. 12).

30   Das Marktliquiditätsrisiko ist in angemessener Weise beim Risikomanagement zu berücksichtigen (→ BTR 2.1 Tz. 1). Insofern kann es sowohl beim Management der Marktpreisrisiken als auch der Liquiditätsrisiken einbezogen werden. Es spielt neben dem Refinanzierungsrisiko allerdings auch bei den Anforderungen dieses Abschnittes eine Rolle. So ist laufend zu überprüfen, inwieweit das Institut, auch bei angespanntem Marktumfeld, in der Lage ist, einen auftretenden Liquiditätsbedarf zu decken. Dabei ist insbesondere auch auf den Liquiditätsgrad der Vermögenswerte abzustellen (→ BTR 3.1 Tz. 4).

31   Mit der fünften MaRisk-Novelle wurde zudem klargestellt, dass sich einige Komponenten des Liquiditätsrisikos durchaus für eine Einbeziehung in das Risikotragfähigkeitskonzept eignen. So wird erwartet, das sich aus höheren Refinanzierungskosten ergebende Risiko im Falle der Wesentlichkeit aufgrund seines ertrags- und vermögensschädigenden Potenzials im Risikotragfähigkeitskonzept zu berücksichtigen, wobei dieses Risiko allgemein auf den Anstieg der Refinanzierungskosten abzielt[40] und insofern das Liquiditätsspreadrisiko umfasst. Lediglich das Zahlungsunfähigkeitsrisiko darf weiterhin explizit vom Risikotragfähigkeitskonzept ausgenommen werden, wenn seine Nichtberücksichtigung nachvollziehbar begründet wird (→ AT 4.1 Tz. 4).

32   Dies ist darauf zurückzuführen, dass das Zahlungsunfähigkeitsrisiko nicht durch das Vorhalten von Eigenkapital, sondern nur durch einen angemessen hohen Liquiditätspuffer abgesichert werden kann. Insofern entspricht der Liquiditätspuffer bei einer liquiditätsbezogenen Risikotragfähigkeitsrechnung der Risikodeckungsmasse bei der Berechnung der ökonomischen Risikotragfähigkeit. In Analogie dazu wird von den Regulierungsbehörden eine Unterlegung des Zahlungsunfähigkeitsrisikos durch hoch liquide Aktiva und nicht durch Eigenkapital gefordert, was in den Anforderungen zur Liquiditätsdeckungsquote (»Liquidity Coverage Ratio«, LCR) nach Art. 412 Abs. 1 CRR zum Ausdruck kommt.

1.5   Liquidität und Liquiditätsrisiken

33   Ein Institut kann zumindest grob zwischen »sicheren« und »unsicheren« Zahlungsströmen unterscheiden. Als relativ sicher können insbesondere die aufgrund vertraglicher Vereinbarungen »erwarteten« Zahlungsströme bezeichnet werden, die hinsichtlich Volumen und Fälligkeit bekannt sind (»deterministische Zahlungsströme«). Dazu gehören z. B. Zins- und Tilgungsleistungen zu fest vereinbarten Terminen. Auch die unsicheren Zahlungsströme, die zunächst modelliert

---

39   Vgl. Bartetzky, Peter, Liquiditätsrisikomanagement – Status quo, in: Bartetzky, Peter/Gruber, Walter/Wehn, Carsten S. (Hrsg.), Handbuch Liquiditätsrisiko – Identifikation, Messung und Steuerung, Stuttgart, 2008, S. 13.

40   Vgl. Volk, Tobias, Risikotragfähigkeit von Kreditinstituten, in: BankPraktiker, Heft 6/2013, S. 228; Deutsche Bundesbank, Bankinterne Methoden zur Ermittlung und Sicherstellung der Risikotragfähigkeit und ihre bankaufsichtliche Bedeutung, in: Monatsbericht, März 2013, S. 35 f.

werden müssen (»stochastische Zahlungsströme«), können sich aus einem »erwarteten« und einem »unerwarteten« Anteil zusammensetzen. So kann z. B. gemäß der Bodensatztheorie davon ausgegangen werden, dass nicht sämtliche Sicht- und Spareinlagen bei Fälligkeit abgezogen werden, sondern ein gewisser Anteil daran weiterhin als Refinanzierungsmittel zur Verfügung stehen wird. Dasselbe gilt in Analogie für die i. d. R. nicht vollständige Inanspruchnahme zugesagter Kredit- oder Liquiditätslinien (→ BTR 3.1 Tz. 3).

In der Konsequenz können die »erwarteten« Zahlungsströme als Liquidität und die »unerwarteten« Zahlungsströme – also die Abweichungen von den erwarteten Zahlungsströmen – als Liquiditätsrisiko angesehen werden.[41] Mit Blick auf die Begriffsbestimmung am Anfang dieses Kapitels bedeutet dies, dass Liquidität die Fähigkeit, tatsächlichen oder potenziellen Zahlungsverpflichtungen vollständig und rechtzeitig nachzukommen, und Liquiditätsrisiko die Gefährdung dieser Fähigkeit beschreiben.[42]

34

1.6 Definition und Arten von Liquiditätsrisikomaßen

Wie bereits beim Risikotragfähigkeitskonzept ausgeführt, wird das Value-at-Risk-Konzept von Fachleuten zumindest teilweise für geeignet gehalten, um auch das Liquiditätsrisiko unter Normalbedingungen abzubilden (→ AT 4.1 Tz. 1). Für das Zahlungsunfähigkeitsrisiko und das Liquiditätsspreadrisiko wurden in Anlehnung an dieses Konzept zwei verschiedene Risikomaße entwickelt:

35

– Zur Abbildung des Zahlungsunfähigkeitsrisikos kann der »Liquidity-at-Risk« (LaR) herangezogen werden, der auf das Ausmaß von Liquiditätsanforderungen abstellt, indem der sich aus der kurzfristigen Steuerung der Mittelzu- und -abflüsse ergebende dispositive Nettofinanzbedarf geschätzt wird. Der Liquidity-at-Risk ist demzufolge ein Maß für die Liquiditätsbelastung, die mit einer bestimmten Wahrscheinlichkeit in einem bestimmten Zeitraum nicht überschritten wird.[43] Er bezieht sich auf die Verteilung der vom Institut nicht beeinflussbaren Nettozahlungsabflüsse, nicht hingegen auf eine Verlustverteilung. Dabei können mit Hilfe einer Extremwertstatistik auch Risikowerte außerhalb der Stichprobe geschätzt werden.[44]

– Für die Abbildung des Liquiditätsspreadrisikos kann der »Liquidity-Value-at-Risk« (LVaR) verwendet werden, der auf die strukturellen (negativen) Vermögenswertschwankungen abzielt, die sich aus der erforderlichen Liquiditätsbeschaffung zur Schließung potenzieller Finanzierungslücken ergeben. Der Liquidity-Value-at-Risk berücksichtigt – im Gegensatz zum Liquidity-at-Risk – neben Volumens- auch Preisänderungen und ist somit ein Maß für den mit einer bestimmten Wahrscheinlichkeit zu erwartenden maximalen Vermögensverlust (→ AT 4.1 Tz. 1). Insofern ist im Grunde nicht von der Hand zu weisen, dass Institute mit hohen Liquiditätsfristentransformationsrisiken dafür auch Eigenkapital vorhalten sollten – in Analogie zu anderen Erfolgsrisiken.[45]

---

41 Vgl. Heidorn, Thomas/Schmaltz, Christian, Interne Transferpreise für Liquidität, Frankfurt School of Finance & Management, Working Paper Nr. 125, August 2009, S. 5.

42 Vgl. Eichhorn, Michael, Britische Finanzdienstleistungsaufsicht: Deutliche Verschärfung der Standards für Liquiditätsrisiken, in: Zeitschrift für das gesamte Kreditwesen, Heft 3/2009, S. 121.

43 Zur Vertiefung vgl. Zeranski, Stefan, Liquidity at Risk zur Steuerung des liquiditätsmäßig-finanziellen Bereichs von Kreditinstituten, Chemnitz, 2005.

44 Vgl. Deutsche Bundesbank, Zur Steuerung von Liquiditätsrisiken in Kreditinstituten, in: Monatsbericht, September 2008, S. 64.

45 Vgl. Bartetzky, Peter, Liquiditätsrisikomanagement – Status quo, in: Bartetzky, Peter/Gruber, Walter/Wehn, Carsten S. (Hrsg.), Handbuch Liquiditätsrisiko – Identifikation, Messung und Steuerung, Stuttgart, 2008, S. 18.

36   Besonders in Krisensituationen, in denen das Management der Liquiditätsrisiken für viele Institute
eine existenzielle Bedeutung hat, zeigen sich die Grenzen der auf historischen Daten basierenden
Ansätze. Zudem sind gerade für das Liquiditätsrisiko die beim Value-at-Risk-Konzept ausgeblen-
deten Extremsituationen von großer Bedeutung. Aus diesem Grund haben sich empirische Analysen und Stresstests bei der Risikomessung durchgesetzt, die sowohl auf institutseigenen als auch
auf marktweiten Ursachen für Liquiditätsrisiken beruhen müssen und beide Aspekte in Kombination betrachten (→ BTR 3.1 Tz. 8). Auf diese Weise sollen die Institute besser auf drohende
Liquiditätsengpässe vorbereitet sein. Auch die EBA stützt sich insbesondere bei den Festlegungen
zur Liquiditätsdeckungsquote (LCR) auf die Vorgabe von Zufluss- und Abflussraten, die eher mit
Stressbetrachtungen als mit mathematischen Standardmodellen begründet werden.

37   Einer repräsentativen Umfrage aus dem Jahr 2009 zufolge setzten die meisten Institute in
Deutschland bei der Liquiditätsprognose und der Risikofrüherkennung zur Ermittlung der stochastischen Zahlungsströme (noch) stärker auf Expertenschätzungen als auf mathematische
Modelle. Selbst in den größeren Instituten mit einer Bilanzsumme von mehr als 10 Milliarden Euro
dominierte die Nutzung von Expertenwissen (83 Prozent), die Modellierung zyklischer Zahlungsströme (42 Prozent), die Bildung einfacher Durchschnitte (22 Prozent) und die Durchführung von
Regressionsanalysen (17 Prozent) deutlich vor dem Rückgriff auf den Liquidity-at-Risk (14 Prozent).[46] Seitdem dürfte der hohe Anteil von Expertenschätzungen zugunsten der Verwendung
mathematisch-statistischer Modellierungen von Abfluss- und Zuflussraten, z.B. auf Basis von
Regressionsanalysen, bei größeren Instituten zurückgeführt worden sein. Dies ergibt sich allein
aus der Notwendigkeit der Validierung der zugrunde liegenden Annahmen, die von den Aufsichtsbehörden zunehmend gefordert wird. Allerdings wird insbesondere bei Stressbetrachtungen, die
durch historische Erfahrungen unterstützt werden, weiterhin auf Expertenwissen zurückgegriffen. Bei der Masse der Institute ist die Liquiditätsübersicht (→ BTR 3.1 Tz. 3) das klassische
»Risikomaß« zur Abbildung des Liquiditätsrisikos.

1.7   Theorien zur Liquiditätsrisikosteuerung

38   Eine optimale Liquiditätsrisikosteuerung hat für jedes Institut eine wesentliche Bedeutung. Sie
verfolgt unter normalen Geschäftsbedingungen das Ziel, die erforderliche Liquidität/Refinanzie-
rung sicherzustellen, so dass aufsichtliche Kennzahlen und institutsinterne Risikovorgaben – auch
unter Stressannahmen – eingehalten werden, und dabei die Rendite bzw. den Zinsertrag zu
optimieren. Die bekanntesten Theorien zur Liquiditätsrisikosteuerung stammen zum großen Teil
bereits aus dem 19. Jahrhundert und sind nicht mehr uneingeschränkt gültig:
–   So sind die Aktiva nach der »Goldenen Bankregel« (Otto Hübner, 1854) zur Risikovermeidung
fristenkongruent zu refinanzieren, um die Zahlungsfähigkeit grundsätzlich auch ohne Zugang
zum Kapitalmarkt sicherzustellen. Allerdings wurde bereits ausgeführt, dass Institute ganz
bewusst Fristentransformation betreiben, um die Gewinnmarge zu erhöhen. Zwar hat die
Finanzmarktkrise gezeigt, dass es grundsätzlich ratsam ist, sich an Regeln zu orientieren, die
auf Erfahrungswerten basieren. Ein vollständiger Verzicht auf die Fristentransformation ist
aber volks- und betriebswirtschaftlich nicht sinnvoll, weshalb diese Regel in ihrer Absolutheit
in der modernen Liquiditätsrisikosteuerung eher bedeutungslos ist.[47]

---

46 Vgl. Kaltofen, Daniel, Empirische Ergebnisse der Großstudie Liquiditätsrisiko Deutschland, ikf institut für kredit- und
finanzwirtschaft – Ruhr-Universität Bochum, Dezember 2009.

47 Allerdings spielt der Grundgedanke der »Goldenen Bankregel« bei der Ermittlung der strukturellen Liquiditätsquote (»Net
Stable Funding Ratio«, NSFR) gemäß Art. 413 Abs. 1 CRR eine wesentliche Rolle, die seit dem 28. Juni 2021 verbindlich
einzuhalten ist. Vgl. Basel Committee on Banking Supervision, Basel III: International framework for liquidity risk
measurement, standards and monitoring, BCBS 188, 16. Dezember 2010, S. 41.

- Jederzeit kündbare Einlagen stehen der »Bodensatztheorie« (Adolf Wagner, 1857) zufolge dem Institut in der Praxis zumindest teilweise durchaus länger als ihre nominale Bindungsdauer zur Verfügung und können folglich als »Bodensatz« zur Refinanzierung längerfristiger Anlagen verwendet werden. Diese Erkenntnis führt zu einer Erweiterung der Goldenen Bankregel und damit verbunden zu einer anderen Bewertung des jeweiligen Liquiditätsbedarfes.

- Die »Realisations-Theorie« bzw. »Shiftability-Theorie« (Karl Knies, 1879) wiederum besagt, als Gegenstück zur Bodensatztheorie, dass bestimmte Vermögensgegenstände vor Ende ihrer tatsächlichen Laufzeit kurzfristig am Markt veräußert werden können, also kurzfristig »liquidierbar« sind. Derartige Aktiva können folglich in die Liquiditätsrisikosteuerung einbezogen werden, da mit ihrer Hilfe kurzfristig auftretende Liquiditätsengpässe schnell überbrückt werden könnten. Vor diesem Hintergrund wird eine so genannte »Liquiditätsreserve« an marktliquiden Wertpapieren gehalten, die im Bedarfsfall durch Verkauf oder über Pensionsgeschäfte relativ schnell in Liquidität umgewandelt werden können. Es ist allerdings darauf zu achten, ob es für diese Vermögensgegenstände wirklich einen Markt gibt und ob die geplanten Verkäufe insbesondere im Stressfall ggf. nur mit hohen Abschlägen erfolgen können.

- Müssen einzelne Aktiva vorzeitig verkauft werden, so dürfen die daraus resultierenden Wertverluste schließlich nach der »Maximalbelastungstheorie« (Wolfgang Stützel, 1959) die Höhe des Eigenkapitals nicht übersteigen. Dadurch könnte der Abfluss jeglicher Zahlungsmittel ohne die Gefahr einer Insolvenz gedeckt werden, wobei mit höheren erwarteten Abschlägen beim Verkauf der Aktiva auch das Eigenkapital entsprechend höher sein muss. Dabei wird vom Extremfall ausgegangen, dass kein Bodensatz vorhanden ist, weil alle fälligen Einlagen abgezogen werden (»Bank-Run-Effekt«). Außerdem wird unterstellt, dass grundsätzlich jedes Aktivum liquidierbar ist, wenn auch mit einem entsprechenden Wertabschlag.

Die wesentlichen Erkenntnisse aus den genannten Theorien spielen auch in der bankaufsicht-lichen Behandlung des Liquiditätsrisikos eine Rolle. Ergänzt wurden sie zunächst durch zahlreiche Maßnahmen, sich unter bestimmten Voraussetzungen als Institut gegen Stellung von Sicherheiten z.B. bei Zentralbanken kurzfristig Liquidität verschaffen zu können (→ BTR 3.1 Tz. 4). Damit wurde insbesondere berücksichtigt, dass es schon aus Wettbewerbsgründen nicht sinnvoll bzw. möglich ist, eine Liquiditätsreserve vorzuhalten, die überdimensioniert und damit unnötig teuer ist. Bei einem angemessenen Liquiditätsrisikomanagement sollte nie im Vordergrund stehen, ein ausreichendes Volumen liquidierbarer Assets zur Begleichung sämtlicher Verbindlichkeiten vorzuhalten (»Liquidationsansatz«), sondern durch ein gutes Liquiditätsrisikomanagement die Fortführung des Geschäftsbetriebes sicherzustellen (»Fortführungsansatz«).[48] Insofern steht außer Zweifel, dass die Ausgestaltung angemessener Prozesse im Liquiditätsrisikomanagement eine entscheidende Rolle für den Erfolg eines Institutes spielt.[49]

Bis Anfang des 21. Jahrhunderts wurde das Liquiditätsrisiko in der akademischen Forschung und Lehre sowie in der Regulierung weitgehend vernachlässigt.[50] Neuere Theorien zur Liquiditätsrisikosteuerung beschreiben eher die damit verbundenen Tätigkeiten, wobei häufig zwischen den eingangs genannten zeitlichen Dimensionen unterschieden wird. Eine zunehmende Bedeutung wird der Durchführung von Stresstests und der Festlegung von Notfallplänen für Liquiditätsengpässe zugestanden.[51]

39

40

---

48 Vgl. Matz, Leonard/Neu, Peter (Hrsg.), Liquidity Risk – Measurement and Management, Singapur, 2007, S. 4.
49 Vgl. Schulte, Michael, Bank-Controlling II: Risikopolitik in Kreditinstituten, Frankfurt a.M., 1998, S. 39f.; Comptroller of the Currency, Comptroller's Handbook: Liquidity, Februar 2001, S. 3ff.
50 Vgl. Bartetzky, Peter, Liquiditätsrisikomanagement – Status quo, in: Bartetzky, Peter/Gruber, Walter/Wehn, Carsten S. (Hrsg.), Handbuch Liquiditätsrisiko – Identifikation, Messung und Steuerung, Stuttgart, 2008, S. 4.
51 Vgl. Institute of International Finance, Principles of Liquidity Risk Management, März 2007, S. 19.

41   Noch vor nicht allzu langer Zeit galt der Grundsatz, dass Liquiditätsrisiken im Gegensatz zu Marktpreis- und Adressenausfallrisiken nicht gezielt eingegangen werden, um Erträge zu erwirtschaften.[52] Da einige Institute jedoch verhältnismäßig stark auf Fristentransformationen setzen[53], muss diese Feststellung heutzutage zumindest relativiert werden. Durch die Einführung der strukturellen Liquiditätsquote (NSFR) am 28. Juni 2021 wird diese Kennzahl aufgrund der unterschiedlichen Gewichtungsfaktoren der verfügbaren bzw. erforderlichen stabilen Refinanzierung in Abhängigkeit von der Laufzeit weitergehender zu steuern sein. Insgesamt lässt sich feststellen, dass seit der Finanzmarktkrise verstärkt auf die Zusammenhänge zwischen dem Liquiditätsrisiko und anderen Risikoarten geachtet wird. Zudem ist eine tendenzielle Verschiebung von anderen Risikoarten zum Liquiditätsrisiko zu beobachten. Zum Beispiel wird verstärkt auf die Besicherung von Marktwerten bei Derivaten oder von Kreditzusagen bei sich verschlechternder Bonität (»Rating Trigger«) geachtet.

1.8   Verhältnis zu anderen Risikoarten

42   Als entscheidend für die Liquiditätssituation eines Institutes galt lange Zeit ausschließlich seine eigene Bonität, die sich z. B. am externen Rating ablesen lässt. In Teilen der Fachliteratur wurde in diesem Zusammenhang die These vertreten, dass die Liquidität regelmäßig der Bonität folge: »Die Liquidität im Sinne der gesamten – auch unsichtbaren – liquiden Reserven ist das Spiegelbild der Bonität, und Bonität zuweilen nur ein anderer Name für diese Liquidität im Sinne des gesamten noch nicht in Anspruch genommenen Kredits. ... Die Liquidität im Sinne eines ausreichenden Umfangs sichtbar vorhandener Reserven aber folgt der Bonität, nicht umgekehrt.«[54]

43   Die Betrachtung von Liquiditätsrisiken als bloße Folgeerscheinung anderer Risikoarten ließ Zweifel am Sinn institutsinterner Vorkehrungen aufkommen, die zur Sicherstellung der Liquidität beitragen sollen. Auf separate Anforderungen an das Management von Liquiditätsrisiken hätte vor diesem Hintergrund ebenso gut verzichtet werden können, da sie bereits durch entsprechende Anforderungen an die anderen Risikoarten abgedeckt wären. Allerdings sind Ursache und Wirkung bei Liquiditätsengpässen nicht immer klar ersichtlich. Insbesondere wird man den Liquiditätsrisiken längst nicht mehr gerecht, wenn sie nur als »aus anderen Risikoarten resultierend« angesehen werden. Die Wechselwirkungen sind in der Realität wesentlich komplexer.

44   So wurde insbesondere durch die »Subprimekrise«, die sich schnell zu einer »Finanzmarktkrise« bzw. »Vertrauenskrise« ausgeweitet hatte (→ Teil I, Kapitel 1 und AT 4.3.3 Tz. 3), eindrucksvoll bestätigt, dass sich das Liquiditätsrisiko nicht ausschließlich als Folgeerscheinung ergibt, wenn andere Risiken schlagend werden. Diese Krise hatte durch das Austrocknen der Märkte letztlich ebenfalls Auswirkungen auf die Liquidität von Instituten, denen in Sachen Management der Adressenausfall-, Marktpreis- oder operationellen Risiken kein Versäumnis nachzuweisen war.

45   Sofern andere Risiken schlagend werden, kann sich das im Extremfall zwar so auswirken, dass ein Institut insolvent und in der Folge illiquide wird. Allerdings folgt aus der Solvenz eines Institutes nicht zwangsläufig seine Liquidität, da das Kapital z. B. zur Finanzierung langlaufender Aktiva gebunden sein kann. Insofern ist Solvenz zwar eine notwendige, aber keine hinreichende Bedingung für die Liquidität eines Institutes.[55]

---

52 Vgl. Debus, Knut/Kreische, Kai, Die Liquidität im Fokus, in: Die Bank, Heft 6/2006, S. 59.
53 Vgl. Deutsche Bundesbank, Finanzstabilitätsbericht 2010, 18. November 2010, S. 10 ff.
54 Vgl. Stützel, Wolfgang, Bankpolitik – heute und morgen, 3. Auflage, Frankfurt a. M., 1983, S. 33 f.
55 Vgl. Duttweiler, Rudolf, Liquidität als Teil der bankbetriebswirtschaftlichen Finanzpolitik, in: Bartetzky, Peter/Gruber, Walter/Wehn, Carsten S. (Hrsg.), Handbuch Liquiditätsrisiko – Identifikation, Messung und Steuerung, Stuttgart, 2008, S. 31.

Die vielfältigen Wechselwirkungen zwischen den Liquiditätsrisiken und anderen Risikoarten werden an verschiedenen Stellen näher beleuchtet. So sind die Auswirkungen anderer Risiken auf die Liquidität bei den Verfahren zur Früherkennung eines sich abzeichnenden Liquiditätsengpasses zu berücksichtigen (→ BTR 3.1 Tz. 2). Ebenso wichtig ist die Berücksichtigung dieser Wechselwirkungen bei der Ausgestaltung angemessener Stressszenarien (→ BTR 3.1 Tz. 8) und bei der Ausarbeitung eines Notfallplanes für Liquiditätsengpässe (→ BTR 3.1 Tz. 9). Insbesondere zwischen diesen Prozessen besteht ein enger Zusammenhang.

46

1.9 Berücksichtigung von Nachhaltigkeitsrisiken

Von den bedeutenden Instituten wird erwartet, dass sie alle als wesentlich identifizierten Risiken entweder hinreichend durch Liquidität abdecken oder dokumentieren, aus welchen Gründen sie dies nicht tun.[56] Die Institute sollten daher beurteilen, ob wesentliche Klima- und Umweltrisiken zu erheblichen Nettomittelabflüssen oder zum massiven Abbau von Liquiditätspuffern führen könnten. So könnte das Liquiditätsrisiko ggf. aufgrund von makroökonomischen Schocks infolge von physischen oder transitorischen Risiken steigen, verbunden mit einer Verringerung der Auswahl an Wertpapieren, in die investiert werden kann. Spannungen am Interbankenmarkt könnten als indirekte Folge auftreten, wenn bestimmte Institute durch Klima- und Umweltrisiken erheblichen Auswirkungen auf andere Risikoarten ausgesetzt und in der Folge nicht mehr in der Lage wären, sich bei anderen Instituten zu refinanzieren.[57] Nach einem schwerwiegenden physischen Ereignis, wie z.B. einer katastrophalen Überflutung, könnten zehntausende Kunden hohe Summen von ihren Konten bei einem regional tätigen Institut abziehen, um damit die Schadensbeseitigung zu finanzieren. Um liquide zu bleiben, müsste das Institut daraufhin in hohem Maße Aktiva veräußern.[58]

47

Zur Gewährleistung einer soliden Steuerung des Liquiditätsrisikos sollten die Institute deshalb die direkten und indirekten Auswirkungen von Klima- und Umweltrisiken auf ihre Liquiditätsposition und die Kalibrierung ihrer Liquiditätspuffer berücksichtigen. Die EZB empfiehlt dazu, Klima- und Umweltrisiken in der ökonomischen und der normativen Perspektive im ILAAP zu berücksichtigen und dabei auch schwerwiegende, aber plausible Szenarien durchzuspielen. Eine plausible Möglichkeit wäre, dass Klima- und Umweltrisiken auftreten können, wenn sich die Institute gerade in einer idiosynkratischen Belastungssituation befinden und parallel Marktspannungen herrschen. Als mögliche Szenarien nennt die EZB z.B. ein klima- oder umweltbezogenes Risikoereignis, das den Wert des Liquiditätspuffers beeinträchtigt, spezifische Auswirkungen auf regionale Liquiditätspositionen, z.B. in nationalen Währungen, und potenzielle operationelle und sonstige Hindernisse für die Liquiditätsbereitstellung in Gebieten, in denen Klima- oder Umweltrisiken auftreten.[59]

48

Die Institute sollten ihre Geschäftsstrategie mit der Allokation von Liquiditätsressourcen verknüpfen, um deren Umsetzung sicherstellen zu können. Die EZB verweist in diesem Zusammenhang auf die Vorgaben von CEBS, wonach die Institute bei ihrem internen Preisfindungsprozess, z.B. im Rahmen des Neu-Produkt-Prozesses, die spezifischen Grenzkosten der Finanzierung

49

---

56 Vgl. Europäische Zentralbank, Leitfaden der EZB für den bankinternen Prozess zur Sicherstellung einer angemessenen Liquiditätsausstattung (Internal Liquidity Adequacy Assessment Process – ILAAP), 9. November 2018, S. 23.

57 Vgl. Europäische Zentralbank, Leitfaden zu Klima- und Umweltrisiken – Erwartungen der Aufsicht in Bezug auf Risikomanagement und Offenlegungen, 27. November 2020, S. 47.

58 Vgl. Bundesanstalt für Finanzdienstleistungsaufsicht, Merkblatt zum Umgang mit Nachhaltigkeitsrisiken, 20. Dezember 2019, geändert am 13. Januar 2020, S. 18.

59 Vgl. Europäische Zentralbank, Leitfaden zu Klima- und Umweltrisiken – Erwartungen der Aufsicht in Bezug auf Risikomanagement und Offenlegungen, 27. November 2020, S. 47 f.

(»Marginal Cost of Funding«)[60] berücksichtigen müssen (→ BTR 3.1 Tz. 6). So bilden sich auf den Kapitalmärkten immer mehr ESG-Anleihesegmente heraus, die z. B. im Fall grüner oder sozialer Anleihen durchaus zu (noch überschaubaren) Refinanzierungsvorteilen führen. Insofern dürften zukünftig für ESG-Anleihen geeignete Kredite von einer besseren Grenzkostenfinanzierung der Banken profitieren. Zudem müssen sie die Auswirkungen auf die potenziellen Liquiditätskosten oder den Liquiditätsnutzen gegenüber herkömmlichen Refinanzierungsinstrumenten berücksichtigen. Das bedeutet, dass ein Institut im Idealfall die Kosten der Liquiditätspuffer mit jeder Änderung ihrer Zusammensetzung neu berechnen sollte.[61] Das gilt folglich auch für nachhaltige Refinanzierungsinstrumente.[62]

50   Wie aus einer Umfrage der EBA zu den Marktpraktiken im Bereich der nachhaltigen Finanzwirtschaft hervorgeht, besteht in der Branche ein wachsender Konsens, Umwelt-, Sozial- und Unternehmensführungsrisiken (ESG-Risiken) als Treiber bestehender aufsichtsrechtlicher Risiken zu betrachten, mit Ausnahme der Liquiditätsrisiken.[63] Allerdings könnten ESG-Faktoren auch zu Problemen bei der Refinanzierung für ein Institut führen oder einige Vermögenswerte weniger werthaltig bzw. liquide machen. Auf der Aktivseite der Bilanz können ESG-Faktoren den Wert von finanziellen Vermögenswerten beeinflussen, was sich wiederum auf die Liquidität dieser Vermögenswerte auswirken kann. Ein Liquiditätsrisiko kann auch dadurch entstehen, dass ESG-Ereignisse einen Bank-Run auslösen. So können Umweltkrisen ebenso wie soziale Unruhen zu höheren Abhebungen oder Stress bei den Liquiditätspositionen des Institutes in einem bestimmten geografischen Gebiet führen. Auf der Passivseite der Bilanz können sich ESG-Faktoren auf die Verfügbarkeit oder die Stabilität von Refinanzierungen auswirken. Diese können sich z. B. in einem erschwerten oder teureren Zugang zu Marktfinanzierungen oder instabilen Einlagen aufgrund sich ändernder Kundenpräferenzen äußern (z. B. Vorliebe für Investitionen in grüne Anleihen), wodurch ein Refinanzierungsrisiko für Einlagen und eine Refinanzierungschance für ESG-Anleihen entsteht. In diesem Zusammenhang sollten auch die potenziellen Auswirkungen von Reputationsproblemen auf die Refinanzierung von Instituten berücksichtigt werden. Die EBA erwartet daher von den Instituten, ESG-Faktoren auch bei der Steuerung von Liquiditäts- und Refinanzierungsrisiken über verschiedene Zeithorizonte unter normalen und gestressten Bedingungen zu berücksichtigen. Die Institute sollten berücksichtigen, dass ESG-Risiken durch mikro- und makroprudenzielle Faktoren sowohl ihre Gewinn- und Verlustrechnung als auch ihre Bilanz beeinflussen können. ESG-Faktoren können sowohl unabhängig als auch über die Gewinn- und Verlustrechnung die Kapital- und Liquiditätsadäquanz eines Institutes, die Risikogewichtung seiner Vermögenswerte und seinen Zugang zu Kapital und Liquidität beeinflussen.[64]

51   Das Network for Greening the Financial System (NGFS) verweist darauf, dass auch aus einem Mangel an verlässlichen und vergleichbaren Informationen zu klimasensiblen Engagements Unsicherheiten und prozyklische Marktdynamiken, einschließlich Notverkäufe von kohlenstoffintensiven Vermögenswerten, sowie potenzielle Liquiditätsprobleme resultieren könnten.[65] Die EBA stellt für den SREP mit Blick auf die Liquiditätsrisiken u. a. darauf ab, die Liquiditätspuffer und das Liquiditätsdeckungspotenzial insbesondere in Stressszenarien und Situationen, wie der vom

---

60 Unter den Grenzkosten der Finanzierung (»Marginal Cost of Funding«) sind die Kosten für die Durchführung neuer Finanzierungstransaktionen auf dem Markt für eine homogene Produktgruppe zu verstehen.

61 Vgl. Committee of European Banking Supervisors, Guidelines on Liquidity Cost Benefit Allocation (GL 36), 27. Oktober 2010, S. 10.

62 Vgl. Europäische Zentralbank, Leitfaden zu Klima- und Umweltrisiken – Erwartungen der Aufsicht in Bezug auf Risikomanagement und Offenlegungen, 27. November 2020, S. 48.

63 Vgl. Coleton, Adrienne/Font Brucart, Maria/Gutierrez, Pilar/Le Tennier, Fabien/Moor, Christian, Sustainable Finance – Market Practices, EBA Staff Paper Series N. 6, 28. Januar 2020, S. 17.

64 Vgl. European Banking Authority, EBA Report on management and supervision of ESG risks for credit institutions and investment firms, EBA/REP/2021/18, 23. Juni 2021, S. 116f.

65 Vgl. Network for Greening the Financial System, Guide for Supervisors: Integrating climate-related and environmental risks into prudential supervision, Technical document, 27. Mai 2020, S. 14.

NGFS skizzierten, zu bewerten und die Erkenntnisse aus aufsichtlichen Liquiditätsstresstests heranzuziehen, bei denen spezifische Anfälligkeiten im Zusammenhang mit ESG-Faktoren detaillierter bewertet werden können. Mit Blick auf die Stabilität des Refinanzierungsprofils soll u. a. geprüft werden, ob die ESG-Faktoren wesentliche Änderungen der bestehenden Annahmen implizieren können. Diese Änderungen könnten durch hohe Konzentrationen in Finanzierungsinstrumenten mit hohem ESG-Risiko und Gegenparteien motiviert sein, die die Finanzierung in der Zukunft beeinflussen könnten. Im Fokus steht zudem die Bewertung des aktuellen sowie mittel- und langfristigen Marktzugangs, insbesondere aufgrund von Reputationsproblemen, die sich aus einem wahrgenommenen Mangel an ESG-Bewusstsein und -Handlungen ergeben, oder die Bewertung von Änderungen der Anlegerpräferenzen (z. B. zunehmende Integration von ESG-Faktoren in ihre Anlageentscheidungen), die sich auf die Fähigkeit der Institute auswirken können, Anleger anzuziehen. Ebenso untersucht werden soll der Einfluss von ESG-Faktoren auf die Liquiditätsrisikostrategie, die Liquiditätsrisikotoleranz, die liquiditätsspezifischen Stresstests, die Liquiditätsnotfallpläne und die Refinanzierungspläne des Institutes, wobei es vor allem um die angemessene Berücksichtigung der ESG-Faktoren geht.[66]

1.10 Maßgebliche regulatorische Vorgaben

1.10.1 Regulierungsinitiativen nach der Finanzmarktkrise

Die Finanzmarktkrise führte dazu, dass das Management von Liquiditätsrisiken in den Mittelpunkt **52** internationaler Regulierungsinitiativen rückte.[67] Der Baseler Ausschuss für Bankenaufsicht hatte bereits im Dezember 2006 eine »Working Group on Liquidity« eingerichtet, die ursprünglich einen Überblick über die Ausgestaltung der nationalen Aufsichtsregeln zum Liquiditätsrisiko in den beteiligten Mitgliedstaaten erarbeiten sollte. Als Reaktion auf die Finanzmarktkrise wurden von diesem Gremium auch Untersuchungen zur Eignung des Liquiditätsrisikomanagements der Institute in schwierigen Zeiten durchgeführt. Kritisiert wurde u. a., dass die Institute hinsichtlich der Handelbarkeit von Verbriefungspositionen zu optimistische Annahmen getroffen und ihre Stress-szenarien zu sehr auf institutseigene Ursachen abgestellt hätten.

Als Konsequenz aus dieser Bestandsaufnahme und den dabei festgestellten Mängeln wurden die **53** Prinzipien zum Management der Liquiditätsrisiken aus dem Jahr 2000[68] deutlich überarbeitet.[69] Schwerpunkte der Überarbeitung waren folglich die Identifizierung und Messung außerbilanzieller Risiken aus Verbriefungen und die Berücksichtigung marktweiter Stressszenarien. Darüber hinaus wurden neue Prinzipien aufgenommen, die sich z. B. mit der Risikotoleranz für Liquiditätsrisiken vor dem Hintergrund des Risikoappetits der Geschäftsleitung und den Liquiditätskosten beschäftigen. Betont wird die besondere systemische Relevanz des bankinternen Liquiditätsmanagements, dem ein am potenziellen Ausmaß von Stressereignissen ausgerichteter Ansatz zugrunde liegt. Eine

---

66 Vgl. European Banking Authority, EBA Report on management and supervision of ESG risks for credit institutions and investment firms, EBA/REP/2021/18, 23. Juni 2021, S. 149f.

67 Vgl. Financial Stability Forum, Report of the Financial Stability Forum on Enhancing Market and Institutional Resilience, 7. April 2008, S. 12ff.

68 Basel Committee on Banking Supervision, Sound Practices for Managing Liquidity in Banking Organisations, BCBS 69, 1. Februar 2000.

69 Basel Committee on Banking Supervision, Principles for Sound Liquidity Risk Management and Supervision, BCBS 144, 25. September 2008.

zentrale Bedeutung kommt folglich der Simulation von schweren Liquiditätsschocks sowie der hierauf aufbauenden Notfallplanung und quantitativen Liquiditätsvorsorge zu.[70]

1.10.2 Vorgaben für die erste Säule

54 Über »Basel III«[71] wurden Mitte 2013 auch in der Bankenverordnung neue Vorgaben zum Liquiditätsmanagement ergänzt, die zum Teil auf die zweite Säule ausstrahlen. Gemäß der Anforderung an die Liquiditätsdeckungsquote (»Liquidity Coverage Ratio«, LCR) nach Art. 412 Abs. 1 CRR müssen die Institute über liquide Aktiva (Liquiditätspuffer) verfügen, deren Gesamtwert die Liquiditätsabflüsse abzüglich der Liquiditätszuflüsse unter erheblichen Stressbedingungen über einen Zeitraum von 30 Tagen abdeckt. In Stressperioden dürfen die liquiden Aktiva zur Deckung der Netto-Liquiditätsabflüsse verwendet werden. Ergänzenden Vorgaben zur strukturellen Liquiditätsquote (»Net Stable Funding Ratio«, NSFR) in Art. 413 Abs. 1 CRR zufolge müssen die Institute sicherstellen, dass ihre langfristigen Vermögenswerte und außerbilanziellen Posten angemessen durch eine breite Vielfalt von sowohl unter Normal- als auch unter Stressbedingungen stabilen Instrumenten der Refinanzierung unterlegt sind. Hält ein Institut diese Liquiditätsanforderungen nicht ein, so muss es laut Art. 414 CRR den zuständigen Behörden unter Beachtung verschärfter Meldeanforderungen umgehend einen Plan für die zeitnahe Wiedereinhaltung der Anforderungen vorlegen.[72]

55 Zur näheren Ausgestaltung des Zählers der LCR, genauer zur Definition von erstklassigen liquiden Aktiva (»High-Quality Liquid Assets«, HQLA) und zum Bestand an lastenfreien (»unencumbered«) HQLA, sowie zu den Überwachungsindikatoren im Liquiditätsmanagement hat der Baseler Ausschuss für Bankenaufsicht (BCBS) Anfang 2013 weitere Konkretisierungen vorgenommen.[73] In diesem Papier wird auch ein Notfallplan für die Liquiditätsversorgung (»Contingency Funding Plan«, CFP) gefordert. Mit Blick auf nur eingeschränkt nutzbare Liquiditätsfazilitäten innerhalb der LCR wurden die Vorgaben später ergänzt.[74] Im April 2013 wurden vom BCBS konkrete Überwachungskennzahlen zur untertägigen Liquidität für international tätige Institute vorgeschlagen.[75] Außerdem hat sich der Ausschuss zur Offenlegung der LCR geäußert.[76] Zeitgleich wurde ein Leitfaden für die Aufseher zu marktbasierten Indikatoren für das Liquiditätsmanagement veröffentlicht.[77] Auf europäischer Ebene wird die nähere Ausgestaltung der LCR durch

---

70 Vgl. Deutsche Bundesbank, Änderung der neu gefassten EU-Bankenrichtlinie und der EU-Kapitaladäquanzrichtlinie sowie Anpassung der Mindestanforderungen an das Risikomanagement, in: Monatsbericht, September 2009, S. 74.

71 Basel Committee on Banking Supervision, Basel III: International framework for liquidity risk measurement, standards and monitoring, BCBS 188, 16. Dezember 2010.

72 Verordnung (EU) Nr. 575/2013 (Bankenverordnung – CRR) des Europäischen Parlaments und des Rates vom 26. Juni 2013 über Aufsichtsanforderungen an Kreditinstitute und Wertpapierfirmen und zur Änderung der Verordnung (EU) Nr. 646/2012, Amtsblatt der Europäischen Union vom 27. Juni 2013, L 176/1–337.

73 Basel Committee on Banking Supervision, Basel III: The Liquidity Coverage Ratio and liquidity risk monitoring tools, BCBS 238, 7. Januar 2013.

74 Basel Committee on Banking Supervision, Liquidity coverage ratio disclosure standards, BCBS 272, 12. Januar 2014.

75 Basel Committee on Banking Supervision, Monitoring tools for intraday liquidity management, BCBS 248, 11. April 2013.

76 Basel Committee on Banking Supervision, Liquidity coverage ratio disclosure standards, BCBS 272, 12. Januar 2014.

77 Basel Committee on Banking Supervision, Guidance for Supervisors on Market-Based Indicators of Liquidity, BCBS 273, 12. Januar 2014.

entsprechende Delegierte Verordnungen geregelt.[78] Schließlich hat die EBA Leitlinien zur Offenlegung der LCR gemäß Art. 435 CRR erarbeitet.[79]

Auch zur Ausgestaltung der NSFR[80] sowie zu ihrer Offenlegung[81] hat der Baseler Ausschuss für Bankenaufsicht Vorgaben gemacht. Die EBA war gemäß Art. 510 CRR gegenüber der Europäischen Kommission bis zum 31. Dezember 2015 zur Berichterstattung über die Anforderungen in Bezug auf die NSFR verpflichtet. Gleichzeitig sollte die EBA untersuchen, inwieweit es angemessen wäre, ggf. alternative Methoden zur Festlegung des Bedarfes an stabiler Refinanzierung zu entwickeln. Vor diesem Hintergrund hat die EBA zunächst eine Auswirkungsstudie (»Quantitative Impact Study«, QIS) zum Stichtag 31. Dezember 2014 durchgeführt, an der sich 279 Institute beteiligt haben, und auf dieser Basis einen Bericht zur NSFR veröffentlicht.[82] Anschließend hat die EBA geprüft, inwiefern die so genannte Kern-Refinanzierungsquote (»Core Funding Ratio«, CFR) als Alternative zur NSFR für die Bewertung des Refinanzierungsrisikos infrage kommen könnte. In ihrem Bericht[83], der auf denselben QIS-Daten beruht, kommt die EBA zu dem Schluss, dass der Refinanzierungsbedarf mit Hilfe der CFR nicht vollständig beurteilt werden kann und sie insofern keine echte Alternative zur NSFR darstellt. Dies ist vor allem darauf zurückzuführen, dass die CFR das Refinanzierungsrisiko nur unter Berücksichtigung der Passivseite einer Bank bewertet. Die NSFR bietet hingegen eine vollständige Risikobewertung der Refinanzierung unter Berücksichtigung beider Seiten der Bilanz.

56

Gemäß Art. 428b Abs. 1 CRR entspricht die NSFR dem Verhältnis der verfügbaren stabilen Refinanzierung zur erforderlichen stabilen Refinanzierung des Institutes und muss laut Art. 428b Abs. 2 CRR für all seine Geschäfte in der Meldewährung mindestens 100 Prozent betragen, unabhängig davon, auf welche Währung diese tatsächlich lauten.[84] Die »Stabilität« der verfügbaren bzw. erforderlichen Refinanzierung wird jeweils durch entsprechende Gewichtungsfaktoren zum Ausdruck gebracht, mit denen die Buchwerte der Aktiva multipliziert werden. Längere Laufzeiten sind mit höheren Gewichtungsfaktoren verbunden.

57

Neben der Meldung einer vollwertigen NSFR (»fully-fledged NSFR«) können sich die kleinen und nicht komplexen Institute (»Small and Non-Complex Institution«, SNCI) im Sinne von Art. 4 Abs. 1 Nr. 145 CRR von der BaFin gemäß Art. 428ai Satz 1 CRR genehmigen lassen, ihre Meldung auf eine vereinfachte NSFR (»simplified NSFR«) zu beschränken. Damit können die zu meldenden Datenpunkte erheblich reduziert werden. Im Gegenzug für diese Erleichterung sind die Gewichtungsfaktoren etwas konservativer ausgestaltet, so dass die berechnete Quote niedriger ausfällt. Die BaFin hat im November 2020 eine Übersicht zu den Voraussetzungen für dieses Antragsverfahren veröffentlicht.[85]

58

78 Delegierte Verordnung (EU) 2015/61 der Kommission vom 10. Oktober 2014 zur Ergänzung der Verordnung (EU) Nr. 575/2013 des Europäischen Parlaments und des Rates in Bezug auf die Liquiditätsdeckungsanforderung an Kreditinstitute, Amtsblatt der Europäischen Union vom 17. Januar 2015, L 11/1–36; Delegierte Verordnung (EU) 2018/1620 der Kommission vom 13. Juli 2018 zur Änderung der Delegierten Verordnung (EU) 2015/61 der Kommission zur Ergänzung der Verordnung (EU) Nr. 575/2013 des Europäischen Parlaments und des Rates in Bezug auf die Liquiditätsdeckungsanforderung an Kreditinstitute, Amtsblatt der Europäischen Union vom 30. Oktober 2018, L 271/10–24.

79 European Banking Authority, Guidelines on LCR disclosure to complement the disclosure of liquidity risk management under Article 435 of Regulation (EU) No 575/2013, EBA/GL/2017/01, 21. Juni 2017.

80 Basel Committee on Banking Supervision, Basel III: the net stable funding ratio, BCBS 295, 31. Oktober 2014.

81 Basel Committee on Banking Supervision, Net Stable Funding Ratio disclosure standards, BCBS 324, 22. Juni 2015.

82 European Banking Authority, EBA Report on Net Stable Funding Requirements under Article 510 of the CRR, EBA/Op/2015/22, 15. Dezember 2015.

83 European Banking Authority, NSFR – EBA reply to the Call for Advice (Core Funding Ratio: A descriptive Analysis in the EU), EBA/Op/2016/15, 5. September 2016.

84 Verordnung (EU) 2019/876 (Bankenverordnung – CRR II) des Europäischen Parlaments und des Rates vom 20. Mai 2019 zur Änderung der Verordnung (EU) Nr. 575/2013 in Bezug auf die Verschuldungsquote, die strukturelle Liquiditätsquote, Anforderungen an Eigenmittel und berücksichtigungsfähige Verbindlichkeiten, das Gegenparteiausfallrisiko, das Marktrisiko, Risikopositionen gegenüber zentralen Gegenparteien, Risikopositionen gegenüber Organismen für gemeinsame Anlagen, Großkredite, Melde- und Offenlegungspflichten und der Verordnung (EU) Nr. 648/2012, Amtsblatt der Europäischen Union vom 7. Juni 2019, L 150/1–225.

85 Bundesanstalt für Finanzdienstleistungsaufsicht, Qualifizierung als kleines und nicht komplexes Institut, Antrag zur Nutzung der sNSFR, 25. November 2020.

1.10.3 Vorgaben zum Meldewesen

59 Die Meldeanforderungen der Institute in Bezug auf die Liquiditätsdeckung und die stabile Refinanzierung gemäß Art. 415 CRR wurden erstmals im April 2014 von der EU-Kommission veröffentlicht.[86] Die Grundlage dafür bildeten die entsprechenden Vorschläge der EBA vom Dezember 2013.[87] Auf Basis ergänzender Vorschläge der EBA aus dem Jahr 2015 hat die EU-Kommission im März 2016 die Anforderungen an die Meldung zusätzlicher Parameter für die Liquiditätsüberwachung festgelegt[88], die von der EBA noch konkretisiert werden sollten.[89] Die EBA hat der EU-Kommission im April 2017 ihren endgültigen Entwurf für einen technischen Regulierungsstandard zur aufsichtlichen Berichterstattung hinsichtlich dieser Parameter übermittelt. Dieser Entwurf war Bestandteil einer umfassenden Überarbeitung der Meldebögen für die Zwecke der aufsichtlichen Berichterstattung.[90]

60 Die Meldebögen für die Liquiditätsüberwachung betreffen das Laufzeitband (Meldebogen C 66), die Konzentration der Finanzierung nach Gegenparteien (Meldebogen C 67), die Konzentration der Finanzierung nach Produktarten (Meldebogen C 68), die Kosten für unterschiedliche Refinanzierungszeiträume (Meldebogen C 69), die Anschlussfinanzierung (Meldebogen C 70) und die Konzentration des Liquiditätsdeckungspotenzials (Meldebogen C 71). Die zu berücksichtigenden Laufzeitbänder mit einer fein gegliederten Unterscheidung diverser Posten bei Abflüssen und Zuflüssen starten bei »täglich fällig«, betreffen dann jeweils die kommenden sieben Tage, die anschließenden beiden Wochen und mit zunehmender Bandbreite schließlich die Zeiträume bis zu 12 Monaten. Anschließend folgen noch drei Laufzeitbänder für bis zu zwei Jahre, bis zu fünf Jahre und mehr als fünf Jahre. Bei der Konzentration der Finanzierung nach Gegenparteien werden u. a. die zehn größten Gegenparteien abgefragt, deren jeweiliger Anteil an den Gesamtverbindlichkeiten über 1 Prozent hinausgeht. Bei der Konzentration der Finanzierung nach Produktarten wird zwischen Retail-Einlagen und großvolumiger Finanzierung unterschieden. Bei den Kosten für unterschiedliche Refinanzierungszeiträume erfolgt eine Unterteilung nach Retail-Einlagen, unbesicherter großvolumiger Finanzierung, besicherter Finanzierung, vorrangigen unbesicherten Wertpapieren, gedeckten Schuldverschreibungen und forderungsgedeckten Wertpapieren einschließlich Asset Backed Commercial Paper (ABCP). Bei der Anschlussfinanzierung wird für alle wesentlichen Währungen mit einer etwas gröberen Unterteilung der Produktgruppen nach verschiedenen Fristigkeiten unterschieden, wobei es letztlich um den Liquiditätssaldo geht. Bei der Konzentration des Liquiditätsdeckungspotenzials werden u. a. die zehn größten Emittenten abgefragt.[91]

---

86 Durchführungsverordnung (EU) Nr. 680/2014 der Kommission vom 16. April 2014 zur Festlegung technischer Durchführungsstandards für die aufsichtlichen Meldungen der Institute gemäß der Verordnung (EU) Nr. 575/2013 des Europäischen Parlaments und des Rates, Amtsblatt der Europäischen Union vom 28. Juni 2014, L 191/1–1861. Diese Durchführungsverordnung wurde am 28. Juni 2021 durch die Durchführungsverordnung (EU) Nr. 2021/451 der Kommission vom 17. Dezember 2020 zur Festlegung technischer Durchführungsstandards für die Anwendung der Verordnung (EU) Nr. 575/2013 des Europäischen Parlaments und des Rates auf die aufsichtlichen Meldungen der Institute und zur Aufhebung der Durchführungsverordnung (EU) Nr. 680/2014, Amtsblatt der Europäischen Union vom 19. März 2021, L 97/1–1955, aufgehoben.

87 European Banking Authority, Final Draft Implementing Technical Standards on Additional Liquidity Monitoring Metrics under Article 415 (3) (b) of Regulation (EU) No 575/2013, 18. Dezember 2013.

88 Durchführungsverordnung (EU) 2016/313 der Kommission vom 1. März 2016 zur Änderung der Durchführungsverordnung (EU) Nr. 680/2014 im Hinblick auf zusätzliche Parameter für die Liquiditätsüberwachung, Amtsblatt der Europäischen Union vom 5. März 2016, L 60/5–58.

89 European Banking Authority, Draft Implementing technical standards amending Implementing Regulation (EU) No 680/2014 with regard to additional monitoring metrics for liquidity reporting, EBA/CP/2016/22, 16. November 2016.

90 Durchführungsverordnung (EU) 2017/2114 der Kommission vom 9. November 2017 zur Änderung der Durchführungsverordnung (EU) Nr. 680/2014 in Bezug auf Meldebögen und Erläuterungen, Amtsblatt der Europäischen Union vom 6. Dezember 2017, L 321/1–427.

91 Durchführungsverordnung (EU) 2017/2114 der Kommission vom 9. November 2017 zur Änderung der Durchführungsverordnung (EU) Nr. 680/2014 in Bezug auf Meldebögen und Erläuterungen, Amtsblatt der Europäischen Union vom 6. Dezember 2017, L 321/336–427.

Die EZB hat zum Stichtag 31. Dezember 2017 auf Basis eines mit Teilen der Kreditwirtschaft   61
zuvor abgestimmten ILAAP-Meldebogens Anfang 2018 erstmalig die internen Liquiditätsstress-
testergebnisse der bedeutenden Institute (»Significant Institutions«, SI) als zusätzliche Information
zur Beurteilung der Liquiditätslage im Rahmen des SREP abgefragt. Zur Umsetzung der entsprechenden Leitlinien der EBA zum ILAAP-Meldewesen für die Zwecke des SREP[92] ist seitens der
deutschen Aufsichtsbehörden am 18. Juni 2018 im Fachgremium Liquidität auch für die weniger
bedeutenden Institute (»Less Significant Institutions«, LSI) der Entwurf eines nationalen ILAAP-
Meldebogens vorgestellt worden. Mit Hilfe dieses Meldebogens möchte die deutsche Aufsicht
regelmäßig strukturierte Informationen über die institutsinternen Verfahren und Methoden zum
Management des Liquiditätsrisikos erhalten. Zum Stichtag 31. Dezember 2018 wurden zunächst
die weniger bedeutenden Institute mit hoher Priorität (»High Priority LSI«, HP LSI) im Rahmen
eines Auskunftsersuchens um die entsprechenden Meldungen auf Excel-Basis gebeten.

Der Start des ILAAP-Meldewesens für LSI in Deutschland ist mit jährlicher Frequenz auf Basis   62
einer XBRL-Taxonomie zum Stichtag 31. Dezember 2020 erfolgt. Basis dafür ist die Dritte Verordnung zur Änderung der Finanz- und Risikotragfähigkeitsinformationenverordnung (FinaRisikoV)
vom 18. August 2020. Die Meldepflicht gilt für Kreditinstitute im Sinne des § 1 Abs. 1 KWG sowie
für übergeordnete Unternehmen einer Gruppe im Sinne des § 10a KWG, zu denen mindestens ein
inländisches Kreditinstitut gehört, es sei denn, die EZB sieht für den Zweck ihrer aufsichtlichen
Überwachung für von ihr unmittelbar beaufsichtigte gruppenangehörige Kreditinstitute auf Einzelebene keine Meldungen zur Risikotragfähigkeit und/oder Liquiditätssteuerung vor. Mit dieser
Änderung werden die Informationen zur Abbildung der mehrjährigen Kapitalplanung in der
normativen Perspektive vom ICAAP und zu den institutsinternen Liquiditätsberechnungen beim
ILAAP erhoben.

Mit der Überarbeitung der CRR wurde der EBA u. a. das Mandat erteilt, die Anforderungen an   63
das Liquiditätsmeldewesen stärker an der Art, dem Umfang und der Komplexität der Geschäfte der
Institute zu orientieren und Möglichkeiten zur Entlastung kleiner und nicht komplexer Institute zu
eruieren. Im Ergebnis hat die EBA zunächst vorgeschlagen, diese Institute von einzelnen Anforderungen mit Bezug auf die »zusätzlichen Kennzahlen zur Liquiditätsüberwachung« (»Additional
Liquidity Monitoring Metrics«, ALMM) zu befreien. In diesem Zusammenhang sollen die Meldeanforderungen insgesamt gestrafft werden.[93]

1.10.4   Liquiditätsverordnung

Gemäß § 11 Abs. 1 Satz 1 KWG müssen die Institute ihre Mittel so anlegen, dass jederzeit eine   64
ausreichende Zahlungsbereitschaft (Liquidität) gewährleistet ist. Das Bundesministerium der
Finanzen hat durch die im Benehmen mit der Deutschen Bundesbank erlassene Liquiditätsverordnung (LiqV)[94] laut § 11 Abs. 1 Satz 2 KWG Kriterien festgelegt, nach denen die BaFin im
Regelfall beurteilt, ob die Zahlungsbereitschaft eines Institutes in ausreichendem Maße gewährleistet ist. Diese Kriterien gelten mittlerweile aber nur noch für jene Institute, die nicht von den
Vorschriften der Art. 411 bis 428 CRR betroffen sind.

Die unter den Anwendungsbereich der LiqV fallenden Institute haben zur Erfüllung ihrer   65
Zahlungsverpflichtungen ausreichende Liquidität vorzuhalten, deren Nachweis kennzahlenba-
siert oder auf Basis institutseigener Liquiditätsrisikomess- und -steuerungsverfahren erbracht

---

92 European Banking Authority, Leitlinien zu für SREP erhobene ICAAP- und ILAAP-Informationen, EBA/GL/2016/10,
     10. Februar 2017.

93 Vgl. European Banking Authority, Draft Implementing Technical Standards amending Commission Implementing Regula-
     tion (EU) 2021/451 with regard to ALMM, EBA/CP/2021/17, 28. April 2021, S. 4 ff.

94 Verordnung über die Liquidität der Institute (Liquiditätsverordnung – LiqV) vom 14. Dezember 2006 (BGBl. I S. 3117), die
     zuletzt durch Artikel 7 Absatz 41 des Gesetzes vom 12. Mai 2021 (BGBl. I S. 990) geändert worden ist.

werden kann. Entscheidend für die bankaufsichtliche Beurteilung der Liquidität eines Institutes ist allein die monatlich zu meldende Liquiditätskennzahl, die als Quotient aus den verfügbaren Zahlungsmitteln und den abrufbaren Zahlungsverpflichtungen im ersten Laufzeitband ermittelt wird und mindestens 1,0 betragen muss. Das bedeutet, dass die ab dem Meldestichtag innerhalb eines Monats zur Verfügung stehenden Zahlungsmittel die während dieses Zeitraumes zu erwartenden Zahlungsabflüsse mindestens decken. Insofern sind unter Liquiditätsgesichtspunkten die Restlaufzeiten der Aktiva und Passiva gleichermaßen bedeutsam.

66   Die in der Liquiditätsverordnung niedergelegte Systematik ist – ohne Berücksichtigung der internen Verfahren – relativ überschaubar und grundsätzlich mit den Vorgaben der CRR vergleichbar: Zunächst werden die zum jeweiligen Stichtag vorhandenen Zahlungsmittel und Zahlungsverpflichtungen nach ihren voraussichtlichen Restlaufzeiten in vier Laufzeitbänder eingestellt, die Fälligkeiten von bis zu einem Monat, zwischen einem und drei Monaten, zwischen drei und sechs Monaten und zwischen sechs und zwölf Monaten widerspiegeln. Längerfristige Betrachtungen werden nicht angestellt. Berücksichtigt werden dabei sowohl die liquiden Aktiva und Passiva als auch die außerbilanziellen Verpflichtungen, wobei genau geregelt ist, in welcher Höhe welche Positionen in die Berechnung einbezogen werden können bzw. müssen. Dabei gelten börsennotierte und besonders gedeckte Wertpapiere als hochliquide Aktiva, die jederzeit veräußert werden können und somit zum Ausgleich unerwarteter Zahlungsabflüsse zur Verfügung stehen (so genannter »Stock Approach«). Diese Wertpapiere werden unabhängig von den zugrunde liegenden Restlaufzeiten in das erste Laufzeitband eingestellt. Aus der Differenz der Aktiv- und Passivkomponenten je Laufzeitband (so genannte »Maturity Mismatches«) können die künftig zu erwartenden Liquiditätszuflüsse bzw. -abflüsse in den betreffenden Perioden abgelesen werden.

67   Der zur Sicherstellung der Liquidität in Deutschland im Wesentlichen bis zur Einführung der LiqV Ende 2006 geltende Liquiditätsgrundsatz[95] war rein quantitativ ausgestaltet und deshalb in seiner Wirkungsweise insbesondere bei größeren Instituten umstritten. Diese Institute, die ihr Liquiditätsrisiko im eigenen Interesse schon damals wesentlich genauer steuern mussten, betrachteten die Anforderungen des Liquiditätsgrundsatzes nicht selten als »notwendiges Übel« ohne erkennbaren Mehrwert für die eigene Banksteuerung. Vor diesem Hintergrund sind Anfang des Jahrtausends mehrere Initiativen gestartet worden, für bankaufsichtliche Zwecke im Bereich der Liquiditätsrisiken alternativ auf interne Verfahren zurückgreifen zu können, die in ihrer Grundausrichtung keine quantitativen Komponenten enthalten.[96] Aufgegriffen wurden dabei die Prinzipien des Baseler Ausschusses für Bankenaufsicht (BCBS) über sachgerechte Methoden zur Steuerung der Liquidität.[97] Die deutschen Aufsichtsbehörden haben diese Initiativen zum Anlass genommen, eine Wahlmöglichkeit zu schaffen, wonach die Institute ihre internen Verfahren auch für die Zwecke der ersten Säule anerkennen lassen können. Dazu müssen gemäß § 10 Abs. 3 LiqV allerdings verschiedene Voraussetzungen erfüllt sein, wie z. B.

- die Gewährleistung einer adäquaten laufenden Ermittlung und Überwachung des Liquiditätsrisikos unter Berücksichtigung des Proportionalitätsprinzips,
- die Verbesserung der Darstellung der Liquiditätslage gegenüber dem bestehenden quantitativen Verfahren der LiqV, indem insbesondere auch Aufschluss über zu erwartende kurzfristige Nettomittelabflüsse, die Möglichkeit zur Aufnahme von Refinanzierungsmitteln ohne Stellung von Sicherheiten sowie die Auswirkung von Stressszenarien gegeben wird,

---

95 Bundesaufsichtsamt für das Kreditwesen, Bekanntmachung über die Änderung und Ergänzung der Grundsätze über die Eigenmittel und die Liquidität der Institute vom 25. November 1998.

96 Vgl. ACI Deutschland e. V. – Arbeitsgruppe Liquiditätsmanagement, Diskussionspapier über Mindeststandards für interne Modelle im Liquiditätsmanagement von Kreditinstituten, Dezember 2005.

97 Basel Committee on Banking Supervision, Sound Practices for Managing Liquidity in Banking Organisations, BCBS 69, 1. Februar 2000.

- die Einrichtung und regelmäßige Überprüfung geeigneter Limite für Liquiditätsrisiken auf der Grundlage des internen Verfahrens und unter Berücksichtigung von Stressszenarien mit Hilfe geeigneter Kenngrößen,
- die Dokumentation der zu ergreifenden Maßnahmen, sofern die Kenngrößen ein nennenswertes, mittleres oder hohes Risiko einer nicht ausreichenden Liquidität anzeigen,
- die Anzeige von Limitüberschreitungen im Bereich eines mittleren oder hohen Risikos und der getroffenen bzw. zu treffenden Maßnahmen gegenüber der Bankenaufsicht sowie
- die Verwendung des internen Verfahrens und des internen Limitsystems für das interne Liquiditätsrisikomanagement und die Unternehmenssteuerung.

Ende 2007 hat die deutsche Aufsicht zunächst ein Merkblatt veröffentlicht, das Hinweise zur Antragsstellung und zum Zulassungsverfahren enthält.[98] Demnach ist es für interessierte Institute u. a. möglich, noch vor der eigentlichen Antragstellung mit der Aufsicht Informationsgespräche zu führen und sich auf diese Weise über die konzeptionelle und organisationstechnische Reife des Modells sowie das weitere Antrags- und Zulassungsprocedere auszutauschen. Das eigentliche Zulassungsverfahren beginnt mit dem Zulassungsantrag des Institutes an die BaFin. Gegenstand der Prüfung sind – ausgehend von der Liquiditätsrisikostrategie des Institutes – die Methodik der Risikomessung sowie sämtliche Prozesse der Messung, Überwachung, Berichterstattung und Steuerung von Liquiditätsrisiken.[99] Das Merkblatt enthält auch Angaben zu den einzureichenden Dokumentationsunterlagen. **68**

Die europäischen Vorgaben zur Liquiditätsdeckungsquote (LCR) wurden ab dem Zeitpunkt ihrer Einführung zur Vermeidung übermäßiger Belastungen der Institute stufenweise angehoben. Während der Übergangsphase bis zur vollständigen Einhaltung dieser Quote war es den EU-Mitgliedstaaten gemäß Art. 412 Abs. 5 CRR gestattet, nationale Bestimmungen zu Liquiditätsanforderungen beizubehalten. Seit dem 1. Januar 2018 ist die LCR zu 100 Prozent einzuhalten. In Deutschland gilt die LiqV gemäß Änderungsverordnung vom 29. Dezember 2017[100] deshalb nur noch für einen eingeschränkten Anwenderkreis.[101] Damit besteht für die Mehrheit der Institute seit dem 1. Januar 2018 nicht mehr die Möglichkeit zur Verwendung interner Verfahren für die Zwecke der ersten Säule. **69**

---

98 Bundesanstalt für Finanzdienstleistungsaufsicht/Deutsche Bundesbank, Merkblatt zur Zulassung eines bankinternen Liquiditätsmess- und -steuerungsverfahrens nach § 10 Liquiditätsverordnung vom 15. Oktober 2007.

99 Ausführungen zur Vorbereitung, Durchführung und Nachbereitung von Abnahmeprüfungen für interne Risikomodelle nach § 10 LiqV sind dem Artikel »Liquiditätsverordnung: Anforderungen an interne Risikomodelle« von Dietz und Petersen im BaFinJournal zu entnehmen. Vgl. Dietz, Thomas/Petersen, Thomas, Liquiditätsverordnung: Anforderungen an interne Risikomodelle, in: BaFinJournal, Ausgabe Januar 2008, S. 13–18. Darüber hinaus haben BaFin und Deutsche Bundesbank am 28. Januar 2008 eine Studie zur »Praxis des Liquiditätsrisikomanagements in ausgewählten deutschen Kreditinstituten« veröffentlicht. Im Rahmen dieser Studie hat sich die Aufsicht in sechzehn deutschen bzw. Institutsgruppen ein Bild über die Definition des Liquiditätsrisikos, die Strategien des Liquiditätsrisikomanagements, die Rolle der Geschäftsleitung, die Berichterstattung, die Organisationsstruktur, den analytischen Rahmen der Risikomess- und -steuerungssysteme, die Stresstests und die Liquiditätskrisenpläne (»Contingency Plans«) verschafft. Es war zu erwarten, dass die Aufsicht die dabei ermittelten Bandbreiten ihren Prüfungshandlungen zugrunde legt. Vgl. Bundesanstalt für Finanzdienstleistungsaufsicht/Deutsche Bundesbank, Praxis des Liquiditätsrisikomanagements in ausgewählten deutschen Kreditinstituten, 28. Januar 2008, S. 5 ff.

100 Zweite Verordnung zur Änderung der Liquiditätsverordnung vom 22. Dezember 2017 (BGBl. I S. 4033), veröffentlicht am 29. Dezember 2017.

101 Der Anwendungsbereich der Liquiditätsverordnung ist gemäß § 1 LiqV beschränkt auf Kreditinstitute, die nicht den Vorschriften von Art. 411 bis 428 CRR unterliegen, und Finanzdienstleistungsinstitute, die Eigenhandel betreiben oder als Anlagevermittler, Abschlussvermittler oder Finanzportfolioverwalter befugt sind, sich Eigentum oder Besitz an Geldern oder Wertpapieren von Kunden zu verschaffen oder auf eigene Rechnung mit Finanzinstrumenten zu handeln. Zudem kann die BaFin CRR-Wertpapierfirmen, die die Vorschriften von Art. 411 bis 428 CRR auf Gruppenebene konsolidiert oder teilkonsolidiert einhalten müssen, auf Antrag von den Anforderungen der LiqV befreien.

1.10.5 Vorgaben für die zweite Säule

70 Bereits die älteren Vorschläge des BCBS sowie des Ausschusses der Europäischen Bankaufsichtsbehörden (CEBS)[102] fanden über die Bankenrichtlinie auf europäischer Ebene zu einem großen Teil Eingang in die nationalen Regularien. Von den nationalen Aufsichtsbehörden wurde ausdrücklich gefordert, das Ausmaß, in dem die Institute Liquiditätsrisiken ausgesetzt sind, sowie die Messung und Steuerung dieser Risiken, einschließlich der Entwicklung von Stresstests, der Handhabung von Risikominderungstechniken – insbesondere mit Blick auf die Höhe, Zusammensetzung und Qualität der Liquiditätspuffer – und der Festlegung wirkungsvoller Notfallkonzepte, umfassend zu bewerten.[103] Insbesondere durch CEBS wurden einige dieser Forderungen sowie weitere Vorgaben zur Verrechnung von Liquiditätskosten, -nutzen und -risiken weiter konkretisiert.[104]

71 Im Rahmen der Überarbeitung der Bankenrichtlinie wurde u. a. auf diese Ausarbeitungen von CEBS verwiesen, insbesondere auf die Leitlinien zur Allokation der Liquiditätskosten, -vorteile und -risiken vom Oktober 2010.[105] Vor diesem Hintergrund wurden die Anforderungen an den Umgang mit den Liquiditätsrisiken konkretisiert und ergänzt. Näher beleuchtet wurden dabei u. a. das Management der Liquidität im Tagesverlauf, die Refinanzierungsplanung, die Belastung von Vermögensgegenständen (»Asset Encumbrance«), die Diversifikation der Liquiditätspuffer und Refinanzierungsquellen, die kombinierte Betrachtung von institutseigenen und marktweiten Stressszenarien sowie die Liquiditätsrisiken aus Fremdwährungen.[106]

72 Ergänzend dazu hat die EBA Leitlinien zur Berichterstattung bestimmter Kreditinstitute über ihre Refinanzierungspläne an die zuständigen Behörden erarbeitet[107], die auf einer Empfehlung des Europäischen Ausschusses für Systemrisiken (»European Systemic Risk Board«, ESRB) vom Dezember 2012 beruhen.[108] Diese Empfehlung wurde vom ESRB mit dem Ziel einer Fristverlängerung bereits überarbeitet.[109] Zwischenzeitlich hat auch die EBA ihre Leitlinien angepasst, wobei die neue Fassung seit dem 31. Dezember 2020 gilt.[110] Die BaFin hat zu den EBA-Leitlinien allerdings zunächst keine Compliance-Erklärung abgegeben, weil sie den geforderten Abdeckungsgrad von 75 Prozent der Aktiva des nationalen Bankensystems nicht erfüllen konnte, ohne damit eine erhebliche Daten- und Kostenbelastung zu verursachen. Es war geplant, genügend Informationen

---

102 Committee of European Banking Supervisors, Second Part of CEBS' Technical Advice to the European Commission on Liquidity Risk Management – Analysis of specific issues listed by the Commission and challenges not currently addressed in the EEA, 17. Juni 2008.

103 Vgl. Richtlinie 2009/111/EG (CRD II) des Europäischen Parlaments und des Rates vom 16. September 2009 zur Änderung der Richtlinien 2006/48/EG, 2006/49/EG und 2007/64/EG hinsichtlich Zentralorganisationen zugeordneter Banken, bestimmter Eigenmittelbestandteile, Großkredite, Aufsichtsregelungen und Krisenmanagement, Amtsblatt der Europäischen Union vom 17. September 2009, L 302/117.

104 Vgl. Committee of European Banking Supervisors, Guidelines on Liquidity Cost Benefit Allocation (GL 36), 27. Oktober 2010; Committee of European Banking Supervisors, Revised Guidelines on Stress Testing (GL 32), 26. August 2010; Committee of European Banking Supervisors, Guidelines on Liquidity Buffers & Survival Periods (GL 28), 9. Dezember 2009.

105 Vgl. Richtlinie 2013/36/EU (Bankenrichtlinie – CRD IV) des Europäischen Parlaments und des Rates vom 26. Juni 2013 über den Zugang zur Tätigkeit von Kreditinstituten und die Beaufsichtigung von Kreditinstituten und Wertpapierfirmen, zur Änderung der Richtlinie 2002/87/EG und zur Aufhebung der Richtlinien 2006/48/EG und 2006/49/EG, Amtsblatt der Europäischen Union vom 27. Juni 2013, L 176/338.

106 Vgl. Richtlinie 2013/36/EU (Bankenrichtlinie – CRD IV) des Europäischen Parlaments und des Rates vom 26. Juni 2013 über den Zugang zur Tätigkeit von Kreditinstituten und die Beaufsichtigung von Kreditinstituten und Wertpapierfirmen, zur Änderung der Richtlinie 2002/87/EG und zur Aufhebung der Richtlinien 2006/48/EG und 2006/49/EG, Amtsblatt der Europäischen Union vom 27. Juni 2013, L 176/382–383.

107 European Banking Authority, Leitlinien für harmonisierte Definitionen und Vorlagen für Finanzierungspläne von Kreditinstituten nach ESRB/2012/2, Empfehlung A Absatz 4, EBA/GL/2014/04, 19. Juni 2014.

108 Empfehlung des Europäischen Ausschusses für Systemrisiken zur Finanzierung von Kreditinstituten (ESRB/2012/2) vom 20. Dezember 2012, Amtsblatt der Europäischen Union vom 25. April 2013, C 119/1–61.

109 Empfehlung des Europäischen Ausschusses für Systemrisiken zur Änderung der Empfehlung ESRB/2012/2 zur Finanzierung von Kreditinstituten (ESRB/2016/2) vom 21. März 2016, Amtsblatt der Europäischen Union vom 21. April 2016, C 140/1–2.

110 European Banking Authority, Leitlinien für harmonisierte Definitionen und Vorlagen für Finanzierungspläne von Kreditinstituten gemäß der Empfehlung des Europäischen Ausschusses für Systemrisiken vom 20. Dezember 2012 (ESRB/2012/2), EBA/GL/2019/05, 9. Dezember 2019.

über die Refinanzierung des nationalen Bankensystems zu sammeln und anschließend alle relevanten Informationen weiterzugeben. Weitere Anforderungen an den Umgang mit Liquiditätsrisiken finden sich darüber hinaus in den Leitlinien der EBA zur internen Unternehmensführung vom März 2018.[111]

Wie schon in der Einführung (→ Teil I, Kapitel 2.1) ausführlich dargestellt, müssen die Institute **73** gemäß Art. 73 CRD IV im Rahmen des internen Prozesses zur Sicherstellung einer angemessenen Kapitalausstattung (»Internal Capital Adequacy Assessment Process«, ICAAP) insbesondere über solide, wirksame und umfassende Strategien und Verfahren verfügen, mit denen sie ihrem individuellen Risikoprofil entsprechend die Angemessenheit des internes Kapitals zur quantitativen und qualitativen Absicherung ihrer aktuellen und etwaigen künftigen Risiken kontinuierlich bewerten und auf einem ausreichend hohen Stand halten können. Liquiditätsrisiken im engeren Sinne werden nicht im Rahmen des Risikotragfähigkeitskonzeptes mit internem Kapital unterlegt, sondern auf andere Weise überwacht und gesteuert. Vor diesem Hintergrund wird seit einigen Jahren neben dem ICAAP auch der interne Prozess zur Sicherstellung einer angemessenen Liquiditätsausstattung (»Internal Liquidity Adequacy Assessment Process«, ILAAP) in vielen Veröffentlichungen erwähnt.[112] Der ILAAP stellt grundsätzlich auf Art. 86 CRD IV ab[113] und ist z.B. Gegenstand verschiedener Ausarbeitungen der EBA und der EZB, die seit November 2014 für die Beaufsichtigung der bedeutenden Institute zuständig ist. Der »Definition« des ILAAP in Art. 86 Abs. 1 CRD IV zufolge müssen die Institute über solide Strategien, Grundsätze, Verfahren und Systeme verfügen, mit denen sie das Liquiditätsrisiko über eine angemessene Auswahl von Zeiträumen, die auch nur einen Geschäftstag betragen können, ermitteln, messen, steuern und überwachen können. Auf dieser Basis soll sichergestellt werden, dass die Institute stets über angemessene Liquiditätspuffer verfügen.[114]

Die Institute müssen sich trotz der grundsätzlich qualitativen Ausrichtung des ILAAP auch **74** geeigneter Methoden und Verfahren bedienen, die u.a. auf die Quantifizierung von Liquiditätskosten oder die Modellierung von nicht deterministischen Zahlungsströmen abzielen. Vor diesem Hintergrund wurde von Fachspezialisten gefordert, die weitere Entwicklung im Liquiditätsrisikomanagement mittelfristig auf quantitative Aspekte zu konzentrieren. Auf diese Weise sollte das Liquiditätsmanagement »auf ein sauberes analytisches Fundament« gehoben werden, aus dem u.a. Transferpreise sowie Risiko- und Performancemaße abgeleitet werden können.[115] Das erscheint zur Unterstützung der bankinternen Prozesse durchaus sinnvoll, sofern weder die Methodenfreiheit noch die grundsätzlich qualitative Ausrichtung des Liquiditätsrisikomanagements in den Instituten und der bankaufsichtlichen Überwachungsprozesse infrage gestellt werden. Mit Blick auf die gängige Praxis in den Instituten geht es im Grunde darum, die bankaufsichtliche (normative) und die institutsindividuelle (ökonomische) Steuerungssystematik auch in diesem Bereich einander anzunähern. Diese Entwicklung wird mittlerweile von der Aufsicht forciert.

---

111 European Banking Authority, Leitlinien zur internen Governance, EBA/GL/2017/11, 21. März 2018.

112 An einem vergleichbaren Prozess orientierte sich z.B. die britische FSA. Konkret forderte die FSA von den Instituten, auf Basis einer Selbsteinschätzung ihren Risikoappetit durch bestimmte Stressszenarien zu begrenzen und dazu mindestens jährlich im Rahmen des »Individual Liquidity Adequacy Assessments« (ILAA) unter Verwendung von zehn vorgegebenen Risikotreibern die Art und den Umfang der benötigten Liquiditätsressourcen zu ermitteln. Im Rahmen des »Supervisory Liquidity Review Process« (SLRP) verglich die FSA anschließend die Annahmen und Ergebnisse mit ihrer eigenen Einschätzung. Im Ergebnis wurde den Instituten unter Berücksichtigung weiterer Daten eine »Individual Liquidity Guidance« (ILG) vorgegeben, die das Institut ggf. zu Nachbesserungen gezwungen hat. Vgl. Eichhorn, Michael, Britische Finanzdienstleistungsaufsicht: Deutliche Verschärfung der Standards für Liquiditätsrisiken, in: Zeitschrift für das gesamte Kreditwesen, Heft 3/2009, S. 123 f.

113 Vgl. European Banking Authority, Guidelines on common procedures and methodologies for the supervisory review and evaluation process (SREP) and supervisory stress testing, EBA/GL/2014/13, Consolidated version, 19. Juli 2018, S. 23.

114 Vgl. Europäische Zentralbank, Leitfaden der EZB für den bankinternen Prozess zur Sicherstellung einer angemessenen Liquiditätsausstattung (Internal Liquidity Adequacy Assessment Process – ILAAP), 9. November 2018, S. 35.

115 Vgl. Heidorn, Thomas/Schmaltz, Christian, Die neuen Prinzipien für sachgerechtes Liquiditätsmanagement, in: Zeitschrift für das gesamte Kreditwesen, Heft 3/2009, S. 117.

BTR 3 Liquiditätsrisiken

75   Die Anforderungen an das Management der Liquiditätsrisiken gemäß Art. 86 CRD IV sind sehr umfangreich, so dass auf ihre vollständige Wiedergabe im Detail an dieser Stelle verzichtet werden muss. Zusammengefasst geht es um folgende in den MaRisk umgesetzte Vorgaben:

- angemessene Liquiditätspuffer (→ BTR 3.1 Tz. 4 und BTR 3.2),
- angemessene Strategien, Grundsätze, Verfahren und Systeme zur Identifizierung, Beurteilung, Steuerung und Überwachung der Liquiditätsrisiken (auch im Tagesverlauf), zugeschnitten auf Geschäftsfelder, Währungen, Zweigstellen und Rechtssubjekte (→ BTR 3.1 Tz. 1),
- Mechanismen für eine angemessene Allokation von Liquiditätskosten, -nutzen und -risiken (→ BTR 3.1 Tz. 5 und 6),
- die Festlegung des Risikoappetits für Liquiditätsrisiken (→ AT 4.2 Tz. 2),
- angemessene Methoden zur Identifizierung, Beurteilung, Steuerung und Überwachung des Liquiditätsbedarfes unter Berücksichtigung des Liquiditätsgrades der Vermögenswerte (auch in Krisenzeiten) und möglicher Auswirkungen des Reputationsrisikos (→ BTR 3.1 Tz. 2, 3 und 4),
- die Berücksichtigung geltender gesellschaftsrechtlicher, regulatorischer und operationeller Beschränkungen für die potenzielle Übertragung liquider Mittel und unbelasteter Vermögensgegenstände zwischen juristischen Personen, sowohl innerhalb als auch außerhalb des EWR (→ BTR 3.1 Tz. 10),
- verschiedene Instrumente zur Reduzierung des Liquiditätsrisikos, einschließlich eines Systems von Obergrenzen und Liquiditätspuffern, um unterschiedlichen Krisensituationen standzuhalten, sowie einer hinreichend diversifizierten Finanzierungsstruktur und des Zugangs zu Finanzierungsquellen, die auch regelmäßig überprüft werden (→ BTR 3.1 Tz. 4),
- die potenziellen Auswirkungen institutsspezifischer, marktweiter und kombinierter Stressszenarien unter Berücksichtigung unterschiedlicher Zeiträume und unterschiedlich schwerer Krisensituationen (→ BTR 3.1 Tz. 8 und BTR 3.2 Tz. 3),
- die Anpassung der Strategien, internen Grundsätze und Obergrenzen für das Liquiditätsrisiko und die Aufstellung wirkungsvoller Notfallpläne unter Berücksichtigung der Ergebnisse der Stressszenarien (→ BTR 3.1 Tz. 9),
- Stressszenarien für Liquiditätspositionen und risikomindernde Faktoren, insbesondere hinsichtlich außerbilanzieller Positionen und anderer Eventualverbindlichkeiten, einschließlich Zweckgesellschaften, bei denen das Institut als Sponsor auftritt oder wesentliche Liquiditätshilfe leistet (→ BT 3.2 Tz. 5),
- Liquiditätswiederherstellungspläne inkl. angemessener Strategien und Durchführungsmaßnahmen zur Behebung möglicher Liquiditätsengpässe, u. a. durch das Vorhalten von Sicherheiten, die unmittelbar für eine Zentralbankfinanzierung zur Verfügung stehen, erforderlichenfalls auch in Fremdwährungen – aus operativen Gründen ggf. im Gebiet des Drittlandes (→ BTR 3.1 Tz. 9), sowie
- das regelmäßige Testen und die Aktualisierung der Liquiditätswiederherstellungspläne unter Berücksichtigung der Stressszenarien, wobei die Geschäftsleitung einzubinden ist (→ BTR 3.1 Tz. 9 und 11).

1.10.6   Brückenschlag zwischen erster und zweiter Säule

76   Die zuständigen Behörden stellen gemäß Art. 97 CRD IV im Rahmen des »Supervisory Review and Evaluation Process« (SREP) fest, ob die von den Instituten angewandten Regelungen, Strategien, Verfahren und Mechanismen sowie ihre Eigenmittelausstattung und Liquidität auch aus ihrer Sicht ein solides Risikomanagement und eine solide Risikoabdeckung gewährleisten. Mit ihren Leitlinien zum SREP vom November 2014 hat die EBA die Grundidee der zweiten Säule, wonach jene Risiken berücksichtigt werden sollen, die nach den Vorgaben der ersten Säule nicht oder nicht hinreichend abgedeckt sind, erstmals strikt auf die einzelnen Risikoarten bezogen. Damit erfolgt die Prüfung der Angemessenheit nicht in einer Gesamtschau, wie zuvor z.B. in Deutschland üblich, sondern wird jeweils auf die Einzelrisiken abgestellt (»on a risk-by-risk basis«). Das bedeutet konkret, dass u.a. die Kapitalanforderungen der ersten Säule für die dort behandelten Risikoarten jeweils als Untergrenze in die Kapitalfestsetzung der zweiten Säule eingehen.[116] Diese Vorgehensweise wird deshalb auch als »Säule-1-Plus-Ansatz« bezeichnet.

Die EZB hat diesen Ansatz in einer Weise aufgegriffen und ausgebaut, dass er auch auf das **77** Liquiditätsrisiko übertragen wird. Anfang 2016 hat die EZB zunächst ihre Erwartungen an die Ausgestaltung des ILAAP sowie die von den Instituten dafür einzureichenden Informationen mit Verweis auf die entsprechenden Leitlinien der EBA[117] zum Ausdruck gebracht[118] und ein Jahr später nochmals konkretisiert.[119] Anschließend hat sie Anfang 2017 und Anfang 2018 einen Leitfaden zum ILAAP zweimal zur Konsultation gestellt und schließlich im November 2018 in endgültiger Fassung veröffentlicht.[120] Diesem Leitfaden zufolge wird von den Instituten erwartet, zwei komplementäre interne Perspektiven zu implementieren. Mit der ökonomischen Perspektive sollen sie alle wesentlichen Risiken identifizieren und quantifizieren, die ihre interne Liquiditätsposition negativ beeinflussen könnten, und diese Risiken entsprechend ihrem Konzept für eine angemessene Liquiditätsausstattung durch interne Liquidität absichern. Ergänzend dazu sollen sie mit der normativen Perspektive ihre Fähigkeit beurteilen, auf mittlere Sicht stets alle regulatorischen und aufsichtlichen Liquiditätsanforderungen und -vorgaben zu erfüllen und sonstigen externen finanziellen Zwängen Rechnung zu tragen.[121] Die Erkenntnisse aus beiden Perspektiven sollten wechselseitig berücksichtigt werden sowie in alle wesentlichen Geschäftsaktivitäten und -entscheidungen einfließen.[122] Insofern werden die erste und die zweite Säule miteinander verknüpft.

Der endgültige Leitfaden der EZB wurde erstmals bei der Beurteilung des ILAAP im Rahmen des **78** SREP für bedeutende Institute im Jahr 2019 berücksichtigt. Ähnlich wie beim ICAAP ist zu erwarten, dass vergleichbare Vorgaben mittelfristig auch für die weniger bedeutenden Institute gelten. Die Vorstellungen der deutschen Aufsichtsbehörden zum ILAAP beziehen sich nach den bisherigen Ausführungen im Fachgremium Liquidität vorrangig auf die Erfüllung der MaRisk in Kombination mit den angepassten Meldeanforderungen.

Dieser Brückenschlag zwischen erster und zweiter Säule entspricht dem Verständnis der **79** Aufsichtsbehörden, dass sich eine angemessene Liquiditätsausstattung erst aus der Berücksichtigung der Anforderungen beider Säulen ergibt. Zu den von der ersten Säule nicht vollständig erfassten Risiken zählen z.B. die Liquiditätsrisikokonzentrationen, zu den dort überhaupt nicht erfassten Risiken z.B. die untertägigen Liquiditätsrisiken. Dabei handelt es sich in der Regel um Risiken, die nur schwer zu quantifizieren sind und eher strukturell gesteuert und überwacht werden, z.B. durch Volumenbegrenzungen. Zudem dienen die Stresstests im Rahmen der zweiten

---

116 Vgl. European Banking Authority, Guidelines on common procedures and methodologies for the supervisory review and evaluation process (SREP) and supervisory stress testing, EBA/GL/2014/13, Consolidated version, 19. Juli 2018, S. 133.

117 European Banking Authority, Leitlinien zu für SREP erhobene ICAAP- und ILAAP-Informationen, EBA/GL/2016/10, 3. November 2016.

118 Europäische Zentralbank, Aufsichtliche Erwartungen an ICAAP und ILAAP sowie harmonisierte Erhebung von ICAAP- und ILAAP-Informationen, Schreiben von Daniele Nouy an die Geschäftsleitung bedeutender Banken vom 8. Januar 2016.

119 Europäische Zentralbank, Technische Umsetzung der EBA-Leitlinien zu für SREP erhobene ICAAP- und ILAAP-Informationen, Konkretisierung der aufsichtlichen Erwartungen an die Erhebung von ICAAP- und ILAAP-Informationen vom 21. Februar 2017.

120 Europäische Zentralbank, SSM-Leitfaden zum ILAAP, Entwurf im Rahmen einer Mehrjahresplanung vom 20. Februar 2017; Europäische Zentralbank, Leitfaden der EZB für den internen Prozess zur Beurteilung der Angemessenheit der Liquidität (Internal Liquidity Adequacy Assessment Process – ILAAP), Konsultationspapier, 2. März 2018; Europäische Zentralbank, Leitfaden der EZB für den bankinternen Prozess zur Sicherstellung einer angemessenen Liquiditätsausstattung (Internal Liquidity Adequacy Assessment Process – ILAAP), 9. November 2018.

121 Vgl. Europäische Zentralbank, Leitfaden der EZB für den bankinternen Prozess zur Sicherstellung einer angemessenen Liquiditätsausstattung (Internal Liquidity Adequacy Assessment Process – ILAAP), 9. November 2018, S. 15f.

122 Vgl. Europäische Zentralbank, Leitfaden der EZB für den bankinternen Prozess zur Sicherstellung einer angemessenen Liquiditätsausstattung (Internal Liquidity Adequacy Assessment Process – ILAAP), 9. November 2018, S. 21.

Säule zur Sichtbarmachung von Risiken, die außerhalb des Einflussbereiches der Institute liegen, wie z.B. die Auswirkungen des Konjunkturzyklus auf das Refinanzierungsrisiko.[123]

80   Die EZB stellt es den bedeutenden Instituten im Übrigen weitgehend frei, für die Zwecke der zweiten Säule ökonomische Liquiditätsmodelle zu verwenden oder auf die Methoden der ersten Säule bzw. auf Szenarien, Stresstests oder andere Methoden zurückzugreifen. Von den Instituten wird in erster Linie erwartet, nur solche Risikoquantifizierungsmethoden zu nutzen, die sie vollständig verstehen und die ihrer jeweiligen Situation und ihrem Risikoprofil angemessen sind. Dies gilt insbesondere für extern entwickelte Modelle. Ein besonderes Augenmerk wird auf die unabhängige Validierung der Methoden gelegt. Die EZB erwartet dies im Bereich der Liquiditätsrisiken insbesondere mit Blick auf die Vollständigkeit, Genauigkeit, Konsistenz, Aktualität, Eindeutigkeit, Gültigkeit und Rückverfolgbarkeit der Daten.[124] Den allgemeinen Vorgaben der EZB zur Validierung interner Modelle zufolge könnte diese grundsätzlich zwar durch ein Vier-Augen-Prinzip innerhalb derselben Einheit erfolgen, die auch für die Modellentwicklung verantwortlich ist. Allerdings wird diese Möglichkeit für systemrelevante Institute ausgeschlossen.[125] Die Liquiditätsrisiken sind von diesem Leitfaden streng genommen zwar nicht erfasst. Es ist aber anzunehmen, dass diese grundsätzlichen Überlegungen für alle Risikoarten gleichermaßen gelten.

1.11   Grundsätzliche Anforderungen an das Liquiditätsrisikomanagement

81   Die regulatorischen Entwicklungen schlagen sich auch in den MaRisk nieder, indem die Anforderungen an das Management von Liquiditätsrisiken im Rahmen der zweiten bis fünften MaRisk-Novelle jeweils massiv überarbeitet und erweitert wurden. Auch mit der sechsten MaRisk-Novelle werden wieder Anpassungen vorgenommen, wenn auch in überschaubarem Maße. Die für alle Institute geltenden Anforderungen werden im Folgenden kurz skizziert und an anderer Stelle näher erläutert. Zudem wurden von der BaFin besondere Hinweise zum Umgang mit Liquiditätsrisiken durch Kapitalverwaltungsgesellschaften veröffentlicht.[126]

82   Liquiditätsrisiken zählen zu jenen Risikoarten, die im Normalfall als wesentlich einzustufen und somit beim Risikomanagement eines Institutes zu berücksichtigen sind (→ AT 2.2 Tz. 1). Allerdings wird die Unterlegung von Liquiditätsrisiken im engeren Sinne (Zahlungsunfähigkeitsrisiko) durch betriebswirtschaftliches Kapital von Fachexperten i. d. R. als nicht zweckmäßig angesehen. Besteht ein Liquiditätsengpass, wird eine wie auch immer geartete Kapitalunterlegung keinen Beitrag zur Abhilfe leisten.[127] Insofern wird das Zahlungsunfähigkeitsrisiko auch zukünftig nicht in das Risikotragfähigkeitskonzept einzubeziehen sein (→ AT 4.1 Tz. 4). Allerdings erwartet die deutsche Aufsicht, dass das Liquiditätsspreadrisiko als ein mit den Kapitalrisiken für die Gewinn-

---

123 Vgl. Finanzmarktaufsicht Liechtenstein, ILAAP (»Internal Liquidity Adequacy Assessment Process«), FMA-Mitteilung 2017/6, 21. November 2017, S. 3f.

124 Vgl. Europäische Zentralbank, Leitfaden der EZB für den bankinternen Prozess zur Sicherstellung einer angemessenen Liquiditätsausstattung (Internal Liquidity Adequacy Assessment Process – ILAAP), 9. November 2018, S. 28f.

125 Vgl. European Central Bank, ECB guide to internal models, 1. Oktober 2019, S. 10f.

126 Vgl. z.B. Bundesanstalt für Finanzdienstleistungsaufsicht, Liquiditätsstresstests deutscher Kapitalverwaltungsgesellschaften – Bericht mit Leitlinien, 8. Dezember 2017; Klein, Jana/Ölger, Mehtap/Wetzel, André, Investmentfonds – Umgang mit Liquiditätsrisiken, in: BaFinJournal, Ausgabe Januar 2018, S. 22–26.

127 Vgl. ACI Deutschland e.V., Stellungnahme zu dem Entwurf der BaFin vom 4. Februar 2005 über die »Mindestanforderungen an das Risikomanagement« (MaRisk) vom 30. März 2005, S. 3.

und Verlustrechnung vergleichbares Risiko durchaus in der Risikotragfähigkeitsrechnung mit ökonomischem Kapital unterlegt wird.[128]

Unabhängig davon hat das Institut sicherzustellen, dass Liquiditätsrisiken angemessen in den Risikosteuerungs- und -controllingprozessen berücksichtigt werden (→ AT 4.1 Tz. 4). Dies beginnt bereits bei der Strategieformulierung. So hat die Risikostrategie die Ziele der Risikosteuerung der wesentlichen Geschäftsaktivitäten sowie die Maßnahmen zur Erreichung dieser Ziele zu umfassen. Insbesondere ist, unter Berücksichtigung von Risikokonzentrationen, für alle wesentlichen Risiken der Risikoappetit des Institutes festzulegen (→ AT 4.2 Tz. 2). Mit Blick auf das Liquiditätsrisiko könnten z.B. Vorgaben zur angestrebten Diversifikation der Refinanzierungsquellen und der Liquiditätspuffer (→ BTR 3.1 Tz. 1) oder zu den im Notfall vorrangig zu nutzenden Liquiditätsquellen (→ BTR 3.1 Tz. 9) gemacht werden. Die Geschäftsleitung muss über die Liquiditätssituation im Bilde sein (→ BT 3.2 Tz. 5), um im Fall eines Liquiditätsengpasses angemessen reagieren zu können (→ BTR 3.1 Tz. 9) und auf diese Weise Schaden vom Institut abzuwenden. Entsprechende Maßnahmen sind in einem Notfallplan niederzulegen und regelmäßig auf ihre Durchführbarkeit zu überprüfen sowie ggf. anzupassen (→ BTR 3.1 Tz. 9).

83

Als vorbeugende Maßnahme ist ein Verfahren einzurichten, mit dessen Hilfe ein sich abzeichnender Liquiditätsengpass frühzeitig erkannt wird (→ BTR 3.1 Tz. 2). Zur Sicherstellung der jederzeitigen Zahlungsfähigkeit sind aussagekräftige Liquiditätsübersichten zu erstellen, die im Rahmen des Liquiditätsrisikomanagements im kurz-, mittel- und langfristigen Bereich eine zentrale Rolle spielen (→ BTR 3.1 Tz. 3). Außerdem ist regelmäßig zu überprüfen, inwieweit ein Institut unter normalen und angespannten Marktbedingungen in der Lage ist, einen auftretenden Liquiditätsbedarf zu decken. Für diese Zwecke sind insbesondere der dauerhafte Zugang zu den für das Institut relevanten Refinanzierungsquellen sowie der Liquiditätsgrad und die mögliche Belastung von Vermögensgegenständen zu überprüfen (→ BTR 3.1 Tz. 4). Für kurzfristig eintretende Verschlechterungen der Liquiditätssituation haben die Institute ausreichend bemessene, nachhaltige Liquiditätspuffer vorzuhalten, mit deren Hilfe sowohl in normalen Marktphasen als auch in vorab definierten Stressszenarien auftretender Liquiditätsbedarf vollständig überbrückt werden kann (→ BTR 3.1 Tz. 4). Darüber hinaus sind regelmäßig angemessene Stresstests durchzuführen, wobei auch der voraussichtliche Überlebenshorizont zu berechnen ist (→ BTR 3.1 Tz. 8). Zwischen den einzelnen Regelungen existieren zahlreiche Wechselwirkungen.

84

Die Institute haben darüber hinaus ein geeignetes Verrechnungssystem zur verursachungsgerechten internen Verrechnung der jeweiligen Liquiditätskosten, -nutzen und -risiken einzurichten, wobei dessen Ausgestaltung von Art, Umfang, Komplexität und Risikogehalt der Geschäftsaktivitäten sowie der Refinanzierungsstruktur der Institute abhängig ist (→ BTR 3.1 Tz. 5). Während diese Anforderung für Institute mit überwiegend kleinteiligem Kundengeschäft auf Aktiv- und Passivseite und einer stabilen Refinanzierung auf ein einfaches Kostenverrechnungssystem hinausläuft (→ BTR 3.1 Tz. 5, Erläuterung), haben große Institute mit komplexen Geschäftsaktivitäten ein Liquiditätstransferpreissystem (»Funds Transfer Pricing«, FTP) zu etablieren (→ BTR 3.1 Tz. 6). Die ermittelten Transferpreise sind für bilanzwirksame und außerbilanzielle Geschäftsaktivitäten im Rahmen der Ertrags- und Risikosteuerung zu berücksichtigen, indem die Verrechnung möglichst auf Transaktionsebene erfolgt. Die Aspekte Haltedauer und Marktliquidität der Vermögensgegenstände sind bei der Ermittlung der jeweiligen Transferpreise zu berücksichtigen. Darüber hinaus sind für unsichere Zahlungsströme geeignete Annahmen zu treffen und die Kosten für vorzuhaltende Liquiditätspuffer zu verrechnen (→ BTR 3.1 Tz. 6). Die Verantwortung für die Entwicklung und Qualität sowie die regelmäßige Überprüfung des Liquidität-

85

---

128 Vgl. Volk, Tobias, Risikotragfähigkeit von Kreditinstituten, in: BankPraktiker, Heft 6/2013, S. 228; Deutsche Bundesbank, Bankinterne Methoden zur Ermittlung und Sicherstellung der Risikotragfähigkeit und ihre bankaufsichtliche Bedeutung, in: Monatsbericht, März 2013, S. 35 f.

stransferpreissystems ist in einem vom Markt und Handel unabhängigen Bereich wahrzunehmen (→ BTR 3.1 Tz. 7).

86   Ein Institut, das wesentliche Liquiditätsrisiken in Fremdwährungen aufweist, hat zur Sicherstellung seiner Zahlungsverpflichtungen angemessene Verfahren zur Steuerung der Fremdwährungsliquidität in den wesentlichen Währungen zu implementieren. Hierzu gehören für die jeweiligen Währungen zumindest eine gesonderte Liquiditätsübersicht, gesonderte Fremdwährungsstresstests sowie eine explizite Berücksichtigung im Notfallplan für Liquiditätsengpässe (→ BTR 3.1 Tz. 11).

87   Zudem haben die Institute einen internen Refinanzierungsplan für einen mehrjährigen Zeitraum aufzustellen, der die Strategien, den Risikoappetit und das Geschäftsmodell angemessen widerspiegelt und dabei absehbare Veränderungen und mögliche adverse Entwicklungen berücksichtigt (→ BTR 3.1 Tz. 12).

1.12   Zusätzliche Anforderungen an kapitalmarktorientierte Institute

88   Zusätzliche Anforderungen werden an kapitalmarktorientierte Institute gestellt, wobei sich die Kapitalmarktorientierung aus den Kriterien des § 264d HGB ableitet. Kapitalmarktorientierung liegt vor, wenn eine Gesellschaft einen organisierten Markt im Sinne des § 2 Abs. 11 WpHG durch von ihr ausgegebene Wertpapiere im Sinne des § 2 Abs. 1 WpHG (z.B. Aktien, Inhaberschuldverschreibungen) in Anspruch nimmt oder die Zulassung solcher Wertpapiere zum Handel an einem organisierten Markt beantragt hat.[129] Durch das verschärfte Anforderungsprofil soll dem Umstand Rechnung getragen werden, dass diese Institute regelmäßig höheren Liquiditätsrisiken ausgesetzt sind. Dies gilt umso mehr, als institutionelle Anleger in z.B. unbesicherte Bankanleihen zukünftig weitergehend in die Bereinigung existenzieller Krisen einzelner Institute einbezogen werden sollen (»Bail-in«). Bei Instituten mit einer Refinanzierungsbasis durch Einlagen aus dem Privatkundengeschäft ist hingegen in der Tendenz von geringeren Liquiditätsrisiken auszugehen, da Retail-Kunden historisch gesehen weniger sensibel und auch später als institutionelle Anleger auf negative Informationen reagieren.[130] In der aktuellen Niedrigzinsphase zeigen sich allerdings auch die Schwächen der vornehmlich einlagenfinanzierten Institute, da mit zunehmender Dauer dieser Phase die Refinanzierungsbasis infrage gestellt wird. Besonders kritisch wird diese Situation, wenn über negative Einlagenzinsen nachgedacht wird.

---

129 Ein »organisierter Markt« im Sinne des § 2 Abs. 11 WpHG ist ein im Inland, in einem anderen Mitgliedstaat der Europäischen Union oder einem anderen Vertragsstaat des Abkommens über den Europäischen Wirtschaftsraum betriebenes oder verwaltetes, durch staatliche Stellen genehmigtes, geregeltes und überwachtes multilaterales System, das die Interessen einer Vielzahl von Personen am Kauf und Verkauf von dort zum Handel zugelassenen Finanzinstrumenten innerhalb des Systems und nach nichtdiskretionären Bestimmungen in einer Weise zusammenbringt oder das Zusammenbringen fördert, die zu einem Vertrag über den Kauf dieser Finanzinstrumente führt.

130 Retail-Kunden reagieren in vergleichbaren Situationen zwar deutlich später. Sobald aber ihr Vertrauen in die Institute beeinträchtigt wird, kann dies verheerende Konsequenzen haben, wie z.B. der Bank-Run im Falle von »Nothern Rock« im September 2007 eindrucksvoll gezeigt hat. Obwohl im Rahmen der »Zypern-Krise« im Jahr 2013 ursprünglich auch Kunden mit geringer Einlagenhöhe bei der Rettung der zypriotischen Banken herangezogen werden sollten, war hingegen kein verstärkter Einlagenabzug privater Kunden von Banken in anderen Krisenstaaten (wie Griechenland, Spanien oder Portugal) zu beobachten. Dabei ist allerdings zu beachten, dass für diese Banken bereits umfangreiche Stützungszusagen vorlagen.

Auch die Anforderungen von CEBS waren vor allem an Institute gerichtet, die sich schwer- **89** punktmäßig an den Geld- und Kapitalmärkten refinanzieren.[131] Im Wesentlichen müssen die kapitalmarktorientierten Institute Stresstests nach vergleichsweise strengen Vorgaben durchführen (→ BTR 3.2 Tz. 3) und dabei testen, welcher zusätzliche Liquiditätsbedarf sich aus den jeweiligen Szenarien für die Zeithorizonte von einer Woche und einem Monat ergibt. Dieser Bedarf ist mit den ohnehin vorzuhaltenden Liquiditätspuffern zu überbrücken (→ BTR 3.2 Tz. 1), wobei an die Zusammensetzung der Liquiditätspuffer für beide Zeithorizonte unterschiedlich strenge Anforderungen gestellt werden (→ BTR 3.2 Tz. 2). Schließlich muss die praktische Nutzung der Liquiditätspuffer für das Institut und die Gruppe in angemessener Weise sichergestellt werden (→ BTR 3.2 Tz. 4).

1.13 Berücksichtigung des Proportionalitätsprinzips

Das Vorhalten einer Liquiditätsübersicht (→ BTR 3.1 Tz. 3), das Durchrechnen einzelner Kenn- **90** zahlen (→ BTR 3.1 Tz. 4) und die Verwendung eines Verrechnungs- oder Liquiditätstransferpreissystems (→ BTR 3.1 Tz. 5 und 6) erfordern eine umfassende Kenntnis über die Produkte des Institutes auf beiden Bilanzseiten. Darüber hinaus sind Kenntnisse über die Liquidierbarkeit der einzelnen Positionen und deren mögliche Eignung als Sicherheiten für andere Liquidität beschaffende Maßnahmen erforderlich. Außerdem müssen alternative Refinanzierungsquellen des Institutes, auch wenn sie bisher noch nicht in Anspruch genommen wurden, bekannt sein.

Bei kleineren Instituten mit einer Geschäftsausrichtung, bei der die Einlagenvolumina den **91** Umfang der ausgereichten Kredite deutlich übersteigen und die insofern auf hohe Liquiditätspuffer verweisen können, sollten die Anforderungen dieses Moduls auf pragmatische Weise erfüllt werden, sofern sich ihre Liquiditätssituation auch während der Finanzmarktkrise nicht nachhaltig verschlechtert hat. Derartige Institute gehören häufig einem Verbund oder Konzern an und können insbesondere die damit verbundenen Erleichterungen in Anspruch nehmen. Um den Gegebenheiten bei zahlreichen deutschen Instituten mit traditioneller Refinanzierungsbasis und einem damit verbundenen stabilen Einlagensockel gerecht zu werden, hat die Aufsicht Öffnungsklauseln eingebaut.[132]

---

131 »The combination of tiered market structure and concentration of activity imply that the potential severity of contagion is higher for large banks – assuming a function of money centre – than for small banks at the fringe of the market. This provides a rationale for authorities to focus on the liquidity risk management, stress tests, liquidity buffers and contingency funding plans of money centre banks and underlines the case for proportionality.« Committee of European Banking Supervisors, Guidelines on Liquidity Buffers & Survival Periods (GL 28), 9. Dezember 2009, S. 11.
132 Vgl. Schneider, Andreas, Finanzmarktkrise und Risikomanagement: Die neuen Mindestanforderungen an das Risikomanagement der deutschen Bankenaufsicht, in: Die Wirtschaftsprüfung, Heft 6/2010, S. 274.

BTR 3.1 Allgemeine Anforderungen

1 Management der Liquiditätsrisiken (Tz. 1)

1 Das Institut hat sicherzustellen, dass es seine Zahlungsverpflichtungen jederzeit erfüllen **1** kann. Das Institut hat dabei, soweit erforderlich, auch Maßnahmen zur Steuerung des untertägigen Liquiditätsrisikos zu ergreifen. Es ist eine ausreichende Diversifikation der Refinanzierungsquellen und der Liquiditätspuffer zu gewährleisten. Konzentrationen sind wirksam zu überwachen und zu begrenzen.

1.1 Jederzeitige Zahlungsfähigkeit

Gleich die erste Anforderung der deutschen Aufsichtsbehörden zum Management der Liquiditäts- **2** risiken widmet sich dem Liquiditätsrisiko im engeren Sinne, also dem Zahlungsunfähigkeitsrisiko. So hat das Institut sicherzustellen, dass es seine Zahlungsverpflichtungen jederzeit erfüllen kann. Dieser zentrale Grundsatz verdeutlicht, dass es für die Institute von existenzieller Bedeutung ist, jederzeit hinreichend liquide zu sein, um ihren Fortbestand sicherzustellen. Damit wird zugleich § 11 Abs. 1 Satz 1 KWG entsprochen, wonach die Institute ihre Mittel so anlegen müssen, dass jederzeit eine ausreichende Zahlungsbereitschaft (Liquidität) gewährleistet ist. Auch andere nationale Aufsichtsbehörden betonen bei der Umsetzung des ILAAP die Notwendigkeit, dass sowohl unter normalen Bedingungen als auch im Stressfall jederzeit genügend Liquidität zur Abdeckung aller wesentlichen Liquiditätsrisiken sowie eine stabile Refinanzierungsbasis vorhanden sein müssen.[1] Die EZB bezeichnet es als eine der wichtigsten Erkenntnisse aus der Finanzmarktkrise, dass vom Liquiditätsrisikomanagement der bedeutenden Institute sichergestellt werden muss, jederzeit unter normalen und widrigen Bedingungen ihren Zahlungsverpflichtungen nachkommen zu können.[2]

Den Vorbemerkungen zu diesem Modul zufolge geht es vorrangig darum, mit Blick auf **3** verschiedene Fristigkeiten, die bei einem Geschäftstag beginnen können, über eine angemessene Liquiditäts- und Refinanzierungsposition zu verfügen. Zu diesem Zweck werden in diesem Modul spezielle Anforderungen an die Kombination aus dem Liquiditätssaldo und dem Liquiditätsdeckungspotenzial (»Counterbalancing Capacity«) für verschiedene Fristigkeiten unter normalen Bedingungen und im Stressfall gestellt. Damit wird dem Kernanliegen des ILAAP entsprochen, dass die Institute kontinuierlich mit einer angemessenen Liquidität ausgestattet sind.

1.2 Untertägiges Liquiditätsrisiko

1.2.1 Bedeutung für die Institute

Bereits seit der zweiten MaRisk-Novelle im Jahr 2009 haben die Institute, soweit erforderlich, auch **4** Maßnahmen zur Sicherstellung der Liquidität im Tagesverlauf zu ergreifen, wobei die Begriffe

---

1 Vgl. Finanzmarktaufsicht Liechtenstein, ILAAP (»Internal Liquidity Adequacy Assessment Process«), FMA-Mitteilung 2017/6, 21. November 2017, S. 5.

2 Vgl. Europäische Zentralbank, Leitfaden der EZB für den bankinternen Prozess zur Sicherstellung einer angemessenen Liquiditätsausstattung (Internal Liquidity Adequacy Assessment Process – ILAAP), 9. November 2018, S. 2.

BTR 3.1 Allgemeine Anforderungen

»Liquidität im Tagesverlauf«, »Innertagesliquidität« (»Intraday Liquidity«) und »Liquidität für einen Zeitraum von einem Geschäftstag« synonym für »untertägige Liquidität« verwendet werden. Damit sind jene liquiden Mittel gemeint, auf die während eines Geschäftstages zugegriffen werden kann, um die Institute insbesondere in die Lage zu versetzen, Zahlungen in Echtzeit zu leisten. Daneben können auch zeitspezifische Verpflichtungen bestehen, die zu einem bestimmten Zeitpunkt innerhalb des Tages abgewickelt werden müssen oder eine voraussichtliche untertägige Abwicklungsfrist haben. Ein Geschäftstag bezeichnet dabei die Öffnungszeiten eines Individualzahlungssystems[3] oder einer Korrespondenzbank, bei denen ein Institut Zahlungen in einer lokalen Jurisdiktion erhalten und leisten kann. Das Risiko, dass ein Institut seine untertägige Liquidität nicht effektiv verwaltet, bezeichnet man folglich als untertägiges Liquiditätsrisiko (»Intraday Liquidity Risk«). Dieses Risiko könnte dazu führen, dass das Institut seine Zahlungsverpflichtung zum erwarteten Zeitpunkt nicht erfüllen kann, was sich auf seine eigene Liquiditätsposition und die Liquiditätsposition anderer Parteien auswirkt.[4] Damit wird also das bestehende oder künftige Risiko bezeichnet, dass ein Institut seinen Bedarf an untertägiger Liquidität, d. h. an jenen Mitteln, auf die während des Geschäftstages zugegriffen werden kann, um dem Institut Zahlungen in Echtzeit zu ermöglichen, nicht wirksam steuern kann.[5] Besondere Herausforderungen an die untertägige Liquiditätssteuerung bestehen, wenn Echtzeitgeschäfte von den Kunden in erheblichem Umfang auch außerhalb der Geschäftszeiten der liquiditätssteuernden/-beschaffenden Geschäftseinheiten (wie der Treasury) erfolgen.

5   Mit der Anforderung, auch Maßnahmen zur Steuerung des untertägigen Liquiditätsrisikos zu ergreifen, wurde eine Empfehlung des Baseler Ausschusses für Bankenaufsicht (BCBS) aufgegriffen, mit der vorrangig auf die Entwicklung von Realtime-Systemen reagiert wurde. Aufgrund der bestehenden Abhängigkeiten können ausbleibende Zahlungen schnell zum Zusammenbruch einer ganzen Zahlungssequenz führen. Diese Anforderung betrifft also in erster Linie Institute, die im Tagesverlauf signifikante Zahlungsströme (»Cashflows«) aufweisen. Durch die aktive Steuerung des untertägigen Liquiditätsrisikos soll ein störungsfreies Funktionieren der Zahlungsverkehrs- und Abwicklungssysteme gewährleistet werden.[6] Im Rahmen der fünften MaRisk-Novelle wurde deshalb nochmals betont, dass untertägige Liquiditätsrisiken insbesondere bei Nutzung von Echtzeit-Abwicklungs- und Zahlungsverkehrssystemen vorliegen können (→ BTR 3.1 Tz. 1, Erläuterung). Die EZB hat die bedeutenden Institute explizit aufgefordert, ihre untertägigen Liquiditätspositionen und -risiken aktiv zu steuern, um ihren Zahlungs- und Abwicklungsverpflichtungen sowohl unter normalen als auch unter Stressbedingungen fristgerecht nachzukommen und so zum reibungslosen Funktionieren der Zahlungsverkehrs- und Abwicklungssysteme beizutragen.[7]

6   Der BCBS hat sechs operative Elemente genannt, die aus seiner Sicht für die Steuerung des untertägigen Liquiditätsrisikos unabdingbar sind. Erstens sollte ein Institut in der Lage sein, die erwarteten täglichen Brutto-Mittelzuflüsse und -abflüsse zu messen, die entsprechenden Zahlungszeitpunkte, soweit möglich, zu antizipieren und die sich daraus ergebende Bandbreite

---

3   Ein Individualzahlungssystem (»Large Value Payment System«, LVPS) ist ein Überweisungssystem, das typischerweise Zahlungen mit hohen Beträgen und hoher Dringlichkeit abwickelt. Im Gegensatz zu Massenzahlungssystemen werden viele Individualzahlungssysteme von Zentralbanken unter Verwendung eines Echtzeit-Bruttosystems (»Real-Time Gross Settlement«, RTGS) oder eines gleichwertigen Mechanismus betrieben. Vgl. Committee on Payment and Settlement Systems/Technical Committee of the International Organization of Securities Commissions, Principles for financial market infrastructures, 5. April 2012, Abschnitt 1.10.

4   Vgl. Basel Committee on Banking Supervision, Monitoring tools for intraday liquidity management, BCBS 248, 11. April 2013, S. 2 f.

5   Vgl. European Banking Authority, Guidelines on common procedures and methodologies for the supervisory review and evaluation process (SREP) and supervisory stress testing, EBA/GL/2014/13, Consolidated version, 19. Juli 2018, S. 23.

6   Vgl. Heidorn, Thomas/Schmaltz, Christian, Die neuen Prinzipien für sachgerechtes Liquiditätsmanagement, in: Zeitschrift für das gesamte Kreditwesen, Heft 3/2009, S. 114.

7   Vgl. Europäische Zentralbank, Aufsichtliche Erwartungen an ICAAP und ILAAP sowie harmonisierte Erhebung von ICAAP- und ILAAP-Informationen, Schreiben von Daniele Nouy an die Geschäftsleitung bedeutender Banken vom 8. Januar 2016, Anhang C.2, S. 6.

möglicher Netto-Refinanzierungslücken, die zu verschiedenen Zeitpunkten im Laufe des Tages auftreten könnten, zu prognostizieren. Zu diesem Zweck sollten Schlüsselkunden gebeten werden, ihren eigenen Zahlungsverkehr zu prognostizieren, um diesen Prozess zu erleichtern. Zweitens sollte ein Institut unter Kapazitätsgesichtspunkten in der Lage sein, das untertägige Liquiditätsrisiko in einer Weise zu überwachen, das kritische Zahlungen geleistet werden können und schnell auf unerwartete Zahlungsströme reagiert werden kann. Drittens sollte ein Institut jederzeit in der Lage sein, eine ausreichende untertägige Refinanzierung sicherzustellen, z.B. mittels Zugangs zu Intraday-Krediten der Zentralbank. Viertens sollte ein Institut über ausreichende Sicherheiten verfügen, um ggf. zusätzliche Liquidität zu generieren, die zur Erreichung seiner untertägigen Zahlungsziele erforderlich ist. Ein Institut sollte operative Vorkehrungen treffen, um diese Sicherheiten an Zentralbanken, Korrespondenzbanken, Verwahrstellen und Gegenparteien zu verpfänden oder zu liefern. Fünftens sollte ein Institut über die Fähigkeit verfügen, den Zeitpunkt seiner Liquiditätsabflüsse im Einklang mit seinen untertägigen Zahlungszielen effektiv zu steuern, wozu eine geschäftsfeldübergreifende interne Koordination erforderlich ist. Sechstens sollte ein Institut in der Lage sein, mit unerwarteten Störungen seiner untertägigen Liquidität umzugehen. Zu diesem Zweck sollten die Stresstests und Notfallfallpläne für Liquiditätsengpässe das untertägige Liquiditätsrisiko angemessen berücksichtigen. Ein Institut sollte auch die Höhe und den Zeitpunkt des Liquiditätsbedarfes verstehen, der sich aus dem Versagen der Zahlungs- und Abrechnungssysteme ergeben kann, an denen es direkt beteiligt ist.[8]

Die Vorschläge des BCBS wurden grundsätzlich bereits bei der Anpassung der Bankenrichtlinie im Herbst 2009 berücksichtigt (Anhang V Nr. 14 CRD II) und in dieser Form bisher unverändert gelassen. Gemäß Art. 86 Abs. 1 Satz 1 CRD IV wird von den Instituten u. a. gefordert, mit Hilfe von soliden Strategien, Grundsätzen, Verfahren und Systemen auch das Liquiditätsrisiko über einen Zeitraum von nur einem Geschäftstag (»including intraday«) ermitteln, messen, steuern und überwachen zu können, damit sie stets über angemessene Liquiditätspuffer verfügen. Einer repräsentativen Umfrage zufolge haben bereits im Jahr 2009 ca. 70 Prozent der deutschen Institute die untertägige Liquidität zumindest gemessen.[9] **7**

Für kleinere Institute, wie Sparkassen oder Genossenschaftsbanken, wird die i. d. R. nur einmal täglich durchgeführte Disposition der Konten (Gelddisposition) verbandsseitig als ausreichend angesehen, solange keine Hinweise auf Liquiditätsschwierigkeiten vorliegen.[10] Diese Einschätzung ist vermutlich zutreffend, hängt aber weniger von der Größe eines Institutes als vielmehr vom Volumen seiner Zahlungsströme ab. Unabhängig davon kann festgestellt werden, dass die von der Kreditwirtschaft angeregte und letztlich auch gewählte Formulierung »sicherstellen« nicht im Widerspruch zur gängigen Praxis steht, dass diese Aufgabe von der (marktnahen) Treasury bzw. Gelddisposition übernommen wird. Derzeit halten die meisten der potenziell betroffenen Institute zur Sicherstellung der untertägigen Liquidität eine angemessene Liquiditätsreserve bei der Zentralbank vor, mit deren Hilfe der geschätzte maximale Liquiditätsbedarf im Tagesverlauf auch unter Stressbedingungen gedeckt werden kann. **8**

---

8 Vgl. Basel Committee on Banking Supervision, Principles for Sound Liquidity Risk Management and Supervision, BCBS 144, 25. September 2008, S. 22.

9 Vgl. Kaltofen, Daniel, Empirische Ergebnisse der Großstudie Liquiditätsrisiko Deutschland, ikf institut für kredit- und finanzwirtschaft – Ruhr-Universität Bochum, Dezember 2009.

10 Vgl. Deutscher Sparkassen- und Giroverband, Mindestanforderungen an das Risikomanagement – Interpretationsleitfaden, Version 6.1, Berlin, Juli 2019, S. 333.

1.2.2 Überwachungskennzahlen zur untertägigen Liquidität

9   Im April 2013 hat der BCBS zudem konkrete Überwachungskennzahlen zur untertägigen Liquidität für international tätige Institute vorgeschlagen[11], die ursprünglich seit dem 1. Januar 2015 monatlich an die Aufsicht gemeldet werden sollten. Später wurde der Beginn dieser Meldepflicht zunächst auf den 1. Januar 2017 verschoben, bisher aber nicht (durchgängig) eingeführt. Die Baseler Kennzahlen bieten allerdings grundsätzlich allen Instituten eine Orientierung für eine proportionale Umsetzung der Überwachung der untertägigen Liquidität. Einige bedeutende Institute müssen im Rahmen der jährlichen »Liquidity Exercise« der EZB Daten zur untertägigen Liquidität melden.

10   Bei den Kennzahlen handelt es sich um das Maximum des täglichen Liquiditätsbedarfes (als kumulierter Nettoliquiditätsbedarf für jede Stunde eines Geschäftstages), die verfügbare untertägige Liquidität (ebenfalls für jede Stunde eines Geschäftstages zzgl. Bestand der verfügbaren Liquidität zum Beginn des Geschäftstages und Tagesminimum), wobei dazu bestimmte Quellen vorgegeben werden (Zentralbankguthaben, bei der Zentralbank hinterlegte Aktiva und Sicherheiten, unbelastete liquide und zentralbankfähige Aktiva, besicherte oder unbesicherte, widerrufliche oder unwiderrufliche Kreditlinien, Guthaben bei anderen Banken, erwartete Zahlungsmittelzuflüsse), die Summe der täglichen Zahlungen (ohne Verrechnung von Ein- und Auszahlungen, also als Maßgröße für das Ausmaß der Aktivitäten), das Volumen der zeitkritischen Zahlungsverpflichtungen (Verpflichtungen, deren Nichteinhaltung mit Strafen etc. verbunden sind, wobei auch zu ermitteln ist, mit welchem Anteil daran die Bank nicht fristgerecht umgehen konnte), der durchschnittliche Zeitpunkt untertägiger Auszahlungen und die Verteilung der kumulierten Auszahlungen über den Geschäftstag.

11   Mit den beiden letztgenannten Kennzahlen wird die Erwartung verbunden, besonders kritische Situationen zu erkennen (z. B. gezielte Konzentrationen von Zahlungen zum Ende der täglichen Abwicklungszeiten) und darauf aufbauend ggf. Stressszenarien kreieren zu können. Die noch im Konsultationspapier enthaltene Verpflichtung zur Meldung der unter bestimmten Stressszenarien ermittelten Werte wurde in der Endfassung wieder gestrichen. Außerdem wird angeregt, Kombinationen dieser Kennzahlen für einen noch höheren Informationsgewinn zu nutzen. Korrespondenzbanken sollen zusätzlich das Volumen der im Namen anderer Banken getätigten Zahlungen (als Gesamtsumme und als Summe für die fünf größten Kunden) und der diesen Banken zugesagten untertägigen Kreditlinien (als Gesamtsumme und für die fünf größten Kunden nach Volumen und maximaler Auslastung aufgegliedert – unterschieden nach besichert/unbesichert und zugesagt/geduldet) melden. Zusätzlich schwebt dem BCBS vor, die relevanten Quantile der empirischen Verteilungen zu einzelnen dieser Kennzahlen übermittelt zu bekommen.[12]

1.2.3 Bedeutung für den SREP

12   Die Umsetzung der vom BCBS vorgeschlagenen Meldeverpflichtung ist auf europäischer und nationaler Ebene lange Zeit nicht erfolgt, zumal die deutsche Aufsicht diesem Vorhaben kritisch gegenüberstand. Auch die Kreditwirtschaft hatte sich gegen eine aufsichtliche Meldung der Kennzahlen ausgesprochen und stattdessen vorgeschlagen, im Rahmen der zweiten Säule individuelle Obergrenzen für den untertägigen Liquiditätsbedarf festzulegen und hierfür entsprechende Liqui-

---

11 Basel Committee on Banking Supervision, Monitoring tools for intraday liquidity management, BCBS 248, 11. April 2013.

12 Vgl. Uhlmann, Torsten, Management des untertägigen Liquiditätsrisikos anhand adäquater Überwachungskennzahlen, Fachbeitrag der 1 PLUS i GmbH, 23. Juli 2012.

ditätspuffer bereitzuhalten. Aus diesem Limitierungsansatz ließen sich bankindividuelle Kennzahlen ableiten, die entsprechend überwacht werden sollten.[13]

Allerdings ergeben sich vergleichbare Anforderungen aus den EBA-Leitlinien zum SREP und aus den EBA-Leitlinien zu jenen ICAAP- und ILAAP-Informationen, die für den SREP erhoben werden müssen. Demnach wird von den zuständigen Behörden zur Prüfung der Einrichtung des Risikomanagements von untertägiger Liquidität erwartet, dass sie von den Instituten eine Beschreibung der Kriterien und Instrumente zur Messung und Überwachung der damit verbundenen Risiken sowie der zugehörigen Eskalationsverfahren bei Unterdeckungen anfordern, die gewährleisten, dass fällige Zahlungen und Abrechnungsverbindlichkeiten zeitnah sowohl unter unveränderten Rahmenbedingungen als auch unter Stressbedingungen geleistet werden. Zur Prüfung der Umsetzung des Risikomanagements von untertägiger Liquidität sollen die zuständigen Behörden zudem mit angemessener Häufigkeit einen quantitativen Überblick über das Risiko von untertägiger Liquidität im Laufe des vergangenen Jahres sowie Informationen zur Gesamtzahl der Zahlungsausfälle und einen Überblick mit Erklärungen zu wesentlichen Zahlungsausfällen oder zu vom Institut nicht zeitnah geleisteten wesentlichen Verpflichtungen anfordern.[14] Darüber hinaus sollen sich die zuständigen Behörden alle relevanten Belege einschließlich der Sitzungsprotokolle der jeweiligen Ausschüsse und Leitungsorgane zum Nachweis der soliden Einrichtung und Umsetzung des ILAAP vorlegen lassen, wozu u. a. auch der Nachweis der Entscheidungen über Maßnahmen der Geschäftsleitung in Bezug auf das untertägige Liquiditätsrisiko nach interner Eskalation aufgrund von untertägigen Liquiditätsereignissen gerechnet wird.[15] In die Bewertung des untertägigen Liquiditätsrisikos sollte angesichts der Unvorhersehbarkeit unerwarteter Abflüsse oder fehlender Zuflüsse auch die untertägige Verfügbarkeit liquider Aktiva einbezogen werden.[16]

13

1.3 Ausreichende Diversifikation

1.3.1 Grundlegende Bedeutung

Die Liquiditätsvorsorge eines Institutes ist insbesondere vom Ausmaß der zu erwartenden Zahlungsströme, von einem hinreichenden Volumen liquider Aktiva sowie von den für das Institut zugänglichen Refinanzierungsquellen am Geldmarkt abhängig. Seitens der Bankenaufsicht wird der Begriff einer »ausreichenden Diversifikation« im Hinblick auf die Refinanzierungsquellen und die Liquiditätspuffer als wesentliches Kriterium genannt. Maßgebliche Kriterien für die Diversifikation der Refinanzierungsquellen und der Liquiditätspuffer können bspw. Geschäftspartner bzw. Emittenten, Produkte, Laufzeiten und Regionen sein (→ BTR 3.1 Tz. 1, Erläuterung).

14

Von Diversifikation wird immer dann gesprochen, wenn Abhängigkeiten durch Streuung oder ähnliche Maßnahmen reduziert werden können. Insofern sollten vor allem Konzentrationen vermieden werden, die sowohl auf der Aktivseite als auch auf der Passivseite aus großvolumigen Krediten oder Einlagen entstehen können. Darüber hinaus sollte auf der Aktivseite nicht zu stark in Vermögensgegenstände investiert werden, die sich weder als Sicherheit für liquiditätsbeschaffende Transaktionen eignen noch selbst liquidiert werden können. Auf der Passivseite sollte wieder-

15

---

13 Vgl. Deutsche Kreditwirtschaft (German Banking Industry Committee), Comments on the Basel Committee's consultative document published in July 2012, 13. September 2012.
14 Vgl. European Banking Authority, Leitlinien zu für SREP erhobene ICAAP- und ILAAP-Informationen, EBA/GL/2016/10, 3. November 2016, S. 23.
15 Vgl. European Banking Authority, Leitlinien zu für SREP erhobene ICAAP- und ILAAP-Informationen, EBA/GL/2016/10, 3. November 2016, S. 25 f.
16 Vgl. European Banking Authority, Guidelines on common procedures and methodologies for the supervisory review and evaluation process (SREP) and supervisory stress testing, EBA/GL/2014/13, Consolidated version, 19. Juli 2018, S. 152 f.

um ein angemessener Volumenanteil für längerfristige Refinanzierungen zur Verfügung stehen und insgesamt eine ausreichende Zahl von Refinanzierungspartnern akquiriert werden. Je nach Geschäftsausrichtung und Refinanzierungsstruktur lassen sich weitere Beispiele für Maßnahmen zur Gewährleistung einer ausreichenden Diversifikation ableiten.

16   Auch der BCBS fordert, die Refinanzierung zu diversifizieren und eine kontinuierliche Marktpflege zu betreiben, um diese Diversifikation auch für die Zukunft sicherzustellen. Dabei wird die Diversifikation auf die Refinanzierungsquellen, die Laufzeiten, die Form der Refinanzierung, die Art der Besicherung, die jeweilige Währung und die Marktregion bezogen. Außerdem sollte sie mit den Planungs- und Strategieprozessen im Einklang stehen.[17]

1.3.2 Verbund- oder Konzernlösungen

17   Insbesondere die Zahlungsfähigkeit kleinerer Institute wird häufig innerhalb eines Finanzverbundes (Sparkassen-Finanzverbund, Genossenschaftsverbund etc.) oder eines Konzernverbundes sichergestellt. Deshalb kann eine ausreichende Diversifikation ausdrücklich auch durch bestehende Verbund- oder Konzernstrukturen erreicht werden (→ BTR 3.1 Tz. 1, Erläuterung). Aufgrund des hohen Anteiles an (relativ) stabilen Einlagen wird das Thema »Liquidität« insbesondere bei Sparkassen und Genossenschaftsbanken ehedem schwerpunktmäßig unter dem Gesichtspunkt der Ertragssituation betrachtet.

18   Die Querfinanzierung zwischen verschiedenen Einheiten einer Gruppe kann das Liquiditätsrisiko innerhalb der Gruppe allerdings auch verstärken. Zum Beispiel könnte das zur Bereitstellung der Liquidität in der Gruppe verantwortliche Unternehmen seine Funktion nicht mehr uneingeschränkt erfüllen, wenn seine eigene Liquiditätssituation belastet ist oder eine andere Einheit der Gruppe einen außerordentlichen Liquiditätsbedarf hat. Für den Fall, dass die hinsichtlich ihrer Bonität i.d.R. einwandfreien Finanzquellen innerhalb derartiger Verbünde oder Konzerne Extremsituationen ausgesetzt werden, ist es insofern auch nicht schädlich, für die einzelnen Produkte oder Produktgruppen im Bankportfolio hinreichend viele alternative Liquiditätsquellen kurzfristig aktivieren zu können. Deshalb regt der BCBS an, interne Limite für das Intragroup-Liquiditätsrisiko zu vereinbaren, um das Risiko der Ausbreitung von Stresssituationen zu begrenzen. Auf diese Weise kann die Abhängigkeit der verbundenen Einheiten bei der Refinanzierung von anderen Teilen der Gruppe beschränkt werden.[18]

19   Im Rahmen der fünften MaRisk-Novelle wurde u.a. die Anforderung ergänzt, Intragruppenforderungen angemessen in den Risikosteuerungs- und -controllingprozessen abzubilden (→ AT 4.3.2 Tz. 1, Erläuterung). Hierzu zählen selbstverständlich auch Intragruppenforderungen, die der Liquiditätsversorgung innerhalb einer Gruppe oder eines Verbundes dienen. Letztlich kommt es vor allem auf die konkrete Ausgestaltung an, um die angestrebte Diversifikation sicherzustellen.

1.3.3 Überwachung und Begrenzung von Konzentrationen

20   Bei allen Bemühungen um eine Diversifikation der Refinanzierungsquellen und der Liquiditätspuffer sollte nicht vergessen werden, dass sich die Liquidierbarkeit der Vermögensgegenstände und der Zugang zu Refinanzierungsquellen im Zeitverlauf oder sogar sehr kurzfristig ändern können, wie z.B. die Finanzmarktkrise deutlich gezeigt hat. Um auf derartige Veränderungen

---

17 Vgl. Basel Committee on Banking Supervision, Principles for Sound Liquidity Risk Management and Supervision, BCBS 144, 25. September 2008, S. 18.

18 Vgl. Basel Committee on Banking Supervision, Principles for Sound Liquidity Risk Management and Supervision, BCBS 144, 25. September 2008, S. 18.

angemessen reagieren zu können, sollte eine kontinuierliche Pflege des Marktzuganges erfolgen, um im Bedarfsfall schnell liquide Mittel am Kapitalmarkt aufnehmen zu können (→ BTR 3.1 Tz. 4).

Zudem wird es aufgrund der spezifischen Umfeldbedingungen nicht in jedem Fall möglich sein, den gewünschten Grad der Diversifikation der Refinanzierungsquellen oder der Liquiditätspuffer zu gewährleisten. In diesem Fall muss sich das Institut mit den möglichen Auswirkungen der daraus resultierenden Konzentrationen befassen. Derartige Konzentrationen von Refinanzierungsquellen oder Liquiditätspuffern sind in erster Linie wirksam zu überwachen und zu begrenzen. Für diese Zwecke kann es sinnvoll sein, im Rahmen der Festlegung des Risikoappetits gewisse Warnschwellen oder Limite zu vereinbaren (→ AT 4.2 Tz. 2). Positiv könnten sich auch die Maßnahmen zum Management von Risikokonzentrationen in anderen Bereichen auswirken, wie z. B. hinsichtlich der Adressenausfallrisiken (→ BTR 1). Darüber hinaus sind regelmäßig angemessene Stresstests durchzuführen (→ BTR 3.1 Tz. 8). Außerdem ist ein Frühwarnverfahren für Liquiditätsengpässe einzurichten (→ BTR 3.1 Tz. 2), das sinnvollerweise mit dem entsprechenden Notfallplan verknüpft wird (→ BTR 3.1 Tz. 9).

21

Die EZB hat im Rahmen des SREP klare Vorgaben formuliert, welche Informationen ihr zum Management von Konzentrationen von den bedeutenden Instituten vorgelegt werden müssen. Dazu gehören Informationen über Refinanzierungskonzentrationsrisiken, einschließlich der Grundsätze für die Messung und Überwachung von Wechselbeziehungen zwischen Refinanzierungsquellen und der wirtschaftlichen Verbindung zwischen Einlegern und anderen Liquiditätsgebern, sowie über Beschränkungen bezüglich der Konzentrationen im Liquiditätspuffer, einschließlich der Grundsätze für die Messung und Überwachung des möglichen Verlustes verfügbarer Liquidität aufgrund dieser Konzentrationen.[19] Von den Instituten erwartet die EZB, bei der zukunftsorientierten Beurteilung ihrer angemessenen Liquiditätsausstattung auch jene Konzentrationen zu berücksichtigen, die sich aus der Verfolgung ihrer Strategien oder aus relevanten Veränderungen ihres Geschäftsumfeldes ergeben können.[20] Die Stabilität des Refinanzierungsprofils sollte unter Berücksichtigung der Diversität oder Konzentration der Refinanzierungsquellen, Märkte und Produkte beurteilt werden.[21]

22

1.3.4 Bedeutung des Konzentrationsrisikos für den SREP

Die EBA empfiehlt den zuständigen Behörden, den Scorewert für das Geschäftsmodell und die Geschäftsstrategie eines Institutes auch davon abhängig zu machen, ob wesentliche Konzentrationen von Vermögenswerten oder Einnahmequellen vorhanden sind.[22] In Bezug auf die Liquiditätspuffer und das Liquiditätsdeckungspotenzial sollten die zuständigen Behörden bewerten, inwieweit das Institut in der Lage ist, seine dafür vorgesehenen Aktiva in einem angemessenen Zeitraum zu liquidieren, um seinen Liquiditätsbedarf während einer Stressperiode zu decken. Hierbei sollte untersucht werden, ob das Institut seinen Zugang zum Markt durch Verkaufs- oder Repogeschäfte regelmäßig testet und ob hohe Konzentrationen vorliegen, die das Risiko einer Überbewertung des Liquiditätspuffers und des Liquiditätsdeckungspotenzials in sich bergen.[23] Bei

23

19 Vgl. European Banking Authority, Leitlinien zu für SREP erhobene ICAAP- und ILAAP-Informationen, EBA/GL/2016/10, 3. November 2016, S. 19ff.

20 Vgl. Europäische Zentralbank, Leitfaden der EZB für den bankinternen Prozess zur Sicherstellung einer angemessenen Liquiditätsausstattung (Internal Liquidity Adequacy Assessment Process – ILAAP), 9. November 2018, S. 23.

21 Vgl. Europäische Zentralbank, Leitfaden der EZB für den bankinternen Prozess zur Sicherstellung einer angemessenen Liquiditätsausstattung (Internal Liquidity Adequacy Assessment Process – ILAAP), 9. November 2018, S. 26.

22 Vgl. European Banking Authority, Guidelines on common procedures and methodologies for the supervisory review and evaluation process (SREP) and supervisory stress testing, EBA/GL/2014/13, Consolidated version, 19. Juli 2018, S. 45f.

23 Vgl. European Banking Authority, Guidelines on common procedures and methodologies for the supervisory review and evaluation process (SREP) and supervisory stress testing, EBA/GL/2014/13, Consolidated version, 19. Juli 2018, S. 153.

der Bewertung der Nachhaltigkeit des Refinanzierungsprofils sollten die Risiken berücksichtigt werden, die aufgrund von Konzentrationen der Refinanzierungsquellen in unterschiedlicher Hinsicht entstehen können. Genannt werden insbesondere die Art der verwendeten Refinanzierungsinstrumente, spezifische Refinanzierungsmärkte, einzelne oder verbundene Gegenparteien sowie weitere Konzentrationsrisiken, die den künftigen Zugang zu Refinanzierungen beeinträchtigen können. Dabei sollte der Schwerpunkt auf Märkte und Instrumente gelegt werden, die für das langfristige Refinanzierungsprofil von Belang sind und deren Einfluss auf das Konzentrationsrisiko im kurzfristigen Liquiditätsprofil von Bedeutung sein kann.[24]

24   Mit Blick auf die geeigneten Indikatoren im Hinblick auf das Liquiditäts- und Refinanzierungsrisiko zur Abdeckung der wichtigsten strukturellen Schwächen geht es um den Grad der Abhängigkeit von einem einzelnen Markt oder von sehr wenigen Märkten oder Gegenparteien, die »Unbeweglichkeit« von Finanzierungsquellen und verhaltenssteuernden Faktoren, die Konzentration bestimmter Instrumente, die Konzentration von Geschäften in verschiedenen Währungen sowie wesentliche Konzentrationen von Laufzeiten und Laufzeitenlücken über einen längeren Zeitraum.[25] Im Zusammenhang mit der Festlegung der Stresstestannahmen sollten die zuständigen Behörden je nach Art und Schweregrad der Szenarien auch die Angemessenheit der Annahmen zur Korrelation zwischen Refinanzierungsmärkten und zur Diversifikation über verschiedene Märkte hinweg untersuchen.[26] Auch der Limit- und Kontrollrahmen sollte dazu beitragen, eine diversifizierte Refinanzierungsstruktur sowie ausreichende und zugängliche liquide Aktiva sicherzustellen.[27] Die Angemessenheit der Liquiditätsausstattung wird insbesondere von der Bewertung der Liquiditäts- und Refinanzierungsrisiken abhängig gemacht, wobei auch spezielle Konzentrationen des Liquiditätsdeckungspotenzials und/oder der Refinanzierung auf bestimmte Gegenparteien und/oder bestimmte Produkte/Arten in die Betrachtung einfließen.[28]

25   Werden entsprechende Mängel festgestellt, so können die zuständigen Behörden bestimmte Aufsichtsmaßnahmen anordnen. Im Bereich der Liquiditäts- und Refinanzierungsrisiken sind zur Vermeidung von zu hohen Konzentrationen liquider Aktiva u. a. Anforderungen im Hinblick auf die Zusammensetzung des Profils der liquiden Aktiva bezüglich Gegenparteien, Währung etc. und/oder Obergrenzen, Limite oder Einschränkungen für Refinanzierungskonzentrationen denkbar.[29] Weitere mögliche Maßnahmen sind die Verringerung der Abhängigkeit des Institutes von bestimmten (potenziell volatilen) Refinanzierungsmärkten wie dem Interbankenmarkt oder die Verringerung der Konzentrationen im Refinanzierungsprofil des Institutes in Bezug auf Gegenparteien, Spitzen im langfristigen Laufzeitprofil, (Inkongruenzen bei) Währungen etc.[30]

24 Vgl. European Banking Authority, Guidelines on common procedures and methodologies for the supervisory review and evaluation process (SREP) and supervisory stress testing, EBA/GL/2014/13, Consolidated version, 19. Juli 2018, S. 156.

25 Vgl. European Banking Authority, Guidelines on common procedures and methodologies for the supervisory review and evaluation process (SREP) and supervisory stress testing, EBA/GL/2014/13, Consolidated version, 19. Juli 2018, S. 161.

26 Vgl. European Banking Authority, Guidelines on common procedures and methodologies for the supervisory review and evaluation process (SREP) and supervisory stress testing, EBA/GL/2014/13, Consolidated version, 19. Juli 2018, S. 163.

27 Vgl. European Banking Authority, Guidelines on common procedures and methodologies for the supervisory review and evaluation process (SREP) and supervisory stress testing, EBA/GL/2014/13, Consolidated version, 19. Juli 2018, S. 164.

28 Vgl. European Banking Authority, Guidelines on common procedures and methodologies for the supervisory review and evaluation process (SREP) and supervisory stress testing, EBA/GL/2014/13, Consolidated version, 19. Juli 2018, S. 172.

29 Vgl. European Banking Authority, Guidelines on common procedures and methodologies for the supervisory review and evaluation process (SREP) and supervisory stress testing, EBA/GL/2014/13, Consolidated version, 19. Juli 2018, S. 193.

30 Vgl. European Banking Authority, Guidelines on common procedures and methodologies for the supervisory review and evaluation process (SREP) and supervisory stress testing, EBA/GL/2014/13, Consolidated version, 19. Juli 2018, S. 194.

2 Früherkennung von Liquiditätsengpässen (Tz. 2)

2 Das Institut hat zu gewährleisten, dass ein sich abzeichnender Liquiditätsengpass früh- **26** zeitig erkannt wird. Hierfür sind Verfahren einzurichten, deren Angemessenheit regelmäßig, mindestens aber jährlich, zu überprüfen ist. Auswirkungen anderer Risiken auf die Liquidität des Institutes (z.B. Reputationsrisiken) sind bei den Verfahren zu berücksichtigen.

2.1 Umgang mit Liquiditätsengpässen

Ein »Liquiditätsengpass« kommt zustande, wenn die Liquiditätsposition des Institutes nicht mehr **27** ausreicht, um die jeweiligen Zahlungsverpflichtungen zu erfüllen. Dieser Fall tritt also immer dann ein, wenn der Liquiditätssaldo, d.h. die Differenz aus den kumulierten Mittelzu- und -abflüssen, und das Liquiditätsdeckungspotenzial, d.h. die potenziell zusätzlich generierbare Liquidität, in einer Gesamtbetrachtung den erwarteten Liquiditätsbedarf zu einem bestimmten Zeitpunkt unterschreiten. Dies verdeutlicht, dass eine angemessene Aktiv-Passiv-Steuerung unabdingbar ist, damit ein Institut seine Zahlungsverpflichtungen jederzeit erfüllen kann (→ BTR 3.1 Tz. 1).

Der Liquiditätssaldo wird in erster Linie mit Hilfe geeigneter Zeitbänder in den Liquiditäts- **28** übersichten im kurz-, mittel- und langfristigen Bereich überwacht (→ BTR 3.1 Tz. 3). Ein hinreichendes Liquiditätsdeckungspotenzial hängt vor allem vom Vorhandensein ausreichend bemessener, nachhaltiger Liquiditätspuffer, wie z.B. hochliquider, unbelasteter Vermögensgegenstände, und verlässlicher Refinanzierungsquellen ab (→ BTR 3.1 Tz. 4). Zudem hat jedes Institut einen internen Refinanzierungsplan für einen angemessen langen, in der Regel mehrjährigen Zeitraum aufzustellen, der die Strategien, den Risikoappetit und das Geschäftsmodell widerspiegelt (→ BTR 3.1 Tz. 12).

Um Liquiditätsengpässe zu vermeiden, genügt es allerdings nicht, einen normalen Geschäfts- **29** verlauf zu simulieren. So können sich die Marktgegebenheiten z.B. nachhaltig verschlechtern. Deshalb muss ein Institut ebenso prüfen, inwieweit es auch bei angespanntem Marktumfeld in der Lage ist, einen auftretenden Liquiditätsbedarf zu decken (→ BTR 3.1 Tz. 4). Zudem sind regelmäßig angemessene Stresstests über unterschiedlich lange Zeithorizonte durchzuführen, mit deren Hilfe auch der voraussichtliche Überlebenshorizont zu ermitteln ist (→ BTR 3.1 Tz. 8). Die daraus gewonnenen Erkenntnisse müssen genutzt werden, um in einem Notfallplan für Liquiditätsengpässe wirksame Maßnahmen festzulegen, die vom Institut ergriffen werden können, um seine Zahlungsverpflichtungen wieder erfüllen zu können (→ BTR 3.1 Tz. 9).

Mit einem sich abzeichnenden Liquiditätsengpass muss ein Institut sowohl unter normalen als **30** auch unter angespannten Bedingungen in einer Weise umgehen können, dass sein Geschäftsbetrieb nicht gefährdet ist. Voraussetzung dafür ist vor allem, dass ein Liquiditätsengpass vom Institut rechtzeitig erkannt wird, um noch angemessen darauf reagieren zu können. Vor diesem Hintergrund fordert auch die EZB, dass ein Institut in sein Konzept für die Angemessenheit der Liquiditätsausstattung aus ökonomischer Perspektive Steuerungsprozesse einbezieht, mit denen frühzeitig ermittelt wird, ob Handlungsbedarf besteht, um einen aufkommenden Liquiditätsengpass zu beseitigen und wirksame Maßnahmen zu ergreifen, wie z.B. eine Aufstockung der Liquiditätspuffer oder eine Anpassung des Zahlungsstromprofils.[31]

---

31 Vgl. Europäische Zentralbank, Leitfaden der EZB für den bankinternen Prozess zur Sicherstellung einer angemessenen Liquiditätsausstattung (Internal Liquidity Adequacy Assessment Process – ILAAP), 9. November 2018, S. 18.

2.2 Frühwarnverfahren im Liquiditätsrisikomanagement

2.2.1 Einschränkung der Handlungsspielräume

31   Einer allgemeinen Untersuchung zur zeitlichen Entwicklung von Unternehmenskrisen aus dem Jahr 2003 zufolge vergeht zwischen der ersten Wahrnehmung einer Krise und deren Manifestierung ein relativ langer Zeitraum von 617 Tagen (im Median). Dieser Zeitraum kann in drei verschiedene Phasen zerlegt werden. In der ersten Phase (»strategische Krise« oder »Strukturkrise«) ist die Nachhaltigkeit der Unternehmensentwicklung bereits gefährdet. In dieser Phase, die sich über einen Zeitraum von 385 Tagen (im Median) erstreckt, erfolgt häufig eine kritische Berichterstattung in der Presse über sichtbare Auswirkungen (z.B. starke Fluktuation von Führungskräften) bzw. ergriffene Maßnahmen (z.B. Stilllegungen oder Verkäufe von Beteiligungen) mit entsprechender Außenwirkung. In der zweiten Phase (»operative Krise« oder »Erfolgskrise«) bestehen erhebliche Gefahren für die Erreichung der Erfolgsziele bzw. werden bereits Verluste erwirtschaftet. Diese Phase dauert weitere 179 Tage (im Median) und betrifft den Übergang von einer latenten Krise in eine manifeste Krise. In diesem Zeitraum werden i.d.R. rigorose Notmaßnahmen eingeleitet. In der dritten Phase (»Finanzkrise« oder »Liquiditätskrise«), die weitere 53 Tage ausmacht (im Median), bestehen kaum noch Möglichkeiten zur Gegensteuerung. Insofern werden im Zeitverlauf nicht nur die Handlungsspielräume, sondern gleichzeitig auch der mögliche Reaktionszeitraum immer stärker eingeschränkt.[32]

32   Die Risikosteuerungs- und -controllingprozesse müssen deshalb u.a. gewährleisten, dass die wesentlichen Risiken frühzeitig erkannt werden (→ AT 4.3.2 Tz. 2), um noch wirksame und betriebswirtschaftlich sinnvolle Gegensteuerungsmaßnahmen einleiten zu können. Das gilt in besonderem Maße für Liquiditätsrisiken, die grundsätzlich auch zu den wesentlichen Risiken zu zählen sind (→ AT 2.2 Tz. 1). Wird ein Liquiditätsengpass zu spät erkannt oder beseitigt, so kann dies dramatische Folgen für die Reputation eines Institutes und in der Folge für seine Refinanzierungsmöglichkeiten haben. Dies zeigte sich während der Finanzmarktkrise z.B. in Großbritannien, als die öffentlich bekannt gewordenen Refinanzierungsprobleme von Northern Rock zu einem regelrechten »Bank-Run« führten. Mitte September 2007 hatten die Kunden von Northern Rock innerhalb von nur drei Tagen fast 3 Milliarden Euro an Einlagen abgezogen. Selbst eine Garantieerklärung des britischen Finanzministers Alistair Darling konnte diese Entwicklung nicht nachhaltig stoppen. Deshalb musste das Institut vorübergehend verstaatlicht werden. Dieses Beispiel verdeutlicht, dass ein sich abzeichnender Liquiditätsengpass, bei dem ein Institut i.d.R. nicht mehr uneingeschränkt seinen Zahlungsverpflichtungen nachkommen kann, frühzeitig erkannt werden muss, damit das Liquiditätsrisiko gar nicht erst schlagend wird.

2.2.2 Definition von Frühwarnindikatoren

33   Im MaRisk-Fachgremium wurde seitens der Aufsicht klargestellt, dass sich die Ausgestaltung der »Frühwarnverfahren« an den Maßnahmen zur Einhaltung des Risikoappetits orientieren kann (→ AT 4.2 Tz. 2).[33] Analog zur Vorgehensweise im Kreditgeschäft (→ BTO 1.3.1 Tz. 2) bietet es sich deshalb an, zur Früherkennung von Liquiditätsengpässen auf der Basis quantitativer und

---

32 Vgl. Hauschildt, Jürgen, Von der Krisenerkennung zum präventiven Krisenmanagement – Zum Umgang der Betriebswirtschaftslehre mit der Unternehmenskrise, in: Krisen-, Sanierungs- und Insolvenzberatung (KSI), Heft 1/2005, S. 2; Mantell, Gordon, Risikofrüherkennung im Kontext der MaRisk, in: Becker, Axel/Berndt, Michael/Klein, Jochen, Bearbeitungs- und Prüfungsleitfaden Neue MaRisk, Heidelberg, 2009, S. 272f.

33 Von der Sitzung des MaRisk-Fachgremiums am 2.–3. April 2009 existiert kein offizielles Protokoll. Während der Konsultationsverfahren fließen die Erkenntnisse aus diesen Sitzungen in der Regel direkt in die Überarbeitung der MaRisk ein, so dass sich ein zusätzliches Protokoll häufig erübrigt.

qualitativer Risikomerkmale Indikatoren für eine frühzeitige Risikoidentifizierung zu entwickeln. Die Signale dieser Indikatoren könnten mit direkten oder indirekten Maßnahmen zur Beseitigung von Liquiditätsengpässen verknüpft werden. Direkte Maßnahmen können sich z. B. aus dem Notfallplan für Liquiditätsengpässe ergeben (→ BTR 3.1 Tz. 9). Unter einer indirekten Maßnahme ist z. B. die Einberufung eines »Asset Liability Committee« (ALCO) oder eines »Liquidity Committee« – je nach Aufgabenstellung – zu verstehen, um wirksame Beschlüsse zur Beseitigung der festgestellten Liquiditätslücken zu fassen.

Die Auswahl der maßgeblichen Indikatoren für das Frühwarnverfahren hängt im Wesentlichen von der Geschäftsausrichtung des Institutes, seiner Refinanzierungsstruktur und seiner Stellung im Markt ab. Nach den Vorstellungen des Baseler Ausschusses für Bankenaufsicht sollten derartige Frühwarnindikatoren jeden negativen Trend erkennen und zu einer Überprüfung und einer möglichen Reaktion der Geschäftsleitung führen, um die Belastung des Institutes durch die auftretenden Risiken zu mindern. Ohne Anspruch auf Vollständigkeit werden folgende Beispiele genannt, wobei deren Eignung zur »frühzeitigen« Information teilweise hinterfragt werden könnte[34]: **34**

- rasches Wachstum der Aktiva, insbesondere bei Refinanzierung mit potenziell volatilen Passiva,
- wachsende Konzentration der Aktiva oder Passiva,
- Erhöhung der Währungsinkongruenzen,
- Rückgang der gewichteten durchschnittlichen Laufzeit der Passiva,
- wiederholtes Erreichen oder Übertreten der internen oder regulatorischen Limite,
- negative Trends oder erhöhte Risiken in Verbindung mit einer bestimmten Produktlinie, wie steigende Ausfallquoten,
- wesentliche Verschlechterung der Ertragslage der Bank, der Qualität seiner Aktiva und seiner allgemeinen finanziellen Lage,
- negative Publicity,
- eine Ratingherabstufung,
- sinkender Aktienkurs oder steigende Fremdkapitalkosten,
- Ausweitung der Spreads,
- steigende Refinanzierungskosten im Wholesale- oder Retailbereich,
- Geschäftspartner verlangen (zusätzliche) Sicherheiten für die Refinanzierung oder stehen bei neuen Geschäften nicht mehr zur Verfügung,
- Korrespondenzbanken streichen oder reduzieren ihre Kreditlinien,
- erhöhte Abflüsse im Einlagengeschäft,
- zunehmend vorzeitige Abflüsse des gegen Stellung von Sicherheiten bereitgestellten Fremdkapitals,
- Schwierigkeiten beim Zugriff auf langfristige Refinanzierungsmittel,
- Schwierigkeiten bei der Platzierung kurzfristiger Wertpapiere (z. B. Commercial Paper).

Darüber hinaus können verschiedene Kennzahlen genutzt werden, die auch zur Ermittlung des Liquiditätsbedarfes herangezogen werden (→ BTR 3.1 Tz. 4). Für die meisten der genannten Indikatoren können geeignete Warnschwellen oder sogar Limite festgelegt werden. **35**

Ein Institut sollte darüber hinaus über Frühwarnindikatoren verfügen, mit deren Hilfe signalisiert wird, ob eingebettete Optionen in bestimmten Produkten wahrgenommen werden (z. B. zugesagte Liquiditätslinien, OTC-Derivate).[35] Bereits im April 2001 hatte der Board of Governors of the Federal Reserve System auf die Gefahren aus mit Optionsrechten versehenen Geschäften **36**

---

34 Vgl. Basel Committee on Banking Supervision, Principles for Sound Liquidity Risk Management and Supervision, BCBS 144, 25. September 2008, S. 16f.

35 Vgl. Basel Committee on Banking Supervision, Principles for Sound Liquidity Risk Management and Supervision, BCBS 144, 25. September 2008, S. 16f.

und die diesbezüglich mangelhaften Kontrollmechanismen in den Instituten hingewiesen.[36] In Abhängigkeit vom Geschäftsmodell sollten auch geeignete Frühwarnindikatoren für Geschäfte mit Zweckgesellschaften vorhanden sein. Mit deren Hilfe kann die Wahrscheinlichkeit bestimmt werden, dass ein Institut zusätzliche Liquiditätshilfen für die Zweckgesellschaft bereitstellen oder deren Vermögenswerte sogar auf die Bilanz nehmen muss.[37]

2.2.3 Bedeutung von Frühwarnindikatoren für den SREP

37   Wie bereits ausgeführt, sollen die Frühwarnindikatoren im Hinblick auf das Liquiditäts- und Refinanzierungsrisiko in erster Linie die wichtigsten strukturellen Refinanzierungsschwächen abdecken, wobei insbesondere auf verschiedene Konzentrationen abgezielt wird. Als ebenso wichtig betrachtet die EBA, dass die Frühwarnindikatoren angemessen dokumentiert sind, regelmäßig überprüft werden, in die Definition des Risikoappetits einfließen, Teil der Berichterstattung an die Geschäftsleitung sind und zur Festsetzung operativer Limite herangezogen werden.[38]

38   Die EBA nennt als einen wesentlichen Faktor zur Bewertung des Notfallplanes für Liquiditätsengpässe, ob das Institut über einen Rahmen für liquiditätsbezogene Frühwarnindikatoren verfügt, die es wirksam in die Lage versetzen, eine Verschlechterung der Marktgegebenheiten rechtzeitig zu erkennen und schnell über die zu ergreifenden Maßnahmen zu entscheiden.[39] Als maßgeblicher Faktor zur Beurteilung, ob die im Notfallplan für Liquiditätsengpässe beschriebenen Maßnahmen für die Stressszenarien durchführbar sind, wird u. a. auf den Grad der Kohärenz und des Zusammenspiels der vom Institut eingerichteten liquiditätsbezogenen Stresstests, des Notfallplanes für Liquiditätsengpässe und der liquiditätsbezogenen Frühwarnindikatoren verwiesen.[40]

2.3   Regelmäßige Überprüfung der Angemessenheit

39   Die zur Risikomessung eingesetzten Methoden und Verfahren sind regelmäßig auf ihre Angemessenheit zu überprüfen (→ AT 4.3.2 Tz. 5). Das gilt natürlich auch für die Verfahren zur Früherkennung von Liquiditätsengpässen. Ohne eine regelmäßige Überprüfung kann die insgesamt geforderte Angemessenheit der Risikosteuerungs- und -controllingprozesse (→ AT 4.3.2 Tz. 1) nicht sichergestellt werden. Aufgrund der besonderen Bedeutung bestimmter Methoden und Verfahren für das Risikomanagement eines Institutes wird diese Anforderung an verschiedenen Stellen nochmals betont. Das betrifft u. a. die Methoden zur Beurteilung der Risikotragfähigkeit (→ AT 4.1 Tz. 9), die Stresstests (→ AT 4.3.3 Tz. 5), die Verfahren zur Beurteilung der Marktpreisrisiken (→ BTR 2.1 Tz. 3) und die Durchführbarkeit der Maßnahmen im Falle eines Liquiditätsengpasses (→ BTR 3.1 Tz. 9). Der Begriff »regelmäßig« gestattet den Instituten, den Überprüfungsturnus in angemessener Weise selbst festzulegen. Seit der fünften MaRisk-Novelle wird allerdings ein Mindestturnus von einem Jahr vorgegeben. Aufgrund der möglichen Aus-

---

36 Vgl. Board of Governors of the Federal Reserve System, Division of Banking Supervision and Regulation, Supervisory Guidance on Complex Wholesale Borrowings, Supervision and Regulation Letters SR 01-8 (SUP), Washington D. C., 5. April 2001.

37 Vgl. Basel Committee on Banking Supervision, Principles for Sound Liquidity Risk Management and Supervision, BCBS 144, 25. September 2008, S. 16 f.

38 Vgl. European Banking Authority, Guidelines on common procedures and methodologies for the supervisory review and evaluation process (SREP) and supervisory stress testing, EBA/GL/2014/13, Consolidated version, 19. Juli 2018, S. 161 f.

39 Vgl. European Banking Authority, Guidelines on common procedures and methodologies for the supervisory review and evaluation process (SREP) and supervisory stress testing, EBA/GL/2014/13, Consolidated version, 19. Juli 2018, S. 165.

40 Vgl. European Banking Authority, Guidelines on common procedures and methodologies for the supervisory review and evaluation process (SREP) and supervisory stress testing, EBA/GL/2014/13, Consolidated version, 19. Juli 2018, S. 166.

wirkungen von Liquiditätsengpässen auf den Fortbestand eines Institutes sollte neben der regelmäßigen Überprüfung beim geringsten Zweifel an der Angemessenheit bzw. Wirksamkeit des Frühwarnverfahrens auch eine anlassbezogene Überprüfung durchgeführt werden.

2.4 Auswirkungen anderer Risiken auf die Liquidität

2.4.1 Beispiele für relevante Wechselwirkungen

Wechselwirkungen zwischen den unterschiedlichen Risikoarten sollten beim Frühwarnverfahren **40** für Liquiditätsengpässe berücksichtigt werden. Es ist unmittelbar einleuchtend, dass zwischen den Liquiditätsrisiken und anderen Risikoarten ein enger Zusammenhang besteht. Dieser Zusammenhang ergibt sich bereits aus der Definition der Liquiditätsrisiken, indem das Marktliquiditätsrisiko häufig als eine Form des Marktrisikos angesehen und entsprechend behandelt wird (→ BTR 2). Eine erste Indikation, wie sich andere Risiken auf die Liquidität des Institutes auswirken können, liefert die regelmäßig und anlassbezogen durchzuführende Risikoinventur. In deren Rahmen ist u. a. zu prüfen, welche Risiken die Liquiditätslage wesentlich beeinträchtigen können (→ AT 2.2 Tz. 2).

Auch nach Ansicht des Baseler Ausschusses für Bankenaufsicht (BCBS) sollten die Institute **41** sowohl ein gründliches Verständnis über den engen Zusammenhang zwischen dem Refinanzierungsrisiko und dem Marktliquiditätsrisiko als auch über die starken Wechselwirkungen zwischen den Liquiditätsrisiken und anderen Risikoarten, denen ein Institut ausgesetzt ist, besitzen. Reputationsrisiken und andere Risikoarten werden ausdrücklich als Beispiele genannt, die das Liquiditätsprofil eines Institutes beeinflussen können. Liquiditätsrisiken können insbesondere aus vermeintlichen oder tatsächlichen Schwächen, Fehlern oder Problemen beim Management anderer Risikoarten resultieren. Deshalb sollten Ereignisse mit Auswirkungen auf die Wahrnehmung des Marktes und der Öffentlichkeit über die Bonität eines Institutes identifiziert werden.[41]

Zum Marktrisiko besteht auch insofern eine Verbindung, als die Institute gemäß Art. 83 Abs. 2 **42** CRD IV Maßnahmen bezüglich des Risikos eines Liquiditätsengpasses vorsehen müssen, wenn die Verkaufsposition vor der Kaufposition fällig wird. Im Marktrisikobereich können sich z. B. Liquiditätsengpässe oder eine aus der Anpassung der Kreditbewertung einer Gegenpartei[42] resultierende Verringerung der Liquiditätsreserven negativ auswirken.[43] Außerdem kann sich die Liquiditätssituation eines Institutes relativ schnell verschlechtern, wenn z. B. aufgrund von voluminösen Fristentransformationen ein erhöhter Liquiditätsbedarf besteht und sich das Zinsniveau zu diesem Zeitpunkt aus Sicht des Institutes ungünstig darstellt.

Eine besonders enge Verbindung besteht zum Adressenausfallrisiko (→ BTR 1). In Stress- **43** situationen kann es z. B. zu einer Verschlechterung der Bonität der Sicherheitengeber oder der Marktliquidität kommen.[44] Zudem kann sich der Liquiditätsbedarf deutlich erhöhen, wenn bedeutende Kreditnehmer ausfallen und die entsprechenden Rückzahlungen ausbleiben. Aus der Hebelwirkung von Verbriefungsstrukturen können Liquiditäts- und Refinanzierungsrisiken resultieren, z. B. aus Inkongruenzen der Zahlungsströme oder bestimmten Vorauszahlungsbedingungen. Derartige Strukturen sind gegenüber systemischen Markteffekten, die sich z. B. auf Liquiditäts-

---

41 Vgl. Basel Committee on Banking Supervision, Principles for Sound Liquidity Risk Management and Supervision, BCBS 144, 25. September 2008, S. 8 ff.

42 Die Anpassung der Kreditbewertung einer Gegenpartei (»Credit Valuation Adjustment«, CVA) spiegelt gemäß Art. 381 CRR grundsätzlich den Marktwert des Kreditrisikos dieser Gegenpartei gegenüber dem Institut bei OTC-Derivaten wider.

43 Vgl. European Banking Authority, Leitlinien zu den Stresstests der Institute, EBA/GL/2018/04, 19. Juli 2018, S. 34.

44 Vgl. European Banking Authority, Leitlinien zu den Stresstests der Institute, EBA/GL/2018/04, 19. Juli 2018, S. 31.

rückgänge oder zunehmende Korrelationen von Vermögenswerten auf allen Ebenen der strukturierten Produkte auswirken, besonders anfällig.[45]

44   Die operationellen Risiken (→ BTR 4) können sich z. B. in Gestalt von Abwicklungsfehlern im Extremfall ganz erheblich auf die Liquiditätssituation eines Institutes auswirken. Ebenso können die u. a. daraus resultierenden Reputationsrisiken einen nicht zu unterschätzenden Einfluss auf die Refinanzierungsbedingungen eines Institutes haben, wenn als direkte Reaktion auf negative Meldungen z. B. massiv Kundengelder abgezogen werden. Die Einbeziehung der möglichen Auswirkungen des Reputationsrisikos in das Liquiditätsrisikomanagement wird auch in Art. 86 Abs. 4 CRD IV explizit gefordert. Da operative Verluste Zweitrundeneffekte in Form von Reputationsrisiken hervorrufen können, sollten die Stresstests für operationelle Risiken die Zusammenhänge mit Liquiditäts- und Eigenmittelanforderungen berücksichtigen.[46]

45   Zudem hat der BCBS im Oktober 2017 Leitlinien zur Ermittlung und zum Management des Unterstützungsrisikos (Step-in Risk) veröffentlicht, das sich auf die Liquiditätsposition der Institute auswirken kann.[47] Darunter wird das Risiko verstanden, eine Geschäftseinheit zur Vermeidung von Reputationsrisiken unterstützen zu müssen, ohne dass dafür eine vertragliche Verpflichtung besteht. Die Behandlung des Unterstützungsrisikos, die in erster Linie auf die Vermeidung von Ansteckungseffekten aus dem Schattenbankensektor abzielt, soll in der zweiten Säule erfolgen, wobei die Institute über eine interne Richtlinie zur Festlegung der Wesentlichkeit dieses Risikos (Materiality Policy) verfügen müssen, die wiederum der aufsichtlichen Überprüfung unterliegt. Zuvor hatte bereits die EBA Leitlinien über Obergrenzen für Risikopositionen gegenüber dem Schattenbankensektor veröffentlicht.[48] Die EZB erwartet, dass die Institute im Rahmen der Risikoidentifikation auch ihre entsprechenden Risikopositionen, die daraus erwachsenden potenziellen Risiken und deren mögliche Auswirkungen ermitteln.[49]

46   Eine direkte Verbindung besteht auch zu den Nachhaltigkeitsrisiken, die als Treiber für die aufsichtsrechtlichen Risiken gesehen werden. In der Branche wurden die Liquiditätsrisiken aus diesem Kausalzusammenhang vor nicht allzu langer Zeit zwar noch ausgeklammert.[50] Die EZB erwartet von den Instituten allerdings bereits eine Beurteilung, ob wesentliche Klima- und Umweltrisiken zu erheblichen Nettomittelabflüssen oder zum massiven Abbau von Liquiditätspuffern führen könnten. So könnte das Liquiditätsrisiko ggf. aufgrund von makroökonomischen Schocks infolge von physischen oder transitorischen Risiken steigen, verbunden mit einer Verringerung der Auswahl an Wertpapieren, in die investiert werden kann. Ebenso könnten Spannungen am Interbankenmarkt als indirekte Folge auftreten, wenn bestimmte Institute durch Klima- und Umweltrisiken erheblichen Auswirkungen auf andere Risikoarten ausgesetzt und deshalb nicht mehr in der Lage wären, sich bei anderen Instituten zu refinanzieren.[51] Die BaFin hat wiederum ausgeführt, dass zehntausende Kunden nach einem schwerwiegenden physischen Ereignis, wie z. B. einer katastrophalen Überflutung, hohe Summen von ihren Konten bei einem regional tätigen Institut abziehen könnten, um damit die Schadensbeseitigung zu finanzieren. Um

---

45 Vgl. European Banking Authority, Leitlinien zu den Stresstests der Institute, EBA/GL/2018/04, 19. Juli 2018, S. 32 f.

46 Vgl. European Banking Authority, Leitlinien zu den Stresstests der Institute, EBA/GL/2018/04, 19. Juli 2018, S. 36.

47 Basel Committee on Banking Supervision, Guidelines – Identification and management of step-in risk, BCBS 423, 25. Oktober 2017.

48 European Banking Authority, Leitlinien zu Obergrenzen für Risikopositionen gegenüber Schattenbankunternehmen, die außerhalb eines Regelungsrahmens Banktätigkeiten ausüben, gemäß Artikel 395 Absatz 2 der Verordnung (EU) Nr. 575/2013, EBA/GL/2015/20, 3. Juni 2016.

49 Vgl. Europäische Zentralbank, Leitfaden der EZB für den bankinternen Prozess zur Sicherstellung einer angemessenen Liquiditätsausstattung (Internal Liquidity Adequacy Assessment Process – ILAAP), 9. November 2018, S. 23.

50 Vgl. Coleton, Adrienne/Font Brucart, Maria/Gutierrez, Pilar/Le Tennier, Fabien/Moor, Christian, Sustainable Finance – Market Practices, EBA Staff Paper Series N. 6, 28. Januar 2020, S. 17.

51 Vgl. Europäische Zentralbank, Leitfaden zu Klima- und Umweltrisiken – Erwartungen der Aufsicht in Bezug auf Risikomanagement und Offenlegungen, 27. November 2020, S. 47.

liquide zu bleiben, müsste das Institut daraufhin in hohem Maße Aktiva veräußern.[52] Diese und weitere Beispiele zeigen, dass mit Nachhaltigkeitsrisiken diverse Wechselwirkungen bestehen (→ BTR 3, Einführung).

2.4.2 Bedeutung der Wechselwirkungen für den SREP

Die EBA empfiehlt den zuständigen Behörden deshalb, bei der Vergabe der Scorewerte für das Liquiditäts- und das Refinanzierungsrisiko im Rahmen des SREP auch die Auswirkungen anderer Liquiditätsrisikotreiber zu berücksichtigen, z.B. in Bezug auf das Reputationsrisiko.[53] Konkret fordert die EBA, bei der Bewertung der Auswirkung von Schocks auf den Liquiditätsbedarf der Institute alle wesentlichen Liquiditätsrisikoquellen einzubeziehen und dabei sämtliche Maßnahmen zu berücksichtigen, die zur Wahrung der jeweiligen Reputation bzw. Sonderstellung ggf. ergriffen werden. Davon können z.B. Liquiditätshilfen für nicht konsolidierte Zweckgesellschaften jenseits vertraglicher Verpflichtungen betroffen sein. Auch das unter Reputationsgesichtspunkten besonders sensible Privatkundengeschäft wird von der EBA explizit erwähnt.[54] Hinsichtlich der Angemessenheit der Annahmen für Stressszenarien sollte aufgrund von Reputationsrisiken die implizite Notwendigkeit für das Institut in Betracht gezogen werden, Vermögenswerte erneuern und andere Formen der Liquiditätshilfe verlängern oder beschaffen zu müssen.[55]

47

---

52 Vgl. Bundesanstalt für Finanzdienstleistungsaufsicht, Merkblatt zum Umgang mit Nachhaltigkeitsrisiken, 20. Dezember 2019, geändert am 13. Januar 2020, S. 18.

53 Vgl. European Banking Authority, Guidelines on common procedures and methodologies for the supervisory review and evaluation process (SREP) and supervisory stress testing, EBA/GL/2014/13, Consolidated version, 19. Juli 2018, S. 169.

54 Vgl. European Banking Authority, Guidelines on common procedures and methodologies for the supervisory review and evaluation process (SREP) and supervisory stress testing, EBA/GL/2014/13, Consolidated version, 19. Juli 2018, S. 152.

55 Vgl. European Banking Authority, Guidelines on common procedures and methodologies for the supervisory review and evaluation process (SREP) and supervisory stress testing, EBA/GL/2014/13, Consolidated version, 19. Juli 2018, S. 163.

3 Erstellung von Liquiditätsübersichten (Tz. 3)

48 **3** Das Institut hat für einen geeigneten Zeitraum eine oder mehrere aussagekräftige Liquiditätsübersichten zu erstellen, in denen die voraussichtlichen Mittelzuflüsse den voraussichtlichen Mittelabflüssen gegenübergestellt werden. Die Liquiditätsübersichten müssen geeignet sein, um die Liquiditätslage im kurz-, mittel- und langfristigen Bereich darzustellen. Dies hat sich in den getroffenen Annahmen, die den Mittelzu- und -abflüssen zugrunde liegen, und in der Untergliederung in Zeitbändern angemessen widerzuspiegeln. Den auch in normalen Marktphasen üblichen Schwankungen der Zahlungsflüsse ist in den Liquiditätsübersichten angemessen Rechnung zu tragen.

3.1 Aufbau von Liquiditätsübersichten

49 Um sicherzustellen, dass die Zahlungsverpflichtungen jederzeit erfüllt werden können (→ BTR 3.1 Tz. 1), muss sich das Institut zunächst einen Überblick darüber verschaffen, welche Zahlungsverpflichtungen in der Zukunft überhaupt bestehen und welche liquiden Mittel für die Erfüllung dieser Verpflichtungen am jeweiligen Zahlungstermin voraussichtlich zur Verfügung stehen. Im Zentrum der Untersuchungen stehen somit die verschiedenen Zahlungsströme (»Cashflows«) sowie die damit verbundenen Annahmen und Szenarien. Für diesen Zweck eignet sich z.B. eine Liquiditätsübersicht, die in der Praxis häufig auch als »Liquiditätsablaufbilanz« oder »Gap-Analyse« bezeichnet wird. Darin werden die erwarteten Mittelzuflüsse den erwarteten Mittelabflüssen in verschiedenen Laufzeitbändern (»Maturity Ladder«) gegenübergestellt, so dass der ggf. vorhandene zusätzliche Liquiditätsbedarf (»Gap«) in den einzelnen Perioden als Saldo direkt ablesbar ist (siehe Abbildung 74).

	Tage			Wochen		Monate		
	07.06.	08.06.	09.06.	KW 23	KW 24	JUN	JUL	AUG
Zuflüsse	+10	+15	+20	+60	+45	+210	+185	+190
Abflüsse	−20	−10	−10	−50	−50	−190	−195	−200
Saldo	−10	+5	+10	+10	−5	+20	−10	−10
Saldo kumuliert	−10	−5	+5	+10	+5	+20	+10	+0

Abb. 74: Liquiditätsübersicht für drei Monate

Selbst wenn ein Institut zum Zeitpunkt der Erstellung in der Lage ist, seine Zahlungsverpflichtun- **50**
gen im vollen Umfang zu erfüllen, könnte es diese Fähigkeit mittel- bis langfristig verlieren, wenn
der Saldo aus den auf diese Weise gegenübergestellten Summen (»Liquiditätssaldo«) in den
betrachteten Perioden überwiegend oder sogar durchgängig negativ ist, so dass der kumulierte
Saldo in der Zukunft ebenfalls negativ wird. In diesem Fall muss sich das Institut die benötigte
Liquidität auf andere Weise beschaffen. Die geforderte Liquiditätsübersicht dient folglich dem
Zweck, die ggf. zusätzlich benötigte Liquidität für einen geeigneten Zeitraum im Voraus abzuschätzen, um im Bedarfsfall rechtzeitig geeignete Maßnahmen einleiten zu können. Aufgrund der
besonderen Bedeutung ausreichender Liquidität für ein Institut ist die Geschäftsleitung regelmäßig
über die Liquiditätssituation zu informieren (→ BT 3.2 Tz. 5).

Im Rahmen der fünften MaRisk-Novelle hat die Aufsicht klargestellt, dass die Liquiditätslage im **51**
kurz-, mittel- und langfristigen Bereich darzustellen ist. Zuvor wurde vorrangig auf den kurzfristigen Bereich abgestellt. Ob die verschiedenen Zeithorizonte in einer Liquiditätsübersicht
gemeinsam oder aber in mehreren Liquiditätsübersichten betrachtet werden, wird von der Aufsicht nicht vorgegeben.

3.2   Methodenfreiheit

Auf welcher Basis der zukünftige Liquiditätsbedarf ermittelt wird, bleibt den Instituten überlassen. **52**
Neben einfachen Hochrechnungen sind zur Erstellung einer Liquiditätsübersicht unter normalen
Bedingungen auch der Rückgriff auf historische Daten und die Verwendung statistischer Verfahren möglich. Dabei können saisonale oder konjunkturelle Faktoren, Zinsempfindlichkeiten und
sonstige wirtschaftliche Besonderheiten berücksichtigt werden.[56] Während der Finanzmarktkrise
hat sich die große Bedeutung eines angemessenen Liquiditätsrisikomanagements bei angespanntem Marktumfeld bzw. unter Stressbedingungen gezeigt. Damit sind auch die Anforderungen an
die Erstellung einer Liquiditätsübersicht gestiegen[57], worauf später noch eingegangen wird.

Die grundsätzliche Vorgehensweise zur Erstellung der Liquiditätsübersicht ist – unabhängig von **53**
den verwendeten Methoden – im Grunde überall gleich[58]:
– Zunächst muss festgelegt werden, ob die Liquiditätsübersicht unter normalen Marktbedingungen oder unter Stressbedingungen erstellt werden soll und welche Szenarien letztlich betrachtet werden müssen.
– Im nächsten Schritt werden sämtliche bilanziellen und außerbilanziellen Positionen hinsichtlich ihres Zahlungsstrom-Verhaltens in Gruppen eingeteilt. Dafür können z. B. Produkt- und
   Kundengruppen sowie Größenklassen herangezogen werden.
– Anschließend werden die Zahlungsströme danach unterschieden, ob sie hinsichtlich Volumen
   und Fälligkeit aufgrund vertraglicher Vereinbarungen als bekannt vorausgesetzt werden
   können (»deterministische Zahlungsströme«) oder zunächst modelliert werden müssen (»stochastische Zahlungsströme«), was z. B. bei Kreditlinien der Fall ist.

---

56 Vgl. Basel Committee on Banking Supervision, Sound Practices for Managing Liquidity in Banking Organisations, BCBS 69,
   1. Februar 2000, S. 10 ff.
57 Vgl. Basel Committee on Banking Supervision, Principles for Sound Liquidity Risk Management and Supervision, BCBS
   144, 25. September 2008, S. 11 ff.
58 Vgl. Bartetzky, Peter, Liquiditätsrisikomanagement – Status quo, in: Bartetzky, Peter/Gruber, Walter/Wehn, Carsten
   S. (Hrsg.), Handbuch Liquiditätsrisiko – Identifikation, Messung und Steuerung, Stuttgart, 2008, S. 14 ff.

BTR 3.1 Allgemeine Anforderungen

- Die deterministischen Zahlungsströme werden im Normalfall mit ihrer vertraglichen Restlaufzeit (»Contractual Maturity«) und im Stressfall häufig mit ihrer ökonomischen Restlaufzeit (»Economic Maturity«) angesetzt.[59]
- Zur Modellierung der stochastischen Zahlungsströme müssen geeignete Annahmen getroffen werden, was alles andere als trivial ist. Dabei kann noch weiter unterschieden werden, ob die Unsicherheit über Volumen und Fälligkeit der Zahlungsströme auf das Kundenverhalten zurückzuführen ist (»verhaltensabhängige stochastische Zahlungsströme«) oder aus den verschiedenen Handlungsoptionen des Institutes resultiert (»im Ermessen des Institutes liegende stochastische Zahlungsströme«). Sicht-, Termin- und Spareinlagen betreffen typische verhaltensabhängige Zahlungsströme, was sich auch im Ansatz entsprechender Prolongationsannahmen und der damit verbundenen Laufzeit (»Behavioural Maturity«) äußert. Die Ziehung von Kreditlinien durch das Institut[60] und die Nutzung von Zentralbanklinien liegen i.d.R. im Ermessen der Treasury. Bei Wertpapierverkäufen und Repo-Geschäften ist dies zumindest teilweise der Fall, da hier noch ein handelswilliger Kontrahent gefunden werden muss. Auf Basis der getroffenen Annahmen erfolgt dann die Modellierung der stochastischen Zahlungsströme (→ BTR 3.1 Tz. 5 und 6).[61]
- Schließlich müssen für den gewählten Betrachtungszeitraum noch geeignete Unterteilungen hinsichtlich der Restlaufzeiten (»Laufzeitbänder«) festgelegt werden, die zur Verbesserung der Übersichtlichkeit mit zunehmender Laufzeit gröber aufgeteilt sein können. In jedem Fall muss die Untergliederung in Laufzeitbänder geeignet sein, um die Entwicklung der Liquiditätslage im kurz-, mittel- und langfristigen Bereich abzubilden.

54 Es wird nicht vorgeschrieben, wie häufig die Liquiditätsübersichten aktualisiert werden müssen. Einer repräsentativen Umfrage aus dem Jahr 2009 zufolge prognostizieren ca. 85 Prozent der größeren Institute mit einer Bilanzsumme von über 10 Milliarden Euro sowie ca. 34 Prozent der kleineren Institute ihre Liquiditätsposition täglich.[62] Der Anteil der Institute mit täglicher Überwachung dürfte seit dieser Umfrage sukzessive angestiegen sein.

3.3 Geeigneter Zeitraum

55 Die Liquiditätsübersichten müssen geeignet sein, um die Liquiditätslage im kurz-, mittel- und langfristigen Bereich darzustellen. Nimmt man die Ermittlung der Liquiditäts- und Beobachtungskennzahlen im Zusammenhang mit der Liquiditätsverordnung zum Maßstab, so wurde zumindest in der Vergangenheit ein Zeitraum von einem Jahr für die Erstellung einer Liquiditätsübersicht durchaus als hinreichend betrachtet. Dabei handelt es sich bei den längerfristigen Vorhersagen nicht ohne Grund um so genannte »Beobachtungskennzahlen«, da die Unsicherheit der Prognosen mit wachsendem Zeithorizont steigt. Der Jahreshorizont ist in der Praxis durchaus üblich. Er sollte insbesondere für jene Institute nach wie vor genügen, für die aufgrund von deutlichen und stabilen Passivüberhängen aus Kosten-Nutzen-Aspekten keine betriebswirtschaftliche Notwendigkeit be-

---

59 Vgl. Bundesanstalt für Finanzdienstleistungsaufsicht/Deutsche Bundesbank, Praxis des Liquiditätsrisikomanagements in ausgewählten deutschen Kreditinstituten, 28. Januar 2008, S. 13.

60 Die Ziehung von Kreditlinien durch die Kunden ist hingegen ebenfalls verhaltensabhängig und kann sich in einer ähnlichen Größenordnung wie Sicht- und Spareinlagen bewegen.

61 Daneben können bei der Modellierung der stochastischen Zahlungsströme auch die auf Marktpreisen basierenden Abrufrisiken aus der Stellung von Barsicherheiten (»Cash Collaterals«) für besicherte Transaktionen herangezogen werden. Die Modellierung stochastischer Zahlungsströme ist im Übrigen grundsätzlich auch für die Ermittlung der Liquiditätskosten (»Funds Transfer Pricing«) von zentraler Bedeutung.

62 Vgl. Kaltofen, Daniel, Empirische Ergebnisse der Großstudie Liquiditätsrisiko Deutschland, ikf institut für kredit- und finanzwirtschaft – Ruhr-Universität Bochum, Dezember 2009.

steht, die zukünftige Liquiditätssituation fortlaufend zu betrachten. In die Liquiditätsübersichten für längere Zeiträume können zwar zumindest die vertraglichen Mittelzu- und -abflüsse eingetragen werden. Aus praktischer Sicht haben diese Übersichten jedoch eine geringere Bedeutung für die Steuerung des Liquiditätsrisikos, als der seit der fünften MaRisk-Novelle zusätzlich geforderte interne Refinanzierungsplan, der in der Regel einen mehrjährigen Zeitraum zu umfassen hat und die Liquiditätsübersichten insofern im Langfristbereich sinnvoll ergänzt (→ BTR 3.1 Tz. 12).

Insbesondere jene Institute, die sich vor allem an den Geld- und Kapitalmärkten refinanzieren (kapitalmarktorientierte Institute) und insofern auch die langfristige Liquidität auf geeignete Weise überwachen müssen, sollten auch bei den Liquiditätsübersichten einen Zeitraum von mehreren Jahren betrachten.[63]   **56**

Zur Beurteilung der Liquiditätssituation eines Institutes reicht die Gesamtbetrachtung über einen bestimmten Zeitraum hinweg nicht aus, da sich aufgrund der unterschiedlichen Zeitpunkte von Mittelzuflüssen und -abflüssen auch zwischenzeitlich Liquiditätsengpässe ergeben können. Insofern empfiehlt es sich insbesondere bei der Wahl eines längeren Zeitraumes, die Gesamtbetrachtung um kürzere Abschnittsbeurteilungen (»Laufzeitbänder«) zu ergänzen. Eine Planung auf Tages-, Wochen- und Monatsbasis, wie in Abbildung 74 dargestellt, könnte für die Liquiditätsrisikosteuerung im kurz- und mittelfristigen Bereich hilfreich sein. Derartige Zusatzinformationen sind umso mehr erforderlich, je stärker die erwarteten Mittelzuflüsse und -abflüsse schwanken. In dieser Hinsicht werden an ein handelsintensives Institut höhere Anforderungen gestellt, als an ein Institut mit überwiegend fristenkongruent refinanzierten, langfristigen Ausleihungen. Unabhängig davon werden von allen Instituten im kurzfristigen Bereich aussagekräftige Übersichten erwartet, da durch unerwartete Ereignisse immer ein zusätzlicher Liquiditätsbedarf auftreten kann. Soweit es für ein Institut erforderlich ist, das untertägige Liquiditätsrisiko zu steuern (→ BTR 3.1 Tz. 1), sollte dies bei der Untergliederung der Laufzeitbänder ebenfalls berücksichtigt werden.   **57**

3.4 Aussagekraft der Liquiditätsübersicht

Die Liquiditätsübersichten müssen »aussagekräftig« sein. Demzufolge sollten die darin enthaltenen Informationen wichtige Impulse für die Steuerung und Überwachung der Liquiditätsrisiken liefern. Dies wird insbesondere dann der Fall sein, wenn die Gegenüberstellung der Mittelzu- und -abflüsse auf nachvollziehbaren Annahmen basiert, die wesentlichen Zahlungsflüsse des Institutes vollständig erfasst werden und die Untergliederung in Laufzeitbänder – vor allem im kurzfristigen Bereich – hinreichend fein gewählt wird. Eine Liquiditätsübersicht, die diese Mindestbedingungen nicht erfüllt, ist für das Risikomanagement verzichtbar. Die Aufsicht konkretisiert ihre Erwartungen u. a. dadurch, dass auch den in normalen Marktphasen üblichen Schwankungen der Zahlungsflüsse angemessen Rechnung zu tragen ist und die Entwicklung der Liquiditätslage im kurz-, mittel- und langfristigen Bereich abgebildet werden muss.   **58**

Zunächst geht es also darum, die Zahlungsflüsse möglichst realistisch in der Liquiditätsübersicht abzubilden. Zahlungsflüsse unterliegen auch in normalen Marktphasen gewissen Schwankungen, die sich z.B. daraus ergeben, dass hinsichtlich der täglich verfügbaren Gelder mit Schätzungen gearbeitet werden muss und selbst bei vertraglich fixierten Zahlungsterminen gewisse Risiken bestehen, die sich dem Einfluss der Institute entziehen. So werden i. d. R. nicht sämtliche bestehenden Kredite vertragsgemäß getilgt. Stärkere Mittelabflüsse können sich auch aus einer vergleichsweise hohen Kreditnachfrage in Zeiten großer Investitionsbereitschaft oder aus einem   **59**

---

63 Vgl. Mayer, Stephan, Management von Liquiditätsrisiken, in: Pfeifer, Guido/Ullrich, Walter (Hrsg.), MaRisk-Interpretationshilfen, 2. Auflage, Heidelberg, 2009, S. 390 f.

relativ hohen Abzug von Sichteinlagen ergeben, der z. B. auf ein geändertes Konsumverhalten oder attraktivere Angebote der Wettbewerber zurückzuführen ist. Die zukünftigen Zahlungsflüsse können daher im Zeitablauf nicht exakt vorherbestimmt werden. Diesem Umstand muss sich ein Institut bewusst sein.

60   Die zunächst geplante Formulierung, wonach die »erwarteten« Mittelzu- und -abflüsse gegenüberzustellen sind, wurde angepasst, weil auch die »unerwarteten, aber möglichen« Zahlungsabflüsse angemessen berücksichtigt werden sollten. Es ist unmittelbar einleuchtend, dass etwas Erwartetes jegliches Unerwartete ausschließt. Allerdings besteht zwischen den »unerwarteten, aber möglichen« Zahlungsabflüssen im Rahmen des Risikomanagements in normalen Marktphasen und den »außergewöhnlichen, aber plausibel möglichen« Ereignissen im Stressfall eine sprachliche Nähe. Folglich hätten unerwartete Abflüsse – also Annahmen unter gestressten Umfeldbedingungen – bei enger Auslegung der zunächst vorgesehenen Formulierung bereits in der Liquiditätsübersicht berücksichtigt werden müssen, um anschließend noch einmal gestresst zu werden (→ BTR 3.1 Tz. 8). Um zu verdeutlichen, dass die Anforderung ausdrücklich nicht den Stressfall betrifft, wurde die Formulierung in »voraussichtliche« Mittelzu- und -abflüsse geändert, wobei inhaltlich letztlich kein Unterschied zu den »erwarteten« Mittelzu- und -abflüssen besteht. Es geht vor allem darum, hinsichtlich der Erwartungen auch den in normalen Marktphasen üblichen Schwankungen der Zahlungsflüsse angemessen Rechnung zu tragen.

61   Gemäß Art. 86 Abs. 4 CRD IV müssen beim Liquiditätsrisikomanagement die aktuellen und die erwarteten wesentlichen Zahlungsströme (»Cashflows«) in und aus Aktiv- und Passivpositionen sowie außerbilanzmäßigen Positionen, einschließlich Eventualverbindlichkeiten, einbezogen werden. Der BCBS gibt für jede dieser Kategorien Hinweise zur Ermittlung des Liquiditätsbedarfes.[64] So sollte ein Institut über dynamische Prognosen der Zahlungsströme verfügen, die in angemessener Weise die Mittelzu- und -abflüsse widerspiegeln. Die Annahmen über den zukünftigen kurz- und langfristigen Liquiditätsbedarf müssen der Komplexität der zugrunde liegenden Geschäfte, Produkte und Märkte entsprechen. Sowohl hinsichtlich der Aktiv- als auch der Passivpositionen sollten Überlegungen angestellt werden, die darauf hinauslaufen, bei angespanntem Marktumfeld ebenfalls einen auftretenden Liquiditätsbedarf decken zu können (→ BTR 3.1 Tz. 4).

62   Ein Institut, das wesentliche Liquiditätsrisiken in Fremdwährungen aufweist, hat zur Sicherstellung seiner Zahlungsverpflichtungen angemessene Verfahren zur Steuerung der Fremdwährungsliquidität in den wesentlichen Währungen zu implementieren. Hierzu gehört für die jeweiligen Währungen auch eine gesonderte Liquiditätsübersicht (→ BTR 3.1 Tz. 11).

63   Nach den Vorstellungen der EZB sollten die Institute alle relevanten Produkte, Kunden und Verträge unter dem Gesichtspunkt der Laufzeit und des Verhaltens über die verschiedenen Zeiträume untersuchen. Dabei sollten bilanzielle und außerbilanzielle Positionen berücksichtigt werden, darunter auch mögliche Auswirkungen auf die Liquidität, die von Sicherheitsleistungen und Nachschussaufforderungen aufgrund von Marktschwankungen oder einer Verschlechterung der eigenen Bonität – einschließlich des freiwilligen Rückkaufs eigener Schuldtitel zur Sicherstellung des künftigen Marktzugangs – herrühren. So sollten innovative Refinanzierungsinstrumente mit Kündigungsoption, die die Fristigkeit der Refinanzierung ändern, identifiziert und als mögliches Liquiditätsrisiko erfasst werden. Ebenso sollten mögliche Risiken aus Sicherheitentauschgeschäften (Collateral Swaps), die sich auf den Umfang und die Zusammensetzung des Bestandes an liquiden Aktiva auswirken können, eindeutig identifiziert und bei den Risikoindikatoren berücksichtigt werden.[65]

---

64 Vgl. Basel Committee on Banking Supervision, Principles for Sound Liquidity Risk Management and Supervision, BCBS 144, 25. September 2008, S. 11 ff.

65 Vgl. Europäische Zentralbank, Leitfaden der EZB für den bankinternen Prozess zur Sicherstellung einer angemessenen Liquiditätsausstattung (Internal Liquidity Adequacy Assessment Process – ILAAP), 9. November 2018, S. 24 f.

3.5   Festlegung der zugrunde liegenden Annahmen

Die Liquiditätsübersichten müssen geeignet sein, um die Liquiditätslage im kurz-, mittel- und langfristigen Bereich darzustellen. Dies hat sich in den getroffenen Annahmen, die den Mittelzu- und -abflüssen zugrunde liegen, und in der Untergliederung in Zeitbändern angemessen wider- zuspiegeln. Diese Annahmen können auf Erfahrungen aus der Vergangenheit oder auf Experten- schätzungen beruhen. Sie betreffen in erster Linie die Modellierung der stochastischen Zahlungs- ströme sowie die zugrunde liegenden Szenarien und damit verbundene Sicherheitsabschläge (»Haircuts«) für mögliche Verluste bei der Veräußerung bestimmter Aktiva. Die Sicherheits- abschläge für die besicherte Refinanzierung werden i.d.R. an den Bewertungsabschlägen der Zentralbanken orientiert. Diese Annahmen müssen plausibel sein und von Dritten, z.B. im Rahmen von Prüfungshandlungen, nachvollzogen werden können. Sofern die Annahmen zum Neugeschäft aus der historischen Geschäftsentwicklung abgeleitet werden, sollten auch die Vorgaben aus der Geschäfts- bzw. Risikostrategie berücksichtigt werden. Dadurch können Inkon- sistenzen, wie z.B. ein geplanter Zuwachs in Geschäftsfeldern, von denen sich das Institut aus strategischen Gesichtspunkten zurückziehen möchte, vermieden werden.   64

Ferner ist u.a. darauf zu achten, dass – soweit möglich – sämtliche liquiditätswirksamen Geschäfte berücksichtigt werden und keine unrealistischen Annahmen zu den Ablauffristen derjenigen Positio- nen getroffen werden, deren Zahlungsströme nur grob geschätzt werden können. Hierzu zählen z.B. Sicht- und Spareinlagen, die dem Institut in der Praxis zumindest teilweise durchaus länger als ihre nominale Bindungsdauer zur Verfügung stehen und folglich als »Bodensatz« zur Refinanzierung längerfristiger Anlagen verwendet werden können. Diese Theorie kann in Analogie auf die Inanspruch- nahme zugesagter, aber noch nicht in Anspruch genommener Kreditlinien übertragen werden. Auf geeignete Weise muss zudem die angenommene Nutzung von Sondertilgungsoptionen in Kreditver- trägen plausibilisiert werden. Einer repräsentativen Umfrage zufolge sind die historischen Liquiditäts- ströme sowohl zu komplex als auch nicht repräsentativ genug für modellgestützte Prognosen.[66]   65

Darüber hinaus sollte berücksichtigt werden, dass hinsichtlich der Positionen mit unbestimmter Kapital- oder Zinsbindung auch im Rahmen der Steuerung von Zinsänderungsrisiken geeignete Annahmen festzulegen sind (→ BTR 2.3 Tz. 7). Weichen diese Festlegungen von den Maßnahmen der Liquiditätsrisikosteuerung ab, sollte dies in geeigneter Weise begründet werden. Ein nachvollzieh- barer Grund wäre die Abgrenzung zwischen dem Liquiditäts- und dem Zinsänderungsrisiko. Wird z.B. ein Kredit mit einer Zinsfestschreibung von zehn Jahren mit Hilfe von dreimonatigen Commercial Paper refinanziert, resultiert sowohl ein Liquiditäts- als auch ein Zinsänderungsrisiko. Das Zinsän- derungsrisiko kann durch den Abschluss entsprechender Zinsswaps vollständig beseitigt werden. Das Liquiditätsrisiko besteht in der Form fort, dass die Commercial Paper möglicherweise nach drei Monaten nicht durch neue ersetzt werden können.[67] Maßgeblich für das Liquiditätsrisiko ist in diesem Fall allein die Kapitalbindungsfrist. Ähnliches gilt für variabel verzinsliche Anleihen, die bis zur Endfälligkeit gehalten werden sollen. Für die Ermittlung des Liquiditätsrisikos ist die Kapitalbindungs- frist maßgeblich. Das Zinsänderungsrisiko besteht hingegen jeweils nur bis zum nächsten Zinszah- lungstermin.[68] Im Gegensatz dazu werden Immobilienkredite häufig mit Laufzeiten vergeben, die deutlich über die vereinbarte Konditionsbindungsfrist hinausgehen. Nach Ablauf dieser Frist können die dann anfallenden Refinanzierungskosten in die neu zu vereinbarenden Konditionen einfließen.   66

---

66 Vgl. Kaltofen, Daniel, Empirische Ergebnisse der Großstudie Liquiditätsrisiko Deutschland, ikf institut für kredit- und finanzwirtschaft – Ruhr-Universität Bochum, Dezember 2009.

67 Vgl. Heidorn, Thomas/Schmaltz, Christian, Interne Transferpreise für Liquidität, Frankfurt School of Finance & Manage- ment, Working Paper Nr. 125, August 2009, S. 6.

68 Vgl. Mayer, Stephan, Management von Liquiditätsrisiken, in: Pfeifer, Guido/Ullrich, Walter (Hrsg.), MaRisk-Interpretati- onshilfen, 2. Auflage, Heidelberg, 2009, S. 393.

Insofern ist in diesen Fällen die ursprüngliche Kapitalbindungsfrist zwar für die Planung der Refinanzierung maßgeblich, nicht jedoch für die Betrachtung des Liquiditätsrisikos.[69]

67   Die Festlegung geeigneter Annahmen ist mit Blick auf die außerbilanziellen Geschäfte besonders schwer, weil es sich bei ihnen zum überwiegenden Teil um Eventualverbindlichkeiten handelt. In der Finanzmarktkrise wurde deutlich, dass Liquiditätsrisiken aus jeglichen Zahlungsverpflichtungen gegenüber Zweckgesellschaften systematisch unterschätzt wurden. Insbesondere haben einige Institute hinsichtlich der Handelbarkeit von Verbriefungspositionen zu optimistische Annahmen getroffen, weshalb explizite Regeln zur liquiditätsmäßigen Konsolidierung der Zweckgesellschaften definiert wurden. Ebenso können z. B. vergleichsweise hohe Zahlungsverpflichtungen mit einer sehr geringen Wahrscheinlichkeit bestehen, bei denen die Höhe und der Zeitpunkt der Zahlung nicht bekannt sind. An diesem Beispiel wird die Komplexität der Modellierung von Zahlungsströmen deutlich. In derartigen Fällen helfen die normalerweise herangezogenen Erwartungswerte bzw. Durchschnittsbetrachtungen schlicht nicht weiter. Dafür sind dann Stressbetrachtungen erforderlich. Auch die Aktivitäten in Fremdwährungen sowie die Aktivitäten im Zusammenhang mit Korrespondenz-, Depot- und Abwicklungsbanken dürfen ab einer signifikanten Größenordnung nicht vernachlässigt werden (→ BTR 3.1 Tz. 1 und 12).

68   Schließlich sollten sich die Annahmen für die zweite Säule nicht gravierend von denen für die erste Säule unterscheiden, um das Zusammenspiel der ökonomischen mit der normativen Perspektive sicherzustellen. Gravierende Unterschiede könnten nur gerechtfertigt sein, wenn die Annahmen im Einzelfall nicht die Realität widerspiegeln. Dies müsste unweigerlich zu entsprechenden Anpassungen führen. In diesem Zusammenhang nennt die EZB z. B. die Bewertung der Abflüsse aus verschiedenen Produktarten anhand interner Ansätze. So können die Institute bei der ökonomischen Perspektive zur Identifizierung von Privatkundeneinlagen, die höheren Abflussraten unterliegen (»weniger stabile Privatkundeneinlagen«), sowie zur Berechnung der entsprechenden Abflussraten ggf. auf einen umfassenden Ansatz zurückgreifen. Die Ergebnisse dieser Modellierung sollten nicht nur für die Schätzung der Liquiditätspuffer im Rahmen der ökonomischen Perspektive verwendet werden, sondern auch zur Quantifizierung der 30-Tage-Abflussrate im Rahmen der normativen Perspektive. Auf diese Weise nutzen die Institute bei der Berechnung der LCR alle verfügbaren Informationen aus der ökonomischen Perspektive.[70]

69   Aus Sicht von Fachexperten ist die zur Erstellung der Liquiditätsübersicht erforderliche Wahrscheinlichkeitsverteilung der Zu- und Abflüsse liquider Mittel in Abhängigkeit von Höhe und Zeitpunkt nur ungenau modellierbar, da die Risikotreiber sehr vielfältig sind und lediglich grob abgeschätzt werden können.[71] Nicht zuletzt vor diesem Hintergrund empfiehlt es sich, die Annahmen, die den Entscheidungen über die Liquiditätsposition zugrunde liegen, auch regelmäßig zu überprüfen, wie in Art. 86 Abs. 8 CRD IV gefordert.

3.6   Inanspruchnahmen aus Liquiditäts- und Kreditlinien für Dritte

70   Eventuell als wesentliche Risiken zu berücksichtigen sind Risiken aus außerbilanziellen Gesellschaftskonstruktionen, wie z. B. Risiken aus nicht konsolidierungspflichtigen Zweckgesellschaften (→ AT 2.2 Tz. 2, Erläuterung). Die außerbilanziellen Geschäfte haben sich im Rahmen der Finanzmarktkrise als starker Treiber für die Liquiditätsrisiken erwiesen. Einige Institute haben in

---

69 Vgl. Bartetzky, Peter, Liquiditätsrisikomanagement – Status quo, in: Bartetzky, Peter/Gruber, Walter/Wehn, Carsten S. (Hrsg.), Handbuch Liquiditätsrisiko – Identifikation, Messung und Steuerung, Stuttgart, 2008, S. 13f.

70 Vgl. Europäische Zentralbank, Leitfaden der EZB für den bankinternen Prozess zur Sicherstellung einer angemessenen Liquiditätsausstattung (Internal Liquidity Adequacy Assessment Process – ILAAP), 9. November 2018, S. 22.

71 Vgl. Debus, Knut/Kreische, Kai, Die Liquidität im Fokus, in: Die Bank, Heft 6/2006, S. 60.

großem Stil Zweckgesellschaften (»Special Purpose Vehicles«, SPV) gegründet, von denen Kredite oder Wertpapiere angekauft und durch Ausgabe von Geldmarktpapieren meist kurzer Laufzeit refinanziert wurden. Dabei handelte es sich häufig um besicherte Papiere, wie z. B. Asset Backed Commercial Paper (ABCP). Um die Bonität und damit das externe Rating der Zweckgesellschaften zu verbessern, haben die arrangierenden Institute häufig noch zusätzliche Liquiditätslinien für den Fall von Zahlungsschwierigkeiten eingeräumt.

Derartige Zahlungsschwierigkeiten haben in der Finanzmarktkrise jedoch fast sämtliche Zweck- gesellschaften gehabt, da sie die angekauften Forderungen nicht mehr am Geldmarkt refinanzieren konnten. In Abhängigkeit vom Geschäftsvolumen und den damit verbundenen Liquiditätsverpflich- tungen sind einige Institute dadurch in ernsthafte Schwierigkeiten geraten. Insbesondere vor diesem Hintergrund müssen die Annahmen zu den Mittelzu- und -abflüssen etwaige Inanspruchnahmen aus Liquiditäts- und Kreditlinien berücksichtigen, die das Institut Dritten zur Verfügung gestellt hat (→ BTR 3.1 Tz. 3, Erläuterung). Stellt ein Institut Dritten Linien zur Verfügung, so können diese – je nach vertraglicher Ausgestaltung – ggf. jederzeit in Anspruch genommen werden. Aus Sicht des Risikomanagements ist es dabei vollkommen egal, ob es sich um Kredit- oder Liquiditätslinien handelt. Die Wirkung ist im Zweifel dieselbe. Vor diesem Hintergrund wurde im Rahmen der dritten MaRisk-Novelle klargestellt, dass auch Kreditlinien zu berücksichtigen sind. **71**

Auch gemäß Art. 86 Abs. 8 CRD IV sind außerbilanzielle Positionen und andere Eventualver- bindlichkeiten zu berücksichtigen, einschließlich jener von Verbriefungszweckgesellschaften (»Securitisation Special Purpose Entities«, SSPE) und anderen Zweckgesellschaften, bei denen das Kreditinstitut als Sponsor auftritt oder materielle Liquiditätshilfe leistet. Der BCBS fordert für derartige Geschäftsmodelle sogar geeignete Frühwarnindikatoren (→ BTR 3.1 Tz. 2). **72**

3.7 Vorgaben zum bankaufsichtlichen Meldewesen

Für die Meldebögen zur Liquiditätsüberwachung im Rahmen des bankaufsichtlichen Meldewe- sens werden entsprechende Ausfüllhinweise gegeben. Bei der Erfassung der vertraglich fest- gelegten Zahlungsströme (»Contractual Flows«) sollen die Abflüsse zum frühestmöglichen Zeit- punkt und die Zuflüsse erst zum letztmöglichen Zeitpunkt erfasst werden. Die verhaltensabhän- gigen Zahlungsströme (»Behavioural Flows«) sollen auf Basis eines bei der Geschäftssteuerung verwendeten Szenarios ermittelt werden. Für die zur Deckung der Refinanzierungslücken zur Verfügung stehenden liquiden Aktiva (»Liquiditätsdeckungspotenzial« bzw. »Counterbalancing Capacity«) sollen im Wesentlichen die gleichen Anforderungen wie bei der Liquiditätsdeckungs- quote (LCR) gelten. Die durchschnittlichen Refinanzierungskosten für bestimmte Laufzeitbänder sollen als gewichteter Durchschnitt der jeweiligen Liquiditätsspreads ermittelt werden. Schließlich muss noch die Differenz aus denjenigen Verbindlichkeiten gemeldet werden, die innerhalb bestimmter Laufzeitbänder auslaufen bzw. verlängert werden (»Roll Over«).[72] Es bleibt abzuwar- ten, ob und in welchem Umfang diese sehr komplexen Vorgaben zu einer weitergehenden Stan- dardisierung der institutsinternen Liquiditätsübersichten beitragen werden. **73**

---

[72] Vgl. Durchführungsverordnung (EU) 2017/2114 der Kommission vom 9. November 2017 zur Änderung der Durch- führungsverordnung (EU) Nr. 680/2014 in Bezug auf Meldebögen und Erläuterungen, Amtsblatt der Europäischen Union vom 6. Dezember 2017, L 321/336–427.

4 Management der Refinanzierungsrisiken (Tz. 4)

74 **4** Es ist laufend zu überprüfen, inwieweit das Institut, auch bei angespanntem Marktumfeld, in der Lage ist, einen auftretenden Liquiditätsbedarf zu decken. Dabei ist insbesondere auch auf den Liquiditätsgrad der Vermögenswerte abzustellen. Der dauerhafte Zugang zu den für das Institut relevanten Refinanzierungsquellen ist regelmäßig zu überprüfen. Für kurzfristig eintretende Verschlechterungen der Liquiditätssituation hat das Institut ausreichend bemessene, nachhaltige Liquiditätspuffer (z. B. hochliquide, unbelastete Vermögensgegenstände) vorzuhalten.

4.1 Ermittlung eines auftretenden Liquiditätsbedarfes

75 Das Institut hat für einen geeigneten Zeitraum eine Liquiditätsübersicht zu erstellen, in der die erwarteten Mittelzuflüsse den erwarteten Mittelabflüssen gegenübergestellt werden (→ BTR 3.1 Tz. 3). Auf diese Weise kann der zukünftige Liquiditätsbedarf im Allgemeinen rechtzeitig ermittelt und befriedigt werden. Aufgrund der im Zeitverlauf zunehmenden Unsicherheiten hinsichtlich der Schätzparameter unterliegen insbesondere die vom Betrachtungszeitpunkt weiter entfernten Beobachtungsperioden selbst unter normalen Bedingungen größeren Schwankungen. Aus derartigen Schwankungen kann ein höherer Liquiditätsbedarf resultieren, als ursprünglich geplant. Diese Schwankungen müssen auf geeignete Weise ermittelt werden. Dies kann z. B. auf Basis einer Auswertung historischer Daten oder durch Expertenschätzungen erfolgen. Darüber hinaus können geeignete Indikatoren dazu dienen, rechtzeitig Signale für einen sich abzeichnenden Liquiditätsengpass zu liefern (→ BTR 3.1 Tz. 2).

4.1.1 Angespanntes Marktumfeld

76 In einem angespannten Marktumfeld werden diese Unwägbarkeiten noch verstärkt. Unter einem »angespannten Marktumfeld« können nachteilige Entwicklungen im Vergleich zu den allgemein üblichen Bedingungen in diesem Markt verstanden werden. Diesbezüglich können im Wesentlichen zwei Ursachen unterschieden werden: Entweder hat das Institut ein Problem (institutsinterne Ursachen), und die Refinanzierungspartner reagieren darauf z. B. mit spürbarer Zurückhaltung, oder die Entwicklung des Marktes als Ganzes ist negativ (marktweite Ursachen), und die eigentlich liquiden Aktiva lassen sich z. B. nicht oder nicht hinreichend zur gewünschten Generierung von Liquidität verwenden. Insofern handelt es sich letztlich bereits um ein Stressszenario (→ BTR 3.1 Tz. 8), selbst wenn dieses Szenario noch nicht zu einem Liquiditätsengpass führt.

77 Die Anspannung kann z. B. darin bestehen, dass sich Vermögensgegenstände nur noch mit Einschränkungen liquidieren lassen, Einlagen von Kunden oder Instituten abgezogen werden oder der Zugang zu Refinanzierungsquellen erschwert wird. In Abhängigkeit von den Auswirkungen auf das Institut können verschiedene Stufen eines angespannten Marktumfeldes definiert werden, bis hin zu einem »Worst-case-Szenario«. So konnten im Rahmen der Finanzmarktkrise die eigentlich fungiblen Vermögensgegenstände teilweise nicht oder zumindest zu keinem akzeptablen Preis liquidiert werden. Außerdem hätten ohne besondere geldpolitische Maßnahmen der Zentralbanken nur unzureichende Möglichkeiten zur Aufnahme ausreichender Liquidität auf den

Geld- und Kapitalmärkten bestanden.[73] »Lange hatte man geglaubt, es gebe immer eine Refinanzierungsmöglichkeit. Heute wissen wir es besser«.[74] Grundsätzlich kann die Ermittlung der Schwankungen bei angespanntem Marktumfeld in ähnlicher Weise erfolgen wie unter normalen Bedingungen. Allerdings müsste die Liquiditätsübersicht zu diesem Zweck unter Stressbedingungen erstellt werden, indem geeignete Szenarien zugrunde gelegt werden (→ BTR 3.1 Tz. 3).

4.1.2 Bedarfsermittlung mit Hilfe von Indikatoren

Wird die Liquiditätsübersicht als Basis zur Bedarfsermittlung herangezogen, so bietet es sich an, jene Indikatoren zu nutzen, die auch beim Frühwarnverfahren für Liquiditätsengpässe Verwendung finden (→ BTR 3.1 Tz. 2). Sobald die Frühwarnindikatoren bestimmte Schwellenwerte oder Limite überschreiten, sollten entsprechende Signale ausgesendet werden. Dabei muss unterschieden werden, ob es sich um einen auftretenden Liquiditätsbedarf oder bereits um einen Liquiditätsengpass handelt. Insofern sollten verschiedene Schwellenwerte festgelegt werden. Ein Beispiel für ein mögliches Stufenkonzept der Liquiditätsrisikosteuerung, an dem sich die Festlegung der verschiedenen Maßnahmen orientieren kann, ist nachfolgend abgebildet.[75]

78

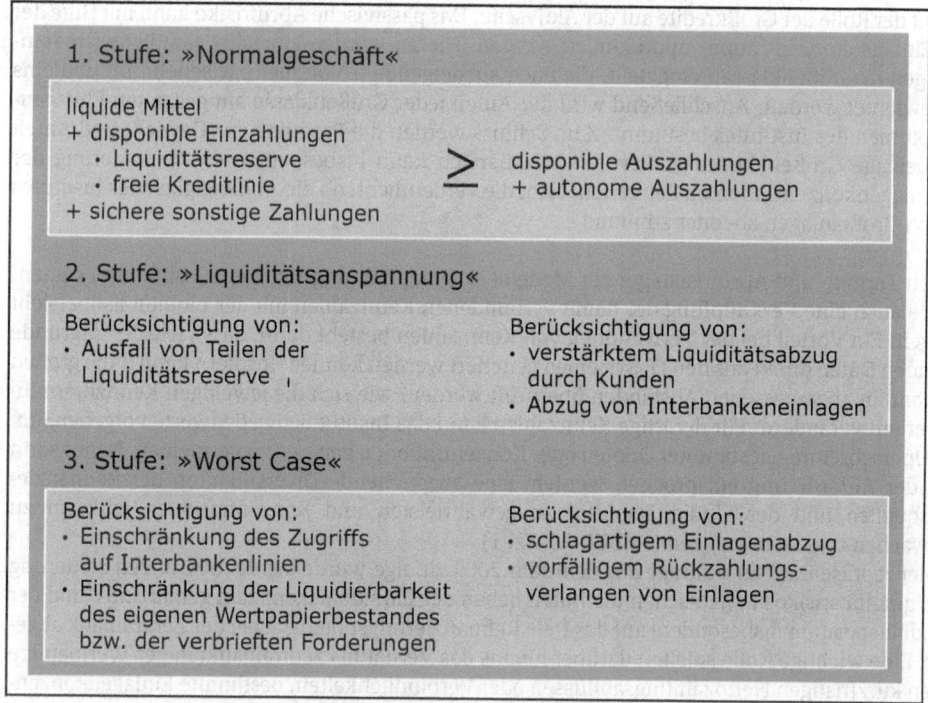

Abb. 75: Mögliches Stufenkonzept für die Liquiditätsrisikosteuerung

---

73 Vgl. Bartetzky, Peter, Liquiditätsrisikomanagement – Status quo, in: Bartetzky, Peter/Gruber, Walter/Wehn, Carsten S. (Hrsg.), Handbuch Liquiditätsrisiko – Identifikation, Messung und Steuerung, Stuttgart, 2008, S. 10.

74 Göttgens, Michael, Risikomanagementsysteme und Geschäftsmodelle von Banken – Welche Erkenntnisse erlauben Abschluss- und Sonderprüfung?, in: Die Wirtschaftsprüfung, Sonderheft 2/2010, S. S76.

75 In Anlehnung an Ramke, Thomas/Schöning, Stephan, MaRisk: Einbeziehung von Liquiditätsrisiken in das Risikomanagement, in: Zeitschrift für das gesamte Kreditwesen, Heft 13/2006, S. 33.

BTR 3.1 Allgemeine Anforderungen

4.1.3 Bedarfsermittlung mit Hilfe von Kennziffern

79 Mit gewissen Einschränkungen ist es auch möglich, einen zusätzlichen Liquiditätsbedarf mit Hilfe ausgewählter Kennziffern zu ermitteln. Neben den bereits erwähnten Liquiditäts- und Beobachtungskennzahlen können z. B. die folgenden Kennziffern zur Bestimmung verschiedener Ausprägungen des Liquiditätsrisikos herangezogen werden[76]:

- Zur Berechnung des »Liquiditätsindex« werden die Summen der laufzeitgewichteten Aktiva und Passiva zueinander in Beziehung gesetzt. Sofern die der Berechnung zugrunde liegenden Volumina gleich sind, drückt dieser Index exakt das Vielfache der durchschnittlichen Aktivbindung im Verhältnis zur durchschnittlichen Passivbindung aus. Er ist also ein Maß für die Fristentransformation bzw. das Liquiditätsspreadrisiko.
- Zur Abschätzung des Terminrisikos kann die »Terminrisikoquote« als Quotient aus den Kreditvolumina mit Rückständen und dem gesamten Kreditvolumen herangezogen werden.
- Das aktivische Abrufrisiko kann in analoger Weise mit Hilfe der »Abrufrisikoquote« als Quotient aus den Volumina der offenen Kreditzusagen und den Liquiditätspuffern ermittelt werden. Aufgrund der besonderen Bedeutung von Großkrediten werden dabei häufig nur die offenen Großkreditzusagen betrachtet.
- Die Bedeutung der Großeinlagen auf der Passivseite ist für die Liquiditätssituation vergleichbar mit der Rolle der Großkredite auf der Aktivseite. Das passivische Abrufrisiko kann mit Hilfe der »Einlagenkonzentration« approximiert werden. Hierzu werden zunächst sämtliche Großeinlagen in Größenklassen eingeteilt, die nach aufsteigendem Volumen zwischen null und eins gewichtet werden. Anschließend wird der Anteil jeder Größenklasse am gesamten Einlagenvolumen des Institutes bestimmt. Zum Schluss werden die Produkte aus Gewicht und Anteil über alle Größenklassen addiert. Aufschlussreich kann insbesondere die Veränderung der Einlagenkonzentration im Zeitverlauf sein, die verdeutlicht, ob die Abhängigkeit des Institutes von Großeinlagen ab- oder zunimmt.

80 Da sich Termin- und Abrufrisiko gut zur Modellierung der Zahlungsströme (»Cashflows«) eignen, könnte auch eine Verknüpfung der damit verbundenen Kennzahlen mit der Liquiditätsübersicht erfolgen. Ein Vorteil bei der Verwendung von Kennzahlen besteht darin, dass viele der zugrunde liegenden Daten direkt aus den IT-Systemen generiert werden können. Insofern kann ohne großen Aufwand in angemessenen Abständen überprüft werden, wie sich die jeweiligen Kennziffern im Zeitverlauf verändern. Für derartige Kennzahlen kann das Institut Schwellenwerte vorgeben, um eine Überschreitung bestimmter Quoten oder Konzentrationen generell zu vermeiden. Damit kann auch der Anforderung entsprochen werden, eine ausreichende Diversifikation der Refinanzierungsquellen und der Liquiditätspuffer zu gewährleisten und Konzentrationen wirksam zu überwachen und zu begrenzen (→ BTR 3.1 Tz. 1).

81 Einer repräsentativen Umfrage aus dem Jahr 2009 zufolge wurde bei der operativen Steuerung des Liquiditätsrisikos in deutschen Instituten neben der Liquiditätskennzahl gemäß LiqV und der Liquiditätsposition insbesondere auf das freie Refinanzierungspotenzial bei der Zentralbank abgestellt. Eine wichtige Rolle spielten darüber hinaus das Verhältnis zentralbankfähiger Wertpapiere zu den kurzfristigen Nettozahlungsabflüssen oder Verbindlichkeiten, bestimmte Einlagenkonzentrationen, der Grad der Diversifikation der Refinanzierungsquellen und der liquidierbaren Assets, der Ausnutzungsgrad der unbesicherten Refinanzierungsangebote sowie ein möglicher Liquiditätsabfluss aus außerbilanziellen Geschäften.[77] Anstelle der Liquiditätskennzahl wird mittlerweile neben internen Kennziffern zur Liquidität auf die LCR abgestellt, wenngleich mit der LCR bereits

---

76 Vgl. Schulte, Michael/Horsch, Andreas, Wertorientierte Banksteuerung II: Risikomanagement, Frankfurt a. M., 2002, S. 57 f.
77 Vgl. Kaltofen, Daniel, Empirische Ergebnisse der Großstudie Liquiditätsrisiko Deutschland, ikf institut für kredit- und finanzwirtschaft – Ruhr-Universität Bochum, Dezember 2009.

eine Stresskomponente verbunden ist. Weit verbreitet ist zudem der »Stock Approach«, bei dem das Verhältnis zwischen kurzfristigen Nettozahlungsabflüssen oder Verbindlichkeiten und dem Bestand an liquiden Aktiva geregelt wird. Dieser Ansatz läuft analog zur LCR auf einen jederzeit erforderlichen Mindestbestand an liquiden Aktiva hinaus.[78]

4.2 Kennzahlen zur Liquiditätsausstattung

Wie in der Einführung zu diesem Modul bereits ausgeführt, hat der Baseler Ausschuss für **82** Bankenaufsicht (BCBS) im Dezember 2010 unter dem Stichwort »Basel III« Standards für quantitative Mindestanforderungen an die Liquiditätsausstattung international tätiger Institute veröffentlicht, die auf verschiedenen Kennziffern basieren.[79] Diese Standards wurden in Europa in Art. 412 und 413 CRR überführt und später u. a. in Art. 428b CRR weiter konkretisiert. Durch die »Liquidity Coverage Ratio« (LCR) – als Quotient aus dem Bestand an hochliquiden Aktiva und dem erwarteten Nettozahlungsabfluss unter Stress – soll im kurzfristigen Bereich sichergestellt werden, dass die Institute in ausreichendem Maße über hochliquide Aktiva verfügen, um ein akutes Stressszenario von einem Monat zu überstehen. Anhand der »Net Stable Funding Ratio« (NSFR) – als Quotient aus der verfügbaren und der erforderlichen stabilen Refinanzierung – sollen die Aufsichtsbehörden abschätzen, ob die vorhandenen Refinanzierungen stabil genug sind, um eine längerfristige Refinanzierung sicherzustellen. In Ergänzung dazu sollen die Aufsichtsbehörden bei der Überwachung der Liquiditätssituation der Institute mit den »Additional (Liquidity) Monitoring Metrics« (ALMM, AMM) weitere Kennzahlen verwenden, die international einheitlich ausgestaltet sind. Die entsprechenden Vorgaben an das Liquiditäts-Meldewesen auf europäischer Ebene sind in Art. 415 CRR niedergelegt, von der EBA konkretisiert und mittlerweile Teil der aufsichtlichen Berichterstattung.[80] Ergänzend hat der BCBS im April 2013 konkrete Überwachungskennzahlen zur untertägigen Liquidität für international tätige Institute vorgeschlagen.[81]

Der Europäische Ausschuss für Systemrisiken (ESRB) empfiehlt den makroprudenziellen Behör- **83** den im Hinblick auf die Zwischenziele und Instrumente für makroprudenzielle Maßnahmen u. a. die Eindämmung und Vermeidung von übermäßigen Fälligkeitsinkongruenzen und Liquiditätsengpässen an den Märkten (Empfehlung A). Diese Ziele können durch konkrete Anforderungen in Bezug auf die Sicherheitenmargen und die Bewertungsabschläge sowie die Beschränkung der Werte bestimmter Kennziffern erreicht werden. Neben einer Anpassung der Liquiditätsquote, z.B. durch Vorgabe der Liquiditätsdeckungsquote (LCR), und einer Beschränkung der Liquiditätsfristentransformation, z.B. durch Vorgabe der strukturellen Liquiditätsquote (NSFR), hält der ESRB auch eine ungewichtete Begrenzung von weniger stabilen Refinanzierungsquellen für geeignet, z.B. durch Vorgabe des erforderlichen Verhältnisses von Krediten zu Einlagen (»Loan-to-Deposit Ratio«, LTD).[82] Die LTD wird als einfach zu ermittelnde Kennziffer auch oftmals von Kreditanalysten oder Ratingagenturen verwendet und sollte schon deswegen auch institutsintern betrachtet werden.

Die Kennzahlen der ersten Säule werden allerdings nach allgemeinen Vorgaben berechnet, die **84** nicht auf die Besonderheiten im Einzelfall abstellen können. Da der ILAAP auf die Spezifika eines

---

78 Vgl. Deutsche Bundesbank, Zur Steuerung von Liquiditätsrisiken in Kreditinstituten, in: Monatsbericht, September 2008, S. 65.

79 Basel Committee on Banking Supervision, Basel III: International framework for liquidity risk measurement, standards and monitoring, BCBS 188, 16. Dezember 2010.

80 Durchführungsverordnung (EU) 2017/2114 der Kommission vom 9. November 2017 zur Änderung der Durchführungsverordnung (EU) Nr. 680/2014 in Bezug auf Meldebögen und Erläuterungen, Amtsblatt der Europäischen Union vom 6. Dezember 2017, L 321/1–427.

81 Basel Committee on Banking Supervision, Monitoring tools for intraday liquidity management, BCBS 248, 11. April 2013.

82 Vgl. Empfehlung des Europäischen Ausschusses für Systemrisiken zu Zwischenzielen und Instrumenten für makroprudenzielle Maßnahmen (ESRB/2013/1) vom 4. April 2013, Amtsblatt der Europäischen Union vom 15. Juni 2013, C 170/3.

Institutes ausgerichtet ist, wird eine ausschließliche und/oder unreflektierte Übernahme der Annahmen der ersten Säule zu diesen Kennziffern für Zwecke der zweiten Säule von den Aufsichtsbehörden in der Regel als nicht zulässig angesehen. Die im ILAAP verwendeten Annahmen und Parameter müssen dem Risikoappetit, den Markterwartungen, dem Geschäftsmodell und dem Risikoprofil des Institutes entsprechen.[83] Auch die deutsche Aufsicht hat bei verschiedenen Gelegenheiten zum Ausdruck gebracht, dass die Vorgaben der ersten Säule zwar als Orientierungshilfe zur Erfüllung der MaRisk dienen können, ein vollständiger Gleichlauf zwischen der ersten und der zweiten Säule aber nicht in ihrem Interesse ist.

4.3 Steuerung des Liquiditätsbedarfes

85 Es ist laufend zu überprüfen, inwieweit ein Institut unter normalen und angespannten Marktbedingungen in der Lage ist, einen auftretenden Liquiditätsbedarf zu decken und in der Folge seine Zahlungsverpflichtungen zu erfüllen. Ein Institut kann seinen Liquiditätsbedarf sowohl über die Aktivseite (»Asset Liquidity«) als auch über die Passivseite (»Liability Liquidity«) der Bilanz steuern. Liegt der Schwerpunkt auf der Aktivseite, muss die jederzeitige Handelbarkeit von Vermögensgegenständen zu marktgerechten Preisen (»Fungibilität«) sichergestellt sein. Dabei spielt der Liquiditätsgrad der für den Verkauf oder die Verpfändung vorgesehenen Vermögensgegenstände eine entscheidende Rolle. Es versteht sich von selbst, dass ein kurzfristig auftretender Liquiditätsbedarf nicht durch den Verkauf oder die Verpfändung von Vermögensgegenständen gedeckt werden kann, deren Liquidation im erforderlichen Zeitraum praktisch gar nicht möglich ist. Wird die Refinanzierung eher über die Passivseite sichergestellt, muss die jederzeitige Möglichkeit zur Aufnahme ausreichender Liquidität auf den Märkten bestehen. Vor allem muss der dauerhafte Zugang zu den für das Institut relevanten Refinanzierungsquellen regelmäßig überprüft werden. In der Regel wird die Refinanzierung über beide Seiten der Bilanz sichergestellt, so dass keiner der genannten Aspekte vernachlässigt werden sollte. Insbesondere in Krisenzeiten müssen von den Instituten alle denkbaren Möglichkeiten zur Refinanzierung genutzt werden.

86 Zusammengefasst geht es vor allem um eine hinreichend diversifizierte Refinanzierungsstruktur mit zwei wesentlichen Aspekten: die Marktfähigkeit der Vermögenswerte auf der Aktivseite, die auf ausreichend bemessene und qualitativ hochwertige Liquiditätspuffer hinausläuft, sowie die Möglichkeit zur Aufnahme ausreichender Liquidität auf der Passivseite, die maßgeblich von einer angemessenen Pflege des Marktzuganges abhängt. Die laufende Überprüfung, ob das Institut tatsächlich dazu in der Lage ist, selbst bei angespanntem Marktumfeld einen auftretenden Liquiditätsbedarf zu decken, sollte sich deshalb auf diese beiden Aspekte konzentrieren.

87 Auch in Art. 86 Abs. 7 CRD IV werden eine hinreichend diversifizierte Refinanzierungsstruktur, angemessene Liquiditätspuffer und der Zugang zu den Refinanzierungsquellen hervorgehoben. Sämtliche Vorkehrungen sollen regelmäßig überprüft werden. Die Angemessenheit eines derartigen Überprüfungsturnus hängt in erster Linie von den jeweils vorgesehenen Maßnahmen ab, wobei der Begriff »laufend« in Anlehnung an die Formulierung »regelmäßig« in der europäischen Vorgabe nicht zwingend mit »täglich« gleichgesetzt werden muss. Sofern trotz all dieser Vorkehrungen ein Liquiditätsengpass, der durch das Frühwarnverfahren erkannt werden sollte (→ BTR 3.1 Tz. 2), nicht mehr zu vermeiden ist, müssen umgehend die im dafür aufgestellten Notfallplan enthaltenen Maßnahmen ergriffen werden (→ BTR 3.1 Tz. 9).

---

83 Vgl. Finanzmarktaufsicht Liechtenstein, ILAAP (»Internal Liquidity Adequacy Assessment Process«), FMA-Mitteilung 2017/6, 21. November 2017, S. 10.

4.4 Liquiditätsgrad der Vermögenswerte

4.4.1 Unterscheidung in den Instituten

Nach Art. 86 Abs. 5 CRD IV müssen die Institute zwischen belasteten und unbelasteten Vermögens- **88**
werten unterscheiden, die jederzeit verfügbar sind, insbesondere in Krisensituationen. Dabei müssen sie
berücksichtigen, bei welcher juristischen Person die Vermögenswerte verwahrt werden und in welchem
Land sie mit rechtsbegründender Wirkung entweder in einem Register eingetragen oder auf einem Konto
verbucht sind. Schließlich müssen sie überwachen, ob und wie die Vermögenswerte zeitnah mobilisiert
werden können. Dabei spielt auch die Liquidierbarkeit, d.h. der Liquiditätsgrad der Vermögenswerte,
eine wichtige Rolle. Durch Einfügung des Wortes »auch« wird verdeutlicht, dass es nicht ausschließlich
auf den Liquiditätsgrad der Vermögenswerte ankommt. So sollte die Liquidierung von Vermögenswerten als letztes Mittel i.d.R. erst dann erfolgen, wenn die vom Institut genutzten Refinanzierungsquellen inkl. der Generierung von Liquidität durch Wertpapierleihe ausgeschöpft sind. Außerdem
können bestimmte Restriktionen die Übertragung liquider Mittel und unbelasteter Vermögensgegenstände unabhängig von deren Liquiditätsgrad innerhalb einer Gruppe verhindern (→ BTR 3.1 Tz. 10).

Hinsichtlich ihrer Marktfähigkeit bzw. Marktliquidität können die Vermögenswerte nach Liqui- **89**
ditätsgraden unterschieden werden, wobei hochliquide Aktiva, die ohne Wertabschläge sofort
veräußert bzw. in Liquidität umgewandelt werden können, als Positionen mit einer »Liquidität
ersten Grades« bezeichnet werden. Eine wesentliche Rolle im Zusammenhang mit dem Liqui-
tätsgrad der Vermögenswerte spielt das eingangs des Moduls BTR 3 definierte Marktliquiditätsrisiko, das die Gefahr von Verlusten aufgrund einer unzulänglichen Markttiefe oder wegen Marktstörungen ausdrückt.[84] Marktstörungen liegen z.B. vor, wenn sich die Marktbreite, die Marktelastizität oder der Zeitbedarf für die Orderausführung negativ entwickeln.[85]

Im Rahmen der Liquiditätsrisikosteuerung können institutsindividuelle Liquiditätsrisikoklassen **90**
festgelegt werden, die neben dem Aspekt der schnellen Liquidierbarkeit auch berücksichtigen
sollten, welche Außenwirkung mit den einzelnen Maßnahmen verbunden ist. Allgemeinverbindliche Vorgaben für die Zuordnung der Aktiva zu den verschiedenen Liquiditätsgraden sind nicht für
alle Positionen ohne Weiteres möglich, da verschiedene Institute u.a. auf unterschiedliche Erfahrungen beim Verkauf oder bei der Verpfändung von Vermögensgegenständen bzw. bei der Verbriefung von Krediten verweisen können. Wie die Diskussion über die Anerkennung von hochwertigen Unternehmensanleihen und Pfandbriefen als »hochliquide Vermögensgegenstände« ohne
Abschläge für die Zwecke der »Liquidity Coverage Ratio« gezeigt hat, bestehen diesbezüglich auch
auf europäischer Ebene noch unterschiedliche Auffassungen (→ BTR 3.2 Tz. 2). Entsprechende
Festlegungen könnten bei Pfandbriefbanken z.B. folgende Bestände berücksichtigen:

- Wertpapiere, die sich im Deckungsregister befinden,
- Aktiva, die zur Verbriefung geeignet sind,
- so genannte »Repos« (»Sale and Repurchase Agreements«), d.h. Rückkaufvereinbarungen mit
  im Allgemeinen kurzer Laufzeit, bei denen sich das Institut als Verkäufer (Pensionsgeber)
  verpflichtet, an den Käufer (Pensionsnehmer) festverzinsliche Wertpapiere zu veräußern, um
  sie am Ende der vereinbarten Laufzeit wieder zurückzukaufen – mit anderen Instituten ggf. im
  außerbörslichen Handel (OTC-Handel),
- so genannte »General Collaterals«, wie Wertpapiere, die zentralbankfähig sind (z.B. EZB oder
  FED) oder privatwirtschaftlich eingeliefert werden können (z.B. bei der Eurex),
- sonstige Wertpapiere.

---

84 Vgl. ACI Deutschland e.V. – Fachausschuss Liquiditätsmanagement/Geldmarktsteuerung, Liquiditätssteuerung, -siche-
    rung im neuen Umfeld, Köln, März 2004.
85 Vgl. Deutsche Bundesbank, Zur Steuerung von Liquiditätsrisiken in Kreditinstituten, in: Monatsbericht, September 2008, S. 60.

BTR 3.1 Allgemeine Anforderungen

91 Bei der Eingruppierung von Aktiva oder Wertpapieren, die verbrieft werden sollen, oder von Krediten, die nach dem Verfahren »Mobilisation and Administration of Credit Claims« (MACCs), seit 2020 Nachfolgeprozess für das Verfahren KEV (Kreditforderungen – Einreichung und Verwaltung) der Deutschen Bundesbank, als notenbankfähige Sicherheiten genutzt werden sollen, spielt insbesondere die erforderliche Zeit für ihre Umwandlung in Liquidität eine wesentliche Rolle.

92 Die EZB erwartet von den bedeutenden Instituten eine umsichtige und konservative Festlegung in Bezug auf die gewünschte Zusammensetzung der Liquiditätspuffer, die zur Absicherung von Liquiditätsrisiken verwendet werden. Die Institute sollten insbesondere zwischen Vermögenswerten, die auch in Stressphasen mit großer Wahrscheinlichkeit liquide bleiben, und solchen, die lediglich zur Beschaffung von Zentralbankliquidität verwendet werden können, unterscheiden. Für beide Arten sollten interne Limite festgelegt werden, wobei ein eindeutiger Zusammenhang zwischen der Zielgröße der Liquiditätspuffer und den Liquiditätsrisiken, die über unterschiedliche Zeithorizonte eintreten können, bestehen muss. Dabei sollte ein Zeitraum von mindestens einem Jahr zugrunde gelegt werden.[86] In diesem Fall gilt die Aufmerksamkeit nicht einer Überschreitung der Limite, sondern ihrer möglichen Unterschreitung.

4.4.2 Statische und dynamische Liquiditätsgrade

93 Zur Berechnung der verschiedenen Liquiditätskoeffizienten, die als Maß für die Liquidität verschiedenen Grades dienen können, werden unterschiedlich abgegrenzte Bestandteile der Liquiditätspuffer zu jenen Positionen in Beziehung gesetzt, die mit kurzfristigen Auszahlungsverpflichtungen verbunden sind.[87]

94 In der Fachliteratur[88] wird zwischen statischen und dynamischen Liquiditätsgraden unterschieden, die bei der internen Steuerung der Institute allerdings nur noch eine untergeordnete Rolle spielen. Die statischen Liquiditätsgrade der Vermögenswerte werden stichtagsbezogen ermittelt und drücken das Verhältnis verschiedener Vermögensbestandteile eines Institutes, die sich hinsichtlich ihrer Liquidierbarkeit unterscheiden, zu seinen kurzfristigen Verbindlichkeiten aus. Im Wesentlichen wird zwischen drei statischen Liquiditätsgraden unterschieden.

95 In die Berechnung der Liquidität ersten Grades werden nur die liquiden Mittel einbezogen. Mit ihrer Hilfe wird demzufolge ausgedrückt, inwiefern die kurzfristigen Verbindlichkeiten allein mit Hilfe der verfügbaren liquiden Mittel beglichen werden können. Sie wird deshalb auch als Barliquidität (Cash Ratio, Absolute Liquidity Ratio) bezeichnet. Als Faustregel gilt, dass die Liquidität ersten Grades größer oder gleich 0,2 sein sollte.

96 Bei der Liquidität zweiten Grades werden zusätzlich die kurzfristigen Bestandteile des Umlaufvermögens berücksichtigt, d. h. die kurzfristig einzuziehenden Forderungen. Dadurch ist eine stichtagsbezogene Einschätzung der Zahlungsbereitschaft des Institutes möglich. Die Liquidität zweiten Grades wird insofern auch einzugsbedingte Liquidität (Quick Ratio, Acid Test Ratio) genannt, wobei der so genannte Acid Test besagt, dass die Liquidität zweiten Grades größer oder gleich 1 sein sollte. Wäre dies nicht der Fall, könnte ein Teil der kurzfristigen Verbindlichkeiten nicht durch kurzfristig verfügbare Mittel beglichen werden. In der Folge würde ein Liquiditätsengpass entstehen.

97 Mit der Liquidität dritten Grades wird schließlich das gesamte Umlaufvermögen (Current Assets) zu den kurzfristigen Verbindlichkeiten in Beziehung gesetzt. Aus diesem Grund spricht man auch von der umsatzbedingten Liquidität (Current Ratio). Die Liquidität dritten Grades sollte

---

86 Vgl. Europäische Zentralbank, Leitfaden der EZB für den bankinternen Prozess zur Sicherstellung einer angemessenen Liquiditätsausstattung (Internal Liquidity Adequacy Assessment Process – ILAAP), 9. November 2018, S. 25 f.

87 Vgl. Schulte, Michael/Horsch, Andreas, Wertorientierte Banksteuerung II: Risikomanagement, Frankfurt a. M., 2002, S. 57 f.

88 Vgl. Frauenfelder, Paul, Begriffe und Kennzahlen der BWL, Eidgenössische Technische Hochschule Zürich, 2007.

in jedem Fall auch größer oder gleich 1 sein, da andernfalls zur Deckung der kurzfristigen Verbindlichkeiten ein Teil des Anlagevermögens veräußert werden müsste. Der so genannten Banker's Rule (Two-to-One-Rule) zufolge sollte sogar ein Wert von 2 angepeilt werden. Anstelle der Liquidität dritten Grades wird häufig auf das Working Capital zurückgegriffen. Darunter ist die Differenz zwischen dem Umlaufvermögen eines Institutes und seinen kurzfristigen Verbindlichkeiten zu verstehen, d. h. der Teil des Umlaufvermögens, der nicht zur Deckung der kurzfristigen Verbindlichkeiten erforderlich ist und deshalb arbeiten kann.

Die statischen Liquiditätsgrade berücksichtigen allerdings keine zukünftigen Zahlungsströme und sind daher nur bedingt dazu geeignet, die zukünftige Liquiditätssituation zu beschreiben. Die dynamischen Liquiditätsgrade beziehen die voraussichtlichen Mittelzu- und -abflüsse mit Hilfe von Kapitalflussrechnungen (»Cashflow Statement«) über einen Zeitraum von bis zu einem Jahr in die Berechnung ein. In ähnlicher Weise wird auch die Liquiditätsübersicht erstellt. **98**

4.5 Dauerhafter Zugang zu den Refinanzierungsquellen

4.5.1 Überprüfung durch die Institute

Ein Institut muss den dauerhaften Zugang zu seinen relevanten Refinanzierungsquellen regelmä- **99** ßig überprüfen. In dieser Formulierung sind gleich drei Begriffe enthalten, die näher beleuchtet werden sollten: dauerhaft, relevant und überprüfen. Das Wort »dauerhaft« hat in diesem Zusammenhang die Bedeutung von »beständig« oder »über einen längeren Zeitraum bestehend«. Es wäre schlichtweg nicht möglich, den Zugang zu einer Refinanzierungsquelle auf alle Ewigkeit zu garantieren. Als »relevant« sollte eine Refinanzierungsquelle zumindest dann für ein Institut angesehen werden, wenn es die auf diesem Wege erhaltenen Mittel nicht mit vertretbarem Aufwand auf andere Weise beschaffen kann. Folglich sollten die von einem Institut traditionell genutzten Refinanzierungsquellen auch als relevante Quellen angesehen werden. Dazu zählen z. B. Kundeneinlagen, (unwiderrufliche) Kreditlinien von der Zentralbank und anderen Instituten oder die Ausgabe von festverzinslichen Wertpapieren, wie z. B. Schuldverschreibungen, Pfandbriefen oder anderen Anleihen.

Der Ausdruck »überprüfen« kann in diesem Fall nicht – wie allgemein üblich – damit gleichge- **100** setzt werden, dass umfassende Tests durchgeführt werden. Ein »Antesten« der Dauerhaftigkeit von Refinanzierungsquellen könnte genau das Gegenteil von dem bewirken, was mit der Anforderung erreicht werden soll. Es könnte als Signal für einen erhöhten Liquiditätsbedarf interpretiert werden und damit einen Rückzug der Refinanzierungspartner zur Folge haben. Andererseits könnte ein Test helfen, Marktteilnehmer an die Nutzung auch unüblicher Refinanzierungsquellen zu gewöhnen, so dass eine Inanspruchnahme im Bedarfsfall als Normalität angesehen wird. Die Entscheidungshoheit über die Durchführung von Tests sollte aufgrund ihrer unklaren Außenwirkung aber in der Verantwortung der Institute verbleiben. Im ursprünglichen Wortsinn stößt diese Anforderung also, wenn sie ganz formal betrachtet wird, an praktische Grenzen. Allerdings ist diese formale Sichtweise nicht intendiert. Der Regelungszweck besteht in erster Linie darin, sich als Institut in guten Zeiten als verlässlicher Partner zu präsentieren, um auch in Stresssituationen nicht von sämtlichen Refinanzierungsquellen abgeschnitten zu werden. Diesem Zweck dient insbesondere eine kontinuierliche Pflege des Marktzuganges.

4.5.2 Erhaltung des Marktzuganges

101 Für ein effektives Liquiditätsrisikomanagement ist aus Sicht des Baseler Ausschusses für Bankenaufsicht in erster Linie die Erhaltung des Marktzuganges entscheidend, da er sich auf die Fähigkeit zur Mittelbeschaffung und zur Liquidierung von Vermögensgegenständen gleichermaßen auswirkt. Die Geschäftsleitung sollte deshalb sicherstellen, dass der Marktzugang aktiv gesteuert und überwacht wird. Die Steuerung des Marktzuganges kann die Erschließung von Märkten zum Verkauf von Vermögenswerten oder den Ausbau von Verträgen umfassen, mit deren Hilfe ein Institut auf besicherter oder unbesicherter Basis Mittel aufnehmen kann.[89]

102 Ein Institut sollte auf den Refinanzierungsmärkten laufend Präsenz zeigen und zu den relevanten Refinanzierungspartnern eine intensive Beziehung pflegen, um so eine effektive Diversifikation der Refinanzierungsquellen zu fördern. Dies erfordert ein anhaltendes Engagement und Investment in angemessene und geeignete Infrastrukturen, Prozesse und die Sammlung von Informationen. In der Regel kann auf derartige Märkte ansonsten nicht rechtzeitig zugegriffen werden. Die Aufnahme von Verkaufsklauseln in Kreditverträgen und die regelmäßige Nutzung bestimmter Märkte kann die Fähigkeit eines Institutes zum Verkauf von Vermögenswerten an verschiedene Geschäftspartner in Stresssituationen verbessern. Dabei sollte ein Institut einen kompletten Überblick über die rechtlichen Rahmenbedingungen für potenzielle Veräußerungen haben und sicherstellen, dass die Verträge zuverlässig und rechtlich abgesichert sind.[90]

103 Ein Institut sollte belastbare Beziehungen zu aktuellen und potenziellen Refinanzierungsquellen, einschließlich der Zentralbank, identifizieren, aufbauen und pflegen. Die Häufigkeit der Kontakte und der Nutzung einer Refinanzierungsquelle ist ein möglicher Indikator für die Stärke der Beziehung. Auf diese Weise kann ein Institut Einblick in das Verhalten der verschiedenen Anbieter in Zeiten von institutsspezifischen oder marktweiten Stresssituationen kriegen und Rückgriffmöglichkeiten für den Fall eines Liquiditätsproblems identifizieren. Refinanzierungsquellen, die unter normalen Bedingungen zuverlässig Mittel bereitstellen, müssen dies aufgrund der Unsicherheit über ihren eigenen Liquiditätsbedarf nicht auch in Zeiten von Stress tun. Insbesondere kann eine erhöhte Unsicherheit über die Zahlungsfähigkeit eines Institutes zu einer erheblichen Zurückhaltung bei der Bereitstellung von Liquidität führen. In solchen Situationen kann sich die Qualität und Stärke der Liquiditätspuffer positiv auf die Bereitschaft der Geschäftspartner auswirken, die Refinanzierungsbeziehung aufrechtzuerhalten. Bei der Auswahl der Stresstestszenarien und bei der Erarbeitung der Notfallpläne sollte ein Institut diese Effekte beachten und berücksichtigen, dass Refinanzierungsquellen austrocknen und Märkte geschlossen werden können.[91]

104 Ein Institut sollte alternative Refinanzierungsquellen identifizieren, um schweren, aber plausiblen institutsspezifischen und marktweiten Liquiditätsschocks zu widerstehen. Je nach Art, Ausmaß und Dauer der Liquiditätsschocks existieren folgende Möglichkeiten zur Ausweitung der Refinanzierung[92]:
- Einlagenwachstum,
- Verlängerung der Laufzeiten der Verbindlichkeiten,
- Neuemissionen kurz- oder langfristiger Schuldtitel,
- konzerninterne Liquiditätstransfers, neue Kapitalmaßnahmen, Verkauf von Tochtergesellschaften oder Geschäftsbereichen,

---

89 Vgl. Basel Committee on Banking Supervision, Principles for Sound Liquidity Risk Management and Supervision, BCBS 144, 25. September 2008, S. 19.

90 Vgl. Basel Committee on Banking Supervision, Principles for Sound Liquidity Risk Management and Supervision, BCBS 144, 25. September 2008, S. 19.

91 Vgl. Basel Committee on Banking Supervision, Principles for Sound Liquidity Risk Management and Supervision, BCBS 144, 25. September 2008, S. 19.

92 Vgl. Basel Committee on Banking Supervision, Principles for Sound Liquidity Risk Management and Supervision, BCBS 144, 25. September 2008, S. 20. Neue Kapitalmaßnahmen gelten allerdings eher als eine strukturelle Maßnahme. Auch eine Verlängerung der Laufzeiten der Verbindlichkeiten deutet auf Restrukturierungsmaßnahmen hin, die (extern) als Indikator für einen Kreditausfall gewertet werden könnten.

- Verbriefungen,
- Verkauf oder Repos unbelasteter hochliquider Vermögenswerte,
- Inanspruchnahme zugesagter Fazilitäten und
- Aufnahme von Krediten aus den Spitzenrefinanzierungsfazilitäten der Zentralbanken.

Allerdings stehen nicht alle diese Optionen in allen Fällen und ohne zeitliche Verzögerung zur Verfügung. Die Geschäftsleitung sollte deshalb regelmäßig alle Optionen zur Refinanzierung überprüfen, um deren Wirksamkeit für die Bereitstellung von kurz-, mittel- und langfristiger Liquidität zu bewerten. Dabei sollten jene Faktoren, die einen wesentlichen Einfluss auf die Fähigkeit zur Liquiditätsbeschaffung haben, identifiziert und eng überwacht werden, um die Refinanzierungsmöglichkeiten jederzeit realistisch bewerten zu können.[93]   **105**

Welche Faktoren dabei die entscheidende Rolle spielen, hängt z. B. davon ab, ob sich ein Institut stärker über Kundeneinlagen oder über die Geld- und Kapitalmärkte refinanziert. Eine solide Basis im Retail-Segment ist tendenziell weniger volatil und kann vor allem dadurch sichergestellt werden, dass sich ein Institut nicht durch vergleichsweise schlechte Konditionen aus dem Markt katapultiert. Die Möglichkeiten zur Refinanzierung über die Geld- und Kapitalmärkte hängen vor allem vom Standing des Institutes ab, also insbesondere von seiner externen Ratingnote. Auch ein gutes Public- bzw. Investor-Relation-Management kann sich positiv auf die eigene Wahrnehmung durch aktuelle oder potenzielle Refinanzierungspartner auswirken.   **106**

Verbriefungen erfordern besondere Liquiditätsbetrachtungen. Eine übermäßige Abhängigkeit von der Verbriefung von Vermögenswerten als Liquiditätsquelle kann dazu führen, dass die erforderliche Liquidität in institutsspezifischen Stresssituationen nicht gewährleistet ist, wenn entweder die Märkte dem Institut keine Liquidität zur Verfügung stellen oder marktweite Störungen des Verbriefungsmarktes vorliegen.[94] Auch ist zu beachten, dass Verbriefungen abseits von Pfandbriefkonstruktionen durch aufsichtsrechtliche Vorschriften für Emittenten und Investoren zunehmend unattraktiver werden.[95] Aus Sicht der Institute sind konservative Verbriefungstransaktionen allerdings erforderlich, um bilanzielle Kreditrisiken zu verkaufen und dadurch Liquidität zurückzugewinnen.   **107**

Nach den Vorstellungen der EZB sollten die Institute ihren Marktzugang hinsichtlich des Geschäftsvolumens und der Preisgestaltung unter Berücksichtigung der aktuellen Belastung von Vermögenswerten und der diesbezüglich bei Umsetzung des Refinanzierungsplanes erwarteten Änderungen beurteilen. Außerdem sollten sie zur Beurteilung der Nachhaltigkeit definieren, welche Refinanzierungsquellen als »stabil« bezeichnet werden können. Zu diesem Zweck sollten sie eine explizite interne Betrachtung der Stabilität von Einlagen und der verhaltensbezogenen Zahlungsströme vornehmen.[96]   **108**

4.6 Kurzfristige Verschlechterung der Liquiditätssituation

Der Liquiditätsbedarf kann sich selbst unter normalen Marktbedingungen kurzfristig erhöhen. Dies ist z. B. dann der Fall, wenn das Terminrisiko oder das Abrufrisiko schlagend werden. Hierfür genügen bereits eine unplanmäßige Verlängerung der Kapitalbindungsdauer bei volumenmäßig bedeutenden   **109**

---

93 Vgl. Basel Committee on Banking Supervision, Principles for Sound Liquidity Risk Management and Supervision, BCBS 144, 25. September 2008, S. 18.

94 Vgl. Basel Committee on Banking Supervision, Principles for Sound Liquidity Risk Management and Supervision, BCBS 144, 25. September 2008, S. 20.

95 Vgl. z. B. European Banking Authority, Draft Guidelines on the STS criteria for ABCP securitisation, EBA/CP/2018/04, 20. April 2018.

96 Vgl. Europäische Zentralbank, Leitfaden der EZB für den bankinternen Prozess zur Sicherstellung einer angemessenen Liquiditätsausstattung (Internal Liquidity Adequacy Assessment Process – ILAAP), 9. November 2018, S. 26.

Aktivgeschäften oder ein unerwarteter Abruf von entsprechenden Einlagenvolumina. Mögliche Probleme mit der Rückzahlung von volumenmäßig bedeutenden Krediten werden im Idealfall rechtzeitig beim Management der Adressenausfallrisiken identifiziert, so dass darauf noch angemessen reagiert werden kann. Eine vergleichbare Überwachung der Passivkunden scheitert häufig an der dafür erforderlichen Datenbasis. Vor diesem Hintergrund fordert der Baseler Ausschuss für Bankenaufsicht, die Einflussfaktoren auf das Anlageverhalten von Privatkunden zu berücksichtigen. Beispielhaft genannt werden das Anlagevolumen, die Zinssensibilität, die regionale Verankerung der Anleger und die möglichen Alternativen zur Geldanlage (z. B. direkter Kontakt, per Internet oder vermitteltes Geschäft).[97]

110   Wesentlich schneller kann sich die Liquiditätssituation in Zeiten einer Krise verschlechtern. Insbesondere können nationale Unterschiede in der Einlagensicherung und der jeweilige Umgang mit Problembanken in Stresssituationen einen wesentlichen Einfluss auf das Anlageverhalten haben, da sich beides auf die Geschwindigkeit auswirkt, mit der ein Anleger ausgezahlt wird. Darüber hinaus sind in derartigen Situationen die Möglichkeiten zur Ausweitung der Refinanzierungsquellen äußerst beschränkt. Insofern lässt sich ein zusätzlicher Liquiditätsbedarf bei angespanntem Marktumfeld offenbar leichter über die Aktivseite ausgleichen. Allerdings können (marktweite und institutsspezifische) Stressereignisse dazu führen, dass ein Teil der Aktiva einer Bank überhaupt nicht oder zumindest nicht zu vernünftigen Preisen verkauft bzw. verpfändet werden kann.[98]

111   Allzu optimistische Annahmen über die Entwicklung des Liquiditätsbedarfes können dazu verleiten, einen großen Teil der verfügbaren Mittel langfristig anzulegen, wodurch keine rechtzeitige Reaktion auf eine kurzfristige Verschlechterung der Liquiditätssituation möglich wäre. Für kurzfristig eintretende Verschlechterungen der Liquiditätssituation hat das Institut deshalb ausreichend bemessene, nachhaltige Liquiditätspuffer, wie z. B. hochliquide, unbelastete Vermögensgegenstände, vorzuhalten. Mit der »kurzen Fristigkeit« ist nicht die Dauer der eintretenden Verschlechterung gemeint, sondern deren plötzliches Auftreten, welches eine schnelle Reaktion erfordert. Das benötigte Volumen der Liquiditätspuffer hängt vom Risikoappetit des Institutes und den zugrunde liegenden Szenarien für kurzfristig eintretende Verschlechterungen der Liquiditätssituation ab. Der Risikoappetit kann dabei – unabhängig von der institutsindividuellen Risikotragfähigkeit – durch aufsichtsrechtliche Vorschriften (wie insbesondere die Anforderungen an die LCR) beschränkt werden. Mit dem Begriff »Nachhaltigkeit« wird in Deutschland auch die »Zentralbankfähigkeit« verbunden, wenngleich auf internationaler Ebene stärker der Aspekt der »jederzeitigen Veräußerbarkeit an privaten Märkten« diskutiert wird. Dabei ist die Generierung von Liquidität durch liquide Aktiva mittels Verkauf oder über den Repo-Markt aus ökonomischer Sicht gleichzusetzen. Entsprechende Vorgaben richten sich allerdings in erster Linie an kapitalmarktorientierte Institute (→ BTR 3.2 Tz. 1 und 2).

112   Auch nach Art. 86 Abs. 1 und 9 CRD IV sowie Art. 412 Abs. 1 CRR müssen die Institute sicherstellen, dass sie über angemessene Liquiditätspuffer verfügen, die dazu beitragen sollen, unterschiedlichen Stresssituationen standzuhalten. Vor diesem Hintergrund kommt es darauf an, die Liquiditätspuffer vernünftig zu dimensionieren, ohne den Rentabilitätszielen des Institutes unnötig stark entgegenzuwirken. Typische Bestandteile der Liquiditätspuffer sind kurzfristig verfügbare, liquidierbare Aktiva, die Inanspruchnahme von bestehenden Kreditzusagen anderer Institute oder die besicherte Refinanzierung über den Repo-Markt. In der Regel werden dabei Sicherheitsabschläge (»Haircuts«) auf den Marktpreis der zur Liquidation vorgesehenen Aktiva bzw. der als Sicherheit dienenden Wertpapiere vorgenommen.[99]

113   Die Liquiditätspuffer sind so zu bemessen, dass mit ihrer Hilfe sowohl in normalen Marktphasen als auch in vorab definierten Stressszenarien auftretender Liquiditätsbedarf vollständig über-

---

97 Vgl. Basel Committee on Banking Supervision, Principles for Sound Liquidity Risk Management and Supervision, BCBS 144, 25. September 2008, S. 11 ff.

98 Vgl. Basel Committee on Banking Supervision, Principles for Sound Liquidity Risk Management and Supervision, BCBS 144, 25. September 2008, S. 19.

99 Vgl. Deutsche Bundesbank, Zur Steuerung von Liquiditätsrisiken in Kreditinstituten, in: Monatsbericht, September 2008, S. 64.

brückt werden kann (→ BTR 3.1 Tz. 4, Erläuterung). Die Zusammensetzung der Liquiditätspuffer hängt grundsätzlich von drei Dimensionen ab, nämlich dem Schweregrad und der Ausgestaltung der Stressszenarien, dem angestrebten Überlebenshorizont (»Survival Period«) und den Merkmalen der verwendeten liquiden Vermögensgegenstände.[100] Auf die mögliche Zusammensetzung der Liquiditätspuffer für verschiedene Stressperioden wird auch bei den Anforderungen an kapitalmarktorientierte Institute eingegangen (→ BTR 3.2 Tz. 2).

Aufgrund einer sich ändernden Risikopositionierung und unvorhersehbarer Ereignisse erwartet die EZB von den bedeutenden Instituten, stets ergänzende interne Puffer (»Managementpuffer«) vorzuhalten, um Schwankungen im wirtschaftlichen Umfeld leicht ausgleichen zu können.[101]   **114**

4.7 Berücksichtigung von belasteten Vermögenswerten (Asset Encumbrance)

Die Verfahren zur Steuerung und Beurteilung der Liquiditätsrisiken haben auch zu gewährleisten, dass Höhe, Art, Umfang und Entwicklung der Belastung von Vermögensgegenständen zeitnah identifiziert und in den Berichten an die Geschäftsleitung berücksichtigt werden. Dabei sind auch die Auswirkungen von Stressszenarien angemessen zu berücksichtigen. Auch beim Notfallplan für Liquiditätsengpässe (→ BTR 3.1 Tz. 9) ist die Belastung von Vermögenswerten angemessen zu berücksichtigen (→ BTR 3.1 Tz. 2, Erläuterung).   **115**

Mit dieser Anforderung möchte die Aufsicht in erster Linie darauf hinweisen, dass Vermögensgegenstände, die bereits als Sicherheit dienen und insofern gebunden sind, nicht zur Beschaffung liquider Mittel verwendet werden können. Insofern genügt es nicht, sich einen Überblick über das Volumen der liquidierbaren Vermögensgegenstände zu verschaffen. Gleichzeitig müssen auch jene Vermögenswerte identifiziert werden, die bereits belastet sind.   **116**

Gemäß Art. 100 CRR müssen die Institute, zumindest in zusammengefasster Form, die Höhe von Rückkaufvereinbarungen, Wertpapierleihgeschäften und alle Formen der Belastung von Vermögenswerten melden. Diese Meldeanforderungen wurden von der EU-Kommission auf Basis entsprechender Vorschläge der EBA[102] im Januar 2015 veröffentlicht.[103] Zwischenzeitlich wurden die Meldeanforderungen mehrfach geändert. Die letzte Anpassung stammt vom Februar 2020.[104] Die EBA wertet diese Meldungen regelmäßig aus und veröffentlicht ihre Ergebnisse.[105]   **117**

---

100 Vgl. Finanzmarktaufsicht Liechtenstein, ILAAP (»Internal Liquidity Adequacy Assessment Process«), FMA-Mitteilung 2017/6, 21. November 2017, S. 8.

101 Vgl. Europäische Zentralbank, Leitfaden der EZB für den bankinternen Prozess zur Sicherstellung einer angemessenen Liquiditätsausstattung (Internal Liquidity Adequacy Assessment Process – ILAAP), 9. November 2018, S. 16.

102 European Banking Authority, Final Draft Implementing Technical Standards on Asset Encumbrance Reporting under Article 100 of Capital Requirements Regulation (CRR), EBA/ITS/2013/04/rev1, 24. Juli 2014.

103 Durchführungsverordnung (EU) 2015/79 der Kommission vom 18. Dezember 2014 zur Änderung der Durchführungsverordnung (EU) Nr. 680/2014 zur Festlegung technischer Durchführungsstandards für die aufsichtlichen Meldungen der Institute gemäß der Verordnung (EU) Nr. 575/2013 des Europäischen Parlaments und des Rates in Bezug auf die Belastung von Vermögenswerten, ein einheitliches Datenpunktmodell und Validierungsregeln, Amtsblatt der Europäischen Union vom 21. Januar 2015, L 14/1–44.

104 Durchführungsverordnung (EU) 2020/429 der Kommission vom 14. Februar 2020 zur Änderung der Durchführungsverordnung (EU) Nr. 680/2014 zur Festlegung technischer Durchführungsstandards für die aufsichtlichen Meldungen der Institute gemäß der Verordnung (EU) Nr. 575/2013 des Europäischen Parlaments und des Rates, Amtsblatt der Europäischen Union vom 30. März 2020, L 96/1–1092.

105 Die EBA hat am 18. Januar 2021 ihren jährlichen Bericht über die Belastung der Vermögenswerte veröffentlicht. Demnach ist die gewichtete durchschnittliche Belastungsquote der Vermögenswerte von 25,8 Prozent im Jahr 2018 auf 25,0 Prozent im Jahr 2019 leicht gesunken (zum Vergleich betrugen die Werte 26,6 Prozent im Jahr 2016 und 27,9 Prozent im Jahr 2017). Vgl. European Banking Authority, EBA Report on Asset Encumbrance, 18. Januar 2021.

5 Verrechnungssystem für Liquiditätskosten, -nutzen und -risiken (Tz. 5)

118 **5** Das Institut hat ein geeignetes Verrechnungssystem zur verursachungsgerechten internen Verrechnung der jeweiligen Liquiditätskosten, -nutzen und -risiken einzurichten. Die Ausgestaltung des Verrechnungssystems ist abhängig von Art, Umfang, Komplexität und Risikogehalt der Geschäftsaktivitäten sowie der Refinanzierungsstruktur des Institutes. Das Verrechnungssystem ist von der Geschäftsleitung zu genehmigen.

5.1 Definition von Liquiditätskosten und -nutzen

119 Unter den »Liquiditätskosten« werden allgemein jene Aufwendungen verstanden, die durch die Einwerbung von Refinanzierungsmitteln auf dem Geld- und Kapitalmarkt entstehen und über die Kosten der reinen Zinssicherung hinausgehen.[106] In der Fachliteratur wird häufig zwischen direkten und indirekten Liquiditätskosten unterschieden.

120 Unter den »direkten Liquiditätskosten« werden im Wesentlichen die vom individuellen »Liquiditätsspread« des Institutes abhängigen Kosten verstanden, die als Aufschlag auf den risikolosen Zins (z.B. orientiert an den Interbanken- bzw. Swapsätzen mit entsprechenden Fristigkeiten[107]) zusätzlich bei der Liquiditätsaufnahme getragen werden müssen.[108] Der Liquiditätsspread reflektiert die durch ein fristenkongruent am Markt abgeschlossenes Refinanzierungsgeschäft verursachten Kosten.[109] Diese Kosten entsprechen einer Prämie für die mit der Kapitalüberlassung verbundenen institutsspezifischen Risiken. Einflussgrößen sind die Bonität des kapitalaufnehmenden Institutes, etwaige Konzentrationsrisiken beim Kapitalgeber im Fall höherer Refinanzierungsvolumina und Bewertungsunsicherheiten bei längerfristigen Refinanzierungen (Adressenausfallrisiken), die Gefahr einer erschwerten Liquidierbarkeit der übernommenen Finanzposition bei mangelnder Markttiefe bzw. zunehmend illiquiden Märkten (marktspezifische Liquiditätsrisiken) sowie das Problem einer sinkenden Risikobereitschaft der Investoren in konjunkturellen

---

106 Vgl. Schröter, Dirk/Schwarz, Oliver, Optimale Strukturen und Prozesse für das Liquiditätsrisikomanagement, in: Bartetzky, Peter/Gruber, Walter/Wehn, Carsten S. (Hrsg.), Handbuch Liquiditätsrisiko – Identifikation, Messung und Steuerung, Stuttgart, 2008, S. 274 ff.

107 In den vergangenen Jahrzehnten wurden verschiedene »Interbank Offered Rates« (Ibor) als Referenzzinssätze und damit als Benchmarks für diverse Bankprodukte verwendet. So existieren fünfzehn Werte für den Euribor (»Euro Interbank Offered Rate«), d.h. für die durchschnittlichen Zinssätze verschiedener Laufzeiten (von einer Woche bis zu zwölf Monaten), zu denen sich diverse europäische Banken untereinander Anleihen in Euro gewähren (auf unbesicherter Basis). Zusätzlich gibt es einen so genannten eintägigen Euribor-Zinssatz, den Eonia (»Euro OverNight Index Average«). Als Referenzzinssatz für andere wichtige Währungen dient häufig der Libor (»London Interbank Offered Rate«). Sämtliche Referenzwerte hatten allerdings mit Manipulationsvorwürfen zu kämpfen, so dass in der Zukunft andere Referenzgrößen maßgeblich sein werden. Lediglich der Euribor wurde bis November 2019 reformiert und kann somit weiterhin als Referenzzins genutzt werden. Der Eonia wird durch den €STR (»Euro Short-Term Rate«) schrittweise in allen Produkten und Verträgen ersetzt. Am 5. März 2021 hat die Financial Conduct Authority bekanntgegeben, dass alle 35 Libor-Sätze gestaffelt zwischen dem 31. Dezember 2021 und dem 30. Juni 2023 eingestellt werden. Die EU-Kommission hat mit der EZB, der EBA und der ESMA am 24. Juni 2021 die Marktteilnehmer in einem gemeinsamen Statement aufgefordert, die Nutzung der 35 Libor-Werte als Referenzwerte in neuen Verträgen so schnell wie möglich, spätestens aber bis zum 31. Dezember 2021 einzustellen, die Verwendung von Libor-Sätzen, die unter einer geänderten Methodik veröffentlicht wurden (»synthetischer Libor«), auf solche Verträge zu beschränken, die noch vor Beendigung des Libor nur unter großen Schwierigkeiten umzustellen sind (»schwierige Altlasten«), und robuste Fallback-Klauseln mit alternativen Referenzwerten in alle Verträge aufzunehmen, die auf den Libor referenzieren.

108 Vgl. Gersch, Jana/Milde, Astrid/Möhren, Tim, Liquiditätstransferpreissystem: Herausforderung für Große und Kleine (Institute), in: BankPraktiker WIKI MaRisk, März 2013, S. 36.

109 Vgl. Kröner, Henriette/Heinrichs, Stefan, MaRisk: Verrechnung der Liquiditätskosten, in: Zeitschrift für das gesamte Kreditwesen, Heft 24/2012, S. 1279.

Abschwungphasen, wofür prämienerhöhende Abschläge für den Weiterverkauf der Position einkalkuliert werden (sonstige Risiken).[110] Folglich wird der Aufschlag insbesondere von der Bonität bzw. dem Adressenausfallrisiko des Institutes (Marktniveau des Spread) und von seinem Liquiditätsbedarf (Volumen, Laufzeit) beeinflusst. Maßgeblich kann auch die Fungibilität seiner Emissionen sein.[111] Bei gleichbleibender Bonität und steigender Illiquidität des Institutes erhöht sich dieser Aufschlag.[112] Eine Erhöhung ist auch mit wachsender Laufzeit verbunden, weil damit ein höheres Kredit- und Liquiditätsrisiko einhergeht.[113] Zu den direkten Liquiditätskosten gehören auch die auf Laufzeitinkongruenzen zwischen Zins- und Liquiditätsbindungszeiträumen zurückzuführenden Kosten.[114]

Die »indirekten Liquiditätskosten« werden durch das Vorhalten hochliquider Aktiva zur Deckung eines unerwarteten Liquiditätsbedarfes verursacht.[115] Zu den indirekten Liquiditätskosten gehören u. a. die Notfall-Kosten, die aus dem Vorhalten von Liquiditätspuffern zur Deckung von Liquiditätsengpässen oder aus dem Anschlussrefinanzierungsrisiko resultieren können, sowie Kosten aufgrund anderer Liquiditätsrisikokomponenten, die sich z. B. aus der Refinanzierung von Geschäften mit nicht-konvertiblen Währungen ergeben können (Länderrisikokosten).[116] **121**

Vom »Liquiditätsnutzen«[117] wird in der Praxis gesprochen, wenn Liquidität gegenüber einer institutsinternen Benchmark mit vergleichbarer Laufzeit günstiger beschafft wird. Dabei kann z. B. die Differenz aus der Pfandbriefkurve und der Kurve mit dem risikolosen Zins mit entsprechender Fristigkeit, gekürzt um die Vorhaltekosten für die Liquiditätspuffer, angesetzt werden. Die Pfandbriefe können dabei grundsätzlich (noch) als risikolose Anlage akquirierter Mittel betrachtet werden.[118] **122**

5.2 Abgrenzung zwischen Liquiditäts- und Zinsmanagement

Im Bankgeschäft werden den Kunden sowohl beim Liquiditätsverbrauch auf der Aktivseite (z. B. durch Kreditlinien), als auch bei der Liquiditätsbeschaffung auf der Passivseite (z. B. bei Spareinlagen) traditionell implizite »Liquiditätsoptionen« zur Verfügung gestellt, wobei die völlig freie Verfügung durch entsprechende Kündigungsfristen oder Maximalbeträge eingeschränkt werden kann.[119] Trotzdem verbleibt eine gewisse Unsicherheit über die tatsächlichen Zahlungsströme. Zudem erfolgt die Refinanzierung der Aktivgeschäfte in den Instituten i. d. R. nicht fristenkongruent. Insbesondere werden Aktivgeschäfte mit langfristiger Zinsbindung – bei Instituten mit **123**

110 Vgl. Bulling, Volker/Schlemminger, Ralf B., Liquiditätsspreads sind kritische Punkte in der Kalkulation, in: Betriebswirtschaftliche Blätter, Heft 11/2011, S. 651; Schröter, Dirk/Schwarz, Oliver, Optimale Strukturen und Prozesse für das Liquiditätsrisikomanagement, in: Bartetzky, Peter/Gruber, Walter/Wehn, Carsten S. (Hrsg.), Handbuch Liquiditätsrisiko – Identifikation, Messung und Steuerung, Stuttgart, 2008, S. 247ff.

111 Vgl. Schröter, Dirk/Schwarz, Oliver, Optimale Strukturen und Prozesse für das Liquiditätsrisikomanagement, in: Bartetzky, Peter/Gruber, Walter/Wehn, Carsten S. (Hrsg.), Handbuch Liquiditätsrisiko – Identifikation, Messung und Steuerung, Stuttgart, 2008, S. 274ff.

112 Vgl. Hormanski, Adam, Liquiditätsrisiken, in: Becker, Axel/Berndt, Michael/ Klein, Jochen, Bearbeitungs- und Prüfungsleitfaden Neue MaRisk, Heidelberg, 2009, S. 405.

113 Vgl. Kröner, Henriette/Heinrichs, Stefan, MaRisk: Verrechnung der Liquiditätskosten, in: Zeitschrift für das gesamte Kreditwesen, Heft 24/2012, S. 1279.

114 Vgl. Committee of European Banking Supervisors, Guidelines on Liquidity Cost Benefit Allocation (GL 36), 27. Oktober 2010, S. 4.

115 Vgl. Gersch, Jana/Milde, Astrid/Möhren, Tim, Liquiditätstransferpreissystem: Herausforderung für Große und Kleine (Institute), in: BankPraktiker WIKI MaRisk, März 2013, S. 36.

116 Vgl. Committee of European Banking Supervisors, Guidelines on Liquidity Cost Benefit Allocation (GL 36), 27. Oktober 2010, S. 4.

117 Die Begriffe »Liquiditätsnutzen« und »Liquiditätsvorteile« werden synonym verwendet. In diversen Ausarbeitungen der internationalen Standardsetzer ist mehrheitlich von Liquiditätsvorteilen die Rede.

118 Vgl. Bulling, Volker/Schlemminger, Ralf B., Liquiditätsspreads sind kritische Punkte in der Kalkulation, in: Betriebswirtschaftliche Blätter, Heft 11/2011, S. 651.

119 Vgl. Heidorn, Thomas/Schmaltz, Christian, Interne Transferpreise für Liquidität, in: Zeitschrift für das gesamte Kreditwesen, Heft 3/2010, S. 140.

BTR 3.1 Allgemeine Anforderungen

Einlagengeschäft als Basis des Geschäftsmodells – häufig durch kurzfristige Mittel, wie z. B. Kundeneinlagen, refinanziert. Dieser Prozess wird als »Fristentransformation« bezeichnet. Wie bereits an anderer Stelle ausgeführt, wird von vielen Instituten trotz der »Goldenen Bankregel«, der Lehren aus der Finanzmarktkrise und der geplanten Einführung der strukturellen Liquiditätsquote (NSFR) in einem gemäß der Risikotragfähigkeitsbetrachtung vertretbaren Umfang ganz bewusst Fristentransformation betrieben, um die Gewinnmarge zu erhöhen. Aus diesem Prozess resultieren Zinsänderungs- und Liquiditätsrisiken, bei deren Management insbesondere die unterschiedlichen Zeiträume der Zins- und Liquiditätsbindung berücksichtigt werden müssen.[120]

124   Die aus der Fristentransformation der Zinsbindungen, d. h. dem Anstieg der allgemeinen Zinsen, resultierenden Zinsänderungsrisiken können theoretisch durch Zinsswaps, mit deren Hilfe jedem Aktivgeschäft ein fristenkongruenter Zinstransferpreis zugeordnet wird (Hedgefiktion), verrechnet und komplett vermieden werden.[121] Hingegen werden die auf die mögliche Ausweitung der institutsindividuellen Liquiditätsspreads zurückzuführenden Refinanzierungsrisiken unter Umständen nicht von allen Instituten hinreichend berücksichtigt. Grundsätzlich sollte dies im Rahmen der Risikotragfähigkeitsrechnung erfolgen.

5.3   Funktionsweise eines zentralen Liquiditätsmanagements

125   Bei deterministischen Produkten (wie z. B. Termingeldern) sind die Zahlungsströme hinsichtlich der Höhe und der Laufzeit vorab vollständig bekannt. Bei nicht-deterministischen Produkten (wie z. B. Kreditlinien) kann zwar ein bestimmter Verlauf der Zahlungsströme modelliert werden. Es verbleibt jedoch eine gewisse Unsicherheit durch eine mögliche Abweichung von diesem Verlauf, wodurch die Liquiditätspuffer belastet werden können.[122]

126   Wie eingangs dieses Moduls bereits erläutert, können die erwarteten Zahlungsströme als »Liquidität« und die unerwarteten Zahlungsströme (also die Abweichungen von den erwarteten Zahlungsströmen) als »Liquiditätsrisiko« interpretiert werden.[123] Mit Blick auf diese Abgrenzung können die erwarteten Zahlungsströme im »Liquiditätsbuch« und die unerwarteten Zahlungsströme im »Liquiditätsrisikobuch« gesammelt werden. Da im Rahmen des Liquiditätsmanagements normalerweise keine direkte Zuordnung zwischen konkreten Aktiva und Passiva erfolgt, werden die Liquidität und die Liquiditätsrisiken durch eine zentrale Stelle, wie z. B. das Liquiditätsmanagement, das Aktiv-Passiv-Management oder die Treasury (→ BTO Tz. 4) im Rahmen einer Poollösung verwaltet. Weil die liquiden Mittel i. d. R. von unterschiedlichen Organisationseinheiten eingeworben bzw. verbraucht werden, fungiert das zentrale Liquiditätsmanagement quasi als Intermediär zwischen den mitteleinwerbenden und den mittelverbrauchenden Einheiten.[124]

---

120 Das Problem kann z. B. anhand einer Kreditvergabe mit dreijähriger Zinsfestschreibung verdeutlicht werden. Sofern dieser Kredit durch Commercial Paper mit dreimonatiger Laufzeit rollierend refinanziert wird, besteht auf der Aktiv- und Passivseite eine unterschiedliche Liquiditätsbindung von drei Jahren bzw. drei Monaten. Vgl. Committee of European Banking Supervisors, Guidelines on Liquidity Cost Benefit Allocation (GL 36), 27. Oktober 2010, S. 4. Sofern es während der drei Jahre Kreditlaufzeit zwischenzeitlich nicht gelingt, die Commercial Paper durch neue zu ersetzen, entsteht zudem ein Liquiditätsrisiko. Vgl. Heidorn, Thomas/Schmaltz, Christian, Interne Transferpreise für Liquidität, in: Zeitschrift für das gesamte Kreditwesen, Heft 3/2010, S. 141.

121 Vgl. Heidorn, Thomas/Schmaltz, Christian, Interne Transferpreise für Liquidität, in: Zeitschrift für das gesamte Kreditwesen, Heft 3/2010, S. 140 f.

122 Vgl. Kröner, Henriette/Heinrichs, Stefan, MaRisk: Verrechnung der Liquiditätskosten, in: Zeitschrift für das gesamte Kreditwesen, Heft 24/2012, S. 1280.

123 Vgl. Heidorn, Thomas/Schmaltz, Christian, Interne Transferpreise für Liquidität, in: Zeitschrift für das gesamte Kreditwesen, Heft 3/2010, S. 140.

124 Vgl. Heidorn, Thomas/Schmaltz, Christian, Interne Transferpreise für Liquidität, in: Zeitschrift für das gesamte Kreditwesen, Heft 3/2010, S. 140.

Für die erwarteten Zahlungsströme kann, wie im Folgenden kurz dargestellt, ein Transferpreis **127** gezahlt bzw. vergütet und für die unerwarteten Zahlungsströme eine Risikoprämie verlangt werden: Die mitteleinwerbenden Einheiten erhalten für die Lieferung von Liquidität in Form der erwarteten Zahlungsströme einen Transferpreis. Zu den erwarteten Zahlungsströmen werden jedoch nicht nur die vertraglich vereinbarten Zahlungsströme, sondern auch der erwartete Anteil an den unsicheren Zahlungsströmen gezählt. Für die Übernahme des mit dieser Unsicherheit verbundenen Risikos haben sie wiederum eine Risikoprämie zu zahlen. Hingegen müssen die mittelverbrauchenden Einheiten sowohl für die erwarteten Zahlungsströme einen Transferpreis zahlen als auch für etwaige unsichere Zahlungsströme zusätzlich eine Risikoprämie abführen, weil die dafür erforderliche Liquidität in jedem Fall vorgehalten werden muss und sich daraus im ungünstigen Fall kein kostendeckender Ertrag generieren lässt. Auf dieselbe Weise werden außerbilanzielle Positionen behandelt.[125]

5.4 Erfordernis eines Verrechnungssystems für Liquiditätskosten

Durch so genannte »Transferpreise« können Liquiditätskosten, -vorteile und -risiken der jeweili- **128** gen Geschäftsart zugeordnet werden, so dass Fehlanreize und damit zugleich Abweichungen vom übergeordneten Risikoappetit vermieden werden. Implizite Liquiditätselemente in den Marktpreisen werden ohne Transferpreise nicht sichtbar gemacht. Verzichtet man auf derartige Transferpreise, besteht also die Gefahr, dass sich das Funding zu sehr auf (günstigere) kurzfristige Mittel und die Anlagen zu sehr auf (ertragreichere) schwer zu veräußernde Aktiva konzentrieren. Dies führt zu einem tendenziellen Anstieg solcher Positionen, die sich im Fall einer Liquiditätskrise als schwere Belastung erweisen können.[126]

So hatten insbesondere Return-on-Investment-orientierte Institute ohne Liquiditätstransfer- **129** preissysteme (»Funds Transfer Pricing«, FTP) Schwierigkeiten, die damaligen Liquiditätsengpässe im Interbankenmarkt auszugleichen, weil die unbewerteten Liquiditätsrisiken nicht (rechtzeitig) wahrgenommen wurden.[127] Während der Finanzmarktkrise wurden Liquiditätskosten, -nutzen und -risiken in der Treasury diverser Institute häufig nicht ausreichend intern bepreist. Außerdem waren keine hinreichenden Informationen über bedingte Liquiditätsrisiken vorhanden, die in dieser Form erstmalig in den letzten Jahrzehnten auftraten. Insofern soll nunmehr ein bislang von vielen Instituten vernachlässigtes Risikoelement weitgehend transparent gemacht werden.[128] Dieses Vorhaben wird grundsätzlich auch von international tätigen Instituten unterstützt.[129]

---

125 Vgl. Heidorn, Thomas/Schmaltz, Christian, Interne Transferpreise für Liquidität, in: Zeitschrift für das gesamte Kreditwesen, Heft 3/2010, S. 141.

126 Vgl. Heidorn, Thomas/Schmaltz, Christian, Interne Transferpreise für Liquidität, Frankfurt School of Finance & Management, Working Paper Nr. 125, August 2009, S. 15.

127 Vgl. Heidorn, Thomas/Schmaltz, Christian, Interne Transferpreise für Liquidität, in: Zeitschrift für das gesamte Kreditwesen, Heft 3/2010, S. 140.

128 Vgl. Leistenschneider, Armin, Methoden zur Ermittlung von Transferpreisen für Liquiditätsrisiken, in: Bartetzky, Peter/Gruber, Walter/Wehn, Carsten S. (Hrsg.), Handbuch Liquiditätsrisiko – Identifikation, Messung und Steuerung, Stuttgart, 2008, S. 171 ff.

129 »Recommendation III.4: Firms should ensure that they have in place effective internal transfer pricing policies to reflect implied or incurred actual or potential costs related to reasonably anticipated liquidity demands from both on- and off-balance-sheet business. Transfer pricing should take closely into account the liquidity of relevant underlying assets, the structure of underlying liabilities, and any legal or reasonably anticipated reputational contingent liquidity risk exposures. Transfer pricing should be designed to ensure that lines of business within the firm that create liquidity exposures are proportionately charged for the cost to the firm of maintaining corresponding prudent liquidity positions.« Institute of International Finance, Final Report of the IIF Committee on Market Best Practices: Principles of Conduct and Best Practice Recommendations – Financial Services Industry Response to the Market Turmoil of 2007–2008, 21. Juli 2008, S. 56.

BTR 3.1 Allgemeine Anforderungen

130 Liquiditätstransferpreise sind laut Erkenntnissen der EZB für die Stabilität des Finanzsystems von Relevanz, da systematische Fehlanreize negative Konsequenzen für den gesamten Finanzmarkt haben können.[130] Diese Zielrichtung betont auch die BaFin, die mit Hilfe des Liquiditätstransferpreissystems Fehlanreize für Refinanzierungsstrukturen verhindern möchte, die sich während der Finanzmarktkrise als extrem instabil erwiesen bzw. sogar zur Verschärfung der Krise beigetragen haben.[131]

131 Gemäß Art. 86 Abs. 1 CRD IV müssen die auf die betreffenden Geschäftsfelder, Währungen und Funktionseinheiten zugeschnittenen Strategien, Vorschriften, Verfahren und Systeme zur Identifizierung, Messung, Steuerung und Überwachung des Liquiditätsrisikos deshalb u. a. auch Mechanismen für eine angemessene Allokation von Liquiditätskosten, -nutzen und -risiken umfassen. Entsprechende Empfehlungen hat CEBS erstmals bereits im Juni 2008 gegeben.[132] Auch die EZB hat die Notwendigkeit von internen Verrechnungspreisen betont, um jene Geschäftsbereiche innerhalb eines Institutes, die durch den Aufbau entsprechender Exposures Liquidität benötigen, anteilig an den Kosten des Institutes zur Bereitstellung entsprechender Liquidität zu beteiligen.[133]

5.5 Empfehlungen der Regulierungsbehörden

5.5.1 Empfehlungen des Baseler Ausschusses für Bankenaufsicht

132 Der Baseler Ausschuss für Bankenaufsicht (BCBS) hat schon frühzeitig die Erwartungshaltung an die Geschäftsleitung formuliert, Liquiditätskosten, -nutzen und -risiken für alle wichtigen bilanziellen und außerbilanziellen Geschäftsaktivitäten beim internen Pricing, bei der Performancemessung und beim Neu-Produkt-Prozess angemessen zu berücksichtigen. Damit sollen die Anreize zum Eingehen von Risikopositionen für einzelne Geschäftsbereiche mit den Liquiditätsrisiken und -kosten in Einklang gebracht werden, die aus diesen Aktivitäten für das Institut als Ganzes erwachsen. Den Vorgaben des BCBS zufolge sollte die Geschäftsleitung u. a. dafür sorgen, dass der Liquiditätsrisikomanagementprozess die Messung der implizit in allen wichtigen Geschäftsaktivitäten enthaltenen Liquiditätskosten, -nutzen und -risiken beinhaltet. Dabei sollten auch jene Aktivitäten berücksichtigt werden, die zur Bildung einer Eventualverbindlichkeit führen und sich nicht unmittelbar auf die Bilanz auswirken müssen. Diese Liquiditätskosten, -nutzen und -risiken sollten anschließend explizit auf die zugrunde liegenden Geschäfte (Positionen, Portfolios oder einzelne Transaktionen) zurückgeführt werden, so dass sie mit den Anreizen der Geschäftsbereiche in Einklang gebracht werden und die übergreifende Liquiditätsrisikotoleranz und Strategie der Bank stärken. Diese Zuordnung der Liquiditätskosten, -nutzen und -risiken sollte die zu erwartenden Haltedauern von Vermögenswerten und Verbindlichkeiten, ihr Marktliquiditätsrisiko sowie alle sonstigen einschlägigen Faktoren berücksichtigen, einschließlich der Erträge aus dem Zugang zu relativ stabilen Refinanzierungsquellen, wie z. B. einigen Arten von Kundeneinlagen. Die Quantifizierung und Zuordnung dieser Risiken sollten auf der Ebene der Geschäftsbereiche eindeutig und nachvollziehbar sein und die Überlegung beinhalten, wie sich die Liquiditätssituation unter Stressbedingungen ändern würde. Anlassbezogen sollte überprüft werden, ob

---

130 Vgl. European Central Bank, EU Bank's Funding Structures and Policies, Mai 2009, S. 42.

131 Vgl. Bundesanstalt für Finanzdienstleistungsaufsicht, Übermittlungsschreiben zum ersten Entwurf zur Überarbeitung der Mindestanforderungen an das Risikomanagement vom 26. April 2012, S. 5.

132 Vgl. Committee of European Banking Supervisors, Second Part of CEBS' Technical Advice to the European Commission on Liquidity Risk Management – Analysis of specific issues listed by the Commission and challenges not currently addressed in the EEA, 17. Juni 2008, S. 8.

133 Vgl. European Central Bank, EU Bank's Funding Structures and Policies, Mai 2009, S. 42.

der analytische Rahmen noch den sich verändernden Geschäfts- und Finanzmarktbedingungen entspricht und somit die gewünschte Anreizwirkung erhalten bleibt.[134]

5.5.2 Empfehlungen von CEBS

Schließlich hat CEBS im Dezember 2010 Leitlinien zur Verrechnung von Liquiditätskosten formuliert, deren Kernelemente im Rahmen der dritten und vierten MaRisk-Novelle auch in Deutschland umgesetzt wurden. Dabei handelt es sich um folgende Grundgedanken[135]:   **133**
- Leitlinie 1: Der Allokationsmechanismus zur Liquiditätskostenverrechnung sollte als wichtiger Bestandteil des Liquiditätsmanagements mit der Unternehmenssteuerung, dem Risikoappetit und dem Entscheidungsprozess vereinbar sein.
- Leitlinie 2: Der Allokationsmechanismus zur Liquiditätskostenverrechnung sollte durch eine angemessene Struktur von Steuerungsinstrumenten unterstützt werden.
- Leitlinie 3: Die vom Allokationsmechanismus zur Liquiditätskostenverrechnung generierten Ergebnisse sollten für das Geschäftsprofil des Institutes angemessen sein und aktiv verwendet werden.
- Leitlinie 4: Der Anwendungsbereich des Allokationsmechanismus zur Liquiditätskostenverrechnung sollte hinreichend umfassend sein, um alle relevanten Aktiva, Passiva und außerbilanziellen Positionen in Bezug auf die Liquidität zu erfassen.
- Leitlinie 5: Die internen Verrechnungspreise sollten unter Berücksichtigung der verschiedenen Einflussfaktoren für das Liquiditätsrisiko aus stabilen Methoden abgeleitet werden.

5.6 Gestaffelte Anforderungen an ein Verrechnungssystem

Vor dem Hintergrund der internationalen Vorgaben wurde im Zuge der dritten MaRisk-Novelle von der Aufsicht zunächst gefordert, unter Proportionalitätsgesichtspunkten die jeweiligen Liquiditätskosten und -risiken sowie ggf. Beiträge zur Refinanzierung einzelner Geschäftsaktivitäten zu identifizieren und bei der Steuerung der Geschäftsaktivitäten zu berücksichtigen. Seit der vierten MaRisk-Novelle hat jedes Institut ein »geeignetes Verrechnungssystem« einzurichten, mit dessen Hilfe die jeweiligen Liquiditätskosten, -nutzen und -risiken im Institut »verursachungsgerecht« verrechnet werden.   **134**

Allerdings wird mit Blick auf die Intention dieser Regelung, nämlich insbesondere die Liquiditätskosten und -risiken bei der Kalkulation der jeweiligen Geschäfte nicht unberücksichtigt zu lassen, an dieser Stelle das Proportionalitätsprinzip in angepasster Form explizit hervorgehoben. Demnach ist die Ausgestaltung des Verrechnungssystems von Art, Umfang, Komplexität und Risikogehalt der Geschäftsaktivitäten sowie der Refinanzierungsstruktur des Institutes abhängig. Insbesondere können Institute mit »überwiegend kleinteiligem Kundengeschäft« auf der Aktiv- und der Passivseite und einer »stabilen Refinanzierung« den Anforderungen auch durch ein »einfaches Kostenverrechnungssystem« gerecht werden (→ BTR 3.1 Tz. 5, Erläuterung). Hingegen müssen »große Institute« mit »komplexen Geschäftsaktivitäten« ein »Liquiditätstransferpreissystem« (»Funds Transfer Pricing«, FTP) für bilanzwirksame und außerbilanzielle Geschäftsaktivitäten etablieren, die damit ermittelten Transferpreise im Rahmen ihrer Ertrags- und Risikosteuerung berücksichtigen sowie die Kosten für vorzuhaltende Liquiditätspuffer verrechnen (→ BTR 3.1 Tz. 6).   **135**

---

134 Vgl. Basel Committee on Banking Supervision, Principles for Sound Liquidity Risk Management and Supervision, BCBS 144, 25. September 2008, S. 9.
135 Vgl. Committee of European Banking Supervisors, Guidelines on Liquidity Cost Benefit Allocation (GL 36), 27. Oktober 2010, S. 5 ff.

136 Um genau zu verstehen, was für Anforderungen für welche Institute konkret bestehen, müssen also gewisse Abgrenzungen vorgenommen werden. So gilt es, zunächst ein Gefühl dafür zu entwickeln, was in diesem Zusammenhang unter großen Instituten mit komplexen Geschäftsaktivitäten (Gruppe 1) zu verstehen ist und bei welchen Instituten von überwiegend kleinteiligem Kundengeschäft mit einer stabilen Refinanzierung (Gruppe 3) ausgegangen werden kann. Daraus ergibt sich dann automatisch, welche Institute quasi im Mittelfeld liegen (Gruppe 2). Anschließend müssen für diese drei Gruppen die Mindestanforderungen bestimmt werden. Die BaFin weist diesbezüglich ergänzend darauf hin, dass die detaillierten Anforderungen an ein Liquiditätstransferpreissystem auf Basis der einschlägigen Leitlinien von CEBS (→ BTR 3.1 Tz. 6 und 7) auf große Institute mit komplexen Geschäftsaktivitäten (Gruppe 1) beschränkt bleiben. Weniger große Institute bzw. Institute mit weniger komplexen Geschäftsaktivitäten (d. h. mit vergleichsweise gut vorhersehbaren deterministischen Zahlungsströmen) – in obiger Systematik also Gruppe 2 – können hingegen einfachere Verfahren zur internen Verrechnung von Liquiditätskosten, -nutzen und -risiken verwenden.[136]

137 Mit Blick auf den Zweck eines Verrechnungssystems sollten die Institute zumindest Transparenz über ihre Liquiditätskosten schaffen und ermitteln, inwieweit sich die Kosten der Liquiditätsbeschaffung zwischen den einzelnen Refinanzierungsquellen bzw. der Liquiditätsversorgung zwischen den einzelnen Geschäften wesentlich unterscheiden. Aus dem Ergebnis dieser Ermittlung könnte abgeleitet werden, ob durch eine Verrechnung dieser Kosten im Rahmen eines Liquiditätstransferpreissystems ein echter Steuerungsimpuls generiert wird. Andernfalls könnte ggf. eine pauschale Berücksichtigung der Kosten genügen.

138 Erschwerend kommt hinzu, dass unterschiedliche Geschäftsmodelle und Institutsgrößen eine Vielzahl verschiedener Vorgehensweisen erfordern. Ein »One-size-fits-all-Ansatz« existiert für diese Anforderung definitiv nicht. Die BaFin ging allerdings bereits im Frühjahr 2012 – vermutlich vor dem Hintergrund, dass eine entsprechende Anforderung in allgemeiner Form seit der dritten MaRisk-Novelle besteht – davon aus, dass in jedem Institut bereits Allokationsmechanismen eingerichtet waren, auf die das Liquiditätstransferpreissystem aufgesetzt werden konnte.[137]

5.7 Diskrepanz zwischen Idealvorstellung und Realität

139 Grundsätzlich liegt es im Eigeninteresse der Institute, die Berechnung von Liquiditätstransferpreisen voranzutreiben. Dies hat vor allem betriebswirtschaftliche Gründe, da mit Hilfe interner Transferpreise ein rentabilitätsorientiertes Liquiditätsrisikomanagement etabliert und folglich das Setzen falscher Anreize vermieden werden kann.

140 Die Schwierigkeit besteht darin, die Transferpreise und Risikoprämien zu quantifizieren, um sie ergänzt um z. B. Bonus-Malus-Systeme für die aktive Steuerung nutzen zu können (→ BTR 3.1 Tz. 6). Die Transferpreise können grundsätzlich an den Kosten orientiert werden, die ein Institut am Geld- und Kapitalmarkt aufwenden muss, um besicherte bzw. unbesicherte Liquidität mit der erforderlichen Laufzeit einzuwerben. Zur Berechnung der Risikoprämie kann analog vorgegangen werden, wobei die Bodensatzbildung und die aus der Unsicherheit resultierenden Schwankungen vom Institut modelliert werden müssen. Ein Knackpunkt dieser Modellierung ist die Verwendung

---

136 Vgl. Bundesanstalt für Finanzdienstleistungsaufsicht, Übermittlungsschreiben zum Rundschreiben 10/2012 (BA) vom 14. Dezember 2012, S. 5 f.

137 Vgl. Bundesanstalt für Finanzdienstleistungsaufsicht, Übermittlungsschreiben zum ersten Entwurf zur Überarbeitung der Mindestanforderungen an das Risikomanagement vom 26. April 2012, S. 6.

einer geeigneten Verteilung. Die Normalverteilung unterschätzt die Intensität von Krisen und ist daher nur bedingt geeignet.[138] Einen Industriestandard gibt es dafür bisher nicht.

Da Transferpreise teilweise nur schwer kalkulierbar sind, ist damit zu rechnen, dass die meisten Institute noch weitere Anstrengungen zur Umsetzung dieser Anforderung vornehmen müssen. So werden derzeit zwar die Refinanzierungskosten, die großenteils bei der Margenkalkulation Verwendung finden, in ihrer Gesamtheit sowie teilweise auch eventuelle Zuschläge für Spezialfälle berücksichtigt. Dazu gehören z. B. von der Ziehungswahrscheinlichkeit abhängige Zuschläge bei außerbilanziellen Produkten oder relativ leicht ermittelbare Opportunitätskosten, die durch das Vorhalten von Liquidität im Zahlungsverkehr und der Handelsabwicklung verursacht werden. Allerdings werden die Refinanzierungskosten häufig vereinfacht als Differenz aus Zinsaufwand und Zinsertrag berechnet, so dass keine Unterscheidung zwischen Liquiditäts- und Zinsbeiträgen möglich ist. Eine vollständige Verrechnung von Liquiditätskosten und -risiken ist daher komplex und nicht ohne weitergehende Annahmen zu realisieren. Insofern existieren dafür modelltheoretische Grenzen.

5.8 Geeignete Verrechnungssysteme

Bevor näher auf ein Liquiditätstransferpreissystem eingegangen wird (→ BTR 3.1 Tz. 6), muss die Frage beantwortet werden, welche Anforderungen sich für die Institute der Gruppen 2 und 3 ableiten lassen. Dazu findet sich in den MaRisk bzw. den zugehörigen Schreiben der Aufsicht bisher nur eine überschaubare Zahl von Hinweisen. Die Notwendigkeit einer wie auch immer gearteten Berücksichtigung von Liquiditätskosten ergibt sich u. a. daraus, dass – den Angaben der Aufsicht zufolge – selbst in den Büchern kleinerer Institute illiquide Staatsanleihen enthalten sein können.

Institute der Gruppe 3, also mit überwiegend kleinteiligem Kundengeschäft auf der Aktiv- und der Passivseite und einer stabilen Refinanzierung können den Anforderungen durch ein einfaches Kostenverrechnungssystem gerecht werden (→ BTR 3.1 Tz. 5, Erläuterung). Offenbar zielt die BaFin mit dieser Erleichterung in erster Linie auf die Sparkassen sowie die Volks- und Raiffeisenbanken ab, die im Allgemeinen einen Passivüberhang aufweisen und deshalb ihre überwiegend kleinteiligen Kundengeschäfte i. d. R. durch eine relativ stabile Basis an Einlagen refinanzieren können.[139]

Der Begriff »einfaches Kostenverrechnungssystem« deutet darauf hin, dass die mit diesem Geschäftsmodell verbundenen Liquiditätsrisiken von der Aufsicht im Allgemeinen als vergleichsweise weniger wesentlich angesehen werden und insofern der reduzierte Risikogehalt

141

142

143

144

---

138 Zur Vertiefung werden u. a. folgende Publikationen empfohlen: Kröner, Henriette/Heinrichs, Stefan, MaRisk: Verrechnung der Liquiditätskosten, in: Zeitschrift für das gesamte Kreditwesen, Heft 24/2012, S. 1279–1282; Bulling, Volker/Schlemminger, Ralf B., Liquiditätsspreads sind kritische Punkte in der Kalkulation, in: Betriebswirtschaftliche Blätter, Heft 11/2011, S. 649–655; Heidorn, Thomas/Schmaltz, Christian, Interne Transferpreise für Liquidität, in: Zeitschrift für das gesamte Kreditwesen, Heft 3/2010, S. 140–144; Heidorn, Thomas/Schmaltz, Christian, Interne Transferpreise für Liquidität, Frankfurt School of Finance & Management, Working Paper Nr. 125, August 2009, S. 5ff.; Leistenschneider, Armin, Methoden zur Ermittlung von Transferpreisen für Liquiditätsrisiken, in: Bartetzky, Peter/Gruber, Walter/Wehn, Carsten S. (Hrsg.), Handbuch Liquiditätsrisiko – Identifikation, Messung und Steuerung, Stuttgart, 2008, S. 171–192.

139 Der DSGV übersetzt die Formulierung »überwiegend kleinteiliges Kundengeschäft« beispielhaft rein mathematisch damit, dass das Mengengeschäft mindestens 50 Prozent des gesamten Geschäftsvolumens ausmachen muss. Auch ein gut diversifiziertes Kreditportfolio könnte als Indiz dienen. Zur »stabilen Refinanzierung« wird auf die von Kundeneinlagen dominierte Passivseite abgestellt, die auf einen hohen Diversifizierungsgrad schließen lässt. Vgl. Deutscher Sparkassen- und Giroverband, Mindestanforderungen an das Risikomanagement – Interpretationsleitfaden, Version 6.1, Berlin, Juli 2019, S. 344. Diese Einschätzung kann in analoger Weise auf die Volks- und Raiffeisenbanken sowie Institute mit ähnlicher Geschäftsausrichtung übertragen werden. Denkbar ist aber auch, dass Institute mit anderen Geschäftsmodellen von der Erleichterung profitieren können, sofern die genannten Kriterien erfüllt werden. Dies kann aufgrund der Refinanzierungsmöglichkeiten z. B. bei Förder- und Strukturbanken oder bei Pfandbriefbanken mit entsprechend diversifiziertem Kundengeschäft der Fall sein.

grundsätzlich bei der Beurteilung der Angemessenheit zu berücksichtigen ist. Es lässt sich allerdings nicht bestreiten, dass auch in Instituten mit überwiegend kleinteiligem Kundengeschäft auf der Aktiv- und der Passivseite und einer stabilen Refinanzierung Fristentransformationen eine große Rolle spielen können. In diesem Fall sollten die von CEBS extra hervorgehobenen Liquiditätskosten, die auf Laufzeitinkongruenzen zwischen Zins- und Liquiditätsbindungszeiträumen zurückzuführen sind, zwingend berücksichtigt werden.[140] Insbesondere sollte berücksichtigt werden, wie sich längere Phasen eines Niedrigzinsumfeldes auf die Refinanzierungsbasis dieser Institute auswirken. Die deutsche Aufsicht hat sich dieses Problems in den letzten Jahren mit Hilfe entsprechender Umfragen angenommen. Die Ergebnisse dieser Umfragen spielen für den SREP der weniger bedeutenden Institute eine entscheidende Rolle.

145   Beim Austausch im MaRisk-Fachgremium entstand der Eindruck, dass die Liquiditätskosten zumindest insgesamt in den Systemen der Institute von Gruppe 3 abgebildet, aber nicht zwingend separat ausgewiesen und damit auch nicht den einzelnen Geschäften zugeordnet werden müssen. Die unterschiedlichen Laufzeiten der Geschäfte sollten durch eine fristenkongruente Refinanzierung berücksichtigt werden. Eine reine Durchschnittsbetrachtung der Laufzeiten schien von der Aufsicht nicht als ausreichend eingeschätzt zu werden.[141]

146   Der DSGV schlägt für die Institute der Gruppe 3 mit homogenen Teilportfolios auf der Aktiv- und der Passivseite ein »einfaches Verrechnungssystem« vor, welches die Institute in die Lage versetzt, die Liquiditätskosten ihrer Aktiva bzw. den Liquiditätsnutzen ihrer Passiva zu bewerten, ohne diese Kosten den Vertriebsbereichen zwingend in Rechnung zu stellen bzw. diesen Nutzen zu vergüten. Stattdessen wird eine geeignete Berücksichtigung von Liquiditätskosten bzw. -nutzen in der Preisstellung bzw. in den Konditionentableaus als ausreichend erachtet. Sowohl für aktiv- als auch für passivlastige Institute wird als Begründung vor allem darauf abgestellt, dass jeweils keine wesentlichen Konzentrationen vorliegen. Als Ausgangspunkt für die Kalkulation können Liquiditätskosten und -nutzen z.B. durch die Verwendung der Pfandbriefkurve für gedeckte Geschäfte und einer individuellen Refinanzierungskurve für ungedeckte Geschäfte berücksichtigt werden. Dies wird damit begründet, dass der Aufschlag der (nahezu adressenrisikofreien) Pfandbriefkurve im Vergleich zu einer risikofreien Zinsstrukturkurve (im Modell wird eine EONIA-Swapkurve im Euro-Währungsraum verwendet) für Aktiva als gute Näherung für die Liquiditätskosten angesehen wird. Dieselbe Kalkulation ergibt für Passiva den Liquiditätsnutzen.[142]

147   Institute der Gruppe 2, also weniger große Institute bzw. Institute mit weniger komplexen Geschäftsaktivitäten (d.h. mit vergleichsweise gut vorhersehbaren deterministischen Zahlungsströmen) können immer noch einfachere Verfahren als ein Liquiditätstransferpreissystem verwenden. Die Kosten für vorzuhaltende Liquiditätspuffer sind auch nach den MaRisk streng genommen nur im Liquiditätstransferpreissystem – und damit von den Instituten der Gruppe 1 – zu verrechnen.[143]

148   Als Alternative zu einem Liquiditätstransferpreissystem kann ggf. ein Umlagesystem dienen, bei dem die in einer Periode jeweils angefallenen Liquiditätskosten nach einem typischerweise portfoliobasierten Schlüssel ohne Risikotransfer und ohne Erfolgsaufspaltung auf die Vertriebseinheiten (Profit Center) umgelegt werden.[144] Insbesondere bei Einlagenmodellen, wo bankintern Transferpreise für hoch aggregierte Bodensatztranchen ermittelt und vergütet werden, kann

140 Vgl. Committee of European Banking Supervisors, Guidelines on Liquidity Cost Benefit Allocation (GL 36), 27. Oktober 2010, S. 4.

141 Der unerwünschte Steuerungsimpuls einer Durchschnittsbetrachtung kann anhand eines Beispiels leicht verdeutlicht werden. Vgl. Grant, Joel, Liquidity transfer pricing: a guide to better practice, Occasional Paper No 10, Financial Stability Institute, Dezember 2011, S. 24f.

142 Vgl. Deutscher Sparkassen- und Giroverband, Mindestanforderungen an das Risikomanagement – Interpretationsleitfaden, Version 6.1, Berlin, Juli 2019, S. 345f.

143 Vgl. Bundesanstalt für Finanzdienstleistungsaufsicht, Übermittlungsschreiben zum Rundschreiben 10/2012 (BA) vom 14. Dezember 2012, S. 5f.

144 Vgl. Deutsche Kreditwirtschaft, Stellungnahme zum Konsultationspapier 01/2012 der Bundesanstalt für Finanzdienstleistungsaufsicht (BaFin) – »Überarbeitung der MaRisk«, 5. Juni 2012, S. 16.

anstelle der direkten Zuordnung eines Transferpreises maximal eine Umlage erfolgen.[145] Indirekte Kosten sind i. d. R. kein Bestandteil einfacher Umlagesysteme.[146]

Der DSGV schlägt für die Institute der Gruppe 2 ein »verursachungsgerechtes Verrechnungssystem« vor. Dabei handelt es sich um eine Erweiterung des einfachen Kostenverrechnungssystems, z. B. durch eine spezifische Verteilung der Kosten auf die verschiedenen Geschäftsgruppen (institutionelle Anleger, Kreditnehmer u. Ä.), die Verwendung unterschiedlicher Bewertungszinsen für gedeckte und ungedeckte Refinanzierung oder die Berücksichtigung der indirekten Liquiditätskosten. Empfohlen wird auch, die Entwicklung der Refinanzierungskosten in verschiedenen Geschäftsaktivitäten zu beobachten und ggf. in die Kalkulation einfließen zu lassen.[147]

149

5.9 Genehmigung durch die Geschäftsleitung

Das Verrechnungssystem ist in seinen Grundstrukturen von der Geschäftsleitung zu genehmigen. Diese Genehmigung ist auch bei einfachen Kostenverrechnungssystemen erforderlich, die zur Umsetzung dieser Anforderung bei Instituten mit überwiegend kleinteiligem Kundengeschäft auf der Aktiv- und Passivseite und einer stabilen Refinanzierung als ausreichend erachtet werden. Damit kann im Institut gleichzeitig sichergestellt werden, dass bei der Verrechnung der Liquiditätskosten die geschäftspolitische Dimension hinreichend berücksichtigt wird. Die Intention der Aufsicht geht natürlich in eine andere Richtung. Durch die Einbindung der Geschäftsleitung soll erreicht werden, dass das Verrechnungssystem im Institut eine hinreichende Beachtung findet und im Einklang mit den risikostrategischen Vorgaben steht. Diesem Ziel dient auch die Vorgabe, die Verantwortung für die Entwicklung und Qualität sowie die regelmäßige Überprüfung des von großen Instituten mit komplexen Geschäftsaktivitäten zu implementierenden Liquiditätstransferpreissystems in einem vom Markt und Handel unabhängigen Bereich wahrzunehmen (→ BTR 3.1 Tz. 7).

150

5.10 Bedeutung des Verrechnungssystems für den SREP

Die EBA erwartet ihren Leitlinien zum SREP zufolge von den zuständigen Behörden auch eine Beurteilung, ob die Institute ein geeignetes »Liquiditätstransferpreissystem« (»Funds Transfer Pricing«, FTP) eingerichtet haben und dabei bestimmte Aspekte berücksichtigt wurden. Insbesondere soll geprüft werden, ob das Liquiditätstransferpreissystem alle wichtigen Geschäftstätigkeiten abdeckt und alle relevanten Liquiditätskosten, -nutzen und -risiken einbezieht. Im Hinblick auf die Angemessenheit des Liquiditätstransferpreissystems geht es vor allem darum, ob die Methode und deren Kalibrierung im Einklang mit der Größe und der Komplexität des Institutes überprüft und aktualisiert werden. Vor dem Hintergrund der erforderlichen Transparenz sollen die betroffenen Mitarbeiter über das Liquiditätstransferpreissystem und die zugehörige Methode informiert werden. Schließlich sollen die zuständigen Behörden auch beurteilen, ob der resultierende Mechanismus der Geschäftsleitung erlaubt, geeignete Anreize für die Steuerung des Liquiditätsrisikos zu

151

---

145 Vgl. Deutsche Kreditwirtschaft, Stellungnahme zum Konsultationspapier 01/2012 der Bundesanstalt für Finanzdienstleistungsaufsicht (BaFin) – »Überarbeitung der MaRisk«, 5. Juni 2012, S. 17.

146 Vgl. Gersch, Jana/Milde, Astrid/Möhren, Tim, Liquiditätstransferpreissystem: Herausforderung für Große und Kleine (Institute), in: BankPraktiker WIKI MaRisk, März 2013, S. 36.

147 Vgl. Deutscher Sparkassen- und Giroverband, Mindestanforderungen an das Risikomanagement – Interpretationsleitfaden, Version 6.1, Berlin, Juli 2019, S. 346 f.

setzen, und die Ergebnisse bei der Preisgestaltung und bei der Entscheidung über den Abschluss von Aktiv- und Passivgeschäften überhaupt verwendet werden.[148]

152   Im Rahmen der Vorgaben zur Informationseinholung für den SREP wird zunächst nur das Vorhandensein eines »Liquiditäts-Kosten-Nutzen-Allokationsmechanismus« hinterfragt, was darauf hindeutet, dass die EBA bei ihren Anforderungen auch unter Proportionalitätsgesichtspunkten unterscheidet. Für die Beurteilung eines derartigen Mechanismus sollen sich die zuständigen Behörden eine entsprechende Beschreibung vorlegen lassen. Geprüft werden soll vor allem, ob alle relevanten Liquiditätskosten und -nutzen berücksichtigt werden und in welchem Rhythmus die Preise angepasst werden. Zudem sollen die Zusammenhänge zwischen dem Liquiditäts-Kosten-Nutzen-Allokationsmechanismus und dem Risikomanagement sowie dem übergreifenden Managementrahmen des Institutes erläutert werden. Bei Verwendung eines Liquiditätstransferpreissystems sollen zusätzlich dessen Einrichtung und Funktionsweise beschrieben werden. Das besondere Interesse der Aufsicht gilt in diesen Fällen dem Zusammenhang zur strategischen Entscheidungsfindung und zur Frontoffice-Entscheidungsfindung über den Abschluss von Aktiv- und Passivgeschäften. Insgesamt sollen sich die zuständigen Behörden auch einen quantitativen Überblick über die jeweilige Kalibrierung (z. B. Zinskurven, interne Referenzzinssätze für die Hauptkategorien der genutzten Vermögenswerte und Verbindlichkeiten etc.) des verwendeten Systems verschaffen. Zudem soll eine Beschreibung der Einbeziehung des Liquiditäts-Kosten-Nutzen-Allokationsmechanismus in die Rentabilitätsbeurteilung der verschiedenen Geschäftsfelder/-bereiche/-regionen sowie der neuen bilanziellen und außerbilanziellen Vermögenswerte und Verbindlichkeiten (Neu-Produkt-Prozess) angefordert werden.[149]

153   Die EZB hat diese Vorgaben der EBA aufgegriffen. So sollen die Institute bei allen bedeutenden bilanziellen und außerbilanziellen Geschäften die Liquiditätskosten, -nutzen und -risiken in die Preisgestaltung der Produkte sowie die Leistungsmessung und den Genehmigungsprozess für neue Produkte einbeziehen. Dabei sollen sie die Anreize zur Übernahme von Risiken in den einzelnen Geschäftsfeldern auf das daraus resultierende Liquiditätsrisiko für die Gesamtbank abstimmen.[150] Von der Geschäftsleitung erwartet die EZB im Rahmen der Angemessenheitserklärung zur Liquidität (»Liquidity Adequacy Statement«, LAS) u. a. auch eine Einschätzung dazu, inwiefern die Transferpreisgestaltung als effektive Methode zur Steuerung der Geschäfte verwendet wird.[151]

154   Die EZB betrachtet einen Mechanismus für die Kosten-Nutzen-Allokation, der die Liquiditätskosten, -nutzen und -risiken zuweist, als Bestandteil der Strategien, Leitlinien, Prozesse und Systeme eines Institutes.[152] Ein derartiger Mechanismus kann z. B. bei der Bemessung risikogewichteter Performanceindikatoren verwendet werden, die bei Entscheidungsprozessen und z. B. bei der Festlegung der variablen Vergütung oder bei Erörterungen zur Geschäftstätigkeit und zu Risiken auf allen Ebenen des Institutes – beispielsweise in Ausschüssen für das Aktiv-Passiv-Management, Risikoausschüssen und Sitzungen der Geschäftsleitung oder des Aufsichtsorgans – herangezogen werden. Ob dafür zwingend ein Liquiditätstransferpreissystem erforderlich ist, lässt die EZB offen.[153]

---

148 Vgl. European Banking Authority, Guidelines on common procedures and methodologies for the supervisory review and evaluation process (SREP) and supervisory stress testing, EBA/GL/2014/13, Consolidated version, 19. Juli 2018, S. 164f.

149 Vgl. European Banking Authority, Leitlinien zu für SREP erhobene ICAAP- und ILAAP-Informationen, EBA/GL/2016/10, 3. November 2016, S. 22.

150 Vgl. Europäische Zentralbank, Aufsichtliche Erwartungen an ICAAP und ILAAP sowie harmonisierte Erhebung von ICAAP- und ILAAP-Informationen, Schreiben von Daniele Nouy an die Geschäftsleitung bedeutender Banken vom 8. Januar 2016, Anhang C.2, S. 4.

151 Vgl. Europäische Zentralbank, Technische Umsetzung der EBA-Leitlinien zu für SREP erhobene ICAAP- und ILAAP-Informationen, Konkretisierung der aufsichtlichen Erwartungen an die Erhebung von ICAAP- und ILAAP-Informationen vom 21. Februar 2017, S. 6f.

152 Vgl. Europäische Zentralbank, Leitfaden der EZB für den bankinternen Prozess zur Sicherstellung einer angemessenen Liquiditätsausstattung (Internal Liquidity Adequacy Assessment Process – ILAAP), 9. November 2018, S. 36.

153 Vgl. Europäische Zentralbank, Leitfaden der EZB für den bankinternen Prozess zur Sicherstellung einer angemessenen Liquiditätsausstattung (Internal Liquidity Adequacy Assessment Process – ILAAP), 9. November 2018, S. 10.

6   Liquiditätstransferpreissystem (Tz. 6)

6 Große Institute mit komplexen Geschäftsaktivitäten haben ein Liquiditätstransferpreis-   155
system zur verursachungsgerechten internen Verrechnung der jeweiligen Liquiditätskosten, -nutzen und -risiken zu etablieren. Die ermittelten Transferpreise sind im Rahmen
der Ertrags- und Risikosteuerung zu berücksichtigen, indem die Verrechnung möglichst auf
Transaktionsebene erfolgt. Dies gilt für bilanzwirksame und außerbilanzielle Geschäftsaktivitäten. Die Aspekte Haltedauer und Marktliquidität der Vermögensgegenstände sind bei der
Ermittlung der jeweiligen Transferpreise zu berücksichtigen. Für unsichere Zahlungsströme
sind geeignete Annahmen zu treffen. Das Liquiditätstransferpreissystem hat auch die Kosten
für vorzuhaltende Liquiditätspuffer zu verrechnen.

6.1   Erfordernis eines Liquiditätstransferpreissystems

Ein Liquiditätstransferpreissystem im Sinne der MaRisk ist als Spezialfall des geeigneten Verrech-   156
nungssystems (→ BTR 3.1 Tz. 5) zumeist durch eine bankinterne Transferierung von Liquiditätskosten, -nutzen und -risiken mittels zentral gestellter Transferpreise gekennzeichnet (→ BTR 3.1
Tz. 6, Erläuterung).

Die Praxis in Sachen Liquiditätstransferpreissystem erhält allerdings angesichts der neuen   157
Erkenntnisse aus der Finanzmarktkrise neuen (bankinternen und aufsichtsrechtlichen) Schub
und erfordert eine weitgehende Neuentwicklung der bestehenden Systeme. Die Kreditwirtschaft
hatte sogar infrage gestellt, ob ein für Zwecke der externen Preisstellung verwendbarer interner
Transferpreis überhaupt methodisch ermittelbar ist. So stößt die Nutzung eines Transferpreis-
systems für Liquiditätskosten auf grundlegende konzeptionelle Probleme, die auch in der Fachliteratur erst ansatzweise diskutiert werden.[154]

Die Aufsicht war sich zum Zeitpunkt der Formulierung dieser Anforderung durchaus darüber im   158
Klaren, dass die Institute für eine sachgerechte Umsetzung einen größeren zeitlichen Vorlauf
benötigen. Zwar sollten die Institute diesbezügliche Arbeiten frühzeitig angehen, indem sie die
bereits vorhandenen Mechanismen überprüfen und, sofern möglich und sinnvoll, möglichst
frühzeitig Verbesserungen an ihren Systemen und Verfahren vornehmen. Allerdings sollte die
aufsichtliche Beurteilung bezüglich dieser neuen Anforderungen über den damaligen Umsetzungszeitraum hinaus mit Augenmaß erfolgen, sofern etwaige Verzögerungen im Einzelfall nicht
auf Versäumnisse des Institutes zurückzuführen sind.[155]

Mit der Forderung zur Etablierung eines Liquiditätstransferpreissystems steht die deutsche   159
Aufsicht jedenfalls nicht isoliert da. So halten auch andere Aufsichtsbehörden ein Liquiditätstransferpreissystem zur Sicherstellung einer angemessenen Allokation der Liquiditätskosten, -nutzen
und -risiken für besonders gut geeignet. Bei der internen Preisfestsetzung sollen alle wesentlichen
Geschäftsbereiche, Währungen und Produkte (Kredite, Einlagen, Fazilitäten) umfassend, transparent und ausreichend granular abgedeckt werden. Aus diesem System muss sich ableiten lassen,
wie das inhärente Liquiditätsrisiko des jeweiligen Produktes oder Instrumentes eingepreist und

---

154 Vgl. Deutsche Kreditwirtschaft, Stellungnahme zum Konsultationspapier 01/2012 der Bundesanstalt für Finanzdienstleistungsaufsicht (BaFin) – »Überarbeitung der MaRisk« (Zwischenentwurf vom 2. August 2012), 12. September 2012,
S. 16.
155 Vgl. Bundesanstalt für Finanzdienstleistungsaufsicht, Übermittlungsschreiben zum Rundschreiben 10/2012 (BA) vom
14. Dezember 2012, S. 6f.

transferiert wird, wobei auch die Refinanzierungskosten des Liquiditätspuffers als »Opportunitäts-kosten« zu berücksichtigen sind. Die Methode sollte im Grundsatz die Liquiditätsbereitsteller angemessen »entlohnen« und die Liquiditätsverbraucher entsprechend »belasten«.[156]

6.2 Renaissance der Marktzinsmethode?

160 In den letzten Jahrzehnten hat sich die Marktzinsmethode als wesentliche Komponente zur Trennung von Ergebnisbeiträgen etabliert. Dabei wird – wie der Name schon sagt – der für ein Produkt verlangte Transferpreis aus der Marktzinskurve abgeleitet. In den letzten Jahren wird dabei von vielen Instituten auch ein Aufpreis für die tatsächlichen Refinanzierungskosten des Institutes veranschlagt.[157] Den verwendeten Begriffen zufolge hat auch CEBS in seinen Leitlinien auf ein Liquiditätstransferpreis-system in Anlehnung an die Marktzinsmethode abgestellt.[158] Insofern scheint die Marktzinsmethode in gewisser Weise – erweitert um den Liquiditäts(risiko)aspekt – eine Renaissance zu erleben.

161 Je intensiver ein Institut Fristentransformation betreibt, desto bedeutsamer wird eine Differenzierung der Kundengeschäftskalkulation, da der Geschäftserfolg neben dem Anstieg kurzfristiger Interbanken-sätze (»reines« Zinsänderungsrisiko) auch durch die mögliche Ausweitung der institutsindividuellen Liquiditätsspreads gefährdet ist. Diesem Umstand kann durch eine Aufspaltung des Zinsergebnisses nach dem Modell der Marktzinsmethode Rechnung getragen werden. Bei dieser Aufspaltung werden vereinfacht der Zinskonditionenbeitrag (= Kundenzinssatz – Interbankensatz einer fristenkongruenten Refinanzierung – Liquiditätsspread eines fristenkongruenten Geschäftes), der Zinsfristentransformati-onsbeitrag (= Interbankensatz einer fristenkongruenten Refinanzierung – Interbankensatz der tatsäch-lichen Refinanzierung) und der Liquiditätsfristentransformationsbeitrag (Liquiditätsspread eines fris-tenkongruenten Geschäftes – Liquiditätsspread des tatsächlichen Geschäftes) berechnet. Der Liquidi-tätsspread setzt sich jeweils aus den Liquiditätskosten und den Liquiditätsrisikokosten zusammen.[159]

6.3 Herleitung von Transferpreisen

162 Methodisch zumindest anspruchsvoll ist die Herleitung von Liquiditäts-Transferpreisen für die erwarteten Zahlungsströme und von Liquiditätsrisiko-Transferpreisen für die unerwarteten Zah-lungsströme. Bei der Kalkulation wird zwischen Geschäften mit deterministischem Kapitalfluss hinsichtlich ihrer Höhe und Laufzeit (wie z.B. Termineinlagen) und Geschäften mit nicht-deter-ministischem Kapitalfluss (wie z.B. Kreditlinien) unterschieden, bei denen ein bestimmter Verlauf der Zahlungsströme nur modelliert werden kann. Der individuelle Liquiditätsspread deckt grob gesprochen die Refinanzierungskosten für sämtliche erwarteten Zahlungsströme ab, nicht jedoch die Kosten für die unerwarteten Zahlungsströme bei Geschäften mit nicht-deterministischem Kapitalfluss, also für das Vorhalten zusätzlicher Mittel.[160]

156 Vgl. Finanzmarktaufsicht Liechtenstein, ILAAP (»Internal Liquidity Adequacy Assessment Process«), FMA-Mitteilung 2017/6, 21. November 2017, S. 9f.

157 Vgl. Kröner, Henriette/Heinrichs, Stefan, MaRisk: Verrechnung der Liquiditätskosten, in: Zeitschrift für das gesamte Kreditwesen, Heft 24/2012, S. 1279.

158 Vgl. Deutsche Kreditwirtschaft, Stellungnahme zum Konsultationspapier 01/2012 der Bundesanstalt für Finanzdienst-leistungsaufsicht (BaFin) – »Überarbeitung der MaRisk«, 5. Juni 2012, S. 16.

159 Vgl. Bulling, Volker/Schlemminger, Ralf B., Liquiditätsspreads sind kritische Punkte in der Kalkulation, in: Betriebswirt-schaftliche Blätter, Heft 11/2011, S. 649f.

160 Vgl. Kröner, Henriette/Heinrichs, Stefan, MaRisk: Verrechnung der Liquiditätskosten, in: Zeitschrift für das gesamte Kreditwesen, Heft 24/2012, S. 1279.

Das im Folgenden vorgestellte Modell setzt voraus, dass die Zahlungsströme aller Produkte, für die Preise festgelegt werden müssen, in erwartete und unerwartete zerlegt werden können. Trotz damit verbundener unterschiedlicher Risiken, die auf die Unsicherheit über die unerwarteten Zahlungsströme zurückzuführen sind, basiert die Berechnung der jeweiligen Transferpreise auf den gleichen Prinzipien.[161]   **163**

Der Liquiditäts-Transferpreis für ein Aktivgeschäft entspricht dem Produkt aus den Absicherungskosten zum Zeitpunkt der erwarteten Zahlung (Liquiditätsspread) mit dem Zahlungsvolumen und dem Zeitraum der Liquiditätsbindung. Bei außerbilanziellen Geschäften kann der Transferpreis analog berechnet werden, bei Passivgeschäften wird spiegelbildlich jener Zeitraum betrachtet, für den die Liquidität bereitgestellt werden muss. Die Berechnung des Liquiditätsrisiko-Transferpreises ist durch den Aspekt der mit diesen Zahlungsströmen verbundenen Unsicherheit etwas komplexer: **164**

- Zunächst muss eine Verteilungsannahme für die unsicheren Zahlungsströme getroffen werden. Dafür kommt grundsätzlich die Normalverteilung infrage, die allerdings die Intensität von Krisen unterschätzt. Insofern kann auch eine Extremwertverteilung genutzt werden. In der Praxis werden die Unsicherheiten jedoch häufig mit Hilfe von Zeitreihen der Zahlungsströme des zu modellierenden Produktes empirisch ermittelt.
- Anschließend wird ein Risikomaß für das Liquiditätsrisiko definiert. Dafür kommt z. B. ein Quantil oder ein (Stress-)Szenario infrage, das den maximal abzusichernden Mittelabfluss determiniert. Dieses Quantil bzw. Szenario sollte folglich dem Risikoappetit des Institutes entsprechen und somit konsistent zu den anderen Risikoarten gewählt werden.[162]
- Zur Bestimmung der Absicherungskosten muss zwischen den verschiedenen Kosten zum Vorhalten der Liquiditätspuffer und zum Vorhalten der Mittel für unwiderrufliche Liquiditätslinien unterschieden werden. Beide Quellen können zur Deckung des Liquiditätsbedarfes herangezogen werden. Die Vorhaltekosten der Liquiditätspuffer ergeben sich aus der Differenz zwischen den Kosten ihrer Refinanzierung und dem Ertrag der Liquiditätsreserve.[163] Für die Liquiditätslinien entsprechen diese Vorhaltekosten im Allgemeinen der Gebühr für ihre Zusage. Wichtig ist, dass die Vorhaltekosten anstelle der (i. d. R. geringeren) Kosten der Inanspruchnahme liquider Mittel in die Kalkulation einfließen, weil diese Kosten auch dann anfallen, wenn die Mittel letztlich doch nicht in Anspruch genommen werden.
- Der Liquiditätsrisiko-Transferpreis kann zunächst nur für jenen Zeitraum berechnet werden, der die Frequenz der Zu- und Abflüsse mit Blick auf die gewählte Verteilung beschreibt. Der Preis für ggf. abweichende Zeiträume muss durch geeignete Verfahren weiter modelliert werden. Dabei sollten die ggf. unterschiedlichen Laufzeiten der abzusichernden Positionen berücksichtigt werden, z. B. durch Ansatz eines gewichteten Mittels der erwarteten Laufzeiten.

In die Berechnung der Liquiditätsrisiko-Transferpreise fließen also diverse Parameter ein, wie Marktdaten (Euribor- und Eonia/€STR-Zinssätze, institutsindividuelle Spreads, Zusagengebühr für   **165**

---

161 Die folgende allgemeine Darstellung basiert auf dem Artikel von Heidorn, Thomas/Schmaltz, Christian, Interne Transferpreise für Liquidität, in: Zeitschrift für das gesamte Kreditwesen, Heft 3/2010, S. 141 f. Eine ausführlichere Darstellung ist z. B. Heidorn, Thomas/Schmaltz, Christian, Interne Transferpreise für Liquidität, Frankfurt School of Finance & Management, Working Paper Nr. 125, August 2009, S. 7 ff., zu entnehmen.

162 Bei Unterstellung eines Konfidenzniveaus von p kann der Risikoappetit des Institutes mit (1-p) beschrieben werden. Insofern müssen auch die ausgehenden Zahlungen bis zum (1-p)-Prozent-Quantil gedeckt sein. Vgl. Heidorn, Thomas/Schmaltz, Christian, Interne Transferpreise für Liquidität, in: Zeitschrift für das gesamte Kreditwesen, Heft 3/2010, S. 142. An der gleichen Systematik sollten sich dann auch die Risikotoleranzen für alle anderen wesentlichen Risiken orientieren.

163 Die Liquiditätspuffer bestehen im Allgemeinen aus Assets, die im Vergleich zu ihrer Refinanzierung eine kürzere Laufzeit haben oder zumindest schneller liquidiert werden können. In der Praxis werden die Liquiditätspuffer häufig mit n Drei-Monats-Tranchen refinanziert, damit an einem Stichtag davon jeweils nur 1/n fällig wird und die Refinanzierung somit auf einem soliden Sockel beruht. Folglich ergeben sich die Kosten der Refinanzierung als Summe aus dem Drei-Monats-Euribor und dem individuellen Drei-Monats-Liquiditätsspread des Institutes. Die Anlage kann z. B. »overnight« erfolgen, so dass der Ertrag mit Blick auf die relevante Laufzeit in diesem Fall durch den Drei-Monats-Eonia-Swapindex oder die Einlagenfazilität der Europäischen Zentralbank erfasst werden kann. Vgl. Heidorn, Thomas/Schmaltz, Christian, Interne Transferpreise für Liquidität, in: Zeitschrift für das gesamte Kreditwesen, Heft 3/2010, S. 142.

unwiderrufliche Liquiditätslinien), von der Bank festzulegende Parameter (Konfidenzniveau bzw. Szenario, Mischungsverhältnis der Liquiditätspuffer und Liquiditätslinien für den zu besichernden Mittelabfluss) und produktabhängige Parameter (Abflussraten unter Berücksichtigung der Bodensatztheorie und diesbezügliche Volatilitäten, bei einer Normalverteilungsannahme z.B. durch die Standardabweichung oder durch empirische Beobachtungen ausgedrückt). Mit der Modellierung von Bodensatzbildung, Schwankungsintervallen etc. sind natürlich diverse Unsicherheiten verbunden. Trotzdem führen auf diese Weise ermittelte Transferpreise tendenziell zu einer deutlich besseren Risikoallokation. Aufgrund der Verknüpfung mit objektiven Marktdaten wird insbesondere die Hereinnahme von zusätzlichem Liquiditätsrisiko in Zeiten volatiler Märkte unattraktiver.[164]

6.4   Anregungen des Institutes für Finanzstabilität

166   Neben dieser beispielhaften Vorgehensweise hat auch das bei der Bank für Internationalen Zahlungsausgleich angesiedelte Institut für Finanzstabilität (FSI)[165] Ende 2011 eine strukturierte Zusammenfassung grundlegender Fehler bei der Herleitung von Transferpreisen sowie diverse Hinweise zur Verbesserung ihrer Qualität veröffentlicht.[166]

167   Auch den Untersuchungen des FSI zufolge haben die Institute vor der Finanzmarktkrise Liquiditätskosten und -nutzen, wenn überhaupt, häufig nur über einen laufzeitunabhängigen pauschalen Spread-Zuschlag auf die risikolose Swapkurve oder über einen allgemeinen laufzeit- und produktübergreifenden Durchschnittssatz verrechnet (»pooled average cost of funds approach«). Diese undifferenzierte Vorgehensweise führte zu einer verstärkten Fristentransformation, da ohne Berücksichtigung der verschiedenen Laufzeiten Anreize für längerfristige Anlagen gegeben werden, ohne korrespondierende lange Refinanzierungen zu belohnen. Auch die Verrechnung der Kosten der Liquiditätspuffer erfolgte nur mangelhaft oder überhaupt nicht. Die diesbezüglichen Hauptkritikpunkte betreffen die Hereinnahme von wiederum selbst illiquide werdenden Aktiva für die Liquiditätspuffer, die mangelhafte Dimensionierung der Liquiditätspuffer ohne ausreichende Berücksichtigung von Wertverlusten im Stressfall sowie die zu kurze Refinanzierung der Liquiditätspuffer durch Unterschätzung der Haltedauer.[167]

168   In Bezug auf die Berechnung von Liquiditätskosten bzw. -nutzen wird anstelle eines durchschnittlichen Refinanzierungssatzes über alle Laufzeiten die Nutzung eines laufzeitkongruenten marginalen Refinanzierungssatzes vorgeschlagen (»matched-maturity marginal cost of funds approach«). Dieser entspricht – vereinfacht gesprochen – dem laufzeitkongruenten Refinanzierungsspread.[168] Allerdings wird auch darauf hingewiesen, dass dieser Ansatz in Stressphasen mit nicht auszuschließenden Übertreibungen zu Steuerungsimpulsen führen kann, die dem Wunsch einer kontinuierlichen Geschäftsentwicklung entgegenstehen.[169]

---

164 Vgl. Heidorn, Thomas/Schmaltz, Christian, Interne Transferpreise für Liquidität, in: Zeitschrift für das gesamte Kreditwesen, Heft 3/2010, S. 142 ff.

165 Das Institut für Finanzstabilität (»Financial Stability Institute«, FSI) wurde im Jahr 1998 gemeinsam von der Bank für Internationalen Zahlungsausgleich und dem Baseler Ausschuss für Bankenaufsicht gegründet, um die Aufsichtsinstanzen des Finanzsektors weltweit bei der Verbesserung und Stärkung ihrer Finanzsysteme zu unterstützen.

166 Grant, Joel, Liquidity transfer pricing: a guide to better practice, Occasional Paper No 10, Financial Stability Institute, Dezember 2011.

167 Vgl. Grant, Joel, Liquidity transfer pricing: a guide to better practice, Occasional Paper No 10, Financial Stability Institute, Dezember 2011, S. 7 ff.

168 Im Papier wird vorgeschlagen, einen laufzeitkongruenten fixen Zinssatz in eine variable Refinanzierung intern zu tauschen (»Swap«). Der Spread über dem variablen Referenzzinssatz würde dann die laufzeitkongruente Liquiditätsprämie repräsentieren, die neben dem Kreditrisiko auch sonstige Marktprämien enthält.

169 Vgl. Grant, Joel, Liquidity transfer pricing: a guide to better practice, Occasional Paper No 10, Financial Stability Institute, Dezember 2011, S. 30 ff.

Für die Ermittlung der Verrechnungskosten der Liquiditätspuffer sind im ersten Schritt die Treiber **169** für unerwartete Liquiditätserfordernisse zu identifizieren (z.B. Einlagenabzug, Entzug der unbesicherten Refinanzierungsmöglichkeiten, Kreditziehungen, Sicherheitenzahlungen und Entzug der besicherten Refinanzierung), um dann im zweiten Schritt die Liquiditätserfordernisse im Rahmen eines Stresstestes abzuschätzen. Im dritten Schritt ist auf Basis der Stresstest-Ergebnisse das Volumen der benötigten Liquiditätspuffer zu bestimmen. Anschließend sind die (i.d.R. negativen) Netto-Refinanzierungskosten (»Cost of Carry«) der Liquiditätspuffer unter Berücksichtigung von Bewertungsabschlägen ableitbar. Im fünften und letzten Schritt sind die ermittelten Kosten so detailliert wie möglich (z.B. Bereich, Produkte, Transaktionen) als Liquiditätsrisikoprämie zu belasten.[170]

6.5 Behandlung der Liquiditätspuffer

6.5.1 Verrechnung der Kosten für die Liquiditätspuffer

Das Liquiditätstransferpreissystem hat auch die Kosten für vorzuhaltende Liquiditätspuffer zu **170** verrechnen. Damit wird über die Anforderungen an den vorzuhaltenden Liquiditätspuffer aus der ersten Säule von Basel III (Liquidity Coverage Ratio) hinausgegangen, die keine Vorgaben zu den damit verbundenen Kosten enthalten. Hintergrund dieser Anforderung ist die Tatsache, dass die Kosten für vorzuhaltende Liquiditätspuffer verdient und deshalb bei der Kalkulation der Geschäfte berücksichtigt werden müssen, da sie im Nachhinein nicht mehr aufgegeben werden können.

Es sei darauf hingewiesen, dass sich die bisherige Darstellung vorrangig auf die ökonomische **171** Betrachtung der Liquiditätspuffer bezieht, d.h. auf den potenziellen Liquiditätsbedarf aus unerwarteten Zahlungsströmen und Laufzeitinkongruenzen zwischen Mittelzu- und -abflüssen. Die regulatorische Betrachtung der Liquiditätspuffer, die mit der Liquidity Coverage Ratio aus der ersten Säule und vergleichbaren Vorgaben aus der zweiten Säule von Basel III insbesondere auf die Überlebensfähigkeit in Krisensituationen abstellt, muss ggf. zusätzlich berücksichtigt werden.[171]

Die Verteilung der Kosten für vorzuhaltende Liquiditätspuffer auf die Liquidität verbrauchen- **172** den Einheiten kann allgemein innerhalb des Verrechnungssystems erfolgen. Eine Berücksichtigung in den »originären« internen Preisen ist nicht zwingend erforderlich.[172] Diese Erleichterung ist insbesondere mit Blick auf die regulatorische Betrachtung der Liquiditätspuffer von Nutzen, da eine direkte Zuordnung von aufsichtsrechtlich verursachten Kosten zu einzelnen Geschäften suggerieren würde, dass die Kosten von diesen Geschäften explizit verursacht werden. Gleichzeitig wird den Bedenken der Kreditwirtschaft Rechnung getragen, wonach diese Kosten in einem Liquiditätstransferpreissystem ausschließlich ein Problem der zentralen Struktursteuerung sind und insofern höchstens über einen getrennten Mechanismus (z.B. ein Umlagesystem) verrechnet werden können.[173] Um geeignete Steuerungsmaßnahmen aus ökonomischer und regulatorischer Perspektive ableiten zu können, wäre zu prüfen, ob und inwieweit beide Perspektiven in den Verrechnungssystemen integriert werden können.[174] Die Wechselwirkung dieser verschiedenen

---

170 Vgl. Grant, Joel, Liquidity transfer pricing: a guide to better practice, Occasional Paper No 10, Financial Stability Institute, Dezember 2011, S. 40ff.
171 Vgl. Gersch, Jana/Milde, Astrid/Möhren, Tim, Liquiditätstransferpreissystem: Herausforderung für Große und Kleine (Institute), in: BankPraktiker WIKI MaRisk, März 2013, S. 36.
172 Vgl. Bundesanstalt für Finanzdienstleistungsaufsicht, Übermittlungsschreiben zum Rundschreiben 10/2012 (BA) vom 14. Dezember 2012, S. 6.
173 Vgl. Deutsche Kreditwirtschaft, Stellungnahme zum Konsultationspapier 01/2012 der Bundesanstalt für Finanzdienstleistungsaufsicht (BaFin) – »Überarbeitung der MaRisk«, 5. Juni 2012, S. 17.
174 Vgl. Gersch, Jana/Milde, Astrid/Möhren, Tim, Liquiditätstransferpreissystem: Herausforderung für Große und Kleine (Institute), in: BankPraktiker WIKI MaRisk, März 2013, S. 38.

Ansätze ist dabei nicht trivial und kann – z.B. bei wechselnden Engpassfaktoren aus der ersten und zweiten Säule – nur schwer in eine transparente und konsistente Steuerung umgesetzt werden.

6.5.2 Alternative zur Bepreisung der Liquiditätspuffer

173 Wie eine Berechnung der Kosten für vorzuhaltende Liquiditätspuffer erfolgen kann, wurde bereits im Zusammenhang mit der Herleitung von Transferpreisen auf Basis einer analytischen oder empirischen Verteilungsannahme für die unsicheren Zahlungsströme allgemein erläutert.

174 Wie bereits ausgeführt, wird die Höhe der Liquiditätspuffer in der ökonomischen Betrachtung maßgeblich durch den Risikoappetit des Institutes bzw. die Risikotoleranz für Liquiditätsrisiken bestimmt (→ AT 4.2 Tz. 2). Vor diesem Hintergrund könnte einem anderen Modell zufolge das auf der Kombination aus institutseigenen und marktweiten Ursachen beruhende Stressszenario genutzt werden (→ BTR 3.1 Tz. 8), um die unerwarteten Zahlungsströme in Abweichung von den erwarteten Zahlungsströmen auf Basis eines Fortführungs-Szenarios zu ermitteln. Der zu ermittelnde Liquiditätsaufschlag für die Kosten der Liquiditätspuffer über den Betrachtungshorizont ergibt sich dann als Produkt aus dem Volumen der zeitlich gewichteten unerwarteten Zahlungsströme und den wie oben ermittelten Kosten der Liquiditätspuffer, bereinigt um deren generierte Erträge.[175]

175 Die Vorteile dieser Vorgehensweise werden darin gesehen, dass für die einzelnen Produkte bereits durch die Stresstests sämtliche Modellierungsannahmen definiert sind und regelmäßig validiert werden. Außerdem sind die Ergebnisse der Stresstests bei der internen Steuerung der Liquiditätsrisiken, bei den Frühwarnverfahren (→ BTR 3.1 Tz. 2) und dem Notfallplan (→ BTR 3.1 Tz. 9) zu berücksichtigen, womit gleichzeitig eine Konsistenz des Liquiditätstransferpreissystems zur Ertrags- und Risikosteuerung sichergestellt werden kann.[176] Ein weiterer Vorteil liegt darin, dass die aufsichtsrechtliche Betrachtung der Liquiditätspuffer zum Teil oder – je nachdem, wie stark sich ein Institut bei der Ausgestaltung der Stresstests nach den MaRisk an den Vorgaben zur Liquidity Coverage Ratio orientiert – sogar komplett mitberücksichtigt wird.

176 Auch dieses Berechnungsmodell kann – ebenso wie das bereits vorgestellte Modell zur Herleitung von Transferpreisen – in verschiedener Hinsicht noch verfeinert werden[177]:

- So sollten den Vorgaben von CEBS zufolge die Transferpreise für homogene Produktgruppen die Grenzkosten der Refinanzierung (marginal cost of funding) reflektieren. Das bedeutet, dass ein Institut im Idealfall die Kosten der Liquiditätspuffer mit jeder Änderung ihrer Zusammensetzung neu berechnen sollte.[178] Im vorgestellten Modell wurde hingegen unterstellt, dass alle unerwarteten Zahlungsabflüsse automatisch wieder zu einer Aufstockung der Liquiditätspuffer führen. In der Praxis kann es jedoch auch vorkommen, dass die unerwarteten Zahlungsabflüsse des betrachteten Geschäftes mit Zuflüssen anderer Geschäfte zusammenfallen und in

---

175 Die genaue Zusammensetzung der Liquiditätspuffer ist in erster Linie von der vom Institut gewählten Refinanzierungsstrategie für diese Puffer abhängig. Zum Beispiel könnte unterstellt werden, dass sich die grundsätzliche Zusammensetzung der Liquiditätspuffer über die Laufzeit nicht ändert, indem auslaufende Wertpapiere mit gleichartigen ersetzt werden. Ebenso ist es möglich, bestimmte Umstrukturierungen von vornherein einzuplanen. Zur Berechnung der Erträge aus den Liquiditätspuffern ist dann die durchschnittliche Verzinsung der ihr zugeordneten Bar- und Wertpapierbestände zu ermitteln. Für die angenommene Refinanzierung können potenzielle zukünftige Kostenveränderungen z.B. über die Kurvenstruktur der Zinssätze bzw. der individuellen Liquiditätsspreads berücksichtigt werden. Vgl. Kröner, Henriette/Heinrichs, Stefan, MaRisk: Verrechnung der Liquiditätskosten, in: Zeitschrift für das gesamte Kreditwesen, Heft 24/2012, S. 1279ff.

176 Vgl. Kröner, Henriette/Heinrichs, Stefan, MaRisk: Verrechnung der Liquiditätskosten, in: Zeitschrift für das gesamte Kreditwesen, Heft 24/2012, S. 1280.

177 Vgl. Kröner, Henriette/Heinrichs, Stefan, MaRisk: Verrechnung der Liquiditätskosten, in: Zeitschrift für das gesamte Kreditwesen, Heft 24/2012, S. 1280ff.

178 Vgl. Committee of European Banking Supervisors, Guidelines on Liquidity Cost Benefit Allocation (GL 36), 27. Oktober 2010, S. 10.

der Nettobetrachtung keine Aufstockung der Liquiditätspuffer erforderlich ist. Dieser Effekt ist allerdings nicht auf das betrachtete Geschäft zurückzuführen und sollte ihm deshalb auch nicht zugerechnet werden.

- Die Kosten der Liquiditätspuffer können sich in Abhängigkeit von einer (ggf. vertraglich vereinbarten) Mindestvorlaufzeit der unerwarteten Zahlungsabflüsse unterscheiden (z.B. bei einer Ankündigungsfrist für Prolongationen). So müssen kapitalmarktorientierte Institute zur Überbrückung des kurzfristigen Liquiditätsbedarfes von mindestens einer Woche neben Zentralbankgeld hochliquide Vermögensgegenstände vorhalten, die jederzeit ohne signifikante Wertverluste in privaten Märkten liquidiert werden können und zentralbankfähig sind. Für den weiteren Liquiditätsbedarf bis zum Ende des Zeithorizontes von mindestens einem Monat können andere Vermögensgegenstände als weitere Bestandteile der Liquiditätspuffer herangezogen werden, wenn diese ohne signifikante Wertverluste innerhalb des Zeithorizontes liquidiert werden können (→ BTR 3.2 Tz. 2). Bei einer Vorlaufzeit von mehr als sieben Tagen können insofern die i.d.R. geringeren Kosten für nicht ganz so hochliquide Wertpapiere angesetzt werden.
- Auch die Wahl des Betrachtungshorizontes für die Limitierung (z.B. ein Jahr) kann Einfluss auf die Berechnung der erforderlichen Liquiditätspuffer haben. So können die unerwarteten Zahlungsströme zusätzlich danach unterschieden werden, ob die Unsicherheit sowohl hinsichtlich der Höhe als auch des Zeitpunktes (z.B. bei einer Kreditlinie) oder nur hinsichtlich der Höhe (z.B. bei Prolongationen) besteht. Eine Einbeziehung der lediglich in ihrer Höhe unbekannten Zahlungsströme in die Liquiditätspuffer kann erst dann erforderlich sein, wenn sie im Zeitverlauf in den Limitierungszeitraum hereinlaufen. Die Betrachtung kurz- oder langfristiger Limitierungszeiträume hat insofern einen Einfluss auf die Zusammensetzung der Liquiditätspuffer.[179]
- In Abhängigkeit von ihrer jeweiligen Relevanz für die Berechnung können zusätzliche, direkt zurechenbare Kostenkomponenten einbezogen werden, wie z.B. verbundene Eigenkapitalkosten oder Kosten im Zusammenhang mit der Realisierung der Liquiditätspuffer (z.B. potenzielle Verluste bei Veräußerung in Stresssituationen). Denkbar ist auch eine ggf. stärkere Berücksichtigung regulatorischer Vorgaben der ersten Säule von Basel III oder bestimmter Produktspezifika (z.B. Notifikationsvereinbarungen), um nur einige Beispiele zu nennen.

6.6 Annahmen für unsichere Zahlungsströme

Für »unsichere« Zahlungsströme sind geeignete Annahmen zu treffen. Diese Anforderung ergibt sich aus der Aufspaltung der Zahlungsströme in »erwartete« (Liquidität) und »unerwartete« (Liquiditätsrisiko). Die unerwarteten Zahlungsströme können als Abweichungen von den erwarteten Zahlungsströmen interpretiert werden und sind insofern als die unsicheren Zahlungsströme im Sinne dieser Anforderung zu verstehen. Es leuchtet ein, dass die Genauigkeit der Berechnung von Transferpreisen maßgeblich davon abhängt, wie groß die Abweichungen der realen Zahlungen im Endeffekt von ihrem zuvor erwarteten Verlauf sind. Insbesondere bei einer zu optimistischen Einschätzung werden die tatsächlichen Kosten kaum durch die Transferpreise gedeckt sein.   **177**

Es wird zwar schon aufgrund von Eventualverbindlichkeiten, bei denen i.d.R. unklar ist, ab welchem Zeitpunkt sie in welcher Höhe und für welchen Zeitraum in Anspruch genommen werden, kaum möglich sein, eine exakte Vorhersage zu treffen. Allerdings sollten die Annahmen auf institutsindividuellen Erfahrungswerten - unter Berücksichtigung von Tendenzen und vom jeweiligen Marktumfeld - basieren und nachvollziehbar dokumentiert sein.   **178**

---

[179] In diesem Fall wird empfohlen, zur Berechnung der Kosten der Liquiditätsreserve bzw. ihrer Refinanzierung auf Forward-Zinssätze zurückzugreifen. Vgl. Kröner, Henriette/Heinrichs, Stefan, MaRisk: Verrechnung der Liquiditätskosten, in: Zeitschrift für das gesamte Kreditwesen, Heft 24/2012, S. 1281 ff.

179   Die Modellierung der Zahlungsströme von Vermögenswerten und Verbindlichkeiten ist nach
Einschätzung von CEBS ein Schlüsselelement bei der Berechnung angemessener interner Preise.
Diese Modellierung sollte durch ein robustes Rahmenwerk flankiert werden, um sicherzustellen,
dass transparente Preise berechnet werden.[180]

6.7   Haltedauer und Marktliquidität der Vermögensgegenstände

180   Die Aspekte Haltedauer und Marktliquidität der Vermögensgegenstände müssen bei der Ermittlung der jeweiligen Transferpreise berücksichtigt werden. Damit wird zunächst zum Ausdruck
gebracht, dass die Transferpreise von Vermögensgegenständen auch von ihrer Haltedauer und
Marktliquidität abhängig sind.

181   In Krisensituationen bestehen ggf. nur unzureichende Möglichkeiten zur Aufnahme ausreichender Liquidität auf den Geld- und Kapitalmärkten (fehlende Marktliquidität). Insbesondere können
die Vermögensgegenstände dann nur mit Abschlägen auf die Marktpreise liquidiert werden. Für
diesbezügliche mögliche Verluste aus Verkäufen bilden die Institute bereits Bewertungsabschläge im
Rahmen ihrer Liquiditätspuffer (»Haircuts«), die in der Konsequenz mit einer Minderung des
Liquiditätsdeckungspotenzials verbunden sind (→ AT 4.1 Tz. 4). An dieser Stelle geht es weniger
um das Marktliquiditätsrisiko im Allgemeinen, das Gegenstand von Stressszenarien ist und z. B. bei
der Zusammensetzung der Liquiditätspuffer berücksichtigt wird, als vielmehr um die Marktliquidität
der jeweiligen Vermögensgegenstände, d. h. um deren Liquiditätsgrad (→ BTR 3.1 Tz. 4).

182   So lässt sich feststellen, dass die Transferpreise für Vermögensgegenstände mit identischer Laufzeit
nicht zwingend gleich sein müssen. Dies liegt vor allem daran, dass besonders liquide Vermögensgegenstände auch vor Fälligkeit und damit ggf. zu geringeren Kosten liquidiert werden können. Tendenziell
sollte also der Transferpreis für liquide Vermögensgegenstände niedriger sein als für weniger liquide.
Dieser Aspekt kann berücksichtigt werden, indem bei der Berechnung des Transferpreises nicht auf die
Fälligkeit, sondern auf die Haltedauer der Vermögensgegenstände abgestellt wird.[181]

6.8   Berücksichtigung im Rahmen der Ertrags- und Risikosteuerung

183   Die ermittelten Transferpreise sind sowohl für bilanzwirksame als auch für außerbilanzielle
Geschäftsaktivitäten im Rahmen der Ertrags- und Risikosteuerung zu berücksichtigen. Zu diesem
Zweck soll die Verrechnung der Transferpreise möglichst auf Transaktionsebene erfolgen. Allerdings gewährt die BaFin die Erleichterung, Produkte und Geschäfte mit gleichartigen Liquiditätseigenschaften zusammenfassen zu können (→ BTR 3.1 Tz. 6, Erläuterung). Die Formulierung
»gleichartig« wurde von der Aufsicht bewusst gewählt, da viele Produkte ähnliche, aber eben nicht
identische Liquiditätseigenschaften besitzen. Auf welcher Ebene diese Zusammenfassung erfolgen kann (z. B. Produkt- oder Portfolioebene) wird nicht näher ausgeführt und hängt vom
jeweiligen Produkt bzw. Geschäft ab. Ein typisches Beispiel für eine sinnvolle Verrechnung von
Transferpreisen auf Portfolioebene sind Spareinlagen von Privatkunden.

---

180 Vgl. Committee of European Banking Supervisors, Guidelines on Liquidity Cost Benefit Allocation (GL 36), 27. Oktober
    2010, S. 8.
181 Vgl. Heidorn, Thomas/Schmaltz, Christian, Interne Transferpreise für Liquidität, in: Zeitschrift für das gesamte Kredit-
    wesen, Heft 3/2010, S. 144.

Gleichzeitig fordert die Aufsicht jedoch, mit der Verrechnung nicht auf Positionsebene stehen-zubleiben, sondern diese möglichst auf Transaktionsebene herunterzubrechen[182], was in gewisser Weise widersprüchlich zur eingeräumten Erleichterung ist. Bei enger Orientierung am Regelungs-text und den dazu erfolgten Erläuterungen steht einem portfoliobasierten Allokationsprozess, bei dem Produkte und Geschäfte mit gleichartigen Liquiditätseigenschaften gruppiert werden, grund-sätzlich nichts entgegen.[183] Vor diesem Hintergrund kann der Begriff »verursachungsgerecht« auf die für erforderlich gehaltene Organisationsebene bezogen werden, die für das Setzen der Steuerungsimpulse mindestens für notwendig erachtet wird (z. B. Einzelgeschäft, Portfolio, Händ-ler, Händlerteam, Geschäftseinheit, Geschäftsbereich, Segment).[184]

184

6.9 Geschäftspolitische Dimension der Preisgestaltung

Die Kreditwirtschaft hat im Rahmen der Konsultation auch auf die geschäftspolitische Dimension von Transferpreisen hingewiesen. So wird über ein Liquiditätstransferpreissystem zunächst nur eine bankinterne Übertragung von Liquiditätsrisiken an eine zentrale Strukturatsteuerung bewirkt. Inwieweit die übertragene Liquiditätsrisikoposition anschließend extern glattgestellt oder ge-schlossen wird, ist eine (geschäftspolitische) Frage der Limitierung der Struktursteuerung und nicht der Kalkulation von Transaktionen.[185] Im MaRisk-Fachgremium wurde zudem darauf hingewiesen, dass auch die interne Verrechnung von Transferpreisen in einer Weise eingeführt werden muss, dass sich einzelne Geschäftsbereiche den neuen Steuerungsimpulsen mit ggf. geringeren oder sogar negativen Ergebnisbeiträgen entsprechend anpassen können. Dabei ist zu berücksichtigen, dass diese Anpassungen auch auf Annahmen zu nicht deterministischen Zah-lungsströmen beruhen können, die sich im Rahmen einer neuen, bisher unbekannten Krise im Nachhinein als unrealistisch herausstellen. Auf der anderen Seite kann eine vollständige Anrech-nung des Liquiditätsnutzens bei den liquiditätseinwerbenden Bereichen dazu führen, dass dieser interne Bonus teilweise an die Kunden weitergegeben wird und das Geschäft damit insgesamt für die Bank unrentabel wird. Insofern ist mit der Einführung von Transferpreisen auch eine gewisse Art von Aufklärungsarbeit zu leisten.

185

Unabhängig davon kann es gewünscht oder erforderlich sein, bei der Preisfestsetzung auch andere Aspekte einfließen zu lassen (z. B. Cross-Selling-Gesichtspunkte, Regulierung des Volumens be-stimmter Geschäfte aus strategischen Gründen). Die von den tatsächlichen Kosten abweichenden Anreize in Form von Zu- oder Abschlägen sollten dann im Interesse einer angemessenen Trans-parenz als eigenständige Kalkulationskomponenten ausgewiesen werden.[186] Es ist auch nicht aus-zuschließen, dass mit den veränderten Kostenstrukturen eine Überprüfung und Optimierung der Produkte eines Institutes hinsichtlich ihrer Liquiditätseigenschaften erforderlich wird.[187]

186

---

182 Vgl. Bundesanstalt für Finanzdienstleistungsaufsicht, Übermittlungsschreiben zum Rundschreiben 10/2012 (BA) vom 14. Dezember 2012, S. 6.

183 Vgl. Deutsche Kreditwirtschaft, Stellungnahme zum Konsultationspapier 01/2012 der Bundesanstalt für Finanzdienst-leistungsaufsicht (BaFin) – »Überarbeitung der MaRisk« (Zwischenentwurf vom 2. August 2012), 12. September 2012, S. 16.

184 Vgl. Deutsche Kreditwirtschaft, Stellungnahme zum Konsultationspapier 01/2012 der Bundesanstalt für Finanzdienst-leistungsaufsicht (BaFin) – »Überarbeitung der MaRisk«, 5. Juni 2012, S. 17.

185 Vgl. Deutsche Kreditwirtschaft, Stellungnahme zum Konsultationspapier 01/2012 der Bundesanstalt für Finanzdienst-leistungsaufsicht (BaFin) – »Überarbeitung der MaRisk«, 5. Juni 2012, S. 16.

186 Vgl. Bulling, Volker/Schlemminger, Ralf B., Liquiditätsspreads sind kritische Punkte in der Kalkulation, in: Betriebswirt-schaftliche Blätter, Heft 11/2011, S. 650.

187 Vgl. Kröner, Henriette/Heinrichs, Stefan, MaRisk: Verrechnung der Liquiditätskosten, in: Zeitschrift für das gesamte Kreditwesen, Heft 24/2012, S. 1282.

7 Verlässlichkeit und Konsistenz der Liquiditätstransferpreissysteme (Tz. 7)

187 7 Die Verantwortung für die Entwicklung und Qualität sowie die regelmäßige Überprüfung des Liquiditätstransferpreissystems ist in einem vom Markt und Handel unabhängigen Bereich wahrzunehmen. Die jeweils gültigen Liquiditätstransferpreise sind den betroffenen Mitarbeitern transparent zu machen. Die Konsistenz der eingesetzten Liquiditätstransferpreissysteme innerhalb der Gruppe muss gewährleistet sein.

7.1 Methodenverantwortung

188 Die Aufsicht fordert die Wahrnehmung der Methodenverantwortung durch einen vom Markt und Handel unabhängigen Bereich. Dieser Bereich soll sich federführend um die Entwicklung und Qualität sowie die regelmäßige Überprüfung des Liquiditätstransferpreissystems kümmern. Auf diese Weise soll ein Interessenkonflikt vermieden werden, dem ein Bereich mit Positions- bzw. Ertragsverantwortung (Profit Center) grundsätzlich ausgesetzt sein kann.

189 Die BaFin greift damit Vorgaben aus dem CEBS-Papier auf. Der Allokationsmechanismus hinsichtlich Liquiditätskosten und -nutzen sollte von einer unabhängigen Einheit (wie z.B. dem Risikocontrolling oder dem Finanzcontrolling) in einer transparenten Art und Weise beaufsichtigt und überprüft werden. Diese unabhängige Überwachung wird deshalb als bedeutsam erachtet, weil die internen Preise die Produktmargen und die Ergebnisse der Geschäftsbereiche beeinflussen.[188] Insbesondere die Modellierung der verhaltensabhängigen Zahlungsströme sollte von einer unabhängigen Funktion bestätigt und regelmäßig überprüft werden, um sicherzustellen, dass alle wesentlichen Faktoren angemessen berücksichtigt sind. Besonderes Augenmerk sollte dabei auf verhaltensabhängige Laufzeiten und außerbilanzielle Positionen gelegt werden. Eine Überprüfung der Modellierung sollte zudem in Betracht gezogen werden, sobald eine wesentliche Änderung der Geschäftsstrategie umgesetzt wird.[189]

190 Im Rahmen der regelmäßigen Überprüfung des Liquiditätstransferpreissystems geht es in erster Linie um die Frage, ob die Ermittlung der internen Preise auf Basis dieses Systems korrekt erfolgt und folglich mit dessen Hilfe wirksame Steuerungsimpulse generiert werden können. Insofern kann davon ausgegangen werden, dass andernfalls die Qualität des Systems infrage gestellt und eine Weiterentwicklung angestoßen würde. Die explizite Hervorhebung der Verantwortung für die Entwicklung und Qualität des Liquiditätstransferpreissystems verfolgt eher das Ziel, in Instituten, die noch nicht über ein derartiges System verfügen, die Entwicklung von vornherein markt- und handelsunabhängig vorzunehmen. Hingegen wird es nicht erforderlich sein, bereits genutzte Systeme vollkommen neu zu konzipieren, sofern in der Vergangenheit z.B. die Treasury die treibende Kraft war. Mögliche Inkonsistenzen würden im Rahmen der regelmäßigen Überprüfung auffallen und anschließend beseitigt werden.

191 Die Kreditwirtschaft hatte darauf hingewiesen, dass es bei der Entwicklung von Liquiditätstransferpreissystemen vorrangig um die erforderliche Marktnähe gehe und deshalb ein Bereich einge-

---

188 Vgl. Committee of European Banking Supervisors, Guidelines on Liquidity Cost Benefit Allocation (GL 36), 27. Oktober 2010, S. 6.
189 Vgl. Committee of European Banking Supervisors, Guidelines on Liquidity Cost Benefit Allocation (GL 36), 27. Oktober 2010, S. 8.

bunden sein solle, der über eine entsprechende Expertise verfüge.[190] Dies gilt umso mehr, als die operative Steuerung und Sicherstellung der Zahlungsfähigkeit in den Instituten im Allgemeinen nicht durch eine Stabsabteilung wie z. B. das Risikocontrolling, sondern durch die Aktiv-Passiv-Steuerung erfolgt, die mit der Übernahme dieser Verantwortung auch das Recht haben sollte, die Grundzüge des Liquiditätstransferpreissystems mitgestalten zu dürfen. Grundsätzlich steht die geforderte Methodenverantwortung durch einen vom Markt und Handel unabhängigen Bereich nicht im Widerspruch zur Beteiligung der Treasury an der Entwicklung eines Liquiditätstransfer-preissystems. So hat selbst CEBS gefordert, dass die Geschäftsleitung oder ein mit entsprechenden Befugnissen ausgestattetes Organ, wie z. B. ein Asset-Liability-Committee (ALCO), die übergreifen-den Allokationsmechanismen und Strategien hinsichtlich Liquiditätskosten und -nutzen mindestens jährlich ausdrücklich genehmigen sollte.[191] Die Treasury ist im ALCO i. d. R. vertreten, also an diesem Genehmigungsprozess direkt beteiligt.

7.2 Materielle Plausibilitätsprüfung

Problematisch hätte bei enger Auslegung die Vorgabe von CEBS sein können, dass die Entwick-lung und der Betrieb des Allkoationsmechanismus nicht mit einer Gewinnerzielungsabsicht verbunden sein sollten.[192] Die Treasury ist häufig als Profit Center ausgerichtet, wobei ihr Ertrag direkt mit dem Allokationsmechanismus verbunden ist. Die Treasury stellt i. d. R. die relevanten, am Markt tatsächlich erzielbaren Liquiditätsspreadkurven zur Verfügung, die durch das Risiko-controlling oder eine andere Kontrolleinheit vor Verwendung ggf. noch qualitätsgesichert werden, und ist gleichzeitig für die Ermittlung der Transferpreise und deren Verrechnung im Institut verantwortlich. | 192

Gerade der Ansatz der Liquiditätsspreads, der maßgeblich für die Profitabilität der Geschäfte ist, wird als »neuralgischer Punkt« in der Kundengeschäftskalkulation angesehen. Je teurer z. B. die Refinanzierung am Kapitalmarkt ist, d. h. je höher die institutsindividuellen Liquiditätsspreads in der Kalkulation angesetzt werden (müssen), desto stärker beeinflussen die Liquiditätskosten die externen Zinssätze. Damit sinkt bzw. steigt tendenziell die Marge für die Aktiv- bzw. Passiv-bereiche. Somit können durch die Festlegung der Liquiditätsspreads bewusst Anreize für bestimm-te Geschäftsabschlüsse gesetzt werden.[193] | 193

Vergleichbare Konstellationen bestehen im Kreditgeschäft, wo die fachliche Expertise teilweise einseitig auf die Marktbereiche verlagert ist (z. B. bei Projektfinanzierungen). Um dem Erfordernis einer qualifizierten marktunabhängigen Votierung trotzdem zu entsprechen, hat dieser zumindest eine materielle Plausibilitätsprüfung zugrunde zu liegen. Im Rahmen der materiellen Plausibilitäts-prüfung brauchen die bereits im Markt durchgeführten Tätigkeiten nicht wiederholt zu werden. Vielmehr stehen die Nachvollziehbarkeit und die Vertretbarkeit der Kreditentscheidung im Vor-dergrund. Hierzu zählen die Überprüfung der Aussagekraft des Marktvotums und die Beant-wortung der Frage, inwieweit die Kreditvergabe der Höhe und der Form nach vertretbar ist. Die Intensität der materiellen Plausibilitätsprüfung hängt ferner von der Komplexität der zu beur- | 194

190 Vgl. Deutsche Kreditwirtschaft, Stellungnahme zum Konsultationspapier 01/2012 der Bundesanstalt für Finanzdienst-leistungsaufsicht (BaFin) – »Überarbeitung der MaRisk« (Zwischenentwurf vom 2. August 2012), 12. September 2012, S. 16.

191 Vgl. Committee of European Banking Supervisors, Guidelines on Liquidity Cost Benefit Allocation (GL 36), 27. Oktober 2010, S. 6.

192 Vgl. Committee of European Banking Supervisors, Guidelines on Liquidity Cost Benefit Allocation (GL 36), 27. Oktober 2010, S. 6.

193 Vgl. Bulling, Volker/Schlemminger, Ralf B., Liquiditätsspreads sind kritische Punkte in der Kalkulation, in: Betriebswirt-schaftliche Blätter, Heft 11/2011, S. 650.

teilenden Kreditgeschäfte ab. Der für die marktunabhängige Votierung zuständige Mitarbeiter muss zumindest Zugang zu allen wesentlichen Kreditunterlagen besitzen, so dass er sich ein abschließendes Urteil über alle für die Kreditentscheidung wesentlichen Aspekte bilden kann (→ BTO 1.1 Tz. 2, Erläuterung). In Analogie zu dieser Vorgehensweise kann die Erstellung von Wertgutachten für bestimmte Sicherheiten auch von fachlich geeigneten Mitarbeitern aus dem Bereich Markt durchgeführt werden, solange eine marktunabhängige Überprüfung der Wertansätze im Sinne einer materiellen Plausibilitätsprüfung gewährleistet ist (→ BTO 1.1 Tz. 7, Erläuterung). Schließlich ist die materielle Plausibilitätsprüfung sogar für die Wahrnehmung der Methodenverantwortung im Kreditgeschäft zulässig. So kann die Entwicklung der Prozesse auch im Bereich Markt erfolgen, sofern gewährleistet ist, dass die Qualitätssicherung von einem marktunabhängigen Bereich auf der Basis einer materiellen Plausibilitätsprüfung wahrgenommen wird (→ BTO 1.2 Tz. 1, Erläuterung).

195   Es würde der gegenwärtigen Praxis widersprechen, wenn die Nutzung des Liquiditätstransferpreissystems bzw. die operative Liquiditätsrisikosteuerung nicht durch die Treasury erfolgen könnte. Insbesondere in Krisensituationen kann eine grundsätzlich marktnah agierende Treasury zudem die Handlungsoptionen des Institutes am besten zeitnah umsetzen. Insofern erscheint es naheliegend, auch die Verantwortung für die Entwicklung und Qualität sowie die regelmäßige Überprüfung des Liquiditätstransferpreissystems durch einen vom Markt und Handel unabhängigen Bereich im Rahmen einer entsprechend ausgestalteten materiellen Plausibilitätsprüfung wahrzunehmen und damit die Expertise der Treasury in einem angemessenen Rahmen nutzen zu können. Diese Vorgehensweise wurde im MaRisk-Fachgremium kontrovers diskutiert.

7.3   Transparenz der Transferpreise

196   Sofern die Transferpreise für irgendeine Steuerungsfunktion genutzt werden sollen, müssen sie den betroffenen Mitarbeitern natürlich bekannt sein. Das setzt insbesondere voraus, dass die mit bestimmten Geschäften oder Produkten verbundenen Liquiditätskosten oder -vorteile den damit betrauten Bereichen offengelegt werden. Vor diesem Hintergrund sind die jeweils gültigen Liquiditätstransferpreise den betroffenen Mitarbeitern transparent zu machen. Auch CEBS hat gefordert, die Transferpreise in einer transparenten und konsistenten Art und Weise zu erzeugen und jeden aus der Bepreisung resultierenden Gewinn oder Verlust innerhalb des Institutes zu messen und transparent zu machen.[194] Grundsätzlich sollten die Liquiditätskosten und -risiken Bestandteile des »Einstandszinssatzes« bzw. »Opportunitätszinssatzes« bei der Bepreisung aller zinstragenden Geschäfte sein.[195]

7.4   Gruppenweite Konsistenz der Systeme

197   Für die Allokation von Liquiditätskosten wird von CEBS ein umfassender Ansatz empfohlen. Um ein konsistentes Vorgehen innerhalb einer Gruppe zu fördern, sollte es entsprechende interne Rahmenbedingungen zur Preisgestaltung für alle Aktivitäten und Produkte geben, auch wenn die Treasury-Einheiten von Tochtergesellschaften unabhängig handeln können. Eine zentrale Ma-

---

194 Vgl. Committee of European Banking Supervisors, Guidelines on Liquidity Cost Benefit Allocation (GL 36), 27. Oktober 2010, S. 5 f.

195 Vgl. Hormanski, Adam, Liquiditätsrisiken, in: Becker, Axel/Berndt, Michael/ Klein, Jochen, Bearbeitungs- und Prüfungsleitfaden Neue MaRisk, Heidelberg, 2009, S. 405.

nagement-Funktion, wie z.B. die Group Treasury, sollte einen Überblick über sämtliche bilanzielle und außerbilanzielle Positionen in der Gruppe haben.[196] In diesem Sinne muss die Konsistenz der eingesetzten Liquiditätstransferpreissysteme innerhalb der Gruppe gewährleistet sein.

Die Kreditwirtschaft hat darauf hingewiesen, dass die Methodenfreiheit für eine Gruppe mit sehr unterschiedlichen Typen von Tochtergesellschaften unabdingbar ist und im Bereich der Liquiditätsrisiken nicht unnötig eingeschränkt werden sollte.[197] In den MaRisk wird mit Blick auf die Methodenfreiheit lediglich gefordert, dass die eingesetzten Methoden und Verfahren der Wirksamkeit des Risikomanagements auf Gruppenebene nicht entgegenstehen dürfen (→ AT 4.5 Tz. 1). Sofern dieser Grundsatz beachtet wird, können die Institute innerhalb einer Gruppe durchaus unterschiedliche Systeme verwenden. Etwas anderes wurde auch von CEBS nicht gefordert, da es weniger um die eingesetzten Methoden und Verfahren geht, als vielmehr um die zugrunde liegenden Annahmen und Parameter. **198**

Die EZB erwartet insgesamt, dass die beim ILAAP verwendeten Risikoquantifizierungsmethoden und -annahmen robust, hinreichend stabil, risikosensitiv und konservativ genug sind, um selten auftretende Liquiditätsabflüsse zu quantifizieren. Unsicherheiten, die sich aus Risikoquantifizierungsmethoden ergeben, sollen durch einen erhöhten Grad an Konservativität beseitigt werden. Die Risikoquantifizierungsmethoden sollten auf die jeweilige Situation zugeschnitten sein, d.h. sie sollten mit der Risikobereitschaft, den Markterwartungen, dem Geschäftsmodell, dem Risikoprofil, der Größe und der Komplexität der Institute im Einklang stehen. Die wichtigsten Parameter und Annahmen sollten in der gesamten Gruppe über alle Risikoarten hinweg konsistent sein.[198] **199**

7.5 Zusammenhang zum Stresstest

Der Baseler Ausschuss für Bankenaufsicht kommt im Rahmen einer Studie zu dem Schluss, dass Liquiditätstransferpreissysteme für große und komplexe Institute einen wichtigen Bestandteil des Risikomanagements darstellen. Dies sei insbesondere in Stresssituationen erforderlich, um angemessen mit Fristentransformationen umgehen zu können. Deshalb seien Stresstests für das Liquiditätsrisiko, unter Berücksichtigung von instituteigenen und marktweiten Ursachen für Liquiditätsrisiken sowie einer Kombination aus beiden Komponenten, auch eine Voraussetzung für ein angemessenes Liquiditätstransferpreissystem.[199] **200**

196 Vgl. Committee of European Banking Supervisors, Guidelines on Liquidity Cost Benefit Allocation (GL 36), 27. Oktober 2010, S. 6.
197 Vgl. Deutsche Kreditwirtschaft, Stellungnahme zum Konsultationspapier 01/2012 der Bundesanstalt für Finanzdienstleistungsaufsicht (BaFin) – »Überarbeitung der MaRisk«, 5. Juni 2012, S. 18.
198 Vgl. Europäische Zentralbank, Leitfaden der EZB für den bankinternen Prozess zur Sicherstellung einer angemessenen Liquiditätsausstattung (Internal Liquidity Adequacy Assessment Process – ILAAP), 9. November 2018, S. 26f.
199 Vgl. Basel Committee on Banking Supervision, Liquidity stress testing: a survey of theory, empirics and current industry and supervisory practices, Working Paper No. 24, 23. Oktober 2013, S. 34.

8 Stresstests und Ermittlung des Überlebenshorizontes (Tz. 8)

201 **8** Für Liquiditätsrisiken sind regelmäßig angemessene Stresstests durchzuführen. Dabei sind sowohl institutseigene als auch marktweite Ursachen für Liquiditätsrisiken in die Betrachtung einzubeziehen. Darüber hinaus sind beide Aspekte kombiniert zu betrachten. Das Institut hat die Stresstests individuell zu definieren. Dabei sind den Stresstests unterschiedlich lange Zeithorizonte zugrunde zu legen. Das Institut hat in den Stressszenarien seinen voraussichtlichen Überlebenshorizont zu ermitteln.

8.1 Berücksichtigung angespannter Marktbedingungen

202 Bis zum Beginn des Jahrtausends wurde das Liquiditätsrisikomanagement i. d. R. fast ausschließlich unter der Annahme »normaler« Marktbedingungen betrieben, wofür die Liquiditätsübersicht eine zentrale Rolle spielt (→ BTR 3.1 Tz. 3). Diese Vorgehensweise hat sich spätestens mit dem Ausbruch der Finanzmarktkrise als nicht hinreichend erwiesen. Damals hat sich gezeigt, dass in Stresssituationen selbst im Allgemeinen verlässliche Refinanzierungsquellen erheblich gestört werden können und zumindest ein Teil der Aktiva eines Institutes überhaupt nicht oder nicht zu akzeptablen Preisen verkauft oder verpfändet werden kann. Insofern kann sich die Liquiditätssituation eines Institutes unter angespannten Marktbedingungen vollkommen anders darstellen als im Normalfall.

203 Damit die Institute auch auf »angespannte« Marktbedingungen hinreichend vorbereitet sind, müssen für alle wesentlichen Risiken regelmäßig angemessene Stresstests durchgeführt werden (→ AT 4.3.3 Tz. 1). Darunter sind alle Methoden zu verstehen, bei denen ein Risikofaktor oder mehrere Risikofaktoren gleichzeitig auf Basis eines vordefinierten Ereignisses variiert werden, um auf den jeweils relevanten Ebenen des Institutes (z. B. Portfolioebene, Geschäftsbereichsebene, Institutsebene oder sogar Gruppenebene) das individuelle Gefährdungspotenzial bezüglich außergewöhnlicher, aber plausibel möglicher Ereignisse zu überprüfen. Insofern zählen zu den Stresstests sowohl Sensitivitäts- als auch Szenarioanalysen (→ AT 4.3.3 Tz. 1, Erläuterung).

8.2 Aufsichtliche und institutsinterne Stresstests

204 Im Jahr 2007 wurden erstmalig branchenweite Liquiditätsrisiko-Stresstests nach vorgegebenen Rahmenszenarien der Deutschen Bundesbank durchgeführt, die aus den Resultaten wichtige Rückschlüsse zum Krisenmanagement sowie zur Stabilität der befragten Institute unter angespannten Marktbedingungen ziehen konnte. Die Auswirkungen der Stressszenarien wurden mit Hilfe der internen Liquiditätsrisikomess- und -steuerungsverfahren von zwölf großen, international tätigen Instituten berechnet. Dabei wurde den Instituten bei der konkreten Ausgestaltung der Szenarien ein relativ großer Spielraum eingeräumt. Die Rahmenvorgaben betrafen u. a. eine Ratingherabstufung, Marktverwerfungen und operationelle Probleme im Zahlungsverkehr. Explizit berücksichtigt wurden von einigen Instituten die Inanspruchnahme von Liquiditätsfazilitäten

und Einschränkungen bei der Refinanzierung an den Geld- und Kapitalmärkten. Für kleinere und mittlere Institute mit weniger komplexen Geschäftsstrukturen wurden die Auswirkungen bestimmter Stressszenarien auf der Grundlage der monatlichen Meldungen gemäß der Liquiditätsverordnung berechnet. Diese Daten lieferten allerdings kein vollständiges Bild zur Liquiditätslage der Institute. Es ist zu vermuten, dass die Bundesbank für ihre Analysen zukünftig noch stärker auf die Ergebnisse der Stresstests gemäß den MaRisk zurückgreifen wird. Aus bankaufsichtlicher Sicht liefern diese Ergebnisse wertvolle Erkenntnisse über die institutsinternen Liquiditätsrisikomess- und -steuerungsverfahren, die den Stressszenarien zugrunde liegenden Annahmen sowie die institutsspezifischen, liquiditätsrelevanten Risikofaktoren.[200]

Neben den beschriebenen Stresstests hat die BaFin im Jahr 2008 (und später auch die EZB) Liquiditätsabfragen (»Liqui-Calls«) bei Instituten mit höheren Liquiditätsrisiken eingeführt. Im Jahr 2012 wurde der Umfang der regelmäßig erhobenen Informationen ausgeweitet und die Häufigkeit der Abfragen institutsspezifisch festgelegt. Neben der zentralen Auswertung der Informationen dieser Abfragen nimmt die Aufsicht regelmäßig auch tiefergehende vergleichende Erhebungen (»Quervergleiche«) zu Einzelthemen vor, wie z.B. zum Refinanzierungsbedarf in US-Dollar. Von einigen Instituten werden ergänzende Informationen gefordert, wie z.B. zusätzliche lokations- und währungsspezifische Angaben. Außerdem führen die BaFin und die EZB ergänzende Gespräche mit dem für die Liquiditätssteuerung verantwortlichen Management unterhalb der Geschäftsleitung.[201] **205**

Während der COVID-19-Pandemie haben die Aufsichtsbehörden den Instituten zahlreiche Erleichterungen gewährt, um sie bei der Bewältigung dieser besonderen Situation im Rahmen der bestehenden Möglichkeiten zu unterstützen. Schließlich waren die Institute in dieser Krise nicht Teil des Problems, sondern maßgeblich an der Lösung beteiligt. Dazu gehörte u.a. die Möglichkeit der Inanspruchnahme des Liquiditätspuffers, von der jedoch kein Gebrauch gemacht wurde, weil die Marktreaktionen nicht abgeschätzt werden konnten. Weitere Erleichterungen betrafen in erster Linie die Rahmenbedingungen zur Umsetzung der Anforderungen an die LCR. Im Gegenzug wurde der Turnus der »Liqui-Calls« deutlich erhöht, um die laufende Überwachung der Institute angemessen wahrnehmen zu können. **206**

Gemäß Art. 100 Abs. 1 CRD IV müssen die zuständigen Behörden mindestens jährlich aufsichtliche Stresstests durchführen, um den SREP zu erleichtern. Die Ergebnisse dieser Stresstests fließen in die SREP-Bewertung und damit in die zusätzliche Eigenmittelanforderung (Pillar 2 Requirement, P2R) nach § 6c KWG bzw. in die Empfehlung für zusätzliche Eigenmittel (Pillar 2 Guidance, P2G) nach § 6d KWG ein. Da sich der Turnus für die Neufestsetzung der Säule-2-Kapitalbestandteile unter Proportionalitätsgesichtspunkten unterscheidet und insofern insbesondere bei den weniger bedeutenden Instituten (LSI) keine jährliche Anpassung erfolgt, führt die deutsche Aufsicht die LSI-Stresstests allerdings im zweijährigen Rhythmus durch. Bei einigen bedeutenden Instituten (SI) wäre theoretisch ein jährlicher Stresstest erforderlich. Der EU-weite Stresstest, den die EBA und die EZB gemeinsam durchführen, ist allerdings eine enorme Belastung für die Ressourcen in den Instituten und den Aufsichtsbehörden. Deshalb behilft sich die EZB damit, dass sie in den »Zwischenjahren« jeweils Stresstests mit einem besonderen Schwerpunktthema entwickelt. Im Jahr 2019 wurde in diesem Zusammenhang auf das Liquiditätsrisiko abgestellt. Dabei wurden mit Hilfe einer Sensitivitätsanalyse ausschließlich die potenziellen Auswirkungen idiosynkratischer Liquiditätsschocks untersucht, bei denen die Institute mit zunehmenden **207**

---

200 Vgl. Deutsche Bundesbank, Stresstests: Methoden und Anwendungsgebiete, in: Finanzstabilitätsbericht 2007, November 2007, S. 103ff.

201 Vgl. Bundesanstalt für Finanzdienstleistungsaufsicht, Jahresbericht 2012, 28. Mai 2013, S. 151.

Liquiditätsabflüssen konfrontiert waren. Im Fokus standen die erwarteten kurzfristigen Zahlungsströme der Institute, um ihre Überlebensdauer zu berechnen.[202]

208   Um zu verdeutlichen, dass es sich bei den hier geforderten Stresstests für Liquiditätsrisiken nicht um aufsichtliche Stresstests handelt, hat die Aufsicht klargestellt, dass diese Stresstests vom Institut individuell zu definieren sind. Auf den Unterschied zwischen »Top-down-Stresstests« und »Bottom-up-Stresstests« wird an anderer Stelle ausführlich eingegangen (→ AT 4.3.3, Einführung).

8.3   Vorgaben zu Liquiditätsrisikostresstests

8.3.1   Grundsätzliche Vorgaben zu Stresstests

209   Zur Durchführung von institutsinternen Stresstests müssen die wesentlichen Risikofaktoren ermittelt (→ AT 4.3.3 Tz. 1), geeignete historische und hypothetische Szenarien dargestellt (→ AT 4.3.3 Tz. 3) und auch das Gesamtrisikoprofil des Institutes (→ AT 4.3.3 Tz. 1) sowie ggf. der Gruppe (→ AT 4.5 Tz. 5) betrachtet werden. Dabei sind neben Risikokonzentrationen und Risiken aus außerbilanziellen Gesellschaftskonstruktionen (→ AT 4.3.3 Tz. 1) auch die strategische Ausrichtung und das wirtschaftliche Umfeld des Institutes zu berücksichtigen (→ AT 4.3.3 Tz. 3). Ergänzend sind unter Proportionalitätsgesichtspunkten auch inverse Stresstests durchzuführen (→ AT 4.3.3 Tz. 4). Die Angemessenheit der Stresstests und der zugrunde liegenden Annahmen ist mindestens jährlich zu überprüfen (→ AT 4.3.3 Tz. 5). Die Ergebnisse der Stresstests sind kritisch zu reflektieren, insbesondere im Hinblick auf möglichen Handlungsbedarf (→ AT 4.3.3 Tz. 6). Diese grundsätzlichen Vorgaben, auf die im Folgenden näher eingegangen wird, betreffen auch die Liquiditätsrisiken, die grundsätzlich als »wesentlich« einzustufen sind (→ AT 2.2 Tz. 1).

8.3.2   Spezielle Vorgaben zu Liquiditätsrisiko-Stresstests

210   Sofern die Liquiditätsrisiken vom Institut im Ausnahmefall nicht den wesentlichen Risiken zugeordnet werden, ergibt sich diese Anforderung aus Art. 86 Abs. 9 CRD IV. Demnach sollen die Institute den potenziellen Auswirkungen institutsspezifischer, marktweiter und kombinierter Alternativszenarien Rechnung tragen, wobei unterschiedliche Zeiträume und unterschiedlich schwere Krisensituationen berücksichtigt werden müssen. Bei einem Stresstest für Liquiditätsrisiken werden die Auswirkungen bestimmter Entwicklungen, einschließlich makro- oder mikroökonomischer Szenarien, aus Liquiditäts- und Refinanzierungssicht sowie die Auswirkungen von Schocks auf die gesamte Liquiditätsposition eines Institutes, einschließlich der vom Institut zu berücksichtigenden Mindestanforderungen oder zusätzlichen Anforderungen, bewertet.[203]

211   Einer repräsentativen Umfrage zufolge gehörten Stresstests bereits im Jahr 2009 zum Standardrepertoire im Liquiditätsrisikomanagement der Institute ab einer Bilanzsumme von ca. 1,5 Milliarden Euro. Stresstests gelten in deutschen Instituten insbesondere als sehr gut geeignet, Engpässe bei der Ausstattung mit Zahlungsmitteln frühzeitig zu erkennen. Voraussetzung dafür ist allerdings, dass alle relevanten Risikofaktoren erkannt werden, ihre Kausalität im Krisenfall auf die Liquidität der Art und Höhe nach korrekt berücksichtigt wird sowie die Berechnungen aktuell sind

---

202 Vgl. Europäische Zentralbank, EZB-Bankenaufsicht führt Sensitivitätsanalyse zum Liquiditätsrisiko als Stresstest 2019 durch, Pressemitteilung vom 6. Februar 2019.
203 Vgl. European Banking Authority, Leitlinien zu den Stresstests der Institute, EBA/GL/2018/04, 19. Juli 2018, S. 4.

und entsprechende Maßnahmen auslösen.[204] Da die vielfältigen Risikotreiber nur grob abgeschätzt werden können, sind Stresstests aus Sicht von Fachexperten zur Abschätzung von Liquiditätsrisiken durchaus geeigneter als statistische Modellierungen.[205]

8.3.3 Institutseigene und marktweite Ursachen

Stresssituationen können auf institutseigene oder marktweite Ursachen zurückzuführen sein. **212** Institutseigene Ursachen sind im Gegensatz zu marktweiten Ursachen i. d. R. auf eigene Versäumnisse des Institutes zurückzuführen. Sie können im Extremfall den vollständigen Verlust des Vertrauens der Marktteilnehmer in das Institut und folglich den kompletten Abzug von Kundeneinlagen zur Folge haben. Marktweite Ursachen können z. B. zu einer Verschlechterung der Refinanzierungsbedingungen einiger oder aller Institute führen (→ BTR 3.1 Tz. 8, Erläuterung).

Bei den Stressszenarien sind deshalb sowohl institutseigene als auch marktweite Ursachen für **213** Liquiditätsrisiken in die Betrachtung einzubeziehen. Darüber hinaus sind beide Aspekte kombiniert zu betrachten. Diese Anforderung ergibt sich bereits aus Art. 86 Abs. 9 CRD IV. Auch die EBA[206] erwartet – wie zuvor bereits CEBS[207] – neben einer Berücksichtigung institutseigener und marktweiter Ursachen für Liquiditätsrisiken eine Kombination aus beiden Faktoren. Nach den Vorstellungen der EZB sollte die Bandbreite an Szenarien schwerwiegende wirtschaftliche Abschwünge, schwere Marktstörungen und finanzielle Schocks, relevante institutsspezifische Anfälligkeiten, die Abhängigkeit von wichtigen Refinanzierungsquellen und plausible Kombinationen dieser Aspekte angemessen abdecken.[208]

Die Aufsicht hatte bereits in der Fassung der MaRisk vom 30. Oktober 2007 (erste MaRisk- **214** Novelle) beispielhaft institutseigene und marktweite Ursachen für Stressszenarien genannt, die nach wie vor als sinnvoll angesehen werden können. Darüber hinaus haben der Baseler Ausschuss für Bankenaufsicht[209], CEBS[210] und die EBA[211] verschiedene Beispiele aufgeführt, die ebenfalls als Anhaltspunkte dienen können. Zusammengefasst könnten u. a. die folgenden Aspekte getrennt oder kombiniert betrachtet werden, um Liquiditätsrisiken in verschiedenen Stresssituationen identifizieren zu können:
- eine Verschlechterung des eigenen Ratings (Ratingherabstufung),
- Ratingherabstufungen von Ländern, in denen die Institute tätig sind,
- eine Verschlechterung des makroökonomischen Umfeldes,
- ein Ausfall bedeutender Kreditnehmer/Kreditgeber oder Refinanzierungskontrahenten,
- ein teilweiser oder vollständiger Abzug von Kundeneinlagen oder eine merkliche Zurückhaltung bei der Bereitstellung von Tagesgeld durch die Kunden,
- ein vollständiger oder teilweiser Abzug von Interbankeneinlagen,
- die Nicht-Verfügbarkeit bisher nicht ausgenutzter Kredit- oder Liquiditätslinien,
- eine Streichung wichtiger Kredit- oder Liquiditätslinien, die dem Institut eingeräumt wurden,

---

204 Vgl. Kaltofen, Daniel, Empirische Ergebnisse der Großstudie Liquiditätsrisiko Deutschland, ikf institut für kredit- und finanzwirtschaft – Ruhr-Universität Bochum, Dezember 2009.

205 Vgl. Debus, Knut/Kreische, Kai, Die Liquidität im Fokus, in: Die Bank, Heft 6/2006, S. 60.

206 Vgl. European Banking Authority, Leitlinien zu den Stresstests der Institute, EBA/GL/2018/04, 19. Juli 2018, S. 39 f.

207 Vgl. Committee of European Banking Supervisors, Revised Guidelines on Stress Testing (GL 32), 26. August 2010, S. 41 ff.

208 Vgl. Europäische Zentralbank, Leitfaden der EZB für den bankinternen Prozess zur Sicherstellung einer angemessenen Liquiditätsausstattung (Internal Liquidity Adequacy Assessment Process – ILAAP), 9. November 2018, S. 31.

209 Vgl. Basel Committee on Banking Supervision, Principles for Sound Liquidity Risk Management and Supervision, BCBS 144, 25. September 2008, S. 25 f.

210 Vgl. Committee of European Banking Supervisors, Revised Guidelines on Stress Testing (GL 32), 26. August 2010, S. 41 ff.

211 Vgl. European Banking Authority, Leitlinien zu den Stresstests der Institute, EBA/GL/2018/04, 19. Juli 2018, S. 39 f.

- eine Verschlechterung oder ein (gleichzeitiges) Austrocknen der Marktliquidität in verschiedenen (zuvor hochliquiden) Märkten,
- die mangelhafte operative Fähigkeit zur Liquidation von Vermögenswerten,
- eine Einschränkung des Zuganges zu Zentralbankgeld,
- eine eingeschränkte oder keine Verfügbarkeit von Refinanzierungsquellen mit und ohne Stellung von Sicherheiten,
- eine verstärkte Nachfrage nach zusätzlichen Sicherheiten durch die Kontrahenten (»Margin-Call«[212])[213],
- eine negative Entwicklung der Refinanzierungsbedingungen,
- eine negative Entwicklung der Eventualverbindlichkeiten, insbesondere potenzielle Ziehungen zugesagter Kreditlinien an Dritte oder Tochtergesellschaften, Niederlassungen bzw. die Zentrale,
- ein durch außerbilanzielle Gesellschaftskonstruktionen und Aktivitäten (einschließlich Conduits) verstärkter Liquiditätsbedarf,
- ein Kursverfall auf den Sekundärmärkten für Wertpapiere, die für den Liquiditätspuffer verwendet werden,
- Einschränkung oder Verlust der Währungskonvertibilität und des Zugangs zu den Devisenmärkten,
- Schwierigkeiten mit der Bereitstellung von untertägiger Liquidität,
- schwere operationelle Risiken oder Störungen eines oder mehrerer Zahlungs- oder Abwicklungssysteme,
- ein technischer Ausfall zentraler Kontrahenten,
- eine Einschränkung der Fähigkeit, Liquidität zwischen Einheiten, Sektoren und Ländern unter Berücksichtigung der gesellschaftsrechtlichen, regulatorischen, operationellen und Zeitzonenbedingten Beschränkungen und Zwänge zu übertragen,
- eine große Ungenauigkeit bei der Schätzung des künftigen Bilanzwachstums.

215 Im Rahmen der Umsetzung der Bankenrichtlinie in Deutschland wurde zwischen den Anforderungen an kapitalmarktorientierte und sonstige Institute unterschieden, um den Besonderheiten der jeweiligen Refinanzierungsbasis Rechnung zu tragen. Die Refinanzierung über die Geld- und Kapitalmärkte gilt als wesentlich volatiler im Vergleich zur Refinanzierung auf einer soliden Basis von Kundeneinlagen. Darüber hinaus haben die Wechselwirkungen zwischen dem Refinanzierungsrisiko und dem Marktliquiditätsrisiko für kapitalmarktorientierte Institute tendenziell eine größere Bedeutung. Kapitalmarktorientierte Institute haben deshalb bei den auf institutseigenen bzw. marktweiten Ursachen beruhenden Szenarien zusätzlich bestimmte Aspekte zu berücksichtigen (→ BTR 3.2 Tz. 3).

216 In den Instituten dominierten einer repräsentativen Umfrage aus dem Jahr 2009 zufolge der Bank-Run, die eingeschränkte Liquidierbarkeit von Wertpapieren sowie der Kursverfall liquider Wertpapiere, gefolgt von der Ziehung ungenutzter Kreditzusagen, dem Ausfall wichtiger Kreditnehmer, der Erhöhung der Refinanzierungskosten und dem Abzug bedeutender Einlagen. Ins-

---

212 Beim Handel von Derivaten müssen je nach vertraglicher Ausgestaltung i. d. R. Sicherheiten in Form von Bareinlagen oder Wertpapieren hinterlegt werden, sofern die betroffenen Geschäfte einen negativen Marktwert aufweisen. Nachschusspflichten (»Margin-Calls«) bestehen immer dann, wenn diese Geschäfte bzw. die dafür gestellten Sicherheiten an Wert verlieren und damit eine bestimmte Untergrenze (»Maintenance Margin«) unterschreiten oder wenn ein vorher definiertes Ereignis eintritt, das auf mögliche Verluste hindeutet, wie z. B. die Herabstufung eines Kontrahenten unter eine definierte Ratingschwelle. Derartige Nachschusspflichten können entweder zu einem Abfluss von Liquidität führen oder eine weitergehende Verpfändung zusätzlicher Wertpapiere zur Folge haben, die damit nicht mehr als Liquiditätsreserve zur Verfügung stehen.

213 Dieser Aspekt steht mittlerweile im besonderen Fokus der EBA. Vgl. European Banking Authority, EBA Final Draft Regulatory Technical Standards on additional liquidity outflows corresponding to collateral needs resulting from the impact of an adverse market scenario on the institution's derivatives transactions, financing transactions and other contracts for liquidity reporting under Article 423 (3) of Regulation (EU) No 575/2013 (Capital Requirements Regulation, CRR), EBA/RTS/2014/05, 28. März 2014.

besondere für größere Institute spielten in Abhängigkeit vom Geschäftsmodell z. B. auch der Wegfall des unbesicherten Interbankenmarktes, eine internationale Rezession oder eine verstärkte Ziehung von Liquiditätslinien durch außerbilanzielle Gesellschaftskonstruktionen eine wichtige Rolle. Integrierte Stresstests über mehrere Risikofaktoren hinweg bildeten zum Zeitpunkt der Umfrage noch die Ausnahme.[214]

8.3.4 Risikofaktoren für Liquiditätsrisikostresstests

Für die Durchführung von Stresstests müssen zunächst die wesentlichen Risikofaktoren ermittelt werden. Wie an anderer Stelle ausführlich erläutert, sind die »Risikofaktoren«, die synonym auch als »Risikotreiber« oder »Risikoparameter« bezeichnet werden, jene internen oder externen Faktoren, die sich risikomindernd oder risikoverstärkend auswirken können (→ AT 4.3.3 Tz. 1). Insofern hängt die Risikosituation eines Institutes entscheidend von der Entwicklung der wesentlichen Risikofaktoren ab.   **217**

Liquiditätsrisiken entstehen auf der Aktiv- und der Passivseite und können auch aus außerbilanziellen Verpflichtungen resultieren. Bei der Identifizierung der wesentlichen Risikofaktoren sind folglich die Aktiv- und Passivpositionen und die außerbilanziellen Positionen einzubeziehen. Als Orientierungsmaßstab für die Analyse der Risikofaktoren für Liquiditätsrisiken nennt die EBA ohne Anspruch auf Vollständigkeit die folgenden Kriterien[215]:   **218**

- die Auswirkungen makroökonomischer Bedingungen, z. B. die Auswirkungen von Zinsschocks auf bedingte Zahlungsströme,
- die Währungen der bilanziellen und außerbilanziellen Positionen, um dem Fremdwährungsrisiko und möglichen Störungen des Zugangs zu den Devisenmärkten Rechnung zu tragen,
- die Standorte für den Liquiditätsbedarf und die verfügbaren liquiden Mittel, gruppeninterne Liquiditätstransaktionen und mögliche Beschränkungen für den Liquiditätstransfer zwischen verschiedenen Jurisdiktionen oder Gruppenunternehmen,
- Maßnahmen, die das Institut ergreifen kann, um seine Reputation und seinen Handlungsspielraum zu wahren (z. B. die vorzeitige Rückzahlung von kündbaren Verbindlichkeiten),
- die Anfälligkeit der Laufzeitstruktur aufgrund externer, interner oder vertraglicher Ereignisse,
- realistische Abflussraten in normalen Zeiten, die sich in gestressten Zeiten erhöhen,
- Refinanzierungskonzentrationen,
- Schätzungen des zukünftigen Bilanzwachstums und
- die Internalisierung von Risiken im Zusammenhang mit bestimmten Aktivitäten, bei denen eine gewisse Symmetrie zwischen der Kauf- und der Verkaufsposition von Wertpapieren erforderlich sein könnte. So werden z. B. beim »Prime Brokerage« die Kaufpositionen von Kunden durch Erträge aus Verkaufsgeschäften von Kunden refinanziert. Diese Symmetrie unterliegt dem Verhalten der Gegenparteien und reagiert daher empfindlich auf das Reputationsrisiko. Damit könnte die Auflösung von Geschäften verbunden sein, so dass das Institut unerwartet Wertpapiere in seiner Bilanz hätte, die dann refinanziert werden müssten.

Um jene Risikofaktoren zu ermitteln und zu analysieren, die einen erheblichen Einfluss auf das Liquiditätsprofil eines Institutes und seine Anfälligkeit gegenüber bestimmten Stresssituationen haben, empfiehlt die EBA, entsprechende Sensitivitätsanalysen durchzuführen.[216]   **219**

---

214 Vgl. Kaltofen, Daniel, Empirische Ergebnisse der Großstudie Liquiditätsrisiko Deutschland, ikf institut für kredit- und finanzwirtschaft – Ruhr-Universität Bochum, Dezember 2009.

215 Vgl. European Banking Authority, Leitlinien zu den Stresstests der Institute, EBA/GL/2018/04, 19. Juli 2018, S. 39 f.

216 Vgl. Basel Committee on Banking Supervision, Principles for Sound Liquidity Risk Management and Supervision, BCBS 144, 25. September 2008, S. 26 f.

8.3.5 Festlegung geeigneter Stressszenarien

220 Die Sensitivitätsanalysen können den geeigneten quantitativen Hintergrund für die Gestaltung der Stressszenarien liefern. Für jedes Stressszenario und jeden betrachteten Zeithorizont sollte eine Reihe von ungünstigen Verhaltensannahmen für Aktiv- und Passivkunden, andere Refinanzierungsquellen und Gegenparteien getroffen werden.[217] Das jeweilige Verhalten wird von mehreren Faktoren bestimmt und sollte analysiert werden, um realistische Annahmen bei der Festlegung der Stressszenarien zu treffen.[218]

221 Den Vorgaben von Art. 86 Abs. 9 CRD IV entsprechend müssen die Institute unterschiedliche Stressgrade berücksichtigen. Damit verbunden ist implizit die Anforderung, mehrere Stressszenarien durchzuspielen. Bei den Stressszenarien sollten die Institute auch außergewöhnliche, aber plausible Entwicklungen zugrunde legen, die gemessen an den Auswirkungen auf die Liquiditätsposition der Institute einen adäquaten Schweregrad aufweisen.[219] Stresstests mit Bezugnahme auf ein eher normales Marktumfeld verursachen lediglich unnötigen Aufwand und liefern vor allem keinerlei verwertbare Erkenntnisse für das Liquiditätsrisikomanagement. Sie gaukeln dem Institut stattdessen vor, alles unter Kontrolle zu haben. In der Konsequenz wird ein Institut von einer Verschlechterung des Marktumfeldes besonders hart getroffen, weil es auf derartige Situationen nicht ausreichend vorbereitet ist. Deshalb sollten die Institute auch unabhängig davon, wie stark die aktuelle Liquiditätssituation zu sein scheint, die möglichen Auswirkungen schwerer Stressszenarien prüfen.[220] Grundsätzlich gehen die Aufsichtsbehörden davon aus, dass die Konzentration auf die Hauptanfälligkeiten der Institute eine wesentliche Auswirkung auf ihre Liquiditätssituation zur Folge hat.[221] Auch von der EZB wird erwartet, dass die Verwendung außergewöhnlicher, aber plausibler makroökonomischer Annahmen und die Konzentration auf zentrale Schwachstellen der Institute wesentliche Auswirkungen auf deren interne und regulatorische Liquiditätsposition haben.[222]

222 Allerdings sollte nicht außer Acht gelassen werden, dass es sich um institutsindividuelle Stressszenarien handelt. Die Geschäftstätigkeit und die bekannten Schwachstellen der Institute sollten auf eine Weise berücksichtigt werden, dass die wichtigsten Liquiditätsrisiken betrachtet werden, denen sie ausgesetzt sind. Vor diesem Hintergrund sollten realistische Annahmen über die Dauer und Schwere der Stressperiode, die Verfügbarkeit der aktuell genutzten und alternativen Refinanzierungsquellen und den erwarteten Verkaufs- oder Verpfändungswert der Aktiva in Stresssituationen getroffen werden, um die Höhe der potenziellen Liquiditätsengpässe zu ermitteln. Die definierten Szenarien sollten es den Instituten gestatten, die möglichen schädlichen Auswirkungen dieser Faktoren auf ihr Liquiditätsrisiko zu bewerten.[223] Die Stressszenarien müssen insofern auf die wesentlichen Schwächen der Institute ausgerichtet sein, die sich insbesondere aus ihrem Geschäftsmodell und ihrem operativen Umfeld unter Stressbedingungen ergeben.[224] Deshalb sind bei den Stressszenarien auch die strategische Ausrichtung und das wirtschaftliche Umfeld zu berücksichtigen (→ AT 4.3.3 Tz. 3). Der Schweregrad der Stressszenarien sollte Entwicklungen entsprechen, die plausibel, aber aus Sicht der Institute so schwerwiegend sind wie Stressereignisse, die in einer

---

217 Vgl. European Banking Authority, Leitlinien zu den Stresstests der Institute, EBA/GL/2018/04, 19. Juli 2018, S. 40.

218 Vgl. Committee of European Banking Supervisors, Revised Guidelines on Stress Testing (GL 32), 26. August 2010, S. 41 ff.

219 Vgl. Europäische Zentralbank, Leitfaden der EZB für den bankinternen Prozess zur Sicherstellung einer angemessenen Liquiditätsausstattung (Internal Liquidity Adequacy Assessment Process – ILAAP), 9. November 2018, S. 31.

220 Vgl. Basel Committee on Banking Supervision, Principles for Sound Liquidity Risk Management and Supervision, BCBS 144, 25. September 2008, S. 25 ff.

221 Vgl. Finanzmarktaufsicht Liechtenstein, ILAAP (»Internal Liquidity Adequacy Assessment Process«), FMA-Mitteilung 2017/6, 21. November 2017, S. 10.

222 Vgl. Europäische Zentralbank, Leitfaden der EZB für den bankinternen Prozess zur Sicherstellung einer angemessenen Liquiditätsausstattung (Internal Liquidity Adequacy Assessment Process – ILAAP), 9. November 2018, S. 30.

223 Vgl. Basel Committee on Banking Supervision, Principles for Sound Liquidity Risk Management and Supervision, BCBS 144, 25. September 2008, S. 25 ff.

224 Vgl. Finanzmarktaufsicht Liechtenstein, ILAAP (»Internal Liquidity Adequacy Assessment Process«), FMA-Mitteilung 2017/6, 21. November 2017, S. 10.

Krisensituation in Bezug auf die für eine angemessene Liquiditätsausstattung des Institutes relevantesten Märkte, Faktoren oder Bereiche zu beobachten sein könnten.[225]

Die Stressszenarien könnten von einer Unternehmensfortführung ausgehen, was auf eingeschränkt mögliche Zuflüsse aus dem Kreditbestand, den Rückgriff auf marktfähige Vermögenswerte als Hauptquelle für die Liquiditätsbeschaffung, den Rückkauf eigener Schuldtitel zur Sicherung des künftigen Marktzugangs etc. hinausläuft. Ebenso könnten Situationen betrachtet werden, in denen sich eine schwerwiegende Störung des Geschäftsmodells nicht vermeiden lässt. Damit verbunden wären die Einstellung des Vermögensaufbaus, die Einstellung von Dividenden- und Bonuszahlungen, die Verwendung aller refinanzierungsfähigen Sicherheiten zur Beschaffung von Liquidität einschließlich der Refinanzierung über die Zentralbank, die Nichtausübung von Kündigungsoptionen für eigene Schuldtitel oder Eigenkapitalinstrumente etc.[226]   **223**

Zur Identifikation geeigneter Stressszenarien sollten vom Institut auch unter dem Gesichtspunkt der Praktikabilität nachvollziehbare Auswahlkriterien definiert werden. In diesem Zusammenhang sollte insbesondere geklärt werden, ob[227]:   **224**
- der Eintritt des Stressszenarios einen direkten Einfluss auf die Liquiditätsposition des Institutes hat,
- die Auswirkungen des Stressszenarios quantifizierbar sind und folglich überprüft werden können sowie
- die Ergebnisse des Stressszenarios klar und verständlich kommuniziert werden können, um daraus geeignete Handlungsmaßnahmen abzuleiten.

Besondere Situationen, wie z.B. die Finanzmarktkrise, verdeutlichen die Schwächen historischer Daten zur Vorhersage potenzieller Stresssituationen. Der Baseler Ausschuss für Bankenaufsicht empfiehlt daher, die Vergangenheit zwar als ersten Anhaltspunkt für die Gestaltung der Szenarien zu nutzen, darüber hinaus aber eher auf Expertenmeinungen zu setzen.[228] Bei der Festlegung der Stressszenarien sollten die Institute neben historischen Entwicklungen der Märkte und des Kundenverhaltens auch hypothetische Szenarien verwenden (→ AT 4.3.3 Tz. 3). Dies sollte insbesondere dann erfolgen, wenn die historischen Daten – z.B. durch Unterstützung aus dem öffentlichen Sektor – verzerrt sind und dadurch die Genauigkeit der geschätzten Stressfaktoren für die Mittelzu- und -abflüsse und der Abschläge auf den geschätzten Wert liquider Aktiva eingeschränkt wird.[229]   **225**

Die Aufsicht fordert entsprechend den gesetzlichen Vorgaben in § 25c Abs. 4a Satz 1 Nr. 3 lit. f KWG bzw. § 25c Abs. 4b Satz 2 Nr. 3 lit. f KWG, im Rahmen der Stresstests auch das Gesamtrisikoprofil des Institutes (→ AT 4.3.3 Tz. 1) und ggf. der Gruppe (→ AT 4.5 Tz. 5) zu betrachten. Stresstests sollten es einem Institut ermöglichen, die Auswirkungen der Szenarien sowohl auf ihre konsolidierte konzernweite Liquidität als auch auf die Liquidität der einzelnen Einheiten und Geschäftsbereiche zu analysieren. Unabhängig von der Organisationsstruktur des Institutes und dem Grad der Zentralisierung des Liquiditätsrisikomanagements sollte ein Institut verstehen, wo genau Risiken entstehen könnten. Einzelne Einheiten innerhalb der Gruppe, die erheblichen Liquiditätsrisiken ausgesetzt sind, sollten ggf. genauer überprüft werden.[230]   **226**

---

225 Vgl. Europäische Zentralbank, Leitfaden der EZB für den bankinternen Prozess zur Sicherstellung einer angemessenen Liquiditätsausstattung (Internal Liquidity Adequacy Assessment Process – ILAAP), 9. November 2018, S. 31.

226 Vgl. Europäische Zentralbank, Leitfaden der EZB für den bankinternen Prozess zur Sicherstellung einer angemessenen Liquiditätsausstattung (Internal Liquidity Adequacy Assessment Process – ILAAP), 9. November 2018, S. 33.

227 Vgl. Mayer, Stephan, Management von Liquiditätsrisiken, in: Pfeifer, Guido/Ullrich, Walter (Hrsg.), MaRisk-Interpretationshilfen, 2. Auflage, Heidelberg, 2009, S. 404.

228 Vgl. Basel Committee on Banking Supervision, Principles for Sound Liquidity Risk Management and Supervision, BCBS 144, 25. September 2008, S. 25ff.

229 Vgl. Europäische Zentralbank, Leitfaden der EZB für den bankinternen Prozess zur Sicherstellung einer angemessenen Liquiditätsausstattung (Internal Liquidity Adequacy Assessment Process – ILAAP), 9. November 2018, S. 33.

230 Vgl. Basel Committee on Banking Supervision, Principles for Sound Liquidity Risk Management and Supervision, BCBS 144, 25. September 2008, S. 24.

8.3.6 Berücksichtigung besonderer Aspekte

227 Ein Institut, das wesentliche Liquiditätsrisiken in Fremdwährungen aufweist, hat zur Sicherstellung seiner Zahlungsverpflichtungen angemessene Verfahren zur Steuerung der Fremdwährungsliquidität in den wesentlichen Währungen zu implementieren. Hierzu gehören auch gesonderte Fremdwährungsstresstests (→ BTR 3.1 Tz. 11). Ob dafür Szenarien mit einer Einschränkung der Währungskonvertibilität und des Zugangs zu den Devisenmärkten genügen bzw. notwendig sind, hängt in erster Linie davon ab, in welchen Fremdwährungen die Liquiditätsrisiken bestehen. Die Stresstests sollten zumindest für alle wesentlichen Währungen so granular ausgestaltet sein, dass eine Analyse währungsspezifischer Annahmen in den Szenarien ermöglicht wird, wie z.B. hinsichtlich der Volatilität der Wechselkurse oder möglicher Währungsinkongruenzen.[231]

228 Vor dem Hintergrund der marktabhängigen Entwicklungen von Forderungen nach Sicherheiten im Zusammenhang mit den Wiedereindeckungsrisiken aus OTC-Derivaten (volatile Finanzmärkte) sowie der aufsichtlichen Verpflichtung zu weitergehenden Sicherheitsstellungen im OTC-Bereich stehen in der jüngeren Vergangenheit verstärkt Stresstests für Sicherheiten-Verpflichtungen im Vordergrund.

8.3.7 Berücksichtigung möglicher Restriktionen

229 Bei der Durchführung von Liquiditätsstresstests auf konsolidierter Basis sollten mögliche Beschränkungen beim Liquiditätstransfer zwischen Gruppenunternehmen berücksichtigt und in die entsprechenden Szenarien übernommen werden. Stresstests auf konsolidierter Basis erfordern eine freie und ungezwungene »Verschiebung« der Liquidität zwischen den Gruppenunternehmen. In einigen Fällen gibt es rechtliche und andere Arten von Beschränkungen, die in den Szenarien berücksichtigt werden sollten. Beschränkungen können insbesondere bei der grenzüberschreitenden Übertragung von Liquidität bestehen. In diesen Fällen könnten grenzüberschreitende Liquiditätstransferprobleme berücksichtigt werden. Außerdem können Restriktionen bestehen, nach denen Finanzierungen innerhalb einer Gruppe voneinander abgeschottet sind (»Ring Fencing«), weshalb die betroffenen Unternehmen folglich selbst ein gewisses Maß an Liquidität vorhalten müssen. Die jeweils zuständigen Aufsichtsbehörden achten auch bei internationalen Bankengruppen auf eine angemessene Liquiditätsausstattung der inländischen Institute.[232]

8.3.8 Berücksichtigung vielfältiger Wechselwirkungen

230 Bei der Ausgestaltung der Stresstests sollten auch die verschiedenen Wechselwirkungen beachtet werden, die ganz unterschiedliche Bereiche betreffen. Zunächst muss davon ausgegangen werden, dass sich andere Marktteilnehmer in Stresssituationen ähnlich verhalten und auf diese Weise die negativen Marktentwicklungen noch verstärken (»Herdenverhalten«). So war während der Finanzmarktkrise z.B. deutlich zu beobachten, dass die vorhandene Liquidität aufgrund der Unsicherheit über das Investitionsvolumen der einzelnen Institute in Geschäftsbereichen, die unter der Krise besonders zu leiden hatten, nicht dem Interbankenmarkt zur Verfügung gestellt wurde. Insofern sollte die erwartete Reaktion der anderen Marktteilnehmer sowohl auf ein angespanntes Marktumfeld als auch auf das eigene Verhalten in Stresssituationen berücksichtigt werden.[233]

---

231 Vgl. European Banking Authority, Leitlinien zu den Stresstests der Institute, EBA/GL/2018/04, 19. Juli 2018, S. 41.
232 Vgl. Committee of European Banking Supervisors, Revised Guidelines on Stress Testing (GL 32), 26. August 2010, S. 41ff.
233 Vgl. Basel Committee on Banking Supervision, Principles for Sound Liquidity Risk Management and Supervision, BCBS 144, 25. September 2008, S. 25f.

Zahlreiche Wechselwirkungen bestehen darüber hinaus zu den anderen wesentlichen Risiko- **231** arten, wie bereits ausgeführt (→ BTR 3.1 Tz. 2). Im Rahmen der Finanzmarktkrise hat sich insbesondere gezeigt, dass erhöhte Markt- und Adressenausfallrisiken bei gestiegener Unsicherheit über die Risikoabsorptionsfähigkeit der Marktteilnehmer schnell zu Verwerfungen in bestimmten Marktsegmenten und zu Liquiditätsengpässen führen können.[234] Nach den Vorstellungen der EBA sollten bereits bei der Konzeption der Stressszenarien die Auswirkungen von Stressereignissen für andere Risikoarten, wie z.B. Kreditrisikoverluste oder relevante Ereignisse mit Auswirkung auf das Reputationsrisiko, auf die Liquiditätsposition berücksichtigt werden. Ebenso sollten die Auswirkungen von Notverkäufen (»Fire Sales«) anderer Institute oder aus dem eigenen Liquiditätspuffer auf den Marktwert der sonstigen gehaltenen Vermögenswerte beachtet werden.[235] Im Rahmen von Stresstests für wesentliche Risiken sollten auch Risiken aus außerbilanziellen Gesellschaftskonstruktionen berücksichtigt werden (→ AT 4.3.3 Tz. 1). Stresssituationen im Zusammenhang mit Verbriefungstransaktionen können direkte Auswirkungen auf die Liquiditätssituation, z.B. durch vertragliche Verpflichtungen zur Bereitstellung von Liquiditätslinien, oder indirekte Auswirkungen über das Reputationsrisiko haben, woraus ggf. eine freiwillige Bereitstellung von Liquiditätslinien ohne entsprechende vertragliche Verpflichtung resultieren kann. Da die Auswirkungen anderer Risiken auf die Liquidität des Institutes auch bei den Frühwarnverfahren für Liquiditätsengpässe zu berücksichtigen sind (→ BTR 3.1 Tz. 2), sollte bei den Stresstests in vergleichbarer Weise vorgegangen werden. Es sollte auch beachtet werden, dass die Durchführung verschiedener Maßnahmen aus dem Notfallplan für Liquiditätsengpässe negativ für die Reputation des Institutes sein kann. Ein Reputationsrisiko besteht insbesondere dann, wenn die Wirksamkeit der Notfallmaßnahmen nicht den Vorstellungen entspricht und das operative Know-how oder die Erfahrung zur Umsetzung dieser Maßnahmen fehlen.[236]

Ende 2007 waren in den Instituten erste Ansätze erkennbar, bei der Ausgestaltung der Liquidi- **232** tätsrisiko-Stresstests andere Risikobereiche einzubeziehen. Damals wurden z.B. Liquiditätsrisiko-Stressszenarien für andere Risikoarten vorgegeben, Liquiditätsszenarien mit Zinsszenarien verknüpft, der Wert der liquidierbaren Aktiva bestimmt, Ausfallwahrscheinlichkeiten bedeutender Kreditnehmer oder Wertpapieremittenten berücksichtigt oder die Inanspruchnahme zugesagter Kreditlinien geschätzt. Allerdings war zu diesem Zeitpunkt lediglich ein Institut damit beschäftigt, einen integrierten Stresstest über alle Risikoarten zu implementieren. Als problematisch für eine Verzahnung der verschiedenen Risikoarten wird insbesondere angesehen, dass der Zeithorizont beim Liquiditätsrisiko eher auf die kurzfristigen Liquiditätsengpässe ausgerichtet ist und die Risikofaktoren beim Liquiditätsrisiko weniger fein parametrisiert sind.[237] Zudem lassen sich oftmals beliebig viele Szenarien miteinander kombinieren, wobei keine methodische Lösung für die optimale Auswahl eines besonders geeigneten Szenario-Sets existiert. Davon unabhängig unterstützen ILAAP und ICAAP eine risikoartenübergreifende Stressbetrachtung, so dass ein integrativer Ansatz vermehrt zum Einsatz kommt.

8.3.9 Betrachtungszeiträume

Jedes Institut hat die Stresstests individuell zu definieren, wobei unterschiedlich lange Zeithori- **233** zonte zugrunde gelegt werden müssen. Die institutsindividuelle Definition der Stresstests schließt

---

234 Vgl. Deutsche Bundesbank, Stresstests: Methoden und Anwendungsgebiete, in: Finanzstabilitätsbericht 2007, November 2007, S. 114.
235 Vgl. European Banking Authority, Leitlinien zu den Stresstests der Institute, EBA/GL/2018/04, 19. Juli 2018, S. 41.
236 Vgl. Basel Committee on Banking Supervision, Principles for Sound Liquidity Risk Management and Supervision, BCBS 144, 25. September 2008, S. 25.
237 Vgl. Bundesanstalt für Finanzdienstleistungsaufsicht/Deutsche Bundesbank, Praxis des Liquiditätsrisikomanagements in ausgewählten deutschen Kreditinstituten, 28. Januar 2008, S. 9ff.

somit auch die Festlegung der von den Stresstests abgedeckten Zeithorizonte ein. Grundsätzlich sollte durch einen Stresstest zumindest jene Zeitspanne abgedeckt werden, innerhalb der ein Institut nicht allein durch Anpassung der Geschäftsvolumina oder ähnliche Maßnahmen auf eventuelle Verschlechterungen der Liquiditätssituation reagieren kann und insofern auf zusätzliche Zahlungsmittel angewiesen ist.

234   Von Seiten der deutschen Aufsicht wurde im Rahmen der vierten MaRisk-Novelle geäußert, dass sie Stresstests bis zu einem Zeitraum von maximal einem Monat als kurzfristig und darüber hinaus als langfristig ansieht. Diese Erläuterung ist allerdings nicht in die MaRisk eingeflossen. Lediglich für kapitalmarktorientierte Institute besteht die Notwendigkeit, zumindest die Zeiträume von einer Woche und einem Monat zu berücksichtigen (→ BTR 3.2 Tz. 1 und 2). Üblicherweise werden in der Praxis durchaus auch Zeiträume von mehreren Monaten betrachtet, zumal ein Horizont von einem Monat auch in verschiedenen Ausarbeitungen noch als kurzfristig angesehen wird.

235   Mit der Betrachtung unterschiedlich langer Zeithorizonte wird Art. 86 Abs. 9 CRD IV entsprochen. Der Baseler Ausschuss für Bankenaufsicht (BCBS) fordert ebenfalls eine Berücksichtigung verschiedener Zeithorizonte, wobei er im Kurzfristbereich die Intraday-Betrachtung einschließt. Insbesondere sollten die Stresstests den genauen Zeitrahmen für die Liquidierung von Vermögenswerten abbilden sowie ggf. die erforderliche Zeit, um Liquidität grenzüberschreitend zu übertragen. Sofern sich ein Institut auf Liquiditätszuflüsse von einem System verlässt, um Verpflichtungen in einem anderen System zu erfüllen, sollte es darüber hinaus berücksichtigen, dass operationelle Risiken oder Störungen eines Abwicklungssystems die erwarteten Zahlungsströme zwischen den Systemen verhindern oder verzögern könnten. Dies ist besonders relevant für Institute, die auf konzerninterne Transfers oder ein zentrales Liquiditätsmanagement vertrauen.[238] Insofern müssen die geeigneten Zeithorizonte anhand der individuellen Besonderheiten festgelegt werden.

236   Diese Sichtweise bestätigt auch die EBA, nach deren Vorstellungen die Institute die Zeithorizonte der Stresstests im Einklang mit dem Ziel ihrer Durchführung, den Merkmalen des Portfolios wie der Laufzeit und ggf. der Liquidität der gestressten Positionen sowie dem Risikoprofil festlegen sollten.[239] Die Zeithorizonte sollten von über Nacht bis zu mindestens zwölf Monaten reichen. Dabei sollte eine kurze akute Stressphase über bis zu 30 Tage betrachtet werden, um solche Zeiträume abzudecken, bei denen das Geschäftsmodell nicht geändert werden muss. Daran könnte ein längerer Zeitraum mit einer weniger akuten, aber längeren Belastung zwischen drei und zwölf Monaten anschließen. Gefordert werden auch separate Stresstests für das untertägige Liquiditätsrisiko, wobei dies in erster Linie auf jene Institute zutrifft, die Echtzeit-Abwicklungs- und Zahlungsverkehrssysteme verwenden (→ BTR 3.1 Tz. 1, Erläuterung). Die Institute sollten die Stressszenarien für das kurz- bis mittelfristige Liquiditätsrisiko mit den Stressszenarien für das Refinanzierungsrisiko unter Berücksichtigung eines Zeithorizontes von mindestens zwölf Monaten kombinieren.[240] Zuletzt hat die EBA verstärkt Institute kritisch betrachtet, die Finanzmarktinstrumente allein zur Steuerung des 30-tägigen LCR-Zeitraumes einsetzen und danach als Klippeneffekt eine wesentlich schlechtere Liquiditätsposition ausweisen. Eine weitergehende EBA-Analyse hat aber keine Anzeichen für eine branchenweite fokussierte Steuerung allein des 30-tägigen LCR-Zeitraumes gezeigt.[241]

237   Die geforderte Kombination mit den Stressszenarien für das Refinanzierungsrisiko ist darauf zurückzuführen, dass ein Stresstest für das Liquiditätsrisiko im mittelfristigen Bereich kaum noch sinnvolle Ergebnisse liefert. Die normative Perspektive, die sich auch auf das Refinanzierungsrisiko bezieht, spielt dafür mit den adversen Szenarien und einem zukunftsgerichteten Zeithori-

---

238 Vgl. Basel Committee on Banking Supervision, Principles for Sound Liquidity Risk Management and Supervision, BCBS 144, 25. September 2008, S. 24 f.

239 Vgl. European Banking Authority, Leitlinien zu den Stresstests der Institute, EBA/GL/2018/04, 19. Juli 2018, S. 23.

240 Vgl. European Banking Authority, Leitlinien zu den Stresstests der Institute, EBA/GL/2018/04, 19. Juli 2018, S. 40.

241 Vgl. European Banking Authority, Monitoring of Liquidity Coverage Ratio Implementation in the EU – Second Report, EBA/REP/2021/07, 15. März 2021, S. 6 ff.

zont von mindestens drei Jahren[242] eine größere Rolle. So wird auch von anderen Aufsichtsbehörden grundsätzlich von einer Stressperiode von zumindest 30 Tagen ausgegangen. Lediglich unter Proportionalitätsgesichtspunkten sollen größere Institute mit komplexen Geschäftsaktivitäten ergänzend auch die Auswirkungen von Stresshorizonten außerhalb dieses Monatshorizontes berechnen, wobei beispielhaft bis zu 60 Tage genannt werden.[243] Im Rahmen der Anhörung der EZB zur Konsultation des SSM-Leitfadens zum ILAAP am 24. April 2018 wurde darauf verwiesen, dass z.B. die geforderten Projektionen der LCR nicht über einen Zeitraum von zwölf Monaten hinausgehen müssen.

8.3.10 Häufigkeit von Stresstests

Bezüglich der Häufigkeit von Stresstests sind die Institute aufgefordert, individuelle Festlegungen zu treffen. Der BCBS empfiehlt eine Orientierung an der Größe des Institutes, seinem Liquiditätsrisiko sowie seiner relativen Bedeutung für das Finanzsystem. Gleichzeitig sollten die Institute in der Lage sein, den Turnus zur Durchführung von Stresstests unter besonderen Umständen flexibel zu erhöhen, wie z.B. bei volatilen Marktbedingungen oder auf besondere Anforderung der Aufsichtsbehörden.[244]   **238**

Nach den Vorstellungen der EZB sollten die Institute mindestens jährlich eine eingehende Überprüfung ihrer Schwachstellen durchführen und dabei institutsweit alle wesentlichen Risiken erfassen, die sich aus ihrem Geschäftsmodell und ihrem operativen Umfeld unter makroökonomischen und finanziellen Stressbedingungen ergeben. In Abhängigkeit von den jeweiligen Umständen sollte die Überprüfung ggf. in kürzeren Abständen stattfinden. Auf der Grundlage dieser Überprüfung sollten die Institute ein angemessenes Stresstestprogramm für die normative und die ökonomische Perspektive festlegen.[245]   **239**

In einigen Ländern müssen größere Institute mindestens jährlich einen Stresstest auf Gesamtbankebene und ergänzend halbjährlich Stresstests der wesentlichsten Risiken durchführen. Bei wesentlichen Änderungen des Geschäftsmodells oder der relevanten Umfeldbedingungen sind zusätzlich Ad-hoc-Stresstests durchzuführen.[246]   **240**

Einer repräsentativen Umfrage aus dem Jahr 2009 zufolge führten die großen Institute mit einer Bilanzsumme von mehr als 10 Milliarden Euro ca. alle 30 Tage neue Stresstests für Liquiditätsrisiken durch, während die Neuberechnung bei kleineren Instituten im Durchschnitt nach 90 Tagen erfolgte. Sämtliche Institute legten ca. zwei bis fünf Szenarien zugrunde.[247]   **241**

8.3.11 Geeignete Methoden

Die Stresstests für Liquiditätsrisiken basieren grundsätzlich immer auf der Annahme, dass die Mittelzuflüsse später erfolgen oder geringer ausfallen bzw. die Mittelabflüsse früher erfolgen oder   **242**

---

242 Vgl. Europäische Zentralbank, Leitfaden der EZB für den bankinternen Prozess zur Sicherstellung einer angemessenen Liquiditätsausstattung (Internal Liquidity Adequacy Assessment Process – ILAAP), 9. November 2018, S. 19.

243 Vgl. Finanzmarktaufsicht Liechtenstein, ILAAP (»Internal Liquidity Adequacy Assessment Process«), FMA-Mitteilung 2017/6, 21. November 2017, S. 9.

244 Vgl. Basel Committee on Banking Supervision, Principles for Sound Liquidity Risk Management and Supervision, BCBS 144, 25. September 2008, S. 25ff.

245 Vgl. Europäische Zentralbank, Leitfaden der EZB für den bankinternen Prozess zur Sicherstellung einer angemessenen Liquiditätsausstattung (Internal Liquidity Adequacy Assessment Process – ILAAP), 9. November 2018, S. 29f.

246 Vgl. Finanzmarktaufsicht Liechtenstein, ILAAP (»Internal Liquidity Adequacy Assessment Process«), FMA-Mitteilung 2017/6, 21. November 2017, S. 10f.

247 Vgl. Kaltofen, Daniel, Empirische Ergebnisse der Großstudie Liquiditätsrisiko Deutschland, ikf institut für kredit- und finanzwirtschaft – Ruhr-Universität Bochum, Dezember 2009.

höher ausfallen als ursprünglich erwartet.[248] Sie können insofern als eine natürliche Erweiterung der Modellierung von Zahlungsströmen angesehen werden.[249] Als wesentliche Methode zur Berechnung der Auswirkungen von Stressszenarien stellt deshalb auch die EBA auf eine gestresste Liquiditätsübersicht ab (→ BTR 3.1 Tz. 3). Für jedes Stressszenario sollen die Mittelzu- und -abflüsse für die verschiedenen Zeiträume prognostiziert werden, um die daraus resultierenden Netto-Zahlungsströme zu berechnen. Der bei kumulativer Betrachtung jeweilige niedrigste Wert ergibt folglich den kritischen Betrag unter dem betrachteten Szenario. Die ausgleichenden Liquiditätseffekte der Zentralbanken aufgrund einer entsprechenden Geldpolitik können dabei zwar in konservativer Weise berücksichtigt werden, sollten dann jedoch hervorgehoben werden.[250]

243   Die EBA empfiehlt, diese Analyse ggf. auf andere Kennzahlen auszudehnen. Konkret nennt sie die internen und aufsichtsrechtlichen Liquiditätskennziffern bzw. -kennzahlen, insbesondere die LCR und die NSFR, wodurch zum Ausdruck gebracht wird, dass ein angemessenes Liquiditätsrisikomanagement die Anforderungen der ersten und der zweiten Säule im Blick haben sollte. Zudem sollten die über diese Kennziffern hinausgehenden Liquiditätspuffer und die Fähigkeit, zusätzliche Liquidität zu generieren (»Liquiditätsdeckungspotenzial« bzw. »Counterbalancing Capacity«), für jedes Stressszenario untersucht werden. Dabei sollten auch die Auswirkungen auf den Anteil und die Art der belasteten Aktiva bewertet werden (→ BTR 3.1 Tz. 4). Darüber hinaus sollte der Überlebenshorizont des Institutes unter Berücksichtigung des Liquiditätsdeckungspotenzials berechnet werden. Schließlich sollen auch die Auswirkungen auf die Solvenz und die Rentabilität des Institutes untersucht werden[251], was darauf hinausläuft, die beim ILAAP betrachteten Szenarien auch für den ICAAP zu verwenden. Das wird auch von der EZB erwartet.

8.3.12   Überprüfung der Angemessenheit

244   Die Ausgestaltung der Szenarien und die zugrunde liegenden Annahmen sollten regelmäßig überprüft werden, um sicherzustellen, dass deren Art und Schwere für das Institut angemessen sind. Diese Überprüfung sollte zumindest jährlich erfolgen, wie für alle wesentlichen Risiken gefordert (→ AT 4.3.3 Tz. 5). Bei der Überprüfung sollten veränderte Marktbedingungen, Veränderungen hinsichtlich Art, Umfang oder Komplexität der Geschäftsaktivitäten und bereits vorhandene Erfahrungen in Stresssituationen berücksichtigt werden.[252]

245   Zwischen der Methodenverantwortung und der Überprüfung der Angemessenheit der Methoden sollte zur Vermeidung von Interessenkonflikten eine gewisse Unabhängigkeit sichergestellt werden. Die Unabhängigkeit zwischen der Entwicklung und der Validierung der Risikoquantifizierungsmethoden kann auf verschiedene Weise umgesetzt werden, wobei unter Proportionalitätsgesichtspunkten sowohl eine Funktionstrennung im Sinne eines unabhängigen Bereiches oder einer unabhängigen Stelle als auch ein Vier-Augen-Prinzip infrage kommen.[253] Den allgemeinen Vorgaben der EZB zur Validierung interner Modelle zufolge wird ein Vier-Augen-Prinzip für systemrelevante Institute allerdings ausgeschlossen.[254]

248 Vgl. Bundesanstalt für Finanzdienstleistungsaufsicht/Deutsche Bundesbank, Praxis des Liquiditätsrisikomanagements in ausgewählten deutschen Kreditinstituten, 28. Januar 2008, S. 22.

249 Vgl. Hormanski, Adam, Liquiditätsrisiken, in: Becker, Axel/Berndt, Michael/ Klein, Jochen, Bearbeitungs- und Prüfungsleitfaden Neue MaRisk, Heidelberg, 2009, S. 405.

250 Vgl. European Banking Authority, Leitlinien zu den Stresstests der Institute, EBA/GL/2018/04, 19. Juli 2018, S. 41.

251 Vgl. European Banking Authority, Leitlinien zu den Stresstests der Institute, EBA/GL/2018/04, 19. Juli 2018, S. 41.

252 Vgl. Basel Committee on Banking Supervision, Principles for Sound Liquidity Risk Management and Supervision, BCBS 144, 25. September 2008, S. 26f.

253 Vgl. Europäische Zentralbank, Leitfaden der EZB für den bankinternen Prozess zur Sicherstellung einer angemessenen Liquiditätsausstattung (Internal Liquidity Adequacy Assessment Process – ILAAP), 9. November 2018, S. 29.

254 Vgl. European Central Bank, ECB guide to internal models, 1. Oktober 2019, S. 10f.

8.4 Zusammenhang zwischen ICAAP und ILAAP

Die methodischen Details eines Stresstestprogramms sollten auch Auskunft über mögliche Zusammenhänge zwischen Liquiditätsstresstests und Solvenzstresstests geben, insbesondere zur jeweiligen Größenordnung solcher dynamischen Wechselwirkungen und zur Erfassung von Rückkopplungseffekten. Deshalb sollen die Institute bei der Bewertung ihres Stresstestprogramms auch berücksichtigen, ob die möglichen Verknüpfungen zwischen Solvenz- und Liquiditätsstresstests angemessen erfolgen und auf welche Weise mögliche negative Solvenz-Liquiditätsschleifen einbezogen werden. Dies soll sich auch in der Dokumentation niederschlagen. Konkret nennt die EBA folgende Beispiele[255]:

- eine Verschlechterung der Kapitalposition (Solvenz) und der Fähigkeit, Geldmarktpapiere und Anleihen auszugeben (Liquidität),
- makrogetriebene Veränderungen der Ausfallwahrscheinlichkeiten (Solvenz) und eine implizite Ratingmigration unbelasteter Aktiva sowie Auswirkungen auf bei der relevanten Zentralbank hinterlegte Sicherheiten (Liquidität),
- ein Anstieg des Volumens notleidender Kredite (Solvenz) und eine Reduzierung der erwarteten Mittelzuflüsse aus Kreditrückzahlungen oder aus nichtfinanziellen Unternehmensanleihen (Liquidität),
- eine mögliche Liquiditätslücke (Liquidität) und Notverkäufe (»Fire Sales«) von Vermögensgegenständen (Solvenz) sowie
- ein Anstieg der Refinanzierungskosten (Liquidität) und deren negative GuV-Effekte (Solvenz).

246

Die Stresstestmodelle sollten die Wechselwirkungen zwischen der Solvenz und der Liquidität (»Funding Liquidity«) sowie den Kosten zur Refinanzierung berücksichtigen, um die Auswirkungen eines Schocks auf das Institut nicht systematisch und signifikant zu unterschätzen.[256] Dabei sollten die Institute berücksichtigen, dass eine Verknüpfung der Refinanzierungskosten mit der Solvenz die Qualität des Liquiditätsstresstests negativ beeinflussen kann, indem eine zu langsame Verschlechterung der Liquidität unterstellt wird.[257]

247

Die EZB erwartet, dass die ICAAP- und ILAAP-Stresstests ineinander einfließen. Umgesetzt werden soll diese Anforderung dadurch, dass die zugrunde liegenden Annahmen, die Stresstestergebnisse und die projizierten Managementmaßnahmen beiderseits Berücksichtigung finden. Wenn also beispielsweise im ILAAP-Stresstest ein Stressereignis in Bezug auf die Credit Spreads oder Ratings der Aktiva im Liquiditätspuffer getestet wird, so sollte die damit verbundene Auswirkung auch im ICAAP Berücksichtigung finden und umgekehrt. Insofern geht es vor allem darum, für den ICAAP und den ILAAP keine Szenarien zu formulieren, die vollkommen unabhängig voneinander sind. Ob dies mit der Anforderung in Einklang zu bringen ist, bei der Definition plausibler Stressszenarien den Schwerpunkt auf die größten Schwachstellen zu legen, bleibt abzuwarten. Vermutlich werden die Institute nicht umhinkommen, diese größten Schwachstellen sowohl aus Liquiditätssicht als auch vor dem Hintergrund der anderen wesentlichen Risiken separat in Szenarien zu überführen und diese Szenarien dann für alle wesentlichen Risiken einzeln durchzuspielen. Die Bewertung der potenziellen Auswirkungen dieser Szenarien soll dann die Auswirkungen auf Kapital und Liquidität gleichermaßen zum Ziel haben. Dabei sollen potenzielle Rückkoppelungen berücksichtigt werden, wie insbesondere Verluste, die aus der Verwertung von Aktiva oder einem Anstieg der Refinanzierungskosten resultieren.[258]

248

---

255 Vgl. European Banking Authority, Leitlinien zu den Stresstests der Institute, EBA/GL/2018/04, 19. Juli 2018, S. 12f.
256 Vgl. European Banking Authority, Leitlinien zu den Stresstests der Institute, EBA/GL/2018/04, 19. Juli 2018, S. 21.
257 Vgl. European Banking Authority, Leitlinien zu den Stresstests der Institute, EBA/GL/2018/04, 19. Juli 2018, S. 41.
258 Vgl. Europäische Zentralbank, Leitfaden der EZB für den bankinternen Prozess zur Sicherstellung einer angemessenen Liquiditätsausstattung (Internal Liquidity Adequacy Assessment Process – ILAAP), 9. November 2018, S. 31f.

8.5 Inverse Stresstests

249 Ergänzend sind unter Proportionalitätsgesichtspunkten auch inverse Stresstests durchzuführen (→ AT 4.3.3 Tz. 4). Die EBA erwartet von Instituten mit bestimmten Geschäftsmodellen, wie z. B. Wertpapierfirmen, auch inverse Stresstests durchzuführen, um ihre Anfälligkeit für extreme Ereignisse zu untersuchen, insbesondere wenn ihre Risiken nicht ausreichend durch traditionelle Stressszenarien auf der Basis makroökonomischer Schocks erfasst werden.[259] Die EZB verweist darauf, dass mit dieser Art von Stresstests die Vollständigkeit und Konservativität der Annahmen des ILAAP-Rahmens hinterfragt werden sollen.[260] Aufsichtsbehörden einiger Länder beschränken die Durchführung von inversen Stresstests auf besonders bedeutende Institute.[261]

250 Die Durchführung inverser Stresstests beginnt mit der Identifikation eines im Vorfeld definierten Ergebnisses, wie etwa einem nicht mehr tragfähigen Geschäftsmodell.[262] Bei inversen Sensitivitätsanalysen für das Liquiditätsrisiko könnte z. B. von einem Stress auf Einlagen im Retail-Bereich und Umständen ausgegangen werden, unter denen die Liquiditätspuffer des Institutes verbraucht würden.[263] Anschließend sollten die Institute ermitteln, wie plausibel diese Szenarien sind und ob Abhilfemaßnahmen erforderlich sein könnten. Inverse Stresstests könnten zudem als Ausgangspunkt für die Entwicklung von Sanierungsplan-Szenarien herangezogen werden.[264] Dies ist aufgrund der vergleichbaren Zielrichtung und aus Gründen der Konsistenz auch empfehlenswert.

251 Die inversen Stresstests sollten als ein Instrument eingesetzt werden, anhand dessen die Institute Einblicke in Szenarien erhalten, die Kombinationen von angespannten Solvenz- und Liquiditätslagen umfassen, für die ein traditionelles Modell komplexe Aspekte aus realen Situationen ggf. nicht hinreichend erfassen kann. Sie sollten inverse Stresstests verwenden, um ihre Kapital- und Liquiditätspläne zu prüfen. Gegebenenfalls sollten die Institute Situationen analysieren, die ein die Liquidität betreffendes Stressereignis verschlimmern und dieses in ein die Solvenz betreffendes Stressereignis umwandeln könnten (und umgekehrt) und die möglicherweise zu einem Ausfall führen könnten. Die Institute sollten inverse Stresstests für Kapital- oder Liquiditätsrisiken möglichst auf integrierte Art und Weise anwenden, um das Verständnis und das Management der damit verbundenen Risiken in Extremsituationen zu verbessern.[265]

8.6 Zusammenhang mit der Sanierungsplanung

252 Auf den grundsätzlichen Zusammenhang zwischen den Stresstests, insbesondere den inversen Stresstests, und der Sanierungsplanung wird an anderer Stelle detailliert eingegangen (→ AT 4.3.3 Tz. 4).

253 Da eine unzureichende Liquidität eine der größten Bedrohungen für die Fortführung der Geschäftstätigkeit ist, sollten der ILAAP, der die Fortführung der Geschäftstätigkeit im Rahmen der Strategie und des angestrebten Geschäftsmodells eines Institutes aus der Liquiditätsperspektive stützt, und der Sanierungsplan, der die finanzielle Stabilität eines in Schieflage geratenen Institutes

259 Vgl. European Banking Authority, Leitlinien zu den Stresstests der Institute, EBA/GL/2018/04, 19. Juli 2018, S. 27.

260 Vgl. Europäische Zentralbank, Leitfaden der EZB für den bankinternen Prozess zur Sicherstellung einer angemessenen Liquiditätsausstattung (Internal Liquidity Adequacy Assessment Process – ILAAP), 9. November 2018, S. 32.

261 Vgl. Finanzmarktaufsicht Liechtenstein, ILAAP (»Internal Liquidity Adequacy Assessment Process«), FMA-Mitteilung 2017/6, 21. November 2017, S. 10.

262 Vgl. Europäische Zentralbank, Leitfaden der EZB für den bankinternen Prozess zur Sicherstellung einer angemessenen Liquiditätsausstattung (Internal Liquidity Adequacy Assessment Process – ILAAP), 9. November 2018, S. 32.

263 Vgl. European Banking Authority, Leitlinien zu den Stresstests der Institute, EBA/GL/2018/04, 19. Juli 2018, S. 28.

264 Vgl. Europäische Zentralbank, Leitfaden der EZB für den bankinternen Prozess zur Sicherstellung einer angemessenen Liquiditätsausstattung (Internal Liquidity Adequacy Assessment Process – ILAAP), 9. November 2018, S. 32.

265 Vgl. European Banking Authority, Leitlinien zu den Stresstests der Institute, EBA/GL/2018/04, 19. Juli 2018, S. 28.

wiederherstellen soll, Teil ein und desselben Risikomanagement-Rahmens sein. Das Institut sollte daher die Konsistenz und Kohärenz zwischen dem ILAAP und dem Sanierungsplan sicherstellen, z. B. in Bezug auf Frühwarnsignale und Indikatoren des Sanierungsplanes, Eskalationsverfahren und potenzielle Managementmaßnahmen. Darüber hinaus sollen potenzielle Managementmaßnahmen im ILAAP mit wesentlichen Auswirkungen unverzüglich in den Sanierungsplan einfließen und umgekehrt, damit die Verfahren und Informationen in den dazugehörigen Dokumenten konsistent und auf dem aktuellen Stand sind. Dieser Verfahrensweise sind allerdings schon dadurch Grenzen gesetzt, dass der Sanierungsplan einem aufwendigen Genehmigungs- und Abnahmeprozess unterliegt, so dass er in der Praxis auch nicht permanent angepasst werden kann. Die EZB hat deshalb in der endgültigen Fassung ihres Leitfadens die geforderte »unverzügliche« Berücksichtigung auf die ILAAP-Maßnahmen »mit wesentlichen Auswirkungen« eingeschränkt.[266]

8.7 Ermittlung des Überlebenshorizontes

Das Institut hat in den individuell festzulegenden Stressszenarien jeweils seinen voraussichtlichen Überlebenshorizont zu ermitteln. Auf welche Weise dies geschehen kann, hat die EBA in ihren Leitlinien zum SREP skizziert. Von der EBA wird dabei synonym der Begriff »Überlebensdauer« (»Survival Period«) verwendet, worunter jener Zeitraum zu verstehen ist, über den ein Institut seinen Geschäftsbetrieb unter Stressbedingungen aufrechterhalten und weiterhin seinen Zahlungsverpflichtungen nachkommen kann.[267] Der Baseler Ausschuss für Bankenaufsicht bezeichnet in Analogie dazu die »Überlebensperiode« als jenen Zeitpunkt, zu dem ein Institut in einem bestimmten Szenario über keine Liquidität mehr verfügt, und weist darauf hin, dass das Szenario-Design und die Methode bzw. das Modell für den Liquiditätsstresstest natürlich die Ergebnisse dieser Übung beeinflussen.[268]   **254**

Aus diesen Definitionen folgt implizit auch die Berechnungslogik. Bei der Ermittlung der Überlebensdauer wird zum vorhandenen Liquiditätspuffer im Betrachtungszeitpunkt über einen gewissen Zeitraum der Liquiditätssaldo, d.h. die Differenz aus den kumulierten Mittelzu- und -abflüssen, addiert. Damit ermäßigt sich der Liquiditätspuffer immer dann, wenn der Liquiditätssaldo negativ ist. Der Zeitraum, an dem der Liquiditätspuffer verbraucht ist, also null oder einen negativen Wert annimmt, gibt folglich die Überlebensdauer für das zugrunde liegende Stresstestszenario an.[269] Die Fähigkeit des Institutes, in diesem Zeitraum zusätzliche Liquidität vorzuhalten (»Liquiditätsdeckungspotenzial« bzw. »Counterbalancing Capacity«) oder Zugang zu zusätzlicher Liquidität zu erhalten, kann diesen Zeitraum stark beeinflussen und wird deshalb selbstverständlich auch berücksichtigt.[270]   **255**

Die zuständigen Behörden sollen im Rahmen des SREP untersuchen, ob das Stresstestprogramm des Institutes für die Bestimmung der Überlebensdauer während einer ernsten, aber plausiblen Liquiditätsstressperiode angesichts des vom Institut vorgehaltenen Liquiditätspuffers und seiner stabilen Refinanzierungsquellen sowie unter Berücksichtigung der Risikotoleranz des Institutes geeignet ist.[271] Falls die erwünschte oder aufsichtliche Mindestüberlebensdauer länger ist als die aktuelle Überlebensdauer des Institutes, können die zuständigen Behörden liquide Aktiva in   **256**

---

266 Vgl. Europäische Zentralbank, Leitfaden der EZB für den bankinternen Prozess zur Sicherstellung einer angemessenen Liquiditätsausstattung (Internal Liquidity Adequacy Assessment Process – ILAAP), 9. November 2018, S. 12 f.

267 Vgl. European Banking Authority, Guidelines on common procedures and methodologies for the supervisory review and evaluation process (SREP) and supervisory stress testing, EBA/GL/2014/13, Consolidated version, 19. Juli 2018, S. 25.

268 Vgl. Basel Committee on Banking Supervision, Liquidity stress testing: a survey of theory, empirics and current industry and supervisory practices, Working Paper No. 24, 23. Oktober 2013, S. 33.

269 Vgl. European Banking Authority, Guidelines on common procedures and methodologies for the supervisory review and evaluation process (SREP) and supervisory stress testing, EBA/GL/2014/13, Consolidated version, 19. Juli 2018, S. 174 ff.

270 Vgl. European Banking Authority, Leitlinien zu den Stresstests der Institute, EBA/GL/2018/04, 19. Juli 2018, S. 41.

271 Vgl. European Banking Authority, Guidelines on common procedures and methodologies for the supervisory review and evaluation process (SREP) and supervisory stress testing, EBA/GL/2014/13, Consolidated version, 19. Juli 2018, S. 162.

zusätzlicher Höhe, d.h. zusätzliche Liquiditätspuffer, veranschlagen, die vom Institut zur Verlängerung seiner Überlebensdauer bis zur erforderlichen Mindestdauer vorzuhalten sind.[272] Alternativ können die zuständigen Behörden auch eine Obergrenze für Nettoabflüsse (nach Berücksichtigung der Zuflüsse) oder Bruttoabflüsse für ein oder mehrere Laufzeitbänder festlegen.[273]

8.8   Verwendung der Ergebnisse von Stresstests

257   Die Ergebnisse der Stresstests können wertvolle Hinweise auf die potenziellen Auslöser von Liquiditätsengpässen und deren Auswirkungen auf die Zahlungsströme (»Cashflows«) und die Liquiditätssituation des Institutes (→ BTR 3.1 Tz. 3) liefern, die bei den Frühwarnverfahren (→ BTR 3.1 Tz. 2) berücksichtigt werden sollten. Daraus müssen geeignete Konsequenzen gezogen werden, indem z.B. die Strategien kritisch hinterfragt, die Liquiditätspuffer qualitativ verbessert oder quantitativ aufgestockt, die Refinanzierungsquellen besser diversifiziert (→ BTR 3.1 Tz. 4), das Liquiditätsprofil mit dem Risikoappetit in Einklang gebracht (→ AT 4.2 Tz. 2) oder die im Notfallplan für Liquiditätsengpässe festgelegten Maßnahmen überprüft und ggf. angepasst werden (→ BTR 3.1 Tz. 9). Die Stresstests sind demzufolge eng mit den Frühwarnverfahren und dem Notfallplan für Liquiditätsengpässe verknüpft.

258   Bei der Liquiditätsplanung sollten die in den Stresstests beobachteten Mängel, Einschränkungen und Schwachstellen berücksichtigt werden.[274] Die Institute sollten einen klaren Zusammenhang zwischen ihrer Risikobereitschaft, ihrer Geschäftsstrategie und ihren ICAAP-/ILAAP-Stresstests nachweisen. Insbesondere sollten die Institute ihre Kapital- und Liquiditätspläne sowie die gesamte interne Kapitalplanung, einschließlich Management-Kapitalpuffern, die mit ihrer angegebenen Risikobereitschaft und Strategie im Einklang stehen, sowie den gesamten internen Kapitalbedarf bewerten und ihre Liquiditätspositionen neu aufbauen, sofern sie Liquiditätspuffer zur Deckung ihrer Verbindlichkeiten während einer Stressperiode verwendet haben. Sie sollten unter mindestens einem schwerwiegenden, aber plausiblen Stressszenario ein breites Spektrum von Managementmaßnahmen, auch im Rahmen des Notfallplanes für Liquiditätsengpässe, prüfen.[275] Im Zweifel sollten die internen Konzepte in Bezug auf Liquidität und Refinanzierung überarbeitet werden.

259   Im Interesse einer aussagefähigen Berichterstattung und einer Identifikation des möglichen Handlungsbedarfes sollten die für die Liquiditätssituation eines Institutes relevanten Fragen grundsätzlich bei jedem Stresstest beantwortet werden[276]:
–   Wie verändert sich die Liquiditätsposition insgesamt und in einzelnen Laufzeitbändern?
–   Wie verändert sich der Zugang zu den relevanten Refinanzierungsquellen?
–   Wie verändert sich die Marktliquidität?
–   Wie verändern sich die Liquiditätspuffer?
–   Werden die relevanten Liquiditäts-, Beobachtungs- und Refinanzierungskennzahlen noch eingehalten?
–   Werden der Risikoappetit des Institutes und die Liquiditätsrisikotoleranz noch eingehalten?
–   Können die entstehenden Liquiditätsengpässe auf angemessene Weise gedeckt werden?

---

272 Vgl. European Banking Authority, Guidelines on common procedures and methodologies for the supervisory review and evaluation process (SREP) and supervisory stress testing, EBA/GL/2014/13, Consolidated version, 19. Juli 2018, S. 175.
273 Vgl. European Banking Authority, Guidelines on common procedures and methodologies for the supervisory review and evaluation process (SREP) and supervisory stress testing, EBA/GL/2014/13, Consolidated version, 19. Juli 2018, S. 177.
274 Vgl. European Banking Authority, Leitlinien zu den Stresstests der Institute, EBA/GL/2018/04, 19. Juli 2018, S. 14.
275 Vgl. European Banking Authority, Leitlinien zu den Stresstests der Institute, EBA/GL/2018/04, 19. Juli 2018, S. 48 f.
276 Vgl. Mayer, Stephan, Management von Liquiditätsrisiken, in: Pfeifer, Guido/Ullrich, Walter (Hrsg.), MaRisk-Interpretationshilfen, 2. Auflage, Heidelberg, 2009, S. 404.

9 Notfallplan für Liquiditätsengpässe (Tz. 9)

9 Das Institut hat festzulegen, welche Maßnahmen im Fall eines Liquiditätsengpasses 260 ergriffen werden sollen (Notfallplan für Liquiditätsengpässe). Dazu gehört auch die Darstellung der in diesen Fällen zur Verfügung stehenden Liquiditätsquellen unter Berücksichtigung etwaiger Mindererlöse. Die im Fall eines Liquiditätsengpasses zu verwendenden Kommunikationswege sind festzulegen. Die geplanten Maßnahmen sind regelmäßig auf ihre Durchführbarkeit zu überprüfen und ggf. anzupassen. Die Ergebnisse der Stresstests sind dabei zu berücksichtigen.

9.1 Vorbereitung auf Liquiditätsengpässe

Ausgehend von der Definition des Liquiditätsrisikos und dem Ziel, dieses Risiko in den Griff zu 261 bekommen, muss ein Institut jederzeit dazu in der Lage sein, seinen Zahlungsverpflichtungen nachzukommen (→ BTR 3.1 Tz. 1). Um dieser Zielstellung gerecht zu werden, müssen etwaige Liquiditätsengpässe frühzeitig identifiziert (→ BTR 3.1 Tz. 2) und auf geeignete Weise beseitigt werden. Aufgrund des Faktors »Zeit«, dem im Umgang mit Liquiditätsrisiken eine erhebliche Bedeutung zukommt, ist es erforderlich, sich bereits im Vorfeld derartiger Ereignisse darüber klar zu werden, welche Maßnahmen unter den jeweiligen Umständen sinnvoll sind und am schnellsten zur effektiven Problemlösung beitragen können.

Für diese Zwecke muss – auch aufgrund regulatorischer Vorgaben – ein Notfallplan für 262 Liquiditätsengpässe (»Liquidity Contingency Plan«, LCP) ausgearbeitet werden. So haben die Institute gemäß Art. 86 Abs. 11 CRD IV über Pläne zur Wiederherstellung der Liquidität zu verfügen, die angemessene Strategien und Durchführungsmaßnahmen zur Behebung möglicher Liquiditätsengpässe auch bei Zweigniederlassungen in einem anderen Mitgliedstaat vorsehen. Diese Pläne müssen von den Instituten mindestens jährlich getestet, unter Berücksichtigung der Ergebnisse aus den Stresstests aktualisiert, der Geschäftsleitung mitgeteilt und von dieser gebilligt werden, damit die internen Grundsätze und Verfahren entsprechend angepasst werden können. Die notwendigen operativen Maßnahmen, wie z.B. das Halten von Sicherheiten, die unmittelbar für eine Zentralbankrefinanzierung zur Verfügung stehen, werden von den Instituten im Voraus ergriffen, damit sichergestellt ist, dass diese Pläne sofort umgesetzt werden können.

Der Baseler Ausschuss für Bankenaufsicht (BCBS) definiert einen Notfallplan für Liquiditätsengpäs- 263 se als die Zusammenfassung von Strategien, Richtlinien, Verfahren und Aktionsplänen zur Reaktion auf schwere Beeinträchtigung der Fähigkeit eines Institutes, einige oder alle seiner Zahlungsverpflichtungen rechtzeitig und zu vertretbaren Kosten zu erfüllen.[277] Die EZB erwartet von den bedeutenden Instituten, dass sie über einen formellen Liquiditätsnotfallplan verfügen, in dem die Maßnahmen zur Behebung von Liquiditätsproblemen unter Stressbedingungen dargelegt sind und der die im ILAAP identifizierten Risiken adressiert sowie den Bezug zum Sanierungsplan aufzeigt.[278] Vom IIF wurde die Festlegung eines Notfallplanes für Liquiditätsengpässe bereits vor einigen Jahren

---

277 Vgl. Basel Committee on Banking Supervision, Principles for Sound Liquidity Risk Management and Supervision, BCBS 144, 25. September 2008, S. 27.
278 Vgl. Europäische Zentralbank, Leitfaden der EZB für den bankinternen Prozess zur Sicherstellung einer angemessenen Liquiditätsausstattung (Internal Liquidity Adequacy Assessment Process – ILAAP), 9. November 2018, S. 16.

empfohlen.[279] In den MaRisk wird unter dem Notfallplan für Liquiditätsengpässe schlicht ein Maßnahmenbündel zur Bewältigung von Liquiditätsengpässen in Notsituationen verstanden.

9.2 Inhalte des Notfallplanes für Liquiditätsengpässe

264 Im Notfallplan muss geregelt sein, wie Liquiditätsengpässe in verschiedenen Stresssituationen beseitigt werden sollen und folglich die Liquidität des Institutes gesichert werden kann. Damit besteht ein natürlicher Zusammenhang zu den Erkenntnissen aus den Stresstests für Liquiditätsrisiken (→ BTR 3.1 Tz. 8). Auch den Vorstellungen des BCBS zufolge muss der Notfallplan klare Strategien für den Umgang mit einer Liquiditätsverknappung vorsehen – sowohl in einer institutsspezifischen als auch in einer marktweiten Stresssituation.[280] Der BCBS empfiehlt insbesondere die Berücksichtigung der folgenden Faktoren[281]:

- die Auswirkungen eines angespannten Marktumfeldes auf die Fähigkeit, Vermögensgegenstände zu verkaufen oder zu verpfänden (→ BTR 3.1 Tz. 4),
- den Zusammenhang zwischen dem Marktliquiditätsrisiko und dem Refinanzierungsrisiko, der sich in einem teilweisen oder vollständigen Verlust der normalerweise verfügbaren Refinanzierungsquellen äußern kann (→ BTR 3.1 Tz. 4),
- die Folgeerscheinungen und Reputationsrisiken, die mit der Durchführung von Maßnahmen aus dem Notfallplan zusammenhängen (→ BTR 3.1 Tz. 2) und
- die Möglichkeit zur Übertragung liquider Mittel und unbelasteter Vermögensgegenstände innerhalb der Gruppe unter Berücksichtigung der gesellschaftsrechtlichen, regulatorischen und operationellen Restriktionen (→ BTR 3.1 Tz. 10).

265 Bei der Übertragung liquider Mittel und unbelasteter Vermögensgegenstände innerhalb einer Gruppe kommt es vor allem darauf an, dass genaue Kenntnisse über die dafür erforderlichen Zeiträume sowie die möglichen Beschränkungen vorhanden sind. Werden unrealistische Fristen für entsprechende Transfers unterstellt, kann der Notfallplan im Ernstfall nicht funktionieren. Ähnliche Probleme können resultieren, wenn die im Notfall als Sicherheit zur Generierung zusätzlicher Liquidität vorgesehenen Vermögensgegenstände aufgrund von Restriktionen nicht dahin übertragen werden können, wo sie benötigt werden. Insofern sollten die Maßnahmen und die Zeit berücksichtigt werden, die zur vollständigen Übertragung liquider Mittel und unbelasteter Vermögensgegenstände zwischen den Einheiten erforderlich sind.[282] Der BCBS fordert deshalb, dass die örtliche Verfügbarkeit dieser Vermögensgegenstände im Einklang mit den Refinanzierungsplänen stehen muss.[283] All diese Faktoren spielen ebenso beim Stresstest eine entscheidende Rolle (→ BTR 3.1 Tz. 8).

266 Insgesamt sollte die Ausgestaltung des Notfallplanes in einem angemessenen Verhältnis zu den Geschäftsaktivitäten stehen bzw. – mit den Worten des BCBS – der Komplexität eines Institutes, seinem Risikoprofil, dem Umfang seiner Geschäftsaktivitäten und seiner Rolle auf den Finanzmärkten entsprechen. Die im Notfallplan enthaltenen Maßnahmen müssen klar und deutlich

279 Vgl. Institute of International Finance, Principles of Liquidity Risk Management, März 2007, S. 19.

280 Vgl. Basel Committee on Banking Supervision, Basel III: The Liquidity Coverage Ratio and liquidity risk monitoring tools, BCBS 238, 7. Januar 2013, S. 6, Fußnote 5.

281 Vgl. Basel Committee on Banking Supervision, Principles for Sound Liquidity Risk Management and Supervision, BCBS 144, 25. September 2008, S. 29.

282 Vgl. Basel Committee on Banking Supervision, Principles for Sound Liquidity Risk Management and Supervision, BCBS 144, 25. September 2008, S. 18.

283 Vgl. Basel Committee on Banking Supervision, Principles for Sound Liquidity Risk Management and Supervision, BCBS 144, 25. September 2008, S. 29.

beschrieben sowie leicht umsetzbar sein. In Abhängigkeit vom jeweiligen Szenario unterscheiden sich die festgelegten Maßnahmen hinsichtlich ihrer Eignung. Um in verschiedenen Situationen schnell und flexibel reagieren zu können, sollten deshalb bei der Festlegung der Maßnahmen verschiedene Kriterien berücksichtigt werden, wie z. B.[284]:

- wie viel Zeit die Umsetzung der Maßnahme in Anspruch nehmen würde,
- wann genau ab dem Zeitpunkt der Umsetzung der Maßnahme mit einem Mittelzufluss zu rechnen wäre,
- welches Liquiditätsvolumen mit Hilfe der Maßnahme voraussichtlich generiert werden könnte,
- wie lange die Maßnahme wirksam wäre bzw. wann ein Bedarf an Folgemaßnahmen bestünde,
- welche Voraussetzungen zur Umsetzung der Maßnahme erfüllt werden müssten (z. B. die zusätzliche Stellung von Sicherheiten),
- welche Auswirkungen die Umsetzung der Maßnahme auf das Institut (z. B. eine Verschlechterung der Ertragssituation) und auf das Marktumfeld (z. B. eine Verschlechterung der Reputation) hätte sowie
- unter welchen Marktbedingungen (z. B. bis zu welchem Stressgrad) die Maßnahme überhaupt umsetzbar wäre.

Die geforderte Darstellung der im Notfall verfügbaren Refinanzierungsquellen ist ein wichtiger Bestandteil des Notfallplanes. Hierzu zählt z. B. die Inanspruchnahme von Kreditlinien bei anderen Instituten. Erfahrungsgemäß versiegen diese Quellen im Falle einer Krisensituation sehr schnell. Aufgrund der dann ebenfalls eingeschränkten Marktliquidität sollte auch berücksichtigt werden, dass für die Vermögensgegenstände ggf. weniger erlöst wird als unter normalen Marktbedingungen. Außerdem könnten bestimmte Maßnahmen zur Schließung einer Liquiditätslücke unter extremen Bedingungen ggf. nicht ohne Außenwirkung bleiben. Erleidet das Institut in der Folge einen Reputationsverlust, so könnte sich dieser zusätzlich auf dessen Refinanzierungsbedingungen und damit wiederum negativ auf seine Liquiditätssituation auswirken. | **267**

Ein Notfallplan sollte u. a. Kreditprogramme und Sicherungsanforderungen der Zentralbank berücksichtigen, inkl. Fazilitäten, die Teil der ordentlichen Liquiditätssteuerung sind (z. B. die Verfügbarkeit von saisontypischen Krediten).[285] | **268**

Jene Institute, die regelmäßig voluminöse Zahlungen aufweisen und demzufolge auch ein besonderes Augenmerk auf die Sicherstellung der untertägigen Liquidität legen müssen (→ BTR 3.1 Tz. 1), sollten die Fähigkeit besitzen, kritische Zahlungen zu identifizieren und nach Priorität zu disponieren. Der Notfallplan sollte in diesen Fällen Maßnahmen enthalten, um ggf. zusätzliche Quellen zur Sicherstellung der untertägigen Liquidität zu aktivieren und damit mögliche zeitkritische Zahlungsverpflichtungen erfüllen zu können. Dabei sollte auch berücksichtigt werden, dass aufgrund von Wechselwirkungen Störungen in mehreren relevanten Zahlungs- und Abwicklungssystemen gleichzeitig auftreten können.[286] | **269**

Ein Institut, das wesentliche Liquiditätsrisiken in Fremdwährungen aufweist, hat zur Sicherstellung seiner Zahlungsverpflichtungen angemessene Verfahren zur Steuerung der Fremdwährungsliquidität in den wesentlichen Währungen zu implementieren. Dazu gehört auch eine explizite Berücksichtigung im Notfallplan für Liquiditätsengpässe (→ BTR 3.1 Tz. 11). | **270**

Nach den Vorstellungen der EZB ist der Notfallplan für Liquiditätsengpässe ein klarer und präziser Plan zur Vorgehensweise, wenn (unerwartet) Schwierigkeiten bei der Erfüllung fällig werdender Verpflichtungen auftreten. Er sollte ausführliche Informationen zu möglichen Liquidi- | **271**

284 Vgl. Mayer, Stephan, Management von Liquiditätsrisiken, in: Pfeifer, Guido/Ullrich, Walter (Hrsg.), MaRisk-Interpretationshilfen, 2. Auflage, Heidelberg, 2009, S. 409.
285 Vgl. Basel Committee on Banking Supervision, Basel III: The Liquidity Coverage Ratio and liquidity risk monitoring tools, BCBS 238, 7. Januar 2013, S. 6, Fußnote 5.
286 Vgl. Basel Committee on Banking Supervision, Principles for Sound Liquidity Risk Management and Supervision, BCBS 144, 25. September 2008, S. 29.

tätsnotfallmaßnahmen enthalten, wie z. B. eine Beurteilung der potenziellen Notfallliquidität, die in Stressphasen abgerufen werden kann, die für die Durchführung der Maßnahmen erforderliche Zeitspanne, die möglichen negativen Effekte auf die Gewinn- und Verlustrechnung, die Reputation, die Tragfähigkeit des Geschäftsmodells etc. sowie die Wahrscheinlichkeit der Ausführung dieser Maßnahmen unter Stressbedingungen. Diese Notfallmaßnahmen sollten mit den im ILAAP identifizierten und quantifizierten Risiken im Einklang stehen. Zudem sollte die Verbindung zwischen dem Notfallplan für Liquiditätsengpässe und dem liquiditätsbezogenen Teil des Sanierungsplanes unter Berücksichtigung der unter normalen Bedingungen sowie unter Stressbedingungen identifizierten Liquiditätsrisiken dargelegt werden.[287] Dabei stellt nicht jeder Notfall (z. B. ein Systemausfall) gleichzeitig einen Sanierungsfall dar.

9.3 Entscheidungs- und Eskalationsprozess

272 Letztlich spielt die Zeit eine maßgebliche Rolle für den Erfolg des Notfallplanes. Um eine rechtzeitige Reaktion auf die Störungen zu ermöglichen, ist es ratsam, die Reihenfolge der einzelnen Maßnahmen in Abhängigkeit vom konkreten Szenario – soweit möglich – vorher festzulegen. Außerdem sollte der Notfallplan einen klaren Entscheidungsprozess enthalten, wer die Maßnahmen auslösen kann und welche Fragen auf höhere Entscheidungsebenen im Institut eskaliert werden müssen. Aus den Festlegungen sollte insbesondere hervorgehen, wer letztlich die Befugnis hat, den Notfallplan zu aktivieren.[288]

273 In deutschen Instituten wird der Eskalationsprozess häufig in mehrere Stufen gegliedert: Frühwarnstufe, Liquiditätsengpass, Notfall. Auslöser für die einzelnen Stufen können in aufsteigender Form z. B. folgende Ereignisse sein: die Refinanzierungsfähigkeit und die Liquiditätsspreads verschlechtern sich etwas (Stufe 1), einhergehend mit diversen Limitstreichungen sind Bondemissionen und Geldaufnahmen in handelsüblichen Größenordnungen nicht mehr möglich (Stufe 2), die Refinanzierung über den Geld- und Kapitalmarkt ist – abgesehen von bestätigten Kreditlinien und der Refinanzierung über die Zentralbank – nicht mehr möglich (Stufe 3). Entsprechend der Schwere der jeweiligen Situation werden verschiedene Maßnahmen festgelegt. Als Sofortmaßnahmen können z. B. dienen: die Nutzung freier Liquiditätsfazilitäten, der Verkauf hochliquider Aktiva, der Verkauf von Forderungen, das Verbot des Ankaufs illiquider Assets, die besicherte Mittelaufnahme unter Nutzung Repo-fähiger Vermögensgegenstände, die Reduzierung der Laufzeiten gegenüber Dritten zugesagter Kreditlinien bzw. der Kreditlinien selbst, die verstärkte Akquisition von Kundeneinlagen, die Emission von Pfandbriefen und die Reduzierung der Kreditneuvergabe.[289]

274 Möglich ist auch eine Orientierung der Eskalationsstufen an den Vorgaben der für die meisten Institute allerdings nicht mehr maßgeblichen Liquiditätsverordnung. Gemäß § 10 LiqV muss dokumentiert werden, bei welchen Niveaustufen sich ein Institut einem nennenswerten, mittleren oder hohen Risiko ausgesetzt sieht. Diese Betrachtung könnte um eine vierte Stufe für ein geringes Liquiditätsrisiko ergänzt werden.[290]

---

287 Vgl. Europäische Zentralbank, Leitfaden der EZB für den bankinternen Prozess zur Sicherstellung einer angemessenen Liquiditätsausstattung (Internal Liquidity Adequacy Assessment Process – ILAAP), 9. November 2018, S. 21 f.

288 Vgl. Basel Committee on Banking Supervision, Principles for Sound Liquidity Risk Management and Supervision, BCBS 144, 25. September 2008, S. 28.

289 Vgl. Bundesanstalt für Finanzdienstleistungsaufsicht/Deutsche Bundesbank, Praxis des Liquiditätsrisikomanagements in ausgewählten deutschen Kreditinstituten, 28. Januar 2008, S. 9 ff.

290 Vgl. Müller, Kai-Oliver/Wolkenhauer, Klaas, Aspekte der Liquiditätssicherungsplanung, in: Bartetzky, Peter/Gruber, Walter/ Wehn, Carsten S. (Hrsg.), Handbuch Liquiditätsrisiko – Identifikation, Messung und Steuerung, Stuttgart, 2008, S. 243.

9.4 Ineinandergreifen der Prozesse

Nachdem die Notwendigkeit der Überwachung von Liquiditätsrisiken bereits beleuchtet wurde 275 (→ BTR 3.1 Tz. 4), rückt nunmehr deren Steuerung in den Vordergrund, für die in der Regel die Treasury verantwortlich ist. Die enge Verbindung zwischen Liquiditätsrisikosteuerung und -überwachung führt dazu, dass sich die Anforderungen dieser beiden Textziffern teilweise überschneiden bzw. ineinandergreifen. So muss laufend überprüft werden, inwieweit das Institut dazu in der Lage ist, einen auftretenden Liquiditätsbedarf zu decken (→ BTR 3.1 Tz. 4 Satz 1). Der entsprechende Nachweis kann eigentlich nur erbracht werden, indem dargelegt wird, dass die vom Institut vorgesehenen Maßnahmen im Fall eines Liquiditätsengpasses erfolgversprechend sind (→ BTR 3.1 Tz. 9 Satz 1). Zur Deckung eines auftretenden Liquiditätsbedarfes ist wiederum insbesondere auf den Liquiditätsgrad der Vermögenswerte abzustellen (→ BTR 3.1 Tz. 4 Satz 2), um z. B. die geplanten Verkäufe von Aktivpositionen in der Realität auch umsetzen zu können. Die geforderte Darstellung der zur Verfügung stehenden Liquiditätsquellen soll schließlich unter Berücksichtigung etwaiger Mindererlöse erfolgen (→ BTR 3.1 Tz. 9 Satz 2), die typischerweise durch Abschläge beim Verkauf von Vermögensgegenständen zustande kommen. Ebenso kann sich die Refinanzierung verteuern, wobei es sich in diesem Fall eher um höhere Kosten als um Mindererlöse im eigentlichen Sinne handelt.

Der Notfallplan sollte darüber hinaus auf das Notfallkonzept für zeitkritische Aktivitäten und 276 Prozesse (→ AT 7.3 Tz. 2) abgestimmt werden und selbst dann umsetzbar sein, wenn die Geschäftsfortführungspläne zum Tragen kommen. In diesem Sinne sollte eine effektive Koordinierung zwischen den Personen bzw. Teams erfolgen, die für das Management von Liquiditätskrisen und Geschäftsunterbrechungen verantwortlich sind.[291]

Es sollte auch nicht vernachlässigt werden, dass abgeleitete Liquiditätsrisiken, d. h. Gefahren für 277 die Liquidität, die aus anderen Risikoarten resultieren, grundsätzlich außerhalb des Wirkungsbereiches des Liquiditätsrisikomanagements liegen. So können z. B. die Verschlechterung der Qualität des Kreditportfolios, die Ausbreitung von Marktkrisen oder bestimmte Katastrophenereignisse eine Liquiditätskrise hervorrufen. Folglich müssen die außerhalb des Institutes liegenden Ursachen für Liquiditätsprobleme sowie die Wechselwirkungen mit anderen Risikoarten möglichst genau erfasst und berücksichtigt werden.[292]

9.5 Festlegung der Kommunikationswege

Üblicherweise umfasst ein Notfallplan auch organisatorische Aspekte, wie z. B. die Festlegung von 278 internen und externen Kommunikationswegen, Funktionen und Verantwortlichkeiten sowie Eskalationsverfahren. Auf dieser Basis soll ein Institut befähigt werden, die geplanten Maßnahmen rechtzeitig einzuleiten sowie zügig und erfolgreich umzusetzen. Insbesondere über die zu verwendenden Kommunikationswege muss sich ein Institut vollkommen im Klaren sein. Die Information sämtlicher Personen, die an der Umsetzung des Notfallplanes beteiligt sind, ist mitentscheidend über Erfolg oder Misserfolg der geplanten Maßnahmen.

Die Festlegung der im Fall eines Liquiditätsengpasses, also im Extremfall, zu verwendenden 279 Kommunikationswege ergänzt die Anforderung für den Normalfall, nach der die Prozesse sowie die

---

291 Vgl. Basel Committee on Banking Supervision, Principles for Sound Liquidity Risk Management and Supervision, BCBS 144, 25. September 2008, S. 29.
292 Vgl. Müller, Kai-Oliver/Wolkenhauer, Klaas, Aspekte der Liquiditätssicherungsplanung, in: Bartetzky, Peter/Gruber, Walter/ Wehn, Carsten S. (Hrsg.), Handbuch Liquiditätsrisiko – Identifikation, Messung und Steuerung, Stuttgart, 2008, S. 234.

damit verbundenen Aufgaben, Kompetenzen, Verantwortlichkeiten, Kontrollen sowie Kommunikationswege klar zu definieren und aufeinander abzustimmen sind (→ AT 4.3.1 Tz. 2). Darüber hinaus besteht eine Parallele zum allgemeinen Notfallkonzept für zeitkritische Aktivitäten und Prozesse, in dessen Rahmen eine angemessene interne und externe Kommunikation sicherzustellen ist (→ AT 7.3 Tz. 2). Ursächlich für die Hervorhebung dieser Situationen ist der kritische Faktor »Zeit«. Viel Zeit steht in Notsituationen i. d. R. nicht zur Verfügung, weshalb klare Festlegungen im Vorfeld erforderlich sind. An dieser Stelle sei auch daran erinnert, dass unter Risikogesichtspunkten wesentliche Informationen unverzüglich an die Geschäftsleitung und die jeweiligen Verantwortlichen weiterzuleiten sind, so dass geeignete Maßnahmen frühzeitig eingeleitet werden können (→ AT 4.3.2 Tz. 4). Dazu gehört natürlich auch die Information über Liquiditätsengpässe.

280 Die Wahl geeigneter Kommunikationswege hängt u. a. von den in die Liquiditätsrisikosteuerung und das Liquiditätsrisikocontrolling eingebundenen Organisationseinheiten und den jeweiligen Festlegungen zu damit verbundenen Verantwortlichkeiten ab. Die folgenden Informationen sollten bei der Festlegung der Kommunikationswege berücksichtigt werden[293]:

- die Benennung von Verantwortlichen und ihren Funktionen,
- die Benennung von Stellvertretern für die wichtigsten Funktionen sowie
- die Namen, Kontaktdaten und Standorte der Mitglieder des für die Durchführung des Notfallplanes verantwortlichen Teams.

281 Außerdem empfiehlt es sich, einen Krisenstab zu bilden, der die interne Koordination und Entscheidungsfindung während einer Liquiditätskrise erleichtern kann. Ein derartiger Krisenstab, der sich aus hochrangigen Mitarbeitern der beteiligten Bereiche (u. a. Treasury und Risikocontrolling) und ggf. Mitgliedern der Geschäftsleitung zusammensetzen sollte, kann besonders hilfreich sein, wenn verschiedene Geschäftsbereiche und Standorte gleichzeitig von einem Liquiditätsengpass betroffen sind. Da die Mitglieder der Liquiditätskrisenteams und ihre Stellvertreter jederzeit Zugang zum Notfallplan haben müssen, sollte er in geeigneter Weise aufbewahrt werden.

282 Außerdem sollte geregelt sein, wie in Stresssituationen die rechtzeitige und klare Kommunikation mit den Mitarbeitern und Externen, wie Zentralbanken, Korrespondenzbanken, Netzbetreibern, Marktteilnehmern, Kunden, Gläubigern, Aktionären und Aufsichtsbehörden sichergestellt wird, um das allgemeine Vertrauen in die Bank zu unterstützen. Dabei sollte berücksichtigt werden, dass das Verhalten dieser Parteien die Liquiditätssituation des Institutes maßgeblich beeinträchtigen und mit der zugrunde liegenden Ursache eines Problems variieren könnte.[294]

9.6 Regelmäßige Überprüfung des Notfallplanes

283 Die geplanten Maßnahmen sind regelmäßig auf ihre Durchführbarkeit zu überprüfen und ggf. anzupassen. Diese Forderung wird in ähnlicher Weise in Art. 86 Abs. 11 CRD IV und vom Baseler Ausschuss für Bankenaufsicht (BCBS)[295] erhoben. Auf diese Weise soll sichergestellt werden, dass der Notfallplan durchführbar ist und die Institute auf seine Ausführung vorbereitet sind. In der

---

293 Vgl. Basel Committee on Banking Supervision, Principles for Sound Liquidity Risk Management and Supervision, BCBS 144, 25. September 2008, S. 28.

294 Vgl. Basel Committee on Banking Supervision, Principles for Sound Liquidity Risk Management and Supervision, BCBS 144, 25. September 2008, S. 28.

295 Vgl. Basel Committee on Banking Supervision, Principles for Sound Liquidity Risk Management and Supervision, BCBS 144, 25. September 2008, S. 27.

Finanzmarktkrise wurde genau dies als Schwachstelle identifiziert.[296] Im Ergebnis der Überprüfung sollte u. a. Folgendes erreicht werden[297]:

- Sicherstellung, dass die Funktionen und Verantwortlichkeiten angemessen und verständlich sind,
- Bestätigung, dass sich die Kontaktinformationen auf dem neuesten Stand befinden,
- Nachweis, dass die Übertragbarkeit liquider Mittel und unbelasteter Vermögensgegenstände – auch innerhalb der Gruppe – gegeben ist,
- Überprüfung, ob die notwendigen Dokumentationen am richtigen Ort verfügbar sind, um den Notfallplan kurzfristig auszuführen, sowie
- Überprüfung, ob die wichtigsten Annahmen noch korrekt sind, wie z. B. die Fähigkeit, bestimmte Vermögenswerte zu verkaufen oder zu verpfänden oder in regelmäßigen Abständen Kreditlinien zu strecken.

Insgesamt geht es also darum, die Verantwortlichkeiten und Prozesse sowie die vom Institut als wesentlich erachteten Liquiditätsquellen in Krisensituationen zu überprüfen.[298] Ein Überprüfungsturnus wird nicht festgeschrieben. Der BCBS empfiehlt einen mindestens jährlichen Turnus, der verkürzt werden sollte, sofern sich die Marktsituation ändert.[299] Wichtig ist vor allem, dass die Erkenntnisse aus der Überprüfung genutzt werden, um Schwachstellen des Notfallplanes umgehend zu beseitigen.   **284**

Bei der Überprüfung der geplanten Maßnahmen zur Beseitigung von Liquiditätsengpässen auf ihre Durchführbarkeit sind die Ergebnisse der Stresstests zu berücksichtigen. Das liegt in der Natur der Sache, da der Notfallplan gerade darauf ausgerichtet ist, dass ein Institut auf eine Stresssituation, nämlich einen Liquiditätsengpass, angemessen reagieren kann. Aus diesem Grund findet sich diese Forderung auch in Art. 86 Abs. 11 CRD IV und dem Baseler Prinzipienpapier[300] wieder.   **285**

Die EZB beschäftigt sich ebenfalls regelmäßig mit der Angemessenheit des Notfallplanes für Liquiditätsengpässe. So haben die Institute im Zusammenhang mit der Einreichung der Risikoberichte, Kapital- und Refinanzierungspläne für die Überprüfung der Angemessenheit des ILAAP im Rahmen des SREP auch den Notfallplan für Liquiditätsengpässe abzugeben.[301] Zudem muss die Geschäftsleitung im Rahmen ihrer Erklärung zur Angemessenheit der Liquiditätsausstattung (»Liquidity Adequacy Statement«, LAS) auch erläutern, wie der ILAAP in den gesamten (Risiko-)Managementprozess eingebettet ist, indem regelmäßige Stresstests durchgeführt werden und eine regelmäßige Beurteilung des Notfallplanes für Liquiditätsengpässe erfolgt.[302]   **286**

296 Vgl. Heidorn, Thomas/Schmaltz, Christian, Die neuen Prinzipien für sachgerechtes Liquiditätsmanagement, in: Zeitschrift für das gesamte Kreditwesen, Heft 3/2009, S. 114.

297 Vgl. Basel Committee on Banking Supervision, Principles for Sound Liquidity Risk Management and Supervision, BCBS 144, 25. September 2008, S. 29.

298 Vgl. Müller, Kai-Oliver/Wolkenhauer, Klaas, Aspekte der Liquiditätssicherungsplanung, in: Bartetzky, Peter/Gruber, Walter/Wehn, Carsten S. (Hrsg.), Handbuch Liquiditätsrisiko – Identifikation, Messung und Steuerung, Stuttgart, 2008, S. 242.

299 Vgl. Basel Committee on Banking Supervision, Principles for Sound Liquidity Risk Management and Supervision, BCBS 144, 25. September 2008, S. 29.

300 Vgl. Basel Committee on Banking Supervision, Principles for Sound Liquidity Risk Management and Supervision, BCBS 144, 25. September 2008, S. 28.

301 Vgl. Europäische Zentralbank, Technische Umsetzung der EBA-Leitlinien zu für SREP erhobene ICAAP- und ILAAP-Informationen, Konkretisierung der aufsichtlichen Erwartungen an die Erhebung von ICAAP- und ILAAP-Informationen vom 21. Februar 2017, S. 2.

302 Vgl. Europäische Zentralbank, Technische Umsetzung der EBA-Leitlinien zu für SREP erhobene ICAAP- und ILAAP-Informationen, Konkretisierung der aufsichtlichen Erwartungen an die Erhebung von ICAAP- und ILAAP-Informationen vom 21. Februar 2017, S. 6f.

10 Umgang mit gruppeninternen Restriktionen (Tz. 10)

287 **10** Es ist zu überprüfen, inwieweit der Übertragung liquider Mittel und unbelasteter Vermögensgegenstände innerhalb der Gruppe gesellschaftsrechtliche, regulatorische und operationelle Restriktionen entgegenstehen.

10.1 Liquiditätsversorgung innerhalb einer Gruppe

288 Die Liquiditätsversorgung wird innerhalb von Verbünden und Konzernen häufig durch einzelne Institute sichergestellt, wie z. B. die Konzernmutter oder die Landes- bzw. Zentralbanken im Sparkassen- bzw. Genossenschaftsverbund. Das ist allerdings nur unter der Voraussetzung möglich, dass für die Übertragung von liquiden Mitteln oder unbelasteten Vermögensgegenständen keine unüberwindbaren Hindernisse bestehen. Probleme können insbesondere beim Liquiditätstransfer zwischen Gruppenunternehmen in verschiedenen Ländern durch gesellschaftsrechtliche Beschränkungen oder unterschiedliche regulatorische Vorschriften entstehen. Damit kann zumindest ein deutlich erhöhter Aufwand für das Liquiditätsrisikomanagement der Gruppe verbunden sein.

289 In Art. 86 Abs. 6 CRD IV wird deshalb explizit gefordert, den geltenden gesetzlichen, sonstigen rechtlichen und operationellen Beschränkungen für potenzielle Übertragungen liquider Mittel und unbelasteter Vermögensgegenstände zwischen juristischen Personen, sowohl innerhalb als auch außerhalb des Europäischen Wirtschaftsraumes, Genüge zu tun. Insbesondere müssen die Institute laut Art. 86 Abs. 5 CRD IV neben der Liquidierbarkeit auch die juristische Person, bei der die Vermögenswerte verwahrt werden, und das Land, in dem diese mit rechtsbegründender Wirkung entweder in einem Register eingetragen oder auf einem Konto verbucht sind, berücksichtigen.

290 Insofern muss im Rahmen des Liquiditätsrisikomanagements geprüft werden, ob der Übertragung liquider Mittel und unbelasteter Vermögensgegenstände innerhalb der Gruppe entsprechende Restriktionen entgegenstehen. Die Institute sollten den Grad der Übertragbarkeit der Kapital- und Liquiditätsressourcen unter angespannten Bedingungen bewerten und mögliche Hindernisse, einschließlich rechtlicher, organisatorischer und betrieblicher Art, berücksichtigen.[303] Im Grunde geht es darum, die jeweiligen Rahmenbedingungen in den verschiedenen Jurisdiktionen genauestens zu kennen und ihre Auswirkungen auf das Liquiditätsrisikomanagement zu überprüfen. Diese Überprüfung sollte auch die Situation in Krisenzeiten beinhalten (→ BTR 3.1 Tz. 8), in denen z. B. der länderübergreifende Liquiditätsfluss beschränkt oder sogar verhindert werden kann (»Ring Fencing«). Derartige Situationen sowie operationelle Risiken sollten im Notfallplan für Liquiditätsengpässe berücksichtigt werden (→ BTR 3.1 Tz. 9).

291 Nach Ansicht des Baseler Ausschusses für Bankenaufsicht sollte ein Institut unabhängig von der Organisationsstruktur und dem Grad der Zentralisierung seines Liquiditätsrisikomanagements die Liquiditätsrisiken auf der Ebene der einzelnen rechtlichen Einheiten, ausländischen Niederlassungen, Tochtergesellschaften und der gesamten Gruppe aktiv überwachen und steuern, um sich mittels aggregierter Daten einen gruppenweiten Überblick über die Liquiditätsrisiken zu verschaffen und Beschränkungen bei der Übertragung liquider Mittel innerhalb der Gruppe zu identifizieren. Zu diesem Zweck sollte ein Institut über das nötige Fachwissen zu länderspezifischen Besonderheiten der rechtlichen und regulatorischen Regime verfügen, die sein Liquiditätsrisiko-

---

303 Vgl. European Banking Authority, Leitlinien zu den Stresstests der Institute, EBA/GL/2018/04, 19. Juli 2018, S. 46.

management beeinflussen, einschließlich der Regelungen zum Umgang mit Problembanken, zur Einlagensicherung und zu den operationellen Konzepten sowie der Sicherheiten-Politik der jeweiligen Zentralbank. Im Falle eines regional begrenzten systemischen Stressereignisses sollte ein Institut in der Lage sein, den betroffenen Einheiten in dem Maße Ressourcen bereitzustellen, in dem die Übertragbarkeit liquider Mittel möglich ist. Die Annahmen zur Übertragbarkeit von Finanzmitteln und Sicherheiten sollten die regulatorischen, rechtlichen, buchhalterischen, kreditwirtschaftlichen, steuerlichen und internen Beschränkungen für den effektiven Transfer von Liquidität und Sicherheiten in vollem Umfang berücksichtigen. Sie sollten auch die operativen Vorkehrungen und die Zeit, die für den Abschluss derartiger Transfers im Rahmen dieser Vorkehrungen erforderlich ist, beachten.[304]

Zur Sicherstellung dieser Anforderung sollte die Geschäftsleitung die Struktur, Verantwortlichkeiten und Kontrollen für das Management des Liquiditätsrisikos und die Überwachung der Liquiditätspositionen aller juristischen Personen, Niederlassungen und Tochtergesellschaften in den Ländern, in denen das Institut tätig ist, festlegen.[305]   **292**

10.2 Bedeutung der Berücksichtigung von Restriktionen für den SREP

Im Rahmen der Bewertung der Solidität des ILAAP sollten die zuständigen Behörden u. a. überprüfen, ob die Verteilung der verfügbaren internen Liquiditätsressourcen zwischen den Geschäftsfeldern oder rechtlichen Einheiten das Risiko korrekt widerspiegelt, dem die einzelnen Geschäftsfelder oder rechtlichen Einheiten tatsächlich oder möglicherweise ausgesetzt sind, und dabei etwaige rechtliche oder operationelle Beschränkungen hinsichtlich der Übertragung dieser Ressourcen korrekt berücksichtigt werden.[306] Auch bei der Bewertung des untertägigen Liquiditätsrisikos sollten rechtliche Beschränkungen beachtet werden. In diesem Fall kann es auch erforderlich sein, für Rechtsräume, in denen die Meldung des untertägigen Liquiditätsrisikos noch nicht verfügbar ist, institutseigene Analysen durchzuführen.[307] Die zuständigen Behörden sollten auch bewerten, ob das Institut seine Fähigkeit, auf Finanzinstrumente zugreifen zu können, einschätzen kann und dabei alle etwaigen rechtlichen, regulatorischen und operativen Beschränkungen überblickt, denen diese Instrumente unterliegen können.[308]   **293**

Die EZB prüft ebenfalls, ob die bedeutenden Institute ihre Liquiditätsrisikopositionen und ihren Refinanzierungsbedarf aktiv sowohl innerhalb der Rechtseinheiten, Geschäftsfelder und Währungen als auch übergreifend steuern und dabei rechtliche, regulatorische und operative Beschränkungen des Liquiditätstransfers berücksichtigen.[309] Sie fordert auch in ihrem Leitfaden, dass im Rahmen des ILAAP bei grenzüberschreitenden Aktivitäten die Hindernisse für den Liquiditätstransfer zwischen Rechtssubjekten, Ländern und Währungen in der gesamten Gruppe beurteilt   **294**

---

304 Vgl. Basel Committee on Banking Supervision, Principles for Sound Liquidity Risk Management and Supervision, BCBS 144, 25. September 2008, S. 17 f.

305 Vgl. Basel Committee on Banking Supervision, Principles for Sound Liquidity Risk Management and Supervision, BCBS 144, 25. September 2008, S. 8.

306 Vgl. European Banking Authority, Guidelines on common procedures and methodologies for the supervisory review and evaluation process (SREP) and supervisory stress testing, EBA/GL/2014/13, Consolidated version, 19. Juli 2018, S. 59 f.

307 Vgl. European Banking Authority, Guidelines on common procedures and methodologies for the supervisory review and evaluation process (SREP) and supervisory stress testing, EBA/GL/2014/13, Consolidated version, 19. Juli 2018, S. 152 f.

308 Vgl. European Banking Authority, Guidelines on common procedures and methodologies for the supervisory review and evaluation process (SREP) and supervisory stress testing, EBA/GL/2014/13, Consolidated version, 19. Juli 2018, S. 160.

309 Vgl. Europäische Zentralbank, Aufsichtliche Erwartungen an ICAAP und ILAAP sowie harmonisierte Erhebung von ICAAP- und ILAAP-Informationen, Schreiben von Daniele Nouy an die Geschäftsleitung bedeutender Banken vom 8. Januar 2016, Anhang C.2, S. 5.

werden. Die Auswirkungen solcher Hindernisse auf die Verfügbarkeit von Liquidität müssen quantifiziert werden.[310] Da sich die Übertragbarkeit von Liquidität in Stressperioden erheblich von derjenigen in normalen Zeiten unterscheiden kann, sollte dies bei bedeutenden grenzüberschreitenden Tätigkeiten auch im Stresstestprogramm berücksichtigt werden. Die Institute sollten zudem die Auswirkungen und die Wahrscheinlichkeit weiterer Hindernisse für die Übertragbarkeit von Liquidität unter Stressbedingungen analysieren, insbesondere in Bezug auf Geschäfte außerhalb des Euroraumes. Ferner sollten sie Abhilfe- und Notfallmaßnahmen für solche Szenarien ermitteln.[311]

10.3 Besondere Anforderungen an Zweigstellen deutscher Institute in Großbritannien

295 Die damalige britische Aufsichtsbehörde »Financial Services Authority« (FSA) hat im Oktober 2009 ein »Policy Statement« zur Stärkung der Liquiditätsstandards veröffentlicht.[312] Danach müssen grundsätzlich auch Zweigstellen von Instituten aus dem Europäischen Wirtschaftsraum (EWR) in Großbritannien über eine ausreichende eigene Liquidität verfügen, um Stresssituationen auch ohne die Hilfe anderer gruppenangehöriger Institute meistern zu können (»Principle of Self Sufficiency«). Unter bestimmten Voraussetzungen kann die aktuell zuständige PRA auch gestatten, dass die laufende Aufsicht über die Liquidität der Zweigstelle im Wesentlichen von der Heimatlandaufsicht durchgeführt wird (»Whole-Firm Liquidity Modification«). Dafür müssen sowohl die Heimatlandaufsicht als auch das Institut eine Vielzahl von Anforderungen erfüllen. So müssen die regulatorischen Anforderungen an das Liquiditätsrisikomanagement des Heimatlandes im Großen und Ganzen gleichwertig mit denen der PRA sein. Die Aufsichtsbehörde des Heimatlandes muss die Beaufsichtigung der Liquiditätssituation des Institutes einmal im Jahr mit der PRA besprechen, wobei den Auffassungen der PRA angemessen Rechnung zu tragen ist. Das Institut muss der PRA zusichern, dass es der Zweigstelle im Bedarfsfall zu jeder Zeit Liquidität zur Verfügung stellt. Es muss der PRA darüber hinaus Informationen über die konzernweite Liquiditätssituation sowie detaillierte Informationen über die derzeitige und geplante Geschäftsausrichtung der Zweigstelle zur Verfügung stellen. Es ist davon auszugehen, dass der Brexit nicht zu Erleichterungen in dieser Hinsicht führen wird.

---

310 Vgl. Europäische Zentralbank, Leitfaden der EZB für den bankinternen Prozess zur Sicherstellung einer angemessenen Liquiditätsausstattung (Internal Liquidity Adequacy Assessment Process – ILAAP), 9. November 2018, S. 24.

311 Vgl. Europäische Zentralbank, Leitfaden der EZB für den bankinternen Prozess zur Sicherstellung einer angemessenen Liquiditätsausstattung (Internal Liquidity Adequacy Assessment Process – ILAAP), 9. November 2018, S. 30f.

312 Financial Services Authority, Strengthening liquidity standards including feedback on CP08/22, CP09/13, CP09/14, Policy Statement 09/16, 9. Oktober 2009. Die FSA ist am 1. April 2013 aufgesplittet worden in die für den Verbraucherschutz zuständige »Financial Conduct Authority« (FCA) und die »Prudential Regulation Authority« (PRA), die für die Finanzdienstleistungsaufsicht verantwortlich ist.

11 Liquiditätsrisiken in Fremdwährungen (Tz. 11)

11 Ein Institut, das wesentliche Liquiditätsrisiken in Fremdwährungen aufweist, hat zur **296** Sicherstellung seiner Zahlungsverpflichtungen angemessene Verfahren zur Steuerung der Fremdwährungsliquidität in den wesentlichen Währungen zu implementieren. Hierzu gehören für die jeweiligen Währungen zumindest eine gesonderte Liquiditätsübersicht, gesonderte Fremdwährungsstresstests sowie eine explizite Berücksichtigung im Notfallplan für Liquiditätsengpässe.

11.1 Bedeutung von Fremdwährungen nach CRD und CRR

Die für den ILAAP verwendeten Strategien, Grundsätze, Verfahren und Systeme, mit denen das **297** Liquiditätsrisiko über eine angemessene Auswahl von Zeiträumen ermittelt, gemessen, gesteuert und überwacht wird, müssen nach Art. 86 Abs. 1 CRD IV auch auf Geschäftsfelder, Währungen, Zweigniederlassungen und Rechtssubjekte zugeschnitten werden. Mögliche Liquiditätsengpässe müssen gemäß Art. 86 Abs. 11 CRD IV auch bei Zweigniederlassungen in einem anderen Mitgliedstaat auf Basis entsprechender Notfallpläne behoben werden. Zu diesem Zweck kann es auch erforderlich sein, Sicherheiten in der Währung eines anderen Mitgliedstaates oder eines Drittlandes vorzuhalten, gegenüber denen das Institut Risikopositionen hat. Falls dies aus operativen Gründen notwendig sein sollte, sind die Sicherheiten im Gebiet des Aufnahmemitgliedstaates oder Drittlandes, in dessen Währung die Forderung besteht, vorzuhalten.

Nach Art. 415 Abs. 2 CRR sind gesonderte Liquiditätsmeldungen für Fremdwährungen grund- **298** sätzlich bei aggregierten Verbindlichkeiten erforderlich, die sich auf mindestens 5 Prozent der Gesamtverbindlichkeiten des Institutes oder der zusammengefassten Liquiditätsuntergruppe belaufen. Die entsprechenden Vorgaben an das Liquiditäts-Meldewesen auf europäischer Ebene sind in Art. 415 CRR niedergelegt, von der EBA konkretisiert und mittlerweile Teil der aufsichtlichen Berichterstattung.[313] Ergänzend finden sich in der CRR zahlreiche Vorgaben zur Anerkennung und Bewertung liquider Aktiva, die auf die jeweilige Währung abstellen.

Aufgrund der besonderen Bedeutung von Liquiditätsrisiken in Fremdwährungen werden in den **299** von der EBA erarbeiteten Leitlinien zur Berichterstattung bestimmter Kreditinstitute über ihre Refinanzierungspläne an die zuständigen Behörden auch Angaben zur Feststellung und Bewertung von (Veränderungen der) Refinanzierungsinkongruenzen in Bezug auf spezifische Währungen gefordert. Dabei geht es um eine Hochrechnung der strukturellen Inkongruenzen bei den beiden größten bilanzierten Währung dieser Institute.[314] Die Leitlinien der EBA basieren auf einer Empfehlung des Europäischen Ausschusses für Systemrisiken (»European Systemic Risk Board«,

---

313 Durchführungsverordnung (EU) Nr. 680/2014 der Kommission vom 16. April 2014 zur Festlegung technischer Durchführungsstandards für die aufsichtlichen Meldungen der Institute gemäß der Verordnung (EU) Nr. 575/2013 des Europäischen Parlaments und des Rates, Amtsblatt der Europäischen Union vom 28. Juni 2014, L 191/1–1861. Diese Durchführungsverordnung wurde am 28. Juni 2021 durch die Durchführungsverordnung (EU) Nr. 2021/451 der Kommission vom 17. Dezember 2020 zur Festlegung technischer Durchführungsstandards für die Anwendung der Verordnung (EU) Nr. 575/2013 des Europäischen Parlaments und des Rates auf die aufsichtlichen Meldungen der Institute und zur Aufhebung der Durchführungsverordnung (EU) Nr. 680/2014, Amtsblatt der Europäischen Union vom 19. März 2021, L 97/1–1955, aufgehoben.

314 Vgl. European Banking Authority, Leitlinien für harmonisierte Definitionen und Vorlagen für Finanzierungspläne von Kreditinstituten nach ESRB/2012/2, Empfehlung A Absatz 4, EBA/GL/2014/04, 19. Juni 2014, S. 5 f.

ESRB) vom Dezember 2012[315], die zwischenzeitlich überarbeitet wurde.[316] Auch die EBA hat ihre Leitlinien angepasst. Unter anderem müssen kleine und nicht komplexe Institute keine Meldungen mehr über Fremdwährungen abgeben.[317]

11.2   Wesentliche Liquiditätsrisiken in Fremdwährungen

300   Unter einer »Fremdwährung« wird jede Währung außer dem gesetzlichen Zahlungsmittel des Mitgliedstaates, in dem das Institut ansässig ist, verstanden. Als »wesentliche Währung« bezeichnet die EBA eine Währung, in der das Institut über wesentliche bilanzielle oder außerbilanzielle Positionen verfügt.[318] Wesentliche Liquiditätsrisiken aus verschiedenen Fremdwährungen liegen insbesondere dann vor, wenn »ein bedeutender Teil« der Vermögensgegenstände oder Verbindlichkeiten auf eine fremde Währung lautet und gleichzeitig »bedeutende Währungs- oder Laufzeitinkongruenzen« zwischen den jeweiligen Fremdwährungsaktiva und -passiva bestehen (→ BTR 3.1 Tz. 11, Erläuterung).

301   Ein Institut muss also zunächst ermitteln, ob die auf eine fremde Währung lautenden Vermögensgegenstände oder Verbindlichkeiten unter quantitativen Gesichtspunkten insgesamt als »bedeutend« einzustufen sind. Anschließend muss geprüft werden, inwiefern die möglichen Inkongruenzen hinsichtlich der Währung und der Laufzeit zwischen den jeweiligen Fremdwährungsaktiva und -passiva ebenfalls »bedeutend« sind. Für beide Aspekte können eigene geeignete Wesentlichkeitsschwellen festgelegt werden, wobei es aus Risikosicht letztlich auf die Kombination aus beiden Aspekten ankommt. Werden diese Schwellen nicht überschritten bzw. gibt deren Kombination keinen Anlass zur Sorge, so handelt es sich folglich auch nicht um wesentliche Liquiditätsrisiken in Fremdwährungen im Sinne der MaRisk.

11.3   Bedeutender Anteil an Aktiva bzw. Passiva in Fremdwährungen

302   Zur Bewertung der Wesentlichkeit kann sich ein Institut ggf. an den entsprechenden Empfehlungen für die Kapitalrisiken orientieren. So müssen jene Institute, die wesentliche Zinsänderungsrisiken in verschiedenen Währungen eingegangen sind, auch die Zinsänderungsrisiken in jeder dieser Währungen ermitteln (→ BTR 2.3 Tz. 8). Den entsprechenden Vorgaben zufolge gilt eine Währung als »wesentlich«, wenn die auf diese Währung lautenden zinstragenden Positionen mindestens fünf Prozent der zinstragenden Positionen der Aktiv- oder Passivseite im Anlagebuch ausmachen. Wenn die Summe der in die Berechnung einbezogenen zinstragenden Positionen weniger als 90 Prozent der zinstragenden Positionen der Aktiv- oder Passivseite im Anlagebuch entspricht, müssen beim Zinsschock auch Währungen unterhalb der Fünf-Prozent-Schwelle einbezogen werden.[319]

---

315 Empfehlung des Europäischen Ausschusses für Systemrisiken zur Finanzierung von Kreditinstituten (ESRB/2012/2) vom 20. Dezember 2012, Amtsblatt der Europäischen Union vom 25. April 2013, C 119/1–61.

316 Empfehlung des Europäischen Ausschusses für Systemrisiken zur Änderung der Empfehlung ESRB/2012/2 zur Finanzierung von Kreditinstituten (ESRB/2016/2) vom 21. März 2016, Amtsblatt der Europäischen Union vom 21. April 2016, C 140/1–2.

317 Vgl. European Banking Authority, Leitlinien für harmonisierte Definitionen und Vorlagen für Finanzierungspläne von Kreditinstituten gemäß der Empfehlung des Europäischen Ausschusses für Systemrisiken vom 20. Dezember 2012 (ESRB/2012/2), EBA/GL/2019/05, 9. Dezember 2019, S. 6.

318 Vgl. European Banking Authority, Guidelines on common procedures and methodologies for the supervisory review and evaluation process (SREP) and supervisory stress testing, EBA/GL/2014/13, Consolidated version, 19. Juli 2018, S. 24.

319 Vgl. Bundesanstalt für Finanzdienstleistungsaufsicht, Zinsänderungsrisiken im Anlagebuch, Rundschreiben 06/2019 (BA) vom 6. August 2019, S. 6.

In Bezug auf Fremdwährungskreditrisiken wird die Wesentlichkeit einer entsprechenden Emp- **303** fehlung des ESRB zufolge, die auch die EBA für die Zwecke des SREP aufgegriffen hat[320], daran bestimmt, ob die Fremdwährungskredite an »nicht abgesicherte Kreditnehmer«[321] mindestens 10 Prozent des Gesamtkreditbestandes (Gesamtkreditvergabe an nichtfinanzielle Kapitalgesellschaften und private Haushalte) betreffen, wobei dieser Gesamtkreditbestand wiederum mindestens 25 Prozent der Gesamtaktiva des Institutes ausmacht. Die Leitlinien der EBA zu Kapitalmaßnahmen für die Fremdwährungskreditvergabe an nicht abgesicherte Kreditnehmer im Rahmen des SREP[322] legen dasselbe Wesentlichkeitskriterium zugrunde. Sind diese Schwellenwerte überschritten oder wird das Fremdwährungskreditrisiko unabhängig von diesen Schwellenwerten als wesentlich eingestuft, sollen die nationalen Aufsichtsbehörden die Angemessenheit der Engagements, der Strategien, der Risikomanagementprozesse sowie der Eigenkapitalausstattung prüfen.

Für die Bestimmung der »maßgeblichen« Währungen im Rahmen der Meldeerfordernisse für die **304** zusätzlich erforderlichen Parameter zur Liquiditätsüberwachung müssen die Institute wiederum einen Schwellenwert von 1 Prozent der Gesamtverbindlichkeiten in allen Währungen anwenden[323], wobei daran keine zusätzlichen aufsichtlichen Anforderungen geknüpft sind.

Im MaRisk-Fachgremium wurde von der Aufsicht mangels Alternative eine Orientierung des **305** Wesentlichkeitskriteriums an den Vorgaben des Baseler Ausschusses für Bankenaufsicht nahegelegt, ohne dies verpflichtend vorzuschreiben. Demnach könnten 5 Prozent der Vermögensgegenstände bzw. Verbindlichkeiten als Orientierungsgröße dienen. Letztlich bleibt es den Instituten überlassen, die Wesentlichkeit anhand von geeigneten Kriterien festzulegen. Sofern bestimmte Schwellenwerte festgelegt werden, die sich auf jede einzelne Währung beziehen, sollte die Gesamtheit der Liquiditätspositionen nicht vernachlässigt werden. Schließlich können die Positionen in mehreren Währungen zwar einzeln betrachtet knapp unter dem Schwellenwert liegen, insgesamt aber einen bedeutenden Volumenteil ausmachen. Diese Vorgehensweise würde auch mit der Behandlung der Zinsänderungsrisiken im Anlagebuch übereinstimmen.

11.4 Bedeutende Inkongruenzen zwischen Fremdwährungsaktiva und -passiva

Schließlich spielen aus Risikosicht auch die Währungs- und Laufzeitinkongruenzen zwischen den **306** jeweiligen Fremdwährungsaktiva und -passiva eine entscheidende Rolle. Sofern z. B. bedeutende Verbindlichkeiten in Fremdwährungen bestehen, für diese aber Vermögensgegenstände in derselben Währung mit vergleichbarer Laufzeit vorhanden sind, handelt es sich folglich um ein überschaubares Risiko. Als problematisch kann sich unter Risikogesichtspunkten hingegen die Situation erweisen, mit Blick auf bedeutende Vermögensgegenstände oder Verbindlichkeiten in

---

320 Vgl. European Banking Authority, Guidelines on common procedures and methodologies for the supervisory review and evaluation process (SREP) and supervisory stress testing, EBA/GL/2014/13, Consolidated version, 19. Juli 2018, S. 72.

321 Unter »nicht abgesicherten Kreditnehmern« werden Privatpersonen sowie kleine und mittlere Unternehmen (KMU) als Kreditnehmer ohne natürliche oder finanzielle Absicherung verstanden, die Inkongruenzen zwischen der Kreditwährung und der Absicherungswährung ausgesetzt sind. Zu den natürlichen Absicherungen zählt insbesondere das Erzielen von Einkünften in Fremdwährung, z. B. durch Überweisungen oder Exporterlöse. Finanzielle Absicherungen setzen normalerweise einen Vertrag mit einem Institut voraus. Vgl. European Banking Authority, Guidelines on common procedures and methodologies for the supervisory review and evaluation process (SREP) and supervisory stress testing, EBA/GL/2014/13, Consolidated version, 19. Juli 2018, S. 25.

322 Vgl. European Banking Authority, Leitlinien zu Kapitalmaßnahmen für Fremdwährungskreditvergabe an nicht abgesicherte Kreditnehmer im Rahmen der aufsichtlichen Überprüfung und Bewertung (SREP), EBA/GL/2013/02, 20. Dezember 2013.

323 Durchführungsverordnung (EU) 2017/2114 der Kommission vom 9. November 2017 zur Änderung der Durchführungsverordnung (EU) Nr. 680/2014 in Bezug auf Meldebögen und Erläuterungen, Amtsblatt der Europäischen Union vom 6. Dezember 2017, L 321/366.

Fremdwährung starken Schwankungen der Wechselkurse zu unterliegen, was bei gleichzeitigen Laufzeitinkongruenzen zwischen der Aktiv- und der Passivseite mit einem wesentlichen Liquiditätsrisiko verbunden sein könnte. Dieses Risiko muss ein Institut aktiv überwachen und steuern.

307   Ein Institut sollte seinen gesamten Bedarf an Fremdwährungsliquidität ermitteln und dafür die akzeptablen Währungsinkongruenzen bestimmen. Hinsichtlich des Umfangs der Währungsinkongruenzen sollte Folgendes berücksichtigt werden[324]:

-   die Fähigkeit des Institutes zur Ausweitung der Fremdwährungsliquidität in ausländischen Märkten,
-   die mögliche Ausweitung der Fremdwährungsliquidität durch Back-up-Lösungen im Heimatmarkt,
-   die Fähigkeit, einen Liquiditätsüberhang zwischen verschiedenen Währungen, Jurisdiktionen und Rechtseinheiten zu übertragen,
-   die voraussichtliche Konvertibilität der Währungen, in denen das Institut aktiv ist, einschließlich der Möglichkeit einer Beeinträchtigung oder vollständigen Schließung der Devisen-Swap-Märkte für bestimmte Währungspaare.[325]

308   Der Europäische Ausschusses für Systemrisiken (ESRB) hat mit Blick auf den US-Dollar als wesentliche Refinanzierungswährung für die Institute der EU verschiedene Empfehlungen gegeben. Der ESRB hat als zentrale Schwachstelle die Kombination aus erheblichen Laufzeitinkongruenzen, verursacht durch eine kurzfristige großvolumige Refinanzierung längerfristiger Aktiv- und Passivgeschäfte (Fristentransformation), und einem volatilen Anlegerverhalten einiger Geschäftspartner identifiziert. Kontinuierliche Engpässe auf den Märkten für die Refinanzierung in US-Dollar werden bereits seit Juni 2011 beobachtet. Diese Engpässe wirken sich kurzfristig auf die Bankenliquidität und mittelfristig durch einen Abbau der in US-Dollar herausgereichten Kredite auf die Realwirtschaft und die Solvenz dieser Institute aus, wenn der Abbau des Verschuldungsgrades zu Notverkaufspreisen erfolgen muss. Eine enge Überwachung auf der Ebene des Bankensektors und einzelner Unternehmen würde es den zuständigen Behörden erleichtern, die Entwicklungen der Liquiditäts- und Refinanzierungsrisiken in US-Dollar besser zu verstehen und die Institute zu ermutigen, die notwendigen Maßnahmen zur Begrenzung übermäßiger Risiken und zur Korrektur von Verzerrungen beim Risikomanagement ex ante zu ergreifen.[326]

11.5   Angemessene Verfahren zur Steuerung der Fremdwährungsliquidität

309   Sofern ein Institut wesentliche Liquiditätsrisiken in Fremdwährungen aufweist, müssen zur Sicherstellung seiner Zahlungsverpflichtungen angemessene Verfahren zur Steuerung der Fremdwährungsliquidität in den wesentlichen Währungen implementiert werden. Hierzu gehören für die jeweiligen Währungen zumindest eine gesonderte Liquiditätsübersicht, gesonderte Fremdwährungsstresstests sowie eine explizite Berücksichtigung im Notfallplan für Liquiditätsengpässe.

---

324   Vgl. Basel Committee on Banking Supervision, Principles for Sound Liquidity Risk Management and Supervision, BCBS 144, 25. September 2008, S. 14.

325   So war z.B. der Markt für Isländische Kronen auf dem Höhepunkt der Krise der isländischen Banken vollständig geschlossen.

326   Vgl. Empfehlung des Europäischen Ausschusses für Systemrisiken zu der Finanzierung der Kreditinstitute in US-Dollar (ESRB/2011/2) vom 22. Dezember 2011, Amtsblatt der Europäischen Union vom 10. März 2012, C 72/1 f.

Diese Anforderungen ergeben sich zum Teil aus den Empfehlungen des ESRB zur Finanzierung der Kreditinstitute in US-Dollar (ESRB/2011/2) vom 22. Dezember 2011[327], Empfehlung B, und zu Fremdwährungskrediten (ESRB/2011/1) vom 21. September 2011, Empfehlung F.[328] Der ESRB empfiehlt den zuständigen Aufsichtsbehörden, die Liquiditäts- und Refinanzierungsrisiken, die von den Instituten im Zusammenhang mit Fremdwährungsdarlehen eingegangen werden, zusammen mit deren Gesamtliquiditätspositionen genau zu überwachen. Besondere Aufmerksamkeit gilt Risiken in Verbindung mit[329]   **310**
– der Anhäufung von Fälligkeits- und Währungsinkongruenzen zwischen Aktiva und Passiva,
– der Abhängigkeit von ausländischen Märkten für Devisenswaps (inkl. Zinsswaps) sowie
– der Konzentration von Refinanzierungsquellen.

Speziell mit Blick auf die von den Instituten eingegangenen Liquiditäts- und Refinanzierungsrisiken in US-Dollar empfiehlt der ESRB den zuständigen Aufsichtsbehörden bestimmte Kriterien genau zu überwachen. Dazu gehören Laufzeitinkongruenzen in US-Dollar, Konzentrationen von Refinanzierungsquellen nach Arten von Geschäftspartnern unter besonderer Beachtung der Geschäftspartner für die Bereitstellung von kurzfristiger Refinanzierung, Verwendung von Devisenswaps in US-Dollar inkl. Zins- und Währungsswaps sowie gruppeninterne Risiken. Die zuständigen Aufsichtsbehörden sollten – bevor die Liquiditäts- und Refinanzierungsrisiken in US-Dollar ein übermäßiges Ausmaß annehmen – erwägen, die Institute zur Ergreifung von Maßnahmen zu ermutigen, um die aus Laufzeitinkongruenzen in US-Dollar entstehenden Risiken angemessen zu steuern, sowie die Risiken zu begrenzen und gleichzeitig eine ungeordnete Korrektur der bisherigen Refinanzierungsstrukturen zu vermeiden.[330]   **311**

In einer Reihe von Mitgliedstaaten der EU hätten Fremdwährungsdarlehen insbesondere an nicht abgesicherte Kreditnehmer bereits ein übermäßiges Ausmaß angenommen. Damit bestehe das Risiko einer grenzüberschreitenden Ansteckung. Diese Empfehlung gilt allerdings ausdrücklich auch für abgesicherte Kreditnehmer und wird damit begründet, dass die Behörden ggf. eine Beschränkung der Fremdwährungsdarlehen erwägen sollten. Sie betreffen insofern auch die Berücksichtigung der Risiken aus Fremdwährungsdarlehen im Kreditprozess (→ BTO 1.2 Tz. 2 und BTO 1.2.1 Tz. 1). Insbesondere die Aussicht auf Liquiditätshilfen führt nach Einschätzung des ESRB zur Aufrechterhaltung unhaltbarer Refinanzierungsstrukturen (»Moral Hazard«).[331]   **312**

Mit dem ILAAP sollte nach den Vorstellungen der EZB ein solider Prozess implementiert werden, mit dem festgelegt und überwacht wird, welche Währungen als wesentlich für das Liquiditätsrisiko und/oder das Refinanzierungsrisiko angesehen werden. Die Institute sollten alle wesentlichen Risiken eindeutig identifizieren, die dazu führen, dass Liquiditäts- oder Refinanzierungsrisiken (teilweise) in einer anderen Währung als der Währung des entsprechenden Puffers der liquiden Aktiva übernommen werden. Dies schließt auch Risiken aus grenzüberschreitenden Aktivitäten ein. Derartige Risiken sollten im ILAAP für jede Währung, die als wesentlich erachtet wird, sowohl unter normalen Bedingungen (Bilanzpositionen und Währungsdifferenzen) als auch   **313**

327 Vgl. Empfehlung des Europäischen Ausschusses für Systemrisiken zu der Finanzierung der Kreditinstitute in US-Dollar (ESRB/2011/2) vom 22. Dezember 2011, Amtsblatt der Europäischen Union vom 10. März 2012, C 72/1–21.
328 Vgl. Empfehlung des Europäischen Ausschusses für Systemrisiken zu Fremdwährungskrediten (ESRB/2011/1) vom 21. September 2011, Amtsblatt der Europäischen Union vom 22. November 2011, C 342/1–47.
329 Vgl. Empfehlung des Europäischen Ausschusses für Systemrisiken zu Fremdwährungskrediten (ESRB/2011/1) vom 21. September 2011, Amtsblatt der Europäischen Union vom 22. November 2011, C 342/3.
330 Vgl. Empfehlung des Europäischen Ausschusses für Systemrisiken zu der Finanzierung der Kreditinstitute in US-Dollar (ESRB/2011/2) vom 22. Dezember 2011, Amtsblatt der Europäischen Union vom 10. März 2012, C 72/2.
331 Vgl. Empfehlung des Europäischen Ausschusses für Systemrisiken zu Fremdwährungskrediten (ESRB/2011/1) vom 21. September 2011, Amtsblatt der Europäischen Union vom 22. November 2011, C 342/1 ff.

unter Stressbedingungen (Liquiditätswert liquider Aktiva in Fremdwährung versus Nettoabflüsse in Fremdwährung unter Stressbedingungen) quantifiziert werden.[332]

11.5.1 Gesonderte Liquiditätsübersicht

314 Das Institut hat für einen geeigneten Zeitraum eine aussagekräftige Liquiditätsübersicht zu erstellen, in der die voraussichtlichen Mittelzuflüsse den voraussichtlichen Mittelabflüssen gegenübergestellt werden. Den auch in normalen Marktphasen üblichen Schwankungen der Zahlungsflüsse ist angemessen Rechnung zu tragen. Die Annahmen, die den Mittelzuflüssen und -abflüssen zugrunde liegen, sind festzulegen. Die Untergliederung in Zeitbänder muss geeignet sein, um auch die Entwicklung der kurzfristigen Liquiditätslage abzubilden (→ BTR 3.1 Tz. 3).

315 Im Falle wesentlicher Liquiditätsrisiken aus verschiedenen Fremdwährungen müssen für diese Währungen jeweils gesonderte Liquiditätsübersichten aufgestellt werden. Dafür gelten die in diesem Modul erläuterten Anforderungen entsprechend. Es sollte allerdings beachtet werden, dass die Erkenntnisse aus der Überwachung der einzelnen Liquiditätsübersichten an einer Stelle auch wieder zusammenfließen müssen. Schließlich können Liquiditätsprobleme in einer bestimmten Währung trotz aller möglichen Inkongruenzen ggf. auch mit Hilfe überschüssiger Liquidität in anderen Währungen beseitigt werden.

316 Es sei zudem darauf hingewiesen, dass die in den Instituten standardmäßig verwendeten Verfahren zur Steuerung der Liquiditätsrisiken aufgrund der Besonderheiten im Hinblick auf die Zahlungsströme wesentlicher Fremdwährungspositionen ggf. adjustiert werden müssen. Insbesondere könnten geeignete Risikoindikatoren ergänzt werden, die z. B. die jeweiligen Schwankungsbreiten der Wechselkurse berücksichtigen.[333] Insgesamt sollte im Interesse der Gesamtbanksteuerung im Idealfall eine Verknüpfung mit der Steuerung anderer Risikoarten erfolgen, zu denen vielfältige Wechselbeziehungen bestehen. Da wäre zunächst das »Fremdwährungskreditrisiko« als das bestehende oder künftige Risiko in Bezug auf die Erträge und Eigenmittel eines Institutes infolge von Fremdwährungskrediten zu nennen.[334] So könnten sich Wechselkurse (Marktrisiken) überproportional auf das Kreditrisiko des Fremdwährungskreditportfolios eines Institutes auswirken, indem sich z. B. der Wert der ausstehenden Zahlungen erhöht und/oder die als Sicherheit hinterlegten Vermögenswerte in der Landeswährung an Wert verlieren.[335] Zu berücksichtigen ist auch das für die Steuerung der Adressenausfallrisiken bedeutsame »Transferrisiko« im Zusammenhang mit der grenzüberschreitenden Vergabe von Fremdwährungskrediten für wesentliche grenzüberschreitende Kredite und Risikopositionen in Fremdwährungen.[336] Zudem sollte unter Berücksichtigung der historischen Korrelationen zwischen den verschiedenen Währungen das Zinsänderungsrisiko für jede Währung analysiert werden, in der die Institute signifikante Positionen halten.[337] Für die Behandlung des Marktrisikos spielt außerdem das »strukturelle Fremdwährungsrisiko« eine Rolle, bei dem das Eigenkapital in Tochterunternehmen nicht der Bilanzwährung

---

332 Vgl. Europäische Zentralbank, Leitfaden der EZB für den bankinternen Prozess zur Sicherstellung einer angemessenen Liquiditätsausstattung (Internal Liquidity Adequacy Assessment Process – ILAAP), 9. November 2018, S. 24 f.

333 Vgl. Mayer, Stephan, Management von Liquiditätsrisiken, in: Pfeifer, Guido/Ullrich, Walter (Hrsg.), MaRisk-Interpretationshilfen, 2. Auflage, Heidelberg, 2009, S. 384.

334 Vgl. European Banking Authority, Guidelines on common procedures and methodologies for the supervisory review and evaluation process (SREP) and supervisory stress testing, EBA/GL/2014/13, Consolidated version, 19. Juli 2018, S. 23.

335 Vgl. European Banking Authority, Guidelines on common procedures and methodologies for the supervisory review and evaluation process (SREP) and supervisory stress testing, EBA/GL/2014/13, Consolidated version, 19. Juli 2018, S. 80 f.

336 Vgl. European Banking Authority, Guidelines on common procedures and methodologies for the supervisory review and evaluation process (SREP) and supervisory stress testing, EBA/GL/2014/13, Consolidated version, 19. Juli 2018, S. 79.

337 Vgl. European Banking Authority, Guidelines on common procedures and methodologies for the supervisory review and evaluation process (SREP) and supervisory stress testing, EBA/GL/2014/13, Consolidated version, 19. Juli 2018, S. 123.

der Muttergesellschaft entspricht.[338] Schließlich wird das Ertragsrisiko aus Kursschwankungen bei Fremdwährungen i. d. R. im Rahmen der Steuerung des Marktrisikos berücksichtigt. Aus all diesen Bereichen können Erkenntnisse für die Erstellung der geforderten Liquiditätsübersichten genutzt werden.

11.5.2 Gesonderte Fremdwährungsstresstests

Für Liquiditätsrisiken sind regelmäßig angemessene Stresstests durchzuführen. Dabei sind sowohl institutseigene als auch marktweite Ursachen für Liquiditätsrisiken in die Betrachtung einzubeziehen. Das Institut hat die Stresstests individuell zu definieren. Dabei sind den Stresstests unterschiedlich lange Zeithorizonte zugrunde zu legen (→ BTR 3.1 Tz. 8).   **317**

Für Institute, die in mehreren Währungen investiert sind, ist der Zugang zu verschiedenen Liquiditätsquellen in jeder Währung erforderlich, da die Liquidität nicht immer ohne Weiteres von einer Währung in eine andere konvertiert werden kann. Für wesentliche Liquiditätspositionen in unterschiedlichen Währungen sollten daher die potenziellen Beschränkungen im Stressfall beachtet werden.[339] Sofern wesentliche Liquiditätsrisiken aus Fremdwährungen vorliegen, sind deshalb auch gesonderte Fremdwährungsstresstests durchzuführen. Dafür gelten grundsätzlich auch die allgemeinen Anforderungen an die Durchführung von Stresstests für Liquiditätsrisiken. Die Liquiditätsrisikostresstests sollten für mindestens alle wesentlichen Währungen so granular ausgestaltet sein, dass eine Analyse währungsspezifischer Annahmen in den Szenarien ermöglicht wird, wie z. B. hinsichtlich der Volatilität der Wechselkurse oder möglicher Währungsinkongruenzen.[340]   **318**

Der ESRB gibt zwar keine direkte Empfehlung zu gesonderten Fremdwährungsstresstests ab, weist aber an mehreren Stellen auf die besondere Bedeutung von Stresssituationen hin. Im Dezember 2010 hielten die Kreditinstitute der EU im Rahmen ihres gesamten Liquiditätsdeckungspotenzials[341] einer Datenerhebung des ESRB zufolge Bestände in Höhe von rund 570 Milliarden Euro an US-Dollar-Aktiva. Dies entsprach ungefähr 20 Prozent der Gesamtverbindlichkeiten in US-Dollar, wenn die am weitesten gefasste Definition des Liquiditätsdeckungspotenzials zugrunde gelegt wird. Davon waren etwa zwei Drittel notenbankfähige Sicherheiten. Zwar könnten liquide Aktiva in anderen Währungen verwendet werden, um auf einen US-Dollar-Schock zu reagieren. Allerdings hängt der Erfolg teilweise vom Funktionieren der Devisenmärkte ab. Eine Bewertung des ESRB auf Basis der von den nationalen Aufsichtsbehörden bereitgestellten Daten zeigt, dass die Kreditinstitute der EU in einem schweren Stressszenario eine beträchtliche Refinanzierungslücke in US-Dollar aufweisen. Mit Blick auf die vertraglichen, in US-Dollar denominierten Zu- und Abflüsse wurde damals z. B. für einen Zeitraum von zwölf Monaten eine kumulierte US-Dollar-Refinanzierungslücke von 919 Milliarden Euro berechnet.[342]   **319**

Bei einem Fremdwährungsstresstest sind gewisse Besonderheiten zu beachten. So besteht z. B. das Risiko, dass sich ausländische Investoren in einem Stressszenario in ihre Heimatmärkte zurückziehen oder in geringerem Maße als inländische Anleger zwischen den Unternehmen   **320**

---

338 Vgl. European Banking Authority, Guidelines on common procedures and methodologies for the supervisory review and evaluation process (SREP) and supervisory stress testing, EBA/GL/2014/13, Consolidated version, 19. Juli 2018, S. 24.

339 Vgl. Basel Committee on Banking Supervision, Principles for Sound Liquidity Risk Management and Supervision, BCBS 144, 25. September 2008, S. 18 f.

340 Vgl. European Banking Authority, Leitlinien zu den Stresstests der Institute, EBA/GL/2018/04, 19. Juli 2018, S. 41.

341 Das Liquiditätsdeckungspotenzial wird vom ESRB als die Liquiditätsmenge definiert, die eine Bank zur Deckung des Liquiditätsbedarfes verfügbar machen kann. Ein Liquiditätspuffer ist normalerweise definiert als das kurze Ende des Liquiditätsdeckungspotenzials in einem Stressszenario. Er muss in vollem Umfang für einen festgelegten kurzen Zeitraum (die Survival Period) zur Verfügung stehen. Vgl. Empfehlung des Europäischen Ausschusses für Systemrisiken zu der Finanzierung der Kreditinstitute in US-Dollar (ESRB/2011/2) vom 22. Dezember 2011, Amtsblatt der Europäischen Union vom 10. März 2012, C 72/8, Fußnote 1.

342 Vgl. Empfehlung des Europäischen Ausschusses für Systemrisiken zu der Finanzierung der Kreditinstitute in US-Dollar (ESRB/2011/2) vom 22. Dezember 2011, Amtsblatt der Europäischen Union vom 10. März 2012, C 72/8 ff.

differenzieren, in die sie investiert haben. Einige Kategorien von US-Anlegern haben sich während der Krise tendenziell im Gleichlauf bewegt und besonders stark auf Negativschlagzeilen reagiert. Dies macht die Institute der EU besonders bei Konzentrationen von Anlegerkategorien anfällig für plötzliche Refinanzierungsengpässe. Die Institute der EU müssen zudem ggf. liquide Aktiva in anderen Währungen über die Devisenkassa- und -swapmärkte in US-Dollar umwandeln, sofern ein kurzfristiger Bedarf an US-Dollar in einem Stressszenario nicht über die Veräußerung von Aktiva in US-Dollar gedeckt werden kann.[343]

321 Den Vorschlägen des ESRB zufolge sollten Anreize für Institute geschaffen werden, versteckte Risiken und das Risiko von Ausnahmeereignissen (»Tail Events«) in Verbindung mit Fremdwährungsdarlehen besser zu erkennen.[344] Dafür eignen sich bekanntermaßen am besten Stresstests. In der Gruppenbetrachtung steigt die Wahrscheinlichkeit einer Unterstützung der Tochtergesellschaft durch die Mutterbank nach Einschätzung des ESRB in einer Stresssituation mit dem Ausmaß des Risikos.[345] Im Rahmen ihrer Auswertung des europaweiten Stresstests im Jahr 2011 hat auch die EBA festgestellt, dass in einigen Mitgliedstaaten das größte Risiko in einer ungünstigen Wechselkursentwicklung mit Auswirkungen auf Fremdwährungskredite besteht.[346]

11.5.3 Berücksichtigung im Notfallplan für Liquiditätsengpässe

322 Das Institut hat festzulegen, welche Maßnahmen im Fall eines Liquiditätsengpasses ergriffen werden sollen (Notfallplan für Liquiditätsengpässe). Dazu gehört auch die Darstellung der in diesen Fällen zur Verfügung stehenden Liquiditätsquellen unter Berücksichtigung etwaiger Mindererlöse. Die im Fall eines Liquiditätsengpasses zu verwendenden Kommunikationswege sind festzulegen. Die geplanten Maßnahmen sind regelmäßig auf ihre Durchführbarkeit zu überprüfen und ggf. anzupassen. Die Ergebnisse der Stresstests sind dabei zu berücksichtigen (→ BTR 3.1 Tz. 9).

323 Liegen wesentliche Liquiditätsrisiken aus Fremdwährungen vor, so sind diese explizit im Notfallplan für Liquiditätsengpässe zu berücksichtigen. Auch der ESRB sieht ein geeignetes Mittel zur Abfederung der Refinanzierungsrisiken in US-Dollar darin, Notfall-Refinanzierungspläne bereitzuhalten, um die Verschärfung von Refinanzierungsproblemen in Ausnahmesituationen zu vermeiden. Obwohl konstatiert wird, dass Notfallpläne neue systemische Probleme schaffen könnten, wenn sie zu einem Herdenverhalten führen, gibt der ESRB den zuständigen Aufsichtsbehörden mit Fokus auf den US-Dollar die Empfehlung[347],

– zu gewährleisten, dass die Institute in ihren Notfall-Refinanzierungsplänen Managementmaßnahmen zur Bewältigung von Schocks bei der Refinanzierung in US-Dollar vorsehen und deren Machbarkeit für den Fall geprüft haben, dass mehrere Institute gleichzeitig versuchen, diese Maßnahmen auszuführen; in den Notfall-Refinanzierungsplänen sollten zumindest die Notfall-Refinanzierungsquellen berücksichtigt werden, die im Fall einer Verringerung des Angebotes seitens verschiedener Kategorien von Geschäftspartnern verfügbar sind, sowie

– die Machbarkeit dieser in den Notfall-Refinanzierungsplänen enthaltenen Managementmaßnahmen auf der Ebene des Bankensektors zu beurteilen; ergibt die Beurteilung, dass das gleichzeitige Handeln der Institute zu potenziellen systemischen Risiken führen würde, wird den

---

343 Vgl. Empfehlung des Europäischen Ausschusses für Systemrisiken zu der Finanzierung der Kreditinstitute in US-Dollar (ESRB/2011/2) vom 22. Dezember 2011, Amtsblatt der Europäischen Union vom 10. März 2012, C 72/12 f.

344 Vgl. Empfehlung des Europäischen Ausschusses für Systemrisiken zu Fremdwährungskrediten (ESRB/2011/1) vom 21. September 2011, Amtsblatt der Europäischen Union vom 22. November 2011, C 342/1 ff.

345 Vgl. Empfehlung des Europäischen Ausschusses für Systemrisiken zu Fremdwährungskrediten (ESRB/2011/1) vom 21. September 2011, Amtsblatt der Europäischen Union vom 22. November 2011, C 342/20.

346 Vgl. European Banking Authority, 2011 EU-wide Stress Test Aggregate Report, 15. Juli 2011, S. 28.

347 Vgl. Empfehlung des Europäischen Ausschusses für Systemrisiken zu der Finanzierung der Kreditinstitute in US-Dollar (ESRB/2011/2) vom 22. Dezember 2011, Amtsblatt der Europäischen Union vom 10. März 2012, C 72/2.

zuständigen Aufsichtsbehörden empfohlen, Maßnahmen in Erwägung zu ziehen, um diese Risiken und die Folgen dieses Handelns für die Stabilität des Bankensektors der Union zu mindern.

Ein Institut sollte sich seiner Fremdwährungsliquiditätsrisiken in jeder Hinsicht bewusst sein und entsprechende Managementvorkehrungen treffen. Das Risiko einer plötzlichen Veränderung der Wechselkurse oder der Marktliquidität, das Liquiditätsdiskrepanzen deutlich ausweiten und die Wirksamkeit von Hedging-Strategien einschränken kann, sollte berücksichtigt werden. Darüber hinaus sollte ein Institut die Wahrscheinlichkeit bewerten, dass der Zugang zu den Devisenmärkten versperrt wird und die wesentlichen Währungen, in denen das Institut aktiv ist, nicht mehr konvertibel sind. Dafür sollten entsprechende Notfalllösungen erarbeitet werden.[348]

324

11.6 Bedeutung für den SREP

Bei der Bewertung des kurz- und mittelfristigen Liquiditätsbedarfes sollten die zuständigen Behörden auch die jeweiligen Auswirkungen von Stresssituationen in den unterschiedlichen Währungen zur Widerspiegelung des Konvertibilitätsrisikos berücksichtigen.[349] Untersucht werden sollte zudem, ob der Limit- und Kontrollrahmen die wesentlichen Liquiditätsrisikotreiber widerspiegelt, wobei auch Laufzeit- und Währungsinkongruenzen genannt werden.[350] Vor diesem Hintergrund spielt das Risiko aufgrund von Inkongruenzen (zwischen Laufzeiten, Währungen etc.) auch bei der Vergabe des Scorewertes für das Liquiditätsrisiko eine wesentliche Rolle.[351] Bei der Bewertung der Angemessenheit der Liquiditätsausstattung eines Institutes wird auch analysiert, ob eventuelle Refinanzierungslücken in verschiedenen Währungen angemessen abgedeckt werden können.[352] Mögliche Aufsichtsmaßnahmen können sich folglich sowohl auf Vorgaben zur Zusammensetzung der liquiden Aktiva bezüglich bestimmter Währungen als auch zu Konzentrationen im Refinanzierungsprofil in Bezug auf (Inkongruenzen bei) Währungen beziehen.[353] Für die aufsichtliche Überprüfung fordert die EBA – sofern relevant – auch eine Strategie zur Refinanzierung in Fremdwährungen, einschließlich der wichtigsten Annahmen bezüglich der Verfügbarkeit und Konvertierbarkeit dieser Währungen.[354]

325

---

348 Vgl. Basel Committee on Banking Supervision, Principles for Sound Liquidity Risk Management and Supervision, BCBS 144, 25. September 2008, S. 14.

349 Vgl. European Banking Authority, Guidelines on common procedures and methodologies for the supervisory review and evaluation process (SREP) and supervisory stress testing, EBA/GL/2014/13, Consolidated version, 19. Juli 2018, S. 151.

350 Vgl. European Banking Authority, Guidelines on common procedures and methodologies for the supervisory review and evaluation process (SREP) and supervisory stress testing, EBA/GL/2014/13, Consolidated version, 19. Juli 2018, S. 164.

351 Vgl. European Banking Authority, Guidelines on common procedures and methodologies for the supervisory review and evaluation process (SREP) and supervisory stress testing, EBA/GL/2014/13, Consolidated version, 19. Juli 2018, S. 168 f.

352 Vgl. European Banking Authority, Guidelines on common procedures and methodologies for the supervisory review and evaluation process (SREP) and supervisory stress testing, EBA/GL/2014/13, Consolidated version, 19. Juli 2018, S. 172.

353 Vgl. European Banking Authority, Guidelines on common procedures and methodologies for the supervisory review and evaluation process (SREP) and supervisory stress testing, EBA/GL/2014/13, Consolidated version, 19. Juli 2018, S. 194.

354 Vgl. European Banking Authority, Leitlinien zu für SREP erhobene ICAAP- und ILAAP-Informationen, EBA/GL/2016/10, 3. November 2016, S. 19.

12   Interner Refinanzierungsplan (Tz. 12)

326   **12** Das Institut hat einen internen Refinanzierungsplan aufzustellen, der die Strategien, den Risikoappetit und das Geschäftsmodell angemessen widerspiegelt. Der Planungshorizont hat einen angemessen langen, in der Regel mehrjährigen Zeitraum zu umfassen. Dabei ist zu berücksichtigen, wie sich Veränderungen der eigenen Geschäftstätigkeit oder der strategischen Ziele sowie Veränderungen des wirtschaftlichen Umfeldes auf den Refinanzierungsbedarf auswirken. Möglichen adversen Entwicklungen, die von den Erwartungen abweichen, ist bei der Planung angemessen Rechnung zu tragen.

12.1   Aufstellung eines internen Refinanzierungsplanes

327   Die Institute müssen über eine angemessene Liquiditäts- und Refinanzierungsposition verfügen und damit zur Sicherstellung ihres Fortbestandes beitragen.[355] Die Liquiditätsposition wird hinsichtlich des Liquiditätssaldos in erster Linie mit Hilfe geeigneter Zeitbänder in den Liquiditätsübersichten im kurz-, mittel- und langfristigen Bereich überwacht (→ BTR 3.1 Tz. 3). Ergänzend wird ein hinreichendes Liquiditätsdeckungspotenzial vor allem vom Vorhandensein ausreichend bemessener, nachhaltiger Liquiditätspuffer, wie z. B. hochliquider, unbelasteter Vermögensgegenstände, und verlässlicher Refinanzierungsquellen abhängig gemacht (→ BTR 3.1 Tz. 4). In der Praxis decken die Liquiditätsübersichten häufig nur einen Zeitraum von 12 Monaten ab, weil die Liquiditätssalden für längere Zeiträume aufgrund zahlreicher Unwägbarkeiten nur schwer abzuschätzen sind und insofern auch keine echten Steuerungsimpulse liefern.

328   Nicht zuletzt vor diesem Hintergrund wurde mit der fünften MaRisk-Novelle die Forderung ergänzt, einen internen Refinanzierungsplan aufzustellen, der in der Regel einen mehrjährigen Zeitraum zu umfassen hat und die Liquiditätsübersichten insofern im Langfristbereich sinnvoll ergänzt. Im Rahmen des ILAAP sollten die Institute eine angemessene Allokation von Liquiditätsressourcen über den Konjunkturzyklus hinweg ermöglichen. Diese Bewertung sollte sich in den Kapital- und Liquiditätsplänen der Institute widerspiegeln.[356]

329   Mit Blick auf die Anforderungen der EZB zum ILAAP läuft der geforderte Refinanzierungsplan in erster Linie auf die mehrjährige Beurteilung der Fähigkeit der Institute im Rahmen der normativen Perspektive hinaus, kontinuierlich alle ihre regulatorischen und aufsichtlichen Liquiditätsanforderungen und -vorgaben zu erfüllen und sonstigen externen finanziellen Zwängen Rechnung zu tragen.[357]

12.1.1   Übereinstimmung mit den internen Vorgaben

330   Der interne Refinanzierungsplan soll die Strategien, den Risikoappetit und das Geschäftsmodell angemessen widerspiegeln. Die EZB betrachtet die Refinanzierungsplanung als ein mehrdimen-

---

355 Vgl. Europäische Zentralbank, Leitfaden der EZB für den bankinternen Prozess zur Sicherstellung einer angemessenen Liquiditätsausstattung (Internal Liquidity Adequacy Assessment Process – ILAAP), 9. November 2018, S. 15.

356 Vgl. European Banking Authority, Leitlinien zu den Stresstests der Institute, EBA/GL/2018/04, 19. Juli 2018, S. 46.

357 Vgl. Europäische Zentralbank, Leitfaden der EZB für den bankinternen Prozess zur Sicherstellung einer angemessenen Liquiditätsausstattung (Internal Liquidity Adequacy Assessment Process – ILAAP), 9. November 2018, S. 18.

sionales internes Verfahren, in das die Szenarien, Strategien und Geschäftspläne der Institute einfließen und an dessen Ende ein Refinanzierungsplan steht, der eine mehrere Jahre umfassende Projektion der Refinanzierungsquellen der Institute darstellt. Neben dem Basisszenario müssen als zentraler Bestandteil der Refinanzierungsplanung die adversen Szenarien beurteilt werden, um das operative Geschäft auch in längeren Belastungsphasen fortführen zu können.[358] Zwangsläufig muss der Refinanzierungsplan auch mit den internen Liquiditätsressourcen vereinbar sein.[359]

12.1.2 Angemessener Planungshorizont

Der Planungshorizont des internen Refinanzierungsplanes hat einen angemessen langen, in der Regel mehrjährigen Zeitraum zu umfassen. Die EZB unterscheidet bei den bedeutenden Instituten zwischen der »Liquiditätsposition« für einen Zeithorizont von mindestens einem Jahr und der »Refinanzierungsposition« für mindestens drei Jahre. Es obliegt zwar den Instituten, einen angemessenen Planungszeitraum zu wählen. Konsequenterweise sollte ein detaillierter Refinanzierungsplan aber einen zukunftsgerichteten Zeithorizont von mindestens drei Jahren abdecken. Die Institute sollten zudem Entwicklungen mit absehbar wesentlichen Auswirkungen, die über diesen Mindestzeitraum hinausgehen, in angemessener Weise in ihrer strategischen Planung berücksichtigen.[360]

331

12.1.3 Berücksichtigung möglicher Veränderungen

Bei der Refinanzierungsplanung ist zu berücksichtigen, wie sich Veränderungen der eigenen Geschäftstätigkeit oder der strategischen Ziele sowie Veränderungen des wirtschaftlichen Umfeldes auf den Refinanzierungsbedarf auswirken. Dabei geht es also einerseits um jene Veränderungen, die vom Institut selbst angestoßen werden und andererseits um Entwicklungen, auf die das Institut in der Regel nur reagieren kann. Zudem sollten die Institute in der normativen Perspektive des ILAAP die Auswirkungen bevorstehender Änderungen des Rechts-, Regulierungs- oder Rechnungslegungsrahmens berücksichtigen. So sollten z. B. eher unwahrscheinliche Änderungen mit weitreichenden Auswirkungen angemessen berücksichtigt werden, z. B. beim Notfallplan für Liquiditätsengpässe. Wahrscheinlichere regulatorische Änderungen, wie vor einigen Jahren z. B. die Umsetzung der strukturellen Liquiditätsquote (NSFR), sollten hingegen direkt im Liquiditäts- und Refinanzierungsplan erfasst werden. Die Institute sollten eine fundierte und begründete Entscheidung treffen, wie diesen Änderungen bei der Liquiditäts- und Refinanzierungsplanung Rechnung getragen wird.[361]

332

Die im Refinanzierungsplan vorgesehenen Maßnahmen können selbst wieder Auswirkungen auf das Refinanzierungsrisiko des Institutes haben, was bei der Planung beachtet werden sollte. Die Institute sollten die Stabilität ihres Refinanzierungsprofils unter Berücksichtigung der Diver-

333

---

358 Vgl. Europäische Zentralbank, Leitfaden der EZB für den bankinternen Prozess zur Sicherstellung einer angemessenen Liquiditätsausstattung (Internal Liquidity Adequacy Assessment Process – ILAAP), 9. November 2018, S. 36f.

359 Vgl. Europäische Zentralbank, Leitfaden der EZB für den bankinternen Prozess zur Sicherstellung einer angemessenen Liquiditätsausstattung (Internal Liquidity Adequacy Assessment Process – ILAAP), 9. November 2018, S. 19.

360 Vgl. Europäische Zentralbank, Leitfaden der EZB für den bankinternen Prozess zur Sicherstellung einer angemessenen Liquiditätsausstattung (Internal Liquidity Adequacy Assessment Process – ILAAP), 9. November 2018, S. 17f. Für die Liquiditätsposition wurde im Entwurf vom März 2018 »mindestens ein Jahr« erwartet. Diese Klarstellung ist in der Endfassung nicht mehr enthalten. Sie ergibt sich allerdings implizit daraus, dass für die Definition der internen Liquiditätspuffer ein Zeitraum von mindestens einem Jahr zu berücksichtigen ist. Vgl. Europäische Zentralbank, Leitfaden der EZB für den bankinternen Prozess zur Sicherstellung einer angemessenen Liquiditätsausstattung (Internal Liquidity Adequacy Assessment Process – ILAAP), 9. November 2018, S. 26.

361 Vgl. Europäische Zentralbank, Leitfaden der EZB für den bankinternen Prozess zur Sicherstellung einer angemessenen Liquiditätsausstattung (Internal Liquidity Adequacy Assessment Process – ILAAP), 9. November 2018, S. 19.

sität oder Konzentration der Refinanzierungsquellen, Märkte und Produkte beurteilen und ihren Marktzugang hinsichtlich des Geschäftsvolumens und der Preisgestaltung unter Berücksichtigung der aktuellen Belastung von Vermögenswerten und der diesbezüglich bei Durchführung des Refinanzierungsplanes zu erwartenden Änderungen einschätzen.[362]

12.1.4 Berücksichtigung adverser Entwicklungen

334 Möglichen adversen Entwicklungen, die von den Erwartungen abweichen, ist bei der Planung angemessen Rechnung zu tragen. Bei der Betrachtung des Basisszenarios sollten die Institute zunächst jene Entwicklungen zugrunde legen, die sie unter normalen Bedingungen erwarten. Dabei sind die Geschäftsstrategie und glaubwürdige Annahmen in Bezug auf Mittelzu- und -abflüsse, Risikoeintritt etc. zu berücksichtigen.[363]

335 In der normativen Perspektive sollte allen Aspekten Rechnung getragen werden, die sich auf die relevanten aufsichtsrechtlichen Quoten (z.B. Mittelzu- und -abflüsse sowie Liquiditätspuffer) im Planungszeitraum auswirken können. Die Institute sollten bei der Beurteilung ihrer Liquiditäts-adäquanz aus der normativen Perspektive jene Annahmen berücksichtigen, die sie beim ökonomischen Ansatz zugrunde legen, und prüfen, wie diese Annahmen je nach dem angewandten Szenario die aufsichtlichen Quoten der ersten und der zweiten Säule im Planungszeitraum beeinflussen. Das kann z.B. auch eine aufsichtlich geforderte Mindestüberlebensdauer betreffen.[364] Dazu gehört die Betrachtung angemessener institutsspezifischer adverser Szenarien, die sich in der mehrjährigen Liquiditäts- und Refinanzierungsplanung widerspiegeln und mit den übergreifenden Planungszielen der Institute in Einklang stehen.[365]

12.2 Empfehlungen der EBA

336 Der interne Refinanzierungsplan dient ausschließlich internen Steuerungszwecken und kann, abhängig von Art und Umfang der Liquiditätsrisiken, institutsindividuell ausgestaltet werden. Davon zu unterscheiden sind Refinanzierungspläne, wie sie gemäß den entsprechenden EBA-Leitlinien[366] gefordert und von bestimmten Instituten bei der EBA eingereicht werden. Diese sind nicht Gegenstand der MaRisk, gleichwohl kann die Anforderung mit einem für die EBA erstellten Refinanzierungsplan erfüllt werden (→ BTR 3.1 Tz. 12, Erläuterung).

337 Die von der Aufsicht genannten EBA-Leitlinien beruhen auf einer Empfehlung des Europäischen Ausschusses für Systemrisiken (»European Systemic Risk Board«, ESRB) vom Dezember 2012.[367]

---

362 Vgl. Europäische Zentralbank, Leitfaden der EZB für den bankinternen Prozess zur Sicherstellung einer angemessenen Liquiditätsausstattung (Internal Liquidity Adequacy Assessment Process – ILAAP), 9. November 2018, S. 26.

363 Vgl. Europäische Zentralbank, Leitfaden der EZB für den bankinternen Prozess zur Sicherstellung einer angemessenen Liquiditätsausstattung (Internal Liquidity Adequacy Assessment Process – ILAAP), 9. November 2018, S. 31.

364 Vgl. Europäische Zentralbank, Leitfaden der EZB für den bankinternen Prozess zur Sicherstellung einer angemessenen Liquiditätsausstattung (Internal Liquidity Adequacy Assessment Process – ILAAP), 9. November 2018, S. 18f.

365 Vgl. Europäische Zentralbank, Leitfaden der EZB für den bankinternen Prozess zur Sicherstellung einer angemessenen Liquiditätsausstattung (Internal Liquidity Adequacy Assessment Process – ILAAP), 9. November 2018, S. 15.

366 European Banking Authority, Leitlinien für harmonisierte Definitionen und Vorlagen für Finanzierungspläne von Kreditinstituten gemäß der Empfehlung des Europäischen Ausschusses für Systemrisiken vom 20. Dezember 2012 (ESRB/2012/2), EBA/GL/2019/05, 9. Dezember 2019.

367 Empfehlung des Europäischen Ausschusses für Systemrisiken zur Finanzierung von Kreditinstituten (ESRB/2012/2) vom 20. Dezember 2012, Amtsblatt der Europäischen Union vom 25. April 2013, C 119/1–61.

Diese Empfehlung wurde vom ESRB aufgrund einer zwischenzeitlich erforderlich gewordenen Fristverlängerung überarbeitet.[368] Die EBA-Leitlinien enthalten für ausgewählte Institute harmonisierte Vorlagen und Definitionen zur Berichterstattung über Refinanzierungspläne auf konsolidierter Ebene an die zuständigen Behörden.[369] Im Folgenden werden die wesentlichen Inhalte kurz erläutert.

In Abschnitt 1 geht es um eine Hochrechnung des Gesamtbestandes an Bilanzaktiva und -passiva für die nächsten drei Jahre, wobei Forderungen und Verbindlichkeiten (Abschnitt 1A) sowie die Prognose der Liquiditätsquoten (Abschnitt 1B) zu melden sind. Dabei müssen die Liquiditätsdeckungsquote (LCR) für einen Zeithorizont von einem Jahr sowie die strukturelle Liquiditätsquote (NSFR) für einen Zeithorizont von den nächsten drei Jahren hochgerechnet werden. Eventuelle Kreditübernahmen, der Abbau von Aktiva, die Übernahme von Verbindlichkeiten aus Einlagen und Veräußerungspläne sind dabei zu berücksichtigen. **338**

Abschnitt 2 beschäftigt sich mit den Refinanzierungsquellen und ist in vier Unterabschnitte gegliedert. Zunächst geht es um die Feststellung und Bewertung von (Veränderungen der) spezifischen Refinanzierungsquellen (Abschnitt 2A). Dabei werden die Einlagen, die unter ein Einlagensicherungssystem gemäß der Richtlinie 2014/49/EU oder ein gleichwertiges Einlagensicherungssystem in einem Drittland fallen, die unbesicherten Einlagen, die sonstigen einlagenähnlichen Finanzinstrumente, die an Endkunden verkauft werden, die Refinanzierungsquellen, die entweder direkt oder indirekt im öffentlichen Sektor angesiedelt sind (inkl. mittel- und langfristige Refinanzierungsprogramme für Pensionsgeschäfte, Refinanzierungsprogramme für Kreditgarantien und Programme zur Unterstützung der Realwirtschaft durch Kreditgarantien), sowie die innovativen Schulden- oder schuldenähnlichen Finanzierungsstrukturen (inkl. innovative einlagenähnliche Instrumente) hochgerechnet. Anschließend erfolgt eine Bewertung der Tragfähigkeit der geplanten Refinanzierung unter Preisaspekten (Abschnitt 2B). Zu diesem Zweck werden die Renditen einzelner Vermögenswerte auf übergeordneter Ebene sowie die gesamten Refinanzierungskosten jeweils über einen Zeithorizont von einem Jahr hochgerechnet. Beleuchtet werden auch die Feststellung und Bewertung von (Veränderungen der) Refinanzierungsinkongruenzen in Bezug auf spezifische Währungen (Abschnitt 2C). Dabei geht es um strukturelle Inkongruenzen der größten bis drittgrößten bilanzierten Währung, deren spezifische Bestandteile jeweils hochgerechnet werden. Im letzten Unterabschnitt erfolgt eine Bewertung der Tragfähigkeit von Refinanzierungsplänen im Falle bevorstehender erheblicher Umstrukturierungsvorhaben (einschließlich Übernahmen) in Bezug auf die Vermögensverhältnisse der Unternehmen (Abschnitt 2D). Zu diesem Zweck werden die Forderungen bzw. Verbindlichkeiten hochgerechnet, die ein Unternehmen erwerben oder veräußern möchte und/oder die für den Abbau von Aktiva vorgesehen sind. **339**

Der bisherige Abschnitt 3 mit einer genauen Beschreibung der bei der Konsolidierung des Refinanzierungsplanes berücksichtigten Unternehmen wurde gestrichen. Neu eingefügt wurden Angaben zur Gewinn- und Verlustrechnung (Abschnitt 4) sowie zu den geplanten Emissionen (Abschnitt 5), jeweils über einen Planungszeitraum von drei Jahren. **340**

Die EBA wertet diese Meldungen regelmäßig aus, um die vorgelegten Refinanzierungspläne zu analysieren und ihre Durchführbarkeit zu beurteilen, und veröffentlicht ihre Ergebnisse. Dabei fasst sie die prognostizierten Trends in Bezug auf Aktiva, Passiva und relative Preisgestaltung zusammen. Ihren letzten Bericht hat die EBA vor Ausbruch der COVID-19-Pandemie im Juli 2019 vorgelegt. Insgesamt sind die Gesamtaktiva der Institute vor allem durch eine Zunahme der Kredite **341**

---

368 Empfehlung des Europäischen Ausschusses für Systemrisiken zur Änderung der Empfehlung ESRB/2012/2 zur Finanzierung von Kreditinstituten (ESRB/2016/2) vom 21. März 2016, Amtsblatt der Europäischen Union vom 21. April 2016, C 140/1–2.

369 Vgl. European Banking Authority, Leitlinien für harmonisierte Definitionen und Vorlagen für Finanzierungspläne von Kreditinstituten gemäß der Empfehlung des Europäischen Ausschusses für Systemrisiken vom 20. Dezember 2012 (ESRB/2012/2), EBA/GL/2019/05, 9. Dezember 2019, S. 3.

an private Haushalte und nichtfinanzielle Unternehmen weiter gestiegen. Im Prognosezeitraum 2019 bis 2021 wurde mit einem Kreditwachstum von nahezu 12 Prozent gerechnet. Der Anteil der Einlagen an der Gesamtfinanzierung ist von 66 Prozent im Jahr 2016 auf 68 Prozent im Jahr 2018 gestiegen. Geplant war eine Erhöhung der langfristigen Finanzierung um fast 14 Prozent, hauptsächlich über Schuldverschreibungen, die sich bis 2021 auf 4 Billionen Euro belaufen soll. Vor der Krise wurde noch angenommen, dass die Abhängigkeit von öffentlichen Geldern in den kommenden Jahren deutlich abnehmen wird. Die durchschnittliche Kundenzinsspanne lag im Dezember 2018 bei 2,51 Prozent, verglichen mit 2,69 Prozent im Jahr davor. Die Institute sind davon ausgegangen, dass ihre Kosten für die langfristige marktbasierte Finanzierung im Jahr 2019 steigen werden und damit der in den letzten drei Jahren beobachtete Abwärtstrend umgekehrt wird. Diese Prognose wurde jedoch vor der Ankündigung der EZB abgegeben, ihr TLTRO-Programm zu verlängern.[370]

342   Nach Einschätzung der EZB sind die Informationen über diese Refinanzierungspläne sowohl für mikro- als auch für makroprudenzielle Zwecke erforderlich. Daher hat die EZB per Beschluss festgelegt, dass ihr die Finanzierungspläne der betroffenen Institute von den nationalen Aufsichtsbehörden ebenfalls übermittelt werden müssen.[371]

12.3   Bedeutung für den SREP

343   Im Rahmen der Überprüfung der Refinanzierungsstrategie sollten sich die zuständigen Behörden u. a. den aktuellen Refinanzierungsplan vorlegen lassen, einschließlich der Refinanzierungsquellen, Laufzeiten, wichtigsten Märkte, verwendeten Produkte etc. Der Refinanzierungsplan muss für die zuständigen Behörden nachvollziehbar sein. Insofern sollten aus ihm auch die wesentlichen Merkmale hervorgehen, wie z.B. Volumina und Preise. Gefordert wird auch eine Machbarkeitsanalyse zur Umsetzung des Refinanzierungsplanes unter Berücksichtigung der Veränderungen der Marktvolatilität, eine zukunftsorientierte Einschätzung der (gewünschten) Entwicklung der Refinanzierungssituation über einen angemessenen Zeithorizont, eine Bewertung der Refinanzierungssituation und des Refinanzierungsrisikos nach Ausführung des Refinanzierungsplanes und Informationen über eine Art Backtesting. Mit Blick auf die Refinanzierungsstrategie könnten weitere Unterlagen erforderlich sein, die z.B. Rückschlüsse auf die Sicherstellung des Marktzuganges und entsprechende Tests, den Umgang mit Konzentrationen und Wechselbeziehungen von Refinanzierungsquellen sowie die Sicherstellung von Refinanzierungen in maßgeblichen Fremdwährungen zulassen.[372]

344   Die zuständigen Behörden sollen bewerten, ob der Refinanzierungsplan durchführbar und im Hinblick auf die Art, den Umfang und die Komplexität des Institutes, seine gegenwärtigen und voraussichtlichen Geschäftstätigkeiten sowie sein Liquiditäts- und Refinanzierungsprofil angemessen ist. In diesem Zusammenhang werden u. a. die Robustheit des Refinanzierungsplanes unter widrigen Umständen, die Auswirkungen der Umsetzung des Refinanzierungsplanes auf das Institut, die Angemessenheit und Wirksamkeit des Refinanzierungsplanes, die zugrunde liegen-

---

370 Vgl. European Banking Authority, Opinion of the European Banking Authority on communications to supervised entities regarding money laundering and terrorist financing risks in prudential supervision, EBA-Op-2019-08, 24. Juli 2019, S. 7 f.

371 Vgl. Beschluss (EU) 2021/432 der Europäischen Zentralbank vom 1. März 2021 zur Änderung des Beschlusses (EU) 2017/1198 zur Meldung von Finanzierungsplänen von Kreditinstituten durch die nationalen zuständigen Behörden an die Europäische Zentralbank (EZB/2021/7), Amtsblatt der Europäischen Union vom 12. März 2021, L 86/14–16; Beschluss (EU) 2017/1198 der Europäischen Zentralbank vom 27. Juni 2017 zur Meldung von Finanzierungsplänen von Kreditinstituten durch die nationalen zuständigen Behörden an die Europäische Zentralbank (EZB/2021/7), Amtsblatt der Europäischen Union vom 5. Juli 2017, L 172/32–35.

372 Vgl. European Banking Authority, Leitlinien zu für SREP erhobene ICAAP- und ILAAP-Informationen, EBA/GL/2016/10, 3. November 2016, S. 19 f.

den Annahmen, die Übereinstimmung des Refinanzierungsplanes mit der Strategie, dem Geschäftsmodell und der Liquiditätsrisikotoleranz des Institutes, der Umgang der Geschäftsleitung mit dem Refinanzierungsplan, die Anpassungsfähigkeit an veränderte Bedingungen, die Dokumentation und Einbindung in die relevanten Geschäfts- und Entscheidungsprozesse, die Übereinstimmung mit dem Liquiditäts-Meldewesen und die Qualität der Überprüfungs- und Anpassungsprozesse bewertet.[373]

Die zuständigen Behörden können bei entsprechenden Defiziten, die im Rahmen von Stresstests **345** festgestellt werden, u. a. verlangen, dass der Refinanzierungsplan in einem kürzeren Turnus vorgelegt oder aber überarbeitet bzw. sogar komplett neu erstellt werden muss.[374] Der Aufsicht geht es zunehmend auch um eine Überprüfung, inwiefern sich die relevanten Ausschüsse des Aufsichtsorgans und die Geschäftsleitung mit den Kernelementen des Risikomanagements aktiv auseinandergesetzt haben. Vor diesem Hintergrund werden auch Nachweise (einschließlich Sitzungsprotokolle) angefordert, die u. a. den Prozess der Genehmigung der wichtigsten ILAAP-Elemente, wozu auch der Refinanzierungsplan gehört, und die Diskussion über die Machbarkeitsanalyse des Refinanzierungsplanes, gestützt auf Markttiefe und Volatilität, betreffen.[375]

---

373 Vgl. European Banking Authority, Guidelines on common procedures and methodologies for the supervisory review and evaluation process (SREP) and supervisory stress testing, EBA/GL/2014/13, Consolidated version, 19. Juli 2018, S. 167 f.

374 Vgl. European Banking Authority, Guidelines on common procedures and methodologies for the supervisory review and evaluation process (SREP) and supervisory stress testing, EBA/GL/2014/13, Consolidated version, 19. Juli 2018, S. 194 f.

375 Vgl. European Banking Authority, Leitlinien zu für SREP erhobene ICAAP- und ILAAP-Informationen, EBA/GL/2016/10, 3. November 2016, S. 25 f.

BTR 3.2 Zusätzliche Anforderungen an kapitalmarktorientierte Institute

1 Einführung und Überblick

1.1 Besondere Behandlung kapitalmarktorientierter Institute

In der Finanzmarktkrise hatten insbesondere jene Institute besonders anfällig auf Liquiditätseng- **1**
pässe reagiert, die sich in signifikantem Umfang über die Kapitalmärkte refinanzieren. Vor diesem
Hintergrund hat die BaFin an »kapitalmarktorientierte« Institute zusätzliche Anforderungen
gestellt. Dies betrifft insbesondere die deutlich detaillierteren Vorgaben vom Ausschuss der
Europäischen Bankaufsichtsbehörden (CEBS) hinsichtlich der quantitativen und qualitativen
Bemessung der Liquiditätspuffer.[1] Die Ausnahme der meisten deutschen Institute von diesen
strengen Vorgaben begründet die BaFin damit, dass die nationalen Aufsichtsbehörden ihre
Anforderungen an das Liquiditätsrisikomanagement, die Durchführung von Stresstests, die Liquiditätspuffer und die Notfallpläne den Vorgaben von CEBS zufolge auf so genannte »money centre
banks« konzentrieren dürfen.[2] Dieser Begriff kann aus Sicht der BaFin am besten mit der
»Kapitalmarktorientierung« eines Institutes in Einklang gebracht werden.

Kapitalmarktorientierte Institute müssen natürlich auch die allgemeinen Anforderungen an das **2**
Management von Liquiditätsrisiken beachten. Insofern haben auch diese Institute für kurzfristig
eintretende Verschlechterungen der Liquiditätssituation ausreichend bemessene, nachhaltige
Liquiditätspuffer, wie z. B. hochliquide, unbelastete Vermögensgegenstände, vorzuhalten (→ BTR
3.1 Tz. 4). Allerdings werden bei kapitalmarktorientierten Instituten insbesondere an die Zusammensetzung der Liquiditätspuffer zur Überbrückung des kurzfristigen Liquiditätsbedarfes von
mindestens einer Woche strengere Anforderungen gestellt (→ BTR 3.2 Tz. 2).

Von sämtlichen Instituten sind regelmäßig angemessene Stresstests durchzuführen, die sowohl **3**
instituteigene als auch marktweite Ursachen für Liquiditätsrisiken berücksichtigen und beide
Aspekte kombinieren (→ BTR 3.1 Tz. 8). Bei kapitalmarktorientierten Instituten werden dafür
vergleichsweise strenge Vorgaben gemacht (→ BTR 3.2 Tz. 3). Der resultierende Liquiditätsbedarf
ist mit den vorzuhaltenden Liquiditätspuffern zu überbrücken (→ BTR 3.2 Tz. 1).

Alle Institute müssen überprüfen, inwieweit der Übertragung liquider Mittel und unbelasteter **4**
Vermögensgegenstände innerhalb der Gruppe gesellschaftsrechtliche, regulatorische und operationelle Restriktionen entgegenstehen (→ BTR 3.1 Tz. 10). Bei kapitalmarktorientierten Instituten
müssen zusätzlich die Diversifikation und die Aufteilung der Liquiditätspuffer auf verschiedene
Jurisdiktionen der Struktur und den Geschäftsaktivitäten des Institutes und der Gruppe entsprechen (→ BTR 3.2 Tz. 4).

1.2 Liquiditätsdeckungspotenzial versus Risikodeckungspotenzial

Das unter normalen Bedingungen oder in Stresssituationen bestehende Liquiditätsrisiko im engeren **5**
Sinne, also das Zahlungsunfähigkeitsrisiko, ist im Allgemeinen nicht in das Risikotragfähigkeitskonzept einzubeziehen (→ AT 4.1 Tz. 4). Insofern muss für die Absicherung gegen das Liquiditätsrisiko im engeren Sinne auch kein Risikodeckungspotenzial vorgehalten werden. Andererseits
müssen jedoch ausreichend bemessene, nachhaltige Liquiditätspuffer vorhanden sein, um Stressszenarien von mindestens einem Monat zu überstehen. Dieser scheinbare Widerspruch ist auf den
Zweck der Liquiditätspuffer zurückzuführen, die der Abdeckung des zusätzlichen Liquiditätsbedar-

---

1 Committee of European Banking Supervisors, Guidelines on Liquidity Buffers & Survival Periods (GL 28), 9. Dezember 2009.
2 Vgl. Committee of European Banking Supervisors, Guidelines on Liquidity Buffers & Survival Periods (GL 28), 9. Dezember 2009,
   S. 11.

fes dienen, der sich über einen festgelegten kurzen Zeitraum unter Stressbedingungen ergeben kann.[3] Anstelle von Risikodeckungspotenzial dreht sich beim Liquiditätsrisiko im engeren Sinne alles um das »Liquiditätsdeckungspotenzial« (»Counterbalancing Capacity«). Das Liquiditätsdeckungspotenzial bezeichnet die Fähigkeit eines Institutes, als Reaktion auf Stressszenarien über einen kurzen, mittleren oder längeren Zeitraum zusätzliche Liquidität vorzuhalten oder Zugang zu zusätzlicher Liquidität zu erhalten.[4]

6   Wie eingangs dieses Moduls erläutert, können die erwarteten Zahlungsströme als »Liquidität« und die unerwarteten Zahlungsströme als »Liquiditätsrisiko« interpretiert werden.[5] Auch für die Absicherung der unerwarteten Zahlungsströme können neben eventuell vorhandenen Liquiditätslinien die Liquiditätspuffer herangezogen werden. Folglich bezieht sich die ökonomische Betrachtung der Liquiditätspuffer nicht zwingend auf den Stressfall, sondern auf den potenziellen Liquiditätsbedarf aus unerwarteten Zahlungsströmen und Laufzeitinkongruenzen zwischen Mittelzu- und -abflüssen (→ BTR 3.1 Tz. 5 und 6). In diesem Modul geht es um die genaue Beschaffenheit der Liquiditätspuffer, die auch im Zusammenhang mit der Liquidity Coverage Ratio aus der ersten Säule von Basel III eine Rolle spielt.[6]

---

3   Vgl. Committee of European Banking Supervisors, Guidelines on Liquidity Buffers & Survival Periods (GL 28), 9. Dezember 2009, S. 10.

4   Vgl. European Banking Authority, Guidelines on common procedures and methodologies for the supervisory review and evaluation process (SREP) and supervisory stress testing, EBA/GL/2014/13, Consolidated version, 19. Juli 2018, S. 23.

5   Vgl. Heidorn, Thomas/Schmaltz, Christian, Interne Transferpreise für Liquidität, in: Zeitschrift für das gesamte Kreditwesen, Heft 3/2010, S. 140.

6   Vgl. Gersch, Jana/Milde, Astrid/Möhren, Tim, Liquiditätstransferpreissystem: Herausforderung für Große und Kleine (Institute), in: BankPraktiker WIKI MaRisk, März 2013, S. 36.

2 Überbrückung von Liquiditätsbedarf unter Stressbedingungen (Tz. 1)

1 Das Institut muss in der Lage sein, den erforderlichen Liquiditätsbedarf, der sich aus den 7 institutsindividuellen Stressszenarien über den Zeithorizont von mindestens einem Monat ergibt, mit den nach BTR 3.1 Tz. 4 vorzuhaltenden Liquiditätspuffern zu überbrücken, die in BTR 3.2 Tz. 2 näher spezifiziert sind.

2.1 Kapitalmarktorientierte Institute

Für das Kriterium der Kapitalmarktorientierung gilt § 264d HGB entsprechend (→ BTR 3.2 Tz. 1, 8 Erläuterung). Nach dem Wortlaut des Gesetzes ist eine Kapitalgesellschaft »kapitalmarktorientiert«, wenn sie einen organisierten Markt im Sinne des § 2 Abs. 11 WpHG durch von ihr ausgegebene Wertpapiere im Sinne des § 2 Abs. 1 WpHG in Anspruch nimmt, d.h. wenn diese Wertpapiere an einem organisierten Markt im Sinne des § 2 Abs. 11 WpHG zugelassen sind, oder wenn sie die Zulassung solcher Wertpapiere zum Handel an einem organisierten Markt beantragt hat. Diverse Verweise aus anderen Vorschriften auf diese Definition führen auch für Institute, die keine Kapitalgesellschaft sind, zu einer Anwendbarkeit der damit verknüpften Vorschriften. Insofern gilt diese Definition nicht nur für Kapitalgesellschaften.

In Deutschland haben derzeit ca. 60 Institute an einem organisierten Markt Wertpapiere emit- 9 tiert. Diese Institute müssen die Anforderungen des Moduls BTR 3.2 grundsätzlich berücksichtigen. Im Einzelfall werden in der aufsichtlichen Verwaltungspraxis auch begründete Ausnahmen zugelassen. Konkrete Kriterien für derartige Ausnahmen sind nicht bekannt. Es ist jedoch naheliegend, dass es dabei vor allem um Risikoaspekte geht.

2.2 Organisierter Markt

Ein »organisierter Markt« im Sinne des § 2 Abs. 11 WpHG ist ein im Inland, in einem anderen 10 Mitgliedstaat der Europäischen Union oder einem anderen Vertragsstaat des Abkommens über den Europäischen Wirtschaftsraum betriebenes oder verwaltetes, durch staatliche Stellen genehmigtes, geregeltes und überwachtes multilaterales System, das die Interessen einer Vielzahl von Personen am Kauf und Verkauf von dort zum Handel zugelassenen Finanzinstrumenten innerhalb des Systems und nach nichtdiskretionären Bestimmungen in einer Weise zusammenbringt oder das Zusammenbringen fördert, die zu einem Vertrag über den Kauf dieser Finanzinstrumente führt. Aus der alleinigen Emittierung von Schuldverschreibungen – ohne Inanspruchnahme eines organisierten Marktes im Sinne des § 2 Abs. 11 WpHG – ist noch keine Kapitalmarktorientierung abzuleiten. Die so genannten »multilateralen Handelssysteme« (»Multilateral Trading Facilities«, MTF) im Sinne des § 2 Abs. 8 Satz 1 Nr. 8 WpHG oder der »Deutsche Freiverkehr«, der seit Oktober 2005 als »Open Market« bezeichnet wird, sind z.B. keine organisierten Märkte im Sinne des WpHG.[7]

---

[7] Den Aussagen der Aufsicht im Fachgremium MaRisk zufolge kann bei einer Geschäftsabwicklung über multilaterale Handelssysteme allerdings trotzdem auf die Kontrolle der Marktgerechtigkeit verzichtet werden, da der Preisbildungsmechanismus mit der Vorgehensweise an Börsen vergleichbar sei (→ BTO 2.2.2 Tz. 5).

2.3 Wertpapiere im Sinne des § 2 Abs. 1 WpHG

11 Wertpapiere im Sinne des § 2 Abs. 1 WpHG sind, auch wenn keine Urkunden über sie ausgestellt sind, alle Gattungen von übertragbaren Wertpapieren mit Ausnahme von Zahlungsinstrumenten, die ihrer Art nach auf den Finanzmärkten handelbar sind, insbesondere

1. Aktien,
2. andere Anteile an in- oder ausländischen juristischen Personen, Personengesellschaften und sonstigen Unternehmen, soweit sie Aktien vergleichbar sind, sowie Zertifikate, die Aktien vertreten,
3. Schuldtitel,
   a) insbesondere Genussscheine und Inhaberschuldverschreibungen und Orderschuldverschreibungen sowie Zertifikate, die Schuldtitel vertreten,
   b) sonstige Wertpapiere, die zum Erwerb oder zur Veräußerung von Wertpapieren nach den Nummern 1 und 2 berechtigen oder zu einer Barzahlung führen, die in Abhängigkeit von Wertpapieren, von Währungen, Zinssätzen oder anderen Erträgen, von Waren, Indizes oder Messgrößen bestimmt wird.[8]

12 Anteile an Investmentvermögen, die von einer Kapitalanlagegesellschaft oder einer ausländischen Investmentgesellschaft ausgegeben werden, zählen nicht mehr zu Wertpapieren im Sinne des Gesetzes.

2.4 Zusammenhang zwischen Stresstests und Liquiditätspuffer

13 Kapitalmarktorientierte Institute müssen zunächst auf institutseigenen und auf marktweiten Ursachen beruhende Stressszenarien sowohl getrennt als auch kombiniert betrachten, für die jeweils vergleichsweise strenge Vorgaben gemacht werden (→ BTR 3.2 Tz. 3). Der daraus resultierende, zusätzlich erforderliche Liquiditätsbedarf über den Zeithorizont von mindestens einem Monat ist mit den nach BTR 3.1 Tz. 4 vorzuhaltenden Liquiditätspuffern zu überbrücken. Dabei ist zu berücksichtigen, dass an die Zusammensetzung dieser Liquiditätspuffer für kapitalmarktorientierte Institute spezielle Anforderungen gestellt werden (→ BTR 3.2 Tz. 2).

14 Für die MaRisk spielen eher die Prinzipien an das Liquiditätsrisikomanagement des Baseler Ausschusses für Bankenaufsicht aus dem Jahr 2008 eine Rolle. Auch diesen Prinzipien zufolge ist die ständige Verfügbarkeit einer ausreichenden Reserve von unbelasteten, qualitativ hochwertigen Vermögensgegenständen, die verkauft oder verpfändet werden können, um dafür Refinanzierungsmittel zu erhalten, ein entscheidender Faktor der Widerstandsfähigkeit eines Institutes gegen Stresssituationen. Folglich muss der Umfang der Liquiditätspuffer nicht nur mit dem Risikoappetit im Einklang stehen, sondern auch zu den Schätzungen des Liquiditätsbedarfes in Stresssituationen in Beziehung gesetzt werden. Die Liquiditätspuffer sollten so dimensioniert sein, dass ein Institut für die Dauer der Stressperiode weiterhin rechtzeitig seinen täglichen Zahlungs- und Abwicklungsverpflichtungen gerecht werden kann.[9] Gemäß Art. 412 Abs. 1 CRR können die liquiden Aktiva in Stressperioden zur Deckung der Netto-Liquiditätsabflüsse verwendet werden.

---

8 Nähere Bestimmungen enthält die Delegierte Verordnung (EU) 2017/565 (MiFID II-Durchführungsverordnung) der Kommission vom 25. April 2016 zur Ergänzung der Richtlinie 2014/65/EU des Europäischen Parlaments und des Rates in Bezug auf die organisatorischen Anforderungen an Wertpapierfirmen und die Bedingungen für die Ausübung ihrer Tätigkeit sowie in Bezug auf die Definition bestimmter Begriffe für die Zwecke der genannten Richtlinie, Amtsblatt der Europäischen Union vom 31. März 2017, L 87/1–83, in der jeweils geltenden Fassung.

9 Vgl. Basel Committee on Banking Supervision, Principles for Sound Liquidity Risk Management and Supervision, BCBS 144, 25. September 2008, S. 30.

3 Qualitative Anforderungen an den Liquiditätspuffer (Tz. 2)

2 Zur Überbrückung des kurzfristigen Liquiditätsbedarfes von mindestens einer Woche **15** hat das Institut neben Zentralbankgeld hochliquide Vermögensgegenstände vorzuhalten, die jederzeit ohne signifikante Wertverluste in privaten Märkten liquidiert werden können und zentralbankfähig sind. Für den weiteren Liquiditätsbedarf bis zum Ende des Zeithorizontes von mindestens einem Monat können andere Vermögensgegenstände als weitere Bestandteile der Liquiditätspuffer herangezogen werden, wenn diese ohne signifikante Wertverluste innerhalb des Zeithorizontes liquidiert werden können.

3.1 Betrachtungszeiträume

Grundsätzlich müssen die kapitalmarktorientierten Institute den sich aus den institutsindividuellen **16** Stressszenarien über einen Zeithorizont von mindestens einem Monat ergebenden, zusätzlich erforderlichen Liquiditätsbedarf mit den nach BTR 3.1 Tz. 4 vorzuhaltenden Liquiditätspuffern überbrücken (→ BTR 3.2 Tz. 1). Eine Überlebensperiode (»Survival Period«) von mindestens einem Monat soll unterstellt werden, um das erforderliche Gesamtvolumen der Liquiditätspuffer unter den gewählten Stressszenarien zu bestimmen. Die zusätzliche Berücksichtigung eines kürzeren Zeithorizontes von mindestens einer Woche innerhalb dieser Überlebensperiode soll die Notwendigkeit eines höheren Sicherheitsniveaus im sehr kurzfristigen Bereich widerspiegeln.[10] Mit der Betrachtung des kurzen Zeithorizontes wird also ein akuter Stress unterstellt. Die Vorgaben von CEBS wurden im Rahmen der dritten MaRisk-Novelle nahezu inhaltsgleich in das Modul BTR 3.2 überführt.

Während CEBS auch in den überarbeiteten Leitlinien die kurze akute Stressphase noch auf bis **17** zu ein oder zwei Wochen auf Situationen eingeschränkt hatte, in denen ein Institut sein Geschäftsmodell nicht ändern muss[11], geht die EBA deutlich darüber hinaus. Demnach sollte der Zeitraum für eine kurze akute Stressphase bis zu 30 Tage betragen, um ohne eine Anpassung des Geschäftsmodells auszukommen, gefolgt von einem längeren Zeitraum mit weniger akuter, aber längerer Belastung zwischen drei und zwölf Monaten.[12]

3.2 Zusammensetzung der Liquiditätspuffer

Für den akuten Stress von mindestens einer Woche sollten die Liquiditätspuffer den Vorgaben von **18** CEBS zufolge aus Bargeld und Vermögensgegenständen bestehen, die sowohl zentralbankfähig als auch hochliquide in privaten Märkten sind.[13] In ähnlicher Weise forderte zuvor bereits der Baseler Ausschuss für Bankenaufsicht (BCBS), zum Schutz gegen die stärksten Stressszenarien eine

---

10 Vgl. Committee of European Banking Supervisors, Guidelines on Liquidity Buffers & Survival Periods (GL 28), 9. Dezember 2009, S. 13.
11 Vgl. Committee of European Banking Supervisors, Revised Guidelines on Stress Testing (GL 32), 26. August 2010, S. 41 ff.
12 Vgl. European Banking Authority, Leitlinien zu den Stresstests der Institute, EBA/GL/2018/04, 19. Juli 2018, S. 40.
13 Vgl. Committee of European Banking Supervisors, Guidelines on Liquidity Buffers & Survival Periods (GL 28), 9. Dezember 2009, S. 14.

BTR 3.2 Zusätzliche Anforderungen an kapitalmarktorientierte Institute

Liquiditätsreserve aus Bargeld und hochwertigen Staatsanleihen oder ähnlichen Instrumenten zu halten.[14] Vor diesem Hintergrund müssen die Institute seit der dritten MaRisk-Novelle zur Überbrückung des kurzfristigen Liquiditätsbedarfes von mindestens einer Woche neben Zentralbankgeld hochliquide Vermögensgegenstände vorhalten, die jederzeit ohne signifikante Wertverluste in privaten Märkten liquidiert werden können und zentralbankfähig sind. Der Ausdruck »private Märkte« ist dabei als Abgrenzung zu Transaktionen mit Zentralnotenbanken, wie z. B. Offenmarktgeschäften oder Spitzenrefinanzierungsfazilitäten, zu verstehen (→ BTR 3.2 Tz. 2, Erläuterung).

19 Für das »längere Ende« der Liquiditätspuffer kann laut Einschätzung von CEBS ein breiter gefächertes Set von liquiden Mitteln angemessen sein, sofern das Institut seine Fähigkeit demonstrieren kann, daraus innerhalb des angegebenen Zeitraumes unter Stress Liquidität zu generieren.[15] Der BCBS hält es ebenfalls für legitim, zur Absicherung gegen weniger intensive, aber länger andauernde Stresssituationen die Zusammensetzung der Liquiditätspuffer um andere unbelastete Vermögensgegenstände zu erweitern, die verkauft oder als Sicherheit für Repos verwendet werden können, ohne dass daraus übermäßige Verluste oder Abschläge resultieren.[16] Insofern dürfen für den weiteren Liquiditätsbedarf bis zum Ende des Zeithorizontes von mindestens einem Monat andere Vermögensgegenstände als weitere Bestandteile der Liquiditätspuffer herangezogen werden, wenn diese ohne signifikante Wertverluste innerhalb des Zeithorizontes liquidiert werden können (siehe Abbildung 76). Besonders geeignet für diese Reserve sind einfache Assets (Plain Vanilla), für deren Bewertung ein Marktkonsens herrscht, die zentralbankfähig und unter normalen Umständen in hoher Stückzahl ohne wesentliche Preisabschläge handelbar sind und für die das Institut ein anerkannter Handelspartner ist.[17]

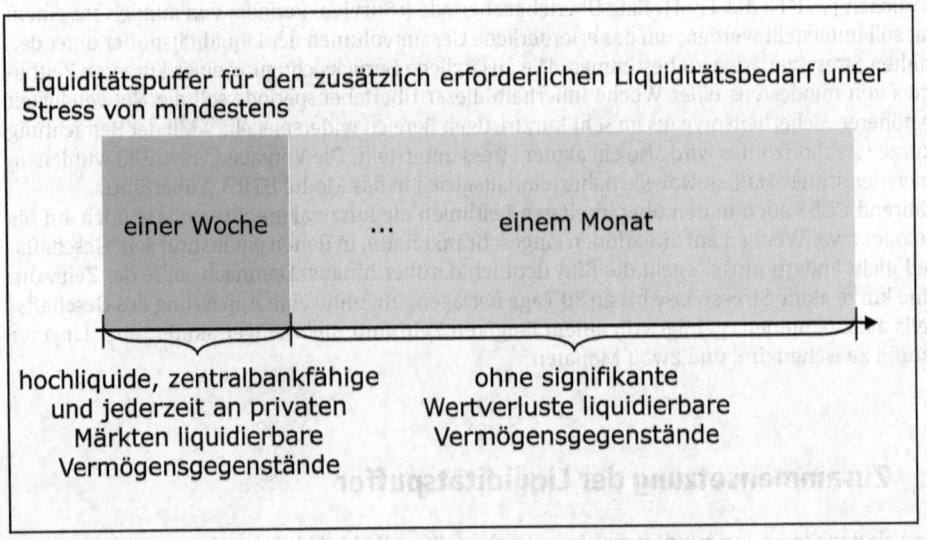

Abb. 76: Liquiditätspuffer für kapitalmarktorientierte Institute

---

14 Vgl. Basel Committee on Banking Supervision, Principles for Sound Liquidity Risk Management and Supervision, BCBS 144, 25. September 2008, S. 30.

15 Vgl. Committee of European Banking Supervisors, Guidelines on Liquidity Buffers & Survival Periods (GL 28), 9. Dezember 2009, S. 14.

16 Vgl. Basel Committee on Banking Supervision, Principles for Sound Liquidity Risk Management and Supervision, BCBS 144, 25. September 2008, S. 30.

17 Vgl. Heidorn, Thomas/Schmaltz, Christian, Die neuen Prinzipien für sachgerechtes Liquiditätsmanagement, in: Zeitschrift für das gesamte Kreditwesen, Heft 3/2009, S. 114 f.

Von der Kreditwirtschaft wurde insbesondere bemängelt, dass die Kriterien der Zentralbankfähig-   20
keit und der Liquidierbarkeit in privaten Märkten nicht alternativ anerkannt werden, sondern
kumulativ zu erfüllen sind. Dadurch werde ein Herdenverhalten impliziert, das eher krisenver-
stärkend wirke und mit Einführung der »Liquidity Coverage Ratio« noch zunehmen werde. So
könnten einerseits Kredite bei der Zentralbank hinterlegt und für Offenmarktgeschäfte genutzt
werden, die gerade nicht in privaten Märkten liquidierbar seien. Andererseits hätten sich nicht
zentralbankfähige Aktien von Unternehmen ausgezeichneter Bonität als absolut krisenfest erwiesen. Zudem wurde darauf hingewiesen, dass eine Liquidation von Vermögensgegenständen »ohne
signifikante Wertverluste« im Grunde nie sichergestellt werden könne. Beispielhaft wurde auf den
Markt für europäische Staatsanleihen (mit Ausnahme deutscher Papiere) verwiesen, der bereits in
2010 tageweise nahezu vollständig zum Erliegen kam. Derartige Wertverluste würden ohnehin im
Rahmen der Messung der Marktpreisrisiken abgebildet. Insofern sei es sinnvoller, den Fokus weg
von den »geringen Wertschwankungen« hin zur »jederzeitigen Verwertbarkeit« als deutlich besser
geeignetem Kriterium zu verschieben.[18] Laut Kreditwirtschaft sei eine enge Pufferdefinition vor
diesem Hintergrund schlicht nicht erforderlich. Andernfalls würde ein wesentlicher und belast-
barer Teil der Liquiditätspuffer der Kreditinstitute nicht anerkannt. Die Anforderung, dass beide
Bedingungen gleichzeitig erfüllt sein müssen, enge den Liquiditätsspielraum unnötig ein, ohne
dass dies mit dem verbundenen Risiko zu begründen sei.[19]

Die Argumente der Kreditwirtschaft sind im Kern nicht von der Hand zu weisen. Die engen   21
Vorgaben sind auch weniger auf bankaufsichtliche Notwendigkeiten als eher auf politische
Vorgaben und die kontroverse Diskussion auf internationaler Ebene zurückzuführen. Von CEBS
wird allerdings auch darauf hingewiesen, dass Zentralbanken ihre Politik in Stresszeiten bzw. bei
der Rückkehr in normale Zeiten ändern können (z. B. durch Einführung bzw. Ausschluss von
Assetklassen, Erhöhung bzw. Reduzierung von Haircuts, Einführung bzw. Abschaffung der
Sonderbehandlung einzelner Emittenten, Erhöhung bzw. Reduzierung von Mindestratings).
Insofern sollten die Institute angemessene Sicherheitsabschläge einkalkulieren. Auch sollte eine
allzu große Abhängigkeit von Zentralbanken vermieden werden, wobei die regelmäßige Teilnahme an Offenmarktgeschäften nicht als eine solche Abhängigkeit interpretiert wird.[20]

3.3   Orientierungshilfe von CEBS

Zur Zusammensetzung der Liquiditätspuffer hat CEBS bereits im Dezember 2009 Leitlinien   22
veröffentlicht, an denen sich ein Institut orientieren könnte[21]:
- Beim Bargeld sollten Komponenten ausgeschlossen werden, die im Rahmen der normalen
  Geschäftätigkeit nicht verfügbar sind, wie z. B. Bargeld in Geldautomaten.
- Sichteinlagen im Interbankenmarkt sollten konsistent zu den für Stressszenarien getroffenen
  Annahmen behandelt werden.
- Bei den Zentralbankreserven sollten die Besonderheiten der verschiedenen Zentralbanken
  berücksichtigt werden, wie z. B. die Unterscheidung zwischen freiwilligen und obligatorischen
  Mindestreserven. Im Falle freiwilliger Reservesysteme sollten alle bei der Zentralbank gehalte-

---

18 Vgl. Zentraler Kreditausschuss, Stellungnahme zum Entwurf über die Mindestanforderungen an das Risikomanagement
vom 9. Juli 2010, 30. August 2010, S. 21.

19 Vgl. Zentraler Kreditausschuss, Stellungnahme zum inoffiziellen Konsultationsentwurf der MaRisk vom 4. November
2010, 24. November 2010, S. 10.

20 Vgl. Committee of European Banking Supervisors, Guidelines on Liquidity Buffers & Survival Periods (GL 28), 9. Dezember
2009, S. 15.

21 Vgl. Committee of European Banking Supervisors, Guidelines on Liquidity Buffers & Survival Periods (GL 28), 9. Dezember
2009, S. 14 f.

nen Vermögensgegenstände der Liquiditätsreserve berücksichtigt werden. Im Falle obligatorischer Mindestreserven sollte der Zeithorizont betrachtet werden, über den die Reserven zur Verfügung stehen müssen. Für den kürzeren Zeithorizont von mindestens einer Woche können die gesamten Overnight-Bargeldbestände bei Zentralbanken, einschließlich der Mindestreserve, in den Liquiditätspuffer einbezogen werden. Es sollten allerdings konkrete Pläne zur Verhinderung einer Verletzung der Mindestreservepflicht erarbeitet und umgesetzt werden. Für den längeren Zeithorizont von mindestens einem Monat können nur die Liquiditätsüberschüsse oberhalb der Mindestreservepflicht einbezogen werden.

– Als zentralbankfähig und hochliquide in privaten Märkten, also einsetzbar für den akuten Stress, werden unbelastete Staatsanleihen hoher Qualität und Pfandbriefe etc. angesehen, wobei die jeweiligen rechtlichen Umstände berücksichtigt werden müssen.

– Zur Festlegung geeigneter Vermögensgegenstände für den längeren Zeitraum von mindestens einem Monat könnten die Institute verschiedene Kriterien aufstellen, z. B. zu den Emittenten von Wertpapieren und zur Tiefe und Breite des relevanten Marktes über einen ausreichend langen Zeitraum. Die Verantwortung für entsprechende Festlegungen liegt beim Institut.

– Bei der Umsetzung der verschiedenen regulatorischen Anforderungen hinsichtlich der Liquiditätspuffer sollte darauf geachtet werden, dass mögliche Überschneidungen und Zielkonflikte vermieden werden. Ebenso sollten zu große Konzentrationen einzelner Assetklassen vermieden werden. Eine angemessene Diversifikation ist insbesondere für Vermögensgegenstände mit abnehmender Liquidität von großer Bedeutung.

3.4 Orientierung an der Liquiditätsdeckungsquote

23 Inhaltlich besteht ebenfalls ein gewisser Zusammenhang zur Liquiditätsdeckungsquote (LCR), die seit dem 1. Januar 2015 von den Instituten zunächst mit einer Quote von 60 Prozent verbindlich eingehalten werden musste (»Phasing-in«). Seit dem 1. Januar 2018 ist die LCR zu 100 Prozent einzuhalten. Wenngleich diese Kennzahl laut Aufsicht ausdrücklich keine Benchmark für die Anforderungen der MaRisk darstellen soll, können die Vorgaben des Baseler Ausschusses für Bankenaufsicht (BCBS) an »hochliquide Vermögensgegenstände« im Zähler dieser Kennziffer zumindest als Orientierungshilfe herangezogen werden. Dies gilt umso mehr, als auch diese Vermögensgegenstände dazu dienen sollen, den zusätzlich erforderlichen Liquiditätsbedarf zu decken, der sich aus bestimmten Stressszenarien über den Zeithorizont von 30 Tagen ergibt.[22]

24 Die LCR soll dazu beitragen, dass weltweit tätige Banken über ausreichend lastenfreie, erstklassige liquide Aktiva verfügen, um die Nettoabflüsse auszugleichen, die in einem akuten kurzfristigen Stressszenario eintreten könnten. Das betreffende Szenario geht dabei von den Umständen aus, die während der 2007 einsetzenden weltweiten Finanzmarktkrise herrschten, und beinhaltet sowohl institutsspezfische als auch systemweite Schocks. Das Szenario geht zwar von erheblichem Stress, nicht jedoch von einem »Worst-Case-Szenario« aus und beruht auf folgenden Annahmen: einer erheblichen Herabstufung des öffentlichen Ratings des Bankinstitutes, einem teilweisen Einlagenverlust, einem Verlust unbesicherter Großkundenmittel, einem erheblichen Anstieg der Abschläge auf den Sicherungswert bei besicherten Finanzierungen sowie steigenden Sicherheitenforderungen bei Derivativgeschäften und beträchtlichen Einforderungen vertraglicher und nichvertraglicher außerbilanzieller Engagements inkl. fest zugesagter Kredit- und

---

22 Vgl. Basel Committee on Banking Supervision, Basel III: International framework for liquidity risk measurement, standards and monitoring, BCBS 188, 16. Dezember 2010, S. 8ff.

Liquiditätsfazilitäten. Die erstklassigen liquiden Aktiva im Bestand sollten lastenfrei, in Stresszeiten marktliquide und im Idealfall notenbankfähig sein.[23]

Zur Beantwortung von Detailfragen im Zusammenhang mit den Liquiditätsvorschriften hat der BCBS zunächst einen Katalog mit Fragen und Antworten publiziert.[24] Schließlich wurde zur näheren Ausgestaltung der LCR und der Überwachungsindikatoren ein weiteres Papier veröffentlicht, in dem es u. a. um den Zähler der LCR, d. h. um die Definition der erstklassigen liquiden Aktiva (»High-Quality Liquid Assets«, HQLA) geht. Demnach müssen die Banken einen Bestand an lastenfreien (»unencumbered«) HQLA halten, der den gesamten Nettoabfluss von Barmitteln über einen Zeitraum von 30 Tagen unter einem vorgegebenen Stressszenario deckt. Dieses Stressszenario enthält eine Kombination aus institutsspezifischen und marktweiten Ursachen und fasst viele jener Schocks zusammen, die in der Finanzmarktkrise beobachtet wurden. Das Krisenszenario würde Folgendes bewirken[25]: **25**

- den Abzug eines Teils der Einlagen von Privatkunden,
- einen teilweisen Verlust der Möglichkeit von unbesicherten Refinanzierungen am Kapitalmarkt,
- einen teilweisen Verlust von besicherten, kurzfristigen Finanzierungen mit bestimmten Sicherheiten und Gegenparteien,
- zusätzliche vertragliche Abflüsse infolge der Herabstufung des Ratings der Bank um bis zu drei Stufen (»notches«), einschließlich Besicherungsanforderungen,
- Erhöhung der Marktvolatilität mit Auswirkungen auf die Qualität von Besicherungen oder auf den potenziellen zukünftigen Wert von Derivativpositionen, so dass höhere Abschläge auf den Marktwert der Sicherheiten oder zusätzliche Sicherheiten erforderlich sind oder sonstiger Liquiditätsbedarf entsteht,
- ungeplante Beanspruchung von zugesagten, aber nicht verwendeten Kredit- und Liquiditätsfazilitäten, die die Bank für ihre Kunden bereitgestellt hat, sowie
- dass die Bank möglicherweise Schuldtitel zurückkaufen oder nicht vertraglich geregelte Verpflichtungen honorieren muss, um Reputationsrisiken zu verringern.

Um als HQLA zu gelten, sollten die Vermögenswerte auch in angespannten Zeiten an Märkten liquide und im Idealfall zentralbankfähig sein. Bei bestimmten Arten von Vermögenswerten innerhalb der in zwei Stufen unterteilten HQLA-Kategorie gelten verschiedene Sicherheitsabschläge. Zu den Aktiva der Stufe 1 gehören im Allgemeinen Barmittel, Zentralbankguthaben sowie bestimmte marktgängige Wertpapiere, die u. a. von Staaten oder Zentralbanken garantiert werden. Diese Aktiva sind i. d. R. von höchster Qualität und sehr liquide und können daher zur Deckung der LCR ohne Begrenzung gehalten werden. Die Aktiva der Stufe 2 sind weiter in Stufe 2A und Stufe 2B unterteilt. Die Aktiva der Stufe 2A umfassen z. B. bestimmte Staatspapiere, gedeckte Schuldverschreibungen und Unternehmensschuldtitel. Zu den Aktiva der Stufe 2B gehören Unternehmensanleihen mit niedrigerem Rating, mit Wohnimmobilienhypotheken unterlegte Wertpapiere und Aktien, die gewisse Voraussetzungen erfüllen. Die Aktiva der Stufe 2 dürfen insgesamt höchstens 40 Prozent und die darin enthaltenen Aktiva der Stufe 2B maximal 15 Prozent des gesamten HQLA-Bestandes einer Bank ausmachen.[26] **26**

Der BCBS schlägt u. a. einen »historischen Rückschauansatz« (»Historical Look-Back Approach«, HLBA) zur Bewertung eines ggf. erhöhten Liquiditätsbedarfes aufgrund von Marktwertverän- **27**

---

23 Vgl. Baseler Ausschuss für Bankenaufsicht, Basel III: Ein globaler Regulierungsrahmen für widerstandsfähigere Banken und Bankensysteme, BCBS 189rev, 1. Juni 2011, S. 8 f.

24 Basel Committee on Banking Supervision, Basel III framework for liquidity – Frequently asked questions, BCBS 199, 5. Juli 2011.

25 Vgl. Basel Committee on Banking Supervision, Basel III: The Liquidity Coverage Ratio and liquidity risk monitoring tools, BCBS 238, 7. Januar 2013, S. 6 f.

26 Vgl. Basel Committee on Banking Supervision, Basel III: The Liquidity Coverage Ratio and liquidity risk monitoring tools, BCBS 238, 7. Januar 2013, S. 13 ff.

derungen bei Derivate- und anderen Geschäften vor, die gemäß Marktusancen besichert werden müssen. Dabei soll der auf tatsächlichen Ab- und Zuflüssen beruhende größte absolute Netto-abfluss von Sicherheiten innerhalb von 30 Tagen ermittelt werden, der sich innerhalb der letzten 24 Monate ergeben hat.[27]

3.5 Ergänzende Klarstellungen der EBA

28 In der CRR, mit deren Hilfe die Baseler Vorgaben weitgehend deckungsgleich in Europa umgesetzt werden, sind bereits viele Rahmenbedingungen zur LCR festgelegt, zu denen die EBA teilweise noch zusätzliche Leitlinien oder Standards erarbeitet hat bzw. erarbeiten soll. So werden z. B. in Art. 421 Abs. 1 und 2 CRR Festlegungen hinsichtlich der Abflussraten von Privatkundeneinlagen getroffen, die durch ein Einlagensicherungssystem gemäß der Richtlinie 2014/49/EU oder ein vergleichbares Einlagensicherungssystem in einem Drittland gedeckt sind. Diese Einlagen können unter bestimmten Voraussetzungen (sofern sie Bestandteil einer etablierten Geschäftsbeziehung sind oder auf einem Zahlungsverkehrskonto gehalten werden) mit 5 Prozent angesetzt werden, andernfalls mit mindestens 10 Prozent. In ihren Leitlinien vom Dezember 2013 schlägt die EBA gemäß Art. 421 Abs. 3 CRR auf Basis empirischer Daten bestimmte Kriterien für höhere Abfluss-raten von 15, 20 oder 25 Prozent vor.[28] Die dafür erforderlichen Daten sind von den Instituten jedoch teilweise nur mit hohem Aufwand zu erheben.

29 In Art. 423 Abs. 1 CRR wird ein zusätzlicher Liquiditätsabfluss von 20 Prozent für die Hinterle-gung bestimmter Sicherheiten im Zusammenhang mit Derivategeschäften festgelegt. Zudem müssen die Institute gemäß Art. 423 Abs. 2 CRR den zuständigen Behörden alle von ihnen einge-gangenen Kontrakte melden, die bei einer wesentlichen Verschlechterung der Kreditqualität des Institutes vertragsbedingt innerhalb von 30 Tagen einen Liquiditätsabfluss oder Bedarf an zusätz-lichen Sicherheiten vorsehen. Im Falle ihrer Wesentlichkeit ist dann ein zusätzlicher Liquiditäts-abfluss vorgesehen. Dies gilt nach Art. 423 Abs. 3 CRR in Analogie auch für jene Sicherheiten, die aufgrund der Auswirkungen ungünstiger Marktbedingungen auf ihre wesentlichen Derivatege-schäfte, Finanzierungsgeschäfte und anderen Kontrakte benötigt werden. Die EBA hat zunächst den Entwurf eines technischen Regulierungsstandards ausgearbeitet, um die Kriterien für die Bewertung der Wesentlichkeit und die Methoden zur Messung des zusätzlichen Liquiditätsabflus-ses festzulegen. Demzufolge sollten die Institute ihren ggf. erhöhten Liquiditätsbedarf auf Basis des höheren Wertes eines auf internen Modellen beruhenden Ansatzes (»Advanced Method for Additional Outflows«, AMAO) und des vom BCBS vorgeschlagenen historischen Rückschauansat-zes (HLBA) berechnen. Bedenken über mögliche prozyklische Effekte des HLBA wurden letztlich nicht berücksichtigt. Ein zunächst vorgeschlagener vereinfachter Ansatz, der mit dem geringsten Umsetzungsaufwand verbunden gewesen wäre, wurde nach eingehender Prüfung wieder ver-worfen. Die EBA kam zu dem Schluss, dass dieser vereinfachte Ansatz keine Risikosensitivität aufweise und einen großen Einfluss auf die LCR habe und insofern zur Ermittlung der zusätzlichen Sicherheitenabflüsse nicht geeignet sei.[29]

---

27 Vgl. Basel Committee on Banking Supervision, Basel III: The Liquidity Coverage Ratio and liquidity risk monitoring tools, BCBS 238, 7. Januar 2013, S. 30.

28 Vgl. European Banking Authority, Leitlinien zu Privatkundeneinlagen, die anderen Abflüssen unterliegen, zu Zwecken der Liquiditätsmeldungen gemäß der Verordnung (EU) Nr. 575/2013 über Aufsichtsanforderungen an Kreditinstitute und Wertpapierfirmen und zur Änderung der Verordnung (EU) Nr. 648/2012 (Eigenkapitalverordnung – CRR), EBA/GL/2013/01, 6. Dezember 2013.

29 Vgl. European Banking Authority, Final Draft Regulatory Technical Standards on additional liquidity outflows corres-ponding to collateral needs resulting from the impact of an adverse market scenario on the institution's derivatives transactions, financing transactions and other contracts for liquidity reporting under Article 423(3) of Regulation (EU) No 575/2013 (Capital Requirements Regulation – CRR), EBA/RTS/2014/05, 28. März 2014.

Nach einer Intervention der Europäischen Kommission wurde letztlich verfügt, sich bei der **30** Berechnung streng am HLBA zu orientieren. Nunmehr gelten die Derivategeschäfte eines Institutes für die Zwecke von Art. 423 Abs. 3 Unterabsatz 1 CRR als wesentlich, wenn die Summe der Nominalbeträge dieser Geschäfte 10 Prozent der Netto-Liquiditätsabflüsse gemäß Art. 412 Abs. 1 CRR zu einem beliebigen Zeitpunkt während der letzten zwei Jahre überschritten hat. Die Berechnung der Netto-Liquiditätsabflüsse erfolgt ohne Berücksichtigung des in Art. 423 Abs. 3 Unterabsatz 1 CRR genannten zusätzlichen Liquiditätsabflusses. Der zusätzliche Liquiditätsabfluss für Sicherheiten, die aufgrund der Auswirkungen ungünstiger Marktbedingungen auf diejenigen Derivategeschäfte eines Institutes benötigt werden, die als wesentlich gelten, entspricht dem höchsten absoluten Netto-Fluss für Sicherheiten innerhalb eines 30 Tage-Zeitraumes während der 24 Monate vor dem Datum der Berechnung der LCR. Institute dürfen Zu- und Abflüsse von Geschäften nur dann auf Nettobasis behandeln, wenn sie auf der Grundlage derselben Netting-Rahmenvereinbarung ausgeführt werden. Der absolute Netto-Fluss für Sicherheiten wird auf der Grundlage der realisierten Zu- und Abflüsse unter Netting auf Portfolio-Ebene des Institutes berechnet.[30]

Auch die Working Group on Liquidity der Banking Stakeholder Group der EBA hat sich intensiv **31** mit dem Liquiditätsrisiko beschäftigt und im Ergebnis ein Positionspapier verfasst, in dem insbesondere die Kernelemente der LCR detailliert beleuchtet werden.[31]

3.6 Nutzung von Rückkaufvereinbarungen

Das Kriterium der Liquidierbarkeit kann auch durch die mögliche Nutzung von Rückkaufver- **32** einbarungen (Repos) oder andere Formen der besicherten Refinanzierung erfüllt werden, sofern hierbei für die als Liquiditätspuffer zu verwendenden Vermögensgegenstände keine signifikanten Wertverluste auftreten (→ BTR 3.2 Tz. 2, Erläuterung). Wie im MaRisk-Fachgremium während der Konsultationsphase zur vierten MaRisk-Novelle zugesagt, hat die Aufsicht die Zulässigkeit von wirtschaftlich gleichartigen Refinanzierungsvereinbarungen (z. B. besicherte Wertpapierleihe) im Rahmen der fünften MaRisk-Novelle zugestanden.

Die Kreditwirtschaft hatte auch infrage gestellt, warum Vermögensgegenstände nicht berücksich- **33** tigt werden dürfen, sobald diese nur mit einem signifikanten Sicherheitsabschlag (»Haircut«) liquidiert werden können. Nach Ansicht der Kreditwirtschaft sollte es gestattet sein, die Liquidierbarkeit eines Vermögensgegenstandes zu berücksichtigen, sofern gewährleistet ist, dass bei dem in Anrechnung gebrachten Liquidationserlös der Haircut bereits berücksichtigt wird. Beispielhaft wurde ein im Repo zu refinanzierendes Wertpapier genannt, das mit 95 Prozent im Markt gehandelt und exemplarisch mit einem (signifikanten) Haircut von 15 Prozent im Repo belegt wird. Dieses Wertpapier sollte mit einem Liquidationserlös von 80 Prozent im Liquiditätspuffer angerechnet werden.[32]

Die Aufsicht ist diesem Vorschlag im Rahmen der fünften MaRisk-Novelle unter bestimmten **34** Voraussetzungen gefolgt. Die hier berücksichtigungsfähigen Vermögensgegenstände müssen von hoher Bonität, leicht zu bewerten und an auch in Stressphasen ausreichend tiefen und breiten Märkten liquidierbar sein. Die Höhe der in Stressphasen zu erzielenden Liquiditätswirkung spiegelt sich dabei in den vom Institut zu berücksichtigenden Wertabschlägen (»Haircuts«) wider (→ BTR 3.2 Tz. 2, Erläuterung).

---

30 Delegierte Verordnung (EU) 2017/208 der Kommission vom 31. Oktober 2016 zur Ergänzung der Verordnung (EU) Nr. 575/2013 des Europäischen Parlaments und des Rates durch technische Regulierungsstandards im Hinblick auf zusätzliche Liquiditätsabflüsse für Sicherheiten, die aufgrund der Auswirkungen ungünstiger Marktbedingungen auf die Derivatgeschäfte eines Instituts benötigt werden, Amtsblatt der Europäischen Union vom 8. Februar 2017, L 33/14–15.

31 EBA's Banking Stakeholder Group, New Bank Liquidity Rules: Dangers Ahead, Position paper, 12. Oktober 2012.

32 Vgl. Deutsche Kreditwirtschaft, Stellungnahme zum Konsultationspapier 01/2012 der Bundesanstalt für Finanzdienstleistungsaufsicht (BaFin) – »Überarbeitung der MaRisk« (Zwischenentwurf vom 2. August 2012), 12. September 2012, S. 17.

35   Allerdings können nur Vermögensgegenstände als Bestandteil der Liquiditätspuffer angesetzt werden, die nachvollziehbar die Voraussetzungen für den vorgesehenen Liquidierungsweg erfüllen. Eine lediglich voraussichtliche künftige Erfüllung der Voraussetzungen ist nicht ausreichend (→ BTR 3.2 Tz. 2, Erläuterung). In welcher Weise dieser Nachweis zu erbringen ist, bleibt abzuwarten.

4 Anforderungen an die Stressszenarien (Tz. 3)

3 Das Institut hat Stressszenarien zu betrachten, nach denen auch die Liquiditätspuffer 36
gemäß Tz. 1 zu bemessen sind. Im Rahmen der Stresstests sind zum einen Stressszenarien zu betrachten, die auf institutseigenen Ursachen beruhen. Zum anderen sind getrennt davon Stressszenarien zu betrachten, die auf marktweite Ursachen zurückzuführen sind. Darüber hinaus sind beide Aspekte kombiniert zu betrachten.

Ein Szenario, das auf institutseigenen Ursachen beruht, hat auch eine signifikante Ratingverschlechterung abzubilden, bei der mindestens folgende Annahmen zu berücksichtigen sind:

- Abzug eines erheblichen Teils der unbesicherten Refinanzierung durch institutionelle Anleger mindestens innerhalb der ersten Woche des Stressszenarios, wobei für Unternehmen der Finanzbranche ein vollständiger Abzug dieser unbesicherten Refinanzierung innerhalb der ersten Woche anzunehmen ist,
- Abzug eines Teils der Privatkundeneinlagen.

Ferner sind für ein Szenario, das auf marktweiten Ursachen beruht, folgende Annahmen zu berücksichtigen:

- Allgemeiner Kursverfall von marktgängigen Vermögensgegenständen, insbesondere Wertpapieren,
- Allgemeine Verschlechterung der Refinanzierungsbedingungen.

4.1 Vorgeschriebene Stressszenarien

Die Institute müssen regelmäßig angemessene Stresstests durchführen, die sowohl institutseigene 37
als auch marktweite Ursachen für Liquiditätsrisiken berücksichtigen und individuell zu definieren sind (→ BTR 3.1 Tz. 8). Im Verlauf der Finanzmarktkrise hat sich gezeigt, dass die Refinanzierung über die Geld- und Kapitalmärkte im Vergleich zur Refinanzierung auf einer soliden Basis von Kundeneinlagen wesentlich volatiler ist. Darüber hinaus haben die Wechselwirkungen zwischen dem Refinanzierungsrisiko und dem Marktliquiditätsrisiko für kapitalmarktorientierte Institute tendenziell eine größere Bedeutung. Deshalb werden an kapitalmarktorientierte Institute zusätzliche Anforderungen gestellt, die zu einer Einschränkung der individuellen Gestaltungsfreiheit von Stresstests führen.

So werden hinsichtlich der zu berücksichtigenden Szenarien sowohl für die institutseigenen als 38
auch die marktweiten Ursachen konkrete Vorgaben gemacht. Dabei sollte allerdings nicht außer Acht gelassen werden, dass es sich um prinzipienorientierte Vorschriften handelt. Auch CEBS bringt klar zum Ausdruck, dass keine vordefinierten Parameter für Stresstests vorgegeben werden, da »One-size-fits-all-Ansätze« nicht alle Risiken richtig abdecken, denen eine Bank ausgesetzt ist. Daher muss jede Bank ein eigenes Rahmenwerk erarbeiten, das den betriebenen Geschäften und dem jeweiligen Geschäftsmodell im Einklang mit der Risikopolitik angepasst werden sollte.[33] Die Ergebnisse der Stressszenarien müssen anschließend herangezogen werden, um die Höhe und Zusammensetzung der für kapitalmarktorientierte Institute geforderten Liquiditätspuffer zu bestimmen (→ BTR 3.2 Tz. 1).

---

33 Vgl. Committee of European Banking Supervisors, Guidelines on Liquidity Buffers & Survival Periods (GL 28), 9. Dezember 2009, S. 3.

4.1.1 Institutseigene Ursachen

39 Ein institutsspezifisches Stressszenario (idiosynkratischer Stress) ist typischerweise durch einen Vertrauensverlust des Marktes in eine einzelne Bank oder Bankengruppe gekennzeichnet, der einer Ratingherabstufung um mehrere »Notches« entspricht (»Multi-Notch-Downgrade«). Es ist davon auszugehen, dass davon alle Refinanzierungsquellen des Institutes bzw. der Gruppe beeinträchtigt werden. Insbesondere sollte nicht angenommen werden, dass eine Prolongation der unbesicherten Refinanzierung durch institutionelle Anleger in der akuten Stressphase von mindestens einer Woche in jedem Fall möglich ist. Für die besicherte Refinanzierung muss diese Auswirkung nicht unbedingt unterstellt werden, da sie von einer Ratingherabstufung vermutlich weniger stark betroffen wäre. Allerdings ist der Abfluss eines Teils der Privatkundeneinlagen als wahrscheinlich einzuschätzen. Eine signifikante Ratingherabstufung kann auch zur Folge haben, dass (vertraglich vereinbarte) Forderungen nach zusätzlichen Sicherheiten oder höheren Risikomargen durch die Geschäftspartner erhoben werden. Somit wird der Umfang der Liquiditätspuffer ausgerechnet zu einem Zeitpunkt negativ beeinflusst, wenn diese am meisten benötigt werden. Die Erfahrung zeigt, dass z. B. negative Schlagzeilen oder ein plötzlicher Vertrauensverlust des Marktes in ein Institut einen erheblichen Einfluss auf die Refinanzierungsbedingungen dieses Institutes haben können.[34]

40 In der Konsequenz wird u. a. gefordert, dass zumindest eines der auf institutseigenen Ursachen beruhenden Szenarien auch eine signifikante Ratingverschlechterung abzubilden hat. Bei diesem Szenario ist außerdem davon auszugehen, dass ein Teil der Privatkundeneinlagen abgezogen wird. Außerdem musste bisher unterstellt werden, dass mindestens innerhalb der ersten Woche des Stressszenarios die komplette unbesicherte Refinanzierung durch institutionelle Anleger nicht verlängert werden kann.

41 Die BaFin hatte sich gegenüber einigen Instituten bereits im Frühjahr 2012 schriftlich geäußert, im auf institutseigenen Ursachen beruhenden Stressszenario zur Berechnung des kurzfristigen Liquiditätsbedarfes von mindestens einer Woche eine Abflussrate unbesicherter Refinanzierung institutioneller Anleger von 100 Prozent zu unterstellen, unabhängig davon, ob die Kunden Finanzinstitute oder sonstige größere Unternehmen sind und ob die Einlagen operativen oder nicht-operativen Zwecken dienen.[35] Die Aufsicht hat im MaRisk-Fachgremium darauf verwiesen, mit dieser Vorgabe zwar über internationale Gepflogenheiten hinauszugehen. Allerdings würden die geringeren Abflussraten in den »schwächeren« Baseler Regelungen für Unternehmenseinlagen allgemein (also ab 1 Million Euro) und darüber hinaus für einen Betrachtungszeitraum von einem kompletten Monat gelten. Der geforderte Ansatz der BaFin gelte erst für höhere Volumina und auch nur für die erste Woche und sei damit im Ergebnis nicht zwingend strenger.

42 Für die Kreditwirtschaft »stellt sich die Frage, inwiefern Kundeneinlagen … mit einer sehr konservativen Abflussrate von 100 Prozent faktisch noch als lange Refinanzierungsmittel im Rahmen eines internen Modells oder ggf. einer regulatorisch einzuhaltenden strukturellen Liquiditätskennzahl Berücksichtigung finden können. Die Abflussannahme von 100 Prozent impliziert,

---

34 Vgl. Committee of European Banking Supervisors, Guidelines on Liquidity Buffers & Survival Periods (GL 28), 9. Dezember 2009, S. 12.

35 Beim auf institutseigenen Ursachen beruhenden Stressszenario nach BTR 3.2 Tz. 3 ist für die 1-Wochenperiode eine Abflussrate unbesicherter Refinanzierung institutioneller Anleger von 100 Prozent zu unterstellen, unabhängig davon, ob die Kunden Finanzinstitute oder sonstige größere Unternehmen sind, und ob die Einlagen operativen oder nichtoperativen Zwecken dienen. Von der aktuellen Regulierung durch die MaRisk kann nicht unter Berufung auf eine zukünftige vermeintlich schwächere Regulierung nach Basel III abgewichen werden. Nach BTR 3.2 Tz. 3 haben kapitalmarktorientierte Institute verschiedene Stressszenarien zu betrachten. Das Szenario, welches auf institutseigenen Ursachen beruht, hat auch eine signifikante Ratingverschlechterung in der Art abzubilden, dass keinerlei unbesicherte Refinanzierung institutioneller Anleger innerhalb der ersten Woche des Stressszenarios verlängert wird. Dabei werden »institutionelle Anleger« als »professionelle Marktteilnehmer, wie z. B. größere Banken und Versicherungen, Hedgefonds, Pensionsfonds oder andere größere Unternehmen«, verstanden. Eine unterschiedliche Behandlung institutioneller Refinanzierung nach Anlagezweck oder Kundenart ist nicht vorgesehen. Auch wenn die zukünftigen Regelungen nach Basel III Erleichterungen bei den Abflussraten institutioneller Anlagen beinhalten sollten, insbesondere für Einlagen von Unternehmen, kommt eine diesbezügliche fallweise Abschwächung der geltenden Regelungen nach den MaRisk nicht in Betracht.

dass das gesamte Volumen solcher Einlagen in Form von Barmitteln oder hochliquiden Aktiva gehalten werden muss, um dem möglichen, unter dem Stressszenario unterstellten Liquiditätsabfluss begegnen zu können. Liquiditätsmäßig stünden diese Einlagen gar nicht für die Ausreichung eines Firmenkundenkredites zur Verfügung. Sollte den Einlagen eine (konzeptionell fragwürdige) längerfristige Refinanzierungskapazität zugebilligt werden, so müssten hierfür zusätzliche kurzfristige Refinanzierungsmittel eingeworben werden, die den angenommenen Abfluss während des einwöchigen Stresshorizontes überbrücken. Diese Mittel würden voraussichtlich vornehmlich im Interbankenmarkt aufgenommen, was zu einer Erhöhung des als schädlich angesehenen Wholesale Fundings führt und eine zusätzliche Bilanzverlängerung nach sich zieht, die u. a. dem Gedanken einer Leverage Ratio entgegensteht. Es steht zu befürchten, dass die Umsetzung der Anforderung kurzfristige Einlagen von Firmenkunden vollständig unbrauchbar macht und dem Bankensektor als Ganzes ein signifikanter Teil der bisher zumindest teilweise als stabil unterstellten Refinanzierungsbasis entzieht. ... Da es sich bei den MaRisk um eine nationale Regelung handelt, die keine Anwendung auf Geschäftsaktivitäten von Banken außerhalb von Deutschland findet, sind hier Wettbewerbsverzerrungen zu erwarten, die ggf. auch eine Verschiebung von Geschäftsaktivitäten ins Ausland nach sich ziehen.«[36]

43 Diese Vorgabe wurde im Rahmen der sechsten MaRisk-Novelle angepasst. Nunmehr muss nur noch davon ausgegangen werden, dass mindestens innerhalb der ersten Woche des Stressszenarios ein erheblicher Teil der unbesicherten Refinanzierung durch institutionelle Anleger abgezogen wird. Was unter einem »erheblichen Teil« zu verstehen ist, muss jedes Institut selbst festlegen. Die deutsche Aufsicht erwartet in jedem Fall, dass die entsprechenden Vorgaben der ersten Säule nicht unreflektiert übernommen werden. Zwischen beiden Säulen werde zwar eine Konsistenz, aber kein Gleichlauf angestrebt. So sei es grundsätzlich auch aus ökonomischer Sicht sinnvoll, dass sich die Institute mit den Liquiditätsannahmen kritisch auseinandersetzen.

44 Für Unternehmen der Finanzbranche ist weiterhin stets ein vollständiger Abzug dieser Einlagen innerhalb der ersten Woche anzunehmen. Unter institutionellen Anlegern sind Unternehmen der Finanzbranche, wie z. B. Banken, Versicherungen, Hedgefonds und Pensionsfonds, sowie andere professionelle Marktteilnehmer, die nicht der Finanzbranche angehören, wie z. B. andere größere Unternehmen, zu verstehen. Im Sinne dieser Anforderung gelten auch Zentralnotenbanken außerhalb des Euro-Währungsraumes als institutionelle Anleger (→ BTR 3.2 Tz. 3, Erläuterung). Die Aufsicht erwartet, dass Zentralnotenbanken außerhalb des EWR bei einem idiosynkratischen Schock eher ihre gesamten Einlagen abziehen. Durch diese Klarstellung wird u. a. berücksichtigt, dass CEBS eine Unterscheidung zwischen Finanzinstituten, anderen größeren Unternehmen sowie »kleinen und mittleren Unternehmen« (KMU) angeregt hat.[37] Mit dieser Unterscheidung wird der Tatsache Rechnung getragen, dass sich Einlagen von KMU häufig als sehr krisenfest erwiesen haben.[38] Insbesondere dort, wo Linien verbindlich zugesagt sind oder langfristige Geschäftsbeziehungen eine herausragende Rolle spielen, können in beschränktem Umfang erfahrungsgemäß weiterhin Mittel am Geldmarkt aufgenommen werden.

45 Insofern ist formal betrachtet eine Einschränkung der umstrittenen engen Auslegung auf institutionelle Anleger aus der Finanzbranche erfolgt. Allerdings ist im Zuge dieser Erleichterung gleichzeitig in der Definition der institutionellen Anleger aus der Finanzbranche das Wort »größere« gestrichen worden, was dieses Entgegenkommen der Aufsicht wiederum einschränkt. Ob die neue Formulierung für ein Institut insgesamt eine Erleichterung oder eine Verschärfung darstellt, hängt insofern davon ab, mit welchen institutionellen Anlegern jeweils Geschäftsbeziehungen bestehen.

---

36 Deutsche Kreditwirtschaft, Stellungnahme zum Konsultationspapier 01/2012 der Bundesanstalt für Finanzdienstleistungsaufsicht (BaFin) – »Überarbeitung der MaRisk« (Zwischenentwurf vom 2. August 2012), 12. September 2012, S. 19 f.

37 Vgl Committee of European Banking Supervisors, Guidelines on Liquidity Buffers & Survival Periods (GL 28), 9. Dezember 2009, S. 11.

38 Vgl. Committee of European Banking Supervisors, Feedback to the public consultation on »Consultation Paper on Liquidity Buffers & Survival Periods« (CP 28), 9. Dezember 2009, S. 7.

46 Dieses Thema wurde mit der Aufsicht im Fachgremium Liquidität länger diskutiert. Das Wort »größere« wurde allerdings nicht wieder eingefügt. Nach Einschätzung der Aufsicht bestehe zwar die Möglichkeit, dass sich kleinere Banken anders als die größeren verhalten. Allerdings könne dies nicht pauschal bei allen kleineren Banken unterstellt werden. Letztlich würden sie ebenso wie die großen Institute über gewisse Steuerungsmechanismen für Liquiditätsrisiken verfügen und könnten sich für einen vollständigen Abzug entscheiden. Inwiefern die Aufsicht in der Prüfungspraxis bei Konzern- oder Verbundstrukturen bzw. bei Kooperationsvereinbarungen ggf. andere Maßstäbe ansetzt, weil dort vermutlich aus Gesamtsteuerungssicht anders gehandelt wird und ein vollständiger Abzug eher unwahrscheinlich ist, wird sich noch zeigen. Problematisch könnte dabei sei, dass sich die Verfahrensweise zwischen inländischen und ausländischen Konzerngesellschaften ggf. unterscheiden könnte und zudem das Problem der Übertragbarkeit innerhalb der Verbünde geklärt werden müsste.

47 Im Ergebnis wurde vereinbart, dass für Einlagen von Unternehmen der Finanzbranche, die zur Aufrechterhaltung des operativen Geschäftsbetriebs dieser Unternehmen dienen (operative Einlagen), in begründeten Fällen von der Annahme eines vollständigen Abzugs in den auf instituts- eigenen Ursachen beruhenden Szenarien abgewichen werden kann (→ BTR 3.2 Tz. 3, Erläuterung). Insofern kann von der Annahme des vollständigen Abzugs auch abgewichen werden. Als Voraussetzung dafür muss ein Institut jedoch eine Analyse durchführen und die Abweichung begründen.

4.1.2 Marktweite Ursachen

48 Ein marktweiter Stress ist i.d.R. als gleichzeitige Verschärfung der Refinanzierungsbedingungen in mehreren Märkten sowie die Unsicherheit über die Entwicklung der Vermögenswerte (bis hin zu einem allgemeinen Werteverfall) und die Auswirkungen einer Rezession (oder einer Verlangsamung der wirtschaftlichen Entwicklung) definiert. Bei einem marktweiten Schock sollte ein allgemeiner Kursverfall marktfähiger Vermögensgegenstände sowie ein negativer Einfluss auf die Marktfähigkeit bestimmter Arten von Vermögensgegenständen angenommen werden. Außerdem sollte davon ausgegangen werden, dass die unbesicherte Refinanzierung mit institutionellen Anlegern als erstes und am stärksten betroffen sein wird. Darüber hinaus kann, sofern ein allgemeiner Vertrauens- verlust in dafür verwendete Finanzinstrumente einsetzt, auch die besicherte Refinanzierung in Mitleidenschaft gezogen werden. Dabei sollte ein schrittweiser Abfluss der Refinanzierungsmittel, verbunden mit einer Reduzierung der Laufzeit der verfügbaren Refinanzierung, unterstellt werden. Ein erheblicher, über das erwartete und historische Niveau hinausgehender, potenzieller Liquiditäts- bedarf aus außerbilanziellen Linien sollte ebenfalls angenommen werden.[39]

49 Vor diesem Hintergrund werden auch für mindestens ein auf marktweiten Ursachen beruhendes Szenario relativ enge Vorgaben gemacht. Bei diesem Szenario ist ein allgemeiner Kursverfall von marktgängigen Vermögensgegenständen zu unterstellen, womit insbesondere Wertpapiere ge- meint sind. Zudem ist von einer allgemeinen Verschlechterung der Refinanzierungsbedingungen auszugehen. Eine derartige Verschlechterung kann z.B. durch die fehlende Verlängerung auch von besicherter Refinanzierung durch institutionelle Anleger, durch die Verkürzung der Fälligkeit der Refinanzierungsmittel oder eine allgemeine Ausweitung der Liquiditätsspreads zum Ausdruck kommen (→ BTR 3.2 Tz. 3, Erläuterung). Von der Kreditwirtschaft wurde angeregt, die Liqui- tätsspreads aus der beispielhaften Aufzählung zu streichen, da sie im Gegensatz zu den anderen Indizien nicht die Möglichkeit der Liquiditätsgenerierung, sondern den Preis der Liquiditäts- generierung hinterfragen. Die Aufsicht ist aber grundsätzlich der Ansicht, dass veränderte Liqui- ditätsspreads zu den relevanten Ursachen einer allgemeinen Verschlechterung der Refinanzie- rungsbedingungen dazugehören.

---

39 Vgl. Committee of European Banking Supervisors, Guidelines on Liquidity Buffers & Survival Periods (GL 28), 9. Dezember 2009, S. 12.

5 Angemessene Ausgestaltung der Liquiditätspuffer (Tz. 4)

4 Das Institut hat sicherzustellen, dass der Nutzung der Liquiditätspuffer keine recht- 50
lichen, regulatorischen oder operationellen Restriktionen entgegenstehen. Die Diversifikation und die Aufteilung der Liquiditätspuffer auf verschiedene Jurisdiktionen müssen der Struktur und den Geschäftsaktivitäten des Institutes und der Gruppe entsprechen.

5.1 Nutzung der Liquiditätspuffer

Grundsätzlich müssen alle gruppenangehörigen Institute überprüfen, inwieweit der Übertragung 51
liquider Mittel und unbelasteter Vermögensgegenstände innerhalb der Gruppe gesellschaftsrechtliche, regulatorische oder operationelle Restriktionen entgegenstehen (→ BTR 3.1 Tz. 10). Bei kapitalmarktorientierten Instituten, die häufig auch grenzüberschreitend tätig sind, müssen derartige Restriktionen insbesondere im Hinblick auf die Liquiditätspuffer berücksichtigt werden.

Ein Institut sollte zwar jederzeit darauf vorbereitet sein, diese Vermögenswerte im Falle eines 52
starken Stressereignisses zu verwenden. Die Liquiditätspuffer sollten allerdings erst dann genutzt werden, wenn auf andere Weise keine Liquidität mehr generiert werden kann.[40] Damit kommt klar zum Ausdruck, dass es sich bei der Nutzung der Liquiditätspuffer um das letzte Mittel handeln sollte. Unabhängig davon können die Institute gemäß Art. 412 Abs. 1 CRR die liquiden Aktiva in Stressperioden natürlich zur Deckung der Netto-Liquiditätsabflüsse verwenden.

5.2 Berücksichtigung von Restriktionen

Da rechtliche oder grenzüberschreitende regulatorische Restriktionen zur Nutzung der Liquiditäts- 53
spuffer zu bestimmten Zeiten oder für bestimmte Zwecke existieren können, sollten die Institute sicherstellen, dass sie sich der besonderen Beschränkungen in einzelnen Jurisdiktionen bewusst sind. Insbesondere zur Nutzung bestimmter Refinanzierungsformen, wie z. B. Repos oder Verbriefungen, müssen die Institute über gut etablierte Plattformen verfügen, die es ihnen ermöglichen, die Refinanzierung umgehend aufzustocken. Der Aufbau entsprechender Arrangements von Grund auf erfordert typischerweise erhebliche Sorgfalt und damit Zeit. Wenn derartige Arrangements nicht Bestandteil der normalen Geschäftstätigkeit sind, sollte sich ein Institut nicht auf einen schnellen Zugang in Stresssituationen verlassen. Die Liquiditätspuffer sollten rechtliche Besonderheiten widerspiegeln, insbesondere in Bezug auf gruppeninterne Kredite.[41]

Die Beeinträchtigung oder der Verlust von Refinanzierungsquellen, die im Normalfall verfügbar 54
sind, sollten den Vorstellungen des Baseler Ausschusses für Bankenaufsicht zufolge einkalkuliert werden. Insbesondere sollten keine gesellschaftsrechtlichen, regulatorischen und operationellen

---

40 Vgl. Basel Committee on Banking Supervision, Principles for Sound Liquidity Risk Management and Supervision, BCBS 144, 25. September 2008, S. 30.

41 Vgl. Committee of European Banking Supervisors, Guidelines on Liquidity Buffers & Survival Periods (GL 28), 9. Dezember 2009, S. 17 f.

Hindernisse bestehen, um für diese Vermögensgegenstände Refinanzierungsmittel zu erhalten. Diese Vermögenswerte müssen zu jeder Zeit verfügbar sein, um die auftretenden Liquiditätserfordernisse zu befriedigen. Ein Institut sollte sich ein realistisches Bild davon machen, wie viel Geld es von der Zentralbank gegen refinanzierungsfähige Sicherheiten beschaffen kann. Insbesondere sollte nicht darauf vertraut werden, dass die Zentralbank die Bereitstellung von Liquidität hinsichtlich der Höhe oder der Konditionen zugunsten des Institutes ändert.[42] Vor diesem Hintergrund hat das Institut sicherzustellen, dass der Nutzung der Liquiditätspuffer keine rechtlichen, regulatorischen oder operationellen Restriktionen entgegenstehen.

5.3 Berücksichtigung von Gruppenstrukturen

55 Die Aufteilung und der Umfang der Liquiditätspuffer innerhalb einer Bankengruppe sollten die Struktur und die Geschäftsaktivitäten der Gruppe angemessen widerspiegeln, um die Auswirkungen von möglichen rechtlichen, regulatorischen oder operationellen Restriktionen mit Hilfe der Liquiditätspuffer zu minimieren. Bei der Bestimmung der Angemessenheit von Aufteilung und Umfang der Liquiditätspuffer für Rechtseinheiten, Jurisdiktionen und Regionen sollten die individuellen Bedürfnisse und Situationen berücksichtigt werden. Einflussfaktoren für diesen Entscheidungsprozess sind u.a. operationelle Risiken, der Grad der Zentralisierung des Liquiditätsmanagements, rechtliche Besonderheiten im Hinblick auf die Abwicklungsmodalitäten, Einlagensicherungssysteme und lokale regulatorische Anforderungen, die unterschiedliche Behandlung von Zweigniederlassungen und Tochtergesellschaften sowie Unterschiede hinsichtlich der lokalen Geschäftsmodelle, Zeitzonen und des Zugangs zu den Kapitalmärkten. Die endgültige Festlegung sollte im Dialog zwischen der Gruppe und ihren Aufsichtsbehörden des Heimat- und Gastlandes getroffen werden.[43] Zusammengefasst müssen die Diversifikation und die Aufteilung der Liquiditätspuffer auf verschiedene Jurisdiktionen der Struktur und den Geschäftsaktivitäten des Institutes und der Gruppe entsprechen.

5.4 Organisation des Liquiditätsrisikomanagements

56 Die Festlegung der Liquiditätspuffer hinsichtlich Art und Umfang der Vermögenswerte sollte auch davon abhängig gemacht werden, inwieweit ein Institut in Bezug auf seine Liquiditätsausstattung eigenverantwortlich ist, wobei u.a. berücksichtigt werden sollte, ob gruppeninterne Abhängigkeiten existieren. Die Organisation des Liquiditätsmanagements reicht vom vollständig zentralisierten Management bis zum komplett dezentralen und unabhängigen lokalen Management. Ein zentrales Management der Liquiditätspuffer kann akzeptabel sein, sofern keine Restriktionen bei der Übertragung liquider Mittel innerhalb der Gruppe existieren und die zuständigen Aufsichtsbehörden davon überzeugt sind, dass diese Fähigkeit auch in Stresssituationen Bestand hat.[44] In Bankengruppen ist das Liquiditätsrisikomanagement häufig zentral organisiert, um den Bedarf in erster Linie durch Übertragung liquider Mittel zwischen den gruppenangehörigen Unternehmen

---

42 Vgl. Basel Committee on Banking Supervision, Principles for Sound Liquidity Risk Management and Supervision, BCBS 144, 25. September 2008, S. 30.

43 Vgl. Committee of European Banking Supervisors, Guidelines on Liquidity Buffers & Survival Periods (GL 28), 9. Dezember 2009, S. 18.

44 Vgl. Committee of European Banking Supervisors, Guidelines on Liquidity Buffers & Survival Periods (GL 28), 9. Dezember 2009, S. 18.

zu decken und auf diese Weise Kostenvorteile zu generieren. Um in Stresssituationen nicht in Probleme zu geraten, wird empfohlen, sich dabei stärker auf eine optimale Verteilung der Liquidität innerhalb der Gruppe als auf eine möglicherweise übertriebene Reduzierung der Liquiditätspuffer auf Gruppenebene zu konzentrieren.[45]

Insofern ist auch ein primär zentral ausgerichtetes Management der Liquiditätspuffer zulässig, sofern die Liquiditätssteuerung im Ganzen auf einem zentralen Steuerungsansatz beruht und die Nutzung der Liquiditätspuffer damit nicht eingeschränkt wird. Allerdings wird vorausgesetzt, dass sich eine eventuelle Aufteilung der Liquiditätspuffer an den Gegebenheiten innerhalb der Gruppe orientiert und auch auf diese Weise das Risiko entsprechender Beschränkungen minimiert wird. **57**

5.5 Liquiditätspuffer in verschiedenen Währungen

Sofern ein Institut über wesentliche Liquiditätspositionen in einer bestimmten Währung verfügt, hat es grundsätzlich auch ein wesentliches Liquiditätsrisiko in dieser Währung und sollte dies bei der Zusammensetzung der Liquiditätspuffer berücksichtigen. Dabei ist u. a. zu beachten, in welchem Umfang Liquidität aufgrund möglicher Störungen der FX-Swap-Märkte bzw. Fremdwährungsmärkte etc. den verschiedenen Währungen zugeteilt werden kann. Das Halten von Liquiditätspuffern in verschiedenen Währungen kann zwar zusätzliche Kosten mit sich bringen, berücksichtigt aber das Risiko möglicher Störungen im Devisenmarkt, dass die Fähigkeit zur Konvertierung von Währungen beeinträchtigen könnte.[46] Diese Anforderung ergibt sich implizit bereits daraus, dass ein Institut zur Sicherstellung seiner Zahlungsverpflichtungen angemessene Verfahren zur Steuerung der Fremdwährungsliquidität in den wesentlichen Währungen zu implementieren hat, sofern es über wesentliche Liquiditätspositionen in unterschiedlichen Währungen verfügt (→ BTR 3.1 Tz. 11). **58**

---

45 Vgl. Committee of European Banking Supervisors, Second Part of CEBS's Technical Advice to the European Commission on Liquidity Risk Management, 18. September 2008, S. 32.

46 Vgl. Committee of European Banking Supervisors, Guidelines on Liquidity Buffers & Survival Periods (GL 28), 9. Dezember 2009, S. 18.

BTR 4 Operationelle Risiken

1 Einführung und Überblick

1.1 Bedeutung der operationellen Risiken

1 Operationelle Risiken werden im Gegensatz zu Adressenausfallrisiken oder Marktpreisrisiken vom Institut zwar grundsätzlich nicht bewusst eingegangen, um daraus Erträge zu generieren. Allerdings müssen sich die Institute z.B. bei der Einführung neuer (komplexer) Produkte oder bei Änderungen betrieblicher Prozesse und Strukturen der damit verbundenen prozessualen, rechtlichen oder sonstigen operationellen Risiken bewusst sein und diese analysieren (→ AT 8.1 Tz. 1 und AT 8.2 Tz. 1). Zudem können sich z.B. Kosteneinsparungen nachteilig auf das Risikoprofil eines Institutes auswirken und ggf. neue Risiken zur Folge haben. Letztlich wohnen allen Geschäftsaktivitäten mehr oder weniger bedeutende operationelle Risiken inne. Insofern sind sie in jedem Falle eine Begleiterscheinung der gewöhnlichen Geschäftstätigkeit eines Institutes. Beim Management der operationellen Risiken kommt es deshalb in erster Linie darauf an, daraus eventuell resultierende Schadensfälle sowie Auswirkungen auf andere Risikoarten durch geeignete Maßnahmen möglichst von vornherein zu vermeiden oder zumindest wirksam zu begrenzen.

2 Die immer komplexer werdenden Finanzinstrumente und die steigende Abhängigkeit der Institute von einer modernen und leistungsstarken Informationstechnologie haben das Bewusstsein der Institute gegenüber operationellen Risiken verändert. Operationelle Risiken werden daher neben den klassischen Risikoarten seit vielen Jahren als eigenständige Risikodisziplin angesehen und behandelt. Begünstigt wurde diese Tendenz nicht zuletzt durch spektakuläre Verlustfälle (z.B. Barings, Metallgesellschaft, Société Générale und Sumitomo) sowie die Auswirkungen von Naturkatastrophen (z.B. Erdbeben von Kobe, Seebeben bzw. Tsunami im Indischen Ozean und Hurrikan Katrina in New Orleans) und Terroranschlägen (z.B. World Trade Center in New York). Auch die Probleme mit der zeitnahen Verfügbarkeit von aggregierten Risikodaten in der Finanzmarktkrise[1] haben zu einem Umdenken beigetragen. Nicht zuletzt mussten einige Marktteilnehmer aufgrund von Fehlverhalten gewaltige Strafzahlungen leisten (z.B. aufgrund der Manipulation von Libor-Zinssätzen und Devisenkursen).

3 Operationelle Risiken sind darüber hinaus mit veränderten Umgebungsbedingungen verbunden. So hat sich der Finanzstabilitätsrat (Financial Stability Board, FSB) mit Blick auf die Finanzstabilität Mitte 2017 mit dem Markteintritt der so genannten Finanztechnologie-Unternehmen (»Financial Technology«, FinTech) auseinandergesetzt und diese als technologiegestützte Innovationen bei Finanzdienstleistungen definiert, die zu neuen Geschäftsmodellen, Anwendungen, Prozessen oder Produkten mit einem damit verbundenen wesentlichen Einfluss auf die Erbringung von Finanzdienstleistungen führen könnten. Der FSB hat die bis zu diesem Zeitpunkt angebotenen Dienstleistungen der FinTechs u.a. nach wirtschaftlichen Funktionen und Finanzinnovationen klassifiziert.[2] Nach Einschätzung des FSB sind negative Auswirkungen auf die Stabilität des Finanzsystems auch dann zu befürchten, wenn die Risiken von Drittanbietern auf Institutsebene nicht angemessen gesteuert werden. Insbesondere bei einer hohen Konzentration der Anbieter von Dienstleistungen könnte ein großflächiger Betriebsausfall oder die Insolvenz bestimmter kritischer Infrastrukturen Dritter zu systemweiten Störungen und systemischen Auswirkungen führen. Kritisch sieht der FSB auch die potenzielle Knappheit des erforderlichen

---

1 Die »Subprimekrise« in 2007 beruhte auf einem kontinuierlichen Anstieg der Leitzinsen in den USA ab dem Jahr 2004 und weitete sich spätestens mit der Insolvenz von Lehman Brothers in 2008 zur »Finanzmarktkrise« aus (→ AT 4.3.3 Tz. 3). Unter dem Begriff »Finanzmarktkrise« wird im Kommentar auf diese Krise abgestellt. In Abgrenzung zu anderen Krisenereignissen wird die Finanzmarktkrise von 2007 bis 2009 in neueren Veröffentlichungen auch als die »Große Finanzkrise« (»Great Financial Crisis«, GFC) bezeichnet. Vgl. Basel Committee on Banking Supervision, Principles for Operational Resilience, BCBS 516, 31. März 2021, S. 1.

2 Vgl. Financial Stability Board, Financial Stability Implications from FinTech – Supervisory and Regulatory Issues that Merit Authorities' Attention, 27. Juni 2017, S. 7ff.

technischen Fachwissens zur Beurteilung der Angemessenheit der Kontrollen dieser Drittanbieter.[3] Auch der Baseler Ausschuss für Bankenaufsicht (BCBS) hat sich mit jenen Auswirkungen von FinTechs befasst, die für die Institute und die Aufsichtsbehörden besonders relevant sind. Er kommt u. a. zu dem Schluss, dass mit den FinTechs für die Institute insbesondere strategische Risiken, operationelle Risiken, Cyberrisiken und Compliance-Risiken verbunden sind. Genannt werden zudem Auslagerungsrisiken und Risiken der Zusammenarbeit mit FinTechs (»Partnering Risks«).[4] Tendenziell wird mittlerweile allgemeiner auf »Drittpartei-Risiken« (»Third-Party Risks«) abgestellt, die Auslagerungsrisiken und die hier genannten »Partnering Risks« umfassen.[5]

Der BCBS hat vor dem Hintergrund des erhöhten Potenzials für gravierende Störungen des Bankbetriebes durch Pandemien, Naturkatastrophen, Vorfälle zur Cybersicherheit oder Technologieausfälle Grundsätze für die betriebliche Widerstandsfähigkeit entwickelt. Der BCBS weist auf den Zielkonflikt hin, dass die Institute und ihre Kunden einerseits von der Anwendung neuer Technologie profitieren, andererseits aus Schwachstellen im Zusammenhang mit der raschen Einführung und der zunehmenden Abhängigkeit von der technologischen Infrastruktur und von technologiebasierten Dienstleistungen Dritter auch operationelle Risiken resultieren. Die COVID-19-Pandemie hat diese Situation noch verschärft. Der BCBS hält neben der deutlich verbesserten Kapital- und Liquiditätsausstattung der Institute daher weitere Maßnahmen für erforderlich, um die Fähigkeit der Institute zu stärken, mit operationellen Risiken verbundene Ereignisse wie Pandemien, Cybervorfälle, Technologieausfälle und Naturkatastrophen abzufedern. Derartige Ereignisse könnten erhebliche operationelle Ausfälle oder weitreichende Störungen der Finanzmärkte verursachen. Deshalb würde eine Erhöhung der »Betriebsstabilität« (»Operational Resilience«) der Institute das Finanzsystem insgesamt besser schützen. Zu diesem Zweck sollte die Fähigkeit der Institute verbessert werden, auf potenzielle Gefahren zu reagieren, ihnen zu widerstehen, sich an sie anzupassen und sich von ihnen zu erholen, um mögliche schwerwiegende negative Auswirkungen zu mindern. Die vom BCBS für diese Zwecke entwickelten sieben Grundsätze sind eng mit dem Management von IKT-Risiken und dem Notfallmanagement verbunden (→ AT 7.2 und AT 7.3).[6]

In eine ähnliche Richtung zielt mit Bezug zu den Informations- und Kommunikationstechnologien (IKT) die im Entwurf vorliegende »Verordnung über die Betriebsstabilität digitaler Systeme des Finanzsektors« (»Digital Operational Resilience Act«, DORA).[7] Mit Hilfe von DORA als Teil des europäischen Maßnahmenpaketes zur Digitalisierung des Finanzsektors sollen das Innovations- und Wettbewerbspotenzial des digitalen Finanzwesens gefördert und gleichzeitig mögliche Risiken gemindert werden. Insbesondere sollen die bestehenden Regelungen zum IKT-Risikomanagement und zur Meldung IKT-relevanter Vorfälle, die bereits von anderen EU-Institutionen entwickelt wurden, harmonisiert und gestrafft werden (→ AT 7.3).

Den operationellen Risiken kommt aus Sicht der Bankenaufsichtsbehörden eine ganz erhebliche Bedeutung zu, die sich bereits in deren Behandlung durch frühere Arbeiten des BCBS widerspiegelt. Seine elf Grundsätze zum Management operationeller Risiken aus dem Jahr 2011[8], deren Umsetzung bereits im Jahr 2014 überprüft wurde[9], zielen auf eine Verankerung im instituts-

---

3 Vgl. Financial Stability Board, Third-party dependencies in cloud services – Considerations on financial stability implications, 19. Dezember 2019, S. 3.

4 Vgl. Basel Committee on Banking Supervision, Sound Practices – Implications of fintech developments for banks and bank supervisors, BCBS 431, 19. Februar 2018, S. 24 ff.

5 Vgl. Basel Committee on Banking Supervision, Cyber-resilience: Range of practices, BCBS 454, 4. Dezember 2018, S. 6.

6 Vgl. Basel Committee on Banking Supervision, Principles for Operational Resilience, BCBS 516, 31. März 2021, S. 1 f.

7 Europäische Kommission, Vorschlag für eine Verordnung des Europäischen Parlaments und des Rates über die Betriebsstabilität digitaler Systeme des Finanzsektors und zur Änderung der Verordnungen (EG) Nr. 1060/2009, (EU) Nr. 648/2012, (EU) Nr. 600/2014 und (EU) Nr. 909/2014 vom 24. September 2020.

8 Basel Committee on Banking Supervision, Principles for the Sound Management of Operational Risk, BCBS 195, 30. Juni 2011.

9 Vgl. Basel Committee on Banking Supervision, Review of the Principles for the Sound Management of Operational Risk, BCBS 292, 6. Oktober 2014.

internen Risikomanagement ab. Neben detaillierten Vorgaben zu den einzelnen Risikosteuerungs- und -controllingprozessen werden auch die Einordnung in die interne Governance, insbesondere das Zusammenspiel der drei Verteidigungslinien, und Fragen der Offenlegung operationeller Risiken beleuchtet. Bei der Überarbeitung wurde ein weiterer Grundsatz ergänzt, der übergreifende Anforderungen an das Management von Informations- und Kommunikationstechnologie-Risiken (IKT-Risiken) und deren Abstimmung mit dem Management operationeller Risiken betrifft (Grundsatz 10). Ein solides Management operationeller Risiken wird vom BCBS als Spiegelbild der Effektivität der Geschäftsleitung beim Management ihres Portfolios an Produkten, Aktivitäten, Prozessen und Systemen angesehen.[10] Die im Baseler Papier genannten Regelungsbereiche mit Relevanz für die zweite Säule sind von den MaRisk im Wesentlichen bereits abgedeckt. Abweichungen bestehen u. a. darin, dass eine Berücksichtigung operationeller Risiken bei der Preisgestaltung und Performancemessung erwartet wird. Diese Entwicklung wird seit ein paar Jahren vor dem Hintergrund des Klimawandels auch unter dem Gesichtspunkt der Nachhaltigkeit (»Sustainability«) deutlich forciert, wobei sich die Nachhaltigkeitsrisiken als Risikotreiber in verschiedenen Risikoarten niederschlagen (→ BTR Tz. 1).

7   Die EZB ermittelt in Zusammenarbeit mit den nationalen Aufsichtsbehörden regelmäßig die absehbar wesentlichsten Risikofaktoren. Für 2019 wurden neben der Konkurrenz durch FinTechs und »BigTechs«[11] mit den geopolitischen Risiken, den hohen Beständen an notleidenden Krediten, den IT-Risiken, den (Fehl-)Verhaltensrisiken und den klimabedingten Risiken eine ganze Reihe operationeller Risiken als besonders prägend identifiziert.[12] Noch Ende 2019 hatte sich an den wesentlichen Risikofaktoren nicht viel geändert. Das sich eintrübende wirtschaftliche Umfeld im Euroraum, der Brexit und der weltweit zunehmende Protektionismus haben sich in Kombination mit dem Niedrigzinsumfeld negativ auf die Ertragslage der Institute und die Tragfähigkeit ihrer Geschäftsmodelle ausgewirkt. Damit verbunden war vor allem die Gefahr einer gelockerten Kreditvergabe. Gleichzeitig haben verschiedene Fälle von Geldwäsche das durch Fehlverhalten bedingte Verlustrisiko erhöht.[13] Anfang 2020 hat sich diese Situation mit dem Ausbruch der COVID-19-Pandemie dramatisch geändert. Die Realwirtschaft konnte in vielen Bereichen nur mit zahlreichen staatlichen Unterstützungsmaßnahmen vor dem Zusammenbruch bewahrt werden. Wegen der befürchteten Rückwirkungen auf das Finanzsystem, vor allem durch einen deutlichen Anstieg der NPL-Bestände, hat die EZB ihre Schwerpunkte daher auf jene Bereiche gelenkt, die von der Krise am stärksten betroffen waren und nach wie vor auch sind: die Steuerung des Adressenausfallrisikos, die Kapitalausstattung, die Tragfähigkeit der Geschäftsmodelle und die Unternehmensführung mit Bezug auf die strategische Steuerung in der Krise. Zudem ist der Umgang mit der Digitalisierung, der Cyberkriminalität und den Klima- und Umweltrisiken noch stärker in den Fokus geraten.[14]

8   Das Financial Stability Institute (FSI) hat in einem Arbeitspapier jene BigTechs näher beleuchtet, die verschiedene Finanzdienstleistungen anbieten, und ist auch auf die damit verbundenen potenziellen Risiken und den regulatorischen Umgang mit diesen Firmen eingegangen. Durchgängig sind die untersuchten Unternehmen bisher nur im Zahlungsverkehr tätig. Insgesamt betreffen Finanzdienstleistungen bisher nur einen relativ geringen Teil der Gesamtaktivitäten

---

10 Vgl. Basel Committee on Banking Supervision, Revisions to the Principles for the Sound Management of Operational Risk, BCBS 515, 31. März 2021, S. 1 f.
11 Unter »BigTechs« werden die besonders großen Technologieunternehmen verstanden, die Zugriff auf umfangreiche Kundendaten und gleichzeitig Zugang zur Finanzdienstleistungsbranche und damit einen erheblichen Einfluss auf die zukünftige Entwicklung dieser Branche haben. Insbesondere sind damit die »Big Five« aus den USA gemeint, d. h. Alphabet (Google), Amazon, Apple, Facebook und Microsoft, aber auch andere Unternehmen, wie z. B. Alibaba aus China. Die BigTechs sind selbst sehr aktiv im Umfeld der FinTechs, sei es durch Unterstützung von Start-ups in der Technologiebranche, durch Übernahme besonders innovativer Unternehmen oder durch Gründung eigener Tochterunternehmen.
12 Vgl. Europäische Zentralbank, EZB-Bankenaufsicht: Risikobewertung für 2019, 30. Oktober 2018.
13 Vgl. Europäische Zentralbank, EZB-Bankenaufsicht: Risikobewertung für 2020, 7. Oktober 2019.
14 Vgl. Europäische Zentralbank, EZB-Bankenaufsicht: Risikobewertung für 2021, 28. Januar 2021.

(und der Einnahmen) der BigTechs. Aufgrund der einzigartigen Merkmale ihrer Geschäftsmodelle, auf die in diesem Papier detailliert eingegangen wird (Netzwerkeffekte, erheblicher Markteinfluss, große Nutzerbasis, moderne Technologien), kann sich dieser Zustand allerdings sehr schnell ändern. Das FSI sieht vor allem in der derzeitigen Ausrichtung der Aufsichtsbehörden auf einzelne Unternehmen oder spezifische Aktivitäten eine Gefahr, weil damit jene Risiken, die durch die substanziellen Verflechtungen innerhalb von BigTech-Gruppen und ihre Rolle als kritische Dienstleister für Finanzinstitute entstehen, möglicherweise nicht erkannt werden. Aus Sicht des FSI erfordert der Eintritt von BigTechs in das Finanzwesen einen umfassenden politischen Ansatz, der Finanzregulierung, Wettbewerbspolitik und Datenschutz miteinander kombiniert. Um auf zukünftige Entwicklungen vorbereitet zu sein und BigTechs wirksam beaufsichtigen zu können, sollten daher verschiedene Maßnahmen geprüft werden, die sich auf einen neuen Mix aus unternehmens- und tätigkeitsbasierten Regelungen, einen maßgeschneiderten Ansatz für BigTechs inklusive eines umfassenden politischen Rahmenwerkes sowie verbesserte sektor- und grenzüberschreitende Kooperationsvereinbarungen beziehen.[15]

Der BCBS warnt zudem davor, dass Institute aufgrund ihrer direkten oder indirekten Engagements in Kryptowerten (→ AT 2.3 Tz. 3) und damit zusammenhängenden Dienstleistungen potenziell einer Reihe von nichtfinanziellen Risiken ausgesetzt sein könnten. Dazu gehören Risiken, die sich aus technologischen Schwachstellen und Beschränkungen von Kryptowerten ergeben, wie z.B. Cyberangriffe, oder Netzwerk-Governance-Probleme, wie z.B. Verzweigungen (»Forks«), die zu einer Aufspaltung der Kryptowerte führen, und allgemeinere Risiken im Zusammenhang mit der Aufrechterhaltung der betrieblichen Zuverlässigkeit und Leistungsfähigkeit. So könnte ein groß angelegter Cyberangriff dazu führen, dass Kunden nicht mehr auf Kryptowerte zugreifen oder diese zurückholen können. Er könnte auch Auswirkungen auf indirekte Engagements haben, wenn das Vertrauen in die Sicherheit und den Wert von Kryptowerten erschüttert wird. Neben rechtlichen Risiken und Reputationsrisiken verweist der BCBS zudem auf Drittpartei-Risiken und Implementierungsrisiken, die auf notwendige Änderungen an internen Systemen und Kontrollen zurückzuführen sein können.[16]   **9**

Dementsprechend hat die BaFin schon im Verlauf der Entwicklung der MaRisk ausdrücklich betont, dass dem Umgang mit operationellen Risiken über alle Anforderungen hinweg ein zentraler oder sogar überragender Stellenwert eingeräumt wird.[17] Vor diesem Hintergrund werden die operationellen Risiken in nahezu allen Modulen der MaRisk behandelt. Dies betrifft neben den direkten Anforderungen an die Risikocontrolling-Funktion (→ AT 4.4.1) z.B. die Sicherstellung der Einhaltung der wesentlichen rechtlichen Regelungen und Vorgaben durch die Compliance-Funktion (→ AT 4.4.2), die Prüfung und Beurteilung der Wirksamkeit und Angemessenheit des Risikomanagements durch die Interne Revision (→ AT 4.4.3), das Erfordernis von Organisations-richtlinien (→ AT 5), die Aufbewahrungs- und Dokumentationspflichten (→ AT 6), die Anforderungen an die quantitative und qualitative Personalausstattung (→ AT 7.1) sowie die technisch-organisatorische Ausstattung des Institutes (→ AT 7.2), die Etablierung eines Notfallmanagements (→ AT 7.3) und eines Neu-Produkt-Prozesses (→ AT 8.1), die Vorschriften bei Auslagerungen (→ AT 9) und generell verschiedene Anforderungen an die Aufbau- und Ablauforganisation, die insbesondere der Vermeidung von Interessenkonflikten dienen (→ BTO).   **10**

Bei »Finanzierungsleasing- und Factoringinstituten« steht das Management der operationellen Risiken im Zusammenhang mit deren Geschäftsaktivitäten sogar im Mittelpunkt, da für diese Institute nach Erkenntnissen der BaFin das größte Risiko im Betrug besteht. Konkret betrifft dies   **11**

---

15 Vgl. Crisanto, Juan Carlos/Ehrentraud, Johannes/Fabian, Marcos, Big techs in finance: regulatory approaches and policy options, FSI Briefs No 12, Financial Stability Institute, 16. März 2021, S. 1ff.

16 Vgl. Basel Committee on Banking Supervision, Designing a prudential treatment for crypto-assets, Discussion paper, BCBS 490, 12. Dezember 2019, S. 10.

17 Vgl. Bundesanstalt für Finanzdienstleistungsaufsicht, Übermittlungsschreiben zum ersten Entwurf der Mindestanforderungen an das Risikomanagement vom 2. Februar 2005, S. 7f.

bei Finanzierungsleasinginstituten die Unterschlagung des finanzierten Leasingobjektes. Den Factoringinstituten können hingegen Forderungen verkauft werden, die gar nicht vorhanden sind.[18]

1.2 Definition und Arten von operationellen Risiken

12   Operationelle Risiken sind verknüpft mit Menschen, die Fehler machen, mit IT-Systemen, die ausfallen, oder mit Naturkatastrophen, die Unheil anrichten.[19] Unter ihnen versteht man nach der gängigen Definition in Art. 4 Abs. 1 Nr. 52 CRR das Risiko von Verlusten, die durch die Unangemessenheit oder das Versagen von internen Verfahren, Menschen und Systemen oder durch externe Ereignisse verursacht werden. Rechtsrisiken sind nach Art. 4 Abs. 1 Nr. 52 CRR ausdrücklich Bestandteil der operationellen Risiken.

13   Gemäß Art. 85 Abs. 1 Satz 1 CRD IV müssen die Institute zur Beurteilung und Steuerung ihres operationellen Risikos, einschließlich des Modellrisikos und des mit der Auslagerung verbundenen Risikos, sowie zur Absicherung gegen selten eintretende Ereignisse mit gravierenden Folgen (»High Impact, Low Frequency«, HILF) auf Grundsätze und Verfahren zurückgreifen. Die Institute können nach Art. 85 Abs. 1 Satz 2 CRD IV theoretisch zwar selbst festlegen, was für die Zwecke dieser Grundsätze und Verfahren ein operationelles Risiko darstellt. Ihre Freiheitsgrade werden allerdings dadurch wieder eingeschränkt, dass von den maßgeblichen Aufsichtsbehörden erwartet wird, eine ganze Reihe von Risiken in diese Betrachtung einzubeziehen.

14   So wird von der EBA eine Reihe von Unterkategorien der operationellen Risiken genannt, die von den zuständigen Behörden beim SREP zu berücksichtigen sind. Dazu gehören insbesondere Auslagerungsrisiken, (Fehl-)Verhaltensrisiken, Informations- und Kommunikationstechnologie-Risiken (IKT-Risiken) und Modellrisiken.[20]

15   Auch nach den Vorgaben der EZB liegt es grundsätzlich zwar in der Verantwortung der bedeutenden Institute, einen regelmäßigen Prozess zur Identifizierung sämtlicher bestehenden oder potenziellen wesentlichen Risiken zu implementieren und dabei die jeweiligen Risikokategorien und -unterkategorien festzulegen. Allerdings müssen bei den operationellen Risiken zumindest (Fehl-)Verhaltensrisiken, Rechtsrisiken und Modellrisiken in die Untersuchung einbezogen werden. Sofern das jeweilige Risiko als nicht wesentlich erachtet wird, erwartet die EZB eine Begründung.[21] An anderer Stelle weist die EZB den operationellen Risiken beispielhaft die IKT-Risiken, genauer die Risiken einer Geschäftsunterbrechung und eines Systemausfalls, die Rechtsrisiken und die Modellrisiken zu. Sofern diese Risiken nicht wesentlich sein sollten, wird von den Instituten eine Erläuterung erwartet.[22]

16   Die hier genannten Risikoarten, also die Rechtsrisiken, die (Fehl-)Verhaltensrisiken, die IKT-Risiken, die Modellrisiken und die Auslagerungsrisiken, werden für die Zwecke der MaRisk als Unterkategorien der operationellen Risiken betrachtet und im Folgenden näher beschrieben. Ergänzend werden auch die Compliance-Risiken den operationellen Risiken zugeordnet, da sie sich mit den Rechtsrisiken und den (Fehl-)Verhaltensrisiken deutlich überschneiden.

---

18 Vgl. Bundesanstalt für Finanzdienstleistungsaufsicht, Jahresbericht 2019, 12. Mai 2020, S. 74.

19 Vgl. Hellstern, Gerhard, Quantifizierung und Steuerung operationeller Risiken, in: Becker, Axel/Gruber, Walter/Wohlert, Dirk (Hrsg.), Handbuch MaRisk, Frankfurt a.M., 2006, S. 528.

20 Vgl. European Banking Authority, Guidelines on common procedures and methodologies for the supervisory review and evaluation process (SREP) and supervisory stress testing, EBA/GL/2014/13, Consolidated version, 19. Juli 2018, S. 104 ff.

21 Vgl. Europäische Zentralbank, Aufsichtliche Erwartungen an ICAAP und ILAAP sowie harmonisierte Erhebung von ICAAP- und ILAAP-Informationen, Schreiben von Daniele Nouy an die Geschäftsleitung bedeutender Banken vom 8. Januar 2016, Anhang A, S. 3.

22 Vgl. Europäische Zentralbank, Leitfaden der EZB für den bankinternen Prozess zur Sicherstellung einer angemessenen Kapitalausstattung (Internal Capital Adequacy Assessment Process – ICAAP), 9. November 2018, S. 63.

Die operationellen Risiken werden mit ihren Unterkategorien den »nicht-finanziellen Risiken« (»Non-Financial Risks«, NFR) zugeordnet. Dazu gehören u. a. die Reputationsrisiken sowie die Geschäfts- und die strategischen Risiken, die vom Baseler Ausschuss für Bankenaufsicht (BCBS) zwar von der Definition der operationellen Risiken ausgenommen sind. Allerdings räumt der BCBS gleichzeitig ein, dass strategische Risiken und Reputationsrisiken ggf. vom operationellen Risikomanagement der Institute berücksichtigt werden sollten.[23] Die EBA hat diese Vorgehensweise im Zusammenhang mit dem SREP damit begründet, dass sich die meisten operationellen Risikoereignisse entscheidend auf die Reputation eines Institutes auswirken.[24] Ergänzend können auch die regulatorischen Risiken und die Unterstützungsrisiken (»Step-in-Risks«) zu den nicht-finanziellen Risiken gezählt werden. Diese Risikoarten werden an anderer Stelle näher beschrieben (→ BTR Tz. 1).

17

1.2.1 Rechtsrisiken

Das bei der Aufsicht angesiedelte Fachgremium OpRisk sieht es für die Kategorisierung als entscheidend an, ob ein Institut auf derartige Risiken noch angemessen reagieren kann oder nicht. So wird zwar die Gefahr, aufgrund einer Änderung der Rechtslage (geänderte Rechtsprechung oder Gesetzesänderung) für in der Vergangenheit abgeschlossene Geschäfte Verluste zu erleiden, dem Rechtsrisiko zugeordnet, nicht hingegen das Risiko, aufgrund einer geänderten Rechtslage die zukünftige Geschäftstätigkeit umstellen zu müssen.[25]

18

Der Umgang mit Rechtsrisiken spielt in den MaRisk an verschiedenen Stellen eine Rolle. So müssen die Organisationsrichtlinien u. a. Regelungen enthalten, welche die Einhaltung rechtlicher Regelungen und Vorgaben gewährleisten (→ AT 5 Tz. 3). Für die Aufnahme von Geschäftsaktivitäten in neuen Produkten oder auf neuen Märkten (einschließlich neuer Vertriebswege) ist vorab ein Konzept auszuarbeiten, in dem auch die sich ergebenden wesentlichen rechtlichen Konsequenzen für das Management der Risiken darzustellen sind (→ AT 8.1 Tz. 1 inkl. Erläuterung). Dasselbe gilt sinngemäß für Übernahmen und Fusionen (→ AT 8.3 Tz. 1). Wesentliche Rechtsrisiken im Kredit- und Handelsgeschäft sind grundsätzlich in einer vom Markt und Handel unabhängigen Stelle zu überprüfen, wie z. B. der Rechtsabteilung (→ BTO Tz. 8). Das gilt ebenso für die Überprüfung des rechtlichen Bestandes von Sicherheiten (→ BTO 1.1 Tz. 7, Erläuterung). Bei Objekt- und Projektfinanzierungen ist im Rahmen der Kreditbearbeitung sicherzustellen, dass auch die mit dem Objekt bzw. Projekt verbundenen rechtlichen Risiken in die Beurteilung einbezogen werden (→ BTO 1.2 Tz. 7). Vertragliche Vereinbarungen im Kreditgeschäft sind auf der Grundlage rechtlich geprüfter Unterlagen abzuschließen (→ BTO 1.2 Tz. 13). Für die einzelnen Kreditverträge sind rechtlich geprüfte Standardtexte zu verwenden, die anlassbezogen zu aktualisieren sind. Andernfalls ist unter Risikogesichtspunkten vor Abschluss des Vertrages ggf. die rechtliche Prüfung durch eine vom Bereich Markt unabhängige Stelle erforderlich (→ BTO 1.2 Tz. 14). Die Werthaltigkeit und der rechtliche Bestand von Sicherheiten sind vor der Kreditvergabe grundsätzlich (→ BTO 1.2.1 Tz. 3) und im Rahmen der Kreditweiterbearbeitung in Abhängigkeit von der Sicherheitenart ab einer vom Institut unter Risikogesichtspunkten festzulegenden Grenze in angemessenen Abständen (→ BTO 1.2.2 Tz. 3) zu überprüfen. Rechtliche Risiken sind auch zu prüfen, wenn sich ein Institut trotz Erfüllung der Kriterien für den Übergang in die Sanierung bzw. Abwicklung und trotz wesentlicher Leistungsstörungen für einen Verbleib in der Intensivbetreuung entscheidet

19

23 Vgl. Basel Committee on Banking Supervision, Revisions to the Principles for the Sound Management of Operational Risk, BCBS 515, 31. März 2021, S. 2.

24 Vgl. European Banking Authority, Guidelines on common procedures and methodologies for the supervisory review and evaluation process (SREP) and supervisory stress testing, EBA/GL/2014/13, Consolidated version, 19. Juli 2018, S. 104.

25 Vgl. Bundesanstalt für Finanzdienstleistungsaufsicht/Deutsche Bundesbank, Empfehlungen des Fachgremiums OpRisk zur Definition des operationellen Risikos, 5. März 2008.

(→ BTO 1.2.5 Tz. 3). Vor Abschluss von Verträgen im Zusammenhang mit Handelsgeschäften, insbesondere bei Rahmenvereinbarungen, Nettingabreden und Sicherheitenbestellungen, ist durch eine vom Handel unabhängige Stelle zu prüfen, ob und inwieweit sie rechtlich durchsetzbar sind (→ BTO 2.2.1 Tz. 8). Die Institute müssen überprüfen, inwieweit der Übertragung liquider Mittel und unbelasteter Vermögensgegenstände innerhalb einer Gruppe gesellschaftsrechtliche, regulatorische und operationelle Restriktionen entgegenstehen (→ BTR 3.1 Tz. 10). Außerdem ist sicherzustellen, dass der Nutzung der Liquiditätspuffer keine rechtlichen, regulatorischen oder operationellen Restriktionen entgegenstehen (→ BTR 3.2 Tz. 4).

1.2.2 (Fehl-)Verhaltensrisiken

20 Unter dem »Verhaltensrisiko« (»Conduct Risk«) wird das bestehende oder künftige Risiko von Verlusten eines Institutes infolge der unangemessenen Erbringung von Finanzdienstleistungen verstanden, einschließlich Fällen vorsätzlichen oder fahrlässigen Fehlverhaltens.[26] Da es insofern um ein mögliches Fehlverhalten geht, wird diese Risikoart in verschiedenen Ausarbeitungen auch als »Fehlverhaltensrisiko« (»Misconduct Risk«) bezeichnet.

21 Der Finanzstabilitätsrat (FSB) empfiehlt den Instituten, sich im Rahmenwerk zum Risikoappetit auch mit schwer zu quantifizierenden Risiken zu befassen, und nennt in diesem Zusammenhang neben den Reputationsrisiken auch die Fehlverhaltensrisiken sowie die Risiken im Zusammenhang mit Geldwäsche und unethischen Praktiken. Für die regelmäßige Überprüfung des Risikoprofils sollten qualitative Maßnahmen für den Umgang mit Fehlverhaltensrisiken in Erwägung gezogen werden.[27]

22 Diese Empfehlungen sind vom Baseler Ausschuss für Bankenaufsicht (BCBS) aufgegriffen worden.[28] Konkret wird von den Mitgliedern des Aufsichtsorgans und der Geschäftsleitung erwartet, dass sie Fehlverhaltensrisiken im Zusammenhang mit den Geschäftsaktivitäten des Institutes definieren.[29] Fälle von Fehlverhalten sind u. a. zurückzuführen auf Falschberatung beim Verkauf von Finanzprodukten an Privat- und Geschäftskunden, die Verletzung nationaler und internationaler Vorschriften (Steuervorschriften, Vorschriften zur Bekämpfung der Geldwäsche, Anti-Terrorismus-Vorschriften, Wirtschaftssanktionen etc.) und die Manipulation der Finanzmärkte (z.B. die Manipulation von Libor-Zinssätzen und Devisenkursen). Die Geschäftsleitung sollte ein Signal setzen (»Tone at the Top«) und die Rolle des Managements bei der Förderung und Bewahrung einer soliden Unternehmens- und Risikokultur überwachen (→ AT 3 Tz. 1). Das Management sollte einen schriftlich fixierten Ehren- oder Verhaltenskodex erarbeiten (→ AT 5 Tz. 3). Der Kodex soll eine Kultur der Ehrlichkeit und Verantwortlichkeit fördern, um die Interessen der Kunden und Aktionäre des Institutes zu schützen.[30]

23 Auf dieser Basis sollte das Institut akzeptable und inakzeptable Verhaltensweisen definieren. Insbesondere sollten illegale Aktivitäten, wie finanzielle Falschmeldungen und Fehlverhalten, Wirtschaftskriminalität einschließlich Betrug, Verletzung von Sanktionen, Geldwäsche, wettbewerbswidrige Praktiken, Bestechung und Korruption oder die Verletzung von Verbraucherrechten ausdrücklich verboten werden. Es sollte verdeutlicht werden, dass von den Mitarbeitern erwartet wird, dass sie sich ethisch einwandfrei verhalten und ihre Arbeit mit der gebotenen

---

26 Vgl. European Banking Authority, Guidelines on common procedures and methodologies for the supervisory review and evaluation process (SREP) and supervisory stress testing, EBA/GL/2014/13, Consolidated version, 19. Juli 2018, S. 22.

27 Vgl. Financial Stability Board, Principles for An Effective Risk Appetite Framework, 18. November 2013, S. 2 und 7 f.

28 Vgl. Basel Committee on Banking Supervision, Guidelines – Corporate governance principles for banks, BCBS 328, 8. Juli 2015, S. 2.

29 In diesem Zusammenhang wird vom Baseler Ausschuss für Bankenaufsicht auf folgende Publikationen verwiesen: The Group of Thirty, Banking Conduct and Culture – A Call for Sustained and Comprehensive Reform (G 30-Report), 1. Juli 2015; European Systemic Risk Board, Report on misconduct risk in the banking sector, 5. Juni 2015.

30 Vgl. Basel Committee on Banking Supervision, Guidelines – Corporate governance principles for banks, BCBS 328, 8. Juli 2015, S. 5.

Sorgfalt ausführen sowie Gesetze, Vorschriften und Unternehmensrichtlinien einhalten. Die entscheidende Bedeutung einer rechtzeitigen und offenen Diskussion und Eskalation von Problemen auf höhere Hierarchieebenen innerhalb des Institutes sollte sich in den Unternehmenswerten niederschlagen. Die Mitarbeiter sollten ermutigt und in die Lage versetzt werden, vertraulich und ohne das Risiko von Repressalien legitime Bedenken über illegale, unethische oder fragwürdige Praktiken zu äußern. Dies kann durch eine gut kommunizierte Geschäftspolitik und angemessene Verfahren und Prozesse im Einklang mit dem nationalen Recht erleichtert werden, die es den Mitarbeitern ermöglichen, materielle und aufrichtige Bedenken und Beobachtungen von Verstößen vertraulich mitzuteilen (z.B. durch Whistleblowing-Vorgaben). Dazu gehört auch die Kommunikation wesentlicher Belange an die Bankenaufsicht. Die Geschäftsleitung sollte die Whistleblowing-Vorgaben überwachen und sicherstellen, dass sich das Management mit legitimen Fragen befasst, die aufgeworfen werden. Die Geschäftsleitung sollte die Verantwortung dafür übernehmen, dass Mitarbeiter, die Bedenken äußern, vor Repressalien geschützt werden. Die Geschäftsleitung sollte überwachen und genehmigen, wie und von wem berechtigte materielle Bedenken untersucht werden und ob sie von einem objektiven, unabhängigen internen oder externen Gremium, dem Management oder der Geschäftsleitung selbst behandelt werden.[31]

Die EBA ordnet die Fehlverhaltensrisiken den Rechtsrisiken zu und behandelt sie folglich als Unterkategorie der operationellen Risiken. In Ergänzung zu den bereits vom BCBS aufgeführten Fällen von Fehlverhalten nennt die EBA ein forciertes Cross-Selling von Produkten an Privatkunden, wie z.B. Bankkonten im Paket oder Zusatzprodukte, die Kunden nicht benötigen, Interessenkonflikte bei der Geschäftsabwicklung, unlautere Beschränkungen beim Wechsel von Finanzprodukten während ihrer Laufzeit oder beim Wechsel von Finanzdienstleistern, schlecht gestaltete Vertriebskanäle, die Interessenkonflikte mit falschen Anreizen ermöglichen können, unlautere automatische Produktverlängerungen oder Ausstiegsstrafen und eine unsachgemäße Bearbeitung von Kundenreklamationen. Sofern relevant, sollten die zuständigen Behörden im Rahmen des SREP die Stärke des Wettbewerbs auf den Märkten betrachten, auf denen das Institut operiert, um festzustellen, ob eine etwaige beherrschende Stellung des Institutes – als Alleinstellung oder innerhalb einer kleinen Gruppe – ein wesentliches Risiko für ein Fehlverhalten darstellt (z.B. infolge eines kartellartigen Verhaltens). Da Fehlverhaltensrisiken vielfältige Aspekte umfassen und zahlreichen Geschäftsprozessen und Produkten innewohnen können, sollten die zuständigen Behörden auch die Ergebnisse der Geschäftsmodellanalyse nutzen und die Anreizpolitik prüfen, um einen umfassenden Einblick in die Quellen von Fehlverhaltensrisiken zu erlangen.[32] In anderen Ausarbeitungen erwähnt die EBA die Schaffung eines Rahmens zur Reduzierung und zum Management von Interessenkonflikten und bezieht sich dabei beispielhaft auf den Verkauf von nur vermeintlich nachhaltigen Finanzprodukten (»Greenwashing«) und echte »Fehlverkäufe« von Produkten (»Mis-Selling«).[33] Damit verbindet sie eine Vergütungspolitik, die mit den langfristigen Interessen, der Geschäftsstrategie, den Zielen und Werten des Institutes im Einklang steht.[34] Zudem werden die Fehlverhaltensrisiken seit dem Jahr 2016 auch in den EU-weiten Stresstests der EBA und den ergänzenden Stresstests der EZB berücksichtigt.

24

---

31 Vgl. Basel Committee on Banking Supervision, Guidelines – Corporate governance principles for banks, BCBS 328, 8. Juli 2015, S. 9f.

32 Vgl. European Banking Authority, Guidelines on common procedures and methodologies for the supervisory review and evaluation process (SREP) and supervisory stress testing, EBA/GL/2014/13, Consolidated version, 19. Juli 2018, S. 109f.

33 »Fehlverkäufe« (»Mis-Selling«) betreffen den vorsätzlichen Verkauf von Produkten oder Dienstleistungen im Rahmen einer Anlageberatung, die für den betreffenden Kunden grundsätzlich ungeeignet sind. Insofern handelt es sich zwar formal gesehen um eine korrekte Übersetzung in die deutsche Sprache. Allerdings basieren diese Verkäufe auf einer irreführenden Beratung, so dass der Begriff »Falschberatung« dem damit ausgedrückten Sachverhalt eigentlich besser entspricht.

34 Vgl. European Banking Authority, EBA Discussion paper on management and supervision of ESG risks for credit institutions and investment firms, EBA/DP/2020/03, 30. Oktober 2020, S. 100f.

25   Der FSB hat auf Basis einer Bestandsaufnahme zunächst einen Arbeitsplan zur Reduzierung des Fehlverhaltensrisikos veröffentlicht.[35] Er stellt in erster Linie auf den Einsatz von Vergütungsinstrumenten ab. Ex post könnten Vergütungsinstrumente dazu genutzt werden, Fehlverhalten zu bestrafen und damit eine Null-Toleranz-Politik zu signalisieren. Ex ante könnten mit den Mitarbeitern Zielvereinbarungen über das Arbeitsergebnis selbst, aber auch über den Weg, wie dieses Ergebnis angemessen erreicht werden kann (erwünschtes Verhalten), getroffen werden. Später hat der FSB einen Leitfaden zur Ergänzung bestehender Grundsätze und Standards für solide Vergütungspraktiken zur Konsultation veröffentlicht.[36] Dem Management des Fehlverhaltensrisikos dient nicht zuletzt eine angemessene Risikokultur. Die damit verbundenen Anforderungen der Aufsichtsbehörden gehen auf vier Indikatoren zurück, die vom FSB im April 2014 formuliert wurden (→ AT 3 Tz. 1).[37]

1.2.3   IKT- und Sicherheitsrisiken

26   Unter dem Begriff »IT-Risiko« versteht die deutsche Aufsicht alle Risiken für die Vermögens- und Ertragslage der Institute, die aufgrund von Mängeln entstehen, die das IT-Management bzw. die IT-Steuerung, die Verfügbarkeit, Vertraulichkeit, Integrität und Authentizität der Daten, das interne Kontrollsystem der IT-Organisation, die IT-Strategie, -Leitlinien und -Aspekte der Geschäftsordnung oder den Einsatz von Informationstechnologie betreffen.[38] Die Bedeutung des IT-Risikos kommt auch darin zum Ausdruck, dass die BaFin im Dezember 2018 die Prüfung der IT-Systeme und der dazugehörigen IT-Prozesse neben der Durchführung des LSI-Stresstests 2019 zu Schwerpunktthemen der Bankenaufsicht für das Jahr 2019 erklärt hat.[39]

27   Das »Informations- und Kommunikationstechnologie-Risiko« (IKT-Risiko) bezeichnet das Risiko von Verlusten aufgrund von Vertraulichkeitsverletzungen, mangelhafter Integrität von Systemen und Daten, der Unangemessenheit oder Nichtverfügbarkeit von Systemen und Daten oder der fehlenden Flexibilität, die Informationstechnologie innerhalb eines angemessenen Zeitraumes und zu akzeptablen Kosten anzupassen, wenn sich die Rahmenbedingungen oder Geschäftsanforderungen ändern.[40] In den neueren Ausarbeitungen der Aufsichtsbehörden wird das IT-Risiko im Zusammenhang mit der Kommunikationstechnologie erwähnt, also als Bestandteil des IKT-Risikos. Die EBA ist noch einen Schritt weiter gegangen und hat das IKT-Risiko mit dem Sicherheitsrisiko verknüpft. Demnach ist unter dem »IKT- und Sicherheitsrisiko« (»ICT and security risk«) die Gefahr von Verlusten aufgrund der Verletzung der Vertraulichkeit, des Versagens der Integrität von Systemen und Daten, der Unangemessenheit oder Nichtverfügbarkeit von Systemen und Daten oder der Unfähigkeit, die Informationstechnologie innerhalb eines angemessenen Zeit- und Kostenrahmens zu ändern, wenn sich die Umgebungs- oder Geschäftsanforderungen ändern (d.h. Agilität), zu verstehen. Dies schließt Sicherheitsrisiken ein, die aus unzulänglichen oder fehl-

---

35   Financial Stability Board, Stocktake of efforts to strengthen governance frameworks to mitigate misconduct risks, 23. Mai 2017.

36   Financial Stability Board, Supplementary Guidance to the FSB Principles and Standards on Sound Compensation Practices – The use of compensation tools to address misconduct risk, 9. März 2018.

37   Vgl. Financial Stability Board, Guidance on Supervisory Interaction with Financial Institutions on Risk Culture – A Framework for Assessing Risk Culture, 7. April 2014, S. 3 f.

38   Vgl. Essler, Renate/Gampe, Jens, IT-Sicherheit – Aufsicht konkretisiert Anforderungen an die Kreditwirtschaft, in: BaFinJournal, Ausgabe Januar 2018, S. 18.

39   Vgl. Bundesanstalt für Finanzdienstleistungsaufsicht, Schwerpunkte der Aufsicht 2019, Pressemitteilung vom 18. Dezember 2018.

40   Vgl. European Banking Authority, Guidelines on common procedures and methodologies for the supervisory review and evaluation process (SREP) and supervisory stress testing, EBA/GL/2014/13, Consolidated version, 19. Juli 2018, S. 23.

geschlagenen internen Prozessen oder externen Ereignissen resultieren, einschließlich Cyber-angriffen oder unzureichender physischer Sicherheit.[41]

Für die Zwecke des SREP hat die EBA fünf IKT-Risikokategorien definiert und dafür jeweils eine nicht erschöpfende Liste von potenziell schwerwiegenden IKT-Risiken und/oder IKT-Risiken mit operationellen, reputationsbezogenen oder finanziellen Auswirkungen als IKT-Risikotaxonomie vorgegeben.[42] Das IKT-Verfügbarkeits- und Kontinuitätsrisiko ist das Risiko, dass die Leistung und die Verfügbarkeit von IKT-Systemen[43] und -Daten nachteilig beeinflusst werden, einschließlich der mangelnden Fähigkeit, IKT-Hardware- oder -Softwarekomponenten infolge eines Ausfalls recht-zeitig wiederherzustellen, bzw. dass die Dienste des Institutes infolge von Schwächen im IKT-Systemmanagement oder eines sonstigen Ereignisses nachteilig beeinflusst werden. Das IKT-Si-cherheitsrisiko ist das Risiko eines unbefugten Zugangs zu IKT-Systemen und eines Datenzugriffs von innerhalb oder außerhalb des Institutes (z.B. Cyber-Attacken). Das IKT-Änderungsrisiko ist das Risiko, das sich aus der mangelnden Fähigkeit des Institutes ergibt, IKT-Systemänderungen zeitgerecht und kontrolliert zu steuern, insbesondere was umfangreiche und komplexe Ände-rungsprogramme angeht. Das IKT-Datenintegritätsrisiko ist das Risiko, dass die von IKT-Systemen gespeicherten und verarbeiteten Daten über verschiedene IKT-Systeme hinweg unvollständig, ungenau oder inkonsistent sind, beispielsweise aufgrund mangelhafter oder fehlender IKT-Kon-trollen während der verschiedenen Phasen des IKT-Datenlebenszyklus (d.h. Entwurf der Daten-architektur, Entwicklung des Datenmodells und/oder der Datenbeschreibungsverzeichnisse, Überprüfung von Dateneingaben, Kontrolle von Datenextraktionen, -übertragungen und -ver-arbeitungen, einschließlich gerenderter Datenausgaben), was dazu führt, dass die Fähigkeit des Institutes zur Erbringung von Diensten[44] und zur ordnungsgemäßen und zeitgerechten Erstellung von (Risiko-)Management- und Finanzinformationen beeinträchtigt wird. Das IKT-Auslagerungs-risiko ist das Risiko, dass die Beauftragung eines Dritten oder eines anderen Gruppenunter-nehmens (gruppeninterne Auslagerung) mit der Bereitstellung von IKT-Systemen oder der Erbrin-gung damit zusammenhängender Dienstleistungen das Leistungs- und Risikomanagement des Institutes nachteilig beeinflusst.[45] Für die ermittelten erheblichen IKT-Risiken sollten die zustän-digen Behörden bewerten, ob das Institut spezifische Kontrollen, für die je IKT-Risikokategorie von der EBA Vorgaben gemacht werden, zur Bewältigung dieser Risiken eingeführt hat.[46]

Ähnlich wie nach den Vorgaben der MaRisk, bei der Ausgestaltung der IT-Systeme und der zugehörigen IT-Prozesse grundsätzlich auf gängige Standards abzustellen (→ AT 7.2 Tz. 2), erwartet die EBA im Rahmen des SREP, das IKT-Risiko mit Hilfe von verschiedenen, auf bewähr-ten Industriestandards basierenden Methoden zu bewerten. Dabei sollten, unter Berücksichtigung der Komplexität der IT-Architektur, die Qualität und Wirksamkeit von Tests und Plänen zur Aufrechterhaltung des Geschäftsbetriebes, die Sicherheit des internen und externen Zugangs zu Systemen und Daten, die Genauigkeit und Integrität der für Berichte, Risikomanagement, Rech-nungslegung, Bestandsführung etc. verwendeten Daten sowie die Agilität der Durchführung von Änderungen berücksichtigt werden. Dazu sollen auch Berichte über interne Zwischenfälle und interne Prüfberichte sowie weitere Indikatoren herangezogen werden, die vom Institut zur

41 Vgl. European Banking Authority, Leitlinien für das Management von IKT- und Sicherheitsrisiken, EBA/GL/2019/04, 28. November 2019, S. 5.
42 Vgl. European Banking Authority, Leitlinien für die IKT-Risikobewertung im Rahmen des aufsichtlichen Überprüfungs- und Bewertungsprozesses (SREP), EBA/GL/2017/05, 11. September 2017, S. 27 ff.
43 Ein IKT-System besteht aus IKT-Komponenten als Teil eines Verbundes oder eines verbundenen Netzwerkes, welche die Betriebsaktivitäten eines Institutes unterstützen.
44 IKT-Dienste sind Dienste, die von IKT-Systemen für einen oder mehrere interne oder externe Nutzer erbracht werden. Beispiele dafür sind Dienste in den Bereichen Datenerfassung, Datenspeicherung, Datenverarbeitung und Berichterstat-tung, aber auch Dienstleistungen zur Überwachungs-, Geschäfts- und Entscheidungsunterstützung.
45 Vgl. European Banking Authority, Leitlinien für die IKT-Risikobewertung im Rahmen des aufsichtlichen Überprüfungs- und Bewertungsprozesses (SREP), EBA/GL/2017/05, 11. September 2017, S. 3 f.
46 Vgl. European Banking Authority, Leitlinien für die IKT-Risikobewertung im Rahmen des aufsichtlichen Überprüfungs- und Bewertungsprozesses (SREP), EBA/GL/2017/05, 11. September 2017, S. 18.

Messung und Überwachung des IKT-Risikos verwendet werden. Auf Basis entsprechender Sensitivitäts- und Szenarioanalysen sollte untersucht werden, in welchem Maße das IKT-Risiko zu Verlusten oder einem Reputationsschaden für das Institut führen kann.[47]

30   Im November 2019 hat die EBA auf Basis des »EU-FinTech-Aktionsplanes« der EU-Kommission vom März 2018 ergänzende Leitlinien für das IKT- und Sicherheitsrisikomanagement veröffentlicht. Darin sind Anforderungen an die interne Unternehmensführung enthalten, die sich auf das Management von IKT- und Sicherheitsrisiken sowie die Schaffung eines soliden internen Kontrollrahmens beziehen. Insbesondere soll die Geschäftsleitung die Gesamtverantwortung für die Festlegung, Genehmigung und Überwachung der Umsetzung der IKT-Strategie übernehmen. Außerdem werden konkrete Vorgaben zur Ausgestaltung von Verträgen und Service Level Agreements gemacht, wenn operative Funktionen von Zahlungsdienstleistern und/oder IKT-Diensten und -Systemen ausgelagert werden. Weitere Anforderungen zielen auf die Risikobewertung zur Bestimmung der Kritikalität, Maßnahmen zur Risikominderung, die IKT- und Informationssicherheit, den IKT-Betrieb, das IKT-Vorfalls- und Problemmanagement, das IKT-Projekt- und Änderungsmanagement, das Business Continuity Management, die Kommunikationsstrategie und die Pflege der Kundenbeziehungen mit Zahlungsdienstnutzern ab. Die wesentlichen Vorgaben überschneiden sich mit den MaRisk bzw. vor allem mit den BAIT, die ebenfalls novelliert wurden. Im Rahmen des Business Continuity Managements sollen die Institute auf Basis einer Analyse zu den Geschäftsauswirkungen (Business Impact Analysis, BIA) Notfallpläne zur Gewährleistung der Geschäftsfortführung (Business Continuity Plans, BCPs) entwickeln und dabei insbesondere Risiken berücksichtigen, die sich nachteilig auf ihre IKT-Systeme und -Dienste auswirken könnten. Die BCPs sollen potenzielle realistische Krisen-Szenarien unter Berücksichtigung von Cyber-Angriffen enthalten. Zudem sollen Reaktions- und Wiederherstellungspläne (Response and Recovery Plans) entwickelt werden, um die Verfügbarkeit, Kontinuität und Wiederherstellung zumindest der kritischen IKT-Systeme und -Dienste zu gewährleisten. Die BCPs sollen jährlich getestet und auf Basis der Testergebnisse ggf. überarbeitet werden. In diesem Zuge soll auch eine wirksame Krisenkommunikation sichergestellt werden (→ AT 7.3).[48]

1.2.4   Modellrisiken

31   Das Modellrisiko bezeichnet gemäß Art. 3 Abs. 1 Nr. 11 CRD IV den potenziellen Verlust, der einem Institut als Folge von Entscheidungen entsteht, die sich grundsätzlich auf das Ergebnis interner Modelle stützen könnten, wenn diese Modelle Fehler bei der Konzeption, Ausführung oder Nutzung aufweisen. In vergleichbarer Weise stellt § 1 Abs. 34 KWG auf den möglichen Verlust ab, den ein Institut als Folge von im Wesentlichen auf der Grundlage von Ergebnissen interner Modelle getroffenen Entscheidungen erleiden kann, die in der Entwicklung, Umsetzung oder Anwendung fehlerhaft sind.

32   Das Modellrisiko umfasst zwei unterschiedliche Risikoformen: Das Risiko einer Unterschätzung der Eigenmittelanforderungen durch die genehmigungspflichtigen Modelle (z.B. auf internen Ratings basierende Modelle zur Bewertung des Kreditrisikos) sollte Teil der Bewertung der jeweiligen Kapitalrisiken sein und in die Bewertung der Angemessenheit der Eigenkapitalausstattung einbezogen werden. Das Risiko von Verlusten, die durch vom Institut entwickelte, umgesetzte oder nicht korrekt verwendete andere Modelle für Entscheidungsprozesse (z.B. Produktpreisgestaltung, Bewertung von Finanzinstrumenten, Überwachung der Risikolimite)

---

47   Vgl. European Banking Authority, Guidelines on common procedures and methodologies for the supervisory review and evaluation process (SREP) and supervisory stress testing, EBA/GL/2014/13, Consolidated version, 19. Juli 2018, S. 109f.

48   Vgl. European Banking Authority, Leitlinien für das Management von IKT- und Sicherheitsrisiken, EBA/GL/2019/04, 28. November 2019, S. 5ff.

herbeigeführt werden können, sollte im Rahmen der Bewertung des operationellen Risikos berücksichtigt werden.[49]

In den MaRisk wird u. a. darauf hingewiesen, dass jegliche Methoden und Verfahren zur **33** Risikoquantifizierung die Realität nicht vollständig abzubilden vermögen und insbesondere das Risiko unterschätzen könnten. Deshalb ist bei vergleichsweise komplexen Methoden und Verfahren, zugrunde liegenden Annahmen, Parametern oder einfließenden Daten eine entsprechend umfassende quantitative und qualitative Validierung dieser Komponenten sowie der Risikoergebnisse in Bezug auf ihre Verwendung erforderlich (→ AT 4.1 Tz. 9, Erläuterung). Die modellmäßig ermittelten Risikowerte für die Marktpreisrisiken im Handelsbuch sind fortlaufend mit der tatsächlichen Entwicklung zu vergleichen (→ BTR 2.2 Tz. 4).

Zur Bewertung des Modellrisikos für die Zwecke des SREP setzt die EBA dieselben Maßstäbe wie **34** bei der Anerkennung interner Modelle für die Eigenkapitalunterlegung nach der CRR. Dabei sollte beachtet werden, in welchem Maße und zu welchem Zweck (z. B. Bewertung der Aktiva, Produktpreisgestaltung, Handelsstrategien, Risikomanagement) das Institut Modelle für bedeutende Entscheidungsprozesse (z. B. beim Handel mit Finanzinstrumenten, bei der Risikomessung und beim Risikomanagement, bei der Kapitalallokation) verwendet, inwieweit sich das Institut des damit verbundenen Modellrisikos bewusst ist und in welcher Form das Modellrisikomanagement realisiert wird. Dazu sollte untersucht werden, ob vom Institut Kontrollmechanismen (z. B. Kalibrierung von Marktparametern, interne Validierung oder Rückvergleiche, Gegenprüfung anhand von Expertenurteilen) eingerichtet wurden und ob diese Mechanismen solide sind (hinsichtlich Methoden, Häufigkeit, Nachverfolgung etc.) und einen Prozess zur Modellabnahme umfassen, und ob das Institut angesichts seiner Kenntnis von Modellschwächen oder vor dem Hintergrund von Markt- und Geschäftsentwicklungen die Modelle vorsichtig anwendet (z. B. durch Erhöhung oder Senkung der entsprechenden Parameter je nach Tendenz der Positionen). Wie bedeutend die Auswirkung des Modellrisikos sein kann, sollte mittels Sensitivitäts- und Szenarioanalysen geprüft werden.[50]

1.2.5 Auslagerungsrisiken und Drittpartei-Risiken

Ein direkter Zusammenhang zu den operationellen Risiken besteht hinsichtlich der Risiken aus **35** ausgelagerten Aktivitäten und Prozessen (»Outsourcing Risk«). Mangelhafte Leistungserbringung, schlecht vorbereitete Auslagerungen, insbesondere in Offshore-Regionen, unvollständige Kostenkalkulationen, Kontrollverluste und Abhängigkeiten sowie der irreversible Verlust von eigener Expertise können für die auslagernden Institute zu schwerwiegenden Konsequenzen führen (→ AT 9). Risiken aus Auslagerungen müssen daher, soweit sie von wesentlicher Bedeutung sind, im Rahmen der Erstellung und Anpassung des Gesamtrisikoprofils angemessen berücksichtigt werden.

Die EBA hat sich zunächst mit Auslagerungen an Cloud-Anbieter befasst[51] und anschließend die **36** bisherigen Leitlinien von CEBS[52] aus dem Jahr 2006 durch neue Vorgaben ersetzt.[53] Dabei wurden die Empfehlungen zum Umgang mit Cloud-Anbietern integriert. Den Vorgaben der EBA zufolge sollten die Institute die Komplexität der ausgelagerten Funktionen, die mit der Auslagerungsvereinbarung verbundenen Risiken, die Kritikalität oder Wesentlichkeit der ausgelagerten Funktion

---

49 Vgl. European Banking Authority, Guidelines on common procedures and methodologies for the supervisory review and evaluation process (SREP) and supervisory stress testing, EBA/GL/2014/13, Consolidated version, 19. Juli 2018, S. 104 f.

50 Vgl. European Banking Authority, Guidelines on common procedures and methodologies for the supervisory review and evaluation process (SREP) and supervisory stress testing, EBA/GL/2014/13, Consolidated version, 19. Juli 2018, S. 110 f.

51 European Banking Authority, Empfehlungen zur Auslagerung an Cloud-Anbieter, EBA/REC/2017/03, 28. März 2018.

52 Der Ausschuss der Europäischen Bankaufsichtsbehörden (»Committee of European Banking Supervisors«, CEBS) war bis Ende 2010 die Vorgängerinstitution der European Banking Authority (EBA).

53 European Banking Authority, Leitlinien zu Auslagerungen, EBA/GL/2019/02, 25. Februar 2019.

sowie die potenziellen Folgen der Auslagerung auf die Kontinuität ihrer Tätigkeiten berücksichtigen.[54] Die mit bestehenden oder geplanten Auslagerungsvereinbarungen verbundenen Risiken sollten ordnungsgemäß ermittelt, bewertet, gesteuert und gemindert werden, einschließlich der mit IT und Finanztechnologie verbundenen Risiken.[55] Vor dem Abschluss einer Auslagerungsvereinbarung sollten die Institute deshalb nach vorgegebenen Kriterien bewerten, ob sie eine kritische oder wesentliche Funktion betrifft und ob die aufsichtlichen Bedingungen für eine Auslagerung erfüllt sind. Außerdem sollten sie alle einschlägigen Risiken der Auslagerungsvereinbarung ermitteln und bewerten, eine angemessene Due-Diligence-Prüfung des künftigen Dienstleisters durchführen sowie Interessenkonflikte, die durch die Auslagerung entstehen können, erkennen und bewerten.[56] Die Institute sollten laufend die Leistung des Dienstleisters hinsichtlich aller Auslagerungsvereinbarungen nach einem risikobasierten Ansatz überwachen, wobei die Auslagerung von kritischen oder wesentlichen Funktionen den Schwerpunkt bildet. Dies schließt auch die Gewährleistung der Verfügbarkeit, Integrität und Sicherheit von Daten und Informationen ein. Wenn sich das Risiko, die Art oder der Umfang einer ausgelagerten Funktion erheblich geändert haben, sollten die Institute die Kritikalität oder Wesentlichkeit der betreffenden Funktion neu bewerten.[57] Als Teil ihres Rahmenwerkes für das Risikomanagement sollten die Institute ein aktuelles Auslagerungsregister unterhalten, wobei zwischen der Auslagerung kritischer oder wesentlicher Funktionen und sonstigen Auslagerungsvereinbarungen zu unterscheiden ist.[58] Die Vorgaben der EBA aus dem Jahr 2019 wurden im Rahmen der sechsten MaRisk-Novelle national umgesetzt, da die BaFin gegenüber der EBA eine Compliance-Erklärung abgegeben hat. Die zuständigen Behörden sollen im Rahmen des SREP prüfen, ob die Institute eine Auslagerungspolitik verfolgen, die die Auswirkung von Auslagerungen auf ihre Geschäftstätigkeit sowie auf ihre Risikosituation berücksichtigt, und über Auslagerungsstrategien verfügen, die die Anforderungen der entsprechenden Leitlinien erfüllen.[59]

37   Hinsichtlich der Auslagerungsrisiken verweist der Baseler Ausschuss für Bankenaufsicht (BCBS) u. a. darauf, dass die Beteiligung von mehr Parteien als bisher an der Wertschöpfungskette und damit verbundenen Unklarheiten über die Verantwortlichkeiten der verschiedenen Akteure die Wahrscheinlichkeit von Betriebsstörungen erhöhen könnten. Gleichzeitig könnte eine starke Verbreitung innovativer Produkte und Dienstleistungen von Drittanbietern die Komplexität und das Risiko der Geschäftstätigkeit erhöhen, wenn die Steuerung nicht damit Schritt halten kann. Auch die Überwachung der Geschäfts- und Risikomanagement-Aktivitäten, die bei Dritten stattfinden, stellt nach Ansicht des BCBS eine große Herausforderung für die Institute dar. Zudem könnte sich eine Konzentration der Auslagerungsrisiken ergeben, wenn ein Teil der von Dritten erbrachten Dienstleistungen von global agierenden Akteuren dominiert würde. Sind z. B. spezialisierte FinTech-Unternehmen Dienstleister oder Geschäftspartner oder stellen sie die primäre Kundenschnittstelle dar, müssen die Institute geeignete Prozesse etablieren, um eine angemessene Sorgfaltspflicht, das Vertragsmanagement sowie die laufende Steuerung und Überwachung der Geschäftstätigkeit zum Schutz der Bank und ihrer Kunden durchzuführen, d. h. die Risiken bei der Zusammenarbeit mit FinTechs (»Partnering Risks«) zu managen.[60]

38   Tendenziell wird mittlerweile allgemeiner auf »Drittpartei-Risiken« (»Third-Party Risks«) abgestellt, die Auslagerungsrisiken und die genannten »Partnering Risks« umfassen. So hat der BCBS

54   Vgl. European Banking Authority, Leitlinien zu Auslagerungen, EBA/GL/2019/02, 25. Februar 2019, S. 8.
55   Vgl. European Banking Authority, Leitlinien zu Auslagerungen, EBA/GL/2019/02, 25. Februar 2019, S. 17 f.
56   Vgl. European Banking Authority, Leitlinien zu Auslagerungen, EBA/GL/2019/02, 25. Februar 2019, S. 25 f.
57   Vgl. European Banking Authority, Leitlinien zu Auslagerungen, EBA/GL/2019/02, 25. Februar 2019, S. 38.
58   Vgl. European Banking Authority, Leitlinien zu Auslagerungen, EBA/GL/2019/02, 25. Februar 2019, S. 22 f.
59   Vgl. European Banking Authority, Guidelines on common procedures and methodologies for the supervisory review and evaluation process (SREP) and supervisory stress testing, EBA/GL/2014/13, Consolidated version, 19. Juli 2018, S. 53.
60   Vgl. Basel Committee on Banking Supervision, Sound Practices – Implications of fintech developments for banks and bank supervisors, BCBS 431, 19. Februar 2018, S. 24 ff.

Ende 2018 festgestellt, dass zwar die regulatorischen Rahmenbedingungen für Auslagerungen in allen untersuchten Rechtsordnungen recht gut etabliert sind und sehr viele Gemeinsamkeiten aufweisen. Allerdings existiert noch kein gängiger Ansatz zum Umgang mit Drittpartei-Risiken über ausgelagerte Dienstleistungen hinaus, der einen anderen Umfang an Regulierungs- und Aufsichtsmaßnahmen impliziert. Während Dritte kostengünstige Lösungen zur Erhöhung der Widerstandsfähigkeit bereitstellen können, obliegt es den Instituten, ein angemessenes Verständnis und ein aktives Management der Abhängigkeiten von Dritten und der damit verbundenen Konzentrationen über die gesamte Wertschöpfungskette hinweg nachzuweisen. Es sollte ein ausgewogenes Modell der Verantwortlichkeiten gefunden werden, insbesondere bei Dritten, die nicht der Bankenaufsicht unterliegen.[61] Im Umkehrschluss liegt es nahe, bei der Zusammenarbeit mit Dritten, die selbst beaufsichtigt werden, andere Maßstäbe anzusetzen. Zum Beispiel könnte in diesem Fall auf eine Duplizierung von Steuerungs- und Überwachungsprozessen weitgehend verzichtet werden, wenn den auslagernden Instituten hinreichende Mitwirkungsrechte bei Dritten eingeräumt werden.

39 Der BCBS erwartet vor diesem Hintergrund, dass sich die für das Management des operationellen Risikos verantwortlichen Mitarbeiter mit denjenigen abstimmen, die für die Auslagerungen verantwortlich sind, um Lücken oder Überschneidungen im Risikomanagement zu vermeiden.[62] Das Institut sollte sich der mit Auslagerungen verbundenen Risiken bewusst sein und diese auf angemessene Weise steuern und überwachen. Dabei sollten insbesondere eventuelle Risikokonzentrationen und die Komplexität von Auslagerungen berücksichtigt werden. Für das Risikomanagement werden verschiedene Vorgaben gemacht, die mit den Anforderungen der EBA und den MaRisk grundsätzlich übereinstimmen.[63] Besonders betont wird die Bedeutung der Risikobewertung und der Due-Diligence-Prüfung vor Abschluss einer Auslagerungsvereinbarung. Dabei geht es in erster Linie um die Überprüfung, ob das Auslagerungsunternehmen über ein mindestens gleichwertiges Maß an operativer Widerstandsfähigkeit wie das Institut verfügt, um die kritischen Operationen sowohl unter normalen Umständen als auch im Falle einer Störung sicherzustellen.[64]

1.2.6 Compliance-Risiken

40 Das Compliance-Risiko bezeichnet das Risiko, dass gegen Gesetze, Vorschriften oder interne Regelungen verstoßen wird und daraus ein Vermögensschaden für das Institut resultiert. Mit dem Compliance-Risiko beschäftigt sich naturgemäß die Compliance-Funktion, die in verschiedenen Gesetzen und Regelwerken gefordert wird. In Deutschland wird häufig zwischen der MaRisk-Compliance, die den Vorgaben von § 25a Abs. 1 Satz 3 Nr. 3 lit. c KWG und AT 4.4.2 MaRisk entspricht, der Wertpapier-Compliance oder auch WpHG-Compliance, die sich an den Regelungen von Art. 22 Abs. 2 MiFID II-Durchführungsverordnung[65], § 80 Abs. 1 WpHG und BT 1 MaComp orientiert, sowie der Compliance-Funktion im Zusammenhang mit der Verhinderung von Geldwäsche, Terrorismusfinanzierung oder sonstigen strafbaren Handlungen im Sinne von § 7 GwG und § 25h Abs. 7 KWG unterschieden.

---

61 Vgl. Basel Committee on Banking Supervision, Cyber-resilience: Range of practices, BCBS 454, 4. Dezember 2018, S. 6.

62 Vgl. Basel Committee on Banking Supervision, Revisions to the Principles for the Sound Management of Operational Risk, BCBS 515, 31. März 2021, S. 9.

63 Vgl. Basel Committee on Banking Supervision, Revisions to the Principles for the Sound Management of Operational Risk, BCBS 515, 31. März 2021, S. 15.

64 Vgl. Basel Committee on Banking Supervision, Principles for Operational Resilience, BCBS 516, 31. März 2021, S. 6.

65 Delegierte Verordnung (EU) 2017/565 (MiFID II-Durchführungsverordnung) der Kommission vom 25. April 2016 zur Ergänzung der Richtlinie 2014/65/EU des Europäischen Parlaments und des Rates in Bezug auf die organisatorischen Anforderungen an Wertpapierfirmen und die Bedingungen für die Ausübung ihrer Tätigkeit sowie in Bezug auf die Definition bestimmter Begriffe für die Zwecke der genannten Richtlinie, Amtsblatt der Europäischen Union vom 31. März 2017, L 87/1–83.

41   Um die Einhaltung der wesentlichen rechtlichen Regelungen und Vorgaben kümmert sich in erster Linie die Compliance-Funktion, die übergreifend auf die Implementierung wirksamer Verfahren und entsprechender Kontrollen hinwirken muss (→ AT 4.4.2 Tz. 1). Operativ sind für die verschiedenen Rechtsbereiche ggf. aber andere Organisationseinheiten zuständig, die dafür ihr spezialisiertes Wissen nutzen können. Insofern kann die Compliance-Funktion bei entsprechenden rechtlichen Regelungen und Vorgaben auf den Einschätzungen und Beurteilungen der jeweils zuständigen Einheiten aufsetzen und eigene Aktivitäten (weitestgehend) zurückstellen oder sogar im Wesentlichen darauf verzichten.[66]

1.3   Berücksichtigung von Nachhaltigkeitsrisiken

42   Einleitend sei darauf hingewiesen, dass die Auswirkungen von Nachhaltigkeitsrisiken von den Aufsichtsbehörden hinsichtlich der operationellen Risiken und anderer Risikoarten nicht immer sauber getrennt werden, um die Wechselwirkungen zu verdeutlichen. So werden die zu den nicht-finanziellen Risiken gehörenden Reputationsrisiken von der EBA und der EZB im Zusammenhang mit den operationellen Risiken behandelt, obwohl sie von deren Definition eigentlich ausgeschlossen sind. Die EBA hat diese Vorgehensweise im Zusammenhang mit dem SREP damit begründet, dass sich die meisten operationellen Risikoereignisse entscheidend auf die Reputation eines Institutes auswirken.[67] Außerdem wird bei den operationellen Risiken an verschiedenen Stellen auf die Versicherungsrisiken verwiesen, die in der Systematik der MaRisk zu den Risikoarten ohne klare Zuordnung gehören (→ BTR Tz. 1). Deren Behandlung bei den operationellen Risiken liegt vermutlich daran, dass der Abschluss von geeigneten Versicherungen als eine wesentliche Maßnahme zur Risikoreduzierung dienen kann.[68]

43   Hinsichtlich der operationellen Risiken wirken Klima- und Umweltrisiken in verschiedene Richtungen. Einerseits können vor allem physische Risiken die Aufrechterhaltung des Geschäftsbetriebes beeinträchtigen, andererseits können mit den Geschäftstätigkeiten selbst Reputationsrisiken, Haftungsrisiken (»Liability Risks«) oder Prozessrisiken (»Litigation Risks«) verbunden sein.[69]

44   Insofern sollten die Institute einerseits die Auswirkungen physischer Risiken auf ihren Geschäftsbetrieb prüfen und dabei im Auge behalten, ob ihre Notfallpläne angemessen auf diese Ereignisse ausgerichtet sind und eine zeitnahe Wiederaufnahme des Geschäftsbetriebes nach einem Notfall sicherstellen. Andernfalls müssen die Notfallpläne angepasst werden. Neben der eigenen Geschäftstätigkeit sollten in diese Überprüfung auch die wesentlichen ausgelagerten Aktivitäten und Prozesse einbezogen werden. In beiden Fällen kann die geografische Lage der Standorte die Anfälligkeit gegenüber physischen Risiken erhöhen.[70] Die BaFin nennt als Beispiel, dass aufgrund einer speziellen Lage durch Überflutung einige Filialen des Institutes in Mitleidenschaft gezogen werden könnten.[71] Insgesamt sollte also geprüft werden, ob die Institute aufgrund von Klima- und Umweltrisiken an der Ausübung ihrer Geschäftstätigkeit gehindert werden könnten und dafür angemessene Vorsorge getroffen wurde. Dabei sollten die Institute auch in

---

66 Vgl. Bundesanstalt für Finanzdienstleistungsaufsicht, Protokoll der Sitzung des MaRisk-Fachgremiums am 24. April 2013.

67 Vgl. European Banking Authority, Guidelines on common procedures and methodologies for the supervisory review and evaluation process (SREP) and supervisory stress testing, EBA/GL/2014/13, Consolidated version, 19. Juli 2018, S. 104.

68 Vgl. European Banking Authority, EBA Report on management and supervision of ESG risks for credit institutions and investment firms, EBA/REP/2021/18, 23. Juni 2021, S. 118.

69 Vgl. Europäische Zentralbank, Leitfaden zu Klima- und Umweltrisiken – Erwartungen der Aufsicht in Bezug auf Risikomanagement und Offenlegungen, 27. November 2020, S. 42.

70 Vgl. Europäische Zentralbank, Leitfaden zu Klima- und Umweltrisiken – Erwartungen der Aufsicht in Bezug auf Risikomanagement und Offenlegungen, 27. November 2020, S. 42.

71 Vgl. Bundesanstalt für Finanzdienstleistungsaufsicht, Merkblatt zum Umgang mit Nachhaltigkeitsrisiken, 20. Dezember 2019, geändert am 13. Januar 2020, S. 18.

Betracht ziehen, ob diese Einschränkung der Geschäftstätigkeit ggf. eine gesetzliche Haftung für Drittschäden, z. B. gegenüber Kunden und sonstigen Interessenträgern, nach sich ziehen könnte.[72]

Die Institute sollten zudem prüfen, ob durch ihre eigene Geschäftstätigkeit das Risiko negativer finanzieller Folgen aufgrund künftiger Reputationsschäden, Haftungsforderungen oder anderer Rechtsstreitigkeiten steigt. Die EZB verweist darauf, dass Reputationsrisiken schnell entstehen und rasch Konsequenzen für Unternehmen haben können. Wenn ein Institut z. B. mit sozialen oder ökologischen Kontroversen in Verbindung gebracht wird oder die Wahrnehmung besteht, dass es bei seinen Geschäftsaktivitäten die Umweltaspekte nicht hinreichend berücksichtigt, könnte es mit negativen finanziellen Folgen aufgrund von Reputationsrisiken konfrontiert sein, sobald sich die Stimmung am Markt in Bezug auf Klima- und Umweltrisiken dreht (→ BTR Tz. 1). Um Reputations- oder Prozessrisiken aus Kontroversen um ihre Produkte zu vermeiden, wie z. B. aufgrund von Investitionen in Produkte mit negativen Auswirkungen auf die Umwelt, sollten die Institute auch prüfen, ob ihre Anlageprodukte mit bewährten Verfahren auf internationaler oder EU-Ebene (z. B. EU Green Bond Standard) konform sind. Dasselbe gilt für die Finanzierung von Unternehmen mit beträchtlichen umweltbelastenden Tätigkeiten, bei denen es ggf. im Interesse der Institute liegt, Maßnahmen hinsichtlich der Kundenbeziehung zu ergreifen. Die Institute könnten ihre Geschäftspartner zu diesem Zweck regelmäßig auf kontroverse Tätigkeiten durchleuchten, indem sie z. B. deren CO_2-Fußabdruck prüfen oder die anfallenden Schadenskosten schätzen, um potenzielle Risiken zu identifizieren.[73] **45**

Von einem Institut, das auf die Unternehmensfinanzierung in den aufstrebenden Volkswirtschaften ausgerichtet ist, werden z. B. die Auswirkungen der Tätigkeit seiner Kreditnehmer auf die drei ESG-Kategorien bewertet. Anschließend werden die Kreditnehmer in Abhängigkeit davon, ob potenzielle negative Auswirkungen auf eine der drei ESG-Kategorien festgestellt wurden, in vier verschiedene Risikokategorien eingeteilt. Das mit einer Finanzierung verbundene Reputationsrisiko des Institutes wird in die Kapitalplanung einbezogen, indem das Institut für Kunden mit höherer Risikoeinstufung im ICAAP mehr Kapital vorsieht.[74] **46**

Die EBA nennt beispielhaft die Finanzierung von Hydraulic Fracturing oder die Finanzierung fossiler Brennstoffe, die den Ruf der Institute beeinträchtigen oder sie rechtlichen Ansprüchen aussetzen könnte.[75] Sie weist gleichzeitig darauf hin, dass die Rechtsrisiken nicht nur im Zusammenhang mit Umweltaspekten relevant sind, sondern die damit verbundenen Verluste und Kosten aus Rechtsstreitigkeiten oder anderen Haftungen auch aus Faktoren in den Bereichen Soziales oder Unternehmensführung entstehen können.[76] **47**

Die o. g. Haftungs- und Prozessrisiken können im Übrigen unter den Rechtsrisiken zusammengefasst werden. Haftungsrisiken im Bereich Umwelt entstehen durch Personen oder Unternehmen, die eine Entschädigung für Verluste fordern, die sie aufgrund von ESG-Faktoren erlitten haben, z. B. wenn die Gegenparteien der Institute für die negativen Auswirkungen ihrer Aktivitäten hinsichtlich ESG-Faktoren zur Verantwortung gezogen werden. Im Kontext von Umweltrisiken können veränderte Präferenzen dazu führen, dass Geschäftsaktivitäten und Verhaltensweisen, die heute als akzeptabel gelten, in Zukunft aufgrund von Informationsasymmetrien zwischen Hersteller und Verbraucher in Bezug auf mögliche Umweltrisiken angefochten werden, oder dass Versäumnisse in Bezug auf einen angemessenen Umgang mit Maßnahmen zur Klimaanpassung **48**

---

72 Vgl. Europäische Zentralbank, Leitfaden zu Klima- und Umweltrisiken – Erwartungen der Aufsicht in Bezug auf Risikomanagement und Offenlegungen, 27. November 2020, S. 42 f.

73 Vgl. Europäische Zentralbank, Leitfaden zu Klima- und Umweltrisiken – Erwartungen der Aufsicht in Bezug auf Risikomanagement und Offenlegungen, 27. November 2020, S. 43.

74 Vgl. Europäische Zentralbank, Leitfaden zu Klima- und Umweltrisiken – Erwartungen der Aufsicht in Bezug auf Risikomanagement und Offenlegungen, 27. November 2020, S. 43 f.

75 Vgl. European Banking Authority, EBA Report on management and supervision of ESG risks for credit institutions and investment firms, EBA/REP/2021/18, 23. Juni 2021, S. 116.

76 Vgl. European Banking Authority, EBA Report on management and supervision of ESG risks for credit institutions and investment firms, EBA/REP/2021/18, 23. Juni 2021, S. 39 f.

und -minderung geltend gemacht werden. Im Zusammenhang mit sozialen und Governance-Risiken könnten Ansprüche aufgrund von Beschwerden über diskriminierendes Verhalten, schlechte Arbeitsbedingungen oder Korruptionshandlungen geltend gemacht werden.[77]

49 Im Bereich der verbundenen Wohngebäudeversicherung können infolge von Sturm, Überflutung oder Hagel die Schäden zunehmen. Ebenfalls können versicherte Schäden in der Betriebsunterbrechungsversicherung zunehmen oder sich die Schadenssumme erhöhen. Wenn die Zunahme der Intensität oder Häufigkeit solcher Ereignisse nicht angemessen bei der Bewertung der versicherungstechnischen Rückstellungen oder des Prämienrisikos berücksichtigt werden, steigt das Versicherungsrisiko.[78]

50 Die BaFin verweist darauf, dass die Sicherheiten einer OECD-Studie zufolge selbst in entwickelten Märkten lediglich in einem Umfang unterhalb von zehn Prozent des Bruttoinlandsproduktes versichert sind, so dass mit hoher Wahrscheinlichkeit ein Teil der Verluste durch Eigenkapital auszugleichen wäre. Die Versicherungswirtschaft hält eine um ca. fünf Grad erwärmte Welt in vielerlei Hinsicht für nicht mehr versicherbar[79], was die Kreditnehmer bei einmaligen oder wiederkehrenden Katastrophen existenziell gefährden kann.[80]

51 Im Zusammenhang mit den operationellen Risiken werden die Aufsichtsbehörden im Rahmen des SREP prüfen, inwieweit die Tätigkeiten, an denen das Institut beteiligt ist, oder die Engagements, die das Institut finanziert, das Risiko künftiger Reputations- oder Rechtsschäden erhöhen. Geprüft wird insbesondere, ob das Institut die Umwelt-, Sozial- und Unternehmensführungsrisiken (ESG-Risiken) verstanden und richtig bewertet hat. Ein Signal für das Verständnis könnte unter anderem die Entscheidung von Instituten sein, ihre betrieblichen und geschäftlichen Aktivitäten mit ESG-Standards zu verknüpfen, die den Instituten eine Richtung vorgeben, in die sie ihre Geschäfte lenken können. Die Aufsichtsbehörden können überprüfen, wie ESG-Risiken unter dem Gesichtspunkt des Reputationsrisikos gehandhabt werden, indem sie die Institute mit ihren eigenen Offenlegungen konfrontieren. Divergenzen zwischen der Rolle von ESG-Risiken in der Kommunikation des Institutes und ihrer Relevanz im internen Reputationsrisikomanagement sollten die Aufsichtsbehörden alarmieren. Besondere Aufmerksamkeit muss auch dem rechtlichen Risiko gewidmet werden. Institute, die es versäumen, das ESG-Profil ihrer Produkte ordnungsgemäß zu bewerten, könnten in Zukunft in Schadensersatzklagen wegen Fehlverkäufen verwickelt werden, was finanzielle Auswirkungen haben kann.[81]

1.4 Potenzielle und tatsächliche Schadensfälle

52 Nachdem Klarheit hinsichtlich der operationellen Risiken herrscht, können die damit verbundenen (potenziellen) Auswirkungen betrachtet werden. Das »Schlagendwerden« operationeller Risiken nennt man »Schadensfälle«, unabhängig davon, welche betriebswirtschaftlichen Auswirkungen tatsächlich mit ihnen verbunden sind. Schadensfälle führen zwar i. d. R. zu Verlusten, wirken sich also zum großen Teil negativ auf die Ertrags- oder Vermögenslage eines Institutes aus. Es ist allerdings auch möglich, dass entweder keine Verluste entstehen, weil z. B. der Fehler wieder

---

77 Vgl. European Banking Authority, EBA Report on management and supervision of ESG risks for credit institutions and investment firms, EBA/REP/2021/18, 23. Juni 2021, S. 39 f.

78 Vgl. Bundesanstalt für Finanzdienstleistungsaufsicht, Merkblatt zum Umgang mit Nachhaltigkeitsrisiken, 20. Dezember 2019, geändert am 13. Januar 2020, S. 18.

79 Vgl. The CRO Forum, The heat is on: Insurability and Resilience in a Changing Climate, Emerging Risk Initiative – Position Paper, 24. Januar 2019, S. 23.

80 Vgl. Röseler, Raimund, Nachhaltigkeit – Herausforderung und Chance für die Kreditwirtschaft, in: BaFinPerspektiven, Ausgabe 2/2019, Nachhaltigkeit – Chancen und Risiken für den Finanzsektor, 9. Mai 2019, S. 24.

81 Vgl. European Banking Authority, EBA Report on management and supervision of ESG risks for credit institutions and investment firms, EBA/REP/2021/18, 23. Juni 2021, S. 147 f.

behoben werden konnte (»Beinaheverluste«), die negativen Auswirkungen bestimmter Risiken hinreichend abgesichert wurden, oder sogar Gewinne zu verzeichnen sind. Wird z. B. ein Handelsgeschäft aufgrund eines Verfahrensfehlers zu spät abgewickelt, kann der dann zu zahlende Preis im Vergleich zum »korrekten« Preis am ursprünglich vereinbarten Termin auch günstiger sein. Trotzdem handelt es sich um ein operationelles Risiko, da im Fall einer anderen Marktpreisentwicklung die Gefahr von Verlusten aufgrund einer Wiederholung dieses Fehlers besteht. Vor diesem Hintergrund können operationelle Risiken auch als potenzielle Schadensfälle bezeichnet werden.

Für regulatorische bzw. betriebswirtschaftliche Zwecke sind zwar vor allem die Schadensfälle 53 mit negativen Auswirkungen auf die Ertrags- oder Vermögenslage eines Institutes relevant. Die Prozesse zum Management operationeller Risiken sollten aber auch den Umgang mit Beinaheverlusten umfassen (→ BTR 4 Tz. 1).

1.5   Notfallmanagement

Es liegt natürlich im Interesse der Institute, Verluste aus Schadensfällen weitgehend zu vermeiden. 54 Nach Art. 85 Abs. 2 CRD IV müssen die Institute zum Management ihrer operationellen Risiken über Notfall- und Geschäftsfortführungspläne verfügen, die bei einer schwerwiegenden Betriebsunterbrechung die Fortführung der Geschäftstätigkeit und die Begrenzung von Verlusten sicherstellen. Das fordert auch der Baseler Ausschuss für Bankenaufsicht, der von den Instituten erwartet, dass sie über Geschäftsfortführungspläne (»Business Continuity Plans«, BCP) verfügen, um im Falle einer schwerwiegenden Geschäftsunterbrechung kontinuierlich arbeiten und Verluste begrenzen zu können. Die Geschäftsfortführungspläne sollten mit dem operativen Risikomanagement der Bank verknüpft sein.[82] Außerdem sollten die Institute Geschäftsfortführungsübungen unter einer Reihe von schwerwiegenden, aber plausiblen Szenarien durchführen, um ihre Fähigkeit zu testen, kritische Operationen auch bei einer Unterbrechung weiterzuführen.[83]

Die diesbezüglichen Vorgaben der deutschen Aufsicht sind an anderer Stelle niedergelegt. So 55 müssen die Institute im Rahmen ihres Notfallmanagements über ein Notfallkonzept für zeitkritische Aktivitäten und Prozesse verfügen, wobei die darin festgelegten Maßnahmen geeignet sein müssen, das Ausmaß möglicher Schäden zu reduzieren. Zur Identifikation der zeitkritischen Aktivitäten und Prozesse sowie der potenziellen Gefährdungen müssen die Institute Auswirkungs- und Risikoanalysen durchführen. Das Notfallkonzept ist jährlich auf Aktualität zu überprüfen, anlassbezogen zu aktualisieren und angemessen zu kommunizieren. Die Geschäftsleitung hat sich mindestens quartalsweise und anlassbezogen über den Zustand des Notfallmanagements schriftlich berichten zu lassen (→ AT 7.3 Tz. 1). Das Notfallkonzept muss Geschäftsfortführungs- und Wiederherstellungspläne umfassen. Die Geschäftsfortführungspläne müssen gewährleisten, dass im Notfall zeitnah Ersatzlösungen zur Verfügung stehen. Die Wiederherstellungspläne müssen die Rückkehr zum Normalbetrieb innerhalb eines angemessenen Zeitraumes ermöglichen. Bei Notfällen ist eine angemessene interne und externe Kommunikation sicherzustellen. Sofern zeitkritische Aktivitäten und Prozesse ausgelagert sein sollten, haben das auslagernde Institut und das Auslagerungsunternehmen über aufeinander abgestimmte Notfallkonzepte zu verfügen (→ AT 7.3 Tz. 2). Die Wirksamkeit und Angemessenheit des Notfallkonzeptes sind auf Basis vorgegebener Szenarien regelmäßig zu überprüfen. Risiken sind angemessen zu steuern. Die Ergebnisse sind zu protokollieren, hinsichtlich notwendiger Verbesserungen zu analysieren und den jeweiligen Verantwortlichen schriftlich mitzuteilen (→ AT 7.3 Tz. 3).

---

82 Vgl. Basel Committee on Banking Supervision, Revisions to the Principles for the Sound Management of Operational Risk, BCBS 515, 31. März 2021, S. 17.
83 Vgl. Basel Committee on Banking Supervision, Principles for Operational Resilience, BCBS 516, 31. März 2021, S. 5.

1.6 Einfluss der Risikokultur

56 Die Geschäftsleitung sollte nach den Vorstellungen des Baseler Ausschusses für Bankenaufsicht eine Unternehmenskultur etablieren, die von einem starken Risikomanagement geleitet wird, Standards und Anreize für professionelles und verantwortungsbewusstes Verhalten setzen und sicherstellen, dass die Mitarbeiter eine angemessene Schulung in Risikomanagement und Ethik erhalten. Bei Instituten mit einer starken Risikokultur und ethischen Geschäftspraktiken ist die Wahrscheinlichkeit geringer, dass sie negativen operationellen Risikoereignissen ausgesetzt sind. Sie sind zudem besser in der Lage, mit solchen Ereignissen effektiv umzugehen. Die Handlungen des Aufsichtsorgans und der Geschäftsleitung sowie die Richtlinien, Prozesse und Systeme des Risikomanagements bilden die Grundlage für eine solide Risikokultur. Die Geschäftsleitung sollte insbesondere dafür Sorge tragen, dass das Institut über angemessene Prozesse verfügt, um Art und Umfang des operationellen Risikos zu verstehen, das mit seinen aktuellen und geplanten Strategien und Aktivitäten verbunden ist. Alle drei Verteidigungslinien sollten mit Blick auf das Management operationeller Risiken eine solide Risikokultur in der gesamten Organisation fördern.[84]

57 Mit der fünften MaRisk-Novelle wurden die Geschäftsleiter zur Entwicklung, Förderung und Integration einer angemessenen Risikokultur innerhalb des Institutes und der Gruppe verpflichtet. Die Risikokultur soll allgemein die Art und Weise beschreiben, wie Mitarbeiter des Institutes im Rahmen ihrer Tätigkeit mit Risiken umgehen sollen, sowie die Identifizierung und den bewussten Umgang mit Risiken fördern und sicherstellen, dass Entscheidungsprozesse zu Ergebnissen führen, die auch unter Risikogesichtspunkten ausgewogen sind. Kennzeichnend für eine angemessene Risikokultur ist vor allem das klare Bekenntnis der Geschäftsleitung zu risikoangemessenem Verhalten, die strikte Beachtung des durch die Geschäftsleitung kommunizierten Risikoappetits durch alle Mitarbeiter und die Ermöglichung und Förderung eines transparenten und offenen Dialogs innerhalb des Institutes zu risikorelevanten Fragen (→ AT 3 Tz. 1). Um dieser Anforderung gerecht zu werden, müssen die Institute in Abhängigkeit von ihrer Größe sowie der Art, dem Umfang, der Komplexität und dem Risikogehalt ihrer Geschäftsaktivitäten in den Organisationsrichtlinien einen Verhaltenskodex für die Mitarbeiter formulieren (→ AT 5 Tz. 3 lit. g). Mit der sechsten MaRisk-Novelle wurde klarstellend ergänzt, dass auch im Falle von Auslagerungen sichergestellt werden sollte, dass das Auslagerungsunternehmen in einer mit den Werten und dem Verhaltenskodex des auslagernden Institutes im Einklang stehenden Weise handelt.

1.7 Quantitative Anforderungen der CRR

58 Die regulatorischen Eigenmittelanforderungen für operationelle Risiken sind in Art. 312 bis 324 CRR niedergelegt. Demnach haben die Institute derzeit die Wahl zwischen den folgenden Ansätzen, deren Verwendung mit unterschiedlich anspruchsvollen Voraussetzungen verknüpft ist:
- Der so genannte »Basisindikatoransatz« (»Basis Indicator Approach«, BIA) nach Art. 315 und 316 CRR ist das einfachste Verfahren, auf das die Institute zurückgreifen können. Die erforderlichen Eigenmittel werden als fixer Prozentsatz (15 Prozent) des Dreijahresdurchschnittes vom Bruttoertrag (»Gross Income«) eines Institutes errechnet, wobei negative Werte mit null in die Berechnung einfließen. An die Verwendung dieses Ansatzes sind für die Zwecke der Berechnung der Eigenmittelanforderungen keine weiteren qualitativen Anforderungen geknüpft.

---

84 Vgl. Basel Committee on Banking Supervision, Revisions to the Principles for the Sound Management of Operational Risk, BCBS 515, 31. März 2021, S. 3 ff.

- Etwas ambitionierter ist der so genannte »Standardansatz« (»Standardised Approach«, SA) nach Art. 317 und 318 CRR. Maßgeblicher Indikator für die Berechnung der Eigenmittelanforderungen ist wiederum der Bruttoertrag, für den allerdings in Abhängigkeit vom Geschäftsfeld (»Business Lines«) unterschiedliche Gewichtungsfaktoren (»Betafaktoren«) zu berücksichtigen sind. Dabei sind die Eigenmittelanforderungen für acht standardisierte Geschäftsfelder (z. B. Unternehmensfinanzierung, Handel, Privat- oder Firmenkundengeschäft) zu berechnen und danach zusammenzufassen. Die konkret vorzuhaltenden Eigenmittel pro Geschäftsfeld errechnen sich aus dem Produkt des jeweiligen Betafaktors (12, 15 oder 18 Prozent) mit dem Dreijahresdurchschnitt vom Bruttoertrag in diesem Geschäftsfeld. In jedem Jahr können die Institute eine aus einem negativen Anteil des maßgeblichen Indikators resultierende negative Eigenmittelanforderung in einem Geschäftsfeld unbegrenzt mit den positiven Eigenmittelanforderungen in anderen Geschäftsfeldern verrechnen. Ist jedoch die gesamte Eigenmittelanforderung für alle Geschäftsfelder in einem bestimmten Jahr negativ, so muss analog zum Basisindikatoransatz vorgegangen werden. An die Verwendung des Standardansatzes sind ferner qualitative Vorgaben geknüpft.
- Der so genannte »Alternative Standardansatz« (»Alternative Standardised Approach«, ASA) nach Art. 319 und 320 CRR kann für die Geschäftsfelder Privat- und Firmenkundengeschäft verwendet werden, wenn bei einem Institut mindestens 90 Prozent der Erträge auf diese Geschäftsfelder entfallen und ein erheblicher Teil seines Geschäftes Darlehen mit hoher Ausfallwahrscheinlichkeit umfasst. Auch in diesem Fall müssen verschiedene qualitative Anforderungen beachtet werden.
- Bei den fortgeschrittenen Messansätzen (»Advanced Measurement Approaches«, AMA) nach Art. 321 bis 324 CRR zur Berechnung der erforderlichen Eigenmittel gibt die Bankenaufsicht keine festen Methoden vor. Allerdings sind an die Verwendung dieser Ansätze ebenfalls qualitative Anforderungen geknüpft, die über die Vorgaben an den Standardansatz hinausgehen. Zudem müssen sowohl die erwarteten als auch die unerwarteten Verluste einbezogen werden, sofern die erwarteten Verluste nicht bereits in angemessener Weise erfasst werden. Grundsätzlich ist dabei ein Konfidenzniveau von 99,9 Prozent über eine Halteperiode von einem Jahr zugrunde zu legen.

Die Anforderungen der MaRisk sind im Hinblick auf die Methoden zur Berechnung der Eigenmittel insofern neutral konzipiert, als sie unabhängig davon eingehalten werden können. Das gilt sowohl für Kreditrisiken als auch für operationelle Risiken. Insoweit haben auch Institute, die sich für die Anwendung des einfach ausgestalteten Basisindikatoransatzes entscheiden, die qualitativen Anforderungen der MaRisk zu den operationellen Risiken zu beachten (→ AT 1 Tz. 2). **59**

1.7.1 Verwendung fortgeschrittener Messansätze

Institute, die zur Berechnung der Eigenkapitalanforderungen im OpRisk-Bereich fortgeschrittene **60** Messansätze verwenden, müssen gemäß Art. 312 Abs. 2 CRR u. a. sämtliche qualitativen und quantitativen Anforderungen der Art. 321 und 322 CRR sowie die allgemeinen Standards zum Risikomanagement entsprechend den Art. 74 und 85 CRD IV erfüllen. Dieses Rahmenwerk umfasst die Organisationsrichtlinien, die die wesentlichen Regelungen zur Identifizierung, Beurteilung, Steuerung, Überwachung sowie Kommunikation der operationellen Risiken enthalten. Hierzu gehören auch Festlegungen zur Strategie sowie eine eventuelle institutsindividuelle Definition des operationellen Risikos, die über die regulatorischen Vorgaben hinausgehen kann.[85] Es kann davon ausgegangen werden, dass derartige Institute die in diesem Modul niedergelegten

---

[85] Vgl. Bundesanstalt für Finanzdienstleistungsaufsicht/Deutsche Bundesbank, Bericht über die Industrieaktion AMA operationelles Risiko 2005, 29. September 2005, S. 9.

qualitativen Anforderungen der MaRisk regelmäßig erfüllen, da die Anforderungen an fortgeschrittene Messansätze nach Art. 321 bis 324 CRR deutlich darüber hinausgehen.

1.7.2 Verwendung des Standardansatzes

61 Eine derartig klare Aussage kann im Prinzip auch für die Verwendung des (alternativen) Standardansatzes zur Berechnung der Eigenkapitalanforderungen im OpRisk-Bereich getroffen werden. Diesen Ansatz dürfen gemäß Art. 312 Abs. 1 CRR nur Institute verwenden, von denen die Bedingungen des Art. 320 CRR sowie die allgemeinen Standards zum Risikomanagement entsprechend den Art. 74 und 85 CRD IV erfüllt werden. In Art. 320 CRR wird gefordert, dass die Institute
- über ein gut dokumentiertes System für die Bewertung und Steuerung des operationellen Risikos verfügen,
- die Zuständigkeiten und Verantwortung für dieses System klar zuweisen,
- ihre Gefährdung durch operationelle Risiken ermitteln,
- die relevanten Daten zum operationellen Risiko sammeln, einschließlich der Daten zu wesentlichen Verlusten,
- das System regelmäßig durch eine unabhängige interne oder externe Stelle überprüfen lassen, die die dafür erforderlichen Kenntnisse besitzt,
- das System eng in die Risikomanagementprozesse des Institutes einbinden,
- die Ergebnisse als festen Bestandteil der Prozesse für die Überwachung und Kontrolle des operationellen Risikoprofils des Institutes verwenden,
- ein System zur Berichterstattung an die Geschäftsleitung einführen, damit den maßgeblichen Funktionen innerhalb des Institutes über das operationelle Risiko berichtet wird, sowie
- über Verfahren verfügen, um entsprechend den in den Berichten an das Management enthaltenen Informationen geeignete Maßnahmen ergreifen zu können.

62 Diese Anforderungen werden bei Beachtung der MaRisk grundsätzlich erfüllt. Insofern verwundert es nicht, dass für die Bestimmung des Umfangs der im Rahmen des Standardansatzes zu erfüllenden qualitativen Anforderungen von der deutschen Aufsicht zunächst auf die MaRisk Bezug genommen wurde.[86]

1.7.3 Verwendung des Basisindikatoransatzes

63 Für die Anwendung des Basisindikatoransatzes werden in der CRR keine ergänzenden qualitativen Anforderungen formuliert. Die qualitativen Anforderungen der MaRisk an den Umgang mit operationellen Risiken sind jedoch, wie bereits ausgeführt, weder sehr umfassend noch sehr detailliert und werden demzufolge auch jene Institute nicht mit unlösbaren Problemen konfrontieren, die den Basisindikatoransatz verwenden.

---

86 Vgl. Bundesanstalt für Finanzdienstleistungsaufsicht/Deutsche Bundesbank, Empfehlungen des Fachgremiums OpRisk zu den qualitativen Anforderungen im Standardansatz, 27. Juni 2005.

1.7.4 Geplante Anpassungen der regulatorischen Eigenmittelanforderungen

Die Methoden zur Berechnung der Eigenmittelanforderungen für operationelle Risiken werden in der Fachliteratur zum Teil heftig kritisiert. Vor allem die holzschnittartigen Berechnungsformeln würden der komplexen Natur operationeller Risiken nicht ausreichend Rechnung tragen.[87] Teilweise werden die quantitativen Vorgaben insgesamt infrage gestellt und stattdessen auf die Notwendigkeit qualitativer Vorkehrungen in den Instituten verwiesen, wie z.B. klar strukturierte Prozesse und eine schriftlich fixierte Ordnung.[88] In den Leitlinien des Baseler Ausschusses für Bankenaufsicht (BCBS) zur Anwendung der fortgeschrittenen Messansätze aus dem Jahr 2011 wurden zunächst sehr weitreichende Vorschläge zur Ausgestaltung eines internen Modells unterbreitet, z.B. zur Berücksichtigung von Korrelationen, zur Sammlung von Verlustdaten und zur Validierung.[89] Darüber hinaus wurde in den vergangenen Jahren an der Weiterentwicklung der einzelnen Verfahren zum Management operationeller Risiken intensiv gearbeitet.

64

Fakt ist, dass sowohl der Basisindikatoransatz als auch der etwas komplexere Standardansatz aufgrund ihrer Ausrichtung auf Ertragskomponenten als wenig risikosensitiv gelten und damit nicht besonders gut geeignet sind, um die operationellen Risiken angemessen abzubilden. Gleichzeitig wird von den Aufsichtsbehörden die Verwendung interner Ansätze immer wieder infrage gestellt, obwohl daran auch strenge qualitative Kriterien und eine Abnahmeprüfung durch die zuständigen Behörden geknüpft sind. Der wesentliche Grund für diese Kritik besteht darin, dass die Ergebnisse der Institute nicht hinreichend miteinander vergleichbar sind. Für die regulatorische Eigenmittelunterlegung nach den Vorgaben der ersten Säule werden deshalb voraussichtlich ab dem 1. Januar 2025 grundsätzlich die Vorgaben des BCBS vom Dezember 2017[90] maßgeblich sein. Die EU-Kommission hat am 27. Oktober 2021 ihren Vorschlag zur Überarbeitung der CRR vorgelegt. Danach werden zukünftig weder die einfachen indikatorbasierten Ansätze noch die fortgeschrittenen Messansätze zulässig sein. Stattdessen müssen die Institute in absehbarer Zukunft einen neuen Standardansatz (»Standardised Approach«, SA) verwenden, der nach Einschätzung des BCBS risikosensitiver ausgestaltet ist.

65

Für diesen Standardansatz ist ein neuer Geschäftsindikator (»Business Indicator«, BI) maßgeblich, der als Summe der Drei-Jahres-Durchschnitte einer Zins-, Leasing- und Dividendenkomponente (»Interest, Leases and Dividend Component«, ILDC), einer Dienstleistungskomponente (»Services Component«, SC) und einer Finanzkomponente (»Financial Component«, FC) berechnet wird. Die relativ komplexe Zusammensetzung der ILDC ist dem Bemühen geschuldet, Geschäftsmodelle mit einer hohen Zinsmarge oder einem hohen Anteil an Provisionserträgen nicht zu benachteiligen. In Abhängigkeit vom Volumen des Geschäftsindikators wird dieser zur Ermittlung der regulatorischen Eigenmittelanforderungen anschließend mit einem Faktor in Höhe von 12, 15 oder 18 Prozent skaliert (»Business Indicator Component«, BIC), wofür ein Bucket-Ansatz verwendet wird. Zumindest alle Institute, bei denen der BIC größer als 12 Prozent beträgt, müssen diesen zur Ermittlung ihrer regulatorischen Eigenmittelanforderungen für operationelle Risiken (»Operational Risk Capital«, ORC) zusätzlich mit einem Faktor multiplizieren, der ihre interne Verlusterfahrung abbildet (»Internal Loss Mulitiplier«, ILM). In dessen Berechnung fließt wiederum eine Verlustkomponente (»Loss Component«, LC) ein, die dem Fünfzehnfachen der durchschnittlichen jährlichen Verluste aus operationellen Risiken der letzten zehn Jahre ent-

66

87 Vgl. Pézier, Jacques, A constructive review of Basel's proposals on operational risk, ISMA Discussion Paper, September 2002, S. 1.

88 Vgl. Herring, Richard J., The Basel 2 Approach to Bank Operational Risk: Regulation on the Wrong Track, Wharton Financial Institutions Center, 2002, S. 7 ff.

89 Vgl. Basel Committee on Banking Supervision, Operational Risk – Supervisory Guidelines for the Advanced Measurement Approaches, BCBS 196, 30. Juni 2011.

90 Basel Committee on Banking Supervision, Basel III: Finalising post-crisis reforms, BCBS 424, 7. Dezember 2017, S. 128 ff.

spricht. Aufgrund der Einbeziehung interner Verluste in die Berechnungsmethodik muss ein Institut mit vergleichsweise hohen operationellen Verlusten tendenziell mehr Kapital vorhalten als ein Institut mit geringen Verlusten. Für diese Verlustdatensammlung werden diverse qualitative Vorgaben gemacht, wobei bestimmte Übergangsfristen für jene Institute eingeräumt werden, die noch nicht über entsprechende Datenhistorien verfügen.[91] Dem aktuellen Vorschlag der EU-Kommission zufolge soll die interne Verlusterfahrung (ILM) allerdings unberücksichtigt bleiben, was mit gleichen Wettbewerbsbedingungen begründet wird.

1.8   Umgang mit operationellen Risiken im SREP

67 Die zuständigen Behörden sollten im Rahmen des SREP auf Basis eines tiefgreifenden Verständnisses des Geschäftsmodells, der Geschäfte und der Risikokultur des Institutes die Quellen und die wesentlichen Treiber des operationellen Risikos sowie deren Wechselwirkungen ermitteln sowie die Art und den Umfang des operationellen Risikos bewerten, dem ein Institut ausgesetzt ist oder sein kann. Dabei sollten sie die Strategie und die Risikotoleranz für das operationelle Risiko, das Geschäftsumfeld und das externe Umfeld (einschließlich geografischer Region), in dem das Institut operiert, berücksichtigen. Ebenso sollten die Behörden die Eigenmittelanforderungen für das operationelle Risiko (unterschieden nach Basisindikatoransatz, Standardansatz und fortgeschrittenen Messansätzen) im Verhältnis zu den Eigenmittelanforderungen insgesamt und, sofern relevant, das für das operationelle Risiko bereitgestellte interne Kapital im Verhältnis zum gesamten internen Kapital, einschließlich historischer Trends und Prognosen (sofern verfügbar), näher beleuchten. Von Interesse sind darüber hinaus die Höhe und Veränderung der Bruttoerträge, der Aktiva und der Verluste durch operationelle Risiken in den vergangenen Jahren sowie die jüngsten bedeutenden Unternehmensereignisse (wie Fusionen, Übernahmen, Veräußerungen und Umstrukturierungen), die kurz- oder mittel- bis langfristig eine Änderung des operationellen Risikoprofils des Institutes bewirken können. Überprüft werden daneben die Modifizierung wichtiger Elemente von IT-Systemen und/oder Prozessen, die eine Änderung des operationellen Risikoprofils bewirken können, und die fehlende Einhaltung anwendbarer Rechtsvorschriften oder interner Vorschriften, die von externen Prüfern oder der Internen Revision gemeldet oder durch öffentliche Informationen ans Licht gebracht werden. Im Fokus der Aufsichtsbehörden stehen ebenso die Ambitioniertheit von Geschäftsplänen sowie aggressive Anreize und Vergütungsregelungen (z.B. im Hinblick auf Umsatzziele, Personalabbau etc.), die das Risiko der Nichteinhaltung von Vorschriften, menschlichen Versagens und der Verletzung beruflicher Sorgfaltspflichten erhöhen, sowie die Komplexität von Prozessen und Verfahren, Produkten und IT-Systemen, sofern diese zu Fehlern, Verzögerungen, falschen Spezifikationen, Sicherheitsverletzungen etc. führen können. Die Praktiken des Institutes für die Überwachung der Qualität ausgelagerter Dienstleistungen und in welchem Maß sich das Institut des operationellen Risikos in Verbindung mit den ausgelagerten Tätigkeiten sowie des allgemeinen Risikos in Bezug auf Dienstleister bewusst ist, soll ebenfalls berücksichtigt werden. Im besonderen Fokus stehen dabei unter Verwendung der internen Schadensfalldatenbanken die Quellen und Treiber des operationellen Risikos mit den größten Auswirkungen auf das Institut, wobei die Häufigkeit und die Schwere der Ereignisse berücksichtigt werden sollten. Neben der Verwendung von Expertenurteilen werden von der EBA qualitativ ausgerichtete Analysen sowie die ergänzende Nutzung

---

91 Vgl. Basel Committee on Banking Supervision, Basel III: Finalising post-crisis reforms, BCBS 424, 7. Dezember 2017, S. 128 ff. Für eine kompakte Übersicht zur Berechnung der regulatorischen Eigenmittelanforderungen für operationelle Risiken und die damit verbundenen qualitativen Anforderungen an die Verlustdatensammlung vgl. KPMG, Operationelle Risiken – Finale Überarbeitung der Kapitalansätze in Säule I durch den Basler Ausschuss für Bankenaufsicht (»Basel IV«), 6. Februar 2018, S. 2 f.

öffentlicher Datenbanken und/oder Datenbanken eines Konsortiums empfohlen. Zudem sollten die institutseigenen Szenarioanalysen verwendet und alle bereits umgesetzten und wirksamen Korrektur- und Risikominderungsmaßnahmen berücksichtigt werden.[92]

1.9 Allgemeine Anforderungen an das Management von operationellen Risiken

Beim Management der operationellen Risiken geht es vorrangig darum, angemessene Risikosteuerungs- und -controllingprozesse zu etablieren, um die Realisierung operationeller Risiken in Form von Verlusten weitgehend zu vermeiden oder deren negative Auswirkungen für das Institut möglichst gering zu halten. Um dieses Ziel zu erreichen, muss den operationellen Risiken durch ein angemessenes Risikomanagement Rechnung getragen werden. Dafür ist zunächst eine institutsintern einheitliche Festlegung und Abgrenzung der operationellen Risiken erforderlich, die den Mitarbeitern auch bekannt sein muss (→ BTR 4 Tz. 1). Auf dieser Basis ist es möglich, die wesentlichen operationellen Risiken zu identifizieren und zu beurteilen. Dies hat zumindest jährlich zu erfolgen (→ BTR 4 Tz. 2). Die Verfahren zur Risikobeurteilung müssen die wesentlichen Ausprägungen operationeller Risiken erfassen, wobei historische Erkenntnisse und potenzielle Ereignisse berücksichtigt werden sollen (→ BTR 4 Tz. 4). Eventuelle Schadensfälle sind in angemessener Weise zu erfassen, wobei größere Institute dafür eine Ereignisdatenbank nutzen müssen. Bedeutende Schadensfälle sind unverzüglich hinsichtlich ihrer Ursachen zu analysieren (→ BTR 4 Tz. 3). An diese Prozesse sind entsprechende Berichtspflichten geknüpft (→ BT 3.2 Tz. 6). Auf Basis der identifizierten operationellen Risiken – und in der Konsequenz auch der Ursachenanalyse – ist zu entscheiden, ob und welche Maßnahmen zur Beseitigung der Ursachen zu treffen oder welche Risikosteuerungsmaßnahmen zu ergreifen sind. Die Umsetzung der festgelegten Maßnahmen ist zu überwachen (→ BTR 4 Tz. 5).

68

---

92 Vgl. European Banking Authority, Guidelines on common procedures and methodologies for the supervisory review and evaluation process (SREP) and supervisory stress testing, EBA/GL/2014/13, Consolidated version, 19. Juli 2018, S. 105 ff.

2 Abgrenzung von und Umgang mit operationellen Risiken (Tz. 1)

69 **1** Das Institut hat den operationellen Risiken durch ein angemessenes Risikomanagement Rechnung zu tragen. Für diese Zwecke ist eine institutsintern einheitliche Festlegung und Abgrenzung der operationellen Risiken vorzunehmen und an die Mitarbeiter zu kommunizieren.

2.1 Festlegung und Abgrenzung der operationellen Risiken

70 Um den operationellen Risiken durch ein angemessenes Risikomanagement Rechnung tragen zu können, muss im Institut zunächst Klarheit darüber herrschen, was unter dieser Risikoart genau zu verstehen ist. Insofern beginnt das Management operationeller Risiken mit deren Definition. Grundsätzlich werden diesbezüglich von der deutschen Aufsicht keine Vorgaben gemacht. Allerdings hat die EBA mit ihren Leitlinien zum SREP vom Dezember 2014 die Grundidee der zweiten Säule, wonach jene Risiken berücksichtigt werden sollen, die nach den Vorgaben der ersten Säule nicht oder nicht hinreichend abgedeckt sind, erstmals strikt auf die einzelnen Risikoarten bezogen. Damit wird bei der Prüfung der Angemessenheit der Kapitalausstattung jeweils auf die Einzelrisiken abgestellt (»on a risk-by-risk basis«). Das bedeutet konkret, dass u. a. die Kapitalanforderungen der ersten Säule für die dort behandelten Risikoarten jeweils als Untergrenze in die Kapitalfestsetzung der zweiten Säule eingehen.[93] Diese Vorgehensweise wird deshalb auch als »Säule-1-Plus-Ansatz« bezeichnet. Insofern ist es sicher zweckmäßig, die Definition der CRR auch für interne Zwecke zu verwenden. Dadurch kann gleichzeitig der Datenaustausch mit anderen Instituten, also die Teilnahme an Datenkonsortien, mit deren Hilfe u. a. die eigene Datenbasis für Steuerungszwecke verbessert werden kann, deutlich erleichtert werden. Gemäß Art. 4 Abs. 1 Nr. 52 CRR wird unter dem operationellen Risiko das Risiko von Verlusten verstanden, die durch die Unangemessenheit oder das Versagen von internen Verfahren, Menschen und Systemen oder durch externe Ereignisse verursacht werden, einschließlich Rechtsrisiken.

71 Die Abgrenzung zwischen den operationellen Risiken und anderen Risikoarten ist nicht immer einfach und historisch bedingt auch nicht ganz überschneidungsfrei. So gibt es Schadensfälle, deren Ursachen vielfältiger Natur sind und deren Zuordnung daher nicht zweifelsfrei erfolgen kann. Zudem lassen sich Verluste durch operationelle Risiken in der Praxis z. B. auch nicht ohne Weiteres von Verlusten aus Marktpreisrisiken unterscheiden. Um eine vollständige Datenerfassung sicherzustellen, erfolgt teilweise ein Abgleich mit den Buchungen des Handels, denen in Stichproben nachgegangen wird.[94] Als so genannte »boundary events« können Verluste eingestuft werden, die zwar einem anderen Risiko zugerechnet werden oder bereits wurden, wie z. B. den Kreditverlusten, ihren Ursprung aber in Ereignissen wie z. B. mangelhaften Prozessen und Kontrollen haben oder hatten (→ BTR 4 Tz. 1, Erläuterung). Folglich sind in den Datenbanken in der

---

93 Vgl. European Banking Authority, Leitlinien zu gemeinsamen Verfahren und Methoden für den aufsichtlichen Überprüfungs- und Bewertungsprozess (SREP), EBA/GL/2014/13, 19. Dezember 2014, S. 125. Diese Philosophie ist auch Bestandteil der überarbeiteten Leitlinien. Vgl. European Banking Authority, Guidelines on common procedures and methodologies for the supervisory review and evaluation process (SREP) and supervisory stress testing, EBA/GL/2014/13, Consolidated version, 19. Juli 2018, S. 133.

94 Vgl. Bundesanstalt für Finanzdienstleistungsaufsicht/Deutsche Bundesbank, Bericht über die Industrieaktion AMA operationelles Risiko 2005, 29. September 2005, S. 28 f.

Vergangenheit, als der Begriff operationelle Risiken noch gar nicht verwendet wurde, viele Schadensfälle unter anderen Risikoarten – insbesondere bei den Adressenausfallrisiken – erfasst worden. Eine nachträgliche Bereinigung dieser Datenbanken ist jedoch sehr aufwendig und könnte mit Problemen für die zukünftige Verwendung dieser Datenbanken im Hinblick auf die Aussagekraft von statistischen Auswertungen verbunden sein.

Daher müssen jene Institute, die ihre regulatorischen Eigenmittelanforderungen anhand von **72** fortgeschrittenen Messansätzen berechnen (AMA-Institute), nach Art. 322 Abs. 3 lit. b CRR Verluste aufgrund des operationellen Risikos, die im Zusammenhang mit Kreditrisiken stehen und in der Vergangenheit in eine interne Kreditrisiko-Datenbank eingeflossen sind, in der Datenbank für das operationelle Risiko erfassen und separat ausweisen. Derartige Verluste unterliegen keiner Eigenmittelanforderung für das operationelle Risiko, sofern die Institute sie für die Berechnung der Eigenmittelanforderung weiterhin als Kreditrisiko behandeln müssen. Verluste aufgrund von operationellen Risiken, die im Zusammenhang mit Marktpreisrisiken stehen, werden von den Instituten hingegen bei der Berechnung der Eigenmittelanforderung für operationelle Risiken berücksichtigt.[95] Unabhängig davon sollten diese Verluste natürlich berücksichtigt werden, wenn es um die Ableitung von Managementmaßnahmen geht.

Zudem existieren verschiedene Risikokategorien oder -unterkategorien, die eine gewisse Nähe zu **73** den operationellen Risiken auszeichnet. Das trifft in besonderem Maße auf die »nicht-finanziellen Risiken« (»Non-Financial Risks«, NFR) zu, die nicht durchgängig mit den operationellen Risiken gleichgesetzt werden können. Beispielhaft sei auf die Reputationsrisiken und die strategischen Risiken verwiesen, die vom Baseler Ausschuss für Bankenaufsicht (BCBS) explizit vom Definitionsbereich der operationellen Risiken ausgeklammert wurden.[96] Auch andere Risiken lassen sich zumindest nicht eindeutig den in Modul BTR behandelten Risikoarten zuordnen und sollten deshalb vor dem Hintergrund möglicher Zusammenhänge mit den operationellen Risiken in diese Abgrenzung einbezogen werden. Dazu gehören z.B. Pensionsrisiken, Immobilienrisiken, Versicherungsrisiken, Fondsrisiken und das Risiko einer übermäßigen Verschuldung (→ BTR Tz. 1).

Für das Management der operationellen Risiken ist seit der fünften MaRisk-Novelle eine **74** institutsintern einheitliche Festlegung der operationellen Risiken inklusive einer möglichst klaren Abgrenzung zu anderen vom Institut betrachteten Risiken vorzunehmen und an die Mitarbeiter zu kommunizieren (→ BTR 4 Tz. 1, Erläuterung). Der BCBS erwartet ebenfalls, dass im Rahmenwerk zum Management der operationellen Risiken (»Operational Risk Management Framework«, ORMF) eine gemeinsame Taxonomie mit den Definitionen für das operationelle Risiko vorgesehen wird, um beim Risikomanagement in allen Geschäftseinheiten konsistent vorgehen zu können. Demnach ist z.B. eine Unterscheidung der operationellen Risikopositionen nach Ereignistypen, Ursachen, Wesentlichkeit und Geschäftseinheiten, in denen sie auftreten, denkbar. Außerdem können jene operationellen Risiken gekennzeichnet werden, die ganz oder teilweise Rechts-, Verhaltens-, Modell- oder IKT-Risiken[97] sowie Risikopositionen im Bereich der Kredit- oder Marktpreisrisiken darstellen (→ BTR 1 Tz. 4). Eine inkonsistente Taxonomie der Begriffe für operationelle Risiken kann die Wahrscheinlichkeit erhöhen, dass Risiken nicht identifiziert und kategori-

---

95 Diese Vorgaben aus der CRR gelten grundsätzlich auch für die Verlustdatensammlung nach dem neuen Standardansatz. Vgl. Basel Committee on Banking Supervision, Basel III: Finalising post-crisis reforms, BCBS 424, 7. Dezember 2017, S. 131.

96 Vgl. Basel Committee on Banking Supervision, Principles for the Sound Management of Operational Risk, BCBS 195, 30. Juni 2011, S. 3; Basel Committee on Banking Supervision, Revisions to the Principles for the Sound Management of Operational Risk, BCBS 515, 31. März 2021, S. 2.

97 Bei den IKT-Risiken sollen auch die Cyberrisiken berücksichtigt werden. Der Baser Ausschuss empfiehlt, zu diesem Zweck das Cyber-Lexikon des Financial Stability Boards vom 12. November 2018 als Ausgangspunkt zu verwenden. Vgl. Financial Stability Board, Cyber Lexicon, 12. November 2018. Ebenso könnten die Risikokategorien der EBA zur Kategorisierung der IKT-Risiken herangezogen werden. Vgl. European Banking Authority, Leitlinien für die IKT-Risikobewertung im Rahmen des aufsichtlichen Überprüfungs- und Bewertungsprozesses (SREP), EBA/GL/2017/05, 11. September 2017, S. 27ff.

siert werden oder die Verantwortung für die Bewertung, Überwachung, Kontrolle und Minderung von Risiken nicht zugewiesen wird. Damit könnte die Wirksamkeit des ORMF erheblich reduziert werden.[98] Auch die im Zusammenhang mit den Schadensfällen erfassten Ereignisdaten werden typischerweise gemäß dieser Taxonomie klassifiziert und im gesamten Institut konsistent angewendet (→ BTR 1 Tz. 3).[99]

2.2 Umgang mit operationellen Risiken

75   Der Baseler Ausschuss für Bankenaufsicht (BCBS) hat klare Vorstellungen zur Ausgestaltung des Rahmenwerkes für das Management operationeller Risiken (»Operational Risk Management Framework«, ORMF), das vollständig in die allgemeinen Risikomanagementprozesse des Institutes integriert werden soll. Daraus lässt sich leicht ableiten, was zumindest nach den Vorstellungen des BCBS als angemessenes Management operationeller Risiken zu verstehen ist. Dazu gehört zunächst eine klare Festlegung der Governance-Strukturen, einschließlich der Berichtslinien und Verantwortlichkeiten, sowie eine Benennung der Mandate und Zusammensetzung entsprechender Ausschüsse für das operationelle Risiko, sofern diese eingerichtet wurden. Zudem sollte das ORMF auf die relevanten Richtlinien und Verfahren zum Management des operationellen Risikos verweisen und die Instrumente zur Identifizierung und Beurteilung von Risiken und Kontrollen sowie die Rollen und die Zuständigkeiten der drei Verteidigungslinien bei deren Einsatz beschreiben. Der Risikoappetit für operationelle Risiken (→ AT 4.2 Tz. 2), die Schwellenwerte, wesentlichen Auslöser oder Limite für inhärente Risiken und Restrisiken (→ BTR 4 Tz. 2) sowie die genehmigten Strategien und Instrumente zur Risikominderung sollten ebenso im ORMF beschrieben werden, wie die Vorgehensweise des Institutes zur Sicherstellung, dass angemessene Kontrollen konzipiert und implementiert sind und effektiv funktionieren. Aus dem ORMF sollte auch hervorgehen, wie die Schwellenwerte oder Limite für die Risiken festgelegt und überwacht werden. Daneben regt der BCBS eine Bestandsaufnahme der Risiken und der von allen Geschäftseinheiten implementierten Kontrollen an, z.B. in einer Kontrollbibliothek. Außerdem müssen Risikoberichts- und Managementinformationssysteme (MIS) eingerichtet werden, die zeitnahe und genaue Daten liefern. Die Ergebnisse des Risikomanagementprozesses sollten einer angemessenen unabhängigen Überprüfung unterzogen werden, um sie ggf. anfechten zu können. Schließlich sollten die Grundsätze auf der Grundlage einer fortlaufenden Bewertung der Qualität des Kontrollumfeldes überprüft und ggf. angepasst werden, um internen und externen Veränderungen des Umfeldes oder einer wesentlichen Änderung des operationellen Risikoprofils des Institutes Rechnung zu tragen.[100]

76   Dabei sollte nicht vergessen werden, dass das operationelle Risiko erst seit einigen Jahren als eigenständige Risikoart behandelt wird. Seitdem wurden von den Aufsichtsbehörden verschiedene Anforderungen formuliert, die sich auf den Umgang mit sehr unterschiedlichen Unterkategorien der operationellen Risiken beziehen. Es ist unmittelbar einleuchtend, dass z.B. der Steuerung und Überwachung von Fehlverhaltensrisiken nicht dieselben Prozesse zugrunde liegen, wie dem Umgang mit IKT-Risiken, da sich deren Gefahrenquellen wesentlich voneinander unterscheiden. Insoweit könnte es nach wie vor erforderlich sein, die Mitarbeiter zunächst grundsätzlich für den

---

98   Vgl. Basel Committee on Banking Supervision, Revisions to the Principles for the Sound Management of Operational Risk, BCBS 515, 31. März 2021, S. 6f.

99   Vgl. Basel Committee on Banking Supervision, Revisions to the Principles for the Sound Management of Operational Risk, BCBS 515, 31. März 2021, S. 10.

100 Vgl. Basel Committee on Banking Supervision, Revisions to the Principles for the Sound Management of Operational Risk, BCBS 515, 31. März 2021, S. 6f.

Umgang mit operationellen Risiken zu sensibilisieren und anschließend permanent über neue Entwicklungen zu informieren. Dies kann z. B. durch geeignete Schulungsmaßnahmen oder Workshops erreicht werden. Letztlich müssen die Mitarbeiter eines Institutes einen wesentlichen Input bei der Identifikation operationeller Risiken leisten. Auch der BCBS erwartet, dass auf allen Ebenen des Unternehmens ein angemessenes Niveau an Schulungen zu operationellen Risiken zur Verfügung steht. Die angebotene Ausbildung sollte das Dienstalter, die Rolle und die Verantwortung der Personen widerspiegeln, für die sie bestimmt ist.[101]

Im Zusammenhang mit der operationellen Widerstandsfähigkeit eines Institutes empfiehlt der BCBS mit Bezug auf die Definition operationeller Risiken, dass die Institute ihre jeweiligen Funktionen für das Management des operationellen Risikos nutzen, um externe und interne Bedrohungen und potenzielle Fehler bei Menschen, Prozessen und Systemen laufend zu erkennen, die Schwachstellen kritischer Operationen zeitnah zu bewerten und die daraus resultierenden Risiken in Übereinstimmung mit ihrem Ansatz zur operationellen Widerstandsfähigkeit zu steuern.[102] Konkret empfiehlt der BCBS, dass die Funktion für das Management der operationellen Risiken mit anderen relevanten Funktionen zusammenarbeiten sollte, um alle Risiken zu überwachen und zu steuern, die die Durchführung kritischer Operationen bedrohen. Die Institute sollten ihre Geschäftsfortführungsplanung (→ AT 7.3 Tz. 2), ihr Management der Abhängigkeit von Dritten (→ AT 9 Tz. 2), ihre Sanierungs- und Abwicklungsplanung und andere relevante Risikobereiche koordinieren, um die operationelle Widerstandsfähigkeit des gesamten Institutes zu stärken.[103] Zur Vermeidung von Lücken bzw. Überschneidungen ist es ohnehin erforderlich, dass sich die für operationelle Risiken verantwortlichen Mitarbeiter mit den für das Management anderer Risikoarten, für die Beschaffung externer Dienstleistungen wie den Transfer von Versicherungsrisiken und andere Vereinbarungen mit Dritten verantwortlichen Mitarbeitern abstimmen.[104] **77**

Die Anforderungen der MaRisk zielen auf einen sachgerechten Umgang mit operationellen Risiken ab. Aus betriebswirtschaftlicher Sicht geht es bei deren Management um das Vermeiden oder Reduzieren von Schadensfällen mit negativen Auswirkungen auf die Ertrags-, Liquiditäts- oder Vermögenslage eines Institutes. Um dieses Ziel zu erreichen, müssen zunächst die potenziellen Schadensfälle mit entsprechender Bedeutung für das Institut, d. h. die wesentlichen operationellen Risiken, identifiziert und beurteilt werden (→ BTR 4 Tz. 2). Zur Identifizierung möglicher Schadensfälle bietet es sich an, die aus operationellen Risiken resultierenden tatsächlichen Verluste der Vergangenheit in geeigneter Weise zu erfassen und, zumindest im Fall von Ereignissen mit bedeutenden Auswirkungen, hinsichtlich ihrer Ursachen zu analysieren (→ BTR 4 Tz. 3). Die Erfahrungen aus der Vergangenheit können dazu genutzt werden, potenzielle Schadensfälle in der Zukunft abzuschätzen und bei Kenntnis von deren Ursachen rechtzeitig mit Steuerungsmaßnahmen zu reagieren. **78**

Dabei dürfen allerdings Ereignisse, die im Endeffekt keinen Schaden zur Folge hatten, nicht ausgeblendet werden. So werden die durch Fehler oder Mängel ausgelösten Ereignisse, die letztlich zu keinem Verlust geführt haben, wie z. B. eine fehlerhafte Zahlung an einen falschen Kontrahenten, die dieser aber zurückgezahlt hat, als »Beinaheverluste« bezeichnet. Durch die Rückzahlung des Kontrahenten ist in diesem Fall zwar kein Schaden entstanden. Trotzdem hat die fehlerhafte Zahlung eine bestimmte Ursache, die es zu ermitteln gilt, um vergleichbare Probleme in Zukunft zu vermeiden. Die Prozesse zum Management operationeller Risiken sollten daher auch den Umgang mit nicht eindeutig zuordenbaren Schadensfällen, Beinaheverlusten und zusammenhängenden Ereignissen umfassen (→ BTR 4 Tz. 1, Erläuterung). **79**

---

101 Vgl. Basel Committee on Banking Supervision, Revisions to the Principles for the Sound Management of Operational Risk, BCBS 515, 31. März 2021, S. 6.

102 Vgl. Basel Committee on Banking Supervision, Principles for Operational Resilience, BCBS 516, 31. März 2021, S. 4f.

103 Vgl. Basel Committee on Banking Supervision, Principles for Operational Resilience, BCBS 516, 31. März 2021, S. 5.

104 Vgl. Basel Committee on Banking Supervision, Revisions to the Principles for the Sound Management of Operational Risk, BCBS 515, 31. März 2021, S. 9.

BTR 4 Operationelle Risiken

80 Die Verantwortung für alle wesentlichen Elemente des Risikomanagements trägt die Geschäftsleitung, die in diesem Zusammenhang auch die operationellen Risiken des Institutes beurteilen und
die erforderlichen Maßnahmen zu ihrer Begrenzung treffen können muss (→ AT 3 Tz. 1). Hierzu ist
es erforderlich, die Geschäftsleitung mindestens jährlich über bedeutende Schadensfälle und
wesentliche operationelle Risiken inklusive der Art des Schadens bzw. Risikos, der Ursachen, des
Ausmaßes des Schadens bzw. Risikos und der initiierten sowie bereits getroffenen Gegenmaßnahmen zu unterrichten (→ BT 3.2 Tz. 6). Auf Basis dieser Berichterstattung können angemessene
Entscheidungen getroffen werden, ob und ggf. welche Maßnahmen zur Beseitigung der Ursachen zu
treffen oder welche Risikosteuerungsmaßnahmen zu ergreifen sind (→ BTR 4 Tz. 5). Um Schadensfälle aus operationellen Risiken gänzlich auszuschließen, müsste das Institut seinen Geschäftsbetrieb komplett einstellen. Aus diesem Grund ist jeweils unter Kosten-Nutzen-Gesichtspunkten zu
entscheiden, welche operationellen Risiken vom Institut in Kauf genommen werden und welche
Risiken durch steuernde Maßnahmen gemindert, vermieden oder auf Dritte übertragen werden
sollen. Die Umsetzung der zu treffenden Maßnahmen ist zu überwachen (→ BTR 4 Tz. 5).

2.3 Maßnahmen zur Reduzierung operationeller Risiken

81 Zunächst kann sich ein Institut bewusst dafür entscheiden, bestimmte Risiken zu tragen, weil sich
z. B. entsprechende Gegensteuerungsmaßnahmen aus betriebswirtschaftlichen Überlegungen als
unbrauchbar erweisen. Dies wird insbesondere dann der Fall sein, wenn die Erträge aus der
jeweiligen Geschäftstätigkeit die potenziellen Verluste aus damit verbundenen operationellen
Risiken deutlich übersteigen und die Kosten zur wirksamen Risikominderung höher sind als die
potenziellen Verluste. Da es sich bei einer derartigen Betrachtung nur um eine Momentaufnahme
handelt, sollten die Entscheidungen zum bewussten Eingehen bestimmter Risiken in regelmäßigen Abständen hinterfragt werden. Sofern das Institut bestimmte Risiken bewusst eingeht, ist
darüber hinaus sicherzustellen, dass die institutsinternen Vorkehrungen diesen zusätzlichen
Risiken hinreichend gerecht werden.

82 Sofern die Risiken nicht getragen werden sollen, können drei grundlegende Vorgehensweisen
unterschieden werden:
- Risikominderung, z. B. durch Qualifizierungsmaßnahmen der Mitarbeiter, Investition in die
  verwendeten Systeme und Verfahren, Neustrukturierung bestehender Prozesse, Anpassung
  organisatorischer Festlegungen, Optimierung von Schutzmaßnahmen, Neuausrichtung einzelner Geschäftsaktivitäten, Verbesserung der vorhandenen Kontrollmechanismen oder Einführung von Notfallplänen,
- Risikovermeidung, z. B. durch den vollständigen Rückzug aus bestimmten Geschäftsfeldern,
  und
- Risikoübertragung, z. B. durch Abschluss geeigneter Versicherungen oder den Handel mit
  verbrieften Risiken (so genannten »Katastrophenbonds«).[105]

83 Für den normalen Geschäftsbetrieb werden i. d. R. diverse Maßnahmen zur Risikominderung
festgelegt. Die Einleitung von konkreten Schritten zur Risikovermeidung wird insbesondere dann
erforderlich, wenn in der Vergangenheit strategische Fehler gemacht wurden. So erfordert z. B. der
Markteintritt in bestimmte Geschäftsfelder oder hochkomplexe Produkte, wie Verbriefungen,
Kreditderivate oder bestimmte Arten von Projektfinanzierungen, ein besonderes Know-how und

---

105 Vgl. Bundesanstalt für Finanzdienstleistungsaufsicht/Deutsche Bundesbank, Bericht über die Industrieaktion AMA
operationelles Risiko 2005, 29. September 2005, S. 10.

kann mit empfindlichen Verlusten verbunden sein, wenn diesbezüglich Defizite bestehen. Diverse Maßnahmen zur Absicherung von Adressenausfallrisiken können durchaus mit operationellen Risiken einhergehen. Der Abschluss von Versicherungen bietet sich in erster Linie zur Regulierung besonders großer Schäden mit äußerst geringer Eintrittswahrscheinlichkeit (»High Impact, Low Frequency«, HILF) an. Die Bandbreite der Möglichkeiten zum Umgang mit operationellen Risiken ist also sehr groß.

Die dabei zu ergreifenden Maßnahmen müssen nicht übermäßig komplex sein, zumal sich weder aus den quantitativen Vorgaben zur Steuerung operationeller Risiken noch aus den MaRisk die zwingende Notwendigkeit ausgefeilter Methoden ableiten lässt. Entscheidend ist letztlich, dass auf das jeweilige Risikopotenzial angemessen reagiert wird. Diesbezüglich werden in der Praxis diverse Vorschläge unterbreitet. So wurde z. B. angeregt, auf wirtschaftskriminelle Handlungen, die für die Institute eine wachsende Rolle spielen und vor allem Reputationsschäden nach sich ziehen können, durch Einführung eines Verhaltenskodex zu reagieren.[106] Hier besteht eine große Nähe zu Compliance-Richtlinien, die u. a. durch die Vorgaben der MiFID und seit der vierten MaRisk-Novelle auch durch die explizite Anforderung, eine derartige Funktion zu etablieren (→ AT 4.4.2 Tz. 1), in der Kreditwirtschaft zunehmend an Bedeutung gewinnen. So wird der Compliance-Funktion von der EBA u. a. die Aufgabe zugewiesen, angemessene Maßnahmen gegen interne oder externe betrügerische Handlungen und Disziplinverstöße (z. B. Verletzung von internen Verfahren, Limitüberschreitungen) zu ergreifen.[107] Inwiefern die Compliance-Funktion in diesem Fall auf die Risikocontrolling-Funktion zurückgreift, kann institutsindividuell festgelegt werden (→ AT 4.4.2 Tz. 3).

Betrügerische Handlungen sind zunehmend auch auf Cyber-Angriffe und sonstige externe IKT-basierte Angriffe zurückzuführen. Die EBA nennt in diesem Zusammenhang u. a. die Ausführung betrügerischer Zahlungsvorgänge durch Hacker durch die Unterbrechung oder Umgehung der Sicherheitsvorkehrungen von E-Banking- und Zahlungsdiensten mit dem Ziel der Ausführung nicht autorisierter Transaktionen und/oder durch den Angriff auf und die Ausnutzung von Sicherheitslücken in den internen Zahlungssystemen des Institutes, wie z. B. betrügerische SWIFT-Mitteilungen. Ebenso weist die EBA auf die Ausführung betrügerischer Wertpapiertransaktionen durch Hacker durch die Unterbrechung oder Umgehung der Sicherheitsvorkehrungen der E-Banking-Dienste hin, die auch den Zugriff auf die Wertpapierdepots der Kunden ermöglichen. Bei den so genannten Pump-and-Dump-Angriffen erhalten die Angreifer Zugriff auf die E-Banking-Wertpapierdepots von Kunden und veranlassen betrügerische Kauf- oder Verkaufsaufträge, um den Marktpreis zu beeinflussen und/oder Gewinne auf Basis von früheren Wertpapierpositionen zu erzielen.[108] Die zuständigen Behörden sollen deshalb dem Management der IKT-Sicherheitsrisiken, für das sehr detaillierte Vorgaben gemacht werden, im Rahmen des SREP besondere Aufmerksamkeit widmen.[109]

84

85

---

106 Vgl. Ramke, Thomas, Wirtschaftskriminalität als operationelles Risiko: Herausforderung für die Praxis, in: BankPraktiker, Heft 3/2007, S. 139 ff.

107 Vgl. European Banking Authority, Leitlinien zur internen Governance, EBA/GL/2017/11, 21. März 2018, S. 47.

108 Vgl. European Banking Authority, Leitlinien für die IKT-Risikobewertung im Rahmen des aufsichtlichen Überprüfungs- und Bewertungsprozesses (SREP), EBA/GL/2017/05, 11. September 2017, S. 29 f.

109 Die EBA erwartet, dass die Institute spezifische Kontrollen zur Bewältigung der ermittelten erheblichen IKT-Risiken einführen und stellt für die IKT-Verfügbarkeits- und Kontinuitätsrisiken, IKT-Sicherheitsrisiken, IKT-Änderungsrisiken, IKT-Datenintegritätsrisiken und IKT-Auslagerungsrisiken eine nicht erschöpfende Liste spezifischer Kontrollen zur Verfügung. Vgl. European Banking Authority, Leitlinien für die IKT-Risikobewertung im Rahmen des aufsichtlichen Überprüfungs- und Bewertungsprozesses (SREP), EBA/GL/2017/05, 11. September 2017, S. 18 ff.

2.4 Operationelle Risiken bei Auslagerungen

86 Im Zusammenhang mit der Vermeidung oder Reduzierung operationeller Risiken werden häufig auch Auslagerungen genannt. Derartigen Maßnahmen liegt die Überlegung zugrunde, dass im Fall ausgelagerter Tätigkeiten die Gefahr von Verlusten, die infolge der Unangemessenheit oder des Versagens von internen Verfahren und Systemen oder Mitarbeitern eintreten können, reduziert werden kann. Die Definition operationeller Risiken schließt jedoch auch Verluste ein, die auf externe Ereignisse zurückgeführt werden. Insofern können die Auslagerungsmaßnahmen selbst wieder operationelle Risiken in sich bergen. Dies betrifft z. B. die Qualität von Service Level Agreements oder die Ausweichmöglichkeiten auf andere Dienstleister im Fall eines Ausfalls.[110] Der Abschluss von Verträgen über die Auslagerung von Aktivitäten und Prozessen zählt deshalb ausdrücklich nicht zu den Instrumenten einer Risikoverlagerung.[111]

87 Der Baseler Ausschuss für Bankenaufsicht verweist auf den Zusammenhang zwischen Auslagerungsrisiken und Drittpartei-Risiken. Die Beteiligung von zusätzlichen Parteien an der Wertschöpfungskette könnte mit einer Zunahme von Betriebsstörungen verbunden sein. Gleichzeitig könnte eine starke Verbreitung innovativer Produkte und Dienstleistungen von Drittanbietern die Komplexität und das Risiko der Geschäftstätigkeit erhöhen, wenn die Steuerung nicht damit Schritt halten kann. Eine der größten Herausforderungen für die Institute besteht folglich darin, jene Geschäfts- und Risikomanagement-Aktivitäten zu überwachen, die bei Dritten stattfinden.[112] Letztlich obliegt es den Instituten, ein angemessenes Verständnis und ein aktives Management der Abhängigkeiten von Dritten und der damit verbundenen Konzentrationen über die gesamte Wertschöpfungskette hinweg nachzuweisen. Es sollte ein ausgewogenes Modell der Verantwortlichkeiten gefunden werden, insbesondere bei Dritten, die nicht der Bankenaufsicht unterliegen.[113]

88 Zur Beurteilung der Risikosituation sollte unterschieden werden, ob sich eventuelle Verluste auf Seiten des Dienstleisters überhaupt auf das Institut auswirken. Als operationelles Risiko des auslagernden Unternehmens wird deshalb nur die Gefahr von Verlusten angesehen, die durch eine mangelnde oder trotz Zuständigkeit nicht erbrachte Leistung des Dienstleistungsanbieters im Institut entstehen, wobei auch das Rechtsrisiko des Auslagerungsvertrages berücksichtigt werden muss.[114] Grundsätzlich sind alle Anforderungen zum Outsourcing geeignet, operationelle Risiken bei ausgelagerten Aktivitäten und Prozessen zu vermeiden. In erster Linie betrifft dies die Vorgaben

- zur Risiko- und Szenarioanalyse von Auslagerungen (→ AT 9 Tz. 2),
- zur Sicherstellung der Ordnungsmäßigkeit der Geschäftsorganisation bei wesentlichen und nicht wesentlichen Auslagerungen (→ AT 9 Tz. 3 und 4),
- zur Gewährleistung der wirksamen Überwachung der vom Auslagerungsunternehmen erbrachten Dienstleistungen und zur Fortsetzung des ordnungsmäßigen Betriebes im Falle der Beendigung des Auslagerungsverhältnisses sowie zur Einschränkung der Möglichkeiten einer vollständigen Auslagerung bestimmter Funktionen (→ AT 9 Tz. 5),
- zur Sicherstellung der Kontinuität und Qualität der ausgelagerten Aktivitäten und Prozesse bei Beendigung der Auslagerungsvereinbarung (→ AT 9 Tz. 6),
- zur Ausgestaltung des Auslagerungsvertrages (→ AT 9 Tz. 7),

---

110 Vgl. Bundesanstalt für Finanzdienstleistungsaufsicht/Deutsche Bundesbank, Bericht über die Industrieaktion AMA operationelles Risiko 2005, 29. September 2005, S. 24.

111 Vgl. Bundesanstalt für Finanzdienstleistungsaufsicht/Deutsche Bundesbank, Empfehlungen des Fachgremiums OpRisk zur Berücksichtigung von Versicherungen in fortgeschrittenen Messansätzen, 6. Juni 2007.

112 Vgl. Basel Committee on Banking Supervision, Sound Practices – Implications of fintech developments for banks and bank supervisors, BCBS 431, 19. Februar 2018, S. 24 ff.

113 Vgl. Basel Committee on Banking Supervision, Cyber-resilience: Range of practices, BCBS 454, 4. Dezember 2018, S. 6.

114 Vgl. Bundesanstalt für Finanzdienstleistungsaufsicht/Deutsche Bundesbank, Empfehlungen des Fachgremiums OpRisk zur Definition des operationellen Risikos, 25. Juli 2006.

- zur Mitwirkung des auslagernden Institutes bei Weiterverlagerungen (→ AT 9 Tz. 8 und 11),
- zur Steuerung der mit Auslagerungen verbundenen Risiken (→ AT 9 Tz. 9),
- zur Überwachung der Ausführung ausgelagerter Aktivitäten und Prozesse inkl. der Leistungs-beurteilung des Auslagerungsunternehmens (→ AT 9 Tz. 9),
- zur Festlegung klarer Verantwortlichkeiten von Dokumentation, Steuerung und Überwachung wesentlicher Auslagerungen (→ AT 9 Tz. 10),
- zur Gewährleistung einer ordnungsgemäßen Durchführung der besonderen Funktionen im Fall ihrer vollständigen Auslagerung (→ AT 9 Tz. 10),
- zur Einrichtung eines zentralen Auslagerungsbeauftragten bzw. Auslagerungsmanagements und zur Festlegung von dessen Kernaufgaben (→ AT 9 Tz. 12 und 13) und
- zur Erfassung der relevanten Informationen im Auslagerungsregister (→ AT 9 Tz. 14).

Ergänzende Vorgaben zum sonstigen Fremdbezug von IT-Dienstleistungen enthalten die »Bank-aufsichtlichen Anforderungen an die IT« (BAIT) sowie die Leitlinien der EBA zu Auslagerungen[115], in denen auch die Empfehlungen zu Auslagerungen an Cloud-Anbieter aufgegangen sind.[116] Schließlich hat die deutsche Aufsicht im November 2018 eine Orientierungshilfe zu Auslagerun-gen an Cloud-Anbieter veröffentlicht, um ein Problembewusstsein im Umgang mit Cloud-Diensten und den damit verbundenen bankaufsichtlichen Anforderungen zu schaffen.[117]   **89**

2.5 Organisatorische Maßnahmen zum Management operationeller Risiken

Die Anforderungen an die Aufbau- und Ablauforganisation schließen auch die Risikosteuerungs- und -controllingprozesse mit ein. So existieren z. B. zwischen den Anforderungen an das Kredit-geschäft (→ BTO 1) und an die Adressenausfallrisiken (→ BTR 1) sowie zwischen den Anforde-rungen an das Handelsgeschäft (→ BTO 2) und an die Marktpreisrisiken (→ BTR 2) klare wechselseitige Zusammenhänge. Im Bereich der operationellen Risiken bestehen sogar Verknüp-fungen mit sämtlichen Organisationseinheiten. Trotz dieser vielfältigen Zusammenhänge sehen die MaRisk für das Management der operationellen Risiken keine konkreten aufbauorganisatori-schen Anforderungen vor, die über die allgemeinen Funktionstrennungsprinzipien hinausgehen. Es liegt demnach weitgehend im Ermessen des Institutes, aufbauorganisatorische Vorkehrungen zu treffen. Beispielhaft sei auf verschiedene Entwicklungen in der Praxis hingewiesen. Viele Institute haben in den letzten Jahren eine zentrale »OpRisk-Einheit« installiert, die für die Risiko-steuerungs- und -controllingprozesse im Bereich der operationellen Risiken institutsweit verant-wortlich ist. Insbesondere in kleineren Instituten handelt es sich dabei oftmals nur um eine einzelne Person. In größeren Instituten wird diese zentrale Einheit hingegen teilweise durch dezentrale »OpRisk-Stellen« unterstützt.   **90**

Nachfolgend wird die Ausgestaltung solcher zentralen und dezentralen Lösungen näher erläu-tert. Ausdrücklich wird allerdings darauf hingewiesen, dass die Einrichtung einer unabhängigen zentralen OpRisk-Einheit gemäß Art. 321 lit. b CRR (»Risikomanagement-Funktion für das opera-tionelle Risiko«) nur bei Verwendung fortgeschrittener Messansätze erforderlich ist. Die Eta-blierung dezentraler OpRisk-Stellen wird sogar überhaupt nicht vorgeschrieben.   **91**

---

115 European Banking Authority, Leitlinien zu Auslagerungen, EBA/GL/2019/02, 25. Februar 2019.
116 European Banking Authority, Empfehlungen zur Auslagerung an Cloud-Anbieter, EBA/REC/2017/03, 28. März 2018.
117 Bundesanstalt für Finanzdienstleistungsaufsicht, Merkblatt – Orientierungshilfe zu Auslagerungen an Cloud-Anbieter, 8. November 2018.

2.5.1 Aufgaben der zentralen OpRisk-Einheit

92 Die Aufgaben einer zentralen OpRisk-Einheit umfassen vor allem die Überwachung und Kommunikation der operationellen Risiken. Diese Funktionen werden in der Praxis grundsätzlich dem Risikocontrolling zugeordnet. In der Verantwortung der zentralen OpRisk-Einheit liegen z.B. die Ursachenanalyse bedeutender Schadensfälle, die Unterrichtung der Geschäftsleitung über bedeutende Schadensfälle und wesentliche operationelle Risiken, die auch Handlungsvorschläge enthalten kann, sowie die Überwachung der Umsetzung der festgelegten Maßnahmen. Sie ist die zentrale Anlaufstelle für sämtliche Fragen zum operationellen Risiko, zur Koordinierung sowie Unterstützung der Geschäftsbereiche.

93 Weitere Aufgaben könnten z.B. sein[118]:
- Entwicklung einer Strategie für die Behandlung operationeller Risiken,
- Definition, Aktualisierung und Überwachung der Umsetzung des OpRisk-Rahmenwerkes,
- Erarbeitung der fachlichen Vorgaben, wie z.B. Richtlinien und Konzepte mit Bezug zum OpRisk-Rahmenwerk,
- Entwicklung, Überprüfung und ggf. Anpassung der zugrunde liegenden qualitativen und quantitativen Methoden und Instrumente,
- systematische Überwachung des operationellen Risikos im Institut,
- Federführung bei der qualitativen Beurteilung der Risikosituation, z.B. im Rahmen eines Self-Assessments oder einer Risikoinventur[119],
- Quantifizierung der operationellen Risiken,
- Zusammenführung steuerungsrelevanter Risikoinformationen für die Berichterstattung,
- Eskalation von bedeutenden OpRisk-Sachverhalten und damit verbundene Handlungsempfehlungen oder deren Überwachung sowie
- Backtesting und Benchmarking der Modellergebnisse, Angaben zum so genannten »Use Test«, mit dem die Verwendung der fortgeschrittenen Messansätze auch für die interne Steuerung nachgewiesen werden muss, sowie Darlegung der Erfüllung der regulatorischen Anforderungen gegenüber der Aufsicht.

2.5.2 Aufgaben der dezentralen OpRisk-Stellen

94 Dezentrale OpRisk-Stellen stehen in der Praxis als Ansprechpartner für die Mitarbeiter in ihrer Organisationseinheit zur Verfügung und sind dafür zuständig, dass die Meldungen von Schadensfällen an die OpRisk-Einheit sämtliche Ereignisse in der vorgeschriebenen Weise berücksichtigen. Sie sind i.d.R. auch diejenigen, die anlassbezogen unter Risikogesichtspunkten wesentliche Informationen an die Geschäftsleitung, die jeweiligen Verantwortlichen, wie z.B. die zentrale OpRisk-Einheit, und ggf. die Interne Revision weiterleiten (→ AT 4.3.2 Tz. 4).

95 Die Mitarbeiter eines Institutes leisten durch ihre Meldungen von Schadensfällen einen wesentlichen Beitrag zur Identifikation operationeller Risiken. Bei solchen Lösungen sollte nicht vergessen werden, dass sie einem Interessenkonflikt ausgesetzt sind, wenn sie z.B. selbst eine Mitschuld am jeweiligen Schadensfall tragen. Insofern kann es sinnvoll sein, gewisse Anreize dafür zu schaffen, dass die Schäden tatsächlich gemeldet werden. Ein Institut hat für diese Zwecke z.B. ein interessantes »Versicherungssystem« installiert. Danach werden die einzelnen Bereiche zunächst mit einem nach bestimmten Kriterien ermittelten Kapitalbetrag belastet. Meldet der

---

118 Vgl. Bundesanstalt für Finanzdienstleistungsaufsicht/Deutsche Bundesbank, Bericht über die Industrieaktion AMA operationelles Risiko 2005, 29. September 2005, S. 12f.

119 Denkbar wäre hier auch eine Szenarioanalyse.

Bereich einen konkreten Schadensfall, so wird ihm die Hälfte der jeweiligen Bruttoschadenssumme gutgeschrieben.

2.5.3 Modell der drei Verteidigungslinien und Risikoausschuss

Der Baseler Ausschuss für Bankenaufsicht (BCBS), dessen Empfehlungen sich grundsätzlich an 96
große, international tätige Institute richten, betont die Bedeutung einer soliden internen Governance für ein effektives Management der operationellen Risiken. In diesem Zusammenhang äußert sich der BCBS auch zum Modell der drei Verteidigungslinien. Die Institute sollten insbesondere sicherstellen, dass die Funktionen jeder Verteidigungslinie in Bezug auf Budget, Instrumente und Personal angemessen ausgestattet sind, klar definierte Rollen und Verantwortlichkeiten haben, kontinuierlich und angemessen geschult werden, eine solide Risikokultur in der gesamten Organisation fördern und mit den anderen Verteidigungslinien kommunizieren. Interessanterweise führt der BCBS auch aus, dass unklare Vorgaben zu den Rollen und Verantwortlichkeiten die Wirksamkeit dieses Modells manchmal beeinträchtigen. In jedem Fall sollte dieses Modell von den Instituten angemessen und verhältnismäßig genutzt werden. Wenn in einer Geschäftseinheit sowohl Funktionen der ersten als auch der zweiten Verteidigungslinie vorhanden sind, sollten die Institute die Verantwortlichkeiten dieser Funktionen in der ersten und zweiten Verteidigungslinie dokumentieren und voneinander abgrenzen, um die Unabhängigkeit der zweiten Verteidigungslinie zu betonen.[120] Das spricht für die Sichtweise, dass dieses Modell nicht zu starr interpretiert werden sollte und die Zuordnung einzelner Funktionen eher prozessual erfolgen könnte (→ AT 4.4, Einführung).

Die Geschäftseinheiten (»Business Units«)[121] der ersten Verteidigungslinie sind für die Identifi- 97
zierung und das Management jener operationellen Risiken verantwortlich, die mit den Produkten, Aktivitäten, Prozessen und Systemen verbunden sind, für die sie verantwortlich sind. Zu den Aufgaben einer effektiven ersten Verteidigungslinie beim Management operationeller Risiken gehören laut BCBS die Identifizierung und Bewertung der Wesentlichkeit von operationellen Risiken in den jeweiligen Geschäftseinheiten, die Einrichtung geeigneter Kontrollen zur Minderung inhärenter operationeller Risiken und die Bewertung der Ausgestaltung und Wirksamkeit dieser Kontrollen, die Berichterstattung über die dafür angemessenen Ressourcen, Instrumente und Weiterbildungsmaßnahmen, die Überwachung der »OpRisk-Risikoprofile« bzw. »operationellen Risikoprofile«[122] der Geschäftseinheiten inklusive Berichterstattung und die Sicherstellung der Einhaltung des festgelegten operationellen Risikoappetits sowie die Berichterstattung über verbleibende operationelle Risiken, die nicht durch Kontrollen gemindert werden, einschließlich

---

120 Vgl. Basel Committee on Banking Supervision, Revisions to the Principles for the Sound Management of Operational Risk, BCBS 515, 31. März 2021, S. 3.

121 Der BCBS zählt zu den Geschäftseinheiten auch die zugehörigen Support-, Unternehmens- und/oder Shared-Service-Funktionen, wie z.B. Finanzen, Personal sowie Organisation und (Informations-)Technologie. Risikocontrolling, Compliance und Interne Revision »sind nicht eingeschlossen, sofern nicht ausdrücklich anders angegeben«. Insofern sieht der BCBS sogar hinsichtlich dieser Funktionen gewisse Spielräume. Ohne die Zuordnung dieser Funktionen zur zweiten bzw. dritten Verteidigungslinie infrage stellen zu wollen, stärkt diese Sichtweise natürlich die Argumente, die gegen ein starres Ansiedlungsverbot bei der Compliance-Funktion sprechen. In vielen Instituten ist die Compliance-Funktion mit Funktionen des nicht-finanziellen Risikomanagements verwoben, weil es zwischen den Aufgabenbereichen verschiedene Überlappungen gibt. Diese organisatorische Ausrichtung hat sich in den vergangenen Jahren durchaus bewährt. Der BCBS erwartet lediglich eine angemessene Unabhängigkeit bzw. Aufgabentrennung zwischen den Funktionen des Managements operationeller Risiken, den Geschäftseinheiten und den Unterstützungsfunktionen. Vgl. Basel Committee on Banking Supervision, Revisions to the Principles for the Sound Management of Operational Risk, BCBS 515, 31. März 2021, S. 8.

122 Die vom BCBS genannten »operationellen Risikoprofile« beschreiben die Auswirkungen operationeller Risiken und die Bewertungen des Kontrollumfeldes der Geschäftseinheiten und berücksichtigen die Bandbreite der potenziellen Auswirkungen, die sich aus den Schätzungen der erwarteten bis schweren Verluste ergeben könnten. Diese Profile sollen der Geschäftsleitung einen Überblick über die operationellen Risiken auf einem Niveau bieten, das ihre Entscheidungs- und Überwachungsaufgaben unterstützt.

operationeller Verluste, Kontrollmängel, Prozessunzulänglichkeiten und die Nichteinhaltung von Toleranzen für operationelle Risiken. Für diese Zwecke sollen die Geschäftseinheiten die ihnen zum Management der operationellen Risiken zur Verfügung gestellten Instrumente verwenden.[123] Die einheitliche Klassifizierung, Methodik und die Verfahren zum Management operationeller Risiken sollten von der für die operationellen Risiken zuständigen Funktion der zweiten Verteidigungslinie festgelegt werden.[124]

98 Zu den Aufgaben der Risikocontrolling-Funktion im Rahmen des Managements der operationellen Risiken (»Corporate Operational Risk Management Function«, CORF) als Funktion der zweiten Verteidigungslinie zählt der BCBS insbesondere eine unabhängige Sichtweise in Bezug auf die von den Geschäftseinheiten identifizierten wesentlichen operationellen Risiken, die Gestaltung und Wirksamkeit der Schlüsselkontrollen und den Risikoappetit. Damit sollen also die Einschätzungen der Geschäftseinheiten kritisch hinterfragt werden. Ebenso soll die Risikocontrolling-Funktion die Relevanz und Konsistenz der Umsetzung der Instrumente des Managements operationeller Risiken, der Messaktivitäten und der Berichterstattungssysteme durch die Geschäftseinheiten hinterfragen und diese effektive Hinterfragung auch nachweisen. Schließlich geht es um die Unterstützungsfunktion des Risikocontrollings. Dazu gehören die Entwicklung und Pflege von Grundsätzen, Standards und Richtlinien für das Management und die Messung operationeller Risiken, die Überprüfung und Mitwirkung bei der Überwachung und Berichterstattung des operationellen Risikoprofils sowie die Entwicklung und Durchführung von Schulungen zum Thema operationelles Risiko und die Vermittlung von Risikobewusstsein. Der BCBS konstatiert, dass der Grad der Unabhängigkeit der (operationellen) Risikocontrolling-Funktion variieren kann. In kleinen Instituten kann diese Unabhängigkeit bereits durch Aufgabentrennung und eine unabhängige Überprüfung der Prozesse und Funktionen erreicht werden. In größeren Instituten sollte die Risikocontrolling-Funktion für ein von den Geschäftseinheiten unabhängiges Berichtswesen sowie für die Gestaltung, Pflege und Weiterentwicklung des Managements operationeller Risiken im Institut verantwortlich sein. Zur Unterstützung dürfen andere Kontrolleinheiten[125] des Institutes herangezogen werden.[126]

99 Die Mitarbeiter der Internen Revision als Funktion der dritten Verteidigungslinie sollten nicht in die Entwicklung, die Implementierung und den Betrieb von Prozessen des Managements der operationellen Risiken durch die beiden anderen Verteidigungslinien eingebunden sein. Die Interne Revision ist für die unabhängige Bestätigung der Angemessenheit des Managements operationeller Risiken verantwortlich.[127] Der Umfang und die Häufigkeit der Überprüfungen sollten ausreichend sein, um alle Aktivitäten und rechtlichen Einheiten des Institutes abzudecken. Überprüft werden sollten die Gestaltung und Umsetzung der Systeme zum Management des operationellen Risikos und der damit verbundenen Steuerungsprozesse durch die erste und zweite Verteidigungslinie, einschließlich der Unabhängigkeit der zweiten Verteidigungslinie, sowie die Validierungsprozesse, um sicherzustellen, dass sie unabhängig sind und in Übereinstimmung mit den institutsinternen Vorgaben implementiert wurden. Bei der Überprüfung sollte zudem sichergestellt werden, dass die Systeme zur Quantifizierung ausreichend robust sind, indem sie die Integrität der Eingaben, Annahmen, Prozesse und Methoden gewährleisten und zu Bewertungen

---

123 Vgl. Basel Committee on Banking Supervision, Revisions to the Principles for the Sound Management of Operational Risk, BCBS 515, 31. März 2021, S. 3f.

124 Vgl. Basel Committee on Banking Supervision, Revisions to the Principles for the Sound Management of Operational Risk, BCBS 515, 31. März 2021, S. 16.

125 Zu den anderen Kontrolleinheiten, auf die die Risikocontrolling-Funktion zugreifen kann, zählt der BCBS z.B. Compliance, Recht, Finanzen und Informationstechnologie. Dass damit keine Zuordnung zu einer bestimmten Verteidigungslinie verbunden ist, ergibt sich daraus, dass Finanzen und Informationstechnologie vom BCBS bereits den Geschäftseinheiten der ersten Verteidigungslinie zugeordnet wurden.

126 Vgl. Basel Committee on Banking Supervision, Revisions to the Principles for the Sound Management of Operational Risk, BCBS 515, 31. März 2021, S. 4.

127 Der BCBS weist darauf hin, dass diese Überprüfung auch durch eine externe Revision erfolgen kann und andere, entsprechend qualifizierte unabhängige Dritte einbezogen werden dürfen.

des operationellen Risikos führen, die das operationelle Risikoprofil des Institutes glaubwürdig widerspiegeln. Die Interne Revision sollte auch überprüfen, ob die Geschäftsbereichsleitung unverzüglich, korrekt und angemessen auf die aufgeworfenen Fragen reagiert und die Geschäftsleitung oder ihre zuständigen Ausschüsse regelmäßig über offene und abschließend behandelte Fragen berichtet. Schließlich sollte das Rahmenwerk für das Management operationeller Risiken (»Operational Risk Management Framework«, ORMF) inklusive der damit verbundenen Governance-Prozesse im Institut auf Angemessenheit beurteilt werden. Dabei geht es u. a. um die Einhaltung der gesetzlichen und rechtlichen Bestimmungen, vertraglichen Vereinbarungen, internen Regeln und ethischen Verhaltensweisen.[128]

Der BCBS schätzt ein, dass größere und komplexere Organisationen mit einer zentralen Konzernfunktion und separaten Geschäftseinheiten häufig einen übergreifenden »Risikoausschuss« einsetzen. Dieser Risikoausschuss ist für die Überwachung sämtlicher Risiken zuständig. Je nach Art, Größe und Komplexität des Institutes können zusätzliche Ausschüsse für operationelle Risiken nach Ländern, Geschäftsbereichen oder Funktionsbereichen gebildet werden, die an den Risikoausschuss berichten. Der übergreifende Risikoausschuss und ggf. auch die nachgelagerten Ausschüsse für bestimmte Risikoarten setzt/setzen sich aus Mitgliedern mit unterschiedlichen Fachkenntnissen zusammen, die u. a. die Geschäftsaktivitäten, die rechtlichen, technologischen und regulatorischen Fragestellungen sowie das unabhängige Risikomanagement betreffen sollten. Die Sitzungen sollten in angemessener Häufigkeit abgehalten werden und den zu behandelnden Themen ausreichend Zeit und Ressourcen widmen, um produktive Diskussionen und Entscheidungen zu ermöglichen. Die Aufzeichnungen über die Sitzungen sollten eine Überprüfung und Bewertung der Effektivität des Risikoausschusses ermöglichen.[129]

Das Zusammenspiel dieses übergreifenden Risikoausschusses auf Konzernebene mit den zusätzlichen Ausschüssen für operationelle Risiken auf den nachgelagerten Ebenen, wie z. B. den konzernangehörigen Instituten, ist in gewisser Weise eine Erweiterung zur Aufgabenteilung zwischen der zentralen OpRisk-Einheit und den dezentralen OpRisk-Stellen im Institut. Vorstellbar wäre z. B., dass die zentralen OpRisk-Stellen jeweils den Kern der Ausschüsse für operationelle Risiken bilden.

100

101

---

128 Vgl. Basel Committee on Banking Supervision, Revisions to the Principles for the Sound Management of Operational Risk, BCBS 515, 31. März 2021, S. 4 f.

129 Vgl. Basel Committee on Banking Supervision, Revisions to the Principles for the Sound Management of Operational Risk, BCBS 515, 31. März 2021, S. 9 f.

3 Identifizierung und Beurteilung operationeller Risiken (Tz. 2)

102 **2** Es muss gewährleistet sein, dass wesentliche operationelle Risiken zumindest jährlich identifiziert und beurteilt werden.

3.1 Kriterium der Wesentlichkeit

103 Die Institute haben den operationellen Risiken durch ein angemessenes Risikomanagement Rechnung zu tragen (→ BTR 4 Tz. 1). Hinsichtlich der Identifizierung und Beurteilung der operationellen Risiken sowie der Ursachenanalyse bei Schadensfällen (→ BTR 4 Tz. 3) besteht kein Vollständigkeitsanspruch. Die Institute haben sich in erster Linie mit den wesentlichen operationellen Risiken bzw. den bedeutenden Schadensfällen auseinanderzusetzen und eine angemessene Erfassung von Schadensfällen sicherzustellen. Diese Abstufung befindet sich im Einklang mit der generellen Anforderung, angemessene Risikosteuerungs- und -controllingprozesse einzurichten, die eine Identifizierung, Beurteilung, Steuerung sowie Überwachung und Kommunikation der wesentlichen Risiken gewährleisten (→ AT 4.3.2 Tz. 1).

3.2 Wesentliche operationelle Risiken

104 Wie bereits ausgeführt, können die operationellen Risiken auch als potenzielle Schadensfälle bezeichnet werden. Es stellt sich also zunächst die Frage, wann ein potenzieller Schadensfall als wesentlich einzustufen ist und unter welchen Umständen ein tatsächlicher Schadensfall als bedeutend bezeichnet werden muss. Sinnvollerweise sollte zwischen beiden Festlegungen ein direkter Zusammenhang hergestellt werden. Die Risikosteuerungs- und -controllingprozesse dienen u. a. dazu, Verluste für das Institut weitgehend zu vermeiden oder in ihren Auswirkungen in vertretbaren Grenzen zu halten. Vor diesem Hintergrund ist es naheliegend, operationelle Risiken immer dann als »wesentlich« anzusehen, wenn sie »bedeutende« Schadensfälle zur Folge haben können. Auf diese Weise müssen einerseits institutsintern nur Festlegungen zu bedeutenden Schadensfällen getroffen werden (→ BTR 4 Tz. 3). Andererseits erfolgt eine konsistente Verknüpfung zwischen der Ursache, nämlich den operationellen Risiken, und der damit eventuell verbundenen Wirkung, also den Schadensfällen.

105 Selbstverständlich können institutsindividuell auch eigene Festlegungen zu wesentlichen Risiken getroffen werden, die nicht mit den Regelungen zu bedeutenden Schadensfällen verknüpft sind. Gänzlich ohne Bezugnahme auf potenzielle Verluste sind sachgerechte Vereinbarungen jedoch kaum vorstellbar. Insofern scheint mit derartigen Vorgehensweisen auf den ersten Blick kein echter Mehrwert verbunden zu sein. Selbst die Ad-hoc-Berichterstattung gegenüber der Internen Revision (→ AT 4.3.2 Tz. 4, Erläuterung) könnte sich hinsichtlich der relevanten Mängel z. B. auf wesentliche operationelle Risiken beziehen, womit in den MaRisk insgesamt eine Orientierung an potenziellen und tatsächlichen bedeutenden Schadensfällen erfolgen würde.

Gemäß Art. 85 Abs. 1 CRD IV müssen die Institute zur Beurteilung und Steuerung ihrer **106** operationellen Risiken, einschließlich des Modellrisikos und des mit der Auslagerung verbundenen Risikos, sowie zur Absicherung gegen selten eintretende Ereignisse mit gravierenden Folgen (»High-Impact, Low-Frequency«, HILF) auf Grundsätze und Verfahren zurückgreifen. Auf die HILF-Risiken wird in den MaRisk zwar nicht explizit hingewiesen, allerdings geht es dabei sicher um bedeutende Schadensfälle und wesentliche operationelle Risiken.

3.3 Instrumente zur Identifizierung und Beurteilung

Die wesentlichen operationellen Risiken, d.h. die bedeutenden potenziellen Schadensfälle, müs- **107** sen identifiziert und beurteilt werden. Für die Identifizierung potenzieller Schadensfälle und zur Beurteilung ihrer möglichen negativen Auswirkungen auf die Ertrags- oder Vermögenslage des Institutes kann u. a. auf die in der Vergangenheit beobachteten Verluste abgestellt werden (→ BTR 4 Tz. 3), die Aufschluss über mögliche zukünftige Ereignisse geben können. Während bei dieser Vorgehensweise lediglich auf vorhandene Mängel reagiert wird, kann ein Institut natürlich auch im Vorfeld möglicher Schadensfälle initiativ tätig werden. Entsprechende Handlungsweisen können z.B. mit Hilfe von Stresstests abgeleitet werden, die ohnehin für die wesentlichen Risiken regelmäßig durchzuführen sind (→ AT 4.3.3 Tz. 1). Diese Handlungsweisen könnten direkt Eingang in die Risikostrategie finden (→ AT 4.2 Tz. 2). Hinweise zur Durchführung von Stresstests werden an anderer Stelle gegeben (→ AT 4.3.3 Tz. 1, BTR 2.2 Tz. 2 und BTR 3.1 Tz. 8). Mit Hilfe von Stresstests ist es z.B. möglich, auf Basis von Expertenschätzungen zu Eintrittswahrscheinlichkeiten und möglichen Schadenshöhen so genannte »OpRisk-Risikoprofile« bzw. »operationelle Risikoprofile« zu erstellen (→ BTR 4 Tz. 1).

Darüber hinaus kann eine fragenbasierte Risikoinventur durchgeführt (»Self-Assessment«) oder **108** sogar auf Basis von geeigneten Risikoindikatoren ein Frühwarnsystem installiert werden. Schließlich können die tatsächlich beobachteten Schadensfälle sowie die Expertenschätzungen von potenziellen Schadensfällen für die Durchführung einer Risikosimulation herangezogen werden. Zur Identifizierung operationeller Risiken tragen auch zahlreiche Maßnahmen bei, die an anderer Stelle gefordert werden. Hierzu gehören neben prozessabhängigen Kontrollen insbesondere die prozessunabhängigen Kontrollen durch die Interne Revision (→ AT 4.4.3 und BT 2.3).

Der Baseler Ausschuss für Bankenaufsicht (BCBS) erwartet vom gehobenen Management **109** (»Senior Management«), eine umfassende Identifizierung und Beurteilung des operationellen Risikos sicherzustellen, das allen wesentlichen Produkten, Aktivitäten, Prozessen und Systemen innewohnt, um die damit verbundenen Chancen und Risiken hinreichend gut zu verstehen. Für eine wirksame Risikoidentifizierung sollen sowohl interne als auch externe Faktoren berücksichtigt werden. Auf Basis einer soliden Risikobeurteilung kann das Institut sein Risikoprofil besser verstehen sowie die Ressourcen für das Risikomanagement möglichst effektiv zuordnen. Der BCBS nennt verschiedene Instrumente, die zur Identifizierung und Beurteilung des operationellen Risikos eingesetzt werden können.[130] Diese Instrumente können teilweise auch miteinander kombiniert werden, um die jeweiligen Erkenntnisse weiter anzureichern.

Wenn bei einem Institut ein Ereignis mit operationellem Risiko auftritt, kann die Identifizierung, **110** Beurteilung, Steuerung, Überwachung und Berichterstattung dieses Ereignisses z.B. anhand der vorher festgelegten Vorgaben erfolgen. Ein solides Ereignismanagement (»Event Management«) umfasst typischerweise die Analyse von Ereignissen, um neue operationelle Risiken zu identifizie-

---

130 Vgl. Basel Committee on Banking Supervision, Revisions to the Principles for the Sound Management of Operational Risk, BCBS 515, 31. März 2021, S. 10.

ren, die zugrunde liegenden Ursachen und Kontrollschwächen zu verstehen (→ BTR 4 Tz. 3) und angemessene Maßnahmen festzulegen, um die Wiederholung ähnlicher Ereignisse zu verhindern (→ BTR 4 Tz. 5). Die auf diese Weise gewonnenen Informationen können als Input für Selbsteinschätzungen (»Self-Assessments«) und insbesondere für die Beurteilung der Wirksamkeit der Kontrollen dienen.[131]

111 Eng verbunden mit dem Ereignismanagement ist die Erfassung von Schadensfällen, zumindest in größeren Instituten mit Hilfe einer Ereignisdatenbank. Diese Ereignisdaten (»Event Data«) umfassen interne und ggf. externe Verlustdaten sowie Beinaheverluste (»Near Misses«) und sollten institutsweit einheitlich verwendet werden.[132] Insbesondere Institute, die ihre interne Verlustdatensammlung noch durch externe Schadensfälle erweitern, werden zur Beurteilung aller möglichen operationellen Risiken auf einer soliden Basis aufsetzen können (→ BTR 4 Tz. 3). Allerdings haben die an einem Datenaustausch beteiligten Institute i. d. R. nur einen Anspruch auf Verlustdaten von Geschäftsfeldern, für die sie selbst Schadensfälle an das Konsortium melden.

112 Die Institute führen häufig Selbsteinschätzungen (»Self-Assessments«) ihrer operationellen Risiken und Kontrollen auf verschiedenen Ebenen durch. Dabei werden typischerweise das inhärente Risiko, d. h. das Risiko vor Berücksichtigung der Kontrollen, die Effektivität des Kontrollumfeldes und das Restrisiko, d. h. das Risiko nach Berücksichtigung der Kontrollen, beurteilt.[133] Neben quantitativen Elementen werden auch qualitative Gesichtspunkte berücksichtigt, die auf die Wahrscheinlichkeit und die Folgen des Risikoereignisses bei der Bestimmung des inhärenten Risikos und des Restrisikos abzielen. Für die Beurteilungen kann eine Prozesslandkarte verwendet werden, um die wichtigsten Prozesse, Aktivitäten und Funktionen sowie die damit verbundenen Risiken und Bereiche mit Kontrollschwächen zu identifizieren. Mit den Beurteilungen sollten ausreichend detaillierte Informationen über das Geschäftsumfeld, die operationellen Risiken, die zugrunde liegenden Ursachen, die Kontrollen und die Bewertung von deren Wirksamkeit bereitgestellt werden, damit ein unabhängiger Prüfer nachvollziehen kann, wie das Institut zu seinen Einschätzungen gekommen ist. Um sich ein aussagekräftiges Bild von der Gesamteffektivität der Kontrollen zu machen und die Überwachungsprozesse zu erleichtern, empfiehlt der BCBS zudem die Führung eines Risikoverzeichnisses.[134]

113 Die Einbeziehung eines angemessenen Rahmens zur Überwachung und Sicherstellung der Kontrollen (»Control Monitoring and Assurance Framework«) erleichtert einen strukturierten Ansatz für die Analyse, Beurteilung, laufende Überwachung und das Testen von Schlüsselkontrollen. Die Analyse der Kontrollen stellt sicher, dass diese für die identifizierten Risiken angemessen gestaltet sind und effektiv funktionieren. Die Beurteilung sollte auch die Angemessenheit der Reichweite der Kontrollen berücksichtigen, einschließlich der Präventiv-, Aufdeckungs- und Reaktionsstrategien. Die Überwachung und das Testen der Kontrollen sollten für die verschiedenen operationellen Risiken und Schlüsselkontrollen in den verschiedenen Geschäftsbereichen angemessen sein.[135]

---

131 Vgl. Basel Committee on Banking Supervision, Revisions to the Principles for the Sound Management of Operational Risk, BCBS 515, 31. März 2021, S. 10.

132 Vgl. Basel Committee on Banking Supervision, Revisions to the Principles for the Sound Management of Operational Risk, BCBS 515, 31. März 2021, S. 10.

133 Laut Art. 80 CRD IV muss das Risiko, dass die von den Instituten eingesetzten anerkannten Kreditrisikominderungstechniken sich als weniger wirksam erweisen als erwartet, u. a. mittels schriftlicher Grundsätze und Verfahren erfasst und gesteuert werden. Dieses Risiko wird als »Restrisiko« bezeichnet und stellt insofern z. B. beim Kreditrisiko darauf ab, dass die für einen Kredit hereingenommenen Sicherheiten nicht so werthaltig sind, wie vom Institut zunächst angenommen. Da der BCBS beim Management der operationellen Risiken in erster Linie auf ein starkes Kontrollumfeld setzt, wird der Begriff »Restrisiko« im Zusammenhang mit der Wirksamkeit dieser Kontrollen interpretiert.

134 Vgl. Basel Committee on Banking Supervision, Revisions to the Principles for the Sound Management of Operational Risk, BCBS 515, 31. März 2021, S. 10f.

135 Vgl. Basel Committee on Banking Supervision, Revisions to the Principles for the Sound Management of Operational Risk, BCBS 515, 31. März 2021, S. 11.

Auf der Basis von Ereignisdaten zu operationellen Risiken sowie von Beurteilungen der Risiken und **114** Kontrollen entwickeln die Institute häufig Kennzahlen (»Metrics«), um ihr operationelles Risiko zu beurteilen und zu überwachen. Bei diesen Kennzahlen kann es sich um einfache Indikatoren handeln, wie z. B. die Anzahl der Ereignisse. Sie können aber auch aus komplexeren Risikomodellen resultieren. Die Kennzahlen liefern Frühwarninformationen, um die Leistung des Institutes und des Kontrollumfeldes zu überwachen und das operationelle Risikoprofil darzustellen. Effektive Kennzahlen sind eindeutig mit den zugehörigen operationellen Risiken und Kontrollen verknüpft. Die Überwachung der Kennzahlen und deren Entwicklung im Zeitverlauf anhand von festgelegten Schwellenwerten oder Limiten liefert wertvolle Informationen für das Risikomanagement und die Berichterstattung.[136]

Die Szenarioanalyse (»Scenario Analysis«) ist eine Methode zur Identifizierung, Analyse und Beur **115** teilung einer Reihe von Szenarien, einschließlich Ereignissen mit geringer Wahrscheinlichkeit und hohem Schweregrad, von denen einige zu schwerwiegenden Verlusten aus operationellen Risiken führen könnten. Die Szenarioanalyse umfasst typischerweise Workshop-Sitzungen von Fachexperten, einschließlich des gehobenen Managements und leitender Mitarbeiter des operationellen Risikos sowie anderer Funktionsbereiche wie Compliance, Personal und IKT-Risikomanagement, um die Treiber und das Spektrum der Auswirkungen potenzieller Ereignisse zu entwickeln bzw. zu analysieren. Dabei fließen typischerweise relevante interne und externe Verlustdaten, Informationen aus Selbsteinschätzungen und dem Rahmen zur Überwachung und Sicherstellung der Kontrollen, zukunftsorientierte Kennzahlen und Ursachenanalysen ein. Die Szenarioanalyse kann verwendet werden, um die Folgen potenzieller Ereignisse abzuschätzen, einschließlich der Auswirkungen auf das Risikomanagement, um andere Erkenntnisse auf der Grundlage historischer Daten oder aktueller Risikobewertungen zu ergänzen. Die Szenarioanalyse kann auch in die Notfallplanung und die Geschäftsfortführungsplanung integriert werden, um die betriebliche Widerstandsfähigkeit zu testen. Angesichts der Subjektivität der Szenarioanalyse sind ein robuster Governance-Rahmen und eine unabhängige Überprüfung wichtig, um die Integrität und Konsistenz des Prozesses sicherzustellen.[137]

Mit Hilfe von Benchmarking und vergleichenden Analysen (»Benchmarking and Comparative **116** Analysis«) können Ergebnisse interner Risikomanagementinstrumente oder Kennzahlen des Institutes mit denen anderer Unternehmen der Branche verglichen werden. Auf Basis derartiger Vergleiche kann das Verständnis für das operationelle Risikoprofil des Institutes verbessert werden. Zum Beispiel kann der Vergleich der Häufigkeit und Schwere von internen Verlusten mit den Selbsteinschätzungen zur Prüfung herangezogen werden, ob diese Prozesse effektiv funktionieren. Ebenso können Ergebnisse von Szenarioanalysen mit internen und externen Verlustdaten verglichen werden, um ein besseres Verständnis für das Ausmaß der Gefährdung des Institutes durch potenzielle Risikoereignisse zu erhalten.[138]

Vor Aufnahme von Geschäftsaktivitäten in neuen Produkten oder auf neuen Märkten, für die **117** demzufolge am Anfang nicht auf externe Daten zurückgegriffen werden kann, müssen deren Risikogehalt analysiert und die sich daraus ergebenden wesentlichen Konsequenzen für das Management der Risiken dargestellt werden (→ AT 8.1 Tz. 1). Damit verbunden ist ggf. auch die Identifizierung und Beurteilung zusätzlicher operationeller Risiken. Die Erkenntnisse aus diesem Neu-Produkt-Prozess sollten ebenfalls zur Steuerung und Überwachung der operationellen Risiken herangezogen werden. Dies setzt natürlich voraus, dass es für alle neuen Produkte, Aktivitäten, Prozesse und Systeme einen Genehmigungsprozess gibt, der das operationelle Risiko vollständig bewertet.[139]

---

136 Vgl. Basel Committee on Banking Supervision, Revisions to the Principles for the Sound Management of Operational Risk, BCBS 515, 31. März 2021, S. 11.

137 Vgl. Basel Committee on Banking Supervision, Revisions to the Principles for the Sound Management of Operational Risk, BCBS 515, 31. März 2021, S. 11.

138 Vgl. Basel Committee on Banking Supervision, Revisions to the Principles for the Sound Management of Operational Risk, BCBS 515, 31. März 2021, S. 11.

139 Vgl. Basel Committee on Banking Supervision, Revisions to the Principles for the Sound Management of Operational Risk, BCBS 515, 31. März 2021, S. 12 f.

3.4 Turnus zur Identifizierung und Beurteilung

118 Die Identifizierung und Beurteilung der wesentlichen operationellen Risiken müssen zumindest jährlich erfolgen, weil die Geschäftsleitung im selben Turnus über bedeutende Schadensfälle und wesentliche operationelle Risiken zu unterrichten ist (→ BT 3.2 Tz. 6). Problematisch am jährlichen Berichtsturnus ist allerdings, dass die Risikocontrolling-Funktion der Geschäftsleitung mindestens vierteljährlich einen Gesamtrisikobericht über die als wesentlich eingestuften Risikoarten vorzulegen hat (→ BT 3.2 Tz. 1) und die Geschäftsleitung wiederum das Aufsichtsorgan mindestens vierteljährlich über die Risikosituation des Institutes einschließlich vorhandener Risikokonzentrationen zu informieren hat (→ AT 4.3.2 Tz. 3 und BT 3.1 Tz. 5). Die operationellen Risiken gehören grundsätzlich zu den wesentlichen Risiken (→ AT 2.2 Tz. 1). In der Praxis könnte sich daher insbesondere bei größeren Instituten ein kürzerer Berichtsturnus von drei Monaten ergeben. Alternativ wäre es theoretisch auch möglich, auf den jeweils letzten regulären Bericht und ergänzend auf die Ad-hoc-Berichtpflicht zu verweisen, nach der unter Risikogesichtspunkten wesentliche Informationen unverzüglich an die Geschäftsleitung, die jeweiligen Verantwortlichen und ggf. die Interne Revision weiterzuleiten sind (→ AT 4.3.2 Tz. 4). Diese Informationspflicht besteht insbesondere dann, wenn relevante Mängel zu erkennen oder bedeutende Schadensfälle aufgetreten sind (→ AT 4.3.2 Tz. 4, Erläuterung).

119 Je genauer die Institute ihre operationellen Risiken einschätzen können, desto effizienter können diese gesteuert und überwacht werden. Die Institute sollten daher auch sicherstellen, dass die Ergebnisse der von ihnen eingesetzten Instrumente zur Beurteilung des operationellen Risikos auf genauen Daten beruhen, deren Integrität durch eine strenge Überwachung und robuste Verifizierungs- und Validierungsverfahren sichergestellt wird. Diese Ergebnisse sollten zudem in den internen Preis- und Leistungsmessungsmechanismen sowie bei der Bewertung von Geschäftsmöglichkeiten angemessen berücksichtigt werden. Bei Bedarf sollten sie für durch die Risikocontrolling-Funktion veranlasste Abhilfemaßnahmen o. Ä. herangezogen werden. Schließlich sollten die Ergebnisse auch genutzt werden, um die Kontrollen und Verfahren für die operationelle Widerstandsfähigkeit des Institutes zu verbessern.[140] Darüber hinaus sollten die Ergebnisse der Beurteilung des operationellen Risikos der Bank in den gesamten Prozess der Entwicklung der Geschäftsstrategie der Bank einbezogen werden.[141]

3.5 Einschaltung der Rechtsabteilung und anderer Funktionen

120 Wesentliche Rechtsrisiken sind grundsätzlich in einer vom Markt und Handel unabhängigen Stelle zu überprüfen (→ BTO Tz. 8). Hierfür kommt in erster Linie die Rechtsabteilung infrage. Werden durch die Fachabteilungen wesentliche operationelle Risiken identifiziert, bei denen die Gefahr von Verlusten aufgrund der Verletzung geltender rechtlicher Bestimmungen etc. bestehen könnte, sollte folglich die Rechtsabteilung eingebunden werden. Darüber hinaus ist es auch möglich, dass die Rechtsabteilung selbst eine Verletzung rechtlicher Bestimmungen feststellt, die z. B. auf eine geänderte Rechtsprechung zurückzuführen ist. In diesem Fall sollte die Rechtsabteilung mit der betroffenen Fachabteilung zunächst klären, welche konkreten Maßnahmen möglich sind, um das erkannte Risiko zu mildern oder zu beseitigen. Für die Zwecke einer Risiko- oder Schadensfalldatenbank sollte die OpRisk-Einheit ggf. durch die Rechtsabteilung über derartige Ereignisse informiert werden.

---

140 Vgl. Basel Committee on Banking Supervision, Revisions to the Principles for the Sound Management of Operational Risk, BCBS 515, 31. März 2021, S. 12.

141 Vgl. Basel Committee on Banking Supervision, Revisions to the Principles for the Sound Management of Operational Risk, BCBS 515, 31. März 2021, S. 6.

Die Compliance-Funktion soll den Risiken, die sich aus der Nichteinhaltung rechtlicher Regelungen und Vorgaben ergeben können, entgegenwirken (→ AT 4.4.2 Tz. 1). Insofern sind auch die Erkenntnisse der Compliance-Funktion für das Management der operationellen Risiken von großem Interesse. Ähnliches gilt für den Datenschutzbeauftragten nach Art. 37 EU-Datenschutzgrundverordnung (DSGVO) bzw. § 38 Bundesdatenschutzgesetz (BDSG), den Geldwäschebeauftragten gemäß § 7 Geldwäschegesetz (GwG) und den Informationssicherheitsbeauftragten nach Tz. 4.4 BAIT. Die Interne Revision nimmt in diesem Zusammenhang als Funktion der dritten Verteidigungslinie eine Sonderrolle ein, weil mit einem eventuellen Rückgriff auf ihre Erkenntnisse immer auch Aspekte der Unabhängigkeit und der Selbstprüfung verbunden sind.

4 Erfassung und Analyse von Schadensfällen (Tz. 3)

122 **3** Das Institut hat eine angemessene Erfassung von Schadensfällen sicherzustellen. Bedeutende Schadensfälle sind unverzüglich hinsichtlich ihrer Ursachen zu analysieren.

4.1 Angemessene Erfassung von Schadensfällen

123 Seit der fünften MaRisk-Novelle haben die Institute eine angemessene Erfassung von Schadensfällen sicherzustellen. Größere Institute haben hierfür eine Ereignisdatenbank für Schadensfälle einzurichten, bei welcher die vollständige Erfassung aller Schadensereignisse oberhalb angemessener Schwellenwerte sichergestellt ist (→ BTR 4 Tz. 3, Erläuterung). Bei der Beurteilung der Angemessenheit der Erfassung von Schadensfällen und der Schwellenwerte empfiehlt sich eine Orientierung an den Vorgaben der ersten Säule.

124 Derzeit müssen nur jene Institute zwingend Verlustdaten erfassen, die ihre regulatorischen Eigenmittelanforderungen anhand von fortgeschrittenen Messansätzen berechnen (AMA-Institute). Gemäß Art. 322 Abs. 3 CRR müssen AMA-Institute ihre historischen internen Verlustdaten anhand objektiver Kriterien grundsätzlich über einen Beobachtungszeitraum von mindestens fünf Jahren erfassen und den Geschäftsfeldern nach Art. 317 CRR sowie den Ereigniskategorien nach Art. 324 CRR zuordnen. Die Angemessenheit der Verlustdatenerfassung wird dabei an verschiedenen Kriterien festgemacht. Das beginnt bereits mit der Festlegung angemessener Bagatellgrenzen und betrifft auch die mindestens zu erfassenden Informationen, wie insbesondere die Bruttoschadenssumme sowie etwaige Rückflüsse, das Datum sowie Beschreibungen von Treibern und Ursachen des Verlustereignisses. Für Verlustereignisse in zentralen Funktionen oder aus Tätigkeiten, die mehr als ein Geschäftsfeld betreffen, sowie für Verlustereignisse, die zwar zeitlich aufeinanderfolgen, aber miteinander verbunden sind, müssen spezifische Erfassungskriterien festgelegt werden. Ebenso muss mittels geeigneter Verfahren die fortlaufende Relevanz historischer Verlustdaten beurteilt werden. Aus der Dokumentation muss ferner hervorgehen, in welchen Situationen, bis zu welchem Grad und durch wen Ermessensentscheidungen, Skalierungen oder sonstige Anpassungen erfolgen können. Insgesamt müssen die internen Verlustdaten eines AMA-Institutes so umfassend sein, dass sie sämtliche wesentlichen Tätigkeiten und Gefährdungen aller einschlägigen Subsysteme und geografischen Standorte erfassen. Insofern muss ein AMA-Institut auch nachweisen können, dass nicht erfasste Tätigkeiten und Gefährdungen, sowohl einzeln als auch kombiniert betrachtet, keinen wesentlichen Einfluss auf die Gesamtrisikoschätzungen hätten.

125 Mit Einführung des neuen Standardansatzes zum 1. Januar 2025 sollten den Vorschlägen des BCBS zufolge zumindest jene Institute, die zur Ermittlung ihrer regulatorischen Eigenmittelanforderungen auch die Verlustkomponente (»Loss Component«, LC) heranziehen, eine interne Verlustdatensammlung für einen Zeitraum von zehn Jahren (bzw. übergangsweise von fünf Jahren) vorhalten müssen. Damit verbunden sind diverse qualitative Anforderungen, die sich teilweise an den Vorgaben der CRR für AMA-Institute orientieren und als Maßstab für die Angemessenheit der Erfassung von Verlustdaten herangezogen werden können. Demnach müssen die internen Verlustdaten eindeutig mit den laufenden Geschäftsaktivitäten, technologischen Prozessen und Risikomanagementverfahren eines Institutes verknüpft sein. Daher muss ein Institut über dokumentierte Verfahren und Prozesse zur Identifizierung, Erfassung und Behandlung von internen Verlustdaten verfügen, die regelmäßig von unabhängigen Stellen überprüft werden. Zu erwarten ist auch in diesem Fall eine Zuordnung zu den Geschäftsfeldern nach Art. 317 CRR sowie den Ereigniskategorien nach Art. 324 CRR. Als Bagatellgrenze werden 20.000 Euro vorgeschlagen, die bei größeren Instituten auf bis zu 100.000 Euro angehoben werden kann. Erfasst werden müssen sämtliche wesentlichen Tätigkeiten und Gefährdungen aller einschlägigen Subsysteme und geografischen Standorte. Als mindestens zu erfassende Informationen werden die Bruttoschadenssumme sowie etwaige Rückflüsse, das Datum, an dem das Ereignis eingetreten ist (»Date of Occurrence«), das Datum, an dem das Institut vom Ereignis Kenntnis erlangt hat (»Date of Discovery«), das Datum, an dem ein Schadensfall zu einem Verlust oder einer Rückstellung geführt hat, der/die in der Gewinn- und Verlustrechnung des Institutes erfasst wird (»Date of Accounting«)[142], sowie Beschreibungen von Treibern und Ursachen des Verlustereignisses vorgegeben. Der Detaillierungsgrad der Informationen sollte der Bruttoschadenssumme entsprechen. Die Institute müssen über Verfahren verfügen, um die Vollständigkeit und Richtigkeit der Verlustdaten unabhängig zu überprüfen. Detaillierte Vorgaben werden vom Baseler Ausschuss für Bankenaufsicht (BCBS) zudem für die Berechnung der Bruttoschadenssumme und den Ausschluss historischer Verlustdaten gemacht.[143] Dem aktuellen Vorschlag der EU-Kommission zufolge soll die interne Verlusterfahrung allerdings unberücksichtigt bleiben.

Der BCBS konstatiert, dass die Institute häufig einen umfassenden Datensatz zu operationellen **126** Risiken verwenden, der alle wesentlichen Ereignisse sammelt und als Grundlage für die Beurteilung des operationellen Risikos dient. Dieser Ereignisdatensatz umfasst typischerweise (interne) Verlustdaten und Beinaheverluste (»Near Misses«). Diese Ereignisdaten (»Event Data«) werden gemäß einer Taxonomie klassifiziert und im gesamten Institut konsistent angewendet. Sie umfassen i. d. R. das Datum des Ereignisses (Datum des Auftretens, der Entdeckung und der Abrechnung) und, im Falle von Verlustereignissen, die finanziellen Auswirkungen. Wenn andere Ursacheninformationen für Ereignisse verfügbar sind, können diese idealerweise ebenfalls in den Datensatz für das operationelle Risiko aufgenommen werden. Wenn es möglich ist, sollten die Institute auch versuchen, externe Daten zu operationellen Risiken zu sammeln und diese Daten in ihrer internen Analyse zu verwenden, da diese Aufschluss über branchenübliche Risiken ermöglichen.[144]

4.2   Bedeutende Schadensfälle

Im Fokus der Ursachenanalyse stehen die bedeutenden Schadensfälle, die allerdings in den **127** MaRisk nicht näher definiert werden. Zunächst muss also institutsindividuell festgelegt werden, was unter einem bedeutenden Schadensfall konkret zu verstehen ist. Für diese Zwecke bietet sich ggf. eine Orientierung an der so genannten »Bruttoschadenssumme« an, die der absoluten Höhe des buchungswirksamen Verlustes vor Abzug jeder Schadensminderung entspricht.[145] Bei der Festlegung einer geeigneten Grenze ist z. B. eine Orientierung an der Verlusthöhe möglich, ab der einige Institute ein Verfahren zur Ergreifung von konkreten Maßnahmen einleiten. Schließlich

---

142 Für den Baseler Ausschuss ist das Datum der Bilanzierung entscheidend. Das gilt auch für Verluste im Zusammenhang mit rechtlichen Ereignissen, bei denen jenes Datum maßgeblich sein soll, an dem eine gesetzliche Rückstellung für den wahrscheinlichen geschätzten Verlust in der GuV gebildet wird und das nicht nach dem Datum der Bilanzierung liegen darf. Verluste, die durch ein gemeinsames operationelles Risikoereignis oder durch damit zusammenhängende operationelle Risikoereignisse im Zeitverlauf verursacht, aber über mehrere Jahre auf die Konten gebucht werden, sollten entsprechend ihrer bilanziellen Behandlung den entsprechenden Jahren der Verlustdatenbank zugeordnet werden. Vgl. Basel Committee on Banking Supervision, Basel III: Finalising post-crisis reforms, BCBS 424, 7. Dezember 2017, S. 133.

143 Vgl. Basel Committee on Banking Supervision, Basel III: Finalising post-crisis reforms, BCBS 424, 7. Dezember 2017, S. 130ff.

144 Vgl. Basel Committee on Banking Supervision, Revisions to the Principles for the Sound Management of Operational Risk, BCBS 515, 31. März 2021, S. 10.

145 Vgl. Basel Committee on Banking Supervision, Basel III: Finalising post-crisis reforms, BCBS 424, 7. Dezember 2017, S. 132; Bundesverband Öffentlicher Banken Deutschlands/Bundesverband deutscher Banken, Standard für die Erfassung operationeller Verlustdaten, 15. Januar 2005.

werden in Art. 85 Abs. 1 CRD IV selten eintretende Ereignisse mit gravierenden Folgen (»High-Impact, Low-Frequency«, HILF) ebenfalls besonders hervorgehoben.

128 Im Zusammenhang mit der Verwendung von AMA-Verfahren wurden teilweise bereits »schwerwiegende Verluste« definiert, die vom Grundgedanken mit den »bedeutenden Schadensfällen« im Sinne der MaRisk vergleichbar sind und insofern für diese Institute ggf. als Orientierungspunkt dienen könnten. Die Erfahrungswerte liegen für AMA-Institute, die tendenziell groß und international ausgerichtet sind, über alle drei Säulen des deutschen Bankensystems hinweg zwischen 25.000 Euro und 500.000 Euro.[146] Da lediglich bedeutende Schadensfälle hinsichtlich ihrer Ursachen zu analysieren sind, folgt implizit, dass die Erfassung von Schadensfällen schon unterhalb dieser Grenze erfolgen muss. Um den Erfassungsaufwand insgesamt in Grenzen zu halten, könnte auch dafür ein geeigneter Richtwert festgelegt werden. Die Erfassungsschwelle liegt derzeit zwischen 100 Euro und 10.000 Euro.[147] Für den neuen Standardansatz ist ein Schwellenwert zwischen 20.000 Euro und 100.000 Euro vorgesehen.[148]

4.3 Unverzügliche Ursachenanalyse

129 Die vom Institut als bedeutend eingestuften Schadensfälle sind unverzüglich hinsichtlich ihrer Ursachen zu analysieren. Auf diese Weise soll vor allem verhindert werden, dass sich derartige Schadensfälle in der Zukunft wiederholen. Aufgrund der spezifischen Kenntnisse über die jeweiligen Prozesse empfiehlt es sich, die den Schaden meldenden bzw. die vom Schaden betroffenen Organisationseinheiten auf geeignete Weise in die Ursachenanalyse einzubinden. Sind die Ursachen bekannt, können entweder Maßnahmen zu ihrer Beseitigung oder andere, im konkreten Fall besser geeignete Risikosteuerungsmaßnahmen eingeleitet werden (→ BTR 4 Tz. 5). Der Begriff »unverzüglich« zielt, wie im gesamten Dokument, darauf ab, keine unnötige Zeit zu verlieren, um sich alle möglichen Handlungsspielräume offenzuhalten. Er wird mit dem Rechtsbegriff »ohne schuldhaftes Zögern« gleichgesetzt und richtet sich in der Praxis nach der jeweiligen Ausgestaltung der Prozesse. An dieser Stelle sei nochmals darauf verwiesen, dass die als bedeutend eingestuften Schadensfälle auch eine unverzügliche Informationspflicht gegenüber der Internen Revision auslösen (→ AT 4.3.2 Tz. 4, Erläuterung), die ggf. Prüfungshandlungen nach sich ziehen kann.

130 Unabhängig von der Einschränkung der Analyse auf bedeutende Schadensfälle sollte darüber hinaus in Erwägung gezogen werden, auch kleinere Schäden zu untersuchen, die in regelmäßigen Abständen aufgrund derselben Ursache sehr häufig auftreten (»High Frequency, Low Impact«, HFLI) und bei denen sich die aggregierte Summe der Verluste ebenfalls in Größenordnungen bewegt, die an die Grenze bedeutender Schadensfälle heranreicht. In diesen Fällen könnte ggf. mit verhältnismäßig geringem Aufwand großer Schaden vom Institut abgewendet werden. Derartige Schadensfälle werden von einigen Instituten über eine Sammelschadennummer miteinander verknüpft und als ein Verlust betrachtet.[149] Die BaFin hat im Rahmen der sechsten MaRisk-Novelle klargestellt, dass einzeln erfasste Schadensfälle, die dem gleichen Ereignis zugeordnet werden können, in jedem Fall aggregiert weiterverarbeitet werden müssen (→ BTR 4 Tz. 3, Erläuterung).

146 Vgl. Bundesanstalt für Finanzdienstleistungsaufsicht/Deutsche Bundesbank, Bericht über die Industrieaktion AMA operationelles Risiko 2005, 29. September 2005, S. 19.

147 Vgl. Bundesanstalt für Finanzdienstleistungsaufsicht/Deutsche Bundesbank, Bericht über die Industrieaktion AMA operationelles Risiko 2005, 29. September 2005, S. 31.

148 Vgl. Basel Committee on Banking Supervision, Basel III: Finalising post-crisis reforms, BCBS 424, 7. Dezember 2017, S. 131.

149 Vgl. Bundesanstalt für Finanzdienstleistungsaufsicht/Deutsche Bundesbank, Bericht über die Industrieaktion AMA operationelles Risiko 2005, 29. September 2005, S. 28.

4.4 Abgrenzung zwischen den Risikoarten

Wie bereits ausgeführt, ist eine klare Trennung zwischen den operationellen Risiken und anderen **131** Risikoarten nicht immer ohne Weiteres möglich (→ BTR 4 Tz. 1). So gibt es Schadensfälle, deren Ursachen vielfältiger Natur sind und deren Zuordnung daher nicht zweifelsfrei erfolgen kann. Manche Schadensfälle werden zwar einem anderen Risiko zugerechnet, wie z.B. den Kreditverlusten, haben aber ihren Ursprung in operationellen Risikoereignissen, wie z.B. mangelhaften Prozessen und Kontrollen (»Boundary Events«). Dadurch wird die geforderte Ursachenanalyse erschwert. Deshalb ist es grundsätzlich ratsam, die Zuordnung der Schadensfälle so genau wie möglich vorzunehmen, um aus den Datensammlungen z.B. mit Hilfe statistischer Verfahren verwertbare Erkenntnisse für die Risikosteuerung gewinnen zu können. Auch vor diesem Hintergrund wird von der deutschen Aufsicht seit der fünften MaRisk-Novelle eine institutsintern einheitliche Festlegung der operationellen Risiken inklusive einer möglichst klaren Abgrenzung zu anderen vom Institut betrachteten Risiken gefordert (→ BTR 4 Tz. 1, Erläuterung).

Zur Erfassung der durch operationelle Risiken verursachten Verluste im Zusammenhang mit **132** anderen Risikoarten in einer Schadensfalldatenbank bietet sich aus Gründen der Praktikabilität zudem die Festlegung institutsindividueller Schwellenwerte an, ab denen z.B. eine Untersuchung der Kreditausfälle auf operationelle Risiken erfolgen soll. Hierfür hatte sich der letzten bekannten Studie zufolge in der Praxis noch kein Standard herausgebildet. Vielmehr waren die Werte mit einer Bandbreite zwischen 1.000 Euro und 500.000 Euro sehr breit gestreut.[150] Es ist allerdings anzunehmen, dass der untere Schwellenwert für alle Institute zukünftig deutlich angehoben wird, da für die Verlustdatensammlung im Zusammenhang mit dem neuen Standardansatz grundsätzlich eine Erfassung von Schadensfällen ab einem Wert zwischen 20.000 Euro und 100.000 Euro vorgesehen ist.[151] Der obere Wert der Bandbreite ist hingegen von der Größe des Institutes und anderen Faktoren abhängig, die allgemein bei Wesentlichkeitsbetrachtungen zum Tragen kommen.

4.5 Kategorisierung nach Geschäftsfeldern

Damit Rückschlüsse auf die einzelnen Organisationseinheiten im Institut gezogen werden können, **133** bietet es sich an, die Schadensfälle den betroffenen Geschäftsbereichen zuzuordnen. Diesbezüglich hat der Baseler Ausschuss für Bankenaufsicht Vorgaben gemacht, die Eingang in die CRR gefunden haben und zwar nicht für den Basisindikatoransatz gelten, allerdings schon bei Verwendung des Standardansatzes berücksichtigt werden müssen. Nach Art. 317 CRR werden die Schadensfälle unter Berücksichtigung des Ausmaßes der Betroffenheit möglichst einem von acht vorgegebenen Geschäftsfeldern zugeordnet. Das sind das Depot- und Treuhandgeschäft (»Agency Services«), das Firmenkundengeschäft (»Commercial Banking«), der Handel (»Trading and Sales«), das Privatkundengeschäft (»Retail Banking«), die Unternehmensfinanzierung und -beratung (»Corporate Finance«), die Vermögensverwaltung (»Asset Management«), das Wertpapierprovisionsgeschäft (»Retail Brokerage«) sowie der Zahlungsverkehr und die Abwicklung (»Payment and Settlement«). Betrifft ein operationeller Schadensfall hingegen mehrere Geschäftsfelder

---

150 Vgl. Bundesanstalt für Finanzdienstleistungsaufsicht/Deutsche Bundesbank, Bericht über die Industrieaktion AMA operationelles Risiko 2005, 29. September 2005, S. 28 f.
151 Vgl. Basel Committee on Banking Supervision, Basel III: Finalising post-crisis reforms, BCBS 424, 7. Dezember 2017, S. 131.

in wesentlichem Maße, so wird für jedes Geschäftsfeld ein Schadensfall erfasst und über einen Gruppierungsmechanismus zum übergeordneten Ereignis zusammengefasst.[152]

134 Die Mitglieder des Fachgremiums OpRisk halten die Verwendung eines übergreifenden Geschäftsfeldes zur Erfassung von Verlusten, die das gesamte Institut betreffen, für geeigneter, als derartige Verluste auf die o.g. regulatorischen Geschäftsfelder aufzuspalten. Von einigen Datenkonsortien wird deshalb das nach Art. 322 Abs. 3 lit. b CRR für Ausnahmefälle zulässige neunte Geschäftsfeld Gesamtunternehmen (»Corporate Items«) verwendet. Auch zu internen Zwecken kann das Institut für derartige Schadensdaten ein separates Geschäftsfeld einführen und diese Klassifikation grundsätzlich auch bei der Bestimmung des OpRisk-Anrechnungsbetrages im AMA verwenden.[153]

4.6 Kategorisierung nach Ereignistypen

135 Der Baseler Ausschuss für Bankenaufsicht (BCBS) hat darüber hinaus einen Vorschlag für Verlustereigniskategorien unterbreitet, an dem sich auch die CRR orientiert. Nach Art. 322 Abs. 3 lit. b CRR müssen die internen Schadensfalldaten bei Verwendung fortgeschrittener Messansätze neben bestimmten Geschäftsfeldern auch den folgenden regulatorischen Verlustereigniskategorien zugeordnet werden, die ursachenbezogen festgelegt wurden und in Art. 324 CRR näher beschrieben werden:

- interner Betrug, d.h. Verluste aufgrund von Handlungen mit betrügerischer Absicht, Veruntreuung von Eigentum, Umgehung von Verwaltungs-, Rechts- oder internen Vorschriften, mit Ausnahme von Verlusten aufgrund von Diskriminierung oder sozialer und kultureller Verschiedenheit, wenn mindestens eine interne Partei beteiligt ist,
- externer Betrug, d.h. Verluste aufgrund von Handlungen mit betrügerischer Absicht, Veruntreuung von Eigentum oder Umgehung von Rechtsvorschriften durch einen Dritten,
- Beschäftigungspraxis und Arbeitsplatzsicherheit, d.h. Verluste aufgrund von Handlungen, die gegen Beschäftigungs-, Gesundheitsschutz- oder Sicherheitsvorschriften bzw. -vereinbarungen verstoßen, Verluste aufgrund von Schadensersatzzahlungen wegen Körperverletzung, Verluste aufgrund von Diskriminierung, auch aufgrund sozialer und kultureller Verschiedenheit,
- Kunden, Produkte und Geschäftsgepflogenheiten, d.h. Verluste aufgrund einer unbeabsichtigten oder fahrlässigen Nichterfüllung geschäftlicher Verpflichtungen gegenüber bestimmten Kunden (einschließlich Anforderungen an Treuhänder und in Bezug auf Angemessenheit der Dienstleistung), Verluste aufgrund der Art oder Struktur eines Produktes,
- Sachschäden, d.h. Verluste aufgrund von Beschädigungen oder des Verlustes von Sachvermögen durch Naturkatastrophen oder andere Ereignisse,
- Geschäftsunterbrechungen und Systemstörungen, d.h. Verluste aufgrund von Geschäftsunterbrechungen oder Systemstörungen, sowie
- Ausführung, Lieferung und Prozessmanagement, d.h. Verluste aufgrund von Fehlern bei der Geschäftsabwicklung oder im Prozessmanagement, Verluste aus Beziehungen zu Geschäftspartnern und Lieferanten/Anbietern.

136 AMA-Institute können die Schadensfalldaten auch entsprechend ihrer internen Geschäftsstruktur und ihren internen Ereigniskategorien zuordnen, sofern eine vollständige und nachvollziehbare

---

152 Vgl. Bundesverband Öffentlicher Banken Deutschlands/Bundesverband deutscher Banken, Standard für die Erfassung operationeller Verlustdaten, 15. Januar 2005.
153 Vgl. Bundesanstalt für Finanzdienstleistungsaufsicht/Deutsche Bundesbank, Empfehlungen des Fachgremiums OpRisk zur Datensammlung im AMA, 13. September 2007.

Zuordnung auf die regulatorischen Kategorien sichergestellt ist. In Abhängigkeit von der internen Geschäftsstruktur kann es in einigen Fällen schwierig sein, die Schadensfälle eindeutig zu kategorisieren. Können operationelle Schadensfalldaten keiner der regulatorischen Verlustereigniskategorien direkt zugeordnet werden, ist eine Kategorie auszuwählen, die den Vorgang so gut wie möglich beschreibt, der unmittelbar zu dem Schadensfall geführt hat.[154] Eine daran angelehnte Kategorisierung ist für Institute, die ebenfalls Schadensfalldaten erfassen, jedoch keine fortgeschrittenen Messansätze zur Berechnung des bankaufsichtlich erforderlichen Eigenkapitals nutzen, nicht vorgeschrieben. Trotzdem empfiehlt sich auch für diese Institute eine Orientierung an den regulatorischen Verlustereigniskategorien, da auf diese Weise eine spätere Qualifizierung für höhere Verfahren sowie die Teilnahme am institutsübergreifenden Datenaustausch sichergestellt werden kann.

Von Fachspezialisten wird eingeschätzt, dass insbesondere kleinere und mittelgroße Institute **137** beim neuen Standardansatz zur Ermittlung ihrer regulatorischen Eigenmittelanforderungen mit einer Kapitalentlastung durch die interne Verlustkomponente rechnen können, weshalb die Investition in entsprechende Methoden und Prozesse empfohlen wird. Diese Empfehlung basiert auch auf der Erkenntnis, dass sich die Geschäftsindikator-Komponente weitgehend aus der geschäftspolitischen Ausrichtung eines Institutes ergibt und die Kapitalanforderungen der ersten Säule durch den »Säule-1-plus-Ansatz« auch für die ökonomischen Kapitalanforderungen relevant sind. Insofern liegt der wesentliche Hebel zur Reduzierung der zukünftigen Kapitalanforderungen in der Beeinflussung der internen Verlustkomponente (»Internal Loss Mulitiplier«, ILM).[155] Das erklärt auch die negativen Reaktionen der Kreditwirtschaft auf den Vorschlag der EU-Kommission zur Umsetzung der Baseler Empfehlungen in der EU.

Bei den erwähnten Verlustereigniskategorien handelt es sich um die so genannte »erste Ebene« **138** der Kategorisierung. Der BCBS hat Empfehlungen für drei Ebenen abgegeben, mit deren Hilfe die jeweils höhere Kategorie weiter untergliedert wird.[156] Es ist weitgehend gelungen, vorherige Initiativen der Industrie zur Definition und Klassifizierung operationeller Risiken durch ein so genanntes »Mapping« mit den Vorgaben von Basel II in Einklang zu bringen.

4.7   Interne Schadensfalldatenbanken

In Abhängigkeit von den jeweils verwendeten Verfahren der internen Steuerung kann insbeson- **139** dere die Erfassung und Historisierung von Schadensfällen, die auf operationelle Risiken zurückgehen, eine ähnlich große Bedeutung wie die Ausfallhistorien im Kreditrisikobereich erlangen. Institute, die zur Eigenkapitalbemessung des operationellen Risikos frühzeitig fortgeschrittene Messansätze verwenden wollten, wurden z. B. bereits seit 2005 zur Erfassung von operationellen Schadensfällen verpflichtet. Für die Zwecke dieser Datensammlung werden seit einigen Jahren interne Schadensfalldatenbanken aufgebaut.

Mittlerweile ist auf diesem Gebiet auch die IT-technische Unterstützung weit vorangeschritten. **140** So existieren einige Produkte am Markt, die im Kern zwar eine Datenbank zur Erfassung von Schadensfällen sind, daneben jedoch aus diversen Modulen bestehen, mit deren Hilfe die Steuerung operationeller Risiken in den Instituten erheblich erleichtert werden kann. An derartigen Lösungen arbeiten auch einige Verbände der Kreditwirtschaft.

---

154 Vgl. Bundesanstalt für Finanzdienstleistungsaufsicht/Deutsche Bundesbank, Empfehlungen des Fachgremiums OpRisk zur Datensammlung im AMA, 13. September 2007.

155 Vgl. KPMG, Operationelle Risiken – Finale Überarbeitung der Kapitalansätze in Säule I durch den Basler Ausschuss für Bankenaufsicht (»Basel IV«), 6. Februar 2018, S. 3 f.

156 Vgl. Basel Committee on Banking Supervision, International Convergence of Capital Measurement and Capital Standards – A Revised Framework (Basel II), BCBS 107, 26. Juni 2004, Annex 7.

4.8   Berechnung der Bruttoschadenssumme

141   Die »Bruttoschadenssumme« (»Gross Loss«) entspricht der absoluten Höhe des buchungswirksamen Verlustes vor Abzug jeder Schadensminderung.[157] Folglich ist die »Nettoschadenssumme« (»Net Loss«) der verbleibende Verlust nach Berücksichtigung von »Schadensminderungen« jeglicher Art (»Recoveries«). Die Schadensminderungen sind vom ursprünglichen Schadensereignis unabhängige und zeitlich getrennte Ereignisse, bei denen Mittel oder Zuflüsse von wirtschaftlichem Nutzen von einem Dritten erhalten werden, wie z. B. Zahlungen von Versicherern, Rückzahlungen von Betrügern oder Rückzahlungen von fehlgeleiteten Überweisungen.[158] Für die Berechnung der Bruttoschadenssumme sollten klare Festlegungen getroffen werden, wie z. B.[159]:

- Die bilanz- und GuV-wirksamen Buchungen inkl. Abschreibungen, Wertberichtigungen und Rückstellungen sind zu beachten.
- Pauschalisierte Rückstellungen werden hingegen nicht erfasst.
- Schadensfälle, deren Bruttoschaden zwar genau quantifizierbar ist, der jedoch, wie z. B. im Falle dokumentierter entgangener Erträge, in keinem Buchungsvorgang zum Ausdruck kommt, sind ebenfalls zu erfassen.
- Schadensfälle, deren Bruttoschaden nicht genau quantifizierbar ist, können auf Basis einer begründeten und dokumentierten Schätzung erfasst werden.
- Kosten und Aufwendungen, die ausschließlich im Rahmen einer internen Leistungsverrechnung zwischen Organisationseinheiten eines Institutes verbucht werden, sind nicht einzubeziehen.
- Reputationsschäden sind kein Bestandteil des buchungswirksamen Bruttoschadens. Für Schadensfälle, die u. a. Reputationsrisiken beinhalten, wird folglich ausschließlich die verbuchte Schadenssumme erfasst.
- Beinaheverluste (»Near Misses«), die grundsätzlich zu einem Schadensfall hätten führen können, im konkreten Fall jedoch nicht geführt haben, sind nicht in den Bruttoschaden einzubeziehen.
- Der Bruttoschaden enthält keine vorübergehenden Verluste (»Timing Losses«), die lediglich zu einer vorübergehenden Abweichung in der Gewinn- und Verlustrechnung führen.
- Schäden, in denen eine nachzuholende Korrektur einen Zinsverlust oder einen anderen buchungswirksamen Verlust, wie z. B. Strafzahlungen, verursacht, sind bei den Bruttoschäden zu erfassen.
- Verluste, die mit anderen Risikoarten zusammenhängen, sind grundsätzlich zu erfassen, soweit sie infolge operationeller Risiken eingetreten sind.
- Operationelle Schadensfälle, die zur Ermittlung der Eigenkapitalanforderungen im Bereich Kreditrisiken zu berücksichtigen sind, müssen besonders gekennzeichnet werden.
- Schadensminderungen können direkt oder indirekt erfolgen. Zu den direkten Schadensminderungen, die sich auf einen konkreten Schadensfall beziehen, gehören z. B. unerwartete Erträge aus Zahlungen durch Kunden oder Kontrahenten sowie Kulanzleistungen durch Geschäftspartner. Indirekte Schadensminderungen, für deren Leistung im Voraus Beiträge entrichtet wurden, erfolgen i. d. R. im Rahmen von Versicherungen, Haftungsfonds oder entsprechenden Kapitalmarktprodukten.

142   Im Zusammenhang mit dem neuen Standardansatz erwartet der Baseler Ausschuss für Bankenaufsicht, dass in der Verlustdatensammlung die Bruttoschadenssumme abgebildet wird. Zudem sollen Schadensminderungen, bei denen Forderungen nicht berücksichtigt werden dürfen, erst nach Zahlungseingang zur Reduzierung von Verlusten genutzt werden. In die Bruttoschadens-

---

157 Vgl. Basel Committee on Banking Supervision, Basel III: Finalising post-crisis reforms, BCBS 424, 7. Dezember 2017, S. 132; Bundesverband Öffentlicher Banken Deutschlands/Bundesverband deutscher Banken, Standard für die Erfassung operationeller Verlustdaten, 15. Januar 2005.

158 Vgl. Basel Committee on Banking Supervision, Basel III: Finalising post-crisis reforms, BCBS 424, 7. Dezember 2017, S. 132.

159 Vgl. Bundesverband Öffentlicher Banken Deutschlands/Bundesverband deutscher Banken, Standard für die Erfassung operationeller Verlustdaten, 15. Januar 2005.

berechnung einbezogen werden sollten direkte Kosten, einschließlich GuV-wirksame Abschreibungen, Wertberichtigungen, Rückstellungen oder Rücklagen, interne und externe Folgekosten mit direktem Bezug zum Schadensereignis, wie z. B. Rechtskosten und Gebühren, die an Berater oder Anwälte gezahlt werden, sowie Kosten zur Wiederherstellung des Zustandes vor dem Schadensfall, schwebende Verluste, die vorübergehend in Zwischenkonten verbucht werden und sich noch nicht in der GuV widerspiegeln (»Pending Losses«), und wesentliche negative wirtschaftliche Auswirkungen, die sich auf die Cashflows oder Abschlüsse über mehr als eine Finanzbuchhaltungsperiode auswirken, obwohl sie lediglich zu einer vorübergehenden Abweichung in der GuV führen (»Timing Losses«). Auch wenn diese Ereignisse keine tatsächlichen finanziellen Auswirkungen auf das Institut darstellen, kann damit eine wesentliche Falschdarstellung des Jahresabschlusses und folglich ein rechtliches Risiko verbunden sein. Von der Bruttoschadensberechnung ausgenommen werden können Kosten für allgemeine Wartungsverträge über Sachanlagen, interne oder externe Aufwände zur Verbesserung des Geschäftsbetriebes nach dem Schadensereignis, wie z. B. Upgrades, Weiterentwicklungen, Risikobewertungsmaßnahmen und sonstige Verbesserungen, sowie Versicherungsprämien.[160]

4.9 Datenkonsortien

Um den institutsindividuellen Datenhaushalt zu erweitern und damit die Basis für die Anwendbarkeit fortgeschrittener Messansätze zu schaffen, wurden so genannte »Datenkonsortien« gebildet, in deren Rahmen ein Austausch von Schadensfällen in anonymisierter Form zwischen mehreren Instituten stattfindet, die im Idealfall eine ähnliche Geschäftsausrichtung haben und in vergleichbaren Märkten tätig sind. So haben zehn große Institute in Deutschland das erste nationale »Datenkonsortium zu operationellen Risiken (DakOR)« gegründet, das »säulenübergreifend« grundsätzlich allen Instituten offensteht.[161] Die am Konsortium beteiligten ca. 70 Institute können mit dem institutsübergreifenden Austausch von OpRisk-Schadensfalldaten einerseits aufsichtsrechtliche Auflagen erfüllen und andererseits ihr internes OpRisk-Management weiterentwickeln. Die erweiterte Datenbasis soll neben aussagekräftigen Szenarioanalysen und einem verbesserten Benchmarking insbesondere auch die Anwendung statistischer Quantifizierungsmethoden ermöglichen.[162] Für die Nutzung fortgeschrittener Messansätze ist die Verwendung relevanter externer Daten gemäß Art. 322 Abs. 4 CRR sogar vorgeschrieben. **143**

Nach dem neuen Standardansatz zur Bestimmung der regulatorischen Eigenmittelanforderungen können die eigenen Datenbestände – trotz Intervention der Kreditwirtschaft – voraussichtlich ab dem 1. Januar 2025 allerdings nicht mehr durch externe Schadensfälle angereichert werden, womit deren Nutzung für die ökonomische Kapitalermittlung aber nicht infrage gestellt wird. **144**

Daneben existieren weitere verbandsinterne und sogar länderübergreifende Datenkonsortien. In der »Operational Riskdata eXchange Association (ORX)« mit Sitz in Zürich sind derzeit auch mehrere große deutsche Institute vertreten.[163] Von großer Bedeutung ist jeweils die Orientierung an einem gemeinsamen Standard zur Erfassung von Verlusten aus operationellen Schadensfällen. Das gilt nicht nur für die an einem Datenkonsortium beteiligten Institute, sondern ggf. auch Konsortium übergreifend. So kann die Teilnahme an verschiedenen Datenkonsortien durchaus sinnvoll sein, wenn ein Institut sowohl international als auch deutschlandweit bzw. regional tätig ist. Vor diesem Hintergrund haben der Bundesverband Öffentlicher Banken Deutschlands (VÖB) **145**

---

160 Vgl. Basel Committee on Banking Supervision, Basel III: Finalising post-crisis reforms, BCBS 424, 7. Dezember 2017, S. 132 f.
161 Nähere Informationen unter www.dakor.org.
162 Vgl. O. V., Datenkonsortium zu operationellen Risiken gestartet, in: Bankmagazin, Heft 6/2006, S. 5.
163 Nähere Informationen unter www.orx.org.

und der Bundesverband deutscher Banken (BdB) frühzeitig einen entsprechenden Standard erarbeitet, der auch als Grundlage für die Arbeit des Fachgremiums OpRisk gedient hat.[164] In Ergänzung der bankaufsichtlichen Vorgaben hat dieser Standard u. a. Aussagen zu den Bestandteilen eines operationellen Verlustes, zu dessen Klassifizierung sowie zur Abgrenzung zu Verlusten aus Kredit- oder Marktpreisrisiken enthalten. Die damaligen Vorschläge haben Eingang in die Entwicklung der Datenstandards für verschiedene Initiativen gefunden und besitzen insofern nach wie vor Gültigkeit. Als zwingende Vorgabe sind sie allerdings nicht zu verstehen, zumal sich die allgemeinen Anforderungen mittlerweile aus der CRR und ergänzenden Ausarbeitungen der Aufsichtsbehörden ergeben. Dazu gehören z. B. die Leitlinien der EBA oder die detaillierten Anforderungen im Rahmen von Stresstestübungen.

146   Zur Verbreiterung der Datenbasis zu seltenen, aber hohen Schäden (»High Impact, Low Frequency«, HILF) eignen sich zudem Datenbanken mit öffentlich bekannt gewordenen Schadensfällen aus operationellen Risiken im Finanzbereich, die ab einer Schadenssumme von 100.000 Euro nach Verlustereigniskategorien und Geschäftsfeldern gemäß den Vorgaben der CRR sowie nach Regionen etc. auswertbar sind.[165]

4.10   Festlegungen beim Datenaustausch

147   Eine übliche Vorgehensweise im Rahmen des institutsübergreifenden Datenaustausches ist die Festlegung einer bestimmten Mindestsumme, ab der Schadensfälle an das Datenkonsortium übermittelt werden. Diese Mindestsumme wird zur Verbesserung der institutsindividuellen Datenqualität häufig relativ niedrig angesetzt. Deshalb kann davon ausgegangen werden, dass sie sich höchstens als Richtwert zur Erfassung von Schadensfällen eignet. Die individuelle Grenze zur Analyse bedeutender Schadensfälle wird für ein teilnehmendes Institut im Normalfall deutlich über dieser Mindestsumme liegen. Die Höhe der Schadenssumme wird zudem maßgeblich von den jeweiligen Bestandteilen beeinflusst, die in die Berechnung einbezogen werden.

4.11   Umgang mit Krisensituationen

148   Vor allem wegen der direkten Auswirkungen auf die Eigenkapitalunterlegung der operationellen Risiken ist mit dem Ausbruch der COVID-19-Pandemie schnell die Frage aufgetreten, ob und ggf. wie Ereignisse und Verluste aus COVID-19 in den Bereich des operationellen Risikos fallen und inwiefern deren ökonomische Auswirkungen bei der Berechnung der Eigenkapitalanforderungen im fortgeschrittenen Messansatz (AMA) und zukünftig im überarbeiteten Standardansatz für operationelle Risiken (BCBS SA) zu berücksichtigen sind. Die EBA hat zu diesem Zweck Kriterien formuliert, die von den Instituten bei der Identifizierung und Behandlung von COVID-19-bezogenen operationellen Risikoereignissen und Verlusten befolgt werden sollen. Neben allgemeinen Kriterien hat die EBA zu diesem Zweck auch ein spezielles »Risikoklassifizierungsschema« und Interpretationen zur Identifizierung und Quantifizierung der COVID-19-Kosten für operationelle Risiken veröffentlicht. Die EBA erwartet, dass diese Kriterien auch für aufsichtliche Meldezwecke verwendet werden.[166]

---

164 Vgl. Bundesverband Öffentlicher Banken Deutschlands/Bundesverband deutscher Banken, Gemeinsame Presseerklärung vom 26. Januar 2005.

165 Nähere Informationen unter www.voeb-service.de/informationsdienste/oeffschor.

166 Vgl. European Banking Authority, EBA Report on the Implementation of Selected COVID-19 Policies, EBA/REP/2021/02, 29. Januar 2021, S. 38.

Da sich die dargelegten Kriterien lediglich auf die Identifizierung und Erfassung historischer Verluste **149** beziehen, wird von der EBA erwartet, dass die Institute die Auswirkungen der COVID-19-Pandemie ergänzend ggf. auch mit anderen Elementen des Rahmenwerkes für das operationelle Risiko unter- suchen, wie z. B. Szenarioanalysen oder Selbsteinschätzungen. Allerdings sollten die Institute vermei- den, damit die positiven Auswirkungen der eingeräumten Flexibilität und der breiten Palette der umgesetzten Unterstützungsmaßnahmen für die Institute zu untergraben.[167]

Die EBA hat sich ausdrücklich auf jene operationellen Risikoereignisse und daraus resultieren- **150** den Verluste bezogen, die eindeutig mit der COVID-19-Pandemie in Verbindung stehen. Zeitlich wurde dies in der Form eingegrenzt, dass der Startpunkt auf den 30. Januar 2020 gelegt wurde. Das war jener Tag, an dem der Generaldirektor der Weltgesundheitsorganisation (»World Health Organization«, WHO) COVID-19 offiziell zu einer Pandemie (»Public Health Emergency of Interna- tional Concern«, PHEIC) erklärt hat. Die Definition einer Pandemie weist ähnliche Merkmale wie die eines unerwarteten operationellen Risikoereignisses auf.[168] Im Ausnahmefall ist auch ein früheres Startdatum möglich, wie z. B. bei Ausrufung des nationalen Notstandes/Alarmzustandes o. Ä. in einem bestimmten Land oder die Aktivierung von Geschäftsfortführungsplänen durch das Institut aufgrund von COVID-19. Dies sollte allerdings angemessen nachgewiesen werden.[169]

Zunächst bleibt festzuhalten, dass die COVID-19-Pandemie eindeutig ein Ereignis des operatio- **151** nellen Risikos darstellt. Deshalb sollten alle damit zusammenhängenden Verluste für Manage- mentzwecke auf den COVID-19-Ausbruch zurückgeführt werden können. Die möglichen Folgen könnten aber verschiedene Risikoarten in Form von Verlusten betreffen. Daher sollte die Art und Beschaffenheit dieser Verluste sorgfältig bewertet werden, um ihre konsistente und korrekte Klassifizierung für die Zwecke der Eigenkapitalunterlegung sicherzustellen. Insbesondere ist es aus Sicht der EBA wahrscheinlich, dass die Institute von Sekundäreffekten betroffen sind, die speziell mit dem Marktpreis- oder dem Adressenausfallrisiko zusammenhängen und nicht unbe- dingt in den Bereich des operationellen Risikos fallen.[170]

Ab dem ausgewählten Datum sollten die Institute die COVID-19-bezogenen operationellen **152** Risikoereignisse und die daraus resultierenden Verluste, einschließlich operationeller Risikokos- ten im Sinne von Art. 22 Abs. 1 lit. b der Delegierten Verordnung (EU) 2018/959[171], unter Einhaltung festgelegter Kriterien identifizieren und sammeln. Diese Kriterien laufen darauf hinaus, dass jene Verluste, die angefallen sind, um den ursprünglichen Status des Geschäftsbetriebes vor der Pandemie wiederherzustellen, als Verluste aus operationellen Risiken gelten. Hingegen sollten darüber hinaus gehende Änderungen und Verbesserungen sowie wiederkehrende oder periodi- sche Kostenpositionen, wie z. B. fortlaufende höhere Kosten, um einen neuen Normalzustand zu erreichen, nicht als Verluste aus operationellen Risiken, sondern nur als veränderte Geschäfts-

---

167 Vgl. European Banking Authority, EBA Report on the Implementation of Selected COVID-19 Policies, EBA/REP/2021/02, 29. Januar 2021, S. 39.

168 Neben anderen Merkmalen wird eine Pandemie als ein außergewöhnliches Ereignis charakterisiert, das eine Situation hervorruft, die in Bezug auf die Auswirkungen auf die öffentliche Gesundheit ernst, plötzlich, ungewöhnlich oder unerwartet ist.

169 Vgl. European Banking Authority, EBA Report on the Implementation of Selected COVID-19 Policies, EBA/REP/2021/02, 29. Januar 2021, S. 39 f.

170 Vgl. European Banking Authority, EBA Report on the Implementation of Selected COVID-19 Policies, EBA/REP/2021/02, 29. Januar 2021, S. 40 f.

171 Davon betroffen sind die infolge des operationellen Risikoereignisses anfallenden Kosten, wie externe Ausgaben mit einer direkten Verbindung zu dem operationellen Risikoereignis und Gebühren, die an Berater, Anwälte oder Lieferanten gezahlt werden, sowie Kosten für Reparaturen oder Ersatz zur Wiederherstellung des Zustandes vor dem operationellen Risikoereignis, entweder in Form von konkreten Zahlen oder, falls diese nicht verfügbar sind, von Schätzungen. Vgl. Delegierte Verordnung (EU) 2018/959 der Kommission vom 14. März 2018 zur Ergänzung der Verordnung (EU) Nr. 575/2013 des Europäischen Parlaments und des Rates durch technische Regulierungsstandards zur Festlegung der Beurteilungsmethode, nach der die zuständigen Behörden Instituten die Verwendung fortgeschrittener Messansätze für operationelle Risiken gestatten, Amtsblatt der Europäischen Union vom 6. Juli 2018, L 169/14.

kosten angesehen werden.[172] Die BaFin nennt in diesem Zusammenhang beispielhaft erhöhte Reinigungskosten, z. B. mit anderen Mitteln und in erhöhter Frequenz.[173]

153   Eine mögliche Auswirkung von COVID-19 auf die Geschäftsfortführung von Instituten ist die Unterbrechung oder Verschlechterung der Qualität von Dienstleistungen, die für Gegenparteien, Kunden etc. erbracht werden. Solche Ereignisse würden durch das Fehlen wirksamer Geschäfts- fortführungs- und Notfallpläne verursacht. Daher sollten alle wirtschaftlichen Folgen solcher Ereignisse im Rahmen des operationellen Risikos betrachtet und in die Berechnung der Eigen- kapitalanforderungen für operationelle Risiken einbezogen werden.[174]

154   Eine mögliche Auswirkung von COVID-19 auf die gewöhnliche Geschäftstätigkeit von Instituten ist die Verringerung der Gewinne aus Bank- und Finanzdienstleistungen für Kunden, die z. B. durch den eingeschränkten Zugang zu Zweigstellen oder Büros aufgrund von Schließungen verursacht werden. Solche Ereignisse würden Opportunitätskosten verursachen, wie in Art. 22 Abs. 2 lit. c der Delegierten Verordnung (EU) 2018/959[175] festgelegt, und sollten daher nicht in die Eigenkapitalberechnungen für operationelle Risiken einbezogen werden.[176]

155   Mit COVID-19 können operationelle Risikoereignisse verbunden sein, die sich auf die Kreditenga- gements auswirken, wie z. B. Ausfälle bei der Bearbeitung von Kreditengagements, (Kredit-)Betrugs- versuche wie Identitätsdiebstahl, fiktive Identitäten oder Betrug auf der Grundlage gefälschter Dokumente, die auf elektronischem Wege bereitgestellt wurden, wobei die Schließung physischer Filialen ausgenutzt wurde. Diese Arten von Auswirkungen sind – in Anlehnung an Art. 24 der Delegierten Verordnung (EU) 2018/959 – ein operationelles Risiko an der Grenze zum Kreditrisiko, das für Managementzwecke erfasst werden sollte. Jeder Verlust sollte gemäß Art. 322 Abs. 3 lit. b CRR nur dann im Rahmen des operationellen Risikos für die Berechnung der Eigenkapitalanforderungen berücksichtigt werden, wenn er nicht bereits im Rahmen des Kreditrisikos angerechnet wird.[177]

156   Aufgrund der in vielen Ländern kurzfristig eingeführten Maßnahmen zur Abfederung der Auswirkungen von COVID-19, um den von der Krise betroffenen Schuldnern durch Aussetzung oder den Aufschub von Zahlungen innerhalb eines bestimmten Zeitraumes Zahlungserleichterun- gen zu gewähren, so dass die Schuldner zu regulären Zahlungen zurückkehren können, wenn sich die Situation wieder normalisiert (z. B. allgemeine Moratorien, staatliche oder andere Arten von Garantien), wird davon ausgegangen, dass sich die langfristigen Folgen dieser Maßnahmen auf das Kreditrisiko und die Berechnung der entsprechenden risikogewichteten Aktiva (»Risk-Weighted Assets«, RWA) auswirken. Die sich aus einer solchen Situation ergebenden Verluste sollten nicht in die Berechnung der Eigenkapitalanforderungen für operationelle Risiken einbezogen werden.[178]

157   Bei aufgeschobenen Zahlungen kann der Nettobarwert der Zahlungsströme des Kredites nach der Restrukturierung unverändert bleiben, wenn anschließend mindestens eine der Raten nach oben angepasst oder hinzugefügt wird. Werden aufgeschobene Zahlungen hingegen nicht angemessen

---

172 Vgl. European Banking Authority, EBA Report on the Implementation of Selected COVID-19 Policies, EBA/REP/2021/02, 29. Januar 2021, S. 40.

173 Vgl. Bundesanstalt für Finanzdienstleistungsaufsicht, EBA aktualisiert ihren Bericht über die Implementierung von ausgewählten COVID-19-Maßnahmen, Presseerklärung vom 23. Dezember 2020.

174 Vgl. European Banking Authority, EBA Report on the Implementation of Selected COVID-19 Policies, EBA/REP/2021/02, 29. Januar 2021, S. 41.

175 Gemeint sind Opportunitätskosten in Form einer Kostensteigerung oder eines Einnahmenrückgangs aufgrund von operationellen Risikoereignissen, die unbestimmte zukünftige Geschäfte verhindern, darunter nicht im Budget enthaltene Personalkosten, entgangene Einnahmen und Projektkosten im Zusammenhang mit der Verbesserung von Prozessen. Vgl. Delegierte Verordnung (EU) 2018/959 der Kommission vom 14. März 2018 zur Ergänzung der Verordnung (EU) Nr. 575/2013 des Europäischen Parlaments und des Rates durch technische Regulierungsstandards zur Festlegung der Beurteilungsmethode, nach der die zuständigen Behörden Instituten die Verwendung fortgeschrittener Messansätze für operationelle Risiken gestatten, Amtsblatt der Europäischen Union vom 6. Juli 2018, L 169/15.

176 Vgl. European Banking Authority, EBA Report on the Implementation of Selected COVID-19 Policies, EBA/REP/2021/02, 29. Januar 2021, S. 41.

177 Vgl. European Banking Authority, EBA Report on the Implementation of Selected COVID-19 Policies, EBA/REP/2021/02, 29. Januar 2021, S. 42.

178 Vgl. European Banking Authority, EBA Report on the Implementation of Selected COVID-19 Policies, EBA/REP/2021/02, 29. Januar 2021, S. 42.

erhöht, sinkt der Nettobarwert, was unweigerlich zu einem Verlust für das Institut führt. Die EBA macht zur möglichen Behandlung dieses Verlustes als operationelles Risikoereignis folgende Fallunterscheidung:[179]

a) Wenn die Entscheidung, die aufgeschobenen Zahlungen nicht angemessen zu erhöhen, vom Institut selbst mit dem alleinigen Ziel getroffen wird, den Schuldner und/oder die Wirtschaft in einer Krisensituation zu unterstützen, dann sind die Verluste nicht mit einem spezifischen operationellen Risikoereignis verbunden, das das Institut daran hindert, die Einnahmen einzubeziehen, und sollten daher nicht in die Berechnung der Eigenkapitalanforderungen für operationelle Risiken einbezogen werden.[180]

b) Wenn die aufgeschobenen Zahlungen trotz bestehender Absicht aufgrund eines organisatorischen oder prozessualen Problems innerhalb des Institutes nicht erhöht werden und die Einnahmen hätten eingezogen werden sollen, dann handelt es sich um ein Versagen der Systeme, Prozesse oder Mitarbeiter des Institutes. Daher sollten die Verluste bei der Berechnung der Eigenkapitalanforderungen für operationelle Risiken berücksichtigt werden, wenn sie nicht bereits im Rahmen des Kreditrisikos angerechnet werden.

c) Wenn die aufgeschobenen Zahlungen nicht erhöht werden können, weil ein aufgrund der COVID-19-Pandemie angewandtes gesetzliches Moratorium den Gläubigern nur erlaubt, die Laufzeit der Kredite innerhalb des geänderten Zahlungsplanes zu verlängern, hingegen aber Anpassungen der aufgeschobenen Zahlungen verbietet, dann sind die resultierenden Verluste auf die korrekte Anwendung einer gesetzlichen Regelung zurückzuführen. Diese Verluste sind nicht auf das Rechtsrisiko zurückzuführen und sollten daher auch nicht im Rahmen der Berechnung der Eigenkapitalanforderungen für operationelle Risiken berücksichtigt werden.

Die Institute müssen Moratorien und Stundungen also unter bestimmten Bedingungen nicht als Kreditausfälle werten. Diese Fälle werden im Rahmen der COVID-19-Maßnahmen auch nicht nach Art. 322 Abs. 3 lit. b Satz 4 CRR als OpRisk-Verluste für die Eigenmittelberechnung herangezogen.[181] Die BaFin unterstreicht, dass es sich hierbei um eine einmalige Unterstützungsmaßnahme handelt, die von ihrer grundsätzlichen Verwaltungspraxis abweicht und keinesfalls als ein Präzedenzfall betrachtet werden sollte. Risiken von Wertverlusten bei gehaltenen Aktiva oder erhöhte Aufwendungen aus bestehenden Verträgen infolge von Rechtsänderungen sind als externes Risiko grundsätzlich mit Eigenmitteln zu unterlegen. Um die Wirksamkeit der COVID-19-Maßnahmen im Bereich des Kreditrisikos zu unterstützen, wird in diesem Fall jedoch auf die Anwendung der bestehenden Verwaltungspraxis verzichtet.[182] **158**

Mögliche Auswirkungen der Umsetzung neuartiger Rechtsvorschriften als Reaktion auf die COVID-19-Pandemie sind weitere Kosten, die bei der Anpassung an oder infolge neu angenommene(r) rechtliche(r) Verpflichtungen entstehen bzw. übernommen werden. Das kann z.B. dann **159**

---

179 Vgl. European Banking Authority, EBA Report on the Implementation of Selected COVID-19 Policies, EBA/REP/2021/02, 29. Januar 2021, S. 43.

180 Ist die Entscheidung, die aufgeschobenen Zahlungen nicht zu erhöhen, jedoch das Ergebnis einer freiwilligen Maßnahme des Institutes, mit der ein rechtliches Risiko aufgrund eines operationellen Risikoereignisses vermieden oder gemindert werden soll, handelt es sich um ein operationelles Risiko im Sinne von Art. 3 Abs. 1 lit. b der Delegierten Verordnung (EU) 2018/595. Demnach müssen die Institute Verluste und andere Ausgaben, die aufgrund von freiwilligen Maßnahmen zur Vermeidung oder Minderung von Rechtsrisiken aufgrund operationeller Risikoereignisse entstehen (z.B. Rückerstattungen oder Nachlässe auf zukünftige Dienstleistungen, die den Kunden freiwillig angeboten werden und nicht auf Kundenbeschwerden zurückzuführen sind), klar als operationelle Risiken identifizieren und klassifizieren. Vgl. Delegierte Verordnung (EU) 2018/959 der Kommission vom 14. März 2018 zur Ergänzung der Verordnung (EU) Nr. 575/2013 des Europäischen Parlaments und des Rates durch technische Regulierungsstandards zur Festlegung der Beurteilungsmethode, nach der die zuständigen Behörden Instituten die Verwendung fortgeschrittener Messansätze für operationelle Risiken gestatten, Amtsblatt der Europäischen Union vom 6. Juli 2018, L 169/5.

181 Nach Art. 322 Abs. 3 lit. b Satz 4 CRR erfasst ein Institut Verluste aufgrund des operationellen Risikos, die im Zusammenhang mit Kreditrisiken stehen und in der Vergangenheit in eine interne Kreditrisiko-Datenbank eingeflossen sind, in der Datenbank für das operationelle Risiko und nennt diese separat.

182 Vgl. Bundesanstalt für Finanzdienstleistungsaufsicht, EBA aktualisiert ihren Bericht über die Implementierung von ausgewählten COVID-19-Maßnahmen, Presseerklärung vom 23. Dezember 2020.

erforderlich sein, wenn obligatorische Änderungen bei Kredit- oder Arbeitsstandards eingeführt werden, ohne dass ein Verstoß gegen rechtliche Vorschriften vorliegt. Derartige Ausgaben, die nicht mit der Wiederherstellung des ursprünglichen Status des Geschäftsbetriebes vor der Pandemie zusammenhängen, sind folglich nicht auf ein Rechtsrisiko zurückzuführen und daher auch nicht als Verlust aus dem operationellen Risiko anzusehen. Im Gegensatz dazu ist allerdings das Versäumnis, auf die neuen Verpflichtungen zu reagieren, wenn dies zur Einhaltung einer Rechtsvorschrift erforderlich ist, ein operationelles Risikoereignis.[183] Beispiele hierfür sind Bußgelder und/oder Rechtsstreitigkeiten aufgrund der Nichteinhaltung strengerer Sicherheitsstandards, die bei der Berechnung der Eigenkapitalanforderungen für operationelle Risiken berücksichtigt werden sollten.[184]

160   Eine mögliche Auswirkung von COVID-19 auf Verlustereignisse ist die Zunahme von Ereignissen und/oder Verlusten, die entweder ausschließlich mit dem operationellen Risiko zusammenhängen oder im Grenzbereich zwischen dem operationellen Risiko und dem Marktrisiko[185] liegen. Diese könnten direkt auf die Krise zurückzuführen oder mit ihr korreliert sein. Sie könnten z. B. entstehen durch:[186]

a) IT-Ausfälle, Cyberkriminalität und (internen oder externen) Betrug,

b) zusätzliche Kosten[187], die sich speziell aus der Pandemie ergeben und z. B. hauptsächlich einmalig mit der verstärkten Nutzung von digitalen Diensten und Telearbeit zur Gewährleistung der Geschäftsfortführung verbunden sind, und

c) jene Kosten, die sich aus den Beschäftigungspraktiken und der Sicherheit am Arbeitsplatz ergeben, wenn sie für die Geschäftsfortführung notwendig sind, um den ursprünglichen Status des Geschäftsbetriebes vor der Pandemie wiederherzustellen, wie z. B. der Einsatz von Personal/Beratern für die Abdeckung wesentlicher Funktionen, einmalige COVID-19-induzierte Desinfektionen und medizinische Dienstleistungen zur Wiederherstellung des Geschäftsbetriebes im Büro.

Dabei handelt es sich um Ereignisse, die in die Berechnung der Eigenkapitalanforderungen für operationelle Risiken einbezogen werden sollten.[188]

161   Speziell auf die Identifizierung und Quantifizierung der COVID-19-Einmalkosten für operationelle Risiken ist die EBA sehr detailliert eingegangen. Zusammengefasst betrachtet die EBA alle

---

183 Demnach müssen die Institute Verluste und andere Ausgaben aufgrund von Ereignissen, die zu Gerichtsverfahren führen, klar als operationelle Risiken identifizieren und klassifizieren. Dazu gehört auch Untätigkeit, obwohl Maßnahmen erforderlich sind, um eine Rechtsvorschrift einzuhalten. Vgl. Delegierte Verordnung (EU) 2018/959 der Kommission vom 14. März 2018 zur Ergänzung der Verordnung (EU) Nr. 575/2013 des Europäischen Parlaments und des Rates durch technische Regulierungsstandards zur Festlegung der Beurteilungsmethode, nach der die zuständigen Behörden Instituten die Verwendung fortgeschrittener Messansätze für operationelle Risiken gestatten, Amtsblatt der Europäischen Union vom 6. Juli 2018, L 169/5.

184 Vgl. European Banking Authority, EBA Report on the Implementation of Selected COVID-19 Policies, EBA/REP/2021/02, 29. Januar 2021, S. 43 f.

185 Dazu gehören erstens Ereignisse aufgrund von operationellen Fehlern und Fehlern bei der Dateneingabe, wie Fehler und Mängel bei der Einführung oder Ausführung von Aufträgen, Datenverluste oder Missverständnisse beim Datenfluss zwischen den Abteilungen des Institutes, Fehler bei der Klassifizierung sowie falsche Spezifikationen von Geschäften im Term-Sheet, darunter Fehler im Zusammenhang mit Transaktionsbeträgen, Fälligkeiten und finanziellen Aspekten. Zweitens geht es um Ereignisse aufgrund von Mängeln bei internen Kontrollen, wie Mängel bei der ordnungsgemäßen Ausführung eines Auftrages, um bei nachteiliger Preisschwankungen eine Marktstellung glatt zu stellen, oder nicht genehmigte Positionen, die über die zugewiesenen Grenzen hinausgehen, im Zusammenhang mit allen Arten von Risiken. Drittens werden auch Ereignisse aufgrund unzureichender Datenqualität und mangelnder Verfügbarkeit eines IT-Umfeldes dazugerechnet, wie z. B. technische Defizite beim Zugang zum Markt, wodurch der Abschluss von Verträgen verhindert wird. Vgl. Delegierte Verordnung (EU) 2018/959 der Kommission vom 14. März 2018 zur Ergänzung der Verordnung (EU) Nr. 575/2013 des Europäischen Parlaments und des Rates durch technische Regulierungsstandards zur Festlegung der Beurteilungsmethode, nach der die zuständigen Behörden Instituten die Verwendung fortgeschrittener Messansätze für operationelle Risiken gestatten, Amtsblatt der Europäischen Union vom 6. Juli 2018, L 169/6-7.

186 Vgl. European Banking Authority, EBA Report on the Implementation of Selected COVID-19 Policies, EBA/REP/2021/02, 29. Januar 2021, S. 44.

187 Dazu zählen Kosten für Reparaturen oder für Ersatz zur Wiederherstellung des Zustandes vor dem operationellen Risikoereignis, entweder in Form von konkreten Zahlen oder, falls diese nicht verfügbar sind, von Schätzungen. Vgl. Delegierte Verordnung (EU) 2018/959 der Kommission vom 14. März 2018 zur Ergänzung der Verordnung (EU) Nr. 575/2013 des Europäischen Parlaments und des Rates durch technische Regulierungsstandards zur Festlegung der Beurteilungsmethode, nach der die zuständigen Behörden Instituten die Verwendung fortgeschrittener Messansätze für operationelle Risiken gestatten, Amtsblatt der Europäischen Union vom 6. Juli 2018, L 169/14.

188 Vgl. European Banking Authority, EBA Report on the Implementation of Selected COVID-19 Policies, EBA/REP/2021/02, 29. Januar 2021, S. 44.

Verluste, die entstehen, um die Situation vor dem COVID-19-Ausbruch wiederherzustellen, als Verluste aus operationellen Risiken. Dazu gehören z. B. einmalige Reinigungskosten der Betriebsstätten nach einem COVID-19-Fall. Hingegen gelten Änderungen und Verbesserungen über diesen Zustand hinaus ebenso wenig als operationelle Risikoverluste wie wiederkehrende oder periodische Kostenpositionen, um einen neuen Normalzustand zu erreichen. Das betrifft z. B. erhöhte Reinigungskosten, weil nunmehr mit anderen Mitteln und in erhöhter Frequenz gereinigt oder häufiger desinfiziert wird, die nur als veränderte Geschäftskosten angesehen werden. Auch die Kosten für eine persönliche Schutzausrüstung (PSA) wie Gesichtsmasken und Handdesinfektionsmittel, die vom Institut für die Mitarbeiter zur Verfügung gestellt werden, die nicht aus dem Homeoffice arbeiten und aus geschäftlichen Gründen in Filialen und anderen Bankgebäuden arbeiten müssen, sollten als Verluste aus operationellen Risiken verbucht werden, wenn damit die Wiedereröffnung von Filialen ermöglicht oder deren Schließung vermieden wird. Analog sollten die Kosten für Geräte zur Messung der Körpertemperatur von Mitarbeitern oder Kunden und für den erstmaligen Einsatz von Plexiglasbarrieren in Filialen oder anderen Bankgebäuden behandelt werden. Nachträgliche Erweiterungen etc. sollten hingegen nicht als Verluste aus operationellen Risiken berücksichtigt werden. Kosten, die zusätzlich zu den bereits vor dem COVID-19-Ausbruch geplanten Investitionen für den Rollout von Laptops und die Verbesserung von IT-Netzwerken anfallen, sollten ebenfalls als Verluste aus operationellen Risiken berücksichtigt werden, aber nur für den Zeitraum, in dem diese Geräte zur Gewährleistung der Geschäftskontinuität erforderlich sind (z. B. bei der Ermittlung des entsprechenden Abschreibungs- oder Leasingbetrages). Das betrifft ebenso die Kosten für Mitarbeiter oder Berater, die eingestellt werden, um internes Personal zu ersetzen, das für die Ausführung wesentlicher Funktionen verantwortlich ist, um die Geschäftsfortführung zu gewährleisten. Die Institute sollten die Kriterien für die Ermittlung und Behandlung der einmaligen COVID-19-Kosten für operationelle Risiken einhalten. Ähnliche Kriterien sollten von den Instituten auch dann angewandt werden, wenn es um vergleichbare Arten von Kosten für operationelle Risiken geht. Bei der Kategorisierung sollten diese einmaligen Kosten als zusammenhängend betrachtet werden, da sie zur Sicherstellung der Geschäftsfortführung dienen. Operative Einsparungen sollten nicht zur Saldierung von Verlusten aus operationellen Risiken für die Zwecke der Eigenkapitalunterlegung verwendet werden. Für Managementzwecke könnten sie jedoch als Gewinne aus operationellen Risiken betrachtet werden, da sie sich positiv auf die Gewinn- und Verlustrechnung eines Institutes auswirken.[189]

Die BaFin sieht diese Vorgaben zu Investitionen in eine veränderte IT (dezentral, mehr Homeoffice, Laptops, Access-Tokens etc.) – auch im Interesse einer europäischen Harmonisierung – ebenfalls als Maßnahme zur Wiederherstellung der Operationsfähigkeit an. Abschreibungen auf diese Investitionen sind daher in die Schadenssumme operationeller Risiken einzubeziehen, sofern die Investitionen nicht bereits vorher geplant waren und somit nicht durch COVID-19 veranlasst wurden. Risiken von Wertverlusten bei gehaltenen Aktiva oder erhöhte Aufwendungen aus bestehenden Verträgen infolge von Rechtsänderungen sind als externes Risiko grundsätzlich mit Eigenmitteln zu unterlegen. Um die Wirksamkeit der COVID-19-Maßnahmen im Bereich des Adressenausfallrisikos zu unterstützen, wird in diesem Fall jedoch auf die Anwendung der bestehenden Verwaltungspraxis verzichtet.[190]

162

---

189 Vgl. European Banking Authority, EBA Report on the Implementation of Selected COVID-19 Policies, EBA/REP/2021/02, 29. Januar 2021, S. 44 ff.

190 Vgl. Bundesanstalt für Finanzdienstleistungsaufsicht, EBA aktualisiert ihren Bericht über die Implementierung von ausgewählten COVID-19-Maßnahmen, Presseerklärung vom 23. Dezember 2020.

5 Erfassung der wesentlichen Ausprägungen operationeller Risiken (Tz. 4)

163 **4** Die Verfahren zur Beurteilung der operationellen Risiken müssen die wesentlichen Ausprägungen operationeller Risiken erfassen.

5.1 Wesentliche Ausprägungen

164 Im Rahmen der sechsten MaRisk-Novelle hat die deutsche Aufsicht die Anforderung ergänzt, dass bei der Beurteilung der operationellen Risiken deren wesentliche Ausprägungen erfasst werden müssen. Als Synonyme für Ausprägungen gelten u. a. die Auffälligkeiten, Besonderheiten, Charakteristika, Eigenheiten oder Merkmale. Das legt den Schluss nahe, dass die Aufsicht unter den »Ausprägungen« operationeller Risiken vor allem deren Erscheinungsformen versteht. Da es um die wesentlichen Ausprägungen geht, sollte bei der Risikobeurteilung also auf die wesentlichen Erscheinungsformen operationeller Risiken abgestellt werden.

165 Dafür sind verschiedene Herangehensweisen denkbar. Eine naheliegende Möglichkeit ist die Berücksichtigung der Geschäftsfelder, in denen die Risiken auftreten, und der Ereignistypen, die bei der Erfassung der Verluste in der Schadensfalldatenbank berücksichtigt werden müssen (→ BTR 4 Tz. 3). Legt man die Definition der operationellen Risiken in Art. 4 Abs. 1 Nr. 52 CRR zugrunde, so wird unterschieden, ob sie durch interne Verfahren, Menschen und Systeme oder durch externe Ereignisse verursacht werden. Auch diese vier Kriterien könnten erfasst werden, womit ohnehin eine gewisse Nähe zu den Ereignistypen besteht. Schließlich könnte auch von Interesse sein, welche Unterkategorien der operationellen Risiken jeweils betroffen sind.

166 Nach den Vorstellungen des Baseler Ausschusses für Bankenaufsicht ist für die Zwecke der Risikotaxonomie z. B. eine Unterscheidung der operationellen Risikopositionen nach Ereignistypen, Ursachen, Wesentlichkeit und Geschäftseinheiten, in denen sie auftreten, denkbar. Außerdem können jene operationellen Risiken gekennzeichnet werden, die ganz oder teilweise Rechts-, Verhaltens-, Modell- oder IKT-Risiken[191] sowie Risikopositionen im Bereich der Kredit- oder Marktpreisrisiken darstellen (→ BTR 1 Tz. 1).[192] Auch die im Zusammenhang mit den Schadensfällen erfassten Ereignisdaten werden typischerweise gemäß dieser Taxonomie klassifiziert und im gesamten Institut konsistent angewendet (→ BTR 1 Tz. 3).[193]

---

191 Bei den IKT-Risiken sollen auch die Cyberrisiken berücksichtigt werden. Der Baseler Ausschuss für Bankenaufsicht empfiehlt, zu diesem Zweck das Cyber-Lexikon des Financial Stability Boards vom 12. November 2018 als Ausgangspunkt zu verwenden. Vgl. Financial Stability Board, Cyber Lexicon, 12. November 2018.

192 Vgl. Basel Committee on Banking Supervision, Revisions to the Principles for the Sound Management of Operational Risk, BCBS 515, 31. März 2021, S. 6 f.

193 Vgl. Basel Committee on Banking Supervision, Revisions to the Principles for the Sound Management of Operational Risk, BCBS 515, 31. März 2021, S. 10.

5.2 Betrachtung der zeitlichen Dimensionen

Legt man die Erläuterungen zugrunde, die zu dieser Anforderung formuliert wurden, zielt die 167
Aufsicht auch auf die zeitlichen Dimensionen der operationellen Risiken ab. So sind bei der Beurteilung der wesentlichen Ausprägungen historische Erkenntnisse, worunter insbesondere die Schadensfälle zu verstehen sind, und potenzielle Ereignisse zu berücksichtigen. Zur Identifikation und Beurteilung der relevanten potenziellen Ereignisse sind auch Erkenntnisse zu aktuellen Schwachstellen, insbesondere aus der Internen Revision, dem Informationssicherheitsmanagement, der Compliance-Funktion, den Anpassungsprozessen sowie dem Notfall- und Auslagerungsmanagement, heranzuziehen (→ BTR 4 Tz. 4, Erläuterung). Die Institute sollen also die Erfahrungen aus der Vergangenheit mit den aktuellen Erkenntnissen und einer Einschätzung der zukünftigen Entwicklungen kombinieren. Auf welche Weise diese Erkenntnisse herangezogen werden sollen, wird von der Aufsicht nicht festgelegt. Insbesondere wird nicht vorgeschrieben, die jeweiligen Berichte oder die relevanten Auszüge dieser Berichte an die zentrale OpRisk-Einheit weiterzugeben (Bringschuld). Ebenso denkbar sind z. B. eine Anforderung dieser Informationen durch die zentrale OpRisk-Einheit (Holschuld) oder ein regelmäßiger (bilateraler oder multilateraler) Austausch zwischen der zentralen OpRisk-Einheit und den relevanten Organisationseinheiten.

6 Maßnahmen zur Beseitigung oder Vermeidung operationeller Risiken (Tz. 5)

168

5 Auf Basis der identifizierten operationellen Risiken ist zu entscheiden, ob und welche Maßnahmen zur Beseitigung der Ursachen zu treffen oder welche Risikosteuerungsmaßnahmen zu ergreifen sind. Die Umsetzung der zu treffenden Maßnahmen ist zu überwachen.

6.1 Berichterstattung als Entscheidungsgrundlage

169 Die Geschäftsleitung ist mindestens jährlich über die bedeutenden Schadensfälle und die wesentlichen operationellen Risiken zu unterrichten. Die Berichterstattung hat die Art des Schadens bzw. Risikos, die Ursachen, das Ausmaß des Schadens bzw. Risikos und initiierte sowie bereits getroffene Gegenmaßnahmen zu umfassen. Darüber hinaus hat die Risikocontrolling-Funktion der Geschäftsleitung mindestens vierteljährlich einen Gesamtrisikobericht über die als wesentlich eingestuften Risikoarten vorzulegen (→ BT 3.2 Tz. 1), wozu grundsätzlich auch die operationellen Risiken gehören (→ AT 2.2 Tz. 1). In der Praxis könnte sich daher insbesondere bei größeren Instituten ggf. ein kürzerer Berichtsturnus von drei Monaten herauskristallisieren.

170 Darüber hinaus besteht anlassbezogen die Pflicht, unter Risikogesichtspunkten wesentliche Informationen unverzüglich an die Geschäftsleitung, die jeweiligen Verantwortlichen und ggf. die Interne Revision weiterzuleiten (→ AT 4.3.2 Tz. 4). Eine Informationspflicht gegenüber der Internen Revision existiert insbesondere dann, wenn nach Einschätzung der Fachbereiche unter Risikogesichtspunkten relevante Mängel zu erkennen oder bedeutende Schadensfälle aufgetreten sind oder ein konkreter Verdacht auf Unregelmäßigkeiten besteht (→ AT 4.3.2 Tz. 4, Erläuterung). Aus den daraus abgeleiteten Prüfungshandlungen können wiederum Feststellungen resultieren, die den fachlich zuständigen Mitgliedern der Geschäftsleitung von der Internen Revision vorgelegt werden. Wesentliche Mängel sind dabei besonders herauszustellen, im Falle von schwerwiegenden Mängeln muss der Bericht unverzüglich der Geschäftsleitung vorgelegt werden (→ BT 2.4 Tz. 1).

171 Eine effektive und zeitnahe Berichterstattung ist nach Meinung des BCBS die Basis für ein proaktives Management der operationellen Risiken. Die Berichte zu den operationellen Risiken sollten einen angemessenen Umfang aufweisen, weil eine effektive Entscheidungsfindung sowohl durch zu viele als auch durch zu wenige Daten behindert werden kann. Die Berichte sollten das operationelle Risikoprofil des Institutes beschreiben, indem sie interne und externe Informationen über Ereignisse und Bedingungen enthalten, die für die Entscheidungsfindung relevant sind. Sie sollten insbesondere Verstöße gegen den Risikoappetit sowie gegen Schwellenwerte, Limite oder qualitative Anforderungen, eine Beurteilung der wichtigsten und neu auftretenden Risiken, Details zu den jüngsten bedeutenden operationellen Risikoereignissen und Verlusten einschließlich Ursachenanalyse sowie relevante externe Ereignisse oder aufsichtsrechtliche Änderungen und deren mögliche Auswirkungen auf das Institut enthalten. Die Datenerfassungs- und Risikoberichterstattungsprozesse sollten regelmäßig mit den Zielen analysiert werden, die Leistung des Risikomanagements zu verbessern sowie die Grundsätze, Verfahren und Praktiken des Risikomanagements weiterzuentwickeln.[194]

---

194 Vgl. Basel Committee on Banking Supervision, Revisions to the Principles for the Sound Management of Operational Risk, BCBS 515, 31. März 2021, S. 13f.

6.2   Festlegung und Durchführung geeigneter Maßnahmen

In allen genannten Varianten der Berichterstattung geht es letztlich darum, auf Schwachstellen   **172**
hinzuweisen, um frühzeitig geeignete Maßnahmen zur Beseitigung der Ursachen zu treffen, angemessene Risikosteuerungsmaßnahmen zu ergreifen oder Prüfungshandlungen durch die Interne
Revision einzuleiten. Auf diese Weise kann vom Institut weiterer Schaden abgewendet werden. Der
Faktor »Zeit« spielt dabei eine wesentliche Rolle, da die Handlungsspielräume im Zeitverlauf häufig
sehr schnell eingeschränkt werden. Die Berichterstattung liefert die relevanten Informationen über
die operationellen Risiken. Auf Basis der identifizierten operationellen Risiken muss das Institut
entscheiden, ob und ggf. welche Maßnahmen zur Beseitigung der Ursachen zu treffen oder welche
Risikosteuerungsmaßnahmen zu ergreifen sind. Zu den Risikosteuerungsmaßnahmen zählen z. B.
Versicherungen, Ersatzverfahren, Neuausrichtung von Geschäftsaktivitäten und Maßnahmen des
Notfallmanagements (→ BTR 4 Tz. 5, Erläuterung). Für die Durchführung der festgelegten Maßnahmen ist i. d. R. die betroffene Organisationseinheit verantwortlich.

Die grundlegende Voraussetzung für ein solides Risikomanagement ist, dass die Geschäfts-   **173**
leitung und das obere Management die Art und Komplexität der Risiken verstehen, die dem
Portfolio aus Produkten, Dienstleistungen, Aktivitäten und Systemen innewohnen. Dies ist
besonders wichtig für das operationelle Risiko, da es allen Produkten, Aktivitäten, Prozessen und
Systemen innewohnt.[195] Ohne dieses Verständnis wird es letztlich auch nicht möglich sein,
angemessene Maßnahmen zum sachgerechten Umgang mit operationellen Risiken zu ergreifen.

Der BCBS stellt beim Management operationeller Risiken in erster Linie auf ein angemessenes   **174**
Kontrollumfeld ab und fasst diesen Begriff sehr weit. Konkret zählt der BCBS Richtlinien, Prozesse
und Systeme, angemessene interne Kontrollen und geeignete Strategien zur Risikominderung oder
Risikoübertragung dazu. Aus seiner Sicht besteht ein solides internes Kontrollprogramm aus vier
Komponenten, die integraler Bestandteil des Risikomanagementprozesses sind: Beurteilung,
Steuerung, Information und Kommunikation sowie Überwachung der Risiken, also die Risiko-
steuerungs- und -controllingprozesse, die ab der Identifizierung der Risiken greifen. Die Kontrollprozesse und -verfahren sollten u. a. die Sicherstellung der Einhaltung von Richtlinien, Vorschriften und Gesetzen beinhalten.[196] Das betrifft auch die Überprüfung, ob die erforderlichen Genehmigungen und Ermächtigungen vorliegen, die Nachverfolgung von Berichten über genehmigte
Ausnahmen von Schwellenwerten oder Limiten, Sonderregelungen des Managements (»Management Overrides«) und andere Abweichungen von Richtlinien, Vorschriften und Gesetzen. Darüber
hinaus gehören zu einem wirksamen Kontrollumfeld diverse weitere Vorgaben, die in den MaRisk
an verschiedenen Stellen geregelt sind. Das betrifft z. B. eine angemessene Aufgabentrennung und
die Minimierung von Interessenkonflikten (→ AT 4.3.1 Tz. 1), den Umgang mit automatisierten
Prozessen (→ AT 4.3.4 Tz. 3), den Einsatz neuer Technologien (→ AT 7.2 Tz. 4) und den Rückgriff
auf Dienstleister durch Auslagerung bestimmter Aktivitäten (→ AT 9 Tz. 2).[197]

In jenen Fällen, in denen die internen Kontrollen das Risiko nicht angemessen berücksichtigen   **175**
und ein Risikoausschluss keine realistische Option ist, kann das Risiko ggf. auf eine andere Partei
übertragen werden, z. B. durch eine Versicherung. Entsprechende Festlegungen hängen auch vom
Risikoappetit des Institutes ab. Während die spezifischen Bedürfnisse eines Institutes zum Risikotransfer auf individueller Basis bestimmt werden sollten, gibt es laut BCBS in vielen Ländern
aufsichtsrechtliche Anforderungen, die dabei berücksichtigt werden müssen. Der BCBS weist

---

195 Vgl. Basel Committee on Banking Supervision, Revisions to the Principles for the Sound Management of Operational Risk,
BCBS 515, 31. März 2021, S. 6.

196 Mit der Einhaltung der rechtlichen Regelungen und Vorgaben beschäftigt sich laut MaRisk die Compliance-Funktion
(→ AT 4.4.2 Tz. 1). Auch in dieser Hinsicht bestehen also Überschneidungen mit dem Management operationeller
Risiken.

197 Vgl. Basel Committee on Banking Supervision, Revisions to the Principles for the Sound Management of Operational Risk,
BCBS 515, 31. März 2021, S. 14 f.

außerdem deutlich darauf hin, dass ein Risikotransfer nur als Ergänzung und keinesfalls als Ersatz für eine gründliche interne Kontrolle der operationellen Risiken betrachtet werden kann. Der Schwerpunkt sollte klar auf der rechtzeitigen Identifizierung, Erfassung und Behebung von eindeutigen Fehlern bei operationellen Risiken oder spezifischen rechtlichen Risiken liegen, weil diese Risiken dadurch erheblich reduziert werden können. Zudem sollte sorgfältig geprüft werden, inwieweit Risikominderungsinstrumente wie Versicherungen das Risiko tatsächlich reduzieren oder es auf einen anderen Geschäftsbereich übertragen bzw. sogar ein neues Risiko erzeugen, wie z. B. ein Kontrahentenrisiko.[198]

176   Durch angemessene interne Kontrollen und Verfahren sollen also Bedrohungen, Schwachstellen und generell operationelle Risiken rechtzeitig erkannt und beurteilt werden. Damit soll, soweit möglich, verhindert werden, dass sie die Durchführung kritischer Operationen beeinträchtigen. Die jeweiligen Funktionen sollten regelmäßig die Wirksamkeit der implementierten Kontrollen und Verfahren bewerten. Diese Bewertungen sollten auch bei Änderungen an den zugrunde liegenden Komponenten der kritischen Operationen und nach Vorfällen durchgeführt werden, um die gewonnenen Erkenntnisse und neue Bedrohungen und Schwachstellen, die den Vorfall verursacht haben, zu berücksichtigen.[199]

177   Jedes Institut, das nicht umgehend gegen systemische Mängel vorgeht, also konkrete Schlussfolgerungen aus den analysierten Schadensfällen zieht, muss ggf. mit ernsthaften Feststellungen der Prüfer und darüber hinaus mit Maßnahmen der Bankenaufsicht rechnen. Die Beseitigung der Mängel bzw. die Einleitung geeigneter Risikosteuerungsmaßnahmen sollte daher im Eigeninteresse der Institute sehr ernst genommen und ggf. auch auf weniger bedeutende Problemfälle ausgeweitet werden, die aber häufig auftreten (»High Frequency, Low Impact«, HFLI) und daher in der Summe ebenfalls größere Verluste zur Folge haben können. Wie bereits angemerkt, sind davon jene Fälle ausgenommen, in denen sich entsprechende Gegensteuerungsmaßnahmen aus betriebswirtschaftlichen Überlegungen als unbrauchbar erweisen, weil z. B. die Kosten zur wirksamen Risikominderung höher sind als die potenziellen Verluste (→ BTR 4 Tz. 1).

6.3   Überwachung der Umsetzung

178   Die Umsetzung der zu treffenden Maßnahmen ist zu überwachen. Dafür ist i. d. R. die zentrale OpRisk-Einheit des Institutes verantwortlich, der für diesen Zweck, ähnlich wie der Internen Revision im Rahmen ihrer Tätigkeit (→ AT 4.4.3 Tz. 4), ein vollständiges und uneingeschränktes Informationsrecht gegenüber den betroffenen Organisationseinheiten eingeräumt werden sollte. Durch die Überwachung der Umsetzung wird einerseits sichergestellt, dass die Anweisungen der Geschäftsleitung befolgt werden, und andererseits kontrolliert, ob die festgelegten Maßnahmen überhaupt greifen. Die Ergebnisse aus dieser Überwachungstätigkeit könnten also Erkenntnisse liefern, die im Rahmen der weiteren Risikosteuerung von großem Nutzen sind. Sie sollten deshalb sinnvollerweise auch in die Risikoberichterstattung einfließen (→ BT 3.2 Tz. 6).

---

198 Vgl. Basel Committee on Banking Supervision, Revisions to the Principles for the Sound Management of Operational Risk, BCBS 515, 31. März 2021, S. 16.
199 Vgl. Basel Committee on Banking Supervision, Principles for Operational Resilience, BCBS 516, 31. März 2021, S. 5.

6.4   Einbindung der Internen Revision

In den Überwachungsprozess ist im Rahmen ihrer Aufgaben auch die Interne Revision einge- **179**
bunden. So muss z. B. sichergestellt sein, dass kurzfristig notwendige Sonderprüfungen anlässlich
deutlich gewordener Mängel oder bestimmter Informationsbedürfnisse jederzeit durchgeführt
werden können (→ BT 2.3 Tz. 4). Die Interne Revision hat, im Gegensatz zur OpRisk-Einheit, die
fristgerechte Beseitigung der im Rahmen von Prüfungshandlungen festgestellten Mängel in geeigneter Form zu überwachen. Gegebenenfalls ist dazu eine Nachschauprüfung anzusetzen (→ BT
2.5 Tz. 1). Werden die wesentlichen Mängel nicht in einer angemessenen Zeit beseitigt, so hat der
Leiter der Internen Revision darüber zunächst den fachlich zuständigen Geschäftsleiter schriftlich
zu informieren. Erfolgt die Mängelbeseitigung trotzdem nicht, ist die Geschäftsleitung spätestens
im Rahmen des nächsten Gesamtberichtes schriftlich über die noch nicht beseitigten Mängel zu
unterrichten (→ BT 2.5 Tz. 2).

Der Baseler Ausschuss für Bankenaufsicht (BCBS) hat im Zusammenhang mit der Aufgaben- **180**
zuweisung beim Modell der drei Verteidigungslinien darauf hingewiesen, dass die Interne Revision auch die Validierungsprozesse testen soll, um sicherzustellen, dass sie unabhängig sind und in
Übereinstimmung mit den institutsinternen Vorgaben implementiert wurden. Die Validierung ist
entscheidend für ein gut funktionierendes Management der operationellen Risiken. Sie stellt
sicher, dass die vom Institut verwendeten Quantifizierungssysteme ausreichend robust sind und
die Integrität der Eingaben, Annahmen, Methoden, Prozesse und Ergebnisse gewährleisten.[200]

---

200 Vgl. Basel Committee on Banking Supervision, Revisions to the Principles for the Sound Management of Operational Risk,
   BCBS 515, 31. März 2021, S. 3.

BT 2 Besondere Anforderungen an die Ausgestaltung der Internen Revision

1 Einführung und Überblick

1.1 Bedeutung der Internen Revision

Nach den nationalen und internationalen Revisionsstandards des Deutschen Institutes für Interne Revision (DIIR)[1] und des Institute of Internal Auditors (IIA)[2] ist die Tätigkeit der Internen Revision u. a. darauf gerichtet, die Geschäftsprozesse zu verbessern. Gemäß diesen Standards unterstützt die Interne Revision die Organisation bei der Erreichung ihrer Ziele, indem sie mit einem systematischen und zielgerichteten Ansatz die Effektivität des Risikomanagements, der Kontrollen und der Führungs- und Überwachungsprozesse bewertet und diese zu verbessern hilft.[3] Die Revision trägt also durch ihre Tätigkeit dazu bei, die Funktionsfähigkeit und Wirksamkeit der institutsinternen Strukturen zu gewährleisten.

Vor diesem Hintergrund ist es nicht verwunderlich, dass der Gesetzgeber der Internen Revision einen hohen Stellenwert einräumt. Nach § 25a Abs. 1 KWG umfasst ein angemessenes und wirksames Risikomanagement auch die Einrichtung einer Internen Revision. Revisionsspezifische Regelungen sind daher auch Gegenstand der MaRisk. Grundsätzliche Anforderungen, wie etwa die allgemeine Ausrichtung der Internen Revision oder deren organisatorische Verankerung, werden im allgemeinen Teil der MaRisk adressiert (→ AT 4.4.3). Eine Präzisierung der Anforderungen an die Interne Revision erfolgt im Modul BT 2.

1

2

BT 2 Besondere Anforderungen an die Ausgestaltung der Internen Revision

BT 2.1 Aufgaben der Internen Revision
BT 2.2 Grundsätze für die Interne Revision
BT 2.3 Prüfungsplanung und -durchführung
BT 2.4 Berichtspflicht
BT 2.5 Reaktion auf festgestellte Mängel

Abb. 77: Besondere Anforderungen an die Interne Revision im Überblick

---

[1] Das Deutsche Institut für Interne Revision e. V. (DIIR), Frankfurt am Main, ist der Berufsverband für Interne Revisoren in Deutschland. Es unterstützt die Fach- und Führungskräfte der Internen Revision in ihren Prüfungs- und Beratungsaufgaben, z. B. durch die Entwicklung von Qualitäts- und Verfahrensstandards, durch Tagungen und Seminare sowie durch Zertifizierungen und Berufsexamina (z. B. Certified Internal Auditor – CIA). Das DIIR wurde am 8. November 1958 in Frankfurt am Main gegründet. Das DIIR ist Mitglied der European Confederation of Institutes of Internal Auditing (ECIIA) und des Institute of Internal Auditors (IIA). DIIR, ECIIA und IIA bringen sich regelmäßig auf nationaler, europäischer und internationaler Ebene in berufsspezifische Konsultationen ein. Im DIIR haben sich neben mehr als 2.000 persönlichen Mitgliedern aus allen Bereichen der Wirtschaft, der Wissenschaft und der Verwaltung über 800 Unternehmen und Organisationen zusammengeschlossen. Vgl. Deutsches Institut für Interne Revision e. V., Jahresbericht 2019, 3. Dezember 2019, S. 3.

[2] Das Institute of Internal Auditors (IAA) ist ein international anerkannter Berufsverband für Interne Revisoren mit Hauptsitz in Lake Mary, Florida, USA. Das IIA wurde 1941 gegründet und hat weltweit mehr als 200.000 Mitglieder aus den Bereichen Interne Revision, Risikomanagement, Führung und Überwachung, Interne Kontrollsysteme (IKS) und IT-Prüfung.

[3] Vgl. Deutsches Institut für Interne Revision e. V. (DIIR), Frankfurt am Main, Institut für interne Revision Österreich (IIA Austria), Wien, Schweizer Verband für Interne Revision (IIA Switzerland), Zürich (Hrsg.), Internationale Standards für die berufliche Praxis der Internen Revision 2017 – Mission, Grundprinzipien, Definitionen, Ethikkodex, Standards, Version 6.1, 10. Januar 2018, S. 13.

1.2 Anpassungen im Rahmen der MaRisk-Novellen

3 Unter materiellen Gesichtspunkten brachten die Novellen der MaRisk aus den Jahren 2009, 2010 und 2012 keine einschneidenden Änderungen bei den revisionsspezifischen Regelungen mit sich. Bemerkenswert war bei diesen Anpassungen zum einen, dass der Internen Revision die Begleitung von wesentlichen Projekten verbindlich vorgegeben wurde (→ BT 2.1 Tz. 2). Zum anderen kommt seitdem deutlicher zum Ausdruck, dass sich das Aufgabenspektrum der Internen Revision auch auf die Prüfung des Strategieprozesses erstreckt (→ AT 4.2 Tz. 1, Erläuterung). Darüber hinaus wurde die Geschäftsleitung dazu verpflichtet, dem Vorsitzenden des Aufsichtsorgans ein Auskunftsrecht gegenüber dem Leiter der Internen Revision einzuräumen (→ AT 4.4.3 Tz. 2).

4 Im Zuge der fünften MaRisk-Novelle aus dem Jahr 2017 wurden insbesondere die Anforderungen an die Berichtspflichten der Internen Revision an die Geschäftsleitung und das Aufsichtsorgan sowie die Vorgaben für die Konzernrevision deutlich verschärft. Die Interne Revision hat nunmehr sowohl der Geschäftsleitung als auch dem Aufsichtsorgan vierteljährlich zeitnah einen Bericht vorzulegen, in dem sie über die wesentlichen und schwerwiegenden Mängel sowie über die in diesem Zusammenhang ergriffenen Maßnahmen informiert. Zudem hat die Interne Revision vierteljährlich darzulegen, ob und inwieweit die Vorgaben des Prüfungsplanes eingehalten wurden (→ BT 2.4 Tz. 4). Darüber hinaus sind die Revisionsgrundsätze und Prüfungsstandards der Konzernrevision und der Internen Revision der gruppenangehörigen Unternehmen derart auszugestalten, dass eine Vergleichbarkeit der Prüfungsergebnisse gewährleistet ist. Die Prüfungsplanungen und die Verfahren zur Überwachung der fristgerechten Mängelbeseitigung sind auf Gruppenebene abzustimmen. Schließlich hat die Konzernrevision in angemessenen Abständen, mindestens jedoch vierteljährlich, an die Geschäftsleitung und das Aufsichtsorgan des übergeordneten Unternehmens über ihre Tätigkeit auf Gruppenebene zu berichten (→ AT 4.5 Tz. 6).

5 Mit dem Finanzmarktintegritätsstärkungsgesetz und der sechsten MaRisk-Novelle aus dem Jahr 2021 wird die bisherige Systematik des § 25b KWG und des Moduls AT 9 im Hinblick auf Auslagerungen geändert. Die Regelungen beschränken sich nicht mehr nur auf unter Risikogesichtspunkten »wesentliche« Auslagerungen (→ AT 9, Einführung). Folgerichtig gelten die Erleichterungen bei einer anderweitigen Durchführung der Revisionstätigkeit seit der Novellierung auch für »nicht wesentliche« Auslagerungen. Darüber hinaus hat die Aufsicht im Zuge der sechsten MaRisk-Novelle die Anforderungen an die Verwendung von Zertifikaten, Nachweisen und der zugehörigen Prüfberichte durch die Interne Revision des Institutes sowie die Eignung des Zertifizierers oder Prüfers konkretisiert (→ BT 2.1 Tz. 3 inkl. Erläuterung).

1.3 Vorgaben internationaler und europäischer Standardsetzer

6 Der Baseler Ausschuss für Bankenaufsicht (BCBS) hat im Juni 2012 seine Empfehlungen zur Internen Revision in Banken veröffentlicht.[4] In diesem Papier geht es ebenfalls um die Unabhängigkeit und das Aufgabengebiet der Internen Revision, wobei sich daraus kein Handlungsbedarf zur Überarbeitung der MaRisk ergeben hat. Allerdings wurde wiederholt die Diskussion über die Zuordnung der Internen Revision zur Geschäftsleitung oder zum Aufsichtsorgan angestoßen, insbesondere vor dem Hintergrund des angelsächsischen Modells der Unternehmensführung (→ AT 4.4.3 Tz. 2). Den Stellungnahmen ist zu entnehmen, dass eine Anbindung an das Aufsichtsorgan selbst von einigen Staaten mit dualistischem System positiv bewertet wird.

---

4 Basel Committee on Banking Supervision, The internal audit function in banks, BCBS 223, 28. Juni 2012.

Zuletzt hat der BCBS in den überarbeiteten Prinzipien für eine angemessene Corporate Governance für Banken aus dem Jahr 2015 umfangreiche Vorgaben für die Ausgestaltung der Internen Revision formuliert.[5] In diesem Dokument betont der BCBS die besondere Bedeutung der Internen Revision als dritte Verteidigungslinie in dem von ihm verwendeten Modell der drei Verteidigungslinien (→ AT 4.4, Einführung). Darüber hinaus wird auch in den neuen Prinzipien deutlich, dass der BCBS die Interne Revision eher als ein Instrument des Aufsichtsorgans als der Geschäftsleitung betrachtet. Sehr weitgehend sind in diesem Dokument die Anzeigepflichten des Institutes bei einem Wechsel des Leiters der Internen Revision. Nach den Vorstellungen des BCBS soll eine Ablösung des Leiters offengelegt und mit der Aufsichtsbehörde erörtert werden.[6] Die Überlegungen des BCBS wurden im Rahmen der fünften MaRisk-Novelle aufgrund des in Deutschland vorherrschenden dualistischen Systems der Unternehmensführung in dieser Form allerdings nicht in nationales Recht umgesetzt (→ AT 4.4.3 Tz. 1).

7

Die EBA hat in ihren Leitlinien zur internen Governance im Jahr 2011 Anforderungen an die Ausgestaltung der Internen Revision formuliert, die durch die überarbeiteten Leitlinien aus dem Jahr 2017 ersetzt wurden.[7] Das Ziel der EBA besteht darin, die bankaufsichtlichen Anforderungen an die interne Governance der Institute, einschließlich der Vorgaben für die besonderen Funktionen im Sinne der MaRisk, europaweit zu harmonisieren. Die Leitlinien enthalten die bekannten Grundvoraussetzungen für eine funktionsfähige Interne Revision, wie z.B. die unmittelbare Verantwortung gegenüber der Geschäftsleitung, die Unabhängigkeit, die Einräumung ausreichender Befugnisse und einen uneingeschränkten Zugang zu allen erforderlichen Informationen. Die Interne Revision hat ihre Tätigkeit risikoorientiert und prozessunabhängig durchzuführen. Nach den Leitlinien muss die Interne Revision ihre Prüfungen auf der Grundlage eines umfassenden und jährlich fortzuschreibenden Prüfungsplanes durchführen, über die Ergebnisse berichten und die Mängelbeseitigung überwachen. Ähnlich wie vom BCBS gefordert, sollte auch nach den Vorstellungen der EBA sichergestellt sein, dass die Interne Revision, soweit erforderlich, direkt gegenüber dem Aufsichtsorgan ihre Bedenken äußern bzw. dieses warnen kann, wenn nachteilige Entwicklungen das Institut beeinträchtigten können.[8] Gemäß den einschlägigen Leitlinien der EBA prüfen die zuständigen Behörden im Rahmen des aufsichtlichen Überprüfungs- und Bewertungsprozesses (Supervisory Review and Evaluation Process, SREP), ob ein Institut über eine unabhängige Interne Revision verfügt, die den Anforderungen der EBA-Leitlinien zur internen Governance entspricht.[9]

8

---

5 Vgl. Basel Committee on Banking Supervision, Guidelines – Corporate governance principles for banks, BCBS 328, 8. Juli 2015, S. 32.

6 Vgl. Basel Committee on Banking Supervision, Guidelines – Corporate governance principles for banks, BCBS 328, 8. Juli 2015, S. 32f.

7 European Banking Authority, EBA Guidelines on Internal Governance (GL 44), 27. September 2011; European Banking Authority, Leitlinien zur internen Governance, EBA/GL/2017/11, 21. März 2018. Die EBA hat die Leitlinien im Juli 2020 einer erneuten Überarbeitung unterzogen und ihren endgültigen Bericht an die EU-Kommission im Juli 2021 veröffentlicht, der im Hinblick auf die Ausgestaltung der Internen Revision keine wesentlichen Änderungen enthält. Vgl. European Banking Authority, Final Report on Guidelines on internal governance under Directive 2013/36/EU, EBA/GL/2021/05, 2. Juli 2021, S. 57ff.

8 Vgl. European Banking Authority, Leitlinien zur internen Governance, EBA/GL/2017/11, 21. März 2018, S. 13.

9 Vgl. European Banking Authority, Guidelines on common procedures and methodologies for the supervisory review and evaluation process (SREP) and supervisory stress testing, EBA/GL/2014/13, Consolidated version, 19. Juli 2018, S. 56f.

BT 2.1 Aufgaben der Internen Revision

1 Prüfungsumfang und risikoorientierter Prüfungsansatz (Tz. 1)

1 Die Prüfungstätigkeit der Internen Revision hat sich auf der Grundlage eines risiko-orientierten Prüfungsansatzes grundsätzlich auf alle Aktivitäten und Prozesse des Institutes zu erstrecken.

1

1.1 Umfassendes Aufgabenspektrum

Gegenstand von Revisionshandlungen sind auf der Basis eines risikoorientierten Prüfungsansatzes grundsätzlich alle Aktivitäten und Prozesse des Institutes. Diese Regelung macht zum einen deutlich, dass die Aufgaben der Revision umfassend sind und insoweit auch grundsätzlich keiner Begrenzung unterliegen. Zum anderen entspricht es modernen Prüfungsansätzen, wenn sich die Auswahl der Prüfungsobjekte und der Prüfungsmethoden an Risikoaspekten orientiert. Gleichzeitig können auf diese Weise die knappen Ressourcen der Revision effizienter eingesetzt werden. Dem risikoorientierten Ansatz wurde bereits in den MaIR ein hoher Stellenwert eingeräumt.[1] In den MaRisk rückt die Risikoorientierung als tragendes Prinzip noch stärker in den Mittelpunkt (→ AT 4.4.3 Tz. 3). Risikoorientierung bedeutet, dass die einem höheren Risiko unterliegenden Prüffelder des Institutes intensiver und häufiger geprüft werden als die weniger risikobehafteten Bereiche. Auch nach den Vorstellungen der EBA sollte die Tätigkeit der Internen Revision nach einem Prüfungsplan und einem detaillierten Prüfungsprogramm auf der Grundlage eines risikobasierten Ansatzes durchgeführt werden.[2] Der risikoorientierte Ansatz entspricht ebenfalls den Vorgaben der Berufsverbände für Interne Revisionen auf nationaler und internationaler Ebene.[3]

2

1.2 Spielräume

Der Einschub »grundsätzlich« macht deutlich, dass im Hinblick auf den Aufgabenumfang gewisse Spielräume bestehen und insofern die für die tägliche Arbeit der Revision erforderliche Flexibilität erhalten bleibt. Solche Spielräume sind notwendig, um das grundsätzliche Erfordernis einer Vollprüfung mit der Risikoorientierung der Revision in Einklang zu bringen. Ein an Risikoaspekten orientiertes Vorgehen muss daher nicht zwangsläufig zu einer Vollprüfung des gesamten Institutes innerhalb des vorgegebenen Turnus führen. Die mit der Risikoorientierung einhergehende Gewichtung macht die bewusste Konzentration auf bestimmte Prüfungsfelder erforderlich. Bei unter Risikogesichtspunkten weniger relevanten Prüfungsfeldern ist dementsprechend eine gerin-

3

---

[1] Vgl. Bundesaufsichtsamt für das Kreditwesen, Mindestanforderungen an die Ausgestaltung der Internen Revision der Kreditinstitute (MaIR), Rundschreiben 1/2000 vom 17. Januar 2000, Tz. 15.

[2] Vgl. European Banking Authority, Leitlinien zur internen Governance, EBA/GL/2017/11, 21. März 2018, S. 49.

[3] Vgl. Deutsches Institut für Interne Revision e.V. (DIIR), Frankfurt am Main, Institut für interne Revision Österreich (IIA Austria), Wien, Schweizer Verband für Interne Revision (IIA Switzerland), Zürich (Hrsg.), Internationale Standards für die berufliche Praxis der Internen Revision 2017 – Mission, Grundprinzipien, Definitionen, Ethikkodex, Standards, Version 6.1, 10. Januar 2018, S. 36f.

gere Prüfungsintensität erforderlich. Die risikoorientierte Prüfungsplanung ist insoweit von zentraler Bedeutung für die Wirksamkeit der Internen Revision.

1.3   Systematisierung der Risiken

4   Damit eine derartige Abgrenzung bzw. Klassifizierung überhaupt vorgenommen werden kann, ist es erforderlich, das gesamte Institut unter den für die Revision relevanten Risikogesichtspunkten zu systematisieren. Die Voraussetzung für ein risikoorientiertes Vorgehen der Revision stellt die Analyse aller Prozesse und Aktivitäten im Hinblick auf ihren jeweiligen Risikogehalt dar. Die konkrete Ausgestaltung dieser Analysetätigkeit bleibt dabei der Revision überlassen. Allerdings benötigt sie immer einen vollständigen Überblick über das gesamte Institut. Diesen Überblick gewinnt sie durch die unerlässliche eigene Analysetätigkeit sowie unterstützend u. a. durch die Organisationsrichtlinien, deren Ausgestaltung ihr das Eintreten in die Sachprüfung ermöglichen muss (→ AT 5 Tz. 4), die risikorelevanten Informationen, die sie von anderen Organisationseinheiten erhält (→ AT 4.3.2 Tz. 4 inkl. Erläuterung), sowie durch die Begleitung der wesentlichen Projekte (→ BT 2.1 Tz. 2), die Beteiligung am Neu-Produkt-Prozess (→ AT 8.1 Tz. 5), die Beteiligung an der Analyse zu Änderungen betrieblicher Prozesse oder Strukturen (→ AT 8.2 Tz. 1) und die Beteiligung an der Risikoanalyse bei Auslagerungen (→ AT 9 Tz. 2). Die Effektivität der Revision wird durch die kontinuierliche Aktualisierung und Bewertung dieser Informationen verbessert.

5   Die Aufsicht gibt den Instituten keine konkrete Methode zur Risikoidentifizierung und -bewertung vor. Es gilt der Grundsatz der Methodenfreiheit. Im Zuge der fünften MaRisk-Novelle wurden jedoch Anforderungen an die Risikobewertungsverfahren der Internen Revision aufgenommen. Danach haben die Risikobewertungsverfahren eine Analyse des Risikopotenzials der Aktivitäten und Prozesse unter Berücksichtigung absehbarer Veränderungen zu beinhalten. Dabei sind die verschiedenen Risikoquellen und die Manipulationsanfälligkeit der Prozesse durch Mitarbeiter angemessen zu berücksichtigen (→ BT 2.3 Tz. 2).

2 Projektbegleitende Tätigkeit (Tz. 2)

2 Die Interne Revision hat unter Wahrung ihrer Unabhängigkeit und unter Vermeidung von Interessenkonflikten bei wesentlichen Projekten begleitend tätig zu sein. 6

2.1 Projektbegleitung

Notwendige Anpassungen der institutsinternen Strukturen (z. B. aufgrund veränderter Markt-   7
bedingungen oder eines Strategiewechsels) lassen sich in vielen Fällen nicht auf der Basis
etablierter Regelprozesse umsetzen. Um der Komplexität solcher Anpassungsprozesse Genüge zu
tun, werden daher häufig Projekte initiiert. Ein »Projekt« ist ein komplexes Vorhaben, welches
zeitlich durch einen definierten Anfangs- und Endtermin begrenzt sowie inhaltlich durch die
Einmaligkeit seiner Bedingungen gekennzeichnet ist. Die jeweiligen Bedingungen hängen insbesondere von den Projektzielen, der Projektabgrenzung und den an der Umsetzung mitwirken-
den Organisationseinheiten und Ressourcen ab. Grundsätzlich als Projekt zu qualifizieren ist auch
die – zeitlich begrenzte – Erledigung bestimmter Sonderaufgaben, die bei Instituten häufig außerhalb der üblichen Projektstrukturen bspw. im Rahmen einer »Task Force« vorangetrieben wird.
Die dabei behandelten Themen sind oftmals strategischer Natur, so dass von Seiten der Revision
ein großes Interesse an einer Teilnahme bestehen sollte. Die Bearbeitung außerhalb der gegebenen
Projektstruktur oder die Bezeichnung (»Task Force«) etc. ändern nicht den Projektcharakter, so
dass auch keine nachvollziehbaren Gründe für eine Nichtberücksichtigung der Revision vorliegen.

Die erfolgreiche Umsetzung von Projekten ist für die Institute von erheblicher Bedeutung. So   8
stellt die schnelle Einführung eines innovativen Prozesses oder Systems einen entscheidenden
Wettbewerbsvorteil gegenüber der Konkurrenz dar. Allerdings fallen die Projektergebnisse oft
weniger gut aus als vorab geplant. Das Scheitern von Projekten ist zum größten Teil direkt oder
indirekt auf unzureichendes Projektmanagement zurückzuführen. Dies ist nicht verwunderlich,
da die Projektmanagementpläne und -kontrollen das zentrale Rahmenwerk für die darin ablau-
fenden Projektaktivitäten darstellen. Projektergebnisse sind erfahrungsgemäß nur sehr selten
besser als die Pläne und Vorgaben des Projektmanagements. Unklare Absprachen und ungenaue
Vorgaben können z. B. eine unzureichende Qualität zur Folge haben. Eine fehlerhafte Definition
und Planung der zu liefernden Projektergebnisse können zu einer massiven Zeit- und Budgetüber-
schreitung führen. Verspätete Entscheidungen zur Behandlung von Projektrisiken, bspw. zur
kurzfristigen Bereitstellung von Ressourcen mit angemessener Expertise, können sich ebenfalls
gravierend auf den Zeit- und Kostenplan auswirken. Insbesondere die teilweise wenig präzisen
Vorgaben in Bezug auf die Projektziele und die Rollen der Beteiligten sowie eine unzureichende

oder unverbindliche Projektplanung können von den Projektteammitgliedern nicht kompensiert werden und führen oft zu erheblichen Zielverfehlungen.[4]

9　Mit der zweiten MaRisk-Novelle hat die Projektbegleitung ihren empfehlenden Charakter verloren: Von der Internen Revision wird seither explizit gefordert, unter Wahrung ihrer Unabhängigkeit und unter Vermeidung von Interessenkonflikten bei wesentlichen Projekten begleitend tätig zu sein. Durch die Begleitung von Projekten soll zum einen sichergestellt werden, dass die Revision frühzeitig auf mögliche Fehlentwicklungen hinweist. Zum anderen erhält die Interne Revision auf diese Weise zeitnah Informationen über Projektinhalte, neue Prozesse und IT-Systeme, so dass einerseits ein kontinuierlicher Know-how-Aufbau der Revisionsmitarbeiter gefördert wird und andererseits ggf. eine zeitnahe Anpassung der Prüfungsplanung vorgenommen werden kann.[5] Angesichts der Bedeutung von Projekten im Allgemeinen und aufgrund der beschriebenen Projektrisiken ist die risikoorientierte Prüfung von Projekten selbstverständlich auch weiterhin Gegenstand der Revisionstätigkeit, so dass eine explizite Regelung entbehrlich ist. Zur Klarstellung sei allerdings darauf hingewiesen, dass es sich um zwei unterschiedliche Sachverhalte handelt und die Projektbegleitung nicht mit der Prüfung von Projekten durch die Interne Revision gleichzusetzen ist.[6]

2.2　Begleitung wesentlicher Projekte

10　Mit der Einschränkung der Anforderung auf »wesentliche« Projekte wird zum einen dem Grundsatz der Risikoorientierung Rechnung getragen. Die Interne Revision muss nur bei Projekten begleitend tätig werden, die aus Risikosicht von Relevanz sind. Zu diesem Zweck müssen alle Organisationseinheiten die Interne Revision über neue Projekte informieren, damit sie die aus ihrer Sicht wesentlichen Projekte identifizieren kann. Entsprechende Festlegungen sind von der Internen Revision eigenverantwortlich auf Basis geeigneter Kriterien zu treffen.[7] Zum anderen

---

4　Vgl. Deutsches Institut für Interne Revision e. V., DIIR-Revisionsstandard Nr. 4, Standard zur Prüfung von Projekten vom 18. Juni 2008, Abschnitt 1.1. Es sei allerdings darauf hingewiesen, dass sich die Ausführungen auf das »klassische Projektmanagement« beziehen. Ein »agiles Projektmanagement«, dessen Konzept seit Anfang des 21. Jahrhunderts kontinuierlich weiterentwickelt wird und das vor allem bei flachen Unternehmenshierarchien erfolgreich angewendet wird, unterliegt gänzlich anderen Rahmenbedingungen. So werden z. B. die Zielsetzung und die zugrunde liegenden Prozesse, sofern erforderlich, fortlaufend an die jeweils aktuelle Situation angepasst. Auf diese Weise kann insbesondere der Zeitaufwand für ein Projekt deutlich reduziert werden. Zudem werden die Kunden bereits in die Projektentwicklung eingebunden und am gesamten Prozess beteiligt, wodurch die Gefahr von Fehlentwicklungen minimiert wird. Zu den bekanntesten agilen Methoden gehören »Unified Process«, »Extreme Programming«, »Design Thinking«, »Design Sprint«, »Lean Startup«, »Scrum«, »Kanban«, »Scrumban« und die damit im Zusammenhang stehende Methode »Canvas« zur Weiterentwicklung von Geschäftsmodellen. Derartige Methoden können auch für die Arbeit der Internen Revision von Interesse sein. In diesem Zusammenhang wird z. B. »Continuous Auditing« genannt, aber auch »Design Thinking«. Zur Anwendung von »Design Thinking« auf den Prüfungsprozess, insbesondere die Prüfungsplanung und -durchführung, wird auf Walz, Hiltrud/Hess, Nicole, Design Thinking für Revisoren, in: Zeitschrift Interne Revision, Heft 3/2018, S. 145–151, verwiesen.

5　Vgl. Ullrich, Walter, Konsequenzen für die Prüfungstätigkeit, in: Pfeifer, Guido/Ullrich, Walter/Wimmer, Konrad (Hrsg.), MaRisk-Umsetzungsleitfaden, Heidelberg 2006, S. 548 ff.

6　Zu den Anforderungen an die Begleitung wesentlicher Projekte durch die Interne Revision vgl. Deutsches Institut für Interne Revision e. V., Online-Revisionshandbuch, Stand Dezember 2019, S. 29 f. und 105 ff. Zur Prüfung von Projekten hat das DIIR im August 2008 erstmalig einen Revisionsstandard veröffentlicht, der zuletzt im September 2019 umfassend überarbeitet wurde. Vgl. Deutsches Institut für Interne Revision e. V., DIIR Revisionsstandard Nr. 4, Prüfung von Projekten durch die Interne Revision, Version 3.0, Frankfurt am Main, September 2019. Für die Sparkassenorganisation existiert daneben z. B. der Standard »Projektbegleitende Prüfung der Internen Revision« (2008) des DSGV-Fachausschusses Prüfung und Kontrolle.

7　Laut dem Deutschen Institut für Interne Revision können für die Beurteilung der Wesentlichkeit quantitative und qualitative Verfahren sowie Mischformen verwendet werden. Quantitative Kriterien können u. a. sein: das Projektbudget, das Neuinvestitionsvolumen eines Projektes, die aus einem Projekt resultierenden laufenden Kosten, die Quote externer Ressourcen im Projekt. Als qualitative Kriterien kommen u. a. in Betracht: die Auswirkungen der Projektumsetzung auf den Unternehmenserfolg/die Unternehmensstrategie, die Auswirkungen der Projektumsetzung auf das Risikomanagement und das interne Kontrollsystem des Institutes, die regulatorische Relevanz der Projektinhalte, die fachliche/organisatorische Komplexität der Projektumsetzung sowie Auswirkungen auf Kunden. Vgl. Deutsches Institut für Interne Revision e. V., Online-Revisionshandbuch, Stand Dezember 2019, S. 105 f.

wäre schon aus Kapazitätsgründen bei vielen Instituten eine Begleitung aller Projekte durch die Revision kaum möglich. Allerdings kann die Interne Revision im Falle vorhandener Kapazitäten und im Interesse des Institutes auch dort unterstützend mitwirken, wo ihre Expertise bei weniger bedeutenden Projekten zu einem schnelleren Abschluss führen könnte. Davon unabhängig können bestimmte, aus Sicht des Institutes weniger bedeutende Projekte für die Tätigkeit der Revision von speziellem Interesse sein.

2.3 Wahrung der Unabhängigkeit und Vermeidung von Interessenkonflikten

Bei der Projektbegleitung stellt sich stets die Frage nach der Unabhängigkeit der Revision. Schließ- **11** lich werden die als Ergebnis der Projektarbeit entwickelten Strukturen, Tätigkeiten oder Prozesse zu gegebener Zeit Gegenstand einer Prüfung durch die Revision. Die Unabhängigkeit ist insbesondere dann infrage zu stellen, wenn dieselben Revisionsmitarbeiter ein Projekt begleiten und beraten und später die Prüfung durchführen. Dieser Aspekt wird in den MaRisk bereits in allgemeiner Form berücksichtigt, indem sicherzustellen ist, dass miteinander unvereinbare Tätigkeiten durch unterschiedliche Mitarbeiter durchzuführen sind (→ AT 4.3.1 Tz. 1). Dieses Prinzip ist auch zu beachten, wenn Mitarbeiter in die Revision wechseln, die zuvor an den zu prüfenden Projekten oder Prozessen teilgenommen haben.

Insoweit ist es erforderlich, durch geeignete Vorkehrungen eine so genannte »Selbstprüfung der **12** Revision« zu vermeiden. Allgemeinen Revisionsgrundsätzen zufolge wird von einer »Selbstprüfung« gesprochen, wenn Revisionsmitarbeiter maßgeblich beim Zustandekommen des Prüfungsgegenstandes mitgewirkt haben, also z. B. über Empfehlungen hinausgehende Konzepte für Systeme oder Prozesse erstellt, installiert und betrieben haben.[8] Auf die Leitung von Projekten sollte daher revisionsseitig generell verzichtet werden. Auch eine operative Mitwirkung in einem Projekt würde über eine Projektbegleitung hinausgehen. Vielmehr erscheint es ausreichend, aber auch erforderlich, wenn die Interne Revision sich laufend auf der Basis schriftlicher Unterlagen über Projektplanung, -verlauf und -ergebnisse informiert, einen regelmäßigen Austausch mit der Projektleitung etabliert und ggf. als Gast an Sitzungen des Projektlenkungsausschusses teilnimmt. Die jeweiligen Vertreter der Internen Revision haben etwaige Hinweise oder Bedenken gegenüber den Projektverantwortlichen bzw. den Steuerungsgremien in geeigneter Weise zu adressieren und müssen für eine ausreichende Dokumentation ihrer Arbeit sorgen. Soweit agile Methoden in der Projektarbeit genutzt werden, muss die Revisionsleitung dafür sorgen, dass die Prüfer diese kennen und verstehen, um das Projekt auf Augenhöhe begleiten zu können. Im Grunde ist es die Aufgabe der Revisionsleitung, geeignete Festlegungen zu treffen, um ihre Neutralität und Unabhängigkeit zu wahren sowie Interessenkonflikte zu vermeiden. Die Revision sollte sich daher zu dieser Frage auf eine interne Leitlinie verständigen, die für ihr Handeln maßgeblich ist und ein nachvollziehbares und stringentes Vorgehen (Grundsätze, Abgrenzung, Prozessablauf, Kompetenzen etc.) erlaubt. Als Grundlage können die Vorgaben der nationalen und internationalen Berufsverbände für die Interne Revision herangezogen werden.[9] Die Leitlinie könnte zudem geeignet sein, um Kriterien dafür festzulegen, was unter »wesentlichen« Projekten zu verstehen ist.

Das Institute of Internal Auditors (IIA) hat im Zusammenhang mit der Weiterentwicklung seines **13** Modells der drei Verteidigungslinien hin zu einem »Drei-Linien-Modell« eine Diskussion über die

---

8 Vgl. Deutsches Institut für Interne Revision e.V. (Hrsg.), Grundsätze für die berufliche Praxis der Internen Revision, Frankfurt a.M., 1998, Nr. 110.03; Deutsches Institut für Interne Revision e. V. (Hrsg.), Grundlagen der Internen Revision, Frankfurt a.M., 2002, Nr. 1130.A1.

9 Vgl. Deutsches Institut für Interne Revision e. V., Online-Revisionshandbuch, Stand Dezember 2019, S. 25 ff.

Rolle der Internen Revision bei Projekten angestoßen. Nach den Vorstellungen des IIA ermöglicht das Drei-Linien-Modell nicht nur einen flexibleren Rahmen des Zusammenspiels der ersten und der zweiten Verteidigungslinie, sondern führt vor allem auch zu einer Stärkung und Erweiterung der Rolle der Internen Revision als dritte Verteidigungslinie (→ AT 4.4, Einführung).[10] Vor diesem Hintergrund wird teilweise vertreten, dass die Interne Revision ggf. eine führende Rolle in der Koordination der Zusammenarbeit zwischen den anderen Governance-Rollen und Organisationseinheiten oder eine Vermittlerfunktion übernehmen könnte.[11] Die Aufsichtsbehörden haben sich zu den Überlegungen des IIA zu dem Drei-Linien-Modell noch nicht geäußert. Bisher setzt die Aufsicht der Internen Revision bei der Projektbegleitung enge Grenzen, da diese nur »unter Wahrung ihrer Unabhängigkeit und unter Vermeidung von Interessenkonflikten« erfolgen kann. Es bleibt daher abzuwarten, inwieweit die Aufsicht die vom IIA angestrebte aktivere Rolle der Internen Revision in den Unternehmen in ihre Verwaltungspraxis übernimmt. Möglich ist allerdings auch, dass der Grundgedanke des Drei-Linien-Modells den in den MaRisk eingeräumten Mitwirkungsrechten der Internen Revision schon weitgehend entspricht. Vor diesem Hintergrund wäre eine Klarstellung der Aufsicht wünschenswert.

14   Die deutsche Aufsicht hat das »Verbot der Selbstprüfung und -überprüfung« als allgemeines Prinzip für den Wechsel von Mitarbeitern der Handels- und Marktbereiche in nachgelagerte Bereiche, wie die Marktfolge sowie die Abwicklung und Kontrolle, und in Kontrollbereiche, wie die Risikocontrolling-Funktion und die Compliance-Funktion, in den MaRisk verankert und mit angemessenen Übergangsfristen verknüpft. Dabei hat sie bewusst darauf verzichtet, den Instituten konkrete Zeiten vorzugeben, weil die Angemessenheit dieser Fristen wesentlich davon abhängt, wie groß das Konfliktpotenzial im konkreten Fall ist (→ AT 4.3.1 Tz. 1 inkl. Erläuterung). Beim Wechsel von Mitarbeitern anderer Organisationseinheiten zur Internen Revision soll diese Übergangsfrist demgegenüber in der Regel mindestens ein Jahr betragen. Innerhalb dieser Frist darf der neue Revisionsmitarbeiter keine Tätigkeiten prüfen, für die er im Verlauf der vorangegangenen zwölf Monate verantwortlich war (→ BT 2.2 Tz. 3).

2.4   Projektbegleitung oder Beratung?

15   Gelegentlich kann es schwierig sein, zwischen der Projektbegleitung und einer lediglich beratenden Tätigkeit der Revision zu unterscheiden.[12] An die Revision wird häufig die Bitte herangetragen, zu einzelnen Themen kurzfristig Stellung zu nehmen oder Gutachten zu erstellen.[13] Damit kann das Fachwissen der Revision nutzbringend für das Institut eingesetzt werden. Gleichzeitig können entsprechende Synergien aus den täglichen Revisionsarbeiten gezogen werden. Ob es sich hierbei im Einzelfall um Projektarbeit handelt oder einer beratenden Funktion nachgekommen wird, ist im Ergebnis zweitrangig. Entscheidend ist letztlich, dass bei der Durchführung solcher Tätigkeiten Interessenkonflikte vermieden werden und die Unabhängigkeit der Revision gewahrt bleibt.

---

10 The Institute of Internal Auditors, Global Perspectives and Insights, Das Drei-Linien-Modell – ein wichtiges Instrument für den Erfolg jeder Organisation, 10. November 2020, S. 5f. Für weitere Informationen vgl. The Institute of Internal Auditors, The IIA's Three Lines Model, An update of the Three Lines of Defense, 13. Juli 2020.

11 Vgl. Schmidt, Christoph/Lenz, Rainer/Polzer, Tobias, Die Governance-Rolle der Internen Revision im neuen »Three-Lines-Modell«, in: Zeitschrift für das gesamte Kreditwesen, Heft 21/2020, S. 17.

12 Vgl. Deutsches Institut für Interne Revision e. V., Online-Revisionshandbuch, Stand Dezember 2019, S. 29.

13 Vgl. Schwager, Elmar/Wegst, Heiko/Strauß, Udo, Beratung durch die Revision – ihre Rolle, ihre Risiken und ihre Chancen, in: Zeitschrift Interne Revision, Heft 6/2003, S. 250.

3 Anderweitig durchgeführte Revisionstätigkeit (Tz. 3)

3 Im Fall von Auslagerungen auf ein anderes Unternehmen kann die Interne Revision des Institutes auf eigene Prüfungshandlungen verzichten, sofern die anderweitig durchgeführte Revisionstätigkeit den Anforderungen in AT 4.4.3 und BT 2 genügt. Die Interne Revision des auslagernden Institutes hat sich von der Einhaltung dieser Voraussetzungen regelmäßig zu überzeugen. Die für das Institut relevanten Prüfungsergebnisse sind an die Interne Revision des auslagernden Institutes weiterzuleiten.   16

3.1 Verzicht auf eigene Prüfungshandlungen

Das Aufgabenfeld der Internen Revision erstreckt sich auf grundsätzlich alle Aktivitäten und Prozesse, unabhängig davon, ob diese ausgelagert sind oder nicht.[14] Für die Revision sind ausgelagerte Aktivitäten und Prozesse regelmäßig von besonderem Interesse, da sie nur mittelbar vom Institut beeinflusst werden können und die Revision nicht mehr den unmittelbaren Zugriff auf alle für das Institut relevanten Abläufe hat. Erst durch die Einbeziehung der ausgelagerten Aktivitäten und Prozesse kann sich die Interne Revision einen umfassenden Eindruck verschaffen (→ AT 4.4.3 Tz. 3). Um dies sicherzustellen, sind im Auslagerungsvertrag Prüfungsrechte der Internen Revision des auslagernden Institutes zu vereinbaren (→ AT 9 Tz. 7 lit. h). Da jedoch Prüfungshandlungen der Revisionen der auslagernden Institute insbesondere bei Auslagerungen auf Mehrmandantendienstleister einen unverhältnismäßig hohen Prüfungsaufwand verursachen können, hat die deutsche Aufsicht den Instituten Spielräume[15] für alternative Umsetzungslösungen eingeräumt. So kann die Interne Revision des auslagernden Institutes auf eigene Prüfungshandlungen verzichten, wenn im Hinblick auf die »anderweitig durchgeführte Revisionstätigkeit« bestimmte Voraussetzungen erfüllt sind. Diese Erleichterungen können auch bei Auslagerungen auf Mehrmandantendienstleister in Anspruch genommen werden (→ AT 9 Tz. 7, Erläuterung). Der Mehrmandantendienstleister muss sich somit nicht mit einer Vielzahl von Einzelprüfungen auseinandersetzen. Diese Vorgehensweise entspricht grundsätzlich auch den Vorstellungen der EBA.[16]   17

Die Revisionstätigkeit für die ausgelagerten Aktivitäten oder Prozesse verbleibt in diesem Fall grundsätzlich beim auslagernden Institut.[17] Insofern beziehen sich der Auslagerungsvertrag und die mit dem Auslagerungsvorhaben verbundenen Tätigkeiten gemäß AT 9 allein auf die auszulagernden operativen Aktivitäten und Prozesse. Auf die Vereinbarung angemessener Informations- und Prüfungsrechte für die Interne Revision im Auslagerungsvertrag gemäß AT 9 Tz. 7 lit. h kann daher auch nicht verzichtet werden. Lediglich der Verzicht auf die Ausübung dieser Rechte ist möglich, wenn eine anforderungsgerechte anderweitig durchgeführte Revisionstätigkeit vorliegt. An die Stelle der Prüfungstätigkeit vor Ort tritt dann die Auswertung der vom Auslagerungs-   18

---

14 Dies entspricht den Vorgaben der EBA. Vgl. European Banking Authority, Leitlinien zur internen Governance, EBA/GL/2017/11, 21. März 2018, S. 48; European Banking Authority, Consultation Paper – EBA Draft Guidelines on Outsourcing arrangements, EBA/CP/2018/11, 22. Juni 2018, S. 29.

15 Entsprechende Erleichterungen enthielt bereits das so genannte Auslagerungsrundschreiben aus dem Jahr 2001. Vgl. Bundesaufsichtsamt für das Kreditwesen, Auslagerung von Bereichen auf ein anderes Unternehmen gemäß § 25a Abs. 2 KWG, Rundschreiben 11/2001 vom 6. Dezember 2001, Tz. 50.

16 Vgl. European Banking Authority, Leitlinien zu Auslagerungen, EBA/GL/2019/02, 25. Februar 2019, S. 35 f.; European Banking Authority, Empfehlungen zur Auslagerung an Cloud-Anbieter, EBA/REC/2017/03, 28. März 2018, S. 7 f.

17 Zur Unterscheidung zwischen einer Auslagerung der Internen Revision und dem Konstrukt der »anderweitig durchgeführten Revisionstätigkeit« vgl. Deutsches Institut für Interne Revision e. V., Online-Revisionshandbuch, Stand Dezember 2019, S. 98 ff.

unternehmen zu Verfügung gestellten Berichte in Verbindung mit der Prüfung der Auslagerungs-steuerung im Institut. Damit seitens des Auslagerungsunternehmens die betreffenden Voraus-setzungen erfüllt werden, finden sich in der Praxis häufig entsprechende Regelungen im Aus-lagerungsvertrag.

19 Mit dem Finanzmarktintegritätsstärkungsgesetz aus dem Jahr 2021 und der sechsten MaRisk-Novelle wird die bisherige Systematik des § 25b KWG und des Moduls AT 9 im Hinblick auf die Anforderungen an Auslagerungen dahingehend geändert, dass diese nunmehr teilweise auch Vorgaben für »nicht wesentliche« Auslagerungen formulieren (→ AT 9, Einführung und Über-blick). Folgerichtig gelten die Erleichterungen bei einer anderweitigen Durchführung der Revisi-onstätigkeit seit der Novellierung auch für »nicht wesentliche« Auslagerungen auf ein anderes Unternehmen.

3.2   Alternativen

20 Für den Fall des Verzichtes auf Prüfungshandlungen der Internen Revision des auslagernden Institutes kommen verschiedene Alternativen in Betracht. Die Revisionstätigkeit kann durch-geführt werden von (→ BT 2.1 Tz. 3, Erläuterung):
- der Internen Revision des Auslagerungsunternehmens,
- der Internen Revision eines oder mehrerer der auslagernden Institute im Auftrag der aus-lagernden Institute,
- einem Dritten im Auftrag des Auslagerungsunternehmens oder
- einem Dritten, der von den auslagernden Instituten beauftragt wird.

21 Mehrmandantendienstleister verfügen meist über große Revisionsabteilungen, von denen die Voraussetzungen ohne Weiteres erfüllt werden können. Ist dies nicht der Fall, wird häufig vom Auslagerungsunternehmen ein externer Dritter beauftragt (z. B. eine Wirtschaftsprüfungsgesell-schaft). Eine Auslagerung der Revisionstätigkeit auf den eigenen Jahresabschlussprüfer ist dage-gen nicht zulässig (§ 319 Abs. 3 Nr. 3 lit. b HGB).[18]

22 Mehrere auslagernde Institute mit den gleichen oder ähnlichen ausgelagerten Aktivitäten und Prozessen können Sammelprüfungen (»Pooled Audits«) durchführen.[19] Je nach Ausgestaltung dieser Sammelprüfungen kann es sich dabei um eine selbst durchgeführte oder eine anderweitig durchgeführte Revisionstätigkeit handeln.[20] So wird z. B. eine Prüfung, in der die von den teilnehmenden Instituten entsandten Revisoren Prüfungsumfang und -methoden gemeinschaft-lich festlegen, die Arbeitsunterlagen und die Prüfungsergebnisse wechselseitig qualitätssichern, anschließend individuell bewerten und in einem für das jeweilige Institut gesondert erstellten Prüfungsbericht verarbeiten, als selbst durchgeführte Prüfung eingestuft. Eine anderweitig durch-geführte Revisionstätigkeit liegt vor, wenn die teilnehmenden Institute den Auftrag hierfür an

---

18 Vgl. Braun, Ulrich, in: Boos, Karl-Heinz/Fischer, Reinfrid/Schulte-Mattler, Hermann (Hrsg.), Kreditwesengesetz und VO (EU) Nr. 575/2013, Band 1, 5. Auflage, München, 2016, § 25a KWG, Tz. 566.

19 Zum Teil wird anstelle des Begriffs »Pooled Audits« auch die Formulierung »Joint Audits« verwendet.

20 Die Institute haben insbesondere im Zusammenhang mit wesentlichen Auslagerungen an Cloud Service Provider (Microsoft, Amazon, Google etc.) gemeinschaftliche Prüfungen (Pooled Audits) der ausgelagerten Aktivitäten und Prozesse durchgeführt. Vgl. Deutsches Institut für Interne Revision e. V., Online-Revisionshandbuch, Stand Dezember 2019, S. 100.

eines oder mehrere der auslagernden Institute oder an einen externen Dritten erteilen.[21] Die Institute können dann auf eigene Prüfungshandlungen verzichten, sofern die anderweitig durchgeführte Revisionstätigkeit den Anforderungen in AT 4.4.3 und BT 2 genügt. Durch den Verzicht dürfen keine »weißen Flecken« in der Prüfungsplanung entstehen.[22] Die Interne Revision muss sich von der Einhaltung dieser Voraussetzung regelmäßig überzeugen. Der Internen Revision des auslagernden Institutes sind die relevanten Prüfungsergebnisse mitzuteilen.

In der Praxis werden die in den MaRisk genannten Erleichterungen von der Aufsicht, insbesondere der EZB, allerdings zunehmend infrage gestellt. Insbesondere in jenen Fällen, in denen die Interne Revision des Auslagerungsunternehmens selbst für die anderweitige Durchführung der Revisionstätigkeit zuständig ist, verlangt die Aufsicht von der Internen Revision des auslagernden Institutes vermehrt auch eigene Prozessprüfungen. Im Falle von Mehrmandantendienstleistern kommt erschwerend hinzu, dass somit gleich mehrere Institute eigene Prüfungen vornehmen müssten, was auch den Dienstleister vor Ressourcen-Probleme stellt. Die betroffenen Institute vereinbaren in der Praxis daher zunehmend gemeinsame Prüfungshandlungen, um den Aufwand für alle Beteiligten zu minimieren. **23**

Die EBA-Leitlinien zu Auslagerungen aus dem Jahr 2019 räumen die Möglichkeit von Sammelprüfungen (»Pooled Audits«) ausdrücklich ein, wobei die Prüfung entweder gemeinsam von den auslagernden Instituten oder von einem von den Instituten beauftragten externen Dritten durchgeführt werden kann.[23] Auch die EBA hat sich bei verschiedenen Gelegenheiten kritisch dazu geäußert, dass die Interne Revision des Auslagerungsunternehmens diese Funktion im Interesse des auslagernden Institutes wahrnehmen kann.[24] **24**

3.3 Voraussetzungen

An die Inanspruchnahme der Alternativen sind verschiedene Voraussetzungen geknüpft. So hat die »anderweitig durchgeführte Revisionstätigkeit« den einschlägigen Anforderungen der MaRisk zu genügen (→ AT 4.4.3 und BT 2). Damit wird insbesondere klargestellt, dass eine Auslagerung der Aufgaben der Internen Revision grundsätzlich keine Aufweichung der damit verbundenen Mindestanforderungen zur Folge haben darf. **25**

Die Interne Revision des auslagernden Institutes hat sich ferner regelmäßig davon zu überzeugen, dass die »anderweitig durchgeführte Revisionstätigkeit« diesen Anforderungen auch tatsächlich entspricht. In welcher Form das zu geschehen hat, bleibt den Instituten überlassen. Die Intensität hängt insbesondere von der Art und dem Risikogehalt der ausgelagerten Aktivitäten und Prozesse ab. Von Relevanz können z. B. die bisherigen Erfahrungen mit dem Dienstleister oder die **26**

---

21 Unabhängig vom vereinfachten Konstrukt der anderweitig durchgeführten Revisionstätigkeit wäre es auch möglich, dass mehrere Institute gemeinsam einen externen Dritten im Wege einer (Teil-)Auslagerung der Internen Revision beauftragen. Vgl. Kelp, Torsten, Einer für viele, in: BaFinJournal, Ausgabe Juli 2019, S. 15. Eine Auslagerung der Internen Revision gemeinsam mit den ausgelagerten operativen Aktivitäten und Prozessen wird vom Deutschen Institut für Interne Revision jedoch grundsätzlich nicht empfohlen. Vgl. Deutsches Institut für Interne Revision e. V., Online-Revisionshandbuch, Stand Dezember 2019, S. 99.

22 Vgl. Deutsches Institut für Interne Revision e. V., Online-Revisionshandbuch, Stand Dezember 2019, S. 99.

23 Vgl. European Banking Authority, Leitlinien zu Auslagerungen, EBA/GL/2019/02, 25. Februar 2019, S. 35f. Der Vorschlag der Deutschen Kreditwirtschaft (DK) im Rahmen der Konsultation der EBA-Leitlinien zu Auslagerungen, dass auch Prüfungshandlungen von der Internen Revision des Auslagerungsunternehmens im Auftrag des auslagernden Institutes durchgeführt werden können, wurde in der endgültigen Fassung der Leitlinien nicht berücksichtigt. Vgl. Deutsche Kreditwirtschaft (German Banking Industry Committee), Comments on EBA Draft Guidelines on Outsourcing arrangements (EBA/CP/2018/11), 24. September 2018, S. 19f.

24 In den inzwischen in die EBA-Leitlinien zu Auslagerungen überführten und daher mit Wirkung zum 30. September 2019 aufgehobenen Empfehlungen der EBA zur Auslagerung an Cloud-Anbieter war zwar die Möglichkeit erwähnt, auf externe oder interne Prüfberichte zurückzugreifen, die vom Dienstleister zur Verfügung gestellt werden. Bei technisch hochkomplexen Aktivitäten sollten die vom Dienstleister beauftragten Prüfer vom auslagernden Institut entsprechend auf Funktionsfähigkeit geprüft werden. Vgl. European Banking Authority, Empfehlungen zur Auslagerung an Cloud-Anbieter, EBA/REC/2017/03, 28. März 2018, S. 7f. Die neuen EBA-Leitlinien stehen diesbezüglich im Einklang mit den MaRisk.

Dauer der Geschäftsbeziehung sein. Bezüglich der »anderweitig durchgeführten Revisionstätigkeit« stellen die Ergebnisse des Jahresabschlussprüfers zur Funktionsfähigkeit der Internen Revision des Auslagerungsunternehmens bzw. des beauftragten Dritten eine wichtige Informationsquelle dar. In diesem Zusammenhang können auch Bestätigungen bzw. Bescheinigungen nach den einschlägigen berufsständischen Standards (z.B. ISO/IEC 27001, IDW PS 951) herangezogen werden, soweit die Kontrollziele der Prüfungen mit den entsprechenden Anforderungen der MaRisk korrespondieren. Es kann aber auch erforderlich sein, dass sich die Interne Revision des auslagernden Institutes vor Ort einen Eindruck von der Funktionsfähigkeit der »anderweitig durchgeführten Revisionstätigkeit« verschaffen muss.

27   Die Aufsicht hat im Zuge der sechsten MaRisk-Novelle klargestellt, dass die Interne Revision im Rahmen ihrer Revisionshandlungen auch auf Nachweise bzw. Zertifikate auf Basis gängiger Standards zurückgreifen kann. Hierbei sind sowohl die Detailtiefe, Aktualität und Eignung der Nachweise bzw. Zertifikate und der zugehörigen Prüfberichte als auch die Eignung des Zertifizierers oder Prüfers zu berücksichtigen. Allerdings darf sich das Institut bei wesentlichen Auslagerungen bei der Ausübung seiner Revisionstätigkeit nicht allein hierauf stützen (→ BT 2.1 Tz. 3, Erläuterung). Diese Regelung geht auf die EBA-Leitlinien zu Auslagerungen aus dem Jahr 2019 zurück.[25]

28   Schließlich ist sicherzustellen, dass alle für das auslagernde Institut »relevanten Prüfungsergebnisse« an die Revision des auslagernden Institutes weitergeleitet werden. Wie in dieser Formulierung zum Ausdruck kommt, ist bei der Frage nach der Relevanz in erster Linie die Perspektive des auslagernden Institutes zu berücksichtigen und nicht etwa nur die des Dienstleisters. Die Weitergabe kompletter Revisionsberichte ist hingegen nicht zwingend erforderlich. Diese Vereinfachung erlaubt es der Revision des auslagernden Institutes, sich auf die unter Risikogesichtspunkten maßgeblichen Ergebnisse zu konzentrieren. Sofern auf dieser Basis Fragen offenbleiben oder besonders bedeutende bzw. komplexe Sachverhalte zu klären sind, müssen durch die Revision des auslagernden Institutes weitere Informationen eingeholt werden. Auslagerungen sind insoweit kein Grund dafür, dass die Interne Revision ihre kritische und genaue Grundhaltung einschränkt. Im Übrigen gelten die allgemeinen Anforderungen an die wesentlichen Auslagerungen gemäß Modul AT 9. In jedem Fall hat der Dienstleister daher das auslagernde Institut über Entwicklungen zu informieren, die die ordnungsgemäße Erledigung der ausgelagerten Aktivitäten und Prozesse beeinträchtigen können (→ AT 9 Tz. 7 lit. n).

29   Die Frage der »Relevanz« der Prüfungsergebnisse führt in der Praxis kleinerer Institute offenbar häufig dazu, dass von der Internen Revision der Auslagerungsunternehmen (Insourcer) aus Vorsichtsgründen unabhängig von Mängelfeststellungen und Mängelklassifizierungen permanent über so ziemlich jede Information an die Interne Revision des Institutes (Outsourcer) Bericht erstattet wird. Diese breite Form der Berichterstattung für die Einschätzung der Kontrollrisiken aus der Auslagerung erscheint wenig zielführend und blendet den Aspekt der »relevanten Prüfungsergebnisse« vollkommen aus. Es sollte auch ohne weitere Konkretisierung klar sein, dass diese Praxis nicht der Intention einer prinzipienorientierten Aufsicht entspricht und die Berichterstattung der Internen Revision von Mehrmandantendienstleistern und Zentralbanken allein aus Effizienzgründen auf ein zweckmäßiges Maß reduziert werden kann. Im Genossenschaftssektor wird daher z.B. eine unterjährige Berichterstattung über »wesentliche Mängel« gegenüber dem auslagernden Institut für ausreichend erachtet, sofern der Insourcer im Rahmen der Auslagerung vertraglich zu einer MaRisk-konformen Internen Revision verpflichtet wurde. Die Funktionsfähigkeit des dienstleistungsbezogenen internen Kontrollsystems sowie die Wirksamkeit und Ordnungsmäßigkeit der Internen Revision des Insourcers wird durch die Prüfungsbescheinigungen

---

25 Vgl. European Banking Authority, Leitlinien zu Auslagerungen, EBA/GL/2019/02, 25. Februar 2019, S. 36.

(z. B. IDW PS 951 Typ B plus) oder eine Ordnungsmäßigkeitsprüfung eines externen Prüfers einmal jährlich explizit bestätigt.[26]

3.4 (Ergänzende) Prüfungshandlungen

Ob und ggf. inwieweit sich die Interne Revision des auslagernden Institutes auf die Ergebnisse Dritter stützen kann, hängt allerdings nicht nur von praktischen Erwägungen ab, sondern insbesondere auch von der Bedeutung und der Risikorelevanz der ausgelagerten Aktivitäten und Prozesse für das Institut. Aus der Risikoanalyse können auch im Hinblick auf diese Frage wichtige Schlüsse gezogen werden. Da die Interne Revision bei der Erstellung und Anpassung der Risikoanalyse einzubinden ist, hat sie im Rahmen ihrer Aufgaben mitzuwirken (→ AT 9 Tz. 2). Die unmittelbare Einbindung der Revision des auslagernden Institutes erfolgt umso intensiver, je bedeutender oder risikobehafteter die ausgelagerten Abläufe für das Institut sind.   **30**

Natürlich spielen auch die Erfahrungen, die ein Institut bisher beim Rückgriff auf Dritte gesammelt hat, eine wichtige Rolle. Berechtigte Zweifel an der ordnungsgemäßen Durchführung der ausgelagerten Aktivitäten und Prozesse oder an der sachgerechten Durchführung der Revisionshandlungen durch Dritte (z. B. aufgrund mangelhafter Personal- und Sachausstattung) sind sicherlich Gründe dafür, eigene Prüfungshandlungen durchzuführen. Zu diesem Zweck müssen im Auslagerungsvertrag grundsätzlich Prüfungsrechte der Internen Revision vereinbart werden (→ AT 9 Tz. 7 lit. h). Die Interne Revision des auslagernden Institutes kann auf Basis dieser Vertragsklausel eigene (ergänzende) Prüfungshandlungen durchführen.[27] Es steht dann im Ermessen des auslagernden Institutes, ob und in welchem Umfang es auf Prüfungshandlungen verzichtet.   **31**

In der Praxis bereitet die Umsetzung dieser Anforderung allerdings durchaus Probleme. Dienstleister mit einer gewissen Marktmacht sind oftmals nicht bereit, entsprechende Vertragsklauseln zu akzeptieren und auf dieser Basis der Internen Revision des auslagernden Institutes zu gestatten, eigene Prüfungshandlungen beim Auslagerungsunternehmen durchzuführen.[28] Darüber hinaus erweisen sich Nachverhandlungen zu bestehenden Auslagerungsverträgen selbst bei kleineren Dienstleistern teilweise als äußerst schwierig, weil damit für das Auslagerungsunternehmen in jedem Fall ein zusätzlicher Aufwand verbunden ist. Im Extremfall kann dies dazu führen, dass allein aus Haftungsgründen über den Fortbestand von für das Institut wichtigen Verträgen ernsthaft nachgedacht werden muss, auch wenn sie über viele Jahre keinerlei Grund zu Beanstandungen gegeben haben. Diese Situation ist besonders bedenklich, wenn keine adäquate Ersatzlösung zur Verfügung steht.   **32**

---

26 Vgl. Deutsche Kreditwirtschaft, Stellungnahme zum Konsultationspapier 01/2012 der Bundesanstalt für Finanzdienstleistungsaufsicht (BaFin) – »Überarbeitung der MaRisk«, 5. Juni 2012, S. 19.

27 Ein Recht auf eigene Ergänzungsprüfungen war schon im so genannten Auslagerungsrundschreiben aus dem Jahr 2001 vorgesehen. Vgl. Bundesaufsichtsamt für das Kreditwesen, Auslagerung von Bereichen auf ein anderes Unternehmen gemäß § 25a Abs. 2 KWG, Rundschreiben 11/2001 vom 6. Dezember 2001, Tz. 50.

28 Vgl. Deutsche Kreditwirtschaft (German Banking Industry Committee), Comments on EBA Draft Guidelines on Outsourcing arrangements (EBA/CP/2018/11), 24. September 2018, S. 3.

BT 2.2 Grundsätze für die Interne Revision

1 Selbständigkeit und Unabhängigkeit der Internen Revision (Tz. 1)

1 Die Interne Revision hat ihre Aufgaben selbständig und unabhängig wahrzunehmen. **1** Insbesondere ist zu gewährleisten, dass sie bei der Berichterstattung und der Wertung der Prüfungsergebnisse keinen Weisungen unterworfen ist. Das Direktionsrecht der Geschäftsleitung zur Anordnung zusätzlicher Prüfungen steht der Selbständigkeit und Unabhängigkeit der Internen Revision nicht entgegen.

1.1 Besondere Rolle der Internen Revision

Das Prinzip der Unabhängigkeit ist sowohl für die organisatorische Einbindung der Revision als **2** auch für ihre tägliche Arbeit von maßgeblicher Bedeutung. Sichergestellt wird es vor allem durch die besondere Stellung der Revision sowie ihre enge Anbindung an die Geschäftsleitung (→ AT 4.4.3 Tz. 2). Natürlich spielen in diesem Zusammenhang auch der für ihre Arbeit erforderliche Informationszugang gegenüber den anderen Bereichen des Institutes (→ AT 4.4.3 Tz. 4) sowie die Durchsetzung der Prüfungshandlungen und die Beseitigung der Mängel eine wichtige Rolle. Der Revision wird dadurch ermöglicht, aus eigener Initiative heraus tätig zu werden, die Prüfungsfelder nach eigenen Kriterien auszuwählen und Prüfungen anzuordnen. Schließlich soll sie in der Lage sein, ihre Prüfungshandlungen objektiv und risikogerecht durchzuführen, ein unabhängiges Urteil zu fällen und sachgerecht über die Ergebnisse zu berichten.

Trotz ihrer unabhängigen und diesbezüglich herausgehobenen Position ist die Revision ein **3** Bestandteil der jeweiligen Organisation des Institutes. Die Revisionsmitarbeiter sind Beschäftigte des Unternehmens mit entsprechenden Rechten und Pflichten. Insoweit hat ihre Unabhängigkeit zumindest formale Grenzen. Damit rückt die »innere Unabhängigkeit« des jeweiligen Revisors in den Vordergrund, die maßgeblich von seinem grundsätzlichen Verständnis und von seinem Auftreten im Institut abhängt. In einem Atemzug mit der »Unabhängigkeit« der Internen Revision wird ihre »Selbständigkeit« genannt, unter der ihre Fähigkeit und Bereitschaft verstanden wird, für ihre Tätigkeit die Verantwortung zu tragen. Insofern ist die Revision insbesondere dafür verantwortlich, was sie in welchem Turnus prüft und welche Bereiche sie ggf. unberücksichtigt lässt.

1.2 Unabhängigkeit aus Sicht der Berufsverbände

Die einzelnen Facetten des Prinzips der Unabhängigkeit werden u. a. durch die von den Berufs- **4** verbänden auf nationaler und internationaler Ebene ausgearbeiteten Grundsätze für die berufliche Praxis der Internen Revision verdeutlicht. Dort wird die Unabhängigkeit ebenfalls an den Anfang der Überlegungen gestellt. Diesen Prinzipien zufolge muss die Interne Revision unabhängig sein, und die Revisoren müssen bei der Durchführung ihrer Aufgaben objektiv vorgehen. Unabhängigkeit bedeutet, dass keine Umstände vorliegen, die die Fähigkeit der Internen Revision beeinträchtigen, ihre Aufgaben unbeeinflusst wahrzunehmen. Um einen für die wirksame Ausführung der Revisionsaufgaben hinreichenden Grad der Unabhängigkeit zu erzielen, hat der Leiter der

Internen Revision direkten und unbeschränkten Zugang zu leitenden Führungskräften sowie zur Geschäftsleitung bzw. zum Aufsichtsorgan.[1] Die nötige Objektivität wird den Vorgaben zufolge durch eine unabhängige geistige Haltung erreicht, die es den Revisoren erlaubt, ihre Aufgaben dergestalt auszuführen, dass sie ihre Arbeitsergebnisse und deren Qualität vorbehaltlos vertreten können.[2] Zur Stärkung der Unabhängig der Internen Revision hat die Aufsicht eine direkte Berichterstattungslinie an das Aufsichtsorgan eingeführt (→ BT 2.4 Tz. 4) und mit einer rechtzeitigen Information des Aufsichtsorgans bei einem Wechsel des Leiters der Internen Revision verbunden (→ AT 4.4.3 Tz. 6). Zum organisatorischen Status gehören u. a. eine enge Anbindung an die Geschäftsleitung, eine Geschäftsordnung, die Erstellung des Revisionsplanes, ein Budget- und Ressourcenplan sowie ein mindestens jährlicher Tätigkeitsbericht.[3]

5   Die Grundsätze der Berufsverbände und die revisionsspezifischen Regelungen der MaRisk sind insofern miteinander vergleichbar, als sie einerseits beide auf dem allgemeinen Prinzip der Unabhängigkeit basieren und sich andererseits mit ähnlicher Zielrichtung u. a. auf die Anbindung der Revision an die Geschäftsleitung, die Berichterstattungspflicht, die Erstellung des Prüfungsplanes sowie die Projektbegleitung und Beratung beziehen.

6   Die EBA betont, dass die Interne Revision die nationalen und internationalen Vorgaben ihres Berufsstandes einhalten sollte. Als Beispiel hierfür führt die EBA die vom Institute of Internal Auditors (IIA) verfassten Standards an.[4]

1.3   Wertung der Prüfungsergebnisse und Berichterstattung

7   Als ein weiteres Merkmal im Zusammenhang mit der Unabhängigkeit der Revision wird hervorgehoben, dass sie bei der Berichterstattung und Wertung der Prüfungsergebnisse keinen Weisungen unterworfen sein darf. Damit wird das Unabhängigkeitsprinzip nochmals konkretisiert. Das Prüfungsurteil durch die Revision soll also unparteiisch, neutral und sachbezogen getroffen werden. Insoweit muss die notwendige Distanz zu den Prüfungsfeldern gewahrt bleiben. Obwohl die Revision der Geschäftsleitung unmittelbar unterstellt ist, hat die Beurteilung der Prüfungsergebnisse allein nach den Kriterien der Revision zu erfolgen. Welche internen Beurteilungskriterien für die Prüfungsfelder aufgestellt werden, kann nicht allgemeinverbindlich festgelegt werden. Diesbezüglich kommt es u. a. auf die Strukturen des Institutes, die Risikoanalyse der jeweiligen Aktivitäten und Prozesse sowie den Erfahrungshintergrund der Revisoren an. Die Revision wird also aufgefordert, geeignete Kriterien bzw. Maßstäbe selbst zu entwickeln. Die

---

1   Vgl. Deutsches Institut für Interne Revision e. V. (DIIR), Frankfurt am Main, Institut für interne Revision Österreich (IIA Austria), Wien, Schweizer Verband für Interne Revision (IIA Switzerland), Zürich (Hrsg.), Internationale Standards für die berufliche Praxis der Internen Revision 2017 – Mission, Grundprinzipien, Definitionen, Ethikkodex, Standards, Version 6.1, IIA Standard 1100, 10. Januar 2018, S. 24 f.

2   Vgl. Deutsches Institut für Interne Revision e. V. (DIIR), Frankfurt am Main, Institut für interne Revision Österreich (IIA Austria), Wien, Schweizer Verband für Interne Revision (IIA Switzerland), Zürich (Hrsg.), Internationale Standards für die berufliche Praxis der Internen Revision 2017 – Mission, Grundprinzipien, Definitionen, Ethikkodex, Standards, Version 6.1, IIA Standard 1100, 10. Januar 2018, S. 24 f.

3   Vgl. Deutsches Institut für Interne Revision e. V. (DIIR), Frankfurt am Main, Institut für interne Revision Österreich (IIA Austria), Wien, Schweizer Verband für Interne Revision (IIA Switzerland), Zürich (Hrsg.), Internationale Standards für die berufliche Praxis der Internen Revision 2017 – Mission, Grundprinzipien, Definitionen, Ethikkodex, Standards, Version 6.1, IIA Standards 1000, 1100, 1111, 2010, 2013, 2060, 10. Januar 2018.

4   Vgl. European Banking Authority, Leitlinien zur internen Governance, EBA/GL/2017/11, 21. März 2018, S. 49; European Banking Authority, Guidelines on common procedures and methodologies for the supervisory review and evaluation process (SREP) and supervisory stress testing, EBA/GL/2014/13, Consolidated version, 19. Juli 2018, S. 56 f. Bestehen zwischen den bankaufsichtlichen Vorgaben für die Interne Revision gemäß den MaRisk und den berufsständischen Standards Unterschiede, empfiehlt das DIIR die Erfüllung der jeweils restriktiveren Anforderung. Vgl. Deutsches Institut für Interne Revision e. V., Online-Revisionshandbuch, Stand Dezember 2019, S. 6. Es sei allerdings darauf hingewiesen, dass es sich bei den Empfehlungen der Berufsverbände um keine echten Anforderungen handelt, deren Nichtbeachtung aufsichtlichen Maßnahmen unterliegt.

Einflussnahme der Geschäftsleitung auf die Wertung der Prüfungsergebnisse ist nicht zulässig. Eine derartige Situation könnte sich z. B. dann ergeben, wenn hinsichtlich der zur Erledigung der Feststellungen zu ergreifenden Maßnahmen keine Einigkeit zwischen geprüfter Organisationseinheit und Interner Revision besteht. In diesen Fällen dürfen die entsprechenden Feststellungen nicht per Weisung »verwässert« oder auf andere Weise beeinflusst werden. Stattdessen ist von der geprüften Organisationseinheit eine Stellungnahme abzugeben (→ BT 2.4 Tz. 3). Die Geschäftsleitung kann auch keinen Verzicht auf eine bestimmte Prüfung anordnen, wenn die Durchführung dieser Prüfung nach Einschätzung der Internen Revision erforderlich ist.[5]

Dieselben Vorgaben gelten für die Art und den Umfang der Berichterstattung, die sich nicht nur   **8** auf die Ergebnisse der einzelnen Prüfungen (→ BT 2.4 Tz. 1) und der gesamten Prüfungen im Quartal bzw. im Geschäftsjahr (→ BT 2.4 Tz. 4) beschränkt. So hat die Interne Revision den Vorsitzenden des Aufsichtsorgans zu unterrichten, wenn sich im Rahmen der Prüfungen schwerwiegende Feststellungen gegen Geschäftsleiter ergeben und die Geschäftsleitung ihrer damit verbundenen Berichtpflicht nicht nachkommt oder keine sachgerechten Maßnahmen beschließt (→ BT 2.4 Tz. 5). Würde die Revision diesbezüglich Weisungen unterworfen sein, könnte das Aufsichtsorgan im Zweifel seine Aufgaben nicht erfüllen. Ein anderes Beispiel ist die Überwachung der Mängelbeseitigung. Werden wesentliche Mängel nicht in einer angemessenen Zeit beseitigt, so hat der Leiter der Internen Revision darüber zunächst den fachlich zuständigen Geschäftsleiter schriftlich zu informieren. Bei ausbleibender Reaktion ist die gesamte Geschäftsleitung spätestens im Rahmen des nächsten Gesamtberichtes zu unterrichten (→ BT 2.5 Tz. 2). Auch dieser Kontrollmechanismus würde nicht funktionieren, wenn weisungsbedingt der letzte Schritt ausbliebe.

1.4   Direktionsrecht der Geschäftsleitung

Schließlich wird klargestellt, dass das Direktionsrecht der Geschäftsleitung zur Anordnung zusätz-   **9** licher Prüfungen der Unabhängigkeit und Selbständigkeit der Revision selbstverständlich nicht entgegensteht. Zum einen verlangt es schon der Aufgabenbereich der Revision, jederzeit Sonderprüfungen, durch wen auch immer angestoßen, durchführen zu können (→ BT 2.3 Tz. 4). Zum anderen ermöglicht die Zuordnung der Revision zur Geschäftsleitung, dass diese jederzeit »zusätzliche Prüfungen«, die nicht im ursprünglichen Prüfungsplan vorgesehen sind, anordnen kann. Dieses Recht der Geschäftsleitung bedeutet daher auch keine Beeinträchtigung der Selbständigkeit und der unabhängigen Stellung der Revision innerhalb des Institutes. Vielmehr ist es Teil der Revisionsaufgaben, im Auftrag der Geschäftsleitung derartige Prüfungen durchzuführen. Die Umsetzung zusätzlicher Prüfungen und die Wertung der Prüfungsergebnisse obliegen auch in diesen Fällen dem pflichtgemäßen Ermessen der Revision entsprechend ihren internen Beurteilungskriterien. Schließlich kann der Anstoß für Sonderprüfungen auch von der Revision selbst kommen, z. B. bei neu identifizierten Risiken oder aufgrund des Verdachts auf Unregelmäßigkeiten.

---

5   Vgl. Braun, Ulrich, in: Boos, Karl-Heinz/Fischer, Reinfrid/Schulte-Mattler, Hermann (Hrsg.), Kreditwesengesetz und VO (EU) Nr. 575/2013, Band 1, 5. Auflage, München, 2016, § 25a KWG, Tz. 598.

2 Beratende Tätigkeit der Internen Revision (Tz. 2)

10 **2** Die in der Internen Revision beschäftigten Mitarbeiter dürfen grundsätzlich nicht mit revisionsfremden Aufgaben betraut werden. Sie dürfen insbesondere keine Aufgaben wahrnehmen, die mit der Prüfungstätigkeit nicht im Einklang stehen. Soweit die Unabhängigkeit der Internen Revision gewährleistet ist, kann sie im Rahmen ihrer Aufgaben für die Geschäftsleitung oder andere Organisationseinheiten des Institutes beratend tätig sein.

2.1 Funktionstrennung und Unabhängigkeit

11 Die Funktionstrennung ist eine unmittelbar notwendige Voraussetzung für die Umsetzung des Prinzips der Unabhängigkeit. Die Revision kann nur dann unabhängig arbeiten, wenn für deren Mitarbeiter sichergestellt ist, dass sie über eine angemessene Distanz zu den einzelnen Prüfungsobjekten oder -feldern verfügen. Andernfalls besteht das Risiko, dass Mitarbeiter der Revision Prozesse prüfen, an deren Ausgestaltung sie zuvor maßgeblich mitgewirkt haben. Eine derartige Einbindung der Revisionsmitarbeiter in das Zustandekommen der späteren Prüfungsobjekte wird regelmäßig ein objektives Urteil über deren Stärken und Schwächen unmöglich machen oder zumindest erheblich beeinträchtigen. Die für eine effektive Revisionsarbeit erforderliche Neutralität wäre damit regelmäßig nicht mehr gegeben. Demzufolge dürfen die Revisionsmitarbeiter grundsätzlich nicht mit revisionsfremden Aufgaben betraut werden. Die beiden Grundsätze der Unabhängigkeit und der Funktionstrennung greifen also ineinander und ergänzen sich.

12 Das Prinzip der Funktionstrennung wird in der Revision primär an Personen festgemacht. Es wiederholt und präzisiert insofern die allgemeine Festlegung, dass miteinander unvereinbare Tätigkeiten durch unterschiedliche Mitarbeiter durchzuführen sind (→ AT 4.3.1 Tz. 1). Die Revisionsmitarbeiter dürfen insbesondere keine Aufgaben wahrnehmen, die mit ihrer Prüfungstätigkeit nicht im Einklang stehen. Dieses Ausschlusskriterium resultiert bereits aus dem grundsätzlichen Verbot der so genannten »Selbstprüfung« (→ BT 2.1 Tz. 2).

13 In Ausnahmesituationen können Mitarbeiter der Internen Revision vorübergehend auch Tätigkeiten in operativen Bereichen übernehmen, die über einen projektbegleitenden oder beratenden Einsatz hinausgehen. Eine derartige Ausnahmesituation wurde den Instituten während der COVID-19-Pandemie durch die Aufsicht explizit zugestanden.[6] In diesen Fällen muss die von dem jeweiligen Mitarbeiter ausnahmsweise übernommene Tätigkeit zur Vermeidung von Interessenkonflikten anschließend unabhängig geprüft werden.[7] Zudem sind erhöhte Anforderung an die Dokumentation einzuhalten.[8]

---

6 Vgl. Bundesanstalt für Finanzdienstleistungsaufsicht, Regelmäßig aktualisierte »FAQ« zu aufsichtlichen und regulatorischen Maßnahmen als Reaktion auf COVID-19, Internetseite der BaFin, abgerufen am 21. Dezember 2020.

7 Vgl. Deutsches Institut für Interne Revision e. V., Online-Revisionshandbuch, Stand Dezember 2019, S. 9.

8 Die Institute sollten für die Inanspruchnahme dieser temporären Erleichterung einen entsprechenden Nachweis führen, welcher Mitarbeiter der Internen Revision über welchen Zeitraum in welchem Bereich eingesetzt wurde bzw. welche Prozesse er fachlich unterstützt hat. Vgl. Bundesanstalt für Finanzdienstleistungsaufsicht, Regelmäßig aktualisierte »FAQ« zu aufsichtlichen und regulatorischen Maßnahmen als Reaktion auf COVID-19, Internetseite der BaFin, abgerufen am 21. Dezember 2020.

2.2 Beratungstätigkeit

Mitarbeiter der Revision dürfen nach den MaRisk grundsätzlich nur für die Revision tätig werden. **14** In der Praxis ist eine solch strikte Aufgabenzuweisung allerdings kaum umsetzbar und auch nicht in jedem Fall sinnvoll. Das Fachwissen und die Erfahrung der Revision müssen – wie bei der Projektbegleitung (→ BT 2.1 Tz. 2) – im Interesse des Institutes nutzbar gemacht werden. Dementsprechend gehört es zur betrieblichen Praxis, dass die Revision ihre Expertise auch im Rahmen beratender Tätigkeiten einsetzt.[9] Eine gewisse Form von Beratung ist schon inhärenter Bestandteil der Prüfungstätigkeit.[10] So liegt es nahe, die Prüfungsfeststellungen und die deswegen zu ergreifenden Maßnahmen, die regelmäßig zwischen der Revision und der geprüften Organisationseinheit abgestimmt werden (→ BT 2.4 Tz. 3), auch als eine Art Beratungsleistung anzusehen. Insoweit kann der Übergang von der Prüfung zur Beratung durchaus fließend sein.

Vor diesem Hintergrund ist es konsequent, dass die MaRisk beratende Tätigkeiten der Revision **15** zulassen. Diese Aufgabe kann sie nicht nur für die Geschäftsleitung, gegenüber der sie ohnehin berichtspflichtig ist, sondern grundsätzlich für alle Organisationseinheiten des Institutes wahrnehmen. Eine Beratungstätigkeit der Revision wird also innerhalb bestimmter Grenzen auch als Teil ihres Aufgabenspektrums angesehen und gewünscht. Anders als bei der Projektbegleitung besteht nach dem Wortlaut (»kann«) jedoch keine Verpflichtung der Internen Revision zur Erbringung von Beratungsleistungen. Darüber hinaus kommt eine Beratungsleistung der Internen Revision in den Themenbereichen in Betracht, in die die Interne Revision aufgrund aufsichtsrechtlicher Vorgaben einzubinden ist, z.B. der Neu-Produkt-Prozess, die von den Instituten bei wesentlichen Veränderungen betrieblicher Prozesse oder Strukturen durchzuführende Analyse, die Risikoanalyse bei Auslagerungen oder die der Revision im Rahmen der Vergütungsverordnung zugewiesenen Zuständigkeiten.[11]

Die Grenze der Beratung wird allerdings überschritten, sobald die Unabhängigkeit der Revision **16** gefährdet ist.[12] Gegebenenfalls bietet es sich an, für diese Zwecke in der Geschäftsordnung der Internen Revision revisionsinterne Kriterien festzulegen. Solche Kriterien beziehen sich häufig auf
- die zulässigen Auftraggeber (neben der Geschäftsleitung auch weitere Leitungsebenen),
- die Entscheidungshoheit der Revision im Hinblick auf die Wahrung der Unabhängigkeit und der Zuständigkeit sowie
- die Dokumentation des Auftrages und der Ergebnisse.

---

9 Vgl. Schwager, Elmar/Wegst, Heiko/Strauß, Udo, Beratung durch die Revision – ihre Rolle, ihre Risiken und ihre Chancen, in: Zeitschrift Interne Revision, Heft 6/2003, S. 250.

10 Nach der Definition des DIIR ist Beratung in Art und Umfang mit dem Kunden (auch Auftraggeber oder Ratsuchender) vereinbart und leistet durch sachverständige Personen Verhaltens- und Handlungsempfehlungen, die als Entscheidungshilfe dienen. Das Ziel besteht darin, zur Wertschöpfung und Verbesserung der Geschäftsprozesse optimale Lösungen vorzuschlagen. Der Berater geht von einer gegebenen Situation (Ist) aus und legt seinen Empfehlungen die Zielvorstellungen des Ratsuchenden (Soll) zugrunde. Vgl. Deutsches Institut für Interne Revision e. V., Online-Revisionshandbuch, Stand Dezember 2019, S. 24.

11 Das DIIR führt neben der Begleitung wesentlicher Projekte gemäß BT 2.1 Tz. 2 MaRisk, den Prozessen gemäß AT 8.1 und AT 8.2 MaRisk sowie der Risikoanalyse von Auslagerungen gemäß AT 9 Tz. 2 MaRisk folgende Themenbereiche für vorausschauende, begleitende Beratungsleistungen der Internen Revision an: Strategieentwicklungen (Findungsprozesse), jährliche Überprüfung der Geschäfts- und Risikostrategien auf Schwachstellen, Angemessenheit, Konsistenz und Nachhaltigkeit, Grundsatzfragen zur Angemessenheit und Wirksamkeit des Risikomanagements und der internen Kontrollverfahren, Begleitung von Ausschüssen des Aufsichtsorgans (Prüfungs-, Vergütungs-, Anlageausschuss), Erweiterung um neue Geschäftsfelder und Märkte, Umsetzung von IT-Veränderungen und Release-Wechsel, Begleitung von Programmeinsatz- und Freigabeverfahren, Inhouse-Seminare, -Vorträge, und -Workshops zu bzw. über Revisionsthemen. Vgl. Deutsches Institut für Interne Revision e. V., Online-Revisionshandbuch, Stand Dezember 2019, S. 28.

12 Nach den Vorstellungen des DIIR sollte die Interne Revision im Rahmen von Beratungsleistungen objektiv bleiben und keine Managementverantwortung übernehmen. Zu Beratungsleistungen der Internen Revision vgl. Deutsches Institut für Interne Revision e. V. (DIIR), Frankfurt am Main, Institut für interne Revision Österreich (IIA Austria), Wien, Schweizer Verband für Interne Revision (IIA Switzerland), Zürich (Hrsg.), Internationale Standards für die berufliche Praxis der Internen Revision 2017 – Mission, Grundprinzipien, Definitionen, Ethikkodex, Standards, Version 6.1, 10. Januar 2018, S. 19f. sowie die Standards 1130.A1, 1130.A2, 1130.A3, 1130.C1 und 1130.C2, S. 27f.

3 Nutzung von Expertenwissen und Verbot der Selbstprüfung und -überprüfung (Tz. 3)

17 **3** Mitarbeiter, die in anderen Organisationseinheiten des Institutes beschäftigt sind, dürfen grundsätzlich nicht mit Aufgaben der Internen Revision betraut werden. Das schließt jedoch nicht aus, dass in begründeten Einzelfällen andere Mitarbeiter aufgrund ihres Spezialwissens zeitweise für die Interne Revision tätig werden. Beim Wechsel von Mitarbeitern anderer Organisationseinheiten zur Internen Revision sind angemessene Übergangsfristen von in der Regel mindestens einem Jahr vorzusehen, innerhalb derer diese Mitarbeiter keine Tätigkeiten prüfen dürfen, die gegen das Verbot der Selbstprüfung und -überprüfung verstoßen. Erleichterungen hinsichtlich der Übergangsfristen sind für Institute in Abhängigkeit von der Art, dem Umfang, der Komplexität und dem Risikogehalt der betriebenen Geschäftsaktivitäten möglich.

3.1 Delegationsverbot für Revisionsaufgaben

18 Wie bereits ausgeführt, dürfen die in der Revision beschäftigten Mitarbeiter grundsätzlich nicht mit revisionsfremden Aufgaben betraut werden (→ BT 2.2 Tz. 2), um die Unabhängigkeit der Revision zu gewährleisten. Diese Unabhängigkeit ist erforderlich, um die Prüfungen objektiv und frei von Interessenkonflikten durchzuführen. Konsequenterweise können dann auch die Mitarbeiter anderer Organisationseinheiten grundsätzlich keine Aufgaben der Internen Revision übernehmen. Insgesamt wird damit sichergestellt, dass die Regelungen zur Unabhängigkeit und zur Funktionstrennung im Zusammenhang mit der Tätigkeit der Internen Revision eingehalten werden. Andernfalls wäre nicht mehr sichergestellt, dass die angemessene Distanz der Revision zum jeweiligen Prüfungsgegenstand gegeben ist.

3.2 Nutzung von Spezialwissen anderer Mitarbeiter

19 Allerdings zeigt die Praxis, dass die Revision zu bestimmten Anlässen auf das ausgewiesene Spezialwissen von Mitarbeitern anderer Organisationseinheiten zurückgreifen muss. Die zunehmende Komplexität der Geschäftsaktivitäten und die damit einhergehenden steigenden Anforderungen an das Risikomanagement erfordern in nahezu allen relevanten Bereichen des Institutes den Einsatz von Fachspezialisten. Da die Revision grundsätzlich alle Aktivitäten und Prozesse zu prüfen und zu beurteilen hat (→ AT 4.4.3 Tz. 3), müsste sie sich theoretisch das gesamte Spezialwissen aneignen, was sowohl aus quantitativer als auch aus qualitativer Sicht kaum zu bewerkstelligen ist. Die MaRisk lassen es daher zu, dass Mitarbeiter anderer Abteilungen vorübergehend in der Revision tätig werden, wenn deren spezielle Fachkenntnisse erforderlich sind. Infrage kommen dafür z. B. Experten für Sonderaufgaben im Derivatebereich, Verbriefungsspezialisten, IT-Spezialisten oder Experten für Rechtsfragen.

Um eine nachvollziehbare und konsistente Beurteilung der jeweiligen Einzelfälle zu ermögli- **20** chen, könnte die Revision bestimmte Kriterien zur Nutzung von Spezialwissen aufstellen, die sich z.B. darauf beziehen,

– für welche Bereiche revisionsfremdes Spezialwissen herangezogen werden soll,
– welchen Zeitraum die unterstützende Tätigkeit von Mitarbeitern anderer Organisationsein- heiten nicht überschreiten darf,
– welche Aufgaben keinesfalls übertragen werden können,
– auf welche Weise eine Begleitung durch das Revisionspersonal erfolgt und
– in welcher Form die Arbeiten und Ergebnisse dokumentiert und kommuniziert werden sollen.

Aufgrund der Bedeutung der Unabhängigkeit der Revision gehört die Entscheidung über den **21** Einsatz der Spezialisten regelmäßig in die Kompetenz des Leiters der Internen Revision. Dabei sollte beachtet werden, dass die jeweiligen Mitarbeiter ebenfalls die Anforderungen an die Unabhängigkeit und die Funktionstrennung einhalten (→ BT 2.2 Tz. 2).

3.3 Zeitweise Tätigkeit

Der Wortlaut der Regelung macht deutlich, dass die Heranziehung anderer Mitarbeiter keine **22** permanente Lösung sein kann. Vielmehr soll diese Lösung zeitlich begrenzt werden, wobei die Dauer des Einsatzes von den Gegebenheiten des jeweiligen Einzelfalles abhängt. Falls jedoch der Rückgriff auf revisionsfremde Experten für bestimmte Bereiche längerfristig, regelmäßig und insofern auch dauerhaft erfolgen müsste, wäre dies ein deutlicher Indikator dafür, dass diese Aufgabe durch die Revision selbst wahrgenommen und nicht länger auf Mitarbeiter anderer Organisationseinheiten übertragen werden sollte. Insoweit bleibt die Revision in der Pflicht, regelmäßig die Angemessenheit einer derartigen Aufgabenverteilung zu hinterfragen.

3.4 Rückgriff auf externe Spezialisten

Wenngleich die Regelung lediglich auf »Mitarbeiter« abzielt, ist grundsätzlich auch ein Rückgriff **23** auf externe Spezialisten möglich. In diesen Fällen muss zusätzlich geprüft werden, ob diese Spezialisten lediglich beratend tätig werden oder der Tatbestand einer Auslagerung vorliegt. Handelt es sich um eine Auslagerung von Tätigkeiten der Internen Revision, sind die entsprechen- den Vorgaben zu beachten (→ AT 9).

3.5 Übergangsfrist beim Wechsel von Mitarbeitern zur Internen Revision

Bei der Ausgestaltung der Aufbau- und Ablauforganisation ist sicherzustellen, dass miteinander **24** unvereinbare Tätigkeiten durch unterschiedliche Mitarbeiter durchgeführt und auch bei Arbeits- platzwechseln Interessenkonflikte vermieden werden (→ AT 4.3.1 Tz. 1). Derartige Interessen- konflikte können insbesondere dann vorliegen, wenn Mitarbeiter aus anderen Organisationsein- heiten in die Interne Revision wechseln. Bei einem derartigen Wechsel muss sichergestellt sein, dass der neue Revisionsmitarbeiter keine Tätigkeiten prüft, für die er in der Vergangenheit selbst verantwortlich war (»Verbot der Selbstprüfung und -überprüfung«). Vor diesem Hintergrund wurde im Zuge der fünften MaRisk-Novelle eine konkrete Fristenregelung für den Fall eines Wechsels von Mitarbeitern aus anderen Organisationseinheiten zur Internen Revision aufgenommen. Danach ist eine angemessene Übergangsfrist von »in der Regel mindestens einem Jahr« vorzusehen, innerhalb derer der neue Revisionsmitarbeiter keine Tätigkeiten prüfen darf, für die er im Verlauf der vorangegangenen zwölf Monate verantwortlich war.[13] Das bedeutet, dass die Übergangsfrist grundsätzlich ein Jahr oder sogar länger betragen sollte. Durch den Zusatz »in der Regel« sind unter Berücksichtigung des Regelungszweckes allerdings auch kürzere Fristen denkbar.

25   Die Deutsche Kreditwirtschaft (DK) hat in ihrer Stellungnahme zum ersten Entwurf der fünften MaRisk-Novelle die Übergangsfrist von einem Jahr als relativ feste Frist für bestimmte Konstellationen als nicht sachgerecht kritisiert.[14] Die DK hat negative Auswirkungen auf die Personalentwicklung befürchtet und daher angeregt, dass ein Institut auf Übergangsfristen gänzlich verzichten kann, wenn durch angemessene (anderweitige) Kontrollen sichergestellt werden kann, dass der jeweilige Mitarbeiter keine Überprüfung bzw. Kontrolle selbstinitiierter Geschäfte o. Ä. vornimmt. Nach Ansicht der DK ist eine entsprechende Erleichterung insbesondere bei kleinen Instituten notwendig.[15] Die BaFin ist der DK dahingehend entgegengekommen, dass sie in der endgültigen Fassung der fünften MaRisk-Novelle zusätzlich einen Verweis auf den Grundsatz der Proportionalität aufgenommen hat. Zwar hält die Aufsicht eine angemessene Übergangsfrist grundsätzlich weiterhin für erforderlich. Allerdings sind Erleichterungen im Hinblick auf die Dauer der Übergangsfrist in Abhängigkeit von der Art, dem Umfang, der Komplexität und dem Risikogehalt der betriebenen Geschäftsaktivitäten im Einzelfall möglich.

26   Auch der im ersten Entwurf der MaRisk-Novelle noch enthaltene Begriff »Cooling-off-Periode« ist – wie von der DK vorgeschlagen – in der endgültigen Fassung der fünften MaRisk-Novelle nicht mehr enthalten. Hintergrund für diese Anpassung war die Befürchtung der Kreditwirtschaft, dass unter einer »Cooling-off-Periode« auch verstanden werden könnte, als Mitarbeiter für den neuen Bereich gar keine Tätigkeiten ausführen zu können. Entsprechende Vorgaben sind z. B. für den Wechsel von Vorstandsmitgliedern in den Aufsichtsrat einer börsennotierten AG (§ 100 Abs. 2 Nr. 4 AktG) oder von Politikern in die Wirtschaft bekannt.[16]

---

13 Die in den MaRisk verankerte angemessene Übergangsfrist von regelmäßig einem Jahr geht auf einen Standard des Institute of Internal Auditors zurück. Vgl. Deutsches Institut für Interne Revision e. V. (DIIR), Frankfurt am Main, Institut für interne Revision Österreich (IIA Austria), Wien, Schweizer Verband für Interne Revision (IIA Switzerland), Zürich (Hrsg.), Internationale Standards für die berufliche Praxis der Internen Revision 2017 – Mission, Grundprinzipien, Definitionen, Ethikkodex, Standards, Version 6.1, IIA Standard 1130.A1, 10. Januar 2018, S. 27.

14 Vgl. Deutsche Kreditwirtschaft, Stellungnahme zum Entwurf der MaRisk in der Fassung vom 18. Februar 2016 (Konsultation 02/2016) vom 27. April 2016, S. 46.

15 Vgl. Deutsche Kreditwirtschaft, Stellungnahme zum Entwurf der MaRisk in der Fassung vom 18. Februar 2016 (Konsultation 02/2016) vom 27. April 2016, S. 13.

16 Vgl. Gesetz zur Änderung des Bundesministergesetzes und des Gesetzes über die Rechtsverhältnisse der Parlamentarischen Staatssekretäre vom 17. Juli 2015 (BGBl. I S. 1322), veröffentlicht am 24. Juli 2015.

BT 2.3 Prüfungsplanung und -durchführung

1 Risikoorientierte Prüfungsplanung (Tz. 1)

1 **1** Die Tätigkeit der Internen Revision muss auf einem umfassenden und jährlich fort-zuschreibenden Prüfungsplan basieren. Die Prüfungsplanung hat risikoorientiert zu erfolgen. Die Aktivitäten und Prozesse des Institutes sind, auch wenn diese ausgelagert sind, in angemessenen Abständen, grundsätzlich innerhalb von drei Jahren, zu prüfen. Wenn besondere Risiken bestehen, ist jährlich zu prüfen. Bei unter Risikogesichtspunkten nicht wesentlichen Aktivitäten und Prozessen kann vom dreijährigen Turnus abgewichen werden. Die Risikoeinstufung der Aktivitäten und Prozesse ist regelmäßig zu überprüfen.

1.1 Anforderungen an die Prüfungsplanung

2 Die Prüfungstätigkeit der Internen Revision hat sich auf der Grundlage eines risikoorientierten Prüfungs-ansatzes grundsätzlich auf alle Aktivitäten und Prozesse des Institutes zu erstrecken (→ BT 2.1 Tz. 1). Um diese Aufgabe zu erfüllen, ist zunächst eine sorgfältige Planung erforderlich, die
- umfassend sein soll,
- jährlich fortzuschreiben ist,
- risikoorientiert zu erfolgen hat und
- grundsätzlich alle internen und ausgelagerten Aktivitäten und Prozesse innerhalb von drei Jahren berücksichtigen muss.

3 Das auf dieser Planung basierende Konzept entspricht in seinen Grundzügen auch dem Standard der Wirtschaftsprüfer.[1]

1.2 Umfassende Planung

4 Gegenstand der Prüfungstätigkeit der Internen Revision sind nicht nur alle internen Aktivitäten und Prozesse des Institutes, sondern auch jene Tätigkeiten, die auf andere Unternehmen aus-gelagert sind (→ AT 4.4.3 Tz. 3). Die Prüfungstätigkeit der Internen Revision kann aufgrund dieses Abdeckungsgrades also durchaus als »umfassend« charakterisiert werden. Die Kunst besteht darin, auf Basis dieses umfassenden Ansatzes eine risikoorientierte Planung zu entwickeln.

5 Den Grundsätzen des DIIR zufolge müssen die Prüfungsziele jene Risiken berücksichtigen, die mit dem jeweiligen Prüfungsgegenstand verbunden sind. Dabei wird als Ziel der Risikobewertung im Rahmen der Planungsphase das Erkennen von Prüfungsschwerpunkten beim jeweiligen Prüfungsgegenstand genannt. Der standardisierte, risikoorientierte Planungsprozess des DIIR gliedert sich wie folgt:
- Rahmenplanung (strategisch, risikoorientiert),
  - Prüfungsprogrammplanung (Prüflandkarte, »Audit Universe«),
  - Risikobeurteilung (ausgerichtet an den Organisationszielen),

---

1 Vgl. Institut der Wirtschaftsprüfer, Prüfungsstandard 261 (IDW PS 261), Feststellung und Beurteilung von Fehlerrisiken und Reaktionen des Abschlussprüfers auf die beurteilten Fehlerrisiken, in: Die Wirtschaftsprüfung, Heft 22/2006, S. 1436, Tz. 10 ff.

- Mehrjahresplanung (langfristig, nach Risiko, Umfang und Kapazität),
- Jahresplanung (operativ, genehmigungspflichtig) und
- operative Planung (zur unterjährigen dispositiven Steuerung).[2]

Auch in den MaRisk wird durch die Ausrichtung an den Risiken die Art und der Umfang der **6** Planung näher bestimmt. Ausgangspunkt der Planung ist die Analyse der Risiken des Institutes und der damit in Beziehung stehenden Prozesse. Diese Analyse wird in der Verantwortung der Revision vorgenommen. Insoweit stehen der Revision zahlreiche Steuerungsparameter zur Verfügung, um ihre Ressourcen sachgerecht, risikoorientiert und angemessen einzusetzen. Der Detaillierungsgrad der Abgrenzung der Prüfungsfelder bzw. der Prüfungsschwerpunkte erlaubt es ihr, den potenziellen Umfang und die Intensität der Prüfungen so zu gestalten, dass unter Risikogesichtspunkten grundsätzlich alle Prozesse und Aktivitäten erfasst werden und gleichzeitig der Prüfungsturnus eingehalten werden kann.

1.3 Festlegung von Prüfungsfeldern

Das grundlegende Prinzip der Risikoorientierung besteht darin, zunächst das Institut nach **7** bestimmten Kriterien in verschiedene Prüfungsfelder aufzuteilen und anschließend deren Risikogehalt und Relevanz zu analysieren und zu bewerten, um auf dieser Basis eine risikoorientierte Prüfungsplanung aufzustellen. Die Einteilung des Institutes in Prüfungsfelder kann sich z. B. nach folgenden Gesichtspunkten richten:
- wesentliche Prozesse,
- Produkt- bzw. Geschäftslinien (Wertschöpfungsketten),
- Hauptgeschäftsbereiche und unterstützende Bereiche,
- Management- bzw. operative Bereiche,
- ausgelagerte Aktivitäten und Prozesse sowie Sonderbereiche etc.

Die Festlegung der Kriterien, nach denen die Prüfungsfelder eingeteilt werden, liegt in der **8** Verantwortung der Revision. Inhaltliche Vorgaben zu einzelnen Prüfungsfeldern werden in den MaRisk im Gegensatz zu den älteren Mindestanforderungen[3] nicht mehr gemacht. Damit wird eine Umsetzung der Vorgaben auf Basis der jeweiligen institutsindividuellen Situation ermöglicht.

Da im Rahmen der Prüfungsplanung die Bedeutung des jeweiligen Risikos für die Gesamtbank **9** im Mittelpunkt steht, müssen in der Konsequenz bestimmte Prüfungsfelder entsprechend ihrer jeweiligen Risikoeinstufung intensiver geprüft werden als andere. Insoweit ist es möglich, dass einige Prüfungsfelder vollständig, andere hingegen nur auf Basis von Stichproben untersucht werden.

1.4 Risikobewertung

Das jeweilige Risikopotenzial wird anhand bestimmter Techniken bzw. Kriterien für die einzelnen **10** Prüfungsfelder analysiert und bewertet. Die Aufsicht gibt den Instituten keine konkrete Methode

---

2 Vgl. Deutsches Institut für Interne Revision e. V., Online-Revisionshandbuch, Stand Dezember 2019, S. 48 ff.
3 Vgl. Bundesaufsichtsamt für das Kreditwesen, Mindestanforderungen an das Betreiben von Handelsgeschäften der Kreditinstitute (MaH), Verlautbarung vom 23. Oktober 1995, Abschnitt 5 Abs. 1 und 2.

zur Risikobewertung vor. Eine im Zuge der fünften MaRisk-Novelle ergänzte Anforderung an die Risikobewertungsverfahren stellt allerdings klar, dass bei der Analyse des Risikopotenzials der Aktivitäten und Prozesse absehbare Veränderungen berücksichtigt werden müssen (→ BT 2.3 Tz. 2). Diesbezüglich haben sich in der Praxis verschiedene Verfahren herausgebildet, auf deren ausführliche Darstellung an dieser Stelle verzichtet wird.[4] Grundsätzlich weisen diese Verfahren einen unterschiedlichen Komplexitätsgrad auf, der von verhältnismäßig übersichtlichen Klassifizierungsverfahren, wie z. B. dem Ampelsystem oder der ABC-Analyse, über bestimmte Ranking-, Kennzahlen- oder Ratingverfahren bzw. Risikomatrizen bis hin zu sehr komplexen mathematisch-statistischen Methoden reicht. Welches Verfahren oder welche Kombination bestimmter Techniken für ein Institut angemessen ist, muss von der Revision beurteilt werden.

11   Häufig wird das Gesamtrisikoprofil des Institutes als Ausgangsbasis herangezogen (→ AT 2.2 Tz. 1). Auch die Interne Revision berücksichtigt dabei im Wesentlichen die typischen bankgeschäftlichen Risikoarten, wie das Adressenausfallrisiko (→ BTR 1), das Marktpreisrisiko inkl. des Zinsänderungsrisikos (→ BTR 2), das Liquiditätsrisiko (→ BTR 3) und das operationelle Risiko inkl. des Rechtsrisikos und des Compliance-Risikos (→ BTR 4). Häufig werden auch die für das Institut weiteren wesentlichen Risikoarten, wie z. B. das Reputationsrisiko, in die Betrachtung einbezogen. Damit wird gleichzeitig der Anforderung entsprochen, bei der Risikobewertung die verschiedenen Risikoquellen angemessen zu berücksichtigen (→ BT 2.3 Tz. 2).

12   Entsprechend ihrer Aufgabe, die Wirksamkeit und Angemessenheit des Risikomanagements im Allgemeinen und des internen Kontrollsystems im Besonderen sowie die Ordnungsmäßigkeit grundsätzlich aller Aktivitäten und Prozesse zu prüfen und zu beurteilen (→ AT 4.4.3 Tz. 3), liegt ein Schwerpunkt der Tätigkeit der Internen Revision auf den operationellen Risiken. In diesem Zusammenhang im Zuge der fünften MaRisk-Novelle neu aufgenommen wurde die Anforderung, dass bei den Risikobewertungsverfahren die Manipulationsanfälligkeit der Prozesse durch Mitarbeiter angemessen zu berücksichtigen ist (→ BT 2.3 Tz. 2).

13   Einige Risikofaktoren mit besonderer Bedeutung für die Tätigkeit der Revision sind z. B.:
– die geschäftliche Entwicklung des Institutes, die Wettbewerbssituation und das Marktumfeld,
– der Zustand des internen Kontrollsystems,
– der Umfang oder die Bedeutung von regulatorischen Vorgaben,
– die potenzielle Außenwirkung möglicher Fehler,
– die Komplexität der Prozesse bzw. Geschäftsfelder,
– die Form und der Umfang von Auslagerungen,
– Verfahrensumstellungen und die damit verbundenen Unsicherheiten,
– die Neuartigkeit eines Verfahrens oder Produktes,
– die Kompetenz und Integrität des Personals sowie bedeutende Personalveränderungen und
– die Beschwerden von Kunden oder Mitarbeitern.

14   Viele Verfahren räumen darüber hinaus der (wirtschaftlichen) Relevanz des jeweiligen Prüfungsfeldes für das Institut einen besonderen Stellenwert ein. Dabei kann z. B. auf die (externe) Bedeutung des Prüfungsfeldes für die Bilanz und die Gewinn- und Verlustrechnung (GuV) oder auf die (interne) Bedeutung für das betriebswirtschaftliche Ergebnis abgestellt werden. Bei der

---

4   Vgl. hierzu z. B. Haake, Manfred, Risikoorientierte Prüfungsplanung zentrale Aufgabe, in: Betriebswirtschaftliche Blätter, Heft 10/1995, S. 483 f.; Reinecke, Bodo/Wagner, Hans-Jürgen, Risiko-Aspekte in der Arbeit der Internen Revision, in: Zeitschrift Interne Revision, Heft 5/2000, S. 194 ff.; Haake, Manfred/Leitschuh, Gerhard/Gorsulowsky, Hans-Joachim, Mindestanforderungen an die Interne Revision, in: Zeitschrift für das gesamte Kreditwesen, Heft 5/2000, S. 814; Schiffer, Thomas, Risikoorientierte Prüfungsplanung – Ein Modell für die Bankpraxis, in: Zeitschrift Interne Revision, Heft 3/2001, S. 132 ff.; Braun, Hermann/Klotz, Reinhard/Weber, Nathanael, Risikoorientierte Prüfungsplanung mit Hilfe eines Prüfungsranking, in: Betriebswirtschaftliche Blätter, Heft 12/2001, S. 583 ff.; Haake, Manfred, Risikogerechte Berichterstattung und risikoorientierte Prüfungsplanung, in: Zeitschrift Interne Revision, Heft 1/2002, S. 2 ff.; Arbeitskreis »Externe und Interne Überwachung« der Schmalenbach Gesellschaft für Betriebswirtschaft e. V., Best Practice für die Interne Revision, in: Der Betrieb, Heft 5/2006, S. 227.

Beurteilung der Relevanz von Prüfungsfeldern können sehr verschiedene Aspekte eine Rolle spielen, wie z. B.:

- die wesentlichen Risiko- und Ergebnistreiber,
- bestimmte Bilanzkenngrößen bzw. Geschäftsvolumina,
- die Dynamik bzw. die Neuartigkeit bestimmter Geschäfte, Produkte, Märkte oder Prozesse,
- die Bedeutung für die Kerngeschäftsbereiche,
- die Bedeutung für das Handels- oder Anlagebuch,
- der Einfluss auf die externe Ratingeinstufung sowie
- der Einsatz von komplexen Ratingverfahren oder IT-Systemen.

In die Beurteilung der einzelnen Prüfungsfelder und der damit verbundenen Risiken fließen ferner der zeitliche Abstand zur letzten Prüfung sowie das damals erzielte Ergebnis ein. Intensität und Schwerpunkte der jeweiligen konkreten Prüfung richten sich ebenfalls regelmäßig nach der vorangegangenen Risikobewertung für das entsprechende Prüfungsgebiet. Unter besonderen Umständen, wie z. B. in Krisensituationen, können auch bisher als risikoarm eingestufte Prüfungsfelder neu bewertet werden. Einen entsprechenden Anhaltspunkt können z. B. die Ergebnisse der Stresstests liefern (→ AT 4.3.3 Tz. 1). **15**

1.5 Erstellung des Prüfungsplanes

Auf Basis der geschilderten Analysetätigkeiten erfolgt eine Zuordnung zu bestimmten Bewertungsstufen. Diese Zuordnung kann wiederum auf verschiedenen Verfahren basieren, die von der einfachen qualitativen Einschätzung bis hin zu komplexen mathematischen Verfahren reichen. In der Praxis hat es sich als sinnvoll erwiesen, dass die Zahl der jeweiligen Bewertungsstufen möglichst konstant gehalten wird. Häufig ist zu beobachten, dass die Risikokriterien oder Bewertungsstufen zusätzlich gewichtet werden, um der Bedeutung bestimmter Risiken gerecht zu werden. Welche Verfahren zur Anwendung kommen, hängt i. d. R. von den verfügbaren Daten sowie der Komplexität und der Veränderungsgeschwindigkeit der jeweiligen Organisation ab. **16**

Ergebnis dieser Verfahren ist regelmäßig die Zuweisung bestimmter Risikokennziffern, -noten oder -kategorien zu den einzelnen Prüfungsfeldern. Daraus wird systematisch der Prüfungsturnus der Prüfungsfelder abgeleitet und ein Prüfungsplan erstellt. **17**

1.6 Prüfungsturnus

Die Prüfungen haben in angemessenen Abständen zu erfolgen, wobei grundsätzlich ein Turnus von drei Jahren unterstellt wird. Um eine risikoorientierte Prüfung zu ermöglichen, werden Abweichungen in beide Richtungen zugelassen. Wenn besondere Risiken bestehen, ist jährlich zu prüfen.[5] Bei unter Risikogesichtspunkten nicht wesentlichen Aktivitäten und Prozessen kann **18**

---

5 Besondere Risiken sind dadurch gekennzeichnet, dass bei ihrem Eintreten die Gefahr einer deutlichen Verschlechterung der wirtschaftlichen Lage des Unternehmens besteht oder eine mögliche wirtschaftliche oder rechtliche Bestandsgefährdung vorliegt. Sie sind daher geeignet, Beurteilungen oder Entscheidungen von Stakeholdern zu verändern oder zu beeinflussen. Defizite im Risikomanagement, welche insbesondere durch unangemessene Risikostrategien, Regelungen zur Aufbau- und Ablauforganisation sowie Risikosteuerungs- und -controllingprozesse verursacht werden können, erhöhen die Eintrittswahrscheinlichkeit und das potenzielle Schadensausmaß von besonderen Risiken. Daneben können auch für das Institut wesentliche Projekte mit besonderen Risiken behaftet sein. Vgl. Deutsches Institut für Interne Revision e. V., Online-Revisionshandbuch, Stand Dezember 2019, S. 49 f.

hingegen vom dreijährigen Turnus abgewichen werden. Im Rahmen der fünften MaRisk-Novelle hat die deutsche Aufsicht allerdings klargestellt, dass ein Abweichen vom dreijährigen Prüfungsturnus für unter Risikogesichtspunkten nicht wesentliche Aktivitäten und Prozesse nicht gleichbedeutend ist mit einem weitgehenden Verzicht auf Prüfungshandlungen in diesen Bereichen. Insofern sind auch diese Bereiche in die Prüfungsplanung zu integrieren und in angemessenen Abständen zu prüfen (→ BT 2.3 Tz. 1, Erläuterung). Die jeweiligen Festlegungen obliegen auch in diesem Fall der Revision, die die Risikoeinstufung der Aktivitäten und Prozesse regelmäßig zu überprüfen hat. Dokumentationen schaffen dabei die notwendige Transparenz und machen die zeitliche Einordnung der Prüfungen nachvollziehbar. In Einzelfällen wird ein Prüfungsturnus von ein bzw. zwei Jahren in Leitlinien, Verordnungen oder Rundschreiben der Aufsicht explizit vorgeben und ist somit, unabhängig von der internen Risikobeurteilung, einzuhalten.

19   Der eingeräumte Gestaltungsspielraum ist vor allem dann wichtig, wenn Bedarf an Sonderprüfungen besteht oder Prüfungen über den sonst üblichen Drei-Jahres-Turnus hinaus verschoben werden müssen. Das Ausnahme-Regel-Verhältnis sollte über den Begriff »grundsätzlich« allerdings nicht ausgehebelt werden. In der Regel hält es die Aufsicht für erforderlich, dass sich die Revision innerhalb des in der Praxis etablierten Zeitraumes von drei Jahren einen Überblick über die relevanten Prozesse und Aktivitäten verschafft. Es ist allerdings nicht ausgeschlossen, dass dieser Zeitraum im Rahmen der weiteren Harmonisierung internationaler Vorgaben in der Zukunft angepasst wird. So ist auf internationaler Ebene ein Fünf-Jahres-Turnus nicht unüblich.

20   Ist die Prüfungsplanung auf diese Weise erstellt worden, muss sie noch von der Geschäftsleitung genehmigt werden (→ BT 2.3 Tz. 5).[6] In diesem Zusammenhang ist auch sicherzustellen, dass die Revision personell und sachlich in einer Weise ausgestattet ist, die eine Einhaltung des vorgesehenen Prüfungsturnus erlaubt (→ AT 7.1 Tz. 1 und 2 sowie AT 7.2 Tz. 1). Auch die EBA betont, dass die Interne Revision über ausreichend Befugnisse, Gewicht und Ressourcen verfügen sollte.[7]

1.7   Prüfungsmethoden

21   Im Rahmen der Prüfungsplanung muss sich die Revision über die Art der eingesetzten Prüfungsmethoden im Klaren sein, die unterschiedlich aufwendig sein können. Konkrete Vorgaben werden hierzu nicht gemacht, so dass grundsätzlich Methodenfreiheit besteht. Die Entscheidung über das konkrete Vorgehen hängt im Wesentlichen vom jeweiligen Prüfungsfeld ab. Die Revision kann dabei auf unterschiedliche Prüfungsmethoden und -ansätze zurückgreifen. Denkbar sind z.B. Ordnungsmäßigkeitsprüfungen, Bewertungsprüfungen, Einzelfallprüfungen, »Self-Auditing-Ansätze« sowie vor allem Prozess- oder Systemprüfungen, die durch risikoorientierte Stichproben ergänzt werden können.[8]

22   Auch nach den Vorstellungen der EBA sollte die Interne Revision insbesondere die Integrität der Prozesse prüfen, damit die Zuverlässigkeit der Methoden und Verfahren des Institutes sowie die seinen internen Modellen zugrunde liegenden Annahmen und Informationsquellen (etwa Risikomodellierung und Rechnungslegung) sichergestellt sind. Darüber hinaus sollte die Interne Revisi-

---

6   Die Regelung entspricht den Vorgaben der EBA, wonach der interne Prüfungsplan vom Leitungsorgan zu genehmigen ist. Vgl. European Banking Authority, Leitlinien zur internen Governance, EBA/GL/2017/11, 21. März 2018, S. 49.

7   Vgl. European Banking Authority, Leitlinien zur internen Governance, EBA/GL/2017/11, 21. März 2018, S. 48.

8   Vgl. hierzu z.B. Becker, Axel, Systemprüfungen durch die Interne Revision in Kreditinstituten, in: Zeitschrift Interne Revision, Heft 1/2005, S. 20–32; Becker, Axel (Hrsg.), Systemprüfungen in Kreditinstituten – Neue Prüfungsansätze für die Bankpraxis, Berlin, 2017; Schroff, Michael, Self-Auditing: Moderne Revisionspraxis in Kreditinstituten, in: Zeitschrift Interne Revision, Heft 5/2004, S. 214–221.

on die Qualität und Nutzung von Instrumenten für die qualitative Risikoermittlung und -bewertung sowie die zur Risikominderung ergriffenen Maßnahmen beurteilen.[9]

1.8 Jährliche Fortschreibung der Planung

Das Ergebnis des Analyse- und Bewertungsprozesses ist ein Gesamtplan, der die Revision in die Lage versetzen soll, alle risikorelevanten Prüfungsfelder grundsätzlich innerhalb von drei Jahren abzuarbeiten. Anschließend wird dieser Gesamtplan in detaillierte Teilpläne mit einem Jahreshorizont überführt. Dabei wird offengelassen, ob das Planungsjahr das Geschäftsjahr umfassen muss oder ggf. davon abweichen kann.   **23**

Auch zur Länge der gesamten Planungsperiode enthalten die MaRisk keine verbindlichen Vorgaben. Aus den Regelungen zur Berichterstattung kann allerdings abgeleitet werden, dass zumindest von einem Jahresplan auszugehen ist (→ BT 2.4 Tz. 4). Dies entspricht auch den Vorgaben der EBA, wonach mindestens einmal jährlich ein interner Prüfungsplan auf der Grundlage der jährlichen Prüfungsziele der Internen Revision erstellt werden sollte.[10] In der Praxis hat es sich als zweckmäßig erwiesen, dass die Revision den gesamten Drei-Jahres-Turnus planerisch vorwegnimmt, wobei der Detaillierungsgrad der Planung für das erste Planungsjahr regelmäßig am höchsten ist.   **24**

Die Prüfungsplanung ist »rollierend« anzulegen und jährlich fortzuschreiben. Daraus wird insbesondere deutlich, dass die ursprüngliche Planung verändert werden kann. Dafür spricht auch die Tatsache, dass die Planung regelmäßig und anlassbezogen zu überprüfen und ggf. weiterzuentwickeln ist (→ BT 2.3 Tz. 3) sowie wesentliche Anpassungen der Planung von der Geschäftsleitung zu genehmigen sind (→ BT 2.3 Tz. 5). Vor dem Hintergrund einer risikoorientierten Planung sind Anpassungen z.B. dann erforderlich, wenn sich die Risikosituation des Institutes oder die Einschätzung einzelner Prüfungsfelder verändert haben.   **25**

In Ausnahmesituationen, wie z.B. der COVID-19-Pandemie, kann eine Prüfungsplanung auch vorübergehend ausgesetzt werden. Die temporäre Aufhebung der Prüfungsplanung darf jedoch nicht mit einem weitgehenden Verzicht auf Prüfungshandlungen in bestimmten Bereichen einhergehen, sondern lediglich eine zeitliche Verschiebung beinhalten.[11] Da die Prüfungsplanung sowie wesentliche Anpassungen von der Geschäftsleitung zu genehmigen sind, ist auch für die vorübergehende Aussetzung ein Beschluss der Geschäftsleitung erforderlich.   **26**

Im Zuge der fünften MaRisk-Novelle wurde die Anforderung aufgenommen, dass die Risikoeinstufung der Aktivitäten und Prozesse regelmäßig zu überprüfen ist. Dabei handelt es sich lediglich um eine Klarstellung, da in der Praxis mit der Fortschreibung der Prüfungsplanung die mindestens jährliche Überprüfung der Planung einhergeht. Insbesondere sollte regelmäßig hinterfragt werden, ob die ausgewählten Prüfungsfelder oder Prüfungsschwerpunkte noch der aktuellen Risikosituation entsprechen. Das erfordert ggf. auch eine unterjährige Überprüfung der Risikoeinschätzung und des Prüfungsplanes. Änderungen können im Hinblick auf die Prüfungsfelder zu einer neuen Schwerpunktbildung führen. Die neue Schwerpunktbildung kann entweder eine Umgruppierung zur Folge haben, das Einfügen neuer Prüfungsfelder mit neuer Risikobewertung mit sich bringen oder Verschiebungen notwendig machen, die eine neue Reihenfolge mit neuem Prüfungsturnus bedeuten und im Ergebnis sogar bei einigen Prüfungsfeldern zu einem Überschreiten des Drei-Jahres-Turnus führen kann.   **27**

---

9 Vgl. European Banking Authority, Leitlinien zur internen Governance, EBA/GL/2017/11, 21. März 2018, S. 49.

10 Vgl. European Banking Authority, Leitlinien zur internen Governance, EBA/GL/2017/11, 21. März 2018, S. 49.

11 Vgl. Bundesanstalt für Finanzdienstleistungsaufsicht, Regelmäßig aktualisierte »FAQ« zu aufsichtlichen und regulatorischen Maßnahmen als Reaktion auf COVID-19, Internetseite der BaFin, abgerufen am 21. Dezember 2020.

1.9 Prüfungsplanung der Konzernrevision

28 Nach § 25a Abs. 1 Satz 3 KWG i. V. m. § 25a Abs. 3 KWG müssen Institutsgruppen, Finanzholding-Gruppen, gemischte Finanzholding-Gruppen und Unterkonsolidierungsgruppen gemäß Art. 22 CRR über eine funktionsfähige Konzernrevision verfügen. Verantwortlich für die Errichtung der Konzernrevision ist die Geschäftsleitung des übergeordneten Unternehmens. Die Anforderungen an die Konzernrevision werden im Einzelnen im allgemeinen Teil beschrieben (→ AT 4.5 Tz. 6). Danach hat die Konzernrevision im Rahmen des Risikomanagements auf Gruppenebene ergänzend zur Internen Revision der gruppenangehörigen Unternehmen tätig zu werden. Die Konzernrevision hat sich grundsätzlich auf alle Aktivitäten und Prozesse der Gruppe zu erstrecken, wobei der Fokus auf der Einhaltung der Anforderungen auf Gruppenebene liegt.

29 Im Zuge der fünften MaRisk-Novelle wurde aufgenommen, dass die Prüfungsplanungen der Konzernrevision und der nachgeordneten Unternehmen abzustimmen sind. Für die gruppenweite Prüfungsplanung gelten im Wesentlichen die auf der Ebene des einzelnen Institutes genannten Prinzipien (Risikoorientierung, Risikobewertung, Prüfungsturnus etc.).

2 Risikobewertungsverfahren (Tz. 2)

2 Die Risikobewertungsverfahren der Internen Revision haben eine Analyse des Risiko- **30**
potenzials der Aktivitäten und Prozesse unter Berücksichtigung absehbarer Veränderungen zu beinhalten. Dabei sind die verschiedenen Risikoquellen und die Manipulationsanfälligkeit der Prozesse durch Mitarbeiter angemessen zu berücksichtigen.

2.1 Besondere Anforderungen an die Risikobewertung

Die MaRisk geben den Instituten keine konkrete Methode zur Risikoermittlung und -bewertung **31**
vor. Es gilt der Grundsatz der Methodenfreiheit. Die systematische Analyse des Risikopotenzials
aller Prüfungsfelder muss allerdings im Institut nach einer einheitlichen Methodik erfolgen. Diese
Prüfungsmethodik ist regelmäßig und anlassbezogen auf Angemessenheit zu überprüfen und
weiterzuentwickeln (→ BT 2.3 Tz. 3).

Im Rahmen der fünften MaRisk-Novelle wurden neue Anforderungen an die Risikobewertungs- **32**
verfahren der Internen Revision aufgenommen. Danach haben die Risikobewertungsverfahren der
Internen Revision eine Analyse des Risikopotenzials der Aktivitäten und Prozesse unter Berücksichtigung absehbarer Veränderungen zu beinhalten, wobei die verschiedenen Risikoquellen und
die Manipulationsanfälligkeit der Prozesse durch Mitarbeiter angemessen zu berücksichtigen sind.

Gefordert wird zunächst eine zukunftsorientierte Sichtweise, wie im Begriff »Risikopotenzial« **33**
und in der Passage »unter Berücksichtigung absehbarer Veränderungen« deutlich zum Ausdruck
kommt. Daneben geht es um den Aspekt der Vollständigkeit, indem die verschiedenen Risikoquellen in die Bewertung einbezogen werden müssen, d.h. keine risikorelevanten Gesichtspunkte
außer Acht gelassen werden dürfen. Insofern besteht eine Parallele zur Risikoberichterstattung
durch die Risikocontrolling-Funktion an die Geschäftsleitung, die u.a. eine zukunftsorientierte
Risikoeinschätzung enthalten und auf vollständigen, genauen und aktuellen Daten beruhen muss
(→ BT 3.1 Tz. 1).

Unter die absehbaren Veränderungen können z.B. neue Produkte des Institutes, neu erschlossene **34**
Märkte oder bestimmte Anpassungen aufgrund regulatorischer Vorgaben bzw. laufender Projekte
sowie bereits absehbare Marktentwicklungen fallen. Die Interne Revision erhält derartige Informationen über ihre Einbindung in den Neu-Produkt-Prozess (→ AT 8.1 Tz. 5) oder in die Analyse, die
Institute bei wesentlichen Änderungen betrieblicher Prozesse oder Strukturen durchzuführen haben
(→ AT 8.2 Tz. 1). Zudem sind der Internen Revision Weisungen und Beschlüsse der Geschäftsleitung bekanntzugeben, die für sie von Bedeutung sein können. Auch über wesentliche Änderungen im Risikomanagement ist die Interne Revision rechtzeitig zu informieren (→ AT 4.4.3 Tz. 5).

Es versteht sich von selbst, dass die Interne Revision bei der Analyse des Risikopotenzials der **35**
Aktivitäten und Prozesse die verschiedenen Risikoquellen berücksichtigen muss. Andernfalls
wäre diese Analyse schlicht unvollständig. Explizit betont wird von der deutschen Aufsicht, dass
dabei auch auf die Manipulationsanfälligkeit der Prozesse durch Mitarbeiter geachtet werden
muss. Insofern bezieht sich die Risikoanalyse nicht allein auf den Risikogehalt der Prozesse im
Normalfall, sondern auch auf eventuelle Schwachstellen in der Prozesskette, die bewusst zum
Nachteil des Institutes ausgenutzt werden könnten. Werden derartige Schwachstellen entdeckt,
sollten sie umgehend durch entsprechende Schutzmaßnahmen beseitigt werden.

36   Die deutsche Aufsicht verlangt nicht zwingend eine quantitative Bewertung dieser besonderen Aspekte. Auch zukünftig sind qualitative Einstufungen zulässig. Dabei erfolgt üblicherweise zunächst eine Bewertung des inhärenten Risikos des Prüfungsfeldes, bevor anschließend die Effektivität und Funktionsfähigkeit der internen Kontrollen bewertet werden.[12]

37   Die im ersten Entwurf der fünften MaRisk-Novelle noch enthaltene Anforderung, dass bei der Analyse des Risikopotenzials der Aktivitäten und Prozesse zukünftig auch das Verlustpotenzial berücksichtigt werden sollte, ist in der endgültigen Fassung der fünften MaRisk-Novelle nicht mehr enthalten. Diese Streichung beruht auf einem Änderungsvorschlag der Deutschen Kreditwirtschaft (DK). Die DK hatte in ihrer damaligen Stellungnahme darauf hingewiesen, dass Schäden bzw. daraus ggf. resultierende Verluste letztlich nur die Materialisierung von Risiken zum Ausdruck bringen.[13]

---

12 Vgl. auch Deutscher Sparkassen- und Giroverband, Mindestanforderungen an das Risikomanagement – Interpretationsleitfaden, Version 6.1, Berlin, Juli 2019, S. 414.

13 Vgl. Deutsche Kreditwirtschaft, Stellungnahme zum Entwurf der MaRisk in der Fassung vom 18. Februar 2016 (Konsultation 02/2016) vom 27. April 2016, S. 46.

3 Angemessenheit der Prüfungsplanung, -methoden und -qualität (Tz. 3)

3 Die Prüfungsplanung, -methoden und -qualität sind regelmäßig und anlassbezogen auf Angemessenheit zu überprüfen und weiterzuentwickeln. **38**

3.1 Überprüfung und Weiterentwicklung der Konzepte

Die geforderte jährliche Fortschreibung der Prüfungsplanung (→ BT 2.3 Tz. 5) muss damit **39** einhergehen, dass sie regelmäßig und anlassbezogen überprüft und im Bedarfsfall weiterentwickelt wird. Gleiches gilt für die Prüfungsmethoden und die Qualität der Prüfungen. Damit wird dem raschen Wandel der Geschäftsaktivitäten Rechnung getragen, der sich zwangsläufig auch auf die Konzepte der Internen Revision auswirkt.

Insofern ist die Revision zu einem regelmäßigen Hinterfragen ihrer einmal entwickelten Konzepte **40** verpflichtet. Insbesondere müssen die Struktur und der Detaillierungsgrad des Prüfungsplanes sowie die von der Revision verwendeten Methoden mit der geschäftlichen und organisatorischen Entwicklung des Institutes abgeglichen werden. Auf diese Weise wird sichergestellt, dass die ursprünglich fixierten Prämissen noch dem aktuellen Stand entsprechen. Daher hat sich die Revision auch regelmäßig über die neuesten berufsüblichen Verfahren zu informieren und deren Anwendungsmöglichkeiten für das eigene Haus zu überprüfen. Hinsichtlich der Anforderungen an die Qualitätssicherung und -verbesserung kann auf die entsprechenden Veröffentlichungen der nationalen und internationalen Berufsverbände der Internen Revision (z. B. DIIR, IIA) zurückgegriffen werden.[14]

Es entspricht dem Proportionalitätsprinzip, wenn die Umsetzung dieser Anforderung an der **41** jeweiligen Situation des Institutes ausgerichtet wird. Das bedeutet, dass die Revision jene Prüfungsmethoden und Planungsinstrumente einsetzen sollte, die in Abhängigkeit von der Größe des Institutes, den Geschäftsschwerpunkten und der Risikosituation am besten geeignet erscheinen.

3.2 Sicherstellung der Prüfungsqualität

Außerdem soll sichergestellt werden, dass die Qualität der Revisionsarbeit hohen Standards genügt. **42** Dazu muss nicht nur die Qualität der zur Anwendung gebrachten Methoden überprüft werden. Die Mitarbeiter müssen abhängig von ihren Aufgaben, Kompetenzen und Verantwortlichkeiten auch über die erforderlichen Kenntnisse und Erfahrungen verfügen. Durch geeignete Maßnahmen ist zu gewährleisten, dass das Qualifikationsniveau der Mitarbeiter angemessen ist (→ AT 7.1 Tz. 2). Die Interne

---

14 Vgl. Deutsches Institut für Interne Revision e. V., Online-Revisionshandbuch, Stand Dezember 2019, S. 112 ff.; Deutsches Institut für Interne Revision e. V. (DIIR), Frankfurt am Main, Institut für Interne Revision Österreich (IIA Austria), Wien, Schweizer Verband für Interne Revision (IIA Switzerland), Zürich (Hrsg.), Internationale Standards für die berufliche Praxis der Internen Revision 2017 – Mission, Grundprinzipien, Definitionen, Ethikkodex, Standards, Version 6.1, 10. Januar 2018, IIA Standard 1200, S. 29 ff.

Revision muss insgesamt das Wissen, die Fähigkeiten und die sonstigen Qualifikationen besitzen oder sich beschaffen, die erforderlich sind, um ihre Verantwortlichkeiten zu erfüllen.[15]

43 Auch nach den Vorstellungen der EBA sollte das Institut dafür Sorge tragen, dass die Qualifikation der Mitarbeiter der Internen Revision sowie deren Ressourcen, vor allem ihre Prüfungsinstrumente und Methoden für die Risikoanalyse, für die Größe und Standorte des Institutes sowie die Art, den Umfang und die Komplexität der mit dem Geschäftsmodell, den Geschäftstätigkeiten, der Risikokultur und dem Risikoappetit des Institutes einhergehenden Risiken angemessen sind.[16]

44 Eine Beschreibung des Anforderungsprofiles von Revisionsmitarbeitern ist aus den Veröffentlichungen der nationalen und internationalen Berufsverbände der Internen Revision (z. B. DIIR, IIA) ersichtlich.[17]

---

15 Vgl. Deutsches Institut für Interne Revision e. V. (DIIR), Frankfurt am Main, Institut für interne Revision Österreich (IIA Austria), Wien, Schweizer Verband für Interne Revision (IIA Switzerland), Zürich (Hrsg.), Internationale Standards für die berufliche Praxis der Internen Revision 2017 – Mission, Grundprinzipien, Definitionen, Ethikkodex, Standards, Version 6.1, 10. Januar 2018, IIA Standard 1210, S. 29 f.

16 Vgl. European Banking Authority, Leitlinien zur internen Governance, EBA/GL/2017/11, 21. März 2018, S. 48.

17 Vgl. Deutsches Institut für Interne Revision e. V. (DIIR), Frankfurt am Main, Institut für interne Revision Österreich (IIA Austria), Wien, Schweizer Verband für Interne Revision (IIA Switzerland), Zürich (Hrsg.), Internationale Standards für die berufliche Praxis der Internen Revision 2017 – Mission, Grundprinzipien, Definitionen, Ethikkodex, Standards, Version 6.1, 10. Januar 2018, IIA Standard 1300, S. 32 ff.; Deutsches Institut für Interne Revision e. V., Online-Revisionshandbuch, Stand Dezember 2019, S. 110 ff.

4 Durchführung von Sonderprüfungen (Tz. 4)

4 Es muss sichergestellt sein, dass kurzfristig notwendige Sonderprüfungen, z. B. anläss- 45
lich deutlich gewordener Mängel oder bestimmter Informationsbedürfnisse, jederzeit
durchgeführt werden können.

4.1 Zusätzlicher Informationsbedarf

Über die regelmäßige risikoorientierte Prüfungsplanung hinaus, die eine sachgerechte Schwer- 46
punktbildung bei den Prüfungen sicherstellen soll, kann im Einzelfall ein ad hoc auftretender
Prüfungsbedarf entstehen. Er resultiert regelmäßig aus einem kurzfristig zu befriedigenden
Informationsbedarf hinsichtlich bestimmter Prüfungsfelder. So haben die Fachbereiche unter
Risikogesichtspunkten wesentliche Informationen unverzüglich an die Geschäftsleitung, die
jeweiligen Verantwortlichen und ggf. die Interne Revision weiterzuleiten, so dass geeignete
Maßnahmen bzw. Prüfungshandlungen frühzeitig eingeleitet werden können (→ AT 4.3.2 Tz. 4).
Insbesondere ist die Interne Revision zu informieren, wenn nach Einschätzung der Fachbereiche
unter Risikogesichtspunkten relevante Mängel zu erkennen oder bedeutende Schadensfälle aufgetreten sind oder ein konkreter Verdacht auf Unregelmäßigkeiten besteht (→ AT 4.3.2 Tz. 4,
Erläuterung). Diese Informationen lagen insoweit bei der Prüfungsplanung noch nicht vor oder
wurden zunächst anders bewertet.

4.2 Anlässe für Sonderprüfungen

Primärer Auslöser für Sonderprüfungen sind vermutete oder festgestellte Mängel in bestimmten 47
Bereichen oder Abläufen, denen eine gewisse Bedeutung zukommt. Regelmäßig wird es sich daher
um risikorelevante Schwachstellen handeln, die kurzfristig aufgetreten oder erkennbar geworden
sind. Die Durchführung von Sonderprüfungen kann aus unterschiedlichen Gründen erforderlich
sein. Hierzu zählen z. B.
- bisher nicht erkannte Handelsusancen,
- nicht richtig bzw. nicht als neu eingeschätzte Markt- oder Produktentwicklungen,
- Entwicklungen bei wichtigen Geschäftspartnern,
- Schwächen im internen Kontrollsystem,
- neue rechtliche Entwicklungen oder regulatorische Vorgaben,
- Schadensfälle oder Kundenbeschwerden von einer gewissen Tragweite,
- vermutete dolose (betrügerische) Handlungen,
- das Bewertungsergebnis einer vorangegangenen Revisionsprüfung, was in Abhängigkeit von
  der konkreten Situation auch Anlass für eine Nachschauprüfung sein kann,
- Betrugsfälle durch Externe oder
- ein negatives Erscheinungsbild in der Presse.

Der Anstoß für die Sonderprüfungen kann von der Geschäftsleitung, von der Revision selbst oder 48
von anderen Organisationseinheiten des Institutes kommen. Darüber hinaus kann eine Sonder-

prüfung auf Erkenntnissen aus dem Hinweisgebersystem gemäß § 25a Abs. 1 Satz 6 Nr. 3 KWG (»Whistleblowing-Verfahren«) beruhen.

49 Vom Anstoß für die Sonderprüfungen zu unterscheiden ist die Zuständigkeit für die Anordnung einer Sonderprüfung. Der Auftrag zur Durchführung der zusätzlichen Sonderprüfung kommt von der Geschäftsleitung, die hierzu im Rahmen ihres Direktionsrechtes befugt ist (→ BT 2.2 Tz. 1), oder direkt vom Leiter der Internen Revision. Es könnte sich ggf. auch um eine wesentliche Anpassung der Prüfungsplanung handeln, die explizit von der Geschäftsleitung zu genehmigen ist (→ BT 2.3 Tz. 5). Der Vorsitzende des Aufsichtsorgans bzw. des Prüfungsausschusses hat gegenüber dem Leiter der Internen Revision demgegenüber lediglich ein Auskunftsrecht und damit keine Befugnis zur Erteilung eines Sonderprüfungsauftrages. Es ist dem Aufsichtsorgan jedoch unbenommen, der Geschäftsleitung die Anordnung einer entsprechenden Sonderprüfung durch die Interne Revision zu empfehlen.

4.3   Priorität von Sonderprüfungen

50 Da Sonderprüfungen i. d. R. sehr kurzfristig durchzuführen sind, kommt ihnen automatisch eine hohe Priorität zu. Damit verändern sie gleichzeitig die Schwerpunkte der übrigen geplanten Prüfungshandlungen und führen regelmäßig zumindest zu einer zeitlichen Verschiebung anderer Prüfungen, weil sie nicht im ursprünglichen Prüfungsplan berücksichtigt wurden. In der Praxis wird daher für Sonderprüfungen teilweise aufgrund von Erfahrungswerten von vornherein ein bestimmtes Zeitbudget als »Platzhalter« in der Planung vorgesehen. Wird ein solcher Puffer nicht eingerichtet, sind zwangsläufig Umschichtungen bei der ursprünglichen Planung erforderlich.

51 Um genügend Freiräume für die Durchführung von Sonderprüfungen zu besitzen, ist eine flexible Planung notwendig. Ansonsten kann ein kurzfristiger Prüfungsbedarf nicht befriedigt werden. In diesem Zusammenhang zeigt sich auch, wie wichtig eine regelmäßige Planfortschreibung ist. Dies gilt umso mehr, als die Ergebnisse von Sonderprüfungen ebenfalls Veränderungen der Planung nach sich ziehen können.

4.4   Personelle Ausstattung

52 Wegen der hohen Priorität der Sonderprüfungen muss die Interne Revision personell und sachlich in die Lage versetzt werden, diese kurzfristig umzusetzen. Gleichzeitig darf der übrige Prüfungsbetrieb, auch wenn Verschiebungen mancher Prüfungen erforderlich werden, nicht vollständig zum Erliegen kommen. Zwar kann im Einzelfall auf externe Spezialisten zurückgegriffen werden. Das sollte aber nicht der Regelfall sein, da Sonderprüfungen eine originäre Aufgabe der Internen Revision sind. Der Leiter der Internen Revision hat im Rahmen der Ressourcenplanung einen angemessenen Personalbedarf für Sonderprüfungen einzuplanen.[18]

---

18 In der Praxis haben sich hier Ansätze von 10 bis 30 Prozent der Mitarbeiterkapazität als geeignet erwiesen. Vgl. Deutsches Institut für Interne Revision e. V., Online-Revisionshandbuch, Stand Dezember 2019, S. 7.

5 Genehmigung durch die Geschäftsleitung (Tz. 5)

5 Die Prüfungsplanung sowie wesentliche Anpassungen sind von der Geschäftsleitung zu genehmigen.   53

5.1 Genehmigungspflicht für den Prüfungsplan

Diese Anforderung ergibt sich im Grunde bereits daraus, dass die Revision ein Instrument der Geschäfts-   **54**
leitung, ihr unmittelbar unterstellt und berichtspflichtig ist (→ AT 4.4.3 Tz. 2). Die Genehmigung der
Prüfungsplanung durch die Geschäftsleitung verschafft der Internen Revision die notwendige Durch-
setzungskraft innerhalb des Institutes. Die genehmigte Planung kann von der Revision unmittelbar in
den einzelnen Organisationseinheiten umgesetzt werden. Darüber hinaus stellt dieses Verfahren sicher,
dass die Geschäftsleitung als Auftraggeber der Revision über die Planung informiert ist und ggf. eigene
Prüfungsaufträge oder -schwerpunkte einfließen lassen kann. Die Anforderung entspricht auch den
Vorgaben der EBA, wonach der interne Prüfungsplan vom Leitungsorgan zu genehmigen ist.[19]

Nach den Vorstellungen der nationalen und internationalen Berufsverbände sollte das Auf-   **55**
sichtsorgan über den genehmigten Prüfungsplan in Kenntnis gesetzt werden.[20] Hingegen fordert
der Baseler Ausschuss für Bankenaufsicht vom Prüfungsausschuss des Aufsichtsorgans sogar, den
Prüfungsplan, seinen Umfang und das Budget der Internen Revision zu genehmigen.[21]

Um bestimmte Prüfungsziele zu erreichen, ist es teilweise erforderlich, dass die Prüfungs-   **56**
planung in einem bestimmten Maße vertraulich bleibt. Dies ist z.B. notwendig, wenn bewusst
nicht angekündigte Prüfungen durchgeführt werden sollen. Insoweit bleibt es häufig der Revision
überlassen, über den Detaillierungsgrad der grundsätzlich offengelegten Planung zu entscheiden.

5.2 Genehmigung wesentlicher Anpassungen

Änderungen der Prüfungsplanung sind zumindest dann erneut der Geschäftsleitung vorzulegen,   **57**
wenn es sich um wesentliche Anpassungen handelt. Dadurch wird der Revision ein gewisser
Spielraum bei der Ausgestaltung und Umsetzung des Prüfungsplanes eingeräumt. In diesem
Zusammenhang wird erneut die Notwendigkeit einer systematischen, risikoorientierten Prüfungsplanung deutlich (→ BT 2.3 Tz. 1), da sie die Begründung wesentlicher Planungsanpassungen erst
ermöglicht. Im Interesse klarer Vorgaben ist es ggf. sinnvoll, Kriterien zur Abgrenzung »wesentlicher Anpassungen« von »normalen Anpassungen« in den Arbeitsanweisungen der Internen
Revision zu fixieren. Im Grunde sind dafür dieselben Kriterien geeignet, die schon zur Beurteilung
der Relevanz von Prüfungsfeldern herangezogen werden (→ BT 2.3 Tz. 1).

Für ein vorübergehendes Aussetzen der Prüfungsplanungen in Ausnahmesituationen, wie z.B.   **58**
der COVID-19-Pandemie, ist ebenfalls ein Beschluss der Geschäftsleitung erforderlich.[22]

---

19 Vgl. European Banking Authority, Leitlinien zur internen Governance, EBA/GL/2017/11, 21. März 2018, S. 49.
20 Vgl. Deutsches Institut für Interne Revision e. V., Online-Revisionshandbuch, Stand Dezember 2019, S. 7.
21 Vgl. Basel Committee on Banking Supervision, The internal audit function in banks, BCBS 223, 28. Juni 2012, S. 22.
22 Vgl. Bundesanstalt für Finanzdienstleistungsaufsicht, Regelmäßig aktualisierte »FAQ« zu aufsichtlichen und regulatorischen Maßnahmen als Reaktion auf COVID-19, Internetseite der BaFin, abgerufen am 21. Dezember 2020.

BT 2.4 Berichtspflicht

1 Adressaten und Bestandteile der Prüfungsberichte (Tz. 1)

1 Über jede Prüfung muss von der Internen Revision zeitnah ein schriftlicher Bericht angefertigt und grundsätzlich den fachlich zuständigen Mitgliedern der Geschäftsleitung vorgelegt werden. Der Bericht muss insbesondere eine Darstellung des Prüfungsgegenstandes und der Prüfungsfeststellungen, ggf. einschließlich der vorgesehenen Maßnahmen, enthalten. Wesentliche Mängel sind besonders herauszustellen. Dabei sind die Prüfungsergebnisse zu beurteilen. Bei schwerwiegenden Mängeln muss der Bericht unverzüglich der Geschäftsleitung vorgelegt werden.

1.1 Schriftliche Fixierung und Vorlage der Prüfungsberichte

Nach jeder Revisionsprüfung ist zeitnah ein schriftlicher Bericht zu erstellen. Der Prüfungsbericht ist somit das zentrale Informationsinstrument der Internen Revision. Zudem werden gewisse Vorgaben zur Gliederung bzw. zu den Mindestinhalten des Berichtes gemacht, die sich auf folgende Punkte beziehen: 2

- eine Darstellung des Prüfungsgegenstandes,
- eine Darstellung der Prüfungsfeststellungen,
- ggf. eine Darstellung der vorgesehenen Maßnahmen,
- eine besondere Herausstellung »wesentlicher« Mängel und
- eine Beurteilung der Prüfungsergebnisse.

Insbesondere die schriftliche Fixierung der Prüfungsfeststellungen stellt die Dokumentation und Nachvollziehbarkeit der Prüfungsergebnisse, sowohl für das Institut als auch für Dritte, sicher. 3

Damit die Revisionsergebnisse die notwendige Verbreitung innerhalb des Institutes finden und mit dem erforderlichen Nachdruck behandelt werden, sind sie grundsätzlich den fachlich zuständigen Mitgliedern der Geschäftsleitung vorzulegen. Daraus folgt gleichzeitig, dass nicht alle Revisionsberichte der gesamten Geschäftsleitung zuzuleiten sind. Dieses Vorgehen ist praxisgerecht, weil viele Detailfragen wegen der Sachnähe am effektivsten mit den jeweils geprüften Bereichen geklärt werden können. Da die Vorlage gegenüber dem jeweiligen Mitglied der Geschäftsleitung auch nur »grundsätzlich« zu erfolgen hat, wird deutlich, dass nicht einmal jeder Bericht der Geschäftsleitung vorgelegt werden muss. Insoweit besteht eine gewisse Flexibilität, zumindest die unter Risikoaspekten weniger relevanten Prüfungsergebnisse oder die Ergebnisse bestimmter Routineprüfungen, die keine relevanten Schwachstellen offenbart haben, von der Vorlagepflicht gegenüber den zuständigen Mitgliedern der Geschäftsleitung auszunehmen und lediglich direkt dem betroffenen Bereich zuzuleiten. 4

Allerdings ist in der Aufsichtspraxis zu beobachten, dass die Aufsichtsbehörden von einzelnen Instituten die Zuleitung aller Berichte der Internen Revision einfordern. In diesem Fall sollten die Berichte mindestens dem zuständigen Geschäftsleiter zur Verfügung gestellt und bei kritischen Sachverhalten allen Geschäftsleitern überlassen werden. Andernfalls wären die Aufsichtsbehörden ggf. besser über die internen Prüfungsergebnisse informiert als die Geschäftsleitung, was nicht im Interesse des Institutes sein kann. 5

1.2 Risikoorientierte Berichterstattung

6 Aus dem risikoorientierten Prüfungsansatz folgt unmittelbar, dass eine risikoorientierte Berichterstattung erforderlich ist.[1] Damit geht eine entsprechende Beurteilung der Prüfungsergebnisse einher. Die MaRisk verlangen dabei keine zusammenfassende Bewertung des gesamten Prüfungsergebnisses, sondern lediglich eine Beurteilung der einzelnen festgestellten Mängel.[2] Die Interne Revision muss die einzelnen Feststellungen auflisten und kategorisieren bzw. bewerten. Diese Bewertung erlaubt es, die Schwere bzw. Bedeutung der Feststellungen sachgerecht einzuordnen und angemessene Maßnahmen zur Mängelbeseitigung einzuleiten.

7 Da wesentliche Mängel im Prüfungsbericht besonders herauszustellen sind, kann davon ausgegangen werden, dass derartige Berichte zwingend an die zuständigen Geschäftsleiter weiterzuleiten sind. Vorgeschrieben wird darüber hinaus, Berichte mit schwerwiegenden Mängeln unverzüglich der gesamten Geschäftsleitung vorzulegen. Bei besonders schwerwiegenden Mängeln sind Geschäftsleitung und Aufsichtsorgan unverzüglich zu informieren (→ BT 2.4 Tz. 4).

1.3 Mängelkategorien

8 An die Berichterstattung über »wesentliche« und »schwerwiegende« Mängel werden also besondere Anforderungen gestellt. Der Abstufung der Mängel kommt insofern eine wichtige Bedeutung zu. Die deutsche Aufsicht hat daher entsprechende Hinweise gegeben. In den MaRisk wird für die Zwecke der Revisionstätigkeit zwischen »wesentlichen«, »schwerwiegenden« und »besonders schwerwiegenden« Mängeln unterschieden. Damit wird hinsichtlich der (potenziellen) Bedeutung der unter Risikogesichtspunkten von der Internen Revision relevanten festgestellten Mängel eine ordinale Abstufung vorgenommen bzw. eine Reihenfolge festgelegt (→ BT 2.4 Tz. 1, Erläuterung). Von der Berichterstattung der Internen Revision und den in diesem Zusammenhang festgestellten Mängeln im Sinne dieser Textziffer sind die nach Einschätzung der Fachbereiche unter Risikogesichtspunkten »relevanten« Mängel zu unterscheiden (→ AT 4.3.2 Tz. 4, Erläuterung). Diese relevanten Mängel haben eine Informationspflicht der Fachbereiche an die Interne Revision zur Folge und können z.B. eine Sonderprüfung auslösen oder im Rahmen von turnusmäßig vorgesehen Prüfungen berücksichtigt werden. Daraus können ggf. Feststellungen der Internen Revision resultieren, die dann entsprechend als Mängel im Sinne dieser Textziffer einzustufen sind.

9 Die genaue Abgrenzung der einzelnen Stufen bleibt dem jeweiligen Institut überlassen, wobei dafür die Interne Revision zuständig ist. Insbesondere genügt es, wenn die Kategorien zur Einstufung der Mängel qualitativ beschrieben werden. Quantitative Vorgaben sind hingegen nicht erforderlich. Es liegt darüber hinaus im Ermessen des Institutes, für unter Risikogesichtspunkten weniger relevante festgestellte Mängel eigene Festlegungen zu treffen (→ BT 2.4 Tz. 1, Erläuterung). Insofern handelt sich nicht zwingend um eine abschließende Aufzählung der Mängelkategorien.[3] Die inhaltliche Ausgestaltung der vorgegebenen und der zusätzlichen Kategorien muss im Rahmen des risikoorientierten Prüfungsansatzes durch die Revision selbst erfolgen, wobei die

---

1 Vgl. Haake, Manfred, Risikogerechte Berichterstattung und risikoorientierte Prüfungsplanung, in: Zeitschrift Interne Revision, Heft 1/2002, S. 2.

2 Eine zusammenfassende Bewertung der Prüfungsergebnisse ist zwar nicht zwingend notwendig, ist jedoch zu empfehlen. Das DIIR schlägt in seinem Revisionshandbuch eine Kategorisierung in fünf Abstufungen vor (»gut«, »zufriedenstellend«, »noch zufriedenstellend«, »nicht zufriedenstellend« und »mangelhaft«). Vgl. Deutsches Institut für Interne Revision e.V., Online-Revisionshandbuch, Stand Dezember 2019, S. 63f.

3 Das DIIR schlägt in seinem Revisionshandbuch neben den in den MaRisk vorgegebenen Kategorisierungen (»besonders schwerwiegend«, »schwerwiegend« und »wesentlich«) zwei weitere Bewertungen vor: »bemerkenswerte Feststellung« und »geringe Feststellung«. Vgl. Deutsches Institut für Interne Revision e.V., Online-Revisionshandbuch, Stand Dezember 2019, S. 64f.

Kategorien nachvollziehbar und in der revisionsinternen Systematik erkennbar sein müssen. Der Kriterienkatalog zur Mängelkategorisierung sollte innerhalb des Institutes kommuniziert werden. Auf diese Weise kann sichergestellt werden, dass das Klassifikationsschema konsistent angewendet wird und die Revisionsergebnisse vergleichbar bleiben.

Darüber hinaus hat die Interne Revision im Rahmen ihrer Prüfungen die Möglichkeit, »Empfehlungen« auszusprechen, die keine Feststellungen sind. Derartige Empfehlungen erscheinen immer dann angemessen, wenn aus einem geprüften Sachverhalt keine erwähnenswerten Risiken resultieren, nach Ansicht der Internen Revision jedoch für das Institut z.B. ein Potenzial zur Effizienz- oder Effektivitätssteigerung besteht.[4] **10**

1.4 Berichtspflichten als Indizien zur Mängelkategorisierung

Als Indizien zur Unterscheidung zwischen unterschiedlich relevanten Mängeln können die verschiedenen Informationsadressaten und die zeitliche Abfolge der Berichtspflichten herangezogen werden. Je schneller Feststellungen an die gesamte Geschäftsleitung zu geben sind, desto bedeutender sind sie im Regelfall für das Institut. Eine herausgehobene Berichtspflicht könnte sich z.B. auf folgende Indizien stützen, die nicht als abschließende Aufzählung zu verstehen sind: **11**
- wesentliche Mängel bzw. Schwachstellen in wichtigen Kernbereichen des Institutes,
- wesentliche Verstöße gegen das Regelwerk des Institutes (Satzung, Gesellschaftsvertrag etc.),
- sanktionsbewehrte Verstöße gegen rechtliche Regelungen und Vorgaben (→ AT 4.4.2 Tz. 2),
- wesentliche Mängel bzw. Schwachstellen im internen Kontrollsystem,
- wesentliche Mängel bzw. Schwachstellen bei der Risikocontrolling- bzw. Compliance-Funktion,
- verhältnismäßig große (potenzielle) Schäden,
- dolose (betrügerische) Handlungen einzelner Mitarbeiter sowie
- bußgeldbewehrte Vorgänge oder Straftaten.

Es besteht zwar keine explizite Verpflichtung mehr, Gefahren und Risiken für den Fortbestand des Institutes besonders darzustellen und unverzüglich mitzuteilen.[5] Allerdings kann davon ausgegangen werden, dass derartige Ereignisse als »besonders schwerwiegende« Mängel zu klassifizieren sind. Da bereits bei schwerwiegenden Mängeln eine unverzügliche Berichtsvorlage bei der gesamten Geschäftsleitung ausgelöst wird und unter Risikogesichtspunkten wesentliche Informationen unverzüglich an die Geschäftsleitung weiterzuleiten sind (→ AT 4.3.2 Tz. 4), ist diese Anforderung in den MaRisk hinreichend abgedeckt. Diese Ad-hoc-Berichtspflicht gilt im Übrigen auch für die Revision. **12**

1.5 Umfang der Prüfungsberichte

Über jede Prüfung ist ein schriftlicher Prüfungsbericht zu erstellen, der den Vorstellungen des DIIR zufolge richtig, objektiv, prägnant, klar, konstruktiv und vollständig sein muss. Die Prüfungsberichte enthalten regelmäßig den Prüfungsauftrag und die Auftragsdurchführung (Prüfungsziel, **13**

---

4 Vgl. Deutsches Institut für Interne Revision e.V., Online-Revisionshandbuch, Stand Dezember 2019, S. 66.
5 Eine entsprechende Vorgabe war in den damaligen MaIR explizit enthalten. Vgl. Bundesaufsichtsamt für das Kreditwesen, Mindestanforderungen an die Ausgestaltung der Internen Revision der Kreditinstitute (MaIR), Rundschreiben 1/2000 vom 17. Januar 2000, Tz. 32.

Prüfungsumfang, Prüfungsteam, Prüfungszeitraum, Prüfungsort, Prüfungsanlass und Art der Prüfung), das Prüfungsergebnis, die Prüfungsfeststellungen nebst Bewertungen sowie den hieraus resultierenden Handlungsbedarf einschließlich Erledigungstermine und Verantwortlichkeiten.[6] Der Umfang bzw. der Detaillierungsgrad der Berichterstattung hängen vom jeweiligen Prüfungsfeld und der Art der Feststellungen ab. Dabei ist zumindest das jeweilige »Soll-Konzept« für ein Prüfungsfeld der tatsächlichen »Ist-Situation« gegenüberzustellen und zu beurteilen. Schwachstellen und ihre Ursachen sind deutlich herauszuarbeiten. Über Routineprüfungen ohne gravierende Feststellungen kann tendenziell kurz und standardisiert informiert werden, wohingegen über einen komplexen Sachverhalt mit relevanten Feststellungen naturgemäß ausführlicher zu berichten sein wird. Wichtig ist, dass die risikorelevanten Sachverhalte und Feststellungen in den Mittelpunkt der Berichterstattung gerückt werden, um den Adressatenkreis mit den wesentlichen Informationen zu versorgen. Der Bericht muss die Empfänger in die Lage versetzen, auf Basis der Prüfungsfeststellungen die Risikosituation schnell zu erfassen, um ggf. weitere Entscheidungen treffen zu können.

14   Im Bedarfsfall kann im Rahmen der Berichterstattung auch auf die vorgesehenen Maßnahmen als Reaktion auf bestimmte Prüfungsfeststellungen eingegangen werden. Dabei handelt es sich um ein Wahlrecht der Revision. Die Nutzung dieses Wahlrechtes kann die Umsetzung der vorgesehenen Maßnahmen ggf. befördern. Diese Maßnahmen können sowohl von der Revision selbst vorgeschlagen als auch gemeinsam mit der jeweiligen Organisationseinheit ausgearbeitet werden. Eine Aufnahme der Maßnahmen in die Berichterstattung macht gegenüber dem Berichtsempfänger zudem deutlich, dass kurzfristig und konkret auf einzelne Prüfungsergebnisse reagiert wird, was für weitere Entscheidungen von Bedeutung sein kann.

1.6   Zeitnähe

15   Für eine risikoorientierte Berichterstattung kann die Geschwindigkeit der Informationsweitergabe eine große Rolle spielen, da ggf. erforderliche Maßnahmen zur Risikosteuerung im Zeitverlauf häufig sehr schnell an Wirkung verlieren. Daher ist eine rasche Berichterstattung ein Qualitätsmerkmal für die Interne Revision. Aus diesem Grund müssen die Berichte »zeitnah« erstellt werden. Der Hinweis auf die Zeitnähe macht deutlich, dass sie unmittelbar nach Beendigung der Revisionshandlungen anzufertigen sind, so dass sich schon aus der Prüfungsplanung ein zeitlicher Rahmen für die Berichterstellung ergibt. Im Grunde ist die Prüfung erst mit der Fertigstellung des Berichtes beendet. Unter Umständen durchlaufen die Berichte anschließend noch eine interne Qualitätskontrolle, die eine gewisse Zeit in Anspruch nehmen kann. Im Fall von »schwerwiegenden Mängeln« sind die Berichte hingegen unverzüglich an die Geschäftsleitung zu leiten, worunter im Kontext der MaRisk zu verstehen ist, dass dies »ohne schuldhaftes Zögern« erfolgt. Sollte die Interne Revision durch ihre Prüfungshandlungen wesentliche Risiken aufdecken, muss sie darüber der Geschäftsleitung unverzüglich Informationen zukommen lassen (→ AT 4.3.2 Tz. 4).

---

6   Vgl. Deutsches Institut für Interne Revision e. V., Online-Revisionshandbuch, Stand Dezember 2019, S. 66. Nach den Vorstellungen des DIIR sollte die Interne Revision die Prüfberichte zudem nach einem verbindlichen Berichtskonzept erstellen, das eine standardisierte Berichtsstruktur und formelle Merkmale vorgibt.

2 Dokumentation der Prüfungen (Tz. 2)

2 Die Prüfungen sind durch Arbeitsunterlagen zu dokumentieren. Aus ihnen müssen die **16** durchgeführten Arbeiten sowie die festgestellten Mängel und Schlussfolgerungen für sachkundige Dritte nachvollziehbar hervorgehen.

2.1 Arbeitsunterlagen

Die für die Einhaltung der MaRisk wesentlichen Handlungen und Festlegungen sind nachvollzieh- **17** bar zu dokumentieren (→ AT 6 Tz. 2). Mit Bezug auf die Tätigkeit der Internen Revision betrifft diese Anforderung in erster Linie die relevanten Unterlagen zu den einzelnen Prüfungen. Konkret müssen aus den Arbeitsunterlagen die durchgeführten Prüfungshandlungen sowie die festgestell-ten Mängel und Schlussfolgerungen hervorgehen. Diese Regelung zur Dokumentation soll die Nachvollziehbarkeit der einzelnen Prüfungshandlungen und der Ergebnisbewertung für die Revision sowie für sachkundige Dritte, wie z.B. die Compliance-Funktion, externe Prüfer, die Aufsichtsbehörden oder Mitglieder eines Prüfungsausschusses, sicherstellen.

Die Art und Weise sowie der Umfang der Dokumentation haben sich an üblichen Standards zu **18** orientieren. Entsprechende Vorgaben in den Arbeitsanweisungen der Internen Revision sind empfehlenswert.[7]

---

7 Zu den Anforderungen an die Dokumentation von Prüfungshandlungen und die Archivierung von Prüfungsunterlagen vgl. auch Deutsches Institut für Interne Revision e.V., Online-Revisionshandbuch, Stand Dezember 2019, S. 71.

3 Umgang mit den geforderten Maßnahmen zur Mängelbeseitigung (Tz. 3)

19 **3** Besteht hinsichtlich der zur Erledigung der Feststellungen zu ergreifenden Maßnahmen keine Einigkeit zwischen geprüfter Organisationseinheit und Interner Revision, so ist von der geprüften Organisationseinheit eine Stellungnahme hierzu abzugeben.

3.1 Reaktion auf die Prüfungsfeststellungen

20 Für die Praxis der Erstellung der Revisionsberichte wird im Regelfall unterstellt, dass die Revision und die jeweils geprüfte Organisationseinheit schon während der Prüfung oder spätestens an deren Ende zu einer Vereinbarung hinsichtlich der Beseitigung der aufgedeckten Mängel oder Schwachstellen kommen. Im Normalfall wird die Revision die Prüfungsergebnisse daher mit dem geprüften Bereich diskutieren.[8] Nach einer internen Qualitätssicherung durch den Vorgesetzten des Prüfungsleiters wird der Revisionsbericht regelmäßig in einer Schlussbesprechung mit der geprüften Organisationseinheit besprochen, in der diese zu den Prüfungsfeststellungen abschließend Stellung nehmen kann.[9] Die in diesem Rahmen vereinbarten Maßnahmen können im Prüfungsbericht dargestellt werden (→ BT 2.4 Tz. 1).

21 Dieses Vorgehen ist besonders effektiv, da es die zeitnahe und einvernehmliche Reaktion auf die Prüfungsfeststellungen erlaubt und gleichzeitig die Akzeptanz der Revisionsfeststellungen innerhalb des Institutes stärkt. Insoweit schafft es einen kontinuierlichen und abgestimmten Prozess der Beseitigung von Mängeln in der Organisation, wodurch gleichzeitig die Sensibilität der einzelnen Organisationseinheiten für etwaige Schwachstellen erhöht wird. Im Übrigen erleichtert dieses kooperative Vorgehen zwischen der Revision und den geprüften Bereichen die Einhaltung des Prüfungsplanes, indem alle Beteiligten zeitnah in den Diskussionsprozess einbezogen werden.

3.2 Meinungsverschiedenheiten

22 Nicht in jedem Fall wird hinsichtlich der zur Erledigung der Feststellungen zu ergreifenden Maßnahmen zwischen geprüfter Organisationseinheit und Interner Revision Einigkeit bestehen. Probleme können z. B. dann auftreten, wenn bestimmte Sachverhalte unterschiedlich bewertet werden, zur Erledigung der Feststellungen von der geprüften Einheit alternative Maßnahmen bevorzugt werden oder hinsichtlich des Zeitplanes für die zu ergreifenden Maßnahmen unterschiedliche Vorstellungen bestehen. In diesem Fall ist eine Stellungnahme des geprüften Bereiches erforderlich.[10] Daraus folgt im Umkehrschluss, dass nicht zu sämtlichen Feststellungen und Empfehlungen eine Stellungnahme der geprüften Organisationseinheit verlangt wird.

---

8 Vgl. Haake, Manfred, Risikogerechte Berichterstattung und risikoorientierte Prüfungsplanung, in: Zeitschrift Interne Revision, Heft 1/2002, S. 2.

9 Vgl. Deutsches Institut für Interne Revision e. V., Online-Revisionshandbuch, Stand Dezember 2019, S. 68.

10 In der Praxis werden entsprechende Stellungnahmen zum Teil direkt in den Prüfungsbericht der Internen Revision integriert. Es ist jedoch auch denkbar, dass die Stellungnahme separat ausgewiesen und dem Bericht der Internen Revision beigefügt wird. Vgl. Deutsches Institut für Interne Revision e. V., Online-Revisionshandbuch, Stand Dezember 2019, S. 77.

Inhalt der Stellungnahme ist regelmäßig die Begründung der von der Revision abweichenden **23** Auffassung und ggf. ein Vorschlag für alternative Maßnahmen oder Zeitvorstellungen. Ob diese Stellungnahme zu einer Annäherung der beiden Standpunkte führt, hängt in erster Linie von der Bedeutung des Einzelfalles und der jeweiligen Argumentation ab. Kommt es zu keiner Einigung, kann ein Eskalationsverfahren eingeleitet werden, so dass ggf. eine Entscheidung auf Ebene der Geschäftsleitung herbeizuführen ist. Das Letztentscheidungsrecht über die Einwertung der Mängel liegt aufgrund ihrer Unabhängigkeit ausschließlich bei der Internen Revision (→ BT 2.4 Tz. 1).

Für ein derartiges Eskalationsverfahren sollten sinnvollerweise klare Kriterien ausgearbeitet **24** werden, die regeln, in welchen Fällen die endgültige Entscheidung bei Meinungsverschiedenheiten bei der Revision verbleibt und wann die Geschäftsleitung einzuschalten ist. Dieses Verfahren ist mit der Geschäftsleitung abzustimmen und sollte im Institut offengelegt werden.

4 Adressaten und Bestandteile der Quartals- und Jahresberichte (Tz. 4)

25 4 Die Interne Revision hat zeitnah einen Quartalsbericht über die von ihr seit dem Stichtag des letzten Quartalsberichtes durchgeführten Prüfungen zu verfassen und zeitnah der Geschäftsleitung und dem Aufsichtsorgan vorzulegen. Der Quartalsbericht muss über die wesentlichen oder höher eingestuften Mängel, die beschlossenen Maßnahmen sowie den Status dieser Maßnahmen informieren. Es ist ferner darzulegen, ob und inwieweit die Vorgaben des Prüfungsplanes eingehalten wurden. Die Interne Revision hat außerdem über die im Jahresablauf festgestellten schwerwiegenden sowie über die noch nicht behobenen wesentlichen Mängel in inhaltlich prägnanter Form an die Geschäftsleitung und das Aufsichtsorgan zu berichten (Jahresbericht). Die aufgedeckten schwerwiegenden Mängel, die beschlossenen Maßnahmen sowie der Status dieser Maßnahmen sind dabei besonders hervorzuheben. Über besonders schwerwiegende Mängel hat die Interne Revision unverzüglich zu berichten.

4.1 Vorlage von Quartalsberichten und Jahresbericht

26 Neben den einzelnen Revisionsberichten, die sich regelmäßig an die geprüften Bereiche sowie deren fachlich zuständige Geschäftsleiter richten (→ BT 2.4 Tz. 1), hat die Interne Revision der gesamten Geschäftsleitung und dem Aufsichtsorgan prüfungsübergreifende Berichte vorzulegen, wobei zwischen Quartalsberichten und Jahresbericht unterschieden wird. Bis zum Inkrafttreten des Trennbankengesetzes[11] war neben der Vorlage des jährlichen Gesamtberichtes (Jahresbericht) lediglich eine anlassbezogene Berichterstattung im Zusammenhang mit Prüfungshandlungen erforderlich (→ BT 2.4 Tz. 1). Mit dem Trennbankengesetz hat der Gesetzgeber eine regelmäßige quartalsweise Berichterstattung der Internen Revision an die Geschäftsleitung verpflichtend eingeführt. Seitdem haben die Geschäftsleiter im Rahmen ihrer Gesamtverantwortung für die ordnungsgemäße Geschäftsorganisation des Institutes gemäß § 25c Abs. 4a Satz 1 Nr. 3 lit. g KWG dafür Sorge zu tragen, dass die Interne Revision in angemessenen Abständen, mindestens aber vierteljährlich, an die Geschäftsleitung berichtet. Dasselbe gilt mit Blick auf die Konzernrevision gemäß § 25c Abs. 4b Satz 2 Nr. 3 lit. g KWG für die Geschäftsleiter des übergeordneten Unternehmens im Rahmen ihrer Gesamtverantwortung für die ordnungsgemäße Geschäftsorganisation der Gruppe. Der durch das Trennbankengesetz vorgegebene vierteljährliche Berichtsturnus wurde mit der fünften MaRisk-Novelle auch im Rundschreiben verankert.[12] Die Interne Revision hat die Berichte zudem parallel dem Aufsichtsorgan vorzulegen. Damit soll das Aufsichtsorgan in der Wahrnehmung seiner Aufgaben unterstützt werden. Gleichzeitig wurde hierdurch das Konzept zur Stärkung der internen Kontrollstruktur bzw. der Corporate Governance der Unternehmen aufgegriffen.

---

11 Das Trennbankengesetz ist am 1. Januar 2014 in Kraft getreten. Vgl. Gesetz zur Abschirmung von Risiken und zur Planung der Sanierung und Abwicklung von Kreditinstituten und Finanzgruppen vom 7. August 2013 (BGBl. I S. 3090), veröffentlicht am 12. August 2013.

12 Da das Trennbankengesetz am 1. Januar 2014 in Kraft getreten ist, bestand die Verpflichtung zu einer quartalsweisen Berichterstattung bereits nach Ablauf des ersten Quartals 2014.

4.2 Darstellung von Feststellungen im Quartalsbericht

Die Interne Revision hat vierteljährlich einen Quartalsbericht über die von der Revision seit dem   27
Stichtag des letzten Quartalsberichtes durchgeführten Prüfungen zu erstellen. Empfänger des
Quartalsberichtes sind die Geschäftsleitung und das Aufsichtsorgan. Der Bericht hat die folgenden
Informationen zu enthalten:
- die festgestellten wesentlichen oder höher eingestuften Mängel,
- die ergriffenen Maßnahmen,
- den Status der Abarbeitung der Maßnahmen, sowie
- die Einhaltung des Prüfungsplanes.

Die Darstellung der geforderten Inhalte kann akzentuiert erfolgen. Insbesondere können gleich-   28
artige Einzelfeststellungen sowie der Stand der beschlossenen Umsetzungsmaßnahmen inhaltlich
zusammengefasst werden (→ BT 2.4 Tz. 4, Erläuterung). Es ist also nicht erforderlich, alle im
Laufe eines Quartals festgestellten wesentlichen oder höher eingestuften Mängel nochmals einzeln
aufzuführen. Vielmehr kann die Situation als Ganzes dargestellt werden. Entscheidend ist letztlich, dass die gewählte Darstellungsweise die o. g. Aspekte wiedergibt.

Neben den aus Risikosicht besonders bedeutenden Feststellungen müssen die noch nicht   29
abgeschlossenen Umsetzungsmaßnahmen dargestellt und kommentiert werden. In diesem Zusammenhang erscheint es angemessen, die Gründe näher zu erläutern, sofern sich bestimmte
Umsetzungsmaßnahmen erheblich verzögern oder von der jeweiligen Organisationseinheit
(noch) nicht akzeptiert werden. Mit dem Bericht geht die Überprüfung der Einhaltung des
Prüfungsplanes einher. Insoweit wird auf Basis eines Soll-Ist-Vergleiches (Selbst-)Kontrolle durch
die Revision geübt. Vor diesem Hintergrund kommt der risikoorientierten und rollierenden
Prüfungsplanung eine wichtige Rolle zu. Diese Methode erlaubt es, Planungsänderungen bzw.
-abweichungen transparent und nachvollziehbar zu machen.

Die Quartalsberichte können darüber hinaus weitere für die Geschäftsleitung und das Aufsichts-   30
organ relevante Informationen enthalten, wie Informationen über die Interne Revision selbst (z. B.
Änderung der Aufbau- oder Ablauforganisation) oder Erkenntnisse aus anderen wesentlichen
Tätigkeiten der Internen Revision (z. B. Beratung, Projektbegleitung). In der Praxis enthält der
Quartalsbericht oftmals auch Angaben über wesentliche oder schwerwiegende Mängel aus
Prüfungen externer Prüfer (z. B. Abschlussprüfer oder Sonderprüfer der Aufsichtsbehörden). Dies
wird insbesondere der Fall sein, wenn die Geschäftsleitung die Interne Revision mit der Über-
wachung der Beseitigung der bei den externen Prüfungen festgestellten Mängel beauftragt hat.[13]

4.3 Darstellung von Feststellungen im Jahresbericht

Die Interne Revision hat ferner einen Jahresbericht über die von ihr im Laufe des Geschäftsjahres   31
durchgeführten Prüfungen zu verfassen und der Geschäftsleitung sowie dem Aufsichtsorgan
vorzulegen.[14] Dieser Jahresbericht hat die folgenden Informationen zu enthalten:
- die festgestellten schwerwiegenden und die noch nicht behobenen wesentlichen Mängel,
- die ergriffenen Maßnahmen und
- den Status der Abarbeitung der Maßnahmen zu den schwerwiegenden Mängeln.

---

13 Eine Übersicht über mögliche Inhalte der Quartalsberichterstattung enthält z. B. das Online-Revisionshandbuch des DIIR.
Vgl. Deutsches Institut für Interne Revision e. V., Online-Revisionshandbuch, Stand Dezember 2019, S. 82 f.
14 Allgemein zum Jahresbericht vgl. Bünis, Michael/Gossens, Thomas, Der Jahresbericht der Internen Revision – Ein
Plädoyer für Transparenz und Offenheit, in: Zeitschrift Interne Revision, Heft 4/2013, S. 178–183.

32 Die Darstellung hat in inhaltlich prägnanter Form zu erfolgen. Die Interne Revision kann auch im Jahresbericht Schwerpunkte setzen, indem sie einzelne schwerwiegende bzw. noch nicht behobene wesentliche Mängel und den Status ihrer Abarbeitung hervorhebt. Es ist insbesondere nicht erforderlich, alle im Laufe des Jahres festgestellten Mängel und den Umsetzungsstand der zugehörigen Maßnahmen einzeln darzustellen. Die Feststellungen und der Stand der Abarbeitung der Maßnahmen können – sofern sie inhaltlich gleichartig sind – durchaus zusammengefasst werden (→ BT 2.4 Tz. 4, Erläuterung). Somit ist im Jahresbericht eine prägnante Darstellung der Gesamtsituation möglich.

33 Der Jahresbericht ist insofern nicht als einfache Auflistung der einzelnen Prüfungsstellen des vergangenen Jahres zu verstehen. Er gibt der Revision die Möglichkeit, die aus ihrer Sicht besonders risikorelevanten Feststellungen und den Stand ihrer Beseitigung hervorzuheben sowie Rechenschaft über ihre eigene Tätigkeit abzulegen. Damit wird der Revision ein flexibles Instrument der Berichterstattung an die Hand gegeben, das die jeweilige Situation des Institutes pointiert darstellt und insofern nicht Gefahr läuft, zu einer Formalie zu werden. Mit der Auswahl der aus ihrer Sicht relevanten Themen ist gleichzeitig ein hohes Maß an Verantwortung für die Revision verbunden.

34 Die Institute können den vierten Quartalsbericht und den Jahresbericht in einem Bericht zusammenfassen, wobei allerdings eine Darstellung in gesonderten Abschnitten zu erfolgen hat (→ BT 2.4 Tz. 4, Erläuterung).

4.4 Zeitnähe

35 Im Unterschied zu den älteren MaIR, die dezidiert die Vorlage des Gesamtberichtes zum Ende des Geschäftsjahres vorsahen[15], erfordern die MaRisk eine »zeitnahe« Erstellung der Quartalsberichte und des Jahresberichtes. Eine entsprechende Vorgabe im Hinblick auf den Jahresbericht fehlt. Hintergrund ist vermutlich, dass damit für die Adressaten des Jahresberichtes, im Falle seiner verzögerten Übermittlung, nicht unbedingt ein Informationsdefizit verbunden wäre, da sie bereits über die Quartalsberichterstattung zeitnah informiert sind. Die Interne Revision sollte intern festlegen, innerhalb welches angemessenen Zeitraumes nach Abschluss der letzten Revisionsprüfung des Quartals bzw. des Geschäftsjahres die Berichte erstellt werden müssen. Dabei sollte die jeweilige Risikosituation eine entscheidende Rolle spielen.

4.5 Adressat von Quartalsberichten und Jahresbericht

36 Bis zum Inkrafttreten des Trennbankengesetzes bestanden die verschiedenen Berichtspflichten der Internen Revision grundsätzlich nur gegenüber der Geschäftsleitung. Wie bei der Risikoberichterstattung (→ AT 4.3.2 Tz. 3 und BT 3.1 Tz. 5) hatte die Geschäftsleitung das Aufsichtsorgan allerdings regelmäßig über die Ergebnisse der Revisionstätigkeit zu unterrichten. Die MaRisk enthielten für die jährliche Berichtspflicht der Geschäftsleitung an das Aufsichtsorgan konkrete Vorgaben an die Darstellung der Feststellungen, die einerseits eine adressatengerechte, risikoorientierte Information des Aufsichtsorgans gewährleisteten und andererseits eine prägnante Darstellung der unter Risikoaspekten wichtigen Vorgänge erlaubten. Als Grundlage für die Berichterstattung der Geschäftsleitung gegenüber dem Aufsichtsorgan diente regelmäßig der Gesamtbericht

---

15 Vgl. Bundesaufsichtsamt für das Kreditwesen, Mindestanforderungen an die Ausgestaltung der Internen Revision der Kreditinstitute (MaIR), Rundschreiben 1/2000 vom 17. Januar 2000, Tz. 33.

(Jahresbericht) der Revision an die Geschäftsleitung, wobei die Berichte an die Geschäftsleitung und das Aufsichtsorgan identisch sein konnten, jedoch nicht deckungsgleich sein mussten.

Seit dem Inkrafttreten des Trennbankengesetzes sind die Geschäftsleitung und das Aufsichtsorgan **37** gemeinsam Adressaten der prüfungsübergreifenden Berichte der Internen Revision. Die Interne Revision hat die Quartalsberichte und den Jahresbericht einheitlich und zeitnah sowohl der Geschäftsleitung als auch dem Aufsichtsorgan vorzulegen. Eine Differenzierung bei der Berichterstattung an die Geschäftsleitung und das Aufsichtsorgan darf nicht mehr erfolgen. Die durch das Trennbankengesetz vorgegebene gemeinsame und einheitliche Berichterstattung der Internen Revision an beide Organe wurde mit der fünften MaRisk-Novelle auch im Rundschreiben verankert.

Die Berichterstattung an das Aufsichtsorgan kann allerdings nach wie vor auch über die **38** Geschäftsleitung erfolgen, sofern dadurch keine nennenswerte Verzögerung der Information des Aufsichtsorgans verbunden und der Inhalt der Berichterstattung an Geschäftsleitung und Aufsichtsorgan deckungsgleich ist (→ BT 2.4 Tz. 4, Erläuterung). Diese im Zuge der fünften MaRisk-Novelle ergänzte Klarstellung ist aufgrund des in Deutschland vorherrschenden dualistischen Systems sachgerecht. Sie betont die Stellung der Internen Revision als Instrument der Geschäftsleitung (→ AT 4.4.3 Tz. 2) und trägt dazu bei, ihr Vertrauensverhältnis zur Geschäftsleitung nicht zu belasten. Das DIIR empfiehlt der Internen Revision, der Geschäftsleitung darüber hinaus auch alle Informationen zukommen zu lassen, die an das Aufsichtsorgan berichtet werden, um Informationsasymmetrien vorzubeugen.[16]

4.6   Berichterstattung der Konzernrevision

Nach den Anforderungen an die Konzernrevision (→ AT 4.5 Tz. 6) hat sie im Rahmen des **39** Risikomanagements auf Gruppenebene ergänzend zur Internen Revision der gruppenangehörigen Unternehmen tätig zu werden. Die Konzernrevision ist ein »Instrument der Geschäftsleitung des übergeordneten Unternehmens«. Im Zuge der fünften MaRisk-Novelle wurde explizit aufgenommen, dass die Konzernrevision in angemessenen Abständen, mindestens aber vierteljährlich, an die Geschäftsleitung und das Aufsichtsorgan des übergeordneten Unternehmens über ihre Tätigkeit auf Gruppenebene zu berichten hat. Für die Berichtspflichten gelten im Wesentlichen die auf Institutsebene genannten Prinzipien (Inhalt und Umfang der Berichte, Darstellung von Feststellungen, Zeitnähe etc.).

---

16 Vgl. Deutsches Institut für Interne Revision e. V., Online-Revisionshandbuch, Stand Dezember 2019, S. 81 f.

5 Umgang mit Feststellungen gegen Geschäftsleiter (Tz. 5)

40   Ergeben sich im Rahmen der Prüfungen schwerwiegende Feststellungen gegen Geschäftsleiter, so ist der Geschäftsleitung unverzüglich Bericht zu erstatten. Diese hat unverzüglich den Vorsitzenden des Aufsichtsorgans sowie die Aufsichtsinstitutionen (Bundesanstalt für Finanzdienstleistungsaufsicht, Deutsche Bundesbank) zu informieren. Kommt die Geschäftsleitung ihrer Berichtspflicht nicht nach oder beschließt sie keine sachgerechten Maßnahmen, so hat die Interne Revision den Vorsitzenden des Aufsichtsorgans zu unterrichten.

5.1 Schwerwiegende Feststellungen gegen Geschäftsleiter

41   Eine unverzügliche Berichtspflicht gegenüber der Geschäftsleitung wird ausgelöst, wenn im Rahmen der Prüfungen durch die Interne Revision schwerwiegende Feststellungen gegenüber einzelnen Geschäftsleitern getroffen werden. Anhand der vorgegebenen Mängelkategorisierung wird bereits deutlich, dass es sich in diesen Fällen um gravierende Sachverhalte handeln muss. Insbesondere müssen ihre Auswirkungen von solcher Tragweite sein, dass sie sogar eine Unterrichtung des Vorsitzenden des Aufsichtsorgans sowie der Aufsichtsinstitutionen (BaFin, Deutsche Bundesbank)[17] durch die Geschäftsleitung erfordern. Insofern ist an gesellschaftsrechtlich oder strafrechtlich relevante Sachverhalte sowie an Vorgänge von besonderer aufsichtsrechtlicher Bedeutung zu denken.

42   Die Revision könnte interne Kriterien für diesen besonderen Fall der Berichterstattung aufstellen und entsprechend in den Mängelkategorien berücksichtigen. Als Instrument der Geschäftsleitung sollte sie diese Kriterien unmittelbar mit der Geschäftsleitung abstimmen. Das ist vor allem deshalb empfehlenswert, weil bei fehlender Reaktion der Geschäftsleitung auf diese Art von Feststellungen der Vorsitzende des Aufsichtsorgans des Institutes durch die Revision direkt zu unterrichten ist.

5.2 Direkte Berichterstattung an den Vorsitzenden des Aufsichtsorgans

43   Wird die Geschäftsleitung von der Internen Revision über schwerwiegende Feststellungen gegen Geschäftsleiter in Kenntnis gesetzt, hat sie neben der Information des Aufsichtsorgans und der Aufsichtsinstitutionen auch sachgerechte Maßnahmen zu beschließen, um die Missstände abzustellen. Beides muss von der Revision auf geeignete Weise überwacht werden. Insofern hat die Interne Revision einerseits sicherzustellen, dass sie von der Unterrichtung des Aufsichtsorgans und der Aufsichtsinstitutionen sowie von der Einleitung angemessener Maßnahmen durch die Geschäftsleitung in Kenntnis gesetzt wird. Andererseits muss sie beurteilen, ob die Maßnahmen der Geschäftsleitung sachgerecht sind. Kommt die Geschäftsleitung ihrer Berichtspflicht nicht nach oder beschließt sie keine sachgerechten Maßnahmen, so hat die Interne Revision den Vorsitzenden des Aufsichtsorgans darüber zu unterrichten.

---

17 Auch wenn die MaRisk in diesem Zusammenhang lediglich die BaFin und die Bundesbank als Aufsichtsinstitutionen anführen, gilt dies für die EZB entsprechend, die die bedeutenden Institute im Sinne der SSM-Verordnung direkt beaufsichtigt.

6 Pflicht zur Aufbewahrung (Tz. 6)

6 Revisionsberichte und Arbeitsunterlagen sind sechs Jahre aufzubewahren. 44

6.1 Aufbewahrungsfristen

Geschäfts-, Kontroll- und Überwachungsunterlagen sind, vorbehaltlich gesetzlicher Regelungen, 45
grundsätzlich fünf Jahre aufzubewahren (→ AT 6 Tz. 1). Die bis zum Jahr 2017 in den MaRisk
enthaltenen Aufbewahrungspflichten von zwei Jahren wurden im Zuge der fünften MaRisk-Novelle auf fünf Jahre angepasst und ergeben sich zudem aus § 25a Abs. 1 Satz 6 Nr. 2 KWG.

Hinsichtlich der sechsjährigen Aufbewahrungsfristen für Revisionsberichte und Arbeitsunterla- 46
gen orientiert sich die deutsche Aufsicht hingegen offenbar weiterhin an den Vorgaben in § 257
Abs. 4 HGB. Demnach sind Jahresabschlussunterlagen zehn Jahre und Handelsbriefe sechs Jahre
aufzubewahren. Die Hervorhebung zur Aufbewahrung der Revisionsberichte stellt klar, dass diese
Dokumente zum Anwendungsbereich der gesetzlichen Regelungen gehören. Bei Sonderunter-
suchungen kann die Aufbewahrungsfrist auch 30 Jahre betragen, wenn die Prüfung externe
Ansprüche zum Gegenstand hatte, die gemäß § 197 BGB erst nach 30 Jahren verjähren.[18]

6.2 Art und Weise der Aufbewahrung

Die Art und Weise der Aufbewahrung kann ebenfalls entsprechend den handelsrechtlichen 47
Vorschriften erfolgen. Insofern können die Revisionsberichte und Arbeitsunterlagen neben der
Papierform gemäß § 257 Abs. 3 HGB auch als Wiedergabe auf einem Bildträger oder auf anderen
Datenträgern aufbewahrt werden, wenn dies den Grundsätzen ordnungsmäßiger Buchführung
entspricht und sichergestellt ist, dass
- die Wiedergabe oder die Daten mit den anderen Unterlagen inhaltlich übereinstimmen, wenn
  sie lesbar gemacht werden, und
- während der Dauer der Aufbewahrungsfrist verfügbar sind sowie jederzeit innerhalb angemessener Frist lesbar gemacht werden können.

---

18 Vgl. Deutsches Institut für Interne Revision e. V., Online-Revisionshandbuch, Stand Dezember 2019, S. 71.

BT 2.5 Reaktion auf festgestellte Mängel

1 Überwachung der Mängelbeseitigung (Tz. 1)

1 Die Interne Revision hat die fristgerechte Beseitigung der bei der Prüfung festgestellten Mängel in geeigneter Form zu überwachen. Gegebenenfalls ist hierzu eine Nachschauprüfung anzusetzen.

1

1.1 Sicherstellung der Mängelbeseitigung

Zur Beseitigung der festgestellten Mängel kann die Interne Revision geeignete Maßnahmen festlegen, die im Normalfall mit der betroffenen Organisationseinheit abgestimmt werden (→ BT 2.4 Tz. 1 und 3). Diese enthalten regelmäßig auch entsprechende Fristen. Die fristgerechte Umsetzung dieser Maßnahmen durch die betroffenen Organisationseinheiten muss von der Internen Revision überwacht werden. Das bedeutet, dass sich die Revision auf jeden Fall regelmäßig durch die betroffenen Organisationseinheiten über den Sachstand der Mängelbeseitigung berichten lassen muss, um eine »geeignete Form« der Überwachung sicherzustellen. Insofern ist es sinnvoll, wenn die Vereinbarung über die Berichterstattung bereits Teil der Maßnahmenplanung wird. Anstelle dieser individuellen Festlegungen sind allerdings auch allgemeine Kriterien denkbar, wie z. B. eine Informationspflicht der Organisationseinheiten innerhalb eines bestimmten Zeitraumes sowie konkrete Fristen für die Dokumentation der Abschlussarbeiten, die in den Organisationsrichtlinien niedergelegt werden.

2

Nach den Vorgaben der EBA sollten alle Revisionsempfehlungen Gegenstand eines formalen Mängelbeseitigungsverfahrens durch die jeweilige Leitungsebene sein, um ihre wirksame und fristgerechte Mängelbeseitigung sicherzustellen und entsprechend Bericht zu erstatten.[1]

3

1.2 Nachschauprüfungen

Mit Hilfe der Sachstandsberichte erhält die Revision einen ersten Überblick über den Fortschritt der Umsetzung der vereinbarten Maßnahmen. Im Einzelfall kann es je nach Arbeitsfortschritt erforderlich sein, eine Nachschauprüfung anzusetzen. Nachschauprüfungen sollten primär dort vorgesehen werden, wo es unter Risikogesichtspunkten notwendig erscheint. Dies ist insbesondere dann der Fall, wenn z. B. der Umsetzungsfortschritt unklar ist, der Zeitrahmen für die Mängelbeseitigung überschritten wird oder es sich unter Risikoaspekten um einen besonders gravierenden Mangel oder ein bedeutendes Prüfungsfeld handelt. Einen Überblick über die Art und Weise der Umsetzung kann sich die Revision ansonsten auch auf Basis von Stichproben verschaffen.

4

---

1 Vgl. European Banking Authority, Leitlinien zur internen Governance, EBA/GL/2017/11, 21. März 2018, S. 49.

1.3 Dokumentation von Empfehlungen

5 Die Interne Revision hat auch die Möglichkeit, im Rahmen ihrer Prüfungen »Empfehlungen« auszusprechen, die nicht als Feststellungen einzustufen sind (→ BT 2.4 Tz. 1). Zwar wird im Vergleich zu den MaIR nicht mehr explizit gefordert, die Umsetzung dieser Empfehlungen aktenkundig zu machen.[2] Allerdings muss das Vorgehen der Revision nachvollziehbar bleiben, so dass die Dokumentation nunmehr entsprechend den allgemeinen Vorgaben zu erfolgen hat (→ AT 6 Tz. 1 und 2).

---

2   Vgl. Bundesaufsichtsamt für das Kreditwesen, Mindestanforderungen an die Ausgestaltung der Internen Revision der Kreditinstitute (MaIR), Rundschreiben 1/2000 vom 17. Januar 2000, Tz. 36.

2 Berichterstattung an die Geschäftsleitung (Tz. 2)

2 Werden die wesentlichen Mängel nicht in einer angemessenen Zeit beseitigt, so hat der 6
Leiter der Internen Revision darüber zunächst den fachlich zuständigen Geschäftsleiter
schriftlich zu informieren. Erfolgt die Mängelbeseitigung nicht, so ist die Geschäftsleitung
spätestens im Rahmen des nächsten Gesamtberichts schriftlich über die noch nicht beseitigten Mängel zu unterrichten.

2.1 Eskalationsverfahren

Werden als wesentlich oder höher kategorisierte Mängel nicht in einer angemessenen Zeit 7
beseitigt, besteht Handlungsbedarf. Die »angemessene Zeit« wird primär durch den in der Maßnahmenplanung festgelegten Zeitplan definiert. Nicht jede Zeitüberschreitung wird in der Praxis
sofort einen Bericht an den verantwortlichen Geschäftsleiter zur Folge haben. Je nach Verlauf der
Umsetzungsarbeiten kann der vereinbarte Zeitrahmen im Einzelfall und in Abstimmung mit der
jeweiligen Organisationseinheit von der Revision nochmals überprüft und ggf. angepasst werden.
Die Notwendigkeit von Verschiebungen der ursprünglichen Zeitplanung ist allerdings zunächst
von der betroffenen Organisationseinheit nachvollziehbar zu begründen. Sofern die Umsetzungsarbeiten trotz eventuell vereinbarter Terminverschiebungen nicht den erforderlichen Fortschritt
aufweisen, ist von der Revision ein Eskalationsverfahren in Gang zu setzen. Damit soll den
Umsetzungserfordernissen Nachdruck verliehen werden. Das Eskalationsverfahren erfordert von
der Revision die aktive Überwachung der Mängelbeseitigung. Daher ist ein kontinuierlicher
Informationsaustausch mit der geprüften Organisationseinheit erforderlich.

Auf der ersten Eskalationsstufe hat der Leiter der Internen Revision zunächst den für die betroffene 8
Organisationseinheit fachlich zuständigen Geschäftsleiter schriftlich über die Situation zu informieren. Dabei bleibt es der Revision überlassen, ob sie nur über den Sachverhalt berichtet oder diesen
auch unmittelbar bewertet, was den weiteren Prozess befördern könnte. Der zuständige Geschäftsleiter soll dadurch veranlasst werden, auf die Mängelbeseitigung nachdrücklich hinzuwirken.

Hat auch diese Maßnahme nicht zur Folge, dass die Umsetzung in einer den Prüfungsfeststel- 9
lungen angemessenen Weise erfolgt, so ist als zweite Eskalationsstufe die gesamte Geschäftsleitung zu unterrichten. Diese Unterrichtung hat spätestens im Rahmen der nächsten Quartalsberichterstattung zu erfolgen (→ BT 2.4 Tz. 4). Kommt die Revision zur Einschätzung, dass die
Erwähnung im Quartalsbericht aufgrund der Relevanz der Mängel zu spät erfolgen würde, kann
sie die Geschäftsleitung natürlich auch vorher informieren.

2.2 Gesonderte Darstellung

Wie bereits ausgeführt, sollten die Gründe für die noch nicht abgeschlossenen Umsetzungsmaß- 10
nahmen im Rahmen des Quartalsberichtes näher erläutert werden. Diese Verzögerungen können
vielfältiger Natur sein und sind im einfachsten Fall darauf zurückzuführen, dass die Umsetzungsmaßnahmen wegen der zeitlichen Nähe zur Berichterstattung noch nicht beendet werden konnten

BT 2.5 Reaktion auf festgestellte Mängel

und der vereinbarte Erledigungstermin (»in angemessener Zeit«) noch nicht erreicht wurde. Deshalb sollten die »Eskalationsfälle« gesondert dargestellt werden, damit sie im Bericht nicht »untergehen«.

11   Letztlich sollen mit Hilfe der zweiten Stufe des Eskalationsverfahrens organisatorische Schwachstellen in einzelnen Geschäftsbereichen der gesamten Geschäftsleitung gegenüber bekanntgemacht werden. Über diesen Weg der Herstellung von innerbetrieblicher Transparenz wird ein weiterer Anreiz für eine zügige Mängelbeseitigung geschaffen.

BT 3 Anforderungen an die Risikoberichterstattung

1 Einführung und Überblick

1.1 Bedeutung der Risikoberichterstattung

1   Die Institute müssen angemessene Prozesse zur Identifizierung, Beurteilung, Steuerung sowie Überwachung und Kommunikation der wesentlichen Risiken und der damit verbundenen Risikokonzentrationen (Risikosteuerungs- und -controllingprozesse) einrichten (→ AT 4.3.2 Tz. 1). Die letzten Prozessschritte der »Überwachung und Kommunikation« der wesentlichen Risiken werden häufig mit dem Risikocontrolling gleichgesetzt, weil diese Aufgaben der Risikocontrolling-Funktion explizit zugewiesen werden (→ AT 4.4.1 Tz. 1). Im Zentrum steht die Darstellung der Ergebnisse der Risikoüberwachung mit Hilfe der Bottom-up-Risikoberichterstattung, die in erster Linie an die Geschäftsleitung gerichtet ist. Die interne Zuständigkeit für die Risikoberichterstattung liegt auch im Kredit- und Handelsgeschäft bei der Risikocontrolling-Funktion (→ BTO Tz. 2 lit. d). Das schließt nicht aus, dass Mitarbeiter aus anderen Organisationseinheiten an der Erstellung bestimmter Risikoberichte mitwirken können. Ausgenommen hiervon ist allerdings die Interne Revision, deren Aufgabe u. a. darin besteht, prozessunabhängig auch die Ordnungsmäßigkeit der Berichterstattung zu überprüfen (→ AT 4.4.3 Tz. 3).

2   Die Risikoberichterstattung ist das zentrale Informationsinstrument für die Geschäftsleitung und dient aus ihrer Sicht vor allem folgenden Zielen:
- Mit Blick auf die Zukunft hat die Risikoberichterstattung im Voraus (»ex ante«) die Funktion der Entscheidungsvorbereitung. Die Geschäftsleitung sollte auf dieser Basis auch in der Lage sein, sich abzeichnende Tendenzen einzuschätzen und diese zu berücksichtigen.
- Mit Bezug zur Vergangenheit hat die Risikoberichterstattung im Nachhinein (»ex post«) eine Kontrollfunktion. Die Geschäftsleitung kann mit ihrer Hilfe beurteilen, ob der festgelegte risikostrategische Rahmen angemessen ausgestaltet und umgesetzt wurde.
- Ist dies nicht der Fall, so kann die Geschäftsleitung auf Basis der Risikoberichterstattung zudem nachsteuernde Maßnahmen einleiten. Gegebenenfalls können solche Maßnahmen sogar eine vollständige geschäfts- und risikostrategische Neuausrichtung des Institutes zur Konsequenz haben.

3   Die besondere Bedeutung einer wirksamen Risikoberichterstattung wurde in der Finanzmarktkrise deutlich sichtbar, als die überwiegende Mehrheit der Institute nicht in der Lage war, die steuerungsrelevanten Informationen in angemessener Zeit zu generieren und damit die erforderlichen Entscheidungen der Geschäftsleitung effektiv zu unterstützen. Ein Ergebnis der Finanzmarktkrise sind die zahlreichen Regulierungsinitiativen, die darauf abzielen, ähnliche Probleme in der Zukunft zu vermeiden. Von besonderer Bedeutung für die Risikoberichterstattung sind die Vorgaben des Baseler Ausschusses für Bankenaufsicht[1], die die Standards auf europäischer und nationaler Ebene maßgeblich beeinflusst haben.

4   Nach den Vorstellungen der EBA besteht eine wesentliche Anforderung darin, dass die Berichtswege innerhalb eines Institutes klar, genau abgegrenzt, stimmig, durchsetzbar und ordnungsgemäß dokumentiert sein sollten.[2] Insbesondere sollten von den Instituten fortlaufende und transparente Prozesse für die Risikoberichterstattung eingerichtet werden, damit allen relevanten

---

1 Baseler Ausschuss für Bankenaufsicht, Grundsätze für die effektive Aggregation von Risikodaten und die Risikoberichterstattung, BCBS 239, 9. Januar 2013. Auf europäischer Ebene existieren zwar keine Leitlinien oder Standards, die sich exklusiv der Umsetzung der Baseler Grundsätze widmen. Da diese Grundsätze jedoch verschiedene Bereiche des Risikomanagements tangieren, wird in mehreren EBA-Leitlinien darauf Bezug genommen. Vgl. z. B. European Banking Authority, Leitlinien zur internen Governance, EBA/GL/2017/11, 21. März 2018, S. 20 und 38 f.; European Banking Authority, Leitlinien zu den Stresstests der Institute, EBA/GL/2018/04, 19. Juli 2018, S. 15; European Banking Authority, Guidelines on common procedures and methodologies for the supervisory review and evaluation process (SREP) and supervisory stress testing, EBA/GL/2014/13, Consolidated version, 19. Juli 2018, S. 65. Die deutsche Aufsicht hat die Baseler Grundsätze 1 bis 6 im Modul AT 4.3.4 MaRisk und die Grundsätze 7 bis 11 im Modul BT 3 MaRisk umgesetzt.

2 Vgl. European Banking Authority, Leitlinien zur internen Governance, EBA/GL/2017/11, 21. März 2018, S. 20.

Berichtsempfängern zeitnahe, genaue, präzise, verständliche und aussagekräftige Risikoberichte vorgelegt werden, die wesentliche Informationen über die Identifizierung, Messung oder Beurteilung, Steuerung und Überwachung von Risiken enthalten. Das Rahmenwerk für die Risikoberichterstattung sollte klar definiert und dokumentiert sein. Eine effektive Kommunikation und Sensibilisierung hinsichtlich der Risiken und der Risikostrategie ist für den gesamten Risikomanagementprozess, einschließlich der Überprüfungs- und Entscheidungsprozesse, von entscheidender Bedeutung. Sie trägt dazu bei, Entscheidungen zu vermeiden, durch die unwissentlich Risiken erhöht werden könnten. Eine effektive Risikoberichterstattung setzt eine umfassende interne Würdigung und Kommunikation der Risikostrategie sowie der wesentlichen Risikodaten voraus, wie z.B. der Risikopositionen und der Risikokennzahlen, sowohl horizontal im gesamten Institut als auch nach oben und unten entlang der gesamten Kette der Unternehmensführung.[3]

1.2   Anforderungen an die Risikoberichterstattung im Überblick

Im Rahmen der fünften MaRisk-Novelle hat die deutsche Aufsicht die Anforderungen an die Risikoberichterstattung an zentraler Stelle im neuen Modul BT 3 zusammengeführt. Dabei unterscheidet sie zwischen den allgemeinen Anforderungen an die Risikoberichterstattung (→ BT 3.1), bei denen es u. a. um die Qualität der Risikoberichte und der zugrunde liegenden Daten geht, sowie den zwingend zu berücksichtigenden Inhalten der verschiedenen Berichte der Risikocontrolling-Funktion zu den einzelnen Risikoarten (→ BT 3.2). Die Anforderungen an die Risikoberichterstattung sind auf alle Institute anzuwenden.   **5**

Den allgemeinen Anforderungen zufolge muss die turnusmäßige Darstellung der Risikosituation in quantitativer und qualitativer Hinsicht auf vollständigen, genauen und aktuellen Daten beruhen, nachvollziehbar und aussagefähig sein, eine zukunftsorientierte Risikoeinschätzung enthalten und um eine Beurteilung der Risikosituation sowie ggf. auch Handlungsvorschläge ergänzt werden (→ BT 3.1 Tz. 1). Vergleichbare Anforderungen gelten für die Berichterstattung der Geschäftsleitung gegenüber dem Aufsichtsorgan, wobei auf besondere Risiken für die Geschäftsentwicklung und dafür geplante Maßnahmen der Geschäftsleitung gesondert einzugehen ist (→ BT 3.1 Tz. 5). In den Risikoberichten ist auch auf Risikokonzentrationen sowie auf die Ergebnisse und die zugrunde liegenden wesentlichen Annahmen der Stresstests und deren potenzielle Auswirkungen auf die Risikosituation einzugehen (→ BT 3.1 Tz. 2). Im Bedarfsfall müssen auch ad hoc Risikoinformationen für die Geschäftsleitung generiert werden (→ BT 3.1 Tz. 3). Für das Aufsichtsorgan unter Risikogesichtspunkten wesentliche Informationen sind von der Geschäftsleitung ebenfalls unverzüglich weiterzuleiten (→ BT 3.1 Tz. 5). In Abhängigkeit von der Volatilität der Risiken müssen die Berichte so zeitnah erstellt werden, dass noch eine aktive Steuerung ermöglicht wird (→ BT 3.1 Tz. 4).   **6**

Die Risikocontrolling-Funktion hat mindestens vierteljährlich einen Gesamtrisikobericht über die als wesentlich eingestuften Risikoarten zu erstellen und der Geschäftsleitung vorzulegen. In Stressphasen sollte der Berichtsturnus erhöht werden, wenn dies für die aktive und zeitnahe Steuerung der Risiken erforderlich erscheint (→ BT 3.2 Tz. 1). In Ergänzung zu den allgemeinen Anforderungen hat der Gesamtrisikobericht auch Angaben zur Angemessenheit der Kapitalausstattung, zum aufsichtsrechtlichen und ökonomischen Kapital, zu den aktuellen Kapital- und Liquiditätskennzahlen, zu den Refinanzierungspositionen sowie zur prognostizierten Entwicklung der Kapital- und Liquiditätskennzahlen und der Refinanzierungspositionen zu enthalten (→ BT 3.2 Tz. 2). Konkrete Vorgaben werden von der deutschen Aufsicht zu den Inhalten der   **7**

---

3   Vgl. European Banking Authority, Leitlinien zur internen Governance, EBA/GL/2017/11, 21. März 2018, S. 38 f.

Risikoberichte über die Adressenausfallrisiken (→ BT 3.2 Tz. 3), die Marktpreisrisiken einschließlich der Zinsänderungsrisiken (→ BT 3.2 Tz. 4), die Liquiditätsrisiken und die Liquiditätssituation (→ BT 3.2 Tz. 5), die bedeutenden Schadensfälle und wesentlichen Schwächen sowie wesentlichen potenziellen Ereignisse aus operationellen Risiken (→ BT 3.2 Tz. 6) sowie die sonstigen vom Institut als wesentlich identifizierten Risiken (→ BT 3.2 Tz. 7) gemacht.

1.3 Risikoberichterstattung und Risikodatenaggregation

8 Es besteht ein enger Zusammenhang zwischen der Qualität der Risikoberichterstattung und den vorhandenen Kapazitäten zur Risikodatenaggregation, wenngleich die entsprechenden Anforderungen an die Risikodatenaggregation in erster Linie für bedeutende Institute gelten[4] (→ AT 4.3.4 Tz. 1). Die deutsche Aufsicht hat deshalb explizit darauf hingewiesen, dass verlässliche und zeitnah verfügbare Risikodaten für die Überlebensfähigkeit eines Institutes essenziell sein können und deshalb auch die anderen Institute prüfen sollten, ob in dieser Hinsicht Optimierungsbedarf besteht.[5] Auch nach Ansicht des Baseler Ausschusses für Bankenaufsicht bestehen zwischen den Kapazitäten zur Risikodatenaggregation und der Risikoberichterstattung Zusammenhänge, weshalb diese Bereiche nicht isoliert voneinander betrachtet werden können. Hochwertige Risikoberichte erfordern entsprechend starke Datenaggregationskapazitäten, und eine solide Infrastruktur und Unternehmensführung bilden die Basis für beide Bereiche.[6]

9 Alle Institute müssen sicherstellen, dass ihre Risikoberichte auf genauen, vollständigen und aktuellen Daten basieren (→ BTR 3.1 Tz. 1). Die betroffenen IT-Systeme und die zugehörigen Aggregationsprozesse müssen die Risikoberichterstattung nicht nur unter gewöhnlichen Umständen, sondern auch in Stressphasen oder Krisen vollumfänglich unterstützen und sicherstellen, dass die Risikoberichte die bestehenden Risiken in verlässlicher Weise abbilden. Je größer und komplexer ein Institut ist, desto schwieriger ist es, die großen Mengen an Daten zu verwalten und eine gute Datenqualität sicherzustellen. Mit zunehmender Größe und Komplexität des Institutes steigen auch die aufsichtlichen Anforderungen an den Umgang mit den Daten. Bei den bedeutenden Instituten gemäß Art. 6 SSM-Verordnung ist die Umsetzung der Anforderungen an die Aggregation von Risikodaten (→ AT 4.3.4) unter Proportionalitätsgesichtspunkten eine notwendige Voraussetzung für die Erfüllung der Erwartungen der Aufsichtsbehörden an die Risikoberichterstattung.[7]

---

4 Die Anforderungen des Moduls AT 4.3.4 richten sich an bedeutende Institute und gelten sowohl auf Gruppenebene als auch auf der Ebene der wesentlichen gruppenangehörigen Institute. Hinsichtlich der Definition der bedeutenden Institute wird auf Institute gemäß Art. 6 Verordnung (EU) Nr. 1024/2013 des Rates vom 15. Oktober 2013 (SSM-Verordnung) verwiesen (→ AT 1 Tz. 6).

5 Vgl. Bundesanstalt für Finanzdienstleistungsaufsicht, Rundschreiben 09/2017 (BA) zur Überarbeitung der MaRisk, Übermittlungsschreiben vom 27. Oktober 2017, S. 2 f.

6 Vgl. Baseler Ausschuss für Bankenaufsicht, Grundsätze für die effektive Aggregation von Risikodaten und die Risikoberichterstattung, BCBS 239, 9. Januar 2013, S. 5.

7 Vgl. Baseler Ausschuss für Bankenaufsicht, Grundsätze für die effektive Aggregation von Risikodaten und die Risikoberichterstattung, BCBS 239, 9. Januar 2013, S. 7.

BT 3.1 Allgemeine Anforderungen an die Risikoberichte

1 Bestandteile der Risikoberichterstattung (Tz. 1)

1   **1** Die Geschäftsleitung hat sich regelmäßig über die Risikosituation berichten zu lassen. Die Risikoberichterstattung ist in nachvollziehbarer, aussagefähiger Art und Weise zu verfassen. Sie hat neben einer Darstellung auch eine Beurteilung der Risikosituation zu enthalten. Die Berichte müssen auf vollständigen, genauen und aktuellen Daten beruhen. Die Risikoberichte müssen auch eine zukunftsorientierte Risikoeinschätzung abgeben und sich nicht ausschließlich auf aktuelle und historische Daten stützen. In die Risikoberichterstattung sind bei Bedarf auch Handlungsvorschläge, z.B. zur Risikoreduzierung, aufzunehmen.

1.1 Regelmäßige Berichterstattung über die Risikosituation

2   Die bisher ausschließlich in AT 4.3.2 Tz. 3 enthaltenen Vorgaben wurden im Rahmen der fünften MaRisk-Novelle zum überwiegenden Teil zwecks Bündelung der allgemeinen Anforderungen an die Risikoberichterstattung an diese Stelle verschoben und um zusätzliche Datenqualitätsanforderungen sowie Anforderungen an die Zukunftsorientierung der Risikoberichterstattung ergänzt.

3   Die Geschäftsleitung hat sich »regelmäßig« bzw. »in angemessenen Abständen« (→ AT 4.3.2 Tz. 3) über die Risikosituation einschließlich vorhandener Risikokonzentrationen berichten zu lassen. Zu diesem Zweck hat die Risikocontrolling-Funktion mindestens vierteljährlich einen Gesamtrisikobericht über die als wesentlich eingestuften Risikoarten zu erstellen und der Geschäftsleitung vorzulegen (→ BT 3.2 Tz. 1). Für die wesentlichen Risikoarten werden die turnusmäßigen Berichtpflichten der Risikocontrolling-Funktion an die Geschäftsleitung mit unterschiedlichem Detaillierungsgrad präzisiert. Das betrifft die Adressenausfallrisiken (→ BT 3.2 Tz. 3), die Marktpreisrisiken einschließlich der Zinsänderungsrisiken (→ BT 3.2 Tz. 4), die Liquiditätsrisiken (→ BT 3.2 Tz. 5), die operationellen Risiken (→ BT 3.2 Tz. 6) und seit der fünften MaRisk-Novelle explizit auch die sonstigen vom Institut als wesentlich identifizierten Risiken (→ BT 3.2 Tz. 7).

4   Die Klarstellung, dass eine regelmäßige Berichterstattung auf eine mindestens vierteljährliche Vorlage des Gesamtrisikoberichtes hinausläuft, wird an verschiedenen Stellen der MaRisk präzisiert. So verweist die deutsche Aufsicht darauf, dass in Abhängigkeit von der Risikoart, der Art, dem Umfang, der Komplexität, dem Risikogehalt und der Volatilität der jeweiligen Positionen sowie der Marktentwicklung auch eine monatliche, wöchentliche oder tägliche Berichterstattung über einzelne Risikoarten erforderlich sein kann (→ BT 3.2 Tz. 1). Bedeutende Institute gemäß Art. 6 SSM-Verordnung oder kapitalmarktorientierte Institute haben den Risikobericht über die Liquiditätsrisiken und die Liquiditätssituation z.B. mindestens monatlich zu erstellen (→ BT 3.2 Tz. 5). Für das Handelsbuch sind die bestehenden Marktrisikopositionen sogar mindestens einmal täglich zum Geschäftsschluss zu Gesamtrisikopositionen zusammenzufassen und gemeinsam mit den Ergebnissen und Limitauslastungen nach Abstimmung mit dem Handelsbereich zeitnah am nächsten Geschäftstag dem für das Risikocontrolling zuständigen Geschäftsleiter zu berichten (→ BTR 2.2 Tz. 3 und BT 3.2 Tz. 4). Auf die tägliche Berichterstattung können allerdings die

»Nicht-Handelsbuchinstitute« im Sinne von Art. 94 Abs. 1 CRR zugunsten eines längeren Turnus verzichten, weil in diesem Fall von unter Risikogesichtspunkten überschaubaren Positionen im Handelsbuch ausgegangen wird[1] (→ BT 3.2 Tz. 4, Erläuterung). Zudem wird von den Instituten erwartet, dass sie in Stressphasen den Berichtsturnus erhöhen, soweit dies für die aktive und zeitnahe Steuerung der Risiken erforderlich erscheint (→ BT 3.2 Tz. 1, Erläuterung).

Die EZB erwartet von den bedeutenden Instituten, die ICAAP- und ILAAP-Ergebnisse, insbesondere   5
wesentliche Veränderungen der Risiken, der Schlüsselindikatoren etc., in angemessenen Zeitabständen in ihre interne Berichterstattung aufzunehmen. Die Berichterstattung sollte ebenfalls mindestens vierteljährlich erfolgen, wobei je nach Größe, Komplexität, Geschäftsmodell und Risikoarten des Institutes auch ein kürzerer Turnus erforderlich sein kann, um eine zeitnahe Reaktion der Geschäftsleitung zu gewährleisten.[2] Im Sinne des Proportionalitätsprinzips ist jedoch davon auszugehen, dass von bedeutenden Instituten in der Regel eine monatliche Berichtspflicht erwartet wird.

Die Häufigkeit, mit der Risikoberichte erstellt und verbreitet werden, sollte nach den Vorstel-   6
lungen des Baseler Ausschusses für Bankenaufsicht (BCBS) in erster Linie von den jeweiligen Berichtsempfängern bestimmt werden. Dabei sind die Bedürfnisse der Adressaten ebenso zu berücksichtigen wie die Art und Volatilität der Risiken sowie die Bedeutung der Berichte für ein solides Risikomanagement und eine effektive und effiziente Entscheidungsfindung. In Stressphasen oder Krisen ist die Häufigkeit der Berichte zu erhöhen. Folglich hat ein Institut den Zweck der Risikoberichterstattung in regelmäßigen Abständen zu überprüfen und Anforderungen an die Produktionszeit sowohl unter gewöhnlichen Umständen als auch in Stressphasen oder Krisen zu stellen.[3]

1.2   Verantwortung für die Risikoberichterstattung

Die Geschäftsleitung hat sich in angemessenen Abständen über die Risikosituation einschließlich   7
vorhandener Risikokonzentrationen berichten zu lassen (→ AT 4.3.2 Tz. 3). Insofern besteht eine so genannte »Holschuld« der Geschäftsleitung, die für alle wesentlichen Elemente des Risikomanagements verantwortlich ist und dieser Verantwortung u. a. nur dann gerecht wird, wenn sie (auf dieser Basis) die Risiken auch beurteilen und die erforderlichen Maßnahmen zu ihrer Begrenzung treffen kann (→ AT 3 Tz. 1). Diese Verantwortung der Geschäftsleitung korrespondiert mit Blick auf den mindestens vierteljährlich zu erstellenden Gesamtrisikobericht (→ BT 3.2 Tz. 1) und die möglicherweise auch in einem anderen Turnus vorzulegenden Berichte über die wesentlichen Risikoarten (→ BT 3.2 Tz. 3 bis 7) mit einer »Bringschuld« der Risikocontrolling-Funktion (»hat zu erstellen und der Geschäftsleitung vorzulegen«, »ist zu erstellen und der Geschäftsleitung zur Verfügung zu stellen«, »ist zu unterrichten«). Dies entspricht der Aufgabenzuordnung, nach der die Risikocontrolling-Funktion allgemein für die Überwachung und Kommunikation der Risiken zuständig ist (→ AT 4.4.1 Tz. 1 und BTO Tz. 2 lit. d) und speziell für die regelmäßige Erstellung der Risikoberichte für die Geschäftsleitung verantwortlich gemacht wird (→ AT 4.4.1 Tz. 2). Zusammengefasst handelt es sich bei der Risikoberichterstattung also um ein Wechselspiel zwischen der

---

1   Anders als der bis zum Inkrafttreten des CRD IV-Umsetzungsgesetzes maßgebliche § 1a KWG a. F. unterscheidet die CRR begrifflich nicht mehr zwischen »Handelsbuchinstituten« und »Nicht-Handelsbuchinstituten«. Nach Art. 94 CRR können jedoch Institute, die Handelsbuchgeschäfte nur in geringem Umfang tätigen, weiterhin Ausnahmen bei der Ermittlung der Eigenmittelanforderungen in Anspruch nehmen. Die Bagatellgrenzen des Art. 94 CRR entsprechen den Regelungen des § 2 Abs. 11 KWG a. F.

2   Vgl. Europäische Zentralbank, Leitfaden der EZB für den bankinternen Prozess zur Sicherstellung einer angemessenen Kapitalausstattung (Internal Capital Adequacy Assessment Process – ICAAP), 9. November 2018, S. 10; Europäische Zentralbank, Leitfaden der EZB für den bankinternen Prozess zur Sicherstellung einer angemessenen Liquiditätsausstattung (Internal Liquidity Adequacy Assessment Process – ILAAP), 9. November 2018, S. 11.

3   Vgl. Baseler Ausschuss für Bankenaufsicht, Grundsätze für die effektive Aggregation von Risikodaten und die Risikoberichterstattung, BCBS 239, 9. Januar 2013, S. 14.

Anforderung an die Geschäftsleitung, sich berichten zu lassen (»Holschuld«), und der Verpflichtung des Risikocontrollings zur Berichterstattung an die Geschäftsleitung (»Bringschuld«).

1.3 Nachvollziehbarkeit, Aussagefähigkeit und Vollständigkeit der Risikoberichterstattung

8   Die Risikoberichterstattung ist in nachvollziehbarer und aussagefähiger Art und Weise zu verfassen. Für die Empfänger der Berichterstattung kommt es vor allem darauf an, dass die Informationen vollständig, verständlich und adressatengerecht aufbereitet sind. Dieses Ziel kann durch eine klare Strukturierung der Berichterstattung und das Verwenden von Formulierungen erreicht werden, bei denen die hoch komplexen Sachverhalte auf das Wesentliche reduziert werden. Dies betrifft beispielsweise die Berichterstattung über die wesentlichen Ergebnisse der Validierungshandlungen (→ AT 4.1 Tz. 10), die häufig sehr komplexe mathematische Zusammenhänge zum Gegenstand haben und ebenfalls adressatengerecht aufbereitet werden sollten.

9   Dies darf allerdings nicht zu Lasten des erforderlichen Inhaltes gehen. Schließlich ist es für die Geschäftsleitung kaum möglich, sich über die Risikosituation einen Eindruck zu verschaffen, wenn z.B. wesentliche Risiken ausgeblendet werden. Die Inhalte der Berichterstattung sind durch die konkreten Anforderungen an die Berichte über die wesentlichen Risiken (→ BT 3.2 Tz. 3 bis 7) weitgehend vorgegeben. Es liegt im Ermessen der Institute, die einzelnen Berichtsanforderungen zu erweitern. Insbesondere sind dabei die Wünsche der Adressaten zu erfragen und zu berücksichtigen. Im Rahmen der Risikobeurteilung könnten z.B. Besonderheiten hervorgehoben werden, die (noch) keine Auswirkungen auf die Risikosituation hatten. Auf diese Weise könnten eventuelle negative Entwicklungen von vornherein vermieden oder doch zumindest hinsichtlich ihrer Wirkung abgeschwächt werden. Da Risikoaspekte nicht isoliert von Ertrags- und Kostenaspekten diskutiert werden sollten, können letztere ebenfalls in die Risikoberichterstattung aufgenommen werden (→ BT 3.2 Tz. 2, Erläuterung).

10 Im Zuge der Finanzmarktkrise wurde die Anforderung dahingehend ergänzt, dass in den Risikoberichten insbesondere auch die Ergebnisse der Stresstests und deren potenzielle Auswirkungen auf die Risikosituation und das Risikodeckungspotenzial darzustellen sind. Die Risikoberichte haben zudem die den Stresstests zugrunde liegenden wesentlichen Annahmen zu enthalten. Darüber hinaus ist auch auf Risikokonzentrationen und deren potenzielle Auswirkungen gesondert einzugehen (→ BT 3.1 Tz. 2). Seit der fünften MaRisk-Novelle werden auch Angaben zur Angemessenheit der Kapitalausstattung, zum aufsichtsrechtlichen und ökonomischen Kapital, zu den aktuellen Kapital- und Liquiditätskennzahlen, zu Refinanzierungspositionen und entsprechende Prognosen dazu erwartet (→ BT 3.2 Tz. 2).

11 Zudem kann es sinnvoll sein, die Berichterstattung durch prägnante Darstellungen (z.B. ein Management Summary) zu ergänzen (→ BT 3.2 Tz. 2, Erläuterung). Hilfreich und im Interesse der Lesbarkeit ist i.d.R. auch eine grafische Darstellung einzelner Sachverhalte. Wiederholungen gleicher Sachverhalte über mehrere Berichtsperioden hinweg können pragmatisch behandelt werden. Soweit sich im Hinblick auf Sachverhalte in vorangegangenen Berichterstattungen keine relevanten Änderungen ergeben haben, kann im Rahmen der aktuellen Berichterstattung auf diese Informationen verwiesen werden (→ BT 3.2 Tz. 2, Erläuterung). In diesem Zusammenhang wurde die in den Mindestanforderungen an das Kreditgeschäft (MaK) verwendete Textpassage »seit dem letzten Bericht« überall gestrichen. Ein einfacher Hinweis auf vorangegangene Berichtsinhalte wird in diesen Fällen als ausreichend angesehen. Inwiefern bestimmte Veränderungen als relevant einzustufen sind, sollte insbesondere am Risikogehalt festgemacht werden. Mit dieser Vereinfachungsregelung wird vor allem kleineren Instituten mit überschaubarem Geschäftsumfang

entgegengekommen, bei denen sich z. B. über einen längeren Zeitraum keine gravierenden Änderungen im Hinblick auf die Entwicklung des Kreditportfolios nach wesentlichen Struktur- merkmalen ergeben.[4]

Der BCBS betont, dass genaue, vollständige und aktuelle Daten alleine noch nicht gewährleisten, dass dem Aufsichtsorgan und der Geschäftsleitung genau jene Informationen zur Verfügung stehen, die sie für effektive Risikoentscheidungen benötigen. Um Risiken effektiv steuern zu können, müssen den richtigen Personen die richtigen Informationen zur richtigen Zeit übermittelt werden. Die Risikoberichte müssen alle wesentlichen Risikobereiche abdecken. Der Umfang und der Detail- lierungsgrad der Risikoberichte haben der Bedeutung und der Komplexität der Geschäftstätigkeit des Institutes und dessen Risikoprofil Rechnung zu tragen. Die Risikoberichte müssen genau, klar, umfassend und prägnant formuliert sein. Das bedeutet, dass sie leicht verständlich und frei von Mehrdeutigkeiten oder Unklarheiten sind sowie gleichzeitig umfassend genug, um fundierte Ent- scheidungen der Adressaten zu ermöglichen. Die in ihnen enthaltenen Informationen müssen insofern relevant und auf die unterschiedlichen Informationsbedürfnisse der Berichtsempfänger abgestimmt sein. Die Geschäftsleitung sollte dabei selbst bestimmen, welche Anforderungen sie an die interne Risikoberichterstattung stellt. Die Risikocontrolling-Funktion sollte in regelmäßigen Abständen mit den Adressaten Rücksprache halten, um festzustellen, ob die im Bericht enthaltenen Informationen hinsichtlich ihrer Menge und Qualität für die Bedürfnisse der Leitungsaufgaben und der Entscheidungsfindung relevant und angemessen sind.[5] In ähnlicher Weise sollten die Institute nach den Vorstellungen der EBA sicherstellen, dass ihre Risikoberichterstattung Informationen in klarer und prägnanter Weise einschließlich aussagekräftiger, auf die Bedürfnisse der Empfänger zugeschnittener Informationen übermittelt.[6] Die Risikodaten und die Risikoberichterstattung sollten die Geschäftsleitung in die Lage versetzen, die Risiken in Abhängigkeit vom institutsinternen Risikoappetit zu überwachen und im Auge zu behalten.[7]

1.4 Quantitative und qualitative Aspekte

Wichtig ist der deutschen Aufsicht zudem eine inhaltlich aussagekräftige Aufbereitung der Informationen in den Risikoberichten, wozu ein ausgewogenes Verhältnis zwischen quantitativen und qualitativen Aspekten gehört.[8] Eine nachvollziehbare und aussagefähige Risikoberichterstat- tung setzt nach ihrer Einschätzung deshalb auch ein inhaltlich angemessenes Verhältnis zwischen quantitativen Informationen (hinsichtlich Positionsgröße, Risiko) und qualitativer Beurteilung wesentlicher Positionen und Risiken voraus (→ BT 3.1 Tz. 1, Erläuterung). Aussagekräftig ist die Risikoberichterstattung demzufolge insbesondere dann, wenn neben einer (quantitativen) Dar- stellung der Risikosituation auch eine (qualitative) Beurteilung erfolgt. In diesem Rahmen könnten z. B. die Veränderung der Risikotragfähigkeit des Institutes kommentiert und die Konsequenzen der beschriebenen Veränderung und der daraus abgeleiteten voraussichtlichen weiteren Entwick- lung dargelegt werden. In diesem Zusammenhang ist für die Geschäftsleitung von besonderem

12

13

---

4 Vgl. Bundesanstalt für Finanzdienstleistungsaufsicht, Übermittlungsschreiben zum Rundschreiben 34/2002 (BA) vom 20. Dezember 2002, S. 6.

5 Vgl. Baseler Ausschuss für Bankenaufsicht, Grundsätze für die effektive Aggregation von Risikodaten und die Risiko- berichterstattung, BCBS 239, 9. Januar 2013, S. 11 ff.

6 Vgl. European Banking Authority, Leitlinien zu den Stresstests der Institute, EBA/GL/2018/04, 19. Juli 2018, S. 17.

7 Vgl. Baseler Ausschuss für Bankenaufsicht, Grundsätze für die effektive Aggregation von Risikodaten und die Risiko- berichterstattung, BCBS 239, 9. Januar 2013, S. 4.

8 Vgl. Bundesanstalt für Finanzdienstleistungsaufsicht, Erster Entwurf zur Überarbeitung der MaRisk, Übermittlungsschrei- ben vom 18. Februar 2016, S. 2 f.

Interesse, wie sich die Kapital- und Liquiditätsausstattung verändert und ob das Ziel der Fortführung der Geschäftstätigkeit in irgendeiner Weise gefährdet sein könnte.

14   Das Verhältnis zwischen detaillierten (quantitativen) Daten, qualitativer Beurteilung, Erläuterungen und Handlungsempfehlungen muss auch nach Ansicht des BCBS ausgewogen sein. Zudem müssen die Interpretationen und Erläuterungen zu den Daten, darunter auch zu den sich abzeichnenden Tendenzen, klar formuliert sein. Daher muss die inhaltliche Balance der Berichte (Risikodaten, Analyse und Interpretation sowie qualitative Erläuterungen) gewährleistet sein. Das Verhältnis zwischen quantitativer und qualitativer Information variiert dabei in Abhängigkeit von der hierarchischen Ebene im Institut und dem Aggregationsniveau der Risikoberichterstattung. Auf hierarchisch höheren Ebenen wird eine stärkere Aggregation erwartet, die wiederum eine ausführlichere qualitative Interpretation bedingt.[9]

1.5   Anforderungen an die Datenqualität

15   Auch wenn vollständige, genaue und aktuelle Daten allein noch nicht gewährleisten, dass den Entscheidungsträgern jene Informationen zur Verfügung stehen, die sie für effektive Risikoentscheidungen benötigen[10], so sind sie doch eine wesentliche Voraussetzung dafür. Daher müssen die Risikoberichte auf vollständigen, genauen und aktuellen Daten beruhen. Mit dieser Anforderung setzt die deutsche Aufsicht die Anforderungen des BCBS an die Qualität von Risikodaten für alle Institute um. Diese Anforderung ist vor dem Hintergrund der betriebenen Geschäftsaktivitäten und damit eingegangenen Risiken allerdings unter Proportionalitätsgesichtspunkten zu verstehen. Jedes Institut soll die für eine angemessene Berichterstattung erforderlichen Informationen in der Qualität generieren, die zur Steuerung und Überwachung der Risiken tatsächlich erforderlich ist. Insofern liegt die Messlatte für systemrelevante (und nunmehr auch bedeutende) Institute dafür deutlich höher als bei kleinen Instituten mit überschaubaren und weniger komplexen Geschäftsaktivitäten.[11] Dabei ist insbesondere zu berücksichtigen, dass für bedeutende Institute gemäß Art. 6 SSM-Verordnung unter Proportionalitätsgesichtspunkten auch die Anforderungen des Moduls AT 4.3.4 gelten.

16   Die den Risikoberichten zugrunde liegenden Daten sind grundsätzlich zum Stichtag des Risikoberichtes zu erheben und zu berichten. Diese Anforderung wurde mit der sechsten MaRisk-Novelle ergänzt. Bei Verwendung vorläufiger Daten oder Daten aus Vorperioden ist dies gesondert zu kennzeichnen und ggf. zu begründen (→ BT 3.1 Tz. 1, Erläuterung). Damit möchte die deutsche Aufsicht dem Umstand Rechnung tragen, dass in Risikoberichten häufig Daten von verschiedenen Stichtagen verwendet werden, ohne dass diese Abweichungen dem Berichtsempfänger transparent gemacht werden. Zum Beispiel werden Risikokennzahlen für Immobilienfonds häufig mit einem erheblichen Zeitverzug von den Kapitalverwaltungsgesellschaften geliefert, so dass die Verwendung von Vormonatsdaten unumgänglich ist. In einem solchen Fall ist die Risikokennzahl entsprechend zu kennzeichnen und die Verwendung eines abweichenden Stichtages zu begründen. Die Aufsicht hat im Fachgremium MaRisk allerdings klargestellt, dass eine entsprechende Kennzeichnung allein dadurch erfolgen könne, ein Datum anzugeben. Insofern sollte sich der Aufwand dafür in Grenzen halten.

---

9   Vgl. Baseler Ausschuss für Bankenaufsicht, Grundsätze für die effektive Aggregation von Risikodaten und die Risikoberichterstattung, BCBS 239, 9. Januar 2013, S. 13f.

10   Vgl. Baseler Ausschuss für Bankenaufsicht, Grundsätze für die effektive Aggregation von Risikodaten und die Risikoberichterstattung, BCBS 239, 9. Januar 2013, S. 4.

11   Vgl. Steinbrecher, Ira, MaRisk – Neue Mindestanforderungen an das Risikomanagement der Banken, in: BaFinJournal, Ausgabe November 2017, S. 21.

Der BCBS erwartet von den Instituten hinsichtlich der Vollständigkeit und Genauigkeit der Daten, **17** dass sie in Datenreihen und Berichten nur in jenen Ausnahmefällen auf Informationen verzichten, in denen der Entscheidungsprozess eines Institutes durch die ausgelassenen Informationen nicht beeinflusst wird. Die Institute haben daher die möglichen künftigen Auswirkungen zu berücksichtigen, die mit den ausgelassenen Informationen in den Entscheidungsprozessen verbunden sind. Diesen Verzicht auf Informationen sollten die Institute auch erläutern können. Dabei gestattet der BCBS in Ausnahmefällen den Rückgriff auf Expertenschätzungen, um unvollständige oder nicht verlässliche Datensätze zu ergänzen und die Ergebnisse im Rahmen der Risikoberichterstattung zu interpretieren. Die Expertenschätzungen sind als solche zu kennzeichnen, damit die Berichtsempfänger diese Information bei ihren Entscheidungen entsprechend berücksichtigen können.[12]

1.6 Regelmäßige Überprüfung

Um zu prüfen, ob die Risikoberichte genau sind und die Risiken akkurat wiedergeben werden, **18** sollten die Risikoberichte mit den Risikodaten in geeigneter Weise abgeglichen werden. Der BCBS setzt dafür entsprechende automatisierte und manuelle Änderungs- sowie Plausibilitätsprüfungen mit zugehörigen Validierungsregeln voraus. Dazu gehört auch der Umgang mit Datenfehlern oder Schwachstellen der Datenintegrität. Er verweist darauf, dass Näherungswerte ein fester Bestandteil der Risikoberichterstattung und des Risikomanagements sind und auch kritische Informationen für die Steuerung von Risiken liefern. Dazu zählen u. a. die Ergebnisse aus Modellen und Stresstests. Insofern müssen sich die Institute über die Verlässlichkeit dieser Werte (Genauigkeit, Aktualität etc.) Gedanken machen, um zu gewährleisten, dass sich die Geschäftsleitung bei wichtigen Risikoentscheidungen auf die ihnen zur Verfügung gestellten Informationen verlassen kann. Insbesondere sollten sie Anforderungen an die Genauigkeit bei der regelmäßigen Berichterstattung und der Berichterstattung in Stressphasen oder Krisen formulieren, die der Tragweite der Entscheidungen, die auf diesen Informationen basieren, Rechnung tragen.[13]

1.7 Zukunftsorientierung der Risikoberichterstattung

Die Risikoberichte müssen auch eine zukunftsorientierte Risikoeinschätzung abgeben und sich nicht **19** ausschließlich auf aktuelle und historische Daten stützen. Damit wird dem Umstand Rechnung getragen, dass Krisensituationen häufig andere Ursachen haben, als dies aus den vergangenheitsbasierten Datenbanken ablesbar ist. Die Erfahrungen aus der Vergangenheit sollten also durch eine Analyse der aktuellen und potenziellen Entwicklungen ergänzt werden. Je früher diese Entwicklungen erkannt werden, desto mehr Handlungsspielraum bleibt den Instituten. Werden z.B. mögliche Limitüberschreitungen, Kapital- und Liquiditätsengpässe oder eine veränderte Risikosituation rechtzeitig erkannt, können entsprechende Gegensteuerungsmaßnahmen eingeleitet werden. Deren Wirksamkeit nimmt mit fortschreitender Zeit gewöhnlich sehr schnell ab. Ein Mittel zur Abgabe einer zukunftsorientierten Einschätzung sind die bankinternen Stresstests (→ AT 4.3.3 Tz. 1), auf deren Ergebnisse und potenzielle Auswirkungen auf die Risikosituation und das Risikodeckungspotenzial ohnehin einzugehen ist (→ BT 3.2 Tz. 2). Eine weitere mögliche Quelle sind die

---

12 Vgl. Baseler Ausschuss für Bankenaufsicht, Grundsätze für die effektive Aggregation von Risikodaten und die Risikoberichterstattung, BCBS 239, 9. Januar 2013, S. 5.
13 Vgl. Baseler Ausschuss für Bankenaufsicht, Grundsätze für die effektive Aggregation von Risikodaten und die Risikoberichterstattung, BCBS 239, 9. Januar 2013, S. 11 f.

BT 3.1 Allgemeine Anforderungen an die Risikoberichte

Ergebnisse der mittelfristigen Kapitalplanung (→ AT 4.1 Tz. 11). Darüber hinaus sind Prognosen über die wichtigsten Risikofaktoren und ihre potenziellen Auswirkungen auf die Risikotragfähigkeit denkbar (z.B. mittelfristige Auswirkungen der COVID 19-Pandemie auf das Kreditrisiko).

20   Auch der BCBS betrachtet Stresstests als zukunftsweisendes Instrument des Risikomanagements, das einen wichtigen Beitrag zur Risikoidentifikation, -überwachung und -bewertung leisten kann.[14] Er fordert von den Instituten, z.B. Frühwarnungen hinsichtlich potenzieller Limitüberschreitungen im Hinblick auf den Risikoappetit des Institutes zu ermöglichen. Die Risikoberichte sollten sich daher nicht ausschließlich auf aktuelle und historische Daten stützen, sondern auch auf die Ergebnisse der Stresstests. Sie sollten ein Institut in die Lage versetzen, Probleme zu antizipieren und zukunftsbezogene Risikoeinschätzungen abzugeben. Um das Aufsichtsorgan und die Geschäftsleitung über die wahrscheinliche künftige Entwicklung des Eigenkapitals und des Risikoprofils informieren zu können, müssen die Berichte Prognosen oder Szenarien für wichtige Marktvariablen und deren Auswirkungen auf das Institut beinhalten. Die Adressaten des Risikoberichtes sollten auch in der Lage sein, entstehende Tendenzen mittels Prognosen und Stresstests zu beobachten.[15] Die Risikoberichterstattung sollte auch Informationen über das externe Umfeld enthalten, um Marktbedingungen und Trends zu identifizieren, die sich auf das aktuelle oder zukünftige Risikoprofil des Institutes auswirken können.[16] Generell sollte ein Institut immer bestrebt sein, sein Risikoprofil innerhalb seines vorgegebenen Risikoappetits zu halten, und sicherstellen, dass sein Risikoprofil nicht seine Risikotragfähigkeit überschreitet (→ AT 4, Einführung).

21   Diese Überlegungen treffen gerade beim Umgang mit Nachhaltigkeitsrisiken den Kern des Problems. Eine Berichterstattung über Nachhaltigkeitsrisiken gestaltet sich allein aufgrund des teilweise langen Zeithorizontes und der nur schwer abschätzbaren Klima- und Politikszenarien als schwierig. Daneben fehlen fast komplett historische Daten, die als Erfahrungswerte eine Projektion in die Zukunft gestatten würden. Insofern müssen zur Einschätzung über das mögliche Ausmaß zukünftiger Risiken bzw. Schäden in diesem Bereich zunächst eigene Schätzungen und Prognosen herangezogen werden, wobei vor allem Stresstests genutzt werden können (→ AT 4.3.2 Tz. 1).

1.8   Handlungsvorschläge

22   Die Zuständigkeit für die Erstellung der Risikoberichte liegt schwerpunktmäßig bei den Mitarbeitern, die mit dem Risikocontrolling betraut sind. Risikocontrolling wird in den MaRisk funktional definiert. Es umfasst die Funktionen der Überwachung und Kommunikation der Risiken (→ AT 4.4.1 Tz. 1 und BTO Tz. 2 lit. d). Diese Funktionen sind grundsätzlich bis einschließlich der Ebene der Geschäftsleitung von den Bereichen Markt und Handel (→ BTO Tz. 3) bzw. allgemeiner von jenen Bereichen, die für die Initiierung bzw. den Abschluss von Geschäften zuständig sind (→ AT 4.4.1 Tz. 1), zu trennen. Durch diese aufbauorganisatorische Trennung soll die Unabhängigkeit des Risikocontrollings gestärkt werden, womit gleichzeitig die Qualität der Risikoberichterstattung verbessert werden kann.

23   Teilweise wird im Hinblick auf die erforderliche Unabhängigkeit des Risikocontrollings eine strikte Auffassung vertreten. So sollte das Risikocontrolling weder steuerungsrelevante Entscheidungen treffen können noch sollte es in irgendeiner Weise an der Entscheidungsvorbereitung mitwirken. Es liegt auf der Hand, dass die Vermengung mit steuerungsrelevanten Entscheidungen die Unabhängigkeit des Risikocontrollings beeinträchtigen könnte. Das Risikocontrolling würde

14 Vgl. Basel Committee on Banking Supervision, Stress testing principles, BCBS 450, 17. Oktober 2018, S. 4.
15 Vgl. Baseler Ausschuss für Bankenaufsicht, Grundsätze für die effektive Aggregation von Risikodaten und die Risikoberichterstattung, BCBS 239, 9. Januar 2013, S. 5 und 13.
16 Vgl. Basel Committee on Banking Supervision, Guidelines – Corporate governance principles for banks, BCBS 328, 8. Juli 2015, S. 30.

sich bei solchen Konstellationen praktisch selbst überwachen. Anders ist jedoch die Mitwirkung des Risikocontrollings bei der Entscheidungsvorbereitung zu beurteilen. Das Risikocontrolling erstellt seine Berichte auf der Basis einer Vielzahl von Informationen. Es kann sich daher einen vollständigen Überblick über die Risikosituation des Institutes verschaffen und somit durch vorbereitende Handlungen einen effektiven Beitrag zur Verbesserung steuerungsrelevanter Entscheidungen leisten. Vor diesem Hintergrund kann die Risikoberichterstattung bei Bedarf auch Handlungsvorschläge enthalten. Eine Diskussion der Handlungsvorschläge mit den jeweils verantwortlichen Bereichen ist grundsätzlich unproblematisch, solange sichergestellt ist, dass der Informationsgehalt der Risikoberichterstattung bzw. der Handlungsvorschläge nicht auf eine unsachgerechte Weise verzerrt wird (→ BT 3.2 Tz. 2, Erläuterung).

Handlungsvorschläge können sich auf alle möglichen steuerungsrelevanten Entscheidungen **24** beziehen. Die deutsche Aufsicht hat insbesondere eine Empfehlung der EBA aufgegriffen, wonach die Risikocontrolling-Funktion die Möglichkeiten zur Risikoreduzierung bewerten und entsprechende Vorschläge für Maßnahmen in die Berichterstattung an die Geschäftsleitung aufnehmen sollte.[17] In der Praxis spielen Handlungsvorschläge häufig im Rahmen der Vorbereitung von Maßnahmen auf Portfolioebene (z.B. Einsatz von Kreditderivaten), die der Steuerung der Gesamtbank dienen, eine wichtige Rolle. Auch an anderen Stellen wird in den MaRisk explizit gefordert, über konkrete Maßnahmen nachzudenken. So sind z.B. die Ergebnisse der Stresstests stets kritisch zu reflektieren und auf einen eventuellen Handlungsbedarf zu untersuchen (→ AT 4.3.3 Tz. 6, Erläuterung).

Der BCBS empfiehlt, in der Risikoberichterstattung auch den derzeitigen Stand der beschlosse- **25** nen Maßnahmen zur Risikoreduzierung oder zum Umgang mit konkreten Risikosituationen anzugeben.[18] Diese Vorgehensweise könnte dazu beitragen, die Handlungsvorschläge in Relation zu den bereits beschlossenen Maßnahmen noch besser einordnen zu können. Die Geschäftsleitung sollte vorgelegte Vorschläge, Erklärungen und Informationen bei ihrer Ermessensausübung und Entscheidungsfindung in jedem Fall kritisch hinterfragen.[19]

1.9   Art und Weise der Berichterstattung

In welcher Form die Berichterstattung an die Geschäftsleitung erfolgt, kann institutsintern **26** geregelt werden. Neben der Papierform ist dem heutigen Stand der Informations- und Kommunikationstechnologie (IKT) entsprechend insbesondere eine Bereitstellung in Dateiform möglich, mit deren Hilfe die Papierflut wirksam eingedämmt werden kann. Für die elektronische Bereitstellung gelten allerdings dieselben Aufbewahrungsfristen (→ AT 6 Tz. 1) und Dokumentationspflichten (→ AT 6 Tz. 2) wie für die Papierform. Insofern empfiehlt es sich, über die Art der Bereitstellung, das Datum der Übermittlung, den Eingang bei der Geschäftsleitung und den Ort der (eventuell ebenfalls elektronischen) Ablage des Risikoberichtes einen geeigneten Nachweis zu führen.

Um die zeitnahe Verteilung der Risikoberichte an die richtigen Personen bzw. Personengruppen **27** zu gewährleisten, müssen nach den Vorstellungen des BCBS entsprechende Abläufe eingerichtet und angemessen mit der Pflicht zur Gewährleistung der Vertraulichkeit in Einklang gebracht werden. Die Institute müssen darüber hinaus in regelmäßigen Abständen den zeitnahen Eingang der Berichte bei den Adressaten überprüfen.[20]

---

17 Vgl. European Banking Authority, Leitlinien zur internen Governance, EBA/GL/2017/11, 21. März 2018, S. 45.
18 Vgl. Baseler Ausschuss für Bankenaufsicht, Grundsätze für die effektive Aggregation von Risikodaten und die Risikoberichterstattung, BCBS 239, 9. Januar 2013, S. 13.
19 Vgl. European Banking Authority, Leitlinien zur internen Governance, EBA/GL/2017/11, 21. März 2018, S. 12.
20 Vgl. Baseler Ausschuss für Bankenaufsicht, Grundsätze für die effektive Aggregation von Risikodaten und die Risikoberichterstattung, BCBS 239, 9. Januar 2013, S. 15.

2 Berichterstattung über Stresstests und Risikokonzentrationen (Tz. 2)

28   **2** In den Risikoberichten sind insbesondere auch die Ergebnisse der Stresstests und deren potenzielle Auswirkungen auf die Risikosituation und das Risikodeckungspotenzial darzustellen. Ebenfalls darzustellen sind die den Stresstests zugrunde liegenden wesentlichen Annahmen. Darüber hinaus ist auch auf Risikokonzentrationen und deren potenzielle Auswirkungen gesondert einzugehen.

2.1 Berichterstattung über Stresstests

29   Im Rahmen der Zusammenführung der allgemeinen Anforderungen an die Risikoberichterstattung im neuen Modul BT 3 hat die deutsche Aufsicht diese ursprünglich in AT 4.3.2 Tz. 4 enthaltene Anforderung hierher verschoben. Stresstests ergänzen die mathematisch-statistischen Verfahren bei der Bewertung der Gesamtrisikolage des Institutes. Mit ihrer Hilfe können auch extreme Marktentwicklungen simuliert und die verbundenen Risiken quantifiziert werden. Auf diese Weise kann sich ein Institut ein genaues und vollständiges Bild von seinem Risikoprofil und seiner Risikoposition machen sowie die ökonomischen Zusammenhänge in Krisensituationen besser verstehen. Dadurch kann die Risikoberichterstattung deutlich verbessert werden. Im Ergebnis kann die tatsächliche Risikoposition eines Institutes detailliert und zukunftweisend analysiert werden.[21] Insbesondere lässt sich mit Hilfe von Stresstests ermitteln, ob ein Institut bei bestimmten negativen Marktentwicklungen noch ausreichend Risikodeckungspotenzial besitzt (→ AT 4.3.3 Tz. 6). Im Rahmen der Berichterstattung ist demzufolge auch auf die Ergebnisse der Stresstests sowie deren potenzielle Auswirkungen auf die Risikosituation und das Risikodeckungspotenzial einzugehen, womit im Grunde die Entwicklung der Risikotragfähigkeit unter Stressbedingungen gemeint ist. Damit die Geschäftsleitung die Ergebnisse der Stresstests richtig einordnen kann, sind zudem die den Stresstests zugrunde liegenden wesentlichen Annahmen darzulegen.

30   Die Institute sollten nach den Anforderungen der EBA im Zusammenhang mit der Durchführung von Stresstests sicherstellen, dass ihre Risikoberichterstattung alle wesentlichen Risiken abdeckt und insbesondere die Identifizierung neu auftretender Schwachstellen ermöglicht, die mit Hilfe von Stresstests festgestellt und potenziell auch weiter bewertet werden könnten, sowie zusätzliche Informationen über die wesentlichen Annahmen, Toleranzgrenzen oder Vorbehalte bietet oder bieten kann.[22]

31   Die Risikoberichterstattung an die Geschäftsleitung sollte gemäß den Vorgaben des Baseler Ausschusses für Bankenaufsicht die Risikopositionen und die Ergebnisse von Stresstests korrekt kommunizieren und eine fundierte Diskussion beispielsweise über aktuelle und zukünftige Engagements des Institutes unter Stressszenarien, Risiko-Ertrags-Verhältnisse sowie Risikoappetit und Limite ermöglichen.[23] Außerdem sollten die Institute sicherstellen, dass die Ergebnisse und alle anderen relevanten Erkenntnisse von Stresstests effektiv genutzt werden. Die Verwendung dieser

---

21 Vgl. Bühn, Andreas/Klauck, Kai-Oliver, Mit modernen Stresstests das Risikoprofil analysieren, in: Betriebswirtschaftliche Blätter, Heft 6/2007, S. 355.

22 Vgl. European Banking Authority, Leitlinien zu den Stresstests der Institute, EBA/GL/2018/04, 19. Juli 2018, S. 17.

23 Vgl. Basel Committee on Banking Supervision, Guidelines – Corporate governance principles for banks, BCBS 328, 8. Juli 2015, S. 30.

Erkenntnisse sollte die Geschäftsleitung in die Lage versetzen, die wichtigen Entscheidungen zu treffen. Zu diesem Zweck sollten die Stresstestergebnisse der Geschäftsleitung regelmäßig auf den relevanten Aggregationsebenen mitgeteilt werden. Die Berichte sollten die wichtigsten Modellierungs- und Szenarioannahmen sowie alle wesentlichen Einschränkungen enthalten. Die Ergebnisse der Stresstests sollten die Institute ggf. über die Kalibrierung der Risikobereitschaft und -limite, die Finanz- und Kapitalplanung, die Liquiditäts- und Refinanzierungsrisikobewertung, die Notfallplanung sowie die Sanierungs- und Abwicklungsplanung informieren. Beispielsweise sollten interne Stresstests bei der Beurteilung der Angemessenheit der Kapital- und der Liquiditätsausstattung (ICAAP und ILAAP) berücksichtigt werden. Darüber hinaus sollten die Stresstestergebnisse ggf. zur Unterstützung des Portfoliomanagements, des Neu-Produkt-Prozesses und zur Unterstützung anderer Entscheidungsprozesse, wie der Bewertung strategischer Optionen, genutzt werden.[24]

2.2   Offenlegungsanforderungen von CEBS zu Stresssituationen

Wenngleich sich die interne und die externe Berichterstattung aufgrund des unterschiedlichen   32
Adressatenkreises und der jeweils verfolgten Zielstellung zum Teil wesentlich voneinander
unterscheiden, können die Vorschläge vom Ausschuss der Europäischen Bankaufsichtsbehörden
(CEBS) zur Offenlegung nützliche Hinweise für die interne Risikoberichterstattung liefern. Mit
Bezug auf Stresssituationen sollten im Rahmen der Offenlegung laut CEBS folgende Hinweise
beachtet werden[25]:
- Die Institute sollten die Situation und Bedeutung der ihrem Geschäftsmodell entsprechenden
  Aktivitäten unter Stress näher erläutern. Damit soll verdeutlicht werden, warum und in
  welchem Ausmaß ein Institut in Geschäften investiert ist, die auf seine finanzielle Situation
  wesentliche negative Auswirkungen haben kann. Neben entsprechenden Hintergrundinfor-
  mationen soll insbesondere dargelegt werden, wie diese Aktivitäten zum Wertschöpfungs-
  prozess des Institutes beitragen, in welchem Ausmaß das Institut dort engagiert ist und wie
  sich Stresssituationen auf die Strategie und die Ziele des Institutes ausgewirkt haben, einschließlich Änderungen in der Geschäftsausrichtung und -strategie. Im Grunde geht es also um
  die Frage, ob Chancen und Risiken zuvor angemessen abgewogen worden sind. Ebenso sollte
  eine beabsichtigte Anpassung des Geschäftsmodells oder die Einstellung bestimmter Tätigkeiten klar erläutert werden, um die jeweiligen Gründe sowie die möglichen Folgen verstehen
  zu können.
- Die Offenlegung sollte klare und genaue Informationen über die Auswirkungen der unter
  Stress stehenden Aktivitäten auf die Ergebnisse (insbesondere die Gewinn- und Verlustrechnung) und die Risikopositionen (ohne und mit Absicherungsmaßnahmen) auf einem hinreichend granularen Niveau enthalten. Dies betrifft die genaue Art der eingegangenen Risiken
  sowie das jeweilige Volumen im Verhältnis zu den Geschäftsaktivitäten, detaillierte Informationen über die Verluste, die Art der durchgeführten oder geplanten Maßnahmen zur Risikoreduzierung und deren quantitative Auswirkungen sowie einen Ausblick, wie sich die Situation entwickeln könnte. Insbesondere unter Fair-Value-Gesichtspunkten wäre eine Unterscheidung zwischen realisierten und nicht realisierten Verlusten hilfreich, da sich nicht realisierte
  Verluste auf die laufenden Aktivitäten beziehen und somit nicht unbedingt schlagend werden.
  Wünschenswert sind darüber hinaus quantitative Informationen auf Basis von Sensitivitäts-

---

24 Vgl. Basel Committee on Banking Supervision, Stress testing principles, BCBS 450, 17. Oktober 2018, S. 5.
25 Vgl. Committee of European Banking Supervisors, Principles for disclosures in times of stress (Lessons learnt from the
    financial crisis), 26. April 2010, S. 4 ff.

analysen zu drohenden Abschreibungen (bei unverändert schwierigen Marktbedingungen) oder zu erwarteten Gewinnen (bei einem verbesserten wirtschaftlichen Umfeld).

- Die Offenlegung sollte Informationen über die Auswirkungen auf die Finanzlage des Institutes enthalten. Dies beinhaltet die Auswirkungen der infrage stehenden Aktivitäten auf das Kapitalniveau und den daraus resultierenden Solvabilitätskoeffizienten sowie auf die Liquiditätsposition des Institutes. Die durch das Niveau und die Qualität des Kapitals ausgewiesene Absicherung trägt wesentlich zum Marktvertrauen bei. Der Solvabilitätskoeffizient spiegelt die finanzielle Lage des Institutes wider, da er sich sowohl auf die Veränderungen der Eigenmittel als auch auf die mögliche Neubewertung der Risiken in einer sich verschlechternden Situation bezieht. Daher sind detaillierte Angaben erforderlich, um Veränderungen in der Höhe des Solvabilitätskoeffizienten unter Stress zu erläutern, um etwaige Rekapitalisierungsmaßnahmen in Extremsituationen einzuleiten. Aufgrund der Sensibilität quantitativer Daten sollte über die Liquiditätsposition zumindest in qualitativer Hinsicht berichtet werden.
- Die Institute sollten in angemessener Weise über das Management der Aktivitäten unter Stress berichten. Dies beinhaltet eine allgemeine Beschreibung der relevanten Risikomanagementpraktiken, ggf. einschließlich der damit verbundenen Governance-Regelungen, sowie eine Beschreibung aller Maßnahmen zur Verbesserung der Risikomanagementprozesse. Generische Informationen über die Risikomanagementprozesse sollten allerdings vermieden werden. Hinsichtlich der infrage stehenden Aktivitäten sollte auch auf die spezifischen Bewertungs- und Berichtsprozesse, die effektiven operativen Limite und ggf. die eingeleiteten oder geplanten Korrekturmaßnahmen, um die Prozesse zu verbessern, eingegangen werden, auch wenn diese erst nach dem Abschlussstichtag beschlossen wurden.
- Die Institute sollten detaillierte Informationen zu kritischen Rechnungslegungsfragen bereitstellen. Dies betrifft eine angemessene Beschreibung der Rechnungslegungsmethoden, die für die betreffenden Aktivitäten unter Stress von besonderer Bedeutung sind, Einzelheiten der relevanten Änderungen, sofern zutreffend, und detaillierte Informationen zu signifikanten Bewertungen. Die Informationen sollten sich vor allem auf eine Beschreibung der besonderen Situation des Institutes beziehen. Gerade in Stresssituationen, in denen das Marktvertrauen schwanken kann, sind klare Informationen über die angewendeten Methoden von größter Bedeutung, da diese die Beträge im Geschäftsabschluss wesentlich beeinflussen können, wie z.B. die Fair-Value-Bewertung (insbesondere Mark-to-Model) oder die Wertminderung von Finanzpositionen und immateriellen Vermögensgegenständen sowie leistungsorientierte Pensionspläne.

33   Andererseits sollten auch jene Institute, deren Geschäftstätigkeiten grundsätzlich keinen Stresssituationen ausgesetzt sind, dies verdeutlichen, da über diese Situation am Markt vielleicht nicht die nötige Klarheit herrscht.[26]

2.3   Berichterstattung über Risikokonzentrationen

34   Die Berichterstattung an die Geschäftsleitung muss einen Überblick über die wesentlichen Risiken des Institutes gestatten. Dabei dürfen die mit wesentlichen Risiken verbundenen Risikokonzentrationen nicht vernachlässigt werden. Das betrifft insbesondere jene Konzentrationen, die durch den Gleichlauf von Risikopositionen über verschiedene Risikoarten hinweg entstehen (Inter-Risikokonzentrationen) und insofern nicht zwingend in der Berichterstattung über die einzelnen

---

26   Vgl. Committee of European Banking Supervisors, Principles for disclosures in times of stress (Lessons learnt from the financial crisis), 26. April 2010, S. 7.

Risikoarten enthalten sein müssen. Auch die Ertragskonzentrationen dürfen bei der Betrachtung nicht vernachlässigt werden, da diese ebenfalls ein Risiko für den Fortbestand des Institutes darstellen können. Insbesondere im aktuellen Niedrigzinsumfeld steigt die Bedeutung des Provisionsüberschusses für die Ertragskraft der Institute. Der (teilweise) Wegfall dieser Ertragsquellen kann die Ertragslage sehr stark belasten.

Häufig werden zur Identifizierung von Risikokonzentrationen Stresstests verwendet. Insofern **35** ist es durchaus möglich, dass die Berichterstattung über die potenziellen Auswirkungen der Stressszenarien bereits Aussagen zu den Risikokonzentrationen umfasst. Diese sollten in geeigneter Form hervorgehoben werden, da auf Risikokonzentrationen und deren potenzielle Auswirkungen »gesondert« einzugehen ist. Da Risikokonzentrationen häufig mit Hilfe von Limitsystemen überwacht und gesteuert werden, sollte sich die Berichterstattung daran orientieren. In jedem Fall sollte die Risikoberichterstattung der Geschäftsleitung eine Beurteilung darüber ermöglichen, ob unter Einbeziehung der Risikokonzentrationen der strategisch vorgegebene Risikoappetit eingehalten wird (→ AT 4.2 Tz. 2) und die Risikotragfähigkeit gegeben ist (→ AT 4.1 Tz. 1). Des Weiteren sollte darauf eingegangen werden, ob und ggf. welche Maßnahmen zur Begrenzung von Risikokonzentrationen ergriffen wurden oder kurzfristig zu ergreifen sind (→ AT 4.3.2 Tz. 1). Der Baseler Ausschuss für Bankenaufsicht fordert ebenso, in den Risikoberichten aufkommende Risikokonzentrationen zu identifizieren, Angaben zu Limiten und zum Risikoappetit zu machen und ggf. Handlungsempfehlungen auszusprechen.[27]

---

27 Vgl. Baseler Ausschuss für Bankenaufsicht, Grundsätze für die effektive Aggregation von Risikodaten und die Risikoberichterstattung, BCBS 239, 9. Januar 2013, S. 13.

3 Fähigkeit zur Ad-hoc-Risikoberichterstattung (Tz. 3)

36 **3** Neben der turnusmäßigen Erstellung von Risikoberichten (Gesamtrisikobericht, Berichte über einzelne Risikoarten) muss das Institut in der Lage sein, ad hoc Risikoinformationen zu generieren, sofern dies aufgrund der aktuellen Risikosituation des Institutes oder der aktuellen Situation der Märkte, auf denen das Institut tätig ist, geboten erscheint.

3.1 Anlassbezogene Risikoberichterstattung

37 Eine ausschließlich turnusmäßige Erstellung von Risikoberichten, auf deren Basis die steuerungsrelevanten Entscheidungen der Geschäftsleitung getroffen werden sollen, würde ein Institut für die Zeiträume zwischen den Berichtsterminen ggf. in ernste Gefahr bringen, wenn sich die aktuelle Risikosituation des Institutes oder die aktuelle Situation der Märkte, auf denen das Institut tätig ist, schlagartig verschlechtert. Auch wenn nicht alle Risikoereignisse im Vorfeld bekannt sein können, sind Kriterien zu definieren, die eine anlassbezogene Berichterstattung an die Geschäftsleitung auslösen sollen (z. B. Limitüberschreitung bei einer wesentlichen Risikoart, Ausfall eines Großkunden, Eintritt eines bedeutenden Schadensfalles). Liegen die Informationen über derartige Entwicklungen bei den Entscheidungsträgern nicht rechtzeitig vor, kann es für wirksame Gegensteuerungsmaßnahmen beim nächsten regulären Berichtstermin ggf. schon zu spät sein.

38 Von den Instituten wird deshalb erwartet, dass sie auch dazu in der Lage sind, »ad hoc« Risikoinformationen zu generieren, sofern dies aufgrund der aktuellen Situation geboten erscheint. Voraussetzung dafür ist natürlich, dass die aktuelle Risikosituation des Institutes und die aktuelle Situation der Märkte permanent überwacht werden. Diesem Zweck dient die Anforderung, die wesentlichen Risiken – auch aus ausgelagerten Aktivitäten und Prozessen – mit Hilfe geeigneter Risikosteuerungs- und -controllingprozesse frühzeitig zu erkennen, vollständig zu erfassen und in angemessener Weise darzustellen. Hierzu hat das Institut geeignete Indikatoren für die frühzeitige Identifizierung von Risiken sowie von risikoartenübergreifenden Effekten abzuleiten, die je nach Risikoart auf quantitativen und/oder qualitativen Risikomerkmalen basieren (→ AT 4.3.2 Tz. 2).

39 Auch der Baseler Ausschuss für Bankenaufsicht erwartet, dass in Stressphasen oder Krisen Berichte über alle relevanten und kritischen Kredit-, Markt- und Liquiditätspositionen/-engagements innerhalb kürzester Zeit zur Verfügung stehen. Nur so ist es möglich, sich entwickelnden Risiken effektiv zu begegnen. Informationen zu bestimmten Positionen oder Engagements müssen möglicherweise sofort (im Tagesverlauf) zur Verfügung stehen, um eine zeitnahe und effektive Reaktion zu gestatten.[28] Damit eine schnelle Reaktionsfähigkeit sichergestellt werden kann, müssen die Institute über eine effektive IT-Infrastruktur und die zugehörigen Prozesse verfügen. So sollten die Institute in der Lage sein, aggregierte Risikodaten zu generieren, um Ad-hoc-Anfragen an die Risikoberichterstattung bearbeiten zu können, wie z. B. Anfragen in Stressphasen oder Krisen, Anfragen im Zusammenhang mit geänderten internen Anforderungen oder Anfragen der Aufsichtsbehörden. Insbesondere sollen nutzerspezifische und bedarfsgerechte Datenaufbereitungen und die Erstellung von Kurzberichten ermöglicht werden. Die nötige Flexibilität und Anpassungsfähigkeit der IT-Systeme und der zugehörigen Prozesse sollen dafür sorgen, derartige

---

28 Vgl. Baseler Ausschuss für Bankenaufsicht, Grundsätze für die effektive Aggregation von Risikodaten und die Risikoberichterstattung, BCBS 239, 9. Januar 2013, S. 14.

BT 3.1 Allgemeine Anforderungen an die Risikoberichte

Ad-hoc-Anfragen zügig bearbeiten und aufkommende Risiken schnell bewerten zu können, die Fähigkeit zur Erstellung von Prognosen zu verbessern und wirksame Stresstests durchführen zu können. Sie bilden also die Grundlage für schnelle Entscheidungsfindungen.[29]

Unter anderem sollte die Geschäftsleitung unverzüglich über neue oder sich abzeichnende Liquiditätsprobleme informiert werden, wie z. B. steigende Refinanzierungskosten oder -konzentrationen, eine zunehmende Refinanzierungslücke, das Austrocknen alternativer Liquiditätsquellen, materielle und/oder anhaltende Limitüberschreitungen, einen deutlichen Rückgang des Liquiditätspuffers oder Veränderungen der externen Marktbedingungen, die auf künftige Schwierigkeiten hinweisen könnten. Das Aufsichtsorgan sollte wiederum sicherstellen, dass die Geschäftsleitung geeignete Abhilfemaßnahmen ergreift, um diese Probleme zu lösen.[30]

40

---

29 Vgl. Baseler Ausschuss für Bankenaufsicht, Grundsätze für die effektive Aggregation von Risikodaten und die Risikoberichterstattung, BCBS 239, 9. Januar 2013, S. 10 f.
30 Vgl. Basel Committee on Banking Supervision, Principles for Sound Liquidity Risk Management and Supervision, BCBS 144, 25. September 2008, S. 9.

4 Zeitnähe der Risikoberichterstattung (Tz. 4)

41   **4** Die Risikoberichte sind in einem zeitlich angemessenen Rahmen zu erstellen, der eine aktive und zeitnahe Steuerung der Risiken auf der Basis der Berichte ermöglicht, wobei die Produktionszeit auch von der Art und der Volatilität der Risiken abhängt.

4.1   Zeitnahe Risikoberichterstattung

42   Bei der Risikoberichterstattung kommt es allerdings nicht nur darauf an, dass die Informationen nachvollziehbar und aussagefähig sind und auf vollständigen und genauen Daten beruhen. So stellt sich die Frage, ob man noch von aktuellen Daten sprechen kann, wenn diese zum Beginn der Berichterstellung zwar direkt aus den Systemen übernommen wurden, bis zur Vorlage des Risikoberichtes jedoch relativ viel Zeit vergeht. Die deutsche Aufsicht fordert deshalb, dass die Risikoberichte in einem »zeitlich angemessenen« Rahmen erstellt werden. Als Maß für die Angemessenheit wird darauf abgestellt, ob der Risikobericht bei der Vorlage in der Geschäftsleitung als Adressat des Berichtes noch eine aktive und zeitnahe Steuerung der Risiken ermöglicht. Eine aktive und zeitnahe Steuerung ist definitiv nicht mehr möglich, wenn zum Zeitpunkt der Vorlage des Risikoberichtes bei der Geschäftsleitung bereits der nächste Berichtsstichtag überschritten wurde. Diese Anforderung gilt nicht nur für den mindestens vierteljährlich vorzulegenden Gesamtrisikobericht, sondern auch für die möglicherweise in einem anderen Turnus erstellten Berichte über einzelne Risikoarten. Deshalb weist die deutsche Aufsicht explizit darauf hin, dass die Produktionszeit auch von der Art und der Volatilität der Risiken abhängt.

43   Die Zielsetzung einer zeitnahen Risikoberichterstattung geht auf die Erfahrungen aus der Finanzmarktkrise zurück, als viele Institute kaum in der Lage waren, risikorelevante Informationen über bestimmte Adressen oder Produkte innerhalb eines angemessenen Zeitraumes und in hinreichender Qualität zu generieren und insofern schnell genug auf kritische Entwicklungen zu reagieren. Folglich konnten den jeweils Zuständigen keine entscheidungsrelevanten Daten und Informationen geliefert werden. Grundsätzlich wird die deutsche Aufsicht deshalb Produktionszeiten von einzelnen Berichten von zum Teil mehreren Wochen nicht mehr akzeptieren.[31]

4.2   Zeitnähe versus Qualitätsverlust

44   Risikoberichte müssen den richtigen Personen mit den richtigen Informationen zur richtigen Zeit übermittelt werden, nämlich den entsprechenden Entscheidungsträgern zu einem Zeitpunkt, der noch eine angemessene Reaktion erlaubt.[32] Die Institute sollten deshalb in der Lage sein, aggregierte und aktuelle Risikodaten sowohl unter gewöhnlichen Umständen als auch in Stressphasen oder Krisen in einem angemessenen zeitlichen Rahmen zu generieren. Die Festlegung des angemessenen Zeitrahmens hängt von der Art und der potenziellen Volatilität der zu erfassenden

---

31 Vgl. Bundesanstalt für Finanzdienstleistungsaufsicht, Erster Entwurf zur Überarbeitung der MaRisk, Übermittlungsschreiben vom 18. Februar 2016, S. 2 f.
32 Vgl. Baseler Ausschuss für Bankenaufsicht, Grundsätze für die effektive Aggregation von Risikodaten und die Risikoberichterstattung, BCBS 239, 9. Januar 2013, S. 11.

BT 3.1 Allgemeine Anforderungen an die Risikoberichte

Risiken ab sowie von deren Beitrag zum Gesamtrisikoprofil des Institutes. Insbesondere zu sämtlichen kritischen Risiken müssen die Risikodaten zeitnah zur Verfügung gestellt werden. Abhängig von der Art der Risiken werden verschiedenartige Daten mit unterschiedlichen zeitlichen Anforderungen benötigt, in Stressphasen oder Krisen i.d.R. deutlich schneller. Dabei darf die Datenqualität nicht unter dem erforderlichen Zeitdruck leiden.[33] Ein zeitnah vorliegender Bericht, der allerdings erhebliche Qualitätsmängel aufweist, kann im Zweifel zu Entscheidungen führen, die nicht im Interesse des Institutes liegen.

---

33 Vgl. Baseler Ausschuss für Bankenaufsicht, Grundsätze für die effektive Aggregation von Risikodaten und die Risikoberichterstattung, BCBS 239, 9. Januar 2013, S. 5.

5 Risikoberichterstattung an das Aufsichtsorgan (Tz. 5)

45 **5** Die Geschäftsleitung hat das Aufsichtsorgan mindestens vierteljährlich über die Risikosituation einschließlich vorhandener Risikokonzentrationen in angemessener Weise schriftlich zu informieren. Die Berichterstattung ist in nachvollziehbarer, aussagefähiger Art und Weise zu verfassen und hat neben der Darstellung auch eine Beurteilung der Risikosituation zu enthalten. Auf besondere Risiken für die Geschäftsentwicklung und dafür geplante Maßnahmen der Geschäftsleitung ist gesondert einzugehen. Für das Aufsichtsorgan unter Risikogesichtspunkten wesentliche Informationen sind von der Geschäftsleitung unverzüglich weiterzuleiten. Hierfür hat die Geschäftsleitung gemeinsam mit dem Aufsichtsorgan ein geeignetes Verfahren festzulegen.

5.1 Information des Aufsichtsorgans

46 Diese ursprünglich in AT 4.3.2 Tz. 6 enthaltene Anforderung hat die deutsche Aufsicht im Zuge der fünften MaRisk-Novelle fast wortgleich hierher überführt. Geändert wurde lediglich, dass die Berichterstattung an das Aufsichtsorgan »mindestens« vierteljährlich zu erfolgen hat. Damit wird ein zeitlicher Gleichklang zur turnusmäßigen Vorlage des Gesamtrisikoberichtes der Risikocontrolling-Funktion bei der Geschäftsleitung hergestellt (→ BT 3.2 Tz. 1).

47 Das Aufsichtsorgan ist aufgrund verschiedener gesetzlicher Normen dazu verpflichtet, die Geschäftsleitung zu überwachen (→ AT 1 Tz. 1). Diese Überwachungsfunktion kann das Aufsichtsorgan nur dann sachgerecht wahrnehmen, wenn es die Risikosituation des Unternehmens überhaupt kennt. Die Geschäftsleitung hat das Aufsichtsorgan daher mindestens vierteljährlich über die Risikosituation einschließlich vorhandener Risikokonzentrationen in angemessener Weise schriftlich zu informieren. Für die Berichterstattung der Geschäftsleitung an das Aufsichtsorgan gelten grundsätzlich dieselben Vorgaben wie für die Berichterstattung an die Geschäftsleitung. Nach den Vorstellungen der EBA sollte die Geschäftsleitung das Aufsichtsorgan regelmäßig über die maßgeblichen Elemente für die Beurteilung der Lage, die Risiken und Entwicklungen, die sich auf das Institut auswirken oder auswirken könnten, z.B. wesentliche Entscheidungen zur Geschäftstätigkeit oder eingegangene Risiken, die Bewertung der wirtschaftlichen und geschäftlichen Rahmenbedingungen des Institutes, die solide Liquiditäts- und Kapitalausstattung sowie die Bewertung seiner wesentlichen Risikopositionen informieren.[34]

48 Hinsichtlich der Berichterstattung an das Aufsichtsorgan orientieren sich die MaRisk an den zahlreichen Initiativen des Gesetzgebers (Kreditwesengesetz, KWG; Aktiengesetz, AktG; Deutscher Corporate Governance Kodex, DCGK; Gesetz zur Kontrolle und Transparenz im Unternehmensbereich, KonTraG; Transparenz- und Publizitätsgesetz, TransPubG), die auf eine Stärkung der internen Strukturen in den Unternehmen abzielen und insbesondere auch die wichtige Rolle der Aufsichtsorgane betonen. So muss die Geschäftsleitung gemäß § 25c Abs. 4a Nr. 3 lit. e KWG gegenüber dem Aufsichtsorgan in angemessenen Abständen, mindestens aber vierteljährlich, über die Risikosituation berichten und dabei die Risiken beurteilen. In Analogie dazu hat der Vorstand nach § 90 AktG umfangreiche Berichtspflichten gegenüber dem Aufsichtsrat, die u. a. auch die vierteljährliche Berichterstattung über den Gang der Geschäfte und die Lage der Gesellschaft umfassen.

---

34 Vgl. European Banking Authority, Leitlinien zur internen Governance, EBA/GL/2017/11, 21. März 2018, S. 12.

5.2 Schriftliche Information des Aufsichtsorgans

Die Information des Aufsichtsorgans hat schriftlich zu erfolgen, da nicht davon auszugehen ist, **49**
dass das Aufsichtsorgan ausschließlich auf der Basis von Gesprächen mit der Geschäftsleitung die
Risikosituation des Institutes hinreichend nachvollziehen kann. Die Übermittlung der Risikoberichte kann neben der Papierform allerdings genauso gut auf elektronischem Wege erfolgen.
Auch das Aktiengesetz und der auf börsennotierte Unternehmen anzuwendende Deutsche Corporate Governance Kodex betonen, dass die Berichts- und Informationspflichten des Vorstandes
gegenüber dem Aufsichtsrat i.d.R. in Textform zu erstatten sind. Dieses Regelerfordernis lässt
einen gewissen Raum für Ausnahmen von der Textform zu, etwa aus Gründen der Aktualität oder
wegen eines gesteigerten Geheimhaltungsbedürfnisses.[35]

5.3 Art und Weise der Berichterstattung an das Aufsichtsorgan

Die Berichterstattung an das Aufsichtsorgan ist in nachvollziehbarer, aussagefähiger Art und **50**
Weise zu verfassen und hat neben der Darstellung auch eine Beurteilung der Risikosituation zu
enthalten. Exakt dieselbe Formulierung wird auch für die Risikoberichterstattung gegenüber der
Geschäftsleitung verwendet (→ BT 3.1 Tz. 1). Damit soll das Aufsichtsorgan in die Lage versetzt
werden, seinen Überwachungspflichten auf einer vergleichbaren Informationsbasis wie die Geschäftsleitung nachzukommen.

Insbesondere kann davon ausgegangen werden, dass für beide Prozesse – unter Berücksichti- **51**
gung der jeweiligen Funktionen – ähnliche Maßstäbe gesetzt werden. Das bedeutet zunächst, dass
die Berichterstattung an das Aufsichtsorgan vollständig, klar strukturiert und verständlich ausgeführt sein sollte und ggf. durch ein Management Summary ergänzt werden könnte (→ BT 3.2
Tz. 2, Erläuterung). Auf Wiederholungen gleicher Sachverhalte über mehrere Berichtsperioden
hinweg kann verzichtet werden. Soweit sich im Hinblick auf Sachverhalte in vorangegangenen
Berichten keine relevanten Änderungen ergeben haben, kann im Rahmen der aktuellen Berichterstattung auf diese Informationen verwiesen werden (→ BT 3.2 Tz. 2, Erläuterung).

Auch bei der Beurteilung der Risikosituation kann auf die Berichterstattung an die Geschäfts- **52**
leitung zurückgegriffen werden. Darüber hinaus soll jedoch gesondert auf besondere Risiken für
die Geschäftsentwicklung und dafür geplante Maßnahmen der Geschäftsleitung eingegangen
werden. Im Grunde kann auch diesbezüglich eine Parallele zur Berichterstattung an die Geschäftsleitung gesehen werden. Die Geschäftsleitung ist über die Ergebnisse der Stresstests und ihre
potenziellen Auswirkungen auf die Risikosituation und die Risikodeckungspotenziale zu informieren (→ BT 3.1 Tz. 2). Da sich die Stresstests auf außergewöhnliche, aber plausibel mögliche
Ereignisse beziehen (→ AT 4.3.3 Tz. 3), werden ihre Ergebnisse – neben den normalen Risiko-
steuerungs- und -controllingprozessen – dazu beitragen, besondere Risiken für die Geschäftsentwicklung zu identifizieren. In die Risikoberichterstattung an die Geschäftsleitung sind bei
Bedarf auch Handlungsvorschläge aufzunehmen (→ BT 3.1 Tz. 1). Diese Handlungsvorschläge
wird die Geschäftsleitung prüfen und – ggf. in abgewandelter Form – zur Risikoreduzierung
aufgreifen. Es versteht sich von selbst, dass das Aufsichtsorgan sowohl über die besonderen
Risiken als auch über die zu ihrer Beseitigung geplanten Maßnahmen informiert werden muss.

---

35 Vgl. Hüffer, Uwe, Aktiengesetz, 8. Auflage, München, 2008, § 90, Tz. 13.

5.4 Berichte an das Aufsichtsorgan

53 Die Geschäftsleitung ist selbst Empfänger verschiedener Informationen (→ AT 3 Tz. 1). Sie ist zunächst in angemessenen Abständen über die allgemeine Risikosituation des Institutes einschließlich vorhandener Risikokonzentrationen zu unterrichten (→ AT 4.3.2 Tz. 3 und BT 3.1 Tz. 1). Für diesen Zweck hat ihr die Risikocontrolling-Funktion mindestens vierteljährlich einen Gesamtrisikobericht über die als wesentlich eingestuften Risikoarten vorzulegen (→ BT 3.2 Tz. 1). Daneben bestehen mehrere besondere Berichtspflichten gegenüber der Geschäftsleitung. So sind ihr zumindest vierteljährlich Risikoberichte vorzulegen, die Informationen über die Adressenausfallrisiken (→ BT 3.2 Tz. 3), die Marktpreisrisiken einschließlich der Zinsänderungsrisiken (→ BT 3.2 Tz. 4), die Liquiditätsrisiken (→ BT 3.2 Tz. 5) und seit der fünften MaRisk-Novelle explizit auch die sonstigen vom Institut als wesentlich identifizierten Risiken (→ BT 3.2 Tz. 7) enthalten. Die Geschäftsleitung ist ferner mindestens jährlich über bedeutende Schadensfälle und wesentliche Schwächen sowie wesentliche potenzielle Ereignisse aus operationellen Risiken zu unterrichten (→ BT 3.2 Tz. 6). Vor diesem Hintergrund liegt es nahe, dass die Geschäftsleitung die ihr zur Verfügung stehenden Berichte eins zu eins an das Aufsichtsorgan weiterleitet.

54 Inwieweit eine solche Information ihren Zweck erfüllt, hängt vom Einzelfall ab. Unter Umständen wünscht das Aufsichtsorgan eine prägnante Information über die Risikosituation des Institutes, die Einzelheiten (z.B. aus der Markpreisrisikoberichterstattung) weitgehend ausblendet. Die Geschäftsleitung muss daher nicht notwendigerweise die erhaltenen Risikoberichte an das Aufsichtsorgan weiterleiten. Insoweit kann bei der Information des Aufsichtsorgans auch ein eigener Bericht der Geschäftsleitung verwendet werden, der z.B. kürzer und prägnanter ausfällt. Selbstverständlich muss dieser Bericht alle wesentlichen Informationen über die Risikosituation des Institutes einschließlich vorhandener Risikokonzentrationen enthalten.

55 Letztlich kommt es vor allem darauf an, dass das Aufsichtsorgan mit der Art und dem Umfang der Risikoberichterstattung zufrieden ist. So obliegt es den Empfehlungen des Baseler Ausschusses für Bankenaufsicht zufolge dem Aufsichtsorgan des Institutes als einem der wichtigsten Adressaten von Risikoberichten, seine Anforderungen an die interne Risikoberichterstattung zu formulieren und dabei den Verpflichtungen gegenüber Aktionären und anderen wichtigen Interessengruppen nachzukommen. Das Aufsichtsorgan muss sicherstellen, dass es Informationen verlangt und erhält, die für die Erfüllung seines Auftrages für das Institut und die Risiken, denen es ausgesetzt ist, relevant sind. Erfüllt ein Risikobericht die Anforderungen des Aufsichtsorgans nicht, ist dieses verpflichtet, die Geschäftsleitung zu benachrichtigen. Gleiches gilt bei Risikoberichten, die Informationen nicht in der Art und dem Umfang beinhalten, die zur Erfüllung seines Auftrages erforderlich sind. Das Aufsichtsorgan muss insbesondere angeben, ob die Berichte detailliert genug sind und ob das Verhältnis von quantitativen und qualitativen Informationen darin ausgewogen ist.[36]

5.5 Ausschüsse des Aufsichtsorgans

56 Hinsichtlich der Information des Aufsichtsorgans über die Strategien kann ein dafür gebildeter Ausschuss eingeschaltet werden (→ AT 4.2 Tz. 6, Erläuterung). Es erscheint naheliegend, mit der Risikoberichterstattung in ähnlicher Weise zu verfahren, zumal sich diese u.a. mit der möglichen Abweichung von den Strategien beschäftigt. Adressat der Risikoberichterstattung sollte zwar

---

36 Vgl. Baseler Ausschuss für Bankenaufsicht, Grundsätze für die effektive Aggregation von Risikodaten und die Risikoberichterstattung, BCBS 239, 9. Januar 2013, S. 14.

grundsätzlich jedes Mitglied des Aufsichtsorgans sein. Soweit das Aufsichtsorgan jedoch entsprechende Ausschüsse gebildet hat, kann die Weiterleitung der Informationen auch auf einen Ausschuss beschränkt werden. In diesem Fall ist der Ausschuss von der Geschäftsleitung vierteljährlich über die Risikosituation zu informieren. Voraussetzung dafür ist allerdings, dass ein entsprechender Beschluss über die Einrichtung des Ausschusses besteht und der Vorsitzende des Ausschusses regelmäßig das gesamte Aufsichtsorgan informiert. Zudem ist jedem Mitglied des Aufsichtsorgans weiterhin das Recht einzuräumen, die an den Ausschuss geleitete Berichterstattung einsehen zu können (→ BT 3.1 Tz. 5, Erläuterung). Auch die Information des Ausschusses des Aufsichtsorgans kann kürzer und prägnanter ausfallen als die Berichterstattung an die Geschäftsleitung, solange dabei keine wesentlichen Aspekte ausgeblendet werden.

Diese Erleichterung zielt auf den so genannten »Risikoausschuss« nach § 25d Abs. 8 KWG ab, **57** der von den Instituten unter Proportionalitätsgesichtspunkten zu bilden ist. Dieser Ausschuss soll das Aufsichtsorgan zur aktuellen und künftigen Gesamtrisikobereitschaft und -strategie des Institutes beraten und die Geschäftsleitung bei der Überwachung der Umsetzung dieser Strategie unterstützen. Der Risikoausschuss wacht zudem darüber, dass die Konditionen im Kundengeschäft mit dem Geschäftsmodell und der Risikostruktur des Institutes im Einklang stehen. Soweit dies nicht der Fall ist, verlangt der Risikoausschuss von der Geschäftsleitung Vorschläge, wie die Konditionen im Kundengeschäft in Übereinstimmung mit dem Geschäftsmodell und der Risikostruktur ausgestaltet werden können, und überwacht deren Umsetzung. Der Risikoausschuss prüft zudem, ob die durch das Vergütungssystem gesetzten Anreize die Risiko-, Kapital- und Liquiditätsstruktur des Institutes sowie die Wahrscheinlichkeit und Fälligkeit von Einnahmen berücksichtigen. Der Vorsitzende des Risikoausschusses kann unter Einbeziehung der Geschäftsleitung unmittelbar beim Leiter der Internen Revision und beim Leiter der Risikocontrolling-Funktion Auskünfte einholen. Der Risikoausschuss soll Art, Umfang, Format und Häufigkeit der Informationen bestimmen, die von der Geschäftsleitung zum Thema Strategie und Risiko vorgelegt werden müssen.

Auch den Vorgaben der EBA zufolge sollte der Risikoausschuss, sofern er eingerichtet wurde, **58** u. a. das Aufsichtsorgan bezüglich der Überwachung des tatsächlichen und künftigen Risikoappetits sowie der Risikostrategie des Institutes insgesamt beraten und unterstützen, wobei allen Arten von Risiken Rechnung zu tragen ist, um sicherzustellen, dass diese mit der Geschäftsstrategie, den Zielen, der Unternehmenskultur und den Werten des Institutes im Einklang stehen. Außerdem sollte er das Aufsichtsorgan bei der Überwachung der Umsetzung der Risikostrategie des Institutes und der entsprechenden festgelegten Limite unterstützen, die Umsetzung der Strategien für das Kapital- und Liquiditätsmanagement sowie für alle anderen relevanten Risiken eines Institutes überwachen, um ihre Angemessenheit im Hinblick auf den festgelegten Risikoappetit und die festgelegte Risikostrategie zu beurteilen. Daneben sollte der Risikoausschuss dem Aufsichtsorgan Empfehlungen zu notwendigen Anpassungen an die Risikostrategie unterbreiten, die sich u. a. aus Änderungen des Geschäftsmodells des Institutes, Marktentwicklungen oder Empfehlungen der Risikocontrolling-Funktion ergeben, sowie eine Reihe von möglichen Szenarien überprüfen, einschließlich Stressszenarien, um zu bewerten, wie das Risikoprofil des Institutes bei externen und internen Ereignissen reagiert. Schließlich sollte er die Übereinstimmung zwischen allen wesentlichen Finanzprodukten und -dienstleistungen, die den Kunden angeboten werden, und dem Geschäftsmodell und der Risikostrategie des Institutes überwachen. Sofern eingerichtet, muss der Risikoausschuss unbeschadet der Aufgaben des Vergütungsausschusses prüfen, ob bei den durch die Vergütungspolitik und -praxis gebotenen Anreizen das Risiko, das Kapital, die Liquidität und die Wahrscheinlichkeit sowie der Zeitpunkt von Einnahmen des Institutes berücksichtigt werden.[37]

---

37 Vgl. European Banking Authority, Leitlinien zur internen Governance, EBA/GL/2017/11, 21. März 2018, S. 16ff.

5.6   Ad-hoc-Berichterstattung an das Aufsichtsorgan

59   Für das Aufsichtsorgan unter Risikogesichtspunkten wesentliche Informationen sind von der Geschäftsleitung unverzüglich weiterzuleiten. Auch die EBA erwartet, dass die Geschäftsleitung das Aufsichtsorgan bei Bedarf unverzüglich informiert.[38] Hierfür hat die Geschäftsleitung gemeinsam mit dem Aufsichtsorgan ein geeignetes Verfahren festzulegen. Ähnlich wie bei der regulären Berichterstattung, wird auch hinsichtlich der Ad-hoc-Berichterstattung für die Geschäftsleitung an das Aufsichtsorgan ein entsprechendes Verfahren gefordert (→ AT 4.3.2 Tz. 4).

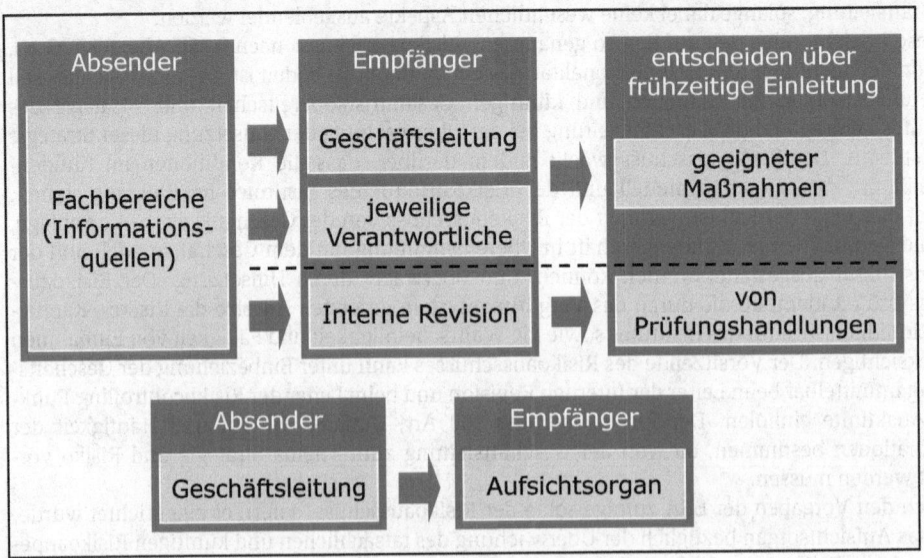

Abb. 78: Ablauf der Ad-hoc-Berichterstattung

60   Auch wenn nicht alle Risikoereignisse im Vorfeld bekannt sein können, sind Kriterien zu definieren, die eine anlassbezogene Berichterstattung an das Aufsichtsorgan auslösen sollen (z.B. wesentliche Limitüberschreitungen, Ausfall eines Großkunden, Eintritt eines bedeutenden Schadensfalles). Aufgrund der unterschiedlichen Aufgaben von Geschäftsleitung und Aufsichtsorgan werden allerdings nicht alle Informationen, die für die operativ tätige Geschäftsleitung oder die jeweiligen Verantwortlichen unter Risikogesichtspunkten wesentlich sind, auch für das Aufsichtsorgan von wesentlicher Bedeutung sein. So können z.B. einzelne Probleme durch kurzfristige Maßnahmen der Geschäftsleitung beseitigt werden, ohne dass das Aufsichtsorgan zwingend darüber informiert werden muss. Aus demselben Grund kann sich auch die turnusmäßige Risikoberichterstattung an Geschäftsleitung und Aufsichtsorgan voneinander unterscheiden. Um zu vermeiden, dass die Relevanz bestimmter Informationen für das Aufsichtsorgan von der Geschäftsleitung falsch eingeschätzt wird, ist das Verfahren für die Ad-hoc-Berichterstattung gemeinsam mit dem Aufsichtsorgan festzulegen. Diesbezüglich kann an Verfahrensweisen angeknüpft werden, die bereits anderweitig geregelt sind. So sehen z.B. die Sparkassengesetze der Länder teilweise eine Ad-hoc-Berichtspflicht an den Vorsitzenden des Verwaltungsrates vor.[39]

---

38 Vgl. European Banking Authority, Leitlinien zur internen Governance, EBA/GL/2017/11, 21. März 2018, S. 12.
39 Vgl. Deutscher Sparkassen- und Giroverband, Mindestanforderungen an das Risikomanagement – Interpretationsleitfaden, Version 6.1, Berlin, Juli 2019, S. 371, Fußnote 414.

BT 3.2 Berichte der Risikocontrolling-Funktion

1 Angemessener Turnus für die Vorlage des Gesamtrisikoberichtes (Tz. 1)

1 Die Risikocontrolling-Funktion hat regelmäßig, mindestens aber vierteljährlich, einen Gesamtrisikobericht über die als wesentlich eingestuften Risikoarten zu erstellen und der Geschäftsleitung vorzulegen. Mit Blick auf die einzelnen als wesentlich eingestuften Risikoarten kann in Abhängigkeit von der Risikoart, der Art, dem Umfang, der Komplexität, dem Risikogehalt und der Volatilität der jeweiligen Positionen sowie der Marktentwicklung auch eine monatliche, wöchentliche oder tägliche Berichterstattung über einzelne Risikoarten erforderlich sein.

1.1 Vierteljährlicher Gesamtbericht

2 Die unabhängige Risikocontrolling-Funktion ist für die Überwachung und Kommunikation der Risiken im Institut zuständig (→ AT 4.4.1 Tz. 1). Damit hat die Risikocontrolling-Funktion auch die Aufgabe, für die Geschäftsleitung regelmäßig die Risikoberichte zu erstellen (→ AT 4.4.1 Tz. 2). Die deutsche Aufsicht fordert von den Instituten mindestens vierteljährlich vorzulegende Risikoberichte über die Adressenausfallrisiken (→ BT 3.2 Tz. 3), die Marktpreisrisiken einschließlich der Zinsänderungsrisiken (→ BT 3.2 Tz. 4), die Liquiditätsrisiken (→ BT 3.2 Tz. 5) und seit der fünften MaRisk-Novelle explizit auch die sonstigen vom Institut als wesentlich identifizierten Risiken (→ BT 3.2 Tz. 7). Außerdem muss die Risikocontrolling-Funktion die Geschäftsleitung mindestens jährlich über bedeutende Schadensfälle und wesentliche Schwächen sowie wesentliche potenzielle Ereignisse aus operationellen Risiken unterrichten (→ BT 3.2 Tz. 6). Dabei sind auch Nachhaltigkeitsrisiken zu berücksichtigen, die als Risikotreiber für andere Risikoarten durchaus zu deren Wesentlichkeit beitragen können (→ AT 2.2 Tz. 2). Insofern sollten diese Aspekte bei entsprechender Relevanz in die Risikoberichterstattung aufgenommen werden.

3 Mit der fünften MaRisk-Novelle wurde die Anforderung dahingehend ergänzt, dass die Risikocontrolling-Funktion regelmäßig, mindestens aber vierteljährlich, einen Gesamtrisikobericht über die als wesentlich eingestuften Risikoarten zu erstellen und der Geschäftsleitung vorzulegen hat. Die zwischenzeitlich im Entwurf enthaltene Erläuterung, wonach die Berichte zu den einzelnen wesentlichen Risiken alternativ auch gesondert erstellt und gemeinsam der Geschäftsleitung vorgelegt werden können, war in der Endfassung der fünften MaRisk-Novelle nicht mehr enthalten. Insofern wird von der deutschen Aufsicht beim mindestens vierteljährlich zu erstellenden Gesamtrisikobericht von einem einzigen Dokument ausgegangen. In letzter Konsequenz geht es dabei auch um einen besseren Gesamtüberblick der Geschäftsleitung über die Risikosituation des Institutes.

4 Man kann sich trefflich darüber streiten, ob die Anforderung an die Berichterstattung über die operationellen Risiken im Zusammenhang mit dem Gesamtrisikobericht aus dem Rahmen fällt. Schließlich ist die Geschäftsleitung über diese Risikoart eigentlich nur jährlich zu unterrichten (→ BT 3.2 Tz. 6). Die deutsche Aufsicht hat an dieser Stelle jedoch ausdrücklich klargestellt, dass zu den als wesentlich eingestuften Risikoarten zumindest jene gehören, die beim Anwendungsbereich namentlich aufgeführt sind (→ BT 3.2 Tz. 1, Erläuterung). Da sich der Gesamtrisikobericht auf alle als wesentlich eingestuften Risikoarten bezieht, sind damit grundsätzlich auch die operationellen Risiken betroffen (→ AT 2.2 Tz. 1). Dabei zielt die Anforderung insbesondere auf die Darstellung der Risikotragfähigkeit ab, die alle wesentlichen Risiken eines Institutes und damit

auch die operationellen Risiken umfasst. Es wird insofern nicht möglich sein, hinsichtlich der operationellen Risiken vom mindestens vierteljährlichen Berichtsturnus abzuweichen.

1.2   Berichterstattung in kürzerem Turnus

Im Fokus der Risikoberichterstattung befinden sich alle vom Institut als wesentlich eingestuften   5
Risikoarten. Auf die jeweiligen Besonderheiten der verschiedenen Risikoarten und der zugehörigen
Unterkategorien wird an anderer Stelle ausführlich eingegangen (→ BTR). Vor diesem Hintergrund
weist die deutsche Aufsicht darauf hin, dass eine vierteljährliche Risikoberichterstattung in Abhängigkeit von der Risikoart, der Art, dem Umfang, der Komplexität, dem Risikogehalt und der Volatilität
der jeweiligen Positionen sowie der Marktentwicklung ggf. nicht genügt, um über hinreichend viel
Zeit für wirksame Gegensteuerungsmaßnahmen zu verfügen. Deshalb kann in Einzelfällen oder in
besonderen Situationen auch eine monatliche, wöchentliche oder tägliche Berichterstattung über
einzelne Risikoarten erforderlich sein. Im Allgemeinen gelten die Marktpreis- und Liquiditätsrisiken
als sehr volatile Risikoarten, die eine deutlich häufigere Berichtsfrequenz erfordern.

Zum Beispiel haben bedeutende Institute gemäß Art. 6 SSM-Verordnung oder kapitalmarkt-   6
orientierte Institute den Risikobericht über die Liquiditätsrisiken und die Liquiditätssituation
mindestens monatlich zu erstellen (→ BT 3.2 Tz. 5). Zudem ist es bei »Handelsbuchinstituten«
erforderlich, die bestehenden Marktrisikopositionen für das Handelsbuch mindestens einmal
täglich zum Geschäftsschluss zu Gesamtrisikopositionen zusammenzufassen und gemeinsam mit
den Ergebnissen und Limitauslastungen nach Abstimmung mit dem Handelsbereich zeitnah am
nächsten Geschäftstag dem für das Risikocontrolling zuständigen Geschäftsleiter zu berichten
(→ BTR 2.2 Tz. 3 und BT 3.2 Tz. 4). Auf die tägliche Berichterstattung können die »Nicht-Handelsbuchinstitute« im Sinne von Art. 94 Abs. 1 CRR wiederum zugunsten eines längeren Turnus
verzichten, weil in diesem Fall von unter Risikogesichtspunkten überschaubaren Positionen im
Handelsbuch ausgegangen wird (→ BT 3.2 Tz. 4, Erläuterung).

Die EZB macht den Turnus der Risikoberichterstattung in erster Linie davon abhängig, ob eine   7
zeitnahe Reaktion der Geschäftsleitung gewährleistet werden kann.[1] In ihrem Bericht über die
ICAAP-Praktiken der Institute stellt die EZB fest, dass insbesondere die Stresstestergebnisse sowie
die Projektionen der zukünftigen Kapitalquoten häufig zu selten berichtet werden, und weist
darauf hin, dass die Reaktionsgeschwindigkeit der Geschäftsleitung auf aufkommende Gefahren
für die angemessene Kapitalausstattung dadurch beeinträchtigt sein könnte.[2] Der Baseler Ausschuss für Bankenaufsicht stellt in erster Linie auf die Art und Volatilität der Risiken sowie die
Bedeutung der Berichte für ein solides Risikomanagement und eine effektive und effiziente
Entscheidungsfindung ab, weist aber auch auf die Bedürfnisse der jeweiligen Berichtsempfänger
hin, die beachtet werden müssen.[3] Einig sind sich alle Aufsichtsbehörden darin, dass die Häufigkeit der Berichterstattung in Stressphasen oder Krisen erhöht werden sollte. So erwartet die
deutsche Aufsicht von den Instituten, dass sie in Stressphasen den Berichtsturnus erhöhen, soweit
dies für die aktive und zeitnahe Steuerung der Risiken erforderlich erscheint (→ BT 3.2 Tz. 1,
Erläuterung).

---

1   Vgl. Europäische Zentralbank, Leitfaden der EZB für den bankinternen Prozess zur Sicherstellung einer angemessenen
     Kapitalausstattung (Internal Capital Adequacy Assessment Process – ICAAP), 9. November 2018, S. 10; Europäische
     Zentralbank, Leitfaden der EZB für den bankinternen Prozess zur Sicherstellung einer angemessenen Liquiditätsaus-
     stattung (Internal Liquidity Adequacy Assessment Process – ILAAP), 9. November 2018, S. 11.
2   Vgl. European Central Bank, ECB report on banks' ICAAP practices, 11. August 2020, S. 21.
3   Vgl. Baseler Ausschuss für Bankenaufsicht, Grundsätze für die effektive Aggregation von Risikodaten und die Risiko-
     berichterstattung, BCBS 239, 9. Januar 2013, S. 14.

BT 3.2 Berichte der Risikocontrolling-Funktion

8   Neben der Möglichkeit, den Turnus der Risikoberichterstattung zu verkürzen, soll zwischen den festgelegten Berichtsterminen die Ad-hoc-Berichterstattung als wirksames Instrument entscheidende Steuerungsimpulse generieren. So müssen die Institute außerhalb der turnusmäßigen Erstellung von Risikoberichten in der Lage sein, »ad hoc« Risikoinformationen zu generieren, sofern dies aufgrund der aktuellen Risikosituation des Institutes oder der aktuellen Situation der Märkte, auf denen das Institut tätig ist, geboten erscheint (→ BT 3.1 Tz. 3).

2 Bestandteile des Gesamtrisikoberichtes (Tz. 2)

2 Der Gesamtrisikobericht hat neben den wesentlichen Informationen zu den einzelnen als wesentlich eingestuften Risikoarten, den Stresstestergebnissen und Informationen zu den Risikokonzentrationen auch Angaben zur Angemessenheit der Kapitalausstattung, zum aufsichtsrechtlichen und ökonomischen Kapital, zu den aktuellen Kapital- und Liquiditätskennzahlen sowie zu Refinanzierungspositionen zu enthalten. Ferner sind auch Prognosen zur Entwicklung der Kapital- und Liquiditätskennzahlen und der Refinanzierungspositionen aufzunehmen.

9

2.1 Mindestvorgaben für den Gesamtrisikobericht

Es versteht sich von selbst, dass der Gesamtrisikobericht, wie der Name schon sagt, der Geschäftsleitung zunächst einmal einen Überblick über die als wesentlich eingestuften Risiken geben muss. Was hinsichtlich der einzelnen Risikoarten unter »wesentlichen Informationen« zu verstehen ist, wird von der deutschen Aufsicht an verschiedenen Stellen klargestellt. Konkrete inhaltliche Vorgaben werden für die Risikoberichte über die Adressenausfallrisiken (→ BT 3.2 Tz. 3), die Marktpreisrisiken einschließlich der Zinsänderungsrisiken (→ BT 3.2 Tz. 4), die Liquiditätsrisiken und die Liquiditätssituation (→ BT 3.2 Tz. 5), die bedeutenden Schadensfälle und wesentlichen Schwächen sowie wesentlichen potenziellen Ereignisse aus operationellen Risiken (→ BT 3.2 Tz. 6) sowie die sonstigen vom Institut als wesentlich identifizierten Risiken (→ BT 3.2 Tz. 7) gemacht. Es liegt im Ermessen des Institutes, die einzelnen Berichtsanforderungen noch zu erweitern.

10

Bestandteil des Gesamtrisikoberichtes sollten darüber hinaus die Stresstestergebnisse und Informationen zu den Risikokonzentrationen sein. Diese Anforderung ergibt sich bereits daraus, dass in den Risikoberichten insbesondere auch die Ergebnisse der Stresstests und deren potenzielle Auswirkungen auf die Risikosituation und das Risikodeckungspotenzial sowie die den Stresstests zugrunde liegenden wesentlichen Annahmen darzustellen sind. Darüber hinaus ist gesondert auf Risikokonzentrationen und deren potenzielle Auswirkungen einzugehen (→ BT 3.1 Tz. 2).

11

Die Anforderungen, die ein Institut an seine interne Risikoberichterstattung stellt, sollten nach den Vorstellungen des Baseler Ausschusses für Bankenaufsicht (BCBS) im Einklang mit seinem Geschäftsmodell und seinem Risikoprofil stehen. Informationen zu Positionen und Engagements in allen wesentlichen Risikobereichen (z. B. Adressenausfallrisiken, Marktpreisrisiken, Liquiditätsrisiken und operationelle Risiken) und zu allen bedeutenden Komponenten dieser Risikobereiche (beim Kreditrisiko beispielsweise Einzeladressen-, Länder- und Branchenrisiken) sollten im Risikobericht ebenso enthalten sein, wie Stresstestergebnisse sowie Angaben zu Inter- und Intra-Risikokonzentrationen.[4]

12

Der Gesamtrisikobericht sollte auch als Gradmesser für die Einhaltung der Risikostrategie bzw. der möglichen Teilstrategien für die wesentlichen Risiken herangezogen werden (→ AT 4.2 Tz. 1). Wenn die Ziele der Risikosteuerung der wesentlichen Geschäftsaktivitäten nicht erreicht werden oder sich die geplanten Maßnahmen zur Erreichung dieser Ziele als unwirksam erweisen, sollte sich dies in der Risikoberichterstattung niederschlagen. Insbesondere sollte der Gesamtrisikobericht Auskunft darüber geben, ob der für die wesentlichen Risiken festgelegte Risikoappetit

13

---

4 Vgl. Baseler Ausschuss für Bankenaufsicht, Grundsätze für die effektive Aggregation von Risikodaten und die Risikoberichterstattung, BCBS 239, 9. Januar 2013, S. 12f.

beachtet wird oder über die vereinbarten Beschränkungen hinausgegangen wird (→ AT 4.2 Tz. 2). Dies kann sich darin äußern, dass bestimmte quantitative Vorgaben (z. B. Limite oder Puffer) überschritten werden oder qualitative Vorgaben (z. B. Anforderung an die Besicherung von Krediten, Vermeidung bestimmter Geschäfte) unberücksichtigt bleiben. Die Geschäftsleitung kann ihrer Verantwortung für die Anpassung der Strategien nicht nachkommen, wenn sie über deren Einhaltung nicht hinreichend informiert wird (→ AT 4.2 Tz. 4). Die Ursachen für etwaige Zielabweichungen sind zu analysieren (→ AT 4.2 Tz. 5), wobei in diesem Fall vom Risikocontrolling auch Handlungsvorschläge unterbreitet werden sollten (→ BTR 3.1 Tz. 1). Unabhängig davon sollten in allen Risikoberichten Angaben zu den eventuell vergebenen Limiten und ihrer aktuellen Auslastung enthalten sein.

2.2 Berichterstattung über die Ergebnisse des ICAAP und ILAAP

14 Der BCBS erwartet im Risikobericht risikorelevante Kennzahlen wie aufsichtsrechtliches und ökonomisches Kapital, Aussagen zur Angemessenheit der Kapitalausstattung, Prognosen der Kapital- und Liquiditätskennzahlen sowie Refinanzierungspositionen und -pläne.[5] Mit der fünften MaRisk-Novelle wurde diese Anforderung ergänzt. Damit rücken neben der Darstellung der Risikotragfähigkeit eines Institutes (→ AT 4.1) und der Liquiditätslage (→ BTR 3) verstärkt auch die Kennzahlen der ersten Säule in das Blickfeld der Risikoberichterstattung nach den MaRisk. Allerdings waren diese Bestandteile auch vorher schon in den Risikoberichten enthalten.

15 Auch die EZB fordert von den bedeutenden Instituten, dass die Ergebnisse der internen Prozesse zur Sicherstellung einer angemessenen Kapitalausstattung (»Internal Capital Adequacy Assessment Process«, ICAAP) und Liquiditätsausstattung (»Internal Liquidity Adequacy Assessment Process«, ILAAP) in die interne Berichterstattung aufzunehmen sind.[6]

16 Die Umsetzung der einschlägigen Vorgaben zum ICAAP gemäß Art. 73 CRD IV und zum ILAAP nach Art. 86 CRD IV in nationales Recht ist über § 25a Abs. 1 Satz 3 KWG erfolgt. Demnach haben die Institute Verfahren zur Ermittlung und Sicherstellung der Risikotragfähigkeit einzurichten, wobei eine vorsichtige Ermittlung der Risiken und des zu ihrer Abdeckung verfügbaren Risikodeckungspotenzials zugrunde zu legen ist (→ AT 4.1). Außerdem müssen sie über Prozesse zur Identifizierung, Beurteilung, Steuerung sowie Überwachung und Kommunikation der in Art. 79 bis 87 CRD IV aufgeführten Risiken entsprechend den dort niedergelegten Kriterien verfügen. Dazu zählen auch die Liquiditäts- und Refinanzierungsrisiken (→ BTR 3). Dem ICAAP und dem ILAAP liegen zwei komplementäre interne Perspektiven zugrunde, deren Ergebnisse wechselseitig berücksichtigt werden sollen. In der »ökonomischen Perspektive« sollen die Institute alle wesentlichen Risiken identifizieren und quantifizieren, die ihre interne Kapital- oder Liquiditätsposition beeinträchtigen könnten, und diese Risiken entsprechend ihrem Konzept für die angemessene Kapital- oder Liquiditätsausstattung angemessen durch internes Kapital bzw. interne Liquidität absichern. Das vorhandene Limitsystem (→ AT 4.3.2 Tz. 1) und die aktuelle Auslastung der allozierten Limite sind ebenfalls an die Geschäftsleitung zu berichten. Ergänzend dazu sollen die

---

5 Vgl. Baseler Ausschuss für Bankenaufsicht, Grundsätze für die effektive Aggregation von Risikodaten und die Risikoberichterstattung, BCBS 239, 9. Januar 2013, S. 12 f.

6 Vgl. Europäische Zentralbank, Leitfaden der EZB für den bankinternen Prozess zur Sicherstellung einer angemessenen Kapitalausstattung (Internal Capital Adequacy Assessment Process – ICAAP), 9. November 2018, S. 9.; Europäische Zentralbank, Leitfaden der EZB für den bankinternen Prozess zur Sicherstellung einer angemessenen Liquiditätsausstattung (Internal Liquidity Adequacy Assessment Process – ILAAP), 9. November 2018, S. 9.

Institute mit der »normativen Perspektive« ihre Fähigkeit beurteilen, auf mittlere Sicht stets alle regulatorischen und aufsichtlichen Kapital- und Liquiditätsanforderungen und -vorgaben zu erfüllen und sonstigen externen finanziellen Zwängen Rechnung zu tragen.[7] Die normative Perspektive wird mit Hilfe eines zukunftsgerichteten Kapitalplanungsprozesses über einen Zeitraum von drei Jahren umgesetzt (→ AT 4.1 Tz. 11). In Ergänzung zur Kapitalplanung haben die Institute auch einen internen Refinanzierungsplan aufzustellen (→ BTR 3.1 Tz. 12).

Von den Kapitalkennzahlen sollten u. a. die SREP-Gesamtkapitalanforderung (»Total SREP   **17** Capital Requirement«, TSCR) als Summe aus der Kapitalanforderung der ersten Säule gemäß Art. 92 CRR und dem »SREP-Kapitalzuschlag« (»Pillar 2 Requirement«, P2R) laut Art. 104a CRD IV sowie die »Säule-2-Kapitalempfehlung« (»Pillar 2 Guidance«, P2G) nach Art. 104b CRD IV im Risikobericht enthalten sein.[8] Darüber hinaus sind auch die in Art. 128 CRD IV geforderten Kapitalpuffer, d. h. der »Kapitalerhaltungspuffer« (»Capital Conservation Buffer«, CCB) gemäß § 10c KWG, der »institutsspezifische antizyklische Kapitalpuffer« (»Institution-specific Countercyclical Capital Buffer«, CCyB) nach § 10d KWG, der »Kapitalpuffer für global systemrelevante Institute« (G-SRI-Puffer, G-SII Buffer) laut § 10f KWG bzw. der »Kapitalpuffer für anderweitig systemrelevante Institute« (A-SRI-Puffer, O-SII Buffer) gemäß § 10g KWG und der »Kapitalpuffer für systemische Risiken« (»Systemic Risk Buffer«) nach § 10e KWG, die alle unter dem Begriff »kombinierte Kapitalpufferanforderung« (»Combined Buffer Requirement«, CBR) laut § 10i KWG zusammengefasst werden, zu berücksichtigen. Bei den bedeutenden Instituten kommen die von der EZB zusätzlich geforderten »Managementpuffer« dazu. Bei weniger bedeutenden Instituten ist über vorhandene interne »Managementpuffer« Transparenz zu schaffen. Die Gesamtkapitalanforderung (»Overall Capital Requirements«, OCR) ergibt sich als Summe aus der TSCR und der CBR. Die P2G und der zusätzliche Managementpuffer sind darin nicht enthalten.

Mit Blick auf die Kapitalausstattung sollte in erster Linie über das Kernkapital (»Tier 1 capital«, T1)   **18** als Summe aus dem harten Kernkapital (»Common Equity Tier 1 capital«, CET1) und dem zusätzlichen Kernkapital (»Additional Tier 1 capital«, AT1) sowie das Gesamtkapital (»Total capital«, TC) als Summe aus T1 und dem Ergänzungskapital (»Tier 2 capital«, T 2) berichtet werden. Darüber hinaus sollten weitere regulatorische und aufsichtliche Kennzahlen, wie die Leverage Ratio und die Großkreditobergrenzen, in den Risikoberichten enthalten sein.

Die wichtigsten Liquiditätskennzahlen sind die Liquiditätsdeckungsquote (»Liquidity Coverage   **19** Ratio«, LCR) nach Art. 412 Abs. 1 CRR und die strukturelle Liquiditätsquote (»Net Stable Funding Ratio«, NSFR) laut Art. 413 Abs. 1 CRR. Durch die LCR – als Quotient aus dem Bestand an hochliquiden Aktiva und dem erwarteten Nettozahlungsabfluss unter Stress – soll im kurzfristigen Bereich sichergestellt werden, dass die Institute in ausreichendem Maße über hochliquide Aktiva verfügen, um ein akutes Stressszenario von einem Monat zu überstehen. Anhand der NSFR – als Quotient aus der tatsächlichen und der erforderlichen stabilen Refinanzierung – soll abgeschätzt werden, ob die vorhandenen Refinanzierungsquellen ausreichen, um die längerfristige Refinanzierung sicherzustellen.

Die Risikoberichte müssen auch eine zukunftsorientierte Risikoeinschätzung abgeben und sich   **20** nicht ausschließlich auf aktuelle und historische Daten stützen (→ BT 3.1 Tz. 1). Da der ICAAP und der ILAAP auf die Fortführung des Geschäftsbetriebes ausgerichtet sind, liegt es nahe, vor allem zur Entwicklung der Kapital- und Liquiditätskennzahlen und der Refinanzierungspositionen

---

7   Vgl. Europäische Zentralbank, Leitfaden der EZB für den bankinternen Prozess zur Sicherstellung einer angemessenen Kapitalausstattung (Internal Capital Adequacy Assessment Process – ICAAP), 9. November 2018, S. 14 f.; Europäische Zentralbank, Leitfaden der EZB für den bankinternen Prozess zur Sicherstellung einer angemessenen Liquiditätsausstattung (Internal Liquidity Adequacy Assessment Process – ILAAP), 9. November 2018, S. 15 f.

8   Der »SREP-Kapitalzuschlag« (»Pillar 2 Requirement«, P2R) wird in Art. 104a CRD IV und in § 6c KWG als »zusätzliche Eigenmittelanforderung« (»Additional own funds requirement«) bezeichnet. Die »Säule-2-Kapitalempfehlung« (»Pillar 2 Guidance«, P2G) wird in Art. 104b CRD IV und in § 6d KWG als »Empfehlung für zusätzliche Eigenmittel« (»Guidance on additional own funds«) bzw. »Eigenmittelempfehlung« bezeichnet. In Deutschland wird die P2G auch »Eigenmittelzielkennziffer« (EMZK) genannt.

auch Prognosen in die Risikoberichterstattung aufzunehmen. Sinnvoll können dabei auch Angaben zur Entwicklung der Kennzahlen im Zeitverlauf sein, um Tendenzen zu verdeutlichen und die Prognosen besser nachvollziehen zu können.

2.3 Hinweise zur Risikoberichterstattung

21 Die Risikoberichterstattung an die Geschäftsleitung enthält also eine Fülle von Informationen. Zudem hat sie neben einer (quantitativen) Darstellung auch eine (qualitative) Beurteilung der Risikosituation zu enthalten, um nachvollziehbar und aussagefähig zu sein (→ BT 3.1 Tz. 1). Um der Geschäftsleitung einen Überblick über die wesentlichen Erkenntnisse zu ermöglichen, kann die Risikoberichterstattung deshalb – soweit dies aus Sicht des Institutes als sinnvoll erachtet wird – durch prägnante Darstellungen ergänzt werden. Dafür eignet sich z.B. ein »Management Summary« (→ BT 3.2 Tz. 2, Erläuterung).

22 Aus Effizienzgründen ist es auch nicht nötig, nahezu identische Sachverhalte wiederholt neu aufzubereiten. Soweit sich im Hinblick auf Sachverhalte in vorangegangenen Berichterstattungen keine relevanten Änderungen ergeben haben, kann im Rahmen der aktuellen Berichterstattung auf diese Informationen verwiesen werden (→ BT 3.2 Tz. 2, Erläuterung).

23 Die Geschäftsaktivitäten eines Institutes sind grundsätzlich immer mit Chancen und Risiken verbunden, die im Idealfall in einem für das Institut günstigen Verhältnis zueinander stehen. Die Chancen beziehen sich auf mögliche Ertragskonstellationen, die Risiken laufen i.d.R. auf Kostenkomponenten hinaus. Da Risikoaspekte nicht isoliert von Ertrags- und Kostenaspekten diskutiert werden sollten, können letztere ebenfalls in die Risikoberichterstattung aufgenommen werden (→ BT 3.2 Tz. 2, Erläuterung).

Management Summary
Mindestinhalte der einzelnen Berichte (Berichterstattung auch über sonstige wesentliche Risiken ohne konkrete Anforderungen)
Besondere Risiken für die Geschäftsentwicklung inkl. Maßnahmen
Ergebnisse der Stresstests und deren potenzielle Auswirkungen auf die Risikosituation und das Risikodeckungspotenzial (mit Annahmen)
Risikokonzentrationen und deren potenzielle Auswirkungen
ggf. inkl. Ertrags- und Kostenaspekten; Handlungsvorschläge bei Bedarf
Angemessenheit der Kapitalausstattung (aufsichtsrechtliches und ökonomisches Kapital)
Kapital- und Liquiditätskennziffern inkl. Prognosen
Refinanzierungspositionen inkl. Prognosen

Abb. 79: Inhalte der Risikoberichterstattung

2.4 Prozessbeteiligte

Die Risikocontrolling-Funktion ist grundsätzlich für die Überwachung und Kommunikation der Risiken (→ AT 4.4.1 Tz. 1 und BTO Tz. 2 lit. d) und speziell für die regelmäßige Erstellung der Risikoberichte für die Geschäftsleitung (→ AT 4.4.1 Tz. 2) zuständig. Wie an anderer Stelle bereits ausgeführt, wird konsequenter Weise die Verantwortung der Geschäftsleitung, sich regelmäßig bzw. in angemessenen Abständen über die Risikosituation einschließlich vorhandener Risikokonzentrationen berichten zu lassen (→ AT 4.3.2 Tz. 3 und BT 3.1 Tz. 1), mit Blick auf den Gesamtrisikobericht (→ BT 3.2 Tz. 1) und die Berichte über die wesentlichen Risikoarten (→ BT 3.2 Tz. 3 bis 7) auf die Risikocontrolling-Funktion übertragen.

24

Bei der Erstellung der Berichte über die wesentlichen Risiken können neben dem Risikocontrolling die jeweils verantwortlichen Organisationseinheiten eine aktive Rolle spielen. So ist eine Diskussion der Handlungsvorschläge, die bei Bedarf in die Risikoberichterstattung aufzunehmen sind (→ BT 3.1 Tz. 1), mit diesen Bereichen grundsätzlich gestattet, solange der Informationsgehalt der Risikoberichterstattung bzw. der Handlungsvorschläge dadurch nicht verzerrt wird (→ BT 3.2 Tz. 2, Erläuterung). In der Praxis ist auch die Erstellung der Risikoberichte häufig ein Gemeinschaftsprodukt verschiedener Organisationseinheiten, da das Risikocontrolling nicht in jedem Fall dazu in der Lage ist, die geforderten detaillierten Angaben allein bzw. ohne Rücksprache mit den verantwortlichen Bereichen zusammenzustellen. Die MaRisk schließen eine derartige Vorgehensweise nicht aus, solange die Letztverantwortung für die Risikoberichterstattung beim Risikocontrolling verbleibt (→ AT 4.4.1 Tz. 2). In ihrem Bericht über die ICAAP-Praktiken der Institute betont auch die EZB, dass das Risikocontrolling eine unabhängige Sicht auf die Risiken liefern soll.[9]

25

---

9 Vgl. European Central Bank, ECB report on banks' ICAAP practices, 11. August 2020, S. 14.

3 Berichterstattung über die Adressenausfallrisiken (Tz. 3)

26 **3** In regelmäßigen Abständen, mindestens aber vierteljährlich, ist ein Risikobericht über die Adressenausfallrisiken, in dem die wesentlichen strukturellen Merkmale des Kreditgeschäftes enthalten sind, zu erstellen und der Geschäftsleitung zur Verfügung zu stellen. Der Risikobericht hat die folgenden Informationen zu umfassen:

a) die Entwicklung des Kreditportfolios, z. B. nach Branchen, Ländern, Risikoklassen und Größenklassen oder Sicherheitenkategorien, unter besonderer Berücksichtigung von Risikokonzentrationen,

b) den Umfang der vergebenen Limite und externen Linien; ferner sind Großkredite und sonstige bemerkenswerte Engagements (z. B. Sanierungs- und Abwicklungskredite von wesentlicher Bedeutung, Kredite in der Intensivbetreuung von wesentlicher Bedeutung) aufzuführen und ggf. zu kommentieren,

c) ggf. eine gesonderte Darstellung der Länderrisiken,

d) bedeutende Limitüberschreitungen (einschließlich einer Begründung),

e) den Umfang und die Entwicklung des Neugeschäftes,

f) die Entwicklung der Risikovorsorge des Institutes,

g) getroffene Kreditentscheidungen von wesentlicher Bedeutung, die von den Strategien abweichen,

h) Kreditentscheidungen im risikorelevanten Kreditgeschäft, die Geschäftsleiter im Rahmen ihrer Krediteinzelkompetenz beschlossen haben, soweit diese von den Voten abweichen, oder wenn sie von einem Geschäftsleiter getroffen werden, der für den Bereich Marktfolge zuständig ist und

i) bei Instituten mit hohem NPL-Bestand eine gesonderte Darstellung der notleidenden und Forborne-Risikopositionen sowie die Entwicklung der erworbenen Vermögenswerte (wenn Rettungserwerbe zur NPE-Strategie des Institutes gehören).

3.1 Turnus der Berichterstattung über Adressenausfallrisiken

27 Gemäß der ursprünglich in BTR 1 Tz. 7 enthaltenen Anforderungen hält die deutsche Aufsicht eine mindestens vierteljährliche Berichtsfrequenz über die Adressenausfallrisiken grundsätzlich für erforderlich. Die Geschäftsleitung soll dadurch bereits frühzeitig in die Lage versetzt werden, auf bedrohliche oder den Bestand des Institutes gefährdende Risiken reagieren zu können. In Abhängigkeit von der Risikosituation im Kreditgeschäft kann sich auch ein kürzerer Berichtsrhythmus als notwendig erweisen. Dies kann z. B. erforderlich sein, wenn sich die Rahmenbedingungen im Kreditgeschäft (Zinsniveau etc.) bzw. die Situation in bestimmten Branchen, Regionen oder Marktsegmenten verschlechtern und dieser Trend keine vorübergehende Erscheinung ist. So wird von zahlreichen Experten derzeit davon ausgegangen, dass sich die Preisentwicklung am Immobilienmarkt von der tatsächlichen Wertentwicklung abgekoppelt hat und insofern auf absehbare Zeit mit einem (regional verschiedenen) Preisverfall der Immobilien zu rechnen ist, was sich auf den Wert der Sicherheiten auswirken würde. Dieser Preisverfall könnte beschleunigt werden, wenn gleichzeitig die Zinsen steigen und damit die Finanzierung einer Immobilie für viele Interessenten schwieriger wird, als dies im aktuellen Niedrigzinsumfeld der Fall ist. In der Folge würde

die Nachfrage nach Immobilien sinken. Zudem könnten einige Kreditnehmer, die langlaufende Darlehen zur Immobilienfinanzierung aufgenommen haben, nach Ablauf der Zinsbindungsfrist in einem Umfeld mit deutlich höheren Kreditzinsen Probleme bei der Anschlussfinanzierung bekommen. Sofern diese Kreditnehmer mit ihrer aktuellen Annuität bereits die mögliche Belastungsgrenze erreicht haben, kann bei der Anschlussfinanzierung aufgrund der steigenden Zinsen bei gleichbleibender Annuität nur der Tilgungsanteil gesenkt werden. Dies würde automatisch die Laufzeit der Finanzierung verlängern, womit sich in Kombination mit den geringeren Sicherheitenwerten insgesamt das Adressenausfallrisiko erhöht.

Inwiefern es im Einzelfall nötig ist, den Turnus für die regelmäßige Risikoberichterstattung zu erhöhen, hängt auch davon ab, wie gut die übrigen Berichtspflichten funktionieren. So sind unter Risikogesichtspunkten wesentliche Informationen unverzüglich an die Geschäftsleitung, die jeweiligen Verantwortlichen und ggf. die Interne Revision weiterzuleiten, so dass geeignete Maßnahmen bzw. Prüfungshandlungen frühzeitig eingeleitet werden können (→ AT 4.3.2 Tz. 4). Außerdem sind Überschreitungen von Kontrahenten- und Emittentenlimiten den zuständigen Geschäftsleitern ab einer unter Risikogesichtspunkten festgelegten Höhe täglich anzuzeigen (→ BTR 1 Tz. 5).   **28**

3.2   Inhalte der Berichterstattung über Adressenausfallrisiken

Im Risikobericht müssen insbesondere die wesentlichen strukturellen Merkmale des Kredit-geschäftes enthalten sein. Zu diesem Zweck werden relevante gesamtgeschäfts- und kreditnehmerbezogene Informationen eingefordert und teilweise beispielhaft erläutert. Die Entwicklung des Kreditportfolios muss unter besonderer Berücksichtigung von Risikokonzentrationen kommentiert werden. Diese Ergänzung im Rahmen der zweiten MaRisk-Novelle ist auf die Finanzmarktkrise zurückzuführen. Im Grunde ergibt sich die Notwendigkeit zur Berichterstattung über Risikokonzentrationen allerdings bereits daraus, dass die Entwicklung des Kreditportfolios z.B. nach Branchen, Ländern, Risikoklassen und Größenklassen oder Sicherheitenkategorien dargestellt werden muss.   **29**

Die in der Liste genannten Berichtsinhalte sind selbsterklärend oder ergeben sich aus den Anforderungen an das Kreditgeschäft bzw. das Management der Adressenausfallrisiken. So finden sich neben den allgemeinen Anforderungen an die Inhalte der Berichterstattung über die wesentlichen Risiken (→ BT 3.1 Tz. 2 und BT 3.2 Tz. 2) z.B. Hinweise für die Berichterstattung zur Entwicklung des Kreditportfolios bei den Ausführungen zur Steuerung und Überwachung von Risikokonzentrationen (→ BTR 1 Tz. 6). Unter sonstigen bemerkenswerten Engagements, die keine Großkredite sind, können z.B. die Kredite von wesentlicher Bedeutung verstanden werden, die einer Intensivbetreuung (→ BTO 1.2.4) unterzogen werden oder bereits der Sanierung bzw. Abwicklung (→ BTO 1.2.5) zugeordnet sind. Wann eine Limitüberschreitung institutsintern als »bedeutend« eingestuft wird, sollte bereits im Rahmen der Festlegung eines entsprechenden Verfahrens für die Behandlung von Limitüberschreitungen (→ BTO 1.2 Tz. 10) geregelt werden. Im Rahmen der regelmäßigen Berichterstattung wird eine stichtagsbezogene Darstellung als ausreichend erachtet.[10] Zwischenzeitliche Limitüberschreitungen werden der Geschäftsleitung durch die Anforderungen an die Ad-hoc-Berichterstattung ohnehin mitgeteilt (→ AT 4.3.2 Tz. 4). In Abbildung 80 sind diese Sachverhalte grafisch dargestellt.   **30**

---

10 Vgl. Bundesanstalt für Finanzdienstleistungsaufsicht, Protokoll der zweiten Sitzung des MaRisk-Fachgremiums am 17. August 2006, S. 3.

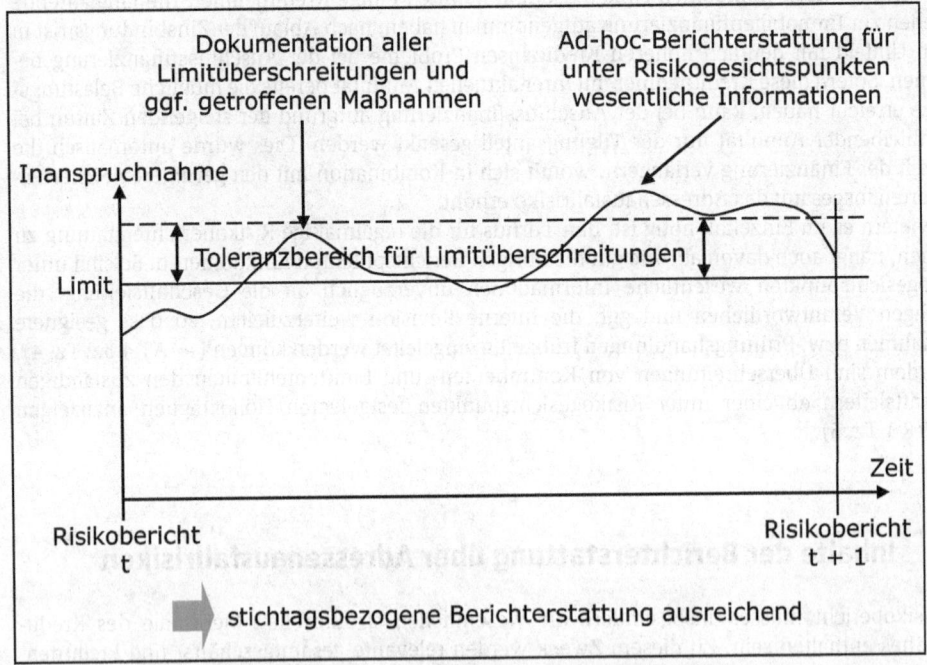

Abb. 80: Berichterstattung zu bedeutenden Limitüberschreitungen

31 Zum Umfang und zur Entwicklung des Neugeschäftes sowie der Risikovorsorge könnten neben rein statistischen Angaben ggf. auch eine Ursachenanalyse und ein Ausblick auf die erwartete weitere Entwicklung sinnvoll sein. Welche von den Strategievorgaben abweichenden Kreditentscheidungen von so wesentlicher Bedeutung sind, dass sie Eingang in den Risikobericht finden, könnte institutsintern z.B. in Abhängigkeit von der erforderlichen Entscheidungskompetenz im Rahmen der Kreditgewährung bzw. der Ausgestaltung des damit verbundenen Eskalationsverfahrens festgelegt werden (→ BTO 1.1 Tz. 6). Denkbar ist in diesem Zusammenhang auch eine Zusammenstellung der unter Risikogesichtspunkten wesentlichen Informationen, die eine Ad-hoc-Berichterstattung zur Folge hatten (→ AT 4.3.2 Tz. 4).

32 Für die Adressenausfallrisiken sind regelmäßig angemessene Stresstests durchzuführen (→ AT 4.3.3 Tz. 1), über die sich die Geschäftsleitung mit Hilfe des Gesamtrisikoberichtes ebenfalls unterrichten zu lassen hat (→ BT 3.1 Tz. 2, BT 3.2 Tz. 2).

3.3 Berichterstattung über Kreditentscheidungen in Einzelkompetenz

33 Das Erfordernis zur Berichterstattung über bestimmte Kreditentscheidungen ergibt sich grundsätzlich aus den Festlegungen zur Ausübung einer Krediteinzelkompetenz (→ BTO 1.1 Tz. 5). Dabei ist es allerdings ausreichend, wenn im Risikobericht nur über Entscheidungen berichtet wird, die das risikorelevante Kreditgeschäft betreffen.

Da über bemerkenswerte Engagements (z.B. Kredite von wesentlicher Bedeutung in der **34** Intensivbetreuung, in der Sanierung oder in der Abwicklung) ohnehin separat berichtet wird, ist eine zusätzliche Berichtspflicht bei Entscheidungen über Sanierungskredite, die durch einen Marktfolge-Geschäftsleiter im Rahmen seiner Einzelkompetenz getroffen wurden, ebenfalls nicht erforderlich (→ BT 3.2 Tz. 3, Erläuterung). Dies hat außerdem den praktischen Hintergrund, dass insbesondere in der Sanierung und Abwicklung auf das Marktvotum verzichtet werden kann, da Interessenkonflikte, die das Zwei-Voten-Prinzip erforderlich machen, dort i.d.R. nicht auftreten können. Folglich sind Entscheidungen eines marktunabhängigen Geschäftsleiters in diesem Bereich ohnehin der Normalfall. Da teilweise auch im Rahmen der Abwicklung Entscheidungen zu treffen sind, die sich z.B. auf die Freigabe von Sicherheiten beziehen können, ist dort eine ähnliche Vorgehensweise denkbar.

Daneben kann grundsätzlich jeder Geschäftsleiter im Rahmen seiner Krediteinzelkompetenz bei **35** der Kreditentscheidung auch von den Voten der Bereiche Markt oder Marktfolge abweichen (→ BTO 1.1 Tz. 5). Dies betrifft nicht nur den Fall, dass vom Markt und von der Marktfolge abweichende Voten vorliegen und im Rahmen des Eskalationsverfahrens die endgültige Entscheidung auf Ebene der Geschäftsleitung getroffen wird (→ BTO 1.1 Tz. 6). Es ist durchaus möglich, dass ein Geschäftsleiter im Rahmen seiner Krediteinzelkompetenz einen Kreditantrag genehmigt, obwohl sich die Bereiche Markt und Marktfolge beide dagegen ausgesprochen haben. In der Praxis wird dieser Fall selten auftreten und vermutlich vor allem auf jene Fälle beschränkt sein, in denen die Voten der Fachbereiche nachträglich eingeholt worden sind. Die Berichterstattung über derartige Kreditentscheidungen soll dazu beitragen, Transparenz über diese Praxis herzustellen und damit die übrigen Geschäftsleiter im Rahmen ihrer Gesamtverantwortung stärker in die Pflicht zu nehmen.

3.4 Einbeziehung von Vorratslinien

In Bezug auf den in die Berichterstattung einzubeziehenden Umfang der vergebenen Limite und **36** externen Linien ist in Fachkreisen diskutiert worden, ob hierzu auch so genannte »interne Vorratslinien« zählen. Derartige Vorratslinien fokussieren nicht auf den aktuellen Kapitalbedarf des Kunden, sondern auf seine Bonität sowie seine kurz-, mittel- und langfristige Kapitaldienstfähigkeit. Sie werden intern »bis auf weiteres« (b.a.w.) genehmigt und dürfen im Außenverhältnis (gegenüber dem Kunden) nicht bekanntgemacht werden. Eine Berücksichtigung der internen Vorratslinien entspricht der Intention der deutschen Aufsicht, die Geschäftsleitung sowie das Aufsichtsorgan mittels Risikobericht über die tatsächliche bzw. potenzielle Risikosituation des Institutes zu unterrichten. Darüber hinaus werden kreditnehmerbezogene Limite, unabhängig davon, ob es sich um interne oder externe Limite handelt, von der »Liste der Kreditentscheidungen« erfasst (→ AT 2.3 Tz. 2). Gestützt wird diese Ansicht durch die Entscheidung der BaFin, auch in der Überschreitung eines (dem Kunden nicht bekannten) internen Limits eine Kreditentscheidung zu sehen.[11]

3.5 Zusätzliche Anforderungen an Institute mit hohem NPL-Bestand

Trotz der positiven Entwicklung beim Abbau der Bestände an notleidenden Krediten in den letzten **37** Jahren sieht die Aufsicht weiterhin Handlungsbedarf, um insbesondere vor dem Hintergrund der

---

11 Vgl. Bundesanstalt für Finanzdienstleistungsaufsicht, Protokoll der ersten Sitzung des MaK-Fachgremiums am 14. Mai 2003, S. 7.

aktuellen wirtschaftlichen Lage ein erneutes Anwachsen des NPL-Bestandes abzumildern und negative Konsequenzen für die Institute zu verhindern. Demzufolge haben die EBA und die EZB ihre Erwartungen in Bezug auf den Umgang mit notleidenden Krediten formuliert und – im Falle der EZB – kontinuierlich verschärft.[12] Diese Vorgaben sind von den deutschen Aufsichtsbehörden im Rahmen der sechsten MaRisk-Novelle aufgegriffen worden. Bei »Instituten mit hohem NPL-Bestand« (→ AT 2.1 Tz. 1) muss in die Risikoberichterstattung zusätzlich eine gesonderte Darstellung der notleidenden und gestundeten Risikopositionen aufgenommen werden. Sofern zur NPE-Strategie des Institutes auch Rettungserwerbe gehören, sind zudem Informationen über die Entwicklung der erworbenen Vermögenswerte erforderlich. Unter »Rettungserwerben« ist der Erwerb von Sicherheiten (z. B. Immobilien, Transportmittel) zu verstehen, die in der Folge als Vermögenswerte in der Bilanz des Institutes ausgewiesen werden (→ BTO 1.2.5 Tz. 8, Erläuterung). Mit dieser Ergänzung im Rahmen der sechsten MaRisk-Novelle wird die Risikoberichterstattung um eine Beschreibung der Situation im leistungsgestörten Kreditsegment erweitert. Da zum Umgang mit diesen Engagements für die Institute mit hohem NPL-Bestand besondere Anforderungen gestellt werden und die Ergebnisse der damit verbundenen Maßnahmen zudem überwacht werden müssen, ist die Berichterstattung darüber die logische Konsequenz.

3.6 Ausgestaltung der Berichterstattung über Adressenausfallrisiken

38 Die Risikoberichterstattung ist Bestandteil der Risikosteuerungs- und -controllingprozesse und muss insofern Art, Umfang, Komplexität und Risikogehalt der Geschäftsaktivitäten entsprechen (→ AT 4.3.2 Tz. 1). Ausschlaggebend für die Notwendigkeit der Beachtung der einzelnen Berichtspflichten sind die jeweiligen institutsinternen Gegebenheiten. So kann z. B. auf die gesonderte Darstellung des Länderrisikos verzichtet werden, wenn das mit Länderrisiken behaftete Geschäft gar nicht oder nicht in nennenswertem Umfang betrieben wird.[13] Wie genau die unter a) bis i) genannten und aus Sicht der deutschen Aufsicht erforderlichen Informationen aufbereitet und ggf. kommentiert oder begründet werden, obliegt den Instituten und richtet sich grundsätzlich nach dem jeweiligen Anspruch der Geschäftsleitung. Konkrete Vorgaben werden durch die MaRisk nicht gemacht. Es gelten die allgemeinen Anforderungen an die Inhalte der Berichterstattung über die wesentlichen Risiken (→ BT 3.1 Tz. 2 und BT 3.2 Tz. 2).

---

12 Europäische Zentralbank, Leitfaden für Banken zu notleidenden Krediten, 20. März 2017; Europäische Zentralbank, Ergänzung zum EZB-Leitfaden für Banken zu notleidenden Krediten: aufsichtliche Erwartungen an die Risikovorsorge für notleidende Risikopositionen, 15. März 2018; Europäische Zentralbank, EZB kündigt weitere Schritte beim aufsichtlichen Ansatz für NPL-Bestände an, Pressemitteilung vom 11. Juli 2018; European Banking Authority, Leitlinien über das Management notleidender und gestundeter Risikopositionen, EBA/GL/2018/06, 31. Oktober 2018; Europäische Zentralbank, EZB überarbeitet Erwartungen der Aufsicht an die Risikovorsorge für neue notleidende Kredite, um neuer EU-Verordnung Rechnung zu tragen, Pressemitteilung vom 22. August 2019.

13 Vgl. Hanenberg, Ludger/Kreische, Kai/Schneider, Andreas, Mindestanforderungen an das Kreditgeschäft der Kreditinstitute – Zum Inhalt des Rundschreibens 34/2002 (BA) der Bundesanstalt für Finanzdienstleistungsaufsicht, in: Die Wirtschaftsprüfung, Heft 8/2003, S. 408.

4 Berichterstattung über die Marktpreis- und Zinsänderungsrisiken (Tz. 4)

4 In regelmäßigen Abständen, mindestens aber vierteljährlich, ist ein Risikobericht über **39** die vom Institut eingegangenen Marktpreisrisiken einschließlich der Zinsänderungsrisiken zu erstellen und der Geschäftsleitung zur Verfügung zu stellen. Der Bericht hat unter Einbeziehung der internen Handelsgeschäfte folgende Informationen zu umfassen:

a) einen Überblick über die Risiko- und Ergebnisentwicklung der mit Marktpreisrisiken behafteten Positionen,

b) bedeutende Limitüberschreitungen,

c) Änderungen der wesentlichen Annahmen oder Parameter, die den Verfahren zur Beurteilung der Marktpreisrisiken zugrunde liegen,

d) Auffälligkeiten bei der Abstimmung der Handelspositionen (z.B. hinsichtlich der Handelsvolumina, GuV-Auswirkungen, Stornoquoten).

Die nach BTR 2.2 Tz. 3 zu ermittelnden Gesamtrisikopositionen und Ergebnisse und die Limitauslastungen sind zeitnah am nächsten Geschäftstag dem für das Risikocontrolling zuständigen Geschäftsleiter zu berichten. Die Meldung ist mit dem Handelsbereich abzustimmen.

Die Berichtspflichten aus BTO 2.2.1 Tz. 2 Buchstabe c (bedeutende Handelsgeschäfte zu nicht marktgerechten Bedingungen) bleiben unberührt.

4.1 Turnus der Berichterstattung über Marktpreisrisiken

Gemäß der ursprünglich in BTR 2.1 Tz. 5 enthaltenen Anforderungen hat die Risikoberichterstattung über die vom Institut eingegangenen Marktpreisrisiken einschließlich der Zinsänderungsrisiken mindestens vierteljährlich zu erfolgen. Diese Berichterstattung an die gesamte Geschäftsleitung orientiert sich am Turnus der Bewertung und Ergebnisermittlung für die Positionen des Anlagebuches (→ BTR 2.3 Tz. 1 und 2). Sie ergänzt die täglichen Berichtspflichten gegenüber dem für das Risikocontrolling verantwortlichen Geschäftsleiter über die Gesamtrisikopositionen, Ergebnisse und Limitauslastungen der mit Marktpreisrisiken behafteten Geschäfte des Handelsbuches (→ BTR 2.2 Tz. 3) und die anlassbezogene Berichterstattung an die Geschäftsleitung über bedeutende Handelsgeschäfte zu nicht marktgerechten Bedingungen (→ BTO 2.2.1 Tz. 2 lit. c). Die mindestens vierteljährliche Risikoberichterstattung bezieht sich sowohl auf das Handelsbuch als auch auf das Anlagebuch. **40**

4.2 Einbeziehung interner Handelsgeschäfte

In den Risikobericht müssen auch die internen Handelsgeschäfte einbezogen werden, da die MaRisk für diese Geschäfte eine – wenn auch sinngemäße – Einhaltung der Anforderungen an externe Handelsgeschäfte vorsehen (→ BTO 2.2.1 Tz. 1, Erläuterung). Interne Handelsgeschäfte **41** im Sinne der MaRisk sind Geschäfte innerhalb einer Rechtseinheit (»legal entity«), die dazu dienen, Risiken zwischen einzelnen Niederlassungen, Organisationseinheiten oder (Teil-)Portfolios zu transferieren (→ BTO 2.2.1 Tz. 1, Erläuterung). Interne Handelsgeschäfte können z. B. zu Verschiebungen zwischen den Positionen des Handels- und des Anlagebuches führen, was sich nicht nur auf die jeweiligen Bearbeitungsprozesse, sondern aufgrund unterschiedlicher Bewertungsvorschriften durchaus auch nachhaltig auf die Marktrisikoposition eines Institutes auswirken kann. Die Angaben zu den internen Geschäften können allerdings auch in den übrigen Positionen des Risikoberichtes enthalten sein und müssen insofern nicht separat aufgeführt werden.

4.3 Inhalte der Berichterstattung über Marktpreisrisiken

42   Mit Hilfe der Risikoberichterstattung soll sich die Geschäftsleitung in erster Linie einen Überblick über die Risiko- und Ergebnisentwicklung der mit Marktpreisrisiken behafteten Positionen auf Gesamtbankebene im Berichtszeitraum verschaffen. Der Risikobericht kann entweder auf die Entwicklung des handelsrechtlichen oder des betriebswirtschaftlichen Ergebnisses abgestellt werden. Wird das handelsrechtliche Ergebnis für die Berichterstattung herangezogen, sind der Vollständigkeit halber auch die schwebenden Gewinne und Verluste zu berücksichtigen, die nicht GuV-wirksam erfasst werden (→ BT 3.2 Tz. 4, Erläuterung). Trotz des engen Zusammenhangs zur so genannten »Fair-Value-Bewertung« gemäß IFRS 13 soll damit allerdings keine Bilanzierungsmethode vorgegeben werden. Darüber hinaus sind auch die Ergebnisse der wertorientierten Sichtweise und die Ergebnisse der aufsichtlichen Zinsschockszenarien darzustellen.

43   Zu berichten ist zudem über bedeutende Limitüberschreitungen. In diesem Zusammenhang könnte darauf verwiesen werden, durch welche Maßnahmen sichergestellt wurde, dass Limitüberschreitungen aufgrund zwischenzeitlicher Veränderungen der Risikopositionen vermieden werden konnten, was insbesondere für die Positionen des Anlagebuches gefordert wird (→ BTR 2.3 Tz. 3), bzw. welche Maßnahmen bei Limitüberschreitungen im Berichtszeitraum eingeleitet wurden. Denkbar sind auch Hinweise auf eingeleitete bzw. noch nicht abgeschlossene Eskalationsschritte im Hinblick auf Limitüberschreitungen bei Positionen des Handelsbuches (→ BTR 2.2 Tz. 1).

44   Außerdem müssen die Änderungen der wesentlichen Annahmen oder Parameter, die den Verfahren zur Beurteilung der Marktpreisrisiken zugrunde liegen, im Risikobericht dargestellt werden, um daraus resultierende Abweichungen zum letzten Bericht nachvollziehen zu können. Auf diese Weise wird das Verständnis der Geschäftsleitung von den im Institut eingesetzten Beurteilungsverfahren verbessert, wodurch sie ihre Verantwortung für das Risikomanagement besser wahrnehmen kann (→ AT 3 Tz. 1). Bei Verwendung des Value-at-Risk-Konzeptes könnten z. B. Anpassungen der Risikofaktoren, der Haltedauer, des Konfidenzniveaus oder der Korrelationsannahmen eine wesentliche Rolle spielen. Auch Änderungen bei der Zusammensetzung des Risikodeckungspotenzials oder des Risikoappetits sollten Erwähnung finden, ebenso wie eine geänderte Handhabung von Positionen mit unbestimmter Kapital- oder Zinsbindung (→ BTR 2.3 Tz. 7). Konsequenzen aus der regelmäßigen Überprüfung der Verfahren zur Beurteilung der Marktpreisrisiken, wie z. B. die Festlegung alternativer Bewertungsmethoden, wenn für wesentliche Positionen über einen längeren Zeitraum auf fehlende, veraltete oder verzerrte Marktpreise zurückgegriffen werden musste (→ BTR 2.1 Tz. 3), sollten zudem begründet werden.

45   Schließlich hat der Risikobericht auch Auffälligkeiten bei der Abstimmung der Handelspositionen zu umfassen. Beispielhaft genannt werden Auffälligkeiten hinsichtlich der Handelsvolumina, GuV-Auswirkungen und Stornoquoten. Während besonders hohe Stornoquoten in der Tat bei der »Abstimmung« der Handelspositionen auffallen müssten, sind Besonderheiten hinsichtlich der Handelsvolumina und der GuV-Auswirkungen eher aus deren »Entwicklung« abzulesen. Insofern

wurde der Ausdruck »Abstimmung« nicht optimal gewählt. Auch diese Anforderung ist auf einige spektakuläre Betrugsfälle im Handelsgeschäft zurückzuführen. So hatte Jérôme Kerviel von der Société Générale bis zum Januar 2008 offene Positionen über 50 Milliarden Euro aufgebaut und durch fiktive Gegengeschäfte zu vertuschen versucht, die er jeweils kurz vor deren Fälligkeit wieder stornierte. In diesem Fall hatten weder eine bereits im Jahr 2007 festgestellte rechnerische Differenz zwischen dem Kassenbestand und dem GuV-Ausweis in Höhe von 1,4 Milliarden Euro noch der Aufbau auffällig hoher Positionen beim Eurostoxx und beim Dax, zu denen die deutsche Termin-börse Eurex im August 2007 um Erklärung bat, zu angemessenen Reaktionen in der Bank geführt.[14] Auch derartigen Defiziten soll u. a. durch ein aussagekräftiges Reporting begegnet werden.

Unabhängig davon gelten die allgemeinen Anforderungen an die Inhalte der Berichterstattung über die wesentlichen Risiken (→ BT 3.1 Tz. 2 und BT 3.2 Tz. 2). **46**

Für die im Rahmen der Risikotragfähigkeit berücksichtigten Risiken, also i. d. R. auch für die Marktpreisrisiken, sind regelmäßig angemessene Stresstests durchzuführen (→ AT 4.3.3 Tz. 1), über die sich die Geschäftsleitung mit Hilfe des Gesamtrisikoberichtes ebenfalls unterrichten zu lassen hat (→ BT 3.1 Tz. 2, BT 3.2 Tz. 2). Insofern könnte der Risikobericht über die vom Institut insgesamt eingegangenen Marktpreisrisiken einschließlich der Zinsänderungsrisiken um diese Informationen sowie um die Ergebnisse eines eventuell durchgeführten Backtesting (→ BTR 2.2 Tz. 4) angereichert werden. Dabei sollte in Bezug auf mögliche Auswirkungen von Zinsänderun-gen auf das handelsrechtliche Ergebnis ein angemessener Betrachtungszeitraum über den Bilanz-stichtag hinaus gewählt werden (→ BTR 2.3 Tz. 6). **47**

Mit Blick auf die Anforderungen an die Prozesse im Handelsgeschäft (→ BTO 2) könnten ggf. zusätzlich jene Handelsgeschäfte von wesentlichem Interesse sein, die im Rahmen der festgelegten Ausnahmen zu nicht marktgerechten Bedingungen abgeschlossen wurden (→ BTO 2.2.1 Tz. 2). Ferner könnten Informationen über neue Produkte in die Risikoberichterstattung aufgenommen werden. Sinnvoll wäre auch ein Hinweis auf Zinsänderungsrisiken, denen das Institut in einer bestimmten Fremdwährung in besonderer Weise unterliegt. Die wesentlichen Zinsänderungsrisiken in verschiedenen Währungen müssen ohnehin ermittelt werden (→ BTR 2.3 Tz. 8). **48**

Nach den Vorgaben der EBA sollten die zuständigen Behörden im Rahmen des SREP u. a. prüfen, ob die Institute über angemessene Überwachungs- und Berichterstattungsprozesse für die Marktpreisrisiken und die Zinsänderungsrisiken im Anlagebuch (»Interest Rate Risks in the Banking Book«, IRRBB) verfügen, damit durch die Geschäftsleitung oder die geeignete Manage-mentebene im Bedarfsfall unverzüglich Maßnahmen ergriffen werden können. Dabei sollten sie berücksichtigen, ob diesem Personenkreis regelmäßig mindestens die folgenden Informationen übermittelt werden: die aktuellen Marktrisikopositionen, GuV-Ergebnisse und Risikomessgrößen (z. B. Value at Risk) im Vergleich zu den festgelegten Limiten, eine Übersicht über die aktuelle IRRBB-Risikoposition, die GuV-Ergebnisse und die Risikoberechnung sowie die Treiber für die Höhe und die Entwicklung des IRRBB, wesentliche Überschreitungen der IRRBB-Limite, Ände-rungen der wichtigsten Annahmen oder Parameter, auf denen die Verfahren für die Bewertung des IRRBB basieren, sowie Änderungen der Position der Zinsderivate und ob diese mit Änderungen der zugrunde liegenden Absicherungsstrategie zusammenhängen. Die Häufigkeit der Bericht-erstattung kann von Umfang, Komplexität und Höhe der Marktpreisrisikoposition bzw. der IRRBB-Risikoposition abhängig gemacht werden.[15] Weitere Hinweise zu möglichen Inhalten der IRRBB-Berichterstattung, wie z. B. Angaben zum Gap-, Basis- und Optionsrisiko, können den entsprechenden Leitlinien der EBA entnommen werden.[16] **49**

---

14 Vgl. Alich, Holger, Wer ist hier der Zocker?, in: Handelsblatt vom 7. Juni 2010, S. 34 f.

15 Vgl. European Banking Authority, Guidelines on common procedures and methodologies for the supervisory review and evaluation process (SREP) and supervisory stress testing, EBA/GL/2014/13, Consolidated version, 19. Juli 2018, S. 101 und 128.

16 Vgl. European Banking Authority, Leitlinien zur Steuerung des Zinsänderungsrisikos bei Geschäften des Anlagebuchs, EBA/GL/2018/02, 19. Juli 2018, S. 22 ff.

4.4 Ausgestaltung der Berichterstattung über Marktpreisrisiken

50 Die aggregierten Informationen sollten hinreichend detailliert sein, um die Geschäftsleitung in die Lage zu versetzen, die Sensitivität des Institutes in Bezug auf Änderungen der Marktbedingungen und anderer wichtiger Risikofaktoren zu bewerten. Die Berichte sollten als Grundlage für regelmäßige Kontrollen dienen, um festzustellen, ob das Institut gemäß seiner Strategie und den festgelegten Limiten operiert.[17] Gemäß den bis zur fünften MaRisk-Novelle in BTR 2.2 Tz. 3 enthaltenen Anforderungen, muss die tägliche Meldung insbesondere die Gesamtrisikopositionen, Ergebnisse und Limitauslastungen enthalten. Zusätzlich zur möglichen Aufteilung in Zins-, Währungs-, Aktienkurs- und sonstige Marktpreispositionen sowie zu deren erforderlicher Darstellung in aggregierter Form (als Handelsposition des Institutes) kann z.B. nach den jeweiligen Organisationseinheiten unterschieden werden.

51 Im Gegensatz zur Ergebnisermittlung wird im Rahmen der Berichterstattung von den Ergebnissen im Plural gesprochen. Das bedeutet jedoch nicht, dass neben dem betriebswirtschaftlichen Ergebnis noch weitere Sichtweisen zwingend vorgegeben sind, wenngleich z.B. das handelsrechtliche Ergebnis und seine Veränderung gegenüber dem Vortag natürlich von Interesse für die Geschäftsleitung sein können. Vielmehr muss das betriebswirtschaftliche Ergebnis für das Handelsbuch auf die jeweils gebildeten Gesamtrisikopositionen heruntergebrochen werden.

52 Daneben können für den zuständigen Geschäftsleiter insbesondere die bereits realisierten Gewinne und Verluste sowie die betriebswirtschaftliche Ergebnisentwicklung über einen längeren Zeitraum, bis hin zum kumulierten Jahresergebnis, auf allen Gliederungsebenen von Nutzen sein. Häufig wird die Ergebnisentwicklung für das laufende Geschäftsjahr bis zum Berichtstag zusätzlich grafisch dargestellt, um den Überblick zu erleichtern.[18]

53 Für die Berichterstattung über die Limitauslastungen empfiehlt es sich, dieselben Gliederungsebenen zu verwenden, wie für die Darstellung der Ergebnisentwicklung. Limitauslastungen sollten sowohl in absoluter als auch in relativer (prozentualer) Form in die Meldung einfließen. Inwiefern im Rahmen der täglichen Meldungen auch auf die mit den Handelsbuchpositionen verbundenen Adressenausfallrisiken eingegangen werden muss, hängt davon ab, ob z.B. den besonderen Kursrisiken im Rahmen der Limitierung der Marktpreisrisiken oder bei der Steuerung der Adressenausfallrisiken Rechnung getragen wird (→ BTR 1 Tz. 4, Erläuterung).

4.5 Tägliche Berichterstattung

54 Die tägliche Berichterstattung hatte in der Vergangenheit spätestens bis zum Geschäftsbeginn des nächsten Geschäftstages zu erfolgen, d.h. grundsätzlich bis 9:00 Uhr. Um diese Anforderung formal zu erfüllen, wurde zunächst ein so genannter »Blitzreport« ausgearbeitet, der zwar bis 9:00 Uhr fertiggestellt war, jedoch die teilweise erst im Laufe der Vormittagsstunden eingehenden Informationen der Tochtergesellschaften etc. noch nicht vollständig berücksichtigen konnte. Diese Informationen mussten kontinuierlich nachgetragen werden, so dass bis ca. 12:30 Uhr der vollständige Bericht für den zuständigen Geschäftsleiter verfügbar war. Durch die im Rahmen der ersten MaRisk-Novelle geänderte Formulierung ist es mittlerweile gestattet, auf den »Blitzreport« zu verzichten. Die Zeitnähe ist auch dann gewährleistet, wenn der vollständige Bericht in den Vormittagsstunden zur Verfügung gestellt werden kann. Im Sinne der Ad-hoc-Berichterstattung

---

17 Vgl. European Banking Authority, Leitlinien zur Steuerung des Zinsänderungsrisikos bei Geschäften des Anlagebuchs, EBA/GL/2018/02, 19. Juli 2018, S. 22.

18 Vgl. z.B. Caps, Oliver/Tretter, Tobias, MaH aus Sicht der Marktpreisrisikosteuerung, in: Finanz Colloquium Heidelberg (Hrsg.), Einhaltung der MaH, Heidelberg, 2004, S. 173 f.

empfiehlt es sich allerdings, den zuständigen Geschäftsleiter über etwaige Auffälligkeiten bereits am Beginn des Geschäftstages zu unterrichten (→ AT 4.3.2 Tz. 4).

Bei Instituten, die die Erleichterungen des Art. 94 Abs. 1 CRR in Anspruch nehmen oder nehmen können (»Nicht-Handelsbuchinstitute«), ist an die tägliche Berichterstattung regelmäßig kein nennenswerter Informationsgewinn geknüpft, weil in diesem Fall von unter Risikogesichtspunkten überschaubaren Positionen im Handelsbuch ausgegangen wird. Eine entsprechende Anforderung wäre auch unter Kosten-Nutzen-Gesichtspunkten unverhältnismäßig. Deshalb kann unter diesen Voraussetzungen auf die tägliche Berichterstattung zugunsten eines längeren Turnus verzichtet werden (→ BT 3.2 Tz. 4, Erläuterung).   **55**

4.6 Unterschiedliche Behandlung von Handels- und Anlagebuchpositionen

Die unterschiedliche Behandlung von Positionen des Handels- und des Anlagebuches hinsichtlich der jeweils einzuhaltenden Fristen wird aus Abbildung 81 deutlich. Die allgemeinen Vorgaben zur Limitanrechnung und -auslastung sind den Anforderungen an die Risikosteuerungs- und -controllingprozesse für Adressenausfallrisiken zu entnehmen. Demnach dürfen Handelsgeschäfte, ohne Unterscheidung zwischen den Positionen des Handels- und des Anlagebuches, grundsätzlich nur mit Vertragspartnern getätigt werden, für die Kontrahentenlimite eingeräumt wurden. Auf das einzelne Limit sind alle Handelsgeschäfte mit einer bestimmten Gegenpartei anzurechnen (→ BTR 1 Tz. 3).   **56**

Für die Limitanrechnung der Positionen des Anlagebuches werden zunächst keine zeitlichen Vorgaben gemacht. Später wird in allgemeiner Form klargestellt, dass die »Geschäfte« unverzüglich auf die »kreditnehmerbezogenen« Limite anzurechnen sind (→ BTR 1 Tz. 5). Darunter sind zwar nicht die Handelsgeschäfte mit den Kontrahentenlimiten zu verstehen, sondern nur die Kreditgeschäfte mit den Kreditnehmer- und Kreditnehmereinheitenlimiten (→ BTR 1 Tz. 2). Allerdings sind die Positionsverantwortlichen über die für sie relevanten Limite und ihre aktuelle Ausnutzung »zeitnah« zu informieren (→ BTR 1 Tz. 3). Das ist nur möglich, wenn auch die Anrechnung zumindest zeitnah erfolgt. Dieser Begriff ist tendenziell im Sinne von »unverzüglich« zu verstehen, zumal beide Wörter manchmal synonym verwendet werden und eine zeitlich verzögerte Limitanrechnung dazu führen könnte, dass die festgelegten Limite durch den Abschluss weiterer Geschäfte überschritten werden.   **57**

Die übrigen Vorgaben ergeben sich aus den Anforderungen an die Risikosteuerungs- und -controllingprozesse für Marktpreisrisiken des Handelsbuches (→ BTR 2.2 Tz. 1 bis 4) bzw. des Anlagebuches (→ BTR 2.3 Tz. 1 bis 3) und den Anforderungen an den Risikobericht über die vom Institut insgesamt eingegangenen Marktpreisrisiken einschließlich der Zinsänderungsrisiken.   **58**

	Handelsbuch	Anlagebuch
Limitanrechnung	unverzüglich	zeitnah (unverzüglich)
Limitausnutzung	zeitnahe Information	zeitnahe Information
Limitüberschreitung	geeignete Maßnahmen treffen	durch geeignete Maßnahmen vermeiden
Positionsbewertung	täglich	mindestens vierteljährlich
Ergebnisermittlung	täglich	mindestens vierteljährlich
Gesamtrisikoposition	täglich zum Geschäftsschluss	mindestens vierteljährlich
Kommunikation	grundsätzlich zeitnah am folgenden Geschäftstag	mindestens vierteljährlich

Abb. 81: Unterschiedliche Behandlung von Handels- und Anlagebuchpositionen

4.7 Abstimmung mit den Handelsbereichen

59 Während eine Diskussion der Handlungsvorschläge mit den jeweils verantwortlichen Bereichen im Rahmen der turnusmäßigen Risikoberichterstattung als optional angesehen wird (→ BT 3.2 Tz. 2, Erläuterung), ist die tägliche Meldung über die Gesamtrisikopositionen, Ergebnisse und Limitauslastungen ausdrücklich mit den Handelsbereichen abzustimmen. Auf diese Weise können Unstimmigkeiten rasch geklärt werden, so dass ggf. erforderliche, umfangreiche Nachforschungen von vornherein vermieden werden. Es empfiehlt sich, die Ergebnisse dieser Abstimmung nachvollziehbar zu dokumentieren.

5 Berichterstattung über die Liquiditätsrisiken und die Liquiditätssituation (Tz. 5)

5 Es ist regelmäßig, mindestens aber vierteljährlich, ein Risikobericht über die Liquiditäts- 60 risiken und die Liquiditätssituation zu erstellen und der Geschäftsleitung zur Verfügung zu stellen. Im Risikobericht sind auch die Ergebnisse der Stresstests und wesentliche Änderungen des Notfallplanes für Liquiditätsengpässe darzustellen. Auf besondere Liquiditätsrisiken aus außerbilanziellen Gesellschaftskonstruktionen und aus verschiedenen Fremdwährungen sowie auf etwaige untertägige Liquiditätsrisiken ist gesondert einzugehen. Bedeutende oder kapitalmarktorientierte Institute haben den Risikobericht über die Liquiditätsrisiken und die Liquiditätssituation mindestens monatlich zu erstellen. Dabei ist zusätzlich über die Höhe, die Qualität und die Zusammensetzung der Liquiditätspuffer zu berichten.

5.1 Turnus der Berichterstattung über Liquiditätsrisiken

Die zuvor in BTR 3.1 Tz. 11 enthaltenen Berichtsanforderungen wurden von der deutschen 61 Aufsicht im Rahmen der fünften MaRisk-Novelle deutlich erweitert. Gleichzeitig wurde der Turnus der regelmäßigen Berichterstattung über die Liquiditätsrisiken und die Liquiditätssituation verbindlich festgelegt. Allerdings war auch zuvor schon das Aufsichtsorgan vierteljährlich von der Geschäftsleitung über die Risikosituation des Institutes zu informieren (→ AT 4.3.2 Tz. 3 und BT 3.1 Tz. 5). Da die Berichterstattung an die Geschäftsleitung dafür grundsätzlich als Basis dient, hat sich in der Praxis bereits ein maximaler Turnus von drei Monaten ergeben. Darüber hinaus gehören sich abzeichnende Liquiditätsengpässe selbstverständlich zu jenen risikorelevanten Informationen, die eine unverzügliche Berichtspflicht an die Geschäftsleitung, die jeweiligen Verantwortlichen und ggf. die Interne Revision auslösen (→ AT 4.3.2 Tz. 4). Nicht unüblich ist eine Kombination verschiedener Berichte, die sich hinsichtlich Empfängerkreis, Frequenz und Inhalt unterscheiden und die durch spezielle Berichte, wie z. B. zu den Stresstests oder zum Backtesting der getroffenen Annahmen, ergänzt werden können.[19]

Einer bis Ende 2007 von der Deutschen Bundesbank und der BaFin durchgeführten Studie 62 zufolge, an der sich u. a. vierzehn systemrelevante Institute bzw. Institutsgruppen beteiligt hatten, erfolgte die detaillierte Berichterstattung zum Liquiditätsrisiko an die Geschäftsleitung schon damals i. d. R. vierteljährlich. Darüber hinaus wurde die Geschäftsleitung dieser Studie zufolge mindestens einmal im Monat über die Liquiditätssituation des Institutes in Kenntnis gesetzt, wobei der Informationsgehalt dieser Berichte noch sehr unterschiedlich war. Teilweise wurde in noch kürzerem Turnus an einzelne Geschäftsleiter bzw. dafür gebildete Ausschüsse sowie anlassbezogen über Ereignisse von besonderer Bedeutung berichtet. Der reguläre Berichtsturnus wurde in den meisten Instituten bei Liquiditätsengpässen deutlich erhöht. Insbesondere wurde während dieser Phasen häufiger über die Ergebnisse der Stresstests berichtet.[20]

---

19 Vgl. Schröter, Dirk/Schwarz, Oliver, Optimale Strukturen und Prozesse für das Liquiditätsrisikomanagement, in: Bartetzky, Peter/Gruber, Walter/Wehn, Carsten S. (Hrsg.), Handbuch Liquiditätsrisiko – Identifikation, Messung und Steuerung, Stuttgart, 2008, S. 270 f.

20 Vgl. Bundesanstalt für Finanzdienstleistungsaufsicht/Deutsche Bundesbank, Praxis des Liquiditätsrisikomanagements in ausgewählten deutschen Kreditinstituten, 28. Januar 2008, S. 9 f.

63   Im Zuge der Finanzmarktkrise wurde die Berichtsfrequenz in den meisten größeren Instituten erhöht. Aufgrund der mittlerweile deutlich höheren Bedeutung des Liquiditätsrisikos ist nicht davon auszugehen, dass der kürzere Turnus wieder aufgegeben wird. Bedeutende Institute gemäß Art. 6 SSM-Verordnung oder kapitalmarktorientierte Institute haben den Risikobericht über die Liquiditätsrisiken und die Liquiditätssituation ohnehin mindestens monatlich zu erstellen. Für das Kriterium der Kapitalmarktorientierung gilt § 264d HGB entsprechend (→ BTR 3.2 Tz. 1, Erläuterung).[21] Durch die verschärfte Anforderung soll dem Umstand Rechnung getragen werden, dass diese Institute regelmäßig höheren Liquiditätsrisiken ausgesetzt sind. Nähere Ausführungen dazu finden sich an anderer Stelle (→ BTR 3, Einführung).

5.2   Inhalte der Berichterstattung über Liquiditätsrisiken

64   Die Berichterstattung sollte die Geschäftsleitung insbesondere in die Lage versetzen, die Liquiditätsrisiken und die aktuelle Liquiditätssituation sowie deren voraussichtliche Entwicklung unter normalen und angespannten Bedingungen beurteilen zu können, um im Bedarfsfall rechtzeitig wirksame Maßnahmen zu ergreifen.

65   Die EZB unterscheidet bei der zukunftsgerichteten Beurteilung einer angemessenen Liquiditätsausstattung, d.h. dem Grad der Absicherung von Risiken durch Liquidität, zwischen der »Liquiditätsposition« für einen Zeithorizont von mindestens einem Jahr und der »Refinanzierungsposition« für mindestens drei Jahre.[22] Die Institute müssen über eine angemessene und stabile Liquiditäts- und Refinanzierungsposition verfügen und damit ihren Fortbestand sicherstellen. Zu diesem Zweck werden von den Aufsichtsbehörden für verschiedene Fristigkeiten, die bei einem Geschäftstag beginnen können, spezielle Anforderungen an die Kombination aus dem »Liquiditätssaldo«, d.h. der Differenz aus den kumulierten Mittelzu- und -abflüssen zum Betrachtungszeitpunkt, und dem »Liquiditätsdeckungspotenzial« (»Counterbalancing Capacity«), also der Fähigkeit des Institutes, als Reaktion auf Stressszenarien zusätzliche Liquidität vorzuhalten oder Zugang zu zusätzlicher Liquidität zu erhalten, unter normalen Bedingungen und im Stressfall gestellt. Die Liquiditätsposition des Institutes ist die Summe aus dem Liquiditätssaldo und dem Liquiditätsdeckungspotenzial. Damit wird dem Kernanliegen des ILAAP entsprochen, dass die Institute kontinuierlich mit einer angemessenen Liquidität ausgestattet sind (→ BTR 3.1, Einführung).

66   Zu den Bestandteilen des Risikoberichtes werden, neben den allgemeinen Anforderungen an die Inhalte der Berichterstattung über die wesentlichen Risiken (→ BT 3.1 Tz. 2 und BT 3.2 Tz. 2), nur wenige Vorgaben gemacht. Mit Blick auf die bestehenden Anforderungen an die Liquiditätsrisikosteuerung und das Liquiditätsrisikocontrolling könnten z.B. die folgenden Informationen für die Geschäftsleitung von Interesse sein:

–   Angaben zu den Refinanzierungsquellen und den Liquiditätspuffern, aus denen der Grad der Diversifikation und die Maßnahmen zur Überwachung und Begrenzung von Konzentrationen hervorgehen (→ BTR 3.1 Tz. 1), z.B. auf Basis geeigneter Kennzahlen,

---

21   Nach dem Wortlaut des Gesetzes ist eine Kapitalgesellschaft »kapitalmarktorientiert«, wenn sie einen organisierten Markt im Sinne des § 2 Abs. 11 WpHG durch von ihr ausgegebene Wertpapiere im Sinne des § 2 Abs. 1 Satz 1 WpHG in Anspruch nimmt, d.h. wenn diese Wertpapiere an einem organisierten Markt im Sinne des § 2 Abs. 11 WpHG zugelassen sind, oder wenn sie die Zulassung solcher Wertpapiere zum Handel an einem organisierten Markt beantragt hat. Ein »organisierter Markt« im Sinne des § 2 Abs. 11 WpHG ist ein im Inland, in einem anderen Mitgliedstaat der Europäischen Union oder einem anderen Vertragsstaat des Abkommens über den Europäischen Wirtschaftsraum betriebenes oder verwaltetes, durch staatliche Stellen genehmigtes, geregeltes und überwachtes multilaterales System, das die Interessen einer Vielzahl von Personen am Kauf und Verkauf von dort zum Handel zugelassenen Finanzinstrumenten innerhalb des Systems und nach nichtdiskretionären Bestimmungen in einer Weise zusammenbringt oder das Zusammenbringen fördert, die zu einem Vertrag über den Kauf dieser Finanzinstrumente führt.

22   Vgl. Europäische Zentralbank, Leitfaden der EZB für den bankinternen Prozess zur Sicherstellung einer angemessenen Liquiditätsausstattung (Internal Liquidity Adequacy Assessment Process – ILAAP), 9. November 2018, S. 36.

- gesonderte Darstellung der untertägigen Liquiditätsrisiken mit Hinweisen auf Probleme bei der Sicherstellung der untertägigen Liquidität und Maßnahmen zu deren Steuerung, insbesondere bei Nutzung von Echtzeit-Abwicklungs- und Zahlungsverkehrssystemen (→ BTR 3.1 Tz. 1),
- Hinweise auf Liquiditätsengpässe oder Auswirkungen anderer Risiken auf die Liquidität des Institutes in der Berichtsperiode und die jeweils eingeleiteten Maßnahmen (→ BTR 3.1 Tz. 2),
- aktuelle Liquiditätsübersichten zur Darstellung der Liquiditätslage im kurz-, mittel- und langfristigen Bereich, in denen die voraussichtlichen Mittelzuflüsse den voraussichtlichen Mittelabflüssen gegenübergestellt werden, inklusive etwaiger Inanspruchnahmen aus Liquiditäts- und Kreditlinien, die das Institut Dritten zur Verfügung gestellt hat (→ BTR 3.1 Tz. 3), ggf. mit Hinweisen auf Perioden mit negativen Liquiditätssalden oder auf eine mögliche negative Entwicklung des kumulierten Liquiditätssaldos[23],
- eine Einschätzung zur Fähigkeit des Institutes, auch bei angespanntem Marktumfeld einen auftretenden Liquiditätsbedarf zu decken, inklusive einer Übersicht zum Volumen und Liquiditätsgrad der wesentlichen Vermögenswerte sowie zu den wichtigsten Refinanzierungsquellen (→ BTR 3.1 Tz. 4),
- Angaben zu den derzeit verfügbaren Mitteln und zur Zusammensetzung sowie zum Volumen der aktuellen Liquiditätspuffer sowie eine Einschätzung dazu, ob sowohl in normalen Marktphasen als auch in vorab definierten Stressszenarien auftretender Liquiditätsbedarf vollständig durch die Liquiditätspuffer überbrückt werden kann (→ BTR 3.1 Tz. 4),
- Angaben zu Höhe, Art, Umfang und Entwicklung der Belastung von Vermögensgegenständen (»Asset Encumbrance«) unter normalen und angespannten Bedingungen sowie deren Berücksichtigung beim Notfallplan für Liquiditätsengpässe (→ BTR 3.1 Tz. 4, Erläuterung),
- Hinweise auf Geschäftsaktivitäten mit verhältnismäßig hohen Liquiditätskosten und -risiken bzw. einem hohen Liquiditätsnutzen unter Berücksichtigung der zugrunde liegenden Annahmen (→ BTR 3.1 Tz. 5 und 6),
- Ergebnisse der Stresstests sowie deren Interpretation und ggf. empfohlene Maßnahmen sowie Angaben zum voraussichtlichen Überlebenshorizont (→ BTR 3.1 Tz. 8),
- Angaben zu eingetretenen Notfällen mit den ergriffenen Maßnahmen oder zu Testergebnissen und daraus resultierenden wesentlichen Änderungen des Notfallplanes für Liquiditätsengpässe (→ BTR 3.1 Tz. 9),
- Hinweise auf vorhandene gesellschaftsrechtliche, regulatorische oder operationelle Restriktionen bei der Übertragung liquider Mittel und unbelasteter Vermögensgegenstände sowie Handlungsvorschläge zur Beseitigung der Probleme (→ BTR 3.1 Tz. 10),
- Angaben zu den wesentlichen Liquiditätsrisiken in Fremdwährungen inklusive einer gesonderten Liquiditätsübersicht, der Ergebnisse der gesonderten Fremdwährungsstresstests sowie der Art der Berücksichtigung im Notfallplan für Liquiditätsengpässe (→ BTR 3.1 Tz. 11),
- Angaben zum Refinanzierungsplan für einen angemessen langen Zeitraum unter Berücksichtigung von möglichen adversen Entwicklungen sowie von Auswirkungen möglicher

---

23 Die Anforderungen an den Turnus der Meldung, die zeitliche Untergliederung und die erforderlichen Daten einer Liquiditätsübersicht sind in Europa nicht einheitlich geregelt. So verlangte z.B. die britische FSA im Rahmen des mindestens wöchentlich zu meldenden »Enhanced Mismatch Reports« (EMR) von den betroffenen Instituten die Angabe der täglichen Mittelzu- und -abflüsse bis zu drei Monaten und setzte dabei auf die vertraglichen, also nicht verhaltensangepassten, Zahlungsströme. Vgl. Eichhorn, Michael, Britische Finanzdienstleistungsaufsicht: Deutliche Verschärfung der Standards für Liquiditätsrisiken, in: Zeitschrift für das gesamte Kreditwesen, Heft 3/2009, S. 124.

Veränderungen der eigenen Geschäftstätigkeit, der strategischen Ziele sowie des wirtschaftlichen Umfeldes auf den Refinanzierungsbedarf (→ BTR 3.1 Tz. 12)[24],
- eine Übersicht über die wesentlichen Annahmen, die bei der Erstellung der Liquiditätsübersicht, der Konzeption des Verrechnungssystems für Liquiditätskosten, -nutzen und -risiken, den Stresstests und der Notfallplanung zugrunde gelegt wurden.

67 Aufgrund der negativen Erfahrungen im Rahmen der Finanzmarktkrise ist darüber hinaus auf besondere Liquiditätsrisiken aus außerbilanziellen Gesellschaftskonstruktionen gesondert einzugehen. Da die Risiken aus außerbilanziellen Gesellschaftskonstruktionen ausdrücklich dem Anwendungsbereich der MaRisk unterliegen, müssen sie ohnehin in die Berichterstattung einbezogen werden.

68 Weil im Gesamtrisikobericht auch auf die aktuellen Liquiditätskennzahlen und die Refinanzierungsposition sowie deren Prognosen einzugehen ist, empfiehlt es sich, Angaben zur Liquiditätsdeckungsquote (»Liquidity Coverage Ratio«, LCR) nach Art. 412 Abs. 1 CRR und zur strukturellen Liquiditätsquote (»Net Stable Funding Ratio«, NSFR) nach Art. 413 Abs. 1 CRR in den Risikobericht über die Liquiditätsrisiken und die Liquiditätssituation zu integrieren. Dies ist auch deshalb empfehlenswert, weil die Anforderungen an die LCR und an die Liquiditätspuffer eine vergleichbare Zielrichtung haben. In beiden Fällen geht es darum, dass die Institute in ausreichendem Maße über hochliquide Aktiva verfügen, um ein akutes Stressszenario von einem Monat zu überstehen. Die NSFR stellt wiederum auf die Angemessenheit der vorhandenen Refinanzierungsquellen ab und betrifft insofern die Refinanzierungsposition des Institutes.

69 Die zuständigen Behörden sollten nach den Vorstellungen der EBA im Rahmen des SREP u. a. bewerten, ob das Institut über geeignete Indikatoren im Hinblick auf das Management der Liquiditäts- und Refinanzierungsrisiken verfügt, die dem Geschäftsmodell sowie der Art, dem Umfang und der Komplexität der Geschäftsaktivitäten Rechnung tragen. Hierbei sollte untersucht werden, ob diese Indikatoren die wichtigsten strukturellen Refinanzierungsschwächen des Institutes abdecken, angemessen dokumentiert sind, regelmäßig überprüft werden, bei der Festlegung der Risikotoleranz einfließen, Teil der Berichterstattung an die Geschäftsleitung sind und zur Festsetzung operativer Limite herangezogen werden.[25] Insofern empfiehlt es sich, derartige Indikatoren auch in die interne Berichterstattung einzubeziehen.

70 Vom Baseler Ausschuss für Bankenaufsicht wird gefordert, der Geschäftsleitung regelmäßig über die Liquiditätslage des Institutes und die Zusammensetzung, Merkmale und Diversifikation der Vermögensgegenstände und Refinanzierungsquellen zu berichten, damit die Refinanzierungsstrategie an veränderte Umgebungsbedingungen angepasst werden kann.[26] Diese Forderung ist nachvollziehbar, zumal die genannten Informationen einen entscheidenden Einfluss auf die Entwicklung der Liquiditäts- und Refinanzierungsposition haben. Insgesamt sollte allerdings beachtet werden, dass diese Anforderungen grundsätzlich für international tätige Institute formuliert werden und auch hierfür das Proportionalitätsprinzip gilt. Insofern sollte der Umfang und Detaillierungsgrad der Berichterstattung in einem angemessenen Verhältnis zu den Geschäfts-

---

24 Für Institute, die ihren zuständigen Behörden im Rahmen der nationalen Umsetzung der Empfehlungen des Europäischen Ausschusses für Systemrisiken (ESRB) vom 20. Dezember 2012 Refinanzierungspläne melden müssen, hat die EBA Leitlinien zu einheitlichen, effizienten und wirksamen Aufsichtspraktiken geschaffen, indem diesen Instituten harmonisierte Vorlagen und Definitionen zur Verfügung gestellt werden. Vgl. European Banking Authority, Leitlinien für harmonisierte Definitionen und Vorlagen für Finanzierungspläne von Kreditinstituten nach ESRB/2012/2, Empfehlung A Absatz 4, EBA/GL/2014/04, 19. Juni 2014. Der in den MaRisk geforderte interne Refinanzierungsplan dient zwar ausschließlich internen Steuerungszwecken und kann, abhängig von Art und Umfang der Liquiditätsrisiken, institutsindividuell ausgestaltet werden. Allerdings müssen die betroffenen Institute zur Erfüllung der MaRisk auch keinen zusätzlichen Refinanzierungsplan erstellen (→ BTR 3.1 Tz. 12, Erläuterung).

25 Vgl. European Banking Authority, Guidelines on common procedures and methodologies for the supervisory review and evaluation process (SREP) and supervisory stress testing, EBA/GL/2014/13, Consolidated version, 19. Juli 2018, S. 161 f.

26 Vgl. Basel Committee on Banking Supervision, Principles for Sound Liquidity Risk Management and Supervision, BCBS 144, 25. September 2008, S. 9 und 19.

aktivitäten des Institutes stehen. Ausdrücklich sei deshalb darauf hingewiesen, dass es sich bei dieser Aufzählung nur um Beispiele und nicht um zwingend erforderliche Berichtsinhalte handelt.

Die an verschiedenen Stellen geforderten Handlungsvorschläge werden im Liquiditätsrisikoma-   71 nagement im Übrigen häufig direkt von der Treasury gemacht und vom Risikocontrolling nur noch plausibilisiert.

5.3 Besondere Berichtsanforderungen an bedeutende oder kapitalmarktorientierte Institute

Bedeutende Institute gemäß Art. 6 SSM-Verordnung oder kapitalmarktorientierte Institute müssen   72 in jedem Fall über die Höhe, die Qualität und die Zusammensetzung der Liquiditätspuffer berichten. Dieses explizite Berichtserfordernis ist vermutlich darauf zurückzuführen, dass zumindest die kapitalmarktorientierten Institute in der Lage sein müssen, den erforderlichen Liquiditätsbedarf, der sich aus den institutsindividuellen Stressszenarien über den Zeithorizont von mindestens einem Monat ergibt, mit den vorzuhaltenden Liquiditätspuffern zu überbrücken (→ BTR 3.2 Tz. 1). Die Stressszenarien müssen sowohl auf institutseigene als auch auf marktweite Ursachen zurückzuführen sein und darüber hinaus beide Aspekte kombiniert betrachten (→ BTR 3.2 Tz. 3). Hinsichtlich der Liquiditätspuffer müssen zur Überbrückung des kurzfristigen Liquiditätsbedarfs von mindestens einer Woche neben Zentralbankgeld auch hochliquide Vermögensgegenstände vorgehalten werden, die jederzeit ohne signifikante Wertverluste in privaten Märkten liquidiert werden können und zentralbankfähig sind. Für den weiteren Liquiditätsbedarf bis zum Ende des Zeithorizonts von mindestens einem Monat können andere Vermögensgegenstände als weitere Bestandteile der Liquiditätspuffer herangezogen werden, wenn diese ohne signifikante Wertverluste innerhalb des Zeithorizonts liquidiert werden können (→ BTR 3.2 Tz. 2). Der Nutzung der Liquiditätspuffer dürfen keine rechtlichen, regulatorischen oder operationellen Restriktionen entgegenstehen, ihre Diversifikation und Aufteilung auf verschiedene Jurisdiktionen müssen der Struktur und den Geschäftsaktivitäten des Institutes und der Gruppe entsprechen (→ BTR 3.2 Tz. 4). Insofern spielen die Liquiditätspuffer bei kapitalmarktorientierten Instituten eine besondere Rolle. Die Erweiterung des Berichtserfordernisses auf die bedeutenden Institute ist auf die Erfahrungen aus der Finanzmarktkrise zurückzuführen und soll dazu beitragen, eine sich anbahnende Liquiditätskrise rechtzeitig zu erkennen.

6 Berichterstattung über bedeutende Schadensfälle und operationelle Risiken (Tz. 6)

73   **6** Die Geschäftsleitung ist mindestens jährlich über bedeutende Schadensfälle, wesentliche Schwächen sowie über wesentliche potenzielle Ereignisse (gem. BTR 4 Tz. 4 Erläuterungen) aus operationellen Risiken zu unterrichten. Die Berichterstattung hat die Art des Schadens bzw. Risikos, die Ursachen, das Ausmaß des Schadens bzw. Risikos und initiierte sowie bereits getroffene Gegenmaßnahmen zu umfassen.

6.1 Turnus der Berichterstattung über operationelle Risiken

74   Diese ursprünglich in BTR 4 Tz. 5 enthaltene Anforderung hat die deutsche Aufsicht im Zuge der fünften MaRisk-Novelle hierher überführt. Die Institute müssen gewährleisten, dass wesentliche operationelle Risiken zumindest jährlich identifiziert und beurteilt werden (→ BTR 4 Tz. 2). Insofern liegt es nahe, die Geschäftsleitung im selben Turnus über die wesentlichen Schwächen und die wesentlichen potenziellen Ereignisse aus operationellen Risiken zu unterrichten. Nicht aus allen operationellen Risiken resultieren zwingend auch Schäden. Schadensfälle müssen aber in angemessener Weise erfasst werden (→ BTR 4 Tz. 3). Größere Institute haben für diesen Zweck sogar eine »Ereignisdatenbank«, die auch als »Schadensfalldatenbank« bezeichnet wird, einzurichten und darin sämtliche Schadensereignisse oberhalb angemessener Schwellenwerte vollständig zu erfassen (→ BTR 4 Tz. 3, Erläuterung). Für die Erfassung der Schadensfälle werden keine zeitlichen Vorgaben gemacht. Da jedoch bedeutende Schadensfälle unverzüglich hinsichtlich ihrer Ursachen zu analysieren sind, müssen zumindest diese auch unverzüglich erfasst werden. In der Regel handelt es sich dabei ohnehin um einen kontinuierlichen Prozess, der ab dem Vorliegen eines operationellen Risikos bis zu dessen möglicher Materialisierung als Schadensfall permanent vom Institut begleitet wird. Aus Gründen der Praktikabilität hat die deutsche Aufsicht für die Berichterstattung über die bedeutenden Schadensfälle ebenfalls einen mindestens jährlichen Turnus vorgegeben, so dass über die Risiken und ihre Auswirkungen gemeinsam berichtet werden kann.

75   Problematisch an diesem Turnus ist allerdings, dass die Risikocontrolling-Funktion der Geschäftsleitung mindestens vierteljährlich einen Gesamtrisikobericht über die als wesentlich eingestuften Risikoarten vorzulegen hat (→ BT 3.2 Tz. 1) und die Geschäftsleitung wiederum das Aufsichtsorgan mindestens vierteljährlich über die Risikosituation des Institutes einschließlich vorhandener Risikokonzentrationen zu informieren hat (→ AT 4.3.2 Tz. 3 und BT 3.1 Tz. 5). Die vierteljährliche Berichterstattung der Risikocontrolling-Funktion an die Geschäftsleitung muss demnach eine adäquate Darstellung der Risikotragfähigkeit des Institutes bezüglich operationeller Risiken enthalten. Daraus könnte sich in der Praxis in beiden Fällen entweder ein kürzerer Berichtsturnus von drei Monaten ergeben, was insbesondere bei größeren Instituten der Fall sein wird. Im Hinblick auf die Unterrichtung der Geschäftsleitung über bedeutende Schadensfälle und wesentliche Schwächen sowie wesentliche potenzielle Ereignisse aus operationellen Risiken sollte sich der Turnus am Risikogehalt des Institutes orientieren. Darüber hinaus besteht eine Ad-hoc-Berichtspflicht der Fachbereiche, unter Risikogesichtspunkten wesentliche Informationen unverzüglich an die Geschäftsleitung, die jeweiligen Verantwortlichen und ggf. die Interne Revision weiterzuleiten (→ AT 4.3.2 Tz. 4). Diese Informationspflicht besteht insbesondere dann, wenn relevante Mängel zu erkennen oder bedeutende Schadensfälle aufgetreten sind (→ AT 4.3.2 Tz. 4,

Erläuterung). In diesem Fall könnte beim vierteljährlichen Gesamtbericht hinsichtlich der operationellen Risiken so lange auf die vorangegangenen Berichte verwiesen werden, wie es zwischenzeitlich keinen Grund für diese Ad-hoc-Berichterstattung gab (→ BT 3.2 Tz. 2, Erläuterung). Andernfalls muss von relevanten Änderungen im Hinblick auf Sachverhalte in vorangegangenen Berichterstattungen ausgegangen werden. Den Empfehlungen des Baseler Ausschusses für Bankenaufsicht zufolge sollte die Häufigkeit der Berichterstattung die jeweiligen Risiken sowie das Tempo und die Art der Veränderungen im operativen Umfeld widerspiegeln.[27]

6.2 Inhalte der Berichterstattung über operationelle Risiken

Neben bedeutenden Schadensfällen hat ein Institut auch über wesentliche Schwächen sowie wesentliche potenzielle Ereignisse aus operationellen Risiken zu berichten. Diese spezifische Berichtspflicht geht auf eine Ergänzung im Rahmen der sechsten MaRisk-Novelle zurück, wonach die Verfahren zur Beurteilung der operationellen Risiken deren »wesentliche Ausprägungen« erfassen müssen. Zur Beurteilung der »wesentlichen Ausprägungen« sind sowohl historische Erkenntnisse (insbesondere Schadensfälle) als auch »potenzielle Ereignisse« heranzuziehen. Um die relevanten »potenziellen Ereignisse« zu identifizieren und zu beurteilen, sind wiederum Erkenntnisse zu »aktuellen Schwachstellen« heranzuziehen, wobei die Aufsicht insbesondere auf die entsprechenden Erkenntnisse aus der Internen Revision, dem Informationssicherheitsmanagement, der Compliance-Funktion, den Anpassungsprozessen sowie dem Notfall- und Auslagerungsmanagement verweist (→ BTR 4 Tz. 4, Erläuterung). Die wesentlichen Schwächen bzw. potenziellen Ereignisse aus operationellen Risiken können also z.B. aus wesentlichen Prozess- oder Kontrollschwächen, Feststellungen der Internen Revision etc. resultieren. Ein Institut muss nachvollziehbare Kriterien (z.B. Schwellenwerte) festlegen, bei deren Eintreten interne Schadensfälle oder Schwächen bzw. potenzielle Ereignisse aus operationellen Risiken als bedeutsam bzw. wesentlich anzusehen und folglich in die Berichterstattung aufzunehmen sind.

Auf Basis der Berichterstattung ist zu entscheiden, ob und ggf. welche Maßnahmen zur Beseitigung der Ursachen zu treffen oder welche Risikosteuerungsmaßnahmen zu ergreifen sind (→ BTR 4 Tz. 5). Dies setzt voraus, dass die Berichterstattung entsprechend aussagekräftig ist. Dazu gehört zunächst einmal eine möglichst klare Abgrenzung der operationellen Risiken zu anderen vom Institut betrachteten Risikoarten (→ BTR 4 Tz. 1, Erläuterung). Diese Abgrenzung ist schon deshalb nicht einfach, weil die operationellen Risiken häufig auch als »nicht-finanzielle Risiken« (»Non-Financial Risks«, NFR) bezeichnet werden (→ AT 2.2 Tz. 2), zu denen z.B. auch Reputationsrisiken und strategische Risiken gehören, die vom Baseler Ausschuss für Bankenaufsicht jedoch von der Definition der operationellen Risiken explizit ausgenommen sind.[28] Dazu kommt, dass nicht eindeutig zuordenbare Schadensfälle teilweise einem anderen Risiko zugerechnet werden (z.B. als Kreditverluste), obwohl sie ihren Ursprung in operationellen Risikoereignissen haben, wie z.B. in mangelhaften Prozessen und Kontrollen (»boundary events«). Schließlich gibt es auch operationelle Risikoereignisse, die zwar eindeutig durch Fehler oder Mängel ausgelöst wurden, aber aufgrund glücklicher Umstände letztlich zu keinem Verlust geführt haben (»Beinaheverluste«). Aus der Berichterstattung sollte also klar hervorgehen, wie operationelle Risiken im Institut abgegrenzt werden und wie mit nicht eindeutig zuordenbaren Schadensfällen, Beinaheverlusten und zusammenhängenden Ereignissen umgegangen wird (→ BTR 4 Tz. 1, Erläuterung).

76

77

---

27 Vgl. Basel Committee on Banking Supervision, Revisions to the Principles for the Sound Management of Operational Risk, BCBS 515, 31. März 2021, S. 13.

28 Vgl. Basel Committee on Banking Supervision, Sound Practices for the Management and Supervision of Operational Risk, BCBS 96, 25. Februar 2003, S. 2.

78 Die folgenden Informationen müssen mindestens an die Geschäftsleitung übermittelt werden:
- die Art des Schadens bzw. Risikos, die sich z. B. auf die für die Zwecke der regulatorischen Kapitalanforderungen vorgegebenen Geschäftsfelder laut Art. 317 CRR und die institutsindividuellen oder die regulatorischen Verlustereigniskategorien gemäß Art. 324 CRR der verschiedenen Ebenen beziehen kann,
- die Ursachen des Schadens bzw. Risikos,
- das Ausmaß des Schadens bzw. Risikos, wobei auch Angaben darüber hilfreich sind, ob es sich um einen bereits realisierten Verlust oder um eine Schätzung der Schadenssumme handelt und ob bereits Schadensminderungen berücksichtigt wurden, sowie
- initiierte und bereits getroffene Gegenmaßnahmen, eventuell ergänzt um die damit erzielte Wirkung.

79 Auch wenn dies nicht explizit gefordert wird, erwarten die Aufsichtsbehörden im Rahmen der Risikoberichterstattung auch eine Information über bedeutende »Beinaheverluste«. Letztlich handelt es sich dabei um wesentliche Schwächen oder wesentliche potenzielle Ereignisse aus operationellen Risiken, weil sie sich unter anderen Umständen materialisieren und somit zu bedeutenden Schadensfällen führen könnten.

80 Auch nach den Vorstellungen des Baseler Ausschusses für Bankenaufsicht (BCBS) sollten die Berichte zum operationellen Risiko das operationelle Risikoprofil der Bank beschreiben, indem sie interne finanzielle, operative und Compliance-Indikatoren sowie externe Markt- oder Umweltinformationen über entscheidungsrelevante Ereignisse und Bedingungen enthalten. Außerdem sollten die Ergebnisse der Überwachungsaktivitäten und die von der Revision und/oder dem Risikomanagement durchgeführten Bewertungen des Rahmenwerkes zum operationellen Risiko einfließen. Den Empfehlungen des BCBS zufolge sollten die Berichte zum operationellen Risiko Folgendes enthalten: Verstöße gegen die Risikobereitschaft/-toleranz sowie Schwellenwerte, Limite oder qualitative Anforderungen, eine Darstellung und Bewertung der wesentlichen und neu auftretenden Risiken, Details der jüngsten bedeutenden internen operationellen Risikoereignisse und Verluste (einschließlich Ursachenanalyse) sowie relevante externe Ereignisse oder aufsichtsrechtliche Änderungen und deren mögliche Auswirkungen auf die Bank.[29]

81 Darüber hinaus gelten auch für die operationellen Risiken die allgemeinen Anforderungen an die Inhalte der Berichterstattung über die wesentlichen Risiken (→ BT 3.1 Tz. 2 und BT 3.2 Tz. 2).

6.3 Berichtspflichten zum IT-Risiko

82 Den Anforderungen des Moduls 3 der BAIT zufolge sollen die Institute beim IT-Risikomanagement vor allem auf den Schutzbedarf für die Bestandteile ihres festgelegten Informationsverbundes abstellen. Dabei sollten deren Abhängigkeiten und Schnittstellen einbezogen werden, um die Vernetzung des Informationsverbundes mit Dritten zu berücksichtigen. Auf dieser Basis müssen Sollmaßnahmen definiert werden, die zur Erreichung des jeweiligen Schutzbedarfes angemessen sind. Die Sollmaßnahmen werden mit den jeweils wirksam umgesetzten Maßnahmen verglichen. Außerdem muss sich das Institut laufend über mögliche Bedrohungen und Schwachstellen seines Informationsverbundes informieren und ggf. geeignete technische und organisatorische Maßnahmen ergreifen. Sowohl der Soll-Ist-Vergleich als auch die möglichen Bedrohungen, das Schadenspotenzial, die Schadenshäufigkeit und der Risikoappetit sind Bestandteile einer Risikoanalyse, in

---

29 Vgl. Basel Committee on Banking Supervision, Revisions to the Principles for the Sound Management of Operational Risk, BCBS 515, 31. März 2021, S. 13 f.

die auch risikoreduzierende Maßnahmen einfließen können. Das Informationsrisikomanagement hat die Risikoanalyse zu koordinieren und zu überwachen sowie deren Ergebnisse in den Prozess des Managements der operationellen Risiken zu überführen. Damit ist auch eine regelmäßige, mindestens jedoch vierteljährliche, Berichterstattung an die Geschäftsleitung verbunden, insbesondere über die Ergebnisse der Risikoanalyse sowie über Veränderungen an der Risikosituation, wobei auch externe potenzielle Bedrohungen berücksichtigt werden sollten (→ AT 7.2 Tz. 4). Die aus dieser Vorgehensweise abgeleitete Transparenz der Risikosituation und die Akzeptanz des ermittelten Restrisikos durch die Geschäftsleitung sind die zentralen Anforderungen zur Schärfung des IT-Risikobewusstseins im Institut und gegenüber IT-Dienstleistern.[30]

Laut Tz. 4.10 BAIT wird zudem eine regelmäßige, mindestens vierteljährliche Berichtspflicht des Informationssicherheitsbeauftragten gegenüber der Geschäftsleitung über den Status der Informationssicherheit gefordert. Dieser Statusbericht muss z.B. die Bewertung der Informationssicherheitslage im Vergleich zum Vorbericht, Informationen zu Projekten zur Informationssicherheit, Informationssicherheitsvorfälle sowie Penetrationstestergebnisse enthalten. Daneben besteht auch eine anlassbezogene Berichtspflicht. Die Geschäftsleitung ist gemäß Tz. 8.6 BAIT auch über ungeplante Abweichungen vom Regelbetrieb (Störungen) und deren Ursachen zu unterrichten (→ AT 7.2 Tz. 2). Diese Berichterstattung ermöglicht der Geschäftsleitung, das IT-Risiko angemessen zu steuern.[31] **83**

6.4 Weitere nützliche Informationen

Neben diesen obligatorischen Bestandteilen können ggf. ergänzende Informationen zur Unterstützung der Geschäftsleitung von Interesse sein. Dabei sollte jeweils abgewogen werden, ob der Aufwand zur Beschaffung zusätzlicher Informationen durch den Nutzen gerechtfertigt wird, der mit einer darauf aufbauenden, gezielten Risikosteuerung erreicht werden kann. Hierzu zählen z.B.: **84**

- kurze verbale Beschreibung des Schadens bzw. Risikos, um die Verständlichkeit zu verbessern und dadurch die weiteren Steuerungs- und Überwachungsfunktionen besser zu unterstützen,
- Angaben zur bisherigen Entwicklung der Risikosituation des Institutes und ggf. einzelner Geschäftsbereiche im Zeitverlauf, auf die ein hoher Anteil der gesamten operationellen Risiken entfällt,
- Einschätzung der zukünftigen Entwicklung der operationellen Risikosituation des Institutes und ggf. einzelner Geschäftsbereiche,
- Ergebnisse der Überwachung, ob die von der Geschäftsleitung festgelegten Maßnahmen zeitnah umgesetzt wurden (→ BTR 4 Tz. 5),
- Einschätzung der risikoreduzierenden Wirkung der verschiedenen Risikosteuerungsmaßnahmen, die in der Vergangenheit in Angriff genommen wurden,
- Angaben zur Art und Höhe etwaiger Rückzahlungen und Verlustminderungen, durch die sich der Gesamtschaden noch reduzieren könnte,
- Hinweise auf mögliche Folgeschäden, durch die sich der Gesamtschaden noch erhöhen könnte,
- Nennung der Geschäftsbereiche, in denen der Schaden eingetreten ist und die von dem Risikoereignis betroffen sind,

---

30 Vgl. Essler, Renate/Gampe, Jens, IT-Sicherheit – Aufsicht konkretisiert Anforderungen an die Kreditwirtschaft, in: BaFinJournal, Ausgabe Januar 2018, S. 19 f.
31 Vgl. Essler, Renate/Gampe, Jens, IT-Sicherheit – Aufsicht konkretisiert Anforderungen an die Kreditwirtschaft, in: BaFinJournal, Ausgabe Januar 2018, S. 20 f.

BT 3.2 Berichte der Risikocontrolling-Funktion

- Auflistung von besonderen Risikotreibern,
- Angaben zu den Eintritts- und Feststellungsdaten der Verlustereignisse, die Rückschlüsse auf die Prozessqualität gestatten,
- Feststellungen der Internen Revision, die im Zusammenhang mit operationellen Risiken gemacht werden, inkl. dem Stand der Mängelbeseitigung (→ BT 2.5 Tz. 2),
- so genannte »Peergroup-Vergleiche« anhand von Konsortialdaten sowie
- Darstellung des Op-VaR und der Auslastung von Verlustlimiten.[32]

---

32 Vgl. Bundesanstalt für Finanzdienstleistungsaufsicht/Deutsche Bundesbank, Bericht über die Industrieaktion AMA operationelles Risiko 2005, 29. September 2005, S. 16. Sofern das Op-VaR-Verfahren zur Risikoquantifizierung in der Risikotragfähigkeit genutzt wird, erwartet die Aufsicht in jedem Fall eine Aufnahme der Ergebnisse in die Risikoberichterstattung.

7 Berichterstattung über sonstige wesentliche Risiken (Tz. 7)

7 Die Geschäftsleitung ist mindestens vierteljährlich über die sonstigen vom Institut als   **85** wesentlich identifizierten Risiken zu unterrichten. Die Berichterstattung hat dabei das jeweilige Risiko, die Ursachen, die möglichen Implikationen und initiierte sowie bereits getroffene Gegenmaßnahmen zu umfassen. Aus den Berichten muss hervorgehen, wie sich die aktuelle Risikosituation darstellt und ggf. mit welchen Maßnahmen diesen Risiken begegnet wurde bzw. begegnet werden kann.

7.1 Turnus der Berichterstattung über sonstige wesentliche Risiken

Mit Bezug auf den Turnus zur Vorlage des Gesamtrisikoberichtes ist die Geschäftsleitung seit der   **86** fünften MaRisk-Novelle mindestens vierteljährlich auch über die sonstigen vom Institut als wesentlich identifizierten Risiken zu unterrichten. Diese Anforderung wird hinsichtlich einiger wesentlicher Risiken möglicherweise automatisch erfüllt, weil diese als Unterkategorien der bereits behandelten Risikoarten definiert sind. Von der EBA wird eine Reihe von Unterkategorien der nach den MaRisk als wesentlich zu betrachtenden Risiken genannt, die beim SREP zu berücksichtigen sind (→ AT 2.2 Tz. 1). Beispielhaft seien die Länderrisiken als Unterkategorie der Adressenausfallrisiken, die Risiken einer Anpassung der Kreditbewertung (CVA-Risiken) und die Risiken aus Beteiligungspositionen als Unterkategorien der Marktpreisrisiken sowie die Auslagerungsrisiken, Reputationsrisiken, Fehlverhaltensrisiken, IT-Risiken und Modellrisiken als Unterkategorien der operationellen Risiken genannt.[33] Dazu kommen bei den operationellen Risiken nach einer weiteren Quelle noch die Compliance-Risiken und die Rechtsrisiken.[34]

Zwar wurden die Reputationsrisiken vom Baseler Ausschuss für Bankenaufsicht von der   **87** Definition der operationellen Risiken ausgenommen.[35] Die EBA ist jedoch der Ansicht, dass sich die meisten operationellen Risikoereignisse entscheidend auf die Reputation eines Institutes auswirken und diese Zuordnung deshalb sachgerecht ist. Das Ergebnis der Bewertung der Reputationsrisiken sollte allerdings wirkungsbezogen nicht in den Scorewert für die operationellen Risiken einfließen, sondern im Rahmen der Geschäftsmodellanalyse und/oder der Bewertung der Liquiditätsrisiken berücksichtigt werden.[36] In diesen Fällen ist eine separate Berichterstattung i. d. R. entbehrlich, sofern die erforderlichen Berichtsinhalte in den anderen Berichten enthalten sind.

Weitere mögliche wesentliche Risiken, die nicht als Unterkategorien der hier genannten   **88** Risikoarten gelten, können z.B. Geschäfts- und strategische Risiken, regulatorische Risiken, Pensionsrisiken, Immobilienrisiken, Versicherungsrisiken, Fondsrisiken oder die Risiken einer übermäßigen Verschuldung sein (→ BTR Tz. 1).

---

33 Vgl. European Banking Authority, Guidelines on common procedures and methodologies for the supervisory review and evaluation process (SREP) and supervisory stress testing, EBA/GL/2014/13, Consolidated version, 19. Juli 2018, S. 77, 82 ff., 93 und 104 ff.

34 Vgl. European Central Bank, SSM supervisory statement on governance and risk appetite, 21. Juni 2016, S. 16.

35 Vgl. Basel Committee on Banking Supervision, Sound Practices for the Management and Supervision of Operational Risk, BCBS 96, 25. Februar 2003, S. 2.

36 Vgl. European Banking Authority, Guidelines on common procedures and methodologies for the supervisory review and evaluation process (SREP) and supervisory stress testing, EBA/GL/2014/13, Consolidated version, 19. Juli 2018, S. 104.

7.2 Inhalte der Berichterstattung über sonstige wesentliche Risiken

89 Auch für die sonstigen vom Institut als wesentlich identifizierten Risiken gelten zunächst die allgemeinen Anforderungen an die Inhalte der Berichterstattung über die wesentlichen Risiken (→ BT 3.1 Tz. 2 und BT 3.2 Tz. 2). Grundsätzlich bleibt es den Instituten überlassen, zu den erforderlichen Mindestinhalten der Risikoberichterstattung über die anderen wesentlichen Risiken entsprechende Festlegungen zu treffen. Da für die Definition und Festlegung von wesentlichen Risiken die Institute selbst verantwortlich sind (→ AT 2.2), handelt es sich um eine Berichtsanforderung für die nicht in den MaRisk genannten Risikoarten. Die Berichterstattung über das jeweilige Risiko hat die Ursachen für das Risiko, die möglichen Implikationen und initiierte sowie bereits getroffene Gegenmaßnahmen zu umfassen. Da es sich bei den sonstigen wesentlichen Risiken um individuelle Festlegungen handelt, hat sich die deutsche Aufsicht auf diese sehr allgemein gehaltenen Vorgaben beschränkt. Letztlich muss aus den Berichten insbesondere hervorgehen, wie sich die aktuelle Risikosituation darstellt und ggf. mit welchen Maßnahmen diesen Risiken begegnet wurde bzw. begegnet werden kann.

90 An verschiedenen Stellen in den MaRisk und in diversen Leitlinien der EBA werden konkrete Vorgaben gemacht, die für die Berichterstattung einzelner Risiken als Orientierungsmaßstab herangezogen werden können. So sollte die Compliance-Funktion u. a. sicherstellen, dass die Compliance-Richtlinien eingehalten werden, und der Geschäftsleitung in Zusammenarbeit mit der Risikocontrolling-Funktion über die Ergebnisse dieser Überwachung sowie über das Compliance-Risiko des Institutes und seine Steuerung Bericht erstatten.[37] Die Compliance-Funktion hat mindestens jährlich sowie anlassbezogen der Geschäftsleitung über ihre Tätigkeit Bericht zu erstatten. Darin ist auf die Angemessenheit und Wirksamkeit der Regelungen zur Einhaltung der wesentlichen rechtlichen Regelungen und Vorgaben einzugehen. Ferner hat der Bericht auch Angaben zu möglichen Defiziten sowie zu Maßnahmen zu deren Behebung zu enthalten (→ AT 4.4.2 Tz. 7).

91 Mit Blick auf das Auslagerungsrisiko ist vom zentralen Auslagerungsbeauftragten bzw. vom zentralen Auslagerungsmanagement, sofern dieses eingerichtet wurde, mindestens jährlich sowie anlassbezogen ein Bericht über die wesentlichen Auslagerungen zu erstellen und der Geschäftsleitung zur Verfügung zu stellen. Der Bericht hat unter Berücksichtigung der dem Institut vorliegenden Informationen bzw. der institutsinternen Bewertung der Dienstleistungsqualität der Auslagerungsunternehmen eine Aussage darüber zu treffen, ob die erbrachten Dienstleistungen der Auslagerungsunternehmen den vertraglichen Vereinbarungen entsprechen, die ausgelagerten Aktivitäten und Prozesse angemessen gesteuert und überwacht werden können und ob weitere risikomindernde Maßnahmen ergriffen werden sollen (→ AT 9 Tz. 13). Die Institute sollten der Geschäftsleitung zudem regelmäßig über alle im Zusammenhang mit der Auslagerung kritischer oder wichtiger Funktionen festgestellten Risiken Bericht erstatten.[38]

92 Auch hinsichtlich des IT-Risikos wird bei der Berichterstattung an die Geschäftsleitung, insbesondere zur Geschäftsfortführung und zur IT-Sicherheit, ein besonderes Augenmerk auf das Risikomanagement der ausgelagerten Dienstleistungen während des vertraglichen Auslagerungszeitraumes gelegt.[39] Grundsätzlich sind die mit dem Management der Informationsrisiken verbundenen Berichtspflichten vom Institut gemäß Tz. 3.1 BAIT zu definieren. Die inhaltlichen Berichtspflichten des Informationssicherheitsbeauftragten an die Geschäftsleitung sowie der Turnus der Berichterstattung orientieren sich nach Tz. 4.1 BAIT an den Vorgaben für die Berichte der Risikocontrolling-Funktion gemäß MaRisk. In der Informationssicherheitsleitlinie sind laut Tz. 4.2 BAIT u. a. die Frequenz und der Umfang des Berichtswesens zur Informationssicherheit

---

37 Vgl. European Banking Authority, Leitlinien zur internen Governance, EBA/GL/2017/11, 21. März 2018, S. 47.

38 Vgl. European Banking Authority, Leitlinien zu Auslagerungen, EBA/GL/2019/02, 25. Februar 2019, S. 39.

39 Vgl. European Banking Authority, Leitlinien für die IKT-Risikobewertung im Rahmen des aufsichtlichen Überprüfungs- und Bewertungsprozesses (SREP), EBA/GL/2017/05, 11. September 2017, S. 24f.

darzulegen. Informationssicherheitsvorfälle sind nach Tz. 4.4 vom Informationssicherheitsbeauftragten zu untersuchen und an die Geschäftsleitung zu berichten. Der Informationssicherheitsbeauftragte hat der Geschäftsleitung gemäß Tz. 4.10 BAIT zudem mindestens vierteljährlich sowie anlassbezogen über den Status der Informationssicherheit zu berichten. Der Statusbericht enthält beispielsweise die Bewertung der Informationssicherheitslage im Vergleich zum Vorbericht, Informationen zu Projekten zur Informationssicherheit, Informationssicherheitsvorfälle sowie Penetrationstestergebnisse. Auch über wesentliche IT-Projekte und IT-Projektrisiken ist der Geschäftsleitung gemäß Tz. 7.5 BAIT regelmäßig und anlassbezogen zu berichten.

7.3 Umgang mit Nachhaltigkeitsrisiken

Im Rahmen der internen Risikoberichterstattung sollte auch angemessen auf Nachhaltigkeitsrisiken eingegangen werden, sofern über sie nicht schon als Teil anderer Risikoarten berichtet wird. Davon ist zunächst auszugehen, da sie als Risikotreiber auf die anderen Risikoarten einwirken. Von den Instituten sollte in diesem Zusammenhang jedoch geprüft werden, ob sich aufgrund der besonderen Charakteristika von Nachhaltigkeitsrisiken, wie z.B. des teilweise langen Zeithorizontes, neben deren Integration in die bestehende Berichterstattung ggf. (ergänzend) eine spezifische Berichterstattung mit einem Mittel- bis Langfristausblick anbietet.[40] **93**

Angesichts der besonderen Merkmale von Klima- und Umweltrisiken sollten Institute ihre IT-Systeme anpassen, um die erforderlichen Daten systematisch erheben und aggregieren sowie beurteilen zu können, inwieweit die Institute diesen Risiken ausgesetzt sind. Außerdem sollten sich die Institute darüber Gedanken machen, wie die bestehenden Datenlücken in diesem Bereich geschlossen werden können (→ AT 4.3.4 Tz. 3). Solange die Datentaxonomie noch nicht vollständig ausgefeilt ist, also auch auf europäischer Ebene nach einheitlichen Vorgaben verfahren werden kann, sollten die Institute ihre Berichterstattung auf internen oder externen qualitativen Risikokennzahlen aufbauen, um die Geschäftsleitung und das Aufsichtsorgan – unter Verweis auf die damit verbundenen Unsicherheiten – hinreichend über alle wesentlichen Klima- und Umweltrisiken des Institutes oder der Geschäftsbereiche zu unterrichten. Auf Basis dieser Informationen sollte es möglich sein, sowohl bei normalem Geschäftsbetrieb als auch in Stressperioden die Entwicklung der Leistungs- und Risikokennzahlen zu verfolgen sowie Entscheidungen zur Steuerung der Auswirkungen klima- und umweltbedingter Risiken zu treffen. Gerade bei diesen Risiken ist die zeitnahe Bereitstellung von Informationen (Ad-hoc-Berichterstattung) entscheidend, um z.B. auf die Auswirkungen eines plötzlichen Übergangs zu einer kohlenstoffarmen Wirtschaft oder auf die Folgen eines physischen Ereignisses zügig reagieren zu können (→ AT 4.3.4 Tz. 6). Insgesamt sollten die Risikoberichte Auskunft über die Auswirkungen von Klima- und Umweltrisiken auf das Geschäftsmodell, die Strategie und das Risikoprofil geben. Die entsprechenden Entwicklungen in diesem Bereich auf nationaler, internationaler, politischer und regulatorischer Ebene sollten in die Risikoberichterstattung einbezogen werden.[41] **94**

Die interne Berichterstattung über Nachhaltigkeitsrisiken kann sich auch an den Anforderungen an die Offenlegung zu Nachhaltigkeitsrisiken orientieren. Schließlich lassen sich aus den aufsichtsrechtlich vorgegebenen Kennzahlen, die von (einigen) Instituten offengelegt werden müssen, immer auch gewisse Rückschlüsse auf die Erwartungen der Aufsichtsbehörden in diesem Bereich ziehen. Unabhängig davon leistet die Offenlegung aussagekräftiger Informationen und zentraler **95**

---

40 Vgl. Bundesanstalt für Finanzdienstleistungsaufsicht, Merkblatt zum Umgang mit Nachhaltigkeitsrisiken, 20. Dezember 2019, geändert am 13. Januar 2020, S. 31.

41 Vgl. Europäische Zentralbank, Leitfaden zu Klima- und Umweltrisiken – Erwartungen der Aufsicht in Bezug auf Risikomanagement und Offenlegungen, 27. November 2020, S. 31 f.

Kennzahlen zu den Klima- und Umweltrisiken auch einen Beitrag zum Management von Nachhaltigkeitsrisiken, weil die Marktteilnehmer auf dieser Basis die physischen und transitorischen Risiken fundierter bewerten können. Die EZB geht davon aus, dass dies wiederum dazu beiträgt, dass sich auch die Institute ein genaueres Bild von den finanziellen Auswirkungen des Klimawandels machen können.[42]

96   Die EZB erwartet von den Instituten, in ihren Richtlinien zur Offenlegung die wichtigsten Überlegungen darzulegen, auf deren Grundlage sie die Wesentlichkeit von Klima- und Umweltrisiken auf Basis qualitativer und quantitativer Informationen bewerten.[43] Bei der Beurteilung der Wesentlichkeit von bestimmten Informationen sollten die Institute nach den Vorgaben der EBA nicht nur ihrem Geschäftsmodell, ihrer langfristigen Strategie und dem gesamten Risikoprofil besondere Aufmerksamkeit schenken, sondern auch dem Einfluss des wirtschaftlichen und politischen Umfeldes, dem Grad der angenommenen Relevanz der Informationen für die Nutzer und dem Verhältnis zu den aktuellen Entwicklungen bei den Risiken und den Anforderungen zur Offenlegung.[44] Gemäß Art. 432 Abs. 1 CRR gelten Informationen als wesentlich, wenn ihre Auslassung oder fehlerhafte Angabe die Einschätzung oder Entscheidung eines Nutzers, der sich bei wirtschaftlichen Entscheidungen auf diese Informationen stützt, ändern oder beeinflussen könnte. Legen die Institute Zahlen, Kennzahlen und Zielvorgaben als wesentlich offen, sollten sie Angaben zu den damit verbundenen Methoden, Definitionen und Kriterien machen oder auf sie verweisen. Werden Klimarisiken hingegen als unwesentlich erachtet, sollte ein Institut diese Einschätzung mit den verfügbaren qualitativen und quantitativen Informationen untermauern, auf denen sie beruht.[45] Die Nichtoffenlegung einer oder mehrerer Offenlegungsanforderungen, weil diese als nicht wesentlich erachtet werden, sollte vom Institut eindeutig dargelegt werden.[46] Sie sollten insbesondere jene Klimarisiken offenlegen, die bei gebührender Berücksichtigung des Nachtrages zu den Leitlinien für die Berichterstattung über nichtfinanzielle Informationen der EU-Kommission[47] wesentlich sind. Mit dem Nachtrag wurden die Empfehlungen der TCFD[48] übernommen. Er enthält zudem eine Orientierungshilfe, die mit der CSR-Richtlinie/NFRD[49] vereinbar ist (→ Teil I, Kapitel 9). Diesen Erwartungen zufolge sind Angaben zu fünf zentralen Aspekten zu machen: Geschäftsmodell, Konzepte und Due-Diligence-Prozesse, Ergebnisse, wesentliche Risiken und Risikosteuerung sowie wichtigste Leistungsindikatoren (KPI).[50]

---

42 Vgl. Europäische Zentralbank, Leitfaden zu Klima- und Umweltrisiken – Erwartungen der Aufsicht in Bezug auf Risikomanagement und Offenlegungen, 27. November 2020, S. 44.

43 Vgl. Europäische Zentralbank, Leitfaden zu Klima- und Umweltrisiken – Erwartungen der Aufsicht in Bezug auf Risikomanagement und Offenlegungen, 27. November 2020, S. 49f.

44 Vgl. European Banking Authority, Leitlinien zur Wesentlichkeit, zu Geschäftsgeheimnissen und vertraulichen Informationen sowie zur Häufigkeit der Offenlegung gemäß den Artikeln 432 Absatz 1, 432 Absatz 2 und 433 der Verordnung (EU) Nr. 575/2013, EBA/GL/2014/14, 23. Dezember 2014, S. 7. Die BaFin hat diese Anforderung in Tz. 12 ihres zugehörigen Rundschreibens aufgegriffen. Vgl. Bundesanstalt für Finanzdienstleistungsaufsicht, Umsetzung der EBA-Leitlinien zur Offenlegung, Rundschreiben 05/2015 (BA) vom 8. Juni 2015, zuletzt geändert am 22. Januar 2020.

45 Vgl. Europäische Zentralbank, Leitfaden zu Klima- und Umweltrisiken – Erwartungen der Aufsicht in Bezug auf Risikomanagement und Offenlegungen, 27. November 2020, S. 50f.

46 Vgl. European Banking Authority, Leitlinien zur Wesentlichkeit, zu Geschäftsgeheimnissen und vertraulichen Informationen sowie zur Häufigkeit der Offenlegung gemäß den Artikeln 432 Absatz 1, 432 Absatz 2 und 433 der Verordnung (EU) Nr. 575/2013, EBA/GL/2014/14, 23. Dezember 2014, S. 10. Die BaFin hat auch diese Anforderung in Tz. 19 ihres zugehörigen Rundschreibens übernommen. Vgl. Bundesanstalt für Finanzdienstleistungsaufsicht, Umsetzung der EBA-Leitlinien zur Offenlegung, Rundschreiben 05/2015 (BA) vom 8. Juni 2015, zuletzt geändert am 22. Januar 2020.

47 Mitteilung der Europäischen Kommission, Leitlinien für die Berichterstattung über nichtfinanzielle Informationen: Nachtrag zur klimabezogenen Berichterstattung, Amtsblatt der Europäischen Union vom 20. Juni 2019, C 209/1–30.

48 Task Force on Climate-related Financial Disclosures, Recommendations of the Task Force on Climate-related Financial Disclosures, 15. Juni 2017.

49 Richtlinie 2014/95/EU (CSR-Richtlinie) des Europäischen Parlaments und des Rates vom 22. Oktober 2014 zur Änderung der Richtlinie 2013/34/EU im Hinblick auf die Angabe nichtfinanzieller und die Diversität betreffender Informationen durch bestimmte große Unternehmen und Gruppen, Amtsblatt der Europäischen Union vom 15. November 2014, L 330/1–9.

50 Vgl. Europäische Zentralbank, Leitfaden zu Klima- und Umweltrisiken – Erwartungen der Aufsicht in Bezug auf Risikomanagement und Offenlegungen, 27. November 2020, S. 52f.

Die EZB erwartet insbesondere von jenen Instituten, die sich zur Einhaltung bestimmter Nachhaltigkeitsstandards verpflichtet oder entsprechende interne Vorgaben festgelegt haben, dass sie damit verbundene umfassende und aussagekräftige Informationen bereitstellen sowie über die Fortschritte bei der Erreichung dieser Ziele, deren interne Überwachung sowie die relevanten methodischen Aspekte berichten. Dabei sollten die Institute alle Geschäftsbereiche und ihre Engagements als Ganzes berücksichtigen.[51]   **97**

Die Institute sollten insbesondere Angaben zu den finanzierten Scope-3-Treibhausgasemissionen der gesamten Gruppe machen, die nach dem Verständnis der EZB auch die mit den Vermögenswerten von Instituten verbundenen Emissionen (finanzierte Emissionen) umfassen (→ BTO 1.2.1 Tz. 1). Die EZB verweist darauf, dass sie keine bestimmte Messgröße oder Zurechnungsmethode vorschreibt,[52] den Instituten aber einen granularen Ansatz unter Berücksichtigung des Treibhausgasprotokolls empfiehlt. So könnte z. B. bei der Messung der CO_2-Intensität von umfangreichen Unternehmenskundenportfolios projektweise vorgegangen werden und die Messung des tatsächlichen Energieverbrauchs von Immobilienportfolios nach den einzelnen Gebäuden erfolgen. Die angewandten Methoden, die zugrunde liegenden Annahmen, die Definitionen der verwendeten Kennzahlen (KPI und KRI) und die Formeln zur Berechnung der Kennzahlen sowie die jeweiligen Zielvorgaben und die aktuell gemessene Leistung sollten offengelegt werden. Anhand der Kennzahlen sollten die Institute die kurz-, mittel- und langfristige Belastbarkeit ihrer Strategie angesichts verschiedener Klimaszenarien beschreiben. Die Institute sollten zudem alle Informationen zu ihrem Umweltrisiko bewerten, die benötigt werden, um ihr Risikoprofil umfassend zu vermitteln, und dabei die unterschiedlichen ökologischen Faktoren einbeziehen.[53]   **98**

---

51 Vgl. Europäische Zentralbank, Leitfaden zu Klima- und Umweltrisiken – Erwartungen der Aufsicht in Bezug auf Risikomanagement und Offenlegungen, 27. November 2020, S. 51.

52 Die EZB verweist lediglich darauf, dass einige Institute die finanzierten Emissionen mit Hilfe der »PCAF-Methode« messen und offenlegen. Vgl. Partnership for Carbon Accounting Financials, The Global GHG Accounting and Reporting Standard for the Financial Industry, 18. November 2020.

53 So stellt nach Angaben der EZB ein Institut die Übereinstimmung mit den verschiedenen Empfehlungen der TCFD in einer schematischen Übersicht dar, indem die spezifischen Kapitel der Offenlegungen des Institutes aufgeführt sind, die im Einklang mit den Empfehlungen der TCFD stehen. Vgl. Europäische Zentralbank, Leitfaden zu Klima- und Umweltrisiken – Erwartungen der Aufsicht in Bezug auf Risikomanagement und Offenlegungen, 27. November 2020, S. 53 f.

Teil III:
Anlagen

Anlage 1
Bundesanstalt für Finanzdienstleistungsaufsicht (BaFin)
Entwicklung von Mindestanforderungen an das Risikomanagement (MaRisk)
Schreiben vom 15. April 2004

[...]

in den letzten Wochen sind mehrere Vertreter der Industrie und der Verbände an mich herangetreten und haben um weitere Informationen zu dem mittlerweile von mir in Angriff genommenen Projekt »Mindestanforderungen an das Risikomanagement« (MaRisk) gebeten. Diesem Informationsbedürfnis trage ich gerne Rechnung.

Lassen Sie mich zunächst näher auf die Gründe eingehen, die mich dazu bewogen haben, das Projekt MaRisk in Angriff zu nehmen. An erster Stelle sind in diesem Zusammenhang die zweite Säule des geplanten Baseler Akkords – also der Supervisory Review Process (SRP) – und die für seine konkrete Umsetzung maßgeblichen Dokumente auf EU-Ebene zu nennen, deren Inhalt in deutsches Recht umzusetzen ist. Zwar sind im Hinblick auf die endgültige Ausgestaltung des SRP noch verschiedene Einzelfragen offen, insbesondere ist der maßgebliche EU-Richtlinientext nach der Entscheidung der Kommission für eine Änderungsrichtlinie und der Berücksichtigung der Reaktion der Kreditwirtschaft auf die abgelaufene EU-Konsultationsrunde erneut in Bewegung gekommen. In diesem Zusammenhang sind u. a. terminologisch noch zahlreiche Einzelfragen zu klären. Dennoch zeichnet sich seine grundsätzliche Ausrichtung bereits jetzt deutlich ab: Der SRP berücksichtigt als neue Strategie einer präventiv agierenden Aufsicht verstärkt die Qualität der institutsinternen Verfahren zur Steuerung und Überwachung aller Risiken. Auf der Basis dieser ganzheitlichen Risikobetrachtung sind neben Adressenausfallrisiken, Marktpreisrisiken und operationellen Risiken u. a. auch Zinsänderungsrisiken im Bankbuch und Liquiditätsrisiken von den Instituten zu berücksichtigen. Darüber hinaus wird der Stellenwert bestimmter Funktionsbereiche innerhalb der Institute – wie z. B. der Internen Revision – in den maßgeblichen Brüsseler Dokumenten besonders hervorgehoben. Den nationalen Aufsichtsbehörden ist dabei abverlangt, sich – mehr als bisher – auch aus eigener Anschauung ein Bild über die Qualität dieser Verfahren zu verschaffen. Insoweit wird von dem SRP ein starker Impuls in Richtung »Qualitative Bankenaufsicht« ausgehen.

Sie werden mir sicherlich zustimmen, dass die Beurteilungen durch die Aufsicht nur auf der Basis bestimmter Rahmenvorgaben sachgerecht durchgeführt werden können. Das Fehlen jeglicher Vorgaben hätte zweifellos zur Folge, dass sich im Rahmen der Beurteilungen durch die Aufsicht extrem weit gefasste Ermessensspielräume mit der Gefahr willkürlicher bankaufsichtlicher Maßnahmen ergeben könnten. Darüber hinaus wäre eine solche Verfahrensweise wenig transparent, so dass bei den Instituten zwangsläufig große Unsicherheiten über die Erwartungen der Aufsicht entstehen würden. Dies kann aber weder im Interesse der Institute noch in meinem Interesse sein. Wenig zweckmäßig wäre umgekehrt aber auch die Vorgabe zu starrer Regelungen, die z. B. in Verordnungen oder Gesetzen niedergelegt wären. Zum einen würde man damit den laufenden Fortentwicklungen der internen Verfahren nicht gerecht werden, da diese vor allem wegen des rasanten Wandels auf den Finanzmärkten einem ständigen Anpassungsdruck ausgesetzt sind. Zum anderen würde man mit allzu starren Regelungen wohl kaum der Heterogenität des deutschen Bankensektors Rechnung tragen.

Im Hinblick auf die Beurteilung der internen Verfahren auf der Basis der erforderlichen ganzheitlichen Betrachtung lag daher eine Orientierung an der Grundstruktur bereits existierender Mindestanforderungen – also z. B. der Mindestanforderungen an das Kreditgeschäft (MaK) – nahe. Solche Rahmenbedingungen sind nicht nur als Beurteilungsmaßstab für die Aufsicht geeignet; sie sind darüber hinaus transparent und lassen den Instituten aufgrund ihres offenen und flexiblen Charakters einen angemessenen Spielraum für die konkrete Umsetzung. Vor dem Hintergrund der erforderlichen ganzheitlichen Risikobetrachtung lag es daher in einem weiteren Schritt auf der Hand, den existierenden Set an Mindestanforderungen – also insbesondere die bereits erwähnten MaK, die Mindestanforderungen an das Betreiben von Handelsgeschäften (MaH) und die Mindestanforderungen an die Ausgestaltung an die Interne Revision (MaIR) – in einem Werk zusammenfassen und dieses ggf. um weitere Elemente zu ergänzen, die im EU-Richtlinientext hervorgehoben werden und für die bislang in Deutschland noch keine Rahmenbedingungen existieren. Ergebnis dieser Zusammenführung sollen die MaRisk sein.

Mit der Entwicklung der MaRisk leistet die deutsche Aufsicht einen wichtigen Beitrag zur Umsetzung der Brüsseler Vorgaben und gibt vor allem den kleineren Instituten in Deutschland eine Richtschnur für die Erfüllung der neuen Anforderungen vor (»supervisory guidance«). Die MaRisk werden zudem die gesetzlichen Anforderungen des § 25a KWG, der u. a. die Einrichtung einer »ordnungsgemäßen Geschäftsorganisation« und die Implementierung »angemessener interner Kontrollverfahren« von den Instituten verlangt, in umfassender Weise konkretisieren. Alle betroffenen Gruppen (Institute, Prüfer, Verbände, Aufsicht) können sich daher künftig einen wesentlich besseren Überblick über die qualitativen Anforderungen der Aufsicht verschaffen. Die Integration wird daher sicherlich auch einen Beitrag in Richtung Einheitlichkeit der Verwaltungspraxis der BaFin leisten. Sie bietet zudem die Chance, dass Schnittstellenprobleme zwischen MaK, MaH und MaIR, die in erster Linie auf deren unterschiedliche Entstehungszeitpunkte zurückzuführen sind, und Redundanzen ausgeräumt werden können. Darüber hinaus können durch die Integration gewisse Wertungswidersprüche zugunsten der moderneren Regelungsansätze aufgelöst werden.

Der Aufbau der MaRisk wird einer modularen Struktur folgen. In einem allgemeinen Teil (AT) werden viele grundsätzliche Prinzipien niedergelegt, wie sie sich auch in allen existierenden Mindestanforderungen wiederfinden lassen (z. B. Gesamtverantwortung der Geschäftsleitung). Spezifische Anforderungen an einzelne Risikokategorien bzw. Geschäftsbereiche werden in einem besonderen Teil (BT) aufgegriffen. Die modulare Struktur bietet den Vorteil, dass notwendige Anpassungen in einzelnen Regelungsfeldern auf die zeitnahe Überarbeitung einzelner Module beschränkt werden können.

Bei den MaRisk wird es sich – wie ich bereits an mehreren anderen Stellen zum Ausdruck gebracht habe – um Rahmenbedingungen handeln, die abhängig von der Größe der Institute, deren Geschäftsschwerpunkten und deren Risikosituation eine flexible Umsetzung der Anforderungen ermöglichen. Insbesondere die kleineren Institute in Deutschland müssen insoweit nicht befürchten, dass ihnen mit den MaRisk das Korsett einer deutschen Großbank übergestülpt wird.

Bei der Einbettung des existierenden Sets an Mindestanforderungen in die MaRisk sollen Verzerrungen so weit wie möglich vermieden werden. An deren Regelungsinhalten wird sich grundsätzlich nichts ändern; der modulare Aufbau ermöglicht ferner einen hohen Wiedererkennungswert ihrer wesentlichen Bestandteile. Lassen Sie mich in diesem Zusammenhang betonen, dass die Regelungen der MaK, die in zwei Stufen bis Ende 2005 umzusetzen sind, inhaltlich unverändert in die MaRisk überführt werden sollen. Ihre Anstrengungen und Investitionen in diesem Bereich sind also gesichert.

Mir liegt darüber hinaus sehr viel daran, dass die MaRisk in enger Kooperation mit der Praxis entwickelt werden. Vor allem die Erfahrungen mit den MaK haben deutlich gemacht, dass ein solcher Ansatz zu praxisgerechten Regelungen führt und damit zugleich die Qualität der Aufsicht verbessert. Ich werde daher nach Fertigstellung eines ersten Entwurfs ein Fachgremium einsetzen, das für die Entwicklung der Endfassung der MaRisk zuständig sein wird. Diesem Gremium werden nach dem Vorbild des MaK-Fachgremiums Fachleute aus der Industrie, Prüfer, Verbandsvertreter sowie Bankenaufseher angehören. Es wird auch nach der Veröffentlichung der MaRisk regelmäßig tagen und auf diese Weise den Meinungsbildungsprozess der BaFin bei der Klärung von Auslegungsfragen und der Erörterung prüfungsrelevanter Sachverhalte tatkräftig unterstützen.

Ich rechne damit, dass die Endfassung der MaRisk in der zweiten Jahreshälfte 2005 veröffentlicht werden kann. Zu diesem Zwecke wird im April 2004 zunächst eine Arbeitsgruppe zwischen Bundesbank und BaFin gegründet werden, die den ersten BaFin-Entwurf der MaRisk (sog. »Rohling«) fortentwickeln wird. Das Ergebnis dieser Arbeit – also den ersten Entwurf – wird die Bankenaufsicht dann mit Ihnen und der Kreditwirtschaft in dem erwähnten Fachgremium ab voraussichtlich November 2004 ausführlich erörtern und anpassen. Wir hoffen in diesem Zusammenhang auf Ihre Unterstützung und die Fortsetzung der schon bisher engen Zusammenarbeit.

[...]

Anlage 2
Bundesanstalt für Finanzdienstleistungsaufsicht (BaFin)
Erster Entwurf der Mindestanforderungen an das Risikomanagement (MaRisk)
Übermittlungsschreiben vom 2. Februar 2005

[...]

wie in meinem o. g. Schreiben angekündigt, kann ich Ihnen nunmehr einen ersten Entwurf über die »Mindestanforderungen an das Risikomanagement« (MaRisk) zuleiten (Anlage 1). Der Entwurf wurde von Mitarbeitern der Deutschen Bundesbank und meiner Behörde ausgearbeitet; er stellt den »starting point« für den weiteren Abstimmungsprozess dar (MaRisk-Fachgremium, Konsultation), auf den ich am Ende dieses Schreibens noch näher eingehen werde. Zunächst möchte ich jedoch noch einige Punkte von materieller Bedeutung aufgreifen.

Mit den MaRisk sollen wesentliche qualitative Elemente der 2. Säule des Baseler Akkords – also des »Supervisory Review Process« (SRP) – und die für seine Umsetzung maßgeblichen Richtlinienvorhaben auf Brüsseler Ebene in deutsches Recht umgesetzt werden. Ein Kernelement des SRP ist der so genannte »Internal Capital Adequacy Assessment Process« (ICAAP). Danach ist von den Instituten sicherzustellen, dass entsprechend dem individuellen Risikoprofil genügend »internes Kapital« zur Abdeckung aller wesentlichen Risiken vorhanden ist. Wichtige Voraussetzung für diese Gegenüberstellung auf der Basis einer »ganzheitlichen Risikobetrachtung« ist das Vorhandensein angemessener Leitungs-, Steuerungs- und Kontrollprozesse (»robust governance arrangements«), die von den Instituten zu implementieren sind. Es ist demnach vor allem die Qualität der internen »Governance«-Strukturen, die verstärkt in den Fokus der nationalen Aufsichtsbehörden rückt. Den Aufsichtsbehörden wird dabei im Rahmen des »Supervisory Review and Evaluation Process« (SREP) abverlangt, sich – mehr als bisher – aus eigener Anschauung ein Bild über die Qualität dieser Strukturen zu verschaffen. Insoweit wird von dem SRP ein starker Impuls in Richtung »Qualitative Bankenaufsicht« ausgehen.

Sie werden mir sicherlich zustimmen, dass die im Rahmen des SREP vorzunehmenden Beurteilungen durch die Aufsicht nur auf der Basis bestimmter qualitativer Rahmenvorgaben sachgerecht durchgeführt werden können. In diesem Zusammenhang bietet es sich an, auf das bewährte Konzept der Mindestanforderungen[1] zurückzugreifen. Solche Rahmenvorgaben sind nicht nur als Beurteilungsmaßstab für die Aufsicht geeignet; sie sind darüber hinaus transparent und lassen den Instituten aufgrund ihres offenen und flexiblen Charakters einen angemessenen Spielraum für die konkrete Umsetzung. Angesichts der geforderten »ganzheitlichen Risikobetrachtung« liegt es daher auf der Hand, die existierenden Mindestanforderungen – also die MaK, MaH und MaIR – in einem Regelwerk zusammenzufassen und dieses um weitere Elemente zu ergänzen, die im

---

1 Mindestanforderungen an das Kreditgeschäft (MaK), Mindestanforderungen an das Betreiben von Handelsgeschäften (MaH) und die Mindestanforderungen an die Ausgestaltung der Internen Revision (MaIR).

EU-Richtlinientext hervorgehoben werden und für die bislang in Deutschland noch keine Rahmenvorgaben existieren (z.B. Zinsänderungsrisiko). Ergebnis dieser Zusammenführung und damit zugleich grundlegender Beurteilungsmaßstab der Aufsicht werden die MaRisk sein.

Der integrierte Ansatz eröffnet die große Chance zur Entwicklung eines konsistenten und umfassenden Gesamtwerks auf der Basis des § 25a Abs. 1 KWG: Alle betroffenen Gruppen – also vor allem Institute, Prüfer, Verbände aber auch die Aufsicht – können sich künftig einen wesentlich besseren Überblick über die qualitativen Anforderungen verschaffen. Ferner können Schnittstellenprobleme zwischen MaK, MaH und MaIR, die in erster Linie auf deren unterschiedliche Entstehungszeitpunkte (MaK: 2002, MaIR: 2000, MaH: 1995) zurückzuführen sind, sowie Redundanzen ausgeräumt werden. Darüber hinaus können Wertungswidersprüche zugunsten der moderneren Regelungsansätze aufgelöst werden. Dies betrifft insbesondere die Regelungen der MaH, die im Entwurf in vielen Bereichen angepasst und modernisiert wurden. Die Anforderungen der MaK und der MaIR sind – wie in meinem Schreiben vom 15.04.2004 angekündigt – weitgehend deckungsgleich in den Entwurf überführt worden.

Unabhängig von den Ergebnissen des Weiteren Abstimmungsprozesses kann ich Ihnen versichern, dass es sich bei den MaRisk – in der Tradition der MaK – um flexible Rahmenbedingungen handeln wird, die abhängig von der Größe der Institute, deren Geschäftsschwerpunkten und deren Risikosituation eine angemessene Umsetzung der Anforderungen ermöglichen. Einem »One Size fits all«-Anspruch erteile ich insoweit eine klare Absage. Vor allem kleinere Institute in Deutschland müssen daher nicht befürchten, dass ihnen mit den MaRisk das Korsett einer deutschen Großbank übergestülpt wird. Mir ist ferner daran gelegen, dass die MaRisk in enger Kooperation mit der Praxis entwickelt werden. Insbesondere die Erfahrungen mit den MaK haben gezeigt, dass ein solcher Ansatz zu praxisgerechten Regelungen führt und zugleich die Qualität der Aufsicht verbessert wird. Aus diesem Grund wird bereits im Entwicklungsstadium der MaRisk ein Fachgremium bei der BaFin eingerichtet, dessen Aufgabe darin bestehen wird, den Entwurf fachlich weiterzuentwickeln.

I. Terminologie, Aufbau und Erläuterungen zu den MaRisk

Terminologisch orientieren sich die MaRisk weitgehend am § 25a Abs. 1 KWG, der im Zuge der Umsetzung der Finanzkonglomeraterichtlinie in deutsches Recht präzisiert wurde (Bundesgesetzblatt, Jahrgang 2004, Teil I, Nr. 72, 27.12.2004). Gemäß seiner Neufassung sind die Geschäftsleiter eines Institutes u.a. für die Festlegung einer angemessenen Strategie sowie die Einrichtung angemessener interner Kontrollverfahren verantwortlich. Mit der Präzisierung des § 25a Abs. 1 KWG wurde dem Umstand Rechnung getragen, dass sich in der Aufsichtspraxis der BaFin zwischenzeitlich eine bankaufsichtliche Systematik wichtiger Begrifflichkeiten herausgebildet hat. Diese Systematik kommt bereits in den MaIR (Abschnitt 2) sowie den MaK (Abschnitt 1) deutlich zum Ausdruck.

Das »Risikomanagement« i.S. der MaRisk ist elementarer Bestandteil der institutsinternen Leitungs-, Steuerungs- und Kontrollprozesse. Es umfasst dabei – unter Berücksichtigung der Risikotragfähigkeit – als Teil einer ordnungsgemäßen Geschäftsorganisation insbesondere eine angemessene Strategie sowie die Einrichtung angemessener interner Kontrollverfahren, die aus einem internen Kontrollsystem und der Internen Revision bestehen. Das interne Kontrollsystem beinhaltet alle Überwachungsmaßnahmen, die unmittelbar oder mittelbar in die zu überwachenden Arbeitsabläufe integriert sind. Hierzu zählen prozessabhängige Überwachungsmechanismen, die die Aufbau- und Ablauforganisation eines Institutes (z. B. Funktionstrennungen, prozess-immanente Kontrollen) betreffen sowie Prozesse zur Identifizierung, Beurteilung, Steuerung, Überwachung und Kommunikation der Risiken (Risikosteuerungs- und -controllingprozesse). Die Interne Revision ist hingegen grundsätzlich nicht in die betrieblichen Arbeitsabläufe eingebunden; sie ist als prozessunabhängige Stelle im Auftrag der Geschäftsleitung für die Überprüfung und Beurteilung der Funktionsfähigkeit des internen Kontrollsystems zuständig. Die Hierarchie zentraler Begriffe der MaRisk können Sie der Anlage 2 entnehmen.

Der Aufbau der MaRisk wird einer modularen Struktur folgen. Grundlegende Anforderungen, die keinen unmittelbaren spezifischen Bezug auf bestimmte Geschäftsarten bzw. Risikokategorien nehmen, sind in einem allgemeinen Teil (AT) vor die Klammer gezogen worden. Spezifische Anforderungen an die Aufbau- und Ablauforganisation im Kredit- und Handelsgeschäft, die Prozesse zur Identifizierung, Beurteilung, Steuerung, Überwachung und Kommunikation bestimmter Risiken (»Risikosteuerungs- und -controllingprozesse«) sowie die Interne Revision sind in einem besonderen Teil (BT) niedergelegt. Anlage 3 enthält einen Überblick über den Aufbau des Entwurfs zu den MaRisk.

Der modulare Aufbau hat verschiedene Vorteile: So ist z. B. im Hinblick auf die Integration der MaK ein sehr hoher Wiedererkennungswert gewährleistet. Grundlegende Anforderungen der MaK (z. B. Abschnitt 3.1, Verantwortung der Geschäftsleitung) sind im AT vor die Klammer gezogen worden. Die Anforderungen aus dem Abschnitt 4 der MaK (Organisation des Kreditgeschäfts) sind weitgehend deckungsgleich in BTO 1.1 integriert worden, während die Anforderungen aus Abschnitt 6 der MaK (Identifizierung, Steuerung und Überwachung im Kreditgeschäft) in den BTR 1.1 überführt wurden.

Die modulare Struktur hat darüber hinaus den großen Vorteil, dass Anpassungen der Anforderungen an neue Entwicklungen in der Praxis einfacher umgesetzt werden können, da sich die Anpassungen ggf. nur auf die zeitnahe Überarbeitung einzelner Module beschränken können. Auch mit neuen Regelungsbereichen kann in der Zukunft einfacher umgegangen werden, da – falls erforderlich – zusätzliche Module in die MaRisk integriert werden können.

Von Bedeutung sind ferner die »Erläuterungen zu den MaRisk« (Anlage 4). Sie enthalten weiterführende Hinweise zu einzelnen Textziffern der MaRisk.

II.   Integration des ICAAP in die MaRisk

Der Kerngedanke des ICAAP besteht – wie eingangs bereits erwähnt – darin, dass bei den Instituten entsprechend dem individuellen Risikoprofil genügend »internes Kapital« zur Abdeckung aller wesentlichen Risiken vorhanden sein soll. Dabei geht es nicht nur in erster Linie um die Funktion des »internen Kapitals« als Risiko-Deckungsgröße; das »interne Kapital« stellt vielmehr auch eine interne Steuerungsgröße dar, die immanenter Bestandteil einer weitergehenden Prozesskette ist (Berücksichtigung im Rahmen der Strategie und Verknüpfung mit den Verfahren zur Steuerung und Überwachung der Risiken).

Für die Zwecke der Überführung dieser Anforderungen in die MaRisk wird in erster Linie auf das Konzept der Risikotragfähigkeit abgestellt (AT 4.1). Die Risikotragfähigkeit ist dann gegeben, wenn die Risiken durch das Risikodeckungspotenzial (= »internes Kapital«) abgedeckt sind. Die Risikotragfähigkeit ist im Rahmen der Festlegung der Strategie zu berücksichtigen (AT 4.2); sie ist ferner mit den Prozessen zur Identifizierung, Beurteilung, Steuerung, Überwachung und Kommunikation der Risiken zu verknüpfen (AT 4.3.2). Vergleichbare Anforderungen existieren in wesentlichen Teilbereichen bereits jetzt: So fordern etwa die MaK, dass u. a. auf der Basis der Risikotragfähigkeit eine Kreditrisikostrategie sowie die Maßnahmen zur Steuerung der Risiken im Kreditgeschäft festzulegen sind. Auch nach den MaH sind ähnliche Anforderungen bei der Ausgestaltung der Limitsysteme zu berücksichtigen. Insoweit werden durch die Integration des ICAAP in die MaRisk keine vollständig neuen Anforderungen an die deutschen Institute gestellt.

III.   Operationelle Risiken

Unter operationellen Risiken versteht man nach der gängigen Definition Verlustrisiken, die ihre Ursache in inadäquaten und fehlerhaften internen Prozessen, Personen und Systemen oder externen Ereignissen haben. Den operationellen Risiken kommt eine ganz erhebliche Bedeutung zu; neben den quantitativen Regelungen sind daher auch qualitative Aspekte sowohl auf Baseler als auch auf Brüsseler Ebene adressiert worden (z. B. die »Sound Practices for the Management and Supervision of Operational Risk«).

Im Rahmen der Integration entsprechender qualitativer Anforderungen in die MaRisk ist allerdings zu berücksichtigen, dass – ausgehend von der o. g. sehr umfassenden OpRisk-Definition – in Deutschland bereits zahlreiche Aspekte durch das bestehende Set an Mindestanforderungen abgedeckt sind. So zielen z. B. etliche Anforderungen der MaK im Ergebnis auf die Reduzierung operationeller Risiken im Kreditgeschäft ab (z. B. Implementierung von Organisationsrichtlinien, Qualifikation der Mitarbeiter, Prozessanforderungen). Gleiches gilt für die Anforderungen der MaH und der MaIR.

Der »übergreifende« Charakter des operationellen Risikos spiegelt sich dementsprechend auch im Entwurf der MaRisk wieder, der eine Vielzahl von OpRisk-relevanten Anforderungen enthält (z. B. Organisationsrichtlinien – AT 5, Ressourcen – AT 7). Diese finden sich allerdings überwiegend nicht in einem separaten OpRisk-Modul, weil dadurch die Grundstruktur der MaRisk in Mitleidenschaft gezogen worden wäre. Insbesondere wäre ein hoher Wiedererkennungswert – vor allem im Hinblick auf die MaK – damit nicht mehr gewährleistet. Direkt adressiert wird das OpRisk daher nur in BTR 1.5. In diesem Modul geht es um angemessene Risikosteuerungs- und -controllingprozesse, also v. a. die Identifizierung von operationellen Risiken und eingetretenen wesentlichen Schäden, deren Analyse, Beseitigung, Überwachung und Kommunikation. Die Integration »spezifischer« OpRisk-Anforderungen in ein vergleichsweise schlankes Modul bedeutet allerdings nicht, dass dem operationellen Risiko in den MaRisk ein geringer Stellenwert eingeräumt wird. Im Gegenteil: dem Umgang mit operationellen Risiken wird über alle Anforderungen des gesamten Entwurfs hinweg ein zentraler – wenn nicht sogar überragender – Stellenwert eingeräumt.

IV. Neue Risikokategorien

Für bestimmte Risikokategorien existieren bislang in Deutschland keine umfassenden qualitativen Standards. Hierzu gehören neben dem bereits angesprochenen OpRisk insbesondere das Zinsänderungsrisiko (auf Gesamtinstitutsebene) und das Liquiditätsrisiko. In den Modulen BTR 1.3 und 1.4 befinden sich Anforderungen an die Identifizierung, Beurteilung, Steuerung, Überwachung und Kommunikation dieser Risiken (Risikosteuerungs- und -controllingprozesse). Vor allem im Hinblick auf die qualitativen Anforderungen, die das Zinsänderungsrisiko betreffen, erhoffe ich mir im weiteren Diskussionsprozess wertvolle Hinweise von Institutsvertretern, Prüfern und Verbänden.

V. MaRisk-Fachgremium und anschließende Konsultation

Der vorliegende Entwurf wird abweichend von dem bislang bei Konsultationen üblichen Procedere zunächst einem Fachgremium vorgelegt, dem Experten aus der Industrie, Prüfer, Verbandsvertreter sowie Aufseher angehören. Aufgabe des MaRisk-Fachgremiums wird die fachliche Weiterentwicklung des Entwurfs sein. Die konstituierende Sitzung des MaRisk-Fachgremiums wird voraussichtlich im April dieses Jahres stattfinden. Nach Abschluss der Arbeiten des Gremiums – voraussichtlich im Juli 2005 – wird ein überarbeiteter Entwurf allen Verbänden zur Konsultation vorgelegt. Nach dem gegebenen Stand der Dinge ist zu erwarten, dass die Endfassung der MaRisk im vierten Quartal dieses Jahres veröffentlicht werden kann.

Sie werden mir sicherlich zustimmen, dass die Arbeitsfähigkeit des Gremiums bei einer zu großen Anzahl von Teilnehmern erheblich beeinträchtigt sein würde. Daher können nicht alle Verbände – ob nun durch Experten aus Instituten oder durch Verbandsvertreter – im MaRisk-Fachgremium berücksichtigt werden. Ich bitte in diesem Zusammenhang um Ihr Verständnis. Die Vertreter des MaRisk-Fachgremiums stehen bereits fest und werden von mir in einem gesonderten Schreiben über Details der Arbeitsabläufe im Gremium informiert. Unabhängig davon begrüße ich es, wenn mir die nicht im Fachgremium vertretenen Verbände bis Ende März 2005 fachliche Stellungnahmen zum vorliegenden Entwurf zuleiten. Darüber hinaus besteht für diese Verbände – wie ich oben bereits erwähnte – die Möglichkeit, an dem offiziellen Konsultationsprozess teilzunehmen, der voraussichtlich ab Mitte 2005 eingeleitet wird. Über die dann anstehenden Termine werde ich alle Verbände rechtzeitig informieren.

Es ist vorgesehen, Stellungnahmen zum Entwurf auf der Homepage der BaFin zu veröffentlichen, soweit die Verfasser der Stellungnahmen dagegen keine Einwände haben.

Für alle weiteren Arbeitsschritte hoffe ich auf Ihre Unterstützung und die Fortsetzung der schon bisher konstruktiven Zusammenarbeit.

[...]

Anlage 3
Bundesanstalt für Finanzdienstleistungsaufsicht (BaFin)
Zweiter Entwurf der Mindestanforderungen an das Risikomanagement (MaRisk)
Übermittlungsschreiben vom 22. September 2005

[...]

nachdem der Inhalt des ersten Entwurfs über die »Mindestanforderungen an das Risikomanagement« (MaRisk) vom 02.02.2005 im Rahmen mehrerer Sitzungen des MaRisk-Fachgremiums intensiv diskutiert wurde, kann ich Ihnen nunmehr einen zweiten offiziellen Entwurf sowie ergänzende Dokumente zuleiten (Anlagen).

Die Diskussion im Fachgremium, dem Experten aus kleineren und größeren Kreditinstituten, Prüfer, Verbandsvertreter sowie Aufseher angehören, wurde in einer ausgesprochen konstruktiven Atmosphäre geführt. Für zahlreiche offene Punkte des ersten Entwurfs konnten praxisgerechte Lösungen gefunden werden. Zudem sind viele Anforderungen flexibler gestaltet worden, so dass sich vor allem für die kleineren Institute in Deutschland neue Gestaltungsspielräume ergeben. Die Änderungen tragen gleichzeitig dazu bei, dass bürokratischer Aufwand vermieden und damit ein Beitrag zur Deregulierung geleistet wird. Wegen der guten Erfahrungen mit dem MaRisk-Fachgremium werde ich auch künftig bei der Ausarbeitung bankaufsichtlicher Regelwerke am institutionalisierten Austausch mit der Praxis festhalten. Im Fachgremium sollen dabei – gesteuert über die jeweilige Tagesordnung – verstärkt Themen diskutiert werden, die für bestimmte Gruppen von Instituten von besonderer Relevanz sind. Ich denke in diesem Zusammenhang zunächst an die spezielle Ausganglage der kleineren Institute. Ich bitte Sie daher bereits jetzt um die Nennung von Vertretern aus kleineren Häusern.

Im Rahmen der Erstellung des zweiten Entwurfs sind natürlich auch die schriftlichen Stellungnahmen der Verbände berücksichtigt worden, die bislang nicht im Fachgremium vertreten sind. Mit den maßgeblichen Verbänden der Finanzdienstleistungsinstitute und der Kapitalanlagegesellschaften wurden darüber hinaus parallel zum Fachgremium bilaterale Gespräche geführt. Die als Resultat dieser Gespräche eingefügten Passagen in AT 2.1 (Anwenderkreis) tragen der besonderen Situation dieser Institutsgruppen Rechnung.

Folgende Änderungen sind gegenüber der Entwurfsfassung vom 02.02.2005 von besonderer Bedeutung:

– Alle Teilnehmer des Fachgremiums setzten sich im Bereich Marktpreisrisiko (BTR 2) nachdrücklich für eine Differenzierung zwischen Handelsbuch und Anlagebuch ein. Die separate Behandlung auf der Basis des § 1 Abs. 12 KWG (Handelsbuchdefinition) hat zunächst den Vorteil, dass für beide Bücher angemessene Berichts- und Bewertungsintervalle formuliert werden können. Zudem ist auf diese Weise das »Zinsänderungsrisiko im Anlagebuch« pragmatisch in den MaRisk adressiert worden. Die Differenzierung zwischen Handelsbuch und

Anlagebuch, die auf einen Vorschlag der Teilnehmer aus dem Genossenschaftssektor zurückgeht, ist ohne Zweifel das wichtigste Diskussionsergebnis des MaRisk-Fachgremiums.

- Alle Dokumentationsanforderungen des ersten Entwurfs wurden zugunsten einer »Generalklausel« gestrichen. Damit werden den Instituten breite Spielräume im Hinblick auf erforderliche Dokumentationen eröffnet.

- Für die nach § 25a Abs. 1a KWG erforderliche »Anwendung auf Gruppenebene« wurde eine sachgerechte Lösung gefunden, die die konkrete Ausgestaltung des Verfahrens zur Steuerung und Überwachung aller wesentlichen Risiken in das Ermessen des übergeordneten Unternehmens stellt und zugleich keine einheitliche Methodik vorgibt.

- Mein Vorhaben, die Regelungen der »Mindestanforderungen an das Betreiben von Handelsgeschäften« (MaH) aus dem Jahr 1995 praxisgerechter zu gestalten und damit zu modernisieren, wurde im zweiten Entwurf konsequent fortgesetzt. So wurden in den neuen Entwurf weitere Flexibilisierungen im Bereich der prozessualen Anforderungen des BTO 2.2 eingefügt (z.B. Marktgerechtigkeitsprüfung, Einordnung von handelbaren Forderungen als Handels- oder Kreditgeschäft, Prolongationen auf alter Kursbasis).

- Der zweite Entwurf sieht gegenüber den »Mindestanforderungen an die Ausgestaltung der Internen Revision« (MaIR) eine stärkere Stellung der Konzernrevision vor, die sich unter Qualitätsgesichtspunkten, insbesondere auf der Ebene der Tochterbanken, positiv auf die Revisionstätigkeit auswirken sollte.

Der neue Entwurfstext enthält darüber hinaus eine Vielzahl weiterer Änderungen, die auf Initiative des Fachgremiums eingearbeitet wurden. Anregungen, die eher technischer Natur sind (z.B. Nummerierung der MaRisk, Hinweis auf wegfallende Schreiben) werde ich im Vorfeld der Veröffentlichung der Endfassung der MaRisk aufgreifen.

Grundsätzlicher Klärungsbedarf besteht lediglich noch im Hinblick auf § 25a Abs. 1 Nr. 1 KWG, nach dem jedes Institut eine angemessene (Geschäfts-)Strategie festzulegen hat. Die gesetzliche Regelung, die auch Gegenstand des MaRisk-Entwurfs ist, löste bei Verbänden der Kreditwirtschaft Befürchtungen aus, dass die Aufsicht in die konkrete Geschäftspolitik der Institute eingreifen könnte. Diese Befürchtungen sind unbegründet, da derartige Eingriffe weder im Einklang mit meinem Aufsichtskonzept ständen noch mit marktwirtschaftlichen Prinzipien vereinbar wären. Die deutsche Bankenaufsicht enthält sich jedweder Einflussnahme auf die geschäftspolitischen Entscheidungen der von ihr beaufsichtigten Institute. Ich habe daher zur Klarstellung einen entsprechenden Passus in die Erläuterungen des Entwurfs unter AT 4.2 (Strategie) eingefügt. Weitere Anpassungen des Regelungstextes bzw. der Erläuterungen greifen Befürchtungen im Zusammenhang mit der Detailtiefe der Strategie sowie dem Adressatenkreis der Strategie auf.

Der Wortlaut des Gesetzes sowie die korrespondierenden Passagen aus dem MaRisk-Entwurf zielen vielmehr darauf ab, dass zwischen den in der Strategie niedergelegten geschäftspolitischen Zielen und den sich daraus ergebenden risikopolitischen Notwendigkeiten (z.B. Limitvergaben) ein Zusammenhang besteht. In dieser Hinsicht besteht zwischen den Verbänden der Kreditwirtschaft und der Aufsicht kein echter Dissens. Ich bin daher zuversichtlich, dass auch dieser letzte offene Punkt im Verlauf der weiteren Konsultationen geklärt wird.

Bezüglich eines weiteren Punktes, der die Trennung des Rechnungswesens vom Handel betrifft, bitte ich vor allem die Verbände, die größere Häuser vertreten, um Ihre Expertise. Nach dem Entwurf ist hier – im Unterschied zur geltenden MaH-Regelung, die eine Trennung des Rechnungswesens bis einschließlich der Ebene der Geschäftsleitung vorsieht – nur noch eine Trennung unterhalb der Ebene der Geschäftsleitung erforderlich. Aus der Praxis wurden mittlerweile Bedenken geäußert, ob eine solche Trennung – vor allem bei größeren Häusern mit signifikanten Handelsaktivitäten – wirklich sachgerecht ist. So könnte die Ansiedlung des Rechnungswesens in der Linie des Handelsvorstands vor dem Hintergrund der erheblichen Wahlrechte und Gestaltungsspielräume einschlägiger Rechnungslegungsnormen (HGB, IFRS, US-GAAP) Interessenkollisionen zur Konsequenz haben, die durch eine Trennung bis einschließlich in die Ebene der Geschäftsleitung zumindest abgeschwächt werden können.

Hinsichtlich der Zeiträume für die Umsetzung der MaRisk stehen noch keine Termine fest. Ich bin sicher, dass sich wegen dieser Frage im Verlauf der weiteren Konsultationen eine pragmatische Lösung finden wird. Von meiner Seite besteht jedenfalls nicht die Absicht, unnötigen Zeitdruck auf die Institute auszuüben.

Ich bitte Sie, Ihre Stellungnahmen bis zum 07.11.2005 der Bundesanstalt für Finanzdienstleistungsaufsicht postalisch oder via E-Mail (konsultation-07-05@bafin.de) zuzuleiten. Soweit es erforderlich sein sollte, wird nach Eingang Ihrer Stellungnahmen eine Anhörung stattfinden. Über einen Termin werde ich Sie rechtzeitig informieren.

Dieses Schreiben sowie die Anlagen sind unter www.bafin.de/Konsultationen abrufbar. Ich beabsichtige, auch Ihre Stellungnahmen im Internet zu veröffentlichen. Daher bitte ich Sie mir mitzuteilen, wenn Sie mit einer Veröffentlichung Ihrer Stellungnahme oder deren Weitergabe an Dritte nicht einverstanden sind.

[...]

Anlage 4
Bundesanstalt für Finanzdienstleistungsaufsicht (BaFin)
Rundschreiben 18/2005 (BA) über Mindestanforderungen an das Risikomanagement (MaRisk)
Übermittlungsschreiben vom 20. Dezember 2005

[...]

nach Durchsicht Ihrer Stellungnahmen zum zweiten Entwurf der »Mindestanforderungen an das Risikomanagement« (MaRisk) vom 22.09.2005 leite ich Ihnen nunmehr die Endfassung des Rundschreibens zu. Das Rundschreiben sowie ergänzende Dokumente sind diesem Schreiben als Anlage beigefügt.

Ich freue mich zunächst über den positiven Tenor Ihrer Stellungnahmen. So betonen die Spitzenverbände der Kreditwirtschaft, dass vor allem die Mitwirkung des MaRisk-Fachgremiums dazu beigetragen hat, die Anforderungen an die Praxis anzupassen und darüber hinaus zu flexibilisieren. Diese positive Haltung bestärkt mich darin, auch künftig am institutionalisierten Austausch mit der Praxis festzuhalten.

Bei der Erstellung der Endfassung des Rundschreibens sind zahlreiche Anmerkungen aus Ihren Stellungnahmen berücksichtigt worden. Für die Thematik »(Geschäfts-)Strategie vs. Risikostrategie« konnte im Verlauf der Konsultation mit den Spitzenverbänden der Kreditwirtschaft eine sachgerechte Lösung gefunden werden (AT 4.2). Folgende Punkte sind darüber hinaus von besonderer Bedeutung.

I.   MaRisk und Prüfungspraxis

Mehrere Verbände äußerten die Besorgnis, dass die flexible und risikoorientierte Grundausrichtung der MaRisk durch eine Prüfungspraxis, die allein auf das »Abhaken« formaler Kriterien abstellt, nachträglich eingeschränkt werden könnte. Solche Entwicklungen wären auch aus meiner Sicht nicht akzeptabel. Die Prüfung der Mindestanforderungen verlangt einen risikoorientierten Prüfungsansatz, der an den institutsspezifischen Gegebenheiten ansetzt und diese mitberücksichtigt (z.B. Größe des Institutes, Geschäftsumfang, Komplexität der betriebenen Geschäfte, Risikoprofil); nur so können angemessene Feststellungen getroffen werden. Ich habe daher einen Passus in den allgemeinen Teil der MaRisk eingefügt, der die Notwendigkeit risikoorientierter Prüfungshandlungen noch deutlicher als bisher zum Ausdruck bringt (AT 1 Tz. 4). Nicht gedeckt von der offenen Grundausrichtung der MaRisk sind aus meiner Sicht auch überzogene Dokumentations- und Rechtfertigungszwänge bei der Inanspruchnahme von Öffnungsklauseln durch die Institute. Ich habe daher an passender Stelle den Grundsatz der Wesentlichkeit stärker betont (AT 6 Tz. 2). Um dem von mir präferierten risikoorientierten Prüfungsansatz Nachdruck zu verleihen, werde ich zudem weitere Prüfer um ihre Mitarbeit im MaRisk-Fachgremium bitten.

II. Kleine Kreditinstitute

Bei kleinen Kreditinstituten führte die in den MaK vorgesehene Trennung der Bereiche Markt und Marktfolge bis einschließlich in die Ebene der Geschäftsleitung häufig zu Umsetzungsproblemen. Insbesondere waren aufgrund der begrenzten Zahl von qualifizierten Mitarbeitern im Kreditgeschäft keine sachgerechten Vertretungsregelungen darstellbar. Um dieser Problematik abzuhelfen, hatte ich für kleine Kreditinstitute unter bestimmten Voraussetzungen Ausnahmen von den Regelungen zur Funktionstrennung eingeräumt (Schreiben der BaFin vom 12.08.2004). Eine wesentliche Voraussetzung für die Inanspruchnahme dieser Erleichterung, die derzeit von rund 250 Kreditinstituten in Anspruch genommen werden kann, ist die Höhe des Kreditvolumens eines Kreditinstitutes (Höhe des Kreditvolumens ≤ 50 Millionen Euro). Dieses Kriterium habe ich jetzt auf 100 Millionen Euro erhöht (BTO 1.1 Tz. 1), so dass deutlich mehr Kreditinstitute in Deutschland diese Erleichterung in Anspruch nehmen können.

Mir liegt sehr viel daran, dass die MaRisk risikoadäquat von den Kreditinstituten umgesetzt werden können. Daher enthalten die MaRisk zahlreiche Öffnungsklauseln, die vor allem den kleinen Kreditinstituten Gestaltungsspielräume für individuelle Umsetzungslösungen einräumen. Die Mitwirkung von Vertretern kleinerer Kreditinstitute im MaRisk-Fachgremium trägt ebenfalls dazu bei, dass den berechtigten Belangen dieser Kreditinstitute Rechnung getragen wird. Um der besonderen Situation der kleinen Banken in Deutschland noch mehr Gewicht zu verleihen, sollen künftig Sondersitzungen des Fachgremiums stattfinden, zu denen neben Verbandsvertretern und Prüfern ausschließlich Vertreter kleinerer Kreditinstitute eingeladen werden.

III. MaRisk und Anforderungen der Säule II

Da von Seiten der Institute ein nachvollziehbares Interesse an Rechts- und Planungssicherheit besteht, haben sich die Spitzenverbände der Kreditwirtschaft dafür ausgesprochen, dass mit den MaRisk die an die Institute gerichteten qualitativen Anforderungen der Säule 2 (»Supervisory Review Process« – SRP) abgedeckt werden sollten. Ohne dem Gesetzgeber vorgreifen zu wollen, ist davon nach der Verabschiedung der Capital Requirements Directive (CRD), die zum 01.01.2007 in deutsches Recht umzusetzen ist, mit sehr großer Wahrscheinlichkeit auszugehen. Mit den MaRisk sollen daher auf der Basis des § 25a Abs. 1 KWG die an die Institute gerichteten qualitativen Elemente des SRP abschließend adressiert werden. Ein Entwurf für die Neufassung des § 25a Abs. 1 KWG, der die maßgeblichen Art. 22 i.V.m. Annex V sowie Art. 123 der CRD (»Robust Governance Arrangements«, »Internal Capital Adequacy Assessment Process« – ICAAP) umsetzen soll, ist am 06.12.2005 an die Verbände gesandt worden.

Nach dem heutigen Stand der Dinge sehe ich im Zusammenhang mit der Umsetzung des SRP keinen über die MaRisk hinausgehenden Regelungsbedarf (z.B. IT-Mindestanforderungen). Soweit ein solcher Bedarf in der Zukunft für bestimmte Bereiche bestehen sollte, wird dies im Rahmen der MaRisk und unter Einbeziehung des Fachgremiums geschehen. Die modulare Struktur der MaRisk eröffnet in diesem Zusammenhang die notwendige Flexibilität für ggf. erforderliche Anpassungen oder Ergänzungen des Gesamtwerks. So ist etwa vorgesehen, das Outsourcing-Rundschreiben nach gründlicher Überarbeitung durch die Aufsicht und anschließender Diskussion im Fachgremium in die MaRisk zu integrieren. Ziel ist dabei die Entwicklung flexibler und praxisnaher Regelungen zur Auslagerung, die nahtlos an den prinzipienorientierten Ansatz der MaRisk anknüpfen.

IV. Umsetzung der MaRisk

Die neuen Mindestanforderungen lösen meine in Anlage 6 genannten Schreiben ab. Soweit die neuen Anforderungen – auch in modifizierter Form – unmittelbar aus den bisherigen Regelwerken (MaK, MaH, MaIR) in die MaRisk überführt wurden, entfalten sie mit ihrer Veröffentlichung unmittelbare Bindungswirkung und schränken entsprechend ihrer deregulierenden Stoßrichtung die Auslegung und Anwendung des § 25a Abs. 1 KWG in der Aufsichtspraxis ein. Folglich können die hier vorgesehenen Entlastungen und zusätzlich eingeräumten Gestaltungsspielräume von den Instituten mit sofortiger Wirkung in Anspruch genommen werden. Die sonstigen, über die bisherigen Regelungen hinausgehenden Anforderungen der MaRisk, die die Vorgaben der CRD zum SRP und insbesondere zum ICAAP konkretisieren, können sinnvoll erst im Gesamtkontext der Umsetzung der CRD in deutsches Recht und damit entsprechend der durch Art. 157 Abs. 1 der CRD vorgegebenen Frist erst zum 01.01.2007 zum Tragen kommen.

Für Institute, die das Wahlrecht gemäß Art. 152 Abs. 7 der CRD in Anspruch nehmen, erlauben die EU-rechtlichen Vorgaben einen Anwendungsaufschub bis zum 01.01.2008. Mir ist selbstverständlich bewusst, dass die Arbeiten zur Vorbereitung auf die künftige, nach Umsetzung der CRD maßgebliche Rechtslage für die Institute eine große Herausforderung darstellen. Ich habe dementsprechend bereits in meinem Anschreiben zum zweiten Entwurf der MaRisk vom 22.09.2005 deutlich zum Ausdruck gebracht, dass ich hinsichtlich der Umsetzung der MaRisk keinen unnötigen Zeitdruck auf die Institute ausüben will.

Sollten sich bei der Umsetzung der MaRisk Schwierigkeiten ergeben, die nur mit nicht mehr vertretbarem Aufwand überwunden werden könnten (z.B. im Bereich komplexer IT-Anpassungen oder weil erforderliche Ressourcen durch Umsetzungsarbeiten in anderen Bereichen der Basel-II-Umsetzung gebunden sind) so würde ich dies im Rahmen einer Gesamtwürdigung des jeweiligen Einzelfalls selbstverständlich berücksichtigen und aus Gründen der Verhältnismäßigkeit auf Maßnahmen auf der Grundlage des § 25a Abs. 1 KWG jedenfalls bis zum 01.01.2008 verzichten. Diese pragmatische Vorgehensweise trägt auch einem kurzfristig vorgetragenen Anliegen des Zentralen Kreditausschusses Rechnung.

Die MaRisk sind der zentrale Baustein für die neue qualitative Aufsicht in Deutschland. Mit ihnen wird die Abkehr von der traditionell Regel basierten Aufsicht hin zu einer prinzipien-orientierten Aufsicht und damit gleichzeitig ein Paradigmenwechsel eingeläutet, der sowohl Form und Stil der Regulierung als auch die bankaufsichtliche Praxis verändern wird. Den Instituten werden durch die Öffnungsklauseln der MaRisk vielfältige Gestaltungsspielräume eingeräumt, die deren Eigenverantwortung stärken. Ich gehe davon aus, dass diese Gestaltungsspielräume auf sachgerechte Weise von den Instituten mit Leben gefüllt werden.

Von Prüfern erwarte ich die Beachtung des risikoorientierten Prüfungsansatzes. Wenn alle Beteiligten (Institute, Prüfer und Aufsicht) ihrer neuen Rolle gerecht werden, wird die neue Aufsichtsphilosophie von Erfolg gekrönt sein.

[...]

Anlage 5
Bundesanstalt für Finanzdienstleistungsaufsicht (BaFin)
»Wegfallende Schreiben«
Erste Liste vom 20. Dezember 2005

Folgende Rundschreiben, Verlautbarungen, sonstigen Schreiben und Protokolle werden von den Mindestanforderungen an das Risikomanagement (MaRisk) abgelöst:

Mindestanforderungen an das Kreditgeschäft der Kreditinstitute
- Mindestanforderungen an das Kreditgeschäft der Kreditinstitute (MaK), Rundschreiben 34/2002 (BA) vom 20.12.2002
- Anschreiben zur Endfassung der MaK vom 20.12.2002
- Anschreiben zum zweiten Entwurf der MaK vom 02.10.2002
- Schreiben BA 14 – GS 5422 – 2/2004 vom 12.08.2004: Erleichterungen für bestimmte Institute hinsichtlich der Funktionstrennung
- Protokoll zur ersten Sitzung des MaK-Fachgremiums am 14.05.2003
- Protokoll zur zweiten Sitzung des MaK-Fachgremiums am 10.07.2003
- Protokoll zur dritten Sitzung des MaK-Fachgremiums am 12.11.2003
- Protokoll zur vierten Sitzung des MaK-Fachgremiums am 27.04.2004
- Protokoll zur fünften Sitzung des MaK-Fachgremiums am 23.09.2004

Mindestanforderungen an das Betreiben von Handelsgeschäften der Kreditinstitute
- Mindestanforderungen an das Betreiben von Handelsgeschäften der Kreditinstitute (MaH), Verlautbarung vom 23.10.1995
- Anschreiben zur Endfassung der MaH vom 23.10.1995
- Erläuterungen zu einzelnen Regelungen der Mindestanforderungen an das Betreiben von Handelsgeschäften der Kreditinstitute, Rundschreiben 4/1998 vom 08.04.1998
- Ergänzende Hinweise zu den Mindestanforderungen an das Betreiben von Handelsgeschäften der Kreditinstitute, Revisionsberichte und Marktgerechtigkeitsprüfung, Rundschreiben 5/2001 vom 12.09.2001

Mindestanforderungen an die Ausgestaltung der Internen Revision der Kreditinstitute
- Mindestanforderungen an die Ausgestaltung der Internen Revision der Kreditinstitute, Rundschreiben 1/2000 vom 17.10.2000

Zinsänderungsrisiko
- Schreiben I 4 – 32 vom 06.05.1974 (Risiken aus Währungstermingeschäften)
- Schreiben I 1 – 31 – 2/77 vom 23.11.1977 (Kreditgewährung zu Festzinssätzen)
- Schreiben I 1 – 31 – 2/77 vom 24.02.1983 (Zinsänderungsrisiko)
- Schreiben I 1 – 31 – 2/77 vom 12.12.1983 (Zinsänderungsrisiko)

Liste wegfallender Schreiben vom 20. Dezember 2005

- Schreiben I 1 – 31 – 2/77 vom 19.01.1984 (Zinsänderungsrisiko)
- Überprüfung von Zinsänderungsrisiken, Rundschreiben 12/1998 vom 14.08.1998

Sonstiges
- Schreiben I 3 – 362 – 3/82 vom 16.10.1992 (Grenzüberschreitende Datenfernverarbeitung im Bankbuchführungswesen)

Anlage 6
Bundesanstalt für Finanzdienstleistungsaufsicht (BaFin)
Sitzung des MaRisk-Fachgremiums am 4. Mai 2006
Protokoll

[...]

II. Informationen und Sachstandsberichte

Zinsänderungsrisiken und Outlier-Kriterium

Ein Vertreter der BaFin informiert über den derzeitigen Sachstand der Umsetzung des Artikels 124 Abs. 5 der CRD (»Outlier-Kriterium«) in nationales Recht. In der aktuellen Fassung des Konsultationspapiers (CP 11) vom Committee of European Banking Supervisors (CEBS), das den Verbänden derzeit zur Stellungnahme vorliegt, wird grundsätzlich von einem standardisierten Zinsschock in Höhe von 200 Basispunkten ausgegangen. Eine bestimmte Methode zur Berechnung der Auswirkungen des Zinsschocks auf die Institute wird in dem Papier jedoch nicht spezifiziert. Die Aufsicht sichert zu, für die nationale Umsetzung des Zinsschocks – die im Übrigen nicht im Rahmen der MaRisk erfolgt – eine pragmatische Lösung zu finden, die unnötige Belastungen von der Kreditwirtschaft fernhält. Vorgaben werden von aufsichtlicher Seite nur insoweit gemacht, wie es zur Sicherstellung eines Mindestmaßes an Vergleichbarkeit der Ergebnisse erforderlich ist. Die Aufsicht wird diesbezüglich die schon begonnenen Konsultationen mit den Verbänden fortsetzen.

Überarbeitung geltender Outsourcing-Regelungen

Die BaFin hat im Anschreiben zur Endfassung der MaRisk vom 20.12.2005 angekündigt, die geltenden Outsourcing-Regelungen grundsätzlich zu überarbeiten und anschließend in die MaRisk zu integrieren. Ziel ist die Entwicklung flexibler und praxisnaher Regelungen, die nahtlos an den prinzipienorientierten Ansatz der MaRisk anknüpfen. Für diese Zwecke führt die BaFin gegenwärtig intensive Gespräche mit Experten aus der Praxis. Die dabei gewonnenen Erkenntnisse sollen in einen so genannten »Rohling« überführt werden, der anschließend mit der Deutschen Bundesbank diskutiert wird. Nach Abstimmung mit der Bundesbank wird die BaFin einen ersten Entwurf vorlegen, der im Rahmen von Sondersitzungen des MaRisk-Fachgremiums weiterentwickelt werden soll. Zu diesen Sondersitzungen werden auch Outsourcing-Experten aus den einzelnen Verbänden eingeladen. Die erste Sondersitzung wird voraussichtlich im Spätsommer dieses Jahres stattfinden. Nach Abschluss der Diskussionen im Fachgremium findet eine offizielle Konsultationsphase statt. Nach dem gegebenen Stand der Dinge ist zu erwarten, dass die neuen Outsourcing-Regelungen gegen Ende dieses Jahres in die MaRisk integriert werden können.

Überarbeitung der Prüfungsberichtsverordnung

Die Umsetzung von Basel II sowie praktische Erwägungen machen es erforderlich, dass die Prüfungsberichtsverordnung (PrüfbV) überarbeitet wird. Die PrüfbV soll insgesamt risikoorientierter ausgestaltet und verschlankt werden, indem z.B. rein deskriptive Teile der Berichterstattung durch den Abschlussprüfer reduziert werden. Gegenwärtig diskutieren Bundesbank und BaFin, unterstützt vom Institut der Wirtschaftsprüfer (IDW), über die Neugestaltung der PrüfbV. Es ist zu erwarten, dass im Spätsommer 2006 ein erster PrüfbV-Entwurf veröffentlicht wird, der anschließend mit den Verbänden diskutiert wird.

III. MaRisk

III.1. Allgemeine Themen

Organisatorisch-strukturelle Fragen

Im Hinblick auf die Kommunikation der Ergebnisse des MaRisk-Fachgremiums wird folgende Verfahrensweise vereinbart:

- es werden Protokolle zu jeder Sitzung erstellt, die auf den Internetseiten von BaFin und Bundesbank veröffentlicht werden. Da das MaRisk-Fachgremium an den »Arbeitskreis Basel II« angebunden ist, werden die Protokolle vorab dem Arbeitskreis vorgelegt,
- soweit die Ergebnisse des Fachgremiums Anpassungen des Regelungstextes oder der Erläuterungen zu den MaRisk erforderlich machen, werden diese Anpassungen in ein Gesamtdokument (Regelungstext inklusive Erläuterungen) eingefügt und kenntlich gemacht. An den entsprechenden Stellen wird zudem auf die jeweiligen Protokolle verwiesen. Das jeweils aktuelle Gesamtdokument wird in zwei Versionen (Änderungsmodus und Lesefassung) neben der Ursprungsversion der MaRisk vom 20.12.2005 auf den Internetseiten von BaFin und Bundesbank veröffentlicht,
- die Mitglieder des Fachgremiums würden es darüber hinaus für sinnvoll halten, wenn die BaFin einen »E-Mail-Alert« zu aktuellen MaRisk-Entwicklungen einrichtet, den interessierte Kreise beziehen können. Die BaFin-Teilnehmer werden sich für diese Zwecke an die zuständigen Stellen ihres Hauses wenden.

Umsetzung von Anforderungen der Säule II in anderen Ländern

Ein Teilnehmer der Deutschen Bundesbank stellt das Ergebnis einer Recherche zu Regelungen im europäischen Ausland dar, die mit den MaRisk vergleichbar sind. Im europäischen Ausland existieren vielfältige qualitativ ausgerichtete Regelwerke, die sich auf einzelne Geschäftsarten bzw. Risikoarten beziehen (z.B. Kreditgeschäft, Interne Revision, Marktpreisrisiken). Im Unterschied zu den MaRisk sind diese jedoch in der Regel nicht in einem Gesamtwerk zusammengefasst. Ab dem 1.1.2007 können sich Interessierte einen vollständigen Überblick über die Regelungen zur Säule II in Europa verschaffen. Nach den von CEBS ausgearbeiteten »Guidelines on Supervisory Disclosure«

sind zu diesem Zeitpunkt u.a. auch die von den nationalen Aufsichtsbehörden erlassenen Regelwerke im Zusammenhang mit der Umsetzung von Basel II zu veröffentlichen.

Prüfungsplanung

Vertreter der BaFin weisen darauf hin, dass die Umsetzung des SRP in Deutschland nicht zu einer höheren Prüfungsbelastung der Institute führen soll. Die BaFin wird – wie bisher auch – sorgfältig abwägen, in welchem Fall die Anordnung einer Sonderprüfung notwendig ist und damit dem Grundsatz der Verhältnismäßigkeit Rechnung tragen. Die Auswahl der Institute wird dabei grundsätzlich risikoorientiert erfolgen. Die BaFin wird allerdings weiterhin mit einer gewissen Regelmäßigkeit Einblick in alle Institute nehmen, um keine aufsichtsfreien Zonen entstehen zu lassen. Unter den Prüfungsschwerpunkten werden die Prozess- und Systemprüfungen an Gewicht gewinnen. Auf Nachfrage erklärte ein Vertreter der BaFin, dass § 30 KWG-Entwurf ein Mittel sei, um gezielt Informationen im Rahmen der Jahresabschlussprüfung in Einzelfällen zu erhalten. Er sei kein Instrument, um regelmäßig flächendeckend zusätzliche Prüfungsgegenstände im Rahmen der Jahresabschlussprüfung zu benennen.

III.2. Einzelthemen

Berichterstattung für das Handelsbuch

Nach BTR 2.2 Tz. 3 der MaRisk ist der für das Risikocontrolling zuständige Geschäftsleiter täglich über die Risikopositionen im Handelsbuch zu unterrichten. Bei Nicht-Handelsbuchinstituten mit unter Risikogesichtspunkten überschaubaren Positionen im Handelsbuch ist an die tägliche Berichterstattung regelmäßig kein nennenswerter Informationsgewinn geknüpft. Vertreter des Fachgremiums setzen sich daher dafür ein, dass in solchen Fällen von der täglichen Berichterstattung abgewichen werden kann.

Die BaFin schließt sich dieser Auffassung an. Auf die tägliche Berichterstattung kann zugunsten eines längeren Turnus verzichtet werden, soweit dies aus Sicht des einzelnen Kreditinstitutes unter Risikogesichtspunkten vertretbar ist. BTR 2.2 Tz. 3 sowie die Erläuterungen zu dieser Tz. werden entsprechend angepasst bzw. ergänzt.

Anforderungen der MaRisk auf Gruppenebene

Gemäß AT 2.1 Tz. 1 der MaRisk hat ein übergeordnetes Unternehmen ein Verfahren einzurichten, das die angemessene Steuerung und Überwachung der wesentlichen Risiken auf Gruppenebene im Rahmen der gesellschaftsrechtlichen Möglichkeiten sicherstellt. Die konkrete Ausgestaltung dieses Verfahrens liegt nach den Erläuterungen zu AT 2.1 Tz. 1 im Ermessen des übergeordneten Unternehmens. Bei der Ausgestaltung des Verfahrens müssen die organisatorischen Anforderungen der MaRisk nicht berücksichtigt werden (z.B. BTO). Aus Sicht eines Teilnehmers besteht Klärungsbedarf, ob sich

– der Klammerausdruck ausschließlich auf die Anforderungen des BTO bezieht und
– wie in diesem Zusammenhang die Formulierung »im Rahmen der gesellschaftsrechtlichen Möglichkeiten« zu interpretieren ist.

Die Teilnehmer stimmen überein, dass der Klammerausdruck lediglich beispielhaften Charakter hat. Der Verzicht auf die Nennung weiterer Beispiele darf nicht so interpretiert werden, dass andere Module der MaRisk auf Gruppenebene vollständig umzusetzen sind (z.B. BTR). Die BaFin betont in diesem Zusammenhang die Eigenart des Verfahrens auf Gruppenebene, was nicht zuletzt schon in der gewählten Terminologie zum Ausdruck kommt (»angemessenes Verfahren zur Steuerung und Überwachung«). Hinsichtlich der Ausgestaltung des Verfahrens bestehen vielfältige Gestaltungsspielräume, die im Einzelnen in AT 2.1 Tz. 1 sowie den entsprechenden Erläuterungen niedergelegt sind.

Durch die Umschreibung »im Rahmen der gesellschaftsrechtlichen Möglichkeiten« soll zum Ausdruck kommen, dass an Gruppen gerichtete KWG-Bestimmungen im Einzelfall durch gesellschaftsrechtliche Regelungen beschränkt werden. Bspw. können nach geltendem Aktiengerecht die Eingriffsbefugnisse der Mutter gegenüber einer Tochter an ihre Grenzen stoßen, da der Vorstand der Tochter seine Gesellschaft unter eigener Verantwortung zu leiten hat (§ 76 Abs. 1 AktG). Vergleichbare Konstellationen können sich auch bei Finanzholdinggruppen gemäß § 10a Abs. 3 KWG ergeben.

Spezialfall auf Gruppenebene: Die Waiver-Regelung gem. § 2a KWG-E

Durch die Waiver-Regelung des § 2a KWG-E soll es künftig u. a. möglich sein, dass nachgeordnete Institute einer inländischen Institutsgruppe unter bestimmten Voraussetzungen auf die Erfüllung einzelner KWG-Regelungen verzichten können (Eigenmittelvorschriften, Großkreditvorschriften, internes Kontrollsystem gemäß § 25a Abs. 1 KWG). Zu den in § 2a KWG-E genannten Voraussetzungen zählt z. B., dass die »Risikobewertungs-, mess- und -kontrollverfahren« des übergeordneten Institutes die nachgeordneten Institute einschließen. Von Seiten der Aufsicht wird in diesem Zusammenhang die allgemeine Frage aufgeworfen, welcher Instrumente man sich in der Praxis bedient, um eine straffe Steuerung einer Institutsgruppe sicherzustellen. Einzelne Teilnehmer verweisen auf die Notwendigkeit gruppeneinheitlicher Rahmenbedingungen, die gemeinsam von nachgeordneten Unternehmen und übergeordnetem Unternehmen ausgearbeitet und anschließend vom übergeordneten Unternehmen festgelegt werden. Es wird zudem auf das Erfordernis ausgeprägter Steuerungs- und Controllingprozesse auf Gruppenebene hingewiesen, die alle nachgeordneten Unternehmen umfassen. Die BaFin wird die Waiver-Regelung ggf. in einer der nächsten Sitzungen des Fachgremiums nochmals adressieren.

Vorschläge über die Risikovorsorge bei bedeutenden Engagements

Nach BTO 1.1 Tz. 7 soll ein marktunabhängiger Bereich für Vorschläge über die Risikovorsorge bei bedeutenden Engagements zuständig sein. Gegenüber der Fassung der MaK stellt dies eine Änderung dar, da dort nicht von »Vorschlägen«, sondern von »Entscheidungen« die Rede war. Aus Sicht eines Teilnehmers ist die neue Formulierung problematisch, da jedem Bereich die Möglichkeit eingeräumt werden sollte, Vorschläge zu unterbreiten, solange die Entscheidung grundsätzlich bei einem markt-unabhängigen Bereich verbleibt.

Die BaFin stimmt dem zu und wird dementsprechend die Tz. 7 (wieder) anpassen. Die Befugnisse der Geschäftsleitung bei Entscheidungen über die Risikovorsorge bleiben davon unberührt.

Notfallkonzept

Für Notfälle in kritischen Aktivitäten und Prozessen ist entsprechend AT 7.3 Vorsorge zu treffen (Notfallkonzept). Von Seiten eines Teilnehmers wird die Frage aufgeworfen, ob sich diese Anforderung nur auf solche Aktivitäten und Prozesse bezieht, die sich tatsächlich in der Systemhoheit der betroffenen Institute befinden oder ob sie auch auf ausgelagerte Funktionen anzuwenden ist.

Von Seiten des Plenums wird in diesem Zusammenhang auf Auslagerungen (z. B. auf Mehrmandantendienstleister) hingewiesen. Auslagerungsunternehmen verfügen ihrerseits über Notfallkonzepte, die im Rahmen der Jahresabschlussprüfung geprüft werden. Die Prüfungsberichte werden den auslagernden Instituten zur Verfügung gestellt, so dass sie sich einen Eindruck von der Qualität der Notfallkonzepte des Auslagerungsunternehmens verschaffen können. Unter diesen Bedingungen ist es auch aus Sicht der BaFin nicht erforderlich, dass das auslagernde Institut ein eigenständiges Notfallkonzept für die ausgelagerten Funktionen ausarbeitet. Schon unter Praktikabilitätsgesichtspunkten wäre es kaum vorstellbar, dass z. B. ein kleines Institut ein Notfallkonzept für Funktionen ausarbeitet, die auf einen großen Mehrmandantendienstleister ausgelagert sind. Die BaFin wird sich dieser Thematik ggf. nochmals im Rahmen der Überarbeitung der Outsourcing-Regelungen zuwenden.

Informationspflicht gegenüber der Internen Revision

Unter Risikogesichtspunkten wesentliche Informationen sind nach AT 4.3.2 Tz. 5 der MaRisk unverzüglich an die Geschäftsleitung, die jeweiligen Verantwortlichen und ggf. die Interne Revision weiterzuleiten. Nach der Erläuterung zu dieser Tz. besteht gegenüber der Internen Revision dann eine Berichtspflicht, wenn »nach Einschätzung der Fachbereiche« u. a. relevante Mängel zu erkennen sind. Ein Teilnehmer stellt zur Diskussion, ob diese Formulierung auch die Möglichkeit einschließt, dass die Interne Revision verbindliche Kriterien für die Informationsweitergabe vorgibt, die den Fachbereichen bei der Einschätzung bestimmter Sachverhalte behilflich sind.

Aus Sicht der BaFin liegt es im Ermessen der Kreditinstitute, in diesem Zusammenhang eine sachgerechte Lösung zu finden. Die Vorgabe verbindlicher Kriterien durch die Interne Revision wäre ggf. eine praktikable Alternative.

Erörterung der Strategie mit dem Aufsichtsorgan

Nach AT 4.2 Tz. 3 hat die Geschäftsleitung die Strategien dem Aufsichtsorgan zur Kenntnis zu geben und mit diesem zu erörtern. Ein Teilnehmer wirft die Frage auf, wie mit jenen Fällen umzugehen ist, in denen kein Aufsichtsorgan vorhanden ist.

Die BaFin weist darauf hin, dass die Anforderung nur dann umgesetzt werden kann, wenn ein Aufsichtsorgan existiert. Bei einer GmbH ist dies z. B. nicht der Fall.

Bestätigungen Dritter

In Abschnitt 5 der Mindestanforderungen an das Betreiben von Handelsgeschäften (MaH) war geregelt, wie die Interne Revision bei der Abstimmung schwebender Termingeschäfte zu verfahren hat. Diese Anforderung ist im Zuge der Integration MaH-relevanter Anforderungen in die MaRisk ersatzlos gestrichen worden.

Unabhängig davon kann das Einholen von Bestätigungen Dritter in der Praxis der Jahresabschlussprüfung eine Rolle spielen, um mit hinreichender Sicherheit die geforderten Prüfungsaussagen treffen zu können. Dies liegt jedoch allein in der Verantwortung des Jahresabschlussprüfers und ist keine Frage der MaRisk.

Funktionstrennung im Handel

Nach BTO 2.1 Tz. 2 kann von der Trennung bis einschließlich der Ebene der Geschäftsleitung abgesehen werden, wenn sich die Handelsaktivitäten in ihrer Gesamtheit auf Handelsgeschäfte konzentrieren, die unter Risikogesichtspunkten als nicht wesentlich einzustufen sind (»nicht risikorelevante Handelsaktivitäten«).

Soweit ein Kreditinstitut diese Erleichterung in Anspruch nimmt, können Handel und handelsunabhängige Funktionen (Abwicklung und Kontrolle, Risikocontrolling) in dem Ressort eines Geschäftsleiters angesiedelt werden. Im Hinblick auf die handelsunabhängigen Funktionen ist eine organisatorische Trennung (z. B. Ansiedlung in unterschiedlichen Stellen) ebenfalls nicht erforderlich. Nicht miteinander vereinbare Tätigkeiten (Bestehen von Interessenkonflikten) sind allerdings von unterschiedlichen Mitarbeitern durchzuführen. Mit dem Handel betraute Mitarbeiter dürfen insoweit grundsätzlich nicht für handelsunabhängige Funktionen zuständig sein.

[...]

Anlage 7
Bundesanstalt für Finanzdienstleistungsaufsicht (BaFin)
Sitzung des MaRisk-Fachgremiums am 17. August 2006
Protokoll

[...]

2. Stand der Umsetzung der MaRisk in den Instituten

Die Instituts- und Verbandsvertreter berichten eingangs über den Stand der Umsetzung der MaRisk in der Praxis. Dabei ergibt sich die Grundtendenz, dass bei den Verbänden bisher nur punktuell Rückfragen der Institute eingegangen sind. Es wird gleichzeitig auf die Möglichkeit hingewiesen, dass weitere konkrete Auslegungsfragen in der Praxis – im Zuge des noch laufenden Umsetzungsprozesses – bis zum Ende dieses Jahres und im Laufe des nächsten Jahres auflaufen könnten. Fragen haben sich bisher vornehmlich zu den neuen Anforderungen bezüglich der Zinsänderungsrisiken, der operationellen Risiken und teilweise der Liquiditätsrisiken ergeben. Als weitere Felder, die im Rahmen der Umsetzung noch abzuarbeiten seien, wurde teils die Ausgestaltung der Dokumentation, teils die konsistente Formulierung der Strategien genannt. Ein Prüfer bemerkt, dass weniger die Umsetzung der MaRisk als solche, sondern vielmehr das Ausfüllen der vorhandenen Ermessensspielräume bzw. die mögliche Inanspruchnahme von Öffnungsklauseln Fragen aufwerfe. Hinsichtlich des voraussichtlichen Abschlusses der Umsetzungsarbeiten ergibt sich kein einheitliches Bild; während einige Praxisvertreter in ihren Häusern mit einer Umsetzung zum Jahresende rechnen, wird eine größere Zahl von Instituten das Wahlrecht nach Art. 152 Abs. 7 der CRD in Anspruch nehmen.

3. Einzelthemen

a) Gesamtverantwortung der Geschäftsleitung

Gemäß AT 3 Tz. 1 sind alle Geschäftsleiter für die ordnungsgemäße Geschäftsorganisation und deren Weiterentwicklung verantwortlich. Diese Verantwortung umfasst alle wesentlichen Elemente des Risikomanagements. Die Geschäftsleiter werden dieser Verantwortung nur gerecht, wenn sie die Risiken beurteilen können und die erforderlichen Maßnahmen zu ihrer Begrenzung treffen (AT 3 Tz. 1 Satz 3). Satz 3 wird aus Sicht eines Teilnehmers in seiner Absolutheit für nicht umsetzbar und darüber hinaus für entbehrlich gehalten, da er auch Fragen der Geschäftsleitereignung berührt, die bereits abschließend im KWG geregelt sind. Zudem sei eine Risikobeurteilung gemäß AT 4.3.2 Tz. 4 bereits im Rahmen der Risikoberichterstattung gefordert, die nach BTO Tz. 2 lit. d dem Risikocontrolling zugeordnet wird. Der Teilnehmer schlägt deshalb vor, diesen Satz entweder zu streichen oder mit Blick auf das in den MaRisk durchgängig berücksichtigte Prinzip der Wesentlichkeit zumindest redaktionell anzupassen.

Nach eingehender Diskussion besteht weitgehend Einigkeit, dass mit diesem Satz weniger eine Anforderung an die Eignung von Geschäftsleitern, sondern vielmehr eine Anforderung an die Ausgestaltung des Risikomanagements formuliert wird. Dieses muss so ausgestaltet sein, dass die Geschäftsleiter auf dessen Basis Risiken beurteilen und entsprechende Maßnahmen zur Risikobegrenzung treffen können. Die BaFin wird den Satz entsprechend redaktionell anpassen, um diesen Grundgedanken stärker zum Ausdruck zu bringen.

b) Kredite an Mitarbeiter

Bei Krediten an »leitende« Mitarbeiter und an Geschäftsleiter kann anstelle des Marktes eine geeignete Stelle mitwirken, die nicht in die Kreditbearbeitung einbezogen ist (BTO 1.1 Tz. 1, Erläuterung). Da der Marktbereich auch im Falle von Krediten an »nicht leitende« Mitarbeiter fehlt und diese Kreditvergaben ebenfalls risikorelevant sein können, regt ein Teilnehmer an, den Zusatz »leitend« zu streichen.

Die derzeitige Formulierung der Erläuterung hat seinen Ursprung in einer Diskussion im Rahmen der 3. Sitzung des MaK-Fachgremiums. Die BaFin teilt ungeachtet dessen die dargestellte Sichtweise und schließt sich dem Vorschlag an. Demgemäß wird die BaFin den Zusatz »leitend« in der Erläuterung streichen.

c) Überprüfung von Sicherheiten
c1) Überprüfung von Sicherheiten bei Kreditvergabe

Gemäß BTO 1.2.1 Tz. 2 kann bei der Kreditvergabe auf bereits vorhandene Sicherheitenwerte zurückgegriffen werden, sofern keine Anhaltspunkte für Wertveränderungen vorliegen. Ein Teilnehmer weist darauf hin, dass es für die Kreditweiterbearbeitung, z. B. bei Prolongationen, keine analoge Regelung gäbe, obwohl hier eine entsprechende Erleichterung erst wirklich nutzbar sei. Der Teilnehmer regt an, diese Erleichterung sowohl für die Kreditgewährung als auch für die Kreditweiterbearbeitung zur Anwendung kommen zu lassen.

Im Fachgremium herrscht Einigkeit darüber, dass eine solche Vorgehensweise zweckmäßig ist. Die BaFin weist darauf hin, dass es sich bei Prolongationen, ob externe oder interne, gemäß AT 2.3 Tz. 2 um Kreditentscheidungen im Sinne der MaRisk handelt. Vor diesem Hintergrund berühren aus Sicht der BaFin interne Prolongationen, z. B. von extern b. a. w. zugesagten Krediten, auch den Prozess der Kreditgewährung. Es spricht daher aus Sicht der BaFin nichts dagegen, die Erleichterung hinsichtlich der Überprüfung der Werthaltigkeit von Sicherheiten auch bei »Kreditgewährungen« im Rahmen von (internen) Prolongationen zur Anwendung kommen zu lassen. Hierfür sieht die BaFin keine Notwendigkeit einer Anpassung des MaRisk-Textes.

c2) Überprüfung der Werthaltigkeit risikorelevanter Sicherheiten

Nach BTO 1.1 Tz. 7 ist es gestattet, die Erstellung von Wertgutachten für bestimmte, risikorelevante Sicherheiten im Markt durchzuführen, solange eine marktunabhängige materielle Plausibilitätsprüfung durchgeführt wird. Ein Teilnehmer wirft die Frage auf, ob die Teilnahme des Marktes an der Überprüfung der Werthaltigkeit von Sicherheiten insgesamt zulässig ist, insbesondere also auch dessen Einbindung in die Überprüfung des tatsächlichen Bestandes von Sicherheiten, wie sie z. B. im Rahmen von Kundengesprächen durch Bautenstandskontrollen erfolgt.

Die BaFin spricht sich dafür aus, dass die Mitwirkung des Marktes bei der Überprüfung des tatsächlichen Bestandes von Sicherheiten, insbesondere im Rahmen von Bautenstandskontrollen, nicht per se zu beanstanden ist. Es bestand Einigkeit, dass eine materielle Plausibilitätskontrolle seitens der Marktfolge durch eine solche Vorgehensweise nicht obsolet wird. Denkbar wäre es z. B., dass sich die Marktfolgemitarbeiter aussagekräftige Fotographien des Bauobjektes vorlegen lassen, anhand derer sie die entsprechende Plausibilisierung von Bautenstandskontrollen durchführen können. Auch schließt dies nicht aus, dass die Marktfolge entsprechende Nachprüfungen vorzunehmen hat, falls eine materielle Plausibilitätsprüfung auf der Basis der Bautenstandskontrollen des Marktes nicht ohne Weiteres möglich ist. Im Ergebnis wird die BaFin ein solches Vorgehen jedoch grundsätzlich nicht monieren, soweit die Vorgaben der Beleihungswertermittlungsverordnung (BelWertV), insbesondere § 4 Abs. 6 und § 7 Abs. 1 BelWertV, dem nicht entgegenstehen. Diese ist seit 01.08.2006 in Kraft.

c3) Überprüfung des rechtlichen Bestandes risikorelevanter Sicherheiten

Die nach BTO 1.1 Tz. 7 zu erfolgende Überprüfung risikorelevanter Sicherheiten beinhaltet auch die Überprüfung des rechtlichen Bestandes dieser Sicherheiten. Diese Überprüfung muss außerhalb des Marktes erfolgen. Ein Teilnehmer führt dazu aus, dass bei Nutzung standardisierter Verträge für die rechtswirksame Bestellung dieser Sicherheiten zu prüfen ist, ob die jeweils verwendeten Formulare dem letzten von der Rechtsabteilung freigegebenen Stand entsprechen. Diese Tätigkeiten würden regelmäßig durch die Marktfolge durchgeführt. Bei Verwendung individueller Verträge wäre normalerweise die Rechtsabteilung verantwortlich eingebunden. Dies müsse nach BTO Tz. 8 eine vom Markt und Handel unabhängige Stelle sein. Die Rechtsabteilung sei jedoch häufig einem Marktvorstand zugeordnet, was nach dem formalen Wortlaut der MaRisk einer Mitwirkung der Rechtsabteilung bei der Überprüfung risikorelevanter Sicherheiten entgegenstünde. Der Teilnehmer sieht hier allerdings keine echten Interessenkonflikte, da die Rechtsabteilung auf der zweiten Ebene von Markt und Handel zu trennen sei, was für die Zwecke der geforderten Unabhängigkeit ausreichend sein sollte.

Die BaFin stimmt der vorgetragenen Sichtweise zu. Durch die Rechtsabteilung kann eine rechtswirksame Übertragung von Sicherheiten und damit die Sicherstellung des rechtlichen Bestandes am besten gewährleistet werden. Da sie in der Regel als Stabsstelle ausgestaltet und damit von den operativen Einheiten unabhängig ist, dürfte die zu fordernde Unabhängigkeit ausreichend sichergestellt sein. Eine nachträgliche materielle Plausibilitätsprüfung durch die Marktfolge erscheint hier nicht erforderlich. Die BaFin wird die Erläuterung zu BTO 1.1 Tz. 7 dahingehend anpassen, dass eine Überprüfung des rechtlichen Bestandes von Sicherheiten durch eine vom Markt und Handel unabhängige Stelle (z. B. Rechtsabteilung) erfolgen kann.

d) Jährliche Überprüfung der Risikoeinstufung

Nach BTO 1.2 Tz. 5 ist jährlich eine Überprüfung der Risikoeinstufung eines Engagements durchzuführen. An die BaFin sind Anfragen herangetragen worden, ob »jährlich« im Sinne von »alle zwölf Monate« oder im Sinne von »einmal im Kalenderjahr« zu verstehen sei. Die BaFin hält an dieser Stelle keine Konkretisierung für erforderlich. Entscheidend ist letztendlich, dass die Kreditbearbeitungsprozesse hinsichtlich einer Überprüfung der Risikoeinstufung, auch hinsichtlich des

Einstufungsturnus, dem Risikogehalt der Engagements angemessen sind. Welche Fristen für eine risikoadäquate Ausgestaltung des Einstufungsprozesses letztlich zur Anwendung kommen, müssen die Institute eigenverantwortlich festsetzen. Das Fachgremium hat sich hierfür auf die Formel »12 Monate plus x« geeinigt, die auch die BaFin grundsätzlich für praktikabel hält.

e) Darstellung der Limitüberschreitungen im Risikoreport

Nach BTR 1 Tz. 7 ist in regelmäßigen Abständen, mindestens aber vierteljährlich, ein Risikobericht zu erstellen und der Geschäftsleitung zur Verfügung zu stellen. Der Risikobericht hat u. a. bedeutende Limitüberschreitungen zu umfassen. Im Rahmen der quartalsmäßigen Berichterstattung kam vermehrt die Frage auf, ob eine stichtagsbezogene Darstellung von bedeutenden Limitüberschreitungen ausreichend ist, oder ob hier eine zeitraumbezogene Darstellung im Risikobericht nach MaRisk notwendig ist.

Die BaFin betont, dass im Rahmen der regelmäßigen Berichterstattung eine stichtagsbezogene Darstellung ausreicht. Einerseits hält die BaFin die Gefahr, dass bedeutende Limitüberschreitungen innerhalb des Berichtszeitraums durch kurzfristige Rückführungen zum Berichtszeitpunkt kaschiert werden könnten, für nicht sehr realistisch; andererseits ist auf die Ad-hoc-Berichterstattung für unter Risikogesichtspunkten wesentliche Informationen an die Geschäftsleitung (AT 4.3.2 Tz. 5) hinzuweisen, die zusätzlich zur regelmäßigen Risikoberichterstattung zur Anwendung kommt und eine zeitraumbezogene Darstellung im Risikobericht nicht zwingend erforderlich macht.

f) Behandlung bestimmter Sparprodukte

An die BaFin ist die Frage herangetragen worden, inwieweit bestimmte Sparprodukte für die Anwendung des Moduls BTO 2 relevant sein könnten und wie diese Produkte im Gesamtkontext MaRisk einzuordnen sind. Beispielhaft wird das Produkt »Zuwachssparen« genannt, bei dem aufgrund vorhandener Kündigungsrechte der Kunden gewisse Parallelen zu Optionsgeschäften gezogen werden könnten.

Das Fachgremium war sich darüber einig, dass die Anforderungen des BTO 2 (Handelsgeschäfte) für solche Sparprodukte nicht zur Anwendung kommen, da es sich bei diesen Sparprodukten nicht um Handelsgeschäfte im Sinne von AT 2.3 Tz. 3 handelt. Bei der Steuerung und Überwachung von Zinsänderungsrisiken (BTR 2.3) sind jedoch sowohl diese Produkte als auch die darin enthaltenen impliziten optionalen Bestandteile aufgrund ihrer Zinssensitivität von Bedeutung. Hinsichtlich der Berücksichtigung solcher Positionen mit unbestimmter Kapital- oder Zinsbindung sind nach BTR 2.3 Tz. 7 der MaRisk geeignete Annahmen festzulegen.

g) Marktgerechtigkeitskontrolle

Nach BTO 2.2.2 Tz. 5, Erläuterung, kann bei Handelsgeschäften, die an einer inländischen Börse oder an einem anderen Markt abgewickelt werden, der ungeachtet seines Sitzstaates die Anforderungen an einen »geregelten Markt« gemäß der Richtlinie über Märkte für Finanzinstrumente (MiFID) erfüllt, auf die Kontrolle der Marktgerechtigkeit verzichtet werden. Ein Teilnehmer weist darauf hin, dass es in der Praxis schwierig ist, für jeden einzelnen internationalen Börsenplatz eine Einschätzung zu erstellen, ob es sich um einen geregelten Markt handelt oder nicht. Es wäre daher sehr hilfreich, wenn insbesondere jene Börsenplätze als »geregelte Märkte« angesehen würden, die sich aus dem Rundschreiben 05/2001 ergeben. Noch sinnvoller sei es, wenn diese Liste regelmäßig von der Aufsicht aktualisiert würde.

Die BaFin sagt zu, dass dies in Zukunft geschehen wird. Die Liste, die im Übrigen von der Wertpapieraufsicht der BaFin erstellt wird, soll in regelmäßigen Abständen aktualisiert und im Internet veröffentlicht werden.

h) Verhältnis »Zinsschock« und MaRisk

Aus Sicht eines Teilnehmers besteht Klärungsbedarf im Hinblick auf das Verhältnis zwischen dem standardisierten »Zinsschock« und den qualitativen Anforderungen der MaRisk zum Zinsänderungsrisiko (BTR 2.3). Insbesondere stellt sich die Frage, wie zu reagieren ist, wenn in einem der beiden Bereiche eine »Verfehlung« auftritt (z.B. Outlier), während sich im anderen Bereich keine Hinweise auf Probleme ergeben (z.B. MaRisk).

Die BaFin betont, dass sie ihr Hauptaugenmerk hinsichtlich der Zinsänderungsrisiken auf die Angemessenheit des Risikomanagements und auf die Risikotragfähigkeit legen wird. Konkret heißt dies, dass bei einem Institut, das als »Outlier« zu klassifizieren ist, gleichzeitig aber über ein angemessenes Risikomanagement im Bereich der Zinsänderungsrisiken verfügt und bei dem die Gesamtrisikotragfähigkeit gegeben ist, keine weiteren aufsichtlichen Schritte eingeleitet werden. Das Outlier-Kriterium dient hier lediglich dazu, eine erste »Vorauswahl« zu treffen, bei welchen Instituten eine gesonderte Überprüfung des Zinsänderungsrisikomanagements – auf der Basis der vorhandenen Informationen – sinnvoll erscheint. Eine endgültige Entscheidung, wie das Outlier-Kriterium konkret umgesetzt werden soll, ist noch nicht gefallen. Es ist aber damit zu rechnen, dass das Kriterium in allgemeiner Form und als Anzeigevorschrift im KWG verankert und durch ein erläuterndes Rundschreiben konkretisiert wird.

i) Liquiditätsrisikosteuerung und Liquiditätsrisikocontrolling

Die Funktionstrennungsregelungen der MaRisk beziehen sich insbesondere auf das Kreditgeschäft und die Marktpreisrisiken. Hingegen enthalten die MaRisk keine entsprechenden Regelungen zum Liquiditätsrisiko. Die Praxis hat in diesem Zusammenhang die Frage aufgeworfen, welche Bedeutung das Fachgremium einer Trennung zwischen Liquiditätsrisikosteuerung und Liquiditätsrisikocontrolling beimisst. Insbesondere wird Bezug zum Treasury (Aktiv-Passiv-Management) genommen, das i.d.R. für die Marktpreisrisikosteuerung und die Liquiditätsrisikosteuerung zuständig ist.

Die BaFin stellt klar, dass die MaRisk keine Vorgaben hinsichtlich der Trennung von Liquiditätsrisikosteuerung und Liquiditätsrisikocontrolling enthalten. Es liegt daher in der Verantwortung der Institute, hier geeignete Festlegungen zu treffen. Die zu fordernde strikte Funktionstrennung zwischen Marktpreisrisikosteuerung und -controlling bleibt dadurch jedoch unberührt.

Das Fachgremium spricht sich einhellig dafür aus, das Thema Liquiditätsrisikosteuerung im Rahmen der nächsten Fachgremiums-Sitzung tiefgehender zu diskutieren.

j) Recht der Internen Revision auf Einblick in die IT-Systeme

Nach AT 4.4 Tz. 4 ist der Internen Revision zur Wahrnehmung ihrer Aufgaben ein vollständiges und uneingeschränktes Informationsrecht einzuräumen. Dieses Recht beinhaltet u.a. auch, dass der Internen Revision Einblick in die IT-Systeme zu gewähren ist. Ein Teilnehmer bittet hierzu um Klarstellung, dass es sich bei dem beschriebenen Einblick nach Möglichkeit um einen direkten Zugriff auf die IT-Systeme durch die Interne Revision handelt, sofern diesem Anliegen keine wichtigen, im Einzelfall abzuwägenden Gründe entgegenstehen.

Das Fachgremium stimmte darin überein, dass eine Festlegung in diesem Punkte nicht sinnvoll erscheint. Vielmehr sollte es den Instituten überlassen bleiben, hierfür institutsindividuelle Lösungen zu kreieren. Auch vor dem Hintergrund, dass mit einer pauschalen Festlegung in den MaRisk für ein direktes Zugriffsrecht der Internen Revision Folgeprobleme heraufbeschworen werden könnten, erscheint die Aufnahme einer Erläuterung im vorgeschlagenen Sinne nicht wünschenswert.

4. Sonstiges

Die BaFin wird in Kürze einen Gesprächskreis für kleine Institute einrichten, in dem Vertreter des genannten Adressatenkreises mit der Aufsicht über Probleme bei der Anwendung aufsichtlicher Regelungen diskutieren können. Die Diskussionen sollen dabei das gesamte bankaufsichtliche Spektrum abdecken. Das neugeschaffene Gremium soll aus etwa 40 Mitgliedern bestehen; interessierte Institute sowie Themen sollen von den Verbänden bis ca. Mitte September 2006 der BaFin mitgeteilt werden. Dem Gremium wird Herr Behle, Abteilungsleiter der BaFin und zuständig für die Beaufsichtigung der Genossenschaftsbanken, als Leiter vorstehen. Die erste Sitzung ist für Oktober 2006 angedacht; den genauen Termin wird die BaFin noch bekanntgeben.

Die BaFin weist abschließend darauf hin, dass die Umsetzung der Richtlinie über Märkte für Finanzinstrumente (MiFID) sowie der hierfür von der EU erlassenen Durchführungsrichtlinie wegen bestehender Überlappungen mit der CRD ggf. Anpassungen sowohl bei § 25a KWG als auch bei den MaRisk nach sich ziehen kann. Die BaFin wird hierbei insbesondere darauf achten, dass im Rahmen der MiFID-Umsetzung keine Doppelungen hinsichtlich einzelner Regelungsinhalte auftreten.

[...]

Anlage 8
Bundesanstalt für Finanzdienstleistungsaufsicht (BaFin)
Sitzung des MaRisk-Fachgremiums am 6. März 2007
Protokoll

[...]

2.   Allgemeine Themen

a) Modernisierung der Outsourcing-Regelungen: Stand der Entwicklung

Bei der Modernisierung geltender Outsourcing-Regelungen und deren Integration in die MaRisk sind Verzögerungen eingetreten, die insbesondere – so ein BaFin-Vertreter – auf die Umsetzung der MiFID zurückzuführen sind. Mittlerweile hat die BaFin einen ersten Entwurf veröffentlicht, der am 5.04.2007 an die Verbände sowie die Mitglieder des Fachgremiums gesandt wurde. Zu diesem Entwurf können alle Verbände Stellung nehmen; er soll darüber hinaus im Fachgremium MaRisk im Rahmen von Sondersitzungen diskutiert und weiterentwickelt werden. Nach Abschluss der Diskussionen im Fachgremium wird ein zweiter Entwurf veröffentlicht, zu dem wiederum alle Verbände Stellung beziehen können. Über die konkreten Planungen wird im Anschreiben zum ersten Entwurf vom 5.04.2007 informiert.

b) Anforderungen zur Ermittlung der Auswirkungen einer plötzlichen und unerwarteten Zinsänderung: Sachstand

Ein BaFin-Vertreter informiert die Teilnehmer über den weiteren geplanten Fortgang der Konsultation des Rundschreiben-Entwurfs zu Zinsänderungsrisiken im Anlagebuch, der den Verbänden am 16.02.2007 übersandt worden ist. Einige Teilnehmer der Verbände äußern die Bitte, die Abgabefrist für schriftliche Stellungnahmen um einige Wochen zu verschieben, um die Thematik mit den Instituten ausführlich diskutieren zu können. Die BaFin steht diesem Anliegen aufgeschlossen gegenüber und sichert den Verbänden und Instituten einen ausreichend bemessenen Zeitrahmen zu. Die Abgabefrist für schriftliche Stellungnahmen soll daher bis Ende April 2007 verlängert werden.

3. Kurzer Vortrag zum Thema »Liquiditätsrisikomanagement im Verbund«

Teilnehmer des Fachgremiums aus den Reihen des DSGV bzw. des BVR stellen gängige Verfahrensweisen von Sparkassen und Genossenschaftsbanken im Bereich des Liquiditätsrisikomanagements vor. Im Rahmen des Liquiditätsrisikomanagements dieser Institute sind in erster Linie Rentabilitätsgesichtspunkte von Bedeutung; solvenzrechtliche Gesichtspunkte rücken aufgrund der besonderen Situation im Verbund (hohe Liquidität, dauerhafter Zugriff auf die Linien der Zentralinstitute bzw. der Landesbanken) tendenziell in den Hintergrund. Für die konkrete Umsetzung des Moduls BTR 3 lassen sich auf der Basis des GS II bzw. der Liquiditätsverordnung insgesamt praxisgerechte Lösungen entwickeln. Die anschließende Diskussion zeigt jedoch, dass sich die Durchführung von Szenariobetrachtungen (BTR 3 Tz. 2) im Einzelfall als schwierig erweist. Der Aussagegehalt aufwendiger Szenariobetrachtungen ist – so ein Teilnehmer – vor dem Hintergrund der besonderen Situation im Verbund in der Regel als gering einzuschätzen. Von Seiten der Aufsicht wird in diesem Zusammenhang auf den Regelungstext der MaRisk verwiesen: Nach BTR 3 Tz. 2 sind »angemessene« Szenariobetrachtungen durchzuführen. Die Szenarien sind nach den Erläuterungen zu dieser Tz. vom Institut »individuell« zu definieren. Beispielhaft wird auf den Ausfall bedeutender Kreditgeber verwiesen. Insgesamt besteht somit auch unter Berücksichtigung der besonderen Situation im Verbund ein breites Spektrum für passende Umsetzungslösungen. Die Durchführung stark vereinfachter Betrachtungen kann daher im Einzelfall durchaus »angemessen« sein.

4. Einzelthemen

a) Gruppenbegriff nach KWG bzw. MaRisk

Nach AT 2.1 Tz. 1 der MaRisk hat das übergeordnete Unternehmen bzw. übergeordnete Finanzkonglomeratsunternehmen einer Institutsgruppe, Finanzholdinggruppe oder eines Finanzkonglomerats ein Verfahren einzurichten, das »eine angemessene Steuerung und Überwachung der wesentlichen Risiken« auf Gruppenebene sicherstellt. Die jeweils maßgeblichen Gruppenbegriffe werden im KWG bestimmt (§§ 10a Abs. 1 oder 2, Abs. 3 und 10b Abs. 3 KWG). Entsprechendes ergibt sich bereits aus der Erläuterung zu AT 2.1 Tz. 1. Davon abweichende Gruppenbegriffe, z.B. nach HGB, sind daher in diesem Zusammenhang grundsätzlich nicht relevant. Mit dieser Klarstellung wird dem Wunsch eines Teilnehmers entsprochen.

b) Erstausgabe von Wertpapieren/Ersterwerb aus einer Emission

Nach den Erläuterungen zu AT 2.3 Tz. 3 wird die Erstausgabe von Wertpapieren grundsätzlich nicht von der Definition der Handelsgeschäfte erfasst. Hingegen stellt der Ersterwerb aus einer Emission unter Berücksichtigung von Erleichterungsregelungen ein Handelsgeschäft im Sinne der MaRisk dar.

Aus Sicht eines Teilnehmers besteht Klärungsbedarf, ob mit der Erstausgabe von Wertpapieren die körperliche Erstellung der Stücke durch Einbuchung der Globalurkunde und entsprechender Ausbuchung der Stücke aus dem Konto/Depot der Konsortialbank bei Clearstream an den Investor zu verstehen ist. Danach würde es sich bei der Konsortialbank um eine Erstausgabe von Wertpapieren handeln.

Im Fachgremium besteht Konsens, dass die Erstausgabe von Wertpapieren bereits im Verhältnis Emittent/Konsortialbank vorliegt, so dass bei der Konsortialbank von einem Ersterwerb auszugehen ist. Das gilt unabhängig davon, ob bei der Konsortialbank ein Risiko entsteht, da auch Geschäfte mit geschlossener Position grundsätzlich als Handelsgeschäfte zu qualifizieren sind.

c) Verwendung des Begriffs »Strategien« in anderen Regelwerken

Da der Begriff »Strategien« auch in anderen Regelwerken Verwendung findet (z.B. § 135 Abs. 7 SolvV oder § 1a Abs. 6 KWG), stellt sich aus Sicht eines Teilnehmers die Frage nach dem Zusammenspiel mit dem Strategiebegriff der MaRisk. Der Teilnehmer spricht sich vor diesem Hintergrund dafür aus, dass die Strategieanforderungen aus anderen Regelwerken mittels der Geschäfts- oder Risikostrategie nach MaRisk erfüllt werden können (z.B. als Teilstrategie, Kapitel, Abschnitt, Passage). Aus Sicht der BaFin ist eine solche Handhabung grundsätzlich unproblematisch.

d) Funktionstrennung für das Rechnungswesen

Nach den Erläuterungen zu BTO Tz. 7 wird empfohlen, dass handelsintensive Kreditinstitute das Rechnungswesen in einem vom Markt und Handel unabhängigen Bereich ansiedeln. Aus Sicht eines Teilnehmers stellt sich die Frage, weshalb bei einer höheren Handelsintensität auch die Trennung des Rechnungswesens vom Markt empfohlen wird. Die »Handelsintensität« bestimmt sich nach den Aktivitäten, die im Bereich Handel betrieben werden, so dass lediglich eine Trennung zwischen Handel und Rechnungswesen empfohlen werden sollte. Die BaFin wird die Erläuterungen zu BTO Tz. 7 umformulieren, so dass sich die Empfehlung künftig nur noch auf die Trennung des Rechnungswesens vom Bereich Handel beziehen wird.

e) Nicht-risikorelevante Handelsaktivitäten

Nach BTO 2.1 Tz. 2 ist bei »nicht-risikorelevanten Handelsaktivitäten« eine Trennung des Handels bis einschließlich der Ebene der Geschäftsleitung nicht erforderlich. Aus Sicht eines Institutes stellt sich in diesem Zusammenhang die Frage, ob die in den Erläuterungen zu BTO 2.1 Tz. 2 genannten Voraussetzungen »kumulativ« oder »alternativ« zu erfüllen sind.

Bei dieser Frage sind die in den Erläuterungen genannten Voraussetzungen im Rahmen einer »Gesamtbetrachtung« zu Rate zu ziehen. Diese sollten jedoch nicht schematisch angewandt werden. Vor dem Hintergrund der risikoorientierten Ausrichtung der MaRisk kann das Ergebnis der Gesamtbetrachtung nicht von der Erfüllung jeder einzelnen Voraussetzung abhängen. Die Einschätzung, die im Rahmen einer Gesamtbetrachtung zu treffen ist, hat vielmehr unter Berücksichtigung der in der Erläuterung aufgezählten Anhaltspunkte, und somit unter deren angemessener Gewichtung im Einzelfall, zu erfolgen. Insoweit rückt die Frage, ob die Voraussetzungen »kumulativ« oder »alternativ« zu erfüllen sind in den Hintergrund. Maßgeblich ist vielmehr die Gesamtschau. Die BaFin wird diese Sichtweise durch redaktionelle Anpassungen der Erläuterungen zu BTO 2.1 Tz. 2 deutlicher zum Ausdruck bringen.

f) Abstimmung schwebender Termingeschäfte

Die Anforderung einer jährlich zu erfolgenden Abstimmung aller schwebenden Termingeschäfte durch die Interne Revision eines Kreditinstitutes, die vormals in den MaH zu finden war, existiert in den MaRisk nicht mehr. Die BaFin hat hierzu nochmals im Protokoll zur Sitzung des MaRisk-Fachgremiums vom 4.5.2006 klarstellend Stellung bezogen. In diesem Zusammenhang hat allerdings eine Passage aus dem IDW Prüfungshinweis IDW PH 9.302.1 vom 28.02.2006 bei einem Institut zu Irritationen geführt (Bestätigungen Dritter bei Kredit- und Finanzdienstleistungsinstituten, Fußnote 9 zu Tz. 22). Da der Veröffentlichungstermin des Prüfungshinweises (28.02.2006) der Sitzung des Fachgremiums vom 4.5.2006 vorgelagert war, relativiert ein Teilnehmer des Fachgremiums aus dem Bereich der Wirtschaftsprüfung die Passage aus der Fußnote des Prüfungshinweises. Hinsichtlich der früheren MaH-Anforderung sind nach wie vor die klarstellenden Ausführungen im Protokoll zur Sitzung des Fachgremiums vom 4.5.2006 als maßgeblich zu betrachten.

g) Bestimmung des Zinsänderungsrisikos

Bei der Bestimmung des Zinsänderungsrisikos (allein) über die Auswirkungen auf das handelsrechtliche Ergebnis ist nach BTR 2.3 Tz. 6 eine »angemessene Betrachtung über den Bilanzstichtag hinaus erforderlich«. In diesem Zusammenhang wird die Frage nach der Länge dieser Betrachtung aufgeworfen. Die anschließende Diskussion zeigt, dass in der Praxis unterschiedliche Zeiträume angesetzt werden. Zu lange Betrachtungen werden kritisch beurteilt, da die Ungenauigkeit kumulierter Annahmen über die künftige Zinsentwicklung mit steigender Periodenzahl tendenziell zunimmt. Anderseits sollte durch die Länge der Betrachtung der bei Zinsänderungsrisiken regelmäßig zu beobachtende Time-lag abgedeckt werden (Ergebniswirkung von Zinsänderungen der Folgeperioden). Aus Sicht der BaFin sind die Institute aufgefordert, bei der Frage der Länge der Betrachtung sachgerechte Lösungen zu entwickeln.

h) Prüfung der MaRisk

Die BaFin ordnet bereits MaRisk-Sonderprüfungen an, die sich allerdings noch nicht auf die Regelungen beziehen, die über die »alten« Mindestanforderungen hinausgehen. Die neuen Anforderungen der MaRisk werden entsprechend dem Anschreiben zur Veröffentlichung der MaRisk für bestimmte Institute erst ab dem 1.1.2008 von Relevanz sein. Aus Sicht eines Teilnehmers stellt sich in diesem Zusammenhang die Frage, welche Konsequenzen sich bei Prüfungen in 2007 z.B. bei einer fehlenden »(Gesamt)Geschäftsstrategie« ergeben. Bundesbank und BaFin sind sich darüber im Klaren, dass sich im Hinblick auf die Erfüllung einzelner Anforderungen der MaRisk bis zum 1.1.2008 unter Umständen Abgrenzungsprobleme bei bestimmten Instituten ergeben können. Bundesbank und BaFin sichern zu, in solchen Fällen mit Augenmaß vorzugehen. Gleiches gilt im Hinblick auf die Erfüllung der Strategieanforderungen der MaRisk.

i) Plausibilisierung der Ergebnisse im Rechnungswesen und Risikocontrolling

Nach BTR 2.1 Tz. 4 sind die im Rechnungswesen und Risikocontrolling ermittelten Ergebnisse regelmäßig zu plausibilisieren. Auf Wunsch eines Teilnehmers des Fachgremiums stellt die BaFin klar, dass es sich hierbei – entsprechend dem Wortlaut – um eine Plausibilisierung und nicht etwa um eine »exakte Abstimmung« der Ergebnisse handelt. Bei der Plausibilisierung geht es für die Institute darum, Abweichungen zwischen den handelsrechtlich und betriebswirtschaftlich ermittelten Ergebnissen nachvollziehen zu können. Eine »exakte Abstimmung« ist regelmäßig nicht möglich, da beide Ergebnisse auf der Basis unterschiedlicher Methoden ermittelt werden.

j) Protokollzusatz: Funktionstrennung »Abwicklung und Kontrolle«

Nach BTO Tz. 3 ist bei der Ausgestaltung der Aufbauorganisation grundsätzlich sicherzustellen, dass die Bereiche Markt und Handel bis einschließlich der Ebene der Geschäftsleitung u. a. von den Funktionen, die der Abwicklung und Kontrolle von Handelsgeschäften dienen (BTO Tz. 2e), zu trennen sind.

Ein Institut mit drei Vorständen wirft die Frage auf, ob die unter BTO Tz. 2e genannten Funktionen (Abwicklung und Kontrolle) unter Beachtung aller sonstigen Regelungen ohne Ausnahme immer auch vom Bereich Markt zu trennen sind. Angabegemäß bestehen bei dem Institut keine Berührungspunkte zwischen dem Bereich Markt und den Funktionen der »Abwicklung und Kontrolle«. Im Bereich Markt werden lediglich Kreditgeschäfte, nicht jedoch Handelsgeschäfte, bearbeitet und votiert. Es bestehen geschäftsbezogen keinerlei Überschneidungen zu den Handelsgeschäften. Aus Sicht des Institutes sind daher Interessenkollisionen ausgeschlossen. Diese Sichtweise deckt sich mit der Auffassung der BaFin: In diesem besonderen Fall müssen die genannten Bereiche/Funktionen bei Instituten mit drei oder mehr als drei Vorständen nicht zwingend voneinander getrennt werden.

[...]

Anlage 9
Bundesanstalt für Finanzdienstleistungsaufsicht (BaFin)
Erster Entwurf zur Modernisierung der Outsourcing-Regelungen und Integration in die MaRisk
Übermittlungsschreiben vom 5. April 2007

[...]

nachdem ich im Anschreiben zur Veröffentlichung der MaRisk vom 20.12.2005 eine grundlegende Modernisierung bestehender Outsourcing-Regelungen und deren Integration in die MaRisk angekündigt hatte, kann ich Ihnen nunmehr einen ersten Entwurf vorlegen. Der Entwurf wurde von Mitarbeitern der Deutschen Bundesbank und meiner Behörde ausgearbeitet. Die neuen Passagen zur Auslagerung sowie sonstige Anpassungen habe ich direkt in einen Auszug des Regelungstextes der MaRisk überführt und farblich gekennzeichnet (Anlage). Die Neuregelungen sollen insbesondere das Rundschreiben 11/2001 vom 6.12.2001 ersetzen.

Bevor ich im Weiteren auf zentrale fachliche Aspekte des Entwurfs eingehe, möchte ich zunächst einige grundsätzliche Punkte erläutern, die mich dazu bewogen haben, die Modernisierung der Outsourcing-Regelungen in Angriff zu nehmen.

Die bestehenden Outsourcing-Regelungen, insbesondere das Rundschreiben 11/2001, zeichnen sich durch einen hohen Detaillierungs- und Komplexitätsgrad aus, so dass die Anwendung der Regelungen sowohl in der Praxis der Institute als auch bei der Aufsicht immer schwieriger wurde. Durch die Neufassung der Regelungen sollen diese Defizite beseitigt werden. Ziel der Modernisierung ist die Entwicklung flexibler und praxisnaher Regelungen, die schwerpunktmäßig auf das Management Outsourcing-spezifischer Risiken abstellen und den Instituten größere Spielräume für betriebswirtschaftlich sinnvolle Auslagerungslösungen lassen. Bestehende Regelungen sollen gleichzeitig entschlackt und auf das notwendige Maß reduziert werden. Insoweit wird die Modernisierung der Outsourcing-Regelungen auch einen Beitrag zur Deregulierung leisten.

Bei der Erstellung des Entwurfs waren zudem neue Entwicklungen auf EU-Ebene zu berücksichtigen. Neben den vom Committee of European Banking Supervisors (CEBS) veröffentlichten »Guidelines on Outsourcing« sind in diesem Zusammenhang insbesondere Anforderungen der Finanzmarktrichtlinie (MiFID) bzw. der hierzu erlassenen Durchführungsrichtlinie von Bedeutung. Die relevanten Anforderungen der Durchführungsrichtlinie sollen über § 33 WpHG i.V.m. § 25a KWG sowie über Anpassungen der MaRisk umgesetzt werden. Dabei geht es nicht nur um die Umsetzung Outsourcing-relevanter Anforderungen (Art. 13 und 14 der Durchführungsrichtlinie), sondern auch um allgemeine organisatorische Anforderungen (Art. 5), Anforderungen an das Risikomanagement und die Interne Revision (Art. 7 und 8) sowie um Anforderungen zur Geschäftsleiterverantwortung (Art. 9). Diese Anforderungen sind bereits weitgehend durch die geplante Neufassung des § 25a KWG bzw. die bestehenden MaRisk abgedeckt. Allerdings ergibt sich insbesondere für Finanzdienstleistungsinstitute ein gewisser Ergänzungsbedarf in den MaRisk, der über die Outsourcing-relevanten Passagen hinausgeht (AT 2.1 Tz. 2-E). Im Hinblick auf den Regelungszweck der Finanzmarktrichtlinie, die Finanzmärkte in der Europäischen Union im Interesse des grenzüberschreitenden Dienstleistungsverkehrs und einheitlicher Grundlagen für den Anlegerschutz zu harmonisieren, erfahren die MaRisk ferner eine Erweiterung ihres sachlichen Anwendungsbereichs (AT 1 Tz. 3-E, AT 2.2 Tz. 1-E).

Lassen Sie mich nunmehr auf zentrale fachliche Punkte des Entwurfs eingehen. Outsourcing-spezifische Anforderungen wurden schwerpunktmäßig in das Modul AT 9 integriert. In einigen weiteren Modulen befinden sich punktuelle Ergänzungen (z.B. Hinweis auf § 25a Abs. 2 KWG in AT 1 Tz. 1-E, Bezugnahme auf ausgelagerte Aktivitäten und Prozesse im Zusammenhang mit der Gesamtverantwortung der Geschäftsleitung nach AT 3 Tz.1-E). Ferner wird im Gesamtdokument nur noch auf »Institute« und nicht mehr auf »Kreditinstitute« abgestellt. Da die für Finanzdienstleistungsinstitute, Wertpapierhandelsbanken und Kapitalanlagegesellschaften niedergelegten Sonderregelungen davon grundsätzlich unberührt bleiben (AT 2.1 Tz. 2 und 3), ist an die durchgängige Verwendung des Begriffs »Institut« keine materielle Änderung geknüpft.

I. Bestimmung der »Wesentlichkeit« der Auslagerung auf der Basis einer Risikoanalyse

Spezifische Outsourcing-relevante Anforderungen (z.B. die Festlegung von Prüfungsrechten im Auslagerungsvertrag) werden – wie bislang auch – lediglich an die Auslagerung wesentlicher Aktivitäten und Prozesse geknüpft. Bei der Beantwortung der Frage, welche Auslagerung im Einzelfall als »wesentlich« zu betrachten ist, wird jedoch der risikoorientierte Ansatz sowie die Eigenverantwortung der Institute in den Mittelpunkt rücken: Die »Wesentlichkeit« ist vom Institut selbst auf der Basis einer Risikoanalyse festzulegen (AT 9 Tz. 2-E). Der Risikoanalyse kommt insofern als institutsinternes »Self Assessment« zentrale Bedeutung zu. Bei der Risikoanalyse sind insbesondere die Risiken der Auslagerung, die Eignung des Auslagerungsunternehmens sowie betriebswirtschaftliche Aspekte zu berücksichtigen. Die maßgeblichen bankinternen Organisationseinheiten sind bei der Erstellung der Risikoanalyse einzubeziehen. Soweit eine Auslagerung als nicht wesentlich eingestuft wird, gelten die allgemeinen Anforderungen an eine ordnungsgemäße Geschäftsorganisation (AT 9 Tz. 3-E). Spezifische Outsourcing-relevante Anforderungen müssen in diesem Fall grundsätzlich nicht beachtet werden.

Der neue Ansatz knüpft nahtlos an die Konzeption der MaRisk an (z.B. bei der Festlegung des risikorelevanten Kreditgeschäfts). Er stärkt nicht nur die Eigenverantwortung der Institute, sondern macht auch die zahlreichen Beispiele im Rundschreiben 11/2001 sowie sonstige Festschreibungen zur Abgrenzung wesentlicher Auslagerungen überflüssig.

II. Ausweitung der Auslagerungsmöglichkeiten

Nach dem Entwurf sollen, mit Ausnahme der Wahrnehmung der Verantwortung der Geschäftsleitung und deren Leitungsaufgaben, grundsätzlich alle Aktivitäten und Prozesse auslagerbar sein, solange dadurch die Ordnungsmäßigkeit der Geschäftsorganisation nicht beeinträchtigt wird (AT 9 Tz. 4-E). Dieser Ansatz hat gegenüber den bestehenden Outsourcing-Regelungen nicht nur klarstellende Funktion; mit ihm sollen vor allem mehr Freiräume für betriebswirtschaftlich sinnvolle Auslagerungen geschaffen werden. Es versteht sich von selbst, dass an die Nutzung dieser Freiräume ein Mehr an Verantwortung geknüpft ist. Die Geschäftsleitung bleibt für die Ordnungsmäßigkeit der Geschäftsorganisation in vollem Umfang verantwortlich. Vor allem muss abhängig von Art, Umfang, Komplexität und Risikogehalt eine angemessene Steuerung und Überwachung der ausgelagerten Aktivitäten und Prozesse gewährleistet sein. Besonders sorgfältiger Vorkehrungen bedarf es bei der Auslagerung »leitungsnaher Funktionen« wie z. B. der Internen Revision, soweit eine derartige Auslagerung vor dem Hintergrund der Bedeutung der Internen Revision für das gesamte Risikomanagement eines Institutes im Einzelfall überhaupt in Betracht gezogen werden kann.

Unter den nicht auslagerbaren Leitungsaufgaben verstehe ich in Anlehnung an aktienrechtliche Vorgaben die Unternehmensplanung, -koordination, -kontrolle sowie die Besetzung der Führungspositionen durch die Geschäftsleitung. »Leiten« wird hier als Tätigkeit verstanden. Hierzu zählen nicht notwendigerweise die Mittel, Funktionen oder Organisationseinheiten, denen sich die Geschäftsleiter bei der Ausübung ihrer Leitungsaufgaben bedienen (also z. B. der Bereich Marktfolge). Diese können sowohl nach innen als auch nach außen delegiert werden (Erläuterungen zu AT 9 Tz. 4-E). Nicht auslagerbar sind schließlich Aufgaben, die der Geschäftsleitung aufgrund gesetzlicher Vorgaben explizit vorbehalten sind. Hierzu zählen z. B. die Festlegung der Strategien oder Entscheidungen über Großkredite nach dem KWG.

III. Angemessene Steuerung und Überwachung

Bei der Steuerung und Überwachung der ausgelagerten Aktivitäten und Prozesse kommt das in den MaRisk verankerte Proportionalitätsprinzip zum Tragen. Das Institut hat nach AT 9 Tz. 7-E abhängig von Art, Umfang, Komplexität und Risikogehalt der Auslagerungen angemessene Vorkehrungen zu treffen. Die Funktion der Steuerung und Überwachung ist entweder einem Mitarbeiter mit entsprechender Expertise oder einer Organisationseinheit zu übertragen.

IV. Vertragliche Vereinbarungen

Die unter AT 9 Tz. 6-E niedergelegten vertraglichen Pflichten (z. B. Prüfungsrechte) beziehen sich auf die unter Risikogesichtspunkten wesentlichen Auslagerungen und stellen im Grunde genommen keine Neuerungen für die Institute dar. Sie ergeben sich bereits weitgehend aus dem Gesetz bzw. der geplanten Neufassung von § 25a Abs. 2 KWG. Um der besonderen Situation im Verhältnis zu Mehrmandantendienstleistern bzw. bei gruppeninternen Auslagerungen Rechnung zu tragen, habe ich das Erfordernis der Vereinbarung von Weisungsrechten flexibler gestaltet. In solchen Fällen kann – soweit erforderlich – auf Weisungsrechte verzichtet werden.

V.   Wesentliche Diskussionspunkte

Das Thema gruppeninterne Auslagerungen muss m. E. jedoch in einem breiteren Kontext als nur in Bezug auf Weisungsrechte diskutiert werden. EU-Regelungen (MiFID, CEBS) und der deutsche Gesetzgeber differenzieren zwar grundsätzlich nicht zwischen gruppeninternen Auslagerungen und Auslagerungen auf sonstige Dritte. Allerdings wird sowohl in den einschlägigen EU-Regelungen als auch in der Gesetzesbegründung zu § 25a Abs. 2 KWG-E auf die besondere Situation bei gruppeninternen Auslagerungen hingewiesen. Ich bin ebenfalls der Auffassung, dass solche Auslagerungen z. B. aufgrund bestehender Durchgriffsrechte oder etwa gruppenweiter Verfahren zur Risikosteuerung unter Risikogesichtspunkten ggf. anders zu beurteilen sind als Auslagerungen auf sonstige Dritte. Als Lösung käme daher ein Ansatz in Betracht, der es den gruppenangehörigen Unternehmen ermöglicht, bestehende gruppeninterne Vorkehrungen bei der Risikoanalyse quasi »risikoreduzierend« berücksichtigen zu können. Ein solcher Ansatz würde nicht nur der besonderen Situation innerhalb von Gruppen Rechnung tragen. Er würde darüber hinaus mit der risikoorientierten Grundausrichtung der neuen Outsourcing-Regelungen korrespondieren.

Diskussionsbedarf besteht möglicherweise auch im Hinblick auf die Tz. 47 des RS 11/2001. Nach dieser Regelung wird die Einschaltung anderer Institute oder sonstiger Dritter von der Anwendung des § 25a Abs. 2 KWG ausgenommen, sofern diese »... aufgrund der Struktur des Ablaufs des jeweiligen Geschäfts für die vollständige Durchführung des Geschäfts unumgänglich oder aufgrund der besonderen Struktur und notwendigen Arbeitsteilung eines Finanzverbundes erforderlich ist«.

Ich erhoffe mir im weiteren Diskussionsprozess natürlich nicht nur im Hinblick auf die genannten Punkte wertvolle Hinweise von den beteiligten Institutsvertretern, Prüfern und Verbänden.

VI.   Konsultation und Einschaltung des MaRisk-Fachgremiums

Ich bitte alle Verbände, der Deutschen Bundesbank und der BaFin bis zum 07.05.2007 postalisch oder via E-Mail (outsourcing@bafin.de, B30_MaRisk@bundesbank.de) Stellungnahmen zum Entwurf zuzuleiten. Der vorliegende Entwurf wird darüber hinaus dem MaRisk-Fachgremium vorgelegt, das sich in Sondersitzungen mit der fachlichen Weiterentwicklung der Anforderungen befassen soll. Da es im Fachgremium in erster Linie um die Diskussion Outsourcing-relevanter

Aspekte geht, bitte ich die im Fachgremium vertretenen Verbände und sonstigen Institutionen (z. B. IDW) um die Nennung entsprechender Experten, die für die Sondersitzungen an die Stelle der regulären Teilnehmer rücken können. Davon kann selbstverständlich abgesehen werden, wenn die Nennung eines Ersatzkandidaten für nicht erforderlich gehalten wird. Die erste Sondersitzung des Fachgremiums wird am 23.05.2007 stattfinden. Nach Abschluss der Arbeiten des Gremiums wird ein überarbeiteter zweiter Entwurf nochmals allen Verbänden zur Konsultation vorgelegt.

Sie werden mir sicherlich zustimmen, dass die Arbeitsfähigkeit des Fachgremiums bei einer zu großen Anzahl von Teilnehmern erheblich beeinträchtigt sein würde. Ich bitte daher um Ihr Verständnis, dass – wie schon bei der MaRisk-Entwicklung – nicht alle Verbände bei den Sondersitzungen berücksichtigt werden können. Vor diesem Hintergrund halte ich es für umso wichtiger, dass die nicht im Fachgremium vertretenen Verbände das schriftliche Konsultations-verfahren nutzen und Stellungnahmen zu den Entwürfen abgeben. Über anstehende Termine werde ich alle Verbände rechtzeitig informieren.

Es ist vorgesehen, Stellungnahmen zum Entwurf auf der Homepage der BaFin zu veröffentli-chen, soweit die Verfasser der Stellungnahmen dagegen keine Einwände erheben.

Für alle weiteren Arbeitsschritte hoffe ich auf Ihre tatkräftige Unterstützung und die Fortsetzung der schon bisher konstruktiven Zusammenarbeit.

[...]

Anlage 10
Bundesanstalt für Finanzdienstleistungsaufsicht (BaFin)
Zweiter Entwurf zur Modernisierung der Outsourcing-Regelungen und Integration in die MaRisk
Übermittlungsschreiben vom 10. August 2007

[...]

nachdem die Inhalte des ersten Entwurfs zu den neuen Outsourcing-Regelungen vom 05.04.2007 intensiv im MaRisk-Fachgremium diskutiert wurden, freue ich mich, dass ich Ihnen nun den zweiten Entwurf zuleiten kann. Änderungen gegenüber dem ersten Entwurf habe ich zur leichteren Nachvollziehbarkeit farblich gekennzeichnet.

Bevor ich auf fachliche Aspekte eingehe, möchte ich mich zunächst bei den Mitgliedern des Fachgremiums bedanken. Experten aus kleineren und größeren Instituten, Prüfer, Verbandsvertreter sowie Aufseher diskutierten den Entwurf in einer ausgesprochen konstruktiven Atmosphäre. Für viele offene Punkte konnten wir praxisgerechte Lösungen finden. Hierzu haben nicht zuletzt auch die Fachkenntnisse der teilnehmenden Outsourcing-Experten aus der Industrie beigetragen.

Lassen Sie mich nun die wesentlichen Änderungen gegenüber der Entwurfsfassung vom 05.04.2007 erläutern. Zur Klarstellung habe ich an einigen Stellen redaktionelle Änderungen vorgenommen. Damit will ich deutlicher zum Ausdruck bringen, dass spezifische Outsourcing-relevante Anforderungen, wie etwa die Vereinbarung von Prüfungsrechten, nur bei einer unter Risikogesichtspunkten wesentlichen Auslagerung zu beachten sind (z. B. AT 4.2 Tz. 1-E, AT 4.3.1 Tz. 2-E).

Definition (AT 9 Tz. 1-E)

Im weiten Terrain der Arbeitsteilung den Tatbestand der Auslagerung sinnvoll abzugrenzen, ist kein leichtes Unterfangen. Es liegt daher in der Natur der Sache, dass die Diskussion um eine passende »Outsourcing-Definition« breiten Raum einnimmt. Die Finanzmarktrichtlinie (MiFID) sowie die »Guidelines on Outsourcing« von CEBS enthalten hierzu interessante Ansätze, die nach intensiver Diskussion im Fachgremium in den neuen Entwurf integriert wurden. Eine Auslagerung liegt dann vor, wenn ein anderes Unternehmen mit der Erbringung von Aktivitäten und Prozessen im Zusammenhang mit der Durchführung von Bankgeschäften, Finanzdienstleistungen oder sonstigen institutstypischen Dienstleistungen beauftragt wird, die ansonsten vom Institut selbst erbracht würden.

Nicht als Auslagerung zu qualifizieren ist der »sonstige Fremdbezug von Leistungen«. Zu solchen Leistungen gehört der einmalige oder gelegentliche Fremdbezug von Gütern oder Dienstleistungen. Ebenso erfasst werden Leistungen, die typischerweise von einem beaufsichtigten Unternehmen bezogen und aufgrund tatsächlicher Gegebenheiten oder rechtlicher Vorgaben regelmäßig weder zum Zeitpunkt des Fremdbezugs noch in der Zukunft vom Institut selbst erbracht werden können. Anwendungsfälle der Tz. 47 des (noch) geltenden Rundschreibens 11/2001 fallen insoweit nicht unter die Outsourcing-Definition der Neuregelungen.

Gruppeninterne Auslagerungen (AT 9 Tz. 2-E)

Wie ich bereits in meinem Anschreiben zum ersten Entwurf vom 05.04.2007 zum Ausdruck brachte, sind gruppeninterne Auslagerungen unter Risikogesichtspunkten ggf. anders einzuordnen als Auslagerungen auf sonstige Dritte. Bei gruppeninternen Auslagerungen können daher wirksame Vorkehrungen, insbesondere ein Risikomanagement auf Gruppenebene sowie Durchgriffsrechte, bei der Erstellung und Anpassung der Risikoanalyse Risiko mindernd berücksichtigt werden. Gegebenenfalls kann dies dazu führen, dass gruppeninterne Auslagerungen als nicht-wesentlich eingestuft werden.

Einzelne Elemente des Auslagerungsvertrags (AT 9 Tz. 6-E)

Nach den bisherigen Regelungen ergaben sich hinsichtlich der Vereinbarung von Weisungsrechten (AT 9 Tz. 6d-E), Prüfungsrechten der Internen Revision (AT 9 Tz. 6b-E) sowie Zustimmungsvorbehalten bei Weiterverlagerungen (AT 9 Tz. 6g-E) insbesondere bei Auslagerungen auf Mehrmandantendienstleister häufig praktische Probleme. Die eingefügten Flexibilisierungen sollten dazu beitragen, diese Probleme zu beseitigen.

Auslagerung der Internen Revision

Revisionsleistungen müssen sowohl im Interesse der Institute als auch der Bankenaufsicht qualitativ hochwertig sein – unabhängig davon, ob die Revisionsleistungen intern oder extern erbracht werden. Die BaFin wird daher darauf achten, dass bei Auslagerungen der Internen Revision eine qualitativ gleichwertige Erbringung der Revisionsleistungen sichergestellt ist. Bei Vollauslagerung der Internen Revision ist ferner ein Revisionsbeauftragter zu benennen (AT 9 Tz. 8), dessen Aufgaben in Abhängigkeit von Art, Umfang, Komplexität und Risikogehalt der

Geschäftsaktivitäten des Institutes entweder von einer Organisationseinheit, einem Mitarbeiter oder einem Geschäftsleiter wahrzunehmen sind. Im Übrigen gilt der Grundsatz der Proportionalität: Wenn ein großes Institut seine Interne Revision vollständig auslagerte, so hätte dieses auf der Basis der Risikoanalyse zu beurteilen, ob und wie eine Einbeziehung der ausgelagerten Prozesse in das Risikomanagement gewährleistet werden kann. Die Neuregelungen tragen somit der besonderen Bedeutung der Internen Revision weiterhin Rechnung.

Berücksichtigung einzelner Elemente der MiFID

Wie bereits im Anschreiben zum ersten Entwurf vom 05.04.2007 dargestellt, sollen durch die MaRisk auch einzelne Elemente der MiFID bzw. der hierzu erlassenen Durchführungsrichtlinie umgesetzt werden. Der Zentrale Kreditausschuss hat im Zusammenhang mit der MiFID-induzierten Verankerung des Anlegerschutzes in den MaRisk einen sinnvollen Vorschlag unterbreitet, der im neuen Entwurf berücksichtigt wurde (AT 2 Tz. 1-E).

Inkrafttreten

Hinsichtlich des Umsetzungsprozedere steht bislang lediglich ein Termin fest. Die Neuregelungen der MaRisk werden mit dem Inkrafttreten des Finanzmarktrichtlinie-Umsetzungsgesetzes (FRUG) Bindungswirkung entfalten (01.11.2007). Im Hinblick auf die Behandlung von Auslagerungsverhältnissen, die vor diesem Termin vereinbart wurden (sog. Altfälle), führen wir gegenwärtig noch Gespräche. Ich habe großes Interesse an einer pragmatischen Lösung, die zu keiner übermäßigen Belastung der Institute führt. Das genaue Umsetzungsprozedere werde ich im Anschreiben zur Veröffentlichung der Endfassung bekanntgeben. In diesem Anschreiben werde ich auch über die Schreiben der BaFin informieren, die durch die Neuregelungen abgelöst werden. In jedem Fall werden das Rundschreiben 11/2001 vom 06.12.2001 sowie der Vermerk zu den Kreditfabriken (BA 13 – 272A – 4/2003 vom 12.12.2003) entfallen.

Ich bitte Sie, Ihre Stellungnahmen zum zweiten Entwurf der Deutschen Bundesbank und der BaFin postalisch oder via E-Mail (B30_MaRisk@bundesbank.de, konsultation05-07@bafin.de) bis zum 03.09.2007 zuzuleiten.

Dieses Schreiben sowie die Anlagen sind auf der Internetseite der BaFin im Bereich »Konsultationen« und auf der Internetseite der Bundesbank abrufbar. Ich beabsichtige, die Stellungnahmen zum zweiten Entwurf im Internet zu veröffentlichen. Daher bitte ich Sie mir mitzuteilen, wenn Sie mit einer Veröffentlichung Ihrer Stellungnahme oder deren Weitergabe an Dritte nicht einverstanden sind.

[...]

Anlage 11
Bundesanstalt für Finanzdienstleistungsaufsicht (BaFin)
Rundschreiben 5/2007 (BA) zur Modernisierung der Outsourcing-Regelungen und Integration in die MaRisk
Übermittlungsschreiben vom 30. Oktober 2007

[...]

nachdem ich Ihre Stellungnahmen zum zweiten Entwurf vom 13.08.2007 ausgewertet habe, kann ich Ihnen nunmehr eine offizielle Neufassung der MaRisk zuleiten, die insbesondere um neue Outsourcing-Regelungen ergänzt wurde. Die neuen MaRisk sowie einige weitere Dokumente sind diesem Schreiben als Anlagen beigefügt. Alle Dokumente sind darüber hinaus unter www.bafin.de sowie www.bundesbank.de abrufbar.

Ziel der Modernisierung der Outsourcing-Regelungen war die Entwicklung praxisnaher Anforderungen, die nahtlos an den prinzipienorientierten Ansatz der MaRisk anknüpfen und damit zugleich die Grundlagen für eine risikoorientierte Aufsichts- und Prüfungspraxis legen. Detailregelungen und Festschreibungen wurden beseitigt; an deren Stelle treten Öffnungsklauseln, die den Instituten mehr Gestaltungsspielräume für primär betriebswirtschaftlich getriebene Umsetzungslösungen einräumen. Ich freue mich daher, dass die Spitzenverbände der Kreditwirtschaft die Neuregelungen aufgrund ihrer prinzipienorientierten Ausrichtung begrüßen. Auch den konstruktiven Dialog bei der Entwicklung der Neuregelungen haben die Verbände positiv hervorgehoben. Dem kann ich mich vorbehaltlos anschließen: Vor allem die Diskussion im MaRisk-Fachgremium hat dazu beigetragen, dass für offene Punkte praxisgerechte Lösungen gefunden werden konnten. Das Fachgremium wird daher auch künftig regelmäßig tagen, um grundsätzliche Fragen im Zusammenhang mit der Anwendung der MaRisk zu diskutieren.

Auf die maßgeblichen Beweggründe für die Modernisierung der Outsourcing-Regelungen und deren Integration in die MaRisk bin ich bereits ausführlich im Anschreiben zum ersten Entwurf vom 05.04.2007 eingegangen. Es waren vor allem Entwicklungen auf europäischer Ebene sowie der hohe Detaillierungs- und Komplexitätsgrad der alten Regelungen, die eine grundlegende Überarbeitung erforderlich machten. Unter inhaltlichen Gesichtspunkten wird jedoch weiter an sinnvollen Grundgedanken der alten Regelungen festgehalten. Zentrale Elemente des alten Rundschreibens 11/2001, wie etwa die Unterscheidung zwischen »wesentlichen« und »nicht-wesentlichen« Auslagerungen, sind aus diesem Grund auch Gegenstand der neuen Regelungen. Das eigentlich »Moderne« an den Neuregelungen besteht vielmehr darin, dass dem Management Outsourcing-spezifischer Risiken ein deutlich höherer Stellenwert als bisher eingeräumt wird. Im Kern wird es künftig für die Institute vor allem darum gehen, die ausgelagerten Aktivitäten und Prozesse in eine angemessene »Sourcing-Governance« einzubetten, um auf diese Weise den Anforderungen von § 25a Abs. 2 KWG Rechnung zu tragen. So hat das Institut selbst beispielsweise die »Wesentlichkeit« einer Auslagerung auf der

Basis einer Risikoanalyse zu bestimmen (AT 9 Tz. 2). Die Analyse muss dabei alle Aspekte der Auslagerung umfassen, die für eine angemessene Einbindung der ausgelagerten Aktivitäten und Prozesse in das Risikomanagement maßgeblich sind. Hinsichtlich ihrer Ausgestaltung existieren keine konkreten Vorgaben; es kann daher durchaus unterschiedliche Lösungen geben, um dem Sinn und Zweck der Regelung Rechnung zu tragen. Dieser offene – an Prinzipien orientierte – Ansatz liegt natürlich auch den sonstigen Neuregelungen zugrunde.

Prinzipienorientierte Regulierung schafft Spielräume für alternative Umsetzungslösungen. Es versteht sich von selbst, dass an die Nutzung dieser Spielräume ein hohes Maß an Eigenverantwortung geknüpft ist. Die Geschäftsleitung bleibt in vollem Umfang für die Ordnungsmäßigkeit der Geschäftsorganisation des Institutes verantwortlich. Darüber hinaus sind die Grenzen der Auslagerung zu berücksichtigen: So darf eine Auslagerung nicht zur Delegation der Verantwortung der Geschäftsleitung an das Auslagerungsunternehmen führen. Unzulässig ist ferner die Auslagerung von Leitungsaufgaben der Geschäftsleitung. Bei Bausparkassen können sich ferner aufgrund spezialgesetzlicher Regelungen besondere bankaufsichtliche Maßstäbe ergeben. Dies gilt insbesondere im Hinblick auf die Steuerung des Bausparkollektivs.

Ich habe die neuen Outsourcing-Regelungen schwerpunktmäßig in das Modul AT 9 der MaRisk überführt; von Relevanz sind aber auch Ergänzungen in einigen anderen Modulen, wie etwa z. B. AT 3 Tz. 1 oder AT 4.2 Tz. 1. Die Vorgaben der Finanzmarktrichtlinie machten darüber hinaus zusätzliche Anpassungen erforderlich, die nicht unmittelbar mit dem Themenkomplex Outsourcing zusammenhängen (z. B. AT 1 Tz. 3 und AT 2 Tz. 1). Die Erstellung der Neufassung wurde schließlich zum Anlass genommen, einige Korrekturen vorzunehmen. So war aufgrund der Integration der Neuregelungen beispielsweise eine Umstrukturierung des Moduls BT 2 erforderlich (»Besondere Anforderungen an die Ausgestaltung der Internen Revision«). An diese Umstrukturierung sind jedoch grundsätzlich keine materiellen Änderungen geknüpft.

Die neuen Anforderungen der MaRisk treten mit dem Finanzmarktrichtlinie-Umsetzungsgesetz (FRUG) zum 01.11.2007 in Kraft. Mit dem Inkrafttreten entfallen die in Anlage 3 genannten Schreiben der Aufsicht. Sollten sich bei der Umsetzung der neuen Anforderungen Schwierigkeiten ergeben, so werde ich dies bei der Gesamtwürdigung des Einzelfalls unter dem Gesichtspunkt der Verhältnismäßigkeit selbstverständlich berücksichtigen.

Im Hinblick auf Auslagerungen, die vor dem Inkrafttreten der Neuregelungen vereinbart wurden (sog. »Altfälle«), halte ich folgende Verfahrensweise für sachgerecht: Solche Fälle sind bereits nach der (noch) geltenden Fassung des § 25a Abs. 2 KWG in die internen Kontrollverfahren des Institutes einzubeziehen. Substanziell ändert sich daran durch die ab dem 01.11.2007 geltende Fassung des § 25a Abs. 2 KWG nicht viel (»Einbeziehung in das Risikomanagement«). Ich gehe daher davon aus, dass im Hinblick auf die Altfälle grundsätzlich keine Neueinschätzungen nach Maßgabe von AT 9 Tz. 2 (Risikoanalyse) erforderlich sind. Sollten sich bei Altfällen Änderungen der Risikosituation ergeben, hat das Institut dem durch eine Risikoanalyse bzw. deren Anpassung Rechnung zu tragen.

[...]

Anlage 12
Bundesanstalt für Finanzdienstleistungsaufsicht (BaFin)
»Wegfallende Schreiben«
Zweite Liste vom 30. Oktober 2007

Folgende Rundschreiben, Verlautbarungen, sonstigen Schreiben und Protokolle werden durch die Neufassung der Mindestanforderungen an das Risikomanagement (MaRisk) abgelöst:

Mindestanforderungen an das Risikomanagement

- Mindestanforderungen an das Risikomanagement (MaRisk), Rundschreiben 18/2005 vom 20.12.2005
- Protokoll zur ersten Sitzung des Fachgremiums MaRisk vom 04.05.2006
- Protokoll zur zweiten Sitzung des Fachgremiums MaRisk vom 17.08.2006
- Protokoll zur dritten Sitzung des Fachgremiums MaRisk vom 06.03.2007

Inoffizielle Arbeitsversionen

- Regelungstext mit Erläuterungen auf der Basis der ersten Sitzung des Fachgremiums MaRisk vom 04.05.2006
- Regelungstext auf der Basis der ersten Sitzung des Fachgremiums MaRisk vom 04.05.2006
- Regelungstext mit Erläuterungen auf der Basis der zweiten Sitzung des Fachgremiums MaRisk vom 17.08.2006
- Regelungstext auf der Basis der zweiten Sitzung des Fachgremiums MaRisk vom 17.08.2006
- Regelungstext mit Erläuterungen auf der Basis der dritten Sitzung des Fachgremiums MaRisk vom 06.03.2007
- Regelungstext auf der Basis der dritten Sitzung des Fachgremiums MaRisk vom 06.03.2007

Auslagerung

- Auslagerung von Bereichen auf ein anderes Unternehmen gemäß § 25a Abs. 2 KWG, Rundschreiben 11/2001 vom 06.12.2001
- Zusammenstellung der aufsichtlich notwendigen Vertragselemente und Musterklauseln zur Erfüllung der Anforderungen des Rundschreibens 11/2001 vom 06.12.2001, BA 13 – GS 5481 – 1/2005 vom 10.06.2005
- »Kreditfabriken« – Aufsichtliche Rahmenbedingungen und Anforderungen, Vermerk BA 13 – 272A – 4/2003 vom 12.12.2003
- Rundschreiben 11/2001 vom 06.12.2001 – Anzeige der Altfälle gemäß Textziffer 56, Rundschreiben 10/2002 vom 10.05.2002
- Auslagerung von Bereichen auf ein anderes Unternehmen nach § 33 Abs. 2 WpHG, Rundschreiben vom 18.08.1998 (Wertpapieraufsicht)
- Grenzüberschreitende Datenfernverarbeitung deutscher Tochterunternehmen und Zweigstellen US-amerikanischer Banken, Schreiben I 3 – 362 – 3/94/I 6 – 3.3.02.0 vom 24.11.1995

Liste wegfallender Schreiben vom 30. Oktober 2007

Sonstiges

- Abschluss von Devisengeschäften zu deutlich von Marktkursen abweichenden Kursen durch Kreditinstitute; hier: Prolongation von Devisentermingeschäften, denen Waren- oder Dienstleistungsgeschäfte in Fremdwährung zugrunde liegen sowie vorzeitige Abwicklung von Devisentermingeschäften, Schreiben I 3 – 122 – 1/77 vom 30.03.1977, 20.07.1978, 24.02.1986, 22.06.1987 und 19.05.1993
- Valutagerechte Buchung von schwebenden Devisen-, Wertpapier- und Geldhandelsgeschäften, Schreiben I 4 – 35 vom 08.04.1980, Schreiben I 4 – 21231 – 4/87 vom 04.06.1992, 10.12.1992 und 26.09.1994
- Mindestanforderungen für bankinterne Kontrollmaßnahmen bei Devisengeschäften – Kassa und Termin, Schreiben I 4 – 312 – 1/83 vom 14.03.1983
- Saldierung von Devisen-Kassageschäften, die an einem Geschäftstag, in derselben Währung und mit demselben Geschäftspartner abgeschlossen werden, Schreiben I 4 – 32 vom 31.03.1982
- Warentermingeschäfte, Rundschreiben 12/97, I 1 – 3.6.1.5.1 vom 27.11.1997.

Anlage 13
Bundesanstalt für Finanzdienstleistungsaufsicht (BaFin)
Erster Entwurf zur Neufassung der MaRisk
Übermittlungsschreiben vom 16. Februar 2009

[...]

wie in der Sitzung des Arbeitskreises Bankenaufsicht am 15.07.2008 angekündigt, kann ich Ihnen nunmehr einen ersten Entwurf für eine Neufassung der MaRisk vorlegen. Mitarbeiter der Deutschen Bundesbank und meiner Behörde haben den Entwurf ausgearbeitet; er stellt den Ausgangspunkt für den weiteren Abstimmungsprozess dar, über dessen Ablauf ich Sie am Ende dieses Schreibens im Detail informieren werde (MaRisk-Fachgremium, Konsultation). Lassen Sie mich aber zunächst auf die Gründe für die Überarbeitung der MaRisk sowie die wesentlichen Neuerungen eingehen.

Wesentlicher Treiber für die Überarbeitung der MaRisk sind internationale Regulierungsinitiativen, die vor dem Hintergrund der noch schwelenden Finanzmarktkrise in Angriff genommen wurden. Von maßgeblicher Bedeutung sind dabei die Empfehlungen des Financial Stability Forums (FSF), zu deren Umsetzung sich Deutschland verpflichtet hat. Darüber hinaus sind Entwicklungen auf europäischer Ebene zu berücksichtigen. So sind bspw. aufgrund der CRD-Änderungsrichtlinie Anpassungen bei den Anforderungen zum Liquiditätsrisikomanagement der Institute erforderlich (Modul BTR 3). Was die Neuerungen im Entwurf angeht, spielen aber auch Erkenntnisse aus der laufenden Aufsichts- und Prüfungspraxis sowie bekannt gewordenen Manipulationsfällen (Société Générale) eine Rolle.

Die Anpassungen im Entwurf werden allerdings die grundsätzliche Ausrichtung der Mindestanforderungen nicht berühren. Ich kann Ihnen versichern, dass dem in § 25a KWG sowie den MaRisk fest verankerten Proportionalitätsgrundsatz auch künftig ein hoher Stellenwert eingeräumt wird. Das gilt insbesondere für die zahlreichen kleineren Institute in Deutschland, die bei der Umsetzung der Anforderungen auf große regulatorische Spielräume dringend angewiesen sind.

Unter inhaltlichen Gesichtspunkten sind vor allem die folgenden Änderungen von Bedeutung:

Stresstesting – Ergänzungen in Modul AT 4.3.2

Die Neuerungen im Bereich »Stresstesting« orientieren sich insbesondere an den Empfehlungen des FSF und Dokumenten des Baseler Ausschusses. Maßgeblich für die Terminologie (Stresstest, Sensitivitätsanalyse, Szenarioanalyse) sind die vom Committee of European Banking Supervisors

(CEBS) veröffentlichten »Technical aspects of stress testing under the supervisory review process (CP 12)« vom 14.12.2006. Unter inhaltlichen Gesichtspunkten geht es in erster Linie um die Schärfung der Konturen bereits bestehender Anforderungen. Im Vordergrund steht bspw. die Ausgestaltung der zugrundeliegenden Szenarien (historische und hypothetische Szenarien, Berücksichtigung des wirtschaftlichen Umfeldes). Die Angemessenheit der Stresstests ist zudem in regelmäßigen Abständen zu überprüfen. Auswirkungen der Stresstests auf die Risikotragfähigkeit sind bei der Berichterstattung an die Geschäftsleitung darzustellen.

Angemessene Einbindung des Aufsichtsorgans – Ergänzungen in den Modulen AT 4.3.2 und AT 4.4

Nach AT 1 Tz. 1 der MaRisk umfasst ein angemessenes und wirksames Risikomanagement auch eine angemessene Einbindung des Aufsichtsorgans. Um die Überwachungsfunktion durch das Aufsichtsorgan zu stärken, habe ich an verschiedenen Stellen Ergänzungen eingefügt. Dabei geht es zum einen um Berichtspflichten der Geschäftsleitung an das Aufsichtsorgan (AT 4.3.2 Tz. 6) und zum anderen um das Zusammenspiel von Aufsichtsorgan und Interner Revision (AT 4.4 Tz. 2). Da sowohl das Aufsichtsorgan als auch die Interne Revision im Grunde genommen das gesamte Institut im Blick haben, halte ich eine engere Zusammenarbeit für sehr sinnvoll. Der Umstand, dass die Revision ein Instrument der Geschäftsleitung ist, steht dem nicht entgegen. Vielmehr führt eine engere Zusammenarbeit zu einer Stärkung der Governance-Strukturen, die im Interesse des gesamten Institutes liegt.

Risikomanagement auf Gruppenebene – neues Modul AT 4.5

Um der Anwendung der gruppenbezogenen Anforderungen an das Risikomanagement nach § 25a Abs. 1a KWG mehr Gewicht zu verleihen, habe ich bestehende Regelungen (bspw. AT 2.1 Tz. 1) ergänzt und diese in das neue Modul AT 4.5 überführt. In einer Welt, in der Konzernstrukturen immer mehr an Bedeutung gewinnen, kommt der Etablierung gruppenweiter Risikomanagementsysteme eine zunehmend größere Bedeutung zu. Erfasst werden sollen alle wesentlichen Risiken der Gruppe (also bspw. auch Risiken, die sich aus nicht konsolidierungspflichtigen Zweckgesellschaften ergeben). Die konkrete Ausgestaltung des Risikomanagements auf Gruppenebene hängt – wie bereits bisher – von Art, Umfang, Komplexität und Risikogehalt der von der Gruppe betriebenen Geschäfte ab.

Vergütungssysteme – Ergänzungen in Modul AT 7.1

Bei den Anforderungen an die Vergütungssysteme (als Teil der Anreizsysteme) war zu berücksichtigen, dass das Thema Vergütung zunächst eine institutsinterne Angelegenheit ist. Anderseits besteht kein Zweifel, dass die Ausgestaltung von Vergütungssystemen in vielen Fällen zur Ausdehnung exzessiver Risikopositionen beigetragen hat. Die bereits bestehenden Anforderungen in den MaRisk (AT 7.1 Tz. 4) sind daher auch vor dem Hintergrund internationaler Regulierungsinitiativen nicht mehr ausreichend. Die Ergänzungen im Entwurf orientieren sich u.a. an den Prinzipien, die das Institute of International Finance (IIF) als Interessenvertretung der globalen Finanzindustrie formuliert hat. So sollen die Vergütungssysteme bspw. sicherstellen, dass sich der variable Teil der Vergütung an dem langfristigen Erfolg des Institutes orientiert. Mitarbeiter aus »nachgelagerten« Bereichen (bspw. Abwicklung, Marktfolge) sollen entsprechend ihrer Verantwortung angemessen vergütet werden. Bei der Diskussion der neuen Anforderungen werden die noch nicht abgeschlossenen Arbeiten auf internationaler Ebene zu berücksichtigen sein. Insbesondere das FSF und CEBS befassen sich gegenwärtig noch intensiv mit dem Thema Vergütung.

Handelsgeschäft – Ergänzungen in Modul BTO 2

Erfahrungen aus der Aufsichts- und Prüfungspraxis sowie der weltweit bekannt gewordene Manipulationsfall bei der Société Générale haben mich dazu bewogen, die Anforderungen mit Bezug zum Handelsgeschäft (v. a. BTO 2) einer kritischen Prüfung zu unterziehen. Ergänzungsbedarf sehe ich vor allem bei den Anforderungen zu den Bestätigungs- und Abstimmungsverfahren, dem Umgang mit Stornierungen sowie den Zugriffsberechtigungen. Zudem wird der Handhabung von »internen Geschäften« nunmehr ein deutlich höherer Stellenwert eingeräumt.

Bewertung von »illiquiden Positionen« – BTR 2.1

Bezüglich der Bewertung illiquider Positionen halte ich es für erforderlich, dass die Institute überprüfen, ob die für diese Zwecke eingesetzten Verfahren auch bei schwerwiegenden Marktstörungen verwertbare Ergebnisse liefern. Für Fälle fehlender, veralteter oder verzerrter Marktpreise sind durch die Institute alternative Bewertungsmethoden festzulegen. Mit diesen Anforderungen trage ich aktuellen Beobachtungen und Entwicklungen an den Finanzmärkten Rechnung.

Liquiditätsrisiken – Ergänzungen in Modul BTR 3

Die Ergänzungen in Modul BTR 3 sind nicht nur auf die Empfehlungen des FSF und die Anschlussarbeiten des Baseler Ausschusses (»Principles for Sound Liquidity Risk Management and Supervision« vom September 2008) zurückzuführen. Sie ergeben sich insbesondere auch aus dem aktuellen Entwurf der CRD-Änderungsrichtlinie (Stand Januar 2009). Stärker betont wird bspw. die Notwendigkeit eines Verfahrens zur Früherkennung eines sich abzeichnenden Liquiditätsbedarfes. Zudem ist der dauerhafte Zugang zu den für das Institut relevanten Refinanzierungsquellen regelmäßig zu überprüfen. Einige der neuen Anforderungen im Modul BTR 3 habe ich mit Öffnungsklauseln versehen, damit vor allem kleinere Institute mit überschaubaren Geschäftsaktivitäten nicht überfordert werden (bspw. bei der Abbildung der »innertägigen« Liquidität).

Konzentrationsrisiken – neues Modul BTR 5

Die Überführung und Ergänzung bestehender Anforderungen in das neue Modul BTR 5 soll dazu beitragen, dass Thema Konzentrationsrisiken noch stärker als bisher in das Bewusstsein der Institute zu rücken. Insbesondere sind von den Instituten angemessene Prozesse zur Identifizierung, Beurteilung, Steuerung, Überwachung und Kommunikation von Konzentrationsrisiken einzurichten. Die konkreten Anforderungen des Moduls BTR 5 beziehen sich in erster Linie auf Konzentrationen im Kreditgeschäft (Adresskonzentrationen, Sektorkonzentrationen und Abhängigkeiten). Für Risiken aus sonstigen Konzentrationen (bspw. Outsourcing, IT) sind »angemessene Maßnahmen« zu ergreifen, ohne dass daran explizite Anforderungen geknüpft werden. Auch hier wird in der Praxis dem Proportionalitätsprinzip Rechnung zu tragen sein.

Weitere Anpassungen, insbesondere in Form von Klarstellungen bzw. Betonungen, betreffen bspw. Reputationsrisiken oder auch Kreditbeurteilungen auf der Basis externer Ratings. Darüber hinaus halte ich es für zweckmäßig, wenn für bestimmte Begriffe aus dem Englischen deutsche Bezeichnungen in die MaRisk eingefügt werden (z. B. für den »Internal Capital Adequacy Assessment Process« in AT 1 Tz. 2). Schließlich möchte ich Sie darüber informieren, dass ich nunmehr beabsichtigte, dass überaus komplexe Thema »Anwendung des § 2a KWG« (Waiver-Regelungen) gesondert abzuhandeln. Meine Mitarbeiter werden diesbezüglich in Kürze an die Verbände der Kreditwirtschaft herantreten.

Ich bitte alle Verbände, der Deutschen Bundesbank und der BaFin, bis zum 23.03.2009 postalisch oder via E-Mail (banken-3@bundesbank.de, konsultation-03-09@bafin.de) Stellungnahmen zum Entwurf zuzuleiten. Der vorliegende Entwurf wird darüber hinaus dem MaRisk-Fachgremium vorgelegt, das sich mit der fachlichen Weiterentwicklung der Anforderungen befassen soll. Über weitere Einzelheiten zur Sitzung werde ich die Mitglieder des Fachgremiums gesondert unterrichten.

Es ist vorgesehen, Stellungnahmen zum Entwurf auf der Homepage der BaFin zu veröffentlichen, soweit die Verfasser der Stellungnahmen dagegen keine Einwände erheben.

Für alle weiteren Schritte hoffe ich auf Ihre tatkräftige Unterstützung und die Fortsetzung der schon bisher konstruktiven Zusammenarbeit.

[...]

Anlage 14
Bundesanstalt für Finanzdienstleistungsaufsicht (BaFin)
Zweiter Entwurf zur Neufassung der MaRisk
Übermittlungsschreiben vom 24. Juni 2009

[...]

nachdem die Inhalte des ersten MaRisk-Entwurfs vom 16.02.2009 intensiv im MaRisk-Fachgremium diskutiert wurden, freue ich mich, dass ich Ihnen nun den zweiten Entwurf zuleiten kann. Änderungen gegenüber der aktuellen MaRisk-Fassung habe ich zur leichteren Nachvollziehbarkeit farblich gekennzeichnet.

Bevor ich auf fachliche Aspekte eingehe, möchte ich mich zunächst bei den Mitgliedern des Fachgremiums bedanken. Experten aus kleineren und größeren Instituten, Prüfer, Verbandsvertreter sowie Aufseher diskutierten den Entwurf in einer ausgesprochen konstruktiven Atmosphäre. Für viele offene Punkte konnten wir praxisgerechte Lösungen finden.

Gegenüber der Entwurfsfassung vom 16.02.2009 sind vor allem die folgenden Änderungen von Relevanz:

Risikotragfähigkeit (AT 4.1 Tz. 4-E)

Verfügt ein Institut über kein geeignetes Verfahren zur Quantifizierung von Risiken, so hat es hierfür auf der Basis einer »Plausibilisierung« einen Risikobetrag festzulegen. Bei dieser Anforderung wurde die Frage aufgeworfen, ob bei solchen Risiken (bspw. Reputationsrisiken) überhaupt eine Plausibilisierung möglich ist. M. W. ist es in der Praxis nicht unüblich, dass derartige Plausibilisierungen auf der Grundlage einer qualifizierten Expertenschätzung durchgeführt werden. Ich habe daher den Regelungstext entsprechend ergänzt.

Stresstesting (AT 4.3.2 Tz. 6-E)

Gegenstand der Diskussion im Fachgremium war die Frage, ob an die geforderte Berücksichtigung der Ergebnisse der Stresstests bei der Beurteilung der Risikotragfähigkeit immer auch eine Kapitalunterlegung geknüpft ist. Dies muss allerdings, je nachdem welcher Zweck mit einem Stresstest verfolgt wird, nicht zwangsläufig der Fall sein. Im Vordergrund steht vielmehr eine kritische Reflexion der Ergebnisse der Stresstests. Zudem sollte das Institut auf der Basis der Stresstests ergründen, ob und ggf. inwieweit Handlungsbedarf besteht. Der identifizierte Handlungsbedarf muss je nach Zweck des Stresstests allerdings nicht zwingend zu einer Kapitalunterlegung führen. Es sind auch andere Handlungen denkbar, um den Ergebnissen der Stresstests Rechnung zu tragen (bspw. verschärfte Überwachung der Risiken, geschäftspolitische Anpassungen).

Vergütung (AT 7.1 Tzn. 4 und 5-E)

Ich habe die Diskussion im Fachgremium zum Anlass genommen, bei den Anforderungen zu den Vergütungssystemen stärker zu differenzieren. Anforderungen allgemeiner Natur beziehen sich grundsätzlich auf alle Vergütungssysteme des Institutes (bspw. Kompatibilität mit den Strategien). Besondere Anforderungen gelten für die variable Vergütung von Geschäftsleitern und Mitarbeitern, die hohe Risikopositionen begründen können (bspw. Berücksichtigung von zukünftigen negativen Entwicklungen). Diese Differenzierung korrespondiert auch mit einschlägigen Regelungen auf internationaler Ebene (Financial Stability Board) und der geplanten CRD-Änderungsrichtlinie.

Risikokonzentrationen (AT und BTR 1)

Da es unter systematischen Gesichtspunkten von Vorteil ist, habe ich die Anforderungen des Moduls BTR 5 (Konzentrationsrisiken) in den allgemeinen Teil AT überführt. Spezielle Anforderungen an Adressrisikokonzentrationen finden sich zudem im Modul BTR 1 (Adressenausfallrisiken). Inhaltliche Konsequenzen hat diese Verschiebung grundsätzlich nicht. Im Zusammenhang mit dem Management von Risikokonzentrationen möchte ich ferner darauf hinweisen, dass die Anforderungen keinen »Zwang zur Diversifizierung« statuieren (bspw. bei spezialisierten oder regional tätigen Instituten). Ebenso wenig soll die Existenz von Risikokonzentrationen per se abgestraft werden. Mir geht es in erster Linie darum, dass sich die Institute – schon aus Eigeninteresse – entsprechend intensiv mit ihren jeweiligen »Klumpen« auseinandersetzen.

Bezüglich des Umsetzungsprocedere besteht aus meiner Sicht noch Klärungsbedarf. Ich werde daher diesbezüglich in Kürze mit den Verbänden der Kreditwirtschaft in Kontakt treten. Ich bitte Sie, Ihre Stellungnahmen zum zweiten Entwurf der Deutschen Bundesbank und der BaFin postalisch oder via E-Mail (B30_MaRisk@bundesbank.de, konsultation@bafin.de) bis zum 15.07.2009 zuzuleiten.

Dieses Schreiben sowie die Anlagen sind unter www.bafin.de/Konsultationen und auf der Internetseite der Bundesbank abrufbar. Ich beabsichtige, die Stellungnahmen zum zweiten Entwurf im Internet zu veröffentlichen. Daher bitte ich Sie mir mitzuteilen, wenn Sie mit einer Veröffentlichung Ihrer Stellungnahme oder deren Weitergabe an Dritte nicht einverstanden sind.

[...]

Anlage 15
Bundesanstalt für Finanzdienstleistungsaufsicht (BaFin)
Rundschreiben 15/2009 (BA) zur Neufassung der MaRisk
Übermittlungsschreiben vom 14. August 2009

[...]

ich habe Ihre Stellungnahmen zum zweiten Entwurf vom 24.06.2009 eingehend geprüft und freue mich, Ihnen heute die offizielle Neufassung der MaRisk zuleiten zu können. Die neuen MaRisk sowie einige weitere Dokumente sind diesem Schreiben als Anlagen beigefügt. Alle Dokumente sind darüber hinaus unter www.bafin.de und www.bundesbank.de abrufbar.

Auf die maßgeblichen Beweggründe für die Neufassung der MaRisk bin ich bereits im Anschreiben zum ersten Entwurf vom 16.02.2009 eingegangen. Es sind vor allem die Empfehlungen des Financial Stability Boards sowie diverse »Anschlussarbeiten« (v. a. Baseler Ausschuss für Bankenaufsicht, EU-Richtlinienvorhaben), die eine Anpassung der MaRisk erforderlich machten. Ich habe mich ganz bewusst dafür entschieden, die grundsätzliche Ausrichtung der MaRisk von den Neuregelungen unberührt zu lassen: Dem in § 25a KWG fest verankerten Proportionalitätsgrundsatz wird auch künftig ein hoher Stellenwert eingeräumt. Dies gilt vor allem für die zahlreichen kleineren Institute in Deutschland, die auf regulatorische Spielräume angewiesen sind.

Lassen Sie mich nunmehr auf einige wichtige inhaltliche Punkte eingehen.

Einbindung des Aufsichtsorgans

Um die Governance-Strukturen der Institute weiter zu stärken, habe ich bestehende Pflichten der Geschäftsleitung gegenüber dem Aufsichtsorgan weiter ausgebaut. Insbesondere haben die Geschäftsleiter dem Aufsichtsorgan ein direktes Auskunftsrecht gegenüber der Internen Revision einzuräumen, damit es seine Überwachungsfunktion noch effektiver wahrnehmen kann. Da das Aufsichtsorgan und die Interne Revision aufgrund ihrer Aufgaben das gesamte Institut im Blick haben, bietet sich ein solches Auskunftsrecht an. In diesem Zusammenhang geäußerte Vorbehalte der Kreditwirtschaft konnte ich zum Teil nachvollziehen. Ich habe daher einige Anpassungen vorgenommen. So soll der Vorsitzende des Aufsichtsorgans sein Auskunftsersuchen an den Leiter der Internen Revision richten, um die Kommunikation zu kanalisieren. Zudem ist die Geschäftsleitung über derartige Auskunftsersuchen zu informieren.

Das Deutsche Institut für Interne Revision (DIIR) sieht im Übrigen in der Neuregelung eine »wirkungsvolle Stärkung der Unternehmensüberwachung und der Funktion der Internen Revision«. Dem schließe ich mich an, denn auch ich bin mir sicher, dass das gesamte Institut von der Neuregelung profitieren kann. Dies setzt natürlich voraus, dass dem Aufsichtsorgan die maßgeblichen Regelungen der MaRisk bekannt sind. Ich bitte daher die Geschäftsleiter der Institute, ihre Aufsichtsorgane entsprechend zu informieren.

Risikokonzentrationen

Die Finanzmarktkrise hat deutlich gezeigt, wie verheerend sich Risiken aus Konzentrationen auswirken können, wenn sie erst einmal schlagend werden. Die Anforderungen in den MaRisk sollen dazu beitragen, dass die Institute für solche Verlustgefahren sensibilisiert werden. Das gilt natürlich auch für Institute mit regionaler Ausrichtung oder spezialisierte Institute, die sich – schon aus Eigeninteresse – intensiv mit ihren jeweiligen »Klumpen« befassen sollten. Die Anforderungen der MaRisk statuieren jedoch keinen »Zwang zur Diversifizierung«, wie ich bereits im Anschreiben zum zweiten Entwurf vom 24.06.2009 zum Ausdruck brachte.

Risiken aus Konzentrationen sind vielschichtig. Sie können sich auch auf der Ertragsseite der Institute ergeben. Ich halte es daher für erforderlich, dass sich die Institute mit Ertragskonzentrationen befassen (AT 4.2 Tz. 2). Die Spitzenverbände der Kreditwirtschaft haben mich darum gebeten, den Sinn und Zweck dieser Anforderung näher zu erläutern. Diesem Wunsch trage ich gerne Rechnung. Die Finanzmarktkrise hat u. a. deutlich gemacht, dass bei Instituten, die stark abhängig von bestimmten Ertragsquellen sind, tendenziell eine höhere Anfälligkeit gegenüber (Markt-)Veränderungen besteht. Vor diesem Hintergrund halte ich es für zweckmäßig, dass die Institute Ertragskonzentrationen berücksichtigen. Bei der Anforderung geht es nicht um »potenzielle Ertragseinbußen« oder anspruchsvolle »Systeme zur Gesamtbanksteuerung«. Es geht allein darum, dass sich die Institute etwaiger Ertragskonzentrationen bewusst sind und diese in ihr Kalkül einbeziehen. Das setzt selbstverständlich voraus, dass die Institute ihre wesentlichen Erfolgsquellen kennen und diese voneinander abgrenzen (bspw. die Abgrenzung von Konditionen- und Strukturbeitrag im Zinsbuch).

Risikomanagement auf Gruppenebene

Um den gesetzlichen Regelungen zum gruppenweiten Risikomanagement (§ 25a Abs. 1a KWG) noch mehr Bedeutung zu verleihen, habe ich bestehende MaRisk-Anforderungen ergänzt und diese in das neue Modul AT 4.5 überführt. Die Anforderungen sind an das jeweils übergeordnete Unternehmen gerichtet und in Abstimmung mit den nachgeordneten Unternehmen umzusetzen. Die gruppenbezogenen Anforderungen erstrecken sich auf Strategien, Risikotragfähigkeit, Risikosteuerungs- und -controllingprozesse, prozessuale Vorgaben (bspw. abgestimmte Kommunikationswege) und Konzernrevision. Die Ausgestaltung des Risikomanagements auf Gruppenebene hängt von Art, Umfang, Komplexität und Risikogehalt sowie den gesellschaftsrechtlichen Möglichkeiten ab. Zu berücksichtigen sind alle wesentlichen Risiken der Gruppe, unabhängig davon, ob sie von konsolidierungspflichtigen Unternehmen verursacht werden oder nicht. Soweit sie für die Gruppe ein wesentliches Risiko darstellen, sind also auch z. B. Zweckgesellschaften oder Industrieunternehmen vom gruppenweiten Risikomanagement zu erfassen.

Vergütungssysteme

Eine bedeutende Neuerung stellen die Anforderungen an die Vergütungssysteme dar. Aggressive Vergütungssysteme haben – neben anderen Faktoren – mit zur Finanzmarktkrise beigetragen. Fehlanreize in den Vergütungssystemen führten teilweise zu extremen Ausweitungen von Risikopositionen. Vor diesem Hintergrund ist es nicht überraschend, dass sich auch die maßgeblichen internationalen Gremien des Themas »Vergütung« angenommen haben. Die neuen Regelungen der MaRisk orientieren sich insbesondere an den »Principles for Sound Compensation Practices« des Financial Stability Boards vom 02.04.2009 und den »High-level Principles for Remuneration Policies« des Committee of European Banking Supervisors (CEBS) vom 20.04.2009, die im Übrigen deckungsgleich in die Änderungsrichtlinie zur Bankenrichtlinie überführt werden sollen.

Die neuen Anforderungen stellen keinen Eingriff in die Entlohnungssysteme der Privatwirtschaft dar. Sie statuieren vielmehr Prinzipien, die bei der Ausgestaltung der Vergütungssysteme zu berücksichtigen sind. Während sich die allgemeinen Anforderungen auf alle Vergütungssysteme beziehen, geht es bei den besonderen Anforderungen um die variable Vergütung von Geschäftsleitern oder Mitarbeitern, die aufgrund ihrer Kompetenzen hohe Risikopositionen begründen können. Die besonderen Anforderungen sind insoweit an »risk taker« gerichtet und nicht etwa an Bankmitarbeiter, deren dreizehntes Monatsgehalt eine variable Vergütung darstellt.

Nach den »allgemeinen Anforderungen« ist z. B. sicherzustellen, dass die Vergütungssysteme mit den in den Strategien niedergelegten Zielen in Einklang stehen. Die Vergütungssysteme müssen ferner so ausgerichtet sein, dass schädliche Anreize zur Begründung unverhältnismäßig hoher Risikopositionen vermieden werden. Abhängig von Art, Umfang, Komplexität und Risikogehalt der Geschäftsaktivitäten sowie der Vergütungsstruktur des Institutes hat die Geschäftsleitung ferner einen Ausschuss einzurichten, der sich mit der Ausgestaltung und Weiterentwicklung der Vergütungssysteme befassen soll. Durch den Vergütungsausschuss, dem Mitarbeiter aus unterschiedlichen Bereichen angehören (bspw. Personalabteilung, Markt, Risikocontrolling, Interne Revision), können etwaige Fehlentwicklungen frühzeitig erkannt und beseitigt werden. Er schafft zudem mehr Transparenz. Solange die Geschäftsleitung im Wege der Delegation nichts anderes vorsieht, hat der Ausschuss keine Entscheidungskompetenzen. Unter dem Gesichtspunkt des Datenschutzes halte ich seine Einrichtung für unproblematisch, denn der Ausschuss soll sich mit der Ausgestaltung und Weiterentwicklung der Vergütungssysteme befassen und nicht etwa mit den Personalakten einzelner Mitarbeiter.

Die »besonderen Anforderungen« sehen u. a. vor, dass die variable Vergütung auch »künftige negative Entwicklungen« zu berücksichtigen hat. Die »risk taker« sollen also nicht nur am Erfolg partizipieren, sondern auch an einem etwaigen Verlust. Die Spitzenverbände haben in diesem Zusammenhang problematisiert, dass eine Zuordnung des Erfolgs bzw. des Nicht-Erfolgs zu den jeweils Betroffenen »realistischer Weise nicht möglich ist«. Dem kann ich nicht uneingeschränkt folgen, denn die Festlegung vergütungsrelevanter individueller Ziele ist in solchen Vergütungssegmenten bereits üblich, so dass auch eine individuelle Zuordnung möglich sein sollte.

Sollten bestehende Verträge nicht mit den neuen Vergütungsregelungen korrespondieren, empfehle ich, schon aus Eigeninteresse auf eine Anpassung hinzuwirken. Wie bei allen Neuregelungen, werden auch die neuen Vergütungsregelungen in der praktischen Anwendung eine Reihe von Fragen aufwerfen. Ich halte es daher für zweckmäßig, wenn sich das MaRisk-Fachgremium nochmals intensiv mit dem Thema auseinandersetzt. Dabei soll es allerdings nicht um eine Neuauflage der Konsultation gehen, sondern vielmehr um die Diskussion praktischer Umsetzungsbeispiele, die gemeinsam mit Vergütungsexperten geführt wird. Natürlich bieten sich auch andere Themen der MaRisk für eine derartige Diskussion an. Ich denke dabei insbesondere an den Themenkomplex »Risikotragfähigkeit«, bei dem sich in der praktischen Anwendung häufig offene Fragen ergeben.

Die neuen MaRisk sind grundsätzlich bis zum 31.12.2009 umzusetzen. Sofern sich bei der Umsetzung der Anforderungen Schwierigkeiten ergeben sollten, die nicht auf Versäumnisse des Institutes zurückzuführen sind, werde ich bis zum 31.12.2010 von bankaufsichtlichen Maßnahmen absehen. Die Krise hat deutlich gemacht, dass ein funktionsfähiges Risikomanagement von essentieller Bedeutung für jedes Institut ist. Ich bitte daher alle Institute die Umsetzungsarbeiten mit entsprechendem Nachdruck zu betreiben.

Wie ich eingangs bereits erwähnte, führt die Neufassung nicht zu einer Abkehr von der prinzipienorientierten Ausrichtung der MaRisk. Soweit es um die Qualität der bankinternen Strukturen geht, halte ich diesen Regulierungsansatz gegenüber ausbuchstabierten Detailregelungen immer noch für leistungsfähiger. Die Öffnungsklauseln der MaRisk räumen den Instituten also nach wie vor vielfältige Spielräume für maßgeschneiderte Umsetzungslösungen ein. Ich gehe davon aus, dass diese Spielräume von den Instituten auf sachgerechte Weise mit Leben gefüllt werden. Rein formale Umsetzungen oder gar ein »Schaulaufen« für die Aufsicht sind weder im Interesse der Institute noch der Aufsicht.

[...]

Anlage 16
Bundesanstalt für Finanzdienstleistungsaufsicht (BaFin)
Erster Entwurf zur Überarbeitung der MaRisk
Übermittlungsschreiben vom 9. Juli 2010

[...]

wie in der Sitzung des Arbeitskreises Bankenaufsicht am 22.03.2010 in Aussicht gestellt, übersende ich Ihnen hiermit einen ersten Entwurf für eine Überarbeitung der MaRisk, den Mitarbeiter der Deutschen Bundesbank und meiner Behörde entwickelten. Nachdem die MaRisk bereits im letzten Jahr einer umfangreichen Überarbeitung unterzogen worden waren, mag es auf den ersten Blick überraschen, dass weiterer Anpassungsbedarf erforderlich ist. Daher möchte ich Sie zunächst über die Gründe für die neuerliche MaRisk-Anpassung informieren. Im Anschluss daran gehe ich auf wesentliche Neuerungen ein, die sich aus dem vorliegenden Entwurf ergeben.

Mit der Veröffentlichung der neugefassten MaRisk am 14.08.2009 hat die BaFin die durch die Finanzkrise ausgelösten Regulierungsschritte im Bereich des Risikomanagements, die insbesondere durch das Financial Stability Board (FSB) und die EU-Kommission angestoßen worden waren, auf nationaler Ebene nachvollzogen und zu einem vorläufigen Abschluss gebracht. Gerade mit Blick auf das Risikomanagement ist die Arbeit internationaler Gremien, sei es seitens des »Committee of European Banking Supervisors« (CEBS) oder seitens des Baseler Ausschusses für Bankenaufsicht, jedoch nicht zum Stillstand gekommen. Ganz im Gegenteil: Insbesondere auf CEBS-Ebene werden derzeit eine Reihe von Themen adressiert, die ihren Niederschlag teils schon in neuen Guidelines oder aber in Konsultationspapieren gefunden haben, deren Finalisierung unmittelbar bevorsteht. Hervorzuheben sind dabei die Papiere

- »Guidelines on liquidity buffers« (veröffentlicht am 09.12.2009),
- »Guidelines on concentration Risk« (CP 31),
- »Revised Guidelines on stress testing« (CP 32),
- »Guidelines on the management of operational risk in market-related activities« (CP 35) sowie
- »Guidelines on liquidity cost benefit allocation« (CP 36).

CEBS hat sich zudem ehrgeizige Ziele hinsichtlich der Implementierung in den Mitgliedstaaten gesetzt (zumeist schon bis Ende 2010). Die Überführung der jeweiligen Anforderungen in die MaRisk ist also zeitkritisch.

Wenn auch durch die notwendigen Ergänzungen und Anpassungen einige Anforderungen (naturgemäß) konkreter gefasst werden, so ändert dies jedoch nichts an der grundsätzlichen Ausrichtung der MaRisk. An der prinzipienorientierten Ausgestaltung der MaRisk wird auch in Zukunft festgehalten. Ebenso wird der Proportionalitätsgrundsatz weiterhin große Bedeutung genießen, um die notwendigen Umsetzungsspielräume gerade auch für die kleineren Institute in Deutschland zu erhalten. So sind beispielsweise die zum Teil sehr detaillierten Anforderungen zum Management von Liquiditätsrisiken ausdrücklich nur an die Gruppe der kapitalmarkt-orientierten Institute gerichtet (BTR 3.2).

Inhaltlich sind vor allem folgende Anpassungen und Ergänzungen hervorzuheben:

Risikotragfähigkeit – Ergänzungen in AT 4.1

Angesichts der in der Aufsichts- und Prüfungspraxis gesammelten Erfahrungen habe ich einige Ergänzungen zum Risikotragfähigkeitskonzept vorgenommen. Zum einen ist es mir wichtig, den Zukunftscharakter dieses Konzeptes zu betonen. Demgemäß sind auch absehbare Veränderungen des internen und externen Umfeldes des Institutes hinsichtlich ihrer Auswirkungen auf die Risiko-tragfähigkeit zu analysieren. Darüber hinaus ist bei Anknüpfung an handelsrechtliche Größen eine angemessene Betrachtung über den Bilanzstichtag hinaus erforderlich, um von einer reinen Stich-tagsbetrachtung zu einer mehr zukunftsgerichteten Betrachtung zu gelangen (AT 4.1 Tz. 3).

Ferner habe ich neue Anforderungen an die Berücksichtigung von Diversifikationseffekten formuliert, die den aus der Prüfungspraxis gewonnenen Erfahrungen Rechnung tragen (AT 4.1 Tzn. 6, 7). Insbesondere der Umstand, dass Institute bisweilen recht progressive Annahmen hinsichtlich dieser Effekte getroffen haben, die nicht in angemessener Weise aus den institutsin-dividuellen Verhältnissen sowie den zugrundeliegenden Daten abgeleitet wurden, haben mich zu diesem Schritt bewogen. Auch habe ich feststellen müssen, dass nicht immer eine regelmäßige Überprüfung dieser Annahmen durchgeführt wird, obwohl die Verlässlichkeit und Stabilität der getroffenen Annahmen im Zeitablauf oftmals zweifelhaft war.

Strategien – Ergänzungen in AT 4.2

Anpassungsbedarf sehe ich auch im Hinblick auf die Anforderungen des Moduls AT 4.2 (»Strate-gien«). Im vorliegenden Entwurf wird nochmals klargestellt, dass der Inhalt der Geschäftsstrategie allein in der Verantwortung der Geschäftsleitung liegt und nicht Gegenstand von Prüfungshand-lungen ist. Optimierungsbedarf besteht meines Erachtens jedoch insbesondere im Hinblick auf den prozessualen Rahmen, in dem die Institute ihre Strategien entwickeln, anpassen, umsetzen und beurteilen. Nach meinem Eindruck reduziert sich die Anwendung der Anforderungen des Moduls AT 4.2 in der Praxis zum Teil leider nur auf eine rein formale Umsetzung, um den Anforderungen der Aufsicht zu genügen. In anderen Fällen werden wesentliche Einflussfaktoren, wie etwa Veränderungen der ökonomischen Umwelt und ihre Bedeutung für das Institut, nicht ausreichend gewürdigt. Teilweise sind die in den Strategien niedergelegten Ziele derart unbestimmt, dass sich das Institut keinen Eindruck über den Grad der Zielerreichung verschaffen kann. Schließlich wird die in den MaRisk geforderte Konsistenz zwischen Geschäfts- und Risikostrategie nicht immer bis in die letzte Konsequenz von den Instituten gelebt. Konsistenz lässt sich jedenfalls nur schwer herstellen, wenn beide Strategien in unterschiedlichen Organisationseinheiten vorbereitet werden, ohne dass ein Austausch zwischen diesen Einheiten stattfindet. Vor diesem Hintergrund ist es nicht verwunderlich, dass auch die Spitzenorganisation der Finanzindustrie dem »strategic focus on risk management« einen hohen Stellenwert einräumt (Institute of International Finance (IIF), »Final Report of the IIF Committee on Market Best Practices: Principles of Conduct and Best Practice Recommendations«, Juli 2008, insbesondere S. 32 ff).

Im Entwurf habe ich deutlicher als bisher herausgestellt, dass das Institut bei der Festlegung und Anpassung der Geschäftsstrategie sowohl interne Einflussfaktoren (bspw. Risikotragfähigkeit, Liquidität, Personalausstattung) als auch externe Einflussfaktoren (bspw. Marktentwicklung, Wettbewerbssituation) berücksichtigen muss. Da Strategien zukunftsgerichtet sind und sich die Zukunft regelmäßig nicht perfekt vorherbestimmen lässt, hat das Institut Annahmen bzgl. der künftigen Entwicklung der Einflussfaktoren zu treffen (z. B. im Hinblick auf das Zinsniveau). Sollte sich herausstellen, dass die Realität von den maßgeblichen Annahmen abweicht, muss das Institut entsprechend nachsteuern.

Im Zentrum der neuen Anforderungen steht der sog. »Strategieprozess«. Dieser Prozess erstreckt sich insbesondere auf die Schritte

- Planung,
- Anpassung,
- Umsetzung und
- Beurteilung

der Strategien. Bei der Beurteilung geht es insbesondere um die Frage, inwieweit das Institut die Ziele tatsächlich erreicht hat, die es in seinen Strategien niedergelegt hat. Für diese Zwecke ist ein Soll/Ist-Abgleich durchzuführen. Damit ein solcher Abgleich möglich ist, muss das Zielsystem des Institutes hinreichend präzise formuliert sein (z. B. geplante Marktanteile, Wachstums- oder Ertragsziele der Geschäftsbereiche).

Bei dem Soll/Ist-Abgleich geht es nicht darum, das leitende Management im Falle von (negativen) Abweichungen zu stigmatisieren (z. B. vor der Aufsicht oder dem Aufsichtsorgan). Künftige Entwicklungen können zwar abgeschätzt werden; sie sind aber nicht komplett vorhersehbar. Es wird daher regelmäßig ein mehr oder minder großer Rest an Planungsunsicherheit bestehen, der Abweichungen von den ursprünglichen Zielplanungen verursachen kann. Durch die nach AT 4.2 Tz. 2 geforderte Analyse solcher Abweichungen wird die Geschäftsleitung in die Lage versetzt, ggf. erforderliche Korrekturmaßnahmen strategischer Natur frühzeitig einzuleiten (z. B. Rückführung von bestimmten Geschäftsaktivitäten). Die Geschäftsleitung behält insoweit die Initiative. Bei komplett unbestimmten Zielformulierungen ist dies hingegen regelmäßig nicht der Fall. Vielmehr agiert das Institut weitgehend im Dunkeln, da Abweichungen erst gar nicht identifiziert werden können. Strategie wird damit im Grunde genommen zur sinnlosen Übung. Wegen ihrer Bedeutung ist die Ursachenanalyse nach AT 4.2 Tz. 4 auch Gegenstand der Erörterung mit dem Aufsichtsorgan.

Speziell mit Blick auf die Risikostrategie ist vorgesehen, dass das Institut unter Berücksichtigung von Risikokonzentrationen Toleranzen für alle wesentlichen Risiken festlegt (AT 4.2 Tz. 2). Durch diese Risikotoleranzen bringt die Geschäftsleitung zum Ausdruck, in welchem Umfang sie jeweils dazu bereit ist, Risiken einzugehen. Da bei Instituten, die stark abhängig von bestimmten Ertragsquellen sind, tendenziell eine höhere Anfälligkeit gegenüber Marktveränderungen besteht, ist auch das Thema »Ertragskonzentrationen« Gegenstand der Risikostrategie. In Anlehnung an mein Anschreiben zur aktuell (noch) geltenden Fassung der MaRisk vom 14.08.2009 wird diese Anforderung ergänzt: Die Identifikation wesentlicher Ertragskonzentrationen setzt voraus, dass die Institute ihre Erfolgsquellen kennen und diese voneinander abgrenzen können (z. B. im Hinblick auf den Konditionen- und Strukturbeitrag im Zinsbuch).

Stresstests – neues Modul AT 4.3.3

Vor dem Hintergrund des CEBS-Papiers zu Stresstests sind die diesbezüglichen Anforderungen nochmals ergänzt und – der besseren Übersichtlichkeit wegen – in ein separates Untermodul überführt worden. Inhaltlich stellt die Anforderung an die Durchführung von sog. »reversen Stresstests« (AT 4.3.3 Tz. 3) eine echte Neuerung dar. Als Basis wird hier ein bestimmtes Stressergebnis unterstellt (Nichtfortführbarkeit des Geschäftsmodells) und in einem nächsten Schritt analysiert, welche Ursachen (auch in einer Verkettung) zu diesem Ereignis führen können. Durch reverse Stresstests kann sich das Institut ein besseres Bild über maßgebliche Risikotreiber verschaffen. Außerdem ist es möglich, die Eignung der Szenarien bei »normalen« Stresstests besser einordnen zu können, da man einen zusätzlichen Orientierungspunkt hat. Allerdings müssen im Bereich der reversen Stresstests noch Erfahrungen in der Praxis gesammelt werden, wie auch CEBS einräumt. Ich kann Ihnen versichern, dass die Aufsicht die Entwicklung reverser Stresstests in der Praxis mit Augenmaß begleiten wird. Daher kann es als Einstieg in diese Thematik zunächst ausreichen, solche Stresstests schwerpunktmäßig in Form einer qualitativen Analyse durchzuführen, bis entsprechende Praxiserfahrungen vorliegen.

Aufgenommen habe ich zudem die explizite Forderung, im Rahmen der Stresstests auch einen schweren konjunkturellen Abschwung anzunehmen und die Ergebnisse dieses Szenarios auch bei der Risikotragfähigkeit zu berücksichtigen (AT 4.3.3 Tz. 5). Auf weitergehende konkretere Vorgaben, insbesondere hinsichtlich der zugrunde zu legenden Annahmen, habe ich hingegen verzichtet. Ich gehe davon aus, dass das Durchspielen eines solchen Szenarios schon heute bei den Instituten zum Standard gehört; insofern dürfte diese Anforderung keine wirkliche Neuheit darstellen. Dass bei kleineren Instituten ein solches Szenario aufgrund einer eher überschaubaren Anzahl von Risikotreibern weniger komplex ausfallen dürfte, versteht sich aus meiner Sicht von selbst.

Ich möchte an dieser Stelle betonen, dass auch künftig die Ergebnisse der Stresstests im Rahmen des Risikotragfähigkeitskonzepts nicht automatisch mit Kapital unterlegt werden müssen. Vielmehr ist kritisch zu reflektieren, ob und ggf. welche Maßnahmen angesichts der Ergebnisse zu ergreifen sind. Diesbezüglich ergeben sich also keine Änderungen.

Risikokonzentrationen

Auch die Anforderungen an die Berücksichtigung von Risikokonzentrationen sind mit Blick auf die CEBS-Anforderungen nochmals geschärft worden. Dabei hält sich der Anpassungsbedarf aufgrund der schon vorhandenen MaRisk-Anforderungen eher in Grenzen (an mehreren Stellen in AT 2.2, AT 4.3.2, AT 4.3.3 und BTR 2.1). Mir kommt es vor allem auf zweierlei an: einerseits sollen sich die Institute nicht nur auf solche Risikokonzentrationen beschränken, die innerhalb einer Risikoart auftreten. Vielmehr muss es darum gehen zu analysieren, ob bestimmte Risikofaktoren risikoartenübergreifend wirken, z.B. sich gleichermaßen negativ auf Adressenausfallrisiken als auch auf Marktpreisrisiken auswirken (AT 2.2 Tz. 1, Erläuterung). Ebenso wäre es möglich, dass Risikofaktoren verschiedener Risikoarten gegenseitige Abhängigkeiten aufweisen, die letztlich zu Risikokonzentrationen führen. Insofern steht hier im Vordergrund, das sog. »Silo«-Problem zu überwinden. Andererseits haben die Institute dafür Sorge zu tragen, dass mögliche Risikokonzentrationen angemessen in den Risikosteuerungs- und -controllingprozessen abgebildet werden. Dies gilt auch für die zur Risikobegrenzung getroffenen Maßnahmen, wie Limitsysteme, sog. »Ampelsysteme« oder andere Vorkehrungen (AT 4.3.2 Tz. 2). Dabei ist es sekundär, ob Risikokonzentrationen als eigenständige Risikoart interpretiert werden oder als impliziter Bestandteil »originärer« Risiken, solange sie in den einzelnen Prozessschritten der Identifizierung, Beurteilung, Steuerung und Überwachung angemessenen berücksichtigt werden. Dieser Grundgedanke wird nunmehr stärker risikoartenübergreifend hervorgehoben.

Liquiditätsreserven – neues Untermodul BTR 3.2

Die Anforderung angemessener Liquiditätsreserven für Liquiditätsengpässe ist für sich genommen nicht neu und auch schon in der aktuellen Fassung der MaRisk enthalten (Erläuterung zu BTR 3 Tz. 5). Aufgrund der Konvergenzarbeiten von CEBS (»Guidelines on Liquidity Buffers«) ergeben sich allerdings künftig deutlich detailliertere Vorgaben hinsichtlich der quantitativen und qualitativen Bemessung dieser Reserven. Diesen Vorgaben habe ich mit einem neuen Untermodul Rechnung getragen, in dem entsprechende Anforderungen – inhaltlich deckungsgleich zu denen des CEBS-Papiers – formuliert sind. Die Erfahrungen der Finanzkrise, wonach insbesondere solche Institute besonders anfällig auf Liquiditätsengpässe reagieren, die sich in signifikantem Umfang über die Kapitalmärkte refinanzieren, haben mich dazu bewogen, diesbezügliche Anforderungen ausschließlich auf kapitalmarktorientierte Institute zu beschränken. Die Masse der Institute ist somit davon nicht betroffen. Die allgemeinen Anforderungen, die sich nun im Untermodul BTR 3.1 befinden, sind selbstverständlich weiterhin von allen Instituten zu beachten.

Weitere Änderungen und Ergänzungen finden sich u. a. im AT 4.3.1, im BTO 2.2.2 sowie im BTR 4. Ihnen ist gemein, dass sie den Gedanken der Betrugsprävention stärker betonen. Gerade dieses Thema ist aktuell – auch aufgrund einschlägiger Fälle in der Praxis – stärker in die Diskussion gerückt. Ausfluss dieser Diskussion ist das oben erwähnte CEBS-Papier »Guidelines on the management of operational risk in market-related activities« (CP 35). Da die meisten der dort angeführten Anforderungen ohnehin schon in den aktuellen MaRisk verankert waren, hält sich an dieser Stelle der Anpassungsbedarf jedoch in Grenzen.

Ich bitte alle Verbände, der Deutschen Bundesbank und der BaFin Stellungnahmen zum Entwurf postalisch oder via E-Mail (banken-3@bundesbank.de; Konsultation-05-10@bafin.de) bis zum 30.08.2010 zuzuleiten. Der Entwurf wird darüber hinaus Diskussionsgegenstand im MaRisk-Fachgremium sein, das sich – wie schon in der Vergangenheit – mit der fachlichen Weiterentwicklung der Anforderungen beschäftigen wird. Einzelheiten zu dieser Sitzung werden den Mitgliedern des Fachgremiums gesondert mitgeteilt.

Es ist vorgesehen, Stellungnahmen zum Entwurf auf den Homepages von BaFin und Bundesbank zu veröffentlichen, soweit die Verfasser der Stellungnahmen dagegen keine Einwände erheben.

Ich darf Sie an dieser Stelle um Ihre fachliche Unterstützung bei der Weiterentwicklung der Anforderungen bitten und hoffe, dass die konstruktive Zusammenarbeit auch diesmal ihre Fortsetzung finden wird.

[...]

Anlage 17
Bundesanstalt für Finanzdienstleistungsaufsicht (BaFin)
Rundschreiben 11/2010 (BA) zur Überarbeitung der MaRisk
Übermittlungsschreiben vom 15. Dezember 2010

[...]

nach eingehender Prüfung Ihrer Stellungnahmen zum Entwurf der MaRisk vom 09.07.2010 und anschließender Diskussion im Rahmen des Fachgremiums MaRisk am 07.10.2010 kann ich Ihnen heute die offizielle Neufassung der MaRisk zuleiten. Die entsprechenden Dokumente sind diesem Schreiben als Anlagen beigefügt. Sie sind zudem unter www.bafin.de und www.bundesbank.de abrufbar.

Über die Gründe einer erneuten Anpassung der Anforderungen habe ich Sie bereits im Anschreiben zum ersten Entwurf ausführlich informiert. Seit der Veröffentlichung der vorangegangenen Fassung der MaRisk am 14.08.2009 wurden die Arbeiten auf internationaler Ebene, insbesondere im Baseler Ausschuss für Bankenaufsicht sowie im »Committee of European Banking Supervisors« (CEBS) zu einzelnen, das Risikomanagement betreffenden Themen verstärkt vorangetrieben. Gerade auf CEBS-Ebene sind eine Reihe von neuen Guidelines (z. B. zu Liquiditätspuffern, Risikokonzentrationen oder Stresstests, um nur die wichtigsten zu nennen) veröffentlicht worden, deren Anforderungen in die MaRisk zu überführen waren. Zugleich habe ich gesammelte Erfahrungen aus der Aufsichts- und Prüfungspraxis zum Anlass genommen, entsprechende Ergänzungen insbesondere bezüglich des Risikotragfähigkeitskonzepts (AT 4.1) und der Strategien (AT 4.2) vorzunehmen.

An der grundsätzlichen Ausrichtung der MaRisk ändert dies jedoch nichts. Wie ich schon mehrfach zum Ausdruck gebracht habe, werde ich auch zukünftig am prinzipienorientierten Charakter der MaRisk festhalten und weiterhin dem Proportionalitätsgedanken großes Gewicht einräumen. Die Erhaltung notwendiger Umsetzungsspielräume bezüglich der Qualität des bankinternen Risikomanagements halte ich gerade mit Blick auf kleinere Institute auch in Zukunft für alternativlos.

Lassen Sie mich nun auf einige wichtige inhaltliche Punkte eingehen.

Risikoinventur und Risikotragfähigkeitskonzept

Die erstmals explizit aufgenommene Forderung nach einer Risikoinventur zur Identifizierung der für das Institut wesentlichen Risiken ist im Kern keine materielle Neuerung. Auch bisher schon haben die Institute ein Gesamtrisikoprofil zu erstellen, um sich einen Überblick über ihre Risiken zu verschaffen. Die Notwendigkeit einer diesbezüglich strukturierten Vorgehensweise wird nunmehr durch die explizite Forderung einer Risikoinventur stärker betont. Damit ist auch klargestellt, dass sich die Identifizierung wesentlicher Risiken nicht auf eine rein »mechanische« Festlegung der in den MaRisk genannten Risiken beschränken kann. Vielmehr haben die Institute zu untersuchen, ob nicht ggf. weitere Risiken als wesentlich einzustufen sind.

Die Anforderungen an die Berücksichtigung von Diversifikationseffekten sind im Vergleich zur Entwurfsfassung noch etwas deutlicher formuliert. Ich möchte an dieser Stelle betonen, dass Diversifikationsannahmen auf der Basis externer Daten, z.B. bei Poollösungen, zwar grundsätzlich möglich sind. Dies setzt jedoch voraus, dass die Institute in der Lage sind plausibel darzulegen, dass die zugrundeliegenden Daten tatsächlich auf die eigene Geschäfts- und Risikostruktur übertragbar sind. Ebenso weise ich darauf hin, dass Diversifikationsannahmen hinreichend konservativ zu treffen sind. Progressiv getroffene Annahmen, die in konjunkturellen Abschwungphasen oder in für das Institut sehr ungünstigen Marktphasen keinen Bestand mehr haben, dürfen im Risikotragfähigkeitskonzept keine Berücksichtigung mehr finden.

Strategien

Zu den Beweggründen für die Anpassung der Anforderungen an die Strategien habe ich mich schon im Anschreiben zum Entwurf umfassend geäußert. Die Anpassungen entspringen meinen Eindrücken, dass teilweise die Anforderungen des Moduls AT 4.2 in der Praxis nicht gelebt werden, sondern sich auf eine rein formale Umsetzung beschränken. Bisweilen werden interne und externe Einflussfaktoren, die für strategische Weichenstellungen bedeutend sind, nicht ausreichend gewürdigt; teils sind strategische Ziele auch derart unbestimmt formuliert, dass Zielabweichungen erst gar nicht identifiziert werden können. Eine so verstandene Strategieauswahl und -festlegung läuft ins Leere, da somit strategische und operative Planung isoliert nebeneinanderstehen und keine plausible Ableitung operativer Ziele aus den Strategien möglich ist.

Aus diesem Grund halte ich eine strukturierte Auseinandersetzung mit der Festlegung strategischer Ziele und ihrer Umsetzung, Beurteilung und Anpassung, wie sie insbesondere in dem nun geforderten Strategieprozess zum Ausdruck kommt, für zwingend. Besonders wichtig ist mir dabei eine Überprüfung des Zielerreichungsgrades und eine Ursachenanalyse der Zielabweichungen, da gerade eine Analyse negativer Zielabweichungen wichtige Steuerungsimpulse für das unternehmerische Handeln liefern kann und so die Grundlage für frühzeitige Korrekturmaßnahmen bildet. Dies setzt wiederum eine hinreichend konkrete Zielformulierung voraus. Nur so ist eine sinnvolle Überprüfung des Zielerreichungsgrades überhaupt erst möglich.

Gleichzeitig bedeutet dies jedoch nicht, dass alle strategischen Ziele – auch solche, die von Natur aus eher qualitativ sind – zwingend »in Zahlen gegossen« werden müssen, wie es bisweilen befürchtet wurde. Auch geht es nicht darum, operative Ziele, z.B. in Form von konkreten Kennziffern, in den Strategien vorwegzunehmen. Vielmehr sollen sich die operativen Ziele aus den strategischen Zielen – die die Eckpunkte für die operative Planung abstecken – plausibel ableiten lassen. Dieser Gedanke wird in der Endfassung nun deutlicher herausgestellt.

Gemeinsame Ertrags- und Risikosteuerung

Die neuen MaRisk sehen vor, dass die Risikosteuerungs- und -controllingprozesse in eine gemeinsame Ertrags- und Risikosteuerung einzubinden sind. Im Rahmen der Konsultation wurde die Befürchtung an mich herangetragen, dass damit in jedem Fall ein stringentes und integriertes System im Sinne einer risikoadjustierten Renditesteuerung über das Gesamtinstitut gemeint sein könnte. Ich kann Ihnen versichern, dass ich ein solches System, das extrem hohe methodische Anforderungen stellt, zum gegenwärtigen Zeitpunkt nicht zwingend von allen Instituten einfordern werde. Vielmehr geht es hier zunächst darum, stärker als bisher Ertrags- und Risikoaspekte gemeinsam im Blick zu haben, da beide in der Praxis eng miteinander verknüpft sind. Die Interaktionen zwischen Erträgen und Risiken sind daher stärker als bisher zu betrachten. Die Ausgestaltung der entsprechenden Verfahren ist abhängig von der Größe des Institutes sowie von Art, Umfang, Komplexität und Risikogehalt der Geschäftsaktivitäten. Dies bedeutet auch, dass ich von größeren Instituten weitere Schritte hin zu einer Implementierung solcher Systeme erwarte.

Stresstests

Viele der Anpassungen im Bereich der Stresstests konkretisieren Aspekte, die auch bisher schon in den MaRisk adressiert wurden. Die erstmals adressierten »inversen Stresstests« stellen hingegen eine echte Neuerung dar. Das Grundprinzip dieser Stresstests besteht darin, dass im Gegensatz zu »normalen« Stresstests ein bestimmtes Ergebnis (hier: Nichtfortführbarkeit des Geschäftsmodells) von vornherein unterstellt und anschließend untersucht wird, welche Szenarien zu diesem Ergebnis führen können. Ziel ist es, sich ein besseres Bild über maßgebliche Risikotreiber zu verschaffen, die, auch in Verkettung miteinander, die Geschäftsaktivitäten besonders beeinflussen können. Ferner lässt sich dadurch ein zusätzlicher Orientierungspunkt gewinnen, wie anfällig ein Institut für existenzgefährdende Entwicklungen ist. Auch kann dadurch die Eignung der Szenarien bei »normalen« Stresstests besser eingeordnet werden. Wie ich schon im Anschreiben zum Entwurf ausgeführt habe, fehlen bei vielen Instituten noch entsprechende Praxiserfahrungen mit der Durchführung solcher Stresstests, weshalb die Aufsicht die Entwicklung auf diesem Gebiet mit Augenmaß begleiten wird. Bis entsprechende Praxiserfahrungen gesammelt sind, halte ich es daher zunächst für ausreichend, solche Stresstests schwerpunktmäßig qualitativ (z. B. in Form einer qualitativen Analyse) durchzuführen. Bei größeren Instituten erwarte ich jedoch gleichzeitig auch ergänzende quantitative Analysen. Zudem halte ich eine regelmäßige Durchführung solcher Stresstests auf zunächst mindestens jährlicher Basis für angemessen.

Die weiteren Ergänzungen im Bereich der Stresstests haben in der Konsultation an mancher Stelle offenbar zu dem Eindruck geführt, dass die Aufsicht eine Vielzahl von zusätzlichen Szenariobetrachtungen von den Instituten einfordert. Ich kann Ihnen versichern, dass dies nicht die Zielrichtung der Anforderungen ist. Vielmehr soll das von einem Institut entwickelte Stresstestprogramm als Ganzes die Anforderungen des Moduls AT 4.3.3 erfüllen, um zielgerichtet risikorelevante Informationen für das Institut zu liefern. Die konkrete Ausgestaltung und der Umfang der Stresstests sind selbstverständlich von jedem Institut mit Blick auf Art, Umfang, Komplexität und Risikogehalt der Geschäftsaktivitäten individuell festzulegen.

Risikokonzentrationen

Vor dem Hintergrund der CEBS-Vorgaben habe ich die Anforderungen an die Berücksichtigung von Risikokonzentrationen dahingehend ergänzt, dass risikoartenübergreifende Komponenten von Risikokonzentrationen stärker in den Fokus rücken. Die Institute sollen analysieren, ob bestimmte Risikofaktoren sich gleichermaßen auf verschiedene Risikoarten auswirken bzw. verschiedene Risikofaktoren unterschiedlicher Risikoarten in die gleiche Richtung wirken können. Nur so kann letztlich dem sog. »Silo-Problem« wirksam entgegengewirkt werden.

Die geforderte angemessene Abbildung von Risikokonzentrationen in den Risikosteuerungs- und -controllingprozesse sowie die Berücksichtigung bei der Beurteilung der Risikotragfähigkeit bedeutet im Übrigen nicht, dass künftig eine isolierte Steuerung und Limitierung von Risikokonzentrationen parallel zur Risikosteuerung der wesentlichen Risiken zu erfolgen hat.

Liquiditätspuffer

Bei der Ausgestaltung des neuen Moduls BTR 3.2 zu Liquiditätspuffern kapitalmarktorientierter Institute habe ich mich eng an den Vorgaben der einschlägigen CEBS-Guidelines orientiert. Die Tatsache, dass hier eine Einschränkung der Anforderungen auf kapitalmarktorientierte Institute erfolgt, ist den Erfahrungen aus der Finanzkrise geschuldet, dass gerade Institute, die sich in signifikantem Umfang über den Kapitalmarkt refinanzieren, besonders anfällig auf Liquiditätsengpässe reagieren. Für die Masse der Institute sind damit diese neuen Anforderungen nicht zu beachten.

Inkrafttreten

Die neuen MaRisk treten mit dem Zeitpunkt ihrer Veröffentlichung in Kraft. Um den Instituten trotzdem ausreichende Umsetzungszeiträume einzuräumen, müssen die Institute neue Anforderungen der MaRisk erst bis zum 31.12.2011 vollumfänglich umgesetzt haben. Bis zu diesem Zeitpunkt haben die Institute diesbezüglich nicht mit aufsichtlichen Sanktionen zu rechnen.

Die beschriebenen Umsetzungsfristen gelten hingegen nicht für die neuen Anforderungen an kapitalmarktorientierte Institute bezüglich ausreichend bemessener Liquiditätspuffer. Aufgrund existierender CEBS-Fristen haben die Institute unmittelbar nach Veröffentlichung mit dem Aufbau entsprechender Puffer zu beginnen, die den MaRisk-Anforderungen entsprechen. Hinsichtlich des notwendigen Zeitrahmens, der hierfür erforderlich sein wird, bietet es sich für die betroffenen Institute an, den Aufbau der Liquiditätspuffer in Abstimmung mit den zuständigen Aufsehern zu vollziehen.

Wenn auch die Umsetzung der meisten neuen Anforderungen der MaRisk erst bis Ende nächsten Jahres abgeschlossen sein muss, so appelliere ich aufgrund der Bedeutung dieser Themen für ein angemessenes Risikomanagement nichtsdestotrotz an die Institute, entsprechende Umsetzungsschritte zeitnah in die Wege zu leiten.

[...]

Anlage 18
Bundesanstalt für Finanzdienstleistungsaufsicht (BaFin)
Erster Entwurf zur Überarbeitung der MaRisk
Übermittlungsschreiben vom 26. April 2012

[...]

hiermit übersende ich Ihnen den ersten Entwurf für eine Überarbeitung der MaRisk, den Mitarbeiterinnen und Mitarbeiter der Deutschen Bundesbank und meines Hauses entwickelt haben. Die erneute Überarbeitung ist einerseits auf die Überarbeitung der EU-Bankenrichtlinie (»CRD IV«) zurückzuführen. Andererseits hat die EBA schon im September 2011 mit den »EBA Guidelines on Internal Governance« ein Regelwerk vorgelegt, das zum einen Corporate Governance-Anforderungen adressiert (im Sinne von Regelungen, die das Zusammenspiel der Unternehmensorgane Vorstand und Aufsichtsorgan zum Gegenstand haben), zum anderen aber auch die sog. »Internal Governance« im engeren Sinne betrifft und damit das Risikomanagement nach § 25a KWG berührt. Wie Sie wissen, haben die Umsetzungsarbeiten auf nationaler Ebene eine grundlegende Überarbeitung des KWG zur Folge, in deren Rahmen viele der neuen Anforderungen adressiert werden. Einige Aspekte, die einen speziellen Risikomanagement-Bezug aufweisen, finden im beiliegenden MaRisk-Entwurf ihren Niederschlag.

Zwei weitere wichtige Quellen, die den Anstoß zu inhaltlichen Ergänzungen der MaRisk gegeben haben, sollen nicht unerwähnt bleiben. Dabei handelt es sich zum einen um die »CEBS Guidelines on Liquidity Cost Benefit Allocation«, deren Anforderungen aufgrund der späten Finalisierung der Guidelines im Jahr 2010 bei der letzten MaRisk-Anpassung keine Berücksichtigung mehr finden konnten. Zum anderen hat der Europäische Ausschuss für Systemrisiken (»European Systemic Risk Board« – ESRB), mittlerweile zwei Empfehlungen veröffentlicht (zu Fremdwährungsdarlehen und zur US-Dollar-Refinanzierung). Diese werden im BTO 1 (Fremdwährungsdarlehen) bzw. BTR 3 (Fremdwährungsrefinanzierung) aufgegriffen.

Auch diesmal haben sich die europäischen Institutionen zu ausgesprochen knappen Umsetzungsfristen bekannt, welche die Überführung der Neuregelungen in die nationale Aufsichtspraxis erheblichen zeitlichen Restriktionen unterwirft. Nichtsdestotrotz halte ich es für richtig, dass die Umsetzung von CRD IV und anderer Vorgaben, auch aufgrund thematischer Schnittmengen, möglichst »im Gleichschritt« erfolgt.

Mir ist bewusst, dass aufgrund der internationalen Dynamik in den Regulierungsprozessen die Regelungsdichte zunimmt. Umso mehr halte ich es grundsätzlich für erforderlich, am prinzipienorientierten Charakter der MaRisk festzuhalten und dem Proportionalitätsprinzip ausreichend Geltung zu verschaffen. So wird es auch bei den Neuregelungen Öffnungsklauseln geben, die insbesondere kleineren Institute zugutekommen. Beispielhaft sei hier auf die Anforderungen an die Compliance-Funktion (AT 4.4.3) sowie auf das Liquiditätstransferpreissystem (BTR 3) verwiesen. Ich möchte allerdings an dieser Stelle auch noch einmal nachdrücklich darauf hinweisen, dass sich das in den MaRisk angelegte Proportionalitätsprinzip nicht auf eine weniger anspruchsvolle Anwendung beschränkt. Vielmehr ist es gerade für Institute, die aufgrund ihrer Größe und

Bedeutung, der Komplexität oder Internationalität der von ihnen betriebenen Geschäfte eine besondere Relevanz besitzen, notwendig, über die an kleinere Institute gestellen aufsichtlichen Erwartungen deutlich hinausgehende Vorkehrungen im Bereich des Risikomanagements zu treffen. Große, international agierende Institute sollten sich bei der Ausgestaltung ihres Risikomanagements auch an den internationalen Regulierungsvorgaben orientieren. Dies erachte ich für unabdingbar, um der gesetzlichen Zielrichtung des § 25a Abs. 1 KWG, welche u. a. auf die Wirksamkeit des Risikomanagements abzielt, gerecht zu werden.

Lassen Sie mich nun einige wesentliche Anpassungen und Ergänzungen des Entwurfs besonders hervorheben:

Kapitalplanungsprozess (AT 4.1 Tz. 9)

Mit der neuen Tz. 9 im AT 4.1 wird erstmalig ein Kapitalplanungsprozess eingefordert, der das Risikotragfähigkeitskonzept um eine stärker zukunftsgerichtete Komponente ergänzen soll. Ein solcher Prozess ist nicht nur international üblich, sondern wird auch von großen Teilen der deutschen Kreditwirtschaft heute schon aufgesetzt. Dabei ist es wichtig zu betonen, dass damit nicht ein Risikotragfähigkeitskonzept im bisher bekannten Sinne (üblicherweise einjähriger Risikobetrachtungshorizont) gemeint ist, das nun auf mehrere Jahre auszuweiten wäre, um eine Kapitalunterlegung auf mehrere Jahre hinaus sicherzustellen. Vielmehr behandelt die Textziffer Aspekte, wie sie bisher schon in der Tz. 3 enthalten waren: Wie wirken sich Veränderungen der eigenen Geschäftätigkeit oder der strategischen Ziele sowie Veränderungen des wirtschaftlichen Umfeldes auf die Kapitalausstattung des Institutes aus? Welche Kapitalbestandteile laufen in den nächsten Jahren aus und wie können diese Bestandteile ersetzt werden? In der jüngsten Vergangenheit wurde deutlich, dass gerade in Zeiten krisenhafter Entwicklungen eine Kapitalbeschaffung nur unter sehr restriktiven Umständen möglich war und ist. Umso dringlicher erscheint ein Planungsinstrument, das zukünftigen Kapitalbedarf rechtzeitig identifiziert und dem Institut die Möglichkeit an die Hand gibt, geeignete Maßnahmen in einem möglichst frühen Stadium in die Wege zu leiten.

Risikosteuerungs- und -controllingsprozesse (AT 4.3.2)

Auch im Modul AT 4.3.2 habe ich Ergänzungen vorgenommen, die die Bedeutung der Risikosteuerungs- und -controllingprozesse für die laufende Sicherstellung der Risikotragfähigkeit stärker betonen sollen. Wie schon bisher für Adressenausfallrisiken und Marktpreisrisiken (BTR 1, BTR 2) geschehen, wird nunmehr für alle im Risikotragfähigkeitskonzept berücksichtigten Risiken ein Limitsystem zur Begrenzung der Risiken gefordert. Gerade mit Blick auf schwerer quantifizierbare Risiken muss dies aber nicht zwingend auf der Basis »harter« Limite, die mathematisch korrekt bis auf die unterste Ebene heruntergebrochen werden, geschehen. Der begrenzende Charakter kann ggf. – je nach Art des Risikos – auch durch Ampel- oder Warnsysteme erreicht werden. Entscheidend ist aber letztlich, dass die Prozesse als Ganzes im Hinblick auf das vorhandene Risiko-deckungspotenzial rechtzeitig Steuerungsimpulse auslösen, die eine übermäßige Risikonahme, die das übergeordnete Ziel der Risikotragfähigkeit gefährdet, verhindern können.

Auch in Tz. 2 habe ich eine Ergänzung vorgenommen, die die Wichtigkeit einer frühzeitigen Erkennung von Risiken herausstellt. Verfahren zur Früherkennung von Risiken werden im MaRisk-Kontext schon für Einzelkreditengagements (BTO 1.3) sowie für Liquiditätsengpässe (BTR 3 Tz. 2) gefordert und werden nun auf eine allgemeinere Basis gestellt. Sie werden mir sicher zustimmen, dass die in Tz. 1 dargestellte Prozesskette nur dann ihre volle Wirksamkeit entfalten kann, wenn Fehl-entwicklungen schon in einem Stadium erkannt werden, in dem Gegensteuerungsmaßnahmen (noch) wirksam werden können und nicht ergebnislos verpuffen. Insbesondere auch die Erfahrungen der jüngeren Vergangenheit haben gezeigt, dass gerade solche Institute die Verwerfungen an den Märkten vergleichsweise gut überstanden haben, die aufgrund entsprechender Frühwarnindikatoren deutlich schneller auf sich anbahnende Ereignisse reagieren konnten. Dies erfordert nicht unbedingt komplex konstruierte Indikatoren; vielmehr können auch recht einfache Indikatoren – die kontinuierliche Beobachtung ihrer Entwicklung vorausgesetzt – die erwünschte Steuerungswirkung entfalten.

Besondere Funktionen (AT 4.4)

Vor dem Hintergrund der schon erwähnten EBA Guidelines on Internal Governance ist das Modul AT 4.4 umfassender gestaltet worden und beinhaltet mit dem Risikocontrolling und der Com-pliance-Funktion nun zwei weitere wichtige Bausteine der internen Kontrollverfahren.

Risikocontrolling (AT 4.4.1)

Die in dem neuen Untermodul AT 4.4.1 enthaltenen Anforderungen an das Risikocontrolling stellen in weiten Teilen nichts Neues dar. Vor dem Hintergrund der EBA Guidelines on Internal Governance erschien es jedoch sinnvoll, diese Anforderungen in gebündelter Form in einem gesonderten Modul niederzulegen und insbesondere den Aufgabenzuschnitt des Risikocontrol-lings im Geiste der EBA Guidelines zu schärfen. Hervorgehoben wird nun die besondere Rolle des Leiters des Risikocontrollings. Seine Beteiligung bei allen wichtigen risikopolitischen Entschei-dungen war bisher in dieser Form nicht gefordert, wird aber der internationalen regulatorischen Grundausrichtung gerecht, wonach eine deutliche Stärkung der Risikosicht bei wichtigen Ge-schäftsentscheidungen eingefordert wird. Die besondere Stellung des Leiters Risikocontrolling wird zudem dadurch gestärkt, dass analog zu den EBA Guidelines ein Wechsel auf dieser Position eine Einbeziehung des Aufsichtsorgans erfordert. Zusätzlich sind auch bei der Besetzung dieser Position (wie auch beim Leiter der Internen Revision sowie beim Leiter der Compliance) besonde-re Maßstäbe hinsichtlich der qualitativen Anforderungen anzulegen, was die erforderlichen fachlichen Kenntnisse sowie Erfahrungen angeht (siehe dazu auch AT 7.1). Eine Besonderheit erfährt diese Position bei großen Instituten. Grundsätzlich kann die Leitung des Risikocontrollings von einem Geschäftsleiter oder einem Mitarbeiter unterhalb der Geschäftsleiterebene ausgeübt werden. Mit der Erläuterung in Tz. 4 macht die Aufsicht jedoch deutlich, dass sie bei großen Instituten erwartet, dass diese Aufgabe zwingend einem Geschäftsleiter zugeordnet wird. Damit spiegelt sich ein im internationalen Kontext üblicher Zuschnitt der Verantwortlichkeiten auch auf nationaler Ebene wider.

Compliance (AT 4.4.3)

Die Anforderung zur Einrichtung einer Compliance-Funktion ist im deutschen Aufsichtsrecht kein Novum. Eine entsprechende Funktion wird schon nach § 33 WpHG i. V. mit dem Rundschreiben »MaComp« gefordert. Die dort genannte Funktion bleibt jedoch naturgemäß – entsprechend der Rechtsgrundlage – auf Wertpapierdienstleistungen beschränkt. Das in den EBA Guidelines on Internal Governance angelegte Konzept ist hingegen weiter gefasst. Die hier einzurichtende Compliance-Funktion ist allgemein auf die Einhaltung von gesetzlichen Bestimmungen und sonstigen Vorgaben ausgerichtet und hat sich mit dem Risiko der Nichteinhaltung solcher Bestimmungen auseinanderzusetzen. Inhaltlich orientiert sich die Ausgestaltung an den Vorgaben der EBA Guidelines und steht im Einklang mit § 33 WpHG i. V. mit den MaComp. Es sei hinzugefügt, dass die MaComp – als Ausfluss der gesetzlichen Regelung des § 33 WpHG – in vollem Umfang gültig bleiben.

Änderungen betrieblicher Prozesse oder Strukturen (AT 8 Tz. 7)

Mit der neu eingefügten Tz. 7 bekommt das Modul AT 8 eine erweiterte Grundausrichtung. Wenn auch weiterhin schwerpunktmäßig auf den Neuprodukteprozess abzielend, halte ich es für ebenso erforderlich, dass sich die Institute bei wesentlichen Veränderungen in der Aufbau- und Ablauforganisation und – wegen der besonderen Bedeutung für nahezu sämtliche Risikomanagementprozesse – den IT-Systemen mit den Auswirkungen dieser Veränderungen auf ihre Kontrollverfahren und – prozesse sorgfältig auseinandersetzen. Gerade das reibungslose Ineinandergreifen von Abläufen ist für ein effektives Risikomanagement essenziell. Umso wichtiger ist es, dass durch Veränderungen betrieblicher Abläufe ggf. ausgelöste Kontrollschwächen rechtzeitig identifiziert werden können und einer entsprechenden Analyse unterzogen werden. Dass die Intensität dieser Tätigkeiten je nach Umfang der Veränderungen variieren kann, bedarf im Grunde keiner gesonderten Erwähnung.

Liquiditätstransferpreissystem (BTR 3)

Die neu eingefügten Passagen zum Liquiditätstransferpreissystem knüpfen an der schon vorhandenen Anforderung zur Berücksichtigung von Liquiditätskosten und -risiken bei der Steuerung der Geschäftsaktivitäten an und basieren auf den »CEBS Guidelines on Liquidity Cost Benefit Allocation«. Damit werden die dort niedergelegten Anforderungen in die MaRisk überführt. Ziel ist es, Liquiditätskosten, -nutzen und -risiken möglichst verursachungsgerecht bei der Steuerung und der Kalkulation der Transaktionen einfließen zu lassen. Damit soll verhindert werden, dass durch deren unvollständige Berücksichtigung Fehlanreize für Refinanzierungsstrukturen gesetzt werden, die sich während der Turbulenzen auf den Finanzmärkten als extrem instabil erwiesen, teilweise sogar zur Verschärfung der Krise beigetragen haben. Auch die Ausgestaltung dieses Liquiditätstransferpreissystems steht – wie bisher auch – unter dem Primat der Proportionalität. Dabei hängt die konkrete Ausgestaltung nicht nur von der Art, dem Umfang, der Komplexität und dem Risikogehalt, sondern auch von der konkreten Refinanzierungsstruktur eines Instituts ab. Im Übrigen gehe ich davon aus, dass in jedem Institut schon heute Allokationsmechanismen eingerichtet sind, die die verursachungsgerechte interne Verrechnung von Kosten, Nutzen und Risiken zum Ziel haben und auf die das Liquiditätstransferpreissystem aufgesetzt werden kann.

Ich bitte Sie hiermit, der Deutschen Bundesbank und der BaFin schriftliche Stellungnahmen zum Entwurf postalisch oder via E-Mail (banken-3@bundesbank.de; Konsultation-01-12@bafin.de) bis zum 04.06.2012 zukommen zu lassen. Wie bisher auch, wird der Entwurf anschließend wieder Gegenstand einer Sitzung des Fachgremiums MaRisk sein. Einzelheiten zu dieser Sitzung werden den Mitgliedern des Fachgremiums gesondert mitgeteilt.

Es ist vorgesehen, Stellungnahmen zum Entwurf auf den Homepages von BaFin und Bundesbank zu veröffentlichen, soweit die Verfasser der Stellungnahmen dagegen keine Einwände erheben.

Ich bin zuversichtlich, dass Ihre fachliche Unterstützung und die bewährte Zusammenarbeit im Rahmen des Fachgremiums MaRisk auch diesmal dazu führen wird, dass die Ausgestaltung der MaRisk als praxisorientiertes Regelwerk weiterhin erhalten bleibt.

[...]

Anlage 19
Bundesanstalt für Finanzdienstleistungsaufsicht (BaFin)
Rundschreiben 10/2012 (BA) zur Überarbeitung der MaRisk
Übermittlungsschreiben vom 14. Dezember 2012

[...]

in der Anlage übersende ich Ihnen die offizielle Endfassung der überarbeiteten MaRisk, die den Schlusspunkt einer mehrmonatigen Konsultation mit der Kreditwirtschaft bildet. Vorangegangen waren intensive Diskussionen mit Verbänden und Praxisvertetern zum Entwurf der MaRisk, aus der eine Reihe von konstruktiven Lösungsansätzen hervorgingen, die demgemäß auch in die Endfassung eingeflossen sind. Das neue Rundschreiben sowie einige weitere relevante Dokumente sind diesem Schreiben als Anlagen beigefügt. Alle Dokumente können zudem unter www.bafin.de und www.bundesbank.de abgerufen werden.

Über die Hintergründe für die erneute Überarbeitung, die schwerpunktmäßig in den internationalen Regulierungsvorhaben (CRD IV, EBA Guidelines on Internal Governance, CEBS Guidelines on Liquidity Cost Benefit Allocation) zu suchen sind, hatte ich Sie schon mit dem Anschreiben zum ersten Entwurf vom 26.04.2012 informiert. Sichtbaren Niederschlag haben diese internationalen Vorgaben vor allem in den neuen Modulen AT 4.4.1 (Risikocontrolling-Funktion) und AT 4.4.2 (Compliance-Funktion) sowie in den Änderungen des BTR 3.1 (Verrechnungssystem für Liquiditätskosten, -nutzen und -risiken) gefunden. Weiterhin ist das Modul AT 8 nun in drei Untermodule aufgeteilt, um die verschiedenen Aspekte, die dort abgehandelt werden – Neu-Produkt-Prozess, Änderungen betrieblicher Strukturen, Übernahmen/Fusionen – stärker voneinander abzugrenzen. Weitere Anpassungen haben teils internationalen Hintergrund (z.B. Mindestabwesenheiten von Händlern), teils dienen sie aber auch dazu, die Erwartungshaltung der Aufsicht hinsichtlich schon existierender Vorgaben stärker zu verdeutlichen (z.B. Anpassungen in AT 4.1 Tz. 8, AT 4.3.2).

Bevor ich auf die wesentlichen Punkte der Neufassung näher eingehe, möchte ich an dieser Stelle noch zwei Aspekte aufgreifen, die mir wichtig erscheinen. Zum einen ist in der nun vorgelegten MaRisk-Fassung dem Prinzip der sog. »Proportionalität nach oben« ein stärkeres Gewicht als bisher eingeräumt. Mir ist sehr daran gelegen, dass das in den MaRisk angelegte Proportionalitätsprinzip nicht ausschließlich im Zusammenhang mit einer weniger anspruchsvollen Anwendung bei weniger großen Instituten diskutiert wird. Die von großen Instituten geforderte Einbeziehung von Inhalten einschlägiger Papiere zum Risikomanagement des Baseler Ausschusses für Bankenaufsicht und des Financial Stability Board bedeutet im Übrigen nicht, dass betroffene Institute schablonenhaft die Inhalte dieser Papiere zu sichten und undifferenziert umzusetzen hätten. Vielmehr sollen deren Inhalte in die eigenen Überlegungen zur Verbesserung des eigenen Risikomanagements einbezogen werden, um ggf. Punkte zu adressieren, die im prinzipienorientierten Rahmen der MaRisk nicht explizit in dieser Form aufgegriffen werden. Dieser Passus im AT 1 besitzt vornehmlich Appellcharakter und ist somit nicht unbedingt als (rechts-)verbindliche Vorgabe zu verstehen. Ich behalte mir aber vor, einzelne Themen aus internationalen Papieren aufzugreifen und ihre Adressierung im Risikomanagement mit den betroffenen Instituten zu diskutieren.

Zum anderen möchte ich an dieser Stelle ankündigen, dass BaFin und Deutsche Bundesbank möglichst frühzeitig – idealerweise noch in der ersten Jahreshälfte 2013 – Sitzungen des Fachgremiums MaRisk zu einzelnen neuen Themenbereichen der MaRisk anberaumen werden, um mit der Praxis diesbezügliche Auslegungs- und Anwendungsfragen zu diskutieren. Hierfür kommen aus meiner Sicht insbesondere die Themenbereiche Compliance-Funktion und Verrechnungssysteme für Liquiditätskosten, -nutzen und -risiken infrage. Dabei bietet sich für beide Seiten – Aufsicht und Praxis – die Gelegenheit, einen vertieften Austausch bezüglich dieser MaRisk-Neuerungen zu führen und auf diese Weise sinnvolle Lösungswege zur Umsetzung der neuen Anforderungen zu erörtern.

Zu den wichtigsten Anpassungen und Ergänzungen in den MaRisk im Einzelnen:

Kapitalplanungsprozess

Mit dem Kapitalplanungsprozess, wie er nun in AT 4.1 Tz. 9 gefordert wird, soll das Risikotragfähigkeitskonzept um eine stärker zukunftsgerichtete Komponente ergänzt werden. Ziel ist die frühzeitige Identifizierung etwaigen Kapitalbedarfes, weshalb die Kapitalplanung einen mehrjährigen Zeitraum über den Risikobetrachtungshorizont des Risikotragfähigkeitskonzepts hinweg betrachten soll (in der Regel 2 bis 3 Jahre über den Risikobetrachtungshorizont hinweg). Ich möchte nochmals betonen, dass dies nicht bedeutet, dass das Risikotragfähigkeitskonzept im Sinne der MaRisk nun über einen mehrjährigen Zeitraum ausgedehnt werden soll. So zielt die Anforderung nicht etwa auf eine Ausdehnung des Risikobetrachtungshorizonts, auf den die Risikoquantifizierung im Risikotragfähigkeitskonzept abstellt. Auch bedeutet der Hinweis auf adverse Entwicklungen, denen bei der Planung Rechnung zu tragen sind, nicht automatisch die Durchführung von Stresstests im Sinne des AT 4.3.3. Institute werden naturgemäß mit Annahmen arbeiten müssen, was die Kapitalbestandteile und die ihnen gegenübergestellten Risiken im Rahmen der Planung angeht. Die Institute werden jedoch auch Überlegungen anzustellen haben, welche Auswirkungen auf die Kapitalausstattung und den Kapitalbedarf ausgehen, sollten die erwartete Entwicklung des Institutes und die zugrundeliegenden Annahmen ein zu positives Bild zeichnen. Diese Überlegungen in unterschiedlichen Szenarien abzubilden, denen jeweils unterschiedliche Annahmen zugrunde liegen, dürfte i.d.R. eine sinnvolle Vorgehensweise darstellen. Während der Konsultation ist zudem die Frage aufgekommen, ob der Kapitalplanungsprozess auf internes Kapital, auf regulatorisches Kapital oder auf beide Komponenten abzustellen hat. Wenn auch im MaRisk-Kontext die Betrachtung internen Kapitals üblich ist, bin ich der Überzeugung, dass sowohl die Betrachtung internen als auch regulatorischen Kapitals sinnvoll und erforderlich ist. In der Endfassung wird dieser Aspekt nun klargestellt.

Risikocontrolling-Funktion

Die inhaltlichen Anforderungen an die Risikocontrolling-Funktion in AT 4.4.1 (neu) stellen im Wesentlichen nichts Neues, sondern im Kern eine gebündelte Darstellung dessen dar, was schon heute im MaRisk-Kontext – implizit oder explizit – gefordert wird. Tz. 4 enthält hingegen eine Anforderung, die in dieser Form bisher nicht in den MaRisk zu finden war. Demnach ist die Leitung der Risikocontrolling-Funktion einer Person auf einer ausreichend hohen Führungsebene zu übertragen und in Abhängigkeit von der Größe des Institutes sowie des Umfangs, der Komplexität und des Risikogehalts der Geschäftsaktivitäten grundsätzlich in exklusiver Weise wahrzunehmen. Außerdem ist die Leitung der Risikocontrolling-Funktion bei wichtigen risikopolitischen Entscheidungen der Geschäftsleitung zu beteiligen. Ausdrückliche Zielsetzung ist dabei die Stärkung der Governance-Strukturen in den Instituten und insbesondere eine Stärkung der Risikosicht bei wichtigen risikopolitischen Entscheidungen. Um der Risikocontrolling-Funktion die hierfür nötige Durchschlagskraft und Unabhängigkeit zu verschaffen, sehen zudem sowohl Bankenrichtlinie als auch die einschlägigen EBA Guidelines on Internal Governance vor, dass die mit der Leitung der Risikocontrolling-Funktion betraute Person diese Aufgabe in exklusiver Weise wahrnimmt. Dabei ist es bei großen, international tätigen Instituten international gängige Praxis, dass die Leitung dieser Funktion durch einen eigenständigen Risikovorstand (»CRO«) ausgeübt wird, um somit risikopolitische Fragestellungen auf Geschäftsleiterebene frühzeitig, nachdrücklich und hochrangig zu adressieren. Diese Aspekte schlagen sich auch in den MaRisk nieder, wobei ich betonen möchte, dass ich die exklusive Wahrnehmung dieser Aufgabe auf Vorstandsebene ausdrücklich nur von großen, international tätigen Instituten mit komplexen Geschäftsaktivitäten verlange. Mir ist natürlich bewusst, dass bei vielen großen Instituten das Risikocontrolling auch mit anderen Bereichen (z. B. Finanzen, Markfolge) in einem Vorstandressort gebündelt ist. Teilweise übernimmt dabei das Risikocontrolling unterhalb der Vorstandsebene auch Aufgaben, die eher dem Bereich Finanzen zugeordnet werden können oder zumindest für diesen Bereich unterstützend wirken. Inwieweit eine solche Kombination von Aufgaben bei größeren Instituten zukünftig als zulässig erachtet werden kann, hängt in meinen Augen auch vom konkreten Aufgabenzuschnitt ab. Die Trennung des Risikocontrollings von den Bereichen Finanzen und Marktfolge auf Vorstandsebene bei großen, international tätigen Instituten bleibt davon jedoch unberührt.

Compliance-Funktion

Die Diskussionen während der Konsultation bezüglich des neuen Untermoduls AT 4.4.2 haben gezeigt, dass in der Praxis noch viel Unsicherheit hinsichtlich der aufsichtlichen Erwartungshaltung herrscht. Dies betrifft sowohl den Umfang der rechtlichen Regelungen und Vorgaben, die diese Funktion im Fokus haben soll, als auch die organisatorische Einordnung und den konkreten Aufgabenumfang. Hier einige klarstellende Bemerkungen:

Im Kern zielen die neuen Anforderungen an die Compliance-Funktion auf eine angemessene Compliance-Kultur innerhalb des Institutes ab, die natürlich auch die Geschäftsbereiche umfasst. Diese werden in letzter Konsequenz für die Implementierung wirksamer Verfahren, die die Einhaltung der rechtlichen Regelungen und Vorgaben sicherstellen, auch weiterhin verantwortlich bleiben. Die Compliance-Funktion wird demgegenüber auch eine stärker beratende und koordinierende Funktion ausüben. Sie soll darauf achten, dass die Geschäftsbereiche dieser oben genannten Verantwortung nachkommen und keine unerwünschten Regelungslücken im Institut auftreten.

Während der Konsultation ist mehrfach die Frage aufgekommen, welche rechtlichen Regelungen und Vorgaben dabei zu betrachten sind. Bisweilen wurde und wird befürchtet, die Aufsicht verlange einen umfassenden Ansatz, der (nahezu) alle relevanten Rechtsbereiche eines Instituts umfasst. Ich kann Ihnen versichern, dass solche Befürchtungen völlig unbegründet sind. Es würde auch die Tatsache ignorieren, dass einige wichtige Bereiche schon heute durch andere Kontroll- und Stabseinheiten bzw. spezialisierte Mitarbeiter adressiert werden. Das Risikocontrolling, das Rechnungswesen oder der Bereich Recht seien hier exemplarisch angeführt. Wesentliche rechtliche Regelungen und Vorgaben, die im Zusammenhang mit der Compliance-Funktion relevant sind, können als solche angesehen werden, denen ein wesentliches Compliance-Risiko anhaftet. Demzufolge lassen sich die Rechtsbereiche, um die es hier in letzter Konsequenz gehen soll, deutlich stärker eingrenzen: Vorgaben zu Wertpapierdienstleistungen (WpHG), Geldwäsche und Terrorismusfinanzierung, allgemeine Verbraucherschutzvorgaben (z. B. auch mit Bezug auf das Kreditgeschäft oder andere Aktivitäten), Datenschutzvorgaben, Verhinderung doloser Handlungen zu Lasten des Institutes, ggf. weitere rechtliche Regelungen und Vorgaben, soweit sie vom Institut als unter Compliance-Gesichtspunkten wesentlich eingestuft wurden. Viele dieser Rechtsbereiche sind schon heute Gegenstand von Compliance-Vorgaben. Es erscheint mir praktikabel, die diesbezüglichen Aufgaben so weit wie möglich zu bündeln, auch wenn die MaRisk dies nicht zwingend einfordern. Eine dezentrale Wahrnehmung wird grundsätzlich auch weiterhin möglich sein, wobei spezielle aufsichtliche Vorgaben zu einzelnen Bereichen weiterhin zu beachten sind. Wichtig ist, dass die genannten Rechtsbereiche unter Compliance-Gesichtspunkten adressiert werden und eine entsprechende Berichterstattung an die Geschäftsleitung erfolgt.

In den MaRisk ist ferner klargestellt, dass die Aufgaben der Compliance-Funktion nicht bei der Internen Revision angesiedelt werden dürfen. Damit wird die prozessunabhängige Rolle der Revision nochmals hervorgehoben. Insbesondere soll verdeutlicht werden, dass die Durchführung von Prüfungen – unbeschadet der Durchführung von Kontrollhandlungen der Compliance-Funktion, wie sie sich auch teilweise aus speziellen rechtlichen Regelungen und Vorgaben für einzelne Bereiche ergeben – uneingeschränkt Aufgabe der Internen Revision ist und bleibt. Dies schließt im Übrigen auch die Ordnungsmäßigkeit der Compliance-Funktion selbst mit ein.

Verrechnungssystem für Liquiditätskosten, -nutzen und -risiken

Ich habe die Diskussionen im Rahmen der Konsultation zum Anlass genommen, die Anforderungen an Verrechnungssysteme für Liquiditätskosten, -nutzen und -risiken stärker zu differenzieren. Enthält Tz. 5 nun die allgemeine Anforderung zur Einrichtung eines solchen Verrechnungssystems, finden sich die detaillierten Anforderungen, wie sie sich auch aus den einschlägigen CEBS Guidelines ergeben, nun in den Tzn. 6 und 7 wieder. Die Anwendung dieser Anforderungen bleibt zudem auf große Institute mit komplexen Geschäftsaktivitäten beschränkt. Weniger große Institute mit weniger komplexen Geschäftsaktivitäten können hingegen einfachere Verfahren zur internen Verrechnung der Liquiditätskosten, -nutzen und -risiken zur Anwendung bringen.

Insbesondere können Institute mit vorwiegend kleinteiligem Kundengeschäft und einer stabilen Refinanzierung hierfür auf einfache Kostenverrechnungssysteme zurückgreifen. Damit werden der Masse der Institute keine unüberwindbaren Hürden für eine Umsetzung gestellt.

Auch die detaillierten Anforderungen an große Institute sind im Vergleich zum ersten Entwurf offener gestaltet. So wird nun klargestellt, dass bei der Verrechnung der Kosten, Nutzen und Risiken eine Zusammenfassung von Produkten mit gleichartigen Liquiditätseigenschaften möglich ist. Nichtsdestotrotz kann die Verrechnung nicht auf Positionsebene stehenbleiben, sondern soll möglichst auf Transaktionsebene heruntergebrochen werden. Ferner kann die Verrechnung der Kosten für das Halten von Liquiditätsreserven auf die Liquidität verbrauchenden Einheiten allgemein innerhalb des Verrechnungssystems erfolgen und muss nicht zwingend in den »originären« internen Preisen enthalten sein.

Inkrafttreten

Die neue Fassung der MaRisk tritt mit dem 01.01.2013 in Kraft. Um den Instituten trotzdem ausreichende Umsetzungszeiträume einzuräumen, sind Anforderungen, die im MaRisk-Kontext neu sind und nicht lediglich Klarstellungen ohnehin schon vorhandener Anforderungen darstellen, bis zum 31.12.2013 umzusetzen. Die Institute müssen also bis zu diesem Tag mit Blick auf diese neuen Anforderungen nicht mit aufsichtlichen Sanktionen rechnen.

Grundsätzlich gilt Gleiches auch für die neuen Anforderungen an die Verrechnungssysteme für Liquiditätskosten, -nutzen und -risiken. Ich bin mir allerdings darüber im Klaren, dass gerade die detaillierteren Anforderungen, die sich ausschließlich an große Institute wenden, ggf. einen größeren zeitlichen Vorlauf benötigen. Ich werde daher bei der aufsichtlichen Beurteilung bezüglich dieser neuen Anforderungen über den Umsetzungszeitraum hinaus mit Augenmaß vorgehen, soweit Verzögerungen im Einzelfall nicht auf Versäumnisse des Institutes zurückzuführen sind. Ich erwarte aber, dass die Institute diesbezügliche Arbeiten frühzeitig angehen, schon vorhandene Mechanismen überprüfen – auch mit Blick auf schon existierende Anforderungen zur Identifizierung von Liquiditätskosten und -risiken – und möglichst frühzeitig Verbesserungen an ihren Systemen und Verfahren vornehmen, soweit dies möglich und sinnvoll erscheint.

[...]

Anlage 20
Deutsche Kreditwirtschaft (DK)
Schreiben an die BaFin zur Leitung der
Risikocontrolling-Funktion vom 13. März 2013

[...]

ein Schwerpunkt der vierten MaRisk-Novelle vom 14. Dezember 2012 war die Stärkung der Risikocontrolling-Funktion durch das neue Untermodul AT 4.4.1, die wir grundsätzlich unterstützen.

Im Zusammenhang mit der Risikocontrolling-Funktion sehen die EBA Guidelines zur internen Governance vor, dass die Verantwortung für das Risikomanagement in exklusiver Weise durch einen so genannten Chief Risk Officer (CRO) wahrgenommen werden sollte. Diese Anforderung wurde in AT 4.4.1 Tz. 4 MaRisk dergestalt umgesetzt, dass die Leitung der Risikocontrolling-Funktion auf einer ausreichend hohen Führungsebene anzusiedeln ist und die exklusive Wahrnehmung dieser Aufgabe unter das Proportionalitätsprinzip gestellt wird. Von großen, international tätigen Instituten mit komplexen Geschäftsaktivitäten wird jedoch erwartet, dass die Leitung der Risikocontrolling-Funktion durch einen Geschäftsleiter erfolgt.

Wie bereits im Rahmen des Konsultationsprozesses zur vierten MaRisk-Novelle erwähnt, ist die exklusive Wahrnehmung der Leitung des Risikocontrollings durch einen Geschäftsleiter aus unserer Sicht nicht immer angemessen und mit vermeidbaren praktischen Problemen verbunden. Aufgrund der Regelungen des BTO Tz. 4 MaRisk haben Institute in Deutschland bereits heute recht weitreichende Funktionstrennungen zu beachten. So wird durch die Trennung von Markt und Marktfolge und die Abgrenzung bestimmter risikosensitiver Funktionen vom Marktbereich eine Vielzahl von Interessenkonflikten von vornherein ausgeschlossen. Nach unserer Kenntnis ist diese Art der Funktionstrennung in Europa nicht generell anzutreffen. Vor diesem Hintergrund mag es verständlich sein, dass die EBA die Installation eines CRO fordert, um ein Sicherheitsniveau herzustellen, wie es in deutschen Kreditinstituten schon heute vorzufinden ist.

Vor diesem Hintergrund halten wir eine Ausweitung der Funktionstrennung in Deutschland weder für erforderlich noch für angemessen. Verschiedenen Gesprächen zwischen den kreditwirtschaftlichen Verbänden und Vertretern der BaFin haben wir entnommen, dass Sie – unabhängig von der Institutsgröße – zumindest eine gemeinsame Zuständigkeit für die Ressorts Risikocontrolling und Marktfolge auf Geschäftsleiterebene für akzeptabel halten, sofern eine Trennung auf einer nachgelagerten Ebene erfolgt. Diese Sichtweise ist indirekt auch dem gerade erschienenen Fachartikel von Herrn Hofer im BaFinJournal 3/2013 zu entnehmen. Hier heißt es: »Bei weiteren Aufgaben, die nicht den Bereichen Markt oder Handel zuzuordnen sind, wird die BaFin im Einzelfall prüfen, inwieweit sie mit der Kernaufgabe des Risikocontrollings, der unabhängigen Überwachung und Kommunikation der Risiken des Instituts, im Einklang stehen und somit beim Risikovorstand angesiedelt sein dürfen.« Nichtsdestotrotz würden wir es sehr begrüßen, wenn Sie uns diese Interpretation bestätigen könnten.

Wir haben auch zur Kenntnis genommen, dass die Möglichkeit eines kombinierten »Chief Risk & Financial Officer« (CRO/CFO) bei großen, international tätigen Instituten zukünftig nicht mehr bestehen wird, obwohl uns dies insbesondere vor dem Hintergrund der gewünschten Weiterentwicklung der Gesamtbanksteuerung nach wie vor sinnvoll erscheint. Im Übermittlungsschreiben zur Endfassung der MaRisk haben Sie zudem erwähnt, dass eine Kombination des Risikocontrollings mit »Aufgaben, die eher dem Bereich Finanzen zugeordnet werden können oder zumindest für diesen Bereich unterstützend wirken«, in Abhängigkeit vom konkreten Aufgabenzuschnitt auch bei größeren Instituten weiterhin zulässig sein könne. Wir nehmen an, dass damit das klassische Controlling (auch als Finanzcontrolling bezeichnet) gemeint ist. Derzeit ist das Controlling i.d.R. entweder dem CRO oder dem CFO zugeordnet, weil es im Grunde mit beiden Funktionen Überschneidungen gibt. Wir gehen davon aus, dass es nicht im Interesse der Aufsicht liegt, eine der beiden Varianten zum Standard für alle Institute zu erklären und damit noch stärker in die Organisationshoheit der Geschäftsleitung einzugreifen.

Für unsere Mitgliedsinstitute, die derzeit intensiv mit der Umsetzung der neuen Anforderungen beschäftigt sind, ist Planungssicherheit in diesen organisatorischen Fragen von besonderer Bedeutung. Insbesondere große, international tätige Institute sehen sich bei der Erfüllung des Exklusivitätserfordernisses mit weitreichenden Änderungen der Aufbau- und Ablauforganisation oder sogar mit einer Erweiterung der Geschäftsleitung konfrontiert. Diese überaus kostenintensiven Maßnahmen könnten unterbleiben, sofern Sie das Exklusivitätserfordernis im ausgeführten Sinne relativieren würden. Diesbezüglich ist eine zeitnahe Klarstellung vonnöten, da die Institute durch das nahende Ende der Umsetzungsfrist in Zugzwang geraten. Wir bitten Sie daher, diesen Sachverhalt nochmals zu erwägen und uns baldmöglichst über Ihre Ansicht zu informieren.

[...]

Anlage 21
Bundesanstalt für Finanzdienstleistungsaufsicht (BaFin)
Sitzung des MaRisk-Fachgremiums am 24. April 2013
Protokoll

[...]

2. Allgemeine Anmerkungen zum Thema Compliance-Funktion

Die BaFin fasst zu Beginn der Sitzung kurz ihre Sichtweise zum Thema Compliance-Funktion zusammen, wie sie sie im Ansatz auch schon im Anschreiben zur Endfassung zur MaRisk-Novelle zum Ausdruck gebracht hat. Die neu in die MaRisk eingefügten Anforderungen zur Compliance-Funktion basieren schwerpunktmäßig auf einschlägigen Passagen in den EBA Guidelines on Internal Governance.[1] Weitere Aspekte hierzu, die in die gleiche Richtung zielen, lassen sich einem Papier des Baseler Ausschusses zum Thema Compliance[2] entnehmen. Mit der Compliance-Funktion soll nicht nur den Risiken, die sich aus der Nichteinhaltung rechtlicher Regelungen und Vorgaben ergeben können, begegnet werden. Sie ist vielmehr auch ein wichtiger Baustein zur Förderung einer einheitlichen Compliance-Kultur im Institut.

Beim Themenkomplex Compliance handelt es sich im Grunde nicht um eine neue Materie. Zunächst ist es natürlich eine Selbstverständlichkeit, dass Unternehmen – gleich welcher Branche – sicherzustellen haben, dass gesetzliche Regelungen und Vorgaben in Gänze befolgt und beachtet werden. Auch existierten schon vor der MaRisk-Überarbeitung Rechtsgebiete, die mit speziellen Compliance-Vorgaben belegt waren und sind. Namentlich sind hier die Vorgaben des WpHG (MaComp), des § 25c KWG (Geldwäsche, sonstige strafbare Handlungen) und des Datenschutzgesetzes zu nennen. Die Tatsache, dass alle gesetzlichen Regelungen und Vorgaben zu beachten sind, bedeutet hingegen nicht, dass alle Rechtsbereiche gleichermaßen von einer speziell dafür eingerichteten Compliance-Funktion abgedeckt werden müssen. Diese wird sich aus Sicht der Aufsicht auf ganz bestimmte rechtliche Regelungen konzentrieren, nämlich auf solche, die mit Compliance-Risiken behaftet sind. In den einschlägigen internationalen Papieren wird weder der

---

1 EBA Guidelines on Internal Governance (GL 44), 27.09.2011; abrufbar unter http://www.eba.europa.eu/Publications/Guidelines.aspx

2 BCBS: Compliance and the compliance function in banks, 29.04.2005; abrufbar unter http://www.bis.org/publ/bcbs113.htm

genaue Aufgabenumfang der Compliance-Funktion beschrieben noch eine abschließende Definition von Compliance-Risiken vorgenommen. Gleichwohl lässt sich konstatieren, dass die hier im Fokus stehenden Compliance-Risiken sich insbesondere dadurch »auszeichnen«, dass bei einer Nichtbeachtung von rechtlichen Regelungen und Vorgaben vor allem (Geld-)Strafen/Bußgelder, Schadensersatzansprüche und/oder die Nichtigkeit von Verträgen drohen, die zu einer Gefährdung des Vermögens des Institutes führen können. So interpretiert, lassen sich daraus Rückschlüsse ziehen, welche Art von rechtlichen Regelungen und Vorgaben (mindestens) von der Compliance-Funktion aufzugreifen sind. Neben jenen Rechtsbereichen, die schon aufgrund spezialgesetzlicher Anforderungen besonderen Compliance-Anforderungen unterliegen, sind weitere rechtliche Regelungen und Vorgaben, die von der Compliance-Funktion abzudecken sind, eigenverantwortlich vom Institut zu identifizieren. Insofern wird eine vorgelagerte Identifizierung bzw. Analyse möglicher Compliance-Risiken eine wichtige Rolle einnehmen.

Was die organisatorische Anbindung betrifft, weist die BaFin darauf hin, dass unter der Einhaltung der Grundprämisse, nämlich der direkten Anbindung an die Geschäftsleitung, grundsätzlich mehrere Lösungen denkbar und möglich sind. Weitere Einzelheiten hierzu werden unter dem Themenpunkt »Organisatorische Einbindung« diskutiert.

3. Anwendungsbereich; Umfang der abzudeckenden rechtlichen Regelungen und Vorgaben

Anknüpfend an den einleitenden Ausführungen zeigt die BaFin auf, welche rechtlichen Regelungen und Vorgaben in jedem Fall in den Anwendungsbereich der Compliance-Funktion fallen. Hierzu gehören zunächst die Vorgaben des WpHG, die schon Gegenstand der MaComp sind, weiterhin die Vorgaben zur Vermeidung von Geldwäsche und Terrorismusfinanzierung; Vorgaben zur Vermeidung sonstiger strafbarer Handlungen (die zusammen mit den Vorgaben zur Geldwäscheprävention in § 25c KWG geregelt sind), Vorgaben zum Datenschutz sowie weitere Vorgaben zum Verbraucherschutz (z.B. zu Verbraucherkrediten, AGB, Zahlungsverkehr; oftmals außerhalb des Aufsichtsrechts geregelt). Demgegenüber lassen sich aus Sicht der BaFin rechtliche Regelungen und Vorgaben nennen, deren Einhaltung zwar nicht weniger zwingend ist, die jedoch nicht unbedingt einer Adressierung durch die Compliance-Funktion unterliegen müssen. In vielen Fällen handelt es sich dabei um nicht-branchenspezifisches Recht: Arbeitsrecht/Personalrecht, Lohn-/Einkommensteuerrecht etc. Eine Ausklammerung solcher Rechtsbereiche aus dem Tätigkeitsbereich der Compliance-Funktion erscheint vor dem Hintergrund des Regulierungszweckes – Vermeidung oder zumindest Verminderung von Compliance-Risiken im beschriebenen Sinn – grundsätzlich nachvollziehbar. Explizit weist die BaFin auch auf den Umgang von rechtlichen Regelungen und Vorgaben hin, die die Bereiche Risikocontrolling und Rechnungslegung/Finanzen betreffen. Gerade für diese Bereiche kann eine Compliance-Funktion auf spezialisiertes Wissen der fachlich zuständigen Einheiten zurückgreifen und aufbauen. Insofern erscheint es aus Sicht der BaFin plausibel, bei entsprechenden rechtlichen Regelungen und Vorgaben, die das Risikocontrolling (z.B. solche zur Risikotragfähigkeit, zu Risikocontrollingprozessen, zur (regulatorischen) Kapitalunterlegung) oder die Rechnungslegung (Bilanzrecht) betreffen, auf den Einschätzungen und Beurteilungen der jeweils zuständigen Einheiten aufzusetzen und eigene Aktivitäten der Compliance-Funktion (weitestgehend) zurückzustellen oder sogar im Wesentlichen darauf zu verzichten.

Neben den rechtlichen Regelungen und Vorgaben, die zwingend von der Compliance-Funktion abzudecken sind, sind weitere Regelungen und Vorgaben, die von dieser aufgegriffen werden (sollen), letztendlich institutsindividuell zu identifizieren. Auf Fragen von Institutsvertretern, ob bspw. das Gesellschaftsrecht oder das Kartellrecht hierzu zu zählen haben, verweist die BaFin auf die Eigenverantwortlichkeit der Institute. Gleichzeitig macht die BaFin deutlich, dass eine vorgelagerte Bestandsaufnahme/Risikoanalyse, die möglichst umfassend ausgestaltet ist und regelmäßig überprüft werden soll, in diesem Kontext von besonderer Bedeutung ist. Es besteht grundsätzlich Einigkeit, dass eine abschließende Aufzählung von Rechtsbereichen, die von der Compliance-Funktion zu adressieren sind und für alle Institute gleichermaßen zutreffend ist, nicht zielführend sein kann. Vielmehr ist die Thematik Compliance immer institutsindividuell vor dem Hintergrund der konkreten Geschäftsaktivitäten und der konkreten Märkte, auf dem sich das jeweilige Institut bewegt, zu sehen. Gleichermaßen wichtig ist jedoch auch eine möglichst umfassende Betrachtung aller Bereiche, um mögliche Compliance-Risiken zu identifizieren – dies betrifft grundsätzlich auch Rechtsbereiche, die später wieder aus dem Tätigkeitsfeld der Compliance-Funktion ausgeklammert werden.

4. Aufgaben der Compliance-Funktion

Aus der allgemeinen Aufgabe der Compliance-Funktion – des Hinwirkens auf die Implementierung wirksamer Verfahren zur Einhaltung der für das Institut wesentlichen rechtlichen Regelungen und Vorgaben und entsprechender Kontrollen – sowie der unmittelbaren Anbindung dieser Funktion an die Geschäftsleitung lassen sich aus Sicht der BaFin bestimmte konkrete Aufgaben ableiten. Zunächst wird damit deutlich, dass der Fokus nicht ausschließlich auf neuen Regelungen, sondern auch auf schon bestehenden liegt. Daher muss die Compliance-Funktion nicht nur Neuregelungen im Auge haben, sondern auch die Rechtsprechung im Rahmen bestehender rechtlicher Regelungen und Vorgaben verfolgen, sofern diese Auswirkungen für das Institut haben könnte. Die Diskussion ergab, dass bei der Identifizierung von Handlungsbedarf aus Compliance-Sicht umfangreiche Unterstützungsleistungen aus den jeweiligen Fachbereichen und den Rechtsabteilungen der Institute geleistet werden. In Einzelfällen werden offenbar auch Projektteams gebildet, die sich aus unterschiedlichen Bereichen zusammensetzen (auch aus der Compliance-Funktion) und einzelne Themen, die sich aus Neuregelungen oder veränderter Rechtsprechung ergeben, sukzessive abarbeiten. Verbundangehörige Institute werden bei der Informationsgewinnung zu Änderungen des rechtlichen Umfeldes der Institute zusätzlich von den jeweiligen Verbänden unterstützt.

Die BaFin stellt klar, dass die Implementierung von wirksamen Verfahren zur Einhaltung wesentlicher gesetzlicher Regelungen und Vorgaben in der Verantwortung der jeweils betroffenen Fachbereiche liegt und nicht automatisch bei der Compliance-Funktion. Diese wiederum hat darauf zu achten, dass die betroffenen Fachbereiche ihrer Verantwortung auch tatsächlich nachkommen und dass keine Rechtsbereiche bestehen, in denen zwar Handlungsbedarf besteht, die mangels eindeutiger Zuständigkeiten jedoch gewissermaßen »brach liegen«. So gesehen hat die Compliance-Funktion auch einen schwerpunktmäßig koordinierenden Charakter und – als Ausdruck der direkten Anbindung an die Geschäftsleitung – eine beratende Funktion gegenüber der Geschäftsleitung, welche auch weiterhin die Letztverantwortung für die Einhaltung rechtlicher Regelungen und Vorgaben im Institut trägt. Besonderheiten, die sich für bestimmte Rechtsbereiche aus spezialgesetzlichen Vorgaben ergeben können, bleiben jedoch unberührt. Dies ist schon in der Endfassung der neugefassten MaRisk ausdrücklich klargestellt. So weist die BaFin auf die Frage, inwieweit die Compliance-Funktion Überwachungshandlungen vorzunehmen hat, auf entsprechenden Vorgaben z. B. der MaComp hin, die mit Blick auf die WpHG-Compliance explizit einen Überwachungsplan fordern und damit entsprechende Überwachungshandlungen erwarten. Auch unter MaRisk-Gesichtspunkten hält es die BaFin für erforderlich, dass die Compliance-Funktion Kontrollhandlungen zumindest durchführen können muss und insoweit auch entsprechende Kontrollrechte eingeräumt bekommt. Der tatsächliche Umfang vorzunehmender Kontrollhandlungen wird von BaFin-Seite nicht vorgegeben, sondern verbleibt in der Eigenverantwortung der Institute. Auch die Frage nach möglicherweise erforderlichen Weisungsrechten lässt sich nicht abschließend beantworten. Grundsätzlich erwartet die BaFin nicht, dass der Compliance-Funktion umfassende Weisungsrechte gegenüber den Fachbereichen eingeräumt werden, da sie eine »Eskalation« bei Mängeln in den Kontrollprozessen im Regelfall durch eine (Ad-hoc-)Berichterstattung an die Geschäftsleitung für zielführend erachtet. Dabei ist jedoch zu beachten, dass nach der spezialgesetzlichen Norm des § 25c KWG der Geldwäschebeauftragte mit einem solchen Weisungsrecht auszustatten ist, soweit geldwäscherelevante Fragen betroffen sind.

5. Organisatorische Einbindung

Die organisatorische Einbindung der Compliance-Funktion wirft bei den Teilnehmern eine Reihe von Fragen auf, auf die die BaFin im Folgenden weiter eingeht. In der aufsichtlichen Praxis existieren bereits Vorgaben zur aufbauorganisatorischen Einbindung von Compliance-Einheiten (z. B. nach WpHG/MaComp). Daher scheint es sowohl aus institutsinterner als auch aufsichtlicher Perspektive sinnvoll zu prüfen, inwieweit die Compliance-Funktion (nach MaRisk) in bereits bestehende Compliance-Strukturen integriert werden kann. Die Aufsicht hat daher bewusst in die Möglichkeit geschaffen, die Compliance-Funktion an andere Kontrolleinheiten anzubinden. Es ist unter Berücksichtigung des Proportionalitätsprinzips für kleinere Institute nicht notwendig, eine neue, eigenständige Stelle zu schaffen. Eine Einschränkung gilt jedoch für größere Institute – von diesen Instituten erwartet die Aufsicht, dass diese eine eigenständige Organisationseinheit für die Compliance implementieren. Dies entspricht im Allgemeinen aber schon heute der gängigen Praxis.

Die BaFin hat noch einmal betont, dass die Compliance-Funktion, unabhängig davon, ob es sich um eine separate Organisationseinheit handelt oder eine Anbindung an eine andere Kontrolleinheit erfolgt, unmittelbar der Geschäftsleitung zu unterstellen ist. Weiterhin ist sie der Geschäftsleitung berichtspflichtig. Aus diesem Grund kann die Compliance-Funktion nicht als untergeordnete Stelle in der organisatorischen Struktur des Institutes angesiedelt werden. Nur eine unmittelbare organisatorische Zuordnung zur Geschäftsleitung verschafft ihr das notwendige Gehör auf Geschäftsleiterebene und fördert dadurch ihre Funktionsfähigkeit. Im Hinblick auf die Anbindung an bereits bestehende Kontrolleinheiten – mit Ausnahme der Internen Revision – sind durchaus verschiedene Konstellationen denkbar. Wichtig ist hierbei, dass die organisatorische Zuordnung zu einem vom Markt und Handel unabhängigen Bereich erfolgt und die Compliance-Funktion der Geschäftsleitung unmittelbar unterstellt ist. Beispielhaft ist eine Bündelung beim Geldwäschebeauftragten ebenso möglich wie eine Anbindung an das Risikocontrolling. Die Bedeutung der Risikocontrolling-Funktion wurde im Rahmen der MaRisk-Novelle 2012 dahingehend unterstrichen, dass die Risikocontrolling-Funktion von großen, international tätigen

Instituten von einem Geschäftsleiter in exklusiver Weise wahrzunehmen ist. Die BaFin stellt klar, dass bei einer exklusiven Wahrnehmung der Risikocontrolling-Funktion durch einen Geschäftsleiter einer Zuordnung der Compliance-Funktion beim Risikocontrolling nichts entgegensteht.

Sollte ein Institut eine eigenständige zentrale Organisationseinheit für alle Compliance-Bereiche vorhalten, ergäbe sich daraus zwangsläufig eine Personalunion des Leiters Compliance mit dem WpHG-Compliance-Beauftragten sowie dem Geldwäschebeauftragten. Eine solche Lösung, wie sie bereits in der Praxis vorzufinden ist, wird von der BaFin durchaus als zulässig angesehen. Weiterhin möglich ist jedoch auch eine dezentral aufgestellte Compliance-Funktion, bei der die Beauftragten nach WpHG/MaComp, nach § 25c KWG (Geldwäsche und sonstige strafbare Handlungen) sowie der Geldwäschebeauftragte separat agieren. Die diesbezüglichen Vorgaben der spezialgesetzlichen Regelungen – insbesondere auch zur Berichterstattung – sind auch dabei weiterhin zu beachten. Besonderheiten können sich hinsichtlich des Datenschutzbeauftragten gemäß BDSG ergeben. Dieser hat in seiner Funktion u. a. darauf zu achten, dass den Grundsätzen der Datenvermeidung und Datensparsamkeit Rechnung getragen wird. Dies könnte zu Interessenkonflikten führen, sollte der Datenschutzbeauftragte in einer zentral aufgestellten Compliance-Funktion integriert werden.

6. Schlussbemerkungen

Die Diskussion im Fachgremium zeigt, dass die Thematik Compliance durchaus sehr unterschiedlich in den Instituten gehandhabt wird. Dies soll auch in Zukunft nicht per se in Frage gestellt werden, sofern die aufsichtlichen Vorgaben – auch auf Basis der speziellen aufsichtlichen Regelungen – weiterhin erfüllt werden. Aus den Diskussionen wird auch deutlich, dass unterschiedlichste Ansätze und Ausgestaltungen dem aufsichtlichen Ziel einer Stärkung der Compliance in den Instituten gleichermaßen gerecht werden können. Gerade im Hinblick auf die Ausgestaltung der Compliance-Funktion haben die Institute großen Gestaltungsspielraum, der aus Sicht der BaFin genutzt werden soll, um die schon vorhandenen Compliance-Vorkehrungen um noch nicht berücksichtigte Bereiche zu ergänzen und so die Anforderungen der MaRisk vollständig zu erfüllen. Dabei ist sich die BaFin im Klaren darüber, dass es auch in Zukunft keine einheitliche Vorgehensweise in der Praxis geben muss und kann, da die Anforderungen sehr unterschiedlich mit Leben gefüllt werden können.

Anlage 22
Bundesanstalt für Finanzdienstleistungsaufsicht (BaFin)
Sitzung des MaRisk-Fachgremiums am 18. Juni 2013
Protokoll

[...]

2. Verrechnungssysteme in kleineren Instituten

Kleinere Institute befinden sich zumeist noch in der Phase der Erstellung eines Konzeptes zum Einsatz von Verrechnungssystemen. Die Liquiditätskosten und -nutzen werden teilweise bereits im Bereich der Kalkulation verarbeitet. Darüber hinaus erfolgt zumeist keine Quantifizierung von Liquiditätskosten und -nutzen in den Verfahren der Institute, d.h. der Preis der erwarteten Liquiditätsbindung wird nicht separat ausgewiesen und in Rechnung gestellt bzw. vergütet. Die interne Liquiditätssteuerung erfolgt häufig über Volumenlimite und nicht über interne Verrechnungspreise. Damit wird die Einrichtung eines Verrechnungssystems jedoch nicht entbehrlich.

Die Diskussion befasst sich ferner mit der Verrechnung von Liquiditätskosten und -nutzen sowie der Verwendung der Deckungsbeitragsrechnung im Rahmen der Nachkalkulation. Setzt ein Institut die Deckungsbeitragsrechnung bezüglich der Nachkalkulation ein, wird die Aufsicht diese in die Prüfung eines Verrechnungssystems grundsätzlich mit einbeziehen.

3. Berücksichtigung der Kosten des Liquiditätspuffers und der sonstigen Eigenanlagen

Die Diskussion im Fachgremium zeigt, dass die Kosten des Liquiditätspuffers schwer abzugrenzen sind. Der Liquiditätspuffer eines Instituts hängt vom individuellen Risikoappetit ab und setzt sich damit je nach Institut unterschiedlich zusammen. Somit sind die entsprechenden Opportunitätskosten nicht einheitlich zu bestimmen.

Bei den Verbänden der kleineren Institute bestehen hinsichtlich der Berücksichtigung von indirekten Kosten aus dem Liquiditätspuffer unterschiedliche Ansätze. Die indirekten Kosten werden zurzeit entweder nicht berücksichtigt oder die Kosten des Liquiditätspuffers werden umgelegt.

Die Behandlung der Eigenanlagen, die nicht zum Liquiditätspuffer zählen, muss darüber hinaus noch weiter erörtert werden. Dies erscheint sachgerecht, da es sich hierbei um Aktiva niedrigerer Qualität mit höheren Liquiditätsrisiken handeln kann, die angemessen zu berücksichtigen sind. Als problematisch wird in diesem Zusammenhang die Vermischung von Liquiditäts- und Bonitätsrisiken angesehen. Von den Teilnehmern wird angemerkt, dass die Zerlegung der Spreads in Einzelkomponenten (Bonität und Liquidität) schwierig sei. Bislang werden bei kleineren Instituten regelmäßig die Liquiditätsrisiken der Eigenanlagen vernachlässigt.

4. Liquiditätstransferpreissysteme in größeren Instituten

Die einzelnen Teilnehmer berichten, wie weit sie mit der Erstellung des Konzeptes zum Liquiditätstransferpreissystem und der entsprechenden Umsetzung fortgeschritten sind. Dabei werden insbesondere die Behandlung der Liquiditätskosten und die Steuerungswirkung bzw. Anreizsetzung der Systeme thematisiert. Es zeigt sich, dass die Entwicklungen der Liquiditätstransferpreissysteme und ihre Implementierungen bei größeren Instituten weiter gediehen sind als die der Verrechnungssysteme bei kleineren Instituten. Teilweise bestehen die verwendeten Systeme bei größeren Instituten bereits seit Jahren.

5. Sonstiges

Seitens der Teilnehmer wird die Transparenz von Liquiditätskosten und -nutzen durch ein Liquiditätstransferpreissystem bzw. Verrechnungssystem begrüßt. Bei der Berücksichtigung von Liquiditätsrisiken bestehen noch Probleme. Die Aufsicht weist in diesem Zusammenhang darauf hin, dass eine pauschale Betrachtung von Liquiditätskosten und -nutzen auf Geschäftsfeldebene, z.B. alleinige Unterscheidung zwischen Privat- und Firmenkunden, nicht zielführend im Hinblick auf den Steuerungsimpuls ist und dem Anspruch an eine verursachungsgerechte interne Verrechnung nach BTR 3.1 Tz. 5 MaRisk nicht gerecht werden kann. Die Differenzierung hat an dieser Stelle granularer zu sein.

Eine Betrachtung auf Transaktionsebene bei der Verrechnung der Liquiditätskosten, -nutzen und -risiken wird bei einem Verrechnungssystem nicht in jedem Fall zwingend gefordert. Bei einem Liquiditätstransferpreissystem hat eine Verrechnung jedoch möglichst auf Transaktionsebene zu erfolgen. Findet keine Verrechnung auf Transaktionsebene statt, muss eine sinnvolle Zusammenfassung gefunden werden, wobei Produkte und Geschäfte mit gleichartigen Liquiditätseigenschaften zusammengefasst werden können.

6.   Fragen der Teilnehmer

Der Wortlaut von BTR 3.1 Tz. 7 MaRisk (»Die Verantwortung für die Entwicklung und Qualität sowie die regelmäßige Überprüfung des Liquiditätstransferpreissystems ist in einem vom Markt und Handel unabhängigen Bereich wahrzunehmen.«) wird dahingehend diskutiert, ob die Methodenverantwortung und die Entwicklung in der Treasury angesiedelt sein dürfen, obwohl die Treasury im Allgemeinen nicht losgelöst von Markt und Handel agiert. In diesem Zusammenhang stellt die Aufsicht klar, dass der Begriff »Treasury« keine allgemeingültige Definition ist. Die Treasury kann aufgrund ihrer in der Praxis unterschiedlich gelagerten Funktionen und Aufgaben sowohl im Handels- als auch z. B. im Finanzbereich angesiedelt sein. An dieser Stelle lässt sich deshalb grundsätzlich festhalten, dass der Prozess der Entwicklung und regelmäßigen Überprüfung eines Liquiditätstransferpreissystems vom Risikocontrolling zu überwachen ist. Dabei kann das Risikocontrolling auf die Expertise der Treasury zurückgreifen. Insoweit folgt die Aufsicht nicht der in diesem Zusammenhang während der Sitzung vorgeschlagenen analogen Anwendung des Konzepts der »materiellen Plausibilitätsprüfung« für Zwecke der Methodenentwicklung.

7.   Umsetzung der Anforderungen

Die Erstellung eines Konzeptes zum Liquiditätstransferpreissystem bzw. Verrechnungssystem hat von allen Instituten bis spätestens Ende 2013 zu erfolgen. Die Umsetzungszeit wird für alle Institute jedoch über das Jahresende hinaus gewährt, d. h. bei der aufsichtlichen Beurteilung wird mit Augenmaß vorgegangen, soweit Verzögerungen im Einzelfall nicht auf Versäumnisse des Instituts zurückzuführen sind. Dennoch erwartet die Aufsicht, dass die Institute bereits jetzt vorhandene Mechanismen überprüfen und möglichst zeitnah Verbesserungen an ihren Systemen und Verfahren vornehmen, soweit dies möglich und sinnvoll erscheint.

8.   Schlussbemerkungen

Die Diskussion im Fachgremium zeigt, dass der Einsatz von Liquiditätstransferpreissystemen bzw. Verrechnungssystemen unterschiedlich weit in den Instituten fortgeschritten ist. Es wird deutlich, dass abhängig von der Komplexität der Geschäftsaktivitäten verschiedene Ansätze und Ausgestaltungen dem aufsichtlichen Ziel der Verwendung eines solchen Systems gerecht werden können.

Liquiditätstransferpreissysteme bzw. Verrechnungssysteme sollen neben der verursachungs-gerechten internen Verrechnung der jeweiligen Liquiditätskosten, -nutzen und -risiken sowie der damit verbundenen Transparenz auch zum Ziel haben, dass den Instituten mit diesen Systemen ein Steuerungsinstrument an die Hand gegeben wird, mit dem das »Silodenken«, das sich insbesondere in der Finanzkrise gezeigt hat, überwunden werden kann.

[...]

Anlage 23
Bundesanstalt für Finanzdienstleistungsaufsicht (BaFin)
Antwortschreiben an die DK zur Leitung der Risikocontrolling-Funktion vom 18. Juli 2013

[...]

vielen Dank für Ihr Schreiben zum Thema »Leitung der Risikocontrolling-Funktion« (AT 4.4.1 Tz. 4 MaRisk). Sie bitten mich darin um Klarstellung, inwieweit die exklusive Wahrnehmung der Leitung der Risikocontrolling-Funktion auf Geschäftsleiterebene mit der gleichzeitigen Zuständigkeit für den Bereich Marktfolge im Einklang steht. Ferner bitten Sie um eine Stellungnahme, ob Ihre Sichtweise, dass das klassische Controlling (oder: Finanzcontrolling) weiterhin entweder dem Chief Risk Officer (CRO) oder dem Chief Financial Officer (CFO) zugeordnet werden könne, von der Aufsicht geteilt werden kann. Lassen Sie mich dazu Folgendes bemerken:

Grundsätzlich hat die Risikocontrolling-Funktion mit der neuen Fassung der MaRisk vom 14.12.2012 eine hervorgehobenere Rolle innerhalb der Institute erhalten. Es wird deutlicher gemacht, dass die Leitung der Risikocontrolling-Funktion bei wichtigen risikopolitischen Entscheidungen der Geschäftsleitung einzubinden ist. Darüber hinaus soll die mit der Leitung dieser Funktion betraute Person auf einer hinreichend hohen Führungsebene angesiedelt sein. Bei großen, international tätigen Instituten mit komplexen Geschäftsaktivitäten hat dies durch einen Geschäftsleiter – und damit durch einen eigenen Risikovorstand – zu erfolgen. Hiermit ist die Zielsetzung verbunden, die Risikosensibilität in den Instituten zu erhöhen, indem Risikothemen frühzeitig, nachhaltig und hochrangig durch einen eigenen Risikovorstand adressiert und im Regelfall auch beeinflusst werden, wodurch eine Verbesserung der Reaktion der Institute gerade auf schwierige Situationen erreicht werden soll.

Dies bedingt aber auch eine Unabhängigkeit von den Geschäftsbereichen und Funktionen im Institut, deren Risiken die Risikocontrolling-Funktion zu überwachen hat.

Der Hinweis auf die exklusive Ausübung der Risikocontrolling-Funktion verdeutlicht, dass der verantwortliche Risikovorstand bei großen, international tätigen Instituten mit komplexen Geschäftsaktivitäten nicht für Markt- und Handelsbereiche (wie bisher auch schon) und darüber hinaus auch nicht für den Bereich Finanzen/Rechnungswesen zuständig sein kann. Damit ist insbesondere eine gleichzeitige Ausübung der Aufgaben des CRO (Risikovorstand) mit denen des CFO (Finanzvorstand) bei großen, international tätigen Instituten nicht mehr möglich. Dies steht im Einklang mit internationalen Vorgaben wie den Prinzipien des Baseler Ausschusses für Bankenaufsicht (BCBS – »Principles for enhancing corporate governance«), die eine klare Trennung des CRO von anderen Aufgabenbereichen auf Vorstandsebene (z.B. CFO, COO) zumindest für besagte große Institute explizit vorsehen.

Konkret haben Sie in Ihrem Schreiben die Frage der Vereinbarkeit einer gemeinsamen Zuständigkeit für die Bereiche Risikocontrolling und Marktfolge auf Geschäftsleiterebene aufgeworfen. Bei strikter Interpretation stände eine exklusive Wahrnehmung der Leitung der Risikocontrolling-Funktion einer gleichzeitigen Verantwortung für Bereiche der Marktfolge entgegen. Ich halte es indes für vertretbar, auf diese strikte Trennung zu verzichten, soweit gewährleistet ist, dass zumindest direkt unterhalb der Vorstandsebene eine klare Trennung zwischen Risikocontrolling-Funktion einerseits und den Marktfolgeeinheiten andererseits vorgenommen wird. Mitarbeiter der Risikocontrolling-Funktion dürfen insofern keine Aufgaben wahrnehmen, die gemeinhin der Marktfolge zuzuordnen sind (Zweitvotierung, Tätigkeiten im Rahmen der operativen Kreditprozesse bei den einzelnen Kreditengagements), um auf diesem Wege die Neutralität der Risikocontrolling-Funktion zu stärken.

Der Begriff des Finanzcontrollings wird nicht einheitlich benutzt. Die Aufgaben bestehen aber oftmals (unter anderem) in der Planung von Zahlungsströmen, der Entwicklung von Verfahren zur Optimierung von Kapital- und Investitionsentscheidungen und der Unterstützung des Bereiches Rechnungslegung durch entsprechende Vorschaurechnungen. Aus diesen Aufgaben lässt sich eine gewisse Nähe zum Rechnungswesen herauslesen, weshalb bei einigen Instituten ein derart ausgestaltetes Controlling beim Bereich Rechnungslegung/Finanzen aufgehängt ist. Auf der anderen Seite halte ich es auch mit Blick auf eine gemeinsame Ertrags- und Risikosteuerung für vertretbar und nachvollziehbar, Aufgaben des (Finanz-)Controllings und des Risikocontrollings im Ressort des Risikovorstands zu bündeln. Insofern verfügen die Institute hier über entsprechenden Spielraum bezüglich der konkreten organisatorischen Anbindung des oben beschriebenen Finanzcontrollings, soweit konkrete Aufgaben im Einzelfall nicht der unabhängigen Überwachung und Berichterstattung des Risikocontrollings entgegenstehen. Auf eine starre Festlegung auf die eine oder andere organisatorische Variante wird die Aufsicht in jedem Fall verzichten.

[...]

Anlage 24
Bundesanstalt für Finanzdienstleistungsaufsicht (BaFin)
Erster Entwurf zur Überarbeitung der MaRisk
Übermittlungsschreiben vom 18. Februar 2016

[...]

ich kann Ihnen nun den ersten Entwurf einer neuen Fassung der MaRisk vorlegen, den Mitarbeiterinnen und Mitarbeiter von BaFin und Deutscher Bundesbank gemeinsam entwickelt haben. Seit der letzten Überarbeitung der MaRisk im Jahr 2012 sind einige Themen zum Risikomanagement in den Vordergrund gerückt, die bisher noch nicht bzw. noch nicht explizit in den MaRisk verankert waren und daher als Haupttreiber einer Novellierung angesehen werden können. Dabei stehen vor allem die Inhalte des Baseler Papiers zur Risikodatenaggregation und Risikoberichterstattung (BCBS 239) im Vordergrund, die eine Ergänzung der MaRisk erforderlich machen. Als weiteres Schwerpunktthema hat sich in letzter Zeit das Erfordernis einer angemessenen Risikokultur herauskristallisiert, das international intensiv diskutiert wird und demzufolge auch in internationalen Papieren seinen Niederschlag gefunden hat. Das einschlägige Papier des Financial Stability Board (FSB) – »Guidance on Supervisory Interaction with financial institutions on Risk Culture« – kann hier stellvertretend angeführt werden. Hinweise hierzu finden sich aber auch in den einschlägigen Publikationen der EBA, so zuletzt in den EBA »Guidelines on common procedures and methodologies for the SREP«. Daneben habe ich mich entschlossen, einige Änderungen im Modul AT 9 – Auslagerung – vorzunehmen, wobei hier die stärkere Herausarbeitung der Grenzen von Auslagerungslösungen sowie die institutsinterne Überwachung von ausgelagerten Aktivitäten und Prozessen im Vordergrund stehen. Eine Reihe weiterer Anpassungen, die teils an der schon geltenden Rechtslage anknüpfen (z. B. Anpassungen in AT 4.3.3, BT 2), die aktuelle Verwaltungspraxis der Aufsicht widerspiegeln oder Erfahrungen aus der Verwaltungspraxis aufgreifen, runden das Spektrum der geplanten Anpassungen in den MaRisk ab.

Lassen sich mich nun auf die oben genannten Schwerpunktthemen im Einzelnen eingehen:

Risikodatenaggregation und Risikoberichterstattung

Mit der nun eingeläuteten MaRisk-Überarbeitung sollen insbesondere die Inhalte des Baseler Papiers BCBS 239 zur Risikodatenaggregation und zur Risikoberichterstattung in die Aufsichtspraxis übernommen werden. Erklärtes Ziel ist es, die IT-Infrastruktur der großen, systemrelevanten Institute dahingehend zu verbessern, dass eine umfassende, genaue und zeitnahe Aggregation der Risikopositionen eines Instituts ermöglicht wird und diese Informationen zeitnah für das Berichtswesen der Bank zur Verfügung gestellt werden können. Diese Zielsetzung speist sich insbesondere aus den während der Finanzkrise gemachten Erfahrungen der Aufsichtsbehörden, dass Institute oftmals kaum in der Lage waren, Informationen zu Gesamtexposures gegenüber bestimmten Adressen und in bestimmten Produkten innerhalb eines möglichst kurzen Zeitraums zu generieren. Als Folge davon konnten Institute bisweilen nicht schnell genug auf kritische Entwicklungen reagieren, da aktuelle, belastbare Zahlen fehlten. Zudem hat sich gezeigt, dass die teilweise erst nach Wochen zur Verfügung stehenden Informationen nicht hinreichend qualitätsgesichert waren. Genau an dieser Stelle setzt das Papier des Baseler Ausschusses an, wobei die Fähigkeit zur umfassenden, genauen und zeitnahen Aggregation von Risikopositionen vor allem dem Zweck dient, den jeweiligen Entscheidungsträgern entscheidungsrelevante Daten und Informationen über das institutsinterne Berichtswesen an die Hand zu geben. Außerdem sollen manuelle Eingriffe bei der Aggregation der Risikodaten möglichst auf das absolut Notwendige reduziert werden. Mir ist klar, dass der Um- und Ausbau der IT-Systeme bei den betroffenen Banken zu erheblichen Anstrengungen führen wird, bin mir aber auch sicher, dass sich dies in einer deutlich verbesserten Berichterstattung niederschlagen wird.

Das neue Modul AT 4.3.4 adressiert jene Teile des Baseler Papiers, die sich mit der Datenarchitektur und der IT-Infrastruktur auseinandersetzen. Diese richten sich gemäß der Zielrichtung des BCBS 239 ausschließlich an große und komplexe Institute. Ich möchte an dieser Stelle aber auch an andere Institute appellieren zu prüfen, inwieweit Datenaggregationskapazitäten weiter verbessert und ausgebaut werden können, denn das Thema Risikodatenaggregation betrifft natürlich nicht nur große, systemrelevante Institute. Jene Inhalte des Baseler Papiers, die sich explizit mit der Risikoberichterstattung beschäftigen, werden im neuen Modul BT 3 (Berichtswesen) aufgegriffen und mit den ohnehin schon existierenden Berichtspflichten an dieser Stelle gebündelt. Das Modul BT 3 gilt für alle Institute, die inhaltliche Ausgestaltung in der Praxis unterliegt, wie bisher, dem Proportionalitätsprinzip. Am grundsätzlichen Meldeturnus wird sich zwar zunächst nichts ändern, grundsätzlich können allerdings Produktionszeiten von einzelnen Berichten von zum Teil mehreren Wochen nicht mehr akzeptiert werden. Wichtig ist mir zudem eine inhaltlich aussagekräftige Aufbereitung der Informationen, was ein ausgewogenes Verhältnis zwischen quantitativen und qualitativen Informationen beinhaltet.

Risikokultur

Als Teil ihrer Gesamtverantwortung für eine ordnungsgemäße Geschäftsorganisation haben die Geschäftsleiter künftig gemäß AT 3 Tz. 1 eine angemessene Risikokultur innerhalb des Instituts und der Gruppe zu entwickeln, zu integrieren und zu fördern. Diese Anforderung hat ihren Ursprung im Erwägungsgrund 54 der Bankenrichtlinie CRD IV (Capital Requirements Directive IV), wonach die Institute Grundsätze und Standards einführen sollen, die eine wirksame Kontrolle von Risiken durch die Leitungsorgane gewährleisten. Diese Grundsätze sollen, als Teil eines wirksamen Risikomanagements, eine solide Risikokultur auf allen Unternehmensebenen fördern. Auch die EBA Leitlinien zu gemeinsamen Verfahren und Methoden für den aufsichtlichen Überprüfungs- und Bewertungsprozess (SREP) erwarten eine Überprüfung der Risikokultur der Institute durch die zuständige Aufsichtsbehörde und setzen damit voraus, dass Institute eine angemessene Risikokultur als Teil ihres Risikomanagements implementiert haben.

Ich möchte betonen, dass mit dem Konzept der angemessenen Risikokultur kein neuer Risikomanagementansatz angestrebt wird. Vielmehr beinhaltet dieser Begriff eine Reihe von bereits in den MaRisk vorhandenen Elementen, die im Zusammenhang mit einer angemessenen Risikokultur wichtig sind, wie z. B. die Festlegung strategischer Ziele und des Risikoappetits (bislang als »Risikotoleranzen« bezeichnet) inklusive der umfassenden Kommunikation dieser Ziele im Institut oder auch die Anforderungen an Kontrollen bzw. Kontrollfunktionen. Der eigentliche Inhalt einer angemessenen Risikokultur geht aber weiter. Zweck dieser neuen Anforderung ist es, die bewusste Auseinandersetzung mit Risiken im täglichen Geschäft fest in der Unternehmenskultur der Institute zu verankern und sowohl bei der Geschäftsleitung als auch bei den Mitarbeitern auf den verschiedenen Ebenen des Instituts ein Risikobewusstsein zu schaffen, das das tägliche Denken und Handeln prägt. Dies beinhaltet auch den kritischen Dialog innerhalb des Instituts, der von den Führungsebenen entsprechend gefördert werden soll. Eine angemessene Risikokultur setzt im Idealfall ein offenes und kollegiales Führungskonzept voraus. Wesentlich ist es daher, Mitarbeiter dazu zu motivieren, sich entsprechend dem Wertesystem und dem Verhaltenskodex zu verhalten und innerhalb der festgelegten Risikotoleranzen zu agieren. Hier können materielle und immaterielle Anreize sinnvoll sein. Vor allem aber ist es unerlässlich, innerhalb des Instituts Überzeugungsarbeit zu leisten, sodass ethisch und ökonomisch wünschenswertes Verhalten nicht nur durch finanzielle Anreize vermittelt wird. Wenngleich die Anforderung in AT 3 allgemeine Gültigkeit für alle Institute besitzt, so sehe ich doch große Institute mit weitverzweigten und komplexen Geschäftsaktivitäten besonders in der Pflicht, sich mit diesem Thema intensiv auseinander zu setzen.

Die Maßnahmen zur Erreichung der gewünschten Risikokultur soll allen Beteiligten nicht nur vermitteln, welches Verhalten erwünscht bzw. unerwünscht ist, sondern auch, welche Risiken und Geschäfte überhaupt eingegangen werden können und welche nicht. Hierfür ist ein entsprechender Verhaltenskodex für Mitarbeiter eine wesentliche Voraussetzung. Deswegen werden die Institute künftig gemäß AT 5 Tz. 3 verpflichtet, einen solchen Verhaltenskodex vorzuhalten.

Auslagerungen

Erfahrungen aus der Aufsichtspraxis, die wiederholt Unklarheiten, aber auch Mängel in der Anwendung der aufsichtlichen Anforderungen bei Auslagerungsverhältnissen zu Tage gefördert haben, haben mich bewogen, einige Ergänzungen und Konkretisierungen im AT 9 vorzunehmen. Zunächst wird klargestellt, dass die Frage des Auslagerungstatbestands unabhängig von möglichen zivilrechtlichen Ausgestaltungen ist. Dies ist seit vielen Jahren gelebte Aufsichtspraxis, soll aber aufgrund immer wieder auftauchender Fragen und Unklarheiten nochmals ausdrücklich betont werden. In AT 9 Tz. 5 wird zudem deutlich gemacht, dass eine Auslagerung in Kernbankbereichen und in den wichtigen Kontrollbereichen (nur) dann zulässig ist, wenn in diesen Bereichen weiterhin fundierte Kenntnisse und Erfahrungen vorgehalten werden, die es ermöglichen, die Steuerung dieser ausgelagerten Bereiche effektiv wahrzunehmen und bei Bedarf auch eine Rückverlagerung in das Institut ohne Störungen des Betriebsablaufes zu gewährleisten. Mein besonderes Augenmerk gilt dabei auch den Kontrollbereichen Risikocontrolling, Compliance und Interne Revision, die als Steuerungs- und Kontrollinstrumente für die Geschäftsleitung von besonderer Wichtigkeit sind. In meinen Augen wird es der besonderen Bedeutung dieser Bereiche gerecht, wenn Vollauslagerungen der Risikocontrolling-Funktion gar nicht, Vollauslagerungen der Compliance-Funktion und der Internen Revision nur bei kleinen Instituten möglich sind, bei denen die Einrichtung letztgenannter Funktionen vor dem Hintergrund der Institutsgröße und der betriebenen Geschäfte unverhältnismäßig wäre. Dies berührt die Möglichkeit von Teilauslagerungen in den genannten Funktionen und Bereichen (Risikocontrolling, Compliance, IR) nicht, denn insbesondere auch kleinen Instituten soll und muss die Möglichkeit offenstehen, weiterhin Expertise von außen zu gewinnen, wenn in bestimmten Aufgabenfeldern diese Expertise nicht oder nur unter unverhältnismäßigen Aufwand innerhalb des Instituts zur Verfügung steht. Wichtig ist mir dabei, dass diese für die Leitung eines Instituts wichtigen Steuerungsinstrumente nicht vollständig in die Hände Dritter gelegt werden und dadurch dem direkten Zugriff des Instituts entzogen sind. Wie schon oben erwähnt, gelten aber hierbei für kleine Institute besondere Maßstäbe.

Zusätzlich sehe ich zumindest bei Instituten mit umfangreichen Auslagerungslösungen ein zentrales Auslagerungsmanagement für geboten, um sicherzustellen, dass eine Stelle im Institut einen Gesamtüberblick über ausgelagerte Prozesse und Aktivitäten hat und so ein möglichst einheitlicher Umgang mit den besonderen Risiken aus Auslagerungen und deren Überwachung sichergestellt werden kann.

[...]

Anlage 25
Bundesanstalt für Finanzdienstleistungsaufsicht (BaFin)
Öffentliche Konsultation des Rundschreibens »Bankaufsichtliche Anforderungen an die IT« (BAIT)
Übermittlungsschreiben vom 22. März 2017

[...]

Vertreterinnen und Vertreter meines Bereiches und auch der Deutschen Bundesbank wurden in den letzten Jahren seitens der Kreditwirtschaft verstärkt daraufhin angesprochen, dass die Anforderungen, die der § 25a Abs. 1 Kreditwesengesetz (KWG) an die ordnungsgemäße Geschäftsorganisation stellt – hier insbesondere bezogen auf die Informationstechnologie – aus Sicht der Industrie bislang nur unzureichend in den Mindestanforderungen an das Risikomanagement (MaRisk) abgebildet seien und deshalb im Zuge der sich erheblich beschleunigenden Digitalisierung im Finanzsektor einer Konkretisierung bedürfen.

Mit den »Bankaufsichtlichen Anforderungen an die IT« (BAIT), die sich primär an die Geschäftsleitungen der Kreditinstitute richten, wollen Deutsche Bundesbank und BaFin die Erwartungshaltung der Aufsicht an die Institute transparenter darstellen.

Ich kann Ihnen nun den Entwurf des Rundschreibens zu den BAIT vorlegen, den Mitarbeiterinnen und Mitarbeiter von BaFin und Deutscher Bundesbank gemeinsam entwickelt haben. Unterstützt wurden sie hierbei vom Fachgremium IT. Dieses Gremium umfasst neben Vertreterinnen und Vertretern der Aufsicht insbesondere Vertreterinnen und Vertreter von großen und kleinen Instituten und bedeutenden IT-Dienstleistern sowie Vertreterinnen und Vertreter von Banken- und Prüfungsverbänden sowie der Wissenschaft.

Ziele des Rundschreibens zu den BAIT

Das nun vorliegende Rundschreiben zu den BAIT besteht aus insgesamt acht Themenbereichen. In den einzelnen Themenbereichen verweisen Leitsätze auf die jeweiligen Textziffern der MaRisk, die IT-spezifisch konkretisiert werden.

Zentrales Ziel dieses Rundschreibens zu den BAIT ist es, dem Management der Institute auf der Grundlage des § 25a Abs. 1 KWG einen flexiblen und praxisnahen Rahmen für die Ausgestaltung der Informationstechnik der Institute, insbesondere auch für das Management der IT-Ressourcen und für das IT-Risikomanagement vorzugeben. Es konkretisiert ferner die Anforderungen des § 25a Abs. 3 KWG (Risikomanagement auf Gruppenebene) sowie des § 25b KWG (Auslagerung).

Die prinzipienorientierten Anforderungen des Rundschreibens zu den BAIT tragen – analog zu den MaRisk – dem Proportionalitätsprinzip Rechnung.

Die in den MaRisk enthaltenen Anforderungen bleiben unberührt und werden im Rahmen ihres Gegenstands durch die BAIT konkretisiert. Die in den BAIT konkretisierten Themenbereiche sind nach Regelungstiefe und -umfang nicht abschließender Natur. Jedes Institut bleibt folglich auch insbesondere jenseits der Konkretisierungen der BAIT gemäß § 25a Abs. 1 Nr. 4 KWG i. V. m. AT 7.2 Tz. 2 MaRisk verpflichtet, bei der Ausgestaltung der IT-Systeme und der dazugehörigen IT-Prozesse grundsätzlich auf gängige Standards sowie grundsätzlich auf den Stand der Technik abzustellen.

Konsultation des Rundschreibens zu den BAIT

Ich bitte Sie hiermit, bei Bedarf der Deutschen Bundesbank und der BaFin schriftliche Stellungnahmen zum beigefügten Rundschreiben zu den BAIT postalisch oder per E-Mail (Konsultation-02-17@bafin.de sowie b32_marisk@bundesbank.de) bis zum 05.05.2017 zukommen zu lassen.

Deutsche Bundesbank und BaFin werden die eingegangenen Stellungnahmen bewerten und konsolidieren. Im Anschluss daran wird das Ergebnis Gegenstand einer weiteren Sitzung des Fachgremiums IT sein. Meine Mitarbeiter werden die Mitglieder des Fachgremiums IT hierzu gesondert informieren.

Es ist vorgesehen, die eingegangenen Stellungnahmen auf den Homepages von BaFin und Deutscher Bundesbank zu veröffentlichen, soweit die Verfasser der Stellungnahmen dagegen keine Einwände erheben.

Ich freue mich auf Ihre fachliche Unterstützung und bin zuversichtlich, dass in dem Rundschreiben zu den BAIT Lösungen formuliert sind, die eine praxistaugliche Anwendung der BAIT im Sinne der IT-spezifischen Konkretisierung der MaRisk für Industrie und Aufsicht gewährleisten.

[...]

Anlage 26
Bundesanstalt für Finanzdienstleistungsaufsicht (BaFin)
Entwurf zur Neuausrichtung des Leitfadens zur aufsichtlichen Beurteilung bankinterner Risikotragfähigkeitskonzepte
Übermittlungsschreiben vom 5. September 2017

[...]

die bankinternen Verfahren zur Sicherstellung der Risikotragfähigkeit haben für die Bank-steuerung eine große Bedeutung. Auch die Aufsicht hat diesem Thema seit jeher eine große Aufmerksamkeit geschenkt, was in den einschlägigen Regelungen und Anforderungen des KWG und der MaRisk einerseits und dem aktuell noch geltenden aufsichtlichen Leitfaden zur aufsicht-lichen Beurteilung bankinterner Risikotragfähigkeitskonzepte vom 07.12.2011 dementsprechend zum Ausdruck kommt.

Mit dem Single Supervisory Mechanism (SSM) und den damit verbundenen neuen Aufgaben und Kompetenzen der EZB sowie den Leitlinien zum aufsichtlichen Überwachungs- und Bewer-tungsprozess (SREP) der European Banking Authority (EBA) haben sich seit der Veröffentlichung des bislang gültigen aufsichtlichen Risikotragfähigkeitsleitfadens signifikante Veränderungen in der europäischen Aufsichtsstruktur und -praxis ergeben. Diese beeinflussen nicht zuletzt auch die bankaufsichtliche Beurteilung der bankinternen Risikotragfähigkeitskonzepte (ICAAP) in einem nicht unerheblichen Maße. Zudem besteht insbesondere auch auf Seiten der Institute der Bedarf für Anpassungen der bestehenden Risikotragfähigkeitskonzepte, um auf die veränderten Rah-menbedingungen zu reagieren.

Die EZB hat mittlerweile ihre Erwartungen an den institutsinternen ICAAP bei bedeutenden Instituten (SIs) veröffentlicht und um Stellungnahmen gebeten. Entsprechende Erwartungen der EZB bezüglich der Ausgestaltung des ICAAP mit Blick auf die weniger bedeutende Institute (LSIs) werden ebenfalls entwickelt. Vor diesem Hintergrund halte ich es für erforderlich, die aufsicht-lichen Beurteilungskriterien zu bankinternen Risikotragfähigkeitskonzepten auf eine neue Basis zu stellen und den veränderten Gegebenheiten innerhalb des SSM anzupassen.

In der Anlage übersende ich Ihnen daher den Entwurf eines neu strukturierten und inhaltlich angepassten Leitfadens zur aufsichtlichen Beurteilung bankinterner Risikotragfähigkeitskonzepte, der den neuen Gegebenheiten und auch den Beurteilungskriterien innerhalb des SSM Rechnung trägt. Inhaltlich orientiert sich dieses Papier an Erwartungen der EZB zum ICAAP und antizipiert auch die Entwicklung der Erwartungen für weniger bedeutende Institute. Damit wird sicher-gestellt, dass die nationale Vorgehensweise bei der Beurteilung der institutsinternen ICAAPs bei den Instituten, die der unmittelbaren deutschen Aufsicht unterstehen, im Einklang mit der harmonisierten Vorgehensweise innerhalb des SSM steht.

BaFin-Schreiben vom 5. September 2017

Wenngleich der neue Leitfaden den Übergang in die modifizierte Verfahrensweise zur Beurteilung des ICAAP darstellt, so halte ich es bis auf weiteres für zulässig, dass Institute ihren bisherigen ICAAP-Ansatz fortführen, wenn dieser dadurch geprägt ist, dass jene Teile der Risikodeckungsmasse, die für die Erfüllung der verbindlichen aufsichtlichen Kapitalanforderungen notwendig sind (inklusive des SREP-Zuschlags), nicht im Risikotragfähigkeitskonzept berücksichtigt werden (sog. »Going-Concern-Ansätze« alter Prägung). Entsprechende Anforderungen, wie sie bisher im alten Leitfaden enthalten waren, finden sich im Annex des vorliegenden Entwurfes.

Gerne gebe ich Ihnen Gelegenheit, zu dem vorliegenden Papier Stellung zu nehmen. Stellungnahmen können Sie bis zum 17.10.2017 per Mail parallel an die Deutsche Bundesbank (B30_B30_MaRisk@bundesbank.de) und die BaFin (Risikotragfähigkeitsrechnung@bafin.de) senden. Ferner beabsichtige ich, die Inhalte des Papiers im Rahmen einer Sitzung des Fachgremiums MaRisk zu diskutieren. Den konkreten Termin und Ort dieser Sitzung werde ich Ihnen noch gesondert mitteilen.

[...]

Anlage 27
Bundesanstalt für Finanzdienstleistungsaufsicht (BaFin)
Rundschreiben 09/2017 (BA) zur Überarbeitung der MaRisk
Übermittlungsschreiben vom 27. Oktober 2017

[...]

ich freue mich, Ihnen nunmehr die finale Fassung der MaRisk vorlegen zu können. Diese bildet den Schlusspunkt des im Februar 2016 begonnenen Konsultationsverfahrens zu den MaRisk, in dessen Verlauf die intensiven Diskussionen mit Praxis- und Verbandsvertretern sowie Prüfern im Rahmen des Fachgremiums MaRisk zu einer Reihe von konstruktiven und praxisorientierten Lösungen für strittige Punkte geführt haben. Im Vergleich zur Konsultationsfassung haben sich daher an einigen Stellen Änderungen ergeben, die teils die aufsichtliche Zielrichtung stärker herausstellen sollen, teils aber auch berechtigten Interessen insbesondere auch kleinerer Institute gerecht werden.

Über die Hintergründe für die abgeschlossene Überarbeitung habe ich Sie schon im Anschreiben zum Konsultationsentwurf vom 19.02.2016 informiert. Haupttreiber der aktuellen Überarbeitung waren vor allem die »Grundsätze für die effektive Aggregation von Risikodaten und die Risikoberichterstattung« (BCBS 239) sowie die internationalen Diskussionen rund um das Thema Risikokultur in Banken, das in prominentester Form in dem im Jahr 2014 veröffentlichten Papier »Guidance on Supervisory Interaction with financial institutions on Risk Culture« des Financial Stability Boards (FSB) seinen Niederschlag gefunden hat. Weiterhin sind auch diesmal Erfahrungen aus der Aufsichtspraxis in die Überarbeitung eingeflossen. Von besonderer Bedeutung sind dabei sicherlich die Anpassungen im Modul AT 9 (Auslagerungen) zu nennen, die neben den oben genannten Themen den dritten großen Baustein der Überarbeitung darstellen.

Mit der Umsetzung des Baseler Papiers BCBS 239 sowie internationaler Papiere zur Risikokultur setzt die BaFin im Übrigen ihre bewährte Praxis fort, Anforderungen zum Risikomanagement in einem ganzheitlichen aufsichtlichen Rahmenwerk – den MaRisk – zu bündeln. Diese genannten Papiere sind aber nicht die einzigen Leitlinien bzw. Grundsätze dieser Art, die in die MaRisk eingeflossen sind. Ich darf an dieser Stelle darauf verweisen, dass bereits in der Vergangenheit in den MaRisk wesentliche Teile der EU-Richtlinienanforderungen zum Risikomanagement, aber auch einschlägige Leitlinien von CEBS bzw. der EBA in die nationale Aufsichtspraxis überführt wurden. Namentlich genannt seien an dieser Stelle folgende von CEBS bzw. der EBA veröffentlichten Leitlinien: Zu Liquiditätspuffern (Dezember 2009), zu Stresstests (GL32 – August 2010), zu Risikokonzentrationen (GL31 – September 2010), zu operationellen Risiken in Handelsaktivitäten (Oktober 2010), zur Liquiditätskostenverrechnung (Oktober 2010) sowie wesentliche Teile der Leitlinien zur »Internal Governance« (GL 44 – September 2011), soweit diese nicht ohnehin durch KWG oder anderweitiges Recht umgesetzt werden.

Das diesem Schreiben beigefügte Rundschreiben sowie die dazugehörigen Anlagen können auch auf den Internetseiten der BaFin und der Deutschen Bundesbank abgerufen werden (www.bafin.de; www.bundesbank.de).

Lassen Sie mich nun kurz auf die wesentlichen Änderungen und Aspekte in den MaRisk eingehen:

AT 4.3.4 und BT 3 – Risikodatenaggregation und Risikoberichterstattung

Mit dem neuen Modul AT 4.3.4 werden die Anforderungen an die Datenaggregation näher spezifiziert. Mit diesen neuen Anforderungen soll sichergestellt werden, dass entscheidungsrelevante Risikoinformationen schnell die verantwortlichen Entscheidungsträger erreichen und auf möglichst vollständigen, genauen und zeitnah vorliegenden Daten basieren.

Das neu eingeführte Modul AT 4.3.4, mit dem die BaFin gleichzeitig die entsprechenden Anforderungen des BCBS 239 umgesetzt hat, wendet sich ausschließlich an global und anderweitig systemrelevante Institute. Dies entspricht ausdrücklich dem Adressatenkreis des BCBS 239. Gerade bei diesen großen, überwiegend komplexen Instituten können Schwächen in der Aggregation von Risikodaten erhebliche negative Folgen nach sich ziehen. Nicht nur während der Finanzkrise, sondern auch in den darauffolgenden Jahren mussten die Aufsichtsbehörden feststellen, dass einige größere Institute nicht in der Lage waren, Informationen zu Gesamtexposures gegenüber bestimmten Adressen und in bestimmten Produkten innerhalb eines möglichst kurzen Zeitraums zu generieren, so dass sie nicht schnell genug auf kritische Entwicklungen reagieren konnten. Gerade in krisenhaften Situationen sind jedoch schnelle und fundierte Entscheidungen für das Wohl eines Unternehmens von großer Wichtigkeit, weshalb verlässliche Risikodaten, die möglichst zeitnah zur Verfügung stehen, für die Überlebensfähigkeit eines Unternehmens essenziell sein können. Mit den neuen Anforderungen soll daher auch die Reaktionsfähigkeit der Institute deutlich verbessert werden. Gleichzeitig möchte ich darauf hinweisen, dass natürlich auch für andere Institute eine angemessene Risikodatenaggregation ein wichtiges Thema darstellt. Daher sollten auch Institute, die nicht den Anforderungen des AT 4.3.4 unterliegen, im wohlverstandenen Eigeninteresse prüfen, ob mit Blick auf die Risikodatenaggregationskapazitäten Optimierungsbedarf besteht. Mir ist bewusst, dass der Prozess zur Verbesserung der Risikodatenaggregationskapazitäten den betroffenen Instituten einiges abverlangen wird, ich bin jedoch der Überzeugung, dass sich die damit einhergehende verbesserte Entscheidungsbasis langfristig positiv auf die Institute auswirken wird.

Das neue Modul BT 3 (Risikoberichterstattung) richtet sich hingegen an alle Institute. Es führt die bisher schon existierenden Anforderungen an die Risikoberichterstattung zusammen und gewährleistet damit gleichzeitig die Umsetzung einschlägiger Anforderungen des BCBS 239. Die inhaltliche Ausgestaltung unterliegt, wie bisher, dem Proportionalitätsprinzip. Ich möchte betonen, dass dies – wie in der Konsultation bisweilen befürchtet – nicht bedeutet, dass Anforderungen, die gemäß BCBS 239 nur an systemrelevante Institute gerichtet werden, quasi »durch die Hintertür« auch für alle anderen Institute Geltung beanspruchen. Institute, die nicht in den Anwendungsbereich des AT 4.3.4 fallen, können daher auch weiterhin die Ausgestaltung ihrer Risikoberichterstattung nach ihren individuellen Bedürfnissen und Notwendigkeiten zuschneiden (unter Beachtung der sonstigen Anforderungen der MaRisk). Voraussetzung ist jedoch, dass das bisher schon geltende übergeordnete Ziel der nachvollziehbaren und aussagekräftigen Berichterstattung nicht negativ tangiert wird. Wichtig ist mir insbesondere eine inhaltlich aussagekräftige Aufbereitung der Informationen, was auch ein ausgewogenes Verhältnis zwischen quantitativen und qualitativen Informationen beinhaltet.

AT 3, AT 5 – Risikokultur, Verhaltenskodex

Die Hintergründe, das Thema Risikokultur expliziter in den MaRisk zu verankern, habe ich schon im Begleitschreiben zum Konsultationsentwurf im Februar 2016 dargelegt. An dieser Stelle möchte ich nochmals betonen, dass mit der Anforderung, eine angemessene Risikokultur im Institut zu verankern, beileibe kein neuer Risikomanagementansatz gefordert wird. Mir ist aber wichtig, dass sich die Institute zukünftig stärker mit dieser Thematik auseinandersetzen und für sich definieren, welche Geschäfte, Verhaltensweisen und Praktiken letztlich als wünschenswert angesehen werden und welche nicht. Weiterhin wird es vor allem an den Führungsebenen in den Instituten sein, die Mitarbeiter auf gemeinsame Werte und Praktiken einzuschwören und den kritischen Dialog über die mit den Geschäften verbundenen Risiken im Institut zu fördern. Der in AT 5 geforderte Verhaltenskodex kann zwar einen wertvollen Beitrag dazu liefern, dass tatsächlich nur solche Geschäfte abgeschlossen und nur solche Geschäftspraktiken an den Tag gelegt werden, die von der Geschäftsleitung als zulässig bzw. wünschenswert deklariert wurden, dies allein gewährleistet jedoch noch keine angemessene Risikokultur. Das eigene »Vorleben« dessen, was man als Geschäftsleitung als angemessene Risikokultur definiert hat, Mitarbeiter in die Pflicht zu nehmen, sich an diesen definierten Werten zu orientieren und entsprechende Anreize zu setzen, die beileibe nicht nur monetär sein sollten, dies werden die Aufgaben sein, auf die sich die Institute bei der Stärkung der Risikokultur werden fokussieren müssen.

Im Übrigen ist die Anforderung zur Aufstellung eines Verhaltenskodex in AT 5 abhängig von Art, Umfang, Komplexität und Risikogehalt der Geschäftsaktivitäten. Dies trägt dem Umstand Rechnung, dass zwar ein solcher Kodex bei größeren Instituten mit weiter verzweigten Geschäftsaktivitäten ein sinnvolles Instrument ist, bei kleineren Instituten jedoch oftmals die persönliche Ansprache der Mitarbeiter durch die Führungskräfte des Instituts das direktere und im Zweifel auch effektivere Mittel ist, die Mitarbeiter auf die gemeinsamen Werte und Ziele einzuschwören. Bei kleineren Instituten mit weniger komplexen Aktivitäten erscheint ein solcher Kodex daher verzichtbar. Die Tatsache, dass persönliche Ansprache bisweilen als das wirksamere Mittel anzusehen ist, bedeutet jedoch nicht, dass Institute einer besonderen Beweislast ausgesetzt wären, wenn sie zu diesem Instrument greifen und eine entsprechende Dokumentation hierfür gegenüber der Aufsicht vorhalten müssten. Dies wird definitiv nicht der Fall sein.

Mir ist bewusst, dass das Thema Risikokultur nur schwer greifbar ist und eine angemessene Risikokultur gelebt werden muss. Regularien, aber auch dem Instrumentarium der Prüfung sind hier in meinen Augen Grenzen gesetzt. Nichtsdestotrotz wird sich die Aufsicht im Laufe der Zeit ein Bild machen und auch machen müssen, wie es um die Risikokultur in den jeweiligen Instituten bestellt ist, und bei Instituten, bei denen an dieser Stelle Nachholbedarf angezeigt erscheint, das direkte Gespräch mit den Geschäftsleitern suchen. Ich möchte aber an dieser Stelle an alle Institute appellieren, die Anforderungen an eine Risikokultur als ein wesentliches Werkzeug für ein angemessenes Risikomanagement zu begreifen und dieses auch zu nutzen.

AT 9 – Auslagerungen

In der Aufsichtspraxis sind bei Auslagerungsverhältnissen vielfach nicht nur Unklarheiten, sondern auch Mängel in der Anwendung des AT 9 sichtbar geworden, die mich dazu bewogen haben, Neuerungen, Konkretisierungen und Klarstellungen in diesem Modul vorzunehmen. An einigen Stellen wird die schon existierende aufsichtliche Verwaltungspraxis stärker betont, vor allem aber wird die aufsichtliche Sichtweise zu den Grenzen der Auslagerbarkeit deutlicher herausgearbeitet und neu definiert.

Die Institute sollen künftig das Management besonderer, mit Auslagerungen verbundener Risiken effektiver gestalten und vor allem möglichen Kontrollverlusten entgegenwirken. Hierfür erscheint es mir insbesondere wichtig, dass die Aufgaben und Tätigkeiten der Kontrollfunktionen, namentlich der Risikocontrolling-Funktion, der Compliance-Funktion und der Internen Revision, nicht vollständig in die Hände Dritter gegeben werden, um hiermit dem Verlust von solcher Expertise vorzubeugen, die für die effektive Aufgabenwahrnehmung dieser besonderen Funktionen notwendig ist. Mir ist aber auch bewusst, dass vor allem kleinere Institute auch auf Auslagerungsvereinbarungen zurückgreifen möchten, um in manchen Gebieten spezielle Fachexpertise zu generieren. Daher sind Erleichterungen für kleine Institute vorgesehen; diese können ihre Compliance-Funktion und die Interne Revision weiterhin vollständig auslagern. Ferner konnten für nicht wesentliche Tochterinstitute innerhalb einer Institutsgruppe mit Blick auf Auslagerungen solcher Funktionen auf das übergeordnete Institut Sonderregelungen gefunden werden, die den Beziehungen innerhalb solcher Gruppen Rechnung tragen. Auslagerungen einzelner Tätigkeiten und Prozesse in den genannten Kontrollfunktionen sind ohnehin weiterhin möglich – nicht nur bei kleinen, sondern auch bei größeren Instituten.

Zusätzlich halte ich zumindest bei größeren Instituten bzw. Instituten mit umfangreichen Auslagerungslösungen ein zentrales Auslagerungsmanagement für erforderlich, damit eine Stelle im Institut einen Gesamtüberblick über ausgelagerte Prozesse und Aktivitäten hat und so ein möglichst einheitlicher Umgang mit den besonderen Risiken aus Auslagerungen und deren Überwachung sichergestellt werden kann.

Besonders intensiv waren im Fachgremium MaRisk die Diskussionen um die Abgrenzung des sonstigen Fremdbezugs von Auslagerungen, gerade mit Blick auf eingesetzte Softwarelösungen. Hier konnte aus meiner Sicht aber ein pragmatischer Lösungsansatz gefunden werden, der den Interessen aller Beteiligten gerecht wird. So ist klargestellt, dass der reine Erwerb von Software für sich genommen keine Auslagerung darstellt. Hingegen fallen bei Softwarelösungen, die für die Steuerung, Messung, Überwachung der Risiken eingesetzt werden sowie für die Wahrnehmung bankgeschäftlicher Aufgaben wesentlich sind, die oftmals umfangreichen Unterstützungsleistungen der Anbieter sehr wohl in den Anwendungsbereich des AT 9. Entsprechende Klarstellungen hierzu sind nun in AT 9 Tz. 1 – Erläuterung – zu finden.

Die Anpassungen zu Weiterverlagerungen sollen die seit jeher geltende aufsichtliche Sichtweise klarer zum Ausdruck bringen, da auch hier immer wieder Zweifelsfragen und auch Mängel aufgetreten sind. Diese Anpassungen stehen in vollem Einklang mit den geltenden CEBS Leitlinien zu Auslagerungen und sollen gewährleisten, dass bei Beauftragung von Subunternehmen durch das Auslagerungsunternehmen die gleichen Anforderungen und Maßstäbe zur Anwendung kommen wie bei der ursprünglichen Auslagerung.

Übergangsfristen

Die neue Fassung der MaRisk tritt mit Veröffentlichung in Kraft. Wie bereits in der Vergangenheit enthalten die überarbeiteten MaRisk auch diesmal eine Reihe von Klarstellungen, die keine neuen Regelungsinhalte mit sich bringen und lediglich die existierende Verwaltungspraxis widerspiegeln. Konkret bedeutet dies, dass Änderungen, die lediglich klarstellender Natur sind, unmittelbar nach Veröffentlichung von den Instituten anzuwenden sind. Um den Instituten ausreichende Umsetzungszeiträume für Änderungen einzuräumen, die im MaRisk-Kontext neu sind und nicht lediglich Klarstellungen ohnehin schon vorhandener Anforderungen sind, gilt für diese neuen Anforderungen eine Umsetzungsfrist bis zum 31.10.2018.

Davon abweichende Umsetzungsfristen ergeben sich für die Anforderungen des neuen Moduls AT 4.3.4. Instituten, die die Anforderungen des AT 4.3.4 erfüllen müssen, wird – entsprechend der Empfehlungen des Baseler Ausschusses für Bankenaufsicht – für diese Anforderungen eine Umsetzungsfrist von drei Jahren gewährt. Diese gilt grundsätzlich ab dem Zeitpunkt der Einstufung als (anderweitig) systemrelevantes Institut. Klarstellend möchte ich hinzufügen, dass global systemrelevante Institute diese Anforderungen schon seit Januar 2016 zu erfüllen haben; die hier getroffene Übergangsfrist gilt dementsprechend für diese Institute nicht. Soweit ein Institut erst nach der Veröffentlichung der MaRisk erstmalig als systemrelevant eingestuft wird, gilt die dreijährige Frist ab Zeitpunkt dieser Einstufung.

Sollte sich in Einzelfällen herausstellen, dass die vollständige Umsetzung von Anforderungen, die im MaRisk-Kontext neu sind und nicht lediglich klarstellender Natur sind, trotz entsprechender Anstrengungen des Instituts nicht im gesetzten Zeitrahmen erfolgen kann, behalte ich mir vor, solche Einzelfälle separat zu adressieren. Hier wäre dann ggf. ein individueller Fahrplan zur vollständigen Umsetzung mit der Aufsicht zu vereinbaren. Dies stellt aber aus meiner Sicht den Ausnahmefall dar.

[...]

Anlage 28
Bundesanstalt für Finanzdienstleistungsaufsicht (BaFin)
Rundschreiben 10/2017 (BA) zu den BAIT
Übermittlungsschreiben vom 3. November 2017

[...]

die Informationstechnik ist – und deshalb steht sie auch zunehmend im Fokus von Angriffen – die Basisinfrastruktur für sämtliche bankfachlichen, aber auch alle nichtbankfachlichen Prozesse in den Instituten.

In einer globalisierten Finanzwelt, in der immer mehr Menschen digital bezahlen bzw. Geld transferieren und in der viele Anleger ihre Geldanlage online bestreiten, sind IT-Governance und Informationssicherheit keine Randthemen mehr, sondern haben auch für die Aufsicht inzwischen den gleichen Stellenwert wie die Ausstattung der Institute mit Kapital und Liquidität.

Um den Geschäftsleitungen der Institute die Erwartungshaltung der Bankenaufsicht hinsichtlich der sicheren Ausgestaltung der IT-Systeme sowie zugehörigen IT-Prozesse (Integrität, Verfügbarkeit, Authentizität sowie Vertraulichkeit der Daten) sowie die diesbezüglichen Anforderungen an die IT-Governance transparent zu machen, wurden – insbesondere auch auf Anregung aus der Kreditwirtschaft – die Bankaufsichtlichen Anforderungen an die IT (BAIT) formuliert, deren offizielle Endfassung nunmehr vorliegt.

Dem vorangegangen waren im Fachgremium IT – mit Vertretern der Verbände, der Institute und der Wissenschaft – intensive Diskussionen zum Entwurf der BAIT, aus denen eine Reihe von konstruktiven Lösungsansätzen hervorgingen, die auch in diese Endfassung eingeflossen sind.

Bei der Erstellung der Endfassung des Rundschreibens wurden zudem zahlreiche Anmerkungen aus Ihren Stellungnahmen im Rahmen der öffentlichen Konsultation des BAIT-Entwurfs berücksichtigt.

Die Spitzenverbände der Kreditwirtschaft haben in ihrer abschließenden Stellungnahme betont, dass vor allem die Mitwirkung des Fachgremiums IT dazu beigetragen hat, die Anforderungen praxisgerecht auszugestalten. Diese positive Haltung bestärkt mich darin, auch künftig an diesem institutionalisierten Austausch festzuhalten.

Ich bedanke mich an dieser Stelle insbesondere für die konstruktive Zusammenarbeit aller Teilnehmer des Fachgremiums IT bei der Erarbeitung der BAIT.

Die BAIT interpretieren – wie die MaRisk auch – die gesetzlichen Anforderungen des § 25a Absatz 1 Satz 3 Nummern 4 und 5 KWG. Die Aufsicht erläutert darin, was sie unter einer angemessenen technisch-organisatorischen Ausstattung der IT-Systeme, unter besonderer Berücksichtigung der Anforderungen an die Informationssicherheit sowie eines angemessenen Notfallkonzepts, versteht. Da die Institute weiter zunehmend IT-Services, sowohl im Rahmen von Auslagerungen von IT-Dienstleistungen als auch durch den sonstigen Fremdbezug von IT-Dienstleistungen, von Dritten beziehen, wird auch der § 25b KWG in diese Interpretation einbezogen.

Insoweit sind die BAIT nunmehr der zentrale Baustein für die IT-Aufsicht im Bankensektor in Deutschland.

Soweit auf dezidierte Textziffern der MaRisk referenziert wird, sind diese in einer Gesamtschau mit den einschlägigen Textziffern in den BAIT anzuwenden. Die übrigen Textziffern der MaRisk bleiben unberührt. Dies gilt insbesondere für die Anwendung von AT 7.3 MaRisk (Notfallkonzept).

Die modulare Struktur der BAIT eröffnet die notwendige Flexibilität für künftig erforderliche Anpassungen oder Ergänzungen des Gesamtwerks. Derzeit werden beispielsweise Anpassungen im Hinblick auf die Umsetzung der »G7 Fundamental Elements of Cybersecurity« geprüft. Des Weiteren wird derzeit – in Zusammenarbeit mit dem Bundesamt für Sicherheit in der Informationstechnik – ebenfalls geprüft, ein spezielles Modul »Kritische Infrastrukturen« zu erarbeiten und in die BAIT zu überführen. Dies soll ausschließlich für die Kritis-Betreiber des Sektors Finanz- und Versicherungswesen im Sinne des § 2 Abs. 10 BSI-Gesetz die notwendigen Anforderungen beinhalten, um den einschlägigen Vorgaben des BSI-Gesetzes nachzukommen.

Das Rundschreiben tritt mit Veröffentlichung in Kraft. Da die BAIT keine neuen Anforderungen an die Institute bzw. ihre IT-Dienstleister kodifizieren, sondern lediglich Klarstellungen ohnehin schon vorhandener Anforderungen darstellen, habe ich keine Umsetzungsfristen vorgesehen.

Das BAIT-Rundschreiben ist als Rundschreiben 10/2017 (BA) diesem Schreiben als Anlage beigefügt. Die Dokumente können zudem unter www.bafin.de und www.bundesbank.de abgerufen werden.

[...]

Anlage 29
Bundesanstalt für Finanzdienstleistungsaufsicht (BaFin)
Sitzung des MaRisk-Fachgremiums am 15. März 2018
Protokoll

[...]

2. Abgrenzung Auslagerung von Fremdbezug – Reichweite des Auslagerungsbegriffs

Die Aufsicht fasst ihre Sichtweise hinsichtlich der Frage zusammen, wann der Anwendungsbereich des § 25b KWG eröffnet ist und wie sich Fremdbezug und Auslagerung voneinander abgrenzen. Es wird darauf hingewiesen, dass im Gesetzeswortlaut die wesentlichen Kriterien zur Unterscheidung enthalten sind. Eine Auslagerung liegt dann vor, wenn Aktivitäten und Prozesse Bestandteil von Bankgeschäften, Finanzdienstleistungen (siehe § 1 KWG) oder sonstigen institutstypischen Dienstleistungen sind und ein anderes Unternehmen mit der Wahrnehmung dieser Aktivitäten und Prozesse beauftragt wird, die ansonsten von dem Institut selbst erbracht würden. Darüber hinaus wird seitens der Aufsicht klargestellt, dass Fremdbezug nicht gleichbedeutend mit dem Nichtvorliegen eines Risikos ist. Auf der anderen Seite begründet das Vorhandensein eines operationellen Risikos per se noch keine Auslagerung, sofern der Anwendungsbereich der gesetzlichen Regelung des § 25b KWG nicht eröffnet ist.

Im Weiteren wird die Unterscheidung von »wesentlichen« und »unwesentlichen« Auslagerungen diskutiert. Mittels Risikoanalyse ist zunächst erst einmal zu prüfen, welche Risiken mit der geplanten Maßnahme überhaupt verbunden sind und ob diese Risiken in einer Gesamtschau wesentlich oder unwesentlich sind. Dabei können unterschiedlichste Aspekte eine Rolle spielen (konkreter Gegenstand der Auslagerung, Auswirkungen der Maßnahme auf das Institut, Ort der Leistungserbringung, Komplexität der geplanten Maßnahme, Eignung potenzieller Dienstleister etc.). Schließlich wird mittels Risikoanalyse – quasi als deren Ausfluss – auch festgestellt, ob eine Auslagerung als wesentlich oder unwesentlich anzusehen ist. Im Ergebnis wird sich das Institut mithilfe der Risikoanalyse der Risiken durch die Auslagerung bewusst.

Die Aufsicht weist darauf hin, dass die CEBS-Guidelines on Outsourcing (CEBS-Guidelines), die am 14. Dezember 2006 veröffentlicht wurden, über § 25b KWG in deutsches Recht überführt wurden, der insbesondere durch AT 9 MaRisk, letztmalig in deren Novelle 2017, konkretisiert wird. Die zukünftigen EBA-Guidelines on Outsourcing arrangements (EBAGuidelines), die sich aktuell im Entwurfsstadium befinden, sollen ebenfalls in den MaRisk Berücksichtigung finden. Die ersten Entwürfe deuten aus Sicht der Aufsicht darauf hin, dass die neuen Leitlinien deutlich umfangreicher und detaillierter als ihre Vorgängerversion ausfallen werden und die EBA nach dem bisherigen Kenntnisstand noch in diesem Jahr plant, diese EBA-Guidelines zu verabschieden.

Aus dem Teilnehmerkreis wird die Frage nach der Bedeutung des Satzes in AT 9 Tz. 1 MaRisk aufgeworfen: »Zivilrechtliche Gestaltungen und Vereinbarungen können dabei das Vorliegen einer Auslagerung nicht von vornherein ausschließen.« Die Aufsicht erläutert dazu, dass der Hintergrund für diesen Passus – der im Übrigen wortgleich auch in den MaComp zu finden ist – die Tatsache ist, dass bestimmte rechtliche Fallgestaltungen (z.B. Arbeitnehmerüberlassungen) nicht per se vom Anwendungsbereich des § 25b KWG ausgeschlossen werden können. Auf die formalrechtliche Hülle kommt es daher nicht an, sondern »lediglich« auf die konkrete materielle Ausgestaltung und Bedeutung im Einzelfall. Die Aufsicht wird daher auch weiterhin die aus ihrer Sicht bewährte Einzelfallbetrachtung fortführen und keine pauschalen Ausnahmen vom § 25b KWG i.V.m. AT 9 MaRisk schaffen. Eine Ausweitung von Auslagerungstatbeständen ist damit keinesfalls intendiert, diese sind ohnehin durch § 25b KWG relativ klar umrissen (siehe oben).

3. Mehrmandantendienstleister und gruppen-/ verbundinterne Auslagerungen

Die Behandlung von Mehrmandantendienstleistern wird insbesondere hinsichtlich der Aspekte Verantwortung (der Geschäftsleiter; § 25a Abs. 1 Satz 2 KWG) und Berichtswesen diskutiert. Die Aufsicht weist darauf hin, dass die Problematik der Mehrmandantendienstleister im Rahmen dieser Sitzung nicht abschließend geklärt werden kann.

Hinsichtlich des Aspektes Verantwortung wird von einzelnen Teilnehmern die Schwierigkeit herausgestellt, dass der Mehrmandantendienstleister aufsichtsrechtlich nicht die Verantwortung trägt, da gegenüber der Aufsicht die Geschäftsleiter des auslagernden Instituts für die Ordnungsmäßigkeit der Aktivitäten und Prozesse, folglich auch für damit zusammenhängende Mängel verantwortlich sind. Es existiert keine Rechtsgrundlage im KWG, um den Mehrmandantendienstleister direkt in die Pflicht zu nehmen. Da eine Aufsicht über einen Mehrmandantendienstleister in der Praxis nicht vorgesehen ist (mangels Rechtsgrundlage), werden Feststellungen, die faktisch die Ebene des Mehrmandantendienstleisters betreffen, in den Prüfungsbericht des jeweiligen Instituts aufgenommen. Folglich ist das Institut in der Pflicht, die Mängel unter Einbeziehung des Mehrmandantendienstleisters zu beheben bzw. darauf hinzuwirken, dass die Mängel vom Dienstleister beseitigt werden, was wiederum entsprechende Überwachungshandlungen zur Leistungserbringung und zur Einhaltung rechtlicher Vorgaben voraussetzt. Der Aufsicht ist bewusst, dass dies in einzelnen Fällen die Institute vor besondere Herausforderungen stellt, vor allem dann, wenn der Einfluss eines einzelnen Instituts auf den Mehrmandantendienstleister gering ist. Aufgrund der aktuellen Rechtslage, die im Übrigen mit aktuellen europäischen und internationalen Vorgaben korrespondiert, ist dies aber kaum zu vermeiden.

Für Verbundinstitute ist es zudem immer zu empfehlen, dass das Institut über den Verbund etwaige Mängel an den Mehrmandantendienstleister heranträgt. Dies entspricht nach aufsichtlichem Kenntnisstand der bisherigen Praxis.

Hinsichtlich des Aspektes Berichtspflicht wird von den Teilnehmern die Problematik erläutert, dass Rechenzentren sehr umfangreiche Berichte an die Institute weitergeben, die von diesen aufwendig analysiert werden müssen. Die Aufsicht stellt in diesem Zusammenhang klar, dass sie nicht das Problem der adressatengerechten Berichterstattung lösen kann, allerdings können nach Ansicht der Aufsicht zentrale Interpretationshilfen für die Analyse der Berichte von den Instituten genutzt werden. Darüber hinaus ist denkbar, dass sich insbesondere verbandsgeprüfte Institute aufgrund ihrer grundsätzlich homogeneren Struktur einer zentralen verbandsseitigen Auswertung bedienen, wo dies sinnvoll möglich ist.

Bei der Behandlung internationaler Gruppen merkt die Aufsicht an, dass eine vollständige Auslagerung hinsichtlich bestimmter Bereiche/Funktionen in Drittstaaten, insbesondere solche mit steuernder Funktion (Geschäftsabschließende Bereiche, Kontroll- und Überwachungsfunktionen) schwer vorstellbar ist. Sie weist darauf hin, dass sich die EZB im Rahmen der Brexitdiskussion bereits dahingehend positioniert hat, dass eine vollständige Auslagerung der Kontrollfunktionen in Drittstaaten nicht möglich sein soll. Vorstellbar ist jedoch, dass Teile dieser Funktionen (einzelne Prozesse oder Aktivitäten) an Dienstleister in Drittstaaten ausgelagert werden können.

4. Auslagerung Kontrollfunktionen/Kernbankbereiche

AT 9 Tz. 5 MaRisk schränkt die Auslagerung der besonderen Funktionen anhand bestimmter Kriterien ein. Demnach ist »eine vollständige Auslagerung der besonderen Funktionen Risikocontrolling-Funktion, Compliance-Funktion oder Interne Revision [...] lediglich für Tochterinstitute innerhalb einer Institutsgruppe zulässig, sofern das übergeordnete Institut Auslagerungsunternehmen ist und das Tochterinstitut sowohl hinsichtlich seiner Größe, Komplexität und dem Risikogehalt der Geschäftsaktivitäten für den nationalen Finanzsektor als auch hinsichtlich seiner Bedeutung innerhalb der Gruppe als nicht wesentlich einzustufen ist.« Die Teilnehmer bewerten den Umstand, dass nur das übergeordnete Institut Auslagerungsunternehmen sein darf, als schwierig.

Des Weiteren besagt AT 9 Tz. 5 MaRisk, dass »eine vollständige Auslagerung der Compliance-Funktion oder der Internen Revision [...] ferner nur bei kleinen Instituten möglich [ist], sofern deren Einrichtung vor dem Hintergrund der Institutsgröße sowie der Art, des Umfangs, der Komplexität und des Risikogehalts der betriebenen Geschäftsaktivitäten nicht angemessen erscheint.« Die Teilnehmer fragen nach, wie ein »kleines Institut« definiert ist. Die Aufsicht stellt klar, dass sie auch in Zukunft keine starre – quantitative – Abgrenzung hierzu vorgeben wird, um den Handlungsspielraum in der Aufsichtspraxis nicht von vornherein unnötig einzuschränken. Hinsichtlich der Compliance-Funktion wird seitens der Teilnehmer angemerkt, dass die Beschränkung auf »kleine« Institute für Verbundinstitute zu streng ist, da verbundinterne Auslagerungen auch für mittelgroße Institute angemessen sein können.

Die Frage der Teilnehmer nach einer Definition für Kernbankbereiche beantwortet die Aufsicht dahingehend, dass eine pauschale Definition nicht gegeben werden kann, da sie vom Geschäftsmodell des jeweiligen Instituts abhängt. Die Relevanz kann sich z. B. im Hinblick auf den Anteil am Gesamtertrag und Gesamtrisiko ergeben. Bei Universalbanken, Sparkassen oder Genossenschaftsbanken wird z. B. die Kreditbearbeitung als Kernbankbereich angesehen. Oft können die dazugehörigen IT-Prozesse nicht von der Geschäftsseite getrennt gesehen werden. So gesehen ist grundsätzlich auch die IT-Unterstützung solcher Aktivitäten und Prozesse als Bestandteil des Kernbankbereiches anzusehen. Demgegenüber ist aber z. B. nicht jeder noch so kleine Teil eines erlaubnispflichtigen Geschäfts i. S. v. § 1 Abs. 1 KWG als Kernbankbereich einzustufen, auch hier kommt es auf das Geschäftsmodell des Instituts an.

Die Teilnehmer werfen die Frage auf, ob eine Auslagerung vorliegt, wenn die Revision im Institut auf Spezialisten der Konzernrevision zurückgreift, um bestimmte Sachverhalte besser untersuchen zu können. Die Aufsicht merkt an, dass es sich in diesem Fall - unter dem Vorbehalt, dass der Einzelfall genau zu prüfen ist - um eine Auslagerung gem. AT 9 Tz. 1 MaRisk handelt. Ob diese wesentlich oder unwesentlich ist, hängt vom konkreten Einzelfall ab.

In der Erläuterung zu AT 9 Tz. 2 MaRisk kommt der Begriff »Auslagerungen von erheblicher Tragweite« vor. Die Teilnehmer fragen nach dem Unterschied zwischen der »Auslagerung von erheblicher Tragweite« und der »wesentlichen Auslagerung«. Die »erhebliche Tragweite« zielt nach Erläuterung der Aufsicht auf das Risikobewusstsein des auslagernden Instituts ab, d.h. eine solche Auslagerung soll gut überlegt sein. Im Vorfeld entsprechender Auslagerungsmaßnahmen sollte z.B. über Überwachungsmechanismen, die Komplexität einer eventuellen Zurückholung der ausgelagerten Funktion und die Abhängigkeit des Instituts mit Blick auf das Kernbankgeschäft kritisch reflektiert werden. Bei teilweisen Auslagerungen von besonderen Funktionen oder Kernbankbereichen ist als Ergebnis der Risikoanalyse eine Einstufung als nicht wesentliche Auslagerung durchaus möglich.

5. Abgrenzung Auslagerung von Fremdbezug – Software/ IT-Dienstleistungen

Diskutiert wird seitens der Mitglieder des Fachgremiums, ob der Betrieb von Software in einer Cloud einen Auslagerungstatbestand darstellt. Der Betrieb von Software in einer Cloud ist immer dann als Auslagerung einzustufen, wenn die Cloud nicht vom Institut selbst erstellt worden ist, nicht unter eigener Kontrolle des Instituts steht sowie Software betrieben wird, die zur Durchführung von Bankgeschäften, Finanzdienstleistungen oder sonstigen institutstypischen Dienstleistungen genutzt wird. Das ist jedenfalls dann der Fall, wenn sie für die Risikosteuerung eingesetzt wird oder für die Durchführung von bankgeschäftlichen Aufgaben von wesentlicher Bedeutung ist. D. h., beim externen Betrieb gelten die gleichen Abgrenzungskriterien für Software wie bei den zuvor in AT 9 Tz. 1 Erl. genannten Unterstützungsleistungen.

Die Aufsicht stellt darüber hinaus klar, dass zu berücksichtigen ist, wofür eine Software verwendet wird. Wenn die Nutzung der Software z.B. von wesentlicher Bedeutung für die Durchführung von Bankgeschäften ist, gilt dies auch für die entsprechenden Unterstützungsleistungen. Diese Unterstützungsleistungen (und nur diese, nicht der Bezug der Software als solche, unabhängig davon, ob die Software gekauft wurde oder eine Lizenz zur Nutzung der Software vorliegt) sind gemäß AT 9 Tz. 1 Erläuterung MaRisk als Auslagerung einzustufen.

Im Zuge der Diskussion kommt die Frage nach der Bedeutung des Begriffs »Wartung« im Sinne der MaRisk auf. Die Wartung einer Software schließt die Behebung von Fehlern des Programms mit ein. Wenn das Institut, die gelieferten »Patches« vor dem Einspielen in das System selbst testet, handelt es sich nicht zwangsläufig um eine Auslagerung, da das Institut sich eigenständig ein Bild zu den erweiterten Funktionen oder Fehlerbehebungen macht und eigenständig die Funktionsweise im eigenen System prüft. Wenn ein Dritter die Software wartet, ohne dass von dem Institut die Neuerungen im Rahmen der Wartung selbst getestet werden, liegt hingegen eine Auslagerung vor.

6.   Auslagerungssteuerung

a. Risikoanalyse:

Die Aufsicht stellt zunächst die Zielrichtung der in den MaRisk geforderten Risikoanalyse dar. Mittels Risikoanalyse ist im ersten Schritt zu prüfen welche Risiken mit der geplanten Maßnahme überhaupt verbunden sind. In einer Gesamtschau wird anschließend entschieden, ob diese Risiken wesentlich oder unwesentlich sind. AT 9 Tz. 2 MaRisk mit den dazugehörigen Erläuterungen ist so zu verstehen, dass, auch wenn alle Auslagerungen als wesentlich eingestuft worden sind, eine aussagefähige und nachvollziehbare Risikoanalyse durchgeführt werden muss. Ein hoher Standardisierungsgrad ist für eine Risikoanalyse sicherlich von Vorteil, allerdings muss auch gewährleistet sein, dass eine individuelle Beurteilung der jeweiligen Situation erfolgen kann.

Der Turnus für die Durchführung einer Risikoanalyse bzw. dessen Überprüfung wird in den MaRisk nicht weiter spezifiziert, ist für wesentliche und unwesentliche Auslagerungen naturgemäß aber differenziert zu betrachten. Als Richtschnur hat sich in der Aufsichtspraxis für wesentliche Auslagerungen eine jährliche Analyse und für unwesentliche Auslagerungen ein Turnus von drei Jahren etabliert. Ein Abweichen davon im Einzelfall ist nicht ausgeschlossen.

In eine Risikoanalyse ist die Möglichkeit einer Weiterverlagerung einzubeziehen. Dies wird auch durch die diesbezüglichen Anforderungen an die Ausgestaltung des Auslagerungsvertrags bei wesentlichen Auslagerungen deutlich (Zustimmungsvorbehalte bei Weiterverlagerungen oder Festlegung konkreter Kriterien, wann diese möglich sein soll). Die Risikoanalyse ist vom Institut bei einer Weiterverlagerung durch den Dienstleister zu überprüfen, da sich die Risikolage geändert haben könnte.

Die Risikobewertung gemäß Tz. 53 BAIT ist nicht gleich zu setzen mit der Risikoanalyse gemäß AT 9 Tz. 2 MaRisk. Sie muss für jeden IT-Fremdbezug erfolgen, nachvollziehbar abgefasst sein und kann weniger detailliert, strukturiert und umfangreich ausfallen als eine Risikoanalyse nach AT 9 Tz. 2 MaRisk. Sofern ein Institut die Risikoanalyse auch für jeden IT-Fremdbezug durchführen möchte, so steht ihm dies selbstverständlich frei. Bei der Risikobewertung von Fremdbezügen gemäß BAIT kann auf die Schutzbedarfsklassen Bezug genommen werden.

b. Auslagerungsvertrag:

Die Aufsicht macht zudem deutlich, dass es keinen Bestandsschutz für bestehende Auslagerungsverträge gibt. Diese sind im Zeitverlauf an die neuen Anforderungen der MaRisk anzupassen.

Seitens der Aufsicht werden keine Vorgaben gemacht, wann der Dienstleister wegen einer Schlechtleistung zu wechseln ist. Sowohl die Entscheidung über einen Anbieterwechsel als auch die Aufstellung eines Maßnahmenkatalogs für Schlechtleistungen obliegen dem Institut.

c. Weiterverlagerungen:

Die Aufsicht stellt auf Nachfrage von Teilnehmern klar, dass die erweiterten Anforderungen gemäß AT 9 MaRisk für wesentliche Auslagerungen auch nur für unter Risikogesichtspunkten wesentliche Weiterverlagerungen gelten.

d. Zentrales Auslagerungsmanagement:

Die Einrichtung eines zentralen Auslagerungsmanagements ist abhängig davon, ob Institute eine hohe Anzahl von Auslagerungen, eine hohe Komplexität der Auslagerungen und einen hohen Abstimmungsaufwand aufweisen. Es gibt diesbezüglich jedoch keine festgelegten Grenzen. Die Kriterien müssen institutsindividuell definiert und bewertet werden. Die Regelung zur Einrichtung zielt insgesamt eher auf größere Institute ab, da davon auszugehen ist, dass bei kleinen Instituten eine Koordinierung und ein Überblick hinsichtlich der Auslagerungen leichter möglich sind.

Die Aufsicht stellt im Laufe der Diskussion klar, dass ein Auslagerungsmanagement nicht bei der Internen Revision anzusiedeln ist. Eine eigenständige Organisationseinheit wird nicht gefordert. Die Dokumentationsanforderungen im Auslagerungsmanagement sollen zudem nur einen Überblick (z. B. durch ein Register) gewährleisten. Es ist nicht gefordert, die Dokumentation zu den einzelnen Auslagerungen zusätzlich zu den Dokumentationen der zuständigen Geschäftsbereiche zu doppeln. Die Aufsicht weist des Weiteren darauf hin, dass nicht pauschal festgelegt werden kann, dass ein rein zentrales Auslagerungsmanagement auf Gruppenebene ausreicht. Hier ist der Einzelfall zu prüfen.

Anlage 30
Bundesanstalt für Finanzdienstleistungsaufsicht (BaFin)
Veröffentlichung der Endfassung des Leitfadens zur aufsichtlichen Beurteilung bankinterner Risikotragfähigkeitskonzepte
Übermittlungsschreiben vom 24. Mai 2018

[...]

ich freue mich, Ihnen in der Anlage den neugefassten Leitfaden zur aufsichtlichen Beurteilung bankinterner Risikotragfähigkeitskonzepte übersenden zu können. Dieser stellt die Kriterien und Beurteilungsmaßstäbe der nationalen Aufsicht bezüglich der Risikotragfähigkeitskonzepte der Banken auf eine neue Basis und schlägt gleichzeitig die Brücke in die neue Aufsichtsstruktur und -praxis innerhalb des »Single Supervisory Mechanism« (SSM). Damit wird auch der mehrmonatige Diskussionsprozess mit Verbänden und Praxis im Rahmen der Konsultation erfolgreich abgeschlossen. Für den konstruktiven Dialog und die hilfreichen Hinweise und Anmerkungen während dieser Diskussionsphase darf ich mich an dieser Stelle bei allen Beteiligten ausdrücklich bedanken.

Über die Beweggründe für die notwendige Neustrukturierung des Leitfadens habe ich Sie schon in meinem Schreiben vom 05.09.2017 ausführlich informiert. Mit dem runderneuerten Leitfaden legt die deutsche Aufsicht ein praxisorientiertes Papier vor, das die künftigen Bewertungsmaßstäbe der Aufsicht in Bezug auf den ICAAP transparent macht und diesen Teil des nationalen Aufsichtsprozesses durch umfängliches Aufgreifen aktueller Entwicklungen innerhalb des SSM für die Zukunft aufstellt.

Das Risikomanagement und die aufsichtliche Bewertung der dahinterstehenden Konzepte werden sich fortwährend weiterentwickeln und immer wieder eine gewisse Neuadjustierung entsprechender aufsichtlicher Kriterien notwendig machen. Die deutsche Aufsicht wird die Entwicklungen auf dem Gebiet des ICAAP genau verfolgen und darauf hinwirken, dass diesbezügliche aufsichtliche Beurteilungskriterien praxistauglich bleiben und dass das für die deutsche Bankenlandschaft so wichtige Proportionalitätsprinzip auch weiterhin ausreichend zur Geltung kommt.

Wie schon im Schreiben vom 05.09.2017 deutlich gemacht, können sog. »Going-Concern«-Ansätze alter Prägung bis auf weiteres von den Instituten genutzt werden. Entsprechende Kriterien und Maßstäbe zur aufsichtlichen Beurteilung finden sich in einem Annex, der die schon aus dem alten Leitfaden bekannten Maßstäbe umfasst. Umsetzungsfristen sind im Übrigen mit dem neuen Leitfaden nicht verbunden; es gibt derzeit keine konkreten Fristen, wann sich Banken spätestens in die neue »ICAAP-Welt« begeben müssen. Banken, die die bisherigen »Going-Concern«-Ansätze weiter nutzen möchten, sollten sich aber schon heute Gedanken darüber machen, wie die neuen Ansätze sinnvoll in eigene Risikotragfähigkeitskonzepte transformiert werden können. Es ist zu erwarten, dass die Zukunft dieser »Going-Concern«-Ansätze, auch vor dem Hintergrund der aus meiner Sicht berechtigten Harmonisierungsbestrebungen innerhalb des SSM, wohl eher zeitlich begrenzt sein dürfte (wenngleich ohne genaue Frist). Hier bleibt die weitere Entwicklung innerhalb des SSM, gerade auch mit Blick auf die sog. »less significant institutions« (LSIs), abzuwarten. Neue Entwicklungen in diesem Bereich, die zu einer Änderung der aufsichtlichen Sichtweise führen können, wird die Aufsicht rechtzeitig vorher mit Verbänden und Industrie erörtern.

[...]

Anlage 31
Bundesanstalt für Finanzdienstleistungsaufsicht/ Deutsche Bundesbank
Aufsichtliche Beurteilung bankinterner Risikotragfähigkeitskonzepte und deren prozessualer Einbindung in die Gesamtbanksteuerung (ICAAP) – Neuausrichtung
Leitfaden vom 24. Mai 2018

1. Einleitung

1 Gemäß Artikel 73 der EU-Bankenrichtlinie (Richtlinie 2013/36/EU) müssen Institute über solide, wirksame und umfassende Strategien und Verfahren verfügen, mit denen sie die Höhe, die Arten und die Verteilung des internen Kapitals, das sie zur quantitativen und qualitativen Absicherung ihrer aktuellen und etwaigen künftigen Risiken für angemessen halten, kontinuierlich bewerten und auf einem ausreichend hohen Stand halten können (Internal Capital Adequacy Assessment Process – »ICAAP«). Die Überprüfung der Angemessenheit und Wirksamkeit des ICAAP ist gemäß Artikel 97 der EU-Bankenrichtlinie Bestandteil des bankaufsichtlichen Überprüfungs- und Bewertungsprozesses (Supervisory Review and Evaluation Process – »SREP«) und von den zuständigen Aufsichtsbehörden regelmäßig durchzuführen.

2 Die europäische Bankenaufsichtsbehörde EBA hat in ihren Leitlinien zu gemeinsamen Verfahren und Methoden für den SREP (EBA/GL/2014/13 vom 19. Dezember 2014) Konkretisierungen zu den Inhalten der Überprüfung des ICAAP der Institute im Rahmen des SREP vorgenommen. Demnach sollen die Aufsichtsbehörden den ICAAP (und auch den ILAAP) regelmäßig überprüfen und dessen Solidität, Wirksamkeit und Vollständigkeit beurteilen. Ferner soll bewertet werden, wie der ICAAP in das Gesamtrisikomanagement und das strategische Management (einschließlich Kapital- und Liquiditätsplanung) integriert ist. Diese Bewertungen sollen zudem für die Berechnung der zusätzlichen Eigenmittelanforderungen und für die Bewertung der Angemessenheit der Eigenkapitalausstattung herangezogen werden.

3 Die Umsetzung der genannten einschlägigen Vorgaben zum ICAAP in nationales Recht ist über § 25a Abs. 1 Satz 3 Nr. 2 KWG erfolgt. Demnach haben die Institute Verfahren zur Ermittlung und Sicherstellung der Risikotragfähigkeit einzurichten, wobei eine vorsichtige Ermittlung der Risiken und des zu ihrer Abdeckung verfügbaren Risikodeckungspotenzials (RDP) zugrunde zu legen ist. Diese rechtliche Anforderung ist vor allem in AT 4.1 des BaFin-Rundschreibens »Mindestanforderungen an das Risikomangement der Institute« (MaRisk) in der jeweils aktuellen Fassung näher spezifiziert. Der dort geforderte interne Prozess zur Sicherstellung der Risikotragfähigkeit (Risikotragfähigkeitskonzept; AT 4.1 Tz. 2) ist einerseits mit der Geschäfts- und Risikostrategie zu verknüpfen, andererseits sind zur Umsetzung der Strategien und zur Gewährleistung der Risikotragfähigkeit geeignete Risikosteuerungs- und -controllingprozesse für die wesentlichen Risiken einzurichten.

4 Dieses Papier enthält Grundsätze, Prinzipien und Kriterien, die – auf der Basis der rechtlichen Vorgaben im KWG und der darauf basierenden Anforderungen in den MaRisk – von der Aufsicht bei der Beurteilung der bankinternen Risikotragfähigkeitskonzepte von Instituten[1], die der unmittelbaren deutschen Bankenaufsicht unterstehen, zugrunde gelegt werden. Die Grundsätze berücksichtigen insbesondere auch die aktuellen Entwicklungen innerhalb des einheitlichen Bankenaufsichtsmechanismus (Single Supervisory Mechanism – »SSM«).

5 Da die aufsichtliche Beurteilung bankinterner Risikotragfähigkeitskonzepte auch aufgrund internationaler Arbeiten sich im Zeitablauf ändern kann, wird die Aufsicht die Entwicklung auf diesem Gebiet mit besonderer Aufmerksamkeit verfolgen und dafür Sorge tragen, dass die

---

1 Die in diesem Leitfaden niedergelegten Kriterien und Grundsätze knüpfen an AT 4.1 MaRisk an und sind ausdrücklich auf Kreditinstitute zugeschnitten. Da Finanzdienstleistungsinstitute gemäß AT 2.1 Tz. 2 die Anforderungen der MaRisk nur insofern zu beachten haben, wie dies vor dem Hintergrund der Institutsgröße sowie von Art, Umfang, Komplexität und Risikogehalt der Geschäftsaktivitäten zur Einhaltung der gesetzlichen Pflichten aus § 25a KWG geboten erscheint, ist eine Übertragbarkeit der Grundsätze und Kriterien aus diesem Leitfaden auf Finanzdienstleistungsinstitute nicht ohne Weiteres möglich und geboten. Beispielhaft können hier die Ausführungen zur normativen Perspektive angeführt werden. Diese beanspruchen keine Geltung für Finanzdienstleistungsinstitute, die jenseits der Verpflichtung zur laufenden Sicherstellung ihrer Risikotragfähigkeit keinen regulatorischen Anforderungen an ihre Eigenmittelausstattung unterliegen. Bei Finanzdienstleistungsinstituten müssen vielmehr stärker an den jeweiligen Geschäftsaktivitäten ausgerichtete Lösungsansätze in Betracht gezogen werden.

hier verankerten Grundsätze praxistauglich bleiben und das Proportionalitätsprinzip gewahrt bleibt.

Der aufsichtlichen Anforderung hinsichtlich der Angemessenheit und Wirksamkeit der Risikotragfähigkeitskonzepte können Institute grundsätzlich durch unterschiedlich ausgestaltete interne Verfahren entsprechen. Diese grundsätzlich vorhandene Methodenfreiheit findet ihre Grenze dort, wo die internen Verfahren das aufsichtsrechtlich vorgegebene Ziel »Sicherstellung der Risikotragfähigkeit« unter Beachtung der gesetzlichen Vorgaben des § 25a Abs. 1 Satz 3 Nr. 2 KWG nicht hinreichend zu gewährleisten in der Lage sind. 6

Von der institutsinternen Ermittlung der Risikotragfähigkeit und der damit verbundenen Ermittlung der Höhe der wesentlichen Risiken zu unterscheiden ist die aufsichtliche Kapitalfestsetzung im Rahmen des SREP. Die Aufsicht ist gehalten, das Kapital, das für die Risikoabdeckung der wesentlichen Risiken aus ihrer Sicht notwendig ist, nach den in den EBA Leitlinien zum SREP niedergelegten Kriterien, Verfahren und Methoden zu ermitteln und den Instituten über eine verbindliche Kapitalfestsetzung den aufsichtlichen Kapitalbedarf zu kommunizieren. Die Risikoermittlung und Ermittlung der Risikodeckungspotenziale der Institute und die aufsichtliche Ermittlung der Höhe der Risiken und des aufsichtlichen Kapitalbedarfs unterscheiden sich in der Regel aufgrund unterschiedlicher Verfahren und Methoden. Diese Unterschiede präjudizieren jedoch nicht die Beurteilung der Angemessenheit der institutsinternen Risikotragfähigkeitskonzepte. Die institutsintern ermittelten Ergebnisse für die wesentlichen Risiken können darüber hinaus nicht automatisch, eins zu eins, in die aufsichtliche Kapitalfestsetzung übernommen werden. Die im Rahmen des SREP aufsichtsseitig vorgenommene Festsetzung des aufsichtlichen Gesamtkapitalbedarfs ist daher nicht Gegenstand dieses Papiers. 7

In Abweichung von den im Folgenden beschriebenen verschiedenen Perspektiven im Rahmen der Risikotragfähigkeitskonzepte hält die Aufsicht es bis auf Weiteres für zulässig, auf solche Ansätze für die Sicherstellung der Risikotragfähigkeit aufzubauen, die jenen Teil der regulatorischen Eigenmittel, der mindestens für die Erfüllung der im Rahmen des SREP festgesetzten aufsichtlichen Gesamtkapitalanforderungen notwendig ist, nicht im Risikotragfähigkeitskonzept zur Risikoabdeckung berücksichtigen (sog. »Going-Concern-Ansätze« alter Prägung). Die Aufsicht wird hier bei ihrer Beurteilung die schon aus älteren aufsichtlichen Papieren bekannten Prinzipien und Kriterien anwenden, wobei sie zwischenzeitig eingetretene Änderungen der relevanten rechtlichen Vorgaben konsistent berücksichtigen wird. Im Annex sind diese bisherigen Prinzipien und Kriterien – in gebündelter und aktualisierter Form – nochmals niedergelegt. Insofern finden für Institute, die solche Ansätze weiter nutzen, die Abschnitte 3.2, 4, 5, 6 und 7 keine Anwendung. 8

2.   Grundsätze der aufsichtlichen Beurteilung

Nach den Art. 94 ff. der EBA Leitlinien zum SREP haben die Aufsichtsbehörden im Rahmen des aufsichtlichen Überprüfungsprozesses den institutsinternen ICAAP regelmäßig zu beurteilen. Dies hat – den Grundprinzipien der EBA-Leitlinien folgend – im Hinblick auf Solidität, Wirksamkeit und Vollständigkeit zu geschehen: 9
– *Solidität:* Sind die Verfahren, Methoden und Prozesse des Risikotragfähigkeitskonzepts vor dem Hintergrund der Art, des Umfangs und der Komplexität der Geschäfte angemessen und

kann anhand dieser Verfahren, Methoden und Prozesse die Angemessenheit der Kapitalausstattung beurteilt und die Risikotragfähigkeit sichergestellt werden?

- *Wirksamkeit:* Wie sind die Verfahren, Methoden und Prozesse des Risikotragfähigkeitskonzepts in die Gesamtbanksteuerung und die Entscheidungsprozesse des Instituts eingebettet und wie werden diese Verfahren, Methoden und Prozesse für das Risikomanagement und das Kapitalmanagement genutzt?
- *Vollständigkeit:* Decken die Verfahren, Methoden und Prozesse alle wesentlichen (Einzel-)Risiken des Instituts ab und erfüllen sie die rechtlichen Anforderungen an das Risikotragfähigkeitskonzept?

10 Bei der Beurteilung der internen Verfahren im Rahmen des bankaufsichtlichen Überprüfungsprozesses orientiert sich die Aufsicht unter Berücksichtigung des Proportionalitätsprinzips an den Geboten der Vollständigkeit der Risikoabbildung, der Konsistenz und Wirksamkeit der Verfahren sowie dem Vorsichtsprinzip.[2] Als Konkretisierung dieser Grundsätze legt sie in ihrer Aufsichtspraxis grundsätzlich die Prinzipien und Kriterien zugrunde, die in diesem Papier festgehalten sind. Damit wird zugleich die gebotene Einheitlichkeit des Verwaltungshandelns sichergestellt. Sofern die Besonderheiten eines Einzelfalls dies rechtfertigen, kann bei nachvollziehbarer und schlüssiger Begründung des Instituts ein Abweichen von den im Papier niedergelegten Prinzipien und Kriterien angezeigt sein.

11 Ob die bankinternen Verfahren und Methoden angemessen sind oder nicht, beurteilt die Bankenaufsicht grundsätzlich in Form einer Gesamtwürdigung aller Elemente der Risikotragfähigkeitssteuerung im jeweiligen Einzelfall. Im Hinblick auf einzelne Elemente können zwar ggf. konkrete Fallgestaltungen von vornherein als inkonsistent oder nicht hinreichend konservativ erkannt werden. Abseits solcher eindeutigen Mängel bleibt die Beurteilung der Risikotragfähigkeitssteuerung einer Gesamtbetrachtung aller Elemente vorbehalten.

12 Dieses Papier kann nicht alle mit Risikotragfähigkeitskonzepten verbundenen Aspekte aufgreifen, die aus Einzelfällen resultieren können. Die Aufsicht behält sich daher vor, in die Beurteilung institutsinterner Verfahren, Methoden und Prozesse ggf. zusätzliche Gesichtspunkte einfließen zu lassen, die hier nicht behandelt werden, aber für die Beurteilung der Solidität, Wirksamkeit und Vollständigkeit im Einzelfall von Relevanz sind.

3. Ziele und Grundsätze des ICAAP

3.1 Allgemeines

13 Der ICAAP ist als Gesamtheit aller Verfahren, Methoden und Prozesse zu verstehen, die gewährleisten, dass genügend Kapital für die wesentlichen Risiken alloziert wird und dieses Kapital auf einem ausreichend hohen Niveau gehalten werden kann. Dazu gehört eine Risikoinventur, im Rahmen derer die für das jeweilige Institut wesentlichen Risiken zu identifizieren sind.

14 Der ICAAP ist als laufender Prozess angelegt und soll kontinuierlich die Angemessenheit der Kapitalausstattung eines Instituts gewährleisten. Dieser Prozess ist als originäre Leitungsaufgabe

---

2   Entsprechend § 25a Abs. 1 Satz 3 Nr. 2 KWG: »ordnungsgemäße Geschäftsorganisation umfasst Verfahren zur Ermittlung und Sicherstellung der Risikotragfähigkeit, wobei eine vorsichtige Ermittlung der Risiken und des zu ihrer Abdeckung verfügbaren Risikodeckungspotenzials zugrunde zu legen ist«.

aufzufassen, der den Führungsebenen eines Instituts Steuerungssignale für die operative Geschäftstätigkeit liefern soll und daher für das Management der Risiken und der angemessenen Kapitalallokation von erheblicher Bedeutung ist. Die Ausgestaltung des ICAAP, inklusive der Festlegung wesentlicher Elemente sowie wesentlicher zugrundeliegender Annahmen, liegt in der originären Verantwortung der Geschäftsleitung.

Übergeordnetes Ziel eines jeden ICAAP, unabhängig von der konkreten Ausgestaltung des Ansatzes und der damit verbundenen Steuerungssignale, ist es, die Risikotragfähigkeit jederzeit und somit auch das langfristige Fortführen der Unternehmenstätigkeit auf Basis der eigenen Substanz und Ertragskraft sicherzustellen. Es sind daher nur solche Ansätze der Risikotragfähigkeitsbetrachtung angemessen, die auf die Risikotragfähigkeit des Instituts aus eigener derzeitiger Substanz und Ertragskraft heraus abstellen. Die Berücksichtigung erhoffter Leistungen Dritter, auf die bei eigenem Unvermögen, schlagend werdende Risiken auszugleichen, etwaige Lasten abgewälzt werden sollen, widerspricht dieser übergeordneten Zielsetzung interner Risikotragfähigkeitskonzepte. Diese sollen gerade verhindern, dass die Überlebensfähigkeit von Instituten bzw. die Gläubigerbefriedigung nur durch Stützungsleistungen Dritter gewährleistet werden können.[3]

Die auf internationaler Ebene gebräuchlichen Begriffe und Abgrenzungen zum ICAAP weichen teils von der nationalen Terminologie ab, wenngleich die für den ICAAP konstituierenden Elemente auch auf nationaler Ebene vollständig adressiert werden. Um Missverständnissen zur Reichweite und zur Abgrenzung des ICAAP vorzubeugen, sollen an dieser Stelle folgende Begriffsabgrenzungen vorgenommen werden:

- ICAAP = Interner Prozess zur Sicherstellung der Risikotragfähigkeit gemäß § 25a Abs. 1 Satz 3 Nr. 2 KWG i. V. m. AT 4.1 Tz. 1 MaRisk
- Interner Prozess zur Sicherstellung der Risikotragfähigkeit gemäß § 25a Abs. 1 Satz 3 Nr. 2 KWG i. V. m. AT 4.1 Tz. 1 MaRisk umfasst: ein Risikotragfähigkeitskonzept mit einer Risikotragfähigkeitsrechnung und einer Kapitalplanung sowie ergänzende Stresstests und die prozessuale Verknüpfung mit der Festlegung der Strategien einerseits und den Risikosteuerungs- und -controllingprozessen andererseits

In der Risikoinventur nach AT 2.2 MaRisk sind insbesondere auch solche Risiken zu berücksichtigen, die sich u. U. erst im Zeitablauf, d. h. nach Ablauf des einjährigen Risikobetrachtungshorizonts der Risikotragfähigkeitsrechnung materialisieren bzw. materialisieren können (z. B. Zinsänderungsrisiken).

Es wird von den Instituten erwartet, dass im Rahmen der Risikotragfähigkeitsrechnung die dort einbezogenen Risiken auch mit strengen, auf seltene Verlustausprägungen abstellenden Risikomaßen und Parametern quantifiziert bzw. beurteilt werden. Dementsprechend kann das gesamte Risikodeckungspotenzial den ermittelten Risiken gegenübergestellt werden.

Die weiteren Ausführungen in diesem Papier fokussieren sich ausschließlich auf die Aspekte Risikotragfähigkeitskonzept mit einer Risikotragfähigkeitsrechnung und einer Kapitalplanung sowie ergänzender Stresstests.

15

16

17

18

19

---

3 Die Möglichkeit eines »Waivers« nach Art. 7 CRR bleibt unter den dort genannten Voraussetzungen unberührt.

3.2   Perspektiven des Risikotragfähigkeitskonzepts

20   Gemäß AT 4.1 Tz.2 MaRisk haben die zur Sicherstellung der Risikotragfähigkeit eingesetzten Verfahren sowohl das Ziel der Fortführung des Instituts als auch den Schutz der Gläubiger vor Verlusten aus ökonomischer Sicht angemessen zu berücksichtigen.

21   Die deutsche Aufsicht erwartet von den Instituten zur Erfüllung dieser beiden Schutzziele zwei Perspektiven für ihr Risikotragfähigkeitskonzept zugrunde zu legen: eine normative Perspektive und eine ökonomische Perspektive.

4.   Normative Perspektive

22   In der normativen Perspektive sind alle regulatorischen und aufsichtlichen Anforderungen sowie die darauf basierenden internen Anforderungen zu berücksichtigen. Relevante Steuerungsgrößen der normativen Perspektive sind demnach insbesondere die Kapitalgrößen Kernkapitalanforderung, SREP-Gesamtkapitalanforderung, die kombinierte Pufferanforderung und die Eigenmittelzielkennziffer sowie sämtliche Strukturanforderungen hinsichtlich des Kapitals, wie beispielsweise die Höchstverschuldungsquote und Großkreditgrenzen.

4.1   Ausgangspunkt der normativen Perspektive

23   Ausgangspunkt der normativen Perspektive sind die regulatorischen und aufsichtlichen Kennzahlen sowie deren Berechnungslogik. Diese können aus dem aufsichtlichen Meldewesen übernommen werden (bspw. risikogewichtete Aktiva, Gesamtrisikobetrag, Eigenmittel). Auch die Berechnungslogik für zukünftige Perioden im Rahmen der Kapitalplanung ist aufsichtlich determiniert; lediglich die Variation der Parameter ist vom Institut in verschiedenen Szenarien (Planszenario und zumindest ein adverses Szenario) zu bestimmen.[4] Weiterer Ausgangspunkt ist die aufsichtliche SREP-Kapitalfestsetzung für das jeweilige wesentliche Risiko, die in der Kapitalplanung plausibel fortgeschrieben wird. Darüber hinaus sind im Rahmen der Kapitalplanung Planergebnisse künftiger Perioden eine wichtige Eingangsgröße in der normativen Perspektive.

24   Für das aufsichtliche Verständnis der institutsinternen Steuerungsphilosophie ist Transparenz über sämtliche für die Steuerung relevanten Aspekte notwendig. Knüpfen Steuerungsprozesse an institutsintern definierten Warnschwellen, Managementpuffern oder Ähnlichem an, ist auch darüber Transparenz herzustellen.

25   Die Betrachtungen in der normativen Perspektive dienen dem in AT 4.1 Tz.2 MaRisk geforderten Ziel der Fortführung des Instituts.

---

4   Beispielsweise ist die Berechnungslogik für die Größe »risikogewichtete Positionsbeträge« aufsichtlich vorgegeben. Abhängig vom gewählten Ansatz zur Messung der Risiken in Säule 1 hat eine Veränderung der Parameter PD, LGD, EaD aber einen Einfluss auf die Höhe der risikogewichteten Aktiva aus Adressenausfallrisiken in zukünftigen Perioden.

4.2 Risikodeckungspotenzial in der normativen Perspektive

Das Risikodeckungspotenzial in der normativen Perspektive besteht aus regulatorischen Eigenmitteln sowie ggf. aus weiteren Kapitalbestandteilen, soweit diese aufsichtsseitig zur Abdeckung von aufsichtlichen Kapitalanforderungen und -erwartungen (einschließlich Eigenmittelzielkennziffer) anerkannt werden (namentlich § 340f HGB-Reserven, die im Rahmen des ICAAP als verlustabsorbierend angenommen werden). **26**

Für die Ermittlung der zur Verfügung stehenden regulatorischen Eigenmittel in späteren Planungsperioden sind die entsprechenden Positionen der Gewinn- und Verlustrechnung zu planen. Vorgesehene Umwandlungen von § 340f HGB-Reserven (bzw. Reserven gemäß § 26a KWG a. F.) in Rücklagen können dabei berücksichtigt werden. Soweit die Vorsorgereserven zuvor in das Ergänzungskapital einbezogen wurden, ist die mit der Umwandlung einhergehende Verringerung des Ergänzungskapitals konsistent bei den künftigen Eigenmitteln zu berücksichtigen. Da davon auszugehen ist, dass die Unsicherheit bezüglich der Angemessenheit der Planungsannahmen bei weiter in der Zukunft liegenden Planungszeiträumen höher ist, ist dem Vorsichtsprinzip insbesondere für solche Zeiträume ausreichend Rechnung zu tragen. **27**

4.3 Risikoarten und Risikoquantifizierung in der normativen Perspektive

Die in der normativen Perspektive anzuwendenden Verfahren zur Risikoquantifizierung ergeben sich für Adressenausfallrisiken, Marktpreisrisiken und operationelle Risiken aus den rechtlichen Anforderungen der CRR, mit denen risikogewichtete Positionsbeträge zu ermitteln sind. **28**

In der normativen Perspektive ist der Einjahreshorizont der Risikomessung bereits in den aufsichtlich vorgegebenen Verfahren zur Risikomessung verankert. **29**

Weiterhin sind auch in der normativen Perspektive sämtliche wesentlichen Risiken aus der Risikoinventur (siehe Abschnitt 3.1) einzubeziehen, sofern sie aufgrund ihrer Eigenart sinnvoll durch Risikodeckungspotenzial begrenzt werden können (AT 4.1 Tz. 4 MaRisk). Dies geschieht auf der Basis interner Verfahren im Rahmen der Kapitalplanung in der normativen Perspektive (siehe Abschnitt 4.4). Wesentliche Risiken, die in der ökonomischen Perspektive sichtbar werden, sind dahingehend zu analysieren, wie sie sich auf zukünftige GuV-, Eigenmittel- und Gesamtrisikobetrag-Positionen auswirken können und diese Auswirkungen sind quantitativ zu berücksichtigen.[5] **30**

4.4 Kapitalplanung in der normativen Perspektive

Zur Sicherstellung der Risikotragfähigkeit hat jedes Institut eine Kapitalplanung zu erstellen, die sich zum Zeitpunkt der Erstellung über einen Zeitraum von mindestens drei Jahren erstreckt und mindestens jährlich fortgeschrieben wird. **31**

---

5 Beispiele: Das Migrationsrisiko als Risiko aus der ökonomischen Perspektive kann sich in unterschiedlicher Ausprägung auf die GuV auswirken (in Abhängigkeit vom Rechnungslegungsstandard und der Buchungskategorie). Darüber hinaus wirkt es sich aber unabhängig vom Rechnungslegungsstandard und der Buchungskategorie auf die risikogewichteten Aktiva in zukünftigen Perioden aus: direkt in IRB-Verfahren (erhöhte PD), indirekt im KSA (Risikopositionsklasse mit anderem Risikogewicht).

32 Erwartete Veränderungen der eigenen Geschäftstätigkeit oder der strategischen Ziele, Veränderungen des Markt- und Wettbewerbsumfeldes sowie bindende oder bereits beschlossene rechtliche/regulatorische Änderungen sind im Basisszenario (**Planszenario**) zu berücksichtigen. In diesem Szenario erwartet die Aufsicht, dass alle regulatorischen Anforderungen und Zielgrößen[6] eingehalten werden.

	Kapitalplanung Planszenario	Kapitalplanung Adverses Szenario
Eigenmittelanforderungen nach CRR sowie erhöhte Eigenmittelanforderungen nach § 10 Abs. 3 oder 4 KWG	Ja	Ja
darunter: SREP-Gesamtkapitalanforderung	*Ja*	*Ja*
Kombinierte Kapitalpufferanforderung nach § 10i Abs. 1 KWG	Ja	Nein
Eigenmittelzielkennziffer	Ja[*]	Nein

[*] Siehe hierzu auch Fußnote 6.

Tabelle 1: Aufsichtliche Erwartung zu regulatorischen und aufsichtlichen Kapitalanforderungen/Zielgrößen

33 Die Planung hat sich auch auf mögliche **adverse Entwicklungen**, die von den Erwartungen abweichen, zu erstrecken. Das Institut hat sicherzustellen, dass mindestens die SREP-Gesamtkapitalanforderung auch unter solchen adversen Bedingungen eingehalten wird. Die Nutzung regulatorischer Eigenkapitalelemente zur Risikoabdeckung in adversen Szenarien muss konsistent zur Schwere der angenommenen Szenarien und dem Risikoappetit des Instituts sein, d. h. insbesondere eine Unterschreitung der kombinierten Kapitalpufferanforderung nach § 10i KWG sollte nur in schweren adversen Szenarien angenommen werden. Das Institut hat für diesen Fall Handlungsoptionen zur Wiederherstellung der Einhaltung aller regulatorischen und aufsichtlichen Anforderungen und Zielgrößen darzustellen.[7] Vorgesehene potenzielle Maßnahmen zur Wiederherstellung müssen grundsätzlich im Einklang mit der Strategie des Instituts und einem ggf. bestehenden Sanierungsplan stehen.

---

6   Insbesondere die Kapitalgrößen Kernkapitalanforderung, SREP-Gesamtkapitalanforderung, kombinierte Pufferanforderung und Höchstverschuldungsquote. Die Eigenmittelzielkennziffer begründet keine verbindlichen Kapitalanforderungen, entfaltet als aufsichtliche »Erwartungsgröße« für Stressphasen jedoch eine gewisse Leitwirkung dahingehend, dass die Aufsicht deutlich macht, welche Gesamtkapitalausstattung sie bei Eintritt von bestimmten adversen Szenarien als erforderlich ansieht bzw. ansehen wird. Eine Berücksichtigung in der Kapitalplanung kann auch in einem sukzessiven Aufbau des Kapitals, das für die vollständige Erfüllung dieser Zielkennziffer notwendig ist, bestehen. Vor allem aber muss das jeweilige Institut in der Lage sein, der Aufsicht anhand der Kapitalplanung nachzuweisen, dass auch beim Eintritt adverser Szenarien die SREP-Gesamtkapitalanforderungen (voraussichtlich) jederzeit eingehalten werden können.

7   Institute, die einen Sanierungsplan nach MaSan erstellen müssen, können diesen hierfür heranziehen.

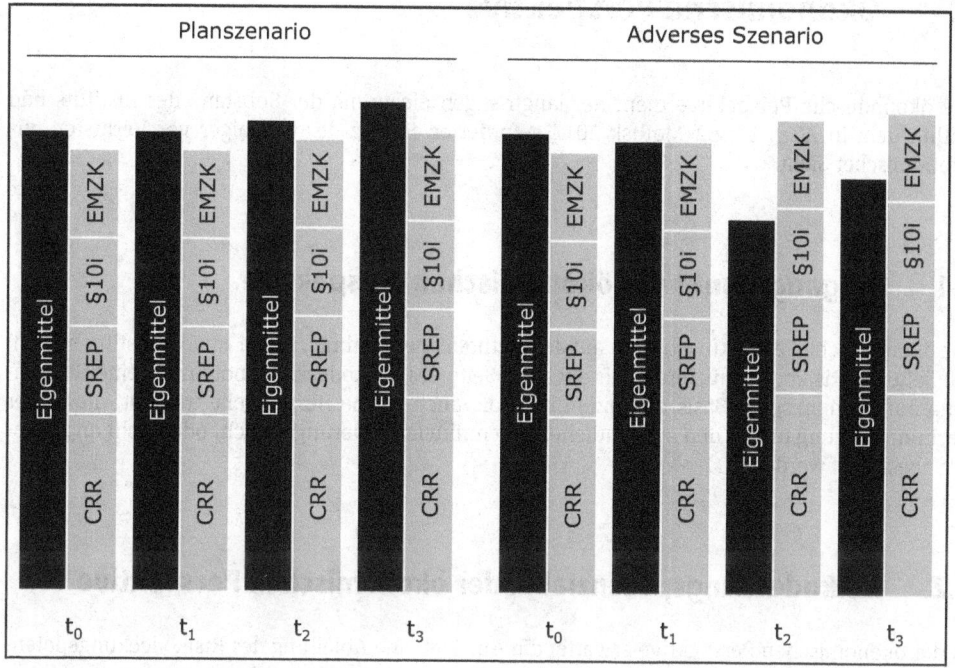

Abbildung 1: Normative Perspektive, Entwicklung über die Zeit im Plan- und adversen Szenario (illustratives Beispiel; die Höhe der Eigenmittel und Kapitalanforderungen (inkl. EMZK) in den jeweiligen Perioden ist zufällig gewählt)

§ 10i: Kombinierte Pufferanforderungen; EMZK: Eigenmittelzielkennziffer (P2G)

34 Risiken aus der ökonomischen Perspektive (vgl. Abschnitt 5) sind im Rahmen von adversen Szenarien sowohl in der Gewinn- und Verlustrechnung, den regulatorischen Eigenmitteln, als auch in den risikogewichteten Positionsbeträgen des Instituts unter der Maßgabe von Tz. 31 quantitativ zu berücksichtigen.

35 Die bei der Kapitalplanung zu betrachtenden adversen Entwicklungen müssen nicht zwingend die (maximale) Schwere der vom Institut durchgeführten Stresstests besitzen. Es wird aber vor dem Hintergrund des Vorsichtsprinzips erwartet, dass adverse Entwicklungen für das Institut widrige Entwicklungen widerspiegeln, die einen spürbaren Einfluss auf die zukünftige Kapitalausstattung und Kapitalplanung des Instituts haben oder haben können, und insofern mit Auswirkungen einer Rezession oder eines für das Institut ähnlich schweren Szenarios vergleichbar sind. Eine Verwendung des nach AT 4.3.3 MaRisk geforderten Szenarios eines schweren konjunkturellen Abschwungs für diese Zwecke ist gestattet, sofern dieses Szenario für das jeweilige Institut einen spürbaren Einfluss auf Kapitalausstattung und Kapitalplanung aufweist.

36 Mit einer den Tzn. 32 bis 36 entsprechenden Kapitalplanung in der normativen Perspektive werden die Institute der in AT 4.1 Tz. 11 MaRisk beschriebenen Kapitalplanung vollumfänglich gerecht.

5. Ökonomische Perspektive

37 Die ökonomische Perspektive dient der langfristigen Sicherung der Substanz des Instituts und mithin dem in AT 4.1 Tz.2 MaRisk 2017 geforderten Schutz der Gläubiger vor Verlusten aus ökonomischer Sicht.

5.1 Ausgangspunkt der ökonomischen Perspektive

38 Die ökonomische Perspektive basiert auf der Methodik des Instituts. Dabei ist vom Institut sowohl auf Seite der Risikoquantifizierung als auch auf Seite des Risikodeckungspotenzials eine Betrachtung auf ökonomischer Basis durchzuführen, die auch solche Bestandteile umfasst, die in der Rechnungslegung und in den aufsichtlichen Eigenmittelanforderungen nicht oder nicht angemessen abgebildet werden.

5.2 Risikodeckungspotenzial in der ökonomischen Perspektive

39 In der ökonomischen Perspektive erwartet die Aufsicht eine Ableitung des Risikodeckungspotenzials unabhängig von den Bilanzierungskonventionen in der externen Rechnungslegung. Mithin kommen in einer solchen Sichtweise bilanzielle Ansatz- und Bewertungsregeln nicht zum Tragen, die im Hinblick auf die ökonomische Betrachtung verzerrend wirken können.

40 Dabei können auch Verfahren angemessen sein, die von Bilanzgrößen oder aufsichtlichen Kapitalgrößen ausgehen, diese Größen aber in eine ökonomische Betrachtung überführen, insbesondere durch Berücksichtigung stiller Lasten und Reserven.[8]

41 Bei einer barwertigen Ermittlung des Risikodeckungspotenzials ist der Barwert sämtlicher Vermögenswerte und Verbindlichkeiten des Instituts zu ermitteln. Auch außerbilanzielle Positionen sind zu berücksichtigen.

42 In Übereinstimmung mit den aufsichtlichen Anforderungen an die Ermittlung von Zinsänderungsrisiken im Anlagebuch ist bei der Ermittlung der Barwerte von einer statischen Betrachtung auszugehen. Ertragsbestandteile, die auf geplantem Neugeschäft beruhen, dürfen daher grundsätzlich nicht angesetzt werden. Nur in Ausnahmefällen, insbesondere bei transaktions-/ handelslastigen Instituten mit geringem Bestandsgeschäft dürfen (voraussichtlich erzielbare) Ertragsbestandteile für die bestehende Geschäftstätigkeit bei unverändertem Geschäftsumfang angesetzt werden, sofern diese hinreichend konservativ angesetzt und plausibel begründet werden.

43 Ungeachtet dessen sind zur Ermittlung des Barwerts aus Positionen mit unbestimmter Laufzeit oder möglichen vertraglichen Optionen angemessene Annahmen über Ablauffiktionen und Ausübungen zu treffen.

44 Die Ermittlung des ökonomischen Risikodeckungspotenzials muss Verwaltungskosten in konsistenter Weise berücksichtigen, die für die Fortführung und Verwaltung der Positionen über die

---

8 So kann beispielsweise das Verfahren im Jahresabschluss zur verlustfreien Bewertung des Zinsgeschäfts (IDW RS BFA 3) genutzt werden, um stille Reserven und Lasten im Bankbuch zu berücksichtigen. Im Falle von wesentlichen Wertpapierbeständen ist jedoch ein Abgleich mit Marktwerten erforderlich; bei wesentlichen Abweichungen ist der niedrigere Wert zur Bestimmung des barwertnahen Risikodeckungspotenzials heranzuziehen.

gesamte Laufzeit voraussichtlich erforderlich sind. Bei der Ermittlung des Barwerts aktivischer Positionen sind darüber hinaus erwartete Verluste (z. B. erwartete Ausfälle, durchschnittlich erwartete operationelle Schäden) zu berücksichtigen. Die Berücksichtigung erwarteter Verluste kann durch eine Anpassung der Zahlungsströme, die Verwendung risikogerechter Zinssätze bei der Abzinsung der Cashflows bzw. den Abzug von Standardrisikokosten für die betrachtete Totalperiode vom ermittelten Barwert erfolgen. Bei der Berechnung von Standardrisikokosten und Verwaltungskosten ist darauf zu achten, dass diese auch die Laufzeit der betrachteten Portfolien angemessen berücksichtigen (z. B. anhand der durchschnittlichen Kapitalbindungsdauer). Die Ermittlung von Verwaltungskosten kann auch mithilfe von vereinfachten Verfahren bzw. Ansätzen erfolgen.

Wendet ein Institut zur Ermittlung des Barwerts der eigenen Verbindlichkeiten Abzinsungssätze **45** an, die im Vergleich mit einem risikolosen Zins einen Spread beinhalten, so führt dies grundsätzlich zu einem zu niedrigen Ansatz der Verbindlichkeiten. Lediglich in eng begrenzten Ausnahmefällen (bspw. wenn die zinsbedingte Wertentwicklung bestimmter Aktiva perfekt mit der zinsbedingten Wertentwicklung bestimmter Passiva korreliert) kann die Abzinsung mit einem oberhalb der risikolosen Zinskurve[9] liegenden Zinssatz akzeptiert werden. Hierbei darf indes allenfalls der allgemeine Spread der Assetklasse, der das Institut angehört, Berücksichtigung finden. Ein negativer Eigenbonitätseffekt darf nicht zu einer Erhöhung des ermittelten barwertigen Reinvermögens führen.

5.3 Risikoarten und Risikoquantifizierung in der ökonomischen Perspektive

5.3.1 Generelle Hinweise zur Risikoquantifizierung

Bei den als wesentlich identifizierten Risiken muss die Risikoquantifizierung sowohl **erwartete** als **46** auch **unerwartete Verluste** umfassen.[10] Auf die Abbildung erwarteter Verluste kann insoweit auf der Risikoseite verzichtet werden, wie sie bereits bei Bestimmung des RDP berücksichtigt wurden.

Die Risiken sind konsistent zur Definition des Risikodeckungspotenzials zu beurteilen bzw. zu **47** messen. Ausgehend von einer barwertigen Ableitung des Risikodeckungspotenzials sind Risiken somit ebenfalls barwertig zu messen. Sofern bei der Ableitung des Risikodeckungspotenzials auf Vereinfachungen zurückgegriffen wird, kann dies auch bei der Berechnung der Risiken widergespiegelt werden[11] (barwertnahe Risikoermittlung).

Sehr kleine und zugleich wenig komplexe Institute können zur Annäherung an die ökonomische **48** Perspektive auch einen Ansatz verwenden, bei dem zu den Risikowerten der Säule 1 nur vereinfacht quantifizierte Risikowerte (z. B. Anknüpfung an die Auswirkungen einer plötzlichen und unerwarteten Zinsänderung (»Zinsschock« gemäß BaFin-Rundschreiben »Zinsänderungsrisiken im Anlagebuch«) oder Risikobeträge auf Basis einer Plausibilisierung nach AT 4.1 Tz. 5 MaRisk) für nicht hinreichend in Säule 1 berücksichtigte und weitere wesentliche Risikoarten addiert werden (Säule 1 + Ansatz).

Der jeweiligen Modellierung zugrundeliegende Annahmen müssen transparent sein. **49**

---

9 Die risikolose Zinskurve wird z. B. durch die »Overnight index swap« (OIS)-Kurve abgebildet oder approximativ als Zinskurve von Bundesanleihen abzüglich des laufzeitabhängigen »CDS-Spreads Bund« berechnet.

10 Eine Quantifizierung der Risiken mit mathematisch-statistischen Verfahren wird damit nicht zwingend verlangt.

11 Beispielsweise kann dieses für Zinsänderungs- und Spreadrisiken über die Rückstellungsprüfung gemäß verlustfreier Bewertung des Zinsgeschäfts (IDW RS BFA 3) im Risikofall erfolgen.

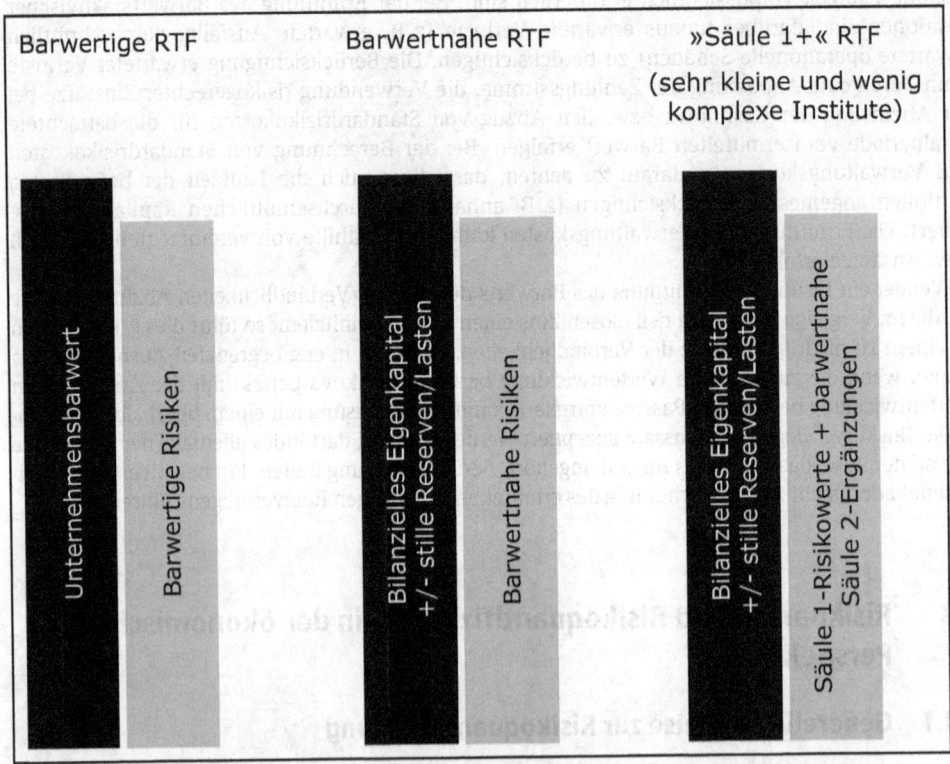

Abbildung 2: Umsetzungsmöglichkeiten der ökonomischen Perspektive

5.3.2 Weiterführende Hinweise zur Risikoquantifizierung

50 Für die Risikotragfähigkeitsbetrachtung in der ökonomischen Perspektive sind die Risiken grundsätzlich rollierend über einen **einheitlich langen künftigen Zeitraum** zu ermitteln, der ein Jahr beträgt (Risikobetrachtungshorizont).

51 Bei **Marktpreisrisiken** muss sichergestellt sein, dass auch bei wechselnden Positionen und zwischenzeitlichen Glattstellungen insgesamt nicht mehr Risikodeckungspotenzial aufgezehrt werden kann, als für diese Risiken für den gesamten Risikobetrachtungshorizont alloziert ist.

52 Eine konsistente Messung der Marktpreisrisiken im Rahmen der Risikotragfähigkeitsbetrachtung erfordert die Festlegung von Haltedauern für Marktrisikopositionen sowie ein konsistentes Limitsystem, um die Risikonahme über den gesamten Risikobetrachtungshorizont steuern zu können.

53 Bei der Festlegung der Haltedauer von Marktrisikopositionen kann daher ein potenzieller Abbau von Risikopositionen nur insoweit berücksichtigt werden, wie das Institut nachweisen kann, dass eine solche Steuerungsmaßnahme mit den Strategien, Risikosteuerungs- und -controllingprozessen sowie der Portfoliostruktur im Einklang steht. Dies schließt die konsistente Berücksichtigung der Ertrags- und Kostensituation nach einem unterstellten Abbau von Risikopositionen ein.

54 Die Logik einer wertorientierten Ermittlung des Risikodeckungspotenzials erfordert grundsätzlich die Berücksichtigung von **Credit Spread Risiken** unabhängig davon, welcher Rechnungs-

legungskategorie die betroffenen Positionen zugeordnet sind. Soweit jedoch keine aussagekräftigen Marktinformationen zu den Kreditnehmern im Hinblick auf das Credit Spread Risiko zu erhalten sind, kann auf die Berücksichtigung verzichtet werden.

Zur Sicherstellung einer angemessenen Betrachtung im Rahmen der Risikotragfähigkeitsbetrachtung ist bei Wesentlichkeit der Gesamtfondsposition eine Durchschau auf Einzelpositionen durchzuführen.   **55**

In die Messung des Adressenausfallrisikos sind auch bereits ausgefallene Positionen und Eventualverbindlichkeiten einzubeziehen. Dabei ist das Risiko einer (ggf. weiteren) Wertverschlechterung der Positionen zu schätzen.   **56**

Bei Beteiligungsrisiken müssen die Risikoquantifizierungsverfahren zur Abbildung möglicher Wertschwankungen dem Charakter der Positionen gerecht werden.[12]   **57**

Als ein Aspekt des Adressenausfallrisikos sind grundsätzlich auch **Migrationsrisiken** zu betrachten. Eine Berücksichtigung kann innerhalb eines Kreditportfoliomodells geschehen. Sofern kein Migrationen abbildendes Kreditportfoliomodell verwendet wird, kann eine Einbeziehung durch eine Verschiebung der Ausfallwahrscheinlichkeiten (PD-Shift) erfolgen.   **58**

Erbringt ein Kreditinstitut den Nachweis, dass sich Migrations- und Credit Spread Risiken überschneiden, so kann es den anzusetzenden Risikobetrag insoweit bereinigen.   **59**

Fließen beobachtete Entwicklungen der Vergangenheit in die Risikoberechnung ein und beinhaltet der Beobachtungszeitraum ausschließlich oder überwiegend Zeiten geordneter und ruhiger Marktverhältnisse, so sind auch die Auswirkungen von stärkeren Parameterveränderungen bei der Risikoermittlung angemessen zu berücksichtigen, wenn diese für den in der Risikotragfähigkeitsbetrachtung angenommenen Risikohorizont nicht auszuschließen sind.   **60**

Die Konservativität des Risikoansatzes soll sich bei allen Methoden zur Risikobeurteilung insgesamt an dem Niveau der internen Modelle der Säule 1 orientieren[13] und zwischen den verschiedenen Risikoarten konsistent sein.   **61**

Diversifikationseffekte innerhalb oder zwischen Risikoarten können nur unter den in AT 4.1 Tzn. 6 f. der MaRisk genannten Voraussetzungen risikomindernd berücksichtigt werden. Diversifikationseffekte zwischen Risikoarten werden im Rahmen der aufsichtlichen Kapitalfestsetzung nicht berücksichtigt. Institute müssen in der Lage sein, ihre wesentlichen Risiken auch ohne Diversifikationseffekte auszuweisen (Bruttobetrachtung).   **62**

6.   Stresstests

Stresstests, die ein Institut nach AT 4.3.3 MaRisk durchzuführen hat, sollen auch die Anfälligkeit des Instituts für außergewöhnliche, aber plausibel mögliche Ereignisse aufzeigen. Sofern Institute die in Tz. 36 genannte Erleichterung in Anspruch nehmen und ihr adverses Szenario der Kapitalplanung identisch dem schweren konjunkturellen Abschwung (unter den in Tz. 36 genannten Voraussetzungen) ausgestalten, erfüllen sie damit im Regelfall sämtliche Mindestanforderungen an Stresstests für das Gesamtrisikoprofil gemäß MaRisk.   **63**

---

12 Börsennotierte Beteiligungen typischerweise mittels Börsenkursen; sonstige Unternehmensbeteiligungen typischerweise durch Mapping auf Indizes/Einzelwerte; Verbundbeteiligungen typischerweise als plausibler Pauschalbetrag.
13 Unter Berücksichtigung aller Parameter sollte das Konservativitätsniveau in etwa dem 99,9-Prozent-Konfidenzniveau entsprechen.

64 Darüber hinaus müssen in der ökonomischen Perspektive in angemessenem Umfang Stresstests durchgeführt werden, die sich von den zugrundeliegenden Prämissen der eingesetzten Risikomessverfahren lösen. Dabei sind potenzielle Ereignisse zu analysieren, die in einer wahrscheinlichkeitsbasierten Risikoquantifizierung nicht oder nicht hinreichend abgebildet sind, weil bspw. die Marktverhältnisse während des Beobachtungszeitraums wenig volatil waren.

7. Steuerungsaspekte beider Perspektiven

65 Gemäß AT 4.3.2 Tz.1 MaRisk sind die Risikosteuerungs- und -controllingprozesse in eine gemeinsame Ertrags- und Risikosteuerung (»Gesamtbanksteuerung«) einzubinden. Von Instituten wird erwartet, dass eine Einbindung in die Gesamtbanksteuerung konsistent über alle Risikoarten (inklusive Liquiditätsrisiken) und Perspektiven hinweg geschieht. Es ist deshalb nachvollziehbar zu dokumentieren, wie beide Perspektiven in der Steuerung berücksichtigt werden.

66 Darüber hinaus ist auf das Verhältnis zur Liquiditätssteuerung, dabei insbesondere auf die Konsistenz der kapital- und liquiditätsseitig verwendeten Szenarien, und zu weiteren Steuerungsbereichen, wie bspw. Bilanzplanung, Volumen- und Margenplanung, einzugehen.

67 Normative und ökonomische Perspektive sind eng verwoben, bieten aber unterschiedliche Blickwinkel auf die Risikotragfähigkeit eines Instituts. Ein Zusammenspiel dieser beiden Perspektiven ist notwendige Voraussetzung für eine gleichgerichtete Steuerung. Insbesondere ist in den Szenariobetrachtungen im Kapitalplanungsprozess der normativen Perspektive auch der Eintritt von Risiken aus der ökonomischen Perspektive unter Maßgabe von Tz. 31 zu berücksichtigen, die einen Einfluss auf das in der normativen Perspektive zur Verfügung stehende Kapital haben (siehe Kasten). Für den Eintritt von Risiken, die in der normativen und ökonomischen Perspektive unterschiedliche Ausprägungen erfahren, ist eine unterschiedliche Abbildung in den beiden Perspektiven angezeigt (siehe Kasten).

Beispiel für das Zusammenspiel von normativer und ökonomischer Perspektive

Beispiel Credit-Spread-Risiken in Positionen des Bankbuchs: Diese werden in der ökonomischen Perspektive modelliert, schlagen aber erst auf die normative Perspektive durch, wenn ein Abschreibungsbedarf wegen voraussichtlich dauerhafter Wertminderung induziert wird. Dies ist in adversen Szenarien jedoch vom Institut zu beurteilen.

Beispiel Zinsänderungsrisiken im Bankbuch: Der Barwert des Zinsbuches ändert sich im Rahmen eines (adversen) Szenarios. Der Effekt in der normativen Perspektive ist jedoch ein anderer: Hier kann sich das Zinsergebnis deutlich weniger verändern, als der Barwert in der ökonomischen Perspektive. Darüber hinaus sind allerdings auch die Auswirkungen auf die verlustfreie Bewertung des Zinsbuches zu quantifizieren und in der normativen Perspektive zu zeigen.

Annex: Umgang mit bestehenden Ansätzen

Für die Sicherstellung der Risikotragfähigkeit hält die Aufsicht es bis auf Weiteres für zulässig, auch Ansätze zu nutzen, die den Teil der regulatorischen Eigenmittel, der mindestens für die Erfüllung der im Rahmen des SREP festgesetzten aufsichtlichen Kapitalanforderungen notwendig ist, nicht im Risikotragfähigkeitskonzept zur Risikoabdeckung berücksichtigen (sog. Going-Concern-Ansätze alter Prägung). Zur Beurteilung wird die Aufsicht die schon aus älteren aufsichtlichen Papieren bekannten Prinzipien und Kriterien anwenden, die im Folgenden – in gebündelter Form – nochmals niedergelegt sind.

1. Definition von Going-Concern-Ansätzen

Allgemein werden solche Steuerungskreise als Going-Concern-Ansätze bezeichnet, bei denen das Institut unter Einhaltung der bankaufsichtlichen Mindestkapitalanforderungen noch fortgeführt werden könnte, selbst wenn alle Positionen des zur Risikoabdeckung angesetzten RDP durch schlagend werdende Risiken aufgezehrt würden. **1**

In solchen Ansätzen darf jener Teil der regulatorischen Eigenmittel, der mindestens zur Erfüllung der bankaufsichtlichen Mindesteigenkapitalanforderungen gemäß CRR sowie der erhöhten Eigenmittelanforderungen nach § 10 Abs. 3 oder 4 KWG notwendig ist, folgerichtig nicht im Risikotragfähigkeitskonzept zur Risikoabdeckung berücksichtigt werden. Die Aufsicht geht davon aus, dass die wesentlichen Risiken eines Instituts zumindest in einem Steuerungskreis mit strengen, auf seltene Verlustausprägungen abstellenden Risikomaßen und Parametern quantifiziert werden.[14] In einem solchen Steuerungskreis kann auch jener Teil der kombinierten Kapitalpufferanforderung nach § 10i KWG zur Abdeckung der Risiken herangezogen werden, der der Höhe nach dem Kapitalerhaltungspuffer nach § 10c KWG entspricht. **2**

2. Risikodeckungspotenzial bei GuV-/bilanzorientierter RDP-Ableitung

2.1 Planergebnisse

Die Berücksichtigung noch nicht erzielter aber geplanter Gewinne als Risikodeckungspotenzial setzt voraus, dass sie vorsichtig ermittelt wurden. Je volatiler bzw. unsicherer Ergebniskomponenten sind, die mit positiven Ergebnisbeiträgen in einen als RDP angesetzten Plangewinn einfließen, um so mehr ist dem damit verbundenen Risiko negativer Abweichungen durch Abschläge vom Plangewinn oder bei der Risikoquantifizierung Rechnung zu tragen. **3**

In einem schlüssigen Gesamtkonzept sind sowohl erwartete als auch unerwartete Verluste zu berücksichtigen (vgl. Abschnitt 3.2). Wird als RDP-Bestandteil das geplante »Ergebnis vor Bewertung« angesetzt, so kann sich die Ermittlung der Risikobeträge nicht auf unerwartete Verluste beschränken. Vielmehr müssen in diesem Fall auch die erwarteten Bewertungsaufwendungen als **4**

---

14 Hier gelten unverändert die Maßstäbe, die auch bislang bei Going-Concern-Ansätzen angelegt wurden. Die an die Risikoquantifizierung in der ökonomischen Perspektive gestellten Anforderungen gelten explizit nicht.

Risikobetrag angesetzt werden. Demgegenüber kann sich der Risikoansatz grundsätzlich auf unerwartete Bewertungsverluste beschränken, wenn als RDP-Position das geplante »Ergebnis nach Bewertung« angesetzt wird, das die (konservativ kalkulierten) geplanten Bewertungsaufwendungen bereits beinhaltet.

5   Über die anfänglich konsistente und hinreichend konservative Kalkulation des Plangewinns hinaus muss gewährleistet sein, dass unterjährig eintretende Veränderungen, die negative Abweichungen von der ursprünglichen Planung auslösen, im Jahresverlauf verfolgt werden. Erforderlichenfalls ist der ursprünglich angesetzte Plangewinn anzupassen.

6   Soweit der Plangewinn auch Neugeschäft berücksichtigt, muss sichergestellt sein, dass die den Neugeschäftsannahmen immanenten Risiken angemessen abgebildet werden. Dies kann entweder durch den Ansatz auf der Risikoseite oder eine entsprechend konservative Kalkulation der Plangewinnbestandteile erfolgen.

7   Geht ein Kreditinstitut in seiner Planung bereits von einem Verlust aus, so ist der Planverlust stets vom RDP abzuziehen. Ergeben sich im Jahresverlauf indes Erkenntnisse, die einen gegenüber dem Planwert geringeren Verlust (oder nunmehr einen Gewinn) erwarten lassen, so kann der angesetzte Verlust entsprechend reduziert werden.

2.2   Bilanzielles Eigenkapital und ähnliche Positionen

8   Im Hinblick auf ihre Haftungsfunktion können bilanzielle Eigenkapitalpositionen ebenso wie in Säule 1 auch bei der internen Risikotragfähigkeitssteuerung als RDP angesetzt werden.[15]

9   Wiederum parallel zu Säule 1 kann grundsätzlich auch der Fonds für allgemeine Bankrisiken nach § 340g HGB in der Regel als RDP Berücksichtigung finden.

10   Beim Fonds für allgemeine Bankrisiken ist jedoch zu berücksichtigen, dass gemäß § 340e Abs. 4 HGB aus dem Nettoertrag des Handelsbestands eine Risikoreserve dotiert werden muss, die separat, ggf. als Davon-Vermerk, im Fonds für allgemeine Bankrisiken auszuweisen ist. Da die Bildung dieser Unterposition zwingend ist und nicht der Disposition des Instituts unterliegt, kann sie nicht beliebig zum Verlustausgleich herangezogen werden. Ein Ansatz dieser Risikoreserve als RDP kommt daher nur in Frage

a)   insoweit, wie auf der anderen Seite Risiken des Handelsbestands angesetzt sind und diese Risiken einen geplanten Nettoertrag des Handelsbestands übersteigen, sofern dieser als Bestandteil des Planergebnisses in das RDP einfließt (§ 340e Abs. 4 Satz 2 Nr. 1 HGB),

b)   sofern dem RDP kein Gewinnvortrag aus dem Vorjahr hinzugerechnet wurde oder die gebildete Risikoreserve einen als RDP angesetzten Gewinnvortrag übersteigt (§ 340e Abs. 4 Satz 2 Nr. 2 HGB),

c)   soweit ein Verlustvortrag aus dem Vorjahr RDP-mindernd berücksichtigt wurde (§ 340e Abs. 4 Satz 2 Nr. 3 HGB) oder

d)   soweit die gebildete Risikoreserve 50 % des Durchschnitts der letzten fünf jährlichen Nettoerträge des Handelsbestands übersteigt (§ 340e Abs. 4 Satz 2 Nr. 4 HGB).

Sind die Voraussetzungen nach mehreren der Buchstaben a) bis d) erfüllt, so kann ein entsprechend addierter Betrag der gebildeten Risikoreserve als RDP angesetzt werden.

---

15 Ebenso wie in Säule 1 sind dabei eigene Anteile im Bestand des Institutes selbstverständlich abzuziehen.

2.3 Anteile im Fremdbesitz

Bei der Ermittlung der Risikotragfähigkeit auf Gruppenebene ist zu berücksichtigen, dass Anteile   11
an Tochterunternehmen, die nicht von gruppenangehörigen Unternehmen, sondern von Dritten
gehalten werden, grundsätzlich nur für Risiken haften, die bei dem jeweiligen Tochterunternehmen schlagend werden.

Um diesem Umstand gerecht zu werden, stehen auf Gruppenebene[16] grundsätzlich zwei   12
Möglichkeiten alternativ offen:

a) Fremdanteile werden höchstens in der Höhe als RDP der Gruppe angesetzt, wie es ihrem   13
prozentualen Anteil am quantifizierten Risikobetrag der jeweiligen Tochter entspricht. Ein die
anteiligen Risiken übersteigender Wert der Fremdanteile wird hingegen bei Ermittlung des
Gruppen-RDP eliminiert.

Ggf. ist bei dieser Variante darüber hinaus eine weitere Verringerung des auf Gruppenebene   14
ansetzbaren Anteils der Fremdanteile geboten, wenn der Beitrag der betreffenden Tochter zum
Gesamtrisikowert der Gruppe deutlich geringer ist als der Risikobetrag auf Einzelebene der
Tochter. Dies kann z. B. dadurch verursacht sein, dass bei der Gruppen-Risikotragfähigkeitsermitt-
lung ein Netting der Positionen über die rechtlichen Einheiten hinweg erfolgt.

Oder

b) Risiken und RDP der Tochterunternehmen werden jeweils quotal, entsprechend der Betei-   15
ligungsquote der Gruppe, in der Risikotragfähigkeitsbetrachtung der Gruppe angesetzt.

2.4 Stille Reserven

a) Vorsorgereserven nach § 340f HGB[17]

Hinsichtlich ihrer Verlustausgleichsfunktion haben Vorsorgereserven nach § 340f HGB eine mit   16
den offenen Eigenkapitalposten vergleichbare Qualität. Ihr Ansatz als RDP ist deshalb bei Konzepten, die an die HGB-Rechnungslegung anknüpfen, grundsätzlich möglich. Etwas anderes gilt
nur für die anstelle der Bildung von EWB oder Rückstellungen gebundenen Vorsorgereserven.
Soweit Vorsorgereserven bereits den regulatorischen Eigenmitteln hinzugerechnet werden, ist bei
Ermittlung des RDP eine Doppelanrechnung zu vermeiden.

b) Sonstige Bewertungsreserven

Nach Wegfall des Beibehaltungswahlrechts im deutschen Rechnungslegungsrecht ergeben sich   17
abseits der § 340f HGB-Vorsorgereserven (und der faktisch identischen Positionen; vgl. Fußnote
13) grundsätzlich zum Bilanzstichtag keine stillen Reserven mehr, die in vergleichbarer Weise
durch schlichten Buchungsvorgang gehoben werden könnten.[18]

Unterjährig können indes rechnungslegungsrelevante Bewertungsgewinne auflaufen, die aus   18
dem (zwingenden) Wertaufholungsgebot resultieren. Entsprechende Wertaufholungsbeträge
können mithin grundsätzlich dem Risikodeckungspotenzial zugerechnet werden. Hierbei ist aber
einerseits darauf zu achten, dass etwaige steuerliche Belastungen, die bei Realisierung der Reserve

---

16 In den Steuerungskreisen der Töchter können selbstverständlich die Minderheitenanteile, auch soweit sie die tatsächlichen
    anteiligen Risiken auf Ebene der jeweiligen Tochter übersteigen, als RDP berücksichtigt werden.

17 »Alt-Reserven« nach § 26a (alt) KWG sowie »versteuerte Pauschalwertberichtigungen« gem. § 336 Abs. 2 (alt) i. V. m.
    §§ 279 (alt) und 253 Abs. 4 (alt) HGB oder nach § 253 Abs. 3 Satz 3 (alt) HGB haben eine mit §-340f-HGB-Vorsorgereserven
    vergleichbare Qualität. Die unter a) getroffenen Aussagen gelten daher auch für diese Positionen, soweit sie nach Art. 67
    Abs. 4 EGHGB fortgeführt werden, in gleicher Weise.

18 Auf den Sonderfall etwaiger »Zuschreibungsreserven«, die noch aus Wertminderungen herrühren, welche vor Inkraft-
    treten des BilMoG vorgenommen wurden, sei hier nicht näher eingegangen. Sie haben eine im Zeitablauf abnehmende
    Bedeutung.

entstehen würden, berücksichtigt werden. Zum anderen ist sicherzustellen, dass auch die Risiko-messung auf Basis des erhöhten Wertes erfolgt.

c) Durch Transaktionen realisierbare stille Reserven

19 Das dem deutschen Rechnungslegungsrecht zugrundeliegende Anschaffungskostenprinzip führt dazu, dass die Buchwerte von Aktiva ggf. unter deren aktuell realisierbaren Marktwerten liegen, ohne dass eine Zuschreibung im Jahresabschluss zulässig wäre. Anders als bei den unter a) und b) behandelten Positionen können diese Reserven mithin nur durch Transaktionsvorgänge realisiert werden.

20 Ein Ansatz derartiger Reserven als RDP ist an strenge Maßstäbe zu knüpfen.

21 Analog zu b) ist der um die stillen Reserven vergrößerten Basis in der Risikomessung Rechnung zu tragen. Ferner müssen auch hier steuerliche Effekte, die sich aus einer Hebung der stillen Reserve ergäben, mindernd angesetzt werden.

22 Wenig fungible Positionen sind mit einer erhöhten Unsicherheit hinsichtlich ihrer Bewertung wie auch im Hinblick auf eine etwaige Realisierung verbunden. Stille Reserven in nicht handel-baren Beteiligungen oder in Immobilien werden deshalb von der Aufsicht grundsätzlich nicht als RDP akzeptiert. Eine Abweichung von diesem Grundsatz setzt voraus, dass zeitnahe und valide Bewertungsgutachten den Wert, der dem betroffenen Aktivum beigemessen wird, bestätigen und dabei vorsichtige Annahmen und nachvollziehbare Bewertungsparameter zugrunde gelegt und ferner die mit der Realisierung der stillen Reserven verbundenen Risiken angemessen berück-sichtigt werden. Auch bei Vorliegen dieser Voraussetzungen kommt der Ansatz stiller Reserven in Immobilien oder nicht handelbaren Beteiligungswerten nur in Betracht, wenn den damit ver-bundenen Unsicherheiten durch angemessen hohe Wertabschläge Rechnung getragen wird.

23 Allgemein ist darauf zu achten, dass der Ansatz stiller Reserven nicht inkonsistent zu anderen Elementen des Risikotragfähigkeitskonzeptes ist. So könnte bspw. eine Doppelanrechnung von RDP daraus resultieren, dass die in einem Festzins-Aktivum ruhende zinsinduzierte stille Reserve als RDP angesetzt und zugleich der im laufenden Jahr erwartete Zinsertrag aus dieser Position in einen ebenfalls als RDP berücksichtigten Plangewinn einfließt. Ferner könnte sich eine Inkon-sistenz ergeben, soweit stille Reserven als RDP angesetzt werden, deren Realisierung Sicherungs-beziehungen »aufreißen« würde.

24 Knüpft die RDP-Definition in einem Steuerungskreis an die IFRS-Rechnungslegung an, so gelten die Ausführungen unter b) und c) analog für stille Reserven, die sich aus Anwendung der IFRS-Vorschriften ergeben.

2.5 Stille Lasten bei Wertpapieren im Anlagebestand[19]

2.5.1 Grundsätzliche Herangehensweise

25 Nach den einschlägigen Rechnungslegungsvorschriften dürfen Wertpapiere[20], die wie Anlage-vermögen bewertet werden, im HGB-Jahresabschluss nur dann mit einem höheren als dem zum Bilanzstichtag beizulegenden Zeitwert angesetzt werden, wenn davon auszugehen ist, dass die daraus resultierende stille Last sich im Zeitablauf wieder auflöst, also eine entsprechende Wert-aufholung erfolgt. Voraussetzung für die Höherbewertung im Jahresabschluss ist, dass das

---

19 Die Ausführungen dieses Abschnitts stellen auf die HGB-Rechnungslegung ab. Knüpft die RDP-Definition in einem Steuerungskreis an die IFRS-Rechnungslegung an, so gelten die Ausführungen analog für stille Lasten in Wertpapieren der nicht zum Fair Value bewerteten IFRS-Kategorien.

20 Die hier getroffenen Aussagen gelten auch für Schuldscheindarlehen, soweit diese in der internen Steuerung eines Institutes wie Wertpapiere behandelt werden.

bilanzierende Institut das entsprechende Aktivum dauerhaft zu halten beabsichtigt und hierzu auch in der Lage ist.

Bei Going-Concern-Ansätzen ist eine Bereinigung der stillen Lasten in Wertpapieren des Anlagebestands nicht erforderlich, sofern sich keine Zweifel an der unterstellten Dauerhalteabsicht und -fähigkeit sowie der angenommenen Wertaufholung ergeben.   **26**

Sind Zweifel am Vorliegen dieser Voraussetzungen begründet, so ist bei einem Going-Concern-Ansatz von einer Realisierung der stillen Lasten in Wertpapieren des Anlagebestands auszugehen. Die stillen Lasten sind daher insoweit vom RDP abzuziehen oder auf der Risikoseite als Risikobetrag anzusetzen.   **27**

Liegen stille Lasten in Wertpapieren des Anlagebestands in erheblicher Größenordnung vor, so erwartet die Aufsicht, dass diese vollständig berücksichtigt werden.   **28**

Soweit es sich um ausschließlich zinsinduzierte stille Lasten handelt, die sich bei Wertpapieren ergeben, welche in die verlustfreie Bewertung des Zinsbuchs nach IDW RS BFA 3 einfließen, sind Rdn. 27 und 28 nicht anwendbar.   **29**

Die in diesem Abschnitt dargestellte Herangehensweise ist grundsätzlich auch für Wertpapiere angezeigt, die der Deckungsmasse für Pfandbriefe nach dem PfandBG zugeordnet sind.   **30**

2.5.2   Sonderfall Bewertungsmodelle

Liegt für Wertpapiere des Anlagebestands kein aktiver Markt vor, so kann als Referenzgröße zur Ermittlung etwaiger stiller Lasten auf Werte zurückgegriffen werden, die anhand anerkannter Bewertungsmodelle (z.B. Discounted-Cashflow-Modelle) ermittelt wurden. Analog zur Handhabung bei wie Umlaufvermögen bewerteten Wertpapieren, deren beizulegender Zeitwert für die Rechnungslegung mit anerkannten Bewertungsmodellen bestimmt werden darf, muss die Differenz zwischen Modelle-Wert und ggf. vorhandenem indikativen Wert hier grundsätzlich nicht als stille Last behandelt werden.   **31**

Macht ein Institut von vorstehender Regelung Gebrauch, so hat es die Entwicklung der Differenzen zwischen Modelle-Werten und ggf. vorliegenden indikativen Werten regelmäßig zu beobachten und zu analysieren.   **32**

2.6   Stille Lasten aus Pensionsverpflichtungen

a) IFRS-Rechnungslegung

Hinsichtlich der Abbildung von versicherungsmathematischen Gewinnen und Verlusten schreibt IAS 19 (rev. 2011) die Vereinnahmung über die Eigenkapitalposition »Other comprehensive income« vor.   **33**

In Going-Concern-Ansätzen sind die möglichen künftigen Wertschwankungen des Planvermögens als Risiko zu berücksichtigen.   **34**

b) HGB-Rechnungslegung

Der Gesetzgeber hat den Unternehmen zugestanden, die aus der Methodikumstellung nach BilMoG resultierenden Rückstellungs-Fehlbeträge über einen Zeitraum von maximal 15 Jahren gestreckt aufzustocken.   **35**

Wird ein (HGB-) Plangewinn als RDP-Position angesetzt, so ist darin der in der betreffenden Periode zu erwartende Aufstockungsbetrag aus der Methodikumstellung zu berücksichtigen.   **36**

Über die vorgenannten stillen Lasten hinaus, können in der HGB-Rechnungslegung weitere stille Lasten aus Altzusagen (vor 01.01.1987) resultieren. Gemäß Art. 28 EGHGB kann hier auf die Bildung von Rückstellungen nach § 249 Abs. 1 Satz 1 HGB verzichtet werden. Ergeben sich bei   **37** einem Institut, dessen RDP-Definition auf HGB-Werte abstellt, derartige stille Lasten, so sind diese in angemessener Weise zu ermitteln.

2.7 Eigenbonitätseffekt bei IFRS-Bilanzierung

38   Bei der IFRS-Bilanzierung erfolgt die Erstbewertung finanzieller Verbindlichkeiten grundsätzlich zum beizulegenden Zeitwert. In bestimmten Fällen ist auch die Folgebewertung von Verbindlichkeiten mit dem zum jeweiligen Bilanzstichtag beizulegenden Zeitwert vorzunehmen bzw. als Wahlrecht zulässig.

39   Daraus folgt, dass Entwicklungen, die hinsichtlich der Refinanzierung eines Instituts eigentlich negativ sind, eine Verbesserung der in der Rechnungslegung ausgewiesenen Verhältnisse nach sich ziehen. Gleiches gilt für die in einem Steuerungskreis ermittelte Risikotragfähigkeit, sofern das IFRS-Eigenkapital ungefiltert als RDP angesetzt ist.

40   Soweit die Verbesserung der in der Rechnungslegung ausgewiesenen Verhältnisse auf dem individuell allein das jeweilige Institut betreffenden Bonitätseffekt (Eigenbonitätseffekt) beruht, ist dieser bei der RDP-Ermittlung zu eliminieren.

41   Vorstehendes gilt analog für Institute, die das RDP ausgehend von der HGB-Rechnungslegung ermitteln und dabei stille Reserven aus eigenen Verbindlichkeiten als RDP-Position ansetzen.

2.8 Aktive latente Steuern

42   Aktive latente Steuern lassen sich materiell als Steuerentlastung in zukünftigen Perioden interpretieren, da die ihnen zugrundeliegenden abweichenden Wertansätze eine aus IFRS-/handelsbilanzieller Sicht zunächst zu hohe tatsächliche Steuerzahlung bedingen. In der Rechnungslegung resultiert aus dem Ansatz aktiver latenter Steuern eine Erhöhung des bilanziell ausgewiesenen Eigenkapitals.

43   Der in den aktiven latenten Steuern abgebildete künftige Steuerentlastungseffekt realisiert sich indes grundsätzlich nur insoweit, wie in den zukünftigen Perioden ein steuerpflichtiges Einkommen erzielt wird.

44   Ist bei einem Institut unter der Going-Concern-Prämisse zumindest mittelfristig von steuerlichen Ertragsüberschüssen in entsprechender Größenordnung auszugehen, was mit der Realisierbarkeit der aktiven latenten Steuern einherginge, so ist eine Eliminierung der latenten Steuern bei einem als RDP angesetzten Plangewinn insoweit verzichtbar. Sprechen jedoch Anhaltspunkte dafür, dass ein Institut auch über mehrere Jahre hinweg keinen steuerlichen Gewinn erzielen wird, so ist eine Auflösung der gebildeten aktiven latenten Steuern im nächsten Jahresabschluss zu unterstellen. Sie sind daher in diesem Fall bei Ermittlung eines als RDP angesetzten Plangewinns zu eliminieren.

45   Ungeachtet der Frage, ob hinreichende steuerliche Ertragsüberschüsse zu erwarten sind, müssen aktive latente Steuern stets gemäß den einschlägigen CRR-Vorschriften eliminiert werden, sofern die nicht zur Einhaltung der regulatorischen Anforderungen erforderlichen Eigenmittel (freie Eigenmittel) als RDP berücksichtigt werden.

2.9 Goodwill

46   Ein Goodwill im Sinne eines derivativen Geschäfts- oder Firmenwerts stellt eine rechentechnische Restgröße dar.

Werden freie Eigenmittel als RDP angesetzt, so ist ein Goodwill gemäß den einschlägigen   **47**
CRR-Vorschriften zu eliminieren.

2.10 Patronatserklärungen, Haftsummenzuschläge u. ä.

Im Hinblick auf die fehlende effektive Kapitalaufbringung sind Patronatserklärungen, die bspw.   **48**
von Muttergesellschaften für ihre Tochterbanken abgegeben werden, bei Letzteren nicht als RDP
ansetzbar.

Gleiches gilt für allgemeine Beistandserklärungen, wie sie bspw. Verbundorganisationen für   **49**
ihre Mitgliedsinstitute abgeben. Werden hingegen von Dritten (bspw. Verbundeinrichtungen bzw.
Sicherungseinrichtungen) konkrete Ausfallgarantien für bestimmte bzw. exakt bestimmbare
Assets rechtsverbindlich abgegeben, so kann dies auf der Risikoseite, z. B. durch ein geringeres
Risikogewicht, berücksichtigt werden.

Haftsummenzuschläge der Kreditgenossenschaften stehen nicht unmittelbar im Institut zum   **50**
Verlustausgleich zur Verfügung. Sie sind daher nicht als RDP ansetzbar.

3.   Risikoarten und Risikoquantifizierung

3.1 Spezifische Aspekte der zu berücksichtigenden Risikoarten

Hinsichtlich der in der Risikotragfähigkeitssteuerung zu berücksichtigenden Risikoarten sind   **51**
folgende Aspekte zu beachten:

In einem Going-Concern-Ansatz mit GuV-/bilanzorientierter RDP-Ableitung kann es im Hin-   **52**
blick auf die Bewertungsvorschriften zur externen Rechnungslegung ggf. akzeptiert werden, wenn
hier Kursrisiken bei Positionen im Anlagebestand unberücksichtigt bleiben. Analog zur Handhabung stiller Lasten setzt dies jedoch voraus, dass das Institut die Positionen dauerhaft halten will
und kann und eine Realisierung der Kursrisiken in der Rechnungslegung im betrachteten Zeithorizont nicht zu erwarten ist (vgl. 2.5.1).

Bei Ermittlung des Zinsänderungsrisikos ist neben dem Zinsspannenrisiko auch der Gefahr eines   **53**
Rückstellungsbedarfs im Rahmen der verlustfreien Bewertung des Zinsbuchs nach IDW RS BFA 3
Rechnung zu tragen. Soweit stille Reserven im Zinsbuch vorliegen, die bei etwaiger Materialisie-
rung dieses Risikos einen Rückstellungsbedarf vermeiden würden, kann auf den Ansatz des
Risikos bei der Risikotragfähigkeitssteuerung verzichtet werden.

Für zinstragende Geschäfte im Depot A sind grundsätzlich auch Credit Spread Risiken zu   **54**
berücksichtigen, wobei eine differenzierte Herangehensweise geboten ist:

Da Credit Spread Risiken bei Depot-A-Positionen, die dem Handelsbestand zugeordnet bzw. wie   **55**
Umlaufvermögen bewertet sind[21], im Falle ihrer Realisierung grundsätzlich eine Wertanpassung in
der Rechnungslegung auslösen, sind sie in Steuerungskreisen mit GuV-/bilanzorientierter RDP-
Ableitung stets zu berücksichtigen.

Bei Depot-A-Positionen des Anlagebestands kann hingegen auf den Ansatz von Credit Spread   **56**
Risiken in einem Going-Concern-Ansatz mit GuV-/bilanzorientierter RDP-Ableitung verzichtet
werden, sofern Positionen die unter 2.5.1 erwähnten Anforderungen an eine Nichtberücksichti-

---

21 Die hier getroffenen Aussagen zu Depot-A-Beständen, die dem Handelsbestand zugeordnet bzw. wie Umlaufvermögen
bewertet sind, gelten bei Ansätzen, die auf der IFRS-Rechnungslegung basieren, entsprechend für die mit dem Fair Value
bewerteten Depot-A-Bestände. Die Aussagen zu dem Anlagebestand zugeordneten Depot-A-Positionen gelten analog für
die in der IFRS-Rechnungslegung nicht zum Fair Value bewerteten Positionen.

gung stiller Lasten erfüllen. Die Verwirklichung der Credit Spread Risiken hätte hier nur die Entstehung/Erhöhung stiller Lasten zur Folge, die aber nicht zwingend rechnungslegungswirksam würden.

3.2 Erwartete und unerwartete Verluste

57 Bei den als wesentlich identifizierten Risiken muss das Gesamtkonzept sowohl erwartete als auch unerwartete Verluste umfassen. Auf die Abbildung erwarteter Verluste kann insoweit auf der Risikoseite verzichtet werden, wie sie bereits adäquat bei Bestimmung des RDP berücksichtigt wurden (vgl. 2.1).

3.3 Risikobetrachtungshorizont

58 Für die Risikotragfähigkeitsbetrachtung sind die Risiken über einen einheitlich langen künftigen Zeitraum zu ermitteln, der üblicherweise ein Jahr beträgt (Risikobetrachtungshorizont). AT 4.1 Tz. 3 MaRisk bleibt unberührt.

59 Bei Marktpreisrisiken muss sichergestellt sein, dass auch bei wechselnden Positionen und zwischenzeitlichen Glattstellungen insgesamt nicht mehr RDP aufgezehrt werden kann, als für diese Risiken für den gesamten Risikobetrachtungshorizont allokiert ist.

60 Eine konsistente Messung der Marktpreisrisiken im Rahmen der Risikotragfähigkeitsbetrachtung erfordert die Festlegung einer Haltedauer für Marktrisikopositionen sowie ein konsistentes Limitsystem, um die Risikonahme über den gesamten Risikobetrachtungshorizont steuern zu können.

61 Bei der Festlegung der Haltedauer von Marktrisikopositionen kann daher ein potenzieller Abbau von Risikopositionen nur insoweit berücksichtigt werden, wie das Institut nachweisen kann, dass eine solche Steuerungsmaßnahme mit den Strategien, Risikosteuerungs- und -controllingprozessen sowie der Portfoliostruktur im Einklang steht. Dies schließt die konsistente Berücksichtigung der Ertrags- und Kostensituation nach einem unterstellten Abbau von Risikopositionen ein.

62 Die Auswirkungen etwaiger Marktverwerfungen sind in Stresstests abzubilden. Je weniger solche Stressgesichtspunkte bei Festlegung der Haltedauern berücksichtigt wurden, umso mehr müssen sie in den Stresstests (vgl. 6.) Berücksichtigung finden.

3.4 Beobachtungszeitraum

63 Die von den Instituten verwendeten Ansätze zur Risikoquantifizierung beruhen im Regelfall zumindest teilweise auf beobachteten Entwicklungen aus der Vergangenheit. Diese bilden dann einen Teil der Berechnungsgrundlage für die Bewertung des (in die Zukunft gerichteten) Risikos.

64 Beinhaltet der Beobachtungszeitraum ausschließlich oder überwiegend Zeiten geordneter und ruhiger Marktverhältnisse, so sind auch die Auswirkungen von stärkeren Parameterveränderungen bei der Risikoermittlung angemessen zu berücksichtigen, wenn diese für die bei der Risikotragfähigkeitsbetrachtung angenommene Haltedauer nicht auszuschließen sind.

3.5 Weitere Parameter der Risikoquantifizierung

Je nach Wahl der Risikomaße, anhand derer die Risiken quantifiziert werden, haben über die **65** vorgenannten Größen hinaus weitere Parameter wesentlichen Einfluss auf die resultierenden Risikowerte (bspw. Konfidenzniveau, Korrelationskoeffizienten).

Die Wahl der Parameter muss mit der Perspektive der Risikotragfähigkeitsbetrachtung im **66** Einklang stehen. Bei Going-Concern-Ansätzen sind die Parameter der Risikomessung in Abhängigkeit davon festzulegen, wie eng die RDP-Definition ist.

Anlage 32
Bundesanstalt für Finanzdienstleistungsaufsicht (BaFin)
Rundschreiben 10/2017 (BA) zu den BAIT
Übermittlungsschreiben vom 14. September 2018

[...]

ich freue mich, Ihnen die Bankaufsichtlichen Anforderungen an die IT (BAIT) vorzulegen, die nunmehr um ein weiteres Modul ergänzt sind, das sich an diejenigen Unternehmen richtet, die die BAIT einzuhalten haben und die zugleich Betreiber kritischer Infrastrukturen im Sinne des BSI-Gesetzes sind (»KRITIS-Modul«).

Um für diese Institute zusätzliche Belastungen durch das Hinzutreten der Anforderungen des § 8a BSI-Gesetzes neben denen des § 25a KWG möglichst gering zu halten, haben die Präsidenten der BaFin und des BSI bereits in ihrem gemeinsamen Schreiben am 03.08.2018 an die Geschäftsleitungen der KRITIS-Betreiber im Sektor Finanz- und Versicherungswesen die Veröffentlichung des KRITIS-Moduls angekündigt. Das KRITIS-Modul beschreibt für den einschlägigen Adressatenkreis, welche zusätzlichen Anforderungen zu berücksichtigen sind, um den Nachweis gemäß § 8a Abs. 3 BSI-Gesetz durch den Jahresabschlussprüfer erbringen zu lassen. Dieser bewertet im Rahmen der Prüfung des Risikomanagements und der Geschäftsorganisation des Unternehmens auch die Einhaltung und die wirksame Umsetzung der Anforderungen des § 13 Prüfungsberichtsverordnung und er kann nunmehr gleichzeitig auch die Erfüllung der Anforderungen des § 8a Abs. 1 BSI-Gesetz überprüfen und bestätigen.

Die zur Nachweiserbringung gemäß § 8a Abs. 3 BSI-Gesetz erforderlichen Formblätter sind durch den jeweiligen KRITIS-Betreiber fristgerecht beim BSI einzureichen.

Alternativ können die KRITIS-Betreiber auch einen unternehmensindividuellen Ansatz verfolgen oder einen branchenspezifischen Sicherheitsstandard (B3S) gemäß § 8a Abs. 2 BSI-Gesetz erstellen. Der Nachweis gemäß § 8a Abs. 3 BSI-Gesetz ist in diesen Fällen unter Hinzuziehung einer geeigneten Prüfstelle (vgl. »Orientierungshilfe zu Nachweisen gemäß § 8a (3) BSIG«) zu erstellen.

Zwischenzeitlich hat die BaFin das KRITIS-Modul mit dem BSI und der Deutschen Bundesbank abgestimmt.

Von einem Konsultationsverfahren hat die BaFin abgesehen, weil sich das KRITIS-Modul im Gegensatz zu den übrigen Modulen der BAIT nur an diejenigen Unternehmen richtet, die die BAIT einzuhalten haben und außerdem KRITIS-Betreiber sind. Diesen Unternehmen steht es außerdem selbst frei, das Modul anzuwenden. Um den KRITIS-Betreibern dennoch einen Überblick über den Inhalt des Moduls zu geben, hat die BaFin die Verbände zu einem Workshop eingeladen, von denen sie vertreten werden. In diesem Workshop hat die BaFin die Verbandsvertreter über Hintergrund und Inhalt des KRITIS-Moduls informiert.

Das um das KRITIS-Modul ergänzte BAIT-Rundschreiben ist diesem Schreiben als Anlage beigefügt. Die Dokumente können unter www.bafin.de und www.bundesbank.de abgerufen werden.

[...]

Anlage 33
Bundesanstalt für Finanzdienstleistungsaufsicht (BaFin)
Sitzung des MaRisk-Fachgremiums am 5. November 2018
Protokoll

[...]

2.   Künftiger Umgang mit EBA-Leitlinien

Die Deutsche Kreditwirtschaft (DK) hat um Bestätigung ihrer Einschätzung gebeten, dass erst dann eine rechtlich verbindliche Umsetzungspflicht für LSIs anzunehmen sei, wenn die BaFin in Verbindung mit einer entsprechenden »Comply«-Erklärung den nationalen regulatorischen Rahmen (z.B. MaRisk, spezifische Rundschreiben) angepasst habe. Die Aufsicht konnte dies so allgemein nicht bestätigen, sondern sah sich veranlasst, zur rechtlichen Einordnung und üblichen Verfahrensweise näher auszuführen:

Danach setzt der Prozess zur Übernahme von EBA-Guidelines mit der Festlegung der BaFin gegenüber der EBA ein, ob und in welchem Umfang solche Leitlinien der EBA in deutsches Recht und unsere nationale Verwaltungspraxis übernommen werden. Im Rahmen einer solchen »Comply«-Erklärung gibt die BaFin gegenüber der EBA regelmäßig auch an, ob die Anforderungen aus EBA-Guidelines unverzüglich anzuwenden seien oder ob sich aus der Umsetzung in deutsche Verwaltungsschreiben eine Frist bis zur erstmaligen Anwendung ergebe.

Wie der Verlautbarung auf der Homepage der BaFin zu entnehmen ist,[1] kann im Regelfall davon ausgegangen werden, dass die BaFin die Leitlinien der EBA, der ESMA und der EIOPA in ihre Verwaltungspraxis übernimmt. Soll eine Leitlinie der EU-Behörden ausnahmsweise nicht oder – was in der Praxis eher vorkommt – nicht vollständig (etwa aufgrund von Konflikten mit deutschen gesellschaftsrechtlichen Regelungen) übernommen werden, benennt die BaFin diese Leitlinien auf ihrer Homepage. Im Einzelfall kann für die Übernahme in das deutsche Aufsichtsrecht ein Rechtsakt erforderlich sein (z.B. der Erlass oder die Änderung einer Verordnung).

Der Vertreter der BaFin hat auf entsprechende Rückfrage bestätigt, dass die Art und Weise der Umsetzung in Zukunft zeitnah nach der jeweiligen »Comply«-Erklärung auch an die Industrie kommuniziert werden soll, im Regelfall über die Fachgremien. Für den Fall der Umsetzung durch

---

1   Vgl. https://www.bafin.de/DE/RechtRegelungen/LeitlinienundQandAderESAs/LeitlinienundQandAderESAsnode.html

ein Rundschreiben oder die Novellierung eines Rundschreibens müssten die LSIs die hieraus resultierenden Anforderungen aus der Guideline dann in der Tat erst mit der Veröffentlichung des nationalen Rundschreibens anwenden. Auch dann seien die LSIs aber gehalten, sich bereits vorher mit dem Inhalt der betreffenden (und regelmäßig auch in der deutschen Amtssprache vorliegenden) Leitlinien zu befassen und organisatorische Vorkehrungen zu treffen, um die hierin adressierten Anforderungen umzusetzen. Auf Rückfrage hat die Aufsicht bekräftigt, dass eine (über die in der »Comply«-Erklärung genannte Frist hinausgehende) Übergangsfrist sich durchaus auf die Umsetzung jener Neuerungen beschränken könnte, bei denen die konkreten Anforderungen aufgrund eines erkennbaren nationalen Auslegungsspielraums vor der finalen Fassung des jeweiligen Rundschreibens nicht absehbar gewesen seien.

Auch könne sogar im Bereich der MaRisk entsprechend der allgemeinen Vorgehensweise der BaFin nicht mehr ausgeschlossen werden, dass einzelne EBA-Guidelines im LSI-Bereich unmittelbar für anwendbar erklärt werden.

Die DK weist in der Diskussion darauf hin, dass sie im LSI-Bereich eine Fortführung der bisherigen Vorgehensweise (d. h. die Umsetzung von EBA-Leitlinien über die MaRisk oder andere BaFin-Rundschreiben, Auslegungshinweise etc.) für sinnvoll erachte. Die DK regt an, den Umgang mit EBA-Leitlinien breiter zu diskutieren und die aktuell bestehenden Unsicherheiten zu beseitigen.

3. Anwendbarkeit der MaRisk im Bereich des SSM

Hinsichtlich der Anwendung von Rundschreiben und Auslegungsentscheidungen auf SIs – insbesondere im Bereich der MaRisk – hielt die Aufsicht Folgendes fest:

Grundsätzlich führen Rundschreiben und Auslegungsentscheidungen zu einer Selbstbindung der Verwaltung. Die BaFin veröffentlicht diese Verwaltungsvorschriften, damit sich die von ihr Beaufsichtigten darauf einstellen und die von der BaFin formulierten Anforderungen umsetzen können. Sie stellen eine Orientierungshilfe dar und entfalten – anders als Gesetze oder Verordnungen – keine unmittelbare Bindungswirkung für die Institute. Die deutsche Aufsicht erwartet aber seit jeher, dass die Rundschreiben durch die Institute beachtet werden, da sie Mindeststandards vorgeben, welche in Anwendung der Gesetze und Verordnungen einzuhalten sind.

So legen die Mindestanforderungen an das Risikomanagement offen, was die deutsche Aufsicht in ständiger Verwaltungspraxis im Hinblick auf die Einhaltung der §§ 25a und 25b KWG fordert. Diese gesetzliche Vorgabe regelt, dass ein Institut über eine ordnungsgemäße Geschäftsorganisation verfügen muss, welche insbesondere die Einhaltung gesetzlicher Bestimmungen gewährleisten und ein angemessenes und wirksames Risikomanagement umfasst, auf dessen Basis ein Institut die Risikotragfähigkeit laufend sicherzustellen hat. Da eine nicht ordnungsgemäße Geschäftsorganisation die Eignung der Geschäftsleitung berühren kann, kommt den konkretisierenden Regelungen der MaRisk eine besondere Bedeutung zu, um die Transparenz und Nachvollziehbarkeit des Verwaltungshandelns in diesem sensiblen Bereich zu gewährleisten.

Nicht zuletzt bilden die MaRisk auch die Grundlage für von der EZB erbetene Stellungnahmen zur deutschen (fortlaufenden) Verwaltungspraxis, welche die EZB im Rahmen des Ziels eines kontinuierlichen Verwaltungshandelns regelmäßig in ihre Entscheidungen und Verwaltungsakte einbezieht. Die Vertreter der Aufsicht stellten aber auch klar, dass es der Auftrag des SSM erfordern könnte, im Einzelfall von der bisherigen (deutschen) Verwaltungspraxis abzuweichen, um eine einheitliche europäische Verwaltungspraxis im SSM herzustellen. So könne sich durch spezifische

Leitlinien für die Aufsicht über SSM-Institute auch die Verwaltungspraxis und die Auslegung des § 25a KWG für diese unmittelbar von der EZB beaufsichtigten Institute ändern. Dies sei beispielsweise bei den Leitfäden des SSM zum ICAAP und ILAAP der Fall. Soweit die EZB spezifische Anforderungen formuliert, sind für SIs diesbezügliche nationale Anforderungen nicht mehr anwendbar.

Zurzeit sei jedoch nicht geplant, den modularen Aufbau der MaRisk grundsätzlich in Frage zu stellen, der in bestimmten Regelungsbereichen mit Blick auf das Proportionalitätsprinzip ausdrücklich zwischen verschiedenen Kategorien von Instituten unterscheide. So gelten einzelne Abschnitte ausschließlich entweder nur für kapitalmarktorientierte, andere wiederum nur für komplexe, international tätige Institute oder – darüber noch hinausgehend – ausdrücklich nur für systemrelevante Institute (z. B. AT 4.3.4. zum Datenmanagement).

4. Umgang mit EBA-Leitlinien, zu denen die EZB (noch) keine dezidierten Vorgaben für SIs formuliert hat

Die Vertreter der deutschen Aufsicht nahmen zu dieser von der Industrie aufgeworfenen Frage wie folgt Stellung:

Die EZB kann hinsichtlich der EBA-Leitlinien, die das Comply-or-Explain-Verfahren durchlaufen haben, die Ausübung ihres Ermessens als zuständige Aufsichtsbehörde selbst bestimmen und eine von der nationalen Verwaltungspraxis abweichende Vorgehensweise wählen. Soweit die EZB (noch) keine schriftlichen Vorgaben formuliert, jedoch bereits signalisiert hat, dass sie bereits eine vollständige Umsetzung der Anforderungen aus EBA-Leitlinien erwarte, müssen betroffene Institute die Erwartungen der EZB im direkten Dialog mit der EZB als zuständiger Aufsichtsbehörde klären. Auf die Frage eines Industrievertreters nach dem level playing field bestätigte die Aufsicht, dass es diese Vorgehensweise mit sich bringe, dass es einen vollständigen Gleichlauf zwischen SIs und LSIs bei der Anwendung der Leitlinien nicht geben könne, da die EZB in der Regel die unmittelbare Anwendung der EBA-Guidelines erkläre. Dies widerspreche dem Proportionalitätsprinzip naheliegender Weise nicht.

5. Validierung

Die DK bittet um Klarstellung, was unter »vergleichsweise komplexen« Verfahren und Methoden, zugrunde liegenden Annahmen und Parametern oder einfließenden Daten zu verstehen ist. Die Aufsicht führt dazu aus, dass zahlreiche Verfahren eindeutig als sehr einfach oder aber als komplex bezeichnet werden können. So können Expertenschätzungen oder plausible Pauschalbeträge (AT 4.1 Tz. 5 MaRisk) eindeutig als nicht komplexe Verfahren im Sinne von AT 4.1 Tz. 9 genannt werden. Auf der anderen Seite seien Kreditportfoliomodelle und Value-at-Risk-Ansätze als eindeutig komplexe Verfahren aufgeführt. Bei allen dazwischen liegenden Verfahren sind

Institute angehalten, selbst eine Einschätzung über den Grad der Komplexität zu treffen. Die Validierung muss umso tiefgehender erfolgen, je komplexer das Risikomodell ist. Bei der Einschätzung der Komplexität können Kriterien wie das geforderte Maß an Fachkenntnissen zur Implementierung eines Verfahrens, die Anzahl der Parameter und Eingangsvariablen behilflich sein.

Zur Anforderung in AT 4.1 Tz. 10 MaRisk »... Die wesentlichen Ergebnisse der Validierung und ggf. Vorschläge für Maßnahmen zum Umgang mit bekannten Grenzen und Beschränkungen der Methoden und Verfahren sind der Geschäftsleitung vorzulegen« bittet die DK um Klärung, ob die Formulierung »vorzulegen« im Sinne »informieren« und »nicht als zur Genehmigung vorzulegen« zu interpretieren ist. Die Aufsicht teilt die Einschätzung der DK. Es handelt sich bei der Anforderung primär um Berichtsanforderungen im Sinne von »informieren«. Sollten dabei allerdings auch Maßnahmen zum Umgang mit bekannten Grenzen und Beschränkungen vorgeschlagen werden, liegt es nahe, dass diese eine Entscheidung seitens der Geschäftsleitung erfordern.

6. Stresstests für das Gesamtrisikoprofil

Die DK bittet zum einen um Bestätigung, dass sich die Anforderung an die Stresstests für das Gesamtrisikoprofil in AT 4.3.3 Tz. 2 insgesamt nur auf die wesentlichen Risiken eines Instituts bezieht. Die Aufsicht stimmt der Einschätzung der DK zu. Die Anforderungen des AT 4.3.3 Tz. 2 beziehen sich auf die wesentlichen Risiken eines Instituts, die regelmäßig und anlassbezogen im Rahmen einer Risikoinventur identifiziert und definiert werden (Gesamtrisikoprofil). Es liegt im Ermessen des Instituts, weitere (nicht wesentliche) Risiken in den Stresstests zu berücksichtigen.

Des Weiteren wirft die DK die Frage auf, ob für die übergeordneten Szenarien sowohl institutseigene als auch marktweite Ursachen kombiniert betrachtet werden müssen. Solche Kombinationen seien (in Bezug auf die zugrunde gelegten Ereignisse bzw. Ursachen, nicht die Auswirkungen) oftmals wenig plausibel. Die Aufsicht stellt klar, dass in den übergeordneten Szenarien sowohl institutseigene als auch marktweite Ursachen zu berücksichtigen sind. Die Aufsicht geht davon aus, dass die Betrachtung einer Kombination von geeigneten institutseigenen und marktweiten Ursachen sinnvoll sein kann und auch notwendig ist. Kann im Einzelfall keine plausible Ursachen-Kombination hergeleitet werden, könnte eine Abbildung auch in zwei unterschiedlichen Szenarien zum gleichen Zeitpunkt erfolgen.

7. Unabhängigkeit der Risikocontrolling-Funktion (RCF)

Die DK bat um Klarstellung, dass Empfehlungen der Risikocontrolling-Funktion zur Durchführung von risikoreduzierenden Maßnahmen nicht zur Geschäftsinitiierung zählen (AT 4.4.1 Tz. 1 Erl.). Seitens der Aufsicht besteht die Auffassung, dass die Möglichkeit der Risikocontrolling-Funktion zur Abgabe reiner Handlungsempfehlungen an Markt, Handel oder Treasury davon unberührt bleibt.

Die DK bat um Klarstellung hinsichtlich der Ausnahmeregelung bei der Wahrnehmung von Votierungskompetenzen durch die Leitung der Risikocontrolling-Funktion bei Instituten mit max. 3 Geschäftsleitern (AT 4.4.1 Tz. 4 Erl.).

Für Institute mit maximal 3 Geschäftsleitern sind folgende Ausnahmen möglich:

1) Auf der Ebene unterhalb der Geschäftsleitung darf die Leitung Risikocontrolling mit der Leitung Marktfolge in Personeneinheit zusammenfallen. In diesem Fall darf die Leitung der Risikocontrolling-Funktion über Votierungs- und Genehmigungskompetenzen verfügen (da diese einem Leiter Marktfolge nicht verwehrt werden können). Die MaRisk sehen nur Votierungskompetenzen vor, das schließt laut BaFin aber Genehmigungskompetenzen nicht aus. Wesentliche Interessenkonflikte dürfen sich daraus nicht ergeben.

2) Sofern die Leitung Risikocontrolling und die Leitung Marktfolge nicht in Personeneinheit zusammenfallen (Regelfall), wird aufgrund der vorgenannten Ausnahmeregelung der Leitung Risikocontrolling die Möglichkeit von Votierungskompetenzen sowie Genehmigungskompetenzen im üblichen Vertretungsfall für die Leitung Marktfolge zugestanden, sofern beide innerhalb derselben Vorstandslinie angesiedelt sind und keine wesentlichen Interessenkonflikte bestehen. Nur für den Vertretungsfall gewährte Kompetenzen dürfen nicht standardmäßig und faktisch dauerhaft, sondern nur im Rahmen üblicher Abwesenheiten ausgeübt werden. Mit dieser Ausnahmeregelung sollen Tendenzen der Institute aufgegriffen werden, Marktfolge und Risikocontrolling vermehrt unter einheitliche Leitung zu stellen, nur um dem Leiter Risikocontrolling Kreditkompetenzen einräumen zu dürfen. Vor allem aber werden dadurch Inkonsistenzen und Wertungswidersprüche der Aufsicht vermieden. In der Praxis der Geschäftsleitereignungszuerkennung wird auch eine gelegentliche vertretungsweise Ausübung von Votierungskompetenzen als Erfahrung für die Geschäftsleitereignung angerechnet.

3) Bei Sparkassen: Wenn die Leitung Risikocontrolling zugleich Verhinderungsvertretung gemäß SparkassenG ist, besitzt sie bereits die Geschäftsleitereignung, ist somit im Vertretungsfall vollwertiges Mitglied der Geschäftsleitung und darf über Votierungs- und Genehmigungskompetenzen sowie über Krediteinzelkompetenz verfügen. Dies gilt nur bei Verhinderungsvertretung für marktfremde Vorstandsbereiche, nicht jedoch in dem (theoretischen) Fall einer Verhinderungsvertretung für den Markt- oder Handelsvorstand.

Die in der Antwort zur vorangegangenen Fragestellung beschriebenen Ausnahmen für Zweitvotierungs- und Genehmigungskompetenzen der Leitung Risikocontrolling sind nicht nur für Kreditkompetenzen anwendbar, sondern auch für Kompetenzen für die Vergabe von Emittenten- und Kontrahentenlimiten im Handelsgeschäft sowie für den Erwerb von Beteiligungen. Bei der Zweitvotierung für Eigenhandelsgeschäfte wird aufsichtlich unter dem Aspekt des Adressenausfallrisikos kein Unterschied zur Marktfolge Kredit gesehen bzw. die MaRisk kennen eine solche Unterscheidung nicht. Im Ergebnis bedeutet dies, dass die Risikocontrolling-Funktion die Zweitvotierung von Handelsgeschäften nicht (mehr) vornehmen kann, sofern die oben beschriebenen Ausnahmeregelungen nicht greifen.

Bei nicht-systemrelevanten Instituten können unter der Leitung der Risikocontrolling-Funktion – unabhängig von der Regelung zur Marktfolge nach AT 4.4.1 Tz. 4 Erl. – auch weitere, marktfremde Aufgaben angesiedelt sein (z.B. Finanzen/Rechnungswesen, Meldewesen, Abwicklung und Kontrolle). Es ist im jeweiligen Einzelfall jedoch genau zu prüfen, ob wesentliche Interessenkonflikte dem entgegenstehen und ob für die Leitungsaufgaben der Risikocontrolling-Funktion angemessene Ressourcen bleiben.

Sofern einzelne Überwachungstätigkeiten und Auswertungen (z.B. Informations- und Datenerhebung für Risikoberichte) außerhalb der Risikocontrolling-Funktion wahrgenommen werden, sind diese ggf. zusätzlich durch die Risikocontrolling-Funktion zu plausibilisieren. Die genauen Zuständigkeiten für Risikocontrolling-Aufgaben müssen im Institut klar definiert werden.

In den Protokollen zur 23. und 24. Sitzung des Gesprächskreises kleiner Institute (2013) wurde festgehalten: Bei kleinen Instituten könnte die Betreuung des Kreditrisikomodells sowie die Messung der Adressrisiken dem Bereich Marktfolge zugewiesen werden. Dabei muss es aber dem Bereich Risikocontrolling grundsätzlich möglich sein, die Validität der gemessenen Risiken beurteilen zu können. In letzter Konsequenz beinhaltet dies die Möglichkeit, die Einstellung der Risikoparameter beeinflussen zu können. Es ist nicht im Sinne der Aufsicht, dass das Risikocontrolling nur für das reine Zusammenstellen der Zahlen verantwortlich ist. Es muss stattdessen auch die Risikomessmethoden mit beeinflussen können. Nur so kann es seine Aufgaben unabhängig ausfüllen. Von daher ist die Betreuung des Kreditrisikomodells in der Marktfolge zwar grundsätzlich eher kritisch, die Aufsicht wird sich aber entsprechenden Lösungsansätzen bei kleinen Instituten nicht automatisch verschließen, solange die Unabhängigkeit und die Einflussmöglichkeit des Risikocontrollings nicht darunter leidet und insbesondere die Parametrisierung außerhalb des Marktfolgebereichs stattfindet. Es ist der jeweilige Einzelfall zu prüfen.

8. Produkte- und Märktekatalog

Die DK bat um Präzisierung, welche Produkte und Märkte in den Produkte- und Märktekatalog gemäß AT 8.1 Tz. 2 aufzunehmen seien. Zielsetzung des Produkte- und Märktekatalogs ist es, ein Inventar zu haben, das es ermöglicht, zu entscheiden, ob bestimmte Produkte im Institut bereits sachgerecht gehandhabt werden oder ob ein NPP notwendig ist. Insofern geht es um Geschäfte, die tatsächlich bereits durchgeführt werden und nicht um solche, »die noch Gegenstand strategischer Überlegungen« sind.

Die Formulierung, dass Produkte und Märkte aufzuführen sind, die Gegenstand der Geschäftsaktivitäten »sein sollen« bezieht sich z. B. auf Geschäfte, die noch keinen längeren Zeitraum der Nichtverwendung gem. AT 8.1 Tz. 2 erreicht haben und daher noch nicht aus dem Produktkatalog gestrichen wurden. Unter Produktverwendung ist zudem sowohl die Durchführung als auch das Angebot von Produkten zu verstehen, da bei Annahme des Angebots unmittelbar eine Produktverwendung entsteht.

Der Produkte- und Märktekatalog soll so detailliert sein, dass die Entscheidung darüber, ob ein neues Produkt einen NPP durchlaufen muss, vereinfacht wird. So wird eine Kategorie »Swaps« sicherlich zu pauschal sein, da Zinsswaps und Währungsswaps auf ganz andere Parameter reagieren, die das Risiko-Controlling bei der Risikomessung berücksichtigen muss. Dagegen kann das Produkt Zinsswaps bereits ausreichend granular bezeichnet sein, auch wenn unterschiedliche Fristen gehandelt werden. Die Risikomessung (im Gegensatz zur Risikoauswirkung) und auch die Abwicklung unterscheiden sich hinsichtlich der Fristen nur marginal (Verwendung anderer Referenzinsätze) und benötigen keine andere Methodik oder Abwicklungsprozesse.

9. Besichtigungen und Bautenstandskontrollen bei Objekt-/Projektfinanzierungen

Die DK wollte wissen, ob die angepasste Regelung zu BTO 1.2 Tz. 5 so zu verstehen ist, dass bei einfachen Projekten mit kurzer Bauphase und wenigen Gewerken auf eine Besichtigung und Bautenstandskontrolle verzichtet werden kann. Mit der Anpassung ist kein kompletter Verzicht auf eine Besichtigung und Bautenstandskontrolle während der Entwicklungsphase des Projektes/Objektes beabsichtigt, ebenso kann nicht auf eine abschließende Besichtigung und Bautenstandskontrolle verzichtet werden. Seitens der Aufsicht wird erwartet, dass Institute die Abstände risikoorientiert (in Abhängigkeit von z. B. Komplexität, Dauer des Projektes/Objektes etc.) festlegen, um in einem möglichst frühen Stadium auftretende Schwierigkeiten rechtzeitig zu erkennen.

10. Bestätigungsverfahren bei Handelsgeschäften

Die DK bat um eine Erleichterung hinsichtlich des Bestätigungsverfahrens gemäß AT 2.2.2 Tz. 2 für Geschäfte, bei denen nach internationaler Gepflogenheit (z. B. Hedgefonds) auf solche Bestätigungen verzichtet wird. Das Bestätigungsverfahren ist ein Kernpunkt der MaRisk bei Handelsgeschäften. Es soll sicherstellen, dass beide Seiten das oftmals telefonisch abgeschlossene Geschäft jeweils richtig aufgenommen haben. Es dient sowohl der Geschäftssicherheit (Vermeidung von Storni) als auch der Verhinderung von dolosen Handlungen durch Abschluss von Scheingeschäften.

Hinsichtlich der Fondsgesellschaften lässt sich aus den KAMaRisk i. d. F. vom 10.01.2017 tatsächlich explizit keine Anforderung zur Erstellung von Geschäftsbestätigungen ableiten. Allerdings führen die Erläuterungen zu Abschnitt 4.7 Tz. 2 (Abwicklung und Kontrolle) der KAMaRisk aus, dass für den Fall, in dem Bestätigungen nicht eingeholt werden können, die Kapitalverwaltungsgesellschaft (KVG) auf andere geeignete Weise Existenz und Inhalt der Geschäfte zu verifizieren hat. Hier wäre dann analog zu den Erläuterungen zu BTO 2.2.2 Tz. 2 MaRisk zu verfahren. Demnach hat das Institut, wenn Gegenbestätigungen nicht eingeholt werden können, die Existenz und den Inhalt der Geschäfte aus den oben genannten Gründen dennoch in anderer geeigneter Weise sicherzustellen (z. B. durch Kontrolle der Abrechnungen, die von der KVG erstellt werden).

11. Perspektiven der Zinsänderungsrisikomessung

Die DK weist darauf hin, dass lediglich aus dem BaFin-Anschreiben zum überarbeiteten RS 9/2018 erkennbar werde, dass mit der Neuformulierung der BTR 2.3 Tz. 6 eine Umsetzung der EBA-Leitlinien zum IRRBB-Management (EBA/GL/2015/08) intendiert ist. In der Praxis stelle sich insbesondere für Institute, die in der Risikotragfähigkeit GuV-orientierte Going-Concern-Ansätze nutzen, die Frage, wie und in welchem Umfang die Auswirkungen aus der jeweils anderen Steuerungsperspektive berücksichtigt werden müssen.

Die Aufsicht bestätigt, dass die neue Anforderung in den MaRisk aus der Umsetzung der EBA Leitlinien resultiert. Die verlustfreie Bewertung des Zinsbuchs nach BFA 3 ist im Regelfall ausreichend, wenn die Überprüfung einer Drohverlustrückstellung unter konsistenter Berücksichtigung der in der RTF betrachteten Szenarien erfolgt. Dabei ist für kleinere und wenig komplexe Institute i.d.R. eine jährliche Berechnung mit vierteljährlicher Plausibilisierung/Überprüfung der Reserven angemessen. Im Rahmen der Proportionalität sind Abweichungen in beide Richtungen möglich.

12. Zukunftsorientierte Risikoberichterstattung

Die DK bittet um Klarstellung, dass es sich bei der Anforderung zur zukunftsorientierten Risikoeinschätzung in BT 3.1 Tz. 1 um eine qualitative Einschätzung der zukünftigen Risikosituation für das eigene Institut handelt, die bspw. aus der Neugeschäftsplanung bzw. -entwicklung oder der Portfolioentwicklung durch Fälligkeiten abgeleitet wird. Die Aufsicht betont, dass die Risikoberichterstattung nicht lediglich vergangenheitsorientierte Aussagen enthalten darf. In der Risikoeinschätzung sind zwingend zukunftsorientierte Aussagen zu treffen. Die zukunftsorientierte Einschätzung kann qualitativ auf Basis der Neugeschäftsplanung bzw. -entwicklung oder der Portfolioentwicklung durch Fälligkeiten erfolgen. Nichtsdestotrotz ist bei den im Rahmen von Stresstests durchgeführten Szenarioanalysen, die einen wesentlichen Bestandteil der zukunftsorientierten Risikoeinschätzung darstellen, eine quantitative Betrachtung (ohnehin) erforderlich.

Anlage 34
Bundesanstalt für Finanzdienstleistungsaufsicht (BaFin)
Sitzung des MaRisk-Fachgremiums am 3. Mai 2019
Protokoll

[...]

2. MaRisk-Novelle

2.1. Ausblick auf die nächste MaRisk-Novelle: Voraussichtlicher Änderungsbedarf aus EBA-Leitlinien u. a.

Die Aufsicht hat mit diesem Punkt die Bitte der DK aus dem Fachgremium MaRisk am 05.11.2018 aufgegriffen und ihre Sichtweise zum Umgang mit EBA-Leitlinien und deren Auswirkungen auf die MaRisk erläutert. Aufgrund der noch laufenden Erörterungen mit der DK werden die zugehörigen Präsentationen sowie die Diskussionsergebnisse noch nicht in diesem Protokoll, sondern im Rahmen eines Nachtrags veröffentlicht.

2.2. Änderungsbedarf aus den EBA-Leitlinien zu Auslagerungen

Die Aufsicht stellt zu den EBA-Leitlinien zu Auslagerungen (im Folgenden: EBA-Leitlinien) eine Präsentation vor, die sich insbesondere in die Schwerpunkte »Zeitplan« und »Wesentliche Neuerungen« untergliedert.

Zum »Zeitplan« führt die Aufsicht aus, dass die EBA-Leitlinien am 20.02.2019 vom Board of Supervisors verabschiedet und am 25.02.2019 von der EBA veröffentlicht wurden. Die Implementierungsfrist der EBA-Leitlinien wurde bis zum 30.09.2019 festgelegt. Allerdings gilt für das Auslagerungsregister sowie für die Überprüfung bestehender wesentlicher Auslagerungsverträge grundsätzlich eine Implementierungsfrist bis zum 31.12.2021. Wenn die EBA-Leitlinien am 30.09.2019 in Kraft treten, treten die CEBS Guidelines on Outsourcing vom 14.12.2006 und die EBA Recommendations on outsourcing to cloud service providers gleichzeitig außer Kraft.

Bei der Erläuterung der »Wesentlichen Neuerungen« geht die Aufsicht zuerst auf die Dokumentationsanforderung im Rahmen des Auslagerungsregisters ein. Das Auslagerungsregister umfasst im Vergleich zur Konsultationsfassung der Leitlinien weiterhin alle wesentlichen und unwesentlichen Auslagerungen, wobei die vorgegebenen Mindestinhalte für wesentliche Auslagerungen umfangreicher als für unwesentliche Auslagerungen sind. Bezüglich des Auslagerungsregisters besteht für die Institute die Pflicht, das Register immer auf einem aktuellen Stand zu halten. Neben dieser Pflicht existieren für die Institute weitere Informationspflichten gegenüber der Aufsicht. So ist die Aufsicht über geplante wesentliche Auslagerungen und wesentlich gewordene bestehende Auslagerungen zu informieren. Gemäß den EBA-Leitlinien liegt die Art der Anzeige im Ermessen der national zuständigen Aufsichtsbehörden. Hierzu führt die Aufsicht im Rahmen der Präsentation aus, dass derzeit geprüft wird, ob damit eine Änderung in § 24 KWG (Anzeigen) verbunden ist. Gleiches gilt für die Pflicht, die Aufsicht über wesentliche Änderungen und/oder schwere Vorfälle im Rahmen von bestehenden Auslagerungsverträgen, die einen wesentlichen Einfluss auf die Geschäftstätigkeit des Instituts haben können, zu informieren.

Als nächstes geht die Aufsicht auf die Zugangs-, Informations- und Prüfungsrechte ein. Diese Rechte müssen gemäß den EBA-Leitlinien vom Auslagerungsunternehmen (service provider) grundsätzlich bei allen Auslagerungen gewährt werden. Bei unwesentlichen Auslagerungen werden die Rechte jedoch nur risikobasiert gefordert und es besteht die Option, vollständig darauf zu verzichten. Des Weiteren eröffnen die EBA-Leitlinien die Möglichkeit der Verwendung von Zertifikaten und Prüfungsberichten seitens Dritter. Gemäß den EBA-Leitlinien sollen die Institute bewerten, ob Zertifikate und Prüfungsberichte seitens Dritter angemessen sind. Sie sollen sich dennoch nicht dauerhaft und ausschließlich auf diese Zertifikate/Berichte verlassen. Für die Verwendung der Zertifikate und Prüfungsberichte seitens Dritter geben die EBA-Leitlinien Mindestanforderungen vor. Die Aufsicht führt aus, dass zurzeit geprüft wird, wie die Möglichkeit der Verwendung der Zertifikate und Prüfungsberichte in die MaRisk aufgenommen werden kann. Dabei wurde darauf hingewiesen, dass die generelle Möglichkeit der Nutzung der Prüfungsergebnisse der Revision des Dienstleisters beibehalten werden soll.

Des Weiteren werden von der Aufsicht die Vereinfachungen für Gruppen und institutsbezogene Sicherungssysteme, die die EBA-Leitlinien ermöglichen, angesprochen. Beispiele aus den EBA-Leitlinien sind zentrale Ausstiegspläne, zentrale Betriebskontinuitätspläne, ein zentrales Auslagerungsmanagement und ein zentrales Auslagerungsregister. Diese Vereinfachungen werden von der Aufsicht im Rahmen der Novellierung der MaRisk bezüglich einer Aufnahme in die Verwaltungsvorschrift geprüft werden.

Ein weiterer wesentlicher Inhalt der EBA-Leitlinien, den die Aufsicht in der Präsentation anspricht, betrifft die Definition des Auslagerungsbegriffes der EBA-Leitlinien. Diese Definition entspricht nach Auffassung der Aufsicht im Wesentlichen der des AT 9 Tz. 1 MaRisk. Darüber hinaus wird die Vorgabe eines umfangreichen Kataloges an Anforderungen für die Einstufung der Wesentlichkeit behandelt. In den veröffentlichten EBA-Leitlinien wurde im Vergleich zur Konsultationsfassung bei der Entscheidung, ob eine Auslagerung als wesentlich einzustufen ist oder nicht, ein direkter Verweis auf die Risikoanalyse ergänzt. Die Aufsicht führt aus, dass die EBA hiermit den in den MaRisk geforderten Ansatz stärkt, das Ergebnis der Risikoanalyse als Entscheidungsgrundlage für die Wesentlichkeitseinstufung zu verwenden. Aus dem Teilnehmerkreis wird kritisch angemerkt, dass die in der Leitlinie enthaltenen Anforderungen an die »Due Diligence« des Dienstleisters viel zu weitgehend sind. Des Weiteren erläutert die Aufsicht, dass gemäß EBA-Leitlinien nicht mehr alle Dienstleistungen Dritter als Auslagerungen eingestuft werden. Die Leitlinien enthalten eine umfangreiche Liste, welche Dienstleistungen Dritter nicht als Auslagerung eingeordnet werden. Diese Liste ist im Vergleich zur Konsultationsfassung der Leitlinien erweitert worden und entspricht im Wesentlichen den Ausnahmen des AT 9 Tz. 1 Erläuterungen MaRisk.

Im weiteren Verlauf der Präsentation spricht die Aufsicht das Verbot von »empty shells« in den EBA-Leitlinien an. Demnach sollen die Institute stets eine ausreichende Substanz wahren und nicht zu »leeren Hüllen« oder »Briefkastenfirmen« werden. Als weiteren wesentlichen Inhalt der EBA-Leitlinien nennt die Aufsicht die Forderung einer schriftlich fixierten und regelmäßig überprüften Outsourcing Policy. Gemäß den EBA-Leitlinien soll das Leitungsorgan eines Instituts, das Auslagerungsvereinbarungen geschlossen hat oder den Abschluss solcher Vereinbarungen plant, eine schriftliche Outsourcing Policy genehmigen, diese regelmäßig überprüfen und aktualisieren.

Abschließend spricht die Aufsicht die EBA Recommendations on outsourcing to cloud service providers (im Folgenden: EBA-Empfehlungen) an. Im Prinzip wurden die Vorgaben aus den EBA-Empfehlungen unverändert übernommen. Es gibt allerdings zwei Ausnahmen hierzu: Bei der Dokumentation im geforderten Auslagerungsregister und den Prüfungsrechten wurde in den EBA-Empfehlungen nicht zwischen »critical or important« und anderen Auslagerungen unterschieden. Diese Unterscheidung wird nun in den EBA-Leitlinien getroffen. Die Aufsicht führt aus, dass von ihrer Seite dazu keine Bedenken bestehen, da es keine sachlichen Gründe gibt, weshalb für den Bereich »Cloud Computing« strengere Anforderungen gelten sollten als für andere Auslagerungen.

Im Rahmen der Diskussion zur Präsentation stellt die Aufsicht klar, dass es kein »Cherry Picking« hinsichtlich der Umsetzung der EBA-Leitlinien geben wird, d.h. einzelne Teile der Leitlinien werden zeitlich nicht vor anderen Teilen in die Verwaltungspraxis überführt (unabhängig von der Umsetzungsfrist). Die Aufsicht sagt darüber hinaus zu, dass sie eine mögliche Auslagerungsregelung an Schwesterinstitute im Rahmen einer Institutsgruppe während der Novellierung der MaRisk (AT 9 Tz. 5 MaRisk) prüfen wird. Über die Umsetzung der Anforderungen der EBA-Leitlinien soll im Rahmen einer Sondersitzung des Fachgremiums MaRisk zum Thema Auslagerung im 2. Halbjahr 2019 gesprochen werden.

3.   Mögliche Auswirkungen des zur Konsultation gestellten IDW-Rundschreibens (BFA 7) zu Pauschalwertberichtigungen auf die Risikotragfähigkeitsrechnung

Nach dem Entwurf der Stellungnahme des Bankenfachausschusses des IDW, IDW ERS BFA 7 vom 28.11.2018, wird sich die Berechnungsmethodik für Pauschalwertberichtigungen voraussichtlich deutlich verändern. Während für die Bemessung von Pauschalwertberichtigungen bislang historische Daten genutzt wurden, soll künftig der erwartete Verlust die Berechnungsbasis bilden.

Sobald das RS BFA 7 in Kraft tritt, stellt es eine einzuhaltende Nebenbedingung in der normativen Perspektive dar. Folglich sind die Anforderungen des Rundschreibens künftig in der mehrjährigen Kapitalplanung zu berücksichtigen. Die in den Szenarien der normativen Perspektive angesetzten GuV-Ergebnisse müssen somit die Pauschalwertberichtigungen auf Basis des erwarteten Verlustes einbeziehen.

In der ökonomischen Perspektive können Institute, die das Risikodeckungspotenzial ausgehend von bilanziellen Größen bestimmen, die Pauschalwertberichtigung als Bestandteil ihres Risikodeckungspotenzials ansetzen. Zwingende Voraussetzung hierfür ist allerdings, dass die Risiken, die diesem Risikodeckungspotenzial gegenübergestellt werden, nicht nur den unerwarteten Verlust, sondern auch den erwarteten Verlust einbeziehen.

Soweit Institute nach Inkrafttreten des RS BFA 7 noch einen Going-Goncern-Ansatz alter Prägung verwenden, gelten sinngemäß die oben zur normativen Perspektive getroffenen Aussagen. Auch für diesen Ansatz stellt zukünftig das Rundschreiben eine einzuhaltende Nebenbedingung dar. Die Pauschalwertberichtigungen können folglich, wie bislang übrigens auch, nicht als Risikodeckungspotenzial angesetzt werden, da ihre Bildung zwingend ist und nach der Logik des Going-Concern-Ansatzes alter Prägung auch erfolgen muss. Dies gilt unabhängig von der Berechnungsmethodik für die Pauschalwertberichtigungen. Wird im Going-Concern-Ansatz alter Prägung ein GuV-Planergebnis als Bestandteil des Risikodeckungspotenzials angesetzt, so ist darauf zu achten, dass die Berechnung des Planergebnisses ab Inkrafttreten des Rundschreibens seine Vorgaben berücksichtigt.

Einige Banken-Vertreter argumentieren, dass damit eine Doppelerfassung der erwarteten Verluste in Going-Concern-Ansätzen alter Prägung aufsichtlich verlangt würde. Die Aufsicht sagt zu, sich mit den Argumenten auseinanderzusetzen, wenn sie ihr schriftlich und hinreichend konkret vorgelegt würden. Die DK wird dazu ein Schreiben an die Aufsicht verfassen. [Nachtrag zum Protokoll: Im Nachgang zur Sitzung wurde vereinbart, dass das Thema erst dann wieder im Fachgremium MaRisk aufgegriffen werden soll, wenn der Inhalt und der Anwendungszeitpunkt des IDW ERS BFA 7 Rundschreibens abschließend geklärt wurden.]

4. Nutzung von Nachrangmitteln im ICAAP

Im Juli 2018 wurde im BaFin-Journal dargelegt, dass aufgrund der mit dem ICAAP verbundenen Zielsetzung der Unternehmensfortführung Kapitalinstrumente, die nur »im Insolvenz- bzw. Abwicklungsfall zur Risikodeckung herangezogen werden können, im ICAAP keine Berücksichtigung finden« sollen. Die DK hält es für dringend geboten, im ICAAP Nachrangmittel grundsätzlich weiterhin als Risikodeckungspotenzial zu akzeptieren. Ein Vertreter der DK stellt verschiedene Gründe für die Sichtweise der DK vor. So sei das Ziel der Fortführung im ICAAP insgesamt und nicht für die einzelnen Perspektiven zu gewährleisten. Die normative Perspektive verfolge explizit das Ziel der Unternehmensfortführung. Zudem seien regulatorische Eigenmittel in der normativen Perspektive als Risikodeckungspotenzial und zur Erfüllung der SREP-Kapitalanforderung zulässig. Ferner diene die ökonomische Perspektive ausweislich AT 4.1 Tz. 2 MaRisk dem Gläubigerschutz. Auch wäre es sachgerecht, die Befriedigung vorrangiger Gläubiger in den Fokus zu legen.

Die Aufsicht stellt klar, dass die Berücksichtigung von Nachrangverbindlichkeiten als Risikodeckungspotenzial in der ökonomischen Perspektive der Fortführungsannahme widerspreche und in einem barwertigen Konzept auch methodisch nicht sachgerecht sei. Für signifikante Institute gebe es aufgrund der bereits erfolgten Auslegung der EZB diesbezüglich keine Spielräume. Im LSI-Kontext gebe es derzeit Bestrebungen, den ICAAP-Guide der EZB auch auf LSIs anzuwenden.

Die Aufsicht sichert zu, die Verwendung von Nachrangverbindlichkeiten als Risikodeckungspotenzial in der ökonomischen Perspektive im LSI-Bereich bis auf Weiteres zu tolerieren, spricht jedoch die klare Empfehlung aus, keine Nachrangverbindlichkeiten lediglich zum Zwecke der Erhöhung des Risikodeckungspotenzials in der ökonomischen Perspektive aufzunehmen. Auch wenn die Aufsicht die Sichtweise der DK nicht teilt, so sagt sie zumindest zu, diese in die Diskussion auf EZB-Ebene einzubringen.

5. Zukünftige Unterlegung der Eigenmittelzielkennziffer (EMZK)

Die überarbeiteten EBA-Leitlinien zum SREP vom 19. Juli 2018, die im SREP-Zyklus 2019 anzuwenden sind, sehen eine Unterlegung der Eigenmittelzielkennziffer mit hartem Kernkapital (CET1) vor. Aus Sicht der DK sollte hingegen die bisherige deutsche Verfahrensweise beibehalten werden, nach der die Eigenmittelzielkennziffer (EMZK) in Form von regulatorischen Eigenmitteln sowie mit freien Vorsorgereserven nach § 340f HGB erfüllt werden könnten, statt nur mit hartem Kernkapital. Die EBA-Leitlinien zum SREP sollten deswegen in diesem Punkt nur abweichend umgesetzt werden. Als Argument werden unter anderem die aus Sicht der DK abweichenden Vorgaben der CRD V angeführt, die eine Erfüllung der Eigenmittelzielkennziffer mit regulatorischen Eigenmitteln (ohne Kernkapital-Unterquoten) vorsähen.

Die Aufsicht weist daraufhin, dass die aktuell gültigen EBA-Leitlinien zum SREP keine Spielräume im Hinblick auf die Unterlegung der Eigenmittelzielkennziffer zuließen. Die Eigenmittelzielkennziffer sei dementsprechend mit hartem Kernkapital zu unterlegen. Soweit die EMZK im Einzelfall nicht durch CET1 abgedeckt werden könne, werde die Aufsicht im Rahmen ihrer aufsichtlichen Beurteilung berücksichtigen, ob bzw. in welcher Höhe Reserven nach § 340f HGB vorhanden seien, die nicht bereits für andere Zwecke gebunden seien. In den Fällen einer lediglich zeitlich begrenzten Unterdeckung oder eines klaren Trends hin zu einer Auflösung der Unterdeckung werde in der Regel keine Umwandlung der § 340f HGB-Reserven notwendig sein.

Die DK bittet darum, die Methodik zur Ermittlung der Eigenmittelzielkennziffer auf Basis der Ergebnisse des LSI-Stresstests 2019 offenzulegen, sobald diese feststehe. Die Aufsicht entgegnet, dass die Methodik derzeit erarbeitet werde und sichert eine frühzeitige Information zu.

6. Sonstiges

Die Aufsicht informiert darüber, dass der Stichtag 30.06.2019 für das Inkrafttreten der überarbeiteten FinaRisikoV nicht mehr gehalten werden könne. Die BaFin rechne nun mit einer Veröffentlichung der überarbeiteten Meldebögen nicht mehr vor Ende 2019. Es bleibe bei dem Zugeständnis, dass den Instituten für die technische Implementierung der neuen Meldeanforderungen ein Zeitraum von 6 Monaten eingeräumt werde und eine Meldung zum Stichtag 31.12.2019 folglich nicht mit den neuen Meldevordrucken erfolgen könne. Eine unterjährige Meldepflicht im Jahr 2020 könne jedoch nicht ausgeschlossen werden.

Anlage 35
Bundesanstalt für Finanzdienstleistungsaufsicht (BaFin)
Sitzung des MaRisk-Fachgremiums am 27. September 2019
Protokoll

[...]

2. Methodik der Eigenmittelzielkennziffer (EMZK) 2019

Die Aufsicht erläutert das Vorgehen zur EMZK 2019. Auf Basis der Ergebnisse des LSI-Stresstests wird die Eigenmittelzielkennziffer für alle Institute neu ermittelt. Eine Pressekonferenz der BaFin und der Deutschen Bundesbank zu den Ergebnissen des Stresstests 2019 fand am Montag, den 23.09.2019, statt. Die im Fachgremium gehaltene Präsentation ist im Anschluss an die Sitzung an die Teilnehmer verteilt worden.

Die Methodik zur Ableitung der EMZK wurde dieses Jahr angepasst. Neu ist, dass die EMZK die maximale Verschlechterung der Kapitalausstattung über einen Zeitraum von drei Jahren im Stressfall berücksichtigt. Zur Berechnung wird hierzu auf die Veränderung der CET1-Quote per 31.12.2018 zu den Quoten in den adversen Szenarien des Stresstests in den Jahren 2019, 2020 und 2021 abgestellt. Von dieser sollen 65 % über die EMZK abgedeckt werden. Die EMZK wird auch weiterhin bei 10 %-Punkten gekappt (vor Verrechnung mit dem Kapitalerhaltungspuffer), darüber hinaus findet eine Abrundung des rechnerisch ermittelten Wertes auf die erste Nachkommastelle statt.

Auf Nachfrage wird bestätigt, dass die EMZK entsprechend den Regelungen der EBA-SREP-Leitlinien zukünftig vollständig mit hartem Kernkapital zu unterlegen ist. Sollten einzelne Institute nicht über ausreichend hohe CET1-Bestände verfügen, kann die EMZK-Unterlegung ggf. mit ungebundenen § 340f HGB-Vorsorgereserven erfolgen. Dies setzt allerdings eine Einzelanzeige gegenüber der Aufsicht voraus, in der die Verwendung bzw. Zuordnung der Reserven durch das Institut insgesamt dargelegt wird. Eine Verrechnung der EMZK mit dem antizyklischen Kapitalpuffer ist nicht möglich. Es wurde seitens der Aufsicht bestätigt, dass die Mitteilung der EMZK als Brutto- und Nettokennzahl erfolgen wird.

3. Umgang mit EBA-Leitlinien betreffend das Risikomanagement der Institute

Im Nachgang der letzten Sitzung des Fachgremiums hatte die DK ihre Position zum Umgang mit EBA-Leitlinien gegenüber der Aufsicht mit Bezug auf das Risikomanagement der Institute noch einmal schriftlich dargelegt. Die Aufsicht erläutert in der Sitzung nochmals ihre Position. Diese wurde in einem Antwortschreiben an die DK dargelegt. Die wesentlichen Inhalte des Antwortschreibens von BaFin und Deutscher Bundesbank vom 26. September 2019 werden kurz erläutert:

Da EBA-Leitlinien auf eine europäische Harmonisierung der Aufsichtspraxis abzielen, ist die BaFin grundsätzlich bestrebt, diese Leitlinien in die Verwaltungspraxis zu übernehmen. Die Leitlinien sind zunächst rechtlich unverbindlich und daher im nationalen Aufsichtsbereich erst nach Abgabe der »comply«-Erklärung gegenüber der EBA anzuwenden. Der auf der Homepage der BaFin beschriebene Regelprozess zur nationalen Umsetzung von EBA-Leitlinien sieht vor, dass die »comply«-Erklärung ausreicht und – soweit nicht ausdrücklich ein nationaler Umsetzungsakt angekündigt ist – EBA-Leitlinien auch ohne weiteren Umsetzungsakt anwendbar sind.

In vielen Fällen erklärt die Säule Bankenaufsicht der BaFin – insbesondere auch mit Blick auf notwendige Anpassungen der entsprechenden deutschen Verwaltungsvorschriften oder Verordnungen – zunächst aber nur ein »intend to comply«. Insofern erfolgt bei jeder Leitlinie eine Einzelfallprüfung und -entscheidung, nicht nur im Hinblick auf die zu übernehmenden Inhalte, sondern auch hinsichtlich des Umsetzungsweges und der Umsetzungsfrist. Über das Ergebnis dieser Überprüfung informiert die Aufsicht jeweils zeitnah in den Fachgremien. Entsprechend sollte die Industrie davon ausgehen, dass die Anforderungen aus den Leitlinien innerhalb der Frist umgesetzt sein müssen, welche die BaFin gegenüber der EBA genannt hat.

Für die Vielzahl der EBA-Leitlinien, die das Risikomanagement der Institute und die MaRisk berühren, verfolgt die BaFin in der Regel folgende Wege der Umsetzung:

Soweit die Aufsicht bei ihrer Prüfung bestimmter Leitlinien zu dem Schluss kommt, dass deren Inhalte bereits in den geltenden MaRisk enthalten sind, finden die EBA-Leitlinien mit der dort genannten Frist Anwendung. Die Prinzipienorientierung in den MaRisk ist in der Regel stärker ausgeprägt als in den teilweise sehr auf Detailregelungen konzentrierten EBA-Leitlinien. Für eine in diesem Sinne formulierte »comply«-Erklärung reicht es daher aus, dass sich die beschriebenen konkreten Anforderungen der betreffenden Leitlinien unter die allgemeiner gehaltenen Vorgaben der MaRisk subsumieren lassen.

Kommt die Aufsicht dagegen zu dem Ergebnis, dass die Umsetzung der betreffenden Leitlinien eine Änderung des Wortlauts einzelner Absätze der MaRisk erfordert, pflegt sie diese Änderungen ein und stellt die novellierte Fassung zur Konsultation. Die Anwendung der EBA-Leitlinien würde in diesem Fall erst nach Veröffentlichung der MaRisk-Novelle oder eines vergleichbaren Rundschreibens – z.B. Rundschreiben zum aufsichtlichen Zinsschock sowie die BAIT – inkl. darin genannter Übergangsfristen erfolgen.

Unabhängig vom gewählten Umsetzungsprozess finden die in den EBA-Leitlinien gefassten Anforderungen nach Abschluss der Implementierungsphase auch Anwendung und sind von der deutschen Aufsicht bei der Auslegung von allgemein gehaltenen Vorgaben der MaRisk zu berücksichtigen. Eine Einschränkung des Anwendungsbereichs der Leitlinien durch nationale Verwaltungsvorschriften erfolgt nur im Rahmen der »comply«-Erklärung. Dies schließt klarstellende Erläuterungen zur proportionalen Anwendung von EBA-Leitlinien nicht aus. Im Bereich der MaRisk ist auch bisher schon eine vereinfachte Umsetzung einzelner Vorgaben abhängig von der Größe, den Geschäftsschwerpunkten und der Risikosituation der Institute vorgesehen (vgl. AT 1

Tz. 5 MaRisk). Wo die MaRisk Öffnungsklauseln vorsehen, kann umgekehrt davon ausgegangen werden, dass hiermit auch bereits eine proportionale Auslegung der EBA-Leitlinien erfolgt ist.

Diese Proportionalitätskriterien können in ihrem Zusammenspiel nur im Rahmen einer Einzelfallbetrachtung bewertet werden. Daher müssen zunächst die einzelnen Institute anhand dieser Kriterien prüfen, ob die in verschiedenen Regelungsbereichen gewährten Öffnungsklauseln und vereinfachten Anwendungen der aufsichtlichen Vorgaben in Anspruch genommen werden können.

Anschließend findet ein Austausch über die damit verbundenen Auswirkungen auf die Institute und die Prüfungspraxis statt. Nach Einschätzung der DK können die Institute neben den MaRisk nicht zusätzlich alle davon abgedeckten EBA-Leitlinien im Detail berücksichtigen. Einzelne Industrievertreter weisen darauf hin, dass eine solche zusätzliche Befassung der Banken (insbesondere LSIs) mit den EBA-Leitlinien unverhältnismäßig aufwändig wäre. Die Aufsicht weist darauf hin, dass eine Prüfungspraxis im Sinne des Abhakens einzelner Textziffern aus den EBA-Leitlinien damit allerdings nicht intendiert sei, wie auch in AT 1 Tz. 7 MaRisk zum Ausdruck gebracht wird. Die Aufsicht erwartet gegenüber dem Status quo daher auch keine grundlegende Änderung der bisherigen Prüfungspraxis.

4. Ausblick auf die nächste MaRisk-Novelle

4.1. Zeitplan und Inhalte der kommenden Novelle

Die Aufsicht skizziert kurz den angestrebten Zeitplan für die kommende MaRisk-Novelle. Aufgrund der auch diesmal geplanten Konsultation des Rundschreibens sowie des darauf folgenden umfangreichen Abstimmungsprozesses wird diese nur im Idealfall noch in 2020 verabschiedet. Die Novelle könnte sich im Wesentlichen auf die EBA-Leitlinien zu Auslagerungen sowie die Leitlinien über das Management notleidender und gestundeter Risikopositionen (im Folgenden: NPL-Leitlinien) beschränken, womit die EBA-Leitlinien zur Kreditvergabe und -überwachung keinen Niederschlag in der kommenden Novelle finden würden. Auf Nachfrage von Industrievertretern stellt die Aufsicht klar, dass sie von einer zusätzlichen Übergangsfrist für Anforderungen aus den NPL-Leitlinien nach Veröffentlichung der MaRisk-Novelle absehen möchte. Somit ist aktuell mit einer Erstanwendung der Anforderungen zu NPLs ab dem Veröffentlichungszeitpunkt der MaRisk-Novelle zu rechnen.

4.2. Voraussichtlicher Änderungsbedarf aus den NPL-Leitlinien der EBA

Die Aufsicht stellt zu den NPL-Leitlinien eine Präsentation vor, die insbesondere die Schwerpunkte »Umsetzung« und »Wesentliche Neuerungen« beinhaltet.

Zur »Umsetzung« führt die Aufsicht aus, dass die deutsche Aufsicht im Rahmen des »comply-or-explain-Verfahrens« der EBA ein »intend to comply« bis Ende 2020 für diese Leitlinien erklärt hat. Ihre Umsetzung erfolgt im Rahmen der kommenden MaRisk-Novelle. Somit ist eine verbindliche Anwendung der Anforderungen aus den NPL-Leitlinien ab 01.01.2021 vorgesehen. Die NPL-Leitlinien wurden am 31.10.2018 veröffentlicht. Die Leitlinien zielen insgesamt auf den wirksamen und nachhaltigen Abbau der Bestände als auch den begrenzten Zufluss notleidender Kredite. Somit beziehen sich die wesentlichen inhaltlichen Neuerungen auf die festzulegende Strategie für den Umgang mit notleidenden Krediten im Institut, als auch die Einbettung der Strategie in die Prozesse des Instituts auf allen Organisationsebenen.

Als nächstes geht die Aufsicht auf den Anwendungsbereich bestimmter Abschnitte der NPL-Leitlinien ein. Die NPL-Leitlinien legen eine relative Schwelle fest, welche die Institute stichtagsbezogen ermitteln müssen. Erreicht oder überschreitet die Quote notleidender Kredite (NPL-Quote) die Schwelle von 5 %, müssen die betroffenen Institute eine NPL-Strategie implementieren. Die Berechnung der NPL-Quote erfolgt durch Teilung des Bruttobuchwertes der notleidenden Kredite und Darlehen durch den Bruttobuchwert der gesamten Darlehen und Kredite. Die Aufsicht führt aus, dass 63 Institute (4,24 % der deutschen Institute) zum 30.06.2019 (FINREP) NPL-Quoten von 5 % oder mehr aufweisen.

Bei der Erläuterung der »Wesentlichen Neuerungen« stellt die Aufsicht klar, dass die NPL-Leitlinien von allen Instituten, die unter den Anwendungsbereich der MaRisk fallen, anzuwenden sein werden. Ein Anpassungsbedarf der MaRisk entsteht aus den in den Abschnitten 4 und 5 der NPL-Leitlinien formulierten Anforderungen, die für Institute mit einer NPL-Quote von 5 % oder mehr einschlägig sind. Einzelne Anforderungen können auch auf Kreditinstitute mit Portfolien angewendet werden, die einen großen Anteil von notleidenden Krediten in einem Portfolio halten, das Konzentrationen in einer geografischen Region oder in einem Wirtschaftssektor aufweist. Außerdem können die zuständigen Behörden gemäß Tz. 13 der NPL-Leitlinien eine Anwendung der Abschnitte 4 und 5 verlangen, wenn sie Anzeichen einer Verschlechterung der Qualität der Vermögenswerte erkennen (z. B. erhöhte Zuflüsse notleidender Kredite oder geringe Deckungsquoten).

Ein weiterer wesentlicher Inhalt der NPL-Leitlinien, den die Aufsicht in der Präsentation als »Wesentliche Neuerung« anspricht, betrifft die Implementierung einer Strategie für notleidende Risikopositionen für Institute mit signifikanten NPE-Beständen. Laut der NPL-Leitlinien sollen Institute dazu eine Vorstellung entwickeln, welche Bestände an notleidenden Risikopositionen – sowohl auf Portfoliobasis als auch insgesamt – langfristig vertretbar sind. Die Strategie sollte zudem durch einen vom Leitungsorgan definierten und genehmigten NPE-Implementierungsplan ergänzt werden. Der Implementierungsplan muss festlegen, wie die Strategie für notleidende Risikopositionen über einen Zeithorizont von mindestens 1 bis 3 Jahren umgesetzt wird. Zusätzlich sollen das operative Umfeld und die externen Bedingungen des Instituts analysiert werden. Darüber hinaus müssen bei Instituten mit einer NPL-Quote von 5 % oder mehr alle NPE-bezogenen Daten zentral in robusten und sicheren IT-Systemen gespeichert werden.

Des Weiteren werden von der Aufsicht die Neuerungen in Abschnitt 6 der NPL-Leitlinien angesprochen. Diese betreffen z. B. Stundungen von Kapitaldienst bei wirtschaftlichen Schwierigkeiten des Kreditnehmers. Hier werden eine Entwicklung einer Forbearance-Richtlinie sowie eine Einrichtung solider Forbearance-Prozesse als Anpassungsbedarf in den MaRisk gesehen. In den NPL-Leitlinien werden auch explizite Anforderungen an die Auswahl von Sachverständigen für die Sicherheitenbewertung gestellt. Dies soll in den MaRisk ergänzt werden. Ein weiterer Punkt betrifft die Bewertung von Rettungserwerben, der in den NPL-Leitlinien genannt wird.

Die Aufsicht führt aus, dass sie bei der Umsetzung mit Augenmaß vorgehen wird. So kann von einem kleinen Institut, das z. B. durch den Ausfall von zwei großen Kreditnehmern über den Schwellenwert rutscht, nicht erwartet werden, dass eine ausufernde Strategie entwickelt wird. In diesem Fall könnte sich die Aufsicht beispielsweise in den Aufsichtsgesprächen mit dem Institut darüber austauschen, wie mit diesen beiden Kreditnehmern umzugehen ist und wie die weitere Information der Aufsicht erfolgen kann.

Abschließend erklärt die Aufsicht, dass die grundlegenden Anforderungen der NPL-Leitlinien im Bereich »Vergütung« bereits in der InstitutsVergV umgesetzt sind. So enthält § 4 InstitutsVergV die Anforderung, dass die Vergütungsstrategien und die Vergütungssysteme auf die Erreichung der Ziele ausgerichtet sein müssen. Diese müssen in den Geschäfts- und Risikostrategien des jeweiligen Instituts niedergelegt sein. Die spezifischen Anforderungen für die Mitarbeiter in spezialisierten NPE-Abwicklungseinheiten (Tz. 54 und Tz. 81 – 83) können im Wesentlichen unter die Paragraphen der InstitutsVergV subsumiert werden.

4.3. Änderungsbedarf aus Sicht der Industrie: BTO 2

Eine Vertreterin der Deutschen Bank stellt die Themen »Negative Affirmation«, »Confirmation Matching« und Marktgerechtigkeitskontrolle aus dem Bereich BTO 2 vor, bei denen Anpassungsbedarf in den MaRisk gesehen wird.

Hinsichtlich der »Negative Affirmation« (d.h. Versand einer Bestätigung durch eine Partei und »Gegenbestätigung« durch Schweigen der anderen Partei) wird darauf verwiesen, dass es auch andere Formen der Sicherstellung der Existenz eines Geschäftes als das Konzept von Bestätigung und Gegenbestätigung gebe. Dabei werden zunächst Elemente eines Geschäftsabschlussprozesses genannt, bei denen sich Partner einigen müssen: vor Aufnahme der Handelsbeziehung schließen die Parteien einen Rahmenvertrag für den Handel von Derivaten ab (z.B. Rahmenvertrag für Finanztermingeschäfte oder ISDA Rahmenvertrag) sowie ggf. eine Rahmengeschäftsbestätigung (»Master Confirmation Agreement«). Der Abschluss von Rahmengeschäftsbestätigungen ist im Bereich strukturierter OTC-Aktienderivate und Kreditderivate üblich. In einem dieser Verträge, in der Regel in der Rahmengeschäftsbestätigung, wird in Anlehnung an das ESMA EMIR Q&A[1] ein Prozess vereinbart, nach dem die Bank die Geschäftsbestätigung erstellt und sich der Vertragspartner zur Prüfung der Angaben und ggf. Widerspruch innerhalb einer festgelegten Frist verpflichtet bzw. die Annahme durch Schweigen erfolgt. Darüber hinaus besteht für alle Derivate (OTC und börsengehandelt) die Verpflichtung zur Meldung an ein Transaktionsregister (für börsen- und OTC-gehandelte Derivate), vgl. Artikel 9 der Verordnung (EU) Nr. 648/2012 (»EMIR«), wobei beide Seiten meldepflichtig sind und etwaige Diskrepanzen geklärt werden müssen. Schließlich besteht unter Artikel 11 Absatz (1) lit. (b) EMIR in Verbindung mit Artikel 13 der Delegierten Verordnung Nr. 149/2013 die Verpflichtung zur Portfolioabstimmung, die in Abhängigkeit von der Anzahl der abgeschlossenen Geschäfte sowie der Art der Vertragspartei nieder- oder hochfrequent sein kann. Es gibt auch weitere Aspekte, die die Verbindlichkeit von Geschäften festigen können, genannt wurden Zahlungen unter dem jeweiligen Einzelabschluss und ggf. Sicherheitsleistungen auf Portfolioebene.

Es wird vorgebracht, dass Schweigen nach den Grundsätzen des kaufmännischen Bestätigungsschreibens ein Erklärungswert zugewiesen werden kann. Ebenfalls wird vorgebracht, dass auch nach englischem und New Yorker Recht Schweigen als Zustimmung gewertet werden kann. Vertreter der Aufsicht bitten um Nennung der Rechtsgrundlagen hierzu.

Zum Aspekt des »Confirmation Matching« wird darum gebeten, durch Neuformulierung klarzustellen, dass es sich bei dem »System«, über das ein Matching von Informationen der Handelspartner erreicht werden soll, nicht nur um ein Abwicklungssystem, sondern auch um ein Bestätigungssystem handeln kann.

Zum Thema Marktgerechtigkeitskontrolle wird vorgebracht, dass die von der BaFin veröffentlichte Liste der einer Börse gleichwertigen Drittstaatenhandelsplätze (zuletzt geändert am 26.06.2017) keine MTFs oder OTFs erfasst. Hier wird eine Anpassung an die MiFID gewünscht. Hinsichtlich Level 3 Assets wird darauf verwiesen, dass es per definitionem keine beobachtbaren

---

1 OTC Question 5(a), S. 23 in der Version vom 2. Oktober 2019, zu finden unter: https://www.esma.europa.eu/sites/default/files/library/esma70-1861941480-52_qa_on_emir_implementation.pdf

Preise zur Durchführung einer Marktgerechtigkeitskontrolle gibt. Hier wird als Alternative erwähnt, dass es ausreichen solle, wenn »die notwendige Transparenz im Innenverhältnis« gewährleistet werde und eine regelmäßige Unterrichtung des für die Marktgerechtigkeitskontrolle zuständigen Geschäftsleiters eingerichtet werde.

Die Vertreter der Aufsicht sagen eine Prüfung der Petita zu und bitten um die Zusendung weiterführender Unterlagen, insbesondere der oben genannten rechtlichen Grundlagen.

5. Auswertung der Konsultation zur Änderungsverordnung FinaRisikoV

Anhand einer Präsentation werden die Anmerkungen aus der Konsultation zur geplanten Änderung der FinaRisikoV diskutiert. Eine Ausnahme bilden dabei die Anmerkungen in Bezug auf die neuen Meldeanforderungen für den ILAAP, da diese bereits im Rahmen einer Sitzung des Fachgremiums Liquidität am 5.9.2019 erörtert wurden. Anregungen aus Anmerkungen aus der Konsultation, die während der Sitzung nicht thematisiert werden, werden in die Vordrucke oder Ausfüllhinweise übernommen.

Die folgende Darstellung greift die wesentlichen inhaltlichen Diskussionspunkte auf, insbesondere auch solche, die einer aufsichtlichen Klarstellung bedürfen und weniger das Meldewesen als vielmehr die aufsichtlichen Anforderungen an die Risikotragfähigkeit als solche betreffen.

Angaben zum Zinsschock (SAKI/QSA):
Die Erhebung der Informationen zum Zinsschock (insgesamt 12 Datenfelder) erfolgt übergangsweise per Excel-Format (erstmalig zum 31.12.2019), bis die FinaRisikoV in Kraft getreten ist (siehe auch Anschreiben zum Zinsschock-Rundschreiben 06/2019). Die Excel-Templates werden den Instituten rechtzeitig (voraussichtlich im Dezember 2019) zur Verfügung gestellt.

Anwenderkreis und Umfang der RTF-Meldungen:
Auf Basis des derzeit einschlägigen Rechts (§ 25 KWG) soll an der Erhebung der Risikotragfähigkeitsinformationen auch von SIs festgehalten werden. Für den ICAAP-Bereich des RTF-Meldewesens, worunter auch die Kapitalplanung und somit der Vordruck KPL zu fassen ist, sind weiterhin alle Kreditinstitute (SIs und LSIs) meldepflichtig. Lediglich für die interne Liquiditätssteuerung (ILAAP) unterliegen ausschließlich LSIs einer Meldepflicht. Die Aufsicht sagt zu, das Petitum der DK, eine Doppelbelastung der SIs im Hinblick auf die bereits bei der EZB einzureichenden ICAAP-Informationen zu vermeiden, nochmals zu prüfen.

Zeitplan:
Mit einem Inkrafttreten der FinaRisikoV wird im ersten Halbjahr 2020 gerechnet.

Meldestichtag 31.12.2019:
Institute, die ihre Risikotragfähigkeitssteuerung bereits auf die neuen Verfahren gemäß RTF-Leitfaden vom 24.05.2018 umgestellt haben, müssen sowohl zur ökonomischen Perspektive als auch zur normativen Perspektive bzw. den Szenarien der Kapitalplanung melden. Für die Darstellung der

Sitzung des MaRisk-Fachgremiums am 27. September 2019

Kapitalplanung ist auf die Übergangslösung – wie bereits zum 31.12.2018 erfolgt – zurückzugreifen. Entsprechende Ausfüllhinweise und Beispiele zur Erfassung finden sich im Internet unter:
https://www.bundesbank.de/de/service/meldewesen/bankenaufsicht-formularcenter/meldungen meldungen-zur-bankenaufsicht-612590

Entfall der Kategorisierung Liquidationsansatz:

Sofern ein sog. »Liquidationsansatz« nicht alle Anforderungen an die ökonomische Perspektive gemäß neuem Leitfaden erfüllt, kann im Meldewesen die Auswahl »Anderer Ansatz« gewählt und im Erläuterungsfeld dargestellt werden, dass es sich um einen Liquidationsansatz handelt.

Klassifizierung von Risiken im RSK als wesentlich bzw. unwesentlich und Darstellung von aggregierten Risiken im RSK:

Zwar werden die Informationen aus dem RTF-Meldewesen für wesentliche Risiken auch für die SREP-Kapitalquantifizierung herangezogen, dennoch sind beide Bereiche getrennt voneinander zu betrachten. Grundsätzlich sollte die vom Institut verwendete Methodik zutreffend in der Meldung dargestellt werden.

Sofern die Meldung nicht alle für die SREP-Kapitalfestsetzung notwendigen Informationen beinhaltet, kann dies zu Nachfragen durch die Institutsbetreuer*innen führen. Daher können Erläuterungsfelder genutzt werden, um ggf. solche Informationen (wie Aufschlüsselung von aggregierten Risikoarten) bereits mit der Meldung an die Aufsicht weiterzugeben.

Die Möglichkeit, unwesentliche Risiken, die Teil der Limitsystematik sind, im RSK darzustellen, soll der Konsistenz zwischen institutsinterner Berichterstattung und dem RTF-Meldewesen dienen.

Angabe von adversen Szenarien in der normativen Perspektive der Kapitalplanung:

Bei Instituten, die in ihrer Kapitalplanung mehrere adverse Szenarien simulieren, kann sich die Meldung auf das aus Institutssicht adverseste Szenario beschränken.

Meldung von adversen Szenarien der internen Kapitalplanung für »Going Concern-Institute alter Prägung« in KPL, Abschnitt 3:

Eine Fortschreibung eines Gesamtlimits oder eines Gesamtrisikobetrages ohne weitere Aufgliederung in diesem Zusammenhang wird aufsichtlich kritisch gesehen. Dabei werden für die Quantifizierung der einzelnen Risikoarten nicht grundsätzlich modellbasierte Verfahren erwartet. Schätzwerte aufgrund von qualitativen Überlegungen können hierbei auch die aufsichtlichen Erwartungen erfüllen.

Unabhängig von der aufsichtlichen Würdigung sollte die tatsächlich angewandte Methodik des Instituts im Meldewesen zutreffend dargestellt werden.

Szenariobeschreibungen in der Kapitalplanung:

In der Szenariobeschreibung sollten zumindest die wesentlichen Auswirkungen eines Szenarios auf die Risikoparameter beschrieben werden. Diese müssen nicht für jede einzelne Ausgangsannahme dargestellt werden, sondern können auch aggregiert als Resultat der zusammengefassten Ausgangsannahmen dargestellt werden.

Im Hinblick auf mögliche Managementmaßnahmen ist eine Eingrenzung auf »wesentliche« Maßnahmen akzeptabel.

Neben einer Überarbeitung der Ausfüllhinweise gemäß vorstehenden Klarstellungen soll ein Verweis auf konkrete Beispiele aufgenommen werden, die Bestandteil der veröffentlichen Beispielkonstellationen werden.

Stichtage/Enddatum der Kapitalplanung:

Bisher war die Aufsicht davon ausgegangen, dass der Kapitalplanungsprozess i.d.R. im 4. Quartal beginnt und ein entsprechender Beschluss zum Meldestichtag vorliegt. Da der Beschluss gemäß der gängigen Praxis durchaus erst nach dem Meldestichtag vorliegen kann, werden die Ausfüllhinweise angepasst. In der Meldung ist nun grundsätzlich die Kapitalplanung anzugeben, die dem letzten dem Einreichungsstichtag vorausgehenden Beschluss zugrunde liegt. Sofern allerdings der Beschluss zur aktuellen Kapitalplanung erst nach dem Einreichungsstichtag erfolgt, wird dementsprechend die Kapitalplanung, wie sie im Vorjahr beschlossen wurde, anzugeben sein. Auf den vorjährigen Kapitalplanungsbeschluss kann ein Institut auch (wahlweise) abstellen, wenn ein neuer Beschluss zwar zwischen Melde- und Einreichungsstichtag gefasst wurde, der Beschlussfassungs-Termin aber so nah am Einreichungstag lag, dass der nötige zeitliche Vorlauf für eine Berücksichtigung in der Meldung aus Sicht des Instituts zu gering wäre.

In Spalte t0 sind die Werte anzugeben, die zum Zeitpunkt der Kapitalplanung aktuell sind und somit als Basis der Kapitalplanung dienen, also Planwerte und keine Istwerte zum Meldestichtag. Auch bei einer zwischen Melde- und Einreichungsstichtag beschlossenen Kapitalplanung geht die Aufsicht davon aus, dass es sich in der Regel um Plan- und nicht um Istwerte handelt. Der Meldestichtag liegt hier zwar zum Zeitpunkt der Beschlussfassung bereits in der Vergangenheit. Da aber noch kein testierter (und i.d.R. auch noch kein aufgestellter) Jahresabschluss für den Meldestichtag vorliegt, handelt es sich insoweit dennoch um einen Planwert.

Von der Planung abweichenden negativen Entwicklungen muss in der Meldung nicht Rechnung getragen werden, sofern bis zum Ende der Einreichungsfrist kein entsprechender Beschluss zur Änderung der Kapitalplanung vorliegt.

Darüber hinaus ist es den Instituten überlassen, welchen Stichtag sie in den einzelnen Planjahren zugrunde legen. Abzubilden ist die intern verwendete Planung. Als Stichtage sind in t0 bis t3 mithin jene Stichtage anzugeben, auf die sich die Planung tatsächlich bezieht.

Berücksichtigung der Eigenmittelanforderungen gemäß § 10i KWG und Eigenmittelerwartung gemäß Informationsschreiben zur Eigenmittelzielkennziffer in adversen Szenarien:

Die jeweiligen Anforderungen und Erwartungen sind auch im adversen Szenario zu melden, auch wenn diese unterschritten werden können.

Zusätzlicher Eigenmittelbedarf aus mitgeteilter/erwarteter Eigenmittelzielkennziffer in der Kapitalplanung:

Grundsätzlich stellt eine Fortschreibung der Eigenmittelzielkennziffer in der Regel einen angemessenen Schätzer für deren künftige Ausprägung dar. Eine kritische Auseinandersetzung mit möglichen quantitativen Auswirkungen kann erwartet werden, wenn sich die Verhältnisse eines Instituts signifikant geändert haben oder voraussichtlich ändern werden oder wenn die Aufsicht eine Änderung ihrer Methodik avisiert hat und erkennbar daraus eine Verschärfung für das betreffende Institut resultieren wird.

Zuführungen/Auflösungen von Rückstellungen aufgrund verlustfreier Bewertung des Zinsbuches in KPL, Zeile 400:

Wie bei anderen Sachverhalten auch, ist hier zu melden, was der Vorgehensweise des Instituts tatsächlich entspricht. Daher können ggf. auch Spalten t1 bis t3 leer gemeldet werden. Ungeachtet dieses für das Meldewesen geltenden Grundsatzes macht die Aufsicht deutlich, dass sie eine Abschätzung der künftigen Rückstellungsentwicklung in den Fällen erwartet, in denen ein Institut bereits Rückstellungen nach IDW-Rundschreiben BFA 3 gebildet oder nur noch geringe stille Reserven im Zinsbuch hat.

Berücksichtigung regulatorischer Änderungen im Rahmen der Kapitalplanung:
Grundsätzlich erwartet die Aufsicht, dass Änderungen der regulatorischen Anforderungen in der Kapitalplanung zu berücksichtigen sind, wenn von ihnen mit hinreichender Wahrscheinlichkeit auszugehen ist. Dies ist bei Regulierungsvorhaben, die lediglich auf Ebene des Baseler Ausschusses (z. B. Output-Floor für die Säule I), nicht aber auf EU-Ebene konkret angestoßen wurden, zu verneinen. Von einer hinreichenden Wahrscheinlichkeit muss aber regelmäßig ausgegangen werden, wenn im Rahmen der EU-Rechtssetzung ein Regulierungsentwurf veröffentlicht wurde.

Anlage 36
Bundesanstalt für Finanzdienstleistungsaufsicht (BaFin)
Konsultation 13/2020 (BA) zur Neufassung der BAIT
Übermittlungsschreiben vom 26. Oktober 2020

[...]

die Europäische Bankenaufsichtsbehörde (EBA) hat im November 2019 mit den »EBA-Leitlinien für IKT und Sicherheitsrisikomanagement« (ICT Guidelines) für den Binnenmarkt einheitliche Anforderungen an das Management von Informationstechnik und Informationssicherheit für Kreditinstitute, Wertpapierfirmen und Zahlungsdienstleister veröffentlicht.

Aus dem Anlass haben Vertreterinnen und Vertreter meines Bereiches sowie der Deutschen Bundesbank das Rundschreiben »Bankaufsichtliche Anforderungen an die IT« (BAIT) in der Fassung vom 14.09.2018 umfassend daraufhin geprüft, inwiefern Ergänzungen aufgrund der ICT-Guidelines sowie Aktualisierungen notwendig sind, um aktuellen Risiken der Institute im Zusammenhang mit Informationsverarbeitung gerecht zu werden. Unterstützt wurden sie hierbei wiederum vom Fachgremium IT. Neben der Aufsicht sind kleine und große Institute, Verbände und die Wissenschaft im Fachgremium IT vertreten.

Dabei wurde einerseits Bedarf für Ergänzungen an den bestehenden Themen der BAIT festgestellt. Andererseits wurden mit den neuen Kapiteln zur operativen Informationssicherheit, zu den Kundenbeziehungen von Zahlungsdiensten im Sinne des § 1 Abs. 1 Satz 2 ZAG sowie zu dem für die BAIT bereits angekündigten Thema Notfallmanagement neue Schwerpunkte gesetzt. Mit diesen ermittelten Ergänzungen, die in die BAIT Einzug finden sollen, wird das Rundschreiben auch künftig den europäischen Anforderungen und Rahmenbedingungen gerecht.

Ich bitte Sie bei Bedarf der Deutschen Bundesbank und der BaFin schriftliche Stellungnahmen zum angefügten Rundenschreiben bis zum 23.11.2020 postalisch oder elektronisch (per E-Mail an Konsultation-13-20@bafin.de und B34_MaRisk-BAIT@bundesbank.de) zukommen zu lassen. Im Anschluss an dieses Konsultationsverfahren werden die Deutsche Bundesbank und die BaFin die eingegangenen Stellungnahmen bewerten und konsolidieren. Das Ergebnis wird dem Fachgremium IT vor der Veröffentlichung der BAIT erneut vorgestellt. Darüber hinaus ist vorgesehen, die eingegangenen Stellungnahmen auf der Website der Deutschen Bundesbank und der BaFin zu veröffentlichen, soweit die Verfasser der Stellungnahmen keine Einwände dagegen vorbringen.

Ich freue mich auf Ihre fachliche Unterstützung und bin zuversichtlich, dass auch künftig im Rundschreiben zu den BAIT praxisnahe Anforderungen formuliert sein werden, die den aktuellen Risiken und Bedürfnissen der betroffenen Institute entsprechen.

[...]

Anlage 37
Bundesanstalt für Finanzdienstleistungsaufsicht (BaFin)
Konsultation 14/2020 (BA) zur Neufassung der MaRisk
Übermittlungsschreiben vom 26. Oktober 2020

[...]

ich lege Ihnen hiermit den angekündigten Entwurf der Neufassung des Rundschreibens 09/2017 (BA) für die Mindestanforderungen an das Risikomanagement (im folgenden MaRisk) zur Konsultation vor. Die Überarbeitung ist zuvorderst auf Änderungen der internationalen Regelsetzung zurückzuführen. Mit der aktuellen MaRisk-Novelle werden die Leitlinien der EBA zu notleidenden und gestundeten Risikopositionen (Guidelines on management of non-performing and forborne exposures – NPL Guidelines) sowie zu Auslagerungen (Guidelines on outsourcing arrangements – Outsourcing Guidelines) sowie zum ICT Risk (Guidelines on ICT and Security Risk Management – ICT Guidelines) umgesetzt.

Die NPL Guidelines erfordern Anpassungen der MaRisk insbesondere in den Abschnitten AT 4.2 und BTO 1.2. Die Anforderungen der Abschnitte 4 (Strategie für notleidende Risikopositionen) und 5 (Governance für notleidende Risikopositionen) der NPL Guidelines betreffen Institute mit einer Quote notleidender Kredite von 5 % oder mehr. Dieser in den MaRisk mit High-NPL-Institute bezeichnete Institutskreis hat eine Strategie für notleidende Risikopositionen zu entwickeln, um einen zeitlich festgelegten Abbau der notleidenden Risikopositionen über einen realistischen, aber hinreichend ambitionierten Zeithorizont anzustreben. High-NPL-Institute unterliegen höheren Anforderungen an die Ausgestaltung der Risikocontrolling-Funktion, haben eine spezialisierte Abwicklungseinheit einzurichten und haben in den Risikoberichten eine gesonderte Darstellung von notleidenden und Forborne-Risikopositionen aufzunehmen. Zur Wahrung des Proportionalitätsprinzips richtet sich die Ausgestaltung der einzurichtenden spezialisierten Abwicklungseinheiten nach der Größe, Art, Komplexität und dem Risikoprofil des Instituts.

Die Anforderungen der anderen Abschnitte richten sich an alle Institute. Neu sind die umfassenden Anforderungen zu Forbearance. Forbearance umfasst jede Art von Zugeständnissen, die zugunsten von Kreditnehmern aufgrund sich abzeichnender oder bereits eingetretener finanzieller Schwierigkeiten gemacht werden. Kreditinstitute sollen solide Forbearance-Prozesse einrichten sowie eine Forbearance-Richtlinie entwickeln. Darüber hinaus werden Anforderungen zur Erfassung notleidender Risikopositionen (z.B. in robusten IT-Systemen), Wertminderungen und Abschreibungen (z.B. rechtzeitige Erfassung von Wertminderungen), zur Bewertung von Sicherheiten (z.B. Anforderungen an Wertgutachter) sowie zu Rettungserwerben präzisiert und ergänzt.

Ebenso detaillierte Anforderungen werden aus den Outsourcing Guidelines in Abschnitt AT 9 umgesetzt. Die Änderungen betreffen den gesamten Auslagerungszyklus. So wurden Anforderungen zur Risikoanalyse und zur Bestimmung der Wesentlichkeit, zur Ausgestaltung des Auslagerungsvertrages sowie zur Steuerung und Überwachung der Risiken von Auslagerungsvereinbarungen aufgenommen oder präzisiert.

So sollen bei wesentlichen Auslagerungen im Auslagerungsvertrag neben Informations- und Prüfungs-rechten auch Zugangsrechte berücksichtigt werden. Um die zentrale Steuerung und Überwachung der Risiken von Auslagerungsvereinbarungen zu bündeln, soll jedes Institut, das Auslagerungen vornimmt, selbst einen zentralen Auslagerungsbeauftragten bestimmen. Das zentrale Auslagerungsmanagement, das das Institut abhängig von Art, Umfang und Komplexität der Auslagerungsaktivitäten einzurichten hat, dient der Unterstützung des Auslagerungsbeauftragten. Mit der Novelle wird nunmehr auch die Möglichkeit eingeräumt, ein zentrales Auslagerungsmanagement auf Gruppen- bzw. Verbundebene einzurichten. Als neue Dokumentationsanforderung ist vorgesehen, dass die Institute ein aktuelles Auslagerungsregister mit Informationen über alle Auslagerungsvereinbarungen vorzuhalten haben.

Darüber hinaus werden die Möglichkeiten hinsichtlich der vollständigen Auslagerung der besonderen Funktionen Risikocontrolling-Funktion, Compliance-Funktion und Interne Revision insbesondere aufgrund von Diskussionen im Fachgremium MaRisk dahingehend erweitert, dass die vollständige Auslagerung unter bestimmten Umständen nun auch auf Schwesterinstitute innerhalb einer Institutsgruppe möglich ist. Diesen Funktionen wird als Steuerungs- und Kontrollinstrumente für die Geschäftsleitung weiterhin große Bedeutung beigemessen.

Aus den ICT Guidelines werden Anforderungen zum Notfallmanagement im neu gefassten Abschnitt AT 7.3 umgesetzt. Für alle im Rahmen einer durchzuführenden Auswirkungsanalyse identifizierten zeitkritischen Aktivitäten und Prozesse sind zunächst Risikoanalysen durchzuführen. Im Notfallkonzept muss dargestellt sein, welche Ersatzlösungen im Notfall zeitnah zur Verfügung stehen und wie eine Rückkehr zum Normalbetrieb verlaufen soll. Als Basis hierfür dient eine Übersicht über alle Aktivitäten und Prozesse (z.B. in Form einer Prozesslandkarte). Die Wirksamkeit und Angemessenheit des Notfallkonzeptes sind regelmäßig zu überprüfen.

Darüber hinaus werden weitere Änderungen der MaRisk vorgenommen, die aus der Aufsichtspraxis heraus notwendig erscheinen. Aktualisierungen erfolgen zum Beispiel in den Bereichen operationelle Risiken (bessere Definition des Anwendungsbereiches), Handelsgeschäfte (Aufnahme von Kryptowerten in den Anwendungsbereich, Bestätigungsverfahren, Kontrolle der Marktgerechtigkeit), Liquidität (Unterscheidung zwischen institutionellen Anlegern aus der Finanzbranche und anderen professionellen Anlegern) und Risikotragfähigkeit (Anpassung der MaRisk-Regelungen an den überarbeiteten Leitfaden). Im AT 7.2 wird der Begriff des Informationsverbunds eingeführt, welcher für die BAIT von wesentlicher Bedeutung ist.

Bezüglich des Anwenderkreises der einzelnen Regelungen haben die Aufsichtsvertreter in der Sitzung des Fachgremiums MaRisk am 26. und 27. August eine Überprüfung zugesagt, die in der Konsultationsphase erfolgen wird. Über die Ergebnisse der Überprüfung dieser Frage sowie über die aufsichtliche Bewertung der von Ihnen entweder im Nachgang der Sitzung des Fachgremiums oder im Zuge der Konsultation eingereichten Stellungnahmen wird die Aufsicht im Rahmen einer weiteren Sitzung des Fachgremiums MaRisk vor der Veröffentlichung der MaRisk-Novelle im ersten Quartal 2021 informieren.

Ich bitte Sie hiermit, der BaFin und der Deutschen Bundesbank schriftliche Stellungnahmen zum Entwurf postalisch (unter Verwendung des Zusatzes B 30 für die Bundesbank und BA 54 für die BaFin) oder per E-Mail (Konsultation-14-20@bafin.de; B30_MaRisk@bundesbank.de) bis zum 04.12.2020 zukommen zu lassen.

Es ist vorgesehen, Stellungnahmen zum Entwurf auf den Internetseiten von BaFin und Bundesbank zu veröffentlichen, soweit die Verfasser der Stellungnahmen dagegen keine Einwände erheben.

Ich freue mich auf Ihre fachliche Unterstützung und bin zuversichtlich, dass für kritische Punkte Lösungen gefunden werden können.

[...]

Anlage 38
Bundesanstalt für Finanzdienstleistungsaufsicht (BaFin)
Rundschreiben 10/2021 (BA) zur Neufassung der MaRisk
Übermittlungsschreiben vom 16. August 2021

[...]

ich freue mich, Ihnen nunmehr die finale Fassung der MaRisk vorlegen zu können, wie sie sich nach Abschluss des im Oktober 2020 angestoßenen Konsultationsverfahrens darstellt. Im Ergebnis der Auswertung der Stellungnahmen sowie der Diskussionen in den drei Sitzungen des Fachgremiums MaRisk am 12. und 19.02. sowie am 04.03.2021 sind noch für eine Reihe von strittigen Punkten konstruktive Lösungen gefunden worden. Im Vergleich zur Konsultationsfassung haben sich daher an einigen Stellen Änderungen ergeben, die teils Sinn und Zweck der aufsichtlichen Vorgaben stärker herausstellen sollen, teils aber auch berechtigten Interessen insbesondere auch kleinerer Institute gerecht werden.

Über die Hintergründe für die abgeschlossene Überarbeitung habe ich Sie schon im Anschreiben zum Konsultationsentwurf vom 26.10.2020 informiert. Haupttreiber der aktuellen Überarbeitung waren Änderungen der internationalen Regelsetzung. Mit der aktuellen MaRisk-Novelle werden die Leitlinien der EBA zu notleidenden und gestundeten Risikopositionen (Guidelines on management of non-performing and forborne exposures – NPE Guidelines) sowie zu Auslagerungen (Guidelines on outsourcing arrangements – Outsourcing Guidelines) sowie zum ICT Risk (Guidelines on ICT and Security Risk Management – ICT Guidelines) umgesetzt.

Die NPE Guidelines unterscheiden zwischen notleidenden Krediten (non-performing loans, NPLs) und notleidenden Risikopositionen (non-performing exposures, NPEs). Diese Unterscheidung wird in die MaRisk übernommen: Während der eine Begriff auf die Kategorisierung der Institute zielt, definiert der andere den Anwendungsbereich der erhöhten Anforderungen. Für die Einstufung eines Institutes als Institut mit hohem NPL-Bestand ist ausschlaggebend, ob das Institut die Quote notleidender Kredite (brutto) von 5 % oder mehr überschreitet. Bei Überschreitung dieser Quote erstreckt sich der Anwendungsbereich der erhöhten Anforderungen auf das Management von notleidenden Risikopositionen (NPEs).

Dies vorausgesetzt, erfordern die NPE Guidelines Anpassungen der MaRisk insbesondere in den Abschnitten AT 4.2 und BTO 1.2. Die Anforderungen der Abschnitte 4 (Strategie für notleidende Risikopositionen) und 5 (Governance für notleidende Risikopositionen) der NPE Guidelines betreffen Institute mit einer Quote notleidender Kredite von 5 % oder mehr auf Einzelinstitutsebene oder teilkonsolidiert bzw. konsolidiert auf Gruppenebene. Dieser in den MaRisk als Institute mit hohem NPL-Bestand bezeichnete Institutskreis hat eine Strategie für notleidende Risikopositionen zu entwickeln, um einen zeitlich festgelegten Abbau der notleidenden Risikopositionen über einen realistischen, aber hinreichend ambitionierten Zeithorizont anzustreben. Institute mit hohem NPL-Bestand unterliegen höheren Anforderungen an die Ausgestaltung der Risikocontrolling-Funktion, haben eine spezialisierte Abwicklungseinheit einzurichten und haben in den Risikoberichten eine gesonderte Darstellung von notleidenden und Forborne-Risikopositionen aufzunehmen. Zur Wahrung des Proportionalitätsprinzips richtet sich die Ausgestaltung der einzurichtenden spezialisierten Abwicklungseinheiten nach der Größe, Art, Komplexität und dem Risikoprofil des Instituts.

Die Industrie hat im Konsultationsverfahren darum gebeten, dass diese erhöhten Anforderungen nicht bereits bei einmaliger Überschreitung der NPL-Quote ausgelöst werden. Entsprechend der Abstimmung in der Sitzung des Fachgremiums MaRisk vom 12.02.2021 stelle ich hiermit klar, dass die erhöhten Anforderungen für Institute mit hohem NPL-Bestand erst eingehalten werden müssen, wenn die NPL-Quote an zwei aufeinanderfolgenden Quartalsstichtagen überschritten wird. Es wird jedoch erwartet, dass die Institute sich mit diesen zusätzlichen Anforderungen bereits auseinandersetzen, sobald eine entsprechende Überschreitung absehbar ist.

Dabei ergibt sich die NPL-Quote als Quote notleidender Kredite, indem der Bruttobuchwert der notleidenden Kredite und Darlehen durch den Bruttobuchwert der gesamten Darlehen und Kredite geteilt wird. Bezugnehmend auf die Frage, ob bei der Berechnung der NPL-Quote Zentralbankguthaben (Position 005) zu berücksichtigen sind, stelle ich klar, dass die Berechnung der NPL-Quote vorerst ohne Zentralbankguthaben erfolgen wird. Ich weise jedoch darauf hin, dass die endgültige Entscheidung der EBA zu diesem Sachverhalt noch aussteht. Falls aufgrund der finalen Entscheidung eine Änderung der Berechnungsmethodik notwendig ist, werde ich hierüber informieren.

Bei den notleidenden Risikopositionen handelt es sich um Risikopositionen, die in Übereinstimmung mit Anhang V zur Durchführungsverordnung (EU) Nr. 680/2014 der Kommission als notleidend eingestuft wurden. Notleidende Kredite (non-performing loans, NPL) wiederum sind Darlehen und Kredite im Sinne von Anhang V zur Durchführungsverordnung (EU) Nr. 680/2014 der Kommission, die in Übereinstimmung mit diesem Anhang V als notleidend eingestuft wurden.

Unter die notleidenden Kredite fallen mithin die ausgefallenen Kredite und Darlehen. Der Begriff der ausgefallenen Risikopositionen reicht weiter und umfasst neben ausgefallenen Krediten und Darlehen auch z. B. ausgefallene Schuldverschreibungen. Der Anwendungsbereich der NPE Guidelines, z. B. eine Abbaustrategie, muss dann alle ausgefallen Risikopositionen berücksichtigen und ist nicht auf NPLs beschränkt.

Die Anforderungen der weiteren Abschnitte der Leitlinien richten sich an alle Institute. Neu sind die umfassenden Anforderungen zu Forbearance. Dabei umfasst Forbearance jede Art von Zugeständnissen, die Kreditnehmern aufgrund sich abzeichnender oder bereits eingetretener finanzieller Schwierigkeiten gemacht werden. Kreditinstitute sollen solide Forbearance- Prozesse einrichten sowie eine Forbearance-Richtlinie entwickeln. Darüber hinaus werden Anforderungen zur Erfassung notleidender Risikopositionen (z. B. in robusten IT-Systemen), Wertminderungen und Abschreibungen (z. B. rechtzeitige Erfassung von Wertminderungen), zur Bewertung von Sicherheiten (z. B. Anforderungen an Wertgutachter) sowie zu Rettungserwerben präzisiert und ergänzt.

Bezugnehmend auf die Diskussion im Konsultationsverfahren, insbesondere im Fachgremium, zur Funktionstrennung in der Intensivbetreuung (BTO 1.2.4 MaRisk) werden die aktuellen Regelungen der MaRisk beibehalten. Bei Kreditentscheidungen gemäß BTO 1.1. Tz. 2 MaRisk sind zwei Voten aus Markt und Marktfolge erforderlich. Diese Regelung gilt auch für die Intensivbetreuung, da eine Ausnahme von der Zweitvotierungspflicht explizit nur für die Problemkreditbearbeitung gem. BTO 1.2.5 Tz. 1 MaRisk besteht. Die Industrie hat in der Sitzung des Fachgremiums am 19.02.2021 verschiedene Aspekte und Fragestellungen aufgeworfen, die sich aus diversen in der Praxis beobachteten organisatorischen Anbindungen der Intensivbetreuung ergeben. Damit diese Fragestellungen geprüft und im Austausch mit der Industrie nochmals vertieft erörtert werden können, erfolgt eine Anpassung der MaRisk – soweit erforderlich – erst mit der kommenden Novelle.

Ebenso detaillierte Anforderungen werden aus den Outsourcing Guidelines in Abschnitt AT 9 umgesetzt. Die Änderungen betreffen den gesamten Auslagerungszyklus. So wurden Anforderungen zur Risikoanalyse und zur Bestimmung der Wesentlichkeit, zur Ausgestaltung des Auslagerungsvertrages sowie zur Steuerung und Überwachung der Risiken von Auslagerungsvereinbarungen erweitert und präzisiert. Bei wesentlichen Auslagerungen im Auslagerungsvertrag sollen neben Informations- und Prüfungsrechten auch Zugangsrechte berücksichtigt werden. Um die zentrale Steuerung und Überwachung der Risiken von Auslagerungsvereinbarungen zu bündeln, soll jedes Institut, das Auslagerungen vornimmt, selbst einen zentralen Auslagerungsbeauftragten bestimmen. Das zentrale Auslagerungsmanagement, welches ein Institut abhängig von Art, Umfang und Komplexität der Auslagerungsaktivitäten einzurichten hat, dient der Unterstützung des Auslagerungsbeauftragten. Mit der Novelle wird nunmehr auch die Möglichkeit eingeräumt, ein zentrales Auslagerungsmanagement auf Gruppen- bzw. Verbundebene einzurichten. Klarstellend möchte ich darauf hinweisen, dass die Regelungen für Vereinfachungen auf Gruppenebene vollumfänglich nur für solche Gruppen gelten, bei denen die Gruppe sowie auch die Institute, bei denen Funktionen zentralisiert werden sollen, unter die Anwendung der CRR und damit auch der Outsourcing Guidelines fallen.

Darüber hinaus werden die Möglichkeiten hinsichtlich der vollständigen Auslagerung der besonderen Funktionen Risikocontrolling-Funktion, Compliance-Funktion und Interne Revision dahingehend erweitert, dass die vollständige Auslagerung unter bestimmten Umständen nun auch auf Schwesterinstitute innerhalb einer Institutsgruppe möglich ist. Diesen Funktionen wird als Steuerungs- und Kontrollinstrumente für die Geschäftsleitung weiterhin große Bedeutung beigemessen.

Aus den ICT Guidelines werden Anforderungen zum Notfallmanagement im neu gefassten Abschnitt AT 7.3 umgesetzt. Für alle im Rahmen einer durchzuführenden Auswirkungsanalyse identifizierten zeitkritischen Aktivitäten und Prozesse sind zunächst Risikoanalysen durchzuführen. Im Notfallkonzept muss dargestellt sein, welche Ersatzlösungen im Notfall zeitnah zur Verfügung stehen und wie eine Rückkehr zum Normalbetrieb verlaufen soll. Als Basis hierfür dient eine Übersicht über alle Aktivitäten und Prozesse (z. B. in Form einer Prozesslandkarte). Die Wirksamkeit und Angemessenheit des Notfallkonzeptes sind regelmäßig zu überprüfen.

Darüber hinaus werden weitere Änderungen der MaRisk vorgenommen, die aus der Aufsichtspraxis heraus notwendig erscheinen. Aktualisierungen erfolgen zum Beispiel in den Bereichen operationelle Risiken (bessere Definition des Anwendungsbereiches), Handelsgeschäfte (Aufnahme von Kryptowerten in den Anwendungsbereich, Bestätigungsverfahren, Kontrolle der Marktgerechtigkeit), Liquidität (Unterscheidung zwischen institutionellen Anlegern aus der Finanzbranche und anderen professionellen Anlegern) und Risikotragfähigkeit (Anpassung der MaRisk an den überarbeiteten Leitfaden zur Risikotragfähigkeit). Im AT 7.2. wird der Begriff des Informationsverbundes eingeführt, welcher für die BAIT von wesentlicher Bedeutung ist.

Unter den Anpassungen, die ich aufgrund der eingegangenen Stellungnahmen in der Konsultationsphase vorgenommen habe, möchte ich folgende besonders hervorheben:

Einen Schwerpunkt legten viele Stellungnahmen auf die Anpassung des Anwenderkreises nach AT 1 Tz. 6 MaRisk für erhöhte Anforderungen, also für Regeln, bei denen über die von der deutschen Aufsicht gestellten Anforderungen an die LSIs nach SSM-Verordnung noch hinausgegangen wird.

Diese Anpassung trägt der Tatsache Rechnung, dass die EZB entsprechend ihrem Mandat einen einheitlichen Aufsichtsansatz für die von ihr unmittelbar beaufsichtigten Unternehmen verfolgt und europaweit teilweise höhere Anforderungen stellt als die BaFin für die beaufsichtigten LSIs. Diese Praxis steht mit dem Proportionalitätsprinzip durchaus im Einklang. Der Aufsichtspraxis der EZB war insofern durch Anpassung des Anwendungskreises Rechnung zu tragen. Der im Konsultationsentwurf hierfür verwendete Begriff der »großen und komplexen« Institute erwies sich aber als zu unbestimmt. Stattdessen wird nun mit dem Verweis auf die bedeutenden Institute nach

Artikel 6 der SSM-Verordnung ein Bezug zur Aufsichtspraxis der EZB hergestellt und zugleich eine eindeutige Definition gegeben.

Einer der Bereiche, bei dem die Anpassung der MaRisk der Aufsichtspraxis der EZB folgt, betrifft die Regelungen zu Datenmanagement, Datenqualität und Aggregation von Risikodaten nach AT 4.3.4 MaRisk. Der zugrunde liegende BCBS 239 Standard richtet sich zwar in erster Linie an systemrelevante Institute, stellt es der zuständigen Aufsicht jedoch ausdrücklich frei, die Anforderungen unter Beachtung des Proportionalitätsprinzips auch an einen erweiterten Institutskreis zu stellen. Diesen Ansatz hat die EZB aufgrund bestehender Defizite in der Datenqualität, welche das interne Risikomanagement der Institute und die Erfüllung ihrer Aufsichtstätigkeit gefährden, gegenüber den von ihr direkt beaufsichtigten Instituten gewählt. Alle bedeutenden Institute wurden bereits mit dem Schreiben der EZB vom 14.06.2019[1] hierüber informiert. Diesem Vorgehen schließe ich mich an und erwarte von den bedeutenden Instituten, dass sie ihre Datenqualität an die von der EZB gestellten Anforderungen anpassen. In den Erläuterungen der MaRisk wird zugleich hervorgehoben, dass die Proportionalität auch innerhalb der Gruppe der bedeutenden Institute gilt. Insofern wird durch die Anpassung der Konsultationsfassung klargestellt, dass die MaRisk hinsichtlich des BCBS 239 Standards keine Anforderungen erhebt, die über die Erwartungen der EZB an die von ihr unmittelbar beaufsichtigten Institute hinausgehen.

Auch was die Umsetzung von EBA-Leitlinien betrifft, ist davon auszugehen, dass sich die EZB bei der Ausgestaltung des Proportionalitätsprinzips an den hierfür in den spezifischen EBA-Leitlinien genannten Kriterien und Öffnungsklauseln orientiert. Durch entsprechende Verweise auf die EBA-Guidelines on Internal Governance (EBA/GL/2017/11) wird für AT 4.4.1 Tz. 5 MaRisk zur Exklusivität der Risikocontrollingfunktion und AT 4.4.2 Tz. 4 MaRisk zur eigenständigen Compliance-Einheit klargestellt, dass die MaRisk auch insofern der Aufsichtspraxis im SSM folgen.

Der Aufsicht geht es überdies darum, Interessenskonflikte innerhalb der Compliance-Funktion zu vermeiden und somit operative und überwachende Tätigkeiten zu trennen. In Reaktion auf die intensive Diskussion im Fachgremium MaRisk hinsichtlich einer denkbaren Zuordnung einzelner Kontrollbereiche und einzelner Beauftragter zur Compliance Funktion, hat sich die Aufsicht dafür entschieden, von der in der Konsultationsfassung geübten exemplarischen Aufzählung von nicht zulässigen Kombinationen in AT 4.4.2 Tz. 4 MaRisk abzusehen. Daher wird neben dem Hinweis auf die in jedem Fall zulässigen Funktionen (WpHG-Compliance, Geldwäschebeauftragter, Informationssicherheitsbeauftragter, Datenschutz) nur mehr auf das allgemeine Prinzip verwiesen, wonach nur (reine) Kontrolleinheiten bei der Compliance-Funktion angesiedelt werden können.

Gemäß § 2 Abs. 18 des Wertpapierinstitutsgesetzes (WpIG) unterliegen ab dem 26.06.2021 nur noch »Große Wertpapierinstitute« gemäß § 4 WpIG spezifischen Anforderungen des KWG, darunter den Regelungen des § 25a und 25b KWG. Nur noch diese Institute unterliegen daher den Anforderungen der MaRisk, welche die Verwaltungspraxis bei der Anwendung dieser gesetzlichen Regelungen konkretisiert.

Die Anwendung der MaRisk auf die Leasing- und Factoringunternehmen sowie die »Großen Wertpapierinstitute« im Sinne des WpIG richtet sich demgegenüber weiterhin nach AT 2.1 Tz. 2 MaRisk. Danach haben diese Unternehmen die Anforderungen des Rundschreibens insoweit zu beachten, wie dies vor dem Hintergrund der Institutsgröße sowie von Art, Umfang, Komplexität und Risikogehalt der Geschäftsaktivitäten zur Einhaltung der gesetzlichen Pflichten aus §§ 25a und 25b KWG geboten erscheint. Die konkrete Verwaltungspraxis für die Anwendung der neuen Regelungen (und damit die Auslegung von AT 2.1 Tz. 2 mit Bezug auf die neuen Anforderungen) wird in gesondertem Dialog mit dem jeweiligen Anwenderkreis bestimmt (und protokolliert), für Leasing- und Factoringunternehmen insbesondere im Rahmen des Gesprächskreises Leasing- und Factoringunternehmen.

---

[1] https://www.bankingsupervision.europa.eu/press/letterstobanks/shared/pdf/2019/ssm.supervisory_expectations_on_risk_data_aggregation_capabilities_and_risk_reporting_practices_201906.en.pdf?1e870b7800417deacb3cd8c8c9eb937a

Hinsichtlich der Anforderungen an die Risikoanalyse haben wir zur Umsetzung der EBA Outsourcing Guidelines gegenüber der Konsultationsfassung einen Formulierungsvorschlag der DK aufgenommen und stellen nunmehr in AT 9 Tz. 2 darauf ab, dass die Risikoanalyse zu berücksichtigen hat, inwiefern eine auszulagernde Aktivität oder ein auszulagernder Prozess von wesentlicher Bedeutung sind. Als problematischen Aspekt der Risikoanalyse hat die Industrie die Beurteilung politischer Risiken bezeichnet. Darunter ist entsprechend Tz. 68 lit. d der Guidelines on Outsourcing die Beurteilung der politischen Stabilität im Hinblick auf die Sicherheitslage der betreffenden Rechtsordnung zu verstehen, was sich in der Regel nicht auf EWR-Länder beziehen dürfte. Von besonderer Bedeutung ist die Analyse von politischen Risiken mithin für die mögliche Durchsetzung der vertraglich vereinbarten Rechte in Drittländern. Da auch bisher schon in der Risikoanalyse länderspezifische Risiken zwingend zu berücksichtigen waren, sehe ich insofern keine erhöhten Anforderungen und rechne nicht mit einer Änderung der bisherigen Praxis.

Die Ergänzung der Risikoanalyse um eine Szenarioanalyse erscheint der Industrie tendenziell als unverhältnismäßig und auch nur partiell als sinnvoll. Entsprechend wird in den Erläuterungen der finalen Fassung der MaRisk klargestellt, dass die Risikoanalyse nur dann durch eine Szenarioanalyse zu ergänzen ist, wenn dies sinnvoll und verhältnismäßig ist. Es ist aber im Einklang mit den Ausführungen in Tz. 65 der Guidelines on Outsourcing davon auszugehen, dass es in vielen Fällen durchaus sinnvoll und unter Berücksichtigung des Proportionalitätsgrundsatzes auch erforderlich sein kann, durch eine Szenarioanalyse (noch vor Vertragsschluss) die möglichen Auswirkungen von unterlassenen oder auch nur unzureichenden Dienstleistungen zu bewerten, wie sie sich u. a. aus externen (zu simulierenden) Ereignissen ergeben könnten.

Im Hinblick auf die neue Anforderung aus AT 9 Tz. 12, einen Auslagerungsbeauftragten zu ernennen, ist in der Konsultation insbesondere die direkte Unterstellung und Berichtspflicht des Auslagerungsbeauftragten an die Geschäftsleitung hinterfragt worden. Gemäß der finalen Fassung wird es für die aufbauorganisatorischen Anforderungen nunmehr als ausreichend angesehen, dass der Auslagerungsbeauftragte in einer Einheit angesiedelt ist, die der Geschäftsleitung unmittelbar untersteht. Auch kann der Auslagerungsbeauftragte zugleich der Leiter des (unterstützenden) Auslagerungsmanagements sein.

Im Konsultationsverfahren wurde auch die fehlende Aufzählung der (Vertrags-) Parameter adressiert, die im Auslagerungsregister einzutragen sind. Um dem abzuhelfen und zugleich bei der Umsetzung dieser neuen gesetzlichen Vorgabe des 25 b Abs. 1 KWG (gemäß Finanzmarktintegritätsstärkungsgesetz – FISG-E) Abweichungen zu den Outsourcing Guidelines zu vermeiden, wird in der finalen Fassung des AT 9 Tz.14 MaRisk direkt auf Tzn. 54 und 55 dieser Leitlinien verwiesen. Damit soll europäischen Bankengruppen die Einrichtung eines zentralen Auslagerungsregisters erleichtert werden, wie es in Tz. 53 der Outsourcing Guidelines zugelassen ist.

Unter den in Tzn. 54 und 55 der Outsourcing Guidelines aufgezählten verbindlichen Parametern wiederum ist in der Sitzung des Fachgremiums MaRisk am 04.03.2021 insbesondere das Erfassungsfeld unter Tz. 55 lit. a thematisiert worden. Dort sollen Institute, welche zentralen Sicherungseinrichtungen angeschlossen sind, auch die weiteren Vertragspartner des Auslagerungsunternehmens aus dem Verbund auflisten. Die Aufsicht erkennt an, dass dies nur dort als verhältnismäßig gelten kann, wo eine solche Erfassung vorausgesetzt werden kann, insbesondere bei Einrichtung eines zentralen Auslagerungsmanagements auf Verbundebene.

Kritisch wurde auch die Anforderung gesehen, die Kosten der Auslagerung im Auslagerungsregister zu erfassen. Auch dies ist aber eine Vorgabe der Guidelines on Outsourcing, Tz. 55 lit. k. Daher ist auch nach den MaRisk, die diese Leitlinien umsetzen, ein jährlicher Eintrag hinsichtlich der veranschlagten Kosten bzw. des Budgets einzutragen. Auslagerungen können schwerlich verglichen werden, wenn kein Kostenrahmen vorliegt. Eine unterjährige Erfassung von Kostenanpassungen ist für diesen Zweck aber nicht erforderlich.

Zu Fragen der Klärung von Begriffen bei weiteren Erfassungsfeldern und den Möglichkeiten der Verlinkung von vorhandenen Dokumentationen möchte ich auf das beigefügte Protokoll zu der Sitzung des Fachgremiums vom 04.03.2021 verweisen.

Vielfach ist im Konsultationsverfahren auch die Frage an mich herangetragen worden, ob die Änderungen in AT 4.1 MaRisk, welche die Konsistenz zwischen den Regelungen in diesem Abschnitt und dem Leitfaden zur aufsichtlichen Beurteilung bankinterner Risikotragfähigkeitskonzepte vom 24.05.2018 herstellen, zugleich auch schon eine Abschaffung des Annexes bedeuten (zu dem die geänderten Formulierungen nicht mehr passen). Diesbezüglich möchte ich klarstellen, dass ich über die Frist, für die eine Ermittlung der Risikotragfähigkeit nach den Vorgaben des Annexes noch erfolgen darf, mit gesondertem Schreiben informieren werde. Innerhalb dieser Frist gelten die geänderten Anforderungen des AT 4.1 Tz. 2 für solche Institute daher noch nicht vollumfänglich.

Das diesem Schreiben beigefügte Rundschreiben sowie die dazugehörigen Anlagen können auch auf den Internetseiten der BaFin und der Deutschen Bundesbank abgerufen werden (www.bafin.de; www.bundesbank.de).

Übergangsfristen

Die neue Fassung der MaRisk tritt mit Veröffentlichung in Kraft. Wie bereits in der Vergangenheit enthalten die überarbeiteten MaRisk auch diesmal eine Reihe von Klarstellungen, die keine neuen Regelungsinhalte mit sich bringen und lediglich die existierende Verwaltungspraxis widerspiegeln. Konkret bedeutet dies, dass Änderungen, die lediglich klarstellender Natur sind, unmittelbar nach Veröffentlichung von den Instituten anzuwenden sind. Um den Instituten einen ausreichenden Zeitraum für die Implementierung der Änderungen einzuräumen, die neue Anforderungen mit sich bringen und nicht lediglich Klarstellungen ohnehin schon vorhandener Anforderungen bilden, gilt eine Übergangsfrist bis zum 31.12.2021.

Dies gilt für die auf das Auslagerungsregister bezogene Dokumentationsanforderung in AT 9 Tz. 14 MaRisk nur insoweit, als auch die Pflicht zum Vorhalten eines Auslagerungsregisters mit dem Inkrafttreten des FISG bereits zum 01.01.2022 gilt. Andernfalls richtet sich der erstmalige Geltungstag auch für die Konkretisierung dieser Anforderung in den MaRisk nach dem Gesetz.

Davon abweichende Umsetzungsfristen ergeben sich für die Anpassung von bereits bestehenden oder in Verhandlung befindlichen Auslagerungsverträgen. Hierfür wird eine gesonderte Umsetzungsfrist bis zum 31.12.2022 eingeräumt. Eine Anpassung von Vertragsverhältnissen, die auf der Grundlage eines öffentlichen Vergabeverfahrens abgeschlossen wurden, kann wegen der besonderen rechtlichen Probleme unterbleiben, soweit diese Verträge befristet sind und innerhalb der nächsten fünf Jahre neu vergeben werden müssen. Ich gehe davon aus, dass bei Vergabeverfahren, die ab dem 01.01.2022 initiiert werden, bereits die neuen Anforderungen ausreichend berücksichtigt werden.

Institute mit hohem NPL-Bestand haben die Anforderungen aus den NPE Guidelines bereits unmittelbar nach Ablauf der Übergangsfrist am 31.12.2021 einzuhalten, sofern diese Institute an den zwei vorhergehenden Quartalsstichtagen (30.09.2021 und 31.12.2021) eine NPL-Quote größer 5 % aufweisen. Der erste, für die Einstufung als Institut mit hohem NPL-Bestand relevante Quartalsstichtag ist daher der 30.09.2021.

Neben Klarstellungen und Neuerungen werden Anpassungen im Zusammenhang mit der Erweiterung des Anwenderkreises von systemrelevanten auf bedeutende Institute für ausgewählte Regelungen eingeführt. Hier muss die EZB als zuständige Aufsichtsbehörde entscheiden (soweit dies nicht bereits erfolgt ist), ob erhöhte Anforderungen im Einzelfall unter Proportionalitätsgesichtspunkten gelten und welche Übergangsfrist hierfür einzuräumen ist. Hinsichtlich der Anwendung des AT 4.3.4 MaRisk verweise ich auf das vorerwähnte Schreiben der EZB vom 14.06.2019 an die bedeutenden Institute, welches den betroffenen Instituten keine Umsetzungsfrist einräumte.

BaFin-Schreiben vom 16. August 2021

Sollte sich in Einzelfällen herausstellen, dass die vollständige Umsetzung von Anforderungen, die nicht lediglich klarstellender Natur sind, trotz entsprechender Anstrengungen des Instituts nicht im gesetzten Zeitrahmen erfolgen kann, behalte ich mir vor, solche Einzelfälle separat zu adressieren. Hier müsste das Institut dann aber ggf. einen individuellen Fahrplan zur vollständigen Umsetzung mit der Aufsicht vereinbaren. Dies stellt aber aus meiner Sicht den Ausnahmefall dar.

[...]

Anlage 39
Bundesanstalt für Finanzdienstleistungsaufsicht (BaFin)
Mindestanforderungen an das Risikomanagement (MaRisk) inkl. Erläuterungen
Rundschreiben 10/2021 (BA) vom 16. August 2021

AT 1   Vorbemerkung

1 Dieses Rundschreiben gibt auf der Grundlage des § 25a Abs. 1 des Kreditwesengesetzes (KWG) einen flexiblen und praxisnahen Rahmen für die Ausgestaltung des Risikomanagements der Institute vor. Es präzisiert ferner die Anforderungen des § 25a Abs. 3 KWG (Risikomanagement auf Gruppenebene) sowie des § 25b KWG (Auslagerung). Ein angemessenes und wirksames Risikomanagement umfasst unter Berücksichtigung der Risikotragfähigkeit insbesondere die Festlegung von Strategien sowie die Einrichtung interner Kontrollverfahren. Die internen Kontrollverfahren bestehen aus dem internen Kontrollsystem und der Internen Revision. Das interne Kontrollsystem umfasst insbesondere
- Regelungen zur Aufbau- und Ablauforganisation,
- Prozesse zur Identifizierung, Beurteilung, Steuerung, Überwachung sowie Kommunikation der Risiken (Risikosteuerungs- und -controllingprozesse) und
- eine Risikocontrolling-Funktion und eine Compliance-Funktion.

Das Risikomanagement schafft eine Grundlage für die sachgerechte Wahrnehmung der Überwachungsfunktionen des Aufsichtsorgans und beinhaltet deshalb auch dessen angemessene Einbindung.

Erläuterung: Zweigstellen gemäß § 53 KWG
Da bei Zweigstellen von Unternehmen mit Sitz im Ausland gemäß § 53 KWG kein Aufsichtsorgan vorhanden ist, haben diese Institute stattdessen in angemessener Form ihre Unternehmenszentralen einzubeziehen.

2 Das Rundschreiben gibt zudem einen qualitativen Rahmen für die Umsetzung maßgeblicher Artikel der Richtlinie 2013/36/EU (Bankenrichtlinie – »CRD IV«) zur Organisation und zum Risikomanagement der Institute vor. Danach sind von den Instituten insbesondere angemessene Leitungs-, Steuerungs- und Kontrollprozesse (»Robust Governance Arrangements«), wirksame Verfahren zur Ermittlung, Steuerung, Überwachung und Kommunikation tatsächlicher oder potenzieller Risiken sowie angemessene interne Kontrollmechanismen einzurichten. Ferner müssen sie über wirksame und umfassende Verfahren und Methoden verfügen, die gewährleisten, dass genügend internes Kapital zur Abdeckung aller wesentlichen Risiken vorhanden ist (Interner Prozess zur Sicherstellung der Risikotragfähigkeit – »Internal Capital Adequacy Assessment Process«). Die Angemessenheit und Wirksamkeit dieser Verfahren, Methoden und Prozesse sind von der Aufsicht gemäß Art. 97 der Bankenrichtlinie im Rahmen des bankaufsichtlichen Überwachungsprozesses regelmäßig zu beurteilen (»Supervisory Review and Evaluation Process«). Das Rundschreiben ist daher unter Berücksichtigung des Prinzips der doppelten Proportionalität der Regelungsrahmen für die qualitative Aufsicht in Deutschland. Im Hinblick auf die Methoden zur Berechnung der aufsichtsrechtlich erforderlichen Eigenmittel der Bankenrichtlinie sind die Anforderungen des Rundschreibens insofern neutral konzipiert, als sie unabhängig von der gewählten Methode eingehalten werden können.

3 Der sachgerechte Umgang mit dem Proportionalitätsprinzip seitens der Institute beinhaltet in dem prinzipienorientierten Aufbau der MaRisk auch, dass Institute im Einzelfall über bestimmte, in den MaRisk explizit formulierte Anforderungen hinaus weitergehende Vorkehrungen treffen, soweit dies zur Sicherstellung der Angemessenheit und Wirksamkeit des Risikomanagements erforderlich sein sollte. Insofern haben Institute, die besonders groß sind oder deren Geschäftsaktivitäten durch besondere Komplexität, Internationalität oder eine besondere Risikoexponierung gekennzeichnet sind, weitergehende Vorkehrungen im Bereich des Risikomanagements zu

treffen als weniger große Institute mit weniger komplex strukturierten Geschäftsaktivitäten, die keine außergewöhnliche Risikoexponierung aufweisen. Erstgenannte Institute haben dabei auch die Inhalte einschlägiger Veröffentlichungen zum Risikomanagement des Baseler Ausschusses für Bankenaufsicht und des Financial Stability Board in eigenverantwortlicher Weise in ihre Überlegungen zur angemessenen Ausgestaltung des Risikomanagements einzubeziehen.

Durch das Rundschreiben wird zudem über § 80 Abs. 1 des Gesetzes über den Wertpapierhandel (WpHG) in Verbindung mit § 25a Abs. 1 KWG Art. 13 der Richtlinie 2004/39/EG (Finanzmarktrichtlinie) umgesetzt, soweit diese auf Kreditinstitute und Finanzdienstleistungsinstitute gleichermaßen Anwendung findet. Dies betrifft die allgemeinen organisatorischen Anforderungen gemäß Art. 5, die Anforderungen an das Risikomanagement und die Interne Revision gemäß Art. 7 und 8, die Anforderungen zur Geschäftsleiterverantwortung gemäß Art. 9 sowie an Auslagerungen gemäß Art. 13 und 14 der Richtlinie 2006/73/EG (Durchführungsrichtlinie zur Finanzmarktrichtlinie). Diese Anforderungen dienen der Verwirklichung des Ziels der Finanzmarktrichtlinie, die Finanzmärkte in der Europäischen Union im Interesse des grenzüberschreitenden Finanzdienstleistungsverkehrs und einheitlicher Grundlagen für den Anlegerschutz zu harmonisieren. **4**

Das Rundschreiben trägt der heterogenen Institutsstruktur und der Vielfalt der Geschäftsaktivitäten Rechnung. Es enthält zahlreiche Öffnungsklauseln, die abhängig von der Größe der Institute, den Geschäftsschwerpunkten und der Risikosituation eine vereinfachte Umsetzung ermöglichen. Insoweit kann es vor allem auch von kleineren Instituten flexibel umgesetzt werden. Das Rundschreiben ist gegenüber der laufenden Fortentwicklung der Prozesse und Verfahren im Risikomanagement offen, soweit diese im Einklang mit den Zielen des Rundschreibens stehen. Für diese Zwecke wird die Bundesanstalt für Finanzdienstleistungsaufsicht einen fortlaufenden Dialog mit der Praxis führen. **5**

Soweit in den MaRisk auf bedeutende Institute referenziert wird, handelt es sich dabei um Institute, die gemäß Artikel 6 der Verordnung (EU) Nr. 1024/2013 des Rates vom 15. Oktober 2013 (SSM-Verordnung) als bedeutend eingestuft sind. **6**

Die Bundesanstalt für Finanzdienstleistungsaufsicht erwartet, dass der flexiblen Grundausrichtung des Rundschreibens im Rahmen von Prüfungshandlungen Rechnung getragen wird. Prüfungen sind daher auf der Basis eines risikoorientierten Prüfungsansatzes durchzuführen. **7**

Das Rundschreiben ist modular strukturiert, so dass notwendige Anpassungen in bestimmten Regelungsfeldern auf die zeitnahe Überarbeitung einzelner Module beschränkt werden können. In einem allgemeinen Teil (Modul AT) befinden sich grundsätzliche Prinzipien für die Ausgestaltung des Risikomanagements. Spezifische Anforderungen an die Organisation des Kredit- und Handelsgeschäfts sind in einem besonderen Teil niedergelegt (Modul BT). Unter Berücksichtigung von Risikokonzentrationen werden in diesem Modul auch Anforderungen an die Identifizierung, Beurteilung, Steuerung sowie die Überwachung und Kommunikation von Adressenausfallrisiken, Marktpreisrisiken, Liquiditätsrisiken sowie operationellen Risiken gestellt. Darüber hinaus wird in Modul BT ein Rahmen für die Ausgestaltung der Internen Revision in den Instituten sowie für die Ausgestaltung der Risikoberichterstattung vorgegeben. **8**

AT 2   Anwendungsbereich

1   Die Beachtung der Anforderungen des Rundschreibens durch die Institute soll dazu beitragen, Missständen im Kredit- und Finanzdienstleistungswesen entgegenzuwirken, welche die Sicherheit der den Instituten anvertrauten Vermögenswerte gefährden, die ordnungsgemäße Durchführung der Bankgeschäfte oder Finanzdienstleistungen beeinträchtigen oder erhebliche Nachteile für die Gesamtwirtschaft herbeiführen können. Bei der Erbringung von Wertpapierdienstleistungen und Wertpapiernebendienstleistungen müssen die Institute die Anforderungen darüber hinaus mit der Maßgabe einhalten, die Interessen der Wertpapierdienstleistungskunden zu schützen.

AT 2.1   Anwenderkreis

1   Die Anforderungen des Rundschreibens sind von allen Instituten im Sinne von § 1 Abs. 1b KWG bzw. im Sinne von § 53 Abs. 1 KWG zu beachten. Sie gelten auch für die Zweigniederlassungen deutscher Institute im Ausland. Auf Zweigniederlassungen von Unternehmen mit Sitz in einem anderen Staat des Europäischen Wirtschaftsraums nach § 53b KWG finden sie keine Anwendung. Die Anforderungen in Modul AT 4.5 des Rundschreibens sind von übergeordneten Unternehmen bzw. übergeordneten Finanzkonglomeratsunternehmen einer Institutsgruppe, einer Finanzholdinggruppe oder eines Finanzkonglomerats auf Gruppenebene zu beachten.

Erläuterung: Anwenderkreis bei NPL-Quote von 5 % oder mehr
Einige Anforderungen des Rundschreibens sind nur für Institute mit einer Quote notleidender Kredite (brutto) von 5 % oder mehr auf Einzelinstitutsebene oder teilkonsolidiert bzw. konsolidiert auf Gruppenebene zu beachten. Diese Anforderungen sind in den einzelnen Modulen entsprechend gekennzeichnet (im Folgenden: Institute mit hohem NPL-Bestand). Die Aufsichtsbehörde kann die Einhaltung dieser Abschnitte auch von Instituten verlangen, deren Quote notleidender Kredite die 5 %-Schwelle zwar nicht übersteigt, die aber z. B. einen wesentlichen Anteil an notleidenden Risikopositionen in einem einzelnen Portfolio aufweisen.

Erläuterung: NPL-Quote (Quote notleidender Kredite)
Zur Berechnung der Quote notleidender Kredite wird der Bruttobuchwert der notleidenden Kredite und Darlehen durch den Bruttobuchwert der gesamten Darlehen und Kredite geteilt (in Übereinstimmung mit der NPE-Definition).

Erläuterung: NPE (non-performing-exposures/notleidende Risikopositionen)
Die Definition von NPE richtet sich nach der Definition für das aufsichtliche Meldewesen.

2   Finanzdienstleistungsinstitute und große Wertpapierfirmen gemäß § 2 Abs. 18 des Wertpapierinstitutsgesetzes, welche aufgrund der Vorgabe des § 4 dieses Gesetzes zur Anwendung der §§ 25a und 25b des KWG verpflichtet sind, haben die Anforderungen des Rundschreibens insoweit zu beachten, wie dies vor dem Hintergrund der Institutsgröße sowie von Art, Umfang, Komplexität und Risikogehalt der Geschäftsaktivitäten zur Einhaltung der gesetzlichen Pflichten aus §§ 25a und 25b KWG geboten erscheint. Dies gilt insbesondere für die Module AT 3, AT 5, AT 7 und AT 9.

AT 2.2   Risiken

Die Anforderungen des Rundschreibens beziehen sich auf das Management der für das Institut   1
wesentlichen Risiken. Zur Beurteilung der Wesentlichkeit hat sich die Geschäftsleitung regelmäßig
und anlassbezogen im Rahmen einer Risikoinventur einen Überblick über die Risiken des Instituts
zu verschaffen (Gesamtrisikoprofil). Die Risiken sind auf der Ebene des gesamten Instituts zu
erfassen, unabhängig davon, in welcher Organisationseinheit die Risiken verursacht wurden.
   Grundsätzlich sind zumindest die folgenden Risiken als wesentlich einzustufen:
a) Adressenausfallrisiken (einschließlich Länderrisiken),
b) Marktpreisrisiken,
c) Liquiditätsrisiken und
d) operationelle Risiken.

Mit wesentlichen Risiken verbundene Risikokonzentrationen sind zu berücksichtigen. Für Risiken, die als nicht wesentlich eingestuft werden, sind angemessene Vorkehrungen zu treffen.

Erläuterung: Risikokonzentrationen
Neben solchen Risikopositionen gegenüber Einzeladressen, die allein aufgrund ihrer Größe eine
Risikokonzentration darstellen, können Risikokonzentrationen sowohl durch den Gleichlauf von
Risikopositionen innerhalb einer Risikoart (»Intra-Risikokonzentrationen«) als auch durch den
Gleichlauf von Risikopositionen über verschiedene Risikoarten hinweg (durch gemeinsame
Risikofaktoren oder durch Interaktionen verschiedener Risikofaktoren unterschiedlicher Risikoar-
ten – »Inter-Risikokonzentrationen«) entstehen.

Das Institut hat im Rahmen der Risikoinventur zu prüfen, welche Risiken die Vermögenslage   2
(inklusive Kapitalausstattung), die Ertragslage oder die Liquiditätslage wesentlich beeinträchtigen
können. Die Risikoinventur darf sich dabei nicht ausschließlich an den Auswirkungen in der
Rechnungslegung sowie an formalrechtlichen Ausgestaltungen orientieren.

Erläuterung: Ganzheitliche Risikoinventur
Bei der Risikoinventur sind auch Risiken aus außerbilanziellen Gesellschaftskonstruktionen zu
betrachten (z.B. Risiken aus nicht konsolidierungspflichtigen Zweckgesellschaften). Abhängig
vom konkreten Gesamtrisikoprofil des Instituts sind ggf. auch sonstige Risiken, wie etwa Reputationsrisiken, als wesentlich einzustufen.

AT 2.3   Geschäfte

Kreditgeschäfte im Sinne dieses Rundschreibens sind grundsätzlich Geschäfte nach Maßgabe des   1
§ 19 Abs. 1 KWG (Bilanzaktiva und außerbilanzielle Geschäfte mit Adressenausfallrisiken).

Erläuterung: Kreditgeschäfte
Die Einstufung als Kreditgeschäft gilt unabhängig davon, ob die maßgeblichen Positionen Gegenstand von Verbriefungen sein sollen oder nicht.

Im Sinne dieses Rundschreibens gilt als Kreditentscheidung jede Entscheidung über Neukredite,   2
Krediterhöhungen, Beteiligungen, Limitüberschreitungen, die Festlegung von kreditnehmerbezogenen Limiten sowie von Kontrahenten- und Emittentenlimiten, Prolongationen und Änderungen

risikorelevanter Sachverhalte, die dem Kreditbeschluss zugrunde lagen (z.B. Sicherheiten, Verwendungszweck). Dabei ist es unerheblich, ob diese Entscheidung ausschließlich vom Institut selbst oder gemeinsam mit anderen Instituten getroffen wird (so genanntes Konsortialgeschäft).

Erläuterung: Prolongationen

Hinsichtlich des Begriffes »Prolongationen« wird nicht zwischen externen und internen Prolongationen (z.B. interne Verlängerung von extern b. a. w. zugesagten Krediten) unterschieden. Interne »Überwachungsvorlagen«, die lediglich der Kreditüberwachung während der Laufzeit dienen, gelten hingegen nicht als Prolongationen und damit nicht als Kreditentscheidungen im Sinne dieses Rundschreibens.

Erläuterung: Zinsanpassungen

Nach Ablauf von Zinsbindungsfristen (die nicht mit der Gesamtlaufzeit übereinstimmen) erfolgende Zinsanpassungen können als Bestandteil des Gesamtkreditvertrages angesehen werden, die vor Kreditvergabe (mit)geprüft werden. Es handelt sich daher grundsätzlich nicht um eine gesonderte Kreditentscheidung im Sinne dieses Rundschreibens.

Erläuterung: Stundungen

Stundungen stellen keine von vornherein geplanten Änderungen des Kreditverhältnisses dar. Sie dienen z.B. der kurzzeitigen Überbrückung der Zeit bis zu einer Sanierung und sind somit als Kreditentscheidung im Sinne dieses Rundschreibens zu qualifizieren.

3 Handelsgeschäfte sind grundsätzlich alle Abschlüsse, die ein Finanzinstrument im Sinne des § 1 Abs. 11 KWG in Form eines
   a) Geldmarktgeschäfts,
   b) Wertpapiergeschäfts,
   c) Devisengeschäfts,
   d) Geschäfts in handelbaren Forderungen (z.B. Handel in Schuldscheinen),
   e) Geschäfts in Waren,
   f) Geschäfts in Derivaten oder
   g) Geschäfts in Kryptowerten
zur Grundlage haben und die im eigenen Namen und für eigene Rechnung abgeschlossen werden. Als Wertpapiergeschäfte gelten auch Geschäfte mit Namensschuldverschreibungen sowie die Wertpapierleihe, nicht aber die Erstausgabe von Wertpapieren. Handelsgeschäfte sind auch, ungeachtet des Geschäftsgegenstandes, Vereinbarungen von Rückgabe- oder Rücknahmeverpflichtungen sowie Pensionsgeschäfte.

Erläuterung: Emissionsgeschäft

Die Erstausgabe von Wertpapieren ist grundsätzlich kein Handelsgeschäft im Sinne dieses Rundschreibens. Hingegen stellt der Ersterwerb aus einer Emission ein Handelsgeschäft im Sinne dieses Rundschreibens dar. Beim Ersterwerb sind Erleichterungen im Hinblick auf die Marktgerechtigkeitskontrolle möglich (Erläuterungen zu BTO 2.2.2 Tz. 5).

Erläuterung: Einordnung von Forderungen als Handelsgeschäfte

Zu d): Forderungen sind dann als Handelsgeschäfte zu qualifizieren, wenn von Seiten des Instituts eine Handelsabsicht besteht. Hierzu hat das Institut geeignete Kriterien festzulegen.

Erläuterung: Warengeschäfte

Zu e): Zu den Geschäften in Waren zählen insbesondere der Handel mit Edelmetallen und Rohwaren sowie der CO_2-Handel und der Stromhandel. Geschäfte in Waren im Sinne dieses Rundschreibens umfassen nicht die Warengeschäfte, die infolge fest getroffener Vereinbarungen über die Abnahme bzw. Lieferung der jeweiligen Ware zum Zeitpunkt der Erfüllung geschlossene Positionen während der gesamten Geschäftsdauer begründen.

Erläuterung: Traditionelles Warengeschäft von gemischtwirtschaftlichen Kreditgenossenschaften

Für das traditionelle Warengeschäft von gemischtwirtschaftlichen Kreditgenossenschaften kann in Abhängigkeit von Art, Umfang und Risikogehalt dieser Geschäftsaktivitäten eine sinngemäße Umsetzung der Anforderungen für das Handelsgeschäft angemessen sein.

Zu den Geschäften in Derivaten gehören Termingeschäfte, deren Preis sich von einem zugrunde- 4
liegenden Aktivum, von einem Referenzpreis, Referenzzins, Referenzindex oder einem im Voraus definierten Ereignis ableitet.

Erläuterung: Garantien/Avale

Garantien/Avale und Ähnliches fallen nicht unter die Derivate-Definition des Rundschreibens.

AT 3   Gesamtverantwortung der Geschäftsleitung

Alle Geschäftsleiter (§ 1 Abs. 2 KWG) sind, unabhängig von der internen Zuständigkeitsregelung, 1
für die ordnungsgemäße Geschäftsorganisation und deren Weiterentwicklung verantwortlich. Diese Verantwortung bezieht sich unter Berücksichtigung ausgelagerter Aktivitäten und Prozesse auf alle wesentlichen Elemente des Risikomanagements. Die Geschäftsleiter werden dieser Verantwortung nur gerecht, wenn sie die Risiken beurteilen können und die erforderlichen Maßnahmen zu ihrer Begrenzung treffen. Hierzu zählen auch die Entwicklung, Förderung und Integration einer angemessenen Risikokultur innerhalb des Instituts und der Gruppe. Die Geschäftsleiter eines übergeordneten Unternehmens einer Institutsgruppe oder Finanzholding-Gruppe bzw. eines übergeordneten Finanzkonglomeratsunternehmens sind zudem für die ordnungsgemäße Geschäftsorganisation in der Gruppe und somit auch für ein angemessenes und wirksames Risikomanagement auf Gruppenebene verantwortlich (§ 25a Abs. 3 KWG).

Erläuterung: Risikokultur

Die Risikokultur beschreibt allgemein die Art und Weise, wie Mitarbeiter des Instituts im Rahmen ihrer Tätigkeit mit Risiken umgehen (sollen). Die Risikokultur soll die Identifizierung und den bewussten Umgang mit Risiken fördern und sicherstellen, dass Entscheidungsprozesse zu Ergebnissen führen, die auch unter Risikogesichtspunkten ausgewogen sind. Kennzeichnend für eine angemessene Risikokultur ist vor allem das klare Bekenntnis der Geschäftsleitung zu risikoangemessenem Verhalten, die strikte Beachtung des durch die Geschäftsleitung kommunizierten Risikoappetits durch alle Mitarbeiter und die Ermöglichung und Förderung eines transparenten und offenen Dialogs innerhalb des Instituts zu risikorelevanten Fragen.

2   Ungeachtet der Gesamtverantwortung der Geschäftsleitung für die ordnungsgemäße Geschäfts-organisation und insbesondere für ein angemessenes und wirksames Risikomanagement ist jeder Geschäftsleiter für die Einrichtung angemessener Kontroll- und Überwachungsprozesse in seinem jeweiligen Zuständigkeitsbereich verantwortlich.

AT 4   Allgemeine Anforderungen an das Risikomanagement

AT 4.1   Risikotragfähigkeit

1   Auf der Grundlage des Gesamtrisikoprofils ist sicherzustellen, dass die wesentlichen Risiken des Instituts durch das Risikodeckungspotenzial, unter Berücksichtigung von Risikokonzentrationen, laufend abgedeckt sind und damit die Risikotragfähigkeit gegeben ist.

Erläuterung: Zusammenfassung unwesentlicher Risiken
Werden mehrere Risiken jeweils als unwesentlich eingestuft, die zusammengefasst aber wesent-lich sind, so müssen die Verfahren zur Sicherstellung der Risikotragfähigkeit eine angemessene Berücksichtigung der zusammengefassten Risiken gewährleisten.

2   Das Institut hat einen internen Prozess zur Sicherstellung der Risikotragfähigkeit einzurichten. Die hierzu eingesetzten Verfahren haben sowohl das Ziel der Fortführung des Instituts als auch den Schutz der Gläubiger vor Verlusten aus ökonomischer Sicht angemessen zu berücksichtigen. Zur Erfüllung dieser Ziele sind Verfahren zur Sicherstellung der Risikotragfähigkeit zum einen aus der normativen Perspektive und zum anderen aus der ökonomischen Perspektive einzurichten.

Erläuterung: Ausgestaltung der Risikotragfähigkeitskonzepte
Einzelheiten zur Ausgestaltung der Risikotragfähigkeitskonzepte ergeben sich aus dem Leitfaden zur aufsichtlichen Beurteilung bankinterner Risikotragfähigkeitskonzepte in der jeweils gültigen Fassung.

3   Die Risikotragfähigkeit ist bei der Festlegung der Strategien (AT 4.2) sowie bei deren Anpassung zu berücksichtigen. Zur Umsetzung der Strategien bzw. zur Gewährleistung der Risikotragfähigkeit sind ferner geeignete Risikosteuerungs- und -controllingprozesse (AT 4.3.2) einzurichten.

4   Wesentliche Risiken, die nicht in das Risikotragfähigkeitskonzept einbezogen werden, sind festzulegen. Ihre Nichtberücksichtigung ist nachvollziehbar zu begründen und nur dann möglich, wenn das jeweilige Risiko aufgrund seiner Eigenart nicht sinnvoll durch Risikodeckungspotenzial begrenzt werden kann (z.B. das Zahlungsunfähigkeitsrisiko). Es ist sicherzustellen, dass solche Risiken angemessen in den Risikosteuerungs- und -controllingprozessen berücksichtigt werden.

5   Verfügt ein Institut über keine geeigneten Verfahren zur Quantifizierung einzelner Risiken, die in das Risikotragfähigkeitskonzept einbezogen werden sollen, so ist für diese auf der Basis einer Plausibilisierung ein Risikobetrag festzulegen. Die Plausibilisierung kann auf der Basis einer qualifizierten Expertenschätzung durchgeführt werden.

6   Soweit ein Institut innerhalb oder zwischen Risikoarten risikomindernde Diversifikationseffekte im Risikotragfähigkeitskonzept berücksichtigt, müssen die zugrundeliegenden Annahmen an-

hand einer Analyse der institutsindividuellen Verhältnisse getroffen werden und auf Daten basieren, die auf die individuelle Risikosituation des Instituts als übertragbar angesehen werden können. Die zugrundeliegenden Datenhistorien müssen ausreichend lang sein, um Veränderungen von Diversifikationseffekten in konjunkturellen Auf- und Abschwungphasen widerzuspiegeln. Diversifikationseffekte müssen so konservativ geschätzt werden, dass sie auch in konjunkturellen Abschwungphasen sowie bei im Hinblick auf die Geschäfts- und Risikostruktur des Instituts ungünstigen Marktverhältnissen als ausreichend stabil angenommen werden können.

Erläuterung: Datenhistorien

Die Ableitung von Diversifikationseffekten in Form einer reinen Durchschnittsbildung über konjunkturelle Auf- und Abschwungphasen hinweg ist nur dann ausreichend, wenn sich die Diversifikationseffekte über den gesamten Konjunkturzyklus hinweg als sehr stabil erwiesen haben und keine Anhaltspunkte dafür vorliegen, dass sie in Zukunft nicht stabil bleiben werden. Ergibt die Analyse der Datenhistorie, dass diese Bedingungen nicht erfüllt sind, können Diversifikationseffekte höchstens in dem Ausmaß berücksichtigt werden, wie sie auch in für das Institut sehr ungünstigen Marktphasen Bestand haben.

Die Festlegung von Diversifikationsannahmen innerhalb der Marktpreisrisiken kann ggf. auf Zeitreihen beruhen, die nicht alle Phasen eines Konjunkturzyklus abdecken. Es ist jedoch sicherzustellen, dass Diversifikationseffekte auch auf der Basis eines Zeitraums ermittelt werden, der im Hinblick auf das aktuelle Portfolio des Instituts eine ungünstige Marktphase darstellt. Beinhaltet die beobachtbare Historie keine entsprechend geeignete Marktphase, kann anstelle einer historischen ausnahmsweise eine hypothetische Marktphase berücksichtigt werden, die entsprechend konservativ ausgestaltet sein muss.

Die Verlässlichkeit und die Stabilität der Diversifikationsannahmen sind regelmäßig und ggf. anlassbezogen zu überprüfen. 7

Die Wahl der Methoden und Verfahren zur Beurteilung der Risikotragfähigkeit liegt in der 8 Verantwortung des Instituts. Die den Methoden und Verfahren zugrundeliegenden Annahmen sind nachvollziehbar zu begründen. Die Festlegung wesentlicher Elemente der Risikotragfähigkeitssteuerung sowie wesentlicher zugrundeliegender Annahmen ist von der Geschäftsleitung zu genehmigen.

Die Angemessenheit der Methoden und Verfahren ist zumindest jährlich durch die fachlich 9 zuständigen Mitarbeiter zu überprüfen. Im Rahmen der Überprüfung ist den Grenzen und Beschränkungen, die sich aus den eingesetzten Methoden und Verfahren, den ihnen zugrundeliegenden Annahmen und den in die Risikoquantifizierung einfließenden Daten ergeben, hinreichend Rechnung zu tragen. Die Stabilität und Konsistenz der Methoden und Verfahren sowie die Aussagekraft der damit ermittelten Risiken sind insofern kritisch zu analysieren.

Erläuterung: Überprüfung der eingesetzten Methoden und Verfahren

Das Institut muss gewährleisten, dass es jederzeit einen vollständigen und aktuellen Überblick über die Methoden und Verfahren hat, die zur Risikoquantifizierung verwendet werden.

Da jegliche Methoden und Verfahren zur Risikoquantifizierung die Realität nicht vollständig abzubilden vermögen, ist dem Umstand, dass die Risikowerte Ungenauigkeiten – sowohl auf Ebene der Einzelrisiken als auch auf aggregierter Ebene – aufweisen oder das Risiko unterschätzen könnten, bei der Beurteilung der Risikotragfähigkeit hinreichend Rechnung zu tragen.

Sind bei vergleichsweise einfachen und transparenten Verfahren die damit ermittelten Risikowerte im Hinblick auf die Grenzen und Beschränkungen der Verfahren erkennbar hinreichend konservativ, kann auf eine weitergehende Analyse verzichtet werden.

Sind die Methoden und Verfahren, die ihnen zugrundeliegenden Annahmen, Parameter oder die einfließenden Daten vergleichsweise komplex, so ist eine entsprechend umfassende quantitative und qualitative Validierung dieser Komponenten sowie der Risikoergebnisse in Bezug auf ihre Verwendung erforderlich.

Erläuterung: Externe Daten
In die Risikodeckungspotenzial- und Risikoermittlung sowie die Aggregation von Risikodaten dürfen keine Parameter einfließen, die auf der Basis von externen Daten und Annahmen ermittelt werden, die unreflektiert aus anderen Quellen übernommen wurden. Dies gilt nicht für die inhaltliche Überprüfung der Richtigkeit von öffentlich zugänglichen Marktinformationen (Zinssätzen, Marktpreisen, Renditen etc.). Auf externen Daten beruhende Annahmen zu Parametern der Risiko- oder Risikodeckungspotenzialermittlung setzen voraus, dass das Institut plausibel darlegen kann, dass die zugrundeliegenden Daten die tatsächlichen Verhältnisse des Instituts angemessen widerspiegeln.

Basiert die Risikoermittlung auf Berechnungen Dritter (z. B. bei Fondsgesellschaften), hat sich das Institut aussagekräftige Informationen hierzu, insbesondere zu wesentlichen Annahmen und Parametern und zu Änderungen dieser Annahmen und Parameter vorlegen zu lassen.

10 Ist aufgrund der vergleichsweisen Komplexität der Verfahren und Methoden, der zugrundeliegenden Annahmen oder der einfließenden Daten eine umfassende Validierung dieser Komponenten gemäß Tz. 9 durchzuführen, ist hierbei eine angemessene Unabhängigkeit zwischen Methodenentwicklung und Validierung zu gewährleisten. Die wesentlichen Ergebnisse der Validierung und ggf. Vorschläge für Maßnahmen zum Umgang mit bekannten Grenzen und Beschränkungen der Methoden und Verfahren sind der Geschäftsleitung vorzulegen.

11 Jedes Institut muss über einen Prozess zur Planung des zukünftigen Kapitalbedarfs und des zur Deckung dieses Kapitalbedarfs verfügbaren Kapitals verfügen. Der Planungshorizont muss einen angemessen langen, mehrjährigen Zeitraum umfassen. Dabei ist zu berücksichtigen, wie sich in diesem Zeitraum Veränderungen der eigenen Geschäftstätigkeit oder der strategischen Ziele sowie Veränderungen des wirtschaftlichen Umfeldes auf den Kapitalbedarf und auf den Kapitalbestand auswirken. Möglichen adversen Entwicklungen, die von den Erwartungen abweichen, ist bei der Planung angemessen Rechnung zu tragen.

AT 4.2 Strategien

1 Die Geschäftsleitung hat eine nachhaltige Geschäftsstrategie festzulegen, in der die Ziele des Instituts für jede wesentliche Geschäftsaktivität sowie die Maßnahmen zur Erreichung dieser Ziele dargestellt werden. Bei der Festlegung und Anpassung der Geschäftsstrategie sind sowohl externe Einflussfaktoren (z. B. Marktentwicklung, Wettbewerbssituation, regulatorisches Umfeld) als auch interne Einflussfaktoren (z. B. Risikotragfähigkeit, Liquidität, Ertragslage, personelle und technisch-organisatorische Ressourcen) zu berücksichtigen. Im Hinblick auf die zukünftige Entwicklung der relevanten Einflussfaktoren sind Annahmen zu treffen. Die Annahmen sind einer mindestens jährlichen und anlassbezogenen Überprüfung zu unterziehen; erforderlichenfalls ist die Geschäftsstrategie anzupassen.

Erläuterung: Prüfungshandlungen durch Jahresabschlussprüfer oder die Interne Revision
Der Inhalt der Geschäftsstrategie liegt allein in der Verantwortung der Geschäftsleitung und ist nicht Gegenstand von Prüfungshandlungen durch Jahresabschlussprüfer oder die Interne Revision. Bei der Überprüfung der Risikostrategie ist die Geschäftsstrategie heranzuziehen, um die

Konsistenz zwischen beiden Strategien nachvollziehen zu können. Gegenstand der Prüfung ist außerdem der Strategieprozess nach AT 4.2 Tz. 5.

Erläuterung: Strategische Ziele sowie Maßnahmen zu deren Erreichung

Die Darstellung der strategischen Ziele sowie der Maßnahmen zur Erreichung dieser Ziele stecken die Eckpunkte für die operative Planung ab und müssen daher hinreichend konkret formuliert sein, um plausibel in die operative Unternehmensplanung überführt werden zu können.

Erläuterung: Besondere strategische Aspekte

Aufgrund der Bedeutung für das Funktionieren der Prozesse im Institut hat das Institut in Abhängigkeit von Art, Umfang, Komplexität und Risikogehalt der Geschäftsaktivitäten auch Aussagen zur zukünftig geplanten Ausgestaltung der IT-Systeme zu treffen.

Bedeutende Institute haben zudem Aussagen zur Möglichkeit der Verbesserung von Aggregationskapazitäten für Risikodaten zu treffen.

Im Falle umfangreicher Auslagerungen sind auch entsprechende Ausführungen hierzu erforderlich.

Institute mit hohem NPL-Bestand haben eine Strategie für notleidende Risikopositionen und einen entsprechenden Implementierungsplan festzulegen und regelmäßig zu überprüfen.

Die Geschäftsleitung hat eine mit der Geschäftsstrategie und den daraus resultierenden Risiken **2** konsistente Risikostrategie festzulegen. Die Risikostrategie hat, ggf. unterteilt in Teilstrategien für die wesentlichen Risiken, die Ziele der Risikosteuerung der wesentlichen Geschäftsaktivitäten sowie die Maßnahmen zur Erreichung dieser Ziele zu umfassen. Insbesondere ist, unter Berücksichtigung von Risikokonzentrationen, für alle wesentlichen Risiken der Risikoappetit des Instituts festzulegen. Risikokonzentrationen sind dabei auch mit Blick auf die Ertragssituation des Instituts (Ertragskonzentrationen) zu berücksichtigen. Dies setzt voraus, dass das Institut seine Erfolgsquellen voneinander abgrenzen und diese quantifizieren kann (z. B. im Hinblick auf den Konditionen- und den Strukturbeitrag im Zinsbuch).

Erläuterung: Risikoappetit

Mit der Festlegung des Risikoappetits trifft die Geschäftsleitung eine bewusste Entscheidung darüber, in welchem Umfang sie bereit ist, Risiken einzugehen. Der Risikoappetit kann in vielfacher Weise zum Ausdruck gebracht werden. Neben rein quantitativen Vorgaben (z. B. Strenge der Risikomessung, Globallimite, Festlegung von Puffern für bestimmte Stressszenarien) kann der Risikoappetit auch in der Festlegung von qualitativen Vorgaben zur Geltung kommen (z. B. Anforderung an die Besicherung von Krediten, Vermeidung bestimmter Geschäfte).

Institute mit hohem NPL-Bestand haben eine Strategie für notleidende Risikopositionen einzuführen, **3** um eine Reduzierung auf ein vorab festgelegtes NPE-Ziel (sofern es nicht das originäre Geschäftsmodell ist) über einen realistischen, aber hinreichend ambitionierten Zeithorizont vorzunehmen.

Die folgenden Schritte bilden dabei die zentralen Bausteine für die Entwicklung und Umsetzung dieser Strategie:
- Beurteilung des operativen Geschäftsumfeldes und der externen Bedingungen;
- Entwicklung einer Strategie mit kurz-, mittel- und langfristigen Zielen und
- Umsetzung des Implementierungsplans.

Erläuterung: Beurteilung des operativen Geschäftsumfeldes und der externen Bedingungen

Dabei sind folgende Elemente zu berücksichtigen:

a) Eine umfassende jährliche Selbsteinschätzung der tatsächlichen Situation (insbesondere hinsichtlich der Größenordnung und der Ursachen der notleidenden Risikopositionen; der Ergebnisse der in der Vergangenheit in Bezug auf notleidende Risikopositionen ergriffenen Maßnahmen sowie der vorhandenen operativen Kapazitäten). Die zuständige Behörde wird sich das Ergebnis der Selbsteinschätzung berichten lassen.

b) Externe Bedingungen (z.B. Umfeldanalysen im Hinblick auf akzeptable Bestände notleidender Risikopositionen (NPE) und die entsprechende Risikodeckung, Nachfrage der Anleger nach notleidenden Risikopositionen, Verfügbarkeit und die Marktabdeckung spezialisierter Dienstleister, aufsichtsrechtlicher, rechtlicher und justizieller Rahmen),

c) Auswirkungen der Strategie für notleidende Risikopositionen auf das Kapital (insbesondere Aufnahme geeigneter Maßnahmen in die Kapitalplanung, um sicherzustellen, dass das verfügbare Kapital stets einen nachhaltigen Abbau der notleidenden Risikopositionen in der Bilanz ermöglicht).

Erläuterung: Entwicklung der kurz-, mittel- und langfristigen Strategie für notleidende Risikopositionen

Der Entwicklung ist eine Analyse des Spektrums der verfügbaren strategischen Optionen für ihre Umsetzung zugrunde zu legen. Dabei sollte eine Kombination aus Strategien und Handlungsoptionen (z.B. Haltestrategie, Forbearance-Optionen, aktiver Portfolioabbau, Änderung der Art der Risikoposition oder Sicherheit, Rettungserwerbe, rechtliche Optionen) in Betracht gezogen werden.

Die Strategie hat zudem zeitliche Vorgaben für quantitative NPE-Ziele zu umfassen. Im Rahmen der Festlegung kurz- bis mittelfristiger NPE-Ziele haben Institute eine Vorstellung davon zu entwickeln, welche Bestände an notleidenden Risikopositionen – sowohl auf Portfolioebene als auch insgesamt – mit dem Risikoappetit des Instituts vereinbar und somit langfristig vertretbar sind. Zielwerte sind nach Zeithorizonten (kurzfristig – ca. ein Jahr – mittelfristig – ca. drei Jahre – und langfristig), Hauptportfolios sowie Umsetzungsoptionen festzulegen.

Erläuterung: Implementierungsplan

Im Implementierungsplan ist festzulegen, wie das Institut seine Strategie für notleidende Risikopositionen über einen Zeithorizont von mindestens 1 bis 3 Jahren (je nach Art und Umfang der Maßnahmen) auf operativer Ebene beabsichtigt umzusetzen.

Erläuterung: Umsetzung des Implementierungsplans

Fortschritte bei der Umsetzung des Plans sind vierteljährlich anhand festzulegender NPE-bezogener Leistungsindikatoren (Key Performance Indicators – KPI) zu überprüfen. Wesentliche Abweichungen vom Implementierungsplan sind zeitnah der Geschäftsleitung zu übermitteln, sowie geeignete Abhilfemaßnahmen zu ergreifen. Die zuständige Behörde wird sich wesentliche Abweichungen vom Implementierungsplan sowie geeignete Abhilfemaßnahmen berichten lassen.

4   Die Geschäftsleitung ist verantwortlich für die Festlegung und Anpassung der Strategien; diese Verantwortung ist nicht delegierbar. Die Geschäftsleitung muss für die Umsetzung der Strategien Sorge tragen. Der Detaillierungsgrad der Strategien ist abhängig von Umfang und Komplexität sowie dem Risikogehalt der geplanten Geschäftsaktivitäten. Es bleibt dem Institut überlassen, die Risikostrategie in die Geschäftsstrategie zu integrieren.

Die Geschäftsleitung hat einen Strategieprozess einzurichten, der sich insbesondere auf die 5 Prozessschritte Planung, Umsetzung, Beurteilung und Anpassung der Strategien erstreckt. Für die Zwecke der Beurteilung sind die in den Strategien niedergelegten Ziele so zu formulieren, dass eine sinnvolle Überprüfung der Zielerreichung möglich ist. Die Ursachen für etwaige Abweichungen sind zu analysieren.

Die Strategien sowie ggf. erforderliche Anpassungen der Strategien sind dem Aufsichtsorgan des 6 Instituts zur Kenntnis zu geben und mit diesem zu erörtern. Die Erörterung erstreckt sich auch auf die Ursachenanalyse nach AT 4.2 Tz. 5 im Falle von Zielabweichungen.

Erläuterung: Ausschüsse des Aufsichtsorgans
Adressat der Strategien sollte grundsätzlich jedes Mitglied des Aufsichtsorgans sein. Soweit das Aufsichtsorgan Ausschüsse gebildet hat, können die Strategien auch an einen Ausschuss weitergeleitet und mit diesem erörtert werden. Voraussetzung dafür ist, dass ein entsprechender Beschluss über die Einrichtung des Ausschusses besteht und der Vorsitzende des Ausschusses regelmäßig das gesamte Aufsichtsorgan informiert. Zudem ist jedem Mitglied des Aufsichtsorgans weiterhin das Recht einzuräumen, die an den Ausschuss geleiteten Strategien einsehen zu können.

Die Inhalte sowie Änderungen der Strategien sind innerhalb des Instituts in geeigneter Weise zu 7 kommunizieren.

AT 4.3   Internes Kontrollsystem

In jedem Institut sind entsprechend Art, Umfang, Komplexität und Risikogehalt der Geschäfts- 1 aktivitäten
a) Regelungen zur Aufbau- und Ablauforganisation zu treffen,
b) Risikosteuerungs- und -controllingprozesse einzurichten und
c) eine Risikocontrolling-Funktion und eine Compliance-Funktion zu implementieren.

AT 4.3.1   Aufbau- und Ablauforganisation

Bei der Ausgestaltung der Aufbau- und Ablauforganisation ist sicherzustellen, dass miteinander 1 unvereinbare Tätigkeiten durch unterschiedliche Mitarbeiter durchgeführt und auch bei Arbeitsplatzwechseln Interessenkonflikte vermieden werden. Beim Wechsel von Mitarbeitern der Handels- und Marktbereiche in nachgelagerte Bereiche und Kontrollbereiche sind für Tätigkeiten, die gegen das Verbot der Selbstprüfung und -überprüfung verstoßen, angemessene Übergangsfristen vorzusehen.

Erläuterung: Nachgelagerte Bereiche und Kontrollbereiche
Als nachgelagerte Bereiche und Kontrollbereiche im Sinne dieser Tz. sind anzusehen:
- Risikocontrolling-Funktion,
- Compliance-Funktion,
- Marktfolge,
- Abwicklung und Kontrolle.

Sofern die Übergangsfristen zu einer unverhältnismäßigen Verzögerung im Betriebsablauf führen, können kleinere, weniger komplexe Institute abweichend hiervon alternative angemessene Kontrollmechanismen einrichten.

2 Prozesse sowie die damit verbundenen Aufgaben, Kompetenzen, Verantwortlichkeiten, Kontrollen sowie Kommunikationswege sind klar zu definieren und aufeinander abzustimmen. Berechtigungen und Kompetenzen sind nach dem Sparsamkeitsgrundsatz (Need-to-know-Prinzip) zu vergeben und bei Bedarf zeitnah anzupassen. Dies beinhaltet auch die regelmäßige und anlassbezogene Überprüfung von IT-Berechtigungen, Zeichnungsberechtigungen und sonstigen eingeräumten Kompetenzen innerhalb angemessener Fristen. Die Fristen orientieren sich dabei an der Bedeutung der Prozesse und, bei IT-Berechtigungen, dem Schutzbedarf verarbeiteter Informationen. Das gilt auch bezüglich der Schnittstellen zu wesentlichen Auslagerungen.

Erläuterung: Überprüfung von Berechtigungen und Kompetenzen
Zeichnungsberechtigungen in Verbindung mit Zahlungsverkehrskonten und wesentliche IT-Berechtigungen sind mindestens jährlich zu überprüfen, alle anderen mindestens alle drei Jahre. Besonders kritische IT-Berechtigungen, wie sie bspw. Administratoren aufweisen, sind mindestens halbjährlich zu überprüfen.

AT 4.3.2   Risikosteuerungs- und -controllingprozesse

1 Das Institut hat angemessene Risikosteuerungs- und -controllingprozesse einzurichten, die eine
a) Identifizierung,
b) Beurteilung,
c) Steuerung sowie
d) Überwachung und Kommunikation
der wesentlichen Risiken und damit verbundener Risikokonzentrationen gewährleisten. Diese Prozesse sind in eine gemeinsame Ertrags- und Risikosteuerung (»Gesamtbanksteuerung«) einzubinden. Durch geeignete Maßnahmen ist zu gewährleisten, dass die Risiken und die damit verbundenen Risikokonzentrationen unter Berücksichtigung der Risikotragfähigkeit und des Risikoappetits wirksam begrenzt und überwacht werden.

Erläuterung: Begrenzung und Überwachung von Risiken und damit verbundenen Risikokonzentrationen
Geeignete Maßnahmen zur Begrenzung von Risiken und damit verbundenen Risikokonzentrationen können quantitative Instrumente (z. B. Limitsysteme, Ampelsysteme) und qualitative Instrumente (z. B. regelmäßige Risikoanalysen) umfassen.
Die Begrenzung und Überwachung von im Risikotragfähigkeitskonzept einbezogenen Risiken erfolgt in der Regel, soweit sinnvoll, auf der Basis eines wirksamen Limitsystems. Bei Risiken, die nicht sinnvoll anhand einer Limitierung begrenzt und überwacht werden können, können auch andere, schwerpunktmäßig qualitative Instrumente eingesetzt werden.

Erläuterung: Intragruppenforderungen
Intragruppenforderungen sind in den Risikosteuerungs- und -controllingprozessen angemessen abzubilden.

Erläuterung: Vorhalten von Daten zu Forderungen und deren Sicherheiten

Das Institut sollte die für eine angemessene Beurteilung, Steuerung und Überwachung von Risiken und für die Bereitstellung von Informationen relevanten Daten vorhalten. Hierunter fallen insbesondere Daten zu Sicherheiten und zu der Beziehung zwischen Sicherheit und zugrunde liegender Transaktion.

Die Risikosteuerungs- und -controllingprozesse müssen gewährleisten, dass die wesentlichen Risiken – auch aus ausgelagerten Aktivitäten und Prozessen – frühzeitig erkannt, vollständig erfasst und in angemessener Weise dargestellt werden können. Hierzu hat das Institut geeignete Indikatoren für die frühzeitige Identifizierung von Risiken sowie von risikoartenübergreifenden Effekten abzuleiten, die je nach Risikoart auf quantitativen und/oder qualitativen Risikomerkmalen basieren.   **2**

Die Geschäftsleitung hat sich in angemessenen Abständen über die Risikosituation einschließlich vorhandener Risikokonzentrationen berichten zu lassen. Zudem hat die Geschäftsleitung das Aufsichtsorgan mindestens vierteljährlich über die Risikosituation einschließlich vorhandener Risikokonzentrationen in angemessener Weise schriftlich zu informieren. Einzelheiten zur Risikoberichterstattung an die Geschäftsleitung und an das Aufsichtsorgan sind in BT 3 geregelt.   **3**

Unter Risikogesichtspunkten wesentliche Informationen sind unverzüglich an die Geschäftsleitung, die jeweiligen Verantwortlichen und ggf. die Interne Revision weiterzuleiten, so dass geeignete Maßnahmen bzw. Prüfungshandlungen frühzeitig eingeleitet werden können. Hierfür ist ein geeignetes Verfahren festzulegen.   **4**

Erläuterung: Informationspflicht gegenüber der Internen Revision

Eine Informationspflicht gegenüber der Internen Revision besteht dann, wenn nach Einschätzung der Fachbereiche unter Risikogesichtspunkten relevante Mängel zu erkennen oder bedeutende Schadensfälle aufgetreten sind oder ein konkreter Verdacht auf Unregelmäßigkeiten besteht.

Die Risikosteuerungs- und -controllingprozesse sowie die zur Risikoquantifizierung eingesetzten Methoden und Verfahren sind regelmäßig sowie bei sich ändernden Bedingungen auf ihre Angemessenheit zu überprüfen und ggf. anzupassen. Dies betrifft insbesondere auch die Plausibilisierung der ermittelten Ergebnisse und der zugrundeliegenden Daten. AT 4.1 Tz. 9 ist entsprechend anzuwenden.   **5**

AT 4.3.3   Stresstests

Es sind regelmäßig sowie anlassbezogen angemessene Stresstests für die wesentlichen Risiken durchzuführen, die Art, Umfang, Komplexität und den Risikogehalt der Geschäftsaktivitäten widerspiegeln. Hierfür sind die für die jeweiligen Risiken wesentlichen Risikofaktoren zu identifizieren. Die Stresstests haben sich auch auf die angenommenen Risikokonzentrationen und Diversifikationseffekte innerhalb und zwischen den Risikoarten zu erstrecken. Risiken aus außerbilanziellen Gesellschaftskonstruktionen und Verbriefungstransaktionen sind im Rahmen der Stresstests zu berücksichtigen.   **1**

Erläuterung: Stresstests

Der Ausdruck »Stresstests« wird im Folgenden als Oberbegriff für die unterschiedlichen Methoden gebraucht, mit denen die Institute ihr individuelles Gefährdungspotenzial auch bezüglich außergewöhnlicher, aber plausibel möglicher Ereignisse auf den jeweils relevanten Ebenen des Instituts (z. B. Portfolioebene, Gesamtinstitutsebene, Geschäftsbereichsebene) überprüfen. Das Stresstestprogramm beinhaltet Sensitivitätsanalysen (bei denen im Allgemeinen nur ein Risikofaktor variiert wird) und Szenarioanalysen (bei denen mehrere oder alle Risikofaktoren, deren Änderung sich aus einem vordefinierten Ereignis ergeben, simultan verändert werden).

2   Regelmäßige und ggf. anlassbezogene Stresstests sind auch für das Gesamtrisikoprofil des Instituts durchzuführen. Dazu sind ausgehend von Art, Umfang, Komplexität und Risikogehalt der Geschäftsaktivitäten geeignete übergeordnete Szenarien zu definieren, die sowohl institutseigene als auch marktweite Ursachen berücksichtigen. Deren potenzielle Auswirkungen auf die wesentlichen Risikoarten sind kombiniert in einer Weise abzubilden, die die Wechselwirkungen zwischen den Risikoarten berücksichtigt.

3   Die Stresstests haben auch außergewöhnliche, aber plausibel mögliche Ereignisse abzubilden. Dabei sind geeignete historische und hypothetische Szenarien darzustellen. Anhand der Stresstests sind dabei auch die Auswirkungen eines schweren konjunkturellen Abschwungs auf Gesamtinstitutsebene zu analysieren. Bei der Festlegung der Szenarien sind die strategische Ausrichtung des Instituts und sein wirtschaftliches Umfeld zu berücksichtigen.

4   Das Institut hat auch so genannte »inverse Stresstests« durchzuführen. Die Ausgestaltung und Durchführung ist abhängig von Art, Umfang, Komplexität und Risikogehalt der Geschäftsaktivitäten und kann qualitativ oder quantitativ erfolgen.

Erläuterung: Inverse Stresstests
Bei inversen Stresstests wird untersucht, welche Ereignisse das Institut in seiner Überlebensfähigkeit gefährden könnten. Die Überlebensfähigkeit ist dann als gefährdet anzunehmen, wenn sich das ursprüngliche Geschäftsmodell als nicht mehr durchführbar bzw. tragbar erweist.

Inverse Stresstests stellen eine Ergänzung der sonstigen Stresstests dar. Aufgrund ihrer Konstruktionsweise steht bei inversen Stresstests die kritische Reflexion der Ergebnisse im Vordergrund. Die Ergebnisse müssen in der Regel bei der Beurteilung der Risikotragfähigkeit nicht berücksichtigt werden.

5   Die Angemessenheit der Stresstests sowie deren zugrundeliegende Annahmen sind in regelmäßigen Abständen, mindestens aber jährlich, zu überprüfen.

6   Die Ergebnisse der Stresstests sind kritisch zu reflektieren. Dabei ist zu ergründen, inwieweit und, wenn ja, welcher Handlungsbedarf besteht. Die Ergebnisse der Stresstests sind auch bei der Beurteilung der Risikotragfähigkeit angemessen zu berücksichtigen. Dabei ist den Auswirkungen eines schweren konjunkturellen Abschwungs besondere Aufmerksamkeit zu schenken.

Erläuterung: Handlungsbedarf
Identifizierter Handlungsbedarf muss nicht automatisch in eine Unterlegung mit Risikodeckungspotenzial münden. Alternativ dazu können auch andere Maßnahmen wie z.B. eine verschärfte Überwachung der Risiken, Limitanpassungen oder Anpassungen in der geschäftspolitischen Ausrichtung geeignet sein. Eine Unterlegung mit Risikodeckungspotenzial ist dann erforderlich, wenn die Stresstests bewusst zur Quantifizierung des internen Kapitalbedarfs eingesetzt werden.

AT 4.3.4   Datenmanagement, Datenqualität und Aggregation von Risikodaten

1   Die Anforderungen dieses Moduls richten sich an bedeutende Institute und gelten sowohl auf Gruppenebene als auch auf der Ebene der wesentlichen gruppenangehörigen Einzelinstitute. Das Institut hat institutsweit und gruppenweit geltende Grundsätze für das Datenmanagement, die

Datenqualität und die Aggregation von Risikodaten festzulegen, die von der Geschäftsleitung zu genehmigen und in Kraft zu setzen sind.

Erläuterung: Umsetzung des Proportionalitätsprinzips
Die Anforderungen dieses Moduls sind entsprechend Art, Umfang, Komplexität und Risikogehalt der Geschäftsaktivitäten in angemessener Weise umzusetzen.

Erläuterung: Aggregation von Risikodaten
Unter der Aggregation von Risikodaten ist die gesamte Verfahrens- und Prozesskette von der Erhebung und Erfassung von Daten über die Verarbeitung bis hin zur Auswertung nach bestimmten Kriterien und zur Berichterstattung von Risikodaten zu verstehen.

Datenstruktur und Datenhierarchie müssen gewährleisten, dass Daten zweifelsfrei identifiziert, zusammengeführt und ausgewertet werden können sowie zeitnah zur Verfügung stehen. Hierfür sind, soweit möglich, einheitliche Namenskonventionen und Kennzeichnungen von Daten festzulegen und innerhalb des Instituts zu kommunizieren. Bei unterschiedlichen Namenskonventionen und Kennzeichnungen hat das Institut sicherzustellen, dass Daten automatisiert ineinander überleitbar sind. **2**

Das Institut hat zu gewährleisten, dass Risikodaten genau und vollständig sind. Daten müssen nach unterschiedlichen Kategorien auswertbar sein und sollten, soweit möglich und sinnvoll, automatisiert aggregiert werden können. Der Einsatz und der Umfang manueller Prozesse und Eingriffe sind zu begründen und zu dokumentieren und auf das notwendige Maß zu beschränken. Die Datenqualität und die Datenvollständigkeit sind anhand geeigneter Kriterien zu überwachen. Hierfür hat das Institut interne Anforderungen an die Genauigkeit und Vollständigkeit der Daten zu formulieren. **3**

Erläuterung: Auswertbarkeit nach verschiedenen Kategorien
Die Auswertbarkeit umfasst neben den Risikokategorien und -unterkategorien u. a. die Kategorien Geschäftsfeld, Konzerngesellschaft, Art des Vermögenswerts, Branche, Region; abhängig vom betrachteten Risiko können weitere Kategorien erforderlich sein. Auswertungen müssen in angemessener Weise auch mehrdimensional nach kombinierten Kategorien möglich sein.

Die Risikodaten sind mit anderen im Institut vorhandenen Informationen abzugleichen und zu plausibilisieren. Es sind Verfahren und Prozesse zum Abgleich der Risikodaten und der Daten in den Risikoberichten einzurichten, mittels derer Datenfehler und Schwachstellen in der Datenqualität identifiziert werden können. **4**

Erläuterung: Andere im Institut vorhandene Informationen
Der Abgleich und die Plausibilisierung der Risikodaten sind z. B. mit Daten aus dem Rechnungswesen und ggf. dem Meldewesen vorzunehmen.

Die Datenaggregationskapazitäten müssen gewährleisten, dass aggregierte Risikodaten, sowohl unter gewöhnlichen Umständen als auch in Stressphasen, zeitnah zur Verfügung stehen. Das Institut hat unter Berücksichtigung der Häufigkeit von Risikoberichten den zeitlichen Rahmen zu definieren, innerhalb dessen die aggregierten Risikodaten vorliegen müssen. **5**

Erläuterung: Risikodaten in Stressphasen
Zu den Daten, die auch in Stressphasen zeitnah zur Verfügung stehen müssen, gehören u. a.:
– Adressenausfallrisiko auf Gesamtbank-/Gruppenebene,
– Aggregiertes Exposure gegenüber großen Unternehmensschuldnern,

- Kontrahentenrisiken (auch aus Derivaten) – zusammengefasst und aufgeteilt auf einzelne Adressen,
- Marktpreisrisiken, Handelspositionen und operative Limite/Limitauslastungen inklusive möglicher Konzentrationen,
- Indikatoren für mögliche Liquiditätsrisiken/-engpässe,
- Zeitkritische Indikatoren für operationelle Risiken.

6 Die Datenaggregationskapazitäten müssen hinreichend flexibel sein, um Informationen ad hoc nach unterschiedlichen Kategorien ausweisen und analysieren zu können. Dazu gehört auch die Möglichkeit, Risikopositionen auf den unterschiedlichsten Ebenen (Geschäftsfelder, Portfolios, ggf. Einzelgeschäfte) auszuweisen und zu analysieren.

Erläuterung: Ad-hoc-Informationen nach verschiedenen Kategorien
Eine Generierung und Analysefähigkeit der Risikopositionen nach Ländern, Branchen, Geschäftsfeldern etc. muss auch bei Ad-hoc-Informationsbedürfnissen gegeben sein. Dabei sollten die wesentlichen Kategorien, soweit möglich und sinnvoll, bis hinunter zur Einzelgeschäftsebene aufgegliedert werden können.

7 Für alle Prozessschritte sind Verantwortlichkeiten festzulegen und entsprechende prozessabhängige Kontrollen einzurichten. Daneben ist regelmäßig zu überprüfen, ob die institutsinternen Regelungen, Verfahren, Methoden und Prozesse von den Mitarbeitern eingehalten werden. Die Überprüfung ist von einer von den geschäftsinitiierenden bzw. geschäftsabschließenden Organisationseinheiten unabhängigen Stelle wahrzunehmen.

Erläuterung: Überprüfung durch eine unabhängige Stelle
Die mit der Überprüfung betrauten Mitarbeiter sollten möglichst über hinreichende Kenntnisse bezüglich der IT-Systeme und des Berichtswesens verfügen.

AT 4.4 Besondere Funktionen

AT 4.4.1 Risikocontrolling-Funktion

1 Jedes Institut muss über eine unabhängige Risikocontrolling-Funktion verfügen, die für die Überwachung und Kommunikation der Risiken zuständig ist. Die Risikocontrolling-Funktion ist aufbauorganisatorisch bis einschließlich der Ebene der Geschäftsleitung von den Bereichen zu trennen, die für die Initiierung bzw. den Abschluss von Geschäften zuständig sind.

Erläuterung: Funktionstrennung
Die speziellen Funktionstrennungsanforderungen des BTO bleiben unberührt.

Erläuterung: Initiierung und Abschluss von Geschäften
Zu den Bereichen, die Geschäfte initiieren bzw. abschließen, zählen der Bereich Markt, der Bereich Handel sowie andere Bereiche, die über Positionsverantwortung verfügen (z. B. Treasury). Grundsätzlich gehören dazu auch solche Bereiche, die sog. »nicht-risikorelevantes Kreditgeschäft« initiieren und abschließen. Bei Instituten mit maximal drei Geschäftsleitern ist eine aufbauorganisatorische Trennung des Bereiches Markt für »nicht-risikorelevantes« Kreditgeschäft von der Risikocontrolling-Funktion bis unmittelbar unterhalb der Geschäftsleiterebene in der Regel aus-

reichend, sofern keine Interessenkonflikte erkennbar sind und keine Konzentration von Verantwortlichkeiten beim betroffenen Geschäftsleiter vorliegt.

Die Risikocontrolling-Funktion hat insbesondere die folgenden Aufgaben: 2
- Unterstützung der Geschäftsleitung in allen risikopolitischen Fragen, insbesondere bei der Entwicklung und Umsetzung der Risikostrategie sowie bei der Ausgestaltung eines Systems zur Begrenzung der Risiken,
- Durchführung der Risikoinventur und Erstellung des Gesamtrisikoprofils,
- Unterstützung der Geschäftsleitung bei der Einrichtung und Weiterentwicklung der Risikosteuerungs- und -controllingprozesse,
- Einrichtung und Weiterentwicklung eines Systems von Risikokennzahlen und eines Risikofrüherkennungsverfahrens,
- Laufende Überwachung der Risikosituation des Instituts und der Risikotragfähigkeit sowie der Einhaltung der eingerichteten Risikolimite,
- Regelmäßige Erstellung der Risikoberichte für die Geschäftsleitung,
- Verantwortung für die Prozesse zur unverzüglichen Weitergabe von unter Risikogesichtspunkten wesentlichen Informationen an die Geschäftsleitung, die jeweiligen Verantwortlichen und ggf. die Interne Revision.

Erläuterung: NPE-bezogene Anforderungen an die Risikocontrolling-Funktion
In Instituten mit hohem NPL-Bestand überwacht und bemisst die Risikocontrolling-Funktion die NPE-bezogenen Risiken und den Fortschritt zur Erreichung der NPE-Zielwerte auf granularer und aggregierter Basis anhand NPE-bezogener Leistungsindikatoren (Key Performance Indicators – KPI). Diese KPI sollten mindestens
a) NPE-Messgrößen,
b) Interaktionen mit den Kreditnehmern und Zahlungseingänge,
c) Forbearance-Maßnahmen,
d) Abwicklungsmaßnahmen sowie
e) Sonstiges (z. B. NPE-bezogene Posten der Gewinn- und Verlustrechnung, Rettungserwerbe oder Auslagerungsaktivitäten)
umfassen. Dabei müssen auch die Auswirkungen auf die internen sowie regulatorischen Eigenkapitalanforderungen betrachtet werden.

Die Risikocontrolling-Funktion kann sich zur Erfüllung dieser Aufgaben anderer marktunabhängiger Einheiten und deren Informationen bedienen, sofern sie diese plausibilisiert.

Den Mitarbeitern der Risikocontrolling-Funktion sind alle notwendigen Befugnisse und ein 3
uneingeschränkter Zugang zu allen Informationen einzuräumen, die für die Erfüllung ihrer Aufgaben erforderlich sind. Hierzu gehört insbesondere auch ein uneingeschränkter und jederzeitiger Zugang zu den Risikodaten des Instituts.

Die Leitung der Risikocontrolling-Funktion ist bei wichtigen risikopolitischen Entscheidungen 4
der Geschäftsleitung zu beteiligen. Diese Aufgabe ist einer Person auf einer ausreichend hohen Führungsebene zu übertragen. Sie hat ihre Aufgaben in Abhängigkeit von der Größe des Instituts sowie Art, Umfang, Komplexität und Risikogehalt der Geschäftsaktivitäten grundsätzlich in exklusiver Weise auszufüllen.

Erläuterung: Exklusive Wahrnehmung der Leitung der Risikocontrolling-Funktion
Die exklusive Wahrnehmung der Leitung der Risikocontrolling-Funktion bedeutet die ausschließliche Wahrnehmung von Risikocontrolling-Aufgaben in der Regel unmittelbar unterhalb der Geschäftsleiterebene (2. Ebene). Dies umfasst auch eine klare aufbauorganisatorische Trennung

von Risikocontrolling-Funktion und Marktfolge bis unmittelbar unterhalb der Geschäftsleiterebene. Bei Instituten mit maximal drei Geschäftsleitern können Risikocontrolling-Funktion und Marktfolge auch unter einheitlicher Leitung der 2. Ebene stehen und dieser Leitung auch Votierungs- und Genehmigungskompetenzen eingeräumt werden, sofern daraus keine wesentlichen Interessenkonflikte erkennbar sind und diese Leitung weder Geschäfte initiiert noch in die Kundenbetreuung eingebunden ist. Ferner kann bei solchen Instituten die Leitung der Risikocontrolling-Funktion auch auf der 3. Ebene angesiedelt sein, sofern eine direkte Berichtslinie zur Geschäftsleiterebene besteht. Hinsichtlich der Trennung der Risikocontrolling-Funktion bei rechtlich unselbständigen Auslandszweigstellen gilt BTO Tz. 3, Erläuterung 1 entsprechend.

5   Bei bedeutenden Instituten hat die exklusive Wahrnehmung der Leitung der Risikocontrolling-Funktion grundsätzlich durch einen Geschäftsleiter zu erfolgen. Er kann auch für die Marktfolge zuständig sein, sofern eine klare aufbauorganisatorische Trennung von Risikocontrolling-Funktion und Marktfolge bis unterhalb der Geschäftsleiterebene erfolgt. Dieser Geschäftsleiter darf weder für den Bereich Finanzen/Rechnungswesen noch für den Bereich Organisation/IT verantwortlich sein. Ausnahmen hiervon sind lediglich im Vertretungsfall möglich.

Erläuterung: Umsetzung des Proportionalitätsprinzips
Die proportionale Umsetzung dieser Anforderungen richtet sich nach Tz. 184 sowie Titel I der EBA/GL/2017/11.

6   Wechselt die Leitung der Risikocontrolling-Funktion, ist das Aufsichtsorgan rechtzeitig vorab unter Angabe der Gründe für den Wechsel zu informieren.

AT 4.4.2   Compliance-Funktion

1   Jedes Institut muss über eine Compliance-Funktion verfügen, um den Risiken, die sich aus der Nichteinhaltung rechtlicher Regelungen und Vorgaben ergeben können, entgegenzuwirken. Die Compliance-Funktion hat auf die Implementierung wirksamer Verfahren zur Einhaltung der für das Institut wesentlichen rechtlichen Regelungen und Vorgaben und entsprechender Kontrollen hinzuwirken. Ferner hat die Compliance-Funktion die Geschäftsleitung hinsichtlich der Einhaltung dieser rechtlichen Regelungen und Vorgaben zu unterstützen und zu beraten.

Erläuterung: Verantwortung der Geschäftsleiter und der Geschäftsbereiche
Unbeschadet der Aufgaben der Compliance-Funktion bleiben die Geschäftsleiter und die Geschäftsbereiche für die Einhaltung rechtlicher Regelungen und Vorgaben uneingeschränkt verantwortlich.

Erläuterung: Verhältnis zu anderen aufsichtlichen Vorgaben
Alle sonstigen Vorgaben zur Compliance-Funktion, die sich aus anderen Aufsichtsgesetzen ergeben (insbesondere § 80 Abs. 1 WpHG und Art. 22 Delegierte Verordnung (EU) 2017/565 in Verbindung mit dem Rundschreiben »MaComp«; § 25h KWG in Verbindung mit konkretisierenden Verwaltungsvorschriften), bleiben unberührt.

2   Die Identifizierung der wesentlichen rechtlichen Regelungen und Vorgaben, deren Nichteinhaltung zu einer Gefährdung des Vermögens des Instituts führen kann, erfolgt unter Berücksichtigung von Risikogesichtspunkten in regelmäßigen Abständen durch die Compliance-Funktion.

3   Grundsätzlich ist die Compliance-Funktion unmittelbar der Geschäftsleitung unterstellt und berichtspflichtig. Sie kann auch an andere Kontrolleinheiten angebunden werden, sofern eine direkte Berichtslinie zur Geschäftsleitung existiert. Zur Erfüllung ihrer Aufgaben kann die Com-

pliance-Funktion auch auf andere Funktionen und Stellen zurückgreifen. Die Compliance-Funktion ist abhängig von der Größe des Institutes sowie der Art, dem Umfang, der Komplexität und dem Risikogehalt der Geschäftsaktivitäten in einem von den Bereichen Markt und Handel unabhängigen Bereich anzusiedeln.

Erläuterung: Anbindung an andere Kontrolleinheiten
Andere Kontrolleinheiten können z.B. das Risikocontrolling oder der Geldwäschebeauftragte, nicht jedoch die Interne Revision sein.

Bedeutende Institute haben für die Compliance-Funktion grundsätzlich eine eigenständige Organisationseinheit einzurichten.   4

Erläuterung: Eigenständige Compliance-Einheit
Die Kriterien der Verhältnismäßigkeit richten sich nach den Ausführungen in Titel I der EBA/GL/2017/11. In der eigenständigen Einheit für die Compliance-Funktion dürfen auch weitere Compliance-nahe Kontrolleinheiten angesiedelt sein (z.B. WpHG-Compliance, Geldwäschebeauftragter, Informationssicherheitsbeauftragter, Datenschutz).

Das Institut hat einen Compliance-Beauftragten zu benennen, der für die Erfüllung der Aufgaben   5
der Compliance-Funktion verantwortlich ist. Abhängig von Art, Umfang, Komplexität und Risikogehalt der Geschäftsaktivitäten sowie der Größe des Instituts kann im Ausnahmefall die Funktion des Compliance-Beauftragten auch einem Geschäftsleiter übertragen werden.

   Den Mitarbeitern der Compliance-Funktion sind ausreichende Befugnisse und ein uneinge-   6
schränkter Zugang zu allen Informationen einzuräumen, die für die Erfüllung ihrer Aufgaben erforderlich sind. Weisungen und Beschlüsse der Geschäftsleitung, die für die Compliance-Funktion wesentlich sind, sind ihr bekannt zu geben. Über wesentliche Änderungen der Regelungen, die die Einhaltung der wesentlichen rechtlichen Regelungen und Vorgaben gewährleisten sollen, sind die Mitarbeiter der Compliance-Funktion rechtzeitig zu informieren.

   Die Compliance-Funktion hat mindestens jährlich sowie anlassbezogen der Geschäftsleitung über   7
ihre Tätigkeit Bericht zu erstatten. Darin ist auf die Angemessenheit und Wirksamkeit der Regelungen zur Einhaltung der wesentlichen rechtlichen Regelungen und Vorgaben einzugehen. Ferner hat der Bericht auch Angaben zu möglichen Defiziten sowie zu Maßnahmen zu deren Behebung zu enthalten. Die Berichte sind auch an das Aufsichtsorgan und die Interne Revision weiterzuleiten.

Erläuterung: Ausschüsse des Aufsichtsorgans
Adressat der Berichterstattung sollte grundsätzlich jedes Mitglied des Aufsichtsorgans sein. Soweit das Aufsichtsorgan Ausschüsse gebildet hat, kann die Weiterleitung der Informationen auch auf einen Ausschuss beschränkt werden. Voraussetzung dafür ist, dass ein entsprechender Beschluss über die Einrichtung des Ausschusses besteht und der Vorsitzende des Ausschusses regelmäßig das gesamte Aufsichtsorgan informiert. Zudem ist jedem Mitglied des Aufsichtsorgans weiterhin das Recht einzuräumen, die an den Ausschuss geleitete Berichterstattung einsehen zu können.

Wechselt die Position des Compliance-Beauftragten, ist das Aufsichtsorgan rechtzeitig vorab unter   8
Angabe der Gründe für den Wechsel zu informieren.

AT 4.4.3 Interne Revision

1 Jedes Institut muss über eine funktionsfähige Interne Revision verfügen. Bei Instituten, bei denen aus Gründen der Betriebsgröße die Einrichtung einer Revisionseinheit unverhältnismäßig ist, können die Aufgaben der Internen Revision von einem Geschäftsleiter erfüllt werden.

2 Die Interne Revision ist ein Instrument der Geschäftsleitung, ihr unmittelbar unterstellt und berichtspflichtig. Sie kann auch einem Mitglied der Geschäftsleitung, nach Möglichkeit dem Vorsitzenden, unterstellt sein. Unbeschadet dessen ist sicherzustellen, dass der Vorsitzende des Aufsichtsorgans unter Einbeziehung der Geschäftsleitung direkt bei dem Leiter der Internen Revision Auskünfte einholen kann.

Erläuterung: Einholung von Auskünften durch den Vorsitzenden des Aufsichtsorgans

Wenn das Institut einen Prüfungsausschuss eingerichtet hat, kann alternativ sichergestellt werden, dass der Vorsitzende des Prüfungsausschusses Auskünfte beim Leiter der Internen Revision einholen kann.

3 Die Interne Revision hat risikoorientiert und prozessunabhängig die Wirksamkeit und Angemessenheit des Risikomanagements im Allgemeinen und des internen Kontrollsystems im Besonderen sowie die Ordnungsmäßigkeit grundsätzlich aller Aktivitäten und Prozesse zu prüfen und zu beurteilen, unabhängig davon, ob diese ausgelagert sind oder nicht. BT 2.1 Tz. 3 bleibt hiervon unberührt.

4 Zur Wahrnehmung ihrer Aufgaben ist der Internen Revision ein vollständiges und uneingeschränktes Informationsrecht einzuräumen. Dieses Recht ist jederzeit zu gewährleisten. Der Internen Revision sind insoweit unverzüglich die erforderlichen Informationen zu erteilen, die notwendigen Unterlagen zur Verfügung zu stellen und Einblick in die Aktivitäten und Prozesse sowie die IT-Systeme des Instituts zu gewähren.

5 Weisungen und Beschlüsse der Geschäftsleitung, die für die Interne Revision von Bedeutung sein können, sind ihr bekannt zu geben. Über wesentliche Änderungen im Risikomanagement ist die Interne Revision rechtzeitig zu informieren.

6 Wechselt die Leitung der Internen Revision, ist das Aufsichtsorgan rechtzeitig vorab unter Angabe der Gründe für den Wechsel zu informieren.

AT 4.5 Risikomanagement auf Gruppenebene

1 Nach § 25a Abs. 3 KWG sind die Geschäftsleiter des übergeordneten Unternehmens einer Institutsgruppe oder Finanzholding-Gruppe sowie die Geschäftsleiter des übergeordneten Finanzkonglomeratsunternehmens eines Finanzkonglomerats für die Einrichtung eines angemessenen und wirksamen Risikomanagements auf Gruppenebene verantwortlich. Die Reichweite des Risikomanagements auf Gruppenebene erstreckt sich auf alle wesentlichen Risiken der Gruppe, unabhängig davon, ob diese von konsolidierungspflichtigen Unternehmen begründet werden oder nicht (z.B. Risiken aus nicht konsolidierungspflichtigen Zweckgesellschaften). Die eingesetzten Methoden und Verfahren (z.B. IT-Systeme) dürfen der Wirksamkeit des Risikomanagements auf Gruppenebene nicht entgegenstehen. Besondere Maßstäbe für das Risikomanagement auf Gruppenebene können sich aus spezialgesetzlichen Regelungen ergeben, wie z.B. bei Bausparkassen hinsichtlich der Kollektivsteuerung oder bei Pfandbriefbanken.

Erläuterung: Ausgestaltung des Risikomanagements auf Gruppenebene
Die konkrete Ausgestaltung des Risikomanagements auf Gruppenebene hängt insbesondere von Art, Umfang, Komplexität und Risikogehalt der von der Gruppe betriebenen Geschäftsaktivitäten sowie den gesellschaftsrechtlichen Möglichkeiten ab.

Erläuterung: Bezugnahme auf wesentliche Risiken
Das Risikomanagement auf Gruppenebene erstreckt sich auf alle wesentlichen Risiken. Daher können z.B. nachgeordnete Unternehmen, deren Risiken aus Sicht des übergeordneten Unternehmens als nicht wesentlich eingestuft werden, von den Anforderungen an das Risikomanagement auf Gruppenebene ausgenommen werden. Das gilt nicht, wenn die Risiken bei zusammengefasster Betrachtung aller nachgeordneten Unternehmen mit jeweils unwesentlichem Risiko insgesamt als wesentlich einzustufen sind.

Erläuterung: Bezugnahme zu AT 9 Auslagerung
Die Anforderungen des Moduls AT 9 sind auf Ebene des Einzelinstituts und auf Gruppenebene einzuhalten. Für die Einhaltung auf Gruppenebene ist das übergeordnete Unternehmen verantwortlich. Die Anwendung von AT 9 Tz. 15 gilt unbeschadet.

2 Die Geschäftsleitung des übergeordneten Unternehmens hat eine Geschäftsstrategie sowie eine dazu konsistente Risikostrategie festzulegen (»gruppenweite Strategien«). Die strategische Ausrichtung der gruppenangehörigen Unternehmen ist mit den gruppenweiten Strategien abzustimmen. Die Geschäftsleitung des übergeordneten Unternehmens muss für die Umsetzung der gruppenweiten Strategien Sorge tragen.

3 Das übergeordnete Unternehmen hat auf der Grundlage des Gesamtrisikoprofils der Gruppe einen internen Prozess zur Sicherstellung der Risikotragfähigkeit auf Gruppenebene einzurichten (AT 4.1 Tz. 2). Die Risikotragfähigkeit der Gruppe ist laufend sicherzustellen.

4 Es sind angemessene ablauforganisatorische Vorkehrungen auf Gruppenebene zu treffen. Das heißt, dass Prozesse sowie damit verbundene Aufgaben, Kompetenzen, Verantwortlichkeiten, Kontrollen sowie Kommunikationswege innerhalb der Gruppe klar zu definieren und aufeinander abzustimmen sind. An die Geschäftsleiter des übergeordneten Unternehmens ist zeitnah Bericht zu erstatten.

5 Das übergeordnete Unternehmen hat angemessene Risikosteuerungs- und -controllingprozesse einzurichten, die die gruppenangehörigen Unternehmen einbeziehen. Für die wesentlichen Risiken auf Gruppenebene sind regelmäßig angemessene Stresstests durchzuführen. Regelmäßige und ggf. anlassbezogene Stresstests sind auch für das Gesamtrisikoprofil auf Gruppenebene durchzuführen. Das übergeordnete Unternehmen hat sich in angemessenen Abständen über die Risikosituation der Gruppe zu informieren.

6 Die Konzernrevision hat im Rahmen des Risikomanagements auf Gruppenebene ergänzend zur Internen Revision der gruppenangehörigen Unternehmen tätig zu werden. Dabei kann die Konzernrevision auch die Prüfungsergebnisse der Internen Revisionen der gruppenangehörigen Unternehmen berücksichtigen. Es ist sicherzustellen, dass für die Konzernrevision und die Internen Revisionen der gruppenangehörigen Unternehmen Revisionsgrundsätze und Prüfungsstandards gelten, die eine Vergleichbarkeit der Prüfungsergebnisse gewährleisten. Des Weiteren sind die Prüfungsplanungen sowie die Verfahren zur Überwachung der fristgerechten Beseitigung von Mängeln aufeinander abzustimmen. Die Konzernrevision hat in angemessenen Abständen, mindestens aber vierteljährlich, an die Geschäftsleitung und das Aufsichtsorgan des übergeordneten Unternehmens über ihre Tätigkeit auf Gruppenebene in analoger Anwendung von BT 2.4 Tz. 4 zu berichten.

AT 5   Organisationsrichtlinien

1 Das Institut hat sicherzustellen, dass die Geschäftsaktivitäten auf der Grundlage von Organisationsrichtlinien betrieben werden (z.B. Handbücher, Arbeitsanweisungen oder Arbeitsablaufbeschreibungen). Der Detaillierungsgrad der Organisationsrichtlinien hängt von Art, Umfang, Komplexität und Risikogehalt der Geschäftsaktivitäten ab.

Erläuterung: Darstellung der Organisationsrichtlinien

Hinsichtlich der Darstellung der Organisationsrichtlinien kommt es in erster Linie darauf an, dass diese sachgerecht und für die Mitarbeiter des Instituts nachvollziehbar sind. Die konkrete Art der Darstellung bleibt dem Institut überlassen.

2 Die Organisationsrichtlinien müssen schriftlich fixiert und den betroffenen Mitarbeitern in geeigneter Weise bekanntgemacht werden. Es ist sicherzustellen, dass sie den Mitarbeitern in der jeweils aktuellen Fassung zur Verfügung stehen. Die Richtlinien sind bei Veränderungen der Aktivitäten und Prozesse zeitnah anzupassen.

3 Die Organisationsrichtlinien haben vor allem Folgendes zu beinhalten:
  a) Regelungen für die Aufbau- und Ablauforganisation sowie zur Aufgabenzuweisung, Kompetenzordnung und zu den Verantwortlichkeiten,
  b) Regelungen hinsichtlich der Ausgestaltung der Risikosteuerungs- und -controllingprozesse,
  c) Regelungen zu den Verfahren, Methoden und Prozessen der Aggregation von Risikodaten (bei bedeutenden Instituten),
  d) Regelungen zur Internen Revision,
  e) Regelungen, die die Einhaltung rechtlicher Regelungen und Vorgaben (z.B. Datenschutz, Compliance) gewährleisten,
  f) Regelungen zu Verfahrensweisen bei Auslagerungen,
  g) abhängig von der Größe des Institutes sowie der Art, dem Umfang, der Komplexität und dem Risikogehalt der Geschäftsaktivitäten, einen Verhaltenskodex für die Mitarbeiter.

Erläuterung: Regelungen zu Verfahrensweisen bei Auslagerungen

Die Regelungen zu Verfahrensweisen bei Auslagerungen haben die zentralen Phasen des Lebenszyklus von Auslagerungsvereinbarungen zu umfassen und Definitionen der Grundsätze, Zuständigkeiten und Prozesse zu enthalten.

Die Regelungen zu Verfahrensweisen in Bezug auf Auslagerungen sollen sicherstellen, dass das Auslagerungsunternehmen in einer mit den Werten und dem Verhaltenskodex des auslagernden Instituts im Einklang stehenden Weise handelt.

4 Die Ausgestaltung der Organisationsrichtlinien muss es der Internen Revision ermöglichen, in die Sachprüfung einzutreten.

AT 6 Dokumentation

Geschäfts-, Kontroll- und Überwachungsunterlagen sind systematisch und für sachkundige Dritte 1
nachvollziehbar abzufassen und grundsätzlich fünf Jahre aufzubewahren. Die Aktualität und
Vollständigkeit der Aktenführung ist sicherzustellen.

Die für die Einhaltung dieses Rundschreibens wesentlichen Handlungen und Festlegungen sind 2
nachvollziehbar zu dokumentieren. Dies beinhaltet auch Festlegungen hinsichtlich der Inanspruchnahme wesentlicher Öffnungsklauseln, die ggf. zu begründen ist.

AT 7 Ressourcen

AT 7.1 Personal

Die quantitative und qualitative Personalausstattung des Instituts hat sich insbesondere an 1
betriebsinternen Erfordernissen, den Geschäftsaktivitäten sowie der Risikosituation zu orientieren. Dies gilt auch beim Rückgriff auf Leiharbeitnehmer.

Die Mitarbeiter sowie deren Vertreter müssen abhängig von ihren Aufgaben, Kompetenzen und 2
Verantwortlichkeiten über die erforderlichen Kenntnisse und Erfahrungen verfügen. Durch geeignete
Maßnahmen ist zu gewährleisten, dass das Qualifikationsniveau der Mitarbeiter angemessen ist.

Erläuterung: Anforderungen an die Qualifikation bei besonderen Funktionen
Die mit der Leitung der Risikocontrolling-Funktion und der Leitung der Internen Revision
betrauten Personen sowie der Compliance-Beauftragte haben besonderen qualitativen Anforderungen entsprechend ihres Aufgabengebietes zu genügen.

Die Abwesenheit oder das Ausscheiden von Mitarbeitern sollte nicht zu nachhaltigen Störungen 3
der Betriebsabläufe führen.

AT 7.2 Technisch-organisatorische Ausstattung

Umfang und Qualität der technisch-organisatorischen Ausstattung haben sich insbesondere an 1
betriebsinternen Erfordernissen, den Geschäftsaktivitäten sowie der Risikosituation zu orientieren.

Die IT-Systeme (Hardware- und Software-Komponenten), die zugehörigen IT-Prozesse und 2
sonstige Bestandteile des Informationsverbundes müssen die Integrität, die Verfügbarkeit, die
Authentizität sowie die Vertraulichkeit der Daten sicherstellen. Für diese Zwecke ist bei der
Ausgestaltung der IT-Systeme und der zugehörigen IT-Prozesse grundsätzlich auf gängige Standards abzustellen, insbesondere sind Prozesse für eine angemessene IT-Berechtigungsvergabe
einzurichten, die sicherstellen, dass jeder Mitarbeiter nur über die Rechte verfügt, die er für seine
Tätigkeit benötigt; die Zusammenfassung von Berechtigungen in einem Rollenmodell ist möglich.
Die Eignung der IT-Systeme und der zugehörigen Prozesse ist regelmäßig von den fachlich und
technisch zuständigen Mitarbeitern zu überprüfen.

Erläuterung: Informationsverbund

Zu einem Informationsverbund gehören bspw. geschäftsrelevante Informationen, Geschäfts- und Unterstützungsprozesse, IT-Systeme und die zugehörigen IT-Prozesse sowie Netz- und Gebäudeinfrastrukturen.

Erläuterung: Standards zur Ausgestaltung der IT-Systeme

Zu solchen Standards zählen z. B. der IT-Grundschutz des Bundesamtes für Sicherheit in der Informationstechnik (BSI) und die internationalen Sicherheitsstandards ISO/IEC 270XX der International Organization for Standardization. Das Abstellen auf gängige Standards zielt nicht auf die Verwendung von Standardhardware bzw. -software ab. Eigenentwicklungen sind grundsätzlich ebenso möglich.

Erläuterung: Zugriffsrechte

Die eingerichteten Berechtigungen dürfen nicht im Widerspruch zur organisatorischen Zuordnung von Mitarbeitern stehen. Insbesondere bei Berechtigungsvergaben im Rahmen von Rollenmodellen ist darauf zu achten, dass Funktionstrennungen beibehalten bzw. Interessenkonflikte vermieden werden.

3   Die IT-Systeme sind vor ihrem erstmaligen Einsatz und nach wesentlichen Veränderungen zu testen und von den fachlich sowie auch von den technisch zuständigen Mitarbeitern abzunehmen. Hierfür ist ein Regelprozess der Entwicklung, des Testens, der Freigabe und der Implementierung in die Produktionsprozesse zu etablieren. Produktions- und Testumgebung sind dabei grundsätzlich voneinander zu trennen.

Erläuterung: Veränderungen an IT-Systemen

Bei der Beurteilung der Wesentlichkeit von Veränderungen ist nicht auf den Umfang der Veränderungen, sondern auf die Auswirkungen, die eine Veränderung auf die Funktionsfähigkeit des betroffenen IT-Systems haben kann, abzustellen.

Erläuterung: Abnahme durch die technisch und fachlich zuständigen Mitarbeiter

Bei der Abnahme durch die fachlich und die technisch zuständigen Mitarbeiter steht die Eignung und Angemessenheit der IT-Systeme für die spezifische Situation des jeweiligen Instituts im Mittelpunkt. Gegebenenfalls vorliegende Testate Dritter können bei der Abnahme berücksichtigt werden, sie können die Abnahme jedoch nicht vollständig ersetzen.

4   Für IT-Risiken sind angemessene Überwachungs- und Steuerungsprozesse einzurichten, die insbesondere die Festlegung von IT-Risikokriterien, die Identifikation von IT-Risiken, die Festlegung des Schutzbedarfs, daraus abgeleitete Schutzmaßnahmen für den IT-Betrieb sowie die Festlegung entsprechender Maßnahmen zur Risikobehandlung und -minderung umfassen. Beim Bezug von Software sind die damit verbundenen Risiken angemessen zu bewerten.

5   Die Anforderungen aus AT 7.2 sind auch beim Einsatz von durch Mitarbeiter des Fachbereiches entwickelten oder betriebenen Anwendungen (Individuelle Datenverarbeitung – »IDV«) entsprechend der Kritikalität der unterstützten Geschäftsprozesse und der Bedeutung der Anwendungen für diese Prozesse zu beachten. Die Festlegung von Maßnahmen zur Sicherstellung der Datensicherheit hat sich am Schutzbedarf der verarbeiteten Daten zu orientieren.

AT 7.3 Notfallmanagement

Das Institut hat Ziele zum Notfallmanagement zu definieren und hieraus abgeleitet einen Notfall- **1**
managementprozess festzulegen. Für Notfälle in zeitkritischen Aktivitäten und Prozessen ist
Vorsorge zu treffen (Notfallkonzept). Die im Notfallkonzept festgelegten Maßnahmen müssen
dazu geeignet sein, das Ausmaß möglicher Schäden zu reduzieren. Das Notfallkonzept ist anlassbezogen zu aktualisieren, jährlich auf Aktualität zu überprüfen und angemessen zu kommunizieren. Die Geschäftsleitung hat sich mindestens quartalsweise und anlassbezogen über den Zustand
des Notfallmanagements schriftlich berichten zu lassen.

Erläuterung: Zeitkritische Aktivitäten und Prozesse

Zeitkritisch sind grundsätzlich jene Aktivitäten und Prozesse, bei deren Beeinträchtigung für
definierte Zeiträume ein nicht mehr akzeptabler Schaden für das Institut zu erwarten ist.

Zur Identifikation von zeitkritischen Aktivitäten und Prozessen sowie von unterstützenden
Aktivitäten und Prozessen, hierfür notwendigen IT-Systemen und sonstigen notwendigen Ressourcen sowie der potenziellen Gefährdungen führt das Institut Auswirkungsanalysen und Risikoanalysen durch. Als Basis hierfür dient eine Übersicht über alle Aktivitäten und Prozesse (z. B. in
Form einer Prozesslandkarte).

Erläuterung: Auswirkungsanalysen

In Auswirkungsanalysen (Business Impact Analysen) wird über abgestufte Zeiträume betrachtet,
welche Folgen eine Beeinträchtigung von Aktivitäten und Prozessen für den Geschäftsbetrieb
haben kann. Die Auswirkungsanalysen sollten u. a. folgende Aspekte berücksichtigen:
- Art und Umfang des (im-)materiellen Schadens,
- Zeitpunkt des Ausfalls.

Erläuterung: Risikoanalysen

In Risikoanalysen (Risk Impact Analysen) für die identifizierten zeitkritischen Aktivitäten und
Prozesse werden potenzielle Gefährdungen identifiziert und bewertet, welche eine Beeinträchtigung der zeitkritischen Geschäftsprozesse verursachen könnten.

Das Notfallkonzept muss Geschäftsfortführungs- sowie Wiederherstellungspläne umfassen. Ge- **2**
schäftsfortführungspläne müssen gewährleisten, dass im Notfall zeitnah Ersatzlösungen zur
Verfügung stehen. Wiederherstellungspläne müssen innerhalb eines angemessenen Zeitraums
die Rückkehr zum Normalbetrieb ermöglichen. Bei Notfällen ist eine angemessene interne und
externe Kommunikation sicherzustellen. Im Fall der Auslagerung von zeitkritischen Aktivitäten
und Prozessen haben das auslagernde Institut und das Auslagerungsunternehmen über aufeinander abgestimmte Notfallkonzepte zu verfügen.

Erläuterung: Notfallkonzept

Im Notfallkonzept werden Verantwortlichkeiten, Ziele und Maßnahmen zur Fortführung bzw.
Wiederherstellung von zeitkritischen Aktivitäten und Prozessen bestimmt und Kriterien für die
Einstufung sowie für das Auslösen der Pläne definiert.

Erläuterung: Notfallszenarien

Hierbei werden mindestens folgende Szenarien berücksichtigt:

- (Teil-)Ausfall eines Standortes (z. B. durch Hochwasser, Großbrand, Gebietssperrung, Ausfall der Zutrittskontrolle)
- Erheblicher Ausfall von IT-Systemen oder Kommunikationsinfrastruktur (z. B. aufgrund von Fehlern oder Angriffen)
- Ausfall einer kritischen Anzahl von Mitarbeitern (z. B. bei Pandemie, Lebensmittelvergiftung, Streik)
- Ausfall von Dienstleistern (z. B. Zulieferer, Stromversorger)

3 Die Wirksamkeit und Angemessenheit des Notfallkonzeptes sind regelmäßig zu überprüfen. Für zeitkritische Aktivitäten und Prozesse sind sie für alle relevanten Szenarien mindestens jährlich und anlassbezogen nachzuweisen. Überprüfungen des Notfallkonzeptes sind zu protokollieren. Ergebnisse sind hinsichtlich notwendiger Verbesserungen zu analysieren. Risiken sind angemessen zu steuern. Die Ergebnisse sind den jeweiligen Verantwortlichen schriftlich mitzuteilen.

Erläuterung: Überprüfungen des Notfallkonzeptes

Die Häufigkeit und der Umfang der Überprüfungen sollen sich grundsätzlich an der Gefährdungslage orientieren. Dienstleister sind angemessen einzubinden. Überprüfungen beinhalten u. a.:

- Test der technischen Vorsorgemaßnahmen
- Kommunikations-, Krisenstabs- und Alarmierungsübungen
- Ernstfall- oder Vollübungen.

AT 8   Anpassungsprozesse

AT 8.1   Neu-Produkt-Prozess

1 Jedes Institut muss die von ihm betriebenen Geschäftsaktivitäten verstehen. Für die Aufnahme von Geschäftsaktivitäten in neuen Produkten oder auf neuen Märkten (einschließlich neuer Vertriebswege) ist vorab ein Konzept auszuarbeiten. Grundlage des Konzeptes müssen das Ergebnis der Analyse des Risikogehalts dieser neuen Geschäftsaktivitäten sowie deren Auswirkungen auf das Gesamtrisikoprofil sein. In dem Konzept sind die sich daraus ergebenden wesentlichen Konsequenzen für das Management der Risiken darzustellen.

Erläuterung: Inhalt des Konzeptes

Zu den darzustellenden Konsequenzen gehören solche bezüglich der Organisation, des Personals, der notwendigen Anpassungen der IT-Systeme, der Methoden zur Beurteilung damit verbundener Risiken sowie rechtliche Konsequenzen (Bilanz- und Steuerrecht etc.), soweit sie von wesentlicher Bedeutung sind.

2 Das Institut hat einen Katalog jener Produkte und Märkte vorzuhalten, die Gegenstand der Geschäftsaktivitäten sein sollen. In einem angemessenen Turnus ist zu überprüfen, ob die Produkte noch verwendet werden. Produkte, die über einen längeren Zeitraum nicht mehr Gegenstand der Geschäftstätigkeit waren, sind zu kennzeichnen. Der Abbau von Positionen ist davon unberührt. Das

Auslaufen oder die Bestandsführung von Positionen begründet keine Produktverwendung. Vor der Wiederaufnahme der Geschäftstätigkeit in gekennzeichneten Produkten ist die Bestätigung der in die Arbeitsabläufe eingebundenen Organisationseinheiten über das Fortbestehen der beim letztmaligen Geschäftsabschluss vorherrschenden Geschäftsprozesse einzuholen. Bei Veränderungen ist zu prüfen, ob der Neu-Produkt-Prozess erneut zu durchlaufen ist.

Bei der Entscheidung, ob es sich um Geschäftsaktivitäten in neuen Produkten oder auf neuen Märkten handelt, ist ein vom Markt bzw. vom Handel unabhängiger Bereich einzubinden. **3**

Bei Handelsgeschäften ist vor dem laufenden Handel in neuen Produkten oder auf neuen Märkten grundsätzlich eine Testphase durchzuführen. Während der Testphase dürfen Handelsgeschäfte nur in überschaubarem Umfang durchgeführt werden. Es ist sicherzustellen, dass der laufende Handel erst beginnt, wenn die Testphase erfolgreich abgeschlossen ist und geeignete Risikosteuerungs- und -controllingprozesse vorhanden sind. **4**

Erläuterung: Kreditgeschäfte und Testphase

Bei Kreditgeschäften kann je nach Komplexität auch eine Testphase Grundlage des Konzeptes sein.

Erläuterung: Einmalgeschäfte

Im Rahmen von Einmalgeschäften kann auf eine Testphase verzichtet werden.

Sowohl in die Erstellung des Konzeptes als auch in die Testphase sind die später in die Arbeitsabläufe eingebundenen Organisationseinheiten einzuschalten. Im Rahmen ihrer Aufgaben sind auch die Risikocontrolling-Funktion, die Compliance-Funktion und die Interne Revision zu beteiligen. **5**

Das Konzept und die Aufnahme der laufenden Geschäftstätigkeit sind von den zuständigen Geschäftsleitern unter Einbeziehung der für die Überwachung der Geschäfte verantwortlichen Geschäftsleiter zu genehmigen. Diese Genehmigungen können delegiert werden, sofern dafür klare Vorgaben erlassen wurden und die Geschäftsleitung zeitnah über die Entscheidungen informiert wird. **6**

Soweit nach Einschätzung der in die Arbeitsabläufe eingebundenen Organisationseinheiten Aktivitäten in einem neuen Produkt oder auf einem neuen Markt sachgerecht gehandhabt werden können, sind die Ausarbeitung eines Konzeptes nach Tz. 1 und die Durchführung einer Testphase nach Tz. 4 nicht erforderlich. **7**

Treten im Neu-Produkt-Prozess Häufungen von Fällen auf, bei denen **8**
- die in den Konzepten getroffenen Annahmen und die damit verbundenen Analysen des Risikogehalts der Aktivitäten in neuen Produkten oder auf neuen Märkten im Wesentlichen unzutreffend waren oder
- die in den Konzepten und aus den Testphasen gezogenen Konsequenzen im Wesentlichen unzutreffend waren oder
- gemäß Tz. 7 getroffene Einschätzungen, dass Aktivitäten in neuen Produkten oder auf neuen Märkten sachgerecht gehandhabt werden können, sich als unzutreffend erwiesen haben,

ist eine anlassbezogene Prüfung des Neu-Produkt-Prozesses durchzuführen. Bei Mängeln ist der Prozess unverzüglich anzupassen.

AT 8.2   Änderungen betrieblicher Prozesse oder Strukturen

1   Vor wesentlichen Veränderungen in der Aufbau- und Ablauforganisation sowie in den IT-Systemen hat das Institut die Auswirkungen der geplanten Veränderungen auf die Kontrollverfahren und die Kontrollintensität zu analysieren. In diese Analysen sind die später in die Arbeitsabläufe eingebundenen Organisationseinheiten einzuschalten. Im Rahmen ihrer Aufgaben sind auch die Risikocontrolling-Funktion, die Compliance-Funktion und die Interne Revision zu beteiligen.

AT 8.3   Übernahmen und Fusionen

1   Vor der Übernahme anderer Unternehmen oder Fusionen mit anderen Unternehmen hat das Institut ein Konzept zu erarbeiten, in dem die wesentlichen strategischen Ziele, die voraussichtlichen wesentlichen Konsequenzen für das Management der Risiken und die wesentlichen Auswirkungen auf das Gesamtrisikoprofil des Instituts bzw. der Gruppe dargestellt werden. Dies umfasst auch die mittelfristig geplante Entwicklung der Vermögens-, Finanz- und Ertragslage, die voraussichtliche Höhe der Risikopositionen, die notwendigen Anpassungen der Risikosteuerungs- und -controllingprozesse und der IT-Systeme (inklusive der Datenaggregationskapazitäten) sowie die Darstellung wesentlicher rechtlicher Konsequenzen (Bilanzrecht, Steuerrecht etc.).

AT 9   Auslagerung

1   Eine Auslagerung liegt vor, wenn ein anderes Unternehmen mit der Wahrnehmung solcher Aktivitäten und Prozesse im Zusammenhang mit der Durchführung von Bankgeschäften, Finanzdienstleistungen oder sonstigen institutstypischen Dienstleistungen beauftragt wird, die ansonsten vom Institut selbst erbracht würden. Zivilrechtliche Gestaltungen und Vereinbarungen können dabei das Vorliegen einer Auslagerung nicht von vornherein ausschließen.

Erläuterung: Sonstiger Fremdbezug von Leistungen
Nicht als Auslagerung im Sinne dieses Rundschreibens zu qualifizieren ist der sonstige Fremdbezug von Leistungen. Hierzu zählt zunächst der einmalige oder gelegentliche Fremdbezug von Gütern und Dienstleistungen. Ebenso erfasst werden Leistungen, die typischerweise von einem beaufsichtigten Unternehmen bezogen und aufgrund tatsächlicher Gegebenheiten oder rechtlicher Vorgaben regelmäßig weder zum Zeitpunkt des Fremdbezugs noch in der Zukunft vom Institut selbst erbracht werden können. Dazu zählen z. B.
- die Nutzung von Zentralbankfunktionen (innerhalb von Finanzverbünden) bzw. Clearingstellen im Rahmen des Zahlungsverkehrs und der Wertpapierabwicklung,
- die Inanspruchnahme von Liquiditätslinien,
- die Einschaltung von Korrespondenzbanken,
- die Nutzung der Verwahrung von Vermögensgegenständen nach dem Depotgesetz,

- die Nutzung öffentlich zugänglicher (auch kostenpflichtiger) Daten von Marktinformationsdienstleistern (z. B. öffentliche Daten von Ratingfirmen, die nicht zielgerichtet für das Institut generiert/bearbeitet worden sind),
- die Verwendung von globalen Zahlungsverkehrsinfrastrukturen (z. B. Kartenzahlverfahren),
- die Nutzung von globalen Nachrichteninfrastrukturen zur Übermittlung von Zahlungsverkehrsdaten, die der Aufsicht durch zuständige Behörden unterliegen, sowie
- der Erwerb von Dienstleistungen wie die Bereitstellung eines Rechtsgutachtens, die Vertretung vor Gericht und Verwaltungsbehörden als auch Versorgungsleistungen.

Die Anwendung der einschlägigen Regelungen zu § 25b KWG ist angesichts der besonderen, mit solchen Konstellationen einhergehenden Risiken regelmäßig nicht angemessen. Dessen ungeachtet hat das Institut auch beim sonstigen Fremdbezug von Leistungen die allgemeinen Anforderungen an die Ordnungsmäßigkeit der Geschäftsorganisation gemäß § 25a Abs. 1 KWG zu beachten.

Der isolierte Bezug von Software ist in der Regel als sonstiger Fremdbezug einzustufen. Hierzu gehören u. a. auch die folgenden Unterstützungsleistungen:
- die Anpassung der Software an die Erfordernisse des Kreditinstituts,
- die entwicklungstechnische Umsetzung von Änderungswünschen (Programmierung),
- das Testen, die Freigabe und die Implementierung der Software in die Produktionsprozesse beim erstmaligen Einsatz und bei wesentlichen Veränderungen insbesondere von programmtechnischen Vorgaben,
- Fehlerbehebungen (Wartung) gemäß der Anforderungs-/Fehlerbeschreibung des Auftraggebers oder Herstellers,
- sonstige Unterstützungsleistungen, die über die reine Beratung hinausgehen.

Dies gilt nicht für Software, die zur Identifizierung, Beurteilung, Steuerung, Überwachung und Kommunikation der Risiken eingesetzt wird oder die für die Durchführung von bankgeschäftlichen Aufgaben von wesentlicher Bedeutung ist; bei dieser Software sind Unterstützungsleistungen als Auslagerung einzustufen. Die gleichen Maßstäbe gelten für den Betrieb der Software durch einen externen Dritten.

Erläuterung: Sonstige institutstypische Dienstleistungen
Durch die Bezugnahme auf sonstige institutstypische Dienstleistungen wird Art. 13 Abs. 5 Satz 1 der Finanzmarktrichtlinie insoweit Rechnung getragen, als dieser sich auf die Auslagerung betrieblicher Aufgaben bezieht, die für die kontinuierliche und ordnungsgemäße Erbringung und Ausübung von Dienstleistungen für Kunden und Anlagetätigkeiten wichtig sind. Zu den sonstigen institutstypischen Dienstleistungen zählen z. B. auch die in Anhang I Abschnitt B der Finanzmarktrichtlinie genannten Nebendienstleistungen.

Das Institut muss anhand einer Risikoanalyse bewerten, welche Risiken mit einer Auslagerung verbunden sind. Ausgehend von dieser Risikoanalyse ist eigenverantwortlich festzulegen, welche Auslagerungen von Aktivitäten und Prozessen unter Risikogesichtspunkten wesentlich sind (wesentliche Auslagerungen). Diese ist auf der Grundlage von institutsweit bzw. gruppenweit einheitlichen Rahmenvorgaben sowohl regelmäßig als auch anlassbezogen durchzuführen. 2

Die Ergebnisse der Risikoanalyse sind in der Auslagerungs- und Risikosteuerung zu beachten. Die maßgeblichen Organisationseinheiten sind bei der Erstellung der Risikoanalyse einzubeziehen. Im Rahmen ihrer Aufgaben ist auch die Interne Revision zu beteiligen.

Erläuterung: Risikoanalyse
Bei der Risikoanalyse sind alle für das Institut relevanten Aspekte im Zusammenhang mit der Auslagerung zu berücksichtigen (z. B. die wesentlichen Risiken der Auslagerung einschließlich

möglicher Risikokonzentrationen (u. a. mehrere Auslagerungsvereinbarungen bzw. Auslagerungsverträge mit demselben Auslagerungsunternehmen), Risiken aus Weiterverlagerungen,
politische Risiken, Maßnahmen zur Steuerung und Minderung der Risiken, Eignung des Auslagerungsunternehmens, mögliche Interessenkonflikte, Schutzbedarf der an das Auslagerungsunternehmen übermittelten Daten, Kosten), wobei die Intensität der Analyse von Art, Umfang,
Komplexität und Risikogehalt der ausgelagerten Aktivitäten und Prozesse abhängt. Insbesondere
ist in der Risikoanalyse zu berücksichtigen, inwiefern eine auszulagernde Aktivität oder ein
auszulagernder Prozess innerhalb der Prozesslandschaft des Instituts als von wesentlicher Bedeutung einzustufen ist. Bei Auslagerungen von erheblicher Tragweite, wie z.B. der vollständigen
oder teilweisen Auslagerung der besonderen Funktionen Risikocontrolling-Funktion, Compliance-
Funktion, Interne Revision oder von Kernbankbereichen, ist entsprechend intensiv zu prüfen, ob
und wie eine Einbeziehung der ausgelagerten Aktivitäten und Prozesse in das Risikomanagement
sichergestellt werden kann.

Die Risikoanalyse ist durch eine Szenarioanalyse, soweit sinnvoll und verhältnismäßig, zu
ergänzen. Für die Szenarioanalyse sind, sofern verfügbar, interne und externe Verlustdaten zu
verwenden. Kleinere, weniger komplexe Institute können qualitative Ansätze für die Risikoanalyse heranziehen.

3   Bei unter Risikogesichtspunkten nicht wesentlichen Auslagerungen sind die allgemeinen Anforderungen an die Ordnungsmäßigkeit der Geschäftsorganisation gemäß § 25a Abs. 1 KWG zu
beachten.

4   Grundsätzlich sind Aktivitäten und Prozesse auslagerbar, solange dadurch die Ordnungsmäßigkeit der Geschäftsorganisation gemäß § 25a Abs. 1 KWG nicht beeinträchtigt wird. Die Auslagerung darf nicht zu einer Delegation der Verantwortung der Geschäftsleitung an das Auslagerungsunternehmen führen. Die Leitungsaufgaben der Geschäftsleitung sind nicht auslagerbar. Besondere Maßstäbe für Auslagerungsmaßnahmen ergeben sich bei der vollständigen oder teilweisen
Auslagerung der besonderen Funktionen Risikocontrolling-Funktion, Compliance-Funktion und
Interne Revision. Besondere Maßstäbe können sich ferner aus spezialgesetzlichen Regelungen
ergeben, wie z.B. bei Bausparkassen hinsichtlich der Kollektivsteuerung oder bei Pfandbriefbanken hinsichtlich der Deckungsregisterführung und der Deckungsrechnung. Auslagerungen
dürfen nicht dazu führen, dass das Institut nur noch als leere Hülle (empty shell) existiert.

Erläuterung: Leitungsaufgaben der Geschäftsleitung
Zu den nicht auslagerbaren Leitungsaufgaben der Geschäftsleitung zählen die Unternehmensplanung, -koordination, -kontrolle und die Besetzung der Führungskräfte. Hierzu gehören auch
Aufgaben, die der Geschäftsleitung durch den Gesetzgeber oder durch sonstige Regelungen
explizit zugewiesen sind (z.B. die Entscheidung über Großkredite nach § 13 KWG oder die
Festlegung der Strategien). Von den Leitungsaufgaben abzugrenzen sind Funktionen oder Organisationseinheiten, deren sich die Geschäftsleitung bei der Ausübung ihrer Leitungsaufgaben
bedient (insbesondere Risikocontrolling-Funktion, Compliance-Funktion, Interne Revision). Diese
können sowohl nach innen als auch – unter den Voraussetzungen der Tz. 5 – durch Auslagerung
nach außen delegiert werden.

Erläuterung: Befugnis der Leistungserbringung des Auslagerungsunternehmens
Durch das Institut ist sicherzustellen, dass das Auslagerungsunternehmen nach dem Recht seines
Sitzlandes zur Ausübung der ausgelagerten Aktivitäten und Prozesse befugt ist und über dazu ggf.
erforderliche Erlaubnisse und Registrierungen verfügt. Bei Auslagerungen an Unternehmen mit
Sitz außerhalb des Europäischen Wirtschaftsraums (EWR) hat das Institut, sofern es sich um
ausgelagerte Aktivitäten oder Prozesse i. V. m. Bankgeschäften in einem Umfang handelt, der im
Inland eine Zulassung oder Registrierung durch die zuständigen Aufsichtsbehörden erfordern

würde, ferner sicherzustellen, dass das Auslagerungsunternehmen von den zuständigen Aufsichtsbehörden in dem Drittstaat beaufsichtigt wird und eine entsprechende Kooperationsvereinbarung, z. B. in Form einer Absichtserklärung (»Memorandum of Understanding«) oder College-Vereinbarung, zwischen den für die Beaufsichtigung des Instituts zuständigen Aufsichtsbehörden und den für die Beaufsichtigung des Auslagerungsunternehmens zuständigen Aufsichtsbehörden, besteht.

Eine Auslagerung von Aktivitäten und Prozessen in Kontrollbereichen und Kernbankbereichen **5** kann unter Beachtung der in Tz. 4 genannten Anforderungen in einem Umfang vorgenommen werden, der gewährleistet, dass hierdurch das Institut weiterhin über Kenntnisse und Erfahrungen verfügt, die eine wirksame Überwachung der vom Auslagerungsunternehmen erbrachten Dienstleistungen gewährleistet. Es ist sicherzustellen, dass bei Bedarf – im Falle der Beendigung des Auslagerungsverhältnisses oder der Änderung der Gruppenstruktur – der ordnungsmäßige Betrieb in diesen Bereichen fortgesetzt werden kann. Eine vollständige Auslagerung der besonderen Funktionen Risikocontrolling-Funktion, Compliance-Funktion oder Interne Revision ist lediglich für Tochterinstitute innerhalb einer Institutsgruppe zulässig, sofern das auslagernde Institut sowohl hinsichtlich seiner Größe, Komplexität und dem Risikogehalt der Geschäftsaktivitäten für den nationalen Finanzsektor als auch hinsichtlich seiner Bedeutung innerhalb der Gruppe als nicht wesentlich einzustufen ist. Gleiches gilt für Gruppen, wenn das Mutterunternehmen kein Institut und im Inland ansässig ist. Eine vollständige Auslagerung der Compliance-Funktion oder der Internen Revision ist ferner nur bei kleinen Instituten möglich, sofern deren Einrichtung vor dem Hintergrund der Institutsgröße sowie der Art, des Umfangs, der Komplexität und des Risikogehalts der betriebenen Geschäftsaktivitäten nicht angemessen erscheint.

Das Institut hat bei wesentlichen Auslagerungen im Fall der beabsichtigten oder erwarteten **6** Beendigung der Auslagerungsvereinbarung Vorkehrungen zu treffen, um die Kontinuität und Qualität der ausgelagerten Aktivitäten und Prozesse auch nach Beendigung zu gewährleisten. Für Fälle unbeabsichtigter oder unerwarteter Beendigung dieser Auslagerungen, die mit einer erheblichen Beeinträchtigung der Geschäftstätigkeit verbunden sein können, hat das Institut etwaige Handlungsoptionen auf ihre Durchführbarkeit zu prüfen und zu verabschieden. Dies beinhaltet auch, soweit sinnvoll und möglich, die Festlegung entsprechender Ausstiegsprozesse. Die Handlungsoptionen sind regelmäßig und anlassbezogen zu überprüfen.

Erläuterung: Handlungsoptionen und Ausstiegsprozesse
Ausstiegsprozesse sind mit dem Ziel festzulegen, die notwendige Kontinuität und Qualität der ausgelagerten Aktivitäten und Prozesse aufrechtzuerhalten bzw. in angemessener Zeit wieder herstellen zu können.

Existieren keine Handlungsoptionen, ist zumindest eine angemessene Berücksichtigung in der Notfallplanung erforderlich.

Bei wesentlichen Auslagerungen ist im in Textform dokumentierten Auslagerungsvertrag ins- **7** besondere Folgendes zu vereinbaren:
a) Spezifizierung und ggf. Abgrenzung der vom Auslagerungsunternehmen zu erbringenden Leistung,
b) Datum des Beginns und ggf. des Endes der Auslagerungsvereinbarung,
c) sofern von deutschem Recht abweichend das geltende Recht für die Auslagerungsvereinbarung,
d) Standorte (d. h. Regionen oder Länder), in denen die Durchführung der Dienstleistung erfolgt und/oder maßgebliche Daten gespeichert und verarbeitet werden, sowie die Regelung, dass das Institut benachrichtigt wird, wenn das Auslagerungsunternehmen den Standort wechselt,
e) vereinbarte Dienstleistungsgüte mit eindeutig festgelegten Leistungszielen,

f) soweit zutreffend, dass das Auslagerungsunternehmen für bestimmte Risiken einen Versicherungsnachweis vorzulegen hat,

g) Anforderungen für die Umsetzung und Überprüfung von Notfallkonzepten,

h) Festlegung angemessener Informations- und Prüfungsrechte der Internen Revision sowie externer Prüfer,

i) Sicherstellung der uneingeschränkten Informations- und Prüfungsrechte sowie der Kontrollmöglichkeiten der gemäß § 25b Absatz 3 KWG zuständigen Behörden bezüglich der ausgelagerten Aktivitäten und Prozesse,

j) soweit erforderlich Weisungsrechte,

k) Regelungen, die sicherstellen, dass datenschutzrechtliche Bestimmungen und sonstige Sicherheitsanforderungen beachtet werden,

l) Kündigungsrechte und angemessene Kündigungsfristen,

m) Regelungen über die Möglichkeit und über die Modalitäten einer Weiterverlagerung, die sicherstellen, dass das Institut die bankaufsichtsrechtlichen Anforderungen weiterhin einhält,

n) Verpflichtung des Auslagerungsunternehmens, das Institut über Entwicklungen zu informieren, die die ordnungsgemäße Erledigung der ausgelagerten Aktivitäten und Prozesse beeinträchtigen können.

Erläuterung: Weisungsrechte des Instituts/Prüfungen der Internen Revision

Auf eine explizite Vereinbarung von Weisungsrechten zugunsten des Instituts kann verzichtet werden, wenn die vom Auslagerungsunternehmen zu erbringende Leistung hinreichend klar im Auslagerungsvertrag spezifiziert ist. Ferner kann die Interne Revision des auslagernden Instituts unter den Voraussetzungen von BT 2.1 Tz. 3 auf eigene Prüfungshandlungen verzichten. Diese Erleichterungen können auch bei Auslagerungen auf so genannte Mehrmandantendienstleister in Anspruch genommen werden.

Erläuterung: Informations- und Prüfungsrechte

Informations- und Prüfungsrechte gem. Tz. 7 h) und i) sollten möglichst auch für nicht wesentliche Auslagerungen vereinbart werden, sofern abzusehen ist, dass diese Auslagerungen in naher oder mittlerer Zukunft wesentlich im Sinne der Tz. 2 werden könnten.

Informations- und Prüfungsrechte gem. Tz. 7 h) und i) umfassen auch die für den Zutritt, Zugang oder Zugriff erforderlichen Rechte.

Erläuterung: Eskalation bei Schlechtleistung

Bereits bei der Vertragsanbahnung hat das Institut intern festzulegen, welchen Grad einer Schlechtleistung es akzeptieren möchte.

Erläuterung: Kündigungsrechte

Die Auslagerungsvereinbarung sollte das Auslagerungsunternehmen für den Fall einer Kündigung verpflichten, das Institut bei der Übertragung der ausgelagerten Aktivität bzw. des ausgelagerten Prozesses an ein anderes Auslagerungsunternehmen oder ihre bzw. seine Reintegration in das Institut zu unterstützen.

Erläuterung: Sonstige Sicherheitsanforderungen

Regelungen zu sonstigen Sicherheitsanforderungen sollten für alle, also auch nicht wesentliche Auslagerungen, vertraglich vereinbart werden.

Zu den sonstigen Sicherheitsanforderungen zählen vor allem Zugangsbestimmungen zu Räumen und Gebäuden (z. B. bei Rechenzentren) sowie Zugriffsberechtigungen auf Softwarelösungen zum Schutz wesentlicher Daten und Informationen. Die Einhaltung dieser Anforderungen ist fortlaufend zu überwachen.

Institute sollten einen risikobasierten Ansatz betreffend den Standort der Datenspeicherung und Datenverarbeitung sowie hinsichtlich der Informationssicherheit wählen. Es ist sicherzustellen, dass auf die sich im Eigentum des Instituts befindlichen Daten im Fall einer Insolvenz, Abwicklung oder der Einstellung der Geschäftstätigkeit des Auslagerungsunternehmens zugegriffen werden kann.

Erläuterung: Ort der Durchführung der Dienstleistung
Zusätzlich zu Tz. 7 d) muss der Ort der Leistungserbringung (z. B. Stadt oder sofern notwendig genaue Anschrift) dem Institut jederzeit bekannt sein.

Mit Blick auf Weiterverlagerungen sind möglichst Zustimmungsvorbehalte des auslagernden Instituts oder konkrete Voraussetzungen, wann Weiterverlagerungen einzelner Arbeits- und Prozessschritte möglich sind, im Auslagerungsvertrag zu vereinbaren. Zumindest ist vertraglich sicherzustellen, dass die Vereinbarungen des Auslagerungsunternehmens mit Subunternehmen im Einklang mit den vertraglichen Vereinbarungen des originären Auslagerungsvertrags stehen. Ferner haben die vertraglichen Anforderungen bei Weiterverlagerungen auch eine Informationspflicht des Auslagerungsunternehmens an das auslagernde Institut zu umfassen. Es muss sichergestellt sein, dass das Auslagerungsunternehmen im Falle einer Weiterverlagerung auf ein Subunternehmen weiterhin gegenüber dem auslagernden Institut berichtspflichtig bleibt. **8**

Das Institut hat die mit Auslagerungen verbundenen Risiken angemessen zu steuern und die Ausführung der ausgelagerten Aktivitäten und Prozesse ordnungsgemäß zu überwachen. Dies umfasst bei wesentlichen Auslagerungen auch die laufende Überwachung der Leistung des Auslagerungsunternehmens anhand vorzuhaltender Kriterien (z. B. Key Performance Indicators, Key Risk Indicators) und vertraglich vereinbarter Informationen des Auslagerungsunternehmens; die Qualität der erbrachten Leistungen ist regelmäßig zu beurteilen. **9**

Für die Dokumentation, Steuerung und Überwachung wesentlicher Auslagerungen hat das Institut klare Verantwortlichkeiten festzulegen. Soweit besondere Funktionen nach Maßgabe von Tz. 5 vollständig ausgelagert werden, hat die Geschäftsleitung jeweils einen Beauftragten zu benennen, der eine ordnungsgemäße Durchführung der jeweiligen Aufgaben gewährleisten muss. Die Anforderungen des AT 4.4.3 und BT 2 sind entsprechend zu beachten. **10**

Erläuterung: Besondere Aufgaben des Revisionsbeauftragten
Der Revisionsbeauftragte hat den Prüfungsplan gemeinsam mit dem beauftragten Dritten zu erstellen. Er hat, ggf. gemeinsam mit dem beauftragten Dritten, zudem den Gesamtbericht nach BT 2.4 Tz. 4 zu verfassen und nach Maßgabe von BT 2.5 zu prüfen, ob die festgestellten Mängel beseitigt wurden. Der Revisionsbeauftragte ist der Geschäftsleitung unmittelbar zu unterstellen. Die Aufgaben des Revisionsbeauftragten können in Abhängigkeit von Art, Umfang, Komplexität und Risikogehalt der Geschäftsaktivitäten des Instituts von einer Organisationseinheit, einem Mitarbeiter oder einem Geschäftsleiter wahrgenommen werden. Ausreichende Kenntnisse und die erforderliche Unabhängigkeit sind jeweils sicherzustellen.

Die Anforderungen an die Auslagerung von Aktivitäten und Prozessen sind auch bei der Weiterverlagerung ausgelagerter Aktivitäten und Prozesse zu beachten. **11**

Erläuterung: Risikoanalyse gem. AT 9 Tz. 2
Die mit der Weiterverlagerung verbundenen Risiken werden im Rahmen der Risikoanalyse bewertet. Hierzu zählt auch die Bewertung der Wesentlichkeit von Weiterverlagerungen. Die erweiterten Anforderungen für wesentliche Auslagerungen finden nur für die unter Risikogesichtspunkten wesentlichen Weiterverlagerungen Anwendung.

Zudem sollte das Risiko berücksichtigt werden, dass durch lange und komplexe Auslagerungsketten die Fähigkeit der Institute zur Überwachung der ausgelagerten Aktivitäten und Prozesse eingeschränkt sein kann.

12   Jedes Institut, das Auslagerungen vornimmt, hat einen zentralen Auslagerungsbeauftragten im Institut selbst einzurichten. Zusätzlich hat das Institut abhängig von der Art, dem Umfang und der Komplexität der Auslagerungsaktivitäten ein zentrales Auslagerungsmanagement zur Unterstützung des zentralen Auslagerungsbeauftragten einzurichten. Zu den Aufgaben zählen insbesondere:

a) Implementierung und Weiterentwicklung eines angemessenen Auslagerungsmanagements und entsprechender Kontroll- und Überwachungsprozesse,

b) Erstellung und Pflege einer vollständigen Dokumentation der Auslagerungen (einschließlich Weiterverlagerungen),

c) Unterstützung der Fachbereiche bezüglich der institutsinternen und gesetzlichen Anforderungen bei Auslagerungen,

d) Koordination und Überprüfung der durch die zuständigen Bereiche durchgeführten Risikoanalyse gemäß Tz. 2.

Erläuterung: Zentraler Auslagerungsbeauftragter

Der zentrale Auslagerungsbeauftragte hat einer Organisationseinheit anzugehören, die der Geschäftsleitung unmittelbar unterstellt ist. Er kann auch bei anderen Einheiten angesiedelt werden, sofern eine direkte Berichtslinie zur Geschäftsleitung sichergestellt ist.

Kleinere, weniger komplexe Institute können diese Funktion auch einem Mitglied der Geschäftsleitung übertragen.

Als Auslagerungsbeauftragter kann auch der Leiter des zentralen Auslagerungsmanagements benannt werden.

13   Der Auslagerungsbeauftragte bzw. das zentrale Auslagerungsmanagement haben mindestens jährlich einen Bericht über die wesentlichen Auslagerungen zu erstellen und der Geschäftsleitung zur Verfügung zu stellen. Zudem ist anlassbezogen zu berichten. Der Bericht hat unter Berücksichtigung der dem Institut vorliegenden Informationen bzw. der institutsinternen Bewertung der Dienstleistungsqualität der Auslagerungsunternehmen eine Aussage darüber zu treffen, ob die erbrachten Dienstleistungen der Auslagerungsunternehmen den vertraglichen Vereinbarungen entsprechen, die ausgelagerten Aktivitäten und Prozesse angemessen gesteuert und überwacht werden können und ob weitere risikomindernde Maßnahmen ergriffen werden sollen.

Erläuterung: Berichterstattung bei kleineren, weniger komplexen Instituten

Bei kleineren, weniger komplexen Instituten ist eine Berichterstattung im Rahmen einer Vorstandssitzung ausreichend.

14   Grundsätzlich hat das Institut ein aktuelles Auslagerungsregister mit Informationen über alle Auslagerungsvereinbarungen vorzuhalten. Die inhaltlichen Mindestanforderungen an das Auslagerungsregister finden sich für alle Auslagerungen in Tz. 54 und für wesentliche Auslagerungen in Tz. 55 der EBA-Leitlinien zu Auslagerungen (EBA/GL/2019/02). Das Auslagerungsregister umfasst alle Auslagerungsvereinbarungen, einschließlich der Auslagerungsvereinbarungen mit Auslagerungsunternehmen innerhalb einer Institutsgruppe oder eines Finanzverbundes. Ferner ist bei der Weiterverlagerung von wesentlichen Auslagerungen von dem auslagernden Institut festzulegen, ob der weiter zu verlagernde Teil wesentlich und dieser wesentliche Teil im Auslagerungsregister zu erfassen ist.

15   Im Hinblick auf Gruppen gemäß AT 4.5 oder Finanzverbünde ergeben sich die folgenden Erleichterungen:

a) Bei gruppen- und verbundinternen Auslagerungen können im Rahmen der Risikoanalyse gem. Tz. 2 wirksame Vorkehrungen auf Gruppen- bzw. Verbundebene, insbesondere ein einheitliches und umfassendes Risikomanagement sowie Durchgriffsrechte, bei der Erstellung und Anpassung der Risikoanalyse risikomindernd berücksichtigt werden.

b) Für Auslagerungen mehrerer Institute einer Gruppe bzw. eines Verbundes an ein bzw. mehrere gemeinsame Auslagerungsunternehmen, besteht die Möglichkeit, ein zentrales Auslagerungsmanagement auf Gruppen- bzw. Verbundebene einzurichten, sofern das zentrale Auslagerungsmanagement den Anforderungen des Moduls AT 9 bzw., sofern nicht einschlägig, den Anforderungen der EBA/GL/2019/02 genügt.

c) Bei der Risikoberichterstattung von Auslagerungsunternehmen, die innerhalb einer Gruppe / eines Verbundes genutzt werden, besteht die Möglichkeit einer zentralen Vorauswertung, welche den auslagernden Instituten die weitere Verwendung erleichtert.

d) Bei gruppen- und verbundinternen Auslagerungen kann auf die Erstellung von Ausstiegsprozessen und Handlungsoptionen verzichtet werden.

e) Wird gruppen- oder verbundintern ein zentrales Auslagerungsregister eingerichtet und geführt, so muss sichergestellt sein, dass das einzelne Institut und die zuständige Behörde das individuelle Auslagerungsregister bei Bedarf ohne größere Verzögerung erhalten.

Auch für Auslagerungen innerhalb einer Institutsgruppe oder eines Finanzverbundes an ein zentrales Auslagerungsunternehmen innerhalb der Gruppe bzw. des Verbundes sind die Bedingungen, einschließlich der finanziellen Bedingungen, festzulegen.

Erläuterung: Gemeinsame Notfallkonzepte (gem. AT 7.3)
Wenn sich die Institute innerhalb einer Institutsgruppe oder eines Finanzverbundes auf ein gemeinsames Notfallkonzept für eine wesentliche Auslagerung geeinigt haben, haben die Institute den für sie relevanten Teil des Notfallkonzeptes zu erhalten.

BT 1 Besondere Anforderungen an das interne Kontrollsystem

In diesem Modul werden besondere Anforderungen an die Ausgestaltung des internen Kontrollsystems gestellt. Die Anforderungen beziehen sich vor allem auf die Ausgestaltung der Aufbau- und Ablauforganisation im Kredit- und Handelsgeschäft (BTO). Darüber hinaus werden unter Berücksichtigung von Risikokonzentrationen Anforderungen an die Ausgestaltung der Risikosteuerungs- und -controllingprozesse für Adressenausfallrisiken, Marktpreisrisiken, Liquiditätsrisiken und operationelle Risiken gestellt (BTR).   1

BTO   Anforderungen an die Aufbau- und Ablauforganisation

1   Dieses Modul stellt vor allem Anforderungen an die Aufbau- und Ablauforganisation im Kredit- und Handelsgeschäft. Abhängig von der Größe der Institute, den Geschäftsschwerpunkten und der Risikosituation ist eine vereinfachte Umsetzung der Anforderungen in BTO möglich.

2   Für die Zwecke des Rundschreibens werden folgende Bereiche unterschieden:

a) Der Bereich, der Kreditgeschäfte initiiert und bei den Kreditentscheidungen über ein Votum verfügt (Markt),

b) der Bereich, der bei den Kreditentscheidungen über ein weiteres Votum verfügt (Marktfolge), sowie

c) der Bereich Handel.

Darüber hinaus werden folgende Funktionen unterschieden:

d) Die Funktionen, die der Überwachung und Kommunikation der Risiken (Risikocontrolling) dienen, und

e) die Funktionen, die der Abwicklung und Kontrolle der Handelsgeschäfte dienen.

Erläuterung: Verwendung der Begriffe »Bereich« und »Stelle«

Eine »vom Markt und Handel unabhängige Stelle« kann auch innerhalb der Geschäftsleiterlinie Handel bzw. Markt angesiedelt sein. Ein »Bereich außerhalb des Handels und Marktes« liegt nur dann vor, wenn dieser aufbauorganisatorisch bis einschließlich der Ebene der Geschäftsleitung vom Handel und Markt getrennt ist.

3   Grundsätzlich ist bei der Ausgestaltung der Aufbauorganisation sicherzustellen, dass die Bereiche Markt und Handel bis einschließlich der Ebene der Geschäftsleitung von denen in Tz. 2 unter b), d) und e) sowie den in BTO 1.1 Tz. 7, BTO 1.2 Tz. 1, BTO 1.2.4 Tz. 1, BTO 1.2.5 Tz. 1 und BTO 1.4 Tz. 2 genannten Bereichen oder Funktionen getrennt sind.

Erläuterung: Funktionstrennung bei rechtlich unselbständigen Auslandsniederlassungen

Eine aufbauorganisatorische Trennung bis einschließlich der Ebene der Geschäftsleitung bedeutet eine sowohl fachliche als auch disziplinarische Trennung der Verantwortlichkeiten. Ein Auseinanderfallen von fachlicher und disziplinarischer Verantwortung ist jedoch bei rechtlich unselbständigen Auslandsniederlassungen vertretbar. Voraussetzung hierfür ist, dass zumindest die Trennung der fachlichen Verantwortlichkeiten dem dargestellten Funktionstrennungsprinzip bis einschließlich der Ebene der Geschäftsleitung entspricht.

Erläuterung: Halbsatz 2

BTO 1.1 Tz. 7: Die Überprüfung bestimmter, unter Risikogesichtspunkten festzulegender Sicherheiten sowie die Entscheidungen über die Risikovorsorge bei bedeutenden Engagements.

BTO 1.2 Tz. 1: Die Verantwortung für die Entwicklung und Qualität der Kreditbearbeitung, der Kreditbearbeitungskontrolle, der Intensivbetreuung, der Problemkreditbearbeitung und der Risikovorsorge.

BTO 1.2.4 Tz. 1: Die Verantwortung für die Entwicklung und Qualität sowie die regelmäßige Überprüfung der Kriterien, wann ein Engagement der Intensivbetreuung zuzuordnen ist.

BTO 1.2.5 Tz. 1: Die Verantwortung für die Entwicklung und Qualität sowie die regelmäßige Überprüfung der Kriterien, wann ein Engagement an die Sanierung bzw. Abwicklung abgegeben wird sowie die Federführung für den Sanierungs- bzw. Abwicklungsprozess oder die Überwachung dieser Prozesse.

BTO 1.4 Tz. 2: Die Verantwortung für Entwicklung, Qualität und Überwachung der Anwendung der Risikoklassifizierungsverfahren.

Funktionen des Marktpreisrisikocontrollings sind bis einschließlich der Ebene der Geschäftsleitung von Bereichen zu trennen, die die Positionsverantwortung tragen. **4**

Die Funktionstrennungen sind auch im Vertretungsfall zu beachten. Die Vertretung kann dabei grundsätzlich auch von einem geeigneten Mitarbeiter unterhalb der Ebene der Geschäftsleitung wahrgenommen werden. **5**

Die Mitwirkung des für die Funktionen des Risikocontrollings zuständigen Geschäftsleiters in einem von der Geschäftsleitung mit der Steuerung der Risiken betrauten Ausschuss steht dem Grundsatz der Funktionstrennung nicht entgegen. **6**

Das Rechnungswesen, insbesondere die Aufstellung der Kontierungsregeln sowie die Entwicklung der Buchungssystematik, ist in einer vom Markt und Handel unabhängigen Stelle anzusiedeln. **7**

Erläuterung: Funktionstrennung bei handelsintensiven Instituten

Aufgrund der erheblichen Bewertungsspielräume bei bestimmten Handelsgeschäften (z. B. strukturierte Produkte) sollten handelsintensive Institute das Rechnungswesen in einem vom Handel unabhängigen Bereich ansiedeln.

Wesentliche Rechtsrisiken sind grundsätzlich in einer vom Markt und Handel unabhängigen Stelle (z. B. der Rechtsabteilung) zu überprüfen. **8**

Bei IT-gestützter Bearbeitung ist die Funktionstrennung durch entsprechende Verfahren und Schutzmaßnahmen sicherzustellen. **9**

BTO 1   Kreditgeschäft

Dieses Modul stellt Anforderungen an die Ausgestaltung der Aufbau- und Ablauforganisation, die Verfahren zur Früherkennung von Risiken und die Verfahren zur Klassifizierung der Risiken im Kreditgeschäft. Bei Handelsgeschäften und Beteiligungen kann von der Umsetzung einzelner Anforderungen dieses Moduls abgesehen werden, soweit deren Umsetzung vor dem Hintergrund der Besonderheiten dieser Geschäftsarten nicht zweckmäßig ist (z. B. die Anforderungen zur Kreditverwendungskontrolle unter BTO 1.2.2 Tz. 1). **1**

Erläuterung: Sinngemäße Umsetzung bei Beteiligungen

Die sinngemäße Umsetzung bei Beteiligungen umfasst – unabhängig davon, ob es sich im Einzelfall um kreditnahe bzw. kreditsubstituierende oder strategische Beteiligungen handelt – eine Beteiligungsstrategie sowie die Einrichtung eines Beteiligungscontrollings. Soweit es sich um kreditnahe bzw. kreditsubstituierende Beteiligungen handelt, sind darüber hinaus grundsätzlich auch die aufbau- und ablauforganisatorischen Anforderungen zu beachten. Bei Verbundbeteiligungen oder Pflichtbeteiligungen (z. B. Beteiligungen, die nach den Sparkassengesetzen oder satzungsmäßig vorgegeben sind oder Beteiligungen an der SWIFT) ist nicht zwingend ein gesondertes Risikocontrolling erforderlich. Der notwendigen Überwachung kann in diesen Fällen auch durch andere Maßnahmen Rechnung getragen werden (z. B. mittels Durchsicht von Jahresabschlüssen oder Geschäftsberichten oder Kontrolle der Beteiligungskonten).

BTO 1.1 Funktionstrennung und Votierung

1 Maßgeblicher Grundsatz für die Ausgestaltung der Prozesse im Kreditgeschäft ist die klare aufbauorganisatorische Trennung der Bereiche Markt und Marktfolge bis einschließlich der Ebene der Geschäftsleitung. Bei kleinen Instituten sind unter bestimmten Voraussetzungen Ausnahmen hinsichtlich der Funktionstrennung möglich.

Erläuterung: Erleichterungen für kleine Institute
Soweit ein Festhalten an der Einhaltung der geforderten Funktionstrennung zwischen der Marktfolge bzw. sonstiger marktunabhängiger Funktionen und dem Markt bis einschließlich der Ebene der Geschäftsleitung angesichts der geringen Größe des Instituts nicht mehr verhältnismäßig ist, kann auf die Funktionstrennung verzichtet werden, wenn durch die unmittelbare Einschaltung der Geschäftsleitung in die Vergabe risikorelevanter Kredite eine ordnungsgemäße, den bestehenden Risiken angemessene Handhabung des Kreditgeschäfts sichergestellt bleibt. Insoweit müssen die Bearbeitung und die Beschlussfassung von risikorelevanten Krediten von der Geschäftsleitung selbst durchgeführt werden. Abwesende Geschäftsleiter müssen im Nachhinein über Entscheidungen im risikorelevanten Geschäft informiert werden.
  Diese Erleichterung kann in Anspruch genommen werden, wenn in einer Gesamtbetrachtung folgende Voraussetzungen erfüllt sind:
- Das Kreditvolumen beträgt höchstens 100 Millionen Euro,
- es gibt nur zwei Geschäftsleiter und
- das Kreditgeschäft ist einfach strukturiert.

Erläuterung: Kredite an Mitarbeiter
Bei Krediten an Mitarbeiter und an Geschäftsleiter können die aufbauorganisatorischen Anforderungen regelmäßig nicht eins zu eins umgesetzt werden, da es vor allem am Bereich Markt fehlt. Grundsätzlich hat bei solchen Kreditentscheidungen eine geeignete Stelle, die nicht in die Kreditbearbeitung einbezogen ist (z. B. die Personalabteilung), mitzuwirken. Die eigentliche Bearbeitung kann ggf. auch von den für die Kreditbearbeitung zuständigen Mitarbeitern durchgeführt werden.

2 Abhängig von Art, Umfang, Komplexität und Risikogehalt des Kreditengagements erfordert eine Kreditentscheidung zwei zustimmende Voten der Bereiche Markt und Marktfolge. Weitergehende Beschlussfassungsvorschriften (z. B. KWG, Satzung) bleiben hiervon unberührt. Soweit die Entscheidungen von einem Ausschuss getroffen werden, sind die Mehrheitsverhältnisse innerhalb eines Ausschusses so festzulegen, dass der Bereich Marktfolge nicht überstimmt werden kann.

Erläuterung: Darstellung der Voten und materielle Plausibilitätsprüfung
Die zusammenfassende Darstellung der Voten in einem Dokument ist möglich. Die (positive) marktunabhängige Votierung kommt in diesem Fall durch die Unterschrift des zuständigen Mitarbeiters zum Ausdruck. Dabei darf es sich nicht um eine Gefälligkeitsunterschrift handeln.

Der marktunabhängigen Votierung hat je nach Zuordnung der Kreditprozesse auf den Markt und den marktunabhängigen Bereich zumindest eine materielle Plausibilitätsprüfung zugrunde zu liegen. Im Rahmen der materiellen Plausibilitätsprüfung brauchen die bereits im Markt durchgeführten Tätigkeiten nicht wiederholt zu werden. Vielmehr stehen die Nachvollziehbarkeit und die Vertretbarkeit der Kreditentscheidung im Vordergrund. Hierzu zählt die Überprüfung der Aussagekraft des Markt-Votums und inwieweit die Kreditvergabe der Höhe und der Form nach vertretbar ist. Die Intensität der materiellen Plausibilitätsprüfung hängt ferner von der Komplexität der zu beurteilenden Kreditgeschäfte ab. Der für die marktunabhängige Votierung zuständige Mitarbeiter muss dabei zumindest Zugang zu allen wesentlichen Kreditunterlagen besitzen.

Bei Handelsgeschäften sind Kontrahenten- und Emittentenlimite durch eine Votierung aus dem Bereich Marktfolge festzulegen. **3**

Für Kreditentscheidungen bei Geschäften, die unter Risikogesichtspunkten als nicht wesentlich **4** einzustufen sind, kann das Institut bestimmen, dass nur ein Votum erforderlich ist (»nicht-risikorelevante Kreditgeschäfte«). Vereinfachungen sind auch dann möglich, wenn Kreditgeschäfte von Dritten initiiert werden. Insoweit ist die aufbauorganisatorische Trennung zwischen Markt und Marktfolge nur für Kreditgeschäfte maßgeblich, bei denen zwei Voten erforderlich sind. Falls ein zweites Votum nicht erforderlich sein sollte, ist eine angemessene Umsetzung der Anforderungen in BTO 1.2 sicherzustellen.

Erläuterung: Abgrenzung zwischen risikorelevantem und nicht-risikorelevantem Kreditgeschäft

Die Abgrenzungen zwischen risikorelevantem und nicht-risikorelevantem Kreditgeschäft sind von jedem Institut eigenverantwortlich und unter Risikogesichtspunkten festzulegen. Zu den nicht risikorelevanten Kreditgeschäften dürfte z. B. regelmäßig das standardisierte Mengengeschäft zu rechnen sein.

Erläuterung: Initiierung durch Dritte

Vereinfachungen im Hinblick auf die Funktionstrennung sind auch dann möglich, wenn es sich um Kreditgeschäfte handelt, die von Dritten initiiert wurden. So ist es im Fördergeschäft in der Regel nicht erforderlich, zwei institutsinterne Voten einzuholen, da die Kreditgeschäfte häufig von einer Hausbank oder einer Beteiligungsgesellschaft initiiert werden. Vergleichbare Konstellationen ergeben sich z. B. bei Kreditgeschäften von Instituten über Händlerorganisationen, bei Bausparkassen über Handelsvertreter, bei Bürgschaftsbanken über Hausbanken oder, bezogen auf den Konsorten, vom Konsortialführer bei gemeinschaftlich vergebenen Engagements. Bei risikorelevanten Kreditentscheidungen sollte das im Institut einzuholende weitere Votum grundsätzlich vertriebsunabhängig, also in der Marktfolge, sofern vorhanden, wahrgenommen werden.

Erläuterung: Initiierung durch Dritte/Normierung der Abläufe durch externe Vorgaben

Vom Einholen eines weiteren Votums kann auch dann abgewichen werden, wenn die Entscheidungsabläufe durch Dritte so stark normiert werden (z. B. im Rahmen gesetzlicher Vorgaben wie dem Wohnraumfördergesetz), dass es zu einer Standardisierung der Abläufe im Institut und damit zu einer Beschränkung der Ermessensspielräume bei der Kreditvergabe kommt.

Erläuterung: Bagatellgrenzen

In einem gewissen Umfang sind Bagatellgrenzen im Rahmen der Abgrenzung des risikorelevanten Geschäfts sachgerecht. So sind Vereinfachungen bei einem zusätzlichen Kreditantrag über einen relativ geringen Betrag denkbar, auch wenn das Gesamtobligo des Kunden als risikorelevant eingestuft wird.

5   Jeder Geschäftsleiter kann im Rahmen seiner Krediteinzelkompetenz eigenständig Kreditentscheidungen treffen und auch Kundenkontakte wahrnehmen. Die aufbauorganisatorische Trennung der Bereiche Markt und Marktfolge bleibt davon unberührt. Zudem sind zwei Voten einzuholen, soweit dies unter Risikogesichtspunkten erforderlich sein sollte. Falls die im Rahmen einer Krediteinzelkompetenz getroffenen Entscheidungen von den Voten abweichen oder wenn sie vom Geschäftsleiter getroffen werden, der für den Bereich Marktfolge zuständig ist, sind sie im Risikobericht besonders hervorzuheben (BT 3.2 Tz. 3).

Erläuterung: Krediteinzelkompetenz und Geschäftsleiter

Die Krediteinzelkompetenz kann nur durch einen Geschäftsleiter ausgeübt werden. Das Recht eines Geschäftsleiters, im Rahmen seiner Krediteinzelkompetenz eigenständig Kreditentscheidungen zu treffen, geht nicht automatisch auf seinen – unterhalb der Ebene der Geschäftsleitung angesiedelten – Vertreter über.

Auch bei risikorelevanten Kreditentscheidungen, die von der gesamten Geschäftsleitung oder von mehreren Geschäftsleitern gemeinsam getroffen werden, sind grundsätzlich eine sachgerechte Bearbeitung sowie das Einholen zweier Voten aus den Bereichen erforderlich.

6   Das Institut hat eine klare und konsistente Kompetenzordnung für Entscheidungen im Kreditgeschäft festzulegen. Für den Fall voneinander abweichender Voten sind in der Kompetenzordnung Entscheidungsregeln zu treffen: Der Kredit ist in diesen Fällen abzulehnen oder zur Entscheidung auf eine höhere Kompetenzstufe zu verlagern (Eskalationsverfahren).

7   Die Überprüfung bestimmter, unter Risikogesichtspunkten festzulegender Sicherheiten ist außerhalb des Bereichs Markt durchzuführen. Diese Zuordnung gilt auch für Entscheidungen über die Risikovorsorge bei bedeutenden Engagements. Die Zuordnung aller anderen in BTO 1.2 genannten Prozesse bzw. Teilprozesse liegt, soweit dieses Rundschreiben nichts anderes vorsieht, im Ermessen der Institute (z. B. die Kreditbearbeitung oder Teilprozesse der Kreditbearbeitung).

Erläuterung: Erstellung von Wertgutachten

Die Erstellung von Wertgutachten für bestimmte Sicherheiten kann auch von fachlich geeigneten Mitarbeitern aus dem Bereich Markt durchgeführt werden, solange eine marktunabhängige Überprüfung der Wertansätze im Sinne einer materiellen Plausibilitätsprüfung gewährleistet ist.

Erläuterung: Überprüfung des rechtlichen Bestandes

Die Überprüfung des rechtlichen Bestandes von Sicherheiten kann auch durch eine vom Markt und Handel unabhängige Stelle (z. B. Rechtsabteilung) erfolgen.

BTO 1.2   Anforderungen an die Prozesse im Kreditgeschäft

1   Das Institut hat Prozesse für die Kreditbearbeitung (Kreditgewährung und Kreditweiterbearbeitung), die Kreditbearbeitungskontrolle, die Intensivbetreuung, die Problemkreditbearbeitung und die Risikovorsorge einzurichten. Die Verantwortung für deren Entwicklung und Qualität muss außerhalb des Bereichs Markt angesiedelt sein.

Erläuterung: Methodenverantwortung

Die Entwicklung der Prozesse kann auch im Bereich Markt erfolgen, sofern gewährleistet ist, dass die Qualitätssicherung von einem marktunabhängigen Bereich auf der Basis einer materiellen Plausibilitätsprüfung wahrgenommen wird.

Das Institut hat Bearbeitungsgrundsätze für die Prozesse im Kreditgeschäft zu formulieren, die, soweit erforderlich, in geeigneter Weise zu differenzieren sind (z. B. nach Kreditarten). Darüber hinaus sind die vom Institut akzeptierten Sicherheitenarten sowie die Verfahren zur Wertermittlung, Verwaltung und Verwertung dieser Sicherheiten festzulegen. Bei der Festlegung der Verfahren zur Wertermittlung von Sicherheiten ist auf geeignete Wertermittlungsverfahren abzustellen. Die Verfahren zur Wertermittlung von Sicherheiten sind mindestens jährlich zu überprüfen und vor ihrer erstmaligen Verwendung sowie im Falle wesentlicher Anpassungen von der Geschäftsleitung zu genehmigen. Die regelmäßige Überprüfung eines Wertermittlungsverfahrens ist jedoch nicht erforderlich, soweit das Institut ein allgemein anerkanntes, normiertes Verfahren (welches z. B. im Einklang mit der BelWertV steht) anwendet. 2

Erläuterung: Differenzierte Bearbeitungsgrundsätze

Differenzierte Bearbeitungsgrundsätze sind auch für Geschäfte mit Hedgefonds und Private-Equity-Unternehmen zu formulieren, z. B. im Hinblick auf die Beschaffung finanzieller und sonstiger Informationen, die Analyse des Zwecks und der Struktur der zu finanzierenden Transaktion, die Art der Sicherheitenstellung oder die Analyse der Rückzahlungsfähigkeit.

Differenzierte Bearbeitungsgrundsätze sind auch für Fremdwährungsdarlehen zu formulieren, die den besonderen Risiken dieser Kreditart Rechnung tragen.

Die mit der Wertermittlung von Immobiliensicherheiten betrauten sachverständigen Personen haben über die erforderlichen Qualifikationen und Erfahrungen zu verfügen und dürfen nicht in den Kreditvergabeprozess und in die Kreditbearbeitung bzw. -entscheidung eingebunden sein. Dabei können externe Sachverständige für diese Zwecke herangezogen werden. Mögliche Interessenkonflikte im Zusammenhang mit der Wertermittlung sind auszuschließen. Eine angemessene Rotation der für die Wertermittlung zuständigen Personen ist sicherzustellen. 3

Erläuterung: Externe Wertermittlungen von Immobiliensicherheiten

Für externe Wertermittlungen von Immobiliensicherheiten hat das Institut über eine Auswahl an unabhängigen und qualifizierten Sachverständigen zu verfügen. Dabei ist die erbrachte Leistung des externen Sachverständigen zu überprüfen und hierauf basierend zu entscheiden, ob ggf. die Auswahl an externen Sachverständigen anzupassen ist.

Erläuterung: Unabhängigkeit interner Sachverständiger

Bei Instituten, bei denen die Einrichtung einer separaten Einheit für interne Sachverständige unverhältnismäßig ist, können die mit der Wertermittlung betrauten sachverständigen Personen mit der Kreditbearbeitung anderer Engagements befasst sein, sofern sie für die Fälle, die sie bearbeiten, keine Wertermittlung erstellen.

Erläuterung: Rotation der mit der Wertermittlung betrauten sachverständigen Personen

Eine Rotation sollte vorgenommen werden, wenn dieselbe mit der Wertermittlung betraute sachverständige Person zwei aufeinanderfolgende Einzelbewertungen derselben Immobilie durchgeführt hat.

Werden für die Wertermittlung von Immobiliensicherheiten externe Sachverständige herangezogen, hat das Institut die Immobilienwertermittlung zu plausibilisieren und dabei ggf. eigene Erkenntnisse und Informationen in die Beurteilung einfließen zu lassen. 4

Die für das Adressenausfallrisiko eines Kreditengagements bedeutsamen Aspekte sind herauszuarbeiten und zu beurteilen, wobei die Intensität dieser Tätigkeiten vom Risikogehalt des Engagements abhängt. Branchen- und ggf. Länderrisiken sind in angemessener Weise zu berück- 5 sichtigen. Kritische Punkte eines Engagements sind hervorzuheben und ggf. unter der Annahme verschiedener Szenarien darzustellen.

6   Die Verwendung externer Bonitätseinschätzungen enthebt das Institut nicht von seiner Verpflichtung, sich ein Urteil über das Adressenausfallrisiko zu bilden und dabei eigene Erkenntnisse und Informationen in die Kreditentscheidung einfließen zu lassen.

7   Bei Objekt-/Projektfinanzierungen ist im Rahmen der Kreditbearbeitung sicherzustellen, dass neben der wirtschaftlichen Betrachtung insbesondere auch die technische Machbarkeit und Entwicklung sowie die mit dem Objekt/Projekt verbundenen rechtlichen Risiken in die Beurteilung einbezogen werden. Dabei kann auch auf die Expertise einer vom Kreditnehmer unabhängigen sach- und fachkundigen Organisationseinheit zurückgegriffen werden. Soweit externe Personen für diese Zwecke herangezogen werden, ist vorher deren Eignung zu überprüfen. In unter Risikogesichtspunkten festzulegenden Abständen sind während der Entwicklungsphase des Projektes/Objektes Besichtigungen und Bautenstandskontrollen durchzuführen.

Erläuterung: Objekt-/Projektfinanzierungen

Unter Objekt-/Projektfinanzierungen werden Finanzierungen solcher Objekte/Projekte verstanden, deren Rückzahlungen sich in erster Linie aus den durch die finanzierten Vermögenswerte generierten Einkünften und nicht aus der unabhängigen Kapitaldienstfähigkeit des Kreditnehmers speist.

Erläuterung: Wirtschaftliche Betrachtung und technische Machbarkeit

Die wirtschaftliche Betrachtung kann z. B. folgende Aspekte beinhalten:
- Projektanalyse,
- Finanzierungsstruktur/Eigenkapitalquote,
- Sicherheitenkonzept oder
- Vor- und Nachkalkulation.

Die technische Machbarkeit und Entwicklung können auch im Rahmen der Besichtigungen oder Bautenstandskontrollen berücksichtigt werden.

8   Abhängig vom Risikogehalt der Kreditgeschäfte sind sowohl im Rahmen der Kreditentscheidung als auch bei turnusmäßigen oder anlassbezogenen Beurteilungen die Risiken eines Engagements mit Hilfe eines Risikoklassifizierungsverfahrens zu bewerten. Eine Überprüfung der Risikoeinstufung ist jährlich durchzuführen.

Erläuterung: Umfang der Beurteilungsintensität

Die Pflicht zur jährlichen Beurteilung der Risiken existiert, schon aus handelsrechtlichen Gründen, auch für Engagements, die aufgrund ihres geringen Risikogehaltes nicht dem Risikoklassifizierungsverfahren unterliegen. Allerdings kann in diesen Fällen die Beurteilungsintensität geringer ausfallen und sich z. B. lediglich auf die Prüfung der Ordnungsmäßigkeit der Tilgung durch den Kreditnehmer erstrecken.

9   Zwischen der Einstufung im Risikoklassifizierungsverfahren und der Konditionengestaltung sollte ein sachlich nachvollziehbarer Zusammenhang bestehen.

10   Das Institut hat ein der Kompetenzordnung entsprechendes Verfahren einzurichten, in dem festgelegt ist, wie Überschreitungen von Limiten zu behandeln sind. Soweit unter Risikogesichtspunkten vertretbar, ist für Limitüberschreitungen und Prolongationen auf der Grundlage klarer Vorgaben eine vereinfachte Umsetzung der Anforderungen in BTO 1.1 sowie BTO 1.2 möglich.

Im Hinblick auf die erforderlichen Kreditunterlagen ist ein Verfahren einzurichten, das deren 11 zeitnahe Einreichung überwacht und eine zeitnahe Auswertung gewährleistet. Für ausstehende Unterlagen ist ein entsprechendes Mahnverfahren einzurichten.

Das Institut hat standardisierte Kreditvorlagen zu verwenden, soweit dies in Anbetracht der 12 jeweiligen Geschäftsarten möglich und zweckmäßig ist, wobei die Ausgestaltung der Kreditvorlagen von Art, Umfang, Komplexität und Risikogehalt der Kreditgeschäfte abhängt.

Vertragliche Vereinbarungen im Kreditgeschäft sind auf der Grundlage rechtlich geprüfter 13 Unterlagen abzuschließen.

Für die einzelnen Kreditverträge sind rechtlich geprüfte Standardtexte zu verwenden, die 14 anlassbezogen zu aktualisieren sind. Falls bei einem Engagement (z. B. im Rahmen von Individualvereinbarungen) von den Standardtexten abgewichen werden soll, ist, soweit unter Risikogesichtspunkten erforderlich, vor Abschluss des Vertrages die rechtliche Prüfung durch eine vom Bereich Markt unabhängige Stelle notwendig.

Erläuterung: Prüfung durch sachverständigen Mitarbeiter des Bereichs Markt
Soweit von der Verwendung rechtlich geprüfter Standardtexte abgewichen wird, kann bei nicht-risikorelevanten Kreditgeschäften auch eine Prüfung durch einen sachverständigen Mitarbeiter aus dem Bereich Markt erfolgen.

BTO 1.2.1   Kreditgewährung

Der Prozess der Kreditgewährung umfasst die bis zur Bereitstellung des Kredites erforderlichen 1 Arbeitsabläufe. Dabei sind die für die Beurteilung des Risikos wichtigen Faktoren unter besonderer Berücksichtigung der Kapitaldienstfähigkeit des Kreditnehmers bzw. des Objektes/Projektes zu analysieren und zu beurteilen, wobei die Intensität der Beurteilung vom Risikogehalt der Engagements abhängt (z. B. Kreditwürdigkeitsprüfung, Risikoeinstufung im Risikoklassifizierungsverfahren oder eine Beurteilung auf der Grundlage eines vereinfachten Verfahrens).

Erläuterung: Fremdwährungsdarlehen
Fremdwährungsdarlehen sollten nur an Kreditnehmer vergeben werden, deren Kreditwürdigkeit dahingehend geprüft wurde, ob sie auch bei besonders ungünstigen Entwicklungen der Wechselkurse und des Fremdwährungszinsniveaus voraussichtlich in der Lage sind, den Kredit zurückzuzahlen.

Erläuterung: Kapitaldienstfähigkeit
Die besondere Berücksichtigung der Kapitaldienstfähigkeit erfordert grundsätzlich eine individuelle Berücksichtigung der wirtschaftlichen Verhältnisse des Kreditnehmers, wobei Risiken für die zukünftige Vermögens- und ggf. Liquiditätslage des Kreditnehmers in die Betrachtung einzufließen haben. Die Intensität der Beurteilung hängt vom Risikogehalt ab. Die Beurteilung der Kapitaldienstfähigkeit auf der Basis eines vereinfachten Verfahrens bedeutet hingegen nicht einen generellen Verzicht auf diese Tätigkeiten.

Bei Immobiliar-Verbraucherdarlehen sind auch zukünftige, als wahrscheinlich anzusehende 2 Einkommensschwankungen in die Beurteilung der Kapitaldienstfähigkeit einzubeziehen. Alle für die Kreditgewährung relevanten Informationen sind vollständig zu dokumentieren und über die Laufzeit des Kredites aufzubewahren.

Die Werthaltigkeit und der rechtliche Bestand von Sicherheiten sind grundsätzlich vor der 3 Kreditvergabe zu überprüfen. Der Wertansatz muss hinsichtlich wertbeeinflussender Umstände nachvollziehbar und in den Annahmen und Parametern begründet sein. Bei der Überprüfung der Werthaltigkeit kann auf bereits vorhandene Sicherheitenwerte zurückgegriffen werden, sofern keine Anhaltspunkte für Wertveränderungen vorliegen.

Erläuterung: Überprüfung der Werthaltigkeit von Sicherheiten
Im Rahmen der Kreditgewährung und ggf. auch der Kreditweiterbearbeitung beinhaltet die Überprüfung der Werthaltigkeit einer Sicherheit in Abhängigkeit von der Sicherheitenart ab einer vom Institut unter Risikogesichtspunkten festzulegenden Grenze eine Objektbesichtigung.

4 Hängt der Sicherheitenwert maßgeblich von den Verhältnissen eines Dritten ab (z. B. Bürgschaft), so ist eine angemessene Überprüfung der Adressenausfallrisiken des Dritten durchzuführen.

BTO 1.2.2 Kreditweiterbearbeitung

1 Im Rahmen der Kreditweiterbearbeitung ist zu überwachen, ob die vertraglichen Vereinbarungen vom Kreditnehmer eingehalten werden. Bei zweckgebundenen Kreditvergaben ist zu kontrollieren, ob die valutierten Mittel der vereinbarten Verwendung zukommen (Kreditverwendungskontrolle).

2 Eine Beurteilung der Adressenausfallrisiken ist jährlich durchzuführen, wobei die Intensität der Beurteilungen vom Risikogehalt der Engagements abhängt (z. B. Kreditwürdigkeitsprüfung, Risikoeinstufung im Risikoklassifizierungsverfahren oder eine Beurteilung auf der Grundlage eines vereinfachten Verfahrens).

Erläuterung: Endfällige Kredite
Für endfällige Kredite hat das Institut in Abhängigkeit vom Risikogehalt der Engagements die Beurteilung der Rückzahlungsfähigkeit des Kreditnehmers durchzuführen, da die fortlaufende Zahlung der fälligen Zinsbeträge durch den Kreditnehmer keinen hinreichenden Grund für die Annahme darstellt, dass der Gesamtkreditbetrag am Ende der Laufzeit getilgt wird. Die Rückzahlungsfähigkeit hat z. B. eine angemessene Beurteilung der Finanzlage des Kreditnehmers auf Grundlage hinreichender Informationen und unter Berücksichtigung maßgeblicher Faktoren wie z. B. der Kapitaldienstfähigkeit und der Gesamtverschuldung des Kreditnehmers oder den Wert der Immobilie / des Projekts zu umfassen.

3 Die Werthaltigkeit und der rechtliche Bestand von Sicherheiten sind im Rahmen der Kreditweiterbearbeitung in Abhängigkeit von der Sicherheitenart zu überwachen. Ab einer vom Institut unter Risikogesichtspunkten festzulegenden Grenze sind die Sicherheiten in angemessenen Abständen zu überprüfen und ggf. neu zu bewerten.

Erläuterung: Einsatz von Marktschwankungskonzepten bei Immobiliensicherheiten
Da Marktschwankungskonzepte lediglich eine erste Indikation für allgemeine Geschehnisse im jeweiligen Marktsegment liefern können, ist ihr alleiniger Einsatz zur Überwachung der Werthaltigkeit von Immobiliensicherheiten nicht geeignet. Ergänzend dazu hat das Institut eigene Marktbeobachtungen und weitere Analysen für das relevante Sicherheitenportfolio durchzuführen und zu prüfen, inwieweit das Marktschwankungskonzept für das eigene Portfolio repräsentativ ist und für welche Immobilien es folglich genutzt werden kann.

4 Außerordentliche Überprüfungen von Engagements einschließlich der Sicherheiten sind zumindest dann unverzüglich durchzuführen, wenn dem Institut aus externen oder internen Quellen Informationen bekannt werden, die auf eine wesentliche negative Änderung der Risikoeinschät-

zung der Engagements oder der Sicherheiten hindeuten. Derartige Informationen sind unverzüglich an alle einzubindenden Organisationseinheiten weiterzuleiten.

BTO 1.2.3   Kreditbearbeitungskontrolle

Für die Kreditbearbeitung sind prozessabhängige Kontrollen einzurichten, die gewährleisten, dass   1
die Vorgaben der Organisationsrichtlinien eingehalten werden. Die Kontrollen können auch im
Rahmen des üblichen Vier-Augen-Prinzips erfolgen.

Insbesondere ist zu kontrollieren, ob die Kreditentscheidung entsprechend der festgelegten   2
Kompetenzordnung erfolgte und ob vor der Valutierung die Voraussetzungen bzw. Auflagen aus
dem Kreditvertrag erfüllt sind.

BTO 1.2.4   Intensivbetreuung

Das Institut hat Kriterien festzulegen, wann ein Engagement der Intensivbetreuung zuzuordnen   1
ist. Die Verantwortung für die Entwicklung und Qualität dieser Kriterien sowie deren regelmäßige
Überprüfung muss außerhalb des Bereichs Markt angesiedelt sein.

Erläuterung: Kriterien für den Übergang in die Intensivbetreuung
Ob die Kriterien einen Automatismus statuieren oder ob es sich um Indikatoren handelt, auf deren
Grundlage die Überprüfung durchgeführt wird, liegt im Ermessen des Instituts. Ziel ist die zügige
Identifikation der problembehafteten Engagements, um möglichst frühzeitig geeignete Maßnahmen einleiten zu können. Entsprechendes gilt für die Kriterien, die maßgeblich für den Übergang
in die Problemkreditbearbeitung sind (BTO 1.2.5 Tz. 1).

Erläuterung: Ausnahmen von der Intensivbetreuung, Sanierung und Abwicklung
Analog zur Anwendung des Verfahrens zur Früherkennung von Risiken kann das Institut unter
Risikogesichtspunkten festzulegende Arten von Kreditgeschäften oder Kreditgeschäfte unterhalb
bestimmter Größenordnungen von der Intensivbetreuung sowie der Sanierung und Abwicklung
ausnehmen.

Von der Intensivbetreuung bzw. der Problemkreditbearbeitung kann auch abgesehen werden,
wenn der Zugriff auf die dafür erforderlichen Daten aufgrund objektiver Gegebenheiten eingeschränkt ist und insofern bereits auf die Einrichtung eines Verfahrens zur Früherkennung von
Risiken verzichtet wird (drittinitiiertes Geschäft). Das Institut hat dabei sicherzustellen, dass es
über alle wesentlichen Vorkommnisse bei dem Kreditnehmer informiert wird.

Mit Übergang in die Intensivbetreuung sind für diese Engagements Maßnahmen mit dem Ziel der   2
Rückführung in die Normalbetreuung zu ergreifen und zu überwachen.

Erläuterung: Maßnahmen innerhalb der Intensivbetreuung
Mögliche Maßnahmen innerhalb der Intensivbetreuung können sein:
- verstärkter Kundenkontakt,
- enge Überwachung (z. B. per Watchlist),
- unterjährige Analyse der Finanzlage oder
- Neuordnung von Engagements (z. B. Umschuldung, Sicherheitenverstärkung).

3 Die einer Intensivbetreuung unterliegenden Engagements sind nach einem festzulegenden Turnus auf ihre weitere Behandlung hin zu überprüfen (weitere Intensivbetreuung, Rückführung in die Normalbetreuung, Abgabe an die Abwicklung oder die Sanierung).

BTO 1.2.5 Behandlung von Problemkrediten

1 Das Institut hat Kriterien festzulegen, die die Abgabe eines Engagements an die auf die Sanierung bzw. Abwicklung spezialisierten Mitarbeiter oder Bereiche bzw. deren Einschaltung regeln. Die Verantwortung für die Entwicklung und die Qualität dieser Kriterien sowie deren regelmäßige Überprüfung muss außerhalb des Bereichs Markt angesiedelt sein. Die Federführung für den Sanierungs- bzw. den Abwicklungsprozess oder die Überwachung dieser Prozesse ist außerhalb des Bereichs Markt wahrzunehmen.

Erläuterung: Kriterien für den Übergang in die Problemkreditbearbeitung
Hinsichtlich der Kriterien für den Übergang in die Problemkreditbearbeitung gelten die Erläuterungen zu den Kriterien der Intensivbetreuung analog (vgl. BTO 1.2.4 Tz. 1). Bei der Festlegung dieser Kriterien sind auch die Indikatoren für die Einstufung als notleidende Risikoposition (NPE) zu berücksichtigen. Es ist sicherzustellen, dass die NPE-Definition in allen Niederlassungen und Filialen einheitlich verwendet wird. Eine einheitliche Anwendung dieser Kriterien auf einzelne Kunden und innerhalb der Gruppen verbundener Kunden ist sicherzustellen.

Erläuterung: Prüfung nicht-standardisierter Verträge bei Sanierungsfällen
Von der Prüfung nicht-standardisierter Verträge durch eine unabhängige Stelle kann bei Sanierungsfällen abgesehen werden, wenn die Sanierung von Spezialisten begleitet wird, die aufgrund ihrer Fachkenntnisse und Erfahrungen in der Lage sind, solche Vertragswerke eigenständig und ohne weitere unabhängige Prüfung zu verfassen.

Erläuterung: Votierung bei Sanierungskrediten und Engagements in Abbauportfolien
Im Rahmen von Entscheidungen über Sanierungskredite ist eine Votierung aus dem markt-unabhängigen Bereich ausreichend. Dies gilt auch für Engagements in so genannten »Abbauportfolien«, wobei die Bestände sowie die jeweils verfolgte Intention vom Institut nachvollziehbar darzustellen sind (z. B. in einem »Abbaukonzept«).

Erläuterung: NPE-Abwicklungseinheiten (NPE-Workout Units)
Institute mit hohem NPL-Bestand sollen spezialisierte NPE-Abwicklungseinheiten einrichten, die ihrer Größe, Art, Komplexität und ihrem Risikoprofil entsprechen und sicherstellen, dass diese Einheiten grundsätzlich vom Kreditvergabeprozess getrennt sind. Eine Einrichtung der NPE-Abwicklungseinheit hat im Bereich außerhalb des Marktes zu erfolgen, wobei auch eine Ansiedlung bei der Problemkreditbearbeitung möglich ist. Wenn Überschneidungen mit den an der Kreditvergabe beteiligten Mitarbeitern unvermeidlich sind, ist sicherzustellen, dass Interessenkonflikte vermieden werden. Bei der Gestaltung der NPE-Abwicklungseinheiten sind die Besonderheiten der eigenen NPE-Portfolios zu berücksichtigen (z. B. Privat-, Firmenkundengeschäft), wobei für die Analyse der jeweiligen NPE-Portfolios auf die NPE-Abwicklung spezialisierte und hinreichend qualifizierte Mitarbeiter heranzuziehen sind.

2 Im Rahmen der Überleitung des Engagements in die Sanierung bzw. Abwicklung hat eine Überprüfung der Werthaltigkeit von Sicherheiten und ggf. eine neue, unter Realisationsgesichtspunkten erstellte Wertermittlung zu erfolgen. Mindestens jährlich ist eine Überprüfung durchzuführen, wobei erhebliche Schwankungen und insbesondere ein erheblicher Rückgang des Sicherheitenwertes zu berücksichtigen sind. In den Prozess der Überprüfung der Werthaltigkeit bzw. der Wertermittlung sind Mitarbeiter oder ggf. externe Spezialisten mit entsprechenden Kenntnissen einzubeziehen.

Erläuterung: Wertermittlung unter Realisationsgesichtspunkten

Eine Wertermittlung unter Realisationsgesichtspunkten betrifft grundsätzlich Engagements in der Abwicklung. Für den Sicherheitenwert ist dabei, in der Regel ausgehend vom Marktwert, der voraussichtliche Verwertungserlös unter Berücksichtigung der erwarteten Verwertungskosten und der voraussichtlichen Verwertungsdauer zu bestimmen. Der Sicherheitenwert ist ggf. entsprechend abzuzinsen. Er ist unter Berücksichtigung von angemessenen Wertabschlägen (»Haircuts«) herzuleiten. Der Verzicht bzw. die Verwendung von Wertabschlägen sind angemessen zu begründen.

Entscheidet sich das Institut trotz Erfüllung der Kriterien für den Übergang in die Sanierung bzw. Abwicklung und trotz wesentlicher Leistungsstörungen für einen Verbleib in der Intensivbetreuung, ist sicherzustellen, dass das Adressenausfallrisiko des Kredits verringert oder begrenzt werden kann. Das Vorgehen ist mit den auf die Sanierung bzw. Abwicklung spezialisierten Mitarbeitern abzustimmen. Rechtliche Risiken und die Werthaltigkeit von Sicherheiten sind dabei zu prüfen.   3

Zieht ein Institut die Begleitung einer Sanierung in Betracht, hat es sich ein Sanierungskonzept zur Beurteilung der Sanierungsfähigkeit des Kreditnehmers vorlegen zu lassen und auf dieser Grundlage ein eigenständiges Urteil darüber zu treffen, ob eine Sanierung erreicht werden kann.   4

Die Umsetzung des Sanierungskonzeptes sowie die Auswirkungen der Maßnahmen sind vom Institut zu überwachen.   5

Die zuständigen Geschäftsleiter sind bei bedeutenden Engagements regelmäßig über den Stand der Sanierung zu informieren. Erforderlichenfalls kann bei dem Sanierungsprozess auf externe Spezialisten mit entsprechenden Kenntnissen zurückgegriffen werden.   6

Für den Fall der Abwicklung eines Engagements ist ein Abwicklungskonzept zu erstellen, in dem geeignete Abwicklungsmaßnahmen festzulegen sind. Die Maßnahmen sind regelmäßig zu überwachen. In den Prozess der Verwertung der Sicherheiten sind Mitarbeiter oder ggf. externe Spezialisten mit entsprechenden Kenntnissen einzubeziehen.   7

Erläuterung: Überwachung der Abwicklungsmaßnahmen

Das Institut soll den Zeitraum, der zur Abwicklung der Sicherheit oder zur Durchsetzung einer Garantie benötigt wird, überwachen.

Zieht ein Institut Rettungserwerbe in Betracht, hat es eine Richtlinie zu entwickeln, die das Verfahren zum Erwerb von gestellten Sicherheiten beschreibt. Die Richtlinie hat auch die beabsichtigte Haltedauer sowie Verfahren zur angemessenen Bewertung und Überprüfung der erworbenen Vermögenswerte festzulegen.   8

Erläuterung: Rettungserwerbe

Unter Rettungserwerb ist der Erwerb von Sicherheiten (z. B. Immobilien, Transportmittel) zu verstehen, die in der Folge als Vermögenswerte in der Bilanz des Instituts ausgewiesen werden.

Im Rahmen der Überwachung der notleidenden Risikopositionen hat das Institut geeignete Fristen für die Behandlung von besicherten und unbesicherten NPE festzulegen, die sicherstellen, dass Bestände an notleidenden Risikopositionen in einem angemessenen Zeitraum abgebaut werden.   9

Erläuterung: Überwachung von notleidenden Risikopositionen

Das Institut hat zu beurteilen, inwieweit notleidende Risikopositionen mit länger andauernden Zahlungsrückständen einbringlich sind. Dabei ist zu überprüfen, ob die Risikovorsorge angemessen ist. Bei der Festlegung der Fristen und der Mindestdeckung für besicherte und unbesicherte NPE hat das Institut die aufsichtlichen Vorgaben (z. B. CRR) zu beachten.

BTO 1.2.6   Risikovorsorge

1   Das Institut hat Kriterien festzulegen, auf deren Grundlage unter Beachtung der angewandten Rechnungslegungsnormen Wertberichtigungen, Abschreibungen und Rückstellungen für das Kreditgeschäft (einschließlich der Länderrisikovorsorge) zu bilden sind (z. B. ein institutsinternes Forderungsbewertungsverfahren). Im Rahmen der Ermittlung des Risikovorsorgebedarfs hat eine Überprüfung der Sicherheitenwerte oder ggf. eine neue Wertermittlung zu erfolgen.

2   Die erforderliche Risikovorsorge ist zeitnah zu ermitteln und fortzuschreiben. Ein erheblicher Risikovorsorgebedarf ist der Geschäftsleitung unverzüglich mitzuteilen.

3   Das Institut hat die Methoden und Verfahren zur Risikovorsorge anhand von Rückvergleichen regelmäßig zu überprüfen, um Abweichungen zwischen den gebildeten Wertberichtigungen und den tatsächlich eingetretenen Verlusten bis zur vollständigen Ausbuchung des Engagements möglichst zu vermeiden.

BTO 1.3   Anforderungen an Verfahren zur Früherkennung von Risiken und Behandlung von Forbearance

BTO 1.3.1   Verfahren zur Früherkennung von Risiken

1   Das Verfahren zur Früherkennung von Risiken dient insbesondere der rechtzeitigen Identifizierung von Kreditnehmern, bei deren Engagements sich erhöhte Risiken abzuzeichnen beginnen. Damit soll das Institut in die Lage versetzt werden, in einem möglichst frühen Stadium Gegenmaßnahmen einleiten zu können (z. B. Durchführung von Forbearance-Maßnahmen, Intensivbetreuung von Engagements).

2   Für diese Zwecke hat das Institut auf der Basis quantitativer und qualitativer Risikomerkmale Indikatoren für eine frühzeitige Risikoidentifizierung zu entwickeln.

3   Das Institut kann bestimmte, unter Risikogesichtspunkten festzulegende Arten von Kreditgeschäften oder Kreditgeschäfte unterhalb bestimmter Größenordnungen von der Anwendung des Verfahrens zur Früherkennung von Risiken ausnehmen. Die Funktion der Früherkennung von Risiken kann auch von einem Risikoklassifizierungsverfahren wahrgenommen werden, soweit es eine Früherkennung von Risiken ermöglicht.

Erläuterung: Ausnahmen bei Krediten über eine Hausbank

Von der Einrichtung eines Verfahrens zur Früherkennung von Risiken kann abgesehen werden, wenn ein Zugriff auf die für eine Risikofrüherkennung erforderlichen Daten aufgrund objektiver Gegebenheiten eingeschränkt ist. Solche Konstellationen liegen dann vor, wenn die Kreditgeschäfte über ein drittes Institut initiiert und im Weiteren von diesem betreut werden (z. B. Hausbank im Kreditgeschäft der Förderbanken oder auch im Kreditgeschäft der Bürgschaftsbanken). Das kreditierende Institut hat dabei sicherzustellen, dass es über wesentliche Vorkommnisse bei dem Kreditnehmer informiert wird.

Erläuterung: Risikoklassifizierungsverfahren und Früherkennung von Risiken
Ein Risikoklassifizierungsverfahren hat unter Berücksichtigung betriebswirtschaftlicher Aspekte insbesondere folgende Komponenten zu enthalten, um gleichzeitig als Verfahren zur Früherkennung von Risiken dienen zu können:
- Die dem Verfahren zugrundeliegenden Indikatoren (z. B. Kontoumsätze, Scheckrückgaben) sollten dazu geeignet sein, dass sich abzeichnende Risiken möglichst frühzeitig erkannt werden können (»indikatoren-bezogene Komponente«),
- auf der Grundlage der Indikatoren sollte eine laufende Identifizierung von sich abzeichnenden Risiken möglich sein (»zeitraumbezogene Komponente«) und
- Signale des Verfahrens zur Früherkennung von Risiken sollten ferner zeitnah zu geeigneten Maßnahmen des Instituts führen (z. B. Intensivierung des Kundenkontaktes, Hereinnahme neuer Sicherheiten, Tilgungsaussetzungen), so dass sich Risiken möglichst nicht in Form von Verlusten materialisieren (»prozessbezogene Komponente«).

BTO 1.3.2 Behandlung von Forbearance

Bei der Festlegung der Kriterien für den Übergang in die Intensivbetreuung und in die Problemkreditbearbeitung hat das Institut auch diejenigen Engagements zu berücksichtigen, bei denen Zugeständnisse zugunsten des Kreditnehmers gemacht wurden (Forbearance-Maßnahmen). Ziel von Forbearance-Maßnahmen ist ein tragfähiger, nicht notleidender Rückzahlungsstatus.   1

Erläuterung: Definition von Forbearance
Die Definition von Forbearance richtet sich nach der Definition für das aufsichtliche Meldewesen.

Im Hinblick auf die Forbearance-Maßnahmen hat eine Richtlinie implementiert zu sein, die mindestens folgende Punkte beinhaltet: 2
a) Prozesse und Verfahren zur Gewährung von Forbearance-Maßnahmen, einschließlich der Zuständigkeiten und Verfahren zur Entscheidungsfindung,
b) Beschreibung der verfügbaren Forbearance-Maßnahmen einschließlich der in den Verträgen enthaltenen Maßnahmen,
c) Informationsanforderungen zur Prüfung der Tragfähigkeit der Maßnahmen,
d) Dokumentation der gewährten Maßnahmen,
e) Prozess und Messgrößen für die Überwachung der Wirksamkeit.

Die Richtlinie ist regelmäßig vom Institut zu überprüfen.

Erläuterung: Forbearance-Richtlinie
Die Richtlinie kann auch standardisierte Forbearance-Lösungen z. B. für homogene Portfolios mit weniger komplexen Engagements beinhalten.

Das Institut hat Kriterien festzulegen, anhand derer eine angemessene Einstufung und ggf. Umgliederung von Forborne-Risikopositionen als notleidend oder nicht notleidend möglich ist. Bei der Umgliederung von Forborne- und notleidenden Risikopositionen ist ein geeigneter Gesundungszeitraum zu berücksichtigen. Für eine Änderung bzw. einen Wechsel des Einstufungsstatus ist die Durchführung einer Analyse der finanziellen Lage des Kreditnehmers erforderlich.   3

Erläuterung: Forborne exposures (Gestundete / Forborne-Risikopositionen)

Eine Risikoposition kann als Forborne eingestuft werden, wenn der Kreditnehmer finanzielle Schwierigkeiten hat und deshalb Zugeständnisse gemacht werden.

Bei der Einstufung der Risikopositionen kann grundsätzlich zwischen notleidenden (non-performing forborne exposures) und nicht notleidenden (performing forborne exposures) Forborne-Risikopositionen sowie notleidenden Risikopositionen (non-performing exposures) unterschieden werden.

Sofern eines der dargestellten Kriterien zutrifft, ist eine Forborne-Risikoposition als notleidend einzustufen:
- Die Forborne-Risikoposition basiert auf einem unangemessenen Zahlungsplan,
- Sie enthält Vertragsbedingungen, welche die regulären Rückzahlungsraten zu dieser Transaktion so aufschieben, dass deren Beurteilung für eine angemessene Einstufung verhindert wird, beispielsweise wenn ein Tilgungsaufschub von mehr als zwei Jahren gewährt wird.
- Es wurden Forderungsbeträge ausgebucht.

Im Rahmen der Prüfung der Aufhebung des Status »notleidend« sind auch die Auswirkungen dieser Aufhebung auf weitere Risikopositionen des Schuldners, die nicht Gegenstand von Forbearance-Maßnahmen sind, zu berücksichtigen. Vertragsbedingungen, nach denen die Rückzahlungsfrist bereits notleidender Forderungen verlängert wird, sollten als Bekräftigung der Einstufung der Forborne-Risikopositionen als notleidend angesehen werden.

4 Die für die Durchführung von Forbearance-Maßnahmen erforderliche Beurteilung finanzieller Schwierigkeiten eines Kreditnehmers hat ausschließlich auf Grundlage seiner Situation und nicht unter Berücksichtigung von bereitgestellten Sicherheiten oder Garantien zu erfolgen.

Erläuterung: Änderungen der Vertragsbedingungen

Das Institut hat eine Beurteilung der finanziellen Lage des Kreditnehmers durchzuführen, wenn sich Änderungen der Vertragsbedingungen auf das Zahlungsverhalten auswirken. Es ist zwischen Nachverhandlungen bei Kreditnehmern, die sich nicht in finanziellen Schwierigkeiten befinden, und Forbearance-Maßnahmen, die Kreditnehmern in finanziellen Schwierigkeiten gewährt werden, zu unterscheiden.

5 Das Institut hat Forbearance-Maßnahmen nach tragfähigen Maßnahmen, die zur Verringerung der Risikoposition des Kreditnehmers beitragen, und nach nicht tragfähigen Maßnahmen zu unterscheiden. Dabei können in Abhängigkeit von der Art und der Laufzeit der Kredite sowohl kurzfristige als auch langfristige Forbearance-Maßnahmen in Erwägung gezogen werden, wobei der Zeitraum von maximal zwei Jahren für die Durchführung der kurzfristigen Maßnahmen grundsätzlich nicht überschritten werden sollte.

Erläuterung: Bewertung der Tragfähigkeit von Forbearance-Maßnahmen

Bei der Beurteilung der Tragfähigkeit von Forbearance-Maßnahmen hat das Institut insbesondere folgende Faktoren zu berücksichtigen:
a) Rückzahlungsfähigkeit und somit auch die Kapitaldienstfähigkeit,
b) Eine Verringerung des Kreditsaldos ist mittel- bis langfristig zu erwarten,
c) Kurzfristige Forbearance-Maßnahmen werden vorübergehend angewandt, sofern die begründete Erwartung besteht, dass der Kreditnehmer nach Ablauf der kurzfristigen vorübergehenden Vereinbarungen in der Lage ist, den ursprünglichen oder geänderten Betrag zurückzuzahlen,
d) Die Maßnahme führt nicht dazu, dass für dieselbe Risikoposition mehrere aufeinanderfolgende Forbearance-Maßnahmen gewährt werden.

Der Prozess für die Gewährung der Forbearance-Maßnahmen und die Wirksamkeit der gewährten 6
Maßnahmen sind vom Institut in angemessenen Abständen zu überwachen.

Erläuterung: Überwachung von Forbearance-Maßnahmen
Für die Überwachung können folgende Messgrößen nach Portfolio und Art der Forbearance-Maßnahmen verwendet werden:
a) Gesundungsquote von Forbearance,
b) Zahlungseingangsraten aus Forborne-Risikopositionen,
c) Teilabschreibungen, die aus Gewährung einer Forbearance-Maßnahme resultieren können.

BTO 1.4   Risikoklassifizierungsverfahren

In jedem Institut sind aussagekräftige Risikoklassifizierungsverfahren für die erstmalige bzw. die 1
turnusmäßige oder anlassbezogene Beurteilung der Adressenausfallrisiken sowie ggf. der Objekt-/
Projektrisiken einzurichten. Es sind Kriterien festzulegen, die im Rahmen der Beurteilung der
Risiken eine unverzügliche und nachvollziehbare Zuweisung in eine Risikoklasse gewährleisten.

Die Verantwortung für Entwicklung, Qualität und Überwachung der Anwendung der Risiko- 2
klassifizierungsverfahren muss außerhalb des Bereichs Markt angesiedelt sein.

Maßgebliche Indikatoren für die Bestimmung der Adressenausfallrisiken im Risikoklassifizie- 3
rungsverfahren müssen neben quantitativen auch, soweit möglich, qualitative Kriterien sein. Es ist
insbesondere zu berücksichtigen, inwieweit der Kreditnehmer in der Lage ist, künftig Erträge zu
erwirtschaften, um den ausgereichten Kredit zurückzuführen.

Die Klassifizierungsverfahren sind in angemessener Weise in die Prozesse des Kreditgeschäfts 4
und ggf. die Kompetenzordnung einzubinden.

BTO 2   Handelsgeschäft

Dieses Modul stellt Anforderungen an die Ausgestaltung der Aufbau- und Ablauforganisation im 1
Handelsgeschäft.

BTO 2.1   Funktionstrennung

Maßgeblicher Grundsatz für die Ausgestaltung der Prozesse im Handelsgeschäft ist die klare 1
aufbauorganisatorische Trennung des Bereichs Handel von den Funktionen des Risikocontrollings
sowie der Abwicklung und Kontrolle bis einschließlich der Ebene der Geschäftsleitung.

Erläuterung: Kundenberater

Es ist mit dem Rundschreiben vereinbar, wenn Kundenberater innerhalb eines bestimmten Limitrahmens für die Preisgestaltung Kundenaufträge an die Handelsabteilung weitergeben. Sie sollten keine unabhängige Kursstellung vornehmen und keine eigenen Positionen aufbauen.

2   Von der Trennung bis einschließlich der Ebene der Geschäftsleitung kann abgesehen werden, wenn sich die Handelsaktivitäten in ihrer Gesamtheit auf Handelsgeschäfte konzentrieren, die unter Risikogesichtspunkten als nicht wesentlich einzustufen sind (»nicht-risikorelevante Handelsaktivitäten«).

Erläuterung: Nicht-risikorelevante Handelsaktivitäten

Diese Erleichterung kann in Anspruch genommen werden, wenn in einer Gesamtbetrachtung folgende Voraussetzungen erfüllt werden:

- Das Institut nimmt die Erleichterungen des Artikels 94 Absatz 1 CRR in Anspruch oder kann sie in Anspruch nehmen (kein Handelsbuchinstitut),
- der Schwerpunkt der Handelsaktivitäten liegt beim Anlagevermögen bzw. der Liquiditätsreserve,
- das Volumen der Handelsaktivitäten ist gemessen am Geschäftsvolumen gering,
- die Struktur der Handelsaktivitäten ist einfach, die Komplexität, die Volatilität und der Risikogehalt der Positionen gering.

Die genannten Voraussetzungen müssen nicht kumulativ erfüllt werden. Maßgeblich ist vielmehr die Gesamtbetrachtung, d. h., die Einschätzung hat unter Berücksichtigung der genannten Anhaltspunkte und unter deren angemessener Gewichtung im Einzelfall zu erfolgen.

Soweit ein Institut diese Erleichterung in Anspruch nimmt, ist im Hinblick auf handelsunabhängige Funktionen eine organisatorische Trennung, z. B. Ansiedlung in unterschiedlichen Stellen, ebenfalls nicht erforderlich. Nicht miteinander vereinbare Tätigkeiten sind allerdings von unterschiedlichen Mitarbeitern durchzuführen (AT 4.3.1 Tz. 1). Mit dem Handel betraute Mitarbeiter dürfen insoweit grundsätzlich nicht für handelsunabhängige Funktionen zuständig sein.

Erläuterung: Erleichterungen bei kleinen Instituten bzw. bei sehr geringen Handelsaktivitäten

Ist eine Funktionstrennung im Bereich der Handelsgeschäfte aus Gründen der Betriebsgröße nicht möglich, so muss die ordnungsgemäße Abwicklung der Handelsgeschäfte durch die unmittelbare Einschaltung der Geschäftsleitung gewährleistet sein. Betreibt ein Institut nur in sehr geringem Umfang Handelsaktivitäten, so dass ein einzelner Mitarbeiter nicht ausgelastet wäre, kann der Trennung der Funktionen durch eine vorübergehende Zuordnung anderer Mitarbeiter, die ansonsten nicht mit Handelsgeschäften betraut sind, Rechnung getragen werden.

BTO 2.2   Anforderungen an die Prozesse im Handelsgeschäft

BTO 2.2.1   Handel

1   Bei Abschluss von Handelsgeschäften müssen die Konditionen einschließlich der Nebenabreden vollständig vereinbart werden. Das Institut hat standardisierte Vertragstexte zu verwenden, soweit dies in Anbetracht der jeweiligen Geschäftsarten möglich und zweckmäßig ist. Interne Handelsgeschäfte dürfen nur auf der Basis klarer Regelungen abgeschlossen werden.

Erläuterung: Interne Handelsgeschäfte

Interne Handelsgeschäfte im Sinne dieses Rundschreibens sind Geschäfte innerhalb einer Rechtseinheit, die dazu dienen, Risiken zwischen einzelnen Organisationseinheiten bzw. Teilportfolien zu transferieren (z. B. Handelsgeschäfte zwischen eigenen Niederlassungen, Organisationseinheiten, Portfolios etc.). Für interne Handelsgeschäfte ist eine sinngemäße Einhaltung der Anforderungen an externe Handelsgeschäfte sicherzustellen.

Handelsgeschäfte zu nicht marktgerechten Bedingungen sind grundsätzlich unzulässig. Ausnahmen hiervon sind im Einzelfall möglich, wenn   **2**

a) sie auf Kundenwunsch erfolgen, sachlich begründet sind und die Abweichung von den marktgerechten Bedingungen aus den Geschäftsunterlagen deutlich ersichtlich ist,

b) sie aufgrund von internen Vorgaben erfolgen, die die Geschäftsarten, den Kundenkreis, den Umfang und die Ausgestaltung dieser Handelsgeschäfte festlegen, und

c) sie bei entsprechender Bedeutung an die Geschäftsleitung berichtet werden.

Erläuterung: Dokumentation der Abweichung von marktgerechten Bedingungen

Der Dokumentation der Abweichung von marktgerechten Bedingungen in den Geschäftsunterlagen wird in der Regel auch durch die Offenlegung gegenüber dem Kunden in der Geschäftsbestätigung Rechnung getragen.

Geschäftsabschlüsse außerhalb der Geschäftsräume sind nur im Rahmen interner Vorgaben   **3**
zulässig. Dabei sind insbesondere die Berechtigten, der Zweck, der Umfang und die Erfassung festzulegen. Für Handelsgeschäfte, die nicht direkt in einem Abwicklungs- oder Bestätigungssystem der Bank erfasst werden, ist vom Kontrahenten eine unverzügliche Bestätigung in geeigneter Form (z. B. schriftlich oder elektronisch) zu verlangen. Diese Handelsgeschäfte sind vom Händler unverzüglich in geeigneter Form dem eigenen Institut anzuzeigen. Sämtliche Geschäftsabschlüsse außerhalb der Geschäftsräume sind besonders zu kennzeichnen und spätestens am auf den Geschäftsabschluss folgenden Geschäftstag dem zuständigen Geschäftsleiter bzw. einer von ihm autorisierten Organisationseinheit, anhand von geeigneten Berichten, zur Kenntnis zu bringen.

Die Geschäftsgespräche der Händler sollten grundsätzlich auf Tonträger aufgezeichnet werden   **4**
und sind mindestens drei Monate aufzubewahren.

Handelsgeschäfte sind unverzüglich nach Geschäftsabschluss mit allen maßgeblichen Ab-   **5**
schlussdaten zu erfassen, bei der Ermittlung der jeweiligen Position zu berücksichtigen (Fortschreibung der Bestände) und mit allen Unterlagen an die Abwicklung weiterzuleiten. Die Weiterleitung der Abschlussdaten kann auch automatisiert über ein Abwicklungssystem erfolgen.

Erläuterung: Abschlussdaten

Maßgebliche Abschlussdaten sind u. a. Geschäftsart, Volumen, Konditionen, Fälligkeit, Kontrahent, Datum, Uhrzeit, Händler, fortlaufende Nummer, Nebenabreden.

Bei Direkterfassung in den IT-Systemen muss sichergestellt sein, dass ein Händler nur unter seiner   **6**
eigenen Händleridentifikation Handelsgeschäfte eingeben kann. Erfassungstag und -uhrzeit sowie fortlaufende Geschäftsnummern müssen automatisch vorgegeben werden und dürfen vom Händler nicht veränderbar sein.

Handelsgeschäfte, die nach Erfassungsschluss der Abwicklung abgeschlossen werden (Spät-   **7**
geschäfte), sind als solche zu kennzeichnen und bei den Positionen des Abschlusstages (einschließlich der Nacherfassung) zu berücksichtigen, wenn sie zu wesentlichen Veränderungen

führen. Abschlussdaten und Unterlagen über Spätgeschäfte sind unverzüglich an einen Bereich außerhalb des Handels weiterzuleiten.

Erläuterung: Kennzeichnungspflicht für Spätgeschäfte
Auf eine separate Kennzeichnung als Spätgeschäft kann verzichtet werden, wenn für den Erfassungsschluss der Abwicklung ein fester Zeitrahmen vorgegeben ist und sich der Charakter eines Spätgeschäftes insofern eindeutig aus der Uhrzeit oder ggf. der Zeitzone des Geschäftsabschlusses ergibt.

8   Vor Abschluss von Verträgen im Zusammenhang mit Handelsgeschäften, insbesondere bei Rahmenvereinbarungen, Nettingabreden und Sicherheitenbestellungen, ist durch eine vom Handel unabhängige Stelle zu prüfen, ob und inwieweit sie rechtlich durchsetzbar sind.

9   Organisatorisch dem Handelsbereich zugeordnete Mitarbeiter dürfen nur gemeinsam mit Mitarbeitern eines handelsunabhängigen Bereichs über Zeichnungsberechtigungen für Zahlungsverkehrskonten verfügen.

10   Das Institut hat durch geeignete Maßnahmen sicherzustellen, dass die Positionsverantwortung von Händlern jährlich für einen ununterbrochenen Zeitraum von mindestens 10 Handelstagen an einen anderen Mitarbeiter übertragen wird. In diesem Zeitraum hat das Institut dafür Sorge zu tragen, dass kein Zugriff eines abwesenden Händlers auf die von ihm verantworteten Positionen erfolgt.

BTO 2.2.2   Abwicklung und Kontrolle

1   Bei der Abwicklung sind auf Basis der vom Handel erhaltenen Abschlussdaten die Geschäftsbestätigungen bzw. die Abrechnungen auszufertigen sowie daran anschließende Abwicklungsaufgaben durchzuführen.

Erläuterung: Abwicklungssysteme
In Abhängigkeit von Art, Umfang, Komplexität und Risikogehalt sind Handelsgeschäfte grundsätzlich elektronisch abzuwickeln; vorhandene Abwicklungssysteme sind, soweit möglich, zu nutzen.

2   Grundsätzlich sind Handelsgeschäfte unverzüglich in geeigneter Form (z.B. schriftlich oder elektronisch) zu bestätigen. Die Bestätigung muss die erforderlichen Abschlussdaten enthalten. Bei Handelsgeschäften über Makler muss der Makler benannt werden. Der unverzügliche Eingang der Gegenbestätigungen ist zu überwachen, wobei sichergestellt sein muss, dass die eingehenden Gegenbestätigungen zuerst und direkt in die Abwicklung gelangen und nicht an den Handel adressiert sind. Fehlende bzw. unvollständige Gegenbestätigungen sind unverzüglich zu reklamieren, es sei denn, es handelt sich um ein Handelsgeschäft, das in allen Teilen ordnungsgemäß erfüllt ist.

Erläuterung: Gegenbestätigungen bei Auslandsgeschäften
Wenn Gegenbestätigungen nicht eingeholt werden können, hat das Institut auf andere geeignete Weise die Existenz und den Inhalt der Geschäfte zu verifizieren.

Erläuterung: Bestätigungsverfahren bei komplexen Produkten
Ist bei komplexen Produkten in den Rahmenverträgen festgelegt, dass nur einer der beiden Partner den Vertrag erstellt, genügt eine beiderseitige Ad-hoc-Bestätigung (Kurzform) und die einseitige

Vertragserstellung (Langform) nach Klärung aller Details. Die Ad-hoc-Bestätigung sollte die wesentlichen Angaben zum vereinbarten Handelsgeschäft enthalten.

Erläuterung: Vereinbarungen im Bestätigungsprozess

Für den Bestätigungsprozess innerhalb von Rahmenverträgen kann festgelegt werden, dass das Schweigen nach Ablauf einer im Voraus vereinbarten Frist als Gegenbestätigung anzusehen ist.

Erläuterung: Stornierungen und Korrekturen

Bei den Bestätigungs- und Abstimmungsverfahren ist ein besonderes Augenmerk auf die Häufung von Stornierungen und Korrekturen bei einzelnen Mitarbeitern oder bestimmten Geschäften zu richten.

Bei Handelsgeschäften, die in einem Abwicklungs- oder Bestätigungssystem erfasst werden, das einen automatischen Abgleich der maßgeblichen Abschlussdaten gewährleistet (so genanntes Matching) und Handelsgeschäfte nur bei Übereinstimmung der Daten durchführt, kann auf das Bestätigungsverfahren verzichtet werden. Sofern kein automatischer Abgleich der maßgeblichen Abschlussdaten erfolgt, kann auf das Bestätigungsverfahren verzichtet werden, wenn das Abwicklungs- oder Bestätigungssystem beiden Kontrahenten den jederzeitigen Abruf der Abschlussdaten ermöglicht und eine Kontrolle dieser Daten vorgenommen wird. **3**

Erläuterung: Bestätigungsverfahren bei OTC-Derivaten

Bei Geschäften in OTC-Derivaten (»over the counter«) ist eine Bestätigung gemäß Art. 11 Abs. 1 a) der Verordnung EU 648/2012 (EMIR) ausreichend, sofern sie vom Handel unabhängig erfolgt und der Meldepflicht an ein Transaktionsregister nachgekommen wird. Beiden Kontrahenten muss ein jederzeitiger Abruf der Abschlussdaten im Transaktionsregister möglich sein. Der Abruf durch das Institut muss erfolgen und dokumentiert werden.

Die Handelsgeschäfte sind einer laufenden Kontrolle zu unterziehen. Dabei ist insbesondere zu kontrollieren, ob **4**
a) die Geschäftsunterlagen vollständig und zeitnah vorliegen,
b) die Angaben der Händler richtig und vollständig sind und, soweit vorhanden, mit den Angaben auf Maklerbestätigungen, Ausdrucken aus Handelssystemen oder Ähnlichem übereinstimmen,
c) die Abschlüsse sich hinsichtlich Art und Umfang im Rahmen der festgesetzten Limite bewegen,
d) marktgerechte Bedingungen vereinbart sind und
e) Abweichungen von vorgegebenen Standards (z.B. Stammdaten, Anschaffungswege, Zahlungswege) vereinbart sind.

Änderungen und Stornierungen der Abschlussdaten oder Buchungen sind außerhalb des Bereichs Handel zu kontrollieren.

Erläuterung: Automatische Weiterleitung an die Abwicklung

Auf Kontrollen gemäß Buchstabe a) und b) kann verzichtet werden, sofern die von den Händlern eingegebenen Abschlussdaten automatisch und ohne weitere Eingriffsmöglichkeiten der Händler an die Abwicklung weitergeleitet werden.

Für die Kontrolle der Marktgerechtigkeit von Geschäftsabschlüssen sind geeignete Verfahren, ggf. differenziert nach Handelsgeschäftsarten, einzurichten. Der für die Marktgerechtigkeitskontrolle **5** zuständige Geschäftsleiter ist unverzüglich zu unterrichten, wenn abweichend von BTO 2.2.1 Tz. 2 Handelsgeschäfte zu nicht marktgerechten Bedingungen abgeschlossen werden.

Erläuterung: Hinweise zur Kontrolle der Marktgerechtigkeit

Für marktliquide Kassa- und Termininstrumente können die Kontrollen in Stichproben erfolgen, soweit dies unter Risikogesichtspunkten vertretbar ist.

Bei Handelsgeschäften, die direkt oder über Dritte (z. B. über eine Korrespondenzbank) an einer Börse oder einem anderen organisierten Markt abgewickelt werden, kann auf die Kontrolle der Marktgerechtigkeit verzichtet werden. Zur Identifizierung der Märkte, die als Börsen oder andere organisierte Märkte im Sinne dieser Anforderung angesehen werden können, kann auf folgende Aufstellungen zurückgegriffen werden:

– Übersicht der »European Securities and Markets Authority« (ESMA) zu Börsen oder anderen organisierten Märkten in den Mitgliedstaaten der EU sowie in den anderen Vertragsstaaten des Abkommens über den Europäischen Wirtschaftsraum (zum Zeitpunkt der Veröffentlichung dieses Rundschreibens abrufbar unter: https://registers.esma.europa.eu/publication/search-Register?core = esma_registers_upreg# über »Entity type: Regulated market« bzw. »Entity type: Multilateral Trading Facility«),

– »Liste der zugelassenen Börsen und der anderen organisierten Märkte gemäß § 193 Abs. 1 Nr. 2 und 4 KAGB« für solche Märkte in Ländern außerhalb der Mitgliedstaaten der EU sowie außerhalb der anderen Vertragsstaaten des Abkommens über den Europäischen Wirtschafts-raum (Schreiben der BaFin vom 16.02.2011); zum Zeitpunkt der Veröffentlichung dieses Rundschreibens abrufbar unter: https://www.bafin.de/SharedDocs/Veroeffentlichungen/DE/Auslegungsentscheidung/WA/ae_080208_boersenInvG.html).

Aufgrund des geringeren Anforderungsniveaus kann bei organisierten Handelssystemen (OTFs) nicht auf die Durchführung der Kontrolle der Marktgerechtigkeit verzichtet werden.

Beim Ersterwerb aus einer Emission sind abhängig von der Art und der Struktur des Geschäftes Erleichterungen bei der Marktgerechtigkeitskontrolle möglich. So reduziert sich die Marktgerech-tigkeitskontrolle z. B. bei einer Emission im Wege der öffentlichen Versteigerung/Bietung auf die Kontrolle der richtigen Abrechnung des Emissionskurses.

In die Kontrolle der Marktgerechtigkeit sind auch interne Handelsgeschäfte einzubeziehen. Ausnahmen sind, unter analoger Anwendung der in BTO 2.2.1 Tz. 2 aufgeführten Vorausset-zungen, möglich.

6 Unstimmigkeiten und Auffälligkeiten, die im Rahmen der Abwicklung und Kontrolle festgestellt wurden, sind unter der Federführung eines vom Handel unabhängigen Bereichs unverzüglich zu klären. Für Unstimmigkeiten und Auffälligkeiten, die nicht plausibel geklärt werden können, hat das Institut angemessene Eskalationsverfahren einzurichten.

7 Die im Handel ermittelten Positionen sind regelmäßig mit den in den nachgelagerten Prozessen und Funktionen (z. B. Abwicklung, Rechnungswesen) geführten Positionen abzustimmen. In die Abstimmungsaktivitäten sind auch inaktive Portfolien (»dormant portfolios«) und fiktive Kon-trahenten (»dummy counterparts«) einzubeziehen. Besonderes Augenmerk ist auf die Abstim-mung von Zwischen- und Auffangkonten zu richten. Auffälligkeiten im Zusammenhang mit diesen Konten sind unverzüglich zu klären.

Erläuterung: Audit Trail

Zur Sicherstellung angemessener Abstimmungsprozesse kann es notwendig sein, dass das Institut Prozesse und Verfahren etabliert, die eine jederzeitige Verifizierung der Entstehungshistorie von Positionen und Cashflows gewährleisten (»Audit Trail«).

BTO 2.2.3 Abbildung im Risikocontrolling

Handelsgeschäfte einschließlich solcher Nebenabreden, die zu Positionen führen, sind unver- 1
züglich im Risikocontrolling abzubilden.

Erläuterung: Abbildung im Risikocontrolling
Die Möglichkeit, für die Zwecke des Risikocontrollings auf Daten des Rechnungswesens zuzugreifen, bleibt hierdurch bestehen.

BTR Anforderungen an die Risikosteuerungs- und -controllingprozesse

Dieses Modul enthält unter Berücksichtigung von Risikokonzentrationen besondere Anforderun- 1
gen an die Ausgestaltung der Risikosteuerungs- und -controllingprozesse (AT 4.3.2) für
a) Adressenausfallrisiken (BTR 1),
b) Marktpreisrisiken (BTR 2),
c) Liquiditätsrisiken (BTR 3) und
d) operationelle Risiken (BTR 4).

BTR 1 Adressenausfallrisiken

Das Institut hat durch geeignete Maßnahmen sicherzustellen, dass Adressenausfallrisiken und 1
damit verbundene Risikokonzentrationen unter Berücksichtigung der Risikotragfähigkeit begrenzt
werden können.

Erläuterung: Risikokonzentrationen bei Adressenausfallrisiken
Hierbei handelt es sich um Adressen- und Sektorkonzentrationen, regionale Konzentrationen und
sonstige Konzentrationen im Kreditgeschäft, die relativ gesehen zum Risikodeckungspotenzial zu
erheblichen Verlusten führen können (z. B. Konzentrationen nach Kreditnehmern, Produkten
oder Underlyings strukturierter Produkte, nach Branchen, Verteilungen von Engagements auf
Größen- und Risikoklassen, Sicherheiten, ggf. Ländern und sonstige hoch korrelierte Risiken).

Ohne kreditnehmerbezogenes Limit (Kreditnehmerlimit, Kreditnehmereinheitenlimit), also einen 2
Kreditbeschluss, darf kein Kreditgeschäft abgeschlossen werden.

   Handelsgeschäfte dürfen grundsätzlich nur mit Vertragspartnern getätigt werden, für die Kon- 3
trahentenlimite eingeräumt wurden. Auf das einzelne Limit sind alle Handelsgeschäfte mit einer
bestimmten Gegenpartei anzurechnen. Bei der Ermittlung der Auslastung der Kontrahentenlimite
sind Wiedereindeckungsrisiken und Erfüllungsrisiken zu berücksichtigen. Die Positionsverant-

wortlichen sind über die für sie relevanten Limite und ihre aktuelle Ausnutzung zeitnah zu informieren.

Erläuterung: Kontrahentenlimite

Ausgenommen hiervon sind Börsengeschäfte sowie Kassageschäfte, bei denen der Gegenwert angeschafft wurde bzw. Zug um Zug anzuschaffen ist oder bei denen entsprechende Deckung besteht.

4 Darüber hinaus sind bei Handelsgeschäften grundsätzlich auch Emittentenlimite einzurichten. Soweit im Bereich Handel für Emittenten noch keine Limitierungen vorliegen, können auf der Grundlage klarer Vorgaben Emittentenlimite kurzfristig zu Zwecken des Handels eingeräumt werden, ohne dass vorab der jeweils unter Risikogesichtspunkten festgelegte Bearbeitungsprozess vollständig durchlaufen werden muss. Der jeweils festgelegte Bearbeitungsprozess muss spätestens nach drei Monaten durchgeführt sein. Die maßgeblichen Vorgaben müssen Risikogesichtspunkten Rechnung tragen. Sie müssen mit den in den Strategien niedergelegten Zielen im Einklang stehen.

Erläuterung: Berücksichtigung des spezifischen Risikos eines Emittenten

Auf eine gesonderte Limitierung der Adressenausfallrisiken des Emittenten kann verzichtet werden, soweit dem spezifischen Risiko des Emittenten im Rahmen der Limitierung der Marktpreisrisiken auf der Basis geeigneter Verfahren angemessen Rechnung getragen wird. Risikokonzentrationen sind dabei angemessen zu berücksichtigen.

Erläuterung: Liquide Kreditprodukte (z. B. »Loan Trading«)

Vor der Aufnahme der Handelstätigkeit mit liquiden Kreditprodukten, die auf den Sekundärmärkten wie Wertpapiere gehandelt werden, sind im Einklang mit diesem Rundschreiben Kontrahenten- bzw. Emittentenlimite festzulegen. Bei der Festlegung von Emittentenlimiten können die Vereinfachungen der Tz. 4 in Anspruch genommen werden.

Erläuterung: Kurzfristige Emittentenlimite zu Zwecken des Handels

Eine Anrechnung von Handelsgeschäften auf kurzfristig eingeräumte Emittentenlimite ist ausreichend, sofern diese Emittentenlimite aus der Risikotragfähigkeitsrechnung und dem entsprechenden Limitsystem abgeleitet wurden und ausreichend Risikodeckungsmasse vorhanden ist. Wenn die Papiere im Handelsbuch nicht länger als drei Monate beim Institut verbleiben, muss kein festgelegter Bearbeitungsprozess angestoßen oder durchgeführt werden. Verbleiben die Papiere länger oder ist ein längerer Verbleib absehbar, ist der festgelegte Bearbeitungsprozess zeitnah anzustoßen und muss spätestens nach drei Monaten abgeschlossen sein. Handelsgeschäfte für das Anlagebuch sollen den festgelegten Bearbeitungsprozess grundsätzlich vor der Durchführung des Handels vollständig durchlaufen haben. Ist jedoch aufgrund handelstechnischer Prozesse insbesondere im Neuemissionsgeschäft der Emittent bei Erwerb für das Anlagebuch noch nicht bekannt, sollte der Bearbeitungsprozess spätestens nach Kenntnis des Emittenten unverzüglich angestoßen werden.

5 Die Geschäfte sind unverzüglich auf die kreditnehmerbezogenen Limite anzurechnen. Die Einhaltung der Limite ist zu überwachen. Limitüberschreitungen und die deswegen ggf. getroffenen Maßnahmen sind festzuhalten. Ab einer unter Risikogesichtspunkten festgelegten Höhe sind Überschreitungen von Kontrahenten- und Emittentenlimiten den zuständigen Geschäftsleitern täglich anzuzeigen.

6 Risikokonzentrationen sind zu identifizieren. Gegebenenfalls vorhandene Abhängigkeiten sind dabei zu berücksichtigen. Bei der Beurteilung der Risikokonzentrationen ist auf qualitative und,

soweit möglich, auf quantitative Verfahren abzustellen. Risikokonzentrationen sind mit Hilfe geeigneter Verfahren zu steuern und zu überwachen (z. B. Limite, Ampelsysteme oder auf Basis anderer Vorkehrungen).

Erläuterung: Abhängigkeiten

Vorhandene Abhängigkeiten können z. B. in Form von wirtschaftlichen Verflechtungen, juristischen Abhängigkeiten zwischen Unternehmen u. ä. vorliegen.

Das Institut hat eine angemessene Erfassung der Erlöse aus der Abwicklung von Kreditengagements sowie der zugehörigen historischen Werte der Kreditsicherheiten in einer Erlösquotensammlung zu gewährleisten. Die Erkenntnisse aus der Erlösquotensammlung sind bei der Steuerung der Adressenausfallrisiken angemessen zu berücksichtigen.   7

Erläuterung: Erlösquotensammlung

Hierunter fallen auch die Erlösquoten aus Rettungserwerben.

BTR 2   Marktpreisrisiken

BTR 2.1   Allgemeine Anforderungen

Auf der Grundlage der Risikotragfähigkeit ist ein System von Limiten zur Begrenzung der Marktpreisrisiken unter Berücksichtigung von Risikokonzentrationen einzurichten.   1

Erläuterung: Aufbau von BTR 2

Das Rundschreiben stellt in BTR 2.1 allgemeine Anforderungen auf, die für alle Marktpreisrisiken Geltung beanspruchen (einschließlich Zinsänderungsrisiken des Anlagebuches). BTR 2.2 ergänzt BTR 2.1 um Regelungen, die sich auf Marktpreisrisiken des Handelsbuches beziehen. BTR 2.3 stellt erleichternde Regelungen für die Marktpreisrisiken des Anlagebuches auf.

Erläuterung: Marktpreisrisiken

Zu den Marktpreisrisiken sind zu zählen:
- Kursrisiken,
- Zinsänderungsrisiken,
- Währungsrisiken sowie
- Marktpreisrisiken aus Warengeschäften (einschl. Stromderivaten und CO_2-Emissionszertifikaten). Marktpreisrisiken aus dem traditionellen Warengeschäft von gemischtwirtschaftlichen Kreditgenossenschaften sind jedoch nicht zu berücksichtigen.

Marktbezogene Risiken, die aus der Veränderung der Bonität einer Adresse resultieren (z. B. spezifisches Risiko eines Emittenten bzw. potenzielle Änderungen von Bonitätsspreads) oder auf die Marktliquidität zurückzuführen sind, sind im Rahmen der Risikosteuerungs- und -controllingprozesse in angemessener Weise zu berücksichtigen.

Ohne Marktpreisrisikolimit darf kein mit Marktpreisrisiken behaftetes Geschäft abgeschlossen werden.   2

3   Die Verfahren zur Beurteilung der Marktpreisrisiken sind regelmäßig zu überprüfen. Es ist zu überprüfen, ob die Verfahren auch bei schwerwiegenden Marktstörungen zu verwertbaren Ergebnissen führen. Für länger anhaltende Fälle fehlender, veralteter oder verzerrter Marktpreise sind für wesentliche Positionen alternative Bewertungsmethoden festzulegen.

4   Die im Rechnungswesen und Risikocontrolling ermittelten Ergebnisse sind regelmäßig zu plausibilisieren.

BTR 2.2   Marktpreisrisiken des Handelsbuches

1   Es ist sicherzustellen, dass die mit Marktpreisrisiken behafteten Geschäfte des Handelsbuches unverzüglich auf die einschlägigen Limite angerechnet werden und der Positionsverantwortliche über die für ihn relevanten Limite und ihre aktuelle Ausnutzung zeitnah informiert ist. Bei Limitüberschreitungen sind geeignete Maßnahmen zu treffen. Gegebenenfalls ist ein Eskalationsverfahren einzuleiten.

2   Die mit Marktpreisrisiken behafteten Positionen des Handelsbuches sind täglich zu bewerten.

3   Es ist täglich ein Ergebnis für das Handelsbuch zu ermitteln. Die bestehenden Risikopositionen sind mindestens einmal täglich zum Geschäftsschluss zu Gesamtrisikopositionen zusammenzufassen.

4   Die modellmäßig ermittelten Risikowerte sind fortlaufend mit der tatsächlichen Entwicklung zu vergleichen.

BTR 2.3   Marktpreisrisiken des Anlagebuches (einschließlich Zinsänderungsrisiken)

1   Die mit Marktpreisrisiken behafteten Positionen des Anlagebuches sind mindestens vierteljährlich zu bewerten.

2   Ebenfalls mindestens vierteljährlich ist ein Ergebnis für das Anlagebuch zu ermitteln.

3   Durch geeignete Maßnahmen ist sicherzustellen, dass Limitüberschreitungen aufgrund zwischenzeitlicher Veränderungen der Risikopositionen vermieden werden können.

4   Abhängig von Art, Umfang, Komplexität und Risikogehalt der Positionen im Anlagebuch kann auch eine tägliche, wöchentliche oder monatliche Bewertung, Ergebnisermittlung und Kommunikation der Risiken erforderlich sein.

5   Die Verfahren zur Beurteilung der Zinsänderungsrisiken des Anlagebuches müssen die wesentlichen Ausprägungen der Zinsänderungsrisiken erfassen.

Erläuterung: Behandlung der Zinsänderungsrisiken des Anlagebuches

Grundsätzlich bleibt es dem Institut überlassen, auf welchem Wege es Zinsänderungsrisiken des Anlagebuches berücksichtigt. Sowohl eine getrennte Behandlung in Handels- und Anlagebuch als auch eine integrierte Behandlung der Zinsänderungsrisiken auf Ebene des Gesamtinstituts (unter Beachtung der für das Handelsbuch zwingenden täglichen Bewertung der Risikopositionen und der täglichen Ergebnisermittlung) ist möglich.

Erläuterung: Umfang der einzubeziehenden Positionen
Es sind die bilanziellen und außerbilanziellen Positionen des Anlagebuches in die Betrachtung einzubeziehen, die Zinsänderungsrisiken unterliegen.

Bei der Bestimmung der Zinsänderungsrisiken kann auf die Auswirkungen von Zinsänderungen auf das handelsrechtliche Ergebnis des Instituts oder die Markt- bzw. Barwerte der betroffenen Positionen als primär steuerungsrelevantes Verfahren abgestellt werden. Die Auswirkungen aus der jeweils anderen Steuerungsperspektive sind angemessen zu berücksichtigen. Sofern sich hieraus weitergehende Zinsänderungsrisiken in bedeutendem Umfang ergeben, ist diesen im Rahmen der Risikosteuerungs- und -controllingprozesse sowie bei der Beurteilung der Risikotragfähigkeit Rechnung zu tragen. Bei einer Bestimmung über die Auswirkungen auf das handelsrechtliche Ergebnis ist eine angemessene Betrachtung über den Bilanzstichtag hinaus erforderlich. **6**

Erläuterung: Betrachtung über den Bilanzstichtag hinaus bei handelsrechtlichen Ansätzen
Die Betrachtung über den Bilanzstichtag hinaus trägt dem Umstand Rechnung, dass sich Zinsänderungsrisiken regelmäßig erst mit zeitlicher Verzögerung auf das handelsrechtliche Ergebnis auswirken. Die Länge des Betrachtungszeitraums sollte unter Berücksichtigung der individuellen Portfoliostruktur gewählt werden. Anhaltspunkt für eine angemessene Länge kann z. B. die durchschnittliche Zinsbindungsdauer der in die Bestimmung einbezogenen bilanziellen und außerbilanziellen Positionen sein.

Hinsichtlich der Berücksichtigung von Positionen mit unbestimmter Kapital- oder Zinsbindung sind geeignete Annahmen festzulegen. **7**

Erläuterung: Positionen mit unbestimmter Kapital- oder Zinsbindung
Positionen mit unbestimmter Kapital- oder Zinsbindung können z. B. sein:
- Positionen, bei denen die faktische Zinsbindung von der rechtlichen Zinsbindung abweicht (vor allem Sicht- und Spareinlagen), oder
- optionale Bestandteile (z. B. Kündigungsrechte des Kunden, Sondertilgungsoptionen, Rückzahlungsoptionen).

Eigenkapitalbestandteile, die dem Institut zeitlich unbegrenzt zur Verfügung stehen, dürfen nicht in die barwertige Ermittlung der Zinsänderungsrisiken einbezogen werden.

Institute, die wesentliche Zinsänderungsrisiken in verschiedenen Währungen eingegangen sind, müssen die Zinsänderungsrisiken in jeder dieser Währungen ermitteln. **8**

BTR 3 Liquiditätsrisiken

BTR 3.1 Allgemeine Anforderungen

Das Institut hat sicherzustellen, dass es seine Zahlungsverpflichtungen jederzeit erfüllen kann. Das Institut hat dabei, soweit erforderlich, auch Maßnahmen zur Steuerung des untertägigen Liquiditätsrisikos zu ergreifen. Es ist eine ausreichende Diversifikation der Refinanzierungsquellen **1** und der Liquiditätspuffer zu gewährleisten. Konzentrationen sind wirksam zu überwachen und zu begrenzen.

Erläuterung: Verbundlösungen
Die Anforderung in Satz 3 kann auch durch bestehende Verbund- oder Konzernstrukturen erfüllt werden.

Erläuterung: Diversifikation der Refinanzierungsquellen und der Liquiditätspuffer
Maßgebliche Kriterien für die Diversifikation können bspw. Geschäftspartner bzw. Emittenten, Produkte, Laufzeiten und Regionen sein.

Erläuterung: Untertägige Liquiditätsrisiken
Untertägige Liquiditätsrisiken können insbesondere bei Nutzung von Echtzeit-Abwicklungs- und Zahlungsverkehrssystemen vorliegen.

2 Das Institut hat zu gewährleisten, dass ein sich abzeichnender Liquiditätsengpass frühzeitig erkannt wird. Hierfür sind Verfahren einzurichten, deren Angemessenheit regelmäßig, mindestens aber jährlich, zu überprüfen ist. Auswirkungen anderer Risiken auf die Liquidität des Instituts (z. B. Reputationsrisiken) sind bei den Verfahren zu berücksichtigen.

3 Das Institut hat für einen geeigneten Zeitraum eine oder mehrere aussagekräftige Liquiditätsübersichten zu erstellen, in denen die voraussichtlichen Mittelzuflüsse den voraussichtlichen Mittelabflüssen gegenübergestellt werden. Die Liquiditätsübersichten müssen geeignet sein, um die Liquiditätslage im kurz-, mittel- und langfristigen Bereich darzustellen. Dies hat sich in den getroffenen Annahmen, die den Mittelzu- und -abflüssen zugrunde liegen, und in der Untergliederung in Zeitbändern angemessen widerzuspiegeln. Den auch in normalen Marktphasen üblichen Schwankungen der Zahlungsflüsse ist in den Liquiditätsübersichten angemessen Rechnung zu tragen.

Erläuterung: Annahmen zu Mittelzu- und -abflüssen
Die Annahmen müssen auch etwaige Inanspruchnahmen aus Liquiditäts- und Kreditlinien berücksichtigen, die das Institut Dritten zur Verfügung gestellt hat.

4 Es ist laufend zu überprüfen, inwieweit das Institut, auch bei angespanntem Marktumfeld, in der Lage ist, einen auftretenden Liquiditätsbedarf zu decken. Dabei ist insbesondere auch auf den Liquiditätsgrad der Vermögenswerte abzustellen. Der dauerhafte Zugang zu den für das Institut relevanten Refinanzierungsquellen ist regelmäßig zu überprüfen. Für kurzfristig eintretende Verschlechterungen der Liquiditätssituation hat das Institut ausreichend bemessene, nachhaltige Liquiditätspuffer (z. B. hochliquide, unbelastete Vermögensgegenstände) vorzuhalten.

Erläuterung: Bemessung der Liquiditätspuffer
Die Liquiditätspuffer sind so zu bemessen, dass sowohl in normalen Marktphasen als auch in vorab definierten Stressszenarien auftretender Liquiditätsbedarf vollständig durch die Liquiditätspuffer überbrückt werden kann.

Erläuterung: Berücksichtigung von belasteten Vermögenswerten (Asset Encumbrance)
Die Verfahren zur Steuerung und Beurteilung der Liquiditätsrisiken haben auch zu gewährleisten, dass Höhe, Art, Umfang und Entwicklung der Belastung von Vermögensgegenständen zeitnah identifiziert und an die Geschäftsleitung berichtet werden. Dabei sind auch die Auswirkungen von Stressszenarien angemessen zu berücksichtigen. Auch beim Notfallplan für Liquiditätsengpässe (Tz. 9) ist die Belastung von Vermögenswerten angemessen zu berücksichtigen.

Das Institut hat ein geeignetes Verrechnungssystem zur verursachungsgerechten internen Verrechnung der jeweiligen Liquiditätskosten, -nutzen und -risiken einzurichten. Die Ausgestaltung des Verrechnungssystems ist abhängig von Art, Umfang, Komplexität und Risikogehalt der Geschäftsaktivitäten sowie der Refinanzierungsstruktur des Instituts. Das Verrechnungssystem ist von der Geschäftsleitung zu genehmigen. **5**

Erläuterung: Vereinfachte Umsetzung bei kleinteiligem Kundengeschäft

Institute mit überwiegend kleinteiligem Kundengeschäft auf Aktiv- und Passivseite und einer stabilen Refinanzierung können den Anforderungen auch durch ein einfaches Verrechnungssystem gerecht werden.

Große Institute mit komplexen Geschäftsaktivitäten haben ein Liquiditätstransferpreissystem zur verursachungsgerechten internen Verrechnung der jeweiligen Liquiditätskosten, -nutzen und -risiken zu etablieren. Die ermittelten Transferpreise sind im Rahmen der Ertrags- und Risikosteuerung zu berücksichtigen, indem die Verrechnung möglichst auf Transaktionsebene erfolgt. Dies gilt für bilanzwirksame und außerbilanzielle Geschäftsaktivitäten. Die Aspekte Haltedauer und Marktliquidität der Vermögensgegenstände sind bei der Ermittlung der jeweiligen Transferpreise zu berücksichtigen. Für unsichere Zahlungsströme sind geeignete Annahmen zu treffen. Das Liquiditätstransferpreissystem hat auch die Kosten für vorzuhaltende Liquiditätspuffer zu verrechnen. **6**

Erläuterung: Liquiditätstransferpreissystem

Ein Liquiditätstransferpreissystem im Sinne dieser Anforderung ist ein Spezialfall des Verrechnungssystems gemäß Tz. 5 und ist zumeist gekennzeichnet durch eine bankinterne Transferierung von Kosten, Nutzen und Risiken mittels zentral gestellter Transferpreise.

Erläuterung: Verursachungsgerechte interne Verrechnung bei Liquiditätstransferpreissystemen

Im Rahmen von Liquiditätstransferpreissystemen hat die Verrechnung möglichst auf Transaktionsebene zu erfolgen, wobei Produkte und Geschäfte mit gleichartigen Liquiditätseigenschaften zusammengefasst werden können.

Die Verantwortung für die Entwicklung und Qualität sowie die regelmäßige Überprüfung des Liquiditätstransferpreissystems ist in einem vom Markt und Handel unabhängigen Bereich wahrzunehmen. Die jeweils gültigen Liquiditätstransferpreise sind den betroffenen Mitarbeitern transparent zu machen. Die Konsistenz der eingesetzten Liquiditätstransferpreissysteme innerhalb der Gruppe muss gewährleistet sein. **7**

Für Liquiditätsrisiken sind regelmäßig angemessene Stresstests durchzuführen. Dabei sind sowohl institutseigene als auch marktweite Ursachen für Liquiditätsrisiken in die Betrachtung einzubeziehen. Darüber hinaus sind beide Aspekte kombiniert zu betrachten. Das Institut hat die Stresstests individuell zu definieren. Dabei sind die Stresstests unterschiedlich lange Zeithorizonte zugrunde zu legen. Das Institut hat in den Stressszenarien seinen voraussichtlichen Überlebenshorizont zu ermitteln. **8**

Erläuterung: Institutseigene und marktweite Ursachen

Institutseigene Ursachen können sich z. B. im Abzug von Kundeneinlagen bei einem bestimmten Institut zeigen. Marktweite Ursachen können z. B. zu einer Verschlechterung der Refinanzierungsbedingungen einiger oder aller Institute führen.

9 Das Institut hat festzulegen, welche Maßnahmen im Fall eines Liquiditätsengpasses ergriffen werden sollen (Notfallplan für Liquiditätsengpässe). Dazu gehört auch die Darstellung der in diesen Fällen zur Verfügung stehenden Liquiditätsquellen unter Berücksichtigung etwaiger Mindererlöse. Die im Fall eines Liquiditätsengpasses zu verwendenden Kommunikationswege sind festzulegen. Die geplanten Maßnahmen sind regelmäßig auf ihre Durchführbarkeit zu überprüfen und ggf. anzupassen. Die Ergebnisse der Stresstests sind dabei zu berücksichtigen.

10 Es ist zu überprüfen, inwieweit der Übertragung liquider Mittel und unbelasteter Vermögensgegenstände innerhalb der Gruppe gesellschaftsrechtliche, regulatorische und operationelle Restriktionen entgegenstehen.

11 Ein Institut, das wesentliche Liquiditätsrisiken in Fremdwährungen aufweist, hat zur Sicherstellung seiner Zahlungsverpflichtungen angemessene Verfahren zur Steuerung der Fremdwährungsliquidität in den wesentlichen Währungen zu implementieren. Hierzu gehören für die jeweiligen Währungen zumindest eine gesonderte Liquiditätsübersicht, gesonderte Fremdwährungsstresstests sowie eine explizite Berücksichtigung im Notfallplan für Liquiditätsengpässe.

Erläuterung: Wesentliche Liquiditätsrisiken aus verschiedenen Fremdwährungen
Wesentliche Liquiditätsrisiken aus verschiedenen Fremdwährungen liegen insbesondere dann vor, wenn ein bedeutender Teil der Vermögensgegenstände oder Verbindlichkeiten auf eine fremde Währung lautet und gleichzeitig bedeutende Währungsinkongruenzen oder Laufzeitinkongruenzen zwischen den jeweiligen Fremdwährungsaktiva und -passiva bestehen.

12 Das Institut hat einen internen Refinanzierungsplan aufzustellen, der die Strategien, den Risikoappetit und das Geschäftsmodell angemessen widerspiegelt. Der Planungshorizont hat einen angemessen langen, in der Regel mehrjährigen Zeitraum zu umfassen. Dabei ist zu berücksichtigen, wie sich Veränderungen der eigenen Geschäftstätigkeit oder der strategischen Ziele sowie Veränderungen des wirtschaftlichen Umfeldes auf den Refinanzierungsbedarf auswirken. Möglichen adversen Entwicklungen, die von den Erwartungen abweichen, ist bei der Planung angemessen Rechnung zu tragen.

Erläuterung: Interner Refinanzierungsplan
Der interne Refinanzierungsplan dient ausschließlich internen Steuerungszwecken und kann, abhängig von Art und Umfang der Liquiditätsrisiken, institutsindividuell ausgestaltet werden. Davon zu unterscheiden sind Refinanzierungspläne, wie sie gemäß der EBA Leitlinien für Refinanzierungspläne von Kreditinstituten (EBA/GL/2014/04) gefordert und von bestimmten Instituten bei der EBA eingereicht werden. Diese sind nicht Gegenstand der Anforderung, gleichwohl kann die Anforderung mit einem für die EBA erstellten Refinanzierungsplan erfüllt werden.

BTR 3.2 Zusätzliche Anforderungen an kapitalmarktorientierte Institute

1 Das Institut muss in der Lage sein, den erforderlichen Liquiditätsbedarf, der sich aus den institutsindividuellen Stressszenarien über den Zeithorizont von mindestens einem Monat ergibt, mit den nach BTR 3.1 Tz. 4 vorzuhaltenden Liquiditätspuffern zu überbrücken, die in BTR 3.2 Tz. 2 näher spezifiziert sind.

Erläuterung: Kapitalmarktorientierte Institute
Für das Kriterium der Kapitalmarktorientierung gilt § 264 d HGB entsprechend.

Zur Überbrückung des kurzfristigen Liquiditätsbedarfs von mindestens einer Woche hat das **2** Institut neben Zentralbankgeld hochliquide Vermögensgegenstände vorzuhalten, die jederzeit ohne signifikante Wertverluste in privaten Märkten liquidiert werden können und zentralbankfähig sind. Für den weiteren Liquiditätsbedarf bis zum Ende des Zeithorizonts von mindestens einem Monat können andere Vermögensgegenstände als weitere Bestandteile der Liquiditätspuffer herangezogen werden, wenn diese ohne signifikante Wertverluste innerhalb des Zeithorizonts liquidiert werden können.

Erläuterung: Private Märkte
Der Ausdruck »private Märkte« ist als Abgrenzung zu Transaktionen mit Zentralnotenbanken (z.B. Offenmarktgeschäfte oder Spitzenrefinanzierungs-fazilitäten) zu verstehen.

Erläuterung: Liquidierbarkeit ohne signifikante Wertverluste
Das Kriterium der Liquidierbarkeit kann auch durch die mögliche Nutzung von Rückkaufvereinbarungen (Repos) oder andere Formen der besicherten Refinanzierung erfüllt werden, sofern hierbei für die als Liquiditätspuffer zu verwendenden Vermögensgegenstände keine signifikanten Wertverluste auftreten.

Die hier berücksichtigungsfähigen Vermögensgegenstände müssen von hoher Bonität, leicht zu bewerten und an auch in Stressphasen ausreichend tiefen und breiten Märkten liquidierbar sein.

Die Höhe der in Stressphasen zu erzielenden Liquiditätswirkung spiegelt sich dabei in den vom Institut zu berücksichtigenden Wertabschlägen (»Haircuts«) wider.

Es können nur Vermögensgegenstände als Bestandteil der Liquiditätspuffer angesetzt werden, die nachvollziehbar die Voraussetzungen für den vorgesehenen Liquidierungsweg erfüllen. Eine lediglich voraussichtliche künftige Erfüllung der Voraussetzungen ist nicht ausreichend.

Das Institut hat Stressszenarien zu betrachten, nach denen auch die Liquiditätspuffer gemäß Tz. 1 **3** zu bemessen sind. Im Rahmen der Stresstests sind zum einen Stressszenarien zu betrachten, die auf institutseigenen Ursachen beruhen. Zum anderen sind getrennt davon Stressszenarien zu betrachten, die auf marktweite Ursachen zurückzuführen sind. Darüber hinaus sind beide Aspekte kombiniert zu betrachten.

Ein Szenario, das auf institutseigenen Ursachen beruht, hat auch eine signifikante Ratingverschlechterung abzubilden, bei der mindestens folgende Annahmen zu berücksichtigen sind:
- Abzug eines erheblichen Teils der unbesicherten Refinanzierung durch institutionelle Anleger mindestens innerhalb der ersten Woche des Stressszenarios, wobei für Unternehmen der Finanzbranche ein vollständiger Abzug dieser unbesicherten Refinanzierung innerhalb der ersten Woche anzunehmen ist,
- Abzug eines Teils der Privatkundeneinlagen.

Ferner sind für ein Szenario, das auf marktweiten Ursachen beruht, folgende Annahmen zu berücksichtigen:
- Allgemeiner Kursverfall von marktgängigen Vermögensgegenständen, insbesondere Wertpapieren,
- Allgemeine Verschlechterung der Refinanzierungsbedingungen.

Erläuterung: Institutionelle Anleger

Institutionelle Anleger sind professionelle Marktteilnehmer:
- Unternehmen der Finanzbranche (z. B. Banken und Versicherungen, Hedgefonds, Pensionsfonds), zu denen auch Zentralnotenbanken außerhalb des Euro-Währungsraums zählen,
- Andere professionelle Marktteilnehmer der Nicht-Finanzbranche (z. B. andere größere Unternehmen).

Erläuterung: Operative Einlagen von Unternehmen der Finanzbranche

Für Einlagen von Unternehmen der Finanzbranche, die zur Aufrechterhaltung des operativen Geschäftsbetriebs dieser Unternehmen dienen (operative Einlagen), kann in begründeten Fällen von der Annahme eines vollständigen Abzugs in den auf institutseigenen Ursachen beruhenden Szenarien abgewichen werden.

Erläuterung: Allgemeine Verschlechterung der Refinanzierungsbedingungen

Eine allgemeine Verschlechterung der Refinanzierungsbedingungen kann z. B. durch die fehlende Verlängerung auch von besicherter institutioneller Refinanzierung, durch die Verkürzung der Fälligkeit der Refinanzierungsmittel oder eine allgemeine Ausweitung der Refinanzierungsspreads zum Ausdruck kommen.

4 Das Institut hat sicherzustellen, dass der Nutzung der Liquiditätspuffer keine rechtlichen, regulatorischen oder operationellen Restriktionen entgegenstehen. Die Diversifikation und die Aufteilung der Liquiditätspuffer auf verschiedene Jurisdiktionen müssen der Struktur und den Geschäftsaktivitäten des Instituts und der Gruppe entsprechen.

BTR 4   Operationelle Risiken

1 Das Institut hat den operationellen Risiken durch ein angemessenes Risikomanagement Rechnung zu tragen. Für diese Zwecke ist eine institutsintern einheitliche Festlegung und Abgrenzung der operationellen Risiken vorzunehmen und an die Mitarbeiter zu kommunizieren.

Erläuterung: Definition von operationellen Risiken

Die Festlegung sollte auch eine möglichst klare Abgrenzung zu anderen vom Institut betrachteten Risiken enthalten.

Erläuterung: Umgang mit nicht eindeutig zuordenbaren Schadensfällen oder Beinaheverlusten

Die Prozesse zum Management operationeller Risiken sollten auch den Umgang mit nicht eindeutig zuordenbaren Schadensfällen (»boundary events«), Beinaheverlusten und zusammenhängenden Ereignissen umfassen.

Als sog. »boundary events« können Verluste eingestuft werden, die zwar einem anderen Risiko zugerechnet werden oder bereits wurden (z. B. Kreditverluste), die aber ihren Ursprung in Ereignissen wie z. B. mangelhaften Prozessen und Kontrollen haben oder hatten.

Als »Beinaheverluste« können durch Fehler oder Mängel ausgelöste Ereignisse bezeichnet werden, die zu keinem Verlust geführt haben (z. B. fehlerhafte Zahlung an falschen Kontrahenten; Rückzahlung durch den Kontrahenten).

Es muss gewährleistet sein, dass wesentliche operationelle Risiken zumindest jährlich identifiziert und beurteilt werden.   2

Das Institut hat eine angemessene Erfassung von Schadensfällen sicherzustellen. Bedeutende Schadensfälle sind unverzüglich hinsichtlich ihrer Ursachen zu analysieren.   3

Erläuterung: Erfassung von Schadensfällen

Größere Institute haben hierfür eine Ereignisdatenbank für Schadensfälle einzurichten, bei welcher die vollständige Erfassung aller Schadensereignisse oberhalb angemessener Schwellenwerte sichergestellt ist.

Erläuterung: Sammelschäden

Einzeln erfasste Schadensfälle, die dem gleichen Ereignis zugeordnet werden können, müssen aggregiert weiterverarbeitet werden.

Die Verfahren zur Beurteilung der operationellen Risiken müssen die wesentlichen Ausprägungen operationeller Risiken erfassen.   4

Erläuterung: Wesentliche Ausprägung

Bei der Beurteilung der wesentlichen Ausprägungen sind historische Erkenntnisse (insbesondere Schadensfälle) und potenzielle Ereignisse zu berücksichtigen.

Zur Identifikation und Beurteilung relevanter potenzieller Ereignisse sind auch Erkenntnisse zu aktuellen Schwachstellen, insbesondere aus der Internen Revision, dem Informationssicherheitsmanagement, der Compliance-Funktion, den Anpassungsprozessen sowie dem Notfall- und Auslagerungsmanagement, heranzuziehen.

Auf Basis der identifizierten operationellen Risiken ist zu entscheiden, ob und welche Maßnahmen zur Beseitigung der Ursachen zu treffen oder welche Risikosteuerungsmaßnahmen zu ergreifen sind. Die Umsetzung der zu treffenden Maßnahmen ist zu überwachen.   5

Erläuterung: Risikosteuerungsmaßnahmen

Zu den Risikosteuerungsmaßnahmen zählen z. B. Versicherungen, Ersatzverfahren, Neuausrichtung von Geschäftsaktivitäten und Maßnahmen des Notfallmanagements.

BT 2   Besondere Anforderungen an die Ausgestaltung der Internen Revision

BT 2.1   Aufgaben der Internen Revision

Die Prüfungstätigkeit der Internen Revision hat sich auf der Grundlage eines risikoorientierten Prüfungsansatzes grundsätzlich auf alle Aktivitäten und Prozesse des Instituts zu erstrecken.   1

2   Die Interne Revision hat unter Wahrung ihrer Unabhängigkeit und unter Vermeidung von Interessenkonflikten bei wesentlichen Projekten begleitend tätig zu sein.

3   Im Fall von Auslagerungen auf ein anderes Unternehmen kann die Interne Revision des Instituts auf eigene Prüfungshandlungen verzichten, sofern die anderweitig durchgeführte Revisionstätigkeit den Anforderungen in AT 4.4.3 und BT 2 genügt. Die Interne Revision des auslagernden Instituts hat sich von der Einhaltung dieser Voraussetzungen regelmäßig zu überzeugen. Die für das Institut relevanten Prüfungsergebnisse sind an die Interne Revision des auslagernden Instituts weiterzuleiten.

Erläuterung: Anderweitige Durchführung der Revisionstätigkeit

Die Revisionstätigkeit kann übernommen werden durch:

- die Interne Revision des Auslagerungsunternehmens,
- die Interne Revision eines oder mehrerer der auslagernden Institute im Auftrag der auslagernden Institute,
- einen vom Auslagerungsunternehmen beauftragten Dritten oder
- einen von den auslagernden Instituten beauftragten Dritten.

Im Rahmen ihrer Revisionshandlungen kann die Interne Revision auch auf Nachweise/Zertifikate auf Basis gängiger Standards zurückgreifen. Hierbei sind sowohl die Detailtiefe, Aktualität und Eignung der Nachweise/Zertifikate und der zugehörigen Prüfberichte als auch die Eignung des Zertifizierers oder Prüfers zu berücksichtigen. Allerdings darf sich ein beaufsichtigtes Unternehmen bei wesentlichen Auslagerungen bei der Ausübung seiner Revisionstätigkeit nicht allein hierauf stützen.

BT 2.2   Grundsätze für die Interne Revision

1   Die Interne Revision hat ihre Aufgaben selbständig und unabhängig wahrzunehmen. Insbesondere ist zu gewährleisten, dass sie bei der Berichterstattung und der Wertung der Prüfungsergebnisse keinen Weisungen unterworfen ist. Das Direktionsrecht der Geschäftsleitung zur Anordnung zusätzlicher Prüfungen steht der Selbständigkeit und Unabhängigkeit der Internen Revision nicht entgegen.

2   Die in der Internen Revision beschäftigten Mitarbeiter dürfen grundsätzlich nicht mit revisionsfremden Aufgaben betraut werden. Sie dürfen insbesondere keine Aufgaben wahrnehmen, die mit der Prüfungstätigkeit nicht im Einklang stehen. Soweit die Unabhängigkeit der Internen Revision gewährleistet ist, kann sie im Rahmen ihrer Aufgaben für die Geschäftsleitung oder andere Organisationseinheiten des Instituts beratend tätig sein.

3   Mitarbeiter, die in anderen Organisationseinheiten des Instituts beschäftigt sind, dürfen grundsätzlich nicht mit Aufgaben der Internen Revision betraut werden. Das schließt jedoch nicht aus, dass in begründeten Einzelfällen andere Mitarbeiter aufgrund ihres Spezialwissens zeitweise für die Interne Revision tätig werden. Beim Wechsel von Mitarbeitern anderer Organisationseinheiten zur Internen Revision sind angemessene Übergangsfristen von in der Regel mindestens einem Jahr vorzusehen, innerhalb derer diese Mitarbeiter keine Tätigkeiten prüfen dürfen, die gegen das Verbot der Selbstprüfung und -überprüfung verstoßen. Erleichterungen hinsichtlich der Übergangsfristen sind für Institute in Abhängigkeit von der Art, dem Umfang, der Komplexität und dem Risikogehalt der betriebenen Geschäftsaktivitäten möglich.

BT 2.3 Prüfungsplanung und -durchführung

Die Tätigkeit der Internen Revision muss auf einem umfassenden und jährlich fortzuschreibenden 1
Prüfungsplan basieren. Die Prüfungsplanung hat risikoorientiert zu erfolgen. Die Aktivitäten und
Prozesse des Instituts sind, auch wenn diese ausgelagert sind, in angemessenen Abständen,
grundsätzlich innerhalb von drei Jahren, zu prüfen. Wenn besondere Risiken bestehen, ist jährlich
zu prüfen. Bei unter Risikogesichtspunkten nicht wesentlichen Aktivitäten und Prozessen kann
vom dreijährigen Turnus abgewichen werden. Die Risikoeinstufung der Aktivitäten und Prozesse
ist regelmäßig zu überprüfen.

Erläuterung: Unter Risikogesichtspunkten nicht wesentliche Aktivitäten und Prozesse
Ein Abweichen vom dreijährigen Prüfungsturnus für unter Risikogesichtspunkten nicht wesentliche Aktivitäten und Prozesse ist nicht gleichbedeutend mit einem weitgehenden Verzicht von
Prüfungshandlungen in diesen Bereichen. Auch diese sind in die Prüfungsplanung zu integrieren
und in angemessenen Abständen zu prüfen.

Die Risikobewertungsverfahren der Internen Revision haben eine Analyse des Risikopotenzials 2
der Aktivitäten und Prozesse unter Berücksichtigung absehbarer Veränderungen zu beinhalten.
Dabei sind die verschiedenen Risikoquellen und die Manipulationsanfälligkeit der Prozesse durch
Mitarbeiter angemessen zu berücksichtigen.

Die Prüfungsplanung, -methoden und -qualität sind regelmäßig und anlassbezogen auf Ange- 3
messenheit zu überprüfen und weiterzuentwickeln.

Es muss sichergestellt sein, dass kurzfristig notwendige Sonderprüfungen, z.B. anlässlich 4
deutlich gewordener Mängel oder bestimmter Informationsbedürfnisse, jederzeit durchgeführt
werden können.

Die Prüfungsplanung sowie wesentliche Anpassungen sind von der Geschäftsleitung zu geneh- 5
migen.

BT 2.4 Berichtspflicht

Über jede Prüfung muss von der Internen Revision zeitnah ein schriftlicher Bericht angefertigt und 1
grundsätzlich den fachlich zuständigen Mitgliedern der Geschäftsleitung vorgelegt werden. Der
Bericht muss insbesondere eine Darstellung des Prüfungsgegenstandes und der Prüfungsfeststellungen, ggf. einschließlich der vorgesehenen Maßnahmen, enthalten. Wesentliche Mängel sind
besonders herauszustellen. Dabei sind die Prüfungsergebnisse zu beurteilen. Bei schwerwiegenden Mängeln muss der Bericht unverzüglich der Geschäftsleitung vorgelegt werden.

Erläuterung: Abstufung der Mängel
Das Rundschreiben unterscheidet in BT 2 zwischen »wesentlichen«, »schwerwiegenden« und
»besonders schwerwiegenden« Mängeln. Damit wird eine ordinale Abstufung hinsichtlich der
(potenziellen) Bedeutung der unter Risikogesichtspunkten relevanten festgestellten Mängel erreicht. Die genaue Abgrenzung der einzelnen Stufen bleibt dem jeweiligen Institut überlassen. Es
liegt im Ermessen des Instituts, für unter Risikogesichtspunkten weniger relevante festgestellte
Mängel eigene Festlegungen zu treffen.

2 Die Prüfungen sind durch Arbeitsunterlagen zu dokumentieren. Aus ihnen müssen die durchgeführten Arbeiten sowie die festgestellten Mängel und Schlussfolgerungen für sachkundige Dritte nachvollziehbar hervorgehen.

3 Besteht hinsichtlich der zur Erledigung der Feststellungen zu ergreifenden Maßnahmen keine Einigkeit zwischen geprüfter Organisationseinheit und Interner Revision, so ist von der geprüften Organisationseinheit eine Stellungnahme hierzu abzugeben.

4 Die Interne Revision hat zeitnah einen Quartalsbericht über die von ihr seit dem Stichtag des letzten Quartalsberichts durchgeführten Prüfungen zu verfassen und zeitnah der Geschäftsleitung und dem Aufsichtsorgan vorzulegen. Der Quartalsbericht muss über die wesentlichen oder höher eingestuften Mängel, die beschlossenen Maßnahmen sowie den Status dieser Maßnahmen informieren. Es ist ferner darzulegen, ob und inwieweit die Vorgaben des Prüfungsplans eingehalten wurden. Die Interne Revision hat außerdem über die im Jahresablauf festgestellten schwerwiegenden sowie über die noch nicht behobenen wesentlichen Mängel in inhaltlich prägnanter Form an die Geschäftsleitung und das Aufsichtsorgan zu berichten (Jahresbericht). Die aufgedeckten schwerwiegenden Mängel, die beschlossenen Maßnahmen sowie der Status dieser Maßnahmen sind dabei besonders hervorzuheben. Über besonders schwerwiegende Mängel hat die Interne Revision unverzüglich zu berichten.

Erläuterung: Darstellung von Feststellungen im Quartalsbericht
Die Darstellung kann dabei akzentuiert vorgenommen werden. Gleichartige Einzelfeststellungen sowie der Stand der beschlossenen Umsetzungsmaßnahmen können inhaltlich zusammengefasst werden.

Erläuterung: Berichterstattung an das Aufsichtsorgan
Die Berichterstattung an das Aufsichtsorgan kann auch über die Geschäftsleitung erfolgen, sofern dadurch keine nennenswerte Verzögerung der Information des Aufsichtsorgans verbunden und der Inhalt der Berichterstattung an Geschäftsleitung und Aufsichtsorgan deckungsgleich ist.

Erläuterung: Zusammenfassung des vierten Quartalsberichts und des Jahresberichts
Der vierte Quartalsbericht und der Jahresbericht können auch als jeweils gesonderte Abschnitte in einem Bericht zusammengefasst werden.

5 Ergeben sich im Rahmen der Prüfungen schwerwiegende Feststellungen gegen Geschäftsleiter, so ist der Geschäftsleitung unverzüglich Bericht zu erstatten. Diese hat unverzüglich den Vorsitzenden des Aufsichtsorgans sowie die Aufsichtsinstitutionen (Bundesanstalt für Finanzdienstleistungsaufsicht, Deutsche Bundesbank) zu informieren. Kommt die Geschäftsleitung ihrer Berichtspflicht nicht nach oder beschließt sie keine sachgerechten Maßnahmen, so hat die Interne Revision den Vorsitzenden des Aufsichtsorgans zu unterrichten.

6 Revisionsberichte und Arbeitsunterlagen sind sechs Jahre aufzubewahren.

BT 2.5 Reaktion auf festgestellte Mängel

1 Die Interne Revision hat die fristgerechte Beseitigung der bei der Prüfung festgestellten Mängel in geeigneter Form zu überwachen. Gegebenenfalls ist hierzu eine Nachschauprüfung anzusetzen.

2 Werden die wesentlichen Mängel nicht in einer angemessenen Zeit beseitigt, so hat der Leiter der Internen Revision darüber zunächst den fachlich zuständigen Geschäftsleiter schriftlich zu informieren. Erfolgt die Mängelbeseitigung nicht, so ist die Geschäftsleitung spätestens im Rahmen des nächsten Gesamtberichts schriftlich über die noch nicht beseitigten Mängel zu unterrichten.

BT 3 Anforderungen an die Risikoberichterstattung

BT 3.1 Allgemeine Anforderungen an die Risikoberichte

Die Geschäftsleitung hat sich regelmäßig über die Risikosituation berichten zu lassen. Die Risiko- **1**
berichterstattung ist in nachvollziehbarer, aussagefähiger Art und Weise zu verfassen. Sie hat neben einer Darstellung auch eine Beurteilung der Risikosituation zu enthalten. Die Berichte müssen auf vollständigen, genauen und aktuellen Daten beruhen. Die Risikoberichte müssen auch eine zukunftsorientierte Risikoeinschätzung abgeben und sich nicht ausschließlich auf aktuelle und historische Daten stützen. In die Risikoberichterstattung sind bei Bedarf auch Handlungs-vorschläge, z. B. zur Risikoreduzierung, aufzunehmen.

Erläuterung: Nachvollziehbarkeit und Aussagefähigkeit der Risikoberichte
Eine nachvollziehbare und aussagefähige Risikoberichterstattung setzt auch ein inhaltlich ange-messenes Verhältnis zwischen quantitativen Informationen (hinsichtlich Positionsgröße, Risiko) und qualitativer Beurteilung wesentlicher Positionen und Risiken voraus.

Erläuterung: Aktualität der Daten
Daten sind grundsätzlich zum Stichtag des Risikoberichts zu erheben und zu berichten. Bei Verwendung vorläufiger Daten oder Daten aus Vorperioden ist dies gesondert zu kennzeichnen und ggf. zu begründen.

In den Risikoberichten sind insbesondere auch die Ergebnisse der Stresstests und deren potenziel- **2**
le Auswirkungen auf die Risikosituation und das Risikodeckungspotenzial darzustellen. Ebenfalls darzustellen sind die den Stresstests zugrundeliegenden wesentlichen Annahmen. Darüber hinaus ist auch auf Risikokonzentrationen und deren potenzielle Auswirkungen gesondert einzugehen.

Neben der turnusmäßigen Erstellung von Risikoberichten (Gesamtrisikobericht, Berichte über **3**
einzelne Risikoarten) muss das Institut in der Lage sein, ad hoc Risikoinformationen zu generieren, sofern dies aufgrund der aktuellen Risikosituation des Instituts oder der aktuellen Situation der Märkte, auf denen das Institut tätig ist, geboten erscheint.

Die Risikoberichte sind in einem zeitlich angemessenen Rahmen zu erstellen, der eine aktive **4**
und zeitnahe Steuerung der Risiken auf der Basis der Berichte ermöglicht, wobei die Produktions-zeit auch von der Art und der Volatilität der Risiken abhängt.

Die Geschäftsleitung hat das Aufsichtsorgan mindestens vierteljährlich über die Risikosituation **5**
einschließlich vorhandener Risikokonzentrationen in angemessener Weise schriftlich zu informie-ren. Die Berichterstattung ist in nachvollziehbarer, aussagefähiger Art und Weise zu verfassen und hat neben der Darstellung auch eine Beurteilung der Risikosituation zu enthalten. Auf besondere Risiken für die Geschäftsentwicklung und dafür geplante Maßnahmen der Geschäftsleitung ist gesondert einzugehen. Für das Aufsichtsorgan unter Risikogesichtspunkten wesentliche Informa-tionen sind von der Geschäftsleitung unverzüglich weiterzuleiten. Hierfür hat die Geschäftsleitung gemeinsam mit dem Aufsichtsorgan ein geeignetes Verfahren festzulegen.

Erläuterung: Ausschüsse des Aufsichtsorgans
Adressat der Risikoberichterstattung sollte grundsätzlich jedes Mitglied des Aufsichtsorgans sein. Soweit das Aufsichtsorgan Ausschüsse gebildet hat, kann die Weiterleitung der Informationen auch auf einen Ausschuss beschränkt werden. Voraussetzung dafür ist, dass ein entsprechender Beschluss über die Einrichtung des Ausschusses besteht und der Vorsitzende des Ausschusses regelmäßig das gesamte Aufsichtsorgan informiert. Zudem ist jedem Mitglied des Aufsichtsorgans weiterhin das Recht einzuräumen, die an den Ausschuss geleitete Berichterstattung einsehen zu können.

BT 3.2 Berichte der Risikocontrolling-Funktion

1 Die Risikocontrolling-Funktion hat regelmäßig, mindestens aber vierteljährlich, einen Gesamt-risikobericht über die als wesentlich eingestuften Risikoarten zu erstellen und der Geschäftsleitung vorzulegen. Mit Blick auf die einzelnen als wesentlich eingestuften Risikoarten kann in Abhängig-keit von der Risikoart, der Art, dem Umfang, der Komplexität, dem Risikogehalt und der Volatilität der jeweiligen Positionen sowie der Marktentwicklung auch eine monatliche, wöchentliche oder tägliche Berichterstattung über einzelne Risikoarten erforderlich sein.

Erläuterung: Berichterstattung in Stressphasen

Von den Instituten wird erwartet, dass sie in Stressphasen des eigenen Instituts den Berichtsturnus erhöhen, soweit dies für die aktive und zeitnahe Steuerung der Risiken erforderlich erscheint.

Erläuterung: Als wesentlich eingestufte Risikoarten

Zu den als wesentlich eingestuften Risikoarten gehören zumindest jene, die in AT 2.2 Tz. 1 aufgeführt sind.

2 Der Gesamtrisikobericht hat neben den wesentlichen Informationen zu den einzelnen als wesent-lich eingestuften Risikoarten, den Stresstestergebnissen und Informationen zu den Risikokonzen-trationen auch Angaben zur Angemessenheit der Kapitalausstattung, zum aufsichtsrechtlichen und ökonomischen Kapital, zu den aktuellen Kapital- und Liquiditätskennzahlen sowie zu Refinanzierungspositionen zu enthalten. Ferner sind auch Prognosen zur Entwicklung der Kapital- und Liquiditätskennzahlen und der Refinanzierungspositionen aufzunehmen.

Erläuterung: Hinweise zur Risikoberichterstattung

Die Risikoberichterstattung an die Geschäftsleitung kann – soweit dies aus Sicht des Instituts als sinnvoll erachtet wird – durch prägnante Darstellungen ergänzt werden (z. B. ein Management Summary).

Soweit sich im Hinblick auf Sachverhalte in vorangegangenen Berichterstattungen keine rele-vanten Änderungen ergeben haben, kann im Rahmen der aktuellen Berichterstattung auf diese Informationen verwiesen werden.

Da Risikoaspekte nicht isoliert von Ertrags- und Kostenaspekten diskutiert werden können, können letztere ebenfalls in die Risikoberichterstattung aufgenommen werden. Auch eine Dis-kussion der Handlungsvorschläge mit den jeweils verantwortlichen Bereichen ist grundsätzlich unproblematisch, solange sichergestellt ist, dass der Informationsgehalt der Risikoberichterstat-tung bzw. der Handlungsvorschläge nicht auf eine unsachgerechte Weise verzerrt wird.

3 In regelmäßigen Abständen, mindestens aber vierteljährlich, ist ein Risikobericht über die Adres-senausfallrisiken, in dem die wesentlichen strukturellen Merkmale des Kreditgeschäfts enthalten sind, zu erstellen und der Geschäftsleitung zur Verfügung zu stellen. Der Risikobericht hat die folgenden Informationen zu umfassen:

a) Die Entwicklung des Kreditportfolios, z. B. nach Branchen, Ländern, Risikoklassen und Größ-enklassen oder Sicherheitenkategorien, unter besonderer Berücksichtigung von Risikokonzen-trationen,

b) den Umfang der vergebenen Limite und externen Linien; ferner sind Großkredite und sonstige bemerkenswerte Engagements (z. B. Sanierungs- und Abwicklungskredite von wesentlicher Bedeutung, Kredite in der Intensivbetreuung von wesentlicher Bedeutung) aufzuführen und ggf. zu kommentieren,

c) ggf. eine gesonderte Darstellung der Länderrisiken,

d) bedeutende Limitüberschreitungen (einschließlich einer Begründung),
e) den Umfang und die Entwicklung des Neugeschäfts,
f) die Entwicklung der Risikovorsorge des Instituts,
g) getroffene Kreditentscheidungen von wesentlicher Bedeutung, die von den Strategien abweichen,
h) Kreditentscheidungen im risikorelevanten Kreditgeschäft, die Geschäftsleiter im Rahmen ihrer Krediteinzelkompetenz beschlossen haben, soweit diese von den Voten abweichen, oder wenn sie von einem Geschäftsleiter getroffen werden, der für den Bereich Marktfolge zuständig ist, und
i) bei Instituten mit hohem NPL-Bestand eine gesonderte Darstellung der notleidenden und Forborne-Risikopositionen sowie die Entwicklung der erworbenen Vermögenswerte (wenn Rettungserwerbe zur NPE-Strategie des Instituts gehören).

Erläuterung: Wahrnehmung der Einzelkompetenz durch den Marktfolge-Geschäftsleiter bei Sanierungskrediten

Da nach Tz. 3 b) über bemerkenswerte Engagements (z.B. Sanierungs- und Abwicklungskredite von wesentlicher Bedeutung) zu berichten ist, ist eine zusätzliche Berichtspflicht bei Entscheidungen über Sanierungskredite, die durch einen Marktfolge-Geschäftsleiter im Rahmen seiner Einzelkompetenz getroffen werden, nicht erforderlich.

In regelmäßigen Abständen, mindestens aber vierteljährlich, ist ein Risikobericht über die vom Institut insgesamt eingegangenen Marktpreisrisiken einschließlich der Zinsänderungsrisiken zu erstellen und der Geschäftsleitung zur Verfügung zu stellen. Der Bericht hat unter Einbeziehung der internen Handelsgeschäfte folgende Informationen zu umfassen: **4**
a) Einen Überblick über die Risiko- und Ergebnisentwicklung der mit Marktpreisrisiken behafteten Positionen,
b) bedeutende Limitüberschreitungen,
c) Änderungen der wesentlichen Annahmen oder Parameter, die den Verfahren zur Beurteilung der Marktpreisrisiken zugrunde liegen,
d) Auffälligkeiten bei der Abstimmung der Handelspositionen (z.B. hinsichtlich der Handelsvolumina, GuV-Auswirkungen, Stornoquoten).

Die nach BTR 2.2 Tz. 3 zu ermittelnden Gesamtrisikopositionen und Ergebnisse und die Limitauslastungen sind zeitnah am nächsten Geschäftstag dem für das Risikocontrolling zuständigen Geschäftsleiter zu berichten. Die Meldung ist mit dem Handelsbereich abzustimmen.

Die Berichtspflichten aus BTO 2.2.1 Tz. 2 Buchstabe c (bedeutende Handelsgeschäfte zu nicht marktgerechten Bedingungen) bleiben unberührt.

Erläuterung: Ergebnisentwicklung

Für die Zwecke des Risikoberichts kann auf die Entwicklung des handelsrechtlichen Ergebnisses (einschließlich schwebender Gewinne und Verluste) oder auf die Entwicklung des betriebswirtschaftlichen Ergebnisses abgestellt werden.

Erläuterung: Tägliche Berichterstattung

Bei Instituten, die die Erleichterungen des Artikels 94 Absatz 1 CRR in Anspruch nehmen oder nehmen können (Nicht-Handelsbuchinstitute), mit unter Risikogesichtspunkten überschaubaren Positionen im Handelsbuch kann auf die tägliche Berichterstattung zugunsten eines längeren Turnus verzichtet werden.

5 Es ist regelmäßig, mindestens aber vierteljährlich, ein Risikobericht über die Liquiditätsrisiken und die Liquiditätssituation zu erstellen und der Geschäftsleitung zur Verfügung zu stellen. Im Risikobericht sind auch die Ergebnisse der Stresstests und wesentliche Änderungen des Notfallplans für Liquiditätsengpässe darzustellen. Auf besondere Liquiditätsrisiken aus außerbilanziellen Gesellschaftskonstruktionen und aus verschiedenen Fremdwährungen sowie auf etwaige untertägige Liquiditätsrisiken ist gesondert einzugehen. Bedeutende oder kapitalmarktorientierte Institute haben den Risikobericht über die Liquiditätsrisiken und die Liquiditätssituation mindestens monatlich zu erstellen. Dabei ist zusätzlich über die Höhe, die Qualität und die Zusammensetzung der Liquiditätspuffer zu berichten.

6 Die Geschäftsleitung ist mindestens jährlich über bedeutende Schadensfälle, wesentliche Schwächen sowie über wesentliche potenzielle Ereignisse (gem. BTR 4 Tz. 4 Erläuterungen) aus operationellen Risiken zu unterrichten. Die Berichterstattung hat die Art des Schadens bzw. Risikos, die Ursachen, das Ausmaß des Schadens bzw. Risikos und initiierte sowie bereits getroffene Gegenmaßnahmen zu umfassen.

7 Die Geschäftsleitung ist mindestens vierteljährlich über die sonstigen vom Institut als wesentlich identifizierten Risiken zu unterrichten. Die Berichterstattung hat dabei das jeweilige Risiko, die Ursachen, die möglichen Implikationen und initiierte sowie bereits getroffene Gegenmaßnahmen zu umfassen. Aus den Berichten muss hervorgehen, wie sich die aktuelle Risikosituation darstellt und ggf. mit welchen Maßnahmen diesen Risiken begegnet wurde bzw. begegnet werden kann.

Anlage 40
Bundesanstalt für Finanzdienstleistungsaufsicht (BaFin)
Rundschreiben 10/2017 (BA) zu den BAIT
Übermittlungsschreiben vom 16. August 2021

[...]

die Novellierung der BAIT ist abgeschlossen. Vielen Dank für Ihr Mitwirken durch schriftliche Rückmeldungen, beispielsweise in der öffentlichen Konsultation sowie durch konstruktive Mitarbeit im Fachgremium IT. Mein Dank gilt auch der Deutschen Bundesbank, die in enger Zusammenarbeit mit der Gruppe IT-Aufsicht an der BAIT-Novelle mitgewirkt hat. Ich freue mich, Ihnen nun die finale Fassung der BAIT vorlegen zu können.

In meinem Anschreiben zur öffentlichen Konsultation vom 26.10.2020 habe ich Sie über die Beweggründe der Überarbeitung informiert. Wesentlicher Grund war die Veröffentlichung der »EBA-Leitlinien für IKT- und Sicherheitsrisikomanagement« im November 2019. Erfahrungen aus der Aufsichtspraxis sind in die Überarbeitung eingeflossen.

Im Zuge der Novellierung wurden die beiden Kapitel »Operative Informationssicherheit« und »IT-Notfallmanagement« neu gebildet. Darin enthalten sind verschiedene Anforderungen, die zuvor nicht explizit genannt wurden. Insbesondere sind in diesen beiden Kapiteln Anforderungen zur Überwachung der Informationssicherheit, zur Kontrolle der Wirksamkeit von Informationssicherheitsmaßnahmen und zur Konkretisierung des AT 7.3 MaRisk (Notfallmanagement) im Zusammenhang mit zeitkritischen Prozessen und Aktivitäten zusammengefasst. Konkretisiert wurden des Weiteren Verantwortlichkeiten und Kontrollen für das Informationsrisikomanagement und Anforderungen zur physischen Informationssicherheit.

Die neuen BAIT treten mit ihrer Veröffentlichung in Kraft. Gleichzeitig treten die bisherigen BAIT in der Fassung vom 14.09.2018 außer Kraft. Wie bereits im Fachgremium IT besprochen wurde, sind Übergangsfristen für die Neuerungen der BAIT nicht notwendig, da es sich bei den Neuerungen um Konkretisierungen bereits bestehender Anforderungen und nicht um grundlegend neue Anforderungen handelt.

Diesem Schreiben sind die BAIT-Novelle sowie eine Datei, der Sie die inhaltlichen Änderungen gegenüber der zuletzt veröffentlichten Fassung vom 14.09.2018 entnehmen können, angefügt. Die neuen BAIT finden Sie darüber hinaus als Rundschreiben auf der Website der BaFin sowie auf der Website der Deutschen Bundesbank.

[...]

Anlage 41
Bundesanstalt für Finanzdienstleistungsaufsicht (BaFin)
Bankaufsichtliche Anforderungen an die IT (BAIT) inkl. Erläuterungen
Rundschreiben 10/2017 (BA) in der Fassung vom 16. August 2021

I.   Vorbemerkung

Der Anwenderkreis dieses Rundschreibens ergibt sich aus AT 2.1 MaRisk entsprechend.   1

Der Einsatz von Informationstechnik (IT) in den Instituten, auch unter Einbeziehung von   2
IT-Services, die durch IT-Dienstleister bereitgestellt werden, hat eine zentrale Bedeutung für die
Finanzwirtschaft und wird weiter an Bedeutung gewinnen. Dieses Rundschreiben gibt auf der
Grundlage des § 25a Abs. 1 des Kreditwesengesetzes (KWG) einen flexiblen und praxisnahen
Rahmen für die technisch-organisatorische Ausstattung der Institute insbesondere für das Ma-
nagement der IT-Ressourcen, das Informationsrisikomanagement und das Informationssicher-
heitsmanagement vor. Es präzisiert ferner die Anforderungen des § 25b KWG (Auslagerung von
Aktivitäten und Prozessen).

Die in den Mindestanforderungen an das Risikomanagement (MaRisk) enthaltenen Anforde-   3
rungen bleiben davon unberührt und werden im Rahmen seines Gegenstands durch dieses Rundschreiben konkretisiert. Die Themenbereiche dieses Rundschreibens sind nach Regelungstiefe und
-umfang nicht abschließender Natur. Das Institut bleibt folglich jenseits der Konkretisierungen in
diesem Rundschreiben gemäß § 25a Abs. 1 Satz 3 Nr. 4 KWG i. V. m. AT 7.2 Tz. 2 MaRisk verpflichtet, bei der Ausgestaltung der IT-Systeme und der dazugehörigen IT-Prozesse grundsätzlich
auf gängige Standards abzustellen. Zu diesen zählen beispielsweise der IT-Grundschutz des
Bundesamts für Sicherheit in der Informationstechnik und die internationalen Sicherheitsstandards ISO/IEC 270XX der International Organization for Standardization.

Die prinzipienorientierten Anforderungen dieses Rundschreibens ermöglichen die Umsetzung   4
des Prinzips der doppelten Proportionalität (vgl. insbesondere AT 1 Tzn. 3, 5 und 7 sowie AT 2.1
Tz. 2 MaRisk).

II.   Anforderungen

1.   IT-Strategie

Die IT-Strategie hat die Anforderungen nach AT 4.2 der MaRisk zu erfüllen. Dies beinhaltet   1
insbesondere, dass die Geschäftsleitung eine nachhaltige IT-Strategie festlegt, in der die Ziele,
sowie die Maßnahmen zur Erreichung dieser Ziele dargestellt werden.

Die Geschäftsleitung hat eine mit der Geschäftsstrategie konsistente IT-Strategie festzulegen.   2
Mindestinhalte sind:

(a)   Strategische Entwicklung der IT-Aufbau- und IT-Ablauforganisation des Instituts sowie IT-
Dienstleistungen und sonstige wichtige Abhängigkeiten von Dritten
(b)   Zuordnung der gängigen Standards, an denen sich das Institut orientiert, auf die Bereiche der
IT und der Informationssicherheit
(c)   Ziele, Zuständigkeiten und Einbindung der Informationssicherheit in die Organisation
(d)   Strategische Entwicklung der IT-Architektur
(e)   Aussagen zum IT-Notfallmanagement unter Berücksichtigung der Informationssicherheitsbelange
(f)   Aussagen zu den in den Fachbereichen selbst betriebenen bzw. entwickelten IT-Systemen
(Hardware- und Software-Komponenten).

Erläuterung

Zu a): Beschreibung der Rolle, der Positionierung und des Selbstverständnisses der IT im Hinblick auf Personaleinsatz und Budget der IT-Aufbau- und IT-Ablauforganisation sowie die Darstellung und strategische Einordnung der IT-Dienstleistungen und möglicher sonstiger wichtiger Abhängigkeiten von Dritten (wie z.B. Zentralbankfunktionen, Informationsdiensten, Telekommunikationsdienstleistungen, Versorgungsleistungen). Aussagen zu Auslagerungen von IT-Dienstleistungen können auch in den strategischen Ausführungen zu Auslagerungen enthalten sein.

Zu b): Auswahl der gängigen Standards und Umsetzung auf die IT-Prozesse und das Informationssicherheitsmanagement des Instituts sowie Darstellung des avisierten Implementierungsumfangs der jeweiligen Standards.

Zu c): Beschreibung der Bedeutung der Informationssicherheit im Institut sowie der Einbettung der Informationssicherheit in die Fachbereiche und in das jeweilige Zusammenarbeitsmodell mit den IT-Dienstleistern. Dies beinhaltet auch grundlegende Aussagen zur Schulung und Sensibilisierung zur Informationssicherheit.

Zu d): Darstellung des Zielbilds der IT-Architektur in Form eines Überblicks über die Anwendungslandschaft.

2. IT-Governance

1 Die IT-Governance ist die Struktur zur Steuerung sowie Überwachung des Betriebs und der Weiterentwicklung der IT-Systeme einschließlich der dazugehörigen IT-Prozesse auf Basis der IT-Strategie. Hierfür maßgeblich sind insbesondere die Regelungen zur IT-Aufbau- und IT-Ablauforganisation (vgl. AT 4.3.1 MaRisk), zum Informationsrisiko- sowie Informationssicherheitsmanagement (vgl. AT 4.3.2 MaRisk, AT 7.2 Tzn. 2 und 4 MaRisk), zur quantitativ und qualitativ angemessenen Personalausstattung der IT (vgl. AT 7.1 MaRisk) sowie zum Umfang und zur Qualität der technisch-organisatorischen Ausstattung (vgl. AT 7.2 Tz. 1 MaRisk). Regelungen für die IT-Aufbau- und IT-Ablauforganisation sind bei Veränderungen der Aktivitäten und Prozesse zeitnah anzupassen (vgl. AT 5 Tzn. 1 und 2 MaRisk).

2 Die Geschäftsleitung ist dafür verantwortlich, dass auf Basis der IT-Strategie die Regelungen zur IT-Aufbau- und IT-Ablauforganisation festgelegt und bei Veränderungen der Aktivitäten und Prozesse zeitnah angepasst werden. Es ist sicherzustellen, dass diese Regelungen wirksam umgesetzt werden.

3 Das Institut hat insbesondere das Informationsrisikomanagement, das Informationssicherheitsmanagement, den IT-Betrieb und die Anwendungsentwicklung quantitativ und qualitativ angemessen mit Ressourcen auszustatten.

Erläuterung

Hinsichtlich der Maßnahmen zur Erhaltung einer angemessenen qualitativen Ressourcenausstattung (personelle, finanzielle und sonstige Ressourcen) werden insbesondere der Stand der Technik sowie die aktuelle und zukünftige Bedrohungslage berücksichtigt.

4 Interessenkonflikte und unvereinbare Tätigkeiten innerhalb der IT-Aufbau- und IT-Ablauforganisation sind zu vermeiden.

Erläuterung

Interessenkonflikten zwischen Aktivitäten, die beispielsweise im Zusammenhang mit der Anwendungsentwicklung und den Aufgaben des IT-Betriebs stehen, kann durch aufbau- oder ablauforganisatorische Maßnahmen bzw. durch eine adäquate Rollendefinition begegnet werden.

Zur Steuerung der für den Betrieb und die Weiterentwicklung der IT-Systeme zuständigen   5
Bereiche durch die Geschäftsleitung sind angemessene quantitative oder qualitative Kriterien durch diese festzulegen. Die Einhaltung der Kriterien ist zu überwachen.

Erläuterung

Bei der Festlegung der Kriterien können z.B. die Qualität der Leistungserbringung, die Verfügbarkeit, Wartbarkeit, Anpassbarkeit an neue Anforderungen, Sicherheit der IT-Systeme oder der dazugehörigen IT-Prozesse sowie deren Kosten berücksichtigt werden.

3. Informationsrisikomanagement

Die Informationsverarbeitung und -weitergabe in Geschäfts- und Serviceprozessen wird durch   1
datenverarbeitende IT-Systeme und zugehörige IT-Prozesse unterstützt. Deren Umfang und Qualität hat sich insbesondere an betriebsinternen Erfordernissen, den Geschäftsaktivitäten sowie an der Risikosituation zu orientieren (vgl. AT 7.2 Tz. 1 MaRisk). IT-Systeme, die zugehörigen IT-Prozesse und sonstige Bestandteile des Informationsverbundes müssen die Integrität, die Verfügbarkeit, die Authentizität sowie die Vertraulichkeit der Daten sicherstellen (vgl. AT 7.2 Tz. 2 MaRisk). Das Institut hat die mit dem Management der Informationsrisiken verbundenen Aufgaben, Kompetenzen, Verantwortlichkeiten, Kontrollen und Kommunikationswege zu definieren und aufeinander abzustimmen (vgl. AT 4.3.1 Tz. 2 MaRisk). Hierfür hat das Institut angemessene Überwachungs- und Steuerungsprozesse einzurichten (vgl. AT 7.2 Tz. 4 MaRisk) und diesbezügliche Berichtspflichten zu definieren (vgl. BT 3.2 Tz. 1 MaRisk).

Die Bestandteile eines Systems zum Management der Informationsrisiken sind unter Mitwir-   2
kung aller maßgeblichen Stellen und Funktionen kompetenzgerecht und frei von Interessenkonflikten umzusetzen.

Erläuterung

Zu den maßgeblichen Stellen gehören auch die Fachbereiche, die Eigentümer der Informationen oder der Informationsrisiken sind.

Das Institut hat über einen aktuellen Überblick über die Bestandteile des festgelegten Informati-   3
onsverbunds sowie deren Abhängigkeiten und Schnittstellen zu verfügen. Das Institut sollte sich hierbei insbesondere an den betriebsinternen Erfordernissen, den Geschäftsaktivitäten sowie an der Risikosituation orientieren.

Erläuterung

Zu einem Informationsverbund gehören beispielsweise geschäftsrelevante Informationen, Geschäfts- und Unterstützungsprozesse, IT-Systeme und die zugehörigen IT-Prozesse sowie Netz- und Gebäudeinfrastrukturen.

Abhängigkeiten und Schnittstellen berücksichtigen auch die Vernetzung des Informationsverbundes mit Dritten.

4   Das Institut hat regelmäßig und anlassbezogen den Schutzbedarf für die Bestandteile seines definierten Informationsverbundes, insbesondere im Hinblick auf die Schutzziele »Integrität«, »Verfügbarkeit«, »Vertraulichkeit« und »Authentizität«, zu ermitteln. Die Eigentümer der Information bzw. die Fachbereiche, die verantwortlich für die Geschäftsprozesse sind, verantworten die Ermittlung des Schutzbedarfes.

5   Die Schutzbedarfsfeststellung sowie die zugehörige Dokumentation sind durch das Informationsrisikomanagement zu überprüfen.

6   Das Institut hat Anforderungen zu definieren, die zur Erreichung des jeweiligen Schutzbedarfs angemessen sind, und diese in geeigneter Form zu dokumentieren (Sollmaßnahmenkatalog).

Erläuterung

Der Sollmaßnahmenkatalog enthält lediglich die Anforderung, nicht jedoch deren konkrete Umsetzung.

7   Das Institut hat auf Basis der festgelegten Risikokriterien einen Vergleich der Sollmaßnahmen mit den jeweils wirksam umgesetzten Maßnahmen (dem Ist-Zustand) durchzuführen.

Erläuterung

Die Risikoanalyse berücksichtigt über den Soll-Ist-Vergleich hinaus u. a. mögliche Bedrohungen, das Schadenspotenzial, die Schadenshäufigkeit sowie den Risikoappetit. Sonstige risikoreduzierende Maßnahmen können hierbei berücksichtigt werden.

Falls Sollmaßnahmen nicht implementiert werden können (z. B. wegen technischer Restriktionen), können sonstige risikoreduzierende Maßnahmen umgesetzt werden.

8   Sonstige risikoreduzierende Maßnahmen aufgrund unvollständig umgesetzter Sollmaßnahmen sind wirksam zu koordinieren, zu dokumentieren, zu überwachen und zu steuern.

9   Das Informationsrisikomanagement hat die Risikoanalyse zu koordinieren und zu überwachen sowie deren Ergebnisse in den Prozess des Managements der operationellen Risiken zu überführen. Die Behandlung der Risiken ist kompetenzgerecht zu genehmigen.

10   Das Institut informiert sich laufend über Bedrohungen und Schwachstellen seines Informationsverbundes, prüft ihre Relevanz, bewertet ihre Auswirkung und ergreift, sofern erforderlich, geeignete technische und organisatorische Maßnahmen.

Erläuterung

Hierbei sind interne und externe Veränderungen (z. B. der Bedrohungslage) zu berücksichtigen. Maßnahmen können z. B. die direkte Warnung von Mitarbeitern, das Sperren von betroffenen Schnittstellen und den Austausch von betroffenen IT-Systemen umfassen.

11   Die Geschäftsleitung ist regelmäßig, mindestens jedoch vierteljährlich, insbesondere über die Ergebnisse der Risikoanalyse sowie Veränderungen an der Risikosituation zu unterrichten.

Erläuterung

Die Risikosituation enthält auch externe potenzielle Bedrohungen.

4. Informationssicherheitsmanagement

Das Informationssicherheitsmanagement macht Vorgaben zur Informationssicherheit, definiert Prozesse und steuert deren Umsetzung (vgl. AT 7.2 Tz. 2 MaRisk). Das Informationssicherheitsmanagement folgt einem fortlaufenden Prozess, der die Phasen Planung, Umsetzung, Erfolgskontrolle sowie Optimierung und Verbesserung umfasst. Die inhaltlichen Berichtspflichten des Informationssicherheitsbeauftragten an die Geschäftsleitung sowie der Turnus der Berichterstattung orientieren sich an BT 3.2 Tz. 1 MaRisk. **1**

Die Geschäftsleitung hat eine Informationssicherheitsleitlinie zu beschließen und innerhalb des Instituts zu kommunizieren. Die Informationssicherheitsleitlinie hat im Einklang mit den Strategien des Instituts zu stehen. Die Leitlinie ist bei wesentlichen Veränderungen der Rahmenbedingungen zu überprüfen und bei Bedarf zeitnah anzupassen. **2**

Erläuterung

In der Informationssicherheitsleitlinie werden die Eckpunkte zum Schutz von Vertraulichkeit, Integrität, Verfügbarkeit und Authentizität sowie der Geltungsbereich für die Informationssicherheit festgelegt. Darüber hinaus werden die wesentlichen organisatorischen Aspekte, wie die wichtigsten Rollen und Verantwortlichkeiten des Informationssicherheitsmanagements beschrieben. Mit der Leitlinie legt die Geschäftsleitung u. a. dar:
- ihre Gesamtverantwortung für die Informationssicherheit
- Frequenz und Umfang des Berichtswesens zur Informationssicherheit
- die Kompetenzen im Umgang mit Informationsrisiken
- die grundlegenden Anforderungen der Informationssicherheit an Personal, Auftragnehmer, Prozesse und Technologien.

Rahmenbedingungen umfassen u. a. interne Veränderungen der Aufbau- und Ablauforganisation oder der IT-Systeme sowie äußere Veränderungen z. B. der Bedrohungsszenarien, Technologien oder der rechtlichen Anforderungen.

Auf Basis der Informationssicherheitsleitlinie und der Ergebnisse des Informationsrisikomanagements sind konkretisierende, den Stand der Technik berücksichtigende Informationssicherheitsrichtlinien und Informationssicherheitsprozesse zu definieren. **3**

Erläuterung

Informationssicherheitsrichtlinien werden z. B. für die Bereiche Netzwerksicherheit, Kryptografie, Identitäts- und Rechtemanagement, Protokollierung sowie physische Sicherheit (z. B. Perimeter- und Gebäudeschutz) erstellt.

Informationssicherheitsprozesse dienen in erster Linie zur Erreichung der vereinbarten Schutzziele. Dazu gehört u. a., Informationssicherheitsvorfällen vorzubeugen bzw. diese zu identifizieren sowie die angemessene Reaktion und Kommunikation im weiteren Verlauf.

Die Geschäftsleitung hat die Funktion des Informationssicherheitsbeauftragten einzurichten. Diese Funktion umfasst die Verantwortung für die Wahrnehmung aller Belange der Informationssicherheit innerhalb des Instituts und gegenüber Dritten. Sie stellt sicher, dass die in der IT-Strategie, der Informationssicherheitsleitlinie und den Informationssicherheitsrichtlinien des Instituts festgelegten Ziele und Maßnahmen hinsichtlich der Informationssicherheit sowohl intern als auch gegenüber Dritten transparent gemacht und deren Einhaltung regelmäßig sowie anlassbezogen überprüft und überwacht werden. **4**

Erläuterung

Die Funktion des Informationssicherheitsbeauftragten umfasst insbesondere die nachfolgenden Aufgaben:

- die Geschäftsleitung beim Festlegen und Anpassen der Informationssicherheitsleitlinie zu unterstützen und in allen Fragen der Informationssicherheit zu beraten; dies umfasst auch Hilfestellungen bei der Lösung von Zielkonflikten (z. B. Wirtschaftlichkeit kontra Informationssicherheit)
- Erstellung von Informationssicherheitsrichtlinien und ggf. weiterer einschlägigen Regelungen sowie die Kontrolle ihrer Einhaltung
- den Informationssicherheitsprozess im Institut zu steuern und zu koordinieren sowie diesen gegenüber IT-Dienstleistern zu überwachen und bei allen damit zusammenhängenden Aufgaben mitzuwirken
- die Beteiligung bei der Erstellung und Fortschreibung des Notfallkonzepts bzgl. der Informationssicherheitsbelange
- die Realisierung von Informationssicherheitsmaßnahmen zu initiieren und zu überwachen
- Überwachung und Hinwirkung auf Einhaltung der Informationssicherheit bei Projekten und Beschaffungen
- als Ansprechpartner für Fragen der Informationssicherheit innerhalb des Instituts und für Dritte bereitzustehen
- Informationssicherheitsvorfälle zu untersuchen und an die Geschäftsleitung zu berichten
- Sensibilisierungs- und Schulungsmaßnahmen zur Informationssicherheit zu initiieren und zu koordinieren.

Der Informationssicherheitsbeauftragte kann durch ein Informationssicherheitsmanagement-Team unterstützt werden.

5   Die Funktion des Informationssicherheitsbeauftragten ist organisatorisch und prozessual unabhängig auszugestalten, um mögliche Interessenkonflikte zu vermeiden.

Erläuterung

Zur Vermeidung möglicher Interessenkonflikte werden insbesondere folgende Maßnahmen beachtet:

- Funktions- und Stellenbeschreibung für den Informationssicherheitsbeauftragten, seinen Vertreter und ggf. weitere Stellen
- Festlegung der erforderlichen Ressourcenausstattung für die Funktion des Informationssicherheitsbeauftragten
- ein der Funktion zugewiesenes Budget für Informationssicherheitsschulungen im Institut und die persönliche Weiterbildung des Informationssicherheitsbeauftragten sowie seines Vertreters
- unmittelbare und jederzeitige Gelegenheit zur Berichterstattung des Informationssicherheitsbeauftragten an die Geschäftsleitung
- Verpflichtung der Beschäftigten des Instituts sowie der IT-Dienstleister zur sofortigen und umfassenden Unterrichtung des Informationssicherheitsbeauftragten über alle bekannt gewordenen informationssicherheitsrelevanten Sachverhalte, die das Institut betreffen
- die Funktion des Informationssicherheitsbeauftragten wird von den Bereichen getrennt, die für den Betrieb und die Weiterentwicklung der IT-Systeme zuständig sind.
- der Informationssicherheitsbeauftragte nimmt keinesfalls Aufgaben der Internen Revision wahr.

Jedes Institut hat die Funktion des Informationssicherheitsbeauftragten grundsätzlich im eigenen Haus vorzuhalten.

6

Erläuterung

Im Hinblick auf regional tätige (insbesondere verbundangehörige) Institute sowie kleine (insbesondere gruppenangehörige) Institute ohne wesentliche eigenbetriebene IT mit einem gleichgerichteten Geschäftsmodell und gemeinsamen IT-Dienstleistern für die Abwicklung von bankfachlichen Prozessen ist es im Hinblick auf die regelmäßig (verbund- oder gruppenseitig) vorhandenen Kontrollmechanismen zulässig, dass mehrere Institute einen gemeinsamen Informationssicherheitsbeauftragten bestellen, wobei vertraglich sicherzustellen ist, dass dieser gemeinsame Informationssicherheitsbeauftragte die Wahrnehmung der einschlägigen Aufgaben der Funktion in allen betreffenden Instituten jederzeit gewährleisten kann. In diesem Fall ist jedoch in jedem Institut eine zuständige Ansprechperson für den Informationssicherheitsbeauftragten zu benennen.

Institute können die Funktion des Informationssicherheitsbeauftragten grundsätzlich mit anderen Funktionen im Institut kombinieren.

Die Möglichkeit, sich externer Unterstützung per Servicevertrag zu bedienen, bleibt für die Institute unberührt.

Nach einem Informationssicherheitsvorfall sind die Auswirkungen auf die Informationssicherheit zeitnah zu analysieren und angemessene Nachsorgemaßnahmen zu veranlassen.

7

Erläuterung

Die Definition des Begriffes »Informationssicherheitsvorfall« nach Art und Umfang orientiert sich am Schutzbedarf der betroffenen Bestandteile des Informationsverbundes. Ein Informationssicherheitsvorfall kann auch dann vorliegen, wenn mindestens eines der Schutzziele (»Verfügbarkeit«, »Integrität«, »Vertraulichkeit«, »Authentizität«) gemäß den Vorgaben des institutsspezifischen Sollkonzepts der Informationssicherheit verletzt ist. Die Begriffe »Informationssicherheitsvorfall«, »sicherheitsrelevantes Ereignis« (im Sinne der operativen Informationssicherheit) und »ungeplante Abweichung vom Regelbetrieb« (im Sinne von »Störung«) werden nachvollziehbar voneinander abgegrenzt.

Das Institut hat eine Richtlinie über das Testen und Überprüfen der Maßnahmen zum Schutz der Informationssicherheit einzuführen und diese regelmäßig und anlassbezogen zu überprüfen und bei Bedarf anzupassen.

8

Erläuterung

Die Richtlinie berücksichtigt u. a.:
- die allgemeine Bedrohungslage
- die individuelle Risikosituation des Instituts
- Kategorien von Test- und Überprüfungsobjekten (z. B. das Institut, IT-Systeme, Komponenten)
- Art, Umfang und Frequenz von Tests und Überprüfungen
- Zuständigkeiten und Regelungen zur Vermeidung von Interessenkonflikten.

Das Institut hat ein kontinuierliches und angemessenes Sensibilisierungs- und Schulungsprogramm für Informationssicherheit festzulegen. Der Erfolg der festgelegten Sensibilisierungs- und Schulungsmaßnahmen ist zu überprüfen.

9

Erläuterung

Das Programm sollte zielgruppenorientiert mindestens folgende Aspekte berücksichtigen:
- persönliche Verantwortung für eigene Handlungen und Unterlassungen sowie allgemeine Verantwortlichkeiten zum Schutz von Informationen
- grundsätzliche Verfahren zur Informationssicherheit (wie Berichterstattung über Informationssicherheitsvorfälle) und allgemeingültige Sicherheitsmaßnahmen (z. B. zu Passwörtern, Social Engineering, Prävention vor Schadsoftware und dem Verhalten bei Verdacht auf Schadsoftware).

10   Der Informationssicherheitsbeauftragte hat der Geschäftsleitung regelmäßig, mindestens vierteljährlich, über den Status der Informationssicherheit sowie anlassbezogen zu berichten.

Erläuterung

Der Statusbericht enthält beispielsweise die Bewertung der Informationssicherheitslage im Vergleich zum Vorbericht, Informationen zu Projekten zur Informationssicherheit, Informationssicherheitsvorfälle sowie Penetrationstestergebnisse.

5.   Operative Informationssicherheit

1   Die operative Informationssicherheit setzt die Anforderungen des Informationssicherheitsmanagements um. IT-Systeme, die zugehörigen IT-Prozesse und sonstigen Bestandteile des Informationsverbundes müssen die Integrität, die Verfügbarkeit, die Authentizität sowie die Vertraulichkeit der Daten sicherstellen. Für diese Zwecke ist bei der Ausgestaltung der IT-Systeme und der zugehörigen IT-Prozesse grundsätzlich auf gängige Standards abzustellen (vgl. AT 7.2 Tz. 2 MaRisk). Für IT-Risiken sind angemessene Überwachungs- und Steuerungsprozesse einzurichten, die insbesondere die Festlegung von IT-Risikokriterien, die Identifikation von IT-Risiken, die Festlegung des Schutzbedarfs, daraus abgeleitete Schutzmaßnahmen für den IT-Betrieb sowie die Festlegung entsprechender Maßnahmen zur Risikobehandlung und -minderung umfassen (vgl. AT 7.2 Tz. 4 MaRisk).

2   Das Institut hat auf Basis der Informationssicherheitsleitlinie und Informationssicherheitsrichtlinien angemessene, dem Stand der Technik entsprechende, operative Informationssicherheitsmaßnahmen und Prozesse zu implementieren.

Erläuterung

Informationssicherheitsmaßnahmen und -prozesse berücksichtigen u. a.:
- Schwachstellenmanagement zur Erkennung, Bewertung, Behandlung und Dokumentation von Schwachstellen
- Segmentierung und Kontrolle des Netzwerks (einschließlich Richtlinienkonformität der Endgeräte)
- Sichere Konfiguration von IT-Systemen (Härtung)
- Verschlüsselung von Daten bei Speicherung und Übertragung gemäß Schutzbedarf
- mehrstufigen Schutz der IT-Systeme gemäß Schutzbedarf (z. B. vor Datenverlust, Manipulation oder Verfügbarkeitsangriffen oder vor nicht autorisiertem Zugriff)
- Perimeterschutz von z. B. Liegenschaften, Rechenzentren und anderen sensiblen Bereichen.

3   Gefährdungen des Informationsverbundes sind möglichst frühzeitig zu identifizieren. Potenziell sicherheitsrelevante Informationen sind angemessen zeitnah, regelbasiert und zentral auszuwer-

ten. Diese Informationen müssen bei Transport und Speicherung geschützt werden und für eine angemessene Zeit zur späteren Auswertung zur Verfügung stehen.

Erläuterung

Potenziell sicherheitsrelevante Informationen sind z. B. Protokolldaten, Meldungen und Störungen, welche Hinweise auf Verletzung der Schutzziele geben können.

Die regelbasierte Auswertung (z. B. über Parameter, Korrelationen von Informationen, Abweichungen oder Muster) großer Datenmengen erfordert in der Regel den Einsatz automatisierter IT-Systeme.

Spätere Auswertungen umfassen u. a. forensische Analysen und interne Verbesserungsmaßnahmen. Der Zeitraum sollte der Bedrohungslage entsprechend bemessen sein.

Es ist ein angemessenes Portfolio an Regeln zur Identifizierung sicherheitsrelevanter Ereignisse zu   **4** definieren. Regeln sind vor Inbetriebnahme zu testen. Die Regeln sind regelmäßig und anlassbezogen auf Wirksamkeit zu prüfen und weiterzuentwickeln.

Erläuterung

Regeln erkennen beispielsweise, ob vermehrt nicht autorisierte Zugriffsversuche stattgefunden haben, erwartete Protokolldaten nicht mehr angeliefert werden oder die Uhrzeiten der anliefernden IT-Systeme voneinander abweichen.

Sicherheitsrelevante Ereignisse sind zeitnah zu analysieren, und auf daraus resultierende Infor-   **5** mationssicherheitsvorfälle ist unter Verantwortung des Informationssicherheitsmanagements angemessen zu reagieren.

Erläuterung

Sicherheitsrelevante Ereignisse ergeben sich beispielsweise aus der regelbasierten Auswertung der potenziell sicherheitsrelevanten Informationen.

Die zeitnahe Analyse und Reaktion kann eine ständig besetzte zentrale Stelle, z. B. in Form eines Security Operation Centers (SOC), erfordern.

Die Sicherheit der IT-Systeme ist regelmäßig, anlassbezogen und unter Vermeidung von Interes-   **6** senskonflikten zu überprüfen. Ergebnisse sind hinsichtlich notwendiger Verbesserungen zu analysieren und Risiken angemessen zu steuern.

Erläuterung

Turnus, Art und Umfang der Überprüfung sollten sich insbesondere am Schutzbedarf und der potenziellen Angriffsfläche (z. B. Erreichbarkeit aus dem Internet) des IT-Systems orientieren.

Arten der Überprüfungen sind z. B.:
- Abweichungsanalysen (Gapanalysen)
- Schwachstellenscans
- Penetrationstests
- Simulationen von Angriffen.

6.   Identitäts- und Rechtemanagement

1   Ein Identitäts- und Rechtemanagement stellt sicher, dass den Benutzern eingeräumte Berechtigungen so ausgestaltet sind und genutzt werden, wie es den organisatorischen und fachlichen Vorgaben des Instituts entspricht. Das Identitäts- und Rechtemanagement hat die Anforderungen nach AT 4.3.1 Tz. 2, AT 7.2 Tz. 2 sowie BTO Tz. 9 der MaRisk zu erfüllen. Jegliche Zugriffs-, Zugangs- und Zutrittsrechte auf Bestandteile bzw. zu Bestandteilen des Informationsverbundes sollten standardisierten Prozessen und Kontrollen unterliegen.

2   Berechtigungskonzepte legen den Umfang und die Nutzungsbedingungen der Berechtigungen für die IT-Systeme (Zugang zu IT-Systemen sowie Zugriff auf Daten) sowie die Zutrittsrechte zu Räumen konsistent zum ermittelten Schutzbedarf sowie vollständig und nachvollziehbar ableitbar für alle bereitgestellten Berechtigungen fest. Berechtigungskonzepte haben die Vergabe von Berechtigungen nach dem Sparsamkeitsgrundsatz (»Need-to-know« und »Least-Privilege« Prinzipien) sicherzustellen, die Funktionstrennung auch berechtigungskonzeptübergreifend zu wahren und Interessenskonflikte zu vermeiden. Berechtigungskonzepte sind regelmäßig und anlassbezogen zu überprüfen und ggf. zu aktualisieren.

Erläuterung

Eine mögliche Nutzungsbedingung ist die Befristung von eingeräumten Berechtigungen.

Berechtigungen können, je nach Art, für personalisierte sowie für nicht personalisierte Benutzer (inkl. technische Benutzer) vorliegen.

Zugangs- und Zugriffsberechtigungen auf den IT-Systemen können auf allen Ebenen eines IT-Systems (z. B. Betriebssystem, Datenbank, Anwendung) vorliegen.

Technische Benutzer sind z. B. Benutzer, die von IT-Systemen verwendet werden, um sich gegenüber anderen IT-Systemen zu identifizieren oder um eigenständig IT-Routinen auszuführen.

3   Zugriffe und Zugänge müssen jederzeit zweifelsfrei einer handelnden bzw. verantwortlichen Person (möglichst automatisiert) zuzuordnen sein.

Erläuterung

Beispielsweise müssen die automatisierten Aktivitäten den verantwortlichen Personen zuordenbar sein. Abweichungen in begründeten Ausnahmefällen und die hieraus resultierenden Risiken sind zu bewerten, zu dokumentieren und anschließend von der fachlich verantwortlichen Stelle zu genehmigen.

4   Die Verfahren zur Einrichtung, Änderung, Deaktivierung oder Löschung von Berechtigungen für Benutzer haben durch Genehmigungs- und Kontrollprozesse sicherzustellen, dass die Vorgaben des Berechtigungskonzepts eingehalten werden. Dabei ist die fachlich verantwortliche Stelle angemessen einzubinden, so dass sie ihrer fachlichen Verantwortung nachkommen kann.

Erläuterung

Die Einrichtung, Änderung, Deaktivierung oder Löschung von Berechtigungen umfassen jeweils auch die zeitnahe oder unverzügliche Umsetzung im Zielsystem.

Grund für eine unverzügliche Deaktivierung bzw. Löschung von Berechtigungen ist u. a. die Gefahr einer missbräuchlichen Verwendung (z. B. bei fristloser Kündigung eines Mitarbeiters).

5   Bei der Überprüfung, ob die eingeräumten Berechtigungen weiterhin benötigt werden und ob diese den Vorgaben des Berechtigungskonzepts entsprechen (Rezertifizierung), sind die für die Einrichtung, Änderung, Deaktivierung oder Löschung von Berechtigungen zuständigen Kontrollinstanzen einzubeziehen.

Erläuterung

Fällt im Rahmen der Rezertifizierung auf, dass nicht legitimierte Berechtigungen vorhanden sind, so werden diese gemäß Regelverfahren zeitnah entzogen und bei Bedarf weitere Maßnahmen (z. B. Ursachenanalyse, Vorfallmeldung) ergriffen.

Die Einrichtung, Änderung, Deaktivierung sowie Löschung von Berechtigungen und die Rezertifizierung sind nachvollziehbar und auswertbar zu dokumentieren. **6**

    Das Institut hat nach Maßgabe des Schutzbedarfs und der Soll-Anforderungen Prozesse zur **7** Protokollierung und Überwachung einzurichten, die überprüfbar machen, dass die Berechtigungen nur wie vorgesehen eingesetzt werden. Aufgrund der damit verbundenen weitreichenden Eingriffsmöglichkeiten hat das Institut insbesondere für die Aktivitäten mit privilegierten (besonders kritischen) Benutzer- und Zutrittsrechten angemessene Prozesse zur Protokollierung und Überwachung einzurichten.

Erläuterung

Die übergeordnete Verantwortung für die Prozesse zur Protokollierung und Überwachung von Berechtigungen wird einer Stelle zugeordnet, die unabhängig vom berechtigten Benutzer oder dessen Organisationseinheit ist. Zu privilegierten Zutrittsrechten zählen in der Regel die Rechte zum Zutritt zu Rechenzentren, Technikräumen sowie sonstigen sensiblen Bereichen.

Durch begleitende technisch-organisatorische Maßnahmen ist einer Umgehung der Vorgaben der **8** Berechtigungskonzepte vorzubeugen.

Erläuterung

Technisch-organisatorische Maßnahmen sind beispielsweise:
- Auswahl angemessener Authentifizierungsverfahren (u. a. starke Authentifizierung im Falle von Fernzugriffen)
- Implementierung einer Richtlinie zur Wahl sicherer Passwörter
- automatische passwortgesicherte Bildschirmsperre
- Verschlüsselung von Daten
- manipulationssichere Implementierung der Protokollierung
- Maßnahmen zur Sensibilisierung der Mitarbeiter.

7. IT-Projekte und Anwendungsentwicklung

Wesentliche Veränderungen in den IT-Systemen im Rahmen von IT-Projekten, deren Auswirkung **1** auf die IT-Aufbau- und IT-Ablauforganisation sowie die dazugehörigen IT-Prozesse sind im Rahmen einer Auswirkungsanalyse zu bewerten (vgl. AT 8.2 Tz. 1 MaRisk). Im Hinblick auf den erstmaligen Einsatz sowie wesentliche Veränderungen von IT-Systemen sind die Anforderungen des AT 7.2 (insbesondere Tz. 3 und Tz. 5) MaRisk, AT 8.2 Tz. 1 MaRisk sowie AT 8.3 Tz. 1 MaRisk zu erfüllen.

    Die organisatorischen Grundlagen für IT-Projekte und die Kriterien für deren Anwendung sind **2** zu regeln.

Erläuterung

Organisatorische Grundlagen berücksichtigen u. a.:

- Einbindung betroffener Beteiligter (insbesondere des Informationssicherheitsbeauftragten)
- Projektdokumentation (z. B. Projektantrag, Projektabschlussbericht)
- Quantitative und qualitative Ressourcenausstattung
- Steuerung der Projektrisiken
- Informationssicherheitsanforderungen
- Projektunabhängige Qualitätssicherungsmaßnahmen
- Aufarbeitung der gewonnenen Erkenntnisse (Lessons Learned).

3   IT-Projekte sind angemessen unter Berücksichtigung ihrer Ziele und Risiken im Hinblick auf die Dauer, Ressourcen und Qualität zu steuern. Hierfür sind Vorgehensmodelle festzulegen, deren Einhaltung zu überwachen ist.

Erläuterung

Beispielsweise kann die Entscheidung über den Übergang zwischen den Projektphasen bzw. Projektabschnitten von eindeutigen Qualitätskriterien des jeweiligen Vorgehensmodells abhängen.

4   Das Portfolio der IT-Projekte ist angemessen zu überwachen und zu steuern. Dabei ist zu berücksichtigen, dass auch aus Abhängigkeiten verschiedener Projekte voneinander Risiken resultieren können.

Erläuterung

Die Portfoliosicht ermöglicht einen Überblick über die IT-Projekte mit den entsprechenden Projektdaten, Ressourcen, Risiken und Abhängigkeiten.

5   Über wesentliche IT-Projekte und IT-Projektrisiken wird der Geschäftsleitung regelmäßig und anlassbezogen berichtet. Wesentliche Projektrisiken sind im Risikomanagement zu berücksichtigen.

6   Für die Anwendungsentwicklung sind angemessene Prozesse festzulegen, die Vorgaben zur Anforderungsermittlung, zum Entwicklungsziel, zur (technischen) Umsetzung (einschließlich Programmierrichtlinien), zur Qualitätssicherung, sowie zu Test, Abnahme und Freigabe enthalten.

Erläuterung

Anwendungsentwicklung umfasst u. a. die Erstellung von Software für Geschäfts- und Unterstützungsprozesse einschließlich individueller Datenverarbeitung – IDV).

Die Ausgestaltung der Prozesse erfolgt risikoorientiert.

7   Anforderungen an die Funktionalität der Anwendung müssen ebenso erhoben, bewertet, dokumentiert und genehmigt werden wie nichtfunktionale Anforderungen. Zu jeder Anforderung sind entsprechende Akzeptanz- und Testkriterien zu definieren. Die Verantwortung für die Erhebung, Bewertung und Genehmigung der fachlichen Anforderungen (funktional und nicht funktional) haben die fachlich verantwortlichen Stellen zu tragen.

Erläuterung

Anforderungsdokumente können sich nach Vorgehensmodell unterscheiden und beinhalten beispielsweise:

- Fachkonzept (Lastenheft)
- Technisches Fachkonzept (Pflichtenheft)
- User-Story/Product Back-Log.

Nichtfunktionale Anforderungen an IT-Systeme sind beispielsweise:
- Anforderungen an die Informationssicherheit
- Zugriffsregelungen
- Ergonomie
- Wartbarkeit
- Antwortzeiten
- Resilienz.

Im Rahmen der Anwendungsentwicklung sind je nach Schutzbedarf angemessene Vorkehrungen zu treffen, dass auch nach jeder Produktivsetzung einer Anwendung die Vertraulichkeit, Integrität, Verfügbarkeit und Authentizität der zu verarbeitenden Daten nachvollziehbar sichergestellt werden.   **8**

Erläuterung
Geeignete Vorkehrungen sind z. B.:
- Prüfung der Eingabedaten
- Systemzugangskontrolle
- Benutzerauthentifizierung
- Transaktionsautorisierung
- Protokollierung der Systemaktivität
- Prüfpfade (Audit Logs)
- Verfolgung von sicherheitsrelevanten Ereignissen
- Behandlung von Ausnahmen.

Die Integrität der Anwendung (insbesondere des Quellcodes) ist angemessen sicherzustellen. Zudem müssen u. a. Vorkehrungen getroffen werden, die erkennen lassen, ob eine Anwendung versehentlich geändert oder absichtlich manipuliert wurde.   **9**

Erläuterung
Eine geeignete Vorkehrung unter Berücksichtigung des Schutzbedarfs kann die Überprüfung des Quellcodes sein. Die Überprüfung des Quellcodes ist eine methodische Untersuchung zur Identifizierung von Risiken.

Die Anwendung sowie deren Entwicklung sind übersichtlich und für sachkundige Dritte nachvollziehbar zu dokumentieren.   **10**

Erläuterung
Die Dokumentation der Anwendung umfasst mindestens folgende Inhalte:
- Anwenderdokumentation
- Technische Systemdokumentation
- Betriebsdokumentation.

Zur Nachvollziehbarkeit der Anwendungsentwicklung trägt beispielsweise eine Versionierung des Quellcodes und der Anforderungsdokumente bei.

Es ist eine Methodik für das Testen von Anwendungen vor ihrem erstmaligen Einsatz und nach wesentlichen Änderungen zu definieren und einzuführen. Die Tests haben in ihrem Umfang die Funktionalität der Anwendung, die implementierten Maßnahmen zum Schutz der Informationen und bei Relevanz die Systemleistung unter verschiedenen Stressbelastungsszenarien einzubeziehen. Die fachlich zuständigen Stellen haben die Durchführung von Abnahmetests zu verantworten. Test-   **11** umgebungen zur Durchführung der Abnahmetests haben in für den Test wesentlichen Aspekten der Produktionsumgebung zu entsprechen. Testaktivitäten und Testergebnisse sind zu dokumentieren.

Erläuterung

Die Testdurchführung erfordert einschlägige Expertise der Tester sowie eine angemessen ausgestaltete Unabhängigkeit von den Anwendungsentwicklern. Der Schutzbedarf der zum Test verwendeten Daten ist zu berücksichtigen.

Eine Testdokumentation enthält mindestens folgende Punkte:

- Testfallbeschreibung
- Dokumentation der zugrunde gelegten Parametrisierung des Testfalls
- Testdaten
- erwartetes Testergebnis
- erzieltes Testergebnis
- aus den Tests abgeleiteten Maßnahmen.

Risikoorientiert schließen die Maßnahmen zum Schutz der Informationen auch Penetrationstests ein.

12 Nach Produktivsetzung der Anwendung sind mögliche Abweichungen vom Regelbetrieb zu überwachen, deren Ursachen zu untersuchen und ggf. Maßnahmen zur Nachbesserung zu veranlassen.

Erläuterung

Hinweise auf erhebliche Mängel können z. B. Häufungen von Abweichungen vom Regelbetrieb sein.

13 Ein angemessenes Verfahren für die Klassifizierung/Kategorisierung (Schutzbedarfsklasse) und den Umgang mit den von Mitarbeitern des Fachbereiches entwickelten oder betriebenen Anwendungen ist festzulegen (Individuelle Datenverarbeitung – IDV).

Erläuterung

Die Einhaltung von Programmierrichtlinien wird auch für die entwickelten IDV-Anwendungen sichergestellt.

Jede Anwendung wird einer Schutzbedarfsklasse zugeordnet. Übersteigt der ermittelte Schutzbedarf die technische Schutzmöglichkeit einer Anwendung, werden Schutzmaßnahmen in Abhängigkeit der Ergebnisse der Schutzbedarfsklassifizierung ergriffen.

14 Die Vorgaben zur Identifizierung aller von Mitarbeitern des Fachbereiches entwickelten oder betriebenen Anwendungen, zur Dokumentation, zu den Programmierrichtlinien und zur Methodik des Testens, zur Schutzbedarfsfeststellung und zum Rezertifizierungsprozess der Berechtigungen sind zu regeln (z. B. in einer IDV-Richtlinie).

Erläuterung

Für einen Überblick und zur Vermeidung von Redundanzen wird ein zentrales Register für Anwendungen geführt und es werden mindestens folgende Informationen erhoben:

- Name und Zweck der Anwendung
- Versionierung, Datumsangabe
- Fremd- oder Eigenentwicklung
- Fachverantwortliche(r) Mitarbeiter
- Technisch verantwortliche(r) Mitarbeiter
- Technologie

- Ergebnis der Risikoklassifizierung/Schutzbedarfseinstufung und ggf. die daraus abgeleiteten Schutzmaßnahmen.

8. IT-Betrieb

Der IT-Betrieb hat die Anforderungen, die sich aus der Umsetzung der Geschäftsstrategie sowie aus den IT-unterstützten Geschäftsprozessen ergeben, zu erfüllen (vgl. AT 7.2 Tz. 1 und Tz. 2 MaRisk).   1

Die Komponenten der IT-Systeme und deren Beziehungen zueinander sind in geeigneter Weise zu verwalten und die hierzu erfassten Bestandsangaben regelmäßig sowie anlassbezogen zu aktualisieren.   2

Erläuterung

Zu den Bestandsangaben zählen insbesondere:
- Bestand und Verwendungszweck der Komponenten der IT-Systeme mit den relevanten Konfigurationsangaben (z. B. Versionen und Patchlevel)
- Eigentümer der IT-Systeme und deren Komponenten
- Standort der Komponenten der IT-Systeme
- Aufstellung der relevanten Angaben zu Gewährleistungen und sonstigen Supportverträgen (ggf. Verlinkung)
- Angaben zum Ablaufdatum des Supportzeitraums der Komponenten der IT-Systeme
- Schutzbedarf der IT-Systeme und deren Komponenten
- Akzeptierter Zeitraum der Nichtverfügbarkeit der IT-Systeme sowie der maximal tolerierbare Datenverlust.

Das Portfolio aus IT-Systemen bedarf der Steuerung. IT-Systeme sollten regelmäßig aktualisiert werden. Risiken aus veralteten bzw. nicht mehr vom Hersteller unterstützten IT-Systemen sind zu steuern (Lebenszyklus-Management).   3

Die Prozesse zur Änderung von IT-Systemen sind abhängig von Art, Umfang, Komplexität und Risikogehalt auszugestalten und umzusetzen. Dies gilt auch für Neu- bzw. Ersatzbeschaffungen von IT-Systemen sowie für sicherheitsrelevante Nachbesserungen (Sicherheitspatches).   4

Erläuterung

Änderungen von IT-Systemen umfassen auch die Wartung von IT-Systemen. Beispiele für Änderungen sind:
- Funktionserweiterungen oder Fehlerbehebungen von Softwarekomponenten
- Datenmigrationen
- Änderungen an Konfigurationseinstellungen von IT-Systemen
- Austausch von Hardwarekomponenten (Server, Router etc.)
- Einsatz neuer Hardwarekomponenten
- Umzug der IT-Systeme zu einem anderen Standort

Änderungen von IT-Systemen sind in geordneter Art und Weise aufzunehmen, zu dokumentieren, unter Berücksichtigung möglicher Umsetzungsrisiken zu bewerten, zu priorisieren, zu genehmigen sowie koordiniert und sicher umzusetzen. Auch für zeitkritische Änderungen von IT-Systemen sind geeignete Prozesse einzurichten.   5

Erläuterung

Der sicheren Umsetzung der Änderungen in den produktiven Betrieb dienen beispielsweise:

- Risikoanalyse in Bezug auf die bestehenden IT-Systeme (insbesondere auch das Netzwerk und die vor- und nachgelagerten IT-Systeme), auch im Hinblick auf mögliche Sicherheits- oder Kompatibilitätsprobleme, als Bestandteil der Änderungsanforderung
- Tests von Änderungen vor Produktivsetzung auf mögliche Inkompatibilitäten der Änderungen sowie mögliche sicherheitskritische Aspekte bei bestehenden IT-Systemen
- Tests von Patches vor Produktivsetzung unter Berücksichtigung ihrer Kritikalität
- Datensicherungen der betroffenen IT-Systeme
- Rückabwicklungspläne, um eine frühere Version des IT-Systems wiederherstellen zu können, wenn während oder nach der Produktivsetzung ein Problem auftritt
- alternative Wiederherstellungsoptionen, um dem Fehlschlagen primärer Rückabwicklungspläne begegnen zu können.

Für risikoarme Konfigurationsänderungen/Parametereinstellungen (z. B. Änderungen am Layout von Anwendungen, Austausch von defekten Hardwarekomponenten, Zuschaltung von Prozessoren) können abweichende prozessuale Vorgaben/Kontrollen definiert werden (z. B. Vier-Augen-Prinzip, Dokumentation der Änderungen oder der nachgelagerten Kontrolle).

6 Die Meldungen über ungeplante Abweichungen vom Regelbetrieb (Störungen) und deren Ursachen sind in geeigneter Weise zu erfassen, zu bewerten, insbesondere hinsichtlich möglicherweise resultierender Risiken zu priorisieren und entsprechend festgelegter Kriterien zu eskalieren. Hierzu sind Standardvorgehensweisen z. B. für Maßnahmen und Kommunikation sowie Zuständigkeiten (z. B. für Schadcode auf Endgeräten, Fehlfunktionen) zu definieren. Bearbeitung, Ursachenanalyse und Lösungsfindung inkl. Nachverfolgung sind zu dokumentieren. Ein geordneter Prozess zur Analyse möglicher Korrelationen von Störungen und deren Ursachen muss vorhanden sein. Der Bearbeitungsstand offener Meldungen über Störungen, wie auch die Angemessenheit der Bewertung und Priorisierung, sind zu überwachen und zu steuern. Das Institut hat geeignete Kriterien für die Information der Beteiligten (z. B. Geschäftsleitung, zuständige Aufsichtsbehörde) über Störungen festzulegen.

Erläuterung

Die Identifikation der Risiken kann beispielsweise anhand des Aufzeigens der Verletzung der Schutzziele erfolgen.

Die Ursachenanalyse erfolgt auch dann, wenn mehrere IT-Systeme zur Störungs- und Ursachenerfassung sowie -bearbeitung eingesetzt werden.

Hier können standardisierte Incident- und Problemmanagement-Lösungen eingesetzt werden.

7 Die Vorgaben für die Verfahren zur Datensicherung (ohne Datenarchivierung) sind schriftlich in einem Datensicherungskonzept zu regeln. Die im Datensicherungskonzept dargestellten Anforderungen an die Verfügbarkeit, Lesbarkeit und Aktualität der Kunden- und Geschäftsdaten sowie an die für deren Verarbeitung notwendigen IT-Systeme sind aus den Anforderungen der Geschäftsprozesse und den Geschäftsfortführungsplänen abzuleiten. Die Verfahren zur Wiederherstellung und zur Gewährleistung der Lesbarkeit der Daten sind regelmäßig, mindestens jährlich, im Rahmen einer Stichprobe sowie anlassbezogen zu testen.

Erläuterung

Die Anforderungen an die Maßnahmen zur Sicherstellung von Verfügbarkeit, Lesbarkeit und Aktualität der Daten sowie an die durchzuführenden Tests ergeben sich aus diesbezüglichen

Risikoanalysen. Hinsichtlich der Standorte für die Lagerung der Datensicherungen können eine oder mehrere weitere Lokationen erforderlich sein.

Der aktuelle Leistungs- und Kapazitätsbedarf der IT-Systeme ist zu erheben. Der zukünftige Leistungs- und Kapazitätsbedarf ist abzuschätzen. Die Leistungserbringung ist zu planen und zu überwachen, um insbesondere Engpässe zeitnah zu erkennen und angemessen zu reagieren. Bei der Planung sind Leistungs- und Kapazitätsbedarf von Informationssicherheitsmaßnahmen zu berücksichtigen.   **8**

9. Auslagerungen und sonstiger Fremdbezug von IT-Dienstleistungen

IT-Dienstleistungen umfassen alle Ausprägungen des Bezugs von IT; dazu zählen insbesondere **1** die Bereitstellung von IT-Systemen, Projekte/Gewerke oder Personalgestellung. Die Auslagerungen der IT-Dienstleistungen haben die Anforderungen nach AT 9 der MaRisk zu erfüllen. Dies gilt auch für Auslagerungen von IT-Dienstleistungen, die dem Institut durch ein Dienstleistungsunternehmen über ein Netz bereitgestellt werden (z.B. Rechenleistung, Speicherplatz, Plattformen oder Software) und deren Angebot, Nutzung und Abrechnung dynamisch und an den Bedarf angepasst über definierte technische Schnittstellen sowie Protokolle erfolgen (Cloud-Dienstleistungen). Das Institut hat auch beim sonstigen Fremdbezug von IT-Dienstleistungen die allgemeinen Anforderungen an die Ordnungsmäßigkeit der Geschäftsorganisation gemäß § 25a Abs. 1 KWG zu beachten (vgl. AT 9 Tz. 1 – Erläuterungen – MaRisk). Bei jedem Bezug von Software sind die damit verbundenen Risiken angemessen zu bewerten (vgl. AT 7.2 Tz. 4 Satz 2 MaRisk).

Wegen der grundlegenden Bedeutung der IT für das Institut ist auch für jeden sonstigen **2** Fremdbezug von IT-Dienstleistungen vorab eine Risikobewertung durchzuführen.

Erläuterung
Art und Umfang einer Risikobewertung kann das Institut unter Proportionalitätsgesichtspunkten nach Maßgabe seines allgemeinen Risikomanagements flexibel festlegen.

Für gleichartige Formen des sonstigen Fremdbezugs von IT-Dienstleistungen kann auf bestehende Risikobewertungen zurückgegriffen werden.

Die für Informationssicherheit und Notfallmanagement verantwortlichen Funktionen des Instituts werden eingebunden.

Der sonstige Fremdbezug von IT-Dienstleistungen ist im Einklang mit den Strategien unter **3** Berücksichtigung der Risikobewertung des Instituts zu steuern. Die Erbringung der vom Dienstleister geschuldeten Leistung ist entsprechend der Risikobewertung zu überwachen.

Erläuterung
Hierfür wird eine vollständige, strukturierte Vertragsübersicht vorgehalten. Die Steuerung kann auf der Basis dieser Vertragsübersicht durch Bündelung von Verträgen des sonstigen Fremdbezugs von IT-Dienstleistungen (Vertragsportfolio) erfolgen. Bestehende Steuerungsmechanismen können hierzu genutzt werden.

Die aus der Risikobewertung zum sonstigen Fremdbezug von IT-Dienstleistungen abgeleiteten Maß- **4** nahmen sind angemessen in der Vertragsgestaltung zu berücksichtigen. Die Ergebnisse der Risikobewertung sind in angemessener Art und Weise im Managementprozess des operationellen Risikos, vor allem im Bereich der Gesamtrisikobewertung des operationellen Risikos, zu berücksichtigen.

Erläuterung

Dies beinhaltet beispielsweise Vereinbarungen zum Informationsrisikomanagement, zum Informationssicherheitsmanagement, zum Notfallmanagement und zum IT-Betrieb, die im Regelfall den Zielvorgaben des Instituts entsprechen.

Bei Relevanz wird auch die Möglichkeit eines Ausfalls eines IT-Dienstleisters berücksichtigt und eine diesbezügliche Exit- bzw. Alternativ-Strategie entwickelt und dokumentiert.

Als erforderlich erkannte Maßnahmen sind auch im Fall der Einbindung von Subunternehmen des IT-Dienstleisters zu berücksichtigen.

5   Die Risikobewertungen in Bezug auf den sonstigen Fremdbezug von IT-Dienstleistungen sind regelmäßig und anlassbezogen zu überprüfen und ggf. inkl. der Vertragsinhalte anzupassen.

10.   IT-Notfallmanagement

1   Das Institut hat Ziele zum Notfallmanagement zu definieren und hieraus abgeleitet einen Notfallmanagementprozess festzulegen. Für Notfälle in zeitkritischen Aktivitäten und Prozessen ist Vorsorge zu treffen (Notfallkonzept). Die im Notfallkonzept festgelegten Maßnahmen müssen dazu geeignet sein, das Ausmaß möglicher Schäden zu reduzieren (vgl. AT 7.3 Tz. 1 MaRisk). Das Notfallkonzept muss Geschäftsfortführungs- sowie Wiederherstellungspläne umfassen. Im Fall der Auslagerung von zeitkritischen Aktivitäten und Prozessen haben das auslagernde Institut und das Auslagerungsunternehmen über aufeinander abgestimmte Notfallkonzepte zu verfügen (vgl. AT 7.3 Tz. 2 MaRisk). Die Wirksamkeit und Angemessenheit des Notfallkonzeptes sind regelmäßig zu überprüfen. Für zeitkritische Aktivitäten und Prozesse sind sie für alle relevanten Szenarien mindestens jährlich und anlassbezogen nachzuweisen (vgl. AT 7.3 Tz. 3 MaRisk).

2   Die Ziele und Rahmenbedingungen des IT-Notfallmanagements sind auf Basis der Ziele des Notfallmanagements festzulegen.

Erläuterung

Rahmenbedingungen enthalten u.a. organisatorische Aspekte wie z.B. Schnittstellen zu anderen Bereichen (u.a. Risikomanagement oder Informationssicherheitsmanagement).

3   Das Institut hat auf Basis des Notfallkonzepts für IT-Systeme, welche zeitkritische Aktivitäten und Prozesse unterstützen, IT-Notfallpläne zu erstellen.

Erläuterung

IT-Notfallpläne umfassen Wiederanlauf-, Notbetriebs- und Wiederherstellungspläne sowie die dafür festgelegten Parameter und berücksichtigen Abhängigkeiten, um die zeitkritischen Aktivitäten und Prozesse wiederherzustellen.

Parameter umfassen u.a.:
- Wiederanlaufzeit (Recovery Time Objective – RTO)
- Maximal tolerierbarer Zeitraum, in dem Datenverlust hingenommen werden kann (Recovery Point Objective RPO)
- Konfiguration für den Notbetrieb.

Abhängigkeiten umfassen u. a.:
- Abhängigkeiten von vor- und nachgelagerten Geschäftsprozessen und den eingesetzten IT-Systemen des Instituts und der (IT-)Dienstleister
- Abhängigkeiten bei der Wiederherstellungspriorisierung der IT-Prozesse und -Systeme
- Notwendige Ressourcen, um eine (eingeschränkte) Fortführung der Geschäftsprozesse zu gewährleisten
- Abhängigkeiten von externen Faktoren (Gesetzgeber, Anteilseigner, Öffentlichkeit etc.).

Die Wirksamkeit der IT-Notfallpläne ist durch mindestens jährliche IT-Notfalltests zu überprüfen. **4** Die Tests müssen IT-Systeme, welche zeitkritische Aktivitäten und Prozesse unterstützen, vollständig abdecken. Abhängigkeiten zwischen IT-Systemen bzw. von gemeinsam genutzten IT-Systemen sind angemessen zu berücksichtigen. Hierfür ist ein IT-Testkonzept zu erstellen.

Erläuterung

Das IT-Testkonzept beinhaltet sowohl Tests einzelner IT-Systeme (z. B. Komponenten, einzelne Anwendungen) als auch deren Zusammenfassung zu Systemverbünden (z. B. Hochverfügbarkeitscluster) sowie Prozesse (z. B. Zutritts- und Zugriffsmanagement).

Das Institut hat nachzuweisen, dass bei Ausfall eines Rechenzentrums die zeitkritischen Aktivitä- **5** ten und Prozesse aus einem ausreichend entfernten Rechenzentrum und für eine angemessene Zeit sowie für die anschließende Wiederherstellung des IT-Normalbetriebs erbracht werden können.

11. Management der Beziehungen mit Zahlungsdienstnutzern

Die nach § 53 ZAG geforderten Risikominderungsmaßnahmen zur Beherrschung der operationel- **1** len und sicherheitsrelevanten Risiken beinhalten auch Maßnahmen, mit denen die Zahlungsdienstnutzer für die Reduzierung, insbesondere von Betrugsrisiken, direkt adressiert werden. Dazu ist ein angemessenes Management der Beziehungen mit den Zahlungsdienstnutzern zu etablieren.

Das Institut hat Prozesse einzurichten und zu implementieren, durch die das Bewusstsein der **2** Zahlungsdienstnutzer über die sicherheitsrelevanten Risiken in Bezug auf die Zahlungsdienste verbessert wird, indem die Zahlungsdienstnutzer unterstützt und beraten werden.

Erläuterung

Betroffen sind insbesondere Kommunikationsprozesse zur Sensibilisierung der eigenen Zahlungsdienstnutzer für Risiken bei der Nutzung von Zahlungsdiensten. Die Sensibilisierung kann in Form allgemeiner Ansprachen (Informationen auf der Web-Seite) oder bei Bedarf durch individuelle Ansprachen erfolgen.

Die Prozesse werden an die spezifische aktuelle Risiko- und Bedrohungslage angepasst und können sich in Bezug auf einzelne Zahlungsdienstnutzer unterscheiden.

Die den Zahlungsdienstnutzern angebotene Unterstützung und Beratung sind aktuell zu halten **3** und an neue Risikolagen anzupassen. Anpassungen sind dem Zahlungsdienstnutzer in angemessener Form zu kommunizieren.

Erläuterung

Im Ergebnis sollte es dem Zahlungsdienstnutzer ermöglicht werden, auf aktuelle Risiken angemessen zu reagieren und den Zahlungsdienst sicher nutzen zu können.

4 Das Institut hat – wenn die Produktfunktionalität es zulässt – dem Zahlungsdienstnutzer die Möglichkeit zu bieten, einzelne der angebotenen Zahlungsfunktionalitäten zu deaktivieren.

Erläuterung

Eine solche Deaktivierung kann z. B. eine Sperrmöglichkeit für Auslandsüberweisungen außerhalb des SEPA-Raums beinhalten. Entsprechende Anträge können online oder auch auf schriftlichem Wege übermittelt werden.

5 Falls das Institut mit dem Zahlungsdienstnutzer Betragsobergrenzen vereinbart hat, ist dem Zahlungsdienstnutzer die Möglichkeit zu geben, die vereinbarten Grenzen anzupassen.

Erläuterung

Dies kann z. B. eine Anpassung des Tageslimits für Überweisungen im Online-Banking beinhalten.

6 Zur Erkennung von betrügerischer oder nicht autorisierter Nutzung der Zahlungskonten des Zahlungsdienstnutzers hat das Institut dem Zahlungsdienstnutzer die Möglichkeit einzuräumen, Benachrichtigungen über getätigte und fehlgeschlagene Transaktionen zu erhalten.

Erläuterung

Ziel ist es, dem Zahlungsdienstnutzer eine angemessene eigene Kontrolle der durchgeführten Transaktionen oder Transaktionsversuche zu ermöglichen, so dass betrügerische Transaktionen oder Betrugsversuche von diesem möglichst früh auch selbst erkannt werden können. Eine ständige und sofortige explizite Benachrichtigung über alle Transaktionen und Transaktionsversuche ist nicht erforderlich. Vom Institut durchzuführende Betrugserkennungsmaßnahmen bleiben davon unberührt.

7 Das Institut hat die Zahlungsdienstnutzer zeitnah über Aktualisierungen der Sicherheitsverfahren zu informieren, die in Bezug auf die Erbringung von Zahlungsdiensten Auswirkungen auf die Zahlungsdienstnutzer haben.

Erläuterung

Der konkrete Kommunikationsweg wird vom Institut bestimmt. Dem Zahlungsdienstnutzer sollte die Möglichkeit gegeben werden, sich auf geänderte Prozesse angemessen einzustellen und sich vorzubereiten, um die Zahlungsdienste möglichst ohne Unterbrechungen nutzen zu können.

8 Das Institut hat die Zahlungsdienstnutzer in Bezug auf alle Fragen, Unterstützungsanfragen, Benachrichtigungen über Unregelmäßigkeiten oder alle sicherheitsrelevanten Fragen hinsichtlich der Zahlungsdienste zu unterstützen. Die Zahlungsdienstnutzer sind angemessen darüber zu informieren, wie sie diese Unterstützung erhalten können.

Erläuterung

Es werden angemessene und für alle Zahlungsdienstnutzer zu nutzende Kommunikationskanäle eingerichtet. Diese können z. B. über die Web-Seiten, über technische Kommunikationskanäle oder in schriftlicher Kommunikation bekannt gemacht werden.

12. Kritische Infrastrukturen

Dieses Kapitel richtet sich – im Kontext mit den anderen Kapiteln der BAIT und den sonstigen   1
einschlägigen bankaufsichtlichen Anforderungen in Bezug auf die Sicherstellung angemessener
Vorkehrungen zur Gewährleistung von Verfügbarkeit, Integrität, Authentizität und Vertraulichkeit
der Informationsverarbeitung – eigens an die Betreiber kritischer Infrastrukturen (KRITIS-Betreiber[1]).

Es ergänzt insoweit die bankaufsichtlichen Anforderungen an die IT um Anforderungen an die
wirksame Umsetzung besonderer Maßnahmen zum Erreichen des KRITIS-Schutzziels. Als KRITIS-
Schutzziel wird nachfolgend das Bewahren der Versorgungssicherheit der Gesellschaft mit den in § 7
BSI-Kritisverordnung genannten kritischen Dienstleistungen (Bargeldversorgung, kartengestützter
Zahlungsverkehr, konventioneller Zahlungsverkehr sowie Verrechnung und Abwicklung von Wert-
papier- und Derivatgeschäften) verstanden, da deren Ausfall oder Beeinträchtigung zu erheblichen
Versorgungsengpässen oder zu Gefährdungen der öffentlichen Sicherheit führen könnte.

Für kritische Dienstleistungen sind von den jeweiligen KRITIS-Betreibern (und im Falle von
Auslagerungen zusätzlich von ihren IT-Dienstleistern) geeignete Maßnahmen zu beschreiben und
wirksam umzusetzen, die die Risiken für den sicheren Betrieb kritischer Infrastrukturen auf ein
dem KRITIS-Schutzziel angemessenes Niveau senken. Hierzu müssen sich die KRITIS-Betreiber
sowie ihre IT-Dienstleister an den einschlägigen Standards orientieren und Konzepte der Hochverfügbarkeit berücksichtigen. Dabei soll der Stand der Technik eingehalten werden.

Dieses Kapitel kann optional verwendet werden, um im Rahmen einer Jahresabschlussprüfung
den Nachweis nach § 8a Abs. 3 BSIG zu erbringen. Dazu müssen alle informationstechnischen
Systeme, Komponenten oder Prozesse der kritischen Infrastrukturen in der Prüfung komplett
abgedeckt sein.

Alternativ können die KRITIS-Betreiber einen unternehmensindividuellen Ansatz verfolgen
oder einen branchenspezifischen Sicherheitsstandard (B3S) gemäß § 8a Abs. 2 BSIG erstellen.
Der Nachweis gemäß § 8a Abs. 3 BSIG ist in diesen Fällen unter Hinzuziehung einer geeigneten
prüfenden Stelle (siehe einschlägige FAQ auf der BSI-Website) zu erstellen.

Der Geltungsbereich der kritischen Infrastrukturen innerhalb des Informationsverbundes ist   2
eindeutig zu kennzeichnen. Hierbei sind alle relevanten Schnittstellen einzubeziehen.

Alle einschlägigen Anforderungen der BAIT und der sonstigen aufsichtlichen Anforderungen sind
nachvollziehbar auch auf alle Komponenten und Bereiche der kritischen Dienstleistung anzuwenden.

Kritische Dienstleistungen sind angemessen zu überwachen. Mögliche Auswirkungen von
Sicherheitsvorfällen auch auf die kritischen Dienstleistungen sind zu bewerten.

Erläuterung

Dies kann beispielsweise erfolgen, indem im Inventar entsprechend 3.3 BAIT (beispielsweise in einer
Configuration Management Database CMDB) die Komponenten und Bereiche des Informations-
verbundes zusätzlich gekennzeichnet werden, die zu den kritischen Infrastrukturen gehören. Der
Bezug zu den jeweiligen zu prüfenden Anlagenkategorien des KRITIS-Betreibers ist darzustellen.

Durch geeignete Maßnahmen ist sicherzustellen, dass die für die kritischen Dienstleistungen
betriebsrelevanten Systeme einer resilienten Architektur unterliegen.

Im Rahmen des Informationsrisiko- und Informationssicherheitsmanagements gemäß den BAIT-   3
Kapiteln 3. und 4. ist das KRITIS-Schutzziel zu beachten und Maßnahmen zu dessen Einhaltung
wirksam umzusetzen. Insbesondere sind Risiken, die die kritischen Dienstleistungen in relevantem Maße beeinträchtigen können, durch angemessene Maßnahmen der Risikominderung oder
-vermeidung auf ein dem KRITIS-Schutzziel angemessenes Niveau zu senken. Hierzu sind ins-

---

1   Siehe Erste Verordnung zur Änderung der BSI-Kritisverordnung vom 21. Juni 2017.

besondere solche Maßnahmen geeignet, mit denen den Risiken für die Verfügbarkeit bei einem hohen und sehr hohen Schutzbedarf begegnet werden kann. Unter anderem sollten daher Konzepte der Hochverfügbarkeit geprüft und, soweit geeignet, angewandt werden.

Erläuterung

Grundsätzlich sind für Risiken Maßnahmen zur Mitigation zu treffen. Dabei soll der Stand der Technik eingehalten werden.

Der erforderliche Aufwand soll im Verhältnis zu den Folgen eines Ausfalls oder einer Beeinträchtigung der betroffenen Kritischen Infrastruktur stehen. Dies bedeutet, dass Risiken zwar auch akzeptiert oder übertragen werden können, dies aber nicht allein nach betriebswirtschaftlichen Gesichtspunkten entschieden werden darf, sondern nur unter Gewährleistung der Versorgungssicherheit. Risiken, die die kritische Dienstleistung betreffen, dürfen beispielsweise nicht akzeptiert werden, sofern Vorkehrungen nach dem Stand der Technik möglich und angemessen sind. Auch ein Transfer der Risiken, z.B. durch Versicherungen, ist kein Ersatz für angemessene Vorkehrungen. Der Abschluss einer Versicherung, z.B. aus betriebswirtschaftlichem Interesse, steht dem nicht entgegen.

4 Das KRITIS-Schutzziel ist von der Schutzbedarfsermittlung über die Definition angemessener Maßnahmen bis hin zur wirksamen Umsetzung dieser Maßnahmen einschließlich der Implementierung und des regelmäßigen Testens entsprechender Notfallvorsorgemaßnahmen stets mit zu berücksichtigen.

Erläuterung

Insbesondere ist dies bei den folgenden Aspekten zu beachten:
- das KRITIS-Schutzziel ist auch bei Auslagerungen von Dienstleistungen entsprechend §§ 25a, 25b KWG i. V. m. AT 9 und AT 5 Tz. 3 f) MaRisk sowie Kapitel 9. BAIT zu berücksichtigen
- im Rahmen der Notfallvorsorge sind Maßnahmen zu ergreifen (AT 7.3 MaRisk sowie Kapitel 10. BAIT), mit denen die kritischen Dienstleistungen auch im Notfall aufrechterhalten werden können.

5 Die Nachweiserbringung gemäß § 8a Abs. 3 BSIG bzgl. der Einhaltung der Anforderungen gemäß § 8a Abs. 1 BSIG kann im Rahmen der Jahresabschlussprüfung erfolgen. Der KRITIS-Betreiber hat die einschlägigen Nachweisdokumente fristgerecht beim BSI einzureichen, entsprechend den jeweils gültigen Vorgaben des BSI.

Erläuterung

Bei der Nachweiserbringung im Rahmen der Jahresabschlussprüfung sollte die Einhaltung der Anforderungen gemäß § 8a Abs. 1 BSIG durch den KRITIS-Betreiber erstmals auf den Jahresabschluss 2018 referenziert werden und ist anschließend mindestens alle zwei Jahre gegenüber dem BSI nachzuweisen.

Neben der Prüfung im Rahmen des Jahresabschlusses sind weitere Möglichkeiten zur Nachweiserbringung zulässig. Die KRITIS-Betreiber sollten entsprechend die »Orientierungshilfe zu Nachweisen gemäß § 8a Abs. 3 BSIG« in der jeweils aktuellen Fassung beachten.

Anlage 42
Bundesanstalt für Finanzdienstleistungsaufsicht (BaFin)
Sitzungen des MaRisk-Fachgremiums am 12. und 19. Februar 2021
Protokoll

[...]

Im Rahmen der Sitzung werden die eingegangenen Stellungnahmen nicht im Einzelnen besprochen. Vielmehr stellen Vertreter der Aufsicht die im MaRisk-Entwurf im Nachgang der Konsultation noch vorgenommenen Änderungen vor. Die Mitglieder des Fachgremiums sind eingeladen aus ihrer Sicht wichtige Aspekte anzusprechen, einschließlich Petita zu MaRisk-Passagen, die keine Änderung erfahren haben. Die in der Sitzung thematisierten Stellen im MaRisk-Entwurf sind in Form eines Ergebnisprotokolls in Abschnitt 3 dargestellt. In das Protokoll werden Themen aufgenommen, die

1. im Übersendungsschreiben zur neuen Novelle erläutert werden sollen,
2. als Prüfung für eine mögliche Anpassung des Textes nach dem Fachgremium dienen sollen und
3. die Sicht der Aufsicht zu bestimmten Themen darstellen sollen.

2. Zeitplan und Umsetzungsfristen für neue Anforderungen der 6. MaRisk-Novelle

Die Aufsicht informiert darüber, dass sie mit einer Veröffentlichung der überarbeiteten MaRisk-Fassung im 2. Quartal 2021 rechnet.

Der überwiegende Teil der neuen Anforderungen wird bis zum 31.12.2021 umzusetzen sein. Eine längere Übergangsfrist kann für einzelne Anforderungen angebracht sein. Als Beispiel wurde die Änderung von bestehenden Auslagerungsverträgen angeführt. Von der Aufsicht wird zu gegebener Zeit kommuniziert, wie die Übergangsfristen ausgestaltet sind.

3. Bewertung der Konsultationsanmerkungen

AT 1 Tz. 6: Einführung des Begriffs »bedeutende Institute«

An dem Begriff »bedeutende Institute« wird die Aufsicht festhalten. Allerdings sollen erläuternde Ausführungen in das Übersendungsschreiben zur MaRisk-Novelle aufgenommen werden.

Hinsichtlich der einzelnen Themen, für die die Änderung »bedeutendes Institut« relevant ist, wird auf die Erläuterungen zu den jeweiligen Modulen und Textziffern der MaRisk verwiesen.

AT 2.1 Tz.1 (Erläuterung): Berechnung der NPL-Quote

Die Berechnung der NPL-Quote wird in das Übersendungsschreiben aufgenommen, ebenso wie eine Erläuterung zur Unterscheidung zwischen NPL und NPE.

Die Aufsicht stellt klar, dass keine Bagatellgrenzen bzw. Schwellenwerte eingeführt werden, da Bagatellgrenzen Klippeneffekte nicht vermeiden, sondern lediglich verschieben. Um dennoch Proportionalität zu gewährleisten reicht bei kleinen Instituten, sofern die Überschreitung der NPL-Quote durch eines oder wenige Engagements zustande kommt, die Engagementstrategie aus. Somit kann in diesen Fällen auf eine eigene NPE-Strategie verzichtet werden.

Zudem stellt die Aufsicht klar, dass die weiterführenden Anforderungen für Institute mit hohem NPL-Bestand erst eingehalten werden müssen, wenn die NPL-Quote an zwei aufeinanderfolgenden Quartalsstichtagen überschritten wird. Es wird jedoch erwartet, dass die Institute sich mit den weitergehenden Anforderungen bereits auseinandersetzen, sobald absehbar ist, dass das Institut die NPL-Quote in absehbarer Zeit überschreiten wird.

AT 2.1 Tz.2: Wertpapierfirmen gemäß § 2 Abs. 18 des WpIG

Die Aufsicht wird im Übersendungsschreiben klarstellen, dass nach Inkrafttreten des WpIG (voraussichtlich am 26.06.2021) nur große Wertpapierinstitute den Anforderungen von § 25a und § 25b KWG und somit den MaRisk unterliegen werden.

AT 4.1 Tz. 1 (Erläuterung)

Die Mitglieder des Fachgremiums äußern die Befürchtung, dass durch die neue Erläuterung die Möglichkeit einer qualitativen Wesentlichkeitsbeurteilung für bestimmte Risikoarten im Rahmen der Risikoinventur nicht mehr möglich sein könnte.

Die Aufsicht stellt klar, dass die Vorgaben der MaRisk zur Durchführung der Risikoinventur von der neuen Erläuterung unberührt bleiben. Sobald die Summe der einzelnen an sich unwesentlichen Risiken jedoch wesentlich wird, wird eine Berücksichtigung in der Risikotragfähigkeit erwartet. Dabei gilt die Tz. 5 des AT 4.1 MaRisk uneingeschränkt und die Festlegung des Risikobetrags kann auf Basis von Expertenschätzungen erfolgen.

AT 4.2 Tz. 1 (Erläuterungen): Ersatz von »großen und komplexen« durch bedeutende Institute

Ergänzende Erläuterungen werden im Übersendungsschreiben aufgenommen. Am Begriff »bedeutende Institute« wird im Einklang mit der SSM-Verwaltungspraxis festgehalten.

AT 4.2 Tz. 3: Haupttext und Erläuterungen

Die Aufsicht stellt klar, dass selbstverständlich auch die neuen Anforderungen proportional anzuwenden sind. Die Aufsicht ist sich bewusst, dass einige Anforderungen insbesondere für kleinere Institute mit hohem Aufwand zu erfüllen sind. Dies trifft vor allem auf die in den Erläuterungen aufgeführten Beispiele für die Analyse der externen Bedingungen zu. Aus diesem Grund wird explizit auf die Ausführungen zur Proportionalität in AT 1 hingewiesen, welche selbstverständlich auch bei der NPE-Strategie zu beachten sind und welche in diesem Kontext eine Proportionalität »nach unten« zulassen.

AT 4.3.3 Tz. 1 (Erläuterungen): Sensitivitätsanalysen und Szenarioanalysen im Stresstestprogramm

Die Aufsicht stellt klar, dass das Stresstestprogramm die Gesamtmenge an Sensitivitäts- und Szenarioanalysen darstellt und insgesamt angemessen sein muss. Für eine einzelne Risikoart können dabei Sensitivitäts- oder Szenarioanalysen allein ausreichend sein.

AT 4.3.4 Tz. 1: Anwendungsbereich bedeutende Institute

Als Reaktion auf die Petita der Industrie stellt die Aufsicht klar, dass die in AT 4.3.4 niedergelegten Anforderungen nicht über die Anforderungen hinausgehen, welche die EZB hinsichtlich des BCBS 239 Standards an die von ihr unmittelbar beaufsichtigten Institute stellt. Der BCBS 239 Standard richtet sich zwar in erster Linie an systemrelevante Institute, stellt es der Aufsicht jedoch explizit frei, die Anforderungen unter Beachtung des Proportionalitätsprinzips auch an einen erweiterten Institutskreis zu stellen. Dieser Ansatz wurde aufgrund bestehender Defizite in der Datenqualität der von der EZB direkt beaufsichtigten Institute gewählt und wird nun auch in den MaRisk umgesetzt. Alle bedeutenden Institute wurden bereits mit dem Schreiben von Andrea Enria vom 14. Juni 2019[1] darüber informiert. Die Erfahrungen aus der COVID 19-Pandemie haben ferner gezeigt, dass in diesem Bereich weiterhin erheblicher und dringender Handlungsbedarf besteht, sodass das Thema noch stärker in den aufsichtlichen Fokus rückt und von den Instituten entsprechende Anstrengungen erwartet werden.

AT 4.3.4 Tz. 1 (Erläuterung): Proportionale Umsetzung der Anforderungen

Es wird im Übersendungsschreiben klargestellt, dass die deutsche Aufsicht über die aufsichtlichen Erwartungen der EZB an die Risikodatenaggregation und das Risikoberichtswesen nicht hinausgehen wird.

AT 4.4.1 Tz. 2 (Erläuterung)

Die Aufsicht stellt klar, dass die Verantwortung für die Überwachung der NPE-bezogenen Risiken sowie des Fortschritts zur Erreichung der NPE-Zielwerte anhand der NPE-bezogenen Leistungsindikatoren in der Risikocontrolling-Funktion anzusiedeln ist. Die Risikocontrolling-Funktion kann sich zur Erfüllung ihrer Aufgaben allerdings die Informationen, die insbesondere zur Entwicklung der NPE-bezogenen Leistungsindikatoren erforderlich sind, aus marktunabhängigen Bereichen zuliefern lassen.

AT 4.4.1 Tz. 5: Anwendungsbereich bedeutende Institute

Die Anforderung künftig auf bedeutende Institute (statt nur auf systemrelevante Institute) zu beziehen hält die Aufsicht für sachgerecht. Die Ausgestaltung der aufsichtlichen Anforderung erfolgt durch die zuständige Aufsichtsbehörde (hier: EZB), die den Grundsatz der Exklusivität der Risikocontrolling-Funktion für Institute von erheblicher Bedeutung entsprechend den Vorgaben der EBA-Guideline umzusetzen hat (und sich unseren Informationen nach seit längerem im aufsichtlichen Dialog mit den betroffenen Instituten über Möglichkeiten, aber auch Grenzen einer proportionalen Anwendung befindet). Dies wird mit dem direkten Verweis auf den Proportionalitätsgrundsatz und die hierfür von der EBA für diesen Zweck entwickelten Kriterien nunmehr klargestellt. Die MaRisk folgen auch hier der Aufsichtspraxis im SSM.

---

1 https://www.bankingsupervision.europa.eu/press/letterstobanks/shared/pdf/2019/ssm.supervisory_expectations_on_risk_data_aggregation_capabilities_and_risk_reporting_practices_201906.en.pdf?1e870b7800417deacb3cd8c9eb937a

AT 4.4.1 Tz. 5 (Erläuterung): proportionale Umsetzung der Anforderungen
Durch den Bezug auf die EBA Guideline soll auch auf Gruppenebene einerseits eine proportionale und andererseits eine europäisch gleichwertige Behandlung sichergestellt werden, sodass deutsche Töchter einer z. B. französischen Bank gleichbehandelt werden wie ihre italienischen Töchter, da die EZB bereits Compliance mit der EBA-Guideline erklärt hat.

AT 4.4.2 Tz. 4: Anwendungsbereich bedeutende Institute
Die Anforderung künftig auf bedeutende Institute zu beziehen ist sachgerecht.

AT 4.4.2 Tz. 4 (Erläuterung): proportionale Umsetzung der Anforderungen
Der Aufsicht geht es darum, Interessenskonflikte innerhalb der Compliance-Funktion zu vermeiden und somit operative und überwachende Tätigkeiten zu trennen. Ggf. ist es besser, dieses Prinzip auszuformulieren als die aufgrund des Prinzips bisher gefundenen Ergebnisse enumerativ aufzuzählen.

AT 4.5 Tz. 1 (Erläuterung)
Die Aufsicht stellt klar, dass die Regelungen des AT 9 Tz. 15 (Erleichterungen für Gruppen- und Verbundinstitute) weiterhin unbeschadet der Ergänzungen in AT 4.5. Tz. 1 bestehen bleiben.

AT 5 Tz. 3 lit. c): Anwendungsbereich bedeutende Institute
Die Überschrift der Erläuterungsspalte wird dahingehend angepasst, dass aus »Regelung zum Verhaltenskodex bei Auslagerungen« nun »Regelungen zu Verfahrensweisen bei Auslagerungen« wird.

AT 7.3 Tz. 1: Quartalsweise Berichterstattung an die Geschäftsleitung
Die Aufsicht stellt klar, dass die Institutsleitung den Zustand des Notfallmanagements (u. a. bzgl. Status von Maßnahmen, Veränderungen des Umfeldes, Abweichungen und Trends aus Nicht-Konformitäten, Rückmeldungen von Stakeholdern, Ressourcen, Ergebnisse von Überprüfungen) erkennen und nachvollziehen können muss, um ggf. notwendige strategische oder taktische Entscheidungen zur Neuausrichtung anzustoßen und Fehlentwicklungen damit zeitnah entgegenzuwirken.

Auch für kleine Institute ist eine quartalsweise Berichterstattung notwendig, da diese auch einem tendenziell steigenden operationellen Risiko ausgesetzt sind. Aufgrund der geringeren Komplexität geht diese dann jedoch in der Regel mit einem geringeren Berichtsumfang einher, welcher ggf. auch in das bestehende Berichtswesen, z. B. im Rahmen des Gesamtrisikoberichtes nach BT 3.2 MaRisk, integriert werden kann.

AT 7.3 Tz. 3: Jährliche Nachweise der Wirksamkeit und Angemessenheit des Notfallkonzeptes
Die Aufsicht stellt klar, dass die jährliche Überprüfung für kritische Geschäftsfunktionen durch die EBA GL on ICT and security risk management vorgegeben ist. Die Aufsicht betont, dass der jährliche Nachweis der Wirksamkeit und Angemessenheit des Notfallkonzeptes nur für Aktivitäten und Prozesse eingefordert wird, bei deren Beeinträchtigung ein nicht mehr akzeptabler Schaden für das Institut zu erwarten ist. Für alle anderen Aktivitäten und Prozesse wird lediglich ein regelmäßiger Überprüfungsturnus gefordert, welcher dann ggf. auch über einen dreijährigen Zyklus gestreckt werden könnte.

Die Nachfrage bzgl. einer Abgrenzung der in der Erläuterung der Textziffer 3 aufgeführten Testarten wurde mit Verweis auf einschlägige Standards (u. a. BSI 100-4 / BSI 200-4) beantwortet.

AT 9 Tz. 2

In Folge der Diskussion wird die Formulierung »als wesentlich einzustufen« durch »von wesentlicher Bedeutung« ersetzt.

AT 9 Tz. 7 f)

Die Anforderung in Tz. 7 f) wird dahingehend angepasst, dass der Zusatz »soweit zutreffend« ergänzt wird. Die bisherige Formulierung erweckt den Anschein, dass die Anforderung zum Abschluss einer Versicherung im Rahmen der Vertragsgestaltung von wesentlichen Auslagerungen für alle Risiken gelte.

AT 9 Tz. 7 (Erläuterungen)

Der erläuternde Teil zu sonstigen Sicherheitsanforderungen ist in der aktuellen Fassung der MaRisk-Novelle auf wesentliche sowie unwesentliche Auslagerungen anzuwenden. Es wird aufsichtsintern noch einmal überprüft, inwiefern diese Anforderungen tatsächlich auch für unwesentliche Auslagerungen umzusetzen sind. Die darüber hinaus hinzugefügte fortlaufende Überwachung der sonstigen Sicherheitsanforderungen wird ebenfalls aufsichtsintern dahingehend überprüft, inwiefern diese Anforderung nicht bereits über die laufende Überwachung des AT 9 Tz. 9 abgedeckt ist.

AT 9 Tz. 11

Der dritte Satz in den Erläuterungen wird wie folgt angepasst: »Die erweiterten Anforderungen für wesentliche Auslagerungen finden nur für die unter Risikogesichtspunkten wesentlichen Weiterverlagerungen Anwendung.«

AT 9 Tz. 12

Die neue Anforderung der Einrichtung eines zentralen Auslagerungsbeauftragten stammt aus der Tz. 38 c) der EBA Leitlinien zu Auslagerungen. Die aufbauorganisatorischen Anforderungen des zentralen Auslagerungsbeauftragten werden aufsichtsintern nochmals geprüft.

AT 9 Tz. 14

Die Aufsicht stellt eine Erweiterung der Tz. 14 vor. Hier wird ein Verweis auf die Tz. 54 und 55 der EBA Leitlinien zu Auslagerungen und die dort beschriebenen Inhalte des Auslagerungsregisters eingefügt. Diese Textziffer wird bei einem erneuten Termin des FG MaRisk am 04.03.2021 besprochen. Hier wird der Industrie eine erneute Kommentierung eingeräumt.

BTO 1.2 Tz. 2: Regelmäßige Überprüfung eines Wertermittlungsverfahrens

Im Nachgang zum FG MaRisk stellt die Aufsicht klar, dass die regelmäßige Überprüfung eines Wertermittlungsverfahrens nicht erforderlich ist, soweit ein gesetzlich normiertes Verfahren angewendet wird. Unabhängig hiervon haben die Institute dennoch regelmäßig zu überprüfen, inwieweit die institutsindividuell festgelegten Parameter für das jeweilige Institut angemessen sind.

BTO 1.2 Tz. 3: Einheit für interne Sachverständige

Die Aufsicht stellt klar, dass eine eigene Einheit für interne Sachverständige nicht erforderlich ist, wenn diese für das Institut unangemessen wäre. In Abhängigkeit von z. B. der Institutsgröße, der Art des Sicherheitenportfolios oder festgelegter Normen für die Sicherheitenbewertung wären unterschiedliche organisatorische Varianten möglich. Z. B. sind interne Sachverständige als Teil des Marktfolgebereiches in einer Einheit zusammengefasst oder sie sind als Einheit direkt der Geschäftsleitung unterstellt oder interne Sachverständige sind in einer Einheit zusammengefasst und einem Bereich zugeordnet, in dem Immobilienkreditgeschäfte weder angebahnt noch entschieden werden.

BTO 1.2.2 Tz. 3: Marktschwankungskonzepte

Marktschwankungskonzepte bilden lediglich eine erste Indikation für die Überwachung von Immobiliensicherheiten. Aus diesem Grund haben die Institute ergänzende Marktbeobachtungen und Analysen durchzuführen. Dies stellt die Aufsicht durch eine Änderung der Formulierung in den Erläuterungen klar.

BTO 1.2.4 Tz. 2: Intensivbetreuung

Die Aufsicht stellt klar, dass bei Kreditentscheidungen gem. BTO 1.1 Tz. 2 zwei Voten aus Markt und Marktfolge erforderlich sind. Diese Regelung gilt somit auch für die Intensivbetreuung, da eine Ausnahme von der Zweitvotierungspflicht explizit nur für die Problemkreditbearbeitung nach BTO 1.2.5 Tz. 1 besteht.

BTO 1.2.5 Tz. 1 (Erläuterungen): Abwicklungseinheiten

Die Aufsicht stellt klar, dass keine eigene Öffnungsklausel für das Mengengeschäft für die Einrichtung der NPE WUs eingeführt wird. Es wird darauf hingewiesen, dass sich bereits jetzt die Gestaltung der Abwicklungseinheiten an den Besonderheiten des jeweiligen Portfolios orientieren soll. Somit können Abwicklungseinheiten auch derart gestaltet werden, dass die Besonderheiten des z. B. Retailgeschäfts beachtet werden, indem z. B. automatisierte Prozesse für homogene, weniger komplexe Portfolios eingerichtet werden.

BTO 1.2.5 Tz. 2: Überprüfung von Sicherheitenwerten

Die Aufsicht stellt klar, dass eine Überprüfung der Sicherheitenwerte mindestens jährlich zu erfolgen hat, sofern die Risikoposition als notleidend eingestuft wird.

BTO 1.2.5 Tz. 8: Rettungserwerbe

Die Aufsicht stellt klar, dass Institute nur dann eine eigene Richtlinie für Rettungserwerbe zu entwickeln haben, wenn sie für sich grundsätzlich in Betracht ziehen, Rettungserwerbe durchzuführen. Die Entwicklung einer Richtlinie ist nicht notwendig, wenn Rettungserwerbe vom Institut grundsätzlich ausgeschlossen werden. Ebenfalls muss keine Richtlinie entwickelt werden, wenn trotz Ausschluss von Rettungserwerben im Einzelfall dennoch ein Rettungserwerb durchgeführt wird. In diesem Fall reichen eine schriftliche Begründung und kompetenzgerechte Entscheidung aus. Unter einem Einzelfall wird nicht verstanden, wenn ein Institut z. B. regelmäßig einmal im Jahr einen Rettungserwerb durchführt.

BTO 1.2.5 Tz. 9

Die Aufsicht stellt klar, dass im Rahmen der Überwachung der notleidenden Risikopositionen auch die Anforderungen des Artikels 47c CRR hinsichtlich der Mindestabdeckung notleidender Risikopositionen zu beachten sind. Die Formulierung wird geringfügig angepasst.

BTO 1.2.6 Tz. 1 Satz 2: Risikovorsorge

Die Aufsicht stellt klar, dass die angemessene Bewertung von Sicherheiten eine Voraussetzung für die angemessene Bildung von Risikovorsorge ist. Wird unterjährig eine Risikovorsorge gebildet, so muss das Institut zum Bewertungsstichtag überprüfen, ob Änderungen eingetreten sind. Die Pflicht zur vorsichtigen Bewertung ergibt sich zudem aus § 252 Abs. 1 Nr. 3 und 4 HGB, wonach die Institute verpflichtet sind, Vermögensgegenstände einzeln und vorsichtig zu bewerten sowie Risiken zu berücksichtigen.

BTO 1.3: Überschrift

Änderung der Überschrift in »Anforderungen an Verfahren zur Früherkennung von Risiken und Behandlung von Forbearance«

BTO 1.3.2 Tz. 2: Forbearance-Richtlinien

Die Aufsicht stellt klar, dass die Forbearance-Richtlinie auch Bestandteil der Organisationsrichtlinien gem. AT 5 sein kann.

BTO 1.3.2 Tz. 3: Definition einer als notleidend einzustufenden Forborne-Risikoposition

Im Nachgang zur Sitzung des Fachgremiums stellt die Aufsicht die Kriterien zur Einstufung einer als notleidend einzustufenden Forborne-Risikoposition klar, um Unklarheiten in der Prüfungspraxis entgegenzuwirken.

BTO 1.4 Tz. 1

Die Aufsicht stellt klar, dass die Kriterien so zu gestalten sind, dass sie eine unverzügliche Zuordnung in eine Risikoklasse ermöglichen. Darüber hinaus hat auch die tatsächliche, operative Zuordnung in eine Risikoklasse unverzüglich zu erfolgen.

Unter »unverzüglich« wird verstanden, dass die Zuordnung »ohne schuldhaftes Zögern« zu erfolgen hat. Liegen bspw. noch nicht alle für eine Entscheidung relevanten Unterlagen vor, so kann auch die Zuordnung noch nicht erfolgen. Sobald aber alle entscheidungsrelevanten Kriterien vorliegen, hat die tatsächliche Zuordnung unverzüglich zu erfolgen.

BTO 2.2.1 Tz. 3: Handelsgeschäfte

Die Aufsicht erläutert, dass Handelsgeschäfte weiterhin grundsätzlich in den Geschäftsräumen der Institute durchgeführt werden müssen. Die Regelung im Zuge der Pandemie, welche auch eine Durchführung von Handelsgeschäften aus dem Homeoffice erlaubt, soll nur als Ausnahme gesehen werden.

BTO 2.2.2 Tz. 3 (Erläuterungen): Bestätigungsverfahren bei OTC-Derivaten

Zur Inanspruchnahme der Erleichterung beim Bestätigungsverfahren bei OTC-Derivaten muss das Institut selbst direkten Zugriff auf das Transaktionsregister haben, um Abschlussdaten abrufen zu können. Berichte, die ein Institut von Dritten tagggleich zur Verfügung gestellt bekommt, reichen nicht aus.

BT 2.1 Tz. 3

Die Aufsicht prüft im Nachgang zur Sitzung, ob es angemessen und hinreichend ist, dass sich Institute im Fall wesentlicher Auslagerungen bei der Ausübung ihrer Revisionstätigkeit dauerhaft allein auf Zertifikate stützen dürfen.

Anlage 43
Bundesanstalt für Finanzdienstleistungsaufsicht (BaFin)
Sitzung des MaRisk-Fachgremiums am 4. März 2021
Protokoll

Hinweis: In diesem Protokoll sind die von der Deutschen Kreditwirtschaft (DK) vorab eingereichten Fragen (teilweise mit weiterführenden Erläuterungen) zu verschiedenen Themenkomplexen von der deutschen Aufsicht beantwortet worden. Im Interesse der Lesbarkeit wird an dieser Stelle auf die ursprüngliche Tabellenform verzichtet.

1. Fragen zum Themenkomplex LSI SREP

Welche Erkenntnisse hat die Aufsicht aus der anlassbezogenen SREP-Datenerhebung per 30. Juni 2020 ggf. gezogen?

Die anlassbezogene Datenerhebung war notwendig, um auf dieser Basis eine unterjährige Risikoanalyse vorzunehmen. Ein Einblick in die Risikolage der Institute während der Pandemie konnte nicht bis zur Auswertung der Jahresendzahlen warten. Die Erkenntnisse aus der Datenerhebung haben sowohl wertvolle Erkenntnisse für die Institutsaufsicht gebracht als auch die deutsche Aufsicht in die Lage versetzt, gegenüber den europäischen Institutionen über die Covidlage des Finanzsektors in Deutschland zu berichten.

Wie sehen die Planungen zur Aktualisierung der SREP-Kapitalfestsetzungen in 2021/2022 aus?

Die deutsche Aufsicht hat im letzten Jahr entschieden, den nationalen Zyklus zur Bestimmung und Anordnung des SREP-Kapitalzuschlags aufgrund der Corona-Pandemie für das Jahr 2020 auszusetzen. Im Jahr 2021 wird der Prozess wieder aufgenommen.

Der SREP-Kapitalzuschlag wird zur zeitnahen Berücksichtigung der Auswirkungen der Corona-Pandemie auf die Risikolage zunächst in den Jahren 2021 und 2022 für alle Institute neu bestimmt. Institute, die einem jährlichen SREP-Zyklus unterliegen, werden in beiden Jahren einen SREP-Kapitalzuschlag erhalten. Alle übrigen Institute erhalten entweder 2021 oder 2022 einen SREP-Kapitalzuschlag. In den Folgejahren werden die SREP-Kapitalzuschläge unter grundsätzlicher Beachtung des institutsindividuellen SREP-Mindestzyklus von einem bis drei Jahren bestimmt.

In diesem Jahr werden alle Institute, die eine Kapitalquantifizierung, einen Frageboten zum ICT-Risiko erhalten (jeweils Institute und Institutsgruppen). Die Versendung erfolgt sequenziell, zuerst werden PSI und hpLSI berücksichtigt. Hier sollte der Versand zeitnah starten. Zudem haben die Institute die Möglichkeit, Teile des Fragebogens von ihrem Mehrmandantendienstleister beantworten zu lassen. Die Institute werden 6 Wochen zu Beantwortung haben. Die Ergebnisse dieser Befragung werden zentral ausgewertet und bewertet werden.

Sollen Ergebnisse aus Befragungen der Institute (wie z. B. die geplante Erhebung zum ICT-Risiko) in die Ermittlung der individuellen SREP-Scores mit einfließen?

Daten und Erkenntnisse aus der Erhebung zum ICT Risiko werden in verschiedene Teilbereiche der Risikoanalyse einfließen (insbesondere naheliegender Weise bei OpRisk und der Bewertung des Risikomanagements). Ob diese Daten einen Teilscore oder ein Bewertungsteil im Einzelfall verfestigen oder zu einer Veränderung beitragen, kann nicht vor Auswertung der Fragebögen prognostiziert werden.

Unterlegung der Eigenmittelzielkennziffer: Das Risikoreduzierungsgesetz (RiG; § 6d KWG) schreibt eine Unterlegung mit Eigenmitteln vor. Die Verwaltungspraxis, in deren Rahmen seit Ende 2019 eine Unterlegung mit CET1 erwartet wird, sollte aus Sicht der DK an die gesetzliche Regelung angepasst werden.

Auch zukünftig wird die BaFin im Rahmen ihres Ermessens hartes Kernkapital zur Unterlegung der Eigenmittelempfehlung fordern. Dies dient der korrekten Umsetzung der europäischen aufsichtlichen Anforderungen und der nationalen und europäischen aufsichtlichen Praxis. Das Ermessen ergibt sich aus dem Wortlaut von CRD V und RIG und dem Willen des EU-Gesetzgebers.

Die EBA SREP Leitlinien sehen für die Unterlegung der Eigenmittelempfehlung ausschließlich hartes Kernkapital vor. Auch im Rahmen der Überarbeitung der EBA SREP Leitlinien wird an dieser Position festgehalten. Dies ist in der EBA-Arbeitsgruppe kein strittiges Thema, welches zur Disposition steht.

Nach Artikel 16 Abs. 3 Unterabsatz 1 der Verordnung (EU) Nr. 1093/2010 vom 24.11.2010 (»EBA-Verordnung«) unternehmen die Aufsichtsbehörden »alle erforderlichen Anstrengungen, um diesen Leitlinien und Empfehlungen nachzukommen«. Die BaFin hat sich gemäß Artikel 16 Abs. 3 Unterabsatz 2 EBA-Verordnung mit EBA SREP Leitlinien Compliant erklärt und hat daher bereits in der im Rahmen des Stresstest 2019 den Instituten mitgeteilt, dass die EMZK nur mit hartem Kernkapital abgedeckt werden kann.

Nach unseren Erkenntnissen ist die Eigenmittelempfehlung auch in allen anderen Mitgliedstaaten des SSM in hartem Kernkapital vorzuhalten. Auch die EZB wird nach unseren Informationen hartes Kernkapital zur Einhaltung der Eigenmittelempfehlung (P2G) für 2021 verlangen und sich dabei auf die jeweils nationale gesetzliche Umsetzung der CRD berufen.

Eine Unterlegung mit hartem Kernkapital ist zudem sachgerecht, weil die Eigenmittelempfehlung zur Verlustabsorption währen Stressphasen im laufenden Betrieb herangezogen werden können muss. Kapitalinstrumente niedriger Qualität stehen erst zu einem Zeitpunkt stark fortgeschrittenen Kapitalverzehrs zur Verfügung (nach Wandlung bzw. im Gone Concern-Fall). Nationale Sonderkonstellationen wie die Vorsorge für allgemeine Bankrisiken gemäß § 340f HGB können zudem ausreichend in der aufsichtlichen Praxis berücksichtigt werden. § 340f HGB-Reserven sollen auch künftig als vorübergehende Deckung der Eigenmittelempfehlung herangezogen werden können.

Leverage Ratio-P2R/P2G: Gemäß der CRD V und dem RiG (§§ 6c und 6d KWG) besteht die Möglichkeit, eine zusätzliche Säule-2-Eigenmittelanforderung und/oder -empfehlung für nicht ausreichend über die CRR abgedeckte Verschuldungsrisiken festzulegen. Die DK ist an einem Austausch zum geplanten Umgang mit den neuen Regelungen interessiert.

Die BaFin prüft derzeit mehrere Optionen zum Umgang mit den neuen Regelungen zu Leverage Ratio-P2R/P2G. Eine finale Entscheidung hierzu steht noch aus. Grundsätzlich streben wir ein auf europäischer Ebene abgestimmtes und risikoorientiertes Vorgehen an.

2. Fragen und Hinweise zum Themenkomplex FISG

§ 1 Abs. 10: Definition Auslagerungsunternehmen

Wer bestimmt die Wesentlichkeit der aus-/weiterverlagerten Aktivitäten und Prozesse? Wenn die Einstufungen der Institute herangezogen werden: Wie sollen aufsichtliche Rechte / Befugnisse (siehe u. a. § 25b Abs. 4a) für ein bestimmtes Auslagerungsunternehmen im Fall abweichender Einstufungen durch verschiedene Institute anwendbar sein?

Vor einer etwaigen Anwendung von Prüfungsrechten oder Anordnungsbefugnissen sollte die Einstufung plausibilisiert werden. Nicht jedes (aus Sicht einzelner Institute) wesentliche Auslagerungsunternehmen bedarf einer direkten Interaktion mit der Aufsicht.

Die pauschale Einbeziehung von »wesentlichen« Subunternehmern/ Weiterverlagerungen in den Begriff des »Auslagerungsunternehmens« i. S. v. § 1 Abs. 10-neu, die sich vor allem mit Blick auf die Prüfungs- bzw. Ein-/Durchgriffsrechte der BaFin auswirkt, führt zu diversen Unklarheiten/ Schwierigkeiten (siehe auch Anmerkungen zu § 25b Abs. 4a-neu). Hier sollte differenzierter vorgegangen werden.

Die Aufsicht erläutert, dass die bisherige Legaldefinition eines Auslagerungsunternehmens in § 44 Abs. 1 Satz 2 KWG in die Begriffsbestimmungen des § 1 KWG überführt und inhaltlich erweitert wird. Bei Weiterverlagerungen sollen alle Subunternehmen erfasst werden, auf die wesentliche Aktivitäten und Prozesse im Sinne von § 25b KWG ausgelagert werden.

In der aktuellen Fassung des § 44 Abs. 1 Satz 2 KWG bezieht sich das Wort »wesentlich« wie in der neuen Fassung des § 1 Abs. 10 KWG durch das FISG auf Bereiche bzw. Auslagerungen und nicht auf die Auslagerungsunternehmen bzw. Subunternehmen.

Die Aufsicht stellt klar, dass die Ersteinschätzung hinsichtlich der Wesentlichkeitsbeurteilung der ausgelagerten Aktivitäten und Prozesse durch das Institut im Rahmen der Risikoanalyse nach AT 9 Tz. 2 MaRisk zu erfolgen hat.

Sobald eine wesentliche Aktivität oder ein wesentlicher Prozess auf ein Unternehmen ausgelagert wurde, kann die Aufsicht im Einzelfall gemäß § 25b Abs. 4a KWG Anordnungen treffen.

§ 24 Abs. 1 Nr. 19: Anzeigen

Ist ein Formular für die Anzeigen der Institute geplant (falls nicht, welche Form und welche Angaben werden erwartet)?

Eine Standardisierung ist sinnvoll, auch um technische Unterstützungen zu ermöglichen.

Da Anpassungen in der IT und den Meldewesen-Prozessen erforderlich werden, sollte den Instituten eine ausreichende Umsetzungsfrist gewährt werden.

Die Aufsicht erläutert, dass für die Umsetzung der Anzeigepflicht ein MVP-Fachverfahren (MVP = Melde- und Veröffentlichungsplattform) entwickelt werde. Den Unternehmen werde ausreichend Zeit eingeräumt, um sich für das Fachverfahren zu registrieren und ihre eigene Umsetzung zu testen, bevor die Anzeigepflicht startet.

Das Projekt befindet sich in der Startphase und nach jetzigem Kenntnisstand wird das MVP-Fachverfahren im 2. Halbjahr 2021 so weit entwickelt sein, dass die Industrie darüber informiert werden kann.

Durch das MVP-Fachverfahren soll gewährleistet werden, dass die Anzeigen der Institute hinsichtlich Struktur und abgefragten Inhalten gleich und damit auswertbar durch die Aufsicht sind.

Die Aufsicht bestätigt in diesem Zusammenhang, dass die Anzeigepflicht durch das FISG nach jetzigem Kenntnisstand am 1.1.2022 in Kraft treten werde. Des Weiteren teilt sie mit, dass im FG MaRisk keine Zusagen für Fristverlängerungen hinsichtlich des KWG gegeben werden können. Die Institute können sich bereits jetzt auf den Inhalt der Anzeigen vorbereiten, da die Anzeigen auf den Anforderungen der EBA Leitlinien zu Auslagerungen hinsichtlich des Auslagerungsregisters beruhen werden.

§ 24 Abs. 1 Nr. 19: Anzeigen

Innerhalb welcher Frist wird die Einreichung einer Anzeige erwartet?

Die Aufsicht führt aus, dass der Wortlaut von § 24 Abs. 1 KWG eine »unverzügliche« Anzeigepflicht bedeutet (»Ein Institut hat der Aufsichtsbehörde und der Deutschen Bundesbank unverzüglich anzuzeigen [...]«). Es wird klargestellt, dass damit eine anlassbezogene Ad-hoc-Anzeige vorliegt und »unverzüglich« im Gesetzeswortlaut als »ohne schuldhaftes Zögern« verstanden wird.

§ 24 Abs. 1 Nr. 19: Anzeigen

Können Anzeigen zentralisiert abgegeben werden?

Die Erfüllung der Pflichten durch ein zentrales Auslagerungsmanagement auf Gruppen- oder Verbundebene ist möglich.

Auch in bestimmten anderen Fällen sollte eine Abgabe von Anzeigen durch das Auslagerungsunternehmen (und nicht durch alle auslagernden Institute einzeln) zulässig sein, z.B. wenn Störfälle bei Mehrmandanten-Dienstleistern auftreten.

Die Aufsicht bestätigt, dass bei Bestehen eines zentralen Auslagerungsmanagements auf Gruppen- oder Verbundebene das Unternehmen, das das zentrale Auslagerungsmanagement ausübt, die Anzeigen für alle von ihm betreuten Institute abgeben kann. Dies müsste technisch auf Gruppen- oder Verbundebene abgebildet werden.

Des Weiteren wird ausgeführt, dass noch diskutiert wird, ob ein Auslagerungsunternehmen z.B. die Anzeige von schwerwiegenden Vorfällen im Rahmen von bestehenden Auslagerungen ebenfalls abgeben kann (z.B. einen Störfall bei einem Mehrmandantendienstleister). Diese Möglichkeit müsste IT-technisch korrekt abgebildet werden. Wenn ein Unternehmen, das kein Institut ist, Auslagerungsunternehmen ist, ist dieses Unternehmen grundsätzlich aber nicht in der Anzeigeverantwortlichkeit gemäß den KWG-Vorschriften. Die Verantwortung für ein reibungsloses Meldeverfahren liegt weiterhin bei den Instituten.

§ 24 Abs. 1 Nr. 19: Anzeigen

Wann liegt die »Absicht« einer wesentlichen Auslagerung vor? Wie soll mit Anzeigen der Absicht einer Auslagerung umgegangen werden, in Fällen in denen ein Institut an das Vergaberecht gebunden ist? In welchem Stadium eines Vergabeverfahrens soll eine Anzeige erfolgen (ggf. Kopplung an die Regelung des § 134 GWB)?

Wann ein Anzeigetatbestand vorliegt, sollte möglichst eindeutig abzugrenzen sein. Da eine Nichterfüllung der Anzeigepflichten sanktionsbewehrt wäre, muss in geeigneter Weise mehr Klarheit für die Institute geschaffen werden. Unseres Erachtens wäre eine Bußgeldbewehrung bei einer so wenig bestimmten Vorgabe nicht hinnehmbar.

Es gibt in der Praxis mehrere solcher in Betracht kommenden Zeitpunkte, z.B. den Beschluss, Verhandlungen aufzunehmen und ganz am Ende die Entscheidung, den ausverhandelten Vertrag zu unterzeichnen. Ein Seitenblick auf das Merkblatt zu § 2c KWG (Erwerberkontrolle) zeigt z.B., dass die Aufsicht in bestimmten Fällen schon die Aufnahme von Vertragsverhandlungen als Anzeigezeitpunkt ansieht.

Da auch der »Vollzug« einer wesentlichen Auslagerung gemeldet werden soll, bitten wir zu prüfen, ob die Anzeigepflicht zur »Absicht« entfallen kann (zwecks Vermeidung von Abgrenzungsproblemen sowie zeitnaher Doppelmeldungen ein und desselben Sachverhalts).

Ansonsten müssen konkrete Kriterien vorgegeben werden, wann eine »Absicht« im Sinne der Norm als gegeben gilt, z.B. Institut hat Entscheidung getroffen, dass eine konkrete Tätigkeit ausgelagert werden soll, interne Kategorisierung hat »Wesentlichkeit« festgestellt und es wurden bereits erste Vertragsverhandlungen mit einem oder mehreren potentiellen Auslagerungsunternehmen gestartet.

Die Aufsicht führt aus, dass zurzeit noch intern diskutiert werde, ob es mit Blick auf Fristen einen konkreten Zeitpunkt vor Vertragsschluss zur Absichtsanzeige geben sollte.

Grundsätzlich wird eine Konkretisierung des Zeitpunktes der Absichtsanzeige seitens der Aufsicht befürwortet.

Die Aufsicht erläutert, dass es eine Absichtsanzeige bereits in § 47 Nr. 8 VAG gebe. Der relevante Zeitpunkt ist dort jedoch eindeutiger feststellbar, weil die Anzeige »unter Vorlage des Vertragsentwurfs« einzureichen ist. Demnach erfolgt die Absichtsanzeige nicht schon mit Verhandlungsbeginn, sondern erst mit der Entscheidung zum Abschluss eines Vertrages.

Die Aufsicht erwartet, dass der Vollzug einer Auslagerung angezeigt werden soll, wenn der Vertrag rechtsgültig geschlossen worden ist. Sie betont, dass »unverzüglich« im Gesetzeswortlaut als »ohne schuldhaftes Zögern« verstanden wird. Die Industrie regt eine pragmatische Vollzugsanzeige an, wodurch doppelter Meldeaufwand im Hinblick auf die Absichtsanzeige vermieden wird. Des Weiteren weist die Industrie darauf hin, dass wenn bei einer Absichtsanzeige viele Informationen mitgeteilt werden sollen, die Absichtsanzeige zeitlich nah an der Vollzugsanzeige liegen wird.

Die besondere Problematik von Anzeigen im Fall von Vergabeverfahren wird aufgenommen, ist aber zurzeit noch nicht geklärt.

§ 24 Abs. 1 Nr. 19: Anzeigen

Die DK hatte in ihrer Stellungnahme zum Referentenentwurf als Alternative zu den Einzelanzeigen angeregt, jährlich einen Register-Auszug zu übermitteln. Wurde dieser Vorschlag geprüft?

Das vorgesehene Einzelanzeige-Verfahren wäre relativ ineffizient und fehleranfällig. Die jährliche Übersendung eines Auszugs aus dem institutsinternen Auslagerungsregister (Aufstellung der wesentlichen und nicht wesentlichen Auslagerungen) könnte eine geeignetere Alternative darstellen.

Die Aufsicht bestätigt, dass die Stellungnahmen der Industrie zum Referentenentwurf des FISG geprüft wurden.

Gemäß Tz. 58 der EBA Leitlinien zu Auslagerungen sollen »[...] die Institute [...] die zuständigen Behörden rechtzeitig über die geplante Auslagerung [...] informieren« und gemäß Tz. 59 der EBA Leitlinien sollen »die Institute [...] die zuständigen Behörden rechtzeitig über wesentliche Änderungen und/oder schwerwiegende Vorfälle bezüglich ihrer Auslagerungsvereinbarungen, die wesentliche Auswirkungen auf die Fortführung von Geschäftstätigkeiten der Institute aufweisen können, in Kenntnis setzen.« Die Aufsicht ist der Auffassung, dass die jährliche Übermittlung eines Auslagerungsregisters der Anforderung »rechtzeitig« nicht entsprechen würde.

Des Weiteren erläutert die Aufsicht, dass ein Grund für die Einführung der unterjährigen Meldung sei, Konzentrationsrisiken zeitnah erfassen zu können. Darüber hinaus soll die Aufsicht in die Lage versetzt werden, rechtzeitig auf Missstände hinsichtlich der Auslagerungen zu reagieren. Dies wäre bei einer jährlichen Meldung nicht möglich.

Ob es eine jährliche Einreichung des Auslagerungsregisters zusätzlich zu den neuen Anzeigen gemäß § 24 Abs. 1 Nr. 19 KWG geben soll, um auch nicht wesentliche Auslagerungen zu erfassen, ist derzeit noch nicht final geklärt.

§ 24 Abs. 1 Nr. 19: Anzeigen

In welchen Fällen greifen die »Ad hoc«-Anzeigepflichten bei bestehenden wesentlichen Auslagerungen (wesentliche Änderungen und schwerwiegende Vorfälle)?

Die aktuelle Formulierung (»... die einen wesentlichen Einfluss auf die Geschäftstätigkeit des Instituts haben können«) erscheint uns zu ungenau. Auch hier vor dem Hintergrund, dass eine Nichterfüllung der Anzeigepflichten sanktionsbewehrt wäre. Es sollten nur konkret erkennbare bzw. absehbare wesentliche Beeinträchtigungen relevant sein. Entsprechende Klarstellungen wären sinnvoll.

Formulierungsvorschlag:

»...wesentliche Änderungen und schwerwiegende Vorfälle im Rahmen von bestehenden Auslagerungsvereinbarungen, sofern solche Änderungen oder Vorfälle die Geschäftstätigkeit des Instituts wesentlich beeinträchtigen können.«

Somit wäre klar, dass sich der Relativsatz auch auf die wesentlichen Änderungen beziehen würde. Dies ist insbesondere vor dem Hintergrund wichtig, dass der möglicherweise meldepflichtige Vorfall zunächst vom jeweiligen Auslagerungsunternehmen an das auslagernde Institut gemeldet werden muss. Das auslagernde Institut muss daher – durch eindeutige regulatorische Vorgaben – in die Lage versetzt werden, dem Auslagerungsunternehmen klare Vorgaben machen zu können, welche Vorfälle als »schwerwiegend« einzuordnen und daher meldepflichtig sind.

Die Aufsicht führt aus, dass zurzeit (auch säulenübergreifend) noch diskutiert wird, wie eine wesentliche Änderung und schwerwiegende Vorfälle definiert werden und zu welchem Zeitpunkt die Anzeigen erfolgen sollen. Grundsätzlich werden die Anzeigen als ad-hoc-Meldungen verstanden.

Darüber hinaus bestätigt die Aufsicht, dass sich der Relativsatz auf die wesentlichen Änderungen und schwerwiegenden Vorfälle bezieht.

Die Industrie erläutert, dass die Verwendung des Begriffes »beeinträchtigen« vorgeschlagen wurde, um zu verdeutlichen, dass nur negative wesentliche Änderungen und nicht auch positive wesentliche Änderungen gemeldet werden sollen. Die Aufsicht führt hierzu an, dass diese Definitionsfrage nur mit anderen Aufsichtssäulen gemeinsam geklärt werden kann.

Die Industrie weist des Weiteren darauf hin, dass Doppelmeldungen mit PSD2-Meldungen vorliegen können. Die Aufsicht erwidert, dass ihr dieses Problem bewusst ist und Regelungen angestrebt werden, die Doppelmeldungen möglichst vermeiden.

§ 25b (übergreifend)

Warum wurden die Optionen gemäß Tz. 23 der EBA-Leitlinien für Auslagerungen (zentrales Auslagerungsmanagement auf Gruppen-/Verbundebene) nicht übernommen?

Eine Regelung in den MaRisk ist ggf. nicht ausreichend, es sollte ein gesetzlicher Anknüpfungspunkt geschaffen werden.

Die Aufsicht stellt klar, dass sie die Verortung der Erleichterungen gemäß Tz. 23 der EBA Leitlinien zu Auslagerungen in AT 9 Tz. 15 MaRisk für ausreichend hält. Wenn § 25b KWG diesen Erleichterungen nicht entgegensteht, ist eine Regelung in den MaRisk möglich.

§ 25b (übergreifend)

Wie sollen die aufsichtlichen Zuständigkeiten bei SIs klargestellt werden?

Die Änderungen des FISG-RegE stellen nur auf die »Bundesanstalt« ab. Für SIs ist jedoch die EZB zuständig.

Die Aufsicht erläutert, dass sowohl § 25a KWG als auch § 25b KWG aktuell noch den Begriff »Bundesanstalt« verwenden. Eine isolierte Nutzung des Begriffs »Aufsichtsbehörde« in den neuen Regelungen des FISG hätte ggf. zu Unklarheiten bzgl. der übrigen Befugnisse in §§ 25a, 25b KWG geführt. Eine durchgängige Anpassung aller verbundenen Vorschriften kam wegen des damit einhergehenden Aufwands i.R.d. FISG-Verfahrens nicht in Betracht.

Die Nutzung des Begriffs »Bundesanstalt« ist aktuell kein Hindernis für die EZB, da sie zur Erfüllung ihrer Aufgaben auch rein national normierte Befugnisse ausüben kann. Sie ist für die Kompetenzausübung grdsl. zuständig, wenn die Befugnis in den der EZB nach Art. 4 und 5 SSM-VO übertragenen Aufgabenbereich fällt und die Befugnis die Aufsichtsfunktion der EZB nach EU-Recht unterstützt.

Sitzung des MaRisk-Fachgremiums am 4. März 2021

§ 25b Abs. 1: Auslagerungsregister

Welche Anforderungen bestehen zum institutsinternen Auslagerungsregister?

Wir gehen davon aus, dass sich die Inhalte des Registers grundsätzlich an den EBA-Leitlinien (EBA/GL/2019/02, Tz. 54 und 55) orientieren. Im Detail sollten allerdings proportionale Anpassungen möglich sein. Zum Beispiel sollten Informationen oder Bewertungen, die bereits in anderen Dokumentationen wie bspw. der Risikoanalyse dargelegt sind, u. E. nicht nochmals für die Registerführung aufbereitet werden müssen (zumal bei redundanten Datenhaltungen eine gewisse Fehleranfälligkeit besteht). Dies betrifft u. a. folgende Punkte:

- Tz. 54 lit. g (Zusammenfassung der Gründe, aus denen die ausgelagerte Funktion als kritisch oder wesentliche betrachtet wird)
- Tz. 55 lit. c (Zusammenfassung der wesentlichsten Ergebnisse der letzten Risikobewertung)
- Tz. 55 lit. k (veranschlagtes jährliches Budget bzw. Kosten)

Im FG MaRisk am 12.02.21 wurde in AT 9 Tz. 14 MaRisk seitens der Aufsicht ein Verweis vorgestellt, dass hinsichtlich der Mindestanforderungen des Auslagerungsregisters für alle Auslagerungen Tz. 54 der EBA Leitlinien zu Auslagerungen und für wesentliche Auslagerungen Tz. 55 dieser EBA Leitlinien heranzuziehen sei.

Die Aufsicht führt aus, dass sie weiterhin von dieser Verweislösung überzeugt sei.

Hinsichtlich der Vorschläge der Industrie, die diese am 26.02.21 bei der Aufsicht mit dem Schreiben »6. MaRisk-Novelle – Ergänzende Formulierungsvorschläge der DK« eingebracht hat, wird hinsichtlich der einzelnen Textziffern der EBA Leitlinien zu Auslagerungen Folgendes festgehalten:

- Tz. 54 lit. g) und Tz. 55 lit. c): Die Zusammenfassung der Gründe bzw. der wesentlichen Ergebnisse muss nicht explizit im institutsintern geführten Auslagerungsregister eingetragen werden. Für interne Zwecke ist eine nachvollziehbare Verlinkung zu anderen Dokumenten möglich. Die Aufsicht weist in diesem Zusammenhang jedoch darauf hin, dass sie hinsichtlich Tz. 55 lit. c) eine Zusammenfassung der Risikoanalyse in einem Dokument erwartet. Des Weiteren stellt die Aufsicht klar, dass das interne Register im Rahmen eines Auskunftsersuchens von ihr angefordert werden kann. Falls dies über ein standardisiertes Formular erfolgen sollte, müsste spätestens zu diesem Zeitpunkt das Auslagerungsregister vollständig ausgefüllt werden und ein Verweis im Rahmen des Registers würde nicht mehr ausreichen.
- Tz. 55 lit. a): Die Aufsicht hat diesen Punkt nach der Sitzung des FG MaRisk am 04.03.21 geprüft und erachtet ihn vor dem Hintergrund von Konzentrationsrisiken als relevant. Soweit ein zentrales Auslagerungsmanagement in einer Gruppe bzw. einem Verbund eingerichtet wird, erscheint es der Aufsicht möglich, dass das zentrale Auslagerungsmanagement erfassen und nachhalten kann, welche Institute und sonstigen Unternehmen in der Gruppe bzw. im Verbund von der Auslagerung Gebrauch machen. Auch auf Seiten des Instituts ist es aus Sicht der Aufsicht geboten, sich mit Konzentrationsrisiken auseinanderzusetzen.
- Tz. 55 lit. f): Die Aufsicht hat diesen Punkt nach der Sitzung des FG MaRisk am 04.03.21 geprüft und kommt zu dem Schluss, dass es sich hierbei um die Prüfung der Internen Revision handelt (in der englischen Version der EBA Leitlinien zu Auslagerungen steht »audit«). Es geht bei dieser Anforderung des Auslagerungsregisters allerdings lediglich um den Termin der Prüfung. Wenn der Termin der Prüfung z. B. aus dem Prüfungsplan heraus nicht bekannt ist, muss keine Information im Auslagerungsregister dazu erfasst werden.
- Tz. 55 lit. h) und j): Hierzu verweist die Aufsicht ebenfalls auf die vorher genannte Verlinkungsmöglichkeit zu anderen Dokumenten.
- Tz. 55 lit. k): Hinsichtlich der veranschlagten Kosten bzw. des Budgets wird seitens der Aufsicht ein jährlicher Eintrag erwartet. Auslagerungen können nicht verglichen werden, wenn kein Kostenrahmen vorliegt. Die Kosten sollten grundsätzlich auch in der Risikoanalyse erfasst sein.

§ 25b Abs. 1 (übergreifend)

Wir hatten in der DK-Stellungnahme zum FISG angeregt, dass die Einstufung einer Auslagerung als wesentlich im Sinne dieser Vorschrift in Verbindung mit AT 9 MaRisk gleichwertig zur Einstufung einer Auslagerung nach den EBA-Leitlinien (EBA/GL/2019/02) zur Auslagerung kritischer oder wichtiger Funktionen ist und umgekehrt. Wie schätzt die Aufsicht diesen Vorschlag ein?

Die Aufsicht führt aus, dass die Anforderungen der EBA Leitlinien zu Auslagerungen durch die Änderungen im KWG (durch das FISG) und durch die 6. MaRisk-Novelle in nationales Recht übertragen werden.

Die MaRisk konkretisieren als Verwaltungsvorschrift die §§ 25a und 25b KWG und sind daher von den Instituten umzusetzen. Die Novellierung der MaRisk geschieht mit dem Ziel, Auslegungs-spielräume auszufüllen und/oder eine proportionale Umsetzung sicherzustellen. Bei der Umsetzung von EBA Leitlinien über die Novellierung der MaRisk und ggf. Verweise auf einzelne Passagen dieser EBA Leitlinien liegt keine direkte Bindungswirkung dieser EBA Leitlinien vor.

Über die Compliance-Erklärung hinsichtlich der EBA Leitlinien zu Auslagerungen ist sicher-gestellt, dass die Begrifflichkeiten »wesentliche Auslagerung« gemäß AT 9 MaRisk und »Auslage-rung kritischer oder wichtiger Funktionen« gemäß der EBA Leitlinien zu Auslagerungen die gleiche Bedeutung innehaben.

§ 25b Abs. 3: Auslagerungen in Drittstaaten

Warum soll eine nationale Sonderregelung zur Benennung eines inländischen Zustellungsbevoll-mächtigten eingeführt werden?

Diese Anforderung erscheint u. a. bei internationalen »BigTechs« schlicht nicht durchsetzbar (zumal diese wiederum wesentliche Subdienstleister zur Benennung verpflichten müssten). Zusammen mit den unten erläuterten Problemen im Hinblick auf direkte aufsichtliche Anord-nungsbefugnisse sehen wir eine sehr realistische Gefahr, dass deutsche Institute solche Anbieter nicht mehr nutzen können. Dies hätte eine eingeschränkte Nutzung von Innovationen sowie Möglichkeiten zu Kosteneinsparungen und damit Wettbewerbsnachteile zur Folge.

Zum Beispiel lagern auch Auslandsfilialen aus; ein solcher Vorgang spielt sich dann z. B. nur in Indien oder Vietnam ab. In solchen Fällen ist es nicht praktikabel, dem lokal tätigen Dienstleister vorzugeben, einen Zustellungsbevollmächtigten in Deutschland zu bestellen.

Wir bitten nochmals dringend, die geplante Sonderregelung im KWG unter diesem Blickwinkel zu überdenken und die entsprechende Anforderung zu streichen. Wenn überhaupt, sollte eine EU-weit einheitliche Vorgabe angestrebt werden.

Die Aufsicht erläutert, dass die Reform zur Benennung eines inländischen Zustellungsbevoll-mächtigten dazu diene, insbesondere bei behördlichen Anordnungen an Auslagerungsunterneh-men in Drittstaaten zeitliche Verzögerungen bei der Bekanntgabe von deutschen Verwaltungs-akten aufgrund von Zustellungsschwierigkeiten zu verhindern. Auf diese Weise kann die Aufsicht auf beispielsweise im Rahmen von Prüfungen beim Auslagerungsunternehmen bekannt gewor-dene Mängel schneller reagieren.

Zwar wäre auch aus Sicht der Aufsicht eine europäische Lösung vorzugswürdig, wird jedoch zeitnah nicht umsetzbar sein. Aus diesem Grund soll zunächst eine rein nationale Lösung erfolgen. Standortnachteile für Deutschland sind dabei aus Sicht der Aufsicht nicht zu befürchten, da als inländischer Zustellungsbevollmächtigter neben in Deutschland ansässigen Rechtsanwälten und Notaren auch vertraglich das auslagernde Institut bestimmt werden kann. Diese Anforderung sollte für Auslagerungsunternehmen, die für ein reguliertes Unternehmen tätig sind bzw. sein wollen, letztlich keine Hürde darstellen. Allenfalls entstehen dadurch Kosten, die die Auslage-rungsunternehmen zum Beispiel vertraglich auf das auslagernde Unternehmen umlegen kann.

Die Aufsicht stellt klar, dass die Benennung eines inländischen Zustellungsbevollmächtigten ein relativ mildes Mittel zur Erleichterung von Zustellungen sei. Erfordernisse inländischer Zustellungs- bzw. Empfangsbevollmächtigter sind dem deutschen (Aufsichts-)Recht auch an anderen Stellen bekannt.

§ 25b Abs. 4a: Anordnungsbefugnisse

In welchen Fällen sollen direkte aufsichtliche Anordnungen ggü. Auslagerungsunternehmen zur Anwendung kommen und wie sind diese Befugnisse rechtlich einzuordnen?

Es bestehen diverse Unklarheiten, sowohl was den angedachten Umfang der Nutzung solcher Befugnisse betrifft als auch in rechtlicher Hinsicht. Selbst wenn aufsichtliche Anordnungen nur in seltenen Ausnahmefällen zur Anwendung kommen sollen, sehen wir verschiedene rechtliche und praktische Probleme:

Potentielle Eingriffe der Bankenaufsicht in die Unternehmensführung von Dienstleistern, die nicht der Finanzbranche angehören und auch für andere Branchen Leistungen erbringen, dürften rechtlich problematisch sein und Instituten den Abschluss von Auslagerungsvereinbarungen deutlich erschweren. Schwierigkeiten bestehen u. a. auch hinsichtlich einer eindeutigen Weisungskompetenz im Auftraggeber-Auftragnehmer-Verhältnis (also zwischen Institut und Auslagerungsunternehmen). Aus aufsichtlichen Anordnungen können zusätzliche Kosten und Risiken entstehen. Es wird nicht ersichtlich, wer diese tragen soll.

Probleme können sich zudem im Zusammenspiel mit den Rechten und Befugnissen anderer Aufsichtsbehörden ergeben (dies betrifft die Bankenaufsicht innerhalb und außerhalb des EWR, aber ggf. auch sonstige Behörden mit Zuständigkeiten für Unternehmen außerhalb des Finanzsektors).

Offene Fragen sollten zeitnah geklärt und bei der Finalisierung des Gesetzestextes berücksichtigt werden.

Die gleichen Schwierigkeiten bestehen mit Blick auf § 7 Abs. 2 S. 5-neu, § 25h Abs. 5-neu, § 44 Abs. 1-neu, § 45b Abs. 3-neu, wo weitere explizite Prüfungs- bzw. Ein-/Durchgriffsrechte der BaFin gegenüber Auslagerungsunternehmen geregelt werden. Diese in der Praxis – durch Vereinbarung entsprechender vertraglicher Zusicherungen – durchzusetzen, dürfte sich für die Institute als schwierig bis (teilweise) unmöglich erweisen. Vor allem, wenn der Begriff des Auslagerungsunternehmens nach § 1 Abs. 10-neu zukünftig auch »wesentliche« Subunternehmer/ Weiterverlagerungen inkludiert. Gerade bei Letzteren handelt es sich oftmals um Unternehmen außerhalb des Banken-/Finanzsektors, manche davon mit Sitz im Ausland, die mitunter wenig Verständnis für die Belange der deutschen Bankenaufsicht haben dürften.

Hinsichtlich der von der Industrie genannten potentiellen Eingriffe der Bankenaufsicht in die Unternehmensführung von Dienstleistern führt die Aufsicht aus, dass z. B. die bestehende direkte Anordnungsbefugnis im VAG nach ihren Erkenntnissen in der Versicherungsbranche nicht zu den beschriebenen Problemen geführt habe. Auch im Bankenbereich waren Interventionen der Aufsichtsbehörde schon bisher vorgesehen, allerdings ausschließlich mittelbar durch Maßnahmenanordnungen ggü. dem auslagernden Institut.

Bezüglich der von der Industrie angeführten Weisungskompetenz im Auftraggeber-Auftragnehmer-Verhältnis stellt die Aufsicht klar, dass Institute weiterhin für die ausgelagerten Aktivitäten und Prozesse verantwortlich bleiben. Gerade der Umweg über die Institute und die Abhängigkeit von Vertragsgestaltungen kann die Effizienz und/oder Effektivität aufsichtlicher Maßnahmen jedoch beeinträchtigen. Für diese Fälle wird der Adressatenkreis erweitert. Dies kann der einfachere und wirkungsvollere Weg zur Behebung von Mängeln und eine weitere Handlungsalternative ggü. der Beendigung einer Auslagerung sein. Die weiterhin erforderliche vertragliche Sicherstellung u. a. von Weisungsrechten des Instituts gem. § 25b Abs. 3 KWG wird hierdurch nicht berührt.

Hinsichtlich den von der Industrie genannten Schwierigkeiten mit Blick auf § 7 Abs. 2 S. 5-neu, § 25h Abs. 5-neu, § 44 Abs. 1-neu, § 45b Abs. 3-neu, wo weitere explizite Prüfungs- bzw. Ein-/ Durchgriffsrechte der BaFin gegenüber Auslagerungsunternehmen geregelt werden, führt die Aufsicht aus, dass Auslagerungsvereinbarungen auch bisher schon die Kontrollmöglichkeiten der

Aufsichtsbehörde sicherstellen mussten (§ 25b Abs. 3 KWG). Dass sich die Durchsetzung vertraglicher Zusicherungen in der Praxis als problematisch erwiesen hat, spricht aus ihrer Sicht gerade für eine gesetzlich verankerte Durchgriffsmöglichkeit (die also nicht mehr von individuellen Vertragsgestaltungen abhängt).

Abschließend stellt die Aufsicht klar, dass es in ihrem Ermessen liegt, ob Anordnungen direkt gegenüber dem Auslagerungsunternehmen getroffen werden. Es können weiterhin auch Anordnungen gegenüber den Instituten getroffen werden. In diesem Zusammenhang greift die Aufsicht ein von der Industrie vorgebrachtes Beispiel auf: Wenn bei einem Cloud-Anbieter eine Störung auftritt, ist er selbst der »Störer« und nicht das Institut. In diesen Fällen kann es z. B. sinnvoll sein, dass direkt beim Cloud-Anbieter eingegriffen wird.

§§ 25b Abs. 4a; 44; 45b: Anordnungsbefugnisse und Prüfungsrechte

In welchem Zusammenhang stehen die Regelungen des FISG-RegE mit dem Verordnungsentwurf »Digital operational resilience for the financial sector (DORA)« der EU-KOM vom 24. September 2020?

Im Entwurf der DORA-Verordnung ist für »kritische IKT-Dienstleister« eine Ansiedlung der Aufsichtszuständigkeit bei den ESAs geplant. Die geplanten Änderungen im KWG und den anderen Gesetzen erscheinen damit nicht vollständig kompatibel.

Wir empfehlen, den o. g. Punkt vor der Finalisierung des Gesetzesvorhabens auf europäischer Ebene abzustimmen.

Grundsätzlich können die Vertreter der Aufsicht im FG MaRisk keine Widersprüche erkennen. Dieser Punkt müsste von der Industrie noch konkretisiert werden.

§§ 25b Abs. 4a; 44; 45b: Anordnungsbefugnisse und Prüfungsrechte

Besteht das Erfordernis einer Anpassung der bestehenden Verträge für wesentliche Auslagerungen durch die Institute (bzw. durch die Auslagerungsunternehmen im Fall wesentlicher Weiterverlagerungen)?

Es sollte nicht erforderlich sein, dass alle einzelnen Verträge auf die erweiterten aufsichtlichen Befugnisse und Rechte gemäß den neuen gesetzlichen Regelungen hinweisen müssen.

Nach dem Verständnis der Aufsicht ist dies hinsichtlich der Anordnungs- und Prüfungsrechte nicht erforderlich, da die Abhängigkeit von einer individualvertraglichen Umsetzung durch die gesetzliche Regelung gerade abgeschafft werden sollte. Allerdings ist die Benennung eines inländischen Zustellungsbevollmächtigten bei wesentlichen Auslagerungen an Unternehmen mit Sitz in einem Drittstaat in die jeweiligen Verträge aufzunehmen.

Die Industrie fragt in diesem Zusammenhang nach Übergangsfristen. Die Aufsicht erläutert, dass im FG MaRisk keine Zusagen für Fristverlängerungen hinsichtlich des KWG gegeben werden können. Hinsichtlich des Zustellungsbevollmächtigten wird auf die Möglichkeit einer außervertraglichen Regelung und die Möglichkeit, dass das Institut selbst der Zustellungsbevollmächtigte sein kann, hingewiesen.

Neu: Waiver; § 2a Abs. 2

Teilt die Aufsicht die Einschätzung, dass so genannte Waiver gemäß Art. 7 CRR im Rahmen der Auslagerung, insbesondere auch bezüglich des angemessenen Risikomanagements gemäß § 25b Abs. 1 KWG Berücksichtigung finden müssen?

Empfehlung in Bezug auf das FISG: In § 2a Abs. 2 KWG könnte vor dem Wort »freistellen« eingefügt werden »sowie von den Anforderungen gemäß § 25b Abs. 1 Satz 1 und 3«.

Gemäß § 25b Abs. 1 Satz 1 KWG sollen »übermäßige zusätzliche Risiken« durch die Auslagerung durch ein angemessenes Risikomanagement vermieden werden. Es handelt sich aus Sicht der Aufsicht nicht um Risiken, die im Rahmen des Gruppenrisikomanagements adressiert werden können (also über § 2a Abs. 2 KWG, der Ausnahmen für gruppenangehörige Institute und

Institute, die institutsbezogenen Sicherungssystemen angehören, enthält), sondern um zusätzliche Risiken durch die Auslagerung. Eine generelle Freistellung von den Anforderungen des § 25b Abs. 1 Satz 1 und 3 KWG würde aus Sicht der Aufsicht dazu führen, dass diese Auslagerungsrisiken nicht mehr adressiert würden.

Literaturverzeichnis[1]

Achtelik, Olaf, in: Herzog, Felix (Hrsg.), Geldwäschegesetz, 3. Auflage, München, 2018, § 24c KWG, § 25h KWG und § 6 GwG.

ACI Deutschland e.V. – Arbeitsgruppe Liquiditätsmanagement, Diskussionspapier über Mindeststandards für interne Modelle im Liquiditätsmanagement von Kreditinstituten, Dezember 2005.

ACI Deutschland e.V., Stellungnahme zu dem Entwurf der BaFin vom 4. Februar 2005 über die »Mindestanforderungen an das Risikomanagement« (MaRisk) vom 30. März 2005.

ACI Deutschland e.V. – Fachausschuss Liquiditätsmanagement/Geldmarktsteuerung, Liquiditätssteuerung, -sicherung im neuen Umfeld, Köln, März 2004.

Ahlert, Stefanie, SREP: Aufsicht führt Zyklus für Kreditinstitute ein, in: BaFinJournal, Ausgabe Juli 2018, S. 11–13.

Akmann, Michael/Beck, Andreas/Hermann, Rolf/Stückler, Ralf, Die Liquiditätsrisiken dürfen nicht vernachlässigt werden, in: Betriebswirtschaftliche Blätter, Heft 10/2005, S. 556–559.

Alogoskoufis, Spyros/Dunz, Nepomuk/Emambakhsh, Tina/Hennig, Tristan/Kaijser, Michiel/Kouratzoglou, Charalampos/Muñoz, Manuel A./Parisi, Laura/Salleo, Carmelo, ECB economy-wide climate stress test – Methodology and results, ECB Occasional Paper Series No 281, 22. September 2021.

Albrecht, Peter/Maurer, Raimond, Investment- und Risikomanagement, 3. Auflage, Stuttgart, 2008.

Alich, Holger, Wer ist hier der Zocker?, in: Handelsblatt vom 7. Juni 2010, S. 34–35.

Anders, Ulrich, An Integrated Framework for the Governance of Companies, in: Operational Risk, Heft 3/2004, S. 24–28.

Andrae, Silvio, Geschäftsmodelle im Banking – Analyse und Entwicklung, Stuttgart, 2017.

Arbeitskreis »Externe und Interne Überwachung« der Schmalenbach Gesellschaft für Betriebswirtschaft e.V., Best Practice für die Interne Revision, in: Der Betrieb, Heft 5/2006, S. 225–229.

Arndorfer, Isabella/Minto, Andrea, The »four lines of defence model« for financial institutions – Taking the three-lines-of-defence model further to reflect specific governance features of regulated financial institutions, Financial Stability Institute, Occasional Paper No 11, 23. Dezember 2015.

Artopoeus, Wolfgang, Kreditrisiko: Erfahrungen und Ansichten eines Aufsehers, in: Herausforderung Kreditrisiko – The Challenge of Credit Risk, Zusammenstellung der Redebeiträge des Symposiums der Deutschen Bundesbank am 24. November 1998, Frankfurt a.M., 1998.

Artzner, Philippe/Delbaen, Freddy/Eber, Jean-Marc/Heath, David, Coherent Measures of Risk, in: Mathematical Finance, Heft 9 (3)/1999, S. 203–228.

Association of German Banks/Association of German Public Banks, Position paper on the design of the EBA's 2013 stress test, 19. Oktober 2012.

Atzler, Elisabeth/Kroder, Titus, Der Charme der Heuschrecken, in: Financial Times Deutschland vom 22. Mai 2006, S. 12.

AT&T, Business Continuity – Notfallplanung für Geschäftsprozesse, Juli 2005.

---

1 Hinweis zur Benutzung des Literaturverzeichnisses: Sofern es sich bei den Autoren bzw. Herausgebern um Organisationen handelt, sind die aufgeführten Werke i.d.R. auf der Internetseite der jeweiligen Organisation verfügbar.

Literaturverzeichnis

Auerbach, Dirk/Hentschel, Simone, in: Schwennicke, Andreas/Auerbach, Dirk (Hrsg.), KWG, 3. Auflage, München, 2016, § 25h KWG.

Ausschuss für Finanzstabilität, Achter Bericht an den Deutschen Bundestag zur Finanzstabilität in Deutschland, 1. Juni 2021.

Autorité de contrôle prudentiel et de résolution, French banking groups facing climate change-related risks, 4. Oktober 2019.

Ayadi, Rym/Cucinelli, Doriana/De Groen, Willem Pieter, Banking Business Models Monitor Europe – Performance, Risk, Response to Regulation and Resolution: 2005–2017, 5. Dezember 2019.

Bales, Klaus, Das Kreditgeschäft in der Insolvenz des Kunden – Konsequenzen aus der neuen Insolvenzordnung, in: Sparkasse, Heft 8/2000, S. 374–380.

Bank for International Settlements, Monetary and Economic Department, Triennial and semiannual surveys on positions in global over-the-counter (OTC) derivatives markets at end-June 2007, November 2007.

Bank for International Settlements, 75th Annual Report, Juni 2005.

Bank for International Settlements, The global OTC derivatives market continues to grow, Press release, 13. November 2000.

Banse, Gerhard, Herkunft und Anspruch der Risikoforschung, in: Banse, Gerhard (Hrsg.), Risikoforschung zwischen Disziplinarität und Interdisziplinarität, Berlin, 1996.

Bartetzky, Peter, Liquiditätsrisikomanagement – Status quo, in: Bartetzky, Peter/Gruber, Walter/Wehn, Carsten S. (Hrsg.), Handbuch Liquiditätsrisiko – Identifikation, Messung und Steuerung, Stuttgart, 2008, S. 1–27.

Basel Committee on Banking Supervision, Climate-related financial risks – measurement methodologies, BCBS 518, 14. April 2021.

Basel Committee on Banking Supervision, Climate-related risk drivers and their transmission channels, BCBS 517, 14. April 2021.

Basel Committee on Banking Supervision, Principles for Operational Resilience, BCBS 516, 31. März 2021.

Basel Committee on Banking Supervision, Revisions to the Principles for the Sound Management of Operational Risk, BCBS 515, 31. März 2021.

Basel Committee on Banking Supervision, Targeted revisions to the credit valuation adjustment risk framework, BCBS 507, 8. Juli 2020.

Basel Committee on Banking Supervision, Climate-related financial risks: a survey on current initiatives, BCBS 502, 30. April 2020.

Basel Committee on Banking Supervision, Progress in adopting the principles for effective risk data aggregation and risk reporting, BCBS 501, 29. April 2020.

Basel Committee on Banking Supervision, Measures to reflect the impact of Covid-19, BCBS 498, 3. April 2020.

Basel Committee on Banking Supervision, Designing a prudential treatment for crypto-assets, Discussion paper, BCBS 490, 12. Dezember 2019.

Basel Committee on Banking Supervision, Minimum capital requirements for market risk, BCBS 457, 14. Januar 2019.

Basel Committee on Banking Supervision, Cyber-resilience: Range of practices, BCBS 454, 4. Dezember 2018.

Basel Committee on Banking Supervision, Stress testing principles, BCBS 450, 17. Oktober 2018.

Basel Committee on Banking Supervision, Progress in adopting the principles for effective risk data aggregation and risk reporting, BCBS 443, 21. Juni 2018.

Basel Committee on Banking Supervision, Consultative document – Revisions to the minimum capital requirements for market risk, BCBS 436, 22. März 2018.

Basel Committee on Banking Supervision, Sound Practices – Implications of fintech developments for banks and bank supervisors, BCBS 431, 19. Februar 2018.

Basel Committee on Banking Supervision, Stress testing principles, Consultative document, BCBS 428, 20. Dezember 2017.

Basel Committee on Banking Supervision, Basel III: Finalising post-crisis reforms, BCBS 424, 7. Dezember 2017.

Basel Committee on Banking Supervision, Guidelines – Identification and management of step-in risk, BCBS 423, 25. Oktober 2017.

Basel Committee on Banking Supervision, Progress in adopting the principles for effective risk data aggregation and risk reporting, BCBS 399, 28. März 2017.

Basel Committee on Banking Supervision, Revisions to the securitization framework, BCBS 374, 11. Juli 2016.

Basel Committee on Banking Supervision, Standards – Interest rate risk in the banking book, BCBS 368, 21. April 2016.

Basel Committee on Banking Supervision, Standards – Minimum capital requirements for market risk, BCBS 352, 14. Januar 2016.

Basel Committee on Banking Supervision, Progress in adopting the principles for effective risk data aggregation and risk reporting, BCBS 348, 16. Dezember 2015.

Basel Committee on Banking Supervision, Guidelines – Corporate governance principles for banks, BCBS 328, 8. Juli 2015.

Basel Committee on Banking Supervision, Net Stable Funding Ratio disclosure standards, BCBS 324, 22. Juni 2015.

Basel Committee on Banking Supervision, Progress in adopting the principles for effective risk data aggregation and risk reporting, BCBS 308, 23. Januar 2015.

Basel Committee on Banking Supervision, Fundamental review of the trading book: outstanding issues, Consultative document, BCBS 305, 19. Dezember 2014.

Basel Committee on Banking Supervision, Revisions to the securitization framework, BCBS 303, 11. Dezember 2014.

Basel Committee on Banking Supervision, The G-SIB assessment methodology – score calculation, BCBS 296, 6. November 2014.

Basel Committee on Banking Supervision, Basel III: the net stable funding ratio, BCBS 295, 31. Oktober 2014.

Basel Committee on Banking Supervision, Review of the Principles for the Sound Management of Operational Risk, BCBS 292, 6. Oktober 2014.

Basel Committee on Banking Supervision, Guidance for Supervisors on Market-Based Indicators of Liquidity, BCBS 273, 12. Januar 2014.

Basel Committee on Banking Supervision, Liquidity coverage ratio disclosure standards, BCBS 272, 12. Januar 2014.

Basel Committee on Banking Supervision, Progress in adopting the principles for effective risk data aggregation and risk reporting, BCBS 268, 18. Dezember 2013.

Basel Committee on Banking Supervision, Capital requirements for banks' equity investments in funds, BCBS 266, 13. Dezember 2013.

Basel Committee on Banking Supervision, Fundamental review of the trading book: A revised market risk framework, Consultative document, BCBS 265, 31. Oktober 2013.

Basel Committee on Banking Supervision, Liquidity stress testing: a survey of theory, empirics and current industry and supervisory practices, Working Paper No. 24, 23. Oktober 2013.

Literaturverzeichnis

Basel Committee on Banking Supervision, Global systemically important banks: updated assessment methodology and the higher loss absorbency requirement, BCBS 255, 3. Juli 2013.

Basel Committee on Banking Supervision, Monitoring tools for intraday liquidity management, BCBS 248, 11. April 2013.

Basel Committee on Banking Supervision, Basel III: The Liquidity Coverage Ratio and liquidity risk monitoring tools, BCBS 238, 7. Januar 2013.

Basel Committee on Banking Supervision, A framework for dealing with domestic systemically important banks, BCBS 233, 11. Oktober 2012.

Basel Committee on Banking Supervision, The internal audit function in banks, BCBS 223, 28. Juni 2012.

Basel Committee on Banking Supervision, Fundamental review of the trading book, Consultative document, BCBS 219, 3. Mai 2012.

Basel Committee on Banking Supervision, The internal audit function in banks, Consultative document, BCBS 210, 2. Dezember 2011.

Basel Committee on Banking Supervision, Basel III framework for liquidity – Frequently asked questions, BCBS 199, 5. Juli 2011.

Basel Committee on Banking Supervision, Operational Risk – Supervisory Guidelines for the Advanced Measurement Approaches, BCBS 196, 30. Juni 2011.

Basel Committee on Banking Supervision, Principles for the Sound Management of Operational Risk, BCBS 195, 30. Juni 2011.

Basel Committee on Banking Supervision, Capitalisation of bank exposures to central counterparties, Consultative document, BCBS 190, 20. Dezember 2010.

Basel Committee on Banking Supervision, Basel III: A global regulatory framework for more resilient banks and banking systems, BCBS 189, 16. Dezember 2010.[2]

Basel Committee on Banking Supervision, Basel III: International framework for liquidity risk measurement, standards and monitoring, BCBS 188, 16. Dezember 2010.

Basel Committee on Banking Supervision, Sound practices for backtesting counterparty credit risk models, BCBS 185, 10. Dezember 2010.

Basel Committee on Banking Supervision, Principles for enhancing corporate governance, BCBS 176, 4. Oktober 2010.

Basel Committee on Banking Supervision, Sound practices for backtesting counterparty credit risk models, Consultative document, BCBS 171, 14. April 2010.

Basel Committee on Banking Supervision, Vendor models for credit risk measurement and management – Observations from a review of selected models, Working Paper No. 17, 10. Februar 2010.

Basel Committee on Banking Supervision, Strengthening the resilience of the banking sector, Consultative document, BCBS 164, 17. Dezember 2009.

Basel Committee on Banking Supervision, Guidelines for computing capital for incremental risk in the trading book, BCBS 159, 13. Juli 2009.

Basel Committee on Banking Supervision, Principles for sound stress testing practices and supervision, BCBS 155, 20. Mai 2009.

Basel Committee on Banking Supervision, Findings on the Interaction of Market and Credit Risk, Working Paper Nr. 16, 14. Mai 2009.

Basel Committee on Banking Supervision, Findings on the interaction of market and credit risk, Working Paper No. 16, 13. Mai 2009.

Basel Committee on Banking Supervision, Range of practices and issues in economic capital frameworks, BCBS 152, 27. März 2009.

---

2 Am 1. Juni 2011 hat der Baseler Ausschuss für Bankenaufsicht eine überarbeitete Fassung veröffentlicht, auf die in der Regel im Zusammenhang mit Basel III abgestellt wird.

Basel Committee on Banking Supervision, Principles for Sound Liquidity Risk Management and Supervision, BCBS 144, 25. September 2008.

Basel Committee on Banking Supervision, Core Principles Methodology, BCBS 130, 5. Oktober 2006.

Basel Committee on Banking Supervision, Use of Vendor Products in the Basel II IRB Framework, Newsletter No. 8, 30. März 2006.

Basel Committee on Banking Supervision, Compliance and the compliance function in banks, BCBS 113, 29. April 2005.

Basel Committee on Banking Supervision, Principles for the Management and Supervision of Interest Rate Risk, BCBS 108, 14. Juli 2004.

Basel Committee on Banking Supervision, International Convergence of Capital Measurement and Capital Standards – A Revised Framework (Basel II), BCBS 107, 26. Juni 2004.[3]

Basel Committee on Banking Supervision, Sound Practices for the Management and Supervision of Operational Risk, BCBS 96, 25. Februar 2003.

Basel Committee on Banking Supervision, Internal audit in banks and the supervisor's relationship with auditors, BCBS 84, 28. August 2001.

Basel Committee on Banking Supervision, Principles for the Management of Credit Risk, BCBS 75, 27. September 2000.

Basel Committee on Banking Supervision, Sound Practices for Managing Liquidity in Banking Organisations, BCBS 69, 1. Februar 2000.

Basel Committee on Banking Supervision, Framework for the Evaluation of Internal Control Systems, BCBS 33, 16. Januar 1998.

Basel Committee on Banking Supervision, Risk Management Guidelines for Derivatives, 28. Juli 1994.

Basel Committee on Banking Supervision, International convergence of capital measurement and capital standards (Basel I), 15. Juli 1988.

Baseler Ausschuss für Bankenaufsicht, Grundlagen für ein solides Verfahren zur Kapitalplanung – Solide Praktiken, BCBS 277, 23. Januar 2014.

Baseler Ausschuss für Bankenaufsicht, Grundsätze für die effektive Aggregation von Risikodaten und die Risikoberichterstattung, BCBS 239, 9. Januar 2013.

Baseler Ausschuss für Bankenaufsicht, Basel III: Ein globaler Regulierungsrahmen für widerstandsfähigere Banken und Bankensysteme, BCBS 189rev, 1. Juni 2011.

Battiston, Stefano/Mandel, Antoine/Monasterolo, Irene/Schütze, Franziska/Visentin, Gabriele, A climate stress-test of the financial system, in: Nature Climate Change, 27. März 2017, S. 1–8.

Bauer, Helmut/Schneider, Andreas, Bankenaufsicht im 21. Jahrhundert: Von der Quantität zur Qualität, in: Rolfes, Bernd (Hrsg.), Herausforderung Bankmanagement – Entwicklungslinien und Steuerungsansätze, Festschrift zum 60. Geburtstag von Henner Schierenbeck, Frankfurt a. M., 2006, S. 711–730.

Bauer, Helmut/Schneider, Andreas, Outsourcing und Ordnungsmäßigkeit der Geschäftsorganisation, in: Sparkassen Management Praxis, Heft 52/2006, S. 71–77.

Bauer, Karl-Heinz, Insolvenzrechtsreform schafft keine Lösung der Probleme von Sanierungskrediten, in: Sparkasse, Heft 17/2000, S. 36–39.

Bea, Franz Xaver/Göbel, Elisabeth, Organisation, 3. Auflage, Stuttgart, 2006.

Beales, Richard, Errors double in Derivatives Trading, in: Financial Times vom 31. Mai 2006, S. 29.

Beck, Andreas/Lesko, Michael, Adressrisiko-Bepreisung von Krediten – Zentraler Bestandteil eines wertorientierten Adressrisikomanagements und der regulatorischen Anforderungen, in: Eller, Roland/Gruber, Walter/Reif, Markus (Hrsg.), Handbuch MaK, Stuttgart, 2003, S. 313–334.

---

3 Der Baseler Ausschuss für Bankenaufsicht gibt als Datum für die Veröffentlichung von Basel II auf seiner Internetseite den 10. Juni 2004 an. Die Zustimmung der G10-Staaten erfolgte allerdings erst am 26. Juni 2004.

Literaturverzeichnis

Beck, Andreas/Lesko, Michael/Wimmer, Konrad, Copulas im Risikomanagement, in: Zeitschrift für das gesamte Kreditwesen, Heft 14/2006, S. 29–33.

Beck, Ullrich, Risikogesellschaft – Auf dem Weg in eine andere Moderne, Frankfurt a. M., 1986.

Becke, Guido, Auf dem Weg zur Nachhaltigkeit – Vom Change Management zum Mindful Change, in: OrganisationsEntwicklung, Heft 4/2010, S. 4–11.

Becker, Axel (Hrsg.), Systemprüfungen in Kreditinstituten – Neue Prüfungsansätze für die Bankpraxis, Berlin, 2017.

Becker, Axel, Systemprüfungen durch die Interne Revision in Kreditinstituten, in: Zeitschrift Interne Revision, Heft 1/2005, S. 27–35.

Beckmann, Kai M./Selbeck, Frank, Entwurf eines Standards zur Integration von ESG-Risiken in Risikomanagementsysteme, Im Fokus – Integriertes Risk Management, Mazars, August 2018.

Beecken, Grit, Deutsche Bank will mit HP sparen, in: Börsen-Zeitung vom 25. Februar 2016, S. 3.

Begründung zur Verordnung über die Prüfung der Jahresabschlüsse der Kreditinstitute und Finanzdienstleistungsinstitute sowie die darüber zu erstellenden Berichte (Prüfungsberichtsverordnung – PrüfbV) vom 23. November 2009.

Behrens, Stefan/Schmitz, Christopher, Ein Bezugsrahmen für die Implementierung von IT-Outsourcing-Governance, in: HMD Praxis der Wirtschaftsinformatik, Heft 245/2006, S. 28–36.

Beike, Rolf/Köhler, Andreas, Risk-Management mit Finanzderivaten, München, 1997.

Bellavite-Hövermann, Yvette/Lindner, Grit/Lüthje, Bernd, Leitfaden für den Aufsichtsrat: Betriebswirtschaftliche und rechtliche Grundlagen für die Aufsichtsratsarbeit, Stuttgart, 2005.

Benzler, Marc/Krieger, Kai, in: Binder, Jens-Hinrich/Glos, Alexander/Riege, Jan (Hrsg.), Handbuch Bankenaufsichtsrecht, Köln, 2018, § 11.

Berthel, Jürgen/Becker, Fred G., Personalmanagement, 7. Auflage, Stuttgart, 2003.

Beschluss (EU) 2021/432 der Europäischen Zentralbank vom 1. März 2021 zur Änderung des Beschlusses (EU) 2017/1198 zur Meldung von Finanzierungsplänen von Kreditinstituten durch die nationalen zuständigen Behörden an die Europäische Zentralbank (EZB/2021/7), Amtsblatt der Europäischen Union vom 12. März 2021, L 86/14–16.

Beschluss (EU) 2017/1198 der Europäischen Zentralbank vom 27. Juni 2017 zur Meldung von Finanzierungsplänen von Kreditinstituten durch die nationalen zuständigen Behörden an die Europäische Zentralbank (EZB/2021/7), Amtsblatt der Europäischen Union vom 5. Juli 2017, L 172/32–35.

Betsch, Oskar/Thomas, Peter, Industrialisierung der Kreditwirtschaft, Wiesbaden, 2005.

Bickelhaupt, Norbert/Klein, Arnd/Ziesenitz, Thomas-Andreas, Bankaufsichtliches Marktschwankungskonzept, in: BankPraktiker, Heft 12/2008, S. 544–551.

Bieta, Volker, Wenn der Mensch ins Glücksrad greift: Die Grenzen des Physikalismus im Risikomanagement, in: Zeitschrift für das gesamte Kreditwesen, Heft 8/2005, S. 417–420.

Birnbacher, Dieter/Schicha, Christian, Vorsorge statt Nachhaltigkeit – ethische Grundlagen der Zukunftsverantwortung, in: Kastenholz, H. G./Erdmann, K.-H./Wolff, M. (Hrsg.), Nachhaltige Entwicklung – Zukunftschancen für Mensch und Umwelt, Berlin, 1996, S. 141–156.

Bitterwolf, Manfred, in: Reischauer, Friedrich/Kleinhans, Joachim, Kreditwesengesetz, Berlin, 2018, Anhang 1 zu § 25a.

Board of Governors of the Federal Reserve System, Division of Banking Supervision and Regulation, Supervisory Guidance on Complex Wholesale Borrowings, Supervision and Regulation Letters SR 01-8 (SUP), Washington D. C., 5. April 2001.

Bock, Hellmuth, in: Boos, Karl-Heinz/Fischer, Reinfrid/Schulte-Mattler, Hermann (Hrsg.), Kreditwesengesetz und VO (EU) Nr. 575/2013, Band 1, 5. Auflage, München, 2016, § 19 KWG.

Bockslaff, Klaus/Lüders, Uwe, Notfallplanung in Kreditinstituten, in: Risikomanager, Heft 1/2006, S. 19–21.

Bott, Claudia/von Rönn, Oliver, Risikotragfähigkeitsanalyse und aktuelle Veränderungen aufsichtlicher Anforderungen vor dem Hintergrund der Finanzmarktkrise, in: Becker, Axel/Gruber, Walter/Wohlert, Dirk (Hrsg.), Handbuch MaRisk und Basel III, Frankfurt a. M., 2012, S. 419–466.

Braun, Hermann/Klotz, Reinhard/Weber, Nathanael, Risikoorientierte Prüfungsplanung mit Hilfe eines Prüfungsranking, in: Betriebswirtschaftliche Blätter, Heft 12/2001, S. 583–585.

Braun, Ulrich, in: Boos, Karl-Heinz/Fischer, Reinfrid/Schulte-Mattler, Hermann (Hrsg.), Kreditwesengesetz und VO (EU) Nr. 575/2013, Band 1, 5. Auflage, München, 2016, § 25a, § 25c und § 25d KWG.

Braun, Ulrich, in: Boos, Karl-Heinz/Fischer, Reinfrid/Schulte-Mattler, Hermann (Hrsg.), Kreditwesengesetz, 4. Auflage, München, 2012, § 44 KWG.

Braun, Ulrich, in: Boos, Karl-Heinz/Fischer, Reinfrid/Schulte-Mattler, Hermann (Hrsg.), Kreditwesengesetz, 2. Auflage, München, 2004, § 25a KWG.

Brehme, Annett/Neubert, Boris, Strategien zur Immunisierung der Zinsspanne in einer wertorientierten Zinsbuchsteuerung, Reihe zeb/Themen, Münster, Januar 2006.

Bretz, Jörg, Anforderungen an individuelle Datenverarbeitung aus aufsichtsrechtlicher Sicht, Präsentation anlässlich der Veranstaltung IT-Aufsicht bei Banken, 29. Oktober 2013.

Breuer, Stefan, § 12. Interne Revision und Berichterstattung an den Aufsichtsrat, in: Hopf, Klaus J./Binder, Jens-Hinrich/Böcking, Hans-Joachim (Hrsg.), Handbuch Corporate Governance von Banken und Versicherungen, 2. Auflage, München, 2020, S. 310–366.

Breuer, Stefan/Nikitina, Valeria, Einrichtung und Überwachung der Internen Revision, Der Konzern, Heft 12/2015, S. 537–544.

Breuer, Thomas/Jandačka, Martin/Rheinberger, Klaus/Summer, Martin, Does adding up of economic capital for market and credit risk amount to conservative risk assessment?, Journal of Banking and Finance, Band 34(4), April 2010, S. 703–712.

Breuer, Wolfgang/Kreuz, Claudia, Shared Service Center – eine lohnende Investition?, Arbeitspapiere der Betrieblichen Finanzwirtschaft (Rheinisch-Westfälische Technische Hochschule Aachen), 10. Mai 2006.

Brienen, Thomas/Quick, Markus, Identifizierung, Bewertung und Steuerung von Geschäftsrisiken – Ein Ansatz für eine umfassendere Risikobetrachtung, in: Risiko Manager, Ausgabe 25–26/2006, S. 8–13.

Brixner, Joachim/Schaber, Mathias, Bankenaufsicht, Stuttgart, 2016.

Bucher, Silvan/Holstein, William K./Campell, Duri, Wie sich Strategien erfolgreich umsetzen lassen, in: io new management, Heft 12/2007, S. 57–61.

Buchmüller, Patrick/Hellstern, Gerhard, IT-Risiken in Banken, Stuttgart, 1. Auflage, 2019.

Buchmüller, Patrik/Lindenau, Jan/Mährle, Christine, Neue Vorgaben zu Datenmanagement, Datenqualität und Risikodatenaggregation, in: MaRisk-Interpretationshilfen, 5. Auflage, Heidelberg, 2018.

Bühler, Alfred/Hies, Michael, Zinsrisiken und Key-Rate-Duration, in: Die Bank, Heft 2/1995, S. 112–118.

Bühn, Andreas/Klauck, Kai-Oliver, Mit modernen Stresstests das Risikoprofil analysieren, in: Betriebswirtschaftliche Blätter, Heft 6/2007, S. 352–355.

Bürkle, Jürgen, § 13. Der Compliance Officer in regulierten Finanzsektoren, in: Bürkle, Jürgen/Hauschka, E. Christoph, Der Compliance Officer, Ein Handbuch in eigener Sache, München, 2015, S. 315–342.

Bünis, Michael/Gossens, Thomas, Der Jahresbericht der Internen Revision – Ein Plädoyer für Transparenz und Offenheit, in: Zeitschrift Interne Revision, Heft 4/2013, S. 178-183.

Büschgen, Hans E., Bankbetriebslehre, Bankgeschäfte und Bankmanagement, 5. Auflage, Wiesbaden, 1998.

Literaturverzeichnis

Buhr, Reinhard, Messung von Betriebsrisiken – ein methodischer Ansatz, in: Die Bank, Heft 3/2000, S. 186–190.

Bulling, Volker/Schlemminger, Ralf B., Liquiditätsspreads sind kritische Punkte in der Kalkulation, in: Betriebswirtschaftliche Blätter, Heft 11/2011, S. 649–655.

Bundesamt für Sicherheit in der Informationstechnik, IT-Grundschutz, www.bsi.bund.de.

Bundesamt für Sicherheit in der Informationstechnik, Service/Cyber-Glossar, www.bsi.bund.de.

Bundesamt für Sicherheit in der Informationstechnik, IT-Grundschutz-Kompendium, Köln, 15. Februar 2021.

Bundesamt für Sicherheit in der Informationstechnik, BSI-Standard 200-4, Business Continuity Management, Community Draft, Köln, 1. Februar 2021.

Bundesamt für Sicherheit in der Informationstechnik, BSI-Standard 200-2, IT-Grundschutz-Methodik, Köln, 15. November 2017.

Bundesamt für Sicherheit in der Informationstechnik, Leitfaden zur Basis-Absicherung nach IT-Grundschutz in der Fassung vom Oktober 2017.

Bundesamt für Sicherheit in der Informationstechnik, IT-Grundschutz-Kataloge, Maßnahmenkatalog Organisation, 15. Ergänzungslieferung, Bonn, 18. April 2016.

Bundesamt für Sicherheit in der Informationstechnik, Leitfaden Informationssicherheit in der Fassung vom Februar 2012.

Bundesamt für Sicherheit in der Informationstechnik, BSI-Standard 100-4, Notfallmanagement, Köln, 12. November 2008.

Bundesanstalt für Finanzdienstleistungsaufsicht, Regelmäßig aktualisierte »FAQ« zu aufsichtlichen und regulatorischen Maßnahmen als Reaktion auf COVID-19, Internetseite der BaFin.

Bundesanstalt für Finanzdienstleistungsaufsicht, FAQ zu MiFID II-Wohlverhaltensregeln nach §§ 63 ff. WpHG, Internetseite der BaFin.

Bundesanstalt für Finanzdienstleistungsaufsicht, Der deutsche Finanzsektor und die Nachhaltigkeitsrisiken: Eine Sachstanderhebung durch die BaFin – Ausführlicher Bericht, 14. Oktober 2021.

Bundesanstalt für Finanzdienstleistungsaufsicht, Konsultation 12/2021: Entwurf des Rundschreibens zu den Mindestanforderungen zur Umsetzbarkeit eines Bail-in (MaBail-in), 21. Juli 2021, geändert am 14. September 2021.

Bundesanstalt für Finanzdienstleistungsaufsicht, Mindestanforderungen an das Risikomanagement (MaRisk), Rundschreiben 10/2021 (BA) vom 16. August 2021.

Bundesanstalt für Finanzdienstleistungsaufsicht, Rundschreiben 10/2021 (BA) zur Neufassung der MaRisk, Übermittlungsschreiben vom 16. August 2021.

Bundesanstalt für Finanzdienstleistungsaufsicht, Rundschreiben 10/2021 (BA) zur Neufassung der MaRisk vom 16. August 2021, Anlage zur Einordnung von Neuerungen und Präzisierungen.

Bundesanstalt für Finanzdienstleistungsaufsicht, Bankaufsichtliche Anforderungen an die IT (BAIT), Rundschreiben 10/2017 (BA) in der Fassung vom 16. August 2021.

Bundesanstalt für Finanzdienstleistungsaufsicht, Übermittlungsschreiben zur BAIT-Novelle 2021 – Veröffentlichung, 16. August 2021.

Bundesanstalt für Finanzdienstleistungsaufsicht, Zahlungsdiensteaufsichtliche Anforderungen an die IT von Zahlungs- und E-Geld-Instituten (ZAIT), Rundschreiben 11/2021 (BA) in der Fassung vom 16. August 2021.

Bundesanstalt für Finanzdienstleistungsaufsicht/Deutsche Bundesbank, Maschinelles Lernen in Risikomodellen – Charakteristika und aufsichtliche Schwerpunkte, Konsultation 11/2021, 15. Juli 2021.

Bundesanstalt für Finanzdienstleistungsaufsicht, Merkblatt zu den Mitgliedern von Verwaltungs- und Aufsichtsorganen gemäß KWG und KAGB vom 4. Januar 2016, zuletzt geändert am 24. Juni 2021.

Bundesanstalt für Finanzdienstleistungsaufsicht, Merkblatt zu den Geschäftsleitern gemäß KWG, ZAG und KAGB vom 4. Januar 2016, zuletzt geändert am 24. Juni 2021.

Bundesanstalt für Finanzdienstleistungsaufsicht, Big Data und künstliche Intelligenz: Prinzipien für den Einsatz von Algorithmen in Entscheidungsprozessen, Prinzipienpapier vom 15. Juni 2021.

Bundesanstalt für Finanzdienstleistungsaufsicht, Jahresbericht 2020, 18. Mai 2021.

Bundesanstalt für Finanzdienstleistungsaufsicht, Aufsichtspraxis – Eigenmittelzielkennziffer (§ 6d KWG), Schreiben an Die Deutsche Kreditwirtschaft, 17. Mai 2021.

Bundesanstalt für Finanzdienstleistungsaufsicht, Aufsichtsschwerpunkte 2021, 4. Mai 2021.

Bundesanstalt für Finanzdienstleistungsaufsicht, Rundschreiben 04/2021 (A) – Mindestanforderungen zur Umsetzbarkeit eines Bail-in (MaBail-in), 13. April 2021.

Bundesanstalt für Finanzdienstleistungsaufsicht, Mindestanforderungen an die Compliance-Funktion und weitere Verhaltens-, Organisations- und Transparenzpflichten – MaComp, Rundschreiben 05/2018 (WA) vom 19. April 2018, zuletzt geändert am 24. März 2021.

Bundesanstalt für Finanzdienstleistungsaufsicht, Protokoll der Sitzung des MaRisk-Fachgremiums am 4. März 2021.

Bundesanstalt für Finanzdienstleistungsaufsicht, Protokoll der Sitzungen des MaRisk-Fachgremiums am 12. und 19. Februar 2021.

Bundesanstalt für Finanzdienstleistungsaufsicht/Deutsche Bundesbank, Risikotragfähigkeitsinformationen – Merkblatt für die Meldungen gemäß §§ 10, 11 FinaRisikoV, 30. Dezember 2020.

Bundesanstalt für Finanzdienstleistungsaufsicht, Merkblatt zu den Geschäftsleitern gemäß KWG, ZAG und KAGB, 29. Dezember 2020.

Bundesanstalt für Finanzdienstleistungsaufsicht, EBA aktualisiert ihren Bericht über die Implementierung von ausgewählten COVID-19-Maßnahmen, Presseerklärung vom 23. Dezember 2020.

Bundesanstalt für Finanzdienstleistungsaufsicht, Konsultation 15/2020 von Verordnungen zur Änderung der Großkredit- und Millionenkreditverordnung (GroMiKV), der Solvabilitätsverordnung (SolvV) und der Institutsvergütungsverordnung (InstitutsVergV) vom 12. November 2020, geändert am 8. Dezember 2020.

Bundesanstalt für Finanzdienstleistungsaufsicht/Deutsche Bundesbank, Gemeinsame aufsichtliche Position zur Verwendung verlängerter Stützstellen im Modell der gleitenden Durchschnitte – Ablehnung von Stützstellen von mehr als zehn Jahren, 26. November 2020.

Bundesanstalt für Finanzdienstleistungsaufsicht, Entwurf der Neufassung des Rundschreibens 09/2017 (BA) – Mindestanforderungen an das Risikomanagement – MaRisk, Übermittlungsschreiben vom 26. Oktober 2020.

Bundesanstalt für Finanzdienstleistungsaufsicht, Konsultation 14/2020 zur Neufassung der MaRisk vom 26. Oktober 2020.

Bundesanstalt für Finanzdienstleistungsaufsicht, Öffentliche Konsultation des Rundschreibens »Bankaufsichtliche Anforderungen an die BAIT« (BAIT), Konsultation 13/2020, Übermittlungsschreiben vom 26. Oktober 2020.

Bundesanstalt für Finanzdienstleistungsaufsicht, Öffentliche Konsultation des Rundschreibens »Bankaufsichtliche Anforderungen an die IT« (BAIT), Konsultation 13/2020, 26. Oktober 2020.

Bundesanstalt für Finanzdienstleistungsaufsicht/Deutsche Bundesbank, Grundzüge der Methode zur Bestimmung anderweitig systemrelevanter Institute (A-SRI), Stand 28. August 2020.

Bundesanstalt für Finanzdienstleistungsaufsicht, Arbeitsfassung zur sechsten MaRisk-Novelle vom 10. August 2020.

Bundesanstalt für Finanzdienstleistungsaufsicht, Auslegungs- und Anwendungshinweise zum Geldwäschegesetz (GwG) vom 18. Mai 2020.

Bundesanstalt für Finanzdienstleistungsaufsicht, Jahresbericht 2019, 12. Mai 2020.

Bundesanstalt für Finanzdienstleistungsaufsicht, Merkblatt zur Sanierungsplanung, 31. März 2020.

Bundesanstalt für Finanzdienstleistungsaufsicht, Aufsichtsrechtliche Mindestanforderungen an die Geschäftsorganisation von kleinen Versicherungsunternehmen nach § 211 VAG (MaGo für kleine VU), Rundschreiben 01/2020 (VA) vom 6. März 2020.

Literaturverzeichnis

Bundesanstalt für Finanzdienstleistungsaufsicht, Mindestanforderungen an das Beschwerdemanagement, Rundschreiben 06/2018 (BA, WA und VA) vom 4. Mai 2018, geändert am 23. Januar 2020.

Bundesanstalt für Finanzdienstleistungsaufsicht, Umsetzung der EBA-Leitlinien zur Offenlegung, Rundschreiben 05/2015 (BA) vom 8. Juni 2015, zuletzt geändert am 22. Januar 2020.

Bundesanstalt für Finanzdienstleistungsaufsicht, Aufsichtsschwerpunkte 2020, 16. Januar 2020.

Bundesanstalt für Finanzdienstleistungsaufsicht, Merkblatt zum Umgang mit Nachhaltigkeitsrisiken, 20. Dezember 2019, geändert am 13. Januar 2020.

Bundesanstalt für Finanzdienstleistungsaufsicht, Protokoll der Sitzung des MaRisk-Fachgremiums am 27. September 2019.

Bundesanstalt für Finanzdienstleistungsaufsicht/Deutsche Bundesbank, Gemeinsame Pressenotiz zu den Ergebnissen des LSI-Stresstests 2019, 23. September 2019.

Bundesanstalt für Finanzdienstleistungsaufsicht, Zinsänderungsrisiken im Anlagebuch, Rundschreiben 06/2019 (BA) vom 6. August 2019, geändert am 26. Mai 2021.

Bundesanstalt für Finanzdienstleistungsaufsicht, Eigenmittelanforderungen für Marktrisiken, abrufbar auf der BaFin-Internetseite, zuletzt geändert am 2. August 2019.

Bundesanstalt für Finanzdienstleistungsaufsicht, Häufige Fragen und Antworten zum algorithmischen Handel und zum Hochfrequenzhandel, Stand per 17. Juli 2019.

Bundesanstalt für Finanzdienstleistungsaufsicht, Rundschreiben 05/2019 (A) – Mindestanforderungen zur Umsetzbarkeit eines Bail-in (MaBail-in), 4. Juli 2019.

Bundesanstalt für Finanzdienstleistungsaufsicht, Konkretisierung der STS-Kriterien nach Artikel 20 bis 22, 24 und 26 der Verordnung (EU) Nr. 2017/2402 für Nicht-ABCP-Verbriefungen und für ABCP-Verbriefungen, Rundschreiben 04/2019 (BA) vom 1. Juli 2019.

Bundesanstalt für Finanzdienstleistungsaufsicht, Protokoll der Sitzung des MaRisk-Fachgremiums am 3. Mai 2019.

Bundesanstalt für Finanzdienstleistungsaufsicht, Anwendung der Ausfalldefinition gemäß Artikel 178 der Verordnung (EU) Nr. 575/2013 (CRR) und zur PD-Schätzung, LGD-Schätzung und Behandlung von ausgefallenen Risikopositionen, Rundschreiben 03/2019 (BA) vom 16. April 2019.

Bundesanstalt für Finanzdienstleistungsaufsicht, Protokoll der 39. Sitzung des Gesprächskreises kleiner Institute am 14. Februar 2019.

Bundesanstalt für Finanzdienstleistungsaufsicht, Schwerpunkte der Aufsicht 2019, Pressemitteilung vom 18. Dezember 2018.

Bundesanstalt für Finanzdienstleistungsaufsicht, Merkblatt – Orientierungshilfe zu Auslagerungen an Cloud-Anbieter, 8. November 2018.

Bundesanstalt für Finanzdienstleistungsaufsicht, Protokoll der Sitzung des MaRisk-Fachgremiums am 5. November 2018.

Bundesanstalt für Finanzdienstleistungsaufsicht, Rundschreiben 14/2018 zur Umsetzung der EBA-Leitlinien zu verbundenen Kunden gemäß Artikel 4 Absatz 1 Nummer 39 der Verordnung (EU) Nr. 575/2013 vom 31. Oktober 2018.

Bundesanstalt für Finanzdienstleistungsaufsicht, Bankaufsichtliche Anforderungen an die IT (BAIT), Rundschreiben 10/2017 (BA) in der Fassung vom 14. September 2018.

Bundesanstalt für Finanzdienstleistungsaufsicht, Big Data trifft auf künstliche Intelligenz: Herausforderungen und Implikationen für Aufsicht und Regulierung von Finanzdienstleistungen, 15. Juni 2018.

Bundesanstalt für Finanzdienstleistungsaufsicht, Anschreiben zum Rundschreiben 9/2018 (BA) – Zinsänderungsrisiken im Anlagebuch vom 12. Juni 2018.

Bundesanstalt für Finanzdienstleistungsaufsicht, Verzicht auf Risikotragfähigkeitsinformationen nach § 25 KWG zum Meldestichtag 30.06.2018, Schreiben an die Verbände der Kreditwirtschaft vom 12. Juni 2018.

Bundesanstalt für Finanzdienstleistungsaufsicht, Rundschreiben 08/2018 (BA) zur Meldung schwerwiegender Zahlungssicherheitsvorfälle vom 7. Juni 2018.

Bundesanstalt für Finanzdienstleistungsaufsicht, Risikotragfähigkeitsleitfaden – Neuausrichtung 2018, Bonn, 29. Mai 2018.

Bundesanstalt für Finanzdienstleistungsaufsicht/Deutsche Bundesbank, Aufsichtliche Beurteilung bankinterner Risikotragfähigkeitskonzepte und deren prozessualer Einbindung in die Gesamtbanksteuerung (»ICAAP«) – Neuausrichtung, Leitfaden vom 24. Mai 2018.

Bundesanstalt für Finanzdienstleistungsaufsicht, Veröffentlichung der Endfassung des Leitfadens zur aufsichtlichen Beurteilung bankinterner Risikotragfähigkeitskonzepte, Übermittlungsschreiben vom 24. Mai 2018.

Bundesanstalt für Finanzdienstleistungsaufsicht, Zinsänderungsrisiken im Anlagebuch, Rundschreiben 07/2018 (BA) vom 24. Mai 2018.

Bundesanstalt für Finanzdienstleistungsaufsicht, Jahresbericht 2017, 3. Mai 2018.

Bundesanstalt für Finanzdienstleistungsaufsicht, Protokoll der Sitzung des MaRisk-Fachgremiums am 15. März 2018.

Bundesanstalt für Finanzdienstleistungsaufsicht, Mindestanforderungen an die Geschäftsorganisation von Versicherungsunternehmen (MaGo), Rundschreiben 2/2017 (VA) vom 25. Januar 2017, geändert am 2. März 2018.

Bundesanstalt für Finanzdienstleistungsaufsicht, Europäische Aufsichtsbehörden: BaFin übernimmt grundsätzlich alle Leitlinien sowie Fragen und Antworten in ihre Verwaltungspraxis, Pressemeldung vom 15. Februar 2018.

Bundesanstalt für Finanzdienstleistungsaufsicht, Auslegungshilfe zur Institutsvergütungsverordnung in der Fassung vom 15. Februar 2018.

Bundesanstalt für Finanzdienstleistungsaufsicht/Deutsche Bundesbank, Zweiter Entwurf zur Neuausrichtung des Leitfadens zur aufsichtlichen Beurteilung bankinterner Risikotragfähigkeitskonzepte, 21. Dezember 2017.

Bundesanstalt für Finanzdienstleistungsaufsicht, Liquiditätsstresstests deutscher Kapitalverwaltungsgesellschaften – Bericht mit Leitlinien, 8. Dezember 2017.

Bundesanstalt für Finanzdienstleistungsaufsicht, Merkblatt – Hinweise zum Zahlungsdiensteaufsichtsgesetz (ZAG), 22. Dezember 2011, geändert am 29. November 2017.

Bundesanstalt für Finanzdienstleistungsaufsicht, Häufige Fragen zum Thema Auslagerung gemäß § 36 KAGB, 10. Juli 2013, geändert am 15. November 2017.

Bundesanstalt für Finanzdienstleistungsaufsicht, Bankaufsichtliche Anforderungen an die IT (BAIT), Rundschreiben 10/2017 (BA) vom 3. November 2017.

Bundesanstalt für Finanzdienstleistungsaufsicht, Rundschreiben 10/2017 (BA) zu den BAIT, Übermittlungsschreiben vom 3. November 2017.

Bundesanstalt für Finanzdienstleistungsaufsicht, Mindestanforderungen an das Risikomanagement (MaRisk), Rundschreiben 09/2017 (BA) vom 27. Oktober 2017.

Bundesanstalt für Finanzdienstleistungsaufsicht, Rundschreiben 09/2017 (BA) zur Überarbeitung der MaRisk, Übermittlungsschreiben vom 27. Oktober 2017.

Bundesanstalt für Finanzdienstleistungsaufsicht/Deutsche Bundesbank, Entwurf zur Neuausrichtung des Leitfadens zur aufsichtlichen Beurteilung bankinterner Risikotragfähigkeitskonzepte, 5. September 2017.

Bundesanstalt für Finanzdienstleistungsaufsicht/Deutsche Bundesbank, Ergebnisse der Niedrigzinsumfrage 2017, Gemeinsame Pressenotiz vom 30. August 2017.

Bundesanstalt für Finanzdienstleistungsaufsicht, Anhörung nach § 28 Abs. 1 VwVfG zu einer Allgemeinverfügung zur Einreichung von Berichten über Kundenbeschwerden durch CRR-Kreditinstitute, 23. Juni 2017.

Literaturverzeichnis

Bundesanstalt für Finanzdienstleistungsaufsicht/Deutsche Bundesbank, Nutzung der von Fondsgesellschaften bereitgestellten Kennzahlen im Risikomanagement der Kreditinstitute, Antwortschreiben an die Deutsche Kreditwirtschaft (DK) und den Bundesverband Investment und Asset Management (BVI) vom 1. Juni 2017.

Bundesanstalt für Finanzdienstleistungsaufsicht, Jahresbericht 2016, 9. Mai 2017.

Bundesanstalt für Finanzdienstleistungsaufsicht/Deutsche Bundesbank, Merkblatt zur Zulassung zum IRBA, 1. April 2007.

Bundesanstalt für Finanzdienstleistungsaufsicht, Mindestanforderungen an das Risikomanagement von Kapitalverwaltungsgesellschaften (KAMaRisk), Rundschreiben 01/2017 (WA) vom 10. Januar 2017.

Bundesanstalt für Finanzdienstleistungsaufsicht, Neues SREP-Konzept der Aufsicht, Bonn, 4. Mai 2016.

Bundesanstalt für Finanzdienstleistungsaufsicht, Erster Entwurf der MaRisk, Konsultation 02/2016 (BA) vom 18. Februar 2016.

Bundesanstalt für Finanzdienstleistungsaufsicht, Erster Entwurf zur Überarbeitung der MaRisk, Übermittlungsschreiben vom 18. Februar 2016.

Bundesanstalt für Finanzdienstleistungsaufsicht, Merkblatt zu Mitgliedern von Verwaltungs- und Aufsichtsorganen gemäß KWG und KAGB vom 4. Januar 2016, zuletzt geändert am 24. Juni 2021.

Bundesanstalt für Finanzdienstleistungsaufsicht, Mindestanforderungen an die Sicherheit von Internetzahlungen (MaSI), Rundschreiben 4/2015 (BA) vom 5. Mai 2015.

Bundesanstalt für Finanzdienstleistungsaufsicht/Deutsche Bundesbank, Merkblatt zu aufsichtlichen Rückvergleichen bei internen Marktrisikomodellen (außer Kraft), 31. Juli 2014.

Bundesanstalt für Finanzdienstleistungsaufsicht, Mindestanforderungen an die Ausgestaltung von Sanierungsplänen (MaSan), Rundschreiben 3/2014 (BA) vom 25. April 2014.

Bundesanstalt für Finanzdienstleistungsaufsicht, Anforderungen an Systeme und Kontrollen für den Algorithmushandel von Instituten, Rundschreiben 2/2013 (BA) vom 18. Dezember 2013.

Bundesanstalt für Finanzdienstleistungsaufsicht, Protokoll der 24. Sitzung des Gesprächskreises kleiner Institute am 5. Dezember 2013.

Bundesanstalt für Finanzdienstleistungsaufsicht, Protokoll der 23. Sitzung des Gesprächskreises kleiner Institute am 11. September 2013.

Bundesanstalt für Finanzdienstleistungsaufsicht, Merkblatt Platzierungsgeschäft vom 10. Dezember 2009, geändert am 25. Juli 2013.

Bundesanstalt für Finanzdienstleistungsaufsicht, Antwortschreiben an die DK zur Leitung der Risikocontrolling-Funktion vom 18. Juli 2013.

Bundesanstalt für Finanzdienstleistungsaufsicht, Jahresbericht 2012, 28. Mai 2013.

Bundesanstalt für Finanzdienstleistungsaufsicht, Protokoll der Sitzung des MaRisk-Fachgremiums am 24. April 2013.

Bundesanstalt für Finanzdienstleistungsaufsicht, Mindestanforderungen an das Risikomanagement (MaRisk), Rundschreiben 10/2012 (BA) vom 14. Dezember 2012.

Bundesanstalt für Finanzdienstleistungsaufsicht, Übermittlungsschreiben zum Rundschreiben 10/2012 (BA) vom 14. Dezember 2012.

Bundesanstalt für Finanzdienstleistungsaufsicht, Besondere Organisatorische Anforderungen für den Betrieb eines multilateralen Handelssystems nach §§ 31f und 31g WpHG (MaComp II), Rundschreiben 8/2012 (WA) vom 10. Dezember 2012.

Bundesanstalt für Finanzdienstleistungsaufsicht, Forum Risikotragfähigkeit bei Kreditinstituten, Bonn, 4. Dezember 2012.

Bundesanstalt für Finanzdienstleistungsaufsicht, Protokoll der 20. Sitzung des Gesprächskreises kleiner Institute am 12. September 2012.

Bundesanstalt für Finanzdienstleistungsaufsicht, Konsultation 01/2012 – »Überarbeitung der MaRisk«, Zwischenentwurf vom 2. August 2012.

Bundesanstalt für Finanzdienstleistungsaufsicht, Konsultation 01/2012 – »Überarbeitung der MaRisk«, erster Entwurf vom 26. April 2012.

Bundesanstalt für Finanzdienstleistungsaufsicht, Übermittlungsschreiben zum ersten Entwurf zur Überarbeitung der Mindestanforderungen an das Risikomanagement vom 26. April 2012.

Bundesanstalt für Finanzdienstleistungsaufsicht/Deutsche Bundesbank, Aufsichtliche Beurteilung bankinterner Risikotragfähigkeitskonzepte, Leitfaden vom 7. Dezember 2011.

Bundesanstalt für Finanzdienstleistungsaufsicht, Zinsänderungsrisiken im Anlagebuch; Ermittlung der Auswirkungen einer plötzlichen und unerwarteten Zinsänderung, Rundschreiben 11/2011 (BA) vom 9. November 2011.

Bundesanstalt für Finanzdienstleistungsaufsicht/Deutsche Bundesbank, Modernisierung des deutschen Meldewesens – Konzept der deutschen Bankenaufsicht, Entwurf vom 23. Februar 2011.

Bundesanstalt für Finanzdienstleistungsaufsicht, Mindestanforderungen an das Risikomanagement (MaRisk), Rundschreiben 11/2010 (BA) vom 15. Dezember 2010.

Bundesanstalt für Finanzdienstleistungsaufsicht, Übermittlungsschreiben zum Rundschreiben 11/2010 (BA) vom 15. Dezember 2010.

Bundesanstalt für Finanzdienstleistungsaufsicht/Deutsche Bundesbank, Range of Practice – Aufsichtliche Schlussfolgerungen, Vortrag im Rahmen einer Sondersitzung des MaRisk-Fachgremiums zum ICAAP am 29. November 2010.

Bundesanstalt für Finanzdienstleistungsaufsicht, Mindestanforderungen an das Risikomanagement (MaRisk), zweiter Entwurf vom 4. November 2010.

Bundesanstalt für Finanzdienstleistungsaufsicht/Deutsche Bundesbank, Gemeinsame Pressenotiz zu den Ergebnissen der EU-weiten Stresstests für Deutschland, 23. Juli 2010.

Bundesanstalt für Finanzdienstleistungsaufsicht, Übermittlungsschreiben zum ersten Entwurf zur Überarbeitung der MaRisk vom 9. Juli 2010.

Bundesanstalt für Finanzdienstleistungsaufsicht, Mindestanforderungen an das Risikomanagement für Investmentgesellschaften (InvMaRisk), Rundschreiben 5/2010 (WA) vom 30. Juni 2010.

Bundesanstalt für Finanzdienstleistungsaufsicht, Mindestanforderungen an Compliance und die weiteren Verhaltens-, Organisations- und Transparenzpflichten nach §§ 31 ff. WpHG (MaComp), Rundschreiben 4/2010 (WA) vom 7. Juni 2010.

Bundesanstalt für Finanzdienstleistungsaufsicht, Jahresbericht 2009, 25. Mai 2010.

Bundesanstalt für Finanzdienstleistungsaufsicht/Deutsche Bundesbank, Merkblatt zu Modelländerungen bei internen Marktrisikomodellen, 19. April 2010.

Bundesanstalt für Finanzdienstleistungsaufsicht/Deutsche Bundesbank, Empfehlungen des Fachgremiums Kredit zur Überwachung der Werte von Immobilien und zur Neubewertung von Immobilien, 18. Februar 2010.

Bundesanstalt für Finanzdienstleistungsaufsicht, Aufsichtsrechtliche Anforderungen an die Vergütungssysteme von Instituten, Rundschreiben 22/2009 (BA) vom 21. Dezember 2009.

Bundesanstalt für Finanzdienstleistungsaufsicht/Deutsche Bundesbank, Merkblatt zur Meldung von Ausnahmen bei Rückvergleichen bei internen Marktrisikomodellen gemäß § 318 SolvV, 30. Oktober 2009.

Bundesanstalt für Finanzdienstleistungsaufsicht/Deutsche Bundesbank, Begleitschreiben für Finanzierungsleasing- und Factoringinstitute zu den Mindestanforderungen an das Risikomanagement (MaRisk) vom 22. September 2009.

Bundesanstalt für Finanzdienstleistungsaufsicht, Mindestanforderungen an das Risikomanagement (MaRisk), Rundschreiben 15/2009 (BA) vom 14. August 2009.

Bundesanstalt für Finanzdienstleistungsaufsicht, Übermittlungsschreiben zum Rundschreiben 15/2009 (BA) vom 14. August 2009.

Literaturverzeichnis

Bundesanstalt für Finanzdienstleistungsaufsicht, Übermittlungsschreiben zum zweiten Entwurf der Mindestanforderungen an das Risikomanagement vom 26. Juni 2009.

Bundesanstalt für Finanzdienstleistungsaufsicht, Auslegungsentscheidung zu einer Anfrage des Bundesverbandes Öffentlicher Banken Deutschlands (VÖB) vom 27. Februar 2009.

Bundesanstalt für Finanzdienstleistungsaufsicht, Aufsichtsrechtliche Mindestanforderungen an das Risikomanagement (MaRisk VA), Rundschreiben 3/2009 (VA) vom 21. Januar 2009.

Bundesanstalt für Finanzdienstleistungsaufsicht/Deutsche Bundesbank, Empfehlungen des Fachgremiums OpRisk zur Definition des operationellen Risikos, 5. März 2008.

Bundesanstalt für Finanzdienstleistungsaufsicht/Deutsche Bundesbank, Praxis des Liquiditätsrisikomanagements in ausgewählten deutschen Kreditinstituten, 28. Januar 2008.

Bundesanstalt für Finanzdienstleistungsaufsicht/Deutsche Bundesbank, Empfehlungen des Fachgremiums IRBA (jetzt Fachgremium Kredit) zum Transferrisiko, 21. Dezember 2007.

Bundesanstalt für Finanzdienstleistungsaufsicht/Deutsche Bundesbank, Empfehlungen des Fachgremiums IRBA (jetzt Fachgremium Kredit) zu Stresstests, 21. Dezember 2007.

Bundesanstalt für Finanzdienstleistungsaufsicht, Zinsänderungsrisiken im Anlagebuch – Ermittlung der Auswirkungen einer plötzlichen und unerwarteten Zinsänderung, Rundschreiben 7/2007 (BA) vom 6. November 2007.

Bundesanstalt für Finanzdienstleistungsaufsicht (BaFin), Mindestanforderungen an das Risikomanagement (MaRisk), Rundschreiben 5/2007 (BA) vom 30. Oktober 2007.

Bundesanstalt für Finanzdienstleistungsaufsicht, Übermittlungsschreiben zum Rundschreiben 5/2007 (BA) vom 30. Oktober 2007.

Bundesanstalt für Finanzdienstleistungsaufsicht/Deutsche Bundesbank, Merkblatt zur Zulassung eines bankinternen Liquiditätsmess- und -steuerungsverfahrens nach § 10 Liquiditätsverordnung vom 15. Oktober 2007.

Bundesanstalt für Finanzdienstleistungsaufsicht/Deutsche Bundesbank, Empfehlungen des Fachgremiums OpRisk zur Datensammlung im AMA, 13. September 2007.

Bundesanstalt für Finanzdienstleistungsaufsicht, Merkblatt zu § 2a KWG (Waiver-Regelung), Entwurf vom 21. August 2007.

Bundesanstalt für Finanzdienstleistungsaufsicht, Übermittlungsschreiben zum zweiten Entwurf zur Modernisierung der Outsourcing-Regelungen und Integration in die MaRisk vom 10. August 2007.

Bundesanstalt für Finanzdienstleistungsaufsicht/Deutsche Bundesbank, Empfehlungen des Fachgremiums OpRisk zur Berücksichtigung von Versicherungen in fortgeschrittenen Messansätzen, 6. Juni 2007.

Bundesanstalt für Finanzdienstleistungsaufsicht und Deutsche Bundesbank, Merkblatt zur Zulassung zum IRBA, 1. April 2007.

Bundesanstalt für Finanzdienstleistungsaufsicht, Protokoll der dritten Sitzung des MaRisk-Fachgremiums am 6. März 2007.

Bundesanstalt für Finanzdienstleistungsaufsicht, Protokoll der zweiten Sitzung des MaRisk-Fachgremiums am 17. August 2006.

Bundesanstalt für Finanzdienstleistungsaufsicht/Deutsche Bundesbank, Empfehlungen des Fachgremiums OpRisk zur Definition des operationellen Risikos, 25. Juli 2006.

Bundesanstalt für Finanzdienstleistungsaufsicht, Protokoll der ersten Sitzung des MaRisk-Fachgremiums am 4. Mai 2006.

Bundesanstalt für Finanzdienstleistungsaufsicht, Mindestanforderungen an das Risikomanagement (MaRisk), Rundschreiben 18/2005 (BA) vom 20. Dezember 2005.

Bundesanstalt für Finanzdienstleistungsaufsicht, Übermittlungsschreiben zum Rundschreiben 18/2005 (BA) vom 20. Dezember 2005.

Bundesanstalt für Finanzdienstleistungsaufsicht, Finanzierung aus einer Hand, Rundschreiben 17/2005 (BA) vom 15. November 2005.

Bundesanstalt für Finanzdienstleistungsaufsicht/Deutsche Bundesbank, Bericht über die Industrieaktion AMA operationelles Risiko 2005, 29. September 2005.

Bundesanstalt für Finanzdienstleistungsaufsicht, Mindestanforderungen an das Risikomanagement (MaRisk), zweiter Entwurf eines Rundschreibens vom 22. September 2005.

Bundesanstalt für Finanzdienstleistungsaufsicht, Übermittlungsschreiben zum zweiten Entwurf der Mindestanforderungen an das Risikomanagement vom 22. September 2005.

Bundesanstalt für Finanzdienstleistungsaufsicht/Deutsche Bundesbank, Bericht über die Industrieaktion AMA operationelles Risiko 2005, September 2005.

Bundesanstalt für Finanzdienstleistungsaufsicht/Deutsche Bundesbank, Empfehlungen des Fachgremiums OpRisk zu den qualitativen Anforderungen im Standardansatz, 27. Juni 2005.

Bundesanstalt für Finanzdienstleistungsaufsicht, Schreiben an den Zentralen Kreditausschuss zu § 18 KWG vom 9. Mai 2005.

Bundesanstalt für Finanzdienstleistungsaufsicht, Mindestanforderungen an das Risikomanagement (MaRisk), erster Entwurf eines Rundschreibens vom 2. Februar 2005.

Bundesanstalt für Finanzdienstleistungsaufsicht, Übermittlungsschreiben zum ersten Entwurf der Mindestanforderungen an das Risikomanagement vom 2. Februar 2005.

Bundesanstalt für Finanzdienstleistungsaufsicht/Deutsche Bundesbank, Empfehlungen des Fachgremiums IRBA (jetzt Fachgremium Kredit) zur Ratingübernahme, 4. Oktober 2004.

Bundesanstalt für Finanzdienstleistungsaufsicht, Protokoll der vierten Sitzung des MaK-Fachgremiums am 27. April 2004.

Bundesanstalt für Finanzdienstleistungsaufsicht, Entwicklung von Mindestanforderungen an das Risikomanagement (MaRisk), Schreiben vom 15. April 2004.

Bundesanstalt für Finanzdienstleistungsaufsicht, Schreiben zu »Kreditfabriken« – Aufsichtliche Rahmenbedingungen und Anforderungen, 12. Dezember 2003.

Bundesanstalt für Finanzdienstleistungsaufsicht, Protokoll der dritten Sitzung des MaK-Fachgremiums am 12. November 2003.

Bundesanstalt für Finanzdienstleistungsaufsicht, Protokoll der zweiten Sitzung des MaK-Fachgremiums am 10. Juli 2003.

Bundesanstalt für Finanzdienstleistungsaufsicht, Protokoll der ersten Sitzung des MaK-Fachgremiums am 14. Mai 2003.

Bundesanstalt für Finanzdienstleistungsaufsicht, Mindestanforderungen an das Kreditgeschäft der Kreditinstitute (MaK), Rundschreiben 34/2002 (BA) vom 20. Dezember 2002.

Bundesanstalt für Finanzdienstleistungsaufsicht, Übermittlungsschreiben zum Rundschreiben 34/2002 (BA) vom 20. Dezember 2002.

Bundesanstalt für Finanzdienstleistungsaufsicht, Übermittlungsschreiben zum zweiten Entwurf der Mindestanforderungen an das Kreditgeschäft der Kreditinstitute (MaK) vom 2. Oktober 2002.

Bundesanstalt für Finanzdienstleistungsaufsicht, Bekanntmachung über die Anforderungen an die Ordnungsmäßigkeit des Depotgeschäfts und der Erfüllung von Wertpapierlieferungsverpflichtungen vom 21. Dezember 1998.

Bundesaufsichtsamt für das Kreditwesen, Auslagerung von Bereichen auf ein anderes Unternehmen gemäß § 25a Abs. 2 KWG, Rundschreiben 11/2001 vom 6. Dezember 2001.

Bundesaufsichtsamt für das Kreditwesen, Ergänzende Hinweise zu den Mindestanforderungen an das Betreiben von Handelsgeschäften der Kreditinstitute (MaH) – Revisionsberichte und Marktgerechtigkeitsprüfung, Rundschreiben 5/2001 vom 12. September 2001.

Bundesaufsichtsamt für das Kreditwesen, Rundschreiben 1/2001 über die Modellierung des besonderen Kursrisikos im Grundsatz I vom 22. Januar 2001.

Bundesaufsichtsamt für das Kreditwesen, Mindestanforderungen an die Ausgestaltung der Internen Revision der Kreditinstitute (MaIR), Rundschreiben 1/2000 vom 17. Januar 2000.

Literaturverzeichnis

Bundesaufsichtsamt für das Kreditwesen, Bekanntmachung über die Änderung und Ergänzung der Grundsätze über die Eigenmittel und die Liquidität der Institute vom 25. November 1998.

Bundesaufsichtsamt für das Kreditwesen, Erläuterungen zu einzelnen Regelungen der Mindestanforderungen an das Betreiben von Handelsgeschäften der Kreditinstitute (MaH), Rundschreiben 4/1998 vom 8. April 1998.

Bundesaufsichtsamt für das Kreditwesen, Warentermingeschäfte, Rundschreiben 12/97 vom 7. November 1997.

Bundesaufsichtsamt für das Kreditwesen, Anforderungen an die Ausgestaltung der Innenrevision, Schreiben vom 28. Mai 1976.

Bundesaufsichtsamt für das Kreditwesen, Mindestanforderungen an das Betreiben von Handelsgeschäften der Kreditinstitute (MaH), Verlautbarung vom 23. Oktober 1995.

Bundesaufsichtsamt für das Kreditwesen, Übermittlungsschreiben zu den Mindestanforderungen an das Betreiben von Handelsgeschäften der Kreditinstitute vom 23. Oktober 1995.

Bundesaufsichtsamt für das Kreditwesen, Betreiben von Warentermingeschäften, Schreiben vom 24. Oktober 1974.

Bundesaufsichtsamt für das Kreditwesen, Risiken aus Währungstermingeschäften, Schreiben vom 6. Mai 1974.

Bundesministerium für Wirtschaft und Energie, Bundeswirtschaftsministerium unterstützt weiterhin deutsche Exportwirtschaft in Corona-Pandemie – 5-Punkte Maßnahmenpaket wird verlängert, Pressemitteilung vom 18. Juni 2021.

Bundesministerium für Wirtschaft und Energie, Exportkreditgarantien des Bundes – 5-Punkte Maßnahmenpaket zur Unterstützung der deutschen Exportwirtschaft, Pressemitteilung vom 7. Juli 2020.

Bundesministerium der Finanzen, Gesetz zur Ergänzung des Gesetzes über steuerliche Begleitregelungen zum Austritt des Vereinigten Königreichs Großbritannien und Nordirland aus der Europäischen Union (Brexit-Steuerbegleitgesetz – Brexit-StBG), Referentenentwurf vom 20. November 2018.

Bundesministerium der Finanzen, Arbeitsentwurf eines Gesetzes zur Abschirmung von Risiken und zur Planung der Sanierung und Abwicklung von Kreditinstituten, 30. Januar 2013.

Bundesministerium des Innern, Personalentwicklungskonzept, März 2006.

Bundesverband der Volks- und Raiffeisenbanken, Stellungnahme für die dritte Sitzung des MaRisk-Fachgremiums im Rahmen des Konsultationsverfahrens vom 20. bis 22. Juni 2005.

Bundesverband deutscher Banken, Stellungnahme für die zweite Sitzung des MaRisk-Fachgremiums im Rahmen des Konsultationsverfahrens vom 19. bis 20. Mai 2005.

Bundesverband Informationswirtschaft, Telekommunikation und neue Medien e. V. (BITKOM)/ Deutsches Institut der Normung e. V., Kompass der IT-Sicherheitsstandards, Auszüge zum Thema Elektronische Identitäten, Februar 2014.

Bundesverband Informationswirtschaft, Telekommunikation und neue Medien e. V. (BITKOM), Compliance in IT-Outsourcing-Projekten – Leitfaden zur Umsetzung rechtlicher Rahmenbedingungen, 3. August 2006.

Bundesverband Öffentlicher Banken Deutschlands, Kreditwirtschaftlich wichtige Vorhaben in der EU, Berlin/Brüssel, September 2009.

Bundesverband Öffentlicher Banken Deutschlands, Leitfaden zur Erstellung eines Beurteilungssystems nach § 18 KWG, Berlin, 4. Oktober 2005.

Bundesverband Öffentlicher Banken Deutschlands, Stellungnahme für die zweite Sitzung des MaRisk-Fachgremiums im Rahmen des Konsultationsverfahrens vom 19. bis 20. Mai 2005.

Bundesverband Öffentlicher Banken Deutschlands/Bundesverband deutscher Banken, Gemeinsame Presseerklärung vom 26. Januar 2005.

Bundesverband Öffentlicher Banken Deutschlands/Bundesverband deutscher Banken, Standard für die Erfassung operationeller Verlustdaten, 15. Januar 2005.

Buscher, Arne Martin/Link, Vivien/von Harbou, Christopher/Weigl, Thomas, Verordnung über die aufsichtsrechtlichen Anforderungen an Vergütungssysteme von Instituten (Institutsver-gütungsverordnung – InstitutsVergV), 2. Auflage, Stuttgart, 2018.

C & L Deutsche Revision, Anforderungen an den Einsatz von Finanzinstrumenten bei Indus-trieunternehmen, 2. Auflage, Frankfurt a. M., 1998.

Caps, Oliver/Tretter, Tobias, MaH aus Sicht der Marktpreisrisikosteuerung, in: Finanz Colloquium Heidelberg (Hrsg.), Einhaltung der MaH, Heidelberg, 2004, S. 125–175.

Carny, Hans-Georg/Neusüß, Martin, Das Finanzmarktrichtlinie-Umsetzungsgesetz, in: BaFinJour-nal, Ausgabe Mai 2007, S. 14–19.

Chrubasik, Bodo/Schütz, Armin, Auslagerungen in der Kreditwirtschaft, Göttingen, 2018.

Clifford Chance, MiFID-Connect – Guideline on the Application of the Outsourcing Requirements under the FSA Rules implementing MiFID and the CRD in the UK, 2007.

Coleton, Adrienne/Font Brucart, Maria/Gutierrez, Pilar/Le Tennier, Fabien/Moor, Christian, Sustainable Finance – Market Practices, EBA Staff Paper Series N. 6, 28. Januar 2020.

Commission Bancaire, Regulation 97-2, Paris, 21. Februar 1997.

Commission Bancaire et Financiere, Rundschreiben 97/4, Brüssel, 30. Juni 1997.

Committee of European Banking Supervisors, Guidelines on Remuneration Policies and Practices (GL 42), 10. Dezember 2010.

Committee of European Banking Supervisors, Consultation paper on the Guidebook on Internal Governance (CP 44), 13. Oktober 2010.

Committee of European Banking Supervisors, Guidelines on Liquidity Cost Benefit Allocation (GL 36), 27. Oktober 2010.

Committee of European Banking Supervisors, Guidelines on the management of operational risks in market-related activities (GL 35), 12. Oktober 2010.

Committee of European Banking Supervisors, CEBS's position paper on the recognition of diver-sification benefits under Pillar 2, 2. September 2010.

Committee of European Banking Supervisors, Revised Guidelines on the management of concen-tration risk under the supervisory review process (GL 31), 2. September 2010.

Committee of European Banking Supervisors, Revised Guidelines on Stress Testing (GL 32), 26. August 2010.

Committee of European Banking Supervisors, Principles for disclosures in times of stress (Lessons learnt from the financial crisis), 26. April 2010.

Committee of European Banking Supervisors, High level principles for risk management, 16. Fe-bruar 2010.

Committee of European Banking Supervisors, Guidelines on Stress Testing (CP 32), Consultative document, 14. Dezember 2009.

Committee of European Banking Supervisors, Feedback to the public consultation on »Consulta-tion Paper on Liquidity Buffers & Survival Periods« (CP 28), 9. Dezember 2009.

Committee of European Banking Supervisors, Guidelines on Liquidity Buffers & Survival Periods (GL 28), 9. Dezember 2009.

Committee of European Supervisors, Draft CEBS deliverables, 2. November 2009.

Committee of European Banking Supervisors/Committee of European Securities Regulators/Com-mittee of European Insurance and Occupational Pensions Supervisors, Guidelines for the prudential assessment of acquisitions and increases in holdings in the financial sector required by Directive 2007/44/EC, 18. Dezember 2008.

Literaturverzeichnis

Committee of European Banking Supervisors, Second Part of CEBS's Technical Advice to the European Commission on Liquidity Risk Management, 18. September 2008.

Committee of European Banking Supervisors, Consultation paper on technical aspects of diversification under Pillar 2 (CP 20), 27. Juni 2008.

Committee of European Banking Supervisors, Second Part of CEBS' Technical Advice to the European Commission on Liquidity Risk Management – Analysis of specific issues listed by the Commission and challenges not currently addressed in the EEA, 17. Juni 2008.

Committee of European Banking Supervisors, Guidelines on Outsourcing, 14. Dezember 2006.

Committee of European Banking Supervisors, Guidelines on technical aspects of the management of interest rate risk arising from nontrading activities under the supervisory review process (GL 11), 3. Oktober 2006.

Committee of European Banking Supervisors, Guidelines on the Application of the Supervisory Review Process under Pillar 2 (GL 03), 25. Januar 2006.

Committee of Sponsoring Organizations of the Treadway Commission, Enterprise Risk Management – Integrating with Strategy and Performance, 11. Juni 2017.

Committee on Payment and Settlement Systems/Technical Committee of the International Organization of Securities Commissions, Principles for financial market infrastructures, 5. April 2012.

Committee on the Global Financial System, Stress testing at major financial institutions: survey results and practice, Januar 2005.

Comptroller of the Currency, Comptroller's Handbook: Liquidity, Februar 2001.

Crisanto, Juan Carlos/Ehrentraud, Johannes/Fabian, Marcos, Big techs in finance: regulatory approaches and policy options, FSI Briefs No 12, Financial Stability Institute, 16. März 2021.

Darwin, Charles, The Origin of Species by Means of Natural Selection, New York, 1859.

Dauber, Markus/Pfeifer, Guido/Ullrich, Walter/Eberl, Holger, Allgemeine Anforderungen der MaRisk, in: Pfeifer, Guido/Ullrich, Walter/Wimmer, Konrad (Hrsg.), MaRisk-Umsetzungsleitfaden, Heidelberg, 2006, S. 105–164.

de Guindos, Luis, Shining a light on climate risks: the ECB's economy-wide climate stress test, Blog, 18. März 2021.

De Nederlandsche Bank, Integration of climate-related risk considerations into banks' risk management, Good Practice, 1. April 2020.

De Nederlandsche Bank, Verhalten und Kultur im niederländischen Finanzsektor, Amsterdam, 2015.

De Nederlandsche Bank, Integrity risk analysis: More where necessary, less where possible, Good practices document and poster, 17. August 2015.

Debus, Knut/Kreische Kai, Eigenkapital und barwertiges Zinsänderungsrisiko, in: Betriebswirtschaftliche Blätter, Heft 11/2006, S. 643–656.

Debus, Knut/Kreische, Kai, Die Liquidität im Fokus, in: Die Bank, Heft 6/2006, S. 59–63.

Delegierte Verordnung (EU) 2018/1620 der Kommission vom 13. Juli 2018 zur Änderung der Delegierten Verordnung (EU) 2015/61 der Kommission zur Ergänzung der Verordnung (EU) Nr. 575/2013 des Europäischen Parlaments und des Rates in Bezug auf die Liquiditätsdeckungsanforderung an Kreditinstitute, Amtsblatt der Europäischen Union vom 30. Oktober 2018, L 271/10–24.

Delegierte Verordnung (EU) 2018/959 der Kommission vom 14. März 2018 zur Ergänzung der Verordnung (EU) Nr. 575/2013 des Europäischen Parlaments und des Rates durch technische Regulierungsstandards zur Festlegung der Beurteilungsmethode, nach der die zuständigen Behörden Instituten die Verwendung fortgeschrittener Messansätze für operationelle Risiken gestatten, Amtsblatt der Europäischen Union vom 6. Juli 2018, L 169/1–26.

Delegierte Verordnung (EU) 2018/171 der Kommission vom 19. Oktober 2017 zur Ergänzung der Verordnung (EU) Nr. 575/2013 des Europäischen Parlaments und des Rates durch technische Regulierungsstandards bezüglich der Erheblichkeitsschwelle für überfällige Verbindlichkeiten, Amtsblatt der Europäischen Union vom 6. Februar 2018, L 32/1–5.

Delegierte Verordnung (EU) 2017/208 der Kommission vom 31. Oktober 2016 zur Ergänzung der Verordnung (EU) Nr. 575/2013 des Europäischen Parlaments und des Rates durch technische Regulierungsstandards im Hinblick auf zusätzliche Liquiditätsabflüsse für Sicherheiten, die aufgrund der Auswirkungen ungünstiger Marktbedingungen auf die Derivatgeschäfte eines Instituts benötigt werden, Amtsblatt der Europäischen Union vom 8. Februar 2017, L 33/14-15.

Delegierte Verordnung (EU) 2017/180 der Kommission vom 24. Oktober 2016 zur Ergänzung der Richtlinie 2013/36/EU des Europäischen Parlaments und des Rates durch technische Regulierungsstandards zur Festlegung der Normen für die Referenzportfoliobewertung und der Verfahren für die gemeinsame Nutzung der Bewertungen, Amtsblatt der Europäischen Union vom 3. Februar 2017, L 29/1-9.

Delegierte Verordnung (EU) 2017/104 der Kommission vom 19. Oktober 2016 zur Änderung der Delegierten Verordnung (EU) Nr. 148/2013 zur Ergänzung der Verordnung (EU) Nr. 648/2012 des Europäischen Parlaments und des Rates über OTC-Derivate, zentrale Gegenparteien und Transaktionsregister bezüglich technischer Regulierungsstandards für die Mindestangaben der Meldungen an Transaktionsregister, Amtsblatt der Europäischen Union vom 21. Januar 2017, L 17/1-16.

Delegierte Verordnung (EU) 2017/565 (MiFID II-Durchführungsverordnung) der Kommission vom 25. April 2016 zur Ergänzung der Richtlinie 2014/65/EU des Europäischen Parlaments und des Rates in Bezug auf die organisatorischen Anforderungen an Wertpapierfirmen und die Bedingungen für die Ausübung ihrer Tätigkeit sowie in Bezug auf die Definition bestimmter Begriffe für die Zwecke der genannten Richtlinie, Amtsblatt der Europäischen Union vom 31. März 2017, L 87/1-83.

Delegierte Verordnung (EU) 2016/1075 der Kommission vom 23. März 2016 zur Ergänzung der Richtlinie 2014/59/EU des Europäischen Parlaments und des Rates durch technische Regulierungsstandards, in denen der Inhalt von Sanierungsplänen, Abwicklungsplänen und Gruppenabwicklungsplänen, die Mindestkriterien, anhand deren die zuständige Behörde Sanierungs- und Gruppensanierungspläne zu bewerten hat, die Voraussetzungen für gruppeninterne finanzielle Unterstützung, die Anforderungen an die Unabhängigkeit der Bewerter, die vertragliche Anerkennung von Herabschreibungs- und Umwandlungsbefugnissen, die Verfahren und Inhalte von Mitteilungen und Aussetzungsbekanntmachungen und die konkrete Arbeitsweise der Abwicklungskollegien festgelegt wird, Amtsblatt der Europäischen Union vom 8. Juli 2016, L 184/1–71.

Delegierte Verordnung (EU) 2016/101 der Kommission vom 26. Oktober 2015 zur Ergänzung der Verordnung (EU) Nr. 575/2013 des Europäischen Parlaments und des Rates im Hinblick auf technische Regulierungsstandards für die vorsichtige Bewertung nach Artikel 105 Absatz 14, Amtsblatt der Europäischen Union vom 28. Januar 2016, L 21/54–65.

Delegierte Verordnung (EU) 2015/61 der Kommission vom 10. Oktober 2014 zur Ergänzung der Verordnung (EU) Nr. 575/2013 des Europäischen Parlaments und des Rates in Bezug auf die Liquiditätsdeckungsanforderung an Kreditinstitute, Amtsblatt der Europäischen Union vom 17. Januar 2015, L 11/1–36.

Delegierte Verordnung (EU) 2015/35 (Solvabilitätsverordnung II) der Kommission vom 10. Oktober 2014 zur Ergänzung der Richtlinie 2009/138/EG des Europäischen Parlaments und des Rates betreffend die Aufnahme und Ausübung der Versicherungs- und der Rückversicherungstätigkeit (Solvabilität II), Amtsblatt der Europäischen Union vom 1. Januar 2015, L 12/1–797.

Literaturverzeichnis

Delegierte Verordnung (EU) Nr. 1222/2014 der Kommission vom 8. Oktober 2014 zur Ergänzung der Richtlinie 2013/36/EU des Europäischen Parlaments und des Rates durch technische Regulierungsstandards zur Festlegung der Methode zur Bestimmung global systemrelevanter Institute und zur Festlegung der Teilkategorien global systemrelevanter Institute, Amtsblatt der Europäischen Union vom 15. November 2014, L 330/27-36.

Delegierte Verordnung (EU) Nr. 604/2014 der Kommission vom 4. März 2014 zur Ergänzung der Richtlinie 2013/36/EU des Europäischen Parlaments und des Rates im Hinblick auf technische Regulierungsstandards in Bezug auf qualitative und angemessene quantitative Kriterien zur Ermittlung der Mitarbeiterkategorien, deren berufliche Tätigkeit sich wesentlich auf das Risikoprofil eines Instituts auswirkt, Amtsblatt der Europäischen Union vom 6. Juni 2014, L 167/30-35.

Delegierte Verordnung (EU) Nr. 529/2014 der Kommission vom 12. März 2014 zur Ergänzung der Verordnung (EU) Nr. 575/2013 des Europäischen Parlaments und des Rates durch technische Regulierungsstandards für die Beurteilung der Wesentlichkeit von Erweiterungen und Änderungen des auf internen Beurteilungen basierenden Ansatzes und des fortgeschrittenen Messansatzes, Amtsblatt der Europäischen Union vom 20. Mai 2014, L 148/36-49.

Delegierte Verordnung (EU) Nr. 149/2013 der Kommission vom 19. Dezember 2012 zur Ergänzung der Verordnung (EU) Nr. 648/2012 des Europäischen Parlaments und des Rates im Hinblick auf technische Regulierungsstandards für indirekte Clearingvereinbarungen, die Clearingpflicht, das öffentliche Register, den Zugang zu einem Handelsplatz, nichtfinanzielle Gegenparteien und Risikominderungstechniken für nicht durch eine CCP geclearte OTC-Derivatekontrakte, Amtsblatt der Europäischen Union vom 23. Februar 2013, L 52/11-24.

Delegierte Verordnung (EU) Nr. 231/2013 der Kommission vom 19. Dezember 2012 zur Ergänzung der Richtlinie 2011/61/EU des Europäischen Parlaments und des Rates im Hinblick auf Ausnahmen, die Bedingungen für die Ausübung der Tätigkeit, Verwahrstellen, Hebelfinanzierung, Transparenz und Beaufsichtigung, Amtsblatt der Europäischen Union vom 22. März 2013, L 83/1-95.

Deloitte Touch Tohmatsu, 2005 Global Security Survey, 2005.

Denter, Klaus, Die Bedeutung der MaRisk für die Abschlussprüfung, in: Becker, Axel/Gruber, Walter/Wohlert, Dirk (Hrsg.), Handbuch MaRisk, Frankfurt a. M., 2006, S. 617–638.

Department of the Treasury/Office of the Comptroller of the Currency/Federal Reserve System/ Federal Deposit Insurance Corporation, Interagency Guidance on Leveraged Lending vom 22. März 2013, veröffentlicht im Federal Register Vol. 78, No. 56, S. 17766–17776.

Der Thüringer Landesbeauftragte für den Datenschutz, Zweiter Tätigkeitsbericht des TLfD über den Zeitraum vom 1. Januar 1996 bis 31. Dezember 1997.

Deutsche Bank Research, Credit Derivatives: Effects on the Stability of Financial Markets, Current Issues, Juni 2004, S. 1–12.

Deutsche Bank Research, IT-Outsourcing: Zwischen Hungerkur und Nouvelle Cuisine, 6. April 2004.

Deutsche Bundesbank, Klimabezogene Risiken transparenter machen, Themenbeitrag auf der Internetseite der Deutschen Bundesbank, 7. Juni 2021.

Deutsche Bundesbank, Ein neuer europäischer Aufsichtsrahmen für Wertpapierfirmen, in: Monatsbericht, März 2021, S. 45–63.

Deutsche Bundesbank, Risikoreduzierungsgesetz – Die nationale Umsetzung des europäischen Bankenpaketes, in: Monatsbericht, Dezember 2020, S. 51–67.

Deutsche Bundesbank, Merkblatt zur Einhaltung von Finanzsanktionen, 31. August 2020.

Deutsche Bundesbank, Implementierung von TIBER-DE, Version 1.0, 22. Juli 2020.

Deutsche Bundesbank, TIBER-DE: Realitätsnahe Überprüfung der Cyberwiderstandsfähigkeit von Unternehmen, Newsletter vom 19. Dezember 2019.

Deutsche Bundesbank, Das europäische Bankenpaket – Die Überarbeitung der EU-Bankenregulierung, in: Monatsbericht, Juni 2019, S. 31–50.

Deutsche Bundesbank, Sicherstellung der Risikotragfähigkeit bei weniger bedeutenden Instituten (LSI) – Range of Practice 2015 bis 2017, 6. Februar 2019.

Deutsche Bundesbank, Die Fertigstellung von Basel III, in: Monatsbericht, Januar 2018, S. 77–94.

Deutsche Bundesbank, Bericht zum Basel III-Monitoring für deutsche Institute, 4. Oktober 2018.

Deutsche Bundesbank, Der aufsichtliche Überprüfungs- und Bewertungsprozess für kleinere Institute und Überlegungen zur Proportionalität, in: Monatsbericht, Oktober 2017, S. 45–58.

Deutsche Bundesbank, Richtlinie zur Durchführung und Qualitätssicherung der laufenden Überwachung der Kredit- und Finanzdienstleistungsinstitute durch die Deutsche Bundesbank, 19. Dezember 2016.

Deutsche Bundesbank, Der Start in die Bankenunion – Der einheitliche Aufsichtsmechanismus in Europa, in: Monatsbericht, Oktober 2014, S. 45–67.

Deutsche Bundesbank, Gemeinsame europäische Bankenaufsicht – Erster Schritt auf dem Weg zur Bankenunion, in: Monatsbericht, Juli 2013, S. 15–33.

Deutsche Bundesbank, Bankinterne Methoden zur Ermittlung und Sicherstellung der Risikotragfähigkeit und ihre bankaufsichtliche Bedeutung, in: Monatsbericht, März 2013, S. 31–45.

Deutsche Bundesbank, »Range of Practice« zur Sicherstellung der Risikotragfähigkeit bei deutschen Kreditinstituten, 11. November 2010.

Deutsche Bundesbank, Finanzstabilitätsbericht 2010, 18. November 2010.

Deutsche Bundesbank, Änderung der neu gefassten EU-Bankenrichtlinie und der EU-Kapitaladäquanzrichtlinie sowie Anpassung der Mindestanforderungen an das Risikomanagement, in: Monatsbericht, September 2009, S. 67–83.

Deutsche Bundesbank, Zur Steuerung von Liquiditätsrisiken in Kreditinstituten, in: Monatsbericht, September 2008, S. 59–74.

Deutsche Bundesbank, Zum aktuellen Stand der bankinternen Risikosteuerung und der Bewertung der Kapitaladäquanz im Rahmen des aufsichtlichen Überprüfungsprozesses, in: Monatsbericht, Dezember 2007, S. 57–72.

Deutsche Bundesbank, Stresstests: Methoden und Anwendungsgebiete, in: Finanzstabilitätsbericht 2007, November 2007, S. 99–115.

Deutsche Bundesbank, Konzentrationsrisiken in Kreditportfolios, in: Monatsbericht, Juni 2006, S. 35–54.

Deutsche Bundesbank, Stresstests bei deutschen Banken – Methoden und Ergebnisse, in: Monatsbericht, Oktober 2004, S. 79–88.

Deutsche Bundesbank, Instrumente zum Kreditrisikotransfer: Einsatz bei deutschen Banken und Aspekte der Finanzstabilität, in: Monatsbericht, April 2004, S. 27–45.

Deutsche Bundesbank, Das deutsche Bankensystem im Stresstest, in: Monatsbericht, Dezember 2003, S. 55–63.

Deutsche Bundesbank, Mindestanforderungen an das Betreiben von Handelsgeschäften der Kreditinstitute, in: Monatsbericht, März 1996, S. 55–64.

Deutsche Kreditwirtschaft/Bundesverband Investment und Asset Management, Behandlung von Spezialfonds nach den MaRisk (BA), Schreiben an die Bundesanstalt für Finanzdienstleistungsaufsicht und die Deutsche Bundesbank vom 24. September 2021, S. 3.

Deutsche Kreditwirtschaft, Verwendung verlängerter Stützstellen im Modell der gleitenden Durchschnitte – Ihr Schreiben vom 26. November 2020, Schreiben an die Bundesanstalt für Finanzdienstleistungsaufsicht und die Deutsche Bundesbank vom 6. Mai 2021.

Deutsche Kreditwirtschaft, Aufsichtspraxis – Eigenmittelzielkennziffer (§ 6d KWG), Schreiben an die Bundesanstalt für Finanzdienstleistungsaufsicht (BaFin) vom 31. März 2021.

Deutsche Kreditwirtschaft, Messung der Marktschwankungen an den Immobilienmärkten gem. Art 208 (3) CRR – Anpassung des Marktschwankungskonzeptes der Deutschen Kreditwirtschaft, Schreiben vom 23. März 2021.

Literaturverzeichnis

Deutsche Kreditwirtschaft, Stellungnahme zum Finanzmarktintegritätsstärkungsgesetz – FISG, 10. März 2021.

Deutsche Kreditwirtschaft, 6. MaRisk-Novelle – Ergänzende Formulierungsvorschläge der DK, Schreiben vom 26. Februar 2021.

Deutsche Kreditwirtschaft (German Banking Industry Committee), Comments on the FSB's Discussion paper on Regulatory and Supervisory Issues Relating to Outsourcing and Third-Party Relationships, 8. Januar 2021.

Deutsche Kreditwirtschaft, BaFin-Konsultation 14/2020 – Mindestanforderungen an das Risikomanagement, Stellungnahme vom 4. Dezember 2020.

Deutsche Kreditwirtschaft, Stellungnahme zum Entwurf eines Gesetzes zur Stärkung der Finanzmarktstabilität, 9. November 2020.

Deutsche Kreditwirtschaft, Stellungnahme zur öffentlichen Konsultation des Rundschreibens »Bankaufsichtliche Anforderungen an die BAIT« (BAIT), Konsultation 13/2020 vom 26. Oktober 2020, 23. November 2020.

Deutsche Kreditwirtschaft, Stellungnahme zum Gesetz zur Stärkung der Finanzmarktintegrität, 9. November 2020.

Deutsche Kreditwirtschaft, Stellungnahme zum Regierungsentwurf für ein Risikoreduzierungsgesetz (BT-Drs. 19/22786), 2. Oktober 2020.

Deutsche Kreditwirtschaft, Comments – Draft-Guidelines on loan origination and monitoring, 30. September 2019.

Deutsche Kreditwirtschaft, Stellungnahme zum aktualisierten Rundschreiben 06/2018, 12. Juli 2019.

Deutsche Kreditwirtschaft (German Banking Industry Committee), Comments on EBA Draft Guidelines on Outsourcing arrangements (EBA/CP/2018/11), 24. September 2018.

Deutsche Kreditwirtschaft, Position Paper on the Revision of the Capital Requirements Directive (CRD) and the Capital Requirements Regulation (CRR), 22. September 2017.

Deutsche Kreditwirtschaft, Stellungnahme zur Umsetzung der ESMA/EBA-Leitlinien zur Beschwerdeabwicklung – Konsultation der BaFin vom 23. Juni 2017; Entwurf eines Rundschreibens »Mindestanforderungen an das Beschwerdemanagement« (BaFin-Konsultation 06/2017) und Anhörung zu einer Allgemeinverfügung zur Einreichung von Berichten über Kundenbeschwerden durch CRR-Kreditinstitute, 4. August 2017.

Deutsche Kreditwirtschaft, Stellungnahme zur Konsultation des Rundschreibens »Bankaufsichtliche Anforderungen an die IT« (BAIT) vom 22. März 2017, 4. Mai 2017.

Deutsche Kreditwirtschaft (German Banking Industry Committee), Comments on EBA Draft Guidelines on internal governance, Schreiben vom 27. Januar 2017.

Deutsche Kreditwirtschaft, Stellungnahme zur BaFin-Konsultation 08/2016 der Verordnung zur Änderung der Institutsvergütungsverordnung (InstitutsVergV), 12. September 2016.

Deutsche Kreditwirtschaft, Stellungnahme zum Konsultationspapier 02/2016 der Bundesanstalt für Finanzdienstleistungsaufsicht (BaFin) zur Überarbeitung der MaRisk (Zwischenentwurf vom 24. Juni 2016), 22. Juli 2016.

Deutsche Kreditwirtschaft, Stellungnahme zum Entwurf der MaRisk in der Fassung vom 18. Februar 2016 (Konsultation 02/2016) vom 27. April 2016.

Deutsche Kreditwirtschaft, Stellungnahme zum Entwurf eines Gesetzes zur Abschirmung von Risiken und zur Planung der Sanierung und Abwicklung von Kreditinstituten, 17. April 2013.

Deutsche Kreditwirtschaft, Schreiben an die BaFin zur Leitung der Risikocontrolling-Funktion, 13. März 2013.

Deutsche Kreditwirtschaft (German Banking Industry Committee), Comments on the Basel Committee's consultative document published in July 2012, 13. September 2012.

Deutsche Kreditwirtschaft, Stellungnahme zum Konsultationspapier 01/2012 der Bundesanstalt für Finanzdienstleistungsaufsicht (BaFin) – »Überarbeitung der MaRisk« (Zwischenentwurf vom 2. August 2012), 12. September 2012.

Deutsche Kreditwirtschaft, Stellungnahme zum Konsultationspapier 01/2012 der Bundesanstalt für Finanzdienstleistungsaufsicht (BaFin) – »Überarbeitung der MaRisk«, 5. Juni 2012.

Deutsche Kreditwirtschaft (German Banking Industry Committee), Comments on the Basel Committee on Banking Supervision's Consultative Document »The internal audit function in banks«, 12. März 2012.

Deutscher Genossenschafts- und Raiffeisenverband e.V., Das Risikomanagement als Grundsatz ordnungsmäßiger Geschäftsführung, DGRV-Schriftenreihe, Band 42, Wiesbaden, 2000.

Deutscher Sparkassen- und Giroverband, Mindestanforderungen an das Risikomanagement – Interpretationsleitfaden, Version 6.1, Berlin, Juli 2019.

Deutsches Institut für Interne Revision e.V., Online-Revisionshandbuch, Stand Dezember 2019.

Deutsches Institut für Interne Revision e.V., Jahresbericht 2019, 3. Dezember 2019.

Deutsches Institut für Interne Revision e.V., DIIR Revisionsstandard Nr. 4, Prüfung von Projekten durch die Interne Revision, Version 3.0, Frankfurt am Main, September 2019.

Deutsches Institut für Interne Revision e.V. (DIIR), Frankfurt am Main, Institut für interne Revision Österreich (IIA Austria), Wien, Schweizer Verband für Interne Revision (IIA Switzerland), Zürich (Hrsg.), Internationale Standards für die berufliche Praxis der Internen Revision 2017 – Mission, Grundprinzipien, Definitionen, Ethikkodex, Standards, Version 6.1, 10. Januar 2018.

Deutsches Institut für Interne Revision e.V., Leitfaden Interne Revision und Datenschutz, 11. Oktober 2017.

Deutsches Institut für Interne Revision e.V., Stellungnahme zur Neufassung der MaRisk – Konsultation 03/2009, 23. März 2009.

Deutsches Institut für Interne Revision e.V., DIIR-Revisionsstandard Nr. 4, Standard zur Prüfung von Projekten vom 18. Juni 2008.

Deutsches Institut für Interne Revision e.V., Anmerkungen zur Modernisierung der Outsourcing-Regelungen und Integration in die MaRisk in der Version vom 13. August 2007, Stellungnahme vom 31. August 2007.

Deutsches Institut für Interne Revision e.V., Arbeitskreis »Revision des Kreditgeschäftes«, Fachbeiträge zur Revision des Kreditgeschäftes, Berlin, 2002.

Deutsches Institut für Interne Revision e.V. (Hrsg.), Grundlagen der Internen Revision, Frankfurt a.M., 2002.

Deutsches Institut für Interne Revision e.V., Fachliche Mitteilungen des IIR, IIR Revisionsstandard Nr. 3, Qualitätsmanagement in der Internen Revision, in: Zeitschrift Interne Revision, Heft 5/2002, S. 214–224.

Deutsches Institut für Interne Revision e.V. (Hrsg.), Grundsätze für die berufliche Praxis der Internen Revision, Frankfurt a.M., 1998.

Deutsches Institut für Wirtschaftsforschung e.V. (DIW Berlin), Evaluierungsuntersuchungen zur Bewertung der Aufsicht der Kreditwirtschaft und Erstellung eines Erfahrungsberichts (Erfahrungsbericht Bankenaufsicht), Reihe »Politikberatung kompakt« Nr. 24, 2. Auflage, Berlin, 2006.

Dietrich, David/Blunk, Julia, Kompromiss zu ESA-Review, in: BaFinJournal, Ausgabe Mai 2019, S. 38–40.

Dietz, Thomas, Bankgeschäftliche Prüfungen im Rahmen der Bankenunion – Inhalte, Ablauf, Erkenntnisse, Stuttgart, 2019.

Dietz, Thomas/Petersen, Thomas, Liquiditätsverordnung: Anforderungen an interne Risikomodelle, in: BaFinJournal, Ausgabe Januar 2008, S. 13–18.

Drehmann, Mathias, A Market Based Macro Stress Test for the Corporate Credit Exposure of UK Banks, Working Paper, Bank of England, April 2005.

Literaturverzeichnis

Drüen, Jörg/Florin, Sascha, Reverse Stresstests: Stress-Kennzahlen für die praktische Banksteuerung, in: Risikomanager, Heft 10/2010, S. 1 und 6–9.

Duening, Thomas N./Click, Rick L., Essentials of Business Process Outsourcing, New Jersey, 2005.

Düllmann, Klaus, Messung von Konzentrationsrisiken in Kreditportfolios im Rahmen der Baseler Säule II, Vortrag im Rahmen des Bundesbank Symposium 2006 »Bankenaufsicht im Dialog«, 5. Juli 2006.

Düllmann, Klaus/Erdelmeier, Martin, Stress testing German banks in a downturn in the automobile industry, Deutsche Bundesbank, Discussion Paper, Series 2: Banking and Financial Studies, No. 2/2009.

Durchführungsverordnung (EU) Nr. 2021/451 der Kommission vom 17. Dezember 2020 zur Festlegung technischer Durchführungsstandards für die Anwendung der Verordnung (EU) Nr. 575/2013 des Europäischen Parlaments und des Rates auf die aufsichtlichen Meldungen der Institute und zur Aufhebung der Durchführungsverordnung (EU) Nr. 680/2014, Amtsblatt der Europäischen Union vom 19. März 2021, L 97/1–1955.

Durchführungsverordnung (EU) 2020/429 der Kommission vom 14. Februar 2020 zur Änderung der Durchführungsverordnung (EU) Nr. 680/2014 zur Festlegung technischer Durchführungsstandards für die aufsichtlichen Meldungen der Institute gemäß der Verordnung (EU) Nr. 575/2013 des Europäischen Parlaments und des Rates, Amtsblatt der Europäischen Union vom 30. März 2020, L 96/1–1092.

Durchführungsverordnung (EU) 2017/2114 der Kommission vom 9. November 2017 zur Änderung der Durchführungsverordnung (EU) Nr. 680/2014 in Bezug auf Meldebögen und Erläuterungen, Amtsblatt der Europäischen Union vom 6. Dezember 2017, L 321/1–427.

Durchführungsverordnung (EU) 2017/105 der Kommission vom 19. Oktober 2016 zur Änderung der Durchführungsverordnung (EU) Nr. 1247/2012 der Kommission zur Festlegung technischer Durchführungsstandards im Hinblick auf das Format und die Häufigkeit von Transaktionsmeldungen an Transaktionsregister gemäß der Verordnung (EU) Nr. 648/2012 des Europäischen Parlaments und des Rates über OTC-Derivate, zentrale Gegenparteien und Transaktionsregister, Amtsblatt der Europäischen Union vom 21. Januar 2017, L 17/17–41.

Durchführungsverordnung (EU) 2016/313 der Kommission vom 1. März 2016 zur Änderung der Durchführungsverordnung (EU) Nr. 680/2014 im Hinblick auf zusätzliche Parameter für die Liquiditätsüberwachung, Amtsblatt der Europäischen Union vom 5. März 2016, L 60/5–58.

Durchführungsverordnung (EU) 2015/79 der Kommission vom 18. Dezember 2014 zur Änderung der Durchführungsverordnung (EU) Nr. 680/2014 zur Festlegung technischer Durchführungsstandards für die aufsichtlichen Meldungen der Institute gemäß der Verordnung (EU) Nr. 575/2013 des Europäischen Parlaments und des Rates in Bezug auf die Belastung von Vermögenswerten, ein einheitliches Datenpunktmodell und Validierungsregeln, Amtsblatt der Europäischen Union vom 21. Jan_uar 2015, L 14/1–44.

Durchführungsverordnung (EU) Nr. 680/2014 der Kommission vom 16. April 2014 zur Festlegung technischer Durchführungsstandards für die aufsichtlichen Meldungen der Institute gemäß der Verordnung (EU) Nr. 575/2013 des Europäischen Parlaments und des Rates, Amtsblatt der Europäischen Union vom 28. Juni 2014, L 191/1–1861.

Duttweiler, Rudolf, Liquidität als Teil der bankbetriebswirtschaftlichen Finanzpolitik, in: Bartetzky, Peter/Gruber, Walter/Wehn, Carsten S. (Hrsg.), Handbuch Liquiditätsrisiko – Identifikation, Messung und Steuerung, Stuttgart, 2008, S. 29–50.

EBA's Banking Stakeholder Group, Comments on the Consultation Paper EBA Draft Guidelines on Outsourcing arrangements, EBA/CP/2018/11, London, 24. September 2018.

EBA's Banking Stakeholder Group, New Bank Liquidity Rules: Dangers Ahead, Position paper, 12. Oktober 2012.

Eberl, Holger, Neue Vorgaben für Prozesse im Handelsgeschäft, in: Pfeifer, Guido/Ullrich, Walter (Hrsg.), MaRisk-Interpretationshilfen, 2. Auflage, Heidelberg, 2009, S. 220–279.

Eberl, Holger, MaRisk und die Organisation des Kredit- und Handelsgeschäfts, in: Pfeifer, Guido/Ullrich, Walter/Wimmer, Konrad (Hrsg.), MaRisk-Umsetzungsleitfaden, Heidelberg, 2006, S. 165–218.

Eckardt, Jan/Möller, Andreas/Schreyer, Nathalie, Banken sicherer machen, in: BaFinJournal, Ausgabe Dezember 2020, S. 28–33.

Eichhorn, Michael, Britische Finanzdienstleistungsaufsicht: Deutliche Verschärfung der Standards für Liquiditätsrisiken, in: Zeitschrift für das gesamte Kreditwesen, Heft 3/2009, S. 121–125.

Eichler, Alexander, Vertragsgestaltung und -verhandlungen, Vortrag an der Universität Jena am 19. November 2004.

Eidgenössische Bankenkommission, Rundschreiben 2017/1 – Corporate Governance – Banken vom 22. September 2016.

Eidgenössische Bankenkommission, Überwachung und interne Kontrolle, Rundschreiben 06/06 vom 27. September 2006.

Eidgenössische Bankenkommission, Interne Revision (Inspektorat), Rundschreiben vom 14. Dezember 1995.

Eidgenössisches Personalamt, Personalentwicklung in der Bundesverwaltung, genehmigt vom Eidgenössischen Finanzdepartment am 30. Oktober 2003.

Eisert, Matthias, AT 4.3.4 – Neue Anforderungen an das Datenmanagement in den MaRisk 2016, PwC Risk Blog, 3. Mai 2016.

Eller, Roland/Kurfels, Matthias, Praxisorientierte Dokumentation der MaRisk-Umsetzung, in: BankPraktiker, Heft 5/2007, S. 272–277.

Eller, Roland/Wenzel, Andreas, MaRisk – Entwicklung und Umsetzung von Mindestanforderungen an das Risikomanagement, in: Eller, Roland (Hrsg.), Gesamtbanksteuerung und qualitatives Aufsichtsrecht, Stuttgart, 2005, S. 175–181.

Empfehlung der Europäischen Kommission vom 9. April 2013 für die Anwendung gemeinsamer Methoden zur Messung und Offenlegung der Umweltleistung von Produkten und Organisationen, Amtsblatt der Europäischen Union vom 4. Mai 2013, L 124/1–210.

Empfehlung der Kommission vom 6. Mai 2003 betreffend die Definition der Kleinstunternehmen sowie der kleinen und mittleren Unternehmen, Amtsblatt der Europäischen Union vom 20. Mai 2003, L 124/36–41.

Empfehlung des Europäischen Ausschusses für Systemrisiken zur Änderung der Empfehlung ESRB/2012/2 zur Finanzierung von Kreditinstituten (ESRB/2016/2) vom 21. März 2016, Amtsblatt der Europäischen Union vom 21. April 2016, C 140/1–2.

Empfehlung des Europäischen Ausschusses für Systemrisiken zu Zwischenzielen und Instrumenten für makroprudenzielle Maßnahmen (ESRB/2013/1) vom 4. April 2013, Amtsblatt der Europäischen Union vom 15. Juni 2013, C 170/1–19.

Empfehlung des Europäischen Ausschusses für Systemrisiken zur Finanzierung von Kreditinstituten (ESRB/2012/2) vom 20. Dezember 2012, Amtsblatt der Europäischen Union vom 25. April 2013, C 119/1–61.

Empfehlung des Europäischen Ausschusses für Systemrisiken zu der Finanzierung der Kreditinstitute in US-Dollar (ESRB/2011/2) vom 22. Dezember 2011, Amtsblatt der Europäischen Union vom 10. März 2012, C 72/1–21.

Empfehlung des Europäischen Ausschusses für Systemrisiken zu Fremdwährungskrediten (ESRB/2011/1) vom 21. September 2011, Amtsblatt der Europäischen Union vom 22. November 2011, C 342/1–47.

Englisch, Rainer, BAIT-Anforderungen bezüglich des IDV-Einsatzes in Banken – Beobachtungen aus der Prüfungspraxis, Präsentation anlässlich der Veranstaltung IT-Aufsicht bei Banken in Frankfurt am Main, 27. September 2018.

Literaturverzeichnis

Enria, Andrea, Antwortschreiben an Herrn Markus Herbrand, Mitglied des Deutschen Bundestages, 30. April 2021.

Enria, Andrea, Vorkehrungen für den Notfall im Zusammenhang mit COVID-19, Schreiben an alle bedeutenden Institute, 3. März 2020.

Enria, Andrea, Just a few bad apples? The importance of culture and governance for good banking, Rede auf einer Konferenz der Federation of International Banks in Irland, Dublin, 20. Juni 2019.

Enria, Andrea, Supervisory expectations on risk data aggregation capabilities and risk reporting practices, Schreiben an die bedeutenden Institute vom 14. Juni 2019.

Entwurf eines Gesetzes zur Umsetzung der Richtlinie 2002/87/EG des Europäischen Parlaments und des Rates (Finanzkonglomeraterichtlinie-Umsetzungsgesetz) vom 16. Dezember 2002, Bundestags-Drucksache 15/3641 vom 12. August 2004.

Erfahrungsaustausch öffentlicher und genossenschaftlicher Banken zum »Outsourcing« am 1. Februar 2009 in Berlin.

Erfahrungsaustausch öffentlicher, privater und genossenschaftlicher Banken zum »Neu-Produkt-Prozess« am 13. Juli 2007 in Hamburg.

Erfahrungsaustausch öffentlicher, privater und genossenschaftlicher Banken zum »Neu-Produkt-Prozess« am 18. April 2007 in Berlin.

Erfahrungsaustausch öffentlicher, privater und genossenschaftlicher Banken zum »Neu-Produkt-Prozess« am 26. Januar 2007 in Berlin.

Ernst & Young GmbH, EY Global Consumer Banking Survey 2016 – Welche Bedeutung und Relevanz haben Banken für ihre Kunden noch?, Pressegespräch, 17. Oktober 2016.

Erste Verordnung zur Änderung der BSI-Kritisverordnung vom 21. Juni 2017 (BGBl. I S. 1903), veröffentlicht am 29. Juni 2017.

Essler, Renate/Gampe, Jens, IT-Sicherheit – Aufsicht konkretisiert Anforderungen an die Kreditwirtschaft, in: BaFinJournal, Ausgabe Januar 2018, S. 17–21.

Eulering, Georg, Integration von Stresstests in Risikosteuerung und -controlling, in: Pfeifer, Guido/Ullrich, Walter (Hrsg.), MaRisk-Interpretationshilfen, 2. Auflage, Heidelberg, 2009, S. 125–161.

Europäische Kommission, Vorschlag für eine Richtlinie des Europäischen Parlaments und des Rates zur Änderung der Richtlinien 2013/34/EU, 2004/109/EG und 2006/43/EG und der Verordnung (EU) Nr. 537/2014 hinsichtlich der Nachhaltigkeitsberichterstattung von Unternehmen vom 21. April 2021.

Europäische Kommission, Vorschlag für eine Verordnung des Europäischen Parlaments und des Rates über die Betriebsstabilität digitaler Systeme des Finanzsektors und zur Änderung der Verordnungen (EG) Nr. 1060/2009, (EU) Nr. 648/2012, (EU) Nr. 600/2014 und (EU) Nr. 909/2014 vom 24. September 2020.

Europäische Kommission, Vorschlag für eine Richtlinie des Europäischen Parlaments und des Rates über Kreditdienstleister, Kreditkäufer und die Verwertung von Sicherheiten vom 14. März 2018.

Europäische Kommission, Vorschlag für eine Verordnung des Europäischen Parlaments und des Rates zur Änderung der Verordnung (EU) Nr. 1093/2010 zur Errichtung einer Europäischen Aufsichtsbehörde (Europäische Bankenaufsichtsbehörde), der Verordnung (EU) Nr. 1094 zur Errichtung einer Europäischen Aufsichtsbehörde (Europäische Aufsichtsbehörde für das Versicherungswesen und die betriebliche Altersversorgung), der Verordnung (EU) Nr. 1095/2010 zur Errichtung einer Europäischen Aufsichtsbehörde (Europäische Wertpapier- und Marktaufsichtsbehörde), der Verordnung (EU) Nr. 345/2013 über Europäische Risikokapitalfonds, der Verordnung (EU) Nr. 346/2013 über europäische Fonds für soziales Unternehmertum, der Verordnung (EU) Nr. 600/2014 über Märkte für Finanzinstrumente, der Verordnung (EU) 2015/760 über europäische langfristige Investmentfonds, der Verordnung (EU) 2016/1011 über Indizes, die bei Finanzinstrumenten und Finanzkontrakten als Referenzwert oder zur Messung der Wertentwicklung eines Investmentfonds verwendet werden, und der Verordnung (EU) 2017/1129 über den Prospekt, der beim öffentlichen Angebot von Wertpapieren oder bei deren Zulassung zum Handel auf einem geregelten Markt zu veröffentlichen ist, vom 20. September 2017.

Europäische Kommission, Vorschlag für eine Richtlinie des Europäischen Parlaments und des Rates zur Änderung der Richtlinie 2013/36/EU im Hinblick auf von der Anwendung ausgenommene Unternehmen, Finanzholdinggesellschaften, gemischte Finanzholdinggesellschaften, Vergütung, Aufsichtsmaßnahmen und -befugnisse und Kapitalerhaltungsmaßnahmen vom 23. November 2016.

Europäische Kommission, Vorschlag für eine Verordnung des Europäischen Parlaments und des Rates zur Änderung der Verordnung (EU) Nr. 806/2014 im Hinblick auf die Schaffung eines europäischen Einlagenversicherungssystems vom 24. November 2015.

Europäische Zentralbank, Stresstest bescheinigt dem Bankensystem im Euroraum Widerstandsfähigkeit in schwierigem gesamtwirtschaftlichem Szenario, Presseerklärung vom 30. Juli 2021.

Europäische Zentralbank, Liste bedeutender beaufsichtigter Unternehmen, Stand 1. Mai 2021.

Europäische Zentralbank, EZB-Bankenaufsicht: Risikobewertung für 2021, 28. Januar 2021.

Europäische Zentralbank, EZB finalisiert Leitfaden zum aufsichtlichen Ansatz für Konsolidierungen, Presseerklärung vom 12. Januar 2021.

Europäische Zentralbank, Leitfaden zu Klima- und Umweltrisiken – Erwartungen der Aufsicht in Bezug auf Risikomanagement und Offenlegungen, 27. November 2020.

Europäische Zentralbank, EZB kündigt organisatorische Änderungen zur Stärkung der Bankenaufsicht an, Pressemitteilung vom 29. Juli 2020.

Europäische Zentralbank, IFRS 9 im Zusammenhang mit der Coronavirus-Pandemie (COVID-19), Schreiben an alle bedeutenden Institute, 1. April 2020.

Europäische Zentralbank, SSM-LSI-SREP-Methodik, Ausgabe 2020, 25. März 2020.

Europäische Zentralbank, EZB-Bankenaufsicht reagiert mit zusätzlichen Flexibilisierungsmaßnahmen für Banken auf die Ausbreitung des Coronavirus, Pressemitteilung, 20. März 2020.

Europäische Zentralbank, EZB-Bankenaufsicht reagiert auf Coronavirus – vorübergehende Kapitalerleichterungen und operative Flexibilität für Banken, Pressemitteilung, 12. März 2020.

Europäische Zentralbank, EZB-Bankenaufsicht: Risikobewertung für 2020, 7. Oktober 2019.

Europäische Zentralbank, EZB überarbeitet Erwartungen der Aufsicht an die Risikovorsorge für neue notleidende Kredite, um neuer EU-Verordnung Rechnung zu tragen, Pressemitteilung vom 22. August 2019.

Europäische Zentralbank, EZB-Bankenaufsicht führt Sensitivitätsanalyse zum Liquiditätsrisiko als Stresstest 2019 durch, Pressemitteilung vom 6. Februar 2019.

Europäische Zentralbank, Leitfaden der EZB für den bankinternen Prozess zur Sicherstellung einer angemessenen Kapitalausstattung (Internal Capital Adequacy Assessment Process – ICAAP), 9. November 2018.

Europäische Zentralbank, Leitfaden der EZB für den bankinternen Prozess zur Sicherstellung einer angemessenen Liquiditätsausstattung (Internal Liquidity Adequacy Assessment Process – ILAAP), 9. November 2018.

Europäische Zentralbank, EZB-Bankenaufsicht: Risikobewertung für 2019, 30. Oktober 2018.

Europäische Zentralbank, Leitfaden für Vor-Ort-Prüfungen und Prüfungen interner Modelle, 21. September 2018.

Europäische Zentralbank, EZB kündigt weitere Schritte beim aufsichtlichen Ansatz für NPL-Bestände an, Pressemitteilung vom 11. Juli 2018.

Europäische Zentralbank, SSM-LSI-SREP-Methodik, Ausgabe 2018, 4. Juli 2018.

Europäische Zentralbank, Leitfaden zur Beurteilung der fachlichen Qualifikation und persönlichen Zuverlässigkeit, 28. Mai 2018.

Literaturverzeichnis

Europäische Zentralbank, Ergänzung zum EZB-Leitfaden für Banken zu notleidenden Krediten: aufsichtliche Erwartungen an die Risikovorsorge für notleidende Risikopositionen, 15. März 2018.

Europäische Zentralbank, Leitfaden der EZB zu internen Modellen – Kapitel General Topics, 15. März 2018.

Europäische Zentralbank, Leitfaden der EZB für den internen Prozess zur Beurteilung der Angemessenheit des Kapitals (Internal Capital Adequacy Assessment Process – ICAAP), Konsultationspapier, 2. März 2018.

Europäische Zentralbank, Leitfaden der EZB für den internen Prozess zur Beurteilung der Angemessenheit der Liquidität (Internal Liquidity Adequacy Assessment Process – ILAAP), Konsultationspapier, 2. März 2018.

Europäische Zentralbank, Broschüre zur SREP-Methodik des SSM, 18. Dezember 2017.

Europäische Zentralbank, Leitfaden für Banken zu notleidenden Krediten, 20. März 2017.

Europäische Zentralbank, Technische Umsetzung der EBA-Leitlinien zu für SREP erhobene ICAAP- und ILAAP-Informationen, Konkretisierung der aufsichtlichen Erwartungen an die Erhebung von ICAAP- und ILAAP-Informationen vom 21. Februar 2017.

Europäische Zentralbank, SSM-Leitfaden zum ILAAP, Entwurf im Rahmen einer Mehrjahresplanung vom 20. Februar 2017.

Europäische Zentralbank, EZB-Bankenaufsicht: Prioritäten des SSM im Jahr 2017, 15. Dezember 2016.

Europäische Zentralbank, Broschüre zur SREP-Methodik des SSM, 19. Februar 2016.

Europäische Zentralbank, Aufsichtliche Erwartungen an ICAAP und ILAAP sowie harmonisierte Erhebung von ICAAP- und ILAAP-Informationen, Schreiben von Daniele Nouy an die Geschäftsleitung bedeutender Banken vom 8. Januar 2016.

Europäische Zentralbank, Leitfaden zur Anhörung der Europäischen Zentralbank durch die nationalen Behörden zu Entwürfen für Rechtsvorschriften, Oktober 2015.

Europäische Zentralbank, Leitfaden zur Bankenaufsicht, 3. November 2014.

European Banking Authority, 2021 EU-wide stress test – Results, 30. Juli 2021.

European Banking Authority/European Securities and Markets Authority, Final report on joint ESMA and EBA Guidelines on the assessment of the suitability of members of the management body and key function holders under Directive 2013/36/EU and Directive 2014/65/EU, EBA/GL/2021/06, ESMA35-36-2319, 2. Juli 2021.

European Banking Authority, Final Report on Guidelines on internal governance under Directive 2013/36/EU, EBA/GL/2021/05, 2. Juli 2021.

European Banking Authority, Final report on Guidelines on sound remuneration policies under Directive 2013/36/EU, EBA/GL/2021/04, 2. Juli 2021.

European Banking Authority, The EBA 2020 Work Programme, Revised Version, EBA/REP/2020/22, 1. Juli 2020.

European Banking Authority, Risk Dashboard – Data as of Q1 2021, 30. Juni 2021.

European Banking Authority, Draft Guidelines on common procedures and methodologies for the supervisory review and evaluation process (SREP) and supervisory stress testing under Directive 2013/36/EU, Consultation Paper, EBA/CP/2021/26, 28. Juni 2021.

European Banking Authority, EBA Report on management and supervision of ESG risks for credit institutions and investment firms, EBA/REP/2021/18, 23. Juni 2021.

European Banking Authority, Revised Guidelines on major incident reporting under PSD 2, Final Report, EBA/GL/2021/03, 10. Juni 2021.

European Banking Authority, Mapping climate risk: Main findings from the EU-wide pilot exercise, EBA/Rep/2021/11, 21. Mai 2021.

European Banking Authority, Discussion Paper, Review of the NPL transaction data templates, EBA/DP/2021/02, 4. Mai 2021.

European Banking Authority, Draft Implementing Technical Standards amending Commission Implementing Regulation (EU) 2021/451 with regard to ALMM, EBA/CP/2021/17, 28. April 2021.

European Banking Authority, Monitoring of Liquidity Coverage Ratio Implementation in the EU – Second Report, EBA/REP/2021/07, 15. März 2021.

European Banking Authority, EBA Report on the Implementation of Selected COVID-19 Policies, EBA/REP/2021/02, 29. Januar 2021.

European Banking Authority, EBA Report on Asset Encumbrance, 18. Januar 2021.

European Banking Authority, Risk Assessment Questionnaire – Summary of Results, 13. Januar 2021.

European Banking Authority, EBA begrüßt den Aktionsplan der Europäischen Kommission zur Bekämpfung von NPLs nach der COVID-19-Pandemie, Presseerklärung vom 16. Dezember 2020.

European Banking Authority, Risk Assessment of the European Banking System, 31. Dezember 2020.

European Banking Authority, EBA Discussion paper on management and supervision of ESG risks for credit institutions and investment firms, EBA/DP/2020/03, 30. Oktober 2020.

European Banking Authority, EBA Work Programme 2021, EBA/REP/2020/26, 30. September 2020.

European Banking Authority, Final report – Guidelines on the pragmatic 2020 supervisory review and evaluation process in light of COVID-19 crisis, EBA/GL/2020/10, 23. Juli 2020.

European Banking Authority, Leitlinien zur Meldung und Offenlegung von Risikopositionen, die Maßnahmen im Zusammenhang mit der COVID-19-Krise unterliegen, EBA/GL/2020/07, 2. Juni 2020.

European Banking Authority, Leitlinien für die Kreditvergabe und Überwachung, EBA/GL/2020/06, 29. Mai 2020.

European Banking Authority, Explanatory Note on the EBA's Comprehensive Approach to Loan Origination, 29. Mai 2020.

European Banking Authority, Report on STS Framework for Synthetic Securitisation under Article 45 of Regulation (EU) 2017/2402, EBA/OP/2020/07, 6. Mai 2020.

European Banking Authority, Leitlinien zu gesetzlichen Moratorien und Moratorien ohne Gesetzesform für Darlehenszahlungen vor dem Hintergrund der COVID-19-Krise, EBA/GL/2020/02, 2. April 2020.

European Banking Authority, Statement on the application of the prudential framework regarding Default, Forbearance and IFRS 9 in light of COVID-19 measures, 25. März 2020.

European Banking Authority, EBA Report on undue short-term pressure from the financial sector on corporations, 18. Dezember 2019.

European Banking Authority, Leitlinien für harmonisierte Definitionen und Vorlagen für Finanzierungspläne von Kreditinstituten gemäß der Empfehlung des Europäischen Ausschusses für Systemrisiken vom 20. Dezember 2012 (ESRB/2012/2), EBA/GL/2019/05, 9. Dezember 2019.

European Banking Authority, EBA Action Plan on Sustainable Finance, 6. Dezember 2019.

European Banking Authority, Leitlinien für das Management von IKT- und Sicherheitsrisiken, EBA/GL/2019/04, 28. November 2019.

European Banking Authority, Risk Reduction Package Roadmaps: EBA Tasks Arising from CRD 5 – CRR 2 – BRRD 2, 21. November 2019.

European Banking Authority, Opinion of the European Banking Authority to the European Commission on the Regulatory Treatment of Non-Performing Exposure Securitisations, EBA-Op-2019-13, 23. Oktober 2019.

European Banking Authority, The EBA 2020 Work Programme, 10. Oktober 2019.

European Banking Authority, Opinion of the European Banking Authority on communications to supervised entities regarding money laundering and terrorist financing risks in prudential supervision, EBA-Op-2019-08, 24. Juli 2019.

Literaturverzeichnis

European Banking Authority, Draft Implementing Standards amending Commission Implementing Regulation (EU) No 680/2014 with regard to the reporting of financial information (FINREP), Final Report, EBA/ITS/2019/02, 12. Juli 2019.

European Banking Authority, Leitlinien zu Auslagerungen, EBA/GL/2019/02, 25. Februar 2019.

European Banking Authority, Final Report on EBA Guidelines on outsourcing arrangements, EBA/GL/2019/02, 25. Februar 2019.

European Banking Authority, Leitlinien über die Offenlegung von notleidenden und gestundeten Risikopositionen, EBA/GL/2018/10, 17. Dezember 2018.

European Banking Authority, Leitlinien zu den STS-Kriterien für ABCP-Verbriefungen, EBA/GL/2018/08, 12. Dezember 2018.

European Banking Authority, Leitlinien zu den STS-Kriterien für Nicht-ABCP-Verbriefungen, EBA/GL/2018/09, 12. Dezember 2018.

European Banking Authority, Leitlinien über das Management notleidender und gestundeter Risikopositionen, EBA/GL/2018/06, 31. Oktober 2018.

European Banking Authority, EBA 2019 Work Programme, 23. Oktober 2018.

European Banking Authority, EBA Final Draft Regulatory Technical Standards – Specifying the requirements for originators, sponsors and original lenders relating to risk retention pursuant to Article 6(7) of Regulation (EU) 2017/2402, EBA/RTS/2018/01, 31. Juli 2018.

European Banking Authority, EBA Final Draft Regulatory Technical Standards on the homogeneity of the underlying exposures in securitisation under Articles 20(14) and 24(21) of Regulation (EU) No 2017/2402 laying down a general framework for securitisation and creating a specific framework for simple, transparent and standardised securitization, EBA/RTS/2018/02, 31. Juli 2018.

European Banking Authority, Guidelines on common procedures and methodologies for the supervisory review and evaluation process (SREP) and supervisory stress testing, EBA/GL/2014/13, Consolidated version, 19. Juli 2018.

European Banking Authority, Leitlinien zu den Stresstests der Institute, EBA/GL/2018/04, 19. Juli 2018.

European Banking Authority, Leitlinien zur Steuerung des Zinsänderungsrisikos bei Geschäften des Anlagebuchs, EBA/GL/2018/02, 19. Juli 2018.

European Banking Authority, Consultation Paper – EBA Draft Guidelines on Outsourcing arrangements, EBA/CP/2018/11, 22. Juni 2018.

European Banking Authority, EBA 2016 CVA Risk Monitoring Exercise – Main Results, 4. Mai 2018.

European Banking Authority, Leitlinien für die PD-Schätzung, die LGD-Schätzung und die Behandlung von ausgefallenen Risikopositionen, EBA/GL/2017/16, 23. April 2018.

European Banking Authority, Draft Guidelines on the STS criteria for ABCP securitisation, EBA/CP/2018/04, 20. April 2018.

European Banking Authority, Empfehlungen zur Auslagerung an Cloud-Anbieter, EBA/REC/2017/03, 28. März 2018.

European Banking Authority, Leitlinien zur internen Governance, EBA/GL/2017/11, 21. März 2018.

European Banking Authority/European Securities and Markets Authority, Leitlinien zur Bewertung der Eignung von Mitgliedern des Leitungsorgans und Inhabern von Schlüsselfunktionen, EBA/GL/2017/12, 21. März 2018.

European Banking Authority, Leitlinien zu verbundenen Kunden gemäß Artikel 4 Absatz 1 Nummer 39 der Verordnung (EU) Nr. 575/2013, EBA/GL/2017/15, 23. Februar 2018.

European Banking Authority, 2018 EU-Wide Stress Test – Methodological Note, 31. Januar 2018.

European Banking Authority, Leitlinien für die Meldung schwerwiegender Vorfälle gemäß der Richtlinie (EU) 2015/2366 (PSD 2), EBA/GL/2017/10, 19. Dezember 2017.

European Banking Authority, Final Report – Guidelines on internal governance under Directive 2013/36/EU, EBA/GL/2017/11, 26. September 2017.

European Banking Authority, Leitlinien zur Kreditrisikomanagementpraxis und zur Bilanzierung erwarteter Kreditverluste von Kreditinstituten, EBA/GL/2017/06, 20. September 2017.

European Banking Authority, Leitlinien für die IKT-Risikobewertung im Rahmen des aufsichtlichen Überprüfungs- und Bewertungsprozesses (SREP), EBA/GL/2017/05, 11. September 2017.

European Banking Authority, EBA 2015 CVA Risk Monitoring Exercise – Main Results, 21. Juni 2017.

European Banking Authority, Guidelines on LCR disclosure to complement the disclosure of liquidity risk management under Article 435 of Regulation (EU) No 575/2013, EBA/GL/2017/01, 21. Juni 2017.

European Banking Authority, Leitlinien zu für SREP erhobene ICAAP- und ILAAP-Informationen, EBA/GL/2016/10, 10. Februar 2017.

European Banking Authority, Leitlinien zur Anwendung der Ausfalldefinition gemäß Artikel 178 der Verordnung (EU) Nr. 575/2013, EBA/GL/2016/07, 18. Januar 2017.

European Banking Authority, EBA Final draft Regulatory Technical Standards on the specification of the assessment methodology for competent authorities regarding compliance of an institution with the requirements to use internal models for market risk and assessment of significant share under points (b) and (c) of Article 363(4) of Regulation (EU) No 575/2013, EBA/RTS/2016/07, 22. November 2016.

European Banking Authority, Draft Implementing technical standards amending Implementing Regulation (EU) No 680/2014 with regard to additional monitoring metrics for liquidity reporting, EBA/CP/2016/22, 16. November 2016.

European Banking Authority, Leitlinien zu für SREP erhobene ICAAP- und ILAAP-Informationen, EBA/GL/2016/10, 3. November 2016.

European Banking Authority, NSFR – EBA reply to the Call for Advice (Core Funding Ratio: A descriptive Analysis in the EU), EBA/Op/2016/15, 5. September 2016.

European Banking Authority, Final Draft Regulatory Technical Standards on the specification of the assessment methodology for competent authorities regarding compliance of an institution with the requirements to use the IRB Approach in accordance with Articles 144(2), 173(3) and 180(3)(b) of Regulation (EU) No 575/2013, EBA/RTS/2016/03, 21. Juli 2016.

European Banking Authority, Leitlinien für eine solide Vergütungspolitik gemäß Artikel 74 Absatz 3 und Artikel 75 Absatz 2 der Richtlinie 2013/36/EU und Angaben gemäß Artikel 450 der Verordnung (EU) Nr. 575/2013, EBA/GL/2015/22, 27. Juni 2016.

European Banking Authority, Leitlinien zu Obergrenzen für Risikopositionen gegenüber Schattenbankunternehmen, die außerhalb eines Regelungsrahmens Banktätigkeiten ausüben, gemäß Artikel 395 Absatz 2 der Verordnung (EU) Nr. 575/2013, EBA/GL/2015/20, 3. Juni 2016.

European Banking Authority, Opinion of the European Banking Authority on the interaction of Pillar 1, Pillar 2 and combined buffer requirements and restrictions on distributions, EBA/Op/2015/24, 16. Dezember 2015.

European Banking Authority, EBA Report on Net Stable Funding Requirements under Article 510 of the CRR, EBA/Op/2015/22, 15. Dezember 2015.

European Banking Authority, Guidelines on the treatment of CVA risk under the supervisory review and evaluation process (SREP), EBA/CP/2015/21, 12. November 2015.

European Banking Authority, Leitlinien zur Steuerung des Zinsänderungsrisikos bei Geschäften des Anlagebuchs, EBA/GL/2015/08, 5. Oktober 2015.

European Banking Authority, Leitlinien zur Mindestliste der qualitativen und quantitativen Indikatoren des Sanierungsplans, EBA/GL/2015/02, 23. Juli 2015.

European Banking Authority, Opinion of the European Banking Authority on Credit Valuation Adjustment (CVA), EBA/Op/2015/02, 25. Februar 2015.

Literaturverzeichnis

European Banking Authority, EBA Final draft Regulatory Technical Standards on prudent valuation under Article 105 (14) of Regulation (EU) No 575/2013 (Capital Requirements Regulation – CRR), EBA/RTS/2014/06/rev1, 23. Januar 2015.

European Banking Authority, Leitlinien zur Wesentlichkeit, zu Geschäftsgeheimnissen und vertraulichen Informationen sowie zur Häufigkeit der Offenlegung gemäß den Artikeln 432 Absatz 1, 432 Absatz 2 und 433 der Verordnung (EU) Nr. 575/2013, EBA/GL/2014/14, 23. Dezember 2014.

European Banking Authority, Leitlinien zu gemeinsamen Verfahren und Methoden für den aufsichtlichen Überprüfungs- und Bewertungsprozess (SREP), EBA/GL/2014/13, 19. Dezember 2014.

European Banking Authority, Final guidelines on the security of internet payments, EBA/GL/2014/12Rev1, 19. Dezember 2014.

European Banking Authority, Leitlinien für die Kriterien zur Festlegung der Anwendungsvoraussetzungen für Artikel 131 Absatz 3 der Richtlinie 2013/36/EU (CRD) in Bezug auf die Bewertung von anderen systemrelevanten Instituten (A-SRI), EBA/GL/2014/10, 16. Dezember 2014.

European Banking Authority, Final Draft Implementing Technical Standards on Asset Encumbrance Reporting under Article 100 of Capital Requirements Regulation (CRR), EBA/ITS/2013/04/rev1, 24. Juli 2014.

European Banking Authority, Leitlinien über die bei Sanierungsplänen zugrunde zu legende Bandbreite an Szenarien, EBA/GL/2014/06, 18. Juli 2014.

European Banking Authority, Leitlinien für harmonisierte Definitionen und Vorlagen für Finanzierungspläne von Kreditinstituten nach ESRB/2012/2, Empfehlung A Absatz 4, EBA/GL/2014/04, 19. Juni 2014.

European Banking Authority, Final Draft Regulatory Technical Standards on additional liquidity outflows corresponding to collateral needs resulting from the impact of an adverse market scenario on the institution's derivatives transactions, financing transactions and other contracts for liquidity reporting under Article 423(3) of Regulation (EU) No 575/2013 (Capital Requirements Regulation – CRR), EBA/RTS/2014/05, 28. März 2014.

European Banking Authority, Leitlinien zu Kapitalmaßnahmen für Fremdwährungskreditvergabe an nicht abgesicherte Kreditnehmer im Rahmen der aufsichtlichen Überprüfung und Bewertung (SREP), EBA/GL/2013/02, 20. Dezember 2013.

European Banking Authority, Final Draft Implementing Technical Standards on Additional Liquidity Monitoring Metrics under Article 415 (3) (b) of Regulation (EU) No 575/2013, 18. Dezember 2013.

European Banking Authority, Leitlinien zu Privatkundeneinlagen, die anderen Abflüssen unterliegen, zu Zwecken der Liquiditätsmeldungen gemäß der Verordnung (EU) Nr. 575/2013 über Aufsichtsanforderungen an Kreditinstitute und Wertpapierfirmen und zur Änderung der Verordnung (EU) Nr. 648/2012 (Eigenkapitalverordnung – CRR), EBA/GL/2013/01, 6. Dezember 2013.

European Banking Authority, Leitlinien zur Beurteilung der Eignung von Mitgliedern des Leitungsorgans und von Inhabern von Schlüsselfunktionen, EBA/GL/2012/06, 22. November 2012.

European Banking Authority, EBA Guidelines on Internal Governance (GL 44), 27. September 2011.

European Banking Authority, 2011 EU-wide Stress Test Aggregate Report, 15. Juli 2011.

European Central Bank, SSM-wide stress test 2021 – Final results, 30. Juli 2021.

European Central Bank, Guide to fit and proper assessments, Consultation paper, 15. Juni 2021.

European Central Bank, Updated Fit and proper Questionnaire – ECB template, Consultation paper, 15. Juni 2021.

European Central Bank, Financial Stability Review, 19. Mai 2021.

European Central Bank, Climate-related risk and financial stability, Fachbeitrag auf der Internetseite der EZB, 17. Mai 2021.

European Central Bank, Targeted Review of Internal Models, Project report, 19. April 2021.

European Central Bank, 2020 SREP aggregate results, 28. Januar 2021.

European Central Bank, SSM Supervisory Priorities for 2021, 28. Januar 2021.

European Central Bank, Guide on the supervisory approach to consolidation in the banking sector, 12. Januar 2021.

European Central Bank, ECB report on banks' ICAAP practices, 11. August 2020.

European Central Bank, Trends and risks in credit underwriting standards of significant institutions in the Single Supervisory Mechanism – Main findings from the credit underwriting data collection 2019, 10. Juni 2020.

European Central Bank, Reporting framework for cyber incidents on Significant Institutions, 24. Februar 2020.

European Central Bank, Strengthening banks' compliance frameworks, Newsletter vom 12. Februar 2020.

European Central Bank, Aggregate SREP outcome for 2019, 28. Januar 2020.

European Central Bank, Update on the Targeted Review of Internal Models (TRIM), 21. November 2019.

European Central Bank, ECB guide to internal models, 1. Oktober 2019.

European Central Bank, Report on declared time commitment of non-executive directors in the SSM, 14. August 2019.

European Central Bank, SSM thematic review on profitability and business models: Report on the outcome of the assessment, 18. September 2018.

European Central Bank, Draft ECB guide to internal models – Risk-type-specific chapters, Consultation paper, 7. September 2018.

European Central Bank, Report on the Thematic Review on effective risk data aggregation and risk reporting, 9. Mai 2018.

European Central Bank, IT risk – ECB to roll out cyber incident reporting framework, Newsletter vom 17. Mai 2017.

European Central Bank, Guidance on leveraged transactions, 16. Mai 2017.

European Central Bank, Guide for the Targeted Review of Internal Models (TRIM), Consultation paper, 6. Februar 2017.

European Central Bank, The Supervisory Review and Evaluation Process: what's new?, Newsletter articles, 16. November 2016.

European Central Bank, SSM supervisory statement on governance and risk appetite, 21. Juni 2016.

European Central Bank, Recommendations for the Security of Internet Payments, 31. Januar 2013.

European Central Bank, Beyond ROE – How to measure Bank Performance, September 2010.

European Central Bank, EU Bank's Funding Structures and Policies, Mai 2009.

European Central Bank, Report on EU banking structure, 24. November 2004.

European Central Bank/European Systemic Risk Board, Climate-related risk and financial stability, 1. Juli 2021.

European Commission, Proposal for a Directive of the European Parliament and of the Council on the access to the activity of credit institutions and the prudential supervision of credit institutions and investment firms and amending Directive 2002/87/EC of the European Parliament and of the Council on the supplementary supervision of credit institutions, insurance undertakings and investment firms in a financial conglomerate, 20. Juli 2011.

European Commission, Proposal for a Regulation of the European Parliament and of the Council on prudential requirements for credit institutions and investment firms, 20. Juli 2011.

European Commission, Corporate governance in financial institutions and remuneration policies, Green paper, 2. Juni 2010.

European Commission, Background Note, Draft Commission Directive implementing the Markets in Financial Instruments Directive 2004/39/EC (MiFID), 6. Februar 2006.

Literaturverzeichnis

European Securities and Markets Authority, Questions and Answers, Implementation of the Regulation (EU) No 648/2012 on OTC derivatives, central counterparties and trade repositories (EMIR), ESMA70-1861941480-52, 20. Mai 2021.

European Securities and Markets Authority/European Banking Authority, Leitlinien zur Bewertung der Eignung von Mitgliedern des Leitungsorgans und Inhabern von Schlüsselfunktionen, EBA/GL/2017/12, 21. März 2018.

European Securities and Markets Authority, Leitlinien zu Vergütungsgrundsätzen und -verfahren (MiFID), 3. Juni 2013.

European Securities and Markets Authority, Leitlinien zu einigen Aspekten der MiFID-Anforderungen an die Compliance-Funktion, 25. Juni 2012.

European Securities and Markets Authority, Leitlinien zu einigen Aspekten der MiFID-Anforderungen an die Eignung, 25. Juni 2012.

European Securities and Markets Authority, Systeme und Kontrollen für Handelsplattformen, Wertpapierfirmen und zuständige Behörden in einem automatisierten Handelsumfeld, Leitlinien vom 24. Februar 2012.

European Systemic Risk Board, ESRB risk dashboard, 6. April 2021.

European Systemic Risk Board, Macro-financial scenario for the 2021 EU-wide banking sector stress test, 15. Januar 2021.

European Systemic Risk Board, Adverse macro-financial scenario for the 2018 EU-wide banking sector stress test, 16. Januar 2018.

European Systemic Risk Board, Report on misconduct risk in the banking sector, 5. Juni 2015.

Federal Reserve Bank of San Francisco, Stress Tests: Useful Complements to Financial Risk Models, in: FRBSF Economic Letter 2005-14, Juni 2005.

Federal Reserve Bank of New York, Outsourcing Financial Services Activities: Industry Practices to Mitigate Risks, 20. Oktober 1999.

Ferstl, Matthias, Neuregelung des § 25a KWG/MaRisk für das Outsourcing – erste Erfahrungen aus Bankensicht, in: Grieser, Simon/Heemann, Manfred (Hrsg.), Bankaufsichtsrecht, 1. Auflage, Frankfurt, 2010.

Financial Services Authority, The prudential regime for trading activities – A fundamental review, Discussion Paper 10/4, August 2010.

Financial Services Authority, Strengthening liquidity standards including feedback on CP08/22, CP09/13, CP09/14, Policy Statement 09/16, 9. Oktober 2009.

Financial Services Authority, FSA confirmation of Industry Guidance, PS 07/16, September 2007.

Financial Services Authority, Principles-based regulation, April 2007.

Financial Services Authority, Organisational Systems and Controls – Common Platform for Firms, CP 06/09, Mai 2006.

Financial Services Authority, Reader's Guide: an introduction to the Handbook, Juli 2005.

Financial Services Authority, Offshore Operations: Industry Feedback, April 2005.

Financial Stability Board, FSB Roadmap for Adressing Climate-Related Financial Risks, 7. Juli 2021.

Financial Stability Board, Report on Promoting Climate-Related Disclosures, 7. Juli 2021.

Financial Stability Board, Evaluation of the Effects of Too-Big-To-Fail Reforms, Final Report, 1. April 2021.

Financial Stability Board, 2020 list of global systemically important banks (G-SIBs) vom 11. November 2020.

Financial Stability Board, Regulatory and Supervisory Issues Relating to Outsourcing and Third-Party Relationships, Discussion paper, 9. November 2020.

Financial Stability Board, Third-party dependencies in cloud services – Considerations on financial stability implications, 9. Dezember 2019.

Financial Stability Board, Cyber Lexicon, 12. November 2018.

Financial Stability Board, Supplementary Guidance to the FSB Principles and Standards on Sound Compensation Practices – The use of compensation tools to address misconduct risk, 9. März 2018.

Financial Stability Board, Financial Stability Implications from FinTech – Supervisory and Regulatory Issues that Merit Authorities' Attention, 27. Juni 2017.

Financial Stability Board, Stocktake of efforts to strengthen governance frameworks to mitigate misconduct risks, 23. Mai 2017.

Financial Stability Board, Key Attributes of Effective Resolution Regimes for Financial Institutions, 15. Oktober 2014.

Financial Stability Board, Guidance on Supervisory Interaction with Financial Institutions on Risk Culture – A Framework for Assessing Risk Culture, 7. April 2014.

Financial Stability Board, Principles for An Effective Risk Appetite Framework, 18. November 2013.

Financial Stability Board, Recovery and Resolution Planning for Systemically Important Financial Institutions: Guidance on Recovery Triggers and Stress Scenarios, 16. Juli 2013.

Financial Stability Board, Intensity and Effectiveness of SIFI Supervision – Progress report on implementing the recommendations on enhanced supervision, 27. Oktober 2011.

Financial Stability Board, Intensity and Effectiveness of SIFI Supervision, 2. November 2010.

Financial Stability Forum, Report of the Financial Stability Forum on Enhancing Market and Institutional Resilience, 7. April 2008.

Financial Stability Institute, Step-in risk – Executive Summary, 26. August 2021.

Finanzmarktaufsicht Liechtenstein, ILAAP (»Internal Liquidity Adequacy Assessment Process«), FMA-Mitteilung 2017/6, 21. November 2017.

Fingerlos, Uwe/Golla, Guido/Pastwa, Alexander, Datenqualität im Risikomanagement – Konkretisierung der Anforderungen aus AT 4.3.4 MaRisk, in: Risiko-Manager, Heft 10/2016, S. 10–14.

Fischer, Johannes/Bergheim, Ralf/Kelp, Torsten – Gut genährt?, in: BaFinJournal, Ausgabe Januar 2020, S. 22–23.

Fischer, Thomas H./Petri, Jens-Holger/Steidle, Roland, Outsourcing im Bankbereich – neue aufsichtsrechtliche Anforderungen nach § 25a KWG und MaRisk, in: Wertpapier-Mitteilungen, Heft 50/2007, S. 2313–2321.

Frank, Wolfgang, Aufsichtsrechtliche Aspekte beim Outsourcing, in: Outsourcing und Insourcing in der Finanzwirtschaft, Köln, 2008.

Frauenfelder, Paul, Begriffe und Kennzahlen der BWL, Eidgenössische Technische Hochschule Zürich, 2007.

Frère, Eric/Reuse, Svend, GuV-Effekte eines barwertigen VaR in der Zinsbuchsteuerung, in: BankPraktiker, Heft 3/2007, S. 130–134.

Frühauf, Markus, EZB-Aufseher erleichtern Bankenkonsolidierung, in: Frankfurter Allgemeine Zeitung vom 12. Januar 2021.

Fuchs, Michael/Göddecke, Christine, CRD II: Änderungen der Großkreditregeln, in: BaFinJournal, Ausgabe Dezember 2010, S. 8–9.

G20, Leaders' Statement: The Pittsburgh Summit, September 2009.

G20 Green Finance Study Group, G20 Green Finance Synthesis Report, 5. September 2016.

Galati, Gabriele, Das Erfüllungsrisiko im Devisenhandel und die CLS-Bank, in: BIZ-Quartalsbericht, Dezember 2002, S. 63–74.

Gampe, Jens, Digitalisierung und Informationssicherheit im Fokus aufsichtlicher Anforderungen, in: BaFinPerspektiven, Ausgabe 1/2018, Digitalisierung – Folgen für Finanzmarkt, Aufsicht und Regulierung – Teil I, 1. August 2018, S. 69–85.

Literaturverzeichnis

Gebauer, Stefan, in: Hauschka, Christoph E., Corporate Compliance – Handbuch der Haftungsvermeidung im Unternehmen, München, 2007, § 31. Compliance-Organisation in der Banken- und Wertpapierdienstleistungsbranche, S. 651–669.

Gebhard, Rüdiger/Reeder, Johannes, Regelungen zu Handelsgeschäften auf dem Prüfstand, in: BaFinJournal, Ausgabe August 2011, S. 14–19.

Gersch, Jana/Milde, Astrid/Möhren, Tim, Liquiditätstransferpreissystem: Herausforderung für Große und Kleine (Institute), in: BankPraktiker WIKI MaRisk, März 2013, S. 33–42.

Gesetz über die unternehmerischen Sorgfaltspflichten zur Vermeidung von Menschenrechtsverletzungen in Lieferketten (Lieferkettensorgfaltspflichtengesetz – LkSG) vom 16. Juli 2021 (BGBl. I S. 2959), veröffentlicht am 22. Juli 2021.

Gesetz zur Stärkung der Finanzmarktintegrität (Finanzmarktintegritätsstärkungsgesetz – FISG) vom 3. Juni 2021 (BGBl. I S. 1534), veröffentlicht am 10. Juni 2021.

Gesetz zur begleitenden Ausführung der Verordnung (EU) 2020/1503 und der Umsetzung der Richtlinie EU 2020/1504 zur Regelung von Schwarmfinanzierungsdienstleistern (Schwarmfinanzierung-Begleitgesetz) und anderer europarechtlicher Finanzmarktvorschriften vom 3. Juni 2021 (BGBl. I S. 1568), veröffentlicht am 10. Juni 2021.

Gesetz zur Beaufsichtigung von Wertpapierinstituten (Wertpapierinstitutsgesetz – WpIG) vom 12. Mai 2021 (BGBl. I S. 990), das zuletzt durch Artikel 9 des Gesetzes vom 3. Juni 2021 (BGBl. I S. 1568) geändert worden ist.

Gesetz zur Umsetzung der Richtlinie (EU) 2019/2034 über die Beaufsichtigung von Wertpapierinstituten vom 12. Mai 2021 (BGBl. I S. 990), veröffentlicht am 17. Mai 2021.

Gesetz zur Umsetzung der Richtlinien (EU) 2019/878 und (EU) 2019/879 zur Reduzierung von Risiken und zur Stärkung der Proportionalität im Bankensektor (Risikoreduzierungsgesetz – RiG) vom 9. Dezember 2020 (BGBl. I S. 2773), veröffentlicht am 14. Dezember 2020.

Gesetz über steuerliche und weitere Begleitregelungen zum Austritt des Vereinigten Königreichs Großbritannien und Nordirland aus der Europäischen Union (Brexit-Steuerbegleitgesetz – Brexit-StBG) vom 25. März 2019 (BGBl. I S. 357), veröffentlicht am 28. März 2019.

Gesetz über die Beaufsichtigung von Zahlungsdiensten (Zahlungsdiensteaufsichtsgesetz – ZAG) vom 17. Juli 2017 (BGBl. I S. 2446), das zuletzt durch Artikel 5 des Gesetzes vom 25. Juni 2021 (BGBl. I S. 2083) geändert worden ist.

Gesetz zur Umsetzung der Vierten EU-Geldwäscherichtlinie, zur Ausführung der EU-Geldtransferverordnung und zur Neuordnung der Zentralstelle für Finanztransaktionsuntersuchungen vom 23. Juni 2017 (BGBl. I S. 1822), veröffentlicht am 24. Juni 2017.

Gesetz zur Stärkung der nichtfinanziellen Berichterstattung der Unternehmen in ihren Lage- und Konzernlageberichten (CSR-Richtlinie-Umsetzungsgesetz) vom 11. April 2017 (BGBl. I S. 802), veröffentlicht am 18. April 2017.

Gesetz zur Neuordnung der Aufgaben der Bundesanstalt für Finanzmarktstabilisierung (FMSA-Neuordnungsgesetz – FMSANeuOG) vom 23. Dezember 2016 (BGBl. I S. 3171), veröffentlicht am 28. Dezember 2016.

Gesetz zur Anpassung des nationalen Bankenabwicklungsrechts an den Einheitlichen Abwicklungsmechanismus und die europäischen Vorgaben zur Bankenabgabe (Abwicklungsmechanismusgesetz – AbwMechG) in der Fassung vom 2. November 2015 (BGBl. I S. 1864), veröffentlicht am 5. November 2015.

Gesetz zur Änderung des Bundesministergesetzes und des Gesetzes über die Rechtsverhältnisse der Parlamentarischen Staatssekretäre vom 17. Juli 2015 (BGBl. I S. 1322), veröffentlicht am 24. Juli 2015.

Gesetz über die Beaufsichtigung der Versicherungsunternehmen (Versicherungsaufsichtsgesetz – VAG) vom 1. April 2015 (BGBl. I S. 434), das zuletzt durch Artikel 94 des Gesetzes vom 10. August 2021 (BGBl. I S. 3436) geändert worden ist.

Gesetz zur Sanierung und Abwicklung von Instituten und Finanzgruppen (Sanierungs- und Abwicklungsgesetz – SAG) vom 10. Dezember 2014 (BGBl. I S. 2091), das zuletzt durch Artikel 16 des Gesetzes vom 3. Juni 2021 (BGBl. I S. 1568) geändert worden ist.

Gesetz zur Anpassung von Gesetzen auf dem Gebiet des Finanzmarktes vom 15. Juli 2014 (BGBl. I S. 934), veröffentlicht am 18. Juli 2014.

Gesetz zur Umsetzung der Richtlinie 2014/59/EU des Europäischen Parlaments und des Rates vom 15. Mai 2014 zur Festlegung eines Rahmens für die Sanierung und Abwicklung von Kreditinstituten und Wertpapierfirmen und zur Änderung der Richtlinie 82/891/EWG des Rates, der Richtlinien 2001/24/EG, 2002/47/EG, 2004/25/EG, 2005/56/EG, 2007/36/EG, 2011/35/EU, 2012/30/EU und 2013/36/EU sowie der Verordnungen (EU) Nr. 1093/2010 und (EU) Nr. 648/2012 des Europäischen Parlaments und des Rates (BRRD-Umsetzungsgesetz) vom 10. Dezember 2014 (BGBl. I S. 2091), veröffentlicht am 18. Dezember 2014.

Gesetz für den Ausbau erneuerbarer Energien (Erneuerbare-Energien-Gesetz – EEG 2021) vom 21. Juli 2014 (BGBl. I S. 1066), das zuletzt durch Artikel 11 des Gesetzes vom 16. Juli 2021 (BGBl. I S. 3026) geändert worden ist.

Gesetz zur Umsetzung der Richtlinie 2013/36/EU über den Zugang zur Tätigkeit von Kreditinstituten und die Beaufsichtigung von Kreditinstituten und Wertpapierfirmen und zur Anpassung des Aufsichtsrechts an die Verordnung (EU) Nr. 575/2013 über Aufsichtsanforderungen an Kreditinstitute und Wertpapierfirmen (CRD IV-Umsetzungsgesetz) vom 28. August 2013 (BGBl. I S. 3395), veröffentlicht am 3. September 2013.

Gesetz zur Abschirmung von Risiken und zur Planung der Sanierung und Abwicklung von Kreditinstituten und Finanzgruppen vom 7. August 2013 (BGBl. I S. 3090), veröffentlicht am 12. August 2013.

Gesetz zur zusätzlichen Aufsicht über beaufsichtigte Unternehmen eines Finanzkonglomerats (Finanzkonglomerate-Aufsichtsgesetz – FKAG) vom 27. Juni 2013 (BGBl. I S. 1862), das zuletzt durch Artikel 26 Absatz 1 des Gesetzes vom 3. Juni 2021 (BGBl. I S. 1534) geändert worden ist.

Gesetz über die aufsichtsrechtlichen Anforderungen an die Vergütungssysteme von Instituten und Versicherungsunternehmen (VergAnfG) vom 21. Juli 2010 (BGBl. I S. 950), veröffentlicht am 26. Juli 2010.

Gesetz zur Überwachung der Finanzstabilität (Finanzstabilitätsgesetz – FinStabG) vom 28. November 2012 (BGBl. I S. 2369), das zuletzt durch Artikel 4 Absatz 9 des Gesetzes vom 10. Juli 2020 (BGBl. I S. 1633) geändert worden ist.

Gesetz über das Bundesamt für Sicherheit in der Informationstechnik (BSI-Gesetz – BSIG) vom 14. August 2009 (BGBl. I S. 2821), das zuletzt durch Artikel 12 des Gesetzes vom 23. Juni 2021 (BGBl. I S. 1982) geändert worden ist.

Gesetz zur Errichtung eines Finanzmarkt- und eines Wirtschaftsstabilisierungsfonds (Stabilisierungsfondsgesetz – StFG) vom 17. Oktober 2008 (BGBl. I S. 1982), das zuletzt durch Artikel 7 Absatz 9 des Gesetzes vom 12. Mai 2021 (BGBl. I S. 990) geändert worden ist.

Gesetz zur Änderung des Investmentgesetzes und zur Anpassung anderer Vorschriften (Investmentänderungsgesetz) vom 21. Dezember 2007 (BGBl. I S. 3089), veröffentlicht am 27. Dezember 2007.

Gesetz zur Umsetzung der Richtlinie über Märkte für Finanzinstrumente und der Durchführungsrichtlinie der Kommission (Finanzmarktrichtlinie-Umsetzungsgesetz) vom 16. Juli 2007 (BGBl. I S. 1330), veröffentlicht am 19. Juli 2007.

Gesetz über die Drittelbeteiligung der Arbeitnehmer im Aufsichtsrat (Drittelbeteiligungsgesetz – DrittelbG) vom 18. Mai 2004 (BGBl. I S. 974), das zuletzt durch Artikel 21 des Gesetzes vom 7. August 2021 (BGBl. I S. 3311) geändert worden ist.

Literaturverzeichnis

Gesetz zur Umsetzung der Richtlinie 2002/87/EG des Europäischen Parlaments und des Rates (Finanzkonglomeraterichtlinie-Umsetzungsgesetz) vom 16. Dezember 2002 (BGBl. I S. 3610), veröffentlicht am 27. Dezember 2004.

Gesetz zur weiteren Fortentwicklung des Finanzplatzes Deutschland (Viertes Finanzmarktförderungsgesetz) vom 21. Juni 2002 (BGBl. I S. 2010), veröffentlicht am 26. Juni 2002.

Gesetz zur Regelung der Arbeitnehmerüberlassung (Arbeitnehmerüberlassungsgesetz – AÜG) in der Fassung der Bekanntmachung vom 3. Februar 1995 (BGBl. I S. 158), das zuletzt durch Artikel 116 des Gesetzes vom 10. August 2021 (BGBl. I S. 3436) geändert worden ist.

Gesetz zur Verbesserung der betrieblichen Altersversorgung (Betriebsrentengesetz – BetrAVG) vom 19. Dezember 1974 (BGBl. I S. 3610), das zuletzt durch Artikel 23 des Gesetzes vom 22. Dezember 2020 (BGBl. I S. 3256) geändert worden ist.

Gesetzentwurf der Bundesregierung, Entwurf eines Gesetzes zur Stärkung der Finanzmarktintegrität (Finanzmarktintegritätsstärkungsgesetz – FISG) vom 16. Dezember 2020.

Gesetzentwurf der Bundesregierung, Entwurf eines Gesetzes zur Umsetzung der Richtlinie (EU) 2019/2034 über die Beaufsichtigung von Wertpapierinstituten vom 8. Dezember 2020, Bundestags-Drucksache 19/26929 vom 24. Februar 2021.

Gesetzentwurf der Bunderegierung zur Anpassung des nationalen Bankenabwicklungsrechts an den Einheitlichen Abwicklungsmechanismus und die europäischen Vorgaben zur Bankenabgabe (Abwicklungsmechanismusgesetz) vom 26. Mai 2015, Bundestags-Drucksache 18/500.

Gesetzentwurf der Bundesregierung, Entwurf eines Gesetzes zur Modernisierung des Bilanzrechts (Bilanzrechtsmodernisierungsgesetz – BilMoG) vom 21. Mai 2008, Bundestags-Drucksache 16/10067 vom 30. Juli 2008.

Gisdakis, Philip, Kreditportfolio-Tranchierung: Einfache Einsichten in ein komplexes Problem, in: Risiko-Manager, Heft 11/2008, S. 1 und 6–12.

Global Compact Netzwerk Deutschland, Bewertung von Klimarisiken in Unternehmen, 31. Mai 2019.

Global Nature Fund, Wie Unternehmen ihr Naturkapital ökonomisch erfassen: Bestandsaufnahme und Handlungsempfehlungen, 15. April 2014.

Glos, Alexander/Benzing, Markus, in: Binder, Jens-Hinrich/Glos, Alexander/Riege, Jan (Hrsg.), Handbuch Bankenaufsichtsrecht, Köln, 2018, § 2.

Göttgens, Michael, Risikomanagementsysteme und Geschäftsmodelle von Banken – Welche Erkenntnisse erlauben Abschluss- und Sonderprüfung?, in: Die Wirtschaftsprüfung, Sonderheft 2/2010, S. S74–S76.

Göttgens, Michael/Wolfgarten, Wilhelm, Die Prüfung des internen Kontrollsystems von Kreditinstituten im Rahmen der Abschlussprüfung (Teil 1), in: Die Wirtschaftsprüfung, Heft 24/2005, S. 1364–1371.

Gordy, Michael B./Lütkebohmert, Eva, Granularity Adjustment for Basel II, Deutsche Bundesbank, Discussion Paper, Series 2: Banking and Financial Studies, Nr. 01/2007, 9. Februar 2007.

Grant, Joel, Liquidity transfer pricing: a guide to better practice, Occasional Paper No 10, Financial Stability Institute, Dezember 2011.

Gross, Jürgen/Bordt, Jörg/Musmacher, Matias, Business Process Outsourcing, Wiesbaden, 2006.

Großmann, Stefan, Aktuelle stochastische Methoden zur Anwendung im Rahmen von Stresstests, in: Klauck, Kai-Oliver/Stegmann, Claus, Stresstests in Banken – Von Basel II bis ICAAP, Stuttgart, 2006, S. 23–41.

Groupe de Contact, The Causes of Banking Difficulties in the EEA 1988–1998, August 1999.

Grund, Markus, Fair-Value-Ermittlung in der Finanzkrise, in: BaFinJournal, Ausgabe März 2009, S. 7–9.

Grunwald, Egon/Grunwald, Stephan, Bonitätsanalyse im Firmenkundengeschäft, Stuttgart, 1999.

Haake, Manfred, Risikogerechte Berichterstattung und risikoorientierte Prüfungsplanung, in: Zeitschrift Interne Revision, Heft 1/2002, S. 2–5.

Haake, Manfred, Risikoorientierte Prüfungsplanung zentrale Aufgabe, in: Betriebswirtschaftliche Blätter, Heft 10/1995, S. 482–484.

Haake, Manfred/Leitschuh, Gerhard/Gorsulowsky, Hans-Joachim, Mindestanforderungen an die Interne Revision, in: Zeitschrift für das gesamte Kreditwesen, Heft 5/2000, S. 812–818.

Habel, Falk-Michael, Bank-Checklisten für Sanierungsgutachten, in: BankPraktiker, Heft 3/2006, S. 112–117.

Häger, Michael, Checkbuch Überschuldung und Sanierung, Köln, 2002.

Hanenberg, Ludger, Internationale Konzepte für die Aufsicht über Großbanken – Neue Perspektiven für die Governance und das Risikomanagement der Institute, in: Die Wirtschaftsprüfung, Heft 20/2012, S. 1097–1106.

Hanenberg, Ludger, Das neue Konzept einer risikoorientierten Prüfungsberichtsverordnung der Kreditinstitute, in: Die Wirtschaftsprüfung, Heft 14/2009, S. 713–722.

Hanenberg, Ludger, Neue Entwicklungen bei Revisionsfragen – eine Perspektive der Bankenaufsicht, in: Becker, Axel/Wolf, Martin (Hrsg.), Prüfungen in Kreditinstituten und Finanzdienstleistungsunternehmen, Stuttgart, 2005, S. 595–607.

Hanenberg, Ludger, Zur Verlautbarung über Mindestanforderungen an das Betreiben von Handelsgeschäften, in: Die Wirtschaftsprüfung, Heft 18/1996, S. 637–648.

Hanenberg, Ludger/Kreische, Kai/Schneider, Andreas, Mindestanforderungen an das Kreditgeschäft der Kreditinstitute – Zum Inhalt des Rundschreibens 34/2002 (BA) der Bundesanstalt für Finanzdienstleistungsaufsicht, in: Die Wirtschaftsprüfung, Heft 8/2003, S. 396–409.

Hanenberg, Ludger/Schneider, Andreas, Bankaufsichtliche Rahmenbedingungen für interne Überwachungssysteme, in: Die Wirtschaftsprüfung, Heft 19/2001, S. 1058–1064.

Hannemann, Ralf/Steinbrecher, Ira/Weigl, Thomas, Mindestanforderungen an das Risikomanagement (MaRisk), Kommentar, 5. Auflage, Stuttgart, 2019.

Hannemann, Ralf, Die MaRisk im Kontext internationaler Vorschriften, Zeitschrift für das gesamte Kreditwesen, Heft 5/2018, S. 19–21.

Hannemann, Ralf, Wesentliche Aspekte in der Diskussion über die Mindestanforderungen an das Risikomanagement (MaRisk), in: BankPraktiker, Beilage 1/2005 zu Heft 1/2005, November 2005.

Hannemann, Ralf, Strategische Auswirkungen der Neuen Baseler Eigenkapitalvereinbarung, in: Becker, Axel/Gaulke, Markus/Wolf, Martin, Praktiker-Handbuch Basel II, Stuttgart, 2005, S. 545–562.

Hannemann, Ralf, Geleitwort, in: Becker, Axel/Gruber, Walter/Wohlert, Dirk (Hrsg.), Handbuch Bankaufsichtliche Entwicklungen – MaH, Grundsatz I, MaK, MaIR, Basel II, Stuttgart, 2004, S. V–VI.

Hannemann, Ralf, MaK eröffnen Möglichkeiten zum Verzicht auf das Zwei-Voten-Prinzip, in: Börsen-Zeitung vom 20. September 2003, S. 19.

Hannemann, Ralf, Die Mindestanforderungen an das Kreditgeschäft der Kreditinstitute – Überblick und Öffnungsklauseln, in: Eller, Roland/Gruber, Walter/Reif, Markus (Hrsg.), Handbuch MaK, Stuttgart, 2003, S. 3–42.

Hannemann, Ralf, Interpretationshilfen für die Umsetzung der Mindestanforderungen an das Kreditgeschäft der Kreditinstitute (MaK), Bundesverband Öffentlicher Banken Deutschlands (Hrsg.), März 2003.

Hannemann, Ralf, Methodiken und Entwicklungstendenzen in der Risikosteuerung, in: Lüthje, Bernd (Hrsg.), Bankgeschäft, öffentliche Hand und Finanzmarktpolitik, Festschrift für Dr. h. c. Friedel Neuber, Berlin, 2001, S. 115–129.

Literaturverzeichnis

Hannemann, Ralf/Schneider, Andreas, Wesentliche Neuerungen der MaRisk, in: BankPraktiker, Heft 10/2009, S. 456–461.

Hannemann, Ralf/Schneider, Andreas/Hanenberg, Ludger, Mindestanforderungen an das Kreditgeschäft (MaK) – Eine einführende Kommentierung, Stuttgart, 2003.

Harreis, Holger/Tavakoli, Asin/Ho, Tony/Machado, Jorge/Rowshankish, Kayvaun/Merrath, Peter, Living with BCBS 239, McKinsey & Company, Mai 2017.

Hartmann-Wendels, Thomas/Pfingsten, Andreas/Weber, Martin, Bankbetriebslehre, 7. Auflage, Berlin, 2019.

Hauschildt, Jürgen, Von der Krisenerkennung zum präventiven Krisenmanagement – Zum Umgang der Betriebswirtschaftslehre mit der Unternehmenskrise, in: Krisen-, Sanierungs- und Insolvenzberatung (KSI), Heft 1/2005, S. 1–7.

Hedrich, Carl-Christoph/Hepp, Dominic, Staatsschulden und Banken – Ein konkreter Regulierungsvorschlag, in: Wirtschaftsdienst – Zeitschrift für Wirtschaftspolitik, Heft 11/2015, S. 758–765.

Heidorn, Thomas/Schmaltz, Christian, Interne Transferpreise für Liquidität, in: Zeitschrift für das gesamte Kreditwesen, Heft 3/2010, S. 140–144.

Heidorn, Thomas/Schmaltz, Christian, Interne Transferpreise für Liquidität, Frankfurt School of Finance & Management, Working Paper Nr. 125, August 2009.

Heidorn, Thomas/Schmaltz, Christian, Die neuen Prinzipien für sachgerechtes Liquiditätsmanagement, in: Zeitschrift für das gesamte Kreditwesen, Heft 3/2009, S. 112–117.

Held, Markus/Kokert, Josef, IT-Sicherheit – Erwartungen der Bankenaufsicht, in: BaFinJournal, Ausgabe November 2013, S. 22–26.

Helfer, Michael/Ullrich, Walter (Hrsg.), Interne Kontrollsysteme in Banken und Sparkassen, 2. Auflage, Heidelberg, 2010.

Hellstern, Gerhard, in: Luz, Günther/Neus, Werner/Schaber, Mathias/Schneider, Peter/Wagner, Claus-Peter/Weber, Max (Hrsg.), KWG und CRR, Band 1, 3. Auflage, Stuttgart, 2015, § 25a KWG.

Hellstern, Gerhard, Quantifizierung und Steuerung operationeller Risiken, in: Becker, Axel/Gruber, Walter/Wohlert, Dirk (Hrsg.), Handbuch MaRisk, Frankfurt a. M., 2006, S. 527–547.

Helmis, Sven, Corporate Governance in Deutschland – Eigentums- und Kontrollstrukturen und rechtliche Rahmenbedingungen in der »Deutschland AG«, Institute for Mergers & Acquisitions (IMA), September 2002.

Herring, Richard J., The Basel 2 Approach to Bank Operational Risk: Regulation on the Wrong Track, Wharton Financial Institutions Center, 2002.

Herzog, Margaretha, Die Prüfung der Produkteinführung im Kreditgeschäft gemäß den Mindestanforderungen an das Kreditgeschäft der Kreditinstitute, in: Becker, Axel/Wolf, Martin (Hrsg.), Prüfungen in Kreditinstituten und Finanzdienstleistungsunternehmen, Stuttgart, 2005, S. 609–620.

Higher Education Funding Council for England (HEFCE), Risk Management, Mai 2001.

Höfner, Klaus, Der Markttest für Konsumgüter in Deutschland, Stuttgart, 1996.

Höpfner, Birgit, Bankenpaket – EU-Finanzminister haben sich auf Reformen geeinigt, in: BaFinJournal, Ausgabe Dezember 2018, S. 29–31.

Hofer, Markus, Neue MaRisk, BaFinJournal, Ausgabe März 2013, S. 15–18.

Hofer, Markus, MaRisk: Erneute Überarbeitung vor dem Hintergrund internationaler Standards, in: BaFinJournal, Ausgabe Januar 2011, S. 6–10.

Hoffmann-Becking, Michael, Risiko und Risikosteuerung im Aktienrecht, in: Die Wirtschaftsprüfung, Sonderheft 2/2010, S. S103-S105.

Hollekamp, Marco, Strategisches Outsourcing von Geschäftsprozessen, München, 2005.

Horat, Robert, Kreditderivate, in: Der Schweizer Treuhänder, Heft 11/2003, S. 969–976.

Hormanski, Adam, Liquiditätsrisiken, in: Becker, Axel/Berndt, Michael/ Klein, Jochen, Bearbeitungs- und Prüfungsleitfaden Neue MaRisk, Heidelberg, 2009, S. 390–415.

Horn, Christoph, Stellungnahme zum zweiten Entwurf über die Mindestanforderungen an das Risikomanagement vom 24. Juni 2009.

Hrebiniak, Lawrence G., Making Strategy Work: Leading Effective Execution and Change, New Jersey, 2005.

Hüffer, Uwe, Aktiengesetz, 12. Auflage, München, 2016, § 76 und § 77 AktG.

Hüffer, Uwe, Aktiengesetz, 8. Auflage, München, 2008, § 90 AktG.

Institut der deutschen Wirtschaft Köln, Arbeitsweise der Bankenaufsicht vor dem Hintergrund der Finanzmarktkrise, 17. Februar 2009.

Institut der Wirtschaftsprüfer, Auswirkungen der Coronavirus-Pandemie auf Wertminderungen von Finanzinstrumenten nach IFRS 9 im Quartalsabschluss von Banken zum 31.03.2020, Fachlicher Hinweis des IDW Bankenfachausschusses, 27. März 2020.

Institut der Wirtschaftsprüfer, IDW Stellungnahme zur Rechnungslegung: Einzelfragen der verlustfreien Bewertung von zinsbezogenen Geschäften des Bankbuchs (IDW RS BFA 3), 16. Oktober 2017.

Institut der Wirtschaftsprüfer, Prüfungsstandard 525 (IDW PS 525), Die Prüfung des Risikomanagements von Kreditinstituten im Rahmen der Abschlussprüfung, in: Die Wirtschaftsprüfung Supplement, Heft 3/2010, S. 4 ff.

Institut der Wirtschaftsprüfer, Standard 6 (IDW S 6), Anforderungen an die Erstellung von Sanierungskonzepten, in: Die Wirtschaftsprüfung, Supplement 4/2009, S. 145 ff.

Institut der Wirtschaftsprüfer, Neufassung der MaRisk – Veröffentlichung des ersten Entwurfs – Konsultation 03/2009, Stellungnahme vom 20. März 2009.

Institut der Wirtschaftsprüfer, Entwurf IDW Standard 6 (IDW ES 6), Anforderungen an die Erstellung von Sanierungskonzepten, in: Die Wirtschaftsprüfung, Supplement 3/2008, FN-IDW 2008, 1. August 2008.

Institut der Wirtschaftsprüfer, Modernisierung der Outsourcing-Regelungen und Integration in die MaRisk, Stellungnahme vom 11. Mai 2007.

Institut der Wirtschaftsprüfer, Prüfungsstandard 261 (IDW PS 261), Feststellung und Beurteilung von Fehlerrisiken und Reaktionen des Abschlussprüfers auf die beurteilten Fehlerrisiken, in: Die Wirtschaftsprüfung, Heft 22/2006, S. 1433–1445.

Institut der Wirtschaftsprüfer, Prüfungsstandard 230 (IDW PS 230), Kenntnisse über die Geschäftstätigkeit sowie das wirtschaftliche und rechtliche Umfeld des zu prüfenden Unternehmens im Rahmen der Abschlussprüfung, in: Die Wirtschaftsprüfung, Heft 4/2006, S. 218 ff.

Institut der Wirtschaftsprüfer, Satzung des Instituts der Wirtschaftsprüfer in der Fassung der auf dem 27. Wirtschaftsprüfertag am 19. September 2005 in Neuss beschlossenen Satzungsänderung.

Institut der Wirtschaftsprüfer, Prüfungsstandard 330 (IDW PS 330), Abschlussprüfung bei Einsatz von Informationstechnologie, in: Die Wirtschaftsprüfung, Heft 21/2002, S. 1167 ff.

Institut der Wirtschaftsprüfer, Prüfungsstandard 340 (IDW PS 340), Die Prüfung des Risikofrüherkennungssystems nach § 317 Abs. 4 HGB, in: Die Wirtschaftsprüfung, Heft 16/1999, S. 658 ff.

Institut für die Standardisierung von Unternehmenssanierungen (Hrsg.), Mindestanforderungen an Sanierungskonzepte (MaS), Heidelberg, 2008.

Institut Monétaire de Luxembourgeois, Rundschreiben 98/143, 1. April 1998.

Institute of International Finance, Final Report of the IIF Committee on Market Best Practices: Principles of Conduct and Best Practice Recommendations – Financial Services Industry Response to the Market Turmoil of 2007–2008, 21. Juli 2008.

Literaturverzeichnis

Institute of International Finance, Interim Report of the IIF Committee on Market Best Practices, April 2008.

Institute of International Finance, Principles of Liquidity Risk Management, März 2007.

Intergovernmental Panel on Climate Change, Special Report on Emissions Scenarios, 10. Juli 2000.

Internal Displacement Monitoring Centre, Global Report on Internal Displacement 2021 – Internal displacement in a changing climate, 20. Mai 2021.

Internal Displacement Monitoring Centre, Disaster displacement: A global review, 2008–2018, Thematic report, 1. Mai 2019.

International Energy Agency, World Energy Model, Documentation, 19. Februar 2021.

International Group of Controlling (IGC), Controller Leitbild, Parma, 14. September 2002.

Iversen, Ernst-Johannes/Schillings, Robert, Stresstests im Liquiditätsrisikomanagement – Teil 1: Liquidität und Liquiditätsrisiko, in: Finanz Colloquium Heidelberg, Banken-Times Spezial, Banksteuerung/Treasury-Management, August & September 2010.

Joint Committee of the European Supervisory Authorities, Joint Committee Report on the assessment of the application of the Guidelines on complaints-handling, 18. Februar 2021.

Joint Committee of the European Supervisory Authorities, Leitlinien zur Beschwerdeabwicklung für den Wertpapierhandel (ESMA) und das Bankwesen (EBA), 4. Oktober 2018.

Joint Committee of the European Supervisory Authorities, Final Report on Good Supervisory Practices for Reducing Mechanistic Reliance on Credit Ratings, JC 2016 71, 20. Dezember 2016.

Joint Committee of the European Supervisory Authorities, Leitlinien zur Beschwerdeabwicklung für den Wertpapierhandel (ESMA) und das Bankwesen (EBA), 27. Mai 2014.

Joint Technical Committee, Australian/New Zealand Standard: Risk Management, AS/NZS 4360:2004, Wellington, 2004.

Joint Technical Committee, Australian/New Zealand Standard: Guidelines for Managing Risk in Outsourcing, AS/NZS HB 240-2004, Wellington, 2001.

Kaiser, Thomas/Wahrenburg, Mark, § 9. Strategie und Governance als Grundlage effektiven Risikomanagements, in: Hopt, Klaus J./Binder Jens-Hinrich/Böcking, Hans-Joachim (Hrsg.), Handbuch Corporate Governance von Banken und Versicherungen, 2. Auflage, München, 2020.

Kaltofen, Daniel, Empirische Ergebnisse der Großstudie Liquiditätsrisiko Deutschland, ikf institut für kredit- und finanzwirtschaft – Ruhr-Universität Bochum, Dezember 2009.

Kapitalanlagegesetzbuch (KAGB) vom 4. Juli 2013 (BGBl. I S. 1981), das zuletzt durch Artikel 5 des Gesetzes vom 10. August 2021 (BGBl. I S. 3483) geändert worden ist.

Kelp, Torsten, Einer für viele, in: BaFinJournal, Ausgabe Juli 2019, S. 13–15.

Kette, Sven/Kussin, Matthias, Normen an ihren Grenzen – Zur Beherrschbarkeit eines wissensbasierten Finanzsystems, Vortrag im Rahmen der Veranstaltungsreihe »Wandel des Staates – Transformation von Herrschaft?« am 1. April 2006 in Bremen.

Klauer, Bernd, Was ist Nachhaltigkeit und wie kann man eine nachhaltige Entwicklung erreichen?, Zeitschrift für angewandte Umweltforschung (ZAU), Heft 1/1999, S. 69–97.

Klein, Jana/Ölger, Mehtap/Wetzel, André, Investmentfonds – Umgang mit Liquiditätsrisiken, in: BaFinJournal, Ausgabe Januar 2018, S. 22–26.

Knight, Frank H., Risk, Uncertainty and Profit, Boston, 1921.

Knippschild, Martin, Bankinterne Kapitalsteuerung vor dem Hintergrund der Anforderungen von Basel II/Säule II, in: Rolfes, Bernd (Hrsg.), Herausforderung Bankmanagement – Entwicklungslinien und Steuerungsansätze, Festschrift zum 60. Geburtstag von Henner Schierenbeck, Frankfurt a. M., 2006, S. 685–710.

Ködel, Wilhelm, Risikoorientierte Abschlussprüfung: Integration in das Risikomanagement von Prüfungsunternehmen, Wiesbaden, 1997.

Köhler, Matthias/Lang, Gunnar, Trends im Retail-Banking: Outsourcing im deutschen Bankensektor, Zentrum für Europäische Wirtschaftsforschung GmbH, Dokumentation Nr. 08-04, 2008.

Kohleick, Dorothee/Weinhold-Koch, Sina, ESA-Review soll Verbraucherschutz stärken, in: BaFin-Journal, Ausgabe Juni 2019, S. 12–14.

Koller, Ingo, in: Assmann, Heinz-Dieter/Schneider, Uwe H., Wertpapierhandelsgesetz, 4. Auflage, Köln, 2006, § 33 WpHG.

Konschalla, Thomas, Outsourcing – BaFin vergleicht Auslagerungen bei Instituten, in: BaFinJournal, Ausgabe August 2013, S. 22–25.

KPMG, Es ist Bewegung unter der Oberfläche, Unternehmens- und Risikokultur in deutschen Banken, Studie, 25. November 2019.

KPMG, Operationelle Risiken – Finale Überarbeitung der Kapitalansätze in Säule I durch den Basler Ausschuss für Bankenaufsicht (»Basel IV«), 6. Februar 2018.

KPMG, Kreditinstitute und Unternehmenskrisen: Ergebnisse der Umfrage 2002, Berlin/Leipzig, 2002.

KPMG, Financial Instruments, 2. Auflage, Frankfurt a. M., 1995.

Kramer, Dirk, Algorithmushandel – BaFin-Rundschreiben stellt hohe Anforderungen an Systeme und Kontrollen in Instituten, in: BaFinJournal, Ausgabe April 2014, S. 12–14.

Kraus, Karl-Joachim/Gless, Sven-Erik, Unternehmensrestrukturierung/-sanierung und strategische Neuausrichtung, in: Buth, Andrea/Hermanns, Michael (Hrsg.), Restrukturierung, Sanierung und Insolvenz, 2. Auflage, München, 2004, S. 115–146.

Krause, Ralf Henning/Patock, Ralf, Konkrete Lösungen für eine optimierte Kreditbearbeitung, in: Die Sparkasse, Heft 5/2003, S. 226–229.

Krautheuser, Rüdiger in: Luz, Günther/Neus, Werner/Schaber, Mathias/Schneider, Peter/Wagner, Claus-Peter/Weber, Max (Hrsg.), KWG und CRR, 3. Auflage, Stuttgart, 2015, § 25b KWG.

Kreische, Kai/Bretz, Jörg, Anforderungen an die Informationstechnologie der Kreditinstitute, in: Die Bank, Heft 5/2003, S. 321–325.

Kreutzer, Markus/Lechner, Christoph, Implementierung von Strategien, in: OrganisationsEntwicklung, Heft 1/2009, S. 4–13.

Krimphove, Dieter, Das BaFin-Rundschreiben »Aufsichtsrechtliche Mindestanforderungen an die Geschäftsorganisation von Versicherungsunternehmen« (MaGo), Zeitschrift für Versicherungsrecht, 15. März 2017, S. 327.

Kröner, Henriette/Heinrichs, Stefan, MaRisk: Verrechnung der Liquiditätskosten, in: Zeitschrift für das gesamte Kreditwesen, Heft 24/2012, S. 1279–1282.

Krogstrup, Signe/Oman, William, Macroeconomic and Financial Policies for Climate Change Mitigation: A Review of the Literature, IMF Working Paper No. 19/185, 4. September 2019.

Kuhner, Christoph/Schilling, Dirk, Wertpapiere, in: Ballwieser, Wolfgang/Coenenberg, Adolf G./von Wysocki, Klaus (Hrsg.), Handwörterbuch der Rechnungslegung und Prüfung, 3. Auflage, Stuttgart, 2002, S. 2677–2687.

Kunz, Jens H., Aktuelle Entwicklungen zum regulatorischen Rahmen für Auslagerungen, in: Die Bank, Heft 4/2021, S. 40–45.

Kurfels, Matthias, Beitrag eines Risikohandbuchs zur Erfüllung der MaRisk, in: BankPraktiker, Heft 4/2006, S. 174–181.

Kuthe, Thorsten/Zipperle, Madeleine, MaComp – Compliance-Standards für alle?, in: Corporate Finance Law, Heft 5/2010, S. 337–345.

Lach, Niklas/Neubert, Boris/Kirmße, Stefan, Integrierte Zinsbuchsteuerung, Reihe zeb/Themen, 2. Auflage, Münster, Mai 2003.

Lang, Margit, Marktschwankungen bei Immobilien – aktuelle Prüfungspraxis, Vortrag im Rahmen der 21. Sitzung des Gesprächskreises kleiner Institute am 15. November 2012.

Literaturverzeichnis

Langen, Markus, in: Schwennicke, Andreas/Auerbach, Dirk (Hrsg.), KWG, 4. Auflage, München, 2021, § 25b KWG.

Langen, Markus, in: Schwennicke, Andreas/Auerbach, Dirk (Hrsg.), KWG, 3. Auflage, München, 2016, § 25a KWG.

Langen, Markus, Die Zweite MaRisk-Novelle in der Bankenaufsicht, in: Zeitschrift für Bank- und Kapitalmarktrecht, Heft 8/2009, S. 309–316.

Lamberti, Hermann-Josef, Industrialisierung des Bankgeschäfts, in: Die Bank, Heft 6/2004, S. 370–375.

Langen, Markus/Donner, Kirsten, in: Schwennicke, Andreas/Auerbach, Dirk (Hrsg.), KWG, 4. Auflage, München, 2021, § 25b KWG.

Laurin, Alain/Majnoni, Giovanni, Bank loan classification and provisioning practices in selected developed and emerging countries, The World Bank, Washington D. C., 2003.

Lehmann, Matthias/Manger-Nestler, Cornelia, Das neue europäische Finanzaufsichtssystem, Zeitschrift für Bankrecht und Bankwirtschaft (ZBB), Heft 1/2011, S. 7–13.

Leistenschneider, Armin, Methoden zur Ermittlung von Transferpreisen für Liquiditätsrisiken, in: Bartetzky, Peter/Gruber, Walter/Wehn, Carsten S. (Hrsg.), Handbuch Liquiditätsrisiko – Identifikation, Messung und Steuerung, Stuttgart, 2008, S. 171–192.

Leitlinie (EU) 2020/978 der Europäischen Zentralbank vom 25. Juni 2020 über die Nutzung des gemäß Artikel 178 Absatz 2 Buchstabe d der Verordnung (EU) Nr. 575/2013 des Europäischen Parlaments und des Rates eröffneten Ermessensspielraums durch die nationalen zuständigen Behörden in Bezug auf die Schwelle für die Beurteilung der Erheblichkeit einer überfälligen Verbindlichkeit bei weniger bedeutenden Instituten (EZB/2020/32), Amtsblatt der Europäischen Union vom 8. Juli 2020, L 217/5–7.

Lenz, Stephan, Problemfelder im Rahmen einer externen MaH-Prüfung, in: Finanz Colloquium Heidelberg (Hrsg.), Einhaltung der MaH, Heidelberg, 2004, S. 297–335.

Lück, Wolfgang, Redepflicht des Abschlussprüfers – Redepflicht auch für die Interne Revision?, in: Zeitschrift Interne Revision, Heft 3/2004, S. 126–129.

Lück, Wolfgang, Managementrisiken, in: Dörner, Dietrich/Horváth, Peter/Kagermann, Henning (Hrsg.), Praxis des Risikomanagements, Stuttgart, 2000, S. 311–344.

Lück, Wolfgang, Elemente eines Risiko-Managementsystems, in: Der Betrieb, Heft 1 und 2/1998, S. 8–14.

Lützenrath, Christian/Peppmaier, Kai/Schuppener, Jörg, Bankstrategien für Unternehmenssanierungen, Köln, 2003.

Maak-Heß, Sören/Zuckschwerdt, Joachim, Bankvorstände mit besonderen Qualifikationen, in: BaFinJournal, Ausgabe Juni 2021, S. 42–43.

Mager, Ferdinand/Schmieder, Christian, Stress testing of real credit portfolios, Deutsche Bundesbank, Discussion Paper, Series 2: Banking and Financial Studies, No. 17/2008.

Mahnke, Sven, Erfahrungen aus einer § 44er Prüfung, Vortrag beim Erfahrungsaustausch öffentlicher, privater und genossenschaftlicher Banken zum »Neu-Produkt-Prozess« am 13. Juli 2007 in Hamburg.

Mantell, Gordon, Risikofrüherkennung im Kontext der MaRisk, in: Becker, Axel/Berndt, Michael/Klein, Jochen, Bearbeitungs- und Prüfungsleitfaden Neue MaRisk, Heidelberg, 2009, S. 260–285.

Matz, Leonard/Neu, Peter (Hrsg.), Liquidity Risk – Measurement and Management, Singapur, 2007.

Mausbach, Carmen, Europäische Bankenunion – Die Vollendung wurde erst einmal auf Eis gelegt, in: Die Bank, Heft 4/2020, S. 58–63.

Mayer, Stephan, Management von Liquiditätsrisiken, in: Pfeifer, Guido/Ullrich, Walter (Hrsg.), MaRisk-Interpretationshilfen, 2. Auflage, Heidelberg, 2009, S. 367–415.

Mazor, Antonina, Kreditpooling im Verbund – Ein Vergleich verschiedener Ansätze, Reihe Financial Services Management, Band 13, Berlin, 2015.

Mellenthin, Henrik, Konsultation zur Institutsvergütungsverordnung – ein Überblick, Zeitschrift für das gesamte Kreditwesen, Heft 4/2021, S. 206–210.

Mersch, Yves, European economic governance: early lessons from the crisis, Keynote speech, Conference »The Werner Report, 50 Years on«, 8. Oktober 2020.

Mitteilung der Europäischen Kommission an das Europäische Parlament, den Rat und die Europäische Zentralbank zum Abbau notleidender Kredite nach der COVID-19-Pandemie vom 16. Dezember 2020.

Mitteilung der Europäischen Kommission, Leitlinien für die Berichterstattung über nichtfinanzielle Informationen: Nachtrag zur klimabezogenen Berichterstattung, Amtsblatt der Europäischen Union vom 20. Juni 2019, C 209/1–30.

Mitteilung der Europäischen Kommission, Leitlinien für die Berichterstattung über nichtfinanzielle Informationen, Amtsblatt der Europäischen Union vom 5. Juli 2017, C 215/1–20.

Monetary Authority of Singapore, Guidelines on Outsourcing, 1. Juli 2005.

Moser, Nina, Personalrisiken, in: BankPraktiker, Heft 5/2007, S. 250–255.

Mülbert, Peter O., Bonitätsgestufte Zinsabreden in Festzinskrediten als eine Antwort auf Basel II, in: Wertpapier-Mitteilungen, Heft 25/2004, S. 1205–1256.

Mülbert, Peter O./Wilhelm, Alexander, Risikomanagement und Compliance im Finanzmarktrecht – Entwicklungen der aufsichtsrechtlichen Anforderungen, in: Zeitschrift für das gesamte Handelsrecht und Wirtschaftsrecht (ZHR) 178 (2014), S. 537 f.

Müller, Georg, MaRisk und Anforderungen an Stresstests im europäischen Regulierungskontext, in: Wimmer, Konrad (Hrsg.), MaRisk NEU – Handlungsbedarf in der Banksteuerung, Heidelberg, 2009, S. 53–63.

Müller, Kai-Oliver/Wolkenhauer, Klaas, Aspekte der Liquiditätssicherungsplanung, in: Bartetzky, Peter/Gruber, Walter/Wehn, Carsten S. (Hrsg.), Handbuch Liquiditätsrisiko – Identifikation, Messung und Steuerung, Stuttgart, 2008, S. 231–246.

Müller, Klaus-Rainer, Stellungnahme zum ersten Entwurf der Mindestanforderungen an das Risikomanagement vom 16. Februar 2009, S. 1.

Network for Greening the Financial System, Biodiversity and financial stability: exploring the case for action, NGFS Occasional Paper, 18. Juni 2021.

Network for Greening the Financial System, NGFS climate scenarios for central banks and supervisors, 7. Juni 2021.

Network for Greening the Financial System, Progress report on bridging data gaps, 26. Mai 2021.

Network for Greening the Financial System, Case Studies of Environmental Risk Analysis Methodologies, Occasional Paper, 10. September 2020.

Network for Greening the Financial System, NGFS climate scenarios for central banks and supervisors, 24. Juni 2020.

Network for Greening the Financial System, Guide for Supervisors: Integrating climate-related and environmental risks into prudential supervision, Technical document, 27. Mai 2020.

Network for Greening the Financial System, Macroeconomic and financial stability implications of climate change, Technical supplement to the First comprehensive report, 23. Juli 2019.

Network for Greening the Financial System, A call for action: Climate change as a source of financial risk, First comprehensive report, 17. April 2019.

Neus, Werner/Riepe, Jan, in: Binder, Jens-Hinrich/Glos, Alexander/Riege, Jan (Hrsg.), Handbuch Bankenaufsichtsrecht, Köln, 2018, § 6.

Literaturverzeichnis

Österreichische Finanzmarktaufsicht (FMA), FMA-Leitfaden zum Umgang mit Nachhaltigkeitsrisiken, 2. Juli 2020.

Österreichische Finanzmarktaufsicht (FMA), FMA-Mindeststandards für die interne Revision (FMA-MS-IR) vom 2. Januar 2020.

Organisation for Economic Cooperation and Development, Due Diligence for Responsible Corporate Lending and Securities Underwriting – Key considerations for banks implementing the OECD Guidelines for Multinational Enterprises, 29. Oktober 2019.

Organisation for Economic Cooperation and Development, Leitsätze für multinationale Unternehmen, 29. September 2011.

Osman, Yasmin, Basiswissen Bankenaufsicht, Stuttgart, 2018.

Osterwalder, Alexander/Pigneur, Yves, Business Modell Generation, John Wiley & Sons, Hoboken NJ, 2010.

Ott, Klaus/Kögl, Martina, Basel Committee on Banking Supervision: Empfehlungen für die Interne Revision in Banken, in: RevisionsPraktiker, Heft 2–3/2013, S. 26–32.

O. V., MaComp – BaFin aktualisiert Rundschreiben, in: BaFinJournal, Ausgabe August 2021, S. 11.

O. V., Bankenstresstest – EBA und EZB veröffentlichen Ergebnisse, in: BaFinJournal, Ausgabe August 2021, S. 12.

O. V., Kleinere Institute – Aufsicht schafft Erleichterungen, in: BaFinJournal, Ausgabe Juli 2021, S. 5–6.

O. V., Unternehmenssteuerung, in: BaFinJournal, Ausgabe Juli 2021, S. 10.

O. V., Nach Wirecard: Mehr Kompetenzen für die BaFin, in: BaFinJournal, Ausgabe Juni 2021, S. 44–47.

O. V., BaFin-Verwaltungsrat – Neue Mitglieder bestellt, in: BaFinJournal, Ausgabe Juni 2020, S. 6–7.

O. V., Kreditvergabe und -überwachung – EBA-Leitlinie gibt Instituten strengere Standards vor, in: BaFinJournal, Ausgabe Juni 2020, S. 9.

O. V., Generelle Billigung von Algorithmen durch die Aufsicht? Nein, aber es gibt Ausnahmen, in: BaFinJournal, Ausgabe März 2020, S. 32–33.

O. V., Ausschuss für Finanzstabilität: Neues Gremium für die makroprudenzielle Überwachung des deutschen Finanzsystems, in: BaFinJournal, Ausgabe April 2013, S. 14–16.

O. V., Compliance 2009 – die Zukunftsenergie, in: pwc:financial services, Januar 2009.

O. V., Eigeninteresse versus Selbstlosigkeit – Ist nachhaltiges Wirtschaften mit den Interessen der Anleger vereinbar?, Interview mit Paola Ghillani, in: NZZ Online vom 22. Januar 2008.

O. V., Datenkonsortium zu operationellen Risiken gestartet, in: Bankmagazin, Heft 6/2006, S. 5.

Partnership for Carbon Accounting Financials, The Global GHG Accounting and Reporting Standard for the Financial Industry, 18. November 2020.

Paul, Angelika, Direktes Auskunftsrecht des Aufsichtsorgans gegenüber der Internen Revision in den MaRisk – Eine rechtliche und empirische Analyse, DHBW Villingen-Schwenningen, Diskussionsbeiträge Nr. 10/10, Dezember 2010.

Pézier, Jacques, A constructive review of Basel's proposals on operational risk, ISMA Discussion Paper, September 2002.

Piepel, Bernhard, MaRisk-Novelle: Erschwerter Zugang zur Geschäftsleiterposition?, in: BankPraktiker, Heft 9/2010, S. 312–315.

Poppe, Peter, Techniken und Anwendungsbereiche von Scoringsystemen – eine systematische Betrachtung unter dem Aspekt der MaK, in: Eller, Roland/Gruber, Walter/Reif, Markus (Hrsg.), Handbuch MaK, Stuttgart, 2003, S. 225–238.

Porter, Michael E., What is Strategy?, in: Porter, Michael E. (Hrsg.), On Competition, Boston, 1998, S. 39–74.

PricewaterhouseCoopers (PwC), Fit für die Zukunft – Wie sich bankfachliche Dienstleister erfolgreich für den Business Process Outsourcing Markt 2020 aufstellen, Business Process Outsourcing Studie, Frankfurt am Main, Dezember 2016.

Principles for Responsible Investment, Shifting Perceptions: ESG, Credit Risk and Ratings – Part 2: Exploring the Disconnects, 13. Juni 2018.

Principles for Responsible Investment, Shifting Perceptions: ESG, Credit Risk and Ratings – Part 1: The State of Play, 4. Juli 2017.

Principles for Responsible Investment, Fixed Income Investor Guide – Putting Responsible Investment into Practice in Fixed Income, 30. September 2014.

Principles for Responsible Investment, Corporate bonds: Spotlight on ESG risks, 12. Dezember 2013.

Principles for Responsible Investment, Sovereign bonds: Spotlight on ESG risks, 9. September 2013.

Quinten, Daniel/Wehn, Carsten, SSM, SREP und Säule I +, Stuttgart, 2017.

Ramke, Thomas, Wirtschaftskriminalität als operationelles Risiko: Herausforderung für die Praxis, in: BankPraktiker, Heft 3/2007, S. 136–140.

Ramke, Thomas/Schöning, Stephan, MaRisk: Einbeziehung von Liquiditätsrisiken in das Risikomanagement, in: Zeitschrift für das gesamte Kreditwesen, Heft 13/2006, S. 31–35.

Regierungsbegründung zum Entwurf eines Gesetzes zur Umsetzung der neu gefassten Bankenrichtlinie und der neu gefassten Kapitaladäquanzrichtlinie, Bundesrats-Drucksache 153/06, 24. Februar 2006.

Regierungsbegründung zum Entwurf eines Gesetzes zur Umsetzung der Richtlinie über Märkte für Finanzinstrumente und der Durchführungsrichtlinie der Kommission (Finanzmarktrichtlinie-Umsetzungsgesetz), Bundesrats-Drucksache 833/06, 8. Dezember 2006.

Regierungskommission Deutscher Corporate Governance Kodex, Deutscher Corporate Governance Kodex, Fassung vom 16. Dezember 2019.

Rehbein, Ronny, Auslegungsfragen der MaRisk, in: Ramke, Thomas/Wohlert, Dirk (Hrsg.), Risikomanagement im Handelsgeschäft, Stuttgart, 2009, S. 199–213.

Rehbein, Ronny, Neue Produkte/Märkte aus Prüfersicht, Vortrag beim Erfahrungsaustausch öffentlicher, privater und genossenschaftlicher Banken zum »Neu-Produkt-Prozess« am 13. Juli 2007 in Hamburg.

Reinecke, Bodo/Wagner, Hans-Jürgen, Risiko-Aspekte in der Arbeit der Internen Revision, in: Zeitschrift Interne Revision, Heft 5/2000, S. 194–197.

Reischauer, Friedrich/Kleinhans, Joachim, Loseblattkommentar zum Kreditwesengesetz (KWG), Berlin, 2004.

Reitz, Stefan, Stresstests, in: Becker, Axel/Gruber, Walter/Wohlert, Dirk (Hrsg.), Handbuch MaRisk, Frankfurt a. M., 2006, S. 571–592.

Reuse, Svend, Zinsschockberechnung mit und ohne Margen-Cashflows, in: BankPraktiker 02/2019, S. 23–29.

Reuse, Svend, Marktpreisrisiken auf Gesamtbankebene, in: Pfeifer, Guido/Ullrich, Walter/Wimmer, Konrad (Hrsg.), MaRisk-Umsetzungsleitfaden, Heidelberg, 2006, S. 377–436.

Richtlinie (EU) 2019/2034 (IFD) des Europäischen Parlaments und des Rates vom 27. November 2019 über die Beaufsichtigung von Wertpapierfirmen und zur Änderung der Richtlinien 2002/87/EG, 2009/65/EG, 2011/61/EU, 2013/36/EU, 2014/59/EU und 2014/65/EU, Amtsblatt der Europäischen Union vom 5. Dezember 2019, L 314/64–114.

Literaturverzeichnis

Richtlinie (EU) 2019/879 des Europäischen Parlaments und des Rates vom 20. Mai 2019 zur Änderung der Richtlinie 2014/59/EU in Bezug auf die Verlustabsorptions- und Rekapitalisierungskapazität von Kreditinstituten und Wertpapierfirmen und der Richtlinie 98/26/EG, Amtsblatt der Europäischen Union vom 7. Juni 2019, L 150/296–344.

Richtlinie (EU) 2019/878 des Europäischen Parlaments und des Rates vom 20. Mai 2019 zur Änderung der Richtlinie 2013/36/EU im Hinblick auf von der Anwendung ausgenommene Unternehmen, Finanzholdinggesellschaften, gemischte Finanzholdinggesellschaften, Vergütung, Aufsichtsmaßnahmen und -befugnisse und Kapitalerhaltungsmaßnahmen, Amtsblatt der Europäischen Union vom 7. Juni 2019, L 150/253–295.

Richtlinie (EU) 2015/2366 (Zahlungsdiensterichtlinie II – PSD II) des Europäischen Parlaments und des Rates vom 25. November 2015 über Zahlungsdienste im Binnenmarkt, zur Änderung der Richtlinien 2002/65/EG, 2009/110/EG und 2013/36/EU und der Verordnung (EU) Nr. 1093/2010 sowie zur Aufhebung der Richtlinie 2007/64/EG, Amtsblatt der Europäischen Union vom 23. Dezember 2015, L 337/35–127.

Richtlinie 2014/65/EU (MiFID II) des Europäischen Parlaments und des Rates vom 15. Mai 2014 über Märkte für Finanzinstrumente sowie zur Änderung der Richtlinien 2002/92/EG und 2011/61/EU, Amtsblatt der Europäischen Union vom 12. Juni 2014, L 173/349–496.

Richtlinie 2014/59/EU (Sanierungs- und Abwicklungsrichtlinie) des Europäischen Parlaments und des Rates vom 15. Mai 2014 zur Festlegung eines Rahmens für die Sanierung und Abwicklung von Kreditinstituten und Wertpapierfirmen und zur Änderung der Richtlinie 82/891/EWG des Rates, der Richtlinien 2001/24/EG, 2002/47/EG, 2004/25/EG, 2005/56/EG, 2007/36/EG, 2011/35/EU, 2012/30/EU und 2013/36/EU sowie der Verordnungen (EU) Nr. 1093/2010 und (EU) Nr. 648/2012 des Europäischen Parlaments und des Rates, Amtsblatt der Europäischen Union vom 12. Juni 2014, L 173/190–348.

Richtlinie 2014/49/EU (Einlagensicherungsrichtlinie – DGSD) des Europäischen Parlaments und des Rates vom 16. April 2014 über Einlagensicherungssysteme, Amtsblatt der Europäischen Union vom 12. Juni 2014, L 173/149–178.

Richtlinie 2006/43/EG des Europäischen Parlaments und des Rates vom 17. Mai 2016 über Abschlussprüfungen von Jahresabschlüssen und konsolidierten Abschlüssen, zur Änderung der Richtlinien 78/660/EWG und 83/349/EWG des Rates und zur Aufhebung der Richtlinie 84/253/EWG des Rates (ABl. L 157 vom 9.6.2006, S. 87), zuletzt geändert durch die Richtlinie 2014/56/EU des Europäischen Parlaments und des Rates vom 16. April 2014 (ABl. L 158 vom 27.5.2014, S. 196).

Richtlinie 2014/95/EU (CSR-Richtlinie) des Europäischen Parlaments und des Rates vom 22. Oktober 2014 zur Änderung der Richtlinie 2013/34/EU im Hinblick auf die Angabe nichtfinanzieller und die Diversität betreffender Informationen durch bestimmte große Unternehmen und Gruppen, Amtsblatt der Europäischen Union vom 15. November 2014, L 330/1–9.

Richtlinie 2014/17/EU des Europäischen Parlaments und des Rates vom 4. Februar 2014 über Wohnimmobilienkreditverträge für Verbraucher und zur Änderung der Richtlinien 2008/48/EG und 2013/36/EU und der Verordnung (EU) Nr. 1093/2010 (ABl. L 60 vom 28.2.2014, S. 34), zuletzt geändert durch die Verordnung (EU) 2016/1011 des Europäischen Parlaments und des Rates vom 8. Juni 2016 (ABl. L 171 vom 29.6.2016, S. 1).

Richtlinie 2013/36/EU (Bankenrichtlinie – CRD IV) des Europäischen Parlaments und des Rates vom 26. Juni 2013 über den Zugang zur Tätigkeit von Kreditinstituten und die Beaufsichtigung von Kreditinstituten und Wertpapierfirmen, zur Änderung der Richtlinie 2002/87/EG und zur Aufhebung der Richtlinien 2006/48/EG und 2006/49/EG, Amtsblatt der Europäischen Union vom 27. Juni 2013, L 176/338–436.

Richtlinie 2011/89/EU des Europäischen Parlaments und des Rates vom 16. November 2011 zur Änderung der Richtlinien 98/78/EG, 2002/87/EG, 2006/48/EG und 2009/138/EG hinsichtlich der zusätzlichen Beaufsichtigung der Finanzunternehmen eines Finanzkonglomerats, Amtsblatt der Europäischen Union vom 8. Dezember 2011, L 326/113–141.

Richtlinie 2011/61/EU (AIFM-Richtlinie) des Europäischen Parlaments und des Rates vom 8. Juni 2011 über die Verwalter alternativer Investmentfonds und zur Änderung der Richtlinien 2003/41/EG und 2009/65/EG und der Verordnungen (EG) Nr. 1060/2009 und (EU) Nr. 1095/2010, Amtsblatt der Europäischen Union vom 1. Juli 2011, L 174/1–73.

Richtlinie 2010/76/EU (Bankenrichtlinie – CRD III) des Europäischen Parlaments und des Rates vom 24. November 2010 zur Änderung der Richtlinien 2006/48/EG und 2006/49/EG im Hinblick auf die Eigenkapitalanforderungen für Handelsbuch und Wiederverbriefungen und im Hinblick auf die aufsichtliche Überprüfung der Vergütungspolitik vom 24. November 2010, Amtsblatt der Europäischen Union vom 14. Dezember 2010, L 329/3-35.

Richtlinie 2009/138/EG (Solvabilität II) des Europäischen Parlaments und des Rates vom 25. November 2009 betreffend die Aufnahme und Ausübung der Versicherungs- und der Rückversicherungstätigkeit (Neufassung), Amtsblatt der Europäischen Union vom 17. Dezember 2009, L 335/1-155.

Richtlinie 2009/111/EG (CRD II) des Europäischen Parlaments und des Rates vom 16. September 2009 zur Änderung der Richtlinien 2006/48/EG, 2006/49/EG und 2007/64/EG hinsichtlich Zentralorganisationen zugeordneter Banken, bestimmter Eigenmittelbestandteile, Großkredite, Aufsichtsregelungen und Krisenmanagement, Amtsblatt der Europäischen Union vom 17. September 2009, L 302/97-119.

Richtlinie 2009/65/EG des Europäischen Parlaments und des Rates vom 13. Juli 2009 zur Koordinierung der Rechts- und Verwaltungsvorschriften betreffend bestimmte Organismen für gemeinsame Anlagen in Wertpapieren (OGAW), Amtsblatt der Europäischen Union vom 17. November 2009, L 302/32-96.

Richtlinie 2006/73/EG (MiFID-Durchführungsrichtlinie) der Europäischen Kommission vom 10. August 2006 zur Durchführung der Richtlinie 2004/39/EG des Europäischen Parlaments und des Rates in Bezug auf die organisatorischen Anforderungen an Wertpapierfirmen und die Bedingungen für die Ausübung ihrer Tätigkeit sowie in Bezug auf die Definition bestimmter Begriffe für die Zwecke der genannten Richtlinie, Amtsblatt der Europäischen Union vom 2. September 2006, L 241/26-58.

Richtlinie 2006/48/EG (Bankenrichtlinie – CRD) des Europäischen Parlaments und des Rates vom 14. Juni 2006 über die Aufnahme und Ausübung der Tätigkeit der Kreditinstitute (Neufassung), Amtsblatt der Europäischen Union vom 30. Juni 2006, L 177/1-200.

Richtlinie 2006/49/EG (Kapitaladäquanzrichtlinie – CAD) des Europäischen Parlaments und des Rates vom 14. Juni 2006 über die angemessene Eigenkapitalausstattung von Wertpapierfirmen und Kreditinstituten (Neufassung), Amtsblatt der Europäischen Union vom 30. Juni 2006, L 177/201-255.

Richtlinie 2004/39/EG (MiFID) des Europäischen Parlaments und des Rates vom 21. April 2004 über Märkte für Finanzinstrumente, Amtsblatt der Europäischen Union vom 30. April 2004, L 145/1-44.

Riskmetrics Group, Risk Management. A Practical Guide, August 1999.

Riguad, Kanta Kumari et al., Groundswell: Preparing for internal climate migration, World Bank, 19. März 2018.

Rodewald, Bernd, Objektsicherheit, Datensicherheit und Datenschutz im Bankbetrieb, in: von Stein, Johann Heinrich/Terrahe, Jürgen (Hrsg.), Handbuch Bankorganisation, 2. Auflage, Wiesbaden, 1995, S. 525–538.

Literaturverzeichnis

Röseler, Raimund, Nachhaltigkeit – Herausforderung und Chance für die Kreditwirtschaft, in: BaFinPerspektiven, Ausgabe 2/2019, Nachhaltigkeit – Chancen und Risiken für den Finanzsektor, 9. Mai 2019, S. 19–28.

Röseler, Raimund/Steinbrecher, Ira, Wenn Banken IT-Dienstleistungen auslagern, in: BaFinPerspektiven, Ausgabe 1/2019, Digitalisierung – Folgen für Finanzmarkt, Aufsicht und Regulierung – Teil II, 28. Februar 2019, S. 43–51.

Rohrmann, Jürgen/Stein, Henrik, Konzernrevision – Aufbau und Aufgabenwahrnehmung vor dem Hintergrund von § 25a Abs. 1a KWG, Vortrag im Rahmen des IIR-Forums Kreditinstitute in Bremen, 9. Oktober 2006.

Rolfes, Bernd, Gesamtbanksteuerung, Stuttgart, 1999.

Rolfes, Bernd/Koch, Ulrich, Gesamtbankbezogene Zinsrisikosteuerung – Dynamisierung des Barwertansatzes, in: Die Bank, Heft 8/2000, S. 540–544.

Rowe, David, Whither stress testing?, in: Risk, Heft 18/2005, Nr. 10, S. 65.

Rudolph, Bernd, Die internationale Finanzkrise: Ursachen, Treiber, Veränderungsbedarf und Reformansätze, Fakultät für Betriebswirtschaft der Ludwig-Maximilians-Universität München, Diskussionspapier, August 2009.

Rudolph, Bernd/Johanning, Lutz, Entwicklungslinien im Risikomanagement, in: Johanning, Lutz/Rudolph, Bernd (Hrsg.), Handbuch Risikomanagement, Band 1, Bad Soden/Taunus, 2000, S. 15–52.

Sachverständigenrat zur Begutachtung der gesamtwirtschaftlichen Entwicklung, Für eine zukunftsorientierte Wirtschaftspolitik, Jahresgutachten 2017/18, 8. November 2017.

Sämisch, Thorsten, Bankaufsichtliche Anforderungen an die IT (BAIT) – BaFin novelliert ihre BAIT, in: BaFinJournal, Ausgabe August 2021, S. 36–37.

Sanio, Jochen, Bankenaufsicht und Systemrisiko, in: Burghof, Hans-Peter/Johanning, Lutz/Schäfer, Klaus/Wagner, Hannes/Rodt, Sabine (Hrsg.), Risikomanagement und kapitalmarktorientierte Finanzierung, Festschrift zum 65. Geburtstag von Bernd Rudolph, Frankfurt a. M., 2009.

Sanio, Jochen, Die MaRisk und die neue Aufsicht, in: Die SparkassenZeitung vom 23. Juni 2006, S. 3.

Sanio, Jochen, »The times, they are a-changing«, in: Genossenschaftsblatt für Rheinland und Westfalen, Heft 3/2006, S. 4–9.

Sanio, Jochen, Outsourcing aus aufsichtsrechtlicher Sicht, Vortrag im Rahmen der Betriebswirtschaftlichen Tagung für Sparkassenvorstände des Rheinischen Sparkassen- und Giroverbandes, Wesel, 17. April 2002.

Schäfer, Frank A., in: Boos, Karl-Heinz/Fischer, Reinfrid/Schulte-Mattler, Hermann (Hrsg.), Kreditwesengesetz, 4. Auflage, München, 2012, § 3 KWG.

Schäfer, Holger, in: Krimphove, Dieter/Kruse, Oliver (Hrsg.), Mindestanforderungen an die Compliance-Funktion und die weiteren Verhaltens-, Organisations- und Transparenzpflichten nach §§ 63 ff. WpHG für Wertpapierdienstleistungsunternehmen – MaComp, 2. Auflage, München, 2019, BT 1.2.4.

Schierenbeck, Henner, Ertragsorientiertes Bankmanagement, Band 1: Grundlagen, Marktzinsmethode und Rentabilitäts-Controlling, 8. Auflage, Wiesbaden, 2003.

Schierenbeck, Henner, Ertragsorientiertes Bankmanagement, Band 2: Risiko-Controlling und integrierte Rendite-/Risikosteuerung, 8. Auflage, Wiesbaden, 2003.

Schierenbeck, Henner, Grundzüge der Betriebswirtschaftslehre, 16. Auflage, München/Wien, 2003.

Schierenbeck, Henner/Grüter, Marc D./Kunz, Michael J., Management von Reputationsrisiken in Banken, WWZ Discussion Paper, Juni 2004.

Schiffer, Thomas, Risikoorientierte Prüfungsplanung – Ein Modell für die Bankpraxis, in: Zeitschrift Interne Revision, Heft 3/2001, S. 132–138.

Schirsch, Claudia, Bankindividuelle Stresstests – pragmatische Umsetzung in der Bankpraxis, in: Wimmer, Konrad (Hrsg.), MaRisk NEU – Handlungsbedarf in der Banksteuerung, Heidelberg, 2009, S. 84–91.

Schmidt, Carsten/Uhlenbruck, Wilhelm, Die GmbH in Krise, Sanierung und Insolvenz, Köln, 2002.

Schmidt, Christoph/Lenz, Rainer/Polzer, Tobias, Die Governance-Rolle der Internen Revision im neuen »Three-Lines-Modell«, in: Zeitschrift für das gesamte Kreditwesen, Heft 21/2020, S. 15–21.

Schmitz-Lippert, Thomas/Schneider, Andreas, Die qualitative Aufsicht der Zukunft: ein weiterer Schritt – Der zweite Entwurf der BaFin zu den Mindestanforderungen an das Risikomanagement vom 22.9.2005, in: Die Wirtschaftsprüfung, Heft 24/2005, S. 1353–1364.

Schmoll, Anton, Handbuch der Kreditüberwachung, Wien, 1990.

Schneider, Andreas, Finanzmarktkrise und Risikomanagement: Die neuen Mindestanforderungen an das Risikomanagement der deutschen Bankenaufsicht, in: Die Wirtschaftsprüfung, Heft 6/2010, S. 269–277.

Schober, Holger, Dekonstruktion der Wertkette in Banken: Outsourcing oder Kooperation, in: Aschenbach, Wieland/Moormann, Jürgen/Schober, Holger (Hrsg.), Sourcing in der Bankwirtschaft, Frankfurt a. M., 2004, S. 23–44.

Schröter, Dirk/Schwarz, Oliver, Optimale Strukturen und Prozesse für das Liquiditätsrisikomanagement, in: Bartetzky, Peter/Gruber, Walter/Wehn, Carsten S. (Hrsg.), Handbuch Liquiditätsrisiko – Identifikation, Messung und Steuerung, Stuttgart, 2008, S. 247–278.

Schroff, Michael, Self-Auditing: Moderne Revisionspraxis in Kreditinstituten, in: Zeitschrift Interne Revision, Heft 5/2004, S. 214–221.

Schroff, Michael, Notfallplanung bei Banken, in: Die Bank, Heft 6/2000, S. 42–47.

Schulte, Michael, Bank-Controlling II: Risikopolitik in Kreditinstituten, Frankfurt a. M., 1998.

Schulte, Michael/Horsch, Andreas, Wertorientierte Banksteuerung II: Risikomanagement, Frankfurt a. M., 2002.

Schulte-Mattler, Herrmann/Gaumert, Uwe, Value-at-Risk – Ein modernes Instrument für die Steuerung der Preisrisiken des Bankbetriebs, in: Becker, Axel/Gruber, Walter/Wohlert, Dirk (Hrsg.), Handbuch MaRisk, Frankfurt a. M., 2006, S. 183–224.

Schulz, Martin/Galster, Wirnt, § 5. Stellung im Unternehmen, in: Bürkle, Jürgen/Hauschka, E. Christoph, Der Compliance Officer, Ein Handbuch in eigener Sache, München, 2015, S. 67–112.

Schwager, Elmar/Wegst, Heiko/Strauß, Udo, Beratung durch die Revision – ihre Rolle, ihre Risiken und ihre Chancen, in: Zeitschrift Interne Revision, Heft 6/2003, S. 244–252.

Schwarz, Gerd, Shared-Service-Projekte managen – ein Fünfphasenmodell, in: Hermes, Heinz-Josef/Schwarz, Gerd, Outsourcing, München, 2005, S. 119–136.

Schwarze, Lars/Müller, Peter P., IT-Outsourcing – Erfahrungen, Status und zukünftige Herausforderungen, in: HMD Praxis der Wirtschaftsinformatik, Heft 245/2006, S. 6–17.

Schwennicke, Andreas, in: Schwennicke, Andreas/Auerbach, Dirk (Hrsg.), KWG, 3. Auflage, München, 2016, § 25c KWG.

Schwonke, Sven, Aktivitäten in neuen Produkten oder auf neuen Märkten – Praxiserfahrungen zum Neu-Produkt-Prozess nach den MaRisk sowie den Vorgängernormen MaH und MaK, Vortrag beim Erfahrungsaustausch öffentlicher, privater und genossenschaftlicher Banken zum »Neu-Produkt-Prozess« am 18. April 2007 in Berlin.

Seip, Stefan, Neues Investmentgesetz stärkt den Fondsstandort, in: Sonderbeilage der Börsenzeitung vom 10. November 2007, S. B1.

Senior Supervisors Group, Observations on Developments in Risk Appetite Frameworks and IT Infrastructure, 23. Dezember 2010.

Literaturverzeichnis

Senior Supervisors Group, Risk Management Lessons from the Global Banking Crisis of 2008, 21. Oktober 2009.

SKS Schweers, Kemps & Schuhmann Unternehmensberatung GmbH & Co. KG, Eintrag zum Stress Testing auf der Internetseite.

Smith, Adam, Der Wohlstand der Nationen, 8. Auflage, München, 1999.

Söbbing, Thomas/Weinbrenner, Christoph, Die Zulässigkeit der Auslagerung von IT-Dienstleistungen durch Institute in sog. Offshore-Regionen, in: Wertpapier-Mitteilungen, Heft 4/2006, S. 165–173.

Söbbing, Thomas/Wöhlermann, Katharina, Rechtliche Fragen im IT-Outsourcing, in: HMD Praxis der Wirtschaftsinformatik, Heft 245/2006, S. 48–64.

Sönksen, Wolfgang/Klemmer, Hans-Wilhelm, Erfahrungsbericht zur Umsetzung von Basel II und der KWG-Novelle, in: BankPraktiker, Heft 11/2007, S. 518–522.

Sporenberg, Angelika, Gemeinsame Aufsichtsteams, in: BaFinJournal, Ausgabe September 2018, S. 30–32.

Staehle, Wolfgang H., Management, 4. Auflage, München, 1989.

Stähler, Patrick, Geschäftsmodelle in der digitalen Ökonomie: Merkmale, Strategien und Auswirkungen, Köln-Lohmar, 2001.

Standard & Poor's Financial Services LLC, S&P Global Ratings' Proposal For Environmental, Social, And Governance (ESG) Evaluations, 24. September 2018.

Steinbrecher, Ira, MaRisk – Neue Mindestanforderungen an das Risikomanagement der Banken, in: BaFinJournal, Ausgabe November 2017, S. 19–22.

Steinbrecher, Ira, Risikokultur – Anforderungen an eine verantwortungsvolle Unternehmensführung, in: BaFinJournal, Ausgabe August 2015, S. 20–23.

Steinhoff, Daniel, in: Casper, Matthias/Terlau, Matthias (Hrsg.), Zahlungsdiensteaufsichtsgesetz (ZAG) – Das Aufsichtsrecht des Zahlungsverkehrs und des E-Geldes, 2. Auflage, München, 2020, § 54 ZAG.

Steinmeyer, Anja, Problemfelder im Rahmen einer externen MaH-Prüfung, in: Finanz Colloquium Heidelberg (Hrsg.), Einhaltung der MaH, Heidelberg, 2004, S. 53–124.

Strulik, Torsten/Kussin, Matthias, Finanzmarktregulierung und Wissenspolitik, in: Zeitschrift für Rechtssoziologie, Heft 1/2005, S. 101–129.

Struwe, Hans/Koch, Clemens, § 18 KWG – gibt es Handlungsbedarf?, in: BankPraktiker, Heft 2/2005, S. 84–87.

Stützel, Wolfgang, Bankpolitik – heute und morgen, 3. Auflage, Frankfurt a.M., 1983.

Stützle, Wolfgang, Prozess der Weiterentwicklung der Mindestanforderungen (MaH, MaIR, MaK) zu den Mindestanforderungen an das Risikomanagement (MaRisk), in: Becker, Axel/Gruber, Walter/Wohlert, Dirk (Hrsg.), Handbuch MaRisk, Frankfurt a.M., 2006, S. 9–28.

Stützle, Wolfgang, Zehn Jahre MaH, in: Eller, Roland (Hrsg.), Gesamtbanksteuerung und qualitatives Aufsichtsrecht, Stuttgart, 2005, S. 13–32.

Süßmann, Rainer, in: Schwennicke, Andreas/Auerbach, Dirk (Hrsg.), KWG, 3. Auflage, München, 2016, § 24 KWG.

Sure, Matthias, Vorbereitung, Planung und Realisierung von Business Process Outsourcing bei kaufmännischen und administrativen Backoffice-Prozessen, in: Wullenkord, Axel (Hrsg.), Praxishandbuch Outsourcing, München, 2005, S. 261–282.

Task Force on Climate-related Financial Disclosures, Technical Supplement: The Use of Scenario Analysis in Disclosure of Climate-Related Risks and Opportunities, 29. Juni 2017.

Task Force on Climate-related Financial Disclosures, Recommendations of the Task Force on Climate-related Financial Disclosures, 15. Juni 2017.

Terlau, Matthias, in: Casper, Matthias/Terlau, Matthias (Hrsg.), Zahlungsdiensteaufsichtsgesetz (ZAG) – Das Aufsichtsrecht des Zahlungsverkehrs und des E-Geldes, 2. Auflage, München, 2020, § 26.

The CRO Forum, The heat is on: Insurability and Resilience in a Changing Climate, Emerging Risk Initiative – Position Paper, 24. Januar 2019.

The Group of Thirty, Banking Conduct and Culture – A Call for Sustained and Comprehensive Reform (G 30-Report), 1. Juli 2015.

The High-Level Group on Financial Supervision in the EU, Chaired by Jacques de Larosière, Report (De-Larosière-Bericht), Brüssel, 25. Februar 2009.

The Institute of Internal Auditors, Global Perspectives and Insights, Das Drei-Linien-Modell – ein wichtiges Instrument für den Erfolg jeder Organisation, 10. November 2020.

The Institute of Internal Auditors, The IIA's Three Lines Model, An update of the Three Lines of Defense, 13. Juli 2020.

The Institute of Internal Auditors, Stellungnahme zum Financial Stability Institute Occasional Paper No 11 – The »four lines of defence model« for financial institutions, Schreiben vom 27. Januar 2016.

The Joint Forum, Cross-sectoral review of group-wide identification and management of risk concentrations, 25. April 2008.

The Joint Forum, High-level principles for business continuity, 29. August 2006.

The Joint Forum, The management of liquidity risk in financial groups, 3. Mai 2006.

The Joint Forum, Outsourcing in Financial Services, 15. Februar 2005.

The Joint Forum, Risk Concentrations Principles, Dezember 1999.

Theewen, Eckhard, Haftungsrisiken der Kreditinstitute in der Krise ihrer Schuldner, in: Zeitschrift für Bank- und Kapitalmarktrecht, Heft 4/2003, S. 141–148.

Theilacker, Bertram, Warum Banken Strategien einfach brauchen, in: Börsen-Zeitung vom 4. Januar 2006, S. 4.

Tölle, Harald, Outsourcing: Auslagerung von Geschäftsbereichen als Alternative zu Fusionen, in: BankPraktiker, Heft 12/2007, S. 600–606.

Tollmann, Claus, in: Boos, Karl-Heinz/Fischer, Reinfrid/Schulte-Mattler, Hermann (Hrsg.), Kreditwesengesetz, 4. Auflage, München, 2012, § 22a KWG.

Totzek, Alfred, MaK aus Sicht der Kreditpraxis, in: Gröning, Jörg u. a. (Hrsg.), MaK-Praktikerhandbuch, Heidelberg, 2004, S. 231–316.

Tschoegl, Adrian E., The Key to Risk Management: Management, Wharton Financial Institutions Center, 1999.

Turiaux, André/Knigge, Dagmar, Vorstandshaftung ohne Grenzen? – Rechtssichere Vorstands- und Unternehmensorganisation als Instrument der Risikominimierung, in: Der Betrieb, Heft 41/2004, S. 2199–2207.

Uhlmann, Torsten, Management des untertägigen Liquiditätsrisikos anhand adäquater Überwachungskennzahlen, Fachbeitrag der 1 PLUS i GmbH, 23. Juli 2012.

Ullrich, Walter, Konsequenzen für die Prüfungstätigkeit, in: Pfeifer, Guido/Ullrich, Walter/Wimmer, Konrad (Hrsg.), MaRisk-Umsetzungsleitfaden, Heidelberg 2006, S. 548–565.

United Nations Environment Programme, The Financial System We Need – Aligning the Financial System with Sustainable Development, The UNEP Inquiry Report, 1. Oktober 2015.

United Nations Environment Programme Finance Initiative, Changing course: A comprehensive investor guide to scenario-based methods for climate risk assessment, in response to the TCFD, 10. Mai 2019.

United Nations Environment Programme Finance Initiative, Navigating a new climate, Part 2: Physical risks and opportunities, 6. Juli 2018.

Literaturverzeichnis

United Nations Environment Programme Finance Initiative, Extending our horizons, Part 1: Transition-related risks and opportunities, 26. April 2018.

Vahldiek, Wolfgang, in: Boos, Karl-Heinz/Fischer, Reinfrid/Schulte-Mattler, Hermann (Hrsg.), Kreditwesengesetz, 4. Auflage, München, 2012, § 53 KWG.

van Rixtel, Adrian/Gasperini, Gabriele, Financial crises and bank funding: recent experience in the euro area, BIS Working Papers No 406, 8. März 2013.

Verband der Auslandsbanken, Modernisierung der Outsourcing-Regelungen und Integration in die MaRisk, Stellungnahme vom 8. Mai 2007.

Verband der Privaten Bausparkassen/Bundesgeschäftsstelle der Landesbausparkassen, Modernisierung der Outsourcing-Regelungen und Integration in die MaRisk, Stellungnahme vom 3. September 2007.

Verordnung (EU) 2021/557 des Europäischen Parlaments und des Rates vom 31. März 2021 zur Änderung der Verordnung (EU) 2017/2402 zur Festlegung eines allgemeinen Rahmens für Verbriefungen und zur Schaffung eines spezifischen Rahmens für einfache, transparente und standardisierte Verbriefung mit dem Ziel, die Erholung von der COVID-19-Krise zu fördern, Amtsblatt der Europäischen Union vom 6. April 2021, L 116/1-24.

Verordnung (EU) Nr. 2020/1503 des Europäischen Parlaments und des Rates vom 7. Oktober 2020 über Europäische Schwarmfinanzierungsdienstleister für Unternehmen und zur Änderung der Verordnung (EU) 2017/1129 und der Richtlinie (EU) 2019/1937, Amtsblatt der Europäischen Union vom 20. Oktober 2020, L 347/1-49.

Verordnung (EU) 2020/873 des Europäischen Parlaments und des Rates vom 24. Juni 2020 zur Änderung der Verordnungen (EU) Nr. 575/232 und EU 2019/876 aufgrund bestimmter Anpassungen infolge der Covid-19-Pandemie, Amtsblatt der Europäischen Union vom 26. Juni 2020, L 204/4-17.

Verordnung (EU) 2020/852 (Taxonomie-Verordnung) des Europäischen Parlaments und des Rates vom 18. Juni 2020 über die Einrichtung eines Rahmens zur Erleichterung nachhaltiger Investitionen und zur Änderung der Verordnung (EU) 2019/2088, Amtsblatt der Europäischen Union vom 22. Juni 2020, L 198/13-43.

Verordnung zu den Mindestanforderungen an Sanierungspläne für Institute (Sanierungsplanmindestanforderungsverordnung – MaSanV) vom 12. März 2020 (BGBl. I S. 644), die durch Artikel 9 Absatz 3 des Gesetzes vom 9. Dezember 2020 (BGBl. I S. 2773) geändert worden ist.

Verordnung (EU) 2019/2089 des Europäischen Parlaments und des Rates vom 27. November 2019 zur Änderung der Verordnung (EU) 2016/1011 hinsichtlich EU-Referenzwerten für den klimabedingten Wandel, hinsichtlich auf das Übereinkommen von Paris abgestimmter EU- Referenzwerte sowie hinsichtlich nachhaltigkeitsbezogener Offenlegungen für Referenzwerte, Amtsblatt der Europäischen Union vom 9. Dezember 2019, L 317/17-27.

Verordnung (EU) 2019/2088 (Offenlegungs-Verordnung) des Europäischen Parlaments und des Rates vom 27. November 2019 über nachhaltigkeitsbezogene Offenlegungspflichten im Finanzdienstleistungssektor, Amtsblatt der Europäischen Union vom 9. Dezember 2019, L 317/1-16.

Verordnung (EU) 2019/2033 (IFR) des Europäischen Parlaments und des Rates vom 27. November 2019 über Aufsichtsanforderungen an Wertpapierfirmen und zur Änderung der Verordnungen (EU) Nr. 1093/2010, (EU) Nr. 575/2013, (EU) Nr. 600/2014 und (EU) Nr. 806/2014, Amtsblatt der Europäischen Union vom 5. Dezember 2019, L 314/1-63.

Verordnung (EU) 2019/876 (Bankenverordnung – CRR II) des Europäischen Parlaments und des Rates vom 20. Mai 2019 zur Änderung der Verordnung (EU) Nr. 575/2013 in Bezug auf die Verschuldungsquote, die strukturelle Liquiditätsquote, Anforderungen an Eigenmittel und berücksichtigungsfähige Verbindlichkeiten, das Gegenparteiausfallrisiko, das Marktrisiko, Risikopositionen gegenüber zentralen Gegenparteien, Risikopositionen gegenüber Organismen für gemeinsame Anlagen, Großkredite, Melde- und Offenlegungspflichten und der Verordnung (EU) Nr. 648/2012, Amtsblatt der Europäischen Union vom 7. Juni 2019, L 150/1–225.

Verordnung (EU) Nr. 2019/834 (EMIR REFIT) des Europäischen Parlaments und des Rates vom 20. Mai 2019 zur Änderung der Verordnung (EU) Nr. 648/2012 in Bezug auf die Clearingpflicht, die Aussetzung der Clearingpflicht, die Meldepflichten, die Risikominderungstechniken für nicht durch eine zentrale Gegenpartei geclearte OTC-Derivatekontrakte, die Registrierung und Beaufsichtigung von Transaktionsregistern und die Anforderungen an Transaktionsregister, Amtsblatt der Europäischen Union vom 28. Mai 2019, L 141/42–63.

Verordnung (EU) 2019/630 des Europäischen Parlaments und des Rates vom 17. April 2019 zur Änderung der Verordnung (EU) Nr. 575/2013 im Hinblick auf die Mindestdeckung notleidender Risikopositionen, Amtsblatt der Europäischen Union vom 25. April 2019, L 111/4–12.

Verordnung (EU) 2018/1717 des Europäischen Parlaments und des Rates vom 14. November 2018 zur Änderung der Verordnung (EU) Nr. 1093/2010 in Bezug auf den Sitz der Europäischen Bankenaufsichtsbehörde, Amtsblatt der Europäischen Union vom 16. November 2018, L 291/1–2.

Verordnung (EU) 2018/946 des Europäischen Parlaments und des Rates vom 4. Juli 2018 zur Ersetzung der Anhänge A und B der Verordnung (EU) 2015/848 über Insolvenzverfahren, Amtsblatt der Europäischen Union vom 6. Juli 2018, L 171/1–10.

Verordnung zur Festlegung von Leitlinien zu den Kriterien und Methoden der Kreditwürdigkeitsprüfung bei Immobiliar-Verbraucherdarlehensverträgen (Immobiliar-Kreditwürdigkeitsprüfungsleitlinien-Verordnung – ImmoKWPLV) vom 24. April 2018 (BGBl. I S. 529), veröffentlicht am 30. April 2018.

Verordnung (EU) 2017/2402 (Verbriefungsverordnung) des Europäischen Parlaments und des Rates vom 12. Dezember 2017 zur Festlegung eines allgemeinen Rahmens für Verbriefungen und zur Schaffung eines spezifischen Rahmens für einfache, transparente und standardisierte Verbriefung und zur Änderung der Richtlinien 2009/65/EG, 2009/138/EG, 2011/61/EU und der Verordnungen (EG) Nr. 1060/2009 und (EU) Nr. 648/2012, Amtsblatt der Europäischen Union vom 28. Dezember 2017, L 347/35–80.

Verordnung zur Änderung der Institutsvergütungsverordnung vom 25. Juli 2017 (BGBl. I S. 3042), veröffentlicht am 3. August 2017.

Verordnung (EU) 2017/353 des Europäischen Parlaments und des Rates vom 15. Februar 2017 zur Ersetzung der Anhänge A und B der Verordnung (EU) 2015/848 über Insolvenzverfahren, Amtsblatt der Europäischen Union vom 3. März 2017, L 57/19–30.

Verordnung (EU) 2016/1011 des Europäischen Parlaments und des Rates vom 8. Juni 2016 über Indizes, die bei Finanzinstrumenten und Finanzkontrakten als Referenzwert oder zur Messung der Wertentwicklung eines Investmentfonds verwendet werden, und zur Änderung der Richtlinien 2008/48/EG und 2014/17/EU sowie der Verordnung (EU) Nr. 596/2014, Amtsblatt der Europäischen Union vom 29. Juni 2016, L 171/1–65.

Verordnung (EU) 2016/445 der Europäischen Zentralbank vom 14. März 2016 über die Nutzung der im Unionsrecht eröffneten Optionen und Ermessensspielräume (EZB/2016/4), Amtsblatt der Europäischen Union vom 24. März 2016, L 78/60–73.

Verordnung (EU) 2015/2365 (SFT-Verordnung) des Europäischen Parlaments und des Rates vom 25. November 2015 über die Transparenz von Wertpapierfinanzierungsgeschäften und der Weiterverwendung sowie zur Änderung der Verordnung (EU) Nr. 648/2012, Amtsblatt der Europäischen Union vom 23. Dezember 2015, L 337/1–34.

Verordnung über die Prüfung der Jahresabschlüsse der Kreditinstitute und Finanzdienstleistungsinstitute sowie über die darüber zu erstellenden Berichte (Prüfungsberichtsverordnung – PrüfbV) vom 11. Juni 2015 (BGBl. I S. 930), die zuletzt durch Artikel 28 des Gesetzes vom 3. Juni 2021 (BGBl. I S. 1568) geändert worden ist.

Literaturverzeichnis

Verordnung (EU) 2015/848 des Europäischen Parlaments und des Rates vom 20. Mai 2015 über Insolvenzverfahren, Amtsblatt der Europäischen Union vom 5. Juni 2015, L 141/19–72.

Verordnung (EU) Nr. 909/2014 des Europäischen Parlaments und des Rates vom 23. Juli 2014 zur Verbesserung der Wertpapierlieferungen und -abrechnungen in der Europäischen Union und über Zentralverwahrer sowie zur Änderung der Richtlinien 98/26/EG und 2014/65/EU und der Verordnung (EU) Nr. 236/2012, Amtsblatt der Europäischen Union vom 28. August 2014, L 257/1–72.

Verordnung (EU) Nr. 806/2014 (SRM-Verordnung) des Europäischen Parlaments und des Rates vom 15. Juli 2014 zur Festlegung einheitlicher Vorschriften und eines einheitlichen Verfahrens für die Abwicklung von Kreditinstituten und bestimmten Wertpapierfirmen im Rahmen eines einheitlichen Abwicklungsmechanismus und eines einheitlichen Abwicklungsfonds sowie zur Änderung der Verordnung (EU) Nr. 1093/2010, Amtsblatt der Europäischen Union vom 30. Juli 2014, L 225/1–90.

Verordnung (EU) Nr. 600/2014 (MiFIR) des Europäischen Parlaments und des Rates vom 15. Mai 2014 über Märkte für Finanzinstrumente und zur Änderung der Verordnung (EU) Nr. 648/2012, Amtsblatt der Europäischen Union vom 12. Juni 2014, L 173/84–148.

Verordnung (EU) Nr. 596/2014 (Marktmissbrauchsverordnung) des Europäischen Parlaments und des Rates vom 16. April 2014 über Marktmissbrauch und zur Aufhebung der Richtlinie 2003/6/EG des Europäischen Parlaments und des Rates und der Richtlinien 2003/124/EG, 2003/125/EG und 2004/72/EG der Kommission, Amtsblatt der Europäischen Union vom 12. Juni 2014, L 173/1–61.

Verordnung (EU) Nr. 468/2014 der Europäischen Zentralbank vom 16. April 2014 zur Errichtung eines Rahmenwerks für die Zusammenarbeit zwischen der Europäischen Zentralbank und den nationalen zuständigen Behörden und den nationalen benannten Behörden innerhalb des einheitlichen Aufsichtsmechanismus (SSM-Rahmenverordnung), Amtsblatt der Europäischen Union vom 14. Mai 2014, L 141/1–50.

Verordnung über die aufsichtsrechtlichen Anforderungen an Vergütungssysteme von Instituten (Institutsvergütungsverordnung – InstitutsVergV) vom 16. Dezember 2013 (BGBl. I S. 4270), die zuletzt durch Artikel 1 der Verordnung vom 15. April 2019 (BGBl. I S. 486) geändert worden ist.

Verordnung zur angemessenen Eigenmittelausstattung von Instituten, Institutsgruppen, Finanzholding-Gruppen und gemischten Finanzholding-Gruppen (Solvabilitätsverordnung – SolvV) vom 6. Dezember 2013 (BGBl. I S. 4168), die zuletzt durch Artikel 1 der Verordnung vom 19. Februar 2019 (BGBl. I S. 122) geändert worden ist.

Verordnung zur Einreichung von Finanz- und Risikotragfähigkeitsinformationen nach dem Kreditwesengesetz (Finanz- und Risikotragfähigkeitsinformationenverordnung – FinaRisikoV) vom 6. Dezember 2013 (BGBl. I S. 4209), die zuletzt durch Artikel 7 Absatz 40 des Gesetzes vom 12. Mai 2021 (BGBl. I S. 990) geändert worden ist.

Verordnung (EU) Nr. 1024/2013 des Rates vom 15. Oktober 2013 zur Übertragung besonderer Aufgaben im Zusammenhang mit der Aufsicht über Kreditinstitute auf die Europäische Zentralbank (SSM-Verordnung), Amtsblatt der Europäischen Union vom 29. Oktober 2013, L 287/63–89.

Verordnung (EU) Nr. 575/2013 (Bankenverordnung – CRR) des Europäischen Parlaments und des Rates vom 26. Juni 2013 über Aufsichtsanforderungen an Kreditinstitute und Wertpapierfirmen und zur Änderung der Verordnung (EU) Nr. 646/2012, Amtsblatt der Europäischen Union vom 27. Juni 2013, L 176/1–337.

Verordnung zur Ergänzung der Großkreditvorschriften nach der Verordnung (EU) Nr. 575/2013 des Europäischen Parlaments und des Rates vom 26. Juni 2013 über Aufsichtsanforderungen an Kreditinstitute und Wertpapierfirmen und zur Änderung der Verordnung (EU) Nr. 646/2012 und zur Ergänzung der Millionenkreditvorschriften nach dem Kreditwesengesetz (Großkredit-

und Millionenkreditverordnung – GroMiKV) vom 6. Dezember 2013 (BGBl. I S. 4183), die zuletzt durch Artikel 1 der Verordnung vom 22. Juni 2021 (BGBl. I S. 1847) geändert worden ist.

Verordnung (EU) Nr. 462/2013 (Ratingagenturverordnung – CRA III) des Europäischen Parlaments und des Rates vom 21. Mai 2013 zur Änderung der Verordnung (EG) Nr. 1060/2009 über Ratingagenturen, Amtsblatt der Europäischen Union vom 31. Mai 2013, L 146/1–33.

Verordnung (EU) Nr. 648/2012 (EMIR) des Europäischen Parlaments und des Rates vom 4. Juli 2012 über OTC-Derivate, zentrale Gegenparteien und Transaktionsregister, Amtsblatt der Europäischen Union vom 27. Juli 2012, L 201/1–59.

Verordnung über den Einsatz von Mitarbeitern in der Anlageberatung, als Vertriebsmitarbeiter, in der Finanzportfolioverwaltung, als Vertriebsbeauftragte oder als Compliance-Beauftragte und über die Anzeigepflichten nach § 87 des Wertpapierhandelsgesetzes (WpHG-Mitarbeiteranzeigeverordnung – WPHGMaAnzV) vom 21. Dezember 2011 (BGBl. I S. 3116), die zuletzt durch Artikel 1 der Verordnung vom 24. November 2017 (BGBl. I S. 3810) geändert worden ist.

Verordnung über die aufsichtsrechtlichen Anforderungen an Vergütungssysteme von Instituten (Instituts-Vergütungsverordnung – InstitutsVergV) vom 6. Oktober 2010 (BGBl. I S. 1374), veröffentlicht am 12. Oktober 2010.

Verordnung (EG) Nr. 1060/2009 (Ratingagenturverordnung) des Europäischen Parlaments und des Rates vom 16. September 2009 über Ratingagenturen, Amtsblatt der Europäischen Union vom 17. November 2009, L 302/1–31.

Verordnung über die Anzeigen und die Vorlage von Unterlagen nach dem Kreditwesengesetz (Anzeigenverordnung – AnzV) vom 19. Dezember 2006 (BGBl. I S. 3245), die zuletzt durch Artikel 9 Absatz 4 des Gesetzes vom 9. Dezember 2020 (BGBl. I S. 2773) geändert worden ist.

Verordnung über die Liquidität der Institute (Liquiditätsverordnung – LiqV) vom 14. Dezember 2006 (BGBl. I S. 3117), die zuletzt durch Artikel 7 Absatz 41 des Gesetzes vom 12. Mai 2021 (BGBl. I S. 990) geändert worden ist.

Verordnung über die Ermittlung der Beleihungswerte von Grundstücken nach § 16 Abs. 1 und 2 des Pfandbriefgesetzes (Beleihungswertermittlungsverordnung – BelWertV) vom 12. Mai 2006 (BGBl. I S. 1175), die durch Artikel 1 der Verordnung vom 16. September 2009 (BGBl. I S. 3041) geändert worden ist.

Viertes Finanzmarktförderungsgesetz vom 21. Juni 2002 (BGBl. I S. 2010), veröffentlicht am 29. Juni 2002.

Verordnung über die Pflichten der Immobilienmakler, Darlehensvermittler, Bauträger, Baubetreuer und Wohnimmobilienverwalter (Makler- und Bauträgerverordnung – MaBV) in der Fassung der Bekanntmachung vom 7. November 1990 (BGBl. I S. 2479), die zuletzt durch Artikel 1 der Verordnung vom 9. Mai 2018 (BGBl. I S. 550) geändert worden ist.

Vogt, Tobias/Bahlmann, Björn, Benchmarks im Kontext der barwertigen Zinsbuchsteuerung, Reihe Lazard Standpunkt, Frankfurt a. M., November 2005.

Volk, Tobias, Risikotragfähigkeit von Kreditinstituten, in: BankPraktiker, Heft 6/2013, S. 228–231.

Volk, Tobias/Wiesemann, Bernd, Aufsichtliche Beurteilung bankinterner Risikotragfähigkeitskonzepte, in: Zeitschrift für das gesamte Kreditwesen, Heft 6/2012, S. 17–22.

von Clausewitz, Carl, Vom Kriege, 19. Auflage, Bonn, 1980.

von der Hagen, Hans/Finke, Björn, Erst Haus, dann Auto, am Ende der Fernseher, Interview mit Jochen Felsenheimer, in: Süddeutsche Zeitung vom 5. Dezember 2007, S. 34.

von Voigt, Eckhard/Keienburg, Carsten, Vertragsgestaltung und arbeitsrechtliche Aspekte bei Outsourcing, in: Hermes, Heinz-Josef/Schwarz, Gerd, Outsourcing, München, 2005, S. 235–255.

von Werder, Axel, Ökonomische Grundfragen der Corporate Governance, in: Hommelhoff, Peter/Hopt, Klaus J./von Werder, Axel (Hrsg.), Handbuch Corporate Governance – Leitung und Überwachung börsennotierter Unternehmen in der Rechts- und Wirtschaftspraxis, 2. Auflage, Stuttgart, 2009, S. 3–38.

Literaturverzeichnis

Wabnitz, Constanze/Lange, Oliver/Isensee, Alexander/Redenz, Till, MaRisk – IT-Kompetenz in der Geschäftsleitung – BaFin passt Entscheidungsmaßstäbe für Bestellung von IT-Spezialisten zu Geschäftsleitern an, in: BaFinJournal, Ausgabe Dezember 2017, S. 15–18.

Wagemann, Ralf, Prozessoptimierung und Outsourcing, in: Sparkassen Management Praxis, Heft 52/2006, S. 10–14.

Walker, David, A Review of Corporate Governance in UK Banks and other Financial Industry Entities – Final Recommendations (»Walker Review«), 26. November 2009.

Walz, Hiltrud/Hess, Nicole, Design Thinking für Revisoren, in: Zeitschrift Interne Revision, Heft 3/2018, S. 145–151.

Weber, Charles A./Current, John R./Desai, Anand, Vendor: A Structured Approach to Vendor Selection and Negotiation, Journal of Business Logistics, Heft 1/2000, S. 135–167.

Weber, Max/Seifert, Susanne, in: Luz, Günther/Neus, Werner/Schaber, Mathias/Schneider, Peter/Wagner, Claus-Peter/Weber, Max (Hrsg.), KWG und CRR, Band 1, 3. Auflage, Stuttgart, 2015, § 2a KWG.

Wegner, Olaf/Sievi, Christian/Schumacher, Matthias, Szenarien der wertorientierten Steuerung des Zinsänderungsrisikos, in: Betriebswirtschaftliche Blätter, Heft 3/2001, S. 138–145.

Wehn, Carsten S./von Zanthier, Ulrich, Risikosteuerung im Rahmen der ökonomischen Kapitalsteuerung, in: Bartetzky, Peter, Praxis der Gesamtbanksteuerung: Methoden – Lösungen – Anforderungen der Aufsicht, Stuttgart, 2012, S. 163–177.

Weidemann, Morten/Wieben, Hans-Jürgen, Zur Zertifizierbarkeit von Risikomanagement-Systemen, in: Der Betrieb, Heft 34/2001, S. 1789–1795.

Weidmann, Jens, Klimarisiken, Finanzmärkte und Risikomanagement der Notenbanken, Rede anlässlich der Green Swan 2021 Global Virtual Conference, 2. Juni 2021.

Weis, Ditmar, MaK aus Sicht der Sanierungspraxis, in: Gröning, Jörg u. a. (Hrsg.), MaK-Praktikerhandbuch, Heidelberg, 2004, S. 397–443.

Weis, Ditmar, Neuorganisation der Problemkreditbearbeitung aus Sicht von Kreditinstituten vor dem Hintergrund der MaK, in: Zeitschrift für Bank- und Kapitalmarktrecht, Heft 5/2003, S. 181–189.

Welge, Martin/Al-Laham, Andreas, Strategisches Management, 4. Auflage, Wiesbaden, 2003.

Wieben, Hans-Jürgen, Integration von ESG-Risiken in das Risikomanagement von Unternehmen, in: Die Wirtschaftsprüfung, Heft 12/2018, S. 788–792.

Wiedemann, Arnd, Messung von Zinsrisiken mit dem Value at Risk-Konzept II, in: Das Wirtschaftsstudium, Heft 12/2002, S. 1548–1553.

Wiedemann, Arnd, Messung von Zinsrisiken mit dem Value at Risk-Konzept I, in: Das Wirtschaftsstudium, Heft 11/2002, S. 1416–1423.

Wiesemann, Bernd, Aufsichtliche Beurteilung von Risikotragfähigkeitskonzepten, in: BaFinJournal, Ausgabe Februar 2012, S. 18–22.

Willke, Helmut, Dystopia – Studien zur Krisis des Wissens in der modernen Gesellschaft, Frankfurt a. M., 2002.

Wimmer, Konrad/Wagner, Roland, Risiken ohne Kapitalunterlegung, in: Wimmer, Konrad (Hrsg.), MaRisk NEU – Handlungsbedarf in der Banksteuerung, Heidelberg, 2009, S. 132–142.

Winkler, Tobias, in: Boos, Karl-Heinz/Fischer, Reinfrid/Schulte-Mattler, Hermann (Hrsg.), Kreditwesengesetz, 4. Auflage, München, 2012, §§ 71 ff. KWG.

Wirtz, Bernd W., Business Model Management: Design – Instrumente – Erfolgsfaktoren von Geschäftsmodellen, Wiesbaden, 2010.

Wolfgarten, Wilhelm, in: Boos, Karl-Heinz/Fischer, Reinfrid/Schulte-Mattler, Hermann (Hrsg.), Kreditwesengesetz und VO (EU) Nr. 575/2013, Band 1, 5. Auflage, München, 2016, § 25b KWG.

Zentraler Kreditausschuss, Stellungnahme zum inoffiziellen Konsultationsentwurf der MaRisk vom 4. November 2010, 24. November 2010.

Zentraler Kreditausschuss, Stellungnahme zum Entwurf über die Mindestanforderungen an das Risikomanagement vom 9. Juli 2010, 30. August 2010.

Zentraler Kreditausschuss, Stellungnahme zum ersten Entwurf einer Neufassung der Mindestanforderungen an das Risikomanagement (MaRisk) vom 16. Februar 2009 – Konsultation 03/2009, 23. März 2009.

Zentraler Kreditausschuss, Stellungnahme zum Konsultationspapier »Principles for sound stress testing practices and supervision« des Baseler Ausschusses für Bankenaufsicht, 13. März 2009.

Zentraler Kreditausschuss, Stellungnahme zum ersten Entwurf der Mindestanforderungen an das Risikomanagement vom 16. Februar 2009.

Zentraler Kreditausschuss, Stellungnahme zum ersten Entwurf der neuen Auslagerungsregelungen in den MaRisk, 14. Mai 2007.

Zentraler Kreditausschuss, Stellungnahme zum Referentenentwurf eines Gesetzes zur Umsetzung der neu gefassten Bankenrichtlinie und der neu gefassten Kapitaladäquanzrichtlinie vom 17. Januar 2006.

Zentraler Kreditausschuss, Stellungnahme zum zweiten offiziellen Entwurf über die Mindestanforderungen an das Risikomanagement (MaRisk) vom 22. November 2005.

Zentraler Kreditausschuss, Stellungnahme zum zweiten Entwurf der Mindestanforderungen an das Kreditgeschäft der Kreditinstitute vom 8. November 2002.

Zentraler Kreditausschuss, Stellungnahme zum ersten Entwurf der Mindestanforderungen an das Kreditgeschäft der Kreditinstitute vom 17. Mai 2002.

Zeranski, Stefan, Liquiditätsmanagement im Licht der Subprime-Krise, in: portfolio institutionell, Ausgabe 9, November 2007, S. 18–20.

Zeranski, Stefan, Liquidity at Risk bankbetrieblicher Zahlungsströme, in: BankPraktiker, Heft 5/2006, S. 252–257.

Zeranski, Stefan, Liquidity at Risk zur Steuerung des liquiditätsmäßig-finanziellen Bereichs von Kreditinstituten, Chemnitz, 2005.

Zweite Verordnung zur Änderung der Liquiditätsverordnung vom 22. Dezember 2017 (BGBl. I S. 4033), veröffentlicht am 29. Dezember 2017.

Zweites Gesetz zur Novellierung von Finanzmarktvorschriften aufgrund europäischer Rechtsakte (Zweites Finanzmarktnovellierungsgesetz – 2. FiMaNoG) vom 23. Juni 2017 (BGBl. I S. 1693), veröffentlicht am 24. Juni 2017.

Stichwortregister

Abbauportfolio **BTO 1.2.5**, 57
Abgrenzung
– Anlage- und Handelsbuch **AT 2.3**, 44; **BTR 2**, 36
– Finanz- und Risikocontrolling **AT 4.4.1**, 153; **BTO**, 31; **BTR 2.1**, 48
– Handel und Abwicklung **BTO**, 21
– internes und externes Rechnungswesen **BTR 2.1**, 46
– Markt und Marktfolge **BTO 1.1**, 2
Ablauffiktion **BTR 2.3**, 71; **BTR 3.1**, 65
Ablauforganisation **AT 1**, 3; **AT 2.2**, 28; **AT 4.3**, 4, 15 f.; **AT 4.3.1**, 1, 10; **AT 5**, 8, 22, 27 f.; **BTO 1.2**, 14; **BTO 1.4**, 28; **BTR**, 97
Abrufrisiko **BTR 3**, 28; **BTR 3.1**, 109
– aktivisches **BTR 3**, 21; **BTR 3.1**, 79
– Bedeutung **BTR 3**, 21
– Definition **BTR 3**, 21
– passivisches **BTR 3**, 21; **BTR 3.1**, 79
Abschlussdaten
– Änderung **BTO**, 22; **BTO 2.2.1**, 55; **BTO 2.2.2**, 4, 8, 41, 48
– Erfassung **BTO 2.2.1**, 46, 48
– maßgebliche **BTO 2.2.1**, 49
– Stornierung **BTO 2.2.2**, 48
– Weiterleitung **BTO**, 112; **BTO 2.2.1**, 45 f., 51
Abschlussprüfer **AT 1**, 155; **AT 4.2**, 202; **AT 4.4.3**, 8, 44; **AT 9**, 308, 380; **BTO**, 10; **BTO 1.2**, 161
Abschlussprüfung **AT 1**, 155; **AT 4.4.3**, 44
Abschwung
– schwerer konjunktureller **AT 4.3.3**, 226, 293
Abweichung
– vom Regelbetrieb **AT 7.2**, 15, 53 f., 132; **AT 7.3**, 26
– von marktgerechten Bedingungen **BTO 2.2.1**, 12, 17 ff.; **BTO 2.2.2**, 46
– von vorgegebenen Standards **BTO 2.2.2**, 3, 41, 47
Abwicklung und Kontrolle *siehe »Handelsabwicklung«*
Abwicklung von Krediten *siehe »Kreditabwicklung«*
Abwicklungskonzept
– Inhalte **BTO 1.2.5**, 115
Abwicklungsmaßnahme
– Automatisierung **BTO 1.2.5**, 53
– Festlegung **BTO 1.2.5**, 115
– Ressourcen **BTO 1.2.5**, 49
– Überwachung **BTO 1.2.5**, 120
– Vermeidung **BTO 1.2.4**, 16
– Vorgehensweise **AT 4.4.1**, 69
Abwicklungsrisiko
– Bedeutung **BTR 1**, 9
– Definition **BTR 1**, 9
Abwicklungssystem **BTO**, 21, 112; **BTO 2.2.1**, 45; **BTO 2.2.2**, 28, 33, 35
Ad-hoc-Berichterstattung
– an das Aufsichtsorgan **BT 3.1**, 59
– an die Geschäftsleitung **AT 4.3.2**, 77
– an die Interne Revision **AT 4.3.2**, 81
– Anlässe **AT 4.3.2**, 84; **BT 3.2**, 54, 61; **BTR 2.3**, 18
– Empfänger **AT 4.3.2**, 80

– Maßnahmen **AT 4.3.2**, 82
– Verfahren **AT 4.3.2**, 88; **BT 3.1**, 60
Additional Liquidity Monitoring Metrics *siehe »Kennzahlen zum Liquiditätsrisiko«*
Adressenausfallrisiko
– Anforderungen **BTR 1**, 1, 54
– Bedeutung **BTR 1**, 1
– Begrenzung **BTO 1**, 22; **BTR 1**, 54, 57 f., 60
– Beurteilung **AT 2.3**, 28; **AT 8**, 2; **BTO 1**, 11; **BTO 1.1**, 4; **BTO 1.2**, 73, 127, 157, 167; **BTO 1.2.2**, 2, 7 f., 35; **BTO 1.4**, 1, 4, 30; **BTR 1**, 88; **Teil I**, 37
– Definition **BTR 1**, 4
– eines Dritten **BTO 1.1**, 106; **BTO 1.2**, 44; **BTO 1.2.1**, 59, 61
– Identifizierung **BTO 1.3.1**, 7, 36; **BTO 1.4**, 42
– Risikoappetit **AT 4.2**, 118
– Steuerung **BTR 1**, 62
– Überwachung **BTO 1.1**, 51; **BTO 1.2.1**, 60; **BTO 1.2.2**, 8 f.; **BTR 1**, 88
– Unterkategorien **BTR**, 17; **BTR 1**, 9
Advanced Measurement Approach **BTR 4**, 58, 60, 128, 136
Änderung
– Beteiligung der Compliance-Funktion **AT 8.2**, 11
– Beteiligung der Internen Revision **AT 8.2**, 11
– betrieblicher Prozesse oder Strukturen **AT 8.2**, 1
– der internen oder externen Rahmenbedingungen **AT 4.3.2**, 6
– der wesentlichen Annahmen oder Parameter **BT 3.2**, 39, 44; **BTR 2.2**, 42
– relevante **BT 3.1**, 11, 51; **BTO 1.2**, 181
– risikorelevanter Sachverhalte **AT 2.3**, 19, 28, 30
AFS **AT 4.2**, 44; **Teil I**, 94
Aggregation von Risikodaten *siehe »Risikodatenaggregation«*
AktG **AT 1**, 49; **AT 3**, 2; **AT 4.2**, 233; **AT 4.3.2**, 73, 75; **AT 4.4.3**, 30; **AT 9**, 210; **BT 3.1**, 48 f.; **BTO**, 92
Aktiengesetz *siehe »AktG«*
Aktivität
– zeitkritische **AT 7**, 9; **AT 7.3**, 16, 29, 47
Aktivität in neuen Produkten oder auf neuen Märkten *siehe »NPP«*
Algorithmushandel **Teil I**, 244
Allgemein-Verbraucherdarlehen
– Definition **BTO 1.2.1**, 28
Alternativer Standardansatz **BTR 4**, 58
Anlagebuch **BTR 2**, 36; **BTR 2.3**, 46
Anlagebuchposition **BTR 2**, 36
Anleger
– institutioneller **BTR 3.2**, 39
Annahme
– Stabilität **AT 4.1**, 268
– zugrunde liegende **BTR 3.1**, 64
Anpassung
– anlassbezogene **AT 4.3.2**, 98
– organisatorische **AT 8.1**, 11
– regelmäßige **AT 4.3.2**, 98
– zeitnahe **AT 4.3.1**, 49

Stichwortregister

Stichwortregister

Stichwortregister

Stichwortregister

Stichwortregister

Stichwortregister

Stichwortregister

Stichwortregister

Stichwortregister

Stichwortregister

Stichwortregister

Stichwortregister

Stichwortregister